中华人民共和国审计署主办
《中国审计年鉴》编委会编

2014

中国审计年鉴

中国时代经济出版社

图书在版编目(CIP)数据

中国审计年鉴. 2014 / 《中国审计年鉴》编委会编.
—北京 ：中国时代经济出版社，2016.4
ISBN 978-7-5119-2491-9

Ⅰ. ①中… Ⅱ. ①中… Ⅲ. ①审计－中国－2014－年鉴
Ⅳ. ①F239.22-54

中国版本图书馆CIP数据核字(2015)第283793号

书　　名：中国审计年鉴2014
作　　者：《中国审计年鉴》编委会

出版发行：中国时代经济出版社
社　　址：北京市丰台区玉林里25号楼
邮政编码：100069
发行热线：（010）63508271 63508273
传　　真：（010）63508274
网　　址：www.cmepub.com.cn
电子邮箱：shenjinianjian@126.com
经　　销：各地新华书店
印　　刷：北京画中画印刷有限公司
开　　本：787×1092 1/16
字　　数：1953千字
印　　张：正文70.50印张 彩插2印张
版　　次：2016年4月第1版
印　　次：2016年4月第1次印刷
书　　号：ISBN 978-7-5119-2491-9
定　　价：280.00元

6月17日，中共中央政治局常委、国务院总理李克强（中）视察审计署

10月22日上午，国务院总理李克强在北京人民大会堂出席世界审计组织第二十一届大会开幕式并致辞

6月27日，在第十二届全国人民代表大会常务委员会第三次会议上，审计长刘家义受国务院委托，做《关于2012年度中央预算执行和其他财政财务收支的审计工作报告》

7月24日，联合国向审计长刘家义（左）颁发“联合国维持世界和平奖”

10月22日，审计长刘家义（中）接替南非审计署审计长特伦斯·农贝贝担任世界审计组织主席

10月21日，联合国副秘书长吴红波（中）在世界审计组织理事会第64次会议现场

10月21日，审计署举行欢迎招待会

10月21日，中国、澳大利亚、巴西、法国、印度、俄罗斯、美国等七国审计长接受中国媒体联合采访

10月22日，世界审计组织第二十一届大会开幕式现场

10月23日，中国集邮总公司为纪念世界审计组织成立60周年发行两枚纪念邮票和首日封。审计长刘家义（右一）同世界审计组织秘书长约瑟夫·莫瑟（左二）、南非审计长特伦斯·农贝贝（左一）以及美国审计长基恩·多达罗（右二）一起，为首日封纪念版签名

10月25日，副审计长董大胜（中）会见香港审计署审计长孙德基（左）、澳门审计署审计长何永安（右）

10月26日，世界审计组织第二十一届大会第三次全体会议表决，一致通过了《北京宣言》

10月26日，世界审计组织新一届理事会成员合影

10月26日，世界审计组织新一届领导层部分成员在新闻发布会上合影

会议期间，审计长刘家义接受奥地利国家广播电视台专题采访

12月27日至28日，全国审计工作会议在北京召开

3月27日，审计署召开全国审计机关党风廉政建设工作视频会议

10月24日，云南审计机关成立30周年座谈会在昆明召开

12月13日，浙江省审计厅在浙江省人民大会堂召开审计机关成立30周年总结大会

1月，上海市市长韩正（后排左四）视察审计署驻上海特派员办事处

2月19日，河南省省长郭庚茂（中）主持召开会议，专题听取河南省审计工作汇报

5月3日，贵州省常务副省长谌贻琴（左一）到贵州省审计厅调研指导

5月14日，审计署党组成员、中央经济责任审计工作联席会议办公室主任李勇库（右五）及审计署党组成员、办公厅主任陈尘肇（左二）到审计干部教育学院调研

6月22日，副审计长石爱中（中）到宁夏审计厅调研

6月，中央纪委驻审计署纪检组组长陈蔷（右二）到审计署驻上海特派员办事处调研

7月30日，吉林省省长巴音朝鲁（中）到吉林省审计厅视察

8月11日，审计长刘家义（左）到审计署驻重庆特派员办事处开展党的群众路线教育实践活动调研

9月，西藏自治区常务副主席丁业现（前左一），政府顾问多吉泽仁（前左二）参观审计机关成立30周年回顾展览

12月4日，天津市市委、市政府领导到天津市审计局察看联网实时审计工作进展情况

3月21日，外资项目审计柬埔寨培训班在京举办，总审计师孙宝厚（后排右五）出席开班仪式

4月，副审计长侯凯（后排右三）会见老挝国会经济、计划和财政委员会一行

6月18日，诺贝尔经济学奖获得者麦伦·舒尔斯教授（右）受聘南京审计学院荣誉教授

9月24日至27日，俄罗斯联邦审计院代表团到北京市审计局交流座谈

10月19日，审计长刘家义（右）会见美国联邦审计署审计长基恩·多达罗（左）

10月19日，审计长刘家义（右）会见沙特阿拉伯审计署审计长乌萨玛·贾法尔·法齐（左）

10月19日，审计长刘家义（左）与俄罗斯联邦审计院院长塔季扬娜·戈利科娃（右）正式签署双边合作工作计划

10月23日，审计长刘家义（前左）与越南审计署审计长阮友万（前右）签署双边合作协议

6月20日，审计组成员在中国援建的坦赞铁路达累斯萨拉姆火车站前合影

8月15日，联合国维和行动审计组在达尔富尔开展青年志愿者活动

4月20日，正在甘肃省西和县进行财政扶贫资金审计的审计署广电通讯审计局审计人员向芦山地震灾区捐款

5月17日，审计长刘家义（右六）到南京审计学院调研指导，并为首届审计长奖学金获得者颁奖

5月，副审计长余效明（右）为审计署青年志愿者服务队授旗

6月17日，福建省审计系统举行计算机审计技能竞赛

山东省审计厅内部审计指导中心史卫东不幸因公牺牲，7月31日，山东省审计厅召开史卫东同志先进事迹报告会

9月7日，审计署建设审计局党支部参观人民审计制度的创建者和奠基人阮啸仙故居

9月25日，审计署驻济南特派员办事处职工参加山东省省直机关第十二届运动会

10月，审计署驻广州特派员办事处在办内开展案例教学

3月，审计署驻太原特派员办事处聘请环保、规划等相关领域专家，检查河流综合整治及河道建设项目

4月，安徽省审计人员在安徽省检察院审计现场查看施工图纸

4月，江苏省审计厅在村庄环境整治工程绩效审计中，对近两年农村清洁能源工程开展专题调查

4月20日芦山地震后，审计署驻成都特派员办事处、四川省审计厅和芦山县审计局及时开展抗震救灾资金和物资分配管理使用情况全过程跟踪审计

5月，审计署驻沈阳特派员办事处审计人员在财政扶贫资金审计中深入农村联户养殖圈舍，了解农村联户养殖扶贫资金政策贯彻落实情况

5月，审计署驻兰州特派员办事处审计人员在兰渝铁路桃树坪隧道实地查看隧道施工情况

5月22日，审计署驻昆明特派员办事处审计人员在辽河油田钻井现场开展审计

7月，新疆巴音郭楞蒙古自治州审计人员赴阿勒泰地区富蕴县开展草补资金审计项目入户调查

7月，审计署驻西安特派员办事处审计人员在内蒙古多伦煤化工厂审计现场

8月1日起，大连市审计局对全市9个县（市、区）、55个乡镇政府及有关部门债务分布情况进行审计

9月，审计署驻深圳特派员办事处为贵州省剑河县南脚审计希望小学优秀学生颁发奖学金

长江三峡工程竣工财务决算草案审计期间，部分参审人员在三峡大坝前重温入党誓词

《中国审计年鉴2014》编辑委员会

《中国审计年鉴 2014》特邀编辑

编辑说明

一、《中国审计年鉴 2014》是由中华人民共和国审计署主办并组织编纂的第十八部年鉴，具有较强的权威性、资料性、实用性、前瞻性和馆藏价值。本卷年鉴全面、系统、集中地反映了我国 2013 年审计工作发展的总体概况，起讫时间为 2013 年 1 月 1 日至 2013 年 12 月 31 日。

二、本卷年鉴以邓小平理论和“三个代表”重要思想为指导，以科学发展观为统领，以记录中国审计工作进展、展示中国审计总体风貌、探索审计事业发展规律、推动审计工作健康发展为编纂宗旨，具有专业特色。

三、本卷年鉴文字部分由“特载”“世界审计组织第二十一届大会”“审计署工作概况”“地方审计机关”“科研、培训、出版、学术团体”“审计理论与科研”“内部审计”“重要财经审计法规文件”“审计结果公告”“审计署领导重要活动大事记”“审计工作统计”“附录”等部分组成。

四、本卷年鉴基本保持了以往的编纂体例和风格。图片部分有“特载”“世界审计组织第二十一届大会”“会议回放”“领导调研”“国际交往”“境外审计”“基础建设”“一线风采”等，以求直观地反映审计工作风貌。

本卷年鉴没有收录解放军审计署的内容。

五、本卷年鉴采用栏目、条目、统计表等体例分类排列，栏目下设类目和条目。各类目和条目在字号、字体及编排上有所区别，以便读者阅读。

六、本卷年鉴采用的稿件均由审计系统和相关部门提供。在编辑过程中得到了各级审计机关的大力支持和协助，在此深表谢意。

由于编辑人员水平有限，缺点和遗漏在所难免，敬请广大读者批评指正。

《中国审计年鉴》编辑部

2015 年 3 月

目　录

特　载

世界审计组织第二十一届大会

审计署工作概况

地方审计机关

科研、培训、出版、学术团体

审计理论与科研

内部审计

重要财经审计法规文件

审计结果公告

审计署领导重要活动大事记

审计工作统计

附　　录

Table of Contents

Special Issues

The XXI INCOSAI

Overview on the Work of CNAO

CNAO Dispatched Offices

Resident Audit Offices of the CNAO

Local Audit Institutions

Scientific Research, Training, Publication and Academic Institutions

Audit Theories and Researches

Internal Audit

Major Laws and Regulations for Financial and Economic Audit

Audit Findings Announcements

Chronicle of Events

Audit Statistics

Appendix

特 载

关于2012年度中央预算执行和其他财政收支的审计工作报告

——在第十二届全国人民代表大会常务委员会第三次会议上

（2013年6月27日）

刘 家 义

全国人民代表大会常务委员会：

我受国务院委托，向全国人大常委会报告2012年度中央预算执行和其他财政收支的审计情况，请审议。

2012年，审计署在党中央、国务院的领导下，依照宪法和审计法等法律法规，围绕党和国家工作中心，加强对重点领域、重点部门、重点资金、重大政策执行的审计监督。从审计情况看，各部门各地区认真执行十一届全国人大五次会议有关决议，努力推进各方面工作，保持了经济社会的平稳较快发展，完成了全国人大批准的2012年度预算任务。中央公共财政收入年初预算为55920亿元，预算执行报告数为56132.42亿元，决算草案报告数为56175.23亿元，加上年初从中央预算稳定调节基金调入2700亿元，使用的收入总量为58875.23亿元；中央公共财政支出年初预算为64120亿元，预算执行报告数为64148.27亿元，决算草案报告数为64126.31亿元，加上补充中央预算稳定调节基金248.92亿元，支出总量为64375.23亿元；中央公共财政赤字为5500亿元，与预算持平；年末中央财政国债余额为77565.7亿元，控制在全国人大批准的年度预算限额之内。

——实施积极的财政政策，财政的保障和调控能力不断增强。在加大结构性减税、扩大“营改增”试点的基础上，依法加强收入征管，中央公共财政收入比上年增长9.4%。优化财政支出结构，中央财政住房保障、农林水、节能环保、社保、医疗卫生和教育支出分别增长44.6%、25.3%、23.1%、22%、17.2%和15.7%，有效发挥财政政策在推动结构调整和协调区域发展中的作用。

——推进财政管理改革，预算的规范化和公开程度不断提高。完善县级基本财力保障机制，中央财政奖补资金比上年增长38.7%，基本消除了县级基本财力缺口。实行全口径预算管理，政府预算体系更加完善，纳入中央国有资本经营预算的企业增加到963户。预决算公开实现常态化、机制化，97个中央部门公开了部门预算，“三公”经费公开取得重要进展。

——依法整改上年审计查出的问题，财政财务相关制度建设不断加强。各单位和地区补征税款、追回资金、调整账目等涉及1056亿元，挽回和避免损失137亿元，纠正违规用地30多万亩；根据审计建议，制定完善规章制度1600多项；审计查出的112起案件线索移送有关部门依法查处后，已有660多人被依法处理。具体整改情况，国务院已向全国人大常委会专题报告，审计署已于2013年1月16日向社会公告。

一、财政管理审计情况

重点审计了公共财政预算、政府性基金预算、国有资本经营预算的执行情况，以及中央财政决算草案的编制等情况。从审计情况看，2012年，财政部和发展改革委等部门注重加强统筹管理，突出民生等重点支出，从严控制一般性支出，推进预算公开和投资项目公示制度，预算和投资管理水平有所提高。但财政管理制度还不够健全，预算执行中变动较多，财政资金的使用绩效也亟须提高。

（一）公共财政预算管理情况。

1. 有些事项列报不规范。财政部向全国人大报告预算执行情况时，未报告中国清洁发展机制基金运营收入等5.95亿元。财政部在执行全国人大批准的预算中，下划本级支出129.08亿元，上划转移支付177.83亿元。

2. 年初部分预算仍未落实到项目和单位。据实结算项目中，科技重大专项预算146.46亿元仅列示了总数；批复的部门预算中，有118.92亿元是14个部门的43个“打捆”项目预算；在部门申报的预算之外，财政部还批复暂列发展改革委和能源局部门预算的项目支出2.5亿元。

3. 部分投资安排给不符合条件的单位或项目。发展改革委向不属于绿色农用生物产品高技术产业化、粮食现代物流专项范围的14个项目下达投资5200万元，向虚构申报材料或不符合条件的6个项目下达投资2420万元，还超出年度计划或补助申请向58个项目下达投资9.77亿元。

4. 有的项目多头安排投资、资金分配过于分散。2012年，发展改革委的两个司在4个专项中对12个锂离子正极材料项目都安排了投资，共计9954万元，最低的仅300万元。同时，将12亿元国家服务业发展引导专项投资切块下达给各地的544个项目，平均每个项目220万元，中央投资在地区项目总投资中的占比最低仅1.3%，难以起到引导作用。

5. 未按程序下达投资计划159.64亿元。其中：14个专项的发展规划、具体补助范围或工作方案尚未确定，33个项目的可行性研究报告、初步设计、用地手续、概算调整或资金申请等尚未批复。

6. 部分预算和投资计划下达滞后。在追加的部门预算中有739.02亿元（占51%）、投资计划中有112.37亿元（占2%）未按要求于9月30日前下达；转移支付预算中有10900.7亿元（占27%）未按要求在全国人大批准后90日内下达。上述情况影响预算执行进度，抽查中央投资安排的12个项目，至2013年3月底有19.37亿元（占55%）未使用，其中3个项目尚未开工。

7. 区域性税收优惠政策较多，影响税收政策的统一性和公平性。至2012年底，已批准并正在执行的区域性税收优惠政策有16种，涉及各主要税种；还有70多个地区以“改革实验示范区”等名义申请区域性税收优惠等待审批。

（二）政府性基金预算管理情况。

1. 基金支出预算采取以收定支方式编制，部分年初预算没有确定项目，与实际支出存在差异。一是中央本级代编的项目预算执行率低，其中8项基金代编预算112.97亿元全部未执行。二是执行中项目调增调减，涉及预算共计734.15亿元，相当于年初预算的60%。三是下达不及时，未提前告知各地基金转移支付预计数，且有88%的转移支付预算是6月30日以后才下达的；12月份还追加中央本级基金预算24.08亿元、追减4.26亿元。

2. 财政部向全国人大报告预算执行情况时，未细化报告用港口建设费超收收入安排新增支出4.33亿元，预算级次下划26.2亿元、上划10.75亿元；未分项报告各项基金的结转情况。

3. 国家电影事业发展专项资金需要清理规范。该项资金设立于1991年，目前按电影票房收入的5%收取。2012年收入7.69亿元、支出5.25亿元，其中先征后返各省及相关影院4.27亿元（占81%），补贴电影创作3650万元，至年底累计结余7.28亿元，大量资金未安排使用，对电影事业发展支持作用有限。

（三）国有资本经营预算管理情况。

1. 预算范围不完整。至2012年底，还有约

4000户中央部门所属企业（资产约占中央非金融企业的11%）未纳入国有资本经营预算。

2. 预算编报和执行不规范。国有资本经营年初预算有804.97亿元（占92%）没有细化落实到具体企业和项目，其中财政部代编183.97亿元，批复国资委的621亿元仅明确了支出分类；批复的56.6亿元预算的项目类型与用途不匹配。从执行情况看，国有资本经营预算按企业年报利润确定上缴收入再安排支出，受年报公布时间影响，2012年有97%的收入是9月以后入库的，有82%的支出是10月以后下拨的，影响当年预算执行。

3. 预算分配未能充分体现政策要求。按规定，国有资本经营预算主要用于国有经济布局和结构调整、国家战略和国家安全等关键领域及重点行业，但2012年安排企业的862.58亿元中，有22%投入了建筑、商业、旅游等非关键领域，还有11.46亿元新兴产业发展支出安排给不符合条件企业；部分资金分配较散，预算投入不足1亿元的有662个项目，如安排中国医药集团总公司13个项目的资金合计仅8万元。

（四）财政管理绩效情况。

1. 中央本级财政资金闲置较多。2012年，公共财政预算收入中有近5%规定了专项用途，不能统筹安排使用，车辆购置税收入年底累计结余就达37.7亿元；104个部门本级有396.4亿元结余结转资金，其中22个部门项目支出结余结转超过当年预算的35%，最高达189%；政府性基金预算中，新增建设用地有偿使用费、彩票公益金、核电站乏燃料处理处置等基金连年结转，余额累计达339.24亿元。

2. 绩效评价覆盖面较低。中央部门项目绩效评价工作从2006年就开始实施，但2012年开展绩效评价的项目仅381个、涉及资金139.38亿元，仅占部门项目预算的1.5%。

（五）转移支付管理情况。

1. 转移支付结构不够合理。2012年，中央转移支付占中央公共财政支出的比重为62.77%；专项转移支付加上一般性转移支付中具有限定用途的5项资金后，实际规定了专门用途的转移支付占中央转移支付的比重为64.42%。

2. 转移支付管理不够完善。285项专项转移支付中，有31项尚未制定管理办法，有25项因投入市场竞争领域、投向交叉重复等需要清理整合；抽查的18个省本级有34%的中央转移支付未编入其年初预算，其中专项转移支付有53%未编入。

3. 部分专项转移支付分配不够规范。有的多头分配，抽查质量技术监督补助等3个专项共计9.8亿元，由财政部和主管部门切块后分别分配，且分配方法和标准不同。有的资金使用分散，抽查的2290.31亿元中央专项转移支付，共分配给18个省的3.7万多个项目，其中50万元以下的项目占44%。

4. 拨付地方的部分专项转移支付层层结存。抽查能源节约利用、可再生能源和资源综合利用三个款级科目转移支付资金在18个省的使用情况发现，至2012年底，这些地方当年收到的420.92亿元中央专项资金中，有177.45亿元（占42%）结存在各级财政或主管部门。同时，拨付到项目单位的资金有7.73亿元（占1.8%）被虚报冒领、挤占挪用；抽查的1908个项目中，有443个（占23%）实施进度慢或建成后未实现目标。

（六）预算收支基础管理情况。

1. 公共财政预算、政府性基金预算和国有资本经营预算功能界定尚不清晰。主要是交叉安排资金，如扶贫、医疗救助和防汛度汛等支出，公共财政预算和政府性基金预算分别安排577.76亿元、33.07亿元；对国资委管理的中央企业，国有资本经营预算、公共财政预算、政府性基金预算分别安排825.17亿元、1138.99亿元、128.19亿元，其中对20户企业的专项补助支持对象相同、项目内容基本类同。

2. 账户管理不规范。中央本级的3个金融机构共管基金专用账户未按规定归口财政部国库司管理，而是由金融司管理；有5个部门仍使用过渡账户收缴30项非税收入109.87亿元。

3. 将应通过财政直接支付方式支付到收款人或用款单位的财政资金采用授权支付方式，涉及21个部门、442.18亿元支出，其中部分资金被转入部门实有资金账户，影响国库集中支付管理的实际效果。

4. 金财工程应用支撑平台已验收一年多，仍未通过平台实现中央与省级财政的数据交互和共享，中央预算编制等3个核心业务系统未纳入平台，对同一单位的编码不一致，数据库和编码体系不统一。

（七）决算草案编制情况。

1. 决算草案编制的程序、时限、方法以及调整事项等不够完善。

2. 决算草案未分科目、分级次列报预算变更情况。对2012年公共财政预算执行中的变更，涉及预算增加3911亿元、减少2425亿元，均未在决算草案中详细列示。

3. 决算草案未上报决算资产负债表，未反映国有股权、固定资产等资产及负债情况。

（八）对地方财政监管情况。

对18个省财政审计发现，随着改革深化和发展方式转变，当前地方财政运行中出现一些矛盾和问题，相关管理体制和机制也不完全适应，主要体现在：

1. 政府职能范围不够清晰。一方面，有的地方政府违规出台招商引资优惠政策或用财政资金补贴竞争性企业，18个省至2012年底仍在执行的自定财税优惠文件有760多份，近两年向企业减免或返还税费371.31亿元；还将75.25亿元财政资金用于补贴或兴办竞争性企业，其中8.05亿元补给了限制类行业。另一方面，一些地方民生等领域投入不足，抽查的54个县中有47个县的民生投入多项未达标。

2. 各级政府间事权划分不够明确。18个省2011年公共财政支出中，地方行政管理、公检法支出等明确属于地方责任的仅占21%，而教育、卫生、支农等支出责任多数未明确。同时，明确支出责任的事项也存在交叉安排情况，如18个省各级财政2011年承担上级政府部门所属单位支出54.89亿元，而中央财政安排18个省行政事业单位工资等支出974.9亿元。

3. 各级政府间财权划分不够合理。主要是地方政府缺乏收入及预算自主权。18个省2011年的省域税收中，中央财政分成52%，省、市、县各级分成9%、13%、26%；地方税体系建设相对滞后，地方各级税收收入不能满足其当年公共财政支出的一半，其中地方独享税仅够23%。地方支出又受达标增支政策的约束，其中教育、农业和科技等法定增长占公共财政支出的比例，省本级为25%、市本级和县分别为16%、28%，此外还要执行39项中央部门达标增支政策。

4. 一些地方财政管理不够规范。审计18个省本级财政收支发现，少计收入535.62亿元、多计支出223.69亿元，还有3个省本级采取当年征收次年返还或以财政借款缴税等方式虚增公共财政等收入99.54亿元（占7%）。财政资金管理也不严格，18个省本级设立的财政专户多达478个、存款余额相当于其国库库款的44%，其中49个属违规开设；转作定期存款或理财产品的2795.84亿元财政资金中，没有管理制度、未报备或公开招标的，涉及1863.67亿元（占67%）；借给企业488.3亿元，而且有30%未签借款协议、44%逾期1年以上。

对审计指出的问题，相关方面正在研究完善制度，并收回和归还挪用资金3.63亿元，督促加快部分项目实施进度。

二、部门预算执行审计情况

此次共审计58个中央部门，延伸审计317个所属单位；审计预算支出2742.78亿元，占这些部门预算支出总额的27%。审计结果表明，这些部门普遍建立了预算执行进度公示和预算核减机制，预算执行情况总体较好，其中55个部门公用经费控制在预算内，45个部门制定完善会议费、出国费等管理制度130多项。但一些部门预算执行仍不到位，预算的约束力有待增强。

（一）预算执行未完全到位，有的单位还虚列支出、以拨作支。由于工作计划与预算安排衔接不够、年初预算未落实到具体项目、资金拨付晚等，此次审计涉及的部门预算有16%未执行，形成结转结余356.34亿元，其中基本支出结转25.24亿元。还有11个部门本级和2个所属单位将24.23亿元预算采取虚列支出等转入项目实施单位，实际并未使用。

（二）一些单位仍存在违反财经制度规定等问题。有8个部门本级和11个所属单位通过虚报人员或项目等方式多申领财政资金1.87亿元，10个部门本级和1个所属单位为非所属预算单位申报预算1.81亿元；10个部门本级和21个所属单位套取或挪用1.15亿元，用于发放津补贴、修建办公楼等；11个部门本级和17个所属单位自定项目收费或摊派3.29亿元。此外，还发现57.79亿元非税收入收缴、资产管理和会计核算不规范等问题。

（三）相关预算管理制度与实际不适应，难以有效发挥约束作用。有的支出范围规定过于笼统，特别是基本支出与项目支出划分不清，审计发现在预算科目和支出项目间调剂使用资金 13.72 亿元，还有 4.26 亿元基本支出在项目预算中列支。有的支出标准不完善，如国内公务接待无明确标准，外宾接待标准是 1998 年制定的，一些津补贴仍执行 10 多年前标准，形成超标准列支。

（四）政府采购和招投标制度执行不够严格。其中：20 个部门本级和 11 个所属单位无预算、超预算采购 7.12 亿元；23 个部门本级和 28 个所属单位未经批准采购进口产品或超标准采购等 5.17 亿元；12 个部门本级和 28 个所属单位未按规定集中采购或公开招标采购 7.46 亿元。

（五）一些部门在计划外召开会议，有的超标准、超范围支出会议费。审计的 45 个中央部门本级 2012 年共举办会议 8698 个，包括三类及以上会议 2036 个、其他论证和评审等会议 6662 个，实际支出 6.98 亿元。审计发现，有 31 个部门计划外召开三类及以上会议 1129 个；抽查的 5423 个会议中，在非定点场所召开 459 个；抽查的 5.33 亿元会议费中，超标准列支 3954.61 万元，转嫁其他单位或挤占其他支出 4036.5 万元。

（六）因公出国（境）计划管理不严格，部分团组行程及经费使用不符合规定。审计的 45 个中央部门本级 2012 年因公出国（境）团组 4609 个，实际支出 12.13 亿元。审计发现，有 33 个部门的 884 个团组未纳入年初计划；重点抽查的 2142 个团组中，有 277 个存在出访人数、天数、地点超规定等问题；抽查的 3.99 亿元出国费中，无预算、超预算或超标准、超范围列支 3902.93 万元，还有 20 个部门将 550.13 万元出国费用转嫁给其他单位。

（七）部门决算草案部分内容编报不准确。审计部门决算草案编报情况发现，由于账务处理或报表填列不合规，42 个部门的决算草案部分内容不够准确，涉及金额合计 40.74 亿元，占审计资金总量的 1.44%。

此外，对中央预算单位是否实行部门预算管理还缺乏具体标准，2012 年实行部门预算管理的 166 个中央一级预算单位中，有 11 家单位中央财政没有安排基本支出；在不实行部门预算管理的单位中，却有 11 家单位获得财政安排的基本支出 31.14 亿元。

对审计指出的问题，相关部门已整改 9.25 亿元，并完善了计划、审批和经费管理等办法。

三、地方政府性债务审计情况

从审计 18 个省本级及省会城市本级 2011 年以来政府性债务情况看，至 2012 年底，这些地方化解存量债务 1.33 万亿元，占 2010 年底余额的 39%；清理后的 223 家融资平台公司资产负债率平均下降 4.16 个百分点。这些地方政府性债务余额为 3.85 万亿元，两年来增长 13%，其中 2011 年以后举借的占 46%。债务管理中还出现了一些新情况新问题。

（一）一些地方通过信托、BT（建设－移交）和违规集资等方式变相融资现象突出。这些地方两年间新举借的债务中，采用上述方式融资 2180.87 亿元（占 16%），其中违规集资 30.59 亿元，融资成本普遍高于同期银行贷款利率，如 BT 融资年利率最高达 20%，且不易监管，蕴含新的风险隐患。

（二）部分地区债务增长较快，有的过度依赖土地收入和举借新债偿还。审计的地区中，债务增长率超过 20%的有 4 个省和 8 个省会城市本级，最高达 65%；负偿还责任的债务率超过 100%的有 9 个省会城市本级，最高达 189%。从偿债看，4 个省和 17 个省会城市本级政府负偿还责任的债务余额中，有 55%承诺以土地收入偿还，但这些地方 2012 年需还本付息额已达其可支配土地收入的 1.25 倍。公路等行业债务大量靠借新还旧，2012 年高速公路、政府还贷二级公路债务借新还旧额分别为 453.85 亿元、170.69 亿元，其中 6 个省和 1 个省会城市本级二级公路债务借新还旧率平均 67%。

（三）一些地方债务管理不规范，融资平台公司清理不到位。2011 年至 2012 年，地方有关部门违规为 817.67 亿元债务提供担保，部分单位以虚假或不合规抵押融资 262.38 亿元；有 378.16 亿元债务资金被挪作他用，还有 271.71 亿元闲置 2 年以上。在转为“退出类”的 61 家融资平台公司中，有 55 家未完全剥离原有债务或公益性融资任务；这些地方 223 家融资平台公司 2012 年偿债资金中，有54%来源于财政和举借新债，有151家当期收入不足以偿债。

对审计指出的问题，有关地方正在研究完善债务管理制度，已归还挪用资金和违规集资等4.74亿元。

四、民生及资源环境审计情况

（一）全国城镇保障性安居工程跟踪审计情况。2012年，各级财政安排保障性安居工程资金4128.74亿元，通过贷款、发行企业债券等筹资4667.67亿元，全面完成了建设目标任务，但一些地方资金管理和保障分配还不够规范。审计发现，有57.99亿元专项资金被建设单位等挪作他用，有1.83万套住房被代建企业等违规出售，还有5333套被用于周转或出租等。抽查的保障对象中，有11.97万户的收入财产等超标或重复享受保障，涉及住房4.18万套、补贴1.74亿元。审计指出问题后，相关单位已追回资金12.71亿元，取消1.89万户家庭的保障资格，收回1500多套。

（二）农村中小学校布局调整审计调查情况。2006年至2011年，审计调查的1185个县撤并中小学9.6万所、新建和改扩建设施相对齐全的学校1.22万所，校均学生和专任教师分别增加17%、35%，进一步整合了教育资源，教学质量也有所提升。但有833个县（占70%）中小学生就学距离增加，其中270个西部县小学平均服务半径增至6.09公里、增加59%。校车和宿舍等设施配备也不到位，抽查的学校仅7%配备了校车，寄宿需求仅能满足84%，还有49.41万名小学三年级以下低龄学生寄宿。重点核实1155所学校2011年的辍学人数，比5年前增加1.1倍。审计指出问题后，有关部门和地方完善了30余项措施，恢复1099个教学点。

（三）节能减排政策执行审计情况。从审计10个省的情况看，2010年至2011年，中央和省级财政节能减排投入共计848.04亿元、支持项目2万多个。但一些地区节能减排措施执行还不到位，其中9个省的543个项目未按规定进行环境影响评价；抽查的114个建设项目中，有95个未经节能评估审查；抽查的1139个节能减排项目中，有44个未达预期效果，有2.7亿元专项资金被违规使用。审计指出问题后，有关方面完善了134个项目的环境影响评价，出台12项制度，追回或归还资金2.41亿元。

五、重大政府投资项目建设管理审计情况

（一）三峡工程竣工财务决算审计情况。审计结果表明，三峡工程建设及资金管理总体规范，各项建设任务如期完成，质量总体优良，投资控制较好，枢纽工程、输变电工程和移民资金竣工财务决算草案总金额2078.73亿元，比测算的动态投资减少406.64亿元。审计发现，由于多结算造价、多分摊建设成本等，造成决算草案多计投资7.55亿元、少计建设成本1.58亿元。据此调整后，决算总金额为2072.76亿元。

审计还发现，工程建设中，管理不到位造成增加投资8.08亿元，挪用移民资金2.79亿元，累计41.3亿元的项目未按规定招标。按审计意见，相关方面追回资金6.36亿元，完善制度57项。

（二）高速公路建设审计情况。对国家高速公路网5个干线区段的审计发现，由于缺乏充分统筹协调，一些高速公路省际衔接路段建设滞后，影响路网干线如期贯通；部分项目规划未考虑土地约束，抽查的5个省有8.32万亩高速公路用地受指标限制未办理审批；有的建设管理不规范，核查的5个高速公路区段中，有3个投资超概算47.33亿元、超出23%，还有合同金额56.1亿元的工程存在违规招标、转分包等问题，有6601万元建设资金被挪用。审计指出问题后，有关方面已追回资金6419.28万元。

（三）区域综合交通运输体系建设审计调查情况。从珠三角地区审计调查情况看，该地区通过优化布局，逐步提高了公路、轨道、水路、航空和管道等交通运输方式的综合效能，但由于体制未完全理顺，仍存在发展不协调的问题。从规划看，有12个地方交通项目与国家规划衔接不到位，个别区域跨界道路10车道与4车道对接，城乡间路网密度相差也较大。从运营看，主要是过度依赖公路运输，珠三角客、货运中公路分别占94%和69%，其他运输方式发展较慢。从筹资看，珠三角“十一五”交通投资中，银行贷款、财政投入分别占43%和30%，社会投资不足5%，一些在建项目筹资困难。对这些问题，有关部门正在研究改进。

六、国有金融机构审计情况

对5家银行贷款投放和3家银行资产负债损益的审计结果表明，这些银行积极推进经营转型和业务创新，整体实力持续提升。但有的分支机构在信贷政策执行和业务管理中还存在一些问题。

（一）部分信贷政策落实不到位，信贷管理有待加强。“三农”及中小企业的贷款分类标准不够清晰，差别化信贷政策执行不严格。审计发现，9家分支机构在小企业贷款及出口卖方信贷中额外收费4.21亿元，有的通过中间人以“统借统还”形式放贷，实际利率往往翻倍；27家分支机构向手续不全或担保不合规等项目放贷284.43亿元。此外，还有183.91亿元贷款被客户挪用；有22亿多元被转入民间金融市场，用于高利转贷或归还民间借款，其中13亿元已形成不良。

（二）一些分支机构为满足考核或规避监管，人为调节存款和信贷资产质量指标。审计发现，4家分支机构违规虚增存款11.63亿元，有的还将同业机构存款作为一般对公存款核算，以满足考核要求；有18家分支机构用新增贷款或通过第三方企业承接债务等方式置换逾期贷款76.36亿元，有的未按实际及时调整资产质量分类，以掩盖资产质量问题。

（三）银行间债券市场关联交易输送利益问题较为突出。审计共发现此类问题11起，涉及非法输送利益6亿多元，主要是一些工作人员利用主管或操作债券交易便利，以银行间债券市场价格波动为掩护，将其所在机构持有的债券低价卖给指定企业再加价回购，或由指定企业加价转售，特定关系企业基本是无本套利。

审计指出问题后，相关监管部门和银行制定完善制度100多项，已收回违规发放或挪用贷款220.3亿元，处理693人次。

七、国有企业审计情况

从审计调查53户中央骨干企业发展情况看，2008年以来，这些企业竞争力总体上明显增强，2012年底资产总额达25.47万亿元，营业收入、净利润年均增长超过15%，但经营绩效在2010年达高点后渐趋回落，净资产收益率从10.9%回落到6.4%。除受经济形势影响外，也反映出国有企业发展相关制度和机制还不健全。

（一）部分企业投资管理不规范，创新机制尚不完善。目前，对国有企业的考核监管偏重于资产增值和收入利润等，一些企业盲目跟风投资多晶硅、风电、煤化工等项目，有的片面追求做大，投资管理不够规范，审计发现45个建设项目未经国家有关部门核准就先行建设，截至2011年底实际完成投资583.37亿元。在科技创新上，53户企业科技投入增长总体滞后于生产经营规模发展，对重大技术攻关和推广应用的一些激励措施落实也不到位。

（二）法人治理结构尚不健全，一些企业会计核算不准确。53户企业中有21户未按公司法注册，仍实行总经理负责制；有45户内部层级超过4级、最多达11级，子公司不当及违规决策时有发生，此次审计发现1784项重大经济决策不合规，形成损失及潜在损失45.57亿元。一些企业为完成考核指标或少缴税款等，虚构销售或成本费用，影响会计核算的准确性，重点抽查的10户企业2011年收入不实46.65亿元、利润不实36.37亿元，还违规发放补贴、购买商业保险等5.57亿元。

对审计指出的问题，相关企业建立健全规章制度684项，补缴税款和挽回损失11.59亿元，并处理了71名责任人员

八、审计发现的重大违法违规案件情况

在审计中，发现并移送重大违法违规问题和经济犯罪案件线索175起，涉及630多人，有关部门正在依法立案查处。这些案件涉众性强、利益链条长，多为“窝案”“串案”，呈现出一些新特点：

（一）有的利用权力设租寻租。审计共发现此类案件21起，主要是在行政审批、工程建设、财政补贴、贷款发放、业务经营等过程中，有的公职人员通过违规插手招投标、协助“公关”甚至直接参与造假等方式，向特定关系企业或亲友输送利益，其中一些企业甚至随公职人员异地调动而长途迁移。

（二）有的借助内幕交易或关联交易侵权牟利。审计共发现此类案件9起，主要是有关人员利用掌握的矿产储量、上市公司业绩、基金投资策略等非公开信息，提前低价买入，等待市场估值高涨后再倒手卖出，从中牟利或向关联方输送利益80多亿元，参与倒卖探矿权的有关企业及个

人实际不具备探矿资质和资金技术实力。

（三）有的实施方式网络化。审计发现，一些人员利用网上银行大规模转移资金，参与单位达5000余家，起核心组织作用的88户企业存在明确上下游分工，巨额资金跨地区多账户频繁划转，最终用于非法经营等。此外，由于对第三方支付平台等监管难度大，有的低俗网站、网络赌博及“钓鱼”诈骗等通常借助其进行资金结算或交易。

（四）有的侵害公众利益。审计发现的17起虚开药品增值税发票案件涉及金额15亿元，有关药品经销商在涉嫌偷逃税款的同时，还利用假发票套取资金用于支付回扣，诱使相关医院高价购买特定药品、开大处方。

对本报告反映的具体审计情况，除财政管理审计情况外，其余已向社会公告，详细情况以附件形式印送各位委员。下一步，审计署将继续做好审计结果公告工作，并认真督促整改。整改的全面情况，国务院将在年底前向全国人大常委会专题报告。

九、加强财政管理的意见

当前，我国经济及财政收入高速增长势头放缓，民生等方面刚性支出不断增长，财政收支矛盾凸显，潜在风险不容忽视。上述财政管理及预算执行中的问题，很多是长期累积的一些深层次原因造成的，审计近年已多次指出。要从根本上解决，必须切实转变政府职能和发展方式，健全完善有利于科学发展的体制机制。

（一）加快推进改革，健全财权与事权相匹配的财政体制。当前重点：一是合理划分各级政府间事权，目前能明确的事权尽快通过法律法规确定，暂时不能明确事权的也应界定支出责任。二是按税种的经济属性划分中央与地方收入，充实地方税体系，保障其履行事权所需的财权。三是制定科学合理的转移支付分类标准，切实提高一般性转移支付比重，清理撤销不属于中央事权的专项转移支付，严格专项转移支付设立的审批权限和程序。

（二）加强制度建设，完善政府预算体系和会计制度。当前重点：一是加快健全统一规范的政府预算体系，将政府收支全面纳入预算管理，正税清费，促进各类预算有机衔接，强化预算约束。二是逐步建立政府财务报告制度，编制包括政府资产负债、现金流量等内容的政府财务报告，全面反映政府的财务状况和运营绩效。三是健全基本支出定员定额和项目支出标准，规范相关预算口径，加大预算公开力度，提高预算公开质量。

（三）优化收支结构，增强财政的宏观调控和公共服务能力。当前重点：一是注重增收节支，厉行勤俭节约，严格控制一般性支出和“三公”经费，降低行政成本，提高行政效能。二是突出政府的公共服务和社会管理职能，加快健全以税收、社会保障、转移支付为主要手段的收入再分配调节机制，提高公共服务均等化水平。三是强化对地方财政收支的监管，清理规范各级各类财税优惠，维护统一公平的市场竞争环境。四是加快制定并实施有利于促进主体功能区建设的财税政策，更好地推动转型发展。

（四）提高财政资金使用绩效，防范财政风险。当前重点：一是加强财政收支统筹协调和综合平衡，改进绩效管理，增强各项政策的可持续性，更加稳妥地实行积极的财政政策。二是继续清理财政专户，逐步将财政资金全面纳入国库统一管理，在保证支付的前提下合理安排国债发行的节奏和规模。三是加强地方政府性债务管理，进一步清理规范融资平台公司，抓紧建立和完善地方政府性债务规模管理和风险预警机制，实现对地方政府性债务的全口径管理和动态监控。

委员长、各位副委员长、秘书长、各位委员，我们一定在以习近平同志为总书记的党中央领导下，忠实履行法定职责，为推进法治、维护民生、惩治腐败、推动改革、促进发展、实现伟大的中国梦做出更加积极努力！

（本报告涉及的省、自治区、直辖市统称为省；地级行政辖区统称为市；县级行政辖区统称为县。）

在全国审计机关党风廉政建设工作视频会议上的讲话

（2013年3月27日）

刘家义

同志们：

党风廉政建设至关重要，党和国家历来高度重视。党的十八大指出，反对腐败、建设廉洁政治，是党一贯坚持的鲜明政治立场，是人民关注的重大政治问题；在中央纪委二次全会上，习近平总书记指出，要以“踏石留印、抓铁有痕”的劲头抓下去，坚持有腐必反、有贪必肃；在刚刚结束的国务院廉政会议上，李克强总理强调，廉洁是政府公信力的基石，要建设一个廉洁政府。这次会议的主要任务是传达贯彻党的十八大、中央纪委二次全会和国务院廉政工作会议精神，研究部署审计机关党风廉政建设工作。刚才，传达了国务院廉政工作会议的主要精神，陈蔷同志做了审计机关党风廉政建设工作报告，各级审计机关要抓好贯彻落实。在这里，我再强调三个问题。

一、围绕推动依法治国、完善国家治理这个核心，更好地履行审计监督职责

要完成党的十八大提出的目标任务，落实好李克强总理提出的经济持续发展、民生不断改善、社会公平公正这三大任务，其中一项重要保障就是清正廉洁。清正廉洁、反腐倡廉要靠法治来推进，要靠法律来保证。当前和今后一个时期，审计工作就是要围绕推动依法治国、完善国家治理这个核心，依法履行审计监督职责，维护宪法和法律的尊严，推进用法治精神来建设现代经济、现代社会和现代政府，为经济社会发展做出积极贡献。审计中重点要抓住以下六个方面：

（一）*要揭示和反映法律法规不完善问题，促进法规健全。*在当前法治建设中，由于经济社会转型、改革开放不断深化，一些领域法律法规没有及时跟进，出现“无法可依”问题；一些领域法律法规不符合或滞后于实际发展的需要，出现“有法不能依”问题；一些领域法律法规的针对性和操作性不强，出现“有法难依”的问题。审计作为覆盖所有财政资金的经常性监督制度，没有部门既得利益的羁绊，有条件及时把握法律法规在动态执行中出现的矛盾和冲突，也有责任及时推动行之有效的制度措施上升为法律法规，使法律法规不断完善，从而推动整个经济社会科学发展，推动党的十八大各项目标的实现。审计中，我们不仅要摸清被审计事项的真实情况和存在的突出问题，还要对相关法律法规进行深入研究，揭示法律法规不衔接、不配套以及不适应、不利于甚至阻碍科学发展等问题，积极提出加强法制建设的建议，促进法律法规的健全完善。

（二）*要揭示和反映有法不依、执法不严问题，促进严格执法。*社会主义的法治原则，其中很重要的就是有法必依、执法必严、违法必究。有法不依、执法不严，直接危害政府的公信力和执行力。在审计中，要着力检查法律法规的执行情况，及时揭露和查处有法不依、执法不严、徇私枉法、以权压法、以言代法等问题，切实维护法律尊严；要着力监督检查财政、金融、产业、土地、税收、环保等重大经济政策和中央宏观调控措施的贯彻执行情况，及时发现和纠正上有政策、下有对策，有令不行、有禁不止等行为，促进和保障中央政令畅通；还要着力检查法规的执行效果和政策目标的实现情况，促进法规政策更加有效，更好发挥作用。

（三）要揭示和反映重大违法违规问题和经济犯罪案件线索，促进违法必究。查处重大案件线索，是审计机关在反腐倡廉中的重大责任。我曾经多次讲过，如果在我们法定的职责权限范围内应该查出来却没有查出来，查出来了没有如实报告，报告了没有依法处理，不仅是工作上的失职，还可能产生包庇和纵容犯罪的后果，在客观上起到“保护伞”的作用。所以，在审计中，要切实加强对重大违法违规案件、重大失职渎职行为、重大决策失当、重大损失浪费、重大管理漏洞等事项的揭露和查处；对发现的案件线索，要锲而不舍地一查到底，绝不退缩、绝不手软，切实做到违规必查、违法必究。在这方面，同志们要理直气壮、无所畏惧、无私无畏。我们查出来的东西，凡是报到署里来的，一定要件件有着落。

（四）要揭示和反映不作为、乱作为问题，促进政府职能转变和工作作风转变。中央做出改进工作作风、密切联系群众的八项规定，署党组下发了执行这一规定的 18 项具体措施，各地党委、政府也制发了相应的贯彻措施。同时，国务院机构改革和政府职能转变方案也在有序实施。为此，审计机关要及时跟进，对各部门贯彻落实中央八项规定情况，对各部门厉行节约、勤俭办事情况，对各部门“三公”经费的使用情况，对机构改革和职能转变方案的实施情况，特别是涉及机构撤并、重组的部门和单位资产、资金情况，都要加强审计监督。在日常审计中，对一些不作为、乱作为行为，特别是借发展经济之名损害群众利益的违法行使职权等行为更要加大审计力度，保障改革顺利推进。要进一步加强领导干部经济责任审计，督促和约束领导干部依法履职行权，真正做到有权必有责，用权受监督，失职要问责，违法要追究。要加大审计结果公开力度，正如总理所说，“公开是原则，不公开是例外”，推动权力在阳光下运行。

（五）要揭示和反映经济社会运行中的风险隐患，维护国家经济安全。在今天的国务院常务会议上，总理讲了当前的经济形势，我们的机遇很多，但是风险和挑战也很多。所以，在审计中，要着力关注各种风险隐患，善于从审计财政财务收支入手，发现和揭示经济表象背后蕴含的风险及漏洞。当前，特别要关注发展中面临的经济增速放缓与产能相对过剩矛盾加剧、经济发展需求与资源环境约束问题突出、财政金融领域潜在风险增加等情况，要关注工业化、信息化、城镇化和农业现代化发展趋势，关注可能出现的“两高一资”反弹、地方政府性债务等风险，对于发现的风险要及时提出建议，推动及时堵塞制度漏洞、妥善处置和避免损失，维护经济社会安全。

（六）要揭示和反映体制机制不完善问题，促进改革创新。我们要充分发挥好审计政策性、政治性、法治性和专业性较强的优势，重点关注财政预算、国有土地使用权及采矿探矿权出让、国有产权交易、工程项目招投标、政府采购、保障性住房管理等方面制度建设和执行情况，透过审计涉及的众多纷繁复杂的现象，深入分析体制机制制度性问题，推动进一步深化改革。要密切关注经济社会运行的新情况、新问题，关注各项政策措施的协调配合情况，促进增强改革的系统性、整体性和协同性。

二、构建不想腐、不能腐、不敢腐的廉政风险防控体系，切实加强审计机关廉政建设

审计机关监督别人，首先必须管好自己。打铁还需自身硬。我们一定要通过加强制度建设，用铁的纪律来打造审计铁军，行使好审计监督权力，做到用权搞审计、以权建队伍、有权强监管、无权办私事。

（一）完善教育制度，强化廉洁自律。要做到廉洁自律、强化自我教育，就要学习贯彻执行好两大基本法和三大重要法。所谓两大基本法，就是《中国共产党章程》和宪法；三个重要法，就是《关于党内政治生活的若干准则》《中国共产党党员领导干部廉洁从政若干准则》和刑法。这些是我们每个党员、每个公务员和每个公民必须遵守的，建议大家要随时带在身边、随时拿来读读、随时用来对照自己的言行。在此基础上，要重点做好以下几个方面工作。一要加强理想信念教育。习近平总书记在谈到理想信念时多次强调亿万国人的“中国梦”。我常常思考，作为审计干部，也应该有属于我们事业的共同梦想：对整个社会而言，就是通过加强审计监督，促进公职人员依法用权，让违法违规行为无处遁形；对审计事业而言，就是每个审计干部都能廉洁自律，克己奉公，增强事业感、荣誉感和责任感，共同推动审计事业蓬勃发展。大家一定要正确认识和处理“大我”与“小我”的关系，深刻领会“审计事业发展了，个人也能取得发展进步”；各级审计机关要组织深入学习党的十八大精神、习近平总书记和李克强总理的一系列讲话，进一步坚定审计干部的理想信念，矢志不渝地为中国特色社会主义共同理想而奋斗。二要抓好反腐倡廉教育。要将反腐倡廉教育作为一项基础性、经常性的工作来抓。从形式上来说，既要注重正面宣传引导，又要注重反面警示教育；从方法上来说，既要注重思想理论上加以深化，又要注重结合具体案例进行指导；从内容上来说，既要深入开展法制和党纪教育，又要深入开展党性党风教育。三要加强廉政文化建设。在审计系统要大力弘扬廉洁精神、培育廉政理念、塑造先进典型，使廉洁从政、廉洁从审成为全体审计人员的行为准则，形成尚廉求进的文化氛围。

（二）完善管理制度，强化权力制约。没有规矩不成方圆。我们要把建立制度，把依靠制度管人、管事、管钱、管物，把执行制度与落实责任制紧密地结合起来。一要用制度管好人。进一步加强审计干部管理相关制度建设，深化干部人事制度改革，强化各项用人制度的衔接。建立和完善巡视制度，继续完善领导干部廉政档案制度和领导干部任前廉政谈话、诫勉谈话和函询制度，严格执行领导干部报告个人事项制度。二要用制度管好事。要优化审计机关廉政风险防控机制，尽快出台审计现场管理办法，完善审计组廉政监察员等制度，对审计计划、实施、审理、报告等环节实行全过程监督。进一步推进审计政务公开，加强预算分配和执行、内部管理、干部人事工作等方面工作的透明度。三要保障制度的有力执行。“喊破嗓子不如甩开膀子”，制度不能仅仅挂在嘴上、写在纸上、贴在墙上，关键是要落实在行动上。对已经制定的制度，要认真付诸实施；对正在执行的各项制度，要努力执行得更好。署办公厅等部门要切实发挥好督办的职能，人事部门要将制度执行情况纳入各部门、各单位的年度考核指标。

（三）完善监督制度，强化问责惩戒。要将审计机关的权力运行始终置于监督之下。一要加强自身监督。各单位要进一步排查本单位廉政风险点，对权力责任进行分析，针对易出现廉政风险的薄弱环节和风险点，加大监督防控力度。各级审计机关的领导干部要主动接受经济责任审计，纪检组长要切实发挥好“提醒”“报告”职能，审计人员也要加强相互监督；重要事项，无论是人事任免，还是审计信息，都要依法予以公开，接受大家监督。要坚持常态化监督，继续推进对重点审计项目的廉政跟踪检查。二要健全外部监督。坚持和完善特约审计员制度，切实发挥特约审计员的监督提醒作用。坚持聘请监察、财政、特约审计员等外部监督机构和人员，搞好审计机关预算执行审计。高度重视群众来信来访提供的各种线索，善于在海量信息中发现敏感事件，把举报作为查处贪腐行为的重要线索之一。三要依法问责惩处。各单位对于出现的作风问题，要及时加以纠正；对于存在的苗头性问题，要及时警示和诫勉，防止铸成大错；对于贪污腐败问题，无论涉及谁，都不能遮瞒，都要一查到底，坚决追责。

三、用良好的作风练内功、树形象、提能力，以实际行动落实中央八项规定新要求

审计工作不只是审计部门的工作，而是党和国家工作的组成部分；审计制度不只是审计部门的制度，也是党和国家政治制度的组成部分；审计监督不只是审计部门的监督，而是党和国家监督体系的组成部分。所以，审计工作具有很强的政治性、政策性、法治性和专业性。完成这样的使命，履行好我们的职责，必须切实改进作风，遵照总书记的要求，厉行勤俭节约，反对铺张浪费；按照总理的要求，用简朴来取信于民、造福人民。

（一）要力戒心态浮躁和急功近利，在“实”字上下功夫。各项工作要立足于“实”、扎根于“实”。一要重实际。我们有的同志作风浮躁，耐不住寂寞，热衷于做表面文章；有的同志干工作光动嘴不动手，说得多、做得少，热衷于指挥调度；有的同志急功近利，总想走捷径，挖空心思，热衷于搞“轰动效应”。这些都是作风不踏实的表现，既不利于个人进步，也有害于审计事业发展。各单位必须坚持从思想源头入手，教育审计人员脚踏实地，养成实心实意求实际的作风，抵制各种浮躁肤浅风气的影响。二要讲实干。切实改进工作方式，办实事、抓落实，领导干部要靠前指挥，多到审计一线去，解决实际问题；要把审计质量作为审计工作的“生命线”，做实审计各环节的质量控制，强化审理和质量检查；要落实重大事项的督办检查，确保一件事抓到底、抓出头。三要求实效。健全审计项目后评估和优秀项目评选制度，改进和优化审计机关考核办法；完善以工作实绩为重点的干部考核激励机制，把踏实肯干、成绩优秀的干部选拔到更重要的岗位上来，在审计系统营造注重实效的工作氛围。

（二）要反对贪图享受和奢侈浪费，在“简”字上下功夫。各级审计机关要按照国务院关于倡俭治奢的要求，坚持勤俭节约，努力转变作风。一要继承艰苦奋斗精神，简朴做人。要把艰苦奋斗的精神内化于心，努力践行审计人员核心价值观，牢记使命、忠诚奉献，自觉抵制错误观念的侵蚀；要把艰苦奋斗的精神外化于行，坚决抵制贪图享受、盲目攀比、铺张浪费等腐化堕落习气的干扰，做不畏艰难、不图享受、简单淳朴、无私奉献的审计人。二要严格控制费用支出，简洁办事。严格预算执行和遵守财经纪律，切实简化公务接待、严控各种庆典纪念活动、从简办文办会，实现会议费、出国费总额零增长。三要切实提高审计效能，简肃从审。古人讲“政尚简肃”，说的就是政事贵在从简、从严。审计工作也要注重节约审计资源，精简工作流程，提高审计效率，做到工作讲效率、运行讲效益。

（三）要克服形式主义和脱离群众，在“深”字上下功夫。推动审计工作深入发展，必须坚持密切联系群众。一是深入基层、改进调研。现在，群众形容一些干部下基层为“井里的葫芦”，看似深到了下面，实际还浮在水面。我们要引以为戒，杜绝走马观花、蜻蜓点水式的调研作风，带着实际问题开展调研，使每一次调研都能形成实在实用的调研成果。二是深入人心、体现关怀。要尊重审计干部尤其是一线审计人员的主体地位，深入了解他们的学习、工作和生活情况，开展经常性的谈心交心活动，充分激发他们的主动性、积极性和创造性。要把关怀落到实处，在政策规定允许的范围内，及时帮助家庭困难审计人员解决实际问题，做好服务保障。三是深入群众、接受监督。要始终把审计置于群众监督之下，坦诚接受人民群众的监督。要重视舆论和社会关切，加大审计宣传力度，让审计工作得到社会公众的理解和支持。

前段时间，审计署系统开展了为期近三个月的“查找不足、整改提高”专项活动，各单位的查找都比较深入，希望各单位把活动成果切实转化为推动工作的动力，强化责任制，逐项梳理不足，逐项落实整改。各级审计机关要认真贯彻落实党的十八大精神，按照中央纪委二次全会和国务院廉政工作会议的要求，把审计机关建成严格预算执行、遵守财经纪律、厉行节约、廉洁自律的模范。最后，我们再次重申，在党风廉政建设、求真务实、勤奋敬业上，在工作作风和生活作风上，全国审计机关向审计署党组看齐，全体审计干部向审计长看齐，请同志们加强监督；希望各级审计机关的领导班子和领导干部也做出同样的承诺，并切实践行；也希望全体审计人员，都要成为遵纪守法、廉洁自律的表率。

在全国审计工作会议上的讲话

（2013 年 12 月 27 日）

刘 家 义

同志们：

这次会议的主要任务是，深入贯彻党的十八大和十八届二中、三中全会精神，认真落实中央经济工作会议部署和李克强总理的重要指示，总结回顾过去工作，研究部署下一步审计任务。下面，我讲三个问题。

一、关于 2013 年的工作

今年，审计机关成立三十周年了。三十年来，我们在党中央、国务院领导下，依法履行审计监督职责，在推进法治、维护民生、打击腐败、防范风险、推动改革、促进发展等方面发挥了积极作用，同时不断加强审计队伍、审计法治化、审计信息化、审计文化和审计理论建设，探索发展了中国特色审计之路，为审计事业持续发展奠定了坚实基础。

2013 年，我们紧紧围绕党和国家工作中心，认真履职尽责，各项工作都取得了新进展。1 月至 11 月，全国共审计 11 万个单位，促进增收节支和挽回损失 2600 多亿元，移送违法违纪案件线索 1400 多件，提交报告和信息 8.5 万多篇，发布审计结果公告 5700 多篇，推动建立健全制度 2600 多项。

（一）紧紧围绕党和国家工作中心，加大审计监督力度。一年来，我们重点抓了六个方面的工作：一是加大对中央重大决策部署贯彻落实情况的跟踪审计力度。按照国务院统一部署，开展全国政府性债务审计，为决策提供了重要参考；围绕提高财政管理绩效，深化财政管理、预算执行和决算草案审计，对地方财政收支和财政体制运行情况进行专项调查，推动深化财政体制改革；围绕中央关于转变作风等部署，对中央八项规定精神和国务院“约法三章”要求贯彻情况进行审计，对“三公”经费和会议费管理使用情况进行专项审计，促进厉行勤俭节约；围绕政府机构改革，对撤并部门单位资产和资金管理情况进行跟踪审计，对县级机构运转支出等情况进行专项调查，保障改革顺利推进。二是加大对重点民生资金和民生项目的审计力度。主要审计了扶贫资金、保障性安居工程及“三农”、教育、医疗等相关惠民政策落实情况，促进纠正侵害群众利益问题金额 80 多亿元。三是加大对重大投资项目及资源能源利用情况的审计力度。对能源节约利用、矿产资源开发利用、节能减排等资金和项目进行专项审计，对西电东送工程、支持新疆发展等 4.2 万个重大投资项目进行审计或跟踪审计，核减投资额 720 多亿元。四是加大对经济社会运行中风险隐患的揭示力度。重点关注了财政、金融、国有资产资源、利用外资等方面的突出矛盾和问题，对商业银行新增贷款、国有企业改革发展、外商直接投资等情况进行专项审计，推动建立完善了相关防范措施。五是加大领导干部经济责任审计力度。全国共审计党政领导干部和企事业单位领导人员 2.6 万多名，查出领导干部负有直接责任的问题金额 230 多亿元，62 名被审计领导干部和 135 名其他人员的问题被移送司法、纪检监察机关处理，经济责任审计规范化建设也有了新进展。六是加大对重大违法违纪问题的查处力度。全国审计机关移送违法违纪案件线索 1400 多件，还协助纪检监察及司法机关查处了一批重特大腐败案件。

（二）探索新形势下的审计方式方法，努力提升审计监督效能。我们注重增强审计监督的整体性和宏观性，不断探索“大兵团”作战、多专业融合、多方式结合的审计组织方式。一是坚持上下联动，全国审计“一盘棋”作用有效发挥。这是今年审计工作最突出的特点。在全国政府性债务审计中，各级审计机关集中力量、统筹协调、密切配合，打了一场范围广、时间紧、任务重的大战役。我要特别强调的是，地方各级审计机关在这些审计中，克服了很多困难，听从审计署统一安排调度，以认真负责的态度搞好审计，体现了高度的组织纪律性和全局意识，展示了全国审计机关的凝聚力和战斗力。二是坚持横向融合，加大各专业审计的统筹结合力度。在计划安排、审计重点、力量调配等方面，我们把财政、金融、企业、经济责任、资源环境、涉外等专业审计相互衔接，探索一次进点、协同审计、成果共用、分别报告等组织方式，既提高了审计效率，也锻炼了审计队伍。三是坚持纵向到底，努力覆盖财政资金管理使用的关键环节。对能源节约利用类资金的审计，以政府收支分类核算科目为基础，循着财政资金流向，从项目设置、预算安排、资金拨付审到项目和个人，审计抽查项目 5000 多个，揭示了转移支付资金总体使用绩效不高、层层结存等问题；对 19 个县财政扶贫资金的审计，直接延伸到行政村和农户，反映的问题引起有关方面高度重视，完善了相关措施。四是坚持“两手抓”，从严治标、着力治本。审计中，我们始终坚持“两手抓”“两手硬”，一手抓重大违法违纪问题，打击和惩处腐败，为国家挽回了大量经济损失；一手抓体制机制制度性问题，积极提出完善制度和深化改革的建议，为有关方面改进工作提供重要参考。五是坚持运用信息化手段，推动审计技术方法创新。以金审工程为依托，搭建大型数据分析平台，稳步开展联网审计和信息系统审计，靠计算机审计发现了很多风险隐患，靠高科技手段查实了很多大要案线索。同时，加快推进审计管理的信息化和网络化，特别是在全国统一组织大项目审计中，利用数字化手段搭建统一指挥平台和项目管理平台，规范高效地汇集和处理大规模数据，切实提高了审计效率。

（三）加强各项基础建设，为审计工作提供保障。一是狠抓作风建设。制定了落实中央政治局八项规定精神的具体措施，结合审计机关实际，深入开展党的群众路线教育实践活动，努力做到活动与审计两不误、两促进。审计署在“查找不足、整改提高”专项活动的基础上，深入查摆“四风”方面的问题，制定了署党组加强作风建设的规定和 12 个方面 89 条整改措施；各地审计机关在当地党委、政府的领导下，坚持立查立改，力求实效，有的还向全省人民做出公开承诺，有的设立作风建设热线，建立教育实践活动长效机制。二是狠抓队伍建设。深化干部人事制度改革，逐步完善干部选拔、考核和培养培训机制，加大审计署与地方审计机关、东部与西部审计机关、审计系统内外干部的交流力度，多岗位锻炼干部。加强对下级审计机关领导干部的双重管理，一批新任的地方审计机关领导干部迅速熟悉工作，积极发挥专长，创造性地开展工作，给审计机关带来了新活力。三是狠抓法制建设。制定审计现场管理办法，积极推进审计指南体系建设。地方审计机关从自身实际出发，健全完善了相关制度规范。四是狠抓理论文化建设。深入总结中国审计 30 年发展经验，组织中国特色社会主义审计理论、审计制度、审计精神和审计史等专题研究，为审计工作提供理论支撑和思想保障。同时，认真履行国际责任，继续做好联合国审计，成功举办世界审计组织第二十一届大会，接任世界审计组织主席，发布《北京宣言》，中国审计在世界审计发展中的作用日益增强。

这些成绩的取得，靠的是党中央、国务院和地方各级党委、政府的坚强领导，靠的是各部门和社会各界的大力支持，靠的是全国审计机关和全体审计干部的奋力拼搏、勤勉尽责。正是大家的智慧和汗水、坚韧和付出，铸就了审计事业兴旺发达的稳固基石，凝聚了审计工作蒸蒸日上的不竭动力。在这里，我代表审计署党组向全体审计干部致以崇高的敬意，向默默支持审计工作的各位家属表示衷心的感谢！

回顾一年来的工作，我们也清醒地认识到，审计工作仍存在一些差距和不足，主要是审计能力水平与党中央、国务院要求还有很大差距；审计力量不足与审计任务重的矛盾突出；履职尽责还不到位，一些制度、规范和标准还不完善，有的方面存在查核问题不深、分析原因不透等问题；主管全国审计工作还没有找到更为有效的途径，一些基层审计机关的工作还受很多因素制约；审计队伍作风建设还有薄弱环节，文明审计还未执行到位，等等。这些问题，需要我们深入研究解决。

二、关于当前审计面临的形势和任务

当前，我国发展已站在新的历史起点上，经济正处于增长速度换挡期、结构调整阵痛期、前期刺激政策消化期三重叠加阶段，发展面临不少矛盾和困难。党的十八届三中全会对全面深化改革做出重大部署，提出了很多新思想、新论断、新举措。与此同时，一些领域消极腐败现象仍然易发多发，一些重大违法违纪案件影响恶劣，反腐败斗争形势依然严峻。在这一特殊历史时期，保持发展这架“马车”平稳快速前行，必须靠改革、反腐“双轮”驱动、共同发力，实现整体推进。所有这些都对审计工作提出了新要求和新任务，审计机关必须主动研究、积极面对，坚定信心、奋力而为，不辜负党和人民的重托，积极推动完善国家治理，为经济社会可持续发展提供服务和保障。

当前和今后一个时期，审计工作的总体思路是，深入贯彻落实党的十八大和十八届二中、三中全会精神，紧紧围绕党和国家工作中心，以监督检查财政财务收支的真实合法效益为基础，着力反映公共资金使用、公共权力运行和公共部门履职尽责情况，促进理好财、用好权、尽好责，履行好审计法定职责，努力实现对公共资金、国有资产、国有资源的审计监督全覆盖。

审计工作的总体目标是，充分发挥国家利益捍卫者、经济发展“安全员”、公共资金守护者、权力运行“紧箍咒”、反腐败利剑和深化改革“催化剂”的作用，为推动完善国家治理和实现可持续发展做出积极贡献。

审计工作的总体要求是，紧紧围绕反腐、改革、发展，着力揭露重大违法违纪问题，促进党风廉政建设和反腐败斗争；深入揭示体制机制制度性问题，推动深化改革和制度创新；及时反映经济社会发展中的突出矛盾和风险，维护国家经济安全和服务可持续发展。

实现上述目标任务，必须努力实现审计监督全覆盖，不断增强审计的威慑力和实效性，依法使所有公共资金、国有资产、国有资源都在审计监督之下，不留盲区和死角。这是审计机关的法定职责，是党中央、国务院对我们的明确要求，也是人民的热切期盼。我们强调的全覆盖，是有深度的全覆盖，不是浅尝辄止、走马观花，简单地在面上把所有单位走一遍，要对每个项目都审深审透，切忌为全覆盖而一味追求数量；是有重点的全覆盖，不是所有领域、所有项目平均用力，“眉毛胡子一把抓”，要紧紧围绕党和政府工作中心，全面把握相关领域的总体情况，确定审计的重点领域、关注的重点问题，避免面面俱到；是有步骤的全覆盖，不是一步到位、大干快上，走大跃进、跳跃式的路子，要坚持实事求是、具体问题具体分析，统筹部署，有计划推进，确保实现对重点对象每年审计一次、其他对象5年至少审计一次；是有成效的全覆盖，不是单纯地看看账，揭示一些表面问题，要做到审计覆盖面“广”、反映情况“准”、查处问题“深”、原因分析“透”、措施建议“实”，充分发挥审计的建设性作用。实现审计监督全覆盖是提高审计监督层次和水平的重要途径，我们一定要充分认识全覆盖的深刻内涵，把握审计工作规律，找准审计的着力点。当前，要突出抓好以下六个方面：

*（一）进一步加大对宏观调控政策措施落实情况的跟踪审计力度，促进政令畅通。*科学的宏观调控、有效的政府治理，是发挥社会主义市场经济体制优势的内在要求。审计监督要适应这一要求，密切关注财政、货币、产业、投资、税收等政策措施的执行情况，及时发现和纠正有令不行、有禁不止行为，揭示和反映政策措施不适应、不衔接、不配套等问题，促进政策作用有效发挥。要围绕转变政府职能、简政放权的要求，监督检查行政审批权清理下放、机构改革推进、政府监管职责履行等情况，密切关注法律法规、发展规划、政策标准的约束和引导作用，促进厘清政府和市场的关系，创新行政管理方式。要进一步提高宏观把握和统筹分析能力，研究政策背景，把握政策意图，关注影响宏观调控的体制机制性问题，积极提出深化改革的建议，促进建立健全宏观调控体系。

*（二）进一步加大绩效审计力度，促进提质增效和厉行节约。*作为公共资金的守护者，审计不仅要促进用好增量资金，避免形成损失浪费；也

要促进盘活存量资金，避免大量资金“趴在”窝里“睡觉”，留在账上好看。审计中，要把财政资金投入与项目进展、事业发展以及政策目标实现统筹考虑，把问效、问绩、问责贯穿始终，密切跟踪预算编制、执行、调整、决算等环节，持续关注财政资金的存量和增量，推动财政资金合理配置、高效使用。要关注行政运行成本和管理绩效，监督检查中央八项规定精神、国务院“约法三章”要求和厉行节约反对浪费等规定的贯彻落实情况，重点加强对各地方、各部门“三公”经费、会议费和楼堂馆所清理情况的专项审计，促进建设俭朴政府。要从政策执行、资金使用、资源利用和行政效能等方面，综合分析经济效益、社会效益和环境效益，揭露和查处严重铺张浪费、重大资源毁损及效益低下等问题，推动实现有效率、可持续发展。

（三）进一步加大经济责任审计力度，促进强化对权力运行的监督和制约。要按照党的十八大、十八届三中全会精神和两办关于经济责任审计的规定，深入推进领导干部经济责任审计，力争在审计的深度和质量上有新的突破。要统筹安排好审计计划，坚持任中审计与离任审计相结合，对重点地区、部门、单位及关键岗位的领导干部，任期内至少审计一次。要严格依法规范审计内容和审计评价，把债务管理、民生改善、环境治理、生态效益、节能减排、科技创新等指标和实绩作为重要评价内容，引导树立正确的权力观和政绩观。要强化审计结果运用，对“形象工程”“政绩工程”以及不作为、乱作为等问题，切实推动问责追责。要注重经济责任审计经验的总结和推广，加强经济责任审计规范化建设，提高经济责任审计质量。

（四）进一步加大对经济运行中风险隐患的揭示力度，维护国家经济安全。深化改革中可能带来的不确定因素，经济结构调整过程中可能出现的风险和问题，都需要我们高度重视、时刻提防。在审计中，要关注财政的可持续性，特别是防控政府性债务风险，跟踪存量债务的潜在风险及化解情况，监督新增债务的举借和使用，防止形成新的浪费和风险。要关注金融风险，跟踪反映金融创新、互联网金融发展、跨境资本流动趋势及相关监管情况，防止以规避监管为目的和脱离经济发展需要的创新，促进金融市场安全高效运行。要关注国有资本投资运营绩效，监督国有企业改制改组情况，特别是国有权益保护和国有资产保值增值情况，促进国有企业深化改革、完善现代企业制度。

（五）进一步加大对民生资金和生态环保项目的审计力度，维护人民群众利益。要按照守住底线、突出重点、完善制度、引导舆论的要求，加强对“三农”、社会保障、教育、医疗、扶贫、救灾、保障性安居工程等民生资金和项目的审计，着力揭示和反映挤占挪用、损失浪费、管理不善、效益不佳等问题，推动惠民富民强民政策落实到位。要加强对土地、矿产、水等自然资源，以及重点流域、区域、行业污染治理和环境保护情况的审计，推动完善自然资源资产监管体制。特别是土地问题，不仅涉及耕地保护红线和粮食安全，也涉及可持续发展，要加强土地出让收支审计，促进土地节约集约利用。

（六）进一步加大对违法违纪问题的揭示力度，促进党风廉政建设和反腐败斗争。我们要发挥好反腐败的尖兵和利剑作用，突出重点，重拳出击，不放过任何疑点，对审计中发现的违法违纪问题，无论涉及谁，绝不回避、不退缩、不手软，坚决查深查透查实。要紧紧盯住财政资金管理、公共工程建设、银行贷款发放、土地和矿产资源出让转让、国有资产处置和国有企业投资经营等重点环节，严肃揭露和查处滥用职权、贪污受贿、骗取侵占、奢侈浪费、毁损资源、破坏环境、损害群众利益等问题。要加强对审计相关数据和情况的综合分析，及时发现异常变化和异常事项，有针对性地获取审计证据，提高案件发现和查处能力。

关于明年审计署统一组织的审计项目计划和对地方审计工作的指导意见，已提交会议讨论，请大家研究提出意见。各地要因地制宜制定年度项目计划，尽可能扩大审计监督覆盖面。

三、关于审计能力建设

今后一段时期的审计任务十分繁重，审计力量不足的矛盾将更加突出。我们一定要创造条件、深挖潜力、强基固本，提高审计能力和水平，为实现审计监督全覆盖、促进“反腐、改革、发展”提供坚实保障。要重点加强以下工作：

（一）加强思想政治建设，打造富有战斗力的审计队伍。要坚守“责任、忠诚、清廉、依法、独立、奉献”的审计人员核心价值观，进一步弘扬“实、高、新、严、细”工作作风，切实抓好教育实践活动中发现问题的整改，力戒“庸懒散”“骄娇暮”，做到依法审计、廉洁审计、文明审计，打造政治可靠、纪律严明、作风过硬、敢于审计、善于审计的队伍。一要牢记使命、忠诚履职，防止事不关己、随波逐流。要以维护人民利益、推动完善国家治理为使命，忠于党和人民，忠于历史和法律，忠诚履职尽责。对被审计单位存在的重大问题，特别是重大违法违纪、损失浪费、风险隐患问题，如果在法定职责范围内没有查出来，查出来没有如实报告，报告了没有依法处理，不仅是工作上的失职，在客观上还可能成为不法行为的“护身符”“挡箭牌”，甚至产生包庇和纵容犯罪的后果，隐藏了很大的风险。我们是要承担历史责任的。对此，我们要有清醒的认识，切实增强责任感和使命感。二要勇于担当、无私无畏，防止左顾右盼、畏首畏尾。审计工作难免得罪人，不得罪个别人就必然得罪党和人民，怕得罪人是搞不好审计的。审计人员要树立崇高理想信念，切实增强党性修养，要有敢说真话、敢报实情、敢讲真相的勇气和正气，要有自断后路、不畏强权、自甘寂寞的决心和坚守，党和人民是我们的坚强后盾，法律是我们的坚实支撑，我们还怕什么呢？要无私无畏，敢于碰硬，敢作敢为，真正做到“戴着乌纱想事，揣着乌纱干活”。三要坚守底线、严守法纪，防止放松警惕、牟取私利。正人必先正己。要时刻牢记自己是一名共产党员、一名公务员、一名审计人员，始终坚守党纪国法、道德良知的底线。廉政纪律和保密纪律是审计工作的“高压线”，绝不能触碰！要常怀敬畏之心，常思贪欲之害，清清白白做人，干干净净做事。四要尚法求真、尽职尽责，防止超越职权、滥用公器。依法履职和审计质量是审计工作的“生命线”，职业操守和文明审计是审计工作的“保障线”，绝不可逾越！我们要从维护法律尊严的高度，严格依法审计，自觉规范和约束审计中的自由裁量权，克服工作中的随意性，做到不缺位、不错位、不越位。五要昂扬向上、奋发有为，防止精神懈怠、能力退化。要坚决克服牢骚抱怨心理、摒弃等靠要思想，保持斗志、提升能力。审计机关的领导干部要着力提升系统理论思维和把握大势能力，中层干部要着力提高综合分析和业务管理能力，审计人员要着力强化专业技能和攻坚突破能力，以能力提升推动审计事业发展。六要谦虚谨慎、开拓进取，防止骄傲自满、墨守成规。经过30年的积累发展，审计工作取得了一些成绩，得到了党和人民的认可，个别同志就躺在过去成绩的功劳簿上，沉迷在外界的赞誉和掌声中。要看到今天的成绩是30年的结晶，是几代审计人奋斗的结果，我们要总结、继承和发扬过去的经验，自觉适应新的形势，努力开拓、创新、发展，既不要陷入虚无主义泥潭，又不要走入一切照搬照套的死胡同，要坚决防止思想认识上夜郎自大、盲目乐观，工作态度上得过且过、贪图安逸，项目实施中口大气粗、颐指气使。我们要始终坚持以品格为核心、作风为基础、能力为重点、业绩为导向，不断加强审计队伍建设，以铁的纪律打造审计铁军。

（二）创新审计方式方法，优化配置审计资源。实现审计监督全覆盖，对审计机关是一个新的挑战。我们要在有限的人力财力物力条件下科学统筹，合理配置审计资源，最大限度挖掘潜力，形成工作合力。要整合审计力量。对全国性的审计项目，要积极探索多兵种、大兵团、合成式的审计组织模式，统一组织、整体作战；对行业性、区域性的审计项目，要加强各专业、跨区域联合审计和协作，发挥各自优势，形成规模效应。各级各地审计机关之间要建立常态化的沟通协作机制，在充分利用已有审计成果、协助外调有关资料等方面加强合作，相互支持。审计机关内部也要围绕审计中心工作，优化机构设置，合理调整和搭配审计力量。要整合审计项目。采取灵活多样、科学有效的工作方式，以财政审计和经济责任审计为平台，加大对各业务领域审计项目的整合力度，项目同步安排、协同实施、共享成果。对重要事项和重点资金的专项审计，要把握项目特点，细化审计实施方案，突出审计重点，审深审透，在推动解决问题上下功夫，力求事半功倍、举一反三。要整合审计数据。积极推进联网审计，加强数据库建设和应用。着力改进审计数据运用模式，总结推广“总体分析、系统研究、发现疑点、分散核实、精确定位”的数字化审计方式，加大数据分析力度。积极跟踪国内外大数据分析技术的新进展、新动态，探索在审计实践中运用大数据技术的途径，为推动大数据背景下的审计信息化建设做好准备。

（三）优化审计管理机制，提高审计工作层次。要科学安排审计计划。各级审计机关要围绕审计监督全覆盖的要求，坚持“滚动计划、有效整合、区别对待、循序渐进”的原则，全面摸清审计对象的底数，实行分类管理，制定5年审计项目总体规划和分领域审计项目滚动计划，做好年度审计计划与长远规划的衔接，加强年度计划的统筹和整合。要强化审计质量控制。继续推进审计指南体系建设，严格执行审计现场管理办法，落实各环节质量管理责任。要坚持问题导向，任何一项审计，首要的是必须把存在的重大问题查出来，才能分析研究、推动整改。否则，一切无从谈起，只能是自欺欺人、搞形式、走过场。这样的审计宁可不搞！要提升审计成果利用水平。在推动整改、促进问责的同时，要综合利用审计成果，从宏观、全局的角度进行研究和分析，由“点”上着眼，在“线”上深入，从“面”上提炼，多出精品和高端产品。对优秀审计项目和典型案例，要组织进行多部门、多专业、多方式交流和点评；对多年来在实践中形成的审计经验和方法技巧，要分门别类进行总结和提炼，积极推广应用。同时，对审计发现问题的处理、审计意见建议的落实等要及时跟踪，建立健全整改反馈和督办机制。要推动审计理论创新。进一步丰富和完善中国特色社会主义国家审计理论体系，积极探索国家审计在推动完善国家治理中的作用和实现路径，注重在审计实践中总结经验、摸索规律，增强理论研究的针对性、实践性和前瞻性。

同志们，新的任务考验着我们，新的挑战激励着我们。我们一定要在以习近平同志为总书记的党中央领导下，以奋发有为的精神状态、求真务实的工作作风，攻坚克难，再创佳绩，为促进经济社会持续健康发展，为推动全面深化改革，为深化党风廉政建设和反腐败斗争做出新的更大贡献！

在2013年深化金融审计研讨班上的讲话

（2013年12月19日）

董大胜

我们金融审计有个好的传统，每年在年底的时候，抽个时间大家坐在一起，交流总结经验，共同学习提高，这对我们不断推动深化金融审计工作是非常必要的。这次研讨班，我们邀请了几位审计系统外的专家给大家做讲座，目的是要学习金融领域新的发展情况，开阔一下思路和视野。另外，还安排了一天半的时间，大家一起研讨，这个也很有必要，让我们各个特派办、地方审计机关和科研所等有关单位的同志一起来交流各自工作中的一些经验、心得和体会，起到互相促进互相启发的作用。大家一年工作很辛苦，我代表署党组向大家表示慰问和感谢。下面，我讲三个问题。

一、2013年金融审计工作简要回顾

今年从审计署和全国审计工作情况来看，我们觉得是非常忙碌，也是成果很多的一年。李克强总理6月17日到审计署视察时听取了金融审计的案例演示汇报，也对金融审计做出了重要指示。2013年，金融审计工作主要体现在以下五个方面。

一是对重点商业银行的经常性审计。我们对五大银行当年新增信贷业务和其他金融业务进行了经常性审计，发现了在信贷投放、资产结构和业务创新中的一些新情况、新问题；推动有关部门开展债券市场的专项治理工作，一些违法犯罪人员得到了应有的处理。

二是金融审计更加注意揭示金融风险背后隐藏的财政风险，努力维护国家财政资金安全。如在人民银行财务收支审计中，反映了我国国库资金运行中的成效和存在的问题；对农发行的审计反映了部分农业企业弄虚作假骗取财政信贷资金支持的问题，为维护国家粮食安全发挥了作用。

三是金融机构领导人员经济责任审计。今年我们对农发行、中国银行、中国投资有限责任公司的领导人员开展了经济责任审计，审计对领导干部的权力监督制约发挥了应有作用。

四是加大了查处大案要案的力度，坚定不移打击腐败和经济犯罪。2013 年，金融审计查处多起重大经济案件线索，涵盖多种犯罪类型，有的是金融机构内部人员参与作案，有的是债券市场内幕交易，有的是非法资金结算、资金异常流动、网络赌博、非法集资等等。在党的十八大以后，在反腐败中“苍蝇”“老虎”要一起打的要求下，金融审计为打击腐败做出了新的贡献。

五是关注金融领域最新发展，推动加强金融监管，促进金融发展。比如说，我们在审计中把互联网金融纳入视野，这是电商、金融发展的一个新领域；开展的第三方支付、网络人人贷的审计调查项目也取得了比较好的效果；我们还对银证合作、票据业务、地下钱庄等一些事项进行调查，在推动金融监管改革和促进金融行业健康发展方面发挥了积极作用。

二、建设一支高素质的金融审计干部队伍

今年是审计署成立 30 周年，30 年来，金融审计经过不断发展，取得的成绩有目共睹，目前可以说在审计领域甚至在金融领域得到了比较好的评价。我们能够取得这些成绩，靠的就是我们有一支高素质的金融审计的干部队伍。同时，我们干部的精神面貌、严明的纪律以及艰苦的工作作风，也是取得成绩的有力保障。今后我们还要坚持不懈地抓好高素质金融审计干部队伍建设这项工作。

一是审计干部要热爱、忠诚审计事业。“责任、忠诚、清廉、依法、独立、奉献”是审计人员的核心价值观，责任、忠诚是很重要的内容。金融审计干部队伍要热爱、忠诚审计事业。在审计队伍当中，金融审计人员流动相对来说是比较快的。审计工作确实很辛苦，整天要研究新问题、发现新问题；为了更好保持独立性，不能总在驻地城市进行审计，要实行交叉审计、异地审计，出差多，一出差要几个月，人总是在外边，家里事情顾不上，有的同志孩子上小学、初中、高考，还有老人需要照顾，家务事都顾不上，确实有很多困难，我也很理解；另外，现在公务员工资津贴不高，金融审计干部和金融机构同等资历、能力的工作人员相比收入差距比较大，这是个现实。但是社会的发展离不开审计监督，我们是宪法确定的监督机构，在经济社会发展中也发挥着越来越重要的作用。审计工作需要有人做，假如没有审计机关的监督，经济秩序、腐败案件得不到应有的查处，后果是很严重的。所以，我们要能够看淡物质利益，能正确对待工作的辛苦，能够在复杂的环境下保持我们的定力，真正热爱、忠诚审计事业，我想这是审计干部特别是年轻的审计干部首要解决的一个问题。中国审计发展很快，今年举办的世界审计组织大会很成功，国外 190 多个国家审计同行对我们很尊重，他们看到了中国的发展，也看到了中国审计在国家的飞速发展中发挥了很大作用。我们要增强责任感、荣誉感、使命感，热爱审计事业。

二是要进一步搞好理论武装。审计干部要具备高的理论水平和政策水平，首先要学习中国特色社会主义理论。改革开放 30 多年，我们形成了自己的中国特色社会主义理论，我们要很好地学习理解。改革开放以来我们国家发展变化非常迅速，在几十年内完成了其他国家几百年的事情，这证明了我们道路、理论、制度的正确。党的十八以来，以习近平为总书记的党中央有许多新的举措，习近平总书记等中央领导的一系列讲话精神涉及治党治国治军、发展改革稳定、内政国防外交，有很多新的思想、新的论断、新的要求。党的十八届三中全会做出的《中共中央关于全面深化改革若干重大问题的决定》，内容非常丰富，共 16 项 60 条，涉及社会生活的各个方面，政策性、指导性很强，其中也涉及很多完善金融市场体系的内容，如民间资本进入、利率市场化和完善金融监管协调机制等。当前和今后一段时期，我们要学习好习近平总书记的一系列重要讲话精神和十八届三中全会决定，深刻学习领会，确保用科学的理论武装头脑。

三是研究掌握金融和金融审计的业务知识。金融具有宏观性，它不仅局限在金融领域，涉及经济社会生活的各个方面。金融领域自身也很复杂，有银行业务、资本市场、保险市场，它们之间又相互交织，还有金融衍生品、创新业务等新领域新问题，这就要求我们不断加强学习。我们要把眼光放至世界，我们现在的经济高度开放，国际经济的变化对国内经济、金融都有直接的影响，在关注我们国家宏观经济政策的同时，必须要研究世界经济、世界金融。我们要研究学习掌握金融业务，特别是金融创新业务的发展、特点。要认真总结这些年金融审计的经验，每个项目每个特派办每个省都有自己的做法和经验，相互启发。我们要继续大力推进计算机技术在金融审计当中的应用，跟上金融界信息技术发展的步伐，坚持不懈地占领制高点，就像打仗一样，必须要有先进的武器装备。我相信，年轻一代金融审计干部的知识结构会有新的变化，你们会做得更好。

四是抓好廉政建设和保密纪律。廉政纪律我们一直抓得很紧，我们有审计“八不准”，党的十八大后中央政治局出台了八项规定，现在按照八项规定精神的要求、按照《党政机关厉行节约反对浪费条例》的要求、按照《党政机关国内公务接待管理规定》的要求，在廉政建设上有了更加严格的要求。再一个，我要特别强调保密纪律，金融司要从思想上、制度上、技术上加强保密管理工作。

三、做好 2014 年金融审计工作的初步想法

一是开展好商业银行的当年新增业务跟踪审计。2014 年将扩大审计覆盖面，这也是落实李克强总理提出的审计全覆盖的要求。

二是做好计划内的审计项目。明年的审计项目要等全国审计工作会召开后才能定下来，不管安排什么项目，我们都要认真完成。

三是做好地方金融审计工作。这些年地方金融有了很大发展，一些地方的城市信用社改制成了城市商业银行，信托机构、证券机构也不少，发展很快，规模也大。十八届三中全会决定中明确提出要界定中央和地方金融监管职责和风险处置责任。我们要进一步重视地方金融审计工作，明确地方金融审计的职责，防范区域性的风险。

地方审计机关的同志要认真分析研究本地区金融业发展情况，较好地担负起地方金融审计监督职责。一是要立足宏观，把揭露问题、反映情况同促进金融业深化改革结合起来，注重从完善法规、规范秩序、强化监管、保障金融安全的角度反映问题，从保障经济健康运行的角度提出建议，从而维护地方金融健康有序发展。二是要加大对涉农金融机构、中小企业担保机构、小额贷款公司等涉及“三农”和中小企业的金融机构的审计，促进金融服务水平的提高，为地方金融发展服务，发挥金融审计在保障民生中的建设性作用。三是逐步开展动态跟踪和经常性审计，通过系统跟踪地方城市商业银行、农村信用社、小额贷款公司等地方各类金融机构的资金投向结构和资产质量状况，及时揭示和反映存在的问题，促进国家宏观调控政策贯彻落实，推动经济发展方式转变。四是不断拓展地方金融审计领域，对地方证券公司、地方信托投资机构、小额贷款公司、担保公司、典当行业等就某一方面的业务开展审计或专项审计调查，全面反映地方金融业的发展情况和存在的问题，为地方政府完善金融管理体制、建立风险处置机制、防范区域性金融风险等宏观决策提供有力的决策依据。五是积极探索信息化条件下金融审计技术手段和组织模式。通过信息系统审计，评估金融机构信息系统运行的安全稳定性，反映业务经营状况的真实性和全面性，保证信息系统的有效运行。

总之，希望地方审计机关的同志高度重视金融审计工作，把队伍和机构健全起来，把职责明确起来，在此基础上采取有效措施，切实承担起地方金融审计的职责，使审计署的金融审计工作和地方金融审计工作形成一个整体，共同维护国家金融安全，促进经济社会的健康发展。

认清形势　改革创新　促进企业加快转变发展方式　提高发展质量效益

——在2013年企业审计培训班上的讲话

（2013年4月15日）

余效明

本次培训班的主要任务是，总结去年企业审计工作，安排今年企业审计任务。有关同志将对具体工作进一步布置，并对今年审计工作方案进行讲解。下面，我先讲几点意见。

一、2012年企业审计工作回顾

2012年，党的十八大胜利召开，这一年是国家"十二五"规划承上启下的一年，也是中央企业深化改革，加快调整的重要一年。一年来，在审计署党组的领导下，企业审计围绕科学发展主题和转变经济发展方式主线，研究掌握国有企业的特点和经营规律，突出行业特征，有的放矢开展工作，较好地完成了各项任务。在审计中，主要把握了以下着力点：

一是着力政策跟踪，重点关注结构调整、自主创新等政策措施的贯彻落实情况。企业审计针对中央企业正在积极推进转型升级，发展方式进一步转变的特点，从行业层面关注国家战略性结构调整、增强自主创新能力、实施节能减排、产业振兴规划等政策措施的执行情况，提升了层次，增强了针对性。如在电力（煤炭）等资源性行业，重点关注产业结构调整和节能减排目标是否实现；在航空运输行业，重点关注企业自主开发能力、自主研发技术利用等。

二是着力风险防范，重点揭示企业发展中的突出矛盾和重大风险。企业审计针对中央企业正在将风险管理与日常经营管理融为一体的特点，采用"点"（即单个企业）、"线"（即行业）、"面"（即企业整体和国民经济运行）联动的企业审计模式，及时揭示中央企业所面临的战略风险、运营风险、市场风险和政策法律风险。

三是着力案件揭露，重点从企业管理中的薄弱环节入手揭示重大违法违规问题。企业审计针对中央企业经营中工程建设、营销采购、产权交易、利益调配、对外投资等越来越多的特点，认真查找这些事项管理中存在的薄弱环节，有重点地加大查处违法违规问题的力度。

四是着力责任追究，重点关注企业决策的程序和内容是否合法、合规。企业审计针对中央企业结构调整任务越来越紧迫，资产变动越来越频繁，决策事项日益增多的特点，从重大战略决策、重大资产决策、重大生产经营决策、重大资本运营决策方面来关注决策程序及内容的科学性、民主性和合法性。

五是着力体制分析，重点从制度方面分析原因和提出建议。企业审计在深入分析政策目标实现情况和实施效果的基础上，提出促进政策贯彻落实的有效措施，产生了积极效果。

六是着力信息化，重点开展信息技术方法创新，强化应用。企业审计针对中央企业正在建设集团综合管理信息系统以及大力推进主营业务信息系统建设应用的特点，从数据收集，推广应用两个方面开展信息化工作。一方面结合审计项目充实完善中央企业审计数据库，开展综合分析；另一方面强化应用，积极将企业审计信息化工作成果用于实践。

2012年，地方审计机关也紧紧围绕企业审计的总体目标和工作思路，按照地方党委、政府的工作要求，积极开展企业审计工作，保障地方经济和社会健康发展。在深化企业审计方面，地方审计机关一是加强了对宏观政策落实情况的审计力度，如江苏省审计厅的企业审计关注了转变经济发展方式相关政策措施落实、产业结构调整和新兴产业发展情况，促进了企业构建现代产业体系，提高产业核心竞争力；二是加强了对国有企业资产安全和经营风险的关注力度，如广东省审计厅制订了省属 24 家大型国有企业集团分类审计监督方案，全面检查和评价企业的经营管理活动，深层次探索国有企业发展中的各种机制性问题；三是加强了企业审计信息化应用的力度，如江西省审计厅的企业审计通过数据转换、数据分析、比对等方法锁定了审计范围、确认了审计重点，明晰了审计事项。

企业审计在过去一年中取得的较好成绩，是署党组正确领导、重视支持的结果，是企业司与各特派办和地方审计机关团结协作、共同努力的结果，是全体企业审计干部奋力拼搏、无私奉献的结果。在此，我代表署党组和刘家义审计长，向大家表示敬意和感谢！

在总结成绩的同时，也应该看到，企业审计工作中还存在不少差距和不足：企业审计规范化建设还亟待加强，审计工作质量和水平还有待进一步提高，现代审计技术方法创新、企业审计信息化建设和计算机审计能力还有较大的差距。这些都需要在今后的工作中加倍付出努力，认真加以解决。

二、2013 年企业审计的总体要求和重点任务

2013 年是贯彻落实党的十八大精神的开局之年，党的十八大为党和国家事业发展指明了方向，中央经济工作会议对经济工作做出了全面部署。总体上看，经济社会发展具备很多有利因素，但是也面临一些突出矛盾。就企业面临的环境来说，宏观经济政策和市场为企业改革发展提供了有利的外部环境，但是，世界经济增速较低给扩大国际化经营带来的压力以及国内一些行业产能严重过剩，生产成本的急剧上升，使得企业经营环境更加复杂。就企业的发展来说，深化改革、结构调整、创新驱动、管理提升将放在更加突出的位置。因此，通过企业审计推动国有企业加快转变经济发展方式，提高发展质量效益，更好地发挥审计“免疫系统”功能意义重大。

今年企业审计的总体思路是：深入贯彻党的十八大精神，按照中央经济工作会议和全国审计工作会议要求，紧扣“主题”“主线”，继续深化和规范经济责任审计，积极推进审计信息化，进一步完善“点、线、面联动”的企业审计新模式，促进企业进一步加快转变发展方式，提高发展的质量和效益。具体而言，要紧紧抓住以下几个关键点，着力抓好抓实。

（一）加大对中央重大经济政策和宏观调控措施贯彻落实情况的审计力度，促进政令畅通。社会主义基本经济制度的特征之一是以公有制为主体，同时，国有企业既是国有资产的主要拥有者，又是社会财富的主要创造者，还是国家财政的重要提供者，在我国关键领域和行业占绝对主导地位。这些决定了国家的一些重大宏观调控措施与国有企业息息相关。2013 年，中央决定实施积极的财政政策和稳健的货币政策，明确了“三农”、结构调整、城镇化、民生保障、经济体制改革等重大任务，其中深化改革，结构调整等与国有企业直接相关。在下一步工作中，一是要结合党的十八大提高大中型企业核心竞争力的要求，通过检查国有资本结构的合理性，推进国有资本向重点行业和重点领域集中；通过检查企业是否严格按照主业确定投资方向，推动国有资本向主业集中；通过检查企业淘汰落后产能，产业、产品和技术结构情况，推进企业产业升级；通过检查企业技术创新体系的建设、科技资源整合以及研发投入情况，增强企业自主创新能力。二是结合党的十八大深化收入分配制度改革的要求，通过检查部分过高收入行业的企业是否严格实行企业工资总额和工资水平双重调控的政策，促进企业逐步缩小行业工资收入差距；通过检查高管人员薪酬水平，促进企业真正有效地缩小内部分配差距。三是要通过揭示政策措施不衔接、不配套、不适应、不利于企业健康发展的问题，促进制度健全。

（二）深化国有企业领导人经济责任审计工作，加强对权力运行的制约与监督。党的十八大提出要健全经济责任审计制度。国有企业经济责任审计不仅是单纯的企业审计工作，也是干部管理监督、党风廉政建设的重要制度安排，对于促进企业科学发展、实现良好治理，推动党风廉政建设具有重要意义。在2013年的企业经济责任审计中，要抓好三个主要环节：一是财务收支。财务收支审计是经济责任审计的基础，在企业经济责任审计中要依托财务收支审计，抓住报表分析这个龙头，坚持从财务收支的真实性、合法性入手，以权力行使和责任落实为重点，促进责任追究和问责机制的健全完善。二是对经济责任的综合评价，实践并完善企业领导人员经济责任审计评价指标体系。不仅要围绕行业特点设计评价指标，增加评价的可比较性，提高评价的客观性和相关性，还要注重其内在联系。关于评价标准，要用国家和行业的技术标准，公认的业务惯例和国际标准等建立起科学合理的标杆，增加评价的准确性和合理性。三是要抓住重大决策这个关键点。重大决策不仅关系到企业的生存和发展，而且关系到国有企业改革发展和稳定的大局。因此，审计中要根据"三重一大"、企业投资等有关决策的规定，从决策制度的建立、决策程序的正确，决策内容的合法等方面关注企业的重大决策事项。特别是要高度重视责任界定的准确性，在全面理解和把握直接责任、主管责任和领导责任划分标准的基础上来界定责任。还要在审计实践的基础上，研究细化责任标准。

（三）加大对重大违法违纪腐败问题的揭示和查处力度，推进廉政建设和反腐败斗争向纵深发展。党的十八大对当前和今后一个时期党风廉政建设和反腐败工作做出新的部署，中央又出台了改进工作作风、密切联系群众的八项规定，因此在2013年的企业审计中做好反腐倡廉工作意义重大。2013年一方面要坚决揭露和查处违规决策，损失浪费、权钱交易、贪污腐败等问题；揭露垄断行业和股权、土地、矿产转让等领域的不正之风和突出问题；关注企业高管职务消费，业务招待、考察培训等消费项目和标准等情况。另一方面要把反腐倡廉融入企业治理结构中，关注企业是否做到科学配置权力，是否有有效的权力制衡，要从制度上改变权力过分集中得不到制约的现状，促进惩治和预防腐败两手抓、两手硬。

（四）加大对企业公司治理情况的调查分析，促进企业深化改革。党的十八大提出深化改革是加快转变经济发展方式的关键。要增强国有企业的经济活力，就必须深入推进企业改革。国有企业改革的方向是建立现代企业制度，更加市场化，不断增加活力和影响力。现代企业制度的一个重要内容是建立完善的公司法人治理结构。完善的公司治理机制也是一个企业实现可持续性发展的根本性制度保障。因此，在2013年审计中要重视企业公司治理情况的调查。一是关注公司权力机构、决策机构、监督机构和经营管理者之间是否形成有效的制衡机制，关注公司是否切实形成协调运转、有效制约、科学决策、风险管控的体制机制，特别关注因为公司治理机制不到位造成违法违规的问题。二是关注集团是否有有效的管控能力进而形成流畅的法人治理传导机制，关注集团是否通过优化组织结构，压缩管理层级，理顺母子公司管理体制，提升集团管理能力，畅通决策的传导机制。三是关注企业历史遗留问题的解决，减轻企业办社会等负担是否落到实处，切实为公司股份制改造、公司上市以及公司治理创造良好的外部环境。

地方审计机关要根据当地实际情况，按照党委、政府的要求，结合本次培训的一些企业审计的好经验、好思路和好方法，创造性地开展本地区的企业审计工作。

此外，2013年的授权审计暂停进行。审计署将组织有关部门认真总结授权审计的情况，研究保障授权审计项目质量的措施，规范授权审计管理方法，使授权审计规范有序推进。

三、高质量完成2013年企业审计任务

面对新形势、新任务，企业审计不仅要把握好审计关键点，提高质量，还要团结协作、攻坚克难，认真贯彻中央政治局关于改进工作作风、密切联系群众的八项规定，高质量完成2013年的任务，为此我提以下几点要求：

一是加强审计项目质量控制。本次审计继续对中央企业审计项目实行统一组织领导、统一工作方案、统一出具报告、统一处理口径、统一对外公告的方式；要以工作动态的形式对审计中发现的共性问题，需要关注的重点以及工作方式予以明确并及时下发。审计组要加强审计环节的控制，要严格按照工作方案的要求制订实施方案，并且要保证实施中不走样，要将方案制订、现场实施、质量检查和责任追究结合起来。各审计组要严格按照国家审计准则和两办《规定》开展审计，加强审计现场管理，及时报送审计项目进展情况。对审计反映的问题，各审计组要实事求是，做到事实清楚、数据准确、证据充分，法律依据适当。

二是高度重视企业审计信息化建设。2013年，企业审计信息化居于更加突出和重要的位置，各审计组必须高度重视此项工作，按照“总体分析，分散核查”的思路，在经济责任审计中加大对企业信息化情况的关注力度，继续强化中央企业审计分析和应用中央企业预警和分析软件。要继续开展结合式信息系统和联网审计试点工作。要以企业审计信息化推动企业审计的深入开展。

三是严格依法文明、廉洁审计。各审计组要严格按照《中共审计署党组关于贯彻中央政治局改进工作作风密切联系群众八项规定的实施意见》和《审计署关于加强审计纪律的八项规定》的要求，依法开展审计监督，增强法治观念，既要坚持原则、敢于碰硬，又要平等待人、有礼有节，注重审计程序和方式的合理合法。要发挥廉政监督员作用，将廉洁自律作为审计工作的“高压线”。要加强文件资料和电子数据的管理，并指定专人登记保管，规范资料的交接，注重保守知悉的国家秘密、商业秘密和审计秘密。

同志们，让我们认真学习贯彻党的十八大精神，扎实做好企业审计各项工作，为全面提高企业发展质量效益、维护国家经济社会的健康发展做出新的更大的贡献！

依法服务审计

——在审计法规和审理工作专题研讨班上的讲话

（2013年12月17日）

孙 宝 厚

大家好！很高兴参加这个专题研讨班。

我先谈一个看法。我认为，审计法治工作，包括审计立法、审理、优秀项目评选、审计质量检查、审计法制宣传教育等工作，越来越重要。为什么这么讲呢？首先，审计法治工作越来越必不可少。目前署里研究工作，无论是否与法规司有直接关系，越来越多地要求法规司参加，需要法规司从依法办事的角度对研究的事项提出意见或建议。其次，审计法治工作任务越来越重，业务量越来越大。再次，审计法治工作的效果越来越好，得到各方面广泛认可。最后，审计法治工作所发挥的作用越来越重要。总之，审计法治工作越来越重要，“没有你不行，有了你最好”。这是我对审计法治工作的基本判断。因此也借这个机会，感谢大家过去一年来所做的大量卓有成效并得到广泛认可的工作。同时，也请大家向有关领导和同事们转达我的谢意，感谢领导们对审计法治工作的重视和支持，感谢同事们对审计法治工作的理解和配合。刘家义审计长高度重视审计法治工作，他曾经深刻地指出，审计机关不重视审计法治工作的领导就不是称职的领导。这不仅是对各级审计机关领导的要求，我们直接从事审计法治工作的同志，更要意识到肩负的责任，并进一步切实做好审计法治工作。

今天我发言的主题是“依法服务审计”。我曾经讲过，法规司要准确定位，即要做好服务，要务实，要力求实效。在座的每一位参与审计法治工作的同志也要明确定位，依法服务审计。下面，我主要讲三个方面：

一、要严格依法办事

不仅审计法治工作人员要严格依法办事，各级审计机关和广大审计人员都要依法办事。

一是要做依法办事的人。首先，要有依法办事的意识和理念。也就是说，要树立法治意识和法治思维，真正信仰法律、敬重法律、执行法律和畏惧法律。只有这样，才能真正依法办事。这对审计法治工作人员尤为重要。同时，还要有依法办事的知识、能力和经验。习近平总书记在中央党校讲话时，要求大家在学习中做到真学、真懂、真信和真用。法规知识储备很重要。但法规知识储备丰富了，是否就一定具有依法办事能力了呢？也不尽然。一定要在实践中磨炼，不断积累依法办事的能力和经验。

二是要依法做好各项工作。要严格依照法定的职责、权限和程序办事，严格执法、精准执法，尤其要规范自由裁量权。资料获取、到有关单位查询、延伸审计单位或事项的确定等等，我们一定要依法，依法进行审计监督，依法做好各项工作。

三是要依法自觉接受监督。目前，审计机关面临的有关申请信息公开、申请复议、提起诉讼、提请裁决的情况越来越多，这就是依法接受监督。我们一定要按程序把事做细、做扎实，依法自觉接受监督，正所谓“天下难事必作于易，天下大事必作于细”。

在依法办事方面，我再强调两点。

第一，一定要注意廉政和保密。廉政和保密是起码要求，大家都知道十分重要。我们一定要常抓不懈，必须保证做到。

第二，一定要有科学的政绩观。我们开展优秀审计项目评选，目的是促进提高审计质量，防范审计风险，出精品和高端产品。但是，有的单位申报优秀审计项目弄虚作假，把不是该项目的成果也弄进去。我们必须牢固树立并切实践行科学的政绩观，坚决杜绝一切弄虚作假的行为。

二、要重视审理工作

审理是审计质量控制的关键环节。各级审计机关要高度重视审理工作，进一步规范和深化审理工作。

一是要明确审理定位。也就是要正确把握审理与审计实施、审计计划的关系。我理解，从根本上讲，审计质量是审计出来的，而不是审理出来的；但审理对审计质量起着重要的保障和促进作用。请大家在实践中进一步明确审理定位，发挥其应有作用。

二是要突出审理重点。办事情要分清轻重缓急，急事要急办，但不能让办急事影响了重要事情的办理。审理也一样，要确定重点审理项目和审理项目中的重点审理事项。审理工作确实要做得细致，但也不能不分轻重。现在审理任务很重，增加人手是一个方面，更重要的是要抓住重点，提高工作效率。

三是要关注差异。特别要关注被审理事项当事人提出的差异。我们内部各环节最好也能够在送下一环节时，指出提请关注的事项。这既有利于明确重点，也有利于区分责任，还可以提高效率。

此外，还要简化审理程序，区分各环节责任，注重换位思考和实效。由于时间的关系，这几点我就不展开讲了。

三、要做好审计立法工作

审计立法是审计法治工作的重要组成部分。审计立法的目的，在于规范审计行为，防范审计风险，为审计工作提供良好的法制环境，保障审计事业科学发展。各级审计机关要高度重视审计立法工作，进一步加强和改进审计立法工作。

一是审计立法工作要立足审计工作实际，着眼于满足实际需要，解决实际问题。千万不能简单以法规落实法规，为立法而立法，更不能制定本来就不打算执行的规定。

二是开展审计立法，要注意立法的时机是否成熟，有无“上位法”的依据，是否与其他法规、规章相衔接。

三是出台的法规、规章要切实可行。审计立法不一定求全、求多。特别是条件不是很成熟、实践经验还不多的时候，就重要的几条做出规定也行，但必须管用能用好用。

最后，预祝专题研讨班圆满成功！谢谢大家！

严明纪律　改进作风
深入推进党风廉政建设和反腐败工作

——在全国审计机关党风廉政建设工作视频会议上的工作报告（节选）

（2013 年 3 月 27 日）

陈　蓄

现在我受署党组委托，做工作报告。

这次会议的主要任务是：深入贯彻落实党的十八大精神，贯彻落实中央纪委二次全会和国务院第一次廉政工作会议提出的各项要求，总结工作，部署任务。

一、2012 年主要工作回顾

2012 年，全国各级审计机关认真学习党的十八大精神，紧紧围绕党和国家中心工作以及审计事业发展大局，认真落实党中央、国务院和地方各级党委、政府关于加强反腐倡廉建设的重要决策部署，党风廉政建设和反腐败工作方向更加明确、思路更加清晰、措施更加有力、成效更加明显，为充分发挥审计"免疫系统"功能，推动完善国家治理，提供了有力保障。

（一）*认真贯彻反腐倡廉部署，推动重点任务落实。*各级审计机关高度重视反腐倡廉工作，深入贯彻落实十七届中央纪委七次全会、国务院第五次廉政工作会议部署，认真落实建立健全惩治和预防腐败体系 2008—2012 年工作规划。审计署及各省（市、区）审计机关召开党风廉政建设工作会议，总结工作，部署任务。认真落实党风廉政建设责任制，将反腐倡廉工作与审计业务一同部署，一同落实，一同检查，一同考核，形成以上带下、以下促上、上下联动、整体推进的工作格局。

各级审计机关切实加强组织领导，明确责任分工，扎实推进自身反腐倡廉重点任务落实。审计署各部门密切配合、通力合作，采取多种措施，2012 年反腐倡廉 59 项任务均取得良好成效。不断深化经济责任审计，全国共审计领导干部 4 万多人，有 400 多人被移送纪检监察等部门处理。组织对重大资金和项目进行审计，推动政策措施有效落实。着力查处重大违法违规问题和案件线索，全国审计机关共移送案件线索 970 多件，涉及 1500 多人。

（二）*扎实推进作风建设，培育优良作风。*各级审计机关采取有力措施，切实加强作风建设。各级领导干部坚持以身作则，充分发挥模范带头作用。坚持密切联系群众，深入基层、审计一线调查研究。坚持民主集中制，认真执行"三会一课"和党员干部评议制度，积极发展党内民主。深入开展"保持党的纯洁性""讲政治、顾大局、守纪律"等主题教育实践活动，组织开展"查找不足、整改提高""营造风清气正发展环境"等专项活动。学习贯彻中央关于改进工作作风、密切联系群众的八项规定精神并出台实施意见，着力治理"庸懒散"　"骄娇暮"等不良风气，弘扬"实、高、新、严、细"的工作作风。严明组织人事纪律，严肃处理违纪问题，促进选人用人公开公平公正。认真落实厉行节约要求，大力精简"三公"经费支出，严格控制和规范庆典、论坛、研讨会等活动。截至 2012 年底，已有 32 个副省级以上地方审计机关、279个地市级审计机关及1565个县级审计机关实行了外勤经费自理。2012年，全国审计机关有1690个单位参加了政风行风评议活动，进入当地排位前三名的有339个。1471个审计机关被评为文明单位。

（三）积极开展反腐倡廉教育，夯实廉洁从政思想基础。认真落实中央纪委、中央组织部、中央宣传部《关于加强领导干部反腐倡廉教育的意见》，深化对领导干部的理想信念和宗旨教育、党性党风党纪教育和从政道德教育；将反腐倡廉理论纳入中心组学习内容，将廉政教育纳入领导干部任职培训、岗位培训，促进领导干部廉洁从政。

各级审计机关组织开展内容丰富、形式多样的廉政教育活动和廉政文化活动，寓教于理，寓教于乐，寓教于行。认真开展示范教育、警示教育和岗位廉政教育，组织开展学习模范审计干部金岚岚、表彰“四手”审计干部等活动；组织观看警示教育片，举办典型案例展览；推行任职廉政谈话、廉政承诺制度。综合运用案例、情景、模拟教学等方法，开展廉政教育培训。

（四）健全完善制约监督机制，规范权力运行。各级审计机关紧紧围绕审计监督权和人财物管理权的重点环节和关键部位，建立健全权力制约和监督机制，促进各项权力规范运行。

一是加强对领导干部的监督。审计署领导班子通过视频公开述职述廉，署机关及各派出机构1521名处以上领导干部按照要求报告个人事项，审计署对11名审计系统司局级领导干部进行经济责任审计，建立200多名司局级干部廉政档案。各级审计机关认真落实述职述廉、报告个人有关事项、对配偶子女均移居国（境）外的国家工作人员加强管理等规定，通过巡视、党风廉政建设责任制考核、经济责任审计等多种方式开展监督检查。

二是深化廉政风险防控工作。出台《审计署关于加强廉政风险防控实施意见》，全国36个副省级以上地方审计机关及360个地市级审计机关、2115个县级审计机关开展廉政风险防控工作。一些地方审计机关和特派办探索运用科技手段防控廉政风险，审计署开展科技防控试点工作。

三是强化监督检查工作。审计署连续五年开展重点审计项目廉政检查，提出整改意见，督促完善相关制度，推动廉政规定得到很好落实。各级审计机关积极探索巡查回访、远程监控、同步审理等多种监督方式，促进“八不准”等廉政纪律落实到位。不断加强对“三重一大”事项的监督，推动决策民主科学、执行规范高效、程序公开透明。组织对审计署预算执行情况和其他财政收支情况检查，结果向社会公告，获得良好的社会反响。

四是推进党务政务公开。审计署率先在中央国家机关中直播党组学习党的十八大精神实况，受到广泛好评。各级审计机关认真落实党内情况通报、重大决策征求意见以及党建工作重要事项公告制度。全国审计机关共发布审计结果公告5000多篇，审计署向社会公布年度绩效报告，有的审计机关参加“阳光政务热线”等活动，推进权力公开透明运行。

（五）深化反腐倡廉制度建设，提高防治腐败工作科学化水平。各级审计机关结合实际，出台一批廉政建设、审计管理、干部人事管理、财务管理等方面的制度规定，基本形成内容科学、程序严密、配套完备、有效管用的反腐倡廉制度体系。审计署出台司局级干部廉政档案管理、诫勉谈话和函询、任职廉政谈话等规章制度，深化对领导干部的廉政监督；出台审计质量岗位责任追究办法、工作人员问责暂行办法和各类审计指南，规范审计权力运行；出台署机关各部门综合考核办法、司处级非领导职务设置和选拔任用工作办法等干部人事制度，推进干部人事工作的制度化和规范化；出台审计署政府采购操作流程、国有资产管理暂行办法，规范机关事务管理。

各级领导干部带头学习制度，严格执行制度，自觉维护制度，组织开展对制度执行情况的监督检查。有的审计机关将2012年确立为“执行力建设年”“制度落实年”，将制度落实情况纳入党风廉政建设责任制考核。

（六）切实做好信访举报工作，查处违法违纪行为。认真处理群众信访举报，对反映不实的问题及时澄清，对苗头性问题及时提醒和纠正，对个别违法违纪问题严肃查处，维护法纪的严肃性和审计机关公信力。注重发挥案件治本功能，通报个别违纪问题，剖析违纪案例，取得良好警示效果。

回顾过去一年工作，审计机关积极探索、勇于创新，深入推进反腐倡廉建设，积累了一些好的经验和做法：一是高度重视反腐倡廉工作，把党风廉政建设和反腐败斗争作为重大政治任务来抓；二是坚持围绕中心，服务大局，把反腐倡廉工作融入审计工作发展之中；三是坚持“标本兼治、综合治理、惩防并举、注重预防”方针，整体推进以完善惩治和预防腐败体系为重点的反腐倡廉建设；四是坚持完善权力制约监督机制，保证人民赋予的权力得到正确行使；五是坚持严格执行党风廉政建设责任制，各级领导干部特别是主要领导干部以身作则、做出表率，切实加强反腐倡廉工作的组织领导，做到“两手抓”“两手硬”。

在充分肯定成绩的同时，我们应当清醒地看到，当前审计机关反腐倡廉工作仍然存在一些问题和不足，主要是：个别单位领导班子和领导干部重业务、轻廉政；反腐倡廉工作发展还不平衡；少数地方廉政风险防控工作尚未启动；个别地方违法违纪问题依然存在；一些基层审计机关工作薄弱。这些问题需要引起各级审计机关领导干部特别是主要领导干部的高度重视，要以对党的事业高度负责的精神，不断加大工作力度，推动反腐倡廉工作深入发展。

二、2013 年主要工作任务

今年工作总的要求是：深入贯彻党的十八大精神，全面落实十八届中央纪委二次全会和国务院第一次廉政工作会议部署，坚持“标本兼治、综合治理、惩防并举、注重预防”方针，严明党的纪律，改进工作作风，加大惩治和预防腐败力度，推动党风廉政建设取得新成效，为审计事业发展提供有力保障。

（一）坚决维护党章，严明党的政治纪律。牢固树立党章意识，才能坚守政治信仰，坚定政治立场，坚持正确政治方向。广大党员干部特别是党员领导干部要认真学习党章、严格遵守党章、自觉维护党章，对照党章规定的八项义务和六项基本条件，认真查找问题，弥补自身不足，加强党性修养和党性锻炼，增强党员意识，做合格党员。

“打铁还需自身硬”，要用铁的纪律，打造审计铁军。严明党的纪律特别是政治纪律，深入开展政治纪律教育，促使广大党员干部在思想上、政治上、行动上同党中央保持高度一致；严格遵守各项廉政纪律，严格依法履行审计职责。把纪律作为“高压线”，时刻自律自省自警，自觉接受各方面的监督。纪检监察机构要切实加强对纪律执行情况的督促检查，严肃查处违纪行为，保证中央政令畅通，促进审计人员廉洁奉公。

（二）严格执行八项规定实施意见，弘扬优良作风。审计机关要监督别人，要在维护法律尊严、推进依法行政中发挥作用，必须具有过硬的作风，打造让党和人民放心满意的队伍。各级审计机关要不折不扣贯彻落实八项规定实施意见，切实加强作风建设，保证各项要求落到实处。各级领导干部要以身作则，率先垂范，带头密切联系群众，反对形式主义、官僚主义，切实改进调查研究和会风文风。厉行勤俭节约，制止奢侈浪费，严禁公款大吃大喝、公款旅游。审计系统干部公务出差，不许超标准食宿，不许陪餐，不许上高档菜肴，不许收送礼品，不许用公款安排游览和娱乐健身活动。从严控制“三公”经费支出，严禁新建楼堂馆所，严禁超编制、超标准配备公车，切实减少会议和文件，杜绝“小金库”。严禁违规收送礼金、有价证券和支付凭证。反对和克服特权思想、特权现象。组织开展以为民务实清廉为主要内容的党的群众路线教育实践活动，弘扬“实、高、新、严、细”的优良作风，严治“庸懒散”，力戒“骄娇暮”，提振精气神。各级审计机关要建立抓落实的长效机制，对执行八项规定实施意见情况进行检查并按有关规定逐级上报检查结果。纪检监察机构要强化日常监督，并适时组织专项监督检查，对违反规定的要责令整改，对情节严重的要严肃处理并予以通报。

（三）着手落实惩防体系建设新的五年规划，发挥审计监督在反腐倡廉工作中的作用。推进惩治和预防腐败体系建设是一项长期的战略任务，必须坚持不懈，持之以恒。各级审计机关要认真总结五年来惩防体系建设的经验做法，查找存在的问题，待中央颁发“建立健全惩治和预防腐败体系 2013—2017 年工作规划”后，结合实际，抓紧制定实施办法，并认真组织实施，推动完成各项工作任务。同时，认真履行审计职责，努力完成惩防体系建设中的各项牵头和协办任务。要加大对中央重大政策措施贯彻落实情况的审计力度，注重查处重大违法违规问题，加强对权力运行的监督和制约，从体制机制制度层面揭示问题、分析原因和提出建议，切实在反腐倡廉建设中发挥更大作用。

（四）积极采取有效措施，加大预防腐败工作力度。一是开展反腐倡廉教育。引导全体审计干部特别是领导干部牢固树立正确的世界观、权力观、事业观，切实践行审计人员核心价值观。深入开展理想信念和宗旨教育、党性党风党纪教育和廉政法规教育，切实加强政治品质和道德品行教育、示范教育、警示教育和岗位廉政教育。积极开展形式多样、内容丰富的廉政文化活动，充分发挥报刊、广播、电视和互联网、手机等新兴媒体的传播作用，使廉洁价值理念深入人心。

二是深化廉政风险防控工作。加强廉政风险防控是预防腐败工作的重要抓手和有力举措，须臾不可放松。各级审计机关要充分认识开展这项工作的重大意义，切实加强组织领导，把廉政风险防控工作融入审计工作全局之中，取得扎实的效果。已经开展廉政风险防控工作的单位要进一步完善机制，实施对审计业务全程和所有职能岗位的全面覆盖和风险预警；进一步突出工作重点，实现对审计监督权和人财物管理权运行重点环节和关键部位风险的有效防控；进一步创新方式方法，探索运用科技手段防控廉政风险的方式和途径；进一步加强督促检查，开展廉政风险防控工作效果评估和检查考核。尚未开展这项工作的单位今年内务必正式启动。各级审计机关廉政风险防控工作指导小组要进一步加强调查研究和工作指导，审计署将适时组织召开科技防控演示会。力争年底前，审计系统廉政风险防控机制全面建立，廉政风险实时监控着手实施，科技防控实际运行。

三是加强对权力运行的制约监督。审计机关必须严格按照法定权限和程序行使权力，履行职责，做到权力授予有据、行使有规、监督有效。不断完善决策权、执行权、监督权既相互制约又相互协调的机制。认真落实党内监督条例，严格执行民主集中制。加强对领导干部的监督，建立健全领导干部廉政档案，落实述职述廉、报告个人有关事项、任职谈话、诫勉、函询等制度，深化对审计系统主要领导干部的经济责任审计工作，完善巡视工作办法。强化监督检查和责任追究的力度，组织开展对党风廉政建设责任制落实情况的检查；深化重点审计项目廉政检查；加强对“三重一大”事项的监督检查；探索开展外部对审计机关预算执行情况的监督检查。大力推进党务公开和政务公开，深化审计信息和审计结果公开。

四是推进反腐倡廉制度建设。不断完善反腐倡廉制度体系，以规范审计监督权和人财物管理权为核心，及时建立健全相关制度规范，将反腐倡廉要求融入审计业务管理和内部管理制度之中，确保权力运行的重点环节和关键部位有章可循，全程规范。加强制度宣传教育，引导审计干部认真学习制度，自觉维护制度，严格遵守制度，切实增强制度的执行力。

（五）认真做好信访举报工作，严肃查处违法违纪案件。保持惩治腐败高压态势，坚持有案必查、有腐必惩。做到有信访举报的要及时处理，有具体线索的要认真核实，违反党纪政纪的要严肃查处。严肃查办违反八项规定实施意见和“八不准”审计纪律的行为、利用审计职权和影响力获取不正当利益行为以及干部选拔任用工作中的违纪违规行为，严肃查办以权谋私、权钱交易、滥用职权、玩忽职守、贪污贿赂、行政违法等行为。加强对违法违纪案例的剖析，促进建章立制、堵塞漏洞。对苗头性、倾向性问题，要及时提醒、诫勉、教育，对反映失实的要及时澄清，对诬告陷害的要追究责任，保护审计干部干事创业积极性。

同志们，反腐倡廉建设既是一项长期的战略任务，也是一项艰巨复杂的系统工程。做好今年的工作，一要加强组织领导。各级领导班子、领导干部特别是主要领导干部，要严格执行党风廉政建设责任制，做到“一岗双责”，“两手抓、两手硬”。对行动迟缓、落实不力的要责令整改，对不负责任、不抓不管的要严肃追究责任。各级领导干部要以身作则，带头严格遵守廉洁从政各项规定，敢于叫响“向我看齐”。要积极支持纪检监察机构履行职责，开展工作。二要狠抓任务落实。要将反腐倡廉各项工作融入审计工作之中，突出重点，真抓实干，务求实效。认真开展党风廉政建设责任制考核及推进惩防体系建设检查工作。

纪检监察机构要与人事、机关党委等部门加强协作配合，形成抓好队伍建设的合力。三要加强纪检监察机构自身建设。加强学习，提高履职能力；改进作风，察实情、听实话、办实事；严格遵纪守法，自觉接受监督，做严守纪律、改进作风、拒腐防变的表率，树立纪检监察干部忠诚可靠、服务人民、刚直不阿、秉公执纪的良好形象。

同志们，今年是全面贯彻落实党的十八大精神的开局之年，是审计机关成立30周年，深入推进党风廉政建设和反腐败工作意义尤为重大。各级审计机关必须以“踏石留印、抓铁有痕”的劲头，扎实做好反腐倡廉各项工作，推动审计事业发展再上新台阶！

深化经济责任审计 促进领导干部为民务实清廉

——在2013年度省级审计机关厅局级正职领导干部研究班上的讲话

(2013年7月16日)

李勇库

审计署举办这次研讨班，研究如何切实转变作风，进一步加强和改进审计工作，为推动完善国家治理做出新的贡献问题，我觉得是十分必要和及时的。通过几天的学习讨论，收获很大，很受启发。下面结合工作实际，以“深化经济责任审计，促进领导干部为民务实清廉”为题，谈谈自己的一些看法，与大家共同探讨。

一、经济责任审计作用发挥情况

经济责任审计是适应我国改革开放和干部管理监督需要而产生和发展的，是中国特色社会主义审计监督制度的重要组成部分，在国际上尚无先例可循。经过20多年的探索，经济责任审计从无到有、从研究探索到规范发展、稳步提高，走出了一条具有中国特色的审计路子，成为我国审计监督制度中一项受到高度重视和普遍关注的审计工作，在完善干部管理监督机制、促进经济社会科学发展、推动反腐倡廉建设等方面发挥了积极作用。同时，通过开展经济责任审计，也提升了审计的地位和权威，赢得被审计单位及领导干部的认同和信任，得到社会的肯定和赞誉。

党的十七大以来，全国共审计领导干部18.5万人次，其中党政领导干部18万人次，省部级领导干部136人次。审计查出被审计领导干部所在单位违规问题金额6200多亿元，其中领导干部负有直接责任的问题金额360多亿元，查出领导干部个人经济问题金额5亿多元，2300多人被移送纪检监察和司法机关，为2700多名领导干部澄清了有关问题，2.3万多名领导干部被提拔使用，830人受到免职、降职或撤职及其他处分。通过经济责任审计，向各级党委政府提交报告和信息26万多篇，提出审计建议44万多条，促进完善制度2万多项，为有关方面决策提供了客观准确的信息和依据。这里面，各级审计机关做了大量探索和实践，功不可没。

二、经济责任审计面临的困难和问题

经过多年探索，经济责任审计工作有了一定发展，但与党的十八大关于健全经济责任审计制度的要求及各方面的期望相比，仍存在较大差距，

也面临一些困难和问题：一是工作运行机制有待进一步完善，目前仍有部分的地方尚未按要求建立经济责任审计的专门组织领导机构；二是经济责任审计相关配套制度不完善，特别是各级各类领导干部的经济职责权限不够清晰，考核评价体系不够完善，缺乏明确具体的问责规定，直接影响到经济责任审计的内容、评价和结果运用等方面效果；三是审计任务重与审计力量不足、审计要求高与审计人员素质不适应的矛盾比较突出，各级审计机关五年来审计的领导干部占被审计对象的51%，审计质量也有待提高。对这些问题，审计署结合总结近五年经济责任审计工作、正在着手研究制定两办《规定》实施细则和开展书记、市长同步审计试点工作，并研究解决的措施和办法，当然也需要各级审计机关继续探索实践，共同研究解决。

三、促进领导干部为民务实清廉的几点思考

当前，摆在各级审计机关面前的重大任务，就是要认真学习、深刻领会、切实贯彻好中央关于开展党的群众路线教育实践活动的要求，不仅要搞好自身的教育实践活动，做到为民务实清廉。同时，还要发挥职能作用，通过审计促进各级领导干部为民务实清廉。对于经济责任审计来讲，促进领导干部守法守纪守规尽责，与促进领导干部为民务实清廉的要求是相一致的，要把关注领导干部为民务实清廉情况贯穿经济责任审计的全过程。

一是要深化审计内容，突出为民务实清廉这个重点。在审计中，要严格按照权责一致的原则确定审计内容，紧紧围绕被审计领导干部权力运行和责任落实，依法、全面、客观、公正审计。当前，要突出为民务实清廉这个重点。在促进领导干部“为民”方面，应高度关注领导干部任职期间贯彻执行党和国家关于“三农”、社会保障、教育、医疗、安居工程、环境保护等民生政策的落实情况，重点看民生资金是不是都用在改善民生上，看群众住房、就医、就学、就业方面的条件是否改善。在这些方面既要有统计数据做支撑，也要采取抽样调查等方式，进行实地了解，掌握大量翔实的证据，使审计结果更有说服力。在促进领导干部“务实”方面，应注重揭示和查处劳民伤财的“形象工程”、脱离实际的“政绩工程”和威胁人民生命财产安全的“豆腐渣”工程；注意揭露和反映各种浮夸风、假数字、假政绩等问题；揭示和关注节庆泛滥、文山会海等现象；揭示和反映不负责任、不深入实际问题，让那些拍脑袋决策、拍胸脯表态、拍桌子骂人、拍大腿反思、拍马屁升迁、拍屁股走人的干部得到揭露和惩戒，促进领导干部求真务实，真抓实干，树立正确的政绩观。在促进领导干部“清廉”方面，应加强对关键岗位领导干部的任中审计，特别是加强对行政审批、工程招投标、政府采购、土地转让、国有资产处置等重点领域和关键环节的审计监督，着重揭露以权谋私、失职渎职等行为，促进领导干部廉洁自律。同时，还要将各地区各部门落实中央八项规定精神的情况作为经济责任审计的重要内容，注意揭示和查处重大铺张浪费问题，促进勤俭节约。

二是要完善评价体系，正确反映领导干部为民务实清廉情况。审计评价什么，领导干部就会关心什么。所以，审计评价也是干部导向。要通过经济责任审计，清晰准确评价领导干部为民务实清廉情况，促进领导干部更好地落实为民务实清廉要求。要遵循依法依规、审评一致、权责一致、实事求是的原则，根据不同类别领导干部的岗位特点，研究确定评价内容、评价指标、评价依据、评价标准和评价方法。特别是评价依据要充分，要充分参考有关法律、法规，政府工作报告、计划报告、预算报告，关于经济工作政策落实和决策部署，有关经济工作责任制考核目标，会计准则和会计制度，国家和行业的经济技术标准，有关经济工作中长期发展规划和年度计划，有关会议记录、纪要、决定和领导批示，有关部门的权威性统计数据、考核结果和评价意见，等等。要研究探索实行量化审计的方式，努力实现同一类别、同一级次被审计领导干部履行经济责任情况的横向比较。

三是要准确界定责任，推动为民务实清廉要求的落实。界定领导干部责任应遵循权责一致、分工负责、实事求是的原则。权责一致，就是被审计领导干部在其职责范围内，不履行或不正确履行经济责任的行为，以及由此造成的后果，应当承担经济责任。分工负责，就是要正确处理主要领导干部负总责与其他领导干部分工负责的关系，依法确定各自责任。除了被审计领导干部应当承担的责任外，其他领导干部对相关问题应当承担的责任，审计机关可以通过适当方式向干部管理监督部门提供相关情况，作为有关部门考核评价被审计领导干部所在单位领导班子的参考依据。实事求是，就是应当充分考虑被审计领导干部的职责权限、问题事项的历史背景和后果的严重程度，以及被审计领导干部与问题事项的关联程度等因素，防止简单地将被审计领导干部是否主持召开会议、是否组织集体研究、是否签批文件、是否直接分管、是否具体知悉作为界定责任的标准。

四是要推动审计结果运用，努力取得经济责任审计工作更大成效。审计的最终成果是审计建议得到采纳和运用，如果成果不能被利用，审计就失去了意义。要发挥好经济责任审计联席会议作用，通过多种形式，将最终审计结果在联席会议成员中通报，为干部管理监督部门提供参考依据。对审计中发现的问题，在法定职权范围内的，要依法做出处理、处罚；对应当由其他部门处理、处罚的问题，要及时移送有关部门。还要以适当方式向干部管理监督部门提供与审计项目有关的、未在审计报告和审计结果报告中反映的其他情况，以及其他人员应当承担的相应责任等情况。要积极协助和配合干部管理监督部门落实、查处与审计项目有关的问题和事项。要加强综合分析，对审计发现的典型性、普遍性、倾向性问题和有关建议，要专题报告本级党委和政府，提交有关部门。

我就谈这么多，不妥之处请大家批评指正！

世界审计组织第二十一届大会

北京宣言——最高审计机关促进良治

（2013年10月26日）

序　言

1. 自1953年成立以来，世界审计组织秉承“经验分享，人人共惠”的理念，广泛传播国家审计的理念和准则，致力于促进国际审计界的经验交流与合作，展现了旺盛的活力和创新的精神。2013年，世界审计组织迎来了成立60周年的华诞。

2. 世界审计组织作为一个自主、独立、专业和非政治性的组织，旨在为最高审计机关提供支持，鼓励各种观点、知识和经验的交流，在国际社会中代表最高审计机关发出统一声音，促进各国最高审计机关持续完善。

3. 世界审计组织通过强化各国最高审计机关，帮助各国政府提高绩效、增强透明度、落实问责制、维护信誉、打击腐败、提升公信力、保护公民的利益，进而促进了良治。

4. 世界审计组织及其各委员会、工作组、特别工作组和地区审计组织，是公共部门审计领域知识交流的全球论坛，公共部门审计准则的制定者和政府外部审计的国际代言人。

5. 世界审计组织在促进知识分享、准则制定和提升公共部门审计地位等领域取得的成就有目共睹。世界审计组织制订和实施的第一份战略规划于2004年在布达佩斯通过，2010年又进行了更新。按照战略规划的指引，世界审计组织制定了《最高审计机关国际准则》框架，并在能力建设项目和不同审计领域的知识交流方面，在全球都获得了成功。世界审计组织还一直努力成为实现良治的典范机构。

6. 2011年，联合国大会通过A/66/209号决议——《通过加强最高审计机关提高公共行政的效率、问责、效益和透明度》，对世界审计组织及其成员的工作予以认可。在这项决议中，联合国大会还对世界审计组织在以下两方面的贡献表达了赞赏：

——世界审计组织在推动提高效率、问责、效益、透明度以及切实有效地获取和使用公共资源造福人民方面所开展的工作；

——世界审计组织发布了《利马宣言》和《墨西哥宣言》，并鼓励会员国以符合本国体制结构的方式采用这些宣言所载各项原则；鼓励会员国和有关联合国机构继续并强化同世界审计组织的合作，以便促进良治，通过提升最高审计机关能力，确保效率、问责、效益和透明度。

7. 2013年，世界审计组织第二十一届大会在北京召开。大会回顾了世界审计组织过去60年的发展历程，总结了各成员最高审计机关的实践经验，大会一致认为：

——21世纪的人类社会，信息化和全球化浪潮澎湃，最高审计机关面临着促进国家治理的新挑战，世界审计组织也在参与解决全球性问题的过程中迎来新机遇。

——各国最高审计机关认为，有效的国家治理是保持经济发展、社会稳定和提高公众生活水平的基石。最高审计机关愿意为促进履行《联合国千年宣言》确定的以下职责做出贡献：

我们将不遗余力地帮助我们十亿多男女老少同胞摆脱目前凄苦可怜和毫无尊严的极端贫穷状况。我们决心使每一个人实现发展权，并使全人类免于匮乏。因此，我们决心在国家层面及全球层面创造一种有助于发展和消除贫穷的环境。上述目标能否成功实现，除其他外，取决于每个国家内部施行良治。这也取决于全球层面的良治，并取决于金融、货币和贸易体制的透明度。

——最高审计机关可以通过增强透明度、落实问责制、提高绩效、打击腐败，进而实现国家良治，促进公平。

——财政政策的长期可持续性是实现国家良治无可置疑的前提。最高审计机关通过独立而专业的审计，增强公共财政透明度，报告公共财政绩效，揭示系统性风险，帮助决策者维护财政政策的长期可持续性和执行力。

——在日益全球化的世界里，没有任何国家能够在不考虑外部因素影响的情况下，在改进国家治理领域独善其身。各国最高审计机关将在促进本国良治的同时，致力于推动全球和区域性合作，推动实现全球范围的良治。为了应对全球性的挑战，各国最高审计机关将在世界审计组织及其地区审计组织的框架下，不断提升自身实力，并承担起共同的责任、抵御共同的风险、采取共同的行动、发出共同的值得信赖的声音。

——作为具有广泛代表性、超然独立地位和高度专业水准的国际组织，世界审计组织将继续与各地区审计组织和各国最高审计机关开展合作，推动各国为实现促进良治的目标，在保持独立性、提高绩效的基础上，依照各国法律体系要求，实施《最高审计机关国际准则》。

8. 鉴此，本届大会讨论了以下两项具有全球性重要意义的议题：

——主议题一：国家审计与国家治理

——主议题二：最高审计机关在维护财政政策的长期可持续性领域的作用

大会关于上述主议题讨论的成果见附件1：《北京共识》。

9. 本届大会还回顾了《世界审计组织战略规划（2011—2016年）》的实施进展情况。

第一章　世界审计组织的成就与经验

10. 自1953年成立至2013年在中国召开第二十一届大会，世界审计组织在各领域历经多次积极发展，实施了变革，取得了巨大的成就。依据“经验共享，人人共惠”的理念，世界审计组织的工作基础是每个成员最高审计机关的自愿承诺和自发贡献。从最初的34个成员，世界审计组织如今已经发展到拥有192个全权成员和5个协作成员，成为一个成员遍布全球，组织架构井然有序，目标明确，高效和现代的国际组织。

11. 世界审计组织的7个地区审计组织——非洲审计组织、阿拉伯地区审计组织、亚洲审计组织、加勒比地区审计组织、欧洲审计组织、拉美和加勒比地区审计组织，以及太平洋地区审计组织，在兼顾地区差异和多样化需求的同时，致力于实现世界审计组织的使命。

12. 世界审计组织下属的各委员会、工作组和特别工作组，承担了世界审计组织各专业领域的工作，涉猎了诸多战略性议题和事项。

13. 世界审计组织所经历的重大事件和取得的杰出成就包括：1977年通过的《利马宣言》，确定了独立、高效率和富有成效的公共部门审计的根本原则；第一份《世界审计组织战略规划（2005—2010年）》，阐明了世界审计组织关于准则制定、能力建设、知识分享和成为典范国际组织的战略目标；2007年通过的《墨西哥宣言——最高审计机关的独立性》；以及旨在推动全世界公共部门审计发展的《最高审计机关国际准则》框架。

14. 近年来，世界审计组织的艰苦努力取得了成效，也获得了联合国大会的肯定。2011年联合国大会顺利通过了A/66/209号决议。该决议将世界审计组织及其准则制定和公共部门审计工作，置于国际社会的关注焦点。公共部门审计，依其独立本质，被公认为良治的重要组成部分。该决议是最高审计机关谋求各国政府认可有关独立性的各项基本原则，并产生立法和行政效果的有力依据。来自不同地区的最高审计机关，已在这方面取得了实质性的进展。

15. 世界审计组织与联合国等外部伙伴，以及世界银行、经合组织、各国议会联盟、国际会计师联合会和国际内部审计师协会等国际组织所开展的合作，提高了世界审计组织作为高水准专业组织的声誉，也提升了其知名度与认可度。自20世纪70年代以来，世界审计组织和联合国共同举办了22次研讨会，针对一系列公共部门审计倍受关注的课题，传播知识，分享培训资料。

16. 能力建设过去和现在都是世界审计组织关注的主要领域之一。它涉及构建能力建设的新体系，帮助最高审计机关获取知识，实施专业培训，促进机构发展。为了帮助最高审计机关提升能力，改进绩效，世界审计组织目前开展了许多能力建设和知识分享活动。

17. 世界审计组织与21个捐助机构签署了《谅解备忘录》，并开展了一系列合作，实现了《谅解备忘录》所确立的共同目标，确保了世界审计组织职业准则体系（包括《最高审计机关国际准则》和《世界审计组织良治指南》）的成功实施，提升了全球援助开发机构对最高审计机关和世界审计组织重要性的认识。

18. 60年来，在应对公共部门审计所面临的挑战时，世界审计组织攻坚克难，成就斐然。今后，依托所有成员的共同支持和广泛合作，世界审计组织将立足实现其兼具前瞻性和外向视角的愿景和使命，展示其预见力和存在的现实意义。

19. 从1963年起，世界审计组织秘书处开始设在奥地利维也纳，到2013年，奥地利审计院已经承担相关职责50周年。作为创新的推动者、信息交流的中心以及全球合作伙伴和世界审计组织成员的联络中枢，秘书处对世界审计组织具有至关重要的意义。

20. 为铭记上述重要事件，世界审计组织出版了一本专刊，即《世界审计组织60年暨世界审计组织秘书处50年——透明、问责和良治》，以资庆贺。

21. 鉴于当今社会，新事物新现象不断涌现，变革发展日新月异，世界审计组织将尽最大努力，继续促进良治，推动人类社会的可持续发展。

第二章　最高审计机关促进国家良治

22. 从世界审计组织肇始，其工作的中心目标就是促进良治。最高审计机关只有独立于被审计单位并免受外部影响，才能顺利完成此项任务。世界审计组织还认为，最高审计机关履职的关键是，审计方法应紧随现代科技知识的发展，审计人员应具备必要的专业素养和良好的道德情操。

23. 因此，世界审计组织在1977年通过了《利马宣言》，并在2007年发布的《墨西哥宣言》中，以系统的方式，用专业的术语，确立了政府外部审计独立性的8项原则。

24. 促进国家良治，从而实现社会、经济和环境的可持续发展，是世界各国政府和公民的共同诉求。作为国家治理不可分割的组成部分，国家审计依法履行其职责，客观公正地进行监督、鉴证、评价和建议，以供国家决策者制定政策和开展规划所用。最高审计机关应当努力成为公众生活中值得信赖的、诚信的和廉洁正直的典范。为此，最高审计机关应当继续致力于：

——通过对公共权力的监督，建设清正廉洁的政府，维护法律秩序，揭露违法行为，遏制滥权，维护民主法治。在某些情况下，最高审计机关是建言者，通过提出完善法律制度的建议，发挥建设性作用。最高审计机关还是公共部门与公民之间沟通和信任的桥梁，推动政务公开，从而使公民能够积极参与公共决策过程。

——通过监督和评价政府的活动，揭示国家治理和控制体系存在的缺陷，从而提高政府效能。最高审计机关对政府和公共实体的变革提供独立客观的见解和指引，促进政府加强内控。最高审计机关还促进公共资源的合理使用，推广良好实务，建设效能政府。

——在本国和国际层面，在打击腐败和预防舞弊领域发挥重要作用。最高审计机关的审计专业知识和经验不仅有助于加强问责制，而且能够为包括联合国《2015年后的发展议程》在内的反腐败动议提供有价值的建议。

——凭借其独立的地位、独到的远见和专业的能力，提供及时客观可靠的信息，揭示风险，维护国民经济、社会运行和国家利益。

——通过确保与民生相关的公共资金和项目接受严格的监督，实现预期效果，即提升生活水平，使包括弱势群体在内的所有公民享受平等机遇，从而促进改善民生。

——通过开展审计，公布审计结果，对公共部门进行问责，促进政府和公共机构履行使用和保障公共资源的职责，以提高透明度，落实问责制。最高审计机关向社会和公民提供已经验证的关于政府机构和官员的履职信息，从而促进提高政府的透明度。

第三章　维护财政政策的长期可持续性

25. 总体而言，可持续的公共财政意味着有能力偿还当期和未来的债务，不将过多的债务留给后代。

26. 公共财政的可持续性是世界审计组织多年来一直关注的议题。1991 年世界审计组织公债委员会开始运作，并于 2007 年重组为工作组。2008 年，世界审计组织对金融危机做出了快速反应，成立了全球金融危机特别工作组，并在 2012 年重组为金融现代化和监管改革工作组。

27. 过去，世界审计组织开展了大量工作，颁布了一系列关于公债的《最高审计机关国际准则》(ISSAI 5410 至 5450)。尽管如此，金融、经济和预算危机仍然给最高审计机关带来了特殊挑战。从公共利益出发，应对上述挑战应成为最高审计机关审计职能的一部分。

28. 21 世纪初期全球金融和经济危机的教训，强调了政府维系良好的公共财政，为经济增长、确保就业和社会福祉创造条件的重要战略意义。通过独立而严格的审计，提高公共财政资源使用的透明度，采取稳健的财政管理方法，最高审计机关为保障本国的财政安全，维护财政政策的中长期可持续性，保障公共利益，促进国家良治做出了贡献。由于认识到世界审计组织各成员最高审计机关应当根据各国的法律规定来决定有关工作的实施途径，最高审计机关在应对财政稳定事宜时，可以考虑如下事项：

——加强政府财务报表审计，以推动建立并改进财政体制和财务报告准则，确保公允地报告政府的财政绩效和财政状况。

——加强公共财政绩效审计，以确保财政的中长期可持续性，促进良治。

——加强公共债务审计，关注直接债务、其他负债和或有债务，揭示主权债务和财政赤字方面存在的管理问题、管理风险及预期发展态势。

——提升对公共财政规划阶段进行审计的能力，促使行政和立法机构在对中长期财政规划进行评估时，将经济周期、偿债、公共项目，政府对诸如社会安全、养老金、教育医疗事务的承诺，以及自然灾害、气候变化和金融危机等或有事项的预期发展态势，纳入考虑范畴。

——对政府在制定与经济、公共财政和公共债务相关的规划时所做的假设进行评估，揭示潜在风险，提出建设性意见。

——加强对财政纪律、财政法规和公认的监管准则执行情况和政府预算全流程的合规性审计。审计的目的在于，确保在财政规划、执行和绩效评价各个阶段落实问责制，保障实现有关目标，并通过健全风险管理体系实现有效的内部控制。

——促进对公共财政政策的评估。最高审计机关将继续对财政政策的稳健性、有效性和可持续性进行审计，以促进符合各国实际情况的经济增长和社会福祉。

29.《利马宣言》《墨西哥宣言》和联合国大会决议中有关加强最高审计机关独立性的重要意义得到了广泛认可，各国最高审计机关通过世界审计组织和地区审计组织在国际社会中互相支持的价值业已得到了证明。达成的另一项共识是，最高审计机关在对财政政策可持续性进行审计时，或许需要强化其工作授权。

第四章　实现全球良治——共同的目标

30. 经过不断的、积极的努力，世界审计组织已经成功发展为一个自主、独立、专业和非政治性的组织，最高审计机关在国际社会的代言人，各成员最高审计机关持续改进的推动者。

31. 世界审计组织卓著的国际声誉源自一系列重大成就，其中包括在近期：

——联合国对最高审计机关重要性的认可；

——依据规定程序制定的全面的职业准则框架；

——与国际捐助机构建立富有成效的合作关

系，促进成员最高审计机关的能力建设；

——构建高效全球网络，分享知识，推广良好实务；

——深化与国际组织和超国家组织的合作；

——不断完善治理机制，致力于成为国际组织的典范。

32. 世界审计组织认识到，在当今世界，面临着越来越多的共同的挑战，国际审计界的同行们只有携手应对，共同回应，才能使最高审计机关的工作更富成效。世界审计组织的历史，以及最高审计机关之间开展国际合作所构建的坚实基础，赋予了世界审计组织完美的定位，可以在处理主权债务危机、生态危机、全球金融安全、反腐败等当今世界面临的重大挑战和课题时，找出解决问题的办法，发挥关键性的作用。

33. 世界审计组织和最高审计机关有能力，也有义务根据各自的工作授权和法律框架，促进国家和全球范围的良治。为此，大会鼓励各国最高审计机关：

——承担共同的责任。最高审计机关通过审计本国政府履行国际承诺的情况，在应对气候变化、消除贸易壁垒、保持金融稳定、反腐败和反洗钱等领域，促进政府全面履行有关承诺。世界审计组织将努力促使最高审计机关广泛参与国际合作，并在严肃财经纪律、揭示经济风险、打击腐败、维护世界经济稳定等国际事务中发挥作用。

——抵御共同的风险。最高审计机关将持续关注并及时揭示重大风险。世界审计组织将继续关注并研究全球性、区域性的重大问题，为最高审计机关有效应对风险提供指导和参考。

——采取共同的行动。最高审计机关将继续开展联合审计和平行审计，应对气候变化、区域污染治理和金融危机等面临的共同挑战和问题。最高审计机关将参与社会发展进步评估等治理活动，参与国际组织和区域性组织的外部审计，推动国际组织和区域性组织开展绩效审计，促进其强化问责制，提高透明度，提升绩效。世界审计组织还将与其他国际组织和主权国家一起，加强国际审计合作，共同寻求解决区域性和全球性问题的最佳办法。

——发出共同的声音。最高审计机关和世界审计组织将与时俱进，采取积极有效的措施，与联合国、世界银行、经合组织和G20等多边机构开展合作，积极参与多边活动，完善全球公共部门审计和会计准则，构建社会发展进步评估的国家关键指标体系，参与持续改进全球治理，并在国际社会对国际性和区域性议题发出独立统一的声音。

第五章　大会结论

34. 本届大会虽然讨论了很多问题，但有一条基本的指导原则，那就是世界审计组织应该更具前瞻性和外向性。世界审计组织在良治和公共部门审计方面积累的专业知识和经验，是其参与全球和地区事务的基础。

35. 大会关注到世界审计组织各委员会、工作组和特别工作组卓有成效的工作，并对此表示赞赏。大会还向业已完成所有任务或结束任期的各机构主席致以最诚挚的感谢，并对所有履新的各机构主席表示衷心的欢迎。

36. 至2013年底，世界审计组织的第二个战略规划，即《世界审计组织战略规划（2011—2016年）》的执行进程已经过半。本次大会期间，世界审计组织各成员最高审计机关对战略规划到目前为止的执行情况表示满意。此外，各成员最高审计机关还就特定事项达成了如下结论和共识：

职业准则

——欢迎通过对基本审计原则和其他准则（附件2）的修改，进一步完善了《最高审计机关国际准则》框架，并契合了审计人员和准则使用者的需求；

——批准业经修订的职业准则委员会的工作授权，批准由职业准则委员会寻求可持续的解决方案，确保世界审计组织在未来继续遵循规定程序，开发和维护职业准则框架。

能力建设

——赞赏本组织在支持最高审计机关能力建设领域所取得的显著进步，特别赞赏各地区审计组织秘书处和世界审计组织捐助合作指导委员会所做出的贡献；

——感谢世界审计组织发展培训委员会在支持各成员最高审计机关提升绩效、保持独立性、提高职业水平领域所作出的持续贡献；并

——认可《世界审计组织发展培训委员会战

略规划（2014－2018 年）》及其修订后的工作授权，以反映其新增的涉及世界审计组织各项目标的职责。

知识分享

——赞扬针对《最高审计机关的价值与裨益——在公众的生活中发挥重要作用》（附件 3）开展的研究工作，赞扬关于最高审计机关救灾援助审计和问责指南的制定工作（附件 2）；

——鼓励最高审计机关提升能力，以应对目前世界许多地区财政和经济问题引发的挑战，如扩展并加强对监督机制和监管机制的审计工作；

——鼓励各成员最高审计机关积极实施世界审计组织沟通战略和指南，并推广使用为此开发的相关工具。

世界审计组织——典范机构

——欢迎关于制订《世界审计组织战略规划（2017－2022 年）》的计划，以及解决本组织未来资源需求的规划；

——关注突发事宜监督委员会的成立（附件 4）。

其他事项

——同意世界审计组织应在联合国《2015 年后的发展议程》中发挥作用。

37. 此外，大会呼吁本组织成员：

——根据联合国决议，优先采纳并实施《最高审计机关国际准则》框架，并鼓励捐助机构和其他发展合作伙伴采取同一立场；

——积极响应世界审计组织捐助合作指导委员会发起的“第二轮全球倡议”；

——积极宣传介绍最高审计机关的价值和裨益；

——抓住机遇，着力为谋划本组织的未来做出贡献；

——考虑为本组织的未来贡献更多的资源。

38. 在本届大会结束之际，本组织及所有成员重申，将坚定不移地朝着把世界审计组织建设成为一个典范机构的目标，秉承最高的职业水准，胸怀以人为本的理念，做好世界审计组织的各项工作。

附　件

附件 1：北京共识（略）

附件 2：世界审计组织第二十一届大会认可的《最高审计机关国际准则》《世界审计组织良治指南》和正式文件清单（略）

附件 3：最高审计机关国际准则 12：《最高审计机关的价值与裨益——在公众的生活中发挥重要作用》（略）

附件 4：世界审计组织机构图（略）

李克强出席世界审计组织第二十一届大会开幕式并致辞

10 月 22 日上午，世界审计组织第二十一届大会开幕式在北京人民大会堂举行。中国国务院总理李克强出席开幕式并致辞。国务委员兼国务院秘书长杨晶陪同出席。中国审计署审计长刘家义在开幕式上正式接任新一届世界审计组织主席。

李克强首先对世界审计组织成立 60 周年表示祝贺，并对本届大会于这个重要年份在中国召开表示欢迎。他说，当前世界经济继续缓慢复苏，但国际金融危机深层影响远未消除，还存在许多不稳定不确定因素。危机中一些国家财政陷入困境的教训应当吸取。今年前几个月，中国经济下行压力加大，中央财政增收困难。在此情况下，中国政府创新宏观调控方式，保持定力、站稳脚跟，坚持不扩大赤字，不放松也不收紧银根；同时，防微虑远、求进有为，深处着力推改革，精准发力调结构，主要依靠激发市场活力和内生动力促进经济增长。这些措施已取得明显效果，目前中国经济走势稳中向好，市场预期稳定向上。我们有能力完成今年经济社会发展的主要任务，实现财政稳定和可持续运行。

李克强指出，在中国，审计在促进财政可持续、改善国家治理上发挥着重要作用。审计机关加强对公共资金、国有资产、领导干部经济责任的审计监督，对重大经济社会政策措施执行情况进行跟踪审计，开展了大量卓有成效的工作，并根据审计揭示的问题，采取了加强管理、防控风险的措施。政府性债务总体处于安全可控范围。他结合中国情况，就审计提出三点主张：

第一，当好财政可持续的“卫士”。新形势下，财政必须“转型、提质、增效”，使财政收支与经济发展相匹配，把财政赤字和债务规模控制在合理范围。审计要发挥对财政的监督作用，及时发现风险隐患，督促进行整改，推动财政用好增量、盘活存量、提高效率、惠及民生、防范风险，从而实现可持续运行。

第二，当好防治腐败的“哨兵”。审计在国家治理体系中具有预防和抵御各种“病害”的功能，要发挥其独特的专业化优势，严格监督公共资金合法合规使用，不为利益所动、不为权势所怯，毫不留情地依法揭露、打击腐败，成为国家和人民利益的捍卫者、权力运行的“紧箍咒”、公共资金的守护者。

第三，当好国际合作的“使者”。各国审计机关应在依法独立审计、完善审计法规、改进审计技术和防范全球性、区域性金融风险等方面，加强多、双边交流合作，共同推动制定和完善国际金融监管规则、国际会计和审计准则，促进全球金融和经济稳定。中国审计长将接任世界审计组织主席。中国政府将一如既往地支持世界审计组织的工作。

李克强在会前简短会见了世界审计组织第二十届大会主席、南非审计署审计长特伦斯·农贝贝等主要来宾。

开幕式由世界审计组织秘书长、奥地利审计院院长约瑟夫·莫瑟主持。在李克强总理致辞之后，联合国秘书长潘基文的特别代表、联合国副秘书长吴红波宣读了潘基文先生的贺信。特伦斯·农贝贝和约瑟夫·莫瑟也分别致辞。同时，还举行了世界审计组织主席交接仪式，刘家义接替特伦斯·农贝贝，担任新一届世界审计组织主席。

来自160多个国家的世界审计组织成员、观察员等680多人参加了开幕式。

（综合新华社北京10月22日电）

杨晶会见世界审计组织第二十一届大会代表并致辞

国务委员、国务院秘书长杨晶10月24日在钓鱼台国宾馆会见了出席世界审计组织第二十一届大会的代表并致辞。

杨晶说，世界审计组织成立60年来秉承“经验分享、人人共惠”的宗旨，推动成员间交流合作，取得了令人瞩目的成就。中国审计署在成立之初就加入了世界审计组织，并在这次会议上接任世界审计组织主席。

他表示，中国政府将一如既往地支持中国审计署积极与各国最高审计机关开展交流合作，支持世界审计组织开展工作。

（新华社记者　崔文毅）

联合国秘书长潘基文
致世界审计组织第二十一届大会祝贺词

2013年10月22日　北京

（联合国主管经济和社会事务
副秘书长吴红波宣读）

在世界审计组织成立60年之际，我欣然向本届大会致意。我高兴的是，能够与一个长期合作伙伴一道，共同为政府审计，这个历史悠久、信誉卓著的职业举办这次具有里程碑意义的活动。

40多年来，我们两个机构一直合作支持公共审计能力建设，为此推行专业化和制定标准，尤其是在发展中国家开展这些工作。

中国对联合国的工作贡献很多，包括积极参与这个重要领域的工作。

2008年以来，中国专家对联合国维持和平行动进行了实地审计。中国审计署审计长刘家义先生是本届大会的东道主，也是联合国审计委员会的三名现任成员之一，该委员会的工作，是向联大提供独立的外部审计服务。审计委员会帮助联大加强联合国各实体在使用公共资源和提供国际公共服务方面的问责制。这项工作对于联合国的发展支柱来说至关重要。

世界审计组织举行本届大会之时，我们促进经济增长、社会进步和环境保护的全球努力正处于一个紧要关头。国际社会正在努力加快实现各项千年发展目标的工作，同时以千年发展目标取得的成功为基础，为2015年以后的时期制定一项变革性的发展议程。人们日益意识到，善治、透明、问责和创新的融资办法是新议程的关键内容。

最高审计机关是监督者，其作用是帮助促进对公共资源的有效和高效利用。这些机关将在支持贯彻这项新的可持续发展议程方面发挥重要作用。

我感谢世界审计组织与联合国长期合作。我期待继续我们的合作，来加强最高审计机关的进一步发展。我们通过齐心协力，可以为持久和平、可持续发展和对世界人权的保护奠定更为坚实的基础。

恭祝会议大获成功。谢谢。

在世界审计组织第二十一届大会开幕式上的讲话

（2013年10月22日）

刘家义

尊敬的各位代表、各位嘉宾，女士们、先生们、同事们、朋友们：

大家上午好！首先，请允许我代表中华人民共和国审计署，并以我个人的名义，对各位代表、各位远道而来出席世界审计组织第二十一届大会的朋友，以及各位同事和各位同行表示热烈的欢迎！

中国政府历来高度重视审计工作，对本届大会的筹备和举办给予了有力支持。国务院总理李克强先生亲自关心大会的筹办，并莅临今天的大会，发表了热情洋溢、充满期盼的重要讲话。国务委员、国务院秘书长杨晶先生给予大会多次指导，在百忙之中参加今天的开幕式。联合国秘书长潘基文先生也非常关注本届盛会，他告诉我非常想出席今天的开幕式，但由于其他重要公务而不能前往，所以特意委派联合国副秘书长吴红波先生作为特别代表，出席今天的开幕式并宣读他的祝贺词。在此，让我们对他们表示衷心的感谢！

60年前，世界审计组织在美丽的海滨城市哈瓦那正式成立，世界审计事业迈出了历史性的一步。60年来，在历任主席和全体工作人员的辛勤努力下，在世界各国最高审计机关的共同努力下，世界审计组织的规模日益扩大，工作机制不断健全，制度体系不断完善，职能作用不断彰显，有力地推动了世界审计事业的发展，为全球经济社会健康发展做出了积极贡献，为人类文明书写了绚丽的一页，光辉的成就被谱写在世界审计事业发展的华章中，累累的硕果被载入人类历史发展的史册，被镌刻在世界审计组织成长的丰碑上。在此，我们向为世界审计事业，为世界审计组织发展壮大做出贡献的历任主席、全体工作人员、各成员国的审计同行以及支持关心世界审计组织发展的各国政府和国际组织、各界人士，表示衷心的感谢和崇高的敬意！

女士们、先生们！

当前，我们所生活的世界正在发生深刻变化，经济全球化深入发展，气候变化以及能源资源安全、经济安全、环境安全、粮食安全、政府廉洁高效、反腐败等全球性问题日益突出，迫切要求世界各国加强合作，共同应对挑战，推进全球治理，实现互利共赢。这给世界审计组织和各国最高审计机关提出了新的更高的要求，也蕴含着新的发展机遇。

面对新形势和新起点，接过世界审计组织主席的重任，我深感使命光荣、责任重大，同时我也对未来充满信心。第一，世界审计组织的发展壮大是形势发展的需要、实现国家良治的需要，在这一背景下，世界审计组织一定会有良好的发展空间，必将赢得最广泛的关注和支持。第二，世界审计组织历届主席打下了坚实的基础，留下了一笔巨大的精神财富，将鼓舞和指引着我们去战胜挑战，取得新的业绩。第三，有各国最高审计机关的有力支持和密切协作。只要我们紧密团结在一起，向着一个共同的目标不懈努力，一定会攻坚克难、无往不胜！

2000多年前，中国伟大的爱国诗人屈原曾经说过：“路漫漫其修远兮，吾将上下而求索。”接过世界审计组织主席这个“接力棒”，我将秉承先人教诲，上下求索、尽心竭力、永不懈怠，在全体同事们的支持和帮助下，在“经验分享、人人共惠”理念和“独立、廉洁、专业、可信、包容、合作、创新”核心价值观的指引下，致力于建设活跃、自治、独立、专业的国际组织，推动世界审计组织成为最高审计机关在国际社会的代言人，促进最高审计机关不断进步。我愿与大家一道，在以下几个方面做出积极探索和努力：一是做国际审计规则的制定者和推广者，建立稳定权威的最高审计机关国际准则制定模式，促进各国认可并广泛采用最高审计机关国际准则，并积极向世界审计组织成员以外的机构推广最高审计机关国际准则。二是当好全球治理的参与者和建言者，对全球重要及突发事宜进行研究并提出建议，围绕全球治理需要开展跟踪研究和前瞻性研究，推动由最高审计机关实施国际组织和地区性组织的外部审计，积极向国际组织和地区性组织推荐外部审计师或相关专业人员。三是提升世界审计组织的国际影响，加强与联合国及其专门机构、国际性和区域性组织的联系，在国际规则制定中发挥影响力。四是建设“经验分享、人人共惠”的典范机构，制定全球公共部门外部审计师资格能力水平标准，致力于推动各国最高审计机关加强能力建设。五是鼓励最高审计机关密切交流，开展同步审计、联合审计等多种形式的交流和合作，以推动各国审计事业共同发展，为各国不断完善治理，实现可持续发展，改进人民福祉做出新的贡献。

女士们、先生们！

让我们在世界审计组织第二十一届大会召开暨世界审计组织60周年庆典这一历史时刻，从北京扬帆起航，踏上新的征程，谱写世界审计组织和世界审计事业科学发展的新篇章。

最后，我衷心祝愿世界审计组织第二十一届大会取得圆满成功！祝大家在中国、在北京工作愉快、身体健康！

谢谢大家！

在世界审计组织成立60周年庆典上的讲话

（2013年10月23日）

刘 家 义

尊敬的各位代表、各位同事，女士们、先生们：

大家晚上好！今天，世界各国最高审计机关的领导人和代表们隆重聚会，展示世界审计组织大家庭团结和睦、奋发向上的精神风貌，共同庆祝世界审计组织的60周年华诞。首先，请允许我代表世界审计组织理事会，向世界审计组织这个大家庭中的全体成员致以热烈的祝贺！向关心和支持世界审计组织发展的各国朋友，表示衷心的感谢！

六十年风雨同舟，一甲子春华秋实。世界审计组织自1953年成立以来，依靠全体成员的不懈努力，依靠世界各国朋友们的关心支持，日益发展成为规模仅次于联合国的国际性组织，在全球审计事业发展和促进国际交流的丰碑上书写了不朽篇章。

世界审计组织走过的60年，是开放兼容并蓄、不断发展壮大的60年，是契合时代要求、服务全球治理的60年，是加强经验交流、不断深化合作的60年。60年来，世界各国最高审计机关团结协作、紧密携手，为各国经济社会健康发展，为推动全球不断实现良治，做出了积极努力。60年来，世界审计组织秘书处、各国最高审计机关、社会各界，为世界审计组织发展和世界审计事业发展做出了积极贡献。在回顾60年历程的时候，向他们致以崇高的敬意！我们将永远记住他们付出的汗水和智慧！

各位同事，女士们、先生们！

当庆祝世界审计组织60周年华诞的舞台来到中国之时，我们所生活的世界正在发生着深刻变化，全球治理的秩序和机制进入新的变革期。国家审计的外部环境面临着新的挑战和机遇，其内涵和外延也在不断充实拓展。如何深刻认识国家审计的本质与核心目标，更好地适应全球化背景下的发展需求，如何实现自身组织、运作的高效并保障取得有关目标成果，都是各国最高审计机关和世界审计组织无法回避的新课题。

面对新的形势，世界审计组织第二十一届大会被赋予迎接新挑战、凝聚新共识的重要使命。本届大会的两项议题“国家审计与国家治理”“最高审计机关在维护财政政策的长期可持续性领域中的作用”，是与当前国际形势具有紧密相关性、迫切性的课题，获得了各国最高审计机关的积极响应和广泛参与。未来一个时期：

我们要着力推动各国国家治理的不断完善。各国政治制度以及审计体制虽然不尽相同，但最高审计机关致力于加强公共财政和公共管理领域的问责制和透明度，促进监管机制的建立和完善，从而推动实现良好的国家治理目标是相同的。要适应新的形势和要求，不断加强和改进国家审计，更好地推动和服务国家治理，在推进民主、促进法治、打击腐败、维护国家经济安全、推动改革、维护民生、促进可持续发展等方面，发挥积极作用。

我们要积极参与高层次的全球治理。世界审计组织应正视全球化进程为各国最高审计机关带来的影响，确认利益攸关方的各种期望，认真评估和应对全球化进程带来的多重挑战，在国际舞台上代表最高审计机关，对跨界问题、国际性议题发出协调统一的声音，与其他国际组织、公民社会、全球经济市场和各主权国家一起，在国际舞台上更好地实现立体互动，参与全球治理进程，发挥有效的协调和评估作用，成为全球治理体系的重要组成部分。

我们要致力于在促进财政政策长期可持续性中发挥作用。全球金融危机的爆发使我们认识到，保持健康的公共财政，对各国维护和促进经济增长，确保就业和社会福利至关重要。最高审计机关应当强化财政财务合规审计与监督，强化公共财政政策评估，及时分析经济、公共财政和公共债务形势，继续发挥审计预警、预防、纠错和持续改进等功能，关注并揭示重大风险，维护本国财政政策的中长期可持续性，保障公民利益，确保财政安全，促进国家良治。

我们要始终紧密地团结和联合在一起。提升能力、加强沟通至关重要，我们要将内部和外部沟通作为一项基本战略，确保世界审计组织及成员有效、透明、准确和及时地交流，进一步增进了解，扩大共识，加强合作，维护团结。我们要承担共同责任，继续为最高审计机关广泛参与国际合作创造有利条件。要采取共同行动，继续开展多种形式的合作审计，应对气候变化、区域污染治理和金融危机等共同的挑战和问题。要发出共同声音，代表最高审计机关在国际社会对跨领域问题和国际性议题发出统一协调的声音。

我们相信，各国最高审计机关将一如既往地服务于社会和广大公众，在促进人类社会可持续发展和国家治理领域贡献力量；我们同样相信，世界审计组织将保持所关注议题的前瞻性和针对性，成为国际组织的典范，发挥出越来越重要的作用。

当我们庆祝世界审计组织60岁生日时，我们衷心祝愿世界审计组织的明天更加美好！

在世界审计组织成立60周年庆典上的讲话

（2013年10月27日）

世界审计组织秘书长、奥地利审计院院长　约瑟夫·莫瑟

尊敬的刘家义主席，特伦斯·农贝贝审计长，基恩·多达罗审计长，董大胜副审计长，各位同事：

“温故而知新。”我借用这句哲语，作为“透明、问责、良治；服务公民：世界审计组织成立60周年、世界审计组织秘书处在奥地利设立50周年专刊”发布仪式上致辞的开场白。

我也要感谢世界审计组织主席刘家义先生提供的这个良机，让我们能够回顾世界审计组织60周年的历史、经验和成就，以便更好地知悉我们的力量所在，未雨绸缪，准备应对未来挑战。

在审视历史时，请让我们首先回想到1945年，国际社会汇聚各方力量建立联合国，以捍卫重新获得的自由，维护国际安全。

仅在8年之后的1953年11月，34个来自亚洲、欧洲、北美、中美和南美的最高审计机关和伙伴机构，便齐聚一堂，召开了世界审计组织第一届大会。正是此次值得纪念的事件，宣告了世界审计组织大家庭的正式建立。

之所以要组织第一届大会，是因为正如世界审计组织成立60周年专刊中所提到的，政府审计在当时被赋予的重要性远远不如今天。

当时许多审计机关所获得的审计权限相对有限，经常仅限于财务审计，远非综合性的审计。

最高审计机关在国家治理架构中的相对从属性，也对最高审计机关的国际参与度造成了影响，在国际社会里没有专门和独立的平台，可供讨论政府审计事宜。最高审计机关需要努力抗争，积极参与国际性会议，从而避免成为行政管理的附属品。

第一届大会的目标正是要解决上述隐忧，特别是在全世界外部政府审计遇到困难的时候，通过互相学习，交流经验，加强管理。

为了践行世界审计组织的宗旨“经验分享，人人共惠”，1953年举行的世界审计组织第一届大会所发布的文件指出：

“除加强国际关系之外，大会的核心目标是交流经验，讨论参会的最高审计机关所共同关注的任何事宜，例如，审计纳入宪法、机构、职能、独立性和预算等，并考虑各国最高审计机关所提供的最佳审计实务范例。”

从一开始，世界审计组织内的合作基于以下基本原则：

平等对待所有成员，让所有最高审计机关都能在世界审计组织中发挥引领作用。在世界审计组织中没有特权者。

考虑到最高审计机关可能会由于某些原因，无法达到所预期的发展水平，世界审计组织的目标是帮助各成员弥合差距。

最高审计机关应独立于政府，同时由于世界审计组织既不对政府负责，也没有充足的资金，而是为了工作对象的利益对纳税者负责，世界审计组织也应独立于其他机构或国家。

同事们，正如老子所说，“千里之行，始于足下”。

60年前，世界审计组织的奠基人在古巴召开第一届大会时，迈出了第一步。他们所踏上的道路，是过去60年间各位后任者所承继的道路，也是我们今天正在跋涉的道路。感谢所有成员的倾

力付出，让世界审计组织作为准则的制定者，能力建设的推动者，知识分享的组织者，和外部政府审计的国际公认的代言者，地位比过往任何时候都更高。

在过去60年间，世界审计组织成为拥有不同语言、文化和经验财富的192个成员之间进行经验、观点和最佳实务方法的国际交流平台。

这一切，只有在世界审计组织尊重以下基本原则时才能实现：

所有成员一律平等。

最高审计机关都有未来发展空间。

各国最高审计机关以及世界审计组织作为整体都享有独立。

与此同时，尊重和保障我们的奠基者所号召的所有成员的多样性和平等权，一直是我们所开展行动的指导原则。

我们可以确信，只要我们继续沿着正确的道路前行，始终践行平等、考量和独立的原则，遵循多样性、平等权和合作精神的价值观，世界审计组织将为应对未来挑战做好充分的准备。

为了过去60年间的成就，我对我们在座的各位表示祝贺，并祝愿各位在未来的岁月里一切好运，取得更大发展。

（翻译：审计署国际合作司　罗泉）

一届堪称完美的国际审计盛会

——在世界审计组织第二十一届大会总结会上的讲话

（2013年10月31日）

董大胜

同志们：

世界审计组织第二十一届大会已经顺利结束，在结束之后开今天这个总结会是非常必要的。刚才几位同志做了发言，我听了以后也很有感触。开这个总结会，主要有三个方面的目的：

一是这届大会意义重大，需要我们回顾和总结相关的筹备和举办工作。首先，这届大会是审计署自成立以来举办的一届最重大的国际会议。参加这次会议的有160多个国家，据北京市的领导讲，这是北京市所举办的国际会议中参加国家数量最多的一次。其次，今年是世界审计组织成立60周年，60周年庆典在中国承办的本届大会期间举办。再次，今年还是中国审计署成立30周年。30年的时间，中国审计走向世界，走向世界审计组织核心领导层，表明了中国审计的迅猛发展。所以说这届会议的意义十分重大。

另外，本届大会讨论通过的《北京宣言》、两个主议题，意义也非常重大。回顾世界审计组织通过的几个重要宣言，如《利马宣言》对审计的基本原则和基本框架提出了要求；《墨西哥宣言》强调了审计的独立性。那么在当前世界形势下，中国审计以及世界各国的审计面临着向新的高度发展的问题，国际社会也面临着迫切需要解决的问题，这些都是需要在国家和全球治理当中解决的一些问题。当然，不同国家面临的问题是不一样的，比如中国面临着深化改革开放、经济进一步可持续发展问题，欧洲一些国家存在政府主权债务的问题，美国从2008年率先引发世界金融危机以后，出现的经济问题也没有完全解决。所以说，国家治理、全球治理确实是当前各个国家需要认真研究对待的。审计机关如何在促进良治当中发挥作用，可能会是今后若干年内审计机关努力的方向。世界审计组织第二十一届大会提出的关于审计的一些新的理念是非常重要的。因此，不管从哪个角度来说，这届大会的意义都很重大。在成功举办这次大会之后，认真进行总结是非常有必要的。

二是分享成功和喜悦。刚才，周维培司长、章轲司长、崔振龙所长以及几位处长分别从大会筹备、《北京宣言》、主议题研究，以及机场礼宾、会务、秘书、综合宣传等各个角度，进行了介绍和交流，大家都感觉大会办得很好，很开心。但是在会议期间，大家都各自忙自己的事情，相互对工作也不是很了解。今天通过这个总结会的方式，大家说一说，对彼此工作有了进一步的了解，也有利于大家对整个会议有个全景式的印象。

三是感谢大家。这次会议能够成功，确实是依靠在座的和参加会议筹备举办的所有同志的努力。今天我受刘家义审计长委托，代表审计署党组和我个人，真心实意地感谢大家，感谢大家对大会的尽心尽力。

关于对这次会议的评价，各位同志也谈了很多，我认为我们举办了一届成功的大会，一届团结的大会，一届富有成果的大会。之所以这样讲，我想可以初步概括为以下十个方面的表现或标志。

第一，准备充分。不管是整个会议框架、总体组织，还是每个细节，包括会务接待、每场活动、《北京宣言》、两个主议题等，在每个方面我们都做了充分的准备。正因为准备充分，才为会议成功举办打下了良好的基础。我知道，你们筹备办的同志在署机关 419 会议室工作，办公条件很差，很辛苦，尤其是今年夏天天气还很热，但正是你们前期进行的各种方案的设计、推演，经过充分的准备和细致的工作，才保证了会议取得这样的成果。

第二，精心实施。在会议举办的各个环节，我们都按照设计的方案精心实施，所以代表们才感到会议办得有条不紊，每个环节衔接得非常好。从一开始的捐助机构会议到第 64 次理事会会议，再到大会，以及最后的第 65 次理事会会议，每天不同的内容、不同的活动，每个环节都衔接得非常好。本届大会确实体现了中国人民和中国审计人员严谨、细致的态度和工作精神。

第三，及时应变。尽管我们准备得很充分，但在执行当中还是出现了不少变数。特别是开幕式，存在方方面面的协调，但是我们的应变能力还是比较强的，最后根据中办、国办、人民大会堂等方面提出的要求，拿出了一个比较妥当的方案，实行得也很好。当然还有其他一些变化，我们都及时、迅速地做出了应对，保证了大会的顺利召开。

第四，勤俭节约。本次大会包括预算的制定、实际的执行，都体现了勤俭节约精神。在大会会场中，为了减少浪费，我们只提供矿泉水，不提供茶叶；我们采购的一些必要的物品，会议结束以后都委托服务局拉回署机关继续使用，尽量不产生浪费；机场礼宾组工作人员甚至舍不得喝饮料，只喝免费的水。这些行为也符合中央八项规定精神和中央大力倡导的党政机关勤俭节约、反对浪费的要求。

第五，亮点频出。这是我想重点讲的地方。这次会议我总结了八个方面的亮点。一是机场礼宾。外宾踏上中国的土地以后首先就感受到中国人的热情。葡萄牙审计长对我说，迎宾很好，感受到了 VIP 的待遇。这次接送没有一件行李出现问题。我记得 2007 年和周维培司长在墨西哥参加第十九届大会时，行李没人管，我们的行李倒是没出问题，但时任美国审计长沃克从纽约飞到墨西哥城，行李三天后才到。在开幕式上沃克先生穿的是周维培司长借给他的一件西装。二是会场安排。各种会场，包括大会会场、理事会会场以及两个主议题的讨论会场，都做到了根据会议的性质、规模，做了细致安排。三是酒店餐饮。外宾下榻的酒店都不错，而且两个主要酒店和会场之间有一条连廊相通，不用走很远的路。国家会议中心的餐饮有国际化水平，代表们很满意。四是开幕式和国宴。开幕式虽然多变，但最后执行效果很好，没有出现什么问题。我们曾担心出发时间太早代表能否按时起床，但最后出席的人很多，组织纪律性很好。我们把他们带进会场，秩序井然。当我们的领导人进入会场时，大家鼓掌，时间掌控得也很好。另外，外宾也看到我们大会堂非常气派，钓鱼台国宾馆非常漂亮。展现了大国风采。五是交通安保。大型活动安全保卫非常重要。北京市在这方面非常有经验，包括去长城参观游览，既不太影响老百姓的出行，也给我们提供了方便，没有发生意外。六是志愿者服务。北京市选拔的志愿者、从审计机关选拔的工作人员，服务非常周到、敬业。志愿者和工作人员之间的感情也非常深厚。七是集体合影。根据过去参加世界审计组织大会的经验，这个问题非常棘手。六七百位外宾要在短时间内站好，难度很大。我几次跟周维培司长等商量这件事，最终这个问题解决得出人意料的好。外宾也比较配合，合影效果非常好，这在世界审计组织的合影史上没有过。八是文化活动。播放世界审计组织60周年庆典历史回顾的宣传短片时，把世界审计组织老照片在大屏幕上放出来，比方说那个《利马宣言》的镜头，让我们没有经历过这些历史的人看到之后很是激动。最后推出刘家义审计长的形象，由远而近，设计得很好。当然，不止以上八个亮点，还有其他很多值得肯定的地方，所以说这次大会亮点频出。

第六，富有成果。这个成果主要体现在大会通过了《北京宣言》，通过了两个主议题讨论。《北京宣言》的意义，在当前审计机关如何推动国家治理这个大环境下非同凡响，可能在今后若干年内这个文件的意义都将长期存在。这个文件最后的定稿，主要由中国工作组完成，同时也凝聚了世界各国最高审计机关同行们的智慧。比较一下，最初拟出的稿件和现在的定稿，还是不一样，更加国际化，更加精准，包括一些概念的翻译等。通过的时候全场掌声很热烈，这说明了大家对这个是非常拥护的。主议题一的通过也非常顺利。主议题一体现了《北京宣言》的一个重心，为什么要促进良治，国家审计和国家治理是什么关系。主议题二，它实际上是从第一个主议题派生出来的、当前具有迫切现实意义的一个议题。它也是促进国家良治的一个必要条件。财政政策如果不正确，怎么能实现国家良治呢？这些都体现了我们这个大会富有成果。

第七，团结和谐。首先表现在中国最高审计机关和其他国家最高审计机关之间的团结。我们以真诚、责任、好客等，增进了我们和他们之间的了解和友谊。还有一个就是维护了世界审计组织领导层的团结。这一点很多同志可能不清楚。实际上世界审计组织领导层内部对有些问题是有分歧的。一是预算的分配。现在各国交的会费是世界审计组织的主要收入，其中，60%用于设在奥地利的世界审计组织秘书处（包括与联合国召开的研讨会），30%用于美国联邦审计署主办的《国际政府审计杂志》，5%用于职业发展培训委员会的培训项目，最后5%用于资助大会举办和其他事项。大家对这种分配比例不满意，认为用于培训等方面的太少。另一个是世界审计组织第二副主席的人选问题，因为该人选同时兼任捐助委员会主席，各方面的认识不一致。最后几天里，刘家义审计长做了大量工作，进行斡旋沟通、倾听各方意见、求大同存小异，最终达成圆满结果。刘家义审计长处理这两个问题很有智慧，没有使这两个问题在会上引起进一步的分歧。我觉得这次大会上，不管是中国审计署和其他国家最高审计机关的关系，还是世界审计组织领导层内部关系，都达到了团结、和谐。所以说，这是一次团结和谐的大会。

第八，天地人和。天时方面，开会期间，总体上天气很好，北京的雾霾没有出现。地利方面，我们把这次会议的举办地点放在北京，北京市有良好的条件，会议中心、酒店、人员、奥运会经验等。人和方面，有北京市政府的大力支持，北京市各级部门积极参加。审计署所有参加人员和志愿者们团结一致。天时地利人和，是这次会议成功的一个重要原因。

第九，堪称完美。这个评价是我想了很久之后才做出的。虽然前面很多同志都讲了还有哪些缺点、不足。用党的群众路线教育实践活动严格要求的标准对照检查是对的，但任何一件事情都不可能百分之百圆满，没有任何毛病。对于这个会议，我觉得堪称完美。这个话不是我说的，很多与会代表都表达了赞美，称这次会议办得好。世界审计组织战略规划主任莫妮卡·冈萨雷斯女士甚至认为，这个会议举办得无可挑剔。津巴布韦第二副审计长对我赞叹这个会议是："perfect, everything is perfect!"

第十，为国争光。这也是我最看重的一点。举办这样规模的一届国际会议，不仅仅是审计署的事情。160多个国家最高审计机关代表来到中国，通过我们认识了改革开放的中国，认识了热情好客的中国人民，认识了具有责任心的中国审计人员。我想他们对中国的印象肯定比来之前会有一个大大的加深。我相信，人民大会堂、国家会议中心、天安门广场、长城，以及勤奋敬业的中国审计人员和志愿者们一定会给外宾留下深刻印象。这是为中国争了光，也进一步树立了中国的国家形象。

这些是我初步归纳的十个成功的标志或者表现。当然还有其他很多方面，还可以进一步归结为其他的标志或者表现。那么这次会议能够取得这样一个大家都感觉很好、非常成功的效果，归根结底是所有参会人员的共同努力，很大一部分是在座的各位，当然也包括参加了大会组织和服务工作但是没有参加今天总结会议的其他人员。国际合作司在周维培司长的领导下，认真组织，经历了较长时间的筹备，在会议期间，每个步骤都精心运作。章轲和崔振龙两位同志，主持《北京宣言》和主议题一的讨论，马晓方同志参加主议题二的讨论，都做了很多事情。审计署其他部门和同志，像办公厅的邵永春同志，利用去年参与十八大服务的经验，把整个开幕式协调得非常好，没有一点闪失。还有许荣荣女士，为大会的预算保障工作付出很多。北京市政府和相关部门，包括北京市审计局给我们提供了大力支持。这次会议的成功举办，也是党的群众路线教育实践活动的一次具体的成功实践：一切相信群众，一切依靠群众，群众是真正的英雄。所以这次会议能够取得这样的成功，最根本的原因就是所有参加会议筹备举办工作的同志们的共同努力，我和刘家义审计长都非常感谢大家。

本届大会已经结束，但是还有很多后续工作。例如刘家义审计长提出要在审计署系统做一个通报；要整理完整的档案资料并留存；要把《北京宣言》和有关文件尽快推出、发表；还要编一本世界审计组织第二十一届大会专门的文集，把大会情况通报、《北京宣言》、两个主议题，还有一些好的国家论文，甚至一些志愿者的体会、组织大会的体会和举办经验等编撰起来，便于我们更好地了解这个会议的精神，更好地在世界审计组织这个框架下推动审计工作，尤其是我们国内的审计工作。

总之是要感谢大家。我们办了一届成功的大会、团结的大会和富有成果的大会，在祝贺成功的同时，向大家表示感谢！

世界审计组织第二十一届大会主要成果综述

世界审计组织第二十一届大会于 2013 年 10 月在北京举行，共有世界审计组织的 154 个成员最高审计机关、3 个协作成员和联合国等 22 个观察员的 587 名代表及 68 名陪同人员参加。

本届大会围绕“回顾历史、总结经验、促进团结和展望未来”的宗旨，充分准备，精心实施，各项重要议程亮点频出，取得了以下主要成果：

（一）一致通过大会唯一正式成果文件《北京宣言》，明确促进国家良治是各国最高审计机关的重要任务和目标，呼吁世界审计组织应更具前瞻性和外向性，参与全球治理。

《北京宣言》是世界审计组织自《利马宣言》和《墨西哥宣言》颁布以来又一项主旨文件，它总结了世界审计组织成立 60 周年以来的重要成就和经验，重申了《利马宣言》和《墨西哥宣言》所阐明的国家审计的基本原则及独立性，明确了国家审计是国家治理的重要组成部分，肯定了最高审计机关在维护国家财政安全、促进国家良治方面的重要作用，并就如何使世界审计组织成为全球典范机构进行了展望。在《北京宣言》的起草和修订工作中，尤其是大会讨论期间，由世界审计组织主席刘家义审计长倡议成立的特别工作组，积极协调各国最高审计机关共同参与相关工作，并在大会期间充分吸收各国意见，发挥了积极作用。大会批准"实施《北京宣言》《联合国大会关于加强最高审计机关独立性的 A/66/209 号决议》以及《最高审计机关国际准则》框架，以便确保公共财政的可持续发展"为 2014 年世界审计组织的交流主题，进一步突出了《北京宣言》的重要意义。

（二）中国审计署担任世界审计组织核心领导，顺利实现世界审计组织的机构和领导层重组，选举产生了世界审计组织新一届理事会，确定了多个委员会、工作组和特别工作组的存续更替和领导层更迭，构建了世界审计组织在新时代的领导层架构。

在本届大会上，刘家义审计长作为世界审计组织领导层的新核心，秉承"维护团结、加强沟通、增进互信、平等协商"的原则，以开放包容的眼光，齐心协力的思路，积极务实的态度，团结各成员最高审计机关，并经各项会议多轮讨论和酝酿，平稳实现了世界审计组织的机构和领导层的重组。刘家义审计长还积极引领世界审计组织的其他领导层，就理事会第二副主席、财务与管理委员会成员人选等重点难点事宜，发挥在国际审计界的话语权，进行了大量的磋商、协调和斡旋工作，积极凝聚共识，保证了大会在团结和谐的气氛中进行。

（三）围绕两项主议题"国家审计与国家治理""最高审计机关在维护财政政策的长期可持续性领域的作用"进行研讨，达成共识，指导最高审计机关的未来工作重点。

本届大会的两个主议题切合当前世界各国乃至全球经济社会中的根本性问题。大会围绕两项主议题进行了深入讨论，最终形成了多项共识。就主议题一，大会认为：最高审计机关能够在完善国家治理中发挥重要作用，从而为可持续发展和保障人民有尊严的生活奠定基础；最高审计机关可以通过建设诚实廉洁的政府，提高政府使用公共资源的经济性、效率性、效果性和公平性，强化公共部门的责任和透明，树立维护民主法治的意识，维护公共利益，促进改善民生等方式，推动完善国家治理；日益复杂的国家治理，对国家审计提出的需求可能会超出最高审计机关现有的权限和职能，亟须采取应对措施；世界审计组织要指导和推动最高审计机关促进完善本国的国家治理，并积极参与和推进全球治理。

在主议题二方面，大会认为：政府制定稳健的政策，保持财政政策的长期可持续性，实现公共财政可持续，以促进国家社会和经济发展，具有重要意义；最高审计机关应通过独立和强有力的审计，致力于维护各国财政政策的中、长期可持续性，捍卫公共利益；审计聚焦政府财政可持续性决策时，会受到每个国家经济状况和财政重点、国家治理中的重要风险以及最高审计机关的工作重点和能力的影响；最高审计机关应考虑提高对公共财政预算编制进行审计的能力，提升最高审计机关的预见性，加强财政财务合规审计与监督，发展公共财政政策评估，强化政府会计报表审计，完善公共财政绩效审计和推动公共债务审计。

（四）启动世界审计组织在预算、外部引援、战略规划和管理领域的革新，为建设典范、内部治理完善和面向未来的国际组织奠定基础。

本届大会通过了关于世界审计组织预算和管理的九项提议，要求对世界审计组织财务规则进行修订，鼓励世界审计组织成员提供更多的实物资助和自愿捐款，并确定在专门项目上使用外部资助时不受资源按比例分配要求的限制。大会还批准了未来三年的预算，通过了主要委员会的工作授权和战略规划，介绍了世界审计组织战略规划特别工作组、突发事宜监督委员会、世界审计组织与捐助机构合作机制未来的工作方向与实施路线。在本届大会上，世界审计组织还着手启动包括修订世界审计组织财务规则、制订世界审计组织新一期战略规划（2017—2022 年）、世界审计组织审计师认证、应对突发事宜机制等反映国际形势最新发展和未来需求的工作，进一步提升世界审计组织与联合国等合作伙伴，以及世界银行等捐助机构的合作空间，描绘出世界审计组织未来的发展蓝图。

（五）正式认可和颁布了新的一批审计指南和审计准则，推动最高审计机关国际准则体系的进一步完善。本届大会又正式认可了 12 项《最高审计机关国际准则》《世界审计组织良治指南》及世界审计组织正式文件。大会将世界审计组织关于最高审计机关的价值和裨益、公共部门审计基本原则和救灾援助审计领域的成果公之于众，推动实现最高审计机关国际准则体系的完善，为推动世界审计组织成为有影响力的国际准则制定机构又迈出了坚实一步。

（六）大会筹备和举办自始至终贯彻了刘家义审计长关于“礼仪、节俭、高效”的指示，全体工作人员以严谨细致的工作态度和高度负责的敬业精神完成各项工作，各方密切配合，成效显著，深化了中国同与会各国的友好关系，得到了与会各国代表的高度评价。

（撰稿人：审计署国际合作司）

百年机遇趁良时

曲终人不见，江上数峰青。世界审计组织第二十一届大会已经圆满落幕，但那份记忆珍存犹如隐隐青峰，长留心间，凝成永恒。

沿着记忆之舟逆流而上，总能从时光中打捞出别样的精彩。

2013 年 10 月 18 日至 26 日，是值得中国审计人为之铭记的华丽九天。在世界审计组织——这一仅次于联合国的全球第二大国际组织的多边舞台上，中国审计署成功承办了第二十一届大会，并成为舞台中心的主角。

这是一次盛况空前的大会。来自全球 160 多个国家，600 多名参会代表齐聚北京，共商世界审计事业大计。其国别之广、人数之多超过了以往历届。在短短九天时间内，大会举办了近 30 场大大小小的会议。这次大会也成为今年在北京举办的参加国家数量最多的一次国际会议。

这是一次成果丰硕的大会。大会选举产生了新一届世界审计组织的领导机构和领导人员。刘家义审计长在会上正式就任世界审计组织主席，他将带领各成员国最高审计机关通过审计作为，积极促进维护民主法治、提高政府效能、预防打击腐败、保障国家安全、促进改善民生、推动透明问责。大会总结了世界审计组织成立 60 周年所取得的主要成果、主要经验，编制并且通过了未来三年的预算，选举产生了新的理事会成员及其财务与管理委员会的领导成员，并对今后一个时期世界审计组织的发展进行了规划。

更具里程碑意义的是，本次大会通过了唯一的正式成果文件《北京宣言——最高审计机关促进良治》，明确了世界审计组织各国最高审计机关所要发挥的重要作用，所要实现的重要目标就是推进政府实现良治，进而促进全球治理。这是继《利马宣言》《墨西哥宣言》之后，世界审计组织 60 年历程中公开发布的第三个重要纲领性文件。

这是一次缔结友谊的大会。各国审计同行会上彼此尊重、平等交流，践行着“经验分享、人人共惠”的宗旨，会下真诚相待、互相帮助，欢声笑语不断，处处洋溢着“世界审计一家亲”的深情厚谊。

这是一次高效、绿色、礼仪的大会。在全体工作人员和大学生志愿者的积极努力下，通过科学安排、周密部署，本届大会在会务组织上做到了节俭办会、热情服务、符合礼仪、突出成果。中国审计署出色的会务组织表现，赢得了国际友人发自内心的赞许……

时逢盛世，机遇良时，乃有记忆之鲜亮，成绩之斐然。

透视大会的种种情形，我们不难发现，“中国画面”更加清晰，“中国声音”更加有力。

会议期间开展的一系列双边会晤、多边外交活动，展现了中国审计署广交善友、相互促进、共同发展的大国气度。面对分歧，中国审计署秉持“求大同存小异”的理念，及时统一思想，形成合力，充分彰显了游刃有余的大国自信。刘家义审计长幽默睿智的大国审计长风采，更是给众多参会代表留下深刻印象。

“国家审计与国家治理”这一源自中国审计署近年来积极倡导的宏大议题，在此次大会上已经深入人心，凝成世界审计范围内的更高共识。

国家之兴盛，审计之作为，加快了中国审计大步走向世界的步伐。

进入新世纪以来，中国审计署在国际审计领域逐渐闪耀出大国审计的光芒，国际地位不断提升，影响力不断扩大，在国际组织中的话语权不断增强。

2006年到2009年，中国审计署履任亚洲审计组织主席。2008年，中国审计署在联合国审计委员会仅有的三名委员中占有一席之地。2009年，中国审计署成功获得世界审计组织第二十一届大会举办权。2011年1月1日起，中国审计署审计长刘家义担任联合国审计委员会主席，任期两年。2013年，联合国向刘家义审计长授予“联合国维持世界和平奖”，成为历次获奖者中唯一获此殊荣的文职官员。

目前，中国审计署已经与150多个国家的最高审计机关建立了交流与合作的关系，遍及全球各大洲，与美国、俄罗斯、厄瓜多尔等近40个国家签订了双边协议。中国审计的发展理念与创新成就逐渐被国外同行认可。

在坚持服务国家大外交，促进中国与世界其他各国审计机关深度交流与合作的同时，中国审计师在联合国审计中所体现出的专业精神和高度负责的职业操守，赢得了国际社会的普遍赞誉，为世界和平与发展事业做出了积极贡献。

机遇总是留给有准备的人。事实上，本届大会得以在中国成功举办，正是中国审计署抢抓机遇，深谋远虑的结果。

“虽有智慧，不如乘势；虽有镃基，不如待时。”中国离不开世界，世界需要中国。中国审计署在实力具备的前提下，抓住历史机遇，深度参与世界审计组织各项事务的综合意义自不待言。

“逝者如斯夫，不舍昼夜。”时光的河流推动着新的出发。

铭记本届大会发生的珍贵记忆，不是为了沉浸于过往，而是为了牢记职责，明确使命，再接再厉，抢抓新的历史机遇，从新的起点上再出发，永不停滞，决不止步。

实现全球良好治理，促进世界和平与发展，不可能毕其功于一役。世界审计组织未来三年时间里事务繁多，相信中国审计署定会不负众望，在世界审计组织的大舞台上，为促进实现全球良治做出新贡献。

为国而审，为民而计。我们同样坚信，在中国道路的新起点上，广大审计人一定不负党和人民的重托，做出更多努力，取得更大成绩。

（撰稿人：《中国审计》编辑部）

最高审计机关促进良治已成为国际共识

2013年10月在北京召开的世界审计组织第二十一届大会是组织和各国最高审计机关发展史上的一件盛事，是一座里程碑，对于凝聚各国最高审计机关的力量和共识，推动完善国家治理，乃至全球治理具有重要意义。本届大会第一主议题是“国家审计与国家治理”，与会代表围绕该议题开展深入研讨并一致认为，国家审计是国家治理的重要组成部分，促进良好的国家治理是各国最高审计机关的重要任务和目标。这一共识为各国最高审计机关促进完善国家治理提供了依据和基本遵循。

“国家审计与国家治理”议题的历史回顾

世界审计组织将“国家审计与国家治理”“最高审计机关在维护财政政策的长期可持续性领域的作用”，列为第二十一届大会的主议题。其中“国家审计与国家治理”作为大会第一主议题。第一主议题的提出和确立得到了国内外社会各界人士的广泛认同。

2011年7月，刘家义审计长在中国审计学会第三次理事论坛上做了题为“国家审计与国家治理”的重要讲话，高屋建瓴地提出了“审计实质上是国家依法用权力监督制约权力的行为，其本质是国家治理这个大系统中一个内生的具有预防、揭示和抵御功能的‘免疫系统’，是国家治理的重要组成部分”的重要命题。2011年9月，中国审计学会与审计署审计科研所在北京联合召开了“国家审计与国家治理”专题研讨会，来自高等院校的徐湘林、马骏、耿建新、张立民等专家教授共30余人参加了会议。会上，各位专家教授围绕国家审计与国家治理的关系、国家审计在国家治理中的作用和定位等问题进行了深入探讨。2011年9月，中国审计学会和审计署审计科研所向社会各界发出“召开国家审计与国家治理研讨会”的征文通知，共计征收论文278篇，并于同年11月在南宁联合召开了“国家审计与国家治理”研讨会。审计署还将“国家审计与国家治理”作为2012年5月召开的第二届全国审计青年论坛的议题。

“国家审计与国家治理”议题经由中国审计署提议并能够在国际社会产生广泛共鸣，源于经济社会发展与各国最高审计机关历史使命的双重需求。随着科技进步和全球化进程的加快，世界政治经济格局发生了很大变化，经济社会发展进入了一个新阶段。除了通胀、贫困和腐败等问题外，人口、气候、资源环境等成为威胁全球安全的突出问题。为应对这些安全威胁，保障国家经济社会健康运行，各个国家纷纷采取措施，改进公共资源配置，改善国家治理。世界审计组织一直把推动公共部门的良好治理作为重要任务之一，制定并颁布了《良好治理指南》。2010年制订的《世界审计组织战略规划（2011—2016）》要求展示最高审计机关的价值和作用，认为“各国最高审计机关是国家民主体制的重要支柱，在促进公共部门绩效，加强良好治理、透明和问责等方面发挥着关键性作用”。多年来，各国最高审计机关秉承《利马宣言》和《墨西哥宣言》的精神，致力于促进完善国家治理。

在2011年10月召开的世界审计组织理事会第62次会议上，中国审计长提议将“国家审计与国家治理”作为世界审计组织第二十一届大会第一主议题，得到了理事会成员的一致认同。同时，世界审计组织理事会第62次会议决定由中国审计署担任这一主议题的主席。中国审计署按照第二十一届大会议事规则，起草了主论文并分发给各国最高审计机关，收集了各国最高审计机关的国家论文并进行研究分析，以此为基础起草了研讨论文。研讨论文初稿完成后，在2013年5月举行的《北京宣言》国际研讨会上，征求了与会各国最高审计机关代表的意见。研讨论文综合了主论文的主要观点和61个最高审计机关提交的国家论文的所有相关内容。在第二十一届大会上，以研讨论文为基础，经过大会和分组讨论，各国最高审计机关深刻体认到“国家审计与国家治理”主题的重要性，认为在世界审计组织的支持下，国家审计在国家治理和全球治理中发挥着重要作用。

“国家审计与国家治理”是《北京宣言》的核心组成部分

纵观世界审计组织成立60年来召开的21次大会，共绘就了18份共识和3份宣言。宣言规定了各国最高审计机关履行审计使命需要恪守的基本原则和理念，明确了审计工作的未来发展方向，是世界审计组织发展史上的里程碑。1977年的《利马宣言》和2007年的《墨西哥宣言》奠定了各国最高审计机关独立性的原则。本届大会的唯一正式成果文件《北京宣言——最高审计机关促进良治》（以下简称为《北京宣言》），为各国最高审计机关确立新的发展方向、任务和目标提供了指引。

从大会成果的内容来看，《北京宣言》和《北京共识》均是大会的重要成果。《北京共识》以本届大会通过的“国家审计与国家治理”“最高审计机关维护财政政策的长期可持续性领域的作用”两项主议题研讨成果为主要内容。《北京共识》在形式上作为《北京宣言》附件，在实质上为《北京宣言》奠定了基础。《北京宣言》紧紧围绕“最高审计机关促进良治”这一鲜明主题，明确了国家审计是国家治理的重要组成部分，促进国家良治是各国最高审计机关的重要任务和目标。

最高审计机关促进良好的国家治理是《北京宣言》的基本要义。本届大会的两个主议题为“国家审计与国家治理”“最高审计机关在维护财政政策的长期可持续性领域的作用”，前者从理论层面探讨国家审计与国家治理的关系、国家审计在完善国家治理方面的作用、面临的挑战和应对措施等，后者专注于探讨国家审计在政府治理某一领域中的作用。这两个议题虽然在探讨的重点和层次上存在差异，但是精神内核均为最高审计机关在国家健康和可持续发展中的作用，以及促进完善国家治理的方式和途径。

最高审计机关促进良治的主要内容

国家审计促进完善国家治理这一共识，为各国最高审计机关确立未来发展方向、任务和目标提供了依据和基本遵循。国家审计促进完善国家治理这一共识分为简介、讨论结果和建议三个部分。理解该共识需要把握以下几个方面。

（一）治理的内涵。人们对“治理”一词有着不同的表述。被认为比较有代表性和权威性的定义是“全球治理委员会”在1995年发表的《我们的全球伙伴关系》研究报告中的界定：“治理是各种公共的或私人的个人和机构管理其共同事务的诸多方式的总和。它是使相互冲突的或不同的利益得以调和并且采取联合行动的持续的过程。这既包括有权迫使人们服从的正式制度和规则，也包括各种人们同意或以为符合其利益的非正式制度安排。”当“治理”一词用于对国家政治状况的分析、研究和表述时，多指国家治理。国家治理有其特性，主要表现在：从国家治理主体而言，包括了政府、公民、其他非政府组织等第三部门；从国家治理的机制而言，既包括政府管理协调、市场配置、公民社会自治，又包括了中央和地方、区域间的互动；从国家治理的理念而言，强调了责任、透明、民主、合法性和公平公正；从国家治理的目标而言，强调社会公平正义、和谐稳定、国家繁荣发展和人民利益获得保障和提高。从上述可见，国家治理就是通过配置和运行国家权力，对国家和社会事务进行控制、管理和提供服务，确保国家安全，捍卫国家利益，维护人民权益，保持社会稳定，实现科学发展。良好的国家治理包括法治、高效、责任、回应、公开透明和公民参与等关键要素。

（二）国家审计与国家治理之间应是双向互动的关系。国家审计是国家治理的重要组成部分，旨在促进责任政府的建立和完善。责任政府的实质是建立权力和责任相匹配、对社会公众负责的政府。实现对政府问责需要在国家治理体系中有健全的责任体系和监管体系。国家审计是国家治理体系中重要的监管体系之一，本质上是国家经济社会运行的“免疫系统”，通过对权力运行进行监督和制约、惩治和打击腐败、促进国家安全、增进和改善人民福祉，发挥自身独有的预防、揭示和抵御功能，促进政府承担和履行公共责任，维护社会公众的利益，是推动实现国家良治的重要手段。

国家审计职能的有效履行有赖于良好的国家治理。国家治理这一大系统是国家审计运行的外部环境，良好的国家治理有助于国家审计职能的发挥。良好的国家治理应包括健全的国家治理体系和卓越的国家治理能力。国家治理体系是治理主体管理国家的制度体系，包括经济、政治、文化、社会、生态文明等各领域的体制机制、法律法规安排，是一整套紧密相连、相互协调的国家制度。国家治理能力则是治理主体运用国家制度管理社会各方面事务的能力。国家审计作为国家治理的重要组成部分，是国家治理体系中的一种制度安排，因而治理主体需要在本国宪法或其他法律中明确审计机关的职权，为审计工作提供运行的平台。同时，国家审计的有效运行还需要与国家治理体系相匹配的治理能力，否则宪法赋予审计机关的职权将无法得到保证。

（三）以实现良好的国家治理为审计工作的聚焦点、着力点和落脚点。实现良好的国家治理，是各个国家长期以来不懈的追求。尽管各国政治制度以及审计体制不尽相同，但各国最高审计机关致力于加强公共财政和公共管理领域的问责制和透明度，促进监管机制的建立和完善，从而推动实现良好的国家治理的目标是相同的。各国最高审计机关以实现良好的国家治理为审计工作的聚焦点、着力点和落脚点，探索国家审计促进完善国家治理的方式和途径，并在以下方面达成共识：推动建设诚实廉洁的政府，提高政府使用公共资源的经济性、效率性、效果性和公平性，强化公共部门的责任和透明，树立维护民主法治的意识，维护公共利益，促进改善民生等方式，推动完善国家治理。这些共识为各国最高审计机关促进完善国家治理提供了依据和基本遵循，体现了世界审计组织“经验分享、人人共惠”的理念。

（四）适应性变革是最高审计机关应对挑战的重要措施。各国最高审计机关一致认为，应对措施有以下五条：以“国家审计服务国家治理”的理念为引领，切实履行审计职责；继续努力使审计机关保持独立性；为审计创造专业环境和条件；加强审计机关能力建设；与利益相关方进行沟通和合作。这一应对措施可分为三个层次：一是审计机关应保持足够的职业敏感性，回应利益相关方的期盼，以保证审计工作的相关性。二是加强审计机关和审计人员能力建设，应对日益复杂的国家治理对国家审计的多样性需求。三是加强与关键利益相关者的沟通与合作、促进社会公众参与审计过程和审计结果的公布，增强审计效能。

（五）恪守审计独立性是最高审计机关促进完善国家治理的前提。最高审计机关促进完善国家治理，是以其充分履行国家审计的监督职能为基本前提和基础。监督职能的履行需要确保最高审计机关拥有必要的独立性。最高审计机关只有在独立于被审计单位且不受外来影响的情况下，才能客观有效地开展审计工作。因此，本届大会在倡导各国最高审计机关促进良治的主旋律下，重申了《利马宣言》《墨西哥宣言》、联合国有关最高审计机关独立性决议所阐明独立性在国家审计中的基本原则和地位。

（六）世界审计组织力促完善国家治理和全球治理。伴随着国际金融危机、次贷危机、欧洲主权债务危机相继爆发，全球经济治理的秩序和机制进入新的变革期，世界审计组织与其他国际组织一样，也面临着工作流程和工作方法现代化的挑战。各国最高审计机关深入探讨了世界审计组织在推动完善国家治理和全球治理中的作用并一致认为，世界审计组织应指导和推动各国最高审计机关促进完善本国的国家治理，并积极参与全球治理规则的制定及治理实务，在加强财务纪律、及时发现并揭示经济风险、打击腐败、维护世界经济平稳运行等国际事务和全球化问题中发出声音。

最高审计机关促进良治将产生深远影响

国家审计促进完善国家治理共识一经形成，将会对世界审计组织和各国最高审计机关的审计工作认知、战略规划等产生深远影响。

共识是世界审计组织和各国最高审计机关，第一次站在国家治理的高度明确地表述了国家审计是国家治理的重要组成部分。尽管从历史发展过程和各国审计实践来看，国家审计始终是国家治理的重要组成部分，但是这种认知长期处于潜意识或无意识状态。本届大会达成的共识将有助于促进各国最高审计机关树立促进完善国家治理的意识。

共识确立了各国最高审计机关的重要任务和目标。如果说《利马宣言》宣告了一个机制的诞生，《墨西哥宣言》则是对最高审计机关独立性的保证，本届大会达成的共识则解决了审计机关应该做什么以及如何做的问题。审计目标明确，才能定位好最高审计机关前进的方向；审计任务清晰，才能把握好最高审计机关奋斗的路径。

共识将改变审计政策制定者的思维方式。对于世界审计组织和各国最高审计机关来说，最高审计机关促进良治的构想业已提出，在本国宪法或其他法律授权范围内落实构想是一种更高的能力要求。最高审计机关及其人员需要站在国家治理的角度思考组织发展战略，年度审计计划，审计项目的选择，审计组织方式方法，审计成果的内容、提交对象和方式，以及审计建议等。

（撰稿人：《中国审计》特约评论员）

世界审计组织概览

世界审计组织（International Organization of Supreme Audit Institutions，简称 INTOSAI）由联合国及其专门机构的成员国的最高审计机关组成，是联合国经社理事会的顾问组织之一。它是世界各国最高审计机关开展信息交流、技术合作、培训研讨的主要平台，是目前国际公认的影响力最广泛、权威性最强的全球性政府审计领域内的专业组织。

自 1953 年 11 月成立以来，世界审计组织已拥有 192 个正式成员（191 个国家最高审计机关和欧洲审计院）和5个没有投票权的协作成员（法语国家最高审计机关组织、葡萄牙语国家最高审计机关组织、国际内部审计师协会、西非经济货币联盟和世界银行），成为世界上规模仅次于联合国的第二大国际组织。

世界审计组织是一个自主、独立、专业、非政治性的组织，旨在提供相互支持，鼓励各种观点、经验和知识交流，在国际舞台上代表各国最高审计机关发出统一的声音。该组织的目标是通过各国最高审计机关帮助各自政府和国际组织提高工作绩效、确保问责机制、维护政府信誉、打击贪污腐败、增强民众信心，鼓励更有效、高效地获取和使用公共资源，进而推动实现政府良治、造福民众。其宗旨是"经验分享、人人共惠"，共有阿拉伯语、英语、法语、德语和西班牙语五种工作语言。

（一）机构设置。

目前，世界审计组织下设的机构有世界审计组织大会、理事会、秘书处、四个战略目标委员会、发展培训委员会、《国际政府审计杂志》等。

世界审计组织大会是该组织的最高权力机构和决策机制，每三年召开一届，在各大洲轮流举办，所有成员国都会受邀参加。大会将报告本组织过去三年的工作、规划未来的发展，并就共同关心的审计工作主题展开研讨。每个正式成员都有一票投票权，没有任何成员拥有否决权。截至2010年，世界审计组织已经举办了二十届大会。第二十一届大会于2013年10月在中国北京举办。

理事会由18名成员组成，经各个地区组织推荐，由大会选举产生，向全体成员负责。理事会每年召开一次会议，负责在大会休会期间就重要事项进行决策。中国审计署于2013年10月接任理事会主席。

秘书处永久设在奥地利审计院，由奥地利审计院院长担任本组织秘书长。秘书处主要负责本组织内部及与外部合作者之间的联系，加强本组织及其成员的能力建设，提升政府审计机关的作用，进而提高整个组织的透明度、问责制和可信度。秘书处下设战略规划主任一职，协助确立战略规划目标并推动规划有效实施。

目前，世界审计组织以战略规划为基础，设立了四项战略目标。目标一是职业准则，旨在通过制定并不断更新、推广使用《最高审计机关国际准则（ISSAI）》，促进最高审计机关的自身建设，鼓励实现良好治理。目标二是机构能力建设，目的是通过培训、技术援助、信息共享以及其他活动，加强最高审计机关的能力建设，提高专业水平。目标三是知识共享与知识服务，致力于通过设定衡量标准、研究最佳实务、开发审计指南、开展科研活动等方式，鼓励各国最高审计机关之间开展合作和经验交流活动。目标四是国际典范组织，目的是采取有效措施组织和管理世界审计组织，突出经济性、效率性和效果性，使之成为众多国际组织中的典范。

世界审计组织为每项战略目标都设立了主席及协调人。各目标下又分设若干委员会、工作组以及特别工作组。委员会主要针对全体成员广泛关注的重要事项而设立，如制定准则和指南等；工作组是为完成大会的主题和建议而设立；特别工作组由大会或理事会根据实际需求设立，任务完成后即解散。委员会、工作组和特别工作组直接受理事会领导。

世界审计组织发展培训委员会于1986年成立，现由挪威审计署负责管理。其任务是通过开展培训和协作项目，推动发展中国家最高审计机关的专业和机构能力建设，寻求建立可持续的培训机制。

世界审计组织有自己的专业刊物——《国际政府审计杂志》，1971年创刊，现由美国联邦审计署负责编辑出版，每季度一期，以本组织五种官方语言免费发行。

目前世界审计组织共设有7个地区性组织，分别是：非洲审计组织、阿拉伯地区审计组织、亚洲审计组织、加勒比地区审计组织、欧洲审计组织、拉美及加勒比地区审计组织和太平洋地区审计组织。各地区性组织也设有大会、理事会、秘书处以及工作组等机构，负责开展本地区的审计交流与合作活动，具有较大的独立性。另外，在各地区审计组织内部，还根据区域、历史渊源、语言文化等建立了规模不等的审计组织机制。比如，在亚洲审计组织中有东盟审计组织；在非洲审计组织中，有法语区、英语区、阿拉伯语区审计分组织；等等。

（二）外部合作。

世界审计组织与联合国之间有着密切的合作，每年双方就共同关心的议题举办联合研讨会，在促进良治、反腐败等方面也开展了广泛合作。此外，它与各国议会联盟、国际会计师联合会、国际内部审计师协会、经济合作与发展组织等其他国际组织一直保持着良好的合作关系。

为促进世界各国最高审计机关的能力建设，世界审计组织还与世界银行、英国国际开发署等20个捐助机构签署了具有里程碑意义的协议，建立了合作机制，以提高最高审计机关促进各国政府反腐败、实现问责、透明、良好治理等方面工作的有效性。

（三）在推动国际政府审计中的作用。

世界审计组织成立60年来，通过其历届大会发表宣言、联合召开研讨会、各专门机构开展各项活动等方式，为各国最高审计机关提供了推动知识开发与知识分享、改进政府审计、提高最高审计机关的职业能力、扩大最高审计机关影响的组织平台，在捍卫最高审计机关的独立性、提高公共行政的透明度及推动问责制、深化预防和打击腐败、建立一个高效、可信赖的政府审计体系等方面做出了积极贡献。

1977年，世界审计组织通过了其基础性的《关于审计规则指南的利马宣言》，对最高审计机关的目的、地位、职责、职权和方法等做了全面的概括性阐述。2007年通过的《关于最高审计机关独立性的墨西哥宣言》强调了最高审计机关的独立性和民主价值等原则。作为世界审计组织的里程碑式的重要文件，这两份宣言阐述了最高审计机关的独立性原则，确立了最高审计机关高效、独立地履行职责所必须实现的基本要求。

2011年12月22日，联合国第66届大会第91次全体会议通过了第A/66/209号决议“通过加强最高审计机关提高公共行政的效率、问责、效益和透明度”。决议中指出：“大会确认最高审计机关唯有独立于被审计单位并免受外部影响，才能客观地完成其任务；确认最高审计机关在提高公共行政的效率、问责、效益和透明度方面发挥着重要作用，有利于实现各项国家发展目标和优先事项以及国际商定发展目标，包括千年发展目标；赞赏世界审计组织在推动提高效率、问责、效益和透明度以及切实有效地接收和利用公共资源造福人民方面所开展的工作；赞赏世界审计组织于1977年通过的《关于审计规则指南的利马宣言》和2007年通过的《关于最高审计机关独立性的墨西哥宣言》，鼓励会员国以符合本国体制结构的方式采用这些宣言所载各项原则……”

这一决议的通过，标志着世界审计组织多年来的努力以及适用于政府外部审计的独立性基本原则第一次为联合国所正式认可和批准，这是世界审计组织成立60年来具有里程碑意义的事件。

为各国最高审计机关制定和颁布审计职业准则是世界审计组织的重要工作目标之一，以便帮助最高审计机关最终实现推动各国民主化进程、加强议会影响力、增强政府问责以及促进行政部门合理利用公共资金的目标。为此，世界审计组织相继制定并颁布了一系列有关财务审计、合规性审计和绩效审计的国际准则，发布了一批指导具体审计工作的指南，如计算机审计指南和环境审计指南等，还配套制定了一些最佳实务。2010年，世界审计组织第二十届大会正式发布了最高审计机关国际准则体系。该体系包括两部分内容，一是《最高审计机关国际准则（ISSAI）》，为最高审计机关的职责、基本审计原则和审计指南设定了基础性原则；二是《世界审计组织良好治理指南（INTOSAI GOV）》，鼓励公共部门在财务管理和问责机制方面实现良好治理。这套准则体系堪称公共部门审计的精髓，由世界审计组织向其成员和外部合作伙伴大力推荐。规范化的准则体系目前仍在不断丰富与完善，以确保其适用性和前瞻性。

（四）战略重点。

世界审计组织在其《2011—2016年战略规划》中确立了下一阶段6项战略重点：保护最高审计机关的独立性、大力推动最高审计机关国际准则体系的实施、不断加强各国最高审计机关能力建设、展示各国最高审计机关的责任与作用、深化打击腐败、增进世界审计组织的沟通。

作为世界各国政府审计的全球性组织，世界审计组织的影响力将不断扩大。

（撰稿人：审计署国际合作司）

审计署工作概况

审计署领导·党组成员

审 计 长：刘家义
副 审 计 长：董大胜
余效明
石爱中
侯 凯（—11 月）
总 审 计 师：孙宝厚
中央纪委驻审计署纪检组组长：陈 蔷
中央经济责任审计工作联席会议办公室
主 任：李勇库

党 组 书 记：刘家义
党组副书记：董大胜
党 组 成 员：余效明
孙宝厚
侯 凯（—11 月）
陈 蔷
李勇库
陈尘肇

审计署机关

【审计工作简述】 2013 年，审计机关紧紧围绕党和国家工作中心，认真履职尽责，各项工作都取得了新进展。全国审计 15 万多个单位，促进增收节支和挽回损失 4500 多亿元，移送违法违纪案件线索 2400 多件，提交报告和信息 12 万多篇，发布审计结果公告 1 万多篇，推动建立健全制度 5400 多项。

全面深化审计监督 重点加强 6 个方面的审计监督：

一是加大对中央重大决策部署贯彻落实情况的跟踪审计力度。按照国务院部署，开展全国政府性债务审计和财政存量资金摸底，为决策提供重要参考；围绕提高财政管理绩效，深化财政管理、预算执行和决算草案审计，对地方财政收支和财政体制运行情况进行专项调查，推动深化财政体制改革；围绕中央关于转变作风等部署，对中央八项规定精神和国务院“约法三章”要求贯彻情况进行审计，对“三公”经费和会议费管理使用情况进行专项审计，促进厉行节约；围绕政府机构改革，对撤并部门单位的资产和资金管理情况进行跟踪审计，对县级机构运转支出等情况进行专项调查，保障改革顺利进行。

二是加大对重点民生资金和民生项目的审计力度。主要审计扶贫资金、保障性安居工程及“三农”、教育、医疗等相关惠民政策落实情况，促进纠正侵害群众利益问题金额 190 多亿元。

三是加大对重大投资项目及资源能源利用情况的审计力度。对能源节约利用、矿产资源开发利用、节能减排等资金和项目进行专项审计，对西电东送工程、支持新疆发展等 5.7 万个重大投资项目进行审计或跟踪审计，核减投资额 1200 多亿元。

四是加大对经济社会运行中风险隐患的揭示力度。重点关注财政、金融、国有资产资源、利用外资等方面的突出矛盾和问题，对商业银行新增贷款、国有企业改革发展、外商直接投资等情况进行专项审计，推动建立完善相关制度和规范。

五是加大领导干部经济责任审计力度。全国共审计党政领导干部和企事业单位领导人员 4 万多名，通过审计查出相关领导干部负有直接责任的问题金额 300 多亿元，有 100 多名被审计领导干部和 260 多名其他相关人员的问题被移送司法、纪检监察机关处理，经济责任审计规范化建设也有了新进展。

六是加大对重大违法违纪问题的查处力度。全国审计机关发现和移送违法违纪案件线索 2400 多件，还协助纪检监察及司法机关查处一批重特大腐败案件。

改进审计方式方法 注重增强审计监督的整体性和宏观性，不断探索“大兵团”作战、多专业融合、多方式结合的审计组织方式。

一是坚持上下联动，全国审计“一盘棋”作用有效发挥。在全国政府性债务审计中，各级审计机关集中力量、统筹协调、密切配合，集中 5 万多名审计人员，核实债务 245 万多笔，克服范围广、时间紧、任务重等难题，圆满完成审计任务。在财政存量资金摸底调查中，审计署和各省级审计机关迅速组织 3000 多名精干审计力量，统一指挥、速战速决，在两周内完成了摸底任务，极大提升了审计机关的整体合力和工作成效。

二是坚持横向融合，加大各专业审计的统筹结合力度。在计划安排、审计重点、力量调配等方面，把财政、金融、企业、经济责任、资源环境、涉外等专业审计相互衔接，探索一次进点、协同审计、成果共用、分别报告等组织方式，既提高审计效率，也锻炼审计队伍。

三是坚持纵向到底，努力覆盖财政资金管理使用的关键环节。对能源节约利用类资金的审计，以政府收支分类核算科目为基础，循着财政资金流向，从项目设置、预算安排、资金拨付开始，一直到每个项目、每个人，审计抽查 5000 多个项目，揭示转移支付资金总体使用绩效不高、层层结存等问题；对 19 个县财政扶贫资金的审计，直接延伸到建制村和农户，反映的问题引起有关方面的高度重视，促进完善相关政策、办法和措施。

四是坚持“两手抓”，从严治标、着力治本。审计中，始终坚持“两手抓”“两手硬”，一手抓重大违法违纪问题，打击和惩处腐败，为国家挽回大量经济损失；一手抓体制、机制、制度性问题，积极提出完善制度和深化改革的建议，为有关方面改进工作提供重要参考。

五是坚持运用信息化手段，推动审计技术方法创新。以金审工程为依托，搭建大型数据分析平台，稳步开展联网审计和信息系统审计，靠计算机审计发现很多风险隐患，靠高科技手段查实很多大要案线索，靠关联分析揪出很多“蛀虫”。同时，加快推进审计管理的信息化和网络化，特别是在全国统一组织大项目审计中，利用数字化手段搭建统一指挥平台和项目管理平台，规范高效地汇集和处理大规模数据，切实提高审计效率。

强化审计基础建设 一是狠抓作风建设。制定落实中央八项规定精神的具体措施，结合审计机关实际，深入开展党的群众路线教育实践活动，努力做到活动与审计两不误、两促进。审计署在“查找不足、整改提高”专项活动的基础上，深入查摆“四风”方面的问题，制定署党组加强作风建设的规定和 12 个方面 89 条整改措施；各地审计机关在当地党委、政府的领导下，坚持立查立改，力求实效，有的还向全省人民做出公开承诺，有的设立作风建设热线，建立教育实践活动长效机制。

二是狠抓队伍建设。深化干部人事制度改革，逐步完善干部选拔、考核和培养培训机制，加大审计署与地方审计机关、东西部审计机关、审计系统内外干部的交流力度，多岗位锻炼干部。加强对下级审计机关领导干部的双重管理。

三是狠抓法制建设。制定审计现场管理办法，积极推进审计指南体系建设，特别是审计现场管理办法的实施，在保障依法审计，加强审计机关廉政建设和作风建设，提升审计质量和审计效率等方面都起到巨大作用。地方审计机关从实际出发，也健全完善了相关制度规范。

四是狠抓理论文化建设。深入总结中国审计 30 年发展经验，组织中国特色社会主义审计理论、审计制度、审计精神和中国共产党审计工作史等专题研究，为审计工作提供理论支撑和思想保障。同时，认真履行国际责任，继续做好联合国审计，成功举办世界审计组织第二十一届大会（以下简称世审大会），发布《北京宣言》，成为继《利马宣言》《墨西哥宣言》之后，世界审计组织又一份里程碑式的文件。 （撰稿人：郑　欣）

【办公厅】 2013 年，办公厅人员编制 83 人，在编 75 人。设立政策研究室、信息综合处、计划统计处、财务一处、财务二处、秘书处、新闻处、档案处、审计长办公室、举报中心办公室、办公室、保密办、督查处。

领导成员

主　　任：陈尘肇

副 主 任：刘玉慧（—3月）

郭彩云（兼经济责任审计司司长）

吴兆军（9月—，交流）

丁德明（交流）

工作综述　办公厅在署党组的正确领导下，按照审计长刘家义关于“三高、二严、一规范”的要求，认真履行“调研、参谋、协调、综合、管理、服务”职责，围绕中心，服务大局，改进作风，较好地完成各项任务。

提高谋划和研究能力　办公厅紧贴审计实际，紧跟发展形势，力求站高一级、想深一点、谋远一些，更好地服务于审计工作大局。一是重要文稿起草讲求高度。全年共起草修改全国审计工作会议、教育实践活动及专项活动、审计署成立30周年、世审大会等活动所需各类文稿近500篇，比上年增长1倍以上。文稿起草中，既注重在“量”上满足需要，又努力在“质”上精益求精。二是理论研究讲求深度。在注重文稿质量的同时，进一步深化理论研究。针对审计工作中重要和紧迫的机制性问题，充分汇总近年来的调研成果，研究起草加强审计工作的意见；利用审计机关成立30周年契机，系统总结回顾审计工作经验；结合世审大会召开深化对国家审计与国家治理理论的研究，完成相关材料的准备。三是谋划引领讲求力度。在年度审计项目计划编制上“压数量、上质量、提效率、出精品”，反复与业务司沟通，统筹整合全署审计资源，使2014年审计项目安排整体性更强、审计重点更突出、资源整合和不同类型项目衔接融合性更大。深化立项研究，组织对土地出让金、义务教育、楼堂馆所和“三公”经费、医疗保险等8个审计项目开展可行性研究，形成的立项研究报告成果在项目计划中得到初步体现和采用。为落实审计监督全覆盖要求，组织各业务司初步编制形成今后5年分领域的审计项目安排情况，确保重点对象每年审计一次、其他对象争取每5年审计一次。

提高成果利用和宣传能力　注重提高敏锐性，紧紧围绕审计工作大局，适应信息载体、信息资源发生深刻变化的新形势，加强舆情收集力度，不断提升信息研判和处理能力，更多地提供预警性、趋势性、深层次信息，当好“信息库”“宣传窗”。一方面，在审计信息方面坚持高端产品和精品意识。注重对报送信息深入研究，全面了解相关背景、发展现状、面临主要矛盾和最新改革动向等情况，在选题立意、证据支持、谋篇布局等方面充分沟通，促进提高层次和质量。全年共办理各类审计信息631篇，同比增长16%，上报党中央、国务院210篇，其中有183篇被中办、国办采用，有156篇得到中央领导同志批示，采用、批示率分别为87%、74%；同时，转请有关地方和部门调查处理256篇次。另一方面，在新闻宣传方面实现了“广、深、活”。注重围绕审计中心工作加大宣传力度，做到早谋划、广覆盖、多方式、深解读、重协同。全年运用20多种宣传方式，与30余家媒体开展广泛合作，对党的群众路线教育实践活动、审计机关成立30周年、世界审计组织第二十一届大会和全国政府性债务审计等8项重大活动进行全方位的宣传。建立突发舆情应急机制、舆论引导专家库机制和沟通协调机制，积极创造信息公开工作的良好环境。全年录制广播电视专题节目30多期，刊发宣传稿件3000多篇次、网络媒体转载3万多篇次，组织人员撰写评论文章300余篇，编发审计宣传与舆情动态66期、舆情要报60多期，办理依申请公开事项48件，发布审计结果公告32期、信息近1万条。

提高运行保障能力　结合党的群众路线教育实践活动，把落实中央八项规定精神等作为转变作风的标杆自觉践行，当好表率。

一是改进会风文风。规范党组会议、审计长会议和审计业务会议，全年审计长办公会和审计长业务会等比上年同期减少20多次，减幅近三成；下发精简会议、提高会议质量和效率的通知，将署内单位简报信息从26种精简到18种；对建署以来形成的642件制度性文件进行清理，废止41件，组织修订审计署工作规则等17项规定；针对审计计划管理、新闻宣传、文秘办公、保密管理、档案管理等方面的突出问题，制定或修订完善《审计信息管理办法》《政府信息公开管理办法》《审计涉密信息文件资料管理办法》等9项整改制度措施。

二是严格财务管理。经过与相关部门积极沟通，认真做好预算保障，经费结构得到进一步优化。积极推进预算绩效管理，财政资金使用绩效逐年提高，2012 年度人均审计成果 4030 万元，投入产出比达到 1∶116，增长 20.8%，在财政部组织的中央部门和地方预算绩效管理评比中，审计署获一等奖；开展以财务检查为主要内容的署系统 2013 年度综合检查工作，组织对署系统 30 个单位的财务收支、保密工作、审计质量、后勤社会化改革等 6 方面内容进行全面检查。

三是注重工作规范。坚持把规范性要求贯穿于办文办会办事各项工作之中，在全厅范围内推行岗位责任制，明确职责、规范程序、落实任务。组织或参与完成全国审计工作会议、世审大会开幕式等 10 余项活动的会务组织协调工作。全年共承办署党组会议、审计长会议、审计业务会议 53 次，对署领导批办的 210 余件事项进行跟踪督办；狠抓公文处理的质量和数量，认真处理各类文件信函 7.9 万件，其中完成发文 3.7 万份，比上年下降了 18.5%；确保信访渠道畅通，实现来信、来访、网上信访、电话信访一体化接访网络，做到办信不拖、不等、不压，共处理群众来信来访 1 万余件（批次）；不断加强档案基础建设，推进档案数字化工作，下发通知进一步规范档案管理工作，全年共检查接收审计档案 3539 卷、文书档案 6269 件、照片档案 850 张，接收中央、国务院资料档案 664 件；加强保密教育培训，强化保密监督检查，开展保密工作全面排查和专项整治活动。

提高干部队伍素质 按照“实、高、新、严、细”的要求约束全厅干部职工，严格执行廉政纪律这条“高压线”，以党建促业务。一是着力提升干部思想修养、政治修养和道德修养。开展学习党章主题教育活动，先后 3 次组织全厅党员特别是党员领导干部对照党章和其他党内法规，认真查找问题，弥补自身不足，加强党性修养和锻炼；开展“深入学习贯彻党的十八大精神，进一步引导党员干部明辨理论是非”专题讨论。组织全厅同志认真学习中国特色社会主义理论体系特别是党的十八大报告、党章、习近平总书记的一系列重要讲话、中央八项规定等内容。坚持“三会一课”制度，共召开总支会议 10 多次、支委会 40 多次、全体党员大会 2 次，进一步深化学习内容，不断充实全厅党员干部的政治、经济、法律、管理、科技等方面的理论和知识。

二是着力加强反腐倡廉建设。在年初工作计划中将反腐倡廉建设工作目标列入总体工作，加强领导、组织实施，并与日常工作同部署、同落实、同检查。以加强机关内部管理为重点，不断健全完善廉政风险防控机制，认真查找财务、计划、信息、办文办会等权力运行的廉政风险点，制定厅内各处室细化岗位职权目录、权力运行流程图和廉政风险点及防控措施一览表。

三是着力改进工作作风。根据署党的群众路线教育实践活动安排部署，广泛听取各方面意见，在深入查找“四风”问题、认真分析原因的基础上制定 6 个方面 56 条整改措施，进一步严治“庸懒散”、力戒“娇骄暮”、提振精气神。

（撰稿人：郑　欣）

【法规司】 2013 年，法规司人员编制 28 人，在编 23 人。设有法规准则处、审理一处、审理二处、检查指导处、法律事务处。

领导成员：

司　　长：胡家俊（3 月—）

主要负责人：马青山（—3 月）

副 司 长：孙秀春

工作综述 法规司在署党组的正确领导下，以科学审计理念为指导，紧密结合“查找不足、整改提高”和党的群众路线教育实践活动，坚决贯彻中央八项规定精神，切实转变作风，积极开拓创新，进一步加强审计法治建设，强化审计质量控制，促进依法审计水平不断提升，全面完成各项工作任务。

审计立法 印发施行《审计署审计现场管理办法（试行）》《审计署审计发现问题整改及公告制度》《关于审计署重要审计项目审计报告复核审理审定的基本程序》《审计机关核查社会审计机构审计报告规定（试行）》等规范性文件；研究起草的《审计组若干重要事项操作规程》等 2 个文件，已经提请审计长会议审定。同时着手修订《审计署关于内部审计工作的规定》。

审计指南开发 规范加强审计指南审定签发程序，并研究设计审定、印发审计指南的相关文书参考格式。制发《国家审计指南专家委员会议事规则》。明确《国家审计指南编写体例与要求》，为各业务司编写审计指南提供指导，明确要求。组织新制定出台或启动开发一批国家审计指南，《商业银行审计指南》和《人身保险公司审计指南》两项已开发完成并印发使用；《工程质量审计指南》经国家审计指南专家委员会会议审定后，根据署领导指示，拟以审计手册印发审计人员使用；新启动8项专业审计指南的开发工作。

审计项目审理 全年共审理审计报告、审计决定等结果类文书655份，并对398份其他审计文书进行审理审核，出具审理审核意见书626份。一是加强审理审核基础工作制度建设，研究制定《法规司审理审核工作流程和岗位职责》《审计署法规司与最高检、公安部有关部门会商工作操作办法》，起草《审计署办公厅关于进一步明确审理审核工作相关要求的通知》。二是总结审理审核工作经验成果，对24户中央企业等领导人员经济责任审计项目和57家中央部门预算执行审计项目的审理工作结果进行梳理，选取审理审核工作中发现的突出、典型问题编写各类审理审核案例近40篇。三是在审理工作中改进工作组织模式、突出工作重点，探索实施首审负责、处长把关、司领导审核、必要时集体研究相结合的审理审核工作组织方式，提高审理审核工作的质量和效率。四是针对不同审理事项的特点和工作要求，组织采取现场跟踪审理等灵活多样的方式有效开展审理工作。五是积极发挥与公安部、最高人民检察院已建立的协调会商机制的作用，加强审计发现案件线索的会商工作，提高审计移送案件线索的质量。六是组织编纂《审计常用定性表述及适用法规向导》。全年共组织完成企业、金融、社会保障、固定资产投资4个审计领域的法规向导编纂工作。财政、资源环境两个审计领域的法规向导已经召开专家评审会，中央部门预算执行审计法规向导的修订工作也已启动。

普法依法治理 组织开展普法宣传教育工作。起草并印发《2013年审计机关普法工作要点》。组织对7个省（直辖市）审计厅（局）开展“六五”普法情况的中期检查督导。报送《全国推进依法行政实施纲要》颁布以来依法行政情况。制作视频参加全国“六五”普法成果网上展示活动。组织完成审计机关审计法治论文评比工作。起草《审计署关于进一步加强审计干部学法用法工作的意见》和《2014年法规司法制宣传教育工作要点》。在财政部财政科学研究所为该所审计专业硕士开设“审计法律研究与案例”课程，宣讲国家审计法律制度。举办审计法规和审理工作等4个研讨班。编发7期《审计法治工作动态》，积极宣传推介各地各单位审计法治工作和审计质量控制工作的好经验好做法，供审计人员学习参考。

完成专项协调工作。配合有关部门完成《联合国反腐败公约》履约、全国打击发票违法犯罪活动、世界贸易组织对我国贸易政策审议等相关工作。与有关部门商谈建立国务院机构改革和职能调整审计发现案件线索移交机制事宜。

质量检查 创新开展2013年优秀审计项目评选工作。进一步明确参评项目的资格条件，对评分标准进行适当的细化和微调，增强可操作性；在保持原有评优程序不变、评优环节不减的前提下，采取初评任务分工严格保密、两组初评人员分开阅卷、两轮交叉独立打分、集体审议匿名评分表等一系列质量控制和保密措施，增强阅卷的独立性和结果的保密性。共对各单位选送的123个审计项目（3259卷档案）进行评选，评出优秀审计项目26个、表彰审计项目51个。

积极探索优秀审计项目点评工作。组织撰写了对11个2012年审计署优秀审计项目（含联合国维和审计项目）的点评，全面反映项目的成绩和不足，突出项目特色和亮点。

在总结优秀审计项目评选经验的基础上，及时完善地方优秀审计项目评选标准，力求使评分标准的设置更科学合理、分级更加清晰、操作性更强。开展国家审计准则执行情况和审计项目质量情况检查工作；完成社会审计机构审计报告核查相关工作。

其他工作 印发《国家审计案例选编》。从以前年度向全国审计系统征集的748篇审计案例中，筛选出101篇案例以内部资料的方式刊印，为广大审计人员学习借鉴和在系统内部开展审计案例教学提供丰富而优质的实践素材。

加强对具体审计业务工作的指导和服务。一是针对审计发现有些单位或个人存在通过种种方式骗取、套取财政补贴资金的行为，起草《骗取财政补贴资金行为的审计查证与处理》，提出对此类违规行为的审计思路、取证要求和处理方式的建议，以审计情况通报印发审计系统参考。二是对被审计单位隐匿和销毁会计资料的问题进行深入研究，提出操作性强的处理意见，向审计系统印发《审计署办公厅关于对被审计单位隐匿和销毁会计资料行为依法进行处理的函》。三是对有关部门出台限制审计机关获取资料和信息的规定进行梳理，对当前审计机关和审计人员在审计执法工作中面临的突出困难进行认真研究，提出相关建议，形成《关于当前审计执法中面临的突出困难的报告》，供有关部门参考。

办理全国人大议案和全国政协提案答复 9 件次，处理完成立法协调事项 32 件，处理署内外征求意见、人民来信答复、群众举报事项办理等署内外协调事项 500 多件次。

派出 10 人次分别参加最高审计机关国际准则实施计划管理层会议、世界审计组织合规性审计分委员会第 11 次年会等国际会议；派出 5 人次分别参加《中国特色社会主义审计制度》《中国国家审计学》《中国共产党审计工作史》等审计署重要课题的研究工作。（撰稿人：朱　江）

【财政审计司】 2013 年，财政审计司（以下简称财政司）人员编制 24 人，在编 19 人。设有一处、二处、三处、四处。

领导成员

司　长：袁　野

副司长：马晓方（—4 月）　张晓霞

胥连碧　竺向东（3 月—，挂职）

路秀丽

审计成果 财政审计司共组织实施 11 个审计项目，其中 9 个审计项目已经完成，包括由财政司牵头组织实施的全国政府性债务审计、财政存量资金摸底、财政部具体组织 2012 年度中央预算执行和编制中央决算草案审计（以下简称财政部审计）、18 个省地方财政收支审计、36 个地方政府性债务审计、36 个县级机构运转支出情况审计调查、6 个省级党委政府主要领导干部经济责任审计（以下简称省长经责审计）、财政部中央政府性债务审计等 8 个审计项目，配合农业与资源环保审计司组织实施能源节约利用类科目资金审计项目。2013 年地方财政收支审计和“农林水事务”资金审计 2 个审计项目至年底仍在实施中。审计查出的 50 个问题写入审计工作报告，财政部审计提出的 6 项建议全部被审计工作报告采纳。全年共上报国务院专题报告 5 篇、编发审计信息 80 篇（其中，审计要情 7 篇、重要信息要目 8 篇、审计长信函 2 篇、审计长批转函 19 篇、信息转送函 44 篇），被国办采用 10 篇、中办采用 4 篇、领导批示 9 篇。

全国政府性债务审计 全国政府性债务审计是新一届国务院领导交办的重要事项，署党组高度重视，抽调财政司 9 人与其他司局同志组成债务审计办公室，并由财政司负责对财政部中央债务情况进行审计。审计实施期间，编发动态 27 期，解答共性问题 100 多个，推广经验 58 个，向国务院提交了高质量的审计报告。财政司相关同志在财政部与国际货币基金组织合作举办的“财政改革高层研讨会”上作为评论人发言，并与标准普尔评级公司就地方政府性债务问题进行会谈，澄清一些错误认识和看法，增进国际机构对我国政府性债务的了解，为我国主权信用评级发挥积极作用。参加财政部中央政府性债务审计的同志逐笔逐项核查债务数据，首次摸清财政部中央政府性债务的规模和结构，并提供国债转贷、地方政府债券等分省数据，为确保债务性质界定、类别划分以及主要债务数据准确性发挥引领作用。

财政存量资金摸底审计 财政存量资金摸底审计是国务院交办的重要任务，署领导高度重视此项工作，及时调整工作重点，成立由财政司牵头、多个业务司组成的财政存量资金审计办公室。财政司承担制订审计工作方案、审计实施方案、设计方案附表和撰写报告等重要任务，在确定审计思路、校验汇总数据、联络沟通协调等方面发挥重要作用。从接到国务院任务到完成摸底只用 23 天，圆满完成了任务，为中央宏观决策提供了重要参考，推动了财政资金合理配置和高效使用。

财政审计总体协调和项目组织 2013 年财政审计总体协调和项目组织。注重沟通协调、谋划先行，提早研究厘清项目安排，确保在财政存量资金审计期间能够双线作战，及时制发财政审计总体方案。具体承担地方财政收支、“农林水事务”资金审计项目的组织实施，广泛调动资源，整合审计力量，对“农林水事务”资金的设置，中央财政、发改及主管部门的分配管理，省级和县级的管理使用进行系统梳理，形成合力。

财政部审计项目。财政部审计注重事前谋划，探索优化组织方式、着力提升信息化水平。审计反映的政府预算体系功能定位不清晰、专项转移支付资金需要清理整合、政府会计制度不健全、决算编报不规范等方面共50个问题写入审计结果报告，其中37个问题写入审计工作报告，提出的健全决算制度、清理整合专项转移支付、建立政府财务报告制度等6项建议被审计工作报告和《全国人大财经委关于2012年中央决算审查结果的报告》采纳，并经全国人大常委会批准。审计工作报告内容引起全国人大常委会委员们的高度重视，被媒体广泛报道，有力地促进预算民主法治进程。

18个省地方财政收支审计项目。通过揭示财政体制运行中存在的事权划分不清晰、财权划分不符合分税制体制要求等问题，提出加快推进财政体制改革的审计建议，反映影响地方经济发展的突出问题。起草上报国务院《审计署关于地方财政运行中几个突出问题的报告》，其主要内容被审计工作报告采用，起到推动改革"催化剂"的作用。

36个县级机构运转支出情况审计调查项目。在全国政府性债务审计的同时，根据国务院安排和署领导的指示，开展36个县级机构运转支出情况审计调查，审计方案确定以揭示县级机构运转支出在公共财政支出中占比较高、县级机构运转实际支出预算保障不到位、人员超编情况较普遍且存在大量空编等问题为重点，以提出进一步加强机构设置和人员编制管理，加快推进事业单位分类改革，切实规范机构运转支出保障机制的建议为核心，全面反映县级政府机构运转情况，向国务院提出审计建议，并对分县的审计结果进行公告。

省长经责审计项目。财政司组织实施6个省级党政主要领导经济责任审计项目，审计方案突出环境保护政策，关注中央八项规定精神落实，各审计组严格执行方案，共反映与被审计领导干部履行经济责任相关的各类问题245个，其中负有直接责任的问题20个，负有主管责任问题39个，负有领导责任问题186个。针对审计发现的问题，提出严格执行国家产业政策，规范政府决策行为，完善财政管理制度等方面的建议，促进党政领导干部守法、守纪、守规、尽责，更好地履行经济责任，充分发挥权力监督"紧箍咒"、反腐"利剑"的作用。

配合农业司完成能源节约利用类科目资金审计，全程参与科目资金审计工作方案的制订、附表设计，搞好现场协调、专题研究、信息撰写，积极出思路，较好地完成署领导提出的"确认支出"的审计目标。（撰稿人：刘国栋）

【金融审计司】 2013年，金融审计司人员编制24人，在编24人。设有一处、二处、三处、四处。

领导成员

司　长：吕劲松

副司长：刘　丹　文华宜

审计成果 金融审计司共组织实施项目9个，包括人民银行财务收支情况审计和中国银行业监督管理委员会、中国证券监督管理委员会、中国保险监督管理委员会预算执行情况审计，中国农业发展银行、中国银行股份有限公司、中国投资有限公司领导人员经济责任审计，按照审计署统一部署对中国人民银行等单位开展中央政府性债务情况审计和财政存量资金审计，还对重点商业银行开展经常性审计。在审计中以维护金融安全为中心，以促进深化改革为主线，全面创新金融审计工作，在促进落实宏观调控政策，防范化解金融风险，推进建立安全高效稳健的金融运行机制等方面发挥积极作用。

全年共上报审计要情43篇，重要信息要目25篇。在2013年审计署优秀审计项目评选中，由金融审计司具体实施或与有关特派办联合实施的3个审计项目被评为优秀项目、5个审计项目被评为表彰项目；中国人民银行2011年度财务收支情况审计被评为优秀审计项目；金融审计司在署机关综合考核被评为优秀司局。

经济责任审计 在中国农业发展银行、中国银行股份有限公司和中国投资有限公司法定代表人经济责任审计中，牢牢把握权力运行和责任落实两个重点，在审计内容、审计方式和审计成果利用等方面进行深化。重点关注被审计领导人员贯彻执行国家经济金融政策和决策部署，重大经济决策制定、执行和效果等情况，客观评价被审计领导人员任期内履行经济责任的情况。将经济责任审计内容与改进领导干部工作作风建设相结合，将金融机构贯彻落实十八大会议精神和中央八项规定相关要求情况作为经济责任审计的重要内容。进一步加强经济责任审计与常规审计的结合，加强对金融综合经营中跨行业、跨领域方面情况的审计力度，切实提高综合分析、宏观把握和全面评价的能力。做好各项审计成果的综合利用，在审计项目间建立起共享机制和信息交流平台，统筹引导各审计组形成整体合力。

经常性审计 在总结前几年跟踪审计经验的基础上，创造性地开展重点商业银行经常性审计工作，进一步有效发挥审计“免疫系统”功能。及时揭示影响经济金融平稳运行的全局性风险隐患，深入分析产生问题的体制性障碍和管理漏洞，先后向国务院报送信贷资金空转、新型理财业务规避监管等8篇重要信息要目，国务院领导做出重要批示后，相关金融监管部门和金融机构认真加以研究整改。以经常性审计为抓手，跟踪信贷投向，促进稳健的货币政策落实到位，推动金融机构更好地服务实体经济，引导更多资金投向涉农、助学和保障房建设等民生领域。深入分析非法金融活动的新趋势和新手法，查处4起涉嫌非法集资、地下钱庄等网络有组织犯罪线索，有效维护金融市场秩序，捍卫人民群众财产安全。国务院总理6月17日视察审计署时，听取商业银行经常性审计现场案例演示汇报后，充分肯定金融审计工作，指出金融审计工作非常重要，发挥着国家金融安全卫士的作用。

预算执行审计 加大“一行三会”财务收支和预算执行审计力度，揭露其财务收支及预算管理中存在的突出问题，有效发挥审计在促进建立科学规范透明的预算管理体制和规范财务工作等方面的重要作用。从人民银行国家金库运行的角度深入查找和反映我国财政资金运行的体制性、系统性障碍，全面揭示国库运行的成效和存在的问题，编发的重要信息要目被国务院领导批转有关部门认真研究整改。紧盯金融领域最新发展和前沿问题，编发重要信息要目反映第三方支付、网络借贷等互联网金融业务发展中存在的问题和潜在的风险，推动有关部门加强对互联网金融等新兴业务的监管和治理。

政府性债务审计和财政存量资金审计 按照审计署的统一部署，在中央政府性债务审计和财政存量资金审计中注重转变视角、开拓思路，扎实做好审计工作。立足项目特点，做好调查表格普遍性和适用性的充分衔接。以资产项目为切入点，深入挖掘隐性债务和存量资金，对如何控制新增债务、防范和化解风险提出切实可行的意见和建议。合理配置资源，多组联动，紧密配合其他审计组的工作。在认真完成中央政府性债务审计与财政存量资金审计的同时，提供有力的数据支持。

指导地方金融审计 以地方审计机关审计数据平台建设为抓手，积极引领和指导地方审计机关开展金融审计。指导北京、福建、云南等审计厅（局）搭建审计数据平台，通过座谈、研讨等方式引领和带动地方审计机关开展地方商业银行、证券公司和类金融机构的审计，努力探索地方审计数据分析平台建设的思路与模式。

理论研究和审计规范化建设 金融审计司不断强化理论研究和审计规范化建设，为金融审计科学发展提供理论支撑和制度保证。《以总行为龙头的总体分析与分散核查的金融审计创新模式》课题研究成果在国家发改委组织的中国信息化成果评选中荣获一等奖；《信息化条件下金融审计组织管理模式研究》课题研究成果在《审计研究》杂志刊发；与西南财经大学中国金融研究中心联合推进的审计署2013—2014年度重点科研立项课题《审计机关在防范系统性区域性金融风险方面发挥作用的机制研究》顺利通过中期检查；金融审计模拟实验室建设方案已启动前期论证。《商业银行审计指南》《人身保险公司审计指南》和《审计常用定性表述及适用法规向导——金融机构审计》已经编写完成；完成《审计基本知识问与答》中金融审计部分的编写；《行业审计知识读本》的金融审计分册启动编写工作。

查处金融大要案 继续贯彻署领导“毫不动摇，毫不手软，坚决揭示和查处重大违法违规违纪案件线索”的指示精神，重拳打击金融领域违法犯罪活动，查处各类重大经济案件线索43件。以查处金融机构工作人员和财经主管部门人员利用金融资源分配权力设租寻租和利益输送案件、债券市场内幕交易以及网络赌博、非法集资等民间金融领域犯罪为重点，维护国家财经法纪和金融资产安全，促进社会安定和谐；查处涉农、涉众等重大案件线索20多起并总结揭示这些违法犯罪行为的规律和特点，推动有关部门进一步有效遏制和防范非法集资活动。

相关工作 把审计查处问题与完善制度相结合，从体制、机制上发现问题、分析原因、提出建议。向国务院报送有关银行间债券市场利益输送犯罪案件特征和手法的重要信息要目，提出打击银行间债券市场的犯罪行为、完善监管机制、促进健康发展的审计建议，推动对银行间债券市场进行专项治理。及时反映资金空转、同业拆借、跨境人民币结算等具体业务中存在的突出问题，贯彻落实稳健货币政策，促进货币资金市场健康发展。揭示地方融资平台集资举债潜在的财政风险问题以及非法集资活动的最新动向，编发重要信息要目，国务院领导高度重视并批示有关部门专项治理。重点关注国家粮食安全和支农惠农领域政策贯彻落实情况，揭示部分农业产业化龙头企业弄虚作假骗取财政和信贷支持以及玉米、棉花和小麦等国家粮食储备存在风险等问题。

（撰稿人：赵文发）

【行政事业审计司】 2013年，行政事业审计司人员编制23人，在编19人。设有一处、二处、三处、四处。

领导成员

司　　长：刘正均

副 司 长：杨　明　常　利

　　　　　卢　伟（3月—，挂职）

审计成果 行政事业审计司共组织完成58个中央部门2012年度预算执行和其他财政收支情况以及决算（草案）审计、45个部门会议费和因公出国（境）费管理使用情况审计、19个县财政扶贫资金审计、74个国务院部门政府性债务审计、40个中央部门财政存量资金审计；组织开展8位部长和3位高校校长经济责任审计、17个中央部门机构改革期间资产财务管理及职能转变情况跟踪审计；参与完成署能源节约利用类科目资金审计；组织开展派出局2012年度审计业务考核、29项审计课题研究、中央部门预算执行审计数据规划修订工作；完成中央六部委规范津贴补贴等9项部际联席会议日常工作；参与完成中央办公厅组织的《党政机关厉行节约、反对浪费条例》等文件起草；派员参加澳门审计署主办的衡工量值式审计与机构运作研讨会；抽调人员配合相关单位完成停建楼堂馆所和清理办公用房、中央八项规定执行情况专项督查、推进政府机关使用正版软件督查、治理义务教育阶段择校乱收费和中小学教辅材料散滥问题检查、财政教育投入使用管理专项督导以及教育乱收费专项检查等工作。向纪检监察部门、司法机关和主管部门移送案件线索39起。全年向国务院上报综合报告和专题报告3份，编发审计要情5篇、重要信息要目17篇，办理审计长信函9件、审计长批转函27件、信息转送函55件，编发中办《每日汇报》1篇、新华社《国内动态清样》1篇。

财政扶贫资金审计 6个省区19个县财政扶贫资金审计以切实维护群众利益为出发点和落脚点，采取“跳出账本搞审计”，“见人、见账、见物，到乡、到村、到户”的审计方式，多渠道了解情况，对损害群众利益的问题一查到底，全体参审人员连续工作50余天，实地走访85个乡镇、578个行政村，深入调查1650个扶贫项目，查出部分公职人员涉嫌贪污侵吞扶贫资金，有关单位虚报冒领、挤占挪用扶贫资金等突出问题金额2.34亿元。审计反映的情况得到国务院及有关部门和地方政府的高度重视，国务院总理在审计署考察时专门看望了扶贫资金审计人员，对审计工作给予高度肯定和评价，两次主持召开国务院常务会听取相关情况汇报，部署加强财政扶贫等民生资金管理和审计监督工作；中办、国办印发《关于创新机制扎实推进农村扶贫开发工作的意见》，促进创新扶贫开发工作机制，规范扶贫资金管理使用。截至年底，审计发现的违规违纪问题金额已整改2.14亿元，164名相关责任人受到严肃处理。

中央部门预算执行审计 注重总体把握，继续加大对审计总体评价和发表审计意见方式的探索力度，持续深化预算执行差异分析，对23类645项支出科目的预算执行差异情况进行深入分析，反映的部门预算执行总体情况更准确、更客观，更加有利于深化对部门决算（草案）编报的真实、准确和完整情况发表总体意见。注重审计内容系统性，以推动深化部门预算改革为主线，对部门预算管理、政府采购和国库集中支付制度执行等部门预算改革主要内容和配套政策进行全面审计，查出问题金额 169.86 亿元，拓展审计范围，深化审计内容。注重回应社会关注热点，加大对违法违规问题查处力度。围绕落实中央八项规定精神，组织开展中央部门会议费和因公出国（境）费审计并向国务院报送 2 篇专题报告，中央和国务院领导做出重要批示，相关部门积极完善制度，促进厉行节约、反对浪费要求的落实。

经济责任审计 加大对权力运行的监督力度，积极推进部长、校长经济责任审计。紧扣国家方针政策，更加注重突出特色，充分发挥审计作为权力运行的“紧箍咒”作用。部长经济责任审计围绕部门贯彻国家经济工作方针政策和决策部署，将行政审批制度改革等内容作为审计重点；高校校长经济责任审计把握高校规律特点，从推动完善高校发展思路和规划、促进规范办学行为等方面明确工作思路。与往年相比，2013 年经济责任审计反映的问题在深度和层次上有较大提升，成果更为丰富，对促进相关部门和高校规范管理发挥积极作用。

政府性债务审计 注重摸清家底揭示风险隐患，开展国务院部门政府性债务审计。扎实开展审前准备。通过开展前期调研和试审，锁定医院、高校、科研院所为重点审计领域，研究完善报表并对技术封装进行多轮校验。注重加强过程控制。积极整合审计资源，切实加强统筹协调，及时向京内外各审计组布置工作任务，做好政策解答；按时汇报情况，及时取得指导。统筹组织结果汇总。完成京内审计组 143 个项目审计结果的催报、复核工作和 33 个部门报告审核、汇总及数据校验、清理、修改工作。

财政存量资金审计 全面掌握规模促进盘活存量，认真组织中央部门财政存量资金审计。及时向各派出局传达工作要求，修改和测试相关附表、制定审计报告参考框架。明确资金认定标准，编写审计方法指引，严格按方案解答问题，组织各审计组全面准确反映部门财政存量资金。严格服从组织安排，参加部门现场审计和审计数据汇总工作，认真进行数据校验、清理并导入数据库，按时提交高质量数据。

相关工作 围绕中心吃透政策，加强调研和试点，找准审计工作切入点。工作中紧紧围绕中央重大决策部署，加强对相关政策制度的学习和理解，坚持以政策研究指导审计实践。如在 19 个县财政扶贫资金审计准备阶段，组织人员先后赴国务院扶贫办等 7 个主管部门进行座谈、听取意见，摸清财政扶贫资金的相关政策和管理情况，并抽调精干力量赴重庆市黔江区开展试点审计，调查 4 个乡镇 6 个贫困村，掌握扶贫政策在基层执行和实施情况的第一手资料。这种广泛调研、点面结合、上下贯通的方法使审计人员摸索出一套行之有效的审计方法和经验，为做好审计工作打下坚实基础。

加强过程控制，突出审计工作关键点。在审计项目实施过程中，根据实际情况，采取利用大项目平台及时上下沟通、针对共性情况研究下发审计工作动态，进一步明确相关政策制度；召开项目中期工作会，及时了解各项目的进展情况、发现的主要问题和做法、下一步的工作打算等，及时纠正偏离审计工作方案的做法，把握好审计主要着力方向；对审计重点部门和重点项目深入审计现场，开展现场调研、共同实施项目审计工作，解决具体困难，做好重点突破；在项目实施后期，编写报告框架，进一步突出重点，提升审计报告的质量。

整合审计力量，探索创新审计组织方式。积极创新审计组织方式，加强审计力量整合和科学调配，确保任务高质量完成。19 个县财政扶贫资金审计采取派出局力量为主、少数精通地方财政管理的特派办同志协同配合的组织方式；高校校长经济责任审计，每个项目集中 4～5 个派出局联合作战，增强审计实施人员力量，发挥协同作战优势；2013 年中央部门预算执行审计，针对两部门在京所属单位审计全覆盖要求，探索统筹调配派出局审计人员，抽调特派办骨干审计人员，形成统一分工、灵活调配、扁平管理的组织方式，以适应审计的目标要求。

严格管理，打造铁军，抓住审计工作提升点。严格管理，要求全司同志自警、自律，认真遵守廉政纪律和各项工作纪律，以党的群众路线教育实践活动为契机，进一步转变工作作风。立足实践，鼓励并积极创造机会，安排司内同志直接参与现场审计，增强实战能力。加强研究，鼓励司内同志结合工作实际开展课题研究，积极培养具备较强研究能力、精通相关领域的复合型人才。强化制度，系统梳理完善司内制度，明确岗位分工，规范业务流程，以制度管人、办事。因人制宜，根据工作情况和特点长处，合理分配任务，做到责任明确、要求明确、时间明确，为司内各项工作高效完成提供保障。　（撰稿人：张　欣）

【企业审计司】　2013 年，企业审计司（以下简称企业司）人员编制 26 人，在编 25 人。设有一处、二处、三处、四处、五处。

领导成员

司　　长：魏　强

副 司 长：周树大　罗良辰（8 月—）

审计成果　企业司组织开展和直接实施中国核工业建设集团公司等 11 户中央企业领导人员经济责任审计、53 户中央企业利润分配和投资情况专项审计调查、中国华粮物流集团北良有限公司财务收支审计、中央国有资本经营预算执行情况审计、中国铁路总公司政府性债务审计并参加 2013 年的财政审计工作。共上报审计要情 22 篇（含汇总要情）、重要信息要目 13 篇、署值班信息 1 篇，专题报告 1 篇，审计长信函 2 篇；被中办、国办采用 40 篇次，得到中央领导批示 30 篇次。2 个企业审计项目被评为审计署优秀审计项目，4 个审计项目得到表彰。

查处大要案线索　在署党组的直接部署指挥下，企业司始终将维护国有资产安全、促进经济发展方式转变贯穿于全年审计项目实施的全过程，紧扣责任履行和责任追究两个关键点，锁定土地出让、工程转分包、物资采购、对外投资、资源分配和资产处置、改组改制新业务拓展等利益输送重点环节和大案要案高发领域，追踪分析重要业务异动和重大资金流向，层层落实责任单位或个人，取得一批有深度、有影响的审计成果，赢得社会广泛关注。截至年底，企业司以审计要情报出案件线索 48 件（部分案件线索合并报出），为上年 7 倍，是近年来最多。

“一盘棋”组织模式　企业司将司内人员深入一线、项目统筹规划、审计业务扁平化管理方面作为着力点。组织 15 个特派办并直接派员，共投入 670 余人次、现场审计 43900 人·天，完成对 11 户企业集团经济责任审计任务；组织 14 个特派办，共投入 60 人，完成涉及 17 个行业、资产总额达 25.47 万亿元的 53 户中央骨干企业利润分配和投资规模等情况的专项审计调查。由于审计对象体量大、审计成果要求高、审计组织难度大，企业司采取“一盘棋”管理模式，强化对项目关键环节、关键问题的跟踪问效。一是多层次项目引领。通过组建管理平台、编发工作动态上下联动，对信息采集、结果报送、编发审核等关键环节逐级把关，对审计重点问题、关键问题、敏感问题、普遍问题和规范问题及时指导回应。二是多方面服务支持。企业司从项目安排、人员配备、业务指导、延伸调查、银行等部门数据查核等全过程为各审计组进行对口支援，在有限时间内保障项目进展质量和水平。三是多途径沟通协调。注重署内办公厅、法规司等司局的专业建议，保持与署内金融审计司、经济责任审计司和署外监察部、公安部、高检院、国资委等部门的良好沟通，形成合力，共同遏制国有经济领域案件多发态势。

信息化建设　以“应用为先，加大推广，注重实效”为原则，以“可用、愿用、会用、有实效”为标准，将企业审计信息化摆在更加突出和重要的位置，为项目统筹谋划提供强有力支撑。继续加大企业审计信息化基础建设，制定《企业审计司信息化建设工作规则（试行）》，成立企业审计信息化建设工作组，为企业审计信息化工作提供制度和人员上的保证。将中国核工业建设集团公司等 5 家单位作为信息系统审计和联网审计试点，制定《联网审计指引（试行）》和《信息系统审计指引（试行）》，积极探索开展企业结合式信息系统审计和联网审计。充分利用中央企业分析和预警系统、企业合并财务报表审计软件等积极开展“总体分析、分散核查”，全面推进数据分析应用工作。召开研讨会，及时总结经验，完善两个指引与中央企业分析和预警系统软件，梳理 11 个审计项目中发现的企业在信息化建设方面存在的突出问题，推进会计核算软件国家标准接口的使用。

提高干部能力素质　按照署领导关于审计人

员要“深入实践、深入一线”的要求，继续创建“我讲案例大家评”和“我学我司”两个学习活动品牌，以此为平台提升企业司干部能力。组织查办案件线索能力提升研讨班，并结合今年审计重点内容，对合并报表编制、注册会计师审计质量控制等专题进行研讨培训，着力提高审计基本功。同时，全部人员深入一线、全程参与11户企业经济责任审计项目和1户财务收支审计项目，平均现场审计时间70天左右。审计项目实施过程中以“看住钱、盯住权”为切入点，积极出思路、抓重点，提成果，在参与审计现场管理、组织审计实施、重大问题线索攻关、审计信息和审计报告问题定性等方面充分发挥参与、建言、把关作用。特别是在独立开展的中国铁路总公司债务审计中，企业司全体动员，年轻干部承担重任，对审前调查、审计技术、现场管理、审计质量管控等方面进行大胆创新和有益尝试，真正做到“沉得下去、浮得上来”，进一步积累审计现场管理和审计实战经验，履职能力得到全面提升。

（撰稿人：蒋　磊）

【农业与资源环保审计司】 2013年，农业与资源环保审计司（以下简称农业司）人员编制20人，在编20人。设有一处、二处、三处、四处。

领导成员

司　长：王淡浓

副司长：丁　雁　周　晖

降　初（3月—）

审计成果 农业司组织实施审计和审计调查项目2个，完成2012年至2013年1个跨年度审计项目，完成2012年度1个审计项目的后续工作，参加审计署统一组织的3个重大审计项目。审计查出违纪违规金额726亿元，移送案件33件，处理责任人员28人次。上报国务院综合报告2份，提交公告稿2份。编发各类审计信息37篇，其中：审计要情10篇、重要信息要目6篇，以审计长批转函方式转送有关省主要领导审计信息8篇，转送有关部委和地方人民政府审计信息13篇。有10篇重要信息得到国务院领导批示，被中办、国办采用12篇。农业司与固定资产投资审计司联合申报的三峡移民资金审计项目和农业司参与的南水北调审计项目分别被评为2013年度审计署优秀项目和表彰项目。

审计项目 组织开展矿产资源开发利用保护及相关资金审计。4月至8月，组织太原、沈阳、哈尔滨、南京、广州、郑州、济南、西安、昆明、成都、长沙、深圳、长春13个特派办对山西、内蒙古、陕西、江西、云南、湖南6个省（自治区）矿产资源开发利用保护及相关资金（含探矿权采矿权使用费和价款、矿产资源补偿费等）的征管情况进行审计，并组织武汉、兰州2个特派办在开展湖北、甘肃省长经济责任审计中实施上述矿产资源审计内容。在审计中发现并反映一些地方应征未征和挤占挪用矿产资源相关资金、一些国土资源部门越权审批或违规审批不符合条件的矿业权、地勘单位低价出让和国有企业低价（无偿）转让或溢价收购矿业权从中牟取不当利益等问题，向有关部门移送一大批重大案件线索。

继续组织开展能源节约利用类科目资金审计。2012年11月至2013年3月，对2011年、2012年中央财政本级和转移支付给天津、河北、辽宁、吉林、黑龙江、上海、江苏、安徽、福建、山东、湖北、湖南、广东、重庆、四川、云南、陕西、甘肃18个省、直辖市（以下统称18个省）能源节约利用（21110款）、可再生能源（21112款）和资源综合利用（21113款）节能环保类三个款级科目资金（以下简称“三款科目”资金）进行审计，审计发现项目单位通过编造虚假申报材料、“报大建小”、重复申报等方式虚报冒领“三款科目”资金，挤占挪用“三款科目”资金用于生产经营、业务经费等支出，以及有些项目没有达到预期的政策目标等问题。

组织对国土资源部实施矿产资源专项审计调查。5月至7月，组织农业司、京津冀特派办、资源环保审计局和计算机中心相关人员组成审计调查组，对国土资源部实施矿产资源开发保护以及管理、分配矿产资源相关资金的情况进行审计调查。主要发现该部未严格按照权限审批新立、延续矿业权，矿业权档案管理及矿产资源信息管理不完善，有关剩余资源量价款的征缴规定不明确、探矿权审批管理不严格等问题。

完成节能减排资金审计项目收尾工作。2012年5月至9月，审计署对山西、内蒙古、辽宁、吉林、江苏、浙江、河南、广东、广西、宁夏10个省（自治区）2010年至2011年中央和省级财政投入的节能减排专项资金及1139个节能减排项目进行审计。2013年2月初，审计署将审计报告和公告稿报送国务院。审计发现，部分已完工节能减排项目因设计目标不符合实际、项目实施过程中监督管理不到位等原因达不到预期的节能减排效果，少数企业和项目实施单位通过提供虚假信息、编造虚假资料等方式违规申请并获得专项资金，违规将专项资金用于日常办公、企业经营等非节能减排方面支出，部分项目建设进度缓慢、未按计划完工等问题。

参加审计署组织的重大审计项目。8月至9月，派员与京津冀特派办审计人员共同组织实施北京市海淀区政府性债务审计；11月，派员参加财政部和安徽省合肥市财政存量资金审计项目；12月，派员参加对农业部专项转移支付项目的审计。

组织对陕西省矿产资源的试点审计。2月至3月，组织农业司、10个特派办和2个地方审计机关30多名审计人员对陕西实施试点审计，试点审计完成了“出一种有效的现场审计组织模式、一份较为成熟的审计工作方案、一份针对性强的审计操作指引、一份分类完整齐全的法规汇编和一批熟悉矿产资源审计的主审”的目标，为正式实施该项审计打下坚实基础。

协调指导四川、云南、甘肃、宁夏、新疆5省（自治区）地方审计机关开展草原生态资金审计，发现草原保护利用规划编制滞后、违规（未经）审批占用草原，主管部门和有关单位滞留、挤占挪用和套取专项资金等问题。协调指导河北、江苏、安徽、河南、湖南、广东、广西、宁夏8省（区）地方审计机关开展农村环境综合整治项目审计，发现项目规划立项不科学、虚报或重复申报项目套取专项资金、施工质量不达标、后期运行维护不到位等问题。对黑龙江等8省（市）开展实地调研，加强对地方审计机关的业务指导。

审计国际交流合作 履行亚洲审计组织环境审计委员会秘书处工作职责，组织开展第5次环境审计调查，收集亚洲各国最高审计机关环境审计案例，起草工作报告用于亚洲审计组织第46次理事会等国际会议。

参加世界审计组织环境审计工作组第15次大会开展相关准备工作，起草工作报告，承担在大会期间安排亚洲区域环境委员会工作会议的筹备工作。

整理世界审计组织环境审计工作组自成立以来出版的所有环境审计指南，校对约30万字；组织翻译2013年发布水环境审计等6部指南约41万字。

派员参加世界审计组织第二十一届大会，参加第一主议题“国家审计与国家治理”项目组的相关工作，完成大会布置的综合协调、联络等工作。

派员参加坦桑尼亚、印度尼西亚最高审计机关审计人员培训工作，讲解资源环境审计、节能减排审计和矿产资源审计的概况和典型案例，就资源环境审计的开展情况展开交流。

完成湄公河流域合作审计项目后续工作，包括参加第3次研讨会议、关注合作审计报告等。

协助培训中心组织2013年资源环境审计培训团。派员参加培训团赴加拿大开展培训与交流工作，承担培训团的前期准备、组织协调等多项工作。

理论研究和其他工作 组织开展“资源环境审计理论”的研究工作。承担审计署2013—2014年度重点科研课题定向委托立项课题——“环境审计理论研究”课题。组织开展课题研究工作，形成研究报告初稿。12月，该课题顺利通过中国审计学会组织的中期检查。

组织开展《资源环境审计》教材编写工作。按照培训中心的要求，农业司已完成教材初稿，召开研讨会，对教材进行第一次总纂。

组织开展土地、能源、林业等3个审计指南的研究工作。完成《土地资源审计指南》初稿并进行修改完善；启动《能源节约利用审计指南》的研究工作；就《林业审计指南》的编写工作开展调研。

组织开展资源环境审计案例评审和应用工作。在2012年工作的基础上，将收到的各级审计机关资源环境审计案例材料进行初步审核，组织专家进行评审；将专家评审意见反馈给案例作者进行修改完善，并对各地反馈修改的55篇案例进行再次修改审核。

组织召开资源环境审计研讨班。农业司组织召开2013年资源环境审计研讨班，对节能减排和科目资金审计的经验进行研讨和交流。副审计长董大胜在研讨班上做重要讲话，财政部等部门和高校的3位专家进行专题讲座，对6篇入选理论交流文章进行点评。

完成资源环境审计法规向导初稿的编写工作。由法规司组织、农业司承担编写任务的《审计常用定性表述及适用法规向导——资源环境审计（试行）》初稿的编写工作已经完成。农业司根据评审意见对法规向导进行修改完善。

开展审计署环境审计协调领导小组办公室工作。编发7期环境审计工作动态，介绍资源环境审计好的经验做法，派员为中纪委监察学院、昆明特派办、浙江省和陕西省审计厅等单位开展案例教学和培训。

多次参与国务院常务会议文件征求意见工作。参与环保产业发展、光伏产业扶持、大气污染防治、城市污水垃圾处理、畜禽养殖污染防治条例等国务院常务会议议题的回复意见代拟稿的起草工作。

积极配合新闻媒体开展审计项目宣传工作。派员参与中央主流媒体对三峡移民资金审计和节能环保类科目资金审计采访工作。

（撰稿人：王　婷）

【社会保障审计司】 2013年，社会保障审计司（以下简称社保司）人员编制18人，在编14人。设有一处、二处、三处。

领导成员

司　　长：陈太辉

副 司 长：李冬生　和　杰

审计成果　社保司组织实施2012年城镇保障性安居工程审计、全国社会保障基金理事会基金管理运营暨2012年预算执行审计等2个项目，参与山西省政府性债务审计、河南省存量资金审计等项目，共查处违纪违规和管理不规范金额795.21亿元。全年编发审计要情8篇，重要信息要目5篇，转送信息函18篇。

社会保障审计　城镇保障性安居工程跟踪审计。2012年11月至2013年3月，组织全国近2万名审计人员，对31个省（区、市）、5个计划单列市和新疆生产建设兵团的2012年城镇保障性安居工程的投资、建设、分配、后续管理及相关政策执行情况进行审计，延伸调查2.64万个相关单位和企业、1.92万个街道办事处或居民委员会以及24.85万户家庭。这是审计署首次组织各级审计机关开展全国范围的保障性安居工程审计，为确保审计工作顺利推进，社保司采取多项措施加强审计管理：通过到业务部门、基层深入调研，邀请住房保障专家进行专题讲座，到工程施工现场、困难群众住户家中走访、座谈等渠道，分析保障性安居工程管理的薄弱环节，明确审计目标和重点，理清工作思路。坚持以“方案系统化，系统层次化，层次要素化，要素表格化，表格数据化”为工作思路，设计出环环相扣的审计工作方案、审计报表、审计操作指南和审计报告框架等文件，为审计实施提供有力指导。通过调研督导、操作指引等方式加强对审计质量的全过程控制。运用远程联网等信息技术搭建指挥平台和联络通道，优化组织分工，提高管理效能。通过开发应用审计报表管理等工具软件，规范表格数据填报，科学实施审计汇总，确保审计质量。

保障性安居工程跟踪审计报告用翔实的审计数据反映安居工程建设管理总体情况和工作成效，揭示保障性住房建设管理中存在的主要问题。从审计情况看，城镇保障性安居工程总体情况较好，住房保障体系初步建立，困难群众居住水平不断提高，住房供应结构不断优化，较好地促进经济的平稳较快发展。但部分地方和单位在资金管理和保障分配等方面还存在一些问题：部分项目或单位挪用保障性安居工程专项资金，用于归还贷款、对外投资、征地拆迁以及单位资金周转等非保障性安居工程项目支出；一些不符合保障条件的家庭违规享受保障性住房实物分配或者领取租赁补贴；一些家庭重复享受保障性住房实物分配或领取租赁补贴；有的保障性住房被改变用途，用于对外办公或出租，有的被代建单位等违规出售。住房城乡建设部和地方政府积极部署整改工作，截至10月底，挪用保障性安居工程建设资金等主要问题已经基本整改纠正，已追究党纪政纪责任或依法处理290人，有关部门和地方政府出台完善相关政策文件1000多项。

全国社会保障基金理事会审计。以基金筹集

运营为主线，以信息化技术为手段，注重揭示影响全国社会保障基金安全和效益的重大违法违规问题。以“外审投资、内查管理”为工作思路，一手抓全国社会保障基金理事会内部在资源分配、投资决策、内部控制中管理方面的薄弱环节，一手抓投资以后影响全国社会保障基金安全和效益的突出问题，注重发现案件线索。结合全国社会保障基金规模大、投资种类多、投资链条长的情况，确定总体分析投资特点、锁定管理薄弱环节，从外围突破重大违法违纪案件的审计方法。围绕全国社会保障基金运营管理中存在的突出问题，围绕重点领域、重点业务和重点项目，进行梳理排查。审计揭示部分信托贷款被项目业主单位挪用于其他项目；办理部分协议存款未执行会签程序；对委托投资、股权投资基金等监控不到位、部分股权投资亏损等问题。

制度建设 社保司在党的群众路线教育实践活动中，加强制度建设，构建整改提高的长效机制，切实将活动成果转化为推动审计工作发展的动力。为了实现审计监督全覆盖的目标，依法使所有社会保障公共资金和资源都在审计监督之下，不留盲区和死角。社保司对审计职责应覆盖的27项社会保障资金进行分类研究，制订五年社会保障资金审计规划，以“社会保险基金预算执行审计”“保障性安居工程跟踪审计”和“社会救助福利等资金专项审计”为三大平台，着力建设社会保险基金、民政、住房公积金、保障性住房四大数据库，分五年实现对社会保障资金有深度、有重点、有步骤，有成效的全覆盖。

在厘清社保司职责的基础上，明确司长、副司长、处长及一般干部的分工和责任。规范各类审计文书的办文程序和人员职责，制定和完善《社会保障审计司工作报告制度》《社会保障审计司收发文审批制度》等内部管理办法，理出责任链条，实行责任追究制度，做到各尽其能、各负其责、追究有源。严格执行国家和审计署各项保密规定，提高保密意识。针对社保审计工作与群众利益联系紧密的特点，在全司开展“忧患”工作法。从让全司党员充分认识“四个考验”“四种危险”在自身的问题表现入手，牢固树立忧患意识，着眼于长远，建立健全社会保障审计与群众“四对接”的工作机制，即“谋划审计项目与群众诉求对接，查处反映问题与群众利益对接，促进审计整改与群众满意对接，公开审计结果与群众监督对接”，使为人民群众服务的宗旨体现在社保审计组织实施的不同环节、维度和层面，提高社保审计服务群众的效能。

基础工作 积极推进社保审计规范化工作。完成社会保障领域《审计常用定性表述及适用法规向导》的编撰工作。企业职工基本养老、新型农村社会养老、新型农村合作医疗等3个社会保险基金审计指南已完成初稿，重大突发公共事件救助资金跟踪审计指南已确定编写提纲。夯实社保审计信息化基础。新型农村合作医疗审计数据规划、新型农村合作医疗计算机审计方法体系等课题通过专家审核验收，已发布审计实务公告。采取多种措施加强审计队伍建设。打破处室界限，做到全司人力安排“一盘棋”，给干部提供多岗位学习锻炼的平台。派出审计干部到审计一线直接参加审计。落实“审计实务导师制”的各项要求，通过审计实践提高青年干部的能力。

（撰稿人：吴　星）

【固定资产投资审计司】 2013年，固定资产投资审计司人员编制24人，在编20人。设有一处、二处、三处、四处。

领导成员

司　　长：徐爱生

副 司 长：姜江华

审计成果 固定资产投资审计司主要组织12个特派办实施西电东送工程审计；完成三峡枢纽工程竣工决算审计和5条高速公路竣工决算审计收尾工作。查处主要问题金额5710220.47万元，其中违规金额2734607.12万元、损失浪费金额19488万元、管理不规范金额2947067.83万元；损益（收支）不实金额5986.35万元；审计处理处罚金额35901.59万元，其中应上缴财政300万元、应归还原渠道资金554.5万元、应调账处理金额35046.73万元；审计发现非金额计量问题44个；审计促进整改落实有关问题资金353500万元，其中增收节支74700万元、已调账处理金额140800万元；审计后挽回（避免）损失138174.94万元。移送司法、纪检监察机关和有关部门处理事项45件；出具审计报告3篇，被批示、采用3篇；提出审计建议17条，提交审计信息18篇，被批示、采用18篇；向社会公告审计结果6篇。三峡工程竣工决算（草案）审计项目获得2013年优秀审计项目，南水北调工程审计项目、包茂高速安康至毛坝段高速公路建设项目竣工决算审计获得2013年表彰审计项目。

参与审计项目 固定资产投资审计司根据审计署统一组织，派出大部分审计人员参加全国政府性债务审计、财政存量资金审计、财政大格局农林水利科目资金审计等工作。

指导地方工作 组织19个对口援疆省市审计机关继续开展对口援建新疆项目和资金审计。加强对地方审计机关开展云南彝良、青海玉树、四川芦山地震灾后恢复重建跟踪审计工作的指导工作。赵旭东因在玉树地震灾后恢复重建审计工作中的突出表现，获得中共中央、国务院颁发的"玉树地震灾后重建先进个人"荣誉称号。

调查研究 积极开展投资审计理论研究和课题工作，组织完成《投资审计法规向导》《工程质量审计手册》的编写工作，积极推进《政府投资项目跟踪审计指南》《政府投资项目联网审计指南》《政府投资项目绩效审计评价指标体系》《政府投资项目竣工决算审计指南》和《投资审计知识读本》的研究和编写工作。12月，组织调研组赴四川、江苏、湖北和深圳4省（市）实施投资审计领域廉政风险防控调研工作，撰写《投资审计领域廉政风险及防治对策调研报告》。报告总结投资审计领域廉政风险高发的四个环节，分析产生这些风险的深层次原因，并从加强廉政教育、完善审计操作规程、加强监督检查和规范中介机构选聘及使用四个方面提出防控廉政风险对策。

（撰稿人：宋　晖）

【外资运用审计司】 2013年，外资运用审计司（以下简称外资司）人员编制16人，在编人员12人。设有一处、二处、三处。

领导成员

司　　长：徐吉明

副 司 长：李长梅

审计成果 外资司认真履行外资审计职责，切实加强国外贷援款项目审计监督，圆满完成各项工作任务。在组织全国审计机关做好356个国外贷援款项目审计的同时，重点组织开展外商直接投资情况专项审计调查，积极参加全国政府性债务审计、政府存量资金审计以及农林水科目专项资金审计等署统一组织项目。全年移送案件线索27件，共编发审计要情3篇，审计署值班信息1篇，审计长批转函3篇，重要审计信息要目5篇，信息转送函23篇。

国外贷援款项目年度履约审计 组织署国外贷援款项目审计服务中心、相关特派办及各地方审计机关做好国外贷援款项目年度履约审计，在抓好地方审计机关国外贷援款项目审计计划、规范化建设，以及质量控制的基础上，与署国外贷援款项目审计服务中心一起做好60多个援助项目审计。重点组织特派办做好13个世亚行贷款铁路项目审计。审计中及时转变工作思路，抓住招投标、施工管理等重要环节，将"加大审计监督力度，注重查处违法违规问题"作为主线贯穿始终，不断强化成果意识，深入挖掘和紧盯一切可疑线索，共移送中央纪委、地方纪委、监察部门、检察院等各类违纪违规案件线索20多件。

外商直接投资专项审计调查 组织对山西、天津等12省（市）利用外商直接投资政策的制定与执行、外商直接投资企业的监督管理等情况进行专项审计调查，共抽查12个省本级、28个地市和53个县，重点调查23个自来水和燃气行业国有控股外商投资企业的合资协议签订及执行情况。审计调查中将成果意识贯穿始终，实行问题与成果导向式审计。揭露地方政府违规出台利用外商直接投资优惠政策、违规核准外商投资项目或审批外商投资企业、对外商投资企业监管不到位、外商投资企业影响中方或民众利益等突出问题。

参与大项目审计 根据署统一部署，抽调业务骨干组成审计组，投入全国性大项目审计。8月至9月，外资司抽调7人，参加全国政府性债务审计。其中1人到署债务审计办公室工作，6人配合南京特派办负责对南京市浦口区政府性债务进行审计。11月份，派出9人配合广州特派办对广东省和广州市本级的存量资金进行审计调查。12月开始，组织10人参加农林水科目专项资金审计，牵头负责对林业专项资金的审计。

信息化建设和审计方法创新 组织完成AO

外资专业版软件的升级工作以及《外资计算机审计方法体系》等研发成果的推广应用工作。在组织开展外商直接投资情况专项审计调查过程中，全程使用大项目管理平台，推动大数据式审计。外商投资企业相关数据量大且较分散，审计组专门成立数据小组，多次与被审计单位进行沟通，在中央层面统一提出数据需求并集中采集下发，保障各审计组之间数据结构的一致性，做到审计资料和数据及时上传下达，实现数据成果的资源共享。在审计调查过程中为确保各特派办工作的有序开展，审计组先后编发了利用外商直接投资情况参阅资料、外商直接投资法律法规知识汇编、审计工作方案附表填表说明、审计调查报告框架等规范性文件，并通过视频讲座、制发课件等多种方式对审计人员进行培训。

业务指导和课题研究 坚持做好审计报告审核工作。外资司全面规范国外贷援款项目审计报告的格式与内容，积极督促地方审计机关严格执行外资审计规范，对地方审计机关的审计报告执行5级审核制度，对审核中发现的重大事项召开专题审计业务会议进行研究，有效提高审计报告质量。继续组织课题研究工作，完成《世亚行贷款铁路项目审计指引（试用）》等操作规范，并初步完成《国外贷援款项目绩效审计实务研究》和《外资审计案例》等课题研究工作。

队伍建设 积极鼓励和要求广大干部多参加审计实战，把审计实践作为治理“庸懒散”“骄娇暮”的重要突破口，特别是对年轻审计人员做到多支持、多引导、重锻炼，充分调动积极性。在外商直接投资情况专项审计调查、世亚行贷款铁路项目以及署统一组织大项目审计中，参审人员全程参加项目的组织实施，开展调查研究，编写审计工作方案、落实问题线索、撰写报告和信息，较好地锻炼了审计项目组织管理能力、分析研究能力和查核问题能力。为拓宽外资审计人员视野，增强宏观意识，根据署党组要求，外资司派出1人在审计署定点扶贫的顺平县挂职，1人赴世界银行总部工作实习，2人的工作得到相关部门的肯定和表彰。

（撰稿人：安红烨）

【经济责任审计司】 2013年，经济责任审计司人员编制18人，在编14人。设有一处、二处、三处、四处。

领导成员

司　　长：陈达时（—4月，主持工作）
　　　　　郭彩云（5月—）
副 司 长：班东启（5月—）　张广春

工作综述 经济责任审计司以做好中央经济责任审计工作联席会议办公室和审计署经济责任审计领导小组办公室工作为核心，以开展党的群众路线教育实践活动为契机，认真履职、扎实工作，查找不足、转变作风，提高素质、强化管理，推动经济责任审计工作进一步发展。

加强统筹谋划 完成《关于党的十七大以来经济责任审计工作情况的报告》，系统总结经济责任审计的经验做法、查找问题和不足、有针对性地提出今后工作思路和措施。系统梳理中央层面经济责任审计对象的范围、类别和数量，按照实现审计监督全覆盖的要求，提出五年轮审的基本原则、实现方式和初步方案。注重加强经济责任审计与专项审计的结合，与署办公厅、财政审计司、行政事业审计司、金融审计司、企业审计司密切配合，抢先抓早，第三季度启动2014年经济责任审计计划制订工作，并积极协调中央组织部，计划草案确定比以前年度提前近两个月。在深入总结审计工作成效和做法的基础上，针对反腐败问题进行深入研究，总结审计推动反腐败的经验和规律，代表审计署较好地履行亚洲审计组织第10次课题科研项目主席国职责，分别在越南、泰国、俄罗斯主办3次工作会议，推进科研项目进展。

完善两个办公室工作机制 加强中央联席会议成员单位的配合，及时更新联席会议成员、办公室成员以及联络员名单，确保工作有效衔接；主动走访各成员单位及领导，通报相关工作情况，征求工作意见；筹备并组织召开联席会议全体会议和办公室会议，研究确定工作重点；在中央组织部的支持下，在副省级城市市委书记和市长同步审计中，首次尝试成员单位联合进点；开展与中央纪委案件监督管理室的信息沟通、反馈和交流。加强审计署协调领导小组工作，修订完善《审计署经济责任审计协调领导小组工作规则》，组织召开全体会议，研究讨论有关情况和今后的工作重点。积极研究加强信息共享，与署计算机中心一起，初步建设经济责任审计对象数据库，加载经济责任审计对象信息 200 多条、其他信息 900 多条；与署培训中心和浙江省审计厅一起，研究建设经济责任审计模拟实验室。

加强业务指导 下发《2013 年经济责任审计工作指导意见》和关于两办《规定》贯彻落实督查情况的通报。全年共召开各类座谈会 30 多次，对各地下一步工作进行细化指导。派员到地方就经济责任审计有关内容进行授课，培训人员近 1000 人，推动多地将经济责任审计纳入党校、干部学院培训内容。对《经济责任审计工作通讯》进行改版，明确刊物的定位、内容和版式，将信息来源由地方审计机关为主，拓展到审计署系统、中央部门单位，特别是向署业务司、特派办、中央联席会议成员单位约稿，努力提高稿件质量，全年共编发《经济责任审计工作通讯》14 期。

规范化建设 研究起草两办《规定》实施细则，组织 30 多次研讨会，累计修改 30 多稿，对审计对象、审计内容、审计评价、审计报告、审计结果运用、组织领导和审计实施等方面进行细化和规范。结合市委书记、市长的同步审计，研究起草《省级党委政府主要领导干部同步经济责任审计指南》；与地方市委、市政府配合，起草《副省级城市市委书记、市长主要经济责任》《党委政府主要领导经济责任审计评价指标》。在总结近年署内部管理干部经济责任审计工作的基础上，修订完善《审计署内部管理领导干部经济责任审计规定》，细化 11 个方面的审计内容。积极推动完善地方审计法规制度，一些地方建立任前告知、年度报告、任中审计、离任交接、强化问责等方面的制度，有的地方探索建立审计评价指标体系，有的地方建立任期轮审办法。

承担审计项目 组织实施对 11 名审计系统司局级领导干部的经济责任审计，着力细化审计内容、改进组织方式和审计报告，探索对履行审计监督权的情况进行审计。统筹安排力量，积极派人参加重大项目审计，抽调 4 人全程参与市委书记和市长经济责任同步审计试点，抽调 8 人参加中央企业领导人员经济责任审计，17 人参加全国政府性债务审计，8 人参加财政存量资金审计，全司人员参加现场审计的时间平均为 50 多天。

内部管理 对各处室职责分工进行调整，实行处室工作计划完成情况报送制度，明确责任人和责任处室。规范各项工作程序，建立完善会议制度、请示报告制度、公文处理制度、司务督办制度、司务公开制度等 7 项内部管理制度，重点明确公文流转、司务公开、日常督办、学习培训等各项工作程序。改进学风会风文风，坚持开短会、说短话、写短文，当日事当日毕，树立“实、高、新、严、细”的工作作风，杜绝“庸懒散、娇骄暮”现象，营造严肃活泼、高效有序的工作氛围。 （撰稿人：刘　艳）

【国际合作司】 2013 年，国际合作司（以下简称国际司）人员编制 19 人，在编 16 人。设有一处、二处、三处、四处。

领导成员

司　　长：周维培

副 司 长：周文华　姜海鹰

工作综述 国际司在审计署党组正确领导下，准确把握中国审计对外交往发展大势，着眼长远和战略全局，在保持审计外事工作延续性和稳定性的基础上，统筹国际国内两个大局，成功举办世界审计组织第二十一届大会，积极服务国家总体外交战略和审计事业发展。

双边、多边合作交流 全年，审计署共审批因公出国（境）团组 121 个，因公出国人数 453 人次（其中使用联合国审计经费参加联合国审计项目以及境外审计项目共 59 批，总计 145 人次），新增与最高审计机关签署合作协议（备忘录）6 个。一年来，署领导参加多场重大审计外事活动，涵盖大国、周边、发展中国家和多边等各个战略方向，进一步开创同各国最高审计机关友好合作关系新局面。

——审计署高度重视联合国、世界审计组织等国际组织的重要作用。2013 年，审计长刘家义出席联合国审计委员会第 67 次例会，接受联合国授予的“维持和平奖”；副审计长董大胜出席世界审计组织最高审计机关的责任与作用工作组第 6 次会议；副审计长余效明出席世界审计组织救灾援助资金问责审计工作组第 7 次会议；总审计师孙宝厚出席第 22 次联合国与世界审计组织研讨会；副审计长侯凯出席亚洲审计组织第 46 次理事会；中央经济责任审计工作联席会议办公室主任李勇库率团出席世界审计组织环境工作组第15次大会；署党组成员、办公厅主任陈尘肇作为世界审计组织理事会主席刘家义的特别代表，出席葡语国家最高审计机关组织的座谈会。另外，为协调归纳各国对世界审计组织大会成果文件的意见，审计署在华举办世界主要国家代表参加的《北京宣言》研讨会，审计长刘家义参会并发表重要讲话。

——稳定与周边国家最高审计机关的友好关系。审计署承办第九届中日韩三国最高审计机关工作层会议，三国审计人员之间的经验交流和友好合作进一步深化。在中印双边合作框架下在华举办第20届中印高级审计研讨会，并派员参加在印度举办的第四届印中青年审计人员论坛。在华举办中印尼审计研讨会。继承并坚持良好的周边互动，增进与周边国家最高审计机关的友谊与互信，提升与周边国家的关系，巩固审计机关的睦邻友好合作。

——大力加强对发展中国家审计机关的援助。审计长刘家义率团访问坦桑尼亚、副审计长董大胜率团访问阿根廷，在传承友谊、增进互信、推进合作、共谋发展等方面取得丰硕成果。为落实习近平主席对非洲访问时所做出的承诺和指示精神，体现对非援助政策的“真、实、亲、诚”，审计署利用国家外援资金和自有外事经费开展对坦桑尼亚审计署的技术援助项目，在南京审计学院为20名坦桑尼亚审计官员提供为期3周的培训，培训内容涉及联合国审计、投资审计、环境审计等诸多方面。

世界审计组织活动　审计署成功举办世界审计组织第二十一届大会（以下简称世审大会）。本届大会于10月21日至26日在北京召开，共有世界审计组织的154个成员最高审计机关、3个协作成员和联合国等22个观察员的587名代表及68名陪同人员参加，参会代表团数量及人员总数创下世界审计组织历届大会的纪录，也是2013年我国主办的与会人员级别最高，代表人数最多的大型国际会议。国务院总理李克强出席大会开幕式并致辞，国务委员、国务院秘书长杨晶陪同出席开幕式，并主持欢迎晚宴。大会选举产生了新一届世界审计组织领导机构和领导人员，审计长刘家义接任世界审计组织理事会主席。大会发布《北京宣言——最高审计机关促进良治》。

履行世界审计组织目标1“职业准则委员会”及其下属指导委员会、准则协调项目组、合规性审计分委员会、财务审计分委员会成员的职责方面，重新组建合规性审计分委员会的工作团队，组织有关人员参加5次工作会议，协调参与并完成最高审计机关国际准则（ISSAIs）100－400的撰写工作。在履行目标2“能力建设”委员会的职责方面，协调审计署人员完成世界审计组织能力建设四份指南中文翻译工作，在能力建设委员会网站上公布，并与世界审计组织发展培训委员会（IDI）进一步加强沟通，就最高审计机关绩效评估体系的推广和IDI战略规划等事宜进行合作。在履行目标3“知识分享与知识服务”委员会下属的10个工作组和特别工作组成员职责方面，协调审计署加入新成立的天然资源采掘行业审计工作组和采购合同审计特别工作组，协调参加各工作组和特别工作组年度会议，向国家关键指标工作组提交《运用国家关键指标开展党政领导干部经济责任审计》的论文，参与并完成最高审计机关的职责和作用工作组ISSAI－12的撰写工作，参与金融现代化与监管改革工作组的改组及其研究分项目，参与救灾援助问责及审计工作组的指南修订工作并最终完成该工作组的工作使命，参与观摩公债管理信息系统平行审计项目。在履行目标4“国际组织的典范”财务与管理委员会成员及战略规划特别工作组成员职责方面，参与关于世界审计组织财务前瞻工作组有关工作，为世界审计组织财务制度改革顺利实施做好充分准备；积极参加世界审计组织改革工作的研究并承办世界审计组织与捐助机构合作指导委员会第6次会议。

亚洲审计组织活动　4月、8月和11月，审计署以亚洲审计组织（以下简称亚审）第10次科研项目主席身份，分别在越南、泰国、俄罗斯主办3次工作会议。4月和11月，审计署以亚审组织环境审计委员会秘书处身份，先后组织进行第4、5次环境审计问卷调查。此外，审计署还在亚审组织框架内，对亚审组织2011—2015年战略规划执行情况进行中期评估；参加亚审组织2016—2021年战略规划起草工作组，对新规划提出意见；承办IDI第二轮全球倡议、SAI能力发展调查；派员参加亚审组织的韩国灾害管理审计实务研讨会、越南审计质量保证研讨会、泰国绩效审计培训班和马来西亚 IT 审计课程班等项目。

港澳台事务 国际司积极履行港澳台事务办公室职能，继续做好对港交流、对澳培训等既有项目，积极推动在一个中国原则下的对台审计交往。接待澳门审计长何永安一行来京拜会；组织澳门审计署 7 位审计人员参加审计署的 4 期培训班；协调澳门审计署 4 人参与筹办世审大会相关技术工作；配合审计署计算机技术中心继续做好 AO 澳门第二期开发工作；组织审计署专家赴澳门参加衡工量值式审计与机构运作研讨会并授课。全年办理 18 人的港澳通行证签注手续。在对台工作方面，副审计长董大胜赴台访问并出席“2013 两岸青年领袖研习营”闭幕式，中国审计学会会长翟熙贵率代表团赴台参加海峡两岸及港澳地区审计理论与实务研讨会，协调办理中国内部审计协会赴台参加亚洲内部审计大会暨第 13 届海峡两岸内部审计研讨会。

外事宣传与国外审计理论译介 中国审计进一步以亲切朴实、坦率真诚的形象开展对外宣传，不回避问题，立场更加鲜明，政策更加透明，形象更加开明，赢得国际审计同行理解、信任和尊重。国际司充分利用世审大会这一平台，提出并协助办公厅组织中央电视台“对话”栏目“审计长的表情”专题节目的拍摄，通过“中国审计 30 周年回顾”展区、世界审计组织 60 周年宣传片和纪念专刊、发放《中国政府审计概览》等多种形式积极宣传以审计促进国家治理理念，宣传十八大以来的审计工作发展，并在大会期间组织媒体联合采访和新闻发布会，新华社、中央电视台、人民日报、中国国际广播电台等多家中央媒体和奥地利电视台等境外媒体对审计长刘家义进行了系列采访和报道，社会反响热烈。审计长刘家义还在世界审计组织杂志刊发首席评论文章《凝聚共识、迎接挑战》，为世界审计组织勾画了有效率、有权威、有凝聚力的发展蓝图。

2013 年，国际司组织校对并结集出版 2012 年审计结果公告合订本、2012 年审计工作报告单行本，组织校对 2013 年度审计结果公告、绩效报告并上载网络，印制新版《中国政府审计概览》《中华人民共和国审计法实施条例》，参与编写《国外政府审计监督简介》《审计知识问与答》。在审计署全国政府性债务审计结果公告发布后，组织对境外媒体进行舆情监测，编辑《全国政府性债务审计结果公告境外媒体舆情监测情况》7 期。在做好国内宣传的同时，积极利用对外宣传途径扩大审计署的国际影响，向世界审计组织杂志、亚审杂志投稿 16 篇，亚审网站投稿 20 篇，与各国审计机关分享中国审计成果和经验。

外事管理 为深入贯彻落实中央八项规定精神，严格执行中共中央办公厅、国务院办公厅转发的《外交部、中央外办、中央组织部、财政部关于进一步规范省部级以下国家工作人员因公临时出国的意见》有关要求，国际司进一步强化审计外事工作统筹协调和归口管理，健全外事管理规章制度，提高对因公出国（境）管理工作重要性的认识，切实从讲政治的高度模范遵守和执行中央关于外事管理的各项规定和要求。一是按照中央文件要求，迅速行动，在结合外事工作实际的基础上，调整本年度外事计划，取消高级访问团组 4 个，取消考察团组 2 个，削减短期培训团组 4 个，全年减少审计署系统人员因公临时出国 58 人次。二是起草《关于进一步规范审计署工作人员因公临时出国的意见》，在严格根据工作需要安排因公临时出国、安排因公临时出国团组、务实节俭安排因公临时出国活动、实行因公临时出国信息公开与成果共享、严格审核与检查等 5 个方面加以规范。三是签证、护照办理工作继续保持高质量。全年办理护照 226 份、签证 493 份，在处理突发事件、特件、急件方面妥善应对，无一例拒签发生，为高级访问团组、联合国审计项目以及其他各团组出行提供坚实的保障。

（撰稿人：高天宇）

【境外审计司】 2013 年，境外审计司人员编制 12 人，在编 12 人。设有一处、二处、三处。

领导成员

司　　长：章　轲

副 司 长：胡学文　张新芳

审计成果 境外审计司在署党组的正确领导下，认真履行境外审计职责，扎实开展党的群众路线教育实践活动，继续加大境外机构审计力度，探索构建对外援助审计监督机制，深入开展联合国审计，积极参与大项目审计。全年组织实施 1

家国有金融机构境外机构审计、驻4个国家非经营性机构审计、2个国家援助资金和项目的审计调查，以及联合国维持和平行动、联合国儿童基金会、联合国日内瓦总部等34个机构和项目的审计；参与完成安徽省政府性债务审计、河北省财政存量资金审计等财政审计项目；参与起草《北京宣言》，组织《国外审计监督制度》和《中国特色社会主义审计制度》的编写。审计成果被《重要信息要目》采用2篇。向联合国提交审计报告5份，管理意见书20份。《北京宣言》作为世界审计组织第二十一届大会唯一成果文件得以顺利通过。

境外机构审计 参与经济责任审计，对1家国有金融机构的境外机构实施审计。审计重点关注境外机构在财务管理、重大筹资投资决策、发展战略制定与执行、风险管理等方面的问题，通过审计维护境外国有资产安全，促进提高境外国有资产运营绩效，为客观全面评价中央企业和国有金融机构领导人员经济责任提供依据。

组织实施我国驻坦桑尼亚、赞比亚、巴西和委内瑞拉4国使领馆等非经营性机构预算执行和财务收支审计。审计坚持“保障安全，揭示问题，规范管理，提高效益”的总体目标，通过对驻外非经营性机构预算执行和其他财政收支情况的审计，揭示和反映驻外非经营性机构预算和财务管理中存在的薄弱环节和突出问题，促进提高预算管理水平和资金使用效益。

对外援助审计 结合境外使领馆审计，对我国援助坦桑尼亚和赞比亚两国援助资金和项目实施审计调查。通过对对外援助资金和项目的审计调查，揭示和反映对外援助项目管理实施和对外援助资金使用中存在的突出问题，强化对外援助管理，提高对外援助质量和效益，推动构建对外援助审计监督长效机制。

联合国审计 继续深化联合国审计，促进联合国完善治理有新突破。一是通过不断强化预算意识、丑闻意识和绩效审计意识，揭示联合国机构存在的重大问题，推动和促进联合国积极整改，不断完善治理，强化问责。审计揭示联合国有关机构收取高额管理费、发放高额薪酬等重大敏感问题，引起联合国高层的震动，联合国大会针对审计报告提出的问题通过大会决议的形式要求秘书长责成该机构加强监管，维护联合国的良好声誉。二是作为联合国维和行动审计主审，继续深化各项审计工作，维和行动审计报告连续6年得到联合国大会的充分肯定和高度评价。7月24日，联合国授予审计长刘家义首个“联合国维持世界和平奖”，以表彰他及他带领下的审计团队，通过实施联合国维持和平行动审计，对维持世界和平做出的杰出贡献。三是加强国际交流与合作，分享国际审计业务经验。境外审计司积极履行世界审计组织“经验分享、人人共惠”的理念，通过联合审计、视频会议等多种形式与其他联合国审计委员开展业务交流与合作。10月，境外审计司两名副司长和其他3名业务骨干专程赴南京审计学院，与坦桑尼亚审计署研修班学员进行深度交流联合国审计经验，取得良好效果。

交办工作 根据审计署的统一部署，积极参与财政审计大项目和其他专项工作，参与起草《北京宣言》并推动该宣言在世界审计组织第二十一届大会上顺利通过，组织《国外审计监督制度》和《中国特色社会主义审计制度》的编写。

基础建设 按照署党组的统一部署，紧密联系境外审计工作实际，扎实推进党的群众路线教育实践活动，通过认真查摆、层层把关，查找“四风”问题，确定全面推进境外审计和联合国审计工作整改事项和具体措施，细化落实时间。同时，结合教育实践活动创新支部建设，组织党员干部和各临时党支部深入学习党的十八大和十八届二中、三中全会精神以及习近平同志系列讲话和中国特色社会主义理论，开展“自觉践行党的群众路线”主题党日、“让爱心在非洲大地传递”青年志愿者等活动，不断推动党支部建设出成效。

通过开展灵活生动的廉政教育，加强廉政文化建设，组织各境外审计组党员干部围绕“清廉”主题开展学习讨论，向身边“先进人、先进事”学习，开展文明审计专题教育、观看廉政警示录像等活动。结合境外审计工作实际，不断推进廉政风险防控体系建设，制定《境外司职权目录、权力运行流程图及廉政风险防控措施》《纽约办贯彻中央八项规定的实施细则》，《境外审计安全管理办法》等，进一步健全廉政制度，落实廉政配套措施。积极开展审计项目廉政检查，严格遵守中央八项规定。

通过加强审计全过程管理提升审计质量，成立审计现场质量跟踪小组，对审计底稿实行多层级复核，引入对审计报告和管理意见书答辩质询机制，严把审前培训、审前准备、现场管理和审后总结等环节，出台《联合国审计质量控制措施》，编写《2012 年度联合国审计中文业务报告汇编》。探索利用信息化技术，提升全球多点现场工作效率，通过搭建联合国审计云平台，实现云时代的联合国审计管理控制。（撰稿人：陈 哲）

【人事教育司】 2013 年，人事教育司编制 29 人，在编 25 人。设有办公室、机关干部处、地方干部处、工资调配处、教育职称处和综合处（巡视监督办公室）。

领导成员

司　　长：胡利民

副 司 长：俞国庆

驻中国审计报社纪检组长　黄　峥

驻中国时代经济出版社纪检组长　陈遥征

工作综述 人事教育司按照全国组织部长会议精神、国务院全国审计工作电视电话会议和全国审计工作会议的总体部署，牢固树立科学审计理念，以能力建设和作风建设为主线，加强领导班子和干部队伍建设，深化干部人事制度改革，全面落实人才发展规划，提高干部队伍综合素质，为充分发挥审计促进完善国家治理、保障国家经济社会健康运行的“免疫系统”功能提供坚强的人才支持和组织保证。

干部队伍建设 全面总结干部选拔任用工作，推进人事工作规范化、科学化。坚持公开透明，优化干部选拔监督机制。坚持全过程公开，保障广大干部的知情权和监督权；全方位考察干部，切实体现考实考准；完善考试考评工作，强化综合素质竞争；加大对特派办和直属单位干部选拔工作的监督检查力度。组织完成司处级领导职位竞争上岗工作，选拔司局级领导干部 24 人，其中署机关司长、派出局局长、特派员 7 人，直属单位正职 1 人，署机关副司长、派出局副局长、副特派员 10 人，署党组派驻纪检组长 4 人，直属单位副职 2 人；选拔署机关、派出局处级领导干部 30 人，其中正处长 10 人，副处长 20 人；选拔特派办处级干部 169 人，其中正处长 28 人，副处长 75 人，正处级员 24 人，副处级员 42 人。

以能力建设和作风建设为主线，全面提高审计干部素质。全面加强司局级领导班子能力素质建设。会同相关部门在全署范围内组织开展“查找不足、整改提高”专项活动。根据年度考核结果，对署机关各单位、各派出机构领导班子组成、结构、特点以及整体功能发挥等情况建立科学的分析指标体系，定期分析各单位领导班子的主要特点、存在的问题和领导班子成员的优缺点。加大青年干部选拔培养力度。在发挥各年龄段干部作用的基础上，注意选拔和培养年轻干部充实司局级领导班子。组织召开审计署青年干部培养工作座谈会，草拟《中共审计署党组关于进一步加强青年干部培养工作的意见》。署党组《着力抓好青年干部培养工作》一文在中组部《党建研究》（2013 年第 5 期）发表。

严把入口关，优化队伍结构。组织完成录用公务员工作，全年共录用公务员 107 人，其中署机关 10 人，特派办 97 人。组织完成公务员选调工作，从地方审计机关和特派办选调干部 20 人。接收安置军转干部 5 人。在招录工作中，强化考察环节，更加关注干部的德行修养和工作实绩。

选派干部到基层艰苦地区、复杂环境、关键岗位培养锻炼，丰富基层工作经验。加强对新录用公务员的培养，安排署机关派出局新录用公务员去特派办参加审计实践，鼓励各特派办安排新录用公务员到相关被审计单位特别是生产一线进行实习。共安排交流干部 200 人，其中与新疆、西藏审计机关双向交流干部 39 人（接收 26 人，派出 13 人）；到地方政府等基层单位挂职 11 人，到特派办参加审计实践 18 人，抽调 126 人到署机关、派出局交流工作，另外，安排援藏干部和接收地方挂职干部 11 人。继续接收中西部审计机关干部、南京审计学院教师 37 人到特派办进行审计实践锻炼。

指导地方工作 积极参与对地方审计机关领导干部的考核和考察工作，基本建成地方审计机关领导班子成员信息库，主要包括 32 个省级审计机关领导班子成员简介、任免审批表、通讯录。注重与地方党委组织部的联系，建立地方党委组织部通讯录。

干部教育培训 全面推进人才工程，加快审计干部队伍专业化建设。开展审计专业领军人才和审计业务骨干人才评选，评选出50名审计专业领军人才和140名审计业务骨干人才。完成博士服务团相关工作。开展审计署第十三届中国青年科技奖候选人推荐评选工作。推荐5名业务骨干担任国家公务员培训师资等。加强全国审计专业学位研究生教育指导委员会建设，召开教育指导委员会全体大会和工作研讨会，开展建设和研究项目，提高各招生院校审计硕士教育水平。

以能力建设为核心，增强培训的统筹性、针对性和实效性。完成中组部调训、中央国家机关自主选学和中国干部网络学院的学员选派及学习管理工作，对2013年培训工作进行总结。提高国（境）外培训质量，组织完成香港理工大学、新加坡国立大学、中日人才培养等奖学金项目，以及外专局赴美培训、赴澳大利亚业务骨干中长期培训和美国审计署国际审计人才奖学金项目，共派出33人赴国（境）外参加培训，培训成果报告得到署领导肯定。

组织2013年度全国审计专业技术资格考试（评）工作。开展初、中、高级资格考试的考务安排、考试值班、命题、审题、试卷印制、阅卷等。第二季度组织2013年度高级审计师资格评审。健全审计专业技术资格人员后续教育制度，探索开展正高级审计师资格评审工作。

干部监督　认真落实《关于审计署进一步从严管理干部的实施意见》。进一步完善对各特派办、各直属单位巡视的相关办法；试行干部工作信息公开制度；完善有关事项报告制度，自觉接受组织的监督；组织署机关单位、派出局、特派办处级及以上职务的领导干部报告个人有关事项，共收到报告1448份。

规范审计署干部离职、兼职行为，制定《审计署干部离职兼职（任职）管理办法》。

进一步发挥署党组派驻纪检组长作用，加强对派驻单位领导班子重大决策的监督，对重大事项及时提醒并向署党组报告。

规范干部因公、因私出国政审和管理，出台相关制度，对出境证照进行登记收缴。

事业单位改革　按照中央推进事业单位分类改革的要求，结合审计署各事业单位的职责任务、服务对象、资源配置等实际情况，向署党组提出所属事业单位的分类意见，基本完成事业单位人员编制和内设机构等调整工作。

相关工作　（1）加强人力资源信息管理系统建设。完成中组部、人社部、国家公务员局“全国公务员信息管理系统”的安装及数据转换、加载、报审工作。在试运行的基础上，逐步完善相关管理制度，在司内各处室就系统维护工作进行任务分工并组织落实。

注重分析研究，为领导决策提供参考。先后提交《关于特派办2003年以来人员流失情况的分析》《特派办办公室、人教处主要负责人情况分析》等专题报告。

（2）做好党的群众路线教育实践活动相关工作。做好综合组工作，负责具体工作的组织协调，包括联系中央教育实践活动领导小组办公室、中央督导组，统筹安排教育实践活动总体进度，抓好各环节组织工作等。做好督导组工作，参与署党组向署内各单位派出的8个督导组，对各单位开展教育实践活动情况进行督促指导，包括时间、人员、内容落实情况，教育实践活动各环节具体工作等。

（3）会同相关部门，联合制作《中国审计人》《播撒精神的种子》两部党建纪实电视片，在2013年全国党员教育电视片观摩交流活动中被评为二等奖。

（4）做好表彰奖励工作。积极参加全国评比达标表彰领导小组成员单位会议，审议相关表彰项目。积极向有关部门组织的表彰项目推荐表彰人选。11月份向国家发改委推荐玉树地震灾后恢复重建先进集体1个，先进个人1人。及时开展审计署表彰项目的清理规范工作。开展全国政府性债务审计表彰工作。（撰稿人：周洪杰）

【机关党委】　2013年，机关党委人员编制11人，在编10人。设有办公室、组织部、宣传部、机关纪委办公室、工会，同时管理署机关图书馆。

领导成员

党委书记：余效明（兼）

党委常务副书记：鲍朔望

党委副书记兼纪委书记：凌玉祥（—5月）

王　刚（5月—）

工作综述 机关党委在署党组和中央国家机关工委的领导下，紧紧围绕"服务中心、建设队伍"的主要任务，结合审计机关实际，着力在贯彻落实中央和署党组的决策指示上下功夫，着力在加强党支部建设上下功夫，在加强作风建设和廉政建设上下功夫，充分发挥国家利益捍卫者、经济发展"安全员"、公共资金守护者、权力运行"紧箍咒"、反腐败利剑和深化改革"催化剂"的作用，为推动审计事业科学发展提供坚实思想和组织保障。

组织学习贯彻十八大精神 为使全体党员干部职工深刻领会党的十八大精神，根据中央和署党组要求，集中一周时间组织署机关和派出机构3000多名党员干部深入学习贯彻十八大精神，并通过异地视频方式做大会交流。组织开展"深入学习贯彻党的十八大精神，进一步明辨理论是非"专题讨论，组织全体党员干部对照党章和十八大精神有关要求，对意识形态领域的错误思潮和主张进行批驳，帮助党员干部坚定政治立场，明辨大是大非，自觉维护中央权威。在署党组直接领导下，全力参与组织领导审计署党的群众路线教育实践活动。

加强审计文化建设，弘扬审计精神 积极开展审计文化建设，在审计精神调研组搜集撰写资料基础上，组织印制《责任与忠诚》一书作为党的群众路线教育实践活动学习材料，号召广大党员干部向先进典型学习。向中央国家机关工委报送审计署审计干部典型材料，共推选出法规司集中审理团队等5个集体（个人）参加中央国家机关践行社会主义核心价值体系典型人物典型事迹展示活动，并在人民网和中央国家机关理论武装在线上进行宣传展示。

学习型党组织建设 做好党组中心组学习服务，就如何实现新一届政府对审计工作的各项要求，切实履行审计监督职责，以及如何在审计署深入开展党的群众路线教育实践活动等提出思路和设想。组织深入开展中国特色社会主义理论学习活动，要求各支部和党员干部深入学习党的十八大报告和中央领导一系列重要讲话。开展读书活动，相继发放《科学发展观学习纲要》等一批涉及政治理论和宏观经济的书籍，通过自学、集中学习、交流心得体会等方式，不断提高党员干部政治理论素养和从事审计工作的能力。

围绕审计一线抓组织建设 督促指导审计一线临时党支部有效开展工作，机关党委领导为临时党支部授党旗，各临时党支部紧紧围绕审计中心工作开展党建活动。深入总结党支部抓审计一线工作的支部工作法和典型工作，社会保障审计司开展的"城镇保障性安居工程跟踪审计工作"审计项目和行政事业审计司开展的"财政扶贫资金管理使用情况审计"审计项目，被中央国家机关工委评为"67项中央国家机关党支部践行群众路线服务民生工作典型"。认真做好党员发展工作，全年共发展预备党员9名，14名预备党员按期转正。修改整理编发《关于对入党积极分子的培养考察及发展新党员工作的程序和要求》《党支部对预备党员考察等工作的程序及要求》，对入党积极分子发展每一个环节的工作进行细化和明示。印制使用审计署中国共产党党员党费证，进一步规范党员交纳党费工作。做好理论武装工作，参与中央国家机关党建课题研究工作，撰写的论文分别获得2013年中央国家机关党建研究论文一等奖和全国机关党建课题研究成果优秀奖。

机关精神文明创建 印发《审计署机关工作人员文明守则》，对干部职工在日常工作、生活和社会活动中的行为举止做出规范，并通过中国审计报、专题展板等多种形式进行广泛宣传。积极开展"五个一"文明创建活动，通过一座讲堂、一批典型、一支团队、一张餐桌、一方窗口和一套制度，将道德观念和文明意识逐步植根于每一位审计人员心中。继续开展"城乡统筹、文明共建"活动，继续与北京市门头沟区法城村开展共建活动，并为该村提供必要的设备。

落实党风廉政建设责任制 组织党员干部认真学习习近平在中央纪委二次全会上的重要讲话和王岐山的工作报告，认真学习国务院第一次廉政工作会议精神，及时将传达、学习、贯彻情况上报纪工委。开展廉政文化创建活动，组织征集全国审计系统"审计干部子女廉政寄语"。推进廉政风险防控工作，加强内部管理，配合机关服务局对新办公楼建设的关键环节和工作程序的合规性、合法性，特别是所有招投标项目的考察和评标进行全程跟踪监督，对署交流干部宿舍装修等招投标工作进行纪检监督。积极开展廉政约谈工作，共约谈13名基层党组织纪检委员。

发挥工青妇等群众组织作用 机关团委完成换届选举工作，选举产生第七届机关团委，新一届机关团委在青年中开展调研工作，建立审计署共青团和青年组织交流平台，积极参与团工委各项主题活动；组建青年志愿者服务队，开展清扫小广告、资助西柏坡贫困学生等丰富多彩的青年志愿者活动。

进一步做好工会工作，大力开展形式多样的特色文体活动，定期播放电影、组织各类小型体育项目比赛；进一步对派出局、协会和兴趣小组开展活动情况做出规范。

认真贯彻落实全国妇女十一次代表大会精神，进一步做好妇女工作。成功推选审计署妇工委主任作为代表出席全国妇女十一次代表大会；召开全署妇女大会传达贯彻会议精神，并以“巾帼建新功，共筑中国梦”为主题，对署妇工委下一步的工作做出安排；积极开展推荐先进典型工作，行政事业司二处获全国妇联巾帼文明岗称号；组织参加中央国家机关妇工委“书香‘三八’”征文活动，分别获得二等奖、三等奖各1名。

深化扶贫工作 认真贯彻落实审计署《关于进一步推进定点扶贫工作的意见》，继续抓好河北省顺平县的扶贫工作。以设立实施“审计长奖（助）学金”为牵引，抓教育扶贫，在顺平县中小学生中首次设立并实施“审计长奖（助）学金”，每年拿出30万元对全县品学兼优、贫困、孤残学生进行奖励和资助；同时选择7所设施简陋的特殊教育学校，投入定点扶贫专项资金和捐款90万元，全面更新课桌椅和办公桌椅等教学设施。以筹集投入资金为推手，抓农村扶贫，协调筹集各类资金100多万元，实施山地散养鸡、徒河黑猪、农家乐垂钓园、旅游采摘园等几个产业扶贫项目，在推进整村脱贫方面发挥示范带动作用。以加强审计机关建设为切入点，抓审计扶贫，帮助顺平县审计局维修设施、购买电脑、建设网站和视频会议室，提高信息化水平；组织审计人员定期学习，联系免费参加审计署举办的培训班和审计署的审计项目，提升审计人员能力；通过提升审计机关履职能力，充分调动各项资金的有效运用，有力促进扶贫工作。（撰稿人：常　涓）

【驻审计署纪检组、监察局】 2013年，驻审计署纪检组、监察局（以下简称组局）人员编制10人，在编9人。设综合室、纪检监察室。

领导成员

驻署纪检组组长：陈　蕾

驻署纪检组副组长、监察局局长：朱存芳

工作综述 组局按照中央纪委、监察部（以下简称委部）的统一部署和要求，切实履行派驻机构工作职责，紧紧围绕中央重大决策部署和驻在部门中心工作，积极协助审计署党组推进党风廉政建设，为更好地发挥审计在促进完善国家治理中的作用提供有力保障。

履行监督职责 切实加强对领导干部的监督。在组局的参与和配合下，报告个人有关事项、巡视、述职述廉等党内监督制度得到落实。组局为审计署247名司局级干部全部建立廉政档案，组织开展会员卡清退、礼品礼金上交、国（境）外居留资格登记专项活动，并将有关情况向全署进行通报。

切实加强对中央八项规定精神贯彻落实情况的监督。组局协助审计署出台了《国内公务接待管理暂行办法》等制度规定，使落实中央八项规定精神有章可循。抓住关键节点，在端午、中秋、国庆等传统节假日前及时下发通知，明确禁止请客送礼等相关要求。密切关注涉及审计干部违反中央八项规定精神的信访举报和网络舆情，结合党风廉政建设工作检查和巡视，对各单位落实中央八项规定精神和有关规定情况进行日常检查和重点抽查。

切实加强对重要事项和大额资金使用情况的监督。组局领导通过参加或列席审计署党组会、审计长会议、审计业务会议，就有关重要干部任免、重大资金安排使用、重大基建项目等事项，认真负责地提出意见和建议。多次派人对领导干部竞争上岗、公务员录用以及机关基本建设、政府采购招投标等事项等进行监督，促进资金安全、干部廉洁。

切实加强对审计组的廉政监督。组织18个特派办对2013年度重点审计项目开展廉政检查，先后对87个重点审计项目实施检查，走访被审计单位和相关单位，召开不同层次的座谈会，与审计人员进行个别谈话820人次，检查后提出各类整改意见42条（项），督促特派办或审计组建立和完善廉政制度61项。

切实加强对党风廉政建设责任制落实情况的监督检查。结合党的群众路线教育实践活动督导，组成8个检查组，对全署70个司局级单位党风廉政建设工作情况和惩防体系建设及反腐倡廉分工任务落实情况开展全面检查。对检查中发现的问题坚持不回避、不迁就，严肃指出，督促整改。针对此次专项检查了解到的情况，组局向署党组提交专题报告。

组织协调　十八届中央纪委第二次全会和国务院第一次廉政工作会议召开后，组局积极协助审计署党组切实贯彻中央关于加强反腐倡廉建设的重要部署。1月24日，刘家义主持召开党组扩大会议，专题传达习近平的重要讲话和王岐山的工作报告。刘家义就贯彻落实全会精神提出明确要求。3月27日，审计署召开全国审计机关党风廉政建设工作视频会议，传达国务院第一次廉政工作会议精神，刘家义做重要讲话，陈蕾受署党组委托做工作报告，对审计机关2013年党风廉政建设做出全面部署。根据中央纪委有关文件精神和全国审计机关党风廉政建设工作视频会议做出的部署，组局制定并下发《审计署2013年党风廉政建设工作要点》和《审计署机关2013年反腐倡廉工作任务的分工意见》，对52项工作任务进行分解，逐一明确主、协办单位和完成时限，并加强督促检查，推动任务落实。组局积极协助审计署党组深入贯彻《关于加强领导干部反腐倡廉教育的意见》，将廉洁从政作为党的群众路线教育实践活动、干部任职培训、党组中心组学习的重要内容。扎实开展岗位廉政教育，组织编写《党风廉政建设法规制度汇编》，将其作为全署教育实践活动和领导干部日常学习的重要内容。深入开展警示教育，充分发挥典型违法违纪案件的警示作用，开展“半月一片”活动，利用专网组织收看警示教育片。积极营造廉政文化氛围，继续在中国审计报和中国审计杂志上开设“反腐倡廉专栏”，在审计专网开设“廉政专栏”和网络远程培训。在对惩防体系建设工作进行全面梳理的基础上，组局组织拍摄《构建惩防体系　打造审计铁军——审计署惩治和预防腐败体系建设5年成果回顾》专题片，并在全系统播放，受到审计署领导的充分肯定和广大审计干部的广泛好评。

健全制度机制　一是深化廉政风险防控工作机制。对审计署所属司局级单位“职权目录”“权力运行流程图”和“廉政风险点及防控措施一览表”逐一进行审核汇总，并归集整理成电子书在内部公开。组织17家单位开展“审计机关廉政风险防控管理”课题研究，形成初步研究成果。有序推进科技防控工作，继续开展试点，部分成果已投入运用。

二是着力健全党风廉政建设有关制度。组织制定和修订审计署派出局及特派办党风廉政建设考核办法，细化量化评分标准，明确发生严重违法违纪案件予以“一票否决”的操作细则及追溯时效，促进落实党风廉政建设责任制。协助相关部门修订《审计署工作规则》，进一步规范议事决策程序。派员参与《审计现场管理办法》等重要审计法规制度的起草工作。配合相关部门完成对审计署规范性文件的专项清理，并归集整理成电子书供干部学习。

三是开展专题调研，推动制度完善。组局领导先后带队赴3个特派办、5个省级审计机关和部分市县审计机关进行实地调研，撰写《关于反腐倡廉制度建设等情况的调研报告》《关于审计机关廉政建设相关情况的调研报告》等4篇调研报告，相关调研成果在落实政策、研究对策、服务决策方面发挥重要作用，提出的建议很快得到落实，并明确了建立健全有关制度的“时间表”和“路线图”。

信访举报与案件查办　组局积极拓宽信访举报渠道，将信访监督与审计项目廉政检查、干部考察、署管干部经济责任审计等工作有机结合，及时发现问题。对收到的反映审计机关和审计人员问题的信访举报，坚持以事实为依据，以法纪为准绳，对重要信访举报件组局领导亲自研究处理、指导督办。定期对信访举报信息进行分析，撰写分析报告。

全年组局共收到各类信访举报149件，其中涉及审计机关和审计人员的信访举报46件，全部办结。对个别违纪问题严肃查处，对1名审计署直属单位原主要负责人违反财经纪律问题予以政纪立案，向审计署提出监察建议，对其做出行政处分。对存在问题但情节轻微的，建议分管署领导进行严肃批评教育和诫勉谈话并责令整改。对反映不实的问题及时澄清。对全国审计机关2008年以来查处的100件违纪违法案件进行全面收集和深入分析，分析报告发至审计系统厅局级干部，取得良好的警示效果。（撰稿人：车金洋）

【离退休干部办公室】 2013年，离退休干部办公室人员编制15人，在编16人。设有综合处、服务一处、服务二处。

领导成员

主　　任：郑　济

副 主 任：陈　音（5月—）

工作综述 审计署离退休干部工作以中国特色社会主义理论为指导，认真落实全国老干部局长会议精神，在署党组的正确领导下，在离退休干部党支部和广大老同志的积极支持下，围绕中心，服务大局，完成年度各项工作计划，离退休干部党建和思想政治建设得到加强，政治待遇和生活待遇得到较好落实，服务管理工作进一步深化。

深入学习党的十八大精神 党总支和各党支部遵照上级党委的部署，在前期学习党的十八大会议文件的基础上，认真组织开展学习习近平十八大以来的一系列重要讲话、新修改的党章、两个历史问题的决议、全国宣传思想工作会议精神、《理论热点面对面》，观看《苏联亡党亡国20年祭——俄罗斯人的诉说》，开展“同心共筑中国梦”活动。离退休干部办公室采取阅读、听报告、讨论、答题、座谈、撰写心得体会、举办展览等多种适合老同志特点的形式增强学习效果。

抓好党建基础工作 年初离退休干部办公室进行了党总支、党支部换届选举，一批党性强、威信高、热心服务的老同志挑起担子。党支部通过宣传表扬身边人、身边事，积极引导大家在政治思想、道德品质、教育后代和文化学习活动上创先争优，做政治坚定、学习进步、健康长寿、团结互助、和谐稳定的榜样。党组织重点关怀帮扶体弱多病、空巢独居和其他生活困难的离退休干部。党员干部之间团结互助，一人有困难大家来关心，做了大量心理抚慰和思想疏导工作，解决实际困难，促进和谐稳定。

落实政治待遇 （1）在保证离退休干部过好党组织生活的同时，离退休干部办公室坚持一年4次例会制度，按规定向离退休干部传达中央重要文件和布置有关工作。向离退休干部党支部或个人分发署机关党委、中组部老干部局下发的有关文件、学习材料和音像资料，提供日常阅读文件服务。

（2）继续做好活动中心和各支部活动站维护监管工作，定期对活动中心和活动站进行安全检查，还在国管局的支持下为7个活动站更换了计算机，保证老同志们能够正常开展学习活动。

（3）署领导高度重视离退休干部的知情权、表达权，坚持落实情况通报制度和征求意见制度，年初和6月两次向离退休干部通报审计工作情况，10月专题通报审计署开展党的群众路线教育实践活动的情况和署党组民主生活会情况。在6月份党的群众路线教育实践活动中，署领导两次听取离退休干部对审计工作和离退休干部工作的意见建议，及时回应并积极采纳。

（4）在元旦春节期间，组织开展走访慰问离退休干部活动。春季组织参观北京亦庄高新科技开发区，秋季参观园博园。

（5）结合建署30周年纪念活动，组织离退休干部参加访谈、撰写回忆文章、召开座谈会，传承艰苦创业的优良传统。

落实生活待遇 （1）继续协调做好离退休费发放和改革性补贴、防暑降温费等生活待遇的落实，安排好离退休干部的会议和学习就餐，及时为大家报销规定的费用。

（2）针对离休干部普遍高龄的实际情况，细化服务，组织好离休干部健康休养。

（3）为29名70岁以上的老同志组织集体祝寿，署领导亲临祝贺。

（4）继续委托物业公司关注孤寡老人，帮助他们排忧解难。为符合条件的6名老同志配发999急救电话。

（5）协助署医疗保健处组织年度离退休干部健康体检，并对老同志的健康状况进行分析统计，为日常关怀帮扶老同志和科学合理地组织开展老同志的各项活动提供参考依据。全年为离休干部巡诊124人次，对69名住院治疗的离退休干部探视慰问100多人次，帮助协调解决治疗中的一些实际困难，对其中36人及时按规定申请补助。

（6）根据署帮扶困难职工的福利政策，共为22人申请困难救济或高龄补助，为13位失去直系亲属的同志申请慰问金，利用国管局“夕阳红”救助基金，为5位失能或半失能的有特殊困难的老同志申请共计6万元的困难扶助。

（7）全年有8位老同志相继去世，离退休干部办公室协助家属妥善办理善后事宜。

丰富精神文化生活 （1）2013年“审计署老年大学”挂牌，争取到国管局更多的经费支持，活动场所进一步发挥作用。离退休干部办公室做好选配老师、制订教学计划工作，加强学员自我管理，办学进一步规范。根据老同志的兴趣爱好，继续办好书画、摄影、计算机、声乐、手工班，并增设舞蹈班和器乐班，满足更多老同志的需求，全年共有约3100多人次参加老年大学的学习。老干部学员们在文体娱乐活动方面发挥骨干作用，在二季度例会上汇报演出《祖国我永远赞美你》《共青团员之歌》，并展出摄影、手工作品。金银康等学员还在社区居民精神文明建设中发挥重要作用。

（2）离退休干部办公室组织离退休干部积极参加中央国家机关老干部书画、摄影展，共选送18位老同志的46幅摄影作品和2幅书画作品参选，其中8位老同志的摄影作品，2位老同志的书画作品入围，邢俊芳、施维刚的摄影作品获得金色佳作奖，陈钟的摄影作品获得入围奖，其他5位老同志的摄影作品获得银龄鼓励奖。在中央国家机关“回忆久久”杯老干部书画摄影展活动中，施维刚、胡文博、邢俊芳、钟广权的作品还进行了现场展出，获得参观者的好评。

（3）重阳节是我国第一个法定的老年节，离退休干部办公室布置《迎重阳同心共筑中国梦文艺演出》活动，各党支部100多名老同志的热情参与、精心准备，演出的节目形式多样，精彩生动，展现老同志达观向上、多才多艺的精神风貌。

建章立制，深化和规范服务管理工作 年初离退休干部办公室修订完善《党支部联系人工作制度》，对党支部联系人履行职责行为进一步规范，提出更加明确的要求，并引入党支部监督机制。遵照署党组的指示，在总结以往长期工作经验的基础上，结合改革开放的新形势和老干部队伍的新变化，先后研究制定《审计署机关离退休干部工作细则》和《审计署关于加强驻地方特派员办事处离退休干部工作暂行办法》两个制度，经署审定正式印发。

（撰稿人：姜千辉）

【机关服务局】 2013年，机关服务局人员编制82人，在编49人。设有办公室、保卫处、机关事务管理处、财务处、医疗保健处、服务一部、服务二部、文印室、华审宾馆。

领导成员

局　　长：张　力

副 局 长：姜跃山　许新琦

工作综述 机关服务局在署党组和分管副审计长的正确领导下，扎实开展党的群众路线教育实践活动，深入贯彻落实中央八项规定，加强干部队伍建设，切实转变作风，忠实履行“服务、保障、管理、监督”职责，各项工作取得良好成绩。

工作完成情况 （1）采取措施倡俭治奢，厉行节约。中央八项规定颁布后，机关服务局立即修订国内公务接待管理办法和财务管理暂行办法，压减公务接待和会议支出，细化经费使用报销程序和审批权限，严禁吃请，2013年会议、公务接待等费用比上年大幅减少。按照中央和审计署党组要求，组织开展停止新建楼堂馆所和清理办公用房自查整改工作，制定印发《审计署办公厅关于进一步做好清理办公用房工作的通知》和《审计署办公厅关于进一步落实清理办公用房工作的通知》，清理工作完成后将清理整改情况上报国管局。扎实开展公务用车和军车警车牌照专项清理。对新办公楼家具、物业用具等实物配备充分利用旧物，科学精简预算。组织对局内预算执行和财务收支以及署机关实物资产管理进行自查，并聘请外部审计人员进行全面审计，切实规范管理。注重从细节入手，努力节能降耗，对19个重点部位加装分项计量电表，严控空调使用，加装水表加强用水监控，发起“光盘”行动，每日统计用水耗电情况并每季度进行分析公布，发动全体职工共同参与节能行动。全年办公用品、耗材和日用品费用较上年降低10%，餐厨垃圾量较上年减少约30%；审计署荣获中央国家机关节水型单位称号，节约能源资源工作在中央国家机关中排名前10位。

（2）切实做好安全防范工作。举办1期综治工作培训班，全署各单位80余人参加培训，提高应对群体性事件、火灾等突发事件的处置能力。组织全署安全生产大检查，对办公区等重要场所和档案室等重点部位进行拉网式排查，不留死角，杜绝安全隐患。转发中央综治办关于机关单位消防安全排查整治标准的通知，要求各单位对照标准抓好火灾隐患自查自纠，组织对署机关办公楼烟感探头进行清洗更换，确保消防设施安全有效。转发国办关于切实做好汛期灾害防范应对工作的紧急通知，及时充实防汛物资装备储备，安排人员汛期24小时值班，确保全署安全度汛。在全署开展道路交通安全大检查，印制《审计署在用车辆管理台账》发送各单位填写，加强对车辆的实时动态管理，定期通报交通违法情况，预防重特大交通事故。每月组织1次机关办公楼卫生大检查，颁发流动红旗，激发干部职工自己动手搞卫生，营造文明和谐干净的办公环境。对署机关各单位临时用工人员进行身份核实，清退有问题人员；与信访部门相互配合，进一步加强信访接访工作。变被动为主动，耐心说服来访人员，引导他们通过合理渠道反映诉求。认真组织学习《审计署保密工作手册》，为机关每个会议室配备存放手机柜，加强计算机网络保密检查，通过署保密办组织的历次检查和重点抽查，没有发生失泄密事件。

（3）加强资产和政府采购管理。完成知春东里10号楼和北京站宿舍节能改造试点立项工作，正在抓紧进行初步设计；完成署机关交流干部宿舍装修改造任务，改善居住条件。加强对特派办资产处置的审批管理，完成京津冀特派办资产置换报批工作；按程序办理京津冀等9个特派办车辆报废、更新采购，消除安全隐患，部分缓解用车紧张情况。加强署实物资产管理，完善实物资产的出入库制度，规范固定资产的管理。严格落实政府采购法规定，应采尽采，优先采购节约型设备或产品，降低支出；加强日常维护、维修和保养，延长设备、设施的使用年限。

（4）完成特派办后勤服务社会化改革。根据署党组统一部署，机关服务局全面启动并组织实施18个特派办转变后勤服务部门外聘员工管理方式的改革。截至12月底，除个别办手续正在办理中外，各办均已完成改革的主要工作，通过政府采购方式采购社会专业公司或劳务派遣公司提供物业管理、公务用车和餐饮等服务或劳务，将后勤服务由自我管理改为向社会单位购买服务方式。

（5）做好物业管理服务监管工作。监督物业公司认真做好物业管理服务工作，全年开展103次物业管理情况监管检查。组织完成配电室高压设备耐压绝缘实验、办公楼平房暖气维修改造、双榆树办公楼外墙脱落、部分办公室地砖空鼓维修和西八里庄宿舍供水系统更换改造工作。积极为机关职工家庭小项维修提供特约上门服务。

（6）提高服务保障工作质量和水平。做好会议室调配，加强会务人员管理，全年保障会议室服务4209次，未出现差错。机关食堂严格执行食品卫生法，在保证署机关、双榆树办公区职工每天三餐以及公务员选调等大型活动就餐的同时，克服困难为职工提供主食外卖及蔬菜代购代售服务，并改进代购方式，重大节日为施工一线工人送餐。做好署机关一般性医疗保健门诊服务，积极开展职工健康教育，有效地做好各种疾病防治工作。更新文印设备，实现联网，保质保量完成机关文件资料的录入、扫描和印制工作，保障署公文运转。努力做好机关公务用车保障服务工作，圆满完成世审组织大会等重大活动、会议和涉密审计工作的用车保障。

内部建设　（1）开展教育实践活动，转变工作作风。7月份以来，根据署党组统一部署，在署第七督导组的帮助指导下，机关服务局局按照“照镜子、正衣冠、洗洗澡、治治病”的总要求，扎实开展党的群众路线教育实践活动。局班子共查摆问题12个，局班子成员共查摆问题31个。针对查找的问题，局班子及成员共制定59条整改措施，并进行积极整改，努力构建教育实践活动的长效机制。

（2）加强干部教育培训，提高队伍综合素质。努力加强干部职工的能力建设，通过选派处级干部参加党校学习和选送员工参加各种专业技术培训来提高服务技能，2013年选派2名处级干部参加党校学习，选派10余人参加国管局等部门组织的资产管理、政府采购等培训；通过压担子、关键岗位轮岗等措施，着力提高青年干部综合素质，培养干事创业的过硬作风；充分发挥身边先进典型的示范引领作用，引导大家经常用党员标准衡量对照，凝心聚力，弘扬正气，增强服务第一的理念；加强廉政风险教育，筑牢拒腐防变思想防线，坚持每季度处以上干部岗位廉政风险自查述职制度，加大对重点处室、重点项目、重点环节的监督管理，严格落实党风廉政建设责任制确保队伍廉洁从政。 （撰稿人：余永平）

审计署派出审计局

【外交外事审计局】 2013 年，外交外事审计局人员编制 12 人，在编 10 人。设有一处、二处。主要负责对外交部、中央对外联络部、中央对外宣传办公室、中国人民对外友好协会以及上述部门在京下属单位的审计监督。

领导成员

局　　长：胡家俊（—4 月）

马晓方（4 月—）

副 局 长：郝云松

审计成果 外交外事审计局（以下简称外交局）完成审计项目 6 个，查出主要问题金额 107491.29 万元，其中违规金额 7109.97 万元、管理不规范金额 100381.32 万元；审计处理处罚 3969.76 万元，其中应上缴财政 892.4 万元、应归还原渠道资金 2996.74 万元、应调账处理 80.62 万元；审计发现非金额计量问题 26 个；审计促进整改落实有关问题资金 7453.90 万元，其中增收节支 3889.14 万元、已调账处理金额 80.62 万元；审计促进拨付资金到位 877.10 万元；审计后挽回（避免）损失 66 万元；移送司法机关、纪检监察机关和有关部门处理事项 7 件；出具审计报告和专项审计调查报告 15 篇，被批示、采用 7 篇；提出审计建议 25 条，提交审计信息 14 篇，被批示、采用 10 篇；向社会公告审计结果 2 篇。在全国政府性债务审计中，外交局政府性债务审计组获得审计署公务员集体嘉奖。

预算执行审计 重点关注影响资金使用绩效和部门事业发展的问题、业务运行薄弱环节和潜在风险等，大力拓展审计工作新思路。在审计中注意围绕部门核心业务和中心工作，将审查部门预算管理、财务管理、资产管理和部门履行职责、业务完成情况相结合，选择重点部门、重点资金、重大项目、重要经济事项作为审计的切入点。发现问题线索后，沿着经济事项业务流程和资金流向，灵活运用多种审计方法，内查外调，一查到底。审计发现的 31 个问题被审计结果报告汇总反映，16 个问题被报国务院专题报告汇总反映，其中 1 个问题作为单独案例被报国务院专题报告采用，并得到总理批示；7 个问题被转送中央部门或地方政府领导处理；2 个问题被移送被审计单位处理。通过严格查处重大违法违规问题，推动部门整改，实现规范提高。外交局针对部门预算执行中存在的普遍性、长期性问题和屡查屡犯问题，对其背后的体制、机制、制度层面原因进行分析研究，提出有针对性的审计建议。

审计整改 外交局始终把督促落实审计整改贯穿审计工作始终，通过日常宣传、定期跟踪等方式，推动被审计单位进一步完善制度、规范管理，提高依法行政、依法管理水平。1 个被审计单位根据审计建议，制定完善了关于内部审计工作的暂行规定等三项制度；1 个被审计单位积极落实以前年度审计决定，整改审计问题，财务预算管理逐步规范，财务管理水平明显提高，该单位在财政部 2012—2013 年度中央部门预算管理工作先进单位考核评比活动中荣获二等奖后，专门致函审计署办公厅对外交局近年来的审计工作表示衷心感谢。扶贫资金审计结果对被审计单位产生较大震动，地方政府领导对有关问题做出批示，要求严肃查处，有力地推动相关部门规范管理和整改提高。

联网跟踪审计 积极探索创新信息化环境下审计工作方式的转变，努力构建数字化审计工作模式，实现对重点部门、重点领域、重点业务的经常性监督。对实现联网审计的单位，逐步建立起联网审计重大事项通报制度及日常联系制度。由专人负责，每月进行一次联网跟踪审计，对发现的问题疑点，结合现场查证结果，编制联网审计询问函，及时督促整改，有效增强审计监督的主动性和有效性。对于不具备开展联网审计条件的单位，外交局认真贯彻落实署领导开展“数据式”审计的要求，收集各类财务、业务、预算、决算数据，多角度分析、对比，积极探索“数据式”审计技术，取得显著成效。

（撰稿人：王　琛）

【发展统计审计局】 2013年，发展统计审计局人员编制15人，在编14人。设有一处、二处、三处。负责审计国家发展和改革委员会、国家统计局、国家粮食局、国家能源局、国家物资储备局、国家信息中心及上述部门（单位）在京下属单位的审计监督。

领导成员

局　　长：刘　丹

副 局 长：张宣波（—4月）

　　　　　丛　娜（4月—）

审计成果 发展统计审计局完成发展改革委组织分配2012年度中央财政投资情况审计，发展改革委、国家能源局2012年度预算执行情况审计和决算（草案）审签，国家统计局局长任期经济责任审计，国家能源局财政存量资金审计，原国家能源局和原电监会机构改革期间部门资产及财务管理情况跟踪审计，以及国家信息中心2012年至2013年5月联网审计等7个审计项目。参与云南省政府性债务审计。共查出违法违规金额8051.46万元，管理不规范金额3381954.02万元，其中应归还原渠道资金1544.7万元；已归还原渠道资金1544.7万元。提交审计工作报告、信息25篇，被采用33篇次。发展改革委组织分配2012年度中央财政投资情况审计共揭示18个方面的问题，全部纳入两个报告。

中央财政投资审计 紧密结合建立完善的社会主义市场经济体制目标要求和国务院关于转变政府职能的各项部署开展审计，把投资分配审计与推进发展改革委简政放权、转变职能结合起来，处理好政府与市场的关系，更好地促进经济社会平稳较快发展。一是明确审计思路，重点关注宏观经济政策贯彻执行、国家级专项规划编制和实施、投资分配及投资计划下达时效、投资项目的审核审批程序和投资项目实施效果等5个方面问题，促进政策目标实现和提高项目建设效果。二是加大力度，深挖严查，重点揭示企业使用伪造金融机构证明材料骗取贷款贴息资金、向不符合项目申请标准的企业下达投资计划、未按申报及评审结果多下达投资计划等问题，当好公共资金“守护者”。三是突出宏观、提升高度，重点关注资金分散、补助差异较大、引导性不强的专项资金，提出发展改革委应将此类资金下放地方统筹安排，同时加强监督检查的审计建议，较好地发挥审计推进政府职能转变的作用。

预算执行审计 继续加大对违法违规问题的查处和分析力度，发现一些预算执行和财务管理方面存在的问题。如发展改革委预算执行中存在未经批准调整项目支出内容、公务接待费超预算支出、超工资总额计划列支工资性支出、部分会议和印刷业务未执行政府集中采购有关规定以及个别所属单位安装使用未经授权的办公软件等问题；国家能源局预算执行中存在个别项目超预算支出、无预算列支、超额提取管理费以及使用虚假劳务费发票报销套取资金等问题。开展会议费管理使用情况专项审计。重点关注发展改革委和国家能源局会议分类、会议计划、会议预算、实际支出、实际开支标准，是否定点、是否执行政府采购、是否使用公务卡结算等内容，发现两部门存在三类会议计划未按规定报送国管局备案、个别会议未在定点饭店召开、个别会议违反规定租用高级宾馆、京外召开的会议偏多、部分会议超代表人数标准、超会期标准、超会议定额标准等问题。开展出国费管理使用情况专项审计。发现对因公出国（境）团组活动的核查评估机制不健全，因公出国（境）计划未按有关规定向有关部门备案，违反参团人数、天数等规定安排出国（境）组团，超过规定标准列支因公出国（境）经费，接受企事业单位资助出国（境）费用等问题。开展中央财政节能环保类“三款科目”资金审计。重点关注预算批复环节，发现财政部在批复发展改革委和国家能源局部门预算时，在上报的“二上”预算之外增加“三款科目”资金2.5亿元的问题，作为典型案例纳入两个报告；关注“三款科目”资金使用情况，发现国家能源局存在向项目单位摊派会议费用，课题单位使用虚假发票报销劳务费、无预算列支出国费、超额提取管理费等问题。

经济责任审计 围绕国家统计局“三定”方案赋予的职能职责、重大决策事项和预算执行情况开展审计。审查预算编报的合理性，发现存在虚报所属调查队系统人数取得财政拨款2亿多元的问题。揭示少列收入和上年结转结余资金、未按规定时间批复相关单位预算、扩大项目支出开支范围、公务用车超过编制、超预算支出“三公”经费和会议费、未按规定执行政府采购政策、房产出租收入未按规定报备和上缴等问题。发现个别单位以假发票套取会议费全部用于购物卡消费的问题。查出并专题反映中央事业编制使用不明确、预算资金分配差异较大等问题。

机构改革审计 与国资监管审计局组成联合审计组，对原国家能源局和原电监会在机构改革期间部门资产、财务管理及职能转变情况进行全过程跟踪审计，并对资产清查、登记、移交和资金管理使用过程中执行财经纪律情况进行审计。

联网审计 积极扩大联网审计覆盖范围，6月底实现与发展改革委预算数据的联网，为开展预算执行联网审计创造条件。开展国家信息中心2012年至2013年5月的联网审计，共编写8项审计方法、20份联网审计疑点询问函，形成13个主要问题的建议纠正函。积极扩大计算机审计方法在工作中的应用领域。

此外，按照审计署统一安排，参与昆明特派员办事处审计组对云南省政府性债务审计，具体负责对昆明市官渡区政府性债务审计，揭示地方政府性债务举借、管理和使用不够规范等问题；开展对国家能源局、发展改革委截至10月底的财政存量资金情况的审计。（撰稿人：徐永胜）

【教育审计局】 教育审计局人员编制12人，在编11人。设有审计一处、审计二处。主要负责对教育部、中共中央党校和国家行政学院及其在京所属单位的审计监督。

领导成员

局　长：刘　星

副局长：张跃挺

审计成果 教育审计局完成审计项目3个，出具审计（调查）报告3份，查出违法违规和管理不规范金额25.74亿元，其中违法违规金额7.63亿元，管理不规范金额18.11亿元。上报审计报告、专项审计报告3篇。编发的审计信息，被审计要情采用2篇，重要信息要目采用2篇，署领导批转函2篇，信息转送函4篇，综合报告采用案例1个。

预算执行审计和决算草案审签 教育审计局积极探索教育审计全覆盖审计方法，加大延伸审计力度，发挥审计“免疫系统”功能。以部门预算管理为龙头，以专项资金为抓手，加大对权力运行的监督力度。首先将预算管理与权力运行相结合，教育部每个司都有预算专项，围绕预算管理中的资金分配权，调查走访相关司局，了解分配机制，揭露存在的问题；其次将预算与工作职能相结合，深入分析各司行政职能与资金分配关系，提高财政资金效率；再次将预算管理与执行中央八项规定相结合，揭示在项目支出中列支会议经费的问题，取得良好效果。改进审计方式方法，探索审计全覆盖的实现途径。在全面分析教育部2013年预算执行数据的基础上，确定重点审计为实拨财政资金和高校发展长效机制补助经费、教育管理与改革专项等7大专项资金执行情况，重点延伸对象为资源类大学（石油、化工、海洋）横向科研项目，极大地提高审计的覆盖面、深度和效率。注重八项规定等中央重大方针政策执行情况，推动国家重大方针政策落实。将教育部及其所属单位会议费、出国费、公务招待费、公车运行费等各项费用支出情况作为八项规定执行情况的重要内容，查处部分司局和所属单位转嫁会议费、出国团组管理混乱等问题，查处部分高校科研经费管理混乱、严重违反中央八项规定等问题。

财政扶贫资金审计 对云南省澜沧拉祜族自治县2010年至2012年财政扶贫资金分配、管理和使用情况进行审计，重点抽查4个乡镇、29个贫困村，抽查扶贫项目68个，涉及财政扶贫资金1.14亿元。审计发现2家企业和个人骗取扶贫贷款贴息资金，个别单位挤占挪用扶贫资金，个别单位和个人使用虚假发票、虚报项目和虚列支出套取扶贫资金，个别扶贫项目因管理不到位和脱离地方实际形成损失浪费，部分扶贫资金长期滞留、闲置未充分发挥效益以及违规发放扶贫贷款贴息等问题。

经济责任审计 对西安交通大学校长任职期间经济责任履行情况进行审计。发现该校在贯彻执行国家教育工作方针政策和决策部署、教学科研事业科学发展、重大经济决策制度制定执行和效果、预算执行和其他财政财务收支、内部管理和对所属单位监管等六方面的问题。

信息化技术运用 预算执行审计与联网审计工作相结合，提高工作效率。结合中央部门2013年度预算执行审计，重点开展对教育部的联网审计，预算执行审计工作全程与联网审计相结合。对教育部本级账务采取远程连接教育部的财务管理信息系统服务器采集部机关账套的财务数据与前置机采集的电子数据并行的双重连接机制，在审计期间推行“数据分析—目标选择—内容确定”三步式的计划阶段工作流程，安排专人通过联网审计系统下载电子账簿到AO进行审查分析确定疑点，同时由远程系统直接备份被审计单位SQL Server财务数据库进行全面筛查，利用联网审计系统跟踪重点项目大额资金，对直接认定为疑点或问题线索的事项，经业务会批准后在预算执行审计中直接进行延伸审计。利用联网审计关注被审计单位全年预算执行，扩大审计覆盖面。建立各处分工、定期登录联网审计系统、查核对口被审计单位预算执行情况的工作机制，及时发现问题疑点，并向被审计单位询问与核实，通过多层次沟通协调，研究问题本质，促进被审计单位及时整改。如对国家行政学院2013年大额单笔费用及往来账款进行重点核查，针对办公用品报销、MPA收费挂往来款、外事接待费超标等疑点问题制发联网审计询问函，被审计单位在收到询问函后及时给予书面答复，并对问题及时进行整改。

（撰稿人：吴　松）

【科学技术审计局】 2013年，科学技术审计局人员编制11人，在编10人。设有审计一处、审计二处。主要负责对科学技术部（以下简称科技部）、中国科学技术协会、国家知识产权局和国家自然科学基金委员会及其在京所属单位的审计监督。

领导成员

局　　长：马亚力（—7月）

　　　　　郝书辰（7月—）

审计成果 科学技术审计局完成审计项目5个，查出主要问题金额1915084万元，其中违规金额3844万元、损失浪费金额35万元、管理不规范金额1911205万元；损益（收支）不实金额202390万元；审计处理处罚金额243449万元，其中应上缴财政761万元、应归还原渠道资金9740万元、应调账处理金额232948万元。审计发现非金额计量问题12个。审计促进整改落实有关问题资金31736万元，其中增收节支934万元、已调账处理金额30759万元。移送司法机关、纪检监察机关和有关部门处理事项1件；出具审计报告和专项审计调查报告5篇，被批示、采用5篇；提出审计建议13条，提交审计信息3篇，被批示、采用3篇；向社会公告审计结果2篇。

预算执行审计 在2012年度科技部预算执行审计中，科学技术审计局加大对所属单位延伸审计的力度，发现科技部某所属预算单位管理混乱，通过业务剥离，账外核算有关收入1840万元；通过报销虚假发票等方式套取资金，涉嫌侵占国有资产1028万元。该问题通过审计要情上报国务院后，经国务院、中央纪委领导批示立案查处。国家科技风险开发事业中心由于管理体制问题，长期处于无主管部门管理状态，导致中心领导班子自行决策重大事项，存在对外投资实际损失1331.75万元、违规购买股票480.20万元、自定标准为领导班子发放薪金270.71万元、超标准购买高档轿车3辆等问题。通过审计长信函反映后，引起科技部领导高度重视，责成有关单位组织整改。在出国费、会议费审计中，发现科技部个别单位自行调整行程、用公款支付个人旅游费用，该问题对外公告后引起科技部高度重视，多次开会强调出国费、会议费管理要求，增强职工遵纪守法意识。

在科技部和国家自然科学基金会预算执行审计中，发现国家科研课题结余资金管理方式，“政出多门”，相互冲突，导致科研课题巨额结余资金沉淀在课题依托单位，游离于财政预算管理之外，已收回部门管理的结余资金实际用于弥补部门经费开支，也未做到“反哺”科研，经过大量的数据统计与分析，科学技术审计局撰写的《关于规范国家科研课题结余资金管理》审计简报，经署领导批示转送财政部、科技部研究处理。在国家自然科学基金会审计中，关注该单位资助计划及科研经费管理，发现该单位2012年为了完成年度预算，将原计划在2014年列支的资助项目经费近20亿元提前拨付，导致财政资金沉淀于项目承担单位；未将以前年度财政结余资金 3584.48 万元纳入年度预算统筹安排使用等问题。

专项资金审计 科学技术审计局始终充分关注民生及影响社会稳定的问题，在中国科技馆审前调查中，发现中国科技馆新馆 2009 年竣工后因超概算 1.27 亿元长期拖欠工程款，引发多起群体事件，问题经署领导批示编发审计长批转函交北京市委、市政府领导研究处理。在广西龙胜各族自治县扶贫资金审计中，科学技术审计局围绕民生资金安全与有效使用，查处虚报冒领补助资金、套取专项资金设立“小金库”、扩大扶贫资金使用范围、违规加价增加扶贫对象负担等问题，被署扶贫资金专项审计报告采纳，其中龙胜县教师进修学校套取扶贫培训资金 51.97 万元私存私放问题经审计查出后，县纪委积极跟进调查处理。

（撰稿人：王　阳）

【工业审计局】 2013 年，工业审计局人员编制 11 人，实有 13 人（含交流干部 2 人）。设有一处、二处。主要负责对工业和信息化部，国家国防科技工业局（以下简称国防科工局），中国人民武装警察部队黄金指挥部、交通指挥部、森林指挥部、水电指挥部及其在京所属单位的审计监督。

领导成员

局　　长：丁仁立

审计成果 工业审计局完成工业和信息化部、国防科工局 2012 年度预算执行和决算（草案）审签审计，工业和信息化部 2012 年度 211 科目（能源资源综合利用专项转移支付资金）专项审计，国家烟草专卖局（国家烟草总公司）原局长任期经济责任（广东省延伸）审计，重庆市合川区政府性债务审计等 4 个项目。查出各类违法违规和管理不规范金额 30.32 亿元，审计决定处理处罚 3698.98 万元，应调账处理金额 1652.85 万元，已调账处理金额 1652.85 万元。在“国家科技重大专项”审计中发现、移送的涉嫌贪污重大专项科研资金案件线索。出具审计报告和专项审计报告 7 份、审计决定和审签意见书 4 份；提出审计建议 27 条；上报各类审计信息 7 篇，审计成果被采用 33 篇次。派员参加的南水北调工程审计项目，被评为 2013 年审计署表彰项目。

预算执行审计 在对工业和信息化部及 11 个二级单位审计中，突出其工业转型升级、中小企业扶持、两化融合发展等职能，关注科技重大专项，解剖重点二级单位。揭露国家科技重大专项资金及工业和信息化行业管理等项目资金管理不规范，转移和套取重大专项资金、以不实材料申报获批财政专项补助资金等突出问题，以重要审计情况上报某二级单位套取私分重大专项资金的问题，审计长批转工业和信息化部领导处理；查处代编预算、自行调整预算、超范围超预算列支项目资金、政府采购不规范等问题；揭露查处超标准列支会议费、出国费，转嫁会议费等违反中央八项规定精神的问题；揭露能源资源综合利用专项转移支付资金管理不严，同一项目重复批复等问题。工业和信息化部认真整改落实，出台或修订有关规章制度 5 份，规范和加强管理。对国防科工局及二级单位审计中，查处私自调整预算、超预算支出、预算编制不细化等问题；查处基建项目可研未批复、初步设计未批复下达项目计划等问题；查处超标准列支会议费、出国计划管理不严等问题。国防科工局积极整改，完善修订管理制度 2 份。

经济责任审计 在国家烟草专卖局原局长任期经济责任（延伸广东省烟草公司、广东中烟公司）审计中，对省级公司及下属广州、湛江、东莞等地市级烟草公司和广州卷烟厂执行国家和国家烟草专卖局宏观经济政策与决策部署情况、重大经济决策、内部管理、信息化建设运行、企业领导人员遵纪守法和廉洁从业的情况严格审计，进行大量内查外调、核实取证，发现和揭示未经批准变相建设办公楼、未及时清理烟草促销广告宣传、违规购置超标车辆、违规为企业职工购买商业补充养老保险，建设工程招标不规范、违法转分包，以及境外控股子公司股利未及时收回等突出问题，提出审计建议 5 条。

政府性债务审计 与重庆特派办组成联合审计组，共同完成重庆市合川区政府性债务审计。围绕“摸清底数，反映问题，揭示风险，提出建议”的总体目标，坚持“见人、见账、见物，逐笔、逐项”的工作原则，详细制订实施方案，合理分工，科学组织实施。对合川区政府本级和 30 个乡镇街道的债务余额、类型、偿债期限、债务资金投向以及土地出让金等情况进行广泛的调查、核实、取证，发现融资、债务资金管理不规范等问题。审计组高度重视违法案件的查处，抓住某融资平台公司融资咨询费疑点，抽调精干力量，沿资金走向赴重庆、广东、深圳等地进行内查外调，查处的案件线索移送公安部处理。

相关工作 狠抓干部队伍建设。采取各种措施，努力提升队伍业务能力。安排处级干部参加中央党校进修班学习；强化审计人员实践锻炼、开阔视野；开展总结、讲评，组织局内案例教学，发挥业务骨干传帮带作用。目前，有6人通过计算机中级考试、4人获评高级审计师、1人获评“四手”人才，1人被审计署评为审计专业领军人才。在审计项目中，队伍较好体现了大局意识、责任意识，发扬敢打敢拼、敢打硬仗的精神。着力健全制度体系，抓好执行落实。制定周一例会制度、周五政治学习制度，修订《廉政纪律实施细则》等局内管理制度，同时注重抓好各项制度规定的执行落实；进一步细化基础工作，明确职责分工。（撰稿人：韩殿友）

【民族宗教审计局】 2013年，民族宗教审计局人员编制9人，在编9人。设有一处、二处。主要负责对国家民族事务委员会（以下简称国家民委）、国家宗教事务局（以下简称宗教局）、国家档案局（中央档案馆）、国家保密局及在京所属单位的审计监督。

领导成员

副 局 长：李珊珊

审计成果 民族宗教审计局完成审计项目6个，查出违规金额和管理不规范金额10.63亿元，提交审计信息和专题报告25篇，被署重要信息要目采用8篇（其中1篇为单独要目），审计长信函单独采用2篇，署报国务院专题报告采用4篇，署领导批转函采用2篇，经署领导批示后移送案件线索2件、转送部委7件；审计查出的69个问题被审计结果报告、专题报告采用；提出审计建议20条，促进被审计单位修改或制定部门规章制度1项。在派出局年度考核中，民族宗教审计局获得第二名，实施和参与的2个项目被评为2013年审计署表彰审计项目。

预算执行审计 完成国家民委、国家档案局2012年度预算执行和其他财政收支情况以及决算（草案）审计。审计揭示国家民委和国家档案局在预算管理及财务收支方面存在的预算编制不规范、扩大项目开支范围、收支核算不完整、往来款清理不及时等问题；关注财务管理、制度执行等情况，发现未执行政府采购相关规定，未按规定程序处置国有资产，国有资产出租、处置收益未按规定上缴中央财政，资产未及时登记入账等问题；反映项目论证不充分、同一项目重复申报财政资金、财政资金未充分发挥使用效益、项目目标未实现等问题。对会议费和出国费的管理和使用情况进行专项审计调查，对部门本级人员经费和办公用房运行费定额、国库集中支付和节能环保类科目资金的相关情况进行专项审计，审计成果被署报国务院专题报告采用。

积极探索进一步深化中央部门预算执行审计。一是认真研究中央部门履行职责过程中存在的突出问题和风险隐患，捕捉苗头性倾向性问题，深入揭示问题背后存在的体制性障碍、机制性扭曲、制度性缺陷和管理漏洞，提出标本兼治的建设性意见建议，审计成果的层次和水平进一步提高。在国家档案局预算执行审计中，反映某所属单位迁建工程长期未建成，档案资源保管条件差，且家底严重不清，档案基础管理工作薄弱，存在严重安全隐患问题。在国家民委预算执行审计中，揭示反映某所属单位基建工程建设和管理等问题。二是始终把查处重大违法违规问题和经济犯罪案件线索作为发挥审计威慑作用，进一步强化对重点单位、重点资金的审查。审计发现国家民委某所属单位在重要业务活动开展过程中，签订虚假合同、套取财政资金、部分资金去向不明、设备采购合同被串标问题，经署领导批示后分别移送和转送相关部门处理；在对国家民委某所属单位审计中发现，该单位在国有股权转让过程中，未经公开交易程序向公司管理层转让国有股权，造成国有资产流失，该问题经署领导批示后移送相关部门处理。

经济责任审计 宗教局局长经济责任审计是民族宗教审计局首次牵头组织实施的经济责任审计项目。此次经济责任审计的范围覆盖宗教局部门本级及所属的全部二级预算单位，为全面评价宗教局局长经济责任履行情况提供依据。审计对贯彻执行党和国家有关经济工作方针政策和决策部署情况、部门内部管理和对所属单位监管情况以及单位个人廉政情况进行全面、客观的审计评价。审计中进一步重点关注重大工程建设管理及中央部门及所属单位推动事业发展的职责履行情况。

扶贫资金审计 甘肃省某县自然环境恶劣，少数民族聚居，扶贫资金审计点多面广。民族宗教审计局在充分尊重少数民族风俗习惯和宗教信仰的前提下，文明审计、依法审计。面对扶贫资金主管部门多、管理链条长、项目小而散等特点，全局同志分工协作，走村入户，调查掌握第一手资料，摸清资金规模结构、项目安排等总体情况，重点抽查 7 个部门、4 个乡镇的 30 个贫困村。查出该县扶贫资金违纪违规金额 1610 万元，占该县扶贫资金总量 27.2%，其中包括该县相关部门骗取、套取、挪用或公款私存扶贫资金 790 余万元，一些单位和人员涉嫌挪用公款、偷逃税款等私设“小金库”违法违规问题。根据审计转送的案件线索，相关纪检、司法部门对时任县委书记马某等多人涉嫌严重违法违纪问题进行立案查处。审计推动该县全面落实整改工作，制定 14 项制度和办法，追究相关责任人和单位的责任。该县所在的自治州扶贫办还利用审计人员介绍的计算机审计方法，在全州展开“净网”行动，剔除扶贫管理系统中的公职人员，查处公职人员领取双份工资等问题。州政府充分认识到审计工作的重要作用，该州各县审计局的力量也得到进一步充实。

其他审计 按照审计署统一部署，民族宗教审计局参加全国政府性债务审计、财政存量资金审计，并先后抽调 3 人次参加津补贴检查、中央维稳监督检查等。

相关工作 领导班子和队伍建设取得新成效。按照署党组部署深入开展党的群众路线教育实践活动，认真学习领会党的十八大及中央领导的一系列讲话精神，不断提高领导班子和干部队伍的大局意识、责任意识。严格按照署党组的要求制订实施方案，深入开展“查找不足、整改提高”专项活动，进一步强化领导班子和队伍建设。广泛征求意见，认真梳理对照检查。针对查找出的问题，认真分析研究，制定整改措施，边整边改，取得明显成效。在“查找不足、整改提高”专项活动“回头看”中，民族宗教审计局结合审计工作进行“五查五看”的做法，被选入审计署机关党委简报。领导班子以身作则、率先垂范，充分发扬民主，干部队伍建设成效显著。将干部培养工作同审计工作结合起来、同党建工作结合起来、同干部个人的成长成才结合起来，着力打造一支政治过硬、业务精通、作风优良、廉洁自律、文明和谐的审计干部队伍。

内部管理工作取得新进展。修订和新制定 10 项内部制度，坚持用制度管人、管物、管事。实行岗位责任制，每个岗位设立 A/B 角，责任到人、明确分工，保障各项工作不间断的有序开展。组织专人对固定资产逐件登记造册进行统计，摸清家底，并按要求统一清理报废。高度重视涉密文件、计算机设备等涉密载体管理，加强保密法制宣传教育，认真贯彻执行有关保密规定，严守审计秘密。 （撰稿人：王 姝）

【政法审计局】 2013 年，政法审计局人员编制 15 人，在编 15 人。设有一处、二处、三处。具体负责对公安部、司法部、安全部、武警警卫部队、武警边防部队、武警消防部队日常工作联系，并对其本级及在京所属单位的审计监督。

领导成员

局　　长：钱啸森

副 局 长：涂　莹

审计成果 政法审计局完成公安部、司法部 2012 年度预算执行和其他财政收支及决算（草案）审计；完成贵州省荔波县 2010 年至 2012 年财政扶贫资金审计；牵头组织开展对南京大学校长任职期间经济责任履行情况审计；对公安部边防局机构改革期间部门资产、财务管理及职能转变情况进行全过程跟踪审计。派员参加审计署财务检查、署统一组织的法规司扶贫资金审理等工作。审计查出违规金额、管理不规范金额共 7 亿余元。经署领导批示后移送司法机关案件线索 1 件，移送驻部门纪检监察机关 1 件，经署领导批示转送被审计单位所在部委主要领导或省委书记、省长 3 件，转送被审计单位或其他综合部门 3 件。全年审计成果被采用 37 个，其中：报国务院审计结果报告采用 24 个，报国务院专题报告采用 6 个，重要信息要目采用 2 个，报国务院值班信息采用1个，报国务院专项审计或审计调查汇总报告采用4个。政法局进一步突破行政处室划分界限，树立全局行政、业务工作“一盘棋”的思路，坚持根据审计项目特点做好审计组的人员配置，着力构建具备查核问题、分析研究、计算机应用、审计管理等方面能力的审计一线团队，实现优势互补，提高战斗力。

信息化建设 坚持把信息化建设摆在重要位置，运用先进技术手段辅助和支撑审计工作。组织力量按照《审计署办公厅关于征集计算机审计方法的通知》，总结虚列借调工作人员住宿费套取财政资金的计算机审计方法和“三公”经费超预算支出的计算机审计方法，在审计推广后取得良好成效。积极组织开展联网审计，通过在线跟踪核查，发现联网审计部门项目预算执行的一些问题，为下一步审计工作提供线索。

（撰稿人：曹　宇）

【监察人事审计局】 2013年，监察人事审计局编制12人，在编11人。设有一处、二处。主要负责对中央纪律检查委员会（以下简称中央纪委）、中央组织部、中央机构编制委员会办公室、监察部、国家外国专家局及上述部门在京下属单位的审计监督。

领导成员

局　　长：孙晓岩

副 局 长：赵京琳

审计成果 按照年度审计计划和审计署统一部署，监察人事审计局共完成审计项目7个，分别为：中央组织部、监察部2012年度预算执行和决算（草案）审计；宁夏回族自治区财政扶贫资金审计；西安交通大学校长任期经济责任审计；大连市政府性债务审计等项目。跨年度开展新闻出版广电总局2013年度预算执行和其他财政收支情况以及决算（草案）审计。共查出违规和管理不规范金额2239万元。报送审计信息简报4篇，提交专题及综合性审计报告2篇，均获得领导批示并被采用；提出审计建议9条，被审计单位已全部采纳落实。

预算执行审计 （1）中央组织部2012年度预算执行和决算（草案）审计。重点审计中央组织部本级和所属领导干部考试与测评中心，对有关事项进行延伸审计。审计组共查出在政府采购管理、预算资金使用、会计核算等方面的问题，涉及违规和管理不规范金额总计543.45万元。

（2）监察部2012年度预算执行和决算（草案）审计。重点审计监察部本级、所属中国监察杂志社和中国纪检监察报社，对有关事项进行延伸审计。查出监察部在政府采购预算编报、预算资金使用、资产管理等方面的问题，涉及违规和管理不规范金额总计800.45万元。

（3）西安交通大学校长任期经济责任审计。6月至7月，在科学工程审计局牵头组织下，联合开展西安交通大学校长任期经济责任审计，监察人事审计局主要负责基建事项审计以及综合组事务，重点审计基建中心等单位，对有关事项进行延伸审计。审计组发现部分基建项目财务核算不规范、执行国家基本建设程序不严格、擅自改变房产用途用于经营等问题。

（4）大连市政府性债务审计。8月至9月，参加沈阳特派员办事处牵头组织的大连市政府性债务审计，主要负责大连市空港建设发展有限公司政府性债务审计事项。在摸清债务规模基础上，对其填海造地项目手续进行核实，发现建设程序不规范、拆迁补偿标准过高、举债程序不合规等问题。由于审计组整体表现优秀，大连市政府性债务审计组荣立集体三等功。

信息化建设 继续开展和深化联网审计工作。重视联网审计基础工作，及时更新完善并定期报送被审计单位的资料库信息，高质量完成资料库的更新、维护；创新联网审计方法，结合联网审计部门财政专项资金分配、核销和监管的特点，实时跟踪、动态监测预算资金动态，从预算经费拨付情况、预算经费收支、大额支出等多个角度进行数据分析，发现被审计单位财政专项资金归口管理和资金使用效率方面的问题，得到被审计单位高度重视。促进被审计单位及时规范完善相关制度，加强内部管理，提升财政资金使用效率。

队伍建设 监察人事审计局以深入开展“查找不足，整改提高”和党的群众路线教育实践活动为抓手，以能力建设为核心，以作风建设为保障，进一步加强班子和队伍建设，着力提升队伍的凝聚力和战斗力。在审计实践中培养锻炼干部。2013年，监察人事审计局参与的审计项目数量较多、涉及面广、出差长达半年之久，有助于全局同志拓宽视野，积累审计经验，进一步提高审计实战能力。搞好传帮带，有针对性地加大对新疆挂职交流干部和新到局的军转干部的培养力度，促使他们在实践熔炉和压力环境中增长才干、建功立业。充分发挥党支部、工会工作在干部队伍思想文化教育中的优势，形成整体合力，增强干部队伍的向心力和凝聚力。

内部管理 以专项保密检查工作为契机，重点完善并加强保密管理，提高保密工作水平。2013年，监察人事审计局顺利通过各项保密检查，没有发生过失密、泄密事故。严把公文质量关，在办公厅4次公文质量检查中均保持合格。明确岗位职责，实行AB角工作制度，做到相互补位，保证各项工作高效有序开展。

（撰稿人：赖清祥　陆泽凌）

【民政社保审计局】 2013年，民政社保审计局编制12人，实有11人。设有审计一处、审计二处。主要负责对人力资源和社会保障部、民政部、中国残疾人联合会、中国红十字会总会、中国宋庆龄基金会及所属单位的审计监督。

领导成员

局　长：徐　露

副局长：李　伟

审计成果 完成审计项目6个，包括对民政部2012年度预算执行和其他财政收支情况以及决算（草案）审计、对人力资源和社会保障部2012年度预算执行和其他财政收支情况以及决算（草案）审计、人力资源和社会保障部部长任职期间经济责任审计、广西壮族自治区靖西县人民政府扶贫资金审计项目、黑龙江政府性债务审计等。共查出违法违规和管理不规范金额3.68亿元，上报审计报告及专项审计调查报告10篇；编发重要审计情况等各类审计信息15篇；向司法机关移送案件线索2起。

预算执行审计 在人力资源社会保障部2012年度预算执行审计中，审计组通过汇总分析以前年度审计报告及当年会计数据，发现将近70%的预算资金集中在部本级，除会议费、差旅费等日常公用性质支出外，大量业务被直接委托给下属单位或相关公司执行，普遍存在合同执行不严格，甚至存在未达到合同约定目标依然全额付款的现象，造成财政资金损失浪费的问题。提出制定科学合理的项目支出标准、规范委托业务操作程序、保障项目支出绩效等建议。针对人力资源社会保障部所属信息中心代行部信息办职能的特点，重点对其下属公司收入情况进行核查，发现信息中心转移职责，将社会保障卡检测工作交由其所属公司承担，所属公司借此收费666.5万元的问题。审计提出对于社会保障卡的管理，要厘清政府职责与市场行为的关系，属于政府的事权要全面履行政府职责；市场能够调节的，应尊重市场规律，促进市场运作的公开公正。

分别对人力资源社会保障部、民政部本级会议费、出国费管理使用情况进行专项审计调查，摸清会议费、出国费支出的总体情况，揭示存在的普遍性、倾向性问题，并分析原因、提出改进建议，推动部门制定相关制度，切实加强管理。比如，在民政部2012年度预算执行审计中，针对部本级在京外开会较多的特点，重点关注京外会议费支出情况，发现地方协办单位为部本级承担会议费用158.98万元、部本级虚列会议费支出、在会议费中支出旅游费用及高档餐饮消费等问题。针对上述问题，审计提出应加强会议费支出管理，不得由地方协办单位负担会议费用等建议。

扶贫资金审计 在广西壮族自治区靖西县财政扶贫资金审计中，抽查118个扶贫项目，涉及5个乡镇36个贫困村。查出项目施工单位虚报工程量骗取财政扶贫资金、靖西县桑蚕生产办公室等部门和单位挪用扶贫资金、扶贫工作主管部门挥霍浪费扶贫项目管理费、部分扶贫资金未充分发挥效益等问题，发现3人利用职务之便，非法占有贫困村劳动力转移就业培训资金的问题，经审计长批示转送相关部门依法处理。

计算机审计 在人力资源社会保障部2012年度预算执行审计过程中，将信息系统审计与预算执行审计有机结合，对人力资源社会保障部信息化规划、建设和应用情况以及系统的安全性、有效性、经济性等方面进行审计调查。审计结果发现，人力资源社会保障部在信息系统建设统筹规划、预算申报、预算执行和应用绩效等方面存在4大类18个问题与薄弱环节。在民政部2012年度预算执行审计中，运用现场审计实施系统和现有联网审计技术方法对各项财务数据进行查询分析，重点关注本级与所属单位的纵向往来资金以及各二、三级单位之间的横向往来资金，审查各项资金是否真实、完整、合规，揭示部本级以拨代支彩票公益金少计当年结转资金 1909.83 万元等问题。在靖西县财政扶贫资金审计中，运用数据分析手段，将"雨露计划"领取补助人员与国定扶贫人口进行比对，查出靖西县扶贫办向不属于补助对象的学生发放补助资金 30.24 万元的违规问题。

经济责任审计　根据审计署统一部署，6 月，民政社保审计局负责牵头对人力资源社会保障部部长任期经济责任履行情况进行审计。审计过程中发现的问题得到人力资源社会保障部部长的高度重视，有些问题已在审计过程中予以整改。

相关工作　派出 4 名审计干部分别参加 2012 年度预算执行审计项目审理、财政扶贫资金审计项目审理、云南津贴补贴检查以及联合国非盟维和达尔富尔混合特派团审计。以课题写作为依托提升研究能力。根据审计对象的业务特点，组织开展《彩票公益金审计专题研究》课题研究。民政社保审计局以完善的规章制度为基础，坚持用制度管人管事，保证局内审计业务、行政事务等工作高效、有序运转。审计业务方面，坚持分级复核与集中讨论相结合的举措，继续实行审计实务导师制，通过"以老带新"的管理模式，加强对年轻干部的培养。行政事务方面，审计人员在做好审计工作的同时，按照署里要求，按时完成审计项目档案的整理立卷归档工作、审计项目电子数据以及联网审计数据的上传工作，完成审计台账、审计统计报表等报表的填报工作。保密管理方面，始终强调要加强保密意识，以涉密计算机、网络、移动存储介质管理为重点，强化涉密信息和载体的管理和检查，防止失泄密事件的发生。

（撰稿人：曹　盾）

【财税海关审计局】　2013 年，财税海关审计局人员编制 16 人，在编 15 人。设有一处、二处、三处。主要负责对财政部、国家税务总局、海关总署及上述部门在京所属单位预算执行情况的审计监督。

领导成员

局　　长：赵保林

副 局 长：黄致敏

审计成果　财税海关审计局完成审计和专项审计调查项目 8 个，另有跨年度项目 4 个。查出违法违规和管理不规范金额 367931 万元。其中应上缴财政 1069 万元，应减少财政拨款或补贴 1295 万元，应归还原渠道资金 16664 万元，应调账处理金额 930 万元，应缴纳其他资金 67 万元。移送司法机关、纪检监察部门处理事项 2 件，转送相关部门处理事项 4 件。提交审计报告、信息等 22 篇，被采用 30 篇次。

预算执行审计　完成财政部和国家税务总局 2012 年度预算执行及决算（草案）审计。对财政部审计，查出在华国际会议超支、在非定点饭店及旅游城市开会、计算机未安装正版办公软件等问题，要求财政部严格按照规定执行；对某项目多安排经费的问题，要求将重复安排的资金上缴中央财政；对某局财政拨款大量结转闲置的问题，要求适当压缩该局财政拨款总额，积极消化结转资金；对软件未作为资产登记入账的问题，要求将软件资产登记入账，对现有软件进行全面清理、检查，建立软件资产账卡；对出租房产未经批准且未按规定上缴房屋出租收入问题，要求将出租收入按规定上缴国库，并尽快办理房产出租审批手续。在对国家税务总局审计中，查出自行改变项目支出内容、未按规定实行政府采购、未按国库集中支付要求支付采购款项等问题，要求国家税务总局今后严格按规定执行；对未按规定编制项目支出决算的问题，要求调整决算（草案）；对以会议费名义报销资金留存在宾馆、会议费超支、向下属机构和地方转嫁会议费支出等问题，要求加强会议管理，严格按照规定使用会议费，并调整相关账目；对暂存款中列支出国费的问题，要求归还原资金渠道并调整相关账目和报表；对往来款长期挂账的问题，要求及时进行清理；对更新计算机操作系统时未使用正版产品的问题，要求按规定使用正版操作系统等软件。

经济责任审计　作为牵头局与科学技术审计局、资源环保审计局及地震气象审计局共同完成华中科技大学校长的经济责任审计。以任职期间华中科大预算执行和其他财政财务收支以及有关经济活动的真实、合法和效益为基础，以其守法、守纪、守规、尽责情况为重点，关注该校贯彻执行国家教育工作方针政策和决策部署情况，关注高校教学、科研事业科学发展情况，关注重大经济决策制度制定、执行和效果情况，关注预算执行和其他财政财务收支情况，关注内部管理和对所属单位监管情况，揭示华中科大在一些政策制度的具体执行、教学科研专项经费使用、资产管理、教育收费、基本建设、校办产业管理等方面存在的问题。

专项审计 开展陕西省横山县财政扶贫资金审计及陕西省扶贫办专项审计，长春市双阳区政府性债务审计，海关总署机构改革情况跟踪审计，财政部、海关总署及国家税务总局的财政存量资金审计以及国家卫生和计划生育委员会所属单位审计等7个项目的审计。在扶贫资金审计中，与审计署西安办、地震气象局一起查出陕西省部分扶贫部门监管失职使财政扶贫贴息资金被企业骗取等问题，被署领导批转陕西省政府主要领导查处，给予相关责任人党纪政纪处分。

计算机审计 深入开展联网审计，自觉将联网审计融入审计工作全局，大力推进联网审计和技术方法创新。对国家税务总局国库集中支付系统进行联网，坚持动态监控、实时跟踪，及时以“联网审计建议函”的方式发出询问函，要求被审计单位予以关注和整改，较好地发挥审计“免疫系统”预防、预警的作用。注重开发和运用联网审计数据分析和技术方法，向审计署报送2篇AO应用实例。

相关工作 与财政审计司等联合实施的财政部部长任期经济责任审计、参与的南水北调工程审计2个审计项目被评为审计署表彰审计项目。开展审计课题研究，完成《金税三期工程建设资金审计研究》。派出1人参加联合国训练研究所项目的审计。 （撰稿人：王　强）

【资源环保审计局】 2013年，资源环保审计局人员编制15人，在编16人。设有一处、二处、三处。负责审计国土资源部、环境保护部、国家海洋局、国家测绘地理信息局及上述部门在京下属单位预算执行、决算和其他财政财务收支，开展相关专项审计调查，承办审计署交办的其他事项。

领导成员

副局长：许　亚（主持工作）

审计成果 资源环保审计局完成审计和审计调查项目5个，提交审计报告、审计决定、决算（草案）审签意见书、移送处理书等审计结果类文书13份，审计查出违法违规、损失浪费及管理不规范金额21.96亿元，其中应上缴财政3299万元，应收缴部门重新安排预算或归还原渠道、调账处理金额合计3.22亿元；向司法机关、纪检监察机关及主管部门办理审计移送处理案件线索3件、署领导批转省长处理案件线索1件，涉案金额合计1882.2万元。提出加强和改进管理的审计建议11条。编发信息简报8篇，审计信息或查出的问题被审计要情采用1篇、重要信息要目采用6篇、审计结果报告单独案例采用1篇、信息转送函采用6篇。另外，审计查出的多个问题被审计结果报告、署报国务院专项审计报告或值班信息汇总采用。12月，资源环保审计局实施的环境保护部2011年度预算执行和其他财政收支情况以及决算（草案）审计项目、和其他单位联合实施的南水北调工程审计项目被评为2013年度审计署表彰审计项目。资源环保审计局在审计署派出审计局2013年度业务和综合考核中获得第一名。

预算执行审计 根据审计署统一项目计划，资源环保审计局开展了国土资源部、环境保护部和国家海洋局2012年度预算执行审计。坚持在“深化”上下功夫，努力寻求审计深度和审计高度的新突破，紧紧抓住预算分配、预算执行、政策目标实现情况三个环节，在巩固审计“基本作业面”的基础上，始终坚持揭露、查处重大违法违规问题和关注体制性障碍、制度性缺陷与管理漏洞，做到“两手抓、两手硬”。在关注部门本级重大资金分配使用、重大项目安排情况的同时，扩大审计覆盖面，合理安排审计力量，选择资金规模大、与部门职能职责联系紧密，以及以前年度审计未覆盖或涉及不深的二级预算单位进行重点审计，重点揭示虚报冒领财政资金、套取资金私存私放，财政资金长期闲置或损失浪费、借用行政权力违规收费、违反中央八项规定精神等方面的问题，努力提高审计报告的分量。在坚持抓案件线索方面，注意抓住审计发现的疑点和线索，严查深挖，坚决让以权谋私、中饱私囊者暴露在阳光之下。在研究和反应机制、体制问题方面，跳出具体的审计问题，看清问题背后的实质，发现和揭示部门事业发展中的风险隐患，促进完善制度、堵塞漏洞，防止苗头性问题转化为趋势性问题，发挥审计建设性作用。审计查处的问题不仅推动部门进一步加强预算和财务管理，切实提高财政资金绩效水平，而且加强对部门行政权力的监督和制约，增强部门遵规守纪、履职尽责的自觉性，在促进廉洁政府、俭朴政府、法治政府建设方面发挥了审计监督的重要作用。

财政扶贫资金审计　4月起，根据审计署统一部署，资源环保审计局承担贵州省镇宁布依族苗族自治县财政扶贫资金审计任务，重点揭示扶贫资金在申报、分配、拨付、管理、使用等环节存在的重大违法违规问题。此次审计重点抽查4个乡镇、37个贫困村、54个扶贫项目，涉及财政扶贫资金8005.77万元。不仅查出部分单位骗取财政扶贫资金，个别乡镇虚开发票套取财政扶贫资金私设“小金库”，部分种养殖和以工代赈扶贫项目形成损失等7大类20余个问题，还查出有关领导干部在财政扶贫项目组织实施过程中收受贿赂涉嫌犯罪等案件线索6件。

其他审计　先后抽调多人次参加行政事业司预算执行审计汇总、中办与国办组织的楼堂馆所专项督查等工作，均按时完成所承担的任务。在完成3个部门预算执行审计、财政扶贫资金审计后，安排审计力量投入国家海洋局机构改革审计、矿产资源专项审计调查、华中科技大学校长任期经济责任审计、福州市马尾区政府性债务审计等项目，其他与司局、特派办密切协作，全力完成所承担的审计分工。开展“环境保护专项资金”课题研究任务，使审计理论研究成果更好地服务于署领导决策和审计计划制订的需要。做好与驻在部门的日常联系与沟通，协助署有关业务司、特派办做好与驻在部门有关的土地管理、矿产资源、环境保护等业务政策咨询工作。

教育培训　资源环保审计局始终把加强作风建设放在首位，努力打造作风优良、纪律严明的干部队伍，重点治理和防范“慵懒散，娇骄暮”，正确引导干部树立阳光心态。全局干部继续保持肯吃苦、能战斗、听指挥的优良传统，顾全大局，服从安排，克服个人或家庭困难，自觉加班加点或长时间出差，为各项工作的全面完成奠定了基础。资源环保审计局是审计署2013年青年干部培养座谈会的典型经验发言单位，长期坚持能力业绩导向，关心青年、依靠青年，把青年干部推向实践前沿。青年干部在实践中不断成长进步，在局内发挥了业务骨干作用。资源环保审计局4名青年干部被审计署评为审计业务骨干人才。

（撰稿人：李建全）

【建设审计局】　2013年，建设审计局编制9人，在编9人。设有审计一处、审计二处。主要负责对住房和城乡建设部、中华全国总工会、中华全国妇女联合会、中国共产主义青年团中央委员会和中央国家机关工作委员会及其在京所属单位的审计监督。

领导成员

局　　长：苏乃民（—4月）

　　　　　陈达时（5月—）

审计成果　建设审计局共完成、参与审计项目5个，查出主要问题金额73334万元，其中违规金额1591万元、管理不规范金额71743万元；审计处理处罚金额20744万元，其中应上缴财政261万元、应归还原渠道资金1557万元、应缴纳其他资金301万元、应调账处理金额18625万元；审计促进整改落实有关问题资金19580万元，其中增收节支1876万元、已缴纳其他资金287万元、已调账处理金额17417万元；审计后挽回（避免）损失551万元。移送纪检监察机关处理事项1件。提交审计报告7篇、审计信息9篇，被批示采用16篇次。

预算执行和决算（草案）审计　建设审计局以科学审计理念为指引，拓展审计广度，加大审计力度，提高了预算执行和决算（草案）审计的实效，审计报告反映的34个问题被审计结果报告汇总采用，6个问题被署专题报告汇总反映。

在住房城乡建设部2012年度预算执行和决算（草案）审计中，发现该部所属执业资格注册中心将代行政府职责收取的注册城市规划师等6种执业资格考试收费，长期作为经营服务性收费管理，亟待规范，该问题上报后转送财政部和国家发展改革委处理；该中心将考试图书征订等业务收支，长期通过两家空壳公司核算管理，向在职人员发放劳务费和稿酬，该问题经批准移送中纪委驻住房城乡建设部纪检组查处。中国国际贸易促进委员会建设行业分会将主要业务违规外包，管理混乱，挂靠分会的社会人员利用分会名义违规经营，大量敛财，该问题上报后转送住房城乡建设部查处。

在共青团中央2012年度预算执行和决算（草案）审计中，发现该部门接受社会捐赠及外部合作资金的管理制度不健全、资金管理不规范、资金使用不严格等问题，提出完善管理制度、规范资金管理的审计建议，引起被审计单位的高度重视。所属网络影视中心挪用财政专项资金用于发放人员工资和奖金补贴、接受其他单位赠送的股份未在账面反映、中心中高层领导干部在其下属企业违规兼职取酬等问题，经署领导批准，转送共青团中央主要领导查处。

扶贫资金审计 4月至5月，根据审计署统一部署，建设审计局完成云南省昌宁县财政扶贫资金审计工作。审计从维护人民群众的根本利益出发，着力监督、提示和反映扶贫政策落实、资金分配不合理、管理不严格、制度不完善等情况，查处严重损害群众利益的问题，发现该县在扶贫资金分配、拨付和管理使用等方面，骗取和挪用财政资金、损失浪费、套取资金账外存放等严重违规以及其他管理不规范问题，涉及项目53个、资金2575.75万元，分别占审计抽查项目和抽查资金的34.6%和47%。

经济责任审计 6月至7月，建设审计局参与对南京大学校长的任期经济责任审计。查出南京大学违规拆借资金、动用事业基金弥补收支差额未纳入年度预算、使用虚假发票或虚假业务报销、政府采购及招投标规定执行不严格、基本建设项目管理不规范等问题。

政府性债务审计 8月至9月，建设审计局在广州特派员办事处统一组织下，完成中国科学院和农业部在广州13家所属单位的政府性债务审计，审计发现中国科学院与所属华南植物园债务余额不一致等问题。配合广州特派员办事处完成广州市本级城建投资集团和地下铁道总公司的政府性债务审计工作。

队伍建设 选派1人赴广西壮族自治区地税局挂职锻炼，2人通过署选拔分别参加世界审计组织第二十一届大会筹备工作和最高审计机关国际准则推广实施培训项目，1人完成在日本的学习深造回国，1人参加赴加拿大资源环境审计培训班，2人通过署AO（现场审计实施系统）认证，1人抽调参加署审计项目审理工作，4人参加特派办综合检查。（撰稿人：肖　浩）

【交通运输审计局】 2013年，交通运输审计局在职人员17人，共设3个处。主要负责原铁道部、中国民用航空局、国家邮政局、中国邮政集团及其在京所属单位的审计监督。

领导成员

局　　长：李树廷

副 局 长：张　进

审计成果 完成审计项目7个，其中部门预算执行审计和决算（草案）审计3个，部长经济责任审计1个，中央国有资本经营预算执行审计1个，中央企业财政财务收支情况审计1个，政府机构改革跟踪审计1个。提交审计和专题报告32份，报送审计简报、重要审计情况和审计调查报告等18篇。审计成果利用74项，其中审计结果报告、会议费专题报告、部长经济责任汇总报告和科目审计汇总报告采用案例59项，报国务院重要信息要目采用6项，以审计长信函报党中央国务院领导1篇，转送部委领导采用1篇，移送国家税务总局采用1篇，信息转送函采用9篇。

预算执行审计和决算（草案）审计 完成原铁道部、交通运输部、中国民用航空局2012年度预算执行情况审计以及决算（草案）审计。在查处违法违规问题的同时，加强专题调查研究。结合3个审计项目，分别围绕铁路建设工程项目招投标情况、2007年以来铁道部建设经营情况、高铁客站建设情况、铁路节能减排专项资金、民航机场管理建设费征收使用情况、通用航空生存与发展情况、交通运输部车辆购置税资金管理使用情况、高速公路建设管理和运营情况等内容形成专题调查报告或者审计简报，均被审计署以重要信息要目或转送函的形式采用。

经济责任审计 5月，由副审计长余效明挂帅，对国家邮政局局长2006年11月任职以来经济责任履行情况进行审计。审计围绕国家邮政局“三定”方案赋予的职能职责、部门核心业务和重大决策事项，全面评价国家邮政局局长“守法、守纪、守规、尽责”情况。

中央国有资本经营预算执行和企业审计 对中国邮政集团公司分别开展国有资本经营预算执行审计和企业财政财务收支情况审计。审计查处变相挪用国有资本经营预算资金、违规办理票据贴现、虚增收入虚列成本、账外存放收入等突出问题，部分问题移送国家税务总局处理或以审计长信函形式报国务院领导。

政府机构改革跟踪审计 4月起，围绕资金和资产清查两个主线，对中国铁路总公司机构改革期间部门资产、财务管理及职能转变情况进行全过程跟踪审计，查处部分历史遗留问题。

（撰稿人：李昉熹）

【农林水利审计局】 2013年，农林水利审计局人员编制15人，在编14人。设有审计一处、审计二处和审计三处。主要负责对农业部、水利部和国家林业局及其上述部门在京所属单位的审计监督。

领导成员

局　　长：娄　仲

副 局 长：梁丽军

审计成果 农林水利审计局完成农业部和水利部2012年度预算执行和其他财政收支及决算（草案）审计、农业部部长任期经济责任审计，以及审计署统一组织的政府性债务审计和财政存量资金审计等5个审计项目。向纪检监察等部门移送案件线索6起，涉及资金1.1亿元，涉案25人。其中《某单位工作人员利用职务便利违规为民营企业谋利并涉嫌受贿》以审计要情上报国务院，《某基金会援助的项目资金涉嫌被贪污》经审计长批转教育部处理。向审计署报送重要审计情况8件，其中形成审计要情1件、重要信息要目3件、批转相关部门处理3件。2013年度审计署派出局考核，农林水利审计局排第六名。在政府性债务审计中，该局派出的国务院南水北调办和国务院三峡办审计组荣获审计署颁发的“全国政府性债务审计公务员集体”嘉奖。

预算执行和决算（草案）审计 以审计成果为导向，以审计方法创新为抓手，较好完成农业部和水利部预算执行审计、农业部部长经济责任审计等项目。一是反映两部门预算执行和会议费、出国费管理中的共性问题，被审计署2013年度审计工作报告采用。农业部根据审计反映的会议费方面问题，采纳审计意见，积极整改，出台《关于厉行节约严格会议管理有关事项的通知》，进一步规范农业部会议管理。二是反映专项资金管理等方面的体制、机制性问题，形成重要审计信息。在“211科目（资源能源节约利用类科目）”资金审计中，反映农村水电增效扩容改造试点项目管理不规范问题并报送审计信息。该信息转送水利部后，水利部积极整改，出台《农村水电增效扩容改造项目绩效评价暂行办法》。在农业部专项转移支付资金审计中，选取渔业成品油价格补贴和农机购置补贴进行重点分析，取得很好的效果。为服务国家建立海洋强国的战略目标，结合审计情况上报改进国家出海执法人员津贴制度的合并审计要目，促进国家完善相关制度。三是揭示严重违法违纪问题，维护财经法纪。在部门预算执行和经济责任审计中，对工程类资金抓住招投标关键环节，内查外调，深入挖掘，揭示某农垦总局部分工作人员利用职务便利违规为民营企业谋利并涉嫌受贿重大案件线索。加大对科研经费的审计力度，揭示部分农业科研院所套取科研经费等突出问题，向有关部门移送案件线索2起。同时关注事业单位与所办企业的利益关系，反映领导干部利用职务便利为个人牟利等问题。

政府性债务审计与财政存量资金审计 8月至9月间根据审计署统一部署，承办6个主管农林水的中央部门及其所属7家二级单位、教育部所属7所高等院校共14家单位的政府性债务审计。遵循“见人、见账、见物，逐笔逐项”原则，克服审计对象资金来源及结构复杂、时间紧迫等困难，严格核实与认定政府性债务。11月末至12月初按照审计署部署，完成农业部、国家林业局及其所属单位财政存量资金审计任务。

联网跟踪审计 进一步深化完善联网审计模式，2013年度基本实现两大转变，即审计重点由单一预算执行事项向专项转移支付项目的转变，审计方法由一般网上核查发函向数字化审计分析转变。一是结合部门业务特点，重点关注中央专项转移支付资金。在做好农业部、水利部两部门预算执行审计的同时，重点对两部门参与分配的72项、规模达3000亿元的专项转移支付资金进行系统分析。二是充分利用网络平台，探索数字化审计模式。充分利用管辖部门的NC网络平台及项目管理信息系统等资源，在审计方法上突破了以往针对某一账务处理中发现的疑点向被审计单位发询问函的做法，对不同系统的海量数据进行采集转换、筛选过滤、对比分析，实现数字化审计模式。例如，对农机购置补贴项目，采用上述审计方式，发现同型号补贴地区间差异大、年度间补贴数额变动异常及单台补贴超过单台购机价格等疑点。经审计核实，反映中央与地方购机补贴政策不衔接等问题，引起农业部及地方各级农业主管部门的高度重视，促进部门完善相关制度。三是整合审计资源，推动司、局、办（即署机关业务司、派出局和特派员办事处）上下联动审计。例如，在“211科目”资金审计中，数据分析小组突击15天完成数据的采集转换、筛选过滤、对比分析，将发现的分省疑点数据上报审计署，交各特派办进一步核查；又如，在农机购置补贴审计中，向各特派办提供178张表格和近10万条农机购置补贴疑点信息，确保各办“精确打击”，提高工作效率。四是全面规划，积极打造数字化分析团队。制订联网审计三年工作规划，使联网审计常态化和制度化，同时积极探索“联网采集、集中分析、确定重点、分散核查、系统研究”的数据分析思路和模式，打造数字化分析团队，为进一步深化联网审计提供人才保障。

（撰稿人：陈　雷）

【贸易审计局】　2013年，贸易审计局人员编制11人，在编10人。设有一处、二处。主要负责对商务部、中华全国供销合作总社（以下简称供销总社）和中国国际贸易促进委员会（以下简称贸促会）及其在京所属单位的审计监督。

领导成员

局　长：虞伟萍

审计成果　贸易审计局完成审计项目4个，包括商务部和供销总社2012年度预算执行和其他财政收支情况及决算（草案）审计、云南省澜沧拉祜族自治县财政扶贫资金审计、南京大学校长任期经济责任审计。查出主要问题金额1193922万元，其中违规金额5588万元、损失浪费金额51万元，管理不规范金额1188281万元；损益（收支）不实金额208万元；审计处理处罚金额7982万元，其中应上缴财政377万元、应归还原渠道资金1009万元、应调账处理金额6595万元；审计发现非金额计量问题3个；促进被审计单位整改落实有关问题资金13865万元，其中增收节支2186万元、已调账处理金额11679万元；移送司法机关、纪检监察机关和有关部门处理事项7件；提交审计报告和专项审计报告8篇，揭示问题被审计署审计结果报告汇总采用33项、专题报告汇总采用12项；提出审计建议20条；提交审计信息20篇，被审计署报国务院专题报告和重要信息稿采用12篇（含单独案例1个）。此外，完成配合审计和专项检查项目7个：派出7人参加陕西省政府性债务审计，查出主要问题金额805964万元，提交审计信息3篇，获审计署颁发的全国政府性债务审计公务员集体嘉奖和1名个人嘉奖；商务部截至2013年10月底的财政存量资金情况审计和审计长交办核查事项，提交专项审计报告2篇，分别被审计署专项报告汇总采用和转送中纪委；派出4人次参加中央第一巡视组对商务部巡视工作、国务院楼堂馆所专项检查、国务院落实中央八项规定情况专项检查及审计署对援助坦桑尼亚项目的境外延伸审计，工作成果被主办方专题报告采用并受到表扬。上年度派出3人参加的南水北调工程审计项目，获审计署2013年度表彰审计项目。

预算执行审计　按照审计署制订的审计工作方案，结合商务部实际，重点审计部本级及所属经济合作事务局等2个二级预算单位的六方面内容：部门预算编报的完整性和规范性；会议费、出国费定额标准的执行情况；对外援助等重大专项资金的使用和管理情况；参与中央财政转移支付内外贸专项资金的分配和管理情况；政府采购制度执行情况；决算（草案）编制情况。审计查出主要问题金额619039万元，其中违规金额1229万元、管理不规范金额617809万元，主要是未经批准自行安排和调整部分对外援助项目预算；未经充分论证申领部分对外援助项目和驻外机构馆舍建设项目资金；重复和超范围申领“生猪等畜禽产品信息监测统计”、信息采集补助及境外办展专项经费；超范围支付个别重大项目的工程费、勘察设计损失费和国际机票代理费；个别重大项目边设计边施工突破概算；未经批准自行采取单一来源采购方式确定部分对外援助项目和国际律师服务项目实施单位；部分信息系统重复建设、形成的资产未登记入账；部分已完工投入使用的驻外机构馆舍建设项目长期未办理竣工决算；少数驻外机构馆舍长期弃用闲置；未经批准动用以前年度执行审计决定收回的结余资金等。

按照审计署制订的审计工作方案，结合供销总社特点，重点审计总社本级及所属北京商业机械研究所等3个二级预算单位分配、使用和管理新农村现代流通服务网络工程专项资金、促进服务业发展专项资金、重要农资商品储备专项资金的情况，执行会议费、出国费定额标准的情况，执行政府采购制度的情况，以及编制部门决算（草案）的情况。审计查出主要问题金额89787万元，其中违规金额4082万元、管理不规范金额85706万元，主要是：总社本级动用所属企业上缴利润未纳入预决算管理；个别会议费支出超预算；部分项目支出未执行政府集中采购；部分所属事业单位违规对外投资、出借资金和出租国有资产；所属中国农业生产资料集团公司滞留、截留重要商品储备利息补贴资金；所属棉花交易市场未经批准收取国储棉交易手续费；部分新农村现代流通网络工程专项资金项目申报单位弄虚作假申报和截留挪用财政资金等。

扶贫资金审计　由贸易审计局和教育审计局联合实施对云南省澜沧拉祜族自治县财政扶贫资金审计。按照审计署制订的审计工作方案，结合澜沧拉祜族自治县实际，抽查4个乡镇及其29个贫困村执行的68个扶贫项目，重点审计财政扶贫资金的分配、拨付、管理和使用情况。由贸易审计局审计查出的主要问题金额485万元，其中违规金额277万元、管理不规范金额156万元，主要是：个别企业和个人编造虚假事项骗取扶贫贷款贴息资金；个别县主管部门和乡政府编造假发票、假项目、假名单、假支出套取扶贫资金；县扶贫办向非贫困户发放扶贫贴息贷款、请客接待等浪费扶贫资金；少数项目因管理不到位和脱离地方实际形成损失浪费；个别村镇干部通过开具虚假发票和虚增采购价格贪污扶贫资金等。

（撰稿人：虞伟萍）

【文化体育审计局】　2013年，文化体育审计局（以下简称文体局）人员编制11人，在编10人。设有审计一处和审计二处。主要负责对文化部、国家体育总局、国家文物局及其所属在京单位的审计监督。

领导成员

局　　长：贾有长

审计成果　文体局共组织完成审计项目9个，其中预算执行审计和决算（草案）审计2个、部长经济责任审计1个、财政审计1个、专项审计调查4个、领导交办事项1个。查出违法违规、损失浪费及管理不规范金额171162.22万元，其中应上缴财政120万元，应减少财政拨款或补贴91万元，应归还原渠道、调账处理金额3589万元；向有关部门办理审计转送处理案件线索2件，涉案金额148万元；提出加强和改进管理的审计建议13条；提交审计专题报告和信息简报11篇，其中审计署重要信息要目采用5篇、署领导批转函采用1篇、信息转送函采用3篇。在国家体育总局联网审计中发出联网审计询问函6份，均得到整改函复。

预算执行审计和决算（草案）审计　完成对文化部预算执行审计和决算（草案）审计，查出违规金额8179.46万元，其他财政收支违规金额70583.03万元。发现文化部本级扩大专项资金支出范围、驻外机构购建项目未按时进行竣工决算、部分项目未严格执行政府采购规定等问题。文化部艺术服务中心财务人员利用发票套取现金的问题转送文化部进一步查处。完成对国家体育总局预算执行审计和决算（草案）审计，查出违规问题金额8292.87万元，其他财政收支违规问题金额2466.99万元。发现国家体育总局扩大专项资金开支范围、从零余额账户向实有资金账户转移财政资金、使用不符合规定的电子客票行程单报销等问题。

扶贫资金审计　完成对贵州省黎平县财政扶贫资金审计，查出问题金额1833.91万元，涉及扶贫项目44个。发现挤占、挪用扶贫资金、骗取或虚列支出套取易地扶贫搬迁资金、未按规定公开招标，高价采购，造成财政资金损失等问题。审计还发现个别公职人员涉嫌贪污侵吞扶贫资金等问题，已按照审计署要求转送贵州省省委进一步核实查处。

经济责任审计 牵头完成对国家体育总局局长的经济责任审计：与旅游侨务审计局组成联合审计组，围绕其任职期间贯彻执行党和国家方针政策及决策部署，重大经济决策制度制定、执行和效果，预算执行和其他财政收支，部门内部管理和对所属单位监管等方面开展审计。

专项审计调查 完成对文化部、国家体育总局会议费审计调查。抽查文化部 65 个会议，涉及会议费 1906.87 万元；国家体育总局 126 个会议，涉及会议费 578.85 万元。主要发现超标准列支会议费、重复申报预算套取会议经费、向地方转嫁会议费支出、在会议中安排与会议无关的考察内容等问题。完成对文化部、国家体育总局出国费用审计调查。抽查文化部 58 个出国团组，涉及出国费 630.83 万元；国家体育总局 61 个出国团组，涉及出国费 3354.55 万元。主要发现对因公出国团组管理不严，超预算、超标准列支出国经费，在下属单位报销出国费用等问题。

交办事项 根据署领导指示，完成对文化部某领导违纪违规问题的专项审计，形成专报材料经署领导批示转送中纪委。

计算机审计 积极创新审计技术和方法，不断提高计算机审计水平，同时拓展审计经验和技能。在对国家体育总局预算执行审计中，审计人员通过某二级单位使用的政府采购管理信息系统数据，编写审计方法，分析政府采购结构构成，发现不符合采购政策的问题。

质量控制 实行审计工作全面质量控制。按照审计准则要求实行三级复核制度，确保审计事实清楚、证据确凿、定性准确、处理恰当。全年共完成审计档案立卷 16 卷，行政公文立卷 33 件，销毁各类涉密文件及中共中央文件 69 份。定期开展保密检查，做到以查促防、以查促管，真正将保密制度落实到位。 （撰稿人：王　崴）

【卫生药品审计局】 2013 年，卫生药品审计局人员编制 12 人，在编 11 人，交流干部 1 人。设有审计一处、审计二处。主要负责对国家卫生和计划生育委员会、国家食品和药品监督管理总局、国家中医药管理局及其在京所属单位的审计监督。

领导成员

副 局 长：胡安明（主持工作）

审计成果 完成原卫生部 2012 年度预算执行及决算（草案）审计、原国家人口和计划生育委员会（以下简称原人口计生委）2012 年度预算执行及决算（草案）审计、陕西省旬阳县 2010 年至 2012 年财政扶贫资金分配管理和使用情况审计 3 个审计项目。审计共查出违规金额 5489.86 万元，管理不规范金额 14884.15 万元，审计决定处理处罚 13493.43 万元；移送中央纪委驻部委纪检组查处的专门事项 3 件；3 个审计项目的审计报告中有 56 个问题被汇总报告采用；出具审计报告、审计决定、决算审签意见书等审计业务文书 8 份；向被审计单位提出审计建议 10 条；上报重要审计情况 2 篇，审计信息 4 篇，其他信息 1 篇。其中，审计长信函转送中央领导批阅 1 篇，转送部委处理 3 篇，被审计署向国务院上报的审计结果报告采用 2 篇。开展南京大学校长任职期间经济责任履行情况审计、国家卫生和计划生育委员会（以下简称卫生计生委）机构改革期间部门资产和财务管理情况审计、国家食品和药品监督管理总局（以下简称食品药品监管总局）机构改革期间部门资产和财务管理情况审计、中央部门政府性债务审计和财政存量资金审计。

预算执行审计和决算（草案）审计 完成原卫生部、原人口计生委 2012 年度预算执行审计及决算（草案）审计。在原卫生部 2012 年度预算执行审计和决算（草案）审计中，查出的主要问题有：原卫生部所属的中日友好医院和统计中心预算编制不规范，预算执行不严格；原卫生部及其所属单位未严格执行在政府采购定点单位召开会议的规定；原卫生部参与分配的专项转移支付资金，有部分项目资金下拨速度慢、拨付周期长，影响项目开展和执行效果；有关中华预防医学会与外资疫苗生产企业合作推广二类疫苗问题形成审计长信函 1 篇。在原人口计生委 2012 年度预算执行审计及决算（草案）审计中，查出的主要问题有：未能根据项目实施条件变化及时申请预算调整、扩大预算开支范围；未严格执行国库集中支付制度规定，将应采用直接支付方式的款项使用授权支付方式支付，导致部分资金脱离财政监管以及长期闲置，甚至被挤占挪用等；部分司

（局）未严格执行在政府定点单位召开会议的规定；原人口计生委所属的中国计划生育协会的《人生》杂志社，财务管理不规范，存在较大风险。结合审计中发现的违法违规线索移送中央纪委驻卫生计生委纪检组查处的案件3件，目前大部分已有查处结果。结合审计项目揭示制度缺陷和机制体制障碍等方面的主要问题：在计划生育避孕药具专项经费中按一定比例提取管理费的规定与目前部门预算改革精神相违背。财政部国库资金管理相关规定不断缩小财政直接支付范围、扩大财政授权支付范围，与财政国库管理制度改革初衷相背离。

扶贫资金审计 完成陕西省旬阳县2010年至2012年财政扶贫资金分配管理和使用情况审计，查出的主要问题有：3家公司骗取财政资金610万元，其中财政扶贫资金120万元；2个单位通过重复申报和虚报人数获取财政扶贫资金210.5万元；挪用财政资金4000万元帮助企业周转，其中扶贫资金818万元；4个单位挪用扶贫资金694.65万元；虚列支出套取扶贫产业开发补助资金80万元等。结合审计中发现的违法违规线索移送处理案件1件。

相关工作 注重新理论新知识的学习。局领导班子带头学习中国特色社会主义理论、中国特色社会主义审计制度等新理论，以理论引领审计工作发展。局领导撰写的《机关党支部书记工作方法“六要诀”》和《从〈中国哲学简史〉解读审计核心价值观》分别获得中央国家机关工委与人民网、《光明日报》等单位联合举办的“基层组织建设年征文活动”三等奖和中央国家机关公文写作大赛优秀作品奖。在审计署办公厅举办的“飞狐灵通杯”档案法制知识竞赛活动中获得组织奖，有2人通过高级审计师职称评定，有4人次的多篇审计理论和审计实务文章在相关杂志上发表。

信息化建设 一是开展国家食品药品监督管理总局预算执行经常性联网审计试点工作；二是运用数据式审计取得实效。在南京大学校长任职期间经济责任履行情况审计中，成立审计数据分析小组，通过数据分析，形成数据分析报告，提出26个审计应关注的重点事项。利用数据式审计技术查出某教师弄虚作假套取资金，涉嫌贪污公款的案件线索。三是审计信息化研究成果显著。《中央部门预算执行联网审计及其工程化推广应用》荣获中国信息协会组织的2012年中国信息化（审计领域）成果评选一等奖。（撰稿人：黎　夏）

【国资监管审计局】 2013年，国资监管审计局人员编制12人，在编11人。设有一处、二处。主要负责对国务院国有资产监督管理委员会（以下简称国资委）、国家安全生产监督管理总局和国家电力监督管理委员会及其在京所属单位的审计监督。

领导成员

局　　长：翟挨才

副 局 长：周子祥

审计成果 国资监管审计局组织或参与完成审计项目9个，查出违规和管理不规范金额30111.22万元。

预算执行审计 完成对国资委预算执行和其他财政收支情况以及决算（草案）审计，出具审计报告1篇，查处违规金额3349.04万元。主要查处国资委本级19个出国团组由中央企业等其他单位承担费用434.02万元；委本级公车运行费超预算支出26.50万元；57个所属单位无预算或超预算列支公车运行费54.90万元；2个所属单位无预算列支车辆购置费46.94万元；43个所属单位无预算或超预算列支公务接待费637.01万元；国资委未按规定将三类会议计划向国管局履行报备程序；2个会议由企业和地方国资委承担会议费；9个会议超标准列支会议费；2个会议会期超规定；4个会议未在定点饭店召开；18个会议人数超出标准共计2574人以及个别所属单位部分收入未纳入法定账簿核算等问题。

内部管理 根据日常工作中遇到情况和问题随时修正和调整局内工作制度，新增和修改了包括局内工作程序、公章管理制度、请（销）假及考勤制度、经费使用管理制度等在内的15项内部规定，组织全局人员利用专门时间学习各项制度，熟悉、掌握局办事规则、工作程序和工作纪律。

信息化建设 积极探索所辖中央部门业务数据规划工作，按照《审计署关于印发中央部门预算执行审计数据规划——计算机审计实务公告第7号的通知》等规范的要求，尝试开展中央部门业务数据规划工作，对国资委中央企业债券发行监测管理系统和数据进行初步分析，实现对中央部门业务数据审计规划零的突破。

（撰稿人：孙　静）

【经济执法审计局】　2013年，经济执法审计局编制12人，在编9人。设有审计一处、审计二处。主要负责对国家质量监督检验检疫总局（以下简称质检总局）、国家工商行政管理总局（以下简称工商总局）、国务院法制办和中国法学会及其在京所属单位的审计监督。

领导成员

副 局 长：刘文杰（主持工作）

审计成果　经济执法审计局完成审计项目8个，查出各类违法、违纪、违规和管理不规范金额509995.33万元；移送相关部门案件线索3起，有4名司处级干部分别移送司法机关和受到党纪政纪处分；撰写审计报告11篇、专项调查报告1篇，提出审计建议18条，下发联网审计建议纠正函6篇；提交审计简报13篇，上报重要审计情况3篇，其中被署重要信息要目采用4篇、中办采用3篇、国办采用4篇、国务院专题报告单独案例采用1篇，经审计署批转质检总局处理8篇。

预算执行审计　在质检总局预算执行审计项目中，突出重点、抓住特点，不断深化预算执行审计。采取重点单位重点资金重点审计策略，有针对性地选取中国检验检疫科学研究院和中国标准化研究院2个所属单位重点延伸审计，并查处重大违法违规问题。落实署工作方案要求，完成质检总局2013年度财政存量资金审计和“三公”经费和会议费专项审计调查。核查有关质检总局两起举报问题。其中，发现吉林省质量技术监督局存在涉嫌挪用财政专项资金，变相、搭车修建办公楼和培训中心等违规问题，经审计署批转吉林省委、省政府调查处理。按照国务院有关文件精神关注涉企收费管理，切实减轻企业负担。

经济责任审计　经济执法审计局牵头与6个派出审计局和4个特派办组成联合审计组实施对国家质检总局局长2010年8月任职以来经济责任履行情况审计。认真准备，精心组织，制订周详且操作性强的实施方案下发各审计组。加强指导，统一协调。针对审计中发现的共性问题，编写下发指导意见6期；与质检总局有关部门协调解决各个审计小组工作中的困难；项目主审与各特派办、派出局及署内有关部门保持经常性沟通；召开3次碰头研究会，对审计重要事项及采取的审计策略予以指导。召开局审计业务会，增设预审理环节，防控审计风险。注重对审计发现问题的深入研究，加大审计成果的应用。

其他审计　7月，派出12人参加科工局牵头的对西安交大校长经济责任审计，上报审计简报2篇，发现西安交大校办产业巨额亏损、违规处置国有资产、涉嫌偷逃税款8287.27万元等违规问题。8月，在对成都市温江区及所属6个乡镇的政府性债务审计中，发现该区存在政府偿债风险准备金制度执行不到位、储备土地违规用于融资担保及政府土地出让收入50700万元用于投资房地产企业等问题。经济执法审计局成都市温江区政府性债务审计组获“全国政府性债务审计公务员集体嘉奖”。坚持“审计一盘棋”的思想，先后抽调7批次21人次参加局外项目的审计及其他工作。其中，7月，1名局领导带队赴非洲考察；1人参加质检总局本级政府性债务审计。10月，1人参加世界审计组织大会会务筹备工作。11月，11人参加卫生计生委5家所属单位的财务收支情况审计。2013年底，1人参加审计署组织的英国绩效审计调研团组。12月，3人参加上海及广州2个特派办的综合检查工作。

（撰稿人：吴意晖）

【广电通讯审计局】　2013年，广电通讯审计局编制12人，在编14人，其中交流干部2人。设有审计一处、审计二处。主要负责国家广播电影电视总局（以下简称广电总局）、新华通讯社、中国外文出版发行事业局、中华全国新闻工作者协会及在京下属单位预算执行、决算和其他财政财务收支情况进行审计，开展相关专项审计调查，承办审计署交办的其他事项。

领导成员

局　　长：廖金梅（4月—）

副 局 长：秦　洁（4月—）

审计成果　广电通讯审计局完成审计项目5个，查出问题金额12.43亿元，非金额计量问题15个，审计处理处罚问题金额2.91亿元；向纪检监察机关和主管部门等移送处理事项7件，其中2件已立案查处；提交审计报告和专项审计调查报告7份、提出审计建议20条，大部分被相关单位和部门采纳；审计署各种综合报告采用41条；编发审计信息7篇，被审计署采用5篇。

预算执行审计 完成原国家广播电影电视总局（以下简称广电总局）、新华通讯社（以下简称新华社）2012年度预算执行和其他财政收支情况及决算（草案）审计，以及两部门的会议费、出国费的专项审计。查出原广电总局部分所属单位1.8亿元资金未纳入法定账簿核算，违规收费2334万元，未按规定实施政府采购653万元；中广影视文化演出有限责任公司，以签订虚假合同套取现金、收入不入账等手法设置“小金库”1069万元，用于发放津贴527万元；以及无线电台管理局某台站一企业领导人违规高额领取报酬问题，已移送原广电总局处理。查出原广电总局26个单位上年度的财政项目累计结转资金12.85亿元未纳入2012年预算，占上年项目结转资金95%，并将这一具有普遍性的问题向审计署报送审计信息，提出财政部应完善结转资金管理使用制度、尝试预算编制和预算执行分离等3条建议。查出电影精品资金的管理和使用中资金缺乏明确目标导向，资金分配公开透明度低，资金使用效果差等问题，提出应增强资金资助针对性，规范资助方法和程序，加强检查监督的建议。以审计信息反映新华社充分利用现代通信和技术手段压缩会议费效果明显、原广电总局所属事业单位绩效工资发放存在诸多问题亟待深化改革解决，并提出推进改革的具体建议。多篇信息经审计署批转有关部委。

经济责任审计 参加人民日报社社长经济责任审计。查出某网站财政资金1.74亿元使用不规范，募投资金5.22亿元使用效益不高，多名高管私分国有资产；某报社社长利用职务之便为亲友谋利达千多万元、高管违规持股获利千多万元；某杂志社转移收入、以报销虚假业务发票形式发放职工提成奖励等问题。

专项资金审计 完成甘肃省西和县财政扶贫资金分配、管理和使用情况审计。查出虚开发票、私刻印章、编造虚假名册套取、骗取扶贫发展资金75万元和灾后重建资金等62万元，挤占扶贫资金174万元；违规将110个扶贫项目资金3380万元转入15名项目包工头个人账户；14个乡镇工作人员公款私存1250万元等问题。开展国家新闻出版广电总局机构改革资产跟踪审计。查出原广电总局监管中心、机关服务中心等多项工程近百亿元资产已竣工投入使用，有的未办理竣工财务决算，有的使用多年固定资产未入账；中央电视台广电光缆干线网银行债务、中央新闻纪录电影制片厂长期投资未在账面反映等问题。开展中央部门债务审计。审计中国传媒大学等5所高校、中科院微电子所等8个科研院所、国土资源部等4个部委及所属单位债务。

其他审计 积极开展联网审计，制发联网审计查询函6份，整改建议函3份，涉及金额9881万元。完成审计管辖单位数据库的更新，补充完善有关单位的预算数据、财务数据、业务数据和审计数据。派出1人参加教育部牵头组织的教育乱收费检查，1人参加对我国驻外非经营机构2012年度预算执行审计及我国援助坦桑尼亚、赞比亚对外援助资金和项目的审计调查，1人参加对联合国所属单位的审计，1人参加世界审计组织第21届大会筹备组工作，1人参加对署机关预算执行审计。

内部管理 提高综合管理水平方面。一是明确并制定近期审计信息化建设发展的目标任务和主要措施。二是根据署对各项工作的新要求和局实际工作情况，修订《审计署广电通讯审计局保密工作规定》等5项制度，调整综合工作分工，落实责任制，加强审计质量控制。三是结合工作实际开展三网融合问题课题研究，分析我国三网融合推进缓慢的原因，从审计视角提出加快三网融合的法律法规建设、防止重复投资等建议。全局有13名同志通过署AO认证考试，8名同志取得署计算机中级技术资格。（撰稿人：廖　辉）

【新闻报刊审计局】 2013年，新闻报刊审计局人员编制11人，在编11人。设有审计一处、审计二处，主要负责对原新闻出版总署、人民日报社、光明日报社、经济日报社、中国日报社和《求是》杂志社及其在京所属单位的审计监督。

领导成员

局　　长：李建新

审计成果 新闻报刊审计局完成审计项目4

个，查出主要问题金额 82405 万元，其中违规金额 25787.80 万元、管理不规范金额 56617.2 万元；损益（收支）不实 4693 万元；审计处理处罚金额 5971.9 万元，其中应减少财政拨款或补贴 24 万元、应归还原渠道资金 216 万元、应调账处理金额 5724 万元；审计发现非金额计量问题 11 个；审计促进整改落实有关问题资金 5146 万元，其中增收节支 240 万元、已调账处理金额 4906 万元；移送司法机关、纪检监察机关和有关部门处理事项 1 件；出具审计报告和专项审计调查报告 4 篇，被批示、采用 4 篇；提出审计建议 18 条，提交审计信息 16 篇，被批示、采用 9 篇。

预算执行和决算（草案）审计 在原新闻出版总署 2012 年度预算执行情况审计中，发现并揭露预算执行不严格、未经批准自行改变预算支出内容、项目支出不真实、国家出版基金规划管理办公室超标准支出有关费用、服务采购未执行政府采购规定、中国版权保护中心未经批准对外出租房屋、使用虚假票据报销等问题。

在光明日报社 2012 年度预算执行情况审计中，发现并揭露部分采编部门及人员违规参与经营业务、超标准支付广告代理费、驻地记者站违规参与报纸发行业务和印刷厂新闻纸未纳入财务账内核算形成账外资产和公款私存等问题。

在会议费和出国费管理使用情况审计调查中，按照两项经费的管理流程和资金流向进行内查外调，发现并揭露无预算或超预算召开会议、超标准列支会议费、扩大会议费开支范围、虚列会议支出、向所属单位和地方摊派会议费和超预算支出出国费、超标准列支出国费等问题。

扶贫资金审计 在广西壮族自治区环江毛南族自治县 2010—2012 年度财政扶贫资金审计中，发现并揭露骗取扶贫资金、重复申报扶贫资金、以虚假劳务报酬发放表套取以工代赈资金、挪用扶贫资金、擅自变更项目建设内容等问题。

其他工作 新闻报刊审计局还参与实施部长经济责任审计、全国政府性债务审计、新闻出版广电总局机构改革期间部门资产及财务管理情况审计等项目，取得较好成果。按照审计署统一部署，新闻报刊审计局还先后安排人员参加审计署审计项目审理、特派办综合检查等工作，圆满地完成自身承担的任务。 （撰稿人：呼政清）

【旅游侨务审计局】 2013 年，旅游侨务审计局编制 9 人，在编 7 人。设有审计一处、审计二处。主要负责审计中央统战部、中央台湾工作办公室、中华全国台湾同胞联谊会、国家旅游局、国务院侨务办公室、国务院港澳事务办公室、中华全国归国华侨联合会及上述部门（单位）在京下属单位的审计监督。

领导成员

副 局 长：李秀才（主持工作）

审计成果 全年完成审计项目 6 个，查出主要问题金额 41728 万元，其中违规金额 973 万元、管理不规范金额 40755 万元；损益（收支）不实 76 万元；审计处理处罚金额 2284 万元，其中应上缴财政 149 万元、应归还原渠道资金 409 万元、应调账处理金额 1725 万元；审计发现非金额计量问题 5 个；审计促进整改落实有关问题资金 722 万元，其中增收节支 152 万元、已调账处理金额 570 万元；移送司法机关、纪检监察机关和有关部门处理事项 2 件；出具审计报告和专项审计调查报告 2 篇；提出审计建议 14 条，提交审计信息 5 篇，被批示、采用 5 篇。

预算执行和决算（草案）审计 旅游侨务审计局承担了对国家旅游局和中央统战部两个部门的预算执行和决算（草案）审计项目，围绕署工作方案确定的审计重点，旅游侨务局制订详细的审计实施方案和项目执行进度情况表，将重点审计事项落实到具体人。两个部门预算执行审计查出未经批准在不同项目间调剂使用预算资金、自行改变项目支出内容、政府采购预算编制不完整、未按规定执行政府采购程序、部分计算机未使用正版软件、自行开发或升级的软件未纳入固定资产管理、固定资产账实不符等问题，涉及金额 18683.12 万元。

经济责任审计 由文化体育审计局和旅游侨务审计局共同参与完成国家体育总局局长任职期间经济责任履行情况审计项目，旅游侨务审计局具体负责中国足球运动管理中心、中国篮球运动管理中心、体育彩票管理中心等三个单位的审计工作。审计发现上述单位一些重大事项未经充分讨论、未经批准在预算科目之间调剂使用资金、中国足协会员代表大会长期未召开、事企不分等问题。上报的审计信息被署报国务院分管领导，并得到领导批示，推动被审计单位一些管理不规范问题的解决。

专项资金审计（调查） 分别参与组织实施云南省富宁县财政扶贫资金分配、管理和使用情况审计，国务院侨务办公室资源能源节约利用类三款支出科目资金审计，太原市本级政府性债务资金审计等三个专项资金审计调查项目。在对云南省富宁县财政扶贫资金分配、管理和使用情况专项资金审计中，在全面摸清全县财政扶贫资金收支情况的基础上，重点抽查4个乡镇以及32个贫困村（建制村），抽查扶贫项目247个，涉及财政扶贫资金15346.49万元。发现该县在财政扶贫资金分配、拨付和管理使用等方面存在不符合财经制度规定的问题23个，涉及项目50个，金额4509.07万元，分别占审计抽查项目总数和抽查财政扶贫资金总量的20%和29%。在对国务院侨务办公室资源能源节约利用类三款支出科目专项资金审计中，旅游侨务审计局一方面与负责延伸审计项目执行单位的特派办保持密切联系，实时了解现场审计情况；一方面及时与国务院侨务办公室本级保持顺畅沟通，从本级获取项目申报资料和文件进行核实。通过上下联动，查出国务院侨务办公室逾期申报资源能源节约利用类科目项目资金并获批和项目预算执行进度较慢的问题，涉及金额670万元。在对太原市本级政府性债务专项资金审计中，旅游侨务审计局负责审计市政府下属的多家行政事业单位、医院、学校和部分国有企业，在摸清所审计范围内部门政府性债务的规模、结构和风险状况的基础上，查出某私营投资公司投资1亿元违规建设高尔夫球场等问题，并针对审计中发现的耕地占用税少征、缓征、未征税先发证等行为，向相关部门提出审计建议。旅游侨务审计局和1名审计人员受到审计署的嘉奖。

联网审计 开展对国家旅游局2013年预算执行联网审计，及时发现国家旅游局项目预算执行进度缓慢、扩大范围列支项目资金、不同项目预算资金相互调剂使用等问题。国家旅游局对此高度重视，多次和旅游侨务审计局沟通情况，并对相关问题及时进行整改。

相关工作 按照署党组提出的“实、高、新、严、细”的要求，加强对全局同志的业务学习和培训，要求全局同志认真研读署推荐的书目，积极参加署组织的各项培训，并将个人自学与团队学习结合起来，树立全员学习和终身学习的思想观念。为提升全局人员的审计成果意识，旅游侨务审计局还邀请相关派出局的同志就如何发现大案要案线索，并查深查透进行专题讲座，拓展审计思路；积极开展审前学习培训，审中交流讨论，审后总结提高活动，同时在工作中积极培养并大胆起用年轻同志担任审计项目主审，鼓励年轻同志参与署统一组织的审计项目，将实践作为锻炼人才的第一跑道，通过业务学习、培训、实践，全面提高全局人员的审计业务能力，收到较好效果。 （撰稿人：林丽华）

【科学工程审计局】 2013年，科学工程审计局人员编制12人，在编12人。设有审计一处、审计二处，主要负责对中国科学院（以下简称中科院）、中国社会科学院、中国工程院（以下简称工程院）及其在京所属单位的审计监督。

领导成员

局　　长：李　捷

审计成果 科学工程审计局独立完成对中科院2012年度预算执行和其他财政收支情况以及决算（草案）审计，对工程院2012年度预算执行和其他财政收支情况以及决算（草案）审计、对宁夏回族自治区海原县人民政府2010年至2012年财政扶贫资金分配管理和使用情况审计，参与完成对西安交通大学校长的经济责任审计、对3个中央单位的政府性债务情况审计、对卫生计生委2013年度预算执行和其他财政收支情况以及决算（草案）审计、对3个中央单位的财政存量资金审计。共查出主要问题金额25.41亿元，其中基建项目超概算11.06亿元、违反政府采购规定4565.78万元、违反招投标规定602.35万元，应上缴财政1469.17万元、应调账处理金额47851.43万元，会计核算不规范及未纳人预算管理金额1.3亿元。审计发现非金额计量问题10个。审计促进整改落实有关问题资金15.22亿元，其中增收节支1.61亿元、已调账处理金额3.03亿元；出具审计报告和专项审计调查报告4篇，被批示、采用4篇；提出审计建议24条，提交审计信息15篇，被批示、采用11篇，向社会公告审计结果2篇。

预算执行审计 工程院；中科院预算执行中存在违规金额4.23亿元，其中工程院预算管理不严谨、扩大预算开支范围等问题违规金额2.48亿元；中科院所属单位零余额账户管理不严谨、扩大预算开支范围等问题违规金额1.75亿元；工程院、中科院其他财政收支中存在违规金额5.15亿元，其中工程院部分院士科技咨询项目未能按期结题，涉及金额7047.74万元；中科院所属单位未及时结转固定资产、建项目投资超概算等违规问题金额4.45亿元。

专项资金审计 审计查出海原县部分单位挪用扶贫资金、扩大扶贫资金使用范围等违规金额5061.41万元。（撰稿人：王庆平）

【地震气象审计局】 2013年，地震气象审计局人员编制9人，在编10人。设有一处、二处。主要负责审计中国气象局、中国地震局、国务院参事室、国家信访局及上述部门在京下属单位的审计监督。

领导成员

局　　长：宋灵恩（—4月）

副 局 长：哈耀卿（4月—）

审计成果 地震气象审计局完成审计项目7个，查出主要问题金额264600.75万元，其中违规金额46428.42万元、损失浪费金额12.64万元、管理不规范金额218159.69万元；侵害人民群众利益金额338.41万元；审计处理处罚金额46277.74万元，其中应上缴财政42051.41万元、应归还原渠道资金4219.21万元、应调账处理金额7.12万元。出具审计报告和专项审计调查报告11篇；提出审计建议12条；提交审计信息8篇，被批示、采用2篇。

预算执行审计和决算（草案）审计 完成对中国气象局和国家信访局2012年度预算执行和其他财政收支情况以及决算（草案）的审计。对中国气象局审计查出的主要问题有：中国气象局为非所属预算单位安排基本建设经费、扩大开支范围使用财政资金、虚列会议支出套取财政资金、无预算拨款、未按规定执行政府采购等问题。对国家信访局审计查出的主要问题有：预算编报不实、扩大项目开支范围、虚列会议费支出等问题。根据国家法律、法规的规定，分别对上述问题做出处理，提出审计建议，中国气象局和国家信访局均采纳审计建议，并将上述问题落实整改。

经济责任审计 根据统一部署，与财税海关审计局等3个派出局组成审计组，共同开展华中科技大学校长经济责任审计。地震气象审计局发现华中科技大学收费管理和基本建设方面存在突出问题，以及项目施工方使用虚假发票等问题，促进华中科技大学进一步提高教育收费管理和基本建设管理水平。

专项资金审计（调查） 完成陕西省陇县财政扶贫资金审计、2012年度中国气象局部门本级会议费和出国费专项审计调查、2012年度国家信访局部门本级会议费和出国费专项审计调查、中国气象局节能环保类科目资金审计、中国气象局参与分配中央财政专项转移支付资金审计调查。

陇县财政扶贫资金审计中，地震气象审计局克服财政扶贫资金来源渠道多、主管部门多、单个项目资金量小、项目地点分散、时间紧、核查工作量大的困难，抽查4个镇23个村，涉及财政扶贫资金2658.21万元。发现挪用扶贫资金117万元、违规使用扶贫资金191.50万元等问题，其中部分企业骗取财政扶贫贴息资金300余万元的问题转送给陕西省主要领导。

政府性债务审计 根据统一部署，地震气象审计局编入甘肃省政府性债务审计组，协助兰州特派办对兰州市安宁区、榆中县政府性债务进行审计，确保审计项目顺利完成。

财政存量资金审计 中国气象局和中国地震局为垂直管理单位，二级、三级甚至四级预算单位众多，核查工作量大。为保证审计工作的完成，地震气象审计局创新工作思路，自觉提高劳动强度，克服时间紧、任务重的困难，圆满完成中国气象局和中国地震局财政存量资金审计，基本摸清财政存量资金规模、结构和特点。

联网审计 在对中国气象局开展审计时，地震气象审计局充分利用联网优势，及时获取数据，牢牢把握资金走向，深度挖掘和分析数据，发现问题线索。针对中国气象局垂直管理、基建项目多、涉及资金量大的特点，利用联网系统，经过筛选，向资金量较大的省气象局发出查询函，要求对方提供初步设计、概算、预算批复和资金来源证明等项目材料，有效提高审计效率，防范审计风险。对中国气象局本级会议费审计时，将延伸单位涉及的10多个账套统一筛选，确定延伸重点，最终发现虚列会议支出、套取财政资金、私设“小金库”的问题，联网审计取得明显效果。

（撰稿人：杜良平）

【宣传审计局】 2013年，宣传审计局人员编制9人，在编8人。设有一处、二处。负责审计中央宣传部、全国哲学社会科学规划办公室、中国文学艺术界联合会、中国作家协会（以下简称中国文联）、国务院发展研究中心及上述部门（单位）在京下属单位预算执行、决算和其他财政财务收支，开展相关专项审计调查，承办审计署交办的其他事项。

领导成员

副 局 长：韩大川（主持工作）

审计成果 宣传审计局完成审计项目6个，共查处违规和管理不规范金额29815.24万元，移送被审计单位处理2人。出具审计报告和专项审计调查报告5份，报送审计简报3份，以审计长信函方式报国务院重要审计情况1份，审计报告反映的问题被审计结果报告和国务院值班信息汇总采用27条，审计署审计要目汇总采用3条、单独要目1条，审计署报国务院专题报告汇总采用14条，审计署报国务院专项审计报告和转送函汇总采用6条，单独案例被审计署报国务院专项审计报告和新华社国内动态清样分别采用1次。

预算执行审计 完成国务院发展研究中心和中国文联2个中央部门预算执行审计项目。在审计进点前，认真组织学习和研究审计工作方案，通过大家相互交流和讨论，深刻理解、准确把握方案要求，进一步明确审计目标和任务。在审计调查了解阶段，按照审计方案的要求，结合调查了解的被审计单位和审计项目特点，对审计方案的“规定动作”逐项、逐条进行分解，确定每一个单位、每一个部门的审计重点，提出具体的审计实施方案。在审计实施过程中，为丰富审计报告内容和案例，克服人员较少的困难，主动加大审计工作量，扩大审计覆盖面。在中国文联预算执行情况审计中，将中国文联本级列入审计重点的同时，将所属的16个二级预算单位全部纳入审计范围，通过加班加点深入审计，采集、对比分析近2年的财务数据，审计查出各种违纪违规问题30个，涉及金额共22079.58万元，被审计结果报告汇总采用16个。

在发现和查处问题的基础上，注意从微观入手，从宏观着眼，深入分析问题产生的体制机制原因，从源头提出治理意见和建议。在国务院发展研究中心预算执行情况审计中，针对在下属单位发现的问题，分析其根本原因，并据此起草重要审计情况，建议有关部门进一步理顺财政管理体制。重要审计情况以审计长信函形式报国务院领导，受到国家领导人的高度重视，批转有关部门办理。

专项资金审计 对宁夏回族自治区同心县扶贫资金进行专项审计，按照审计工作方案要求，对扶贫资金使用效益不高、损失浪费严重的问题进行深入审计，发现同心县投入391万元建设17座移民新村标志牌楼，其中扶贫资金114万元，造成资金损失浪费，被扶贫资金审计汇总报告采用，并在新华社国内动态清样中专题予以反映。

联网审计 宣传审计局高度重视联网审计工作，认真学习联网审计工作经验，科学规划联网审计工作和审计信息化发展，积极探索和推进“预算跟踪”加“联网核查”的审计模式。在2012年度预算执行审计中，将国务院发展研究中心确定为联网审计试点单位。在审前调查阶段，从前置服务器获取实时会计数据，导入AO系统（现场审计实施系统）进行跟踪分析，发现存在项目收支不匹配的疑点问题。及时发出审计询问函，要求提供相关资料。结合预算执行审计，查实自行调剂项目预算90万元的问题，并在审计期间发出了纠正函。国务院发展研究中心复函认可，并按要求立即做出整改。（撰稿人：王永泰）

审计署驻地方特派员办事处

【京津冀特派员办事处】 2013年，京津冀特派员办事处（以下简称京津冀特派办）人员编制260人，在编165人。设有办公室、法规处、财政审计一处、财政审计二处、行政事业审计处、资源环保审计处、固定资产投资审计处、金融审计一处、金融审计二处、企业审计一处、企业审计二处、社会保障审计处、外资运用审计处、计算机审计处、人事教育处、机关党委。

领导成员

特 派 员：赵继旺

副特派员：李占维 蔡 峰

苑宝良 王 波

纪检组长：孙雅琴

审计成果 审计署下达京津冀特派办审计（调查）项目28个。审计查出问题金额7972.76亿元，其中违规问题金额238.99亿元、管理不规范金额7733.57亿元、损失浪费金额0.20亿元。投入审计工作量20057人·天。直接或通过审计署向司法、纪检监察机关和被审计单位主管部门移送案件13起，涉及27人，涉及金额15.90亿元。

财政审计 发现并查处部分企业涉嫌虚开增值税专用发票10亿元的问题，被审计要情单独采用。注重发挥对权力运行的监督作用，发现并查处天津市某局局长涉嫌利用职权为亲友或本人持股公司非法牟利的重大问题，被署领导批转天津市委处理。目前该局局长已被免职，另有5人受到党内严重警告、行政记大过等处分。同时，针对目前地方财税体制运行中存在的突出问题提出建设性意见和建议。

金融审计 在继续充分挖掘金融犯罪行为和数据特征的基础上，探索将研究行为和数据特征与制度特征相结合，从制度层面查找被审计单位内控薄弱环节，深入挖掘重大案件线索。强化对审计成果的综合利用，在以重要审计情况上报某地下钱庄信息后，又对近几年审计发现的地下钱庄案件进行总结，分析地下钱庄的特点、成因以及监管制度方面存在的漏洞和问题。

企业审计 企业审计全面做实“三个抓手”：一是提前介入，专题调研，迅速厘清行业发展脉络。审计前期成立专题研究小组，建立“三目一会”制度，编制法规目录、案例目录、行业热点目录，下发所有参审人员进行讨论交流，并与企业主管部门建立信息沟通平台，通过专题座谈会等方式了解行业发展现状。二是深抓典型，查找共性，准确锁定行业漏洞。三是严格把关，提升质量，确保审计建议切实可行。

（撰稿人：刘 铁）

【太原特派员办事处】 2013年，太原特派员办事处（以下简称太原办）人员编制150人，在编130人。设有办公室、法规处、财政审计处、行政事业审计处、资源环保审计处、农业审计处、固定资产投资审计处、金融审计处、企业审计处、社会保障审计处、外资运用审计处、计算机审计处、人事教育处和机关党委。

领导成员

特 派 员：朱登云

副特派员：卢华胜 王爱梅

杨卫东（5月—）

纪检组长：王 华（4月—）

审计成果 审计署共下达太原办审计项目26个，均已按审计署规定时间完成并上报审计报告。审计（调查）查出的问题金额2174.35亿元，其中违规金额192.92亿元、管理不规范金额1980.94亿元、损失浪费金额0.49亿元。通过审计挽回损失3224万元，直接促进国家财政增收节支32.8亿元。推动制定整改措施35项，促进完善制度5项。移送司法、纪检监察机关处理案件3起，涉及人员2人；移送其他部门处理涉案人员9人，涉及金额7.28亿元。全年出具审计报告23篇、审计调查报告3篇、专题报告5篇。编发重要审计情况23期、审计简报66期、工作动态47期、机关党委简报15期、党的群众路线教育实践活动简报22期，共计173期。被审计署审计要情采用19篇，重要信息要目采用38篇，专题报告采用1篇，重要审计信息采用共计58篇。被署领导批转函采用5篇，信息转送函采用16篇，审计工作通讯采用5篇，1个典型审计案例被审计署综合报告采用。

财政审计 对河北省2011年至2012年财政收支进行审计，审计共查出23大类91个具体问题。审计发现河北省石家庄市政府拒不执行审计决定继续扣发被征地农民安置补偿费问题，被审计署领导以批转函转送河北省委、省政府，省委书记、省长、石家庄市委书记做出重要批示，

10626个农户的31984.89万元安置补偿费全部已返还被征地农民。

金融审计　主要组织实施中国人民银行某市中心支行2012年度财务收支以及某省国家金库系统办理2012年预算资金收纳拨付情况审计。查出的主要问题有：应纳未纳入预算、少计收入、扩大开支范围、账外资产、账实不符、部分代理国库或办理国库经收业务的商业银行延压滞留预算收入、预算收入缴库不及时、退库审核不严格以及对库款的支拨审核不严等问题，涉及金额4亿多元。审计简报被审计署以重要信息要目上报国务院后，被中办和国办采用，并得到中央领导同志的重要批示。

农业与资源环保审计　组织实施对山西省2011年至2012年矿产资源开发利用保护及相关资金征管情况的审计工作。审计查出违法违规问题5类16个问题，占抽审资金总额的87.85%。针对审计中发现的突出问题，以重要审计情况上报审计署7篇；以移送处理书移送山西省政府2篇；上报审计信息3篇。该项目审计注重促进审计整改，审计期间被审计单位整改金额达到2.43亿元。

经济责任审计　组织开展银行领导人经济责任审计和企业领导人经济责任及财务收支审计。在银行领导人经济责任审计中，查出政府融资平台存量贷款清理整改不到位、内部控制执行不严格、部分信贷资产存在风险隐患各类问题，涉及违规金额15.72亿元，管理不规范金额10.24亿元。企业领导人经济责任及财务收支审计，被审计要情采用13篇，上报国务院后，均被中办和国办采用，得到中央领导同志的重要批示。

队伍建设　按照审计署的统一部署，太原办扎实开展“查找不足、整改提高”活动，认真查找影响和制约特派办进步发展的突出问题，深刻剖析原因，并制定切实可行的整改措施，专项活动取得显著成效。全面推行审计工作目标管理考核，形成激励机制，进一步建立完善制度，形成长效机制。太原办党组研究制定的《关于进一步加强和改进思想政治工作的意见》上报署党组后，审计长刘家义做出重要批示。太原办党组及时组织干部传达学习，认真领会，将“查找不足、整改提高”活动的成果转化为推动特派办稳步发展的动力。

教育实践活动　太原办党组对教育实践活动高度重视，认真扎实地开展教育实践活动的各项工作。办党组共查摆出16个问题。领导班子成员共查摆问题83个。从7个方面，提出23条具体整改措施，做到边学边改、边查边改、边整边改。教育实践活动期间，列出17项重点整改事项，已完成7个方面11项具体工作整改。起草《太原特派办党组群众路线教育实践活动整改落实方案》，从加强党组自身建设、加强机关党建和思想政治工作、规范机关事务管理等各方面，对整改工作进行细化安排，并提出推进整改的保障措施。

党风廉政建设　创新思路，拓展廉政教育形式和范围。除签订年度《廉政责任书》、廉政回访检查等传统的廉政建设工作外，还积极创新思路，进行廉政教育形式创新的有益尝试。如建立“以处级为主体、关注青年干部、强化全员意识”的廉政教育模式，突出处级领导干部这个重要群体，加强对青年干部的教育引导，强化全员廉政意识；开展审计人员家属书写廉政寄语的活动。把握廉政建设重点，强化审计现场监督管理。对每个审计项目均以办党组名义制发通知，对加强审计项目廉政工作进行具体部署，进一步明确廉政责任。民主监督倡廉，让权力在阳光下运行。对重大事项的决策，都按照提出方案、征求意见、集体研究决策、办理结果公示的程序进行。同时还利用办内网等党务公开平台，加大对领导干部收入等情况的公开力度，拓宽监督渠道。

（撰稿人：郎少萍）

【沈阳特派员办事处】　2013年，沈阳特派员办事处（以下简称沈阳办）人员编制150人，在编138人。设有办公室、法规处、财政审计处、行政事业审计处、农业审计处、资源环保审计处、固定资产投资审计处、金融审计处、企业审计处、社会保障审计处、外资运用审计处、计算机审计处、人事教育处、机关党委。

领导成员

特 派 员：张炳功

副特派员：冷奎英　马文辉（—4月）

　　　　　李志民　刘　仲

纪检组长：王　地（—4月）

汪春贵（4月—）

审计成果 沈阳办共完成审计项目12个，查出违规金额24.68亿元、管理不规范金额943.58亿元、损失浪费金额50.43亿元，促进整改落实金额305.24亿元；移送案件线索15件；111篇次审计信息被审计署采用；2个审计项目被评为优秀审计项目，2个审计项目被评为表彰审计项目；3篇AO应用实例和3篇计算机审计方法获得审计署优秀奖，并获得优秀组织奖；获评审计署审计专业领军人才3人，审计业务骨干人才16人，审计理论研究骨干人才36人，高级审计师4人。被辽宁省直机关工委评为省直文明机关、省直机关模范职工之家，连续12年获评省直机关目标绩效考核先进单位，连续6年获评省直机关扶贫先进单位；1个党支部获评“三型”党支部；1人获得省直机关“五一劳动奖章”；1人被评为省直机关青年岗位能手。

财政审计 完成某省政府性债务审计和某省2012年财政收支审计工作。摸清政府性债务的规模、结构及增减变化情况，从体制、制度和管理等方面揭示债务管理制度不健全、违规使用债务资金等问题和风险隐患，并提出建议，促进政府性债务的科学管理和风险防范。在某省2012年财政收支审计中，查出财政收入、财政支出、财政管理三大类47个问题，该省高度重视审计结果，省长做出“认真研究、全力整改并上报结果”的批示，并出台加强财政资金管理等方面的制度。

企业审计 在某集团公司2012年度财务收支审计中，查出该公司原法定代表人违规出售国有资产致使私营企业不当获利1.11亿元、6.41亿元国有资产面临损失等重大案件线索，移送案件线索1件。在某银行审计中查出某市私营业主诈骗1.1亿元贷款等5件重大案件线索，公安部、中纪委已立案调查，实现审计对权力运行的监督。

经济责任审计 完成某市党政领导干部经济责任同步审计和某银行法定代表人经济责任审计。在某市党政领导干部经济责任同步审计中，查出某经济区管理委员会原副主任涉嫌渎职犯罪造成财政资金损失1亿元问题被审计要情采用，经国家领导人批示后，4名相关责任人已被逮捕或起诉；起草《市委书记、市长综合考核评价办法》等6项制度；审计署经济责任审计司组织多个司局、特派办、审计厅就沈阳办与其共同编写的《地方党委政府主要领导干部经济责任同步审计操作指南》召开研讨会，沈阳办做主题发言。

社会保障审计 沈阳办以促进社会和谐稳定为出发点，深入开展民生审计。对医药企业追踪审计，查实药品定价严重虚高、医药企业偷逃税款等问题；共查出虚开增值税发票案件10起，涉案金额近25亿元，涉案11户医药企业和48名人员被起诉；编制《药品定价与流通情况审计指引》指导行业性税收审计，得到署领导的充分肯定。在某省保障性安居工程跟踪审计中，查出涉嫌诈骗拆迁补偿款的案件线索2件，公安机关已立案侦查。

资源环境审计 加大对土地、矿产等资源利用情况的审计力度，开展某省矿产资源开发利用保护及相关资金征管情况审计。查出某市副市长在国有企业重组过程中涉嫌滥用职权造成国有资产流失1.40亿元等3件案件线索。

信息化建设 在财政大格局审计中，创新数据分析组织模式，构建数据分析平台，精确查找问题线索；在经济责任审计中，创新构建数据分析模型，有效突破审计核实地区经济指标的技术瓶颈，并建立党政领导干部经济责任审计基础数据库，全年累计归集数据总量近3TB；加强特派办数据分中心基础设施建设，成立数据分析团队，初步建立较为规范的电子数据资源目录和审计业务数据综合分析管理平台；组织开发《保障性安居工程审计应用软件》等3个软件，组织完成2篇信息系统审计报告。

审计质量管理 审理复核审计业务文书共131份，提出审理复核意见110余条，均被采纳。制定审计业务会议议程细则、审计现场管理办法、加强和改进审计现场取证工作的若干规定等3项制度，并修订审计项目审理办法。建立常见移送案件线索审理模板，编制《审计移送案件线索审理指引》电子书，得到审计长的肯定；与辽宁省纪委、辽宁省公安厅建立起双方定时召开联席会议、设立常设机构保持常态化沟通等协作机制。在经济责任审计和政府性债务审计中，探索创新分组审理与汇总审理相结合“两手抓、两不误”的审理新模式。

理论宣传 独立或参与研究《财政专项资金

绩效审计》等6个课题；理论文章被采用48篇次，2篇论文获得中国审计学会优秀论文三等奖；出版学术专著1本；参与编写《审计操作技巧》系列丛书；共编发《审计宣传》336期，被审计署网站、《中国审计报》《中国审计》等媒体采用290篇次，位居各特派办前列；发布《审计宣传最新动态》6期；加强内部网站建设，定期对各处室登载情况进行督导和通报，全年登载各类信息3647篇。

队伍建设 重点强化办处两级领导班子建设。全年召开5次党组中心组（扩大）学习会，学习中央八项规定，中央领导以及审计长的重要讲话等；全年召开党组会议20次、特派员会议19次、审计业务会议19次、党委会议3次，坚持重大决策集体研究、集体决议，并将会议情况及时通报全办，保障群众的知情权、参与权、监督权。着力提高审计人员的工作能力和业务素养。通过开展“全面改进作风，打造审计铁军”主题年等活动，加强干部队伍建设。开展处级干部选拔任用工作，11人得到晋升。开展专业人才评选活动，评选出42名“四手”人才和4名复合型人才。加强青年干部培养，着力打造一流的青年干部队伍，特派员在审计署青年干部培养工作座谈会上做经验交流。

内部管理 修订各类制度20余项；督办事项40余件；连续5年公文质量检查零通报；保密、档案、信访等工作受到审计署和辽宁省的好评；强化财务管理，全面梳理财务工作，完善财务管理制度。基本完成机关后勤社会化改革；做好办公用房统计和调整工作；解决家属楼及职工宿舍冬季供暖不达标、职工停车难等问题；开通24小时服务热线，看望生育、生病职工及离退休干部69人次。

党建工作 通过“对照要求找差距，对照成绩找差距，对照评价找差距”和“几查几看”活动，全办深入剖析问题，结合署领导的点评意见，制定整改措施并认真落实。认真开展党的群众路线教育实践活动，整理出对办领导班子的意见建议32条。坚持用以人为本的理念开展审计文化建设。以创新工作、“四手”人才培养和服务群众为载体，加强创新型、学习型、服务型的“三型”基层党组织建设；开展了徒步走、摄影比赛、读书征文等丰富多彩的文体活动。

廉政建设 开展学习先进事迹、下发廉政书籍、发廉政短信、参观监狱、征集“廉”字书法作品和廉政寄语等廉政活动。查找廉政风险点，强化廉政风险防控。发挥署派驻纪检组长的作用，将廉政监督与审计质量控制相结合、指导支部工作与现场廉政检查相结合、教育实践活动督导与现场廉政检查相结合，开展廉政监督检查。出台实施意见认真贯彻落实中央八项规定，全年制发公文数量较上年下降53%；会议和培训全部使用电子资料；在公务接待等方面，办领导班子带头做执行中央八项规定的表率。（撰稿人：袁宇鹏）

【哈尔滨特派员办事处】 2013年，哈尔滨特派员办事处（以下简称哈尔滨办）人员编制150人，在编134人。设有办公室、法规处、财政审计处、行政事业审计处、农业审计处、资源环保审计处、固定资产投资审计处、金融审计处、企业审计处、社会保障审计处外资运用审计处、计算机审计处、人事教育处和机关党委。

领导成员

特 派 员：张　军

副特派员：罗　键　范东军

　　　　　姚洪敏（4月—）

纪检组长：李雪斌

审计成果 哈尔滨办完成审计（调查）项目16个，共查出违规问题金额75.45亿元，促进被审计单位拨付到位资金8.02亿元，调账处理金额11.46亿元，增收节支79.16亿元。移送司法、纪检监察机关及有关部门处理事项30件，涉案金额6.59亿元，当年办结6件，73人受到党纪政纪处分。上报审计信息被审计要情采用11篇，重要信息要目采用39篇，署领导批转函采用1篇，被中办、国办采用73篇次，党和国家领导人批示38篇次。参加的中国移动通信集团公司原法定代表人任期经济责任审计、长江三峡工程竣工决算（草案）审计获得审计署优秀审计项目。独立实施的江西省县级政府性资金专项审计调查、江西省2008年至2011年中央财政现代农业生产发展资金管理使用情况审计和参加的南水北调工程审计获得审计署表彰审计项目。

政府性债务审计 在黑龙江省和广西壮族自

治区政府性债务审计中，重点揭示两省区政府性债务管理制度不健全，举债、用债、偿债管理不到位，债务资金使用不规范等突出问题，深入分析债务成因，提出建立健全地方融资机制、防范化解潜在风险的意见建议。开展木兰、兰西两县机构运转支出审计调查，摸清两县 2012 年财政收支和机构运转支出的规模和结构，为中央政府了解和掌握县级政府机构运转情况提供第一手资料。

财政审计 在黑龙江省财政收支审计中，揭示财政收入不真实、财政支出不合规、预决算编制不规范等 7 大方面 55 个问题，涉及资金 233.18 亿元。在黑龙江省财政体制审计调查中，反映老工业基地历史负担沉重、养老保险赡养比远高于全国平均水平，作为全国最大的商品粮基地粮食安全补偿机制不完善等问题，并对教育、卫生、社保的事权划分进行积极探索。在黑龙江省资源能源节约利用类支出科目资金审计中，发现 85 个项目未能实现计划目标及时发挥效益，涉及资金 9.58 亿元。在黑龙江省城镇保障性安居工程跟踪审计中，揭示大量虚报目标任务完成、挪用保障性安居工程建设资金等 7 大类问题，在省内相关部门产生较大影响。另外，哈尔滨办严格按照审计署工作方案的要求，强化审计现场管理，摸清黑龙江省、河北省以及哈尔滨市和石家庄市本级财政存量资金规模和结构，结合地方实际分析原因，提出对策，揭示虚列支出、少反映财政存量资金等问题，顺利完成财政存量资金审计。

经济责任审计 在中国投资有限责任公司领导人经济责任审计中，全面揭示该公司在落实国家经济金融政策、完善公司治理、投资决策和投后管理、财务管理等方面存在的问题，发现多起重大违法案件线索。在某集团公司领导人员任职期间经济责任审计中，揭示其下属单位主要负责人严重失职、违规操作，致使巨额国有资金面临损失等 2 件违法案件线索；发现其下属上市公司虚增利润，损害股民利益的重大问题，已移送证监会处理。在配合开展的某部部长任职期间经济责任审计中，揭露某单位 4 名国家工作人员利用职务便利为民营企业谋利、涉嫌受贿的经济犯罪案件线索，并被审计要情采用，向最高人民检察院、某部移送重大违法违规问题各 1 件。

矿产资源审计 在江西省矿产资源开发利用保护及相关资金征管情况审计中，哈尔滨办认真检查江西省落实国家矿产资源开发利用保护政策情况，深入查处重大违法违纪案件线索。揭示某国有矿山企业违规向私营企业发包采矿工程、多名国家工作人员涉嫌受贿等重大违法问题。审计报告征求意见稿得到江西省委省政府的高度重视，省委书记和省长均做出重要批示。

专项资金审计（调查） 组织外商直接投资审计调查，促进外资的合理有效利用。针对黑龙江省外商投资总量小、增速快，在快速发展过程中易产生问题的特点，深入揭示相关部门违规越权审批外资项目、虚报利用外资业绩，外资企业无偿使用国有资产，地方政府违规出台招商引资政策等突出问题，提出建设性建议。黑龙江省主管副省长专程到访哈尔滨办，对审计工作给予充分肯定。

信息化建设 立足实践，推动计算机技术与审计业务融合。在财政大格局审计中，结合财政收支业务流程实现相关系统数据的纵向、横向关联；在企业经济责任审计中，应用央企审计分析和预警系统查出虚构业务虚增收入、多计收入和成本、财务报表抵销不充分等问题；在矿产资源审计中，深入采集分析当地工商、地税、矿产资源管理等数据 96 张表，编写数据分析方法 17 个，提高审计效率。夯实基础，加强审计信息化管理。进一步完善自主研发的审计资源中心，增加“模糊查询”功能，实现 CA 认证访问和网上审批，并充实计算机中级培训、审计师培训、审计经验等数据资源。

队伍建设 着力提升办处两级领导驾驭工作的能力。办领导带头加强自身建设，坚持党组中心组学习、党组集体研究、分管领导一线指挥等制度；实施处级领导干部能力提升工程，切实提高领导干部现场分析、解决问题的能力。着力提升以青年干部为主体的全体审计干部的工作能力。以落实哈尔滨办人才发展规划为抓手，全面落实“一个都不能少”和“不误人子弟”的育人理念。坚持实践是培养人才的第一跑道，安排青年干部在审计项目中担当重任，2013 年所有审计项目的主审均为 35 岁以下的青年干部。制定实施《审计实务导师制实施细则》，积极落实实务导师制和班子成员导师制，推动领军人才和骨干人才培养。

建立健全人才评价体系。正式出台个人绩效管理考核办法，将考核作为评价干部个人“德、能、勤、绩、廉”的重要手段和评先选优的重要依据。

审计质量管理 加强对重点项目、重点环节审计质量管理及制度落实。以倒排时间和督办提示为抓手，及时对全年实施审计项目的重点事项、重点环节进行提醒和督导；系统梳理重点审计项目全程控制、审计报告预审理等审计质量管理做法，进一步规范审计实施方案、审计报告、专题报告等审计业务会议要求，制定跟踪审理操作办法，对重点项目开展全过程跟踪审理。

党建廉政工作 始终把党风廉政建设作为促进特派办健康发展的重要工作列入议事日程。年初制定纪检工作要点，明确工作目标、工作任务、责任分工和完成时限，党组成员分别与分管处室负责人签订廉政责任书，落实党风廉政责任制。年中先后召开全办大会、党组扩大会和中心组学习会等，学习习近平总书记在十八届中央纪委二次全会上的重要讲话精神等，组织全办干部职工观看廉政教育警示片、参观黑龙江省廉政教育警示基地。加大廉政纪律巡查力度，深入审计一线检查审计纪律执行情况，探索现场廉政监督检查的新方法。年末组织召开机关第七次党员大会，选举产生第七届机关党委和第四届机关纪委，进一步提高党组织的战斗力。在干部选拔、政府采购、后勤改革、重大财务支出等事项上坚持机关纪委派人全程参与，做到规范运转、强化监督，确保工作公开透明，公平公正。

机关管理 严格按照工作要点推进各项工作。坚持以年度工作要点引领全办工作，在全面总结以往工作经验和认真分析全年审计任务的基础上，确定“争创一流特派办‘提升年’”的工作基调和“十项重点”工作。一年来，办党组带领全办干部职工狠抓落实，工作要点确定的工作均已全面实施，大部分已实现预期目标。全面评估现行制度落实执行情况。为深入贯彻刘家义“制度治办”的指示精神，哈尔滨办面向全办开展内部制度测评，在此基础上分析现行制度在执行过程中存在的问题及产生问题的原因，并有针对性地提出整改措施，努力推动特派办管理进一步由健全完善制度，向完善制度与狠抓制度落实并重转变。进一步理顺机关内部管理。制定关于落实中央八项规定的实施意见，对如何改进工作作风做出22条具体规定。修订《特派办工作规则》《接待工作和加班用餐管理办法》等制度规定。为加强后勤管理规范化建设，制定《劳务派遣人员管理暂行办法》等3项制度，绘制《办公楼及单身公寓设施布局平面图》，顺利完成后勤社会化改革。

文化建设 坚持以人为本，给予审计干部人文关怀。深入了解干部职工思想、学习、工作和生活等方面情况，适时解决实际困难，使干部职工感受到家的温暖。全年慰问生病住院职工24人次，走访生活困难职工18人，与省市临近单位举办两次青年联谊活动，在单位食堂为2名青年干部举办简朴而温馨的婚礼。进一步丰富文化生活，组织干部职工观看电影，参观金源文化展览、关东古巷；鼓励各审计组因地制宜地开展有教育意义的支部活动。办工会被评为年度省直机关先进职工之家。 （撰稿人：朱　晶）

【上海特派员办事处】 2013年，上海特派员办事处（以下简称上海办）人员编制150人，在编129人。设有办公室、法规处、计算机审计处、财政审计处、资源环保审计处、金融审计一处、金融审计二处、行政事业审计处、经贸审计处、固定资产投资审计处、外资运用审计处、社会保障审计处、人事教育处、机关党委和机关后勤服务中心。

领导成员

特 派 员：李晓钟

副特派员：倪志伟　张燕飞　黄建宇

纪检组长：张全廉

审计成果 上海办共开展审计和审计调查项目25个，查出主要问题金额1013.2亿元，发现非金额计量问题99个，审计处理处罚304.71亿元，移送处理事项8件，提出审计建议15条，被采纳13条，被审计单位制定整改措施80项、建立健全规章制度32项。提交的信息共被审计要情采用18篇，重要信息要目采用41篇，审计长批转函采用3篇，中办、国办分别采用34篇次和53篇次，党和国家领导同志批示49篇次。

政府性债务审计 在上海、浙江、宁波三地政府性债务审计中，既注重做好与债务办整体审计要求的协同，又注意挖掘长三角经济发达地区的政府性债务特点，推动三地政府率先转变发展方式和政府职能。在与地方审计机关密切配合的基础上，对三地各级人民政府性债务资金的筹集、管理、分配、使用等情况开展全面审计，共完成省市县三级和汇总审计报告12篇，乡镇债务、轨道交通、土地收储等专题报告3篇，审计结果和建议受到三地人民政府及有关部门的高度重视。从财政、金融、产业等不同角度透视不同区域债务结构特征，审查上海作为经济结构转型先行者的债务资金用途与产业政策调整的匹配程度，归纳浙江部分县级财政"新主体新方式"举债的具体表现及其引发的风险，从制度层面研究宁波等地政府信托举债增长迅速的原因，揭示土储融资不规范、融资平台公司改变项目贷款用途等一批典型问题，先后有3篇审计经验被署债务办转发。

财政存量资金审计 按照国务院对"激活财政存量资金"的工作要求，核实三地财政沉淀和滞留资金，从三地经济发展实际出发查找体制、制度层面原因，就清理沉淀资金、细化部门预算、强化预算执行、推进财政体制改革等方面提出合理化建议。

保障性住房审计 对保障房建造质量及配套设施进行延伸，及时揭示由于规划缺失在安居工程建设过程中存在的消防安全隐患问题，引起上海市政府和有关部门的高度重视。

金融审计 上海办在金融各领域查处重大案件线索13起。上报的《关于进一步规范我国银行间债券市场的专题报告》引起国务院领导的重视，多家权威媒体连续跟踪报道。针对银行间债券市场监管制度提出的审计建议得到财政部、中国人民银行等部门的重视和采纳，对进一步规范银行间债券市场发挥积极作用。针对第三方支付公司等新型交易结算机构存在的监管漏洞，对借助第三方支付平台从事赌博等犯罪线索展开调查，查实并上报审计要情1篇，由公安部门立案查处。聚焦融资领域借助"咨询公司"等第三方进行权钱交易的腐败犯罪新形式和大宗交易平台中存在的曲线融资、规避税收等新型违法违规行为，取得一系列突破性成果。开展"债券市场审计监管理论与实务"课题研究，书稿已正式付印。

经济责任审计 在中央企业领导人经济责任审计中，围绕不同行业特点分析权力配置和运转流程，针对内控中的薄弱环节查找突破口，重点查处失职渎职造成重大损失浪费和贪污受贿等问题，共揭露和上报7件重大案件线索，其中上海办独立查处5起。在某海运集团审计中，查实上报3起管理人员利用职权牟取私利、造成国有资产巨额损失的重大案件。在某冶金企业审计中，查实因主要负责人决策失误导致其所属企业国有资产损失72亿元等重大问题。

固定资产投资审计 在西电东送工程的重点建设项目审计中，紧扣工程招投标、材料设备采购、征地拆迁、工程变更等重点环节，查实某省部分电力设备采购中以咨询费形式向个人输送利益、某地电力施工单位套取电网工程建设资金私设"小金库"逾10亿元、某国有煤矿虚假破产骗取巨额中央补助资金等重大问题。

行政事业审计 通过审计调查揭露并上报上海、浙江等地部分企事业单位国有股权流转或处置造成的国有资产流失、相关管理人员中饱私囊等案件线索3件，其中某大学校领导涉嫌侵吞巨额国有资产一案，被审计署移送教育部、最高人民检察院。深入多家部属重点高校开展数据规划调研工作，为联网审计奠定基础。为更好促进高等教育的内涵式发展，与上海市教委联合举办上海市高校财务资产管理与审计工作研讨会，并在总结高校审计监督相关课题研究和实践经验的基础上，联合出版《高校财务资产管理与审计研究》一书，推动高校审计工作水平的提升。

计算机审计 以信息化引领审计技术方法体系的科学化。积极配合审计署审计数据分中心建设，建立跨行业资源库和数据分析平台；共收集整理国家金库、节能科目资金、财政、医保、社保理事会以及多家三级甲等医院等审计项目和被审计单位财务业务数据近5亿条。某海运集团经济责任审计项目被确定为全国"信息系统审计与联网审计双试点"项目，通过"三个结合"，创新借助信息化手段提高问题线索命中率的方法，探索VPN联网等新技术，完成联网审计历史数据采集、预警分析模型建设、网络连接等基础工作，得到审计署相关部门的肯定。

审计跟踪 坚持对以前年度已查实问题的追踪问责。向公安部经侦总队移交的上海一家国际旅行社和葛兰素史克原高管陈某涉嫌犯罪的相关资料，在随后开展的案件侦办工作中发挥重要作用，成为案件查办的重要突破口。移交的某上市公司为获得某省动物疫苗政府采购供应商资格向某省畜牧兽医局部分工作人员行贿的案件引发连锁反应，通过与某省检察院密切配合，查处某省畜牧兽医系统职务犯罪窝案多起，涉及 30 多人，受贿金额5000多万元。

机关党建 紧扣“为民务实清廉”的主题，围绕署党组“十个加大”和“加强十个方面工作”的要求谋划全办工作大局，围绕保持党的先进性和纯洁性不断提高干部队伍的思想认识和宏观政策水平，着力打造政治过硬、素质一流的审计铁军。在署督导组的指导下，办党组认真做好教育实践活动的各项规定动作，广泛征求和听取同志们对办党组工作和班子成员的意见，全面查找“四风”方面和影响上海办科学发展的重大问题，认真剖析“四风”问题产生的思想根源，以“查找不足、整改提高”活动为抓手，共查找出全办在班子建设、工作创新、精神面貌、队伍素质、基础管理等 6 方面 20 个主要问题。针对存在的问题，开展“我到上海办做什么？我到上海办后做了什么？我到上海办应该做什么？”的“三问”大讨论，推动全办上下以奋发有为的精神状态把个人成长与上海办的发展、审计事业的发展紧密融合。针对全办干部反映的突出问题，着力抓好作风转变，向纪律松弛、敷衍塞责、出工不出力等“庸懒散”“娇骄暮”现象开刀，不断强化审计现场管理能力。

制定出台《对审计组审计实施过程加强廉政管理和监督的意见》等多项廉政制度，有效压缩审计人员自由裁量权。纪检组在 2013 年的廉政回访中，增加对“重要审计事项和查出问题是否经过会议讨论”“审计经费使用是否真实合理”等事项的监督检查，促进审计纪律的全面贯彻执行。积极探索“制度＋科技”的工作方法，审计项目风险防控信息系统在完成一期研发并得到署领导肯定后，对试运行过程中发现的 20 多项问题逐一进行完善，并在全办全面推广使用，有效实现审计项目的全过程监管和信息公开。

内部管理与制度建设 积极推进扁平化管理，对现有规章制度开展“废、改、立”，完善绩效指标、信息责任、计划统计、保密事项等事关全办工作的基础管理规章，进一步强化内部管理水平和工作执行力。全面贯彻落实审计现场管理办法，将质量控制要点及违反质量规范的常见表现形式归纳下发至各业务处室进行对照检查，提高全过程审计质量控制的自觉性。积极推行现场审理，切实发挥兼职审计质量管理员的作用。试行审计信息工作目标考核，健全审计工作目标责任制和重大审计质量问题责任制，强化日常督办工作。加强财务管理工作，重点修订接待工作和值班用餐管理办法等 7 项规定，招待费开支比上年下降近 40％。（撰稿人：杨建荣）

【南京特派员办事处】 2013 年，驻南京特派员办事处（以下简称南京办）人员编制 150 人，在编 130 人。设有办公室、法规处、财政审计处、行政事业审计处、农业审计处、金融审计处、资源环保审计处、企业审计处、固定资产投资审计处、社会保障审计处、外资运用审计处、计算机审计处、人事教育处、机关党委。

领导成员

特 派 员：李　玲

副特派员：刘　利　马学斌　徐　勇

纪检组长：周敦祥

审计成果 南京办共完成 25 个审计项目，查出违纪违规问题金额 350 多亿元，向司法、纪检监察机关移送案件线索 12 件。上报的审计信息等材料被署采用 178 篇次，其中：审计要情 4 篇，重要信息要目 39 篇，两办约稿 1 篇，审计长信函 1 篇，署领导批转函 3 篇，信息转送函 26 篇，专题报告 1 篇，综合报告采用案例 2 个，被中办国办采用及领导人批示 101 篇次。工作经验做法被审计工作通讯等采用 9 篇。江苏省节能减排专项资金审计、进出口银行法定代表人任期经济责任审计等 4 个项目获得署优秀和表彰项目。在全国政府性债务审计和财政存量资金审计中，相继开发 3 个报表附加校验工具，被推广至全国使用。有关推进特派办科学发展的思路、取得的成果及主要做法被中国审计杂志全文刊载。

财政审计 组织实施江苏省财政收支审计、江苏省财政体制运行情况审计调查、江苏省本级政府性债务审计、东海县和泰兴市机构运转支出情况审计调查以及江苏省本级财政存量资金审计等审计项目。审计中更加重视对审计结果的分析，以审计结果为依据，把握财政体制改革动向，从宏观到微观将财政制度运行及改革纳入研究范围。如在大格局项目中，以财政收支审计整体结果为依据，形成宏观性的财政体制运行分析调查报告，剖析省以下财政体制运行中存在问题及形成的原因，并提出建议。

金融审计 完成人民银行南京分行财务收支以及国家金库江苏省分库办理预算资金收纳拨付审计、江苏证监局预算执行审计等项目。

在审计中关注敏感热点问题，查处重大违法、违规问题，维护国家经济秩序。如在农发行安徽省分行审计中，紧紧围绕农发行信贷业务、贷款核销及咨询顾问异常收费等重点，关注融资平台和农业产业化龙头民营企业贷款资金走向，关注企业业务经营、土地使用、中介服务等费用支出的真实合规性，跟踪资金异常流动，发现重大违法、违规疑点问题线索，部分以重要审计情况上报、部分移送司法机关处理。如延伸某股份有限公司贷款时发现，该公司部分高管通过某物流公司开具无真实贸易背景运输发票套取公司资金涉嫌职务侵占的问题。某分行相关人员涉嫌收受贿赂协助某公司获取农发行贷款，农发行贷款及财政资金形成损失。某融资平台公司主管部门某工作人员通过给某中介公司与该市平台公司牵线从某金融租赁公司融资，涉嫌收受中介公司贿赂问题。某市社会发展实验区违法以超低地价甚至“零地价”出让国有土地使用权用于房地产及商业项目开发，明知其中部分土地尚未取得农用地转为建设用地手续仍批准办理土地挂牌出让，在上述问题被土地督察部门发现后仍弄虚作假掩盖违法批地真相，造成国有土地资产大量流失，部分国家工作人员涉嫌严重渎职。

在五大商业银行贷款跟踪审计调查项目中，密切联系经济金融形势，关注银行新型违规手法。如关注银行间存款考核日趋白热化的现象，发现某银行部分分支机构为完成上级行存款经营计划及市场占比的考核任务，将同业存款违规反映为一般对公存款。又如通过分析有关信贷数据，关注商业银行保理业务的融资风险，发现某实业有限公司为获取银行融资，通过在母公司、合作企业间循环开票人为增加无实质内容的交易环节形成的应收账款获取银行保理融资，放大无特定用途的银行融资规模，存在潜在风险。

行政事业审计 组织完成促进公立医院改革的课题研究工作，参加财政扶贫资金审计。通过审计调研，了解公立医院改革过程中存在的问题，并提出合理化建议，促进公立医院落实相关改革措施，进一步改进医疗服务质量，提升医疗服务水平。南京办通过对江苏省医改办、江苏省卫生厅、江苏省财政厅、南京市、镇江市、宿迁市、常州市等地方和单位的调研，掌握江苏省公立医院改革进展的情况。站在审计视角深入分析江苏省公立医院改革过程中所面临的突出问题，并提出政策建议。

农业与资源环保审计 组织完成江苏省资源能源节约利用类支出科目资金审计、山西省矿产资源开发利用保护及相关资金征管审计。

在江苏省资源能源节约利用类支出科目资金审计中，全面审计 2011 年、2012 年江苏省各级财政“三款科目”资金的预算执行和下达、拨付情况，并延伸审计项目的实施情况与政策效果，延伸审计项目数占两年项目总数的 60.57%，涉及资金占中央同期下达江苏省资金总额的 71.22%，通过审计揭示江苏省在资金下达拨付、管理使用、项目实施以及政策目标实现等方面存在的问题，并提出整改建议和处理处罚意见。审计发现重大违法违规案件线索 1 起，移送江苏省公安厅立案查处。

在山西省矿产资源开发利用保护及相关资金征管审计中，发现部分国有企业及地方政府领导在煤矿企业兼并重组中滥用职权造成国有资产流失、政府公职人员违规入股煤矿获取巨额收益的线索。审计发现某金矿少缴矿产资源补偿费后，当地国土资源部门及时进行追缴，避免国有矿产收益流失。审计揭示的某县国土资源局违规办企业并伪造材料办理探矿权许可证和采矿权许可证，得到当地政府的高度重视，对国土资源局副局长等有关责任人给予党纪政纪处分。

固定资产投资审计 参加实施 2013 年度西电东送工程审计、长江三峡工程竣工决算（草案）审计和南水北调工程审计。

在西电东送工程审计中，做好数据采集、分析和运用，尝试国家电网公司信息化审计调查。

最终查实某集团部分人员与中介机构相互勾结，在电力设备招投标中搞幕后操作；某电网有限公司违规招投标，个别领导操纵招投标涉嫌骗取侵吞国有资金；民营企业北京某供电公司向电力单位个别领导和亲属输送利益；某送变电工程公司使用虚假合同虚假发票套取电网工程建设资金等5条案件线索上报，监察机关已着手立案调查。此外，在该项目中，率先探索工程项目信息化审计，开发的《西电东送工程审计数据采集整理工作指引》《SAP采购订单数据分析操作指引》和《国家电网公司SAP ERP应用情况调查提纲》下发各审计组，加快审计数据采集的进度和分析进程，有效提高审计工作的效率和效果。

社会保障审计 开展实施江苏省保障性安居工程跟踪审计。审计核实，2012年，该市逾300户不符合条件的家庭通过保障审核，涉及租赁补贴逾百万元，实物保障面积近3000平方米；近百户家庭重复享受两种实物保障，涉及多占保障房面积8000多平方米。通过对公职人员违规享受住房保障的疑点进行追查，发现该市3例处级干部通过伪造工作收入证明、拆迁过程弄虚作假等方式骗取合计5套保障房以及拆迁安置款，相关情况移送该市纪委进行处理。

经济责任审计 组织实施江苏省省长经济责任审计、中国农业发展银行法定代表人经济责任审计（安徽省分行）项目。在省长经济责任审计中，对乡镇债务进行摸底调查，对江苏省乡镇债务的情况进行初步梳理，对乡镇债务的审计方法进行探索，为全国政府性债务审计中乡镇债务审计提供经验。中国农业发展银行（以下简称农发行）是政策性银行，审计中，不仅重点关注重大违法、违规问题，而且关注农发行政策性职能的履行情况，将该行的融资平台贷款和传统的粮食储备贷款业务并重，揭示农发行在执行中央“三农”政策和维护国家粮食安全等方面存在的主要问题。

（撰稿人：江　江）

【济南特派员办事处】 2013年，济南特派员办事处（以下简称济南办）人员编制150人，在编129人。设有办公室、法规处、财政审计处、行政事业审计处、农业审计处、资源环保审计处、固定资产投资审计处、金融审计处、企业审计处、社会保障审计处、外资运用审计处、计算机审计处、人事教育处和机关党委。

领导成员

特 派 员：杨宁生

副特派员：矫　强　班东启（—4月）

吴兆军（4月—）　许永利

纪检组长：王志伟

审计成果 济南办完成审计（调查）项目23个，跨年度组织实施某省财政收支审计等5个项目。查出违规金额63.64亿元、损失浪费金额0.4亿元、管理不规范金额2250.5亿元；制发审计移送处理书13份，涉案金额3.49亿元；上报的审计信息被审计署采用66篇，其中审计要情22篇，重要信息要目34篇，信息转送函等17篇，被中办、国办分别采用29篇、50篇，被党和国家领导同志批示44篇；独立或参与实施的内蒙古自治区主席经济责任审计、长江三峡工程竣工决算（草案）审计、南水北调工程审计、内蒙古自治区节能减排专项资金审计4个项目被评为全国优秀或表彰审计项目。

财政审计 完成矿产资源专案审计调查、某省财政收支审计、某省政府性债务审计、某市政府性债务审计和财政存量资金审计等项目。在矿产资源专案审计调查中查出民营业主周某某等人涉嫌与地矿勘探人员串通变相转让探矿权牟利29亿元、两家企业在某自治区非法采矿6年民营企业主刘某某等人获利28亿多元等犯罪事实。财政“一本通”审计的做法在财政收支审计中被审计署推广应用。在政府性债务审计中，审计组上报的2篇经验方法均被审计署债务办全篇采用，其中《利用〈其他公益性乡村债务监管系统〉开展尚未锁定的公益性乡村债务审计》的方法，成为全国债务审计中单独重点推广的经验材料。

金融审计 完成中国人民银行某分行和某银监局预算执行审计、某省国家金库系统办理2012年预算资金收纳拨付情况审计和中国银行某分行经济责任审计。揭示中国银行某分行违反国家信贷及产业政策，将信贷资金投向别墅建设以及向小微企业提供金融支持服务不到位，虚增小企业贷款25.61亿元等问题。

固定资产投资审计 完成某省西电东送工程审计。重点关注物资采购、征地拆迁、工程招投标、对外投资等方面的问题，项目综合报告采用典型案例7个，被审计要情采用4篇。参与查处的原铁道部部长受贿、滥用职权案被审计署2013年第30号公告并被审计长刘家义在新闻媒体首次披露，在社会上引起巨大反响。

社会保障审计 完成山东省2012年保障性安居工程跟踪审计。揭示保障房建设与分配工作衔接不够、房屋闲置与保障不到位并存、信贷资金落实到位率低、大量廉租及公共租赁住房未及时办理产权登记等问题。查出的城中城房地产开发有限公司违规处置227套经济适用住房，641户保障对象不符合条件违规领取廉租住房租赁补贴，1733套经济适用住房被用于拆迁安置等3个案例被审计署审计公告采用。

资源环保审计 完成某省2011年至2012年资源能源节约利用类支出科目资金审计和某自治区2011年至2012年矿产资源的开发利用保护及相关资金征管情况审计2个项目。在某自治区矿产资源审计中，查处个别政府领导干部、国有地质勘探单位负责人滥用职权违规转让矿产资源造成巨额国有资产流失、党政机关干部违规入股煤炭企业等12起重大违纪案件，其中有8件案件线索以审计要情上报后由中纪委着手立案查处，3件以审计长批转函移送内蒙古自治区政府立案查处，1件移送内蒙古纪委查处，实现查处大案要案的重大突破。

企业审计 完成某科技集团原法定代表人任期经济责任审计。高度关注某科技集团对外投资、股权转让、物资采购等腐败问题高发区，揭示某公司违规开展管理层持股牟取巨额不当利益等问题，被审计单位对上述问题基本整改完毕并建立健全各项规章制度。

境外审计 派出2人次参加联合国儿童基金会等联合国审计项目，相关工作成果被审计署重要信息和专题报告采用。

法治化建设 全年审理审核重要审计情况19篇、审计移送处理书13份、审计实施方案4篇、审计报告及审计决定46篇、审计简报39篇。积极贯彻《审计署审计现场管理办法》，并制定八条实施细则，强化审计项目现场管理，编印《常用审计法规规章和业务管理制度汇编》，采取全过程跟踪审理模式，狠抓审计过程中的质量控制。如在政府性债务审计项目审理工作中，按照《审计署办公厅关于做好全国政府性债务审计项目审理工作的通知》要求，制订周密的审理工作方案，实施全程跟踪、严格审理，以确保审计质量。

信息化建设 结合全年审计项目计划，制定济南办《2013年信息化工作要点》，出台《计算机审计中级人员后续管理办法》。加大数据多维分析力度，发挥技术支撑作用。在6个审计项目中组建数据分析团队，采取多样化分析方法，探索数字化审计模式，提升审计突破能力。夯实信息化发展基础，提高工作水平。合理安排，认真组织计算机培训工作。派出3人次参加投资司《大型重点建设项目联网审计应用系统研究》课题的调研撰写工作。

机关管理 结合党的群众路线教育实践活动，对全办现有100项规章进行系统梳理，制订制度建设计划，逐步建立起用制度管权、按制度办事、靠制度管人的机关管理模式。强化审计现场管理，采取全过程跟踪审理模式，狠抓质量控制，相关做法两次被审计署《审计工作通讯》采用。充分利用优秀审计项目评选契机，对7个重点审计项目155卷审计档案开展质量检查，提高项目质量。加强预算管理，严格预算执行，管好大额支出，严格政府采购。稳步推进公务卡、医保改革，完成内部审计工作。周密部署，结合实际，制订《后勤管理社会化改革工作实施方案》，平稳顺利地完成机关物业社会化改革工作，将物业管理整体外包，理顺劳动关系，提高后勤运行和保障水平。

队伍建设 加强领导班子自身建设，发挥好集体领导核心作用，坚持民主集中制，确保班子团结统一和议事决策科学民主，凝聚集体智慧。在党的群众路线教育实践活动中，虚心征求对领导班子的意见建议43条，确定12项整改任务46项措施，取得明显成效。组织制定《2013年至2017年人才培养规划》《关于进一步加强青年干部培养工作的意见》等规划意见，健全干部管理机制。以提振精气神、增强执行力和竞争力为目标，干部队伍素质能力取得新提高。5人被署评为审计专业领军人才和骨干人才，5人被中国审计学会评为理论研究骨干人才，全办有25篇理论研究文章在《审计研究》《中国审计》等刊物发表或交流、获奖。济南办再次被评为山东省省级文明单位，企业处党支部和4名处级干部分别被省直机关授予先进基层党组织、模范履职处长等称号。

党建工作 认真落实加强学习型审计机关建设的意见，深入学习十八大精神等重点专题，积极开展党建活动，成立临时党支部加强一线党建工作。落实廉政责任，办党组书记与处室负责人签订责任书，分解责任，抓好落实。组织百题知识测验和发放15起审计人员违法违纪案例，开展正面教育和警示教育，防微杜渐。突出审计监督权和人财物管理权运行过程中的廉政风险点防控，细化权力运行流程图和防控措施，提高工作水平。纪检组长带领机关党委有关人员深入各异地审计组，坚持“看、谈、调、提”，强化廉政检查，促进审计纪律执行到位。执行八项规定，自觉抵御享乐主义、奢靡之风，办领导带头谢绝公款宴请、互访等活动，年初取消迎春联欢会和职工聚餐。

（撰稿人：李　锐　韩丽娜）

【郑州特派员办事处】 2013年，驻郑州特派员办事处（以下简称郑州办）人员编制150人，在编140人。设有办公室、法规处、财政审计处、行政事业审计处、农业审计处、资源环保审计处、固定资产投资审计处、金融审计处、企业审计处、社会保障审计处、外资运用审计处、计算机审计处、人事教育处、机关党委。

领导成员

特 派 员：郑新举

副特派员：王俊豪　王彦斌　茅东萍

纪检组长：张晓青

审计成果 郑州办完成审计项目23个，查出各类问题金额3626.35亿元，其中违规金额1161.96亿元；促进增收节支、挽回避免损失25.31亿元；编发的各类审计信息和报告，被专项信息采用81篇，其中审计要情8篇、重要信息要目41篇。参与实施的长江三峡工程竣工决算（草案）审计被评为2013年度审计署优秀审计项目；独立实施的河南省省长经济责任审计、参与实施的南水北调工程审计被评为2013年度审计署表彰审计项目。

财政审计 完成安徽省财政收支审计和财政体制运行调查，主要揭示安徽省人为调整造成虚增公共财政收入5.58亿元、支出5.76亿元，虚列财政支出34.24亿元，违规向企业变相返还财政收入58.32亿元；部分国库违规办理预算收入退库12.59亿元、财政库款支拨67.65亿元，安徽蚌埠一副区长涉嫌协助民营企业骗取中央财政补助资金9732万元等问题。

完成两省政府性债务审计和财政存量资金审计，主要揭示河南和安徽两省政府性债务管理制度尚不健全、融资平台公司清理规范不到位；2011年以来通过信托、回购等新的举债方式形成的政府性债务规模大、融资成本较高；违规集资、未按约定用途使用债务资金问题突出；淮北市政府利用融资平台采取欺诈手段发行公司债券等问题。

农业与资源环保审计 参加内蒙古自治区矿产资源开发利用审计，主要揭示内蒙古国土资源厅原副厅长赵某涉嫌渎职违规为民营企业办理矿业权造成国有资产流失3.51亿元，内蒙古某市原市长玩忽职守导致民营企业倒卖探矿权获利9.68亿元，中国地质调查局天津地质矿产研究所所长金某滥用职权低价转让国有股权造成民营企业短期获利9037万元；5家企业无证开采煤炭1.21亿吨并实现销售收入150.56亿元等问题。

完成安徽省资源能源节约利用三款科目审计，主要揭示安徽108个资源能源节约利用项目未完工或未达到预期目标等影响政策目标实现，6家企业编造虚假资料套取节能减排等中央财政专项资金1.34亿元等问题。

固定资产投资审计 完成新疆与西北联网750千伏第一、二通道工程审计和电力体制调查，主要揭示未批先建、未经公开招标签订合同、违法分包、勘察设计不到位造成损失、多结算工程价款等工程建设领域的突出问题，涉及金额50.94亿元；反映电力建设市场相对封闭、没有形成有效竞争，青海藏区用电难，新疆等地发电能力与送电能力不匹配等电力体制运行中存在的问题，揭示甘肃省电力公司一超高压公司总经理贾某等人账外私分国有资产2600多万元等违法违纪问题。

金融审计 完成人民银行合肥中心支行财务收支审计和国家金库系统办理预算资金收纳拨付

情况审计、中国银行业监督管理委员会安徽监管局（以下简称安徽银监局）预算执行和其他财政收支情况审计，主要揭示人民银行合肥中心支行未经批准在不同科目之间挤占串用预算资金4098.64万元、少计收入199.63万元，安徽省财政部门财政性资金账户设立及管理不规范、财政国库管理制度改革措施落实不到位，安徽银监局预算支出不实、在会计核算管理中多计支出、少计收入等方面的突出问题。

社会保障审计 完成安徽省保障性安居工程跟踪审计，发现安徽省未按规定筹集资金8343.41万元、资金使用不规范14172.03万元、虚报完成保障性安居工程开工任务781套、161户不符合条件的家庭获得住房保障、3804套廉租住房闲置、部分项目建设单位和施工单位未严格履行责任等问题。

外资运用审计 完成高速铁路客运专线项目年度跟踪审计，主要揭示高铁压覆禁采范围内建设煤矿严重威胁高铁运营安全，概算控制不严新增“四电”系统集成工程概算4.4亿元，外资采购接触网零部件质量缺陷问题至今未彻底解决，8000余亩临时用地未及时复垦耕地面临流失，资产负债率高和银行贷款利息负担重影响项目可持续发展等问题。

完成河南省及两家中外合资（合作）企业直接利用外商投资情况专项审计调查，主要揭示河南省部分地区层层下达外资利用指标，基层部门为完成任务虚报利用外资业绩获得奖励，河南某县为招商引资大开“方便”之门，外商投资企业圈占生态风景区湿地资源违规建别墅；某市在招商引资过程中违规决策导致财政资金损失近4亿元，一中外合作公司长期低价租赁国有土地造成中方利益受损等问题。

经济责任审计 完成新疆维吾尔自治区主席经济责任审计，主要揭示自治区超计划指标审批和占用耕地16792.15公顷，越权批准调整基本农田3.83万亩，违规设立2个收费项目收费3.22亿元，伊犁河谷地土地开发整理重大工程253.88万亩新增耕地任务未按期完成，自治区交通运输厅所属34户经济实体未与兴办单位脱钩、违规为主管部门谋取利益等问题。组织开展政策性银行领导人经济责任审计，完成中国农业发展银行股份有限公司（以下简称农发行）原法定代表人任期经济责任审计（湖北省分行），揭示农发行湖北省分行以违规发放贷款和提供融资担保等方式掩盖信贷资产质量真实状况，以涉农贷款名义发放土地收储贷款，农业产业化龙头企业信贷业务管理存在漏洞导致贷款资金被挪用等问题。

队伍建设 扎实开展“能力建设年”活动，促进干部队伍能力的全面提升。郑州办深入分析干部队伍现状，以处级干部和青年干部为重点，从加强教育培训、实践锻炼、作风建设、完善竞争激励机制等4个方面入手，坚持全员培训与个性化培养相结合、教育培训与实践锻炼相结合，以审计项目为依托，以复合型人才培养为目标，开展研究式审计，组织专题学习和优秀论文交流，对31名处级和科级干部进行轮岗，选派11名业务骨干交流和挂职锻炼，强化新录用公务员的基本功培养，着力提升青年干部的审计实战能力和处级干部的统筹管理能力，集中解决干部队伍能力不高、竞争力不强的突出问题。

审计质量管理 组织完成2012年财政审计项目交流总结活动，现场交流项目组织实施的方式方法和经验教训，79人次提问互动，办领导逐一点评，积极探索审计项目后评估机制，为进一步加强大型审计项目管理和提高依法审计能力厘清思路、找准方向。着力强化现场审理，加强在审计现场对问题定性、审计取证、法规适用的审核把关，前移质量控制关口，确保审计质量。建立审计整改台账，动态跟踪审计项目整改情况，加大督促检查力度，有效推动审计整改的全面落实。以推动国家审计准则贯彻执行为重点，开展“六五”普法宣传系列活动，定期通报审理发现的突出问题，督促审计人员积极学法用法，强化法治思维和问题导向。

内部管理 研究制订郑州办2013年至2017年审计工作发展规划，以争创“一流特派办”为目标，明确审计工作和各项基础建设的目标任务和具体措施，促进审计事业协调有序发展。研究制定贯彻落实中央八项规定9个方面的29项措施，坚持领导带头严格执行，切实提高机关行政效能和工作效率。严格执行公务接待办法，积极清理办公用房，落实节电节水节能量化指标，组织对2012年财政审计项目进行绩效分析，厉行勤俭节约，提高资金使用效益。细化无纸化办公和精简文件的措施，加强对行文必要性的审核，压缩全办性大会数量，做好会前材料准备，提高办文议事效率。全面清理建办以来的145项制度规定，制定或完善工作规则、督办工作办法等制度，进一步明确职责、简化程序、强化督办，逐步建立起用制度管权管人管事的机制，提高工作效率。落实信息化建设三年规划，建立数据分析指挥团队和实战团队的框架，归集4个省10多个行业的数据，设立数据分析室，初步建成“四位一体”审计数据中心。以此为依托开展数据分析，总结提炼方法和经验，6篇论文、5篇AO（现场审计实施系统）应用实例、11篇计算机审计方法在审计署相关评选中获奖，为审计项目提供有力的技术支撑；完成对新疆自治区电子政务信息系统和中国农业发展银行湖北省分行信息系统的专题调查。

党建工作　深入开展党的群众路线教育实践活动，办、处两级领导班子和处级以上干部聚焦“四风”，从各个渠道征求到意见建议111条，办领导班子对照查找16个方面的突出问题，制定50条整改措施，形成整改方案和专项整治实施方案，明确整改要求和时限，着力解决群众反映强烈的突出问题，努力作为民务实清廉的表率。强化廉政纪律，打造风清气正的良好环境。严格落实党风廉政建设责任制，进一步深化廉政承诺制，签订处室廉政建设目标责任书，着力强化廉政责任意识；组织学习党风廉政建设重要会议精神，开展弘扬焦裕禄精神的主题教育活动，对11名新任处级干部进行廉政集体谈话，组织观看预防职务犯罪等教育片，正面教育与反面警示相结合，着力提高宣传教育成效；以制约和规范审计监督权和人财物管理权为重点，组织对4个重点审计项目的11个审计现场进行廉政检查，对人事、财务、资产管理等专项工作全程监督，将廉政风险防控融入审计机关管理的全过程，营造不能腐、不敢腐的良好环境。（撰稿人：任咪娜）

【武汉特派员办事处】　2013年，武汉特派员办事处人员编制150人，在编138人。设有办公室、法规处、财政审计处、行政事业审计处、农业审计处、资源环保审计处、固定资产投资审计处、金融审计处、企业审计处、社会保障审计处、外资运用审计处、计算机审计处、人事教育处、机关党委。

领导成员

特 派 员：程　光（4月—）

副特派员：车列武（4月—）　夏循福

余远华　杨卫东（—4月）

纪检组长：凌玉祥（4月—）

审计成果　共组织实施审计或审计调查项目（含跨年度项目）27个，审计查出违法违纪金额13.64亿元，管理不规范金额2163.46亿元，损失浪费金额0.7亿元。审计揭露并向司法、纪检、监察机关移送案件线索和事项21件，涉案金额1.27亿元，涉案人员38人。被审计署各类审计信息采用72篇，其中，审计要情采用13篇，重要信息要目采用34篇，信息转送函采用12篇，审计长信函采用1篇，审计长批转函采用3篇，审计署值班信息采用1篇，专题报告采用1篇，综合报告采用案例1个，审计工作通讯采用5篇。参与实施的长江三峡工程竣工决算（草案）审计被审计署评为优秀审计项目，南水北调工程审计被审计署评为表彰审计项目；实施的湖北省县级政府性资金专项审计调查、中国国电集团公司法定代表人任期经济责任审计被审计署评为表彰审计项目。

财政审计　实施湖北省财政收支审计、湖北省省长经济责任审计、全国政府性债务审计（湖北、江西）、财政存量资金审计（湖北、江西）、湖北省财政体制运行情况专项审计调查、江西省安义县和都昌县机构运转情况审计调查等审计项目。

在全国政府性债务审计中，对湖北、江西两省本级，武汉、南昌两市本级及4个区县政府性债务资金的管理使用情况进行审计。审计中注重加强综合分析，上报5期经验交流材料以及有关乡镇新发生政府性债务情况、市本级土地收储融资情况、轨道交通建设债务情况、以BT等方式形成的债务情况等方面的专题分析报告，受到署债务领导小组的肯定。

在湖北省省长经济责任审计中，在组织方式上做了重点筹划和安排，着重强调发挥综合组的龙头效用，减少对重要事项的遗漏，突出重点，提高审计工作效率，注重加强对审计情况的综合分析，积极谋划审计成果利用最大化。

在湖北省财政收支审计期间，多次与被审计单位召开座谈会，从不同角度和层次调查分析现行中央与地方以及省以下财政体制对调节收入分配关系、实现社会服务均等化的影响，上报的完善财政体制的意见和建议被财政司编发的审计工作动态采用。审计项目结束后，综合近两年对湖北省财政收支审计发现的普遍情况，综合分析省、县两级财政非税收入征收管理情况，系统梳理存在的普遍性、典型性问题，针对进一步规范非税收入征收管理提出建议。

资源环保审计 实施湖北省 2011 年至 2012 年能源资源节约利用类支出科目资金审计、湖北省矿产资源开发利用保护及资金征管情况审计等审计项目。

在 2013 年中央财政资金转移支付湖北省财政节能环保类 3 个款级科目资金审计中，从立项审批、资金使用、建成效果 3 个环节入手，将民营企业作为重点延伸对象，注意抓典型案例，揭露弄虚作假、骗（套）取财政资金、造成重大损失浪费等突出问题，共移送因国家工作人员涉嫌玩忽职守、滥用职权等导致专项资金被骗的案件线索达 12 件，湖北省人民检察院立案查办一批节能减排领域渎职犯罪案件。

在湖北省矿产资源开发利用审计中，重点关注矿业权出让转让、矿产资源整合和矿产品购销等案件多发环节，加大对相关单位和个人内外勾结、利益输送等问题的查处力度，发现国有企业法定代表人利用国有和民营企业双重领导身份之便，为其控制的民营企业输送利益；在改制期间利用虚增负债的手段侵吞国有资产牟取私利，导致国有资产流失金额巨大等问题，审计发现的案件线索已由当地公安机关处理。

固定资产投资审计 实施 2013 年西电东送工程（山西）等审计项目。重点对山西王曲电厂、河曲电厂送出 500 千伏输变电工程和大同至房山Ⅲ回线及串补工程等项目开展审计，关注建设工程投资领域工程招投标、物资采购等环节，揭露和查处巨额电力设备采购中介费背后的幕后交易、有关人员骗取征地拆迁补偿资金、民营企业与地方政府部门有关人员勾结骗取高额财政专项资金等问题，形成的信息成果被审计要情采用 4 篇。审计还注意深入研究经济社会发展中的突出矛盾和风险，从体制、机制、制度层面分析问题，积极提出深化改革、完善制度和加强管理的建议。如，就节能减排电价相关政策落实情况、节能减排专项资金管理使用等问题展开审计调研，及时报送审计信息、专题报告，发挥审计建设性作用。同时，做到审计监督与审计整改并重，积极促进审计成果转换，多次协调、督促相关被审单位及时采取措施、整改落实审计发现的问题。

金融审计 实施人民银行武汉分行财政收支审计、湖北证监局 2012 年度预算执行审计和决算（草案）审计、国家金库湖北省分库办理预算资金收纳拨付情况审计、中国农业发展银行法定代表人经济责任审计（四川省）等审计项目。

在中国农业发展银行法定代表人经济责任审计中因地制宜，结合四川省生猪、饲料和白酒为该省传统优势产业这一特点，确定审计重点，根据行业特点制定审计措施。通过对肉类加工、储备企业、皮革加工等产业化龙头企业的重点延伸，发现储备肉超期储存威胁食品安全、企业将大量储备肉贷款违规投入煤矿和房地产行业、地方龙头企业资质普遍不达标、利用龙头企业身份获得农发行贷款并挪作他用等问题；在审计中，从“短贷长用”现象入手，对银行数据进行深入分析，揭示部分银行员工在企业续贷、资金“搭桥”业务中牟取不正当利益的问题。

在人民银行武汉分行财务收支审计中，揭示人员经费挤占公用经费和项目经费、重复报销会议费套取资金的问题，对被审计单位触动很大，已责令相关部门和人员进行整改。

企业审计 参与实施中国石油天然气集团公司（以下简称中石油集团）原法定代表人任职经济责任审计等审计项目。发现中石油集团将优质油田资源用于对外合作并疏于维权，导致巨额石油收益流向民营企业主的问题。全面采集吉林油田对外合资合作情况，通过延伸调查每一家合资合作企业经营数据，深入分析吉林油田在合资合作方引入、分成比例和方式调整、日常经营管理中存在的问题，形成《关于吉林油田合资合作开采油气资源的专题报告》。在审计中始终坚持创新企业信息系统审计，选取吉林销售分公司作为信息系统审计点，发现中石油集团的加油卡管理系统、销售系统、加油站管理系统、内部控制系统存在功能设置不当、控制设置不严、权限设置不合规以及运行环境不稳定等问题，有效揭示吉林销售分公司的经营管理风险。

社会保障审计 实施湖北省2012年城镇保障性安居工程跟踪审计、山西省吕梁市2013年城镇保障性安居工程跟踪审计等审计项目。

在湖北省2012年城镇保障性安居工程跟踪审计中，全面掌握城镇保障性安居工程总体情况和主要成效，以资金筹集、管理和使用情况为主线，反映成效、揭示问题、分析原因、提出建议、督促整改，促进城镇保障性安居工程顺利进行。根据社会保障审计的特点，把审计工作的着力点由“审”向“促”调整，把审计的重心向审后跟踪、促进整改倾斜，把审计的关注点由问题多少向整改效果好坏转移。如湖北省2012年城镇保障性安居工程跟踪审计结束后，协调、督促被审计单位及时采取措施，整改落实审计发现的问题。湖北省住房和城乡建设厅成立整改工作专办，2次专门下发整改落实通知；武汉市政府专门组织召开整改工作专题会议，明确整改事项、责任主体和整改时限。

外资运用审计 实施湖北省利用外商直接投资情况专项审计调查、武汉市天然气有限公司和襄阳中环水务有限公司（以下简称襄阳中环）专项审计调查等审计项目。

在湖北省利用外商直接投资情况专项审计调查中，重点关注外商直接投资项目核准及审批和日常监管方面的情况，发现湖北省商务部门违规下放外商投资限制类项目审批权限等问题，并上报《地方政府层层设定利用外资指标的做法应及时纠正》和《外商投资企业联合年检工作中系统整合的问题应引起重视》等多篇审计简报。

在武汉天然气专项审计调查中，发现武汉天然气有限公司和武汉市车都天然气有限公司均未与政府签订特许经营协议等问题。

在襄阳中环专项审计调查中，反映襄阳中环取水量核定标准偏低、少缴纳水资源费351.12万元等问题，揭示湖北省除武汉监测站外的18个水质监测站水质检测能力均不足、政策扶持不到位等情况。

信息化建设 积极利用信息技术，开展数据式审计和信息系统审计。全年采集、转换所有审计项目近3TB的数据，报送7篇计算机审计简报和专题报告，被署领导批示或审计署采用。信息化审计的开展有力促进重大案件线索的查核，通过数据分析在多个审计项目中共发现问题线索10多件。

队伍建设 狠抓人才建设，突出专业培训的计划安排，制订青年干部培养三年规划，修订审计实务导师制实施细则。组织审计人员参加审计署计算机中级及后续培训、工程投资管理与审计培训等各类培训48个，涉及723人次，举办4期审计实务导师讲坛。2013年，全办新增审计专业领军人才3名，审计业务骨干人才7名，高级审计师2名，审计中级职称人员8名；选拔任用4名正处级领导干部、6名副处级领导干部、3名副处级审计员（调研员），新录用公务员6名，晋升4名主任科员和9名副主任科员（含试用期满定职），43人进行工作岗位交流。此外，推荐5人到署机关或派出审计局交流，3人到署外单位挂职，接收南京审计学院、中西部地区审计机关共6名干部来办挂职或实践锻炼。

理论研究 全办在《中国审计报》《中国审计》《审计研究》等报刊上发表文章99篇；在署网站发表各类稿件134篇。积极参与署办公厅、科研所、审计学会组织的论文征集，组织湖北、江西政府性债务管理座谈会，撰写的《资源环境审计在推动完善国家治理中存在的问题与路径探析》一文入选由中国审计学会主办的国家审计推动完善国家治理路径研讨会；撰写的论文有2篇被收入《国家审计信息化创新模式成果报告》《国家审计信息化绩效报告》，1篇入选审计署审计科研所2013年第1期《审计研究报告》审计技术创新典型案例，1篇获“国家审计信息化持续发展研究”征文三等奖。承担审计署重点课题《审计操作技巧》丛书中的《审计取证技巧》和《结构化数据分析技巧》两个分册的撰稿任务；开展“财务公司审计数据规划”“审计模拟实验室——企业信息系统审计控制测试基本方法”“国有企业主要负责人经济责任审计评价信息资源库及评价体系建设”等多项课题的研究工作。

审计质量管理 尝试对审计项目审理实行2

次实质性审理和1次要点复核，创新审理流程，提高审理质量，共完成对湖北省省长经济责任审计等27个审计（审计调查）项目的审理，组织实施对湖北省政府性债务审计等15个审计项目的现场质量检查，审理复核各类业务文书89份，提出审理意见300余条。加强审计质量检查和通报，针对审理、复核过程中发现的问题，编发关于申报署优秀审计项目审计档案质量检查情况的通报和3期现场质量检查（含跟踪审理）情况的通报，进一步推动审计工作的规范化。积极探索与相关职能部门在执法衔接上的沟通协作，有些案件线索查处情况被湖北省人民检察院汇编到其向最高人民检察院的工作报告中，并作为与审计机关构建高效联合办案机制、强化个案协作、共同打造预防和打击犯罪工作平台的经验材料，得到最高人民检察院的肯定。

机关管理　深化制度清理工作，通过对原有的95项规章制度认真梳理，最终形成79项制度规定，其中保留40项，废止32项，修订23项，新增16项，制度内容更加科学完善。深化财务管理创新，发布《2012年度绩效报告》，在特派办系统率先推出财务岗位责任制。档案工作在湖北省直机关档案执法年检中取得优异成绩。通过公开招投标、签订工作合同和及时跟踪督促检查，完成办公楼、培训1号楼的屋顶防水和地面刷黑工程。认真执行离退休干部例会学习和党组织生活制度，完成离退休干部和老干部活动室报纸杂志征订、老年大学报名、IC卡办理等事项，及时做好探望慰问，切实做好服务工作。

（撰写人：熊　莹）

【长沙特派员办事处】　2013年，长沙特派员办事处（以下简称长沙办）人员编制150人，在编137人。设有办公室、法规处、财政审计处、行政事业审计处、农业审计处、资源环保审计处、固定资产投资审计处、金融审计处、企业审计处、社会保障审计处、外资运用审计处、计算机审计处、人事教育处、机关党委。

领导成员

特 派 员：彭华彰

副特派员：车列武（—4月）

李　锋　谢岳山　董耀文

纪检组长：张在银（4月—）

审计成果　长沙办共承担28个审计（调查）项目，已经完成26个。查出违规金额9676207万元，其中应上缴财政619481万元，应归还原渠道资金44223万元，应调账处理金额110695万元；已上缴财政787527万元，已归还原渠道资金29188万元，已调账处理金额39971万元。移送司法机关、纪检监察部门处理事项5件，建议有关部门处理事项5件。完成审计信息84篇，其中：审计简报38篇、重要审计情况23篇、工作动态23篇。被审计署重要信息（含专题报告）采用52篇次，其中：审计要情采用11篇次，重要信息要目采用39篇次，审计署值班信息采用1篇次，专题报告采用1篇次。上述重要信息被中办采用31篇次，被国办采用47篇次，被党和国家领导人批示44篇次。以署领导批转函转送信息2篇次，办公厅信息转送函转送信息17篇次，审计工作通讯采用信息8篇次，审计工作动态采用信息1篇次。参加的中国移动审计项目获评2013年度审计署优秀审计项目。

财政审计　优化审计组织方式，加大对违法违规案件和大要案线索的查处力度，组织开展湖南省政府性债务资金审计项目、湖南省本级财政存量资金审计等7个项目。查处地方政府与私营企业联手造假骗取中央专项资金、“吃空饷”、违规发放津补贴、乡镇“买税”成本高、公职人员入股办公司等重大问题。

金融审计　金融审计共承担4个审计项目，在开展金融审计工作中注重审计思路上的创新，发现造假骗贷、收受贿赂违规放贷、虚报贸易背景循环办理贸易融资、企业涉嫌非法收单、POS违法套现等多个方面的问题。2013年立案的湖南某商业银行案件线索中，有4人被公安机关逮捕。

农业与资源环保审计　开展湖南省资源能源节约利用科目资金审计、湖南省2011年至2012年矿产资源开发利用保护及相关资金征管情况审计项目。上报的1篇信息被署以独立审计要情采用，并被党和国家领导人批示转送监察部处理；1个审计案例和77个具体问题被审计署向全国人大汇报的审计工作报告采用。

经济责任审计　开展中国银行股份有限公司原法定代表人任职期间经济责任履行情况（广东

省分行）审计项目、中国核工业建设集团公司2012年度财务收支情况和原法定代表人任职期间经济责任履行情况审计项目以及华润（集团）有限公司法定代表人任职期间经济责任履行情况审计项目。

在中国银行股份有限公司原法定代表人任职期间经济责任履行情况审计项目中，查处一批有重大影响的案件线索，揭示中国银行系统“货币空转”“参付金”“福费廷”等业务规避贷款规模控制、影响金融宏观调控的问题，涉及金额600多亿元。

在中国核工业建设集团公司2012年度财务收支情况和原法定代表人任职期间经济责任审计中，发现下属企业负责人涉嫌利用职务之便低价转让国有资产造成4100余万元国有资产流失，涉嫌违规发放奖金和收受民营企业钱款，有关情况作为独立审计要情上报国务院，得到有关领导的批示，中纪委已经立案着手查处。

在华润（集团）有限公司法定代表人任职期间经济责任审计项目中，重点锁定该集团近年迅速兼并扩张过程中可能存在的各类风险，发现该集团部分分支机构在国有资产收购和处置过程中，违规操作造成重大国有资产损失的问题。

外资运用审计　开展世界银行贷款南广铁路公证审计，发现某施工企业将未经检验的钢筋用于高铁主体工程建设、引发质量隐患的重大问题；开展外商直接投资项目审计调查，发现省级职能部门违规拆分审批项目、外商投资项目监管不力、违规准入高尔夫、独栋别墅、稀土冶炼、高档宾馆等外商投资禁止类、限制类项目等问题。

信息化建设　一是数据分析中心开始发挥作用。长沙办数据分析中心正式挂牌成立以来，以覆盖湖南省的企业、人员等基础信息为核心，包括海关、国税、社保、企业工商登记、住房公积金、房产、国库会计核算、部门预算和决算等各个行业和领域的数据库框架已经形成，数据总量近10T，组建业务精湛、分析能力强的34人数据分析团队。先后为湖南省矿产资源审计项目提供了企业股东变更信息、为湖南省政府性债务审计项目提供商业银行对公贷款数据等，充分满足审计跨行业、跨部门的数据需求，为推进全面审计发挥积极作用。二是科技部课题稳步推进。承担的《中央税收收入征管政策执行效果联网审计预警分析研究及审计应用》课题取得阶段性成果，累计采集全国17个省国税局（基于国税CTAIS2或CTAIS1）截至2010年底历年的压缩数据共2.3TB、采集全国41个海关数据1.57TB；初步完成《海关审计实务体系（大纲）》《国税审计实务体系（初稿）》《海关审计数据规划（初稿）》及《国税审计数据规划（初稿）》；初步搭建《海关H2010联网审计系统》《国税CTASI3联网审计系统》框架。三是审计项目数字管控平台初步建成。该平台由《审计项目实施系统》《科技防控系统》《电子审理系统》及《辅助办公系统》4个子系统组成，集网上办公、审计项目管控、廉政风险防控和电子审理四大功能于一体，通过远程互联网接入专网方式，实现审计项目的实施、质量控制、廉政风险科技防控等，并实现各部门信息的实时交互，从而提高效率，提升质量水平。

队伍建设　优化队伍结构，合理配备和调整处室人员，及时对审计人员及业务骨干不足的业务处室进行充实，提升处室整体素质。积极推进干部交流工作，全年共安排14名干部交流锻炼，其中2人到署机关、3人到署派出局交流，5人参加联合国审计项目，4人参加或完成审计署组织的援藏、援疆、地方政府或中央单位的挂职锻炼。加强人才职业化培养，共组织27人次参加审计专业技术资格考试、计算机中级考试和AO培训认证考试。经审计署核准，有1人获评审计专业领军人才，2人获评审计业务骨干人才，2人获评高级审计师，8人通过中高级审计师专业资格考试。增强教育培训的实效性，创新人才培训模式，采取面授、网络视频、网络课件和模拟实验室等方式，共组织安排155人次培训。继续实行审计实务导师制，为新进的6名公务员有针对性地选择包括“责任导师”和“项目导师”的实务导师。

理论研究　成功申报2013—2014年署重点课题《国家审计推动完善国家治理的路径研究》；完成署科研所协作课题《国家审计项目后评估的指标体系设计及结果利用研究》；稳步推进科技部立项课题《中央税收收入征管政策执行效果联网审计预警分析研究及审计应用》研究；完成2013—2014年度办内重点科研课题的招标和立项工作。组织以“国家审计与中国梦”为主题的第三届审计论坛征文活动，评出一等奖2名，二等奖4名，三等奖8名；协助中国审计学会在长沙举办“国家审计与国家治理”理论研讨会，出版《国家审计与民主法治论》专著、《审计研究论丛》第二辑。长沙办关于理论研究工作的经验材料被署办公厅《审计工作动态》全文转发，并得到署领导的批示。审计署门户网站采用长沙办稿件229篇，其中审计要闻13篇；《中国审计报》采用稿件82篇，其中头版18篇；《中国审计》采用稿件21篇，其中重要文章5篇。

审计质量管理 不断完善审计项目后评估做法。对2012年完成的建设银行湖南省分行经济责任审计等7个审计项目进行后评估，重点对各审计项目的审计目标、审计过程、审计实施方案、审计成果、审计成效等进行综合评估，查找存在的问题，提出改进建议，并结合完成的《国家审计项目后评估的指标体系设计及结果利用研究》，不断完善后评估做法，提高后评估成果的利用水平。

机关管理 提高财务管理水平，保障各项工作开展。继续实行细化预算管理制度。预算编制及执行情况每季度向办领导班子汇报、每半年向全办通报，做到了预算经费的每一分钱都细化到具体项目、全办每一名同志都了解细化项目预算的编制及执行情况、预算执行的每一部分及每一过程都接受监督制约。控制“三公”经费，促进节能降耗。保证重点工作，促进跨越发展。除继续加大对文明单位创建、“数字长沙办”建设、为职工办实事等既定事项投入以外，又推出党支部活动经费、办公设备更新、数字会议室建设、华信小区改造、安全设施升级维护等项目。6月，长沙办财务管理经验材料作为5个典型之一在署办公厅财务会议上介绍推广。加强制度建设。发布加强和改进机关党建工作、加强青年干部培养和落实作风建设三个意见，制定审计现场风险防控检查和数据分析团队管理办法，出台固定资产管理分工的规定。同时，对现行73项规章制度进行全面清理，其中保留29项，废止3项，合并3项，新增7项，修订32项。

党风廉政建设 围绕“为民务实清廉”，聚焦“四风”，组织党员干部认真开展了教育实践活动。加强思想建设，坚定理想信念，站稳政治立场。全年相继组织干部职工学习习近平总书记重要批示、“两会”、十八届三中全会、全国审计机关党风廉政建设会议、审计署青年干部培养座谈会精神，坚定理想信念，永葆工作激情。组织开展“明辨是非、坚定信念”主题活动，开展“与信仰对话”征文活动，共收集到征文50篇，促进党员干部坚定理想信念。加强组织建设，健全组织生活，打造战斗堡垒。指导机关党委完成换届选举，产生第七届机关党委。指导妇委会完成换届选举。指导共青团有效开展工作，定期调查了解青年干部的思想状态。举办党支部工作培训班，提高党务工作者党建工作能力。指导党支部，特别是审计现场临时党支部开展党建活动。加强作风建设，克服“四风”陋习，打造审计铁军。组织党员干部开展承诺活动，组织干部职工认真学习中央八项规定，并结合办内实际制定具体实施意见。组织干部职工学习《审计署工作人员文明守则》，推行处室和个人、审计现场和办公驻地的文明评比工作，并将结果纳入年终考核。全面推进文明单位创建活动，制订创建省直机关文明标兵单位工作方案，召开文明创建和志愿服务活动动员大会，指导各处室开展省直文明标兵单位创建活动。积极参加省直机关文化节，制作回顾2012年工作的视频片。党风廉政建设常抓不懈，加强廉政教育，落实审计署党风廉政建设工作会议精神，组织收看《贪婪的忏悔》系列教育片，开展审计署内部违纪案例警示教育、“审计干部子女廉政寄语”征集等活动。突出审计现场廉政建设，组织开发的廉政风险科技防控系统，并组织检查组对中国核工业建设集团、中国银行广东分行、华润集团等审计现场进行廉政检查。 （撰稿人：刘 彪）

【广州特派员办事处】 2013年，广州特派员办事处（以下简称广州办）人员编制150人，在编124人。设有办公室、法规处、财政审计处、农业审计处、行政事业审计处、资源环保审计处、固定资产投资审计处、金融审计处、企业审计处、社会保障审计处、外资运用审计处、计算机审计处、人事教育处、机关党委和机关后勤服务中心。

领导成员

特 派 员：卢家辉（—4月）

王本强（4月—）

副特派员：刘贡力 朱惠红

刘　宇　戴华虎（5月—）

审计成果　广州办完成审计项目14个，共查出违规金额419.83亿元、管理不规范金额1318.15亿元。其中应上缴财政1.39亿元，应归还原渠道资金47.86亿元，应调账处理金额11.07亿元；已上缴财政98万元。移送司法机关、纪检监察部门处理事项3件，促进整改落实有关问题资金382.05亿元。提交审计信息72篇，被审计署采用79篇，其中被审计要情采用9篇、重要信息要目采用43篇，上述审计信息被中办、国办综合采用82篇次，得到国务院领导批示43篇次。广州办牵头组织实施的1个审计项目，独立组织实施的1个审计项目及参与实施的1个审计项目被评为审计署优秀审计项目，参与实施的1个审计项目被评为审计署表彰审计项目。

财政审计　在某省财政收支审计中发现，某市原市长违规为民营房企谋取利益7000余万元并涉嫌收受房产价值近600万元；市政府违规操作通过其控股的某银行将356亿社保基金投向市政建设项目；战略性新兴产业发展专项资金分配管理使用有待规范完善；部分县农机购置补贴管理需进一步加强；个别中介机构协助企业违规申报国家和省级财政资金，高额收取项目服务费的问题值得关注；地方政府以专项资金的名义实际开征价格调节基金，各地征管模式不一，征管办法亟待规范等问题。在政府性债务审计中，协同地方审计厅掌握2省本级及所属23个市本级、135个县（市、区）本级和1343个乡（镇）政府性债务规模和结构情况，分析债务风险及存在的问题；发现某政府违规投入3亿多元财政资金建高档接待场所造成巨额国有资产损失等问题。在财政存量资金审计中，掌握二省三市本级的财政存量资金规模、结构和形成财政存量资金的主要原因。

金融审计　广州办在某银行财务收支审计中发现，个人网贷公司以人人贷为名，变相吸收公众资金，开展民间借贷，收取高额费用；部分个人网贷公司以私募方式筹集资金，部分投向房地产业领域等问题。还发现某公司等第三方支付机构备付金账户存在虚假交易，违规按预付卡充值金额开具全额发票等问题。在某银行新增贷款跟踪审计中发现，某省部分商业银行并购贷款流向房地产业相关政策亟待完善。审计推动明确人人贷业务法律定位和第三方支付机构备付金管理等方面的规章制度、完善相关行业管理和监督制度，在防范和化解金融风险，进一步推动金融体制改革，保障金融系统安全稳定高效运行方面起到重要作用。

资源环保审计　广州办在某省矿产资源开发利用保护及相关资金整改情况审计中发现，某集团前后两任总经理违规低价转让国有采矿权，有关主管部门工作人员严重失职造成国有资产流失2亿多元；某市截留矿产资源补偿费4亿多元并挪用近亿元建设楼堂馆所或发奖金；当前矿业权评估行业发展相对滞后、现行评估准则不够完善，国土资源管理部门过度依赖第三方机构导致评估价严重背离市场价国有资产流失风险较大等问题。审计推动矿产资源开发利用的管理监督和完善相关行业执业质量责任追究等规章制度，保护国有资产安全。

固定资产投资审计　广州办在某工程审计中发现，某电网公司原董事长等人违规操作向职工持股企业输送巨额利益，部分资金被私分或去向不明，原总经理在招投标中违规操作使一些私营企业不当获利并涉嫌通过亲属收取商业贿赂1731万元；某电网公司两任主要领导违规决策将企业资金转移账外投资职工持股企业并以各种名目滥发奖金4亿元，电网公司及其所属多家职工持股企业违规操作借实施西电东送工程之机谋取小团体利益1.65亿元；某电网公司职工持股清退工作进展迟缓，900多家职工持股企业依托电网主业，巨额获利，部分企业管理混乱，涉嫌非法利益输送等问题。

社会保障审计　广州办在城镇保障性安居工程审计中发现，某市存在单位自建自管公共租赁住房情况且脱离主管部门监督管理，部分区县公共租赁住房超标准建设；某市直管公房纳入现行住房体系统筹管理工作进展缓慢，清理部分直管公房纳入公共租赁住房、承租人均为历史租户，并未新增保障能力；某市经济适用住房项目未能完全享受建设贷款优惠政策和部分保障性住房闲置影响住房保障政策实施效果等问题。审计提出各地要在摸底调查的基础上分类做出将各类直管公房纳入现有住房保障体系的统一规定，完善直管公房管理制度，有关部门要建立直管公房的产权管理、准入与退出机制等建议。

经济责任审计 广州办在某银行法定代表人经济责任审计中发现，私营企业主涉嫌通过伪造贷款申请材料与利益输送等手段骗取挪用银行贷款，银行工作人员失职；中储粮某直属库原主任等人涉嫌串通多户企业虚假轮换 8.89 万吨中央储备粮骗取财政补贴 3811 万元等问题。在某集团公司原法定代表人经济责任审计中发现，某集团投资董事长等人暗箱操作向私营企业低价转让国有股权，国有资产收益权潜在流失巨大；集团原党委书记等人暗地出资参股所属企业改制，少数人员涉嫌职务侵占；某军工厂原厂长等人任期内违规经营并涉嫌向军方人员行贿数百万元等问题。

专项资金审计 广州办关注资源能源节约利用类支出科目资金使用情况，开展相关审计调查。在审计中发现，民营企业涉嫌骗取高效照明产品推广财政补贴资金；部分空调企业实施节能产品惠民工程中通过耗费资源提升节能效果及申报推广量套取财政补贴；节能技术改造财政奖励资金清算过度依靠第三方机构审核结果的做法应予纠正；某省光伏发电项目个别企业通过多报项目建设规模多得中央财政补助资金 2637.25 万元，部分已完工光伏发电项目未能并网发电、不能及时发挥效益，影响光伏产业政策的实施效果；某省国家机关办公建筑和大型公共建筑节能项目推进缓慢，循环经济和资源节约利用重大示范项目政策效果不佳等问题。

信息化建设 研究制定数据综合利用管理办法，确定 4 个数据综合分析专题。“高利转贷”专题经过数据关联分析，揭露某公司骗取金融机构信贷资金后高利贷转贷非法获利的问题，审计署以审计要情上报后得到国务院领导的批示；“高效节能空调财政补贴”专题形成 2 篇重要审计情况上报审计署，其中一篇被审计署重要信息要目采用，另外一篇得到审计长刘家义批示，编写的《高效节能空调推广财政补助资金审计经验交流材料》专题案例被审计署农业司选中参加理论研讨班交流。

机关管理 对建办以来的全部 148 项制度进行集中清理。除保密事项外，重要会议纪要、办领导工作动态和批示等涉及全办建设发展的重大事项均向全办干部公开。以令行禁止为重点强化办处两级领导外出报告制度和考勤请假制度；以细化预算控制为重点加强财务管理和财务检查工作；以“管人、管物、管事”为重点严格保密教育和保密检查工作，得到审计署肯定。在政策允许范围内解决干部的实际困难和后顾之忧。充分发挥以群众为主体的周转房管理委员会等 4 个机关管理委员会民主监督作用，完善“急事急办，好事办好”热线制度，畅通人文关怀渠道。

队伍建设 办处两级领导讲政治、顾大局、守纪律，带头贯彻中央八项规定等规定，确保政令畅通；在审计过程中，围绕“权利”与“责任”两个环节，靠前指挥、深入一线，充分履行领导责任和发挥表率作用。拓宽干部队伍培养渠道，提升干部素质和能力。全年组织 49 人次参加审计署组织的各类中短期培训、全办人员开展案例培训、22 人次参加挂职交流等方式培养复合型审计人才。完善干部培养和选拔使用制度，着力构建有利干部脱颖而出和干事创业的工作机制。制定加强青年干部培养工作的实施意见、主任科员及以下干部破格晋升办法，完善审计实务导师制度，修订完善处室和干部个人考核制度，创建审计干部发展的良好环境。 （撰稿人：邢　莹）

【深圳特派员办事处】 2013 年，深圳特派员办事处（以下简称深圳办）人员编制 120 人，在编 105 人。设有办公室、法规处、财政审计处、固定资产投资审计处、金融审计处、企业审计处、社会保障审计处、外资运用审计处、境外审计处、计算机审计处、人事教育处和机关党委。

领导成员

特 派 员：王秀明

副特派员：段大波　赖汉雄

　　　　　张在银（—4 月）

审计成果 深圳办共实施审计（或审计调查）项目 22 个，查出主要问题金额 19333922 万元，其中，违规金额 558226 万元、损失浪费金额 153700 万元、管理不规范金额 18621996 万元；损益（收支）不实 6174461 万元；审计处理处罚金额 351026 万元，其中，应上缴财政 215560 万元，应归还原渠道资金 20800 万元，应缴纳其他资金 109049 万元；审计发现非金额计量问题 105 个；审计促进整改落实有关问题资金 384800 万元，其中，增收节支 239369 万元，已调账处理 132000 万元，已缴纳其他资金 5080 万元。移送司法机关、纪检监察机关和有关部门处理事项 7 件。出具审计报告和专项审计调查报告 22 篇，被批示、采用 22 篇；提出审计建议 76 条；全年共编发各类审计信息 86 篇，其中，重要审计情况 23 篇，业务类简报 45 篇，行政类动态 18 篇；被审计署以重要信息方式采用 68 篇，其中，审计要情 23 篇，重要信息要目 38 篇，专题报告 1 篇，审计长批转函 6 篇；被中办采用 30 篇、国办采用 44 篇、国务院领导批示 40 篇；此外，还被审计署以信息转送函等方式采用 23 篇次。深圳办参与实施的长江三峡工程竣工决算（草案）审计被评为 2013 年度审计署优秀审计项目，实施的广西壮族自治区主席任期经济责任审计被评为 2013 年度审计署表彰审计项目，参与实施的南水北调工程审计被评为 2013 年度审计署表彰审计项目。

财政审计 完成福建省地方财政收支审计，福建省和深圳市地方政府性债务审计，福州市本级和闽侯县地方政府性债务审计及机构运转审计调查，海南省和海口市本级、深圳市财政存量资金审计，霞浦县机构运转审计调查；参与广西审计厅长经济责任审计；开展广州市财政收支审计。发现某中职学校与不法中介联手造假申请获取财政补助资金、某地质监局虚假申报超规模建设办公楼、某国企在企业并购中存在违规操作涉嫌国有资产损失、某地政府投资项目通过地方国企举债融资脱离政府直接债务监管等问题。

金融审计 参与中投公司经济责任审计和重点商业银行审计调查。实施中国人民银行深圳市中心支行 2013 年度财务收支审计、中国保险监督管理委员会深圳监管局 2013 年度预算执行和其他财政收支情况审计。发现境外房地产信贷资金回流境内规避监管、某私营企业将境内子公司股权低价转让境外偷逃大量跨境税收、某自然人非法开具虚假发票涉案金额巨大等问题。

农业与资源环保审计 完成福建省 2011 年至 2012 年资源能源节约利用支出科目资金审计、湖南省 2011 年至 2012 年矿产资源开发利用保护及相关资金征管情况审计，开展广东省博罗县农林水支出科目资金审计。发现某些企业骗取国家补贴资金、某有色地勘局违规审批导致私人业主获利、某单位违规转让国有采矿权证造成国有资产巨额损失等问题。

固定资产投资审计 完成南方电网西电东送工程审计。发现某国企高管违规决策将国有股权无偿转给个人造成国有资产流失、某地管委会利用政企合一体制人为调节税收进度、某地政府有关部门多名干部职工违规参股水泥厂、某国企未履行规定程序超标准建设办公楼等问题。

社会保障审计 完成福建省 2012 年城镇保障性安居工程审计，开展东莞市保障性安居工程跟踪审计。发现部分地方保障性住房闲置、保障性安居工程贷款难、个别银行执行信贷支持政策不到位等问题。

经济责任审计 完成某央企领导人、中国农业发展银行法定代表人任期经济责任审计（湖南省分行部分）、中国银行股份有限公司原法定代表人任期经济责任审计（驻港机构部分）。发现部分国企高管在兼并收购、资产处置等活动中涉嫌渎职和以权谋私，个别政府官员巨额财产来源不明、利用职权非法牟利，某高管涉嫌违规帮助企业获得贷款，某地政府违规决策造成巨额土地出让金流失等问题。

信息化建设 全面贯彻落实进一步加快审计信息化建设的实施意见，除做好日常运行维护和计算机培训外，进一步加大计算机审计创新力度，自主研发审理管理系统，初步形成项目审理标准化、质量考核过程化、知识管理信息化、业务督办检查数字化的一体化平台；自主开发财政审计平台和廉政风险科技防控软件；完成某电网物资管理、某省地下矿山安全避险系统、某企业集团信息系统等 3 个项目的信息系统审计。

队伍建设 研究出台《审计署深圳特派办关于加强干部队伍建设的实施意见》。加大对审计领军和骨干人才的培养力度，全年共有 1 人被评为领军人才，3 人被评为骨干人才，2 人通过高级审计师评审。积极挖掘培训资源，有针对性地开展计算机中级考试、案例教学、理论研究等培训。开展轮岗交流，盘活人力资源，对 14 名干部进行轮岗，其中处级干部 12 名，进一步优化处级干部的队伍结构和处室领导班子配备。

审计质量管理 将审计质量控制和审计项目管理作为提升审计工作水平的重要保障，进一步完善相关制度，强化制度执行力度，认真开展项目审理复核，全年共提出审理意见约 250 条。对某企业审计项目实施现场跟踪检查，提出检查意见 20 多条。对 18 个审计（调查）项目的审计整改情况进行书面和实地检查，督促被审计单位整改。移送地方的案件线索中有 3 起已有查处结果，1 起已立案。

理论研究　创新课题研究方式，形成办、部门、个人三级共同承担课题研究的模式，各处室已完成 9 项课题研究（含与审计署科研所协作课题和中国审计学会合作课题）。实行理论文章发表目标责任制，鼓励全办干部参与应用型审计研究。全年共计参加审计署征文活动 2 次，征集报送论文 7 篇，公开发表理论文章 33 篇，1 篇获审计学会优秀论文二等奖，1 篇入选国家审计推动完善国家治理路径研讨会论文，1 篇获国家审计信息化持续发展研究论文三等奖，2 篇获优秀奖。

机关管理　以“制度执行年”活动为契机，全面开展制度清理和修订，目前已新增或修订制度 12 项，废止 17 项。注重厉行勤俭节约，全面落实中央八项规定，节俭办文办会，简化公务接待，转变工作作风，清理办公用房。加强财务管理，严格预算执行。加大审计宣传力度，全年共被署管媒体采用稿件 163 篇。完善后勤服务管理，开展安全生产大检查，顺利实现后勤社会化改革的平稳过渡，促进平安机关建设。

党建工作　在开展“查找不足、整改提高”专项活动的基础上，把深入开展党的群众路线教育实践活动当作今年的首要政治任务，在活动筹备阶段，第一时间成立领导小组，编制实施方案和日程安排；在学习教育、听取意见阶段，创新三个抓手，抓好四个环节，落实五项动作，确保党的群众路线教育实践活动与审计工作两手抓、两促进；在查摆问题、开展批评阶段，广泛开展谈心，深入查摆问题，坚持边查边改，开好专题民主生活会和组织生活会，全面落实各项整改措施，务求活动取得实效。深入推进惩治和预防腐败体系建设，积极构建廉洁审计机关。加大对审计纪律执行情况的监督，对西电东送等项目进行廉政跟踪检查。开展会员卡等清退活动。自主研发以防范审计业务风险为主、机关内部人财物管理风险为辅的廉政风险动态防控管理软件。积极开展文明单位创建活动。积极宣传审计人员先进事迹，大力弘扬风清气正的廉政文化。

（撰稿人：刘洁银）

【成都特派员办事处】　2013 年，成都特派员办事处（以下简称成都办），在职人员 128 人。共设有办公室、法规处、财政审计处、行政事业审计处、资源环保审计处、固定资产投资审计一处、固定资产投资审计二处、金融审计处、企业审计处、社会保障审计处、外资运用审计处、计算机审计处、人事教育处、机关党委、机关后勤服务中心。

领导成员

副特派员：张瑞民（主持工作）

　　　　　庄　军　王　斌　吕建伟

纪检组长：武晓晨

审计成果　成都办共完成审计项目 23 个，查出问题金额 2960.71 亿元，其中违规及管理不规范金额 2959.40 亿元、损失浪费金额 1.31 亿元。向纪检监察和司法机关办理审计移送事项 18 件。报送审计报告、专题报告、信息简报等 115 份，被审计署等采用 97 篇次，其中审计要情 9 篇，重要信息要目 43 篇，署领导批转函 8 篇，信息转送函 29 篇，专题报告 1 篇，综合报告采用案例 2 个，审计工作通讯 5 篇，被中办、国办采用 81 篇次，得到中央领导批示 40 篇次。分别有 3 个项目和 1 个项目被审计署评为优秀审计项目和表彰审计项目。根据审计署对特派办 2013 年度综合考核结果，成都办在 18 个特派办中名列第九。

财政审计　完成四川省 2012 年财政收支审计。重点检查四川省本级财政收支情况，延伸审计南充、德阳、乐山 3 个市和西充、广汉、峨眉山 3 个县。审计发现的部分上级转移支付提前告知数未编入年初预算；非税收入未及时缴入国库；通过列支转暂存、转入财政专户等方式虚列支出；无预算安排偿债支出以及各乡镇等单位经费支出；政府性基金收入核算不合规；无项目结转财政资金；应征未征和违规使用国有土地使用权出让收入；违规将还贷准备金调入财政专户；财政专户清理不到位；违规减免或变相返还财政收入；往来款项清理不及时。

完成对四川省双流县、安县、蓬安县 2012 年机构运转支出情况审计调查。发现部分预算单位经费支出不规范，来源渠道不合规。双流县、安县人员经费挤占公用经费和项目经费，公用经费支出挤占项目经费；蓬安县部分机构运转支出来源不规范。人员和车辆超过上级批复的编制数量。

完成对四川省本级和成都市本级2011年和2012年的地方政府性债务情况审计。重点审计四川省本级和成都市本级涉及政府性债务的政府部门和机构、经费补助事业单位、公用事业单位、融资平台公司等单位。审计发现财政部门《地方政府性债务管理系统》中部分单位债务数据不准确，部分融资平台公司债务规模未能得到有效控制，部分单位违规取得和使用政府性债务资金，部分政府性债务资金未及时安排使用。

固定资产投资审计 完成云南省大中型水电站移民安置情况审计调查。发现多建行政办公用房、超规划占用土地和建设移民安置房、规划外对移民安置房实施二次装修、部分超规划征地一直闲置。在移民资金管理、使用中，发现将移民资金用于旅游并挤占建设成本、规划外占用移民资金、挪用移民资金。在工程建设管理方面，发现未经招投标，直接签订合同；未经招投标，直接指定建设公司负责工程；将建筑工程擅自分包。此外，还发现弄虚作假挪用移民资金致使财政资金面临损失；向非法项目投入移民资金造成资金损失；对协议履行监督不到位导致财政资金长期未能收回；违规补偿民营企业、向非法承包移民工程的个人支付赶工费、未履行国有资产保值增值义务导致移民补偿资金损失等6个问题。

完成西电东送工程审计项目。主要对溪洛渡右岸电站送电广东工程进行审计并提交审计报告。审计查出弄虚作假围标串标、出借资质、违法转包等工程建设领域突出问题20多个，涉及金额40多亿元，发现工程质量和安全管理中存在的问题10多个，促进相关单位加强建设管理。

金融审计 完成中国银行股份有限公司原法定代表人任期内经济责任审计中深圳市分行的审计项目。发现该行通过同业融资、表外理财等多种方式规避贷款规模限制；执行国家信贷管理政策不到位，向限制性行业和领域发放贷款；全面风险管理存在薄弱环节，贷款形成不良资产、管理不规范金额。审计中还揭示该分行在贯彻执行国家宏观政策、公司法人治理及内控管理方面的一些问题。

完成中国银行业监督管理委员会四川监管局2012年度预算执行和其他财政收支情况以及决算（草案）的审计。审计发现违规问题涉及金额1309.66万元，其中公用经费挤占项目经费、招待费挤占会议费、政府采购项目未委托集中采购机构代理采购、政府采购项目未编入政府采购项目预算、“稽查办案费——公务用车运行维护费”中未区分公用支出与项目支出、在“项目支出——电子化建设项目”中列支办公电费、四川银监局德阳分局办公楼部分闲置等问题。

完成人民银行成都分行2013年度预算执行和其他财政收支情况以及决算（草案）的审计。审计发现该行存在人员经费挤占公用经费、基本支出挤占项目支出、少计收入、政府补助收入在往来科目核算用于公用经费支出、提前列支尚未发生的费用、超预算支出、在非定点宾馆召开会议、未履行审批及政府采购程序购置公车、违规采购进口产品等问题。该行对审计发现问题高度重视，已向成都办出具关于审计发现问题的整改报告，对基本支出挤占项目支出等问题进行深入整改，对部分会计账目进行调整。

企业审计 完成中央国有资本经营预算执行审计和中央企业利润分配和投资情况专项审计调查，通过对7户特大型中央企业的审计调查，完成专题报告1篇，报送审计要情1篇、审计要目3篇，并有3篇信息转送函。

完成烟草专卖局局长经济责任审计。审计查出收入费用不实、违规修建高尔夫球场、招投标管理不规范、违规发放委托贷款、2个项目重大投资调整未取得批复即按调整后规模建设等问题。

外资运用审计 完成世界银行贷款贵昆铁路六盘水至沾益段增建第二线工程（成都铁路局管段）项目审计。发现项目未按期建成通车，部分工程工期滞后；项目未及时按变更设计概算签订补充合同；项目建设单位管理费超概算；项目未及时编制施工图投资检算。

完成世界银行贷款贵阳至广州铁路项目审计。审计发现，项目站前工程未及时编制施工图投资检算，概算编制不规范，多列投资；项目建设进度滞后，征地拆迁实际所需投资突破概算，存在资金缺口，工程验工计价控制不严，导致超验工程款；财务核算不规范，无相关单位的合同；未按规定返还工程验收款等问题。

社会保障审计 完成四川省2012年度城镇保障性安居工程的投资、建设、分配、运营等情况审计。重点审计四川省本级、18个市本级和181个区县政府，延伸审计1243个保障性安居工程项目、537个街道办（乡镇）、634个居（村）委会、14591户家庭，对重要事项进行必要的延伸和追溯。审计发现部分地区开工任务未完成；部分地区竣工任务未完成；部分地区新增租赁补贴任务未完成；保障性安居工程目标任务分解下达不科学。资金筹集和管理不规范，保障性安居工程资金筹集不到位。资金拨付管理不规范，省本级、7个市本级、54个区县拨付管理方面存在违规。保障性安居工程建设管理不到位。部分项目建设单位未严格履行管理责任；部分项目未严格执行基本建设程序；部分项目招投标操作不规范，部分项目勘察、设计、监理等受托单位和工程质量监督管理机构质量控制责任履行不到位，部分工程出现明显质量问题。保障住房分配和使用管理不规范。部分住房困难家庭应保未保，有3073户住房困难家庭未能享受相应住房保障待遇；住房保障基础工作薄弱，7个市本级、72个区县尚未建立住房保障数据信息共享机制，部分保障对象未经资格审核即被纳入保障范围；不符合条件的家庭获得住房保障，违规享受住房保障待遇；违规使用保障性住房；保障性住房长期闲置；退出机制不完善。部分地区保障性安居工程土地供应和使用不合规；税费优惠政策未严格执行；信贷和融资优惠政策执行中存在问题。审计共提出四条建议，建立健全保障性安居工程建设制度和协调联动机制；加强对保障性安居工程需求情况的调查，确保目标任务分解的科学性；建立健全保障性住房分配和运营监管机制；进一步强化监督管理。四川省各级政府和相关部门高度重视审计发现的问题及审计意见，坚持边审计、边整改、边规范，有15个市（州）出台和完善住房保障制度、政策文件73个，采取措施及时纠正违规问题，促进规范资金管理87657.34万元。加强工程建设和质量管理项目103个。促进保障性住房有效使用和公平分配。出台措施加强管理，完善机制。本次审计还发现重大违法违纪和经济犯罪案件线索1起，4人被移送司法、纪检等机关处理。

（撰稿人：杨志永）

【昆明特派员办事处】 2013年，昆明特派员办事处（以下简称昆明办）人员编制150人，在编127人。设有办公室、法规处、财政审计处、行政事业审计处、农业审计处、固定资产投资审计处、金融审计处、企业审计处、社会保障审计处、外资运用审计处、资源环保审计处、计算机审计处、人事教育处、机关党委。

领导成员

副特派员：孙成余（主持工作）

周应良　杨恒田

王志成（5月—）

纪检组长：郑云龙

审计成果 全年共完成署统一组织的审计项目16个，查出违规金额56亿元，损失浪费金额1780万元，管理不规范金额1906亿元，非金额计量问题165个。提交审计报告、信息被审计署采用116篇，其中：审计要情采用28篇，重要信息要目采用39篇，审计署值班信息采用1篇，审计长信函采用2篇，署领导批转函采用9篇，信息转送函采用31篇，审计工作通讯采用6篇，被中办、国办分别采用31篇和48篇，党和国家领导人批示46篇。昆明办参与实施的长江三峡工程竣工决算（草案）审计项目被评为审计署优秀审计项目，实施的中国农业银行股份有限公司原法定代表人任期经济责任审计（北京分行）项目、中国华能集团公司法定代表人任期经济责任审计项目、参与实施的南水北调工程审计项目被评为审计署表彰项目，贵阳市本级政府性债务审计组荣获全国政府性债务审计公务员集体三等功，昆明市本级政府性债务审计组荣获全国政府性债务审计公务员集体嘉奖。

财政审计 实施云南省本级和昆明市本级政府性债务审计、贵州省本级和贵阳市本级政府性债务审计、成都市本级2013年财政收支审计等项目，揭示战略性新兴产业发展专项资金分配程序履行不到位、资金投向不合理；地方政府违规集资、一些单位以BT模式筹集项目建设资金、挪用企业债券资金高息转借投向房地产市场、“影子银行”体系助推政府性债务迅速增长；债券发行和交易机构向民营企业输送利益、未经评估收购民营企业股权造成国有资产流失；少反映预算收入和预算支出；预算单位未按规定上缴财政收入；出借财政资金给企业；违规用地、供地、出让土地等问题，反映国家农机购置补贴政策尚需完善、云南省政府性债务统计管理制度有待完善等制度性问题。

金融审计 完成中国人民银行昆明中心支行2012年度财务收支及国家金库系统办理2012年预算资金收纳拨付情况、中国银行北京分行等审计，揭示和反映银行风险控制不力、银行承兑汇票垫款面临损失风险；商业银行法人账户透支短透长用偏离结算功能及透支资金使用不规范；违规发放固定资产贷款、办理保理业务融资、套取个人消费贷款；贷后管理不到位，致使贷款未按借款合同约定用途使用；审查不严，贷款资金面临损失风险；审核不严，为无真实贸易背景的公司业务办理跨境人民币结算；将不符合划分标准的数十亿元贷款统计为小微企业贷款；银行员工内外勾结套取个人消费贷款部分用于非法转贷；金融机构有关人员涉嫌利益输送和滥用职权造成资金损失；民营企业利用丙类账户债券交易不当获利；某民营企业主涉嫌非法骗取数亿元银行资金和地方国有企业资金等问题。

资源环保审计 完成云南省资源能源节约利用类支出科目资金审计、云南省矿产资源开发利用保护及相关资金审计，揭示云南省可再生能源建筑应用城市示范项目资金近8000万元未及时产生效益；云南省光伏产业项目进展缓慢影响国家财政支持政策实施效果；云南省多个循环经济和资源节约利用示范项目未达到预期政策目标；某企业领导涉嫌利用职务之便侵占国有控股企业资金及以建尾矿库名义收购自己控股企业工业价值较小的矿业权；违规批准民营企业变更探矿权造成国有权益流失数千万元等方面的问题。

固定资产投资审计 完成2013年西电东送工程审计、四川省水电站移民资金审计，揭露某地方政府违规使用贷款资金超标准超概算建设行政办公楼；涉河工程建设方案行政许可审批随意性大，增加工程投资数千万元，向迁建学校和医院违规征收土地价款；未严格遵守国家相关规定进行地勘设计、移民资金面临损失浪费；某企业领导人员涉嫌商业贿赂；某企业套取国有资金用于送礼招待等，反映我国企业投资开发大涠公河次区域水电项目存在的几个突出问题亟待解决；某水电站围堰特殊措施形成的资产管理不规范、相关制度亟待完善等问题。

社会保障审计 实施成都市2013年城镇保障性安居工程跟踪审计，揭示以棚户区改造项目名义融资数亿元用于其他项目、滞拨闲置和违规使用工程建设资金、套取改造资金、未进行资格审查分配保障性住房、向不符合保障条件家庭分配保障性住房、以建设经济适用房名义变相实施住房实物分配、保障性住房建成后长期空置、土地出让和土地使用不合规、部分项目未招标或招标不规范、违法转包或违规承揽保障性住房项目、资金损失浪费等问题。

企业和经济责任审计 实施中国石油天然气集团原领导人员经济责任审计，查处某下属公司原领导班子放弃对合资企业控制权谋取小团体利益，任由民营企业抽逃出资获取巨额股权转让收益；违规解约让利造成国有权益损失；某领导擅自授予燃气特许经营权，涉嫌滥用职权向民营企业输送利益；某企业领导滥用职权违规决策导致国有资产面临损失风险；某公司涉嫌伪造文件收受贿赂造成国有资产损失；中石油集团违规招投标致使某民营企业获巨额利益；下属企业领导违规滥用职权使民营企业不当获利等问题；反映长输油气管道项目核准机制亟待完善、我国油气资源储备制度亟须建立、中石油集团安全生产工作亟待加强等机制体制性问题和重大安全管理漏洞。

外资运用审计 完成亚洲开发银行贷款大理至丽江铁路项目2012年度执行情况审计、世界银行六盘水至沾益铁路项目2012年度执行情况审计，揭示滇西铁路有限责任公司未按期将质量保证金退还给施工单位、六沾二线铁路建设项目近2万名被征地农民未被纳入基本养老保险问题长期未整改、国铁项目地方政府征地拆迁出资权益亟待落实、铁路建设合同价款调整政策内外有别不利于营造公平竞争环境、世亚行贷款铁路建设中清理概算投资控制模式亟待完善等问题。

信息化建设 昆明办依托计算机业务骨干人才组建审计数据分析团队，初步建立起数据分析平台及综合利用机制。如在中石油审计中，积极开展数据分析和信息系统审计，发现相关公司超国家最高限价和低于成本价销售成品油、销售ERP系统缺乏价格监控和企业资质审查功能等问题。昆明办总结上报的7个计算机审计方法作为经验交流推广；开发的保障性安居工程跟踪审计工具将14种审计思路软件化，可实现快速查询对比分析，准确锁定问题线索，上报的相关工作动态得到署领导的肯定和批示。

队伍建设 以加快青年干部培养为重点，制定加强青年干部培养工作意见，在审计实践中加强锻炼培养，全年35岁以下青年干部有38人次担任项目主审和审计小组长。以案例教学为重点，强化教育培训，年初与署培训中心合作开展为期5天的案例培训，年末开展为期2天的案例培训，全年外派93人次参加各类教育培训和交流锻炼。以审计理论研究会为依托，提升审计干部的研究能力。积极组织课题申报和论文征集活动，在国家审计信息化持续发展研究论文评选中，昆明办有1篇获二等奖、1篇获三等奖、1篇获优秀奖；和中国审计学会等单位联合开展财政专项资金绩效审计等课题研究，编发办内理论研究刊物《审计·探索》2期，编撰完成《审计服务国家治理——基于特派办的实践与思考》。2013年，昆明办新增3人为审计专业领军人才，新增6人为审计业务骨干人才。

机关建设 加强质量审理和普法教育。创新审理方式，推行前置审理、跟踪审理和研究型审理，加强审计项目进度管理，强化审计现场质量控制。以“六五”普法中期总结为契机，开展普法宣传教育活动，增强干部依法审计意识。加强制度建设，强化责任落实。实行“考核到组、分解到人、还原到处”的综合考核办法；对全办处室和审计组内69个岗位明晰职责，加强督办落实，提高机关执行力和工作效能。坚决贯彻中央八项规定、国务院“约法三章”等精神，规范公务接待程序和审批，节约使用各项经费。强化风险防控，开发审计项目指挥控制管理和机关事务管理两大风险防控平台，积极探索运用科技手段防控廉政风险。

机关党建 示范引领，注重发挥领导干部凝心聚力作用。昆明办领导班子广泛深入一线，带头遵守廉政纪律、保密纪律和财经纪律，严格执行中央八项规定，与审计人员同吃、同住、同审计，加强沟通交流，提振队伍精气神。疏导结合，注重发挥思想理论教育的先导基础作用。通过组织开展理想信念教育、形势政策教育、法纪教育和作风建设，大力弘扬社会主义核心价值观和审计人员核心价值观，引导干部切实增强党员意识、公务员意识和审计人员意识，以党纪国法约束自身言行。坚持把党支部建立在审计一线，把党建和思想政治工作加强在审计一线，严格对党员的教育和管理，为完成好审计工作任务提供思想政治保证。坚持把解决思想问题和解决职工实际困难相结合，注重发挥工青妇组织桥梁纽带作用，多渠道、多方式真情关爱干部，真心帮助解决实际困难，激发全办干部的工作热情和集体荣誉感；积极开展各种文体活动，缓解各种压力，疏导心理，培育文明健康、和谐向上的机关文化氛围，增强机关的凝聚力和向心力。

党的群众路线教育实践活动 昆明办党组高度重视，认真研究部署，精心组织实施；健全领导机构，加强协调指导；广泛深入动员，营造良好氛围；坚持以审计组为学习单元和责任主体，以一线审计人员为重点，灵活采取多种形式和方式强化学习教育、广泛听取意见；坚持高标准、严要求，结合履行职责和听取到的意见情况，深入查摆问题，剖析思想根源，敞开心扉交流，真诚沟通思想，推心置腹交换意见，坦诚批评与自我批评；坚持边学边查边改，增强群众意识，坚持以人为本，践行群众路线，严暖结合，排忧解难，切实做好干部职工慰问探访、困难帮扶等工作，培育和谐机关氛围。 （撰稿人：吴旭东）

【西安特派员办事处】 2013年，西安特派员办事处（简称西安办）人员编制150人，在编134人。设有办公室、法规处、财政审计处、行政事业审计处、农业审计处、资源环境审计处、固定资产投资审计处、金融审计处、企业审计处、社会保障审计处、外资运用审计处、计算机审计处、人事教育处和机关党委。

领导成员

副特派员：董维明（主持工作）

张全廉（—4月）

吴兆军（—4 月）
郝士坤　黄润中
刘险峰（4 月—）
纪　兵（4 月—）

审计成果　西安办共承担审计和审计调查项目 23 个，完成 19 个。全年查出各类违法违规金额 2694.06 亿元，损益（收支）不实金额 103.99 亿元。向司法、纪检监察及有关部门移送事项 12 个，移送处理相关人员 16 人。审计促进整改落实有关问题资金 136.25 亿元，提出审计建议 49 条，被采纳 42 条，促进被审计单位制定措施完善制度 174 项。上报审计信息被署审计要情采用 10 篇（独立要情 4 篇），重要信息要目采用 37 篇、两办约稿 1 篇，审计长批转函采用 3 篇，信息转送函采用 17 篇。重要信息被中办采用 29 篇，国办采用 43 篇，中央领导同志批示 41 篇。1 个参与的审计项目获得审计署优秀审计项目，2 个独立实施的审计项目和 1 个参与的审计项目获得审计署表彰审计项目。

财政审计　陕西省地方财政收支审计和资源能源节约利用类支出科目资金审计，查出陕西省征收石油开发费影响企业所得税、违规将财政资金以定期存款的方式分存至多家银行撬动银行信贷资金、某市行政中心建设工程项目“未批先建”和越权审批、违规挪用抗震救灾应急贷款资金等问题。其中，某市某公职人员涉嫌骗取财政资金重大违法违规问题线索，引起中纪委重视并责成陕西省纪委立案查处。在陕西省保障性住房审计中，发现西安市某国有企业领导滥用职权谋取小团体私利低价团购商品房，导致国企利益损失等一批重大违法违规问题，审计移送违纪案件线索 3 起，目前已有 5 人受到党纪政纪处分。

农业与资源环保审计　西安办承办全国矿产资源试审工作，会同长春特派员办事处组织实施陕西省矿产资源审计项目。在矿产资源审计中积极创新计算机审计方法，收集整理包括国土、工商、税务等部门与矿业权相关的信息数据，通过计算机分析筛选，发现存在矿业权出让转让环节违规越权审批、国有矿业权收益流失、利益输送等方面的问题线索；运用自主开发的地理信息辅助审计系统，通过地理坐标的对比分析，发现重复设置矿业权等方面的问题。

固定资产投资审计　在安毛高速公路建设项目竣工决算审计中，审计组对工程质量和征地拆迁等重点审计内容进行认真核查，利用地质雷达等工程检测设备进行质量检测，解决重点部位和隐蔽工程质量检查难的问题，使用自主开发的地理信息辅助审计软件对土地征迁情况进行检查，通过土地数据的图形化和地块图形叠加的方法，快速发现问题线索，实现“准确打击”。2013 年是太中银铁路项目审计的最后一个年度。审计查出太中银公司验工计价不规范，施工单位工程及劳务违规分包、未招标采购物资、无发票、虚假发票和不合规票据入账以及违规设立“小金库”等重大违法违规问题。

经济责任审计　在大唐集团审计项目中，审计查出大唐集团所属控股公司为某民营企业收购煤矿提供巨额资金并拟发行巨额专项信托计划回购，向其输送巨额利益；控股公司所属职工持股企业违规继续参股主业优质发电资产经营或者向主业在建项目高价提供电源，违规获利并向职工分红；煤化工项目在结算设备采购款项时使用供货商开具的虚假发票报销入账等 14 项重大违法违规问题。在对中国银行原董事长实施的经济责任审计中，西安办负责对中国银行某省分行的审计。针对中国银行的特点，通过计算机分析等多种手段，加大对大案要案线索的查处力度，揭露多起涉嫌违法犯罪的重大问题线索。审计查出多名高管和员工违规参与私募股权投资，并利用职权违规放贷为个人投资规避风险非法获益；某房地产公司假借保障房名义，公开发行基金非法集资等案件线索。西安办与重庆特派员办事处等共同实施的国家烟草专卖局原局长经济责任审计中，西安办在分工范围内查出上海烟草集团违规超计划生产和销售卷烟，某省中烟工业公司下属单位总经理挪用公司资金炒股票造成损失和潜在损失、某市烟草公司本部通过虚列招待业务等方式套取现金等问题。

政府性债务和财政存量资金审计　按照审计署的统一部署，与地方审计机关密切配合、协同作战，较好地完成国务院和审计署交办的政府性债务和财政存量资金审计任务。及时客观准确地汇总上报债务、存量资金等相关数据，分析债务、存量资金形成的原因，揭示债务“借、管、用、还”中存在的薄弱环节和风险隐患，提出规范管理政府性债务管理和提高财政绩效的审计建议。审计查出部分融资平台公司清理不到位继续违规融资；部分单位挪用政府性债务资金致使项目未完成，造成政府性债务资金损失；个别单位违规使用政府性债务资金用于楼堂馆所建设等问题。审计中，审计组结合掌握的实际情况，总结提炼出公益性项目认定的总体原则和具体判定标准，上报的经验材料，被署债务办转发。

审计质量管理 积极探索全过程审理。创新审理工作方式，将审理关口前移至审计实施方案阶段，变事后审理为全程把关，对审计实施方案、审计报告征求意见稿、审计报告代拟稿、审计决定书、移送处理书、审计简报、重要审计情况和专题报告全面实施审理，审理工作逐步覆盖审计项目全过程。继续坚持现场跟踪审理，服务审计一线。在政府性债务审计中，制订切实可行的审理实施方案，审理人员与审计人员在审计现场交流研讨疑难问题，积极为审计组收集相关的法律、法规、政策，在审计现场及时消除审计质量隐患，并及时督促审计组按项目进度发出审计报告征求意见稿，确保债务审计项目质量。推行交叉审理，强化实质性审理，严格控制审计质量。

队伍建设 围绕“转观念、提能力、强作风”主题，集中一周时间对39名处级领导干部进行强化培训，着力提升正副处长的综合能力，发挥带队伍、抓业务、促发展的中坚作用。召开青年干部座谈会，倾听69名青年干部的意见建议和需求，积极提供继续教育、在职培训等学习条件，创造主审竞争、挂职锻炼等实践机会，发挥青年干部的攻坚骨干作用。加强针对性教育培训，选送4人到审计署、地方审计机关和金融机构挂职锻炼。2013年有3人通过高级审计师考试，14人通过中级审计师考试。完善处室、个人业绩考核和创新激励办法，目标量化，考核到人，调动处室和个人的积极性。根据工作需要对24名处科级干部进行轮岗交流，有效地促进能力与岗位相匹配。以真情做好退休干部服务和管理工作，让老同志乐享晚年生活，发挥余热支持特派办发展建设。

内部管理 对全办各类规章制度进行全面清理修订，废止一批不适用制度，保留36项，修订21项，新制定18项，基本形成以业务为中心、队伍为根本、管理为保证的制度体系。落实用制度管人管事管权，加强对相关制度、重要议定事项、月度工作的跟踪督办和检查力度，定期总结通报，提升工作执行力，促进规范化管理。重要工作事项、重大财务开支均通过党组会、特派员会和审计业务会集体研究决策，并及时向全办公开，自觉接受干部职工监督。实施机关后勤服务社会化改革。

（撰稿人：侯青杨）

【兰州特派员办事处】 2013年，兰州特派员办事处（以下简称兰州办）人员编制150人，在编133人。设有办公室、法规处、财政审计处、行政事业审计处、农业审计处、资源环保审计处、固定资产投资审计处、金融审计处、企业审计处、社会保障审计处、外资运用审计处、计算机审计处、人事教育处、机关党委。

领导成员

特 派 员：胡大华（4月一）

副特派员：胡大华（—4月，主持工作）

景东华　李伟光

钱夫中（4月—）

纪检组长：宋　民

审计成果 兰州办共开展审计（调查）项目21个，截至年末已完成17个，正在实施4个。查出违规金额4.1亿元、损失浪费金额4亿元、管理不规范金额2076亿元，审计促进整改落实有关问题金额79亿元。移送司法部门及相关单位案件线索8起；编发的审计信息被审计署采用73篇，其中被审计要情、重要信息要目采用48篇，被中办、国办采用及国家领导人批示110篇次，审计发现重大违法违规问题被审计署审计要情采用10篇，包括重大案件线索20余起，被《中国审计报》等媒体采用审计宣传文章252篇次。联合实施的南水北调工程审计被审计署评为表彰审计项目。

财政审计 通过开展某省财政收支审计、两个省政府性债务审计、某省本级和该省会城市本级财政存量资金审计，反映地方政府盲目决策推进项目建设造成损失、融资平台公司将债务资金用于楼堂馆所建设、自然保护区内违规探矿采矿破坏生态环境等问题，以及部分地方政府截留挪用征地补偿款，被征地农民养老保险政策未完全落实，惠农贷款政策执行不到位等侵害农民利益的问题。对某市部分民生项目实施情况进行专题审计调查，反映部分市政基础设施建设滞后等5类10个方面的问题，该专题报告被审计署转送该省人民政府后，引起高度重视，已制定详细的措施逐项整改落实。

金融审计 在某公司原法定代表人经济责任等审计项目中，在私募基金、直接股权投资、IPO上市、投行业务、信托理财等领域进行有益探索，发现和查处某证券公司总经理等人利用职务便利，以低于市场公允价值卖出自营债券，从中非法获利4000余万元等问题。

固定资产投资审计 参与实施西电东送工程审计，审计中注重紧扣时事热点，揭示某省电力公司下属职工持股企业部分领导干部通过出售改制前突击入股违规获取大量红利，某电力设备供应商以中介服务费名义向某省电力公司下属分公司领导购买房产涉嫌行贿等问题；以产业结构调整、能源资源节能减排、电力设施环保改造为切入点，分析大气污染防治中存在的突出问题，并提出建议；针对电力系统集体企业普遍存在产权不清、经济自主程度低等现象，全面调查了解某电力系统集体企业的背景、现状和存在的突出问题。

社会保障审计 在某省城镇保障性安居工程跟踪审计中，充分利用计算机审计手段，开发保障性住房项目建设情况及住房申请、住房分配人员数据库管理软件，有效提高审计工作效率。揭示和反映某国投公司违规将已纳入经济适用住房项目管理的棚户区改造项目余量房6000余套自行对外销售、部分保障性住房存在地质灾害隐患等问题，提出完善制度、强化管理的建议。

企业审计 以维护国有资产安全，促进国有企业科学发展为目标，查出某中央企业所属某公司原副总经理等人通过违规引入民营企业开发合作和违规进行招投标等手段，使民营企业获取巨额利益等一系列重大违法违纪问题；揭示某公司所属压气站受煤粉污染严重，存在重大安全隐患的问题；针对能源行业目前的热点、难点问题，开展我国页岩气开发利用情况专题审计调查，提出相应的对策建议。

外资运用审计 全年实施某铁路亚洲开发银行贷款项目审计、某省2006年至2012年外商直接投资专项审计调查等3个审计（调查）项目，揭示铁路建设项目概算管理制度不完善、不科学，损害施工单位利益，致使出现拖欠农民工工资和供货商货款等问题；发现并查处铁路建设有关单位违规干预工程投标6.45亿元，两家企业涉嫌偷逃税款和某水务集团违反招投标相关规定造成巨额国有资产利益受损以及私设“小金库”等问题。

经济责任审计 在某省省长经济责任审计中，反映省政府重大事项决策中存在的8个重大问题，其中4个问题主要领导负有直接责任。在某企业原法定代表人经济责任审计中，围绕国家能源战略，紧扣重大经济决策的制定及执行情况，揭示5类49个违规问题，发现13起重大案件线索。在某公司原法定代表人经济责任审计中，探索金融审计新方法，发现8起重大案件线索。

专题调查 兰州办结合审计项目所在地地域经济社会发展特点，注重调查体制、机制、制度性问题，全年共向审计署上报专题审计调查报告9份，涵盖粮食安全、财政安全、新能源开发、民生项目、环境安全等各方面，反映制约全国最大的玉米制种基地健康发展的突出问题、某省公路债务规模增长过快且脱离政府性债务监管、某省少数民族地区廉租房政策执行与实际情况不符影响实施效果、某省大气污染防治以及我国页岩气开发利用中存在的突出问题等。

业务管理 研究制定审计现场管理办法、审计项目审理工作办法等7项审计业务管理方面的制度，出台关于进一步加强审计业务管理的意见，推行审计报告双业务会议制度和重大项目跟踪审理制度。用项目管理理论指导审计实践，实行审计项目“倒排工期”，编制《审计项目时间安排表》和《审计工作量测算与分工表》，推行现场审计任务清单，探索运用PROJECT工具管理项目，将审计任务分解到人、落实到天。切实发挥计算机技术对审计业务的支撑作用，初步建成审计数据库，制定审计项目数据分析工作规范，将计算机技术人员与审计业务骨干混合编组成立5个数据分析团队，使数据分析与审计业务工作实现较好融合。

队伍建设 制定8项人事管理制度，规范干部考察、推荐工作流程，制订年度人才培养计划以及“基本功锤炼”计划、“创新力提升”计划年度实施方案，全办人员实施完成个人基本功锤炼培训时数6600多小时，完成创新事项23项，对2名实务导师指导对象实行业绩量化考核，对包括10名处级干部在内23名干部进行轮岗。以提高青年干部履职能力为重点，加大青年干部培养力度。创新新录用人员培训方式，组织2013年新录用人员开展为期3个月的基层锻炼实践活动，安排他们深入农村、企业车间实践锻炼，切身体验基层生活，磨砺意志品质，为从事审计工作奠定思想基础。通过开展财政审计案例教学及总结点评会，将项目总结、案例编写和教学互动有机结合起来，创新案例教学方式方法，提高培训与实践的契合度，2013年兰州办及所属各处室先后开展10余次案例教学活动，撰写案例49个。

机关党建 兰州办紧紧围绕全年党建工作和反腐倡廉工作要点，加强政治理论学习，深化基层党组织建设。顺利完成机关党委、机关纪委、机关工会的换届改选工作，先后成立8个审计一线临时党支部。组织全体党员干部开展“明辨理论是非”专题讨论以及会员卡清理活动，125名审计干部做出会员卡零持有报告。对4个审计项目进行廉政跟踪检查，所属干部严格遵守审计纪律“八不准”规定，全年未出现违纪违规问题。全力实施“暖心聚力”计划，与相关部门协调解决职工住宅楼小区通道问题，制定《困难干部职工生活补助管理办法》，持续开展游泳、徒步等兴趣小组活动。深入推进“联村联户、为民富民”活动，与地方政府沟通协调，落实新建学校、修建道路2个帮扶项目。

作风建设 兰州办以“查找不足、整改提高”专项活动为契机，深刻剖析影响全办科学发展的突出问题，全面开展“作风建设年”活动，并以党的群众路线教育实践活动为载体，将“作风建设年”活动不断引向深入。针对党的群众路线教育实践活动中2次征求到的160余条意见建议，办党组制定进一步改进领导班子作风密切联系群众等方面共50条具体措施，提出强化作风严格自律的“七不”规定。通过开展“我心目中的兰州办”座谈会、征集身边先进典型事迹等主题教育活动，加强思想引导，增强干部转变作风的自觉性。开发人力资源管理、年度考核与民主测评、项目人员调度、重要事项督办、计算机设备管理等软件，启用远程视频会议系统，开通财政授权支付网上银行业务，以信息化技术促进机关管理数字化水平和工作效能提高。成立制度“废、改、立”领导小组，对现行100项制度进行全面梳理，规范内部管理体系。以加强督办和通报为两大抓手，坚决治理“等靠要”“推拖搪”等不良作风。

（撰稿人：赵兴华　刘文娟）

【长春特派员办事处】 2013年，长春特派员办事处（以下简称长春办）编制100人，在编93人。设有办公室、法规处、财政审计处、行政事业与资源环保审计处、固定资产投资审计处、金融审计处、企业审计处、社会保障审计处、外资运用审计处、计算机审计处、人事教育处（机关党委）和机关后勤服务中心。

领导成员

副特派员：王本强（—4月，主持工作）
　　　　　马文辉（4月—，主持工作）
　　　　　白日玲（—1月）
　　　　　苑宝良（—4月）
　　　　　张宣波（4月—）　邓海仪

纪检组长：赵　萍（4月—）

审计成果 长春办完成审计项目17个，查出主要问题金额21798461.25万元，其中违规金额1802280.20万元、损失浪费金额194635.77万元、管理不规范金额19801545.28万元；损益（收支）不实金额1433230.69万元；审计处理处罚金额1161162.44万元，其中应上缴财政264919.25万元、应减少财政拨款或补贴1350万元、应归还原渠道资金170146.64万元、应调账处理金额657747.36万元；审计发现非金额计量问题289个；审计促进整改落实有关问题资金3306436.36万元，其中增收节支175514.5万元、已调账处理金额319223.81万元；审计促进拨付资金到位64964.71万元；审计后挽回（避免）损失450198.55万元；移送司法机关、纪检监察机关和有关部门处理事项20件；出具审计报告和专项审计调查报告17篇；提出审计建议94条，提交审计信息93篇，被批示、采用90篇。在审计署2013年度考核中被评为优秀等次，并受到嘉奖；参与实施的长江三峡工程竣工决算（草案）审计项目被评为审计署优秀审计项目，独立实施的长春市原市长经济责任审计、参与实施的铁道部 2011 年度铁路建设基金预算执行审计和南水北调工程审计等 3 个项目被评为审计署表彰审计项目。单位及部分处室先后被吉林省相关单位评为机关档案工作优秀单位、省直机关学习型党组织先进单位、省直机关党建工作先进单位，荣获省直机关“建功十二五”主题实践活动突出业绩奖和优秀成果奖，以及省直机关“双百双优”优秀党支部称号。在全国政府性债务审计中，长春市本级和吉林省本级政府性债务审计组分别被授予公务员集体三等功或嘉奖，3 人分别被授予个人三等功或嘉奖。6 人被审计署评为专业领军人才、8 人被评为业务骨干人才，3 名处级干部和 6 名青年干部先后被吉林省直机关工委、团工委等单位授予省直机关优秀机关纪委书记、省直机关青年岗位能手等荣誉称号。

财政审计　在吉林省政府性债务审计项目中，摸清各级政府及相关单位债务规模、结构及增减变化情况，反映债务管理中取得的成效和存在的问题，提出加强管理和防范化解潜在风险的意见建议，并积极督促被审计单位进行整改，促进吉林省出台《吉林省人民政府关于进一步加强政府性债务管理的意见》《加快推进做大做强交通发展企业投融资平台近期工作安排意见》等多项债务管理规章制度。在吉林省 2011 年至 2012 年财政收支审计项目中，反映财政性教育经费支出存在的问题和农业机械购置补贴制度不完善影响惠农政策实施效果等情况。

金融审计　在中国人民银行长春中心支行 2012 年度财务收支以及国家金库系统办理 2012 年预算资金收纳拨付情况审计项目中，关注支付结算管理和系统建设情况，反映少数单位游离于监管之外发行与受理多用途预付卡、农村金融支付结算服务中的几个问题等情况。在中国证券监督管理委员会吉林监管局 2012 年度预算执行和其他财政收支情况审计项目中，关注预、决算编报的规范性等，揭示商业银行联手证券公司以“业务创新”名义规避行业监管等问题。

农业与资源环保审计　在陕西省 2011 年至 2012 年矿产资源开发利用保护及相关资金征管情况审计项目中，紧紧围绕矿业权转让过程中巨额利益输送问题，注重查处审批环节的乱作为，揭示政府工作人员涉嫌滥用职权弄虚作假违规审批煤炭资源探矿权、某政府有关领导涉嫌违规干预金矿探矿权转让、某副局长违规操作将探矿权低价转让给职工入股企业造成国有资产流失等重大违法问题。涉案的 1 名省部级领导干部、5 名厅局级领导干部受到有关部门查处。在吉林省资源能源节约利用类支出科目资金审计项目中，揭示某些企业采取各种方法涉嫌骗取节能减排财政专项资金、某项目非法占用天然林地建高尔夫球场及别墅等重大违法违规问题。

社会保障审计　在吉林省 2012 年城镇保障性安居工程跟踪审计项目中，探索运用分析比对保障房项目工程造价确定审计重点、检查招投标等建设管理程序、追踪违法违规问题、跟踪资金流向查核利益输送的“三段式”审计等方法，揭示某私营业主勾结官员采取围标方式取得保障性安居工程非法牟利、某区国土局原局长利用职务便利取得回迁房获利、保障房建设与分配工作衔接不够等问题。在社会保障资金审计调查中，以医药流通环节为切入点，创新开展对药品经销商开具普通增值税发票情况的审计，揭示查处 3 家企业虚开发票偷税问题。

企业审计　在中央企业利润分配和投资情况专项审计调查项目中，反映国家煤炭应急储备制度实施中存在的问题、电信企业改革重组取得明显成效但电信行业健康有序发展仍面临问题、影响中央企业境外投资成效的三方面因素等情况。

经济责任审计　在某金融企业原法定代表人经济责任审计项目中，加大对重点部门、资金、环节和重要事项的审计力度，揭示部分企业采取增值税发票即开即废方式骗贷，某企业虚假骗贷银行未尽职责、致使某商业银行贷款面临损失等问题。在某企业集团原法定代表人经济责任审计项目中，优化审计现场管理模式，积极探索结合式审计方法，揭示有关人员涉嫌滥用职权与私营业主内外勾结侵吞巨额国有资金、某下属企业非法占地违规建设高尔夫球场面临巨额损失等问题。

外资运用审计　在世界银行贷款吉林至珲春快速铁路项目 2012 年度财务收支和项目执行情况审计项目中，巧用图层叠加方法，对相关图表进行关联对比分析，锁定该项目沿线违规占地疑点，关注项目执行、工程质量、土地征用等重点事项，查出并移送征地拆迁过程中的6个案件线索，揭示项目5个弃渣场存在严重安全隐患等问题。在吉林省长春燃气控股有限公司、四平中法供水有限公司利用外商直接投资情况专项审计调查项目中，揭示某市地下水资源被超采、某市城市生活饮用水水质检测能力不足等问题。

信息化建设 探索“3＋N”信息化工作模式，做好基础保障、信息化能力建设、信息化管理与现场技术支持3项经常性工作。搭建被审计单位信息系统原型系统，开展模拟审计实验工作。研究开发审计业务数据采集接口、财政报表数据采集程序等软件，促进提高审计工作效率。撰写的《对多部门分散管理数据的数字化审计方式》《国家政务信息化绩效审计实现途径及评价探讨》等论文获中国信息协会相应奖项。

内部管理 突出制度完善及执行，进一步修订完善办工作规则等4类、9项制度，并狠抓制度落实。制订全年预算资金使用方案，推进财务信息公开，全面推行无纸化办公，会议次数、接待费用等均较上年同期减少20%左右。巩固后勤社会化改革成果，领导班子带头腾退超面积办公室。加强保密管理，坚持组织开展每月保密抽查、专网保密检查等工作，防范安全风险。

审计质量管理 抓住审计实施方案编制、现场实施阶段、审计报告征求意见稿和审计结果类文书4个关键环节，提高审理质量。加强审计现场管理，强化审计工作底稿和审计证据复核、审计组会议讨论、审计报告编制和审核等责任，提升审计质量。成立审计整改检查工作领导小组，督促落实审计整改检查各环节责任。同时，进一步加强与纪检、公安、检察机关的沟通联系，提高审计移送事项质量和查处效率。

（撰稿人：张艳杰）

【重庆特派员办事处】 2013年，重庆特派员办事处（以下简称重庆办）人员编制100人，在编85人。设有办公室、法规处、财政审计处、行政事业与资源环保审计处、固定资产投资审计处、金融审计处、企业审计处、社会保障审计处、外资运用审计处、计算机审计处、人事教育处（机关党委）。

领导成员

副特派员：尹树伟（主持工作）

　　　　　漆江梅　王端述

纪检组长：陈顺华

审计成果 重庆办共完成25个项目（含跨年度项目），审计查出主要问题金额16789536万元，其中违规金额2158181万元、损失浪费金额32997万元、管理不规范金额14598358万元；应归还原渠道资金252971万元，应缴纳其他资金1320700万元，应调账处理金额105681万元，已归还原渠道资金554888万元，已缴纳其他资金1320701万元，已调账处理金额1277409万元；审计促进拨付资金到位803759万元；审计后挽回（避免）损失29230万元。移送司法机关、纪检监察机关违法违纪案件线索11件，提交审计信息等材料被署采用83篇，其中重要信息59篇，相关工作经验做法被审计工作通讯采用9篇。获评审计署3个优秀项目、2个表彰项目。

财政审计 在地方财政收支审计中，着眼于财政体制运行、经济运行风险、资金使用、民生政策制定与执行等重点内容，揭示地方政府、有关部门和单位在预算执行、财政财务管理以及项目建设管理等方面存在的问题，积极推动审计整改。在地方政府性债务审计中，按照“见人、见账、见物，逐笔、逐项”的原则开展审计，摸清地方政府总体债务情况，揭示债务管理不够规范、违规将储备土地融资担保、违规使用债务资金、地方融资平台高成本融资等问题，提出分类处理存量债务、规范债务举借行为、加强债务资金使用管理等建议。在地方政府财政存量资金审计中，揭示资金投向不合理、违规设立专户、核算不规范等问题，提出盘活存量、优化结构、细化编制、建立消化控制存量资金长效机制等建议。在财政扶贫资金审计中，揭示未经批准擅自调减以工代赈示范工程建设内容、少数项目资金效益发挥不佳、部分政策难以实际惠及贫困农户等问题，从加强整合力度、强化监督管理、规范财务管理、加大项目统筹论证等方面提出建议。在县级机构运转支出情况专项审计调查中，揭示支出来源不规范、超职数配备副职领导、人员与车辆超编、违规发放津补贴、人为调整预算收支等问题，提出严格加强监管、深化预算管理改革、加强财务制度建设等建议。

金融审计　“一行三会”审计中，在关注财务收支和预算执行等常规问题的同时，着力在信息专题审计调查方面有所突破。将第三方支付行业经营发展、农村地区支付结算业务存在困难作为关注重点，深刻揭示支付结算领域风险。揭示地方融资平台高成本募资、地方政府违规担保等问题，提出清理纠正融资平台违规融资、查处地方政府违规担保行为、有效防范地方债务风险等建议。

固定资产投资审计　在某重点工程审计中，着重从政策执行、权力监督、风险隐患、群众利益、体制机制等方面加大审计力度，突出大宗物资采购、第三产业改革、施工企业资金流向三个主攻方向，揭示地方政府违规向高耗能企业出台优惠电价扰乱市场公平秩序等问题。对能源资源开发利用情况展开专题调查，着力反映宏观调控政策落实、能源资源产业发展等方面存在的现实障碍。

资源环保审计　在资源能源节约利用类支出科目审计中，揭示骗取和挤占挪用项目资金、项目未按计划实施或未按时完成影响政策效果等问题，提出严格执行审核程序、完善责任追究制度和项目绩效评价办法、对重点支出加强跟踪问效等建议。

社会保障审计　在城镇保障安居工程审计项目中，对部分公租房目标任务未完成、资金筹集管理及使用不合规、招投标过程不规范或违规转分包、部分保障房建成后未及时投入使用、违规销售经济适用住房、部分项目信贷支持政策不到位造成贷款难高成本融资等问题提出审计建议。

外资运用审计　在亚洲开发银行贷款新建大型工程审计中，着重从政策执行、权力监督、风险隐患、群众利益、体制机制等方面加大审计力度，揭示临时用地复垦不及时、某企业持有并使用伪造发票、地方政府未及时为被征地农民缴纳社保费等问题。在某省外商直接投资情况审计调查中，反映该省利用外商直接投资准入、日常监管及两家企业引进外资、生产经营中的突出问题，从体制、机制和制度层面分析原因，提出进一步提高外资管理水平质量、合理有效利用外资的审计建议。

经济责任审计　在某大型国有企业领导人员经济责任审计中，在把握行业特点的基础上，加大对中央重大经济政策及宏观调控措施贯彻落实情况的审计力度，紧密围绕企业核心业务，积极运用高新信息技术，准确定位问题线索；在某大型国有金融机构领导人员经济责任审计中，把守法守规守纪尽责放在更加突出的位置，把握权力运行和责任落实两个重点，运用数据分析和外部延伸两条渠道，揭露和查处重大违法违规问题，揭示和反映重大风险隐患，积极关注经济违法犯罪中利益输送的新动向、新形式，取得较好效果。

大要案查处　办领导深入一线跟进蹲点，与审计组共同分析线索、锁定目标；引导审计人员学习掌握对审计证据的获取研判技巧，快速发现疑点、明确思路、把握方向、实现突破；法制审理部门驻点在审计现场，从严把关移送线索质量、从严掌控移送口径；依托会商协作机制，优势互补、密切配合，确保案件移送后能立案、被查处，并及时跟进和掌握案件查处情况。如在某省扶贫资金审计中，发现并移送某镇原党委书记和镇长等5人涉嫌受贿“窝案”的问题线索，其中4名涉案人员被依法判处有期徒刑。

审计质量管理　加强审前调查，注重审前培训，以审计实施方案制订为先导，突出针对性与可操作性。修订法制审理手册，实行交叉审理和分级审理相结合，强化审计现场跟踪审理。落实审计质量每季通报制度，举办优秀文书展评、法规知识竞赛、优秀项目申报评比情况讲座，增强质量意识。狠抓审计信息和报告的质量，文书审核各环节严格把关，对不合格稿件逐级退回、限时整改。制定和完善审计结果跟踪情况管理办法，发挥《审计整改情况台账》《审计建议采纳情况台账》和《审计移交事项处理情况台账》的作用，坚持对审计发现问题处理和审计建议采纳情况进行跟踪反馈，不断健全和完善整改督办机制，全方位推动审计整改落实。提出的审计建议被省级政府、国务院部委和有关部门采纳后，制定下发各项政策措施共计60余项，促进被审计单位修订制度共计140余项。

信息化建设　在信息化程度较高的审计项目中，成立数据采集分析组，对全部数据进行集中归集、深入分析。以信息化条件下审计方式转变为重点，积极探索目标导向式信息系统审计新模式，相关做法在审计署企业审计司专题研讨会上做经验交流。充分运用计算机技术积极拓展数据分析深度、加大数据研究力度，探索运用大数据技术途径和多平台数据融合。参与并完成审计署“新农合审计数据规划及审计方法体系”课题，牵头开展“信息化条件下审计项目质量控制”课题研究。

党建工作 坚持开门搞活动，办领导班子带头召开11次座谈会，与50余名党员、干部进行个别谈话，广泛认真听取意见。坚持突出问题导向，通过自己找、互相帮、上级点等方式，准确聚焦“四风”，开展“十查十看”。坚持主动认账、勇于担责，班子召开高质量的专题民主生活会，各党支部也均召开组织生活会，办处两级领导干部以整风精神开展批评与自我批评，达到“红脸出汗、加油鼓劲”的目的。坚持扎实推进整改落实，将征求到的39条意见建议进行逐一梳理，制订详尽的整改方案和制度建设计划，列出路线图、时间表，落实责任人和责任部门。相关做法被审计署教育实践活动专栏采用17篇，居特派办前列。

队伍建设 修订完善《关于进一步加强青年工作的实施意见》等制度，勾画蓝图，明确方向。全年安排40余人参加计算机中级等各类培训，安排11名干部到署机关、国有企业及地方政府部门交流，开阔视野，并积极邀请审计署培训中心专家学者来办做专题辅导讲座。深度推进案例教学，由办领导亲自设计和主持全办性案例教学活动，全部审计项目都开展了案例教学，加强全办案例教学库建设。提供平台，加压驱动，安排不同层次的青年干部担任项目负责人、主审、小组长，对年轻干部和业务骨干采取针对性的培养措施。严格落实“四会”制度，办处领导手把手地给青年干部讲思路、教方法、传技巧。出台具体措施，开展定期跟踪调查和双向成效评价，将“双实务导师制”抓地落实。重庆办全年有8人取得中高级职称，11人被评为计算机领军、能手人才或审计署“四手”审计干部，6名优秀青年干部通过竞争上岗走上了正、副处级领导岗位，4人通过审计署计算机审计中级考试，7个处室创建或保持重庆市青年文明号称号。

相关工作 扎实开展思想政治工作，依托“结对子”“办领导接待日”等活动形式，与干部职工谈心交心，全面分析掌握其思想动态，有针对性地帮助其纾解心理压力。切实解决职工困难，改进后勤保障工作。坚持开展“送温暖”活动，办领导共看望、慰问职工及家属20余人次。不断丰富文体活动内容和形式，在坚持开展兴趣小组活动的同时，组织开展趣味运动会、三八妇女节登山活动、“六一”亲子活动等6次全办性集体文体活动，活跃机关氛围，促进和谐特派办建设。

（撰稿人：赵　拓）

地方审计机关

北京市

【北京市审计局】 2013年，北京市审计局共有干部职工595人。设有办公室、行财处、综合处、研究室、法制处、人事处、机关党委、离退休干部处、机关工会、监察处（派驻）、审理处、内部审计指导处、经济责任审计办公室（分局）、经济责任审计一处、经济责任审计二处、财政审计处（分局）、行政事业审计处（分局）、农业与资源环保审计处（分局）、固定资产投资审计一处（分局）、固定资产投资审计二处（分局）、经贸审计处（分局）、社会保障审计处（分局）、金融审计处、第一派出局、第二派出局、第三派出局、第四派出局、第五派出局、第六派出局、第七派出局、第八派出局、第九派出局、第十派出局、宣传教育中心、审计项目绩效考评中心、计算机中心、机关服务中心、审计干部培训中心。

领导成员

局　　长：李颖津（—7月）

　　　　　吴素芳（7月—）

副 局 长：张祝华　徐　涓　李拥军

　　　　　闫福跃　郭　彤

总审计师：张　秋

纪检组长：徐纪铭（5月—）

审计成果 在市委、市政府的正确领导下，北京市审计机关紧紧围绕政府中心工作，全面贯彻《北京市审计条例》，认真履职尽责，各项工作取得了新的进展。审计覆盖面继续扩大，审计结果公开和整改落实取得突破，队伍作风建设明显加强，审计服务大局的能力进一步提高。全市审计机关共审计869个单位，促进增收节支和挽回损失15.9亿元，推动建立健全各类规章制度130多项，在服务改革、服务发展、服务民生等方面发挥出积极作用。

围绕贯彻落实中央八项规定和市委十五条实施意见，将“三公”经费、会议费使用情况作为审计重点，促进相关部门和单位积极落实中央规定和市委意见，压缩“三公”经费，厉行勤俭节约；围绕财政改革重点，深化财政管理、预算执行审计，开展财政结余存量资金审计，促进提高财政资金使用效益。开展国有资本经营预算审计，探索全口径预算审计监督，推动深化财政体制改革；围绕医药卫生体制改革，开展公立医院改革试点审计，促进改革的落实。

重点关注财政、金融、国有资产资源管理和使用等方面的突出矛盾和问题。对市级预算管理、市属银行理财产品和银信合作情况、土地利用和建设征地补偿、清洁能源推广应用情况、国有企业资产经营等情况进行审计，反映预算编制、国有资本经营预算管理、金融监管、土地资源管理、集团企业管控等方面存在的问题和风险，有效推动相关部门建立完善防范措施。

市审计局在继续增加市级部门预算执行审计项目的基础上，利用内部审计资源，组织未纳入审计范围的123个市级部门单位开展自查自纠，共查出9大类16项11.65亿元问题。各区县审计机关预算执行审计范围不断扩大，审计的区级预算单位较上年增长65%，在促进区县预算管理和政府绩效管理方面发挥积极作用。部分区县实现投资审计项目的全覆盖，保障了区域重点项目的顺利实施。

重要产业资金和固定资产投资审计 对文化创新发展资金、重大科技成果转化和产业化资金进行审计，评价财政资金使用绩效和目标实现程度，在推动结构调整和创新驱动发展方面发挥积极作用。围绕本市重要投资领域开展审计监督，对轨道交通、南水北调、永定河流域治理、城市环境治理、历史文化名城保护、生态示范区建设项目、京津风沙源治理工程、支持新疆发展等185个投资项目进行审计或跟踪审计，核减投资额36.7亿元，反映拆迁管理、概算批复、结算计价、工程进度和质量等方面的问题，促进资金依法合规使用和建设项目顺利实施。

专项资金和民生项目审计 围绕促进重要民生政策执行情况，全市审计机关组织开展市级大额专项资金整改情况检查，平原地区造林工程、路侧停车占道费征管情况、大中型水库移民后期扶持结余资金、养老保险基金、住房公积金、彩票公益金、教育科研经费等绩效审计，揭示民生政策落实、资金分配、管理和使用效益等方面存在的问题，为推动社会事业发展提供决策参考。

经济责任审计 市委、市政府高度重视经济责任审计工作，成立由市长任组长的市级经济责任审计工作领导小组。全市审计机关进一步规范经济责任审计，积极探索党政领导干部同步审计和任中审计。全年对21名局级领导干部和240名处级领导干部进行经济责任审计，为领导干部履职尽责、廉洁守纪发挥促进作用，为干部考核、任用提供重要参考依据。

审计成果深化 全市审计机关积极创新审计方式方法，开展联网审计和信息系统审计，探索完善"总体分析、发现疑点、精确定位、分散核实、系统研究"的数字化审计方式，运用信息化手段发现风险隐患、查实案件线索，分析产生问题的深层次原因，揭示体制性障碍、制度性缺陷和管理漏洞，在完善体制、机制、制度方面提出有价值、可操作的审计建议2139条，被采纳1424条。政府性债务、平原地区造林、轨道交通建设、建设征地补偿安置政策、新能源纯电动汽车推广等20多篇审计报告和信息获得市领导的批示，为领导决策和有关部门改进工作提供参考依据。

审计结果公开 市审计局连续三年向社会公开市级部门预算执行审计结果，以及市审计局自身的预算执行情况检查报告，首次发布"北京市地方政府性债务审计结果"公告，推动"阳光政府"建设，让百姓了解实情，为市委、市政府提供准确的舆情预判。在区县政府的积极推动下，区县审计结果公告工作取得新的突破，9个区县审计机关首次向社会公告区级部门单位的预算执行审计结果。

审计整改 全市审计机关联合推动审计整改落实，取得明显效果。各区县纠正平原造林、保障房等审计发现的问题金额3.44亿元。市级部门、单位认真整改审计发现的问题，及时反馈审计整改情况，建立完善管理制度43项。10个区县以政府名义出台加强整改工作的规范意见，建立起整改长效机制。

审计法制体系建设 组织宣传贯彻《北京市审计条例》；推动出台本市《进一步加强内部审计工作的意见》，印发《北京市内部审计基础工作规范》，加强对内部审计工作规范化的指导；市经济责任审计工作领导小组办公室印发《关于进一步加强我市经济责任审计工作的指导意见》，提出健全机制、明确部门职责、强化计划管理、规范审计内容等方面的工作要求；充分发挥北京市推进依法行政工作领导小组和政府绩效管理领导小组成员单位作用，加大依法行政考核和绩效考评的力度。

为世界审计组织第二十一届大会提供服务保障 10月，全市审计机关密切配合审计署，为在京举办世界审计组织第二十一届大会提供高效的服务保障。 （撰稿人：陈秋玲）

【东城区审计局】 2013年，东城区审计局人员编制79人，在编74人。局长王淑云（—11月），副局长许健、焦萍（—4月）、刘伟贤、侯万军、曹路军、刘立新（7月—），纪检组长李辉良。设有办公室、人事科、监察科、综合科、复核法制科、信息管理办公室、内部审计指导科、固定资产投资审计科、经贸审计科、行政事业审计科、财政审计科、街道财政审计科、社保环保审计科、经济责任审计科和审计事务中心。

审计成果 东城区审计局全年完成审计项目35个，审计查出违规金额6489万元，损失浪费金额435万元，管理不规范金额213135万元，其中应上缴财政6489万元已全部上缴，提出审计建议130条，被采纳113条，被审计单位制定整改措施10项，提交审计专报和信息101篇，被领导批示、采用74篇次。配合审计署和北京市审计局完成政府性债务资金审计、城镇保障性安居工程资金审计工作。

预算执行审计 开展预算执行审计项目17

个。其中区级预算执行和其他财政收支情况审计1个、政府性债务跟踪审计1个、部门预算执行和决算草案审计15个。组织全区66个一级预算单位和街道办事处对单位内部预算收支管理行为开展自查自纠，实现预算执行审计全覆盖。审计查出管理不规范金额77007万元，提出审计建议62条并全部被采纳。审计结果得到区委、区人大和区政府的充分肯定。

经济责任审计 开展经济责任审计项目9个，审计查出违规金额6489万元、损失浪费金额435万元、管理不规范金额114609万元。其中应上缴财政6489万元已全部上缴，提出审计建议50条。与东城区纪委合作建立预警机制，完成《预警手册》的编写工作，该手册是东城区处级领导干部初任培训的必备资料。

固定资产投资审计 对天坛东里北区1—8号楼危楼腾退工程，南锣鼓巷社区服务用房项目搬迁补偿资金，地铁6号线、8号线拆迁资金东城段的结算等5个审计项目进行审计。审计查出管理不规范金额13228万元，提出审计建议2条，收回被企业占用三年的拆迁资金3250万元。通过全过程跟踪审计、定期参加区重点工程协调会、参加联审会等方式，对政策的制定、资金的使用发表审计意见，促进项目规范管理，保证政府投资资金运行的安全高效。

专项资金审计（调查） 开展东城区社区妇联工作经费管理使用情况、东城区机关管理中心财务管理情况、东城区安全图像信息系统整合建设相关资金管理与使用情况、东城区17个街道房屋管理使用情况等4个项目的专项审计调查。审计查出管理不规范金额8290万元，提出审计建议16条。在提高财政资金的使用效益，促进加强管理、完善政策等方面发挥积极作用。

审计培训 加大源头治理和审计指导工作的力度。两次为东城区2013年新任处级领导干部讲授审计和财经知识，为东城区人大预算工委和专家顾问讲解审计条例，对东城区园林局系统进行案例教育。

内部审计 8月22日，东城区政府行文下发《贯彻落实北京市〈关于进一步加强内部审计工作的意见〉的通知》，区审计局制发《2013年度东城区内部审计工作指导意见》，强化对内部审计工作的指导；组织全区66个一级预算单位和街道办事处的内部审计机构、人员对本单位预算执行情况进行自查自纠；对全区260多名内部审计人员开展继续教育和岗位培训。（撰稿人：肖雅莉）

【西城区审计局】 2013年，西城区审计局人员编制71人，在编69人。局长田迪（—6月）、佟丽萍（10月—），副局长徐立维（—8月）、佟丽萍（—9月）、耿兵（9月—）、刘巍（—7月）、张博威、朱岩（12月—），纪检组长李玉萍。设有办公室、功能街区审计科、社保经贸审计科、固定资产投资审计科、城市建设管理审计科、科教文体审计科、行政事业审计科、经济责任审计科、财政金融审计科、综合科、法制审理科、内审指导科、人事科、监察科、离退休干部科。

审计成果 西城区审计局完成审计项目43个，审计查出主要问题金额3.03亿元，上缴财政2555万元，核减工程造价1.19亿元。审计提出建议83条，向市审计局、区县政府共报送信息210篇，被采用165篇次。

财政审计 按照年初审计工作计划，完成2012年14个部门预算执行审计项目。项目涉及本级财政预算执行、国有资本经营预算、义务教育经费、区划调整以来各类审计未涉及的部门等。工作方案一方面贯彻细化中央八项规定的具体内容和市审计局总体要求，另一方面加大对资金量大的二、三级单位实施延伸审计。通过审计，发现个别预算收入编制不完整金额1802.80万元，归垫资金审批不严谨金额10699.16万元。针对审计中发现的问题，提出35条审计整改建议，被审计单位全部采纳。

固定资产投资审计 全年开展政府投资项目6个，核减工程造价1.19亿元。对中小学校安工程等一批重点项目提前介入，存在的问题及时整改，工程造价得到有效控制。对社会中介机构参审的审计项目实行“两审定审制”（审计机关对社会中介机构的审计结果进一步审核，出具审计报告），提高审计效率。实行政府投资项目预算、结算、竣工财务决算一体化审计，规范、简化审计工作流程，形成政府投资项目审计相关制度和工作指南。

经济责任审计 受区委组织部委托，共开展

15个经济责任审计项目，查出违规金额25万元，管理不规范金额4949万元，提出审计建议13条。加强规范化建设，制定经济责任审计工作方案制度、年度审计情况综合报告制度和审计整改情况督促检查及报告制度，规范经济责任审计报告模式等内容，促进经济责任审计规范化。

专项资金审计（调查） 开展对教育、文化、卫生、市政等部门的审计工作。对西城区社区卫生建设管理及运营效益情况、西城区学校所属对社会开放体育场馆管理使用情况等进行专项审计调查，从体制、机制上发现和分析问题，促进主管部门、资金使用单位管好用好财政资金，更好地发挥资金的使用效益。（撰稿人：宋 楠）

【朝阳区审计局】 2013年，朝阳区审计局人员编制67人，在编66人。局长刘野，副局长苗洪、文晓辉、付秀莲（9月—）、杜云超，总审计师孙颖，纪检组长付秀莲（—9月）。设有办公室（监察科）、综合科（法制科）、信息化办公室、财政金融审计科、行政事业审计科、经济责任审计科、固定资产投资审计一科、固定资产投资审计二科、经贸审计科；下设审计指导中心。

审计成果 朝阳区审计局完成审计（调查）项目61个，查出各类问题金额19.50亿元，其中违规金额888.32万元，管理不规范金额19.41亿元（包括核减工程投资额9389.76万元）；审计处理处罚金额1149.25万元，其中应上缴财政888.32万元，应调账处理金额260.92万元；审计发现非金额计量问题157个；审计促进整改落实有关问题资金2913.12万元，其中增收节支2279.23万元；审计后挽回（避免）损失10822.87万元；出具审计报告和专项审计调查报告96篇，被批示14篇次；提出审计建议204条，提交信息197篇，被批示、采用210篇次；向社会公告审计结果1篇。

预算执行审计 在对区财政本级审计的基础上，共对17个单位进行部门预算执行审计。朝阳区第十五届人民代表大会常务委员会第十二次会议审议通过《关于朝阳区2012年预算执行和其他财政收支的审计工作报告》。委员们认为，审计工作报告内容翔实、反映问题客观、整改措施切实可行。

固定资产投资审计 重点加强对文化、卫生、环保等领域的政府投资建设项目审计力度，完成高安屯卫生填埋场垃圾大坝整治和臭气治理项目配套工程、社区卫生服务中心标准化建设等25个政府投资建设项目的审计。

经济责任审计 全年共对9个单位13名领导干部开展经济责任审计。审计关口前移，分别对4个单位、8名领导干部开展党政领导干部同步审计和任中经济责任审计。强化经济责任审计"1+N"的工作模式，对8个单位同时开展经济责任审计和部门预算执行审计，合理利用审计资源，切实提高审计工作效率。

专项资金审计（调查） 全年完成专项资金审计调查6个，其中对绿化养护资金、医疗设备采购资金开展独立型绩效审计，审计评价指标更加丰富成熟。

企业审计 重点开展对区国资委监管企业国有资产出租收益管理、使用情况的专项审计调查，对2家企业的资产、负债及损益情况进行审计，促进国有资产规范管理和保值增值。

内部审计 在加强审计指导与服务、审计教育和培训等工作的基础上，以区委、区政府两办名义转发市政府办公厅印发的《关于进一步加强内部审计工作的意见》，并通过《朝阳报》内部审计专刊进行宣传，扩大内部审计在区内的影响力。

（撰稿人：贾晓博）

【海淀区审计局】 2013年，北京市海淀区审计局人员编制67人，在编62人。局长王传敏，副局长常印怀、段敬德、李斌（—5月）、薛为民、邬斌锋（12月—），纪检组长曹建平（9月—）。设有办公室、人事科（监察科）、行政科、财政金融审计科、行政事业审计科、经济贸易审计科、经济责任审计科、审计项目复核科、固定资产投资审计一科、固定资产投资审计二科、审计督察科和审计信息中心。

审计成果 海淀区审计局共完成审计项目40个，查出主要问题金额225522万元，其中违规金额432万元、管理不规范金额225090万元；损益（收支）不实金额137万元；审计处理处罚金额2244万元，其中应上缴财政59万元、应归还原渠道资金60万元、应调账处理金额2125万元；

审计发现非金额计量问题54个；审计促进整改落实有关问题资金3452万元，其中增收节支802万元，已调账处理金额2125万元；审计促进拨付资金到位60万元；审计后挽回（避免）损失37万元；出具审计报告和专项审计调查报告75篇，被批示、采用6篇；提出审计建议95条；提交审计信息131篇，被批示、采用156篇次；向社会公告审计结果1篇。

财政审计 同级财政预算执行审计加大对重大政策执行情况、重点民生资金使用情况和重大建设项目实施情况的审计力度。进一步加强对公共财政的审计，关注预算编制的合理性、预算执行的严肃性和效益性。部门预算执行审计监督覆盖面显著拓宽，将12个一级预算部门纳入审计范围，审计数量较上年增长1倍。关注民生建设和社会事业领域，把涉农、教育、社会保障、生态环境治理等方面的专项资金作为重点监督对象，着重分析和把握相关政策的贯彻落实情况。落实中央八项规定和有关财政制度要求，加强对政府“三公”经费以及会议费用的审计监督，切实降低行政成本，推进政府绩效管理。审计工作报告得到区人大、区委区政府的高度评价，认为审计工作扎实有效，报告内容全面清晰，重点突出，有建议有分析，为政府宏观决策提供了参考依据。

行政事业审计 对海淀医院、海淀妇幼医院和中关村医院3家医院财务收支情况进行审计。首次独立实施会计信息系统和业务信息系统综合审计，全面收集医院的组织机构、人员、内控制度、业务流程和财务收支等情况，运用SQL语句对业务数据进行查询分析，重点对医院的医疗收费和药品采购、销售情况进行审计核实，跟踪医改实施情况与效果，评价医院执行政府政策、服务群众、提高效率与自身发展的情况，为规范医院财务收支行为、推动健全完善管理机制、促进医院健康持续发展起到积极作用，也为今后开展信息系统审计积累经验。

固定资产投资审计 集中力量对北部地区腾退及安置房建设、7条地铁线路海淀区段拆迁、老旧小区综合整治、平原造林等项目的管理及资金使用进行重点跟踪审计，跟踪审计资金量达156亿元。通过深入施工现场、建立跟踪审计台账、定期召开例会、适时提出审计建议等措施，加大对项目招投标、资金使用、征地拆迁、工程结算等关键环节的监督力度，对控制工程造价、规范项目管理行为、顺利推进项目建设发挥积极作用。北部四镇拆迁腾退项目的阶段性审计，核减财政支出134.15万元。组织中介机构加强竣工决算审计，共完成政府投资建设项目竣工决算审计26项，送审资金总额20.54亿元，审计核减资金2.23亿元，平均审减率10.84%，切实为政府财政资金支出把好最后一道关口。

社会保障审计 首次接受区人大的专题询问，对全区居家养老服务券和城镇无保障老年生活补贴两项政策性补助资金管理使用情况进行审计调查。重点审查政策落实、制度建设、工作流程以及预算安排、资金拨付使用和绩效管理等方面内容，评价项目资金使用和管理的合法性、安全性和有效性，为区人大常委会审议政府部分重点项目提供依据。

经济责任审计 完成对21名正处级领导干部的经济责任审计工作，其中6个经济责任审计项目是党政干部同步审计。抓住权力运行和责任落实两个重点，全面检查重大经济事项的决策、执行、内部控制、资金管理等内容，进一步完善审计的完整性、公平性，促进依法科学行使经济权力。

专项资金审计（调查） 对全区农业产业化资金管理使用情况进行专项审计调查，重点审查项目申报、审批、实施、验收、资金管理等环节。审计延伸53个单位，从细化规范项目静态、动态管理，加强对项目实施单位财务核算的监督指导等方面提出审计建议。根据审计意见，区农委出台《海淀区支农项目管理办法（试行）》，细化支农项目库管理，进一步明确项目申报、重大项目评审、中期检查、结项验收等环节的管理要求。对全区19家街道办事处的房产管理使用情况进行审计调查，重点关注街道房产的存量情况、来源及管理使用情况、社区居委会用房配套政策落实情况等内容，客观反映出近几年街道在房产管理使用上的成效，同时揭示账外房产现象突出、社区配套用房政策落实困难、房产管理使用相关管理监督制度亟待规范等问题。各相关部门和单位高度重视审计结果，完善制度，加强整改。区主管部门出台或修订《海淀区社会办公和服务用房专项资金管理办法》等3项制度；花园路等10家街道办事处制定或修订房产管理专项办法，促进街道房产管理的制度化、规范化；各街道办事处新增社区用房面积4914平方米，房产管理情况以及新建小区的配套情况都有明显改善。

（撰稿人：乔　捷）

【丰台区审计局】　2013年，丰台区审计局人员编制60人，在编58人。局长段德珍，副局长王玉昌（—7月）、沙静（—9月）、刘树东（7月—）、刘月梅，总审计师郭凤芝（8月—）。设有办公室、人事监察科、综合科、行政事业审计科、财政金融审计科、固定资产投资审计科、经济责任审计科、内部审计指导科、经贸社保审计科、农林环保审计科。下设园区审计办事处。

审计成果　丰台区审计机关完成审计项目53个，查出主要问题金额325325万元，其中违规金额513万元、管理不规范金额324812万元；损益（收支）不实金额5594万元；审计处理处罚金额4254万元，其中应上缴财政513万元、应调账处理金额3710万元；审计发现非金额计量问题46个；审计促进整改落实有关问题资金4211万元，其中增收节支41万元，已调账处理金额710万元；审计促进拨付资金到位1460万元；审计后挽回（避免）损失8531万元；出具审计报告和专项审计调查报告81篇；提出审计建议136条，提交审计信息222篇，被批示、采用131篇。

预算执行审计　加强对预算编制全口径、预算执行全过程的监督，完成区财政局具体组织本级预算执行情况，区民政局、区住房和城市建设委员会等10个部门的预算执行和决算草案情况审计，审计资金量2696345.83万元，查出预算编制不完整、往来款长期挂账等问题金额165749.65万元。7月25日，丰台区第十五届人民代表大会常务委员会第十次会议审议通过《丰台区2012年度本级预算执行和其他财政收支情况的审计工作报告》。

固定资产投资审计　围绕区域发展的新情况和全区重点工作，加大对第九届中国（北京）国际园林博览会（以下简称园博会）等重点项目的审计监督力度。开展园博会周边道路工程、花卉景观布置工程、中小学校舍安全工程等结算审计、跟踪审计11项，全年审减工程款8489万元，审减率11.5%；促进政府出台《丰台区政府合同管理办法》，为全区重大项目、重点工程顺利实施保驾护航。

经济责任审计　围绕反腐倡廉建设和中央八项规定相关要求，开展23名领导干部的经济责任审计。审计思路从“财务型”向“绩效型”转变，审计内容更加突出绩效评价；创新经济责任审计组织模式，召开联合进点会，实行审计公示制度，开展谈话制度；出台《经济责任审计整改工作办法》。

专项资金审计（调查）　完成平原造林工程、招商引资等9个专项资金审计（调查），涉及审计资金量3326122.53万元。查出政策体系不完善、资金到位不及时、使用效益不高等问题。深入分析问题产生的原因，提出完善相关政策体系、理顺体制、机制等方面的意见和建议，确保政策措施落实执行，促进资金规范管理、高效使用，确保项目的效益效果。

内部审计　结合依法行政打分和绩效考核工作，加强对全区内部审计单位的指导和考核，建立内部审计与政府审计的“内外互动”机制，实现审计全覆盖。制定全区内部审计工作规范，促进建立健全内部审计组织机构。贯彻落实中央、市、区关于改进工作作风密切联系群众的有关规定，对全区54家一级预算单位的“三公”经费、会议费、培训费支出情况开展审计监督，2013年总支出数比2012年同期减少41.3%。

（撰稿人：黄晶玮）

【石景山区审计局】　2013年，石景山区审计局人员编制44人，在编39人。局长王亚兰，副局长庞晨潮、王岚、孙元林，纪检组长庞晨潮（兼）。设有办公室、审计综合科、行政事业审计科、财政金融审计科、经济贸易审计科、固定资产投资审计科、经济责任审计科、纪检监察科，下设石景山区审计指导中心、石景山区审计局经济责任审计中心。

审计成果　石景山区审计局全年完成审计项目25个，查出管理不规范金额8.34亿元；应调账处理金额2107万元，核减工程造价445万元。3个审计项目、2个审计专报得到区领导批示，主管区领导专门就重点监督项目主持召开2次整改协调会。2个项目在北京市优秀审计项目评选中获奖；计算机审计方法在市审计局的评选中获得1个优秀奖，6个合格奖。在市审计局项目质量检查中，送审项目质量获得市审计局好评并进行经验介绍。全年完成调研18篇，采用审计信息108篇次，审计宣传稿件42篇。

预算执行审计 在全面分析全区财政性资金情况的基础上，重点对11个部门开展预算执行情况审计，审计覆盖面达到20%。统一报告的基本模式，为预算执行审计“两个报告”提供第一手的材料。第三季度，与区财政局、监察局、采购中心联合对石景山区11家公务车定点维修企业进行联合检查。

政府性债务审计 根据市审计局的统一安排，在全区开展政府性债务审计。通过政府性债务规模和结构审计、存量债务清理偿还情况审计、债务管理和使用审计、政府性债务风险管理审计，促进和完善政府性债务管理制度，出台《石景山区政府性债务管理办法》，用以规范债务举借工作程序，明确偿债运作机制，妥善处理存量债务，严格控制新增债务，有效防范和化解潜在风险，维护财政和金融安全，促进经济持续健康发展。抽调3人参加市审计局地方政府性债务审计组开展政府性债务审计工作并获得好评。

固定资产投资审计 完成古城外国语学校综合楼建设项目竣工决算审计和2012年平原地区造林工程建设专项资金审计，共核减工程造价445万元。对44项政府投资项目进行跟踪审计监督，审计涉及资金37亿元，截至12月31日，阶段性核减工程造价2.7亿元，审计项目涵盖市政基础设施、教育、医疗卫生、环保和社会公益设施等。修订《石景山区政府投资重点建设项目审计监督办法》；出台《北京市石景山区审计局土地储备项目审计管理暂行办法》，完善政府投资建设项目管理、规范中介机构对土地储备项目审计行为。精确、动态的掌握重点项目审计进度，实行重大审计项目专报制度，为领导宏观决策提供依据。

经济责任审计 协调成立由区长任组长，组织部长和纪委书记任副组长的石景山区经济责任审计工作领导小组，形成“领导小组领导决策、联席会议组织协调、成员单位配合工作、专职机构督查落实”的组织领导体制，积极推进石景山区经济责任审计工作。首次开展党政领导干部同步审计，采取“1+N”的审计方法，加强经济责任审计与其他类型审计的结合，围绕党政领导干部职责分工、决策权限各有侧重；加强审计管理，坚持落实审计项目“五统一”（方案统一、程序统一、内容统一、范围统一、模板统一），增强审计过程的规范化、透明度，确保经济责任审计工作的公平性。指导16个单位的32名处级领导干部接离任经济事项交接手续；受区委组织部的委托，对6名处级领导干部进行经济责任审计。

专项资金审计（调查） 重点围绕民生、中小企业、资源环境等方面开展审计调查，共开展包括信息化建设专项资金、社区垃圾分类、社区卫生、平原造林、中小河道治理、中小企业发展等6个审计调查项目，调查资金量11.73亿元，其中，《石景山区2011年至2012年政府采购绩效情况的审计调查报告》《石景山区社区垃圾分类专项调查报告》得到区长批示，提出审计建议被采纳。

审计制度建设 为加强审计质量管理，制定审计和审理双向作业标准，修订《石景山区审计局审计作业指引》，制作《石景山区审计规范化示范卷》，把质量管理的目标和要求贯穿于审计工作的全过程。为贯彻落实《北京市审计条例》，完成依法行政考核指标，更好发挥审计监督作用，制定发布《石景山区审计结果公告暂行办法》；为加强党组班子建设，制定《石景山区审计局党组改进工作作风实施办法》；为加强审计干部日常管理，制定《石景山区审计局公务员平时考核暂行办法》；为进一步加强机关的安全管理，做好防事故、保安全工作，确保机关工作正常运转，制定《石景山区审计局安全管理制度》等多项规章制度。

审计文化建设 加强审计文化和精神文明建设的融合，制订《石景山审计局精神文明创建活动计划》和《“五个一”文明创建活动方案》，整合党、政、工、团的力量，围绕“五个一”文明创建活动开展工作。建立道德大讲堂，成立学雷锋志愿服务队，深入共建社区宣传审计法规和常识，组建网络文明传播志愿者队伍，积极参与各种文明创建活动。利用区审计局成立30周年纪念活动，开展审计宣传，扩大审计影响力，通过《石景山报》开辟宣传专栏和专版。利用现有人员，全面挖掘回顾建局 30 年来的发展脉络和主要成绩，制作宣传光盘和纪念册。

（撰稿人：王　鹏）

【门头沟区审计局】 2013 年，门头沟区审计局人员编制 33 人，在编 31 人。局长苗建军，副局长吴海臣、张丽娜、邢世悦、张胜。设有经济责任审计科、行政事业审计科、固定资产投资审计科、经贸审计科、财政金融审计科、人事教育监察科、综合法制科、办公室，下设门头沟区审计指导服务中心。

审计成果 门头沟市审计局开展审计和审计调查项目 24 个，已完成 7 项。查出纠正金额 237103 万元，应上缴财政 6 万元，已上缴财政 6 万元。提出审计建议 7 条。

预算执行审计 预算执行和其他财政收支审计符合法定程序，基本达到预期目标。审计 5 个部门预算单位。

经济责任审计 共对 17 个单位和领导干部的审计。

（撰稿人：刘皓楠）

【房山区审计局】 2013 年，房山区审计局人员编制 55 人，在编 52 人。局长马俊怀，副局长李亮、范江梅、郭凤岭（—11 月）、刘志勇，总审计师许春成，纪检组长张健。设有办公室、综合科、人事教育科、行政财政审计科、工商基建审计科、干部经济责任审计科、农业环保审计科，下设内部审计指导中心。

审计成果 房山区审计局全年组织完成审计项目 46 个，审计资金量 317 亿元，查出违规和管理不规范金额 65322 万元，审减工程款 6.01 亿元。全年被区委、区政府和市审计局采纳信息 13 篇，提交审计调研报告和研讨论文 6 篇。

政府性债务审计 对全区涉及政府性债务的行政事业单位、融资平台及 23 个乡镇、街道办事处债务管理和使用情况进行全面审计，客观反映全区政府性债务规模、结构及风险变化情况，并针对部分政府性债务管理制度不健全、管理不规范，债务的举借、使用、偿还管理不到位，BT 项目尚未纳入政府性债务管理等问题，提出有效防范和化解潜在风险的意见和建议，对区政府建立健全债务管理制度，完善监督机制和风险预警分析体系起到建设性作用。

财政审计 重点对财政预算执行情况和税收征管情况实施审计，在关注财政资金收入、支出结构、财政支出绩效等情况的基础上，对 10 个区直单位的部门预算执行情况进行监督，揭露和纠正部分单位存在的用机动费弥补公用经费不足、项目经费未完全按规定用途使用等问题，强化财政预算约束力，提高财政资金使用绩效。6 月 28 日，区七届人大常委会第九次会议审议通过房山区审计局受政府委托做的《关于 2012 年度房山区预算执行及其他财政收支情况的审计工作报告》，并对区审计局所做的大量工作给予充分的肯定。

固定资产投资审计 完成对保障性安居工程、老旧小区综合整治、集中供热房工程、轨道交通房山线拆迁资金等 18 个项目的跟踪和决算审计，核减工程款首次突破 6.01 亿元，同时在审项目 66 个。在揭露和纠正工程造价高估冒算、建设项目超计划投资等问题的同时，突出实施项目事先、事中、事后的跟踪审计，在项目立项、设计、招投标、工程监理、工程质量等环节进行全方位的审计监督，促进建设资金安全运行，规范投资和建设秩序。

农业与资源环保审计 对全区平原地区造林工程建设专项资金管理及使用情况进行跟踪审计。审计的内容包括项目资金到位、拨付、使用及管理情况，项目招投标和工程项目的进展情况等。2012 年度房山区绿化造林完成 2.5 万亩，总投资 7.6 亿元。在审计过程中针对区配套资金未及时到位、建设项目程序管理不规范、土地流转面积确认不准确等问题提出审计建议。

经济责任审计 完成 16 个单位、20 名领导干部的任期经济责任审计任务，充分发挥经济责任审计在领导干部监督管理中的作用。全面推进乡镇党委书记和乡、镇长经济责任的同步审计，实现乡镇经济责任审计内容的全覆盖，扩大任中审计比例，有力地推动审计揭示问题的整改落实，乡镇党政正职同步审计率达 100%。继续实践经济责任审计与区委巡视工作相结合，推进审计结果的直接利用。

内部审计 房山内部审计协会以“四个一工

程”为抓手，充分发挥内部审计的监督作用，促进内部审计事业健康稳步发展，并被中国内部审计协会评为全国“推荐学习典型”。3月27日，房山内部审计协会会长范江梅在全国内部审计工作会上做经验交流。（撰稿人：李晓鹏）

【房山区燕山审计分局】 2013年，燕山审计分局人员编制21人，在编19人。局长夏辉，副局长王冬卉、黄国威。设有财政金融审计科、行政事业审计科、经济贸易审计科、综合法制指导科、办公室、经济责任审计所、行政事业经贸审计所。

审计成果 燕山审计分局完成各类审计项目19个，交办配合项目38个。查处各类管理不规范金额11882.13万元。出具审计报告19份，简易报告38份。提出审计建议59条，提交审计信息25篇；提交调研报告12篇。

预算执行审计 通过对财政分局2012年度燕山地区预算执行情况的全面审计和对政府采购、国库集中支付、重大建设项目改造支出情况重点审计，对燕山地区2012年度财政预算收支的科学性、规范性做出客观评价。通过审计，提出规范结余资金管理、提高资金使用效益、加强监督检查力度的审计建议，为预算监管职能的发挥和规范管理起到积极的推动作用。

经济责任审计 接受燕山工委组织部委托，共对7位领导干部进行离任经济责任审计。通过审计，未发现领导干部违反财经法规等问题，但部分单位在资金核算和固定资产方面管理不规范，一些历史遗留问题长期挂账。

固定资产投资审计 共组织开展政府性投资建设项目10个，9个审计项目已完成。报审金额合计38145.09万元，审减竣工决算金额3993.48万元。完成交办配合项目36个，审减金额4609.64万元。

行政事业审计 以促进二级单位财务规范管理为目标，向基层单位延伸审计，对向阳小学和燕山医院开展财务收支审计。通过审计，发现医用材料、货币资金管理、会计核算等方面的管理还存在不足，分局从改进管理、完善制度、健全机制等方面提出审计意见。

其他审计 开展燕运龙客运服务中心应付款项专项资金审计，通过审计，核减应付款项16万元。开展办事处公有住房及单位自管房租住情况审计调查，重点了解掌握公有住房和单位自管房的租住情况、房费交纳情况及欠费原因、管理情况等，促进有关部门加强公有住房的管理。根据市审计局统一安排，抽调专人进审计组，协助市审计局开展政府性债务审计。（撰稿人：许　安）

【通州区审计局】 2013年，通州区审计局人员编制56人，在编54人。局长盛亚荣，副局长曹温华、赵静、黄海青、周丰，纪检组长王文选。设有综合指导科、办公室、人事教育科、监察科、内部审计指导科、行政事业审计科、经济责任审计科、财政金融审计科、经贸投资审计科、专项审计中心。

审计成果 通州区审计局完成审计项目46个，查出违规和不规范金额165030万元；开展56个政府投资审计项目，查出管理不规范金额91405.77万元；提交审计信息119篇，被采用信息87篇次；提出审计建议108条；向社会公告审计结果2篇。

财政审计 审计一级预算单位14个，延伸审计二、三级预算单位99个，查处违规和管理不规范金额11.7亿元，揭示和反映部分单位国库集中支付制度落实不到位、部分收入未纳入年初预算、专项资金管理使用不规范等问题，并从机制、制度和管理层面分析问题产生的原因，提出完善项目动态管理机制、细化财政资金控制流程、加强预算审核和监管、加强政府投资管理等多条针对性的建议。“两个报告”得到区委、区人大、区政府的高度重视和充分肯定。

经济责任审计 围绕领导干部任期内经济决策权、管理权、执行权和个人廉政情况开展25个经济责任审计项目，提出加强制度建设、强化责任意识、开展业务培训等建议，从制度层面推动领导干部履责意识和管理水平的提升。

专项资金审计（调查） 重点开展乡镇、学校、医院、土地储备资金筹集管理情况的专题审计和区级社会保障资金、7·21应急救灾资金等专项资金审计，并开展独立型的绩效审计项目——潞河医院手术房楼项目绩效审计调查。审计共发现管理不规范金额21465万元。通过审计，揭示固定资产管理不完善、经费支出手续不规范、往来款核算管理不规范等问题。在促进民生保障等政策措施的落实，促进资金及时拨付到位、规范管理和高效使用资金等方面发挥积极作用。

固定资产投资审计 重点对土地一级开发、安置房建设等 56 个政府投资项目、涉及的 2781790.02 万元政府投资资金进行审计。揭示招投标、征地拆迁、建设资金管理使用等违规及管理不规范的问题金额 91405.77 万元，避免资金损失 34114.90 万元。

内部审计 全年完成审计项目 1335 项，增加效益 1443 万元，提出审计意见和建议 633 条。切实起到维护财经法纪，完善单位财务管理制约措施，规范经济运行活动，提高资金使用效益的作用。 （撰稿人：付立志）

【顺义区审计局】 2013 年，顺义区审计局人员编制 54 人，在编 50 人。局长刘福海，副局长绳桂华、任立强、西连仲。设有办公室、财政金融审计科、行政事业审计科、经济贸易审计科、经济责任审计科、社会保障审计科、固定资产投资审计科、综合业务科、内部审计指导所、计算机中心、监察科。

审计成果 顺义区审计局完成审计项目 50 个，查出主要问题金额 443003 万元，其中违规金额 116 万元、管理不规范金额 442887 万元；损益（收支）不实金额 363753 万元；审计处理处罚金额 1005 万元，其中应上缴财政 116 万元、应缴纳其他资金 889 万元；审计发现非金额计量问题 11 个；审计促进整改落实有关问题资金 5697 万元，其中增收节支 7 万元、已调账处理金额 5690 万元；出具审计报告和专项审计调查报告 106 篇；提出审计建议 49 条，提交审计信息 54 篇，被批示、采用 20 篇；向社会公告审计结果 3 篇。

财政审计 组织开展 2012 年度本级预算执行和其他财政收支情况审计。先后对区财政局 2012 年度预算执行情况、18 家单位部门预算、中小学校舍安全工程建设进行审计，审计资金量 170 亿元，审计揭示扩大项目资金使用范围、变更调整预算等 16 个问题。审计查出管理不规范金额 373504 万元。

经济责任审计 开展经济责任审计 28 个，重点审查领导干部任期内工作目标的实现程度以及遵守国家财经法规和有关廉政规定等情况，对领导干部任期内贯彻落实相关政策及资金使用、资产管理绩效情况以及决策、投资等经济活动的效果做出审计评价。审计查出违规金额 116 万元，管理不规范金额 69212 万元，审计发现欠缴税金、会计核算不实、固定资产核算不规范、违规使用发票等 11 类问题。

专项资金审计（调查） 组织开展地方政府性债务审计、中小河道治理工程专项审计调查、农业综合开发资金审计，配合市审计局开展平原造林工程资金绩效审计调查、全国地方政府性债务审计、保障房审计、市级预算执行审计等项目，发现管理不规范金额 171 万元。

内部审计 内部审计协会以“宣传、交流、服务、管理”为宗旨，通过开展全区 148 家行政及企事业单位内部审计情况调查，召开经济开发区、房地产等行业工作经验交流会，组织内部审计人员岗位资格培训班等形式，进一步发挥对全区内部审计工作的指导和监督作用。10 月，顺义区内部审计协会经过社会组织和专家评估，认定为 4A 级社团组织。 （撰稿人：王 颖）

【平谷区审计局】 2013 年，平谷区审计局人员编制 55 人，在编 48 人。局长陈亮，副局长秦东英（9 月—）、于长松、王海顺，总审计师陈静梅，纪检组长梁爱臣。设有政办室、综合科、行政事业审计科、经贸投资审计科、财政金融审计科、经济责任审计科，下设平谷区经济责任审计所和平谷区项目投资审计中心。

审计成果 平谷区审计局共开展审计（含审计调查）项目 54 个，完成审计项目为 32 个（含同步审计），结束现场审计的项目 22 个，延伸审计 36 个相关单位；查出管理不规范金额 10030.7 万元；审计处理处罚金额 160.57 万元，其中应上缴财政 19.67 万元、应调账处理金额 140.9 万元；审计发现非金额计量问题 51 个；审计期间整改金额 1356.01 万元；审计促进整改落实有关问题资金 546.78 万元，其中增收节支 19.67 万元、已调账处理金额 527.11 万元；出具审计报告和专项审计调查报告 32 篇；提出审计建议 76 条，采纳 77 条；提交审计信息 106 篇，被批示、采用 30 篇；

市区两级刊物、网站采纳宣传作品27篇；向社会公告审计结果1篇；被审计单位制定整改措施84项，建立健全规章制度2项。

预算执行审计　对区财政局组织2012年度预算执行和其他财政收支情况进行审计，纠正财政资金使用效率有待提高、集中采购目录中服务类项目未实施政府采购等问题，提出加强国库集中支付资金监管和预算单位固定资产综合管理等建议。并对区科委、区统计局、区政府办、区人口计生委等14个部门预算单位进行审计。纠正账表不符、固定资产账实不符、往来款长期挂账、项目结余资金未按规定结转使用、会计原始凭证不规范等问题。

地方税收征管审计　对2012年度地方税收征管情况进行审计，主要审计税收总体完成情况、转非企业发票管理情况，并对14户纳税企业进行延伸审计。发现并及时纠正3家企业存在少缴税费的问题，被审计单位已在审计期间进行补缴，避免税收流失。

固定资产投资审计　对2009年至2012年平谷区中小学校舍安全工程建设项目进行跟踪审计，审计资金总额12.45亿元，对部分工程建设项目实施进度缓慢，项目程序履行不完善，已完工项目的结算、决算、资产交付进展缓慢等问题提出审计建议。年内对夏各庄新城定向安置房建设资金进行审计，首次聘请中介组织参与造价评估；对平谷区中小学校安工程建设竣工决算进行审计。

专项资金审计　对5家预算单位非税收入收缴管理情况进行专项审计，审计纠正非税收入未及时收缴、非税收入预算编制有待完善等问题。对平谷区2012年度平原地区造林工程建设专项资金管理使用情况进行绩效审计，审计发现并纠正工程款滞留、土地流转资金拨付较晚、项目建设单位未严格履行管理责任等问题，并提出审计建议。对平谷区2012年度计划生育免费技术服务资金管理使用效益情况进行审计，延伸审计南独乐河镇、峪口镇、平谷镇、大兴庄镇、大华山镇、滨河街道及平谷区妇幼保健院7个单位，对审计中发现的超范围使用计划生育免费技术服务资金等问题提出审计建议。开展北京谷诚担保有限公司运营情况专项审计，指出其在经营中存在的持续经营能力差、风险控制能力低、担保业务存在安全隐患等问题。组织开展2011年至2012年农业综合开发资金土地治理项目绩效审计、平信担保中心运营情况专项审计。

经济责任审计　对24名处级领导干部任期经济责任情况进行审计。发现并纠正固定资产账实不符、专项资金管理不规范、往来款项清理不及时、应缴未缴非税收入、超范围和超限额使用现金、未履行政府采购程序等问题。举办经济责任审计培训班，对全区各单位主管财务的120余名干部进行培训，由区审计局总审计师、副局长和审计业务骨干结合工作实际进行授课；将经济责任有关规定汇集成册，编制《北京市平谷区领导干部经济责任履职手册》在全区发放，宣传审计知识，强化领导干部责任意识。

内部审计协会　对全区乡镇、部门的内部审计工作进行调查研究，宣传内部审计工作的有关法规，建立内部审计机构和人员工作档案，拟定《平谷区内部审计协会章程》并报区政府审定。发展协会团体会员41个、个人会员60名。9月12日正式成立平谷区内部审计协会，区长担任名誉会长，审计局副局长任协会会长。

（撰稿人：刘兰兰）

【大兴区审计局】　2013年，大兴区审计局人员编制61人，在编53人。局长苗静（—12月）、李建国（12月—），副局长张强、于洁，总审计师王亚男（8月—），纪检组长刘刚。设有人事教育科、财政金融审计科、行政事业审计科、企业经济审计科、经济责任审计科、投资审计科、内部审计指导科、审计综合科、监察科、办公室、内部审计指导所和审计事务管理中心。

审计成果　大兴区审计局全年完成审计（调查）项目54个。审计（调查）查出的主要问题金额110802万元，其中应上缴财政59万元、已上缴财政59万元，应调账处理金额80万元，核减工程造价17543万元。出具审计报告和专项审计调查报告57篇，向社会公告审计结果3篇；提交审计信息53篇；提出审计建议74条。

预算执行情况审计　部门预算审计由上年的8个单位增加到13个单位，审计覆盖面达到区属一级预算单位的21%，通过区政府信息公开网站和区审计局网站向社会公告3个一级预算部门

2012 年度预算执行和其他财政收支的审计结果。通过对财政部门具体组织本级预算执行和其他财政收支情况审计、对发改委等 13 个单位的部门预算执行情况审计及对排污费、污水处理费专项资金进行审计调查，共计查出管理不规范金额 26726.18 万元。

固定资产投资审计 加大跟踪审计力度，积极创新审计方式方法，充分发挥审计建设性作用，全年完成政府投资项目审计 26 个，核减投资额 17543 万元。

经济责任审计 全年完成经济责任审计项目 12 个，涉及 12 个单位、15 名领导干部。

（撰稿人：高旱雨）

【昌平区审计局】 2013 年，昌平区审计局人员编制 55 人，在编 53 人。局长郭自成，副局长张爱平、刘会春、王立军、田希玲。设有办公室、综合法制科、经济责任审计科、财政金融审计科、农林行政文教审计科、固定资产投资审计科、经贸审计科。下设内部审计指导所、重点工程审计中心。

审计成果 昌平区审计局共完成审计项目 119 个，查出管理不规范金额 10733 万元，其中，同级预算执行审计 13 个，政府投资工程结算审计 91 个，经济责任审计 12 个，定期审计 2 个，专项审计调查 1 个。对 76 个政府投（融）资项目实施跟踪审计，审减金额 19871 万元，提出审计建议 259 条，基本得到落实。提交审计信息 143 篇。

财政审计 完成 2012 年度区级预算执行和其他财政收入情况审计。对非税收入缴纳、结余结转资金管理、土地出让金使用、政府投资建设项目报送审计以及长期挂账往来款清理等方面存在的问题提出审计建议，区财政局已落实整改，审计结果向区政府和区人大常委会做了汇报，并进行网上公示。完成对区民政局、区交通局等部门预算执行和决算草案审计，重点审计本级及所属单位的预算编制、预算执行等情况，并对所属 21 个二级预算单位和 18 个专项进行延伸审计，审计共查出违规金额 23 万元，以专题审计结果报告向区政府进行汇报。

固定资产投资审计 围绕全区市政基础设施建设、城市环境整治、为民办实事等项目完成政府投资工程结算审计项目 91 个，送审金额 10.49 亿元，查出管理不规范金额 10709 万元，审减金额 10356 万元。审计发现部分项目存在多计工程造价，未按规定履行招投标程序和实施监理制，未委托有资质的施工单位进行施工等问题。围绕全区重点工程建设，区审计局指导和监督中介审计机构对东小口旧村改造及回迁楼建设、平原造林、老旧小区改造、未来科技城等 76 个政府投（融）资项目开展跟踪审计，审计资金 65.96 亿元，审减资金 19871 万元，审核拆迁工程资料 964 份，提出审计建议 227 条；对 8 家审计中介公司进行重点检查，对存在的问题提出整改建议。

企业审计 完成北京铭嘉房地产开发有限公司和北京振邦承基建设有限公司 2011 年 7 月至 2012 年 6 月开发建设资金来源及使用情况审计。重点审计资产负债、开发建设资金和贷款资金来源及使用、工程及拆迁补偿款支付的合规性等情况，并对重要事项进行必要的延伸。

经济责任审计 完成对区环保局、区安监局、区疾控中心等 12 个单位领导干部任期经济责任审计，对单位存在的内控制度、财务核算制度不完善等问题提出审计建议，被审计单位已积极落实整改；区委、区政府下发《关于进一步加强经济责任审计工作的通知》，进一步健全本区经济责任审计工作制度，增强领导小组各成员单位的协调配合，加大对违法违规问题的处理力度。

政府性债务审计 完成地方政府性债务资金跟踪审计，通过测算，区债务率低于警戒线，政府性债务风险处于可控水平，建议相关部门加强对政府融资项目的管理。

专项资金审计（调查） 开展 2010 年至 2012 年昌平区设施农业补助资金使用情况及设施现有状况专项审计调查，重点对财政补助资金拨付情况、使用情况及设施现状进行调查，进一步规范设施农业建设，提高设施农业种植生产效益。

绩效审计 开展 2012 年农民住宅节能保温改造工程绩效审计和 2012 年度社区蔬菜网点连锁直营店绩效审计。重点了解资金分配使用和执行等情况是否达到预期效果、百姓对政府政策制度和执行等情况的满意度，促进制度完善，强化项目管理，提高财政资金绩效，增强民生政策效果和效应。

其他审计 参与市审计局联合行动，开展全市政府性债务审计、2012年度平原地区造林工程建设专项资金管理使用情况绩效审计调查；配合区有关部门开展2013年食品安全经费接收管理及使用情况的审计调查，对北京鹿牌都市生活用品有限公司搬迁项目资金使用情况开展审计调查，开展昌平区产业转型升级政策项目审计，配合区教委开展中小学春秋季治理教育乱收费专项调查，开展贯彻落实改进工作作风、密切联系群众相关专项督查工作和“三公”经费专项整治工作。

内部审计 组织本区60多个单位的150余位内部审计人员进行集中培训；对内部审计人员资格证进行年检，解答内部审计单位咨询；开展内部审计协会自评工作，通过专家评审，昌平区内部审计协会被评估为2013年度5A级社会组织。

（撰稿人：樊明茹）

【怀柔区审计局】 2013年，怀柔区审计局人员编制63人，在编61人。局长薄振山（—6月）、王京红（6月—），副局长张文龙、宋卫东、李建华（6月—），纪检组长张俊峰。设有办公室、监察科、综合科、财金审计科、行财审计科、固定资产审计科、农林审计科、社会保障审计科，下设经济责任审计事务所、内审业务指导所和固定资产投资审计中心。

审计成果 怀柔区审计局完成审计（调查）项目92个。查出问题金额35244.67万元。其中管理不规范金额31897.40万元，应归还原渠道11.74万元，应调账处理352.28万元，应缴已缴财政2983.25万元。提出审计建议84条，被审计单位采纳54条；出具审计报告和专项审计调查报告46篇；提交审计信息、分析24篇，被采用21篇；向社会公告审计结果5篇。

财政审计 共完成11个预算执行审计（调查）项目，延伸审计7个。查出问题金额9100.75万元，其中管理不规范金额6017.64万元，调账处理176.14万元。提出审计建议19条，被审计单位采纳12条。针对一级预算单位预、决算编制不实，收入挂往来账，应缴未缴税金，会计基础工作不规范；财政部门将应纳入预算管理资金在财政专户挂账，预算支出不均衡；部门单位挤占、滞留专项资金，扩大资金使用范围和改变资金用途存在的问题等提出整改建议。

固定资产投资审计 怀柔区审计局派出一名主管副局长负责怀柔区重点建设项目同步跟踪审计，聘请中介机构对怀柔区雁栖生态示范区供水、排水，兴怀大街东延线，会都110kV站址，会都北环路，福田重机等28项重点建设项目实施同步跟踪审计，送审金额301458.77万元，审减金额4142.51万元。

经济责任审计 上报市审计局完成经济责任审计项目30个，延伸审计单位22个，共查出问题金额20435.82万元。其中管理不规范金额20171.66万元，归还原渠道资金11.74万元，调账处理金额176.14万元，应缴已缴财政金额76.28万元。提出合理化审计建议58条，被采纳37条。审计中发现滞留、挤占专项资金，财务管理不规范、采用不合规发票入账，购置固定资产不及时入账，内控制度不健全，未按规定使用专项资金和违反政府采购规定，编制预算和决算草案不实，未按规定缴纳税费，违规收费和违规拨款，违反借款规定，违规处置国有资产和弥补经费等问题。审计局提出整改建议，对经济责任人给予正确评价。

专项资金审计 完成对怀柔区教育委员会2012年度校外教育经费、新型农村合作医疗办公室2012年度新型农村合作医疗资金管理使用情况、2012年平原造林工程资金管理及使用效益等3项专项资金进行审计，延伸审计2个单位，查出管理不规范金额5708.09万元，提出审计建议7条，被采纳5条，发现校外教育资金存在个别学校购置固定资产不入账问题。在新型农村合作医疗基金管理使用工作中存在个别人员重复参合、非农业及外地户籍人员参合、未足额提取风险金的问题。平原造林资金审计中发现专项资金未及时足额拨付等问题，项目建设单位未严格履行管理责任，施工设计位置、地块面积调整未履行相关手续，项目招投标后补，未及时制定养护管理责任制度等问题，区园林局对上年度平原造林审计提出整改建议，及时纠正问题，制定整改措施，并将整改情况上报区政府和审计部门。

临时交办事项 完成区政府临时交办的北京北燃供热有限公司代管北京宏怀热力有限公司经营财务收支情况审计。经审计，北京北燃供热有限公司代管期间，根据协议保障了代管户的供暖任务，对无法收取供暖费这一历史遗留问题，由区政府会同相关部门协调解决，其他相关问题上报区政府。

内部审计 截至12月底，区内部审计协会共有内部审计会员单位60个，专职兼职内部审计人员387人。完成内部审计（调查）项目66个，查出违规及管理不规范金额5000万元，损失浪费金额200万元，增加效益400万元，提出合理化意见6条，被采纳6条。（撰稿人：于江明）

【密云县审计局】 2013年，密云县审计局人员编制64人，在编55人。局长孙绍志，副局长王明如、任双喜、王雪梅、谢卫东。设有办公室、综合科、经济责任审计科、财政金融审计科、行政事业审计科、农业与资源环保审计科、经贸审计科、固定资产投资审计科、社会保障资金审计科，下设经济责任审计中心、政府投资审计中心。

审计成果 密云县审计局完成审计项目40个，查出主要问题金额75390万元，其中违规金额873万元，管理不规范金额73521万元，损失浪费金额996万元；损益（收支）不实金额356万元；审计发现非金额计量问题27个；审计促进整改落实有关问题资金572万元；其中增收节支572万元；审计核减投资成本5279.71万元；出具审计报告和审计调查报告62篇；提出审计建议70条，提交审计信息62篇，被采用65篇次；向社会公告审计结果3篇。

预算执行审计 重点安排县财政局具体组织本级预算执行和其他财政收支审计、政府性债务审计和14个县直部门预算执行审计。从审计结果看，财政部门充分发挥职能作用，推动经济发展，保障改善民生，财政管理实现规范化、制度化、系统化，科学理财水平逐步提高，但在预算管理、资金使用绩效等方面还需进一步加强和改进；密云县政府制定《密云县人民政府关于加强政府性债务管理意见的通知》，强化支出责任，把政府性债务纳入财政支出绩效评价管理范畴，加强政府性债务监管，实行统一归口管理，构建政府性债务规模控制机制，整体债务规模处于可控状态；部分单位预算执行不够严格、少数单位财政改革措施落实不到位、个别部门财务管理不规范。

经济责任审计 制定出台《密云县经济责任审计工作联席会议制度》，注重发挥经济责任审计工作联席会议成员单位的作用，推动经济责任审计工作的制度化、规范化、常态化；结合密云实际，提出“警示、教育、保护、整改、提高”的审计原则，共开展22名领导干部的离任审计。从审计情况看，各部门财政财务管理水平明显提高，领导干部经济责任意识明显增强，经济责任审计结果得到重视。

固定资产投资审计 对密云县檀营乡旧村改造、首都师范大学密云附属中学西侧地块、密云县水源路南侧地块等11个项目的一级开发成本进行审计，已完成审计项目5个，审减投资成本5279.71万元。对密云县2009年至2012年中小学校安工程进行跟踪审计，及时揭示工程实施过程中存在的问题和困难，就项目手续、会计核算和历史遗留问题与密云县教委专门协调沟通，促进审计整改落实。由市县审计机关联合对密云县2012年城镇保障性安居工程的投资、建设、分配、运营等情况进行审计，审计发现在完成保障性安居工程目标、资金筹集和拨付以及建设、分配等方面还存在问题，需要进一步改进和完善。

专项资金审计（调查） 年内，对密云县2012年度平原地区造林工程和2013年中小河道治理工程开展专项资金绩效审计调查。审计揭示出项目配套资金尚未到位、项目资金支付不够及时和项目资金结存数额较大的问题。

（撰稿人：时兴芬）

【延庆县审计局】 2013年，延庆县审计局人员编制62人，在编56人。局长张景军，副局长焦万宏、马海林、鲁亚军，纪检组长许继红。设有办公室、企业审计科、行政事业审计科、财政金融审计科、经济责任审计科、基建审计科、综合科、信息中心、培训中心，内部审计指导中心。

审计结果 延庆县审计局完成审计和审计调查项目37项，查出主要问题金额171856万元，其中违规金额12209万元、管理不规范金额159647万元；审计发现非金额计量问题48个；审计促进整改落实有关问题资金17325万元，其中增收节支12209万元、已调账处理金额5115万元；审计促进拨付资金到位64073万元；出具审计报告和专项审计调查报告54篇；提出审计建议107条；提交审计信息21篇，被批示、采用83篇；向社会公告审计结果1篇。

预算执行审计 1月至5月，对县财政局预算管理、预算收入完成、财政资金分配、政府性债务偿还以及财政专户管理情况；国家金库延庆县支库预算资金收纳划解情况；延庆县地税局税收征管情况；县教委等12个部门预算编制和重点项目支出的合规及效益等情况开展审计。通过审计，对部分单位滞留预算收入、公用经费超预算、未按规定期限缴纳税款等问题进行纠正和处理，提出规范管理的审计意见和建议。7月30日，受县政府委托，向县十五届人大常委会第十一次会议报告本级预算执行审计工作情况，并通过延庆有线电视台将审计结果向全县社会进行公布。

经济责任审计 受组织部委托，结合预算执行审计和议事规则等制度执行情况检查，对县法制办、县民政局、千家店镇政府共24个单位30名党政领导干部开展经济责任审计。通过审计，揭示部分单位存在的决策程序和管理手续不规范、内控制度不健全、执行不严格、公用经费超预算、固定资产管理不规范、超限额使用现金、原始凭证不规范等问题，提出完善会议记录内容、压缩公用经费支出、加强会计基础工作等审计建议和改进意见63条。

专项资金审计 全年共开展专项资金审计7个，包括审计署统一组织的全国政府性债务审计、保障性安居工程审计；市审计局统一组织的2012年平原地区造林工程绩效审计、妫水河河道治理工程审计；本县组织实施的2012年风沙源治理工程资金绩效审计、2013年平原地区造林工程资金审计和世界葡萄大会专项资金审计。通过审计，对部分单位未按贷款合同规定用途使用债务资金；平原造林主体工程超概算招标；妫水河河道个别地段设计不符合施工现状；京津风沙源治理工程个别项目未按时完工；世界葡萄大会个别项目建设单位专项资金管理制度缺失等问题，提出审计整改建议和意见。

其他审计 会同县监察、财政等部门开展"四风"突出问题专项检查；对北京夏都信达国有资产经营管理中心2012年度资产负债损益情况进行审计。 （撰稿人：刘宝生）

2013年北京市本级及所辖区、县审计工作统计表

金额单位：万元

审计机关	完成审计项目（个）	审计查出主要问题金额	审计处理情况：审计处理处罚：应上缴财政	应减少财政拨款或补贴	应归还原渠道资金	应调账处理金额	移送处理事项（件）	出具审计报告和审计调查报告（篇）	提出审计建议（条）	提交审计信息（篇）
北京市本级	120	81104168	51800	66	95541	293010	4	142	406	451
东城区审计局	35	220060	6489			838		49	130	101
西城区审计局	43	30266	2555		581	25012		63	83	5
朝阳区审计局	61	195024	888			261		96	204	197
海淀区审计局	40	225522	59		60	2125		75	95	131
丰台区审计局	53	325325	513			3710		81	136	222
石景山区审计局	25	83448		498		2107		27	94	107
门头沟区审计局	7	237103	6					7	7	7
房山区审计局	46	65332	12	59281		341		78	113	24

续表

审计机关	完成审计项目（个）	审计查出主要问题金额	审计处理情况					出具审计报告和审计调查报告（篇）	提出审计建议（条）	提交审计信息（篇）
			审计处理处罚				移送处理事项（件）			
			应上缴财政	应减少财政拨款或补贴	应归还原渠道资金	应调账处理金额				
房山区燕山分局	19	11882	115	6676		106		26	59	25
通州区审计局	46	165030	28					84	108	119
顺义区审计局	50	443003	116					106	49	54
平谷区审计局	32	10030	20			141		32	76	106
大兴区审计局	54	110802	59			80		57	74	53
昌平区审计局	119	10733						119	259	143
怀柔区审计局	45	35245	2983		12	352		46	84	24
密云县审计局	40	75390						62	70	62
延庆县审计局	37	171856						54	107	21

天津市

【天津市审计局】 2013 年，天津市审计局人员编制 378 人，在编 264 人。设有办公室、行政财务处、法规处、财政审计处、金融与外资运用审计处、行政事业审计处、工交审计处、商贸审计处、社会保障审计处、固定资产投资审计处、综合处、经济责任审计处、信息化处、人事教育处、老干部处、机关党委办公室、纪检监察室、农业与资源环保审计分局、发展审计分局、机关审计分局、政法审计分局、滨海新区审计分局，下设审计科研培训中心。

领导成员

局　　长：刘　健

副 局 长：张永革　王润生

　　　　　项文卫　卢　博

总审计师：谢津秋

纪检组长：白　山

审计成果 天津市审计局共开展审计和审计调查项目 65 个，审计查出主要问题金额 5119310 万元；审计处理处罚金额 400594 万元；出具审计报告和审计调查报告 75 篇；提出审计建议 184 条；提交审计信息 61 篇。

预算执行审计 市级预算执行审计重点揭示预算编制、预算调整、项目评审、政府采购、预算执行、账户和会议费管理等内容，加强预算管理，促进提高部门绩效管理水平。对市财政局 2012 年总预算执行和其他财政收支情况进行审计。对市市容和园林管理委员会、市交通运输和港口管理局、市公安交通管理局、市海洋局、天津华北地质勘查局、市旅游局、市粮食局、市政府外事办公室等部门进行部门预算执行情况审计。市级预算执行审计共涉及 696 个部门、单位，审计各类财政资金、公共资金和重点建设项目资金 604 亿元。

联网实时审计 天津市人民政府办公厅印发施行《天津市联网实时审计监督暂行办法》。贯彻落实市委、市政府决策部署，运用“制度加科技”的办法，构建审计监督“一张网”，推行联网实时审计制度取得阶段性成果。实现与财政（地税）、社会保障、住房公积金等 50 家主要市级单位的联网实时审计，占到一级预算单位的 1/3，涉及的资金量占到 2/3。设立专职机构，研究制订工作方案和建设方案，再造审计业务流程，编制 12 项配套分制度，建立 563 个分行业审计模型，研发智能化、自动化审计“一张网”管理软件，完善联网实时审计监督模式。召开区县联网实时审计现场推动会，全面启动区县联网实时审计工作。

政府性债务审计 对14个区县实施政府性债务审计。审计按照“摸清底数，反映问题，揭示风险，提出建议”的总体思路，遵循“见人、见账、见物，逐笔、逐项”的原则，重点关注新增举债方式和举债类型，延伸核查承诺无债单位和政府重大投资项目，审核债务数据的真实性、准确性、完整性。审计工作提升政府性债务管理水平，有效防范各类债务风险的发生。向社会公告对政府性债务审计结果。

社会保障审计 参与全国城镇保障性安居工程跟踪审计，重点调查天津市本级、16个区县政府所属的国土房管局、财政局、民政局、统计局、发展改革委等有关部门，延伸调查85个保障性安居工程项目的融资、建设、勘察、设计、施工、监理、质量监督等相关单位和企业、49个街道办（乡镇）、23个居（村）委会、123户家庭，对38个保障性安居工程项目的开工情况、30个项目的基本建成情况、39个项目的工程建设和质量管理情况进行检查，从完善保障性安居工程项目管理联动机制、健全保障性住房管理机制的角度提出建议，促进城镇保障性安居工程政策全面落实。对天津市2012年度城镇企业职工基本养老保险基金、城镇职工基本医疗保险基金和失业保险基金、工伤保险基金、生育保险基金的收支和管理情况进行审计，摸清基金收支余规模和管理运行情况，推动完善社会保障政策、加强资金管理、保障基金安全。对住房公积金收支管理情况的审计，加强对信息系统缴存、提取和贷款业务的监控，有效防范基金风险，维护基金安全和完整。对彩票公益金管理使用情况的审计，了解总体规模和管理状况，评价彩票公益金在公益事业发展中发挥的积极作用，促进规范管理，提高资金使用效益。

固定资产投资审计 对城投集团天钢柳林地区综合开发项目、天津西站交通枢纽配套工程项目、天津医院改扩建项目等重点投资项目进行审计，重点关注投资项目征地拆迁、工程招投标等关键环节，探索投资绩效审计，注重从体制、机制层面揭示“借用管还”方面存在的问题，防范和化解项目管理风险，促进提高项目管理水平，确保项目建设顺利实施。

专项资金审计 对天津市援疆资金的管理、使用及建设情况进行第三阶段跟踪审计，重点关注落实国家政策、执行建设程序、控制投资行为以及监督项目管理等情况，促进援疆工作顺利推进。对中心城区旧楼区提升改造资金、住宅气源发展基金、路灯维护费、第六届东亚运动会经费等专项资金的管理使用情况进行审计和专项审计调查，进一步促进有关政策措施落实到位和资金规范使用。

外贸运用审计 对城市发展和环境二期项目、全球环境基金赠款天津生态城项目、国际农业发展基金赠款加强金融机构培训能力项目以及海河河口地区污染控制和生态恢复项目等4个国外贷援款项目进行公证审计，重点关注资金到位和使用、项目执行和工程建设等情况，促进有效利用国外贷援款的质量和水平。

经济责任审计 对12名市管领导干部实施任期经济责任审计，对南开区审计局主要负责人实施任期经济责任审计。

企业审计调查 对天津港集团有限公司、天津市房地产开发经营集团有限公司等市属国有企业集团国有资产运营管理情况进行专项审计调查，重点关注对外投资、股权管理重要经济事项，注重揭示贯彻落实经济政策中存在的突出问题，有针对性地提出改进意见，促进企业加强制度建设和内部管理，履行好资本运营职责。对城建集团、房信集团、住宅集团、市政建设集团等市属国有企业股权投资情况进行专项审计调查，重点对出资企业经营状况、重大事项决策执行、股权投资控制等情况进行调查摸底，掌握出资企业股权投资结构层次和投资数额等情况，促进企业完善治理结构，规范投资管理。对天津银行股份有限公司信贷资产情况进行审计调查，以促进提高信贷资产质量、维护信贷资产安全为目标，重点关注信贷资产运营管理中存在的突出问题，揭示和防范金融风险，推动建立健全风险防范机制。

基础工作 举办各类审计培训班93期，培训人员2798人次。为庆祝审计机关成立30周年，开展审计业务知识竞赛暨岗位练兵比武活动，审计系统274名审计干部参加活动，营造学业务、比技能、创一流的良好氛围。清理各类审计制度145项，废止36项，宣布失效6项。聘请13名民主党派及无党派人士担任特约审计员，参与重要审计业务活动、法制及信息化建设、培训及专项课题调研等工作。

内部审计 天津市共有内部审计机构 1250 个，其中专职机构 309 个；内部审计人员 4245 人，其中专职人员 1174 人。开展财务收支审计、经济效益审计、经济责任审计、内部控制评审、信息系统审计、基本建设审计等各类审计项目 13660 个。审计总金额 5013 亿元，提出审计建议并被采纳 5474 条，促进增收节支 5 亿元。

（撰稿人：张雁森）

【河西区审计局】 2013 年，河西区审计局人员编制 44 人，在编 37 人。局长白洪魁，副局长王国学（—4 月）、陈丁（5 月—）、赵艳。设有办公室、法规科、社会保障审计科、财政审计科、行政事业审计科、经济责任审计科、固定资产投资审计、环境保护审计科、企业审计科，下设河西区审计咨询服务中心。

审计成果 河西区审计局完成审计和审计调查项目 47 个，涉及 39 个单位部门，延伸基层单位 143 个。审计查出主要问题金额 1189 万元；移送司法机关、纪检监察机关和有关部门处理事项 2 件；提出审计意见和建议 25 条；提交审计专报 6 篇。

预算执行审计 对财政部门 2012 年度预算执行和其他财政收支情况及 7 个主管预算单位的部门预算执行情况进行审计。根据审计结果，向区政府报送《关于河西区 2012 年度区级预算执行和其他财政收支情况的审计结果报告》，向区人大常委会报送《关于河西区 2012 年度区级预算执行和其他财政收支情况的审计工作报告》。下半年，依据各单位整改情况，向区人大常委会报送《河西区关于 2012 年度区级预算执行和其他财政收支审计查出问题的整改情况报告》。

联网实时审计 10 月 25 日，区政府第 35 次政府常务会审议通过《河西区联网实时审计工作实施方案》，成立区联网实时审计领导小组，明确总体要求、工作任务和实施步骤，为推进河西区联网实时审计工作奠定坚实基础。首批选取区财政局、区市容园林委、区环卫局、区残联、区审计局 5 个单位作为联网实时审计试点单位，并对相关人员进行前期业务培训。

专项资金审计（调查） 完成对公益岗位财政补贴资金、社区民政事务和优抚对象抚恤资金的专项资金审计。对 22 项基本公共卫生服务资金管理使用情况的审计调查。

固定资产投资审计 对政府重点建设项目陈塘科技商务区专项资金、河西区新一轮市容环境综合整治工程专项资金管理使用情况进行全程“跟踪”式审计监督。对 28 项工程开展工程造价审计，工程预算总金额 2.68 亿元，查出部分工程项目超概算、多计工程价款、设计变更频繁、签证随意、项目管理不规范、工程招投标实施不规范等问题，有效节约财政资金 3802 万元。为推进事后审计向事中、事前审计发展，与区建委联合制定《建设项目审计委托管理办法》《河西区建委工程项目审计委托管理办法》，对区建委承揽的建设项目，从预算阶段开始介入，对项目资金规划布局、投向结构、分配依据及资金管理使用效益情况进行全程“跟踪”审计，各项工程概预算送审金额合计 9770 万元，审减金额 1128 万元。

经济责任审计 受区委组织部委托对全区 22 个单位部门的 23 名处级领导干部实施经济责任审计。

内部审计 制定内部审计工作指导意见，加强对内部审计工作的分类指导。组织召开街道系统审计工作研讨会，对街道系统收支真实完整性、大额现金支出审批手续监督控制规范性、委托代征税款统一管理等提出针对性建议。组织召开建委系统内部审计工作培训会，培训相关法律法规。组织内部审计协会成员单位 60 余人开展后续教育培训。

（撰稿人：郎　玲）

【和平区审计局】 2013 年，和平区审计局人员编制 43 人，在编 38 人。局长郑国强，副局长杨士军、马洪新。设有办公室、人事教育科、法制科、财政审计科、行政事业审计科、固定资产投资审计科、企业审计科、经济责任审计科、联网审计科、内部审计指导科。

审计成果 和平区审计局完成审计项目 15 个，审计查出主要问题金额 1039.14 万元；审计处理处罚金额 1039.14 万元；出具审计报告和专项审计调查报告 15 篇，被批示、采用 7 篇；提出审计建议 42 条；提交审计信息 94 篇，被批示、采用 2 篇。

预算执行审计 在实施本级预算执行审计中，重点审计教育、卫生、文化等16个部门，延伸审计40个使用专项资金较多的单位，审计金额171409万元。审计结果表明，2012年本级预算执行和其他财政收支总体情况良好，实现全年预算收支平衡。

固定资产投资审计 对原明华学校教学楼落地大修工程项目、培育学校和区残联康复中心整修项目、区环保局办公楼保温和屋面防水工程项目、区教育系统2012年度校舍加固整修工程项目、第二十一中学示范校迁建工程项目、2012年巩固发展奋战“900天”市容环境综合整治工程项目、区2012年中心城区旧楼区综合提升改造专项资金管理使用情况、河北路夜景灯光建设等3个市容环境综合整治工程项目、安全大检查等8个市容环境综合整治工程项目、桂林路18号人防预备指挥所整修工程项目、区市民服务中心工程项目、解放路派出所拆除重建工程项目等实施投资审计调查。

经济责任审计 受区纪检委、区委组织部的委托，完成对和平区13个单位15名党政领导干部和企业领导人员的任期经济责任审计。审计查出管理不规范金额1024.66万元，应上缴财政14.48万元。审计查出超标准超范围使用现金、会计核算不正确、少缴税费、固定资产管理不规范、以前年度亏损挂账以及往来款长期挂账等主要问题。经济责任审计工作得到区委区政府的高度重视，年内共有7篇审计报告被区主要领导批示。

（撰稿人：姚克莉）

【河东区审计局】 2013年，河东区审计局人员编制42人，在编39人。局长李存芳，副局长刘晶、尧功伟、张大勇。设有办公室、财政审计科、行政事业审计科、固定资产投资审计科、法制科、人事科、企业审计科、经济责任审计科、内部审计指导科。

审计成果 河东区审计局完成审计项目30个，审计查出主要问题金额16787万元；损益（收支）不实1642万元；审计处理处罚金额200万元；审计发现非金额计量问题35个；审计促进整改落实有关问题资金200万元；出具审计报告和专项审计调查报告45篇；提出审计建议62条；提交审计信息105篇，被批示、采用80篇。

财政审计 在摸清2012年本级预算执行总体情况的基础上，重点关注预算编制和执行、非税收入、市级转移支付、政府采购、财政周转金、财政担保资金等专项资金、部门预算和国库集中支付改革6个方面的内容。对区教育局、区民政局、区人力社保局、区环保局的部门预算执行情况进行审计，掌握2012年度部门预算收支余总体情况，重点延伸资金量大、收费多的二、三级单位。对计划生育、捐赠、环保、低保、再就业等惠及群众生活、促进事业进步、改善城区环境等民生专项资金进行审计，关注政策措施执行效果和资金的安全、效益性，促进政策落实到位。

固定资产投资审计 在对建委、教育系统投资项目开展造价审核的基础上，与区市容委联合制定下发《关于建设工程造价审核工作的暂行规定》。年内共完成工程造价审核项目260个，审核资金达2.2亿元，直接为政府节约建设资金5906万元，为有效使用政府建设资金，减少损失浪费，捂好政府的钱袋子，发挥越来越重要的作用，得到区委、区政府及其相关部门的充分肯定。

经济责任审计 配合区委组织部建立以任中经济责任审计为主的轮审制度，开展领导干部任中经济责任审计。将审计的监督关口前移，变事后审计为事前、事中、事后审计相结合的审计方式，对于领导任期内存在的问题能够早发现、早规范、早解决。年内对7名领导干部进行经济责任审计。

专项资金审计 重点对提升改造资金的管理使用进行专项审计，客观评价在提升居住功能，改善居民居住条件和环境等方面发挥的成效，分析工程建设管理等方面存在的问题和原因，提出完善资金和项目管理的审计意见。

内部审计 组织各单位内部审计机构对本单位，特别是下属二、三级基层单位的财务收支情况、执行财经政策情况、会计基础工作和财务管理等情况，开展以单位自查、重点检查、审计局抽查为主要形式的内部定期审计工作。通过政府审计与内部审计的双向联动，充分发挥内部审计监督的职能作用，使政府审计的制度化与单位内部审计的日常化形成监督合力，逐步消除审计盲点和隐患。组织内部审计机构对全区56个一级预算单位“三公”经费支出情况进行专项审计调查，摸清各单位“三公”经费支出规模及结构，并以专报形式报送区领导。抓好内部审计人员网络平台建设，加大对各单位内部审计工作的指导与服务力度，开展多层次专题培训，全面提高内部审计人员的综合素质，促进内部审计工作再上新水平。（撰稿人：王敬军）

【南开区审计局】 2013 年，南开区审计局编制 50 人，在编 41 人。局长窦桂芳（—11 月）、黑学刚（11 月—），副局长王允昌、张慧、张同强（7 月—）。设有办公室、人事教育科、财政金融审计科、经济责任审计科、法制科、企业审计科、行政事业审计科、固定资产审计科、内部审计指导科。

审计成果 南开区审计局完成审计项目 15 个，审计查出问题金额 244 万元；出具审计报告和审计调查报告 15 篇；提交审计信息 75 篇，被《天津审计情况》采用 5 篇。

财政审计 对 2012 年本级预算执行情况及其他财政财务收支情况进行审计，涉及 8 个一级预算单位，延伸审计部分二级预算部门，重点关注国债转贷资金、民政低保资金、部分财政拨付专项等专项资金。审计中发现部分单位存在应收账款长期挂账、固定资产的细化管理需加强等问题。提出部门预算单位应加强对各下属单位的管理，加强各项资金的监管，确保各项财务制度得到落实的审计建议。对鼓楼街办事处、区档案局、向阳路街办事处等单位财政财务收支情况进行审计。

联网实时审计 按照全市统一部署，依据“综合布局、分布推进、依法审计、确保安全”原则，制订《南开区联网实时审计审计工作方案》，完成设施安装、人员调整、专题调研、培训、数据试分析等基础性工作。

企业审计 对天津市隆升工商贸易总公司 2009—2012 年度资产、负债和损益的真实性、合法性、完整性进行审计，延伸审计天津市南开区工业企业管理服务中心、天津市隆振包装技术有限公司、天津市南开区振兴锅炉节能技术开发公司资产、负债和损益情况，发现财务会计报告不真实、不完整，影响公司损益真实性的问题。

经济责任审计 受区委组织部委托，对 4 名南开区处级领导干部任期经济责任情况进行审计。重点对领导干部任期内的重要经济事项决策情况，资产、负债情况，财政财务收支情况，内控制度、财政财务收支管理方面制度建设及落实情况，以及遵守和执行财经纪律的情况进行审查核实。

专项资金审计（调查） 对区 2012 年旧楼区综合提升改造专项资金管理使用情况进行审计，涉及区旧楼改造分指挥部 2012 年的财务资料和工程资料，审计发现存在工程完工未作工程决算、建设资金拨付缓慢的问题。对区科学技术和信息化委员会 2012 年科技经费的管理使用情况进行审计调查。对区科信委科技经费扶持项目中铁二十三局集团电务工程有限公司的“电气化施工辅助设备研发”扶持资金 20 万元和天津市爱德科技发展有限公司的“智慧园区空间体系”扶持资金 10 万元进行延伸调查，发现科技经费的管理上存在科技经费拨付不及时、对于发展中小企业补充经费管理欠规范、对于扶持项目资金的财务处理情况欠缺跟踪检查等问题。

内部审计 制定《内部审计指导监督工作考核评比办法》。（撰稿人：来庆春）

【河北区审计局】 2013 年，河北区审计局人员编制 49 人，在编 35 人。局长张麟，副局长景建、张凤荣。设有办公室、财政审计科、行政事业审计科、企业审计科、固定资产投资审计科、人事教育科、法制科、经济责任审计科、内部审计指导科。

审计成果 河北区审计局实施审计和审计调查项目 24 个，涉及 75 个单位，审计查出问题金额 5286 万元；出具审计报告和专项审计调查报告 24 篇，被区领导批示 3 篇；提出审计建议 51 条；提交审计信息及宣传稿件 149 篇，被有关部门采纳及领导批示 78 篇次。河北区公益公司专项资金调查项目被评为 2012 年度天津市审计机关表彰项目。

预算执行审计 审计 19 个预算单位，延伸 59 个下属部门，关注预算的编制、下达、执行、政府采购及账户管理等情况和政府部门行政运行成本及“三公”经费。重点对社会保障、教育、卫生等公共资金进行审计。区人大常委会对区级预算执行审计工作给予充分肯定。

经济责任审计 完成对16名领导干部的经济责任审计，查出违规和管理不规范金额4636.9万元，提出审计意见及建议20条，落实率达100%。

专项资金审计（调查） 对楼宇经济、公益性公司、旧楼综合提升改造等财政专项资金开展审计。对区2012年40个旧楼区229.37万平方米提升改造项目资金的筹集、使用、工程质量、后期管理措施等情况进行审计。针对存在的问题提出完善旧楼区长效管理措施、发挥财政资金应有效益的审计建议。（撰稿人：李桂英）

【红桥区审计局】 2013年，红桥区审计局人员编制38人，在编33人。局长张树起，副局长纪耀章、王凤英。设有办公室、财政审计科、行政事业审计科、企业审计科、基建金融审计科、经济责任审计科、法制科、人事科、内部审计指导科。

审计成果 红桥区审计局完成审计项目23个，审计查出主要问题金额4755万元；损益（收支）不实金额23万元；审计处理处罚金额2751万元；审计发现非金额计量问题8个；出具审计报告和专项审计调查报告24篇，被批示、采用5篇；提出审计建议37条；提交审计信息37篇，被批示、采用35篇。

预算执行审计 对2012年度本级财政预算执行和其他财政收支情况进行审计，延伸审计部分主管预算单位和财政专项资金。重点关注部门管理的各项专项资金使用、国库集中支付、政府采购、公务卡结算和落实勤俭节约要求等方面的情况。对区委办公室、区人大办公室、区法院、区检察院、公安红桥分局5个单位进行部门预算执行情况审计。

经济责任审计 受组织部门委托，对15名党政领导干部和企业领导人员进行经济责任审计。重点关注重大项目投资决策、大额资金使用以及落实财政管理制度情况、债权债务及资产的处置情况、领导干部离任时是否履行离任交接程序如实交接财产、经费等情况。

专项资金审计（调查） 对区红十字会、慈善协会及残联管理的2012年社会捐赠资金的收缴、使用情况进行专项审计调查。审计结果得到区领导的高度重视。对区2012年实施的旧楼区综合提升改造工程专项资金管理使用情况进行专项审计。

其他审计 会同市审计局对区政府性债务情况进行全面审计。对天津市瑞景园林建设有限公司、天津市红桥建设发展有限公司等进行资产、负债、损益情况进行审计。结合区事业单位改制，对市容委系统部分下属基层所队进行审计。对教育局校舍改造资金进行专项财务收支审计。对区口腔医院、咸阳北路街社区卫生服务中心装修工程预算进行审计。

内部审计 区内部审计协会组织开展内部审计研讨、培训、交流等活动。区内部审计协会荣获天津市内部审计指导工作先进单位称号。被市内部审计协会评为2013年宣传工作先进单位。

（撰稿人：李　妍）

【东丽区审计局】 2013年，东丽区审计局人员编制35人，在编34人。局长宁培建，副局长时卷林、魏金凤、林耀忠。设有办公室、财政审计科、行政事业审计科、固定资产投资审计科、法制科、经济责任审计科、国有企业审计科、信息化科、内部审计指导科。

审计成果 东丽区完成审计项目15个，延伸审计39个单位，审计查出主要问题金额42149.14万元；审计处理处罚金额40907万元；区领导批示审计报告3篇和审计专报1篇；提出审计建议14条；在《中国审计报》《今日东丽》等新闻媒体刊发审计信息90篇。年内，区审计局分获天津市第一届审计机关岗位练兵比武团体笔试、知识抢答及个人成绩等三项比赛第二名。

财政审计 完成对区合作交流办、区金融办等4个单位的预算执行情况审计。重点关注规范预算管理、提高财政资金使用绩效、推进深化改革，突出预算编制、预算执行、财政体制改革进展落实情况、专项资金使用、政府性债务和政府性基金6个方面的内容。审计发现错列账户、向非预算账户拨款、税收分成未确认收入、占用专项资金及财政资金闲置、收取道路开口费和绿地补偿费未冲减所建项目成本、违规开设银行账户等问题。审计查出违规金额25515.08万元，管理不规范金额14914.09万元，上缴财政115.08万元，调账处理金额39894.09万元，提出审计建议

6条。结合调整变化的区、街财政体制，对金钟街、军粮城街、万新街等3个农业街道进行财政决算审计。审计发现收入在往来款科目核算、购置固定资产未记账、预算内账户在暂存款科目长期核算、拨入款项在管理费收入挂账未转入结余及不合规票据入账等问题。审计查出违规金额900万元，管理不规范金额168.22万元，调账处理167.91万元。围绕街道楼宇税收的任务完成情况、征管成本、奖励政策、招商引资成本等环节，提出合理化建议。

固定资产投资审计　完成区武装部民兵应急装备器材库竣工决算审计，审计查出违规金额95.39万元，管理不规范金额556.35万元，上缴财政50万元，核减工程造价45.39万元，提出审计建议3条。

经济责任审计　受区委组织部委托，完成对天津东方财信投资集团有限公司、国资委等4名处级领导干部的经济责任审计，提出审计建议4条。

内部审计　完成对区卫生局、区教育局等7个单位内部审计业务指导工作。对区市容委、区属军粮城街、金钟街等9个单位开展内部审计准则落实情况进行检查，促进规范内部审计行为。完成东丽区10家民营企业内部审计状况调查工作。　（撰稿人：王　凯）

【西青区审计局】　2013年，西青区审计局人员编制31人，在编28人。局长王凤清，副局长魏奎成、魏津元。设有办公室、法制科、行政事业审计科、财政金融审计科、经济责任审计科、固定资产投资审计科、内部审计指导科。

审计成果　西青区审计局完成审计项目6个，审计查出主要问题金额11026万元；审计处理处罚金额10341万元；出具审计报告和专项审计调查报告6篇；提出审计意见建议35条；提交审计信息86篇。

预算执行审计　从预算编制与执行、政府采购、国库集中支付等方面，审查资金支出是否合规、内部控制制度是否健全有效，有效防控各项管理运行风险。加大财政数据分析力度，将财政数据分析结果与财政预算执行审计、经济责任审计、专项资金审计和审计调查相结合。

经济责任审计　对区旅游局、区统计局和区安全生产监督管理局3名领导干部进行经济责任审计。

专项资金审计（调查）　完成区农村生活垃圾无害化处理情况和区林业建设工程财政补助资金管理和使用情况审计调查项目2个。

内部审计　制定《西青区2013年内部审计工作指导意见》，对内部审计工作提出具体要求。开展辅导审计6个，根据被辅导单位的要求，撰写审计情况汇报6篇，对发现的问题提出切实可行、操作性强的审计意见。组织开展全区内部审计培训和理论研讨等活动，不断提高内部审计人员的工作能力。　（撰稿人：王洪梅）

【津南区审计局】　2013年，津南区审计局人员编制35人，在编27人。局长魏瑞荣，副局长莒和通、王会芬。设有办公室、法规科、财政金融审计科、行政事业审计科、固定资产投资审计科、工业商业审计科、经济责任审计科、内部审计指导科。

审计成果　津南区审计局完成审计项目23个，审计单位24个，查出主要问题金额24909万元；损益（收支）不实金额5902万元；审计处理处罚金额5150万元；发现非金额计量问题51个；审计促进整改落实有关问题资金2474万元；出具审计报告、专项审计调查报告和信息共100篇，被批示、采用53篇次；提出审计建议75条，被采纳72条。荣获中国审计报社审计宣传先进单位称号、中国时代经济出版社审计宣传先进单位称号、天津市审计机关“审计业务知识竞赛暨岗位练兵比武活动”优秀组织奖。

财政审计　审计单位19个，延伸审计单位7个，审计项目投资金额22978万元，查出主要问题金额18510万元，未按规定纳入预算管理金额2694万元，虚列支出1472万元，扩大开支范围或提高开支标准列支金额134万元，投资概预算编报不规范金额228万元，会计核算不实4430万元。

行政事业审计　审计单位7个，查出主要问题金额16238万元，管理不规范金额217万元。

固定资产投资审计　审计单位4个，查出主要问题金额16100万元。

经济责任审计 审计领导干部8人，其中县处级领导干部7人，乡科级领导干部1人。

内部审计 拥有内部审计机构87个，其中专职内部审计机构14个；内部审计人员213人，其中专职内部审计人员45人。完成审计项目266个，审计总金融429271万元，促进增收节支129万元。被采纳建议、意见284条，培训内部审计财会人员290人次。（撰稿人：王凤海）

【北辰区审计局】 2013年，北辰区审计局人员编制44人，在编36人。局长祁惠红，副局长刘妍、李军（12月—）。设有办公室、法制综合科、行政事业审计科、财政审计科、固定资产投资审计科、经济责任审计科、工商企业审计科、农村集体经济组织审计中心、内部审计指导科。

审计成果 北辰区审计完成审计项目25个，查出主要问题金额1206257.31万元；审计发现非金额计量问题22个；审计促进整改落实有关问题资金1073.74万元；出具审计报告和专项审计调查报告41篇，被批示、采用9篇；提出审计建议45条；提交审计信息、宣传稿件143篇，被批示、采用80篇。

财政审计 坚持以预算编制为依托，以预算管理和资金分配为着眼点，进一步加大跟踪审计的力度，延伸审计单位13个，实地查看项目4个，涉及资金80308.89万元。审计结果得到北辰区领导的充分肯定和区人大的高度评价。

固定资产投资审计 开展校舍安全工程、保障房建设工程、大张庄镇示范小城镇一期还迁房建设项目、城中村改造丁赵村一期还迁房建设项目审计。

经济责任审计 完成对16名领导干部的离任经济责任审计，关注任期内经济职责完成、政策执行、重大决策、廉洁自律等情况。完成对107个村191名村干部的经济责任审计，协助各村整改问题金额42704.78万元。

专项资金审计（调查） 对城中村改造资金、科技资金、市容环境资金、农业综合开发专项资金等进行审计，审计资金476908.21万元。重点关注资金分配、拨付、使用、管理和效益情况，促进党和国家惠民利民政策措施贯彻落实，维护人民群众的根本利益。

其他审计 配合市审计局完成北辰区政府性债务情况审计。审计涉及4家平台公司及9个镇。

内部审计 深入区卫生局、区教育局、区科技园区等40余个单位开展业务指导、培训。

（撰稿人：卢丽娜）

【武清区审计局】 2013年，武清区审计局人员编制34人，在编34人。局长雷永良，副局长张亚东、谢万俊、顾韵洁。设有办公室、综合法制科、行政事业审计科、财政金融审计科、经济责任审计科、固定资产投资审计科、企业审计科、工程建设审计科。

审计成果 武清区区审计完成审计项目21个，审计查出主要问题金额8881万元；出具审计报告21篇；提出审计建议7条；提交审计信息并被采用19篇，其中被《中国审计报》采纳信息2篇。区审计局被区纪委、区监察局评为2012年度警示教育活动优秀组织单位和廉政格言警句征集活动优秀组织单位，被区法制办、区监察局评为贯彻落实《武清区行政执法人员行政执法行为规范》工作优秀单位。在市审计局审计业务岗位练兵比武活动中取得总分第一名。

预算执行审计 完成本级预算执行和其他财政收支审计，涉及46个部门、单位，审计预算资金1813048万元，预算外资金80156万元。审计查出部分行政性收入未纳入预算管理、基金收入未纳入基金预算管理、虚列预算支出、预算内往来款长期挂账等问题。出具的审计结果报告和审计工作报告，得到区政府、区人大的充分肯定。财政部门对审计报告中提出的问题高度重视，采取切实可行的措施认真进行整改。

联网实时审计 按照全市统一部署，拟订《武清区审计局联网实时审计建设方案》，会同财政部门、政府信息办完成对被审计单位信息管理系统和数据环境的调查任务，为下一步开展联网实时审计打下基础。

企业审计 审计单位10个，维护国有资产安全，促进企业加强制度建设和内部管理。

经济责任审计 对10名处级领导干部进行离任和任中经济责任审计，查出管理不规范金额585万元，提出审计意见和建议，对查出的问题依法进行处理。（撰稿人：付立新）

【宝坻区审计局】 2013年，宝坻区审计局人员编制39人，在编37人。局长杨有生，副局长郭杰、陈建波、孙家生。设有办公室、法制综合科、财政金融审计科、行政事业审计科、企业审计科、经济责任审计科、固定资产投资审计科、农业与资源环保审计科。

审计成果 宝坻区审计局完成审计项目19个，审计查出主要问题金额24723万元；损益（收支）不实金额20万元；审计处理处罚金额10365万元；审计发现非金额计量问题33个；审计促进整改落实有关问题资金2620万元；出具审计报告和专项审计调查报告34篇，被批示、采用21篇；提出审计建议10条；提交审计信息、审计专报、审计简报等100篇，被批示、采用53篇。

财政审计 重点对部门预算、国库集中支付和土地出让等政策执行效果进行审计，对社会保障和拆迁补偿等民生资金管理使用情况进行审计，涉及部门和单位50个、资金88.3亿元。在落实公务卡制度、非税收入征收和拆迁资金管理使用等方面揭示出若干问题，并提出审计建议3条，促进财政资金的规范管理和有关政策的健全完善。

固定资产投资审计 完成重点建设工程审计项目3个，审计查出违规金额105万元，发现非金额计量问题5个，核减施工单位工程款105万元，对于促进建设工程领域突出问题的治理发挥重要作用。

经济责任审计 完成对14个单位17名处级主要领导干部的经济责任审计，查出违规金额7037万元，管理不规范金额1899万元，发现非金额计量问题17个。

专项资金审计（调查） 对宝坻区拆迁资金管理和使用情况开展审计调查，发现出借拆迁资金、占用购房款、拨款手续不完备等问题，查出违规金额15682万元，发现非金额计量问题7个，审计期间整改金额13606万元。

交办事项 按照审计署统一部署，配合市审计局共同完成政府性债务和保障性安居工程审计项目。完成区委、区政府等交办的信访案件、企业资产核查等重要审计事项19个。

（撰稿人：马长雪）

【滨海新区审计局】 2013年，滨海新区审计局在编人员100人。局长李向前，副局长窦效良、王克勤。设有办公室（法规处）、财政审计处、行政事业审计处、企业审计处、固定资产投资审计处、资源环保审计处。12月28日，经滨海新区区委决定，成立天津市滨海新区审计局塘沽工作办公室、汉沽工作办公室、大港工作办公室。

审计成果 滨海新区审计局完成审计项目5个。出具审计工作报告5篇，被区委、区政府领导批示2篇；提交并被采用审计信息4篇。

财政审计 对2012年度区本级及区财务中心、各委办局，以及中心商务区管委会、临港经济区管委会、旅游区管委会的预算执行和其他财政财务收支进行审计，突出财政专项资金和涉及民生的公共资金审计，着力促进依法行政和规范管理，维护经济安全。

固定资产投资审计 对2012年滨海新区市容环境综合整治项目、港城大道和东金路BT项目、新区文化商务中心项目、新区公安局刑侦特警营地项目、滨海新区菜市场提升改造工程、新区区委党校项目、津秦客运滨海站交通枢纽配套市政工程项目、新区城市绿化项目、官港森林公园项目进行审计。

专项资金审计（调查） 对2010年至2013年滨海新区促进战略新兴产业培育、高新技术产业化、循环经济与低碳经济、科技创新、农业现代化、文化产业发展等18类专项资金进行审计，延伸审计600余个项目、450余家资金使用单位。

（撰稿人：李兰英）

【蓟县审计局】 2013年，蓟县审计局人员编制33人，在编30人。局长夏景泽，副局长张士海、邹双谊、张维东。设有办公室、法制综合科、行政事业审计科、财政金融审计科、农业资金审计科、基建审计科、经济责任审计科、企业审计科。

审计成果 蓟县审计局完成审计项目43个；查出主要问题金额42846万元；审计处理处罚金额6473万元；出具审计报告41篇；提出审计建议148条。

财政审计 对2012年度本级预算执行和其他财政收支情况进行审计；完成5个主管预算单位2012年度预算执行情况审计；完成9个乡镇财政

收支审计，规范乡镇财政预算管理。向县政府和县人大常委会分别提交审计结果报告和审计工作报告。

行政事业审计 完成18个行政事业单位财务收支审计。

固定资产投资审计 对绿化、路灯、市政等50项重点基建工程预算资金22576万元进行审核，审计核减11158万元，核减率48%。

企业审计 完成企业审计项目5个，促进企业提高经营管理水平。

经济责任审计 完成县委组织部委托10个单位14名主要领导干部经济责任审计，增强领导干部履责意识。

交办任务 按照县政府安排，对蓟县新城拆迁补偿资金管理使用情况进行检查，提出12个方面的整改建议，县政府按照审计意见制定强化新城拆迁补偿资金发放使用的管理办法；对万事兴公司许家台新农村建设项目费用情况进行审核；对新城拆迁涉及县社系统5家企业债权债务情况进行审核；与有关部门配合，对蓟县社会抚养费收缴管理使用情况开展联合检查；受县红十字会委托，对县红十字会接收四川芦山地震捐款捐物情况进行审计；配合县纪检监察部门，对3个村级信访案件进行查办。 （撰稿人：刘建春）

【宁河县审计局】 2013年，宁河县审计局人员编制34人，在编30人。局长刘景琪（—4月）、吴凤友（4月—），副局长周春芬、刘玉恒、张维众。设有办公室、财务人事科、综合法制科、行政事业审计科、经济责任审计科、金融基建审计科、财政审计科、农业资源环保审计科、内部审计指导科。

审计成果 宁河县审计局完成审计单位43个，审计查出主要问题金额49238万元；出具审计（调查）报告43篇；提交审计信息、宣传、简报64篇，被市审计局采纳28篇次。

预算执行审计 对2012年本级预算执行情况进行审计；对县教育局、县水务局、县环保局、县人民法院等6个单位的部门预算执行情况进行审计。审计查出管理不规范金额33698万元。

固定资产投资审计 对县农产品检测中心进行竣工决算审计，审计查出非金额计量问题8个，管理不规范金额22万元。

企业审计 对天津宁河投资控股有限公司2012年财务收支情况进行审计，促进被审计单位规范单位财务管理，完善内部控制制度，提高资金使用效益。

经济责任审计 对31名领导干部进行经济责任审计，审计查出非金额计量问题8个，管理不规范金额14868万元。提出审计建议10条。

专项资金审计（调查） 完成对2012年乡镇、村文明生态村创建“一事一议”财政奖补资金收支情况、县部分行政事业单位2011年至2012年“三公”经费支出情况、县部分行政事业单位2012年度国有资产出租和管理等情况的专项审计调查，审计查出非金额计量问题12个，管理不规范金额650万元。

内部审计 内部审计机构完成对105个单位的审计工作，审计资金总额134443万元，促进增收节支22万元，提出审计建议32条。

（撰稿人：李宏秋）

【静海县审计局】 2013年，静海县审计局人员编制32人，在编30人。局长刘印新，副局长陈军、刘树发，纪检组长魏立军。设有办公室、财政金融审计科、行政事业审计科、固定资产投资审计科、经济责任审计科、农业与资源环保审计科、企业审计科、综合法制科。

审计成果 静海县审计局完成审计项目30个，查出主要问题金额106016万元；损益（收支）不实金额1221万元；审计处理处罚金额2249万元；审计发现非金额计量问题16个；出具审计报告和专项审计调查报告30篇，被批示、采用3篇；提出审计建议62条；提交审计信息80篇，被批示、采用100篇次。

财政审计 对本级财政预算执行及其他财政收支情况、9个主管部门预算执行情况、9个乡镇财政收支情况进行审计，查出违规金额94186万元。审计结果得到县人大常委会的充分肯定。

行政事业审计 对3个行政事业单位进行财政收支审计，查出管理不规范金额3239万元。

固定资产投资审计 对县六排干河道治理工程进行竣工决算审计，审计工程资金2911万元，审减建设资金30.51万元。对监理资料失实、项目结余资金 1743.26 万元未及时上缴等问题进行处理。

企业审计 对国有企业电力发展中心及下属单位进行审计，发现部分企业产权未申报登记、长期投资核算、报告方法不准确等问题，并提出有针对性的改进建议。

经济责任审计 受县委组织部门委托，对连续任职 3 年以上、未经过常规审计单位的 3 名领导干部开展任中经济责任审计，查出违规及管理不规范金额 2659 万元，针对被审计单位存在的问题提出审计建议 3 条，均被采纳。

专项资金审计（调查） 对农村卫生室建设、校舍安全工程及家电下乡等专项资金使用情况开展审计（调查），延伸审计 143 个部门单位，查出管理不规范金额 4168 万元，提出审计建议 7 条，均被采纳。对工程管理和资金使用方面欠规范问题进行查处和纠正，有效促进被审计单位规范和完善规章制度，强化责任追究机制。

交办任务 完成对子牙镇、台头镇村民上访案件的查处工作，对大邱庄示范小城镇经济适用房建设资金的审核，对中医学校土地置换等 9 项临时性审计任务；对县水务公司等 4 个单位开展审计服务。

内部审计 健全完善内部控制制度，引导内部审计部门围绕加强部门单位财务基础管理确定年度审计重点。对 202 个单位开展内部审计，审计资金总额 104931 万元，促进增收节支 82 万元。组织内部审计部门开展理论研讨。举办一期内部审计培训班，培训内部审计人员 120 人。

（撰稿人：李俊香）

2013 年天津市本级及所辖区、县审计工作统计表

金额单位：万元

审计机关	完成审计项目(个)	审计查出主要问题金额	审计处理情况：审计处理处罚：应上缴财政	应减少财政拨款或补贴	应归还原渠道资金	应调账处理金额	移送处理事项(件)	出具审计报告和审计调查报告(篇)	提出审计建议(条)	提交审计信息(篇)
天津市本级	65	5119310	237210		89413	73971	18	75	184	61
河西区审计局	47	1189				46	2	16	25	9
和平区审计局	15	1039	14			1025		15	42	94
河东区审计局	30	16787				200		45	62	105
南开区审计局	15	244						15		75
河北区审计局	24	5286						24	51	149
红桥区审计局	23	4755	156			2595		24	37	37
东丽区审计局	15	42149	165		635	40107		17	14	90
西青区审计局	6	11026	10341					6	35	86
津南区审计局	23	24909	2741		129	2261		23	75	77
北辰区审计局	25	1206257						41	45	143
武清区审计局	21	8881						21	7	19
宝坻区审计局	19	24723	7948	105	2085	227		34	10	100
滨海新区审计局	5							5	17	4
蓟　县审计局	43	42846	6473		35	930		41	148	1
宁河县审计局	43	49238.00						43	10	64
静海县审计局	30	106016	118		10	2121		30	62	80

河北省

【河北省审计厅】 2013年，河北省审计厅人员编制144人，在编137人。设有经济责任审计局、办公室、法规处、财政审计处、金融审计处、行政事业审计处、企业审计处、农业与资源环保审计处、社会保障审计处、固定资产投资审计处、外资运用审计处、人事教育处、机关党委、监察室、离退休干部处、内部审计管理处、经济执法派出审计处、农林水派出审计处、科教派出审计处、文体卫派出审计处、发展建设派出审计处、贸易交通派出审计处、河北省审计系统教育中心、计算机信息审计中心、财政审计中心、审计事务中心。

领导成员

厅　长：葛梦彬

副厅长：李树森　马建平

杨晓和（12月—）

总审计师：段　宁（12月—）

纪检组长（监察专员）：赵　颖

审计成果 河北省审计机全年省共完成3000多个审计（调查）项目。已上缴财政、减少财政拨款或补贴35亿元；查出违规和管理不规范金额3000亿元；向司法机关、纪检监察机关以及其他部门移送处理事项89件；推动建立健全制度和整改措施340项。河北省委、省政府领导在上报的审计综合报告和专报上的批示48次。

政府性债务审计 整合全省审计力量，组成182个审计组，上下联动，对除石家庄外的市、县、乡镇政府性债务情况进行审计，共审计8700个单位，债务笔数11万笔，通过审计摸清底数，反映成效，揭示问题，提出建议，高质量地完成了审计任务。

财政审计 全省共审计预算执行和财政决算项目2900个，延伸审计5600个单位。加大对“三公”经费、会议费审计力度；加大对基层财政的审计监督，经过连续4年对省财政直管县的审计，目前全省已审计直管县64个，占全省直管县的70%，促进基层财政的规范管理。

经济责任审计 全省共审计党政领导干部和企事业单位领导人员599人，其中任中审计209人，离任审计390人。全省继续实行以经济责任审计为抓手，把与经济责任审计内容相关的审计项目，统一纳入项目计划，综合实施审计，做到统一组织、同步开展、相互衔接、成果共享。

专项资金审计（调查） 审计扶贫资金、保障性安居工程及“三农”、教育、医疗等相关惠民政策落实情况，对部分市县残疾人就业保障金及财务管理情况进行审计调查；统一开展保障性住房违规问题整改情况跟踪审计调查。

固定资产投资审计 全省共对260个重大投资项目进行审计，河北省援疆的16个“交钥匙”审计项目，已有12个项目出具审计报告和审计决定。通过审计，核减工程价款1.5亿元。

金融审计 对河北国有资产控股运营有限公司进行审计；连续第3年组织全省对农村信用社开展审计，并且注重以前年度的审计整改。已有68人次受到处理处罚。

农业与资源环保审计 组织全省800名审计人员对河北省农村环境综合整治资金和水污染防治等项环保资金进行审计，涉及182个县（市、区），审计查出违规金额7500万元，移送案件线索2件，已有4人被通报批评。审计结果引起省委、省政府高度关注，省委书记、省长分别做出重要批示，促进环保专项资金的规范管理。

其他审计 全省审计大型企业46个，国外贷援款项目6个，抽审项目执行单位87个，出具中英文审计报告6份。

信息化建设 对大型审计项目，组成局域网并成功搭建四级审计分析平台，利用信息技术发现被审计单位违规违纪问题。对全省卫生系统信息建设资金使用和运行维护情况，进行专项审计调查，填补河北省信息系统审计的空白。建设省级审计数据集中采集分析处理中心，对厅机关和全省大型审计项目采集的被审计单位电子数据，进行初步归集，目前已涉及90个单位的1000套财务数据，实现审计信息资源共享。

机关建设 在作风建设方面，省审计厅制定落实中央政治局八项规定精神的具体措施；深入开展党的群众路线教育实践活动，制定21条整改措施，修订完善各项制度，充分发挥制度的约束作用和激励作用。在廉政建设方面，连续第三年实行工作日中午禁酒令，受到社会各界好评；针对审计工作特点，加强对审计项目的一线跟踪监督，对厅机关及所属事业单位的财务收支进行审计，确保廉洁自律，不出问题；厅领导带队在省电台举办“阳光热线”两期，直接与群众互动，现场解答问题，通过“阳光热线”受理反映问题9件，全部得到满意解决。在规范化建设方面，开展机关标准化管理工作，共编制文件260多个、规范性文件7本，涵盖厅机关所有主要业务工作流程，通过建立质量管理体系，形成管理科学、行为规范、运转协调、廉洁高效的机关管理机制。省审计厅取得中国质量认证中心颁发的质量管理体系认证证书。

文化建设 与河北省委宣传部、中国传媒大学共同拍摄完成审计题材电视连续剧《国家审计》，这部电视剧弘扬社会主旋律，传递正能量，充分展现了国家审计在国家治理中的作用。反映审计干部工作和生活的长篇报告文学《红脸》刊发在2013年《中国作家》第6期上。

（撰稿人：刘　颖）

【石家庄市审计局】 2013年，石家庄市审计局人员编制133人，在编155人。局长齐惠明（—3月）、刘桂江（3月—），副局长殷政年（—8月）、张家亮（—12月）、张建国、赵英然，总审计师钱国伟，纪检组长牛胜辰。设有办公室、人事处、机关党委、监察室、法规处、财政审计处、企业审计处、农业审计处、社会保障审计处、固定资产投资审计处、行政事业审计处、金融审计处、外资运用审计处、内部审计管理处、驻市国资委特派办、驻市商务局特派办、驻市建设局特派办，下设高新技术开发区审计分局和经济责任审计分局、计算机信息中心和培训中心。

审计成果 石家庄市审计机关完成审计项目327个，经济责任审计77人；查出违规金额28.64亿元、管理不规范金额252.64亿元，应上缴财政10.23亿元，已上缴财政3.83亿元，核减固定资产投资额4.36亿元；移送司法机关、纪检监察机关8件，移交2人。审计报告得到市委、市政府主要领导批示40多次。市审计局实施的任丘财政审计被审计署评为全国优秀审计项目，市审计局被评为全市依法行政先进单位、“六五”普法先进单位、先进基层党组织。

财政审计 完成审计署组织的全国政府性债务审计，重点组织对22个部门的89个所属单位和5个专项资金进行审计；代市政府做的预算执行审计工作报告和审计整改报告顺利通过审议；开展对赵县和保定市涞源县的财政决算审计项目，共查出问题金额12.71亿元。

固定资产投资审计 市审计局开展滹沱河综合治理、河北援疆项目、新火车站工程、南部工业园区、太华苑等廉租房项目、和平路、裕华路等14个政府投资项目的审计，审减金额4.36亿元，对3个建设工程的6个违规行为进行移交。

经济责任审计 对68个单位的77名领导干部进行审计，查出违规金额20.26亿元，管理不规范金额119.26亿元，提出审计建议176条，采纳144条，领导批示审计报告24篇，为组织部门任用干部提供依据。

专项资金审计 全市审计机关组织开展科技资金、计生资金、农村卫生室建设资金、老旧小区供热二次管网改造和保障性住房等专项资金审计；开展审计署统一部署的16个县（市）农村环境综合整治资金审计，石家庄市主要领导对综合审计报告都做出批示。石家庄市审计局对市内城区污水、垃圾处理及收费情况进行审计，审计报告得到石家庄市主要领导的批示；组织开展对城镇保障性安居工程和土地开发整理资金的审计，查出土地开发整理问题金额1.09亿元、保障性安居工程11个项目存在问题金额2.35亿元，审计后全部得到整改。

其他审计 开展对石家庄市雅安地震捐赠款物、鹿泉市和赞皇县的农村信用社、石家庄市建设投资集团、全市卫生系统6家医院等项目的审计，并积极组织完成市政府等相关部门交办的亚太大酒店、北杜花园、北宋村改造、玉龙小区、保障性住房等多项审计任务。按照河北省审计厅的授权开展鹿泉市和赞皇县的农村信用合作联社审计，查出联社贷款业务违规、非信贷业务违规、财务违规等问题金额13.18亿元。帮助市建设投资集团收回投资资金1400多万元，为燃气集团追回国有资产1940万元，有效维护了国家的利益。

（撰稿人：周雨秀）

【张家口市审计局】 2013年，张家口市审计局人员编制56人，在编70人。局长李洪波，副局长李家富、胡学渊、孟贤君，总审计师孙维跃，纪检组长林平。设有办公室、党委办公室、人事科、监察室、法规科、离退休干部科、财政审计科、行政事业审计科、固定资产投资审计科、企业审计科、农业和资源环保审计科、金融审计科、社会保障审计科、经济责任审计一科、经济责任审计二科，下设张家口市经济责任审计局和审计干部培训中心（计算机信息中心）。

审计成果 张家口市审计机关共审计或审计调查352个单位，查出违纪违规金额15.06亿元，纠正管理不规范金额45.72亿元，应归还原渠道资金1.88亿元，应上缴财政资金6698万元（已上缴财政资金5643万元）。提交审计工作报告439篇、审计信息365篇，被采用128篇。

社会保障审计 对县区政府2010年至2012年保障性安居工程进行审计，实施市委组织部交办的增绿添彩工程资金审计。

财政审计 按照“改进方法、提高质量、揭示问题、规范管理、提高绩效、促进发展”的总体思路，起草《2012年市本级预算执行和其他财政收支情况的审计工作方案》，完成对财政、地税等7个重点部门、单位和2户中央驻张企业的审计，延伸审计5户企业的纳税情况，并受市政府委托，向市人大常委会提交审计工作报告。按照省审计厅统一部署完成20个县区的地税审计，赴唐县开展省审计厅安排的扩权县财政决算交叉审计。各县区也按照年初计划组织实施县级财政预算执行审计。

经济责任审计 统筹市县审计力量，分期对换届中转任、离职的县区长及市直单位主要领导开展离任经济责任审计。完成7个县（区）原任县（区）长、2个市直部门领导干部离任经济责任审计。

固定资产投资审计 完成京化高速公路一期竣工决算、市公共资源交易中心装修改造工程决算、张石高速公路二期三期建设用地征地拆迁资金审计，完成张石高速公路三期建设、机场、洋河治理、清水河治理四期、洋河滨河路、清水河滨河路、城投大厦、云洲水库、教育大厦、市公安局基础设施建设、市城市智能化、丹拉高速公路互通工程及连接线、京新高速二期三期工程、建国路修复、人防工程治理、地下管网排查等项目的跟踪审计。配合省审计厅完成省援疆和硕县医院建设项目竣工决算审计。

金融审计 按照“五统一”的组织原则，对宣化区和怀来县农村信用联合社2012年资产负债损益情况进行审计。

农业与资源环保审计 完成市委、市政府安排的小农水资金使用情况审计、宣化县农村环境综合整治资金审计、塞北现代牧业大型沼气发电综合利用项目审计。

企业审计 完成河北大唐国际张家口热电有限责任公司、冀北电力有限公司张家口供电公司2012年度地方税及应缴地方政府规费缴纳情况的审计，张家口市公路路政管理处2012年财务收支审计。参与完成省审计厅组织的对怀安县、涿鹿县亚洲开发银行贷款小城镇发展示范项目公证审计。

其他审计 按照审计署和省审计厅的统一部署，完成县区政府性债务审计，并协调完成省审计厅对市本级的政府性债务审计工作，受到省审计厅和市委、市政府领导的充分肯定。此外还抽调审计人员参加市纪委组织的落实中央八项规定、行政审批、行政执法等情况综合监督检查、教育乱收费检查等工作。

审计质量控制 修订完善《审计业务会议制度》《审计处罚自由裁量权细化标准》。按照新审计准则要求，制定印发《审计通知书》《审计报告》等10多种审计文书格式，并推行和完善，审计业务基础工作得到进一步规范和提升。

内部审计 建立内部审计统计报表制度，组织开展对民营企业内部审计情况的调研，基本摸清全市内部审计工作的情况。按照省内部审计协会的要求，对现有内部审计人员持证上岗情况进行调查，健全内部审计人员持证上岗制度和后续教育制度，使全市内部审计工作逐步走向规范化，促进内部审计质量的提高。 （撰稿人：郝红戈）

【承德市审计局】 2013年，承德市审计局人员编制68人，在编71人。局长王允昌，副局长周晓燕、陈宝春、马君慧，总审计师谷锦川，纪检组长房宝轩。设有办公室、人事科、经济责任审计科、法规科、财政审计科、金融审计科、行政事业审计科、农业与资源环保审计科、固定资产投资审计科、企业审计科、社会保障审计科、外资运用审计科、政府投资项目审计科、机关党委、离退休干部科、纪检监督室，下设计算机审计办公室、政府投资项目审计中心和审计培训中心。

审计成果 承德市审计机关完成审计项目214个，查出主要问题金额1253639万元，其中违规金额390317万元、损失浪费金额49万元、管理不规范金额863271万元；损益（收支）不实金额159837万元；审计处理处罚金额784103万元，其中应上缴财政83807万元、应减少财政拨款或补贴4700万元、应归还原渠道资金88013万元、应调账处理金额547761万元；审计发现非金额计量问题121个；审计促进整改落实有关问题金额399717万元，其中增收节支57192万元、已调账处理金额289609万元、审计促进拨付资金到位25054万元、审计后挽回（避免）损失154034万元；出具审计报告和专项审计调查报告260篇，被批示、采用5篇；提出审计建议402条，提交审计信息369篇，被批示、采用246篇。

财政审计 全市审计机关共对199个单位的预算执行情况进行审计，审计查出主要问题金额998543万元。承德市审计局对市财政局具体组织市本级预算执行和市地税局税收征管情况审计的同时，重点延伸审计17户企事业单位，审计教育和卫生两大系统22个单位的预算执行和财政财务收支情况，共查出管理不规范及违规金额23亿元，依法做出处理处罚。审计工作得到承德市人大常委会的高度评价。完成省审计厅授权的围场县、平泉县和保定市涞水县人民政府财政决算和税收征管审计，审计查出重大违纪违规问题29类，收缴罚没款291万元。其中保定市涞水县政府决算审计，查出涉嫌挪用公款案件3起，制发移送处理书7份，在涞水县引起强烈反响。

金融审计 对承德银行股份有限公司和平泉县、承德县2个农村信用联社资产负债损益情况进行审计。共查出各类违规金额61915万元，审计收缴69.9万元，被审计单位处理相关责任人19人。

农业与资源环保审计 组织各县区审计局对农村环境综合整治资金和畜禽养殖水污染防治资金进行审计，审计资金总额4141.79万元。

固定资产投资审计 对避暑山庄及周围寺庙文化遗产保护工程、棚改办迎水坝棚户区回迁楼工程、奥体中心等23项工程的竣工决算进行审计，送审总金额9.7亿元，审计核减金额1.21亿元，平均审减率12.47%。

经济责任审计 对市人力资源和社会保障局局长、平泉县县长、市财政局局长等18名领导干部进行任期经济责任审计。共查出各类违纪违规和管理不规范金额452700万元，审计处理没罚173万元。

专项资金审计 开展保障性安居工程跟踪审计，查出违规金额2.95万元；开展兴隆县"7·21"洪水灾后恢复重建跟踪审计，提出加快农村危房改造资金拨付进度、推行一户一卡资金发放方式、严格落实配套资金等建议；开展中小学校舍安全工程跟踪审计，将工程建设质量和工程实施进度纳入审计的重点，加大对资金投入和项目管理的跟踪审计力度。

政府性债务审计 承德市审计系统共抽调279人，组成11个审计组，历时近两个月，对11个县区政府性债务进行审计，核清市、县、乡三级的政府性债务总数。（撰稿人：焦红煜）

【秦皇岛市审计局】 2013年，秦皇岛市审计局人员编制61人，在编61人。局长刘文杰（—5月）、焦鹏利（5月—），副局长王海堂、唐继华、殷建兵，总审计师刘勇，纪检组长张桂琴。设有办公室、党总支、监察室、法制科、金融审计科、外资审计科、投资审计科、经贸审计科、行政事业审计科、农业与资源环保审计科、财政审计科、经济责任审计科、社保资金审计科，下设有基本建设审计中心。

审计成果 秦皇岛市审计机关完成审计项目131个，查出主要问题金额1300820万元，其中违规金额36578万元、管理不规范金额1264242万元；损益（收支）不实金额8486万元；审计处理处罚金额25981万元，其中应上缴财政7605万元、应归还原渠道资金6937万元、应调账处理金额10977万元；审计发现非金额计量问题112个；审计促进整改落实有关问题金额20870万元，其中增收节支6235万元、已调账处理金额10548万元；审计后挽回（避免）损失11万元；移交司法机关和有关部门处理事项2件；出具审计报告和专项审计调查报告131篇，被批示、采用4篇；提出审计建议201条，提交审计信息113篇，被批示、采用65篇。

财政审计　全年审计14个预算执行单位，并对18户企业的税费缴纳情况进行延伸审计。审计表明，市本级预算执行及其他财政收支情况良好，财政收入平稳增长，单位内部管理制度较为健全，且执行较好。在对“三公”经费的专项审计中，发现公务支出管理总体较好，但也存在不同程度的超支现象。按照审计署的统一部署，对全市7个县区和79个乡镇的政府性债务情况进行全面审计。有针对性地提出意见建议，帮助政府进一步完善各项债务管理制度。

金融审计　根据省审计厅统一授权，完成对青龙满族自治县和抚宁县农村信用合作联社2012年度资产负债损益情况审计。审计查出信贷资产质量分类不真实、业务经营不规范等问题。

农业与资源环保审计　农村环境整治资金审计，共涉及全市7个县区的79个行政村。对近海域环境整治资金审计，延伸审计33个工程项目，涉及各类费用226项、资金使用单位86个。审计发现项目资金管理不规范、拨付不及时以及部分资金未充分发挥应有效益等问题。

固定资产投资审计　完成西港路天然气储配站工程、燕塞湖景区道路改造工程、儿童福利院及儿童保护中心工程等7个市重点建设项目审计，对北戴河机场、城市区污水（污泥）处理厂、津秦客运专线3个政府投资项目进行跟踪审计，在财政评审基础上又审减价款1111.05万元。

社会保障审计　按照审计署的统一部署，对各县区2012年7个保障性安居工程的投资、建设、分配等情况进行审计，查出财政、房产等部门存在资金筹集和管理不规范等问题，已要求相关部门整改。

经济责任审计　全年完成对海港区、山海关区、抚宁县政府等6名主要负责人，以及市人力资源和社会保障局、市交通局、市国土局等17名市直单位“一把手”的离任经济责任审计。审计中查纠存在的违规发放津贴补贴、大额支付现金、部分收入上缴财政不及时等问题。（撰稿人：李　卓）

【唐山市审计局】　2013年，唐山市审计局人员编制127人，在编103人。局长王洪江，副局长李桐、葛庆学、易敏、李富，纪检组长刘树元。设有办公室、法制处、经济责任审计一室、经济责任审计二室、固定资产投资审计处、行政事业审计处、农业与资源环保审计处、金融审计处、经贸外资审计处、社会保障审计处、财政审计处、监察室、机关党委和高新技术产业开发区审计分局、海港开发区审计分局、南堡开发区审计分局，下设有教育培训中心、投资审计中心和计算机审计中心。

审计成果　唐山市审计机关完成审计项目379个，查出主要问题金额5185276万元，其中违规金额804563万元、损失浪费金额573万元、管理不规范金额4380139万元；损益（收支）不实金额138514万元；审计处理处罚金额627352万元，其中应上缴财政206048万元、应减少财政拨款或补贴29577万元、应归还原渠道资金224348万元、应调账处理金额158917万元；审计发现非金额计量问题632个；审计促进整改落实有关问题金额1006747万元，其中增收节支244745万元、已调账处理金额83088万元；审计促进拨付资金到位906万元；审计后挽回（避免）损失16165万元；移送司法机关、纪检监察机关和有关部门处理事项6件；出具审计报告和专项审计调查报告385篇，被批示、采用6篇；提出审计建议692条，提交审计信息59篇，被批示、采用32篇；向社会公告审计结果22篇。

财政审计　共审计预算执行单位127个，延伸审计单位1066个，查出主要问题金额2653577万元；审计财政决算单位51个，查出主要问题金额996826万元。其中对市本级17个预算单位、27个重点建设项目和325个二、三级预算单位的审计，查出违法违规金额110000万元，纠正管理不规范金额390000万元。

政府性债务审计　根据国务院和审计署统一部署，对除曹妃甸区以外的13个县（市）区县乡两级政府性债务进行审计。通过对792个单位的审计，摸清13个县（市）区政府性债务余额情况，揭示存在的主要问题，分析产生问题的主要原因和存在的风险隐患，提出具有决策参考价值和整改可操作性的意见建议。

经济责任审计 对97名领导干部和国企领导人员进行经济责任审计，查出主要问题金额484862万元，纠正管理不规范金额456054万元，促进增收节支22700万元。市审计局通过对37名县级领导干部和国企领导人员的经济责任审计，查出涉及领导责任违规金额25611万元，纠正管理不规范金额449322万元，促进增收节支22582万元。

固定资产投资审计 共审计和调查项目81个，涉及项目投资额720916万元，查出主要问题金额77447万元，核减投资额（工程款）39090万元。市审计局通过对43个重点项目690000万元建设资金的审计，查出主要问题金额68000万元，审减高估冒算资金27000万元。

专项资金审计（调查） 通过对市本级2012年度城镇保障性住房和住房公积金征缴管理使用情况的审计，纠正管理不规范金额7800万元，上缴财政1700万元。同时开展对农村环境综合整治、水利资金筹集管理使用、乡镇卫生院和村卫生室设施设备专项资金拨付管理使用、全市中小学校舍安全工程、河北省亚洲开发银行贷款小城镇发展示范项目、残疾人就业保障金征收及残疾人联合会财务管理等专项审计，摸清资金和项目建设管理的基本情况，揭示存在的主要问题。对市本级行政机关、事业单位2012年和2013年上半年的“三公”经费和会议费管理使用情况进行专项审计调查，揭示在落实中央八项规定、规范“三公”经费和会议费管理使用方面存在的突出问题，提出切实可行的审计建议。

审计整改 建立落实问题整改责任体系，在重点抓好2013年预算执行审计和2012年市长经济责任审计发现问题整改落实的同时，注重加大对历史遗留问题的整改督导力度。截至年底，审计项目的审计决定落实率由前一年度的49.97％上升为98.46％，当年审计项目的审计决定落实率达到95.78％。

企业审计 先后对12个单位进行审计，查出主要问题金额891360万元。其中违规经营金额598876万元，资产质量不实金额52683万元，少计少缴税费2470万元。

内部审计 全市内部审计机构全年完成审计项目2301个，审计总金额1258579万元，通过审计促进增收节支101万元，提出意见建议被采纳793条。（撰稿人：陈　平）

【廊坊市审计局】 2013年，廊坊市审计局人员编制45人，在编53人。局长韩少奇，副局长万茂才、赵志生、薛冬，总审计师施文河，纪检组长张振杰（—9月）。设有办公室、人教科、法制科、财政审计科、金融审计科、行政事业审计科、社会保障审计科、经贸审计科、固定资产投资审计科、经济责任审计科。另外，纪委、监察派驻机构1个。

审计成果 廊坊市审计机关完成审计项目176个，查处各种违规金额24.28亿元，管理不规范金额70.82亿元，上缴财政3.97亿元，归还原渠道资金5.58亿元；移送案件线索3起。廊坊市审计局1个项目被评为全省优秀审计项目，1个项目被评为表彰审计项目。在AO应用实例评选中，10篇获奖，其中2个获署应用奖、6个获署鼓励奖、2个获省审计厅应用奖。在审计方法评选中，13篇获得省审计厅奖励。廊坊市审计系统被评为全市文明行业，1个科室被评为全市文明窗口单位，1人被评为全市文明标兵，1人荣获第三届廊坊青年五四奖章荣誉称号。

政府性债务审计 廊坊市县审计机关抽调230人，组成10个审计组，自8月2日至9月12日，采取“上审下”的方式，审计全市10个县（市、区）及所属90个乡（镇）的政府性债务情况，共审计405个单位1786笔债务，汇总完成债务工作记录3296条。审计发现五大类问题，发现重大违法违纪线索1起，已根据相关规定进行移送处理。编写信息、简报、专题汇报材料30多期（篇），被省审计厅政府性债务审计领导小组办公室采用14篇。其中，1篇被省审计厅领导批示；1篇被审计署专题刊发。省政府性债务审计工作动态（第59期）对廊坊市审计局的软件研发工作给予充分肯定。此次审计，摸清廊坊各县（市、区）及所辖乡（镇）的债务规模、结构和增减变化；反映市政府在贯彻落实党中央、国务院有关要求，加强政府性债务管理，清理规范地方融资平台公司等方面采取的措施、取得的成效和存在的问题；发现政府性债务举借、管理和使用中出现的新情况和新问题，揭示债务风险隐患；提出促进加强政府性债务管理，有效防范和化解风险，保障经济持续健康发展的38条意见和建议，促进政府性债务规范管理，维护财政和金融安全。

财政审计 采取现场审计与送达审计相结合的方法，重点开展市财政局、市地税局、市住房公积金管理中心、市环卫局、市管道局物业公司、市三电办公室、市第一中学和市第二中学的预算执行审计。市财政局预算执行审计以保障国家宏观经济政策贯彻实施、规范预算管理行为、促进增收节支、提高财政资金绩效水平为目标，把查处问题与促进改革、完善制度、强化管理结合起来，促进经济社会健康运行。市地税局预算执行审计，重点审计全市地税系统2012年度代征业务的真实性、完整性、合规性和效益性，审计的范围包括政策执行情况、征管工作情况和相关财政财务收支情况；审计涉及教育费附加、文化事业建设费、工会经费、河道工程修建管理费和各种代征业务手续费。市住房公积金管理中心预算执行审计，审计重点住房公积金管理的业务、财务及相关档案。市环卫局预算执行审计，查出应缴未缴印花税3544.8万元、经费支出超出财政实际拨款241.69万元、财务核算欠规范、生活垃圾处置费征收不到位等问题。10月16日市第六届人大常委会第四次会议听取并审议《2012年廊坊市本级预算执行和其他财政收支的审计工作报告》，常委会对报告及相关工作给予充分肯定。10月29日在《廊坊日报》、廊坊政府门户网站上进行公告。文安县审计局、香河县审计局、三河市审计局在开展预算执行审计时，打破科室界限，合理调配人手，实行分组审计，全面的提升审计效率，保证审计质量。按照构建“财政审计大格局”的要求，在省审计厅的统一安排下，积极开展对省财政直管县保定市曲阳县、廊坊市文安县财政决算审计。

金融审计 充分发挥计算机在金融审计中的作用，将会计、审计、金融、信息技术知识与金融犯罪机制、特点相结合，找准金融犯罪易发环节、高发领域和基本规律，探究金融犯罪主要形式和采用的技术手段，为审计打击金融犯罪明确方向。充分运用延伸审计调查法，通过贷款账户的延伸审计，及时发现存在的问题，化解贷款风险。

固定资产投资审计 开展廊坊艺术中心主题园区项目建设的跟踪审计，完成工程项目投标控制价审计3项，前期审计1项，出具4个单项审计报告，送审金额约2亿元，审减金额约1亿元，发现项目建设管理、财务管理和程序执行方面等问题。制定《聘用社会中介参加政府投资项目审计管理办法》，强化对中介机构的规范管理，解决审计需求与审计力量矛盾日益突出的问题。

固安县审计局、永清县审计局、开发区审计局在开展固定资产投资审计时，对重点工程项目审计进行两头延伸，将审计关口前移，对项目招投标、合同签订、材料使用、付款、付息等环节进行严格监督，核减不实费用，纠正违规问题，防止损失浪费发生，保障建设资金安全，审计后期，对合同履行、质量监理、设计费用进行审计监督。

社会保障审计 做好保障性住房跟踪审计整改落实工作。受市政府委托，以市政府名义下发审计整改通知，牵头组织市直相关部门、单位督促整改落实审计发现的问题，各部门、单位认真填报审计整改情况，扎实进行整改。应市纪委要求，与纪委、公安、检察、财政部门组成联合检查组，开展廊坊市部分定点医疗机构的检查工作，审计部门注重发挥计算机的强大功能，通过数据库信息的筛选，锁定目标，逐一排查问题线索。

企业审计 横向上向二、三级核算单位延伸，纵向上顺着资金流向到底，开展从财务到管理的审计，结合资金运行轨迹，发现问题，提出整改措施，加大对违规违纪问题的处理处罚力度。

经济责任审计 积极推进经济责任审计的组织领导、专职机构建设、组织实施、成果运用等项工作，加大对权力运行的监督力度，注重从领导干部应承担的直接责任、主管责任、领导责任三方面开展评价，经济责任审计工作评价内容得到进一步完善。大城县审计局、大厂县审计局开展26个单位的主要领导干部经济责任审计时，除抓好被审计单位的财政财务收支审计外，还特别注重对领导干部在廉洁自律等方面进行审计评价，指出领导干部任期内存在的问题和应承担的责任，分析存在问题的原因，提出改进意见。

专项资金审计（调查） 全市审计系统派出7名审计人员参加省审计厅组织的外资审计培训，

完成廊坊林业五期外资项目和霸州前进钢铁厂节能减排外资项目的审计工作。完成农业专项资金审计工作，关注资金运行、管理使用、政策落实情况，通过审计，最大限度地发挥项目资金的经济、社会和生态效益。

信息管理系统审计 探索开拓信息管理系统领域审计，在住房公积金和信用社审计中，开展信息系统审计，发现信息系统设计中存在的缺陷，提出的建议被审计单位采纳。（撰稿人：程 石）

【保定市审计局】 2013 年，保定市审计局人员编制 70 人，在编 70 人。局长孙淑花（—6 月）、方砚烽（6 月—），副局长罗凯（—6 月）、温丽娜、范国庆、张建波、陈仕强，总审计师温丽娜（兼），纪检组长朱春友。设有办公室、法制处、人事处、财政审计处、金融审计处、行政事业审计处、经贸审计处、农业与资源环保审计处、社会保障审计处、固定资产投资审计处、外资运用审计处、经济责任审计处、内部审计处、开发区派出审计处、计算机信息审计处、业务审理处。

审计成果 保定市审计机关共完成审计单位 316 个，查出违规金额 161461 万元，上缴财政 6672 万元，归还原渠道资金 6144 万元，核减投资额 1360 万元，提出审计建议 418 条，被采纳 290 条。市审计局被市委、市政府评为“7·21”灾后重建先进集体，市审计局驻村工作组被省委、省政府评为全省加强基层建设年活动优秀驻村工作组。

政府性债务审计 组织全市 410 名审计人员分成 24 个审计组，对 24 个县（市、区）的相关单位进行审计，共审计单位 1300 多个，债务笔数 9000 余笔。通过审计，对债务进行分类及汇总，摸清政府性债务底数，反映出地方政府在债务管理制度方面的不健全及债务统计数据的不准确，违规借贷、违规担保、项目手续不齐备等问题。市审计局针对审计发现的问题，提出完善政府性债务管理制度、建立规范的举债融资机制、妥善处理存量债务的审计建议。

财政审计 在开展预算执行审计中，对市财政、地税等行政事业单位进行审计，对有关企业、重点项目、重点资金开展专项审计和调查。依据审计结果，市审计局受市政府委托做《保定市本级 2012 年度预算执行和其他财政收支的审计工作报告》，受到市人大常委会高度评价。针对存在的问题，市政府进行认真研究部署，狠抓落实措施，加大督导力度，相关部门整改成效明显。

固定资产投资审计 全市审计机关认真贯彻落实《河北省国家建设项目审计条例》和《保定市政府投资项目管理办法》，把加强对政府投资项目的审计列为重点。市审计局先后对“涞涞易”（涞源县、涞水县、易县）灾后重建、市农业生态园、中小学校舍安全工程等领导关注、群众关心的政府投资项目进行跟踪审计和审计调查，核减工程投资 1360 万元。

经济责任审计 全市审计机关不断深化经济责任审计，加大对领导干部遵守中央八项规定情况的审计力度，重点关注“三公”经费使用情况，开展对部分领导干部任期和任中经济责任审计。全市共审计领导干部 59 人，其中任中审计 18 人，离任审计 41 人。

农业与资源环保审计 对全市 17 个县（市）开展农村环境综合整治资金专项审计，审计涉及主管部门 48 个，项目实施单位 39 个，审计资金总额 3425 万元，查出违规和管理、使用不规范金额 2403 万元，促进资金投入到位 123 万元。

金融审计 在省审计厅统一组织下，分别对河北省农村信用社涿州联社、唐县联社 2012 年度资产负债损益情况进行就地审计。审计中充分运用计算机辅助手段，发现信贷资产质量分类不真实、贷款主体不合规、用途不合规、程序不合规等财务违规现象，提出防范信贷风险、防止资产损失、确保规范经营的意见和建议。被审计单位对审计结果十分重视，已经开展专项整改。

（撰稿人：张 皓）

【沧州市审计局】 2013 年，沧州市审计局人员编制 49 人，在编 46 人。局长田永利，副局长郑瑞强、张欣、李红松（8 月—），总审计师刘根常，纪检组长王利民。设有办公室、人事教育科、法规科、投资审计科、经贸审计科、财政审计科、金融社保审计科、行政事业审计科、经济责任审计科、农业外资审计科、纪检监察室、机关党委，下设政府投资审计中心和教育培训中心。

审计成果 沧州市审计机关完成审计（调查）

项目单位293个，查出主要问题金额719544万元，其中违规金额49806万元，损失浪费金额29万元，管理不规范金额669708万元。审计决定处理处罚金额150488万元，其中应上缴财政8706万元，应减少财政拨款或补贴17435万元，应归还原渠道资金32676万元，应调账处理金额86342万元；审计发现非金额计量问题266个；审计促进整改落实有关问题金额143679万元，其中增收节支51957万元、已调账处理金额86321万元；审计促进拨付资金到位55732万元；审计后挽回（避免）损失623万元；移送司法机关、纪检监察机关和有关部门处理事项6件；出具审计报告和专项审计调查报告313篇；提出审计建议758条，提交审计信息、简报、专题报告等634篇，被批示、采用504篇。

财政审计 全市开展财政预算执行审计项目和财政决算审计项目146个，延伸审计单位286个，查出主要问题金额642959万元，其中未按规定征收缴纳收入35406万元，未按规定纳入预算管理12065万元，违规改变项目计划和资金用途65012万元，资金滞留闲置146021万元，虚列支出129953万元。

金融审计 按照审计署和河北省审计厅统一部署，组织开展对黄骅市、海兴县农村信用联社2012年度资产负债损益情况的审计，查出主要问题金额411万元，审计促进整改落实有关问题金额280万元，其中上缴财政61万元，调账处理金额219万元。

行政事业审计 全市完成行政事业审计项目78个，查出主要问题金额18160万元，其中扩大开支范围或提高开支标准列支金额3570万元，违规改变项目计划和资金用途2123万元，违规使用发票1675万元，乱收费乱摊派乱罚款560万元。

固定资产投资审计 全市完成政府投资建设项目27个，审计项目投资额139602万元（其中完成投资额124924万元），核减投资额（工程款）19029万元，查出主要问题金额28808万元，其中工程款结算不实17368万元，超规模超标准项目10737万元，违规招投标1160万元。

社会保障审计 按照审计署和河北省审计厅统一部署，组织开展对沧州市所辖16个县（市、区）2012年各类城镇保障性安居工程审计，审计资金总额75442万元，查出主要问题金额15164万元，其中未按规定征收缴纳收入2178万元，未按规定征提基金928万元，资金滞留闲置6589万元，资金落实不到位4650万元。

经济责任审计 全市完成经济责任审计项目44个，查出主要问题金额3504万元，其中违规金额2164万元，管理不规范金额1339万元。经济责任审计为开展干部问责制、责任追究制提供重要依据，为干部考核、评价、选拔、任用发挥积极作用。（撰稿人：戴振勇）

【衡水市审计局】 2013年，衡水市审计局人员编制68人，在编64人。局长葛殿朋（5月—），副局长赵春峰、许世红，纪检组长赵志强。设有办公室、法制科、财政审计科、经贸审计科、行政事业审计科、农业外资与资源环保审计科、固定资产投资审计科、经济责任审计办公室、市经济技术开发区审计特派员办公室、社保金融审计科、监察教育室、计算机审计中心、重点项目建设审计监督中心。

审计成果 衡水市审计局共审计单位74个，查出主要问题金额692628万元，已上缴财政5807万元，已归还原渠道资金3294万元，已调账处理33965万元，促进增收节支7051万元。荣获市级文明单位、精神文明创建先进单位、市直机关党风廉政建设先进单位、衡水市精神文明建设工作先进集体等荣誉称号。

政府性债务审计 按照审计署和省审计厅统一布置，统筹全市审计力量，抽调181名业务骨干成立11个审计组，采取“上审下”的组织方式对县、乡两级的2605笔政府性债务，进行审计，对承诺无债务的150个单位进行延伸调查。通过审计摸清县、乡两级政府性债务的规模、结构及增减变化情况，向省审计厅、市政府提交政府性债务审计分析报告。

账政审计 完成18个单位的预算执行审计，查出主要问题金额329655万元。成立10个审计决定落实跟踪小组，督促相关单位完善制度，出台办法，规范行为，建立长效管理机制。代政府所做的“两个报告”得到市人大常委会的一致好评。按照“财政审计大格局”的要求，创新审计组织方式，统筹市县业务骨干参与市级审计项目，紧紧围绕土地这条主线，加大对土地出让、重大投资项目现场实地勘察、询问的力度，解剖重点问题。

固定资产投资审计 全年完成10个建设项目审计，报审金额53727万元，经审计核减1710万元。同时自2009年9月起连续5年对大广高速公路京衡段17个单项工程156个标段进行跟踪审计，审计罚没超过2000万元。

经济责任审计 全年完成6个单位的经济责任审计，查出主要问题金额56266万元，其中领导干部负有直接责任问题金额5853万元。对两个单位存在的问题向其主管部门进行移送处理。

专项资金审计 采取以审代培的方式对市公安局及其8个独立核算单位进行集中审计，揭示公安系统在管理体制和机制上的问题，促其加强管理，规范财务行为，避免国有资产的流失。对全市廉租住房、公共租赁住房、经济适用住房、限价商品住房、各类棚户区改造等各类城镇保障性安居工程的投资、建设、分配、运营等情况进行跟踪审计，对审计中发现的问题，认真分析原因，实现以审促改。向市政府做的专题报告，得到领导的充分肯定和大力支持，市长批示审计局要继续跟踪审计。对残疾人就业保障金情况进行审计，对审计中发现的代扣代征残疾人保障金不到位、违规使用残疾人就业保障金、不规范票据列支、固定资产管理不规范等问题依法进行处理，促其加强内部核算与管理，加大征收力度，提高资金使用效益。（撰稿人：田　磊）

【邢台市审计局】 2013年，邢台市审计局人员编制79人。局长关峰（7月—）、营新月（—7月），副局长杨正学（—7月）、赵兰云（—8月）、颜住山、刘金锋，总审计师宋万达，纪检组长刘兴泉。设有办公室、人事教育科、机关党委、纪检监察室、法规科、财政审计科、金融审计科、行政审计科、事业审计科、农业与资源环保审计科、固定资产投资审计科、经贸审计科、社会保障审计科、经济责任审计一科、经济责任审计二科、外资审计科、高新技术开发区办事处、政府投资审计中心。

审计成果 全年实施审计项目96个，处理纠正违规金额25.8亿元，纠正管理不规范等问题金额17.99亿元，促进财政增收节支7069万元。

政府性债务审计 组织全市审计力量，参与审计署统一组织的全国政府性债务审计。在时间紧、任务重、要求高、制度严、政策性强的情况下，保质保量地完成审计任务，并有多条审计经验在全国推广应用。

授权项目审计 抽调精干力量，对省审计厅授权的灵寿县、新河县财政决算进行审计，及时与被审计单位沟通，取得支持和理解，保证审计工作顺利开展。完成大广高速跟踪审计，查出违规分包、不合规发票、应缴未缴各种税费等违纪问题，审减工程造价2.21亿元。

财政审计 完成市财政局2012年度市本级预算执行及其他财政财务收支情况审计，市卫生局、市体育局、市教育局、市旅游局等单位2012年度预算执行及其他财政收支审计，对任县、内丘县2012年度财政收支决算进行就地，并在重点领域进行延伸审计。重点抓住参与预算执行的地税部门，开展市本级预算执行及税收征管审计，特别是地税系统文化事业建设费和工会经费代征情况审计，并就涉及税费缴纳和税费减免的邢台兴力集团、工商银行邢台分行等企业进行延伸审计，从总体和细节上掌握和反映预算收支和执行的整体情况。

固定资产投资审计 完成邢衡高速部分标段审计、邢台学院体育馆竣工决算审计、市第三医院整体改扩建项目跟踪审计、市眼科医院迁建工程跟踪审计、邢台煤气热力公司燃气管道工程审计、市水务局引黄入冀滏阳河线路工程项目审计等重大项目，重点加强项目投资结算环节审计，对隐蔽工程、重大设计变更、大宗材料设备采购情况进行全面审计，就重大设计变更未及时报批、设计施工单位未招标、多列建设成本、漏缴税费等问题提出整改意见。

行政事业审计 完成市眼科医院、市第三医院、市第一中学三个单位的2011年至2012年财务收支审计，沙河市、邢台县社会保障资金审计，以及邢台技师学院等三校合并的财务审计，配合省审计厅对邢台市政府残疾人保障金进行审计。

农业与资源环保审计 完成市水务局、市林业局、市农业局2011年至2012年专项资金及其他财政财务收支审计，清河县、南宫市土地出让收入和支出及土地整治项目专项资金审计，省审计厅委托的临城县、平乡县2011年至2012年农村环境综合整治项目审计。

经济责任审计 全年完成审计项目45个，其中书记县长审计17个、公检法长审计13个、市直部门审计15个，促进强化对权力的制约和监督。

机关建设 开展标准化机关建设，编印相关流程并严格落实，管理科学、行为规范、运转协调、公正透明、廉洁高效的机关管理机制已基本形成。举办党课4次、道德讲堂4次、审计专业讲座4次，邀请审计署专家培训1次；组织开展学雷锋、爱国主义教育等一系列活动；建立局领导班子早餐会制度；建设完成支部学习园地和廉政文化走廊；临时支部建设受到市委好评，市直工委以专刊形式全市转发；地方政府性债务审计、信息宣传、审计理论研究等工作受到省审计厅表彰。

信息化建设 省市县三级高速审计专网广域网络建设完成并投入使用，全市审计机关视频会议系统实现全覆盖。AO应用已经普及，计算机审计方法和AO应用实例制作水平逐步提高。加快审计数据分析处理中心建设，积极与地税部门沟通并部署审计署开发的联网审计系统，尝试进行联网审计。不断加强信息安全，实施非涉密审计专网的等级保护和涉密审计内网的分级保护。

党风廉政建设 以改进作风、惩懒治庸、严肃纪律为重点，认真查找自身和科室工作中存在的问题和原因，通过整顿作风、对照检查和整改提高，解决工作中的“庸懒散”问题。编发《邢台市审计局党组关于在党的群众路线教育实践活动前期开展“三个先行”活动的实施方案》，明确工作目标、主要任务、工作要求，并确定将活动开展情况与审计工作一同研究、一同部署、一同检查、一同奖惩，确保党的群众路线教育实践活动有步骤、有计划地进行。 （撰稿人：孙浩铭）

【邯郸市审计局】 2013年，邯郸市审计局人员编制94人，在编77人。局长白清长，副局长郭兴元、张文玲、李文灿，纪检组长张许生。设有办公室、人事处、法规处、财政审计处、行政事业审计处、农业与环保审计处、固定资产投资审计处、金融审计处、企业审计处、社会保障审计处、外资运用审计处、审计信息处、机关党委、监察室、经济责任审计办公室综合处、经济责任审计办公室审计一处、经济责任审计办公室审计二处、政府投资审计中心和内部审计协会。

审计成果 全市审计机关完成审计和审计调查项目247个，查出各类有问题及管理不规范金额346.85亿元，向各级纪检监察和司法机关移交案件线索7件，提出审计建议被采纳600余条，上报《审计专报》7期。

政府性债务审计 全市组织审计力量近300人，历时两个多月，共审计相关单位1800多家，发现问题30多类，向纪检、监察和司法机关移送案件线索2件。

财政审计 对市本级预算执行情况进行审计，发现各类问题金额近50亿元。10月，局长白清长向市人大所做的审计工作报告，赢得与会常委一致好评。对曲周县、邢台市威县两个省直管县财政决算进行审计，查处违规违纪金额39.34亿元，上缴各级财政4.4亿元。

经济责任审计 先后完成52名市管领导干部任期经济责任审计，共查出违纪违规和管理不规范金额49.03亿元，移交案件线索1件。根据审计结果，提出审计建议110条，分别被有关单位采纳。

固定资产投资审计 全市完成政府重大投资审计项目98个，审计资金总额159.67亿元，审减资金7.99亿元，综合审减率达18.8%。其中，市审计局直接审减5.07亿元，审减率达22.3%。

专项资金审计 保障性安居工程跟踪审计共审计资金13.14亿元，查出违规及管理不规范金额7.39亿元，向纪检监察部门移交案件线索2件，7名相关当事人受到党政纪处分。与纪检监察、司法等部门联合对定点民营医疗机构开展审计检查，向公安部门移交2件案件线索。

金融审计 组织实施邯郸银行等单位资产负债损益情况审计，发现各类问题58个，查处违规及管理不规范金额39.24亿元，提出审计建议22条。

企业审计 配合省审计厅完成对邯郸钢铁集团有限责任公司和唐山钢铁集团有限责任公司资产负债损益情况审计，查出有问题金额20多亿元；在对邯武公路收费站停止运营损失审计中严格把关，核减资金3770万元。（撰稿人：郭运强）

2013 年河北省所辖区、县(市)级审计工作统计表

金额单位:万元

审计机关	完成审计项目(个)	审计查出主要问题金额	审计处理情况					出具审计报告和审计调查报告(篇)	提出审计建议(条)	提交审计信息(篇)
			审计处理处罚				移送处理事项(件)			
			应上缴财政	应减少财政拨款或补贴	应归还原渠道资金	应调账处理金额				
石家庄市										
石家庄市本级	90	2182180	81795	169	193436	341407	8	115	248	69
长安区审计局	10	53372	1		65			14		
桥东区审计局	7	19216	365			80		9	14	
桥西区审计局	7	11945	974			9943		10	5	
新华区审计局	10	50291	3		15	27		15	19	29
裕华区审计局	7	18280	705			15936		14	20	14
井径矿区审计局	8	4614						11	6	14
辛集市审计局	66	6535	185	144	1220	2885	1	69	120	45
藁城市审计局	8	2158	313		1826			8		
晋州市审计局	9	47248	79		175	11		11	39	
新乐市审计局	22	31865	955		11411	11886		25		
鹿泉市审计局	11	45504	6409	386	165	30674		13	69	10
井陉县审计局	11	18448	116		2651	6874		12		68
正定县审计局	12	2721	4		5			14		
栾城县审计局	9	8197				8		10	19	
行唐县审计局	15	64092	14		141	878		19	25	
灵寿县审计局	6	2197				625		6	5	
高邑县审计局	11	10437	2158					13	33	253
深泽县审计局	12	21363	11		183	19887		15	22	
赞皇县审计局	11	7304	231		44	6		13	20	
无极县审计局	12	4976	19		1482	1459		16	10	
平山县审计局	10	65360	1387	48		63898		11	21	
元氏县审计局	7	69088	3	20		536		8	19	
赵县审计局	9	34195	1644			30548		10	29	
张家口市										
张家口市本级	48	291402	1191	3	455	7428		48	128	21
桥西区审计局	3	11940	4508			3481		3	3	3
桥东区审计局	8	11766	14			2		8	6	4

续表

审计机关	完成审计项目（个）	审计查出主要问题金额	审计处理情况					出具审计报告和审计调查报告（篇）	提出审计建议（条）	提交审计信息（篇）
			审计处理处罚				移送处理事项（件）			
			应上缴财政	应减少财政拨款或补贴	应归还原渠道资金	应调账处理金额				
宣化区审计局	11	27672	19		79	2865		11	18	17
下花园区审计局	7	4480	97			4383		7	11	3
张北县审计局	40	2462	21					40	98	5
康保县审计局	15	3197	15					15	27	12
沽源县审计局	9	9398	2					9	12	20
尚义县审计局	16	6354	23		1104	3163		16	46	2
蔚县审计局	16	1892	12		73	23		16	14	3
阳原县审计局	12	436			1	434		12	9	2
怀安县审计局	12	33209			15538	111		12		8
万全县审计局	61	52345	70					61	97	6
怀来县审计局	13	1481	14		231	919		13	11	8
涿鹿县审计局	16	10068	4	4				16	17	4
赤城县审计局	9	127229						9	18	5
崇礼县审计局	36	11717	783		1401	1206		36	107	5
承德市										
承德市本级	57	728251	75372	596	32593	181315		59	180	270
双桥区审计局	9	6834	6	3398		2674		10	14	25
双滦区审计局	8	46077	93		60	45925		9	19	28
鹰手营子区审计局	8	1687		202		1476		10	10	
承德县审计局	16	7122	24					17	26	
兴隆县审计局	9	77582	13		9057	68307		12		
平泉县审计局	22	17779	23	348	600	5605		28	45	
滦平县审计局	11	129315	15		44897	78369		15	39	
隆化县审计局	14	50905	11	155		42146		18	33	28
丰宁满族自治县审计局	16	150809	570		789	109796		20		
宽城满族自治县审计局	24	17775	212		2	12145		27	21	18
围场满族蒙古族自治县审计局	20	19505	7468		15	4		14	15	
秦皇岛市										
秦皇岛市本级	29	1127712	440		3626	990	1	29	87	113
海港区审计局	7	1020						7		

续表

审计机关	完成审计项目（个）	审计查出主要问题金额	审计处理情况					出具审计报告和审计调查报告（篇）	提出审计建议（条）	提交审计信息（篇）
			审计处理处罚				移送处理事项（件）			
			应上缴财政	应减少财政拨款或补贴	应归还原渠道资金	应调账处理金额				
山海关区审计局	6	3						6	2	
北戴河区审计局	12	4758	735		3			12		
开发区审计局	10	239						10		
昌黎县审计局	19	147447	4238		3195			19	70	3
抚宁县审计局	12	1952	1373		3	9		12	16	
卢龙县审计局	15	5827	2			428		15	26	
青龙满族自治县审计局	21	11857	815		110	9548		21		
唐山市										
唐山市本级	116	4221867	125919	26921	80710	84585	6	116	270	22
路北区审计局	17	5006	57			4948		17		
路南区审计局	15	33053	2172			3207		18	28	
古冶区审计局	18	198259	19684			2		18	46	
开平区审计局	10	22543	1					10	31	
丰润区审计局	26	228166	364			454		26	12	
丰南区审计局	37	93124	16569	1871	8			37	2	15
曹妃甸区审计局	11	10649				11		11	34	
遵化市审计局	15	69207	2264		30709	33714		15	27	
迁安市审计局	22	2473	29	46		217		22	15	
滦县审计局	11	127038	31586		95259			11	18	
滦南县审计局	23	34820	61		17039	15192		23	57	2
乐亭县审计局	3	556	1		550			3		
迁西县审计局	18	9906	7332	739				21	24	26
玉田县审计局	37	128609	8		73	16584		37	128	5
廊坊市										
廊坊市本级	36	580645	13020		53813	987	3	36	77	310
广阳区审计局	10	5250	2579		383	137		10	31	154
安次区审计局	8	8866	1950		303	86		8	4	171
开发区审计局	4	2136	733		14	2		4		
霸州市审计局	8	1979	2933		395	179		8		427
三河市审计局	24	90018	2751		404	164		24	68	42
固安县审计局	10	34222	9547		27	4		10	17	43

续表

审计机关	完成审计项目（个）	审计查出主要问题金额	审计处理情况					出具审计报告和审计调查报告（篇）	提出审计建议（条）	提交审计信息（篇）
			审计处理处罚				移送处理事项（件）			
			应上缴财政	应减少财政拨款或补贴	应归还原渠道资金	应调账处理金额				
永清县审计局	11	2812	941		17	2		11		158
香河县审计局	9	1257	1298		37	22		9	17	9
大城县审计局	11	25479	933		17	2		11		159
文安县审计局	10	10997	940		17	1		10	25	5
大厂回族自治县审计局	16	47365	2075		373	157		16	21	262
保定市										
保定市本级	89	200224	8102		11639	60114		98	194	
新市区审计局	8	5703	491			5028		8		
北市区审计局	9	18606	8					9	14	8
南市区审计局	9	931						14		
涿州市审计局	13	11754	226		14			13	51	
安国市审计局	4	32286	3					4	8	
高碑店市审计局	15	15035	19					15	28	
满城县审计局	11	66233	529			2669		11	18	
清苑县审计局	9	6532	3					11	8	
易县审计局	9	41251	5					9		
徐水县审计局	12	35171	848		33478	457		12	4	
涞源县审计局	8	6753	12		6037			8	20	
定兴县审计局	6	18839	1988		10	9838		6	15	15
顺平县审计局	6	17306	200					6	4	
唐县审计局	9	34316	15					9	13	
望都县审计局	8	2744	211			2363		8	16	
涞水县审计局	7	24134						7		2
高阳县审计局	15	26136	8970	28	3411	2543		18		
安新县审计局	11	25731	5					11	6	
雄县审计局	8	11053	23					8		
容城县审计局	9	645	4			359		9	4	22
曲阳县审计局	9	17897	441					9		
阜平县审计局	10	6610	26			13		12	15	
博野县审计局	9	4263	3573					9		
蠡县审计局	4	36042	1					4		
沧州市										
沧州市本级	75	417795	2795	16428	21110	38248	6	78	278	228

续表

审计机关	完成审计项目(个)	审计查出主要问题金额	审计处理情况					出具审计报告和审计调查报告(篇)	提出审计建议(条)	提交审计信息(篇)
			审计处理处罚				移送处理事项(件)			
			应上缴财政	应减少财政拨款或补贴	应归还原渠道资金	应调账处理金额				
运河区审计局	12	21083	5	50		103		12	44	6
新华区审计局	13	2899	643		241			13	30	
泊头市审计局	11	21076	21					12	70	54
任丘市审计局	37	6403	417	296	226	3035		49	30	5
黄骅市审计局	22	4834	28	623		46		22	52	
河间市审计局	18	15151	4057		3431	5		24	78	52
沧县审计局	25	81757	56			20		23		
青县审计局	10	22519	3	36		21852		11	24	30
东光县审计局	15	17944	6	2				14	40	75
海兴县审计局	9	5952	551		4965	385		9	11	9
盐山县审计局	10	61385	4					10	27	64
肃宁县审计局	6	5031	54			305		6	26	84
南皮县审计局	7	529	7			307		7		5
吴桥县审计局	8	8363	2					8	21	
献县审计局	6	4730	2		2071	1335		6	6	
孟村回族自治县审计局	9	22093	55		632	20701		9	21	22
衡水市										
衡水市本级	74	692628	4188		5824	47296		82	259	57
桃城区审计局	27	28249	103		6572	2575		33	180	13
冀州市审计局	24	11064	251	20	153	8528		32	102	2
深州市审计局	30	5779	39			22		42	163	2
枣强县审计局	31	7537	2748		40	1127		28	69	
武邑县审计局	19	5342	52			6		20	61	2
武强县审计局	27	51662	811	14	7560	1078		30	128	2
饶阳县审计局	25	7006	36					31	79	2
安平县审计局	23	9539	20		61	7990		25	96	2
故城县审计局	15	63280	655		278	21797		14	82	2
景县审计局	21	33180	35			8		21	58	23
阜城县审计局	23	7926	848		2552	4004		24	55	2
邢台市										
邢台市本级	46	224397	124		38	167		46	20	97

续表

审计机关	完成审计项目（个）	审计查出主要问题金额	审计处理情况					出具审计报告和审计调查报告（篇）	提出审计建议（条）	提交审计信息（篇）
			审计处理处罚				移送处理事项（件）			
			应上缴财政	应减少财政拨款或补贴	应归还原渠道资金	应调账处理金额				
桥东区审计局	20	308	6		35	54		20	48	32
桥西区审计局	60	5176	23					65	210	23
南宫市审计局	6	689	4		403	215		6	15	9
沙河市审计局	54	7340	78	2209	873	97		50	127	30
邢台县审计局	79	3260	84	898	123	2155		79	45	6
临城县审计局	44	29553	560	570	2745	25678	1	44	314	8
内丘县审计局	6	22978	13		14242	3368		6		
柏乡县审计局	4	49035	12			163		4	27	11
隆尧县审计局	17	5344	31	189	8	11		17	38	11
任县审计局	6	875	10			181		6	9	75
南和县审计局	15	10788	264			4407		15	40	35
宁晋县审计局	74	14500	120	1866				74	40	16
巨鹿县审计局	36	4504	145	2453	348	658		36	63	25
新河县审计局	94	813	60			813		94	52	2
广宗县审计局	15	4364	35	1160	1049	2120		15	35	5
平乡县审计局	67	1970	116			104		67	43	1
威县审计局	13	103401	70		29485	73846		13	32	6
清河县审计局	8	3873	5					8	13	13
临西县审计局	9	5341	11					9	15	20
大曹庄管理区审计局	16	824		22.1	165	637		16	40	
邯郸市										
邯郸市本级	88	2368650	40559	106	243103	653166	2	92	212	3
丛台区审计局	5	1282	10	118	95	142		5	13	
邯山区审计局	7	1833						10	18	
复兴区审计局	6	2646	1648		34	20		9	15	
峰峰矿区审计局	7	38076	11	387		5000		7	13	
武安市审计局	14	470863	456		77564	291209		14	7	
邯郸县审计局	12	2119	37			40		12		
临漳县审计局	10	79907	14							
成安县审计局	10	4708	7		1			10	8	2

续表

审计机关	完成审计项目(个)	审计查出主要问题金额	审计处理情况					出具审计报告和审计调查报告(篇)	提出审计建议(条)	提交审计信息(篇)
			审计处理处罚				移送处理事项(件)			
			应上缴财政	应减少财政拨款或补贴	应归还原渠道资金	应调账处理金额				
大名县审计局	7	3384	5					7	11	
涉县审计局	8	1308	23		15	650		8	13	1
磁县审计局	9	54364	1573	291	32429	16824		9	11	2
肥乡县审计局	9	857			456	213		9		
永年县审计局	9	364595	16					9		
邱县审计局	6	819	26		188	182		6		
鸡泽县审计局	10	49449	10					11	34	
广平县审计局	6	1077				840		8	9	
馆陶县审计局	11	10420			3352	5920		11		
魏县审计局	7	1182	1107					7	6	3
曲周县审计局	6	10969	1910	87	195	3724		6		1

山西省

【山西省审计厅】 2013 年，山西省审计厅人员编制 370 人，在编 325 人。设有办公室（政策研究室）、人事教育处（派出机构管理处）、法规处（审计复核处）、财政审计处（政府采购审计处）、行政事业审计处、农业与资源环保审计处、固定资产投资审计处、金融审计处、企业审计处、社会保障审计处、外资运用审计处、党政领导干部经济责任审计处、事业单位领导人员经济责任审计处、国有企业领导人员经济责任审计处、计划管理处、督查处、机关党委、离退休人员工作处、内部审计监督指导处、发展计划审计处、经济贸易审计处、政法审计处、经济执法审计处、农林水审计处、科技文化审计处、建设交通审计处、人劳民政审计处、旅游外事审计处、党群审计处、资源环保审计处、教育卫生审计处、税费征管审计处，下设机关后勤服务中心、计算机技术中心、审计科学研究所、审计干部培训中心、审计人力资源中心、审计业务指导中心、政府投资项目审计中心。

领导成员

厅　　长：郝志远（—3 月）

　　　　　王　亚（3 月—）

副 厅 长：郝素珍　高爱平　姚宪华

总审计师：杨光照

纪检组长：任建平

审计成果 山西省各级审计机关共审计和审计调查单位 6471 个单位，查出违法违规金额 1497.37 亿元，损失浪费金额 3.54 亿元，促进增收节支和挽回损失 501.37 亿元。移送案件线索 526 件 277 人，移送处理金额 40.83 亿元。提交报告信息 3213 篇，提出审计建议 12443 条，促进建立健全规章制度 109 项，发布审计结果公告 90 多篇。

监督检查中央和全省重大决策部署贯彻落实情况 根据审计署部署，组织省市县三级审计机关对大同、长治等 10 个市本级及所辖 109 个县（区）和 1144 个乡（镇）的政府性债务情况进行审计，揭示影响经济社会安全运行的风险和隐患，提出规范债务管理、防范财政风险等建议。围绕省综改试验区建设的重大决策部署，省审计厅对山西煤销集团和山西国际电力集团合并重组、阳煤集团托管重组太原化学工业集团、晋煤集团托管重组太原煤气化集团实施情况进行跟踪审计，为政府决策提供依据。

财政审计 开展对省财政厅、省发改委等31个部门预算执行情况审计，延伸审计401个二、三级预算单位和506个项目实施单位。审计发现在政府预算编制、财政收入支出预算执行、财政改革、固定资产投资计划执行等方面存在应交未交预算收入451.51亿元、资金滞留闲置235.96亿元、擅自处置国有资产1.08亿元等问题，从体制、机制、制度和政策层面查找漏洞、分析原因，提出改进管理、完善制度的建议，提高财政资金使用绩效。7月30日，厅长王亚受省政府委托，向省十二届人大常委会第四次会议做《关于2012年省本级预算执行和其他财政收支的审计工作报告》，省人大常委会对审计工作报告给予高度评价。

专项资金审计（调查） 紧跟省委、省政府确定的重大民生实事，坚持预算执行审计与专项资金审计相结合，开展对全省778个单位管理使用的649.35亿元专项资金审计，涉及农业、教育、医疗卫生、林业、水利、扶贫、环保等重点民生领域，查处挤占挪用、滞留截留、损失浪费、分配不公等影响资金管理和使用效益的问题，促进各项惠民政策的落实。

固定资产投资审计 围绕深入开展“项目推进年”活动，开展对全省18条高速公路、省属10所高校新校区、山西大水网等31个政府重大投资建设项目的跟踪审计，核减投资额60.1亿元，完成对41项省重点工程的包干联系推进督察工作。

金融审计 组织实施对省农村信用联社及全省60户农村信用社2011—2012年度资产负债损益情况的审计，重点揭示反映信贷资金投向结构不合理，违规融资、投资、担保等方面的问题和风险，切实加大对金融领域重大违法违规问题和经济犯罪案件线索的查处力度，提出防范和化解风险的对策建议，促进企业防范金融风险，完善金融监管。

企业审计 组织开展对省经济建设投资公司、建筑工程总公司等4户国有企业2011—2012年度资产负债损益情况的审计，通过对企业重大决策、项目、资金使用、资源利用等相关权力和责任的监督，揭示企业资产质量不高、决策不规范、损失浪费以及影响企业科学发展的制度性、体制性等问题，推动企业深化改革、加强经营管理、防控重大风险，确保国有资产安全完整、保值增值。

外资运用审计 开展对国际农发基金/世界粮食计划署山西晋北农业综合开发项目等14项国外贷援款项目的公证审计，提高国外贷援款项目的审计质量，提升外资利用水平。

经济责任审计 认真贯彻两办《规定》，推动出台《山西省关于贯彻执行〈党政主要领导干部和国有企业领导人员经济责任审计规定〉的实施意见》。全省有89个审计机关建立经济责任审计工作联席会议制度，省市县成立经济责任审计领导组113个。全年共审计领导干部1318人，查出领导干部负直接责任问题金额10.42亿元。

（撰稿人：郑钰卿）

【太原市审计局】 2013年，太原市审计局人员编制133人，在编122人。局长连金会，副局长苗五保、李德明、杨玲，总审计师何茜，纪检组长马晋达。设有办公室、人事教育处、法规处、财政审计处、金融审计处、行政事业审计处、企业审计处、农业与资源环保审计处、社会保障审计处、外资运用审计处、机关党委、离退休人员管理处、纪检监察室、经济责任审计分局、政府投资项目审计分局、开发区审计分局、园区审计分局、党群审计处、社会和经济发展审计处、政法审计处、文教科卫审计处、城建审计处、经贸审计处，下设后勤服务中心、计算机技术中心。

审计成果 太原市审计机关完成审计项目380个，查出主要问题金额2663510万元，其中违规金额327012万元，损失浪费金额5万元，管理不规范金额2336493万元；审计处理处罚金额202743万元，其中应上缴财政158963万元、应减少财政拨款或补贴1004万元、应归还原渠道资金14224万元、应调账处理金额28552万元；审计发现非金额计量问题528个；移送违法、违纪案件线索120件；提出审计建议522条，促进被审计单位建立或完善各类制度20余项；提交审计信息368篇，被批示、采用114篇；各类媒体刊登理论文章和消息新闻110余篇；审计期间为被审计单位培训审计财经知识17次；太原市审计局对古交市财政决算审计项目获得审计署表彰审计项目和山西省审计厅优秀审计项目，对太原市公交总公司财务收支审计项目获得山西省审计厅表彰审计项目，太原市审计局荣获山西省审计厅2013年度工作目标考核第一名、太原市委目标责任考核优秀单位、太原市级文明和谐单位标兵、双拥模范单位等荣誉称号。

财政审计 开展19个重点单位的预算执行情况审计。在税费征缴上，加大对重点企业纳税情况和有罚没、收缴职能等单位的审计检查力度，延伸审计不同类型纳税户60多个；在财政支出上，重点检查"三公"经费情况、专项资金安排使用情况和执行财经纪律情况，着重揭露和查处严重铺张浪费，挪用、滞留、截留专项资金，国有资产流失，违反财经纪律和效益低下等问题。共审计及延伸审计单位302个，查出违纪违规及管理不规范金额141亿元，移送案件线索21件，提出各类审计建议50条。开展杏花岭区等6个县（区）财政决算审计。将地方政府及部门税费依法征缴、资金使用效益和遵守财经纪律作为重点，加大延伸审计力度，查出各类问题157个，移送各类案件线索42件，提出审计建议32条。

金融审计 根据省审计厅安排，对清徐、古交、娄烦、阳曲4县（市）农村信用联社资产、负债、损益情况进行审计，并对各信用社下辖营业部、信用社进行抽查，审计覆盖面达50%。审计查出各信用社在财务核算方面的问题11个，金额5887万元。对有关信用社借名贷款等5个方面的问题移送至主管部门做处理，对贷款手续不规范、分类不实等6个方面的问题提出警告，化解风险隐患32个，促进县（市）农村信用社的改制工作。

农业与资源环保审计 对太原市改善环境质量五大工程的补助资金开展跟踪审计，共查出违规金额1165万元，规范该专项补助资金的拨付、使用，保证环境治理工作的顺利开展。对太原市本级2011—2012年度及所属娄烦县财政专项扶贫资金的管理、使用和效益情况进行审计，查出违纪违规金额1169.71万元。对太原市农业委员会2012年度农业专项资金的筹集使用情况进行专项审计，重点审计特色农畜产品基地建设项目专项资金、各种直补资金、农产品加工龙头企业贴息资金和其他农业专项资金等，查出不规范金额18.18万元、挤占挪用专项资金13.8万元。对太原市2012年度环保专项资金征收、管理、使用情况进行专项审计，重点对排污费漏管、少征问题，排污费分配管理情况和部分项目单位使用环保专项资金情况进行审计，查出漏管排污单位510户，欠征排污费629万元，项目资金安排滞后，影响环保专项资金使用效益等9个问题。

固定资产投资审计 对太佳高速黄河大桥建设项目进行跟踪审计，发现桥面未按环评批复意见增加径流水收集系统、超付工程进度款573.77万元、应缴未缴税金38.88万元、未按规定单独设账核算、会计科目使用不当、未能准确反映投资主体等问题。对太原老年大学教学楼工程项目进行审计，摸清该项目债权债务，归集投资建设拨款及资金使用情况。

社会保障审计 组织实施清徐县、迎泽区等10县（市、区）保障性安居工程跟踪审计工作。对2012年各类城镇保障性安居工程（包括廉租房、各类棚户区改造）的投资、建设、分配、运营等情况进行审计。先后对77个保障性安居工程项目的开工情况、23个项目的竣工情况、83个项目的工程建设和质量管理情况进行审查。经审计，发现存在保障性安居工程任务目标未按规定分解完成、资金筹集和管理不规范、工程质量管理不到位、资金使用不规范、住房分配和使用管理不规范等问题，审计针对存在的问题提出审计建议。

企业审计 对太原灯泡厂破产清算费用有关事项进行审计，厘清费用使用情况，核减财政资金905.04万元，提出改进建议，维护了群众利益、政府形象和社会稳定。对山西中景泰开发公司涉嫌非法吸收公众存款情况的资金往来、资产和财务状况进行审查，在资料严重残缺不全的困难条件下，摸清企业底数，为案件侦破提供准确数据和线索。

经济责任审计 全年对3名省管干部和29名市管干部进行任期经济责任审计。发现并纠正个别单位项目推进不力、资金效益不高、审批混乱、对下属单位监管不力等各类问题100多个，提出整改建议56条，审计期间促进整改金额4.16亿元，对规范权力运行、促进领导干部依法行政和科学管理起到积极作用。为规范经济责任审计工作，草拟出台《太原市经济责任审计联席会议制度》《关于规范领导干部经济责任审计评价意见的通知》等文件。

专项资金审计（调查） 对清徐县等7个县（市、区）县乡两级政府性债务情况进行审计，通过审计，基本摸清7个县（市、区）的债务规模及风险程度，提出改进管理建议26条，移送相关部门处理事项8件。对太原市本级2012年度国土专项资金进行审计，查出欠缴土地出让金、财政非税收入专户滞留国库资金2020.11万元，少计提土地收益基金3.85亿元，往来款长期挂账1000万元，滞留国土收益基金330万元，以及滞留国土专项资金存款利息、征地补偿、未及时签订合同、偷漏合同印花税等16个问题，移送有关部门案件线索3件。对古交市2012年国土专项资金进行审计，审计查出欠征土地出让金5738.73万元，应缴未缴市级国有土地使用权有偿使用收入446.38万元，闲置农业土地开发资金1587万元等12个问题，涉及违纪违规资金11918万元。对太原市中小企业局扶持中小企业专项资金进行审计调查，审计表明，民营经济实现税收收入的指标接近和超过太原市经济的5%，同时也发现民营经济发展中存在的一些问题，如融资难仍是制约中小企业发展的最大难题，还有资金分配过散、使用效益不高等问题。

（撰稿人：韩翠峰　张恒昌）

【大同市审计局】 2013年，大同市审计局人员编制102人，在编117人。局长康巨文，副局长曹锦、王勇、李毓智（—2月）、李江涛（—11月），总审计师计学勤，纪检组长石文泽。设有办公室、财政审计科、金融审计科、行政事业审计科、企业审计科、经济责任审计科、社会保障审计科、固定资产投资审计科、农业环保审计科、外资运用审计科、政法审计科、经济执法审计科、发展经济贸易审计科、农林水审计科、科教文卫审计科、城建交通审计科、党政群审计科、政策法规科、编制人事教育科、机关党委办公室、监察室、离退休人员工作科。

审计成果 大同市审计局共对50个项目（单位）进行审计和审计调查，查出主要问题金额9.13亿元，其中：违规金额1.14亿元，管理不规范金额7.99亿元；处理处罚金额9.08亿元，其中：应上缴财政2.30亿元，应归还原渠道资金1.63亿元，应缴纳其他资金2.18亿元；应调账处理金额2.97亿元，已调账处理金额1.54亿元。审计专项报告、综合报告被批示13篇；上报审计信息32篇，被大同市政府有关领导批示7篇。大同市审计局被大同市市委、大同市人民政府评为文明单位标兵；被山西省档案局评为2012年度档案事业统计年报工作先进集体；7人被山西省人力资源社会保障厅和山西省审计厅评为全省审计系统先进工作者。

预算执行审计 对21个主管部门及部分项目执行单位进行审计。通过审计，增加财政收入2.33亿元，归还原资金渠道0.64亿元，促进拨付资金17.2亿元，调账处理0.89亿元。6月27日，大同市审计局局长康巨文代表大同市政府向大同市十四届人大常委会第九次会议做审计工作报告。人大常委会认为："市审计部门认真履行审计监督职责，在深化财政监督管理，规范财经秩序等方面发挥了重要作用，取得了明显成效。"对大同市城区、矿区、新荣区、左云县、天镇县、阳高县6个县区财政决算进行审计，发现税务部门利用待解户滞留当年规费收入、欠缴上级收入、应缴未缴财政预算收入、欠征社会保险基金、资产管理不善、预算编制不完整等问题。

政府性债务审计 抽调173名审计人员组成42个审计组，按照"见人、见账、见物，逐笔、逐项"的原则，对12个县区（含开发区）和99个乡镇进行审计。

固定资产投资审计 对大同市广灵县至浑源县高速公路建设项目进行跟踪审计。对大同市至浑源县高速公路竣工决算进行审计，核减工程决算0.35亿元。对大同市政府2008年至2012年政府投资项目的建设情况进行审计和审计调查，为大同市政府摸清投资债务底数。开展对大同市政府2008年以来17家投资建设竣工项目进行决算审计，送审金额25.42亿元，核减投资额7.12亿元，平均核减率为28%，为大同市节约大量的建设资金。受山西省审计厅委托，对山西大医院投资项目进行决算审计，核减投资额 0.37 亿元。

经济责任审计 继续探索经济责任审计方式、方法，加强同各联席会议成员单位的协调配合，并把经济责任审计同财政决算审计、专项审计有机结合，完成审计项目 6 个。

专项资金审计调查 开展节能和淘汰落后产能、扶贫、农业、国土、环保、农村街巷硬化全覆盖工程、林业等 7 项专项资金征收、管理、使用情况审计和审计调查。发现节能以奖代补资金没有及时到位；农业专项资金配套资金不到位、资金拨付不及时、实施效果不明显、欠征土地出让金较为普遍、排污费征收不及时；农村街巷硬化全覆盖工程建设资金到位率低、应付未付工程款金额较大、建设单位未编制竣工财务决算、后期管理和养护制度不完善；滞留林业专项资金，资金未到位等问题。

金融审计 对大同市商业银行 2009 年至 2012 年资产、负债、损益情况和大同北都农村商业银行股份有限公司 5 家农村信用联社 2011—2012 年度资产、负债、损益情况进行审计。

综合整治工作 继续开展打击偷逃税费综合整治工作，对 41 家房地产企业、5 家“4S”店税费进行检查，查出各类企业偷欠税费 18.89 亿元。

（撰稿人：徐景秀）

【朔州市审计局】 2013 年，朔州市审计局人员编制 64 人，在编 62 人。局长王勇，副局长李沛（—11 月）、张富新、谷如发、李华（9 月—），总审计师韩杰，纪检组长李华（—9 月）、雷占虎（9 月—）。设有办公室、财政审计科、金融审计科、企业审计科、行政事业审计科、社会保障审计科、农业与外资审计科、经济责任审计分局、固定资产投资审计科、资源环保审计科、法规科、督查室、审计信息中心、审计听证中心、建设项目审计监督中心。

审计成果 朔州市审计局共完成 10 大类 119 项审计任务，审计 553 个单位，查处违规金额 27.05 亿元，核减工程投资 2.81 亿元，上缴财政 2000 万元。向有关主管部门移送案件线索 24 起，向上级机关和市委、市政府提交各类审计报告和信息简报 235 篇，市领导批示报告、信息等 30 篇，审计信息被采用转发累计 52 篇。

财政审计 对市财政及 37 个部门预算执行情况、3 个县区 2011 年度和 2012 年度的财政决算、所辖经济开发和六县区政府性债务进行审计，审计查出违纪违规金额 13.88 亿元。

社会保障审计 对经济开发区及六县区 2012 年城镇保障性安居工程进行审计，延伸审计 52 个单位，查出违规金额 1.53 亿元。

固定资产投资审计 完成朔州市建设北路改建工程、市府东街改造工程、市图书馆图书装备及布馆开馆等政府投资项目竣工决算审计 56 项，送审金额 14.21 亿元，核减工程投资 2.81 亿元，平均核减率为 19.6%。

经济责任审计 完成经济责任审计 13 个，其中受托完成两名省管干部的经济责任审计。审计共查出管理不规范金额 4.61 亿元，责令被审计单位征缴各项社会保障资金 951.78 万元。

金融审计 对平鲁区等 4 个农村信用合作联社 2011 年至 2012 年资产负债损益情况进行审计，对两户村镇银行经营情况进行审计调查，对全市 10 户小额贷款公司 2011 年经营情况开展审计调查。

行政事业审计 对朔州职业技术学院 2011—2012 年度财务收支进行审计。审计查出违规及管理不规范金额 396 万元，提出审计建议和意见 6 条。

农业与资源环保审计 对朔州市 2012 年国土专项资金和环保专项资金征收、管理、使用情况进行审计调查。通过调查，查出违规金额 6.03 亿元。

专项资金审计（调查） 对全市 2012 年林业、扶贫专项资金的征收、管理、使用情况进行审计和审计调查，查出违规和管理不规范金额 2.8 亿元，提出整改建议和意见。

企业审计 对山阴金海洋、怀仁芦子沟、右玉元堡、平鲁大恒等 23 户煤炭及水泥生产企业进行税费基金缴纳情况审计。通过审计收缴企业欠缴税费基金 1763 万元。（撰稿人：席胜国）

【阳泉市审计局】 2013 年，阳泉市审计局人员编制 50 人，在编 39 人。局长李润萍，副局长张东明、刘文军（1 月—）、彭乃良、陈锋，总审计师李军，纪检组长李燕飞。设有办公室、人事教育科、法制科、计划管理科、政策研究室、纪检组（监察室）、财政审计科、行政事业审计科、农业与资源环保审计科、固定资产投资审计科、金融审计科、企业审计科、社会保障审计科、外资运用审计科、经济责任审计科，下设阳泉市审计局后勤服务中心、阳泉市固定资产投资审计中心。

审计成果 阳泉市审计局完成审计项目106个，审计处理处罚金额71846万元，其中应上缴财政47393万元、应减少财政拨款或补贴95万元、应归还原渠道资金4649万元、应调账处理金额19709万元；移送司法机关、纪检监察机关和有关部门处理事项18件；提出审计建议153条，出具审计报告和专项审计调查报告107篇，提交审计信息101篇，被批示、采用48篇；向社会公告审计结果10篇。

财政审计 完成2012年度市级财政预算执行情况审计以及市地税局、市规划局、市食品药品监督局、市疾病预防控制中心、市农业局、市住房公积金管理中心等8个部门的审计工作，另行延伸审计单位67个。审计共查处主要问题金额154124万元，其中预算编报不真实不完整34157万元，未按规定征收缴纳收入29069万元，损失浪费1380万元。《2012年市级财政预算执行和其他财政收支情况的审计工作报告》首次在市政府常务会上讨论研究，在市第十四届人大常委会第十次会议上获全票通过。完成对平定县人民政府、矿区人民政府2011—2012年度财政决算审计。

固定资产投资审计 完成政府投资审计项目55个，投资核减金额1.97亿元。建立全市2010年至2013年政府重大投资项目数据库，进一步提升审计工作效率，为审计实现300万元以上投资项目全覆盖奠定基础；总结经验，对工程结算审计项目业务流程进行修改完善，拟定《政府投资建设项目审计工作内部管理办法》，为提升项目投资审计工作质量提供制度保障；坚持工程、质量、管理、财务、效益“五审”并举，切实做到工程造价与工程管理审计并重，发挥防范和化解政府投资风险的积极作用；在《阳泉日报》发布审计结果公告，进一步扩大审计工作的影响力，促进政务公开。

专项资金审计 完成全市地方政府性债务资金审计，全市2012年度环保、国土、农业、林业四部门专项资金审计，2012年度农村街巷硬化全覆盖工程专项资金管理使用情况审计，2012年度节能专项基金、淘汰落后产能补偿资金、信息化和自动化专项资金、挖潜改造资金、新技术创新资金管理使用情况审计。

经济责任审计 开展10名领导干部的经济责任审计，其中省审计厅授权审计项目2个，市经济责任审计领导组安排项目8个。实际完成审计项目5个，即市人口和计划生育委员会（以下简称市人口和计生委）主任、市卫生局局长、市园林管理局局长、市中级人民法院原院长、市人民检察院原检察长5人，其余5个项目由于省审计厅及市委市政府临时增加其他审计任务，经市政府批准，将顺延至2014年2月底完成。

（撰稿人：张大鹏）

【长治市审计局】 2013年，长治市审计局人员编制120人，在编109人。局长段秀平，副局长赵治兴、张国庆、江宏凌、车建科，总审计师苏庆吉，纪检组长赵建文。设有财政审计科、金融审计科、行政事业审计科、固定资产投资审计科、经济责任审计科、企业审计科、农业与资源环保审计科、外资运用审计科、社会保障审计科、办公室、计划管理科、人事教育科、老干部管理科、法制科、纪检监察室、督查科、党总支，下设经济责任审计分局、固定资产投资审计中心、计算机信息管理中心、后勤服务中心、业务指导中心。

审计成果 长治市审计局完成审计项目96个，查出主要问题金额1389066万元，其中违规金额13461万元、管理不规范金额1375605万元；损益（收支）不实金额603万元；审计处理处罚金额590894万元，其中应上缴财政153317万元、应归还原渠道资金165620万元、应调账处理金额13447万元；审计发现非金额计量问题82个；审计促进整改落实有关问题资金55525万元，其中增收节支41506万元、已调账处理金额1631万元、审计促进拨付资金到位29941万元；移送司法机关、纪检监察机关和有关部门处理事项28件；出具审计报告和专项审计调查报告96篇，被批示、采用20篇；提出审计建议293条，提交审计信息 65 篇。被山西省委干部下乡领导组表彰为定点扶贫工作先进单位；被市委、市政府评为 2012 年度目标责任考核优秀单位；被省人力资源和社会保障厅、省审计厅表彰为全省审计系统先进集体；在全省审计系统 2012 年度、2013 年度目标责任制综合考核中均被评为优秀单位；地方政府性债务审计工作受到审计署集体嘉奖；长平高速公路跟踪审计项目被省审计厅评为 2013 年度全省高速公路审计项目第三名；对市教育局局长任期经济责任审计项目被省审计厅评为优秀审计项目。此外，财务、党建、信息、老干、纪检、妇委、计生等均获得各类表彰。

财政审计 审计（调查）单位 27 个，查出滞留挪用专项资金、少数部门“三公”经费控制不严等 13 类主要问题，移送案件线索 12 件，提出审计建议 23 条。

固定资产投资审计 审计单位 39 个，核减政府投资 11900 万元。

经济责任审计 审计单位 43 个 43 人，查出截留滞拨财政资金、违规收费、乱收费、违规发放补助等问题。

专项资金审计（调查） 审计（调查）单位 20 个，审计总金额 221612 万元，查出滞留、挪用、闲置专项资金，配套资金不到位，项目进展缓慢等问题。

政府性债务审计 审计（调查）单位 13 个，揭示个别县区的债务管理制度不健全，债务增长速度较快，教科文卫、市政建设和交通运输等行业债务负担较重，偿债压力较大等问题。

金融审计 审计（调查）单位 7 个，揭示襄垣县等 7 个农村信用社及其基层社信贷资产、损益、固定资产投资等方面存在的 4 类 29 个问题和风险隐患，移交违纪违规违法案件线索 13 件。

（撰稿人：李建玲）

【晋城市审计局】 2013 年，晋城市审计局人员编制 79 人，在编 71 人。局长郭彦明，副局长刘化珠、王瑞祥、程晋鹏，总审计师王建芳，纪检组长尚海根（12 月—）。设有办公室、人事教育科、法规审理科、财政预决算审计科、金融外资审计科、国有资产及企业审计科、民生及社会保障审计科、固定资产审计管理科、行政事业审计科、农林水审计科、经济责任审计科、资源环境审计科、内部审计管理科、重点项目审计科、计划数据信息科、晋城经济开发区审计科和审计稽查一所、二所、三所、四所、五所及审计信息中心。

审计成果 晋城市审计局完成审计项目 102 个，查出主要问题金额 3230471 万元；应上缴财政 110304 万元，应减少财政拨款或补贴 2005 万元，应归还原渠道资金 38425 万元，应调账处理金额 153603 万元；移送纪检监察机关和有关部门处理事项 10 件；提出审计建议 233 条，提交审计专题报告、信息 25 篇，被采用 19 篇。

财政审计 完成对市本级 22 个单位 2012 年预算执行情况审计和对所属 3 个县（市）2011 年和 2012 年财政决算审计。在财政审计中，初步建立起“一基三落实”审计新模式，以部门、单位财政财务收支审计为基础，通过审计促进部门、单位认真落实党和国家宏观经济方针政策和决策部署，促进部门、单位在重大决策、重大投资、重大资金分配管理活动中认真履行职能、职责、职权，促进部门、单位及其领导干部贯彻落实宏观政策、履行工作职责中实现应有的经济效益、社会效益、环境效益、生态效益和反腐倡廉效应。审计从揭示一个个单位的微小问题，转变为从体制机制上分析问题，从决策、管理层面解决问题，审计成果质量有了根本性提升。

政府性债务审计 对市辖 6 个县（市、区）、晋城经济开发区及全市 74 个乡镇的地方政府性债务进行直接审计，确认县、乡两级政府性债务余额，揭示政府性债务管理工作中存在的管理制度不健全、财政部门《地方政府性债务管理系统》中的债务数据不完整、融资平台公司经营管理水平不高、违规担保、违规举借债务、部分资金闲置或使用不规范等问题。

固定资产投资审计 对高平至沁水高速公路建设项目实施跟踪审计，继续对“方便晋城”十大工程、“一区六园”工业园区建设等 16 个重大投资项目进行跟踪审计，完成对 18 个项目的竣工决算审计。实行“系统节点控制性”审计模式，把监督贯穿于项目建议到工程竣工整个过程，通过对项目建设程序、材料、技术、管理、施工等关键节点进行控制性审计，严防节点失守，减少损失浪费，提高投资效益。18个竣工决算审计项目送审总金额80148.29万元，审计核减9148.09万元，平均核减率达11.41%。

社会保障审计 完成对市辖6个县（市、区）和晋城经济开发区2012年各类城镇保障性安居工程投资、建设、分配、运营等情况的审计。审计反映市、县两级政府高度重视保障房建设，共筹集资金6.38亿元，建成保障性住房和棚户区改造安置住房1.24万套，为解决低收入家庭住房困难问题起到积极作用；揭示资金筹集不到位与资金闲置并存、从土地收益中少提取保障性安居工程资金1.11亿元、滞留专项补助资金1.18亿元、部分项目未严格履行建设管理程序、20个项目超面积建设18.1万平方米涉及7841套住房、部分项目降低标准建设、住房保障业务基础工作薄弱等问题。晋城市政府吸纳审计意见，出台《关于进一步加强房地产市场调控的意见》等规范性文件，对部分问题制定相应的解决办法。

企业审计 对市属某骨干企业的国有资本收益情况进行审计，查出该企业累计欠缴国有资本分红款4.83亿元，发现该企业公司治理结构不完善、国有资本出资人悬空，企业增资扩股过程中国有股东部分采矿权未作价入股、造成国有资本权益损失，企业发展后劲不足等重大问题。晋城市政府高度重视审计结果，责成财政、国有资产管理部门对该企业相关资产进行评估确权，并安排部署由审计机关牵头，财政、经信（国资）委及其他部门全力配合，从2013年末开始对市属企业国有资产及国有资本收益进行全面的调查核实，从而摸清底数，发现漏洞，为进一步加强国企监管、维护国家和出资人权益提供决策依据。

（撰稿人：史晋雷）

【忻州市审计局】 2013年，忻州市审计局人员编制69人，在编73人。局长魏广才，副局长顾连宽、李进明、李月文、陈建忠（12月—），总审计师韩建柱，纪检组长郭海英。设有办公室（机关党总支）、人事教育科、法制科、财政审计科、行政事业审计科、农业与资源环保审计科、固定资产投资审计科、金融审计科、企业审计科、社会保障审计科、外资运用审计科、经济责任审计分局、监察室、督查科，党群政法审计科、发展计划审计科、经济贸易审计科、农林文教审计科，忻州市审计局信息中心、忻州市经济责任审计服务中心。

审计成果 忻州市审计局完成审计项目101个，查出主要问题金额811206万元；损益（收支）不实金额18907万元；审计处理处罚金额315457万元，其中应上缴财政18049万元、应归还原渠道资金147490万元、应调账处理金额149642万元；审计发现非金额计量问题1607个；审计促进整改落实有关问题资金16620万元；出具审计报告和专项审计调查报告101篇，被批示、采用32篇；提出审计建议200条，提交审计信息87篇，被批示、采用136篇。

财政审计 组织实施市本级2012年度预算执行情况和其他财政收支审计，发现和查处部分市直单位挤占挪用、滞留专项资金，违规集资和收费，闲置环保能力建设资金等问题；对会议活动、“三公”经费和各种庆典活动等资金安排使用情况进行审计，揭露和查处严重铺张浪费、财政资金损失、国有资产流失等问题；圆满完成14个县（市、区）地方政府性债务审计，查出地方政府性债务管理不规范、部分融资平台公司清理不到位、部分乡镇违规担保等问题，提出各级政府要进一步加强对政府性债务的风险管控，积极化解存量债务、盘活存量财政资金等建议。对定襄、偏关等4个县2010年至2012年和五台、神池等5个县（市）2011年至2012年财政决算情况进行审计，发现和查处截留应缴上级财政收入、滞留税款等问题。

金融审计 对忻府、原平、神池等6个县（市、区）农村信用合作联社2011—2012年度资产负债损益情况审计，揭示和反映抵债资产账实不符、贷款主体不合规、违规发放贷款、社会保险费计提不规范等问题。

固定资产投资审计 开展2013年忻州城区基础设施建设项目、市人民医院新建项目、五台山风景名胜区改造提升工程等重大政府投资项目的全过程跟踪审计及审计调查，查出部分工程项目招投标不规范、未按规定履行建设程序即开工建设、挪用项目专款等突出问题，提出严格执行基本建设程序、加强征地补偿费监督管理等审计建议。

社会保障审计 完成14个县（市、区）2012年城镇保障性安居工程的投资、建设、分配、运营等情况审计。各县已补充提取少安排的保障性安居工程资金2967.22万元，追回违规享受住房保障待遇387户65.4万元，出台《忻州市保障性住房建设管理实施办法》等6个规章制度。组织14个县（市、区）2003年至2013年9月30日城镇职工医疗保险基金筹集、管理及使用情况审计，查出地方财政欠费严重、保险基金未对个人账户分配利息等问题。

企业审计 对忻州市顿村会议中心筹备处财务收支情况实施审计，查出滞留、坐支国有资产收入，“转让合同”未履行等问题；在对市供热公司资产负债情况的审计中，针对该公司财务基础薄弱、固定资产管理混乱等问题，进行清理核实。

经济责任审计 安排20名县（处）级党政主要领导干部任期经济责任审计，其中县（市、区）党政主要领导干部10名，市直单位党政主要领导干部10名，2名为任中审计。在审计中，继续完善县级党政主要领导干部经济责任同步审计的经验做法。

（撰稿人：康　晓）

【晋中市审计局】 2013年，晋中市审计局人员编制73人，在编75人。局长荣贵，副局长冯思义、张海涛、贾建华（—3月）、杨彦红（—3月）、石红红，总审计师吕建萍，纪检组长张殿富。设有办公室、法制科、人事教育科、信息管理科、财政审计科、金融外资审计科、行政事业审计科、社会保障审计科、经贸审计科、农业审计科、固定资产投资审计科、经济责任审计科、监察室，下设后勤服务中心、经济责任审计中心、投资审计中心、金审中心。

审计成果 晋中市审计局共完成审计单位81个，查出违规金额266677万元，管理不规范金额1471801万元，其中应上缴财政154211万元，应归还原渠道资金5376万元，应调账处理金额31万元。向财税部门追缴未入库资金136286.08万元，向国土、环保、人防等部门追缴专项资金7156.56万元，收缴罚没款1183.1万元；提交审计报告、信息117篇。

财政审计 完成市财政局等18个部门的预算执行审计；完成榆次区、灵石县、寿阳县、左权县、榆社县、晋中经济技术开发区财政决算审计；完成太谷县、祁县、平遥县、介休市、和顺县、昔阳县财政收支审计。

专项资金审计（调查） 在财政审计中完成节能专项基金、环保专项资金、农业专项资金、林业专项资金、国土专项资金、扶贫专项资金、防控易地建设费专项资金、农村街巷硬化全覆盖工程专项资金审计（调查）等8项专项资金（基金）审计和审计调查。

政府性债务审计 完成全市11县（区、市）及开发区政府性债务审计。赴榆社县审计组获得全国政府性债务审计公务员集体嘉奖。

经济责任审计 完成28名领导干部的经济责任审计。查出违法违纪金额343619.83万元，其中负直接责任金额122.21万元，负主管责任金额270968.19万元，负领导责任金额72529.45万元。审计结果被各级政府利用和转化。

金融审计 完成榆次农村商业银行等6户金融机构2011—2012年度资产负债损益审计及晋中市商业银行2011—2012年度资产负债损益情况审计。查出违规及管理不规范金额275823.51万元。

固定资产投资审计 完成晋中市青少年活动中心暨网球乒乓球训练馆及附属用房工程竣工决算审计、晋中市社会保险管理服务中心暨人力资源市场项目竣工决算审计、晋中市社会保险管理服务中心暨人力资源市场后勤服务楼代建项目竣工决算审计、晋中市流浪未成年人救助保护中心（救助管理站）和市儿童（社会）福利院代建项目竣工决算审计、晋中学院师范分院附属学校小学教学楼及综合行政楼代建项目竣工决算审计。

（撰稿人：董桂伶）

【临汾市审计局】 2013年，临汾市审计局人员编制47人，在编47人。局长华志刚，副局长赵茂山（—1月）、祁全保、郭安平，总审计师张百管，纪检组长周宁康。设有办公室、人事教育科、法制科、监察室、综合科、财政审计科、经济责任审计科、金融审计科、农业环保审计科、社会保障审计科、固定资产投资审计科、外资审计科、行政事业审计科、工商企业审计科、督查科，下设经济责任审计和固定资产投资审计中心、审计信息中心、审计职教培训中心。

审计成果 临汾市审计局完成审计项目176个，查出违规金额897526万元，其中违规金额440900万元、损失浪费金额254万元、管理不规范金额456372万元；审计处理处罚金额224793万元，其中应上缴财政189671万元，应减少财政拨款或补贴4999万元，应归还原渠道资金9793万元，应调账处理金额20330万元；审计发现非金额计量问题192个；审计促进整改落实有关问题资金211305万元，其中增收节支204463万元、已调账处理金额3956万元；审计促进资金拨付到位2886万元；移送司法机关、纪检监察机关和有关部门处理事项43件；出具审计报告和专项审计调查报告158篇，被批示、采用137篇；提出审计建议548条，提交审计信息538篇，被批示、采用189篇。

财政审计 以财税、住建规划、公安交警、教育、卫生医疗药监、国土、劳动与社会保障7个系统为重点进行预算执行审计，审计金额70余亿元，审计预算单位75个，占一级预算单位数的57%。对尧都、洪洞、翼城、侯马、乡宁5个县（市、区）进行财政决算审计，除关注以往的审计内容外，增加内控制度、转移支付资金、政府投资项目3个审计重点，强调乡镇财政资金审计的全覆盖，为财政决算审计注入新内容。

金融审计 开展侯马、霍州、曲沃、翼城、襄汾、洪洞6个县（市）的农村信用社资产负债损益审计，查出部分县市农村信用社存在风险监管核心指标未达标、信贷资产质量偏低、贷款“三查”制度执行不力、部分贷款发放违规、财务核算水平不高及固定资产购建管理不规范等问题，提出5个方面的具体建议。

农业与资源环保审计 在进行预算执行和财政决算审计的同时，完成国土、农业、林业、环保审计任务，为维护资金安全、推动制度完善、促进民生事业健康发展发挥积极作用。

固定资产投资审计 完成临汾市区交通基础建设（护栏）工程、临汾西关大桥西延工程（绿化）、临汾滨河西路北延道路工程（绿化）、临汾市解放路立交桥引道修复工程、临汾滨河东路辅道工程、临汾市汾河城区生态环境综合治理修复与保护、古城公园二期工程（北段）等7个政府投资审计项目，送审金额5.63亿元，核减金额4443.67万元，核减率7.86%；完成省审计厅授权的祁临高速公路临汾市北环段、京昆与青兰两条国家高速公路临汾联络线决算审计、霍永高速公路东段2013年度跟踪审计任务。

经济责任审计 完成36名领导干部经济责任审计任务，其中有25名市管领导干部的任中经济责任审计，任中审计占比69.44%，为促进依法行政和党委正确使用干部提供参考依据。

专项资金审计（调查） 按照“一审多果”的原则，完成省审计厅安排的节能、扶贫、农村街巷硬化、人防易地建设费审计任务，为维护资金安全、促进政策落实、服务政府宏观决策提供保障。

政府性债务审计 根据审计署和省审计厅的安排，开展临汾市17个县（市、区）和两个开发区的政府性债务审计工作，并对曲沃、乡宁、蒲县3个县26个乡镇的政府性债务形成原因进行调研分析，有效推进政府性债务审计工作的顺利开展。按照“见人、见物、见账、逐笔、逐项”的原则，全面摸清地方政府性债务情况。

（撰稿人：郭迎建　张小强）

【运城市审计局】 2013年，运城市审计局人员编制57人，在编57人。局长任永吉，副局长李乃胜、王凌，总审计师任兴龙，纪检组长杨平。设有办公室、法制科、监察室、财政科、经济责任审计科、农业科、行事科、社会保障科、投资科、外资科、企业科、综合科，下设运城市审计投资中心、审计信息中心、审计咨询所。

审计成果 运城市审计局完成审计项目51个，审计查出违规违纪金额16.41亿元，其中应上缴财政6.2亿元，应归还原渠道资金13.3亿元，应调账处理15.63亿元，应缴纳其他资金4039万元；已上缴财政2.94万元，已归还原渠道资金11.97亿元，已缴纳其他资金3946万元。移送司法机关、纪检监察部门处理事项22件。提交审计工作报告、信息90篇，被采纳69篇。针对审计中发现的问题，提出完善制度、加强管理的建议，推动各部门各单位建立健全制度160多项。

财政审计 在预算执行审计中，不断深化审计内容，重点审计市直14个部门，查处和揭露预算执行过程中的各种违法违规行为，共出具审计报告19篇，下达审计决定18份。运城市人民政府出台《关于审计查出问题整改工作的意见》，由政府牵头对审计查出的问题逐一整改，市审计局与各被审计单位签订整改责任卡，局长亲自约谈重要单位负责人，明确整改要求和时限。人大常委会听取并审议整改情况报告，高度评价审计整改情况。

社会保障审计 加强对民生领域专项资金的审计，促进各项惠民政策落到实处，组织对全市社会保障资金、保障性安居工程等重点民生项目的审计，涉及“三农”、教育、医疗、住房和社会保障等民生项目 13 个，促进资金拨付到位 2884 万元。规范民生资金运行，为决策和管理提供重要参考。

经济责任审计 完成经济责任审计项目 13 个，审计查出问题金额 2.57 亿元，其中属违纪违规金额 9652 万元，领导干部应承担的负直接责任金额 282 万元，负主管责任 8767 万元，负领导责任金额 602 万元；属管理不规范金额 1.61 亿元，领导干部应承担的负直接责任金额 165 万元，负主管责任金额 508 万元，负领导责任金额 1.54 亿元。对审计发现的问题，要求相关单位积极整改，提出审计建议 37 条。初步建成乡镇经济责任审计评价体系。以多重效益评估为中心，将多项政策目标量化为具体的审计指标，对领导干部所承担经济责任审计进行评价。市经济责任审计联席会议承担的课题《政府工作报告在县（市、区）长经济责任审计评价指标体系建设中的基础性作用》已经上报省审计厅论证，申报省科委重点课题。

固定资产投资审计 集中 4 个科室开展投资审计，专业队伍已具规模。开展市博物馆、学苑路立交桥等重大投资项目审计，对校舍安全改造项目、保障性住房项目等开展跟踪审计，核减大量工程投资，挽回和避免损失 7600 万元。

计算机审计 在对某医院财务收支审计中，应用 AO 对其数据分析，通过汇总门诊医疗、门诊药品收入及住院医疗、住院药品的收入，查出不入账收入 10 多万元；查出 10 多人在同一天既收重症监护费，又收特级护理费及诊费的情况。对家电下乡补贴情况调查，对每户购买同类家电两件以上的数据进行筛选，查出经销商借用农民名义套取补贴 40 多万元。对信用社审计中，远程社存在的低利率贷款、以贷结息，以贷还贷、关系人低利率贷款、关系人信用贷款、异地放款、关联企业担保、违规减免利息等问题已经全部查清。查问题由过去的碎片化实现系统化的跨越。

利用 AO 系统、数据库软件开展计算机审计的同时，通过自主开发小软件来解决工作中遇到的问题。如在某专项审计中，利息计算涉及 1990 年至 2009 年共 20 年，利率变动多达 24 次，利用自编的程序，对申报的利息进行计算核实，提高工作效率和质量。

机关建设 通过加强审计干部的学习培训力度，坚持方式多样、学用一致、注重实效的原则，采取集中组织学习和自学相结合、专题辅导与座谈交流相结合、政治理论学习与业务知识学习相结合等方式，采取请进来，走出去的办法，加大培训力度。先后派出 30 多人次赴全国投资审计先进单位襄阳市审计局、计算机先进单位徐州市审计局等地学习。2 人参加审计署举办的由署领导亲自授课的培训班。派出 60 余人参加审计署太原、西安、昆明特派员办事处和省审计厅的审计项目。邀请审计署、财政司、特派办的领导，审计厅领导和市委、市政府、报社等各方面专家及浙江诸暨等审计同行讲课二十多次。

（撰稿人：贾碧榕）

【吕梁市审计局】 2013 年，吕梁市审计局人员编制 61 人，在编 51 人。局长卫成印，副局长贾桥、高博、张林生，总审计师王建平（—10 月）、高树泽（11 月—），纪检组长王荣金（—10 月）、秦华敏（11 月—）。设有办公室、人事科、法制科、财政审计科、金融经贸审计科、行政事业审计科、社会保障审计科、固定资产投资审计科、经济责任审计科、农业与资源环保审计科、外资运用审计科、督查科，下设审计复核审理中心、网络管理中心、财政审计中心、投资审计中心。

审计成果 吕梁市审计局完成审计项目 121 个，查出主要问题金额 2310935 万元，其中违规金额 521914 万元、损失浪费金额 62 万元、管理不规范金额 1788959 万元；损益（收支）不实金额 175999 万元；审计处理处罚金额 204455 万元，其中应上缴财政 97910 万元、应归还原渠道资金 48864 万元、应调账处理金额 40676 万元；审计发现非金额计量问题 407 个；审计促进整改落实有关问题资金355566万元，其中增收节支339574万元、已调账处理金额15983万元；审计促进拨付资金到位57772万元；移送司法机关、纪检监察机关和有关部门处理事项40件；出具审计报告和专项审计调查报告121篇，被批示、采用68篇；提出审计建议303条，提交审计信息67篇，被批示、采用15篇。

财政审计 完成预算执行审计项目20个，延伸审计单位23个，查出各类问题金额487360万元；完成财政决算审计项目84个，延伸审计单位125个，查出各类问题金额531849万元。

专项资金审计（调查） 完成专项资金审计和审计调查项目38个，审计专项资金总额954228万元，查出各类问题金额440325万元。

固定资产投资审计 完成固定资产投资审计项目21个，延伸审计单位118个，核减工程投资额3203万元，查出各类问题金额689954万元。

经济责任审计 完成领导干部经济责任审计项目30个，其中地厅级领导干部2个，县处级领导干部28个；查出违规金额7370万元，管理不规范金额122933万元。

企业审计 完成企业类审计项目2个，查出问题金额33174万元。

金融审计 完成金融类审计项目1个，查出问题金额4万元。 （撰稿人：汪甘霖）

2013年山西省所辖区、县(市)级审计工作统计表

金额单位:万元

审计机关	完成审计项目(个)	审计查出主要问题金额	审计处理情况					出具审计报告和审计调查报告(篇)	提出审计建议(条)	提交审计信息(篇)
			审计处理处罚				移送处理事项(件)			
			应上缴财政	应减少财政拨款或补贴	应归还原渠道资金	应调账处理金额				
太原市										
太原市本级	89	2271720	154518	1004	12613	26827	118	89	187	187
杏花岭区审计局	55	9435	6			14		55	41	23
小店区审计局	18	24601	12					18	27	12
迎泽区审计局	20	23320	4358					20	44	
尖草坪区审计局	8							8		
万柏林区审计局	45	3344	32		1572	61	2	45	19	89
晋源区审计局	25	12908	3					25	55	2
古交市审计局	30	206378	6					30	75	21
清徐县审计局	41	75098	24			526		41	55	19
阳曲县审计局	34	7338	3		2			34	19	
娄烦县审计局	15	29368	1		37	1124		15		15
大同市										
大同市本级	50	11407	22991		16314	29673		49	100	32
城区审计局	12		66			2410		17	14	
矿区审计局	42							42		
南郊区审计局	22	125						21		

续表

审计机关	完成审计项目(个)	审计查出主要问题金额	审计处理情况						出具审计报告和审计调查报告(篇)	提出审计建议(条)	提交审计信息(篇)
			审计处理处罚					移送处理事项(件)			
			应上缴财政	应减少财政拨款或补贴	应归还原渠道资金	应调账处理金额					
新荣区审计局	12	10763				16306		12	9	
阳高县审计局	34	1574	1398		8	219		33	35	2
天镇县审计局	9	20						7	19	1
广灵县审计局	33	624	3295			736		33	20	
灵丘县审计局	77					85		77	16	
浑源县审计局	17					309		17		
左云县审计局	36	620	339					35	46	3
大同县审计局	31							31	35	1
朔州市										
朔州市本级	553	270558	2000				24		154	460
朔城区审计局	52	9484							52	112
平鲁区审计局	66	13715							66	96
山阴县审计局	95	17771	1						95	95
应县审计局	131	5587	73						131	98
右玉县审计局	60	924	125						60	59
怀仁县审计局	91	21454	7						91	102
阳泉市										
阳泉市本级	106	20128	47393	95	4649	19709	18	107	153	101
城区审计局	26	437	12		362	57		90		12
矿区审计局	116	1434	21					34		10
郊区审计局	56	4421	4007					23		10
平定县审计局	88	38000	446		14498			80		35
盂县审计局	55	136287	54	25099	43992	113774		95		69
长治市										
长治市本级	96	1389066	153317		165620	13447	28	96	293	65
城区审计局	44	9842	410			973	9	44	74	30
郊区审计局	68	5218	60					68	112	75
潞城市审计局	56	32862	10322	1335	1	12264	6	56	95	128
长治县审计局	102	156368	139				3	102	56	90
襄垣县审计局	47	25221	50		3983		15	47		41
屯留县审计局	65	55378	1081		3480		4	65	85	80
平顺县审计局	43	3195	1				8	43	132	102

续表

审计机关	完成审计项目（个）	审计查出主要问题金额	审计处理情况					出具审计报告和审计调查报告（篇）	提出审计建议（条）	提交审计信息（篇）
			审计处理处罚				移送处理事项（件）			
			应上缴财政	应减少财政拨款或补贴	应归还原渠道资金	应调账处理金额				
黎城县审计局	77	17489	108				8	77	163	82
壶关县审计局	36	26500	42		5112	553	9	36	99	
长子县审计局	191	164365	1322	338	76	2469	38	58	150	80
武乡县审计局	52	57881	17456		10600	253	5	52	68	86
沁县审计局	33	3564	35	50	8		2	33	82	10
沁源县审计局	45	48138	406		21	706	2	45	105	20
晋城市										
晋城市本级	102	3230471	110304	2005	38425	153603	10	102	233	25
城区审计局	31	24025	5					31	63	10
高平市审计局	85	23799	692		3870	2067		85	194	32
泽州县审计局	39	143615	43405		4563	5983		39	145	42
沁水县审计局	30	113503	3432	462	9			30	50	
阳城县审计局	35	100253	4		1521	1414	11	35		
陵川县审计局	30	19605	9					30	10	20
忻州市										
忻州市本级	101	811206	18049		147490	149642		101	200	87
忻府区审计局	38	83632	5					38	66	
原平市审计局	82	30633	116	2191	944	4		82	64	
定襄县审计局	55	66809	28		11	28110		55	331	15
五台县审计局	28	23512	19		123			28	54	96
代县审计局	9	20063	13687	49	946	1997		6	16	
繁峙县审计局	29	15253	759		591	11669		29	31	20
宁武县审计局	47	13694	91		92	21		47	71	
静乐县审计局	25	15885						25	22	
神池县审计局	16	3524	3194			51		5	10	
五寨县审计局	30	10755	40	582	518	575		30	64	
岢岚县审计局	33	17605	15		590		1	21	50	20
河曲县审计局	35	123160	6		24141	40400	4	35	91	
保德县审计局	12	12272	1441			100		12	35	
偏关县审计局	39	10799	3864		19	5173		30	32	47
晋中市										
晋中市本级	81	1738478	154211		5376	31		81	244	36

续表

审计机关	完成审计项目（个）	审计查出主要问题金额	审计处理情况					出具审计报告和审计调查报告（篇）	提出审计建议（条）	提交审计信息（篇）
			审计处理处罚				移送处理事项（件）			
			应上缴财政	应减少财政拨款或补贴	应归还原渠道资金	应调账处理金额				
榆次区审计局	48	26844	173		20			46	96	6
介休市审计局	60	88958	155					31		28
榆社县审计局	26	12571	15					26	38	
左权县审计局	54	11771	1433	565			1	54	144	
和顺县审计局	58	35323	154				6	62	84	83
昔阳县审计局	80	90359	64					80	128	
寿阳县审计局	101	16706	101					101	180	28
太谷县审计局	53	36924	2	1479	1682			53	83	
祁县审计局	91	35598	19		2582	2436		91	283	69
平遥县审计局	92	18042	15			26		97	166	10
灵石县审计局	55	66400	200				1	55	150	40
临汾市										
临汾市本级	176	897526	189671	4999	9793	20330	43	158	548	538
尧都区审计局	16	1752						16	12	
侯马市审计局	11	915						11	16	
霍州市审计局	66	47094	368		28	8	1	65	136	61
曲沃县审计局	109	19107	475		430	358		109	405	
翼城县审计局	14	63404	439					14	46	
襄汾县审计局	78	68599	101	2376	86			78	212	
洪洞县审计局	47	100901	3					47	126	2
古县审计局	30	60918	8544		1926	15693		30	139	
安泽县审计局	46	14370	11				14	46	120	23
浮山县审计局	59	12072	2592	1397	3884	10		59	40	8
吉县审计局	26	12470	706		3908	1809		26	64	10
乡宁县审计局	88	77226	44611	9	342	93		88	124	3
蒲县审计局	31	14387	240			468		29	25	
大宁县审计局	33	6338	23			530		33	123	30
永和县审计局	39	16994	5					37	128	23
隰县审计局	79	10572	2057					79	238	37
汾西县审计局	45	11408	4					45	289	93
运城市										
运城市本级	59	164115	61827		133074	156662	24	68	172	90

续表

审计机关	完成审计项目(个)	审计查出主要问题金额	审计处理情况							
			审计处理处罚				移送处理事项(件)	出具审计报告和审计调查报告(篇)	提出审计建议(条)	提交审计信息(篇)
			应上缴财政	应减少财政拨款或补贴	应归还原渠道资金	应调账处理金额				
盐湖区审计局	68	451	78			2872	21	76	69	89
永济市审计局	36	5432	10	1222	1	40		36	22	68
河津市审计局	54	25948	413			957	94	74	148	90
芮城县审计局	50	9760	57					67	107	96
临猗县审计局	42	23072	5080		8	12909		58	90	10
万荣县审计局	48	37313	1275		6834	2676		87	53	8
新绛县审计局	26	4378	12			395		26	56	30
稷山县审计局	44	1933	29			50		35	49	93
闻喜县审计局	43	19574	23		6	6		51	109	49
夏县审计局	59	1069	673		132	1671		65	92	17
绛县审计局	45	6641	8		1034			45	62	67
平陆县审计局	27	4896	9			15		27	67	20
垣曲县审计局	41	20742						41	84	9
吕梁市										
吕梁市本级	121	2310935	97910	4	48864	40676	40	121	303	67
离石区审计局	113	207706	30					113	306	70
孝义市审计局	67	87807	4					67	173	36
汾阳市审计局	31	95032	1492		6464	255		31	57	12
文水县审计局	73	30135	49					73	145	42
中阳县审计局	38	12499	153					38	124	3
兴县审计局	6	11115						6		1
临县审计局	101	154514	46	233	39		1	101	216	67
方山县审计局	36	9836	27			10		36	106	46
柳林县审计局	234	77006	303		338	18506	3	234	117	47
岚县审计局	10	46810	1			4372		10	22	38
交口县审计局	78	62428	58		738			78	47	18
交城县审计局	48	119000	41					48	112	32
石楼县审计局	46	19978	13		106	3363		46	18	7

内蒙古自治区

【内蒙古自治区审计厅】 2013年，内蒙古自治区审计厅（以下简称自治区审计厅）行政编制共152人，在编115人；厅所属单位事业编制共46人，在编43人。设有自治区经济责任审计局、办公室、人事处、机关党委、纪检监察室、调研室、法规处、离退休人员工作处、财政审计处、行政事业审计处、金融审计处、农业与资源环保审计处、经贸审计处、固定资产投资审计处、政府投资审计处、外资审计处、社会保障审计处、党政领导干部经济责任审计处、企事业单位领导经济责任审计处、派出审计一处、派出审计二处、审理处，驻海拉尔审计处、驻赤峰审计处，审计科研宣教中心、计算机审计管理中心、审计厅机关事务服务中心、内部审计管理中心。

领导成员

厅　　长：长　江（—4月）

　　　　　王月胜（4月—）

副 厅 长：王月胜（—4月）

　　　　　吕靖原　千梅海

总审计师：郭少华

纪检组长：贾苏平

审计成果 全区共完成审计和审计调查项目5318个，查出并纠正违规金额181亿元，增收节支85.6亿元，其中已上缴财政31.1亿元、减少财政拨款26亿元、已归还原渠道资金28.5亿元，核减投资40亿元。移送违法违纪事项和犯罪案件线索71件，涉案移送处理23人。被批示、采用的审计报告和信息简报2605篇；向社会发布审计结果公告28篇；被审计单位采纳审计建议3385条；根据审计建议制定整改措施90项，建立健全规章制度13项。对内蒙古自治区农村信用联社及11家旗县农村信用联社2011年资产负债损益情况的专项审计调查和包头市本级2011年预算执行及其他财政收支情况审计项目，被审计署评为全国表彰项目；审计厅财政审计处、社会保障审计处荣立全国政府性债务审计和全国社会保障资金审计先进公务员集体三等功；8个审计处（组）获得全国政府性债务审计先进公务员集体嘉奖。

财政审计 按照《内蒙古自治区预算执行和其他财政收支情况审计监督办法》的规定，自治区审计厅结合实际，整合审计资源，改进工作方法，积极探索和深化财政审计，紧紧围绕维护财政安全、促进落实财政政策、规范财政管理、深化财政体制改革、提高财政资金使用效益等方面，重点揭示财政管理中存在的突出问题，并从体制、机制和制度层面上提出改进财政管理的建议。在预算执行审计中，加大对财政资金具有较大分配和使用权部门的财政预算执行审计力度，审计目标坚持以“一切收入都要纳入预算管理，一切支出都要按预算花钱”为标准，全面审查预算编制、执行和财政收支的科学合理性，重点揭示预算体系和预算编制不完整、不细化、财政收支随意性较大、财政专项资金立项分配依据不充分等问题。

组织对呼和浩特市、呼伦贝尔市、乌兰察布市和巴彦淖尔市的财政决算审计，查出财政预算管理制度落实不到位、财政预算流于形式、财政收支不实、资产管理、处置不规范和滞留、挤占挪用专项资金等问题，提出完善管理的意见和建议。自治区各盟市也普遍开展财政决算审计，查出问题，提出完善管理的意见和建议，受到当地政府的高度重视，并认真规范整改。

7月29日，受自治区政府委托，自治区审计厅王月胜厅长在自治区第十二届人民代表大会常务委员会第四次会议上报告2012年自治区本级预算执行和其他财政收支的审计情况。会议认为，自治区审计机关认真履行审计监督职责，深入扎实地开展审计工作，加强了对重点领域、重点部门、重点资金、重大政策执行的审计监督；审计报告内容全面、重点突出，而且集中指出了财政资金管理及使用中存在的主要问题，并有针对性地提出解决问题的措施建议；对加强财政资金管理，提高使用效益，保证财政宏观调控职能的有效体现，发挥了重要的促进作用。自治区书记、自治区政府主席对报告做出重要批示。审计工作报告已在《内蒙古日报》予以公告。

金融审计 自治区审计厅对内蒙古银行、农村信用联社进行审计。查出商业银行在资本运营和财务管理、风险管理、法人治理结构及影响商业银行可持续发展的体制、机制等问题，《内蒙古银行在信贷资产管理等方面存在的问题应引起重视》的审计要情，自治区党委、政府领导都做出重要批示。内蒙古银行针对审计查出的问题和审计建议，认真抓紧整改落实，并向自治区党委上报《内蒙古银行关于对〈审计要情〉整改落实情况的报告》。

外资运用审计　自治区审计厅对世界银行、亚洲开发银行、国际农业发展基金贷款等8个外资项目进行公证审计。查处配套资金不到位、多结算工程价款、项目超概算、虚列项目支出、挪用项目工程物资等问题。12月31日，自治区审计厅在门户网站对8个国外贷款审计项目结果进行公告。

行政事业审计　10月下旬，组织自治区三级审计机关对全区法院系统、自治区高级人民法院2012年度财政财务收支进行审计。同时，对2012年呼和浩特市本级及其所属新城区、和林格尔县校舍安全工程资金审计结果的落实情况进行督促整改，强化整改情况跟踪督查工作。审计揭示被审计单位在财政预算执行、财务收支管理中存在的主要问题，根据相关法律法规做出处理，并对需要纠正的问题及管理中存在的薄弱环节提出有针对性的改进建议。

农业与资源环保审计　重点组织实施全区扶贫与水利专项资金行业审计，对乌兰察布市、赤峰市、通辽市、兴安盟、巴彦淖尔市、阿拉善盟6个盟市、12个旗县区2011年至2012年扶贫与水利专项资金实施“上审下”和交叉审计。自治区政府办公厅转发自治区审计厅《关于全区2011至2012年扶贫和水利专项资金审计（调查）情况报告》，自治区农牧业厅等相关单位认真落实并积极整改，切实达到“一审、二帮、三促进、四提高”的效果。

固定资产投资审计　自治区审计厅组织对自治区9条重点公路建设项目竣工决算进行审计和审计调查，查出并规范公路建设在土地审批及开工许可手续不健全、部分单位和个人借用资质承揽工程、违法分包等问题。对内蒙古医院新建住院楼B座、内蒙古演艺中心、内蒙古科技馆新馆和内蒙古自治区党委政府联合接访中心4个自治区本级政府投资代建项目的建设管理情况进行审计调查，查出并纠正在基建财务、招投标、合同管理和承发包与资质管理等方面存在的问题。

社会保障审计　按照审计署统一部署，自治区审计厅社会保障审计处组织全区三级审计机关，于2012年10月至2013年3月底，完成全国保障性安居工程审计工作，并将审计结果报告按时上报自治区人民政府和审计署，提出完善保障性住房准入与退出机制、加强保障性住房工程质量管理、严格保障性安居工程资金管理等审计建议。根据审计建议，自治区政府出台《关于进一步加强和完善城镇保障性住房建设和管理的意见》。

企业审计　完成对内蒙古电力（集团）有限责任公司原董事长离任经济责任审计、包钢（集团）有限责任公司2012年财务收支审计任务。在对内蒙古电力（集团）有限责任公司审计中，审计查出未按规定及时编制竣工决算项目90个；未经核准建设、先开工后批复输变电项目18个；资产不实数额较大；收入、成本不实；应缴未缴城市公用事业附加费数额较大；存在账外核算、违规抵顶电费及其他问题等。涉嫌个人经济案件4起，已分别移送自治区纪检委、公安厅经侦总队和财政厅立案查处。

在对包钢（集团）有限责任公司审计中，不仅查出资产负债损益不实等财务收支方面问题数额较大，而且还查出投资收益差已形成损失或潜在损失、违反基本建设程序未批先建工程数额较大和设备采购、基建工程未按规定公开招投标等其他违法违规问题，发现的案件线索已分别移送自治区国资委纪检委、住建厅和包钢纪检委。

经济责任审计　全区审计机关完成经济责任审计1935人，其中任中审计375人、离任审计1560人。在经济责任审计中加强任中审计，突出审计监督的时效性；深化经济责任审计内容，探索经济责任审计与财政财务收支审计和效益审计相结合的路子；强化经济责任审计质量管理和对盟市审计机关的业务指导，积极探索“一并审计”的做法；加大经济责任审计整改工作力度，有效利用审计成果；做好经济责任审计宣传和研究工作，扩大经济责任审计影响；加强经济责任审计队伍建设，提高综合素质，推动经济责任审计健康发展。3月20日，自治区机构编制委员会同意为自治区经济责任审计工作联席会议办公室增设专职副主任1名，高配为副厅级。

专项资金审计（调查）　精心组织、周密部署，与审计署长沙特派办共同完成对全区四级政府性债务的专项资金审计任务。8月，自治区审计厅组织全区审计机关255个审计组、1513名审计人员，对全区11个盟市、2个计划单列市、102个旗县、769个乡镇的政府性债务进行审计。通过审计，摸清全区政府性债务规模，对各类债务结构和债务风险进行分析，揭示政府性债务在举借、使用和管理方面存在的问题，提出加强政府性债务管理，控制债务规模；严格落实偿债责任制，强化债务风险防范；高度重视以新主体、新方式产生的债务；进一步规范融资平台管理；切实落实举债问责机制和责任追究制度等建议。自治区领导高度重视审计结果，拟定出台《内蒙古自治区政府性债务管理条例》，向社会公布审计结果，提高政府工作的透明度和公信力。与审计署太原特派办共同完成对自治区本级和呼和浩特市本级财政存量资金的审计。摸清两级政府本级财政存量资金的规模、结构，并对其形成的原因进行分析，为盘活财政存量资金起到促进作用。

党的群众路线教育实践活动 7月2日，自治区审计厅成立专项活动领导小组，制订实施方案并召开专项治理活动动员大会，自治区审计厅成立党的群众路线教育实践活动督查组，逐一到12个审计现场进行督查和调研，发放专项活动监督反馈意见卡，征求被审计单位对审计人员纪律作风方面的意见和建议，推进审计监督工作。厅长王月胜为厅机关全体干部职工做“大力弘扬井冈山精神，切实加强党性修养”专题讲座；自治区审计厅机关党委通过组织全体党员干部职工参观“乌兰夫故居”等活动，增强开展党的群众路线教育实践活动的自觉性和坚定性。厅党组和厅领导广泛征求各方面意见，深刻查找领导班子和厅领导在“四风”等方面存在的突出问题，并深入分析其产生的思想根源。针对存在的问题，提出整改措施，达到以活动促工作的目的，收到良好效果，11月17—18日，自治区审计厅召开专题民主生活会，自治区主席到会指导并做重要讲话。

审计机关成立30周年纪念活动 自治区审计厅为深入总结审计工作30年的经验，组织开展自治区审计工作史、中国特色社会主义审计理论和审计精神等专题研究，出版反映自治区审计特色的书籍《辉煌的岁月　闪光的足迹》一书，举办《内蒙古审计机关成立30周年成就展》活动，并开展“审计30年”征文等系列活动。各盟市审计机关也通过座谈、征文、编纂审计志、举办廉政书画和摄影展等方式，纪念审计机关成立30周年。

（撰稿人：王锐军）

【内蒙古自治区审计厅驻海拉尔审计处】 2013年，内蒙古自治区审计厅驻海拉尔审计处人员编制19人，在编15人。处长赵国军，副处长赵福春、宝玉。设有办公室、财税社会保障审计科、行政事业审计科、经贸审计科、固定资产投资审计科、经济责任审计科。

审计成果 完成审计项目5个，查出主要问题金额272614万元，其中违规金额7758万元、损失浪费金额1985万元、管理不规范金额262870万元；审计处理处罚金额9408万元，其中应上缴财政298万元、应归还原渠道资金1295万元、应调账处理金额7814万元；审计发现非金额计量问题19个；审计促进整改落实有关问题资金9408万元，其中增收节支1593万元、已调账处理金额7814万元；移送司法机关、纪检监察机关处理事项3件；出具审计报告和专项审计调查报告5篇；提出审计建议1条，提交审计信息1篇，被采用1篇。

财政审计 对巴彦淖尔市2011—2012年度财政决算及其他财政收支情况实施审计，对部分市属预算执行单位和经济开发区、临河区、乌拉特前旗、乌拉特中旗及乌拉特后旗进行延伸审计。在重点查清财政收支真实性、合法性的基础上，突出对财政收入质量的审计力度，揭露预算执行和税务部门税收征管中存在的不真实、不合法、不规范等问题。查出应缴未缴、应征未征自治区级收入2574万元，应缴未缴、应征未征及坐支同级财政收入64918.3万元，以及专项资金拨付不及时和挤占挪用、财政收支不实、违规先征后返税款等违纪违规问题。

专项资金审计（调查） 对兴安盟本级及扎赉特旗、突泉县2011年至2012年扶贫资金和水利专项资金管理和使用情况进行审计（调查）。审计组深入田间地头和项目区，延伸至嘎查村落，走访百余户农牧民，历时近两个月，查出专项资金平衡预算16422万元、虚列专项资金13970万元、滞留专项资金51319万元、违规出借资金1000万元、挤占挪用专项资金577万元、擅自改变资金投向751万元、管理不到位导致专项资金损失浪费1985万元、查出12个“小金库”发生额4920万元。移送案件线索3件。审计结果引起当地党委政府的高度重视。

保障性住房审计 对内蒙古大兴安岭森林工业集团2012年保障性安居工程项目进行审计（跨年项目），针对森工集团规模庞大的特点，重点审计其所属的10户企业，摸清棚户区建设的资金筹集、管理、运营等情况，有效地保证工作质量和效率。审计查出棚户区改造工程配套资金不到位9.64亿元、不及时拨付项目资金18.81亿元，以及征地拆迁工作滞后导致工程不能按期开工、开发商欠缴土地出让金等问题。对项目建设管理存在的问题进行成因剖析，并对棚户区建设的经济效益和社会效益进行分析评价。

（撰稿人：张慧芝）

【内蒙古审计厅驻赤峰审计处】 2013年，内蒙古审计厅驻赤峰审计处共有干部职工15人。处长马爱杰，副处长于震华、乌建杰。设有办公室、经贸审计科、固定资产投资审计科、财政行政事业审计科和经济责任审计科。

审计成果 全年完成审计项目5个。查出主要问题金额19353万元，其中违规金额1842万元、管理不规范金额17511万元。审计处理处罚15931万元，其中应上缴财政93万元、应归还原渠道资金11644万元、应调账处理4194万元。审计促进整改落实有关问题资金13146万元。撰写审计信息简报及调研文章8期（篇），其中1篇被《内蒙古审计动态》采用，1篇调研文章被审计厅作为审计技术创新典型案例上报审计署。

行政事业审计 对内蒙古第十地质矿产勘查开发院2011年至2012年财务收支进行审计。查出挪用项目资金1048万元、探矿权387万元未做无形资产核算、超范围使用福利费157万元、重复计提工会经费24万元、购置笔记本电脑及野外数据采集仪21万元未计入固定资产等问题。

企业审计 对锡林郭勒电业局2011年至2012年财务收支进行审计。查出成本费用核算不规范123万元、固定资产处置未履行审批评估手续359万元、少缴建设工程社会保障费及市政公用设施配套费48万元、应提未提法定公积金11万元、对6个旗县公司投资核算不规范等。

专项资金审计（调查） 对通辽市本级及所属奈曼旗、库伦旗2011—2012年度扶贫资金和水利专项资金进行审计（调查）。查出滞留、欠拨财政专项资金11645万元；挤占、挪用专项资金1024万元，擅自变更项目地点内容，未按实施方案完成建设项目263万元，使用不合规票据列支项目支出96万元，多列支工程支出89万元，漏缴税费33万元，项目建设未按规定进行招标1048万元，没有施工资质单位中标250万元施工项目等问题。

政府性债务审计 对赤峰市本级政府性债务进行审计。查出地方政府性债务管理不够规范、违规担保贷款、违规集资、改变用途挪用贷款、贷款资金违规用作项目资本金、少记固定资产等问题。

财政决算审计 对呼和浩特市2011—2012年度的财政决算进行审计。查出人为调节一般预算收入49.57亿元，造成两年度财政决算不实；应收未收、应缴未缴、坐支本级预算收入38.84亿元；应缴未缴自治区级收入6722万元；违规收费4014万元；先征后返、违规减免税款、市政公用设施配套费、防空地下室易地建设费5.72亿元等问题。

（撰稿人：付雪峰）

【呼和浩特市审计局】 2013年，呼和浩特市审计局共有干部职工101人。局长郭瑞成，副局长戎志军、王丽萍，总审计师郭厚成。设有办公室、财务科、人事科、机关党总支、法规科、督查执行科、固定资产投资审计科、政府投资科、社会保障审计科、行政事业审计科、金融审计科、农业与资源环保审计科、财政审计科、经贸审计科、驻开发区审计局、派出审计一科、派出审计二科、外资审计科、离退休人员工作科，下设信息中心、机关事务服务中心、内部审计管理中心和经济责任审计办公室。

审计成果 呼和浩特市审计机关共完成审计项目288个，审计查出主要问题金额353898万元，应归还原渠道资金1594万元，应上缴财政

40405万元，应调账处理金额97885万元，核减工程投资（结算）6143万元。向有关部门移送处理案件3起。提交审计专题、综合性报告和信息576篇；《2012年度财政预算执行审计结果报告》等审计工作报告分别被各级党委、政府批示采用108篇次；提出审计建议354条，被审计单位采纳260条，制定整改措施16项，建立健全规章制度7项。

财政审计 完成对呼和浩特市地税局各分局及新城区、武川县“三公”经费、呼和浩特市广播电视台的审计调查，参加全国地方政府性债务审计工作。代政府向市人大常委会做的2012年本级财政预算执行审计工作报告，受到与会代表好评并高票获得通过，原文在《呼和浩特日报》予以公告。

固定资产投资审计 安排专项资金审计，直接审计市本级和托克托、和林两个县；按照自治区审计厅“五统一”的要求，对海勃湾至麻黄沟110国道改扩建竣工决算进行审计，同时对农电网2010年升级改造项目进行审计；对2012年财政投入的“三农”资金进行审计调查。

经济责任审计 两级审计机关安排并完成10名领导干部的经济责任审计。共查出违规金额3436.84万元，管理不规范金额13.32亿元，移送相关部门违规案件线索4件。

社会保障审计（调查） 重点完成审计署统审项目城镇保障性安居工程的跟踪审计，对呼和浩特市本级、9个旗县区84个保障性安居工程的开工情况、21个项目的竣工情况、122个项目的工程建设和质量管理情况进行审查，查处各类管理不规范等问题金额2229万元。完成对2012年全国社会保障资金审计重点资金的跟踪审计。

企业审计 完成对春华水务、城发公司、公交公司、金融集团、众环集团等5家国有及国有控股企业的审计和审计调查，推动国有企业健康发展。

（撰稿人：陈振华）

【包头市审计局】 2013年，包头市审计局人员编制98人。局长李平（2月—），副局长段玉成、高文德、崔虎虎，总审计师王成虎，纪检组长张日元。设有10个业务科室，6个行政科室；下设审计培训中心、计算机审计管理中心。

审计成果 包头市审计机关共完成审计或审计调查项目单位350个，查出主要问题金额38.89亿元，其中违规金额8.77亿元、管理不规范金额30.11亿元；审计决定处理处罚13.46亿元，其中应上缴财政4.76亿元；审计促进整改落实有关问题资金8.23亿元；审计后挽回损失297.39万元，核减投资额8139.76万元；出具审计报告350篇，提出审计建议254条，被采纳审计建议177条，提交审计信息307篇，被批示、采用信息16篇。市审计局已完成审计项目54项，审计查出主要问题金额24.03亿元，审计促进整改落实有关问题金额4亿元，审计决定处理处罚8.60亿元，其中应上缴财政1.29亿元、应归还原渠道资金2.30亿元。在政府性债务审计获得审计署嘉奖；2012年市本级预算执行审计项目被自治区审计厅评为优秀审计项目，被审计署评为地方表彰审计项目。

财政审计 主要审计财政、地税部门具体组织的市本级预算执行情况。按照市人大常委会的要求，重点对市教育局、市经信委、市体育局、市房管局4个部门2012年预算编制和执行情况进行审计和审计调查，并延伸审计35个二级单位。审计发现财政和地税部门在预算管理和执行方面存在市本级年初预算项目未细化，虚列专项支出，违规调整税收入库级次，应征未征（缓征）以及对部分企业未按规定核定应纳税额；部门预算审计发现预算编制不完整、不细化，“三公”经费预算与实际执行结果差距大，应缴未缴财政非税收入、挤占挪用财政专项资金、专项资金结余结转金额大，造成财政资金闲置等。完成对全市9个旗县区的政府性债务情况审计。

专项资金审计 安排保障性安居工程、房屋维修资金、扶贫资金和水利等重点专项资金的审计。针对审计中发现的问题，督促相关单位建章立制，加强管理。市住房保障局下发《关于依法限期追缴房屋专项维修资金的通知》，促进各项惠民政策得到有效贯彻执行。

固定资产投资审计 围绕全市重点项目，跟踪审计北梁棚户区改造项目、新都市区建设、飞机场改扩建等一批政府投资项目，并就发现的未批先建、管理不规范等问题进行处理处罚。

经济责任审计 对28名县级领导干部进行经

济责任审计，其中任中审计的比例达到76%，实现从事后监督向事中监督的转变。

（撰稿人：黄传喜）

【乌海市审计局】 2013年，乌海市审计局人员编制50人，在编44人。局长冯文彬，副局长李宾（—7月）、武也文（—7月）、郑豫蒙（—12月）、韩文生（11月—）、王卫东（11月—）、薛峰（11月—），总审计师王卫东（—11月），纪检组长王丽琴。设有办公室、法规科、经济贸易审计科、固定资产投资审计科、行政事业审计科、农业资源审计科、财政金融外资审计科、社会保障审计科、经济责任审计局、机关事务中心。

审计成果 乌海市审计局完成审计项目40个，查出主要问题金额106377万元，其中违规金额19170万元、管理不规范金额87207万元；损益（收支）不实金额7207万元；审计处理处罚金额349046万元，其中应上缴财政35319万元、核减工程投资额4817万元，应减少财政拨款或补贴4817万元、应归还原渠道资金490万元；审计促进整改落实有关问题资金49608万元，其中增收节支40228万元、已调账处理金额9380万元；审计后挽回（避免）损失135万元；移送司法机关、纪检监察机关和有关部门处理事项3件；出具审计报告和专项审计调查报告48篇；提出审计建议83条，被采纳58条，提交审计信息102篇，被批示、采用144篇。

财政审计 财政审计查出财政专户收入未纳入当年预算管理、未按规定上缴预算收入、预算外收入未及时缴入财政专户、虚列预算支出转移国库资金、未按预算规定用途使用资金等问题。对乌海市地税部门税收征管和经费管理使用情况的审计，查出违规金额1260万元，查出通过窗口开票延解税费2595万元，企业未按规定期限缴纳基金收入4777万元。对9个单位的“三公”经费支出情况单独在审计报告中予以反映。中央八项规定发布以来，9个单位中多数单位2012年“三公”经费支出对比上年均有不同程度的下降。

行政事业审计 对部分行政事业单位进行审计，查出管理不规范金额7662万元，存在部分二级单位资产出入库单据不完善、固定资产未按规定入账、国有资产收益未上缴财政、献血补偿费未按规定比例专户存储、未按规定用途使用资金等问题。

政府性债务审计 对乌海市3个区（含所属5个乡镇）的政府性债务进行审计。在充分掌握各区政府性债务构成的基础上，分析债务产生的原因，提出防范、化解债务风险的建议。

固定资产投资审计 固定资产审计项目8个，审计资金总额8.12亿元，核减工程投资额4817万元。通过审计，促进乌海市投资管理水平和资金使用效益的提高。

经济责任审计 经济责任审计项目10个，查出违规金额37万元，管理不规范金额25478万元；对6个单位10名县处级领导干部进行谈话，会同组织部门对37个单位74人（次）县处级领导干部进行监督交接工作。

专项资金审计（调查） 对保障性安居工程、扶贫资金、水利资金等项目进行审计。在查处乌达区征拆资金的腐败窝案中，乌海市审计局乌达征地拆迁审计组被市委、市政府授予先进集体称号，1人被记三等功，2人被授予嘉奖。

（撰稿人：徐晓园）

【赤峰市审计局】 2013年，赤峰市审计局人员编制54人，在编54人。局长牛喜明，副局长寇国安、于宝珠、程秀明、杨树友，总审计师曹立新，纪检组长李志杰。设有财政审计科、外资审计科、固定资产投资审计科、社会保障审计科、经贸审计科、金融审计科、行政事业审计科、农业与资源环保审计科、经济责任审计科和法制科、监察室、办公室。

审计成果 赤峰市审计机关共审计801个单位和项目，其中审计调查项目24个，查出并纠正各项违纪违规金额18908万元，管理不规范金额29455万元。通过审计核减基建工程资金29351万元，上缴财政786万元，归还原资金渠道1274万元，累计促进增收节支14068万元。向上级机关提交审计专题、综合性报告和信息简报841篇，被批示、采用70篇。

财政审计 组织开展对市本级2012年度预算执行审计，延伸审计市财政局、市地税局及10个预算执行单位，对6个旗县区政府2011—2012年度财政决算进行重点审计。7月31日至8月底，全市共抽调208名审计干部，组成53个审计组，对市辖12个旗县区政府和139个乡镇政府2006年以来的政府性债务进行全面审计，全面、真实、准确地反映市政府性债务的基本规模、债务结构及增减变化情况。

金融审计 根据自治区审计厅统一组织，对赤峰松山农村商业银行股份有限公司2010—2012年度资产、负债和损益情况进行审计，审计后向自治区审计厅报送审计报告。

行政事业审计 组织开展全市司法系统财务收支审计，对审计发现的滞留非税收入、罚没款物上缴财政不及时和资产管理不规范等问题进行纠正和处理，并有针对性地提出进一步加强财务管理，及时足额上缴非税收入，规范大额现金使用等审计建议，引起该系统的重视，积极采取措施加以整改。

固定资产投资审计 全市共审计129个项目，通过审计核减基本建设资金29684万元。市审计局完成固定资产投资审计项目16个，核减基本建设投资10601万元。

社会保障审计 组织开展"十二五"期间城镇保障性安居工程建设目标任务完成情况阶段性跟踪审计。对某部门2011年从财政提取的廉租住房资金1235万元截至审计日未分配使用的问题，建议相关部门要及时有效的分配保障性住房资金，切实发挥资金效益。

经济责任审计 全市共审计255个单位，经济责任人255人。根据市委组织部和旗县区政府的委托，市审计局直接审计15个单位，经济责任人15人。其中：旗县区委书记1人，旗县区长1人，市直党政部门负责人6人，县处级事业单位负责人3人，旗县区审计局长4人。经济责任审计共查出并纠正违纪违规金额11925万元。对审计中查出的违规问题，两级审计机关已分别做出审计决定予以纠正和处理。

企业审计 对市直某企业2011—2012年度资产负债损益情况进行审计，查出违规金额1732万元。自治区审计厅授权对自治区管辖的某企业2011年至2012年资产负债损益情况进行审计，查出该企业少缴税费208万余元。

专项资金审计（调查） 对10个旗县区2011年至2012年扶贫和水利专项资金进行审计（自治区审计厅直接审计2个旗县区）。审计发现部分项目配套资金未落实16781万元；财政部门滞留扶贫水利资金12956万元；虚列支出49万元；套取财政补贴34.59万元；挪用扶贫水利资金165万元；部分项目未实行政府采购和招投标合计金额1717万元。审计后向有关部门提出整改意见和建议，引起相关旗县区政府和扶贫、水利等部门的重视，完善了管理和监督制约机制。

（撰稿人：刘金超）

【通辽市审计局】 2013年，通辽市审计局在编人员61人。局长孟令成（—3月）、张青（3月—），副局长万英余、王志刚、马砚春、刘庆林（11月—），纪检组长杜金山。设有办公室、监察室、金融审计科、审理法制科、农业与资源环保审计科、社会保障审计科、经贸审计科、外资审计科、行政事业审计科、固定资产投资审计科、政府投资审计科、财政税务审计科、经济责任审计科、开发区审计分局。

审计成果 通辽市审计机关共审计单位280个，查出主要问题金额21743万元，审计期间整改金额1220万元，促进增收节支2915万元，促进拨付资金到位3963万元，核减投资额19397万元，上缴财政1770万元，审计提出建议149条。

财政审计 全市审计机关加大财政预算执行审计力度，重点审计财政、地税、水务、环保等20个预算执行部门，揭示预算编制不完整、违规调整预算、挤占挪用专项资金、财务管理不规范等问题。全市审计机关对预算执行及其他财政财务收支情况的审计，得到市县两级人大和政府的高度重视与充分肯定。9月25日，受市政府委托，在市第四届人大常委会第四次会议上报告2012年市本级预算执行和其他财政收支的审计情况，与会代表对审计报告给予好评和肯定。以这次人大常委会为契机，积极推动市政府加大审计结果纠正力度，成立由市长任组长的通辽市审计结果督查领导小组。市审计局还对科尔沁左翼后旗、开鲁县财政决算进行审计，查出财政预算管理制度落实不到位、资产管理处置不规范和滞留挤占挪用专项资金等问题，提出完善管理的意见和建议，当地政府高度重视，认真规范整改。

经济责任审计 对320名领导干部进行经济

责任审计，进一步完善对领导干部的监督约束机制，增强领导干部科学执政、依法行政和认真履职尽责的意识，为组织部门评价和选拔任用干部提供依据。

固定资产投资审计 全市审计机关不断加大对政府投资项目的审计力度，重点对3条自治区公路项目、中小学校舍安全工程、水利工程、城镇基础设施等重大工程项目从工程立项、施工、竣工决算整个过程的经济活动进行全面跟踪审计，对征地拆迁资金管理使用、项目建设管理与资金核算、工程结算等情况提出审计建议，核减投资额近2亿元。

专项资金审计（调查） 紧紧围绕涉及群众切身利益的问题，整合全市审计资源，组成专项审计组对全市保障性安居工程、基本公共卫生资金、9所医院财务收支、农业综合开发、扶贫开发和水利专项资金等重点民生项目进行审计和审计调查。审计工作成果得到市领导的充分肯定。

政府性债务审计 按照审计署和自治区审计厅要求，对全市8个旗县市区及所属90个苏木镇政府性债务进行审计，摸清各级政府性债务规模、结构及增减变化，对发现的问题提出审计意见。市政府对审计结果高度重视，多次召开会议研究审计整改落实情况，并研究制定通辽市政府性债务管理办法，进一步规范政府性债务管理工作，防范和化解潜在风险。

信息化建设 积极争取金审工程项目，向市政府和自治区审计厅申报审计信息化建设实施方案，被列入全区审计系统试点单位。狠抓计算机审计人才培养，派出3人参加审计厅组织的为期3个月的计算机审计业务培训，积极部署和筹备全市审计干部参加审计署AO认证培训与考试工作。组织全市两级审计机关干部30多人到江苏省泰州市审计局学习考察审计信息化工作。

（撰稿人：王　宽）

【呼伦贝尔市审计局】 2013年，呼伦贝尔市审计局人员编制59人，在编55人。局长刘建国，副局长胡长珍、秦远飞、成若、常雅君，总审计师秦远飞（兼），纪检组长王瑞杰。设有办公室、法制科、审理科、财政审计科、行政事业审计科、农业与资源环保审计科、固定资产投资审计科、金融审计科、经贸审计科、社会保障审计科、外资审计科、经济责任审计一科、经济责任审计二科、机关党总支、离退休人员管理科、固定资产投资审计中心暨审计信息中心。

审计成果 呼伦贝尔市审计机关完成审计项目482个，查出主要问题金额516035万元，其中违规金额45701万元、损失浪费金额36万元、管理不规范金额470297万元；损益（收支）不实1941万元；审计处理处罚金额50495万元，其中应上缴财政13107万元、应减少财政拨款或补贴4277万元、应归还原渠道资金10019万元、应调账处理金额22971万元；审计发现非金额计量问题191个；审计促进整改落实有关问题资金45239万元，其中增收节支14826万元、已调账处理金额15928万元；审计促进拨付资金到位267万元；审计后挽回（避免）损失253万元；移送司法机关、纪检监察机关和有关部门处理事项5件；出具审计报告和专项审计调查报告511篇，被批示、采用3篇；提出审计建议556条，提交审计信息739篇，被批示、采用493篇。

财政审计 对呼伦贝尔市市 、县两级财政、地税、国库部门2012年度组织和执行预算情况进行审计，并延伸审计市教育局、市民政局、市卫生局等8个部门及所属相关单位。受市政府委托向市人大常委会提交《关于2012年度市本级预算执行和其他财政收支的审计工作报告》，委员们一致认为报告内容丰富翔实、符合实际、说服力强，提出的审计建议有针对性和建设性，市人大责令相关单位和部门对审计查出的问题限期整改。组织呼伦贝尔市两级审计机关对12个旗市区和100个乡镇苏木政府性债务进行审计。

固定资产投资审计 完成固定资产投资审计项目38个。市审计局完成的对蒙兀室韦民族文化园市政基础设施建设管理情况审计，项目报审金额11081万元，审减工程造价3223万元，市委书记对审计报告做出重要批示：同意审计报告，严格按规定整改。完成对市精神卫生中心竣工决算审计，工程报审金额10193万元，在中介机构已审计的基础上，审减工程造价1597万元。

社会保障审计 连续两年对呼伦贝尔市2012年各类城镇保障性安居工程的投资、建设、分配、运营等情况进行审计，查出保障性安居工程任务目标未按规定分解完成、资金筹集和管理不规范、保障性住房分配和使用管理不规范等问题。组织全市审计机关对全市13家医院2012年度资产、负债及财务收支情况进行审计，对查出的问题，依据相关的法律法规进行处理。

经济责任审计 全年共开展经济责任审计项目184个，查处违规金额6198万元，管理不规范金额7.06亿元。修订《呼伦贝尔市经济责任审计工作联席会议组织办法》，印发《呼伦贝尔审计局关于做好呼伦贝尔市委党委管理领导干部离任经济事项交接工作的通知》。

专项资金审计（调查） 对全市2011—2012年度扶贫和水利资金的管理使用及项目建设情况进行审计和审计调查。在审计中发现涉嫌转移、虚报扶贫资金和扩大补贴范围的问题，违纪违规线索已移送相关纪检监察机关调查处理。对全市法院系统2012年度的财政财务收支情况进行审计，查出应缴未缴非税收入、诉讼费和罚金未执行罚缴分离等违反非税收入管理方面的问题金额680万元等问题，市法院对审计结果非常重视，专门召开相关会议进行整改。对全市价格调节基金征收使用管理情况进行审计，查出挤占挪用价格调节基金2321万元、虚列价格调节基金用于平衡预算35万元等问题。（撰稿人：王莹莹）

【鄂尔多斯市审计局】 2013年，鄂尔多斯市审计局人员编制81人，在编53人。局长王苏和，副局长崔有良、武占才、布和、蔺海英，总审计师董政华，纪检组长王玉成。设有办公室、法规科、行政事业审计科、财政审计科、农业与资源环保审计科、固定资产投资审计科、经贸审计科、社会保障审计科、金融外资审计科、经济责任审计办公室、政府投资项目审计中心、审计信息网络中心，审计干部教育培训中心。

审计成果 鄂尔多斯市审计局完成审计项目47个，查出主要问题金额588548万元，其中违规金额268942万元、管理不规范金额319606万元；损益（收支）不实金额162万元；应上缴财政113066万元、应减少财政拨款或补贴19657万元、应归还原渠道资金5121万元、应调账处理金额321万元；审计发现非金额计量问题95个；审计促进整改落实有关问题资金244827万元，其中增收节支134007万元、已调账处理金额213万元；移送司法机关、纪检监察机关和有关部门处理事项7件；出具审计报告和专项审计调查报告46篇；提出审计建议142条，提交审计信息29篇。

财政审计 对市财政局、市地税局等9个部门及所属46个二级单位2012年度预算执行情况进行审计，查出违规和管理不规范金额459525万元；结合预算执行审计，对全市12个地税局（所）2012年1月窗口代开发票进行审计调查。抽调市、旗（区）两级审计人员272人组成9个审计组，对8个旗（区）及49个乡镇的政府性债务进行审计，摸清市、旗（区）地方政府性债务底数，为化解债务工作和领导经济决策提供可靠的依据。

行政事业审计 组织市、旗（区）两级审计机关对全市法院系统2012年度财政财务收支情况进行审计。共审计9个单位，审计资金19416万元，查出违规金额8136万元。发现存在应缴未缴预算收入、公款私存、违规退诉费等问题，针对问题做出处理处罚。

农业与资源环保审计 组织市、旗（区）两级审计机关，对全市扶贫资金和水利专项资金进行审计。共审计单位82个，调查项目233个，调查农牧户606户，审计资金184598万元。通过审计，查出违规金额30201万元，发现滞留、挤占挪用、私存私放资金等问题。

固定资产投资审计 市审计局完成鄂尔多斯市博物馆工程、市图书馆等5个项目的竣工决算审计，报审投资额135964万元，核减投资额19657万元。针对近年来政府工程建设存在的问题，向市政府提出加强政府投资项目审计监督的意见。市政府领导的高度重视，召开政府常务会议研究制定进一步加强政府投资项目审计监督的规定，并印发全市执行。

社会保障审计 组织市旗（区）两级审计机关对2012年度全市医院经营管理和财务收支及全市2009年至2012年基本公共卫生经费管理和使用进行审计。通过审计，发现违规采购药品、未按规定拨付基本公共卫生补助资金等问题，提出严格执行财务管理制度、及时足额拨付基本公共卫生补助资金并规范资金管理等建议，并责成相关部门进行整改。按照审计署和审计厅的统一部署，鄂尔多斯市审计局组织市、旗（区）两级审计机关，对全市“十二五”期间城镇保障性安居工程进行跟踪审计。

经济责任审计 市审计局按照同级党委组织部门委托和审计项目计划，完成达拉特旗、杭锦旗2个旗和市煤炭局、市国土局等6个单位主要领导的任期经济责任审计。查出违规金额21093万元，其中负有直接责任金额16万元，负有主管责任金额20829万元，负有领导责任金额248万元；查出管理不规范金额236690万元，其中负有直接责任金额76万元，负有主管责任金额17259万元，负有领导责任金额219355万元。

专项资金审计（调查） 统一组织抽调市旗（区）两级审计力量对2010年至2011年全市各类农口专项资金进行审计和审计调查，审计资金达12亿万元。审计查出违规金额175496万元，移送旗纪律检查委员会处理1件，移送旗公安局处理1件，移送住房和城乡建设局处理3件。

（撰稿人：王栓忠）

【乌兰察布市审计局】 2013年，乌兰察布市审计局人员编制66人，在编53人。局长陈明（2月—），副局长朱闰魁、王高奎、董鹏飞、林永青（5月—）、周济生（5月—），总审计师严立新（5月—），纪检组长朱玉（5月—）。设有办公室、法规科、财政金融审计科、外资审计科、行政事业审计科、社会保障审计科、经贸审计科、农牧业与资源环保审计科、固定资产投资审计科、经济责任审计科、机关服务中心。

审计成果 乌兰察布市审计机关共审计单位476个，查出主要问题金额51290万元；审计处理处罚金额18866万元，其中应上缴财政571万元，减少财政拨款或补贴5610万元，已归还原渠道资金8825万元，调账处理金额9470万元；出具审计报告和审计调查报告404篇；提出审计建议227篇，提交审计信息265篇。

财政审计 全市审计机关对一级预算执行部门的预算执行情况进行审计并延伸所属二级单位；市审计局对察哈尔右翼前旗、察哈尔右翼后旗、凉城县、卓资县、兴和县5个旗县，各旗县市区审计局对所属60%的乡镇苏木政府2011年和2012年度财政决算情况进行审计。

行政事业审计 按照审计厅的统一部署，对全市法院2012年度财务收支情况进行审计；对集宁师范学院及附中2011—2012年度财政财务收支进行审计。市审计局对市交通局2012年度财政财务收支的真实性、合法性、效益性进行审计。

农业与资源环保审计 配合市纪检委对全市2012年度农业总体投入资金的管理、使用情况及项目主管局财务收支情况进行审计调查；对集宁区、丰镇市、商都县、兴和县、察哈尔右翼前旗、察哈尔右翼中旗和化德县共7个旗县市区2011年至2012年扶贫和水利专项资金的管理使用及项目建设情况进行审计和审计调查。

固定资产投资审计 市审计局对新时代家园住宅小区33栋楼房工程决算和集宁新区水源地供水配水厂工程结算进行审计；对市蒙中医院预算执行进行审计；并对国道110线兴和至呼和浩特段旧路改扩建（二期）工程进行跟踪审计。

社会保障审计 市审计局对2012年在社会保障资金审计中发现问题的整改落实情况进行抽查，督促各类问题整改到位；按照审计署、审计厅的统一部署，对全市保障性安居工程进行跟踪审计；市审计局对市中心医院、各旗县市区审计局对当地旗县级医院进行2012年度资产、负债、损益情况和医疗保险及新农合基金的结算情况进行审计，并对公共卫生专项经费进行审计调查。

经济责任审计 根据市县两级组织部门安排，分别对24个县处级、59个科局级党政领导干部进行任期经济责任审计。

政府性债务审计 根据审计署、审计厅统一部署，从旗县审计局抽调70多名业务骨干和市审计局8个业务科室人员共100多人，分成12个审计组对全市11个旗县市区政府性债务进行审计，市本级由审计厅审计。（撰稿人：卢艳阳）

【巴彦淖尔市审计局】 2013年，巴彦淖尔市审计局人员编制70人。局长杜振荣，副局长高国良、任宏、王秉璋，总审计师常泉亮，纪检组长杨胜。设有办公室、综合科、机关党委办、政策法规科、财政审计科、行政事业审计科、农业与资源环保审计科、固定资产投资审计科、金融外资审计科、经贸审计科、社会保障审计科、政府投资审计科、经济责任审计分局、计算机审计中心。

审计成果 巴彦淖尔市审计机关共审计450个项目，查出主要问题金额472140万元，其中违规金额199003万元，损失浪费金额8969万元，管理不规范金额264167万元，损益（收支）不实金额2303万元；审计处理处罚金额105456万元，其中应上缴财政2686万元、应减少财政拨款或补贴10483万元、应归还原渠道资金19691万元、应调账处理金额28769万元；审计发现非金额计量问题78个；审计促进整改落实问题资金104728万元，其中增收节支32193万元、已调账处理金额24333万元、审计促进拨付资金到位17万元、审计后挽回（避免）损失6990万元；移送司法机关、纪检监察机关和有关部门处理事项6件；出具审计报告和专项审计调查报告439篇，被批示、采用3篇；提出审计建议769条，提交审计信息1014篇，被批示、采用749篇；向社会公告审计结果7篇。被中共中央组织部、中共中央宣传部、人力资源和社会保障部、国家公务员局授予全国人民满意的公务员集体荣誉称号，领导班子连续19年被评为实绩突出。

财政审计 建成财政联网审计系统，在全区率先实施财政联网审计。完成市财政局和11个部门预算执行审计，发现市本级财政预算管理中11类问题、部门预算执行中10类问题。市人大常委会对审计工作报告给予充分肯定。

固定资产投资审计 开展京藏高速呼包段改扩建工程审计，发现并督促整改8大类32个问题，移送检察机关案件线索2起，3人被判刑；完成国道306线凌源至赤峰重点公路项目竣工结算审计，核减工程结算530万元；完成机场公路项目审计，收缴财政8万元；对河套文化博物院等重点建设项目进行跟踪审计，完成对金川河景观二期、金川南路部分工程、乌拉特大街水系景观工程、市财政局、新闻大厦、巴彦淖尔境内国道110线水毁抢修与修复工程、矿山监测中心等14个重点工程的审计，审计核减工程结算1.1亿元。统一安排部署全市2010—2011年度农村电网改造工程审计，参与河套学院新校区建设项目、巴彦淖尔市医院新建工程项目（BT）投资建设协议和建设工程合同的审核修订工作，完成临河宾馆、市水科所曙光实验站等8个拟处置资产评估结果的重新审核工作，针对项目存在问题，提出完善制度、加强管理的整改建议。

社会保障审计 完成保障性安居工程跟踪审计，查出安居工程资金筹集不到位等8个方面的问题。依法处罚违规企业3户，促进市本级、旗县区政府拨付资金5954.52万元。完成全市医院审计和基本公共卫生经费审计，发现有4所医院自定项目收费74.41万元，6所医院提高标准和虚增数量收费539.1万元等问题；组织各旗县区审计局对旗县财政、卫生部门基本公共卫生经费的接收、筹集、下拨情况进行审计调查，发现配套资金未到位111.37万元，挤占挪用资金82.99万元。完成河套大街、市医院、河套大学等9个项目征拆资金的审计调查，为市政府解决补偿安置回迁户提供参考依据，维护回迁户的合法利益。组织两级审计机关对全市危房改造进行审计调查，深入59个乡镇、640个行政村、7.85万户农牧民，审计2009年至2012年三级危房改造资金5.11亿元，

农业与资源环保审计 完成扶贫和水利专项资金审计，实施的阿拉善盟扶贫和水利专项资金审计，移送自治区检察院案件线索1件；组织旗县审计局对5个旗县区的扶贫和水利专项资金实施交叉审计，移送乌拉特后旗纪检监察案件线索2件。组织对2011年至2013年10月底中央、自治区、市级、旗县安排的城镇园林绿化和湿地水系景观绿化、道路绿化、管理养护等“迎会创城”建设资金进行审计调查。

政府性债务审计 按照国家审计署统一部署，组织市县两级审计机关历时3个月完成全市政府性债务审计，被审计署授予全国政府性债务审计先进公务员集体三等功。

经济责任审计 完成双河区管委会、交通局、住建委、农牧业局等16名领导干部经济责任审计。根据国务院有关廉政工作会议精神以及“三公”经费控制有关规定，起草《巴彦淖尔市市级行政事业单位“三公”经费管理办法》，已上报市政府办公厅。

企业审计 完成市城投公司与相关企业债权债务和补偿情况的审计调查。完成国泰集团公司资产负债审计调查，帮助企业盘活资产、解决融

资问题。完成机场运营状况和航线补贴审计，摸清机场经营亏损和两条航线的欠付补贴情况。参与内蒙古北能公司与市政府修建甘乌铁路合同纠纷一案的调解工作，提出两种补偿方案，为内蒙古高级法院组织的市政府与北能公司就补偿问题的两次调解会提供数据依据。（撰稿人：王 宇）

【兴安盟审计局】 2013年，兴安盟审计局人员编制40人，在编41人。局长孙静波，副局长梁喜发、高明喜，总审计师包书明，纪检组长朱晓咏。设有办公室，经济责任审计办公室，财政税务审计科，经济贸易审计科，社会保障审计科，农业与资源环保审计科，行政事业审计科，固定资产投资审计科，金融外资审计科，法制科，审理科，下设兴安盟内部审计管理中心。

审计成果 兴安盟审计机关完成审计项目347个。查出主要问题金额557095万元，其中违规金额113353万元、损失浪费金额202万元、管理不规范金额443542万元；审计处理处罚金额225243万元，其中应上缴财政21857万元、应减少财政拨款或补贴269万元、应归还原渠道资金174675万元、应调账处理金额26764万元；审计发现非金额计量问题102个；审计促进整改落实有关问题资金52025万元，其中增收节支48376万元、已调账处理金额1973万元；审计促进拨付资金到位921万元；审计后挽回（避免）损失371万元；移送司法机关、纪检监察机关和有关部门处理事项6件；出具审计报告和专项审计调查报告422篇；提出审计建议455条，提交审计信息150篇，被批示、采用69篇；向社会公告审计结果6篇

财政审计 通过审计，兴安盟财税部门在完善预算编制，强化预算管理，积极组织税源，加强税款征缴，积极向上争取资金等方面均做出积极的工作。兴安盟人大工作委员会对审计工作报告给予高度评价："审计报告事实清楚，分析到位，建议可行，成效显著，体现出审计机关严谨细致的工作作风和较高的业务水平，也体现出审计工作全局性、针对性进一步增强。"

社会保障审计 主要对兴安盟各类保障性安居工程的投资、建设、分配、运营等情况进行审计。审计发现在资金筹集、管理和使用，以及建设、分配和后续管理等方面还存在问题。兴安盟审计局提出加强目标管理、完善相关制度、强化项目资金监督的建议。通过审计，促进资金到位1.3亿元，追回部分被挤占挪用资金，廉租房租金上缴财政。

专项资金审计 自治区审计厅授权对巴彦淖尔市本级及所属两个旗县2011—2012年度的扶贫和水利专项资金进行审计（调查），审计揭示扶贫和水利专项资金在管理和使用中存在的问题，对违反工程管理预算、多计预算支出、挤占挪用专项资金等问题进行处理，并对加强扶贫和水利专项资金管理和使用提出意见和建议。

（撰稿人：刘继连）

【锡林郭勒盟审计局】 2013年，锡林郭勒盟审计局人员编制43人，实有人员47人。局长包海山，副局长钱文会、托雅、刘兴友、陈金旺（—12月），总审计师韩淑华，纪检组长张淑琴。设有办公室、法制审理科、财政审计科、金融外资审计科、农牧业资源与环保审计科、固定资产投资审计科、行政事业审计科、经贸审计科、社会保障审计科、经济责任审计办公室、内部审计管理办公室。

审计成果 锡林郭勒盟审计机关共审计和审计调查418个单位（项目）。查出违纪违规金额8.7亿元，管理不规范金额29亿元，归还原渠道资金7.3亿元，上缴财政2.9亿元。移送案件2件，涉案3人。提出审计建议246条，采纳156条。提交审计专题、综合性报告和信息701篇，批示和采用252篇。制定《锡林郭勒盟审计局关于进一步加强审计工作的意见》，盟行署下发各旗县、各部门贯彻执行。

财政审计 完成锡林郭勒盟本级和旗县市（区）2012年度两级财政预算执行情况审计。盟人大工委十二届二次会议审议审计工作报告，委员们一致认为，审计工作报告反映的情况客观真实，提出的整改意见切实可行，并就进一步做好今后财政和审计工作提出建议。盟审计局完成阿巴嘎旗、太仆寺旗、镶黄旗、苏尼特左旗、苏尼特右旗财政决算审计。突出的问题是欠拨、挤占挪用上级专项资金，应缴未缴上级财政预算收入，先征后返税费，财政非税专户出借资金等违规问

题，通过审计决定和建议予以纠正和处理。

外资运用审计 完成对财政部门管理的外债项目专户资金配套资金及管理费用收支情况的审计，对促进合理利用外资和加强项目管理起到积极作用。

行政事业审计 完成盟法院和锡林浩特市法院2012年财政财务收支审计，查出挤占专项资金、应缴未缴非税收入、扩大范围发放津补贴等问题。完成对盟职业学院2012年度财政财务收支审计，查出超标准收取培训费、应缴未缴非税收入、扩大范围发放津补贴、附属企业产权不清晰等问题。完成1个盟级医院、11个旗县级医院、1个专科医院2012年资产负债、财务收支、内控制度、资产管理使用情况和全盟2009年基本公共卫生经费制度建立至2012年底筹集、管理和使用情况的审计和审计调查，抽查10个乡镇卫生院、22个社区服务中心、26个卫生站（室），查出违规收费、超范围支出、成本费用不实等问题。

农业与资源环保审计（调查） 完成全盟扶贫和水利专项资金的审计（调查），共审计主管部门和用款单位80个，调查建设项目121个，走访农牧户313户，审计资金总额7.87亿元，查出违纪违规金额1.45亿元，占资金总额的18.48%。完成全盟2012年生态建设资金的审计（调查），涉及4个主管部门和64个用款单位，调查和走访52个建设项目、432户贫困户，审计资金总额15.8亿元，查出违规金额2.55亿元，归还原资金渠道7498万元，促进资金到位966万元。

固定资产投资审计 盟审计局完成国道207线宝昌至三号地高速公路工程、朱日和训练基地国防公路工程、国道303线阿其乌拉至锡林浩特段二级公路养护工程、全盟公路养护工程贷款项目、锡林浩特市2011—2012年度通乡及通村公路工程、太仆寺旗宝昌一中和第四小学新建校舍、太仆寺旗和正镶白旗2012年度完工市政建设工程、已完工的17个苏木乡镇基层集体宿舍建设项目、全盟农网和城网升级改造工程和新能源工程决算审计。审计投资总额30亿元，查出违规违纪金额6.65亿元，核减工程款1.15亿元，收缴财政61.57万元。仅校舍安全工程竣工决算审计一项就核减工程造价3558万元，核减率达13%。

社会保障审计（调查） 按照国家审计署统一部署，组织开展全盟城镇保障性安居工程跟踪审计，通过棚户区改造累计解决住房困难家庭3.48万户，占棚户区住房困难家庭户数的57.54%。完成盟红十字会2013年四川雅安芦山地震捐赠款物接收、分配、使用情况的审计。

经济责任审计 共审计单位211个，经济责任人206人。查出违规金额6112万元。其中，负直接责任金额314万元、负主管责任金额18万元、负领导责任金额5778万元，查出管理不规范金额1.46亿元。盟审计局完成旗县人大、政府、公安局、检察院，部分盟直机关、人民团体和盟直事业单位共22名领导干部经济责任审计。

政府性债务审计 根据审计署的统一部署，自治区审计厅组织全盟审计机关对11个旗县市及所属苏木镇的债务情况进行审计。分析债务余额结构变化情况，针对政府性债务管理制度尚不健全、财政部门《地方政府性债务管理系统》统计的债务数据不够准确、部分融资平台公司管理不规范、部分乡镇违规举借债务等问题，提出加强政府性债务管理、统一债务统计口径、建立风险预警机制等建议。

内部审计 参加自治区内部审计协会内部审计理论研讨会暨经验交流会，5篇论文获奖。2人取得CIA资格证书。（撰稿人：刘国宾）

【阿拉善盟审计局】 2013年，阿拉善盟（以下简称阿盟）审计局人员编制34人，在编30人。局长李东亮，副局长王继平、杨信华，总审计师林民（—11月），纪检组长刘东望（2月—）。设有办公室、法制审理科、财政审计科、行政事业审计科、金融外资审计科、社会保障审计科、农牧业与资源环保审计科、经贸审计科、固定资产投资审计科、经济责任审计科。

审计成果 全盟共审计和审计调查单位219个，审计查出主要问题金额311736万元，其中违规金额77700万元、管理不规范金额234031万元；核减投资额26796万元；审计提出建议186条；提交审计专题、综合性报告161篇，提交信息377篇，被批示采用审计报告22篇、审计信息79篇次。

财政审计 盟本级开展财政预算执行和其他财政收支审计，审计单位5个。通过审计，对个别部门预算执行不到位、存在截留非税收入、擅自处置及购置固定资产、收费未严格执行“收支两条线”规定等问题进行纠正。阿盟审计局对阿拉善右旗人民政府和孪井滩生态移民示范区管委会2012年度财政决算以及其他财政收支进行审计。通过审计，发现财政对非税收入的依赖度较高，财政收入增长的基础不稳定，不能满足刚性支出增长的需要，财政收支矛盾仍然比较突出；可用财力大部分用于保工资、保运转，经济建设方面的投入主要靠上级专项转移支付资金和融资借款；存在虚列财政支出、超预算安排支出及滞留非税收入等一些不规范的问题。

政府性债务审计 完成全盟地方政府性债务审计工作，基本摸清三旗政府性债务规模，为领导决策提供参考依据。

行政事业审计 对全盟法院系统2012年度财政财务收支进行审计。通过审计，对盟法院虚列中央装备经费支出、固定资产常年游离账外保管的问题要求盟法院核查有关原始单据，清点统计设施设备，补记固定资产账，并提出加强专项资金的管理与核算等审计意见建议。

农业与资源环保审计 开展全盟生态资金审计整改落实情况及2012年全盟生态建设资金跟踪审计。

固定资产投资审计 根据《阿拉善盟固定资产投资项目审计监督管理办法》和《阿拉善盟政府重点投资建设项目跟踪审计暂行办法》相关规定，组织开展政府重点建设项目资金管理、使用和竣工决算（结算）审计。全盟开展政府投资建设项目审计134个，审计查出主要问题金额35196万元，核减投资额26796万元，其中：盟本级开展审计项目19项，审计总金额42亿元。已审结12项、共核减工程款7442万元，审计查出主要问题金额17032万元。通过审计，促进建设项目的管理，节约政府投资建设资金，取得积极的社会效益。盟长对阿盟图书馆竣工决算审计结果批示：“严格按审计结果及有关规定执行，同时一定要坚持重大项目跟踪审计制度。”

社会保障审计 完成全盟2012年度城镇保障性安居工程跟踪审计。全面摸清城镇保障性安居工程制度的建立健全情况，城镇保障性安居工程建设规模和布局、资金投入规模和结构。针对资金拨付管理不规范问题，进一步跟踪落实好2012年度全盟社会保障资金审计项目的整改情况。完成住房公积金管理及财务收支情况审计调查，全面掌握全盟住房公积金制度覆盖情况、住房公积金归集放贷情况和住房公积金业务收支的总体情况，进一步关注盟住房公积金管理中心机关经费财务收支情况。完成全盟医院审计及药品购销审计调查项目。

经济责任审计 充分发挥经济责任审计工作联席会议的作用，为经济责任审计工作的顺利开展提供有力的组织保障。共完成24名处级党政领导干部经济责任审计，共查出主要问题金额3209万元。

其他审计 根据盟委行署安排，先后组织完成对雅布赖盐化集团有限公司董事长任期经济责任审计、盟行署驻呼和浩特市办事处新址装修及家具购置项目审计、阿拉善沙漠地质公园地质遗迹保护等项目审计。（撰稿人：胡 杰）

【满洲里市审计局】 2013年，满洲里市审计局人员编制22人，在编19人。局长程义峰，总审计师李艳。设有办公室、法制科、行政事业金融审计科、经济责任审计科、经贸审计科、固定资产投资审计科、农业资源环保与社会保障审计科和审计计算站。

审计成果 共完成审计项目14个，查出管理不规范金额46581万元、违规金额440万元，报送审计工作报告和信息71篇。

财政审计 强化对财政资金的审计监督力度，全面加强对财政预算执行、财政转移支付、财政专项资金及财政收入征管的审计监督，使审计监督的触角随着财政资金的流向运行延伸。通过本级预算执行审计，共查出非税专户中应缴预算收入未及时收缴入库、自治区专项转移支付未及时下拨、市地税局未按规定编制各项经费预算、以前年度欠缴的土地使用税、房产税等管理不规范金额45863万元以及代开发票管理不规范等问题。开展政府性债务审计，通过审计查出政府性债务管理制度不健全，财政部门《地方政府性债务管理系统》统计的债务数据不够准确以及部分融资平台公司清理不到位、管理不规范等问题，提出有针对性的审计建议，防范地方政府性债务产生系统性风险，促进地方政府性债务管理工作的制度化和规范化。组织完成满洲里市法院 2012 年财政财务收支情况审计，查出应上缴财政的诉讼费、罚金收入以及罚金票据使用不规范、暂付款长期挂账等违规和管理不规范金额 453 万元，对法院在财务制度存在的漏洞提出整改意见。组织开展满洲里市第一医院 2012 年度财务收支情况和市卫生局 2009 年至 2012 年基本公共卫生经费的收入、筹集、拨付、管理和使用情况的审计，共查出用不符合规定发票入账虚列支出、多提福利基金、往来款项未及时清理等管理不规范金额 454 万元。基本公共卫生服务资金的审计侧重从财政部门入手，全面了解财政部门资金的安排和拨付情况，并深入到资金具体使用单位，重点关注基层卫生院（社区卫生服务站）管理、使用，对部分单位违规使用基本公共卫生经费购置设备等问题及时进行纠正。

经济责任审计 对满洲里市 6 个部门和单位的领导干部任期经济责任进行审计，共查出固定资产账实不符、往来款长期挂账、国有资产投资收益未上缴财政等管理不规范金额 4 万元，针对存在的问题提出整改建议，为切实提高管理水平、强化领导干部问责机制、推进党风廉政建设和维护社会稳定发挥积极的作用。

专项资金审计（调查） 开展对扶贫和水利等重点专项资金的审计（调查），重点关注资金拨付、配套、管理和项目实施和建设中的情况，沿着资金走向延伸审计，调查至资金使用单位，全面掌握和评价资金的使用效益，针对配套资金 220 万元不到位和部分项目变更缺少相应备案手续等情况提出改进建议，通过专项审计和审计调查的开展，确保政策制度得以落实、部门管理职责更加清晰、资金监管体系更加完备、资金统筹安排更加合理、资金使用效益更加显著。组织开展对满洲里市红十字会 2012 年“博爱一日捐”善款筹集、管理和使用以及仟鼎木业有限公司木材深加工技术改造项目资金的审计。通过审计进一步纠正违纪违规行为，有力地促进政府及各部门严格依法行政，正确行使职权，加强内部管理，提升行政效能。 （撰稿人：张　媛）

【二连浩特市审计局】 2013 年，二连浩特市审计局人员编制 14 人，在编 15 人。局长白耀武，副局长刘桂荣、布和。设有办公室、经济责任审计科、财税行政事业审计科、审计内审管理中心。

审计成果 完成审计和审计调查项目 112 个，审计查出主要问题金额 24211 万元，其中违规金额 157 万元，管理不规范金额 24054 万元；核减工程价款 935 万元；上缴财政 126 万元；提交审计工作报告及信息 102 篇，被采用 13 篇。

财政审计 积极探索预算执行审计的新思路和新方法，整合审计资源，拓宽审计领域，突出审计重点，不断加大审计执法力度。通过审计查出违规金额 139 万元，管理不规范金额 11473 万元，上缴财政 109 万元。根据审计署统一部署和自治区审计厅统一安排，对二连浩特市政府性债务情况进行审计，摸清二连浩特市债务的总体规模和结构，为有效化解和防范政府性债务风险，针对实际情况，提出妥善处理存量债务、有效控制增量债务的建议。

行政事业审计 对二连浩特市法院系统 2012 年财政财务收支进行审计，重点审计法院诉讼费的收缴、管理和使用情况及专项资金拨付、使用情况，审计查出管理不规范金额 457 万元。

固定资产投资审计 开展固定资产投资审计项目 27 个，项目投资总额 6985 万元，核减工程价款 935 万元。

社会保障审计 根据自治区审计厅统一安排，对二连浩特市 2012 年城镇保障性安居工程的投资、建设、分配、运营等情况进行审计，审计查出管理不规范金额 177 万元。对二连浩特市 2012 年医院资产、债务、损益情况进行审计，查出违规金额 6 万元，管理不规范金额 8099 万元，上缴财政 5 万元。

经济责任审计 完成经济责任审计项目 26 个，审计查出违规金额 12 万元，管理不规范金额 3848 万元，上缴财政 12 万元。通过审计明确领导干部的主管责任和直接责任，进一步促进廉政建设，同时为干部考核、使用提供客观依据。

（撰稿人：曹东霞）

2013年内蒙古自治区所辖区、县(市)级审计工作统计表

金额单位:万元

审计机关	完成审计项目(个)	审计查出主要问题金额	审计处理情况					出具审计报告和审计调查报告(篇)	提出审计建议(条)	提交审计信息(篇)
			审计处理处罚				移送处理事项(件)			
			应上缴财政	应减少财政拨款或补贴	应归还原渠道资金	应调账处理金额				
呼和浩特市										
呼和浩特市本级	23	310882	39997	62090	602	92680	3	23	38	103
新城区审计局	24	5600	79		500	3000		24		72
回民区审计局	26	4384	48		80	3		26	39	34
玉泉区审计局	26	2766	111	1683	10	245		26	52	63
赛罕区审计局	21	2996	13			5		21	52	15
托克托县审计局	49	1508	35		29	55		49	21	50
武川县审计局	5	1838				365		5		
和林格尔县审计局	25	14670	33		57	751		25	63	13
清水河县审计局	58	6241	77		204	111		58	57	53
土默特左旗审计局	31	3013	12		112	670		31	32	5
包头市										
包头市本级	54	240303	12857	567	22951	18395	3	54	117	244
昆都仑区审计局	20	4695	20	44	255	7		20	9	4
东河区审计局	63	57220	27			1640		63	20	24
青山区审计局	42	10820	264		1500	1943		41	56	12
石拐区审计局	17	13831	11		8	121		17	6	3
白云鄂博矿区审计局	12	306				1		12	69	16
九原区审计局	26	2370	1765	8		595		26	45	
固阳县审计局	13	2416	2414					13	7	47
达尔罕茂明安联合旗审计局	80	14142	1827	1733	276			80	13	46
稀土高新技术开发区审计局	9	11	2					9		
乌海市										
乌海市本级	40	106377	35319	4817	490	308418	3	48	83	102
海勃湾区审计局	25	1226	13	721			1	25	7	87
海南区审计局	60	3637	500	2208	18	5		60	7	189
乌达区审计局	21	8344	33		6473	512		40		91

续表

审计机关	完成审计项目（个）	审计查出主要问题金额	审计处理情况							
			审计处理处罚							
			应上缴财政	应减少财政拨款或补贴	应归还原渠道资金	应调账处理金额	移送处理事项（件）	出具审计报告和审计调查报告（篇）	提出审计建议（条）	提交审计信息（篇）
赤峰市										
赤峰市本级	79	10397	473		651	5658		79	93	136
红山区审计局	138	3812	11	2024		91		138	146	47
元宝山区审计局	82	704				172		82	50	32
松山区审计局	40	250	36	11	36	164		40	37	34
宁城县审计局	84	2020	37			24		84	135	40
林西县审计局	28	1961	20			224		28	46	12
阿鲁科尔沁旗审计局	21	1482	3		9	120		21	30	10
巴林左旗审计局	55	2800	62		75	20		55	139	96
巴林右旗审计局	51	311	3			9	1	51	78	41
克什克腾旗审计局	38	3429	82		295	1604		38	58	32
翁牛特旗审计局	64	1766	217	9	143	1029		64	106	8
喀喇沁旗审计局	46	1078	45	2102	9			46	21	42
敖汉旗审计局	75	853	45		180	102		75	77	66
通辽市										
通辽市本级	39	8577	1150		825	716		31	49	23
科尔沁区审计局	22	33	33					22	1	11
霍林郭勒市审计局	41	262	5					40	20	13
开鲁县审计局	14	18	18					13	19	16
库伦旗审计局	33	2552	85		844	1285		32		9
奈曼旗审计局	38	1489	32					37	36	12
扎鲁特旗审计局	42	377	35		5	150		39		17
科尔沁左翼中旗审计局	38	8122	61	112				38	8	16
科尔沁左翼后旗审计局	13	313	75		17			13	16	12
呼伦贝尔市										
呼伦贝尔市本级	55	345012	8266	2372	7499	8013	3	57	202	118
海拉尔区审计局	25	11635	139			4550		25	3	61
扎兰屯市审计局	70	16018	202		1323	4300		70	96	159
牙克石市审计局	60	1573	77		777	134		89	8	72

续表

审计机关	完成审计项目（个）	审计查出主要问题金额	审计处理情况						出具审计报告和审计调查报告（篇）	提出审计建议（条）	提交审计信息（篇）
			审计处理处罚				移送处理事项（件）			
			应上缴财政	应减少财政拨款或补贴	应归还原渠道资金	应调账处理金额				
根河市审计局	18	4200	14			154		18	30	34
额尔古纳市审计局	26	9077	101		4	253		26	11	57
阿荣旗审计局	29	3789	3620		5			28		58
新巴尔虎右旗审计局	26	58381	55	786	145	4226	1	25	44	50
新巴尔虎左旗审计局	29	26102	17			167	1	29	11	20
陈巴尔虎旗审计局	32	16988				81		33	20	17
鄂伦春旗审计局	36	3759	17	1040	238	1013		36	59	46
鄂温克族自治旗审计局	58	18825	88	77	24	76		58	66	31
莫力达瓦达斡尔族自治旗审计局	18	669	506					17	6	16
鄂尔多斯市										
鄂尔多斯市本级	47	588548	113066	19657	5121	321	7	46	142	29
东胜区审计局	117	246071	2348	31752	84		1	156	87	
达拉特旗审计局	256	174900	190	39832	116890	8701		256	25	
准格尔旗审计局	108	180218	187	15835	45513	7		109	1	
鄂托克前旗审计局	75	110842	135	80687	42	3809		102	193	288
鄂托克旗审计局	38	40157	16856		11101	5546		51	74	3
杭锦旗审计局	76	435678	80	5558	45017	147697		76	242	
乌审旗审计局	67	29510	185	1272	6442	844		67	103	63
伊金霍洛旗审计局	149	179098	12162	27177	1547	2193		181	324	66
乌兰察布市										
乌兰察布市本级	33	28070	235		4566	3762		15	4	120
集宁区审计局	31	98	2			58		16	18	36
丰镇市审计局	83	653	30		395	18		84	29	8
卓资县审计局	45	537	27		115	230		45	15	9
化德县审计局	40	937	27	426	252	228		40	13	11
商都县审计局	61	1428	103	165	385	385		60	20	16
兴和县审计局	17	285	30		189			7	6	5
凉城县审计局	41	2120	20		576	1100		34	13	28

续表

审计机关	完成审计项目（个）	审计查出主要问题金额	审计处理情况					出具审计报告和审计调查报告（篇）	提出审计建议（条）	提交审计信息（篇）
			审计处理处罚				移送处理事项（件）			
			应上缴财政	应减少财政拨款或补贴	应归还原渠道资金	应调账处理金额				
察哈尔右翼前旗审计局	27	3211			580	1260		26	13	10
察哈尔右翼中旗审计局	31	3733	50	1557	882	489		10	21	6
察哈尔右翼后旗审计局	32	6468	2	3462	17	743		32	36	6
四子王旗审计局	35	3750	45		868	1197		35	39	10
巴彦淖尔市										
巴彦淖尔市本级	34	296765	2118	311	13946	24496	5	33	129	25
临河区审计局	49	27907	89		660	388		54	164	326
五原县审计局	98	23072	121	8	3848	3438		97	131	15
磴口县审计局	53	12132	56		89			47	70	179
乌拉特前旗审计局	34	42727	66	2	757	3	1	28	64	41
乌拉特中旗审计局	44	14157	46		382	36		44	29	127
乌拉特后旗审计局	48	42646	91	10160	2	326		48	59	180
杭锦后旗审计局	90	12731	95		5	79		88	123	121
兴安盟										
兴安盟本级	35	328706	13161		142187	21141	3	39	102	48
乌兰浩特市审计局	62	128296	1791	471	1150	33		62	140	
阿尔山市审计局	38	8175	106	167	63	237		62	20	43
突泉县审计局	35	55513	7864	43	28491	623		63	33	38
科尔沁右翼前旗审计局	95	7545	72		67	1089		114	9	
科尔沁右翼中旗审计局	43	9811	34		572	3639	3	43	50	17
扎赉特旗审计局	39	19049	74		2143			39	101	4
锡林郭勒盟										
锡林郭勒盟本级	50	87603	12759	4167	1559	9333	1	51	119	20
锡林浩特市审计局	58	173096	11706		16989	73836		58	22	7
多伦县审计局	36	738	2		8			36		136
阿巴嘎旗审计局	34	273	27		212			34	11	93

续表

审计机关	完成审计项目（个）	审计查出主要问题金额	审计处理情况					出具审计报告和审计调查报告（篇）	提出审计建议（条）	提交审计信息（篇）
			审计处理处罚				移送处理事项（件）			
			应上缴财政	应减少财政拨款或补贴	应归还原渠道资金	应调账处理金额				
苏尼特左旗审计局	13	3	1					13		9
苏尼特右旗审计局	31	27984	3004		231	24748		31		153
东乌珠穆沁旗审计局	24	22081	50		21983	1	1	24		76
西乌珠穆沁旗审计局	36	32738	382		32355			36		14
太仆寺旗审计局	35	361	36		7	3		35		3
镶黄旗审计局	15	10846	17					15	45	18
正镶白旗审计局	25	13795	1					25		35
正蓝旗审计局	41	2664	679			5		41		87
乌拉盖管理区审计局	20	854	15					20	49	50
阿拉善盟										
阿拉善盟本级	41	171580	29059	10	83158	16823		44	64	170
阿拉善左旗审计局	67	69473	45		3971	17190		61	24	32
阿拉善右旗审计局	20	16801						19	40	50
额济纳旗审计局	75	47392	36					76	27	69
开发区审计局	16	6490			13	922		15	31	
示范区审计局										

辽宁省

【辽宁省审计厅】 2013年，辽宁省审计厅人员编制187人，在编177人。设有办公室、法制处、经济责任审计一处、经济责任审计二处、财政审计处、金融审计处、行政政法审计处、教科文卫审计处、人事教育处、经贸审计处、农业与资源环保审计处、社会保障审计处、固定资产投资审计一处、固定资产投资审计二处、外资运用审计处、联网审计处、老干部处、机关党委、监察室和审计科研所、信息中心、审计干部培训中心。

领导成员

厅　　长：王　悦（—4月）
　　　　　崔枫林（4月—）
副 厅 长：付忠伟　孙东克
　　　　　毛　泽（—6月）
　　　　　段君明（7月—）　于俊东
　　　　　邵　林　周　强
总审计师：马志伟（—5月）
　　　　　陆小平（6月—）
纪检组长：姜长全

审计成果 辽宁省审计机关完成审计项目4971个，查出主要问题金额2013.38亿元，其中违规金额171.44亿元、损失浪费金额8313万元、管理不规范金额1841.11亿元；损益（收支）不实金额113.97亿元；审计处理处罚金额324.1亿元，其中应上缴财政44.29亿元、应减少财政拨款或补贴7.39亿元、应归还原渠道资金40.01亿元、应调账处理金额209.67亿元；审计发现非金额计量问题3965个；审计促进整改落实有关问题资金134.9亿元，其中增收节支41.36亿元、已调账处理金额74.7亿元；审计促进拨付资金到位5.36亿元；审计后挽回（避免）损失2.45亿元；移送司法机关、纪检监察机关和有关部门处理事项53件；出具审计报告和专项审计调查报告6023篇，被批示、采用391篇；提出审计建议7779条，提交审计信息2454篇，被批示、采用977篇；向社会公告审计结果32篇。

财政审计 深入开展财政管理、部门预算执行和地税系统税收征管审计，及时揭示国有资本经营收支预算约束力不强，省直部分执罚单位办案经费与罚没收入挂钩，支持企业发展专项资金管理不够规范，财政预拨款项余额较大，以及各市普遍存在税收收入质量不高等问题，有效地促进了财政管理的科学化、精细化，提高预算执行审计工作的层次和水平。围绕提高财政管理绩效，不断加大预算执行审计力度，突出关注政府采购、部门结余以及“三公”经费的管理使用情况，深入揭示政府预算编制不完整，部分单位无预算支出或挤占挪用专项经费，“三公”经费普遍超定额，个别单位私设“小金库”等违法违规问题，并有针对性地提出审计建议，有效地促进厉行勤俭节约和深化财政体制改革。全省各级审计机关预算执行审计工作普遍取得良好效果，受到本级人大和政府的充分肯定。

专项资金审计 辽宁省审计厅组织对12个县（市）农机具购置补贴资金进行审计，查出违法违规金额3650.19万元，涉嫌骗取农机具补贴案件线索10余起，省领导先后做出批示；对全省农村中小学布局调整情况进行专项审计调查，促进各市县政府进一步加大农村中小学教育投入，使170万师生直接受益；对中华人民共和国第十二届运动会（以下简称十二运）组委会财务收支情况进行跟踪审计，确保十二运开闭幕式及比赛期间各项开支合理有效，达到节俭办全运的目标；对水利专项资金、村级公益事业一事一议、农村环境连片整治示范项目补助资金等项目的审计，发现农业综合开发水利措施项目资金管理混乱、个别单位涉嫌骗取财政资金等问题，并全面摸清农村基础建设资金运行的基本情况。沈阳市审计局开展辽河治理项目绩效审计，丹东市审计局强化涉农资金监管，营口市审计局对全市新农合基金和市本级住宅专项维修基金进行审计和审计调查，铁岭市审计局对全市石油价格改革财政补贴资金进行审计，昌图县审计局对县域粮食企业存在的问题进行重点揭示，均取得较好效果。特别是锦州市审计局实施的锦州城区土地出让价格形成机制及国土资金专项审计调查项目获审计署地方优秀审计项目，在全国审计工作会议上受到表彰。

固定资产投资审计 全省共审计1094个投资项目，涉及投资总额791.73亿元，查出主要问题金额68.98亿元，核减投资额13.88亿元。辽宁省审计厅组织对省本级基本建设投资管理使用资金进行的审计调查，揭示部分项目未实施、配套资金未到位、未批先建等问题；对全省污水处理厂运行情况的审计调查，揭示污水处理、污泥处置、中水回用、经营权转让等方面问题；对2012年城镇保障性安居工程进行审计调查，促进相关单位出台和完善政策文件6个，取消保障对象资格179户，促进闲置住房投入使用3289套；对十二运场馆、四大文化设施、辽西北供水工程、高速公路、中小学校舍安全工程等政府重大投资项目进行的跟踪审计，揭示项目建设和资金管理使用等方面的问题。对口支援新疆塔城项目审计获得审计署和新疆有关方面的好评，承担审计任务的各市审计局均出色地完成任务，鞍山市审计局对沙湾县对口援建项目的跟踪审计成效明显。朝阳市审计局积极探索“异地封闭”和“分段跟踪”新方式，推动政府投资项目审计监督全覆盖，取得良好效果。

经济责任审计 全年全省共对2091名领导干部进行了审计，查出违规金额22.03亿元，促进增收节支10.34亿元。沈阳市审计局组织开展大东区党政领导经济责任同步审计，并起草沈阳市区县（市）党政主要领导干部经济责任同步审计试行办法，以市委、市政府两办文件形式印发施行。大连市审计局推动构建责任告知、年度报告、离任交接、任中（离任）审计、问责整改“五位一体”的经济责任审计新格局，并与组织部门共同开发建设《市经济责任审计信息化管理系统》。葫芦岛市审计局会同组织、纪检部门实行“三责联审”监督模式，同步联动实施党政领导干部选人用人责任审查、廉政建设责任审核和任期经济责任审计。抚顺市审计局出台《地方党委政府主要负责人经济责任审计事项路径指南》等4个办法，进一步促进经济责任审计规范化建设。

政府性债务审计　按照审计署的统一部署，自8月1日开始，全省审计机关历时60余天，按照“见人、见账、见物，逐笔、逐项”的原则，对省本级及所属14个市（其中省本级、沈阳市、大连市由审计署沈阳特派办实施审计）、100个县（市、区）、877个乡（镇）的政府性债务情况进行全面审计。结合政府性债务审计，辽宁省审计厅自选增加全省13个市回购（BT）融资项目审计调查、全省企业债券（城投类）管理使用及偿债资金保障情况审计调查2个项目。11月，辽宁省审计厅和沈阳市审计局抽调30多人参与审计署财政存量资金审计调查。两次审计，全面摸清底数，揭示政府性债务管理、债务举借、债务资金管理使用等方面的问题，对债务风险情况进行分析，提出加强债务管理、清理存量债务、控制新增债务等方面的审计建议，确保按时、高质量地完成审计任务。辽阳市审计局在承担辽宁省审计厅指挥部保障协调工作的同时，创新审计组织方式，注重发挥县区审计局和乡镇审计分局的作用，县、乡两级政府性债务审计取得良好成果。

其他审计　对国外贷援款项目、资源环境项目、土地出让价格形成机制及国土资金、部分国有企业、地方金融机构等进行审计或调查，及时揭示存在的问题和薄弱环节，提出堵塞漏洞和避免损失的建议，促进稳增长、调结构以及自主创新、节能减排等政策措施的落实。

审计科研成果　辽宁共完成审计科研成果3项。围绕分析国家审计与文化建设的关系撰写的《论国家审计在文化建设中的作用及其实现》，在中国审计学会、审计署审计科研所联合举办的2012年度论文评选活动中，被评为优秀论文二等奖。围绕审计法治建设撰写的《强化审计法治建设，推动完善国家治理》一文，在审计署办公厅组织的2012年“12·4”全国法制宣传日活动中，获评法治征文三等奖。围绕开展公共财政资金绩效审计撰写的《公共财政资金绩效审计评价及信息化实现途径研究》在中国审计学会计算机审计分会举办的2013年国家审计信息化持续发展研究活动中，被评为优秀论文二等奖。

机关建设　辽宁省审计厅和沈阳市、大连市审计局积极组织开展党的群众路线教育实践活动，按照“为民务实清廉”的总要求，针对反对“四风”问题，进行认真对照检查，坚持边学边改、边查边改，机关作风建设、队伍建设、法制建设得到加强。审计业务管理不断强化，精心谋划制订审计计划，科学梳理审计工作流程，加强审计现场管理，深入开展审计理论研究，探索审计技术方法创新，注重发挥内部审计作用，审计效能得到进一步提升，推动全省审计事业的科学发展。党风廉政建设不断强化，认真贯彻中央八项规定和省委十项规定，严格执行审计“八不准”纪律，大力弘扬审计人员核心价值观，积极探索培训、考核、选拔和任用干部新模式，提高审计队伍的整体素质。

内部审计　全省内部审计工作按照确定工作目标积极展开宣传、指导、交流、研究、培训、考试等工作。召开省内部审计协会第四届会员代表大会暨全省内部审计“双先”表彰大会。组织全省内部审计协会成员单位开展群众性理论研讨和经验交流，以“内部审计信息化”为课题组织理论研究，推动全省内部审计信息化的发展。组织对辽宁地区注册成立的21家银行、证券、期货、保险等金融机构的内部审计情况进行调研，并形成综合调研报告。积极推进内部审计人员职业化教育及岗位继续教育，以国际内部审计发展和企业风险管理、计算机辅助审计、绩效审计、审计案例分析为重点，组织4期内部审计人员理论和实务培训班，在朝阳、海城、锦州、沈阳等地区开展内部审计人员继续教育。

（撰稿人：乔鹏程）

【沈阳市审计局】 2013年，沈阳市审计局人员编制184人，在编176人。局长毕华峰（—2月）、韩力（2月—），副局长韩力（—2月）、陈玉涛（7月—）、高洪光、刘宝石、周成铀（7月—），总审计师石静华（—12月），纪检组长张秋艳。设有办公室、人事教育处、法规审理处、审计信息化管理处、经济责任审计处、财政审计处、行政政法审计处、教科文卫审计处、金融审计处、农业与资源环保审计处、经贸审计处、外资运用审计处、固定资产投资审计一处、固定资产投资审计二处、社会保障审计处、案件审计处、监察处、离退休干部处、驻沈阳地铁建设项目指挥部审计处、机关党委。

审计成果 沈阳市审计局完成审计项目104个，查出主要问题金额371.84亿元；审计处理处罚金额13.34亿元；出具审计报告和专项审计调查报告124篇，被批示、采用58篇次；提出审计建议183条，提交审计信息84篇，被批示、采用101篇次。荣获政府绩效考核执法类优秀单位、2011—2013年度沈阳市文明单位标兵。

预算执行审计 对2012年度本级预算执行和其他财政收支进行审计，延伸审计24个市直部门预算执行和22个建设项目（或专项资金）。在严肃查处和纠正违法违规问题的同时，注重从体制、机制、制度层面揭示问题，分析原因，提出建议。

政府性债务审计 对和平、沈河等10个区、县（市）及所属54个乡镇的政府性债务情况进行全面审计，提出建立政府性债务风险预警机制，实行政府性债务统一归口管理，完善政府偿债渠道等审计建议。

经济责任审计 对31名市管领导干部进行经济责任审计。重点关注了领导干部履行法定职责、保护环境、改善民生等方面情况。以市委、市政府办公厅文件形式下发《沈阳市区县（市）党政主要领导干部经济责任同步审计办法（试行）》。

农业与资源环保审计 对东陵（浑南新区）、于洪等9个区、县（市）2011—2012年度设施农业项目专项审计调查，促进个别设施农业小区项目闲置毁损、小区建设不达标等问题的整改。辽河治理项目绩效审计，揭示在立项规划、工程建设、资金管理与使用等方面问题。

固定资产投资审计 对中小学校舍安全工程、十二运场馆、四环快速路BT项目、北站交通枢纽工程、地铁建设项目等政府重点投资项目进行审计和跟踪审计。根据城镇保障性安居工程项目的审计建议，全市筹建居民家庭收入核对中心，在国内率先形成了信息定期交流确认机制。

（撰稿人：余　宏）

【朝阳市审计局】 2013年，朝阳市审计局人员编制73人，在编73人。局长郭天玺，副局长李文华、郭永杰、徐俊，总审计师佟宝钧，纪检组长姚文卿。设有办公室、法制综合科、经济责任审计室、财政审计科、行政事业审计科、经贸审计科、农业与资源环保审计科、社会保障审计科、固定资产投资审计一科、固定资产投资审计二科、信息化管理与应用科和朝阳市固定资产投资审计中心。

审计成果 朝阳市审计局全年组织开展审计项目96个，查出违规及管理不规范问题金额60.09亿元，上缴财政、减少财政拨款或补贴、归还渠道资金10.2亿元，审减工程造价2.5亿元。移送处理有关事项4项；出具审计报告139份；向省审计厅和朝阳市委、市政府提交综合报告、专题审计报告及送阅件27份，被批示或采用19份。提出审计建议332条，被审计单位采纳314条，发布审计信息34篇。

财政审计 围绕构建财政审计大格局，组织开展市本级预算执行及其他财政收支情况审计，7个县（市）区政府财政决算审计。围绕财政资金运用主线，组织开展农委、交通、文广等系统所属单位的财政财务收支审计。

固定资产投资审计 围绕推动政府投资项目规范运行，按照政府投资项目全覆盖审计的工作计划，积极广泛地应用异地封闭和分段跟踪的审计方式，组织开展市政工程、环城路、湿地工程等37个政府投资审计项目，审减政府投资工程造价2.5亿元，促进税费征缴2000万元。自主研发“政府投资项目审计数据管理系统”信息系统。

经济责任审计 围绕规范领导干部经济权力运行，将领导干部离任交接和自查自纠作为常规经济责任审计的有益补充，不断加大任中审计比重。组织开展17位领导干部的经济责任审计，监督33对领导干部完成经济事项交接，指导10位领导干部及所在单位进行自查自纠。

专项资金审计（调查） 围绕促进政策落实和改善民生，按照“条块结合、查深查透”的审计思路，组织开展住房公积金、科技专项资金、扶贫资金、农业综合开发资金、中省直企业社会保险费等专项资金的审计和审计调查，其中，中省直企业社会保险费审计调查项目，审计收缴3498万元。

交办任务 完成上级审计机关统一组织的政府性债务、税收征管、安居工程、援疆建设等审计项目。按照朝阳市委、市政府工作安排，完成朝阳师范高等专科学校、朝阳工校、孟克城中村改造、卫生系统等建设项目以及公共资源交易系统资产负债等交办审计工作任务。

（撰稿人：刘津含）

【阜新市审计局】 2013年，阜新市审计局人员编制66人，在编65人。局长朱海泉，副局长张百平、金长起、张文（9月—），总审计师马丽娟（12月—），纪检组长刘勇（11月—）。设有经济责任审计办公室、办公室、财政金融审计科、固定资产投资审计一科、固定资产投资审计二科、行政政法审计科、教育科学文化审计科、经贸审计科、农业与资源环保审计科、社会保障审计科、计算机审计指导管理科、法制科、综合科、人事科、老干部科、机关党委和审计信息中心。

审计成果 阜新市审计局共审计（调查）党政机关、企事业单位84个，查出违规和管理不规范金额21.4亿元。移送有关部门处理事项1件，出具审计（专项审计调查）报告127篇，被批示、采用11篇次，提出审计建议257条。32项计算机审计科研成果获得辽宁省审计厅表彰，被评为全省审计业务工作优秀单位、全省计算机审计应用成果征集活动优秀组织单位、阜新市绩效考评先进单位。

预算执行审计 阜新市本级财政预算执行和其他财政收支情况审计项目，重点关注部门预算执行情况、重点项目建设情况、重点资金管理使用情况。从完善预算管理、强化税收征管、加强政府投资项目管理等四个方面提出审计建议。

政府性债务审计 通过对阜新市两县五区政府及所属乡镇的政府性债务进行审计，摸清政府性债务规模，从化解存量债务、增强防范债务风险能力、科学举借债务方面提出建设性建议，为政府宏观决策提供及时、可靠的依据。

固定资产投资审计 开展棚户区改造一、二期工程竣工财务决算审计，太平区拆迁补偿项目审计，阜新蒙古族自治县排水管网工程审计，十二运比赛场馆建设情况审计等审计项目，有效推动和促进建设项目和资金运行的规范和安全。

专项资金审计 重点对医院、职业学校、红十字会、林业、就业以及有关乡镇等与群众生活息息相关的单位和部门开展审计，从维护群众利益的角度重点关注收费标准执行情况和资金使用管理等情况。

税收征管审计 纠正不执行“收支两条线”、截留收入、转移、挤占挪用资金等行为，促进各项税费应收尽收、应缴尽缴。全年直接上缴财政1288万元，责令被审计单位依据税法及有关规定补缴各项税费1.68亿元。

经济责任审计 开展领导干部经济责任审计项目42个。积极落实市委、市政府下发的《关于进一步做好经济责任审计工作的通知》精神，编发由阜新市委书记作序的《领导干部经济责任审计知识问答》，为领导干部了解经济责任审计知识提供了方便。

（撰稿人：王　丹）

【铁岭市审计局】 2013年，铁岭市审计局人员编制63人，在编59人。局长王长生，副局长张波（6月—）、杨占荣（3月—）、李化山、邵荣，总审计师王晓光（6月—），纪检组长赵玉杰。设有办公室、人事监察教育科、机关党委、法制科、综合科、金融审计科、农业资源与环保审计科、固定资产投资审计一科、固定资产投资审计二科、财政审计科、教科文卫审计科、行政政法审计科、经济责任审计办公室、外资运用与社会保障审计科、计算机审计科、信息中心、铁岭市政府投资审计中心。

审计成果 铁岭市审计局共完成审计（调查）项目71个，查出违规问题金额4.4亿元，管理不规范金额33.1亿元，上缴财政3.94亿元。先后被铁岭市委、市政府评为2013年市直单位包扶工作突出贡献单位、2010—2012年度全市依法行政工作先进集体、包扶“弃管楼”突出贡献单位。

政府性债务审计 整合两级审计机关审计力量，对县乡两级政府的政府性债务情况进行全面审计，揭示出县（区）政府在债务管理、债务举借等方面存在的问题，分析风险隐患，提出加强债务管理、防范风险的意见建议。

预算执行审计 采取“八统一”方式，重点审计市级预算管理情况和市发改委、市住建委、市人防办、市交通局、市机关事务管理局等 8 个重点部门预算执行情况，揭示存在问题，提出改进建议。审计报告得到政府和人大高度评价。

专项资金审计（调查） 主要完成市本级财政状况及债务情况审计调查、靠山屯和沙子沟棚改项目审计调查、全市国有房地产开发公司现状调查、星悦南岸建设项目资金来源及使用情况调查、市本级 21 个融资平台公司经营状况审计调查，在摸清真实情况的基础上，提出可操作、有针对性的审计建议。对 2012 年度大中型水库后期扶持资金、2012 年度农村义务教育薄弱学校改造计划中央补助专项经费、2012 年度全市石油价格改革财政补贴资金、再生资源回收利用体系建设资金、林业开发资金、救灾资金、中小学校舍安全工程进行审计，揭示和纠正资金拨付不及时、政策落实不到位等问题，推动惠民政策落实。

固定资产投资审计 先后对日鑫大厦、市环保局综合楼、新台子交通运输服务中心、铁岭师范高等专科学校、铁岭技师学院、十二运场馆等项目竣工决算进行审计，共核减投资 7699.9 万元。有效遏制高估冒算现象，为政府节约大量资金。

经济责任审计 结合贯彻落实中央八项规定，对 13 名党政领导干部进行经济责任审计。重点关注贯彻落实科学发展观，特别是国家政策执行、重大决策施行的效率效果，促进领导干部树立科学、务实的执政理念，推动反腐倡廉建设。

（撰稿人：杜剑一　王　喆）

【抚顺市审计局】 2013 年，抚顺市审计局人员编制 110 人，实有 104 人。局长于景森（—8 月），胡乃涛（8 月—），副局长陈亚文、房文冬、张弘毅（4 月—）、邓国臣（4 月—），纪检组长于国田。设有办公室、综合处、法制处、计算机审计处、经济案件审计处、经济责任审计一处、经济责任审计二处、财政审计处、行政政法审计处、教科文卫审计处、经贸审计处、农业与资源环保审计处、社会保障审计处、固定资产投资审计处、外资金融审计处、人事处。

审计成果 抚顺市审计局共开展审计项目 103 个，查出违规金额 1.2 亿元，管理不规范金额 42.2 亿元，审减政府投资工程款 1.1 亿元；促进被审计单位建立健全各项规章制度及工作机制和程序 17 项，追究法律责任 3 人、受到行政等处分 11 人。审计业务和审计项目质量工作分别被省审计厅评为优秀单位和表彰单位，有 1 个项目被省审计厅评为全省优秀审计项目。

专项审计 开展抚顺大东鞋业有限公司和城东三期 31 方块动迁补偿款、新东热电供暖有限公司转制、新抚钢公司改制职工安置资金等专项审计，审计结果引起抚顺市领导高度重视，做出重要批示，促进有关部门加强管理，堵塞漏洞。

预算执行审计 从财政管理、部门预算执行、专项资金管理使用、民生保障、国家政策执行、生态宜居环境建设等方面开展预算执行审计。共审计 88 个项目，延伸审计 400 个单位，审计资金总量 218 亿元，揭示 8 个方面 68 个问题，涉及 105 个部门和单位，提出切实可行的审计建议。

政府性债务审计 通过整合全地区审计力量，摸清 7 个县区的债务规模底数，在客观分析债务形成原因、债务结构、投向以及偿债风险的基础上，全面评价债务情况，揭示在政府性债务“借、管、用、还”环节存在的问题，同步开展回购融资项目审计调查。

经济责任审计 制定并组织实施《地方党委政府主要负责人经济责任审计事项路径指南》等 4 个办法。工作中，注重采取“一拖 N”“送达”“六统一”等审计方式或组织方式，避免重复交叉进点，减轻被审计单位负担。全年开展经济责任审计项目 51 个，为组织部门考察任用干部提供客观依据，促进领导干部“守法、守纪、守规、尽责”。

固定资产投资审计 开展城市道路改造、殡仪馆新建、绿水工程、城市亮化、城镇保障性安居工程等 32 个政府投资建设项目的审计或跟踪审计，揭示部分工程高估冒算、虚假招投标、涉嫌围标等问题。

专项资金审计 开展农业、土地管理、社保、科技、卫生、教育、城建维护、福彩、环保、“8·16”洪灾救灾等24个重点专项资金或项目审计，从机制、制度、管理层面提出审计建议。

（撰稿人：唐东宏）

【本溪市审计局】 2013年，本溪市审计局人员编制88人，在编87人。局长王佳才，副局长张万本、富国义、李明远，总审计师田伟，纪检组长杨占伟。设有办公室、机关党委、综合处、法规处、经济责任审计处、财政金融审计处、行政政法审计处、科教文卫审计处、农业与资源环保审计处、固定资产投资审计处、经贸审计处、社会保障审计处、外资运用审计处、经济案件审计处、计算机审计处、离退休干部处，下设设政府投资审计中心（审计干部培训中心）。

审计成果 本溪市审计局完成审计项目29个，查出问题金额8.5亿元，审计促进整改和核减财政投资1.75亿元，移送移交违法违纪案件10件，提交各类审计信息和报告81篇。荣获2012年度全省业务考核优秀、项目质量考核表彰以及2012年度信息化建设先进单位、2013年全省审计通联宣传工作优秀单位称号；荣获市委、市政府授予的先进集体、综治工作先进集体等称号。

财政审计 审计或审计调查被审计单位390多个，审计资金100多亿元。揭露查处问题23个，金额达20多亿元。收缴各类财政性资金4500多万元。

政府性债务审计 对两县四区及所属23个乡镇的政府性债务情况进行审计。摸清政府性债务余额、债务管理的主要做法和成效，揭露债务管理不规范、违规举债等问题，为进一步建立和完善政府性债务管理监督机制、加强债务管理政策提供重要依据。

专项资金审计 在投资领域，开展“药都”基础设施建设跟踪审计、基础设施配套费审计调查、房屋维修资金审计调查；在民生保障领域，开展农业综合开发资金、医疗保险基金、救灾资金和物资监管情况等审计和审计调查，加大揭露体制机制上存在问题的力度以及整改力度，实现审计机关和被审计单位“双效”。

经济责任审计 完成市史志办原主任等党政领导干部经济责任履行情况的审计项目4个，以及6名市管领导干部经济责任审计落实情况及审计结果汇总汇报。查出问题金额53万元，领导干部负有直接责任金额31万元。审计依法处理处罚21万元。

审计科研 征集论文16篇，分别获得省青年审计论坛交流二、三等奖，《三全管理审计质量管控在信息化条件下的实践与发展研究》课题被评为2013年度省优秀审计科研课题。《基层审计机关组织管理模式创新》《建立经济责任审计问责制强化对权力的制约监督》分别获得市第三届哲学社会科学成果政府奖应用对策类、论文类一等奖。

（撰稿人：唐荣海）

【辽阳市审计局】 2013年，辽阳市审计局人员编制65人，在编72人。局长栗荣庆，副局长张迎胜、于兆东、王永华，总审计师姜铁男，纪检组长戴有胜。设有办公室、法制科、财政审计科、行政事业审计科、农业审计科、投资绩效审计科、财政收入与金融审计科、经贸审计科、社会保障审计科、经济责任审计办公室、城市建设审计科、综合科、河东分局、信息中心。

审计成果 全市审计机关共完成审计（审计调查）项目574个，查出管理不规范金额57.38亿元，违规金额5838万元，核减政府投资3.35亿元，提出审计建议227条。其中，市本级完成审计项目68个，查出管理不规范金额30.17亿元，违规金额3228万元，核减政府投资2.08亿元，提出审计建议113条。

预算执行审计 完成2012年度辽阳市本级财政预算执行和其他财政财务收支情况审计。审计主要围绕市人大批复的年度财政预算、财政部门预算批复落实情况和年终调整情况进行审计。重点对国库与专户资金管理的安全性进行实质性测试，检查资金拨付等事项是否符合预算安排和制度规定，审查市住宅维修基金管理中心、市行政服务中心、市国土监察支队等22个市直部门预算执行情况，并对“三公”经费支出情况进行审计调查。

固定资产投资审计 完成城市南部开发建设

指挥部专项审计、全市中小学校舍安全工程跟踪审计、辽阳十二运场馆改扩建项目跟踪审计、铁岭保障房审计、新城起步区路网第二标段竣工结算、新城起步区路网道路照明竣工结算、太子河区祁家镇排水排干泵站竣工决算、河东新城宏伟大桥南通二建施工部分结算、河东北工桥竣工结算、河东新城文化中心决算、河东市民中心决算审计 11 个审计项目，共核减政府投资 2.08 亿元。

经济责任审计 受市委组织部委托，全年对 17 名县级领导干部开展经济责任审计。在审计中，重点关注领导干部履行法定职责情况，贯彻执行保增长、调结构、扩内需、节约资源、保护环境、改善民生等重大经济政策情况，财政资金使用绩效和行政效能情况，以及是否依法科学决策、有无越权和滥用权力的情况。

（撰稿人：姜 龙）

【鞍山市审计局】 2013 年，鞍山市审计局人员编制 150 人，在编 142 人。局长杜俊双（—3 月）、刘依椿（3 月—），副局长阚小阳（—4 月）、刘文晓、原丹，总审计师李岩，纪检组长倪洪刚（—11 月）、吕世涛（11 月—）。设有办公室、人事教育处、法规处、外资运用审计处、财政审计处、金融审计处、行政事业审计处、经贸审计处、政府采购资金审计处、农业与资源环保审计处、社会保障审计处、固定资产投资审计处、领导干部经济责任审计处、经济案件审计处、审计指导处、债务清缴审计处。

审计成果 鞍山市审计局完成审计项目 66 个，查出主要问题金额 36048 万元，其中管理不规范金额 36048 万元；损益（收支）不实金额 6600 万元；审计发现非金额计量问题 28 个；出具审计报告和专项审计调查报告 66 篇；提出审计建议 84 条，提交审计信息 13 篇，被批示、采用 5 篇。

财政审计 完成部门预算执行审计 19 个单位，查出主要问题金额 2.7 亿元。其中管理不规范金额 2.7 亿元，提出审计建议 20 条。

经济责任审计 完成 29 个领导干部经济责任审计。对领导干部任职期间财政收支、财务收支的真实性、合法性、效益性和重要经济指标的完成情况以及重大经济事项的决策情况进行审计，查出主要问题金额 1.72 亿元，其中管理不规范金额 1.72 亿元，提出审计建议 61 条。

政府采购审计 参与各类货物采购项目招标现场监督 126 次，对不符合相关规定的采购项目建议废标 5 次均被采纳；参与鞍山市政府组织的各类货物验收 131 次，对不符合政府采购相关规定的验收项目与综合部门共同出具建议整改报告 7 份均被采纳。

固定资产投资审计 完成鞍海、通海大道征地补偿项目的审计调查；完成鞍山市占地 23.7 万平方米、投入资金 8.2 亿元的十二运、“一场三馆”建设项目的跟踪审计；完成鞍山市对口援建新疆塔城地区沙湾县援助项目的跟踪审计，审计援建项目 21 个，援建资金近 2 亿元；完成省政府批准的 125 所中小学校舍安全工程的跟踪审计调查，跟踪审计的重点是工程建设质量和工程实施进度，特别是关注 D 级危房使用和上年审计发现问题的整改情况，涉及项目资金 6.1 亿元。查出主要问题金额 2291 万元，其中管理不规范金额 2291 万元，提出审计建议 3 条。

经济案件审计 协助市纪委查处群众举报的各类案件，协助市纪委查办案件 10 件，协助市纪委办案 23 人次，工作天数 206 天。

专项资金审计（调查） 根据省审计厅部署，完成对鞍山 7 个县（市）区的地方政府性债务审计。对鞍山地税系统及所属 13 个分局 2010 年至 2012 年税收征管情况和财务收支情况审计。

法规审理 审理完成 56 个审计项目。在已有审计项目三级复核的基础上，从审计项目开始，逐级分解任务，细化审计底稿，规范法规应用，明确审计责任，规范审计程序。

（撰稿人：王艳文）

【丹东市审计局】 2013 年，丹东市审计局编制人员 70 人，在编 70 人。局长刘国栋（—11 月）、康冰（11 月—），副局长李圣稙、曹瑞洲、张作群，纪检组长孙少军（—6 月）、徐激扬（12 月—）。设有 15 个处室和一个直属机构。

审计成果 丹东市审计机关完成审计项目 221 个。审计查出主要问题金额 55.73 亿元，其中违规金额 18.25 亿元，管理不规范金额 37.48 亿元；损益（收支）不实金额 17.43 亿元。审计处理处罚35.12亿元，其中应上缴财政6.39亿元（含罚没709万元），应减少财政拨款或补贴2.57亿元，应归还原渠道资金7.29亿元，应缴纳其他资金1.75亿元，应调账处理金额16.84亿元。审计发现非金额计量问题94个。审计促进整改落实有关问题资金8.99亿元，其中增收节支9552万元，已上缴财政2220万元，已减少财政拨款或补贴385万元，已归还原渠道资金6947万元，已缴纳其他资金2441万元，已调账处理金7.61亿元，审计促进拨付资金到位267万元，审计后挽回（避免）损失8万元，核减投资额3.08亿元。移送有关部门处理事项6件，移送有关部门处理金额616万元。出具审计报告和专项审计调查报告295篇，被批示、采用2篇次，审计提出建议250条，被采纳审计建议207条，被审计单位制定整改措施7项。提交审计信息126篇，审计专题、综合性报告44篇，信息简报82篇次，被批示、采用审计信息67篇次；提交审计专题、综合性报告16篇次，报送信息简报51篇次。

财政审计 预算执行审计单位59个，延伸审计单位111个，审计查出主要问题金额156891万元。决算审计单位30个，延伸审计单位42个，查出主要问题金额23.12亿元。

行政事业审计 审计单位84个，延伸审计单位95个，查出主要问题金额9.75亿元。

固定资产投资审计 审计单位95个，延伸审计单位417个，项目投资额12.41亿元，完成投资额19.7亿元，核减投资额（工程款）3.04亿元，审计查出主要问题金额6.89亿元。

经济责任审计 涉及审计单位99个，被审计领导干部111人，其中任中审计49人，离任审计62人。审计查出违规金额10.71亿元；审计促进增收节支708万元。

专项资金审计（调查） 审计单位6个，延伸审计单位67个，审计专项资金总额10.12亿元，审计查出主要问题金额2915万元。

外资运用审计 审计单位1个，项目投资955万元，核减投资额（工程款）325万元。

（撰稿人：崔锦波　张开元）

【大连市审计局】 2013年，大连市审计局人员编制151人，在编144人。局长王安栋（—2月）、李尔恭（2月—），副局长付强、包广平（11月—）、宫本胜、张学贵、刘文辉（11月—），纪检组长包广平（—11月）。设有办公室、法制处、财政审计处、经济责任审计一处、经济责任审计二处、行政政法审计处、教科文卫审计处、农业与资源环保审计处、固定资产投资审计一处、固定资产投资审计二处、企业审计处、社会保障审计处、金融审计处、外资运用审计处、人事处（机关党委）、纪检组（监察室）。

审计成果 大连市审计机关共完成审计和审计调查项目445个，延伸审计单位425个。通过审计，查出违规金额24.34亿元，损失浪费金额843万元，促进增收节支18.30亿元。向有关部门移送经济案件线索6件。向上级机关和有关部门提交综合性及专项审计报告、信息、审计要情被批示和采用178篇次。相继被评为省审计厅审计业务考核和审计项目质量检查优秀单位、依法行政先进单位、绩效考核优胜单位、政风行风建设免评单位。

财政审计 着重揭露预算管理中存在的突出问题，特别是按照中央八项规定的有关要求，着力检查“三公一会”（公务执行费、公务用车、公费出境和会议费）经费的真实性、合法性，促进财税部门和相关单位完善财政管理体制，提高财政资金使用效益。通过审计，查出违规金额19.29亿元，上缴财政12.71亿元。

固定资产投资审计 先后开展2010年至2012年中心城区6个区市县“五个一”工程建设管理使用情况、沿海经济带12个重点园区建设情况、市中心城区9个污水处理BOT项目等99项审计和审计调查。通过审计，查出违规金额864万元，上缴财政769万元，核减投资额3亿元。

经济责任审计 不断创新审计工作方式方法，着力构建责任告知、年度报告、离任交接、任中（离任）审计、问责整改“五位一体”的经济责任审计的新机制和格局。先后制定完善任中经济责任审计意见和离任经济事项交接工作规程，与组织部门共同开发建设《市经济责任审计信息化管理系统》，不断推进大连市经济责任审计工作科学规范发展。

专项资金审计（调查） 对全市6个区市县2011年至2012年农村耕地保护政策落实情况，

城乡商品市场体系建设情况，2012年住房公积金归集、管理和使用情况，市教育局等进行审计和审计调查，促进提高资金使用效益，推进相关政策的落实和完善。

交办任务 完成地方政府性债务审计、全市城镇保障性安居工程建设管理情况跟踪审计、十二运大连赛区组委会财务收支情况定期审计、大连赛区场馆建设项目跟踪审计、省属四所高等院校财务收支审计、大连大学附属新华医院资产负债及损益情况审计等任务。（撰稿人：蔡丹丹）

【营口市审计局】 2013年，营口市审计局人员编制54人，实有51人。局长迟成君，副局长王文良、张丽杰、许林，总审计师徐仁彪，纪检组长王建伟。设有办公室、经济责任审计工作办公室、财政审计科、金融与外资运用审计科、行政政法审计科、法制科、教科文审计科、社会保障审计科、固定资产投资审计一科、固定资产投资审计二科、农业与资源环保审计科、经贸审计科（年薪制审计办公室）、信息化科。

审计成果 营口审计机关完成审计项目238个，查出主要问题金额41.18亿元，损益（收支）不实金额5153万元；审计处理处罚金额1278万元；审计发现非金额计量问题92个；审计促进整改落实有关问题资金2.37亿元；出具审计报告和专项审计调查报告290篇，被批示、采用28篇；提出审计建议119条，提交审计信息21篇，被批示、采用16篇。

财政审计 预算执行审计工作主要围绕四个方面进行揭示、分析和评价：围绕强化财政精细化管理，全面反映财政管理绩效；围绕有效防范财政风险，集中反映政府担保融资机构经营现状；围绕促进惠民政策措施贯彻落实，突出反映民生项目执行效果；围绕规范权力运行，重点反映领导干部履行经济责任情况。对中小企业园、高新区、北海新区、仙人岛能源化工区和沿海产业基地5个园区财政收支进行审计。从审计情况看，各园区债务负担沉重、债务风险增大、后期资金投入呈"刚性"需求。审计结果引起市领导和各园区的高度重视。

政府性债务审计 揭示出县（区）政府在债务管理、债务举借等方面存在的22个问题。针对审计发现的问题，提出建立政府性债务风险预警机制，实行政府性债务统一归口管理，完善政府偿债渠道等审计建议，为县（区）政府加强债务管理，防范财政金融风险提供重要依据。

经济责任审计 在关注机关事业单位财政财务收支行为的同时，不断转变审计思路，深化审计内容，以业务职能履行情况为切入点，重点关注行业政策执行、业务管理及绩效、内控制度建立及执行等内容，注重分析问题产生的原因，提出审计意见和建议，督促相关单位及时整改。

专项资金审计（调查） 在经济运行领域，开展国有（留守）工业企业资产现状和政府担保融资机构运营状况审计调查；在民生保障领域，开展新农合基金、水利资金、福利彩票资金、扶贫救灾资金审计调查。通过审计调查把揭露问题与从体制、机制上分析原因结合起来，更加注重提出解决问题的对策和建议，更好地服务于领导的科学决策和促进政策措施的完善。

（撰稿人：韦昕雨）

【盘锦市审计局】 2013年，盘锦市审计局人员编制42人。局长王贺广，副局长李奇（—6月）、闫志刚、王钧（8月—）、郭克敏，纪检组长王钧（—8月）。设有办公室、法制综合科、经济责任审计办公室、经济责任审计科、财政金融审计科、文教行政审计科、农业与社保审计科、固定资产投资审计一科、固定资产投资审计二科。

审计成果 盘锦市审计机关共完成251个审计项目，查出违规及管理不规范金额43.80亿元，通过上缴财政、减少财政拨款、归还原渠道资金等促进增收节支7.63亿元。向司法机关移交经济案件线索1件，提交审计信息53篇，被批示、采用35篇次。

预算执行审计 重点审计盘锦市财政部门具体组织的本级预算执行情况、盘锦市公安局等20个市直部门的预算执行情况、2012年度市本级基本建设投资、产业发展基金、农机发展专项资金和城市维护建设资金的管理使用情况。审计查出违规金额1.78亿元。通过整改，已上缴财政资金535万元，核减工程造价结算款6905万元，归还借用的财政资金4200万元，按要求下达、拨付和发放资金4731万元，作调入预算资金管理1469

万元。

固定资产投资审计 完成辽滨沿海经济区基础设施工程、盘锦市中心医院工程、向海大道工程、盘锦市老干部局活动中心工程、盘锦大学工程等34个项目的造价审计和十二运比赛场馆等3个建设项目的跟踪审计，审计核减工程价款结算额1.12亿元。

政府性债务审计 对盘锦市4个县区、26个乡镇的政府性债务进行了审计。摸清各县区政府性债务的规模、结构、资金投向、管理现状等情况，分清政府性债务的偿债责任。揭示融资平台管理运作不规范、资产质量不实、部分贷款风险偏高等问题，提出合理控制政府性债务规模、严控新增债务、加强债务管理、完善风险控制机制等对策和建议，为促进经济持续健康发展发挥积极作用。

税收征管审计 对盘锦市地税系统2010—2012年度税收征管和财政财务收支情况进行审计。查出违纪违规金额5537.97万元。其中，税收征管方面违纪违规3774.57万元，财政财务收支方面违纪违规1763.4万元。

经济责任审计 完成县处级党政领导干部和国有企业领导人员经济责任审计29个。从审计结果看，被审计单位存在固定资产管理不规范、债权债务清理不及时、不严格执行政府集中采购、收入挂往来账、不合理处置抵债资产等问题。

交办任务 根据市政府交办，完成对大洼县荣兴镇财政所财务收支情况的审计，移交大洼县人民检察院1人。 (撰稿人：赵庆举)

【锦州市审计局】 2013年，锦州市审计局人员编制90人，在编106人。局长冯晓华，副局长何广华、马志军、李犁，总审计师牛继强。设有办公室、人事教育处、机关党委、行政管理处、法制处、督察处、财政审计处、金融审计处、行政政法审计处、教科文审计处、经贸审计处、农业与资源环保审计处、社会保障审计处、投资审计一处、投资审计二处、锦州市经济责任审计办公室、经济责任审计一处、经济责任审计二处、经济责任审计三处、信息审计处、内部审计指导处、龙栖湾审计分局。

审计成果 锦州市审计局完成审计项目115项，查出违规及管理不规范金额36.59亿元，为政府增收节支2.39亿元；向有关部门移交审计事项10件，向纪检、司法机关移送案件线索7件。开展的锦州城区土地出让价格形成机制及国土资金专项审计调查项目获审计署地方优秀审计项目奖、地方政府性债务审计被审计署记优秀公务员集体奖；审计业务综合考核获全省第三名；审计质量考核中获全省第一名；审计信息化建设考核全省第三名。被市委、市政府评为政绩考核优秀单位、政风行风建设先进单位、党风廉政建设先进单位、软环境建设先进单位、让基层满意和群众满意优秀单位、依法行政工作先进单位。

财政审计 将审计关口前移到预算编制环节，重点对部门综合预算的编制、批复、调整、执行等情况进行审核；突出对非税收入征缴情况、专项资金管理情况进行审计，深入揭露违规分配使用预算资金等问题；从体制、机制、制度层面提出加强预算管理的建议，有效促进厉行勤俭节约和深化财政体制改革。

政府性债务审计 对政府性债务数据变化情况进行核查，37篇审计动态信息被省审计厅转发，提出的23条审计建议全部被采纳，为各级政府决策提供真实清晰的债务底数。促进县区政府制定出台加强债务管理的制度办法3个，有效促进政府性债务管理。

经济责任审计 重新梳理和调整经济责任审计内容、流程和文书，使经济责任审计更加规范。全年完成19名党政领导干部经济责任审计，共查出违规违纪和管理不规范金额8000余万元，移送案件线索1件。

固定资产投资审计 对世界园艺博览会、锦凌水库、龙栖湾新区基础设施、十二运场馆建设等49个重大投资建设项目进行跟踪审计和竣工决算审计，核减工程款1.8亿元；发出审计意见函、跟踪审计意见单、工程结算审定单78份。

专项资金审计（调查） 围绕落实中央八项规定，对31个市直预算单位2012年度会议及活动等经费使用情况进行专项审计调查；围绕惠民政策落实，对市本级2011—2012年度就业专项资金管理使用情况进行审计调查，调查结果在《锦州日报》上向社会进行公告。 (撰稿人：宋子辉)

【葫芦岛市审计局】 2013年，葫芦岛市审计局行政人员编制59人，在编59人。局长王洪升（—2月）、梁成栋（3月—），副局长于桂芹、董伟健、陈道发、刘玉森、赵素芝、蒋晓东，总审计师王丽君，纪检组长段宇征。设办公室、人事监察科、综合法规科、经济责任审计办公室、经济责任审计科、财政金融审计科、行政事业审计科、社会保障审计科、经济贸易审计科、农业资源环保审计科、固定资产投资审计科、教科文审计科，下设国家建设项目审计中心、计算机审计中心。

审计成果 葫芦岛市审计机关共审计和调查380个部门和单位，查出违规及管理不规范金额24.6亿元，上缴财政金额7197万元，应减少财政拨款或补贴1965万元，应归还原渠道资金3.8亿元，应调账处理金额14.9亿元，核减工程造价及投资1.8亿元。向有关部门移送处理事项3个，出具审计报告和专项审计调查报告280篇，提交审计信息、审计综合报告68篇，提出审计建议405条。

政府性债务审计 8月，按照审计署和辽宁省审计厅的统一部署，全市审计机关对6个县（市）区及所属92个乡镇政府性债务情况进行审计。摸清6个县（市）区债务规模，全面厘清建市以来92个乡镇的政府性债务情况，揭示各地区债务资金管理和使用中存在的突出问题。

预算执行审计 共审计和调查120个单位，查出违规及管理不规范金额6.6亿元。揭示财政管理及相关部门预算执行存在的突出问题，严肃查处各类违法违规、损失浪费和屡查屡犯问题，从完善机制和制度层面提出审计意见和建议，维护公共资金安全。

税收征管审计 按照省审计厅统一部署，圆满完成全市地税系统2010—2012年度税收征管及财务收支审计工作。审计税款金额63亿元，占地区税收收入的42%。通过审计查出部分企业少申报税款问题，促进增加税源185万元，同时纠正地税系统在财政财务收支管理方面存在的问题。

经济责任审计 共完成经济责任审计133个，涉及135位领导干部，查出违规及管理不规范金额2.3亿元。有效推进经济责任审计组织机构建设，实施组织、纪检监察和审计部门同步联审制监督模式；规范领导干部经济责任审计报告格式，扩大对市管党政主要领导干部经济责任审计监督的覆盖面。

固定资产投资审计 共完成审计项目298个，核减工程造价及投资1.8亿元。完成环城公路、市中心医院改扩建等26个工程项目审计，核减工程造价和投资3023万元。加大对社会中介机构的核查力度，减少政府补偿资金1819万元。

专项资金审计 对葫芦岛市教育局及渤海船舶职业学院、市第一中等职业技术专业学校、锦西工业学校、市特殊教育学校2012年度职业教育和特殊教育资金进行专项审计调查。

（撰稿人：郭树元）

2013年辽宁省所辖区、县(市)级审计工作统计表

金额单位:万元

审计机关	完成审计项目(个)	审计查出主要问题金额	审计处理情况					出具审计报告和审计调查报告(篇)	提出审计建议(条)	提交审计信息(篇)
			审计处理处罚				移送处理事项(件)			
			应上缴财政	应减少财政拨款或补贴	应归还原渠道资金	应调账处理金额				
沈阳市										
沈阳市本级	104	3718362	80574		38261	14593		124	183	84
沈河区审计局	16	40046	120			3445		22	69	26
和平区审计局	30	20451	1244		3	1076		50	7	21
大东区审计局	19	101734	24					32	55	78
皇姑区审计局	44	68631	1750			18		44	62	38
铁西区审计局	35	14	3		4	3		56	13	8
苏家屯区审计局	39	58677	85			6		50	91	18
东陵区(浑南新区)审计局	41	137749			80	84		42	66	12
沈北新区审计局	47	63761	311			4		55	77	95
于洪区审计局	23	7455	1075		25	1		22	16	16
新民市审计局	41	3152	41		14	598		53	54	70
辽中县审计局	55	12238	2314		398	1705		65	117	85
康平县审计局	49	5801	14		13			70		15
法库县审计局	31	132027	2998		2852	68936		54	109	29
朝阳市										
朝阳市本级	143	640606	4294	14604	33296	45419	4	156	361	50
双塔区审计局	41	10079	86		121	480		52	118	21
龙城区审计局	9	2213	24		1700			9	7	
北票市审计局	55	53052	115					70	171	16
凌源市审计局	54	28046	16		352	1287		71	108	24
朝阳县审计局	72	20203	78	292	1099	8491		70	115	1
建平县审计局	51	11254	230		103	278		51	158	20
喀喇沁左翼蒙古族县审计局	82	3646	51		136	3		141	56	
阜新市										
阜新市本级	84	213959	3539	555	1040	11568	1	127	257	31
细河区审计局	28	1713	15			76		28	37	
海州区审计局	12	46962	6		622			21	10	21
新邱区审计局	5	709						9	11	

续表

审计机关	完成审计项目（个）	审计查出主要问题金额	审计处理情况					出具审计报告和审计调查报告（篇）	提出审计建议（条）	提交审计信息（篇）
			审计处理处罚				移送处理事项（件）			
			应上缴财政	应减少财政拨款或补贴	应归还原渠道资金	应调账处理金额				
太平区审计局	20	1817	217		509	271		34	33	
清河门区审计局	13	7750	5		239	6742		22	30	
彰武县审计局	83	66435	22			2		147	102	
阜新蒙古族自治县审计局	50	42141	17834		6	8804		76	276	
铁岭市										
铁岭市本级	38	374871	39498	3599	640	9796		50	67	69
银州区审计局	11	10866	16		814			17	29	
清河区审计局	21	40160	18		96			32	84	34
经济开发区审计局	11	66				47		16	12	2
调兵山市审计局	40	1082	165					72	60	23
开原市审计局	16	142778	279	1731	38680	1118		26	62	10
铁岭县审计局	21	3050	45		2	100		28	30	
西丰县审计局	8	691	3		138	552		8	5	36
昌图县审计局	44	15702	39		333	372		52	212	45
抚顺市										
抚顺市本级	103	433528	480	10414	6944	4951	3	108	192	64
顺城区审计局	28	113390	72	34		8		32	66	7
新抚区审计局	10	25173	1		21200	3300		10	7	18
东洲区审计局	10	18906	131		5	34		10	16	1
望花区审计局	13	1229	94			36		14	65	14
抚顺经济开发区审计局	3	36717						3	22	2
抚顺县审计局	51	4417	131		159	34		48	15	8
新宾满族自治县审计局	48	5152	14					48	30	6
清原满族自治县审计局	41	32508	253		1554	5002		40	86	
本溪市										
本溪市本级	31	86198	1279		2	5	10	35	61	51
平山区审计局	36	63		55				54	6	3
溪湖区审计局	17	308	1	276				20	18	
明山区审计局	89	2793		2321				89	114	

续表

审计机关	完成审计项目（个）	审计查出主要问题金额	审计处理情况					出具审计报告和审计调查报告（篇）	提出审计建议（条）	提交审计信息（篇）
			审计处理处罚				移送处理事项（件）			
			应上缴财政	应减少财政拨款或补贴	应归还原渠道资金	应调账处理金额				
南芬区审计局	14	456		373				64	26	9
本溪满族自治县审计局	46	1413	10		66	91		46	10	
桓仁满族自治县审计局	36	23290	314			22975		36		
辽阳市										
辽阳市本级	68	304970	647		257	360	1	68	113	
白塔区审计局	26	1359	5		6	450		26	18	
文圣区审计局	7							7		
宏伟区审计局	143							143	9	
弓长岭区审计局	99							99		
太子河区审计局	64	85995						83	56	
灯塔市审计局	134	60195	35		63			136	26	
辽阳县审计局	33	127216	9					33	5	
鞍山市										
鞍山市本级	66	36048						66	84	13
铁东区审计局	46	9822	5					31	50	11
铁西区审计局	47							47	50	
立山区审计局	13	6923	26	122	2796	3902		13	13	
千山区审计局	19	179						19	35	42
海城市审计局	83	73128	627	1181	964	4301	5	83	193	139
台安县审计局	127	23990	3					127	313	
岫岩满族自治县审计局	102	22410	306	1180	13155	42		102	87	15
丹东市										
丹东市本级	44	366126	60255		71576	98996		44	36	1
振兴区审计局	28	6209	4					27	55	3
元宝区审计局	18	3042	1					17	19	10
振安区审计局	20	27881	53		1033	20198		18	26	1
凤城市审计局	39	80531	549		84	6831	6	32	10	61
东港市审计局	25	26508	1503		7	24852		44	44	30
宽甸满族自治县审计局	31	22288	1576	385	229	17538		36	50	20

续表

审计机关	完成审计项目（个）	审计查出主要问题金额	审计处理情况					出具审计报告和审计调查报告（篇）	提出审计建议（条）	提交审计信息（篇）
			审计处理处罚				移送处理事项（件）			
			应上缴财政	应减少财政拨款或补贴	应归还原渠道资金	应调账处理金额				
边境经济合作区审计局	16	24762		25362				77	10	
大连市										
大连市本级	67	3336761	134312		95	270729	4	92	230	230
西岗区审计局	11	573	107					17	34	5
中山区审计局	9	241	40					16	16	2
沙河口区审计局	29	11077	275			31		55	48	24
甘井子区审计局	68	97949	821					112	226	
旅顺口区审计局	46	473382	87		1	135		75	105	60
金州新区审计局	21	656786	16696		457	15231		22	19	7
瓦房店市审计局	44	38778	196					61	149	2
普兰店市审计局	90	105566	2318					101	46	55
庄河市审计局	23	9480	11					33	97	21
长海县审计局	37	6662	10				2	57	28	93
营口市										
营口市本级	88	398738	31			1230		114	44	21
站前区审计局	8	157						10	4	
西市区审计局	7	535						9	14	
老边区审计局	38	531						46		
大石桥市审计局	21	944	6					21	14	
盖州市审计局	51	2014	10					61		
经济技术开发区审计局	28	8916						32	43	
盘锦市										
盘锦市本级	89	425730	156	31176	44200	64479	1	89	147	24
兴隆台区审计局	10	1200				1200		10	12	7
双台子区审计局	48	309				309		48	19	4
大洼县审计局	58	6433	4		360	6069		58	16	6
盘山县审计局	46	4308	375			3933		46	14	12
锦州市										
锦州市本级	115	1294681	20826		158	11298	17	134	202	55
太和区审计局	29	34895	5	5				29	81	
古塔区审计局	11	494				116		11	20	

续表

审计机关	完成审计项目（个）	审计查出主要问题金额	审计处理情况					出具审计报告和审计调查报告（篇）	提出审计建议（条）	提交审计信息（篇）
			审计处理处罚				移送处理事项（件）			
			应上缴财政	应减少财政拨款或补贴	应归还原渠道资金	应调账处理金额				
凌河区审计局	28	738						47	59	87
开发区审计局	13		811		3	109		13	47	
松山新区审计局	38	698		698	7803			38	8	
凌海市审计局	57	42366	426		2325	584		98	183	
北镇市审计局	12	3231	19			131		19	43	
黑山县审计局	28	68025	976		848	22470		37	59	
义县审计局	48	3216	62	70	1677	257		81	81	35
葫芦岛市										
葫芦岛市本级	76	28300	5	1708	3731	31069		76	125	47
龙港区审计局	35	22569	2188	189		20486		35	11	
连山区审计局	58	28809	40	68	767	7816		58	18	3
南票区审计局	2	5773						2	7	5
兴城市审计局	23	42175	4400		38	38133	3	23	36	1
绥中县审计局	50	31915	1		331	1921		50	160	
建昌县审计局	36	86695	563		33263	50437		36	48	1

吉林省

【吉林省审计厅】 2013 年，吉林省审计厅人员编制 122 人，在编 115 人。设有 13 个职能处（室）、6 个派出审计机构、3 个直属事业单位、吉林省纪检委监察厅派驻省审计厅纪检监察室。全省有县级以上审计机关 71 个，干部职工 2096 人。

领导成员

厅　　长：刘庆恒（3 月—）

副 厅 长：李成姬（—11 月）

徐彦夫　赵振民

总审计师：邹积新

纪检组长：张清华

审计成果 吉林省审计厅列入全年审计计划项目 76 个，审计署、省政府和省委组织部追加任务 69 个，实际完成 145 个，完成绩效评估项目计划的 191%。审计查出违规金额 293.12 亿元、损失浪费金额 5 亿元、管理不规范金额 418.85 亿元（以上数据不含政府性债务审计）；向司法机关、纪检监察机关和有关部门移送处理事项 13 件，涉及人员 13 人，移送处理金额 2.61 亿元；通过审计促进增收节支 10.47 亿元；全年共向上级机关提交审计综合报告信息 77 篇，被批示采用 54 篇，其中省领导批示 7 篇；提出审计建议 256 条，被审计单位制定整改措施 20 项。

财政审计 开展省本级、省直部门和省属高校预算执行及财务收支审计项目 26 个，组织全省审计机关开展税收征管审计，对部分市县开展财政决算审计；根据人大交办，完成中央代理发行地方政府债券的审计调查。

完成省财政厅具体组织 2012 年省本级预算执行情况审计和省级决算草案审计。审计发现在预算管理、财政收支、专项资金管理、财政管理方面，存在省本级政府性基金预算草案编制不细化、超范围使用省级预算资金、专项资金下达时间晚等问题，涉及金额 53.76 亿元。完成省发展改革委 2012 年度预算执行审计和管理分配省财政建设投资情况审计，查出发改委预算执行审计发现委本级项目经费结余过大、超范围安排预算内基本建设投资资金、挪用预算内基本建设投资资金等问题 2171.15 万元，向企业收取的赞助费 30 万元和长期挂账的项目结余款 23 万元，已将违规款项收缴省财政专户。完成全省地税系统 2012 年度税收征管审计，共发现全省地税系统少征、漏征企业税款，漏征滞纳金，漏征代征收入，延压税款等问题，向省地税局提出加强信息共享等 5 条管理建议，省地税局由督察内审处督办，监督涉及的相关地税机关采取有效措施，严肃整改，积极催缴入库，已整改金额 26.4 亿元。

组织开展全省审计机关对省工商局及其分支机构 2012 年财政收支情况的审计，发现上年结余未纳入预算、超预算拨款、无依据发放奖金、在下属单位核销费用、应缴未缴国有资产收益、违规接受企业赞助、罚没款物管理不规范等问题，问题金额 2133.43 万元。完成省农业综合开发办公室审计，主要发现超预算支出、挪用农业开发检查验收等项目经费招待支出等问题金额 116 万元，省农发办对于核减土地治理项目资金未履行审批程序，将资金用于增加原项目的工程量和差旅费支出较大等问题。完成省环保厅审计，主要发现 2008 年省环保厅本级环保系统减排监察能力建设项目地方配套资金不到位、往来款项清理不及时、逾期缴纳排污费收取滞纳金、委托业务企业收取验收调查费、专项结余不实等问题金融 5086 万元。完成省农委审计，主要发现预算编制不完整、“三公”经费和车辆运行维护费超预算支出、挪用专项资金、违规收费、使用不合规发票列支等问题金额 8143.21 万元。完成省卫生和计划生育委审计，发现厅本级和所属事业单位及医疗机构 24 类违规问题，金额达 6.34 亿元，向省纪检委驻省卫生厅纪检组移送处理事项 1 件。完成省中医药管理局审计，发现未执行预算项目资金、挪用财政专项资金、扩大开支范围、政府采购超支资金收回挂账等问题金额 1.08 亿元。完成省人力资源和社会保障厅审计，发现预算编制不科学、未及时批复所属单位预算、挪用专项资金等问题金额 2592.58 万元。完成省监狱管理局审计，发现未按规定执行公务卡强制结算、内控制度不健全、部门决算与财务账不符、无预算支出等问题，涉及金额 45087.91 万元。完成省有色地勘局审计，发现局本级及所属企事业单位结余和未分配利润未纳入预算、经营收入安排预算不科学、库房出租未签合同等 17 个方面的问题，违纪违规问题金额共计 2.3 亿元。完成省住房和建设厅的审计，发现挪用财政专项资金、滞留项目资金、虚开发票违规列支等 3 个方面 15 个问题，违法违规金额达 2840.65 万元。省信访局审计，发现 7 个方面 14 个问题，涉及违纪违规金额 79.41 万元，管理不规范金额 426.70 万元，省信访局逐条分析问题并整改，研究制定《吉林省信访局财务管理制度》《机关公务用车管理办法》。完成省教育厅审计，发现教育厅本级决算执行与预算编制口径不一致、违规从所属事业单位取得收入、办公楼维修改造未进行招标等问题金额 1.75 亿元。完成省司法厅审计，发现捐赠资金管理脱离财政监督检查、超预算支出、项目资金未单独核算等问题，涉及金额共计 799.5 万元。完成省司法厅劳教局审计，发现应计未计固定资产、下属单位存在坐支财政非税收入、会计核算不实等问题，违纪违规问题金额共计 4276.74 万元。在省外事办的审计中，发现挪用专项资金 432 万元、以拨列支 227 万元、大额现金支出 35 万元、公款私存 276 万元以及未履行政府采购购置家具等问题。

开展省属高校 2012 年度财务收支审计。吉林工程技术师范学院的审计，发现挪用教育资金、未经审批出租房屋、往来清理不及时等 12 个方面问题，违纪违规问题金额 11755 万元。长春工程学院的审计，发现超标准收费、应提未提勤工助学及特困生补助基金、对校办企业长期投资形成呆账、学院图书款项目施工设计未进行招投标等问题金额 426.27 万元。吉林农业科技学院的审计，发现挪用教育资金、应缴未缴财政收入、应缴未缴税费、职工房改款未存入专户管理、往来清理不及时等 13 个方面的问题，涉及金额 11802 万元。吉林财经大学的审计，发现无依据收费、超标准收取研究生学费、应缴未缴培训收入、违反规定办理定期储蓄等问题，涉及金额3277万元。吉林农业工程职业技术学院的审计，发现违规向职工集资、截留坐支非税收入、无依据发放补贴、工程竣工未决算未计入固定资产账等4个方面13个问题，违法违规金额达21111万元。长春师范学院的审计，发现违规收取转专业费、无证收费、违规预收教材款、账外资产轿车等问题资金1.58亿元。吉林司法警官学院的审计，发现公款私存私放、违规收费、食堂预收伙食费未纳入学院账内核算、新校区移址新建项目未及时办理竣工决算手续等问题，违纪违规问题金额共计3927.06万元。吉林警察学院的审计，发现应提未提困难学生补助金、超标准收费、财务管理不规范等问题，违纪违规问题金额共计738.51万元。

开展延边朝鲜族自治州和辽源市政府2012年度财政决算审计。延边朝鲜族自治州审计发现坐支土地出让金15亿元，应缴未缴矿产资源补偿费等非税收入、滞留中央及省专项资金、违规动支预备费、给非本级预算单位拨款、超预算借款1.3亿元，出借财政资金7亿元，挪用体育彩票公益金527万元，挪用土地出让金1亿元等问题以及财政管理方面存在基金预算编制不完整等问题。

辽源市审计发现违规制定优惠政策、应收未收土地出让金、应缴未缴财政基金收入、虚增财政非税收入、应缴未缴财政非税收入、违规退税、违规返还土地出让金、违规支付企业扶持资金、违规支付奖励资金、挪用专项资金、违规出借财政资金、违规给非预算单位拨款、违法占地、预算执行不及时、违规拆借基金、非法集资、虚增资产、虚增注册资金、虚假注册、使用虚假资料进行融资活动、违规发放贷款、超规模担保等37个方面的问题，涉及金额13.06亿元。

榆树市政府财政决算及其他财政收支审计发现市委市政府制定的《榆树市鼓励投资优惠政策》部分条款违反法规规定；预算管理方面存在预算编制不细化、预算编制不完整且未履行审批调整程序、违规平衡预算、支出挂账等问题金额6.75亿元；财政收入方面存在虚增财政一般预算收入、少列基金收入、虚增财政一般预算收入、虚增非税收入、少列土地出让金收入、应缴未缴财政专户造地费、虚增非税收入、应计未计一般预算收入、应缴未缴财政非税收入等问题金额1.88亿元；财政支出方面存在少列一般预算支出、扩大开支范围、违规奖励纳税企业、违规返还企业税款、虚增教育支出等问题金额5.57亿元；政府性债务的举借、管理和使用方面，违规为融资平台注资、违规融资等金额7.85亿元。

长春市双阳区政府财政决算及其他财政收支审计发现违规沿用和执行优惠政策、违规沿用招商引资优惠政策、违规返还土地出让金、违规退税等资金5706万元；预算管理方面存在超预算拨款、未编制政府采购预算、应提未提预备费等问题资金2.18亿元；财政收入方面存在应缴未缴预算收入、应缴未缴土地有偿使用费1888万元；财政支出方面存在虚列支出、挪用财政资金、给非预算单位拨款等问题资金1.44亿元；专项资金管理使用方面存在滞留专项资金、挪用专项资金11.84亿元以及土地管理方面存在的问题等。

专项资金审计（调查） 开展对26个县区农村饮水安全工程专项审计调查，发现多计工程价款1010.26万元、挪用专项资金77.18万元、滞留专项资金2105万元、超范围列支16.53万元、未按规定预留工程质量保证金163.76万元，以及通水率低、非法转包、擅自变更项目计划、水质不达标等问题。

开展省级科技专项资金管理使用效益情况审计调查，共审计调查420个单位的582个项目，占项目总数的12.21%，抽查项目资金5.66亿元，占项目资金总额的43.95%，发现科技专项资金投入结构不够合理、下达较晚拨付不及时、配套资金不到位、管理使用不规范等问题金额11.49亿元，促进长春中医药大学出台科研经费预算管理办法。

开展全省城镇保障性安居工程跟踪审计。全省审计机关对2012年各类城镇保障性安居工程（包括廉租住房、公共租赁住房、各类棚户区改造）的投资、建设、分配、运营等情况进行审计，涉及399个保障性安居工程项目的开工情况、231个项目的竣工情况、324个项目的工程建设和质量管理情况，延伸审计642个保障性安居工程项目融资、建设、勘察、设计、施工、监理、质量监督等相关单位和企业、227 个街道办（乡镇）、301 个居（村）委会、15760 户家庭。截至 10 月，促进各地出台保障性住房管理措施 11 项；主管部门腾退占用保障性住房 73 套，不符合条件家庭腾退保障性住房 437 套，重复获得保障家庭腾退保障性住房 61 套；退还租赁补贴 1394.22 万元；已归还原渠道资金 1.48 亿元；1 名责任人员被追究行政责任。

固定资产投资审计 全年共开展高速公路、土地整治、膜下滴灌等 11 项重点投资项目的审计。

长深高速长春至双辽段跟踪审计发现征地拆迁、林木砍伐、抢栽抢种抢建和取土场征用等问题仍未有效解决，严重影响项目建设进度。

开展中东部土地整治项目和中东部土地整治示范项目跟踪审计，发现套取项目资金、挪用项目资金、多结工程价款等 66 个问题，问题金额 20.19 亿元，存在工程质量问题、未经批复进行勘测、招投标不规范、监理单位无资质等项目管理问题 45 个。

西部土地整理项目跟踪审计发现采用已废止的定额标准编制投资估算 24.35 亿元、违规采用综合评估法评标涉及标的额 8298.55 万元、延期签订施工合同 7504.92 万元，以及利用膜下滴灌项目顶替高标准农田指标 2.33 万公顷、指挥部擅自委托无资格单位编制可行性研究报告、监理单位未履行监理责任、工程未按期竣工、工程质量不达标等问题。

水务集团膜下滴灌项目跟踪审计发现多签合同价款、配套资金未到位、挪用项目资金等问题金额 2.08 亿元，还存在方案未批复便开工建设、勘察设计和监理未公开招标、资产交付去向及后期管护主体不明确、监理单位未履行职责、质量监督不到位等项目管理方面的问题。

经济责任审计 全年共开展经济责任审计项目 81 个，涉及 99 人。研究起草《吉林省审计厅关于加强经济责任审计工作的意见》和《吉林省经济责任审计工作联席会议制度》。开展地方党委政府主要领导干部经济责任审计。对双阳区区长等 9 名县级党政领导干部的经济责任审计，发现问题金额 56.96 亿元，其中领导干部负主管责任金额 2.36 亿元，负领导责任金额 54.6 亿元；促进财政增收节支 5875 万元，已调账处理 6.39 亿元；提出审计建议 28 条。开展党政部门及单位主要负责人经济责任审计。结合省直部门预算执行审计和省属高校财务收支审计，共开展 18 名领导干部的经济责任审计，发现问题金额 29.89 亿元，均为领导干部负主管责任。促进财政增收节支 7046 万元，已调账处理金额 5.44 亿元，提出审计建议 43 条。

省委组织部全年分多个批次委托审计领导干部 26 人，结合市县政府决算审计开展领导干部经济责任审计 15 人，审计查出主要问题金额 118.94 亿元，其中负主管责任金额 2.08 亿元，负领导责任金额 116.86 亿元。

政府性债务审计 7 月至 10 月，对全省各级政府性债务进行审计。重点审计涉及政府性债务的政府部门和机构、经费补助事业单位、公用事业单位、融资平台公司等单位。客观评价对近年来政府加强债务管理的主要做法和成效，分析政府性债务风险分析状况，发现政府性债务管理、举借、债务资金使用环节中的问题，向纪检部门移送虚报债务案件线索 1 件，提出积极化解存量债务、加强债务监管等审计建议。

开展长春至珲春高速铁路建设项目政府性债务的审计调查。摸清吉珲铁路建设政府性债务的整体情况，揭示债务资金举借和使用管理中债务主体资格及贷款条件仍待解决等问题；对债务结构、规模进行分析；对债务偿还资金来源与风险情况进行分析和预测；提出高度重视偿债高峰期的集中到来，及早布局、妥善安排，采取具体措施解决偿债资金来源，总结债务举借、管理、使用中的经验和教训，结合各地情况制定征收管理具体实施办法及进一步充实平台公司资产、探索铁路资产证券化、铁路项目公司上市经营、吸引民营资本等新型融资渠道等建议。

企业审计 开展省属国有和国有控股企业资产负债损益审计。都邦保险公司的审计中，发现出资人股权存在代持问题、股东代持资格不符合规定；股东股权质押数量大、存在潜在风险，保险资金违规运用、应提未提坏账准备金、少缴税费；不合规列支市场营销费用、低套费率违规承保 97 笔、少收保费、承保“团体意外伤害险”中超比例批改替换被保险人、不合理支付手续费奖励费、应收保费长期挂账等问题。

开展省交通投资公司审计，发现抽逃注册资本金、虚列营业外收入、铁路项目效益差无能力偿还贷款、在征迁中多支付补偿款、违规回迁安置被征收户、违规评估企业资产及停产停业损失、超批复征用土地等问题。

在吉林昊融有色金属集团公司的审计中，发现违规问题 51 条，违规金额 168968 万元，应缴未缴利税 6124 万元。针对近年来公司效益持续大幅度下滑的情况，提出加强企业管理、确保国有资产保值增值的建议。

外资运用审计 组织开展吉林供排水等 4 个项目的公证审计，农产品质量安全项目发现项目进度过慢、会计软件存在漏洞等问题；供排水发展项目发现南郊污水处理厂项目超概算投资、挪用北郊污水处理厂贷款资金等问题金额 7260.81 万元；吉林城市基础设施建设项目发现延吉市热电厂供热管网工程未批先建，长春市第五净水厂项目厂区土建及设备安装工程超概算、部分工程未招标等问题金额 2.98 亿元；松花江水污染治理项目发现部分项目超概算投资、挪用项目资金、项目成本核算不实等问题，涉及金额 1.07 亿元。

日本国际协力银行贷款项目公证审计。松花江中上游林业生态建设项目发现上级部门占用项目车辆、部分基建项目未批先建等问题金额 745.32 万元；吉林市环境综合治理项目发现污水管网配套工程超概算、挪用项目资金及实物、集中供热工程设备材料采购未招投标、多付监理费等问题金额 6.91 亿元。

党的群众路线教育实践活动 按照中央和省委的统一部署，深入开展党的群众路线教育实践活动。省长两次到审计厅进行指导，全程参加厅党组民主生活会，对实践活动给予充分肯定。注重处理好实践活动与审计工作的关系，努力做到活动与工作两不误、两促进。深入查摆“四风一顽症”方面的问题，制定厅党组加强作风建设的 6 个方面 8 项专项整治措施；坚持边学边改、立说立改，着力加强制度建设，建立完善《吉林省审计厅工作规则》《审计人员文明守则》等 23 项规章制度。审计厅是全省第一家带头腾退办公用房的单位，主动取消领导小餐厅、建立送达审计室，通过节假日封车等措施严控车辆使用，降低车辆使用费，严格控制招待标准压缩招待费，减少现场会议召开视频会议控制会议费，同 2012 年相比，共计减少支出 637 万元，得到省委教育实践活动领导小组的肯定，中央电视台、中央人民广播电台和省内多家媒体，先后 8 次对审计厅教育实践活动进行宣传报道。 （撰稿人：徐仰辉）

【长春市审计局】 2013 年，长春市审计局人员编制 106 人，在编 103 人。局长李志刚，副局长吴焕军、贾士武、孔维进、赵力彦、孙忠林，总审计师李贵军。设有办公室、机关党委、法制处、人事监察处、财政金融审计处、教科文卫审计处、行政政法审计处、社会保障审计处、经贸外资审计处、农业与资源环保审计处、固定资产投资审计处、经济责任审计处、派出审计一处、派出审计二处、派出审计三处，下设审计学会和机关服务中心。

审计成果 长春市审计局通过对 86 个项目开展审计及审计调查，查出主要问题金额 187.9 亿元，其中违规金额 54 亿元，管理不规范金额 133.9 亿元；审计处理处罚金额 14.5 亿元，其中应上缴财政 9 亿元、应减少财政拨款或补贴 235 万元、应归还原渠道资金 6425 万元、应调账处理金额 2 亿元；审计发现非金额计量问题 148 个；审计促进整改落实有关问题资金 1.9 亿元，其中增收节支 1 亿元、已调账处理金额 8725 万元；审计后挽回（避免）损失 543 万元；移送司法机关、纪检监察机关和有关部门处理事项 11 件；出具审计报告和专项审计调查报告 1 篇，被批示、采用 1 篇；提出审计建议 194 条，提交审计信息 75 篇，被批示、采用 62 篇；向社会公告审计结果 1 篇。

财政审计 主要对市财政局组织市本级预算执行情况、2 个开发区及 11 个重点单位、部门预算执行情况及财政收支情况进行审计，对 2 个区政府财政决算情况进行审计，查出主要问题金额 146 亿元。

行政事业审计 以规范财务管理、堵塞财务漏洞为目标，对 11 个行政事业单位开展审计，查出主要问题金额 1.9 亿元。

固定资产投资审计 完成对 11 个政府性投资项目的跟踪及决算审计，揭露工程建设中存在的高估冒算、偷工减料、损失浪费等现象，查出主要问题金额26亿元，审减多结工程价款8022万元。

企业审计 以促进国有企业加强管理，提高国有资产使用效益为目标，组织对2个国有企业开展审计，查出主要问题金额2187万元。

经济责任审计 组织对14位领导干部开展任期经济责任审计，并根据市委组织部的临时委托，对17位领导干部开展任前审计，查出领导干部应负直接责任的违规金额1.5亿元，应负主管责任的违规金额8992万元，应负领导责任的违规金额969万元。

专项资金审计（调查） 对关系经济社会发展、涉及人民群众切身利益的各种专项资金如医保基金、残保金、政府性基金等进行审计（调查），查出主要问题金额9.4亿元。

（撰稿人：杨冬玲）

【白城市审计局】 2013年，白城市审计局人员编制47人，在编42人。局长李晓峰（－8月）、沈雪松（9月－），副局长陈桂侠、于长水、刘志新（2月—），总审计师郑国华（2月—）。设有办公室、总支、行政政法审计科、科教文审计科、财政审计科、金融审计科、固定资产投资审计科、农业与资源环保审计科、领导干部经济责任审计科、经贸及外资运用审计科、社会保障审计科、法规科，下设经济责任审计中心。

审计成果 白城市审计局完成审计项目53个，查出主要问题金额283347万元，其中违规金额174831万元、损失浪费金额337万元、管理不规范金额108177万元；损益（收支）不实金额4721万元；审计处理处罚金额186066万元，其中应上缴财政65397万元、应归还原渠道资金62608万元、应调账处理金额51555万元；审计发现非金额计量问题875个；审计促进整改落实有关问题资金2140万元，其中增收节支2万元、已调账处理金额73万元；审计促进拨付资金到位1039万元；审计后挽回（避免）损失3万元；出具审计报告和专项审计调查报告63篇；提出审计建议56条，提交审计信息120篇。

财政审计 对财政和地税以及市民政局、市交通局、市机关事务管理局、市国土资源局等8个部门预算执行情况进行审计，审计发现年初财政预算不完整、未编制政府采购预算、挤占挪用专用基金补充经费、隐瞒应缴预算收入、转移财政资金、违规减免土地出让金、给非预算单位拨款、虚开发票套取资金用于处理相关费用、个别部门“三公”经费明显偏高、内控制度不健全且执行不到位以及国有资产管理不规范等问题，提出审计建议，促进和完善财政管理和预算制度，提高财政资金的使用效益，进一步提升财政预算执行审计的层次和水平，“两个报告”得到白城市政府和市人大的普遍好评。

行政事业审计 共审计23个单位，审计查出主要问题金额16780万元，应上缴财政9147万元。审计查出主要问题有大额支付现金、违规改变资金用途、少计少缴税费、扩大开支范围、违规使用发票、违规采购等问题。

固定资产投资审计 结合白城市委、市政府中心工作，重点对长阿高速公路白城绕城线、阳光广场、新城区建设和老城区改造等10个工程进行决算和跟踪审计。已经完成长阿高速公路白城绕城线、阳光广场、师范学院西校区建设和白城市第一中学教学楼维修加固及新教学楼工程等项目的竣工决算审计。审计项目投资金额80125.26万元，审计核实投资金额78815.66万元，审减投资金额1309.6万元。对违规支付征地拆迁费提高拆迁成本、管理不善导致损失浪费、不按规定招投标、监理和审计单位不认真履职等问题进行揭示。针对问题深入分析原因，提出审计建议，促进建设单位加强管理、规范行为和提高资金使用效益。

经济责任审计 以推动建立健全问责机制、促进依法行政和提高管理水平为目标，坚持“积极稳妥、量力而行、提供质量、防范风险”的原则，采取经济责任审计与预算执行审计、财务收支审计相结合的办法，对组织部门委托的26名领导干部进行经济责任审计，查出违规金额40108万元，管理不规范金额21231万元，起到提前预警的效果。

专项资金审计（调查） 对省级科技专项资金、5个县（市、区）政府性债务、市本级2009—2012年度中央代理发行地方债券、住房公积金以及城镇保障性住房等5个项目实施审计、审计调查及跟踪审计，重点检查相关政策贯彻落实情况，揭示反映政策落实不到位以及资金分配、管理方面存在的问题，提出审计建议，规范资金的管理和使用，维护资金安全，保证政府各项安民、惠民、利民政策落到实处。已经完结的审计调查，查出问题金额95025万元。在住房公积金审计期间，住房公积金管理部门修改完善《白城市住房公积金贷款管理办法》《白城市住房公积金缓缴或降低缴存比例管理办法》，降低住房公积金筹集使用准入门槛，取消担保收费，规范评估收费行为，减轻弱势群体负担。（撰稿人：蒋玉民）

【松原市审计局】 2013年，松原市审计局人员编制43人，在编42人。局长冯邦国，副局长吕龙（6月—）、夏先飞，纪检组长吴国权。设有办公室、法制科、科教文卫审计科、财政金融审计科、经济责任审计科、经贸审计科、行政事业审计科、农业与社会保障审计科、机关党委；下辖松原市审计中心、内审协会、审计学会。

审计成果 松原市审计局共完成审计项目94个，财政审计及重点预算执行单位审计19个，专项审计及审计调查4个，经济责任审计44个，固定资产投资审计27个。全年查出问题金额48亿元，其中：违规金额2.4亿元，管理不规范金额45.6亿元。全年上缴财政3770万元，归还原渠道资金22770万元，应调账处理金额41000万元。审减政府投资工程造价2.5亿元，审计查出问题整改率达到90%，全年提交各类审计报告和审计信息198篇，提出审计建议41条，被审计单位采纳7条，制定修改部门建议5条。

财政审计 通过同级预算执行审计，发现财政部门在预算编制和执行过程中不规范、不科学、不透明，相关部门在管理使用政府基金中的组织收入不到位、安排使用不合理，部分预算执行单位组织罚没收入、其他财政收入不到位，部分预算执行单位管理使用专项资金效益不高以及财政、财务收支中存在的违纪违规问题。市政府于8月7日召开全市各相关部门和单位参加的预算执行审计结果通报会，有效地促进全市财政管理水平的提升。市审计局代政府向市人大提交2012年度财政决算审计工作报告，并按照市人大的意见对查出的问题督促各单位进行整改落实。

专项资金审计（调查） 按照省审计厅的部署，开展全市2009—2012年度中央代理发行地方政府债券管理保用情况审计调查和省级科技专项资金管理使用和效益情况审计调查。按照市政府的要求，开展全市非税收入审计调查、“三公”经费和中央八项规定落实情况审计调查、市政公用事业特许经营管理情况审计调查和市本级安排的第三产业发展引导资金、畜牧业发展专项资金的绩效审计。通过审计和审计调查，全面了解和掌握相关部门和行业中存在的突出问题，摸清各项资金的规模和效益情况，反映影响党政机关干部形象以及损失浪费等百姓关心的切身问题。

固定资产投资审计 完成对松原市市政工程管理局、市园林处、市规划局等27个政府投资项目的审计，审减工程造价2.5亿元，审减率为10%，从根本上推动和促进全市工程建设管理水平提高，切实节约财政资金和保证政府投资的经济和社会效益。

经济责任审计 推进经济责任审计联席会议办公室的设立，健全和完善经济责任审计相关法规制度，切实促进经济责任审计工作上一个新台阶。全年完成经济责任审计项目44个。在审计中，以财政、财务收支的真实、合法、规范和效益性为基础，重点审计领导干部“三权一廉”情况。全面、客观、公正评价党政领导干部的经济责任，促进领导干部依法履行职责，为干部监督管理部门考核、选拔干部提供参考依据。

（撰稿人：闫　旭）

【吉林市审计局】 2013年，吉林市审计局人员编制86人，在编81人。局长姜亚男（9月—），副局长赵世海、李英华（12月—）、尹永全（12月—），总审计师孙江旭，纪检组长尹绍群。设有办公室、法规处、财政审计处、金融审计处、行政事业审计处、经贸审计处、农业与资源环保审计处、社会保障审计处、固定资产投资审计处、外资运用审计处、经济责任审计处、派出审计工作处、人事处、机关党委。

审计成果 吉林市审计局完成审计项目101个，查出主要问题金额17825万元，其中违规金额7038万元，管理不规范金额10787万元；审计处理处罚金额8147万元，其中应上缴财政1406万元，应归还原渠道资金778万元，应调账处理金额5963万元；审计促进整改落实有关问题资金

12083万元，其中增收节支5696万元，已调账处理金额688万元；审计促进资金拨付到位5417万元；审计后挽回（避免）损失282万元。移送司法机关、纪检监察机关和有关部门处理事项8件；提出审计建议249条，提交审计信息437篇，被采用237篇。吉林市审计局荣获审计署（国家公务员局）全国政府性债务审计集体三等功奖励。被吉林市委市政府授予吉林市精神文明建设先进单位、吉林市政府部门绩效考核先进单位、吉林市政府部门政务公开工作先进单位、吉林市委、市政府信息宣传工作先进单位、吉林市依法行政先进单位、吉林市行政执法“双十佳”标兵单位和吉林市法制机构规范化建设示范单位。

财政审计　完成对永吉等5县（市）2012年度税收政策法规执行情况、税收计划完成情况和预算执行情况审计，移送公安、检察机关案件2件，按属地补缴入库2701万元。完成对吉林市财政局等26个部门（单位）2012年度预算执行及其他财政收支情况审计。

行政事业审计　完成对吉林市江北公园、吉林市一中等15家事业单位财务收支审计。查实教育系统存在的违规收取补课费、超计划招择校生、学校食堂管理混乱等问题。

固定资产投资审计　完成吉林市暖房子工程设计费审计，节约吉林市财政投资388万元；完成吉林市蓝旗大桥复工工程送审决算审计，审减投资59.82万元；完成对吉林市某宾馆维修改造项目决算审计审减节约政府固定资产投资6632万元。

企业效益审计　对吉林市某投资有限公司的审计中，对多缴企业所得税2543万元和多计盈余公积762万元问题提出审计整改建议，挽回财政支出3305万元。节约财政资金约1400万元。

社会保障审计　完成吉林市社会保障资金跟踪审计。与财政等相关部门配合，通过追缴市本级社会保险基金未执行优惠利率少得利息，为市本级财政年增加社会保险基金3300万元。

经济责任审计　完成组织部门委托的37个市管领导干部经济责任审计。

专项资金审计（调查）　完成对吉林市债券（转贷），桦甸、磐石、永吉3个县（市）政府债券资金的审计调查。完成对吉林市所辖9个县（市）、区及所属76个乡镇的政府性债务审计。

内部审计　吉林市共注册登记内部审计机构203个，其中专职机构91个，内部审计人员626人，共完成审计项目和审计调查项目共5525个，其中财务收支审计1329个、经济效益审计958个、经济责任审计项目1865个、审计调查1373个。查出违纪违规金额93万元，促进增收节支10442万元。提出建议意见被采纳896条。

（撰稿人：董景玉）

【四平市审计局】　2013年，四平市审计局人员编制69人，在编65人。局长郭玉文，副局长孟宪国、郑斯忠、董柏成，总审计师马冀，纪检组长张崇。设有办公室、综合科、人事科、法制科、财政审计科、金融审计科、行政事业审计科、经贸审计科、农业与资源环保审计科、社会保障审计科、固定资产投资审计科、经济责任审计科、外资运用审计科、政法审计科、科教文卫审计科、商粮审计科、机关党委和审计中心，另设纪检组和监察室。

审计成果　四平市审计局全年完成审计项目67个，查出主要问题金额151654万元，其中违规金额88666万元，管理不规范金额62965万元，损失浪费金额22万元，促进增加财政收入1033.7万元；移送司法机关、纪检监察机关和有关部门处理事项1件；出具审计报告和专项审计调查报告8篇，被批示、采用4篇；提出审计整改建议152条；提交审计信息68篇，被批示、采用35篇。

财政审计　通过对财政、地税等预算管理部门及中央代理地方政府发行债券资金的审计，查处用省专项资金平衡预算、挪用专项基金、资金及专项收费、应缴未缴各项税金等问题，促进预算管理工作的规范化、科学化。通过对公安、林业、住建、卫生等12个重点预算执行单位的审计，及时纠正个别部门存在的违纪违规问题。“两个报告”得到市政府和市人大常委会的好评。对双辽市、梨树县、四平经济技术开发区3个下级政府实施财政决算审计，查处给非预算单位拨款、挪用专项收费及土地出让金等问题，并对其他一些不规范的财政财务收支行为进行及时纠正。

固定资产投资审计　通过对暖房子工程、紫气大路立交桥、水上公园、紫昕广场、新华大街改造及东南新城回迁楼项目的跟踪审计，共核减工程款 1.08 亿元。在东南新城、南北滨河路、24JHJ—1 大连万达广场、铁西区东风路、师院西街等征地拆迁复核工作中，审计复核 727 户，面积 8.9 万平方米，货币补偿金额 9580 万元。

专项资金审计（调查） 对全市 95 家市直企业使用中央资金和省级专项资金情况，66 家行政机关、事业单位非税收入情况，55 个单位省级科技专项资金管理、使用及效益情况进行专项审计调查，发现个别企业通过虚报项目获得省发展专项资金、非税收入收取不规范、科技资金拨付晚影响资金有效使用等问题，提出审计整改意见和建议。对市妇婴医院医疗器械、药品采购及财务收支情况进行审计和调查，发现部分药品采购未组织招投标、医疗设备采购未实行政府采购、药品违规加价、乱收费等问题。

政府性债务审计 对四平所属 6 个县（市、区）政府开展地方政府性债务审计，对审计中发现的违规担保、违规发生新的债务、违规集资、未按合同规定用途使用债务资金、政府性债务资金未及时安排使用、违规占用农民土地补偿款等问题进行纠正和处理。被审计署评为全国地方政府性债务审计先进公务员集体。

经济责任审计 结合财务收支审计对 12 名领导干部实施经济责任审计，共查处违规违纪金额 1404 万元。其中负直接领导责任金额 78 万元，负主管责任金额 39 万元，负领导责任金额 1287 万元，向市纪委移送案件线索 1 件。

交办任务 配合审计署驻长春特派办、省审计厅完成对吉林省财政厅财政存量资金审计，四平市公安局局长任期经济责任审计，全市及所辖 3 个县 3 个区财政、民政、红十字会、慈善总会等 2013 年抗洪抢险灾后重建项目和资金的跟踪审计工作。按市领导要求完成第十二届中国国际儿童电影节、2013 全国公路自行车公开赛财务收支审计工作等审计任务，得到上级审计机关和市领导的肯定。

（撰稿人：李　林）

【辽源市审计局】 2013 年，辽源市审计局人员编制 35 人，在编 35 人。局长王少宏，副局长姜元东、王彦明、吴海燕（1 月—），纪检组长吴宝华（1 月—）。设有办公室、法制科、审计监督科、财政审计科、金融审计科、经贸审计科、经济责任审计科、行政事业审计科、农林环保审计科、固定资产投资审计科、社会保障审计科。

审计成果 辽源市审计局完成审计项目 62 个，查出违纪违规金额 199949 万元，提出审计整改建议 307 条，促进企业增加收入 700 万元，减少损失浪费 1000 万元。出具审计工作报告、审计调查报告 65 篇，被采用 7 篇，审计信息被采用 265 篇。

财政审计 对本级财政及 14 个预算部门进行审计，查出违纪违规金额 124236 万元；对上年审计提出问题整改情况进行审计检查，主要问题得到纠正；对开发区财政决算进行全面审计，查出挪用专项资金等突出问题，开发区按照审计建议积极整改；对东辽县、东丰县税收征管情况进行审计，查出违纪问题 2662.5 万元，两县地税部门及时向审计部门上报了审计整改情况报告。

国有企业审计 对公共汽车公司等 4 户国有企业资产负债损益情况进行审计，查出漏缴税费等违纪违规金额 5426 万元。审计后，公汽公司按照审计建议补缴职工社会保障资金 158.7 万元。对水务集团污水处理厂亏损运营问题实施效益审计，提出加强经营管理审计建议，促进企业增加收入 700 万元，减少损失浪费 1000 万元。

专项资金审计 对东辽县、东丰县政府性债务进行全面审计，查实政府性债务的总体规模、结构和存在的突出问题，揭示偿债风险，就规避未来偿债和新举债风险提出审计建议。两县政府采取措施加强政府性债务管理，滞拨和挪用的债券资金全部下拨和归还。市审计局被审计署评为全国政府性债务审计先进公务员集体。

经济责任审计 对 23 个部门领导干部进行经济责任审计，查出漏缴税费、坐支房租收入等违纪违规问题 9275 万元；客观地认定领导干部经济责任，相关经济责任人认真落实整改建议，规范财务管理。

专项审计调查 对医疗收费、环保资金、残疾人保障资金、出租车拍卖资金、农发资金等 7 个民生项目进行专项审计调查，发现违规收费、未代扣代缴各种税金等违纪问题金额 4178 万元；对惠民卡审计调查发现有死亡后继续使用、违规办理、冒用惠民卡867人，相关部门落实审计建议，逐个社区排查、整改，通过年检和“一卡通”办理，堵塞漏洞，财政因此每年减少40万元损失。（撰稿人：宋发林）

【通化市审计局】 2013年，通化市审计局编制41人，在编33人。局长杨希文，副局长陈卿、蒋辉，纪检组长董德恩。设有办公室、纪检监察室、人事教育科、法制科、财政审计科、行政事业审计科、政法审计科、经贸金融审计科、农业与资源环保审计科、固定资产投资审计科、社会保障审计科、执行科、经济责任审计科，下设审计中心、审计信息中心。

审计成果 通化市审计局完成审计项目68个，查出违法违规金额8117万元、管理不规范金额14498万元、应归还原渠道资金7073万元、收缴违纪金额820万元。提交工作报告、信息229篇，被采用172篇。

财政审计 在财政审计中，揭示债券资金使用和管理中存在的未按照核定用途转贷资金2.16亿元。审计5个地税部门，查出应征未征土地出让金契税100余万元，追缴入库税款80余万元。

行政事业审计 对义务教育经费管理使用及效益进行审计，查出超计划招收择校生多收取择校费911万元，无依据收取补课费30万元，收缴金额80.4万元。对通化市某4个局财务收支及管理情况进行审计，共查出违规违纪金额6804.36万元，提出审计整改建议14条。

农业与资源环保审计 对农业部门实施审计，查处违规金额264.30万元。对环保部门实施审计，查出违规金额7.80万元。

固定资产投资审计 重点对土地整理资金——某区无公害蔬菜生产基地建设项目工程实施审计，查出多计工程款、未预留质保金等100余万元。

社会保障审计 对社会保障资金审计发现的问题整改情况进行跟踪审计调查，查出违纪金额近4亿元，收缴入库45万元；对某县城镇保障性安居工程2013年投资、建设、分配、运营等情况进行审计，查出违纪违规金额5000多万元，罚没款收缴入库48万元。

企业审计 对通化市某燃气总公司2012年度资产负债损益情况进行审计，查出违规金额1322.31万元。

经济责任审计 共审计经济责任人41人（41个单位），查出问题金额25161万元。其中违纪金额76万元、管理不规范金额25084万元、处罚处理金额2475万元。

专项资金审计 对通化市某局综合征费办公室2011年至2012年财务收支专项资金进行审计，查出以物抵费、应征未征各项收费等问题金额300余万元，已整改200余万元。（撰稿人：李廷林）

【白山市审计局】 2013年，白山市审计局人员编制37人，在编34人。局长钟铁鹏，副局长纪秉华、李本志、杨志刚，总审计师田成鹏，纪检组长迟云兰。设有办公室、综合科、人教科、法制科、固定资产投资审计科、财政审计科、经贸审计科、行政事业审计科、文教审计科、农业与资源环保审计科、政法审计科、外资金融审计科，下设白山市审计中心、白山市审计信息中心。

审计成果 白山市审计机关审结项目198个，查出主要问题金额620766万元，其中违纪违规金额34047万元，管理不规范金额586718万元，调账处理金额19783万元，归还原渠道资金4414万元。被采用审计工作报告、信息1345篇。

财政审计 对市财政局、市司法局系统、市公安局系统等37个市直部门开展预算执行审计和部分单位的财务收支审计。开展江源区地税局、抚松县地税局的税收征管情况审计和江源区人民政府决算审计。根据审计结果，在市七届人大常委会第七次会议上做关于《白山市2012年市直预算执行和其他财政收支的审计工作报告》。

固定资产投资审计 开展市暖房子2010年至2012年工程项目、石人至三道湖公路江源段工程项目等重点项目审计。其中市暖房子工程项目审计核减工程造价近1000万元。完成城市棚户区改造等政府临时交办的审计工作70余项，核减工程造价100多万元。在对铁南新城小区基础设施项目安置碱厂沟河、月牙河及向阳路等项目拆迁户超期补偿费用审计中，审减费用115万元。

经济责任审计 完成审计项目117个，其中任中经济责任审计42个，离任审计75个。查出管理不规范金额81772万元，其中负直接责任金额895万元，负主管责任金额3493万元，负领导责任金额77382万元；违规金额666万元。其中负主管责任金额642万元，负领导责任金额23万元。通过经济责任审计，客观评价领导干部任期经济责任，规范领导干部的经济行为，促进党风廉政建设制度的落实。

政府性债务审计 根据审计署的部署，抽调业务骨干20人，并组织县区50余人，组成6个审计组，分别对所属6个县（市）、区的县乡政府性债务进行全面审计。通过对2011年以来政府性债务的审计，分析政府性债务的规模、结构及变化情况、风险变化情况及债务举借、管理和使用情况，提出相应的审计建议，为各级政府妥善处理存量债务，严格控制新增债务，防范和化解潜在风险提供决策依据。

企业审计 根据市政府工作安排，对房地产开发企业、煤矿和煤炭深加工企业2006—2012年度税费政策执行情况、税费征管情况、税费减免优惠政策执行情况进行审计检查。在当年审结的16户房地产开发企业中，查出漏提漏缴营业税、企业所得税等各项税金1371余万元，未提未缴各项代收费、基金143.8万元，企业欠缴各项税款3000万元；在审结的18户煤炭深加工和煤炭经销企业中，查出欠缴防洪基金、副食品价格调节基金、矿产资源补偿费1088万元。

专项审计调查 对白山市直2009—2012年度中央代理发行地方政府债券资金管理和使用情况的进行审计调查，并延伸审计调查市林业局、市住建局等6个项目单位，审计调查19个使用地方政府债转贷资金项目，占市直项目总数的79.17%；审计调查地方政府转贷资金总额11713万元，占市直项目总额的79.03%。

（撰稿人：董立夫）

【延边朝鲜族自治州审计局】 2013年，延边朝鲜族自治州审计局人员编制52人，在编44人。局长赵渭济，副局长朴红花、曲立军，总审计师玄龙男。设有办公室、法制处、财政金融审计处、经济贸易审计处、农业与环境保护审计处、行政事业审计处、固定资产投资审计处、社会保障审计处，政法审计处和经济责任审计处，下设经济责任审计中心。

审计成果 州本级完成的审计项目共100个，审计金额1294689万元，查出主要问题金额669543万元，应上缴财政金额8669万元，应减少财政拨款或补贴1163万元，应归还原资金渠道18222万元，应调账处理87751万元。移送处理事项7件；提出审计建议136条；提交并被州委、州政府领导批示信息6件，各类文章、信息被省以上报纸杂志及网络媒体采用57篇。

财政审计 严格按新审计准则开展财政审计工作，在审计中力求审计方式方法转型，从政府年初预算入手，检查预算支出是否严格按照年初预算列支资金等，查出本级财政预算执行不严格，在预算执行中对大部分预算科目进行调整以及没有编制各种基金预算等问题。本级预算执行审计共查出管理不规范金额19139万元，提出合理化建议6条，为促进提高预算编制的透明度做出贡献，为州委、州政府宏观经济决策提供更多翔实的参考依据。

政府性债务审计 8月初至9月中旬，根据审计署总体安排，成立债务审计领导小组，打破处室界限，统一组织9个审计小组赴各县（市），齐心协力，各司其职，创新审计的方式方法，在派驻各县（市）审计组的同志们齐心努力下，克服重重困难完成任务。

社会保障审计 从2012年10月开始到2013年1月结束保障性住房跟踪审计，州审计局及时把审计调查情况汇总报告给州委、州政府领导，引起州委、州政府的高度重视，5月8日，州长主持召开由各县（市）政府一把手参加的审计整改专题会议，落实整改路线图和时间表。

民生资金审计 在民生审计方面，2013年度除对芦山地震捐赠款物情况的审计调查，住房公积金归集、使用、增值收益审计，全州抗洪抢险、灾后重建项目资金跟踪审计和保障性住房跟踪审计外，还对州民政局及所属单位财政财务收支进行审计，共查出违规金额2817万元，管理不规范金额19571万元，损益（收支）不实金额1419万元，审计处理处罚2529万元（其中自行上缴财政956.22万元，收缴入库274.78万元，归还原渠道资金1195万元，调账处理111万元），移送处理案件4件，涉及金额7613万元，提出审计建议18条。

抽调人员对全州8个县（市）开展运输管理行业管理的农村道路客运、城市公交、出租车成品油价格改革财政补贴油补资金的专项审计调查。经审计调查，发现运管企业多报耗油量骗取油补资金问题；运管部门工作人员贪污、挪用油补资金，骗取油补资金用于偿还借款，擅自制订油补资金分配方案、人为调节油补资金发放问题；客运车辆档案管理混乱，行政文书相关信息缺失、管理不规范等问题。撰写《我州成品油价格改革财政补贴资金管理亟待加强和改进》的审计信息上报州委、州政府领导，州委书记做出重要批示。

固定资产投资审计 组织实施全州校安工程项目审计，对发现的问题进行汇总上报州委、州政府领导，引起州委、州政府领导的高度重视，并做出批示批转相关部门执行落实；对州博物馆、州图书馆“9·3”工程实施跟踪审计，审计人员夜以继日，如期完成任务。校安工程项目和两个州庆项目工程结算的审计结果显示，工程结算审计金额共计26629万元，审减1672万元。

经济责任审计 受州委组织部委托，对州属48名部门县级领导干部进行经济责任审计。

（撰稿人：石兴策）

2013年吉林省所辖区、县(市)级审计工作统计表

金额单位：万元

审计机关	完成审计项目(个)	审计查出主要问题金额	审计处理情况					出具审计报告和审计调查报告(篇)	提出审计建议(条)	提交审计信息(篇)
			审计处理处罚				移送处理事项(件)			
			应上缴财政	应减少财政拨款或补贴	应归还原渠道资金	应调账处理金额				
长春市										
长春市本级	86	1879356	90956	235	6425	20202	11	86	194	75
南关区审计局	29	35503	3733				2	29	36	47
朝阳区审计局	18	55433		148				18	58	
宽城区审计局	11	78507			8459	54100		11	16	12
二道区审计局	16	241667	267			11		16	7	52
绿园区审计局	22	60301	38		47597	6817		22	58	
双阳区审计局	29	10430	2299	684		95		29	48	86
德惠市审计局	20	2992	2239			70		20	108	51
九台市审计局	15	64785	1240		912	39		15	70	
榆树市审计局	40	167712	512		70937	29403		40	84	28
农安县审计局	28	16628	4585		1867	1041		28	1	
白城市										
白城市本级	53	283347	65397		62608	51555		119	56	120
洮北区审计局	33	14106	126	28	12492			33	23	22
大安市审计局	52	23173	149		1222	73		87	94	8
洮南市审计局	38	62456	260		11304	114	7	41	117	36
镇赉县审计局	58	25317	186	32	1100	62		58	123	117
通榆县审计局	92	43095	152		103	138		92		16

续表

审计机关	完成审计项目（个）	审计查出主要问题金额	审计处理情况						出具审计报告和审计调查报告（篇）	提出审计建议（条）	提交审计信息（篇）
			审计处理处罚				移送处理事项（件）				
			应上缴财政	应减少财政拨款或补贴	应归还原渠道资金	应调账处理金额					
松原市											
松原市本级	94	480000	3770		22770	41000			94	41	104
宁江区审计局	37	9300	3996	114		2551			37	3	51
扶余市审计局	40	43624	4121	20	5296	7995			51	64	48
长岭县审计局	54	8941	289	969	3324				54	118	32
乾安县审计局	57	2656	359		59	2238			57	171	32
前郭尔罗斯蒙古族自治县审计局	74	15942	25		408	11910			74	156	86
吉林市											
吉林市本级	101	17825	1406		778	5963	8		152	249	437
船营区审计局	12	436	3		31	5			12	9	4
龙潭区审计局	5	60521							5	12	14
昌邑区审计局	14	1562	15			18			14	46	23
丰满区审计局	23	13504	377		95	1895			30	41	1
磐石市审计局	54	3963	76		20	957			54	108	25
蛟河市审计局	42	58000	167	3443	1056	562	1		42	82	92
桦甸市审计局	37	168535	417		103765	64195			36	38	55
舒兰市审计局	16	6930	29	125	344	2282			6	35	5
永吉县审计局	26	1433	28		159	258			25	51	20
四平市											
四平市本级	69	88666	755	119	30070	488683			69	157	38
铁西区审计局	3	16	16			2			3	6	
铁东区审计局	15	166	3						15	38	
双辽市审计局	56	125	41		8	7368			15	21	
梨树县审计局	51	3178	83		545				51	114	86
伊通满族自治县审计局	42	426	46		3	2191			42	58	24
辽源市											
辽源市本级	62	199949							65	307	265
龙山区审计局	36	421							59	80	46
西安区审计局	8	4929							29	44	15
东丰县审计局	16	7609							24	58	20
东辽县审计局	16	321							26	60	34

续表

审计机关	完成审计项目（个）	审计查出主要问题金额	审计处理情况					出具审计报告和审计调查报告（篇）	提出审计建议（条）	提交审计信息（篇）
			审计处理处罚				移送处理事项（件）			
			应上缴财政	应减少财政拨款或补贴	应归还原渠道资金	应调账处理金额				
通化市										
通化市本级	68	314469	33269	68	91063	68876		56	54	172
东昌区审计局	21	24005	24		1429			21	53	
二道江区审计局	28	15129	151		102	675	1	50	45	
集安市审计局	21	36682	206	1528	1783	25738		18	13	4
通化县审计局	9	4974	165		914	299		8		
辉南县审计局	48	62916	5414		1737	127		48	23	
柳河县审计局	40	16502	2074	1233	3593	6728		39	118	75
白山市										
白山市本级	74	429561	3535		4012	3241		111	120	
浑江区审计局	17	25056	150		430	8393		21	37	
江源区审计局	20	7479	172			134		21	37	
临江市审计局	14	8900	4		1994	6855		14	23	
抚松县审计局	34	130764	1641					56		
靖宇县审计局	34	4997	8		41	1238		51	88	
长白朝鲜族自治县审计局	29	36734	18	36				42	56	
延边朝鲜族自治州										
延边朝鲜族自治州本级	100	699543	8669	1163	18222	87751	7	154	136	113
延吉市审计局	32	75929	13205	637	34999	9171		58	2	4
图们市审计局	30	16235	34	259		11868		51	16	62
敦化市审计局	49	33224	1000		109	7757		72	36	40
珲春市审计局	26	109720	881		20559	3168	1	44	1	162
龙井市审计局	39	5104	1037	334	115	3176		51	45	158
和龙市审计局	26	2787	329			2366		39	16	70
汪清县审计局	68	23868	36	254	70	8914		110	12	105
安图县审计局	42	12530	960	1231	3646	3836	5	57	35	202

黑龙江省

【黑龙江省审计厅】 2013年，黑龙江省审计厅人员编制219人，在编210人。设有办公室、法规处、财政审计处、金融审计处、行政事业审计处、企业审计处、农业与资源环保审计处、社会保障审计处、固定资产投资审计局、外资运用审计处、经济责任审计局、境外审计处、人事教育处、离退休干部工作处、审计督察处、机关党委、监察室；另设有派驻的发展统计审计处、农林水审计处、工业审计处、交通运输审计处、社保审计处、司法审计处、公检法审计处、新闻通讯审计处、教育审计处、卫生审计处、科技审计处、贸易审计处、资源环保审计处、经济执法审计处、直属事业审计处、综合行政审计处、文化审计处；下设厅机关服务中心、审计信息计算机技术中心、审计科学研究所、现代审计与会计杂志社、审计干部培训中心、审计厅招待所。

领导成员

厅　　长：史青衿

副 厅 长：伞宏晶　王学文　张翠萍

总审计师：孙　纲（—12月）

纪检组长：董　秀

审计成果 全省各级审计机关共审计3761个单位，查出违规和损失浪费金额146.89亿元、管理不规范金额572.11亿元；促进增收节支26.56亿元；向纪检、司法等有关部门移送处理事项72件；提交审计报告、信息3552份，被批示、采用1932份；提出审计建议5622条，被采纳4570条。

财政审计 黑龙江省财政厅具体组织2012年度省本级预算执行情况审计。重点对省财政厅预算执行指标管理、国库集中支付、会计核算账务处理等系统开展计算机审计，揭示政府预算编制不够细化、代编预算执行率较低、专项资金下达不及时、应缴未缴财政收入、政府采购预算编制不够完整、省本级预算结转中多数单位存在项目结转、政府性基金项目未按各类基金明细进行会计核算、未按规定在土地出让收益中提取教育资金和农田水利建设资金等问题，省财政厅采纳审计建议对审计查出的问题积极进行整改。

地税系统税收征管审计。工作中探索创新审计方式，组成督查组对全省12个市地审计质量进行督导检查，对省地税局监控的120个重点税源户缴纳的营业税、城镇土地使用税等省级收入征管情况进行重点抽查，全省共查出各类违法违规金额7.2亿元。

省本级部门预算执行审计。全年共对省质量技术监督局等20个省直部门及所属123个二、三级单位2012年度部门预算执行情况进行审计，共查出违法违规金额25.43亿元，其中预算执行中存在问题金额17.70亿元、财务管理及会计核算等方面问题金额7.73亿元。

黑龙江省地方税务局2012年度预算执行情况审计。审计发现个别项目预算年初未落实到具体项目单位；有些资金年初未编入部门预算，执行中也未进行预算调整；个别项目支出进度缓慢，预算执行率偏低、结转金额较大；部分项目支出超预算；劳务费支出无预算；有的项目年初未编制政府采购预算，执行中也未进行政府采购预算调整。

调研起草并以省政府办公厅文件印发《关于开展全部政府性资金审计工作的意见》（黑政办发〔2013〕39号），明确审计监督管理体制和对政府性资金审计监督全覆盖，建立以全部政府性资金、资产审计为核心内容的财政审计大格局制度。

政府性债务审计 8月至9月，审计署统一组织哈尔滨特派办和全省审计机关1877名审计人员，按照“见人、见账、见物，逐笔、逐项审核”的原则，对省本级、13个市（地）、116个县（市、区）、891个乡镇的政府性债务情况进行全面审计。共审计1894个政府部门和机构、127个融资平台公司、1204个经费补助事业单位、89个公用事业单位和734个其他单位，涉及13278个项目、70943笔债务，审计人员对每笔债务都依法进行核实和取证，审计结果分别征求有关部门、单位和各级政府的意见。

外资运用审计 省审计厅统一组织部分市县审计人员和聘请专家，对本省执行的8个国外贷援款项目2013年度财务收支和项目执行情况进行公证审计，涉及2个世界银行贷款项目、4个亚洲开发银行贷款项目、1个日本国际协力银行贷款项目和1个国际组织赠款项目。项目计划投资总额98.63亿元，其中利用外资3.98亿美元。审计查出违法违规金额2.64亿元，发布综合性审计结果公告1份，编发审计信息5篇，促进项目执行单位整改落实意见和建议11条。审计中查出项目应缴未缴税金3050万元、建设项目投资方回借基建拨款850万元、未及时结算工程进度款2.24亿元及未公开招标59万元，揭示专家咨询管理工作不够完善、项目活动在前审批在后、项目活动与通知表述不一致、贷款子项目提款报账进度缓慢、部分投资未取得正规发票、建设项目进度缓慢以及未按照合同约定设立辅助明细账对赠款进行专项会计核算等问题。产生问题的主要原因是公路建设项目纳税方式改变导致拖欠税金；由于资金短缺、设计变更等原因导致项目进度缓慢；项目执行与各项制度、转贷协议的要求存在一定差距。审后，对上述问题依法做出处理，如实在审计报告中进行披露。

行政事业审计　全省各级审计机关共审计和审计调查行政事业单位2104个，查出主要问题金额107.85亿元。厅本级组织开展全省部分医院2012年至2013年上半年财务收支和医疗政策执行情况审计与审计调查、部分县（市）农村中小学义务教育经费保障及使用情况审计和审计调查；完成省文化厅、省体育局预算执行审计和决算审查，省作家协会、省社会主义学院、省民族事务管理委员会主要领导经济责任审计，大庆市人民医院财务收支审计，省商务厅“三公”经费审计和“小金库”检查。厅本级共查出违纪金额9030万元、管理不规范金额1.16亿元；编写的审计信息被省政府领导批示1篇；审计报告被省领导批示2篇。

固定资产投资审计　省审计厅组织完成全省行业性审计项目2个（1100个单体项目）、省本级计划审计项目9个和省领导、厅领导交办项目6个，参加中纪委、省纪委办案3项；审计总金额161亿元，查出有问题金额6.3亿元，审减工程造价1.65亿元，归还建设资金1.13亿元，促进财政增收节支2.68亿元，收缴违纪资金2795万元。

社会保障审计　组织完成审计项目4个，审计资金总额335.35亿元，查出违规金额66.85亿元，发现并移交个人涉嫌经济问题案件线索1件；全省城镇保障性安居工程跟踪审计方法被审计署采用并在全国推广；有2篇综合审计报告、3篇审计要情被省领导批示。

在全省保障性安居工程跟踪审计中，对12个市地（不含哈尔滨市）本级及所辖111个市县（区）政府所属建设（住房保障）、发展改革、财政、国土资源、规划、民政、农业、林业等有关部门以及425个保障性安居工程项目的开工情况、728个项目的竣工情况、586个项目的工程建设和质量管理情况进行审查，延伸审计1322个保障性安居工程项目融资、建设、勘察、设计、施工、监理、质量监督等相关单位以及324个街道办（乡镇）、639个居（村）委会、17187户家庭。揭示保障性安居工程任务目标未按规定分解完成、资金筹集和管理不规范、保障性安居工程建设管理不到位、保障性住房分配和使用管理不规范、保障性安居工程配套支持政策未完全落实等问题。

在对黑龙江省社会医疗保险局的医疗保险资金筹集、管理、使用情况审计调查中，重点调查省社会医疗保险局、省医院、哈尔滨医科大学第三附属医院、省中医医院、黑龙江中医药大学附属第二医院、省红十字医院、省农垦总医院，揭示工伤医疗费占用基本医疗保险统筹基金、未逐年核定照顾公务员医疗补助经费筹资标准、常用药品采购价格较高、采购药品违反一品两规的规定、抗生素使用不规范、应用药物不符合医保药品目录适用范围、用药不合理、给患者使用目录外药品、为患者过度检查、经费超预算等问题，并提出相应的审计整改建议。

在佳木斯市、双鸭山市、黑河市、桦南县、同江市、集贤县、宝清县、黑河市爱辉区、五大连池市、孙吴县城市居民最低生活保障和农村居民最低生活保障资金审计中，重点审计财政、民政等有关部门和32个街道办事处（乡镇）、46个居（村）委会、1945户家庭，揭示最低生活保障资金筹集管理使用中存在的预算未足额到位和违规使用低保资金、低保资金业务管理中存在的基础工作薄弱和低保资金累计结余较大等问题，省民政厅针对审计发现问题积极制定整改措施加以纠正，指导市地政府完善最低生活保障制度规范管理、核减虚报低保人数、提高沉淀资金使用效益（下拨沉淀资金1.13亿元）、停发不符合低保条件4074人、依法追究经办人员责任。

在佳木斯市、双鸭山市、黑河市、桦南县、同江市、集贤县、宝清县、黑河市爱辉区、五大连池市、孙吴县就业和再就业资金筹集管理使用情况审计中，重点审计财政、就业等部门，延伸审计16家职业介绍机构、54家培训机构、115家公益性岗位单位、22个企业、181个街道办事处、1个社区（居民委员会），审计调查人社、公安、工商、社保、民政、房产、车辆、教育、妇联等部门，揭示未严格执行和落实就业再就业相关政策、挤占挪用和滞留滞拨就业专项资金、预决算编制不实、违规拨付职业介绍补贴资金等问题，提出审计整改建议并得到省人力资源和社会保障厅的采纳。

金融审计 全省各级审计机关共审计和审计调查商业银行和其他金融机构20个，查出各类违纪违规金额22.12亿元、管理不规范金额1388.21万元。

对黑龙江省农村信用社联合社及所辖地市联社（含办事处）2012年度资金管理使用情况进行审计。审计揭示招待费列支金额2594.36万元、违规发放各种补贴580.81万元、多列服务费支出2890.56万元、应缴未缴各项税金197.54万元、应缴未缴河道工程修建维护管理费65.96万元、账外固定资产18.66万元、无偿使用基层信用社资产、制度设计存在缺陷等问题。

对龙江银行股份有限公司及所属分支机构网点建设资金使用情况进行审计。主要揭示装修工程没有按照规定公开招标1.87亿元以及多计工程造价、坐收坐支装修材料变卖收入、违反规定采取定额计价、少计固定资产、装修工程合同未按规定备案等问题。

对龙江银行股份有限公司2011—2012年度前三个季度资产负债损益情况进行审计。审计主要揭示信贷业务方面存在的违规发放贷款8460万元、违规签发银行承兑汇票2.02亿元、银行未严格审查借款企业挪用贷款1.5亿元、贷款存在风险2.49亿元、贷款抵押物变现难6.71亿元；投资类管理方面存在的持有非保本型理财产品比例达93.15%，本金和收益存在一定风险；财务收支方面存在的少收少计收入75.37万元、少计支出50.23万元、不合理支出11.23万元、应收账款长期挂账287.76万元、不良资产处置损失938万元；银行经营管理方面存在的存贷比例过低影响信贷投放、农林牧渔贷款占比较低对“三农”信贷支持力度不够、存款结构不合理资金稳定性不足、银行网点分布不均衡束缚自身发展；内控制度建立及执行方面存在的财务核算和部分业务条线记账脱节制约信息系统效率、信息系统数据传输不畅存在风险隐患、内控制度执行不到位等问题。

农业与资源环保审计 对省森工总局机关及20个事业单位2012年度预算执行情况进行审计，揭示一些单位虚假经济业务核算套取资金5754.97万元、私存私放公款28.7万元、无偿出借体育场地供驾校使用等问题，并移送省人民检察院林区分院查处；组织25个市县审计机关对省森工系统共25个单位开展天然林资源保护及经营管理情况审计，省审计厅直接对东京城林业局和森工总局物资局2011年至2012年天然林资源保护及经营管理情况进行审计，审计资金总额140.23亿元，查出违法违规金额5.43亿元；对伊春职业学院院长和省农业职业技术学院院长进行任期经济责任审计，揭示相关学院财务收支中存在的票据不符合规定、无证收费、坐支应当上缴的财政收入、部分维修工程未招投标、往来核算收支、应计未计收入以及应缴未缴税费等问题，并对被审计领导干部任期内履行经济责任情况做出客观公正的评价，针对被审计单位财务管理中存在的问题提出改进建议；对望奎等8个县（市）粮食补贴、农资综合补贴等农民补贴资金发放情况进行专项审计和审计调查，揭示相关地方政府及部门滞留、套取补贴资金等问题。

经济责任审计 全省各级审计机关共对1823名厅级以下党政主要领导干部和国有企业领导人员开展经济责任审计，查出违规金额14.72亿元、管理不规范金额76.26亿元、损失浪费金额5987万元。一是加强组织领导，积极推动经济责任审计工作开展。对黑龙江省经济责任审计领导小组组成人员进行调整，由省长陆昊担任组长和常务副省长刘国中、省委组织部部长徐泽洲担任副组长，省纪委、省委组织部、省审计厅、省国资委、省监察厅、省人社厅等领导小组成员单位，加强沟通联系，逐步建立健全经济责任审计工作运行机制。黑龙江省委办公厅、黑龙江省政府办公厅印发《黑龙江省党政主要领导干部和国有企业领导人员经济责任审计办法》，研究制定2013年经济责任审计工作指导意见并提出具体要求，推进经济责任审计关口前移、领域创新，与省委组织部等领导小组成员单位研究制订3～5年中长期审计计划，逐步实现经济责任审计对象的全覆盖。推进经济责任审计组织机构建设，截至年底，全省各地方已基本成立经济责任审计工作联席会议或者领导小组（其中领导小组多数由党委或政府的主要领导担任组长），大部分审计机关建立经济责任审计专职机构并实现与联席会议或者领导小组办公室合署办公，有50%以上的地方落实领导小组办公室主任为同级审计机关副职领导或者同职级领导的规定。二是进一步细化完善经济责任审计规程，促进提高工作质量。研究制定《经济责任审计述职报告会参考规范》，修订经济责任审计报告参考格式，研究制定党政领导干部同步审计办法、同步审计操作规程（讨论稿），为推进同步审计提供制度保障。三是加强信息化建设，提高经济责任审计管理水平。为进一步加强审计信息化建设、提高信息化条件下的审计管理能力和经济责任审计效率，在全省各级审计机关推广使用“3S”经济责任审计管理软件，组织培训并深入各地进行指导，促进各级审计机关及时补充更新本级经济责任审计数据库，实现审计对象、审计计划、审计结果等信息化管理。

（撰稿人：孙洪波）

【哈尔滨市审计局】 2013年，哈尔滨市审计局人员编制157人，在编153人。局长王晓春，副局长吕刚、金瑞生，总审计师王耀发，纪检组长李庆。设有办公室、法制处、财政审计处、金融审计处、行政事业审计处、经贸审计处、固定资产投资审计处、外资运用审计处、农业与资源环保审计处、社会保障审计处、经济责任审计处、计算机信息审计处、机关党委、人事处、离退休干部工作处、派出经开区审计分局、派出高新区审计分局、派出群力新区审计分局、哈尔滨市纪检委驻市审计局纪检组、审计培训中心。

审计成果 全市审计机关完成审计项目822个，查出违规金额44.85亿元、损失浪费金额534万元、管理不规范金额240.37亿元，促进整改落实有关问题金额18.99亿元；向纪检监察机关和有关部门移送处理事项4件；出具审计报告和专项审计调查报告1170篇，被批示、采用66篇次；提交审计信息简报和审计专题、综合性报告810篇，被批示、采用298篇次；提出审计建议563条，被采纳526条。哈尔滨市审计局本级全年完成审计项目117个，查出违规金额27.83亿元、管理不规范金额199.17亿元，促进整改落实有关问题金额16.37亿元；向纪检监察机关和有关部门移送处理事项4件；出具审计报告和专项审计调查报告179篇，被批示采用13篇次；上报审计信息简报和审计专题、综合性报告116篇，被批示采用46篇次；提出审计建议115条，被采纳90条。

经济责任审计 哈尔滨市本级全年完成经济责任审计项目62个，查出违规金额4.8亿元、管理不规范金额3.5亿元；完成拟提拔领导干部经济责任审计40个，为市委考核评价、选拔任用领导干部提供客观翔实的依据。在审计过程中，把揭示和查处违法违规问题作为主要任务，对重大违纪违法问题坚持原则查深审透、严格依法处理；积极扩展审计处理途径，加大部门间协作，对未按规定招投标、未履行政府采购程序所涉及的部门和单位分别移送当地建设局和当地采购管理部门处理，促进廉政制度建设，发挥“以审促廉”的作用。

信息化建设 推进审计信息化建设，在财政地税、社保医疗、住房公积金、商行证券、经济责任审计和投资审计等领域中，大量应用计算机审计，采集转换、整理分析数据达上百G；联通市、区审计机关OA系统，各区审计局已全部开通OA平台；市审计局升级改造OA办公系统和视频会议系统，采购新的服务器硬件设备，完成对计划统计人员和系统管理人员的培训，顺利通过省、市、县三级联调测试，达到预期效果，使市审计局视频会议系统提升一个层次，为审计指挥系统建设奠定硬件基础。（撰稿人：倪晓光）

【齐齐哈尔市审计局】 2013年，齐齐哈尔市审计局人员编制99人，在编94人。局长孙炜航，副局长宋阳（9月—）、段芃（9月—）、赵焕成（9月—），总审计师张蕊（9月—）。设有机关党委、办公室、人事教育科、法制审理科、审计督察科、财政审计处、行政事业审计处、固定资产投资审计处、经济责任审计处、金融审计科、农业与资源环保审计科、社会保障审计科、经贸审计科、外资运用审计科、派出文教卫审计科、派出农业与水利审计科、计算机审计科、审计学会和市固定资产投资审计中心。

审计成果 全市审计机关完成审计项目611个，查出主要问题金额89.8亿元；向司法、纪检监察机关和有关主管部门移送各类案件线索22件，提出审计建议490条，出具审计报告和审计调查报告611篇，提交审计信息297篇。齐齐哈尔市本级共完成审计项目129个，查出主要问题金额62.9亿元，向司法、纪检监察机关和有关主管部门移送各类案件线索18件，提出审计建议86条，出具审计报告和审计调查报告129篇，提交审计信息100篇。

固定资产投资审计 全年完成中汇城新建道路工程、扎龙生态放飞区工程等审计项目103个，审核总金额7.8亿元，审减各项不合理支出为政府节约投资9000万元，审减率为11.4%，有效控制工程建设中的高估冒算、损失浪费等现象发生。

社会保障审计 围绕治理和解决上学难、看病贵、乱收费及屡查屡犯问题，组织开展对教育、卫生、民政等与群众关系密切的重点行业审计。在对7所高中学校的审计中，揭示一些学校超计划招生、低于录取分数线招生、学区外招生、未按配额指标录取新生和无学籍学生（借读生）等问题，审计综合报告被副市长批示。在对2所省级医院和县医院的财务收支审计中，揭示医院信息系统管理不规范、乱收费和高收费等问题，提出的增加“大型医疗设备审计内容”的建议被省审计厅编入审计和审计调查方案，《齐齐哈尔市医院信息系统管理问题不容忽视》审计信息被市政府专报采用。

经济责任审计 进一步加强经济责任审计制度建设，与市纪律检查委员会、组织部联合印发《齐齐哈尔市党政领导干部经济责任审计联合进点办法（试行）》，围绕领导干部经济责任审计目标，按照审计流程，对经济责任审计联合进点的有关原则、内容、组织领导等方面做出明确规定。全年对49个单位的领导干部开展经济责任审计，为组织部门考察、选拔、任用领导干部提供依据，其中有12个部门的审计报告被市长批示。

政府性债务审计 按照审计署和省审计厅的统一部署，对全市123个乡镇的164个政府部门机构、80个经费补助事业单位和8个其他相关单位的政府性债务进行审计认定，按时向省审计厅提交审计报告，被审计署授予集体三等功。

（撰稿人：王彩扬）

【黑河市审计局】 2013年，黑河市审计局人员编制45人，在编41人。局长白树生，副局长王鹏锐、仲建彬、姚富利，纪检组长韩萍。设有经济责任审计科、财政金融审计科、经贸审计科、农业与资源环保审计科、固定资产投资审计科、政府项目资金管理监督审计科、社会保障审计科、行政事业审计科、计算机审计科、法制审理科、人事教育科、办公室、固定资产投资审计中心及派出边境经济合作区审计分局、派出五大连池风景名胜区与自然保护区审计分局。

审计成果 全市审计机关完成审计项目182个，查出主要问题金额24.53亿元，其中应上缴财政3707万元、应减少财政拨款或补贴6万元、应归还原渠道资金80万元、应调账处理金额1.79亿元；出具审计报告和审计调查报告239篇；提出审计建议377条；上报审计信息193篇。黑河市本级完成审计项目61个，查出主要问题金额14.67亿元，其中应上缴财政2231万元、应归还原渠道资金66万元、应调账处理金额1.38亿元；出具审计和审计调查报告80篇；提出审计建议118条；上报审计信息47篇。

预算执行审计 树立财政审计“一体化”的新理念，抓住组织执行预算的财政部门及地税部门的审计，从总体上掌握和反映预算收支、预算执行的整体情况；重点关注财政资金分配、管理和使用情况，注重审计的整体性、效益性和建设性，对预算执行的整体情况、财政资金的使用效益情况做出评价；围绕部门预算、“收支两条线”、国库集中支付和政府采购“财政四项改革”开展审计，发现和揭露财政改革中存在的共性和个性问题，注重从体制、机制和管理层面研究财政问题和提出对策建议，促进加强财政管理。

经济责任审计 把落实中央八项规定相关要求情况作为经济责任审计的重要内容，加大对“三公”经费、会议庆典等各项公务经费使用情况的监督力度。在审计项目开展之前，听取组织、纪检监察等部门的意见和建议，明确审计目标，确定审计重点，获取审计线索，有的放矢地编制审计实施方案，并在审计中据此深入查证。审计完成后及时向相关部门反馈审计成果，促进审计成果有效运用。

固定资产投资审计 在政府重点投资项目的跟踪审计和专项审计调查中，运用 GPS、全站仪等设备对项目的高度、长度进行测量，提高数据的精准性，揭示地方配套资金不到位、多计多结工程款等问题，并提出有针对性的审计建议，有效提升审计成果。（撰稿人：胡铁军）

【大庆市审计局】 2013 年，大庆市审计局人员编制 51 人，在编 45 人。局长卢志刚，副局长徐丽艳、梁家祥、阮之光，总审计师王文忠，纪检组长赵明日。设有办公室、综合计划科、法制督察室、计算机审计科、财政审计科、金融与企业审计科、行政事业审计科、农业与资源环保审计科、社会保障审计科、外资运用审计科、固定资产投资审计科、国家建设项目审计中心、经济责任审计处、市经济责任审计工作联席会议办公室、监察室。

审计成果 全市审计机关开展审计和审计调查项目 514 个，查出违规金额 7.71 亿元、管理不规范金额 43.05 亿元，其中应上缴财政 6.67 亿元；核减投资额 3.21 亿元；移送纪检监察和有关部门处理事项 22 件；出具审计报告 715 篇；上报审计信息 159 篇，被批示采用 89 篇次；有 10 个项目被评为全省优秀审计项目。大庆市审计局本级全年共开展审计项目 98 个，查出违规金额 6.1 亿元、管理不规范金额 24.05 亿元，其中应上缴财政 6.08 亿元；核减投资额 2.45 亿元；移送纪检监察和有关部门处理事项 22 件；出具审计报告 133 篇；上报审计信息 78 篇，被批示采用 58 篇次。

预算执行审计 全年审计 15 个项目，查出违规金额 5.35 亿元、管理不规范金额 9.34 亿元，促进增加财政收入 5.34 亿元。在预算执行审计中，坚持财政性资金全覆盖审计的理念，着重关注财政存量资金和增量资金的使用效益以及地方债务的增减变动情况，重点对财政预算编制和执行情况、非税收入征收管理情况、社保基金管理使用情况实施审计，对全市深化国库集中支付改革运行情况开展审计调查；积极运用计算机技术，加强“大数据审计”和跨年度、跨系统数据的横向与纵向对比，注重“三公”经费和会议费的数据审计模型探索，对预算指标数据、部门预算数据进行分析，增强预算资金审计的全面性；针对存在的问题提出提高支付效率、完善支付环节、组建部门财务机构、加强人员培训等建议，使审计力度、质量和效率均有较大提高。在税收征管审计中，认真落实市政府综合治税的指导意见，制订实施《大庆市审计局综合治税实施方案》，充分发挥综合治税机制作用，加强部门间涉税信息沟通，确定税收征管审计重点，采取“市区联合”“以税带费”等方式开展审计；不断完善审计手段，利用自行升级和完善后的审计软件对税收征管数据进行集中分析，快速准确查找审计疑点，排查问题的易发区和薄弱环节，锁定问题证据，有效解决阻碍税收征管数据审计的瓶颈问题。

固定资产投资审计 全年完成 64 个政府投资项目审计任务，审计资金总额 41.82 亿元，核减多计工程价款 2.45 亿元，查出应缴未缴税费 4492.59 万元，揭示各类违规问题 80 个。在审计中，坚持把握项目概、预算执行情况和绩效情况这条主线，对项目批复建设内容的完成情况、设计功能实现情况、投资控制情况等进行审查，从项目的实施和运行两个阶段分析评价项目投资的经济性、效率性和效果性，揭示项目管理中存在的设计不完善、擅自增加或删减设计内容、投资超概算等影响财政资金使用效益的问题。

（撰稿人：朱华岭）

【伊春市审计局】 2013 年，伊春市审计局人员编制 52 人，在编 45 人。局长宫林，副局长陈玉林、李玉玲、窦连波，总审计师赵瑞林，纪检组长商立明。设有经济责任审计科、办公室、法制科、审理科、行政事业审计科、固定资产投资审计科、农业与资源环保审计科、社会保障审计科、经贸审计科、财政金融审计科、林业审计科、计算机审计科、监察室、党总支和督察科。

审计成果 全市审计机关完成审计及审计调查项目138个，审计222个单位，查出违规金额5817万元、管理不规范金额24.09亿元；提交审计报告和信息509篇，被采用和领导批示488篇次。伊春市审计局本级共完成审计及审计调查项目69个，审计和审计调查167个单位，查出违规金额4781万元、管理不规范金额21.8亿元，其中纠正违纪违规资金3.82亿元、上缴财政资金111万元、拨付滞留财政资金80万元、追回被挤占挪用资金271万元、归还原渠道资金637万元、追缴入库税款1796万元、调账整改金额2.86亿元、清理入账固定资产443万元。

预算执行审计 对财政部门及19个预算执行单位和地税部门2012年度税收征管情况进行审计，揭示未编制全口径预算、截留挪用滞拨专项资金、借出预算外资金、无支出计划列支预算外资金、部分预算执行单位超标准加价以及地税部门征收欠缴税款未收取滞纳金和纳税企业少提缴、未申报、欠缴各项税金及附加等问题，追缴入库税款1730万元。

固定资产投资审计 完成全省路网改善及农村公路、病险水库、铁力供热管网、城市污水治理等项目竣工决算审计，揭示擅自变更工程建筑主体、竣工决算不及时、高估冒算等问题；开展市体育场馆建设项目跟踪审计，对体育场馆在BT合同签订、项目资金估算等方面存在的问题进行揭示。全年投资项目审计共查出违纪违规和管理不规范金额3.54亿元，审减工程造价金额3397万元。

专项资金审计 按照省审计厅统一部署，对市医院财务收支情况进行审计和审计调查，查出违纪违规和管理不规范金额1115.89万元，提出健全收费管理系统、加强医院监管等审计建议；对森工企业医疗保险基金和城镇居民医疗保险基金进行审计和审计调查，查处有问题金额2000万元；对市本级、铁力市、嘉荫县2012年至2013年扶贫资金进行专项审计和审计调查，揭示出未履行招标、虚列专项支出、未按规定预留工程质保金、村屯自筹资金不到位等问题。

经济责任审计 对65名领导干部进行任期和离任经济责任审计，查出擅自处置国有资产、固定资产不入账等违纪违规及管理不规范金额4983万元，提出审计建议87条。组织召开全市经济责任审计联席会议，讨论通过《经济责任审计结果运用办法》等制度，促进经济责任审计工作制度化发展。

（撰稿人：吴玉文）

【鹤岗市审计局】 2013年，鹤岗市审计局人员编制44人，在编43人。局长王喜，副局长于长生。设有办公室、法制审理科、人事教育科、金融审计科、固定资产投资审计科、经济责任审计办公室、财政审计科、行政事业与社会保障审计科、经贸审计科、农业与资源环保审计科、国家建设项目评审中心、计算机审计科、监察督察室，派出区级审计科、派出科教文审计科、派出公检法审计科、派出公共事业审计科。

审计成果 全市审计机关完成审计和审计调查项目114个，查出主要问题金额3.9亿元，提出审计建议203条。鹤岗市本级完成审计和审计调查项目42个，查出主要问题金额1.9亿元、应上缴财政57万元、应归还原渠道资金53万元，出具审计和审计调查报告58篇，提出审计建议72条，提交审计信息193篇。

财政审计 对东山区、向阳区等4个区政府2012年度财政决算、预算外收支、各项投入以及税收计划完成情况进行审计，查出无依据收费、扩大财政支出等违规金额1270万元，对其依法进行处理并提出具体整改意见。对地税部门2012年度税收征管情况进行审计，查出延压税款394.1万元、下甩税款90万元、应缴未缴滞纳金800万元，并依法进行处理处罚。

社会保障审计 按照“上审下”的要求和部署，对绥滨、萝北两县保障性安居工程进行跟踪审计，揭示两县保障性安居工程资金筹集管理不到位、不规范以及部分建设单位与施工单位未严格履行管理责任、住房分配和使用管理不规范等问题，责令有关部门进行整改。

政府性债务审计 按照审计署和省审计厅的统一部署，对全市的政府性债务进行审计，在摸清政府性债务总量、结构及变化情况基础上，分析债务成因及有可能形成的债务风险，提出加强债务资金管理、防范和化解债务风险等审计意见及建议。

固定资产投资审计 先后对8条农村公路建设项目、梧桐河农场至普阳农场公路改建项目、黑头山水库和阿凌达河水库除险加固建设项目进行竣工决算审计，查出违纪违规金额324万元，审减金额31万元，责令被审计单位对挤占挪用建设资金、“白条子”核销、决算不及时、财务管理不规范等问题进行整改。

行政事业审计 对市人民医院2012年至2013年上半年财务收支和医疗政策执行情况进行审计与审计调查，揭示市人民医院医疗服务违规收费、卫生材料违规加价、药品进价虚高等方面的问题，提出整改意见和建议，责令相关部门限期整改。

（撰稿人：高永强）

【佳木斯市审计局】 2013年，佳木斯市审计局人员编制68人，在编81人。局长周亚，副局长关胜超、李纲，总审计师安宝昌，纪检组长阳清。设有办公室、法制审理科、机关党委、纪检监察室、财政审计科、行政事业审计科、社会保障审计科、经济责任审计办公室、农业与资源环保审计科、固定资产投资审计科、金融审计科、外资运用审计科、企业审计科、公检法司派驻审计科、文教卫生综合派驻审计科、计算机技术管理科、固定资产投资专业审计局和内审协会。

审计成果 全市审计机关审计和审计调查行政事业单位261个，查出主要问题金额14.81亿元、损益（收支）不实金额7717万元，处理处罚金额4.87亿元；上报审计报告、信息829篇，被各级党委、政府领导批示和上级审计机关、新闻媒体采用152篇。佳木斯市审计局本级共审计和审计调查行政事业单位87个，查出主要问题金额4.85亿元、损益（收支）不实金额6605万元，处理处罚金额1.62亿元；上报审计报告、信息139篇，被市委市政府领导批示和上级审计机关、新闻媒体采用66篇。

政府性债务审计 对5个县2个区62个乡镇政府性债务进行审计，内容包括政府负有偿还责任的债务、需履行担保责任的债务和可能承担一定救助责任的债务。

社会保障审计 对佳木斯市所属2013年城镇保障性安居工程投资、建设、分配、运营等情况进行审计，重点审计政府所属建设、发展改革、财政、国土资源、规划、民政、农业、林业等部门，揭示部分县（市）保障性安居工程资金筹集管理不到位、向不符合条件的家庭发放和重复发放补贴、经办管理机构未及时足额发放住房补贴等问题，责令当地政府和有关部门补足未到位资金、追回已领取的不合理住房补贴、限时发放住房补贴。

固定资产投资审计 对水利工程干流治理、勤得利灌区建设、市县医院建设等56个城市建设项目进行竣工决算审计，累计审计工程造价10.8亿元，审减金额1.15亿元。

经济责任审计 全年完成经济责任审计项目17个，查出违规金额4632.73万元，其中领导干部负直接责任金额615万元、负主管责任金额3943万元、负领导责任金额74.61万元。审计结果表明，很好地履行经济责任的1人；较好地履行经济责任的13人；基本履行经济责任的2人；没有有效履行经济责任的1人，组织部门将该负责人调离原工作单位，给予行政降级处分。

农业与资源环保审计 开展防洪保安费、河道维护管理费专项审计调查，共审计调查32家企业。在河道管理处征收管理情况审计调查中，揭示企业欠缴、滞缴规费以及征收部门征收规费管理混乱等问题，并提出相应的审计整改建议，得到被征收部门的采纳，部分企业已上缴、补缴管理费用500万元，促进征收管理的合理化、常态化。

行政事业审计 对2所市级医院、6所县级医院的财务收支和医疗政策执行情况进行审计，揭示医疗服务项目违规收费、卫生材料和药品违规加价、药品违规采购等问题，并提出规范药品购销活动、建立补偿机制、改革医保支付方式、加强医疗收费管理、加大外部监督检查力度等审计建议。

（撰稿人：王进兴）

【双鸭山市审计局】 2013年，双鸭山市审计局人员编制58人，在编57人。局长于涛，副局长周绍东、汝兴华，总审计师赵雅莉。设有经济责任审计办公室、固定资产投资审计中心、财政税务审计科、金融审计科、农业与资源环保审计科、企业审计科、行政事业审计科、社会保障审计科、外资运用审计科、计算机审计科、办公室、人事科、法制科、督查科和监察室。

审计成果 全市审计机关完成审计和审计调查项目215个，查出违纪违规金额1.66亿元、管理不规范金额21.11亿元，上缴财政1808.81万元；提交审计报告、专项审计调查报告和审计信息简报389篇，被批示采用13篇。市本级完成审计和审计调查项目43个，查出财务管理问题金额9.74亿元、违纪违规金额6782万元，应上缴财政1518万元；向司法机关移送案件4件；提出整改建议118条，被采纳113条；出具审计报告和审计调查报告74篇；提交审计专题、综合性报告和信息简报14篇，被批示采用11篇。

财务审计 对年度财政预算执行情况进行审计，并延伸审计市直一些部门的预算执行情况，揭示虚列、滞留省专项资金及应缴未缴预算收入等问题，提出完善专项资金管理机制、严格预算审批、加强财务核算监督检查等建议，为市政府加强财政资金管理提供决策依据。对地税局税收征管情况进行审计，揭示应缴未缴、漏提各项税金等问题，并依法做出处理。对市本级财政超收收入安排使用情况进行审计，揭示超收收入未安排使用、管理不规范等问题，提出改进预算编制管理、完善相关管理制度等审计建议。对上年度审计发现问题的整改情况进行检查，督促有关部门、单位将整改落实到位。

社会保障审计 市审计局成立医疗卫生事业审计科，对全市14家医疗卫生单位进行摸底审计调查，掌握基本情况，建立基础档案，为开展好下步审计工作奠定基础。对全市棚户区改造项目开展审计调查，揭示施工和资金管理不到位等问题，从加强工程管理、资金使用监管等方面提出审计意见。对市新一中建设项目进行审计调查，揭示资金未到位、未按计划完工等问题，提出项目建设单位要积极落实工程建设资金、科学管理施工质量和安全、确保新一中早日投入使用等审计建议。 （撰稿人：赵　政）

【七台河市审计局】 2013年，七台河市审计局人员编制30人，在编32人。局长崔玉平，副局长陶佩行、王宝山、张玉星，总审计师陈兆静，纪检组长高英。设有法制科、办公室、财政审计科、金融审计科、行政事业审计科、企业审计科、固定资产投资审计科、农业与资源环保审计科、经济责任审计科、社会保障审计科、外资运用审计科和国家建设项目审计中心。

审计成果 全市审计机关审计及审计调查115个单位，查出主要问题金额12.51亿元；出具审计报告132篇；提出审计建议213条；编发审计信息143篇，被党政部门及上级审计机关采用108篇。七台河市本级共审计及审计调查42个单位，查出主要问题金额9.93亿元；出具审计报告61篇；提出审计建议105条；编发审计信息63篇，被党政部门及上级审计机关采用42篇。

财政审计 重点审计市本级预算编制、批复下达、总体执行和调整、年终结转结余、政府采购执行、上级转移支付资金分配使用、往来资金、本级财政部门在商业性金融机构开设账户等情况，揭示预算管理等方面存在的问题，并提出加强预算管理、细化预算项目、加强财务管理等合理化建议。在税收政管审计中，重点审计税收政策执行、税收征管制度执行、税收计划、税务稽查和社会保险费征缴等情况，查出违纪违规金额1290万元，揭示税收征管不到位、人为调节税收进度、偷税、漏税、欠税、下甩和截留税款等问题，提出加强税收征管法规学习和宣传、加强税源管理、推进税收执法责任制等建议。对2010—2012年地方财政超收收入安排使用情况进行审计调查，揭示超收收入管理使用方面存在的问题，提出建立健全财政超收收入管理制度、明确财政超收收入使用范围、按照规定安排使用超收支出等审计建议。

固定资产投资审计 开展小型水库除险加固工程竣工决算审计、市运管处汽车综合性能检测站工程结算审计、集中供热热网工程结算审计、实验高中宿舍楼竣工决算审计，揭示项目多计工程价款等问题，并提出对竣工工程决算时进行准确复核等审计建议。

经济责任审计 在以往注重财务收支的基础上，把审计内容扩展到领导干部执行政策、依法决策、民主决策、科学决策、廉洁自律和经济管理等方面，强化对权力集中部门和资金、资源密集领域领导干部的审计力度，重点开展市农技推广中心、市科协、市文化广电新闻出版局等领导干部经济责任审计，针对揭示出的问题提出加强财务管理、严格执行资产管理制度、控制费用支出、严格遵守财务开支规定等审计建议。

专项审计 对全市182家财政预算单位“三公”经费管理使用情况进行专项审计，重点审计“三公”经费内控制度建立、公务出国（境）、公务用车购置支出和公务用车运行维修费支出、公务接待费支出等情况，提出研究制定“三公”经费标准、强化预算管理、实行“三公”经费公开、推行“公务卡结算”制度等建议。

（撰稿人：金 成）

【鸡西市审计局】 2013年，鸡西市审计局人员编制54人，在编47人。局长董玉玲，副局长孙永宏、郦荣利、杨阵，总审计师李俊峰，纪检组长王有良。设有办公室、综合科、法制科、财政审计科、行政事业审计科、农业与资源环保审计科、金融审计科、经贸审计科、社会保障审计科、外资运用审计科、审计督察科、固定资产投资审计办公室、经济责任审计办公室、监察室。

审计成果 全市审计机关审计和审计调查162个单位，查出违法违规、管理不规范、损失浪费等问题金额5亿元，通过上缴财政、核减投资额等促进增收节支5314万元；向各级党委政府提交审计报告和审计信息274篇；市级以上新闻媒体刊载审计宣传稿件196篇次。鸡西市本级审计和审计调查55个单位，查出违法违规、管理不规范、损失浪费等问题金额2.17亿元，通过上缴财政和核减投资额等促进增收节支4360万元；向检察机关移送案件线索1件；向市委、市政府和上级审计机关提交审计报告及审计信息147篇；在市级以上新闻媒体刊载审计宣传稿件139篇次。

财政审计 在预算执行审计中，揭示个别部门固定资产账实不符、财务核算不规范等问题。在税收征管审计中，查出应征未征滞纳金、地方教育附加和各项税金1520万元；提前征收税金119万元；部分地税部门将企业自查税款计入稽查收入612万元。

经济责任审计 全年完成领导干部经济责任审计项目29个，查出违纪违规金额6042万元。审计中，把促进领导干部认真贯彻落实中央八项规定作为审计重点，加强对铺张浪费、“三公”经费、会议经费、“小金库”等方面审计；把对资金的“问效”与对领导干部的“问责”结合起来，既对财务收支活动情况进行审计，又对经济指标的完整性、重大决策、重大项目建设、环境建设的经济效益和社会效益等方面进行评价，减少审计结论存在的瑕疵，使审计评价更加科学公正、准确恰当。

固定资产投资审计 完成城市防洪工程建设项目竣工决算审计、安凤小流域治理工程审计、大翁山至综合村农村公路建设项目竣工决算审计和污水处理费征收情况审计调查，揭示并查处未经批准开工建设、项目投资超计划、工程施工未进行招投标、工程未组织竣工验收而交付使用等问题，针对项目建设、管理中存在的问题及时向项目建设管理部门提出审计建议，避免违法违规和严重损失浪费问题的发生。在污水处理费征收情况审计调查中提出的审计建议，引起市领导的重视，专门召开会议研究审计查出问题的整改和审计建议的落实工作。（撰稿人：王国彬）

【牡丹江市审计局】 2013年，牡丹江市审计局人员编制84人，在编77人。局长金秀兰，副局长刘永和（—8月）、佟卫东（—6月）、吕春江（—2月）、刘佳祥、杨国安（8月—）、田方（8月—）、姜涛（12月—），总审计师李淑莲，纪检组长尹明霞。设有办公室、法制审理科、计算机审计科、人事教育科、党委办公室、监察室、总务科、财政审计科、固定资产投资审计办公室、项目跟踪审计办公室、行政事业审计科、农业审计科、社会保障审计科、经贸审计科、金融审计科、外资运用审计科、经济责任审计一科、经济责任审计二科、经济责任审计三科和综合科。

审计成果 全市审计机关完成审计项目347个，查出主要问题金额38亿元，向有关部门移交处理事项9件，提出审计建议729条，提交审计信息734篇。牡丹江市审计局本级完成审计项目129个，查出主要问题金额31.6亿元，向有关部门移交处理事项6件，提出审计建议434条，提交审计信息357篇。

固定资产投资审计 2013年，对市本级大湾水利拦河闸枢纽工程、会展中心建设工程等28个政府重点投资项目工程决（结）算进行审计；对牡绥高铁征收、假日酒店二期工程、青梅大桥、西十一跨江桥、"三溪一河"综合治理等15个政府重点投资项目进行跟踪审计。审计中，在揭示和查处违纪违规问题的同时，以提高工程建设水平和投资效益为目的，加强对政府投资项目的跟踪服务，助推项目建设顺利进行。一是项目资金管理服务。从项目启动开始，对项目批复、概算、招投标、合同、工程结算等进行全程跟踪审计，防范不合理变更、超规划投资现象发生，防止多计多拨工程款、套取国家建设资金，保证资金安全。二是工程质量监管服务。围绕建设程序，监督检查施工过程中工程量、材料用量等关键环节的审核，揭示隐蔽工程中偷工减料、工程质量监管程序不到位等问题，确保工程质量达标，避免损失浪费。三是完善机制制度服务。围绕工程建设过程中机制的运行和制度的完善进行跟踪服务，对高估冒算、损失浪费、质量缺陷等苗头性问题产生的原因进行全面剖析，堵塞机制和制度漏洞，全程跟踪整改，有效提高项目的管理水平。

经济责任审计 全市审计机关对181名党政领导干部进行经济责任审计。建立由组织、纪检、编制、国有资产管理、审计等五部门配合和以用人责任审查、廉政责任审评、编制责任审核、资产审定、责任审计的"五责联审"制度，对领导干部任职期间的经济决策权、经济管理权、经济执行权的履行情况进行审计监督。以监督重点资金、重要部门、重点岗位领导干部履职履责情况为主线，通过分析领导干部所做重大事项的决策程序以及出台的政策措施等情况，评估领导干部决策权使用情况；通过分析领导干部所在部门、单位预算执行和其他财政财务收支的真实、合法、效益情况，各专项资金的管理、使用等情况，"三公"经费和会议费等各项经费来源、使用情况，评估领导干部财经管理权的使用情况；通过分析领导干部所在单位工作目标完成情况和任期内各项指标变化情况，评估领导干部执行权的使用情况。逐步完善客观公正、实事求是的审计评价体系，规范领导干部权力使用。（撰稿人：张 植）

【绥化市审计局】 2013年，绥化市审计局人员编制48人，在编44人。局长吴云峰（5月—），副局长田学斌（5月—）、赵德河、李永志，总审计师杨旭，纪检组长李中然。设有办公室、法规与审计督察科、财政审计科、行政事业审计科、农业与资源环保审计科、固定资产投资审计科、金融审计科、经贸审计科、社会保障审计科、信息化科、人事教育科、经济责任审计一科、经济责任审计二科、经济责任审计三科。

审计成果 全市审计机关完成审计和审计调查项目154个，查出违规违纪资金2.53亿元、管理不规范金额5.52亿元，其中应上缴财政1064万元、应归还原渠道资金2004万元、应调账处理金额6183万元；出具审计和审计调查报告121篇；提出审计建议183条；撰写审计信息211篇。绥化市审计局本级全年完成审计及审计调查项目计82个，查出违规违纪资金2.4亿元、管理不规范金额4.66亿元，其中应上缴财政307万元、应归还原渠道资金1927万元、应调账处理金额4577万元；出具审计报告和审计调查报告46篇；提出审计建议85条；撰写审计信息52篇。完成政府临时交办审计工作42件，查出违规金额2.33亿元，审计处理处罚金额1.4亿元。

财政审计 全市审计机关完成财政类审计和审计调查项目111个，主要包括财政预算执行审计、财政决算审计、行政事业审计、专项资金审计、投资审计等项目，查出主要问题金额5.66亿元，出具审计和专项审计调查报告9篇。

经济责任审计 绥化市审计局本级共完成领导干部任中经济责任审计项目4个、离任经济责任审计项目9个，查出主要问题金额1640万元；提交审计报告和审计结果报告24篇；提出审计建议11条，被采纳10条。通过经济责任审计，进一步增强领导干部履行经济责任、依法行政的自觉性，同时为组织部门提拔使用干部提供依据。

棚户区改造项目审计 按照市政府要求，由市审计局牵头，与财政、住建、规划、地税、国土资源、行政执法等部门组成联合工作组，对市区2008年以来68个棚户区改造项目立项、规划、用地、建设、税费解缴、优惠政策兑现情况进行全面核查。为保质保量完成该项工作任务，制作棚改核查报告和棚改调查报告两种模板，设计结果报告书、催缴通知书、提供相关资料告知书、提供相关资料通知书、会议纪要模板，优化棚改核查的各项流程、完善部门分工负责协调配合的工作机制，确保棚改审计核查工作推进有序。全年完成61个项目的核查工作，有54个项目通过市长办公会议审核。促使开发企业补缴税费1.42亿元，市区两级财政兑现优惠政策资金1.62亿元，有22个项目已着手为居民办理产权证。

（撰稿人：李　勋）

【大兴安岭地区行署审计局】　2013年，大兴安岭地区行署审计局人员编制38人，在编38人。局长解学民，副局长孙庆俊、戴新竹、朱立成、郭银杉。设有办公室、法制审理科、经济责任审计科、财政审计科、农林资源环保外资审计科、行政事业与社会保障审计科、固定资产投资审计科、金融与企业审计科、审计督察科、重点投资项目监督科。

审计成果　全地区审计机关审计和审计调查103个单位，查出违规金额1.44亿元、管理不规范金额10.6亿元、损益（收支）不实金额3.56亿元，处理处罚金额9314万元；向纪检部门移送案件线索1件；向社会公告审计结果5个；提出审计建议226条，促使被审计单位建立健全规章制度196项；撰写信息145篇，被批示采用101篇。大兴安岭地区行署审计局本级审计和审计调查34个单位，查出主要问题金额4308万元，其中应上缴财政3619万元、应调账处理金额180万元；出具审计和审计调查报告56篇；提出审计建议44条；撰写审计信息107篇。

财政审计　在本级预算执行审计中，以促进提高预算执行效果和预算资金使用效益为重点，着重对预算编制、预算执行中关键环节和内容加大审计力度，揭示应缴未缴预算收入、滞拨专项资金等问题，并针对问题提出强化财政管理的审计建议。在2012年度税收计划完成及税收征管情况审计中，揭示应缴未缴、应提未提税金及延压税款等问题。开展地方财政超收收入审计调查。在2010年至2012年地方财政超收收入安排使用情况审计调查中，揭示未建立预算稳定调节基金以及对超收收入、支出未建立规范具体可行的管理制度等问题。

固定资产投资审计　在保障性安居工程跟踪审计中，重点审计工程建设目标任务落实与完成情况，各项资金筹集、管理和使用情况，工程建设管理情况，保障性住房分配及后续管理等情况。通过审计，揭示资金筹集和管理不规范、保障性安居工程建设管理不到位、退出机制不完善等问题。开展加格达奇区甘河右岸堤防建设和甘河左岸堤防消险加固水利建设项目跟踪审计，右岸和左岸两个建设项目计划建堤及加固堤防13846米，涉及资金总额7460.36万元，审计揭示配套资金未到位、未按规定留取质保金、项目招标控制价管理不规范等问题。对黑洛公路十八站至洛古河段改扩建公路等6条公路改扩建项目进行审计调查。6条公路总长816.56公里，工程概算总投资22.62亿元。审计揭示前期审批手续不全、地方配套资金未按计划到位等问题。

经济责任审计　在实施审计中，注重把握权力运行和责任落实两个重点，积极探索和实施审计对象分类管理、党政领导干部同步审计、离任审计与任期审计相结合、经济责任审计与其他专项审计统筹安排等审计模式，收到较好效果。全年完成经济责任审计项目21个，揭示虚列支出、预算收入解缴不及时、隐瞒截留财政收入、列支票据不合规、超限额支付现金、固定资产账实不符、预算收入解缴不及时、往来清理不及时等问题。

（撰稿人：孙春云）

2013年黑龙江省所辖区、县(市)级审计工作统计表

金额单位:万元

审计机关	完成审计项目(个)	审计查出主要问题金额	审计处理情况:审计处理处罚:应上缴财政	应减少财政拨款或补贴	应归还原渠道资金	应调账处理金额	移送处理事项(件)	出具审计报告和审计调查报告(篇)	提出审计建议(条)	提交审计信息(篇)
哈尔滨市										
哈尔滨市本级	117	2269982	213165	21671	27973	41895	4	179	115	58
道里区审计局	55							74		34
南岗区审计局	32	95657	2296		94	75052		50	13	17
道外区审计局	25	7848	6	3	340	186		39	39	
香坊区审计局	26	57893	78		72	3074		41	50	
平房区审计局	16	118	3		5			29	10	2
呼兰区审计局	80	15688	115	174		278		118	39	65
阿城区审计局	56	52867	155	142	848	2390		17	53	17
双城市审计局	50	82733	24					74	87	
尚志市审计局	48	9271	149		288	57		48		48
五常市审计局	36	64995	355		514	390		37	12	34
依兰县审计局	44	8018	58					77	20	31
方正县审计局	29	24878	9		3	1617		49		6
宾县审计局	56	67871	188	1273	88	314		84	31	13
巴彦县审计局	52	64290	13		80	7446		64	16	72
木兰县审计局	30	17321	34		209			42		
通河县审计局	38	3093	125					47	46	
延寿县审计局	32	10157	15		2	6156			32	8
齐齐哈尔市										
齐齐哈尔市本级	129	629088	6762		908	25950	18	129	86	100
建华区审计局	11	385	3			3		11	14	29
龙沙区审计局	8	7269						8	3	10
铁锋区审计局	10	120				14	1	10	28	14
昂昂溪区审计局	15	925	32		420	109		15	19	6
富拉尔基区审计局	21	644				70		21	4	3
碾子山区审计局	8	542	3		5	36		8	18	7
梅里斯达斡尔族区审计局	11	14832	8					11	17	12
讷河市审计局	38	23900	126		1496	12311		38	164	13

续表

审计机关	完成审计项目（个）	审计查出主要问题金额	审计处理情况					出具审计报告和审计调查报告（篇）	提出审计建议（条）	提交审计信息（篇）
			审计处理处罚				移送处理事项（件）			
			应上缴财政	应减少财政拨款或补贴	应归还原渠道资金	应调账处理金额				
龙江县审计局	48	84504	231		28706	38725		48	53	17
依安县审计局	51	4663	124		114	375	3	51		4
泰来县审计局	56	8796	113		1463	5		56		20
甘南县审计局	47	8665	24					47		32
富裕县审计局	38	65677	42		4244	1120		38	2	22
克山县审计局	39	2933	39		194	1709		39		
克东县审计局	33	14347	37		91	19		33	55	26
拜泉县审计局	48	30432	81		992	512		48	27	44
黑河市										
黑河市本级	61	146731	2231		66	13806		80	118	47
爱辉区审计局	17	13862	262			108		17	29	35
北安市审计局	20	8133	4		11	2		33	21	33
五大连池市审计局	32	6160	23		3			38	78	20
嫩江县审计局	20	45504	982	6		4		32	57	31
逊克县审计局	11	4106	159			3164		16	14	15
孙吴县审计局	21	20826	46			816		23	60	12
大庆市										
大庆市本级	98	301827	60802	24499	147	61990	22	133	246	75
萨尔图区审计局	79	18892	775	448		160		79	196	32
龙凤区审计局	104	2570	1768	802				104	23	30
让胡路区审计局	66	58168	270	1162	17771	38113		70	78	20
大同区审计局	34	717	68	281		124		49	43	
红岗区审计局	16	184	175	8				23	19	
肇州县审计局	88	6337	293	2347	139	1370		94	65	11
肇源县审计局	75	28702	3342		299	11		75	122	40
林甸县审计局	41	51096	648	2537	1573	3278		53	87	18
杜尔伯特蒙古族自治县审计局	50	20045	129			918		86	24	19
伊春市										
伊春市本级	69	4781	1255	316	340	3265		104	156	405
伊春区审计局	17	196	586			35		19	23	39
西林区审计局	14							14	30	41

续表

审计机关	完成审计项目（个）	审计查出主要问题金额	审计处理情况					出具审计报告和审计调查报告（篇）	提出审计建议（条）	提交审计信息（篇）
			审计处理处罚				移送处理事项（件）			
			应上缴财政	应减少财政拨款或补贴	应归还原渠道资金	应调账处理金额				
铁力市审计局	16	412			1120	1490		25	78	48
嘉荫县审计局	22	428	83			429		36	22	62
鹤岗市										
鹤岗市本级	42	19472	57		864	53		58	72	193
萝北县审计局	28	3308	80		22	315		33	36	18
绥滨县审计局	44	16000	22		9000	6700		44	95	16
佳木斯市										
佳木斯市本级	87	48526	1319	176	805	13901	2	110	150	139
前进区审计局	15	43			1	42		21	17	3
向阳区审计局	11	14			1	13		15	27	
东风区审计局	16	78						16	12	4
郊区审计局	22	630	37		20			22	58	5
同江市审计局	22	1639	311		116	532		22	25	41
富锦市审计局	39	18464	47		3421	17957		49	32	10
桦南县审计局	76	5971	186		201	1866		126	121	20
桦川县审计局	19	4203	328		817	813	1	31	30	19
汤原县审计局	18	22427	58	5	134	705		18	10	81
双鸭山市										
双鸭山市本级	43	104251	1518		1271	28495	4	74	118	78
尖山区审计局	16	54	2					16	15	5
岭东区审计局	20	305				305		20	43	5
四方台区审计局	8	14						10	16	
宝山区审计局	10	94				94		10	15	
集贤县审计局	22	30030	255		21	357		34		3
友谊县审计局	21	6104				6104		21	14	16
宝清县审计局	46	41024	42		16	543		46	109	53
饶河县审计局	46	31559	15					46	71	12
七台河市										
七台河市本级	42	99363	292		1574	9136		61	105	63
桃山区审计局	13	3412						13	28	20
新兴区审计局	4	11853						4	11	
茄子河区审计局	4	780						4	6	5
勃利县审计局	52	9726	33		220	430		50	63	55

续表

审计机关	完成审计项目(个)	审计查出主要问题金额	审计处理情况					出具审计报告和审计调查报告(篇)	提出审计建议(条)	提交审计信息(篇)
			审计处理处罚				移送处理事项(件)			
			应上缴财政	应减少财政拨款或补贴	应归还原渠道资金	应调账处理金额				
鸡西市										
鸡西市本级	49	51210	5380		9532	3919	1	77	112	70
鸡冠区审计局	4	1144	16		108			4	14	28
恒山区审计局	3	453	13					4	7	10
滴道区审计局	5	3785	5					7	9	4
梨树区审计局	8	337			39	372		14	22	20
城子河区审计局	7	2451	3		504	1468	1	14	34	20
麻山区审计局	4	561	3					6	8	11
虎林市审计局	32	14346	3273			2812		56	8	10
密山市审计局	12	2427	367		6	2053		18	25	6
鸡东县审计局	32	1825	105			395		48	6	
牡丹江市										
牡丹江市本级	129	316393	66404	9538	15101	27773	6	179	434	357
东安区审计局	11	2674	71					16	40	
爱民区审计局	8	2067	143		100	77		14	19	15
阳明区审计局	8	389	65			138	1	14	17	
西安区审计局	13	3018	43			320		21	7	
穆棱市审计局	30	1730	689	34		693	1	47	46	86
海林市审计局	29	1724	131					50	25	69
宁安市审计局	35	31019	1491		127	3364	1	50	55	20
东宁县审计局	30	9693	296		668	1141		49	27	96
林口县审计局	54	11437	362	360	60	842		93	59	91
绥化市										
绥化市本级	82	24057	307		1927	4577		46	85	52
北林区审计局	3	494	426			67		3	15	16
安达市审计局	5							5	10	20
肇东市审计局	11	279				11		11		1
海伦市审计局	5	70	70			191		5	11	21
望奎县审计局	6	55	230			7		6	2	17
兰西县审计局	14	4	2					15	21	4
青冈县审计局	7	217			61	60		7	11	18
庆安县审计局	8	20	3		16	1267		10	7	28

续表

审计机关	完成审计项目（个）	审计查出主要问题金额	审计处理情况					出具审计报告和审计调查报告（篇）	提出审计建议（条）	提交审计信息（篇）
			审计处理处罚				移送处理事项（件）			
			应上缴财政	应减少财政拨款或补贴	应归还原渠道资金	应调账处理金额				
明水县审计局	8	182	26					8	21	211
绥棱县审计局	5							5		22
大兴安岭地区										
大兴安岭地区本级	34	4308	3619			180		56	44	107
加格达奇区审计局	24	5289	381			4905		23	111	18
呼中区审计局	10	865			375	490		10	28	8
新林区审计局	14	262	13			83		14	30	22
松岭区审计局	7	498						7	20	16
呼玛县审计局	26	11844	15				1	26	67	19
塔河县审计局	12	5392	2		31	36		12	20	14
漠河县审计局	17	9102	178					17	21	15

上海市

【上海市审计局】 2013年，上海市审计局公务员在编354人，事业单位在编25人。设有办公室（信访办公室）、人事处（老干部处）、综合计划处（政策研究室）、法规处（复核审理处）、财政审计处、区县审计处、金融审计处、行政事业审计处、社会保障审计处、农业与资源环保审计处、经贸审计处、经济责任审计处（内部审计指导处）、国有资产鉴证审计处、固定资产投资审计一处、固定资产投资审计二处、外资运用审计处、计算机审计与信息技术处，并按有关规定设置纪检监察机构和机关党委，下设审计科学研究所、审计培训中心、审计信息中心。

领导成员

局　　长：宋依佳（—3月）
　　　　　田春华（3月—）
副 局 长：江小民　吴茵蝶　范少军
　　　　　于万云　孙　琪
总审计师：林忠华
纪检组长：沈荣华

审计成果 全市审计机关组织开展审计和审计调查项目913个，查出违规金额7.55亿元、损失浪费金额4.55亿元，管理不规范金额1176.58亿元，促进财政增收节支79.90亿元。向司法机关、纪检监察机关移送案件线索和事项14件。全市各级党政领导对432篇次审计报告、专题报告、综合性报告做出批示。

财政审计 全市审计机关对市、区（县）两级2012年度预算执行情况和17个市级、121个区县级主管预算部门2012年度部门预算执行情况开展审计，促进规范预算管理，深化财政体制改革。反映市本级公共财政收支、政府性基金收支的总体情况，抽查本市试编的国有资本经营预算和社会保险基金收支情况。将各单位“三公”经费、会议费的使用管理作为审计重点，促进厉行勤俭节约。开展26项独立型绩效审计项目，关注财政资金使用效益。8月至9月，按照审计署统一部署，上海特派办和上海市及各区（县）审计局500多名审计人员，按照“见人、见账、见物，逐笔、逐项审核”的原则，对上海市本级、17个区（县）、110个乡（镇）的政府性债务情况进行全面审计，共审计60个政府部门和机构、68个融资平台公司、64个经费补助事业单位、8个公用事业单位和313个其他单位，涉及2577个项目、9736笔债务。审计结果表明，上海市政府性债务各项风险指标均处于国际通常使用的控制标准参考值范围内，风险总体可控。

固定资产投资审计 全市审计机关组织开展329项政府投资项目竣工决算审计、59项跟踪审计，在促进政府投资项目规范管理、资金安全、提高质量和效益等方面发挥较好作用。其中，市审计局重点对51个政府投资项目开展竣工决算审计，对城市基础设施配套费征收及使用管理绩效情况、民政信息化建设管理及应用绩效情况开展审计调查，对上海对口支援新疆喀什地区建设项目、上海国际旅游度假区核心区基础设施项目进行跟踪审计。各区（县）审计局普遍安排对公路、水利、学校、医院、公共基础设施、动拆迁等政府投资项目的审计。部分区（县）根据《上海市审计条例》制定政府投资审计监督办法。

经济责任审计 全市审计机关以关注权力运行和责任履行为重点，共组织对356名领导干部（人员）进行经济责任审计，促进依法行政、依法问责。市审计局制定年度经济责任审计工作指导意见，举办全市任期内轮审制度推进视频会，与有关工作党委联合开展内部审计人员经济责任审计专题培训，加大对全市经济责任审计工作的指导力度；明确经济责任审计联席会议向领导小组报告工作的方式，制定经济责任审计联席会议议事规则和联席会议办公室工作规则。制定《关于建立和推行本市市管单位领导干部（人员）任期内轮审制度的意见》，从市审计局、各大口党委、浦东新区党委三个层面，推动建立ABC三类经济责任审计项目轮审计划库。各区县审计局围绕干部管理监督的新要求，不断创新经济责任审计工作。

农业与资源环境审计 全市审计机关认真落实资源环境审计工作计划，深入推进资源环境审计与其他业务审计的融合，开展专项资源环境审计项目37个。市审计局重点围绕土地使用权出让收支管理及土地开发利用、城市污水、污泥及垃圾处理等领域，开展3项审计调查，促进科学发展和生态文明建设。各区县审计局在各项审计中，关注资源环境问题，对土地资源、节能减排、水利建设、村庄改造、环境整治等情况，开展专项资金审计（调查），促进本地区科学发展和生态文明建设。

专项资金审计（调查） 全市审计机关密切关注涉及群众切身利益的问题，共组织开展民生类专项资金审计（调查）58个。市审计局根据审计署统一组织，开展7个区（县）保障性安居工程跟踪审计，开展新增汽车额度拍卖收入、福利彩票资金募集及公益金使用管理、机构养老绩效情况和全民健身设施建设管理绩效情况等5项审计调查，推动落实惠民富民强民政策，促进民生改善和社会事业发展。各区县审计局普遍开展民生专项资金审计（调查），涉及社会保障、教育、“三农”、医疗卫生、科技文化等多个领域。

审计公开 市审计局按照市政府重点工作要求，全年公开2013年度重点审计项目计划、2012年度审计工作报告和审计整改报告、17个部门预算执行审计单项审计结果、9个专项审计调查结果以及本市对口支援新疆喀什地区四县2012年发展资金和项目跟踪审计结果。首次公开7个政府投资项目竣工决算审计结果。各区县审计局单项审计结果公开的力度也不断加大，全年公告部门预算执行审计结果、专项审计调查结果以及政府投资项目竣工决算等单项审计结果共207个。

管理工作 围绕贯彻落实市委、市政府关于推进改革创新的部署，市审计局研究制定《关于进一步加强和改进审计工作，服务上海改革创新大局的若干意见》，形成进一步服务全市改革创新的思路和措施。修订市审计整改工作联席会议组织办法，市政府办公厅印发《关于进一步加强和改进内部审计工作的意见》《关于进一步建立健全审计整改工作制度的实施意见》。浦东、长宁、杨浦、黄浦、宝山等区审计局由侧重“合法性、合规性”监督，向更加注重服务区域发展转变。闵行、奉贤区审计局将审计触角延伸至村级经济。虹口区审计局对宏观经济政策执行情况开展审计调查，服务区域经济社会科学发展。

在审计项目管理方面，市审计局对预算执行审计、经济责任审计、政府投资项目审计完善滚动计划管理，构建“1+5”资源环境审计新格局，积极推行“1+4”绩效审计模式。在审计质量管理方面，市审计局制定或修订审计机关行政执法人员执法行为规范、规范审计行政处罚裁量权实施办法等5项制度。在审计科研方面，市审计局集中力量对13个审计领域的审计事项、审计方法体系、审计风险评估、审计评价体系开展研究。在内部审计指导方面，以提升层次、切合实际为导向，组织开展内部审计系列讲座和后续教育培训；与中国内部审计协会共同开展内部审计质量外部评估，本市内部审计质量评估工作在全国率先迈出一大步。在推进审计技术现代化方面，采用市区联建模式，积极推进“上海数字化智能审计工程”项目建设，在21个项目中开展结合型信息系统审计。全面推广移动办公，市审计局有18个部门268人使用移动办公。对援疆投资联网审计平台项目、社保联网审计项目实施改造，加强对援疆项目的联网跟踪，对11项社会保险基金、5项公共资金流向、流量和流速的实时监控、预警提示。（撰稿人：汪其水）

【黄浦区审计局】 2013年，黄浦区审计局人员在编63人。局长徐其彬，副局长朱润杰、虞海琴、米文蕾（—11月）、张志伟。设有办公室、人事教育监察科、综合计划科、审理法规科、财政金融审计科、行政事业审计科、固定资产投资审计科、党政领导干部经济责任审计科、企业领导人员经济责任审计科、经济贸易审计科、资源环保审计科、计算机审计科。

审计成果 黄浦区审计局完成审计和审计调查项目42个，查出违规金额1423万元、管理不规范金额1.92亿元，应上缴财政1263万元，应减少财政拨款或补贴3090万元，应调账处理金额1877万元，应归还原渠道资金162万元。提交审计工作报告、信息82篇，被采用104篇次。

财政审计 对区2012年度本级预算执行和其他财政收支情况开展审计，重点关注本级财政其他预算结余资金、部门历年累积结余资金和街道办事处各种资源情况，促进区政府组织预算单位开展专项清理工作，规范结转结余资金、房屋建筑物、持有上市公司法人股等国有资产管理工作。同时将落实中央八项规定、“三公”经费情况纳入审计内容，查出2个单位设立“小金库”等违规问题，移送其主管部门处理，收回违规使用资金8.52万元、结余资金151.17万元。

固定资产投资审计 对“一街两中心”西藏南路—大吉路综合改造、黄浦区医疗中心建设工程等重大基础设施工程进行跟踪审计；对向明中学老教学楼修缮工程、区老年配餐中心、区体育馆改建工程等项目开展竣工决算审计；开展市容环境综合整治和配套道路工程项目的竣工决算审计。共审计资金17.20亿元，核减资金1858万元。

经济责任审计 开展经济责任审计项目13个，涉及9名党政领导干部和4名企业集团领导人员，重点关注政策执行、权力运行、经济决策、责任落实、管理措施等情况，全面客观评价领导干部任职期间重大经济决策及执行效果、执行国家财经法规、建立健全内控制度、个人遵守廉政纪律等情况。对4个街道的党政主要领导进行同步经济责任审计，探索研究不同类别领导干部的审计内容和审计评价。

专项资金审计（调查） 对区属10个街道的所属经济实体、房产、有价证券、动拆迁补偿款以及银行账户和经费结余情况进行专项审计调查，查出管理不规范金额8893.70万元。

资源环保审计 对土地使用权出让收入使用和管理情况进行审计，促进有关土地管理政策和制度贯彻落实。开展对区市政委、区规土局、区住房保障局及4个街道落实节能减排措施和目标任务完成情况进行审计，促进经济社会可持续发展。对区环卫保洁养护经费使用管理绩效情况，区生活垃圾、粪便运输经费和处置专项资金使用管理情况进行审计调查，客观评价专项资金使用的经济性、效率性和效益性。（撰稿人：曹　群）

【徐汇区审计局】 2013年，徐汇区审计局在编32人。局长翁国雷，副局长魏敏、赵洪英，纪检组长魏敏（兼）。设有办公室、法规科、财政审计科、经济责任审计科（内设内部审计指导科）、绩效审计科、固定资产投资审计科、企业审计科。

审计成果 徐汇区审计局完成审计和审计调查项目47个，审计资金341.14亿元，查出损失浪费金额13万元、管理不规范金额4.43亿元，应上缴财政8万元。向区委、区政府提交审计结果报告42篇、审计工作专报7篇，出具审计整改函13篇。提交并被采纳审计信息53篇次。

财政审计 完成2012年度本级预算执行及其他财政收支情况审计和对5家预算单位2012年度预算执行情况的审计，重点关注部门预算和财政改革措施的执行情况。

固定资产投资审计 开展校舍安全工程竣工决算审计，对2012年校安工程中招标、结算等方面进行复核。对漕河泾社区卫生服务中心、漕河泾社区敬老院两个建设项目进行审计，核减费用349.42万元。完成龙华街道等5个地块收储成本审核工作。区政府印发《政府投资项目审计监督实施办法（试行）》，建立完善审计项目库和投资项目的内部监督控制体系，促进实现监督预防相结合。

经济责任审计 完成29名领导干部经济责任审计，针对财政财务、规范管理等方面的问题提出审计意见和建议，促进提高领导干部执政能力和领导水平。发挥经济责任审计工作联席会议成员单位优势，印发《徐汇区经济责任审计操作规范（试行）》，进一步加强领导干部经济责任审计的工作指导和管理。

资源环境审计 对区2011年度土地出让金使用和管理情况进行审计调查。对某街道3丘地块收储成本进行审计，核减资金17.13万元。对区土地储备及供地管理情况进行专项审计，提出严格控制土地收储成本等建议。

专项资金审计（调查） 对本区“万人就业”和促进就业专项资金管理使用情况开展绩效审计，从加强政策执行效果、提高政策持续性、拓展政策宣传渠道等方面提出审计建议，推动本区促进就业政策落实。对本区公共图书馆资源利用情况开展绩效审计调查，对公共图书馆建设管理规划等方面提出审计建议，促进提升图书馆服务质量和科学管理水平，促进政府财政资金投入效益。

审计整改 发挥区经济责任审计工作联席会议、审计整改联席会议的作用，组织对36家单位进行审计整改检查，推动解决政策性、体制性、机制性、制度性问题。

审计公开 全年发布16项审计结果公告，公开审计信息、审计项目计划。

内部审计 以徐家汇街道、区卫生局等单位为联系点，开展内部审计工作指导。制定区内部审计工作指导和监督标准以及相应的业务流程，完善本区内部审计工作指导意见和相关内控制度规定。（撰稿人：曹　娴）

【长宁区审计局】 2013年，长宁区审计局在编32人。局长邱军褀，副局长王智华、陆霓。设有办公室、法规科、固定资产投资审计科、经贸审计科、行政事业审计科、财政金融审计科、经济责任审计科。

审计成果 长宁区审计局完成审计和审计调查项目25个，查出管理不规范金额9.5亿元、损失浪费金额9万元，核减投资金额278万元，提出审计意见和建议75条。

财政审计 对2012年度区级预算执行、区地税分局税收征管情况及新泾镇等6个部门预算执行进行审计，注重对重点部门、重点资金、重点领域进行审计监督，注重中央八项规定等重要政策执行情况监督检查，注重从体制、机制和政策等层面提出建议。

固定资产投资审计 加大对政府投资项目建设质量和项目建成后的安全运用监督力度，开展政府投资审计项目7个，其中4个政府投资项目竣工决算审计、2个跟踪审计、1个专项调查，审计资金707亿元。完成中小学校舍安全工程抗震加固等3个项目竣工决算审计和长宁支路第一小学、中山公园整体改造跟踪审计，核减投资额278万元，提出审计意见和建议9条。

经济责任审计 组织开展经济责任审计项目13个，查出管理不规范金额4.74亿元，提出审计意见和建议53条。区委印发《关于成立长宁区经济责任审计工作领导小组的通知》，健全区经济责任审计领导体制，完善经济责任审计领导小组、联席会议、办公室三级组织机构。

专项资金审计（调查） 开展审计调查项目11个，完成对区社会福利院、第二社会福利院运营和管理绩效情况审计调查，区绿化建设和养护资金、区教育费附加资金、区2011年创建全国文明城区专项工作经费使用情况的专项审计调查，促进关系群众切身利益的民生工程和社会事业的发展。

审计整改 发挥区审计整改工作联席会议作用，召开区第一次审计整改工作联席会议，部署推进审计整改工作。全年审计发现问题75个，已整改落实72个。

委托审计 对13个审计项目进行委托审计。开展2011年至2013年第二轮委托社会审计项目质量检查，细化梳理5方面12项问题。修订委托社会审计计费办法，制定委托社会审计项目操作规程、准入条件、申请审批办法等制度。组织11名特约审计员参与5个重点审计项目。

审计公开 公开2013年度审计项目计划、2012年度审计工作报告和审计整改报告、1个专项审计调查结果，6个部门预算执行审计结果。通过《长宁时报》、“长宁审计”网站，首次对政府投资竣工决算审计项目开展审前公示。

内部审计 全区23家单位设置45个内部审计机构，配备内部审计人员104人。摸底调研区25家重点民营企业内部审计情况，拓展春秋航空公司等优秀民营企业内部审计服务范围。全区内部审计机构完成审计项目724个，审计资金191.21亿元，促进增收节支848.58万元，提出审计意见和建议565条。 （撰稿人：高洁楠）

【静安区审计局】 2013年，静安区审计局人员在编31人。局长任从青，副局长魏勇、郝成城，纪检组长魏勇（兼）。设有办公室、人事监察科、综合业务科、经济责任审计科、基建环保审计科、财政财务审计科、绩效审计科、法纪审计科。

审计成果 静安区审计局完成审计和审计调查项目35个，审计资金22.26亿元，查出管理不规范金额5.01亿元，提出审计建议57条。完成工程类项目委托审计项目92个，审核资金总额4.02亿元，核减资金7087.93万元。2篇审计报告得到区主要领导批示。

财政审计 对区2013年度本级预算执行和其他财政收支情况进行审计，重点对区21个预算单位进行审计，并延伸至其下属单位。将财政资金、资产、资源全面纳入审计范围，突出对本级预算管理、部门预算执行以及内控制度有效性等方面的情况进行审计评价。

经济责任审计 对区司法局、区教育局、区配套局、区发展改革委等7个单位领导干部开展经济责任审计，审计发现并纠正下属单位管理不规范资金5000多万元。区审计局起草的《静安区经济责任审计工作联席会议制度》《静安区区管领导干部（人员）任期经济责任审计分类管理办法（试行）》《静安区区管领导干部（人员）任期经济责任审计整改工作暂行办法》《静安区区管领导干部（人员）任期经济责任审计分类管理办法》，经区经济责任审计工作领导小组审议通过并批转在全区执行。

专项资金审计（调查） 对区公共健康服务信息系统专项（一期）资金使用绩效进行审计，重点对区域协同医疗信息平台、居民健康服务系统、社区慢性病管理信息系统、妇幼保健管理信息系统、公告卫生信息系统以及卫生管理信息系统等，进行项目建设资金使用管理、执行建设程序和社会效益情况绩效评价。针对审计发现的问题，审计提出提高医联体数据共享和交换平台、协同服务平台、财务结算管理信息平台使用效益，完善电子健康档案等建议，得到被审计单位积极整改。 （撰稿人：余义建）

【普陀区审计局】 2013年，普陀区审计局人员在编29人。局长周勤毅，副局长顾薇玲、王廉之，纪检组长王廉之（兼）。设有办公室、综合业务指导科、财政审计科、经济责任审计科、行政事业审计科、经济贸易审计科、固定资产投资审计科。

审计成果 普陀区审计局共完成审计项目29个，查出违规金额78.52万元、管理不规范金额9.39亿元，应上缴财政899.54万元，已上缴财政1041.71万元。提交审计工作报告77篇、审计信息49篇，采用24篇。提出审计建议77条，采纳67条。

财政审计 对2012年度区本级财政预算执行情况、22个部门预算执行及其他财政收支情况，以及长征镇、桃浦镇财政决算及其他财政收支情况进行审计，在对财政管理情况进行总体评价的基础上，加强重点领域及重点事项的审计监督，促进深化财政体制改革和加强公共财政管理。

固定资产投资审计 落实《普陀区区级建设财力项目审计监督暂行办法》，与区建设财力项目“1＋4”管理办法相衔接，强化对市政设施类建设项目的监督力度。委托社会中介机构对瞿家廊路小学新建工程等6个项目进行审计，审计资金2.59亿元，核减3633.30万元。在促进政府投资项目规范管理、资金安全、提高质量和效益等方面，发挥较好作用。

经济责任审计 全年组织开展对2个乡镇党政领导干部、22个部门党政领导干部和2个区属企业领导人员进行任期经济责任审计，重点关注决策、管理、政策执行三项职责履行情况，客观评价领导干部履行经济责任所采取的主要工作措施、重要决策和执行结果，全面反映领导干部履职情况。

专项资金审计（调查） 对社会中介机构承担的部分核销地块储备成本审计项目质量情况进行专项审计调查。组织开展区养老机构运营绩效情况、区垃圾处置及分类减量专项资金管理使用绩效情况审计调查，维护人民群众切身利益。

内部审计 结合审计项目，对被审计单位内部审计机构设置及工作开展情况进行检查，重点评价镇级内部审计工作开展情况。组织全区159名内部审计人员培训，举办2013年度内部审计工作交流及优秀内部审计论文评比活动。

（撰稿人：宋　姗）

【闸北区审计局】 2013年，闸北区审计局人员在编25人。局长郑志勇，副局长马国荣、陈一，纪检组长郑志勇（兼）。设有办公室、法规科、财政审计科、国有企业审计科、经济责任审计科、固定资产投资审计科、内部审计指导科。

审计成果 闸北区审计局全年完成审计和审计调查项目15个，查出违规金额2894.96万元，归还财政1亿元，提出审计建议38条。

财政审计 对区2012年度本级财政预算执行和其他财政收支情况开展审计，重点关注本级公共预算、政府性基金预算、国有资本经营预算编制的科学性、完整性、规范性和预算执行的真实性、合法性、时效性、效益性，公共资金（资源）、专项资金和项目资金分配使用管理、成本节约控制、经济效益和社会效益等绩效目标实现情况，“三公”经费预算编制依据的充分性、范围标准的清晰性，以及会议费用使用管理情况。

固定资产投资审计 组织对闸北区6街坊等旧区改建房屋征收项目跟踪审计，重点关注建设财力分配管理情况、政府投资项目和旧区改造跟踪管理情况；项目审批、建设、设计、施工、监理等单位执行土地、环保等相关政策法规、履行建设程序、建立健全内部控制制度情况；项目建设质量管理、安全管理和项目建成后的安全运行等情况。完成上海市新一轮旧区改造新政试点项目桥东二期旧区改造项目前期动拆迁费用竣工决算审计，为区政府对本项目测算收益及补贴提供依据。

经济责任审计 建立重点部门、单位和关键岗位领导干部任期内轮审制度，消除领导干部任期内经济责任审计的“盲点”。

专项资金审计（调查） 对科技、民生领域的专项资金实施专项审计调查，从制度建设、预算安排、资金分配、使用管理、绩效情况等方面，对项目设立的政策依据、资金分配管理的合规合理、资金拨付使用的及时安全、项目建成的效果效益进行审计监督。

委托审计 委托社会中介机构完成审计项目162个，审计资金124.09亿元，核减项目投资6261.87万元，查出会计核算及管理不规范金额12.51亿元。

（撰稿人：许小玲）

【虹口区审计局】 2013年，虹口区审计局在编29人。局长高庆迁，副局长周辉权、韩颖，纪检组长周辉权（兼）。设有办公室、法规科、财政审计科、企业审计科、经济责任审计科、投资审计科。

审计成果 虹口区审计局共完成审计和审计调查项目25个，查出违规金额313万元、管理不规范金额3960万元，应上缴财政433万元，应减少财政拨款或补贴38万元，应调账处理2591万元。移送司法机关、纪检监察部门处理事件1件，建议有关部门处理事项4件。提交审计工作报告39篇，提交审计信息及专题报告34篇，审计信息被采用14篇。

财政审计 完成2012年度区本级财政预算执行和其他财政收支情况的审计，审计发现部分单位相关收入未纳入预算管理，部分单位内部管理薄弱，个别单位未执行“三重一大”制度，个别单位会计制度执行和会计核算欠规范。

固定资产投资审计 完成2个政府投资项目审计，围绕工程建设项目决策立项、规划审批、土地出让、招投标、建设实施等环节积极探索绩效审计。

经济责任审计 对15名领导干部开展经济责任审计，其中任中经济责任审计6人。探索“经济责任审计＋预算执行审计＋绩效审计调查”的审计模式，全面评价领导干部的经济责任。

专项资金审计（调查） 完成本区社会组织发展专项资金管理使用情况等5项审计调查，通过揭示影响宏观政策落实、政府资金和公共资源配置使用及管理效果、经济发展方式转变等问题，促进相关政策措施落实。

内部审计 全区内部审计机构完成审计项目362个，其中财务收支审计项目47个，经济责任审计项目15个，审计调查项目4个，效益审计项目2个，基本建设审计项目71个，其他审计项目223个，提出审计建议184条，被采纳59条。

（撰稿人：祁　麟）

【杨浦区审计局】 2013年，杨浦区审计局人员在编35人。局长朱萍，副局长周兰萍、贺东明，纪检组长周兰萍（兼）。设有办公室、法规科、行政事业审计科、财政审计科、经济责任审计科、固定资产投资审计科、经贸审计科、鉴证审计科。

审计成果 杨浦区审计局共完成审计和审计调查项目25个，审计资金448.54亿元，查出违规金额165.85万元、损失浪费金额7.11万元、应上缴财政134.31万元、应归还原渠道资金3463.42万元、应减少财政拨款或补贴68万元、应调整金额5456.2万元。提交审计信息20篇，被采用18篇次。

财政审计 对区2012年度本级预算执行和其他财政收支情况进行审计，提出加强预算精细化管理、加快预算执行进度、细化部门预算结转结余资金管理要求等审计建议，促进规范区级行政和事业单位国有资产配置、使用、处置和预算外资金管理办法，以及行政事业单位之间拨款的预算管理和会计核算等制度。

固定资产投资审计 对延吉初级中学、校安工程二期第一标段4所学校、第二标段2所学校、大桥敬老院和杨浦福利院等项目开展竣工决算审计，核减投资521.15万元。

经济责任审计 对29名领导人员开展经济责任审计，查出领导干部负主管责任问题金额1.08亿元，负领导责任问题金额312万元。在全市率先探索建立被审计领导干部“一人一档”制度，首批向区委组织部移交经济责任审计档案29份。

专项资金审计（调查） 对全区2008—2012年度经济社会发展情况、政府投资项目代建制管理情况、公共设施和教育信息化建设专项资金管理使用等情况开展审计调查，维护人民群众最关心、最直接、最现实的利益。（撰稿人：傅　强）

【闵行区审计局】 2013年，闵行区审计局人员在编32人。局长王敏，副局长马建国、陈志强、任筱华，纪检组长马建国（兼）。设有办公室、综合法规科、财政审计科、经济责任审计科、经贸审计科、固定资产投资审计科。

审计成果 闵行区审计局共完成审计和审计调查项目27个，查出违规金额325万元、损失浪费金额208万元、管理不规范金额1.65亿元，应上缴财政11万元，应减少财政拨款或补贴13万元，应归还原渠道资金208万元，应调账处理金额4.94亿元。提交审计报告37篇、审计信息18篇，提出审计建议192条，促进被审计单位制定整改措施57项，得到区领导批示8篇次。

财政审计 对2012年度区本级财政预算执行和其他财政收支情况开展审计，重点关注财政资金支出、分配、使用和管理情况，转移支付资金分配的合理性、规范性、均衡性和使用管理情况，政府预算公开情况，财政一体化信息系统运作管理和内部控制情况等。

固定资产投资审计 对闵行文化公园建设项目实施跟踪审计，完成景洪路、航华九年一贯制学校建设工程项目竣工决算审计，对15个项目的审价报告进行核查，核减工程造价379.23万元。修订完善《闵行区固定资产投资审计监督办法》，增强监督合力。

经济责任审计 对18个单位23名区管领导

干部开展经济责任审计，重点关注各级政策的落实、遵守财纪法纪、重大经济决策及执行、动拆迁、对外投资和资产处置、政府投资项目建设和管理、主要经济指标及其产生的效果、专项资金使用和内部管理等情况，全面客观评价领导干部履行经济责任情况。

企业审计 对莘庄工业区经济技术发展有限公司、闵行资产投资经营有限公司、闵航投资建设有限公司3个区属国有公司2012年度资产负债损益情况进行审计。重点关注企业经营发展状况，贯彻执行国家方针政策和遵守国家法律法规情况，企业重大经营决策情况，财务收支及资产质量情况以及内部控制状况。

专项资金审计（调查） 对区公建配套民办幼儿园财政补贴专项资金管理和使用情况开展绩效审计，揭示民办幼儿园经营管理中普遍存在的现象和突出问题，促进区政府扶持政策进一步提高效益。对本区编制外用工项目管理和资金使用情况开展审计调查，促进区有关部门加强编制外用工管理。对2011年至2012年闵行区城市基础设施配套费征收、使用管理情况开展审计调查，揭示部分项目配套费征收不及时、配套费年度资金预算与实际支出偏差较大、配套项目建设管理欠规范等问题。

内部审计 全区内部审计机构完成审计项目1335个，审计资金764.16亿元，提出意见建议1175条，促进增收节支2078万元。促进区委、区政府把各单位内部审计工作开展情况纳入年度工作考核指标，进一步推进全区镇、街道、工业区和16个委、局、公司建立独立的内部审计机构。（撰稿人：曹晓冬）

【宝山区审计局】 2013年，宝山区审计局人员在编32人。局长张晓宁，副局长周坤明（11月一）、邱大德、王新民。设有办公室（人事科、法制科）、财政审计科、行政事业审计科、固定资产投资审计科、经贸审计科、经济责任审计科。

审计成果 宝山区审计局完成审计和审计调查项目33个，查出应上缴财政6402万元，应减少财政拨款或补贴1.80亿元，应调账处理金额13.22亿元。提出审计建议122条，推动建章立制25项。提交审计工作报告、信息72篇，被采用22篇。

财政审计 对2012年度组织区本级预算执行情况、8个单位部门预算执行情况和其他财政收支情况进行审计，重点关注改革措施落实和效果情况，推动完善本区地方教育附加费使用办法。

固定资产投资审计 对生态路、宝安路、检察院、康宁路、校安工程、滨江广场、华山医院北院、南大整治、罗店大型居住区9个建设项目开展跟踪审计，完成宝山体育中心、宝山中心医院二期、宝山区法院、吴淞口国际邮轮码头、大场医院建设项目竣工决算审计，共核减投资2.54亿元。通过委托审计，完成审计项目83个，核减投资4078.4万元。清理完成历史遗留的7个财务决算审计项目，审计资金22.6亿元。

经济责任审计 对14个单位党政主要领导干部开展经济责任审计，将部门落实中央八项规定要求纳入审计重点，加大对重大经济决策、重大建设项目、大额资金使用、债权债务、土地出让、节能降耗、财政管理等情况审计监督。督促3个单位取消技术协会，收回900万元已流失的土地转让款。

专项资金审计（调查） 对农村合作医疗基金、水利建设资金、节能减排资金、村庄改造资金、校安工程建设情况开展审计调查，提出建议17条，收缴沉淀资金846.4万元，促进相关部门修订完善6项政策制度，协调相关部门完善7项工作机制。（撰稿人：张秀敏）

【嘉定区审计局】 2013年，嘉定区审计局在编34人。局长柏永明，副局长谭思翔、徐青、苑鼎宏，纪检组长吉峻岭。设有办公室、人事监察科、综合法规科、财政金融审计科、社会保障审计科、农业与资源环保审计科、经济责任审计科、经贸审计科、固定资产投资审计科一科、固定资产投资审计科二科、外资运用审计科、计算机审计与信息技术科，下设上海嘉定审计中心。

审计成果 嘉定区审计局完成审计和审计调查项目23个，查出管理不规范金额6.74亿元，已上缴财政1585万元，已减少财政拨款或补贴5263万元，推动有关部门制定4个规范性文件。提交审计报告31篇，受到区领导批示3篇。提交审计信息60篇，被采用33篇。

财政审计 开展2012年度组织区本级预算执行情况和5个部门预算执行情况审计，延伸审计部分镇级财政管理情况、相关专项资金的管理和使用情况及部分政府投资项目管理情况。

固定资产投资审计 对10个重大建设项目进行跟踪审计、竣工决算审计和审计调查，查出管理不规范金额3.40亿元，29条审计建议得到采纳。对23个投资金额在500万元以上的建设项目实行集中委托审计，对临时交办的33个项目进行抽签委托审计，委托造价总金额16.22亿元。对58个500万元以上项目完成审计实施过程考核，对16个投资金额500万元以下的建设项目进行抽查考核，对其他19个项目进行审价质量复核。

经济责任审计 对2个街道（镇）、5个委办局和2个区管企业共15名处级领导干部（人员）开展任期经济责任审计，提交审计结果报告9篇，查出管理不规范金额57.71亿元。

专项资金审计（调查） 对校舍及设施维修经费使用管理及绩效情况、支农专项资金使用管理及绩效情况、生活垃圾处置绩效情况开展专项审计调查，审计建议得到区教育局、区农委、区绿化和市容管理局等单位采纳。

内部审计 全区内部审计机构完成各类审计项目1426个，审计资金385.18亿元，查出损失浪费金额163万元，发现并纠正不规范资金8069万元，核减工程造价2.64亿元，促进增收节支3.27亿元，审计建议和意见被采纳644条，促进完善制度、规范73条。内部审计机构向区审计局报送各类内部审计报告177篇，提交内部审计信息129篇，采纳80篇。 （撰稿人：朱艳笛）

【浦东新区审计局】 2013年，浦东新区审计局在编61人。局长徐国平，副局长朱长勇、段际凯、虞刚杰、朱云（9月—），纪检组长朱长勇（兼）。设有办公室（组织人事处）、综合法规处（政策研究室）、财政审计处（行政事业审计处）、经济责任审计处（内部审计指导处）、综合经济审计处、投资建设审计处（资源环保审计处）、绩效审计处（审计稽查处），下设审计事务中心。

审计成果 浦东新区审计局完成审计和审计调查项目129个，查出管理不规范金额200.89亿元，促进增收节支13.30亿元，提出审计建议226条。提交审计专题报告、综合性报告、审计信息43篇，被批示、采用12篇。

财政审计 组织执行本级预算情况审计，围绕预算收入、支出和分配情况，关注预算编制、执行、调整、决算和公开等重点环节，促进财政管理绩效水平不断提高。组织实施对新区民政局、经信委、金融局、宣传部（文广局）、金桥出口加工区管委会、法院、党校等7个单位部门预算执行情况审计，关注预算编制的真实性、合理性，非税收入和“收支两条线”资金收缴的及时性、完整性，重点评价专项资金使用的效益性，推动部门预算管理不断完善。深入分析财政支出结构，密切关注财政资金在公共服务上的投入情况，客观评价资金效益和监管效果，真实反映政府公共服务职能的履行情况。

固定资产投资审计 完成竣工决算审计项目184个（其中区审计局实施的项目88个，委托社会中介机构实施的项目96个），审计资金211.15亿元，核减投资金额11.15亿元。稳步推进“固定资产投资联网绩效审计系统”项目建设，改进政府投资审计方式方法。积极实施村庄改造、土地资源利用、垃圾处理、不规范禽畜养殖场整治、工业危险废弃物管理等审计（调查）项目。

经济责任审计 关注土地转让、房地产开发、环境保护、节能减排、遵守有关廉洁从政规定等情况，加大对权力运行的监督和制约力度。转变审计思路，将绩效审计、资源环境审计理念融入经济责任审计工作中。完善经济责任审计管理机制，研究印发《2013—2014年浦东新区经济责任审计工作指导意见》。不断增强经济责任审计联席会议办公室的综合协调职能，推动经济责任审计工作有序、深入地开展。

专项资金审计（调查） 组织实施院前急救资金、科教兴医专项资金、教育公建配套资金、生活垃圾分类资金等绩效审计调查项目，对资金运行的经济性、效率性和效果性进行分析，推进效能政府建设。组织实施镇级招商工作经费使用情况、镇级集体资产管理公司财政性资金使用情况、镇级融资平台政府性债务资金使用和偿还情况等审计稽查项目，查找街镇财政性资金管理中存在的问题，促进建立健全各项管理制度。开展区属国有企业债务情况的审计调查，深入分析潜在风险，促进新区国资国企的健康发展。

审计公开 区政府印发《浦东新区审计结果公开办法》，年度公开审计结果 61 个，进一步提升审计工作透明度。

内部审计 编制完成 80 万字的《内审手册》，收集整理国家政策制度 43 项、浦东新区政策制度 25 项、内部审计事务操作指南 125 项。

（撰稿人：李 敬）

【金山区审计局】 2013 年，金山区审计局人员在编 30 人。局长杜莉芳（—12 月）、张娣芳（12 月—），副局长顾明欢（—10 月）、李永革（12 月—）、潘浩、胡炎培，纪检组长潘浩（兼）。设有办公室、法规审理科、财政审计科、行政事业审计科、经济责任审计科、固定资产投资审计科、国有资产鉴证科、内部审计指导科、审计监督科，下设审计中心。

审计成果 金山区审计局完成审计和审计调查项目 48 个，查出违规金额 11 万元、管理不规范金额 3.53 亿元，应归还原渠道资金 11 万元，应调账处理金额 1.71 亿元，已调账处理金额 8059 万元。移送司法机关、纪检监察部门处理事项 1 件。提交审计工作报告 4 篇，受到区领导批示 2 篇。提交信息 134 篇，被采用 85 篇次。

财政审计 对区建交委、区水务局等 7 个部门预算执行情况、2012 年度区本级预算执行情况和其他财政收支情况进行审计，重点关注中央八项规定、公务卡支付制度、财政绩效评价等内容，将绩效审计贯穿财政审计全过程。

固定资产投资审计 对 26 个项目进行竣工决算审计，对 2 个项目进行跟踪审计，审计资金 9.27 亿元，核减资金 9140 万元。推动区政府出台《金山区政府投资项目审计监督办法》，明确政府投资审计工作的内容和重点。

经济责任审计 组织开展经济责任审计项目 8 个，移送案件线索 1 件。联合区委组织部、区纪委在被审计单位一定范围内通报审计结果，促进审计整改。协助巡察组对 12 个单位经济责任审计整改落实情况进行核查。

专项资金审计（调查） 对委办局托管企业经营绩效情况开展审计调查，全面摸清本区托管企业分布状况、经营绩效及存在问题。对农村公路建设与养护资金、村庄改造资金管理及使用绩效情况开展审计调查，分析惠农政策措施的执行效果，揭示政策执行中存在的问题，提出加强资金管理的建议。对全区社区事务受理中心运营绩效开展审计调查，推进社区服务标准化和规范化。

内部审计 全区内部审计机构共完成审计项目 906 个，查出损失浪费资金 5810 万元，促进增收节支 5150 万元，提出审计意见 559 条，专项资金、往来账款等方面审计联系意见 57 条，提供基建审计、对外投资等审计咨询 37 次，调整不规范资金 3515 万元。（撰稿人：何玉凤）

【松江区审计局】 2013 年，松江区审计局在编 35 人。局长沈日新，副局长吴玲、吴慰民，纪检组长许方勇。设有办公室、法规科、财政金融审计科、经济责任审计科、行政事业审计科、基本建设审计科、内部审计经贸审计科。

审计成果 松江区审计局完成审计和审计调查项目 28 个，查出损失浪费金额 1682 万元，管理不规范金额 64.98 亿元，向司法、纪检监察机关移送案件线索和事项 21 项，提出审计建议 81 条，上报各类信息 32 篇。

财政审计 对 2012 年度组织区本级预算执行情况，方松街道办事处、车墩镇、新桥镇财政决算，方松街道机关、区司法局、区统计局、区档案局、区工商联、区血站（区血液管理办公室）等 6 家单位的部门预算执行情况，区纪委“反腐倡廉警示教育馆建设专项经费”等 15 家单位的 30 项预算追加听证项目资金使用情况进行审计，加强公共财政管理，规范街道财政的预决算管理，促进科学合理编制预算，促进从严控制预算追加和经费支出、保证财政资金的刚性和有效配置。

固定资产投资审计 对区本级（涉及建设项目 141 个）和新桥镇的政府投资项目开展审计调查，揭示存在的普遍性、倾向性问题，推动政府投资建设项目规范有序。对本区 2012 年度农业工程项目实施情况进行审计调查，提高农业项目资金的投资效益。对松卫公路建设项目、辰塔路工程建设项目实施跟踪审计，对沈砖公路等绿化工程项目进行竣工结算审计，及时纠正存在的问题。

经济责任审计 对方松街道、车墩镇、新桥镇、区农委、区建设交通委、区人力资源社会保障局、区住房保障房屋管理局、城投公司、城通公司等9个单位的领导干部开展经济责任审计，积极探索审计结果有效利用机制，促进领导干部提高科学民主决策、依法行政、自我约束能力和管理水平。

专项资金审计（调查） 开展农业适用机械购置资金绩效审计，促进强农惠农政策的贯彻落实、加强农业资金管理、提高财政资金使用效益。

（撰稿人：张　皓）

【青浦区审计局】 2013年，青浦区审计局人员在编30人。局长王健，副局长瞿坚春、朱民、赖伟春（6月—），纪检组长朱民（兼）。设有财政金融审计科、行政事业审计科、经济责任审计科、经贸审计科、综合法规科、固定资产投资审计科、办公室。

审计成果 青浦区审计局完成审计和审计调查项目108个，委托中介机构对500万元以下的政府投资建设开展竣工决算审计项目111个，涉及审计（调查）单位691个，促进增收节支4434.58万元，推动建立健全制度94项。提交审计报告、信息275篇，被采用65篇次。

财政审计 对2012年度组织区本级预算执行情况、9个区级预算主管部门及所属25个二级预算单位2012年度预算执行情况开展审计。首次将本级国有资本经营预算纳入审计监督范围，促进健全统一完整的预算管理制度。关注国库集中收付、决算批复、公务卡报销等方面的改革举措，不断推进财政改革。关注中央、本市和本区重要政策的贯彻落实，加强会议费使用管理审计监督，促进厉行节约。

固定资产投资审计 对区供水管网改造、农民健身工程等25个区重大实事项目，以及54个500万元以上政府投资项目、111个500万元以下计划外政府投资项目开展竣工决算审计，核减不实投资4773.56万元。对轨道交通17号线征收补偿相关费用、淀山湖新城一站大型居住区、盈港西路四期工程、外青松公路南段改建工程、西虹桥相关道路建设等项目开展跟踪审计，出具审计建议函19份、阶段报告6篇。

经济责任审计 对9个单位9名领导干部（人员）开展经济责任审计。首次召开经济责任审计工作领导小组会议，经济责任审计工作联席会议首次以集中进点形式对全年经济责任审计工作进行统一动员和部署。

专项资金审计（调查） 对青浦区2011年至2012年公交运营绩效情况、2011年至2012年义务制小学午餐管理运营绩效情况、2008年至2012年黑臭河道专项整治资金使用管理绩效情况、2007年至2012年农村村庄改造绩效情况4个项目开展绩效审计，对青浦区街镇集体资产房屋建筑物使用管理情况开展审计调查。参与全国2012年至2015年城镇保障性安居工程跟踪审计。

审计公开 公开2013年度重点审计项目计划、2012年度本级预算执行审计工作报告、2012年度审计整改工作报告、9个部门2012年度预算执行审计结果、4个专项审计调查结果和1个政府投资项目竣工决算审计结果。

内部审计 全区内部审计机构共完成审计项目1163个，审计资金156.36亿元，查出违规金额623.99万元，管理不规范金额5.47亿元。组织对19个内部审计单位30个项目进行考评及通报。

（撰稿人：董　博）

【奉贤区审计局】 2013年，奉贤区审计局在编29人。局长苏徐平，副局长徐秋官、钟荣华、王斌。设有办公室、法规科、经济责任审计科、财政审计科、行政事业审计科、固定资产投资审计科、经贸内部审计科。

审计成果 奉贤区审计局完成审计和审计调查项目28个，查出违规金额458万元、管理不规范金额34.05亿元，应上缴财政40万元，应归还原渠道资金7306万元，应调账处理金额1.13亿元。移送违法违纪线索3件，移送处理资金22万元，提出审计建议130条。提交审计信息112篇，被采用30篇。

财政审计 对2012年组织区本级预算执行情况、7个部门（单位）预算执行情况和其他财政收支情况、5个单位财务收支情况开展审计，提出审计意见和建议130条。首次将国有资本经营预算、政府性债务纳入监督范围，抽查及延伸审计72个基层单位，关注11个镇（开发区、社区）61个村的农村集体经济“三资”管理中存在的问题，将会议费、接待费等经费使用情况作为审计重点，促进厉行节约。

固定资产投资审计　全年委托社会中介机构完成投资审价项目44个，累计核减工程款1.52亿元。对区曙光中学、区图书馆等工程建设项目开展竣工决算审计，重点关注工程项目履行基本建设程序是否合法合规、财政资金使用是否合理有效。对格致中学奉贤校区工程等建设项目实施跟踪审计，促进建设单位提高基建管理水平。对区政府投资1000万元以上的农村生活污水处理工程、南桥新城金海苑小区工程等43个项目实施委托审计并派审计人员全程跟踪，重点关注项目建设管理、资金管理、质量管理等情况。在完成审计项目的同时，完善委托项目工作流程，并对38个委托中介机构审计的项目质量进行考核考评。

经济责任审计　对奉城镇、规划和国土资源管理局、保容公司、开伦集团等13个部门（单位）16名领导干部（人员）开展任期经济责任审计，查出领导干部负主管责任金额3.14亿元，负领导责任金额9.57亿元。制定《奉贤区党政主要领导干部和国有企业领导人员任期经济责任审计办法》及《关于加强镇级党政主要领导干部任期经济责任审计工作的实施意见》。

专项资金审计（调查）　对区天然气改造项目、养老服务设施建设与运行情况开展审计调查，促使各项惠民政策落到实处。对区黑臭河道专项整治资金使用管理情况开展审计调查，着力揭示资源环境领域存在的问题和隐患，促进生态文明建设。对华亭小区项目动拆迁成本情况开展审计，促进国家民生资金用实用好，推动相关政策贯彻执行。（撰稿人：陆　贤）

【崇明县审计局】　2013年，崇明县审计局在编34人。局长施蕾，副局长李雷鸣、祖红耘（2月—）。设有办公室、财政审计科、行政事业审计科、经贸审计科、经济责任审计科、固定资产投资审计科和内部审计管理科。

审计成果　崇明县审计局完成审计和审计调查项目108个，查出违规金额91万元、管理不规范金额3.94亿元，应减少财政拨款或补贴1.03亿元，已减少财政拨款或补贴1.03亿元。移送有关部门处理事项4件。提交审计工作报告、信息164篇，被采用43篇。

财政审计　对县2012年度财政预算执行和其他财政收支的审计，查出管理不规范金额9060万元。对审计发现的政府性收入未按规定纳入预算管理、部门结余资金未纳入收入预算编制、农村低保结余资金未按规定纳入预算管理、行政事业单位资产管理不到位等问题，分别做出审计处理，提出审计建议。对7个部门2012年度预算执行和其他财政收支情况实施审计，对审计发现的预算编制不完整等问题提出审计建议，并以审计结果公告的形式将部门预算执行审计中发现的相关问题、审计建议和整改落实情况在县政府门户网站进行公开。

固定资产投资审计　对新城规划展示馆及文化科技中心建设工程、市政道路建设及日常养护工程、中小学校舍抗震加固工程及校舍维修改扩建等75个固定资产投资项目进行竣工决算审计，对多计工程量、高计材料价格等问题做出核减工程决算8661万元的审计决定。

经济责任审计　对15名县管领导干部进行任期经济责任审计，涉及3个乡镇、7个委办局、1个国有企业。审计发现预算管理不规范、收支管理不规范、会计核算不规范、固定资产管理不规范等问题。

专项资金审计（调查）　对本县2011年度和2012年度信息化项目建设专项资金管理使用情况实施专项审计调查。对本县2010年度第一批及第二批设施菜田项目专项资金使用情况、2012年标准化老年活动室建设项目专项资金使用情况等4个项目进行专项资金审计。

内部审计　全县共有内部审计机构36个，其中专职机构6个；内部审计人员190人，其中专职人员18人。全县内部审计机构完成审计项目879个，实现增收节支587万元，提出建议、意见被采纳429条。（撰稿人：孙文渊）

2013 年上海市本级及所辖区、县审计工作统计表

金额单位：万元

审计机关	完成审计项目（个）	审计查出主要问题金额	审计处理情况					出具审计报告和审计调查报告（篇）	提出审计建议（条）	提交审计信息（篇）
			审计处理处罚				移送处理事项（件）			
			应上缴财政	应减少财政拨款或补贴	应归还原渠道资金	应调账处理金额				
上海市										
上海市本级	138	5950699	155101	99847	27229	91833		178	667	332
黄浦区审计局	42	20666	1263	3090	162	1877	2	82	109	104
徐汇区审计局	47	44362	8	468	4	2834		81	103	158
长宁区审计局	25	95205		34795	1000	15359		43	61	100
静安区审计局	35	48476	222	9244		3659		40	57	27
普陀区审计局	29	93967	899		45	161		77	77	49
闸北区审计局	15	962422	257	2280	10614	62		22	38	3
虹口区审计局	25	4273	433	38		2591	5	39	54	34
杨浦区审计局	25	15799	134	68	3463	5456		45	99	20
闵行区审计局	27	166201	11	13	208	49487		37	192	18
宝山区审计局	33	176687	6402	18044	9727	132217		53	122	72
嘉定区审计局	23	674866	53					31	60	60
浦东新区审计局	129	2024372		102727	81	20076		130	226	43
金山区审计局	48	35364			11	17153	1	56	14	134
松江区审计局	28	651481	1792		405		21	51	81	32
青浦区审计局	108	541513	27	3061		9420		116	131	65
奉贤区审计局	28	340970	40	14	7306	11316	3	49	39	3
崇明县审计局	108	39523	35	10325		5825	4	121	83	43

江苏省

【江苏省审计厅】 2013 年，江苏省审计厅编制 221 人，在编 189 人。设有办公室、法规处、财政处、行事处、农环处、投资处、金融处、企业处、社保处、外资处、经审局、计算机处、人教处和机关党委，下设 3 个直属局、科研所、机关服务中心。另有省纪委派驻纪检组、省监察厅派驻监察室。

领导成员

厅　长：赵耿毅（—3 月）
　　　　顾树生（3 月—）
副厅长：顾树生（—3 月）
　　　　李荣荣（—11 月）
　　　　金海江　褚宗明
　　　　黄武秋（11 月—）
总审计师：葛笑天
纪检组长：黄武秋（—11 月）

沈自力（11月—）

审计成果 全省审计机关审计（调查）5091个项目单位，促进增收节支和挽回损失362.99亿元。向司法、纪检监察机关移送案件线索178件。提交审计报告和信息简报6004篇，被审计单位采纳审计建议7959条，促进被审计单位建立健全制度1424项。

政府性债务审计 按照国务院统一部署和审计署统一要求，省审计厅成立政府性债务审计领导小组及其办公室，组织全省2800多名审计人员组成109个审计组，对12个市本级、97个县（市、区）及其所属887个乡镇的政府性债务情况进行交叉审计。在审计过程中采取"定点包片"的方式，先后两次对各省辖市债务审计情况进行跟踪督查，紧盯工作进度；两次组织对各省辖市债务审计数据和审计报告进行集中审核、校验和审理，严把质量关口。通过审计，进一步摸清全省政府性债务底数，提交的相关数据资料一次性通过审计署审核验收，审计结果按时向社会公告。省委、省政府高度重视债务审计工作，省委常委会和省政府常务会专题听取汇报，研究控制和化解政府性债务的措施。全省有14个集体和个人获得审计署的表彰。

宏观政策执行情况审计 围绕贯彻落实中央八项规定和省委十项规定，开展会议费支出专项审计调查。统一组织10个审计调查组，对30个省级部门本级2012年度会议费安排、使用和管理情况进行专项审计调查，重点关注会议费管理使用的合规性，客观分析制度标准的合理性，促进提高财政资金的使用效益和加强廉政建设。围绕保障性安居工程总体要求，开展城镇保障性安居工程跟踪审计。组织对12个省辖市2012年城镇保障性安居工程1082个项目的投资、建设、分配、运营，以及资金筹集、管理和使用情况进行跟踪审计，促进相关部署全面落实，推动完善住房保障制度。围绕保障中央和省援建政策措施的落实到位，开展对口支援新疆资金及建设项目跟踪审计。先后两次组织17个市、县审计局赴新疆开展跟踪审计，提出审计建议270条，核减投资金额26825万元。审计过程中，积极创新监督方式、提升工作效能，参与研发的江苏省援疆项目远程定位审计监察系统通过评审验收投入使用，进一步完善援疆资金和项目的长效管理机制。

财政预算执行审计 一是深化财政预算执行审计。围绕省委省政府工作中心，不断加大对财税政策执行、预算编制管理、专项转移支付、民生保障投入等情况的关注力度，促进财政规范化、科学化、精细化管理。二是创新财政收入征管审计。依托江苏地税省级大集中税收管理信息系统，积极探索信息化审计方式，推进数字化税收审计平台建设，着力从政策执行、系统应用、纳税评估和风险管理等方面开展审计，进一步提升税收审计的效率和效果。三是推进财政专项转移支付审计。有效整合审计资源，对省级财政转移支付规模、结构、使用、管理等情况进行专项审计调查，重点关注转移支付制度运行情况，从完善体制机制方面研究问题、提出建议，有效强化项目监管和综合问效。

固定资产投资审计 全省审计固定资产投资1480.18亿元，核减投资156.07亿元。圆满完成省中医院南扩工程、通榆河北延送水工程的竣工决算审计，审计中共发现多计建设成本1557.4万元、少计建设成本93.6万元，核减工程结算价款834.6万元。对青奥会省属体育场馆扩建工程、江苏大剧院建设工程、机场路改扩建工程等重大项目进行跟踪审计，全面关注工程质量、投资绩效和征地拆迁等情况，充分发挥监督资金使用、服务项目建设的作用。为推动惠农政策落实，改善农村出行条件，组织对全省农村公路建设情况进行专项审计调查，提出规范农村公路养护管理、推动提档升级等方面的建议。

经济责任审计 全省审计机关围绕审计署工作部署，深入贯彻落实省委、省政府《江苏省党政主要领导干部经济责任审计规定》，积极开展经济责任审计，不断强化对权力运行的监督制约。制定出台《江苏省内部审计工作规定》《江苏省部门和单位内部管理领导干部（人员）经济责任审计暂行办法》，修订《江苏省经济责任审计工作联席会议办公室规则》，优化经济责任审计的制度环境。全面落实轮审、同步审和三责联审，省本级安排18名党政领导干部的同步审计，占省本级项目数的37%，同步审计项目比重的逐年递增；全省共安排"三责联审"项目562个，进一步拓展"三责联审"的覆盖面。围绕权力运行和责任落实两个重点，在关注领导干部履行经济责任过程和效果的基础上，进一步加大对贯彻落实中央八项规定和省委十项规定，以及厉行勤俭节约、反对铺张浪费情况的监督检查力度。

企业和金融审计 对2012年度省级商务发展和稳增长专项资金的安排、分配、拨付和使用效益等情况进行审计，注重分析省外贸运行情况和增长模式，推动“稳增长、调结构、促转型”政策的落实到位。在对省属国有企业进行审计的过程中，积极创新审计思路、拓展审计内容，对企业管理信息系统、交易信息系统等开展审计，重点检查信息系统使用的安全性、功能的完整性、运行的经济性，促进信息系统规范应用。统一组织全省12个省辖市审计局对全省农信社法人单位开展第三轮审计，重点检查农信社信贷规模、投向和资产质量状况，如实反映农信社内部管理的薄弱环节和制度缺陷，促进其规范经营、深化改革。

资源环境审计 组织全省517名审计人员对288个乡镇、912个村庄的环境整治工程开展绩效审计（调查），对农村环境连片整治情况进行专项审计调查，促进提高农民生活质量。联合省太湖办对苏州、无锡、常州太湖治理项目的目标完成、职责履行、资金使用和建设效果情况开展专项审计调查，推动省水利厅等部门出台3项管理制度。对土地开发整理、海域使用金征收使用管理情况进行审计，推动实现对耕地、海洋等自然资源的统筹规划和科学利用，进一步完善资源有偿使用和生态补偿制度，促进了生态文明建设。

专项资金审计（调查） 加强涉农专项资金审计，组织全省审计机关对近三年806个农业综合开发项目进行审计，涉及财政资金55.88亿元，摸清项目建设和资金使用管理情况，促进完善农业投入机制，提高农业综合开发水平。加强教育专项资金审计，对省本级2012年度教育费附加、地方教育附加开展专项审计调查，对全省农村义务教育学校公用经费补助、学前教育综合奖补等5项教育类专项转移支付资金使用情况及相关政策落实情况进行审计调查，推动教育事业科学发展。加强计划生育专项资金审计，对全省农村部分计划生育家庭奖励扶助和特别扶助制度的执行情况进行审计，全面掌握制度设计情况、资金总体规模和管理方式，客观评价政策效果。加强国外贷援款项目审计，根据审计署授权，组织开展了世界银行贷款、亚洲开发银行贷款、蒙特利尔多边基金环保赠款等5个国外贷援款项目的公证审计。（撰稿人：王新炎）

【南京市审计局】 2013年，南京市审计局人员编制192人，在编158人。局长施卫国，副局长徐卫平、徐卫华、林林、万晓义，总审计师朱益强，纪检组长赵镭裕。设有办公室、法规处（审计督察处）、财政审计处、行政事业审计处、农业与环境保护审计处、固定资产投资审计处、企业审计处（金融审计处）、社会保障审计处、外资运用审计处、任期经济责任审计与内部审计指导处、计算机审计处、人事教育处、机关党委、监察室、直属审计一局、直属审计二局。

审计成果 南京市审计局全年完成审计项目78个、领导临时交办审计事项17个，开展跟踪审计项目46个。累计查出主要问题金额298亿元，审计处理处罚金额53.26亿元，核减投资额71.47亿元。移送纪检监察等有关部门处理事项24件，移送处理人员34人。四大片区保障房征地拆迁费用专项审计调查荣获全国优秀审计项目。建成江苏省党政机关及江苏省审计机关首家5A级数字档案室。首次被评为全省及全市精神文明建设先进单位，获全市首届学习型党组织建设工作先进单位称号。

专项审计调查 对南京市保障性住房四大片区征地拆迁专项资金的财务收支、政策标准执行、安置等情况进行专项审计调查，审查4003户被拆迁村（居）民和175家工企单位拆迁档案资料，审计资金65.64亿元，核减征地拆迁成本11.57亿元。

以社区居家养老服务设施的建设与运行及政府购买居家养老服务情况为重点，实地调查了74家社区居家养老服务设施。审计报告重点反映南京市社区居家养老供给在配套性政府扶持优惠政策、可持续发展的投入运行机制、服务供给能力和需求，以及为老服务的管理水平等方面的现状，并有针对性地从机制、体制和制度层面提出合理化建议。

预算执行审计 对市地税局地方税收预算执

行情况、市财政局具体组织市本级财政预算和其他财政收支情况、20个预算单位部门预算执行情况、8个镇街财政运行情况进行审计。6月26日，受市政府委托向市人大常委会做专题报告。市委、市政府采纳审计建议并颁布《关于进一步完善南京市市级财政专项资金管理工作的意见》《关于优化全市中小学布局的指导意见》等文件。

经济责任审计 对21个领导干部进行经济责任审计（含省审计厅授权的1个省属高校领导和5个省属干部），包括地方党政领导5人、部门党政领导9人、事业单位领导1人、人民团体领导2人、国有及国有控股企业领导人员3人和学校领导1人，其中3个“三责联审”项目。

固定资产投资审计 对南湾营二、三期经济适用住房、妇女儿童保健中心楼等10个项目开展竣工决算审计，对保障房、7条地铁线、纬三路过江隧道等46个重点建设项目实施跟踪审计。全年跟踪审计项目概算投资总额超过3000亿元，决算审计和拆迁审计累计资金413亿元。重点开展雨污分流及水环境综合整治工程跟踪审计，查出不规范招标等违规金额2.2亿元，发现工程建设资料不全、现场签证不及时、管理不规范等问题37个，发出书面意见单9次，提出审计建议26条。

征地拆迁审计 对地铁、麒麟科技园等重点项目开展征地拆迁审计，其中生态科技岛全岛开发成本概算审计核减59.1亿元，推动市政府颁布《关于进一步加强集体土地房屋拆迁跟踪审计工作的实施意见》。（撰稿人：新 乐）

【徐州市审计局】 2013年，徐州市审计局人员编制88人，在编86人。局长董明灿，副局长卢海良、冯志强、马绪明、屈哲，纪检组长刘江明。设有办公室、人事处、监察室、法规处、计算机处、财金处、行事处、社保处、企业处、农环处、投资处、外资处、经审处、国土处。

审计成果 徐州市审计局完成审计项目115个，查出主要问题金额2811579万元，其中违规金额219502万元、损失浪费金额28553万元，管理不规范金额2563523万元；损益（收支）不实金额24881万元；审计处理处罚金额230422万元，其中应上缴财政174004万元、应减少财政拨款或补贴21136万元、应归还原渠道资金30819万元、应调账处理金额4461万元；审计发现非金额计量问题119个；审计促进整改落实有关问题资金188112万元，其中增收节支188112万元，审计促进拨付资金到位2072万元；审计后挽回（避免）损失486万元；出具审计报告和专项审计调查报告137篇，被批示、采用14篇；提交审计建议328条，提交审计信息2650篇，被批示、采用1278篇；向社会公告审计结果9篇。

财政金融审计 对13个单位开展预算执行或财政决算审计，查出主要问题金额2038671万元。

行政事业审计 对14个行政事业单位财政财务收支情况开展审计和审计调查，查出主要问题金额21464万元。

固定资产投资审计 对三环东路高架、京沪高铁徐州站区、奥体中心等43项工程开展跟踪审计和工程决算审计，送审金额15.72亿元，核减工程投资2.65亿元。

社会保障审计 组织完成城乡困难群众医疗救助、体彩公益金、土地出让金等项目的审计，查出主要问题金额21619万元。

企业审计 对纺织控股（集团）有限责任公司、国盛投资控股有限公司等5个国有资产经营有限公司进行考核审计，查出主要问题金额18495万元。

经济责任审计 开展22名领导干部的经济责任审计，查出主要问题金额307748万元。

专项资金审计（调查） 开展10个专项资金审计和审计调查，查出主要问题金额17905万元。（撰稿人：范 恺）

【连云港市审计局】 2013年，连云港市审计局人员编制91人，在编92人。局长苏士军（—4月）、秦洁（4月—），副局长王洪欣、杨成功、刘林、李海英，纪检组长赵洁（8月—）。

审计成果 连云港市审计机关共完成审计和审计调查项目453个，查出违规金额68469万元，促进整改落实有关问题资金22377万元，增收节支11638万元，核减投资额110463万元。移送处理事项8件。被省审计厅和各级党委、政府主要领导批示、采用的信息、审计报告和专项审计调查报告116篇，向社会公告审计结果179篇。

政府性债务审计 连云港市审计局审计组对徐州市三类债务进行审计，审计180家单位。组织各县区审计局组成7个审计组，审计500多家单位。

财政审计 对市财政局、市地税局和市开发区组织的2012年度预算执行和其他财政收支情况进行审计，对市级部门预算执行、固定资产投资等10个方面进行专题审计。在市十三届人大六次会议上做《关于2012年度市级预算执行和其他财政收支情况的审计工作报告》。

固定资产投资审计 对海滨大道等45个工程项目进行审计，为徐圩新区、新海新区、连云新城等重点片区提供优质的审计服务。出台《连云港市审计局关于聘用社会中介机构参与政府建设项目审计考核办法》。

专项资金审计 对城镇保障性安居工程跟踪审计等6个项目进行审计。

经济责任审计 对新浦区党政主要负责人、连云港港口集团有限公司董事长、市经信委主要负责人等22名领导干部进行经济责任审计。

企业审计 对江苏金桥盐化集团等10家企业进行审计。

交办事项 完成连云港日报社、广电台、文广新局所属单位4月30日前的资产负债审计，配合纪委等部门开展全市事业单位绩效工资实施情况检查，配合教育部门对全市各县区中小学、幼儿园食堂财务收支及管理情况进行专项检查，会同市经信委等部门开展墙改专项基金征收工作检查和清理。

相关工作 组织全市49名审计干部赴清华大学参加冬训，选派4人参加审计署计算机中级培训、3人参加信息系统审计专题培训。组织开展“国家审计推动完善国家治理路径”等理论研讨5次。9篇论文在省审计厅研讨活动中获奖或进行书面交流。编辑出版《连云港审计》杂志4期。

内部审计 6次电脑公开摇号，选中18家（次）中介机构承担14个工程项目的审计。组织全市171人参加省内部审计岗位资格培训和考试，135人取得证书；组织26人参加CIA考试；组织400余人参加内部审计后续教育培训。

（撰稿人：刘　明）

【宿迁市审计局】 2013年，宿迁市审计局共有干部职工49人。局长汪金普（—12月）、郑路（12月—），副局长陆涛、张建华、王新明（11月—）、潘宏江（12月—），总审计师李中平，纪检组长胡延淮（—12月）、赵文邦（12月—）。设有办公室（人教处）、法规综合处（审计督察处）、经济责任审计室、计算机审计处、财政金融审计处、行政事业审计处、农业与资源环保审计处、固定资产投资审计处、企业审计处（外资运用审计处）、社会保障审计处，下设市经济责任审计中心、固定资产投资审计评审中心。

审计成果 全市审计机关审计项目单位245个，查出各类违规金额5216万元、管理不规范金额1269417万元、损失浪费金额811万元；已上缴财政1311万元，已减少财政拨款或补贴8235万元；提出审计建议420条，被审计单位采纳401条；提交审计报告和信息1952篇，被各级领导批示和市以上新闻单位及内部信息刊物采用1753篇。在2013年度综合目标考核中，市审计局名列全省第三位，被省审计厅表彰为先进单位；被市委、市政府表彰为市直目标管理先进单位。

政府性债务审计 根据江苏省审计厅统一部署，市审计局统筹全市审计力量，对盐城市本级及宿迁市三县两区的政府性债务进行审计，提出审计意见和建议23条，促进出台《市政府办公室关于加强市本级政府性债务日常管理的通知》等文件。

财政审计 全市完成26个财税部门和预算执行单位的审计，促进出台《市政府办公室关于印发宿迁市市级国有资本经营预算管理暂行办法的通知》等规范性文件3份。全市完成28个乡镇财政决算审计。

固定资产投资审计 全市开展政府投资审计项目752个，送审资金总额约101.5亿元，核减工程款7.41亿元。市审计局对项王故里景区、市第一人民医院等9个重大项目开展跟踪审计，出具跟踪审计意见单96份，提出审计意见和建议237条。市审计局实行“模块化、建设性”跟踪审计管理模式，出台《宿迁市政府工程跟踪审计操作指南（试行）》。

专项资金审计 全市审计机关完成保障性安居工程、农业综合开发资金、村庄环境整治工程等16个项目的专项资金审计调查，促进市政府及相关部门出台《关于做好2013年度保障性安居工程建设的通知》《宿迁市市区保障性限价住房管理办法》等规范性文件。

经济责任审计 全市完成112名领导干部经济责任审计，提出审计建议198条，被采纳179条。同时，市审计局配合市纪委、市委组织部对2名领导干部实施经济责任审计结果公开问责评议。

（撰稿人：吴 昌）

【淮安市审计局】 2013年，淮安审计局人员编制78人，在编69人。局长梁三元，副局长徐增道、冯长尧、蒋启波，总审计师刘孝武，纪检组长贾洪军。设有财政金融审计处、行政审计处、事业与社会保障审计处、固定资产投资审计处、外资与经贸审计处、办公室、法规处、任期经济责任与内部审计指导处、计算机审计处、人事教育处、计算机审计处、纪检监察室、固定资产投资审计中心。

审计成果 淮安市审计机关完成审计项目547个，查出主要问题金额2472687万元，其中违规金额27352万元、损失浪费金额8万元、管理不规范金额2445329万元；审计处理处罚金额246040万元，其中应上缴财政3077万元、应减少财政拨款或补贴32897万元、应归还原渠道资金68237万元、应调账处理金额141879万元；审计发现非金额计量问题495个；审计促进整改落实有关问题资金2138656万元，其中增收节支32828万元、已调账处理金额27575万元、审计促进拨付资金到位68万元、审计后挽回（避免）损失34267万元；移送司法机关、纪检监察机关和有关部门处理事项3件；出具审计报告和专项审计调查报告677篇，被批示、采用113篇；提出审计建议1107条，提交审计信息1439篇，被批示、采用1246篇；向社会公告审计结果12篇。2013年被江苏省文明委授予省级文明单位；连续第七年获市软环境建设十佳先进单位；被市委市政府表彰为2013年度中心城市建设优秀服务单位、服务工业经济工作先进单位、依法行政工作先进单位。

财政审计 围绕全年收入完整性、年底结转真实性，开展审计和审计调查，从制度、政策执行层面发现财税部门需要提高整改的环节，并提出切实可行的建议。针对审计中发现的房地产业土地增值税预征率偏低的问题，向市委市政府报送《提高房地产土地增值税预征率的建议》简报。

预算执行审计 围绕“全口径”财政资金的使用管理与绩效，开展部门预算执行审计，推动党政部门科学发展，促进权力运行公开化、资源配置市场化、行为操作规范化。

农业与资源环保审计 开展农业综合开发审计，纠正违规金额3920万元，归还原渠道资金60万元。在促进国家惠农政策落实到位的同时，提高资金使用绩效。

固定资产投资审计 完成21个政府投资项目竣工结算和决算审计，送审工程造价24.37亿元，审计核减2.58亿元，平均核减率为10.58%。全年实施跟踪审计项目48个，工程投资总额达104.15亿元，提出审计建议310条，节约投资2.08亿元，纠正管理不规范金额3.96亿元。

社会保障审计 开展全市养老服务设施建设与运行情况审计，对涉及市本级和8个县（区）民政、老龄办、财政等部门，以及129所乡镇敬老院、26所福利院老年公寓和765家社区居家养老服务中心（站）进行拉网式检查。开展保障性安居工程资金审计，针对资金筹集不到位、工程建设管理不规范、住房分配和使用管理不科学等问题提出审计建议。

企业审计 受市政府委托对市公交公司2011—2012年度盈亏情况进行审计，客观地分析评价市公交公司的收支、服务、管理等情况，对账面盈亏情况进行审计核实，累计调增两年利润5000多万元。

经济责任审计 对20个单位主要领导干部经济责任履行情况开展审计，关注被审计单位“三重一大”事项相关制度执行的有效性、“三公”经费支出、工资外津补贴发放情况。

专项资金审计（调查） 对市软件产业发展引导资金等10项专项资金绩效情况实施专项审计调查，摸清总额1.83亿元的资金分配、管理、使用情况，反映这些资金在设立、分配、拨付、管理、使用等环节存在的主要问题。

（撰稿人：瞿静波）

【盐城市审计局】 2013年，盐城审计局人员编制82人，在编81人。局长吴先国，副局长陈献东、孙红青、刘秋凤、荣乃顺，总审计师李树峰，纪检组长郑琳。设有办公室、机关党委、监察室、组织人事处、计算机审计处、法制处、督查执行处、固定资产投资审计一处、固定资产投资审计二处、财政金融审计处、任期经济责任审计办公室、经贸审计处、行政事业与社会保障审计处、农业与资源环保审计处，另有盐城市政府公共工程审计中心隶属于盐城市审计局管理。

审计成果 盐城市审计机关完成审计项目445个，查出主要问题金额3392771万元，其中违规金额74669万元、损失浪费金额381万元、管理不规范金额3317725万元；损益（收支）不实金额155371万元；审计处理处罚金额244914万元，其中应上缴财政5530万元、应减少财政拨款或补贴27477万元、应归还原渠道资金525万元、应调账处理金额211382万元；审计发现非金额计量问题531个；审计促进整改落实有关问题资金174802万元，其中增收节支30032万元、已调账处理金额138949万元；审计后挽回（避免）损失28893万元；移送司法机关、纪检监察机关和有关部门处理事项27件；出具审计报告和专项审计调查报告509篇，被批示、采用127篇；提出审计建议1053条，提交审计信息2019篇，被批示、采用1038篇；向社会公告审计结果111篇。

财政审计 全年对155个预算执行单位的预算执行情况和财政财务收支情况进行审计，审计查出税源结构不优、新增财源不多、预算支出执行率不高、国有资产管理力度不够、财政借出资金数额较大等问题。

金融审计 对大丰农村商业银行实施审计，促进地方金融机构健康发展。根据国家审计署统一部署，对2012年度国外贷援款项目实施公证审计，揭示和反映盐城市利用外资项目在资金运用、建设管理、项目配套和后续管理等方面的薄弱环节和风险隐患。

民生和环保审计 全市审计机关共对教育医疗、文化卫生、征地拆迁、生态环保和农田水利等51个民生和环保专项资金项目实施审计，确保78.15亿元专项资金的安全。

固定资产投资审计 全年完成政府投资审计项目1105个，送审总投资980亿元，核减投资额13.28亿元，平均核减率为13.55%。其中，市审计局重点对串场河整治工程、先锋岛开发、龙湖公园建设等项目实施跟踪审计。

企业审计 盐城市、县两级审计机关联合对全市财政系统担保公司进行全面审计，查出担保能力未充分发挥、部分业务超出政策扶持范围、为小微企业服务功能逐步萎缩、法人治理结构不够完善等问题。市审计局还对新光集团、市城投集团、市公交总公司等12个市级国有企业实施审计，查出主要违规金额13.35亿元。

经济责任审计 全市审计机关对65名领导干部实施经济责任审计，查出违规金额5074万元。市审计局协同组织部门研究制定《经济责任审计项目计划制定五项原则》，首次接受省委组织部委托对1名市级领导干部实施经济责任审计。

专项资金审计（调查） 完成政府性债务审计工作，全市审计机关共查出涉及债务举借程序、融资资金管理使用、债务风险控制等方面的具体问题42个，从完善体制机制层面提出审计建议31条。盐城市审计局荣获审计署全国政府性债务审计先进公务员集体三等功。

（撰稿人：郭 红 陶振华）

【扬州市审计局】 2013年，扬州市审计局人员编制60人，在编59人。局长吴淼新，副局长蔡先建、袁竹青、李福祥、李永高，总审计师周春山，纪检组长张峰（—8月）、彭如桂（8月—）。设有办公室、法规处、财政金融审计处、行政事业审计处、农业与资源环保审计处、固定资产投资审计处、企业审计处、社会保障审计处、外资运用审计处、任期经济责任审计与内部审计指导办公室、计算机审计处、人事教育处、监察室。1月，成立扬州市固定资产投资审核中心，财政全额拨款事业单位，正科级建制，核定人员编制5人，现有人员3人。

审计成果 扬州市审计局共完成审计项目63个，查出主要问题金额22.52亿元，其中违规金额2.99亿元、管理不规范金额19.53亿元；审计促进整改、落实有关问题资金1.25亿元，其中增收节支4473万元，上缴财政2473万元。提出的审计建议被采纳 89 条，提交的审计报告、信息被市委、市政府和上级审计部门批示采用 82 篇次，向社会公告审计结果 8 篇。

财政审计 市人大针对“同级审”中发现的问题，出台《关于加强市级财政预算审查监督的暂行规定》；市财政局落实批示要求和审计整改意见，出台《关于进一步完善国库集中支付运行机制的通知》等 3 项制度，促进财政国库集中支付运行机制的不断完善。

经济责任审计 对 13 名领导干部（人员）经济责任进行审计，联合市委组织部、市机构编制委员会办公室，对 12 名领导干部进行“三责联审”。市、县两级审计机关联动开展全市 10 个开发园区主要领导干部行业性经济责任审计，任中审计占比达 90%。

专项资金审计（调查） 按照审计署统一部署，统筹全市审计资源，实施南通市本级和扬州各县（市、区）政府性债务审计，审计反映的政府性债务管理不规范等问题，推动扬州市政府及高邮市、仪征市、江都区、邗江区等地政府出台政府性债务管理暂行办法，促进全市政府性债务的规范管理；对全市城镇保障性安居工程进行跟踪审计。按照省审计厅统一部署，对全市村庄环境整治工程进行专项绩效审计，审计促进拨付资金到位 1358.75 万元。审计建议被采纳 26 条，促进完善规章制度 1 项。

固定资产投资审计 对 115 个政府投资项目进行审计，审计项目总投资额 41.92 亿元，核减工程款 5.08 亿元。市审计局连续四年对扬州市援疆项目工程实施跟踪审计，全年跟踪审计援疆项目 7 个，审计援疆资金 1.12 亿元，审计意见和建议被采纳 70 条，跟踪审计核减工程造价 2709.31 万元。

行政事业审计 对市人口和计划生育委员会、市物价局等 7 个单位 2012 年度部门预算执行情况进行审计，促进市级部门、单位加强自身及其所属单位预算管理。对市化工园区、蜀冈—瘦西湖景区等 5 个单位 2012 年度财政收支情况进行审计，促进完善公共财政体系，维护财政秩序。

企业审计 对扬州交通产业集团有限责任公司（本部）、江苏省扬州港务集团有限公司等 5 个企业 2012 年度财务收支情况进行审计，对扬子江投资发展集团、扬州报业传媒集团经营管理绩效情况及信息系统进行审计，对扬州市城建国有资产控股（集团）有限责任公司、扬州华光照明工程有限责任公司 2012 年度资产负债损益情况进行审计，促进企业提高经营管理水平。

（撰稿人：沈燕兵）

【泰州市审计局】 2013 年，泰州市审计局人员编制 52 人，在编 52 人。局长唐志林（—11 月）、钱忠（11 月—），副局长陆啸峰、刘汉秋、叶兵，总审计师张连璋，纪检组长刘卫国。设有办公室、法规处、审计督察处、财政金融审计处、行政事业审计处、社会保障审计处、农业与资源环保审计处、固定资产投资审计处、经贸审计处、外资运用审计处、经济责任审计办公室、计算机审计处、人事教育处。

审计成果 泰州市审计机关完成审计项目 373 个，查出主要问题金额 4208565 万元，其中违规金额 133239 万元、损失浪费金额 125 万元、管理不规范金额 4075201 万元；损益（收支）不实金额 25991 万元；审计处理处罚金额 344215 万元，其中应上缴财政 128689 万元、应减少财政拨款或补贴 20249 万元、应归还原渠道资金 67894 万元、应调账处理金额 123523 万元；审计发现非金额计量问题 551 个；审计促进整改落实有关问题资金 74981 万元，其中增收节支 66802 万元、已调账处理金额 5229 万元；审计促进拨付资金到位 2 万元；审计后挽回（避免）损失 26692 万元；移送司法机关、纪检监察机关和有关部门处理事项 10 件；出具审计报告和专项审计调查报告 435 篇，被批示、采用 29 篇；提出审计建议 871 条，提交审计信息 395 篇，被批示、采用 291 篇；向社会公告审计结果 59 篇。

财政审计 在政府性债务审计中，泰州市审计局与省审计厅有关处室联合研发的审计报表合并工具被审计署采用并推广，审计报表取数工具在全省推广使用。本级财政预算执行审计中，加大对财政税收政策执行情况和税收征管质量的检查力度，揭示财政部门和税务部门在财政管理和税收征管中存在的问题。对泰州市交通运输局等 8 个部门预算执行情况进行审计。

专项资金审计 全市审计机关对 34 类专项资

金开展审计或审计调查，审计资金总额 75.64 亿元。对靖江市 2010 年至 2012 年农业综合开发资金专项审计调查发现的虚假发票问题移送检察机关进一步侦查。审计促进泰州市农业资源开发局出台《泰州市农业综合开发土地治理项目工程建设监理工作管理办法（试行）》。

固定资产投资审计 全市审计机关共对 324 个政府投资项目进行审计，核减投资额（工程款）52367 万元。审计过程中，进一步加大工程预算审计和重点工程跟踪审计力度，促进规范政府投资建设项目管理，完善审计回避制度、资料交接制度、审计争议解决制度、结算初审结果汇报制度、审计考核制度等，强化审计组和处室复核措施，保证审计质量。

经济责任审计 泰州市审计局对泰兴市原市长等 8 位党政领导干部进行经济责任审计，并会同市委组织部、市纪委对经济责任审计查出问题整改情况进行检查，提高了整改落实的效果。

（撰稿人：游 弋）

【南通市审计局】 2013 年，南通市审计局人员编制 100 人，在编 95 人。局长顾宗瑜，副局长张林、陈铭鑫、张亚萍、施宏伟（8 月—），总审计师施宏伟（—8 月）、陆海燕（8 月—），纪检组长丁旭东。设有财政金融审计处、行政事业审计处、农业与资源环保审计处、固定资产投资审计处、固定资产投资审计二处、经贸审计处、社会保障审计处、外资运用审计处、开发区审计处、经济责任审计与内部审计指导处、计算机审计处、办公室、法规综合处、人事教育处、监察室和机关党委。

审计成果 南通市审计机关完成审计项目 912 个，查出主要问题金额 8923659 万元，其中应上缴财政 242220 万元，应减少财政拨款或补贴 224072 万元，应归还原渠道资金 1730901 万元，应调账处理金额 709893 万元。移送司法机关、纪检监察部门处理事项 64 件。提交审计工作报告、信息 1678 篇，提出审计建议 1352 条。

财政审计 南通市审计局结合“同级审”工作，对市属国有投融资公司运营情况、政府采购管理情况、市级财政收入质量以及高新技术企业税收优惠政策进行专项审计调查，“同级审”报告获得市人大常委会全票通过。在审计署统一组织的政府性债务审计中，南通市地债审计组荣获审计署全国政府性债务审计公务员集体嘉奖。

金融审计 在上年试点实施南通农村商业银行资产负债损益审计的基础上，对南通市农商行全系统开展审计，从执行国家产业政策、信贷资产质量管理、内控制度等 8 个方面揭示经营管理薄弱环节和风险隐患。

农业与资源环保审计 实施的农业综合开发资金审计调查，涉及 57 个单位、财政补助资金 51561 万元，发现 4 大类 12 个问题，涉及违纪违规资金 1517 万元。全市村庄环境整治工程绩效审计，挽回和避免损失 2118 万元，促进拨付到位资金 1307 万元，移交的 3 件案件线索全部查实。

固定资产投资审计 共完成固定资产投资审计项目 419 个，送审金额达 167.54 亿元，审计核减金额 6.5 亿元，核减率为 3.9%。南通市审计局跟踪审计对口支援新疆资金及出具各类专项报告、综合报告 7 份，开展市区拆迁安置房建设及安置进度审计调查，促使相关部门出台管理办法和完善信息化管理系统。

社会保障审计 实施的市区保障性安居工程审计调查，揭示资金筹集、建设管理、配套政策等方面的问题，提出进一步完善住房保障制度、强化审核机制、加大信贷支持力度等建议，促进落实资金 1685 万元，并推动《市区公共租赁住房管理实施细则》出台。

企业审计 开展市属改制单位剥离资产管理现状审计调查，查出无偿占用土地 69 万平方米、国有资产流失约 1.1 亿元。实施市公交总公司 2010—2012 年度财务收支审计，摸清市公交财政补贴和公交线路运营情况，针对发现的问题进行原因分析，为市政府决策提供依据。

经济责任审计 实施经济责任审计项目 199 个，查处违纪违规金额 152 万元，查处损失浪费金额 564 万元。南通市市委、市政府出台《南通市党政领导干部和国有企业领导人员经济责任审计规定》。

专项资金审计（调查） 组织实施行政事业单位土地和房产管理情况审计调查、社会养老行业现状专项审计调查、市区菜市场升级改造扶持资金使用管理情况审计调查、市属高等职业院校

投入与发展情况审计调查等系列民生项目，促进惠民资金发挥效益。（撰稿人：祝晓敏）

【镇江市审计局】 2013年，镇江市审计局人员编制76人，在编74人。局长孙广平（—3月）、刘晓东（3月—），副局长许向阳、蒋建军、孙浩琦、乔文兵，总审计师吴小红（12月—），纪检组长杜友义。设有办公室、纪检监察室、人事教育处、法制综合处、计算机审计处、财政金融审计处、行政事业审计处、固定资产投资审计处、经济责任和内部审计指导处、农业与环境资源审计处、企业审计处、外资利用审计处、社会保障审计处，下设经济责任审计和固定资产投资审计中心。

审计成果 镇江市审计机关共完成审计或审计调查项目359个，查出主要问题金额4564005万元，其中，违规金额46700万元、损失浪费金额1898万元、管理不规范金额4491207万元；损益（收支）不实金额24200万元。审计处理处罚金额900657万元，其中，应上缴财政122200万元、应减少财政拨款或补贴45161万元、应归还原渠道资金639371万元、应调账处理93925万元；移送司法机关、纪检监察机关和有关部门处理事项7件；提出审计建议709条，提交审计信息641篇，被批示、采纳458条；向社会公告审计结果77篇。

预算执行审计 重点审计2012年度市财政、镇江新区和市地税局预算执行情况。审计发现相关单位收入未及时入库150300万元，出借的399500万元资金至2013年6月尚有170500万元未收回，上级预算指标28200万元拨付不到位等问题。

经济责任审计 完成经济责任审计项目94个，查处违纪违规金额214895万元。对108名市直经济责任审计对象按重要性原则分为A、B、C三类进行管理，分类型安排审计计划。建立经济责任审计管理平台，下设领导干部基本信息管理、经济责任审计过程管理和经济责任审计整改管理三大功能模块，实现相关信息实时共享。

固定资产投资审计 对镇江市引航道水利枢纽工程、汽车客运站新建工程、武警支队营房建设工程、338省道南立交至葛村收费站段工程等建设项目的竣工决算和市政府行政中心智能化结算进行审计，并对市官塘新城路网工程、312国道城区改线段工程、五凤口高架路工程等3个建设项目进行跟踪审计，累计节约资金11448万元。

社会保障审计 对2013年城镇保障性安居工程的投资、建设、分配、运营等情况进行审计，重点对棚户区改造安置、保障性住房分配和管理情况进行审计；延伸调查24个保障性安居工程项目、18个街道办（乡镇）、3个居（村）委会、1066户家庭。

专项资金审计（调查） 对2012年度城市市政公用基础设施配套费、市本级教育采购经费、2010年至2012年农业综合开发资金、2011—2012年度污水处理费、老住宅小区整治专项资金、开放型经济资金、部分行业协会（基金会、学会）经费专项审计调查；对2011年至2012年实施的村庄环境整治工程进行绩效审计。

外资运用审计 按照江苏省审计厅部署，派出审计人员进驻徐州、姜堰等地，对4个国外贷援款项目进行审计，其中公证审计项目3个、跟踪审计项目1个。

（撰稿人：李晓风 陈林瑞 曹敏 史宏 王冰 殷翠玲）

【常州市审计局】 2013年，常州市审计局人员编制79人，在编80人。局长陈荣平，副局长吕全斌、崔业富、罗志敏、朱亦萍（8月—），总审计师王祥君，纪检组长徐江。设有办公室、人事教育处、监察室、法制综合处、财政审计处、金融审计处、行政事业审计处、经贸审计处、社会保障审计处、固定资产投资审计处、农业与水利、环保审计处、外资运用审计处、经济责任与内部审计指导处、计算机审计处、审计业务监督处。

审计成果 常州市审计机关共完成审计（调查）项目184个，查出主要问题金额1859577万元，其中违规金额1536万元、损失浪费金额65万元、管理不规范金额1857975万元；损益（收支）不实金额496322万元；审计处理处罚金额273980万元，其中应上缴财政1335万元，应减少财政拨款或补贴36400万元，应归还原渠道资金15287万元，应调账处理金额220956万元；审计发现非金额计量问题413个；审计促进整改落实有关问题资金249473万元，其中增收节支40051万元、已调账处理金额209196万元；审计后挽回（避免）损失5019万元；移送司法机关、纪检监察机关和有关部门处理事项19件；出具审计报告和专项审计调查报告244篇，被批示、采用67篇；提出审计建议748条，提交审计信息76篇，被批示、采用41篇；向社会公告审计结果15篇。

财政审计 按照“评价总体、揭露问题、规范管理、促进改革、提高绩效”的工作思路，深化财政预算执行审计。对城建偿债准备金、财政风险准备金、社会保障风险准备金和财政核管的38项专项资金、基金进行全面审计；加强对财政各类挂账和结余指标的清理，清理反映历年结余指标和各类资金挂账累计近50亿元；关注财税政策调整和改革措施落实到位情况。

行政事业审计 全年对96个行政事业单位进行审计，查出违规金额、管理不规范金额301356万元。

农业与资源环保审计 全年对全市2009年至2012年农业综合开发资金、全市环境村庄整治工程、市主要道路市容环境综合整治工程、市江边污水厂二期提标改造工程竣工决算审计、市戚墅堰污水处理厂扩建及提标改造工程竣工决算审计、常州市江边污水三期工程等进行审计或专项审计调查。

固定资产投资审计 全年开具工程审定单174份，送审金额34.82亿元，核减1.01亿元，查出财务违规金额1.43亿元，节约投资3495万元，全市完成130多项工程决算审计。

社会保障审计 对城镇保障性安居工程、全市养老机构建设及运行情况等开展专项审计和审计调查。

经济责任审计 全市审计机关区开展经济责任审计55个，涉及60名党政领导干部；共查处违纪违规金额6247万元，收缴财政764万元；对8个单位的违纪违规问题进行移送；首次开展经济责任审计集中进点；出台《常州市经济责任审计结果通报办法（试行）》。

专项资金审计（调查） 组织开展服务业发展引导资金、文化产业发展引导资金、节能及循环专项资金等10多项审计和审计调查

（撰稿人：陆华东）

【无锡市审计局】 2013年，无锡市审计局人员编制99人，在编90人。局长王凡，副局长唐家梁、李晔、徐波、李家虎，纪检组长金进。设有办公室（信息处）、法制综合处（审计督察处）、财政审计处、金融审计处、行政事业审计处、社会保障审计处、企业审计处、农业与资源环保审计处、固定资产投资审计处、外资运用审计处、经济责任审计与内部审计指导处、计算机审计处、人事教育处、机关党委。

审计成果 无锡市审计机关共完成审计项目309个，查出主要问题金额4376606万元，其中违规金额15603万元、损失浪费金额7612万元、管理不规范金额4353390万元；损益（收支）不实金额189347万元；审计处理处罚金额136311万元，其中应上缴财政5113万元、应减少财政拨款或补贴88369万元、应归还原渠道资金1581万元、应调账处理金额41221万元；审计发现非金额计量问题884个；审计促进整改落实有关问题资金149189万元，其中增收节支96644万元、已调账处理金额52544万元；审计促进拨付资金到位216730万元；审计后挽回（避免）损失88959万元；移送司法、纪检监察机关和有关部门处理事项38件；出具审计报告和专项审计调查报告467篇，被批示、采用41篇；提出审计建议870条，提交审计信息565篇，被批示、采用422篇；向社会公告审计结果33篇。

预算执行审计 市本级依托财政联网审计系统，采取数据集中分析、疑点分散核查的数字化审计模式，组织对30个部门的预算执行情况开展审计，并会同市财政局对相关部门的具体问题进行督促整改。

企业金融审计 共完成24个企业金融单位的审计，延伸审计单位58个，查出主要问题金额770235万元。

固定资产投资审计 完成竣工决算审计项目34个，决算审计投资总额72.1亿元，核减工程款9.04亿元。

经济责任审计 开展经济责任审计项目157个，其中地方党政领导干部39名、行政事业单位

领导干部105名、国有企业领导人13名；任中审计46个、离任审计111个。

专项资金审计 开展市文化产业发展资金的政策执行情况、总部经济发展和政策执行情况等专项审计调查，为进一步优化政策实施效果提出建设性的意见和建议。

绩效审计 开展的绩效审计和审计调查项目共查出违规及损失浪费金额1.39亿元，发现管理类问题701个，提出审计建议640条，被审计单位根据审计建议制定整改措施56项，建立健全规章制度14项。

政府性债务审计 根据审计署统一部署，对苏州市政府性债务实施审计，组织两市六区审计局对市（县）区政府性债务情况进行交叉审计。荣获审计署全国政府性债务审计先进集体表彰。

内部审计 全市377个内部审计机构完成审计项目12459个，审计总金额785万元，增收节支12万元，提出的审计建议、意见被采纳2077条。 （撰稿人：伏小军）

【苏州市审计局】 2013年，苏州市审计局各类人员编制110人，在编97人。局长孙和，副局长周雨晨、陆旭东、徐敏华，总审计师吉宁，纪检组长叶帆。设有办公室、法制综合处（审计督察处）、财政金融审计处、行政事业审计处、农业与资源环保审计处、固定资产投资审计处、经贸审计处、社会保障审计处、外资运用审计处、任期经济责任审计与内部审计指导处、计算机审计处、信息处、组织人事处、监察室、苏州市经济责任审计中心。

审计成果 苏州市审计机关完成审计项目453个，查出主要问题金额5590394万元，其中违规金额18675万元、损失浪费金额0.78万元、管理不规范金额5571718万元；损益（收支）不实金额514531万元；审计处理处罚金额1034615万元，其中应上缴财政18675万元、应减少财政拨款或补贴101772万元、应归还原渠道资金2008万元、应调账处理金额912160万元；审计发现非金额计量问题825个；审计促进整改落实有关问题资金1032957万元，其中增收节支122435万元、已调账处理金额822549万元；审计促进拨付资金到位294万元；审计后挽回损失87679万元；移送司法机关、纪检监察机关和有关部门处理事项9件；出具审计报告和专项审计调查报告592篇，被批示、采用48篇；提出审计建议1095条，提交审计信息148篇，被批示、采用103篇；向社会公告审计结果15项。

财政审计 开展预算执行审计58个，财政决算审计44个，发现334处审计疑点，查补税费3294.58万元。“同级审”报告重点反映市财税管理中存在的五大问题，提出4条建议，促进市财政等部门完善相关制度。

固定资产投资审计 完成政府公共工程投资审计136个，核减投资额8.76亿元。在援疆跟踪审计和石湖景区扩建等9个重点工程审计中，关注招投标质量、设计方案优化性等内容，从源头上促进建设资金的节约使用。

经济责任审计 对139名领导干部实施审计，苏州市委、市政府联合下发贯彻《江苏省党政主要领导干部经济责任审计规定》的实施意见；苏州市审计局联合市委组织部、市编办出台“三责联审”整改督察操作细则；苏州市审计局制定《苏州市经济责任审计操作规程》《部门党政领导干部经济责任审计操作参考手册》。

专项资金审计 实施各类专项资金审计60个，重点关注民生保障、转型升级、城乡一体和生态文明建设情况。保障性安居工程跟踪审计促使相关部门在全省率先建立保障房开发企业准入制度，并在全市投入使用685套闲置保障房。科技金融扶持政策执行情况审计调查引起苏州市政府高度重视，市财政部门根据审计结果，对“科贷通”增拨资金4000万元。

政府性债务审计 抽调审计业务骨干167人，对苏州市9个县区及常州市本级239个债务单位、4493条债务记录进行全面摸底清查。苏州市审计局被审计署授予全国政府性债务审计先进公务员集体三等功。 （撰稿人：阚洪敬）

2013年江苏省所辖区、县(市)级审计工作统计表

金额单位:万元

审计机关	完成审计项目(个)	审计查出主要问题金额	审计处理情况					出具审计报告和审计调查报告(篇)	提出审计建议(条)	提交审计信息(篇)
			审计处理处罚				移送处理事项(件)			
			应上缴财政	应减少财政拨款或补贴	应归还原渠道资金	应调账处理金额				
南京市										
南京市本级	78	2979752	18987	9398	209125	295136	24	92	250	447
玄武区审计局	25	41580	35	303	69	36736		30	65	68
秦淮区审计局	48	21980	5		435	87	3	81	94	40
建邺区审计局	36	27584						49	96	84
鼓楼区审计局	199	21506						242	167	135
浦口区审计局	19	121785		112	408	1604		21	68	50
六合区审计局	21	15642	6	1149	7380		3	33	38	95
栖霞区审计局	28	14804	1353	11859	314	41		29	50	56
雨花台区审计局	17	105169	4					28	68	33
江宁区审计局	29	272689	649		1547	2387	1	45	79	67
溧水区审计局	32	320862	168900				2	51	102	306
高淳区审计局	35	106315	697		9457	202		64	208	216
徐州市										
徐州市本级	115	2811579	174004	21136	30819	4461		137	328	2650
云龙区审计局	12	1276	6					12	16	879
鼓楼区审计局	24	11492						28	45	455
贾汪区审计局	20	108256	51					27	87	936
泉山区审计局	12	9623	457			182		17	39	604
铜山区审计局	21	382528	46		8795	323469		36	50	672
邳州市审计局	21	45456	17	129			1	33	55	590
新沂市审计局	42	384574	231531	1984	65664	6616	6	74	81	905
睢宁县审计局	18	494746	59		2947	5179		19	40	568
沛县审计局	39	71323	2129		310	905	11	52	112	1128
丰县审计局	33	88327	976		39	18	1	41	136	852
连云港市										
连云港市本级	98	14180	826		1932	542	1	120	168	10
新浦区审计局	19	41	41					28	60	35
连云区审计局	18	31174	6					26	46	24

续表

审计机关	完成审计项目（个）	审计查出主要问题金额	审计处理情况					出具审计报告和审计调查报告（篇）	提出审计建议（条）	提交审计信息（篇）
			审计处理处罚				移送处理事项（件）			
			应上缴财政	应减少财政拨款或补贴	应归还原渠道资金	应调账处理金额				
海州区审计局	17	109	87					25	75	19
赣榆县审计局	108	4786	315	9389		80	6	130	139	28
灌云县审计局	56	9414	503					78	112	
东海县审计局	75	7812	964		329	4608		97	54	
灌南县审计局	53	934	2304	371	881	356	1	53	175	
开发区审计局	9	16	28		14	66		9	32	
宿迁市										
宿迁市本级	40	969402	2694	1130	1482	1548	5	63	70	21
宿城区审计局	37	276265	98			596	1	37	88	56
宿豫区审计局	68	11899	1038	4022	3397	3373	2	66	72	3
沭阳县审计局	46	107738	790		2008	171		37	115	25
泗阳县审计局	19	41218	260		81	168	2	19	55	20
泗洪县审计局	47	121094	1009	4129	1163	103280	10	76	42	9
淮安市										
淮安市本级	81	1111895	2318	22002	1795	10221	2	101	255	280
清河区审计局	37	568257						43	59	166
清浦区审计局	56	27405						63	54	85
淮安区审计局	39	145397	514		128	3367	1	65	53	120
淮阴区审计局	71	8219	5	5728	379			71	155	145
金湖县审计局	22	20584	90					42	55	172
盱眙县审计局	82	364858	148					109	212	157
洪泽县审计局	90	166834	2	4227	57860	78885		108	65	159
涟水县审计局	69	59238		940	8075	49406		75	199	155
盐城市										
盐城市本级	107	1578252	4212	6987	292	36767	5	120	226	378
亭湖区审计局	10	219203				6695	1	14	25	22
盐都区审计局	24	164282	8		63	25442	7	34	55	104
东台市审计局	21	157775	133		63	3269	1	28	68	22
大丰市审计局	31	195967	351		85	102705	5	38	103	50
射阳县审计局	125	333019	230	4277		12318	4	133	198	192
阜宁县审计局	16	163200	8		22	20685		16	33	80
滨海县审计局	24	86596	91	768		3340		31	76	101

续表

审计机关	完成审计项目(个)	审计查出主要问题金额	审计处理情况					出具审计报告和审计调查报告(篇)	提出审计建议(条)	提交审计信息(篇)
			审计处理处罚				移送处理事项(件)			
			应上缴财政	应减少财政拨款或补贴	应归还原渠道资金	应调账处理金额				
响水县审计局	18	194958		4761				25	102	189
建湖县审计局	69	299519	497	10684		161	4	70	167	881
扬州市										
扬州市本级	63	225213	3939		6339	60513		63	131	104
邗江区审计局	70	77238		9214			1	70	90	87
广陵区审计局	36	126213		23832				36	117	34
江都区审计局	61	740071	83		7	1103	2	61	211	117
仪征市审计局	32	327196						32	97	125
高邮市审计局	45	58409	59	2159		4512		45	91	82
宝应县审计局	37	222581				14	1	37	103	3
泰州市										
泰州市本级	41	2655765	46150	3421	53345	16569	1	47	114	12
海陵区审计局	20	251674	22427	244	2513	89920		22	54	29
高港区审计局	22	23196	1		469	902		23	49	79
姜堰区审计局	46	816605	57019	3589	24	660	1	56	108	78
靖江市审计局	41	144530	2			332		62	127	
泰兴市审计局	92	90943	2900	12711	7641	14380	3	110	76	105
兴化市审计局	107	99969	180				5	107	336	89
医药高新区审计局	4	125880	7	281	3900	758		8	7	3
南通市										
南通市本级	159	5535138	227335	9313	887192	563067	26	220	240	16
崇川区审计局	50	248490	10750	9706	6829	24	1	72	91	19
港闸区审计局	98	263867	139	2410		804		113	189	4
通州区审计局	52	133555	108	71699		11445	5	101	62	198
海门市审计局	56	788403	1432	8527	684309	559	9	88	160	11
启东市审计局	125	43840	592	7696	299	1372	4	135	81	
如皋市审计局	43	742697	57	80258	147031	98276		101	56	31
如东县审计局	78	103611	394	15979	4078	32152	6	106	128	176
海安县审计局	251	1064058	1413	18484	1163	2194	13	265	345	22
镇江市										
镇江市本级	39	2018749	118760	4086	637960	20506	2	46	131	78
京口区审计局	16	98680	1587	207	150	29253		16	76	72

续表

审计机关	完成审计项目（个）	审计查出主要问题金额	审计处理情况						出具审计报告和审计调查报告（篇）	提出审计建议（条）	提交审计信息（篇）
			审计处理处罚								
			应上缴财政	应减少财政拨款或补贴	应归还原渠道资金	应调账处理金额	移送处理事项（件）				
润州区审计局	12	613	2						12	36	34
丹徒区审计局	78	98483	779	7340	1117	42581	1		82	212	212
扬中市审计局	39	425207	286	1848		626	2		52	43	40
丹阳市审计局	108	324900	59	31591	144	267	2		117	66	60
句容市审计局	56	1582206	626	89					77	125	125
镇江新区审计局	11	15167	101			692			11	20	20
常州市											
常州市本级	49	830138	1334	10872	15283	36176	12		70	131	49
新北区审计局	16	615030			4	372	1		25	35	
钟楼区审计局	6	3767							7	11	
天宁区审计局	13								17	16	
戚墅堰区审计局	11	53960		4248		363500			14	24	
武进区审计局	20	139199				36			29	52	
金坛市审计局	40	47357		20897		12813	5		53	362	19
无锡市											
无锡市本级	42	1793710	773	12307	315	10701	6		62	124	292
崇安区审计局	13	42218				24			23	35	
南长区审计局	20	83661		12388		110			21	40	
北塘区审计局	14	42814							24	49	12
滨湖区审计局	24	90093					1		42	57	60
惠山区审计局	29	178785	1298	22322	572		2		44	72	18
锡山区审计局	53	832739	883			27438	9		70	134	47
江阴市审计局	59	579360	2157	41377	15	2945			92	131	26
宜兴市审计局	36	533023			678		19		57	155	110
新区审计局	19	200198					1		32	73	
苏州市											
苏州市本级	64	2399535	5565	25917	77	140868	1		86	197	48
姑苏区审计局	11	1981		1981					21	37	1
虎丘（高新）区审计局	43	95321		506		71770			58	80	1
吴中区审计局	51	690328	424	5149			5		71	141	5
相城区审计局	36	40014	79	3593		36340			46	106	41

续表

审计机关	完成审计项目（个）	审计查出主要问题金额	审计处理情况					出具审计报告和审计调查报告（篇）	提出审计建议（条）	提交审计信息（篇）
			审计处理处罚				移送处理事项（件）			
			应上缴财政	应减少财政拨款或补贴	应归还原渠道资金	应调账处理金额				
吴江区审计局	27	6580	2004		23	46		36	91	
昆山市审计局	110	629211	4103	28550	1769	274267		119	111	31
太仓市审计局	50	465067	4	17866	20	198235	2	69	132	6
常熟市审计局	32	733181	6059	18205	15	177216	1	49	116	15
张家港市审计局	29	529172	433		102	13413		37	84	
工业园区审计局	184	79370	2348	14872	2039	63283		182	237	14

浙江省

【浙江省审计厅】 2013年，浙江省审计厅机关人员编制210人，在编186人。厅机关设有办公室、法规处、整改督查处、财政审计处、行政事业审计处、文化教育审计处、金融审计处、经贸审计处、外资运用审计处、农业审计处、环境资源审计处、社会保障审计处、投资审计一处、投资审计二处、经济责任审计一处、经济责任审计二处、经济责任审计三处、人事处、机关党委、监察室；下设计算机审计中心、省审计科研所、省审计干部培训中心。

领导成员

厅　　长：陈荣高

副 厅 长：吴桂英（—3月）　王小龙

陈棉权　康跃西

陈焕昌　谢永刚（8月—）

总审计师：金建培

纪检组长：季　鸣

审计成果　全省审计机关紧紧围绕省委、省政府确定的经济社会发展目标和审计署部署的重点任务，认真履行法律赋予的职责，各项工作取得新的成效。全省审计单位3345个，查出违规金额25.26亿元，损失浪费金额15.41亿元；审计提出建议被采纳6577条；向社会公告审计结果362篇。上报的3个审计项目获审计署1个优秀、2个表彰奖励。在全国政府性债务审计中，有9个集体、6位个人获审计署表彰。

政府性债务审计　与上海特派员办事处共同组织开展101个市县区和922个乡镇的政府性债务审计，促进政府性债务规范管理和债务风险防控体系的完善。抽调精干力量，开展省本级、杭州市财政存量资金摸底。启动“大集中”地税审计的新模式，揭示58个市县税收违纪违规行为，对税收征管不力、工作懈怠等问题进行问责处理。审计工作报告从宏观角度审视微观问题，形成系统性的意见和建议，得到省人大常委会的充分肯定。

经济责任审计　对1354名领导干部实施经济责任审计，查出负直接责任金额2.49亿元。对21名省管领导干部实施离任经济事项交接。在舟山、丽水、衢州开展“公检法”机关主要领导干部经济责任审计试点，进一步拓展经济责任审计领域。省经济责任审计联席会议成员单位联合出台领导干部任前经济责任告知办法和年度报告办法，经济责任审计制度进一步完善。省委出台文件明确将经济责任审计结果作为调整领导干部职务的依据。

固定资产投资审计　对城镇保障性安居工程、援疆援藏援青资金项目、杭长高速公路、杭州萧山国际机场二期等重大项目开展跟踪审计，核减投资额79.13亿元。通过对浙东引水项目和围垦项目审计，促进出台《浙江省水利建设市场登记和发布管理暂行办法》。

政策落实情况跟踪审计 组织开展省级以上开发区（园区）投入产出绩效、全省部分市县战略性新兴产业财政专项资金、海洋发展专项资金、省属国有企业“两金一险”制度执行、省属国有企业与央企合作项目的跟踪审计和调查，对全省55家典当行、39家村镇银行、53家小额贷款公司开展经营风险专项审计调查，为推进改革提供重要依据。

专项资金和环境资源审计 围绕保障和改善民生，组织开展全省水利资金、残疾人社会保障与服务体系建设、省级社会慈善组织社会捐赠资金、2家省级医院等审计和审计调查。首次组织开展杭州湾海洋环境保护专项资金审计调查，开展生物多样性政策资金审计调查。通过对欠发达县特别扶持政策专项审计调查，促进修订《浙江省财政专项扶贫资金管理办法》，12个县制定完善14项制度和办法。

对重大违法违纪问题的查处 加强与纪检监察等部门的协调配合，共移送处理事项191件，移送处理人员134人，移送处理金额6.15亿元。有关部门根据审计机关移送的案件线索，查处一批案件，有力打击和惩治腐败。

党的群众路线教育实践活动 省审计厅按照省委的统一部署，深入开展党的群众路线教育实践活动，结合审计工作实际，开展“改进作风、转型提效”和“三查三看一梳理”活动，查摆出14类“四风”方面的问题，提出38条整改意见。

（1）加强计划管理。建成领导干部经济责任审计对象数据库和政府性资金审计对象数据库。制订实施审计项目计划，对计划执行情况开展定期督查通报。

（2）加强整改督查。贯彻省政府《关于进一步加强审计整改工作的意见》，制定《审计整改督查工作实施办法》。将审计整改作为重要内容在审计工作报告中专题反映。

（3）加强内部审计工作。制定加强内部审计工作的意见。借用文化教育、军警、政法系统等内部审计人员，联手开展项目审计。建立内部审计数据管理平台。

（4）加强法制建设。牵头起草《关于进一步加强公务支出公款消费审计制度的意见》，启动《浙江省审计条例》立法工作，被列入省人大常委会一类立法计划项目。启动《浙江省政府投资审计办法》修订工作，被列入2014年省政府规章一类项目计划。对21个省政府组成部门的权力和制度开展调查，梳理与审计相关的732项权力、670项制度，推进审计有法可依、有章可循。对厅机关114项制度进行清理，废止26项，制定出台《关于认真贯彻落实省委省政府改进工作作风密切联系群众有关规定的实施细则》等一批规章制度。

（5）加强文化建设。省审计厅成为10次获得审计署重点课题中标单位。分别在浙江工商大学、绍兴文理学院、浙江财经大学设立全部政府性资金审计、经济责任审计和信息化审计理论研究中心。《浙江通志·审计卷》篇目框架通过验收。启动审计文化书屋建设工程，组织开展在职党员进社区志愿服务活动。

（6）加强队伍建设。省审计厅党组中心组理论学习经验在省直机关党员干部大会上做典型交流。开展廉政文化建设征文活动。深化“三创三评”活动，在全省审计系统开展向宁波市审计局姚尧岳学习活动。选派一批干部参加联合国审计、世界审计组织第二十一届大会和省委百组调研组、重点工作指导组、省委巡视组等工作。加大培训力度，全省近四分之一审计专业人员接受再教育。

2013年是浙江审计机关成立30周年，通过召开纪念总结大会、新闻发布会和老干部座谈会，展示30年来“30个重大事件、30个精品项目、30个创新样板”，向从事审计工作30年的老同志颁发荣誉勋章，推动审计工作在新的时期创新发展。

（撰稿人：林　图）

【杭州市审计局】 2013年，杭州市审计局人员编制112人，在编100人。局长骆寅，副局长吴志明、张志文，总审计师包晓东，纪检组长徐德胜。设有办公室、组织人事处（监察室）、法规处、财政审计处、行政事业审计处、经贸审计处、农业与资源环保（社会保障）审计处、外资运用（开发区）审计处、固定资产投资审计处、经济责任审计处、计算机审计处、文教审计处、机关党委。

审计成果 杭州市审计机关完成审计单位395个，查出违规金额53755万元，损失浪费金额6742万元，管理不规范金额2625686万元，其中，应上缴财政43413万元，应减少财政拨款或补贴20631万元，应归还原渠道资金3066万元，应调账处理金额146722万元。向纪检监察机关和有关部门移送案件17件；提出审计建议1080条，提交审计专题、综合性报告和信息简报835篇，被批示采用499篇；向社会公告审计结果24篇。

财政审计 对各区、县（市）政府性债务进行认真审核，共审计单位496个，涉及债务3997笔。深化“核心＋专题”的预算执行审计模式，反映政府投资预算管理中存在的体制、机制性问题，“两个报告”得到市政府及人大相关部门和领导的肯定。

行政事业审计 对39个政府工作部门预算执行情况开展审计，重点检查“三公”经费和会议费管理使用情况。总结杭州特色的“5×3”政府投资信息化项目审计新模式。

农业与资源环保审计 强化审计人员发现和查处大要案意识，在市土地发展公司资产、负债、损益审计和西博办领导干部经济责任审计项目中，发现被审计单位私设“小金库”，向有关部门进行审计移送处理，1名单位领导和1名中层干部受到撤职处理。

固定资产投资审计 市本级完成审计投资总额242723万元，核减投资额1181万元。针对杭州市BT项目管理机制、制度等方面存在的问题，提出审计建议。

社会保障审计 开展残疾人就业保障资金、养老服务资金、“春风行动”资金等重点民生资金的审计，揭示养老服务扶持政策和残保金管理政策存在薄弱环节，报送的信息得到省、市领导批示。

经济责任审计 对133个单位167名领导干部和国企领导人员实施经济责任审计，查出违规金额4721万元。联合市委组织部编制《经济责任审计2013—2017年工作规划》。积极开展国有企业经济责任审计量化评价指标试点工作。完成省审计厅统一组织的湖州市吴兴区委书记、区长经济责任审计工作。对杭州市城市建设投资集团有限公司、西湖电子集团有限公司、杭州汽轮集团有限公司等国企领导人员实施经济责任审计。

专项资金审计（调查） 开展战略性新兴产业发展专项资金、杭州湾海洋环境保护专项资金等专项资金审计及市残疾人社会保障和服务体系建设情况等专项审计调查，揭示机制、体制和制度层面存在的缺陷，针对性地提出审计建议，促成有关制度的出台，为党委、政府科学决策提供参考依据。

（撰稿人：戴鹏飞）

【湖州市审计局】 2013年，湖州市审计局人员编制40人，在编37人。局长童建华，副局长费林海、丁颂辉、汤晓龙，总审计师施瑜，纪检组长高援平。设有办公室、组织宣传人事处、法规处、财政金融审计处、行政事业与社会保障审计处、农业与资源环保审计处、经济贸易审计处、固定资产投资审计处、经济责任审计处。

审计成果 湖州市审计局完成审计项目77个，查出主要问题金额853441万元；审计处理处罚金额655158万元，其中应上缴财政1158万元、应减少财政拨款或补贴15918万元、应归还原渠道资金531827万元、应调账处理金额106252万元；审计发现非金额计量问题168个；审计促进整改落实有关问题资金108548万元，其中增收节支34279万元、已调账处理金额74267万元；审计促进拨付资金到位10万元；审计后挽回（避免）损失16390万元；移送司法机关、纪检监察机关和有关部门处理事项5件；出具审计报告和专项审计调查报告92篇，被批示、采用1篇；提出审计建议182条，提交审计信息140篇，被批示、采用157篇次；向社会公告审计结果2篇。

财政审计 完成审计及审计调查项目17个，其中预算执行审计及审计调查15个，财政决算2个。查出未按规定纳入预算管理42895万元，未按规定征收缴纳收入77871万元，虚列支出33686万元。

金融审计 完成审计调查项目1个。

行政事业审计 完成审计项目7个，查出预算编制批复不规范4697万元，未按规定征收缴纳收入470万元，违规改变项目计划和资金用途457万元，违规采购893万元。

固定资产投资审计 完成审计项目38个，涉及项目投资总额108.55亿元，核减工程款17069万元。

社会保障审计 完成审计及审计调查项目3个，涉及社会保险基金、住房公积金收入28.87

亿元、滚存结存 71.15 亿元。

企业审计 完成审计及审计调查项目 2 个，查出资产闲置 4469 万元。

经济责任审计 对 16 名领导干部进行经济责任审计，查出管理不规范金额 30497 万元，其中负直接责任金额 9 万元、负主管责任金额 5753 万元，负领导责任金额 24734 万元。对其中 6 个单位主要领导人开展“三责联审”，首次统一组织对县区公检法“三长”进行经济责任审计。

专项资金审计 完成审计及审计调查项目 9 个，涉及专项资金总额 15.58 亿元。查出违规改变项目计划和资金用途 2040 万元，资金不到位不落实 2161 万元。（撰稿人：仇 捷）

【嘉兴市审计局】 2013 年，嘉兴市审计局人员编制 45 人，在编 45 人。局长许农，副局长陈关华、王海荣、蒋朝晖，总审计师叶常青，纪检组长潘光志。设有办公室、法规处、财政金融审计处、行政与社会保障审计处、经贸审计处、农业与资源环境审计处、固定资产投资审计处、经济责任审计处、直属分局、计算机审计中心、派驻纪检组和监察室。

审计成果 嘉兴市审计机关完成审计项目 217 个，查出违规金额 18529 万元，应上缴财政 12914 万元，应减少财政拨款或补贴 2040 万元，应归还原渠道资金 14813 万元，应调账处理金额 890303 万元；已上缴财政 5821 万元，已减少财政拨款或补贴 2040 万元，已归还原渠道资金 10424 万元，已调账处理金额 837248 万元。投资审计核减投资额 1.3 亿元。移交纪检监察部门、有关部门处理事项 14 件，建议有关部门处理事项 13 件。提交审计工作报告、信息 603 篇，被批示采用 348 篇次。

政府性债务审计 对市、县（市、区）、镇（街道）所有行政事业单位、360 家政府投融资平台和国资公司的债务进行审计，摸清全市政府性债务的规模、结构和管理使用情况。

财政审计 财政“同级审”共实施 35 个项目，促使相关部门（单位）出台或修订 19 项制度或办法；运用联网审计平台将市级 85 个部门 213 个单位的预算资金纳入审计范围，审计覆盖面达 88.75%；实施嘉善县 2012 年财政决算审计。直属分局首次实施对嘉兴经济技术开发区和嘉兴港区部门预算执行情况、投入产出情况、部分国资公司财务收支等 3 个审计项目。

企业和金融审计 开展市级国资公司营运管理情况和嘉湘集团资产负债损益审计；组织全市“退低进高”专项审计，为经济转型升级提供服务；开展小额贷款公司专项审计调查。

专项资金审计 开展 4 家公立医院综合改革专项审计，为深化医疗改革提供决策依据；开展城乡供水一体化建设专项审计调查，推动三级供水管网改造；开展对平湖市水利资金投入及水利项目实施情况专项审计，促使平湖市政府出台 5 项制度。

固定资产投资审计 开展本级政府投资项目施工现场管理情况专项审计，相关部门出台多项管理措施落实整改；开展对口援疆建设项目和本级城镇保障性安居工程项目的跟踪审计；会同财政部门组织中介机构完成 36 个政府投资项目工程造价审计，核减造价 1.5 亿元。

经济责任审计 开展对 16 个单位的 19 名领导干部进行经济责任审计，完成省审计厅下达的杭州市上城区书记（区长）经济责任审计任务；在全省率先出台《经济责任审计整改督查谈话制度》；全力推进内管干部经济责任审计。

计算机审计 政府资金综合监控系统升级至商业智能（BQ）平台，计算机审计覆盖面达 88% 以上；建成市县审计视频会商系统。

（撰稿人：吴国宗）

【舟山市审计局】 2013 年，舟山市审计局人员编制 62 人，在编 55 人。局长乐海华，副局长严雅萍、刘晓国，总审计师钱宁，纪检组长王水波。设有办公室、法规处、整改督查处、财政金融审计处、经贸审计处、固定资产投资审计处、行政事业审计处、经济责任审计处、社保文教审计处、直属审计分局和舟山市计算机审计中心、舟山市政府投资项目审计中心。

审计成果 舟山市审计机关完成审计项目 156 个，查出主要问题金额 212118 万元，其中违规金额 1114 万元、损失浪费金额 446 万元、管理不规范金额 210557 万元；损益（收支）不实金额 4994 万元；审计处理处罚金额 10169 万元，其中应上缴财政1586万元、应减少财政拨款或补贴5401万元、应归还原渠道资金974万元、应调账处理金额1950万元；审计发现非金额计量问题614个；审计促进整改落实有关问题资金9194万元，其中增收节支7300万元、已调账处理金额1596万元；审计后挽回（避免）损失6995万元；移送司法机关、纪检监察机关和有关部门处理事项3件；出具审计报告和专项审计调查报告206篇，被批示、采用10篇；提出审计建议473条，提交审计信息714篇，被批示、采用341篇；向社会公告审计结果4篇。

财政审计 建立全面的预算执行审计工作体系，突出对重点资金和重点部门的审计；充分运用部门预算执行审计平台，从资金分配、管理、使用等多角度关注财政资金使用绩效；注重审计整改落实，运用审计整改管理系统，及时跟踪回访、落实到位。

行政事业审计 全面审计市本级126家行政事业单位，促进市政府出台《进一步加强市级行政事业单位预算管理的意见》《进一步加强“三公”经费等一般性支出管理的通知》《工程建设项目邀请招标办法》。

固定资产投资审计 成立舟山市政府投资项目审计中心，运行政府投资项目监管平台；促成市政府出台《舟山市政府性投资项目审计监督管理试行办法》；开展浙江海洋学院工程等结算审计60余个，送审金额35.02亿元，审定金额24.59亿元，净核减2.36亿元。

企业审计 开展国资审计对象调查和国资审计监管平台建设；开展市本级国资参股企业投资收益分配管理情况专项审计调查；开展战略性新产业财政专项资金审计调查，提出抓紧规划编制、规范项目审核、强化项目跟踪等审计建议。

经济责任审计 共完成经济责任审计58个。率先在舟山市本级实施领导干部履行经济责任年度报告制度；开展经济责任审计进党校。

专项资金审计（调查） 专项资金审计（调查）涉及教育、医院、水利、慈善、“菜篮子”工程等领域。通过“菜篮子”工程专项资金审计，推动市政府出台《舟山市菜篮子专项资金管理暂行办法》。 （撰稿人：刘丹薇）

【宁波市审计局】 2013年，宁波市审计局人员编制91人，在编89人。局长张爱琴，副局长王勤学（—12月）、董国君、张列群，总审计师何小宝，纪检组长张菊琴。设有办公室、监察室、法规处、财政审计处、金融外资审计处、行政事业审计处、固定资产投资审计处、经济责任审计处、经贸审计处、审计整改督查处和经济责任审计服务中心、政府投资审计中心。

审计成果 宁波市审计机关共审计（调查）446个单位，共查出违规金额2.3亿元、损失浪费金额0.4亿元、被审计单位损益或财政收支不实金额2.3亿元。通过审计，为国家增收节支2.8亿元，核减投资额8.3亿元；移交司法机关、纪检监察机关或有关部门处理事项共11件，涉及人员12人；提交审计专题报告、综合性报告和信息简报共993篇，被批示采用748篇。

财政审计 审计预算执行部门107个，查出主要问题金额105.18亿元，揭示预算管理不规范、预算编报不真实不完整、财政资金滞留闲置等问题，促使有关部门采取措施加以规范，预算执行和其他财政收支的审计工作报告和审计结果报告得到各级人大和政府的充分肯定。

企业金融审计 对宁波杭州湾新区信邦小额贷款股份有限公司等17家国有企业和金融单位开展审计。提交的审计信息得到市领导的批示，为政府决策提供重要依据。

固定资产投资审计 重点关注工程质量安全、建设程序履行、建设项目资金管理和使用等方面存在的问题。全市开展工程建设项目审计154个，涉及项目完成投资额477.7亿元，核减投资额8.3亿元，促进政府投资项目管理水平进一步提高。

经济责任审计 全市完成对128家单位、150名领导干部（人员）的经济责任审计，查处违规问题金额7000万元，损失浪费金额1012万元。

专项资金审计（调查） 开展宁波市保障性安居工程跟踪审计、宁波市支持新疆发展资金和项目跟踪审计、世界银行贷款宁波项目财务收支公证审计等项目；开展农田水利资金投入使用情况、小额贷款经营风险专项审计调查等8个全省同步审计项目；组织35名审计人员对市、县两级开展“菲特”台风救灾款物跟踪审计，涉及金额

13.55 亿元，保障救灾款物的安全有效。

（撰稿人：欧明道）

【绍兴市审计局】 2013 年，绍兴市审计局人员编制 43 人，在编 41 人。局长王建新，副局长郭春敖、施彪（7 月—）、王文伟、魏仁林（—7 月），总审计师陈明远（—12 月），纪检组长胡云欣（—10 月）、陈庆鲁（10 月—）。设有办公室、监察室（内部审计指导处）、法规（综合、审理）处、经济责任审计处、财政审计处、金融经贸审计处、行政事业与外资运用审计处、投资审计一处、投资审计二处、农业环资审计处、社保审计处，下设政府投资项目审计中心、绍兴市审计局计算机中心、绍兴市审计干部培训中心。

审计成果 绍兴市审计机关完成审计项目 255 个，查出主要问题金额 815360 万元；审计处理处罚金额 4872 万元；审计促进整改落实有关问题金额 2809 万元；审计后挽回（避免）损失 1650 万元；移送司法机关、纪检监察机关和有关部门处理事项 14 件、处理人员 21 人；出具审计报告和专项审计调查报告 383 篇，被批示、采用 20 篇；提出审计建议 726 条，提交审计信息 604 篇，被批示、采用 350 篇；向社会公告审计结果 2 篇。

财政审计 实施财政“同级审”和财政转移支付资金管理专项审计调查，重点揭示公共财政预算信息公开、预算编制精细化、部门决算批复工作等方面存在不足及部分省补专项资金滞留预算环节等问题。

金融审计 全市重点开展 5 家小额贷款公司和绍兴银行经营风险审计调查，提出完善公司治理，健全法人治理机制等审计建议。

行政事业审计 开展行政事业审计 3 个。对市交通局等 2 个部门 2012 年度预算执行情况进行审计。

农业与资源环保审计 市本级完成 6 个农业综合开发项目审计。实施新农村建设资金筹集使用情况专项审计、新昌县 2011 年至 2012 年农田水利资金投入使用情况审计等项目。

固定资产投资审计 完成政府投资项目审计（标段）2901 个，审计金额 145 亿元，核减金额 10.46 亿元。

社会保障审计 重点开展残疾人社会保障和服务体系专项审计调查项目。揭示 5 大类 12 个问题，提出建议 5 条，审计问题金额 1835.46 万元。

企业审计 开展绍兴市公交集团公司公交运营情况专项审计调查，提出加快推进公交整合，理顺公交体制等 4 条建议。

经济责任审计 完成对庆元县县长经济责任审计。开展对 19 名市管领导干部的经济责任审计，协同组织部门办理 11 名领导干部离任交接手续。

专项资金审计（调查） 重点开展学生放心营养餐专项资金等 5 个专项审计调查。

（撰稿人：章莉萍）

【衢州市审计局】 2013 年，衢州市审计局人员编制 56 人，在编 42 人。局长汪亚莉，副局长徐雄强（—10 月）、毛金有、周波，总审计师王国榕，纪检组长张志清（8 月—）。设有办公室、监察室、法规处（审理处）、财政审计处、经贸社保审计处、外资金融审计处、行政事业审计处、环境资源与农业审计处、投资审计处、整改督查处，下设经济责任审计局、计算机审计中心和内部审计指导中心。

审计成果 衢州市审计机关完成审计项目 207 个，查出主要问题金额 479715 万元，其中违规金额 2030 万元、损失浪费金额 135 万元、管理不规范金额 477546 万元；损益（收支）不实金额 729 万元；审计处理处罚金额 13027 万元，其中应上缴财政 250 万元、应减少财政拨款或补贴 943 万元、应归还原渠道资金 625 万元、应调账处理金额 4650 万元；审计促进整改落实有关问题资金 32515 万元，其中增收节支 1754 万元、已调账处理金额 7425 万元；审计促进拨付资金到位 314 万元；审计后挽回（避免）损失 3820 万元；移送司法机关、纪检监察机关和有关部门处理事项 14 件；出具审计报告和专项审计调查报告 224 篇，被批示、采用 14 篇；提出审计建议 340 条，提交审计信息 308 篇，被批示、采用 192 篇；向社会公告审计结果 2 篇。

财政审计 完成市本级财政预算执行和全部政府性资金专项审计调查、衢州市地方政府性债务审计、柯城区人民政府财政决算审计、西区管委会财政财务收支情况审计。市人大常委会对审计工作报告给予高度评价。

固定资产投资审计 完成政府投资审计项目109个，审计核减工程价款6197万元，核减率10.82%。完成援疆项目工程结算审计和竣工决算审计项目31个，送审金额32600万元，通过审计核减工程价款4700万元，核减率为14.42%。

经济责任审计 出台《衢州市乡镇（街道）党政主要领导干部经济责任审计操作规程（试行）》《领导干部年度经济责任履行情况报告制度》《领导干部经济责任审计结果报告制度》。完成市民政局、市交通局、市教育局等17个部门经济责任审计，并在全省率先开展对县（市、区）纪、组、宣三个系统主要领导的经济责任审计。

专项资金审计（调查） 对15个民生资金项目进行审计或审计调查，涉及资金总额102亿元。通过对市红十字会负责管理的2012年度捐赠资金财务收支情况开展审计，反映群众性现场初级急救知识培训人员和群众应对突发性灾害的能力相对不足的问题，对国有全资、控股、参股公司监管运营情况专项开展审计调查，促成国企监管制度和国有资本经营预算管理办法的出台。通过对衢州市区物业维修资金管理使用情况专项审计，推动柯城区和衢江区完善管理制度。

审计整改 出台《关于进一步加强审计整改工作的实施意见》，市政府成立审计整改工作领导小组，完善审计整改督查制度。

（撰稿人：柳学铭）

【金华市审计局】 2013年，金华市审计局人员编制37人，在编37人。局长方卫民，副局长董巧娟、卢文浩、任川，总审计师留义华，纪检组长夏培林（—5月）、陈敏（5月—）。设有办公室、法规处、财政金融审计处、行政事业与社会保障审计处、经贸与外资审计处、农业与资源环保审计处、固定资产投资审计处、经济责任审计处（经济责任审计联席会议办公室与其合署）、监察室。下设金华市经济责任和投资审计中心。

审计成果 金华市审计局完成审计项目63个，查出主要问题金额152163万元，其中违规金额6459万元、管理不规范金额145704万元；损益（收支）不实金额3425万元；审计处理处罚金额38133万元，其中应上缴财政3332万元、应减少财政拨款或补贴3550万元、应归还原渠道资金29500万元、应调账处理金额1750万元；审计促进整改落实有关问题资金8746万元，其中增收节支6996万元、已调账处理金额1750万元；审计后挽回（避免）损失3550万元；移送司法机关、纪检监察机关和有关部门处理事项2件；出具审计报告和专项审计调查报告28篇，被批示、采用19篇；提出审计建议146条，提交审计信息101篇，被批示、采用84篇。

财政审计 组织全市政府性债务审计，摸清政府性债务的规模、结构和风险状况，提炼总结的技术方法、债务管理和审计经验被省审计厅采用推广并上报审计署债务办。首次实施市本级财政信息数据系统审计。

金融审计 开展2个小额贷款公司经营风险情况专项审计调查，揭示小贷公司持续发展和风险防控方面所面临的政策、机制瓶颈。

农业与资源环保审计 完成3个农业综合开发项目和1个水利项目审计，促进资金规范管理、使用绩效提高。

固定资产投资审计 完成投资审计项目10个，送审金额30024万元，核减造价3550万元。出台《政府投资项目审计复核办法》。

社会保障审计 跟踪关注市区城乡居民基本医疗保险运行情况。关注金华市区镇级污水处理设施运管问题和高层二次供水设施管理和水质安全情况。关注住房公积金运行，针对住房发展基金长期闲置问题，及时向市政府提出盘活使用的审计建议。

企业审计 组织力量清理金华市城开公司资产账务，全面厘清十多年的遗留问题，为理顺市政府投融资平台打下基础。在金华市第二水泥厂资产处置情况专项审计调查中，妥善解决遗留问题，消除不稳定因素。

经济责任审计 推动修订《领导干部离任经济事项交接办法》，制定下发《关于贯彻落实经济责任审计工作全覆盖的实施意见》。首次面向80多个市直机关单位发布《2012年度年中抽签项目领导干部经济责任审计结果公告》。对法院系统进行异地交叉审计。

专项资金审计（调查） 完成13项专项资金绩效审计调查，促进节约财政资金，提高专项资

金使用效率。（撰稿人：黄　登）

【台州市审计局】　2013 年，台州市审计局人员编制 50 人，在编 46 人。局长吴一林，副局长汪毅华、郑必灼，总审计师王掌兴，纪检组长包荣足。设有办公室、法规处、经济责任审计处、财政审计处、行政事业与社会保障审计处、农业与资源环保审计处、经贸金融外资审计处、固定资产投资审计处、监察室，下设直属分局和审计信息中心。

审计成果　台州市审计机关共完成审计（调查）项目 305 个，查出违规金额 2.0 亿元，其中应上缴财政 1.1 亿元，应归还原渠道资金 9246 万元，应调账处理金额 10861 万元；已上缴财政 6387 万元，已归还原渠道资金 8712 万元，已调账处理金额 10749 万元。移送司法、纪检监察机关处理案件 11 件、涉案人员 13 人（移送有关部门案件 4 件）。共提交综合报告、审计信息、专报 748 篇，被各级采用批示 341 篇。

财政审计　重点加强对部门预算执行、财政管理、税收及非税征管等方面的审计监督，财政审计工作得到市人大常委会的充分肯定。完成政府性债务审计工作，被审计署评为全国政府性债务审计工作先进公务员集体。

金融审计　组织市县两级审计机关对椒江星星小额贷款有限公司等 5 家小额贷款公司 2012 年度经营风险情况进行专项审计调查，审计专报引起市长高度关注，批示职能部门落实。

行政事业审计　组织开展市级行政事业单位出资企业专项审计调查，市政府主要领导批示常务市长和纪委书记牵头启动整改。

农业与资源环保审计　重点对 7 个县（市、区）水利资金投入及水利项目实施情况专项审计调查，调查报告得到市政府主要领导批示落实。

固定资产投资审计　全市完成投资审计项目 143 个，审计及审计调查资金总量 97 亿元，核减投资额 2.93 亿元。对台州市级 54 个政府性投资项目建设与运行管理情况开展调查，市政府主要领导重视和批示，市纪委牵头研究落实。

社会保障审计　开展基层卫生院医疗体制改革后运营情况专项审计调查，审计提出的 6 个专报被国务院、省政府和市委市政府领导批示，国家卫生和计划生育委员会工作组专程到台州调研。审计建议促使全省补新增基本药物 1100 多种，并改变药品采购模式。

经济责任审计　全市共完成 76 个单位 90 位领导干部的经济责任审计，查出违规金额 4220 万元，管理不规范金额 123983 万元。《党政主要领导干部和国有企业领导人员离任经济事项交接办法》等 4 项制度以市两办名义正式出台。

专项资金审计（调查）　围绕市级现代服务业发展引导资金、年度战略性新兴产业财政专项资金等开展专项审计或专项审计调查，全市共审计（调查）各类专项资金 492 亿元，查出有问题金额 29 亿元。（撰稿人：李军锋）

【温州市审计局】　2013 年，温州市审计局人员编制 61 人，在编 58 人。局长陈应许，副局长吴娜丽、陈健、尤业先、谢立，总审计师李秀峰，纪检组长潘建国。设有办公室、人事处、法制处、财政审计处、金融与外资审计处、行政事业审计处、经贸审计处、农业与资源环保审计处、固定资产投资审计处、温州市经济责任审计局、计算机审计处和机关党委，另设开发区审计处。

审计成果　温州市审计机关完成审计项目 368 个，查出主要问题金额 845322 万元，其中违规金额 73122 万元、损失浪费金额 913 万元；审计处理处罚金额 204207 万元；移送司法机关、纪检监察机关和有关部门处理事项 36 件；出具审计报告和专项审计调查报告 420 篇，被批示、采用 15 篇；提出审计建议 1182 条，提交审计信息 779 篇，被批示、采用 499 篇；向社会公告审计结果 125 篇。

财政审计　对 124 个财政部门和预算执行单位的财政预算执行进行审计。市审计局组织对市本级和 11 个县（市、区）的地方政府性债务审计，全面摸清债务底数。

金融审计　市审计局组织开展温州银行和 9 家小额贷款公司的审计或审计调查，首次对温州市部分村镇银行运营情况开展审计调查。市政府出台由市审计局草拟的《温州市地方金融审计暂行办法》。

行政事业审计　完成行政事业类审计项目 61 个。开展“三公”经费全市同步审计调查；市本级行事单位房产管理状况审计调查得到市委书记的批示，促使市政府出台3项公房管理制度，有序推进“第四公”（办公用房）制度改革。

固定资产投资审计 全市审计机关共完成投资类审计项目48个，核减投资额12844万元。初步建成温州市政府投资项目审计管理系统。

企业审计 温州市市属国有企业经营绩效和资产管理情况专项审计调查得到市长批示；对浙江中盛实业投资公司资产核实审计中，查处对外签订虚假股权收购合同案，涉案16人已有9人获刑，另有6人已提起公诉。

经济责任审计 全市审计机关完成131个单位153名领导干部的经济责任审计，移送处理其他人员2人，促进增收节支3406万元。市审计局协同市组织部门对117个经济责任审计对象进行ABC分类。

专项资金审计（调查） 完成教育、卫生、水利、保障房等民生资金和项目的审计或调查，有效促进资金拨付、规范管理和高效使用。

内部审计 市政府出台《温州市内部审计工作规定》。全市内部审计机构完成审计项目5074个，促进增收节支19465万元。

（撰稿人：刘海泉）

【丽水市审计局】 2013年，丽水市审计局人员编制56人，在编50人。局长翁争鸣，副局长雷金松（—10月）、陈锡星（10月—）、傅代兴、阎家骥、颜登亮，总审计师刘松文，纪检组长傅绍林。设有办公室、监察室、法制处、财政审计处、计算机审计处、行政事业审计处、农业审计处、经济责任审计处、直属分局（内部审计指导中心）和审计培训服务中心。

审计成果 丽水审计机关完成审计项目288个，查出主要问题金额615397万元，其中违规金额19898万元；审计处理处罚金额121238万元，其中应上缴财政7397万元、应归还原渠道资金26701万元、应调账处理金额87140万元；移送司法机关、纪检监察机关和有关部门处理事项37件；出具审计报告和专项审计调查报告390篇；提出审计建议753条，提交审计信息1179篇；向社会公告审计结果57篇。市审计局年初报送的《审计管理系统“1拖N”部署与组织管理模式》被中国信息协会评为中国信息化成果一等奖；荣获全国政府性债务审计公务员集体嘉奖；首次荣获审计署地方优秀项目奖。

财政审计 促成市政府出台《关于进一步加强全部政府性资金审计工作的实施意见》《丽水市市直机关会议管理暂行规定》等制度。

金融审计 在对小额贷款公司2012年度经营风险专项审计调查中发现跨区域贷款、单户贷款余额超限、拆分贷款和内部管理不规范等问题。

行政事业审计 在对市经信委审计中，发现私设“小金库”及将单位的房租收入等以出纳个人名义存款等问题。

农业与资源环保审计 在市专业合作社经营管理专项审计调查中，发现案件5起，追回财政资金67万元。市政府出台《丽水市市直财政专项资金管理试行办法》。

固定资产投资审计 市本级全年完成政府投资预算执行审计项目50个，核减金额5553.62万元，核减率为10.7%。

社会保障审计 在本级残疾人社会保障和服务体系建设专项审计调查中，发现一企业虚假安置残疾职工骗取退税77.21万元。

企业审计 在丽水学院国资经营公司延伸审计中发现，公司参股私营企业，国有资金存在潜在风险，已追回入股资金50万元，同时，将问题线索移送市公安局经侦支队。

经济责任审计 全市实施领导干部经济责任审计项目97个，审计132人，查出违规金额3122万元。办理领导干部离任交接141人。

专项资金审计（调查） 在科技三项经费征集、使用、管理绩效审计调查中移送5起案件线索。市两办出台《丽水市开展党政机关、事业单位和国有企业有关人员经商办企业专项清理方案》，由市纪委（监察局）牵头全面开展清理工作。

内部审计 促成市府办发出《关于全面开展内部审计工作的通知》，开展全市中小学食堂经营、管理情况专项审计调查，促成各地教育主管部门和部分中小学校出台一批内控制度。

（撰稿人：叶伟平）

2013 年浙江省所辖区、县(市)级审计工作统计表

金额单位:万元

审计机关	完成审计项目(个)	审计查出主要问题金额	审计处理情况						出具审计报告和审计调查报告(篇)	提出审计建议(条)	提交审计信息(篇)
			审计处理处罚				移送处理事项(件)				
			应上缴财政	应减少财政拨款或补贴	应归还原渠道资金	应调账处理金额					
杭州市											
杭州市本级	50	538891	31668	7104	611	8127	4		62	123	91
拱墅区审计局	21	59670	89		432	65			31	79	54
上城区审计局	22	22882		3404					28	54	65
下城区审计局	19	235393	970	1884					27	36	6
江干区审计局	16	75058			623	28761			19	70	84
西湖区审计局	15	59385		548					22	36	56
滨江区审计局	12	50613		609		6974			16	38	26
余杭区审计局	17	856788	9894		350	62038	1		23	34	36
萧山区审计局	61	265346	178	4154	819	40627	2		87	159	66
临安市审计局	22	194685	31						30	44	70
富阳市审计局	26	134171		150	83		4		36	91	88
建德市审计局	43	48765	142	2660	33		4		61	137	99
桐庐县审计局	36	124914	385	119		9			46	109	51
淳安县审计局	35	19622	57		114	121	2		55	70	43
湖州市											
湖州市本级	77	853441	1158	15918	531827	106252	5		92	182	140
吴兴区审计局	40	32122	1195	15874			2		47	92	47
南浔区审计局	32	121487	167						46	77	47
长兴县审计局	92	35767	838	9359	1703	14398	1		108	78	60
德清县审计局	67	99823	128	5124	1	5194	1		93	123	47
安吉县审计局	31	783	362		4	271			43	46	76
嘉兴市											
嘉兴市本级	26	223461				20848	1		41	78	144
南湖区审计局	14	253241			28	247575			15	84	18
秀洲区审计局	21	91122	264		140	58978	5		21	67	12
平湖市审计局	33	397017	874		697	378667	1		46	159	34
海宁市审计局	45	97751	5909		1391	1209	6		50	211	71
桐乡市审计局	18	65720	45		760	63526			23	30	32
嘉善县审计局	31	70884	703		360	18452	1		32	122	55
海盐县审计局	29	120559	5219	2040	11437	101045			40	161	20

续表

审计机关	完成审计项目(个)	审计查出主要问题金额	审计处理情况					出具审计报告和审计调查报告(篇)	提出审计建议(条)	提交审计信息(篇)
			审计处理处罚				移送处理事项(件)			
			应上缴财政	应减少财政拨款或补贴	应归还原渠道资金	应调账处理金额				
舟山市										
舟山市本级	46	151387	111		97	1463		60	151	434
定海区审计局	25	13675	4	4357	367	140	1	31	59	54
普陀区审计局	35	13274		133				54	121	73
岱山县审计局	26	25180					1	26	62	55
嵊泗县审计局	24	8601	1470	910	508	345	1	35	80	98
宁波市										
宁波市本级	70	794664	15861	652	9397	133353	5	82	297	142
海曙区审计局	9	14764	202		259			15	23	5
江东区审计局	11	9978	442	416	525	2854		17	35	111
江北区审计局	41	144528	14	6721	578	446		47	160	5
北仑区审计局	28	101529	270	5197	466	8343		35	50	90
镇海区审计局	19	6909	13	1363	80			23	50	165
鄞州区审计局	36	110943	17	7439	2294	22918		59	84	206
慈溪市审计局	33	103599		385	166	6622	6	33	98	134
余姚市审计局	81	48071		156	200	21690		81	80	
奉化市审计局	43	105645	702	13		204		43	119	106
宁海县审计局	31	86318		227	998	2		31	46	17
象山县审计局	44	281705	114	45		5119		50	79	12
绍兴市										
绍兴市本级	53	175267	55		22		1	74	157	197
越城区审计局	52	3276	5				1	57	68	48
诸暨市审计局	28	440676					1	44	96	113
上虞市审计局	27	3059	2356		506	5	2	50	57	80
嵊州市审计局	35	77877	397		15	27	8	70	123	16
绍兴县审计局	41	91138	29	810				60	158	100
新昌县审计局	19	24063	370				1	28	67	50
衢州市										
衢州市本级	57	40665			11	1637		32	85	36
柯城区审计局	11	2082						12	33	3
衢江区审计局	23	49672					3	21	34	56
江山市审计局	32	241996	137		35	27	3	41	46	75

续表

审计机关	完成审计项目（个）	审计查出主要问题金额	审计处理情况					出具审计报告和审计调查报告（篇）	提出审计建议（条）	提交审计信息（篇）
			审计处理处罚				移送处理事项（件）			
			应上缴财政	应减少财政拨款或补贴	应归还原渠道资金	应调账处理金额				
常山县审计局	17	134028			11	220		25	24	33
开化县审计局	36	3851	87	51	446	2044	8	46	73	50
龙游县审计局	31	7421	26	892	122	722		47	45	55
金华市										
金华市本级	63	152163	3332	3550	29500	1750	2	28	146	101
婺城区审计局	32	339537				263		10	91	22
金东区审计局	22	27170			11				19	2
兰溪市审计局	28	44977	12125			36		10	110	19
永康市审计局	26	1427	253		302	579		7	87	31
义乌市审计局	40	148873	684				2	3	86	4
东阳市审计局	83	22417	330	10552	17	539		2	40	15
武义县审计局	29	36458	117	97		133			66	9
浦江县审计局	22	21236	342		57				30	4
磐安县审计局	21	132300	24		25	717			34	
台州市										
台州市本级	40	3076257	4916		7504	3025	1	57	122	70
椒江区审计局	23	73338	2451		421	6263	5	27	80	141
黄岩区审计局	23	66180	1728	316	1169	585		33	77	85
路桥区审计局	22	46156	74				2	32	34	56
临海市审计局	26	168114	48		21		1	29	83	57
温岭市审计局	23	387292	738		109		1	28	109	69
三门县审计局	45	172073	1006				2	56	93	59
天台县审计局	30	262713	18		1		2	31	105	58
仙居县审计局	20	35171	9	26	12	966	1	33	49	61
玉环县审计局	53	348702	21	9772	6	21	5	61	113	92
温州市										
温州市本级	44	109526	34116	9008	11130	18563	13	65	162	331
鹿城区审计局	22	44042	14		57	67	1	32	68	62
龙湾区审计局	33	85410	46	675	8550	11885	3	33	83	55
瓯海区审计局	22	25672	142	764	6676	4609	2	31	85	17
瑞安市审计局	46	30723	1184	475	979	2640		46	130	15
乐清市审计局	40	167467	1761		3	67	2	41	167	47

续表

审计机关	完成审计项目（个）	审计查出主要问题金额	审计处理情况					出具审计报告和审计调查报告（篇）	提出审计建议（条）	提交审计信息（篇）
			审计处理处罚				移送处理事项（件）			
			应上缴财政	应减少财政拨款或补贴	应归还原渠道资金	应调账处理金额				
永嘉县审计局	30	107449	1272	14	915	843	9	30	93	101
文成县审计局	22	13526	2631		217		3	22	58	1
平阳县审计局	30	77208	3401	837	66915	5939		38	89	12
泰顺县审计局	18	50460			3		1	19	118	78
洞头县审计局	39	9442	670	1709		951	2	41	66	42
苍南县审计局	22	124391		7		37		22	63	18
丽水市										
丽水市本级	49	86725	1463		1948	21816	20	51	126	174
莲都区审计局	19	45084			15002	15628	2	24	86	160
龙泉市审计局	22	75728	223			3	2	28	60	167
缙云县审计局	29	102908	11		5659	48863		49	54	60
青田县审计局	25	152945	7				2	32	64	149
云和县审计局	29	32288	4546		3836	435	4	48	79	118
遂昌县审计局	25	18326	3			26	3	36	66	55
松阳县审计局	49	17064	592		256	365	3	72	101	219
庆元县审计局	22	62238	280					24	64	34
景宁畲族自治县审计局	19	22091	272			4	1	26	53	43

安徽省

【安徽省审计厅】 2013 年，安徽省审计厅人员编制 194 人，在编 189 人。设有办公室（审计信息技术应用处）、综合法规处、审理处、财政审计处、行政事业审计处、农业与资源环保审计处、固定资产投资审计处、金融审计处、企业审计处、社会保障审计处、外资运用审计处、人事教育处、机关党委、纪检监察室、计划统计审计室、经济审计室、科技教育审计室、农业审计室、交通建设审计室、文化卫生审计室、新闻广电审计室。下辖省经济责任审计局、省固定资产投资审计中心、省审计厅机关服务中心、省审计科研所、安徽审计职业学院、省审计学会、内部审计师协会。

领导成员

厅　　长：戴克柱

副 厅 长：姜爱民　胡海波

　　　　　杨　力（挂职）　杨寿桃

总审计师：何结华

纪检组长：孟庆超（—6 月）

审计成果 全省审计机关审计和专项审计调查 6399 个单位，查出违规金额 322.26 亿元，损失浪费问题金额 1.84 亿元，管理不规范金额 1576.70 亿元，侵害人民群众利益问题金额 5244 万元。审计促进增收节支 80.85 亿元，促进拨付资金到位 16.28 亿元，审计后挽回（避免）损失 22.05 亿元。审计核减固定资产投资项目投资或结算额 53.35 亿元。审计移送司法、纪检监察机关和有关部门处理事项 87 件。出具审计报告和报送审计调查报告 8091 份，向社会发布审计结果公告 386 篇。提交审计专题报告、综合性报告和信息简报 7258 篇，其中被党政领导和有关部门批示、采用 4680 篇次。向被审计单位或有关单位提出审计建议 13075 条，其中已采纳 11226 条。被审计单位根据审计建议制定整改措施 894 项，建立健全规章制度 167 项。

财政审计　全省审计机关积极构建财政审计大格局，持续加强对全部政府性资金的监督，促进完善公共财政体系。省本级重点加强对政府全口径预算决算的审查和监督，促进建立健全统一完整、功能定位清晰的政府预算体系；重点检查“三公”经费、会议费管理使用情况，促进落实中央和省委改进工作作风的要求；重点关注财政支出定额标准等共性问题，促进增强预算的科学性和约束力；重点加强对预算编制的科学性、追加调整的规范性和财政资金使用效益的监督，促进强化预算执行和财政管理。将皖江示范区建设、农村土地整治、校安工程建设等审计结果纳入审计工作报告一并反映。审计结果受到省人大、省政府的充分肯定。预算执行审计为促进加强财政财务管理、提升财政管理绩效，发挥重要作用。

农业与资源环保审计　全省审计机关从经济社会发展的新形势和省情出发，从服务“生态强省”建设的战略目标的高度，充分认识资源环保审计的重要性和必要性，大力推进资源环保审计工作。以促进退耕还林政策的贯彻落实，保证退耕还林工程的质量和效益，全面巩固退耕还林成果，促进生态文明建设为目标，组织对全省退耕还林实施情况进行绩效审计调查。以扎实推进美好乡村建设，实现城乡共同繁荣、农民安居乐业为目标，对部分市、县农村环境连片整治示范实施情况进行审计调查。各地在地方党政领导干部经济责任审计中也将资源环保工作作为审计关注的重要内容，促进领导干部科学履行职责。

固定资产投资审计　省审计厅先后完成省级政府投资组织分配情况审计、合肥新桥机场建设项目竣工决算及投资绩效审计及安徽广电中心、省立医院门诊医疗大楼、青弋江分洪道工程、对口援建新疆皮山县等建设项目跟踪审计任务。各市县审计机关围绕当地党委、政府中心工作和重大工程建设项目，及时有效开展投资审计，揭示并纠正项目执行建设程序、招标投标、质量管理、材料供应、合同管理、造价控制、进度管理、生态环境等方面存在的问题，促进提高项目建设的质量和效益。全省审计核减固定资产投资项目投资或结算额 53.35 亿元。同时，继续抓好工程建设领域突出问题专项治理工作，促进规范建设领域市场秩序。

金融与企业审计　安徽省进一步加大对金融与国有重点企业审计的工作力度，加速企业审计的转型。以促进企业科学发展，提升产业竞争力，防范发展风险，推动发展方式转变为目标，组织实施安徽海螺集团 2012 年度资产负债损益审计。以妥善处理省公路管理局以前年度债务和欠付的工程款，明确相关责任，有效化解债务风险为目标，根据省政府交办，对省公路局和借款较多的市公路局进行专项审计（调查）。

经济责任审计　各级审计机关突出对经济活动复杂、资金资产量大的重点地区、重点部门和重点单位，对掌握重要经济事项决策权、执行权、管理权和监督权等关键岗位领导干部的经济责任审计，重点关注国有土地出让、政府投资项目、专项资金分配、国有资产管理等重大经济决策事项。全省审计机关共完成 1154 人的经济责任审计，查出违规金额 39.29 亿元，损失浪费金额 1768 万元，管理不规范金额 281.26 亿元。

专项资金审计（调查）　根据审计署统一安排，采取异地交叉的方式，对全省 15 个市、105 个县（市、区）和 1257 个乡（镇）的政府性债务进行审计，揭示政府性债务资金管理、使用中存在的问题，提出有针对性的意见建议。组织全省审计机关对 2010—2012 年社保基金银行存款优惠利率执行情况进行审计调查，揭示优惠利率政策执行方面存在的问题。实施城镇保障性安居工程、社保基金预算执行、城乡居民养老保险制度全覆盖、住房公积金管理绩效等项目审计，还在领导干部经济责任审计、政府投资审计、预算执行审计中，积极关注保障和改善民生情况。各市县审计机关紧密结合当地实际，有重点的对民生领域的项目和资金进行审计，坚决维护群众利益，促进社会公平正义。

基础建设 全省审计机关结合实施“质量提升工程”，切实加强审计基础建设，努力树立审计机关的良好形象。以加强计划管理为先导、加强审计现场管理为核心、强化管理责任为手段、加强审计成果利用为目标、强化工作机制为抓手，构建全面全过程的审计质量控制体系，筑牢审计工作的“生命线”。加强审计人才培养，提高干部教育培训的针对性、层次性和科学性，鼓励审计干部参加与审计相关的专业技术资格考试和职称考试，倡导对审计干部实绩的量化考核，完善干部选拔任用机制，推广“一对一”审计实务导师制，增强青年“会查、会讲、会写”的真本领。积极推进审计制度建设，与省财政厅、省监察厅联合出台《关于省直机关加强公务支出公款消费监督的意见》，起草《关于进一步加强经济责任审计的意见》《关于进一步加强审计整改工作的意见》《安徽省审计机关审计结果公告暂行办法》等制度，并列入省委、省政府的发文计划。推进审计信息化建设，加强审计信息化基础设施建设，加大计算机审计人才培养，深化计算机审计技术运用，推进联网审计和信息系统审计，提高审计信息化水平和监督能力。 （撰稿人：张劲东）

【合肥市审计局】 2013 年，合肥市审计局人员编制 133 人，在编 111 人。局长程林，副局长陈卫、姚琳、昂朝晖，总审计师王保智，纪检组长钱昌雨。设有办公室、综合处、法规审理处、财政审计处、行政事业审计处、农业与资源环保审计处、固定资产投资审计处、金融审计处、经贸审计处、社会保障审计处、外资运用审计处、审计信息技术应用处、监察室、机关党委，直属行政机构合肥市经济责任审计局、直属分局，派出审计室科教文卫审计室、建设审计室、农业审计室，下设合肥市投资审计中心。

审计成果 合肥市审计机关完成审计项目 201 个，查出主要问题金额 1983469 万元，其中违规金额 20892 万元、损失浪费金额 7160 万元、管理不规范金额 1955416 万元；损益（收支）不实金额 105854 万元；审计处理处罚金额 11340 万元，其中应上缴财政 2266 万元、应减少财政拨款或补贴 763 万元、应归还原渠道资金 2083 万元、应调账处理金额 474 万元；审计发现非金额计量问题 337 个；审计促进整改落实有关问题资金 33354 万元，其中增收节支 9844 万元、已调账处理金额 558 万元；审计促进拨付资金到位 16989 万元；审计后挽回（避免）损失 1727 万元；移送司法机关、纪检监察机关和有关部门处理事项 4 件；出具审计报告和专项审计调查报告 1383 篇，被批示、采用 10 篇；提出审计建议 659 条，提交审计信息 1319 篇，被批示、采用 1356 篇；向社会公告审计结果 19 篇。

财政审计 本级财政预算执行审计涵盖财政、地税、四大开发区、10 个部门及 31 个二级单位，开展 5 个部门及 14 个二级单位决算草案审签，审计调查政府性资金结存情况。实施肥东县 2012 年度财政决算审计。

金融审计 开展 18 个融资性担保公司、40 个小额贷款公司 2012 年度资产负债损益审计，合肥市属四大开发区投融资平台运营情况审计调查，实施六安市及所属县区政府性债务审计。

行政事业审计 开展政府采购预算执行情况、合肥市直行政事业单位对外投资情况审计调查，合肥市住房公积金资产负债和财务收支审计。

农业与资源环保审计 开展小型病险水库除险加固工程、农村饮水安全工程等 3 项民生工程建后管护情况审计调查。开展亚洲开发银行贷款合肥市城市环境改善利用等 4 个项目外资运用公证审计。

固定资产投资审计 跟踪审计政府投资重点工程项目，提请市政府和相关部门制定市级政府投资公益性项目管理办法、轨道交通工程跟踪审计暂行办法和操作细则、环巢湖生态示范区建设跟踪审计实施意见等。采取周报告、月调度、季通报的形式，强化平时督查，通过全过程跟踪审计、价款结算审计、竣工决算审计基本实现政府投资审计全覆盖。

社会保障审计 开展农村五保供养服务机构建设暨“515 敬老工程”、城镇职工医疗保险基金使用管理绩效、基本养老等 5 类社保基金银行存款优惠利率执行情况、慈善一日捐审计调查。

企业审计 开展合肥公交集团 2012 年资产负债损益、合肥永信科翔智能技术有限公司等 3 家企业股权变动及投资收益审计。

经济责任审计 开展合肥市教育局等 8 名领

导干部经济责任审计，同步实施书记和县长经济责任审计，授权开展5名副县级乡镇领导经济责任审计，办理13个单位领导干部离任交接。制定《合肥市任期经济责任审计结果运用办法（试行）》，促进查出问题整改落实。

专项资金审计（调查） 开展合肥市利用国际金融组织和外国政府贷款情况、巢湖经开区拆迁安置及安置房建设情况审计调查。

内部审计 开展“基础建设年”主题活动，突出抓好风险防范、内部控制、效益增值三个环节，实施1630项审计，审计总金额250亿元，提出建议和意见被采纳1312条。与合肥市总工会联合开展内部审计先进集体、审计能手、审计标兵、领军人物评比活动。 （撰稿人：范宏琨）

【宿州市审计局】 2013年，宿州市审计局人员编制49人，在编44人。局长郭贤生，副局长孙勇、黄莉、华颖涛，纪检组长陈立新。设有办公室、人事教育与内部审计指导科、综合法规科、财政金融审计科、行政事业审计科、企业与外资运用审计科、农业与资源环保审计科、社会保障审计科，信息化管理科、监察室、机关党总支，下设经济责任审计局、固定资产投资审计局。

审计成果 宿州市审计局完成审计（调查）项目52个，其中：署定项目2个，省定项目3个，自定项目3个，地方委托及领导交办项目44个。审计查出主要问题金额46445万元，其中违规金额150万元、管理不规范金额46295万元；审计发现非金额计量问题64个。审计期间整改金额20万元，审计处理处罚金额28万元；对5个项目的审计结果进行公告，被审计领导干部40人；提出审计建议98条，被采纳的审计建议81条，被审计单位制定整改措施50多项；提交审计专题、综合性报告和信息简报580篇。其中被地方党委、政府和上级有关部门批示、采用487篇；向社会公告5篇。

财政审计 开展市财政局具体组织2012年度市本级预算执行及其他财政收支审计，市地方税务局2012年度税收征管情况审计及市卫生局、市文广新局、市计生委、市交通运输局、市人防办等5个部门2012年度预算执行审计。审计查出管理不规范金额43849.14万元，违纪违规金额703.99万元。

行政事业审计 完成10个行政事业审计计划项目。对宿州市计生委2012年度预算执行及其他财政收支情况进行审计；会同市财政局行政政法科对宿州宾馆2011年4月至2013年5月的债权、债务进行审计；对宿州市仲裁委员会秘书处2008—2012年度开展财务收支审计。

社会保障审计 组织全市审计机关开展对社会保障基金优惠利率执行情况审计调查；组织全市机关开展全市城乡居民社会养老保险制度全覆盖专项审计调查；完成全市城镇保障性安居工程跟踪审计。

固定资产投资审计 市本级审结工程项目94个，送审总金额192503.31万元，审减总额为29595.89万元，平均审减率为15.37%。其中预算项目40个，送审总金额为63837.32万元，审定总金额为52476.14万元，审减总额为11361.18万元；结算项目54个，送审总金额为128665.68万元，审定总金额为110431.28万元，审减总额为18234.40万元。

经济责任审计 组织实施审计40个单位、对42名领导干部进行经济责任审计。查出问题金额5533.92万元，其中违规金额206.67万元，管理不规范金额5327.25万元。提出审计意见建议57条，被审计单位均已采纳整改。

专项资金审计 按照审计署统一部署和《安徽省审计厅对全省政府性债务进行审计的通知》，开展政府性债务审计。全市审计机关共抽调85名业务骨干组成5个审计小组，对亳州市进行异地交叉审计。 （撰稿人：张　挺）

【淮北市审计局】 2013年，淮北市审计局人员编制64人，实有65人。局长李今安，副局长徐君、陈玉健，总审计师周玉贞，纪检组长：孟祥龙。设有办公室、人事教育科、综合法规科、财政金融审计科、固定资产投资审计科、行政事业审计科、农业与资源环保审计科、社会保障审计科、企业审计科、审计监督科、经济责任审计局；经济责任审计局（下设计划管理科、党政领导干部经济责任审计科、企业领导人员经济责任审计科）。下设市计算机审计中心、市投资审计中心。

审计成果 淮北审计机关完成审计项目110个，查出主要问题金额1795625万元，其中违规金额13742万元、损失浪费金额648万元、管理不规范金额1781233万元；损益（收支）不实金额35256万元；审计处理处罚金额54449万元，其中应上缴财政6963万元、应减少财政拨款或补贴301万元、应归还原渠道资金9825万元、应调账处理金额32577万元；审计发现非金额计量问题261个；审计促进整改落实有关问题资金42337万元，其中增收节支8710万元、已调账处理金额31422万元；移送司法机关、纪检监察机关和有关部门处理事项1件；出具审计报告和专项审计调查报告174篇，被批示、采用12篇；提出审计建议353条，提交审计信息196篇，被批示、采用147篇。

财政审计 对2012年度淮北市本级预算执行情况进行审计，组织实施经济开发区预算执行情况、地税局税收征管情况及其他部门预算执行和其他财政收支情况审计。受市政府委托，向市人大常委会提交的审计工作报告，得到市人大的充分肯定和高度评价，并高票通过。对市地税局2012年度税收征收管理情况审计，21家单位补缴土地使用税及滞纳金共计281.35万元。通过预算执行审计，从体制、机制、制度层面揭示、分析和反映问题，提出改进和完善的建议，促进财政预算管理，提高资金使用绩效。

固定资产投资审计 组织实施工程跟踪审计、竣工决算审计、设计变更审计等政府投资建设项目398个，共核减工程（进度）款6.93亿元，较好地控制工程款超前支付的现象，有效节约工程建设资金，严格执行变更程序，对施工单位以后期增加变更的方式获取不当得利起到抑制作用。向市政府提交的开发区新区一期项目安置房、梅苑路、环山东路等多篇跟踪审计报告及加强政府性投资项目工程监理管理的信息专报被市领导批示。

经济责任审计 认真贯彻落实中央两办《规定》，加强对经济活动复杂、资金（资产、资源）量大的重点部门、重点单位以及关键岗位领导干部的审计，不断加大任中审计比重，全面促进经济责任审计工作转型升级。共安排经济责任审计项目50个，查出违规金额1585万元，管理不规范金额3.25亿元。提交的经济责任审计结果报告，受到市领导的高度关注并做出重要批示。

专项资金审计（调查） 组织实施全市社会保险基金优惠利率执行情况审计调查，发现部分社会保险基金存款未执行优惠利率2613.25万元，通过审计整改，目前已全部收回，市长对提交的审计调查综合报告做出重要批示；8月，抽调全市审计机关业务骨干40余人，赴铜陵开展政府性债务审计，向省审计厅及时提交汇总审计报告，审计工作组织开展情况、债务数据审核、汇总情况、审计报告总体质量情况等均得到认可和高度评价，荣获全国、全省政府性债务审计先进集体，2人被评为全省政府性债务审计先进个人；12月，组织实施全市城镇保障性安居工程跟踪审计，审计报告反映的问题受到市领导的高度关注，要求相关部门采取措施，认真整改。结合财政预算执行审计，对就业专项资金、工业发展资金和福彩、体彩公益金进行审计调查，提出针对性的意见和建议，服务领导宏观决策；组织实施农田水利专项资金审计调查，以稳定粮食生产、增加农民收入等相关政策有效贯彻落实，分管副市长对提交的专项审计调查结果报告做出重要批示。

（撰稿人：惠 蕙）

【阜阳市审计局】 2013年，阜阳市审计局编制60人，在编55人。局长武杰，副局长马晓峰、方向阳，总审计师胡玲玲，纪检组长李援朝。设有办公室、财政金融审计科、农业资源环保与外资运用审计科、经济贸易审计科、行政事业与社会保障审计科、监察室、综合法规科、人事教育科、机关党委、审理科、审计信息技术应用科、经济责任审计局、固定资产投资审计中心和经济技术开发区审计分局。

审计成果 全市审计机关完成审计项目569个，审计查出违规金额60394万元，已减少财政拨款或补贴7685万元，已归还原渠道资金47083万元，已调账处理金额10246万元，审计促进拨付资金到位57789万元，审计后挽回（避免）损失21789万元。审计提出建议1387条，被采纳审计建议1262条，提交审计信息133篇，其中专题、综合性报告24篇，被批示审计信息66篇。市审计局获得市政府目标考核先进单位、第八届阜阳市文明单位、全省社保资金审计先进集体、全省“人才造就工程”先进集体等14项集体荣誉。

财政审计 市审计局对市本级财政预算执行情况开展审计，对市住房和城乡建设委员会、市农委、市水务局等7个部门单位2012年度预算执行情况进行审计。积极拓展预算执行审计的广度和深度，重点关注市直单位落实中央八项规定及省市各项规定及厉行节约相关制度的执行情况。市人大常委会对市审计局2012年度本级预算执行情况审计工作报告和审计整改工作报告均给予充分肯定。

专项资金审计（调查） 根据审计署、省审计厅统一部署，统筹全市审计力量，合理配置审计资源，开展全国地方政府性债务审计、全市社会保险基金银行存款优惠利率执行情况审计调查、城镇职工基本医疗保险市级统筹审计调查等审计项目。市审计局被评为全省政府性债务审计先进集体，由市审计局实施的世界银行贷款淮河流域重点平原洼地治理项目，被省审计厅评为表彰项目。

固定资产投资审计 政府投资审计工作围绕“揭露问题、规范管理、提高绩效、维护安全”工作目标，服务阜阳城市大建设、大发展，加大对重大项目特别是政府投资项目审计监督的力度，有效节约政府投资建设成本，提高政府投资建设资金使用效益，全市完成政府投资审计项目401个，审减投资额23331万元。

经济责任审计 全市审计机关开展95名党政（企事业）领导干部经济责任审计，审计查出违规金额12892万元，其中领导干部负直接责任金额3153万元，负主管责任金额4869万元，负领导责任金额4870万元。以阜阳市经济责任领导小组名义印发《阜阳市乡镇（街道）党政正职领导干部经济责任审计办法（试行）》，与市农委、市监察局联合印发《阜阳市村级主要负责人经济责任审计办法（试行）》。

（撰稿人：阜阳市审计局办公室）

【亳州市审计局】 2013年，亳州市审计局人员编制56人，在编48人。局长李迎春，副局长梁海波、吴海波、宋保众。设有办公室、综合法规科、财政审计科、行政事业和社会保障审计科、农业与外资审计科、经贸与金融审计科、经济责任审计局，下设固定资产投资审计中心。

审计成果 亳州市审计机关完成审计项目409个，查出主要问题金额389617万元，出具审计报告442篇，审计信息369篇，提出审计建议482条。

财政审计 市本级围绕财政预算执行审计、地税征管审计，推进重点专项资金审计，重点审计6个部门及所属单位。发现各类问题金额102138万元，发现和揭露财政改革中存在的共性和个性问题，提出相关审计意见和建议。

固定资产投资审计 市本级投资审计以严把政府“钱袋子”为目标，共完成投资审计项目97个，累计送审金额87934万元，审定金额81621万元，审减工程价款6313万元，平均审减率为7.18%，取得经济效益和社会效益双丰收。

经济责任审计 市审计局围绕党委、政府和干部管理监督部门的需要，与财政预算执行审计、专项资金审计结合起来，统筹安排，深化经济责任审计。全年实施经济责任审计项目13个，查出违规金额2671.32万元，管理不规范金额3087.3万元。

社会保障审计 市审计局组织实施全市社会保险基金优惠利率执行情况审计，涉及各级财政、人力资源和社会保障等部门，延伸调查多个机构，促进社会保险基金优惠利率执行标准的统一。城镇保障性安居工程跟踪审计重点审计市本级所属建设（住房保障）、发展改革、财政、国土资源、规划、民政、农业、林业等有关部门，促进保障性安居工程的资金筹集、管理和使用，以及建设、分配和后续管理工作的改进和完善。

专项资金审计（调查） 市本级以规范资金管理、充分发挥资金效益、确保资金安全为目标，重点实施城乡建设用地增减挂钩资金管理、使用情况专项审计调查和古井产业园区建设资金专项审计等两项财政专项资金审计。揭示相关建设过程和资金管理使用方面存在的问题，并在资金的管理、使用、效益方面提出意见和建议。

相关工作 注重培养造就一批审计专家、专业查账能手、分析研究高手、计算机应用强手、青年业务骨干。深入开展“保持党的纯洁性、迎接党的十八大”主题教育实践活动。紧扣“学习教育、分析检查、落实整改”三个环节，重点抓好“十一个一”任务的落实。在全市审计系统中建立政务公开制度，扩大群众的知情权和监督权。按照全省开展“质量提升工程”活动的总体要求，市本级认真组织开展“质量提升工程”活动。坚持每周一集中学习制度，定期开办“审计讲堂”，积极参加上级审计机关组织的有关培训。实行数字化审计，建成视频会商系统，实施审计项目方案和计算机审计方案“双方案”制度，实行审计报告审计专家制度和“两会双审理”制度，加大“六道关口”审理力度。强化整改，推进审计成果利用。（撰稿人：孙　博　郭建国）

【蚌埠市审计局】　2013 年，蚌埠市审计局人员编制 72 人，在编 74 人。局长杨继顺，副局长徐德利（—8 月）、周波，总审计师汤瑶泉，纪检组长佘建军。设有办公室、综合法规科、财政审计科、金融审计科、行政事业审计科、企业审计科、农业与资源环保审计科、社会保障审计科、固定资产投资审计科、外资运用审计科、计算机审计科、派出审计一室、派出审计二室、人事教育科、机关党委、监察室；下设市经济责任审计局，市政府投融资审计中心。

审计成果　蚌埠市审计机关完成审计项目 233 个，其中专项审计调查项目 15 个；查出主要问题金额 605014 万元，其中违规金额 10093 万元、损失浪费金额 123 万元、管理不规范金额 594797 万元；损益（收支）不实金额 7364 万元；审计处理处罚金额 18795 万元，其中应上缴财政 7479 万元、应减少财政拨款或补贴 6294 万元、应归还原渠道资金 1419 万元、应调账处理金额 1836 万元；审计发现非金额计量问题 307 个；审计促进整改落实有关问题资金 5137 万元，其中增收节支 4503 万元、已调账处理金额 378 万元；审计后挽回（避免）损失 2252 万元；移送司法机关、纪检监察机关和有关部门处理事项 8 件；出具审计报告和专项审计调查报告 290 篇，被批示、采用 11 篇；提出审计建议 552 条，提交审计信息 551 篇，被批示、采用 207 篇；向社会公告审计结果 24 篇。

财政审计　全市审计机关完成预算执行和财政决算审计项目 36 个，查出主要问题金额 492441 万元。蚌埠市本级预算执行审计中发现的个人挪用房租收入 118 万元问题，资金已追回，相关责任人员移送司法机关后已被追究刑事责任。

行政事业审计　全市完成行政事业审计项目 30 个，审计查出主要问题金额 9806 万元。促进机关、企事业单位进一步强化内部管理，规范财政财务收支行为，提高资金使用效益。

固定资产投资审计　全市完成固定资产投资审计项目 136 个，审计项目投资总额 200522 万元，核减投资额 10968 万元。

社会保障审计　全市完成社会保障审计及审计调查项目 6 个，审计查出问题金额 23057 万元。

企业审计　全市完成企业审计和专项审计调查项目 10 个，审计查出问题金额 51359 万元，其中违规经营金额 3989 万元，资产质量不实金额 44384 万元，财务收支核算不实金额 949 万元，其他金额 2037 万元。

经济责任审计　全市审计领导干部 42 人，其中任中审计 11 人、离任审计 31 人。审计查出主要问题金额 75954 万元，其中负主管责任金额 43665 万元，负领导责任金额 32289 万元。

专项资金审计（调查）　全市完成专项资金审计和审计调查 14 个，审计专项资金总额 421951 万元，查出主要问题金额 13195 万元。

（撰稿人：朱　杰）

【淮南市审计局】　2013 年，淮南市审计局人员编制 75 人，在编 65 人。局长陈寅，副局长王林、宋道河、王宜君，总审计师李宗林，纪检组长刘昌银。设有办公室、人事教育科、监察室、机关党总支、综合法规科、审理科、计算机审计科、财政金融审计科、经贸审计科、社会保障审计科、行政事业审计科、农业与资源环保审计科、外资运用审计科、固定资产投资审计科、科教文审计科、经济责任审计局、经济技术开发区直属分局、山南新区直属分局、审计学会。

审计成果　淮南市审计机关完成审计项目 400 个，查出主要问题金额 398911 万元，其中违规金额 53150 万元、管理不规范金额 345760 万元；审计处理处罚 100352 万元，其中应上缴财政 3791 万元、应减少财政拨款或补贴 30223 万元、应归还原渠道资金 30432 万元、应调账处理金额 35155 万元；审计发现非金额计量问题 320 个；审计促进整改落实有关问题资金 99014 万元，其中增收节支 63608 万元、已调账处理金额 34267 万元；审计促进拨付资金到位 2557 万元；审计后挽回（避免）损失 6195 万元；移送司法机关、纪检监察机关和有关部门处理事项 5 件；出具审计报告和专项审计调查报告 400 篇，被批示、采用 31 篇；提出审计建议 1271 条，提交审计信息 743 篇，被批示、采用 397 篇；向社会公告审计结果 74 篇。

财政审计 对市本级财政预算执行情况及市发改委等 10 个部门的预算执行情况进行审计，系统揭示市本级预算执行管理、地方政府性债务管理、专项资金使用绩效、政府重点投资项目建设中存在的 4 大类 26 项 40 多个问题。市政府常务会议专题听取财政审计情况汇报，审计报告引起市政府高度重视，市长针对审计查出问题，提出具体整改要求。各相关部门、单位和县区根据审计意见和建议，制定和完善规章制度 14 项，有效规范财政预算管理。制定《淮南市县区互审暂行办法》，组织县区审计机关对第一批 7 个乡镇 2012 年度财政财务收支及其他经济活动进行交叉互审，并延伸审计 14 个行政村，进一步建立健全乡镇财政财务监督约束机制，从源头上加强对基层政府的廉政风险防控管理。

投资审计 创新审计方法，在全省审计机关率先建立政府投资经验值库，自 9 月起，运用经验值库管理政府投资项目 41 个，设定投资额 48.03 亿元，和传统由招标代理单位编制招标控制价方式设定的投资额相比，节约投资 14.21 亿元，该经验信息被省审计厅转发，在全省审计机关推广。

经济责任审计 出台《淮南市审计局经济责任审计分类管理办法》，制订 2013 年度市本级经济责任审计工作方案，首次利用县区审计机关和内部审计力量配合开展市本级经济责任审计项目，实现审计资源利用的最大化，进一步扩大经济责任审计的覆盖面。全年共对市重点工程建设管理局原局长等 20 名县级领导干部实施任中、任期经济责任审计，连续 7 年开展县（区）委书记、县（区）长同步审计，实现全市六区一县全部轮审一遍的目标。《中国审计》连续两年对经济责任审计工作进行深度报道。

专项资金审计（调查） 主动对接市委、市政府提出的“四争”工作要求，重点开展淮北市政府性债务、行政审批“一费制”开展情况、淮南东辰实业总公司资产负债损益情况等 8 项审计调查；围绕民生工程资金使用情况开展全市 2012 年城镇保障性安居工程、城乡居民社会养老保险制度全覆盖、物业专项维修资金等 7 项民生工程审计调查。

资源环境审计 出台《淮南市资源环境审计监督办法》，组织实施 2012 年全市农村饮水安全工程资金、农村环境连片整治示范实施情况专项审计调查项目，多角度关注项目管理、建设运行、资金筹集等方面存在的矛盾与困难，分析深层次原因，提出有针对性的意见和建议，进一步推动淮南资源型城市的可持续发展。

（撰稿人：徐小龙）

【滁州市审计局】 2013 年，滁州市审计局人员编制 67 人，在编 62 人。局长徐保月，副局长杨庆毅、朱哲、宋洪波，总审计师高中伟，纪检组长李庆彬。设有办公室、综合调研科、法规审理科、财政金融审计科、经贸审计科、农业与资源环保审计科、社会保障审计科、投资外资审计科、市经济责任审计局；下设市固定资产投资审计中心。局纪检监察室由市纪委监察局派驻。

审计成果 滁州市审计局全年完成 54 个审计项目，办理领导干部经济责任事项交接 20 项，审计查出主要问题资金 68169 万元，其中违规金额 4761 万元、损失浪费金额 462 万元、管理不规范金额 62945 万元；审计处理处罚 21054 万元，其中应上缴财政 1004 万元，应减少财政拨款 18955 万元；移送案件线索 2 起。全年编发《审计专报》14 期、《审计简报》14 期，刊载审计信息 156 篇，被省审计厅采用 61 篇，重要信息被省委省政府采用 9 篇，获省领导批示 2 篇。

财政审计 以推动完善全口径预算管理为目标，不断深化市本级预算执行审计，依法向市五届人大常委会第四次会议报告市本级预算执行审计工作情况，得到充分肯定。同时根据市人大常委会的审议意见和市政府主要领导批示，积极推动相关单位整改，督促财政部门及时拨付资金32291万元，收回资金2358万元，入库欠缴土地出让金12713万元。

固定资产投资审计　全年对61个政府投资重点项目进行跟踪审计，概算投资额41.08亿元；组织政府投资项目竣工结算审计83个，报审金额15.08亿元，审定金额12.89亿元，审减金额2.19亿元，审减率为14.5%；完成41个政府投资项目的工程量清单及控制价审核，报审金额23.38亿元、审定金额23.28亿元、修正控制价6252万元。

经济责任审计　全年完成领导干部经济责任审计项目25个，授权领导干部经济责任审计项目6个，完成领导干部离任经济责任事项交接20项。审计查出违规金额3393万元，管理不规范金额5385万元，提出审计建议61条。

社会保障审计　组织对全市2005年至2012年社保基金存款优惠利率政策执行情况进行审计调查，发现因优惠利率执行不到位少计利息6821万元。市委、市政府主要领导均做出批示，要求有关部门进行追缴。市审计局全程跟踪督办追收，至8月末，少计利息6821万元全额追缴到位，获市政府通报表彰。

政府性债务审计　根据审计署、省审计厅部署，调集全市审计力量，负责组织实施合肥市所辖9个县区政府性债务审计工作，将审计报告和各类数据及时上报郑州特派员办事处驻皖债务审计组，在全省率先一次性通过验收，受到郑州特派员办事处和省审计厅的表扬。

专项审计调查　围绕社会养老保险、职工医疗保险、建设项目收费、城市供水设施建设、保障房项目配套商业资产等党委政府中心工作和社会关注热点进行专项审计调查，为市领导和有关部门决策提供依据，多项审计调查结果得到市领导的充分肯定。（撰稿人：付卫民）

【马鞍山市审计局】　2013年，马鞍山市审计局人员编制56人，在编51人。局长潘淑琴，副局长王明营、王斌、金桂兰，总审计师何祥俊，纪检组长汤德生。设有办公室、综合调研科、党总支、法规审理科、监察室、计算机审计中心、财政审计科、固定资产投资审计科、经济社会审计科、经济责任审计局、开发区审计分局、企业审计科、工程价款结算审计中心。

审计成果　马鞍山市审计机关完成审计项目523个，查出主要问题金额1080009万元，其中违规金额13139万元、损失浪费金额22万元、管理不规范金额1066848万元；损益（收支）不实金额328万元；审计处理处罚金额23448万元，其中应上缴财政2622万元、应减少财政拨款或补贴12413万元、应归还原渠道资金371万元、应调账处理金额301万元；审计发现非金额计量问题91个；审计促进整改落实有关问题资金13550万元，其中增收节支13282万元、已调账处理金额123万元；审计促进拨付资金到位749万元；审计后挽回（避免）损失53573万元；移送司法机关、纪检监察机关和有关部门处理事项9件；出具审计报告和专项审计调查报告568篇，被批示、采用70篇；提出审计建议1838条，提交审计信息468篇，被批示、采用520篇；向社会公告审计结果8篇。

财政审计　开展对市财政局具体组织2012年度市本级预算执行和其他财政收支情况审计及市商务局、市文化委、市委党校、市经信委等4个部门预算执行审计，组织开展市地税局税收征管情况审计调查，进一步加大对财政重点资金、重点项目、税收征管审计监督力度，针对项目资金使用与管理、税收征管中存在的问题，更加注重从宏观上进行综合分析研究，提出改进的审计意见。通过审计，清缴土地出让金及往年欠款等共近10亿元，推动公共财政体制的建立和完善，促进财政等部门依法理财、依法行政、提高管理水平。受市政府委托所做的2012年度预算执行审计工作报告得到市人大的高度肯定。县区审计局结合各自实际，同步开展此项审计。

固定资产投资审计　制定出台《工程价款结算审计送审管理办法》，明确市级政府投资建设项目工程价款结算的送审范围、时间和建设单位送审职责、送审资料编制等相关规定，进一步规范投资审计行为，缩短审计工期，提高工作效率。在安徽省率先实行政府投资建设项目审计专家库制度，首批从马钢（集团）控股有限公司等单位以及省内外各协审机构中征集入库各类具有大型公共建筑、桥梁隧道、水利环保等投资审计方面的高端人才22人，通过定期提供专家咨询意见、参与重点投资审计项目质量复核等方式，为审计工作“把脉”；成立局投资审计委员会，定期召开会议集体研究决定投资审计过程中涉及的重大决策行为，以此提升投资审计质量风险防控水平，推动投资审计规范发展。同时，进一步加大重点建设项目全过程跟踪审计力度，全年安排21个跟踪审计项目，概算投资总额145.59亿元，累计完成跟踪审计投资额51.17亿元，核减工程价款5302万元，发现各类问题141个，督促相关单位及时整改落实，有效服务和保障项目建设规范有序进行。

经济责任审计 市审计局在做好一级预算单位主要负责人经济责任审计工作的同时，推动主管部门对所属单位负责人开展任中经济责任审计工作，实现市属部门和单位领导干部经济责任审计全覆盖，全年共对市容局原局长等10名领导干部开展经济责任审计，推动指导市住建委、市科技局等主管部门对二级机构负责人进行经济责任审计。

专项资金审计（调查） 完成2012年全市城镇保障性安居工程跟踪、市地税局税收征管情况、全市担保公司发展情况等审计调查；突出做好土地征迁审计，全年完成7个土地征迁项目，查出违规问题并提出审计意见和建议。根据市政府主要领导的批示精神，开展保障性安居工程闲置情况、全市乡镇公务用车、人员聘用情况、全市政府性债务、涉访救助资金使用情况等5个专项审计调查，全面摸清情况、揭示问题，并提出审计意见及建议，得到市主要领导的高度重视并做重要批示。在对社保基金优惠利率执行情况审计调查时，针对部分银行社保基金优惠利率执行不到位问题，提交相关专报，财政等相关部门已将审计反映的社保基金损失利息4716万元全部追缴入库。

（撰稿人：芮绍文）

【芜湖市审计局】 2013年，芜湖市审计局人员编制66人，在编60人。局长徐茂环，副局长韩小平、张自道、陈军副、王刚、杨凛，总审计师张文清，纪检组长徐坚。设有经济责任审计局、办公室、监察室、人事教育科、法制科、财政审计科、行政事业审计科、固定资产投资审计科、社会保障审计科、金融审计科、经贸审计科、外资运用审计科、农业与资源环保审计科、内部审计指导监督科，下设芜湖市固定资产投资审计中心（市审计局计算机审计中心）。

审计成果 全市各级审计机关开展审计项目406个，查处违规和管理不规范金额66.04亿元，核减投资7.45亿元，减少财政拨款和补贴4.39亿元，调账处理和归还原渠道资金21.28亿元，审计报告被领导批示196次，审计信息被采用357篇次。获得安徽省审计系统第六届精神文明先进单位、安徽省政府性债务审计工作先进集体、芜湖市第十五届文明单位等荣誉。

财政审计 审计的思路进一步拓宽，审计涉及单位达200个；审计的内容涵盖“三公一会”经费支出管理，通过对市会计核算中心82个市直单位2012年“三公一会”经费支出和核算专题审计，揭示明晰预算、规范支出和细化核算方面的问题并提出建议，使“三公一会”经费的管理和规定得到落实，有效预防支出腐败、切实降低行政运行成本。市本级财政审计报告得到市人大常委会的一致好评。

行政事业审计 市审计局积极组织全市审计机关组成78人的黄山市债务审计组，历时40天全面完成对黄山市本级及下辖4县3区101个乡镇的政府性债务情况的审计。

农业与资源环保审计 开展美好乡村建设资金专项审计。组织开展对全市2012年度实施完成的58个建设点项目建设、组织管理、概算和工程价款结算的编制、执行和控制以及项目建设资金筹集、管理和使用情况等全方位审计，核减投资预算38.7%，核减额达5800万元。南陵县审计局查出大木山建设点套取项目资金33万元，下蔡建设点超付工程款26.38万元。各级政府对审计成果充分肯定，审计发现的问题以及提出的意见和建议，相关部门已积极采取措施加以整改。

固定资产投资审计 实现政府投资建设项目审计全覆盖。全市完成政府性投资工程项目审计2034个，审计覆盖率达100%，建设单位送审价62.21亿元，审计核减7.05亿元，核减率为11.32%。一是强化对工程造价变更事项审计监督，坚持“重大变更审计到场”，确保项目工程按批准造价严格控制。二是强化工程项目决算审计。

继续对建设项目程序合法性、费用支出合理性、项目管理规范性、工程造价真实性以及建设项目绩效性等进行全方位的决算审计。三是强化社会审价咨询机构的管理。重点把好择优入选关、作业质量关和考核奖惩关。

社会保障审计 对2010—2012年度本级社会保险基金（以下简称社保基金）银行存款优惠利率执行情况展开审计调查。围绕规范社保基金优惠利率执行，强化基金保值增值情况，对审计出的问题提出整改措施。市审计局向市政府报送的“审计要情”受到市政府主要领导的高度重视，并两次批示；市财政局会同人社等部门积极与人民银行及社保基金存款银行协调沟通，提出加强社保基金保值增值工作的措施，下发《关于进一步加强全市社会保险基金保值增效工作的通知》，市财政局、市人社局、市卫生局与社保基金代理银行拟定合作协议。

企业审计 开展融资性担保公司经营发展情况审计调查。以“查隐患、防风险、促发展”为主线，在全市抽出6个担保公司进行审计调查，针对审计调查发现的问题，从体制、机制层面提出进一步改进和完善的意见和建议。

经济责任审计 全市对157名领导干部实施经济责任审计。其中副厅级领导2名，县处级领导30名，科级领导107名，企业领导3名，村干部15名。协助市纪委、市委组织部查办案件及群众来信和政协提案10件。

专项资金审计（调查） 市审计局对市属八家公立医院运行绩效、薪酬分配情况和财务收支、政府融资平台市建投公司年度经营目标完成情况、国有资产项目评估等开展审计。市本级在对40个国有资产评估项目进行审计确认中，确认资产价值106.18亿元，审计增加国有资产收益1209.55万元，促进资产评估审计规范化和常态化。

（撰稿人：胡媛媛）

【铜陵市审计局】 2013年，铜陵市审计局人员编制44人，在编52人。局长姚刘杰，副局长王华、叶明胜、王世清，总审计师何素珍，纪检组长李应刚。设有办公室、综合科、财金科、投资科、行政事业科、社保科、企业科、农业和资源环保科、农村集体经济科、计算机科、监察室、经济责任审计局。

审计成果 铜陵市审计机关共审计单位187个，查出违规金额29867万元，应归还原渠道资金11120万元，应调账处理金额21282万元。移送纪检等部门处理事项3件，提出审计建议278条。

政府性债务审计 根据全国统一部署，8月，市、县审计局在做好对马鞍山市政府性债务审计的同时，配合淮北市审计组对本市政府性债务的审计工作。按照“同级审”工作方案，同时开展市本级政府性债务审计调查。通过审计，摸清政府性债务的规模、结构、类型，分析债务成因和偿债风险，为政府加强债务管理、规范债务资金使用、防范债务风险提供重要参考和依据。

预算执行审计 加强对财政一般预算执行、政府性基金、地税征管、开发区预算执行、市级部门预算执行、部分政府投资项目审计。市政府主要领导在审计结果报告上批示要求相关部门提出整改措施，完善制度，确保整改到位。市人大常委会在对审计工作报告的审议意见中指出，市审计部门应认真贯彻落实审计法律法规，切实履行审计监督职能，突出对重点领域和重点资金的审计监督，将审计范围进一步拓展，将创新意识进一步增强，将审计成效进一步提升。

专项资金审计 对市直部门单位“招待费”开支情况进行专项审计调查。根据审计结果，市纪委对费用超标的单位进行约谈，市财政扣减预算指标。根据市政府要求，对有色公司封闭运行的医疗保险基金会、生育保险基金进行专项审计，以反映医疗保险承包基金结余减少等问题；对有色职工总医院进行专项审计，核实资产和债务情况；对五项社保基金优惠利率执行情况进行审计调查，指出部分基金未执行优惠利率的问题。市政府召开专题会议部署整改。目前，有关部门对基金利息收入进行清理催收，并补计各项基金利息收入238万元。市财政、人社部门根据审计建议制定《关于完善我市社保基金保值增值工作的实施意见》。对原市建投公司等4个单位资产负债损益情况进行审计，市政府专题听取审计结果的汇报，落实审计建议，布置审计整改，各相关部门正积极开展审计整改工作。对市城镇居民医疗保险基金、新农合医疗保险基金开展审计，促进社保基金进一步改善管理，保障社保基金安全、完整。

固定资产投资审计 市审计局共审计181个政府性投资项目，建设单位送审工程造价金额9.75亿元，审计核减1.16亿元。重点对长江东路污水管道等工程预（结）算进行审计，对中科大铜陵科技创业园等工程项目决算进行审计，指出投资超计划、部分项目招标程序不规范、建设单位和监理单位现场监督履职不到位、挤占建设资金等问题。对41个在建重点工程项目进行跟踪审计，针对建设与管理中存在的问题，发出审计报告或审计建议书，促进整改。

企业和金融审计 审计铜化集团等4个国有企业2012年度经营业绩情况，重点关注企业的损益真实性和国有资产保值增值、投资和融资管理情况，为市政府对企业经营业绩考核、加强企业管理提供依据。根据省审计厅统一安排，审计调查全市融资性担保公司2012年度经营发展状况，重点对3个担保公司开展审计调查，对审计发现的主要问题，函告有关县区政府和主管部门。

经济责任审计 3月，市长（市经济责任审计工作领导小组组长）主持召开市经济责任审计工作领导小组会议，听取经济责任审计工作情况汇报，研究部署2013年经济责任审计工作。市审计局共开展11个经济责任审计、13个离任交接工作。（撰稿人：何　翠）

【安庆市审计局】 2013年，安庆市审计局人员编制52人，在编52人。局长何家虎，副局长唐东风、何炜（6月—）、朱菊云，总审计师汪定节，纪检组长邱银台。设有市经济责任审计局、办公室、人事教育科、综合法规科、财政审计科、金融和社会保障审计科、行政事业审计科、企业审计科、农业与资源环保审计科、固定资产投资审计科、外资运用审计科、审计信息管理科、机关党总支，下设投资审计中心、安庆市审计局经济技术开发区分局。

审计成果 安庆市审计机关共完成审计（调查）单位456个（其中市本级44个），查出违规金额33987万元（其中市本级3574万元），管理不规范金额64.28亿元（其中市本级43.44亿元）。促进增收节支13378万元，其中已上缴财政1027万元，已减少财政拨款或补贴4835万元，已归还原渠道资金7514万元。移送检察、公安机关立案侦查案件线索3件。提交审计专题、综合性报告、信息简报686篇，被批示、采用389篇。向被审计单位提出审计建议884条，被采纳710条。市委常委会首次专题听取审计工作情况和有关专项审计情况的汇报。安庆市审计局被安徽省审计厅评为实施“人才造就工程”先进单位、第六届全省审计系统精神文明先进单位等，被市委、市政府评为创先争优目标绩效考核等先进单位和市文明单位标兵、全市文明行业。望江县某经济责任审计项目被审计署评为全国地方优秀审计项目。

财政审计 共完成审计单位74个（其中预算执行审计59个，财政决算审计15个），查出违规及管理不规范金额601089万元。

固定资产投资审计 共对249个单位（工程项目）进行审计或审计调查，项目投资完成额226016万元，核减工程投资额（工程款）17767万元。共开展17个重点工程项目跟踪审计，审计投资概算额达63.73亿元，全年核减投资额4001万元。4月，安庆市政府根据审计建议新修订《安庆市政府投资建设项目审计监督办法》。

行政事业审计 共完成行政事业单位审计（调查）119个，查出违规及管理不规范金额23379万元。

经济责任审计 全市对88个单位96名领导干部（县处级领导20人，县处级以下领导76人）进行任期经济责任审计，共查出违规金额8653万元。

专项资金审计（调查） 全市完成10类专项资金的审计（调查），审计专项资金总额102417万元，查出主要问题金额14587万元。

金融审计 开展金融类专项审计调查2个，审计查出主要问题金额735万元。

社会保障审计 全市完成社会保障审计项目8个（养老保险审计项目5个，其他类项目3个），延伸审计单位124个，查出主要问题金额4249万元。

企业审计 完成企业类审计项目5个，审计查出主要问题金额5384万元。（撰稿人：储　君）

【黄山市审计局】 2013年，黄山市审计局人员编制26人，在编25人。局长徐东海，副局长孙凤琴（—6月）、夏明东、程浩良，总审计师余根长。设有办公室（审计信息技术应用科）、综合法规科、财政金融审计科、行政事业审计科（农业资源环保审计科）、社保外资审计科（民生工程审计科）、固定资产投资审计科、经贸审计科、经济责任审计局。

审计成果 黄山市审计机关完成审计项目705个，查出违规金额68717万元，其中应上缴财政884万元，应减少财政拨款或补贴19516万元，应归还原渠道资金9971万元，应调账处理金额43829万元。移送司法机关、纪检监察部门处理事项2件。提交审计工作报告787份、信息168篇，提出审计建议563条。

财政审计 加大预算执行审计力度，进一步扩大审计覆盖面，深化审计内容，在反映和查处问题的同时，注重从体制、机制、制度层面提出建议，促进改进管理、完善制度，增强财政审计宏观性、整体性、建设性和时效性。在审计过程中突出绩效审计，加大对预算执行绩效和有关厉行节约制度执行情况审计，关注“三公”经费支出情况，积极回应社会关切。

专项资金审计 开展市、县（区）两级保障性安居工程跟踪审计项目的审计和省审计厅统一部署的全市社会保险基金银行存款优惠利率执行情况的审计调查，以及池州政府性债务审计；同时开展对市新安江生态补偿资金、黄山市红十字会四川芦山地震捐款审计和世界银行贷款生态家园富民工程黄山区子项目、综合林业发展祁门县子项目、德国贷款中德财政合作安徽森林可持续经营黟县子项目的公证审计。通过审计，揭示问题与隐患，维护群众根本利益，促进社会公平正义。

固定资产投资审计 充分整合审计资源，建立健全对中介机构聘用考核监督机制，加快对政府投入大、社会关注度高的重点建设项目的审结进度，坚持跟踪审计与竣工决算审计并举，进一步强化审计监督力度。在审计中，将事前预防、事中控制和事后监督有机结合起来，实现审计监督与服务质量的不断提高。

经济责任审计 经济责任审计重点加强对掌握资金审批权、分配权、管理权的部门和单位主要领导干部的审计监督，同时兼顾一般单位，防止出现审计监督的盲区，做到所有的审计监督对象都纳入审计范围。自出台《黄山市市管领导干部离任交接办法》后，经济责任离任交接工作取得良好进展，得到市委、市政府的充分肯定。全年共有16个单位的县处级以上领导干部开展该项工作，增强领导干部的经济责任意识。

（撰稿人：金泽芳）

【六安市审计局】 2013年，六安市审计局人员编制48人，在编35人。局长孙学龙，副局长王家保、朱维清，总审计师胡正才。设有办公室、综合法规科、社会保障审计科、财政金融审计科、行政事业与外资运用审计科、经贸审计科、计算机信息应用科、农业与资源环保审计科、监察室，下设经济责任审计局、投资审计局、直属分局。

审计成果 六安市审计局完成审计项目188个，查出主要问题金额617940万元，其中违规金额49082万元、损失浪费金额1155万元、管理不规范金额548995万元；损益（收支）不实金额43354万元；审计处理处罚金额60481万元，其中应上缴财政5113万元、应减少财政拨款或补贴19057万元、应归还原渠道资金29607万元、应调账处理金额25242万元；审计发现非金额计量问题147个；审计促进整改落实有关问题资金1000万元；移送司法机关、纪检监察机关和有关部门处理事项4件；出具审计报告和专项审计调查报告195篇，被批示、采用7篇；提出审计建议160条，提交审计信息20篇，被批示、采用6篇；向社会公告审计结果4篇。

财政审计 坚持“揭露问题、规范管理、促进改革、提高绩效、维护安全”总体思路，对市财政局、市地税局组织执行2012年度市级预算、对六安市人社局等5个部门（单位）2012年度预算执行情况进行审计。对金安区政府2012年度财政决算进行审计。

行政事业审计 对六安市集中示范园区及其所属有关单位和乡镇、村资产和债权债务进行审计，为市委、市政府调整完善东部新城管理体制决策提供参考依据。

固定资产投资审计 在全国范围内公开招聘异地协审机构，并实行轮换制；制定规程，严格程序，规范行为，强化质量控制。全年共对148个政府投资建设项目进行价款结算审计，送审金额13.14亿元，审减率为14.2%，节约资金1.87亿元；对237个政府投资建设项目进行预算审计，送审金额41.93亿元，审减率为4.3%；对9个重点项目进行跟踪审计，涉及投资额6.9亿元。

社会保障审计 对全市基本养老、基本医疗、失业、工伤和生育保险基金优惠利率执行情况进行审计调查。对全市保障性安居工程进行跟踪审计。

企业审计 加强投融资平台监督管理，规范投融资行为，对六安城市建设投资集团、六安新城建设投资有限公司、六安华一投资发展有限公司进行审计。

经济责任审计 出台《六安市党政主要领导干部和国有企业领导人员经济责任审计实施办法》等6个规范性文件，推动经济责任审计工作制度化、规范化。加强协调配合，科学安排项目；圆满完成金安区委书记、区长和16个市直部门主要领导干部经济责任审计工作。

专项资金审计（调查） 对市本级用水用电附加、污水处理费、一站式收费、土地出让金以及全市社会抚养费征收管理使用情况进行审计调查。完成滁州市政府性债务审计、完成寿县农民工培训与就业等4个国外援贷款项目审计任务。

（撰稿人：王启丽）

【池州市审计局】 2013年，池州市审计局人员编制28人，在编28人。局长徐树生，副局长吴熙祥、吴明榍、胡以民、桂良友，总审计师杨正发，纪检组长吴熙祥（兼）。设有办公室、综合法规科、财政审计科、行政事业审计科、经贸审计科、农业与资源环保审计科、审计信息技术应用科、经济责任审计局、市政府投资审计中心。

审计成果 池州市审计局完成审计项目36个，查出违规金额4751万元，管理不规范金额159607万元，揭示管理程序不规范、项目质量有重大缺陷等非金额计量的问题62个；审计处理处罚金额37505万元，其中应归还原渠道资金30463万元、应减少财政拨款或补贴4994万元、应缴纳其他资金1260万元、应调账处理金额787万元；移送有关主管部门处理审计事项1项。出具各类审计报告52篇，提出改进管理、完善制度的审计建议71条，提交各类审计信息39篇；各类报告及审计信息被批示或采用23篇次，促进政府出台完善管理的规范性文件3项。

财政审计 全年完成公共财政领域审计项目18个，披露财政资金管理使用等方面存在的问题金额78473万元，从体制、机制和制度层面上分析原因，提出改进管理、完善制度的意见和建议27条。

金融审计 围绕经营活动的合规性、资金运用的安全性、资金使用的效益性、发展的可持续性及内部控制制度的健全性，对市港口发展投资有限公司、银通融资担保股份有限公司、青阳县中小企业信用担保有限公司近三年的经营发展状况开展专项审计及调查，揭示公司经营中存在的突出问题和风险隐患，提出建设性意见和建议12条。

固定资产投资审计 全年直接组织审计项目13个、结果复核项目22个；完成直接组织审计项目6个、结果复核项目7个，核减投资结（决）算不实金额4994万元。

社会保障审计 全市2010—2012年度社保基金优惠利率执行情况专项审计调查项目，挽回因银行存款优惠利率政策执行不到位的利息损失约2376.8万元。

经济责任审计 全年完成9名领导干部任期经济责任审计，揭示领导干部对所在单位重要经济事项的决策、管理等方面存在的主要问题金额616万元，实事求是地界定其应承担的经济责任，实现为干部管理监督机关考核、评价干部服务。

（撰稿人：周 杰）

【宣城市审计局】 2013年，宣城市审计局人员编制42人，在编37人。局长蔡修定，副局长章捷、王翔、丁宏林，总审计师肖远会，纪检组长查燕萍。设有办公室、综合法规科、经济责任审计局、财政与农业资源环保审计科、金融与外资审计科、企业与社会保障审计科、审计信息技术应用科、市政府投资项目审计中心。

审计成果 宣城市审计机关共审计（调查）

项目993个，查出违规金额8.6亿元，管理不规范金额23.6亿元。审计处理应上缴财政1305万元，应减少财政拨款或补贴3.4亿元，应归还原渠道资金11.1亿元，应调账处理金额4.2亿元。审计核减投资额4.1亿元；审计后挽回（避免）损失4.1亿元。全市审计机关提出审计建议1530条，被审计单位采纳1313条；提交综合报告和信息686篇，被采用和批示363篇次。市本级共审计（调查）项目45个，查出违规金额6.6亿元，管理不规范金额14.9亿元。审计应上缴财政907万元，应减少财政拨款或补贴1449万元，应归还原渠道资金10.3亿元，应调账处理金额3.7亿元。

财政审计 以促进健全预算体系、完善预算管理为目标，组织对市财政局、市地税局、市经济技术开发区2012年度市级预算执行情况实施审计；以促进提高依法理财能力、深化部门预算改革为内容，组织对市房管局、市林业局、市规划局、市交警支队、市计生委、市人防办6个部门、单位2012年度预算执行情况进行审计；以促进提高财政资金使用效益为重点，组织对福彩公益金、体彩公益金、林业资源绩效开展专项审计调查。将“三公”经费及会议费、规范津补贴等有关厉行节约制度执行情况纳入审计重点，加强对“三公”经费及会议费等费用定额标准及执行情况的审计。在发挥好审计维护经济秩序“卫士”作用的同时，努力从全局的高度、宏观的角度强化分析研究，从规律上找原因，从体制上提对策，着力提升审计成果利用的宏观性和建设性，努力提升促进改革发展的“谋士”水平。

经济责任审计 市本级共安排对10名领导干部实施经济责任审计，在开展经济责任审计的同时与预算执行、财务收支审计和审计调查结合起来，做到项目之间的有效整合。同时统一经济责任审计工作方案，为组织实施经济责任审计项目奠定了基础。在监督财政财务收支真实合法的同时，努力拓展审计内容，关注党政领导干部任职期间重大经济决策、重大经济活动情况，关注领导干部执行国家财经政策法规、相关内部控制制度情况，关注重点专项资金使用、重点工程项目实施的绩效情况。通过采取召开进点座谈会、被审计领导干部公开述职、廉洁从政谈话、民主测评等方式拓展审计深度，促进领导干部依法履职，进一步促使领导干部守法、守纪、守规、尽责。

固定资产投资审计 全市审计机关先后对784个政府投资项目预算审核和决算审计，共节约政府投资4.1亿元。宣城市审计局组织了对合肥工业大宣城校区、宣城中学新校区、向阳大道、宣狸公路改建工程等市政重大建设项目的跟踪审计；先后完成合工大宣城校区一期一标段工程、市公安指挥中心大楼、双塔路、敬亭北路道路工程等11个政府投资项目结算审计。针对投资审计发现的问题，以《审计专报》的形式上报，深入分析原因，提出审计建议。市政府领导做出专门批示，要求市招管办等部门提出进一步加强建设项目标后管理、工程变更管理等措施，优化重点工程建设管理机制。

社会保障审计 根据省审计厅统一部署，先后开展对基本养老、基本医疗、失业、工伤和生育保险基金等社会保障基金优惠利率执行情况的审计调查，从现行政策、体制演变、操作层面分析原因，提出统一优惠利率政策，强化部门责任，确保利率政策执行到位的审计建议。

（撰稿人：邵　灿）

2013 年安徽省所辖区、县(市)级审计工作统计表

金额单位:万元

审计机关	完成审计项目(个)	审计查出主要问题金额	审计处理情况					出具审计报告和审计调查报告(篇)	提出审计建议(条)	提交审计信息(篇)
			审计处理处罚				移送处理事项(件)			
			应上缴财政	应减少财政拨款或补贴	应归还原渠道资金	应调账处理金额				
合肥市										
合肥市本级	36	1175737	1086		109	57		58	106	1028
蜀山区审计局	14	105203						17	42	134
庐阳区审计局	16	45580	1					425	58	1
瑶海区审计局	19	9901						21	30	90
包河区审计局	5	75926	2					7	31	3
巢湖市审计局	29	414408	74					280	198	20
长丰县审计局	19	79060	95	763	109	224	1	390	40	20
肥西县审计局	29	11670	41		1546		1	29	8	1
肥东县审计局	6	46382					1	5	16	3
庐江县审计局	28	19598	966		317	192	1	151	130	19
宿州市										
宿州市本级	26	1011	68			10		37	626	77
埇桥区审计局	19	3093	2433			1	2	26	180	355
砀山县审计局	35	704	135			17412		59	217	227
萧县审计局	17	2487	48	312	809	6881		21	120	115
灵璧县审计局	36	2623	50		34	29		62	93	59
泗县审计局	13	3855	1209	803	400	2592	1	18	95	85
淮北市										
淮北市本级	52	1645390	3847		4256	31094	1	90	170	181
相山区审计局	11	9639	2464	301	4561	1161		19	30	1
杜集区审计局	8	1724	510					14	23	
烈山区审计局	24	15662	48		1000			38	70	1
濉溪县审计局	15	123208	93		7	320		20	60	13
阜阳市										
阜阳市本级	44	30896	67924	4653	63057	12331		46	227	7
颍州区审计局	71			2671	125	504		83	214	41
颍东区审计局	7	97	6			2		6	26	
颍泉区审计局	21	19	3		13	1105		30	52	

续表

审计机关	完成审计项目（个）	审计查出主要问题金额	审计处理情况					出具审计报告和审计调查报告（篇）	提出审计建议（条）	提交审计信息（篇）
			审计处理处罚				移送处理事项（件）			
			应上缴财政	应减少财政拨款或补贴	应归还原渠道资金	应调账处理金额				
界首市审计局	111	1185	180		307			103	302	
临泉县审计局	49	19345	38273		10			44	53	67
太和县审计局	32	2974	2040	238	2394	404		28	67	1
阜南县审计局	80	1665	162	1839	18828	576		89	94	17
颍上县审计局	154	4213	70					154	352	
亳州市										
亳州市本级	120	200236	4038				2	126	167	63
谯城区审计局	46	41243	11		4457	21951		59	122	6
涡阳县审计局	168	102193	31					178	88	50
蒙城县审计局	61	5169	139					65	65	183
利辛县审计局	14	40776						14	40	67
蚌埠市										
蚌埠市本级	49	452313	2561	870		375	8	75	148	366
蚌山区审计局	3	325			208			4	10	2
龙子湖区审计局	28	5071	5					32	24	46
禹会区审计局	44	370		290				46	13	86
淮上区审计局	3	5384	4089	375		920		3	9	12
怀远县审计局	49	138812	582	4167	1165	420		75	257	19
五河县审计局	29	72						28	68	
固镇县审计局	28	2663	241	590	45	121		27	23	20
淮南市										
淮南市本级	40	371113	2612	14696	29640	33180	2	40	164	488
田家庵区审计局	57	1186		1186				57	114	35
大通区审计局	46	451	42	405				46	176	87
谢家集区审计局	20	1990	377	6				20	40	26
八公山区审计局	54	5718	21	4935	11		3	54	296	37
潘集区审计局	34	6630	28	2696				34	35	28
凤台县审计局	75	10693	585	5297	780	265		75	143	48
毛集实验区审计局	74	1123	123	999		94		74	300	21
滁州市										
滁州市本级	55	70871	1467	18955		694	2	79	87	196

续表

审计机关	完成审计项目（个）	审计查出主要问题金额	审计处理情况					出具审计报告和审计调查报告（篇）	提出审计建议（条）	提交审计信息（篇）
			审计处理处罚				移送处理事项（件）			
			应上缴财政	应减少财政拨款或补贴	应归还原渠道资金	应调账处理金额				
琅琊区审计局	30	7487	998	107	15	5311		40	65	
南谯区审计局	45	4564	121	1314	2015	822		45		9
明光市审计局	50	19844	2542	1354		13	3	56	122	6
天长市审计局	100	16495	47	6699	992		1	121	217	
来安县审计局	75	11857	3022	7439	544	373		75	185	20
全椒县审计局	62	18735	5862	4760	380	519		62	39	4
定远县审计局	47	22795	5721	64			1	47	162	43
凤阳县审计局	30	47851	779		11	4738		30	114	
马鞍山市										
马鞍山市本级	120	906019	326	11661	120		1	130	29	250
花山区审计局	20	892	8	752		73		20	53	2
雨山区审计局	15	5965						15	61	1
博望区审计局	24	1689						24		1
当涂县审计局	294	106971				15	2	318	445	180
和县审计局	32	34964	11		2		1	40	1183	19
含山县审计局	16	23506	2276		248	212	5	19	65	15
芜湖市										
芜湖市本级	37	371901	207954	6043	74639	45333		85	109	224
镜湖区审计局	24	5			1			24	69	40
弋江区审计局	14	17927			8562	8995	1	25	48	3
三山区审计局	13	884					24	19	40	27
鸠江区审计局										
芜湖县审计局	73	104517	156	6840	58928	17198		94	219	
繁昌县审计局	29	5011	13		11	4987		30	125	13
南陵县审计局	294	168139					14	294	277	50
无为县审计局	46	13006	55		321	682		69	126	65
铜陵市										
铜陵市本级	53	1922394	24104		11124	22123	3	66	181	121
铜官山区审计局	6	139			2	136		10	14	4
狮子山区审计局	58	38238	31					60	134	11
郊区审计局	26	31518	30		1120	30201	11	34	118	7
铜陵县审计局	97	54138			12	123		99	133	21

续表

审计机关	完成审计项目（个）	审计查出主要问题金额	审计处理情况					出具审计报告和审计调查报告（篇）	提出审计建议（条）	提交审计信息（篇）
			审计处理处罚				移送处理事项（件）			
			应上缴财政	应减少财政拨款或补贴	应归还原渠道资金	应调账处理金额				
安庆市										
安庆市本级	45	437962	186	700	446	77455	2	68	153	592
大观区审计局	7	1102						8	31	6
迎江区审计局	41	13688	1584		35	11104		41	18	1
宜秀区审计局	7	12687			24			8	24	3
桐城市审计局	43	88295	35	131	4558	80728		43	41	2
怀宁县审计局	30	49241	59			3		31	94	8
枞阳县审计局	36	52558	233		2032	20		43	114	1
潜山县审计局	100	6228	448					106	132	47
太湖县审计局	14	3714	106		166			14	4	
望江县审计局	113	15481	133	4004	538	1793	1	114	275	6
岳西县审计局	34	218	30		56	42		34	35	34
宿松县审计局	99	3735			140			99	298	24
黄山市										
黄山市本级	38	32060	562	3979	5742	20945		48	110	87
屯溪区审计局	141	9694	22	2746	648	6654		142	23	10
黄山区审计局	42	1503	4	912	543		1	42	72	13
徽州区审计局	62	1563		1226	780	12748		64	71	9
歙县审计局	20	7826	16	3782	1	262	1	20	85	17
休宁县审计局	202	10924		4798	2023	2000		271	78	11
黟县审计局	67	4880	273	2073	83	1117		67	102	10
祁门县审计局	133	267	7		151	103		133	22	11
六安市										
六安市本级	188	617940	5113	19057	29607	25242	4	195	160	20
金安区审计局	41	45898	130		5426	21532		41	219	6
裕安区审计局	178	20037	69	13982	75	2179		178	36	68
叶集区审计局	19	10441	3		21			19	39	12
寿县审计局	36	112117	558	5015	12196	38		39	70	21
霍邱县审计局	61	16618	56	4564	1784			61	148	24
舒城县审计局	77	14593	13	4783	1634	7179	1	77	208	80
金寨县审计局	22	10524	58	2170	143	3895		22	36	2
霍山县审计局	61	3508	695	2600	87	126		61	47	43

续表

审计机关	完成审计项目（个）	审计查出主要问题金额	审计处理情况					出具审计报告和审计调查报告（篇）	提出审计建议（条）	提交审计信息（篇）
			审计处理处罚				移送处理事项（件）			
			应上缴财政	应减少财政拨款或补贴	应归还原渠道资金	应调账处理金额				
池州市										
池州市本级	36	4751		4994	30463	787	1	52	71	39
贵池区审计局	33	735	723	959	1567	931		66	123	30
东至县审计局	29	8419	572		26419	1171		29	15	6
石台县审计局	28	5837						28	48	16
青阳县审计局	85	7260	16	1821	82	3171		85	35	14
九华山审计局	10	48	48					3	17	9
宣城市										
宣城市本级	45	65747	907	1449	103161	37446		48	117	54
宣州区审计局	155	15689	175	3585	5008	4799		164	235	64
宁国市审计局	111	31510				7636		111	238	97
郎溪县审计局	203	33857	82	16151			1	213	132	216
广德县审计局	259	15914						259	421	79
泾县审计局	186	26169				2249		174	466	258
旌德县审计局	152	3915	5					161	179	38
绩溪县审计局	193	4578	39	4539			2	193	422	79

福建省

【福建省审计厅】 2013年，福建省审计厅编制251人，在编232人。设有办公室、法规处、综合处、经济责任审计处（福建省经济责任审计工作联席会议办公室与其合署办公）、计算机审计处、财政审计处、金融审计处、行政事业审计处、经贸审计处（中央属单位审计处）、农业与资源环保审计处、社会保障审计处、固定资产投资审计处、外经贸审计处、人事处、机关党委和驻厅监察室、驻平潭综合实验区办事处、经济执法审计处、教育审计处、卫生社保审计处、政法审计处、机关事务审计处、建设审计处、农林水审计处、科文体审计处，下设福建省审计厅审计举报中心、福建省审计科研所（加挂福建省政府投资项目和国外贷援款项目审计服务中心）、福建省审计干部培训中心、福建省审计厅计算机应用中心。

领导成员

厅　　长：姜榕兴

副 厅 长：林秋美　杨　红

　　　　　王成章（5月—）

总审计师：王成章（—5月）

　　　　　林建苍（5月—）

纪检组长：谢　宝

审计成果　全省审计机关共完成审计项目3001个，查出主要问题金额10653293万元，其中违规金额497635万元、损失浪费金额14689万元、管理不规范金额10140968万元；损益（收支）不实金额723551万元；审计处理处罚金额1061037万元，其中应上缴财政364319万元、应减少财政拨款或补贴49897万元、应归还原渠道资金212208万元、应调账处理金额292530万元；审计发现非金额计量问题7630个；审计促进整改落实有关问题资金476379万元，其中增收节支307804万元、已调账处理金额157158万元；审计促进拨付资金到位12504万元；审计后挽回（避免）损失34110万元；移送司法机关、纪检监察机关和有关部门处理事项91件；出具审计报告和专项审计调查报告3888篇，被批示、采用138篇次；提出审计建议7308条，提交审计信息5132篇，被批示、采用4272篇次；向社会公告审计结果57篇。厦门市审计局实施的对政府采购制度执行情况专项审计调查项目获得审计署2012年度全国地方优秀审计项目，福建省审计厅实施的福建医科大学书记和校长任期经济责任审计项目、平和县审计局实施的县安全生产监督管理局原局长任期经济责任审计项目获得审计署全国地方表彰审计项目。

财政审计 全年共对545个部门、单位预算执行情况开展审计，延伸审计1278个二、三级单位。2012年度省级预算执行审计涉及8个部门单位和平潭综合实验区管委会，省十二届人大常委会第四次会议听取审计工作报告，审议认为省审计厅依法对2012年度省本级预算执行和其他财政收支开展审计监督，客观地反映情况，实事求是地指出问题，提出的完善财政预算管理的相关建议具有较强的针对性；省人民政府高度重视审计发现问题的整改落实，相关部门单位和市县政府积极采取措施进行整改。8月至9月，根据国务院的决定，审计署组织深圳特派员办事处和全省审计机关1175名审计人员，按照“见人、见账、见物，逐笔、逐项审核”的原则，对省本级及所辖8个设区市（不含厦门）、78个县（市、区）和915个乡镇的政府性债务情况进行全面审计，共审计1450个政府部门和机构、222个融资平台公司、1597个经费补助事业单位、58个公用事业单位和576个其他单位，涉及12480个项目、39235笔债务。审计摸清地方政府性债务规模，分析债务结构、投向和形成原因，为政府制定决策、完善制度提供依据；揭示债务管理使用中存在的主要问题，提出加强债务管理、防范财政风险的建议，促进债务管理体系的建立和完善，防范财政风险。11月，全省审计机关抽调50名审计人员配合广州特派员办事处对省本级和福州市本级财政存量资金进行审计。

固定资产投资审计 全省审计机关审计政府投资项目801个、农村公路世界银行贷款项目77个，审计项目投资额577.7亿元，核减投资额（工程款）7.5亿元。全省各级投资审计中心对5490个项目进行审计或审计调查，核减投资额20.66亿元。在开展高速公路、保障性安居工程、中小学校安工程、支持新疆发展项目等政府投资项目审计的同时，各级审计机关积极配合纪委监察等部门开展工程建设领域突出问题的专项治理，促进加快投资项目建设进度，规范工程管理，提高投资效益。

经济责任审计 全省审计机关审计1035名领导干部和领导人员，提交报告1854篇，提出审计建议2555条，被采纳1250条。有关市（县、区）党委、政府和相关部门单位针对审计中发现的问题，及时研究整改措施和办法；省纪委、省委组织部、省审计厅进一步加大审计整改督察力度，开展联合督察，推动审计问题的整改落实。

专项资金审计 全年专项资金审计或审计调查331个单位，围绕惠民富民强民政策的落实，制定《关于加强和改进涉农审计工作的意见》，切实加强对重点民生资金和项目的审计，组织开展扶贫资金、救灾资金、社会抚养费、社保基金、农林水专项资金、水土流失综合治理等资金和项目的专项审计。全省大力推进县级审计机关设立乡镇审计办事处工作，通过加强对镇村涉农财政资金的审计，加大对强农惠农政策、资金、项目的审计力度，推动县级政府出台多项规范管理的制度和办法，促进农村的和谐稳定，维护农民的合法利益。截至年底，全省设立27个乡镇审计办事处。《中国审计》2013年第22期封面文章《福建设立乡镇审计办事处的实践与探索》，专题刊载福建省乡镇审计办事处的经验和做法。省审计厅加强对省委、省政府重大经济决策部署落实情况的审计监督，组织开展中小微企业扶持政策跟踪审计调查、旅游产业政策落实专项审计调查、总部经济财政扶持政策和税收政策落实情况审计调查，并从全省汽车行业、煤炭行业、旅游产业等几个方面入手，分析制约行业、企业、产业发展的瓶颈，开展潜力分析，提出针对性、可操作性强的建议，得到省领导的关注。

内部审计 全省内部审计机构 3370 个，其中专职机构 2033 个；内部审计人员 5648 人，其中专职人员 2316 人；完成审计项目 22920 个，审计总金额 501999 万元。11 月 5 日，省政府令第 129 号公布《福建省内部审计工作规定》，于 2014 年 1 月 1 日起施行。为充分借助内部审计力量弥补政府审计资源不足，省审计厅制定《福建省内部审计人才库管理办法》，从省属单位内部审计人员中优选 130 人建立内部审计人才库，促进建立审计机关与内部审计机构“资源共享，成果互用，信息互通”的新机制。通过组织会员小组活动、小型交流会、内部审计工作调研、海峡两岸交流等形式，相互学习借鉴内部审计工作的成功经验。按照中国内部审计协会的部署，对金融机构内部审计工作情况进行调研，了解金融行业内部审计发展现状。开展“内部审计信息化”理论研讨活动，总结“内部审计信息化”工作经验。做好内部审计质量评估辅导和调研工作，促进内部审计规范化建设。（撰稿人：林　卫）

【福建省审计厅驻平潭综合实验区办事处】 2013 年，福建省审计厅驻平潭综合实验区办事处（以下简称驻平潭办）在编 6 人。主任吴克昌，副主任甘龙芳。

审计成果 驻平潭办和平潭县审计局完成审计项目 26 个，查出违规金额 12179 万元，发现非金额计量问题 45 个；移送司法机关、纪检监察机关和有关部门处理事项 2 件；提交审计报告和审计调查报告 26 篇，其中 1 篇得到省领导批示；提出审计建议 56 条。

财政审计 首次开展平潭综合实验区 2012 年度预算执行审计，采取与平潭县审计局上下联动，以财政资金为主线，专项调查被征地农民保障金等重点资金，揭示问题，促进实验区“三公”经费的规范使用、建立健全相关制度，并向省政府做出专题报告，得到省领导的批示。平潭县人大常委会高度重视县本级预算执行审计发现问题的整改工作，要求县政府及财政部门根据县审计局提出的财政预算管理改进意见，逐项抓好整改落实。

固定资产投资审计 驻平潭办开展平潭海峡大桥建设项目的竣工决算审计，核减工程价款 4679 万元，调账处理金额 214 万元，并开展建设项目投资成果及效益分析，揭示存在的问题，提出合理的建议，取得良好效果。

企业审计 驻平潭办开展对福建海峡高速客滚航运有限公司经营情况的审计。

经济责任审计 平潭县审计局对县医院原院长实施任期经济责任审计。（撰写人：仲鑫恺）

【福州市审计局】 2013 年，福州市审计局人员编制 96 人，在编 88 人。局长林良云，副局长郑子平、郑生明、刘小红，总审计师翁国荣，纪检组长贺建国（—10 月）、史丹青（10 月—）。设有办公室、综合业务处、法规处、财政金融审计处、行政事业审计处、固定资产投资审计处、经贸审计处、社会保障审计处、农业与资源环保审计处、经济责任审计处、计算机审计处、人事处、局机关党委和驻局纪检组、监察室。

审计成果 福州市审计机关完成审计项目 404 个，查出主要问题金额 1125800 万元，其中：违规金额 102200 万元，管理不规范和损失浪费金额 1023600 万元。审计处理处罚金额172400万元，其中应上缴财政 85500 万元，应减少财政拨款或补贴 6000 万元，应归还原渠道资金29600万元，应调账处理金额 51300 万元；审计促进整改落实有关问题资金 89700 万元，其中增收节支 50200 万元、已调账处理金额 38200 万元；促进拨付资金和挽回损失 6839 万元。移送纪检监察机关和有关部门处理事项 9 件。出具审计报告和专项审计调查报告 573 篇，被批示、采用 48 篇。提出审计建议 1115 条，提交审计信息简报 716 篇，被采用或批示 582 篇次。被审计署授予全国地方政府性债务审计先进集体，被福州市委、市政府授予先进集体和第六届市直机关党建工作先进单位等。

财政审计 按照全口径预算决算的审查和监督的要求，以预算执行为主线，全部政府性资金为主要内容，财政专项资金为重点，对 112 个部门单位 2012 年度的预算执行和财政决算进行审计，查出主要问题金额 74.15 亿元，推动财政预算管理改革、规范财政财务收支行为。

行政事业审计 对 108 个行政事业单位进行

审计（调查），查出未按规定征收缴纳收入、违规改变资金用途、资金滞留闲置等问题金额7.58亿元。对48个市属部门单位1月至9月和36个乡镇（街道）1月至7月的公用经费使用管理情况进行专项审计检查，查出主要问题金额541万元。

固定资产投资审计 对109个重点建设项目（单位）进行审计（调查）。审计完成投资额69.11亿元，查出主要问题金额3.07亿元，核减结算和决算金额6585万元。处理和纠正工程项目概（预）算编报不完整、超概（预）算、违规招投标、征地拆迁补偿政策不落实、项目资金滞留闲置、工程结算决算高估冒算等问题。

企业金融审计 对福州民天集团有限公司、市城乡建设发展有限公司、福州日报社和海峡银行等7个单位（项目）进行审计。查出主要问题金额8.16亿元，纠正和处理违规经营、违规担保、违规贷款、资产质量和财务核算不实等问题，促进加强经营管理，提高资本运营质量和经济效益。

专项资金审计 对市本级及12个县（市）区保障性安居工程、就业专项资金、扶贫和救灾资金等51个重点民生项目进行审计（调查），审计专项资金总额33.05亿元，查出主要问题金额28.78亿元，促进完善制度，加强管理，提高效益。将城镇保障性安居工程审计中发现的涉嫌个人违规和以个人名义成立公司抽逃资本金等3个方面问题移送纪检监察机关处理。

农业与资源环保审计 对城区内河及环境综合整治、重大水利建设、农村饮水安全工程和新农村建设等7个重大项目进行审计（调查）。查出违规金额1613万元、管理不规范金额1.74亿元。审计促进整改落实问题金额4185万元，保障环境整治资金的安全和工程顺利实施。

经济责任审计 出台《福州市部门和单位内部管理领导干部经济责任审计暂行办法》和《福州市领导干部离任经济责任事项交接暂行办法》，对128个部门的150名主要党政领导干部和国有企业领导进行任期经济责任审计，其中：离任审计86人，任中审计64人。审计查出主要问题金额8.56亿元，其中应负直接责任金额4075万元、负主管责任金额4.37亿元、负领导责任金额3.78亿元。移送有关部门处理事项3件4人，涉及金额260万元。 （撰稿人：方韶玲）

【南平市审计局】 2013年，南平市审计局编制50人，在编48人。局长陈建新，副局长陈祥安、刘剑锋、陈卷宝，总审计师上官登川（4月—），纪检组长冯开猛（—12月）。设有办公室、法规科、经济责任审计科、财政金融审计科、行政事业审计科、经贸审计科、固定资产投资审计科、社会保障审计科、南平市监察局派驻监察室，南平市审计局武夷新区分局，下设南平市固定资产投资审计中心和南平市计算机审计中心。

审计成果 南平市审计机关共完成审计项目346个，查出违规金额6516万元，其中：应上缴财政2858万元，应归还原渠道资金2687万元，应调账处理金额1251万元；已上缴财政892万元，已归还原渠道资金1657万元，已调账处理金额479万元。移送司法机关、纪检监察部门处理事项4件，建议有关部门处理事项10件。提交审计工作报告、信息446篇，被采用328篇。获第十一届市级文明先进单位、平安建设先行单位、绩效管理与效能建设先进单位、创业竞赛先进单位等荣誉称号。

财政审计 对市财政局等32个预算执行部门及其下属二、三级单位开展审计，查处私存私放财政资金、资产账外运营、违规收费等问题72个。注重从体制、机制、制度层面分析问题，提出有针对性建议，向市人大、市政府报告“同级审”工作时，提出建立财政性资金银行存储管理办法、完善救灾设备回收管理制度、提高部门单位人均公用经费安排标准等审计建议，均被采纳，市政府专门召开常务会议部署整改工作。

企业审计 对市国有资产投资经营有限公司等6家国有企业主要领导实施任期经济责任审计，并延伸下属企业单位15家，查出违规金额、管理不规范金额4500万元，揭示非转经资产经营管理不规范、改制企业资产管理薄弱等国企发展中存在的问题，帮助国有企业对财务管理流程进行全面梳理和检查，完善内控制度，提高经营能力。

固定资产投资审计 完成武夷新区重点建设项目预决算审计项目37个，核减工程造价2.4亿元，提出审计建议68条。出台《关于武夷新区政府投资项目审计监督的实施意见》等制度办法，规范政府投资审计项目管理，强化投资审计领域廉政风险防控，提高投资审计质量和水平。对重大项目前移关口，强化审计监督，强化源头管理，坚持发现问题与督促整改同步开展，全过程抓好武夷新区建设工程预结算审计。

经济责任审计 结合预算执行情况审计，对市林业局、市教育局等18个单位的19名党政领导干部和国有企业领导人员开展任期经济责任审计。同时，组织全市审计机关，对全市11个乡镇（街道）22名党委书记、镇长开展同步任期经济责任审计，由市审计局统一组织，统一方案，统一平衡，有效保证审计质量。（撰稿人：林洪德）

【三明市审计局】 2013年，三明市审计局人员编制46人，在编43人。局长邓永辉，副局长林寿佰、郑长秋、郭澍锡，纪检组长林明芳。设有办公室、人事教育科、法规科、财政金融科、任期经济责任科、固定资产投资科、行政事业科、农业与资源环保科、社会保障科、经贸科、网络审计工作站。

审计成果 三明市审计机关完成审计项目296个，查出主要问题金额388374万元，其中违规金额12860万元、损失浪费金额2万元、管理不规范金额375512万元；损益（收支）不实金额38564万元；审计处理处罚金额151564万元，其中应上缴财政7680万元、应减少财政拨款或补贴2100万元、应归还原渠道资金58417万元、应调账处理金额74183万元；审计发现非金额计量问题566个；审计促进整改落实有关问题资金63498万元，其中增收节支33908万元、已调账处理金额29274万元；审计促进拨付资金到位287万元；审计后挽回（避免）损失53113万元；移送司法机关、纪检监察机关和有关部门处理事项4件；出具审计报告和专项审计调查报告387篇，被批示、采用1篇次；提出审计建议550条，提交审计信息465篇，被批示、采用232篇次；向社会公告审计结果1篇。

财政审计 以落实中央八项规定，节约行政经费为目标，关注部门单位会议费和“三公”经费管理、使用和支出的情况。全市完成预算执行审计单位55个，延伸审计单位67个；开展财政决算审计4个。同时不断拓展审计空间，注重地方财源建设审计，促进加大税收征管和稽查力度，确保应收尽收；积极开展政策审计，促进地方各项经济政策落实到位，服务地方经济发展；持续强化资产审计，防止财政资金流失。

经济责任审计 全市完成经济责任审计项目107个（108人），其中：党委政府领导干部13人、党政部门领导干部60人、企事业单位领导干部35人，审计查出问题金额6.27亿元，审计处理3042万元。充分利用经济责任联席会议这一平台，发挥成员单位的职能作用，组织对以前年度24个被审计单位执行审计决定情况和12个县（市、区）联席会议制度落实情开展联合督察。根据督察情况下发督察整改通知书，要求限期整改，各县（市、区）党委政府和相关部门单位高度重视，及时召开整改会议，制定相应整改措施，落实整改工作责任制，推动整改工作。

固定资产投资审计 全市完成政府投资建设项目审计829个，工程总造价37.66亿元，核减工程造价3.61亿元，综合核减率为9.59%。审计工作取得明显成效，为节约政府投资、规范建设项目管理、提高政府投资项目效益发挥积极作用。

专项资金审计 对社会保障资金、安居工程、农村公路和扶贫救灾资金等40个民生项目开展审计，查出主要问题金额2.34亿元。不断深化农村“三农”审计，尤溪、沙县、永安、大田、明溪、宁化6县（市）成立乡镇审计办，批准事业编制32人，实际已到位28人，在拓宽审计监督面，强化农村资金审计监督方面取得较好成效。

交办事项 根据市委、市政府要求，完成三明现代物流产业园、市城市投资公司、三明台商投资区投资情况审计调查和市公交公司资产负债损益与财务状况审计调查，为市委、市政府调整园区发展定位、调整投资结构、落实各项政策提供决策依据，发挥审计机关在宏观管理与决策中的重要作用，得到各级党委政府领导高度的赞扬与充分的肯定。（撰稿人：庄剑雄）

【莆田市审计局】 2013年，莆田市审计局人员编制46人，在编41人。局长余志生，副局长张文庆、庄怀冰（—6月）、蔡振华，总审计师邓超庸，纪检组长曾志明。设有办公室、监察室、法制科、财政金融审计科、社会保障审计科、经济责任审计室、经济责任审计联席会议办公室、行政事业审计科、农业与资源环保审计科、经贸审计科、固定资产投资审计科、特派审计室、计算机应用中心、政府投资审计中心。

审计成果 莆田市审计机关共完成审计项目367个，审计查出违规金额19762万元，管理不规范金额509244万元，损失浪费金额1265万元；审计处理处罚金额合计23833万元，其中应上缴财政5953万元，应减少财政拨款或补贴513万元，应归还原渠道资金6181万元，应缴纳其他资金8552万元，应调账处理金额2631万元。审计促进整改落实有关问题金额2308万元，挽回（避免）损失518万元，核减投资额3662万元；移送1个处理事项至有关部门，涉案金额9万元；出具审计报告和专项审计调查报告441篇；审计提出建议619条，被采纳321条。市审计局被莆田市委授予第六届党建工作先进单位，连续第二年被列为"一类平安单位"。

预算执行审计 全市预算执行审计单位48个（其中4个专项审计调查），延伸审计54个，出具审计报告47篇、专项审计调查报告4篇，查出主要问题金额38.75亿元（含政府性债务审计）。审计调查发现的问题，引起市委、市政府主要领导的高度重视，5份审计要情专报和1份呈阅件得到批示。审计结果报告和审计工作报告集中反映审计发现的5个方面37个突出问题，提出完善政府采购管理制度、加快建立住房权证全市信息共享、规范财政投资评审行为、完善公务用车综合定点维修管理等审计建议，得到市政府和市人大常委会的高度评价。

积极结合部门职责，把促进贯彻中央八项规定及实施细则作为审计监督的重点，将"三公"经费、会议费及政府采购经费等作为审计的重点内容，抽查35个近年来未开展审计的部门单位，进一步拓宽审计覆盖面，消除监督盲区。

专项资金审计（调查） 全市完成专项资金审计单位8个，延伸审计单位6个，审计专项资金总额3.90亿元，出具专项审计调查报告6篇，查出主要问题金额9616万元。重点揭示专项资金未及时足额拨付、挤占专项资金、项目进展缓慢，专项资金分配结构不合理、部门多头交叉补助、补助范围广重点欠突出以及财政资金沉淀多、资金效益低、理财意识淡薄等问题。

经济责任审计 市审计局创新监管机制，联合市纪委、市委组织部、市监察局、市公务员局和市国资委出台《莆田市市直科级事业单位领导干部离任经济责任交接事项管理暂行规定》。全市审计领导干部74人，其中任中审计16人、离任审计58人，审计单位72个；查出主要问题金额16.79亿元，其中违规金额2.43亿元，损失浪费金额381万元，管理不规范金额14.31亿元。

固定资产投资审计 全市投资审计单位213个，审核投资额57.95亿元，核减投资额（工程款）3662万元，其中概预算3153万元，结（决）算508万元，出具审计报告213篇，查出主要问题金额1.58亿元，其中多计工程款530万元，投资概预算编报不规范5590万元。

（撰稿人：陈炜华）

【泉州市审计局】 2013年，泉州市审计局人员编制58人，在编55人。局长蔡思红，副局长曾细川（—6月）、骆振军、徐情根，总审计师李锦忠，纪检组长蔡正确。设有办公室、监察室、综合科、法制科、经济责任审计科、财政金融审计科、行政事业审计科、企业审计科、固定资产投资审计科、计算机审计科、机关党总支。

审计成果 泉州市审计机关完成审计（调查）项目425个，查出主要问题金额1581007万元，其中违规金额9762万元、损失浪费金额64万元、管理不规范金额1571180万元；损益（收支）不实金额202173万元；审计处理处罚金额23882万元，其中应上缴财政8406万元、应减少财政拨款或补贴742万元、应归还原渠道资金7013万元、应调账处理金额3112万元；审计发现非金额计量问题1536个；审计促进整改落实有关问题资金7125万元，其中增收节支4765万元、已缴纳其他资金2344万元；审计促进拨付资金到位262万元；审计后挽回（避免）损失1515万元；移送司法机关、纪检监察机关和有关部门处理事项2件；出具审计报告和专项审计调查报告536篇，被批示、采用52篇次；提出审计1295条，提交审计信息871篇，被批示、采用1114篇次；向社会公告审计结果54篇。

财政审计 市县两级共完成预算执行审计

（调查）单位62个，查出问题金额69.62亿元，揭示预算编报、批复、调整和资金用途等方面存在的问题。全市完成财政决算审计（调查）单位38个，行政事业财政财务收支审计（调查）单位130个，专项资金审计（调查）单位55个，固定资产投资审计（调查）单位120个，国有企业审计（调查）单位20个，查出问题金额88.48亿元。

行政事业审计 全市审计机关完成130个行政事业单位财务收支审计，延伸审计单位47个，查处违规收支及资金滞留闲置等问题，促进遵守财经法规。泉州市审计局开展对泉州儿童医院和市政府驻成都办事处财务收支审计，重点查处违规收费问题。

固定资产投资审计 全市审计和审计调查投资项目120个，核减投资额7318万元；6个县（市、区）投资审计机构共完成767个建设项目预决算审计，送审造价29.4亿元，核减造价2.36亿元。市县两级审计机关广泛开展重点建设项目全过程跟踪审计，加大事前事中介入力度，及时发现并纠正项目建设过程中出现的问题。

经济责任审计 泉州市审计局制定《泉州市审计局经济责任审计项目操作规程（试行）》，出台《泉州市经济责任审计结果执行及整改情况联合督查暂行办法》，为泉州市规范领导干部经济责任审计工作提供制度保障，积极探索改进经济责任审计的方式方法。全市对132位领导干部开展经济责任审计，其中任中审计21人、离任审计111人。审计查出管理不规范金额3.1亿元。

专项资金审计调查 开展市县两级综合财力专项调查，基本摸清两级政府综合财力规模及资金管理、运行状况；组织开展市国有资本运行和中小微企业扶持政策执行情况专项审计调查，揭示国有企业资产管理方面的问题；开展民生资金管理情况专项审计调查，市审计局牵头会同相关单位组成联合审计组，对泉州市外走马埭围垦工程滩涂补偿款使用情况开展现场审计核查。各地紧扣群众关心的热难点问题开展多个涉民专项审计调查，服务当地党委政府决策。

（撰稿人：张志文）

【厦门市审计局】 2013年，厦门市审计局编制86人，在编82人。局长庄志杰，副局长陈爱忠、花育明、陈培新，总审计师洪再福，纪检组长贾兆营。设有办公室、审理处、人事处、经济责任审计处（市经济责任审计工作联席会议办公室）、财政审计处、行政事业审计处、农业与资源环保审计处、社会保障审计处、固定资产投资审计处、金融与外资审计处（计算机审计处）、企业审计处、机关党委、纪检监察室。

审计成果 厦门市审计机关完成审计和审计调查项目190个，查出主要问题金额1341074万元，其中违规金额64557万元、损失浪费金额10162万元、管理不规范金额1266354万元；损益（收支）不实金额134308万元；审计处理处罚金额193785万元，其中应上缴财政64425万元、应减少财政拨款或补贴11854万元、应归还原渠道资金19173万元、应调账处理金额94626万元；审计发现非金额计量问题536个；审计促进整改落实有关问题资金120460万元，其中增收节支50915万元、已调账处理金额69143万元；审计促进拨付资金到位1354万元；审计后挽回（避免）损失2210万元；移送司法机关、纪检监察机关和有关部门处理事项22件；出具审计报告和专项审计调查报告287篇，被批示、采用4篇次；提出审计建议652条，提交审计信息605篇，被批示、采用372篇次。

财政审计 对市财政局等54个单位开展预算执行或决算审计，延伸审计96个单位，审计结果报告和审计工作报告得到市、区两级政府和人大常委会高度肯定。完成思明等5个区及下属13个乡镇政府性债务审计，被审计署授予全国政府性债务审计公务员集体三等功等。

金融审计 对市属金融企业资产管理情况开展审计调查，查出主要问题金额13.27亿元。审计发现部分信托业务规避监管存在风险、个别企业发放信托贷款规避贷款规模限制等问题，促使市政府加强对市属金融企业的监管。

行政事业审计 对82个行政事业单位开展审计或调查，延伸审计48个单位，查出主要问题金额14.27亿元，其中未按规定征收缴纳收入5.29亿元、扩大开支范围或提高开支标准列支5.35亿元、违规采购4794万元。

固定资产投资审计 对城镇保障性安居工程

等2个项目开展跟踪审计或审计调查，延伸审计8个单位，审计项目投资额23.43亿元，查出主要问题金额1472万元。

企业审计 对30个企业开展审计或审计调查，延伸审计56个单位，查出主要问题金额29.31亿元。其中开展的市属部分国有企业大宗贸易情况审计调查，发现市属国有企业从事钢材贸易业务造成严重亏损等问题，为市政府加强国有企业管理提供建议。

经济责任审计 对100个单位105名领导干部开展经济责任审计，查出主要问题金额24.77亿元，其中违规金额2.04亿元，损失浪费金额1.01亿元，管理不规范金额21.71亿元。制定《厦门市市本级经济责任审计对象分类和计划管理暂行办法》和《厦门市国有企业董事长和总经理同步经济责任审计工作方案》，实行经济责任审计廉政谈话制度。

专项资金审计（调查） 对20个单位开展专项资金审计或审计调查，延伸审计120个单位，审计专项资金总额19.89亿元，查出主要问题金额1.89亿元。其中：开展的厦门广告公共资源收支管理情况审计调查，发现部分广告公司欠缴户外广告使用权拍卖款和使用费、未经审批擅自设置户外广告等问题，促使市政府在全市范围内开展户外广告清理规范工作。（撰稿人：蔡志群）

【漳州市审计局】 2013年，漳州市审计局人员编制56人，在编47人。局长郭进福，副局长张孔亮、陈少凡、卢宗金、郑清松。设有办公室、法制科、经济责任审计科、财政金融审计科、行政事业审计科、经贸外经审计科、农业与资源环保审计科、社会保障审计科、固定资产投资审计科、开发区审计科、机关党委。

审计成果 漳州市审计机关完成审计项目363个，查出主要问题金额674840万元，其中违规金额48643万元、损失浪费金额34万元、管理不规范金额626162万元；损益（收支）不实金额21888万元；审计处理处罚金额63884万元，其中应上缴财政22357万元、应减少财政拨款或补贴689万元、应归还原渠道资金30793万元、应调账处理金额7177万元；审计发现非金额计量问题815个；审计促进整改落实有关问题资金6118万元，其中增收节支3593万元、已调账处理金额770万元；审计后挽回（避免）损失893万元；移送司法机关、纪检监察机关和有关部门处理事项17件；出具审计报告和专项审计调查报告482篇，被批示、采用3篇次；提出审计建议1083条，提交审计信息363篇，被批示、采用439篇次。

财政审计 全市完成财政预算执行审计项目81个，查出主要问题金额37.05亿元。不断深化“同级审”工作，促使一系列规章制度出台，促进国家政策落实到位，审计工作得到市人大常委会高度评价，认为审计工作成效显著。开展县、乡两级财政决算审计，全市共完成20个财政决算审计项目，查出主要问题金额16.11亿元。

行政事业审计 加强对重点领域、重点部门、重点资金进行审计监督，促进预算部门规范管理财政资金，提高资金使用绩效水平。全年审计部门和单位146个，查出主要问题金额5.86亿元。

农业与资源环保审计 为促进扶贫、救灾资金和相关政策的落实，提高专项资金使用效果，统一组织市县两级审计机关紧紧围绕扶贫、救灾资金的流向，采用全面审计与入户调查或电话抽查相结合的审计方法，对全市2012年度扶贫救灾资金的分配、管理、使用情况进行审计。

固定资产投资审计 全年对38个政府投资项目进行跟踪审计或调查，项目总投资额13.48亿元，核减工程款6429万元，挽回损失768万元，查出主要问题金额1.23亿元，其中超规模超标准金额66万元。

企业审计 全年完成20个审计或审计调查项目，查出主要问题金额1.55亿元。重点围绕企业经营情况、资产质量状况、企业债务负担及偿债能力分析、资产保值增值情况和国有资本收益上缴情况等方面内容，开展对漳州长运集团、香港漳龙公司等国有企业的审计调查，促进企业依法诚实经营，积极履行社会责任，健康安全发展。

经济责任审计 全年完成经济责任审计单位116个，审计经济责任人128人，查出应由领导干部负主管责任的违规金额3.22亿元、管理不规范金额13.24亿元，应由领导干部负领导责任的违规金额3.33亿元，管理不规范金额11.24亿元。漳州市出台《漳州市市管正职领导干部离任经济事项交接管理办法（试行）》，进一步规范领导干部离任交接程序，加强领导干部的监督管理，增强领导干部的责任意识和自律意识，切实推进党风廉政建设。

专项资金审计（调查） 组织开展2012年度扶贫、救灾资金专项审计，城建资金征收专项审计，教育专项经费审计调查，扶持企业专项资金审计调查，林业专项资金审计调查，政府采购制度执行情况专项审计调查等专项资金审计或审计调查，及时发现和纠正资金分配和管理使用过程中的违法违规问题，确保专款专用。全市审计（调查）专项资金管理使用单位48个，审计专项资金总额36.44亿元，查出主要问题金额5.54亿元，其中资金滞留闲置6019万元。

（撰稿人：叶月山）

【龙岩市审计局】 2013年，龙岩市审计局人员编制52人，在编48人。局长邱河清，副局长段渭景、黄文安、王思水、钟江泓、陈振书，总审计师赖日章，纪检组长傅闽。设有办公室、综合计划与法规科、财政金融审计科、经贸外资审计科、行政事业审计科、农业与资源环保审计科、固定资产投资审计科、经济责任审计科、社会保障审计科，下设计算机辅助审计中心与审计举报中心、固定资产投资审计中心，经济责任审计联席会议办公室。龙岩市纪委、监察局派驻龙岩市审计局纪检组、监察室。

审计成果 龙岩市审计机关完成审计项目237个，查出主要问题金额942279万元（含政府性债务审计），其中违规金额18670万元、管理不规范金额923609万元；损益（收支）不实金额7403万元；审计处理处罚金额81227万元，其中应上缴财政16149万元、应减少财政拨款或补贴4831万元、应归还原渠道资金13922万元、应调账处理金额42301万元；审计发现非金额计量问题673个；审计促进整改落实有关问题资金47575万元，其中增收节支30569万元、已调账处理金额12989万元；审计后挽回（避免）损失4831万元；移送司法机关、纪检监察机关和有关部门处理事项8件；出具审计报告和专项审计调查报告325篇，被批示、采用10篇次；提出审计建议477条，提交审计信息730篇，被批示、采用432篇次；向社会公告审计结果4篇。

财政审计 完成预算执行和财政决算审计单位62个，审计调查单位52个，查出主要问题金额85.28亿元。审计中特别关注部门单位贯彻执行中央八项规定情况，把会议费和“三公”经费作为必审内容，促进政府各部门厉行节约、科学理财。

农业与资源环保审计 对11个涉农主管部门和21个乡镇预算执行或党政领导干部进行任期经济责任审计，组织7个县（市、区）审计局开展2012—2013年度实施的55个水土流失治理项目跟踪审计。

固定资产投资审计 完成投资审计项目1014个，其中跟踪审计项目31个、竣工决（结）算审计项目983个。送审工程造价44.67亿元、核减工程造价3.86亿元，其中送审结算造价27.76亿元、核减结算造价2.80亿元；送审195个项目预算控制价16.91亿元，核减预算造价1.06亿元。完成中小学校舍安全工程、中心城市六大片区土地房屋征收和资金使用情况审计调查以及援藏和援疆项目跟踪审计。龙岩市审计局提交的《关于中心城市六大片区土地和房屋征收工作政策执行和资金使用情况的报告》得到龙岩市领导的批示，要求相关部门和单位做好整改，规范专项资金的使用。

社会保障审计 开展龙岩市本级及所辖7个县（市、区）2012年扶贫救灾资金审计，审计实施期间督促7个县（市、区）财政、主管部门、乡镇拨付扶贫资金累计2415万元、救灾资金累计812万元。完成6个县（市、区）保障性住房跟踪审计。

经济责任审计 完成89名领导干部经济责任审计，审计查出违规金额455万元；管理不规范金额3.27亿元。对市城市发展集团、交通发展集团和工贸发展集团法定代表人开展经济责任审计，报送的审计要情专报《建议加强部分企事业单位资金运营管理》，得到市政府领导的批示，有关部门采纳审计建议，采取措施，积极整改。

（撰稿人：杨姝萍）

【宁德市审计局】 2013年，宁德市审计局编制43人，在编39人。局长吴敏，副局长黄颖倩、陈端浦、谢坚，总审计师林挺仲，纪检组长汤万冰。设有办公室、法规科、财政金融审计科、行政事业审计科、经贸审计科、农业与资源环保审计科、固定资产投资审计科、社会保障审计科和经济责任审计科。

审计成果 宁德市审计机关共完成审计项目305个，查出主要问题金额494601万元，其中违规金额3440万元、损失浪费金额41万元、管理不规范金额491118万元；损益（收支）不实金额79815万元；审计处理处罚金额13195万元，其中应上缴财政738万元、应减少财政拨款或补贴10289万元、应归还原渠道资金1373万元、应调账处理金额577万元；审计发现非金额计量问题504个；审计促进整改落实有关问题资金8905万元，其中增收节支7612万元；审计促进拨付资金到位1137万元；审计后挽回（避免）损失10598万元；移送司法机关、纪检监察机关和有关部门处理事项2件；出具审计报告和专项审计调查报告39篇；被批示、采用15篇次；提出审计建议605条，提交审计信息405篇，被批示、采用438篇次。

预算执行审计 对52个部门单位进行审计和审计调查，延伸审计216个单位，查出主要问题金额28.49亿元。针对存在的问题，从体制和机制上分析原因、提出审计意见建议，有效促进地方政府和预算执行部门加强管理、完善制度、提高财政资金使用效益。

金融审计 以关注资金安全、防范金融风险为出发点，对12个单位进行审计和审计调查，查出主要问题金额1.37亿元。

行政事业审计 对全市92个行政事业单位开展审计或审计调查，审计查出主要问题金额3.54亿元。

农业与资源环保审计 开展河仁慈善基金捐助建设、农村饮水安全工程专项资金拨付情况等项目和资金的审计或审计调查。

固定资产投资审计 对保障性安居工程等21个政府投资项目开展跟踪审计，对宁德市老年人活动中心等97个项目开展竣工结算审计。查出主要问题金额14.49亿元，核减投资额1.03亿元。

经济责任审计 对90个单位的102名党政领导干部、事业单位和国有企业领导进行经济责任审计，查出主要问题金额4.07亿元，其中违规金额1891万元。与市纪委、市委组织部联合组成督察组，对全市2012年度经济责任审计结果执行及整改落实情况开展督察。

专项资金审计（调查） 对扶贫资金、救灾资金、住房公积金等涉及广大人民群众切身利益的20个专项资金和项目开展专项审计与审计调查，审计专项资金总额2.9亿元。针对审计发现的问题，进行原因分析，提出针对性的审计意见建议，被审计单位积极采纳审计建议规范整改，较好地促进惠民利民政策的落实。

（撰稿人：徐海萍）

2013年福建省所辖区、县（市）级审计工作统计表

金额单位：万元

审计机关	完成审计项目（个）	审计查出主要问题金额	审计处理情况					出具审计报告和审计调查报告（篇）	提出审计建议（条）	提交审计信息（篇）
			审计处理处罚				移送处理事项（件）			
			应上缴财政	应减少财政拨款或补贴	应归还原渠道资金	应调账处理金额				
福州市										
福州市本级	87	457140	48168	2010	10124	16057	8	120	299	420
鼓楼区审计局	15	64083	21	1005		11		19	35	39
台江区审计局	24	24896	131		1	2320		34	48	18

续表

审计机关	完成审计项目(个)	审计查出主要问题金额	审计处理情况					出具审计报告和审计调查报告(篇)	提出审计建议(条)	提交审计信息(篇)
			审计处理处罚				移送处理事项(件)			
			应上缴财政	应减少财政拨款或补贴	应归还原渠道资金	应调账处理金额				
仓山区审计局	7	9659	386					10	28	19
马尾区审计局	14	61770	1222		734	29000		21	40	22
晋安区审计局	16	3110						23	56	15
福清市审计局	101	20470	15	2992	67	144		121	187	
长乐市审计局	36	91861	30545		277	3595	1	55	84	78
闽侯县审计局	22	320929	431		50	42		28	77	31
连江县审计局	20	27268	560		17900	327		28	62	
罗源县审计局	14	19190						25	36	8
闽清县审计局	19	7261	463		581			33	59	42
永泰县审计局	29	18152	3602			22		56	104	24
南平市										
南平市本级	100	113474	534	775	221	167	7	108	215	137
延平区审计局	29	6945	93		3	223		41	91	57
邵武市审计局	20	5750	19		99		1	33	54	23
武夷山市审计局	18	259			150	15		21	35	8
建瓯市审计局	32	19492	111		2			32	97	20
建阳市审计局	28	2660	14	254			8	28	36	33
顺昌县审计局	20	5646	1748	58	466	90	4	19	13	59
浦城县审计局	56	4299	46		12			52	83	40
光泽县审计局	21	1541	1		10	286		21	5	31
松溪县审计局	17	5719	53			5094		17	32	7
政和县审计局	34	2990	231	17	1446	459		35	61	30
三明市										
三明市本级	63	135971	4979	656	30270	44423	3	82	165	178
梅列区审计局	11	3667	1					11	24	
三元区审计局	12	5798	123		14	35		23	23	16
永安市审计局	12	40499			549	1122		17	35	35
明溪县审计局	18	1311	15		115	196		28	66	
清流县审计局	26	45640	22		3637			26	87	
宁化县审计局	52	10200	420	1426	5	387		58	51	38
大田县审计局	25	94562	1660	18	122	27986		39	57	45
尤溪县审计局	30	2560	56		190		1	36	12	38

续表

审计机关	完成审计项目（个）	审计查出主要问题金额	审计处理情况					出具审计报告和审计调查报告（篇）	提出审计建议（条）	提交审计信息（篇）
			审计处理处罚				移送处理事项（件）			
			应上缴财政	应减少财政拨款或补贴	应归还原渠道资金	应调账处理金额				
沙县审计局	22	26689			23515			32		69
将乐县审计局	8	11216	115			28		13	3	13
泰宁县审计局	8	2076	288					10		10
建宁县审计局	9	8185	1			6		12	27	23
莆田市										
莆田市本级	46	450338	2888	5	5886	2624	1	66	142	59
城厢区审计局	22	4326	137					30	75	59
涵江区审计局	22	813	29		29	7		35	59	
荔城区审计局	28	3602	392		21			42	145	
秀屿区审计局	216	11418	1513	508	243			216	89	
仙游县审计局	33	59773	993					52	109	
泉州市										
泉州市本级	48	800335	3243			941		39	165	81
丰泽区审计局	23	6167	338	215	1	6		25	85	93
鲤城区审计局	73	10838	43	133		9		89	183	150
洛江区审计局	43	6560	493		13			43	69	49
泉港区审计局	17	266038						29	62	5
石狮市审计局	33	80231	190					52	89	8
晋江市审计局	38	94861	3024		188		1	47	127	159
南安市审计局	35	230715			7	9	1	43	181	160
惠安县审计局	32	14700	238	347	253	1947		54	99	6
安溪县审计局	35	8829	417		6540	170		46	119	25
永春县审计局	24	23337	389		9	28		32	76	81
德化县审计局	25	38398	28	44				39	46	54
厦门市										
厦门市本级	77	1214804	59833	11760	7944	90270	20	98	310	431
思明区审计局	18	22598	2796			10		23	51	
海沧区审计局	13	3856	9		62			25	56	27
湖里区审计局	20	52550	1627				1	35	75	30
集美区审计局	12	3535	25		334	2566		20	32	22
同安区审计局	23	333	88					44	61	33

续表

审计机关	完成审计项目（个）	审计查出主要问题金额	审计处理情况					出具审计报告和审计调查报告（篇）	提出审计建议（条）	提交审计信息（篇）
			审计处理处罚				移送处理事项（件）			
			应上缴财政	应减少财政拨款或补贴	应归还原渠道资金	应调账处理金额				
翔安区审计局	27	43395	45	94	10831	1780	1	42	67	62
漳州市										
漳州市本级	64	337569	18264		4218	5201	2	77	214	128
龙文区审计局	27	7801	114		163			31	93	
芗城区审计局	20	3172	822	15	41	277		30	29	
龙海市审计局	20	21596	792			37		26	86	
云霄县审计局	17	46047	119	7				23	102	49
漳浦县审计局	51	126165	98		719	374	6	72	125	48
诏安县审计局	34	11232	137				1	41	91	
长泰县审计局	16	7680	1487	28	2869	40	5	20	57	3
东山县审计局	21	3216	100		67	119		27	31	3
南靖县审计局	30	8838	118			759	2	47	76	64
平和县审计局	50	18678	135	20				71	88	62
华安县审计局	13	82846	171	619	22716	370	1	17	91	6
龙岩市										
龙岩市本级	49	755239	764	50	3755	25298	2	61	131	173
新罗区审计局	71	8558		4141	336	93	3	103	62	140
漳平市审计局	14	6614	63		6	3384	2	23	45	202
长汀县审计局	20	5032	613	38	116	2405		28	42	
永定县审计局	20	13802	669	174	6201	4988		28	16	89
上杭县审计局	27	30000	13005	391	3435	4262		36	86	56
武平县审计局	20	119674	975		69	1633	1	25	52	56
连城县审计局	16	3357	56	35	2	234		21	43	14
宁德市										
宁德市本级	69	265697		6013	196		1	75	148	208
蕉城区审计局	29	1941	21		163			55	96	16
福安市审计局	54	171346	137	733	418	450	1	77	70	60
福鼎市审计局	32	5476		2237	495	106		32	22	21
寿宁县审计局	8	1691	180					8	22	9
霞浦县审计局	29	13422	14	481	6			34	55	28
柘荣县审计局	11	2192	44					11	37	8
屏南县审计局	28	8014	286	482	2	22		41	38	16

续表

审计机关	完成审计项目（个）	审计查出主要问题金额	审计处理情况					出具审计报告和审计调查报告（篇）	提出审计建议（条）	提交审计信息（篇）
			审计处理处罚				移送处理事项（件）			
			应上缴财政	应减少财政拨款或补贴	应归还原渠道资金	应调账处理金额				
古田县审计局	31	8218	56	344				33	76	26
周宁县审计局	14	16604			93			14	41	43
平潭综合实验区										
平潭综合实验区本级	6	569619	6981	4679	20	279	1	6	26	1
平潭县审计局	20	27867					1	20	30	26

江西省

【江西省审计厅】 2013 年，江西省审计厅定编 219 人，在编 196 人。设有办公室、综合处、法规审理处、财政与金融审计处、行政事业审计一处、行政事业审计二处、行政事业审计三处、农业审计处、资源环保审计处、固定资产投资审计一处、固定资产投资审计二处、经贸审计一处、经贸审计二处、社会保障审计处、外资运用审计处、经济责任审计处、政法审计处、教育审计处、人事处、机关党委、监察室，下设有厅机关后勤服务中心、审计科研所、审计信息中心、审计干部培训中心和庐山培训基地。

领导成员

厅　　长：王殿军

副 厅 长：何萍高　王卫亚

　　　　　刘　达　章丁万

总审计师：胡志勇

纪检组长：邹水成

审计成果 江西省审计机关完成审计单位 8754 个，查出主要问题金额 18897130 万元，其中违规金额 1413689 万元、损失浪费金额 6675 万元、管理不规范金额 17476765 万元；损益（收支）不实金额 906002 万元；审计处理处罚金额 2047968 万元，其中应上缴财政 142572 万元、应减少财政拨款或补贴 113234 万元、应归还原渠道资金 706943 万元、应调账处理金额 924935 万元；审计发现非金额计量问题 4314 个；审计促进整改落实有关问题资金 1118211 万元，其中增收节支 292346 万元、已调账处理金额 731483 万元；审计促进拨付资金到位 5080 万元；审计后挽回（避免）损失 397933 万元；移送司法机关、纪检监察机关和有关部门处理事项 169 件；出具审计报告和专项审计调查报告 9199 篇，被批示、采用 103 篇；提出审计建议 14125 条，提交审计信息 3653 篇，被批示、采用 1944 篇；向社会公告审计结果 64 篇。

财政审计 全年审计单位 1314 个，审计查出主要问题金额 10997419 万元。围绕构建财政审计大格局，重点关注税收征管、预算编制、专项资金分配使用、“三公”经费和会议费管理使用情况，提出进一步加强财政收入征管、建立健全完整的预算管理体系、加强预算执行管理等建议，促进完善相关制度。省本级的审计工作报告摘要稿通过省人大网站、江西日报等省内媒体公开。各级审计机关“两个报告”均得到当地政府肯定和人大常委会好评。江西省审计厅审计省级本级 13 个部门及 83 个下属预算单位，并延伸审计 13 个省级部门主管的 68 个协会、学会等社会组织。揭示财政存量资金较大，“三公”经费和会议费管理不严格，违规发放津补贴等问题，并提出相关审计建议。省人大、省政府高度重视整改工作，审计查出的绝大部分问题已得到整改。

8 月 1 日至 9 月 25 日，江西省审计厅按照

“见人、见账、见物，逐笔、逐项”的原则，对江西省赣州市等 10 个设区市（不含南昌市，下同）本级、91 个县（市、区）本级、1318 个乡镇政府负有偿还责任的债务、政府负有担保责任的债务和政府可能承担一定救助责任的其他相关债务情况进行审计，摸清政府性债务的规模、结构及增减变化情况，分析债务成因和偿债风险，反映政府性举债为当地经济建设做出的贡献，提出促进加强债务管理，有效防范和化解潜在风险，保障经济持续健康较快发展的意见和建议，为各级政府加强债务管理、规范债务资金使用、防范债务风险提供重要的参考和依据。组织编写的江西省政府性债务审计实务操作指引等 3 篇材料，审计署作为经验交流材料下发全国审计机关学习借鉴。

金融审计 全省完成审计及审计调查单位 14 个，查出主要问题金额 420047 万元，其中违规金额 244473 万元，违规出借金额 94 万元，银行信贷业务违规金额 90475 万元，资产不实金额 26380 万元，财务收支核算不实金额 14196 万元。针对资产质量分类管理、存贷等业务操作、会计核算、风险控制等方面存在的问题，提出审计建议。

行政事业审计 全年完成审计及审计调查单位 2512 个，查出主要问题金额 1327255 万元。加大对体制性、制度性和重大管理方面问题的揭示，为党委、政府决策和其他部门工作提供支持。特别关注财政资金支出的方向和绩效，注意分析评价部门行政成本和支出水平，重点加大对部门“三公”经费的审计力度，促进政府各部门更好地履行职责。

资源环保审计 省本级组织对全省 9 个设区市共 19 个县（市、区）2010 年至 2012 年农村土地整治示范建设项目进行审计调查。揭示部分项目未完成省级终验、地方财政资金不到位、多计工程决算款、挤占挪用项目资金、配套资金不到位或虚假配套及社会资金参与土地开发项目监管制度不完善问题。

固定资产投资审计 全省各级审计机关把交通建设投资、投资额度较大的市政建设和重点民生建设项目作为审计重点。全年完成审计及审计调查单位 4247 个，审计项目投资金额 33551749 万元，审计查出主要问题金额 842778 万元，核减投资额（工程款）264868 万元。省本级组织对抚州至吉安高速公路建设项目、城镇保障性安居工程及对支援新疆阿克陶县发展资金和项目进行跟踪审计，揭示违纪违规问题，提高建设资金使用效益。

社会保障审计 全年完成社会保险基金类审计单位 20 个，审计查出主要问题金额 21569 万元。省本级组织对全省城镇保障性安居工程进行跟踪审计，组织对 11 个市区市中心城区住宅维修资金进行审计调查，组织对南昌大学第四附属医院“阳光医药”进行在线审计，揭示存在问题，提出审计建议。

企业审计 全年完成审计单位 133 个，查出主要问题金额 3390561 万元。省本级组织对省出版集团公司 2011—2012 年度资产负债损益和省高速公路投资集团有限责任公司 2012 年度资产负债损益以及新余钢铁集团有限公司 2011 年至 2013 年财务收支情况进行审计。揭示省高速公路投资集团有限责任公司偿债压力较大、新钢集团关联交易核算不够准确、省出版集团财务管理不够规范等问题，提出堵塞漏洞和避免损失的建议。

经济责任审计 全年对 1621 名党政主要领导干部和国有企业领导人员开展任期经济责任审计，重点关注领导干部贯彻落实法律法规和宏观经济政策情况、重大经济决策情况、履行国有资产管理职责及廉洁自律情况等，审计查出主要问题金额 2147206 万元，查出领导干部负直接责任问题金额 439 万元。针对个别领导干部法治观念及责任意识不强、决策和管理不够规范等问题，提出相应建议，为加强干部管理监督和考察任用提供重要参考，促进领导干部守法守纪，守规尽责。省审计厅首次安排新余、吉安两市市委书记、市长经济责任同步审计和 5 位省高等院校党委书记离任经济责任审计。

专项资金审计 全年完成审计单位 522 个，审计专项资金总额 1699680 万元，查出主要问题金额 1482932 万元。10 月 28 日至 11 月 30 日，省审计厅组织省、市两级审计机关共组成 112 个审计组对省本级、11 个设区市本级（含开发区、风景名胜区管理局等）和 100 个县（市、区）2008 年至 2012 年造林绿化“一大四小”工程建设财政专项资金筹集、使用、管理情况进行全面审计，延伸抽查 903 个项目施工单位，现场抽查资金面占实际使用资金总额的65.22%。3月至4月，省本级组织开展对赣南等原中央苏区主要区域——赣州、吉安、抚州市所属41个县（市、区）管理、拨付和使用中央、省财政转移支付资金情况的审计。揭示苏区补助资金和土坯房改造点建设资金、扶贫产业化资金等方面存在的问题，并提出审计意见和建议。3月至5月，省本级对南昌、抚州、景德镇、萍乡4个设区市本级及所属南昌县、南城县、乐平市、安源区共13个县（市、区、开发区）2011—2012年度人防易地建设费征收管理使用情况进行专项审计调查；组织对于都、遂川等17个试点县农村义务教育学生营养改善计划专项资金管理使用情况进行专项审计调查。

队伍建设 为进一步宣传《中华人民共和国审计法》《中华人民共和国审计法实施条例》和《江西省审计条例》，扩大审计社会影响，普及审计法律知识，江西省审计厅与省普法办共同举办全省审计法律知识竞赛活动。本次活动分为网络竞赛和电视竞赛两种形式。网上竞赛人数达到286549人次，其中省内有3674个单位的284659人次参赛，省外有1890人次参赛，参赛人员遍布机关、企业、学校等各行各业。江西省高速公路投资集团有限责任公司、江西省煤炭集团公司等9家单位荣获全省审计法律知识网上学习和竞赛活动优秀组织奖。全省审计法律知识电视竞赛由全省审计机关在职人员、企业内部审计人员分别组成代表队参赛。最终，南昌市审计局获得本次大赛的一等奖，江西铜业公司和宜春市审计局荣获二等奖，上饶市审计局、萍乡市审计局、赣州市审计局获三等奖。

1月上旬至4月上旬，全省审计机关集中3个月时间，开展“整顿干部队伍、建设审计铁军”活动，并组织“回头看”。各级共开展明察暗访活动35次，召开座谈会157场（次），征求到意见（建议）273条，排查各类问题471个，建立健全包括班子自身建设、干部队伍思想分析、审计业务管理、重要情况报告、内部管理、审计纪律、工作作风等方面846项规章制度。

（撰稿人：周　波）

【南昌市审计局】 2013年，南昌市审计局人员编制93人，在编91人。局长万仁如，副局长赵波（—11月）、詹善平、陈国广，总审计师郑克里，纪检组长刘承万。设有办公室、综合处、法规处、财政金融审计处、行政事业审计处、农业与资源环保审计处、固定资产投资审计处、经贸审计处、社会保障审计处、经济责任审计室（市经济责任审计工作领导小组办公室）、审计信息处、人事教育处、综合审计一处、综合审计二处、监察室、机关党总支（—10月）、机关党委（11月—）。

审计成果 南昌市审计局全年完成审计项目83个，查出问题金额4806593万元，其中违规金额46154万元、损失浪费金额1398万元、管理不规范金额4759040万元；损益（收支）不实金额29466万元；审计处理处罚金额66784万元，其中应上缴财政34289万元、应减少财政拨款或补贴19721万元、应归还原渠道资金110万元、应缴纳其他资金1862万元、应调账处理金额10800万元；审计发现非金额计量问题344个；审计促进整改落实有关问题资金48195万元，其中增收节支47901万元、已缴纳其他资金102万元、已调账处理金额911万元；审计后挽回（避免）损失16831万元；向有关部门移送案件线索10起；提交审计专题、综合性报告和信息268篇，被批示、采用129篇次。被省委、省政府评为江西省第十三届文明单位，科技专项经费审计项目被审计署评为全国表彰审计项目、被审计厅评为全省优秀审计项目。

财政审计 按照构建财政大格局的要求，以预算执行为主线，以财政数据分析为平台，全年共审计项目27个，审计揭示的应收下级财政资金及委托贷款未催收追缴、“三公”经费控制不严等问题，引起市委、市人大、市政府的高度重视，10月9日，市委常委会首次听取财政预算执行情况和其他财政收支审计情况汇报。《中国审计报》在头版刊登《江西省委常委、南昌市委书记王文涛要求：对审计结果中反映的问题进行专项整改》的专题报道，市人大对审计工作报告进行审议并通过。

农业与资源环保审计 重点审计45个乡镇86个村的村级财务，共查处违规金额116.26万元，管理不规范金额3.73亿元。根据审计结果，南昌市政府办公厅下发《南昌市农村集体“三资”信息化管理工作方案》，市农业局、市财政局联合下发《全市村级财会规范化培训方案》。

固定资产投资审计 全年完成投资审计项目 4 个，审计金额 14.52 亿元，核减金额 2.65 亿元，平均核减率为 18.2%。对以 BT 模式建设的赣东大堤风光带景观工程进行跟踪审计，促成南昌市出台《BT 项目投资建设管理办法》。

企业审计 完成审计项目 5 个，在对江西长运股份有限公司资产负债损益情况审计中，存在股权收购程序不规范、收益流失等问题，已移送检察机关。市国资委牵头，对《南昌市国有企业经营者年薪制试行办法》进行完善修订。

经济责任审计 5 月 9 日出台《南昌市审计局经济责任审计项目操作规程（试行）》。全年完成审计项目 26 个（其中任中审计 6 个、离任审计 20 个），查出违规金额 256 万元，管理不规范金额 465642 万元，已上缴财政 229 万元，审计提出建议 84 条，被采纳 77 条。

专项资金审计 全年开展 4 项专项资金审计（调查）。在对市本级 2009—2011 年度科技专项资金进行审计中，查出问题资金 1.96 亿元，非金额计量问题 25 个，6 人被追究责任。派出 6 个审计组，对所属 6 个县区和 60 个乡镇的政府性债务情况进行审计，结果表明南昌地方政府性债务总体风险水平较低。 （撰稿人：邱　祥）

【九江市审计局】 2013 年，九江市审计局人员编制 79 人，在编 84 人。局长胡伟华，副局长何斌、汪建荣、李建国、钱炎如，总审计师杨利发。设有办公室、综合科、法规与审理科、财政与金融审计科、行政事业审计科、农业与资源环保审计科、固定资产投资审计一科、固定资产投资审计二科、经贸审计科、社会保障审计科、外资与园区审计科、经济责任审计处、人事科、机关党总支、信息中心、审计干部培训中心和开发区审计分局。

审计成果 九江市审计机关共审计单位 1631 个，查出违规金额 27272 万元，应上缴财政 3097 万元，应减少财政拨款或补贴 46184 万元，应归还原渠道资金 16934 万元，应调账处理金额 228393 万元，应缴纳其他资金 34395 万元；已上缴财政 3994 万元，已减少财政拨款或补贴 46071 万元，已归还原渠道资金 8980 万元，已调账处理金额 273056 万元，已缴纳其他资金 4721 万元。移送纪检监察和司法机关案件线索 10 件。核减投资额 76237 万元。提出审计建议 2835 条，被采纳 1784 条；被审计单位制定整改措施 82 项，建立健全规章制度 8 份；提交审计专题、综合性报告和信息简报 206 篇，被批示采用 198 篇。

预算执行审计 全市审计机关突出对重点部门、重点单位进行审计，加强对财政、地税及拨款收费数额大、所属机构多的预算部门进行审计，提出进一步建立健全完整的预算管理体系、加强预算执行管理、规范专项资金管理等建议，促进完善相关制度。各区县审计结果报告和工作报告都得到政府肯定和人大常委会好评。

固定资产投资审计 全市审计机关完成 1079 个政府投资项目的结算和决算审计，重点审计工程造价的真实性和合理性，同时关注工程项目规费征缴情况。其中市本级完成 25 个项目，送审投资额 212840 万元，审减投资额 44332 万元，决定收缴规费 1109.65 万元。开展重大投资建设项目跟踪审计。代政府草拟《九江市人民政府关于进一步加强政府投资项目管理的意见》。

经济责任审计 全市审计机关按照“积极稳妥、量力而行、提高质量、防范风险”的方针，着力推进经济责任审计工作。共审计领导干部 262 人，发现违规问题金额 8552 万元。市审计局与市委组织部联合出台经济责任审计五年规划，并首次开展县级党政一把手同步审计。

专项资金审计 全市审计机关加大对教育、“三农”、科技、保障性住房等民生项目和资金的审计力度。通过审计，促进整改金额 17903 万元，推动相关政策的落实。市审计局开展会议活动经费审计调查，促进市直部门厉行节约。全市审计机关统筹协调、密切配合、集中力量，配合上级审计机关完成保障性安居工程、政府性债务和“一大四小”工程建设财政专项资金等统一组织审计项目。

交办工作 按照市政府有关领导的指示，对九江市公共交通集团公司债务进行审计，出具债务审计情况说明。按照市政府统一安排，市审计局参加全市民生资金管理使用情况监督检查，市县两级审计部门对卫生专项、家电下乡补贴、农机具购置补贴、农村劳动力培训资金等重点民生资金开展专项审计。

审计科研 市审计局引入考核激励机制，推动审计科研，并以此促进实务工作。报送的论文获得江西省第十五次优秀社会科学成果二等奖、九江市优秀社科成果奖。

审计学会换届和内部审计协会成立 7月25日，九江市审计学会第二届会员代表大会暨二届一次理事（扩大）会议召开，市县审计机关及部分市直单位的代表107人参加大会。会议审议通过市审计学会第一届理事会工作报告、重新修订的市审计学会章程，选举第二届理事会和新一届学会领导集体。同日召开九江市内部审计协会成立暨第一届理事会议，大会表决通过九江市内部审计协会章程、会费收缴管理办法，选举产生第一届理事会和协会领导集体。（撰稿人：吴剑锋）

【景德镇市审计局】 2013年，景德镇市审计局人员编制40人，在编40人。局长王国华，副局长陈志坚、王桦、汪晓敏，总审计师占玉芳，纪检组长詹镕文。设有办公室、综合科、法规审理科、财政与金融审计科、固定资产投资审计科、经贸审计科、农业与资源环保审计科、行政事业审计科、经济责任审计科、外资与园区审计科、社会保障资金审计科、监察室。下辖信息中心、工程投资决算审计中心。

审计成果 景德镇市审计局完成审计项目71个，查出主要问题金额142718万元，应上缴财政505万元、应减少财政拨款或补贴5133万元、应归还原渠道资金2655万元，促进市政府出台相关文件3份。移送司法机关、纪检监察机关和有关部门处理事项4件；出具审计报告和专项审计调查报告71篇；提出审计意见建议并被采纳141条，提交审计信息45篇。

财政审计 坚持财政大格局审计，将11个部门预算执行和财政财务收支情况纳入重点审计范围，同时对景德镇市高新区、陶瓷科技园财政与财务收支进行审计；对房地产开发项目相关税费征管情况开展专项审计调查，促进相关税费的征缴；配合江西省审计厅对景德镇市本级、昌江区地方政府性债务进行审计调查，得到武汉特派办特派员和江西省审计厅厅长的好评；开展“三公”经费专项审计调查，摸清全市机关单位上一年度“三公”经费支出情况。

固定资产投资审计 完成投资审计项目63个，核减工程造价10990万元，为景德镇市节约大量财政资金。按照审计署统一部署，在省审计厅的直接领导下，景德镇市审计局派出审计组对所属辖区的保障性安居工程进行审计。

经济责任审计 出台《经济责任审计项目操作规程》等制度性文件。完成经济责任审计项目27个，其中任中审计7个。

专项资金审计 共完成住房公积金、房屋维修基金、农业产业化专项资金、水库移民资金等12项专项资金审计。在审计过程中关注民生资金管理使用情况，维护群众根本利益，切实保障资金安全有效使用。

相关工作 对国际陶瓷艺术创意中心项目资金筹集使用、建设管理等情况进行审计，推动景德镇新区的建设；对失地农民社保缴费相关优惠政策情况进行核查，减少财政资金支出；对四处安置房项目进行审计，很好的维护社会稳定；积极参与国际陶瓷博览会的跟踪审计，促进节俭办会；结合审计监督职能，积极开展“为民党建工程”、环境综合治理、包村扶贫、社区共建、新农村建设等工作，切实加强与基层群众的联系，帮助解决人民群众的实际困难。（撰稿人：江志群）

【鹰潭市审计局】 2013年，鹰潭市审计局人员编制34人，在编31人。局长吴建辉，副局长祝木水（—1月）、王国军，总审计师王惠斌（—3月）、阮春玲（4月—），纪检组长姚美娟（—4月）、叶国琼（10月—）。设有办公室、综合法制科、财政与金融审计科、文教与政法审计科、农业与资源环保审计科、投资建设与社会保障审计科、经贸审计科、经济责任审计科，另有监察室、机关党支部，下设市政府基本建设审计中心（鹰潭市审计信息中心）。

审计成果 鹰潭市审计局全年完成审计项目50个，审计及审计调查单位145个，提出审计建议并被采纳95条。市审计局领导班子被市委评定为2013年度好领导班子，市审计局荣获2013年度全市落实党风廉政建设责任制和推进惩防体系建设优秀单位、全市新农村建设先进单位、人口和计划生育工作市直部门先进单位、全市公共机构节能工作先进单位，档案工作规范化管理省三级单位等荣誉。

财政金融审计 开展2012年度市本级预算执行及其他财政收支审计（含龙虎山风景名胜区、鹰潭高新区、信江新区），市地税局2012年度税收征收管理审计，市行政服务中心、市商务局、市城乡建设局、市职业技术学院等7个部门2012年度部门预算执行审计，月湖区2011年至2012年财政决算审计，对2011年度市本级预算执行中审计查出的问题逐一进行跟踪检查和督促整改。重点检查预算执行、决算编制、财政账户设置及预算分配、预算收支、财政资金管理使用等情况；关注税收政策执行和税收征收管理，促进依法治税；关注部门财政收支合法、合规和绩效情况，促进深化部门预算改革，提高依法理财能力，推动部门预算、决算公开透明，提高财政资金使用效益。整合全市审计资源，完成省审计厅统一组织的政府性债务审计，有效摸清政府性债务规模，分析债务成因和问题，针对防范和化解债务潜在风险提出审计建议。

经济责任审计 制定《经济责任审计项目组织实施工作规范》，重点关注被审计领导干部任职期间贯彻执行经济法律法规、经济工作方针政策及决策部署，促进经济社会事业科学发展情况，重大经济决策制定、执行和效果情况，财政收支的情况，政府性债务管理情况，国有资产管理情况，政府投资项目管理情况，相关目标责任落实情况，以及遵守有关廉政建设规定情况等。先后对市发改委原主任、市工信委原主任等14个单位和部门的主要领导干部进行经济责任审计。建立通报机制，向市委、市政府和市纪委、市委组织部报送领导干部经济责任审计情况报告，指出问题，提出建议，有效促进领导干部依法履职。

固定资产投资审计 制定出台《鹰潭市审计局关于进一步加强政府投资项目审计工作管理的意见》《鹰潭市审计局关于社会中介机构参与政府投资建设项目审计管理办法》等规范性文件。共完成市委老干部活动中心大楼、市人民医院门诊医技大楼、市二化小区廉租房、320国道一级公路改造工程等政府投资决算审计项目15个，提升政府投资建设资金的绩效水平。开展省审计厅统一组织的保障性安居工程跟踪审计，查清建设资金筹集使用和工程建设目标任务完成情况，发现存在不符合条件而享受保障房等违规问题，责成相关单位停发相关租赁补贴，进行房屋清理清退，取得较好社会效果。

专项资金审计 组织开展2011年至2012年全市社会抚养费专项审计、2011年至2012年市直房屋维修基金情况审计调查、2011年至2012年全市福利彩票资金情况审计等关系群众利益和民生改善的专项资金审计。完成省审计厅统一组织的“一大四小”工程专项资金审计项目。通过审计，重点检查民生资金管理、使用情况和政策措施落实情况，注重发现政策落实不到位、政策目标未实现以及影响和损害群众利益的突出问题，提出调整政策及完善制度的意见和建议，促进发挥专项资金应有的效益，维护好人民群众的切身利益。

信息化建设 积极发挥“联网审计”平台的优势功能，在税务等信息化程度较高的部门大力推进业务联网审计模式，取得初步成效。积极应用OA进行审计项目管理，不断提升审计项目AO应用的广度和深度，制定《2013年部分审计项目跟踪审理实施办法》，对部分审计项目实施网上跟踪审理，总结提炼计算机审计方法和应用实例，提升审计工作效能。（撰稿人：黄晓华）

【新余市审计局】 2013年，新余市审计局人员编制49人，在编49人。局长夏文成，副局长彭多林（11月—）、周永平、曾长生。设有人秘科、综合法规科、财政金融审计科、行政事业审计科、农业资源环保审计科、固定资产投资审计科、经济贸易审计科、经济责任审计科、审计信息中心、政府投资项目审计中心。

审计成果 新余市审计局完成审计项目49个，查出违纪违规金额807.96万元，管理不规范金额53251万元，查出损失浪费金额378万元，应归还原渠道资金56万元，应调账处理金额7万元，已上缴财政807.96万元。移送纪检监察机关和有关部门处理事项12件。出具审计工作报告75篇，其中批示批转8篇；提出审计建议204条，提交审计信息314篇。

政府性债务审计 对渝水区本级及所属16个

乡镇的政府性债务情况进行审计，对债务规模、结构、未来偿债情况、债务风险进行分析，揭示渝水区政府性债务管理和使用中存在的主要问题。

财政审计 对市外事侨务办、市行管委等单位的预算执行情况进行审计，发现部分单位收入没有纳入预算管理、有的单位账目比较混乱、主管部门到下属单位报销费用或调用资金、违规收费、虚假合同套取资金支付费用、违规集资等问题。对渝水区、高新区2011年至2012年财政决算进行审计，发现财政收支质量不高，存在失真现象、预算编制不规范不完整、部分预算外收入没有纳入预算管理、截留应解上级收入、对乡镇财政收支的监管不力、乡镇引税成本过高未得到有效控制等问题。

经济责任审计 对渝水区政府等单位的25名原主要领导开展任期经济责任审计，及时发现和纠正权力运行中存在的问题，初步形成对领导干部履行经济责任“任前有告知、离任有交接、违规须追责、问题要整改”的规范性制度。

固定资产投资审计 全年审计投资项目总造价64291.90万元，审减金额10602.86万元，综合审减率为16.56%。发现部分项目未进行招投标、供电供水通讯等项目的施工及工程价款存在垄断、部分项目建设管理不规范、部分项目的现场工程量签证、定额套价取费及材料价差调整存在不规范现象等问题。

专项资金审计 对全市家电下乡资金、扶贫资金、基本公共卫生服务资金、住房公积金、住房维修资金等民生资金使用绩效进行专项审计和审计调查，分解资金管理现状，揭示资金筹集、管理和使用中存在的拨付不及时、配套不到位、分配不科学、未专款专用、资金大量沉淀等问题。

（撰稿人：廖南生）

【萍乡市审计局】 2013年，萍乡市审计局人员编制43人，在编40人。局长朱广仁，副局长胡芳、张增良、彭青兰，总审计师蔡常萍，纪检组长杨生元。设有办公室、综合法规科、经贸与财政金融审计科、行政事业审计科、农业与资源环保审计科、固定资产投资审计科、社会保障审计科、经济责任审计科、机关党总支、监察室（萍乡市监察局派驻机构）和政府投资项目审计中心。

审计成果 萍乡市审计局完成审计项目105个，查出主要问题金额37595万元，其中违规金额4876万元、损失浪费金额84万元、管理不规范金额32635万元；损益（收支）不实金额335万元；审计处理处罚金额65752万元，其中应上缴财政506万元、应减少财政拨款或补贴19万元、应归还原渠道资金332万元、应调账处理金额64613万元；审计发现非金额计量问题58个；审计促进整改落实有关问题资金65698万元，其中增收节支803万元、已调账处理64613万元；移送司法机关、纪检监察机关和有关部门处理事项5件；出具审计报告和专项审计调查报告105篇；提出审计建议272条，提交审计信息54篇，被批示、采用4篇。市审计局被中共江西省委、省人民政府评为第十三届省级文明单位；被萍乡市委政法委评为市社会管理综合治理先进单位；被萍乡市建设局评为市级园林化单位。

财政审计 市审计局加大财政“同级审”的审计力度，将萍乡市经济技术开发区纳入市级预算执行审计范围。重点对公共财政预算、基金预算、财政专户资金情况进行审计，涉及问题资金23603.45万元。揭示市级财政在预算管理、国库资金管理、税收征管、预算执行等方面的问题，客观评价市级财政在促进萍乡经济建设等方面取得的成效，并针对发现的问题从体制、机制、制度和政策层面分析原因，提出建议。

固定资产投资审计 市审计局完成固定资产投资审计项目82个，送审金额24329万元，审减金额6150万元，审减率为25.28%。在审计中将审计监督关口前移，将工程结算审计和项目的财务收支、资金管理使用等情况相结合，揭示建设领域存在的问题，维护建设领域经济秩序，促进节约资金。

经济责任审计 市审计局完成经济责任审计项目16个，每个审计项目都严格按照省委、省政府及市委、市政府出台的相关文件的规定，将领导干部任期经济责任审计与部门预算执行审计相结合，把部门预算执行情况和领导干部经济责任履行情况作为重点，不断加强审计监督力度。通过对部门单位领导干部任职期间履行经济责任情况的审计，为领导和组织部门考核任用干部提供参考。

专项资金审计 完成水利建设项目资金审计、国家投资土地整理项目审计、就业和促进再就业资金审计等，涉及问题资金 1683.76 万元。通过专项资金审计，及时发现专项资金管理使用中存在的问题，督促有关部门单位加强专项资金管理，做到专款专用，提高专项资金管理水平和使用效益。（撰稿人：罗云凡）

【赣州市审计局】 2013 年，赣州市审计局人员编制 56 人，在编 51 人。局长马晓聪，副局长王业有、郭德明，总审计师谢忠祥，纪检组长郭竞（—3 月）。设有办公室、法规科、总支办、监察室、财政金融审计科、经贸审计科、行政事业审计科、固定资产投资审计科、农业资源环保审计科、社会保障审计科、外资运用审计科、经济责任审计科、信息科、审计干部培训中心。

审计成果 赣州市审计局共完成审计或审计调查项目 228 个，上缴财政 769 万元，归还原渠道资金 5256 万元；向市委、市政府提交审计专题、综合性报告 19 篇，报送审计专报 41 篇，其中 3 篇综合报告得到市委、市政府主要领导批示。市审计局被省委、省政府评为第十三届文明单位，被市委、市政府评为"三送"工作先进单位、综治工作先进单位、集中整治干部作风先进单位和计划生育先进单位。

财政审计 完成审计项目 31 个，其中市本级财政同级审项目 2 个、对县级财政审计项目 3 个；部门预算执行审计项目 1 个；农村危旧土坯房改造资金、家电下乡补贴资金、农机购置补贴资金审计项目 11 个；组织及实施赣南等原中央苏区转移支付资金审计项目 4 个；组织及实施政府性债务审计项目 2 个；经济责任审计项目 8 个；林业"一大四小"项目 2 个。上缴财政 154 万元。

行政事业审计 完成审计项目 15 个，参与审计项目 8 个，向省审计厅提交《赣州市中小学校舍安全工程 2012 年跟踪审计报告》《赣州市中小学校舍安全工程三年跟踪审计报告》2 篇，向市委组织部提交《经济责任审计结果报告》7 篇。查出违规违纪金额 18684.90 万元，已上缴财政 32 万元。

农业与资源环保审计 完成审计项目 15 个，组织全市农村危旧土坯房改造资金等涉农专项资金（以下简称"三项资金"）审计、造林绿化"一大四小"工程建设财政专项资金（以下简称"一大四小"）审计项目。查出违纪违规金额 9700 多万元，移送案件线索 3 起（已立案 3 起），被市政府主要领导批转综合报告 1 篇。

固定资产投资审计 完成审计项目 18 个，其中专项资金审计 5 个、经济责任审计 8 个、预算执行审计 2 个、工程项目审计 3 个。查出违纪金额 6765.89 万元，上缴财政 6.5 万元。工程审计送审金额 80123.31 万元，核减金额 2041.63 万元。

社会保障审计 完成审计项目 22 个，上缴财政 69.03 万元，发表文章信息 3 篇（条）。

经济责任审计 完成审计项目 21 个，上缴财政 77 万元。参加公务接待费审计及赣州商业银行审计，移送案件线索 1 起。起草领导干部经济责任审计实施方案，发表审计信息 6 篇，市委书记批示件 1 份。

企业审计 完成审计单位或项目 19 个，其中财务收支和资产负债损益审计 4 个、专项审计和审计调查 7 个；审计查出违纪违规金额 15263.81 万元，应上缴财政 326.93 万元，已上缴财政 326.93 万元，向公安部门移送案件线索 5 起。

外资运用审计 完成审计项目 16 个，其中经济责任审计 8 个，对"三公"经费进行审查，对市技校国家助学金及免学费进行专项检查，上缴财政 50.37 万元。

信息化建设 制定《赣州市审计局计算机网络安全保密制度》《赣州市审计局计算机维护与管理制度》等制度规范。完成审计管理系统国产化改造。切实做好局网络维护工作，确保局办公网络正常运转。配合局业务科室参与"三项资金"、地方债务、"一大四小"、保障性住房等审计项目。完成局机关监控系统升级改造。通过审计会商系统远程参与审计署及省审计厅的数十次培训与会议。公开政务信息 324 条，推进政务公开工作。（撰稿人：黄雪峰）

【上饶市审计局】 2013 年，上饶市审计局人员编制 56 人，在编 55 人。局长何丰，副局长万金星（—5 月）、董岚、周锋、卢兴，总审计师郑明军，纪检组长陈建农（12月—）。设有办公室、监察室、法规科、财政金融审计科、行政事业和社会保障审计科、经贸审计科、固定资产投资审计科、农业环保与外资运用审计科、经济责任审计科、信息中心、基本建设审计中心、经济责任审计中心、经济技术开发区审计中心。

审计成果 上饶市审计机关完成各类审计及审计调查项目831个，查出主要问题金额813227万元，其中违规金额1146万元、管理不规范金额812081万元；损益（收支）不实金额75531万元；审计处理处罚金额55524万元，其中应上缴财政1146万元、应减少财政拨款或补贴27639万元、应归还原渠道资金9471万元、应调账处理金额17266万元；审计发现非金额计量问题44个；审计促进整改落实有关问题资金8453万元，其中增收节支7251万元，已上缴财政1089万元、已归还原渠道资金6182万元、已调账处理金额1202万元；审计后挽回（避免）损失27639万元；移送司法机关、纪检监察机关和有关部门处理事项3件；出具审计报告和专项审计调查报告968篇；提出审计建议1328条，被采纳审计建议356条；提交审计信息530篇，被批示、采用93篇。市审计局获得江西省精神文明建设工作先进单位、江西省审计机关综合考评第二名。

财政审计 对上饶市116个单位或部门进行预算执行或财政决算审计，审计查出主要问题金额708886万元。主要是预算编报不真实不完整96000万元，违规变更调整预算12523万元，未按规定纳入预算管理81626万元，未按规定征收缴纳收入14614万元，未落实“收支两条线”和专户管理规定15926万元，违规改变项目计划和资金用途6490万元，未按规定征提基金1415万元，乱收费乱摊派乱罚款2187万元，资金滞留闲置38002万元，违规使用发票2407万元，虚列支出66249万元，扩大开支范围或提高开支标准1282万元，违规出借财政资金41843万元，违规办理结算或批复决算1405万元，资金不到位不落实486万元，账外资产840万元。

行政事业审计 对上饶市241个行政事业单位进行审计，审计查出主要问题金额26577万元。主要是预算编报不真实不完整629万元，未按规定纳入预算管理192万元，未按规定征收缴纳收入1441万元，隐瞒转移截留资金906万元，未落实“收支两条线”和专户管理规定1012万元，违规改变项目计划和资金用途846万元，乱收费乱摊派乱罚款438万元，违规使用发票918万元，扩大开支或提高开支标准列支1859万元，违规采购201万元，违规办理结算或批复决算1474万元，违规收取费用293万元，账外资产586万元，会计核算不实3596万元。

固定资产投资审计 对上饶市452个政府投资项目开展审计，项目投资额252296万元，核减工程款27629万元，审计查出主要问题金额47822万元。主要是预算编报不真实不完整465万元，扩大开支范围或提高开支标准列支1122万元，工程价款不实27639万元，投资概预算编报不规范17449万元，超规模超标准项目1个。

企业审计 对上饶市4个中央、省、市重点企业进行审计或审计调查，查出主要问题金额5255万元。主要是违规经营1584万元，违规出借资金1194万元，违规收购390万元，资产质量不实587万元，财务收支核算不实1792万元（少计或虚列成本费用1644万元），少计少缴税费91万元，其他问题金额1252万元。

经济责任审计 对上饶市139名党政机关领导干部和国有企业领导人进行经济责任审计，其中任中经济责任审计23人。审计查出主要问题金额15381万元，已上缴财政115万元。主要是违规金额121万元（其中负领导责任116万元），促进增收节支351万元。

专项资金审计（调查） 对上饶市18个单位（项目）开展专项资金审计和审计调查，审计查出主要问题金额24840万元。主要是未按规定征收缴纳收入210万元，违规改变项目计划和资金用途2151万元，资金滞留闲置647万元，虚列支出5289万元，违规采购3577万元，违规分包非法转包503万元。 （撰稿人：胡跃明）

【抚州市审计局】 2013年，抚州市审计局人员编制49人，在编47人。局长魏建平，副局长黄荣泉（—9月）、吴晓兰（4月—）、李兆龙、万高峰、杨心灵（12月—），总审计师吴晓兰（—4月）、陈国华（4月—）。设有人事秘书科、综合法规科、财政金融审计科、行政事业审计科、经贸审计科、固定资产投资审计科、经济责任审计科、农业资源环境审计科，下设培训中心、信息中心、审核中心及审计学会。

审计成果 抚州审计机关共审计（调查）项目1567个，查出各类违规金额16.45亿元，向司法、纪检监察机关移送违法违纪案件线索25件，建议有关部门处理44件；向党委、政府报送《审计要情》10篇，得到党委、政府主要领导批示6次；提出审计建议1775条；提交审计专题（综合性）报告1567篇，各类审计信息、调研文章被各级党委、政府领导和上级审计机关采用629篇。抚州市审计局政府性债务审计工作被审计署通令嘉奖；连续26年被省委、省政府评为全省文明单位；被授予全省人民满意的公务员集体称号；被省审计厅评为全省地方政府性债务审计先进集体；被市委、市政府评为市直单位招商引资工作二等奖、绩效管理工作先进单位；被评为市直挂点帮扶新农村建设先进单位、社会管理综合治理先进单位、全市公共机构节能先进单位、计划生育工作先进单位等。

政府性债务审计 按照审计署、省审计厅的要求和部署，抚州市审计机关对除市本级和崇仁县本级及所属乡镇以外的10个县（区）及136个乡镇政府的政府性债务情况进行审计，达到"摸清底数，反映问题，揭示风险，提出建议"的审计目标。

财政审计 审计机关进一步加大民生工程资金审计力度，查出违规调入资金、违规征收已取消的地方教育费附加及建筑行业上级管理费等违纪违规问题，并就审计查出问题督促有关县及部门进行整改。截至10月底，各被审计单位通过上缴国库、归还原资金渠道、补征税款、收回贷（借）款、调整账目等方式整改问题金额6.2亿元，采纳审计建议28条。

固定资产投资审计 市本级完成工程决算项目审计41个，为市政府节约资金3317.42万元。市审计局上报的《我市政府投资项目决算审减率较大应引起高度重视》，得到市委、市政府主要领导的高度重视，促进市政府出台《关于进一步规范市本级工程建设项目预（结）决算评审、审计工作的实施意见（试行）》的文件。

经济责任审计 市本级完成市委组织部委托的6批次经济责任审计对象74人，审计部门提供的经济责任审计结果报告，成为党委、组织部门考察领导干部重要的评价体系和参考依据。

其他审计 市审计局对崇仁、金溪等8个赣南原中央苏区中央、省财政转移支付资金中的108个项目进行审计；对抚州市2012年各类城镇保障性安居工程的投资、建设、分配、运营等情况进行审计，涉及审计金额73598.76万元；对资溪、广昌等9个县的人防异地建设费征收管理使用情况进行审计。（撰稿人：杨志波）

【宜春市审计局】 2013年，宜春市审计局人员编制60人，在编61人。局长孙国琴，副局长邓余平、陈琪、樊秀江（1月—），总审计师王孝军（6月—），纪检组长程小军。设有秘书科、综合法规科、财金审计科、行政文教审计科、政法社保审计科、经贸审计科、农业与资源环保审计科、固定资产投资审计科（工程决算审计中心）、经济责任审计一科、经济责任审计二科、信息科和监察室。

审计成果 宜春市审计机关共完成审计或审计调查1173个单位，查出违规金额33518万元，损失浪费金额613万元，管理不规范金额1057838万元。审计处理上缴财政25831万元，工程核减投资金额67232万元。提交审计专题、综合性报告、信息842篇，被批示、采用合650篇。完成领导干部经济责任审计204人次。

财政审计 对高安市、万载县及宜春经济开发区、宜阳新区等4个县（市、区）及67个乡镇进行财政决算审计，查出违规问题金额及管理不规范金额104234万元，主要是预算编报不真实不完整1879万元，违规变更调整预算3506万元，未按规定纳入预算管理金额3737万元，未按规定征收缴纳收入29673万元，隐瞒转移截留资金2610万元，违规改变项目计划和资金用途金额2777万元，乱收费乱摊派乱罚款金额930万元，资金滞留闲置金额2781万元，虚列支出金额5082万元，扩大开支范围或提高开支标准列支金额3131万元，违规出借财政资金700万元，会计核算不实金额2138万元，均按规定进行处理。对119个单位进行预算执行审计，共查出违规问题金额及管理不规范金额630726万元，主要是预算编报不真实不完整221583万元，预算编制批复不规范107628万元，未按规定纳入预算管理金额33995万元，未按规定征收缴纳收入5452万元，未落实“收支两条线”和专户管理规定金额7237万元，违规改变项目计划和资金用途金额8620万元，未按规定征提基金4304万元，乱收费乱摊派乱罚款金额1733万元，资金滞留闲置金额29424万元，虚列支出金额3200万元，扩大开支范围或提高开支标准列支金额3236万元，违规出借财政资金7800万元，资金来源不合规金额15014万元，会计核算不实金额13853万元等问题，均按规定进行处理。

固定资产投资审计 对全市2013年城镇保障性安居工程进行跟踪审计；对467个政府投资项目（含单项）进行工程竣工决算审计，核减工程造价67232万元。

经济责任审计 审计机关对204位领导干部任期经济责任进行审计，查出领导干部违规金额20024万元，其中负主管责任金额12万元、负领导责任金额20011万元；损失浪费金额10万元；管理不规范金额163123万元，负直接责任金额8万元，负主管责任金额21760万元、负领导责任金额141354万元。查出领导干部涉嫌个人经济问题人数1人，涉及金额240万元，受到撤职处分并移送司法机关。

专项资金审计 开展政府性债务审计、人防易地建设费征收管理使用情况、造林绿化“一大四小”工程建设财政专项资金和中小企业发展扶持专项资金申报拨付使用情况等专项审计。审计采用账面审计与审计调查相结合的方式进行。通过审计，发现并指出专项资金管理、分配和使用过程中存在的问题，提出进一步加强专项资金管理、分配和使用的意见和建议，实现对重点资金实施有力监督、有效服务的目的。

审计宣传 举办宜春市“新城杯”审计法律知识电视竞赛，全市审计系统12个代表队和市烟草局、公路局等6个内部审计机构代表队参加，宜春电视台全程录播；组队参加全省审计法律知识竞赛，取得全省审计法律知识电视竞赛第二名、网络竞赛优秀组织奖。

（撰稿人：朱丽芳　陈国平）

【吉安市审计局】 2013年，吉安市审计局人员编制40人，在编40人。局长鲍建军，副局长黄廉传、周共和、邓志华，总审计师肖军，纪检组长徐锐。设有办公室、综合法规科、财政金融审计科、经贸审计科、行政事业审计科、农业资源环保审计科、固定资产投资审计科、经济责任审计科、社会保障外资运用审计科。

审计成果 吉安市审计机关共审计1521个项目，查出主要问题金额270269万元，应上缴财政4076万元，已入库3269万元，审计后挽回（避免）经济损失23302万元，投资审计核减工程造价43640万元。向纪检监察、司法机关移送事项39件。提交审计专题、综合性报告等431篇，其中被批示采用102篇。审计提出建议1688条，被采纳审计建议603条、制定整改措施3项。

财政审计 全市审计机关围绕构建财政审计大格局，以促进提高资金管理使用效益为目标，重点关注税收征管、预算编制、专项资金分配使用、“三公”经费和会议费管理使用情况，提出进一步加强财政收入征管、建立健全完整的预算管理体系、加强预算执行管理等建议，促进完善相关制度。市本级的审计工作报告得到市人大常委们的高度评价，摘要稿在《井冈山报》、政府网站向社会公布，切实增强财政预算及其执行情况的透明度。

政府性债务审计 开展政府性债务审计，摸清政府性债务的规模、结构及增减变化情况，分析债务成因和偿债风险，反映政府性举借债务为当地经济建设做出的贡献，提出促进加强债务管理，有效防范和化解潜在风险，保持经济持续健康较快发展的意见和建议，为各级政府加强债务管理、规范债务资金使用、防范债务风险提供重要参考依据。

固定资产投资审计 全市审计机关审计投资额248270万元，审减投资额43640万元，核减率为17.58%（其中：市本级审计投资额37681万元，审减投资额8257万元，核减率为21.91%），有效降低投资成本，提高投资效益。在全市保障性住房建设项目审计中，发现部分地方开工任务未完成、会计核算不规范、不符合条件或资格的家庭获得保障住房、保障性住房长期闲置、退出机制不完善等问题，及时提出切实可行的建议。

泰和县审计局在泰和垃圾填埋场项目审计中投资核减率达到 38.16%。修订并报请市政府批准印发《吉安市政府投资建设项目审计监督办法》，召开“规范投资审计行为、防范投资审计风险”座谈会，加强投资审计管理和风险防控。

经济责任审计 共审计党政领导干部 237 人，查出问题金额 17110 万元，移送纪检监察机关和司法机关处理查处 1 人。为加强对审计成果的运用，以市纪委、市委组织部两家的名义下发《关于加强对领导干部审计监督的通知》，对全市各级党组织切实加强对审计工作的领导、审计机关认真履行审计监督职责、组织人事部门正确运用审计成果和被审计单位及其主要负责人加大审计整改问责力度等四个方面提出具体要求。市委、市政府制订出台《吉安市 2012—2016 年县处级领导干部经济责任审计工作规划》。吉安市审计局首次开展新干、峡江两县县委书记、县长经济责任同步审计；首次在县委书记（县长）经济责任审计中开展经济责任审计访谈，在一定程度上规避审计风险。

农业与资源环保审计 按照审计项目计划安排，组织全市审计机关采取就地审计的方式，对全市 13 个县（市、区）2011—2012 年度中央财政农机具购置补贴资金管理使用情况进行审计。发现农机具购置补贴管理程序还有待完善、农民反映购置农机具和农机具配置零部件价格偏高等情况依然存在。市审计局形成综合报告上报市政府，并建议相关单位在规定的期限内进行整改。

专项资金审计 组织全市 42 名审计人员对全市 13 个县（市、区）2010—2012 年度财政扶贫资金进行审计。审计单位 102 个，延伸审计调查项目 5434 个，涉及国家扶贫资金、移民扶贫资金、以工代赈资金、大中型水库移民后期扶持资金等。通过财政扶贫资金审计，查出问题资金 13008.84 万元，揭示资金结余过大或滞留未及时发挥效益，挤占、挪用、截留扶贫资金、违规冒领（或发放）移民补助资金、违规发放扶贫贷款贴息等问题，并提出意见和建议。市委、市政府对审计查出的问题非常重视，首次以市政府抄告单的形式，明确要求由县（市、区）政府牵头认真研究并提出整改措施，及时进行整改。从反馈情况来看，各县（市、区）政府对存在的问题及时进行整改，收到较好效果。加强对社保、教育、涉农、医疗、保障性安居工程等关系人民群众切身利益的专项资金管理、使用及效益情况的审计，对发现的问题及时提出审计建议并督促进行整改，确保各类专项资金安全有效的运行使用，促使各项改革措施和惠民政策落到实处。

（撰稿人：段学思　罗　萍）

2013 年江西省所辖区、县(市)级审计工作统计表

金额单位：万元

审计机关	完成审计项目（个）	审计查出主要问题金额	审计处理情况：审计处理处罚：应上缴财政	应减少财政拨款或补贴	应归还原渠道资金	应调账处理金额	移送处理事项（件）	出具审计报告和审计调查报告（篇）	提出审计建议（条）	提交审计信息（篇）
南昌市										
南昌市本级	83	4806593	34289	19721	110	10800	9	100	300	268
东湖区审计局	47	663		662		1	1	47	39	29
西湖区审计局	13	22324	43		36	7	1	13	119	41
青云谱区审计局	13	8157	8		4	1575		13	36	60

续表

审计机关	完成审计项目（个）	审计查出主要问题金额	审计处理情况					出具审计报告和审计调查报告（篇）	提出审计建议（条）	提交审计信息（篇）
			审计处理处罚				移送处理事项（件）			
			应上缴财政	应减少财政拨款或补贴	应归还原渠道资金	应调账处理金额				
湾里区审计局	16	4340	13	91			1	16	33	21
青山湖区审计局	12	16074	33				1	12	47	21
南昌县审计局	10	49504	10270		2616	35824		10	16	36
新建县审计局	50	9938	24	5732			1	50	91	5
安义县审计局	42	1415	60					42	143	
进贤县审计局	48	58128	191		39	448		48	172	14
九江市										
九江市本级	90	1080	1202	20573	10166	184637	1	90	239	36
浔阳区审计局	100	1	1					100	113	
庐山区审计局	48	3	1	1313				48	55	
开发区分局	2					27777		2	11	
瑞昌市审计局	65	10249	386		108	155		86	145	69
九江县审计局	100	2267	68	3398	806			102	97	13
武宁县审计局	106	1313	27	1259				117	46	
修水县审计局	253	746	746		5218	14891	4	253	722	78
永修县审计局	76	1423	97	1087	385	217		87	172	
德安县审计局	128	3067	20	2982				146	65	39
星子县审计局	186	2515	249	2501	93	89		186	293	
都昌县审计局	146	2565	40	1956	1			158	270	
湖口县审计局	99	188	164	7995	89		4	99	134	
彭泽县审计局	115	1833	69	411	7			115	472	65
庐山审计处	77	10	10	2709				90	41	
共青城市审计局	40	12	17		61	627	1	42		
景德镇										
景德镇市本级	71	142718	505	5133	2655		4	71	141	45
昌江区审计局	40	1897	65	82	86	135		40	112	15
珠山区审计局	20	12695	11					20	49	107
乐平市审计局	60	946	140	425	620	560		60	72	2
浮梁县审计局	185	1204	152		210	842	1	35	112	
鹰潭市										
鹰潭市本级	59	5444	214	8	3612	1543	1	51	107	69

续表

审计机关	完成审计项目（个）	审计查出主要问题金额	审计处理情况					出具审计报告和审计调查报告（篇）	提出审计建议（条）	提交审计信息（篇）
			审计处理处罚				移送处理事项（件）			
			应上缴财政	应减少财政拨款或补贴	应归还原渠道资金	应调账处理金额				
月湖区审计局	36	1044	1	160				36	95	
贵溪市审计局	78	60073	914	925	743			79	129	8
余江县审计局	56	3587	156		323	570		62	89	
新余市										
新余市本级	49	808	808		56	7	12	75	204	314
渝水区审计局	17	2544	23					17	32	5
分宜县审计局	53	775	44		314	417		53	124	2
萍乡市										
萍乡市本级	105	37595	506	19	332	64613	5	105	272	54
安源区审计局	30	103930	187	300	7949	81089	2	30	55	30
湘东区审计局	49	1340	772		516	52		49	159	35
莲花县审计局	28	6329			480	1182		28	81	32
上栗县审计局	88	1625	40		449	831		88	34	2
芦溪县审计局	26	1480	45					26	63	10
赣州市										
赣州市本级	228	32444	769		5260	78	51	228	428	70
章贡区审计局	40	2138	161		16	124		41	98	40
瑞金市审计局	414	1191	116	372			11	414	359	31
南康市审计局	61	2277	189			7		62	162	13
赣县审计局	36	5410	81		48	1507		36	40	19
信丰县审计局	49	2847	102		4		2	49	81	14
大余县审计局	46	239	236		3			46	46	11
上犹县审计局	102	702	200					102	166	6
崇义县审计局	28	577	81					28	29	38
安远县审计局	88	2265	235		1255	455		88	283	62
龙南县审计局	42	12263	310					42	8	12
定南县审计局	48	1061	894	81	500			48	21	22
全南县审计局	34	56	56		4			34	44	6
宁都县审计局	79	3121	222					80	102	91
于都县审计局	101	1319	310			304		101	435	21
兴国县审计局	107	281	135	13	897			107	202	6
会昌县审计局	131	2941	236				3	131	109	99
寻乌县审计局	53	691	37	341	6	47		53	110	36
石城县审计局	39	614	154		334	163		39	46	18

续表

审计机关	完成审计项目（个）	审计查出主要问题金额	审计处理情况					出具审计报告和审计调查报告（篇）	提出审计建议（条）	提交审计信息（篇）
			审计处理处罚				移送处理事项（件）			
			应上缴财政	应减少财政拨款或补贴	应归还原渠道资金	应调账处理金额				
上饶市										
上饶市本级	65	679188	173	9028		1137	2	80	222	30
信州区审计局	30	5065	13	204				33	50	10
德兴市审计局	81	4244	54	3922	268			87	82	240
上饶县审计局	36	355	101		209	45		36	96	35
广丰县审计局	132	15614	227	1060	172	925		139	78	10
玉山县审计局	99	39301	49	3134				113	199	25
铅山县审计局	65	7485	67	2915				83	169	38
横峰县审计局	42	7513	34	1700	1956			44	117	
弋阳县审计局	8	5098	133	34	40			9	13	1
余干县审计局	44	5621	87		150	752	1	66	79	42
鄱阳县审计局	40	5839	26		5533	280		61	26	2
万年县审计局	89	5379	116	1295	1123	2845		96	113	43
婺源县审计局	100	32522	65	4341	20	11282		121	84	55
抚州市										
抚州市本级	131	103400	2297	1170	35000	65000	3	131	194	80
临川区审计局	167	2157	467			1690	4	167	108	20
南城县审计局	86	3619	620	620	1356	1023	1	86	292	126
黎川县审计局	50	4480		560	1760	2160	2	50	52	36
南丰县审计局	92	7636	294	1879	2394	3069	3	92	39	23
崇仁县审计局	57	1809	405		184	1220	2	57	14	48
乐安县审计局	57	424	158		101	165		57	105	30
宜黄县审计局	214	12155	2		962	11191		214	9	32
金溪县审计局	110	23255	226		1611	21418	3	110	314	14
资溪县审计局	146	1512	53		706	753		146	39	36
东乡县审计局	68	3852	118		2309	1425	6	68	89	158
广昌县审计局	389	208	102		78	28	1	389	520	26
宜春市										
宜春市本级	182	296643	972				2	214	396	371
袁州区审计局	46	62544	1144		159	23	3	46	76	60
丰城市审计局	127	36638	8028				3	127	345	20
樟树市审计局	88	35121	8510				2	88	53	10
高安市审计局	139	21813	1005				4	139	353	156
奉新县审计局	61	201459	106					81	174	46

续表

审计机关	完成审计项目（个）	审计查出主要问题金额	审计处理情况					出具审计报告和审计调查报告（篇）	提出审计建议（条）	提交审计信息（篇）
			审计处理处罚				移送处理事项（件）			
			应上缴财政	应减少财政拨款或补贴	应归还原渠道资金	应调账处理金额				
万载县审计局	130	62136	6145		134	5140	1	130	154	3
上高县审计局	97	15958	255				2	97	232	99
宜丰县审计局	76	5350	162	621	1021			76	135	16
靖安县审计局	102	42737	46					104	114	4
铜鼓县审计局	125	1567	135					125	175	57
吉安市										
吉安市本级	54	126178	566		356	12598	2	54	137	97
吉州区审计局	192	5941	9		7	5		195	365	
青原区审计局	122	8203	22		56	13		122	35	
井冈山市审计局	61	1442	88	756	382	44		71	72	16
吉安县审计局	132	10752	536		10210	366	6	132		107
吉水县审计局	100	3484	202	3282				104	171	1
峡江县审计局	29	20825	157		323			31	8	
新干县审计局	195	6137	319				15	195	432	117
永丰县审计局	149	20958	111		7033	234	10	149	3	2
泰和县审计局	51	14869	272	2354	11934		1	66	26	
遂川县审计局	55	1830	448		103	578	1	55	93	66
万安县审计局	79	12201	800		55	607	2	94	44	
安福县审计局	129	33946	114		72		2	135	124	1
永新县审计局	173	3503	432		1571	1193		173	178	5

山东省

【山东省审计厅】 2013 年，山东省审计厅人员编制 310 人，在编 275 人。设有办公室、法规处、人事处（机关党委）、财政审计处、行政事业审计综合处、农业与资源环保审计处、固定资产投资审计处、金融审计处、企业审计处、社会保障审计处、外资运用审计处、行政事业审计一处、行政事业审计二处、行政事业审计三处、行政事业审计四处、行政事业审计五处、行政事业审计六处、经济责任审计办公室、执行处、离退休干部处。

领导成员

厅　　长：左　敏（—3 月）
　　　　　马青山（3 月—）
副 厅 长：黄利明　刘均刚　魏惠育
　　　　　王修歧　杨统海　姜　芳
总审计师：鲁玉芹（—12 月）
纪检组长：宋　晋（—7 月）
　　　　　崔良桐（7 月—）

审计成果　全省各级审计机关共审计单位 11667 个，查出主要问题金额 9716.33 亿元，其中违规金额 888.7 亿元，损失浪费金额 14.82 亿元，管理不规范金额 8812.81 亿元；损益（收支）不实金额 676.77 亿元；审计处理处罚金额 1405.76 亿元，其中应上缴财政 592.98 亿元、应减少财政拨款或补贴 95.41 亿元、应归还原渠道资金 143.26 亿元、应调账处理金额 482.73 亿元；审计发现非金额计量问题 13512 个；审计促进整改落实有关问题资金 697.01 亿元，其中增收节支 416.43 亿元、已调账处理金额 203.89 亿元；审计促进拨付资金到位 37.05 亿元；审计后挽回（避免）损失 113.15 亿元；移送司法机关、纪检监察机关和有关部门处理事项 245 件；出具审计报告和专项审计调查报告 15543 篇，被批示、采用 270 篇；提交审计信息 10957 篇，被批示、采用 5383 篇；提出审计建议 22002 条，被采纳14671条，促进被审计单位制定整改措施 1909 项、建立健全规章制度 362 份；向社会公告审计结果 232 篇。

财政审计 紧扣财政体制改革的目标和措施，注重财税管理审计、部门预算执行审计与专项审计的融合，关注政策措施执行、资金管理使用等方面存在的突出问题，审计的宏观性进一步增强。把查处问题与完善制度结合起来，从完善政策、健全机制、规范管理等角度提出审计建议，有效发挥审计的建设性作用。审计工作报告和审计结果报告得到省人大、政府充分肯定。省领导先后 4 次对省级“两个报告”及审计整改工作做出重要批示。全省审计财政资金管理使用单位 1643 个，查出违规金额 318.97 亿元，上缴财政 175.42 亿元。

专项资金审计 组织开展城镇居民医保基金和新农合医疗基金、城镇保障性安居工程、体育彩票公益金、海域使用金等民生资金和工程审计。全省城镇医保和新农合医疗基金审计，摸清两项基金底数，提出建设性建议，为全省城乡医保制度改革提供重要依据。保障性安居工程审计，延伸审计 1576 个单位、6202 户家庭，揭示资金筹集管理不到位、住房分配不规范等问题，推动保障房建设和保障房制度的完善。海域使用金、体育彩票公益金等审计结果，省领导高度关注并做出重要批示。全省共促进纠正侵害群众利益问题金额 80.32 亿元。

固定资产投资审计 以重大投资项目为切入点，以航拍、混凝土强度检测等先进技术应用为支撑，组织实施援疆资金项目、大型灌区续建配套工程、第十届中国艺术节（以下简称“十艺节”）场馆项目等审计，保障投资项目高效高质建设。在援疆审计中，关注资金使用效益和项目运行效果，提交的绩效审计报告引起省领导高度重视。“十艺节”场馆项目审计，促进完善管理制度 20 余项，有效控制工程建设成本，规范项目资金管理，保障“十艺节”顺利举办。大型灌区续建配套工程审计，促进省级配套资金比例提高 10%，2013 年新增 2000 余万元，保障灌区工程如期完成。全省审计投资项目 3259 个，核减投资额 104.7 亿元。

企业、金融、外资运用审计 围绕转方式、调结构、促创新，组织实施对能源、租赁、保险、医药、盐业等领域省属重点企业、金融机构和外资运用项目的审计。企业审计重点关注产业政策落实、重大决策、经营风险等情况，促进提高企业发展质量和效益，维护国有经济安全。国外贷援款项目审计，重点检查项目财务收支、管理运行以及产生的经济社会效益等情况，促进提高外资利用水平，维护山东省国际声誉。全省审计金融、企业项目 313 个，查出违规金额 90.32 亿元。

经济责任审计 扎实推进党政领导干部经济责任同步审计，开展对 2 个设区市和 16 个县（市、区）党政一把手的经济责任同步审计，并将同步审计领域拓展到高校书记校长，走出具有山东特色的经济责任同步审计路子。开展村居负责人经济责任审计调研，形成的调研报告进入领导决策视野。修订地方党政领导经济责任审计报告和结果报告模板，开发《地方党政领导干部经济责任审计评价应用系统》，分类制定经济责任审计谈话提纲，提高经济责任审计规范化水平。省委办公厅、省政府办公厅联合发文，向全省通报 42 名省管干部经济责任审计情况，提升审计成果利用层次。全省审计领导干部 4754 人，查出负有直接责任的问题金额 24.92 亿元。

重大项目审计 围绕贯彻中央和省委省政府决策部署，完成全省政府性债务、贯彻落实中央八项规定情况等审计。在政府性债务审计中，统筹国家和内部审计力量，对市县乡三级债务进行全面摸底，为防范财政金融风险、完善举债融资机制提供重要决策参考。对 39 个省直部门单位的“三公”经费、会议费等经费支出情况进行审计，揭露铺张浪费、搞形式讲排场等问题，促进降低行政运行成本，审计结果先后 4 次被省委办公厅、省政府办公厅采用并转报中办、国办。

内部审计 围绕加强内部审计管理指导，省审计厅制发《关于加强和改进内部审计指导工作的意见》，推动构建国家审计与内部审计协调联动、资源互济、成果共享的长效协作机制。积极推进县级内部审计协会建设，97%的县已成立协会，构建起覆盖省市县三级的内部审计管理指导网络。加强分类指导，大力推进民营企业内部审计工作，对金融、教育系统内部审计工作划片管理指导，提高内部审计管理针对性。截至年底，全省已建内部审计机构 8004 个，配备内部审计人员 21443 人，完成审计项目 84001 个，促进增收节支 102.33 亿元，建议给予行政处分 620 人，向司法机关移送案件线索 46 件，涉及 27 人。

机关建设 以开展党的群众路线教育实践活动为契机，大力改进工作作风，强化各项基础建设，审计工作基础进一步夯实。

狠抓作风建设，提高审计机关效能。全面贯彻中央八项规定和省委实施办法，制发《进一步改进工作作风密切联系群众的十条规定》《厅领导联系点制度》。深入开展党的群众路线教育实践活动，实事求是查摆“四风”问题，针对群众反映突出、亟须解决的重点问题，制定具体整改措施，实化责任，狠抓落实，实现活动开展与审计业务两手抓、两促进。

加强审计管理指导，提高审计工作质量。认真宣传贯彻《山东审计监督条例》，系统梳理现行制度，研究制定审计现场管理、移送处理事项管理、审计行政处罚裁量基准等办法和规范性文件，规范审计业务管理。以省政府办公厅名义印发《关于开展公共资金审计全覆盖工作的意见》，为推进审计监督全覆盖提供制度保障。增强计划管理针对性和开放性，赴省人大、财政、地税、国土、金融办等单位开展审计需求调研，加强与组织部门沟通，为计划安排赢得主动。强化质量控制，着力打造精品项目，省中医药大学预算执行审计项目荣获全国表彰审计项目。探索全面评估与专项评估相结合的项目后评估方式，重点关注项目计划任务量安排和审计现场管理效率，为促进提高审计质效提供参考。开展企业审计、金融审计、优秀项目争创、信息化建设和精神文明建设专题研讨，为审计实践提供有力指导。

强化信息化建设，提高审计技术水平。强化对下指导，推动山东省《2012 年至 2014 年审计信息化发展规划》落实，配套制定市级审计机关数字化建设标准和数字化水平自我评价办法。大力推进数据中心建设，规范电子数据采集、管理和使用，构建连续积累、分类存储和安全使用的数据环境。涵盖 3 年来全部审计对象业务数据的审计数据管理平台，和财政、地税、社保、金融 4 个行业的审计分析平台投入试运行。重视信息化人才培养，组织省级计算机审计中级、AO 认证考试培训，取得良好效果。加大计算机审计成果开发力度，在全国计算机审计方法、AO 应用实例评选中，山东省获奖数量位居第一，省审计厅被评为优秀组织单位。

强化队伍建设、廉政建设和精神文明建设，提高审计人员素质。逐步完善干部选拔、考核和培养培训机制，修订厅机关综合处室和事业单位工作目标任务考核办法、市级审计机关工作综合考核办法，强化考核导向和激励作用。加强人才培养，全年举办各类培训班 23 期，培训人员 1 472 名。积极争取有关部门支持，新增处室 1 个，增加处级职数 10 名，提拔处级干部 32 名，进一步优化队伍结构。推进反腐倡廉建设，加强审计现场、政府采购、干部调整等环节廉政监督和风险防控，关注审计执法权和行政管理权运行情况；强化廉政教育，通过召开党风廉政建设会议，举办预防审计现场廉政风险培训班，组织收看廉政警示纪录片，开展“审计干部子女廉政寄语”征集活动等方式。深化精神文明建设，务实节俭举办庆祝审计机关成立 30 周年活动，通过专题征文、拍摄专题片、召开座谈会和主流媒体宣传等方式，全面总结山东审计经验，弘扬山东审计精神；抓好典型引导，开展史卫东同志先进事迹报告会，用身边事教育身边人；深入开展“第一书记”帮扶工作和党员干部联系困难家庭工作，帮助联系项目 20 个，落实帮扶资金 540 余万元，对口联系困难家庭 25 户。着力抓好文明创建活动，省审计厅继续保持全国文明单位；全省省级文明单位由 2011 年的 38 个上升到 74 个、增长 95%。

（撰稿人：冉　瑾）

【济南市审计局】 2013 年，济南市审计局人员编制170人，在编170人。局长孙竹兮，副局长唐军、吕思修、刘继强、丁小玲、张传堂、于洋，总审计师仪红军。设有市经济责任审计办公室、办公室、法规处、组织人事处、财政金融审计处、行政事业审计一处、行政事业审计二处、行政事业审计三处、农业与资源环保审计处、固定资产投资审计处、融资建设项目审计处、投资建设项目审计处、工业交通审计处、商贸审计处、社会保障审计处、外资运用审计处、计算机审计技术处（信息处）、机关党委、工会，市经济责任审计办公室下设综合处、行政事业经济责任审计处和企业经济责任审计处。

审计成果 济南市审计机关共完成审计和审计调查920个，查出主要问题金额591.09亿元，其中违规金额16.84亿元、损失浪费金额1241万元、管理不规范金额574.12亿元；损益（收支）不实金额12.11亿元；审计处理处罚金额39.81亿元，其中应上缴财政9.32亿元、应减少财政拨款或补贴2.77亿元、应归还原渠道资金6.36亿元、应调账处理金额15.37亿元；审计发现非金额计量问题1271个；审计促进整改落实有关问题金额3.36亿元，其中增收节支16.81亿元、已调账处理金额9.65亿元；审计促进拨付资金到位9.91亿元；审计后挽回（避免）损失1.10亿元；移送司法机关、纪检监察机关和有关部门处理事项23件；出具审计报告和专项审计调查报告1150篇，被批示、采用462篇；提出审计建议1736条，提交审计信息897篇，被批示、采用663篇；向社会公告审计结果111篇。

财政审计 围绕全国政府性债务审计的工作部署，对7个县（市）区及所属的47个乡镇开展政府性债务审计。全市实施预算执行审计105个，财政审计21个。共查出违规金额12.49亿元，管理不规范金额311.32亿元，应上缴财政8.32亿元。审计促进整改落实有关问题资金16.15亿元，审计促进拨付资金到位633.72万元。

固定资产投资审计 突出全过程全方位多环节跟踪监督，既注重资金使用效益，又高度关注工程质量，全市实施“十艺节”场馆、二环西路、第三生活垃圾无害化处理厂和中小学校舍安全工程等重大基础设施、重大民生项目、重大环保建设项目审计407个，审计建设资金273.08亿元，查处违规金额3005.25万元，节约建设资金8.14亿元，提出审计建议199条。

经济责任审计 全市审计机关完成经济责任审计项目329个，审计领导干部329人，查处各类违规金额2.76亿元，管理不规范金额207.76亿元。经济责任审计制度不断健全，制定出台《济南市领导干部经济责任审计结果运用办法》《济南市领导干部经济责任审计事项交接试行办法》《济南市部门单位内管干部经济责任审计工作指导意见》等，保障全市经济责任审计工作的规范运行。积极探索完善经济责任事项交接、审计对象动态管理、审计集体进点等机制，推动经济责任审计转型发展。努力提升经济责任审计成果利用层次，首次以市委办公厅、市政府办公厅名义发文，向全市通报2012年经济责任审计情况，收到良好效果。加大联合审计回访和审计问责力度，整改情况督察机制不断健全，进一步放大审计监督成效。

专项资金审计（调查） 通过网络、问卷、座谈等形式，向社会各界和人民群众广泛征集审计项目建议，重点审计城镇居民医疗保险和新农合基金、文化专项资金、畜牧专项资金、安全生产专项资金、法院执行款收缴情况、质检系统行政事业性收费、财政扶持企业资金管理使用及绩效情况等。更加注重规范民生资金管理和运行，让广大人民群众共享改革发展成果。对完善机制、规范管理、促进发展发挥积极作用。全年审计各类专项资金13.37亿元，查出违规金额5846.56万元。

（撰稿人：于　超　闫晓军）

【聊城市审计局】 2013年，聊城市审计局人员编制82人，在编70人。局长王连申，副局长张斌、周玉明，总审计师孙洪俊。设有办公室、人事科、法制科（加挂内审指导科）、财政金融审计科、社会保障审计科、企业审计科（加挂外资审计科）、农业与资源环保审计科、行政事业审计科、开发区审计分局、监察室、机关党总支，另设有直属事业单位经济责任审计办公室、政府投资审计专业局、派出教育审计办公室、派出卫生审计办公室、派出政法审计办公室、派出城建审计办公室、审计科研所、审计培训中心、审计信息化办公室。

审计成果 聊城市审计机关完成审计项目582个，查出主要问题金额232.09亿元，其中违规金额45.12亿元、损失浪费金额3288万元、管理不规范金额186.63亿元；损益（收支）不实金额23.39亿元；审计处理处罚金额51.75亿元，其中应上缴财政23.49亿元、应减少财政拨款或补贴6.88亿元、应归还原渠道资金9.08亿元、应调账处理金额10.68亿元；审计发现非金额计量问题563个；审计促进整改落实有关问题资金29.54亿元，其中增收节支27.71亿元、已调账处理金额1.79亿元；审计促进拨付资金到位8462万元；审计后挽回（避免）损失7.34亿元；移送司法机关、纪检监察机关和有关部门处理事项7件；出具审计报告和专项审计调查报告704篇，被批示55篇；提出审计建议1624条，提交审计信息845篇，被采用392篇。

财政审计 围绕推进财政规范化管理和提高财政资金使用绩效，对全市103个部门单位开展财政预算执行审计，审查预算编制、执行、调整等环节，关注财政资金使用效益及“三公”经费开支情况，有效促进财政管理体制的完善和预算管理水平的提高。

固定资产投资审计 审计项目96个，促进节约财政资金6.24亿元。对市古城区保护性开发、滨河大道建设、火车站广场改扩建、体育公园及豫剧院建设等政府重点投资项目进行全过程、全方位的跟踪审计，审减大量财政投资，提高资金使用效益，保障项目的顺利开展。

经济责任审计 审计项目130个，被审计领导干部132人，查处违规金额10.42亿元。经济责任审计内容扩展至土地、环保、民生等政策及党委、政府重大决策落实情况等更高层面，促进上级决策部署的有效落实。

专项资金审计 将民生项目作为重点，对全市城镇居民医疗保险和新农合基金医疗保险、住房公积金管理使用、保障性安居工程等项目进行审计，查处违规金额6.24亿万元，促进民生政策的有效落实和民生资金的安全合理使用。

（撰稿人：李　鹏）

【德州市审计局】 2013年，德州市审计局人员编制74人，在编48人。局长刘清云（4月—），副局长张千华（—4月）、戴希祥、王力同，总审计师梁富修。设有办公室、人事科、法规科、财政金融审计科、行政事业审计科、企业与外资运用审计科、农业与资源环保审计科、固定资产投资审计科、社会保障审计科、开发区审计科，下设德州市经济责任审计办公室，机关服务中心。

审计成果 全市审计机关审计（调查）项目383个，查出违规和管理不规范金额75.1亿元，促进增收节支14.3亿元，移送案件线索4件，提交信息和专题报告等564篇，提出审计建议662条。完成市委、市政府交办的重点工作10余项。

财政审计 德州市审计机关完成82个重点部门的预算执行审计项目，延伸审计有关单位136个，查出违规和管理不规范金额37.66亿元，追缴入库财政6.9亿元。

政府性债务审计 全市审计机关组织124名审计人员完成11个县市区地方政府性债务审计项目，延伸调查相关单位2113家，摸清债务规模、决策机制、使用绩效、债务管理等情况，揭示偿债风险、偿债压力，向市委、市政府报送专题报告6篇，促进相关政策的出台。

社会保障审计 全市审计机关重点开展全市城镇居民医疗保险、新型农村合作医疗保险、保障性安居工程、中小学校舍安全工程等审计项目，对雅安地震捐款、慈善捐赠资金、体育彩票公益金、大配套资金、城建工程欠款、污水处理费等项目资金进行重点审计。德州市审计局在全国社会保障资金审计工作中被审计署通令嘉奖。

固定资产投资审计 全市审计机关重点对德州大外环、南部生态片区、高铁新区等项目进行审计，审计工程总投资额34.3亿元，审减资金5.6亿元，综合审减率达16%。对潘庄、李家岸灌区续建配套与节水改造工程进行专项审计调查。

经济责任审计 受委组织部委托，全市审计机关对全市126名部门单位领导干部进行经济责任审计，查出违规和管理不规范金额26.7亿元，移送案件线索4件。推行计划管理、对象分类、结果运用等7项工作制度，建立涵盖“任前告知制、任中轮审制、离任前监督、离任后交接”的贯穿领导干部任职全过程的经济责任审计监督模式。

内部审计 德州市内部审计协会成功换届。

推动德州市政府出台《关于进一步加强内部审计工作的意见》，明确内部审计工作的管理机制、职责权限和程序标准。督促全市11个县市区成立内部审计协会。对全市近1000家单位开展内部审计普查，促进全市各部门和企事业单位进一步完善内控、规范管理。（撰稿人：雷　玥）

【东营市审计局】　2013年，东营市审计局人员编制60人，在职65人。局长曲同德，副局长杨忠起、冯培勤、成志强，总审计师张冬梅。设有经济责任审计办公室、政府投资审计办公室、东营港经济开发区审计科、东营经济开发区审计科、办公室、人事教育科、财政审计科、金融审计科、行政事业审计科、农业与资源环保审计科、社会保障审计科、法规科、审计执行科。下设东营市计算机审计中心、东营市内部审计协会。

审计成果　东营市审计局共完成审计项目81个。审计查出主要问题金额567179万元，其中，违规金额33593万元，管理不规范金额533581万元；审计处理处罚金额71089万元，其中应上缴财政29999万元，应归还原渠道资金3492万元，应缴纳其他资金310万元，应调账处理金额19574万元。审计发现非金额计量问题313个；审计促进整改落实有关问题金额71555万元，其中，增收节支64856万元；审计后挽回（避免）损失6441万元。出具审计报告和专项审计调查报告115篇，提出审计建议189条，被批示、采用40篇。

预算执行审计　对东营经济技术开发区和东营港经济开发区等27个单位进行审计，延伸单位15个。审计查出主要问题金额453685万元，主要是：未按规定征收缴纳收入89293万元，未落实“收支两条线”和专户管理规定13738万元，违规改变项目计划和资金用途212648万元，资金滞留闲置7076万元，扩大开支范围或提高开支标准列支6156万元，违规出借财政资金3460万元，资金来源不合规12000万元，违规分包非法转包6210万元，账外资产1922万元，未落实被征地农民社会保障金3570万元。

行政事业审计　市审计局共审计行政事业单位32个，审计查出主要问题金额15467万元，其中，未按规定征收缴纳收入353万元，未落实“收支两条线”和专户管理规定125万元，违规改变项目计划和资金用途181万元，扩大开支范围或提高开支标准列支582万元，会计核算不实718万元，账外资产2748万元。

专项资金审计　对11个单位进行专项资金审计，延伸审计单位49个。审计专项资金总额329002万元，审计查出主要问题金额60194万元，其中，未按规定征收缴纳收入616万元，未落实“收支两条线”和专户管理规定950万元，违规改变项目计划和资金用途5138万元，资金滞留闲置8429万元，资金不到位不落实19494万元，工程结算款不实10010万元，未按进度支付工程款1920万元，违规招投标签订合同金额7568万元。

固定资产投资审计　开展对东营港消防站工程结算和竣工决算审计、东营港海港路卡口工程结算和竣工结算审计、对口支援新疆资金及项目建设情况跟踪审计，核减投资额7702万元。审计查出主要问题金额10627万元，主要是：未按规定征收缴纳收入267万元，资金不到位不落实1185万元，工程结算款不实7702万元，未按进度支付工程款571万元，超规模超标准项目金额146万元。

社会保障审计　对市本级城镇居民医疗保险基金和新农合医疗基金、东营区医疗保险基金和新农合医疗基金、河口区医疗保险基金和新农合医疗基金进行审计。查出重复报销、违规加价、超标准收费等主要问题金额817万元。

企业金融审计　对东营大河国际会展有限公司资产负债损益、东营龙海旅游有限开发公司等5个单位进行审计。审计查出主要问题金额26387万元，其中，违规经营4012万元，财务收支核算不实21045万元。

经济责任审计　审计领导干部34人。审计查出主要问题金额15509万元，其中违规金额125万元，管理不规范金额15384万元，负主管责任金额6752万元，负领导责任金额8631万元。出具审计报告和审计结果报告67篇。

（撰稿人：蔡　玲）

【淄博市审计局】　2013年，淄博市审计局人员编制104人，在编100人。局长侯全明，副局长杜贞耐、梅立凯、房虹，总审计师荆开学。设有办公室、综合科、人事科、机关党委和工会、法规科、财政审计科、金融和社会保障审计科、行政事业审计科、经贸审计科、农业与资源环保审计科、外资运用审计科、政法审计科、科教文卫审计科、计算机审计管理科、培训中心、内部审计协会、经济责任审计办公室、政府投资审计专业局。

审计成果 淄博市审计机关完成审计项目724个，查出主要问题金额3229300.65万元，其中违规金额1122301.85万元、损失浪费金额86.4万元、管理不规范金额2106912.4万元；损益（收支）不实金额452980.14万元；审计处理处罚金额709661.26万元，其中应上缴财政443811.94万元、应减少财政拨款或补贴46946.27万元、应归还原渠道资金104643.02万元、应调账处理金额110485.03万元；审计发现非金额计量问题651个；审计促进整改落实有关问题资金462722.75万元，其中增收节支422924.47万元；审计促进拨付资金到位53263.41万元；审计后挽回（避免）损失46862万元；移送司法机关、纪检监察机关和有关部门处理事项22件；出具审计报告和专项审计调查报告1017篇，被批示、采用79篇；提出审计建议2468条，提交审计信息704篇，被批示、采用254篇。

财政审计 组织实施85个部门、单位的预算执行审计，129个部门、单位的财政决算审计。查出违规金额829437.97万元，增收节支221652.23万元。充分利用财政联网审计数据平台，摸清财政真实家底，实现对预算执行过程的全覆盖监督。采用审计项目竞标制，重点组织临淄区等3个区县财政决算审计，共查处主要问题金额512964.42万元，促进增收节支99230.68万元。

行政事业审计 完成对278个行政事业单位的审计，查出主要问题金额347787.48万元。综合运用多种审计方法与手段，创建“1+N”审计模式，不断提高行政事业单位的审计质量。关注中央八项规定的贯彻落实，从体制、机制、制度层面提出促进政府部门单位透明、高效、廉洁管理的改进建议，努力提高审计服务政府建设的层次和水平。

固定资产投资审计 完成固定资产投资审计项目145个，核减投资额46804.76万元。完成省审计厅统一组织的保障房、“十艺节”场馆改造等跟踪审计项目5个。推动建立以国家审计为主体，招标协审购买社会服务为补充的层级化管理模式，公开招聘35名投资审计专家人才，以政府采购方式招聘6家协审机构，为实现政府投资项目审计全覆盖奠定基础。

社会保障审计 完成社会保障审计项目8个，查出违规金额19311.81万元。根据省审计厅和市政府的统一部署，对城镇居民医疗保险和新型农村合作医疗工作进行持续审计监督，针对社会保障体制、机制和管理制度等方面的问题，以审计要情的形式提出建议，引起市委、市政府重视，促进新的城乡统筹居民医保和新农合政策措施的出台。

企业审计 完成企业审计项目40个，查出违规问题金额505146.56万元，移送司法机关处理1起，1人受到刑事处罚。开展“全市百户企业税收征管服务活动”，促进财政增收8184万元。组织山东黄金地产旅游集团、山东金岭铁矿等重大审计项目，特别是对房地产企业土地增值税等的审计取得重大突破，促进财政增收17200.43万元。

经济责任审计 开展380名领导干部经济责任审计，查处违规金额99020.72万元，其中负直接责任的问题金额11653.24万元。深化行业系统审计，在“法检”两长审计基础上，实施全市公安系统审计，审计查处违规违纪问题32类、涉及金额39234.34万元，实现了公、检、法系统审计的全覆盖。建立审计公安联动执法工作机制，充分发挥审计机关和公安机关在维护财经秩序、打击经济犯罪中的作用，取得初步成效。

专项资金审计 开展专项资金审计项目39个，延审审计单位618个，审计专项资金总额315757.38万元。按照审计署的统一安排，对五区三县政府性债务进行审计。全面摸清8个区县、59个乡镇、1200多个单位政府性债务情况的规模、结构和风险状况，提出36条审计建议被各级政府采纳，市及有关区县政府相继健全完善9项债务管理制度。淄博市审计局本级荣获全国政府性债务审计公务员集体三等功。

村级审计 开展村居审计项目118个，查出违规问题金额11225万元。推动市政府出台《淄博市村居审计办法》，在全市推行“村级巡回审计庭”工作模式。中国时代经济出版社出版发行由中国审计学会会长题字、淄博市市长作序的《淄博市村级审计案例》一书。村级审计创新工作模式荣获第七届“中国地方政府创新奖”入围奖、首届国家治理论坛“中国政府创新十佳经验”。

内部审计 截至年底，全市设立内部审计机构448个，配备专（兼）审计人员1261人。实施审计项目2817个，审计总金额104300万元，促进增收节支35312万元，提出的审计建议被采纳2106条。（撰稿人：钟卫国 翟慎军）

【潍坊市审计局】 2013年，潍坊市审计局人员编制91人，在编76人。局长宫智，副局长刘树龙、李宏德、陶德义、王芳，总审计师郑栋强。设有办公室、组织人事科、研究室、法制科、财政审计科、行政事业审计科、农业审计科、资源环保审计科、社会保障与金融审计科、经贸与外资运用审计科、计算机审计管理科、市经济责任审计办公室和潍坊市审计局派出审计处、潍坊市政府性投资审计中心。

审计成果 潍坊市审计局完成审计项目121个，查出主要问题金额4338827万元，其中违规金额622706万元、损失浪费金额1294万元、管理不规范金额3714827万元；损益（收支）不实金额255653万元；审计处理处罚金额947040万元，其中应上缴财政611519万元、应减少财政拨款或补贴35444万元、应归还原渠道资金62708万元、应调账处理金额237367万元；审计发现非金额计量问题470个；审计促进整改落实有关问题资金696147万元，其中增收节支561399万元、已调账处理金额134748万元、审计促进拨付资金到位9039万元；审计后挽回（避免）损失35484万元；出具审计报告和专项审计调查报告154篇；提出审计建议374条，提交审计信息61篇，被批示、采用44篇。

财政审计 实施的市本级预算执行审计覆盖28个部门单位，结合落实中央八项规定要求，对会议费等5项费用进行重点关注，首次将市属开发区纳入市级预算执行审计范围，“两个报告”得到市政府主要领导和市人大的充分肯定。根据市政府和审计署统一部署，两次组织对全市政府性债务进行审计。组织实施中心城区的财政状况审计调查，对16家投融资及建设类公司进行审计，为服务领导决策提供依据。

固定资产投资审计 全面展开提报工程造价22.41亿元的全市重点工程鲁台会展中心的审计。完成阳光大厦后续工程建设审计，审减工程造价1586.76万元，审减率为27.42%。审减市民健康中心（人民医院新院区）工程投资费用2879.43万元，审减率为10.73%。

经济责任审计 全面落实中办、国办规定，围绕“法治政府”建设，优化营商环境，以权力运行和责任落实为核心，以“一观四权一廉”为主要内容，强化对重点部门单位、重点行业、重点领域的经济责任审计力度，审计结果纳入干部实绩档案。全年完成对37名领导干部的经济责任审计，查出主要问题金额14.69亿元。

专项资金审计（调查） 组织对全市保障性住房进行跟踪审计，对全市新型农村合作医疗保险和城镇居民社医疗保险进行全面审计。组织实施中心城区排水防涝情况专项审计调查，全面摸清中心城区排水防涝的规划、建设、管理养护、经费使用等情况，市领导分别做出批示，有关部门单位积极整改，确保中心城区安全度汛。

（撰稿人：张同波）

【烟台市审计局】 2013年，烟台市审计局人员编制90人，在编84人。局长王清东，副局长张邦业、董瑞锋、钟方新、翟宇翔，总审计师常宗杰。设有办公室、法规科、财政审计科、经贸审计科、社会保障审计科、农业与资源环保审计科、外资运用审计科、金融审计科、人事教育科、信息管理科、内部审计指导科、行政事业审计一科（行政事业）、行政事业审计二科（重点建设项目）、行政事业审计三科（公检法司）、行政事业审计四科（科教文卫）及烟台市经济责任审计办公室，新增设审计执行科和烟台市政府投资审计服务中心。

审计成果 烟台市审计机关完成审计项目931个，查出主要问题金额588.33亿元，其中违规金额165.14亿元、损失浪费金额4.15亿元、管理不规范金额422.78亿元；损益（收支）不实金额16.8亿元；审计处理处罚金额205.29亿元，其中应上缴财政157.21亿元、应减少财政拨款或补贴5.46亿元、应归还原渠道资金2.27亿元、应调账处理金额35.41亿元；审计发现非金额计量问题427个；审计促进整改落实有关问题资金68.01亿元，其中增收节支49.77亿元、已调账处理金额18.22亿元；审计促进拨付资金到位1.61亿元；审计后挽回（避免）损失5.46亿元；移送司法机关、纪检监察机关和有关部门处理事项18件；出具审计报告和专项审计调查报告1506篇，被批示、采用62篇；提出审计建议824条，提交审计信息844篇，被批示、采用323篇；向社会公告审计结果3篇。烟台市审计局连续第七年保持省级文明单位称号，并取得全省审计系统综合考核第二名。先后荣获市直机关先进集体、全市节能工作先进单位、全省审计信息化工作先进单位等荣誉称号，被审计署评为全国地方政府性债务审计工作先进集体。

财政审计 对市直16个部门单位进行预算执行审计，同步实施市级土地出让金、市级政府性债务、市级财政专项资金、市级国有资本经营收益等8个专项审计调查项目。

固定资产投资审计 对潮水机场、夹河生态经济开发工程进行审计，共开展政府投资审计项目32个，为各级政府节约财政建设资金5.1亿元。新成立烟台市政府投资审计服务中心，将固定资产投资审计科更名为市政府投资审计办公室。

企业审计 组织完成对东方电子、交运集团、北极星控股等3个市属国有企业的资产负债损益审计，完成全市盐业系统审计，对烟台银行综合改革情况进行跟踪审计。

经济责任审计 根据组织部门委托，先后实施对99名党政领导干部和企业领导人员的经济责任审计，并根据省审计厅授权，组织完成对牟平区党政主要领导的任中经济责任审计工作，研究起草经济责任审计对象分类管理办法和《领导干部离任交接制度》。

专项资金审计（调查） 统一组织对市本级、12个县市区以及全市163个乡镇（街道）的全部政府性债务进行摸底，完成2012年度全市城镇保障性安居工程审计。高质量完成城镇医保基金和新农合医疗基金等重点审计项目。

内部审计 组织召开全市内部审计工作会议，对重点市直部门和企业的100多名内部审计人员进行业务培训，成功举办内部控制与风险管理审计培训班和全市内部审计工作交流观摩会议，2个县级协会、6个内部审计单位被山东省内部审计协会评为先进单位。 （撰稿人：车绍伟）

【威海市审计局】 2013年，威海市审计局人员编制52人，在编42人。局长王子明，副局长李峰、孙思深、张永孝、王以威，总审计师秦之泰。设有办公室、法制科、财政金融审计科、行政事业审计科、经贸审计科、农业环保审计科、外资运用审计科、信息科、内部审计师协会，另设政府投资审计中心、经济责任审计办公室，政府投资审计中心下设投资审计一科、投资审计二科，经济责任审计办公室下设经济责任审计一科、经济责任审计二科、经济责任审计三科。

审计成果 威海市审计机关完成审计项目335个，查处违规和管理不规范金额253亿元，促进增收节支12.6亿元，促进被审计单位制定整改措施194项，健全制度24项。

财政审计 全市审计机关对2012年度同级财政预算管理及执行情况进行审计，共审计资金管理使用单位93个，查出主要问题金额149.6亿元，上缴财政3.9亿元，审计结果先后被地方党委、政府（管委）领导批示30件（次）。市审计局在审计财政管理和地税征管情况的基础上，对20个部门及所属18个二级单位预算执行情况进行审计，共查出主要问题金额107.8亿元，促进入库资金1.59亿元。6月26日，市政府第25次常务会议听取审计结果汇报。7月2日，市第十六届人大常委会第七次会议听取审议《关于2012年度市级财政预算执行和其他财政收支情况的审计工作报告》。市政府责成相关部门单位逐项分析问题原因，尽快整改到位，要求审计整改全部在规定时限内完成。9月上旬，市审计局将整改结果报告市政府，市政府按程序向市人大常委会报告了整改情况。11月上旬，报经市政府批准，市审计局向社会公告预算执行审计结果和相关整改落实情况。

经济责任审计 全市审计机关对249名领导

干部进行经济责任审计，查出主要问题金额95.92亿元。市审计局根据经济责任审计掌握的情况，向市委、市政府提报《采用BT模式的风险应引起重视》《市直直管公房管理存在问题及对策建议》等信息专报，被市委、市政府主要领导批示，有效服务干部管理和宏观决策。出台《经济责任审计对象分类管理办法》《领导干部离任经济责任事项交接办法》《关于进一步加强领导干部经济责任审计结果运用工作的通知》，进一步健全经济责任审计管理制度体系。

专项资金审计 全市审计机关抽调人员参加全国统一组织的地方政府性债务审计，按照“见人、见账、见物，逐笔、逐项”的工作要求，配合省审计厅对威海市、县、乡三级政府性债务的进行全面摸底，为防范财政金融风险、完善举债融资机制提供决策参考。按照审计署和省审计厅统一部署，组织开展城镇保障性安居工程跟踪审计，促进规范保障性住房的建设和管理。开展对全市城镇居民医疗保险基金和新农合基金的审计，有效服务了城乡居民医疗保险制度整合。全市审计机关结合当地党委政府工作重点，组织开展对支农资金、扶持企业资金、体彩公益金、环保专项资金等重点资金的审计和审计调查，有力地服务中心工作，维护人民群众的根本利益，促进和谐社会建设。

固定资产投资审计 全市审计机关围绕政府投资重点，对40个政府投资建设项目进行审计，核减工程投资合计3.7亿元。市审计局共对11个项目进行跟踪审计或结算审计，其中2013年完成审计项目6个，审减投资额8600万元，招标控制价3000万元，其余5个项目将随工程进度实行跨年度同步跟踪推进。市政府出台《威海市政府投资项目管理办法》和《威海市政府投资项目审计监督办法》，将使用公共财政预算资金和其他公共性资金的投资项目全部纳入审计监督视野，进一步理顺政府投资建设项目的财政监管与审计监督职责，为政府投资项目审计打下坚实基础。

相关工作 全市审计机关结合深化“机关作风建设年”活动，狠抓内部管理和机制创新，重新修订完善各类管理制度20多项，加大对工作创优、争当业务能手、优化审计成果、审计信息化等关键事项的考核力度，促进机关效能提升。市审计局被评为全市工作优秀单位、全市政风行风建设优秀单位，获得市直机关创新创效成果奖1项，全市调研成果特等奖1项，一等奖1项。全年举办各类培训班19次，审计人员年人均参加业务培训138课时；在全省计算机审计应用能力中级考试中，全市选派25名业务骨干参加，以100%的通过率高居全省各市地之首。审计信息化建设进展迅速，市审计局中心机房交换机完成升级换代，审计业务无纸化办公率达到100%，全市审计方法征集上报89篇，共有78篇获奖，市审计局上报的21篇全部获奖。围绕纪念审计机关成立30周年活动，组织开展财政审计、经济责任审计、审计方法与技巧、审计信息化等业务研讨活动，在充分调研的基础上，对购买服务的原则程序、权利义务、管理考核、人员回避和费用支付等进行全方位明确和规范，相关做法被审计署和省审计厅转发肯定。

内部审计 全市各内部审计机构完成内部审计项目9794个，促进增收节支4.7亿元，提出建议意见被采纳3691条，建议给予行政处分34人。3月，市内部审计协会被中国内部审计协会表彰为全国基层内部审计协会“推荐学习的典型”。威海市审计局制定的《关于进一步加强行政事业单位内部审计工作意见》，被山东省审计厅以文件形式转发推广。威海市内部审计协会、荣成市内部审计协会、文登市内部审计协会被评为全省优秀内部审计协会。（撰稿人：宋宝军）

【青岛市审计局】 2013年，青岛市审计局人员编制210人，在编206人。局长郑卫星，副局长侯杰、商建波、史祖平、栾心勇、王健，总审计师管卫东。设有办公室、法规处、人事处、财政审计处、行政事业审计综合处、行政事业审计一处、行政事业审计二处、农业与资源环保审计处、金融审计处、企业审计综合处、企业审计一处、企业审计二处、社会保障审计处、外资运用审计处、经济责任审计办公室、政府投资审计专业局（内设投资审计综合处，投资审计一处，投资审计二处，投资审计三处）、机关党委，下设青岛市审计局计算机信息中心、青岛审计干部培训基地。

审计成果 青岛市审计局完成审计项目101

个，查出主要问题金额 5436749 万元，其中违规金额 258765 万元、损失浪费金额 9000 万元、管理不规范金额 5168983 万元；损益（收支）不实金额 29397 万元；审计处理处罚金额 630128 万元，应上缴财政 258150 万元、应减少财政拨款或补贴 45238 万元、应归还原渠道资金 1346 万元、应调账处理金额 324729 万元；审计发现非金额计量问题 101 个；审计促进整改落实有关问题金额 331410 万元，其中增收节支 161573 万元、已调账处理金额 167111 万元；审计促进拨付资金到位 12146 万元；审计后挽回（避免）损失 44988 万元；移送司法机关、纪检监察机关和有关部门处理事项 17 件；出具审计报告和专项审计调查报告 135 篇，被批示、采用 5 篇；提出审计建议 241 条，提交审计信息 162 篇，被批示、采用 91 篇；向社会公告审计结果 2 篇。

财政审计 完成审计项目 18 个，查出主要问题金额 2553969 万元。其中未按规定征收缴纳收入 44242 万元，擅自处置国有资产 1437 万元，账外资产 52273 万元，会计核算不实金额 27010 万元，其他金额 2412322 万元。

行政事业审计 完成审计项目 17 个，查出主要问题金额 355450 万元。其中未按规定征收缴纳收入 329 万元，未落实“收支两条线”和专户管理规定 1079 万元，违规改变项目计划和资金用途 104 万元，扩大开支范围或提高开支标准列支 2364 万元，会计核算不实 1709 万元，其他问题金额 343697 万元。

固定资产投资审计 完成审计项目 38 个，项目投资额 2626746 万元，核减投资额 44988 万元，查出主要问题金额 91966 万元。其中未按规定征收缴纳收入 198 万元，违规出借财政资金 30000 万元，工程结算款不实金额 44866 万元，违规招投标签订合同金额 398 万元，其他问题金额 15651 万元。

社会保障审计 青岛市审计局完成审计项目 4 个，查出主要问题金额 3887 万元。其中未按规定征收、缴存社保费和公积金 1731 万元，未落实“收支两条线”和专户管理规定 1564 万元，其他问题金额 233 万元。

企业审计 完成审计项目 2 个，查出主要问题金额 134825 万元。其中违规经营 19636 万元，资产质量不实 650 万元，财务收支核算不实 22708 万元，其他问题金额 91433 万元。

经济责任审计 完成审计项目 24 个，查出主要问题金额 232558 万元。其中违规金额 62851 万元，管理不规范金额 169706 万元。增收节支 578 万元，提交审计报告和审计结果报告 47 篇、信息 2 篇。

专项资金审计（调查） 完成审计项目 15 个，审计专项资金总额 7063206 万元，查出主要问题金额 2279007 万元。其中未按规定纳入预算管理 465784 万元，未按规定征收缴纳收入 843543 万元，隐瞒转移截留资金 90 万元，违规改变项目计划和资金用途 2894 万元，违规使用发票 97391 万元，资金不到位不落实 26488 万元，其他问题金额 835043 万元。 （撰稿人：潘铎印）

【日照市审计局】 2013 年，日照市审计局人员编制 56 人，在编 53 人。局长陈常顺，副局长滕世翠、阚士梅、李兆勇、王茂森。设有办公室、法规科、财政金融审计科、行政事业审计科、农业与资源环保审计科、固定资产投资审计科、企业外资审计科、社会保障审计科、内部审计指导科，另设日照市经济责任审计办公室（加挂固定资产投资审计办公室的牌子，下设综合科、党群政法审计科、行政执法审计科、企事业审计科、政府投资审计科）、审计干部培训中心。

审计成果 日照市审计机关共审计项目 366 个，查出主要问题金额 219477 万元，其中违规金额 93851 万元、损失浪费金额 1025 万元、管理不规范金额 124601 万元；损益（收支）不实金额 61685 万元；审计处理处罚金额 110439 万元，其中应上缴财政 52535 万元、应减少财政拨款或补贴 26745 万元、应归还原渠道资金 5911 万元、应调账处理金额 25248 万元；审计发现非金额计量问题 827 个；审计促进整改落实有关问题资金 45038 万元，其中增收节支 12543 万元、已调账处理金额 30781 万元；审计后挽回损失 40338 万元；出具审计报告和专项审计调查报告 583 篇，被批示、采用 26 篇；提出审计建议 669 条，提交审计信息 422 篇，被批示、采用 172 篇。

财政审计 关注财税、金融等领域深化改革、防范风险措施的实施情况，加强对财政部门组织预算执行、地税系统税收征管、部门单位预算执行及地方政府性债务等情况的审计和调查。日照市审计机关共审计预算执行和财政决算项目涉及单位222个，涉及资金298亿元。

固定资产投资审计 探索竣工决算必审制、重大项目跟踪制、关键项目委托制的方式方法，紧密跟踪财政资金投向，防止造成重大损失浪费和工程质量问题。日照市审计机关共完成工程审计项目135个，审减工程造价2.7亿元。

经济责任审计 日照市审计机关共审计党政领导干部和企业负责人130人，查处经济决策、政策制定及执行、国有资产监管、民生和社会保障等方面存在的突出问题280余个，涉及资金8332万元。

专项资金审计 关注惠民政策措施落实情况和实施效果，共审计资金23.8亿元，提出审计意见、建议51条，揭示和查处挤占挪用、损失浪费和严重影响、损害群众利益等问题。

审计整改 探索建立“点线结合、以线带面”的审计整改长效机制，该办法被评为“日照市2013年度机关工作创新奖”。日照市纪委、日照市委办公室、日照市委组织部、市政府办公室等9个单位组成检查组，对2012年7月份以来审计整改落实情况进行专项检查，取得良好效果。

内部审计 采取审计人员指导与单位“能人”指导相结合、全面指导与重点指导相结合、定期检查与适时抽查相结合的方法，加强内部审计分类指导。日照市审计局共举办培训、观摩等活动30余期，培训人员近千人次。（撰稿人：滕仲明）

【临沂市审计局】 2013年，临沂市审计局人员编制92人，在编89人。局长李枝叶，副局长王宏祥、张金堂、殷宗建、陆光平、杨培信（—8月）、杨忠森（8月—）。设有办公室、法规科、人事科、财政审计科、金融审计科、社会保障审计科、行政事业审计综合科、行政事业审计一科、行政事业审计二科、企业审计科、固定资产投资审计科、农业与资源环保审计科、外资审计科和经济责任审计办公室、重点建设项目审计办公室、审计计算机中心。

审计成果 临沂市审计机关共完成审计项目1226个，查出主要问题金额408亿元，其中违规金额38.6亿元、损失浪费金额139万元、管理不规范金额369亿元；损益（收支）不实金额32.6亿元；审计处理处罚金额70.8亿元，其中应上缴财政19.5亿元、应减少财政拨款或补贴852万元、应归还原渠道资金6.5亿元、应调账处理金额43亿元；审计促进整改落实有关问题资金8.6亿元，其中增收节支5.5亿元、已调账处理金额1.7亿元；审计促进拨付资金到位1.9亿元；审计后挽回（避免）损失4.4亿元；移送司法机关、纪检监察机关和有关部门处理事项4件；出具审计报告和专项审计调查报告1787篇；提出审计建议3370条，提交审计信息933篇，被批示、采用473篇。

财政审计 最大限度地把政府性全部收支纳入审计监督范围，共审计192个一级预算执行部门，并对税收征管、土地资源专项资金等3个项目进行专项审计调查，查出问题金额178.5亿元，促进规范财政预算管理。同时，对98个县区、乡镇财政决算的审计，查出问题金额57.1亿元。

专项资金审计 对全市城镇居民医保和新农合医保基金、中小学校舍安全工程、全市农田水利建设资金、城镇保障性安居工程等13个民生建设项目和资金进行专项审计和审计调查，涉及单位803个，查出问题金额51.6亿元。

固定资产投资审计 对临沂大学、北城新区、中心城区3个指挥部实施派驻审计，对临沂大剧院、应用科学城、临沂一中北城新校区、江泉高架路等工程实施跟踪审计；对481个已完工工程建设项目实施决算审计，审计金额24.6亿元，审减2亿元，审减率为8.14%。

经济责任审计 把经济责任的审计监督工作贯穿于领导干部任期的全过程，并将审计结果作为领导干部考核、任免、奖惩的重要依据。同时将中央八项规定落实情况作为经济责任审计的重要内容，促使领导干部严格执行各项政策，加强管理，堵塞漏洞，防止各类问题发生。共对576个部门单位主要负责人进行任期经济责任审计。探索将村居（社区）干部纳入审计范围，促进加强农村财务管理，维护农村社会稳定。

机关建设 深入开展建设临沂审计文化、打造临沂审计品牌活动。着力塑造具有“忠、孝、义、廉”品质的沂蒙审计人，打造以“忠诚、大义、责任、奉献”为主要内涵的沂蒙审计品牌。着力推动工作创新，加强计划管理，推行行业系统审计，强化审计整改，全面完善效能考核。认真落实中央八项规定，全面落实党风廉政建设责任制和“一岗双责”制，进一步完善廉政风险防控机制，加强对审计现场的跟踪监督和对重点环节的监控，维护审计机关的良好形象。

（撰稿人：纪　政）

【枣庄市审计局】　2013 年，枣庄市审计局人员编制 68 人，在编 59 人。局长杨家国，副局长于晨、曹昭普、韩荣昌。设有办公室、法规科、人事科、财政审计科、行政事业审计科、农业与资源环保审计科、固定资产投资审计科、金融与外资审计科、企业审计科、社会保障审计科，枣庄市经济责任审计办公室，枣庄市政府投资审计办公室。

审计成果　枣庄市审计机关完成审计项目 377 个，查出主要问题金额 1307553 万元，其中违规金额 63856 万元、管理不规范金额 1243696 万元；损益（收支）不实金额 102160 万元；审计处理处罚金额 399355 万元，其中应上缴财政 34896 万元、应减少财政拨款或补贴 2962 万元、应归还原渠道资金 118526 万元、应调账处理金额 241533 万元；审计发现非金额计量问题 452 个；审计促进整改落实有关问题资金 108529 万元，其中增收节支 31263 万元、已调账处理金额 76853 万元；审计促进拨付资金到位 24613 万元；审计后挽回（避免）损失 8745 万元；出具审计报告和专项审计调查报告 482 篇，被批示、采用 14 篇；提出审计建议 1279 条，提交审计信息 439 篇，被批示、采用 141 篇。

财政审计　审计预算执行单位 50 个，延伸审计单位 38 个，查出主要问题金额 71.8 亿元。“两个报告”得到各级人大、政府的好评。市领导对市级预算执行审计结果报告做出批示。坚持全市政府性债务审计“一盘棋”，通过对市、县、乡三级债务的全面审计，为防范财政风险、完善举债融资机制提供重要决策参考。

金融审计　开展金融审计 2 个，查出主要问题金额 235854 万元。对鲁南（枣庄）经济开发投资有限公司的审计，提出严格规范政府性债务平台资金使用的建议；对枣庄市融通住房置业担保有限公司的审计，提出适度控制担保规模，防控地方金融风险发生的建议。

行政事业审计　审计单位 207 个，查出主要问题金额 129301 万元。对体彩公益金的审计，揭示财政部门返还结转结余金额较大、体育部门 62 个项目 1912.87 万元未按财政批复的项目分项核算的问题；对山亭区基本公共卫生服务项目补助资金收支的审计，对该区政府、卫生部门、医疗机构提出加强资金监管使用的建议，促进提高资金使用效益。

固定资产投资审计　审计单位 22 个，查出主要问题金额 23589 万元，核减投资额 9016 万元。第十一届全国运动会场馆建设项目（滕州奥体中心）跟踪审计累计核减建设资金 5066.02 万元；中小学校舍安全工程跟踪审计（调查）218 所学校，对 79 个竣工项目的决算审计审减工程造价 2611.67 万元；胜利渠灌区工程专项审计调查发现地方配套资金未到位 5963 万元。

社会保障审计　审计单位 13 个，查出主要问题金额 70445 万元。对全市居民医保和新农合基金的审计，为城乡医保制度整合提供依据。

企业审计　审计单位 29 个，查出主要问题金额 64468 万元。对公路系统、盐业公司财务收支情况的审计，针对发现的税款征收中存在的问题，提出改进建议，维护国有资产安全。

经济责任审计　完成经济责任审计项目 144 个，查出违规金额 9686 万元。出台《枣庄市党政主要领导干部和国有企业领导人员经济责任审计暂行办法》，建立离任与任中审计、预算执行和专项资金审计相结合的工作机制。枣庄市委组织部根据审计结果综合报告，发出《致市直部门、单位主要负责同志的一封信》，提出加强财政财务管理，依法行政、依法理财，推进党风廉政建设的工作要求，提升审计结果运用水平。

专项资金审计（调查）　审计单位 30 个，查出主要问题金额 12898 万元。城镇保障性安居工程审计查出 3 个区财政滞拨上级补助 6658.78 万元。对农民工培训与就业、城建环保二期、农村能源生态建设二期等 5 个国外贷援款项目开展审计，促进项目资金的有效使用。

（撰稿人：江庆玉）

【济宁市审计局】 2013年，济宁市审计局人员编制78人，在编78人。局长胡良民，副局长王岱峰、孙进、苏桂双，总审计师王忠东。设有办公室、人事科、法制审理科、财政审计科、企业审计科、农业与资源环保审计科、社会保障审计科、信息科、行政事业一科、行政事业二科、行政事业二科、行政事业三科、行政事业四科、行政事业五科、行政事业六科、审计结果执行科、市经济责任审计办公室。

审计成果 济宁市审计局共完成审计项目173个，查出主要问题金额1780162万元，其中违规金额140111万元、损失浪费金额193万元、管理不规范金额1639857万元；损益不实金额31330万元；审计处理处罚金额582758万元，其中应上缴财政135384万元、应减少财政拨款或补贴36914万元、应归还原渠道资金47万元、应调账处理20642万元；审计发现非金额计量问题153个；审计促进整改落实有关问题资金543913万元，其中增收节支159417万元、已调账处理3114万元；审计后挽回（避免）损失36914万元；移送司法机关、纪检监察机关和有关部门处理事项9件；出具审计报告和专项审计调查报告241篇，被批示、采用32篇；提出审计建议180条，提交审计信息412篇，被批示、采用86篇；向社会公告审计结果6篇。被全国实施文明交通行动计划领导小组授予全国文明交通示范单位。

财政审计 组织2012年度市本级及各县（市、区）级预算执行审计和税收征管审计，同时开展财政收支真实性审计调查和地方水利建设基金征收使用管理情况审计调查。对县乡两级政府性债务进行审计，配合山东省审计厅参与财政存量资金审计。

农业与资源环保审计 开展梁山县陈垓灌区和国那里灌区续建配套与节水改造工程审计，向市政府提交专题报告，市长做出批示，要求水利部门“针对审计报告提出的问题，研究相应解决办法”；市审计局与市人民检察院、市财政局联合下发《关于在涉农惠民资金领域开展职务犯罪预防工作的暂行办法》，在直补农户补贴的涉农惠民资金领域建立惩治和预防职务犯罪联动机制。

固定资产投资审计 对23届省运会场馆项目、全国绿化模范城市创建工程、“十二五”期间城镇污水处理设施等71个项目实施审计和跟踪审计。进一步加强政府投资审计规范化建设，市政府办公室出台《济宁市政府投资建设项目审计聘用社会专家管理办法》和《济宁市政府投资建设项目审计聘用社会中介机构管理办法》，政府投资审计工作进一步规范。

社会保障审计 开展城镇保障性安居工程审计，依据城镇保障性安居工程跟踪审计建议，建设、房产等部门联合下发《关于2013年市城区申请租住公共租赁住房的通告》，修改完善申请租住公共租赁住房、廉租住房的条件。

经济责任审计 领导干部离任经济责任事项交接管理制度日臻成熟，得到中央经济责任审计工作部际联席会议办公室的肯定。对79个部门单位的领导干部实施经济责任审计，其中对10个单位的主要负责人实施任中经济责任审计，加大任中审计力度。研究出台《济宁市领导干部经济责任简易审计工作程序（试行）》，积极推行行业性审计，完成21个县级公检法部门离任领导干部经济责任审计，对汶上县委书记、县长开展同步经济责任审计。

专项资金审计（调查） 先后开展2012年度市级科技人才资金、国有及国有控股企业对外投资、对外担保债务风险、市县两级2009年至2012年体彩公益金、2012年度社会救济救助体系等5项专项审计和审计调查，针对审计发现的问题，及时提出堵塞漏洞、妥善处置和避免损失的建议，促进各项政策措施的落实。 （撰稿人：刘春雨）

【泰安市审计局】 2013年，泰安市审计局人员编制71人，在编66人。局长马纯勇，副局长张仁安、刘安、程波、王燕华，总审计师靳印龙。设有办公室、人事科、法制科、财政审计科、金融审计科、行政事业审计科、社会保障审计科、农业与资源环保审计科、经贸审计科、派出审计科、经济责任审计办公室、政府投资审计专业局、计算机审计技术中心。

审计成果 泰安市审计机关完成审计项目259个，查出违规金额367851.62万元，应归还原渠道资金13615.39万元；审计促进整改落实有关问题资金29693.08万元，其中增收节支7600.42万元；审计后挽回（避免）损失3676.83

万元。移送司法机关、纪检监察机关和有关部门处理事项2件；出具审计报告和专项审计调查报告5篇，被批示、采用5篇；提出审计建议被采纳276条，提交审计信息165篇，被批示、采用86篇。

财政审计 共审计80个预（决）算执行单位，查出在预算执行、税收征管、资金使用等方面存在问题。通过督促整改，收缴财政5370万元，归还原资金渠道1.35亿元。

政府性债务审计 组织全市审计机关配合省审计厅对全市三级政府性债务进行审计，投入审计力量100余人，审计单位1177个，摸清底数，揭示风险，促进加强政府性债务管理。

行政事业审计 对147个行政事业单位进行审计，审计查出主要问题金额74848.98万元，未按规定征收缴纳收入5374.36万元，未落实“收支两条线”和专户管理规定1931.57万元，扩大开支范围或提高开支标准列支1572.36万元，会计核算不实金额10772.66万元。

固定资产投资审计 审计政府投资重点建设项目145个，审计投资额17.2亿元，审减3.52亿元。市审计局对25个新建、续建项目进行跟踪审计，审计投资额8.38亿元，审减1.62亿元。连续三年对支援新疆岳普湖县资金和建设项目进行审计，完成结算审计项目8个，审计投资额1.11亿元，审减1242万元。

社会保障审计 对全市住房公积金、城镇居民医疗保险基金、新型农村合作医疗基金、市级体育彩票公益金进行专项审计和审计调查。审计资金总额150.43亿元，发现侵害人民群众利益金额1592万元。

经济责任审计 审计领导干部173人，查出违规金额35.7亿元，发现侵害人民群众利益3973.4万元，提交审计报告和审计结果报告347篇。其中，市审计局共审计领导干部42人，移交违法违纪案件线索2件，2人被追究刑事责任。

专项资金审计 对2012年度各县（市、区）所有市级及以上财源建设资金的实际拨付、县级配套情况、项目单位财政扶持资金管理使用情况进行审计。对盐业公司进行专项审计，重点检查财务收支的真实性合法性，促进深化改革。对大型灌区续建配套节水改造项目进行审计，发现各类问题金额3100万元。

内部审计 年内共完成计审计项目2833个，提出建议、意见被采纳2060条，促进增收节支4.24亿元，移送案件线索26件，建议18人受到行政处分。 （撰稿人：杨　宁）

【莱芜市审计局】 2013年，莱芜市审计局人员编制52人，在编44人。局长吕振宝，副局长张建国（—7月）、刘吉秀（—7月）、杨文安、王聚圣（7月—），总审计师韩秀君。设有办公室、法规科、财政审计科、农业与资源环保审计科、企业审计科、社会保障审计科、市经济责任审计办公室、市政府投资审计办公室。

审计成果 莱芜市审计局全年完成审计（调查）项目47个，审计查出违规金额17200万元、管理不规范金额52300万元、偷漏欠税11600万元，促使上缴财政15000万元，审减工程资金10200万元；提交综合性报告、专报和信息86篇，提出整改意见和建议125条，促使被审计单位完善规章制度15项；审计成果被各级领导批示9篇次，有2篇调研报告获全市政府系统优秀调研成果奖，1个项目获省优秀审计项目表彰，1个科研课题入选省重点科研课题。

财政审计 对市级综合预算管理、市财政局等10个部门（单位）的预算执行情况进行审计，审计预算资金161000万元，督促补缴入库税款2250万元，补缴入库非税收入1017万元，督促专项资金到位23965万元，清理收回借出（垫付）资金7534.72万元，追回虚报冒领住房补贴4.86万元，审计整改率达95%。地税审计重点5大行业、8种税费和13个重点纳税单位，查出少征税款等违规问题金额11600万元，延缓征收等管理不规范金额10300万元。

农业与资源环保审计 对种粮农民补贴进行审计调查，摸清2010—2012年小麦直补、农资综合补贴、良种补贴和农机补贴4项补贴投入、管理、使用的总体情况。

固定资产投资审计 对花园路综合改造、航空展览馆等5个政府投资项目进行结算审计，审核工程结算金额43678.85万元，核减工程造价7011.93万元；对市人民医院扩建、城镇保障性安居工程等7个重大建设项目进行跟踪审计，促进节约建设资金3240万元。

社会保障审计 对农村低保、残疾人、优抚对象住房保障补贴进行审计调查，共调查14个镇373户家庭的补贴情况，揭示疏于管理、补贴政策机制存在漏洞等突出问题；对城镇居民医疗保险基金和新型农村合作医疗基金收支管理情况进行审计，揭示94287人次重复参保（合）和71人次重复报销的问题。

经济责任审计 对8个部门单位主要负责人任期经济责任履行情况进行审计，查出违规金额5065万元，管理不规范金额16893万元；实行新任正职领导干部履行经济责任事项告知制度，设计启用《新任正职领导干部履行经济责任事项告知书》；制定《莱芜市经济责任审计实施办法》《莱芜市经济责任审计分类管理办法》等9项制度规范。

专项资金审计（调查） 对2010—2012年度财政扶持企业资金进行专项审计调查，涉及460多家企业880多个项目，资金总额121100万元，审计共抽查20家企业92个项目，揭示项目申报信息发布不规范、扶持资金分配不公平、企业申报数据不真实等问题。 （撰稿人：张 芬）

【滨州市审计局】 2013年，滨州市审计局人员编制91人，在编77人。局长丁希安，副局长申立新、孙宝臣、孙玉芬（10月—），总审计师王爱云。设有办公室、审计法规科、审计执行科（与审计法规科合署办公）、人事教育科、财政金融审计科、行政事业审计科、经贸审计科、农业与资源环保审计科、外资审计科、社会保障审计科、机关党委和经济开发区审计分局、高新技术产业开发区审计分局、北海经济开发区审计分局。下辖经济责任审计办公室、政府投资项目审计办公室、计算机信息管理中心、内部审计指导中心、审计培训中心、审计举报服务中心、经济开发区政府投资项目审计评估中心、高新技术产业开发区政府投资项目审计评估中心、北海经济开发区政府投资项目审计评估中心。

审计成果 滨州市审计局完成审计项目264个，查出主要问题金额1856460万元，其中违规金额238030万元，损失浪费金额17万元，管理不规范金额1618412万元；损益（收支）不实金额101284万元；审计处理处罚金额445648万元，其中应上缴财政127134万元，应减少财政拨款或补贴89060万元，应归还原渠道资金28758万元，应调账处理金额199223万元；审计发现非金额计量问题257个；审计促进整改落实有关问题资金318101万元，其中增收节支179460万元、已调账处理金额130250万元；审计促进拨付资金到位3971万元；审计后挽回（避免）损失102105万元；移送有关部门处理事项4件；出具审计报告和专项审计调查报告319篇，被批示、采用2篇；提出审计建议242条，提交审计信息138篇，被批示、采用24篇，向社会公告审计结果1篇。

财政审计 完成23个部门单位的预算执行审计和5个县、乡级人民政府财政决算审计（调查），查出资金滞留闲置、未按规定征收、缴纳预算收入、违规改变资金用途等违规违纪金额962349万元。

行政事业审计 完成行政事业审计（调查）单位54个，查出未落实“收支两条线”和专户管理规定、账外资产、会计核算不实等违规违纪金额569939万元，出具审计报告（调查）109篇。

固定资产投资审计 通过对滨州港、“一馆三中心”等提报值42.9亿元的173个重点工程建设项目的竣工决算和跟踪审计，核减工程造价10.1亿元，同比增长2.74倍。

社会保障审计 开展2010年至2012年全市医疗机构医保政策执行审计调查，完成养老保险、社会保障资金审计单位3个，延伸审计单位5个，审计查出主要问题金额9226万元。

企业审计 完成滨州市盐业公司和滨州市四环五海城市建设经营有限公司及下属单位的企业审计，延伸审计单位5个，查出财务收支核算不实、账外资产等违规违纪金额920万元。

经济责任审计 完成52名市直党政机关和企事业单位主要负责人离任和任中审计，查出主要问题金额764872万元，其中领导干部负主管责任金额100896万元，负领导责任45398万元；促进增收节支35631万元，查处涉嫌个人经济问题5人。

专项资金审计（调查） 完成对残疾人就业保障金、“黄蓝”两区建设项目财政资金等5项民生项目的审计（调查），审计专项资金总额26443

万元，查出违规违纪金额 66541 万元。通过积极督促有关单位整改，维护群众利益。

内部审计 指导内部审计机构完成审计项目 3587 个，审计总金额 292971 万元，促进增收节支金额 13392 万元，提出意见建议被采纳 1484 条。探索内部审计质量的外部评估工作，经验做法得到中国内部审计协会的高度评价。

（撰稿人：吕增祥 赵萌萌）

【菏泽市审计局】 2013 年，菏泽市审计局人员编制 80 人，在编 74 人。局长杨晓玲，副局长李永垠、毛宝军、房福胜、樊廷卷，总审计师袁文增，纪检组长孙涛。设有办公室、法规科、人事科、财政审计科、行政事业审计科、农业与资源环保审计科、固定资产投资审计科、金融审计科、企业审计科、社会保障审计科、外资运用审计科、政法审计科、经济责任审计办公室、投资审计中心、审计信息中心。

审计成果 菏泽市审计机关完成审计项目 907 个，查出主要问题金额 3571290 万元，其中违规金额 268646 万元、损失浪费金额 1197 万元、管理不规范金额 3301445 万元；损益（收支）不实金额 38203 万元；审计处理处罚金额 614757 万元，其中应上缴财政 20491 万元，应减少财政拨款或补贴 31464 万元，应归还原渠道资金 12668 万元，应调账处理金额 410933 万元；审计发现非金额计量问题 654 个；审计促进整改落实有关问题金额 255521 万元，其中增收节支 79207 万元、已调账处理金额 159971 万元；审计促进拨付资金到位 45234 万元；审计后挽回（避免）损失 64407 万元；移送司法机关、纪检监察机关和有关部门处理事项 19 项；出具审计报告和专项审计调查报告 991 篇，被批示、采用 15 篇；提出审计建议 2462 条，提交审计信息 322 篇，被批示采用 221 篇；向社会公告审计结果 30 篇。

财政审计 完成审计项目 250 个，查出违规金额 185174 万元，其中应上缴财政 7279 万元，已上缴财政 6802 万元。

行政事业审计 完成审计项目 359 个，查出违规金额 45910 万元，其中应上缴财政 8239 万元，已上缴财政 5097 万元。

固定资产投资审计 完成审计项目 235 个，审计工程资金 405854 万元，查出违规金额 24687 万元，核减工程投资金额 78529 万元。

企业审计 完成审计项目 13 个，查出违规金额 6599 万元，其中应上缴财政 4783 万元，已上缴财政 4700 万元。

经济责任审计 完成审计项目 278 个，查出违规金额 21679 万元。

专项资金审计（调查） 完成审计项目和审计调查项目 32 个，查出违规金额 3207 万元。

（撰稿人：李婧慧）

2013 年山东省所辖区、县(市)级审计工作统计表

金额单位：万元

审计机关	完成审计项目(个)	审计查出主要问题金额	审计处理情况					出具审计报告和审计调查报告(篇)	提出审计建议(条)	提交审计信息(篇)
			审计处理处罚				移送处理事项(件)			
			应上缴财政	应减少财政拨款或补贴	应归还原渠道资金	应调账处理金额				
济南市										
济南市本级	85	4794719	56112	75	5393	92353	10	104	295	352
市中区审计局	51	174275	1793		42			70	103	126
历下区审计局	353	120563	21038			69	3	398	231	9
槐荫区审计局	29	70134	44					51	101	104

续表

审计机关	完成审计项目(个)	审计查出主要问题金额	审计处理情况					出具审计报告和审计调查报告(篇)	提出审计建议(条)	提交审计信息(篇)
			审计处理处罚				移送处理事项(件)			
			应上缴财政	应减少财政拨款或补贴	应归还原渠道资金	应调账处理金额				
天桥区审计局	39	49648	2403		10	61		56	66	36
历城区审计局	66	237875	1640	4679	3605	1732	1	94	99	128
长清区审计局	78	90357	182		2030	14440		78	162	
章丘市审计局	44	87868	1355	12893	51597	18021		44	79	
平阴县审计局	37	34269	468	5658	638	5077		57	74	2
济阳县审计局	48	109265	1957	50	45	1264	4	71	236	30
商河县审计局	90	142026	6208	4323	258	20663	5	127	290	110
聊城市										
聊城市本级	72	1504421	129682	50948	64556	60080	6	73	262	67
东昌府区审计局	46	258147	19481	1037	5743	35998	1	47	135	155
临清市审计局	38	31705	717		170	854		38	114	27
阳谷县审计局	101	58020	5702	687	1300	104		101	146	85
莘县审计局	54	56613	11605	11072	721	1		54	126	53
茌平县审计局	82	69475	8252	2859	1683	7609		82	102	168
东阿县审计局	46	189897	804			1184		46	141	26
冠县审计局	86	76010	15171	1603	16621	731		86	460	207
高唐县审计局	57	76563	43513	641	19	211		57	138	57
德州市										
德州市本级	64	545744	89553	31358	390	95437	3	85	147	239
德城区审计局	29	34614	661		18	17973		46	38	172
乐陵市审计局	31	24289	854	949		3194		31	77	15
禹城市审计局	48	11796	2193	7072		13		55	35	14
陵县审计局	19	2806	177			76		19		5
平原县审计局	18	10391	5048	1012		462		18	28	8
夏津县审计局	60	71212	3102	721	27	17258	1	71	114	61
武城县审计局	23	17049	116		9	5		31	20	12
齐河县审计局	17	11572	275	10643	152	11		17	50	8
临邑县审计局	12	1446	71	21	83	4		12	28	6
宁津县审计局	38	17929	1984			95		47	92	10
庆云县审计局	24	2122	541			184		39	33	14
东营市										
东营市本级	81	567179	29999	17712	3492	19574		115	189	46

续表

审计机关	完成审计项目（个）	审计查出主要问题金额	审计处理情况					出具审计报告和审计调查报告（篇）	提出审计建议（条）	提交审计信息（篇）
			审计处理处罚				移送处理事项（件）			
			应上缴财政	应减少财政拨款或补贴	应归还原渠道资金	应调账处理金额				
东营区审计局	29	49147	11671	2396		11580		41	57	30
河口区审计局	19	15488	64		1095	11328		27	39	11
垦利县审计局	68	75656	3188	8882	5866	43281		75	137	108
利津县审计局	47	38622	6	1616	12	4939		69	41	194
广饶县审计局	46	192386	2348		33259	1633		68	16	153
淄博市										
淄博市本级	117	2524613	396242	17148	53469	60236	12	162	594	154
张店区审计局	61	153007	498	1751	118	2230	1	101	354	86
淄川区审计局	169	122292	21586	6224	693	971	2	308	124	45
博山区审计局	62	29797	1153	353		4187		86	114	50
临淄区审计局	98	139837	12599	3522		622	6	96	480	53
周村区审计局	24	28296	220	1821	16079	10131	1	24	82	80
桓台县审计局	66	52668	238	2917	29934	4808		74	180	68
高青县审计局	62	25560	144	2013	2450	1725		35	96	76
沂源县审计局	35	38880	5525	961		24458		89	238	44
高新区审计局	30	114350	5607	10237	1901	1118		42	206	48
潍坊市										
潍坊市本级	121	4338827	611519	35444	62708	237367		154	374	61
奎文区审计局	23	21938	2261	3510				23	56	34
潍城区审计局	26	7285	411		2091	3064		39	46	18
寒亭区审计局	18	41970	13		4403	1744	2	41	93	1
坊子区审计局	40	15786	249	592				40	89	520
安丘市审计局	79	504221	12134	6110	11122	53489	2	124	194	107
昌邑市审计局	111	75275	78	6114				111	159	47
高密市审计局	55	470628	1819	4634	4	16325		55	118	216
青州市审计局	31	537065	6192			1471		47	37	36
诸城市审计局	56	305170	44217	10991	80		1	86	91	119
寿光市审计局	49	186465	30289	1693		1094		68	109	186
临朐县审计局	87	453736	19633	7156	4272	166327		87	50	163
昌乐县审计局	38	26996	6	100				68	62	85
高新区审计局	134	32484	30801		43	1603		140	11	4
滨海区审计局	9	115							28	

续表

审计机关	完成审计项目（个）	审计查出主要问题金额	审计处理情况						出具审计报告和审计调查报告（篇）	提出审计建议（条）	提交审计信息（篇）
			审计处理处罚				移送处理事项（件）				
			应上缴财政	应减少财政拨款或补贴	应归还原渠道资金	应调账处理金额					
烟台市											
烟台市本级	167	5107080	1458320	43758	14582	267708	10		256	386	288
莱山区审计局	26	42573	1742			7562			45	52	36
芝罘区审计局	48	226582	66		7630	16553	1		71	32	266
福山区审计局	66	133103	3102	8408	37	5746	3		105	68	156
牟平区审计局	121	23979	439	843		1674	1		198	24	58
栖霞市审计局	55	69792							97	24	
海阳市审计局	57	32596	2184			777			97	40	
龙口市审计局	59	74477	46371			11471			100	32	112
莱阳市审计局	53	47692	6084		377	17113			95	498	80
莱州市审计局	52	22227	606	626		10662			87	82	304
蓬莱市审计局	67	22869	7992	800	1	2354	2		116	4	54
招远市审计局	86	63190	44622	145	82	11025	1		114	242	212
长岛县审计局	46	3962	231			962			79	112	122
开发区审计局	28	13197	368			534			46	62	
威海市											
威海市本级	82	56975	40693	655	16043	56661	2		133	108	155
环翠区审计局	23	5967	5967			67			25	34	
荣成市审计局	73	3398	3099			23417			140	172	75
乳山市审计局	58	34494	14570	586	694	171705	3		104	55	15
文登市审计局	58	3960	2554		53826	22657	2		109	94	12
火炬高技术产业开发区审计局	20	1859	2357	1011	7	643	2		29	51	41
经济技术开发区审计局	21	322	322						30	7	7
青岛市											
青岛市本级	101	5436749	258150	45238	1346	324729	17		135	241	62
市南区审计局	83	265133	87998	12590	2472	2472			101	158	84
市北区审计局	251	536233	8136	24922		147	1		362	369	
黄岛区审计局	133	263486	4558	34176	449	99260			167	103	8
崂山区审计局	180	627489	48189	5230		16571			188	97	123
城阳区审计局	209	794456	70443	45322	176874		3		220	168	2

续表

审计机关	完成审计项目（个）	审计查出主要问题金额	审计处理情况					出具审计报告和审计调查报告（篇）	提出审计建议（条）	提交审计信息（篇）
			审计处理处罚				移送处理事项（件）			
			应上缴财政	应减少财政拨款或补贴	应归还原渠道资金	应调账处理金额				
李沧区审计局	65	469431	76	17366	106163			74	107	28
胶州市审计局	127	1077142	124464	7685		28		127	311	4
即墨市审计局	59	1197774	46713	942	83	219372		110	142	15
平度市审计局	172	19928	1816	4554	1828	6766		199	187	118
莱西市审计局	73	38771	484	17667	15749	4138		108	36	94
开发区审计局	109	241521	109988	27314		858		125	39	29
日照市										
日照市本级	82	100901	43508	18267	4052	15815		165	242	
东港区审计局	96	40095	2154	3477	152	101		96	150	
岚山区审计局	29	1871		1752	82			29	13	
五莲县审计局	82	41380	2404	3218	1365	8978		124	98	
莒县审计局	77	35230	4469	31	260	354		169	166	
临沂市										
临沂市本级	156	2613102	187547	625	63828	412307	1	234	447	181
兰山区审计局	99	158020	5141		76	2429	3	141	254	27
罗庄区审计局	49	428338	50			7		62	145	61
河东区审计局	66	207834	67					92	183	19
郯城县审计局	94	55803	225	81				128	261	86
苍山县审计局	58	91435	88					61	163	26
莒南县审计局	46	35842	16					61	120	26
沂水县审计局	77	32782	469		669	5564		123	166	105
蒙阴县审计局	155	85142	73		16			207	465	34
平邑县审计局	111	134354	557					180	398	78
费县审计局	73	79245	163			9867		118	227	97
沂南县审计局	161	34199	164	145	93	6		266	345	78
临沭县审计局	81	123627	86					114	196	115
枣庄市										
枣庄市本级	92	944859	23407		98059	89409		120	220	111
薛城区审计局	47	39546	1035		6495	19207		64	130	43
市中区审计局	40	23906	6767	2962	1586	7741		40	106	34

续表

审计机关	完成审计项目（个）	审计查出主要问题金额	审计处理情况					出具审计报告和审计调查报告（篇）	提出审计建议（条）	提交审计信息（篇）
			审计处理处罚				移送处理事项（件）			
			应上缴财政	应减少财政拨款或补贴	应归还原渠道资金	应调账处理金额				
峄城区审计局	20	39738	774		9989	14417		20	43	
台儿庄区审计局	63	51110	130			25586		102	334	66
山亭区审计局	70	150498	779		2371	78121		69	299	52
滕州市审计局	45	57896	2004		26	7052		67	147	133
济宁市										
济宁市本级	173	1780162	135384	36914	47	20642	9	241	180	412
市中区审计局	17	28984	111	16				30	43	17
任城区审计局	57	28051	28	6842		9293		72	10	
曲阜市审计局	58	135018	79	9212	129		4	58	115	28
兖州市审计局	52	372859	54	1430	148			103	149	30
邹城市审计局	131	505092	1024	7268		39	2	188	241	181
微山县审计局	87	22125	5421	10139	28	22	2	104	258	106
鱼台县审计局	35	29867	673	876		366		67	60	71
金乡县审计局	121	27828	150	10375	29	2860		176	136	120
嘉祥县审计局	58	126109	124	72121	12207	81		70	113	52
汶上县审计局	67	44324	589	13451	2243	2155		95	113	118
泗水县审计局	57	158434	356	2864			5	98	56	22
梁山县审计局	103	83757	155	8092			2	128	197	121
太白湖区审计局	31	11066	33	1118				33		28
泰安市										
泰安市本级	63	1704261	346896		11793	109412	2		104	102
泰山区审计局	25	120418	82		60	661		42	6	7
岱岳区审计局	35	196710	13		1748	8138		35	43	67
新泰市审计局	34	39759				16	1	60	37	19
肥城市审计局	71	42131	16			1630		74	33	4
宁阳县审计局	19	115089	12					39	30	20
东平县审计局	46	27341	133		8	6687		75	137	
莱芜市										
莱芜市本级	45	812109	21034	8238	19994	18038		56	111	

续表

审计机关	完成审计项目（个）	审计查出主要问题金额	审计处理情况						出具审计报告和审计调查报告（篇）	提出审计建议（条）	提交审计信息（篇）
			审计处理处罚				移送处理事项（件）				
			应上缴财政	应减少财政拨款或补贴	应归还原渠道资金	应调账处理金额					
莱城区审计局	41	13121	143	396	63				52	114	
钢城区审计局	9	7052	94						13	29	
滨州市											
滨州市本级	264	1856460	127134	89060	28758	199223	4		319	242	138
滨城区审计局	10	9682			114	97			15	20	
惠民县审计局	38	123789	3774	3644	1224	27084	4		53	133	158
阳信县审计局	63	28898	1405	3211	30	662			102	88	432
无棣县审计局	39	7202	519	162		2350			65	73	81
沾化县审计局	76	142321	2427	14474	92	5502			95	46	69
博兴县审计局	42	129601	13368	3877	17795	4448	2		51	168	51
邹平县审计局	52	235521	20760	5755	12	3298	4		76	48	128
菏泽市											
菏泽市本级	135	2619445	8093	13386	9448	379859	2		141	497	42
牡丹区审计局	69	14461	102						69	205	64
曹县审计局	101	12087	478	5074	28	71			99	181	1
定陶县审计局	75	55734	2073				13		56	199	133
成武县审计局	98	28517	6613		1821		14		116	220	
单县审计局	103	512040	239	10045	3	56	5		148	354	11
巨野县审计局	88	87705	1543	2915	284	184	15		101	328	9
郓城县审计局	88	116754	1198		740	30701			118	186	62
鄄城县审计局	91	6808	68		341	59			91	174	
东明县审计局	59	117733	80	41					52	119	

河南省

【河南省审计厅】 2013年，河南省审计厅人员编制175人，在编172人。设有办公室、法规处、财政审计一处、财政审计二处、行政事业审计一处、行政事业审计二处、行政事业审计三处、农业与资源环保审计处、投资审计一处、投资审计二处、金融审计处、企业审计处、社会保障审计处、外资运用审计处、人事处、机关党委、离退休干部工作处、经济责任审计办公室，另设有派驻纪检（监察）室，下设有审计科研所（政研室）、审计干部培训中心、机关服务中心、计算机审计中心。

领导成员

厅　　长：史宁安（—5月）
　　　　　刘　荃（5月—）
副 厅 长：万明云　陈　静　李笃明
　　　　　张　昕　孙志安
总审计师：郭日宪
纪检组长：李振明

审计成果 河南省审计机关共审计（调查）8104个单位，查出违规金额347.42亿元，损失浪费金额3.06亿元；通过上缴财政、减少财政拨款或补贴、归还原渠道资金等，促进增收节支65.9亿元；审计后挽回（避免）损失8.45亿元，核减投资额25.8亿元；向纪检监察和司法机关移送违法违纪案件线索227件，涉及相关责任人850人。提交的审计信息被领导批示或被媒体采用3001篇次。提出审计建议19745条，被相关单位采纳14780条。

财政审计 组织对18个省直部门和120个二级预算单位的预算执行进行审计，主要发现预算编制不完整、少数部门预算编制不细、专项资金未充分发挥效益等问题。督促省财政厅修订预算编制办法，加强对部门预算编制监管。

金融审计 组织对河南铁路投资公司、河南水利建设投资公司等6家省级投融资公司进行审计调查，主要发现部分企业注册资本金长期不到位，注入资产手续不完善、质量低，项目投资存在盲目性，管理体制不畅导致融资平台功能受到制约等问题。组织对河南省农村信用社、18个省辖市农信办及所辖县级农村信用社进行审计，主要发现贷款五级分类不准确、存在隐形不良贷款、违规发放贷款、法人治理不规范等问题。

行政事业审计 审计（调查）行政事业单位3621个，查出主要问题金额267.89亿元，预算编报不真实不完整3.16亿元，未按规定纳入预算管理6.16亿元。

农业与资源环保审计 完成审计项目10个，查出管理不规范和违规金额25.2亿元，向有关部门移送案件线索39件。

固定资产投资审计 组织对城市污水处理项目建设运营情况、高速公路建设、新郑机场二期等重大基建项目进行审计，督促相关单位加强内部管理，规范投资行为，加快建设进度，避免损失浪费。

社会保障审计 完成审计项目6个，审计共查出各类有问题金额381489万元。其中：违规金额75039.5万元，损失浪费金额598.5万元，管理不规范金额305851万元。出具移送处理书5件，122人受到处理，其中1人被追究刑事责任。

企业审计 完成审计项目10个，查出主要问题金额129000万元，其中违规金额1866万元，损失浪费金额4070万元，管理不规范金额123000万元。出具审计报告和专项审计调查报告7篇，审计处理处罚金额20600万元；移送纪检监察和有关部门处理事项5件，追究刑事责任1人，党政纪处分2人。

经济责任审计 全省审计机关对2391名领导干部实施经济责任审计，查出违规问题金额43.1亿元，损失浪费金额4439万元，管理不规范金额187.42亿元，促进增收节支12.1亿元，提出审计建议5555条，被采纳4152条。其中省审计厅组织对25名省管领导干部进行经济责任审计，督促被审计单位制定完善一系列制度，有效监督规范权力运行。

专项资金审计（调查） 全省专项资金审计（调查）项目681个，审计专项资金总额506.17亿元，审计查出主要问题金额106.05亿元。

（撰稿人：吕鸣莉　韩清华）

【郑州市审计局】 2013年，郑州市审计局人员编制157人，在编150人。局长冯明杰，副局长李忠仁、徐平、桑富强、于士营、乔德宁（12月—），总审计师骆杉（6月—），纪检组长张保全（—6月）。设有办公室、政策法规处、财政审计处、行政审计处、事业审计处、农业与资源环保审计处、投资审计处、金融审计处、企业审计处、社会保障审计处、外资运用审计处、经济责任审计处、组织人事处、离退休干部工作处、监察室、机关党委、经济责任审计中心。

审计成果 郑州市审计机关完成审计和审计调查项目744个，查出主要问题金额3119144万元，其中违规金额189685万元、损失浪费金额73万元、管理不规范金额2929385万元；损益（收支）不实金额19080万元；审计处理处罚135576万元，其中应上缴财政68553万元、应减少财政拨款或补贴10485万元、应归还原渠道资金41545万元、应调账处理金额14803万元、应缴纳其他资金188万元；审计发现非金额计量问题845个；审计促进整改落实有关问题资金116233万元，其中增收节支94237万元、已调账处理金额1013万元、已缴纳资金等其他有关整改落实问题资金20983万元；审计促进拨付资金到位337万元；移送司法机关、纪检监察机关和有关部门案件线索15件；出具审计报告和专项审计调查报告833篇，被批示、采用4篇；提出审计建议1910条；提交审计信息59篇，被批示、采用12篇；向社会公告审计结果9篇。

财政审计 对45个财政、地税及预算执行单位进行审计和调查，查出主要问题金额254.2亿元，其中查出预算编报不真实不完整金额91.1亿元、预算编制批复不规范金额13.6亿元、未按规定征收缴纳收入53.9亿元、违规改变项目计划和资金用途4.3亿元、未按规定征提基金、未落实“收支两条线”和专户管理规定等其他问题金额91.3亿元。完成财政决算审计项目124个，审计查出主要问题金额119265万元，其中查出未按规定征收缴纳收入40255万元、资金滞留闲置5021万元、虚列支出6870万元、扩大开支范围7177万元，以及其他问题金额59942万元。

行政事业审计 完成审计项目286个，审计查出主要问题金额224880万元，其中未按规定纳入预算管理4007万元，未按规定征收缴纳收入3714万元，违规改变项目计划和资金用途10196万元，扩大开支范围或提高开支标准列支10842万元，其他问题金额196121万元。

固定资产投资审计 结合国家扩大内需、增加投资的实际情况，加大对政府投资的基础设施、生态环境建设、社会事业等方面工程项目的审计监督。通过对238个建设项目开展竣工决算审计和跟踪审计，查出主要问题金额11.8亿元，核减投资额3.7亿元。

经济责任审计 完成对261名领导干部的经济责任审计，其中任中审计78人。重点检查领导干部按照法定职责和程序行使经济决策权、经济管理权、经济政策执行和监督权以及遵守廉政规定的情况，查出违规金额8.4亿元，管理不规范金额35.2亿元，促进增收节支7.4亿元。

专项资金审计（调查） 组织对教育、文化、水利、环保、就业等15个涉及民生的43个项目进行专项审计和调查。审计专项资金总额16.7亿元，查出主要问题金额10.2亿元，其中资金滞留闲置1亿元、资金不到位不落实4561万元、其他问题金额8.7亿元。 （撰稿人：潘　莹）

【三门峡市审计局】 2013年，三门峡市审计局人员编制58人，在编54人。局长范社民，副局长刘树军、尚秀丽（—1月）、侯功亮、白提高（4月—）、张楠（9月—）。设有办公室、经济责任审计办公室、财政金融科、行政事业科、社会保障科、经贸科、农业与资源环保科、外资运用科和法制科，下设固定资产投资审计中心和审计信息中心。

审计成果 三门峡市审计机关完成审计项目261个，查出主要问题金额741856万元，其中违规金额123357万元、损失浪费金额450万元、管理不规范金额618048万元；损益（收支）不实金额123131万元；审计处理处罚金额111556万元，其中应上缴财政58153万元、应减少财政拨款或补贴1702万元、应归还原渠道资金7242万元、应调账处理金额43072万元；审计发现非金额计量问题254个；审计促进整改落实有关问题资金20465万元，其中增收节支13477万元、已调账处理金额6964万元；审计促进拨付资金到位238

万元；审计后挽回（避免）损失1915万元；移送司法机关、纪检监察机关和有关部门处理事项10件；出具审计报告和专项审计调查报告250篇，被批示、采用7篇；提出审计建议561条；向社会公告审计结果12篇。

财政审计 预算执行审计完成审计项目30个，查出问题金额216505万元，其中未按规定征收、缴纳收入17578万元，虚列支出30604万元，未按规定征提基金3438万元，资金滞留闲置11586万元，资金不到位不落实8158万元；财政决算审计完成审计项目22个，查出问题金额196758万元，其中预算编制批复不规范8598万元，未按规定征收缴纳收入50397万元，虚列支出68877万元，违规出借财政资金3764万元，资金不到位不落实22612万元。

金融审计 完成审计项目1个，查出问题金额113822万元，其中银行信贷业务违规24061万元，资产质量不实26512万元，财务收支核算不实6661万元。

行政事业审计 完成审计与审计调查项目116个，查出问题金额113502万元，其中未按规定纳入预算管理3281万元，未按规定征收缴纳收入6820万元，违规改变项目计划和资金用途3243万元，虚列支出14040万元，扩大开支范围或提高开支标准列支5797万元，擅自处置国有资产2765万元，资金不到位不落实2520万元。

固定资产投资审计 完成审计项目59个，核减投资额（工程款）5710万元；查出问题金额7714万元，其中工程价款不实3177万元，超规模超标准项目978万元。

企业审计 完成审计项目6个，查出问题金额82055万元，其中违规经营871万元。

经济责任审计 审计单位79个，审计经济责任人79人，查出问题金额127265万元，其中负直接责任金额4978万元，负主管责任金额79825万元，负领导责任金额42462万元。

专项资金审计（调查） 完成审计与审计调查项目26个，查出问题金额10990万元，其中资金滞留闲置1156万元，违规采购5250万元，资金不到位不落实520万元。 （撰稿人：武云景）

【洛阳市审计局】 2013年，洛阳市审计局人员编制79人，在编73人。局长马灿书，副局长温志明、李修新、李雅红，总审计师程军（1月—），纪检组长史百里（—1月）、刘广勇（1月—）。设有办公室、法制科、财政审计科、金融审计科、行政事业审计科、经贸审计科、农业与资源环保审计科、社会保障审计科、固定资产投资审计科、外资运用审计科、经济责任审计办公室、派出审计科、人事科、机关党委、监察室、机关服务中心、神都大厦。

审计成果 洛阳市审计机关共审计926个单位，对46个单位实施专项审计调查。共查出违规金额11.83亿元、管理不规范金额93.05亿元；完成256个单位264名领导干部的经济责任审计，查出违规金额1.26亿元；审减政府投资项目结算金额4.57亿元；向纪检监察、司法机关和有关部门移送案件线索16件，涉及金额3379万元。洛阳市审计局被审计署评为全国政府性债务审计先进公务员集体，被省审计厅评为2013年度审计工作综合考核先进单位，被市委、市政府评为洛阳市人民满意的公务员集体。

财政审计 加强市本级财政预算执行情况审计；加强社保、教育、卫生等重点民生工程和专项资金审计；加强会议活动费和“三公”经费的审查监督。“同级审”工作报告受到市人大常委会高度评价；“同级审”项目被省审计厅表彰为优秀审计项目。

金融审计 主要开展市农信办及市区、西工、偃师、宜阳等4家农信社2012年度资产负债损益审计。针对审计报告中披露的主要问题，市农信办和4家农信社建立完善多项规章制度，加大对不良资产的清收和处置力度，严格信贷资金使用管理等，取得明显成效。

行政事业审计 主要开展文化产业发展专项资金审计、中等专业学校助学金和免学费资金审计调查等。通过审计调查，促进各级财政投入的助学金和免学费资金1.89亿元有效落实到位，受助学生达26.45万人次。

企业审计 主要开展全市盐业系统、洛阳市公路局、洛阳市公路运输管理局2012年度财务收支审计等。在全市盐业系统审计中，发现违规违纪金额共2000万元，以及收入、费用不实等问题；提出具体的审计建议，为企业顺利改制及实现良性发展提供科学的思路。

社会保障审计 主要开展2012年全国社会保障资金审计重点资金跟踪审计全市就业促进政策执行情况专项审计调查、洛阳市卫生系统2012年度预算执行情况审计等。

固定资产投资审计 完成对涧西污水处理厂工程、洛阳市一高建设工程、伊河治理工程等9个政府投资建设项目的跟踪审计。工程价款结算送审总金额9.2亿元，审定总金额8.1亿元，审减总金额1.1亿元，审减率为11.9%。

农业与资源环保审计 主要开展林业生态板块——2008年至2012年林业生态省建设规划执行情况审计调查、2011—2012年度畜牧业建设项目和重大专项资金审计、洛阳市新型农村社区建设资金审计、测土配方施肥项目资金审计等。

外资运用审计 根据省审计厅统一安排，主要开展世界银行贷款生态畜牧项目审计、世界银行贷款第五期扶贫项目审计、世界银行交通项目审计等项目的审计。促进国外贷援款项目规范管理，提高资金使用效益。

经济责任审计 受市委组织部委托，市审计局对38名领导干部实施任期经济责任审计，其中对2名市直部门负责人实施任中审计。通过审计，查出违规金额202万元，管理不规范金额3123万元，实事求是地反映领导干部任期业绩，为市委、市政府管理使用干部提供依据。

（撰稿人：王锦志）

【焦作市审计局】 2013年，焦作市审计局人员编制67人，在编62人。局长闫万国，副局长尹柯玲、申文燕、王庆宝、范景致，纪检组长王天富。设有办公室、监督审理科、财政审计科、农业与资源环保审计科、固定资产投资审计科、经贸审计科、社会保障审计科、外资运用审计科、经济责任审计一科、经济责任审计二科、行政事业审计一科、行政事业审计二科、人事科、离退休干部工作科、纪委监察局派驻室（纪检监察室）。下设市基本建设工程预决算审计中心。

审计成果 焦作市审计机关完成审计项目412个，查出违规金额35.42亿元，其中应上缴财政6289万元，应归还原渠道资金1.09亿元，应调账处理金额4211万元；已上缴财政1318万元，已归还原渠道资金268万元，已调账处理金额2395万元。移送司法机关、纪检监察部门处理事项33件，建议有关部门处理事项14件。提交审计工作报告、信息516篇，被采用103篇。

财政审计 以促进财政增收为目标，积极拓展财政审计的内容和范围。在对预算编制、预算执行和部门预算执行、税收征管等情况进行审计的同时，重点审计土地出让金、土地储备资金、水利建设资金等重大专项资金，配套开展对“三公”经费与会议费的审计，揭示征收管理中存在的漏征漏缴问题，为增加财政收入做出贡献。

固定资产投资审计 围绕焦作市“十大建设”，按照市政府十个百分之百的要求，共审计建设资金20.06亿元，审减2.59亿元。除审减大量政府投资外，还查处工程建设过程存在的违规问题，促进项目的规范管理和顺利实施。

经济责任审计 全市审计机关共审计领导干部97人，其中县级19人。查出领导干部负有直接责任的违规金额172万元，负主管责任的违规金额2986万元。焦作市审计局对16名县处级领导干部实施任中经济责任审计。

专项资金审计 在做好省审计厅统一安排的农村安全饮水、畜牧业等民生项目资金审计的同时，重点对社会捐赠、城乡最低生活保障金、城区基本公共卫生服务、殡仪服务业等民生项目资金进行审计，涉及民生资金5.83亿元，揭示项目建设和资金使用方面存在的问题，促进惠民政策的落实和资金的规范使用。

机关建设 焦作市审计局先后被市委、市政府评为焦作市反腐倡廉建设工作先进单位、依法行政和行政执法工作先进单位；被河南省审计厅评为全省审计工作综合考核先进单位、审计信息宣传工作先进单位、审计科研工作优秀组织单位、AO应用实例与计算机审计方法征集优秀组织单位。

内部审计 通过内部审计协会，帮助一些单位加强和改进内部审计工作，提高内部控制水平。全市143个内审机构共审计资金65亿元，促进增收节支1360万元，提出审计建议120条。

（撰稿人：谢晨光）

【新乡市审计局】 2013年，新乡市审计局人员编制69人，在编60人。局长邓京平，副局长何录良（—4月）、牟振斌、周彦斌、李瑞霞、孟宪光（11月—），总审计师熊睿浩（11月—），纪检组长孟宪光（—11月）、张俊涛（11月—）。设有办公室、法制科、财政审计科、金融审计科、行政事业审计科、农业与资源环保审计科、固定资产投资审计科、企业审计科、社会保障审计科、外资运用审计科、经济责任审计办公室、人事科。

审计成果 新乡市审计机关完成审计（调查）单位414个，审计查出主要问题金额48.67亿元，为各级财政增收节支约4.37亿元。审计发现并移交案件线索26件，移送有关部门处理396人。

政府性债务审计 根据河南省审计厅统一部署，全市审计机关抽调137名审计人员组成13个审计组，完成南阳市本级和13个县（市、区）政府性债务审计工作。

预算执行审计 围绕财政预算资金和收支两条主线实施延伸审计，做到资金到哪里，就延伸审计到哪里。共查出违规违纪金额4.07亿元，管理不规范金额11.2亿元。

固定资产投资审计 组织开展政府重大投资项目竣工结算（决算）审计13个，通过审计，核减工程造价1977万元，查出违规金额1683.28万元，管理不规范金额7516.84万元，提出审计建议19条，被采纳19条。

社会保障审计 按照市委、市政府工作要求，开展新型农村社区建设资金审计、城镇保障性安居工程跟踪审计、农村环境综合整治建设资金审计、住房公积金专项审计调查、农村饮水安全工程建设资金审计、水利工程项目资金审计、林业专项资金审计、污水处理项目专项审计调查。

经济责任审计 全市共有63个单位73名领导干部接受审计机关经济责任审计，其中任中审计20人，离任审计53人，审计查出主要问题金额1.47亿元。（撰稿人：李旭日）

【鹤壁市审计局】 2013年，鹤壁市审计局人员编制69人，在编66人。局长王志贤（—4月）、李习和（4月—），副局长李路平、高国防（8月—）、曹崇华（8月—）、张保成（—5月），总审计师高国防（—7月）、吴超（7月—），纪检组长蔺玉堂（—5月）、张华民（5月—）。设有办公室、纪检室、法制科、财政审计科、社会保障审计科、经贸审计科、农业资源审计科、外资审计科、行政事业审计科、固定资产投资审计科、计算机审计中心、经济责任审计中心、审计评价中心、机关党委。

审计成果 鹤壁市审计局共完成审计或审计调查项目55个，查出主要问题金额189630万元，其中违纪违规问题金额17059万元，管理不规范金额172571万元，损益（收支）不实金额1391万元；审计处理处罚金额18500万元，其中应上缴财政3964万元，应归还原渠道资金14260万元，应调账处理金额275万元。审计促进整改落实有关问题资金额14663万元，其中增收节支14388万元、已调账处理金额275万元；移送司法机关、纪检监察机关和有关部门处理事项39件；出具审计报告和专项审计调查报告55篇；提出审计建议225条；提交审计信息351篇，被批示、采用234篇。

财政审计 共审计和审计调查预算单位5个，查出未按规定征收缴纳预算收入9203万元，违规改变资金用途15000万元，资金滞留闲置5440万元等问题。审计和调查决算单位4个，审计查出主要问题金额56103万元。重点揭露和查处决算编制不真实不完整、财政收支管理不规范、虚收虚支、截留滞留、挤占挪用专项资金、资金体外循环、损失浪费等问题，有效促进地方政府部门严格执行财经法规，规范财政资金管理。

专项资金审计 共审计和审计调查单位14个，查出主要问题金额29524万元，提出审计意见和建议，促进被审计单位进一步完善制度，规范管理，防范风险，确保资金安全运作，有效发挥审计监督保障作用。

固定资产投资审计 开展固定资产投资审计和审计调查单位2个，查出主要问题金额676万元，政府投资审计为促进宏观政策措施落实，有效提高建设资金的经济效益和社会效益发挥积极作用。

经济责任审计 受市委组织部的委托，共开展经济责任审计项目20个，审计查出主要问题金额16193万元，管理不规范金额15518万元，审计发现侵害人民群众利益金额1319万元。

（撰稿人：孙亚楠）

【安阳市审计局】 2013年，安阳市审计局人员编制97人，在编97人。局长李庆祥，副局长郭河山、李著亮、郝保旺，总审计师陈永太，纪检组长郭虎山。设有办公室、法规科、财政审计科、金融审计科、行政事业审计科、经贸审计科、农业与资源环保审计科、社会保障审计科、外资运用审计科、信息技术科、人事科、经济责任审计中心、政府投资审计中心、离退休干部工作科。下辖安阳市经济责任审计中心，内设：综合科、县区审计科、行政事业单位审计科、企业审计科。下辖安阳市政府投资审计中心，内设综合科、审计一科、审计二科、审计三科、审计四科。

审计成果 安阳市审计局共完成审计（调查）项目65个，查出违规金额1565673.11万元，应上缴财政100653.66万元，已上缴财政2545.66万元，已归还原渠道金额7390万元，已调账处理金额240.35万元，审减工程造价1050.91万元。审计促进资金拨付到位311万元。审计经济责任人14人，向有关部门移送审计事项31件，处理责任人43人。审计报告、信息被上级批示采纳50条，通过门户网站公告审计项目7个。

财政审计 完成审计项目6个，查出违规金额210006万元，其中应上缴财政97000万元，已归还原渠道金额3550万元。

金融审计 完成审计项目3个，查出违纪违规、管理不规范金额620000万元。安阳银行股份有限公司2011年度资产负债损益审计项目获得河南省审计厅表彰。

行政事业审计 完成审计项目4个，完成领导交办的临时任务4项。查出各类违规违纪金额8776.63万元。

企业审计 完成审计项目4个，查出违规金额5.9亿元；向税务部门移交案件线索1件，落实案件线索促使被审计单位补交调增税收89.99万元。

农业与资源环保审计 完成审计项目9个，查出违规金额4808万元，其中应归还原渠道金额3700万元，应缴纳其他金额1108万元；审计促进资金拨付到位311万元，审计后挽回损失14万元。

固定资产投资审计 完成审计项目15个，查出违规金额665247.61万元；已上缴财政2545.66万元，审减工程造价1050.91万元。建议有关部门处理事项29件。

社会保障审计 完成审计项目4个，涉及审计总金额149824.67万元；查出违纪违规问题21个，管理不规范和违规违纪金额46058.87万元；已归还原渠道资金和调账金额共计340.35万元。

经济责任审计 完成审计项目1个，查出违纪违规金额9939万元。

（撰稿人：龚 琳 邓全香）

【濮阳市审计局】 2013年，濮阳市审计局人员编制94人，在编94人。局长樊相奇，副局长张正选、鲁付民、林松，总审计师徐中领，纪检组长王万东。设有办公室、人事科、法制科、财政金融审计一科、财政金融审计二科、行政事业审计一科、行政事业审计二科、经贸审计科、农业资源与环保审计科、社会保障审计科、固定资产投资审计一科、固定资产投资审计二科、外资运用审计科、离退休干部工作科、机关党总支、监察室，下辖濮阳市经济责任审计中心、濮阳市审计局计算机审计中心、机关后勤服务中心。

审计成果 濮阳市审计机关完成审计项目452个，查出主要问题金额123.03亿元，其中违规金额9.22亿元、损失浪费金额351.53万元、管理不规范金额113.77亿元；损益（收支）不实金额385.23万元；审计处理处罚金额9.87亿元，其中应上缴财政780.08万元、应减少财政拨款或补贴6468.56万元、应归还原渠道资金1.67亿元、应调账处理金额7.35亿元；审计发现非金额计量问题591个；审计促进整改落实有关问题资金7.75亿元，其中增收节支2.29亿元、已调账处理金额5.31亿元；审计后挽回（避免）损失5.3万元；移送司法机关、纪检监察机关和有关部门处理事项33件；出具审计报告和专项审计调查报告501篇，被批示、采用42篇；提出审计建议1752条；提交审计信息91篇，被批示、采用54篇；向社会公告审计结果75篇。2013年度审计工作综合考核获省辖市第一名，受到省审计厅通报表彰；荣获审计署公务员集体三等功。市审计局对商丘市本级社会保障资金审计、濮阳县审计局对永城市社会保障资金审计2个项目被评为全省优秀审计项目。

案件线索移送 全市审计机关共向纪检监察、司法机关和有关部门移交案件线索和事项33件，其中，范县审计局移送移交案件线索6件，给予责任人党纪政纪处分19人。市审计局外资科移送的案件线索给予8人通报批评；市审计局投资一科农村饮水安全审计项目线索移送到市纪委，给予4人警告处分。

信息化工作建设 濮阳市审计局网上办公、阅文率已达100%，2013年网上办理公文470篇；利用OA进行审计计划项目管理达100%；OA与AO交互项目85个。濮阳市审计局71篇计算机审计方法、37篇计算机审计实例在省审计厅评选中获奖，分别位居全省审计机关第一名和第二名，濮阳市审计局获省计算机审计方法、AO应用实例优秀组织奖。 （撰稿人：吴春耀　黄卫畅）

【开封市审计局】 2013年，开封市审计局人员编制72人，在编59人。局长翟放，副局长孙黎、赵守红、王珂、宋平均、湛静（1月—）、张泽宣、张同安（—1月），总审计师倪金宝，纪检组长赵伟。设有办公室、法制科、财政金融审计科、行政事业审计科、经贸审计科、农业与资源环保审计科、固定资产投资审计科、外资运用审计科、社会保障审计科、经济责任审计科、人事教育科、纪检监察室，下设科研所和审计服务中心。

审计成果 开封市审计机关审计和审计调查单位345个，查出违规金额16310万元。经审计处理，通过上缴财政、减少财政拨款或补贴、归还原渠道资金等形式，已促进增收节支12541万元，已缴纳其他资金6048万元，已调账处理6740万元；向纪检监察、司法机关和有关部门移送处理事项11件；审计提出建议835条，被审计单位采纳审计建议778条、制定整改措施44项；审计信息被上级领导批示和有关部门采用58篇，宣传稿件在市级以上新闻媒体发表177篇。

财政审计 审计预算执行单位72个，查出问题金额44260万元；审计财政决算单位29个，查出问题金额11420万元，通过边审边改、集中整改和落实审计意见，促进有关部门严格按照法定权限和程序行使权力、履行职责，促进有关县、区政府严格执行财经法规，规范财政资金管理。

行政事业、企业、外资运用审计 审计行政事业单位177个，查出问题金额12260万元，为推进国库统一支付工作，规范行政事业单位财务收支行为发挥积极作用。审计企业4家，查出问题金额6890万元，促进企业深化改革、加强管理。按照省审计厅统一部署，对中小城市供水项目、生态畜牧项目等5个外资运用项目进行审计，提出加强管理和完善制度方面的建议，受到省审计厅充分肯定。

专项资金审计 围绕市委、市政府中心工作，组织对中等职业学校助学金和免学费补助资金、农村环境连片综合整治资金、四川芦山地震募捐资金等重点专项资金进行审计。审计专项资金3.61亿元，查出问题金额8977万元。

固定资产投资审计 审计建设项目67个，审减工程款8374万元，审减率达10.16%，为政府节约大量建设资金。

经济责任审计 完成126名领导干部经济责任审计，审计查出违规金额5181万元，管理不规范金额22590万元。 （撰稿人：刘江航）

【商丘市审计局】 2013年，商丘市审计局人员编制64人，在编68人。局长姚文生，副局长吕义军、刘艳芳、朱彦强（5月—）、陈广银（12月—）、陈国立（—5月）、李思义（—5月）、冯永刚（—5月），总审计师朱彦强，纪检组长张永建（—5月）、谢颖（5月—）。设有财政审计科、经贸审计科、固定资产投资审计科、行政事业审计一科、行政事业审计二科、社会保障审计科、农业与资源环保审计科、金融与外资审计科、经济责任审计局审计一科、经济责任审计局审计二科、经济责任审计局审计三科、办公室、法规科、人力与信息资源科、监察室，下设商丘市政府投资建设项目审计中心。

审计成果 商丘市审计局共开展审计项目40个，累计增加市财政收入6238万元，经审计调整财务资金 5361 万元，归还原渠道资金 1560 万元，移送案件及事项 19 件，已经受到刑事或党政纪处理 13 人。提出审计建议 185 条，促进被审计单位完善制度 17 项。在全国政府性债务审计中被审计署荣记集体三等功，获得全省审计系统综合考核第二名，被评为全省综合考核先进单位。获得 2 个全省优秀审计项目和 1 个全省表彰审计项目，信息宣传稿件被市厅级以上媒体采用 300 余篇，被评为 2013 年度全国审计宣传工作优秀单位。12 篇科研论文在省审计厅获奖，5 篇 AO 应用实例和 6 篇审计方法获得省审计厅表彰的优秀奖，被省审计厅评为该项工作的优秀组织奖，蝉联第四届省级文明单位荣誉称号。

政府性债务审计　在省审计厅统一组织下，商丘市审计局组织集中全市各级审计力量，成立 10 个审计组共计 150 人，进驻开封市各指定位置，开展政府性债务审计，审计发现债务管理和使用中存在的问题共计 21 个。

财政审计　安排 2012 年度本级预算执行审计 9 个，发现混淆入库级次致使市财政收入流失 2567 万元，应征未征营业税及其附加 36 万元，应征未征文化产业事业费 19 万元，应征未征契税 53 万元。通过审计，上述资金已经全部征缴入库。审计还发现预算未足额批复 1.78 亿元、违规使用财政资金 1379 万元、部分收入未缴入预算 1.1 亿元、1620 万元支出预算执行不到位、“三公”经费超预算列支 359 万元等问题。

专项审计　组织对市盐业管理局 2012 年度财务收支进行审计，审计结果得到市领导的重视，做出批示。组织对全市环保板块行业进行审计，审计成果得到省审计厅充分肯定，并将经验做法向全省进行推广。

固定资产投资审计　组织对全市农村饮水安全工程建设情况进行审计，审计共查出项目资金管理、工程造价计量、土地征用等方面的问题 30 多个，查出搭车收费金额 122 万元，审减工程价款 315 万元。在市区污水处理建设项目审计调查中，共发现 7 个方面重点问题，查出违规违纪金额 2174 万元，入库税费 69 万元。

经济责任审计　安排领导干部经济责任审计项目 15 个，计划外经济责任审计项目 1 个，查出违规违纪金额 2.86 亿元，管理不规范金额 5.5 亿元。（撰稿人：薛　源）

【许昌市审计局】　2013 年，许昌市审计局人员编制 43 人，在编 47 人。局长田茂盛（—10 月）、唐群喜（10 月—），副局长唐学亭、孟国强、申宝、方炽、胡宝梅，总审计师朱臣峰，纪检组长高留彬。设有办公室、法规科、人事科、财政审计科、行政事业审计科、农业与资源环保审计科、固定资产投资审计科、金融审计科、经贸审计科、社会保障审计科、外资运用审计科、经济责任审计办公室。

审计成果　许昌市审计机关共完成审计和审计调查项目（单位）236 个，查出主要问题金额 622521 万元，其中违规金额 29330 万元、损失浪费金额 268 万元、管理不规范金额 592922 万元；损益（收支）不实金额 38174 万元；审计处理处罚金额 229356 万元，其中应上缴财政 14403 万元，应减少财政拨款或补贴 4359 万元，应归还原渠道资金 22310 万元，应调账处理金额 170274 万元。移送纪检监察机关和有关部门处理事项 20 件。

财政审计　市本级（含许昌经济开发区、东城区）2012 年度预算执行和其他财政收支情况审计，对部门预算编制、国库集中支付、政府采购、财政转移支付等情况进行全面检查，同步安排相关专项资金审计、专项审计调查等项目，揭示财政收入结构、预算管理方面存在的问题。对许昌县财政决算情况进行审计。市政府对市本级财政预算执行情况审计高度重视，有关部门和单位积极整改，建立完善制度，促进加强和完善财政预算管理。

固定资产投资审计　组织对 20 个建设项目进行竣工决算审计，审计投资总额 21.5 亿元，审减工程造价 1.04 亿元。市政府制定出台《许昌市财政投资项目和资金管理办法》，确立投资千万元以上建设项目必审、千万元以下建设项目抽审的审计制度。

经济责任审计　组织对 24 名领导干部进行经济责任审计，其中，对 6 个县（市、区）法院院长、检察院检察长开展经济责任审计。从经济管理、经济决策、经济政策执行、经济运行监督、廉政勤政等 5 个方面揭示问题，提出建议，促进审计查出问题的整改，发挥经济责任审计的制约、监督和建设性作用。

专项资金审计（调查） 组织市县两级审计机关对中小学校舍安全工程、农村饮水安全工程、中等职业学校助学金和免学费补助资金等11项民生资金和项目进行审计和审计调查，积极督促相关部门和单位整改问题，健全完善制度。根据省审计厅统一安排，组织市县两级审计机关对漯河市政府性债务进行审计，揭示问题，促进规范政府性债务管理。 （撰稿人：陶 凯）

【漯河市审计局】 2013年，漯河市审计局人员编制78人，在编78人。局长陈会伟，副局长李东升（—9月）、陈银坤（—9月）、王宝玉（—9月）、刘冠东（9月—）、史秋学、崔凤罗（9月—）、李军（9月—），总审计师李军，纪检组长曹新民（—9月）、蒋伟（9月—）。设有办公室、法规科、财政金融审计科、行政事业审计科、经贸审计科、农业与资源环保审计科、社会保障审计科、固定资产投资审计科、外资运用审计科、政府派出机构审计科、经济责任审计办公室、监察室。下设漯河市审计信息中心、漯河市审计服务中心、漯河市政府投资建设项目审计服务中心。

审计成果 漯河市审计机关共完成审计及审计调查项目291个，查出各类违规违纪金额14.8亿元，其中上缴财政3438万元，归还原渠道资金3547万元，调账处理金额5.1亿元，核减投资额7349万元。向纪检监察及有关单位移送案件线索23件，向社会公告审计结果30个。审计专报或综合报告被市领导批示19篇，审计信息或宣传文章被各级采用450多篇，审计建议被有关单位采纳400多条。

财政审计 重点关注市直重点企业财政注入资金情况、国有资本收益情况，市直单位和部门“四项经费”管理使用情况等，对3个区的财政决算进行审计，促进区政府规范财政管理，维护财经纪律。审计结果得到市人大、市政府的充分肯定。

金融审计 完成舞阳县、源汇区、郾城区农村信用社资产负债损益审计。

行政事业审计 完成对全市法检两院，全市盐业行业，市中心医院及市第三人民医院、市第五人民医院、市第六人民医院、市实验高中及市第三高级中学、市农科院等单位的财政财务收支审计。

农业与资源环保审计 完成全市2011—2012年度农村环境综合整治资金审计、2011—2012年度畜牧业建设项目和重大专项资金审计调查。

固定资产投资审计 重点对沙澧河开发一期工程、沙北污水处理厂等项目进行审计，对白云山路改造等一批重点建设项目进行跟踪审计，完成全国统一组织的2013年城镇保障性安居工程跟踪审计。

社会保障审计 完成社保资金审计，县级失业保险基金清产核资审计。

经济责任审计 全市审计机关共对156名领导干部进行经济责任审计。市委高度重视经济责任审计结果的运用，明确提出对审计查出问题不整改或整改不到位的领导干部不予发文任命。

专项资金审计（调查） 开展西城区发展现状、县级污水处理设施运营情况、就业促进政策执行情况、全市教育经费、中等专业学校助学金和免学费资金、全市文化产业发展专项资金、文化事业费征收等专项审计调查。把市委、市政府承诺的15件事实作为审计重点，纳入项目计划，跟踪跟进了解项目开展及资金运用情况，加大对惠民资金的审计，取得良好的社会效益。配合省审计厅完成国外贷援款项目审计。

（撰稿人：李富宗）

【平顶山市审计局】 2013年，平顶山市审计局人员编制91人，在编88人。局长晏树斌（—9月）、张中俊（9月—），副局长邵小红、高惠珍、王家民，总审计师虎继宗，纪检组长张绍周。设有办公室、人事科、法制科、财政审计科、金融审计科、行政事业审计科、经贸审计科、农业与资源环保审计科、社会保障审计科、投资审计一科、投资审计二科、外资运用审计科、经济责任审计局、计算机信息科、离退休干部工作科、监察室、机关党委，下设市审计科研所。

审计成果 平顶山市审计机关共审计（调查）项目577个，查出违规金额17.53亿元，管理不规范金额65.38亿元；通过上缴财政、减少财政拨款或补贴、归还原渠道资金等，促进增收节支

8.9亿元；审计后挽回（避免）损失1.07亿元，核减投资额7.09亿元；向纪检监察和司法机关移送违法违纪案件线索25件，涉及相关责任人651人。提交的审计信息被领导批示或被媒体采用412篇次，提出审计建议832条，被相关单位采纳589条，向社会公告审计结果68篇。

财政审计 全市审计机关围绕市委、市政府、省审计厅的重大部署和工作中心，组织开展预算执行和财政收支审计，确保公共资金依法有效使用；围绕中央关于转变作风等部署，对“三公”经费和会议费管理使用情况进行专项审计，促进厉行勤俭节约。

金融审计 组织对市农信办及下属的3家行社开展审计，发现违规放贷8793万元，通过审计整改，已收回违规放贷资金7972万元。

行政事业审计 重点对文化产业发展专项资金、中等职业教育助学金和免学费资金专项审计调查、“三公”经费审计调查、全市公安系统等涉及教育、科技、政法等热点难点问题进行审计（调查）。

农业与资源环保审计 重点组织对农村饮水安全、畜牧建设项目、病死畜禽无害化处理等涉及“三农”方面相关惠民政策落实情况进行审计，严肃查处损害群众利益问题，在开展畜牧建设项目和病死畜禽无害化处理审计中，发现的问题得到市领导的批示。

固定资产投资审计 组织对城市污水处理设施运营情况、城市基础设施配套费、市政重点建设项目竣工决算等项目进行审计，督促相关单位加强内部管理、规范投资行为、加快建设进度，避免损失浪费，共核减投资额7.09亿元。

社会保障审计 积极关注民生热点问题，重点加强对社会保障资金、失业保险基金、捐助资金、住房公积金等重点民生工程和资金的审计力度。查处违规金额3521.7万元，管理不规范金额2737.5万元。

企业审计 组织对市物资集团公司、市盐业公司等企业进行审计，督促企业及时整改违规经营等问题。市盐业公司高度重视审计查出问题的整改，对直接责任人进行免职并调离，对相关人员进行诫勉谈话。

经济责任审计 共对157名党政领导干部进行经济责任审计，查出违规金额5.98亿元，管理不规范金额3.19亿元。对查出的问题，依法进行处理，提交审计结果报告，为干部管理部门管理使用干部提供依据。

专项资金审计（调查） 围绕市委、市政府提出的关系人民群众切身利益的“十件实事”，主要组织对城镇保障性安居工程，教育、医疗等相关惠民政策落实情况进行审计（调查），促进惠民富民政策落到实处。（撰稿人：黑相伟）

【南阳市审计局】 2013年，南阳市审计局人员编制92人，在编85人。局长杨鸣哲，副局长方向、余耀伟、鲁德岑、孔雪飞、李冬晓，纪检组长辛琳。设有办公室（机关党委）、法制科、财政审计科、行政事业审计科、农业与资源环保审计科、固定资产投资审计科、金融审计科、经贸审计科、社会保障审计科、外资运用审计科、信息管理科、人事科（纪检监察室）；下设南阳市经济责任审计局，设有综合科、党政审计科、党政审计二科、企业科、县市区审计科。

审计成果 南阳市审计机关完成审计项目554个，查出主要问题金额1301747万元，其中违规金额228634万元、损失浪费金额8045万元、管理不规范金额1065067万元；损益（收支）不实金额132512万元；审计处理处罚金额514487万元，其中应上缴财政22879万元、应减少财政拨款或补贴9196万元、应归还原渠道资金51664万元、应调账处理金额404741万元；审计发现非金额计量问题432个；审计促进整改落实有关问题资金343367万元，其中增收节支54122万元、已调账处理金额232057万元；审计促进拨付资金到位33403万元；审计后挽回（避免）损失349万元；移送司法机关、纪检监察机关和有关部门处理事项16件；出具审计报告和专项审计调查报告549篇，被批示、采用14篇；提出审计建议1207条，提交审计信息298篇，被批示、采用180篇；向社会公告审计结果61篇。

财政审计 完成审计单位528个，查出违规金额1290444万元。

社会保障审计 完成审计单位2个，查出违规金额730万元。

企业金融审计 完成审计单位24个，查出违规金额9734万元。

经济责任审计 完成审计单位279个，查出违规金额132268万元，其中领导干部负主管责任金额1630万元，负领导责任金额53500万元。

（撰稿人：刘彦忠）

【信阳市审计局】 2013年，信阳市审计局编制79人，在编69人。局长杨淑萍，副局长朱时锋（—4月）、马彦忠、唐阳志、贾作平、万展武（12月—），总审计师卢世银，纪检组长孙晓莉（4月—）。设有办公室、法制科、财政金融审计科、行政事业审计科、农业与资源环保审计科、固定资产投资审计科、企业审计科、社会保障审计科、外资运用审计科、经济责任审计办公室、派出机构审计办公室、人事科、监察室、机关党委，下设审计科研培训中心、投资建设项目审计中心。

审计成果 信阳市审计机关共完成审计项目521个，查出各类违纪违规金额63.7亿元；移送案件线索82件；提出审计意见和建议1126条，被采纳791条；提交审计信息757篇，被批示、采用575篇。

财政审计 全市完成本级部门预算和财政决算审计单位168个，重点调查"三公"经费和会议活动费使用情况，向市政府、市人大常委会提出公共财政预算编制不完整且预算执行刚性不足、进一步加强税收征管等意见和建议。政府性债务审计被审计署记先进公务员集体三等功。

固定资产投资审计 全市审计91个投资建设项目，核减工程投资额10031万元。其中对周口市保障性住房的审计结果进行跟踪落实，纠正违规金额2.15亿元，向省监察厅、周口市政府及各县区政府移送案件线索19件，73名责任人受到党纪政纪处分。

经济责任审计 全市对132名领导干部实施经济责任审计，查处违规金额14352万元，损失浪费金额410万元，管理不规范金额25109万元。信阳市审计局对近年来经济责任审计查处问题的整改情况开展全面自查，督促相关部门和单位征收上缴税金1175万元、政府性基金71.3万元、行政性收费和基金365.4万元，追回、归还和下拨财政专项资金5446万元，规范账务处理29959万元。

专项资金审计 开展全市文化产业发展专项资金审计调查、农村饮水安全工程资金审计调查、中等专业学校助学金和免学费补助资金审计调查、畜牧业建设项目和重大专项资金审计等，针对存在问题提出审计建议，推动专项资金和项目规范管理运用。

（撰稿人：王　猛）

【周口市审计局】 2013年，周口市审计局人员编制60人，实有70人。局长武仲坦，副局长张贵成、翟建伟、马培新，总审计师魏学忠，纪检组长李耀杰。设有办公室、法制科、人老科、财政金融审计科、行政事业审计一科、行政事业审计二科、经贸审计科、农林水审计科、固定资产投资审计科、外资运用审计科、社会保障审计科、纪检监察室、经济责任审计办公室和机关党委办公室。

审计成果 周口市审计机关共完成审计（调查）单位419个，查出主要问题金额72.18亿元，其中违规金额2.17亿元，管理不规范金额70.01亿元。审计处理处罚8.96亿元，其中应上缴财政776万元，应减少财政拨款或补贴8781万元，应归还原渠道资金1.14亿元，应调账处理金额7214万元，应缴纳其他资金6亿元。提交的审计信息被批示、采用200篇，提出审计建议786条。

预算执行审计 全市审计预算执行单位140个，查出主要问题金额55.62亿元。其中违规变更调整预算5亿元，未按规定征收缴纳收入12亿元，资金滞留闲置8亿元，未按规定纳入预算管理2.5亿元，扩大开支范围2.2亿元。

社会保障审计 根据审计署统一部署，省审计厅派出审计组，对周口市2012年各类城镇保障性安居工程（包括廉租住房、公共租赁住房、经济适用住房、限价商品住房、各类棚户区改造）的投资、建设、分配、运营等情况进行审计。

固定资产投资审计 完成竣工决算审计项目14个，累计审计资金总额10.73亿元，审减资金总额1.72亿元，综合审减率达到16%。积极开展建设项目跟踪审计，全程跟踪审计市行政服务中心工程、市广播电视多功能发射塔工程、市气象服务中心工程、市体育场及附属工程、市五一路改造工程和市东外环路新建工程等6个市重点建设项目。

经济责任审计 受市委组织部委托，对党政主要领导干部实施经济责任审计 96 人，其中年初 38 人、年中 58 人。在年初的 38 人中，包含任中经济责任审计 15 人，列入 2013 年审计工作计划，这在全市经济责任审计历史上是零的突破。

专项资金审计 全市完成专项资金审计（调查）单位 22 个，审计专项资金总额 7.66 亿元。主要是组织全市 2010 年至 2012 年农村饮水安全工程建设审计调查、全市 2011 年至 2012 年文化事业建设费征收政策执行审计调查、全市 2010 年至 2012 年文化产业发展专项资金审计调查、污水处理项目专项审计调查、盐业公司 2012 年度财务收支审计。（撰稿人：周孟教）

【驻马店市审计局】 2013 年，驻马店市审计局人员编制 74 人，在编 65 人。局长黄庆伟，副局长蒋迎春（—9 月）、罗宇威、刘晓东（10 月—）、宋超燕、汪永华、林丽娜（12 月—），总审计师王文通（12 月—），纪检组长李焕军（2 月—）。设有办公室、法制综合科、财政审计科、金融审计科、经贸审计科、行政事业审计科、农业与资源环保审计科、固定资产投资审计一科、固定资产投资审计二科、社会保障资金审计科、外资运用审计科、纪检监察室、机关党委，下设经济责任审计局、科研所、计算机审计中心。

审计成果 驻马店市审计机关共完成审计项目 749 个，查出违规金额 1100152 万元，其中违规金额 208969 万元、损失浪费金额 1309 万元、管理不规范金额 889873 万元；损益（收支）不实金额 91156 万元；审计处理处罚金额 96801 万元，其中应上缴财政 9279 万元、应减少财政拨款或补贴 133 万元、应归还原渠道资金 22324 万元、应调账处理金额 60220 万元；审计发现非金额计量问题 282 个；审计促进整改落实有关问题资金 6151 万元，其中增收节支 22721 万元、已调账处理金额 59474 万元、审计促进拨付资金到位 2 万元；移送司法机关、纪检监察机关和有关部门处理事项 7 件；出具审计报告和专项审计调查报告 743 篇，被批示、采用 2 篇；提出审计建议 2654 条；提交审计信息 209 篇，被批示、采用 66 篇；向社会公告审计结果 5 篇。

财政审计 完成审计（调查）单位 5 个，查出违规金额 139913 万元，其中应上缴财政 5757 万元，应归还原渠道资金 2430 万元，应调账处理金额 690 万元；已上缴财政 5757 万元，已归还原渠道资金 2430 万元，已调账处理 690 万元。

行政事业审计 完成审计项目 13 个，查出违规金额 528 万元，管理不规范金额 9813 万元。其中，应上缴财政 9 万元，应归还原渠道资金 98 万元；已上缴财政 9 万元，已归还原渠道资金 59 万元。

农业与资源环保审计 完成审计项目 9 个，查出违规金额 157 万元，管理不规范金额 9998 万元。其中应上缴财政 8 万元，已上缴财政 8 万元。

固定资产投资审计 完成审计项目 15 个，查出管理不规范金额 3409 万元，其中应上缴财政 3009 万元，已上缴财政 2266 万元。

社会保障审计 完成审计项目 13 个，查出违规金额 6661 万元，管理不规范金额 20946 万元，其中应上缴财政 84 万元，已上缴财政 84 万元。

经济责任审计 完成审计项目 12 个，查出违规金额 93178 万元，管理不规范金额 175360 万元，其中应上缴财政 43 万元，已上缴财政 43 万元。

专项资金审计（调查） 完成审计项目 8 个，审计专项资金总额 23747 万元，审计查出主要问题金额 10105 万元。（撰稿人：叶向阳 刘建伟）

【济源市审计局】 2013 年，济源市审计局人员编制 81 人，在编 75 人。局长卢多璋，副局长王陆平、李建成、樊其程、许梦玲，纪检组长孙恒文。内设办公室、法规科、财政金融审计科、行政事业审计科、农业与资源环保审计科、社会保障审计科、经贸与外资运用审计科、投资审计科，下设经济责任审计局、基本建设审计中心。

审计成果 济源市审计局共组织实施审计和审计调查项目 253 个，审计（调查）单位 380 余个，审计资金总额 121.4 亿元；查出违规和管理不规范金额 15.42 亿元，通过上缴财政、减少财政拨款或补贴、归还原渠道资金、核减投资额等，促进财政增收节支 2.38 亿元。完成招商引资 5000 万元。出具移送处理书 15 份，审计决定书 36 份；提交的审计信息被领导批示或被《中国审计报》、河南电视台、省委《工作交流》等采用240余篇次。

预算执行审计 围绕“绩效”和“民生”两大主题，不断深化本级预算执行情况审计。查出违规金额5.53亿元，下达审计决定书8份。9月，受市政府委托向人大做《关于2012年度市本级预算执行和其他财政收支的审计工作报告》，市人大常委会组成人员对报告进行分组审议，给予高度评价。

固定资产投资审计 组织实施竣工决算和跟踪审计项目189个，节约投资1.79亿元；共审查招标文件201份，提出审计建议、下达整改通知书、出具移送处理书共计20多条（份），提交的审计要情有4篇得到市领导的批示。

经济责任审计 共对36个单位的40名党政领导干部履行经济责任情况进行审计，对领导干部经济决策的审计和评价依据、“三公”经费支出、责任界定、责任追究等有关事项提出具体操作意见和要求。

专项资金审计（调查） 根据审计署和省审计厅的安排，落实中央八项规定，统筹组织协调，开展“三公”经费专项审计；实施对全市16个镇级卫生院医疗改革政策执行、社会捐赠资金、九大片区城市建设征地拆迁补偿资金等20余项涉及民生的重大审计和审计调查项目。10月30日，省委《工作交流》第211期以《济源对落实中央八项规定情况进行督查审计》为题头条刊发落实中央八项规定督查审计的工作经验，在全省其他省辖市引起反响。

政府性债务审计 根据审计署、省审计厅的统一部署安排，组织人员赴孟津县和偃师市开展政府性债务审计工作；组织实施对全市16个镇办的债务审计调查项目；在揭示问题，查找原因的基础上，从债务的规模、结构、来源渠道、形成时间、使用方向、偿债能力、管理现状等多方面、多层次、多角度地进行审计分析，提出加强和规范政府性债务管理、有效防范和化解债务风险、维护财政安全的审计意见和建议；上报的专题调查报告受到市委、市政府主要领导的高度重视，市委书记做出重要批示。 （撰稿人：李雁河）

2013年河南省所辖区、县（市）级审计工作统计表

金额单位：万元

审计机关	完成审计项目（个）	审计查出主要问题金额	审计处理情况					出具审计报告和审计调查报告（篇）	提出审计建议（条）	提交审计信息（篇）
			审计处理处罚				移送处理事项（件）			
			应上缴财政	应减少财政拨款或补贴	应归还原渠道资金	应调账处理金额				
郑州市										
郑州市本级	58	2285996	66141		30989	5928	8	59	161	27
中原区审计局	96	35520	11		58			94	251	
二七区审计局	89	31853		2553			1	89	224	
管城回族区审计局	86	17339	15		4056	7680	1	79	251	12
金水区审计局	34	182808	205	147	45	300		67	136	5
上街区审计局	20	14944						17	45	
惠济区审计局	24	18025	55		3255	632		26	70	
新郑市审计局	122	289305					5	142	186	10
登封市审计局	85	67005	1512	7773				117	259	2
新密市审计局	90	153670	165	10		219		92	224	3

续表

审计机关	完成审计项目（个）	审计查出主要问题金额	审计处理情况							
			审计处理处罚				移送处理事项（件）	出具审计报告和审计调查报告（篇）	提出审计建议（条）	提交审计信息（篇）
			应上缴财政	应减少财政拨款或补贴	应归还原渠道资金	应调账处理金额				
巩义市审计局	77	215217	20			1627				1
荥阳市审计局	3	8938						2	9	
中牟县审计局	37	13735	446		3139	42		49	94	
三门峡市										
三门峡市本级	94	356379	48027	422	3152	16586	9	87	179	72
湖滨区审计局	18	8666	2910	296	3731	430		17	40	
义马市审计局	43	5635		652		2		43	81	10
灵宝市审计局	19	188220	4805		198	9896		19	68	
渑池县审计局	27	61322	27	141	139			27	50	
陕县审计局	31	26300	2365		16	16140		28	69	3
卢氏县审计局	22	94457	16	21		13	1	22	56	
洛阳市										
洛阳市本级	88	807228	3595	1266	5925	37566	16	88	211	30
西工区审计局	25	33337	12					25		
老城区审计局	13	1814	946			5		13	30	13
瀍河回族区审计局	65	483	1					65	13	15
涧西区审计局	56	39069	4	797				56	86	55
吉利区审计局	16	7921				140		16	19	
洛龙区审计局	41	18422	8					41	65	
高新区审计局										
偃师市审计局	79	45186	450		45	826		79	99	101
孟津县审计局	86	10264	123					89	213	
新安县审计局	65	14923	129					65	163	
栾川县审计局	67	13470	61		517	440		67	26	
嵩县审计局	53	7843	62		144	418		53	57	
汝阳县审计局	32	4601	69	587	70	87		32	110	
宜阳县审计局	43	8927	30							10
洛宁县审计局	103	13734	52		145	345		103	65	
伊川县审计局	94	26344	675	353	13	408		94	131	37
焦作市										
焦作市本级	54	859012	4575		328	1623	6	54	156	32

续表

审计机关	完成审计项目（个）	审计查出主要问题金额	审计处理情况					出具审计报告和审计调查报告（篇）	提出审计建议（条）	提交审计信息（篇）
			审计处理处罚				移送处理事项（件）			
			应上缴财政	应减少财政拨款或补贴	应归还原渠道资金	应调账处理金额				
解放区审计局	37	11691	17					37	91	2
山阳区审计局	63	17378	19			258		63	74	85
中站区审计局	22	24667	7					22	18	
马村区审计局	16	21005	17				4	16	45	28
孟州市审计局	39	61379	84		5	1877	21	39	123	
沁阳市审计局	47	167161	621		626	262	6	47	156	11
修武县审计局	69	85223	147				4	69	177	52
博爱县审计局	22	4911	32					22	16	21
武陟县审计局	60	88313	176				1	60	161	30
温县审计局	34	49263	601		9976	190	5	34	96	114
新乡市										
新乡市本级	39	618463	374	77	17942	118951	11	41	98	21
卫滨区审计局	48	4824	45		260	3163		48	76	
红旗区审计局	28	26044	7					38	80	
凤泉区审计局	41	4791	139	168		57		45	49	
牧野区审计局	17	455	3					13	37	
卫辉市审计局	32	4069						46	88	
辉县市审计局	33	14313	409		36	1113		35	102	
新乡县审计局	33	14906	49	8				39	77	
获嘉县审计局	53	7920	38		904	20		49	152	5
原阳县审计局	37	12404	5316	98	1191	1220		39	122	
延津县审计局	38	25952	39			419		36	95	
封丘县审计局	22	4961	47					22	87	
长垣县审计局	85	19395	86	612	2776	920	4	88	320	53
鹤壁市										
鹤壁市本级	55	189630	3964	1	14260	275	39	55	225	351
淇滨区审计局	34	51471	65				3	34	37	38
山城区审计局	22	4765	21				1	22	64	29
鹤山区审计局	27	30467	13				1	27	99	120
浚县审计局	20	208696	5798		30	1309	3	20	60	46
淇县审计局	37	133167	29		950	5	11	37	91	57
安阳市										
安阳市本级	67	1565673	100653	1051	7390	240	31	67	150	44

续表

审计机关	完成审计项目（个）	审计查出主要问题金额	审计处理情况					出具审计报告和审计调查报告（篇）	提出审计建议（条）	提交审计信息（篇）
			审计处理处罚				移送处理事项（件）			
			应上缴财政	应减少财政拨款或补贴	应归还原渠道资金	应调账处理金额				
北关区审计局	14	613						14	49	
文峰区审计局	36	1035	9			5		36	51	6
殷都区审计局	49	8451	5							20
龙安区审计局	36	111						36	102	23
林州市审计局	90	5415	131	9709	235	24661	4	90	63	103
安阳县审计局	82	1052	240	28	10	584	3	43	93	52
汤阴县审计局	37	2927	667		208	56		37	123	27
滑县审计局	21	27968	95			1651	3		64	
内黄县审计局	45	90936	42	16	12	2553		45	143	168
濮阳市										
濮阳市本级	87	768043	375		2164	23102	18	117	324	16
华龙区审计局	51	18770	17				2	51	154	1
清丰县审计局	38	66833	55		2	164	2	38	292	2
南乐县审计局	92	104941	66	6469	14658	50007	4	113	211	1
范县审计局	41	87707	65				3	41	127	
台前县审计局	38	55413	49		13	64	2	42	146	1
濮阳县审计局	105	128698	155			156	2	105	513	70
开封市										
开封市本级	75	42404	4158	7278	59655	41912	1	75	99	26
鼓楼区审计局	8	77	18					8	51	18
龙亭区审计局	4	398	2			8		4		
顺河区审计局	15	1151	6					15	13	7
禹王台区审计局	18	291	1					18	42	28
金明区审计局	31	6523	53					31	47	
杞县审计局	38	2783	243		94			38		
通许县审计局	47	2179	119	516	23825	5532		47	134	
尉氏县审计局	83	4591	1345		2613	14411	2	83	93	68
开封县审计局	28	174	66		28	273		28		84
兰考县审计局	66	36973	60			2720	5		238	37
商丘市										
商丘市本级	40	961655	334		255		13	40	185	213

续表

审计机关	完成审计项目（个）	审计查出主要问题金额	审计处理情况					出具审计报告和审计调查报告（篇）	提出审计建议（条）	提交审计信息（篇）
			审计处理处罚				移送处理事项（件）			
			应上缴财政	应减少财政拨款或补贴	应归还原渠道资金	应调账处理金额				
梁园区审计局	20	213	18					20	40	30
睢阳区审计局	32	1883	47		1			32	98	97
永城市审计局	72	305639	92				4		285	285
虞城县审计局	11	159	23		2417	3837		30		61
民权县审计局	13	12180	934	30	13			13	46	63
宁陵县审计局	28	5044	3453	14				28	12	81
睢县审计局	16	24031	109			1848		16	52	93
夏邑县审计局	70	10213	172	37	219	3588	6	75	194	95
柘城县审计局	73	3173	168		584			80	178	57
许昌市										
许昌市本级	42	293039	598	2366	700	8848	18	42	159	34
魏都区审计局	13	88607	1952			82327		13	47	
禹州市审计局	34	29530				3680		34	53	86
长葛市审计局	48	172849	11234	1906	21467	75212	1	48	168	200
许昌县审计局	39	16897	100		1		1	39	123	153
鄢陵县审计局	30	6415	483	86	80	178		30	36	19
襄城县审计局	30	15182	33		62	26		30	83	23
漯河市										
漯河市本级	135	64169	2878	2345	462	51186	5	135	134	62
郾城区审计局	47	9903	357		2881	453	1	47	108	66
源汇区审计局	23	8463	10				2	23		183
召陵区审计局	21	1907	59		145	32	2	21	60	28
舞阳县审计局	23	19691	91				3	23	60	233
临颍县审计局	46	47440	46		59	48	4	46	42	79
平顶山市										
平顶山市本级	131	399281	25362	4006	5894	37477	23	121	219	46
新华区审计局	24	3594	2		35	4	1	26	50	38
卫东区审计局	27	63123	2		0	5766		27	110	16
湛河区审计局	61	286323	795		613	76		41	20	39
石龙区审计局	17	84601	0					17	35	91
舞钢市审计局	67	181639	76		617	337	2	66	128	67
汝州市审计局	118	90095	416				9	141	421	12

续表

审计机关	完成审计项目（个）	审计查出主要问题金额	审计处理情况					出具审计报告和审计调查报告（篇）	提出审计建议（条）	提交审计信息（篇）
			审计处理处罚				移送处理事项（件）			
			应上缴财政	应减少财政拨款或补贴	应归还原渠道资金	应调账处理金额				
宝丰县审计局	148	14222	28	3680				148	215	96
叶县审计局	72	23103	94		1693	2560		72	221	
鲁山县审计局	49	72649	4626		3278	12231	2	56	38	38
郏县审计局	75	33588	1191	1130	1443	4220	2	75	105	73
南阳市										
南阳市本级	80	567486	16990	294	27739	70377	8	79	143	181
卧龙区审计局	15	7505	49	2	2730	663		15	48	51
宛城区审计局	20	62906	274		212	31119		20	68	
邓州市审计局	73	91431	2456	559	5838	70855	4	73	218	19
南召县审计局	23	248074	489		245	242707		23	19	
方城县审计局	70	137651	801	401	478	20027	1	70	72	33
西峡县审计局	25	21656	18		70	64		25	22	
镇平县审计局	81	79759	1930	8172	18981	33010	3	81	217	
内乡县审计局	6	4391	1814			1230		6	13	
淅川县审计局	65	50521						65	100	
社旗县审计局	52	49033	162		438	126		49		11
唐河县审计局	13	9208	240		261	5289		13		
新野县审计局	40	6020	39		486	124		39	153	
桐柏县审计局	64	57531	68	325	20		4	64	352	21
信阳市										
信阳市本级	56	359024	125185	220	15898	9040	72	56	88	151
浉河区审计局	38	94072	1156		70	370		38	162	125
平桥区审计局	45	16213	78		896	94		45	118	33
息县审计局	39	98881	24				6	39	58	10
淮滨县审计局	49	8607	118		293	114		49	76	60
潢川县审计局	63	12021	119					63	245	76
光山县审计局	75	6312	371		2	743		75	127	45
固始县审计局	73	246952	6269		2874	10327	1	73	233	9
商城县审计局	67	18228	64		10	3896	1	67	63	76
罗山县审计局	47	11727	48		477	145	3	47	137	151
新县审计局	42	11781	146			126		42	52	30

续表

审计机关	完成审计项目（个）	审计查出主要问题金额	审计处理情况					出具审计报告和审计调查报告（篇）	提出审计建议（条）	提交审计信息（篇）
			审计处理处罚				移送处理事项（件）			
			应上缴财政	应减少财政拨款或补贴	应归还原渠道资金	应调账处理金额				
周口市										
周口市本级	62	305858	7545	8616	30622	6421	6	62	132	4
川汇区审计局	20	38409	3					20	70	
项城市审计局	69	64695	84					69	182	1
扶沟县审计局	33	162103	36		65	283		33	28	
西华县审计局	30	29441	23	158	169	1		30	76	130
商水县审计局	13	9552	24					13	27	
太康县审计局	70	12705	104	6	182	67		70	172	1
鹿邑县审计局	71	42828	340		230	21	1	70	314	
郸城县审计局	59	5743	93					59	99	
淮阳县审计局	13	1651	6					13	25	
沈丘县审计局	77	311634	151		56	582		77	63	93
驻马店市										
驻马店市本级	97	576158	8244	133	15087	9270	4	101	342	84
驿城区审计局	79	54051	94			1424		77	265	7
确山县审计局	31	68120	86		15	45562		31	96	12
泌阳县审计局	94	18779	203					89	254	10
遂平县审计局	56	97114	68		930	439		55	207	6
西平县审计局	79	25166	78		2			80	217	37
上蔡县审计局	117	57560	213					117	517	8
汝南县审计局	93	63734	114		6140		2	90	310	7
平舆县审计局	50	97261	76					50	201	53
新蔡县审计局	67	123131	5144		370	1935		67	224	
正阳县审计局	53	41782	99		148	3523	1	53	245	27

湖北省

【湖北省审计厅】 2013 年，湖北省审计厅编制 158 人，在编 158 人。设有办公室、人事处、综合处、法规处、财政审计处、金融审计处、行政事业审计处、经贸审计处、农业与资源环保审计处、社会保障审计处、固定资产投资审计处、外资运用审计处、机关党委、监察室、离退休干部处、经济责任审计局，另设有派出发展计划及投资审计处、派出经贸审计一处、派出经贸审计二处、派出科教卫审计处、派出政法审计处、派出农林水审计处、派出经济执法审计处、派出新闻出版及文化审计处、派出综合审计一处、派出综合审计二处，还设有厅机关后勤服务中心、计算机中心、审计科研所、内部审计指导中心、审计干部学校。

领导成员

厅　　长：张永祥

副 厅 长：秦守成（—9月）　周德刚

杨保平　刘彩霞

蔡　伟（9月—）　焦跃华

总审计师：汤汉琴

纪检组长：冯兴国

审计成果　湖北省审计机关完成审计和审计调查单位5618个，查出各类违规和损失浪费金额271.89亿元，管理不规范金额2 901.38亿元；处理上缴财政和减少财政拨款155.8亿元，追回被挤占挪用资金65.13亿元，其他处理金额250.52亿元；审减各类工程造价、节约政府投资金额39.83亿元；移送经济案件线索402件；通过审计促进被审计单位建立和完善各项规章制度795项；向各级党委、政府和上级审计机关提供审计情况报告和重要审计信息8980份，被批示、采用5235份。省审计厅审计单位230个，查出各类违规和损失浪费金额66.77亿元，管理不规范金额1440.38亿元。处理上缴财政和减少财政拨款33亿元，追回被挤占挪用和借用财政资金3.21亿元，其他处理金额4.04亿元；审减各类工程造价、节约政府投资资金2.77亿元；移送经济案件线索83件；报送的审计情况被省委、省政府批示采用122篇次；通过审计促进被审计单位制定建立和完善各项规章制度507项。全省审计机关有113家审计机关被评为各级文明单位，其中国家级文明单位5家，省级最佳文明单位39家，省级文明单位46家。

财政审计　组织全省审计机关对省本级、13个市州、103个县市区本级和932个乡镇的政府性债务情况进行审计，延伸审计3918个政府部门和机构，178个融资平台公司，4815个经费补助事业单位、199个公用事业单位和701个其他单位，涉及39087个项目。审计查明政府性债务主要用于经济社会发展和人民生活条件改善相关的项目建设，大多有相应的资产和收入作为偿债保障，债务风险总体可控。同时对33个省直部门和31%直属单位预算执行、19个市县2011年至2012年政府性收支管理情况进行审计，审计发现预算与预算执行结果存在差异，预算编制不够规范、部门预算执行和财务收支违纪违规问题仍然存在。政府性收支管理审计结果表明，各地紧紧围绕“稳增长、调结构、惠民生”工作目标，加快转变经济发展方式，积极发展县域经济，财力保障明显增强，政府性收支管理水平不断提高。但仍存在财政预决算管理不够规范、国有土地出让政策执行不够严格、市县财政滞留欠拨财政资金、财政专项资金管理不够规范、财政资金出借管理不够严格等问题。

金融审计　组织部分审计机关对22个县市区2010年至2012年政策性农业保险补贴资金管理等情况进行审计，审计抽查266个乡镇的1431个行政村，走访询问1.3万多家农户。审计情况表明自2007年试点以来，政策性农业保险在应对重大自然灾害、降低农业风险、减轻政府负担、服务经济发展和维护社会稳定方面发挥了一定的积极作用，但由于政策性农业保险是新鲜事物，相关政策措施尚不完善，所以存在着影响效果的问题：一是政策性农业保险尚未严格按政策和规定执行；二是以垫交保费、虚报数量等形式投保申领财政补贴的现象比较普遍；三是部分县市保险公司存在违规降低理赔标准，少支付理赔资金的现象；四是政策性农业保险资金管理混乱，违纪违法问题比较突出。审计提出修订完善农业保险政策制度、积极探索新的农业保险模式、采取综合配套措施，规范政策性农业保险工作等建议。

经贸审计　对省交通厅及9个二级单位2012年部门预算、省旅游局2012年部门预算及旅游局局长经济责任、省商务厅及5个二级单位2012年部门预算、湖北银行股份有限公司资产负债损益等进行审计。

行政事业审计　各级审计机关对全省98个县（市、区）2012年基本公共卫生专项资金的拨付、使用和管理情况进行审计，涉及914个乡镇卫生院（社区卫生服务中心）、延伸审计488个县市级直属专业医疗卫生机构，审计资金总额10多亿元，占全部资金的87%，审计发现存在虚报套取、挤占挪用和违规收费等违纪违规问题，根据审计建议全省80多个县市共建立、补充和完善基本公共卫生管理制度和办法173个。组织省和市两级审计机关采取“同级审”的方式，对全省28所非营利性公立医院2012年度收费政策执行和财务管理情况进行审计，审计查明存在违规收费、违规开展合作医疗项目和医保政策、公费医疗政策执行不到位、基建和器械设备采购不规范等违纪违规问题。

农业与资源环保审计 采取“上审下”和“交叉审”等方式对30个县、市、区政府及所属环保部门、财政部门、项目单位、企业等2010年至2012年环保专项资金的征收、拨付、管理使用情况进行审计，审计近100个单位，延伸审计和调查106个乡镇、577个村和226个用款单位。对宜昌市、巴东县、兴山县、秭归县、夷陵区等5个市、县（区）三峡后续工作专项资金审计。对十堰市、丹江口市、郧县、郧西县、张湾区、武当山特区等6个市、县、区截至2012年12月底南水北调库区内安移民资金进行跟踪审计。对省林业厅、省环保厅、省国土资源厅等3个单位2012年部门预算执行情况及省水利厅经济责任审计。

固定资产投资审计 对宜昌至巴东高速公路、谷竹高速公路、清能地产、东沙湖环境治理、引江济汉通航工程等6个重点交通地产环境建设项目进行审计，完成总工会领导干部经济责任审计、武汉开发区的专项审计、咸黄高速公路等6个政府临时交办项目。其中，6个重点项目查明有招投标不规范、围标串标、投资损失浪费、转包违法分包工程、偷工减料、套取建设资金、工程造价管理不严、多计多结工程价款、挤占挪用、截留征迁资金等违纪违规问题，审减工程结算、节约政府投资近3.7亿元。

外资运用审计 对正在执行的6个世界银行贷（赠）款项目、2个亚洲开发银行贷款项目、2个日元贷款项目、德援贷款、欧盟赠款、法国开发署项目、2个哈龙项目等15个国外贷援款项目进行审计。审计涉及交通基础设施、环境保护、农林水利、文教卫生等领域，项目概算总投资317.64亿元，其中国外贷援款8.39亿美元，国内配套资金265.62亿元。审计查明存在违规改变项目计划和资金用途、滞拨闲置项目资金、配套资金不到位、会计核算不实等问题。

社会保障审计 全省各级审计机关对2012年城镇保障性安居工程的投资、建设、分配、运营等情况进行审计，开展省人力资源和社会保障厅、省民政厅、省福利彩票发行中心2012年度预算执行审计和省民政厅厅长任期经济责任审计，以及政府性债务的审计督导工作，除全省城镇保障性安居工程跟踪审计将于2014年3月底前完成外，其他项目已全部完成。提出审计建议14条，督促各地各有关部门单位对审计发现的问题进行整改。规范资金管理；加强工程建设和质量管理的项目71个；取消627户不符合条件家庭的保障对象资格，追回住房租赁补贴资金17.76万元，腾退保障性住房87套，闲置的保障性住房投入使用67套；全省出台各类制度、政策文件44个，7个市本级、50个县市区采取措施，规范保障性安居工程信息公开。

经济责任审计 全省审计机关对979名党政领导干部和企事业单位领导进行经济责任审计，查出违纪违规、管理不规范和损失浪费金额262.1亿元，处理上缴财政21亿元，追回被挤占挪用和违规借用资金33亿元，督促拨付资金34亿元，调账纠正等其他处理资金125亿元；移送经济案件线索63件，涉及被审计领导干部8人、其他人员76人；上报的审计情况被各级党委、政府及相关部门采用和领导批示1400多份（次）；促进建立健全规章制度1500多项。出台《湖北省领导干部经济责任问责暂行办法》《省本级经济责任审计查出问题整改销号管理办法》，严格经济责任审计查出问题整改落实。在经济责任审计中加大案件查处力度，加强反腐倡廉建设等做法，得到中央经济责任审计工作部际联席会议办公室充分肯定并转发全国。

计算机审计 全省以计算机中级考试培训为重点，举办会计、法律等各类培训班，培训干部7000多人次。截至年底，全省有252人通过审计署计算机中级考试。

内部审计 截至年底，全省有内部审计机构4007个，其中专职机构1959个；内部审计人员10218人，其中专职人员5188人。据不完全统计，全省内部审计机构完成各类审计项目27495个，促进增收节支19922万元，提出建议性意见被采纳28447条，建议行政处分208人，实际给

予行政处分 202 人，向司法机关移送案件 12 件 10 人。（撰稿人：王　琳）

【武汉市审计局】　2013 年，武汉市审计局人员编制 210 人，在编 202 人。局长王清华，副局长易晓、刘东喜、陈华林、田书勤（5 月—），总审计师蔡松（8 月—），纪检组长王劲松（7 月—）。设有办公室、综合处、法制处、财政审计处、金融审计处、行政事业审计处、经贸审计处、农业与资源环保审计处、社会保障审计处、固定资产投资审计处、重点建设项目审计处、外资运用审计处、经济责任审计处、计算机审计处、政治处、机关党委、纪检监察室、派出发展计划及投资审计处、派出经贸审计处、派出科教卫审计处、派出财税审计处、派出农林水审计处、派出经济执法审计处、派出综合审计处和政府投资项目审计中心。

审计成果　武汉市审计机关完成审计项目 496 个，查出违规金额 351136 万元，应上缴财政 283199 万元，应减少财政拨款或补贴 5213 万元。移送司法机关、纪检监察部门处理事项 26 件，建议有关部门处理事项 10 件。提交审计信息 694 篇次，被采用 231 篇次。审计执法工作继续保持"零投诉、零举报、零案件"。武汉市审计局深化大城市审计工作探索工程、争创优秀审计项目精品审计成果工程、全市审计系统建设工程和审计信息化推进工程四大工程，在全省审计工作量化考核中，武汉市审计局荣获市（州）第一名，所有 13 个区都进入县（市、区）前 50 名。武汉市审计局实施的武汉市财政局 2011 年度市本级预算执行和其他财政收支情况审计项目获审计署优秀项目。全市审计机关 2013 年共获得省审计厅一等奖的项目 5 个、二等奖 4 个、三等奖 2 个。地方政府性债务审计项目，新洲、东西湖、汉南、汉阳、蔡甸等区审计局分获全省一、二、三等奖。武汉市审计局连续第六次被湖北省委、省政府确定为"省级最佳文明单位"；在全省审计机关首批法治单位创建活动先进单位和合格单位评比中，合格率达 100%，在全省首批依法治理单位评比中，被省委、省政府评为依法治理先进单位。武汉市审计局财政审计处荣获全市机关作风建设十佳处室。武汉市审计局被授予 2013 年度全市绩效管理综合考评立功单位、2013 年度全市社会管理综合治理工作优胜单位、档案管理省特级单位、2013 年度全市重大项目工作优质服务单位等荣誉。

财政审计　突出政府全口径预决算审计，对公共财政预算、政府基金预算、国有资本经营预算情况进行审计。突出财政专项资金绩效审计，对市财政局管理的近百项财政专项资金进行重点筛查、延伸和调查，发现问题、查找原因，促进专项资金有效整合，资金安全性和效率性不断提高。深化和完善地税联网全模块化审计模式，查出调节税收进度、延缓征收税款、小微企业享受税收优惠政策比例不高等问题，未及时征收的税款在审计时已追缴入库，提出的审计意见引起市地税部门高度重视。

行政事业审计　对 24 个行政事业单位预算执行情况进行审计，延伸审计 151 个所属单位，审计预算总支出 50 亿元。以落实中央八项规定为切入点，加强对部门预算单位会议费、"三公"经费、津补贴的审计，促进节约行政成本；关注部门预算与部门决算草案的差异，揭示预算编制不科学、执行不严格等问题；积极创新部门预算执行审计方法，采取集中分析与分散实地核查数据相结合，提高部门预算审计的覆盖面和时效性，增强审计的宏观性和建设性作用。

金融审计　根据省审计厅统一安排，开展蔡甸、新洲等 7 个区的政策性农业保险资金审计，围绕农业保险的投保、理赔资金链和业务流程，在全面摸清数据资料的基础上，从参保大户入手，关注重点参保对象、重点险种和重点环节，查出虚假承保、理赔，骗取财政补贴，违规理赔、少赔保险资金，挪用、滞留、调剂保险理赔资金等典型问题，引起各区和保险公司高度重视。市审计局及时通报审计情况，要求相关单位迅速整改到位，市领导对此给予充分肯定。

专项资金审计　加大对教育、社保、医疗等基本公共服务体系建设和农业资源环保等民生重点项目和资金的审计力度，完成住房公积金审计、市直教育费附加和地方教育附加管理使用情况的审计、全市中小学校舍安全工程审计、东湖和沌口开发区基本公共卫生服务专项资金审计，审计重点关注国家惠民政策的落实和民生改善情况，揭示和查处严重影响和损害群众利益的问题，促进提高各项惠民资金的使用绩效，维护社会和谐稳定。

固定资产投资审计 围绕市政府“城建攻坚计划”和“交通跨越工程”等重点工作，实现政府投资审计在“点”和“面”上的突破。重点对全市投融资情况及市级6家投融资平台（公司）运作情况开展审计调查和专项审计，涉及单位17个，查出项目工程管理不严，转包、分包、串标，建设项目合同执行不到位以及施工企业使用和供应商提供虚假发票、漏缴税金、乱收费、违法分包和承揽工程等问题，从理顺机制、整合资源、加强监管等方面提出对策和建议。

经济责任审计 经济责任审计工作在“一拖N”、同步审计模式基础上进行新探索，创新选拔任用干部责任与经济责任的双责联审模式，组织实施江岸区委书记和区长经济责任同步审计和市交委主任等9位市管领导干部任职期间的经济责任审计。审计查出违纪违规及有问题金额12.93亿元。市领导对审计上报的情况多次做出批示，要求严肃查处、认真整改、健全制度机制。相关区政府和部门单位对相关责任人给予党纪政纪处分，同时根据审计意见及时制定和完善相关制度。5月，武汉市审计局对全市经济责任审计结果情况进行通报，在社会上产生良好的反响，市纪委书记对武汉市审计局经济责任审计工作给予高度评价。

绩效审计 武汉市审计局在全市审计系统开展“绩效审计年”活动，将4个审计项目确定为全市统筹和全局重点绩效审计和调查项目。在全市污水处理绩效审计调查上，围绕项目的经济效益、社会效益、生态效益，探索运用21个评价指标，对其经济性、效率性和效果性进行审计评价，重点关注资源节约、水环境与资源安全、生态宜居、可持续发展、城市排水和污水处理能力建设等方面。天兴洲大桥绩效审计项目，从探索工程管理及内部控制、工程质量等方面进行绩效评价，注重总结政府投资项目的绩效审计方法和经验。某局的财政专项资金绩效审计查出支持企业的“走出去”“早餐工程”“放心豆制品工程”等财政专项资金在管理、分配、使用中存在的问题，相关审计报告引起市委、市政府的高度重视，并采取相关解决措施，审计建议得到相关部门积极采纳。

内部审计 组织近200名内部审计人员参加省内部审计协会举办的内部审计人员资格证考试培训班，做好国际注册内部审计师（CIA）考试宣传和报名工作。积极开展协会经验交流与学习，大力开展“树典型、学先进、促转型”活动，广泛宣传“国企扬帆　内部审计护航”成果。开展内部审计理论研讨工作，推荐的5篇理论文章获湖北省2013年内部审计理论研讨论文奖，其中一等奖1篇，二等奖2篇，三等奖2篇。完成协会换届工作，积极参加省内部审计协会组织的各项活动。

（撰稿人：李　宁）

【十堰市审计局】 2013年，十堰市审计局人员编制117人，在编97人。局长陈勇，副局长金华、祁国凯、陆高明、叶大余，总审计师李坚，纪检组长何仁权。设有办公室、人事科、综合科、纪检监察室、法规科、财务科、机关党委办公室、财政审计科、行政事业审计科、农业与资源环保审计科、金融审计科、外资运用审计科、经贸审计科、社会保障和固定资产投资审计科、离退休干部科、十堰市经济责任审计局、十堰市固定资产投资审计局、十堰市社会保障审计局、经济开发区审计分局、经贸审计办事处、科技教育审计办事处、综合审计办事处、文化卫生审计办事处、经济执法审计办事处、政法审计办事处、计划投资审计办事处、农林水审计办事处、十堰市审计计算机中心、十堰市审计培训中心、十堰市企事业单位内部审计指导中心。

审计成果 十堰市审计机关完成审计项目398个，查出违规金额1232283万元，其中应上缴财政51390万元，应减少财政拨款或补贴20793万元，应归还原渠道资金24453万元，应调账处理金额51939万元，应自行纠正金额12031万元；已上缴财政51390万元，已减少财政拨款或补贴20793万元，已归还原渠道资金24453万元，已调账处理金额51939万元，已自行纠正金额12031万元。移送司法机关、纪检监察部门处理事项56件，建议有关部门处理事项19件。提交审计工作报告、信息513篇，被采用419篇。市审计局先后荣获全省最佳文明单位、全省源头治腐示范点等市级以上荣誉19项。探索的审计队伍专业化建设经验得到省审计厅主要领导批示肯定，被《中国审计报》头版头条报道，并在全省审计系统交流推广。在2013年全省审计工作量化考核中进入市州第三位，实现连续三年进位。省审计厅厅长张永祥在十堰调研时，评价十堰审计的各项工作走在全省审计系统前列。

财政审计 对市本级财政、地税和市园林局、市国土局等市直35家单位预算执行及财务收支情况进行审计，查处专项资金效益不高、政府采购不规范、收入未纳入预算管理等24类67个问题。市领导在预算执行审计报告上批示要求加强整改，并追究有关人员责任。11月21日，在市第四届人大第20次会议上，市人大委员高度评价并高票通过市审计局代市政府所做的财政预算执行及其他财政收支情况审计工作报告。

金融审计 根据省审计厅统一部署，派出审计组对潜江、仙桃两地政策性农业保险资金进行审计，查出违规骗保、挤占挪用等问题，对有关责任人进行移送处理。

行政事业审计 根据省审计厅统一部署，派出审计组对大悟县公共卫生服务资金进行审计，审计调查87个村组，涉及资金量达近1.4亿元，审计查出项目服务运行矛盾交错，服务计划完成率低，服务数量真实率低，项目服务资金使用率低等问题，并对问题产生的原因进行分析。

农业与资源环保审计 组织实施环保资金审计、南水北调内安移民资金审计、中小河流治理等水利资金审计、国土资金审计和城区污水处理费征收使用情况审计调查，查出超规划、超概算投资，挪用专项资金，虚报工程支出等多个问题。如在移民资金审计中查处部分迁建单位补偿资金未及时兑付、使用假发票或不合规票据报账、多计工程价款以及套取企业补偿资金等问题，移送经济案件线索2起。有关审计情况上报市委、市政府后，市领导高度重视，市长两次批示请分管副市长召集移民局、审计局等部门对审计提出的问题迅速组织整改，同时举一反三，完善制度措施，进一步加强对全市南水北调相关项目资金使用和项目建设的规范管理。

固定资产投资审计 对发展大道、中岳路、五条河流治理等42个审计项目进行跟踪或决算审计，涉及投资金额66.57亿元，累计为政府节约建设资金3.64亿元。市委、市政府领导多次给予批示肯定。

社会保障审计 对“8·5”特大洪灾救灾救助、保障性安居工程建设、住房公积金等8个涉及民生的项目资金进行全面审计，查出滞留欠拨救灾资金、挪用专项资金、非法转包民生工程等多个问题，引起市领导高度关注。在全市“8·5”洪灾救灾资金物资审计中，市县两级审计机关组成11个审计组，对全市“8·5”洪灾救灾救助资金和物资进行全面审计，查出滞留欠拨、挤占挪用、公款私存等问题资金3278万元，移交案件线索1起，4名责任人受到党政纪处分。

经济责任审计 对5个县（市、区）“公检法”三长和4个市直医院院长等17名领导干部履行经济责任情况进行审计，查出领导干部所在部门、单位存在超标准收费、决策不透明、不公开招标等问题。

专项资金审计（调查） 与市财政局、市农业局组成联合检查组对竹山县、竹溪县、郧县、郧西县等4个县的外资运用项目农业发展基金的资金使用情况进行审计调查，对丹江口市世界银行贷款汉江流域水污染防治项目进行审计。在审计中结合外资审计工作实际，由单一外资审计向外资审计与国内配套资金审计并重转变，由侧重于外资使用静态审计向外资项目实施全过程动态跟踪审计转变，由侧重于审计账面资料向实地检查项目执行情况和业务职能方面调查转变，进一步拓展外资审计领域，取得较好成效。

内部审计 组织召开市内部审计协会第二届会员代表大会暨二届一次理事会，选举产生新一届领导机构，进一步扩大审计工作影响。联合市民政局、市财政局组成检查组对市直29家有收费行为的社会团体涉企乱收费行为进行专项治理，治理内容包括社会团体违背企业单位意愿强制入会收取会费，超标准收费，利用培训、展览、考核、达标、评比、表彰等活动违规收费等侵害会员单位利益的问题。通过规范社会团体行为，减轻企业会员负担，优化十堰市经济发展环境。

（撰稿人：龚　勇）

【襄阳市审计局】 2013年，襄阳市审计局人员编制115人，在编112人。局长叶传辉（—8月）。局长尚显强（8月—），副局长胡国志、汪家刚、江万丰（—5月），总审计师孙全华。设有办公室、综合科、法规和执行科、审理科、信息化建设科、财政金融审计科、行政事业审计科、经贸审计科、农业和资源环保审计科、社会保障审计科、外资运用审计科、人事监察科。另设有市经济责任审计局、市政府投资审计局。

审计成果 襄阳市审计局全年完成审计项目148个（不含政府投资审计项目），查出有问题金额255.60亿元，其中违规金额37.16亿元，损失浪费金额0.01亿元，管理不规范金额218.43亿元。审计处理处罚金额194.33亿元，其中上缴财政25.36亿元，减少财政拨款或补贴0.02亿元，归还原渠道资金17.74亿元，缴纳其他资金4.55亿元，调账处理金额146.66亿元。移送司法机关、纪检监察部门处理事项9件。提交审计工作报告、信息192篇，被采用160篇。

财政审计 组织对市本级财政及74个部门预算执行情况审计，发现相关单位在执行国家政策、部门预算编制、预算执行和财务管理方面存在超预算收支、未编制政府采购预算、挪用专项资金、无依据收费等问题。市审计局提出加强预算管理和完善财务制度等方面的建议63条。开展全市政府性债务审计工作，一次性通过审计署的验收，被评为全国政府性债务审计先进公务员集体。探索开展襄城区、高新区县级财政管理审计，促进财政行为的规范和管理水平的提高。

固定资产投资审计 全年完成政府投资审计项目2930个，报审金额287.13亿元，审定金额230.83亿元，审减金额56.30亿元，审减率19.6%，实现政府投资项目“全过程、全覆盖”的审计监督任务。提请市政府出台《襄阳市市属国有企业和市直事业单位投资项目审计监督办法》和《襄阳市政府投资审计工作联席会议制度》。规范投资审计行为，防范审计风险，制定审计廉政制度、会谈监控制度、专家评审制度等一系列制度，确保投资审计的零投诉、零复议、零违纪。

经济责任审计 全年完成39位领导干部的经济责任审计，查出违纪违规金额4.54亿元，为被审计单位挽回经济损失0.24亿元。探索总结“分类管理、任中轮审”的做法，得到省经济责任审计领导小组的肯定，并作为地市级审计机关的唯一代表在全省经济责任审计工作会议上介绍经验。市经济责任审计局被市政府授予“人民满意基层站所”称号。

农业与资源环保审计 统计调配力量开展全市8个县市区土地增减挂钩资金审计，查出挤占挪用、未及时足额支付农民征地补偿费及挂钩专项资金配套不到位等13类违纪违规金额9.03亿元；组织完成市熊河水库、市国土资源交易中心财务收支审计；根据省审计厅统一安排完成武穴市、黄梅县环保资金专项审计。

社会保障审计 组织开展全市住房公积金、民政专项资金、保障性安居工程跟踪审计。查处民政专项资金违纪违规及管理不规范问题金额8.42亿元，促进出台和完善民政专项资金管理制度、政策文件6个。保障性安居工程审计查处469户享受违规租赁补贴家庭并取消其保障资格，对27户重复享受安居工程政策的追缴多发租金补贴金额5.01万元。市住房公积金中心对审计发现的问题积极部署整改，完善制度2项。

行政事业审计 组织开展全市8个县市区基本公共卫生资金审计，查出滞留欠拨、违规分配、挤占挪用、虚报冒领等问题金额0.49亿元。开展襄阳技师学院财务收支审计，查处未按规定发放学生助学金和免学费资金、不合规收费、财务管理不完善等问题，被审单位边审计边整改，完善各项管理制度。开展全市药监系统、市广播电视台财务收支审计，审计查出违规收费、挤占项目经费、管理不规范等问题，被审计的采纳建议9条，促进完善健全制度3项。

外资运用审计 组织开展日元贷款人才培养和教育项目、植树造林项目，世界银行贷款汉江流域水污染防治项目、引丹工程管理局0.21亿欧元小水电改扩建项目、世界银行交通项目投资审计等11个项目，揭示地方配套资金未到位、未设置银行专户、项目设备购置未入账等问题，并对违规问题依法进行处理。

企业审计 组织开展市能源集团资产负债损益审计，完成集团公司及所属12个独立核算单位审计，外调21个相关单位，查处违纪违规金额1.9亿元，发现下属公司私设“小金库”、收受贿赂、私分公款造成巨额国有资产损失的重大违法行为。对全市 27 户破产企业清算组的审计调查，查出组织管理不善、工作措施不力、下岗职工安置不到位等问题，提出 6 条建议得到市政府采纳。开展市公交公司负债损益审计，挖掘总结该公司在“盘、扩、联、管”中创出国企发展“高速路”的先进经验，为考评国有企业探索新路。

信息化建设 全面应用计算机审计技术，在财政、地税、金融、社保、教育、卫生等多个大中型项目系统开展计算机数据审计。积极推进审计项目精细化、规范化管理。严格实行审计项目负责制，扎实推进网上全程跟踪审理。规划设计联网审计数据分析室，与市住房公积金管理中心实现联网，成为全省首家公积金联网审计试点单位。全市审计机关编撰的 10 个 AO 应用实例、8 个审计方法在审计署获奖。（撰稿人：王 雷）

【荆门市审计局】 2013 年，荆门市审计局人员编制 62 人，在编 62 人。局长丁岱，副局长祝军、刘海泉、张汉城、刘洪斌，总审计师周军，纪检组长吴玉金。设有办公室、综合科、信息化建设科、法规审理科、财政审计科、金融外资审计科、经贸审计科、农业与资源环保审计科、人事科、监察室、内部审计指导科、机关总支，另设经济责任审计局和固定资产投资审计分局、后勤服务中心。

审计成果 荆门市审计局全年完成审计项目 161 个，查出并纠正违纪违规金额 4.87 亿元，审减工程投资额 5934 万元，直接为财政节约资金 8274 万元；移送案件 13 起；提出建议 411 条，促进建章立制 60 多项；被批示、采用审计专报和重要信息 386 篇次，其中被市主要领导批示 23 篇次。连续八届荣获省级最佳文明单位，获得全市年度综合目标考核第一名，市直部门党政领导班子综合考评第一名，全省审计工作量化考核第二名，荣获全省新“三万”活动先进单位、全市党风廉政建设先进集体、依法行政优秀单位。市审计局局长丁岱获得“十佳村第一书记”称号，全国六五普法中期先进个人等。

财政审计 组织对 27 个部门（含 114 个二级单位）2012 年度预算执行情况进行审计，重点对“三公”经费、会议费、人员、车辆以及行政审批“四最四零”（“四最”是指行政审批事项最少、流程最短、收费最低、效率最高，让企业、客商、群众三方满意。“四零”是指服务零距离、沟通零障碍、审批零差错、反馈零投诉）落实情况进行审计。同时，与重点专项资金延伸、预算单位基建项目审计相结合，实行“三同步”，促进规范预算管理，切实降低行政成本，提高财政资金使用效益和财政财务管理水平。针对审计反映存在的普遍性和倾向性问题，促进市委、市政府首次联合下发《关于进一步严肃财经纪律加强市直行政事业单位财务管理的意见》，提出“十一个严禁”；审计反映的人员、车辆和“四最四零”执行情况等方面的问题，在市内引起震动，促进市委、市政府出台《关于加强和规范机构编制工作的意见》和《关于机构编制和组织人事日常管理有关事项的通知》；市人社局就审计中反映的聘用人员问题，专门下发《关于进一步完善市直机关事业单位编外聘用人员人事代理管理办法的通知》；市财政局针对审计反映的违规向企业返还财政收入的问题，专门下发《关于进一步加强市级财政性资金使用管理的通知》和《关于规范市政府行政行为工作程序的意见》；市地税局针对审计反映的行政事业单位经营性收入管理不统一的问题，专门出台《关于加强行政事业单位涉税收入管理办法》。

外资运用审计 在省审计厅的统一组织下，对 3 个外资运用项目资金使用情况进行公证审计，即世界银行贷款汉江流域水污染防治城市污水处理项目、城市垃圾处理项目和日元贷款植树造林项目。通过审计，促进项目单位严格执行国家法规和项目协议，规范财务管理和会计核算。审计报告得到省审计厅的充分肯定，为促进外资运用及规范管理发挥积极作用。

行政事业审计 对市统计局、市农业局、市工商局、市人社局、市城管局、职教集团等 33 家行政事业单位财政财务收支情况进行审计，查出各类有问题金额 62183 万元，发现乱收费、乱摊派、乱罚款、挪用专项资金、隐瞒转移截留资金、损失浪费等违纪违规问题 7813 万元，促进增收节支 3832 万元。

农业与资源环保审计 重点对掇刀区中小河流治理和小型农田水利重点县（区）建设项目以及农业、林业专项资金进行审计。在中小河流治理和小型农田水利建设项目审计中，采取“四结合”的审计方法（财务审计与工程审计相结合、项目资金审计与经费审计相结合、工程预算与实际造价相结合、账面审计与跟踪调查相结合），查出工程设计未按规定实行公开招投标、虚报冒领、截留建设资金、工程造价不实、违规转让工程等问题金额1834万元，还发现公款私存、违规出借财政资金等问题线索，并依法移交检察机关。在农业、林业专项资金审计中，重点对项目资金拨付、监管及使用合法性、效益性进行审查，查处挤占挪用专项资金、私设“小金库”等违纪违规问题。

固定资产投资审计 全年对123个项目、56760.34万元资金进行审计，审减4788.54万元。查出各种违纪违规和问题金额15035.52万元，其中：未按规定招标投标的项目19个，金额9152.06万元；高估冒算4646.71万元；签订虚假合同，套取保障性住房资金780万元；不执行合同约定造成国有资产流失160万元，其他违纪违规金额296.75万元；移交案件线索2起，涉案金额917万元，涉案人员5人；提出整改意见和建议162条，充分发挥政府投资审计的监督职能作用。开展对政务中心、市第一人民医院、太子山文化创作基地、漳河大道等7个重点项目的跟踪审计，发出建议函和现场处理意见单29份，核减工程进度款6650.76万元，节约贷款利息907.2万元。通过市场询价，节约投资1054.4万元，针对发现的问题，提出整改意见26条。撰写的《政务中心建设审计同步效果好》受到市委、市政府主要领导的高度重视，市委书记做出批示，充分肯定政府投资项的跟踪审计工作。

社会保障审计 重点对城镇保障性安居工程、残疾人就业保障金、公立医院（石化医院）管理情况进行审计，对全市扶贫资金进行专项检查。在城镇保障性安居工程跟踪审计中，查出不符合条件的家庭违规享受住房保障待遇、部分保障性住房长期空置、住房保障专项资金结余过大等投资建设、分配运营方面存在的管理不规范问题。残疾人就业保障金审计，针深入分析残疾人就业保障金在使用、管理中存在问题的根本原因并提出相应政策建议，形成审计专报《应优化完善残保金管理机制 确保专项资金的民生效益》报送市委、市政府主要领导审阅，得到市长的重要批示。公立医院（石化医院）管理情况审计中，全面摸清医院资产负债状况、收支规模结构，执行国家药品和医用耗材加价率、医疗服务收费政策等，通过审计查处医院违规收取医疗费、药品和医疗耗材违规加价、违规采购药品等问题资金计429.31万元，将违规资金26.58万元收缴市财政。完成市政府交办的扶贫资金专项检查项目，涉及全市36个乡镇118个行政村，检查覆盖面达到70%以上，促进扶贫资金规范管理，达到预期效果。

经贸审计 根据市委、市政府的安排部署，对国有股权收益情况进行审计调查，维护国有股权收益和国有资产安全；对武荆高速公路荆门段工程建设协调指挥经费收支情况进行审计。《关于市直2010年至2012年国有股权收益审计调查情况的汇报》《关于市高速公路建设协调指挥部办公室武荆荆门段财务收支审计情况的报告》上报市政府后，受到市委、市政府主要领导的批示，要求有关部门按照审计意见迅速做好有关资金、资产的划转、交接。

经济责任审计 根据市经济责任审计工作领导小组统一安排，对19名领导干部进行经济责任审计，其中，党委政府1人，部门单位12人，学校、医院事业单位4人，国有企业2人。按履职状态划分，任中审计8人，任期审计11人。查出部分领导干部存在重大经济事项决策不按程序、财经政策法规执行不严、对所属部门（单位）监管不力等问题，查出各类问题金额6.05亿元，其中违纪违规金额1.02亿元，管理不规范资金5.03亿元。

专项资金审计（调查） 按照省审计厅统一部署，扎实开展环保专项资金异地“交叉审计”，重点对保康县2010年至2012年环保专项资金征收、拨付、管理、使用情况，查处违规减征、免征或缓征和滞留欠拨、虚报套取、挤占挪用，以及环保治理项目决策失误、管理不善、闲置浪费等问题。根据市人大要求，组织开展全市2009年至2012年土地开发整理项目审计，重点关注各项目资金的拨付、管理及使用情况和相关政策的执行情况，查出滞留欠拨、损失浪费以及未按计划组织实施并按期完工等问题，提出的审计建议引起被审计单位高度重视，出台相关措施办法，促进土地开发整理项目资金的规范管理。

内部审计 荆门市共有内部审计机构 418 个（其中专职机构 82 个），内部审计人员 728 人（其中专职人员 217 人），全年完成审计项目 1444 个，审计总金额达 1587731 万元，促进增收节支3827万元，提出建议意见被采纳 600 条。通过与监察部门联合行文，通过出台制度、强化督办、严格考评等，实现内部审计常态化。将部分副县级领导干部经济责任审计委托内部审计机构完成，经验做法全国首创，充分发挥了“免疫系统”的作用。（撰稿人：贺婷婷）

【孝感市审计局】 2013 年，孝感市审计局人员编制 58 人，在编 58 人。局长阳明军，副局长田卫民、金正谋、梁和平、陈鸿杰，总审计师褚艺红，纪检组长李保权。设有办公室、人事科、综合科、法制科、财政审计科、金融外资运用审计科、行政事业审计科、经贸审计科、农业与资源环保审计科、监察室；孝感市经济责任审计局综合科、审计一科、审计二科、审计三科；孝感市政府投资审计局。

审计成果 孝感市审计局完成审计项目 206 个，其中完成省审计厅年度审计项目 24 个，本级计划和交办审计项目 167 个，经济责任审计项目 15 个。审计查出主要问题金额 348290 万元，核减投资额24504万元，应上缴财政 69 万元，应归还原渠道资金 126 万元，应调账处理金额 57103 万元；已上缴财政 69 万元、已归还原渠道资金 126 万元、已缴调账处理金额 57103 万元。移送司法机关、纪检监察机关和有关部门经济案件线索 16 件，涉及金额 14126 万元。提交审计专题、综合性报告和信息简报 276 篇，被批示采用 191 篇；提出审计建议 303 条，被采纳 218 条。

财政审计 完成 2012 年度本级财政预算执行和其他财政收支情况审计以及 13 个市直部门（单位）2012 年度预算执行审计。通过审计，发现各类问题 30 余个，其中，预算编制不够完整、预算批复不够规范等问题金额 26540 万元；延压滞留税费、税收政策执行不够严格等问题金额 11971 万元。审计对进一步加强财政管理提出有针对性的意见和建议，并就审计查出问题整改情况向人大做报告，促进财政运行质量和管理水平的提高。

外资运用审计 完成孝昌县、安陆市、大悟县 2012 年度日元贷款植树造林项目审计；汉川市、大悟县 2012 年度世界银行贷款汉江流域水污染防治污水项目审计。重点检查国外贷援款资金和国内建设资金的到位和使用、提款报账等情况，揭露滞拨项目资金、报账面积不实、挪用项目资金、贷款抵押手续不合规等问题，为提高外资项目资金效益提供真实依据。

行政事业审计 完成市妇幼保健院 2012 年度收费政策执行和财务管理审计。通过审计，发现医院超标准收取药品及材料费、违规收取医疗服务费和财务审批不严、虚假票据报账等问题，促进被审计单位收费和管理上的规范，上缴财政 35.9 万元。

农业与资源环保审计 完成汉川市、大悟县中小河流治理建设项目审计；咸安区保障资金项目、随县政策性农业保险补贴资金管理项目审计。通过审计，促进国家惠民惠农政策的贯彻落实和项目资金的安全高效使用。

固定资产投资审计 完成省审计厅下达的和市政府交办的政府投资审计项目审计 151 个。其中，工程前期费用审计 33 个，预算审计 63 个，竣工决算审计 55 个，审计投资总额 208380 万元，审计核实额 184042 万元，审减 24338 万元。

经济责任审计 完成对市财政局、市计生委、市教育局等 13 个单位领导干部，以及孝昌县、大悟县、安陆市人民检察院检察长的经济责任审计。审计查出主要问题金额 9262 万元。其中违规金额 32 万元，管理不规范金额 9230 万元，移送经济案件线索 1 件。配合省审计厅完成对孝昌县县委书记、县长经济责任同步审计。

内部审计 孝感市有专兼职内部审计机构 468个，配备专兼职内部审计人员 1300 人，其中专职机构 227 个，专职人员 520 人。完成审计项目 3125 个，促进增收节支 1.9 亿元。

（撰稿人：李　斌）

【黄冈市审计局】 2013 年，黄冈市审计局人员编制 51 人，在编 49 人。局长叶俊甫，副局长吴长林、郭教育（7 月—）、吴晓鹏（—10 月）、张立平、曹安洲（10 月—），总审计师曹安洲

（—9月），纪检组长舒迎进。设有办公室、政工科、综合法规科、财政审计科、金融审计科、行政事业审计科、社会保障审计科、固定资产投资审计科、农业与资源环保审计科、经贸审计科、外资运用审计科、经济责任审计局、纪检监察室。

审计成果 黄冈市审计机关共完成审计或审计调查项目452个，查出违规金额140498万元，其中应上缴财政7373万元，应减少财政拨款或补贴7293万元，应归还原渠道资金70278万元，应调账处理金额44051万元；已上缴财政7373万元，已减少财政拨款或补贴7293万元，已归还原渠道资金70278万元，已调账处理金额44051万元。移送司法机关、纪检监察部门处理事项34件。提交审计工作报告、信息1847篇，被采用1380篇。

财政审计 全年开展财政预算执行审计项目167个，查出违规和管理不规范金额475147万元。黄冈市审计局重点审计市本级财政预算和黄冈市财政局、市赤壁管理处、市招商局、市农业局、市环保局、市科技局、市药监局、市公安局、市交警支队、市广电局、市民政局、市体育局、市住建委、市房管局、市公共资源交易监督管理局等15个部门单位的预算执行情况。集中反映和揭示财政资金运行中体制、机制和管理上存在的问题。按照审计署和湖北省审计厅安排，成立11个审计组，8个督导组，开展政府性债务审计，按时保质保量完成审计任务。按照省审计厅部署，实施恩施土家族苗族自治州来凤县2011年至2012年政府性收支管理情况审计。

行政事业审计 全年共开展行政事业单位审计158个，查出问题金额186783万元。按照省审计厅安排，组织实施黄冈市妇幼保健院财务收支审计，根据该院内部管理制度中的“人才储备金”制度这一线索，查出该院“人才储备金”账外“储备”问题，涉及金额200.8万元。按照黄冈市政府要求，组织对黄冈市电子信息学校、水利电力学校、交通学校、工程学校、工贸学校等5所中职学校资产债务进行审计。

专项资金审计 组织开展28个专项资金审计项目，查出问题金额58805万元。按照省审计厅统一部署，实施来凤县和龙感湖管理区基本公共卫生服务项目专项资金审计，共查问题金额709万元，其中来凤县旧司镇卫生院因利用虚假业务资料骗取补助资金16.21万元，被省审计厅作为案件线索移交当地纪检机关进行查处。组织实施利川市政策性农业保险资金使用情况审计，查出问题金额724万元，收缴罚没款69万元。组织实施大冶市环保专项资金审计，对审计中发现的大冶市农村环境连片整治项目小钩臂垃圾运输车采购价格异常的问题，以及大冶市金牛镇政府将农村环境连片整治专项资金用于城乡一体化项目支出，且资金去向不明的问题，作为案件线索提交给省审计厅转相关部门处理。组织实施10个国外援贷款项目，查处各类违纪违规问题金额4852万元。

固定资产投资审计 全年开展固定资产投资审计项目79个，审计核减工程款14754万元，查出问题金额24328万元。黄冈市审计局充分整合全市审计机关投资审计骨干，并外聘部分社会中介组织审计力量，组织开展系列化、规模性的水库除险加固工程审计，其中包括11座大中型水库和154座小（1）型水库。按照黄冈市政府安排，开展黄冈市老年大学建设工程、南湖工业园基础建设工程、南湖三台河堤便道工程、火车站开发区昆仑能源土地平整工程、黄冈市体育中心已完工程、遗爱湖保护治理遗爱亭景区工程等10多项建设项目决算审计；对社会管理“三化三全”、五县市平垸行洪、林纸一体化相关项目资金进行审计。按照省审计厅安排，对全市保障性住房项目进行审计。根据省审计厅转交的群众举报线索，开展黄州区赤壁办事处二机社区经济适用房建设有关问题的审计调查，核实或澄清商品房开发挤占经济适用房建筑面积、擅自改变住房结构、虚报建设费用等问题。审计结果在黄冈市审计局门户网上进行公告。

经济责任审计 共对136名领导干部进行经济责任审计，查处违规和管理不规范金额85519万元，其中，领导干部负直接责任金额14186万元、负主管责任金额3876万元、负领导责任67455万元。按照湖北省审计厅统一安排，实施团风县、黄州区党政主要领导同步经济责任审计。按照市经济责任审计领导小组安排，对市财政局、市科技局、市招商局、市人口与计生委、市道路运输管理局、市赤壁管理处、市高级技工学校等部门单位主要负责人进行经济责任审计。

内部审计 2013年，黄冈市内部审计机构和人员共完成内部审计项目4499个，审计总金额102.6亿元，共计促进增收节支3.22亿元，提出建议、意见被采纳2844条，建议给予行政处分12人，实际处分11人。内部审计工作在促进组织加强管理与控制、提高经济效益、维护财经法纪等方面发挥积极作用。

相关工作 黄冈市审计机关以开展“学创”活动和庆祝审计机关成立30周年为契机，扎实开展各项自身建设，取得新的成效。认真推进学法用法，大力开展审计审理、审计质量检查、审计执法公示、优秀审计项目评选，有效保证审计质量和水平。推动审计信息化应用，重点加强审计信息化人才培养，全市审计机关已有17人通过审计署计算机中级考试。黄冈市审计局扩大联网审计范围，探索性地开展城投项目联网审计工作；蕲春、黄梅、浠水等地审计机关开展财政联网审计。围绕干部队伍建设，积极组织开展春训、冬训、专题讲座、案例教学等培训教育活动，开展演讲、征文、体育比赛、青年志愿者服务等群众性文化活动，进一步完善干部监督、管理、考核、激励等机制制度。2013年，全市审计机关在继续保持全部省级文明单位的基础上，使省级最佳文明单位由过去7家增加到了8家，使文明创建工作实现新突破。 （撰稿人：付后裕）

【鄂州市审计局】 2013年，鄂州市审计局人员在编52人。局长肖运香，副局长李向平、何贤江，总审计师柯金龙，纪检组长李志鹏。设有办公室、监察室、综合信息科、法规科、财政金融审计科、行政事业审计科、农业与资源环保审计科、经贸审计科、社会保障审计科。另设有经济责任审计局、政府投资审计局和派出审计一科、二科、三科、四科。其中经济责任审计局设有党政领导干部经济责任审计科和企业领导人员经济责任审计科。

审计成果 鄂州市审计局全年共组织实施审计（调查）336个，查处各类违规金额25763万元，审减政府投资29106万元，上缴财政37600万元、减少财政拨款或补贴6713万元、归还原渠道资金42214万元、调账处理金额63214万元；提出审计建议被采纳720条；提交各类审计信息被市级及以上批示采用300余篇次，其中省审计厅及以上采用162篇次。在保持全国文明单位、全省级最佳文明单位和全市最佳文明单位称号的同时，获得全省“三万”先进工作组、全市综合实绩考核优秀领导班子等多项荣誉。

财政审计 10月10日，局长肖运香向市第七届人民代表大会常务委员会第十一次会议做题为《关于2012年度市本级财政预算执行及其他财政收支审计情况的审计工作报告》，获全票通过。主要报告了对2012年度市本级财政预算执行、“三公”经费与会议费、保障性安居工程、基本公共卫生专项资金、住房公积金、中小学校舍安全工程、地方政府性债务、领导干部经济责任、政府投资项目等11个方面的审计工作情况。市人大充分肯定审计工作，对审计部门敢于碰硬，勇于揭露被审计单位存在的问题给予高度赞扬。会后，市人大专题对11家存在突出问题的单位下发审计整改督查通知书。

固定资产投资审计 完成政府投资审计总金额140820万元，审计减少政府投资26155万元。在政府投资审计工作中，严把项目建设中的计划（决策立项）关、勘察设计关和工程结算关等12个关口，规范投资建设各环节，有效促进提高政府投资效益。针对发现的“三超”（超计划、超预算、超合同价款）问题，开展审计分析，撰写报送审计要情专报，提出审计建议，专题向市政府和市住建委、市城投公司和市政府投资工程管理中心等有关部门单位报送《鄂州大道南互通及公铁立交工程跟踪审计建议书》，受到市领导的高度重视，在全市对所有工程组织开展“回头看”，使问题及时得到纠正和整改。相关部门、单位也积极采纳审计建议，认真整改。

经济责任审计 完成对市广电局、鄂州日报社、市城市管理局、西山街办、凤凰街办、市交警支队、鄂城区公安分局、华容区公安分局、梁子湖区公安局、葛店开发区公安分局、西山公安分局、葛店镇和花湖开发区等13家单位负责人的经济责任审计，并根据市经济责任审计工作领导小组交办，对市妇联、市共青团、市残联、市总工会等4家单位负责人实施经济责任审计。湖北省委组织部5月以湖北组工信息第23期（总第

2014期）专门刊发鄂州市经济责任审计“三三五五”工作法，向全省进行推介。

专项资金审计（调查） 科学调配审计力量，完成省审计厅部署的政府性债务审计、政府性收支管理审计、政策性农业保险专项审计、公立医院政策执行情况审计调查、基本公共卫生服务专项资金审计、环保资金审计、城镇保障性安居工程跟踪审计、援疆资金及项目审计等19个项目。

（撰稿人：周红兵）

【黄石市审计局】 2013年，黄石市审计局人员编制52人，在编50人。局长刘文水，副局长吴有祥、潘宪章、夏明省、徐锦坤、翁世成（9月—），总审计师翁世成（—9月）、毛鹏程（9月—），纪检组长李沈。设有办公室、综合科、法制科、政工科、监察室、财政金融审计科、行政事业审计科、经贸审计科、农业与资源环保审计科、外资运用审计科、社会保障审计科和市经济责任审计局、政府投资审计中心。

审计成果 黄石市审计机关共实施完成审计项目438个，查出各类违纪违规金额21.62亿元，向各级党政机关报送审计信息425篇，被批示采用367篇次，促进被审计单位制定整改措施112项，健全规章制度34项。

政府交办审计 市县两级审计机关完成市委、市政府和各地党委，政府交办的60多项审计任务。市审计局先后组织对阳新县“两镇一区”托管、西塞山区6个村托管的审计确认，对黄石军分区新建营院工程、白马山小区中的绿化景观工程、市平安城市二期工程、美尔雅集团公司改制、米兰公馆维稳工作等开展审计和审计调查，不仅查处违法违规问题，而且为市领导宏观决策提供依据，多项审计结果得到市委、市政府领导的批示和高度评价。

统筹项目审计 按照审计署和省审计厅的统一部署，组织实施政府性债务审计、政府性收支管理情况审计、城镇保障性安居工程跟踪审计、基本公共卫生服务项目专项资金审计、政策性农业保险资金审计、环保专项资金审计、公立医院管理情况审计调查、大冶市主要领导经济责任审计、国外援贷款项目审计等12项统一组织项目。政府性债务审计等3个项目被省审计厅表彰。

财政审计 围绕提高预算执行审计工作质量，把涉及地方经济社会发展、群众关注、领导关心的重点资金、重点领域和重点部门全部纳入审计视野，注重从机制、体制发现问题，助推完善政府治理。在黄荆山北麓开山塘口生态修复资金审计中，跳出项目看项目，提出“磁湖北面在实施生态性修复，南面却在进行破坏性开采，势必会导致今后治理上的巨大浪费”的观点，得到人大委员们的肯定，认为审计发挥了“免疫系统”的功能作用。

行政事业审计 审计行政事业单位共完成98个。主要包括24家政府部门2012年“三公”经费专项审计调查、市地税局税收征管及财务收支审计、市教育局管理的教育费附加专项资金审计、市殡葬管理所财务收支审计、市政公用局管理的市政污泥运行成本审计、黄石经济技术开发区招商引资政策落实专项审计调查等。揭示公务接待费支出比重高、公务接待费核算失真、公车运行费用较高、向下属单位转嫁支出、存在虚假会议、借开会名义发放纪念品等突出问题。针对这些问题，市政府召开专题会议，研究整改措施。

固定资产投资审计 共审计政府投资项目269个，累计审减工程投资额25855万元。市审计局在章畈小学、柯尔山小学、王太小学审计中发现的部分小学建设规模超标、审批把关不严、设计超规范造成资金和资源浪费的问题以专报形式向市领导进行反映，市委书记批示要求“对此类问题要高度重视，严格把关，追究责任”，市教育局提出科学编制学校布局规划、合理调配现有教育资源、加强教育系统基建项目管理等意见。

企业审计 对某集团有限公司审计，查出各类违纪违规金额15364万元，主要是应缴未缴投资收益、漏缴税费、资金管理不规范等问题。审计情况得到市领导的高度重视，要求被审计单位认真整改。

经济责任审计 共审计领导干部31人，查出违纪违规、管理不规范问题金额32113万元，其中违纪违规金额14724万元、管理不规范金额17389万元。其中领导干部应负直接责任金额4610万元、应负主管责任金额16568万元、应负领导责任金额10935万元。通过经济责任审计结果进行综合分析，指出基层公检法“三长”存在

6个方面的问题，审计综合分析报告得到市委书记的批示，充分肯定审计部门敢于当“黑包公”，要求对不守规矩的单位提醒和警诫，切实运用审计成果教育干部。

专项资金审计 在全市科技专项资金审计中，通过审计重点延伸调查50个项目承担单位，发现部分企事业单位存在虚报资料套取科技专项资金，挤占挪用科技专项资金和会计核实不规范等问题，提出整合科技专项资金，提升科技资金引导作用；加强项目资金管理，提高科技资金使用效益和进一步加强对科技专项资金的监管建议，为建设“创新创富”名城发挥积极作用。

内部审计 召开全市内部审计协会工作经验交流会议，劲牌有限公司等6家单位交流内部审计工作经验。通过内部审计协会的努力，团体会员增加到68家，个体会员增加到187人。

（撰稿人：纪俊锋）

【咸宁市审计局】 2013年，咸宁市审计局人员编制68人，在编62人。局长陈礼高，副局长张旺宝、王三国、熊振兴、付冬，总审计师李真丽。设有办公室、人事科、综合科、法规科、财政审计科、金融外资运用审计科、行政事业审计科、农业与资源环保审计科、固定资产投资审计科、社会保障审计科、经贸审计科、监察室、离退休干部科、工会、计算机中心。下设经济责任审计局、政府投资审计局、内部审计协会、审计学会。

审计成果 咸宁市审计机关完成审计项目372个，查出违规金额62106万元，其中应上缴财政2867万元，应减少财政拨款或补贴2339万元，应归还原渠道资金18462万元，应缴纳其他资金8445万元，应调账处理金额208840万元，应自行纠正金额281万元；已上缴财政2383万元，已减少财政拨款或补贴2321万元，已自行纠正金额281万元。移送司法机关、纪检监察部门处理事项26件，建议有关部门处理事项560件。提交审计工作报告、信息1049篇，被采用500篇。市审计局获全省最佳文明单位、全省审计工作量化考核优秀等次、全省审计信息宣传先进单位、全省审计通联工作先进单位、全省档案管理特级单位、咸宁市目标责任制考核先进单位、全市党风廉政建设先进单位、全市党委系统信息宣传先进单位、全市综合治理先进单位、全市计划生育先进单位、全市普法工作先进单位、全市工会工作先进单位、全市“三万”工作先进单位。市审计局机关荣获全省量化考核第六名，通山、崇阳、咸安审计局进入全省量化考核前二十名。

预算执行审计 开展市财政局预算执行情况、市地方税务局税收征管情况、市直10个部门预算执行情况审计。审计中发现政府性收支管理、税收完成及税收征管以及部门预算执行中存在的问题，就会议费专项情况进行审计，发现会议费支出标准不一、标准过高、会议费核算列报超范围、支出审批不严格等核算不规范问题。审计查出问题的全面整改情况，市审计局在年底前向市政府、市人大常委会做专题报告。

民生资金审计 按照省审计厅统筹安排和市政府年初计划，对社会保障、扶贫开发、教育、农业开发、民政、医疗卫生、新农村建设、环境保护等涉及民生资金单位进行审计。按照国务院统一部署，全市审计机关开展政府性债务审计，为党政领导宏观决策提供重要参考。咸安区审计局配合省审计厅对咸安区政策性农业保险进行专项审计，得到好评。根据省审计厅安排，市审计局派出审计组对蕲春县、武穴市政策性农业保险进行专项审计，重点审计该地各乡镇办2010年至2012年政策性农业保险情况。向当地纪检机关移送案件线索2起，引起当地党委、政府的高度重视。赤壁市审计局通过审计整改，该市卫生局出台《基本公共卫生服务督导制度》《基本公共卫生服务信息报告制度》和《基本公共卫生服务财务管理制度》等16项相关制度，把未使用到位的资金通过追加服务工作量，用到为居民提供健康服务上，有效地维护民生利益。

固定资产投资审计 市审计局按照《咸宁市政府投资项目管理办法》的规定，将市直工程决算全部纳入审计范围，市审计局派出28个跟踪审计组对市直28个政府投资项目实行全天候跟踪，使政府投资项目审计真正做到“全覆盖”。全市审计机关完成政府投资审计323个项目，审减金额3.26亿元。

经济责任审计 全市安排经济责任审计项目87个，其中：市审计局安排20个；对全市56名党政领导干部、法院院长、乡镇领导人员进行审计，查出主要问题金额19037万元，其中违规金额12322万元，管理不规范金额6595万元。界定领导干部应负直接责任金额1975万元，负主管责任金额1758万元、负领导责任金额15304万元。

相关工作 全市审计机关认真贯彻落实中央八项规定、省委六条意见、市委七条要求，结合审计机关实际，深入整治“四风”方面存在的问题。市审计局在咸宁日报上向全市人民做出公开承诺，设立作风建设热线，建立作风建设长效机制。组织开展计算机审计培训、无纸化办公知识培训、审计实务培训、工程造价审计培训活动，通过专家讲、分组议、讲教结合、师带徒、集中学、送出去请进来等方式，着力提高干部职工业务技能。全市参加审计署、省审计厅举办的各类培训班62人次。市审计局编辑出版《审计执法实务手册》发行全省，制定《审计项目审理操作规程》，健全完善相关制度规范。加快推进审计管理的信息化和网络化，建立联网审计平台；推进计算机审计；推行网上审理；更新改造内部网站、门户网站；充分发挥网络功能作用，切实提高审计效率。围绕“学创”活动、“审计三十年”开展征文、演唱审计之歌等系列富有成效的主题活动。

（撰稿人：洪新世）

【荆州市审计局】 2013年，荆州市审计局人员编制93人，在编86人。局长王本波（—12月）、周昌俊（12月—），副局长邓应军（—12月）、李俊平、杨光忠、吴方俊、李翠峰，总审计师汤从华，纪检组长罗文斌。设有办公室、人事科、综合科、法规科、监察室、机关党委、财政金融审计科、行政事业审计科、经贸审计科、农业与资源环保审计科、社会保障审计科、固定资产投资审计科、外资运用审计科、计算机审计科、派出农林水审计科、派出科教文卫审计科、派出经贸审计科、派出计划城建及投资审计科、派出综合审计科、经济责任审计局、政府投资审计局。

审计成果 荆州市审计机关完成审计项目314个，查出违规金额62599万元，其中应上缴财政6998万元，应减少财政拨款或补贴4454万元，应归还原渠道资金9307万元，应调账处理金额71273万元，应自行纠正金额5410万元；已上缴财政4043万元，已减少财政拨款或补贴2681万元，已归还原渠道资金8191万元，已调账处理金额63369万元，已自行纠正金额579万元。移送司法机关、纪检监察部门处理事项15件，建议有关部门处理事项3件。提交审计工作报告、信息470篇，被采用344篇。荆州市审计局连续第七次被省委、省政府授予“最佳文明单位”。

财政审计 对市财政局、市地税局以及市公安、交管、农业、文物、旅游、物价、民政等15个部门的预算执行情况审计表明：各部门健全完善财务管理制度，加强预算资金的规范管理，预算执行情况总体较好，但也存在部门预算管理和编制不够规范，预算执行不够到位，支出结构有待进一步优化等问题。编发3期审计专报，市长、常务副市长专门做出批示，促进问题的整改与规范。结合财政“同级审”，完成对文物、旅游、交通等系统的审计调查，重点揭示在贯彻落实“文化壮腰”“交通壮腰”“兴城壮腰”中遇到的困难和问题，并及时向政府有关部门进行沟通和反馈，为“壮腰工程”顺利实施发挥保驾护航作用。

社会保障审计 对新型农村合作医疗、基本医疗保险基金、住房公积金进行审计，审计资金总额38.2亿元，审计查出主要问题金额3802万元，揭示出住房公积金归集分配尚需规范、公积金提取使用有待加强以及基本医疗保险基金筹资困难加大、参保人员享受待遇结构性矛盾突出、职工个人住院综合自付比例上升等问题，提出建设性意见，促进提高资金使用效益，并推动《荆州市城乡居民大病保险工作实施方案（试行）》于10月出台。

固定资产投资审计 完成荆岳长江公路大桥决算、滨江工业园拆迁还建、沿江棚户区改造、中山后街危房改造项目、绿地荆沙湾经济适用房建设项目、南方大遗址保护、荆监一级路郝穴至容城段、创园绿化工程等53个重点建设项目的审计，围绕政府关注、群众关心的还迁还建等热点问题，审计严格把关，以建设项目程序是否合规、资金使用是否合理为重点，审减投资2709万元，督促相关单位加强资金和项目管理，提高政府投资收益。

企业审计 完成5家企业资产负债审计，查出主要问题金额23766万元，其中：违规投资

23095万元、违规使用财政资金166万元、虚列成本费用102万元、少计少缴税费286万元。

经济责任审计 对91名党政领导干部和企事业单位负责人进行经济责任审计，其中任中审计35人、离任审计56人。审计查出主要问题金额46144万元，其中违规金额4888万元、管理不规范金额41255万元，审计发现侵害人民利益金额2684万元。被审计领导干部被移送纪检监察机关1人，其他人员被移送司法机关2人、移送纪检监察机关5人。经济责任审计促进增收节支2298万元。

信息化建设 推动AO2011新版审计管理系统的应用，完成对市公路局、交警支队、第一人民医院、中心医院等多家市直部门和单位的计算机审计；改版内、外网站，新增学创活动、法制建设等栏目，全年发布工作动态、机关建设、审计文苑、审计论坛等各类信息千余条，确保审计信息及时、准确公开；协调、联系全市计算机审计骨干分批次参加审计署、湖北省审计厅计算机审计中级培训，全市已有13人获得计算机审计中级证书。荆州市审计局报送的《医院利用系统漏洞篡改注射器规格向病人乱收费》审计方法入围审计署计算机审计方法库。 （撰稿人：肖 舟）

【宜昌市审计局】 2013年，宜昌市审计局人员编制79人，在编77人。局长杜伟，副局长方正国、李德信、潘兴华、金勇，总审计师张宜平，纪检组长刘玉清。设有办公室、人事科（机关党委与其合署办公）、综合审理科、纪检监察室、审计执行督查科、财政审计科、金融外资运用审计科、行政事业审计科、社会保障审计科、经贸审计科、农业与资源环保审计科、固定资产投资审计科（加挂市政府投资审计局），下设宜昌市经济责任审计局（内设办公室、审计一科、审计二科、审计三科）。

审计成果 宜昌市审计机关共完成审计项目622个，审计查出各类违规金额294205万元，其中应上缴财政248534万元，应减少财政拨款或补贴10946万元，应归还原渠道资金204526万元，应调账处理金额78115万元；已上缴财政207394万元，已减少财政拨款或补贴6647万元，已归还原渠道资金136052万元，已调账处理金额47620万元；移送司法机关、纪检监察部门处理事项20件；提交审计报告638份、信息1903篇，被采用693篇次。市本级完成77个审计项目，审计查出违规资金181791万元，应上缴财政173013万元，应减少财政拨款或补贴846万元，应归还原渠道资金1162万元，应调账处理金额16867万元；移送司法机关、纪检监察部门处理5件；提交审计报告77份、信息395篇，被采用272篇。市审计局2013年获得各种集体荣誉20多项。其中：被审计署授予全国政府性债务审计公务员集体三等功；被省委、省政府授予全省最佳文明单位；被省审计厅授予全省审计工作量化考核优胜单位；夷陵区林业生态建设专项资金管理使用情况审计等2个审计项目被省审计厅评为优秀审计项目二等奖、揭兴宽同志任古老背街道办事处主任期间经济责任审计等3个审计项目被省审计厅评为优秀审计项目三等奖。

预算执行审计 对市财政、地税、发改等17家市直部门及下属76家二、三级单位、协会、学会、实体进行全面延伸，对各部门贯彻中央八项规定加强车辆会议费管理情况进行专项审计，对经济建设类项目及专项资金实际运行、管理及使用绩效情况进行分析评价。审计比较全面地反映市级财政财务管理运行整体情况，对资金使用绩效进行剖析和评价，查处少数部门及下属二、三级单位存在的滥发钱物、违规收费、资金私存私放等违规金额合计1174万元。市委、市政府对审计发现问题高度重视，市领导做出重要批示，强调要“迅速采取有效措施加以整改落实，建立科学、严格、有效的防范制度和措施”。市人大常委会五届十二次会议听取报告后审议认为：审计工作报告与往年相比更加规范和细致，审计重点更加突出，审计部门在促进深化预算管理和廉政建设方面发挥了积极作用。

固定资产投资审计 对宜昌庙嘴长江大桥、平湖半岛旅游综合区、市职教园、宜昌气象雷达站和气象观象台搬迁项目、宜昌海事局通讯信息中心迁建工程、市一医院急诊综合大楼建设项目以及宜昌开发区基础设施建设资金进行跟踪审计，审计项目概算投资749424万元，查出各类违规金额1407万元。完成城东大道延伸段东站立交段建设项目、谭艾路（五龙桥头—艾家镇政府）建设项目、明珠路（宜秭路—发展大道）建设项目、东站路（城乡路—同强路）建设项目、体育场路延伸段（西陵二路—夜明珠路）建设项目、民欣家园、市二十五中整体迁建项目的竣工决算审计。审计项目投资额85169万元，审减工程价款538万元，查出工程概算管理、履行招投标程序、结算把关及分包转包等各类违规金额12422万元，在促进管好用好政府建设资金方面发挥重要作用。

经济责任审计 全年完成经济责任审计项目14个，其中县市区党政领导同步审计2个，任中审计项目12个。审计查出违规资金1527万元，促进增收节支222万元，移送纪检监察部门处理事项3件，1名责任人被给予党纪处分。市政府、市纪委对2013年的经济责任审计情况高度重视，黄柏河流域管理局、坝区急救中心、《三峡日报》、三峡旅游职业技术学院等单位负责人经济责任审计先后得到市领导批示，要求整改督办到位。市纪委针对经济责任审计移送事项，对兴山4家县直单位涉嫌围标串标、虚报冒领项目资金，以及市职业院校联合办学管理不到位、变相挤占国有教育资源等问题，进行调查核实和责任追究，4人被立案处理。

行政事业审计 完成市公安局、市交警支队、市残疾人联合会、市道路交通运输管理局2012年财政收支情况审计，审计发现和查处财政收支管理不合规等一些苗头性问题。常务副市长针对审计反映的残疾人保障金管理使用中存在的问题，批示督促相关部门整改纠正。市公安局认真落实“边审边改”，对照审计建议积极纠正存在的不足，进一步加强机关内部管理。

专项资金审计（调查） 完成2012年市本级政府投资重点建设项目执行情况审计调查，三峡后续工作专项资金、宜昌援疆援藏资金及项目审计，审计摸清建设资金管理使用和项目进展情况，如实向市委、市人大、市政府反映部分项目开工不足、进度不够、投资计划未达预期目标的问题。完成市中医院、妇幼保健院2012年财务管理及物价政策执行情况审计调查，宜昌开发区、葛洲坝、三峡坝区、三峡风景区基本公共卫生服务专项资金2011—2012年管理使用情况审计。审计查处2家医院不严格执行国家收费政策和限价规定、药品耗材及医疗服务超标准收费，部分基层医疗服务单位挤占挪用、虚报套取基本公共卫生专项资金以及资金使用绩效不高等问题，收缴财政17万元，追回项目资金45万元。

审计质量建设 全面推进网上审计审理。全年对所有审计项目实行网上审理和百分制量化打分结合审计审理。同步开展效能督查工作，对审计成本控制、现场资料打包上传、审计廉政纪律等制度落实情况，由局审计执行督查科、纪检监察室采取约谈、通报及现场督查等形式，督促及时整改纠正。在财政、地税及市直部门预算执行审计中全面实施大型电子数据集中分析模式，审计效率和质量进一步提高。加强计算机审计经验成果总结提炼，组织编写上报11个计算机审计方法和AO实例获得审计署通报表彰。加大审计综合分析力度，审计宣传及调研工作与往年同期相比有大幅度进步。截至12月，在《中国审计报》、审计署网站、省审计厅网站等省级以上刊物媒体登载审计信息272篇次，在全省地市州审计机关排名位居前列。目标考核、计划统计管理等经验成果被省审计厅《审计工作通讯》刊载并在全省审计系统推广。20余项审计情况被市委、市政府主要领导批示并督促相关部门整改纠正。总结上报的《创新思路强化运用全力打造AO实例应用实例精品》得到省审计厅厅长张永祥的批示肯定，并转发到全省审计机关学习。（撰稿人：章　卉）

【随州市审计局】 2013年，随州市审计局人员编制37人，在编35人。局长王洪江，副局长廖朝宏、敖殷、梁随朝、齐新月，总审计师刘大江（7月—），纪检组长刘昌发。设有办公室、综合科、政工人事科、法规科、财政审计科、投资审计科、社会保障资金审计科、行政事业审计科、经贸审计科、农业资源环保审计科、金融外资运用审计科、随州市经济责任审计局、随州市投资审计局。

审计成果 随州市审计机关共完成审计项目364个，查出违纪违规金额108166万元，应上缴财政资金11891万元，应减少财政拨款或补贴562万元，应归还原渠道资金176073万元，应调账处理金额6090万元；移送司法、纪检、监察部门处理10起案件；出具审计报告365篇，提出审计建议639条，提交各类审计信息463篇。其中：市本级共参与并完成省审计厅组织的 6 个项目，40 个本级计划项目，15 个党委政府临时交办项目和 110 个政府投资项目，其中有 1 个项目获全省审计质量评比二等奖。共审计和调查单位 55 个，查出违纪违规和管理不规范金额 8.6 亿元，非金额计量的问题 7 个，核减工程投资结算额近 1 亿元；向省审计厅及纪检司法机关移送案件线索 4 件。通过整改和成果开发运用，促进整改各类违纪违规金额 2.5 亿元。撰写提交和公开各类审计情况报告及要情专报、信息和调研分析 180 篇次，被各级领导和媒体批示采用 130 余篇次；提出审计建议 134 条，被采纳 98 条；制定整改措施 46 项，促进相关单位建立健全规章制度 13 项。

财政审计 统筹全市审计力量和资源，共抽调 40 余人次，协助省审计厅扎实开展统一组织的随州市政府性收支管理、郧县政府性收支管理、天门市政策性农业保险专项资金、郧县基本公共卫生服务专项资金、英山县环境保护专项资金、随州市政府性债务审计等重要经济和民生领域的工作。其中天门市政策性农业保险补贴资金审计，查出违纪违规及管理不规范资金 4 818.53 万元，向司法机关和纪检监察机关移交案件线索 3 起，涉案金额 32.19 万元；随县基本公共卫生服务专项资金审计，协助财政收缴违纪违规金额 130.89 万元。政府性债务审计清理，共审计调查 500 多个政府部门和相关单位。局长王洪江受市政府委托向市人大常委会所做的《关于 2012 年度市级财政预算执行和其他财政收支的审计工作报告》，获得人大代表的高票通过。

固定资产投资审计 对开发区平台建设项目、炎帝神农风景区建设项目、花溪河治理工程、大洪山风景管理区建设项目等 108 个政府投资项目进行审计，已完成送审总造价 8.76 亿元，审减 9435万元，平均审减率为 10.84%，严肃处理和整改少数工程建设项目存在的不按规定招投标、违规转包、变更控制不严格、工程质量监管不到位、财务管理不规范等问题。积极配合完成市委领导交办的文化公园 6000 万元建设资金使用情况的追踪审计和市纪委交办的群众信访件——随州市散装水泥办绩效工资情况和随州市就业训练中心驾驶培训基地财务收支情况专项审查调查等工作，揭露相关人员严重违规违纪和腐败问题，为推进党风廉政建设工作发挥积极作用。

经济责任审计 组织审计曾都区政府及 30 个市直部门和单位，并延伸审计 25 个下属单位。分析各单位预算执行和财政管理存在的突出问题，提出整改建议。公正评价 20 余个单位领导干部经济责任绩效，肯定预算执行较好的 18 个部门和单位的经验做法。揭露各部门和单位普遍存在的预算控制管理不严格、挤占挪用专项资金、违规收费和摊派、少缴漏缴各类财政资金、内部控制及财务管理不规范等 7 个方面的突出问题，重点分析和评价各单位"三公"经费支出情况。协助纪检、组织部门完善领导干部审计评价报告，并统一格式印制，装入干部档案，服务干部监督管理。

（撰稿人：艾双运）

【仙桃市审计局】 2013 年，仙桃市审计局人员编制 44 人，在编 44 人。局长丁俊林，副局长彭国黎、张文杰、杨新华、杨成红、邓飞，总审计师邓飞（兼）。设有办公室、综合科、法规审理科、计算机中心、财政金融外资运用审计科、行政事业审计科、经贸和社会保障审计科、农业与资源环保审计科、经济责任审计科、固定资产投资审计科，另设有经济责任审计局、投资审计中心。

审计成果 仙桃市审计局完成审计项目 41 个，查出违规金额 202742 万元，其中应上缴财政 292 万元，应减少财政拨款或补贴 1845 万元，应归还原渠道资金 236 万元，应调账处理金额41610 万元；已上缴财政 292 万元，已减少财政拨款或补贴 1845 万元，已归还原渠道资金 236 万元，已调账处理金额 41610 万元；移送司法机关、纪检监察部门处理事项 12 件；提交审计工作报告、信息 14 篇，被采用 14 篇；提出审计建议 101 条，被采纳审计建议 54 条；促使被审计单位健全各项管理制度 1 项。2010 年至 2011 年公共卫生专项资金审计项目被评为 2012 年度全省优秀审计项目二等奖；2013 年政府性债务审计、公共卫生服务专项资金审计组均被省审计厅评为先进单位。

财政审计 将预算执行审计与经济责任审计、政府投资审计、专项资金审计相结合，重点关注中小企业税收减免等财税政策执行情况，农业农村、教育、社保、医疗卫生等涉及民生资金投入情况，财政资金分配和预算编制、执行情况，集中反映和揭示财政资金运行中体制、机制和管理中存在的问题。审计中成功采集全市部门预算指标、非税收入数据系统、国库支付系统指标、总会计核算系统等核心数据，查出部分支出无预算、超预算 605 万元；全市 141 家行政事业单位中，有 91 家单位未实行汇缴分离，由单位集中缴款非税收入达 2.89 亿元等问题。通过对财政资金的跟踪问效，查处财政部门多列基金预算支出、收入未上缴国库、列收列支公共财政收入、截留挪用环保专项资金、骗取政策性农业保险补贴资金等问题，指出非税改革和信息化管理推进迟缓、财政性资金被大量占用、项目提报资金沉淀等资金管理中的不足。市人大常委会对审计工作报告予以高度评价。在常委会对各部门的投票评议中，仙桃市审计局的票数位居第一。

行政事业审计 先后对涉农、住房、医疗、教育、环保、科技等群众关注的十多个专项资金和行业部门进行审计，查出挤占挪用、套取专项资金、违规收费等违纪违规问题，纠正侵害人民群众利益金额 4867 万元。以审计专报形式向市委、市政府主要领导汇报，使一些带普遍性、倾向性的问题得到及时的纠正和处理，确保政府的惠民政策落到实处。

固定资产投资审计 对市第一人民医院整体搬迁项目、市政府整体南迁项目、市沔阳公园建设项目等重点项目、民生项目全程跟踪，最大限度发挥政府资金的效益。一年来，竣工决算审计项目投资额 3.28 亿元，审计核减节约建设资金 6417 万元，审减率达 19.56%。其中：核减经建设单位、监理单位、施工单位三方认可的工程价款 3870.8 万元，核减社会中介机构出具结算审计报告的工程投资额 112 万元。

经济责任审计 全年完成经济责任审计 11 个，查出违规收费、截留挪用滞留专项资金、违规发放奖金补贴、违规支出、招待费超标等违纪违规问题 11840 万元，移送案件线索 1 件，2 名责任人被追究党纪政纪处分，6 个违规金额较大的单位被市委组织部进行函询，各级领导干部的法律、责任、管理意识得到进一步提高。

专项资金审计 扎实开展环保专项资金审计、政策性农业保险专项审计、公共卫生专项资金审计等。其中新洲区公共卫生专项资金审计项目在全省 100 多个市（县）审计质量综合考核排位中居第二名。

内部审计 成立仙桃市内部审计师协会，会员单位 33 个，会员 64 人。全年完成各类审计项目 185 个，审计总金额达 227677 万元，促进增收节支 7847 万元。 （撰稿人：昌　盛）

【天门市审计局】 2013 年，天门市审计局人员编制 36 人，在编 34 人。局长刘水平，副局长张昌宏、郑国宏、郭坤、陈爱红、段茂顺，总审计师方福祥。设有办公室、法规科、金融外资运用审计科、投资审计科、财政审计科、农业审计科、行政事业审计科、经贸审计科、社会保障审计科、天门市经济责任审计局和天门市投资审计中心。

审计成果 天门市审计局完成审计项目 41 个，查出各类问题金额 113496 万元，其中违规金额 13902 万元，管理不规范资金 99594 万元；应上缴财政 180 万元，应归还原渠道资金 3159 万元，应调账处理金额 2031 万元；已上缴财政 130 万元，已归还原渠道资金 2519 万元，已调账处理金额 2031 万元。移送司法机关、纪检监察部门处理事项 2 件；提交审计工作报告、信息 93 篇，被采用 59 篇；提出审计建议被采纳 112 条。

财政审计 在对 2013 年本级预算执行情况进行审计的同时，延伸对市畜牧局、农业局等 9 个单位执行部门预算情况进行审计，共查出各类违纪违规金额 76187 万元，其中预算编报不真实不完整 835 万元，违规改变资金用途 639 万元，未纳入预算管理 2677 万元，违规使用发票 2510 万元，扩大开支范围或提高开支标准列支 4762 万元，违规收费 2813 万元。针对财政审计发现的虚报投保套取政策性农业保险财政补贴 239.21 万元的问题，天门市政府责成两家保险公司进行整改；针对违规享受住房保障的问题，天门市房地产管理局对全市所有对象进行普查，停止 6 户享受补贴待遇，并细化保障性住房申报审批手续。

固定资产投资审计 共对 23 个改善民众居住、交通、医疗、生产生活条件的建设项目和各类公共服务设施项目进行审计或跟踪审计，送审工程造价 58400 万元，审计审定价 53139 万元，为政府审减节约建设资金 5261 万元。天门市审计局将全市乡镇、开发区基础设施建设项目纳入到政府投资审计范畴，基本实现政府投资审计全覆盖。市政府出台《天门市政府投资项目审计管理办法》和《天门市政府投资工程建设项目管理暂行办法》，确保投资审计工作规范有序开展。

经济责任审计 紧紧围绕“权力运行”和“责任落实”两个重点，先后对 4 个乡镇、8 个市直单位党政领导干部任期经济责任情况进行审计。查出各类违纪违规金额 13607 万元，其中：挤占挪用和应拨未拨专项资金 168.09 万元；违规支出 1228.46 万元；使用不合格票据列支和报账 1109.52万元；违规收费 2076.1 万元；超范围、超标准列支 251.26 万元；应交未交税金 47.57 万元；收入未及时入账 36.48 万元；平调一事一议筹劳款 75.33 万元。出具审计报告和审计综合性报告 16 篇，提出审计建议被采纳 21 条，处理上缴财政 34 万元。2013 年，天门市审计局把全市各单位部门“三公”经费使用情况作为领导干部经济责任必审事项，提出加强对“三公”经费管理和改革的意见与建议，并专题向市委、市政府报告。

专项资金审计 全年对移民、农业开发、棉花高产试验基地等 6 类专项资金的管理使用情况进行审计，查出滞留未拨、挤占挪用专项资金 2892 万元等问题。重点对上述专项资金项目计划的下达和执行情况、专项资金的分配拨付和使用情况、专项资金财务管理情况和项目经济效益、社会效益、生态效益情况进行审计，并加大综合分析力度。

内部审计 全市有内部审计机构 16 个，内部审计人员 48 人。共完成审计项目 162 个，其中财务收支审计 68 个，经济责任审计 19 个，基本建设审计 60 个，其他审计 15 个，审计总金额 143136 万元，提出意见、建议被采纳 128 条。

（撰稿人：李 勇）

【潜江市审计局】 2013 年，潜江市审计局人员编制 77 人，在编 53 人。局长黄振林，副局长周进、李先祥，纪检组长张绪新。设有办公室、综合科、人事教育科、财政金融审计科、经济责任审计分局（行政事业审计科）、审计一分局（社会保障与外资运用审计科）、审计二分局（农业与资源环保审计科）、审计三分局（经贸审计科）、投资审计分局（固定资产投资审计科）。

审计成果 潜江市审计局完成审计项目计划 55 个，其中：全省统一组织项目 8 个，本级安排项目 47 个。审计查出违纪违规及管理不规范金额 128866 万元。向省审计厅上报政策性农业保险专项审计涉嫌经济案件线索 7 件，已立案 3 件；向市纪委、检察机关移送涉嫌经济案件线索 3 件，已立案 2 件。提出审计建议 132 条。向社会公告审计结果 2 篇。报送审计综合工作报告和信息等 139 篇，被市级及以上批示采用 45 篇。

财政审计 完成 23 个单位部门的预算执行审计。审计结果经市七届人大常委会第十五次会议审议通过。针对审计中发现的问题以及按照市人大常委会《关于实施审计查出问题整改报告制度的决定》，落实整改责任，加大整改力度，确保整改效果的工作要求。11 月中旬常务副市长主持召开 2013 年度部门预算执行审计整改专题会议，要求相关部门严格按照市人大常委会提出的要求从严从实整改，明确各单位一把手负全责，对审计工作报告中反映的问题要彻底整改，确保审计整改工作落到实处。按照市政府统一安排，于 11 月 6 日至 30 日组成 5 个整改督查组，对本次审计的整改情况进行跟踪督查。

固定资产投资审计 完成工程预决算审计项目 229 个，送审资金总额 82822.09 万元，审减金额 18163.27 万元，综合审减率为 21.93%；其中预算审计项目 60 个，送审资金总额 5529.39 万元，审减金额 957.79 万元，综合审减率为 17.32%；决算审计项目 169 个，送审资金总额 77292.7 万元，审减金额 17205.48 万元，综合审减率为 22.26%。招投标预算标底审核项目 12 个，审定金额 93848.2 万元。政府投资建设项目跟踪审计 16 个，跟踪审计 706 人次。新城区工作小组月产值核报项目 5 个，施工单位上报产值 24267.24 万元，审核产值 19481.1 万元，审减产值4786.14万元。

经济责任审计 完成 29 个单位的 33 名领导干部经济责任审计，其中政府部门 12 个，事业单位 17 个；审计查出违纪违规金额 1106 万元，管理不规范金额 12993 万元。对经济责任审计工作的整改，明确整改回访的步骤、内容、时间和要求，确定回访督改的重点单位和重点问题。11月，全局集中时间、集中人员，由局领导带队，采取一听（听汇报）、二看（看会议记录、看整改报告）、三查（查已整改问题的原始资料、查待整改问题的时限措施、查应规范问题的建章建制）方式，有效地保证回访质量。被审计领导干部及其所在部门和单位都高度重视审计查出问题的整改工作，认真安排部署，积极组织整改。

专项资金审计（调查） 按照省审计厅统一安排，组织开展全国地方政府性债务审计、武汉市洪山区公共卫生服务专项资金审计，枝江市政策性农业保险专项审计，城镇保障性安居工程跟踪审计、援疆资金及项目审计、老河口市环境保护专项资金筹集、分配和管理使用及效益情况审计。通过审计和审计调查，基本摸清资金归集、管理和使用情况，提出审计意见和建议。

内部审计 抓好“内部审计信息化建设”理论研讨活动。组织开展教育培训，进一步提高内部审计人员执业能力。组织48名内部审计人员参加内部审计协会举办的继续教育培训班；组织14名内部审计人员参加省内部审计协会举办的岗位资格考试培训班；为1名报考CIA的同志进行网上现场确认和后续服务工作。拓展会员交流渠道，提高服务质量，进一步增强协会的凝聚力。向省内部审计协会推荐《新中国审计制度建立三十周年作品》1件。内部审计工作信息被《湖北内部审计》2013年第1期和省内部审计协会网站各采用1篇。

（撰稿人：汪海滨）

【神农架林区审计局】 2013年，神农架林区审计局共有干部职工23人。局长刘忠君，副局长许贵国。设有办公室、法规科、财政金融审计科、经贸审计科（与法规科合署办公）、行政事业与外资运用审计科、农业与资源环保审计科、固定资产投资审计科（与政府投资项目拦标价审计局合署办公）。下设林区经济责任审计局、林区政府投资项目审计局、林区政府投资项目拦标价审计局和林区直属审计分局。成立林区内部审计协会。

审计成果 神农架林区审计局共完成审计项目140个，查出违纪违规和管理不规范资金133421万元，审减政府投资额8215万元，提出审计建议210多条。提交审计报告、信息、审计情况专报及调研文章165篇，其中被主要领导批示和各级媒体采用58篇。

财政审计 组织开展林区2012年财政预算执行及其他财政收支审计、林区地税局2012年度税收政策执行审计。查出各类违纪违规及管理不规范金额92096万元。完成林区发改委、林区财政局、林区住建委、林区交通局等13个部门的预算执行及财务收支审计，查出各类违纪违规及管理不规范金额15363万元。

固定资产投资审计 组织实施社会福利中心二期工程建设项目、钱家湾小型水利灌溉工程建设项目、木鱼污水处理厂项目等35个项目的工程决算审计；纪委警示教育基地维修改造工程、林区实验初级中学绿化工程、交通局大界岭至下谷坪公路改扩建工程等73个工程项目的拦标价审计，审减工程造价8215万元。开展重大项目跟踪审计，提出合理化建议十多条。查出各类违纪违规和管理不规范金额12261万元。

经济责任审计 组织实施林区水电局、林区住建委、林区环保局、林区安监局、林区就业局、林区经信委等10个单位主要领导离任经济责任审计。通过审计，查出违纪违规和管理不规范金额5302万元。

专项资金审计（调查） 组织实施2012年林区城镇保障性安居工程、2012年基本公共卫生服务、全省53个农田水利重点县建设项目、地方政府性债务、农林局2008—2009年度农村沼气国债、农村沼气乡村服务网点建设等7个项目专项审计，查出违纪违规金额184万元。

内部审计 年林区内部审计协会吸纳内部审计会员单位20个，会员64人，常务理事20人。内部审计协会首次组织14个内部审计会员单位内部审计人员参加省内部审计资格证考试培训，并全部顺利通过考试取得内部审计资格证。

（撰稿人：汪三媛）

【恩施土家族苗族自治州审计局】 2013年，恩施土家族苗族自治州（以下简称恩施州）审计局人员编制40人，在编38人。局长张安俊，副局长徐青安、李东平、杨清利、魏长甲（7月一），纪检组长杨峻。设有办公室、综合与法规科、行政事业审计科、社会保障审计科、农业与资源环保审计科、经贸审计科、财政金融审计科、固定资产投资与外资运用审计科、国家建设项目审计科、计算机信息与服务科，另设有经济责任审计局。

审计成果 恩施州审计机关完成审计项目347个（完成本级审计项目37个），查出违规金额22.88亿元，其中应上缴财政8.66亿元，应减少财政拨款或补贴223万元，应归还原渠道资金19.06亿元，应调账处理金额18.04亿元；已上缴财政1.74亿元，已归还原渠道资金6.15亿元，已调账处理金额3.8亿元，移送司法机关、纪检监察部门处理事项29件，建议有关部门处理事项29件。提交审计工作报告、信息272篇，被采用317篇次。

金融审计 审计单位2个，查出虚报或隐瞒转移收入128万元，少计或虚列成本费用747万元，少计少缴税费294万元。

行政事业审计 审计单位47个，延伸审计单位9个，提交审计报告54篇，审计查出问题主要金额11.38亿元。

固定资产投资审计 审计单位14个，项目投资额2.99亿元，完成投资额2.22亿元，核减投资额（工程款）795万元，审计查出主要问题金额4424万元。

经济责任审计 共对68名领导干部进行经济责任审计，查出管理不规范金额11.83亿元，其中领导干部负主管责任金额7.28亿元。

专项资金审计 审计专项资金总额28.62亿元，查出违规改变项目计划和资金用途1365万元，资金滞留闲置6354万元。

内部审计 共有内部审计机构132个，共有内部审计人员343人，完成项目1903个，审计总金额96.29亿元，增收节支3846万元。提出建议意见被采纳915条。 （撰稿人：何美娜）

2013年湖北省所辖区、县(市)级审计工作统计表

金额单位：万元

审计机关	完成审计项目(个)	审计查出主要问题金额	审计处理情况					出具审计报告和审计调查报告(篇)	提出审计建议(条)	提交审计信息(篇)
			审计处理处罚				移送处理事项(件)			
			应上缴财政	应减少财政拨款或补贴	应归还原渠道资金	应调账处理金额				
武汉市										
武汉市本级	90	195873	154590		543	125143	11	105	363	179
江岸区审计局	57	281	112	288	137	7531	1	68	127	15
江汉区审计局	36	64486	27563	1324	1924	29835		47	108	104
硚口区审计局	23	3				3429	1	34	74	
汉阳区审计局	35	3642	735	101	1449	3163		35	58	81
武昌区审计局	35	19813	1175	1970	28287	7522	2	35	111	4
青山区审计局	24	70	59	948	133	19100		24	64	25
洪山区审计局	18	1800	807	395	2524	2946		18	98	54
东西湖区审计局	29	2710	92252		1423	22479	5	37	106	32
汉南区审计局	24	599	599	91	377	243	1	30	57	1
蔡甸区审计局	30	7065	1879	96	30273	7707	1	42	106	20

续表

审计机关	完成审计项目（个）	审计查出主要问题金额	审计处理情况					出具审计报告和审计调查报告（篇）	提出审计建议（条）	提交审计信息（篇）
			审计处理处罚				移送处理事项（件）			
			应上缴财政	应减少财政拨款或补贴	应归还原渠道资金	应调账处理金额				
江夏区审计局	30	31821	126		46	45	1	30	108	22
黄陂区审计局	29	10995	3251		6210	567	1	28	94	107
新洲区审计局	36	11978	51		1517	655	3	36	75	50
十堰市										
十堰市本级	85	758874	1993	1734	9654	11448	29	98	616	126
茅箭区审计局	16	945	227	2	726	1	2	23	6	3
张湾区审计局	25	2602	625		990	1173		25	76	12
丹江口市审计局	46	71303	36872	18397	1564	22804	1	46	142	2
郧县审计局	24	185865	1441		484	349	11	24	126	58
竹山县审计局	43	165918	7161		7936	12888	7	43	276	44
房县审计局	71	38664	327	660	2220	1150	5	71	162	16
郧西县审计局	49	238	43		819	346	1	49	147	12
竹溪县审计局	34	6460	2696		60	800		34	81	3
武当山特区审计局	5	1414	5			980		6	14	10
襄阳市										
襄阳市本级	148	371602	253644	178	177360	1466632	9	148	254	44
襄城区审计局	32	824	128	101	1177	102		32	7	7
樊城区审计局	35	3						35	72	26
襄州区审计局	59	73725	12393	175	8476	10451	4	56	70	26
老河口市审计局	17	6973	128	38	2274	4176	2	25	48	82
枣阳市审计局	38	9645	6696	9956	8272	56743	1	38	94	40
宜城市审计局	27	3941	157		366		2	27	49	8
南漳县审计局	40	1520	3261	3135		1450		40	52	15
谷城县审计局	16	223	396		3659	2623	1	16	25	12
保康县审计局	30		3769		550	21873	2	30	54	50
荆门市										
荆门市本级	161	30548	12639	3468	23756	16723	8	169	411	288
东宝区审计局	77	408	39			5	4	78	75	162
掇刀区审计局	51	3742	3083		56		3	51	35	84
钟祥市审计局	90	10922	438		4133	3506	7	105	64	325
沙洋县审计局	55	948	35		400	1153	2	68	157	84
京山县审计局	45	6887	78		67	68	3	52	105	155

续表

审计机关	完成审计项目（个）	审计查出主要问题金额	审计处理情况					出具审计报告和审计调查报告（篇）	提出审计建议（条）	提交审计信息（篇）
			审计处理处罚				移送处理事项（件）			
			应上缴财政	应减少财政拨款或补贴	应归还原渠道资金	应调账处理金额				
孝感市										
孝感市本级	168	13391	69	2757	126	57103	17	168	303	276
孝南区审计局	143	780	40	12929	675	1466	1	143	290	224
应城市审计局	115	47025	42139	505	172	7510		135	300	246
安陆市审计局	166	9893	352	214	32006	11052		166	160	95
汉川市审计局	90	8068	1180		701	2588		100	125	360
孝昌县审计局	98	21714	176	270	794	11479	2	100	266	470
大悟县审计局	82	6874	46		1152	2471	1	82	242	55
云梦县审计局	64	20430	50		17467	78115		75	128	82
黄冈市										
黄冈市本级	54	3608	314		689	403	5	58	161	69
黄州区审计局	55	1647	418		8038	12657	6	56	96	463
麻城市审计局	39	20821	147				5	39	95	
武穴市审计局	48	1782	128				2	71	116	330
红安县审计局	39	46175	124		1030	26750	5	39	92	76
罗田县审计局	27	28015	174	392	6378	8	2	27	83	27
英山县审计局	28	6563	69		1887	1304	5	28	135	43
浠水县审计局	54	3010	77	6300	32	2	2	54	192	266
蕲春县审计局	46	8436	5423	560	51844	2917	1	49	192	264
黄梅县审计局	44	20077	370				1	71	101	267
团风县审计局	18	364	129	41	380	10		19	47	42
鄂州市										
鄂州市本级	336	25763	37600	6713	42214	63214		336	720	328
鄂城区审计局	14	1472	164	27	113	26357		14	109	17
梁子湖区审计局	16	731	104		460	1131		16	12	12
华容区审计局	16	4661	1506	242	4456	24623		61	125	24
黄石市										
黄石市本级	93	113574	36686	1160	170	4670	3	93	114	158
下陆区审计局	38	1116	60	405	125	210		38	64	15
黄石港区审计局	66	2415	70	114	74	537		66	73	24
西塞山区审计局	75	5691	24	5554			3	75	75	40
铁山区审计局	25	51	5	18	24			25	31	5

续表

审计机关	完成审计项目（个）	审计查出主要问题金额	审计处理情况					出具审计报告和审计调查报告（篇）	提出审计建议（条）	提交审计信息（篇）
			审计处理处罚				移送处理事项（件）			
			应上缴财政	应减少财政拨款或补贴	应归还原渠道资金	应调账处理金额				
大冶市审计局	86	83606	56	2860	2747	2955	2	86	105	86
阳新县审计局	55	9767	262	2504		6538	1	55	67	97
咸宁市										
咸宁市本级	153	8982	1400		3994	190288	9	153	88	199
咸安区审计局	21	6920	365		2813	6941	5	21	34	112
赤壁市审计局	81	10449	111		97	2424	1	81	200	25
嘉鱼县审计局	13	6304	106	178	3329	4709	5	13	37	5
通城县审计局	47	7568	75		5300	4241	3	47	28	18
崇阳县审计局	25	9640	305	718	83	16		25	64	318
通山县审计局	32	12243	505	1443	2846	221	3	32	109	
荆州市										
荆州市本级	52	12875	393		1237	54982		57	174	195
沙市区审计局	18	72			3810	1677		18	46	2
荆州区审计局	39	1930	734	290	981	3533	1	50	59	7
公安县审计局	25	4927	93	493	1197	872		34	63	40
监利县审计局	52	12750	267				8	62	155	6
江陵县审计局	23	663	248	924	171	418		27	39	
石首市审计局	26	1260	105	1667	199	9698		31	79	220
洪湖市审计局	31	2694	5092	1080	1399	93	6	31	66	
松滋市审计局	48	25428	66		313			68	145	
宜昌市										
宜昌市本级	77	181791	173013	846	1162	16867	5	77	243	395
西陵区审计局	14	17	5					14	52	41
伍家岗区审计局	13	4676	9	119	4204	8564		13	33	50
点军区审计局	35	212	19	372	24251	168	2	40	66	77
猇亭区审计局	29	18894	18894	1844	11	9214		29	36	91
夷陵区审计局	108	39226	34336		3174	1424		105	143	21
枝江市审计局	75	1118	268	1921	7019	1059	2	75	281	237
宜都市审计局	21	7225	7307	617	90442	6847		21	43	104
当阳市审计局	83	3276	2	3496	321	116	1	83	370	162
远安县审计局	24	1838	225	251	1324	13355		25	104	60
兴山县审计局	21	4817	4648	10	1288	13294	2	21	88	64

续表

审计机关	完成审计项目(个)	审计查出主要问题金额	审计处理情况					出具审计报告和审计调查报告(篇)	提出审计建议(条)	提交审计信息(篇)
			审计处理处罚				移送处理事项(件)			
			应上缴财政	应减少财政拨款或补贴	应归还原渠道资金	应调账处理金额				
秭归县审计局	46	3234	245	648	602	2240	3	46	117	384
长阳土家族自治县审计局	46	1846	3565		1667	2667	5	58	77	138
五峰土家族自治县审计局	30	26035	5998	822	69061	2300		31	133	79
随州市										
随州市本级	125	81255	3920	504	144790	3041	5	125	328	180
曾都区审计局	28	9000	277	27	29630	1238	1	28	99	97
广水市审计局	176	11693	7379	31	1458	1182	4	176	85	93
随县审计局	35	6218	315		195	629		36	127	93
恩施土家族苗族自治州										
恩施土家族苗族自治州本级	37	11397	4318		80309	31470	1	37	69	10
恩施市审计局	15	70535	17629	58	46895	34460	11	15	45	7
利川市审计局	12	158	4524	47	420	86973	8	19	25	
建始县审计局	18	6247	6007		397	31		18		14
巴东县审计局	20	44197	42891		1584	1254		24	23	169
宣恩县审计局	18	5223	4770		199	14223	1	23		5
咸丰县审计局	7	24502	6434		1259	1069	6	7	35	51
来凤县审计局	18	66315	2		59456	1213	1	18	59	16
鹤峰县审计局	14	268	31	118	49	9676	1	14	42	

湖南省

【湖南省审计厅】 2013 年，湖南省审计厅人员编制 285 人，在编 267 人。设有办公室、法规处、审理处、财政审计一处、财政审计二处、社会保障审计处、金融审计处、行政事业审计一处、行政事业审计二处、行政事业审计三处、经贸审计一处、经贸审计二处、经贸审计三处、资源环保审计处、农业审计处、固定资产投资审计一处、固定资产投资审计二处、外资运用审计处、经济责任审计一处、经济责任审计二处、经济责任审计三处、综合计划处、审计执行处、审计技术处、人事处、机关党委（工会）、纪检组监察室、境外审计处；同时还设有厅机关后勤服务中心、内部审计指导中心、国外贷援款项目审计服务中心、审计科研培训所。

领导成员

厅　　长：唐会忠

副 厅 长：罗良葆　胡章胜　张　正

　　　　　张晓菊　方再启

总审计师：陈庆林

纪检组长：王小华

审计成果 湖南省审计机关共审计和调查5755个单位，查出违规金额313亿元，促进增收节支、避免和挽回损失173亿元，移送违法违纪案件线索125件，提交报告和信息9192篇，推动建立健全制度197项。

政府性债务审计 湖南省审计机关与长沙特派员办事处一同对省本级、14个市州、123个县市区和6个农场管理区、2081个乡镇的政府性债务实施审计（省本级、长沙市由审计署驻长沙特派办审计），全面摸清湖南省政府性债务底数，指出政府性债务在管理、举借和使用过程中存在的问题，从体制、机制层面提出审计建议，为省委、省政府强化债务管理、防控财政风险提供重要依据。

财政审计 湖南省审计机关坚持按照“评价总体、揭露问题、规范管理、促进改革、提高绩效”的工作思路，进一步拓展财政审计的广度和深度。省级预算执行审计，更加注重从全口径预算管理的角度揭示问题，重点关注政府预算的总体规模、预算编制、预算执行和专项资金管理等方面存在的问题。审计工作报告和审计查出问题的整改报告分别向社会进行公告，收到良好社会反响。有关部门积极采纳审计建议，制定规范财政资金支出管理、加强预算支出工作考核、加强专项资金分配管理等制度措施，促进财政预算管理的进一步规范。

经济责任审计 湖南省共审计党政领导干部和企事业单位领导人员2187人，其中地厅级25人、县处级340人、乡科级1701人、其他人员121人；查出违规金额101亿元，其中领导干部负直接责任金额2.5亿元。经济责任审计规范化建设取得新进展，分类别制定不同类型领导干部的审计实施纲要，更加关注领导干部所在单位的资金资源资产与事业发展、政策执行、经济决策、内部管理以及领导干部廉洁自律等方面的情况，为有关部门加强干部监督管理提供重要依据。

固定资产投资审计 对湖南省政府投融资建设的38条高速公路实施跟踪审计，重点关注资金使用、工程质量和项目管理等情况，核减和节约投资9亿多元。对湖南省对口支援新疆建设项目实施跟踪审计，重点关注规划执行、资金筹集和项目建设等情况，核减工程价款3216万元。对湖南省直机关集中办公区建设项目实施跟踪审计，重点关注项目管理、工程招投标、资金筹集与使用等情况，核减工程预算与招投标控制价1.5亿元。对部分投资项目开展竣工决算审计，重点关注项目建成后的投资效益和材料采购等情况，促进工程建设的规范管理。全省审计机关通过投资审计，核减投资额67亿多元，其中长沙市核减投资额38亿元。

专项资金审计 湖南省审计机关对家电及摩托车下乡补贴资金、农业综合开发资金、扶贫资金、政府性基金、病险水库除险加固和农村饮水安全项目资金、高中职教育助学金、农村环境综合整治资金、新型工业化引导资金等一系列专项资金开展审计，重点关注专项资金的分配、管理和使用等情况，促进保障和改善民生。对城镇保障性安居工程实施跟踪审计，重点关注住房分配管理和资金使用效益等情况，促进国家住房保障政策的落实。对中德合作湖南小农户造林项目等9个国外贷援款项目开展公证审计，重点关注资产移交、后续管理和效益发挥等情况，促进外资利用整体水平的提高。全省审计机关通过开展涉农、教育、医疗、住房和环境保护等民生资金审计，促进纠正侵害群众利益问题金额3.4亿元。

作风建设 在预算执行审计、经济责任审计、政府投资审计和专项资金审计中，湖南省审计厅都高度关注中央和省委作风建设规定的落实情况，严查“三公”经费和会议费支出情况，严查违法违规和损失浪费问题，严查损害群众利益的行为，促进建立作风建设的常态机制。按照省委教育实践活动办的要求，对出国（境）经费、公务接待费、楼堂馆所建设等开展督查，牵头组织“三公”经费专项治理，促进厉行勤俭节约。

审计成果开发利用 湖南省审计机关坚持“两手抓”“两手硬”，从严治标、着力治本。一方面，查处重大违法违纪线索，打击和惩处腐败，全省审计机关全年共移送经济案件线索125件，移送95人。另一方面，加强对审计情况的综合分析研究，积极提出完善制度和深化改革的建议，为有关方面改进工作提供参考。全省审计机关提交报告和信息9192篇，有78%被批示或采用；提出审计建议1万余条，有74%被采纳。其中，省审计厅上报的审计要情、情况专报被省委、省政府领导批示 50 多篇次。

基础建设 湖南省审计厅重视加强作风建设，制定落实中央八项规定和省委九项规定的具体措施，并切实加强督促检查。加强廉政教育，强化现场审计全程监督，促进廉洁从审。按照中央和省委要求，省审计厅扎实开展党的群众路线教育实践活动，深入查摆“四风”方面的问题，制定相关整改措施。注重加强队伍建设，引进高素质人才，加强审计业务培训。实行审计项目集中审理制度，提高审计质量，锻炼审计队伍。注重加强审计信息化建设，以金审工程为依托，搭建全省审计技术交流平台，整合审计技术资源。实现依托电子政务外网的四级互联，实现湖南省审计信息化建设新的突破。注重加强文明创建工作，坚持以文明创建为抓手，推进审计业务工作，并带动整个系统的文明行业创建。全省共有 114 个审计机关被评为县级以上文明单位，占审计机关总数的 82%。省审计厅连续两年保持全国文明单位称号，全省审计系统获得省级文明行业称号。

（撰稿人：张景珣）

【长沙市审计局】 2013 年，长沙市审计局人员编制 105 人，在编 103 人。局长陈芳辉，副局长段安娜、邓国浩、黄永健、彭保刚、曹旨，总审计师关士麟，纪检组长赵志强。设有办公室、法规处、审理处、审计执行处、财政审计处、金融与社会保障审计处、行政事业审计处、国有资产审计局、农业与资源环保审计处、外资运用审计处、经济责任审计局、内部审计指导处、审计技术处、人事处、机关党委、监察室、政府投资审计专业局。

审计成果 长沙市审计机关完成审计项目 1006 个，查出主要问题金额 1036.91 亿元，处理处罚上缴财政 2.71 亿元，核减投资额 28.6 亿元。移送司法机关、纪检监察机关和有关部门处理事项 13 件，完成市领导交办审计事项 21 件，审计要情、报告、信息被市级以上领导批示和省级以上媒体采用 84 篇，向社会公告审计结果 10 个。长沙市审计局被评为全国政府性债务审计公务员集体嘉奖单位、全省审计系统先进集体，连续三年获得市州审计机关工作目标考核第一名，连续五年获得全市领导班子绩效考核一等班子。

政府性债务审计 8 月至 9 月，组织 169 名审计骨干，对 9 个区县（市）政府性债务进行审计，基本摸清政府性债务规模及变化情况、债务来源以及投向情况。通过汇总分析，揭示突出问题，为市委、市政府经济决策提供重要参考。

预算执行审计 2 月至 6 月，对长沙市财政局、长沙市国土局等 10 个部门及其下属的 62 个二级机构开展预算执行审计，揭示预算编报欠完整、上级转移支付预决算差异过大等问题，重点对长沙市财政局 1.67 万条、141.4 亿元专项资金数据进行汇总分析。长沙市人大对“同级审”工作报告给予高度评价。

固定资产投资审计 完成政府投资审计项目 878 个，建设方送审金额 159.37 亿元，审定金额 130.76 亿元，核减投资额 28.6 亿元，综合核减率为 17.95%。“创新政府投资评审模式，狠抓工程建设源头治腐”的做法被省纪委评为“2013 年度全省纪检监察创新性工作”。

经济责任审计 对 11 个单位的 13 名党政领导干部开展经济责任审计。全面实施《经济责任审计纲要》，审计结果量化划等、专业部门履职联审等新举措成效明显，审计覆盖面进一步拓展，案件线索查处更为有力。“突出三个重点深化经济责任审计”的经验做法在《中国审计报》上做推介。

基础建设 1 月，新成立审理处、审计执行处，探索实行审计“计划、查证、审理、执行”四项权能分离的新型审计模式。探索审计决定、政府督办、纪委督查、人大监督、绩效考核构成的“五维”审计整改体系。7 月，长沙市政府召开常务会议专题研究部署审计整改，明确政府交办和销号的整改机制。加强审计信息化建设，9 月正式启动财政联网审计系统建设。

（撰稿人：唐朝阳　夏海军）

【张家界市审计局】 2013 年，张家界市审计局人员编制 28 人，在编 28 人。局长向洁，副局长彭瑛、李文化、汤敬丁，总审计师高智，纪检组长覃业成。设有办公室（人事科）、综合计划科、法制科、审计技术科、财政审计科、行政单位审计科、事业单位审计科、企业外资审计科、建设资金审计科、经济责任审计处、张家界市建设项目审计中心。

审计成果 张家界市审计机关共完成审计项目154个，查出违纪违规和管理不规范金额297579万元，其中，违规金额24454万元，损失浪费金额27万元，管理不规范金额273098万元；损益（收支）不实金额16427万元；审计处理处罚36140万元，其中，应上缴财政2868万元，应归还原渠道资金10680万元，应缴纳其他资金549万元，应调账处理金额22036万元；审计促进整改落实有关问题资金19679万元，其中，增收节支1284万元、已调处理金额17824万元、已归还原渠道资金675万元、已上缴财政609万元，已缴纳其他资金542万元；审计后挽回（避免）损失101万元。移送违法违纪案件线索3条；出具审计报告163篇；提出审计建议430条，提交审计信息99篇；向社会公告审计结果4篇。

预算执行审计 对市财政局等8个单位2012年度预算执行及其他财政收支情况进行审计，就市本级预算执行和预算管理等方面存在问题及整改情况向市人大进行专题报告，得到市人大的充分肯定。

行政事业审计 对16个单位进行财政财务收支审计。揭示财务管理中的薄弱环节，揭露资金收支活动中存在的问题，重点关注这“三公”经费情况，提出整改建议，促进厉行节约。

政府性债务审计 对全市区（县）、乡（镇）两级政府性债务进行审核，摸清政府性债务的规模、结构及增减变化情况，及时发现和揭示债务风险隐患，提出的审计意见和建议为各级领导正确决策提供重要依据。

专项资金审计 完成张家界市2012年度各类城镇保障性安居工程的投资、建设、分配、运营等情况审计和慈利县家电、摩托车下乡补贴资金、城市基础设施配套费专项审计调查3个项目，提出进一步加强专项资金使用管理、加大城市基础设施配套费征收力度的审计意见和建议。

经济责任审计 共完成13个审计项目，审计查出应负直接责任金额4203.46万元，应负主管责任金额11372.48万元，应负领导责任金额22885.20万元，收缴财政49.58万元，提出审计建议40条。市委书记将《我市领导干部履行经济职责和经济责任审计工作亟待改进》一文批示给市纪委，要求市纪委就有关违纪问题进行查处。

固定资产投资审计 完成18个国家建设项目的结算审计，送审金额4.5亿元，核减国家建设项目工程造价为市政府节约建设资金4910.42万元。

（撰稿人：李美林）

【常德市审计局】 2013年，常德市审计局人员编制67人，在编67人。局长张克武，副局长廖华春、李新辉、李卫、谷素君、陈位明、张峰、周罗生。设有办公室、人事科、综合计划科、审理科（法制科）、审计执行科、审计查证一科、审计查证二科、审计查证三科、审计查证四科、审计查证五科、内部审计指导科（加挂审计查证六科）、审计技术科（加挂审计查证七科）、领导干部经济责任审计局、政府投资审计专业处。

审计成果 常德市审计机关共审计单位568个，查出违规金额4.9亿元，审计督促上缴财政0.5亿元、归还原渠道资金13.6亿元、调账处理等金额3.9亿元；移送案件线索或处理事项27件，涉及人员13人，涉及金额0.22亿元。市审计局被评为全国政府性债务审计优秀公务员集体、全省审计系统目标管理先进单位、市直绩效考核优秀单位，全市审计机关有20人和22人分别受到省政府或审计厅的立功与嘉奖表彰，其中一等功2人、二等功3人。

预算执行审计 在财政预算执行审计中，重点反映非税收入征管、政府性债务预算管理、国有资本经营预算、专项资金绩效以及财政存量资金管理等方面的问题。市领导多次听取“同级审”汇报并做出重要批示，有力推动审计整改。为落实作风建设相关规定，开展“三公”经费和会议费审计，严查铺张浪费等行为。

经济责任审计 全市完成经济责任审计项目203个，涉及领导干部244人。审计查出违规金额9.7亿元，移送案件线索5条，纪检监察、组织部门参考审计结果，给予党政纪处分2人。配合领导干部巡视述廉工作，在各级纪委全会上通报审计结果，对一味追求政绩、盲目决策、浪费国家资财的行为进行公开质询。

固定资产投资审计 全市实施投资审计项目71个，审计投资完成额26亿元，审减投资额2亿元。针对工程项目不按规定招投标等违纪违规现象，市审计局专门报送审计要情，建议加大追责力度，市领导做出重要批示。为净化建设环境，移送南畔电排站向建设项目乱收费、私设“小金库”一案，负责人被免职；移送的蔬菜办相关工作人员涉嫌渎职滥用职权一案，纪委已经立案查处。

专项资金审计 全市重点开展家电汽摩下乡补贴、食品安全、就业培训、保障性安居工程等民生资金审计，对严重侵害老百姓利益行为坚决查处，对被挤占挪用、虚报冒领的培训补贴等督促追缴归还到位，家电下乡补贴审计移送案件线索3件，保障房审计中移送2件，均已得到相关部门处理。（撰稿人：田功海）

【益阳市审计局】 2013年，益阳市审计局人员编制55人，在编55人。局长刘凌云，副局长谭超美、张松斌、刘俊科、吴常青、杨茜，总审计师潘俊高（—11月），纪检组长张松斌（兼）。设有办公室、法规科（审理科）、财政金融审计科、行政事业审计科、农业与资源环保审计科、经贸外资审计科、市领导干部经济责任审计局、市建设项目审计办公室、审计执行科、审计技术科、人事科。另设益阳市审计局高新区分局，益阳市审计局大通湖区分局。

审计成果 益阳市审计机关共审计和调查285个单位，查出违规金额20.16亿元，增收节支、避免和挽回经济损失1.98亿元，归还专项资金1.86亿元，核减政府投资工程造价3.67亿元。移送违法违纪案件线索8件。其中，益阳市审计局完成审计项目180个（工程造价结算审计项目89个），查出违规金额2.74亿元，督促归还被挤占挪用的专项资金0.26亿元，核减建设工程造价2.64亿元，移送案件线索5件。3篇《审计要情》、9篇次审计结果报告分别被市委书记、市长和常务副市长批示；提交审计报告、信息40余篇，提出审计建议302条；被《中国审计报》等各级媒体内刊采用信息50余篇次；向社会公告审计结果40篇。被省委省政府授予“湖南省文明单位”荣誉称号。

财政审计 市本级财政预算执行审计重点关注财政资金分配、管理和使用情况。市人大常委会对12个部门单位审计整改情况进行审议，市政府常务会议两次专题研究财政审计整改工作，下发进一步加强高新区、大通湖区财政管理的通知和《关于进一步规范和加强市直机关事业单位会计核算和财务管理的通知》。对各区县（市）及乡镇的政府性债务实施审计，全面摸清益阳市政府性债务底数，提出审计建议。

农业与资源环保审计 开展市本级及桃江县农业综合开发专项资金审计。将资源环保情况纳入领导干部经济责任审计范围。

经济责任审计 全市共审计党政领导干部和企事业单位领导人员107人，其中市管干部14人、乡科级干部92人、其他人员1人，查出违规金额7.04亿元。市审计局对南县原县长、大通湖区原区长和12名部门主要负责人开展经济责任审计，县级审计机关对部分乡镇党政正职开展同步经济责任审计。

专项资金审计 对住房公积金、教育基金、国有企业改制资金、国土整理资金、家电摩托车下乡补贴资金、城镇保障性安居工程跟踪审计等十余项民生资金进行审计，纠正部分专项资金管理不规范、发放不及时、资金使用不合规等问题，促进保障和改善民生。

固定资产投资审计 全市核减政府投资工程造价3.67亿元。市审计局对城市基础设施建设重点项目、行政事业单位和市政基础设施建设项目、部分交通、水利、土地整理项目进行审计，核减投资额2.64亿元。将政府投资建设项目审计结果全部通过益阳门户网站和益阳审计网站公开；对工程建设管理中存在的重要问题及时向党委、政府报告，促进提高工程质量和投资效益。

（撰稿人：胡　铎）

【岳阳市审计局】 2013年，岳阳市审计局人员编制81人，在编81人。局长谌亚忠，副局长邓春初、杨如松、李星吾、陈超、丁湘平，总审计师干忠叶，纪检组长曾建国。设有办公室、法规和审理科、人事科、综合计划科、审计技术科、内审指导科、监察室、机关党委、机关工会、财政金融审计科、经贸外资审计科、行政事业与社会保障审计一科、行政事业与社会保障审计二科、农业与资源环保审计科、经济责任审计科，下辖开发区审计分局、直属分局、市政府投资审计专业局。

审计成果 岳阳市审计局共实施审计项目77个，查出违规金额51949万元，审计处理应上缴财政1116万元，应归还原渠道资金22685万元，应调账处理187755万元，核减工程造价4011万元。移送案件线索2件，提出审计建议220条，被采纳160条，提交审计信息184篇。

政府性债务审计 按照审计署和省审计厅的统一部署，对全市9个县区（含乡镇）政府性债务进行审计。由于工作成绩显著，两次被省审计厅债务审计办《简报》点名表扬，岳阳市审计局被审计署评为先进集体。

财政审计 市本级财政预算执行情况审计工作报告以翔实的内容、富有操作性的建议获得了市人大常委会、市政府领导的充分肯定。根据市领导批示，对湖南天润实业控股股份有限公司原热电联产募投项目前期损失进行审核，申报金额3964.61万元，核减金额1068.03万元。

固定资产投资审计 重点开展市体育中心建设、京港澳高速岳阳连接线拓宽改造工程等项目的跟踪审计，并对23个政府投资建设项目进行竣工决算（结算）审计，在有关部门初审、复审的基础上，再次核减工程造价4687.7万元。市商品粮基地建设项目结算审计，直接核减不合理工程造价2190万元，核减率为28.2%。省审计厅副厅长到岳阳调研时，对投资审计工作给予充分肯定。

经济责任审计 出台《岳阳市领导干部离任事项交接办法》，进一步健全经济责任审计工作制度。共审计领导干部16人，查出违规金额24233万元，提出整改意见和建议56条，被采纳建议47条，完善管理制度8个，为规范领导干部施政行为起到警示作用。

专项资金审计 重点加强对家电、摩托车下乡补贴资金，扶贫资金、农业综合开发资金等民生专项资金审计。家电、摩托车下乡补贴资金审计暴露出政策设计存在缺陷、部门监管难以到位、销售商家恶意违规等突出问题，共查出违规销售商家456家，占全市销售商家的41.08%，追回财政补贴资金297.55万元；向司法机关移送案件线索5件，拘留4人，社会反响较大。

（撰稿人：何军霆）

【株洲市审计局】 2013年，株洲市审计局人员编制76人，在编71人。局长周南洋，副局长傅依全，戴勇、颜梦香、邓海林、王小琴，总审计师王小琴（兼），纪检组长阎敬堂（—5月）。设有办公室、人事教育科、机关党委、纪检监察室、审计技术科、法制审理科、领导干部任期经济责任审计处、国家投资审计处、财政审计科、金融与社会保障审计科、行政事业审计科、固定资产投资审计科、外资运用审计科、农业与环保审计科、经贸审计科。

审计成果 株洲市审计机关共完成审计和审计调查项目419个，查出主要问题金额654792万元；审计处理处罚金额499269.02万元，其中上缴财政35442.15万元，应减少财政拨款或补贴392万元，应归还原渠道资金170794万元，应调账处理金额292640.87万元。审计移送司法机关、纪检监察机关和有关部门处理事项7件。出具审计报告和审计调查报告441篇，提出审计建议674条，撰写审计信息212篇。

政府性债务审计 株洲市市、县、乡三级政府性债务审计全面摸清政府性债务底数，指出政府性债务在管理、举借和使用过程中存在的问题，从体制、机制层面提出审计建议，为市委、市政府强化债务管理、防控财政风险提供重要依据。株洲市审计局被评为全国政府性债务审计先进公务员集体，局长周南洋被评为全国政府性债务审计先进公务员。

预算执行审计 株洲市本级预算执行审计涵盖市财政、地税等12个重点部门以及部分政府投资重点项目工程，审计结果得到市人大、市政府的充分肯定。审计推动出台《株洲市政府投资建设项目管理办法》《株洲市人民政府关于进一步加强财政管理的有关规定》。

固定资产投资审计 株洲市国家投资审计处完成工程结算审计项目300个，送审金额9.92亿元，审定金额7.54亿元，核减工程造价2.38亿元。持续推进中心医院等重点工程跟踪审计力度，核减投资8466万元，核减率达35.63%。

经济责任审计 株洲市共完成经济责任审计项目155个，上缴财政619.12万元，提请政府处理事件1件，向司法、纪检监察机关移送案件线索2件，向主管部门移交处理事件2件。11月，

《株洲市党政领导干部和国有企业领导人员任期经济责任审计办法》出台，为进一步规范株洲市经济责任审计工作提供依据。

专项资金审计（调查） 株洲市的城镇保障性安居工程跟踪审计，揭示资金筹集管理、工程建设管理和保障性住房分配等方面的问题。市审计局组织开展对住房公积金、国有土地出让金、家电下乡补贴资金、房屋维修资金等专项资金审计以及国投公司、城发集团等9个投融资平台公司的审计调查。（撰稿人：冯 立）

【湘潭市审计局】 2013年，湘潭市审计局机关人员编制73人，实有71人。局长张伯文，副局长何爱莲、刘凤舞、罗百慧，总审计师康海湘，纪检组长周云。设有办公室、综合计划科、法制审理科、人事科、监察室、财金社保审计查证科、经济责任审计查证科、行政事业审计查证科、经贸审计查证科、农业与资源环保审计查证科、高新区审计查证科（分局）、示范区审计查证科（分局）、审计执行科、计算机技术管理科和内部审计管理科；下辖湘潭市国家建设项目审计监督中心。

审计成果 湘潭市审计机关全年完成审计和审计调查项目310个，查处各类违纪违规金额共计9.36亿元，通过审计处理增加财政收入1909万元，提出审计建议259条；国家建设项目审计送审金额16.4亿元，核减金额5.3亿元，核减率为32.32%。

财政审计 全年完成财政审计项目163个，主要关注同级财政和园区财政收入、支出和分配情况，以及有预算分配权的部门职责履行情况，强化预算编制、执行、调整等环节的审计，强化对重点专项资金和项目的审计，强化财政资金使用绩效的审计。查出预算编制未细化、预算批复下达不及时、预算支出安排不合规、财政专户管理不规范等问题，促进政府预算的统一完整、财政管理规范及财政资金绩效管理水平的提高。

固定资产投资审计 全市完成固定资产投资审计项目111个，送审金额16.4亿元，核减金额5.3亿元，核减率为32.32%。开展跟踪审计项目5个，总概算金额32.56亿元。出台《湘潭市房屋土地征收补偿安置资金审计监督管理办法》；启动对征拆资金的审计，完成7个项目的审计，涉及征拆资金5700万元。制定《湘潭市政府投资建设项目工程造价计价不良行为处理暂行规定》，为有效遏制和打击建设领域弄虚作假、高估冒算的不良行为奠定基础。

专项资金审计 湘潭市审计机关开展政府性债务审计，共审计682个单位，全面摸清全市政府性债务底数，揭示政府性债务在管理、举借和使用过程中存在的问题。对保障性住房安居工程、家电下乡专项补贴、住房公积金、政府性基金等28个民生项目进行审计和审计调查，审计（调查）专项资金54.6亿元。

经济责任审计 注重突出重点和改革创新，加强与联席会议成员单位的协调配合，试行联合政府有关部门协同审计的模式，探索吸收内部经济责任审计成果为有益补充的模式，全面实行计算机审计，进一步拓展审计内容，审计的深度和广度得到深化。全市完成领导干部经济责任审计项目111个，审计各级领导干部129人，促进领导干部理好财、用好权、尽好责，促进相关单位规范管理行为、完善管理制度。

（撰稿人：王海文）

【衡阳市审计局】 2013年，衡阳市审计局人员编制89人，在编89人。局长伍元明（—6月）、李艳丽（6月—），副局长李艳丽（—6月）、李鹏飞、廖义伟、邱文，总审计师李焕勇，纪检组长许常礼。设有办公室、人事教育科、老干科、法规科、财政金融审计科、行政事业审计科、经贸审计科、农业与国土资源环保审计科、外资审计科、内部审计管理科、计算机审计管理科、行政科、监察室，经济责任审计中心（下设经济责任审计一、二、三、四科）、固定资产投资审计中心（下设综合科、固定资产投资审计一、二科）。

审计成果 衡阳市审计机关完成审计项目676个，查出主要问题金额1174850万元；审计处理处罚金额139211万元，其中应上缴财政5714万元、应减少财政拨款或补贴2228万元、应归还原渠道资金11726万元、应调账处理金额119543万元；移送司法机关、纪检监察部门处理事项8件；出具审计报告和专项审计调查报告744篇；提出审计建议978条，提交审计信息268篇，被批示、采用154篇。

财政审计　“同级审”工作进一步拓展财政审计的广度和深度，重点关注“三公”经费开支情况，6月28日，局长李艳丽受衡阳市人民政府委托在市十四届人大常委会第五次会议上做《关于2012年度市本级财政预算执行和其他财政收支情况的审计工作报告》，得到市人大常委会的充分肯定，认为“同级审”有重点、有亮点，反映的问题实在，提出的建议可行。市政府常务会专门对预算执行审计中15个单位（部门）的整改工作进行集中交办，出台《关于进一步加强审计整改工作的意见》。

固定资产投资审计　全市审计机关共核减投资额3.7亿元。市审计局按照市政府《关于进一步做好政府投资建设项目审计监督工作的意见》和《投资建设项目征地拆迁资金跟踪审计实施细则》要求，对衡阳（南岳）机场、衡云干道等13个建设项目征地拆迁资金进行跟踪审计的同时，对白沙洲工业园科技研发中心办公楼、湘江西岸风光带、衡州大道第四标段等14个项目结算审计，核减金额11119万元。

企业审计　对3家改制企业资产评估进行审计，审计总资产23828万元，确保国有资产不流失。

经济责任审计　全市对245名党政领导干部实施经济责任审计，查出违规金额和管理不规范金额12.1亿元，损失浪费金额3069万元，提出审计建议461条，上缴财政550万元。市审计局对22名负责人实施经济责任审计，为有关部门加强干部监督管理提供重要依据。

专项资金审计（调查）　对家电下乡补贴资金、农村危桥改造资金、林业资金、住房公积金、国外贷款资金等专项资金进行审计，重点关注专项资金分配管理和使用情况，促进保障和改善民生。各县市区审计局根据实际情况，开展涉农、教育、医疗、住房等专项资金审计，都取得很好的审计效果。

政府性债务审计　全市审计机关安排277人，对12个县市区、184个乡镇的政府性债务进行审计，全面摸清政府性债务的规模、结构、类型、成因和管理情况。（撰稿人：谢蓓蓓）

【郴州市审计局】　2013年，郴州市审计局人员编制47人，在编47人。局长段小卿，副局长韩湘萍（12月—）、张进、黄卿、周柏桐、罗发旺、邓百成（—11月）、曹世香（11月—），总审计师匡少兵，纪检组长肖敦武。设有办公室、法规审理科、财政金融审计科、行政事业审计科、农业外资审计科、经贸审计科、固定资产投资审计科、经济责任审计处、计算机审计科、开发区园审计科、政工科、监察室、审计执行科。

审计成果　郴州市审计机关完成审计项目1112个，查出主要问题金额1407741万元，其中应上缴财政24725万元，应减少财政拨款或补贴84316万元，应归还渠道资金68661万元，应调账处理金额85116万元；移送司法机关、纪检监察和有关部门处理事项15件。出具审计报告和审计调查报告1353篇，提出建议1259条，撰写信息276篇。郴州市审计局实施的郴州市爱莲湖水闸和东边江坝工程竣工结算审计项目被审计署评为2013年度地方表彰审计项目。

财政审计　将财政审计与部门预算执行审计、专项资金审计、政府投资审计相结合，充分整合和利用审计成果，提高审计工作报告宏观性、总体性和客观性。对预算管理不规范、资金安全存在隐患、欠收土地出让金、单位和部门结余资金过大等问题有针对性地提出审计建议，得到政府及财政部门的重视及采纳。市、县本级预算执行审计工作报告均得到各级人大常委会的充分肯定。

固定资产投资审计　突出财政资金的成本控制和效益管理，高度关注工程质量、征地拆迁、资金管理和使用等问题，严肃查处工程建设领域存在的突出问题，及时移送发现的违法违纪案件。郴州市审计机关共完成固定资产投资审计项目654个，送审金额779819万元，核减金额124216万元。

经济责任审计　牢牢把握权力运行和责任履行两个方面，继续加大领导干部任中经济责任审计力度。郴州市审计机关对254个单位365名领导干部经济责任进行审计，其中任中审计117人、离任审计248人，查出违规及管理不规范金额30982万元。

政府性债务审计　按照审计署统一安排部署要求，抽调200名审计人员组成11个审计组对11

个县市区政府及所属184个乡镇政府性债务进行审计，指出政府性债务在管理、举借和使用过程中存在的问题，提出规范债务管理，防范债务风险的审计建议。6个单位获全省地方政府性债务审计先进集体、37人获全省地方政府性债务审计先进个人。（撰稿人：欧阳鹏）

【永州市审计局】 2013年，永州市审计局人员编制44人，在编44人。局长刘志军，副局长何先旺、柏玉、胡建华、雷玖夏、王平波、曾庆廉，总审计师蒋跃军，纪检组长胡剑平。设有办公室、综合计划科、政工科、财政金融审计科、经济责任审计室、行政事业与社会保障审计科、固定资产投资审计科、经贸审计科、农业资源环保外资审计科、法规审理科、内审指导科、审计技术科、监察室。

审计成果 永州市审计机关共审计（调查）单位595个，查出主要问题金额1562827万元，审计处理处罚金额28353万元，其中应上缴财政5065万元，应减少财政拨款或补贴947万元，应归还原渠道资金3962万元，应调账处理金额18379万元；发现非金额计量问题204个；移送纪检监察机关处理事项1件。

预算执行审计 紧扣科学发展主题和转变经济发展方式主线，关注经济发展和“两型”社会建设中的突出矛盾和风险，关注重要预算执行部门及重大民生资金项目，关注政府预算执行、体制改革和法制建设情况，关注财政支出结构变化及使用效益。全市完成预算执行审计（调查）项目121个，查出主要问题金额115亿元。市审计局首次在预算执行审计中对延伸审计部门决算（草案）编制情况进行审查。

专项资金审计 按照上级审计机关的统一安排，市审计局组织全市审计机关对全市13个县区（管理区）的城镇保障性安居工程的投资、建设、分配、后续管理及相关政策执行情况进行跟踪审计；对11个县区的政府性债务情况进行专项审计；同时对部分县区家电摩托车下乡补贴、农业综合开发和财政扶贫等3项重点专项资金进行审计或审计调查，充分揭示相关政策制度设计和项目效益方面存在的问题。

固定资产投资审计 全市审计机关以促进提高投资效益为目标，重点选择投资规模大、党委政府关注和群众关心的民生项目进行审计。全市对74个投资项目进行竣工决算审计，核减投资额2363万元。

经济责任审计 全市共对209名领导干部进行经济责任审计，查出违规金额6.83亿元。在注重对主要领导干部的经济决策权、经济管理监督权、经济政策法纪执行权包括党风廉政建设规定落实情况进行审计监督的同时，努力提升审计评价水平，指出领导干部任期内存在的问题和应承担的责任，分析存在问题的主客观原因并提出改进意见，督促被审计单位及时制定、落实整改措施，发挥经济责任审计的惩治和防范作用。

（撰稿人：周　波）

【邵阳市审计局】 2013年，邵阳市审计局人员编制86人，在编86人。局长申建伟（—4月），副局长谭友明、胡正桥、阳海贵、李伯升、刘喆、袁连文、宇向东，总审计师朱良华，纪检组长阳海贵（兼）。设有办公室、财政审计科、金融外资与社会保障审计科、行政事业审计科、农业和资源环保审计科、经贸审计科、固定资产投资审计一科、固定资产投资审计二科、政工科、法制审理科、计划执行科、纪检监察室。下辖邵阳市领导干部经济责任审计处、内部审计管理办公室、邵阳市基本建设投资审计中心。

审计成果 邵阳市审计机关完成审计项目540个，查出主要问题金额708854万元，其中违规金额175030万元，损失浪费金额51万元，管理不规范金额533772万元；损益（收支）不实金额28700万元；审计处理处罚金额226738万元，其中应上缴财政47042万元、应减少财政拨款或补贴12360万元、应归还原渠道资金17294万元、应调账处理金额110529万元；审计发现非金额计量问题98个；审计促进整改落实有关问题资金81513万元，其中增收节支34268万元、已调账处理金额17699万元；审计后挽回（避免）损失34291万元；移送司法机关、纪检监察机关和有关部门处理事项6件；出具报告和专项审计调查报告615篇，被批示、采用1篇；提出审计建议1038条；提交审计信息682篇，被批示、采用429篇；向社会公告审计结果10篇。

财政审计 完成预算执行、财政决算审计201个，查出主要问题金额574290万元。其中违规变更调整预算33300万元，未按规定纳入预算管理60709万元，未按规定征收缴纳收入91244万元，违规改变项目计划和资金用途24024万元，资金滞留闲置22812万元，决算草案不真实不完整37536万元。

行政事业审计 完成对171个单位的审计和审计调查，查出主要问题金额30615万元，其中违规改变项目计划和资金用途3805万元，乱收费乱摊派乱罚款3883万元，扩大开支范围或提高开支标准列支3917万元。

固定资产投资审计 完成132个国家建设项目工程造价审计，核减投资额13511万元。查出主要问题金额37763万元，其中违规改变项目计划和资金用途3649万元，多计工程结算款12669万元，超规模超标准项目20294万元。

社会保障审计 完成7个单位的审计和审计调查，查出主要问题金额7627万元。其中隐瞒转移截留资金3788万元，财政资金不到位不落实1285万元。

企业审计 完成对7个单位的审计和审计调查，查出主要问题金额10638万元。其中违规出借资金3614万元，虚报或隐瞒转移收入4968万元。

经济责任审计 完成对135个单位的151名领导干部的经济责任审计，查出主要问题金额85077万元，其中违规金额45496万元，管理不规范金额39580万元。

专项资金审计 完成对22个单位的审计和审计调查，查出主要问题金额47918万元，其中资金滞留闲置21610万元。 （撰稿人：唐晓娟）

【怀化市审计局】 2013年，怀化市审计局人员编制61人，在编57人。局长梁明珍，副局长黄现昕（—3月）、刘序国、刘圣平、杨承连、姜小祥，总审计师杨春洪，纪检组长谭庆津。下设办公室、法制科、人事科、综合计划科、财政金融审计科、行政事业审计科、经贸与外资运用审计科、固定资产投资审计科、农业与资源环保审计科、审计技术科、经济责任审计室、监察室、怀化市建设项目审计中心。

审计成果 怀化市审计机关完成审计项目470个，查出违规金额62396万元，管理不规范金额565539万元，促进增收节支25542万元，挽回损失23181万元；移送案件线索7件；提交审计工作报告（调查报告）588篇、审计信息141余篇，被采用34篇。

财政审计 完成审计项目209个，审计查出主要问题金额536063万元，其中预算编报不真实不完整25162万元，违规变更调整预算1298万元，未按规定纳入预算管理13470万元。

行政事业审计 完成审计项目79个，审计查出主要问题金额34570万元，其中预算编报不真实不完整340万元，未按规定纳入预算管理372万元。

固定资产投资审计 完成投资审计项目127个，审计总金额52478万元，核减金额14911万元。

企业审计 完成审计项目8个，审计查出主要问题金额25654万元。

经济责任审计 对162名领导干部实施经济责任审计，审计查出主要问题金额98854万元，其中违规金额19900万元，管理不规范金额78927万元。

专项资金审计（调查） 完成审计项目45个，审计专项资金总额19980万元，审计查出主要问题金额5294万元。 （撰稿人：周　立）

【娄底市审计局】 2013年，娄底市审计局人员编制58人，在编61人。局长李赛斌（—3月）、彭淑媛（3月—），副局长曾志伟、周海良、王志彪，总审计师刘峰，纪检组长许湘华。设有办公室、综合管理科、人事科、法规科、财政审计科、金融与社会保障审计科、行政事业审计科、经贸审计科、农业与资源环境审计科、投资外资审计科、计算机审计科、工程审计科、监察室、机关党委、工会、领导干部经济责任审计处、建设（技改）项目审计监督中心。

审计成果 娄底市审计机关完成审计项目237个，查出主要问题金额1173750万元，其中违规金额40456万元，管理不规范金额1133205万元；应上缴财政4015万元；移送司法机关、纪检监察机关和有关部门处理事项52件；出具审计报告和专项审计调查报告108篇，被批示、采用

33篇；提出审计建议624条，提交审计信息543篇，被批示、采用361篇。

财政审计 财政审计重点强化税收征管、国土出让收入管理等，揭示“三公”经费、“三创”经费、工伤保险统筹资金等重点财政专项资金存在的问题，并及时披露，从机制、体制上提出意见和建议，积极督促落实整改。针对工伤保险基金收支矛盾突出、资金亏损数额较大、财政不堪重负的问题，娄底市政府积极采纳审计建议，出台《进一步完善工伤保险市级统筹工作的实施意见》。

固定资产投资审计 全市继续加大政府投资审计力度，狠抓建设项目质量，提高资金使用效益。市本级完成固定资产投资项目结算审计217个，送审金额16.07亿元，审定金额13.74亿元，核减金额2.33亿元，核减率为14.47%。娄底市政府同意成立政府投资审计处，增加5名事业编制，经费由市财政全部负担，监督体制机制得以理顺。

经济责任审计 全市完成178名领导干部的经济责任审计，查出主要问题金额22.47亿元。10月，《娄底市党政领导干部离任交接办法》被湖南省领导干部经济责任审计工作领导小组办公室在全省范围内发文推广。代省审计厅起草《乡镇党政一把手经济责任审计操作纲要》，率先在该市试行。

专项资金审计 对家电下乡、城镇保障性安居工程、市中小学校舍安全工程等专项资金开展审计（调查），重点关注专项资金的分配、管理和使用等情况，查出主要问题金额4.04亿元。对家电及摩托车下乡专项补贴资金开展审计调查中，发现该项资金被不良商家大肆骗取，审计已移送违法犯罪案件线索47件，追缴骗保资金1900万元。 （撰稿人：陈 萍）

【湘西土家族苗族自治州审计局】 2013年，湘西土家族苗族自治州（以下简称州）审计局人员编制44人，在编44人。局长万波平（—4月）、印钊（4月—），副局长肖远湘、黄大健、金利蓉、吴东升，纪检组长高光忠。设有办公室、法制科、人事科、审计技术科、财政审计科、行政事业与外资运用审计科、经贸金融社保审计科、农业与资源环保审计科、固定资产投资审计科、经济责任审计室、政府投资审计中心。

审计成果 州审计局完成审计项目52个，查处主要问题金额357837万元，其中违规金额7538万元、管理不规范金额350299万元；损益（收支）不实金额44130万元；审计处理处罚金额64657万元，其中应上缴州财政806万元、应减少财政拨款或补贴2968万元、应归还原渠道资金44903万元、应调账处理金额2224万元；审计发现非金额计量问题703个；移送司法机关、纪检监察机关和有关部门处理事项1件；出具审计报告65篇，被批示、采用1篇；提出审计建议156条；提交审计信息70篇，被批示、采用3篇。

财政审计 开展州本级2013年预算执行审计和龙山县、保靖县、泸溪县、凤凰县、湘西经开区的财政决算审计。重点关注财政体制运行，财税政策执行，决算的真实性、合法性和效益性，上级转移支付资金预算管理，财政管理和地方政府性债务等6个方面的情况。

固定资产投资审计 完成政府投资建设项目审计总金额2.38亿元，审定金额2亿元，审减金额3800万元，审减率为16%；开展州政府迁建工程跟踪审计，审计金额1.29亿元，审定金额7279万元，审减金额5636万元。开展州本级和县市财政重点投资建设项目的调查摸底及调研。

政府性债务审计 根据审计署的安排部署，8月，整合全州186名审计干部组成8个审计组，对全州8县市及乡镇政府性债务进行审计，分析债务风险，提出审计建议。

企业审计 对芙蓉镇景点圈有限责任公司资产负债损益情况进行审计，针对存在的问题提出建议，为州政府完成管理体制调整提供依据。

经济责任审计 组织实施龙山县委书记、州交通运输局局长、州教育局局长、州农业局局长和州政府驻长沙办事处主任的任期经济责任审计，及时指出存在的问题。

专项资金审计（调查） 开展农业综合开发资金、扶贫资金和家电摩托车下乡资金审计，对审计发现的问题进行纠正和处理，并对骗取补贴资金情节严重的商家移送公安机关处理。组织实施州本级及8县市城镇保障性安居工程跟踪审计和吉首市、保靖县、凤凰县、泸溪县亚洲开发银行贷款城市防洪项目审计。

行政事业审计 完成全州16所中小学校财务

收支进行的审计，进一步规范全州中小学校财务管理，提高教育经费使用效益。对州住房公积金管理中心财务收支情况进行审计，指出存在的问题。

（撰稿人：张　凤）

2013年湖南省所辖区、县(市)级审计工作统计表

金额单位：万元

审计机关	完成审计项目（个）	审计查出主要问题金额	审计处理情况					出具审计报告和审计调查报告（篇）	提出审计建议（条）	提交审计信息（篇）
			审计处理处罚				移送处理事项（件）			
			应上缴财政	应减少财政拨款或补贴	应归还原渠道资金	应调账处理金额				
长沙市										
长沙市本级	1006	10369100	27106	286104	469865	24298	13	64	158	
岳麓区审计局	24	148709	97	8277	102	10302	7	39	78	
芙蓉区审计局	22	93787	7			58909		37	65	
天心区审计局	10	24736	76		132	440	1	20	37	
雨花区审计局	15	23968	80		19		3	25	31	
望城区审计局	38	623186	187					56	137	
浏阳市审计局	51	216755	353	28410			3	81	91	
长沙县审计局	71	36927	299	166	4518	116	4	91	83	
宁乡县审计局	35	337272	251	25780		67	3	51	89	
张家界市										
张家界市本级	60	164686	688		5638	20098	3	62	293	
永定区审计局	29	12439	1918		3356	245		29	9	
武陵源区审计局	16	41361	24		22	1463		26	22	
慈利县审计局	24	44740	24		209	162		23	68	
桑植县审计局	25	34352	214		1455	68		23	38	
常德市										
常德市本级	88	509045	3428		173	759	6	109	248	148
武陵区审计局	32	74392	92				3	32	66	
鼎城区审计局	68	27612	210				2	103	221	
津市市审计局	37	19009	47	20	105		2	52	105	1
安乡县审计局	27	52132	141		49	562	3	41	57	12
汉寿县审计局	49	16759	355				4	68	130	121
澧县审计局	56	17955	108		42		2	78	184	141
临澧县审计局	77	6940	132				1	94	284	8
桃源县审计局	81	27935	249		1054		1	124	158	38

续表

审计机关	完成审计项目（个）	审计查出主要问题金额	审计处理情况					出具审计报告和审计调查报告（篇）	提出审计建议（条）	提交审计信息（篇）
			审计处理处罚				移送处理事项（件）			
			应上缴财政	应减少财政拨款或补贴	应归还原渠道资金	应调账处理金额				
石门县审计局	53	130926	556		177		3	72	117	33
益阳市										
益阳市本级	91	103416	672		2612	11528	5	91	302	55
赫山区审计局	49	16860	81		122	12643		70	69	45
资阳区审计局	25	8865	69					25	62	10
沅江市审计局	34	7203	128		62	2428		34	97	40
南县审计局	33	81465	245		7296	8435		33	105	7
桃江县审计局	33	15159	159			4936	1	33	122	71
安化县审计局	76	59406	153		1045	671	1	125	35	24
大通湖区分局	24	7850	23	362	15	795		33	70	8
高新区分局	8	3432	178		64	444	2	8	23	5
岳阳市										
岳阳市本级	77	51949	1116		22685	187755	2	77	220	73
岳阳楼区审计局	26	339	90		40			26	49	5
君山区审计局	13	1076	69		418	6727	1	13	44	16
云溪区审计局	39	2610	94		80	1828		39	118	7
屈原区审计局	10	517	19		2007	9163		10	41	2
汨罗市审计局	40	27290	105		1769	52524		40	47	13
岳阳县审计局	40	11860	287		23396	29292		40	92	1
华容县审计局	39	7522	291		10933	61931		39	77	19
湘阴县审计局	39	6330	215		4035	39659	4	39	57	21
临湘市审计局	38	7463	170			35562	1	38	68	14
平江县审计局	38	31848	493		47	2849		38	86	13
株洲市										
株洲市本级	66	270122	25709		38244	231878		79	129	110
天元区审计局	90	90440	41					35	70	25
荷塘区审计局	11	8446	19					11	35	
芦淞区审计局	14	5385	7		3700		1	14	42	20
石峰区审计局	24	2748	21				1	24	26	20
醴陵市审计局	96	19365	69				1	96	212	
株洲县审计局	20	62638	75		24655	20572	1	20	44	
攸县审计局	36	116179	9398		103984	74		73	74	

续表

审计机关	完成审计项目（个）	审计查出主要问题金额	审计处理情况					出具审计报告和审计调查报告（篇）	提出审计建议（条）	提交审计信息（篇）
			审计处理处罚				移送处理事项（件）			
			应上缴财政	应减少财政拨款或补贴	应归还原渠道资金	应调账处理金额				
茶陵县审计局	26	71320	76	392	211	40117	3	33	12	15
炎陵县审计局	51	8150	28					56	30	22
湘潭市										
湘潭市本级	79	895485	773		58961	90186		86	130	23
岳塘区审计局	17	12760	169					25	10	12
雨湖区审计局	19	24997	21		148	28		31	7	8
湘乡市审计局	41	47520	175	920				73	14	8
韶山市审计局	63	51354	146	13760	1358	17445		87	26	2
湘潭县审计局	81	267858	3740	13481	4			92	82	10
衡阳市										
衡阳市本级	98	922000	2402		6328	67182	3	98	107	89
蒸湘区审计局	13	247	5			121		13	6	
雁峰区审计局	3	25				25		3	4	
珠晖区审计局	16	5509	1840		852	2817		16	45	
石鼓区审计局	53	52	16			225	2	53	37	40
南岳区审计局	62	650	102	1120				62	37	4
常宁市审计局	104	11236	262	421	104	215		112	214	3
耒阳市审计局	32	155766	56		503	101	1	71	49	
衡阳县审计局	71	2105	534	430	689	446		80	300	50
衡南县审计局	37	21560	129		3	137		37	33	32
衡山县审计局	46	9675	115		2764	6796		58	73	2
衡东县审计局	69	42146	35	72	211	40915	1	69	20	35
祁东县审计局	72	3879	218	185	272	563	1	72	53	13
郴州市										
郴州市本级	205	619421	1994	25663	2776	19170	13	175	261	74
北湖区审计局	101	16382	6321	5776	214	255	2	135	101	1
苏仙区审计局	100	226462	1528	14443	25	840		145	152	59
资兴市审计局	153	5744	157	3699	299	123		161	53	36
桂阳县审计局	80	192146	376	12068	32267	873		113		20
永兴县审计局	38	137736	188		6	166		53	132	2
宜章县审计局	89	39083	427	1595	71	1014		135	139	15
嘉禾县审计局	62	54713	7974	484	28866	9299		85	83	44

续表

审计机关	完成审计项目（个）	审计查出主要问题金额	审计处理情况					出具审计报告和审计调查报告（篇）	提出审计建议（条）	提交审计信息（篇）
			审计处理处罚				移送处理事项（件）			
			应上缴财政	应减少财政拨款或补贴	应归还原渠道资金	应调账处理金额				
临武县审计局	44	9214	390	4977	2	12		57	26	15
汝城县审计局	77	24921	3977	3542		15836		97	74	
桂东县审计局	74	12814	355	831	1631	407		100	128	
安仁县审计局	89	69105	1038	11238	2504	37121		97	110	10
永州市										
永州市本级	68	1056882	1523		1298			68	223	17
冷水滩区审计局	46	45832	422		643	1559		46	103	5
零陵区审计局	44	10128	965	83	11	3530		44	73	6
东安县审计局	20	18392	472		282	171		20	35	23
道县审计局	29	14269	169			20		29	75	3
宁远县审计局	41	1377	113		155			41	45	5
江永县审计局	30	31089	299					30	52	3
蓝山县审计局	43	13791	158					55	54	6
新田县审计局	51	31640	283		39	8		51	166	12
双牌县审计局	31	18729	259	864		12892	1	31	92	5
祁阳县审计局	150	283208	244		1514	187		150	349	3
江华瑶族自治县审计局	42	37490	158		20	12		42	80	81
邵阳市										
邵阳市本级	83	371546	27714	4409	1232	54517	1	110	212	185
大祥区审计局	6	1841	27		3			6	13	10
双清区审计局	13	18044	76		278			17	43	10
北塔区审计局	8	2871	8	2	137	2189		9	30	2
武冈市审计局	49	78121	312	1400	42	5		49	58	60
邵东县审计局	42	23925	572		80	13567		42	80	70
邵阳县审计局	22	6952	442		1019	460	1	26	52	16
新邵县审计局	74	41547	10808	460	412	5229	1	87	51	4
隆回县审计局	98	11220	191	383	13			106	76	47
洞口县审计局	25	4057	586	60	2189	868		24	51	4
绥宁县审计局	48	29347	5158	70	1464	17178	1	68	231	32
新宁县审计局	52	89712	485	5564	885	220	2	52	119	236
城步苗族自治县审计局	20	29666	657	7	9537	16290		19	22	6

续表

审计机关	完成审计项目（个）	审计查出主要问题金额	审计处理情况					出具审计报告和审计调查报告（篇）	提出审计建议（条）	提交审计信息（篇）
			审计处理处罚				移送处理事项（件）			
			应上缴财政	应减少财政拨款或补贴	应归还原渠道资金	应调账处理金额				
怀化市										
怀化市本级	44	351484	2330		250	3028	2	59	112	10
鹤城区审计局	25	14768	4185					50	13	11
洪江区审计局	20	18522	44		237	255		25	49	
洪江市审计局	18	21519	515		4854	8965		27	25	4
沅陵县审计局	38	67426	2040		902	6		66	111	71
辰溪县审计局	27	1566	349		859	498		21	44	7
溆浦县审计局	45	12226	294	114	522	3379	2	60	95	
中方县审计局	27	59611	3304		350	282		25	55	1
会同县审计局	23	609	44		176	143		43	4	
麻阳苗族自治县审计局	46	24981	86		117	6288		66	76	
新晃侗族自治县审计局	27	10658	25	612	7	105		30	60	
芷江侗族自治县审计局	88	4424	212	331		208		69	93	10
靖州苗族侗族自治县审计局	29	4518	108		1305	926		37	158	26
通道侗族自治县审计局	13	21796	1528	212	9452	9625		10		
娄底市										
娄底市本级	39	895660	2651		3908	2713	5	274	108	140
娄星区审计局	33	62227	176		1102	331	2	75	120	179
冷水江市审计局	27	47849	89		71	542	6	65	82	25
涟源市审计局	44	89244	404	545	50	153		105	73	58
双峰县审计局	45	23276	446		8	595	4	107	114	107
新化县审计局	49	55494	249		1012	35	35	79	127	34
湘西土家族苗族自治州										
湘西土家族苗族自治州本级	52	7538	806	2968	44903	2224	1	65	156	70
吉首市审计局	47	1592	1098	672	1588	5236		47	70	33
泸溪县审计局	10	186	48		5801	27209		14	16	10
凤凰县审计局	12	1706	1787		1234	169		12	10	7
花垣县审计局	18	4823	18	720				23	53	3

续表

审计机关	完成审计项目（个）	审计查出主要问题金额	审计处理情况					出具审计报告和审计调查报告（篇）	提出审计建议（条）	提交审计信息（篇）
			审计处理处罚				移送处理事项（件）			
			应上缴财政	应减少财政拨款或补贴	应归还原渠道资金	应调账处理金额				
保靖县审计局	28	1914	93	106	804	840		28	37	13
古丈县审计局	30	2779	984	1794	747	1177		30	3	5
永顺县审计局	67	6089	42	2910	7753	1932		67	41	62
龙山县审计局	36	1033	36	1570	965	127		37	48	13

广东省

【广东省审计厅】 2013 年，广东省审计厅定编 357 人。设有办公室、综合计划处、法规审理处、经济责任审计处、财政金融审计处、税务审计处、行政政法审计处、教科文审计处、农业与资源环保审计处、固定资产投资审计处、企业审计处（境外审计处）、社会保障审计处、外资运用审计处、整改监督处、人事处（与机关党委办公室合署）、绩效审计分局；并设有广东省计算机审计中心、广东省内部审计指导中心和经济责任审计中心。

领导成员

厅　　长：蓝佛安

副 厅 长：李　心　何丽娟

　　　　　卢荣春　骆贵全

总审计师：陈　剑

纪检组长：陈钟鹏（4月—）

　　　　　李迺强（—11月）

审计成果 广东省各级审计机关开展审计和专项审计调查项目 5541 个，查出违规问题金额 68.19 亿元，损失浪费金额 6.4 亿元、侵害人民群众利益金额 2.32 亿元，促进增收节支 98.91 亿元，其中已上缴财政 63.66 亿元，已减少财政拨款或补贴 29.14 亿元，归还原渠道资金 6.11 亿元；审计后挽回（避免）损失 29.92 亿元；向司法、纪检监察机关、有关部门移送处理事项 90 件，涉及金额 36.25 亿元；出具审计和专项审计调查报告 9987 份，提交审计专题报告、综合性报告和信息简报 2038 篇，其中被党政领导和有关部门批示、采用 856 篇次，占 42%；向社会发布审计结果公告 757 篇，推动被审计单位建立健全规章制度 125 项。

财政审计 全省各级审计机关完成预算执行审计项目（含财政决算审计，下同）1231 个，延伸审计单位 4409 个。查出主要问题金额 3014.13 亿元，其中预算编制批复不规范金额 22.31 亿元、损失浪费金额 3360 万元。出具审计报告和专项审计调查报告 1585 篇。提出审计建议 13103 条，被采纳 9196 条。

广东省审计厅组织对省教育厅、省国土资源厅、省住房城乡建设厅、省林业厅、省文化厅、省广电局、省港澳办、省供销社、省科协、省警官学院等 10 个部门单位进行审计，延伸审计 22 个所属单位，涉及资金总额 38.59 亿元（含延伸以前年度资金）。审计结果表明，相关部门单位较好地履行职责，预算执行和资金使用总体情况良好。审计发现预决算编制不够完整、细化，预算执行不够严格规范，部分项目资金结余过大、资金使用效益不高，5 个部门单位未经批准改变部分预算资金用途、固定资产和物资管理不到位，下属单位固定资产管理不善、内控不严等问题。

为加强对财政资金全口径审计监督，保障经济安全，规范财政管理，广东省审计厅开展全省财政管理和税收征管审计。省级财政管理审计中发现，从土地出让收益中计提的农田水利建设资金和教育资金省级分成收入 16.73 亿元未入省库。3.66 亿元非税收入未按规定纳入公共财政预算管理，其中国有资源（资产）有偿使用收入3.05亿元、海洋与渔业资源环境损失赔偿收入6090万元。省财政2011年至2012年连续安排的重大产业开发引导专项资金、全省文化信息资源共享专项经费共2.17亿元均未使用，继续结转至下年。全省税收征管审计发现土地使用税征管存在漏洞；由于优惠政策条件要求高、宣传力度不够、优惠备案程序不够简便、减免税款金额较小等原因影响，实际享受到优惠的小微企业覆盖面不广，其中有2个市没有企业享受到该优惠政策、有8个市少于20户的企业享受到优惠政策；3个市地税部门未及时对27户欠税户进行催缴，涉及欠税金额2805.7万元；2个市地税部门违反土地增值税清算管理程序，未清算先征收2户企业5个项目的土地增值税款1.74亿元。

政府性债务审计 广东省各级审计机关对广东省本级、21个市（含深圳市）、121个县（市、区）、1140个乡（镇）的地方政府性债务情况进行全面审计。共审计全省2173个政府部门和机构、270个融资平台公司、3196个经费补助事业单位、161个公用事业单位和996个其他单位，涉及28076个项目、89249笔债务。审计结果显示，全省地方政府性债务风险总体可控。通过审计发现政府性债务对土地出让收入有一定程度的依赖、部分地区和行业债务负担较重、部分地方和单位违规融资、违规使用政府性债务资金等问题。

经济责任审计 全省审计机关对2104个单位、2259名领导干部开展经济责任审计。其中：地厅级领导62人，县处级领导597人，县处级以下领导1493人，其他人员（含国有企业、金融机构的领导人和居民委员会、村民委员会等其他人员）107人。查出违规金额15.16亿元，损失浪费金额0.95亿元，管理不规范金额450.07亿元。根据审计结果，经济责任人被移送纪检监察机关1人，其他人员移送司法机关3人、移送纪检监察机关2人。通过审计，促进领导干部正确履行经济责任，加强对领导干部的监督，完善权力运行制约和监督机制。广东省加强经济责任审计工作法制化和规范化建设，制定出台《广东省地厅级以下党政主要领导干部和国有企业领导人员经济责任审计实施办法》《广东省经济责任审计结果运用办法》。

专项资金审计 “广东扶贫济困日”活动捐赠款物审计。对2012年度“广东扶贫济困日”活动全省捐赠款物情况和2010—2012年度捐赠款物使用管理情况进行审计。截至2012年8月31日，三个年度全省累计接受认捐款物共105.71亿元，累计到账款物61.75亿元，已拨付使用42.48亿元。审计结果表明，全省各级政府和有关部门单位采取有力措施广泛发动社会各界参与扶贫济困活动，捐赠款物募集和管理使用情况总体良好。有关部门单位根据审计发现的部分认捐款物未到账、部分受赠人对捐赠款物的拨付、核算管理不够规范等问题认真组织整改，部分资金已得到整改落实。

省级农村低收入住房困难户住房改造建设资金审计。组织对广州、珠海等17个地级以上市2011年度农村低收入住房困难户住房改造（简称农房改造）建设专项资金的筹集、管理、使用和项目实施情况进行审计。截至2012年8月底，省级专项资金14亿元已全部下达全省17个地级以上市2011年农房改造14万户帮扶对象，17个市及县、镇级财政部门拨付到农户13.08亿元，132169户已全额领取补助资金，已完成住房改造任务，占全省2011年任务数的94.4%，任务完成情况良好。通过审计，发现3个市的扶贫部门与民政部门登记的低保户、五保户基础数据存在差异、13个扶贫部门未经上级主管部门批准，擅自变更帮扶对象4144户，涉及金额4144万元等问题。

地方政府性债券资金跟踪审计。组织对广东省2011年11月试点自行发行的69亿元地方政府债券资金（不含深圳市）的筹集、分配、使用和管理等情况进行跟踪审计。截至2012年9月底，地方政府债券资金投向457个项目，其中，已竣工验收项目231个，已完工项目54个，在建项目114个，未开工项目54个，非建设项目4个。审计结果表明，通过举债融资，促进全省公共基础设施、市政工程设施和保障性安居工程建设，为改善民生和提高公共服务能力提供保障。审计发现，有10.47亿元债券资金滞留在各市、县国库未使用，影响资金使用效益；6个县（市、区）财政部门没有将8677万元债券资金收支计划列入同级财政预算报人大审批。

城镇保障性安居工程跟踪审计。组织对19个市本级及90个县（市、区）2012年各类城镇保障性安居工程进行跟踪审计（不含省本级和广州、深圳市）。审计情况表明，2012年，19个地级市共筹集保障性安居工程资金57.18亿元，实际完成开工任务7.87万套，竣工任务3.99万套，租赁补贴任务0.47万户，超额完成国家下达任务。审计发现，有8个市本级、10个县（市、区）358户在家庭收入、住房等条件超标情况下，仍获得审批享受住房保障待遇；有13个市本级、28个县（市、区）11464套住房处于闲置；有1个县将23套住房用于行政办公，22套住房被保障对象转借、出租获利7.7万元等问题。各地政府和相关部门对审计指出的问题认真组织整改，出台或完善住房保障制度、政策，加强工程建设和质量管理项目，建立完善住房信息系统，加强信息化管理，采取措施规范工程信息公开。

对口援疆发展资金和项目跟踪审计。省审计厅组织广州、佛山、东莞等3个对口援建市审计局，派出4个审计组20名审计人员对2012年10月至2013年9月广东省对口支援新疆发展资金的筹集、分配、管理、使用情况及项目建设管理情况进行跟踪审计。审计结果表明，广东省2013年援建资金及时到位，保障援建项目顺利开展，各项援建项目基本能按计划、按进度拨付使用，项目管理基本规范到位。跟踪审计发现部分援建资金用于计划外项目、超限额拨付产业发展引导资金、个别援疆项目资金未通过国库集中支付等问题。

产业转型升级专项资金审计。广东省审计厅组织对省经济和信息化委、省科技厅和广州、佛山、惠州、东莞、肇庆等5市2010年至2012年省战略性新兴产业发展专项资金管理使用情况审计。2010年至2012年，为促进产业转型升级，省财政共安排省级和5个市战略性新兴产业发展资金（包括发展专项资金、核心技术攻关和政银企合作专项资金三类）42.13亿元、涉及项目571个。本次审计资金19.16亿元，项目190个。审计结果表明，省、市有关部门单位制定相关管理制度，加强项目实施监督管理，促进全省战略性新兴产业的发展。通过审计发现53个项目实施不理想、9个项目承担单位擅自变更建设内容、涉及资金8659万元，40个项目承担单位违规将专项资金用于放贷、还债、购买理财产品等支出，涉及金额1.38亿元，4个项目单位以虚假材料申报获取资金870万元等问题。

社会组织管理审计调查 省审计厅组织对省发改委等24个部门单位所辖670个社会组织2012年度管理情况开展专项审计调查，主要涉及职能履行和财政收支有关事项，审计抽查116个社会组织。审计发现，部分部门单位与社会组织在委托承担政府职能相关事项上不规范、部分社会组织违规获取和使用财政专项资金、部分社会组织自身管理薄弱、部分社会组织的社会服务能力不强等问题。

固定资产投资审计 全省中小学校舍安全工程跟踪审计。组织全省审计机关对中小学校舍安全工程（以下简称校安工程）进行跟踪审计。审计结果表明，各级校安办积极创造条件，全力推动全省中小学校安工程建设。2011年11月至2012年12月底，全省新开工学校235所，新开工面积168万平方米；全省新竣工学校1588所，新竣工面积519万平方米，基本实现国家和省政府确定的工作目标。

轨道交通建设项目审计。组织对广东珠三角城际轨道交通有限公司（简称城轨公司）负责建设的珠三角城际轨道交通建设情况进行审计，涉及穗莞深城际轨道交通项目、东莞至惠州城际轨道交通项目、广州至肇庆城际轨道交通佛山至肇庆段项目。审计结果表明，城轨公司积极采取措施加快城际轨道交通建设，加强制度建设，促进工程稳步推进。审计发现，2个服务类项目未按规定招标，涉及金额634.8万元。部分工程建设管理不到位，虚报完成工程量1.16亿元。部分施工单位分包劳务支付工程款式未取得营业税发票，涉及金额3.09亿元。

广梧高速公路二期建设项目组织对广梧高速公路二期（河口至平台段）项目竣工决算进行审计，并延伸调查部分施工、征地拆迁等有关单位。通过审计发现，项目多计建设成本1.56亿元，项目建设单位管理费实际支出超出批复的管理费3355万元等问题。

企业审计 省审计厅组织对广新控股集团、

丝纺集团、建工集团、联合服务公司、物资集团共5户省属国有企业集团开展审计，涉及资产总额960亿元，审计查出管理不规范、损失浪费等问题金额42亿元，审计处理处罚金额20亿元，向省国资委、省财政厅等部门移送事项3项。对2010年以来国有企业审计发现问题进行公告，重点披露部分企业存在会计信息不真实、重大经济事项决策不规范、内部控制制度不健全、法人治理结构不完善等问题。

外资运用审计 省审计厅对审计署授权的11个国外贷援款项目实施公证审计，总投资为人民币22.43亿元，查处违法违规和管理不规范问题涉及金额约1.03亿元。项目概算投资总额22.43亿元，其中利用外资12.73亿元。审计查出问题金额1.03亿元，提出审计建议23条。对世界银行贷款广东珠江三角洲城市环境一期项目开展绩效审计探索。审计发现项目初始评估不足、进展缓慢、政策研究成果应用性不强、污水处理区域合作理念未得到推广、新增污染物处理能力未得到充分利用、项目设施和管理有待进一步完善、部分环保设施存在隐患等问题。

审计整改 审计促进整改落实有关问题金额279.85亿元，延伸检查相关整改单位32个，已完成整改的项目中，督促被审计单位上缴各级财政资金1.06亿元，调整会计账目涉及金额19.25亿元；根据审计项目的建议，督促被审计单位和主管部门完善各项制度33项，处理相关责任人员18人。督促被审计单位建立健全规章制度125项。

审计结果公告 省各级审计机关向社会发布审计结果公告757篇。对社会关注度高的近3年“广东扶贫济困日”活动捐赠款物募集使用和管理情况、广东省对口援疆发展资金和项目、国外贷援款项目等重要审计事项及时向社会公告。

内部审计 全省内部审计机构开展内部审计项目84123个，审计总金额为11508.27亿元，增收节支15.89亿元，提出并被采纳的意见35669条，建议给予行政处分97人，实际给予行政处分93人，向司法机关移交案件23件，人员38人。

（撰稿人：陈健平）

【广州市审计局】 2013年，广州市审计局人员编制150人，在编142人。局长张杰明，副局长陈宝雄、黎子良、冯慧光、严健蓓、刘南群，纪检组长李雪薅。设有办公室、法规审理处、财政税务审计处、行政事业审计处、固定资产投资审计处、企业审计处、社会保障审计处、外资与农业资源审计处、经济责任审计管理处、整改执法监督处、人事处（与机关党委合署办公）、绩效审计处和重点建设项目审计处、计算机审计处。

审计成果 广州市审计机关完成审计项目341个，查出主要问题金额1001475万元，其中违规金额37898万元、损失浪费金额9509万元、管理不规范金额954068万元；损益（收支）不实金额142147万元；审计处理处罚金额229108万元，其中应上缴财政34855万元、应减少财政拨款或补贴2130万元、应归还原渠道资金10460万元、应调账处理金额181662万元；审计发现非金额计量问题701个；审计促进整改落实有关问题资金240313万元，其中增收节支59285万元、已调账处理金额181028万元；审计后挽回（避免）损失12175万元；移送司法机关、纪检监察机关和有关部门处理事项19件；出具审计报告和专项审计调查报告498篇，被批示、采用54篇；提出审计建议618条；提交审计信息177篇，被批示、采用92篇；向社会公告审计结果17篇。

政府性债务审计 广州市审计局组织对越秀区等9个区（县级市）、配合广州特派员办事处对天河区等3个区及所属乡镇人民政府开展政府性债务审计。重点审计涉及政府性债务的政府部门和机构、经费补助事业单位、公用事业单位、融资平台公司等单位，基本摸清广州市12个区级政府负有偿还责任的债务、负有担保责任的债务和可能承担一定救助责任的其他相关债务的规模、结构及增减变化情况，反映政府性债务举借、管理和使用中出现的新情况和新问题，揭示债务风险隐患，提出促进加强政府性债务管理、有效防范和化解潜在风险、保障经济持续健康发展的意见和建议。

地方政府债券资金跟踪审计 广州市审计局对2011年广东省政府试点发行债券转贷广州市用于保障性安居工程建设和中央投资公益性项目地方配套的资金进行跟踪审计。重点关注资金的使用以及资金项目的管理效益、有关资金项目的前期准备、招投标、政府采购、组织实施以及项目质量、安全和相关政策执行等情况。审计结果表明，政府债券转贷资金投向、分配符合省、市签订的转贷协议约定；资金预算的组织、编制、报批符合预算管理规定；资金能及时足额到位，专款专用，管理较为规范。

绩效审计 广州市审计局制定并印发《广州市审计局绩效审计通用操作指南（试行）》《广州市审计局政府投资项目绩效审计操作指南（试行）》，进一步丰富绩效审计规范体系，有针对性地规范绩效审计工作，为下一步开展绩效问责打基础。同时注重绩效审计结果的披露，将广州市地下铁道等4个项目的建设和运营绩效情况审计结果纳入向广州市人大常委会汇报的《审计工作报告》，使广州市人大及社会公众能更好地监督财政资金使用绩效，推动绩效管理水平进一步提升和问责工作的开展。

内部控制测评 广州市审计局在广州市本级各部门和市属国有企业推广内部控制测评工作，帮助和督促机关事业单位、国有企业建立起完善的、行之有效的内部控制制度。4月，召开广州市“内部控制及测评”会议，总结宣传推广内部控制测评试点工作成果，推动广州市内部控制测评工作全面开展。（撰稿人：詹丽云）

【清远市审计局】 2013年，清远市审计局人员编制28人，在编28人。局长冯小华，副局长谭瑞基、杨志辉、陈小菊，总审计师招文锋，纪检组长成秋军。设有办公室、政策法规科、经济责任审计科、财税金融审计科、行政事业审计科（与农业与资源环保审计科合署）、固定资产投资审计科和企业审计科。

审计成果 清远市审计机关完成审计项目236个，查出主要问题金额303015万元，其中违规金额6736万元、管理不规范金额296279万元；损益（收支）不实金额92995万元；审计处理处罚金额76830万元，其中应上缴财政4770万元、应减少财政拨款或补贴826万元、应归还原渠道资金927万元、应调账处理金额70305万元；审计发现非金额计量问题267个；审计促进整改落实有关问题资金39022万元，其中增收节支1439万元、已调账处理金额37583万元；审计后挽回损失826万元；移送司法机关、纪检监察机关和有关部门处理事项5件；出具审计报告和专项审计调查报告322篇，被批示、采用1篇；提出审计建议535条，提交审计信息83篇，被批示、采用15篇；向社会公告审计结果1篇。

财政审计 清远市审计机关共完成预算执行审计项目48个，审计查出主要问题金额152200万元；财政决算审计项目32个，审计查出主要问题金额34585万元。重点做好全市2012年财政预算执行情况审计和全市地方税务系统2012年税收征管情况审计，并根据存在的问题，提出具有针对性的改进建议，得到有关部门的认可和采纳。认真落实“两个报告”报送制度，严控“两个报告”质量，得到同级人大和政府充分肯定。7月底，开展对8个县（市、区）的地方政府性债务审计，摸清债务底数，为地方政府的决策提供重要参考依据。

行政事业审计 清远市审计机关审计行政事业单位100个。查出主要问题是：未按规定纳入预算管理6272万元，未按规定征收缴纳收入1007万元，未落实“收支两条线”和专户管理规定12130万元，扩大开支范围或提高开支标准列支2986万元等。

固定资产投资审计 清远市审计机关重点审计工程招投标、合同签订、工程造价的真实性以及财务管理、资金使用情况，揭露虚报成本、损失浪费等问题。共完成清远市特殊学校工程决算审计等投资项目14个，审计工程投资额45382万元，核减工程投资838万元，为政府节约建设资金，取得明显的经济效益和社会效益。

企业审计 清远市审计机关共审计（或调查）企业单位9个。查出资产质量不实金额7万元，财务收支核算不实金额741万元，其他问题金额4449万元。

经济责任审计 清远市审计机关共审计经济责任人113人，审计单位98个，审计查出违规金额3298万元，管理不规范金额66640万元，为财政增收节支249万元。全市审计机关加强对重点部门、重点单位和关键岗位主要领导干部的经济责任审计，积极推进党委和政府主要领导干部同步审计，逐步扩大任中审计所占的比重，全市任中审计对象从2012年的6人增加到2013年的

14人。

专项资金审计（调查） 做好城镇保障性安居工程、清远市红十字会接受四川芦山地震捐赠款物收支情况、地方政府债券资金和“广东扶贫济困日”活动捐赠款物募集和使用管理情况等专项审计（调查）。开展专项资金审计（调查）单位33个，审计专项资金总额56537万元，查出主要问题金额26638万元。（撰稿人：盘可君）

【韶关市审计局】 2013年，韶关市审计局人员编制47人，在编44人。局长凌振伟，副局长李贵堂、李秋月、陈大川，总审计师钟定鸿，纪检组长徐进平。设有办公室（计算机审计室）、法规审理科、经济责任审计办公室、财税金融审计科、行政事业审计科、农业与资源环保审计科、经贸外资审计科、固定资产投资审计科。

审计成果 韶关市审计机关共完成审计项目333个，查出主要问题金额237382万元，其中违规金额624万元、管理不规范金额236757万元；损益（收支）不实金额13961万元；审计处理处罚金额196万元，其中应上缴财政25万元、应调账处理金额170万元；审计发现非金额计量问题483个；审计促进整改落实有关问题资金304万元，其中增收节支133万元、已调账处理金额170万元；移送处理落实事项1件；出具审计报告和专项审计调查报告531篇，被批示、采用48篇；提出审计建议660条，被批示、采用644条；向社会公告审计结果3篇。

财政审计 韶关市审计局重点开展财政预算执行审计及其他财政收支情况审计，促进财政部门规范预算管理和各部门财政财务收支管理，完善财政收支管理制度，促进财政科学化、精细化管理，使财政预算管理明显加强；加强对财政性资金的绩效审计，促进各项目资金使用单位提高项目资金的使用绩效和管理水平。开展对浈江区2012年度财政决算、武江区2012年度财政决算进行审计；韶关市地方税务局2012年度市本级税收征管情况审计；抽调全市104名审计业务骨干对10个县（市、区）和104个乡镇开展政府性债务审计。

行政事业审计 韶关市审计机关完成行政事业审计项目158个，审计调查项目12个，审计查出主要问题金额58518万元，其中未按规定纳入预算管理266万元，未落实“收支两条线”和专户管理409万元，违规改变项目计划和资金用途202万元，资金滞留闲置256万元，扩大开支范围或提高开支标准列支373万元，违规采购1831万元，其他51036万元。

社会保障审计 韶关市审计机关完成社会保障审计12个，审计查出主要问题金额226万元。审计摸清社会保险基金、住房公积金收入45235万元，支出32454万元，滚存结存25272万元。

企业审计 韶关市审计机关完成企业审计10个，审计查出主要问题金额16588万元，其中资产质量不实金额486万元，财务收支核算不实金额654万元，账外资产491万元，其他问题金额14956万元。

经济责任审计 韶关市各级审计机关完成经济责任审计项目175个，审计经济责任人175人。通过审计，查出问题主要金额67400万元，其中违规金额590万元，管理不规范金额66809万元；审计发现侵害人民群众利益金额98万元；撤职、降级1人；依法提出审计建议324条，被采纳320条。

专项资金审计（调查） 韶关市审计机关完成专项资金审计47个，专项审计调查12个，延伸审计单位94个，审计专项资金总额60750万元，审计查出主要问题金额7335万元，其中未落实“收支两条线”和专户管理规定3410万元，未按进度支付工程款2098万元。

其他审计 韶关市审计局完成政府交办的33项任务，包括开展对韶关市新鸿达城市投资经营有限公司，韶关市土地储备交易中心，市区最低生活保障家庭享受国家优惠政策落实情况，政府工程、公共资源处置过程中公平、公开、竞争制度的执行情况及河砂开采权，韶关市浈江区赣韶铁路启明路段征收补偿资金，启明北、浈江中旧城改造拆迁费用，90个事业单位的基本情况及其2011年度财政财务收支情况，3个市属国有企业，浈江区环卫所环卫资金，武江区环卫所环卫资金，11所中等级职业技术学校及市属技校、韶钢三所学校教育经费等审计或审计调查。

（撰稿人：徐望雄）

【河源市审计局】 2013年，河源市审计局人员编制33人，在编33人。局长黄敏，副局长王超良、何国平，总审计师谢统鹏，纪检组长黄炳忠。设有办公室、财税审计科、行政事业审计科、经济贸易审计科、农业与资源环保科、基建外资审计科、政策法规科、经济责任审计科、社会保障资金审计科、纪检监察室、绩效审计分局。

审计成果 河源市审计机关共审计218个项目，查出主要违规问题金额830710万元，其中违规金额2728万元，管理不规范金额827982万元；损益（收支）不实金额27084万元；审计处理处罚金额2698万元，其中应上缴财政2696万元，应归还原渠道资金2万元；审计发现非金额计量问题305个；出具审计报告和专项审计调查报告301篇，被批示、采用3篇；提出审计建议466条，提交审计信息49篇，被批示、采用2篇。

财政审计 河源市审计局完成市本级预算执行和源城区、连平县财政决算审计，披露预算编制不科学、预算执行不到位、财政财务收支失实以及资金使用不规范、行政事业性收费未足额征收等问题，提出加强预算管理、深化财政体制改革、提高财政资金使用效益等审计意见和建议，促进预算分配秩序和财政收支行为的规范，严格执行“收支两条线”规定，推动基本公共服务均等化和公共财政体系的深化完善。

固定资产投资审计 河源市审计局组织开展对市高新区资产负债和经营管理情况、市高新区中兴通讯项目土地征用及开发资金投入情况审计调查、河源市客家文化公园工程项目投资审计，基本摸清项目建设情况，重点关注项目是否存在超概算、弄虚作假、挤占挪用、偷工减料、高估冒算以及损失浪费等问题。

社会保障审计 河源市审计机关对河源市2012年各类城镇保障性安居工程（包括廉租住房、公共租赁住房、经济适用住房、各类棚户区改造）的投资、建设、分配、运营等情况进行审计。重点审计解困办、发展改革、财政、国土资源、住建、民政、统计、住房公积金中心、房管等有关部门，对17个保障性安居工程项目的开工情况、32个项目的竣工情况、13个项目的工程建设和质量管理情况进行审查，延伸审计25个保障性安居工程项目融资、建设、勘察、设计、施工、监理、质量监督等相关单位和企业、3个街道办（乡镇）、7个居（村）委会、45户家庭。审计披露河源市在城镇保障性安居工程目标任务完成、资金筹集管理和使用、工程建设管理、保障性住房分配运营等存在的问题15个，其中，市本级存在问题6个，查出管理不规范金额1231.42万元。向当地政府和相关部门提出5条整改意见和建议。促使市直相关部门重新制定住房保障制度3个，进一步完善河源市的住房保障制度。河源市审计局会同市财政局、市人力资源和社会保障局单位组成联合审计组，对河源市各县（区）市级统筹前的社会保险基金结余情况进行审计，基本掌握各县（区）市级统筹前的企业职工基本养老基金、基本医疗保险基金、失业保险基金、工伤保险基金和生育保险基金的资产负债、收支结余及管理情况。

政府性债务审计 按照审计署的统一部署，河源市审计局组织开展县级以下地方政府性债务审计，重点审计涉及政府性债务的政府部门和机构、经费补助事业单位、公用事业单位、融资平台公司等有债务单位436个，排查无债务单位571个。披露河源市在政府性债务管理、举借、资金使用等方面存在14个问题。揭示债务风险隐患，提出促进加强政府性债务管理、有效防范和化解潜在风险、保障经济社会持续健康发展的意见和建议。

经济责任审计 河源市审计机关完成经济责任审计项目121个，其中县委书记县长经济责任同步审计2个，镇委书记镇长经济责任同步审计15个；审计经济责任人140人，其中县处级干部34人，乡科级干部100人、国有企业领导6人；离任审计117人，任中审计23人，任中审计占总审计人数的16.43%。查出违规和管理不规范金额13.61亿元。河源市五县一区均成立经济责任审计工作领导小组或建立联席会议制度。市审计局、源城区、连平县、和平县、龙川县成立经济责任审计中心，和平县配备专职副科级联席会议办公室主任。

专项资金审计（调查） 河源市审计局积极组织开展对市直10个部门的会议费、培训费的审计调查，促进转变作风，履行勤俭节约，反对铺张浪费；继续开展“广东扶贫济困日”活动捐赠款物募集和使用管理情况的跟踪审计，推动扶贫济困活动有序持续健康发展，保障活动目标顺利实现；开展广东省地方债券资金管理和使用情况的跟踪审计，促进加强债券资金管理，推动加快项目建设；开展对广播电视网络股份有限公司财务收支审计，推动各项惠民措施的落实；参与和配合河源市纪委整治“小金库”和专项资金检查等专项整治行动，推动建立和健全各项规章制度。

（撰稿人：李奇志）

【梅州市审计局】 2013年，梅州市审计局人员编制46人，在编45人。局长刘耿灵，副局长刘少庭、刘鸿涛、杨伟南、温爱生，总审计师练清万。设有办公室、综合与法规审理科、财政金融审计科、行政事业审计科、经济责任审计科、固定资产投资审计科、经贸审计科、农业与资源环保审计科、市经济责任审计联席会议办公室，下设事业单位梅州市审计局绩效审计室、计算机审计中心。

审计成果 梅州市审计机关完成审计项目337个，查出主要问题金额52.5亿元；应上缴财政5713万元，应归还原渠道金额2.9亿元，应调账处理金额5.7亿元；向有关部门移送审计事项9个。10篇审计报告、专报得到市委书记、市长等市领导的重要批示。

财政审计 市审计局在本级预算执行审计中共查出违规和管理不规范金额合计18亿元；对市地方税务局2012年度税收征管情况进行审计，查出少缴税费1943万元；开展丰顺、五华2个县2012年度财政决算审计。

政府性债务审计 梅州市审计机关抽调全市审计骨干力量104人，利用2个月的时间，对市、县、镇三级政府性债务情况进行全面审计，基本摸清政府性债务的规模和结构。

经济责任审计 梅州市审计局实施领导干部经济责任审计单位182个（离任审计168个，任中审计34个），经济责任审计对象202人（县处级21人，乡科级181人），审计查出违纪违规金额3061万元，管理不规范金额2.1亿元。

专项资金审计 梅州市审计局开展对地方政府债券资金、全市城镇保障性安居工程、2013年“广东扶贫济困日”活动捐赠款物、全市农村低收入住房困难户住房改造资金以及全市林业、水利专项资金进行审计或审计调查。

固定资产投资审计 梅州市审计局组织实施梅州城区八一路BT工程、市产业园商业服务区第二标段建设项目的审计，揭示和反映这些项目在招投标、项目实施、项目决算等方面存在的问题，促进提高建设项目管理水平和投资效益。

行政事业审计 市审计局派出8个审计调查组，对市特殊学校、市直机关幼儿园、剑英图书馆、客家博物馆、市第三人民医院、市妇幼保健院、市疾控中心、市红十字会8个预算单位2012年、2013年度财政财务收支进行审计，揭示和反映财政财务收支及收费管理、使用中存在的典型性、倾向性、普遍性问题，促进各单位落实措施，完善制度，规范管理，促进公共财政制度的完善与落实。

（撰稿人：张世钦）

【潮州市审计局】 2013年，潮州市审计局人员编制43人，在编41人。局长邱怀球，副局长蔡舜娜、杨桂生、刘建春、王铿，总审计师曾锐松。设有办公室、政策法规科、财税金融审计科、固定资产投资审计科、行政事业审计科、工交商贸审计科、经济责任审计一科和经济责任审计二科。

审计成果 潮州市审计机关共完成审计和审计调查项目149个，查出违规金额1472万元，管理不规范金额341348万元，审计整改促进增收节支金额5552万元，审计发现非金额计量问题243个。移送公安部门线索1条，向纪委部门移交案件1起。提出审计建议214条，被采纳建议、意见195条，有效促进问题得到整改。坚持服务大局、围绕中心，完成领导交办的专项审计任务和派员参与配合的事项共24个。

财政审计 加强对政府全口径预算的审查和监督，各级审计机关认真开展2012年度本级财政预算执行审计。重点检查预算执行、非税收入管理和财政专项资金管理等情况，促进严格财政收支管理，以推动所有政府收支纳入预算，促进厉行勤俭节约，提高财政资金使用效益。加强对税收征管情况的审计监督，重点关注房地产业等行业以及土地使用税的征管情况。提出加强税收管理、防止税源流失等审计建议。加强对地方财政潜在风险的审计监督，重点维护经济社会安全。

政府性债务审计 派员参与省审计厅审计组外，抽调市二级审计机关共 20 人，分别组织对辖属 3 个县（区）及所属 41 个乡镇的政府负有偿还责任的债务、政府负有担保责任的债务和政府可能承担一定救助责任的其他相关债务情况进行审计。地方政府性债务审计工作圆满完成，对有效防范和化解潜在风险，保障经济持续健康发展，起到较好的作用。开展潮州市 2011 年地方政府债券资金跟踪审计，对潮州市 2011 年广东省政府试点自行发债的 3255 万元地方政府债券资金的管理、分配、使用及其投向项目的建设情况进行跟踪审计。为应对和防范金融安全问题提供重要决策参考。

专项资金审计 “广东扶贫济困日”活动捐赠款物募集和使用管理情况审计重点摸清潮州市“广东扶贫济困日”活动捐赠款物认捐、到位、拨付和使用管理等情况，揭示和反映在捐赠款物募集和使用管理中存在的问题，促进捐赠资金物资安全完整和发挥效益，保障活动目标顺利实现。

对 2012 年潮州市各类城镇保障性安居工程的投资、建设、分配、运营等情况进行审计。审计中发现存在资金筹集和管理不规范、欠收租金、保障性住房分配和使用管理不规范、住房保障业务基础工作较薄弱、部分保障性住房长期闲置等问题，促进完善住房保障机制，加强工程管理，严格履行管理责任，加大对工程进度跟踪监管，督促相关项目尽早完工。

乡村垫交税费债务核实，通过清理化解乡村垫交税费债务，对加强基层组织建设、促进农村社会和谐稳定、减轻农村债务负担，促进农村经济发展具有十分重要的意义。

对潮州市城区 2012 年度市政设施养护维修和园林绿化管养经费的筹集、拨付和管理使用情况进行审计调查。针对审计调查发现的主要问题，注重剖析原因，并提出“增加经费投入、提升管养水平与效果，加大对超载车辆的整治力度”等审计建议，为潮州市进一步提高市政维护和绿化管养水平提供决策参考。

按照中央和上级审计机关“在开展年度审计中，对各部门会议活动经费使用情况进行审查”的有关要求，关注被审计单位的会议费管理使用情况，以 2011 年度会议费开支制度建设方面、预算方面、经费来源方面和实际支出方面为主要审计调查的内容，查出各单位对会议费的管理普遍没有建立完善的内控制度并有效实施，缺乏预算管理，对会议费的核算不规范、不明晰；个别单位存在超标准列支会议餐费，以领代支座谈会、表彰会活动费用等问题。通过审计，纠正铺张浪费、有令不行等行为，推动机关、企事业单位及其领导干部改进工作作风，厉行节约。

经济责任审计 潮州市审计局审计 95 个单位、108 名领导干部，查出违规金额 342 万元，管理不规范金额 193824 万元。移送公安部门线索 1 条，向纪委部门移交案件 1 起。审计关注党政机关、企事业单位领导干部任职期间遵守国家财经法规、履行职责、决策制定及执行情况，加强对权力运行的监督和制约。对于审计发现的部分单位存在财务管理、国有资产管理不够规范和部分工程建设项目管理不严格等问题，提出审计建议，进一步促进领导干部守规尽责。

固定资产投资审计 开展基建工程审计，注重政府投资项目建设的管理情况和建设资金的效益性。开展桥东污水处理厂工程、凤凰水库达标加固工程等政府投资建设项目的竣工决算审计，重点审计设计、施工及招投标管理情况，同时加强对隐蔽工程和变更项目的监督；关注投资项目损失浪费形成国有资产流失、建设程序不规范的问题，促进提高建设资金的管理水平和投资效益。

（撰稿人：林 娟）

【汕头市审计局】 2013 年，汕头市审计局人员编制 73 人，在编 67 人。局长谷元新，副局长黄师杰（—8 月）、郭旭、吴少青、谢叙淦，总审计师吴小琦，纪检组长林炎光。设有办公室（与机关党委办公室合署）、综合法规科（整改监督科）、财政金融审计科、行政政法审计科、企业审计科、固定资产投资审计科、教科文审计科、农业与资源环保审计科、社会保障审计科，经济责任和绩效审计分局，计算机审计中心。

审计成果 汕头市审计机关完成审计项目 236 个，查出主要问题金额 1087530 万元，其中违规金额 15047 万元、管理不规范金额 1072483 万元；损益（收支）不实金额 138357 万元；审计处理处罚金额30363万元，其中应上缴财政3277万元、应减少财政拨款或补贴5575万元、应归还原渠道资金2404万元、应调账处理金额19099万元；审计发现非金额计量问题525个；审计促进整改落实有关问题资金21620万元，其中增收节支4378万元、已调账处理金额17115万元；审计促进拨付资金到位35万元；审计后挽回（避免）损失5025万元；移送司法机关、纪检监察机关和有关部门处理事项1件；出具审计报告和专项审计调查报告249篇，被批示、采用14篇；提出审计建议406条；提交审计信息39篇，被指示、采用17篇；向社会公告审计结果1篇。

政府性债务审计　汕头市审计局根据审计署、省审计厅的统一部署，抽调市直、区县审计机关干部77人组成7个审计组对市辖下六区一县及32个乡镇的地方政府性债务进行审计。共完成对1672个单位、1876份报表、1316笔债务的审计核实工作，发现政府性债务举借、管理和债务资金使用等方面存在的问题，提出针对性意见和建议，按时、准确地完成任务。

预算执行审计　汕头市审计局以预算执行审计为基础，以“大财政”收支审计为主线，以税收征管、非税收入、政府债券、政府性基金等关联审计为抓手，积极探索对政府全口径财政预决算的审计监督，做到观念创新、内容创新、手段创新，实现财政审计“三拓展”。6月，市人大常委会就2012年度本级预算执行和其他财政收支的审计工作报告做出决议，并要求“市政府要高度重视审计意见，责成有关部门和单位对审计查出的问题认真切实进行整改，对审计查出的违法违纪行为要敢于问责，依法处理、依法公开”。汕头电视台、汕头日报等媒体也对审计工作报告做了专题报告。

专项资金审计　汕头市审计局开展城镇保障性安居工程和福利彩票公益金审计，指出影响保障性住房分配公正性、廉租房未设立退出机制、部分公益金项目资金闲置导致使用效益低、孤独症儿童康复救助资金发放不规范等问题，引起有关部门的高度关注，有关市直部门制定《汕头市公租房保障资格申请审核细则》和《关于进一步规范福利彩票公益金使用管理的通知》，进一步完善收入分配制度，推进社会救助体系建设和社会福利事业、慈善事业健康发展。

环境资源绩效审计　汕头市审计局开展千村环境综合整治和海洋专项资金审计，在审计过程中，改变就账查账、就事论事的习惯做法，从建设美丽幸福汕头的大局着眼，从千村环境整治和海洋经济发展的政策目标入手，对资金使用、项目管理和措施成效等方面进行综合分析和评价，提炼出《推进千村整治，建设美丽汕头》和《我市海域使用金征管问题亟待解决》等审计专报及时反馈给党委、政府和有关单位，从审计的角度促进汕头环境资源合理开发和可持续利用，助推美丽汕头建设。

经济责任审计　汕头市审计机关共审计领导干部109人，查出违规金额359万元，审计促进增收节支1066万元。在经济责任审计中，创新审计方法，完善审计内容，将党政领导贯彻落实科学发展观等情况，通过一系列表格进行分类分项细化，并下发到区县各单位要求进行考查，以此作为评价区县党政领导在落实国家产业、土地、环保、节能减排等政策所产生效益的重要依据。加强对领导干部履责用权的监督，加大对经济违纪的查处力度，某单位设立“小金库”问题及时移送市纪委处理。坚持经济责任审计工作领导小组会议制度，加强交流协作，筹备举办2013年经济责任审计工作领导小组会议。

固定资产投资审计　汕头市审计机关对总投资额10.53亿元的12个投资审计项目进行审计，核减结算造价5583万元；多次参与市政府组织的政府投资项目相关问题工作会议，为项目投资的效益性、建设程序的规范化提出可行性建议，为地方党委政府工程建设监督提供决策参考。

审计整改　汕头市审计局坚持“审而要究、审而要改、审而要用”原则，建立健全“边审边改、督查整改、追责问改”等机制，推进依法行政，提高政府行政力和公信力。2012年7月至2013年6月期间，查出违规金额2亿元，已执行到位金额为1.91亿元，其中，市直有关部门上缴财政专户9455.16万元，市、区两级地税部门追缴入库税款7374.07万元、核减工程建设造价2238.27万元，执行率为95.33%。促进市直有关单位建立健全制度共15项；移送纪检监察部门处理事项中，已立案侦查并给予党纪处分1人。《汕府信息》2013年第20期对汕头市多措并举落实审计整改并取得明显成效情况进行刊发，并作为重要信息上报省政府办公室。

内部审计 汕头市内部审计协会召开第二届理事会第二次会议，全市各部门、各企事业单位的近30位内部审计协会理事参加会议，会议调整、增补新的理事、副会长和秘书长，审议并同意吸收新的团体会员2个和个人会员13人。同时，开展民营企业内部审计调研，进一步了解民营企业内部审计机构基本情况，以及内部审计制度建立和内部审计工作开展情况，为指导和推动内部审计工作的新发展提供依据。

审计学会 汕头市审计学会以“纪念汕头审计机关成立30周年”为契机，与市内部审计协会联合组织开展纪念汕头审计机关成立30周年征文活动，共征集论文60多篇。《牢记党的重托，依法审计服务国家治理——审计法治化进程下的汕头审计》获得“纪念广东审计机关成立30周年优秀征文活动”三等奖，撰写的《新媒体引发的审计舆论风险与控制》发表于《广东审计》2013年第3期。另外，局推荐的2篇论文获审计署2012年审计法治论文二、三等奖，另有2篇论文获省审计厅和省审计学会审计风险控制论文评选二、三等奖。 （撰稿人：张卫红）

【揭阳市审计局】 2013年，揭阳市审计局人员编制38人，在编39人。局长唐莉，副局长林少波（—5月）、谢拱从（—10月）、丁有民，总审计师郭少斌，纪检组长黄跃（8月—）。设有办公室、综合科、财税金融审计科（加挂外资运用审计科）、行政事业审计科、经济责任审计办公室（与揭阳市经济责任审计工作领导小组办公室合署办公）、固定资产投资审计科、经贸审计科、直属分局和市审计局驻蓝城区办事处（12月以前为驻东山区办事处），下设揭阳市审计信息管理办公室、揭阳市审计局经济责任审计中心。

审计成果 揭阳市审计机关完成审计单位274个，查出主要问题金额207195万元，其中违规金额12162万元、管理不规范金额195033万元；损益（收支）不实金额13953万元；审计处理处罚金额26060万元，其中应上缴财政3475万元、应归还原渠道资金12111万元、应调账处理金额10473万元；审计发现非金额计量问题85个；审计促进整改落实有关问题资金17173万元，其中增收节支6961万元、已调账处理金额10212万元；移送司法机关、纪检监察机关和有关部门处理事项4件；出具审计报告和专项审计调查报告356篇；提出审计建议496条，提交审计信息108篇，被批示、采用审计信息20篇，向社会公告审计结果31篇。

财政审计 组织开展地方政府性债务审计、地方税收和文化事业建设费收入征管情况审计、省地方政府债券资金跟踪审计等署定、省定审计项目，促进国家重大政策措施和决策部署的落实。对地方政府性债务审计，摸清县和乡镇二级政府性债务的规模和管理情况，提出进一步完善和规范政府性债务管理工作、防范债务风险的建议意见。对地方政府债券资金的跟踪审计，促使滞留未用的部分债券资金及时调整到急需资金的项目，发挥资金效益。对市本级财政预算执行情况、市直10个单位的部门预算执行情况的审计和2012年会议费专项审计调查，揭示财政预算、国库集中支付、社保财政专户资金、预算单位支出等管理方面存在问题，分别提出改进建议。市人大常委会对审计工作给予高度评价，市政府召开常务会议对审计工作报告指出问题布置落实整改。

经济责任审计 完成经济责任审计项目38个。审计发现的重要问题有大南山侨区违规出让土地两千多亩、市国土局未追收逾期缴纳地价款滞纳金近亿元，市人民医院部分接待支出不明、违规收费、虚假发票、未按规定执行政府采购和公开招标等。对审计中发现的重大事项及时向市委市政府提交专题报告，对查出问题依法做出处理处罚，界定相关责任人应负的责任，按规定移送纪检监察机关、公安部门处理，强化干部监督管理。

专项资金审计（调查） 对揭阳市2012年城镇保障性安居工程的跟踪审计和4个县（市）保障性安居工程地方政府债券资金的专项审计，发现一些住房困难家庭应保未保、个别不符合条件的家庭获得住房保障、部分保障性住房闲置、部分债券资金未投入使用等问题，审计提出完善保障性住房管理制度、工作机制和工作机构等建议，促进惠民政策的落实。对市人民医院、市卫生学校的审计中发现二个单位存在虚假发票报销修缮支出的问题，市审计局向市委、市政府主要领导提交审计专报，市长做出批示，采纳审计建议，落实市府办组织国税、地税、审计、公安、财政等部门进行联合检查、财政部门迅速制定相关规定堵塞漏洞。公安部门立案侦查并已经移送检察机关审查起诉。市财政局、市审计局、市公安局、市国税局、市地税局联合印发《关于进一步加强防范虚假发票工作的意见》。

相关工作 健全和完善审计整改工作机制。市政府于7月16日印发《揭阳市人民政府关于进一步加强审计整改工作的意见》，建立健全审计整改的报告、督查、问责等制度。继续完善经济责任审计地方配套法规。市委办、市府办于6月26日颁布实施重新修订的《揭阳市县处级以下党政主要领导干部和国有企业领导人员经济责任审计实施办法》，市审计局对经济责任审计配套制度进行修订完善形成10项新的配套制度。对机关人事、财务资产、业务管理各项制度进行全面清理、修订，形成19项党务政务工作制度、10项业务综合管理制度和4项信息化管理制度，进一步规范机关运作和审计业务流程。加强审计理论研究和审计宣传。（撰稿人：陈钦丰）

【汕尾市审计局】 2013年，汕尾市审计局人员编制38人，在编34人。局长王晓东（—4月）、李林顺（4月—），副局长李明训、纪永坤，总审计师陈丽青。设有办公室、法规审理科、财税金融审计科、行政事业审计科、农业与资源环保审计科、经济贸易审计科、固定资产投资审计科、整改监督科和经济责任审计办公室。

审计成果 汕尾市审计机关共完成审计项目137个单位，查出主要问题金额32919万元，其中违规金额214万元、管理不规范金额31704万元；损益（收支）不实金额2092万元；审计处理处罚金额3310万元，其中应上缴财政804万元、应减少财政拨款或补贴534万元、应归还原渠道资金82万元、应调账处理金额1890万元；审计发现非金额计量问题182个；审计促进整改落实有关问题金额2156万元，其中增收节支1059万元、已调账处理金额1094万元；审计后挽回（避免）损失534万元；提出审计建议440条，被采纳414条；提交审计信息160篇，被批示、采用48篇。

政府性债务审计 汕尾市审计局组织对全市所辖县（市、区）及44个乡镇的政府性债务情况进行审计。通过审计，摸清汕尾市县、乡镇两级政府的债务规模，揭露问题，并督促各县（市、区）、乡镇政府对政府性债务进行清理化解，加强对新增债务的控制管理，提出加强政府性债务管理、化解债务风险的意见建议。

预算执行审计 汕尾市审计机关加大对财政全口径资金的审计力度，坚持把全部财政性资金纳入审计范围，通过对财政等部门预算执行情况的审计，重点揭示和查处预算部门单位在预算执行中实际支出普遍大于年度预算、财务处理不够规范、超规定范围和限额使用现金等问题，提出整改意见和建议，促进预算部门单位进一步规范财务管理和节约行政成本。进一步加大审计整改力度，采取多种措施督促整改，2012年度市本级预算执行审计和其他财政收支审计（调查）查出的104个问题，已整改落实98个，审计整改落实率达94%。审计整改监督工作受到市人大常委会的充分肯定。

开展对市直51个一级预算单位2011年和2012年的“三公”经费和会议费的审计调查，重点关注被审计单位“三公”经费和会议费的使用情况，揭露部分单位“三公”经费和会议费无编制预算、支出控制不严、落实中央、省、市严格控制“三公”经费政策不到位等问题。提出健全预算、深化约束、加强监管等建议，促进各部门厉行勤俭节约，促进把有限的财政资金用在“刀刃”上，促进不断改进工作作风。

开展对全市2012年度地方税收和文化事业建设费征管情况的审计，税务部门根据审计结果追缴欠税户补缴税收1008.55万元。通过检查地方税收和文化事业建设费收入的真实性、合法性，揭示和反映地税系统在政策执行、征收入库、税源管理、征收方式等存在的漏洞和突出问题，提出有针对性的审计意见和建议，促进地税系统提高政策执行力，加大征管力度，规范征收管理，不断提高征管水平和质量。

经济责任审计 汕尾市审计机关共对44个领导干部进行经济责任审计，促进被审计单位和被审计领导依法行政，有效规范经济财务工作，为组织人事部门管理使用干部提供科学直观的参考依据，进一步发挥经济责任审计服务干部监督管理、推进执政能力建设的作用。

固定资产抽象审计 汕尾市审计局积极探索对重点建设项目跟踪审计方式，对工程建设项目审计实行审计前置、提前介入，全程参与。开展对市区防洪（潮）二期工程、汕尾理工职业学校工程、汕尾职业技术学院实训中心大楼、海丰县东关联安围加固工程等建设项目的审计，有效地促进工程建设项目的规范管理，共审计核减工程价款670多万元。

政府债券资金审计 汕尾市审计局对全市2011年省发行地方政府债券资金及其投向项目进行跟踪审计。对审计查出的全市10375万元债券资金闲置尚未使用的问题，通过《审计要情》向市委、市政府主要领导专题报告情况，分析产生问题的原因，提出针对性的意见和建议。

行业审计 对市、县两级广播电视有线网络进行行业审计，基本摸清全市广播电视有线公司服务收费、经营管理、财务状况等情况，揭露广播电视有线网络整合、运营服务、内控管理、财务收支中公共资源配置不规范等问题，提出推进台网分离、网络整合、网络转企、改善经营服务、提高管理绩效等意见和建议，发挥审计保障公共文化事业健康运行的“免疫系统”功能。

社会保障审计 汕尾市审计机关开展对“广东扶贫济困日”活动捐赠款物募集使用管理情况审计、城镇保障性住房安居工程跟踪审计等民生审计工作。审计提出优化财政支出结构、加强资金监督、强化绩效考评等审计建议，进一步促进各项惠民政策的落实。

农业与资源环保审计（调查） 汕尾市审计局采取“上审下”“同级审”相结合的方式开展农村环境综合治理审计（调查）工作。审计中坚持以农村环境综合整治专项资金及其他接受捐赠资金为主线，以资金规范、合理、有效使用为重点，多方位多角度关注资金使用效益和项目实施效果，注重从体制、机制、制度层面揭示存在的问题，提出审计建议，以助推农村环境卫生改善，促进农村生态文明建设，提升广大百姓生活质量。

行政事业审计 汕尾市审计局对涉及政府职能转变和机构改革的汕尾市政府采购中心、汕尾市建设工程交易中心、汕尾市土地和矿区权交易中心、汕尾市计生局、汕尾市食品和药品监督局等5个单位2012年至2013年10月财政、财务收支及资产负债情况进行审计（调查），保障机构改革计划的顺利推进。（撰稿人：王伟展）

【惠州市审计局】 2013年，惠州市审计局人员编制49人，在编47人。局长冯起忠，副局长陈益明、骆英华、叶肖彬、李思，纪检组长黄咏。设有办公室、综合信息科、法规审理科、经济责任审计科、财政税务审计科、专项资金审计科、固定资产投资审计科、企业审计科、审计督察科。

审计成果 惠州市审计机关共完成审计（调查）项目260个，查出应上缴财政17952万元，应减少财政拨款或补贴金额10790万元，应归还原渠道资金1838万元。移送纪检监察机关及其他部门处理事项4件，提出审计意见建议583条，提交专题审计报告、专题信息156篇。

财政审计 惠州市审计局对8个单位预算执行情况进行审计调查，促进各部门加强预算管理；对14个市直部门2012年度会议费和培训费管理使用情况进行专项审计调查，推动中央八项规定的有效落实；对惠城区2011年度财政决算情况进行审计，对2012年度税收征管情况及文化事业建设费征管情况进行审计。

专项资金审计 惠州市审计局对再就业培训、卫生、教育、林业、成品油价格补贴、地方政府债券资金、城镇保障性安居工程等重点资金进行审计，共审计专项资金项目189个。对惠州卫生职业技术学院等7所市属中等职业学校2010年至2012年教育经费投入及管理使用情况进行专项审计调查，向市政府提交专题报告，市领导高度重视，要求限期整改。

固定资产投资审计 惠州市审计机关完成政府投资审计项目23个，查出主要问题金额22295万元，核减投资额2179万元，提出审计意见建议50条。其中市审计局完成政府投资审计项目8个，查出主要问题金额21657万元，核减投资额1935万元，提出审计意见建议17条。

专项审计 惠州市审计局审核土地出让评估

报告332份，审计发现因评估不当造成少计土地价值31961.35万元，国土部门根据审计意见整改，增加土地出让底价11946.17万元，最终增加财政土地收益9411.25万元，减少财政补偿支出6.26万元。

政府性债务审计 惠州市审计局对惠城区、惠阳区、惠东县、博罗县、龙门县5个县（区）政府性债务情况开展审计，配合、协调省审计厅审计组在惠州的债务审计工作。

经济责任审计 惠州市审计局完成领导干部经济责任审计项目118个，审计党政领导干部126人，国有企业领导干部5人。

企业审计 惠州市审计局开展企业审计（调查）项目7个，查出主要问题金额27665万元，有关事项已移送市纪委、市监察局进一步调查处理。

交办事项 惠州市审计局对市委、市政府交办的惠州市基本公共服务均等化综合改革2012年资金筹集、支出、结余情况，地市自行批准转让的经营性公路项目，涉及工程投入补偿、债务偿还等影响财政收支的6个重大事项进行审计（调查）。经审计，减少财政补偿款支出8290万元。

（撰稿人：刘文娜）

【东莞市审计局】 2013年，东莞市审计局人员编制65人，在编60人。局长杜沛游，副局长王汝铭、卢炳辉、何志宇、赵志丹，总审计师何建东。设有办公室、综合法规科、财政金融审计科、经济责任审计科、固定资产投资审计科、行政事业审计科、经贸审计科、内部审计指导科和基层审计分局。

审计成果 东莞市审计局共完成审计项目76个，依法查处违规行为，理顺一批管理不规范金额，揭示损失浪费金额4589万元，促进财政增收节支34566万元。审计工作有效促进各项政策措施落实，提高财政资金绩效，推进党风廉政建设，取得较好成效。

财政审计 以财政、税务等部门单位为审计重点，抓住“科技东莞”等重大专项资金的审核、使用等关键环节开展审计，揭示资金使用和税费征管方面的不规范问题，提出审计意见和建议，促使1.5亿元税收及时征收入库。同时，对镇街政府性债务和部门单位财政财务收支开展审计，准确甄定各镇街政府性债务存量，掌握镇街和部门单位的财政财务收支状况，提出审计建议，有效促进加强财政风险防控，提高财政管理水平。

经济责任审计 完成对19名领导干部的任期经济责任审计，其中任期审计7人，镇委书记、镇长同步审计12人，查出一批违规使用和管理不规范金额，促进增收节支3.4亿元，提交专题报告18篇，及时将审计发现线索移交相关部门处理，促进领导干部依法廉洁行政。

专项资金审计 对保障性住房等10个专项资金（项目）开展审计，揭示延迟划拨资金、资金申领审核把关不严等问题，促进相关主管部门及时完善专项资金管理制度，加强资金使用监管，确保资金专款专用，发挥专项资金政策效果。

固定资产投资审计 对运河与垃圾场站综合整治等10项工程（项目）进行审计，查出工程立项手续不完善、投资规模控制不到位等问题，督促相关建设单位完善工程项目管理制度，加强投资项目监管，提高政府投资绩效。

企业审计 对3家市属国有企业进行审计，重点审查国有资产质量、安全和损益状况以及企业转制、资产处置等情况，揭示一些企业经营管理不规范、借出资金未及时收回等问题，促进企业规范经营，确保国有资产安全。

内部审计 东莞市共有内部审计机构290个，内部审计人员1379人，其中专职机构120个，专职人员560人。全年完成审计项目1724项，查出违规金额34028万元，损失浪费1683万元，促进增收节支9392万元，增加效益625万元，充分发挥内部审计“免疫功能”，促进防范基层经济运行风险。

（撰稿人：朱清荣）

【深圳市审计局】 2013年，深圳市审计局人员编制199人，在编186人。局长陈倩雯，副局长沈安利、张美秀、赵忠良（7月—），总审计师陈华。设有深圳市审计局经济责任审计专业局、深圳市审计局政府投资审计专业局、办公室、综合处、审理处、财政处、金融处、行政处、资金处、企业处和资源环境处。

审计成果 深圳市审计机关共审计（调查）3940个单位，向社会公告审计结果687份，查出违规金额1.57亿元、损失浪费金额246万元，促进增收节支54.66亿元。其中，深圳市审计局审计（调查）990个单位，向社会公告审计结果120份，查出违规金额5734万元、损失浪费金额117万元，促进增收节支42.50亿元。

财政审计 加大政府全口径预算执行审计力度，市本级预算执行审计将公共财政预算、政府性基金预算、国有资本预算、社会保障预算全面纳入审计范围，注重从宏观、政策层面进行审查分析，并针对发现的问题从体制、机制方面提出切实可行的审计建议，首次按照全口径向深圳市人大常委会报告审计情况，有效发挥审计工作的建设性作用。深圳市、区审计机关在地税审计、土地出让收支审计中通过市审计局授权区审计局审计、抽调区审计局人员编入市审计局审计组等方式统筹协调，紧密配合，实现上下联动。跨部门统一口径开展市本级部门预算审计，将部门预算审计与土地出让收支审计、经济责任审计等其他类型审计相互衔接，探索一次进点、协同审计，实现横向融合。将国有资本经营收益、发改部门分配投资资金等情况纳入财政审计范围，抽取罗湖区开展区政府财政决算审计，纵向了解各区财力收支情况和支出结构，稳步推进审计监督全覆盖。

绩效审计 推行分领域、分专题的绩效审计，更加突出效益性特征，选择生态文明建设专题开展深度绩效审计，开展包括海洋资源保护利用、水库维护与管理、农业用地管理、公园建设和管理、环保信息化项目建设与运作、主要工业污染防治管理、城市生活垃圾减量分类管理、水务发展专项资金、林业资源保护及管理专项资金、新能源汽车推广使用政策执行等10个审计项目，涉及海洋、水库、农地、公园等资源的利用和工业污染、生活垃圾的防治等方面，共审计（调查）14个单位，延伸审计（调查）89个相关单位，提出审计意见建议56条，出具审计决定书3份，移送处理事项6件，单项审计结果分别在“深圳审计信息网”对外公告。审计结果从资源保护利用、环境综合治理、专项资金管理、循环经济政策执行四个方面分类反映，依据绿色发展、循环发展、低碳发展的标准评价项目绩效，其中环保信息化项目绩效审计试用《政府公共管理类项目绩效审计评价标准》，首次实行定量与定性相结合进行绩效评价。通过审计，重点揭示和反映体制、机制、制度方面生态文明建设存在的不足，为进一步强化部门协调配合、推动制度落实、持续改进政策、完善宏观管理、提高整体绩效等提供参考。针对审计发现的问题，被审计单位高度重视，审计期间及审计结束后认真整改。推进绩效审计评价标准课题研究与实践，课题论文获审计署科研所发布，通过市、区两级审计项目验证，出台《深圳市政府公共管理类项目绩效审计评价标准操作规程（试行）》，实现从审计理论创新到设立审计实务标准的突破。

固定资产投资审计 深圳市审计局首次对深圳市发展改革委组织分配建设投资资金情况进行专项审计调查，配合深圳市人大对5个重大建设项目开展跟踪监督，对550个重大投资项目进行跟踪审计，全年核减投资额16.24亿元，出具审计报告820份，出具跟踪审计建议函23份，提出各类跟踪审计建议或意见50条，发出移送处理书11份，完成期中财务收支审计3项，涉及投资额290.94亿元。

开展重大政策执行情况监督审计、水务行业、市政道路、轨道交通、保障性安居工程建设管理等重大项目审计监督，开展市本级财政投资资金组织分配情况、市属公园建设和管理情况、城镇保障性安居工程（建设管理）、援疆项目等重大政策执行情况监督审计和重大项目竣工决算审计。

开展专项审计监督和市本级预算执行及其他财政收支（政府投资审计部分）情况审计，综合反映政府投资项目审计情况，着重反映轨道交通、特区“一体化”交通项目、保障性住房、医疗卫生、河流治理、援疆建设等重大项目的跟踪审计和竣工决算审计情况。

经济责任审计 深圳市审计机关共审计领导干部146人，查出违规违纪金额10.93亿元，审计建议被采纳218条。深圳市审计局配合市委组织部对54名领导干部经济责任审计结果进行评议并通报评议结果；盐田、龙岗区也分别对12名、20名被审计领导干部进行评议。

专项资金审计 深圳市审计局抽调市、区29名审计业务骨干，集中力量开展福田、罗湖、南山、盐田、宝安5个区的政府性债务审计，获得审计署集体及个人三等功、嘉奖奖励。派出30多名审计业务骨干配合审计署完成对深圳市财政存量资金的审计调查。派出14名审计人员赴新疆开展援疆建设项目和资金跟踪审计，保障对口援疆建设规范有序。市、区审计机关针对本级保障性安居工程、“广东扶贫济困日”捐赠款物、扶贫“双到”工作经费、拆迁改造项目征收补偿资金等民生项目和民生资金组织实施审计，促进政策有效执行；贯彻中央八项规定，在部门预算审计和经济责任审计中加大对“三公”经费、会议费和培训费支出情况的核查力度，促进厉行节约反对浪费。

审计改革创新 深圳市审计局制定《深圳市审计工作改革创新计划（2013—2015)》，不断提升审计监督效能。一是课题科研与业务实践互为促进，在课题研究与审计实践基础上出台《深圳市政府公共管理类项目绩效审计评价标准操作规程（试行)》，实现从审计理论创新到设立审计实务标准的突破。完成审计署委托的《国有企业领导人员经济责任财务评价体系》课题研究任务，创新成果《审计风险流程化控制机制探讨》获得省审计厅表彰，开展的绩效审计选项机制研究取得良好进展。二是探索审计体制机制创新，积极探索审计监督新模式。推进修订《深圳经济特区审计监督条例》，配合深圳市纪委设立前海廉政监督局，采取直接派驻人员与双重管理模式履行审计职责。组织开展政府投资审计方式方法创新调研，对派出审计机构涉及编制与职能定位等的可行性广泛论证。三是加大审计公开和审计成果运用力度。首次举办“审计开放日”和“审计进社区”活动。“财政财务收支真实合法效益指标”和“审计整改落实情况指标”纳入市政府绩效评估指标体系后，相关部门及被审计单位受到刚性约束，审计整改更加到位，审计成果得到更为有效的运用，有效提升审计机关公信力与话语权。四是坚持运用信息化手段，推动审计技术方法创新，实现市、区两级地税联网审计，现场审计信息化工作取得丰富成果，审计监督效能有明显提升。

建章立制反对“四风” 深圳市审计局以贯彻落实中央八项规定、反对“四风”为切入点，扎实开展党的群众路线教育实践活动，全面推进建章立制，为审计工作提供坚强保障。局领导班子查找问题聚焦“四风”，多种方式共征集意见建议，向社会做出9项承诺，梳理归纳43项“四风”问题分类整改，修订完善现有制度26项，制定新的制度9项，出台新的制度12项，努力构建为民务实清廉的长效机制；勇于攻坚破题，承担市一级层面推进的重点项目推进政府全口径预决算审计监督和建立健全公务支出、公务消费方面的审计制度，取得较好成效。深入开展党风廉政教育，以审计人员严重违纪案件为典型，在深圳市审计机关中组织开展党风廉政教育活动，采用集中讨论、网上学习、制作并组织观看廉政教育片、召开现场会、专项督查等多种形式开展廉政教育，取得良好效果，获得深圳市纪委主要领导的批示肯定。

（撰稿人：凌春杰）

【珠海市审计局】 2013年，珠海市审计局人员编制48人，在编44人。局长赵伟媛（—2月）、戴伟辉（3月—)，副局长郭圣勇、胡艳华、张跃进，总审计师苏牧。设有办公室、政策法规科、财政金融审计科、行政事业审计科、经济责任审计科、经贸审计科、固定资产投资审计科、资源环保与绩效审计科、基层审计工作办公室、国有企业经济责任审计办公室。

审计成果 珠海市审计机关完成审计项目123个，查出主要问题金额199725万元，其中违规金额12860万元、损失浪费金额188万元、管理不规范金额186677万元；损益（收支）不实金额19728万元；审计处理处罚金额44679万元，其中应上缴财政12410万元、应减少财政拨款或补贴2071万元、应归还原渠道资金130万元、应调账处理金额30011万元；审计发现非金额计量问题280个；审计促进整改落实有关问题资金11870万元，其中增收节支10302万元、已调账处理金额1567万元；审计后挽回（避免）损失2387万元；移送纪检监察机关处理事项1件；出具审计报告和专项审计调查报告179篇；提出审计建议309条；提交审计信息84篇，被批示、被采用31篇；向社会公告审计结果2篇。

财政审计 珠海市审计局首次将国有资本经营预算情况纳入同步审计，重点关注各项预算收入的管理规范性与使用绩效、市本级税收征管的执行力度、市属国有资本经营预算管理欠规范等涉及体制、机制问题。审计查出主要问题金额138410万元。

行政事业审计 珠海市审计局对64个单位开展审计，审计查出主要问题金额33313万元。

固定资产投资审计 珠海市审计局通过审计发现，城镇保障性安居工程建设与管理方面不规范、补偿处置事项损害政府利益约1455.43万元等问题。提前介入港珠澳大桥珠海连接线征地拆迁项目累计节约财政支出3800多万元。审计查出各类政府投资项目主要问题金额2331万元。

社会保障审计 珠海市审计局开展社会保险基金监督预算执行和决算情况审计，发现市社会保险基金活期存款较大，不利于基金保值增值及其他管理问题。

企业审计 珠海市审计局对9个单位开展审计，审计查出主要问题金额10377万元。

经济责任审计 珠海市审计机关完成党政部门和国有及国有控股企业领导干部经济责任审计项目57个。审计查出违规金额4255万元，管理不规范金额18292万元。

专项资金审计（调查） 珠海市审计局开展专项资金审计项目26个，审计查出主要问题金额15291万元。加大对民生项目审计力度，重点关注各项民生政策落实执行情况，确保各项惠民政策与资金落实到位。审计发现市拨资金闲置1.258亿元、大气环境治理专项资金预算及有关配套设施建设工程管理不规范、中小微企业财政税收扶持政策有关配套办法不完善等问题。首次对地区大气环境状况审计。（撰稿人：夏素芳）

【中山市审计局】 2013年，中山市审计局人员编制63人，在编60人。局长林东，副局长陈福成、杨伟文、冯欣荣、林文正，总审计师王梓明（—3月）、梁广凡（3月—），纪检组长巫颖洁。设有办公室、综合计划和法规审理科、经济责任审计办公室、财政税务审计科、行政事业审计科、社会保障审计科、农业与资源环保审计科、固定资产投资审计科、企业审计科、人事科、绩效审计与整改监督科、内部审计指导中心。

审计成果 中山市审计局完成审计项目54个，查出主要问题金额270347.78万元，其中违规金额1751.8万元、管理不规范金额268595.97万元；损益（收支）不实金额7162.54万元；审计处理处罚金额1715.98万元，其中应上缴财政966.52万元、应减少财政拨款或补贴34.04万元、应归还原渠道资金543.93万元、应缴纳资金171.49万元；审计发现非金额计量问题122个；审计促进整改落实有关问题资金6982.84万元，其中增收节支618.9万元、已调账处理金额6194.67万元、已缴纳其他资金169.27万元；审计后挽回（避免）损失696.18万元；移送司法机关、纪检监察机关和有关部门处理事项3件；出具审计报告和专项审计调查报告77篇，被批示、采用3篇；提出审计建议223条；提交审计信息121篇，被批示、采用18篇；向社会公告审计结果2篇。

财政审计 对39个市级预算单位、24个镇区和43家企事业单位开展审计，审计查出违规金额726.57万元、管理不规范金额54917.08万元，审计结果得到市人大、市政府的认可和重要批示。以市政府名义专门召开预算执行审计查出问题整改工作会议，组织开展对整改情况的“回头看”，增强预算执行审计的针对性和建设性。组织对20个市直部门会议费、培训费管理使用情况进行专项审计调查。参与整治“小金库”、违规使用专项资金等专项整治行动。组织开展绿化专项资金、产业扶持资金及绿道建设和营运的绩效审计，关注政策执行、资源利用和行政效能等情况，促进提高财政资金和公共资源的效率效益。

经济责任审计 审计党政领导干部和企事业单位领导人员26人，查出各种违规金额817.02万元，管理不规范金额71788.83万元。加快相关审计制度建设，制定《中山市处级党政主要领导干部和国有企业领导人员经济责任审计实施意见》《关于在经济责任审计中向市纪委征求意见的规定》，重新修订《经济责任审计对象分类管理办法》。

固定资产投资审计 开展对市镇两级政府重点投资项目审计，查出违规金额3633.64万元，查出管理不规范金额183873.91万元，有效促进政府投资项目管理。开展中心城区绿道（一期）、雨污分流一期等多项社会关注的项目开展审计。首次在雨污分流一期工程中自主开展跟踪审计，建立审计日志、审计台账、跟踪审计意见书等一系列工作制度，贴身服务工程建设。

专项资金审计 重点对教育、医疗、卫生、住房公积金、社会保障、扶困助学等重点民生项目和资金进行审计，检查政策落实情况和实施效果，揭示存在的困难和问题，积极推动政府社会管理和公共服务职能的有效发挥。

（撰稿人：罗腊梅）

【江门市审计局】 2013 年，江门市审计局人员编制 42 人，在编 42 人。局长郭建红，副局长陈伟文、梁小玲、林文宇（1 月—），总审计师梁兆政，纪检组长林伟雄。设有办公室、法规审理科、经济责任审计科、财政审计科、行政事业审计科、固定资产投资审计科、企业审计科、社会保障审计科和绩效审计科。

审计成果 江门市审计机关完成审计项目 219 个，查出主要问题金额 22.34 亿元，其中违规金额 1221 万元、损失浪费金额 96 万元、管理不规范金额 22.21 亿元；损益（收支）不实金额 2.99 亿元；审计处理处罚金额 9903 万元，其中应上缴财政 833 万元、应归还原渠道资金 873 万元、应调账处理金额 8196 万元；审计发现非金额计量问题 177 个；审计促进整改落实有关问题资金 1.12 亿元，其中增收节支 815 万元、已调账处理金额 7682 万元、审计促进拨付资金到位 419 万元；出具审计报告和专项审计调查报告 326 篇，被批示、采用 22 篇；提出审计建议 438 条，提交审计信息 37 篇，被批示、采用 12 篇。

财政审计 对市本级财政预算管理和 5 个市直部门预算执行情况进行审计，发现市本级结转结余资金 1.33 亿元未编入部门预算、预算支出进度不均衡、少列公共财政预算收入 2000 万元、3 个单位往来款项共 3454.17 万元长期挂账等问题；以土地使用税、企业所得税、房产税和文化事业建设费的征管情况为重点，抽选 136 家纳税单位进行审计，查出少缴税费 3384 万元（已追缴 791 万元）。对辖下 7 个市（区）及其所属 61 个镇（街）的政府性债务进行全面审计，并配合广东省审计厅完成对市本级政府性债务审计，核实债务 1010 笔，摸清债务结构、类型和增减变化情况，揭示资金管理方面存在的问题，提出规范地方政府举债融资机制等 4 条意见建议。

农业与资源环保审计 对市污染源治理设施改造专项资金实施绩效审计，发现存在资金安排不够合理、环保专项资金未能及时使用、项目重复申请财政资金、项目审批不严以及规章制度建设不完善等问题，提出建立环保项目的绩效考核机制等 3 条建议。

固定资产投资审计 重点对中小学校安工程、培英中学图书馆、江顺大桥、西环隧道、建设路与迎宾路交叉立交、胜利南路等建设项目进行审计或跟踪审计，审计投资 20.5 亿元，查出主要问题金额 2204 万元，发现部分工程项目存在没有收取监理单位、设计单位的履约保证金；工程已竣工但未组织单位进行竣工验收；没有单独建账核算；支付代建单位管理费无合法票据；未取得建筑工程施工许可证擅自施工等问题。

经济责任审计 深入开展离任审计，加大任中审计，将领导干部贯彻落实重大决策部署、完成工作目标、执行中央八项规定和厉行节约等列入审计重点，强化对权力运行的制约和监督。全年全市审计领导干部 112 人，查出管理不规范金额 10 亿元，审计发现侵害人民群众利益 558 万元，出具审计报告和审计结果报告 225 篇。

专项资金审计 主要审计科技三项费用、动漫产业发展、扶贫、公交发展、公积金、保障性住房、城乡义务教育等专项资金，揭示资金管理使用、项目建设进展、政策贯彻执行等方面存在的问题。其中，全市城镇保障性安居工程跟踪审计，核实截至 2012 年底，全市建成公共租赁住房 5400 套，累计保障家庭 5356 户；揭示存在工程资金筹集不到位、建设管理不到位、未及时发放廉租住房补贴等问题。（撰稿人：温志芳）

【佛山市审计局】 2013 年，佛山市审计局人员行政编制 45 人，在编 46 人。局长杨耀松，副局长吴乃慧、林进浪、杜惠萍，总审计师温美球，纪检组长何内。设有办公室、法规审理科、经济责任审计科、财税审计科、行政事业审计科、固定资产投资审计科、企业审计科、社会保障审计科、绩效审计科。

审计成果 佛山市审计机关（不含顺德区，下同）完成审计（调查）项目 95 个，审计查出管理不规范金额 986085 万元，违规金额 5241 万元，其中应上缴财政1621万元，应减少财政补贴或拨款1384万元，应归还原渠道资金30万元，应调账处理金额46066万元；审计发现非金额计量问题387个；审计促进整改落实有关问题资金469万元，其中增收节支465万元；审计后挽回（避免）损失2179万元；移送司法机关、纪检监察机关和有关部门处理事项3件；提出审计建议375条，提交审计信息41篇；向社会公告审计结果1篇。

财政审计 佛山市审计局全年审计（调查）49个单位，审计查出违规金额4812万元。完成佛山下辖五区的政府性债务审计，提出13条针对性和可操作性较强的审计建议，为市委、市政府决策提供重要的参考依据。继续做好财政决算、预算执行审计，重点审计政府扶持企业资金、政府采购资金情况等。部门预算审计围绕权力运行轨迹揭露违规收取费用或资金等问题。向市政府提交《关于上报加强财政管理几点意见的报告》和《关于我市财政绩效审计情况的汇报》，得到市委、市政府主要领导的批示和市人大常委会的肯定。

固定资产投资审计 佛山市审计局完成审计（调查）项目6个，审计查出管理不规范金额5359万元，核减投资额1367万元。审计（调查）延伸覆盖佛山市62个市重点建设项目，提出审计建议14条，促进被审计单位健全完善规章制度9项，为佛山市重点建设项目的顺利推进提供有力保障。提交市政府《关于珠江三角洲城际快速轨道交通广州至佛山段二期工程项目资金和项目建设管理情况存在问题的报告》，市领导做出重要批示。在援疆审计中，通过审计建议促进伽师县财政局出台《伽师县援疆项目结余资金及利息管理办法》。

社会保障审计 佛山市审计局组织实施城镇保障性安居工程项目、市住房公积金和城镇居民住院医疗保险基金等审计，审视问题和分析原因，提出11条意见和建议，促进各项惠民政策落到实处。

经济责任审计 佛山市审计局对17名领导干部进行经济责任审计，查出违规金额429万元，损失浪费202万元。向纪检监察机关移送3人，有关部门经调查后刑事拘留或逮捕5人，直接追回资金5109万元。实施经济责任审计授权区级审计机关审计方式，强化对权力运行的监督。

专项资金审计（调查） 佛山市审计局组织开展会议活动等经费专项审计调查，重点检查12个部门单位的会议费使用情况，从规范会议费管理和使用的角度提出改进意见。

（撰稿人：沈淑珍）

【肇庆市审计局】 2013年，肇庆市审计局人员编制43人，在编41人。局长刘锐金（—10月）、何炼生（10月—），副局长周敏华、苏汉中、谢秋萍，总审计师闲建中，纪检组长苏汉中。设有办公室（与纪检组、监察室合署）、综合法规科、财税金融审计科、行政政法事业审计科、农业与资源及社会保障审计科、企业与外资运用审计科、固定资产投资审计科、经济责任审计科、审计中心。

审计成果 肇庆市审计局完成审计（调查）项目38个，查出主要问题金额476844万元，其中违规金额48893万元，管理不规范金额427951万元；损益（收支）不实金额17129万元；审计处理处罚金额77241万元，其中应上缴财政45592万元、应归还原渠道资金3293万元、应调账处理金额28356万元；审计发现非金额计量问题74个；审计促进整改落实有关问题资金12922万元，其中增收节支金额7019万元、已调账处理金额5903万元；审计促进拨付资金到位19865万元；出具审计报告和专项审计调查报告43篇，被批示、采用9篇；提出审计建议86条；提交审计信息74篇，被批示、采用64篇。

财政审计 重点对15个预算执行、税收征管和1个财政决算项目进行审计，突出对组织执行财政预算（决算）的重点部门和重点资金的审计监督，重点关注预算编制和执行、资金管理使用、税收政策执行、项目建设、国有资产处置等事项，揭示预算编制、执行及资金管理方面存在的突出问题，涉及问题金额6.04亿元，并有针对性地提出完善机制、制度的意见和建议，积极推进政府全口径预算管理和财政改革。肇庆市人大常委会听取审计工作报告，对肇庆市审计局认真履行职责、关注民生热点、如实揭露问题、促进整改落实取得的显著成效给充分肯定。

政府性债务审计 组织全市129名审计人员，

对肇庆市所辖的8个县（市、区）及所属92个乡镇的政府性债务情况进行全面审计，延伸审计单位794个。通过审计全面摸清县、乡镇二级政府性债务底数，揭示政府性债务举借、管理和使用中出现的新情况和新问题，涉及问题金额25.37亿元，发现非金额计量问题12个，分析潜在风险隐患，并从妥善处理存量债务，严格控制新增债务，有效防范和化解潜在风险等方面提出建议，为各级政府进行宏观经济决策，加强债务管理，防范财政风险提供重要的参考依据。

经济责任审计 完成5名党政领导干部经济责任审计，其中：党政部门领导2人，事业单位领导3人；任中审计1人、离任审计4人。查处违规金额1874万元，管理不规范金额6541万元，提出审计建议并被采纳10条。通过审计进一步强化领导干部科学、民主决策和依法行政的意识，促进加强领导班子党风廉政建设和完善预防腐败机制。

专项资金审计（调查） 完成专项资金审计（调查）项目8个，其中审计项目6个，审计调查项目2个。主要审计肇庆市城镇保障性安居工程、肇庆市地方政府债券资金、“广东扶贫济困日”活动捐赠款物、市直机关事业单位2012年度会议费和培训费的管理使用情况以及2012年度肇庆市重大建设项目立项情况等项目审计（调查），揭露少安排或少提取保障性安居工程资金、部分保障性住房处于闲置状态、部分单位会议（培训）的计划性不强、个别单位会议费用超标准以及部分项目未按规定程序办理项目审批等问题，查出违规及管理不规范问题3963万元，推进各项惠民富民强民政策的落实到位，促进部门单位改进工作作风，保障肇庆市重大投资项目的顺利实施。

审计整改 肇庆市审计局落实跟踪整改工作责任制及整改结果报告制，采取“谁审计，谁负责跟踪落实”的方式，派出专人督促各被审计单位整改审计发现的问题，通过整改共督促各被审计单位上缴财政资金4485万元、归还原渠道资金2534万元、调账处理资金5903万元、促进资金拨付到位19865万元。

内部审计 肇庆市共有内部审计机构32个（专职机构23个），内部审计人员113人（专职人员43人），全年完成内部审计项目1324个，为国家增收节支571万元，审计意见和建议被采纳385条。

（撰稿人：严颖璐）

【云浮市审计局】 2013年，云浮市审计局人员编制29人，在编33人。局长曾树荣，副局长伍金明、莫剑平，总审计师李菊，纪检组长叶伟强。设有办公室、政策法规科、财税审计科、金融与社会保障审计科、行政事业审计科、企业审计科、农业与资源环保审计科、固定资产投资与外资运用审计科、经济责任审计科、绩效审计科、纪检监察室。

审计成果 全市审计机关完成审计和审计调查单位246个，查出主要问题金额370254万元，审计期间整改金额14333万元，审计处理处罚5186万元，其中应上缴财政441万元，应减少财政拨款或补贴2025万元，应缴纳其他资金315万元，应调账处理金额2307万元；审计促进整改落实有关问题资金52072万元，其中，已上缴财政201万元，已减少财政拨款或补贴2025万元，已归还原渠道资金87万元，已调账处理金额255万元。出具审计报告和专项审计调查报告275篇，提交信息92篇，被批示、采用32篇次，提出审计建议531条，被采纳464条。

财政审计 开展预算执行审计和审计调查项目45个，查出主要问题金额210348万元，其中：预算编报不真实不完整1893万元，预算编制批复不规范856万元，未按规定纳入预算管理2722万元，未按规定征收缴纳收入2376万元，违规改变项目计划和资金用途1037万元，资金滞留闲置3479万元。开展财政决算审计项目1个，查出主要问题金额92870万元，其中：预算编制批复不规范28198万元，未按规定纳入预算管理3244万元，未按规定征收缴纳收入304万元，违规改变项目计划和资金用途19233万元，资金滞留闲置2930万元。

专项资金审计 开展对揭阳市工业园建设资金、地方政府债券资金、保障性住房、农村低收入住房困难户住房改造建设专项资金、城乡居民基本医疗保险资金、残疾人就业保障金、征地拆迁资金、中小学校舍安全工程、2012年“广东扶贫济困日”捐赠款物等关系人民群众切身利益的专项资金审计和审计调查，审计查出主要问题金额41165万元，其中资金滞留闲置8444万元。

行政事业审计 开展行政事业审计和审计调查项目47个，查出主要问题金额10661万元，其中未按规定征收缴纳收入115万元，未落实“收支两条线”和专户管理规定35万元，违规改变项目计划和资金用途47万元，违规采购194万元。

固定资产投资审计 审计单位106个，项目完成投资额10975万元，核减投资额2025万元，为政府投资项目节约资金，促进政府投资重大项目建设顺利进行。

企业审计 开展企业审计调查3个，查出主要问题金额11086万元。

经济责任审计 完成领导干部任期经济责任审计项目32个，其中任中审计5个，离任审计27个，审计县处级11人，乡科级21人，查出主要问题金额8619万元，其中，违规金额349万元，损失浪费金额15万元，管理不规范金额8255万元，审计提出建议79条，被采纳69条。

（撰稿人：梁美红）

【阳江市审计局】 2013年，阳江市审计局人员编制45人，在编43人。局长关泳芬，副局长黄华贤、陈红、林业玺、明康颂、林志远，总审计师茅卫华。设有办公室、法规审理整改科、经济责任审计科、财税金融审计科、行政事业审计科、农业与资源环保审计科、固定资产投资审计科、绩效审计科，计算机审计技术中心和基建审计中心。

审计成果 阳江市审计局完成审计项目38个，查出主要问题金额234822万元，其中违规金额682万元、管理不规范金额234140万元；损益（收支）不实金额1278万元；审计处理处罚金额1925万元，其中应上缴财政611万元、应减少财政拨款或补贴391万元、应归还原渠道资金68万元、应调账处理金额853万元；审计发现非金额计量问题64个；审计促进整改落实有关问题资金1395万元，其中增收节支541万元、已调账处理金额853万元；审计促进拨付资金到位3703万元；审计后挽回（避免）损失402万元；出具审计报告和专项审计调查报告46篇，提出审计建议107条，提交审计信息28篇，被批示、采用8篇。

财政审计 完成财政审计项目13个，查出违规金额668万元，应上缴财政599万元，已上缴财政111万元。及时发现和纠正存在的问题，确保资金安全、高效运作。

行政事业审计 完成行政事业审计项目7个，查出违规金额11万元，管理不规范金额3311万元；应上缴11万元，应归还原渠道资金31万元。揭示和反映行政事业单位存在的财政财务收支和资金管理等问题。

农业与资源环保审计 完成农业与资源环保审计项目1个，查出管理不规范金额23万元，查处挤占挪用专项资金等问题。

固定资产投资审计 加大固定资产投资审计力度，促进投资项目建设资金有效管理。审计项目7个，查出违规金额1万元，管理不规范金额389万元，核减工程款391万元。

企业审计 完成企业审计项目1个，查出管理不规范金额9990万元，查处利润不实、投资关系不清晰等问题，及时堵塞管理漏洞，保障国有资产安全。

专项资金审计 完成专项资金审计项目9个，查出管理不规范金额10933万元。对全市4个县（市、区）地方政府性债务进行全面审计，审计或延伸抽查275个债务单位和建设项目，核实债务1434笔，摸清全市政府性债务规模和管理等情况以及制度建设和使用情况，揭示和反映存在的突出问题，提出改进完善的意见和建议，促进政府性债务的规范管理和有效运行。

经济责任审计 认真抓好中共中央办公厅、国务院办公厅《党政主要领导干部和国有企业领导人员经济责任审计规定》的贯彻落实，突出重点，稳步推进，完善制度，加强审计整改。特别注重把经济责任审计与财政审计、专项审计结合起来，合理配置审计资源，提高审计效能。审计单位8个，审计经济责任人8人，查出违规金额11万元，管理不规范金额3358万元。

（撰稿人：杜方杰）

【茂名市审计局】 2013年，茂名市审计局人员编制38人，在编37人。局长黄晓文，副局长陈凡晓、李家胜、梁文超，总审计师冯广周（9月—）。设有办公室、综合审计科、财税金融社保审计科、行政事业审计科、经贸审计科、农业与资源环保审计科、固定资产投资审计科、经济责任审计科。

审计成果 茂名市审计机关完成审计项目282个，查出主要问题金额973774万元，其中违规金额45532万元、损失浪费金额3058万元、管理不规范金额925183万元；损益（收支）不实金额137152万元；审计处理处罚金额62363万元，其中应上缴财政35231万元、应减少财政拨款或补贴169万元、应归还原渠道资金2121万元、应调账处理金额24841万元；审计发现非金额计量问题181个；审计期间整改金额12231万元；审计促进整改落实有关问题资金26108万元，其中增收节支13377万元、已调账处理金额12612万元；审计促进拨付资金到位11万元；审计后挽回（避免）损失121万元；移送司法机关、纪检监察机关和有关部门处理事项2件；出具审计报告和专项审计调查报告343篇，被批示、采用30篇；提出审计建议769条；提交审计信息49篇，被批示、采用15篇。

财政审计 抓好预算执行情况、转移支付资金管理使用、地方税收征管和县级财政决算等方面的审计监督，重点延伸审计房地产、供电行业税收缴纳情况。审计单位56个，延伸审计单位211个，查出主要问题金额860606万元。

行政事业审计 对资金集中、影响面广和多年未审的部门单位开展行政事业审计。审计单位179个，延伸审计单位80个，查出主要问题金额64335万元。

固定资产投资审计 开展主要市政交通项目跟踪审计和竣工决算审计。完成审计项目2个，核减工程投资41万元。

社会保障审计 开展新型农村合作医疗审计，查出违规改变资金用途等主要问题金额119万元。

企业审计 完成审计项目5个，查出违规使用财政资金、财务收支核算不实等主要问题金额2894万元。

经济责任审计 审计领导干部195人，其中任中审计7人，离任审计188人。查出主要问题金额81903万元，其中：违规金额2341万元、损失浪费金额58万元、管理不规范金额79504万元，负主管责任金额35255万元、负领导责任金额46589万元；移送处理1人。参考审计结果得到肯定或使用的被审计领导干部157人。

专项资金审计（调查） 重点开展保障性住房建设、“广东扶贫济困日”和“9·21”特大洪灾募捐款物等方面的审计或审计调查。审计单位36个，延伸审计单位80个，审计专项资金总额149967万元，查出未按规定征收缴纳收入、违规改变项目计划和资金用途、资金落实不到位等主要问题金额24054万元。 （撰稿人：凌启生）

【湛江市审计局】 2013年，湛江市审计局人员编制56人，在编55人。局长符强，副局长高敬元、宋进耀、喻树武（1月—），纪检组长陈苏平。设有办公室、法规审理科、经济责任审计科、财税金融审计科、行政事业审计科、经贸审计科、固定资产投资审计科、社会保障审计科、绩效审计科和直属分局。

审计成果 湛江市审计机关共审计（调查）共完成审计项目214个，查出违规金额5623万元、管理不规范金额799810万元，促进整改落实有关问题金额29950万元，审计期间整改金额60809万元，出具审计报告和专项审计调查报告333篇，审计处理处罚金额66465万元，提出审计建议404条。

财政审计 完成财政类审计项目204个，延伸审计单位402个，其中预算执行28个、财政决算11个、行政事业125个、专项资金32个、固定资产投资8个。出具审计报告304篇，审计专项资金总额259962万元，涉及项目投资额408722万元，核减投资额762万元，查出主要问题金额761610万元。通过审计，促进财政的制度化、精细化管理，提高财政资金管理的安全和效益。

社会保障审计 完成社会保险基金类审计1个，查出主要问题金额41686万元。

企业金融审计 完成企业金融审计9个，查出主要问题金额2136万元，通过审计，有效地发挥审计机关“审、帮、促”的作用。

经济责任审计 完成经济责任审计单位110个，涉及经济责任人111人（其中党委政府12人、党政部门47人、事业单位46人、人民团体4人、国有及国有控股企业5人、其他2人），查出主要问题金额37194万元，增收节支127万元，出具审计报告和审计结果报告220篇。印发《湛江市市管干部经济责任审计轮审暂行办法》，把中央八项规定、市委十项规定的落实作为审计重要内容来抓，有效促进党风廉政建设。

政府性债务审计 湛江市审计局采取“上审下”的方式，组成9个审计小组，按时保质完成全市政府性债务审计任务，为保障地方经济持续、健康、安全、快速发展发挥积极的作用。湛江市审计局被省审计厅评为债务审计先进集体。

内部审计 共有内部审计机构46个，内部审计人员166人，完成审计项目3416个，审计总金额1521678万元，提出的建议意见被采纳2047条。

（撰稿人：关南全）

2013年广东省所辖区、县(市)级审计工作统计表

金额单位:万元

审计机关	完成审计项目(个)	审计查出主要问题金额	审计处理情况					出具审计报告和审计调查报告(篇)	提出审计建议(条)	提交审计信息(篇)
			审计处理处罚				移送处理事项(件)			
			应上缴财政	应减少财政拨款或补贴	应归还原渠道资金	应调账处理金额				
广州市										
广州市本级	51	678132	25554		9490	111915	9	60	95	21
越秀区审计局	36	24116	116		23	683	1	69	126	29
荔湾区审计局	22	8322	1300		21	533		31	54	
海珠区审计局	8	63267	1221			39830		12	27	2
天河区审计局	29	47201	148					45	23	
白云区审计局	22	41452	2479					29	51	
黄埔区审计局	16	1261	36	549	8	2		27	26	5
番禺区审计局	33	7808	873			2431		49	31	43
花都区审计局	26	1733	95		853	292		41	25	22
南沙区审计局	15	61681	502		18	3369	5	19	45	
萝岗区审计局	7	2634	700			16	2	12	9	1
开发区审计局	18	6284	82	182			1	29	28	4
增城市审计局	35	26277	1123	1399	18	14196		41	36	25
从化市审计局	23	31307	626		29	8395		34	42	25
清远市										
清远市本级	37	90221	874	442	17	28885	1	39	107	20
清城区审计局	19	28459	8					28	37	10
清新区审计局	27	88597	17		714		2	41	80	16
英德市审计局	30	11892	1091		37	9679		33	56	10
连州市审计局	28	3664	703	72	23	1	1	44	63	5
佛冈县审计局	33	4982	186	312	0	700	1	45	91	4

续表

审计机关	完成审计项目（个）	审计查出主要问题金额	审计处理情况					出具审计报告和审计调查报告（篇）	提出审计建议（条）	提交审计信息（篇）
			审计处理处罚				移送处理事项（件）			
			应上缴财政	应减少财政拨款或补贴	应归还原渠道资金	应调账处理金额				
阳山县审计局	25	1591	537		55			32	67	4
连山壮族瑶族自治县审计局	15	59476	342		32	27203		21	14	6
连南瑶族自治县审计局	22	14129	1008		45	3836		39	20	8
韶关市										
韶关市本级	60	109052	8					84	187	187
浈江区审计局	11	170				170		17	23	23
武江区审计局	15	607					1	23	45	45
曲江区审计局	27	25341	3					41	49	47
乐昌市审计局	34	13234						69	66	66
南雄市审计局	27	4160						33	51	47
始兴县审计局	29	30885						46	58	48
仁化县审计局	34	1249					1	57	81	81
翁源县审计局	49	5871	12					88	11	11
新丰县审计局	20	39354						29	47	47
乳源瑶族自治县审计局	27	7454						44	42	42
河源市										
河源市本级	49	614570	2075		2			72	143	23
源城区审计局	32	80852	511					38	22	25
紫金县审计局	38	27032						61	110	1
龙川县审计局	19	18039	103					19	40	
连平县审计局	16	3827						14	37	
和平县审计局	29	30614						29	66	
东源县审计局	35	55773						68	48	
梅州市										
梅州市本级	45	262822	2776		19613	18919	2	63	126	47
梅江区审计局	23	13895	16			15		43	36	2
兴宁市审计局	24	115370	1087		116	2008		37	54	3
梅县审计局	29	52064	686			10701		53	39	5
大埔县审计局	73	8105	272	716	106	391		105	26	3
丰顺县审计局	38	31571	49		91	258	1	64	90	4
五华县审计局	50	12854	511		758	11471	1	81	89	15

续表

审计机关	完成审计项目（个）	审计查出主要问题金额	审计处理情况					出具审计报告和审计调查报告（篇）	提出审计建议（条）	提交审计信息（篇）
			审计处理处罚				移送处理事项（件）			
			应上缴财政	应减少财政拨款或补贴	应归还原渠道资金	应调账处理金额				
平远县审计局	35	21713	68		7871	13242		61	71	7
蕉岭县审计局	20	6868	248		21	375	1	29	56	11
潮州市										
潮州市本级	35	244855	849		5144	3340		39	95	
湘桥区监察和审计局	22	14000	9				2	44	44	
枫溪区审计局	18	782	523					18	6	
潮安区审计局	38	55557	556		104	365		38	49	
饶平县审计局	36	27625						36	20	
汕头市										
汕头市本级	56	811447	935	4073	204	1485	1	59	79	13
金平区审计局	18	19006	161			27		18	83	8
濠江区审计局	14	36974	93		62	149		13	77	1
龙湖区审计局	27	51166	2021	775	105	838		38	67	2
潮阳区审计局	45	23244			1	1610		45	5	8
潮南区审计局	41	17573	59	491	2032	14990		41	2	1
澄海区审计局	18	124162						18	38	1
南澳县审计局	17	3958	8	236				17	55	5
揭阳市										
揭阳市本级	74	120571	2296		10305	3735	3	123	179	68
榕城区审计局	24	17076	25					25	39	1
揭东区审计局	47	10125	173			276		47	75	11
普宁市审计局	44	15158	665			5883		48	145	12
揭西县审计局	46	13883	178		1787	576		73	34	7
惠来县审计局	39	30379	136		18		1	40	24	9
汕尾市										
汕尾市本级	34	12443	576	380	3	1045		45	111	161
城区审计局	18	1270	7	146		31		22	127	18
陆丰市审计局	34	8303	23		73	220		41	91	3
海丰县审计局	24	7065	195		5	594		46	70	6
陆河县审计局	27	3836	1	7				41	41	20

续表

审计机关	完成审计项目(个)	审计查出主要问题金额	审计处理情况					出具审计报告和审计调查报告(篇)	提出审计建议(条)	提交审计信息(篇)
			审计处理处罚				移送处理事项(件)			
			应上缴财政	应减少财政拨款或补贴	应归还原渠道资金	应调账处理金额				
惠州市										
惠州市本级	78	246898	14514	10546	1119	16649	4	92	191	59
惠城区审计局	42	123610	1261	244	106	12046		48	51	5
惠阳区审计局	47	36227	3		251	5		80	74	1
博罗县监察和审计局	20	75046	2514	1	364	8336		20	45	35
惠东县审计局	21	11443	201			7409		36	71	10
龙门县审计局	21	2529	30		1			21	44	1
大亚湾区审计局	17	12334	2828					22	64	37
仲恺高新区监察与审计局	14	8765						19	43	4
东莞市										
东莞市本级	76	74916	7478				2	101	229	41
深圳市										
深圳市本级	932	2182268	260028	152878	589187	808924	13	1017	185	69
福田区审计局	495	45844	137	15892	7268	4065	1	524	553	1
罗湖区审计局	354	88721	3	21700		4793		365	37	12
南山区审计局	207	63212	965	14087	283	9020		234	129	8
宝安区审计局	276	136163	209	4461	4008	212		285	479	
龙岗区审计局	516	291357	8786	24658	406	11854	5	537	1326	16
盐田区审计局	379	7511	7	3498	8	1019		386	367	13
光明新区审计局	245	21657	1	18315		2472		245	143	
坪山新区审计局	343	9716	93	8515		8		349	119	
龙华新区审计局	70	9355		9355				71	12	11
大鹏新区审计局	64	1603		1256				65	6	
珠海市										
珠海市本级	45	134933	5908	2016	19	7895	1	61	85	38
香洲区审计局	25	36905	1924	55	67	20547		45	58	30
斗门区审计局	33	22882	3388		44	1569		42	88	2
金湾区审计局	19	3500	12					30	74	13
横琴新区廉政办	1	1505	1178					1	4	1

续表

审计机关	完成审计项目（个）	审计查出主要问题金额	审计处理情况					出具审计报告和审计调查报告（篇）	提出审计建议（条）	提交审计信息（篇）
			审计处理处罚				移送处理事项（件）			
			应上缴财政	应减少财政拨款或补贴	应归还原渠道资金	应调账处理金额				
中山市										
中山市本级	54	270348	967	34	544		3	77	223	121
江门市										
江门市本级	31	33067	547			13		37	49	20
蓬江区监察和审计局	10	3747			873	10		10	23	
江海区监察和审计局	27	17925						43	42	2
新会区审计局	33	53937						48	35	
恩平市审计局	32	16800				1411		48	98	9
台山市审计局	22	71838	40					34	53	5
开平市审计局	36	11963	227			6761		61	60	1
鹤山市审计局	28	14214	18					45	78	
佛山市										
佛山市本级	22	788	323	27	30	107	3	26	80	19
禅城区审计局	17	3318	325			45854		19	21	
南海区审计局	22							24	132	
顺德区政务监察和审计局	47	167883	711	119	1	1924		52	18	14
三水区审计局	17						1	24	61	2
高明区审计局	17	1135	973	1357	30	105		17	81	20
肇庆市										
肇庆市本级	38	476844	45592		3293	28356		43	86	74
端州区审计局	23	13648	6			2137		37	28	23
鼎湖区审计局	10	20095	8		28	8508		11	21	9
高要市审计局	24	91018	295					38	45	
四会市审计局	23	116606	5024		592	7434		40	61	8
广宁县审计局	20	66942	147		157	16547		27	43	11
怀集县审计局	24	7888	215		13	176		37	34	6
封开县审计局	18	68276	982		490	14174	2	23	36	15
德庆县审计局	20	36818	125					31	47	9
云浮市										
云浮市本级	49	202825	183	760				49	161	40

续表

审计机关	完成审计项目（个）	审计查出主要问题金额	审计处理情况					出具审计报告和审计调查报告（篇）	提出审计建议（条）	提交审计信息（篇）
			审计处理处罚				移送处理事项（件）			
			应上缴财政	应减少财政拨款或补贴	应归还原渠道资金	应调账处理金额				
云城区监察和审计局	105	7924	221	756		878		105	114	11
罗定市审计局	19	80490	18			8		19	32	5
云安县审计局	28	60836	5	509		6		28	80	27
新兴县审计局	14	16071				42		14	38	4
郁南县审计局	31	2108	14		96	1373		31	106	5
阳江市										
阳江市本级	38	234822	611	391	68	853		46	107	28
江城区审计局	41	2325	40	10			1	41	74	
阳春市审计局	30	7528	1021		3	153		30	59	
阳西县审计局	19	38230	18				1	25	33	
阳东县审计局	15	63675	421		3	1935		19	50	2
海陵岛经济开发试验区审计局	6	986	10				1	6	15	
茂名市										
茂名市本级	69	20329	17298	883	3213	24002				33
茂南区审计局	42	365	48		419			65	41	
茂港区审计局	20	146	8		137			20	65	
化州市审计局	34	2111	608		203			34	91	
信宜市审计局	40	1406	585					72	101	7
高州市审计局	32	1559	857		529	22		32	192	
电白县审计局	46	2691	1435		1751	340		46	157	
湛江市										
湛江市本级	53	1019	1006	762	592	32813		71	165	35
赤坎区审计局	15	2	2					28	33	
霞山区审计局	7	21	14		5	1		14	4	1
坡头区审计局	34	51	51					58	46	
麻章区审计局	9	99	57		42	15029		13		
吴川市审计局	23	629	629					37	72	
廉江市审计局	7	59	59		161	11		8	22	
雷州市审计局	13	124	124			158		20	3	
遂溪县审计局	27	1861	1431		430	896		42	21	1
徐闻县审计局	24	1752	740		1012	9112		39	32	
开发区审计局	2	1	1			1304		3	6	

广西壮族自治区

【广西壮族自治区审计厅】 2013年，广西壮族自治区审计厅人员行政编制160人，在编150人；事业编制56人，在编52人。设有办公室、法规处、财政审计处、行政事业审计处、农业与资源环保审计处、固定资产投资审计处、金融审计处、企业审计处、社会保障审计处、外资运用审计处、经济责任审计局、人事处、机关党委、离退休人员工作处，设有派出发展计划审计处、派出经济贸易审计处、派出教育科学审计处、派出政法审计处、派出资源环保审计处、派出民政社保审计处、派出交通建设审计处、派出农业水利林业审计处、派出文化体育新闻审计处、派出卫生计划生育审计处、派出工商质监审计处、派出旅游民族事务审计处，还设有审计厅机关服务中心、审计厅内部审计指导中心、广西壮族自治区审计科学研究所（1月—，由原广西壮族自治区审计厅科学研究所更名）、广西壮族自治区审计培训中心（1月—，由原广西壮族自治区审计厅干部培训中心更名）。自治区纪委、监察厅在自治区审计厅派驻纪检组、监察室。

领导成员

厅　　长：黄必贵（—1月）
　　　　　何小聪（1月—）
副 厅 长：吴　云（6月—）　陆　斌
　　　　　黄绪全（—6月）
　　　　　陈勇新（6月—）
总审计师：陈勇新（—6月）
　　　　　刘一原（6月—）
纪检组长：张永如

审计成果 广西各级审计机关共审计（调查）单位5714个，查出主要问题金额1513.35亿元；应上缴财政91.99亿元，已上缴18.85亿元；应减少财政拨款或补贴18.04亿元，已减少9.79亿元；应归还原渠道资金74.67亿元，已归还10.09亿元；应缴纳其他资金34.21亿元，已缴纳2.78亿元；应调账处理金额168.09亿元，已调账103.65亿元；核减投资额49.29亿元；审计后挽回（避免）损失19.81亿元。移送处理事项53件，已处理11件；移送处理人员39人，已处理15人，涉案金额6652万元。出具审计报告和专项审计调查报告6221篇，被批示、采用685篇次；提出审计建议7910条，被采纳5261条；向社会公布审计报告29篇；提交审计信息737篇，被批示、采用482篇次。其中：审计厅审计（调查）单位132个，查出主要问题金额889.57亿元。应上缴财政73.24亿元，已上缴5.94亿元；应归还原渠道资金35.22亿元，已归还7.77亿元；应缴纳其他资金15.52亿元，已缴纳3457万元；应调账处理金额9.98亿元，已调账2.62亿元；核减投资额2.28亿元。移送处理事项5件，已处理1件；移送处理人员3人，涉案金额743万元。出具审计报告和专项审计调查报告170篇，被批示、采用7篇次；提出审计建议535条，被采纳450条；向社会公布审计报告9篇；提交审计信息52篇，被批示、采用38篇次。

财政审计 广西各级审计机关共审计（调查）537个单位的预算执行情况，查出主要问题金额382.75亿元。其中：审计厅审计（调查）15个单位的预算执行情况，查出主要问题金额64.23亿元。发现自治区财政部门未细化编制部分单位的项目支出预算，逾期未收回出借资金；一些单位未将政府性基金、经营收入和其他收入纳入部门预算管理，未严格控制“三公”经费的支出，超预算支出会议费、培训费用于接待、考察等活动，未按规定使用公务卡结算费用。发现自治区某厅未将上年资金结余纳入部门预算反映、超预算发放津贴补贴、违规从职工福利基金中发放奖金、无预算开支经费等问题。

各级审计机关共审计（调查）103个财政决算单位，查出主要问题金额103.82亿元。其中：审计厅审计（调查）3个财政决算单位，查出主要问题金额61.47亿元。发现个别市财政部门未完整细化编制年初预算、未及时足额批复部门预算、未及时收回到期的偿债准备金借款、超范围使用预备费和土地出让金、未严格管理预算单位的银行账户；一些单位未及时将非税收入上缴财政；多数单位未按规定使用公务卡结算费用等问题。

政府性债务审计 根据国务院办公厅的通知要求和审计署的统一部署，7月至9月组织广西各级审计机关会同审计署审计组对自治区本级、14个地级市、109个县（自治县、县级市、市辖区、管理区）、1126个乡（镇）的政府性债务情况进行全面审计，基本摸清广西各级政府性债务的规模、结构及其增减变化的情况。发现一些地方在政府性债务管理方面还存在尚未建立健全政府性债务管理制度，政府性债务的统计数据不够准确；对部分融资平台公司的清理不到位、管理不规范；违规取得、违规使用或未及时安排使用政府性债务资金等问题。审计机关提出建立规范的地方政府举债融资机制，合理控制和妥善化解债务，规范融资平台公司的经营行为等建议。

在此次政府性债务审计工作中，广西审计机关有2个先进集体、1名先进个人获审计署记三等功，有6个先进集体、4名先进个人获审计署嘉奖，其中审计厅有1个先进集体、1名先进个人获审计署记三等功，有2个先进集体、1名先进个人获审计署嘉奖。

行政事业审计 全区各级审计机关审计（调查）单位856个，查出主要问题金额228.10亿元。其中：审计厅审计（调查）单位28个，查出主要问题金额172.87亿元。审计厅审计广西74所普通本科高等学校、高等职业学校和高等专科学校2010年至2012年学生资助资金，发现一些学校未按规定建立健全资助资金管理制度、违规发放资助资金、违规要求学生领取资助资金后缴纳班费、个别学校教师冒领资助资金等问题，该案件线索已移送有关纪委查处。

调查16个县（自治县、县级市、区）2011—2012年度基本公共卫生服务经费绩效，发现一些地方主管部门违规将部分基本公共卫生服务业务分配给专业公共卫生机构承担、未按规定及时足额拨付基本公共卫生服务经费、挤占经费用于乡村医生待遇补助、扩大经费开支范围等问题。

审计广西某大学2012年度财务收支情况，发现该学校应提未提学生助困基金、未及时办理竣工项目财务决算、未将下属单位的部分资产并入学校财务统一核算和管理等问题。

专项资金审计 各级审计机关共审计（调查）单位465个，查出主要问题金额317.67亿元。其中审计厅审计（调查）单位13个，查出主要问题金额197.31亿元。

审计厅调查广西2011年至2012年农村环境连片整治专项资金绩效，发现一些地方主管部门违规将环保部门作为项目业主，未按规定实行专项资金县级财政报账制、公布资金管理使用情况；建设单位未规范支付项目工程款，未按规定程序申报批准个别项目内容、地点和规模的调整，未及时办理项目竣工决算等问题。

调查桂林、梧州、玉林、百色4个市2011年至2012年中小河流治理项目资金，发现一些地方项目建设单位未按规定执行招投标有关程序、未专账核算项目资金、未规范发放征地补偿款、未足额收取履约保证金、未抓紧推进导致部分项目进展缓慢等问题。

调查百色、河池、崇左3个市所属的靖西、德保、都安、环江、大新、江州6个县（自治县、区）2011年至2012年森林生态效益补偿基金分配、管理、使用和效益情况，发现一些地方主管部门未规范签订公益林管护合同、未按规定分账核算管护补助资金、截留拖欠资金、未及时兑现资金导致资金大量结余等问题。

固定资产投资审计 广西各级审计机关审计（调查）单位3669个，查出主要问题金额67.29亿元。其中审计厅审计（调查）单位54个，查出主要问题金额31.39亿元。

审计厅对交通、水利、市政等45个自治区重点建设工程项目实施全过程跟踪审计。跟踪审计河池至都安高速公路建设工程、百色市邕蒙水库除险加固及扩容工程、桂中治旱乐滩水库引水灌区工程、桂林市防洪及漓江补水枢纽工程、防城港市临海工业区供水项目大垌水库工程等工程项目，发现个别主管部门未及时下达工程项目投资计划，个别财政部门未按规定存储建设资金，个别当地政府违规多征土地、挪用工程项目建设资金、未有效解决征地拆迁补偿纠纷而影响工程项目如期完工，一些建设单位未按规定编制项目建议书、拖延开工时间造成资金大量沉淀、违规出借工程项目建设资金、未经公开招投标支付工程保险费、概算外列支银行贷款利息，某建设单位下属的个别分支机构巧立名目违规开支项目建设资金，个别设计单位对工程的勘察设计方案与实际地质条件不符造成设计大量变更、投资增加、工期拖延，一些施工单位未按规范对部分标段施工而存在安全隐患、多计工程结算款等问题。协调解决河池至都安高速公路建设工程涉及的都安瑶族自治县两个采石场征地拆迁补偿纠纷问题；督促有关部门按规定落实上缴土地管理费的返还工作；将延伸审计调查发现的宜州市2个单位涉嫌非法转让发票给个体户的案件线索移送宜州市地方税务局查处。

外资运用审计 审计厅审计（调查）单位10个，查出主要问题金额4.11亿元。审计厅审计世界银行贷款广西柳州环境综合治理二期项目、亚洲开发银行贷款广西西南边境城市发展项目的2012年度财务收支和执行情况，发现个别项目建设单位未按规定对工程设计实行招标、签订的个别工程施工合同与中标通知书不一致、超范围使用项目配套资金、未能完全满足辅助贷款协议的要求、未及时按审计结算书调整账表、控制不严导致部分单项工程投资超概算、监管不力导致个别污水处理厂的出水水质不达标等问题。

社会保障审计 各级审计机关共审计（调查）单位16个，查出主要问题金额8.89亿元。其中审计厅审计（调查）单位3个，查出主要问题金额7.57亿元。

根据审计署统一部署，2012年11月至2013年3月审计厅组织广西各级审计机关对2012年度广西各类城镇保障性安居工程的投资、建设、分配、运营等情况进行跟踪审计，发现部分地方政府未按规定时间完成安居工程建设的目标任务，一些项目的建设、设计、施工、监理等有关单位未严格履行各自的质量监管责任导致工程出现明显的质量问题，一些主管部门未严格审核保障性住房的分配导致部分住房困难的家庭应获未获保障而不符合条件的家庭却获保障，一些单位违规使用或长期闲置保障性住房等问题。

审计厅审计自治区本级2011年至2012年住房公积金及其信息系统，发现自治区住房公积金经办机构未编制住房公积金年度预算，违规使用现金结算，编制的部分基本支出、项目支出账表不一致；住房公积金信息系统录入的个人身份证号、个人账户开户日期不规范，个人身份证号相同但姓名却不同等问题。

企业审计 各级审计机关共审计（调查）单位55个，查出主要问题金额106.17亿元。其中审计厅审计（调查）单位4个，查出主要问题金额67.86亿元。

审计厅审计广西交通投资集团有限公司2008年至2010年、广西有色金属集团有限公司2012年度的财务收支情况，发现个别公司建设资金缺口较大，债务资本规模偏大，资产负债率上升较快，经营利润可能无法偿还新建项目的到期贷款，未经批准挪用银行流动资金贷款建造公司办公楼、职工住宅楼，违规为负债较高的投资企业提供担保；某公司下属的个别企业擅自分配利润等问题。案件线索已移送司法机关查处。

金融审计 各级审计机关共审计（调查）单位3个，查出主要问题金额11.66亿元。其中审计厅审计（调查）单位2个，查出主要问题金额0.2亿元。

审计厅调查柳州、北海、钦州、玉林4个市地方融资性担保行业和小额贷款行业的金融创新发展情况。发现部分融资性担保公司发展担保业务较难，业务发展停滞；大多数小额贷款公司普遍调查客户的信用状况较难，执行贷款“三查”（指贷前调查、贷时审查、贷后检查）等内部制度困难；部分小额贷款公司经营不规范等问题。提出搭建银行与融资性担保公司合作的平台，积极探索小额贷款业务信用体系的建设，加强对融资性担保公司和小额贷款公司进行日常性、综合性的监管等建议。

经济责任审计 各级审计机关共审计单位897个，审计领导干部903人，查出主要问题金额241.75亿元。其中审计厅审计单位34个，审计领导干部35人，查出主要问题金额181.43亿元。

广西12个地级市、14个县（县级市、区）成立了新的经济责任审计专职机构，部分机构按高一级的规格配置领导人员；广西经济责任审计的人员编制共新增103人。审计厅牵头制定《广西壮族自治区党政主要领导干部和企业领导人员经济责任审计管辖范围暂行办法》，明确广西各级审计机关开展党政机关、党政部门、企业、高等学校不同岗位领导人员经济责任审计的操作规程。

审计厅分别对贵港市、贺州市市长以及相关县委书记、县长、自治区厅长、局长等20多个单位负责人等开展经济责任审计。发现一些地方财政部门虚列财政收支、违规出借国库资金、超范围使用预备费和土地出让金；一些单位未完整细化编制部门预算，未按规定使用公务卡结算费用，超预算或无预算开支费用，违规发放津贴补贴、奖金，未严格控制“三公”经费支出，擅自转让国有土地，违规收费，设立“小金库”，未将下属单位的账务纳入本单位财务统一核算和管理；个别企业擅自进行境外重大投资、未按规定程序转让国有资产、未对已接收的经济实体资产登记入账、未及时将国有资产经营收入上缴财政、应缴未缴相关税费、违反规定用途使用贷款、未及时办理竣工项目财务决算等问题。审计厅将延伸审计发现的案件线索移送县委查处。

内部审计 2013年末全区有内部审计机构589个，其中专职机构318个；有内部审计人员3067人，其中专职人员1391人。其中：自治区本级共有内部审计机构530个，其中专职机构275个；有内部审计人员2893人，其中专职人员1306人。

广西各级内部审计机构共完成审计项目34815个，审计总金额5263.61亿元，促进增收节支7.78亿元，提出建议、意见被采纳18128条，建议给予行政处分124人，向司法机关移送案件1件、人员1人。其中：自治区本级内部审计机构共完成审计项目33376个，审计总金额5046.92亿元，促进增收节支6.96亿元，提出建议意见被采纳17584条，建议给予行政处分123人，向司法机关移送案件1件、人员1人。

组织30名内部审计人员参加自治区审计厅组织实施的广西政府性债务审计、广西党政领导干部经济责任审计、广西高等学校负责人经济责任审计等审计项目的工作。全年举办内部审计培训班13期，培训内部审计人员3000多人次；与农垦、交通、教育、水利电业、建设银行等系统共联合举办内部审计培训班8期，培训内部审计人员1000多人次。组织完成2013年度国际注册内部审计师（CIA）广西考区的考试工作。编辑出版《广西内审信息》4期。10月17日至22日广西内部审计师协会在百色市承办广西、重庆、四川、贵州、云南五省（自治区、直辖市）2013年度内部审计工作交流研讨会，30多人参加。

质量建设 审计厅在审计管理上从重视数量向重视质量转变，继续加强审计项目质量控制，加大对审计取证、问题定性、法规引用等方面的审核力度。完善审理制度，实行审计报告需经征求意见稿预审理、代拟稿正式审理两次审理，其中经济责任审计报告需经厅重要业务会议两次审定的制度，将质量控制关口前移，使审计质量得到进一步提高。全年审理复核审计报告87个，提出审理意见和建议196条，被采纳183条。天峨县审计局实施的天峨县2007年至2008年易地扶贫搬迁试点工程资金收支情况审计项目被审计署评为2012年度全国地方表彰审计项目。自治区审计厅组织的广西审计机关2013年度优秀审计项目评选活动，评出广西优秀审计项目一等奖3个、二等奖8个、三等奖14个，表彰审计项目16个。

信息化建设 审计厅加大审计信息化硬件建设的投入，启动金审工程三期项目的前期调研工作；初步建成国家审计数据中心广西分中心和审计信息系统梧州异地备份中心，为广西各级审计机关重要业务数据的安全存储和备份提供最大程度的保障；利用OA（审计管理系统）加快公文流转速度，启用多媒体电子设备召开厅长办公会议、审计业务会议，基本达到无纸化办公高效、节能、环保的目标；继续推行审计项目的数字化管理，完成101个审计项目电子档案的建立工作。

进一步加大计算机审计技术推广应用的力度，继续抓好计算机审计中级培训，推动AO（现场审计实施系统）与OA的紧密交互，进一步拓展联网审计，在政府性债务审计、财政审计、社会保障审计、经济责任审计等中取得较好效果。在政府性债务审计中，成立计算机审计攻坚小组专门处理广西政府性债务数据的采集、转换、汇总计算等技术复杂工作，为及时顺利地完成审计任务发挥积极作用。

成功举办2013年度广西审计机关计算机审计成果交流演示会。组织开展广西各级审计机关“三小软件”（即计算机小模块、小软件、小工具）和AO实例的征集评选活动，共征集到“三小软件”19个、AO实例131个。

队伍建设 全年举办各类培训班31期，培训人员2750多人次；运用审计会商系统举办9期干部视频培训班，将干部培训的范围覆盖至市县两级审计局。广西各级审计机关共有49人获会计专业硕士学位，200人获审计专业大学本科学历；975人获审计署颁发的全国AO认证证书；29人、247人分别获审计署、自治区审计厅颁发的计算机审计中级水平证书，至此广西获省级以上计算机审计中级水平证书的人数达到广西各级审计机关总人数的11.10%。选派25名审计人员参加审计署组织的各类业务培训，选派6名厅机关干部分别到1个镇、5个村挂职锻炼，从广西基层审计机关挑选14名机关干部到审计厅挂职锻炼，接收2名选调生到审计厅跟班学习。

审计厅结合审计实际，围绕为民务实清廉的主题深入开展党的群众路线教育实践活动，狠抓机关作风建设，开展党的群众路线教育实践活动，取得的显著成效得到自治区主席的充分肯定。“三公”经费、会议费的支出得到有效控制，按规定调整厅级、部分处级干部的办公用房，减少使用面积约800平方米。狠抓机关节约资源能源工作，被自治区人民政府授予自治区节约型公共机构示范单位称号，通过全国节约型公共机构示范单位的检查验收。

审计厅继续推进精神文明建设，开展一系列精神文明创建活动。至年末广西已有71个市、县审计局获广西各级文明单位称号。举办第四届“读书年”活动，推动广西各级审计机关共同建设“审计文化书屋”，在审计机关营造读书、学习、思考、创新的良好氛围。在自治区直属机关首届文化月活动中，审计厅获优秀组织奖、原创文艺节目展演铜奖、论文评选优胜奖，门户网站获十佳网站称号。

审计科研 审计厅会同广西审计学会组织完成19个审计重点课题的研究任务，完成课题论文的收集、编辑、审核、鉴定等工作。组织力量通过竞标承担并完成由自治区哲学社会科学规划领导小组批准立项的“广西社会科学人才队伍建设研究”的研究工作，提交4.6万字的课题研究论文。组织力量继续深化研究课题“地理信息系统审计实用化研究”，已着手编写相关软件的操作说明。

会同广西审计学会向中国审计学会举办的国家审计推动完善国家治理路径研讨会推荐5篇论文；向自治区社科联举办的第十五期广西发展论坛、广西社会科学界青年学术论坛、社会组织创新管理与发展研讨会、新时期加强党的建设理论研讨会分别推荐论文。在第十二届西部审计理论研讨会上交流的论文《积极开拓创新，不断深化资源环境审计》，获《中国审计报》刊登和《求是》杂志网站转载。

会同广西审计学会在南宁联合举办广西审计学会政府投资跟踪审计专题研讨会；协助审计署审计科研所“生态文明建设中的审计作用研究”课题调研组到广西南宁、柳州、桂林3个市开展调研活动。

会同广西审计学会对广西审计理论研究骨干人员进行动态式的分类管理和有针对性的业务培训，由原有的68人更新扩充为133人；派员到百色、崇左、北海等市审计局进行审计科研专题授课。

审计宣传 审计厅加大审计宣传力度，在《中国审计报》《广西日报》《广西法治日报》等媒体开辟专版分别介绍在政府性债务审计、精神文明建设、绩效考评、审计工作成果等方面的情况和取得的成效，扩大社会影响。7月30日，审计厅副厅长和部分处室负责人到广西人民广播电台，在线回答听众对有关审计职责的询问，收到较好的宣传效果。

对门户网站进行改版，更新政府信息公开目录和公开指南，增设审计动态、工作落实、绩效考评、精神文明创建等栏目，使网站的栏目基本涵盖审计各项工作。审计厅门户网站发布信息414篇，确保广西审计工作的有关信息得到及时准确的公开。

组织完成《中国审计年鉴》《广西年鉴》《广西社会科学年鉴·2013》等年鉴中广西审计条目的编撰工作。初步完成《广西审计年鉴（2010—2011）》的编纂任务。继续开展《广西通志·审计志（1993—2007）》的具体编纂工作。

其他工作 依法行政工作迈上新台阶，被自治区人民政府授予2011—2012年度自治区依法行政先进单位称号；组织起草的《关于进一步加强审计工作的意见》已经自治区人民政府同意以政府名义下发实施。积极推动广西各级审计机关建立健全廉政风险防范控制机制，落实党风廉政建设责任制，有针对性地开展观看警示教育片、服刑人员现身说法等廉政警示教育活动，不断提高审计人员拒腐防变能力。

（撰稿人：朱　明　罗凯文）

【南宁市审计局】　2013年，南宁市审计局人员编制68人，在编58人。局长边作新，副局长卢绍宁、李英辉（—1月）、杨连业，总审计师雷剑秋（—8月），纪检组长杜彦玢。设有办公室、法规科、财政金融审计科、行政事业审计科、农业与资源环保审计科、固定资产投资审计科、企业审计科、社会保障审计科、外资运用审计科、经济责任审计办公室、人事科、机关党组织、纪检监察室，还设有南宁市公共投资审计中心。

审计成果　南宁市各级审计机关共审计（调查）单位214个，查出主要问题金额52.47亿元，应上缴财政1.91亿元，已上缴1227万元；应减少财政拨款或补贴1040万元，应归还原渠道资金5.26亿元，已归还153万元；应缴纳其他资金4.87亿元，已缴纳1.44亿元；应调账处理金额6.93亿元，已调账2.28亿元；核减投资额11.84亿元。移送处理事项5件，已处理1件，涉案金额2271万元。出具审计报告和专项审计调查报告273篇，被批示、采用4篇次；提出审计建议519条，被采纳352条；提交审计信息90篇，被批示、采用60篇次。

在审计署统一组织的政府性债务审计工作中，南宁市审计局获审计署嘉奖。南宁市审计学会被评为2012年度南宁市社会科学先进学会。

财政审计　全市审计（调查）82个单位的预算执行情况，查出主要问题金额29.47亿元。其中：南宁市审计局审计（调查）27个单位的预算执行情况，查出主要问题金额9.05亿元。在2012年度预算执行和其他财政收支情况审计中查明，南宁市本级存在财政部门违规从土地使用权出让收入中列支国有企业注册资本金、未按规定列支地方水利建设基金、未及时收回借出的财政专项资金等问题。武鸣县本级存在财政部门未规范编制预算、提请批准调整的预算额度过大、未将住房公积金增值收益缴入保障性安居工程资金专户等问题。南宁市审计局审计南宁某学院2012年度预算执行和其他财政收支情况，发现存在虚列课酬费套领大额现金、私存私放合作办学取得的公款、违规与民营企业合作开发土地、擅自处置国有资产等问题，涉嫌犯罪的案件线索移送司法机关查处，有关涉案人员已被依法追究刑事责任。

全市审计（调查）3个单位的财政决算情况，查出主要问题金额5364万元。其中：南宁市审计局审计（调查）2个单位的财政决算情况，查出主要问题金额5364万元。审计南宁市西乡塘区2012年度财政决算和其他财政收支情况，发现财政部门未及时将部分非税收入缴入国库、未及时收回借出的财政资金，个别单位未按合同规定及时收取房屋租金并上缴国库、未及时申报缴纳相关税费等问题。

行政事业审计　全市审计（调查）单位44个，查出主要问题金额3.74亿元。其中：南宁市审计局审计（调查）单位8个，查出主要问题金额6594万元。调查南宁市本级部分事业单位国有资产出租出借等情况，发现违规将国有资产对外投资、出租，国有划拨土地使用权变相非法转让等问题。隆安县、上林县、马山县、武鸣县审计局分别审计（调查）隆安县国土资源局2012年度、上林县市场开发服务中心2011年1月至2013年10月、马山县周鹿中学2011年至2012年、武鸣县妇幼保健院2011年至2012年的财务收支情况，发现一些单位违规收费、违规将工会活动经费列作事业支出、虚报人数骗取财政补助资金、未按规定发放职工津贴补贴、将职工福利基金用于发放职工个人福利、支付应由职工个人缴付的住房公积金、以违法发票报销招待费支出等问题。

专项资金审计　全市审计（调查）单位53个，查出主要问题金额13.06亿元。其中：南宁市审计局审计（调查）单位17个，查出主要问题金额12.95亿元。在宾阳县2010年至2012年桂中农村土地整治重大工程建设资金审计中，发现工程建设单位未按规定收取施工单位履约保证金、业务招待费超支、燃油费用列支过大、土地平整面积未达到规划设计面积等问题。宾阳县2012年农村卫生专项资金调查，发现有关医疗机构未按规定将艾滋病防治工作人员领取的专项补助资金缴存单位财务核算、未按规定公示发放的农村孕产妇住院分娩补助资金等问题。武鸣县“美丽广西·清洁乡村”活动专项资金跟踪审计，发现财政部门未及时将上级下达的专项资金拨付到项目实施单位、物资接收单位未按规定将环卫保洁物资作为固定资产登记入账等问题。

固定资产投资审计 全市审计（调查）单位24个，查出主要问题金额2351万元。其中：南宁市审计局审计（调查）单位7个，查出主要问题金额2095万元。跟踪审计南宁市轨道交通某号线一期工程，发现该工程建设单位违规使用建设资金购买银行理财产品，超过核定的工资总额发放工资、补助，未将合同履约保证金缴存财政专户；设计单位非法转包设计项目等问题。横县、武鸣县审计局分别审计南宁六景工业园区某大道辅道工程、武鸣县某局办公楼工程的竣工结算，核减率分别为21.86%、9.74%。

社会保障审计 全市审计（调查）单位2个，查出主要问题金额703万元。隆安县审计局跟踪审计隆安县2012年度城镇保障性安居工程，发现该工程建设单位闲置上级安排的资金；主管部门未建立住房保障诚信档案，未制定经济适用房、限价商品房上市交易收益分配办法等问题。

企业审计 全市审计（调查）单位6个，查出主要问题金额5.35亿元。其中：南宁市审计局审计（调查）单位3个，查出主要问题金额5.26亿元。武鸣县审计局审计武鸣县某公司2011年至2012年财务收支情况，发现该公司应缴未缴国有资产收益、水资源费和代征的价格调节基金，将应由职工个人负担的医疗保险费、失业保险费列入管理费用等问题。

经济责任审计 全市审计单位76个，审计领导干部78人，查出主要问题金额10.50亿元。其中：南宁市审计局审计单位23个，审计领导干部22人，查出主要问题金额9.53亿元。南宁市、马山县、横县、武鸣县、宾阳县等审计局分别开展经济责任审计，发现一些单位应缴未缴、坐收坐支财政收入，超出规定的范围和限额使用现金结算，私存私放公款，违规发放职工通讯费补贴，挪用专项资金，未根据实际发生的经济业务进行会计核算，未将资产出租收入登记入账，销售产品、收取关联单位借款利息均未申报缴纳相关税费等问题。 （撰稿人：吴丽霞）

【桂林市审计局】 2013年，桂林市审计局人员编制118人，在编88人。局长陆斌，副局长唐正柱、赵素云、全宏星（9月—），总审计师张宁，纪检组长罗伟强（6月—）。设有办公室、法规科、财政金融审计科、行政事业审计科、经贸审计科、农业与资源环保审计科、社会保障审计科、固定资产投资审计一科、固定资产投资审计二科、旅游外资审计科、经济责任审计办公室、人事教育科、综合信息科、纪检监察室，还设有桂林市公共投资项目审计中心。

审计成果 桂林市各级审计机关共审计（调查）单位288个，查出主要问题金额51.38亿元。应上缴财政4.20亿元，已上缴1.26亿元；应减少财政拨款或补贴57万元，应归还原渠道资金12.70亿元，已归还1302万元；应缴纳其他资金1.32亿元，已缴纳3104万元；应调账处理金额6.99亿元，已调账4.27亿元。核减投资额4155万元。移送处理事项1件，移送处理人员1人，涉案金额151万元。出具审计报告和专项审计调查报告356篇，被批示、采用2篇次；提出审计建议688条，被采纳475条；提交审计信息65篇，被批示、采用52篇次。

在审计署统一组织的政府性债务审计工作中，桂林市审计局被审计署记三等功。桂林市审计局被自治区人民政府授予2011—2012年度自治区依法行政先进单位称号。桂林市审计学会被评为2012年度桂林市社会科学先进学会。

财政审计 全市审计（调查）132个单位的预算执行情况，查出主要问题金额40.97亿元。其中：桂林市审计局审计（调查）39个单位的预算执行情况，查出主要问题金额16.43亿元。审计查明，桂林市本级存在财政部门未细化编制政府性基金预算、未将各财政专户存储的专项资金上缴国库、将总预算支出挂往来账、超范围支出中央奖补资金等问题。全州县、龙胜各族自治县本级存在个别县财政部门未按规定将财政专户全部划归财政国库部门统一管理、未及时足额将非税收入缴入国库、虚增财政收入、未将收到的医疗保险基金银行补付利息作为基金收入反映、出借财政资金给部门缴纳开发房地产的税费；个别预算单位未及时提供核减预算指标的依据造成财政部门多拨财政资金等问题。全州县审计局将在追溯审计中发现的案件线索移送司法机关查处。

全市共审计（调查）42个单位的财政决算情

况，查出主要问题金额 6.28 亿元。其中：桂林市审计局审计（调查）11 个单位的财政决算情况，查出主要问题金额 5.95 亿元。平乐县 2012 年度财政决算和其他财政收支情况审计，发现财政部门未细化编制预算、未按时编制预算调整方案、一些单位取得预算收入应缴未缴国库、收取罚没款未直接上缴国库等问题。

行政事业审计 全市审计（调查）单位 33 个，查出主要问题金额 4799 万元。其中：桂林市审计局审计（调查）单位 6 个，查出主要问题金额 144 万元。桂林市、恭城瑶族自治县审计局分别审计桂林市中西医结合医院 2012 年度、恭城瑶族自治县疾病预防控制中心 2011 年至 2012 年的财务收支情况，发现个别单位虚报在岗人员工资、在部分专项资金中列支日常加班费、对药品和医疗材料违规收费、购置部分医疗器械未经过政府采购等问题。

专项资金审计 全市审计（调查）单位 52 个，查出主要问题金额 1.66 亿元。其中：桂林市审计局审计（调查）单位 10 个，查出主要问题金额 1.12 亿元。阳朔、永福 2 个县 2012 年渔业生产用油补贴专项资金审计，发现个别地方主管部门超出标准和范围给渔船发放渔业生产用油补贴、未完整公示发放渔业生产用油补贴的内容、未履行销毁渔业罚没物资的审批手续等问题。全州县审计局调查全州县 2011 年至 2012 年农村危房改造补助资金，发现一些乡镇政府未按规定及时拨付农村危房改造补助资金造成资金结余较大、违规以现金形式发放补助资金、未按规范程序采集和审核危房改造的基础数据、未完整建立和审核发放补助资金的档案资料导致部分建房户的姓名与存折或储蓄卡的户名不一致等问题。

固定资产投资审计 全市审计（调查）单位 21 个，查出主要问题金额 1.71 亿元。其中：桂林市审计局审计（调查）单位 17 个，查出主要问题金额 1.71 亿元。桂林市秀峰区某社区安置点工程跟踪审计，发现该工程建设单位未取得有关部门对可行性研究报告和初步设计概算的批复，施工单位未按设计要求完成商场栏杆防护设施的施工、多计工程结算价款等问题，对送审的工程造价金额核减 3821 万元，核减率为 13.56%。桂林市某道路改建工程调整概算审计，发现该工程设计单位对工程的勘察设计深度不够导致建设费用增加，建设单位给予被拆迁户的房屋拆迁补偿价格偏高、装修补偿和奖励标准过高、房屋补偿无证面积所占比例大等导致征地拆迁费用增加等问题，对送审金额核减 20807 万元，核减率为 15.69%。龙胜各族自治县审计局审计龙胜县城镇污水处理工程竣工结算，对送审工程造价金额核减 1204 万元，核减率为 22.56%。

社会保障审计 全市审计（调查）单位 3 个。其中：桂林市审计局审计（调查）单位 2 个。桂林市审计局跟踪审计桂林市 2012 年度城镇保障性安居工程，发现工程建设单位未严格履行工程管理职责，未合理控制资金的拨付；主管部门未规范保障性住房的分配和使用，导致部分保障性住房长期闲置等问题。恭城瑶族自治县 2012 年度新型农村合作医疗保险基金审计，发现经办机构未按规定对残疾人进行缴费补助，导致 292 人同时参加新型农村合作医疗保险和城镇居民基本医疗保险。

企业审计 全市审计（调查）单位 5 个，查出主要问题金额 2797 万元。其中：桂林市审计局审计（调查）单位 1 个。桂林市审计局调查桂林市某经济发展有限责任公司成立以来至 2006 年 6 月底止资产负债权益情况，发现该公司违规改制、低价处置资产造成国有资产严重流失，违规售房等问题。该公司法定代表人涉嫌犯罪的案件线索已移送市纪委查处。恭城瑶族自治县审计局审计恭城县某公司 2011 年至 2012 年资产负债损益情况，发现该公司未将发出产品作为销售商品事项入账、未及时将处置固定资产的净收入作为营业外收入核算等问题。

经济责任审计 全市审计单位 105 个，审计领导干部 106 人，查出主要问题金额 4.66 亿元。其中：桂林市审计局审计单位 17 个，审计领导干部 17 人，查出主要问题金额 2.35 亿元。桂林市、恭城瑶族自治县等审计局分别对桂林市象山区原区长、桂林市财政局局长、桂林市住房制度改革委员会办公室主任、桂林市人民政府驻北京联络处原主任、恭城瑶族自治县水产畜牧兽医局局长等开展经济责任审计，发现个别地方财政部门未将动用预备费的方案报人大备案，未按规定将预算资金拨至资金使用单位；一些单位应缴未缴国有资产收益，挤占挪用专项资金，未按规定用途使用项目经费，虚报在岗人员工资，违规发放津贴补贴、奖金，违规用公款支付应由个人负担的费用，超出规定的范围和限额使用现金结算，财务人员多年来无会计从业资格证书等问题。桂林市审计局将涉嫌贪污、滥用职权、玩忽职守犯罪造成公共财产重大损失的案件线索移送市纪委查处。（撰稿人：黄艳霞）

【柳州市审计局】 2013年，柳州市审计局人员编制105人，在编99人。局长莫晓钢（—2月）、罗品文（2月—），副局长戴卫平、陈钧、刘秋文（11月—），总审计师李怡，纪检组长梁传辉（—1月）、覃柳青（5月—）。设有办公室（内设计算机信息管理中心）、法规科、财政金融审计科、行政事业审计科、经贸审计科、农业与资源环保审计科、社会保障审计科、固定资产投资审计科、经济责任审计局、人事科，还设有柳州市政府投资项目审计中心。

审计成果 柳州市各级审计机关共审计（调查）单位633个，查出主要问题金额68.28亿元。应上缴财政4.15亿元，已上缴3.48亿元；应减少财政拨款或补贴5.98亿元，已减少3.56亿元；应归还原渠道资金2.25亿元，已归还5920万元；应缴纳其他资金1995万元，已缴纳319万元；应调账处理金额17.68亿元，已调账3.37亿元；核减投资额7.74亿元，审计后挽回（避免）损失6.89亿元。移送处理事项3件，移送处理人员3人，涉案金额56万元。出具审计报告和专项审计调查报告634篇，被批示、采用8篇次；提出审计建议990条，被采纳528条；向社会公布审计报告3篇。提交审计信息77篇，被批示、采用16篇次。

在审计署统一组织的2013年全国审计机关政府性债务审计工作中，柳州市审计局获审计署嘉奖。三江侗族自治县审计局被评为自治区和谐单位、柳州市文明单位，鹿寨县审计局被评为柳州市文明单位。

财政审计 全市审计（调查）97个单位的预算执行情况，查出主要问题金额22.01亿元。其中：柳州市审计局审计（调查）26个单位的预算执行情况，查出主要问题金额14.83亿元。审计（调查）10个单位的财政决算情况，查出主要问题金额6.15亿元。其中：柳州市审计局审计（调查）5个单位的财政决算情况，查出主要问题金额6.15亿元。审计查明，柳州市本级存在财政部门未完整编制部门预算、过多设立国库账户导致部分资金长期沉淀、国库集中支付范围有待进一步扩大等问题。个别县存在财政部门未将非税收入纳入预算管理、未按项目对专项资金进行明细核算、挪用部分专项资金、违规在往来账列收列支、无依据冲销往来账、未将部分固定资产入账；一些单位超范围列支征地经费、差旅费支出不符合标准；部分乡镇政府超出规定的范围和限额使用现金结算等问题。柳州市阳和工业新区2012年度财政决算和其他财政收支情况审计，发现部分经费的支出未取得原始发票、经费收支挂往来账、未规范管理工程建设项目等问题。

行政事业审计 全市审计（调查）单位79个，查出主要问题金额9.63亿元。其中：柳州市审计局审计（调查）单位21个，查出主要问题金额6.68亿元。三江侗族自治县文化体育局2012年度、柳城县光荣院2010—2012年度的财务收支情况审计，发现个别单位挤占挪用项目专项资金、未按规定发放专项资金、利用往来账科目列收列支、虚列支出、未将增加的固定资产登记入账并进行明细核算等问题。

专项资金审计 全市审计（调查）单位43个，查出主要问题金额3.83亿元。其中：柳州市审计局审计（调查）单位11个，查出主要问题金额3.59亿元。融安、融水、三江3个县（自治县）2011—2012年度农村义务教育薄弱学校改造食堂专项资金审计，发现一些地方工程建设单位未抓紧推进导致部分工程进度缓慢、未严格监督施工单位导致部分已完工食堂的卫生条件不符合要求、部分工程施工现场存在安全隐患等问题。柳州市2011—2012年度城市生活垃圾处置资金调查，发现部分城区主管部门未完成城市生活垃圾处置资金的征收计划、一些单位未按规定将城市生活垃圾处置资金与部门经费分账核算造成资金被挤占挪用等问题。柳州市2012年度城镇保障性安居工程跟踪审计，发现工程建设单位未严格履行工程管理责任、主管部门未规范保障性住房的分配和使用、部分施工单位未严格履行质量管理责任等问题。鱼峰区2012年度教育经费调查，发现闲置部分教育专项资金、长期未清理往来账而存在多年呆账等问题。

固定资产投资审计 全市审计（调查）单位395个，查出主要问题金额6.84亿元。其中：柳州市审计局审计（调查）单位34个，查出主要问题金额4.50亿元。柳州市某景观工程跟踪审计，发现工程建设单位未按规定将国有资产拆迁补偿款转入市财政专户、施工单位多报工程结算造价等问题。柳江县某综合楼工程竣工结算审计，发现工程建设单位招标混乱导致重复招标项目金额相差巨大、评标未及时修正错误的投标预算取费基数导致综合单价偏高、施工单位送审的工程造价结算资料混乱而且总价明显偏高等问题。融安县某矿区棚户区改造工程竣工结算审计，发现该工程施工单位提供的竣工图出现部分技术性错误，结算造价超出计划投资额等问题。

企业审计 全市共审计（调查）单位8个，查出主要问题金额8.37亿元。其中：柳州市审计局审计（调查）单位5个，查出主要问题金额4.54亿元。柳州市审计局调查柳州市政府性投融资公司2010—2012年度财务状况，发现个别公司越权行使土地管理职能、部分公司未按规定用途使用债务资金、土地储备中心未对资金账户实行封闭管理等问题。柳州市化工控股有限公司2010—2012年度财务收支情况审计，发现该公司未将取得的财政补助收入计入收入总额并申报缴纳企业所得税、未将部分项目款项作为损益核算导致少缴企业所得税、未按规定提取法定盈余公积金导致多分配股利、未按规定核算长期股权投资等问题。

金融审计 柳州市审计局审计（调查）单位1个，查出主要问题金额11.46亿元。

经济责任审计 全市审计单位127个，审计领导干部134人，查出主要问题金额17.39亿元。其中：柳州市审计局审计单位33个，审计领导干部33人，查出主要问题金额12.56亿元。审计发现个别地方政府违规发放招商引资奖励经费、违规担保形成政府性风险债务、超范围使用土地出让基金和科技专项资金；一些单位未及时将非税收入上缴财政、未将专项资金纳入财政专户管理、滞留专项资金；个别企业多计开发成本、将收入挂往来账导致少缴企业所得税，应缴未缴营业税、企业所得税等税金等问题。 （撰稿人：段丽萍）

【梧州市审计局】 2013年，梧州市审计局人员编制55人，在编50人。局长覃宏岩，副局长严伟维（—3月）、蒙泽江、彭雪梅、卢秋诚，总审计师麦庆，纪检组长姚启文。设有办公室、法规科、财政金融审计科、行政事业审计科、经贸审计科、农业与资源环保审计科、社会保障审计科、固定资产投资审计科、外资运用审计科、经济责任审计分局、监察室，还设有梧州市政府投资审计中心。

审计成果 梧州市各级审计机关共审计（调查）单位965个，查出主要问题金额62.71亿元。应上缴财政3215万元，已上缴1906万元；应减少财政拨款或补贴82万元，应归还原渠道资金1.69亿元，已归还5万元；应缴纳其他资金666万元，已缴纳339万元；应调账处理金额16.33亿元，已调账22.89亿元；核减投资额2.76亿元；审计后挽回（避免）损失37万元。移送处理事项9件，已处理1件；移送处理人员8人，涉案金额344万元。出具审计报告和专项审计调查报告1229篇，被批示、采用246篇次；提出审计建议930条，被采纳868条；向社会公布审计报告8篇。提交审计信息19篇，被批示、采用6篇次。

岑溪市审计局、蒙山县审计局被评为梧州市文明单位。

财政审计 全市审计（调查）24个单位的预算执行情况，查出主要问题金额36.03亿元。全市审计（调查）9个单位的财政决算情况，查出主要问题金额2.23亿元。其中：梧州市审计局审计（调查）1个单位的财政决算情况，查出主要问题金额1.33亿元。其中：梧州市审计局审计（调查）6个单位的预算执行情况，查出主要问题金额15.38亿元。审计查明存在财政部门未收回违规借出的财政资金、未及时将土地出让金专户余额上缴国库、超出正常规模编制年初预算、未经人大审批或超过规定时限追加预算、未建立政府性债务偿债准备金制度、未将部分债务收支和财政专户利息收入纳入预算管理、滞留出借专项资金等问题。

行政事业审计 全市审计（调查）单位165个，查出主要问题金额4.71亿元。其中：梧州市审计局审计（调查）单位25个，查出主要问题金额2.65亿元。梧州市某医院2012年度财务收支情况审计，发现超标准加价销售药品、未及时上缴代扣的教育费附加和防洪保安费、未按规定计提医疗风险基金等问题。岑溪市某交易所2012年度财务收支情况审计，发现该交易所漏缴、欠缴企业所得税等问题。

专项资金审计 全市审计（调查）单位26个，查出主要问题金额6.58亿元。其中：梧州市审计局审计（调查）单位11个，查出主要问题金额6.35亿元。梧州市审计局调查梧州市本级2012年度技术研究与开发经费，发现经费安排分散导致资金使用效果不明显、已竣工项目未验收等问题。梧州市本级廉租住房管理和使用情况调查发现部分廉租住房不符合租住条件、部分需清退的廉租住房未予清退等问题。“美丽广西·清洁乡村”活动专项资金审计调查，发现未统一拨付专项资金的流程、未按规定专户储存和单独核算专项资金、未建立专项资金管理台账、未及时申报专项资金的支出等问题。

固定资产投资审计 全市审计（调查）单位732个，查出主要问题金额10.55亿元。其中：梧州市审计局审计（调查）单位10个，查出主要问题金额10.53亿元。梧州市本级廉租住房四至六期建设工程跟踪审计，发现工程建设单位未按投资计划要求确定廉租住房建筑面积、调整建设规模后未按规定申报批准初步设计的调整、未按合同规定向施工单位足额收取履约保证金等问题。岑溪市某镇中心卫生院业务综合楼工程竣工决算审计，发现该工程建设单位未经批准超概算支付工程进度款、施工单位多计工程结算价款等问题。

企业审计 全市审计（调查）单位8个，查出主要问题金额2.62亿元。其中：梧州市审计局审计（调查）单位6个，查出主要问题金额2.61亿元。岑溪市某供销社2011年至2012年财务收支情况审计，发现未将取得的房屋租赁收入作为收入核算和反映，漏缴营业税、房产税等税费等问题。

经济责任审计 全市审计单位125个，审计领导干部121人，查出主要问题金额3.63亿元。其中：梧州市审计局审计单位20个，审计领导干部20人，查出主要问题金额3.21亿元。审计发现一些单位违规拆借资金、坐收坐支现金，违规以大额现金结算、无任何审批手续大额借出公款、虚列支出等问题。（撰稿人：余小龙）

【贵港市审计局】 2013年，贵港市审计局人员编制55人，在编46人。局长张立文，副局长伍勤、甘德富、彭毅云，总审计师黄影，纪检组长黄开泽。设有办公室、财政金融审计科、行政事业审计科、社保与资源环境审计科、固定资产投资审计科、经济责任审计局、法规科、和港北区审计办事处、港南区审计办事处、覃塘区审计办事处，还设有贵港市公共投资审计中心。

审计成果 贵港市各级审计机关共审计（调查）单位384个，查出主要问题金额17.34亿元。应上缴财政1246万元，已上缴1181万元；应减少财政拨款或补贴1.25亿元，已减少1.24亿元；应归还原渠道资金8877万元，已归还911万元；应缴纳其他资金1.92亿元，已缴纳13万元；应调账处理金额5.15亿元，已调账1.43亿元；核减投资额1.31亿元，审计后挽回（避免）损失4.82亿元。移送处理事项2件，已处理1件；移送处理人员4人，已处理1人；涉案金额141万元。出具审计报告和专项审计调查报告402篇；提出审计建议226条，被采纳202条；提交审计信息175篇，被批示、采用164篇次。

在审计署统一组织的政府性债务审计工作中，贵港市审计局有1名先进个人获审计署嘉奖。

财政审计 全市审计（调查）32个单位的预算执行情况，查出主要问题金额13.48亿元。其中：贵港市审计局审计（调查）15个单位的预算执行情况，查出主要问题金额5.32亿元。审计查明，存在财政部门未及时将非税收入缴入国库、应列未列政府性基金支出、未及时拨付部分上级财政补助资金导致资金结余较大、未严格管理国库的直接支付、未及时安排使用普及九年义务教育债务偿债资金结余、挤占挪用上级拨入的专项资金、应缴未缴预算款、应收未收土地出让金、应收未收土地和房屋租金、应缴未缴与房租收入相应的税费、执行服务性收费未开发票、应记未记收入、部分支出未取得合法发票、个人借款长期挂账、个别单位长期闲置部分政府性债务资金、乡镇分支机构滞留罚没款、下属的个别单位未收缴滞纳金等问题。

行政事业审计 全市审计（调查）单位20个，查出主要问题金额1.33亿元。其中：贵港市审计局审计（调查）单位7个，查出主要问题金额1707万元。发现坐支应当上缴的财政收入，未对移民工程项目的设计、监理进行公开招投标，挪用工程项目结余款，使用大额现金结算等问题。平南县某高级中学2012年度财务收支情况审计，发现违规收费、使用白条列支原材料款、应缴未缴税费、使用大额现金结算、使用不符合财务制度的凭证顶替库存现金等问题。

专项资金审计 全市审计（调查）单位10个，查出主要问题金额1380万元。贵港市港北区2012年度农村危房改造资金调查，发现建设单位无具备相应资质的专业鉴定技术人员、未规范管理农村危房改造项目的档案、部分农村危房改造项目的农户超出标准面积建造新房等问题。港北区"美丽广西·清洁乡村"活动专项资金跟踪审计，发现未专账核算专项资金、未完善资金支出手续、未健全内部控制制度等问题。平南县2007年1月至2011年12月就业再就业专项资金审计，发现挤占就业再就业专项资金、涂改原始单据套取现金、将收入挂往来账、进行虚假的就业再就业培训以获取补贴等问题。

固定资产投资审计 全市审计（调查）单位320个，查出主要问题金额1.55亿元。其中：贵港市审计局审计（调查）单位64个，查出主要问题金额3284万元。贵港市城区生活垃圾处理场某填埋库区工程竣工结算审计，核减工程造价608万元，核减率为28.13%。平南县城区某防洪排涝和道路工程竣工结算审计，发现施工单位未规范现场管理、多计工程结算价款等问题，核减工程造价519万元。

企业审计 全市审计（调查）单位1个，查出主要问题金额6832万元。平南县某建设投资有限公司2010年6月至2012年12月资产负债损益情况审计，发现未正确进行财务核算、未执行重大资金开支审批制度、未完善公司章程和财务管理制度等问题。

经济责任审计 全市审计单位22个，审计领导干部22人，查出主要问题金额1.03亿元。其中：贵港市审计局审计单位12个，审计领导干部12人，查出主要问题金额1742万元。发现一些单位应缴未缴非税收入、挤占挪用专项资金、违规使用现金、违规出借并且未按规定及时撤销银行账户、违规销售二类生物疫苗；个别下属单位无证办学、违规收费等问题。（撰稿人：王育红）

【玉林市审计局】 2013年，玉林市审计局人员编制46人，在编40人。局长李克，副局长王熙、劳林灵、陈磊，总审计师梁武波，纪检组长钟耿（—6月）、吕智能（6月—）。设有秘书科、法规科、财政税务审计科、行政事业审计科、综合经济审计科、社会保障审计科、固定资产投资审计科、经济责任审计分局、园区审计科、监察室，还设有玉林市政府投资审计办公室。

审计成果 玉林市各级审计机关共审计（调查）单位158个，查出主要问题金额50.12亿元。应上缴财政1.13亿元，已上缴3.24亿元；应减少财政拨款或补贴1.85亿元，已减少568万元；应归还原渠道资金6亿元，已归还25万元；应缴纳其他资金129万元，已缴纳1万元；应调账处理金额6988万元，已调账1681万元；核减投资额6.77亿元；审计后挽回（避免）损失2958万元。出具审计报告和专项审计调查报告199篇，被批示、采用11篇次；提出审计建议223条，被采纳165条；提交审计信息27篇，被批示、采用10篇次。

财政审计 全市审计（调查）16个单位的预算执行情况，查出主要问题金额36.27亿元。其中：玉林市审计局审计（调查）2个单位的预算执行情况，查出主要问题金额21.37亿元。审计发现存在财政部门未完整细化编制和批复部门预算、未及时足额将当年预算收入缴入国库、未及时安排使用专项资金、逾期未收回借出的财政资金、未及时拨付专项资金、将项目建设专项资金从预算内国库转到预算外财政专户、未按规定建立往来款项明细账；个别单位未将国有资产经营收益上缴国库等问题。

全市审计（调查）5个单位的财政决算情况，查出主要问题金额6.29亿元。其中：玉林市审计局审计（调查）1个单位的财政决算情况，查出主要问题金额 6.26 亿元。发现将财政专户管理的建筑安装劳动保护费作为非税收入缴入国库、未及时将资金拨付到具体的用款单位或项目、违规动用预备费以弥补党政机关经费的不足、未及时将财政收入征收上缴财政等问题。

行政事业审计 全市审计（调查）单位 78 个，查出主要问题金额 3.60 亿元。其中：玉林市审计局审计（调查）单位 12 个，查出主要问题金额 2.77 亿元。

专项资金审计 全市审计（调查）单位 23 个，查出主要问题金额 3.31 亿元。其中：玉林市审计局审计（调查）单位 6 个，查出主要问题金额 3.27 亿元。玉林市 2011—2012 年度城乡风貌改造工程专项资金调查，发现未足额筹集财政配套资金、未足额拨付上级下达的城乡风貌改造专项资金导致农户自筹资金的比例较大、个别建设单位未经有关部门批准自行调整城乡风貌改造的地点、未抓紧推进导致部分工程项目建设进度缓慢等问题。"美丽广西·清洁乡村"活动专项资金调查，发现一些地方主管部门未按规定专账核算专项资金、未将购置的垃圾运输车作为固定资产登记入账等问题。

固定资产投资审计 全市审计（调查）单位 36 个，查出主要问题金额 5477 万元。其中：玉林市审计局审计（调查）单位 9 个，查出主要问题金额 1387 万元。2012 年度玉林市各类城镇保障性安居工程跟踪审计，发现未取得建设用地规划许可证和建筑施工许可证、未完成招投标即开工建设工程项目、未将工程施工图报建设主管部门审查、未办理工程质量监督手续等问题。玉林市某道路路面维修改造工程若干标段竣工结算审计，发现施工单位对局部路面的施工达不到设计的厚度要求、多计工程结算价款、监理单位未切实履行监理职责、实际进场监理人员的数量和资质均低于投标文件的承诺等问题，核减工程造价 173 万元。玉林市玉州区审计局第二初级中学学生宿舍楼工程竣工结算审计，核减工程造价金额 77 万元。

经济责任审计 全市审计单位 67 个，审计领导干部 75 人，查出主要问题金额 9764 万元。其中：玉林市审计局审计单位 11 个，审计领导干部 11 人，查出主要问题金额 4136 万元。审计发现一些单位应收未收其他单位欠款、违规将工程承包给无资质的企业、未按规定对外投资导致投资损失严重、违规发放某项费用、挤占专项资金、以不合规的原始凭证列支费用、设立"小金库"、个别机构违规收费、未按规定办理工程项目的审批手续、购置设备未经政府采购等问题。

（撰稿人：黄　坚）

【钦州市审计局】 2013 年，钦州市审计局人员编制 56 人，在编 45 人。局长钟翔，副局长陈洪珊、谭灵坚、郑康，总审计师刘海伟，纪检组长曾文武。设有办公室、法规综合科、财税审计科、行政事业审计科、农业与资源环保审计科、固定资产投资审计科、金融外资审计科、企业审计科、社会保障审计科、经济责任审计分局，还设有钦州市经济责任审计办公室、钦州市公共投资审计中心。

审计成果 钦州市各级审计机关共审计（调查）单位 407 个，查出主要问题金额 58.35 亿元。应上缴财政 1.71 亿元，已上缴 762 万元；应归还原渠道资金 1.53 亿元，已归还 9090 万元；应缴纳其他资金 671 万元，应调账处理金额 42.86 亿元，已调账 33.83 亿元；核减投资额 2.95 亿元；审计后挽回（避免）损失 1 万元。移送处理事项 11 件，移送处理人员 7 人，涉案金额 2157 万元。出具审计报告和专项审计调查报告 429 篇，被批示、采用 276 篇次；提出审计建议 438 条，被采纳 44 条；提交审计信息 12 篇，被批示、采用 9 篇次。

财政审计 全市审计（调查）23 个单位的预算执行情况，查出主要问题金额 7.80 亿元。其中：钦州市审计局审计（调查）5 个单位的预算执行情况，查出主要问题金额 1.80 亿元。审计查明，存在财政部门未按规定及时将非税收入专户应缴预算款缴入国库、收到土地出让收入未按规定计提国有土地收益基金；税务部门违规同意个别企业延期缴纳税款、一些企业欠缴税款；个别县（区）未细化编制年初预算、大幅度调整预算、未将年末待解户的非税收入缴入国库、未真实反映财政收支、未及时拨付专项资金、超范围使用土地出让金；一些单位未及时上缴财政收入、私存私放公款、超预算支出、现金结余大等问题。

行政事业审计　全市审计（调查）单位38个，查出主要问题金额5.95亿元。其中：钦州市审计局审计（调查）单位8个，查出主要问题金额5.05亿元。发现未将非税收入全额上缴、财政专户购置资产未按规定进行政府采购、购置财务软件未作为资产管理、未履行审批手续支付工程款、未及时办理已完工项目竣工决算、应税收入未按规定申报缴纳税费、购置办公设备未入固定资产账、业务接待费支出过大、未完善征地补偿费支出手续等问题。

专项资金审计　全市审计（调查）单位18个，查出主要问题金额43.34亿元。其中：钦州市审计局审计（调查）单位7个，查出主要问题金额43.29亿元。灵山县2010年至2012年土地整治专项资金审计，发现项目建设进度缓慢、因论证不科学导致浪费、管理不严造成多预付工程进度款、未按规定缴纳农民工工资保证金、拖欠农民工工资和材料款、未按设计要求施工、偷工减料、多报工程量等问题。钦州市本级2011—2012年度土地储备资金调查，发现应缴未缴、挪用土地储备专项资金，在资金专户列支公务费用，未对已注资的土地进行账务处理等问题。钦北区"美丽广西·清洁乡村"活动专项资金调查，发现镇政府资金未及时入账、未严格审核专项资金的支出、未规范报销差旅费等问题。

固定资产投资审计　全市审计（调查）单位321个。其中：钦州市审计局审计（调查）单位79个。审计发现未及时审核拨付工程进度款、列支其他项目的招标服务费、超出合同约定多支付工程监理费、监理单位未按监理规范和合同的要求审核工程进度款、未完整记录监理日记、施工单位虚列工程量、未按合同约定随意高套材料设备价格和工程费用定额组价等问题。

企业审计　全市审计（调查）单位5个，查出主要问题金额1.27亿元。其中：钦州市审计局审计（调查）单位1个，查出主要问题金额1.13亿元。钦州市某投资集团有限公司2010年1月至2012年12月财务收支情况审计，发现该公司少计资本公积、征地未计缴被征地农民养老保障预备金、管理不严导致财政性资金投资项目前期工作成本费用高等问题。浦北县某投资有限公司2012年10月至2013年9月资产负债损益审计，发现该公司未按规定将取得的房屋出租收入、广告收入、门票收入上缴财政专户，支付费用未向收款方索取发票，超定额列支费用等问题。

经济责任审计　全市审计单位41个，审计领导干部40人，查出主要问题金额5.81亿元。其中：钦州市审计局审计单位9个，审计领导干部8人，查出主要问题金额4.78亿元。审计发现个别单位违规加价收费，购置设备未经政府采购，使用假发票或白条支付款项、报销费用，超规定列支业务招待费，挤占其他项目资金；一些单位截留财政资金，未将非税收入上缴财政专户，未按规定申报缴纳或代扣代缴有关税费，擅自设立项目收费，违规发放津贴补贴、奖金，违规列支福利补助，采购大宗货物未向对方索取合法发票，未按规范处理会计账务等问题。

（撰稿人：罗杰青）

【北海市审计局】　2013年，北海市审计局人员编制57人，在编51人。局长曹文，副局长葛庆新、刘文惠，总审计师黄廷中，纪检组长沈志平（1月—）。设有办公室、法规科（审理室）、财政金融审计科、行政事业审计科、农业与资源环保审计科、固定资产投资审计科、经济贸易企业审计科、外资运用审计科、经济责任审计科、社会保障审计科、交通与建设审计科、电子政务管理科、监察室，还设有北海市经济责任审计办公室、北海市政府投资审计中心。

审计成果　北海市各级审计机关共审计（调查）单位228个，查出主要问题金额68.23亿元。应上缴财政8269万元，已上缴984万元；应减少财政拨款或补贴1.21亿元，已减少1.21亿元；应归还原渠道资金4.17亿元，已归还2841万元；应缴纳其他资金9458万元，已缴纳5000万元；应调账处理金额25.46亿元，已调账18.18亿元；核减投资额1.32亿元；审计后挽回（避免）损失121万元。移送处理事项1件，涉案金额18万元。出具审计报告和专项审计调查报告239篇，被批示、采用26篇次；提出审计建议476条，被采纳344条；提交审计信息28篇，被批示、采用12篇次。

在审计署统一组织的政府性债务审计工作中，北海市审计局获审计署嘉奖。

财政审计　全市审计（调查）8个单位的预算执行情况，查出主要问题金额32.83亿元。审计（调查）2个单位的财政决算情况，查出主要问题金额43万元。其中：北海市审计局审计（调查）3个单位的预算执行情况，查出主要问题金额24.02亿元。审计查明存在财政部门年初未细化编制项目支出预算、未按年度计划拨付部分项目专项资金、一些单位未按规定用途和标准使用政府性基金等问题；个别县（区）存在财政部门年初未完整准确编制预算、未将财政专户利息收入缴入国库、未及时拨付部分项目专项资金、未将财政补助资金纳入社会保障专户管理、逾期未收回借出的财政资金；一些单位未及时将新型农村合作医疗基金支出户利息收入转入财政专户、未将城乡居民最低生活保障资金年末结余缴回财政专户等问题。北海市某局及下属单位2012年度部门预算执行和其他财政收支情况调查，发现未按规定对施工企业收取农民工工资保证金违规转出农民工工资保证金专户存款利息、未将取得的铺面出租收入纳入单位账核算、未将已交付使用的廉租住房登入固定资产账核算、管理不严导致已不符合条件的住户仍然享受直管公房的租住待遇、一些住户同时享受廉租住房和直管公房的租住待遇；下属个别单位实行财政全额拨款后取得司法鉴定费等收入未按规定实行“收支两条线”管理等问题。

行政事业审计　全市审计（调查）单位59个，查出主要问题金额14.28亿元。其中：北海市审计局审计（调查）单位36个，查出主要问题金额12.75亿元。审计发现未将银行存款利息上缴财政，未将各账户现金的发生额登记入账、收支采用大额现金的形式、未完善青苗及地上附着物补偿费的支付手续、未按规定在基本支出账户单独明细核算征地拆迁工作经费、超范围开支征地拆迁工作经费、未规范发放个人补助、未及时催收个人借款等问题。

专项资金审计　全市审计（调查）单位33个，查出主要问题金额4860万元。其中：北海市审计局审计（调查）单位2个，查出主要问题金额4712万元。北海市2012年度城镇保障性安居工程跟踪审计，发现部分工程项目建设单位未按规定进行招标、未取得建筑工程施工许可证、未向相关部门办理工程质量监督手续就开工建设，超出规定的面积标准建设危旧房改造项目住房；监理单位未按规定配备监理人员、监理人员未在隐蔽工程验收记录上签名而是由他人代签；主管部门未按规定向中标单位收取项目开发建设责任保证金、未严格审核申报材料导致不符合条件的家庭享受廉租住房待遇、违规出借廉租住房等问题。本级“美丽广西·清洁乡村”活动专项资金调查，发现一些地方主管部门未按规定专账核算专项资金、未真实反映已转至各村委和相关单位的专项资金支出等问题。

固定资产投资审计　全市审计（调查）单位118个，查出主要问题金额2.40亿元。其中：北海市审计局审计（调查）单位59个，查出主要问题金额2.27亿元。北海市某大道改建工程跟踪审计，发现勘察设计单位对部分标段的勘察设计与实际施工情况不一致导致设计概算漏项、单项工程造价超概算，未对某些基础工程进行验收签字；建设单位对部分标段未按现场实际施工验收计量，在挖除路基不良土质换填时未安排人员现场检验原土质；施工单位对某些基础工程的专项施工方案未经建设单位签批，未按规定足额配备项目管理人员；监理单位对部分标段的监理资料欠真实准确而且无旁站记录，在材料抽取送检单上见证人与备案人不一致等问题。北海市某路网二期工程竣工结算审计，发现该工程施工单位错算工程量，错套工程项目单价、费率等问题，核减送审金额1009万元，核减率为8.68%。合浦县某水库灌区节水改造工程第一标段竣工结算审计，核减送审金额44万元，核减率为6.22%。

社会保障审计　全市审计（调查）单位2个，查出主要问题金额1.25亿元。其中：北海市审计局审计（调查）单位1个，查出主要问题金额1.25亿元。北海市2012年度社会保障资金管理使用情况调查，发现各县（区）财政部门未配套到位应配套的最低生活保障资金、个别地方主管部门未按规定将被征地农民纳入相应的社会保障范围、挤占挪用社会保障资金、管理出现漏洞导致部分人员因重复参保而重复领取社会保障资金、不符合条件的人员享受社会保障待遇、未按规定发放最低生活保障资金、多报人数以获取上级补助最低生活保障资金等问题。合浦县2012年度新型农村合作医疗基金调查，发现主管部门未规范新农合信息管理系统的设置、未严格分开乡镇新农合管理站与乡镇卫生院造成难以监管定点医疗机构、个别定点医疗机构出于私利过度接收村民住院从而增加新农合费用开支、部分定点医疗机构实际住院人数与登记住院人数不相符等问题。

企业审计 北海市审计局审计（调查）单位6个，查出主要问题金额16.98亿元。

经济责任审计 全市审计单位51个，审计领导干部50人，查出主要问题金额6.71亿元。其中：北海市审计局审计单位32个，审计领导干部31人，查出主要问题金额6.70亿元。审计发现违规将应还给当事人的诉讼费作为应缴财政专户款挂账处理、未及时将执行款退给申请执行人、未将以稿费形式发放的干部职工绩效奖金计入年度实发工资总额、挤占挪用专项资金、违规扩大开支范围、在下属单位开支各种费用、取得房屋出租收入未按规定申报缴纳相关税费、未规范管理和使用票据、未及时清理往来款项导致个人借款长期不还、隐瞒或未及时足额上缴收入、违规发放奖金补贴和劳务费等问题。

（撰稿人：陈东方）

【防城港市审计局】 2013年，防城港市审计局人员编制32人，在编30人。局长林保聪，副局长李毓森、周铁军、凌荣（7月—），总审计师陈有良，纪检组长黄慧萍。设有办公室、法规科、财政和社保审计科、行政事业审计科、农业环保和企业审计科、固定资产投资审计科、经济责任审计分局、监察室，还设有防城港市经济责任审计中心、防城港市政府投资审计中心。

审计成果 防城港市各级审计机关共审计（调查）单位552个，查出主要问题金额21.22亿元。应上缴财政1595万元，已上缴77万元；应减少财政拨款或补贴2.15亿元，已减少6509万元；应归还原渠道资金942万元，已归还15万元；应缴纳其他资金7.18亿元，已缴纳73万元；应调账处理金额10.32亿元，已调账1.36亿元；核减投资额2.15亿元；审计后挽回（避免）损失6.31亿元。出具审计报告和专项审计调查报告552篇，被批示、采用71篇次；提出审计建议414条，被采纳70条；提交审计信息3篇，被批示、采用3篇次。

财政审计 全市审计（调查）4个单位的预算执行情况，查出主要问题金额16.32亿元。其中：防城港市审计局审计（调查）1个单位的预算执行情况，查出主要问题金额3.88亿元。审计查明，防城港市本级存在财政部门未按规定将部分收入纳入公共财政预算管理、未按规定调整政府性基金收入预算、将土地出让金支出转入暂付款核算、部分专项资金拨款指标结转两年以上仍未使用等问题。防城港市港口区本级存在该区财政部门未准确编制预算、少计一般预算支出、控制不严造成政府性债务负担重、未及时清理往来款项、“三公”经费支出比重较大、未按规定使用公务卡等问题。

行政事业审计 全市审计（调查）单位25个，查出主要问题金额2.21亿元。其中：防城港市审计局审计（调查）单位10个，查出主要问题金额6585万元。东兴市审计局审计某局2012年度财政财务收支情况，发现该局违规设立多个银行账户、未严格审核导致取得的原始凭证不符合规定、未按规定登记核算和处置固定资产等问题。

专项资金审计 全市审计（调查）单位21个，查出主要问题金额4001万元。其中：防城港市审计局审计（调查）单位10个，查出主要问题金额1124万元。防城港市2012年度城镇保障性安居工程跟踪审计，发现主管部门已计提但未安排使用住房公积金增值收益金、应收未收保障性住房租金等问题。“美丽广西·清洁乡村”活动专项资金调查，发现该区财政部门未及时拨付专项资金、购置设备未经政府采购、未及时将增加的固定资产登记入账、未严格审核导致取得的原始凭证不符合规定，未及时清理往来款项等问题。

固定资产投资审计 全市审计（调查）单位502个，查出主要问题金额2.30亿元。其中：防城港市审计局审计（调查）单位61个，查出主要问题金额1.23亿元。防城港市某中心建设工程竣工结算审计，发现未规范BT模式的管理、未履行项目投资超概算的审批手续、多计工程结算价款等问题，对送审的工程造价金额35698万元核减7797万元，核减率为21.84%。防城区、上思县审计局分别审计防城区某大道工程、上思县某生活垃圾填埋场工程的竣工结算，分别核减送审金额 1814 万元、528 万元，核减率分别为 28.64%、11.68%。

经济责任审计 全市审计单位 22 个，审计领导干部 22 人，查出主要问题金额 2.14 亿元。其中：防城港市审计局审计单位 10 个，审计领导干部 10 人，查出主要问题金额 6585 万元。审计发现未按规定上缴国有资产收益，虚报项目套取财政资金，未按规定专账核算和使用专项资金，闲置部分项目资金，违规购置、擅自处置固定资产，违规收费，违规将国家级自然保护区的山林发包，虚列收入、成本，以白条列支费用，未按实际开支用途进行会计核算，未及时清理往来款项导致单位垫付应由个人承担的费用长期挂账等问题。违规案件线索移送县纪委查处。4 名涉案人员已受到党纪政纪处分，违规套取的 40 万元中央财政扶贫资金已被收缴入库。（撰稿人：苏 莺）

【崇左市审计局】 2013 年，崇左市审计局人员编制 40 人，在编 35 人。局长裴希明，副局长黄财政、伍春、冯艺刚，总审计师韦青培（—11月）、黄国铸（11月—），纪检组长许扬鹏。设有办公室、法规科、财政金融审计科、行政事业审计科、固定资产投资审计科、企业审计科、社会保障审计科、经济责任审计分局，还设有崇左市政府性投资审计办公室。

审计成果 崇左市各级审计机关共审计（调查）单位 131 个，查出主要问题金额 34.28 亿元。应上缴财政 1.05 亿元，已上缴 1.87 亿元；应归还原渠道资金 9223 万元，已归还 36 万元；应缴纳其他资金 156 万元，应调账处理金额 4.16 亿元，已调账 4855 万元；核减投资额 2040 万元；审计后挽回（避免）损失 127 万元。移送处理事项 1 件。出具审计报告和专项审计调查报告 148 篇，被批示、采用 26 篇次；提出审计建议 398 条，被采纳 289 条；提交审计信息 46 篇，被批示、采用 21 篇次。

在审计署统一组织的政府性债务审计工作中，崇左市审计局有 1 名先进个人获审计署嘉奖。

财政审计 全市审计（调查）16 个单位的预算执行情况，查出主要问题金额 25.51 亿元。其中：崇左市审计局审计（调查）9 个单位的预算执行情况，查出主要问题金额 2.00 亿元。审计查明，崇左市本级存在财政部门未按规定将部分非税收入纳入预算管理、未完整细化地编制年初预算、未及时批复部分单位的部门预算、虚列财政支出、未将部分预算收入及时上缴国库等问题。龙州县、大新县本级存在未规范执行年初预算导致部分预算支出脱离人大监督，部分财政资金结余数额较大、未将部分非税收入及时缴入国库、虚减财政支出、未完善部分财政资金的列支手续、取得房屋出租收入未实行“收支两条线”管理、使用不合法票据报销业务招待费、长期未清理往来款项等问题。

全市共审计（调查）7 个单位的财政决算情况，查出主要问题金额 219 万元。

行政事业审计 全市审计（调查）单位 52 个，查出主要问题金额 4.26 亿元。其中：崇左市审计局审计（调查）单位 14 个，查出主要问题金额 5315 万元。扶绥县审计局审计崇左市某产业园管理委员会 2011—2012 年度财政财务收支情况，发现该管理委员会截留占用应缴预算款、低价出让国有土地造成土地出让金收入流失、私存私放公款、大额使用现金结算而且现金余额过大、购置公务用车未经政府采购、违规成立公司以运作园区项目建设工程并发放职工股利分红、未规范管理和发放征地补偿费、未经审计支付工程款导致部分投资额较大的建设项目工程造价失控等问题。天等县审计局审计某镇政府 2012 年度财政财务收支情况，发现政府超预算支出较大、多列或重复报销下乡伙食补助费、违规扩大开支范围、库存现金超出核定的限额等问题。

专项资金审计 全市审计（调查）单位 24 个，查出主要问题金额 3.62 亿元。其中：崇左市审计局审计（调查）单位 14 个，查出主要问题金额 3.50 亿元。大新县 2011 年至 2012 年农村义务教育薄弱学校改造食堂建设专项资金审计，发现项目建设单位未取得已开工建设项目的施工许可证、部分项目实施进度缓慢、个别项目建设规模不合理、部分工程进度款支付手续不完善等问题。崇左市 2012 年度城镇保障性安居工程跟踪审计，发现财政部门未及时下拨廉租住房补充资金、个别单位未按规定设立保障性住房建设项目专账等问题。扶绥县、崇左市江州区审计局调查本县（区）“美丽广西·清洁乡村”活动专项资金，发现未按规定专账核算专项资金，筹集资金不及时到位影响相关项目建设进度，部分项目未签订施工合同，以拨作支，办公费、交通费、劳务费等公用经费支出在专项资金支出中的比例过大等问题。

固定资产投资审计 全市共审计（调查）单位31个，查出主要问题金额8681万元。其中：崇左市审计局审计（调查）单位7个，查出主要问题金额6118万元。崇左市工业区某公路工程跟踪审计，发现该工程建设单位未获国土资源部门对工程建设用地的批复、未办理开工许可证、工程项目的招标人不符合招标法的相关规定、挪用工程建设资金作为建设单位的注册资金后尚有部分未归还、未按规定及时结转工程预付款等问题。龙州县审计局跟踪审计龙州县某防洪排涝一期工程，发现该工程建设单位与施工单位签订与招投标文件不符的施工合同、未按规定指定项目经理等问题。扶绥县审计局审计中国—东盟南宁空港扶绥经济区某项目土地平整二期工程E、F、G标段竣工结算，核减送审金额482万元，核减率为16.85%。

社会保障审计 全市审计（调查）单位1个，查出主要问题金额31万元。

经济责任审计 全市审计单位41个，审计领导干部42人，查出主要问题金额2.65亿元。其中：崇左市审计局审计单位11个，审计领导干部11人，查出主要问题金额4498万元。审计发现未将上年度结余资金编入下年度部门预算，未按规定将预算外收入纳入预算管理，未独立建账核算专项资金，私存私放公款，超范围和标准发放津贴补贴、绩效工资，以白条列支费用，超标准开支业务招待费，报账所附发票的内容与实际用途不相符，采购物资未经政府采购，取得出租收入漏缴相关税费等问题。 （撰稿人：周海明）

【百色市审计局】 2013年，百色市审计局人员编制49人，在编43人。局长黄武能，党组书记张良，副局长黄培钰、谭荣先、潘秋玲，总审计师黄受飞，纪检组长张祥俭。设有办公室、法规科、财政金融审计科、行政事业审计科、农业与资源环保审计科、社会保障审计科、经贸审计科、固定资产投资审计科、经济责任审计科、监察室，还设有百色市经济责任审计分局、百色市政府投资审计办公室。

审计成果 百色市各级审计机关共审计（调查）单位195个，查出主要问题金额54.98亿元。应上缴财政1.20亿元，已上缴8791万元；应减少财政拨款或补贴1.21亿元，已减少1.03亿元；应归还原渠道资金2.99亿元，已归还2765万元；应缴纳其他资金1.05亿元，已缴纳1073万元；应调账处理金额7.61亿元，已调账5459万元。核减投资额1.83亿元；审计后挽回（避免）损失9205万元。移送处理事项8件，已处理1件；移送处理人员2人，涉案金额385万元。出具审计报告和专项审计调查报告207篇，被批示、采用4篇次；提出审计建议545条，被采纳365条；提交审计信息16篇，被批示、采用38篇次。

在审计署统一组织的政府性债务审计工作中，百色市审计局有1名先进个人获审计署嘉奖。百色市审计局被自治区人民政府授予“2011—2012年度自治区依法行政先进单位”称号。隆林各族自治县审计局被评为百色市文明单位。百色市审计学会被全国大中城市社科联工作会议主席团授予“全国先进社科组织”称号。

财政审计 全市审计（调查）15个单位的预算执行情况，查出主要问题金额21.61亿元。其中：百色市审计局审计（调查）1个单位的预算执行情况，查出主要问题金额5.18亿元。审计查明，百色市本级存在未报人大审议擅自调整预算科目、擅自调减本级重大卫生专项指标、采取“以拨作支”的方式将国库资金调入财政专户、未及时拨付专项资金、挤占挪用项目资金、应缴未缴国有资本经营收益、拍卖土地欠缴相关税费等问题。西林县本级存在财政部门未将非税收入上缴国库、专项资金结存较大造成资金使用效益不高、采取“以拨作支”的方式将国库资金调入财政专户但未安排到具体项目上使用、长期未清理往来款项等问题。

百色市审计局审计（调查）1个单位的财政决算情况，查出主要问题金额9.21亿元。田阳县2011—2012年度财政决算和其他财政收支情况审计，发现虚列公共预算收入、违规制定税收先征后返政策、将财政资金存为银行定期存款、违规出借财政资金、未将财政各专户的非税收入缴入国库、税务部门应征未征企业欠缴的税费、挤占挪用专项资金、少反映单位收入、未及时开工建设工程项目造成财政资金闲置等问题。

行政事业审计 全市审计（调查）单位 65 个，查出主要问题金额 2.11 亿元。其中：百色市审计局审计（调查）单位 5 个，查出主要问题金额 3302 万元。隆林各族自治县审计局审计某乡中心小学 2011 年至 2013 年财务收支情况，发现该学校未及时兑现学生营养膳食补助资金、挤占寄宿生生活补助资金、私存私放公款、应缴未缴税费等问题。

专项资金审计 全市审计（调查）单位 57 个，查出主要问题金额 18.34 亿元。其中：百色市审计局审计（调查）单位 31 个，查出主要问题金额 18.22 亿元。调查田阳、田林、凌云 3 个县 2011 年至 2012 年农田水利、农村人畜饮水工程建设资金，发现一些地方财政部门欠拨资金、税务部门提前征收税款、建设单位虚列支出、应缴未缴税费、未及时处理账务等问题。百色市 2012 年度城镇保障性安居工程跟踪审计，发现工程建设单位对工程建设的管理不严导致部分项目未按规定公开招标、未取得建筑工程施工许可证即开工建设、未经批准超概算投资、将工程发包给不具备相应资质等级的单位、超过规定的面积标准建设廉租住房、未及时上缴廉租住房租金、未及时和正确发放廉租住房补贴等问题。平果县审计局调查平果县 2011 年至 2012 年农村危房改造专项资金，发现个别村干部利用职务之便向危房改造户索取补助资金、2012 年危房改造项目县级配套资金未到位、个别乡镇政府未经批准自行调整危房改造对象、危房的照片等信息资料与实际不符而且还被重复使用等问题。案件线索移送该司法机关查处。相关责任人已被依法追究刑事责任。

固定资产投资审计 全市审计（调查）单位 49 个，查出主要问题金额 1.84 亿元。其中：百色市审计局审计（调查）单位 10 个，查出主要问题金额 1.18 亿元。百色市东合大桥工程竣工决算审计，发现该工程建设单位管理费用的支出超概算、未完善部分工程的变更手续、施工单位多计工程造价等问题，审计核减工程造价 2213 万元。田林县审计局审计隆林至百色高速公路田林县出城道路工程竣工结算，发现该工程施工单位未按实际完成量结算工程量、未按合同和补充协议约定的结算方式以及合理计价原则计取主要材料价格、部分增加项目的套价未按合同报价类同项目的套价结算，部分工程签证单签字盖章不全等问题。

企业审计 全市审计（调查）单位 7 个，查出主要问题金额 1.81 亿元。其中：百色市审计局审计（调查）单位 4 个，查出主要问题金额 1.74 亿元。审计广西百色通用机械厂 2011—2012 年度、广西德保铜矿有限责任公司 2010—2011 年度、广西右江矿务局有限公司 2010—2011 年度的财务收支情况，发现超标准发放企业负责人年度薪酬、欠缴职工社会保险费和住房公积金、未按规定确认收入或未将收入入账核算导致少缴税费、虚增资产、少计成本、未经批准就进行大额捐赠和赞助支出、坐支现金、出纳现金短款 10 万多元等问题。

经济责任审计 全市审计单位 53 个，审计领导干部 51 人，查出主要问题金额 2.11 亿元。其中：百色市审计局审计单位 6 个，审计领导干部 6 人，查出主要问题金额 5313 万元。审计发现一些单位未将应缴预算收入及时足额上缴国库、未将职工清退的违规发放款上缴国库或归还原资金渠道、未申报缴纳相关税费、未按规定参加社会保险、未有效控制“三公”经费支出、违规收费、违规向职工进行有偿集资、存在账外收支、接受捐赠资产未记入单位固定资产账、长期未清理往来款项等问题。 （撰稿人：陆青松）

【河池市审计局】 2013 年，河池市审计局人员编制 40 人，在编 38 人。局长乔彩荣，副局长刘自江（—1 月）、黄汉龙（4 月—）、尹治山，总审计师黄汉龙（—4 月），纪检组长韦名邕（—4 月）、梁彩艳（5 月—）。设有办公室、法规科、财政金融审计科、行政事业审计科、社会保障审计科、企业与外资运用审计科、农业与资源环保审计科、固定资产投资审计科、经济责任审计科、计算机审计与信息管理办公室，还设有河池市政府投资审计中心。

审计成果 河池市各级审计机关共审计（调查）单位 509 个，查出主要问题金额 29.36 亿元。应上缴财政 7561 万元，已上缴 6281 万元；应减少财政拨款或补贴2860万元，已减少1726万元；应归还原渠道资金8952万元，已归还77万元；应缴纳其他资金7505万元，应调账处理金额9418万元，已调账556万元；核减投资额2.39亿元；审计后挽回（避免）损失1937万元。移送处理事项5件，已处理2件；移送处理人员10人，已处理3人；涉案金额365万元。出具审计报告和专项审计调查报告504篇，被批示、采用2篇次；提出审计建议506条，被采纳264条；向社会公布审计报告3篇。提交审计信息59篇，被批示、采用8篇次。

在审计署统一组织的政府性债务审计工作中，河池市审计局获审计署嘉奖。凤山县审计局被评为河池市文明单位。

财政审计　全市审计（调查）38个单位的预算执行情况，查出主要问题金额7.39亿元。其中：河池市审计局审计（调查）5个单位的预算执行情况，查出主要问题金额2.41亿元。审计查明，河池市本级存在财政部门未及时将预算收入缴入国库、将经营性收入作为公共预算收入缴入国库、将超预算的拨款挂账而未退还、未及时拨付专项资金、违规将闲置的财政资金从活期存款转为定期存款、将未使用的预算资金虚列支出后挂账留待以后年度分配使用、未按规定将社会保障基金存款利息收入作为社会保障资金收入入账、未将下岗再就业小额担保贷款基金户利息收入上缴财政、应提未提水利建设基金、业务招待费超标等问题。宜州市、罗城仫佬族自治县本级存在未细化准确编制年初预算、在预算执行中较多地调整预算、未将财政专户资金纳入国库集中支付系统管理、未均衡拨付预算资金、向非预算单位拨款、预算支出授权支付比例偏大、频繁地将国库资金调剂到国库支付中心过渡户、未真实反映财政收支、未及时征缴财政收入、未按计划组织实施项目、单位预算支出进度缓慢、项目资金滞留于部分财政专户等问题。

全市审计（调查）7个单位的财政决算情况，查出主要问题金额10.91亿元。其中：河池市审计局审计（调查）2个单位的财政决算情况，查出主要问题金额10.43亿元。大化瑶族自治县2012年度财政决算和其他财政收支情况审计，发现财政部门虚增预算收入、无预算拨款、违规出借财政资金、超时限调整预算、收回历年周转金未缴国库、将财政资金转为银行定期存款、未将普及九年义务教育债务结余资金纳入预算管理、应缴未缴预算收入、挪用专项资金、未取得合法票据就直接列作支出、以虚假事项报销费用领取现金等问题。违纪问题已移送河池市纪委查处。

行政事业审计　全市审计（调查）单位68个，查出主要问题金额1.12亿元。其中：河池市审计局审计（调查）单位7个，查出主要问题金额2041万元。河池市某医院2010年1月至2012年12月财务收支情况审计，发现多计提职工福利基金、医疗风险金，药品销售价格超出规定标准等问题。东兰县审计局审计东兰县某中心2010—2011年度财务收支情况，发现该中心将艾滋病防治财政补助资金用作本单位工作业务经费，将基本公共卫生项目补助资金用于公务接待，应缴未缴财政专户款，购进疫苗、药品未实行政府采购，未及时将代扣代缴税款缴入国库等问题。

专项资金审计　全市审计（调查）单位63个，查出主要问题金额8.80亿元。其中：河池市审计局审计（调查）单位22个，查出主要问题金额7.69亿元。河池市2012年度城镇保障性安居工程跟踪审计，发现筹集工程建设资金不到位、拨付资金不规范、工程开工所需证件不齐全、个别工程项目出现质量问题、未按规定分解完成安居工程任务目标、住房困难家庭应保障而未保障、不符合条件的家庭却获得住房保障等问题。都安瑶族自治县审计局审计自治县2011年至2012年农村义务教育薄弱学校改造食堂建设专项资金，发现建设项目配套资金未及时落实到位、专项资金被挤占挪用、部分项目的变更未经主管部门批准、未签订施工合同、建设进度缓慢等问题。南丹县审计局审计2008—2011年度农村沼气池和服务网点建设专项资金，发现虚报冒领、未按规定要求对方提交工程质量保证金、家庭沼气的正常使用率不高等问题。违法案件线索移送县监察局查处，相关责任人受到党纪政纪处分和立案调查。

固定资产投资审计　全市审计（调查）单位331个，查出主要问题金额1.14亿元。其中：河池市审计局审计（调查）单位31个，查出主要问题金额5964万元。河池市城区某污水收集系统二期工程第四标段竣工结算审计，发现未及时办理调整概算手续、部分签证单虚列或重复计算工程量而虚增工程造价、投资增加、编制的结算书多计工程造价等问题，对送审的工程造价金额核减344万元，核减率为27.90%。宜州市审计局审计宜州市庆远镇某道路拆迁安置楼工程竣工结算，发现未按规定采用工程量清单计价模式进行招标、高估冒算工程量、高套定额等问题，对送审的工程造价金额核减184万元，核减率为22.58%。巴马瑶族自治县审计局审计巴马某长寿养生休闲带建设工程竣工决算，发现超预算投资、管理费用超支、多付房屋拆迁费、未及时准确进行会计核算等问题，对送审的工程造价金额核减143万元，核减率为6.40%。

经济责任审计 全市审计单位57个，审计领导干部48人，查出主要问题金额4982万元。其中：河池市审计局审计单位7个，审计领导干部7人，查出主要问题金额1896万元。审计发现一些单位未将国有土地出让收入纳入预算管理、未按预算用途使用资金、挤占下属单位资金、擅自转让国有产权、长期私存私放公款、未将取得的国有资产出租收入入账、设立“小金库”超标准列支公务接待费、使用虚假发票报销费用、未将购置的办公设备记入固定资产账核算、长期未清理往来款项等问题，违纪问题移送有关部门查处，并追究有关人员的责任。（撰稿人：韦海秀）

【来宾市审计局】 2013年，来宾市审计局人员编制45人，在编34人。局长韦祖乾，副局长朱双明、吴运生、刘羽，总审计师覃锦平，纪检组长钟世权。设有办公室、法规科、财政金融审计科、行政事业审计科、农业与资源环保审计科、固定资产投资审计科、经贸审计科、经济责任审计分局，还设有来宾市经济责任审计中心、来宾市政府投资审计中心。

审计成果 来宾市各级审计机关共审计（调查）单位735个，查出主要问题金额21.96亿元。应上缴财政2620万元，已上缴306万元；应减少财政拨款或补贴3.99亿元，已减少1.86亿元；应归还原渠道资金362万元，已归还23万元；应缴纳其他资金170万元；应调账处理金额12.21亿元，已调账12.13亿元；核减投资额4.00亿元；审计后挽回（避免）损失2895万元。出具审计报告和专项审计调查报告735篇，被批示、采用2篇次；提出审计建议785条，被采纳752条；提交审计信息4篇，被批示、采用3篇次。

财政审计 全市审计（调查）14个单位的预算执行情况，查出主要问题金额16.48亿元。其中：来宾市审计局审计（调查）7个单位的预算执行情况，查出主要问题金额1.83亿元。审计查明，来宾市本级存在财政部门未及时将非税收入缴入国库、违规以直接支付或授权支付的形式向市本级十几个预算执行单位的基本账户或其他账户划拨项目资金、虚列预算支出等问题。武宣县本级存在财政部门违规向无预算单位拨款、未及时清理暂付款导致暂付款年末余额巨大、未按规定通过国库集中支付系统拨付财政资金等问题。

全市审计（调查）2个单位的财政决算情况，查出主要问题金额2233万元。其中：来宾市审计局审计（调查）1个单位的财政决算情况，查出主要问题金额2233万元。来宾市审计局审计武宣县2010—2011年度财政决算和其他财政收支情况，发现财政部门超范围使用价格调节基金、未将国有资产出租收入上缴财政、未将部分款项的收支纳入本单位财务统一核算和管理等问题。

行政事业审计 全市审计（调查）单位41个，查出主要问题金额8241万元。其中：来宾市审计局审计（调查）单位10个，查出主要问题金额3813万元。忻城县审计局审计某局2011年至2012年财政财务收支情况，发现未按规定对非税收入实行“收支两条线”管理、未按规定处置国有资产等问题。象州县审计局审计某工会2008年1月至2012年12月财务收支情况，发现违规给非困难职工发放困难职工帮扶资金、未完善发放困难职工帮扶资金的档案资料和审批手续、违规发放第14个月奖励工资、超标准填报出勤补助、支出公务接待费较高而且单次金额过大、违规为其他单位代收代支学习考察费等问题。

专项资金审计 全市审计（调查）单位17个，查出主要问题金额698万元。其中：来宾市审计局审计（调查）单位7个，查出主要问题金额330万元。忻城县2011年至2012年农村义务教育薄弱学校改造食堂建设专项资金审计，发现应于2011年开工的项目仍未开工，未及时将2012年县级财政配套资金筹集到位等问题。武宣县、忻城县审计局分别调查本县“美丽广西·清洁乡村”活动专项资金，发现多头管理和拨付专项资金、未及时将专项资金分配到具体项目、未按规定公布专项资金的分配情况、未按规定专户管理和专账核算专项资金、未将购置的设备记入固定资产账、未按规定将接收的捐赠资金通过非税收入收缴系统缴存财政专户、向捐赠人开具白条而不是合法有效的收据、未将社会捐赠的资金和资产纳入财务账核算等问题。

固定资产投资审计 全市审计（调查）单位660个，查出主要问题金额4.33亿元。其中：来宾市审计局审计（调查）单位22个，查出主要问题金额3895万元。来宾市、武宣县审计局分别审计来宾市城区某道路工程、武宣县某标准厂房工程的竣工结算（决算），对送审的工程造价金额分别核减228万元、2483万元，核减率分别为15.60%、15.17%。

经济责任审计 全市审计单位31个，审计领导干部31人，查出主要问题金额7592万元。其中：来宾市审计局审计单位10个，审计领导干部10人，查出主要问题金额3782万元。审计发现一些单位应收未收土地出让金，应缴未缴非税收入，违规收费，私存私放公款，未将代收款项的收支纳入统一核算，违规改变经费用途，公务接待费、办公费、公务用车运行费支出过大，超出范围和限额使用现金支付费用，固定资产盘亏金额较大，导致职工个人借款长期挂账，个别下属单位应缴未缴预算款，取得门面、场地出租收入未按规定申报缴纳相关税费等问题。

（撰稿人：陈盛福）

【贺州市审计局】 2013年，贺州市审计局人员编制43人，在编32人。局长蒲圣南，副局长甘仕森、何贞树、何应继，总审计师黄自珍。设有办公室（监察室）、法规科、财政金融审计科、行政事业审计科、固定资产投资审计科、企业审计科、经济责任审计分局，还设有贺州市审计信息管理中心、贺州市政府投资审计中心。

审计成果 贺州市各级审计机关共审计（调查）单位183个，查出主要问题金额33.10亿元。应上缴财政9483万元，已上缴9092万元；应归还原渠道资金361万元，已归还50万元；应缴纳其他资金2669万元，应调账处理金额7706万元，已调账235万元；核减投资额1.34亿元；审计后挽回（避免）损失565万元。移送处理事项2件，已处理1件；移送处理人员1人，涉案金额17万元。出具审计报告和专项审计调查报告144篇；提出审计建议237条，被采纳93条；向社会公布审计报告6篇；提交审计信息64篇，被批示、采用42篇次。

财政审计 全市审计（调查）21个单位的预算执行情况，查出主要问题金额12.34亿元。其中：贺州市审计局审计（调查）8个单位的预算执行情况，查出主要问题金额5.16亿元。审计查明，贺州市本级存在财政部门未按规定在部门预算中明确列示“三公”经费预算、未将部分专项资金下达到相关部门、未及时将部分预算收入缴入国库、年末财政决算出现赤字、暂付款数额过大导致大量财政资金被占用等问题。贺州市八步区、钟山县、昭平县本级存在未完整准确编制本级预算、未按规定时限调整预算、未及时足额将预算收入缴入国库、未及时收回暂付款、挤占专项资金、超预算支出预备费、年末出现财政赤字、违规出借专项资金、扩大预算支出的标准和范围、未完善预算支出手续等问题。贺州市某局2012年度部门预算执行和其他财政收支情况审计，发现未将部分收入编入年初预算、应收未收土地出让金、违规设立收入过渡户核算土地出让金、违规购买银行理财产品、长期未清理往来款项等问题。案件线索移送司法机关依法查处。

全市审计（调查）10个单位的财政决算情况，查出主要问题金额4943万元。其中：贺州市审计局审计（调查）2个单位的财政决算情况，查出主要问题金额3929万元。富川瑶族自治县2012年度财政决算和其他财政收支情况审计，发现财政部门未按规定在部门预算中明确列示“三公”经费预算、未将部分专项资金下达到相关部门、未及时将部分预算收入缴入国库、超预算拨付部门经费、长期未清理往来款项、财政总账与决算报表结余款不一致、使用假发票报账、超标准报销差旅费、使用与经济业务不符的票据报销费用、未将取得的收入纳入单位财务账核算等问题。

行政事业审计 全市审计（调查）单位61

个，查出主要问题金额1.00亿元。其中：贺州市审计局审计（调查）单位8个，查出主要问题金额2985万元。钟山县审计局审计钟山县某镇中心卫生院2011—2012年度财务收支情况，发现未将临街门面建设作为固定资产入账、取得临街门面出租收入未申报缴纳相关税费、私存私放公款、违规滥发补助、违规将医疗责任保险费支出列入医疗卫生支出、列支不属于本单位退休人员的退休费等问题。贺州市八步区审计局审计农业机械学校2012年度财务收支情况，发现该学校无政策依据向主管部门上缴管理费、以现金形式支付各项费用、未按规定处理账务等问题。

专项资金审计 全市审计（调查）单位12个，查出主要问题金额16.73亿元。其中：贺州市审计局审计（调查）单位7个，查出主要问题金额16.33亿元。富川瑶族自治县、昭平县2011年至2012年农村义务教育薄弱学校改造食堂建设专项资金审计，发现未按规定办理施工许可证、未经批准自行变更部分食堂原已批复的建筑结构、部分工程项目未能按时完工、未按规定办理固定资产移交手续和餐饮服务许可证、部分工程项目的设计存在缺陷、部分工程项目存在安全隐患、质量未达到规定要求等问题。昭平县审计局调查“美丽广西·清洁乡村”活动专项资金，发现主管部门未按规定单独核算专项资金、挤占挪用专项资金、未按规定将交付的资产登记入账等问题。

固定资产投资审计 全市共审计（调查）单位75个，查出主要问题金额1.60亿元。其中：贺州市审计局审计（调查）单位28个，查出主要问题金额1.39亿元。贺州市某国家森林公园景区大门工程竣工结算审计，发现施工单位高报材料单价、违规将养老保险费用计入总价、在部分签证单中将本已包含的费用另行签证计算等问题。昭平县城某污水处理厂及配套污水管网一期工程竣工决算审计，发现投资超概算、超限额列支管理费、未如实计算工程量、擅自提高结算单价等问题，对送审的工程造价金额核减1649万元，核减率为17.26%。贺州市八步区审计局审计某农田建设示范工程竣工结算，发现虚报土石方开挖、回填及砂浆压顶的工程量，虚增材料价格差异等问题，对送审的工程造价金额核减158万元，核减率为11.33%。

企业审计 全市审计（调查）单位4个，查出主要问题金额9211万元。其中：贺州市审计局审计（调查）单位1个，查出主要问题金额67万元。钟山县审计局审计钟山县某供水有限公司2010—2011年度财务收支情况，发现该公司未按照统一的方法计提固定资产折旧，未按规定及时上缴水资源费、污水处理费等问题。

经济责任审计 全市共审计单位45个，审计领导干部48人，查出主要问题金额1.47亿元。其中：贺州市审计局审计单位6个，审计领导干部5人，查出主要问题金额1358万元。审计发现一些单位隐瞒、截留罚没收入，虚列人员名单套取专项资金，违规收费，违规购置车辆，超范围使用项目资金，未完善项目资金的支付手续，往来款项长期挂账等问题。（撰稿人：卢一贝）

2013年广西壮族自治区所辖区、县(市)级审计工作统计表

金额单位：万元

审计机关	完成审计项目（个）	审计查出主要问题金额	审计处理情况					出具审计报告和审计调查报告（篇）	提出审计建议（条）	提交审计信息（篇）
			审计处理处罚				移送处理事项（件）			
			应上缴财政	应减少财政拨款或补贴	应归还原渠道资金	应调账处理金额				
南宁市										
南宁市本级	64	286647	16386	1040	51864	44495	4	83	252	57

续表

审计机关	完成审计项目（个）	审计查出主要问题金额	审计处理情况					出具审计报告和审计调查报告（篇）	提出审计建议（条）	提交审计信息（篇）
			审计处理处罚				移送处理事项（件）			
			应上缴财政	应减少财政拨款或补贴	应归还原渠道资金	应调账处理金额				
青秀区审计局	14	37729						16	28	
兴宁区审计局	6	4486						7	10	
江南区审计局	10	6170	319		12	5826		14	20	9
西乡塘区审计局	15	1238						20	22	
良庆区审计局	11	29685	333		102	165	1	16	23	3
邕宁区审计局	10	1337	661			283		12	23	
华侨投资区审计局										
武鸣县审计局	18	57439	357		20	13161		23	14	
横县审计局	16	32067	773		380	575		16	7	15
宾阳县审计局	16	47143	43		167	4748		26	46	6
上林县审计局	11	3278	100					14	18	
隆安县审计局	12	2538	82			48		15	30	
马山县审计局	11	14916	12		5			11	26	
桂林市										
桂林市本级	86	252196	13377		27321	44119		97	238	14
象山区审计局	3							3	11	
叠彩区审计局	4	129	93			36		4	30	
秀峰区审计局	2							2	12	
七星区审计局	4	25						4	11	
雁山区审计局	4	1073	1		7531	139		4	6	
临桂区审计局	16	4337	233		137	1443		21	39	
阳朔县审计局	8	78468	19391			33		13	18	
灵川县审计局	18	9692	3404			5962		18	52	
全州县审计局	24	6570	11	57	6	360	1	33	35	30
兴安县审计局	17	330	62		15	13		17	75	
永福县审计局	11	100303	29		91169			11	17	
灌阳县审计局	16	34757	573		301	522		24	16	12
资源县审计局	16	15796	147			14193		15	33	
平乐县审计局	9	289	14		172	9		11	14	9
荔浦县审计局	18	563	2			553		27		
龙胜各族自治县审计局	7	7460	4516		198	1185		10	6	

续表

审计机关	完成审计项目(个)	审计查出主要问题金额	审计处理情况					出具审计报告和审计调查报告(篇)	提出审计建议(条)	提交审计信息(篇)
			审计处理处罚				移送处理事项(件)			
			应上缴财政	应减少财政拨款或补贴	应归还原渠道资金	应调账处理金额				
恭城瑶族自治县审计局	25	1836	109		137	1284		42	75	
柳州市										
柳州市本级	103	517389	33543	43241	3602	131732		103	168	14
柳北区审计局	15	4702	77	978	2547	555	1	15	30	26
城中区审计局	49	2900	329	514	37	699		49	55	2
鱼峰区审计局	18	8808	333	205		6651		18	28	3
柳南区审计局	150	19086	1460	2459	1	4910		150	136	
柳江县审计局	44	39358	534	3825	32	8575		45	87	1
柳城县审计局	22	19435	47		7	1068		22	49	
鹿寨县审计局	78	23745	15	3791	6735	11953		78	178	1
融安县审计局	31	17498	828	630	9344	6124		31	70	
三江侗族自治县审计局	26	5431	3	1022	143	4260	2	26	56	30
融水苗族自治县审计局	97	24444	4341	3096	40	293		97	133	
梧州市										
梧州市本级	59	388444	3121		2505	162851	2	305	161	10
长洲区审计局	9	9354						8	39	
万秀区审计局	2	318						2	10	2
蝶山区审计局	1							1	6	2
岑溪市审计局	114	840	50	82	587			114	1	
苍梧县审计局	94	50621			13734	464		94		
藤县审计局	210	44263	42		102		7	234	220	
蒙山县审计局	474	132502			7			470	494	7
贵港市										
贵港市本级	87	58151	165	3381	7995	8983		97	59	69
港北区审计办事处	80	446		103				80		
港南区审计办事处	4	36649	23	1503	22	35100		4		
覃塘区审计办事处	7	1042	958		10	72		7	1	
桂平市审计局	100	61885	9	6071		955		108	47	
平南县审计局	106	15236	88	1461	850	6373	2	106	119	106
玉林市										
玉林市本级	30	338027	7781	582	54158	3819		36	34	3

续表

审计机关	完成审计项目(个)	审计查出主要问题金额	审计处理情况					出具审计报告和审计调查报告(篇)	提出审计建议(条)	提交审计信息(篇)
			审计处理处罚				移送处理事项(件)			
			应上缴财政	应减少财政拨款或补贴	应归还原渠道资金	应调账处理金额				
玉州区审计局	21	21887	189	16202	4191	1303		21	47	4
福绵区审计局	14	1091	21	412		93		18	24	4
北流市审计局	23	574	32	156		82		39	15	1
兴业县审计局	14	18239	24	347		253		14		
容县审计局	21	82881	3207	792	1481	293		24	30	1
陆川县审计局	14	34234	4		15	1143		14	47	8
博白县审计局	21	4281	35		141			33	26	6
钦州市										
钦州市本级	100	512669	16704		4853	404076	5	99	92	1
钦南区审计局	253	18053	70		29	5937	2	269	241	
钦北区审计局	11	30046	41		10438	17415	2	18	46	9
灵山县审计局	17	5672	102			103	1	17	53	2
浦北县审计局	26	17081	154			1029	1	26	6	
北海市										
北海市本级	107	577346	1695	10807	21798	203110	1	118	152	14
海城区审计局	20	25177	846	555	3	1067		25	47	
银海区审计局	55	3623	422	273				51	19	
铁山港区审计局	28	476		439		34		28	148	5
合浦县审计局	18	75628	5304	67	19854	50377		17	88	9
防城港市										
防城港市本级	82	58762	16	12198		33486		82	66	3
港口区审计局	62	57010	48	326	5	56400		62	142	
防城区审计局	65	85621	1469	2784	151	9550		65	32	
东兴市审计局	196	3988		3801		187		196	4	
上思县审计局	147	6847	61	2381	785	3619		147	170	
崇左市										
崇左市本级	44	66486	4391		767	12767		55	133	7
江州区审计局	9	12528			8200	416		9	23	
凭祥市审计局	8	41246			12	4		8	13	
扶绥县审计局	23	16604	198			16386		23	97	10
大新县审计局	12	118071	5872		17	609	1	18	27	26
天等县审计局	13	47618	7		225	11392		13	52	

续表

审计机关	完成审计项目（个）	审计查出主要问题金额	审计处理情况					出具审计报告和审计调查报告（篇）	提出审计建议（条）	提交审计信息（篇）
			审计处理处罚				移送处理事项（件）			
			应上缴财政	应减少财政拨款或补贴	应归还原渠道资金	应调账处理金额				
宁明县审计局	14	19881	76					14	34	
龙州县审计局	8	20331				18		8	19	3
百色市										
百色市本级	52	359228	5726	10971	25870	6532		58	150	4
右江区审计局	9	18650			84			8	12	7
田阳县审计局	18	21920	200		10			18	53	
田东县审计局	18	10480	11	431	843	728		18		
平果县审计局	20	19745	285			2355	6	20	50	1
德保县审计局	9	30902						9	25	4
靖西县审计局	17	293	89	167		2	2	24	41	
那坡县审计局	11	3593	1789	436		11		11	28	
凌云县审计局	8	11639				403		12	23	
乐业县审计局	4	3225	6		3000	206		6	14	
西林县审计局	10	69236	3645	88	60	65443		10	50	
田林县审计局	16	668	180		2	459		10	31	
隆林各族自治县审计局	4	249	63		8			4	8	
河池市										
河池市本级	67	213319	55		2009	169	3	65	102	3
金城江区审计局	58	16665	31	953	5286	3296		58	65	
宜州市审计局	20	552	204		82	135		21	50	
南丹县审计局	87	9071	5982			89		87	6	2
天峨县审计局	44	67	50				2	44	14	53
凤山县审计局	25	623	24	7	285			24	65	
东兰县审计局	41	12322	91	375	270	2152		38	121	
巴马瑶族自治县审计局	18	7958	803		418	2273		18	42	
都安瑶族自治县审计局	21	1761	25	270	100	183		21		1
大化瑶族自治县审计局	53	27385	0		28	4		53	5	
罗城仫佬族自治县审计局	15	212	56		60	58		15		
环江毛南族自治县审计局	60	3647	234	1254	409	1055		60	36	

续表

审计机关	完成审计项目（个）	审计查出主要问题金额	审计处理情况					出具审计报告和审计调查报告（篇）	提出审计建议（条）	提交审计信息（篇）
			审计处理处罚				移送处理事项（件）			
			应上缴财政	应减少财政拨款或补贴	应归还原渠道资金	应调账处理金额				
来宾市										
来宾市本级	47	28573	328	3863	8	2176		47	106	4
兴宾区审计局	114	17113	117	16712	218	64		114	114	
合山市审计局	164	2880	41	2815		23		164	21	
象州县审计局	112	6889	2111	4728				112	51	
武宣县审计局	88	124959	20	5218	18	119397		88	16	
忻城县审计局	18	35452		2842	115	472		18	477	
金秀瑶族自治县审计局	192	3681		3681				192		
贺州市										
贺州市本级	54	235760	8574		104	615		49	71	15
八步区审计局	19	10552	27					19	75	49
平桂管理区审计局	50	20873			10		1	42	6	
昭平县审计局	24	15244	865		204	7086		24	45	
钟山县审计局	12	26786	14		42	4	1	12	19	
富川瑶族自治县审计局	24	21791	2					22	21	

海南省

【海南省审计厅】 2013年，海南省审计厅人员编制125人，在编126人。设有办公室（老干部工作处）、组织人事处（机关党委、机关工会、机关团委）、金融审计处、财政审计处、行政政法审计处、农业审计处（农垦审计处）、资源环境审计处、教科文卫审计处、社会保障审计处、政府投资审计处、企业审计处、经济责任审计处、政策法规处（内部审计监督指导处）。

领导成员

厅　　长：陈如军

副 厅 长：何琼妹　林长彬

　　　　　刘劲松　邓伟强

总审计师：贺庆华

副巡视员：王旭平

审计成果 是海南审计实现跨越式发展的开局之年。审计监督覆盖面大幅提高，实现省重点投资项目全覆盖、地方政府性债务全覆盖、保障性住房建设项目全覆盖、重点生态保护事项全覆盖、重点地方税种全覆盖、农信社信贷资金全覆盖、一级预算单位决算（草案）审签全覆盖。全省审计机关完成审计项目944个，查出主要问题金额5205376万元，其中违规金额386619万元、损失浪费金额14589万元、管理不规范金额4804168万元；损益（收支）不实151028万元；审计处理处罚金额640395万元，其中应上缴财政345570万元、应减少财政拨款或补贴145114万元、应归还原渠道资金13213万元、应调账处理金额136496万元；审计发现非金额计量问题1471

个；审计促进整改落实有关问题资金 393229 万元，其中增收节支 166286 万元、已缴纳其他资金 4800 万元、已调账处理金额 84185 万元；审计促进拨付资金到位 12901 万元；审计后挽回（避免）损失 160788 万元；移送司法机关、纪检监察机关和有关部门处理事项 13 件；出具审计报告和专项审计调查报告 1061 篇，被批示、采用 132 篇；提出审计建议 2414 条，提交审计信息 336 篇，被批示、采用 133 篇；向社会公告审计结果 5 篇。

审计整改纳入省委党的群众路线教育实践活动必须整改的事项，促进出台 45 项规章制度，制定工作措施 180 条。审计署在全国推广海南省开展生态环境主题审计项目的经验，BT（回购）模式分析、政府性债务风险分析、保障性安居工程、税收征管、为民办实事等一大批审计成果，成为党委、政府决策的重要依据；东方渔港审计成果被全国网络媒体关注，有力宣传海南审计的良好形象；与纪检监察、组织部、巡视组、检察院等部门共同建立和完善工作协作机制。创新组织管理模式，打破市县和处室界限，加大资源整合力度，完善“大兵团作战”协作机制，集中优势兵力打攻坚战，全省审计业务能力水平得到整体提升；创新审计方法技术，采用“大数据分析”“集中分析、分散核实”等技术方法，扩大监督覆盖面并快速锁定疑点，引入 GPS 定位、卫星遥感、海上测量等高科技技术，极大提高审计效率；创新信息化管理，建立 3G 移动局域网，强化远程审计现场管理，实现在线指导、答疑、交流、审理等多功能，提高审计管理的时效性。

财政审计　省本级预算执行审计。审计显示，预算支出向民生倾斜，教育、科技、农业三项法定支出分别增长 31.9%、49.2%、19.4%，高于地方经常性财政收入 14.2%的增幅。审计发现省本级国有资本经营预算编制不完整，省农垦总局、海南省地质局等其他部门（单位）监管的国有企业尚未纳入省本级国有资本经营预算编制范围。年初省本级公共财政支出预算中需二次分配的资金达 84.24 亿元，占年初预算的 31.73%。资金分配不及时，影响支出效率。社会保险基金预算批复不及时。

预算单位决算（草案）审计。对 79 个预算单位决算（草案）开展审计，审计结果表明，79 个预算单位本级决算（草案）编制总体符合真实性、完整性、合规性要求。审计发现项目支出预算完成率不高，79 个预算单位总体支出完成率 78.16%；未及时清理和结算各往来款项，有 41 个部门往来款项长期未清理，金额达 57.46 亿元；少数部门单位决算编制不规范，不完整，决算报表部分项目账表不符，预算科目使用不当。

全省政府性债务审计。8 月，广州特派员办事处和全省各级审计机关共同开展全省政府性债务审计。广州特派员办事处负责对省本级和海口市本级的审计，省审计厅统一组织市县审计机关 18 个市县和海口市 4 个区的审计，核实全省的政府性债务情况。审计表明，全省政府性债务风险总体可控。但审计也发现政府性债务管理仍不够规范等问题：政府负有偿还责任的债务增长较快，部分地方和行业债务负担较重，政府性债务对土地出让收入的依赖程度较高，部分地方和单位违规融资。

财政存量资金审计。全省审计系统抽调 40 名财政业务骨干配合深圳特派员办事处审计组，共同实施对省本级和海口市本级财政存量资金的审计。本次审计以全面摸清财政存量资金规模和结构，掌握存量资金管理情况，促进激活闲置和沉淀财政资金，进一步管好用好财政资金，切实提高财政资金使用效益为目标，具体对财政和相关预算单位结存尚未使用的财政资金进行审计。

全省地税联网审计。组织全省 18 个市县审计机关，首次运用地税联网审计系统开展地税联网审计，集中税收审计专家和计算机技术人员，对全省地税系统的大数据库进行分析、筛选。全省共调查 1586 家纳税人，发现 1289 家企业漏征漏缴税款 7.69 亿元，已追缴漏征漏缴的税款 4.88 亿元。

金融审计　对儋州、琼中、万宁 3 个市县农村信用社 2011 年度资产负债损益情况进行审计。审计资产总额 69.45 亿元，负债总额 68.63 亿元，审计抽查贷款 381 笔，涉及金额 37.69 亿元，占贷款余额 54.74 亿元的 68.85%。审计结果表明，3 个市县农村信用社总体经营状况逐年好转，但发现违规贷款 37817 万元、虚增涉农贷款 26068 万元、贷款管理制度执行不严格、未严格监管贷款使用、贷款集中度过高、贷款风险控制力度较弱等问题。

行政事业审计 组织对10个省本级行政事业单位因公出国（境）费用、公务车购置及运行费、公务接待费（以下简称“三公”经费）及会议费管理使用情况进行审计。通过审计，对“三公”经费和会议活动经费管理使用的主要违规表现形式及手段方法进行梳理，对问题形成的原因进行分析，提出加强经费预算管理，完善单位内部控制，提高财政资金使用效益的意见和建议。

环保审计 对海口、三亚等10个市县以“生态环境保护”为主题的绩效审计。重点审计水务、环保、住建、林业4个部门，盯住污水处理、垃圾处理和绿化宝岛大行动工程3大生态重点领域，审计资金总额37.27亿元。揭示生态建设和环境保护中工程造价弄虚作假严重、受托运营企业没有认真履行合同约定的服务义务、主管政府部门监管履职缺位或不作为和资金使用存在损失浪费现象等突出问题。审计问题披露后，省人大召开专门会议研究存在突出问题，要求省政府加大整改；省政府主要领导做出批示，召开专题整改会议。进一步加大查处重大违法违纪及经济犯罪线索力度，截至10月底，已向纪检、检察、公安等部门移送8起严重侵害国家利益的案件线索，涉案金额1.9亿元，9名涉案人员已经受到法律的审判。审计署环境资源司专程来海南调研，将省审计厅开展的生态环境绩效审计的经验和做法在全国推广。

投资审计 首次实现省重点建设项目审计全覆盖。全省完成投资审计项目3449个，投资额326.44亿元，核减工程款26.49亿元，核减率为12.45%。投资审计揭露出虚报冒领骗取国家建设资金、“豆腐渣”工程造成损失浪费、违规招投标、建设各方串通作弊等突出问题。省审计厅审计的60个项目揭露施工企业以弄虚作假等手段涉嫌骗取财政资金5.82亿元，损失浪费2.28亿元，部分项目投资大幅超概算，最高比例达54%；查处一批在全省有重大影响的经济案件，4个项目审计中发现的案件线索已移交纪委、公安和住建部门，涉案企业31家，涉案单位和责任人已被立案调查或受到降级、罚款等处分。在重大投资项目审计中，着重加大对BT项目的审计力度，审计情况引起省委、省政府对投资审计的高度重视。其中政府BT（回购）模式存在问题的分析报告得到省委书记和省长的高度肯定，并以省政府名义出台《海南省人民政府关于清理规范政府回购（BT）项目建设管理的通知》，规定所有BT项目建设须报经省政府批准，有效遏制BT项目盲目投资势态，减少政府损失。加强市县投资审计指导和管理，开展全省投资审计工作质量大检查，按照《国家审计准则》和投资审计工作规定，逐项排查审计质量控制风险点，摸清全省投资审计工作中存在的突出问题。

社会保障审计 全省各级审计机关派出23个审计组、173名审计人员，对全省2012年各类城镇保障性安居工程（包括廉租住房、公共租赁住房、经济适用住房、限价商品住房、各类棚户区改造）的投资、建设、分配、运营等情况进行跟踪审计。结果显示，2012年全省超额完成国家下达的城镇保障性安居工程开工和竣工任务，实际开工8.34万套，竣工6.19万套，完成任务的116%和151%。当年筹集建设资金36.87亿元，共7.82万中低收入家庭25.91万人受益，建设保障性住房的成效显著。存在资金管理不规范、工程建设管理不到位、分配和使用管理不规范等主要问题。全省各级政府和相关部门高度重视审计整改，截至6月，全省已促进资金整改33485.22万元，出台完善城镇保障性安居工程制度和规范管理的文件19个、规范基本建设程序60个，促进闲置保障性住房投入分配使用住房套数974套。

经济责任审计 全省对173名党政领导干部开展经济责任审计，查出违规和管理不规范金额31.12亿元，其中负直接责任金额4.22亿元、负主管责任金额1.88亿元、负领导责任金额25.02亿元；损失浪费金额2843万元。推行“以权定责、以责定审、以审定评”，加大对国土、规划、建设、税收征管、行政审批等领域权力运行审计监督，着重关注领导干部直接经济责任，揭示损害国家和群众利益的突出问题。

专项资金审计 （1）科研经费专项审计。对琼州学院2010—2012年度科研经费进行专项审计调查，涉及科研项目共计414个，科研项目经费1316.2万元。审计调查发现接受虚假发票和不合规发票报账18.22万元；科研经费用于与科研项目无关支出8.37万元；部分项目在购置仪器设备过程中缺乏控制，购买时无相关部门审批、验收手续，设备购置后未做固定资产入账；科研项目管理不严，劳务费发放程序不合规。

（2）填海造地审计。对省本级、12个沿海市县和洋浦开发区2009年至2012年填海造地进行审计。全省各级海洋主管部门认真执行海域使用管理法，不断规范填海造地管理，海域使用金的收支基本真实合法。存在的主要问题：8个市县12个项目用海和用地单位欠缴海域使用金、土地出让金及违约滞纳金11.8亿元，违规减免海域使用金888.62万元，其中土地出让金10.59亿元、保证金3000万元、海域使用金1207.23万元、滞纳金7871.05万元；部分项目违规换发国有土地使用权证、虚报多报填海实际成本，造成国有资产流失；海洋主管部门未严格执行国家规定，有63个项目不履行听证、备案程序和征求同级发改、国土、规划、建设、环保部门意见；有42项目海域使用权的出让和登记不按规定进行公示，不公开透明；有13个项目违规发放海域使用权证或者先填海后办理海域使用审批手续；有6个项目连续闲置满2年却未依法收回海域使用权。

（3）服务产业发展引导资金绩效审计。对2010年至2012年省本级政府预算安排服务产业发展引导资金绩效审计。2010年至2012年省本级政府预算安排服务产业发展引导资金3.22亿元，实际完成支出2.79亿元，审计发现存在文化产业引导资金没有发挥好效益；2011年和2012年，政府预算分别安排该项资金2000万元和5000万元，仅在2012年安排3个项目，支出2635万元，年末资金结余4365万元，支出率仅为37.64%；主管部门审核把关不严，批准不符合申报条件的项目等问题。

（4）省本级住房公积金审计。对省本级住房公积金进行审计，结果显示，省本级住房公积金运行良好，公积金制度覆盖面不断扩大，基本实现住房公积金的安全和保值增值。存在农垦、粤海铁路等企业单位自行归集住房公积金5.14亿元，没有纳入省公积金中心集中管理；38人次通过套用、编造虚假房产信息、伪造房产证、完税证等方式套取住房公积金425.78万元，3人通过虚报合同金额，多申请住房公积金贷款8.4万元。

（5）“菜篮子”工程建设项目资金绩效审计。对海口、琼海、澄迈和陵水4个市县2011年度投入“菜篮子”工程建设项目资金进行审计。审计发现存在省直主管部门未能对物流体系建设资金进行统筹整合，造成多渠道对同一家企业或合作社冷库进行补贴，容易造成权力寻租，影响政策效果；部分市县“菜篮子”工程建设职责不明确，农贸市场平价摊位政策没有落实。露地蔬菜基地重投入轻管理，大部分夏秋季节没有规模性种植；挪用蔬菜基地建设资金350万元用于发放土地流转金，财政资金拨付管理不规范2555万元。

（6）校舍安居工程审计。对8个市县区中小学校舍安居工程进行审计。2011年至2012年已开工建设的校舍412栋，其中已竣工验收并交付使用240栋，资金到位4.9亿元，占计划投资5.04亿元的97.30%，已完成投资3.22亿元。审计表明，中小学校舍安居工程资金管理使用情况总体良好，改善中小学办学条件，保障中小学师生安全。存在3个市县61个工程未能按约定工期完工；未严格执行基本建设程序，64个工程未按规定办理施工许可证擅自开工，182个校安工程均未办理消防审批手续，60个校安工程未办理概算批复手续，已经竣工投入使用的6所学校19个单体校安工程未按规定办理产权登记；资金管理使用不规范，有6个校安工程多付工程款11.84万元，2个校安工程拖欠工程款85.52万元，个别市县闲置资金430.50万元。

信息化建设 组织2014年至2016年省审计信息化项目的立项工作，围绕2012年底审计署对海南省3年审计信息化建设规划的批复和海南省信息化建设规划，编制总额为3576万元的项目建议书和可行性研究报告，涉及11个建设内容，批复项目建设资金2841.34万元。做好运行维护保障工作，先后解决和指导解决处理硬软件故障2503起，发送工作短信173条，解密电子文件27162份，承接各类视频会议培训46次。向省政府门户政务信息公开平台、审计署、省厅官方网站发布政务信息230条。编制出台《聘请专业技术人员参与审计项目付费标准暂行办法》等制度和操作规程。结合蓝盾信息加密系统，通过腾讯通（RTX）实现实时通信交流及群组分类指导，审计效率大幅提高。

自身建设 狠抓厅机关作风和廉政建设，严格执行省委、省政府二十条规定，深入开展党的群众路线教育实践活动，认真查摆“四风”方面存在的问题，制定具有针对性的8大类25条整改措施，逐项落实。加强审计廉政纪律建设，执行审计纪律“八不准”，实行审计外勤经费自理，严格控制“三公”经费和会议费用。探索主题项目审计组织方式，实现职能分离、相互监督、提高效率、控制质量。梳理各类审计管理制度87项，新制定审计现场管理、审计限时制、审计业务绩效考核等制度15项。加强人才队伍建设。研究制定《处室绩效和个人业绩考核办法》，出台干部教育培训办法，开设机关和媒体“两个学堂”，围绕审计项目开展培训取得良好成效；完善干部考核、选拔和任用机制，17名审计干部得到提拔和重用；输送优秀干部到审计署、特派办、审计专业学院学习培训9人次，举办各种培训14期1560人次，安排年轻干部到外省以及基层审计机关挂职锻炼，加强对市县业务指导。内部审计协会有效发挥职能作用，培训内审人员800余次，推进内部审计质量评估。（撰稿人：潘春雄　黄远勤）

【海口市审计局】　2013年，海口市审计局人员编制41人，在编39人。局长孙芬，副局长杨华、曹德静，总审计师刘桂云。内设办公室、财政审计处、政府投资审计处、经济责任审计处、行政事业审计处、社会保障审计处、农业与资源环保审计处、企业审计处、政策法规处，下设海口市工程项目审计中心。

审计成果　海口市审计局完成审计计划项目47个，完成各类交办项目202个。查出违规金额20.51亿元，管理不规范金额44.91亿元。核减工程造价7.92亿元，核减率为11.55%。从体制、机制、制度层面提出审计建设性意见和建议315条。

财政审计　本级预算执行审计披露预算编制不够细化、预算编制与执行偏差较大、专项资金管理不规范等问题，依法处理非税收入和专户利息收入等应上缴国库13.72亿元，提出细化预算、加快预算执行进度、提高资金使用绩效等审计建议。在对2012年地方税收征管情况审计中，揭示由于税源数据库失真、协税机制运行不畅，税收政策制定不及时、执行不到位等原因，市地税部门漏征房产税、土地使用税等税款达1.2亿元等问题；组织开展海口市本级预算单位会议费、培训费和“三公”经费审计调查，通过审计，摸清市本级行政事业单位会议费、培训费和“三公”经费总体情况及预算与实际支出之间的差异，揭露管理中存在的内控制度不健全、超预算、超标准和铺张浪费等问题，为“三公”经费预算和开展厉行节约活动提供财务数据支撑。

固定资产投资审计　完成工程竣工决算和结算审计项目192个，核减工程造价7.92亿元，核减率为11.55%，有效控制工程结算造价。积极开展跟踪审计，保障重点项目建设和资金“双安全”。继续整合力量，主动跟进，加大力度，对市政道路贯通工程、南渡江流域土地整治重大工程、100万平方米安居工程等14个重点、重大项目开展跟踪审计。针对在项目建设程序、进度、质量和管理等方面存在的问题，发出整改建议函73份，提出问题及整改建议182条，大部分的整改建议都得到相关责任单位的认真整改和落实。

政府性债务和财政沉淀资金审计　根据审计署的要求和市委、市政府的安排，市审计局调动全部审计力量全程参与全市政府性债务和财政沉淀资金的审计项目，出色完成对4个区政府性债务审计和海口市财政沉淀资金审计任务。市审计局作为一级地方审计机关，上下沟通、内外协调，为顺利开展审计调查任务提供缜密、周到、及时、优质的服务保障，得到审计署和省审计厅的高度肯定。

经济责任审计　市审计局对6名处级领导干部实施经济责任审计，共查出违规金额142.42万元，管理不规范金额21371.04万元，其中应负主管责任金额3881.94万元，应负领导责任17631.52万元。进一步完善领导干部经济责任审计的评价体系，有力地促进党风廉政建设。

专项资金审计（调查）　为了保证确保民生资金的安全与效益，市审计局开展城乡低保、养老保险基金、教育费附加、污水管网建设资金、保障性安居工程、校安工程资金等项目的专项审计和审计调查。揭示和反映落实政策不到位，政策目标未实现以及资金管理、制度运营等方面的问题，分析存在原因并提出针对性意见和建议，促进整改，推动各项惠民政策的落实和社会保障

制度的完善。（撰稿人：黎鹏霄）

【三亚市审计局】 2013年，三亚市审计局人员编制43人，在职41人。局长王瑜，副局长麦军、廖沙、陈积明，总审计师汪祥山。设有办公室、行政事业审计科、财政审计科、企业审计科、农业与资源环保审计科、经济责任审计室、法规科、固定资产投资审计科、派出审计室，下设三亚市政府投资审计中心。

审计成果 三亚市审计局完成审计项目209个，查出违规金额8.63亿元，损失浪费金额3242万元，管理不规范金额59.25亿元。其中应上缴财政8.45亿元，已上缴2.04亿元（含查补税金1.94亿元，其他上缴金额1041万元）；完成市政府投资项目20.03亿元竣工结算审计，比上年同期增长16.72%，核减投资额4.8亿元，核减率为24%。审计共为市政府增收节支6.88亿元。移送司法机关、纪检监察部门处理事项2件。提出审计建议177条，被采纳147条。提交审计（调查）报告、信息280篇，其中被市委、市政府领导批示审计（调查）报告6份，信息被采用25篇。

财政审计 主要对市本级预算执行情况、地方税收征管、河西区管委会和吉阳镇部门预算执行情况进行审计。查出违规金额63133万元，管理不规范金额429598万元。发现预算执行和预算管理中存在应征未征预算收入、未按规定纳入预算管理、未实行“收支两条线”管理、预算项目资金滞留等问题，促进相关职能部门纠正和改进，进一步完善部门管理制度。

固定资产投资审计 全年完成政府投资审计和审计调查项目182个，核减投资额4.8亿元，核减率为24%。通过审计，揭示政府投资项目建设和管理中存在的问题，评价建设项目投资经济性、效率性和效益性，促进建设单位严格执行政府投资项目预算安排，保证政府性建设资金合理、合法和有效使用，提高政府投资项目管理水平和财政资金使用效益，发挥投资效能，促进社会事业发展。

经济责任审计 受市委组织部的委托，对市商务局、市人口和计划生育委员会、崖城镇、市人民医院等14个单位的16名领导干部开展经济责任审计。审计查出违规金额23205万元，其中应负领导责任金额21822万元，应负主管责任金额1383万元；查出损失浪费金额243万元，其中应负领导责任金额2077万元，应负主管责任金额745万元，应负直接责任金额21万元；查出管理不规范金额77307万元，其中应负领导责任金额62601万元，应负主管责任金额3703万元，应负直接责任金额11001万元。针对审计发现的问题，研究提出审计意见和建议，督促相关单位认真抓好整改。

专项资金审计（调查） 重点对市2012年本级政府性债务、保障性住房资金、会议活动经费、促进生态环境保护专项资金、文化体育专项资金、促进经济发展产业扶持资金、政府采购资金等7项专项资金进行审计调查。调查发现违规金额1325万元，管理不规范金额73641万元，应上缴财政金额1325万元。揭示资金运用管理存在的薄弱环节和潜在风险，关注体制性障碍、制度性缺陷和重大管理漏洞，分析问题产生的原因，提出改进完善的意见和建议，促进项目单位规范管理，合理有效使用资金。（撰稿人：羊建权）

2013年海南省所辖区、县(市)级审计工作统计表

金额单位：万元

审计机关	完成审计项目(个)	审计查出主要问题金额	审计处理情况					出具审计报告和审计调查报告(篇)	提出审计建议(条)	提交审计信息(篇)
			审计处理处罚				移送处理事项(件)			
			应上缴财政	应减少财政拨款或补贴	应归还原渠道资金	应调账处理金额				
海口市										
海口市本级	45	444041	15666		3576	12260		45	145	10

续表

审计机关	完成审计项目（个）	审计查出主要问题金额	审计处理情况					出具审计报告和审计调查报告（篇）	提出审计建议（条）	提交审计信息（篇）
			审计处理处罚				移送处理事项（件）			
			应上缴财政	应减少财政拨款或补贴	应归还原渠道资金	应调账处理金额				
秀英区审计局	6	633		49	301	283		10	18	13
龙华区审计局	5	2019						5	12	
琼山区审计局	6	1738	24		89	1378		6	25	11
美兰区审计局	4	428		427				4	40	
三亚市										
三亚市本级	209	684307	77108	35643	5231	76318	2	225	177	63
三沙市										
三沙市本级										
文昌市审计局	9	29524		5122				9	27	10
琼海市审计局	24	159209	6433		15	17134		40	69	2
万宁市审计局	19	203240	1328	3698		11389		20	84	7
五指山市审计局	9	40154	1671	4016		45		10	155	1
东方市审计局	65	12945	5168	2859				65	66	5
儋州市审计局	18	25793	2008	6120				30	16	82
临高县审计局	7	97835	5578	6039				7	112	1
澄迈县审计局	60	309338	3140	10585	2	399		75	119	8
定安县审计局	83	68807	4557	2550	4	289		83	89	12
屯昌县审计局	107	155041	1575	4806		7		111	262	11
昌江黎族自治县审计局	17	8687	241					17	56	2
白沙黎族自治县审计局	15	3573	1240	789	1	13		23	80	10
琼中黎族苗族自治县审计局	10	128	2		126			18	210	4
陵水黎族自治县审计局	10	68853	1361	58978				10	51	3
保亭黎族苗族自治县审计局	25	20061	8473		164	4772	2	45	98	24
乐东黎族自治县审计局	8	202066	2557					8	23	

重庆市

【重庆市审计局】 2013年，重庆市审计局人员编制312人，在编279人。设有办公室、综合处、人事处、法规处、机关党委（与机关工会、机关团委合署办公）、计算机应用管理处、内部审计管理处、离退休人员工作处、经济责任审计处、财政审计处、行政事业审计处、固定资产投资审计处、经贸审计处、金融审计处、农业审计处、移民审计处、社会保障审计处、外资运用审计处、工业审计处、市政建设审计处、教科文审计处、商贸审计处、资源环保审计处、交通审计处，另有市监察局派驻市审计局监察室、重庆市审计中心。

领导成员

局　　长：卢建辉（—11月）
　　　　　袁天长（11月—）
副 局 长：邓开伟　李永春（—11月）
　　　　　丁时勇　李新建
　　　　　戴　希　黄家登
总审计师：朋　薇
纪检组长：张海坤

审计成果 重庆市审计机关共审计（或审计调查）单位3187个，查出主要问题金额34577273万元，其中违规金额1600875万元、损失浪费金额14277万元、管理不规范金额32962121万元；审计处理处罚3345753万元，其中应上缴财政590149万元、应减少财政拨款或补贴182263万元、应归还原渠道资金835006万元、应缴纳其他资金29150万元、应调账处理金额1596904万元；已上缴财政1426036万元、已减少财政拨款或补贴168158万元、已归还原渠道资金408242万元、已缴纳其他资金29641万元、已调账处理金额1311198万元。移送司法机关、纪检监察机关和有关部门处理落实事项178件。提交审计工作报告3153篇，被批示701篇；提交审计信息3219篇，被采用1683篇。

财政预算执行审计 审计结果表明，市级预算执行和其他财政收支情况总体良好。全市各级各部门应对经济下行压力，组织落实政策资金；坚持财力下沉，推动区域协调发展；加大民生投入，提高公共服务水平；完善规章制度，强化财政管理。

市级财政预算执行审计情况：重点检查市级财政预算管理、资金分配和国库集中支付管理情况，延伸抽查4个部门和28家企事业单位，审计发现存在预算编制不够准确，批复不够细化；预算分配下达不够合理；财政资金使用绩效有待提高；财政预算单位管理不够规范等问题。

市级税收预算执行审计情况：重点检查土地税收征管情况，抽查4个区地税局和50户纳税人，审计发现存在税务机关税收征管不够严格、部分纳税人申报缴纳税款不合规等问题。

市级部门预算执行审计情况：对6个市级部门和单位预算执行情况进行审计，发现存在预算编制与执行不严格、财务核算管理不规范、收入征缴和资产管理不规范等问题。

区县财政决算审计情况：对9个区县（自治县）财政决算情况进行审计，发现存在应收未收土地出让收入、耕地占用税、城市建设配套费、土地使用税，先征后返、补贴等形式违规减免土地出让收入、税金，财政收支反映不实，挤占挪用专项资金等问题。

政府性债务审计 根据审计署统一部署，审计署驻重庆特派员办事处和重庆市各级审计机关837名审计人员，对重庆市本级、38个区县、824个乡镇的政府性债务情况进行全面审计。此次债务审计采取统筹安排、整合力量、上下联动的方式，按照“摸清底数、反映问题、揭示风险、提出建议”的总体要求和“见人、见账、见物，逐笔、逐项审核”的原则，突出工作重点，认真审查债务资金举借、使用、偿还和监管环节存在的问题，关注债务管控的措施、成效和问题，摸清政府性债务的规模、结构及变化情况，揭示部分地区存在的债务风险隐患和违规问题。针对审计发现的问题，及时分析判断债务风险，准确评估风险状况，提出加强政府性债务管理的意见和建议，推进债务管控制度的健全完善，防控债务风险的能力进一步提高。

专项资金审计 远郊区县城镇保障性安居工程跟踪审计情况。重点抽查346个安居工程开工、竣工情况和294个工程建设情况，涉及3829户家庭。审计结果表明，有关区县（自治县）及部门认真落实城镇保障性安居工程建设管理的要求，积极推进建设，在健全完善住房保障体系、推进基本公共服务均等化等方面成效明显，但也发现存在建设资金管理不规范，工程建设管理不到位，税费、贷款利率优惠政策执行不严格，保障性住房分配管理不规范等问题。

蔬菜产业发展资金审计调查情况。重点抽查市农委、10个区县及178个项目，涉及资金3.1亿元，占资金总额的62%。审计调查结果表明，有关部门和区县加强蔬菜产业发展项目和资金管理，取得较好成效，蔬菜产业成为全市农业的重要产业，较好地解决市民的“菜篮子”问题，促进农民增收，但审计调查也发现存在现行资金和项目管理制度尚不完善、资金管理使用不规范、项目建设管理不规范等问题。

农村公路建设项目审计调查情况。审计调查市交委、37个区县（自治县）及万盛经开区。结果表明，各区县（自治县）采取有效措施推进农村公路建设，在改善农村交通设施、推动新农村建设进程等方面取得较好成效，但调查也存在建设项目计划管理和执行不严格、建设专项资金使用不规范、项目建设质量控制不严等问题。

农村义务教育学生营养改善计划资金审计调查情况。重点抽查14个区县（自治县）241所学校，涉及在校生18.1万人，分别占总数的8%、20%。审计调查结果表明，各试点区县（自治县）教育等主管部门因地制宜创新供餐机制，积极推进计划实施，改善了贫困地区农村学生的营养状况，但也存在学生营养改善计划政策未能严格执行、学生营养改善计划资金管理使用不规范、部分学校财务管理薄弱等问题。

民营经济发展资金审计调查情况。重点抽查市经济信息委、市农委以及12个区县（自治县），涉及资金7.3亿元，占资金总额的37%。审计调查结果表明，民营经济发展资金管理总体较规范，为促进民营经济的发展发挥积极作用，但也存在部分民营企业虚报冒领补助资金、市级和区县（自治县）主管部门向不具备补助条件的民营企业补助资金和向不符合补助规定的项目补助资金、部分区县（自治县）挤占挪用或滞留补助资金等问题。

微型企业财政补助资金审计调查情况。重点抽查市微企办、5个区县及336户微型企业。审计调查结果表明，市级有关部门和区县制定多项配套制度和扶持措施，支持微型企业发展，取得以创业带动就业，促进民营经济发展的成效，但也存在部分税收和金融扶持政策落实不够、部分微型企业未遵守税收等相关规定、部分微型企业弄虚作假骗取或套取补助资金等问题。

主城区次级河流水环境综合整治项目资金审计调查情况。重点抽查市环保局、11个区县以及84个项目。审计调查结果表明，污染治理工作有效推进，次级河流水质持续改善，基本达到综合整治考核目标，但也存在部分综合整治项目任务未完成、部分区县综合整治措施执行不到位、少数综合整治项目后期运行管护不到位等问题。

固定资产投资审计 对渝湘高速公路洪安至酉阳段、长寿范家桥水库等7个市级重点建设项目进行竣工决算审计，审计投资总额177.9亿元，核减工程投资6.3亿元。审计结果表明，相关部门和单位加强项目建设的组织管理，较好地完成建设任务，取得良好的经济效益和社会效益，但仍存在虚增工程造价、多计项目成本、项目招投标和合同管理制度执行不严格、项目建设管理不够规范等问题。

为及时发现和纠正项目建设中出现的问题，自2012年起对成渝高速公路复线重庆段和西永保税区监管大楼实施三年跟踪审计。首次跟踪审计情况表明，2个项目建设单位积极创新项目融资和管理模式，有序推动工程建设，项目进展总体良好。跟踪审计资金总额47.9亿元，发现存在超拨或多计工程进度款、工程设计不完善、监理未完全履职、未严格执行招投标等问题。

企业审计 对重庆交通开投集团、重庆旅投集团等6户国有重点企业资产负债损益情况进行审计。审计结果表明，企业注重推进自身发展，完善公司治理，改进内部管理，经营规模扩大，核心竞争力增强。审计发现存在1户企业因决策不当、管理不善形成损失浪费，1户企业使用财政资金不规范，4户企业资产、损益核算不实，2户企业少计少缴税金等问题。

审计整改 对审计发现的问题，市审计局依法出具审计报告和审计决定；对涉及宏观层面的苗头性、倾向性问题和经济运行中的新情况、新问题，及时向市政府报送审计要情。市政府高度重视审计整改工作，要求完善审计整改报告、督查、联动、问责、公开五大机制，主要领导及分管领导及时对审计报告和审计要情做出批示，责成相关职能部门研究落实整改措施。7月8日，市政府第15次常务会议专题审议审计结果报告，要求有关区县（自治县）、市级部门、国有重点企业要高度重视审计提出的问题，进一步强化整改措施，务必尽快整改落实到位。

内部审计 全市各部门、各企事业单位（含中央在渝单位）设内部审计机构3151个，其中专职机构1152个；配备内部审计人员9875人，其中专职审计人员2864人。2013年各级内部审计机构共完成审计项目3.09万个，增收节支12.6亿元，提出的建议和意见被采纳2万余条，移送纪检监察机关和有关主管部门建议给予党纪政纪处分107人。（撰稿人：冉晓艳）

【渝中区审计局】 2013年，渝中区审计局人员编制24人，在编24人。局长李成跃，副局长胡曦、胡蓉、刘川。设有综合科、综合审计科、行政事业审计科、财政金融审计科、投资审计科、经济责任审计科。

审计成果 渝中区审计局完成审计项目76个，查出主要问题金额23703万元，其中违规金额2086万元、损失浪费金额46万元、管理不规范金额21570万元；审计处理处罚金额19500万元，其中应上缴财政784万元、应减少财政拨款或补贴1310万元、应归还原渠道资金20万元、应缴纳其他资金20万元、应调账处理金额17363万元；审计发现非金额计量问题4个；审计促进整改落实有关问题资金17628万元，其中增收节支1392万元、已缴纳其他资金20万元、已调账处理金额16216万元；审计后挽回损失12476万元；移送司法机关、纪检监察机关和有关部门处理事项3件；出具审计工作报告76篇；提出审计建议94条；提交审计信息48篇，被采用26篇次。

预算执行审计 审计单位4个，提出审计意见和建议3条。审计围绕本区转型升级、创新发展的发展大局，注重加强对重点部门、重点项目、重点资金的审计监督，把握整体性，关注宏观性，突出建设性，坚持边审计、边整改、边规范的原则，进一步统筹协调财政审计，发挥审计保障经济社会健康发展的“免疫系统”功能。

行政事业审计 审计2个行政事业单位的财政财务收支情况。

固定资产投资审计 完成51个基本建设项目审计，核减工程造价12476万元，应减少财政拨款12476万元。在坚持国家审计形式的同时，整合审计资源，国有投资审计覆盖面达到100%。

企业审计 审计1个企业单位，查出主要问题金额1220万元。

经济责任审计 受渝中区委组织部委托，完成对14名党政领导干部任期经济责任审计。查出违规金额666万元，管理不规范金额1583万元。通过审计揭示少数单位集体决策和财务监督机制不完善、暂存款清理不及时、固定资产管理不够规范等问题。

专项资金审计 开展专项资金审计项目4个，审计专项资金总额30558万元，审计查出主要问题金额1500万元。

审计调查 开展专项审计调查项目1个。

内部审计 全区各部门、各事业单位设内部审计机构4个，其中专职机构2个；配备内部审计人员25人，其中专职审计人员2人。全区内部审计机构共完成审计项目109个，其中财务收支审计19个、经济责任审计54个、基本建设审计20个、其他16个。审计总金额5万元。

（撰稿人：唐　红）

【大渡口区审计局】 2013年，大渡口区审计局人员编制17人，在编17人。局长龙子武，副局长刘厚成、吴蔚翔、单珺（3月—），纪检组长吴蔚翔（兼）。设有办公室、财政金融审计科、行政事业审计科、经济责任审计科、审计中心。

审计成果 大渡口区审计局完成审计项目38个，查出问题金额87977万元，其中违规金额4042万元、管理不规范金额83934万元；审计处理处罚金额28414万元；移送有关部门处理事项2件；出具审计（调查）报告38篇，被批示、采用15篇；提出审计建议187条；提交审计信息19篇，被批示、采用5篇。

预算执行审计 完成区级预算执行审计项目1个和区级地税征收管理审计1个，延伸审计区发改委、区科委、区商委等12个部门预算执行情况。发现和纠正财政预算管理方面的3类问题，以及部门预算执行方面的6类问题，提出的5条审计意见和建议被审计单位采纳。代大渡口区政府向区人大常委会做的区级预算执行审计工作报告，受到人大高度肯定，提出要加强审计成果的运用，推动财政管理水平的提高。

固定资产投资审计 采用竣工结算审计和重点项目跟踪审计相结合的方式，加强对建设工程领域的审计监督，规范工程项目管理，节约政府投资。全年完成竣工结算审计19个、跟踪审计6个，核减工程造价24555万元，综合审减率为25.73%。

经济责任审计 对7名领导干部开展任期经济责任审计，提出审计建议16条，移送主管部门处理事项2件。同时，还通过组织卫生系统和教育系统经济责任审计培训、参与和指导村委会成员经济责任审计工作等方式，为进一步更新审计服务理念、提升审计服务水平。

企业审计 围绕大渡口区城市经营体制改革总体部署，组织开展2个区属国资平台公司的年度审计，在摸清财务状况、债务变动的情况下，抽审管理成本，检查上年度审计发现问题的整改情况，以督促公司尽快完善内部管理，提升运营能力。开展长江钢厂破产清算组财务收支审计，审查资金管理使用的真实性、合规性。

专项资金审计 开展大渡口区民营经济发展专项资金审计调查，涉及企业36家、资金量2400万元，揭示违规获取资金等问题。开展2012年度中小学校舍安全工程的跟踪审计，涉及6所学校校舍、6项建设项目、9917万平方米建筑面积，查出挤占专项资金等多个问题。

内部审计 大渡口区各部门和企事业单位设内部审计机构7个，配备内部审计人员37人。开展内部审计93项，审计总金额55578.3万元，增收节支10万元，提出建议、意见被采纳101条。

（撰稿人：覃　琴）

【江北区审计局】 2013年，江北区审计局人员编制27人，在编24人。局长祝晖，副局长马彦、陈捷，纪检组长罗翠渝。设有办公室、财政审计科、企业审计科、行政事业审计科、固定资产投资审计科、经济责任审计科，下属江北区审计中心。

审计成果 江北区审计局完成审计项目88个，查出主要问题金额651576万元，其中违规金额97667万元、管理不规范金额553908万元；审计处理处罚金额111384万元，其中应上缴财政43758万元、应减少财政拨款或补贴12828万元、应归还原渠道资金132万元、应调账处理金额54664万元；审计发现非金额计量问题55个；审计促进整改落实有关问题资金111384万元，其中增收节支56719万元、已调账处理金额54664万元；审计后挽回（避免）损失12828万元；移送司法机关、纪检监察机关和有关部门处理事项9件；出具审计报告和专项审计调查报告88篇；提出审计建议157条；提交审计信息111篇，被批示、采用88篇。

财政审计 围绕经济结构转型升级这条主线，抓好对重点领域、重点部门、重点资金的审计。完成预算单位预决算审计项目5个，查出违规金额96832万元，管理不规范金额320227万元。

固定资产投资审计 围绕政府建设项目中高估冒算工程成本、挤占挪用建设资金的问题实施审计，确保政府投资项目得到有效审计监督。完成建设项目审计63个，为政府节省财政资金12828万元。

企业审计 完成企业审计项目4个，查处违规金额130万元，管理不规范金额540万元。揭示国有资产存在闲置浪费、违规租赁等问题，2名直接责任人被开除，2名承担领导责任的人员被通报批评。

经济责任审计 将政府性债务、惠民资金、绩效审计纳入对领导干部经济责任审计之中。完成经济责任审计项目7个，查出违规金额47万元，查出管理不规范金额1928万元，4名责任人因贪污被追究刑事责任。

专项资金审计（调查） 开展8个专项审计及审计调查项目，查出违规金额267万元，管理不规范金额1226万元。

内部审计 全区各部门、各企事业单位设有内部审计机构29个，其中专职机构3个；配备内部审计人员58人，其中专职审计人员7人。全区内部审计机构完成审计项目170个，其中财务收支审计28个，经济责任审计37个，基本建设审计94个，其他审计11个。审计总金额107521万元，促进增收节支138万元。（撰稿人：向　韵）

【沙坪坝区审计局】　2013年，沙坪坝区审计局人员编制31人，在编26人。局长霍平（—4月），副局长许兵、林国勇、廖承东。设有办公室、财政审计科、行政事业审计科、经济责任审计科、固定资产投资审计科、沙坪坝区审计中心。

审计成果　沙评坝区审计局完成审计项目43个，查出主要问题金额801858万元，其中违纪违规金额23015万元、损失浪费金额254万元、管理不规范金额778589万元；审计处理处罚金额727971万元，其中应上缴财政5169万元、应归还原渠道资金989万元、应缴纳其他资金863万元、应调账处理金额720949万元；审计发现非金额计量问题58个；审计促进整改落实有关问题资金537375万元，其中增收节支4743万元、已缴纳其他资金1462万元、已调账处理金额531169万元；审计后挽回（避免）损失40556万元；移送司法机关、纪检监察机关和有关部门处理事项12件；出具审计报告和专项审计调查报告43篇，被批示、采用10篇；提出审计建议253条；提交审计信息70篇，被批示、采用23篇。

预算执行审计　审计查出问题金额18664万元，提出审计意见和建议，在无预算、超预算采购，非税收入未及时解缴、往来款长期挂账等问题方面进行评价，取得新的突破。向区人大常委会做审计工作报告，推动财政体制改革的不断深化，提升财政预算管理水平。

政府性债务审计　审计延伸至基层村社，摸清家底，反映地方政府性债务变化趋势，为推进建立健全预防制度，抵御问题发生发挥“预警器”的作用。

固定资产投资审计　完成18个基本建设项目和征地拆迁审计，核减工程造价和土地成本40556万元。在开展的5个地块的征地拆迁成本审计项目中，审减成本39471万元，审减率达到45.1%。

企业审计　对1个企业的资产、负债、损益真实性进行审计调查，发现被审计单位违规使用财政资金、账务收支核算不实等问题。查处问题金额49938万元。

经济责任审计　开展经济责任审计项目15个。揭示公务用车、公务接待、政府采购环节等出现的问题，查出问题金额683632万元。

专项资金审计　开展专项资金审计和审计调查项目6个，审计专项资金总额10744万元。

内部审计　全区各部门、各企事业单位设内部审计机构145个，其中专职机构4个；配备内部审计人员240人，其中专职机构人员29人。全区各级内部审计机构完成审计项目501个，其中财务收支审计120个、经济效益审计15个，经济责任审计36个、内部控制审计6个、基本建设审计259个、其他审计项目65个。审计总金额285981万元，促进增收节支4082万元。

（撰稿人：李　缇）

【九龙坡区审计局】　2013年，九龙坡区审计局人员编制29人，在编25人。局长刘波，副局长李霞（5月—）、兰华、姜道云，纪检组长刘昆。设有办公室、监察室、综合法制科、内部审计管理科、财政金融审计科、经济责任审计科、行政事业审计科、固定资产投资审计科、审计中心。

审计成果　九龙坡区审计局完成审计项目87个，查出主要问题金额91978万元，其中违规金额13979万元、管理不规范金额77999万元；审计处理处罚金额67846万元，其中应上缴财政11744万元、应减少财政拨款或补贴5378万元、应归还原渠道资金101万元、应缴纳其他资金2131万元、应调账处理金额48489万元；审计发现非金额计量问题78个；审计促进整改落实有关问题资金66833万元，其中增收节支16367万元、已缴纳其他资金2131万元、已调账处理金额48334万元；审计后挽回（避免）损失5454万元；移送处理事项9件；出具审计报告和专项审计调查报告87篇，被批示、采用62篇；提出审计建议207条；提交审计信息199篇，被批示、采用46篇。被评为重庆市审计机关年度综合目标考核二等奖。

预算执行审计　完成预算执行审计项目10

个，查出违规金额12968.83万元，管理不规范金额68522.86万元，本级预算执行审计报告在人大常委会上高票通过。地方政府性债务审计项目获审计署记三等功。

行政事业审计 审计行政事业单位11个，查出违规金额899.89万元，管理不规范金额3006.04万元，督促行政事业单位加强内控制度管理，严格执行财政预算。

固定资产投资审计 完成政府投资建设项目决（结）算审计项目63个，审计资金总额109831万元，核减政府投资额5378万元。实施跟踪审计项目40个。重庆市中小学校校舍安全工程跟踪审计项目、重庆渝北区小城镇基础设施改善项目被市审计局评为优秀审计项目。

经济责任审计 完成16名处级领导干部经济责任审计，查出违规金额905万元，管理不规范金额1607万元。建立领导干部经济责任量化评分体系。

专项资金审计（调查） 关注民生资金的使用，开展民营经济发展补助资金、基本药物零差价政策执行情况、五一新村危旧房改造片区土地拆迁整治项目审计调查，查出违规金额37.18万元。重庆市民营经济发展补助资金审计调查项目被市审计局评为优秀审计项目。

内部审计 全区各部门、各企事业单位设内部审计机构6个，其中专职机构3个；配备内部审计人员82人，其中专职审计人员13人。全区各级内部审计机构完成审计项目43个，其中财务收支审计16个、经济责任审计26个、内部控制评审1个。审计总金额159993万元。

（撰稿人：阳　琰）

【南岸区审计局】 2013年，南岸区审计局人员编制21人，在编19人。局长张林，副局长赵勇、赵开颜、杨柳，纪检组长张治国。设有办公室、财政审计科、经济责任审计科、固定资产投资审计科、行政事业审计科、金融经贸审计科。

审计成果 南岸区审计局完成审计项目42个，查出问题金额33043万元，其中违规金额1796万元、管理不规范金额31247万元；审计处理处罚金额12979万元，其中上缴财政1745万元、减少财政拨款或补贴1867万元、归还原渠道资金354万元、缴纳其他资金86万元、调账处理金额8926万元；审计发现非金额计量问题50个；审计促进整改落实有关问题资金12979万元，其中增收节支4053万元、已调账处理金额8804万元；出具审计报告和专项审计调查报告42篇；提出审计建议123条；提交审计信息35篇，被批示、采用8篇。

预算执行审计 审计项目12个，发现和纠正涉及部门预算执行中管理不规范金额13172万元。

经济责任审计 完成12名区管主要领导干部经济责任审计，审计查出问题金额4094万元，其中违规金额468万元，管理不规范金额3624万元；增收节支852万元，已上缴财政498万元，已归还原渠道资金498万元。对违反财政财务制度规定的行为，依法依规做出审计决定，进行审计处理。

固定资产投资审计 审计项目18个，审计项目投资额70738万元，完成投资额68699万元，核减投资额2039万元。审计发现和纠正管理不规范金额15777万元。实施按工程“合同段”竣工结算审计方式，进一步加大对政府性投资建设项目资金使用管理审计监督力度。

内部审计 全区各部门、各企事业单位设内部审计机构14个，其中专职机构6个；配备内部审计人员60人，其中专职审计人员20人。全区各级内部审计机构完成审计项目333个，其中财务收支审计17个、经济效益审计7个，经济责任审计65个、内部控制审计6个、基本建设审计170个。审计总金额304467.61万元，促进增收节支11339.08万元。（撰稿人：沈　扬）

【北碚区审计局】 2013年，北碚区审计局人员编制31人，在编26人。局长汪仕全（—11月）、李厚杰（11月—），副局长唐小勤、黄晓阳。设有办公室、法规科、财政审计科、行政事业审计科、经济责任审计科、投资企业审计科，下设北碚区经济责任审计中心和北碚区投资审计中心。

审计成果 北碚区审计局完成审计项目69个，查出主要问题金额3087351万元，其中违规金额42023万元、管理不规范金额3045328万元；审计处理处罚金额12012万元，其中应上缴财政

1834万元、应归还原渠道资金3980万元、应缴纳其他资金19万元、应调账处理金额6178万元；审计发现非金额计量问题56个；审计促进整改落实有关问题资金12012万元，其中增收节支5814万元、已缴纳其他资金19万元、已调账处理金额6178万元；审计后挽回（避免）损失6045万元；移送处理事项22件；出具审计报告和专项审计调查报告69篇，被批示、采用1篇；提出审计建议243条；提交审计信息21篇，被批示、采用8篇。

财政审计 完成预算执行和财政决算8个，查出主要问题金额1609735万元。揭露并查处财政收支中存在的挤占挪用、截留上级收入及固定资产不上账等违规问题，提高财政资金管理水平。

行政事业审计 完成行政事业审计项目7个，查出主要问题金额1385592万元。

固定资产投资审计 完成投资审计项目31个，查出主要问题金额40194万元。审计总金额84842万元，核减投资额6491万元，综合审减率7.41%。

企业审计 完成企业审计项目2个，审计查出主要问题金额68万元。

经济责任审计 完成经济责任审计项目6个，审计查出主要问题金额29381万元，增收节支619万元，提出审计建议29条均被采纳。

专项资金审计 完成专项资金审计21个，审计专项资金总额194634万元，查出主要问题金额22381万元，促进财政专项资金管理的规范化。

内部审计 全区有内审机构77个，其中专职内审机构4个，内审人员203人。全年完成内审项目893个，其中财务审计35个、经济责任审计79个、基本建设审计664个、其他115个。审计总金额35963万元，增收节支889万元，提出意见建议被采纳235条。

（撰稿人：周 丹 江 敏）

【綦江区审计局】 2013年，綦江区审计局人员编制39人，在编33人。局长郑平，副局长陈建，纪检组长杨云德。设有办公室、法制内审科、行政审计科、财政审计科、企业事业审计科、投资审计科、经济责任审计科、审计中心。

审计成果 綦江区审计局完成审计项目116个，查出各种违纪违规金额6.61亿元，其中应归还原渠道资金719万元、应调账处理7250万元、应上缴财政2374万元；审计促进整改落实有关问题资金1.59亿元，其中上缴财政1342万元、归还原渠道资金313万元。移送纪委及主管部门处理事项17件。提出审计建议179条，被采纳146条；出具审计报告和专项审计调查报告116篇；提交审计信息86篇，被批示、采用68篇。

预算执行审计 对綦江区14个单位2012年预算执行及其他财政收支情况进行审计。发现存在应收未收土地出让金、配套费；城乡低保对象账户管理存在漏洞，低保对象骗取城乡低保救助金；微型企业财政资本金补助未及时发放、收回；部分学校存在乱收费、未上缴应缴收入等问题。

经济责任审计 完成区管领导干部和区属事业单位负责人经济责任审计项目21个，涉及领导干部27人。查出问题95个，违纪违规金额5905.36万元。审计发现存在账务管理不规范、违规使用票据、隐瞒截留收入、违规支付工程款、专项资金未及时安排使用、白条或大额现金支付款项、购置资产未转固定资产、个别采购项目未进行政府集中采购、乱收费等问题。

固定资产投资审计 完成投资审计项目73个，节约政府投资1.41亿元，审减率为14.9%。审计发现未按相关规定送审、未按程序报批立项、未进行财政投资预算评审、未严格按照招投标制度进行招投标、未按规定程序报批工程超概算、未委托监理单位实施监理、建设方存在未按实收方计量、工程建设材料监管不足、工程签证不规范、施工方技术力量薄弱、影响工程质量、重复建设财政资金浪费严重等问题。

专项资金审计 对綦江区2012年度扶贫资金等5个项目进行专项审计调查。审计主要发现审核把关不严，不符合扶贫条件人员进入扶贫对象系统，扶贫资金管理不严、扶贫计划未开展、资金滞留等问题。

企业审计 完成2个国有企业资产负债损益情况审计。发现未依法代扣代缴个人所得税、转移门面收入、计税收入不完整导致漏缴税费、往来款项未及时清算、预付工程款不规范等问题。

内部审计 全区各级内部审计机构完成审计项目103个，审计总额185万元，增收节支77万元，提出建议意见被采纳56条。

（撰稿人：曾小灵）

【大足区审计局】 2013年，大足区审计局人员编制33人，在编34人。局长黄珍扬，副局长李连友、刘朝树、欧阳，纪检组长陈清伦。设有办公室、综合法制科、财政审计科、行政事业审计科、社会保障审计科、资源环保审计科、经济责任审计科、固定资产投资审计科、审计中心。

审计成果 大足区审计局完成审计项目95个，查出主要问题金额325325万元，其中违规金额36482万元、管理不规范金额288843万元；发现非金额性计量问题42个；审计促进整改落实问题金额57435万元，其中增收节支金额32349万元、已缴纳其他资金3873万元、已调账处理10579万元；审计移送处理事项2件；出具审计报告和专项审计调查报告95篇；提出审计建议222条，被采纳的审计建议191条；审计专报、要情得到区主要领导肯定性批示7次。

财政审计 以本级财政预算执行审计为重点，延伸审查区教委等13个部门预算执行情况，促使出台制度两个；开展2012年税收预算执行审计；结合镇街领导经济责任审计，对智凤镇等6个镇街财政决算和其他财政收支情况进行审计。

固定资产投资审计 全年完成大邮路路灯建设工程等49个投资项目，项目送审额59763万元，审定额54173万元，审减额5590万元，审减率为9.35%。

企业审计 对大足公路建设总公司等2个企业2012年度资产、负债、损益情况进行专项审计调查，查出虚列支出、借出资金审批程序不规范、财务管理不规范等问题。促进国企依法管理，防止国有资产流失，充分发挥财政资金的效益。

经济责任审计 完成商务局等14个单位的20名领导的任期经济责任审计，查出挤占挪用专项资金、违规采购、违规发放津补贴、发票不合规和报销费用手续不完善、财务核算不规范等问题。

专项资金审计调查 全年完成农村危旧房改造资金等13个专项审计调查项目。其中，农村危旧房改造项目、土地复垦项目、成渝复线征地项目等结果性文书，得到区主要领导肯定性批示5次，为领导决策提供翔实依据。

内部审计 全区各部门、各企事业单位设内部审计机构3个，其中专职机构1个；配备内部审计人员14人，其中专职审计人员3人。全县各级内部审计机构完成审计项目77个，其中财务收支审计16个、效益审计15个、经济责任审计4个、内部控制审计4个、基本建设审计16个、其他审计22个。审计总金额26932万元，促进增收节支638万元。提出建议和意见被采纳18条。

（撰稿人：彭吉丽）

【渝北区审计局】 2013年，渝北区审计局人员编制32人，在编27人。局长常涛，副局长曾泉（—11月）、刘晓东，纪检组长肖远忠（9月—）。设有办公室、监察室、行政事业审计科、经贸社保审计科、经济责任审计科、综合审计科、渝北区审计中心。

审计成果 渝北区审计局完成审计项目212个，查出主要问题金额31578万元，其中违规金额12042万元、管理不规范金额19535万元；审计处理处罚金额30856万元，其中应上缴财政12938万元、应减少财政拨款或补贴10886万元、应缴纳其他资金287万元、应调账处理金额5769万元；审计发现非金额计量问题7个；审计促进整改落实有关问题资金18563万元，其中增收节支12513万元、已调账处理金额5651万元、审计挽回（避免）损失10886万元；移送司法机关、纪检监察机关和有关部门处理事项3件；出具审计报告和专项审计调查报告204篇，被批示、采用18篇；提出审计建议296条；提交审计信息38篇，被批示、采用20篇。

预算执行审计 对渝北区2012年区级财政预算执行情况、税收征管情况和其他财政收支情况进行全面审计。代表渝北区政府向区人大常委会做区级预算执行和其他财政收支的审计工作报告，得到区人大常委会的高度评价。

行政事业审计 开展渝北区教委、渝北区经信委等5个单位。2012年度财政财务收支审计，针对预算执行、税费征管、专项资金使用和“三公”经费等方面存在的问题及时提出改进意见和建议。

固定资产投资审计 完成政府投资审计项目194个，送审金额12亿元，审定金额11亿元，审减金额1亿元，平均审减率为9%。

经济责任审计 开展渝北区政府办、渝北区发改委和渝北区古路镇等6个部门单位主要领导的任中经济责任审计，提出整改意见和建议16条，为进一步规范财经管理，促进干部监督管理提供依据。

企业审计 开展重庆北部农业开发（集团）有限公司、重庆丹青物业管理公司和重庆金翅建筑工程公司等6个单位，2012年度资产、负债和损益审计，提出审计意见和建议11条。

专项资金审计（调查） 开展渝北区2009年至2012年中小学校舍安全工程跟踪审计、2012年农业综合开发项目专项资金审计、渝北区红十字会四川芦山地震捐赠款物收支审计，有针对性地提出审计意见和建议，促进专项资金的规范管理、有效使用。

内部审计 全区各部门、各企事业单位设内部审计机构38个，其中专职机构2个；配备内部审计人员122人，其中专职审计人员5人。全区内部审计机构完成审计项目21个，增加效益345万元，提出的建议和意见被采纳18条。

（撰稿人：艾 伟）

【巴南区审计局】 2013年，巴南区审计局人员编制35人，在编32人。局长罗今成，副局长徐仁伟、王进、刘方宇，纪检组长曹际宏。设有办公室、财政审计科、行政事业审计科、经济责任审计科、投资审计科、综合法制科、审计中心。

审计成果 巴南区审计局完成审计项目68个，查出主要问题金额104.6亿元，其中违规金额3.5亿元、管理不规范金额101.1亿元；审计处理处罚金额20.9亿元，其中应上缴财政0.1亿元、应归还原渠道资金14.4亿元、应调账处理金额6.4亿元。移送处理事项12件；提出审计建议400条，全部被采纳；提交审计信息89篇，被批示、采用50篇次；获得市审计局综合目标考核一等奖；巴南区委、区政府突出贡献金牛奖和绩效目标考核优胜奖；被市精神文明委命名为市精神文明单位。

预算执行审计 完成项目3个，查出管理不规范金额454272万元，违规金额1850万元。重点审计预算编制是否科学合理、预算执行结果是否真实合法等，促进建立公共财政管理体制。

行政事业审计 对15个行政事业单位财政财务收支进行审计。查出管理不规范金额540719万元，违规金额2142万元。揭示内控制度执行不到位和个人重大违纪违规等问题，及时移送案件线索，涉案人员9人被立案侦查，1人被判刑。

固定资产投资审计 完成项目48个，送审金额22.4亿元，审减金额3.8亿元，审减率达16.9%，揭示成本不实、不按规定招投标等问题，提高投资质量和效益。

经济责任审计 对13个单位17名领导干部实施经济责任审计。查出管理不规范金额513413万元，违规金额4006万元，上缴罚没收入963万元。移送违法违纪线索5件，促进领导干部守法、守纪、守规和尽责。

专项资金审计 开展征地拆迁资金审计、农业综合开发资金审计，查出管理不规范金额2048万元。揭示挤占挪用专项资金、降低补偿标准等问题，促进各项惠民政策得到落实。

审计调查 开展审计调查项目3个。巴南区2007—2012年度基层医疗卫生机构债务审计揭示高利率支付个人借款等问题。巴南区政府性债务审计摸清债务规模、结构及增减变化情况，提出加强债务管理和防范风险的建议。巴南区事业单位分类改革财务收支审计得到区委主要领导批示。

内部审计 全区设内部审计机构95个，其中专职机构11个；配备内部审计人员224人，其中专职人员54人。完成审计项目86个，审计资金总额2300万元，促进增收节支23万元，审计建议被采纳230条。

（撰稿人：皮开伦）

【万州区审计局】 2013年，万州区审计局人员编制55人，在编53人。局长蔡淼川，副局长吴明国（—11月）、陈建云、吴明忠，纪检组长张忠玲。设有办公室、后勤科、纪检组、综合法制科、经济责任审计科、财政审计科、固定资产投资审计科、行政事业审计科、经贸审计科、农业审计科、三峡移民资金审计科、社会保障审计科、乡镇审计科，下设参公事业单位万州区审计中心。

审计成果 万州区审计局完成审计项目65

个，查出主要问题金额535410万元，其中违规金额72821万元、管理不规范金额462588万元；审计处理处罚金额73141万元，其中应上缴财政63010万元、应减少财政拨款或补贴5709万元、应归还原渠道资金1157万元、应调账处理金额3264万元；审计发现非金额计量问题114个；审计促进整改落实有关问题资金66058万元，其中增收节支65935万元；审计后挽回（避免）损失1595万元；移送司法机关、纪检监察机关和有关部门处理事项16件；出具审计报告和专项审计调查报告63篇，被批示、采用51篇；提出审计建议146条；提交审计信息114篇，被批示、采用125篇次。

财政审计 完成对财政、地税预算管理和23个部门及单位预算执行、1个镇乡的财政决算情况审计。延伸审计单位81个，审计查出主要问题金额405362万元。

固定资产投资审计 完成对31个重大项目竣工决算（结算）审计和跟踪审计，审计投资总额137836万元，审计查出主要问题金额60848万元，核减工程造价近5225万元。

企业审计 完成对区丝绸公司等4个单位2012年度资产负债损益审计，查出问题金额26637万元。

经济责任审计 完成对11个部门（单位）、镇乡（街道）、区级国有企业的13名主要领导干部经济责任审计，审计查出主要问题金额41578万元，其中违规金额1872万元。

专项资金审计（调查） 完成对三峡后续工作生态屏障及重要支流、农村义务教育学生营养改善计划等6项专项资金审计和审计调查，审计查出主要问题金额40900万元。

内部审计 全区各部门、各企事业单位设内部审计机构90个，其中专职机构36个；配备内部审计人员239人，其中专职审计人员92人。全区各级内部审计机构完成审计项目3241个，其中财务收支审计176个、经济效益审计553个，经济责任审计51个、内部控制审计13个、基本建设审计808个。审计总金额132万元，促进增收节支1万元。 （撰稿人：付 勇）

【涪陵区审计局】 2013年，涪陵区审计局人员编制55人，在编45人。局长向文豪，副局长周德勇、陈仁勇、蒋青峰，纪检组长王六一。设有办公室、组织人事教育科、法制科、财政审计科、固定资产投资审计科、经济责任审计科、行政事业审计科、金融外资审计科、经贸审计科、农业与生态环保审计科、社会保障审计科和涪陵区审计中心。

审计成果 涪陵区审计局完成审计项目61个，查出主要问题金额73917万元，其中违规金额49454万元、管理不规范金额24463万元；审计处理处罚金额55704万元，其中应上缴财政19240万元、应减少财政拨款或补贴10524万元、应归还原渠道资金2270万元、应调账处理金额23665万元；审计发现非金额计量问题35个；审计促进整改落实有关问题金额55704万元，其中增收节支32035万元、已调账处理金额23665万元；审计促进拨付资金到位2900万元；审计后挽回（避免）损失24323万元；移送处理事项8件；出具审计报告和专项审计调查报告61篇，被批示61篇次；提出审计建议288条，提交审计信息220篇，被批示、采用122篇。

财政审计 对区本级2012年财政预算执行和区司法局、区中心血站、区建委和区市政局等4个单位情况进行审计，延伸审计14个单位，对白涛街道和珍溪镇的财政决算进行审计。

固定资产投资审计 开展区档案馆搬迁工程、区龙桥光彩基地基础设施、李渡新区环二大道义和链接段道路工程等23个项目的工程竣工决算，8个单项结算审计；对涪陵大剧院工程、江东堤防工程、白鹤森林公园工程、大华公寓公租房工程房等11项目实施跟踪审计。

经济责任审计 受区委组织部的委托，实施江东街道党工委书记、江东街道办事处主任、同乐乡党委书记、同乐乡乡长等20名领导干部的经济责任审计。

专项资金审计 实施基层医疗机构债务审计调查、保障性住房安居工程跟踪审计、2009年5月至2012年中小学校舍安全工程跟踪审计、2012年度农业综合开发项目计划执行及资金管理使用情况审计、2006年至2010年农村饮水安全工程专项资金审计和2007年至2010年病险水库除险加固工程专项资金审计等6个项目的审计或审计调查。

内部审计 全区各部门、各企事业单位设内部审计机构71个，其中专职机构28个；配备内部审计人员316人，其中专职审计人员29人。涪陵区各级内部审计机构完成审计项目713个，其中财务收支审计63个、经济效益审计85个、经济责任审计37个、内部控制审计16个、信息系统审计4个、基本建设审计259个。审计总金额103万元，促进增收节支3万元。

（撰稿人：胡 俊）

【黔江区审计局】 2013年，黔江区审计局人员编制39人，在编39人。局长秦建川，副局长任国林、王明昌、王海军、施方林，纪检组长何进。设有办公室、法制科、财政审计科、行政事业审计科、农业与资源环保科、经济责任审计科、固定资产投资审计科、企业审计科、政府债务及金融外资审计科、内部审计管理科。

审计成果 黔江区审计局完成审计项目89个，查出主要问题金额360540万元，其中违规金额30921万元、损失浪费金额122万元、管理不规范金额329496万元；审计处理处罚金额73329万元，其中应上缴财政831万元、应减少财政拨款或补贴30万元、应归还原渠道资金37261万元、应缴纳其他资金9223万元、应调账处理金额25982万元；审计发现非金额计量问题83个；审计促进整改落实有关问题资金25652万元，其中增收节支12280万元、已缴纳其他资金617万元、已调账处理金额12754万元；审计后挽回（避免）损失8743万元；移送司法机关、纪检监察机关和有关部门处理事项3件；出具审计报告和专项审计调查报告87篇，被批示、采用31篇；提出审计建议285条；提交审计信息56篇，被批示、采用72篇。

财政审计 对2012年度区本级财政预算执行及其他财政收支情况、区地税局税收征管情况、区发改委组织财政性建设资金情况进行审计，对5个部门预算执行情况，以及9个乡镇、街道2012年度财政决算情况进行审计，共涉及17个项目，查出主要问题金额222253万元。

固定资产投资审计 全年完成投资审计项目36个，为财政节约建设资金8743万元。提交审计报告36篇，提出审计建议121条。查出主要问题资金39099万元，核减投资额8743万元。

企业审计 对三大投融资平台公司资产负债及损益情况进行审计，审计查出主要问题金额33544万元。

经济责任审计 实施经济责任审计项目27个，涉及25个单位30名领导干部，查出主要问题金额29592万元。

专项资金审计（调查） 实施专项资金审计项目5个，查出主要问题金额38384万元。根据审计署统一安排部署，完成全国政府性债务审计、扶贫第5期外资运用审计、2012年度城镇保障性住房跟踪审计工作。

内部审计 全区各部门、各企事业单位设内部审计机构26个，其中专职机构19个；配备内部审计人员55人，其中专职审计人员26人。全区（县）各级内部审计机构完成审计项目263个，其中财务收支审计63个、经济效益审计19个，经济责任审计28个、内部控制审计12个、信息系统审计1个、基本建设审计92个。审计总金额1903865万元，促进增收节支1443万元。

（撰稿人：李志华）

【长寿区审计局】 2013年，长寿区审计局人员编制39人，在编36人。局长聂华甫，副局长李敏、陈小钢，纪检组长陈湧健。设有办公室、法制综合科、财政审计科、企业审计科、行政事业审计科、固定资产投资审计科、经济责任审计科及内部审计管理科和长寿区审计中心。

审计成果 长寿区审计局完成审计项目119个，查出主要问题金额141036万元，其中违规金额30111万元、管理不规范金额110925万元；审计处理处罚金额25604万元，其中应上缴财政18136万元、应减少财政拨款或补贴4785万元、应归还原渠道资金1539万元、应缴纳其他资金1万元、应调账处理金额1142万元；审计发现非金额计量问题55个；审计促进整改落实有关问题资金7566万元，其中增收节支6423万元、已缴纳其他资金1万元、已调账处理金额1142万元；审计后挽回（避免）损失5052万元；移送司法机关、纪检监察机关和有关部门处理事项8件；出具审计报告和专项审计调查报告119篇，被批示、采用6篇；提出审计建议106条，提交审计信息195篇，被批示、采用33篇。获得重庆市审计局审计工作二等奖、重庆市审计局行业优秀项目表彰3个、重庆市审计局审计质量良好项目1个。

预算执行审计 完成2012年度长寿区级财政预算执行和其他财政收支审计等3个预算执行审计项目。查出主要问题金额88373万元，其中预算编制批复不规范27298万元、未按规定征收缴纳收入36102万元、违规改变项目计划和资金用途2198万元、虚列支出4907万元。

固定资产投资审计 对102个政府性投资项目预算执行情况进行审计，审计投资额91592万元，核减投资4827万元，综合审减率为5.27%。

经济责任审计 按照长寿区委组织部的统一安排，对团区委、石堰镇等8个部门（镇）街的13名党政主要领导干部任期经济责任情况进行审计，查出主要问题金额9215万元。

专项资金审计（调查） 完成长寿区2012年城镇保障性安居工程跟踪审计等6个专项审计（调查），审计专项资金总额163992万元，查出主要问题金额39886万元，其中资金不到位不落实2126万元、超规模超标准项目4740万元、违规收取费用224万元；未按规定进行项目结算1个，逾期未建成项目1个，违规批准调整规划涉及建筑面积5万平方米。

内部审计 全区各部门、各企事业单位设内部审计机构68个，其中专职机构4个；配备内部审计人员73人，其中专职审计人员5人。全区各级内部审计机构完成审计项目85个，其中财务收支审计25个、经济责任审计12个、基本建设审计8个。审计总金额23400万元，促进增收节支180万元。 （撰稿人：邹 琳）

【江津区审计局】 2013年，重庆市江津区审计局人员编制47人，在编47人。局长邓齐，副局长张进洪、曹树容、廖胤，纪检组长刘德福。设有办公室、综合科、监察室、财政审计科、社会保障审计科、经济责任审计科、政府投资审计科、审计中心。

审计成果 江津区审计局完成审计项目111个，查出主要问题资金80988万元，其中违规金额13833万元，管理不规范金额67155万元；审计处理处罚资金27720万元，其中应上缴财政10061万元、应减少财政拨款或补贴15029万元、应归还原渠道资金42万元、应缴纳其他资金2305万元、应调账处理金额283万元；审计发现非金额计量问题102个；审计促进整改落实有关问题资金25425万元，其中增收节支25132万元、已缴纳其他资金10万元、已调账处理金额283万元；审计后挽回（避免）损失25593万元；出具审计报告和专项审计调查报告111篇；提出审计建议571条；提交审计信息42篇，被批示、采用40篇。

预算执行审计 审计单位8个，发现和纠正涉及部门的9类问题，查出主要问题金额18568万元。向区人大常委会做审计工作报告，推动财政体制改革的不断深化，提升财政预算管理水平。

行政事业审计 审计13个行政事业单位的财政、财务收支情况。发现财政、财务核算不规范，固定资产不入账，往来账项清理不及时，内控制度执行不到位等问题，查出主要问题金额7785万元。

政府投资审计 完成政府投资审计项目86个，核减工程造价15411万元，应减少财政拨款15411万元。坚持对建设项目全过程的跟踪审计，使建设过程中资金的使用管理问题及时得到纠正，避免建设资金的损失和浪费。

企业审计 对2个企业的资产、负债、损益真实性进行审计，发现被审计单位存在会计信息失真、财务管理薄弱、投资效益差、资产损益不实等问题，查出主要问题金额572万元。

经济责任审计 完成对24名主要领导干部的经济责任审计，查出资产不实、管理不善、违规操作等问题，查出违规金额846万元，管理不规范金额3343万元。

内部审计 全区设内部审计机构46个，其中专职机构18个；配备内部审计人员265人，其中专职审计人员53人。全区各级内部审计机构完成审计项目509个，其中财务收支审计64个、经济效益审计2个、经济责任审计225个、内部控制审计10个、信息系统审计1个、基本建设审计196个。审计总金额353916万元，促进增收节支1426万元。 （撰稿人：李永模）

【合川区审计局】 2013年，合川区审计局人员编制54人，在编38人。局长屈直，副局长李关海、伍振华、易再兴，纪检组长李建忠。设有办公室、法制科、监察室、财政金融审计科、行政事业审计科、专项资金审计科、经济责任审计科、基本建设投资审计科和合川区审计中心。

审计成果 合川区审计局完成审计（调查）项目81个，查出问题金额24亿元，其中违规金额1.7亿元、管理不规范金额22.2亿元、损失浪费金额740万元；审计发现非金额计量问题113个；审计促进整改落实问题资金2.62亿元，其中增收节支2.24亿元、调账处理0.38亿元；审计后挽回或避免损失2.36亿元；移送纪检、司法机关案件线索3件，涉及金额118万元，移送有关单位处理事项27件。提出审计建议226条，被采纳160条；提交审计信息237篇，被批示、采用105篇。合川区审计局被中组部、中宣部、人社部和国家公务员局联合评选为第八届全国人民满意的公务员集体。

预算执行审计 实施合川区财政预算执行和其他财政收支情况审计等29个预算执行审计项目，审计结果报告得到区人大常委会的充分肯定。

固定资产投资审计 对政府投资项目实行必审制，建设项目财务审计、管理审计、结算审计、效益审计“四审并举”，全年完成审计项目59个，审计总投资10亿元，核减投资3476万元；开展跟踪审计项目21个，涉及项目投资额73亿元。

经济责任审计 进一步完善“1＋N”同步审计模式，对10个镇（街）、部门、企（事）业单位15名党政主要负责人开展经济责任审计，查出问题金额3742万元，其中负主管责任金额1511万元、负领导责任金额2228万元。

专项资金审计 完成合川区2012年度农业综合开发项目资金管理使用情况审计、保障性住房跟踪审计、中小学校舍安全跟踪审计、合川区基层医疗机构债务审计调查等4个专项资金审计项目，查出管理不规范金额8177万元，损失浪费金额430万元。

内部审计 全区各部门、各企事业单位设内部审计机构64个，其中专职机构13个；配备内部审计人员135人，其中专职人员28人。全区各级内部审计机构完成审计项目309个，其中财务收支审计115个、经济效益审计3个，经济责任审计62个、基本建设审计40个、其他审计项目89个。审计总金额124430万元，促进增收节支2537万元。 （撰稿人：彭泽众）

【永川区审计局】 2013年，重庆市永川区审计局人员编制38人，在编33人。局长雷科，副局长张小梅（—6月）、龙晓燕、刘荣，纪检组长杨泽露。设有办公室、法制综合科、行政事业审计科、经济责任审计科、社保与农业审计科、财政审计科、审计中心。

审计成果 永川区审计局完成审计项目118个，查出主要问题金额551602万元，其中违规金额124966万元、管理不规范金额426635万元；审计处理处罚金额223228万元，其中应上缴财政13149万元、应归还原渠道资金111817万元、应调账处理金额98261万元；审计发现非金额计量问题43个；审计促进整改落实有关问题资金131164万元，其中增收节支48019万元、已调账处理金额83145万元；审计后挽回（避免）损失12103万元；移送司法机关、纪检监察机关和有关部门处理事项12件；出具审计报告和专项审计调查报告118篇；提出审计建议397条；提交审计信息57篇，被批示、采用18篇。

预算执行审计 审计单位8个，发现和纠正涉及部门的21类问题，查出管理不规范金额418万元，违规金额608万元，提出审计意见和建议，在促进规范财政管理、健全公共预算制度、保障财政安全、提高财政绩效、促进公共财政体制管理方面发挥重要作用。

固定资产投资审计 完成竣工结算审计项目89个，送审金额17.15亿元，审减金额12103万元，审减率为7.0%；跟踪审计项目61个，合同金额66.9亿元，审计过程中出具意见单或建议函60份，节约或减少投资6920万元；完成100万～200万元的审计复核项目20个，送审金额2687.5万元，审减金额233万元，审减率为8.7%；完成高铁征地拆迁内审、火车站地块复核等临时交办审计复核项目13个，涉及金额24.6亿元，审减金额1.09亿元。

经济责任审计 完成对10个单位15名领导干部的任期经济责任审计，其中离任9名、任中6

名。审计查出主要问题金额17295万元，其中违规金额763万元，管理不规范金额16532万元。突出经济责任审计成果利用，强化经济责任审计联席会议制度。

专项资金审计（调查）　开展专项资金审计项目3个，审计查出主要问题金额6958万元，从加强管理、提高效益、消除隐患等方面提出审计建议12条。

内部审计　全区各部门、各企事业单位设内部审计机构53个，其中专职机构8个；配备内部审计人员196人，其中专职审计人员14人。全区内审机构完成审计项目284个，其中财政收支审计项目12个，经济责任审计项目252个，基本建设审计项目20个。审计总金额3452万元，促进增收节支320万元。（撰稿人：李金明）

【南川区审计局】　2013年，重庆市南川区审计局人员编制37人，在编33人。局长王连禄，副局长刘虹、金华，纪检组长娄忠敏。设有办公室、法规科、财政审计科、行政事业审计科、经济责任审计和内审指导科、固定资产投资审计科、经贸审计科以及审计中心。

审计成果　南川区审计局完成审计项目132个，查出主要问题金额40937万元，其中违规金额5873万元、管理不规范金额35064万元；审计处理处罚金额16499万元，其中应上缴财政183万元、应减少财政拨款或补贴8766万元、应归还原渠道资金7278万元、应调账处理金额271万元；审计发现非金额计量问题58个；审计促进整改落实有关问题资金16499万元，其中增收节支16228万元、已调账处理金额271万元；审计促进拨付资金到位6089万元；审计后挽回（避免）损失8763万元；移送司法机关、纪检监察机关和有关部门处理事项5件；出具审计报告和专项审计调查报告132篇，被批示、采用42篇；提出审计建议274条；提交审计信息70篇，被批示、采用108篇次。

财政审计　审计预算执行单位7个，发现和纠正预算编制批复不规范、未按规定征收缴纳收入等问题，查出问题金额2648万元，提出审计意见和建议。审计财政决算单位19个，发现和纠正涉及部门的违规改变项目计划和资金用途、资金滞留闲置、虚报冒领等问题，查出主要问题金额883万元。

行政事业审计　审计单位5个，发现少计少缴税费、人为调节收入进度、隐瞒转移截留资金、违规使用发票、违规采购等问题，查出主要问题金额755万元。

固定资产投资审计　完成投资审计项目88个，核减工程造价8763万元。

企业审计　审计国有企业9个，查出主要问题金额462万元，其中资产质量不实40万元、财务收支核算不实293万元，其他问题金额8万元。

经济责任审计　完成16个乡镇部门25名领导干部经济责任审计，其中乡镇党政负责人19名，区级部门负责人6名。查出各类违纪违规金额58.48万元，管理不规范金额1247.26万元，审计促进增收节支807万元，向纪检机关移送案件线索1起。

专项资金审计（调查）　审计单位4个，发现违规改变项目计划和资金用途、资金滞留闲置、扩大开支范围或提高开支标准列支等问题，查出主要问题金额26989万元。

内部审计　全区各部门、各企事业单位设内部审计机构19个；配备内部审计人员72人，其中专职审计人员8人。全区各级内部审计机构完成审计项目308个，其中财务收支审计293个、经济责任审计10个、基本建设审计2个、其他审计3个。审计总金额103227万元，促进增收节支142万元。（撰稿人：王华娟）

【万盛经开区审计局】　2013年，万盛经开区审计局编制20人，在编22人。局长张习杰（—11月）、胡小成（11月—），副局长朱启学、唐勇。设有办公室、法制科、投资审计科、财政财务审计科、经济责任审计科、审计中心。

审计成果　万盛经开区审计局完成审计项目16个，查出主要问题金额235566万元，其中违规金额32万元、损失浪费金额3725万元、管理不规范金额231808万元；核减投资额549万元；出具审计报告和专项审计调查报告15篇；提出审计建议24条；提交审计信息2篇。

预算执行审计　对2012年度区级预算执行和其他财政收支情况进行审计，并抽审区市政园林局。发现区本级预算及其他财政收支存在欠拨预算资金、超预算指标拨款、预算收入未及时入库等问题。提出加强财政预算管理、增收节支、压缩赤字等方面的建议和意见，对预算执行单位存在的问题，按照有关法律法规进行处理。

经济责任审计 区党工委组织部委托审计局对区管领导干部原丛林镇党委书记、镇长胡文彬任期经济责任进行审计。审计发现丛林镇存在无依据收取费用等问题，提出审计建议 3 条。审计中主要以领导干部履行经济责任、财政财务收支及经济活动的真实合法效益为基础，重点关注领导干部贯彻执行国家财经法律法规和万盛经开区党工委、管委会重大决策的执行落实、重大投资项目建设和管理、财政财务收支及相关经济活动的真合法效益情况，以及领导干部个人遵守廉政规定情况等方面的情况。

专项资金审计 完成万盛经开区 2012 年度农村劳动力培训阳光工程项目资金审计、市审计局安排项目基层医疗机构债务专项资金审计调查、2012 年本区中小学校舍安全工程资金审计、区旅投公司资产负债及损益审计、地方债务审计调查、采煤沉陷区和人民医院财政财务收支等项目的审计及审计调查。通过对上述项目的审计，摸清万盛经开区政府校舍安全工程资金投入及使用情况，地方政府性债务和基层医疗机构债务的总体规模及使用管理情况。对相关部门存在的问题，按相关法律法规，做出审计处理决定。

固定资产投资审计 完成政府建设项目年初计划及万盛经开区管委会临时交办项目。固定资产投资项目送审金额 78173.30 万元，审减投资额 549 万元。审计为提高财政资金的投资效益，节约政府投资建设资金发挥了重要作用。

（撰稿人：杨武权）

【潼南县审计局】 2013 年，潼南县审计局人员编制 35 人，在编 29 人。局长杨德海，副局长王劲松、傅强、李晓兰，纪检组长陈建明。设有综合科、财政金融审计科、专项资金审计科、经济责任审计科、投资审计科、法规科、群众工作科和审计中心。

审计成果 潼南县审计局完成审计项目 113 个，查出主要问题金额 893207 万元，其中违规金额 114278 万元、管理不规范金额 778928 万元；审计处理处罚金额 416142 万元，其中应上缴财政 107552 万元、应减少财政拨款或补贴 18903 万元、应归还原渠道资金 93559 万元、应缴纳其他资金 2 万元、应调账处理金额 196123 万元；审计发现非金额计量问题 79 个；审计促进整改落实有关问题资金 322918 万元，其中增收节支 136821 万元、已调账处理金额 166093 万元、审计促进拨付资金到位 349 万元；审计后挽回（避免）损失 18672 万元；移送司法机关、纪检监察机关和有关部门处理事项 14 件；出具审计报告和专项审计调查报告 111 篇，被批示、采用 10 篇；提出审计建议 136 条；提交审计信息 97 篇，被批示、采用 37 篇。

财政审计 审计单位 9 个，审计查出违规金额 48868 万元，管理不规范金额 420377 万元，其中应上缴财政 51172 万元，应减少财政拨款或补助 341 万元，应归还原渠道资金 65475 万元，应调账处理金额 142170 万元；已上缴财政 51172 万元，已减少财政拨款或补助 341 万元，已归还原渠道资金 65475 万元，已调账处理金额 142170 万元。

固定资产投资审计 完成 26 个基本建设项目审计，核减工程造价 9565 万元。在项目安排上，加大对当年投资建设项目资金使用情况的审计，确保后续资金使用的合理和高效；审计手段上，坚持对建设项目全过程的跟踪审计，使建设过程中资金的使用管理问题得到及时纠正，避免建设资金的损失和浪费。

经济责任审计 完成对 15 名党政主要领导干部的经济责任审计。审计查出资产不实、管理不善、违规操作等问题，违规金额 756 万元，管理不规范金额 35160 万元。

专项资金审计 开展专项资金审计项目 6 个，审计后挽回（避免）资金损失 471 万元。

内部审计 全县各部门、各企事业单位设内部审计机构 26 个，其中专职机构 26 个；配备内部审计人员 75 人，其中专职审计人员 9 人。全县各级内部审计机构完成审计项目 230 个，其中财务收支审计 18 个、经济责任审计 34 个、内部控制审计 14 个、基本建设审计 160 个。审计总金额

144208万元，促进增收节支35123万元。

（撰稿人：胡妮娜）

【铜梁县审计局】 2013年，铜梁县审计局人员编制28人，在编23人。局长刘志（8月—），副局长刘黎、向红，纪检组长骆辉。设有办公室、法制科、财金和企业审计科、经济责任审计科、行政事业审计科、固定资产投资审计科及审计中心。

审计成果 铜梁县审计局完成审计项目102个，查出主要问题金额79078万元，其中违规金额59727万元、管理不规范金额19350万元；审计处理处罚金额71740万元，其中应上缴财政58348万元、应减少财政拨款或补贴2万元、应归还原渠道资金2202万元、应缴纳其他资金241万元、应调账处理金额10944万元；审计发现非金额计量问题5个；审计促进整改落实有关问题资金45139万元，其中增收节支33101万元、已调账处理金额12038万元；审计后挽回（避免）损失4001万元；移送司法机关、纪检监察机关和有关部门处理事项7件；出具审计报告和专项审计调查报告13篇，被批示、采用6篇；提出审计建议164条；提交审计信息69篇，被批示、采用52篇；向社会公告审计结果1篇。被重庆市审计局表彰为审计工作先进集体，被铜梁县委、铜梁县政府表彰为综合目标考核先进单位。

财政审计 整合审计力量，扩大审计面，突出审计重点，促进规范预算管理，提高财政资金使用效益。全年完成财政审计项目14个，查出问题资金70972万元。

行政事业审计 重点对财政资金较多、领导关心、社会关注的部门开展审计。全年查出问题资金1062万元。

固定资产投资审计 加强对重点项目工程领导审计监督，深入推进竣工决算审计和跟踪审计。全年开展政府投资审计项目79个，核减投资额3664万元。

经济责任审计 加强对领导干部经济政策执行、决策管理和责任落实情况的审计，促进干部守法守规守纪尽责。全年开展8名党政领导干部的经济责任审计，查出违规金额87万元，管理不规范金额6065万元，促进增收节支84万元。

专项资金审计 以维护民生为重点，深入开展专项资金审计。全年完成专项资金审计（调查）项目8个，审计专项资金总额76734万元，规范管理专项资金3310万元。

内部审计 全县各部门、各企事业单位设内部审计机构40个，专职机构3个；配备内部审计人员1316人，其中专职审计人员5人。全县各级内部审计机构完成审计项目542个，促进增收节支477万元，提出的建议和意见被采纳95条。

（撰稿人：符　蓉）

【荣昌县审计局】 2013年，荣昌县审计局编制32人，在编29人。局长梁堂林，副局长廖立新、杜冬梅、杨勇，纪检组长李恭林。设有办公室、综合科、行政事业科、财政金融科、经济责任审计科、审计中心。

审计成果 荣昌县审计局完成审计项目97个，查出主要问题金额508995万元，其中违规金额15831万元，管理不规范金额493163万元；审计发现非金额计量问题19个；审计促进整改落实有关问题资金22402万元，其中增收节支13189万元、已调账处理金额9198万元；核减投资额8981万元。移送司法机关、纪检监察机关和有关部门处理事项10件；提出审计建议131条，被采纳审计建议125条；提交审计信息10篇，被批示、采用6篇；开展的2013年荣昌县水务局局长及党组书记任期经济责任审计项目荣获审计署2013年优秀审计项目。

财政审计 开展2012年度县级预算执行及其他财政收支情况审计；完成县文广新局、县林业局、县卫生局2012年度部门预算执行及其他财政收支审计；完成广顺街道、龙集镇、观胜镇2012年度财政决算审计。

固定资产投资审计 对荣昌县荣吴路延伸段工程、荣昌县高速路匝道景观绿化工程、荣昌县中医院标准化建设改建项目工程等38个政府投资审计项目进行审计。工程送审金额126628万元，核减高估冒算的工程投资额8981万元，对发现的工程管理及决策过程中的漏洞和薄弱环节提出审计建议70余条，被采纳审计建议66条，促进业主加强内控制度建立和项目管理。

经济责任审计 开展县卫生局、县林业局、县文广新局、县统计局、广顺街道、观胜镇和龙集镇领导干部任期经济责任审计。审计查出主要问题金额2214万元，其中违规金额137万元，管理不规范金额2076万元。

专项资金审计（调查） 按照市审计局工作安排，开展荣昌县基层医疗机构债务审计调查，审计查出管理不规范金额1360.19万元。按照审计署的统一部署和要求，开展荣昌县政府性债务审计、荣昌县校舍安全工程跟踪审计、荣昌县城镇保障性安居工程跟踪审计。

内部审计 全县各部门、各企事业单位设内部审计机构29个，其中专职机构1个；配备内部审计人员31人，其中专职审计人员1人。全县各级内部审计机构完成审计项目88个，其中财务收支审计1个、经济责任审计21个、基本建设审计41个。审计总金额40805万元，促进增收节支389万元。提出建议和意见被采纳104条。

（撰稿人：胡乃元）

【璧山县审计局】 2013年，璧山县审计局（含审计中心）人员编制24人，在编23人。局长舒朝勇，副局长杨用明、李小红，纪检组长周波。设办公室、财政金融审计科、行政事业审计科、投资审计科、经济责任审计科、法规科，下属机构审计中心。

审计成果 璧山县审计局完成审计项目191个，查出主要问题金额106098万元，其中违规金额19053万元、损失浪费金额226万元、管理不规范金额86819万元；审计处理处罚金额19112万元，其中应上缴财政18877万元、应归还原渠道资金142万元、应缴纳其他资金32万元、应调账处理金额59万元；审计发现非金额计量问题33个；审计促进整改落实有关问题资金19112万元，其中增收节支19020万元、已缴纳其他资金32万元、已调账处理金额59万元；出具审计报告和专项审计调查报告191篇；提出审计建议259条；提交审计信息191篇。

预算执行审计 依法开展县本级财政预算执行情况审计，重点审计县级预算执行、税收征管、政府融资债务等情况。

固定资产投资审计 全年完成政府投资审计项目177个，送审金额158678万元，审减金额6827万元，综合审减率为4.3%。

经济责任审计 受县委组织部委托，组织开展8个单位11名党政领导干部任期经济责任审计工作，其中离任审计4人，任中审计7人。审计中共查出违规金额1544.06万元，管理不规范金额2933.82万元，收缴财政资金1544.06万元，发出审计决定4份，提出审计建议意见25条。

专项资金审计（调查） 全年开展专项资金审计5个，审计专项资金总额47773.34万元，查出管理不规范金额1045.82万元。

内部审计 全县各部门、各企事业单位设内部审计机构7个，其中专职机构1个；配备内部审计人员20人，其中专职审计人员7人。全县各级内部审计机构完成审计项目11个，其中财务收支审计5个、经济效益审计1个，经济责任审计2个、内部控制审计2个、基本建设审计1个。审计总金额6823万元，促进增收节支28万元。

（撰稿人：李昌芮）

【垫江县审计局】 2013年，垫江县审计局人员编制36人，在编34人。局长曾庆超，副局长朱华章、周兴福、白云。设有办公室、法制科、财政金融审计科、行政事业审计科、固定资产投资审计科、经贸审计科、经济责任审计科、审计中心。

审计成果 垫江县审计局完成审计项目47个，查出主要问题金额41095万元，其中违规金额10770万元、管理不规范金额30325万元；审计处理处罚金额10017万元，其中应上缴财政2138万元、应减少财政拨款或补贴1012万元、应归还原渠道资金3036万元、应调账处理金额3829万元；提交审计工作报告和专项审计调查报告47篇；提出审计建议186条；提交审计信息29篇，被批示、采用11篇。

财政审计 完成2012年度县本级预算执行及其他财政财务收支审计、垫江县地方税务局2012年度预算执行审计和县教委、县司法局、县水务局等部门财政预算执行审计以及裴兴镇等财政决算审计。

行政事业审计 审计发改委等4个行政事业单位的财政、财务收支情况。促使行政事业单位建立和完善3项内部管理制度。

固定资产投资审计 按照《重庆市国家建设项目审计办法》的要求，完成垫江第一中学校等15所中小学塑胶运动场竣工决算、工业园区廉租房、检察院技侦用房等9个基本建设项目审计及37个农村建设用地复垦项目和34个农村土地整理项目审计，在资金和项目建设管理上存在的问题引起县政府领导、主管部门和业主单位的高度重视。

企业审计 对重庆市渝垫国有资产管理公司、兴渝城市建设有限公司、重庆鼎发实业股份有限公司等3个企业的资产负债损益审计，提出加强管理、规范经营的建设性建议，得到被审计单位及其主管部门的重视和采纳。

经济责任审计 完成4名领导干部的经济责任审计。对乡镇党委书记、镇长任期内的经济社会发展和工作业绩进行科学评价，对经济责任进行合理界定。

专项资金审计（调查） 开展地方政府性债务审计调查，以及2012年度农业综合开发项目资金、芦山地震捐赠款物、高标准农田建设增量资金等专项审计6个。

内部审计 全县各部门、各企事业单位设内审机构16个，配备内部审计人员16人。全县各级内部审计机构共完成审计项目6个。

（撰稿人：李一奎）

【武隆县审计局】 2013年，武隆县审计局人员编制26人，在编23人。局长龚文，副局长谭明波（—10月）、熊波（—12月）、谭建梅，纪检组长苏永国。设有办公室、政策法规科、财政金融审计科、行政事业审计和社会保障审计科、农业和资源环保审计科、经济责任审计和内部审计科、固定资产投资和外资审计科、审计中心。

审计成果 武隆县审计局完成审计项目88个，查出主要问题金额209120万元，其中违规金额37494万元、管理不规范金额171624万元；审计处理处罚金额43867万元，其中应上缴财政1204万元、应减少财政拨款或补贴7236万元、应归还原渠道资金35426万元；审计发现非金额计量问题67个；审计促进整改落实有关问题资金7325万元，其中增收节支7325万元；审计后挽回（避免）损失7236万元；移送有关部门处理事项4件；出具审计报告和专项审计调查报告88篇，被批示、采用23篇；提出审计建议116条；提交审计信息57篇，被批示、采用23篇。

财政审计 实施县级财政预算执行及其他财政财务收支情况审计等财政审计3个，查出问题金额74436万元。对规范财政管理、控制债务风险，推进财税改革发挥良好作用。

固定资产投资审计 全年完成基本建设项目审计25个，审计投资额54987万元，核减工程投资金额7236万元，进一步规范建设领域的秩序，维护国家建设资金的安全性和效益性。

经济责任审计 完成12个单位18名主要领导干部的经济责任审计，查出问题金额36637万元。推动领导干部科学决策，规范权力的运行，促进廉政建设。

专项资金审计（调查） 关注民生利益，完成教育、卫生等领域的专项审计（或审计调查）事项4个，查出问题金额2363万元。

内部审计 全县各部门、各企事业单位设内部审计机构39个，其中专职机构5个；配备内部审计人员63人，其中专职审计人员9人。全县各级内部审计机构完成审计项目82个，其中财务收支审计13个、经济效益审计3个，经济责任审计5个、内部控制审计2个、基本建设审计40个，其他审计事项19个。审计总金额37603万元，促进增收节支166万元。（撰稿人：苏永胜）

【丰都县审计局】 2013年，丰都县审计局人员编制40人，在编35人。局长秦宗成，副局长吴小平、熊伟，纪检组长陈丽莉。设有办公室、综合法制科、财政金融审计科、行政事业审计科、企业审计科、经济责任审计科、固定资产投资审计科、移民资金审计科。

审计成果 丰都县审计局完成审计（调查）项目96个，查出主要问题金额257268万元，其中违规金额40696万元、管理不规范金额216572万元；审计处理处罚金额36441万元，其中应上缴财政16856万元、应归还原渠道资金8258万元、应缴纳其他资金978万元、应调账处理金额10348万元；审计发现非金额计量问题14个；审计促进整改落实有关问题资金36438万元，其中增收节支25114万元、已缴纳其他资金978万元、已调账处理金额10345万元；审计后挽回（避免）损失9336万元；移送司法机关、纪检监察机关和有关部门处理事项13件；出具审计报告和专项审计调查报告96篇；提出审计建议96条；提交审计信息129篇，被批示、采用110篇次；向社会公告审计结果3篇。

财政审计 完成部门预算执行和其他财政收支审计项目25个，查出主要问题金额67640万元，推动相关部门（单位）建立完善规章制度22项，促进预算管理更加科学合理。

固定资产投资审计 完成投资审计项目67个，核减工程结算价款8366万元。

企业审计 对4个企业的资产、负债、损益真实性进行审计，发现被审计单位存在违规融资、违规出借资金、财务收支核算不实等问题。查出主要问题金额171118万元，推动企业可持续发展。

经济责任审计 完成16名党委、政府及事业单位主要领导干部的经济责任审计。查出违规金额3047万元，管理不规范金额132万元，提升各级领导干部依法履职水平。

专项资金审计（调查） 完成审计（调查）项目4个（不含重庆市区县政府性债务审计），其中市审计局交办审计调查项目2个，本局自定审计项目2个。

内部审计 全县各部门、各企事业单位设内部审计机构37个，其中专职机构11个；配备内部审计人员76人，其中专职审计人员21人。全县各级内部审计机构完成审计项目315个，提出建议意见被采纳87条。

（撰稿人：石纹碧 李 勤）

【城口县审计局】 2013年，城口县审计局人员编制23人，实有24人。局长肖冬辉，副局长田忠培、汪元媛、袁其飞，纪检组长熊学东。设有办公室、财政审计科、固定资产投资审计科、经济责任审计科、法制科和审计中心。

审计成果 城口县审计局完成审计项目47个，查出主要问题金额164975万元，其中违规金额1558万元、管理不规范金额163416万元；审计处理处罚金额35696万元，其中应上缴财政1万元、应归还原渠道资金1558万元、应调账处理金额34136万元；审计发现非金额计量问题72个；审计促进整改落实有关问题资金35696万元，其中增收节支2148万元、已调账处理金额33298万元；审计后挽回损失991万元；移送司法、纪检监察机关和有关部门处理事项9件；出具审计报告和专项审计调查报告47篇；提出审计建议113条；提交审计信息53篇，被批示、采用19篇。

财政审计 审计和延伸审计单位18个，揭示应缴未缴收入、一般预算支出结转过大、超调资金、往来款项清理不够及时等问题。代城口县政府所做的审计工作报告，得到城口县人大的肯定，报告中所提出的建议，得到了城口县委、县政府的高度重视，责成相关部门整改落实，为促进财政预算管理规范化、制度化和法制化建设发挥积极作用。

固定资产投资审计 坚持“以审计质量为重心，以效益审计为突破口”的理念，认真贯彻执行《城口县国家建设项目审计监督实施办法》，完成16个基本建设项目审计，查出主要问题金额16229万元，审减2598万元。积极探索适合本地的跟踪审计办法，制定《建设项目跟踪审计办法》，通过强化政府投资项目的审计监督，促进加强建设项目管理，节约政府投资，提高投资效益。

经济责任审计 受县委组织部委托，完成对5个乡镇党政主要领导干部和7个县属部门党政主要领导干部经济责任审计。审计查出资产不实、管理不善、违规操作等问题。通过审计规范被审计单位的财务收支行为，客观评价被审计人的经济责任，为组织人事部门任用和监督干部提供参考。

专项资金审计（调查） 结合预算执行审计，开展专项资金审计（调查）。完成专项资金审计项目2个，审计专项资金总额30496万元，查出主要问题金额1504万元，及时反映情况，提出审计建议，促使相关单位落实整改。

内部审计 全县各部门、各企事业单位设内部审计机构19个，其中专职机构8个；配备内部审计人员24人，其中专职审计人员2人。

（撰稿人：曹晓芳）

【梁平县审计局】 2013年，梁平县审计局人员编制29人，在编28人。局长涂善俊，副局长高保勇、刘坚。设有办公室、法制科，财政金融审计科、行政事业审计科、建设项目审计科、经济责任审计科、计算机应用审计科，审计中心。

审计成果 梁平县审计局完成审计项目117个，查出主要问题金额227622万元，其中违规金额39846万元、管理不规范金额187776万元；审计处理处罚金额162680万元，其中应上缴财政26583万元、应减少财政拨款或补贴271万元、应归还原渠道资金4967万元、应调账处理金额130857万元；审计促进整改落实有关问题资金80111万元，其中已上缴财政23410万元、已减少财政拨款或补贴271万元、已归还原渠道资金2358万元、已调账处理金额46732万元。移送处理事项13件；提出审计建议161条；提交审计信息74篇，被批示、采用65篇。

财政审计 完成财政审计项目20个，审计查出主要问题金额145755万元，发现未按规定征收缴纳收入、违规改变项目计划和资金用途、虚列支出等问题。

行政事业审计 完成行政事业审计4个，审计查出主要问题金额12342万元，发现未按规定纳入预算管理、未按规定征收缴纳收入、虚列支出等问题。

固定资产投资审计 完成固定资产投资审计项目59个，审计项目投资额55230万元，审减金额1357万元。

经济责任审计 对聚奎镇政府、礼让镇政府、交通执法大队、人力社保局等单位34名党政主要领导干部开展任期经济责任审计，审计查出主要问题金额4663万元，发现会计核算不实、虚列支出等问题。

专项资金审计（调查） 完成基层医疗机构债务审计调查、城镇保障性安居工程审计、梁平县“5·12”抗震救灾资金审计等11个专项资金审计项目，审计查处主要问题金额40125万元，其中未按规定征收缴纳收入80万元，违规改变项目计划和资金用途761万元，资金滞留闲置18710万元，虚列支出1981万元，资金不到位不落实17002万元。

内部审计 全县各部门、各企事业单位设内部审计机构23个，其中专职机构7个；配备内部审计人员88人，其中专职审计人员13人。全县各级内部审计机构完成审计项目119个，提出的建议和意见被采纳130条。 （撰稿人：蒋德平）

【开县审计局】 2013年，开县审计局人员编制29人，在编26人。局长宋定学，副局长林应才、谭显春（—8月）、姜平（8月—）、王忠芬、王学武（5月—）。设有党政办公室、法规科、财政金融审计科、行政事业审计科、固定资产投资审计科、经济责任审计科、社保资金审计科、内部审计管理科、审计中心。

审计成果 开县审计局完成审计项目51个，查出主要问题金额404935万元，其中违规金额7968万元、管理不规范金额396967万元；审计促进整改落实有关问题金额7604万元，其中增收节支2662万元、已缴纳其他资金1266万元、已调账处理金额3593万元；审计后挽回（避免）损失648万元。移送处理事项7件；提交审计报告、信息110篇，被采用143篇次；获市级行业审计优秀项目1个，获市级审计质量优秀项目1个，获重庆市审计局综合目标考核二等奖。

财政审计 审计预算执行单位16个，主要发现预算编报不真实不完整、未按规定征收缴纳收入等问题，查出违规金额363305万元，提出审计意见和建议，拓展审计监督覆盖面。审计财政决算单位6个，发现未按规定征收缴纳财政收入、财政收支不实、截留财政收入等问题，查出违规金额3244万元。

行政事业审计 审计6个行政事业单位的财政、财务收支情况。发现隐瞒财政收入、违规改变资金用途、滞留资金、财务核算不规范、内控制度执行不到位等问题，查出违规金额20690万元。

固定资产投资审计 完成18个基本建设项目审计，核减工程造价844万元。加强对社会中介机构固定投资项目的再审计监督，促使财政资金的效益性和安全性不断提高。

经济责任审计 完成25名党政主要领导干部的经济责任审计。审计查出资产不实、管理不善、违规操作等问题。

专项资金审计 开展专项资金审计项目4个，查出主要问题金额7173万元。

企业审计 开展国有企业资产负债损益审计项目1个，查出违规金额98万元。

内部审计 全县各部门、各企事业单位设内部审计机构63个，其中专职机构10个；配备内部审计人员209人，其中专职审计人员24人。全县各级内部审计机构完成审计项目3344个，增收节支213万元，纠正违规金额1542万元，提出的建议和意见被采纳426条。（撰稿人：廖益山）

【巫溪县审计局】 2013年，巫溪县审计局人员编制26人，在编18人。局长冉立新，副局长许建川、谭清泉、童清沛。设有办公室、财政金融审计科、行政事业审计科、固定资产投资审计科、经济责任审计科、审计中心。

审计成果 巫溪县审计局完成审计项目46个，查出主要问题金额85342万元，其中违规金额17458万元、管理不规范金额67883万元；审计处理处罚金额39941万元，其中应上缴财政11011万元、应归还原渠道资金5811万元、应调账处理金额23118万元；审计发现非金额计量问题74个；审计促进整改落实有关问题资金35673万元，其中增收节支15981万元、已调账处理金额19691万元；审计后挽回（避免）损失203万元；移送有关部门处理事项18件；出具审计报告和专项审计调查报告46篇；提出审计建议165条；提交审计信息58篇，被采用32篇。

预算执行审计 完成县本级财政预算执行和其他财政收支情况审计，揭露收入未及时入库，少列预算收入4572万元、未及时征收税费1100万元、应收未收城市建设配套费1239万元、应收未收土地出让金2173万元等问题。

行政事业审计 完成柏杨街道办事处2011年和2012年财政财务收支情况、疾控中心财政财务收支情况等6个行政事业审计，揭露滞留学生资助资金、事业收入未缴财政专户、违规集资等问题。

固定资产投资审计 完成固定资产投资审计项目26个，送审金额27448万元，审定金额24683万元，核减投资2765万元，移送地税部门追缴施工单位应缴未缴税款447.3万元。

经济责任审计 完成县国土房管局局长、县交委主任、县市政园林局局长等8名经济责任审计，其中任中审计5名、离任审计3名。揭露挤占挪用专项资金、一般预算支出转暂存款、发票不合规和报销费用手续不完善等问题，责成被审计对象整改，对领导干部履行任期内经济责任进行客观评价。

专项资金审计（调查） 完成城镇保障性安居工程跟踪审计、重庆市2012年度农村义务教育学生营养改善计划专项资金审计调查等5个专项资金审计项目，揭露费用支出要素不全、县级配套资金未到位、县教委滞留营养改善计划资金等问题。

内部审计 全县各部门、各企事业单位设专职内部审计机构3个，配备专职审计人员35人。完成审计项目55个，其中财务收支审计1个、经济责任审计49个、其他审计5个。审计总金额3771万元，促进增收节支16万元。

（撰稿人：廖泽伟）

【巫山县审计局】 2013年，巫山县审计局编制28人，在编23人。局长熊跃权，副局长冯军、谭艳，纪检组长刘大伟。设有办公室、综合科、财政金融审计科、行政事业审计科、经济责任审计科、经贸审计科、固定资产投资审计科、经济责任和投资审计中心。

审计成果 巫山县审计局完成审计项目64个，查出主要问题金额47073万元，其中违规金额5805万元、损失浪费金额60万元、管理不规范金额41207万元；审计处理处罚金额9072万元，其中应上缴财政5314万元、应减少财政拨款或补贴1488万元、应归还原渠道资金867万元、应调账处理金额1401万元；审计发现非金额计量问题339个；审计促进整改落实有关问题资金6745万元，其中增收节支6694万元、已缴纳其他资金2万元；移送处理事项11件；出具审计报告和专项审计调查报告64篇；提出审计建议160条；提交审计信息130篇，被批示、采用78篇。

财政审计 在本级预算执行审计中，查处应缴未缴预算收入11027.56万元、未及时征收土地出让综合价金2931万元、未及时解缴财政收入1916.81万元等问题。开展8个部门预算执行审计、3个乡镇财政决算审计，规范财务收支行为，提高资金使用效益。

行政事业审计 开展3个单位财政财务收支。揭示县水务局未严格审批农村水电增效扩容改造项目申报资料，造成不符合条件的企业享受财政补助资金415万元；县市政园林局无依据收取停车保管费4.78万元、违规收取拖车费42.80万元；向县地税局移送房地产管理所经营收入未缴纳相关税费问题，已追缴税费23.46万元。

固定资产投资审计 对15个政府投资项目开展竣工结算（决算）审计，送审金额25568万元，审减投资1518万元，审减率达5.9%。

经济责任审计 完成乡镇、部门领导干部经济责任审计项目10个，其中任中审计7人，离任审计6人。完成村干部经济责任审计项目30个。

专项资金审计（调查） 开展农村义务教育学生营养改善计划专项审计调查、农村基层医疗机构债务审计调查、风貌改造工程资金专项审计调查和政府性债务审计。

内部审计 巫山县各部门、各企事业单位设内部审计机构38个，其中专职机构2个；配备内部审计人员158人，其中专职审计人员23人。巫山县各级内部审计机构完成审计项目364个，其中财务收支审计39个、经济效益审计1个，经济责任审计234个、内部控制审计13个、基本建设审计15个、其他审计62个。审计总金额3万元。

（撰稿人：向天泉）

【奉节县审计局】 2013年，奉节县审计局人员编制26人，在编25人。局长刘廷权，副局长刘刚、周斌、肖斌，纪检组长杨建平。设有办公室、财政投资审计科、农业及城乡建设审计科、行政社保审计科、经济责任审计科、政策法规科、投资审计中心。

审计成果 奉节县审计局完成审计项目81个，查出主要问题金额229903万元，其中违规金额16265万元、管理不规范金额213637万元；审计处理处罚金额66462万元，其中应上缴财政12968万元、应归还原渠道资金3822万元、应缴纳其他资金4万元、应调账处理金额49666万元；审计发现非金额计量问题118个；审计促进整改落实有关问题资金66195万元，其中增收节支16523万元、已缴纳其他资金4万元、已调账处理金额49666万元；审计后挽回（避免）损失5386万元；移送司法机关、纪检监察机关和有关部门处理事项7件；出具审计报告和专项审计调查报告80篇，被批示、采用24篇；提出审计建议168条，提交审计信息36篇。

财政审计 审计单位15个，发现和纠正未按规定征收缴纳收入、虚列支出等9类问题，查出管理不规范金额206462万元，提出的加大专项资金监管力度、加强对历年积存财政往来账款进行分类清理等审计意见和建议，进一步加强预算管理、规范预算执行，促进财政平稳、健康、有序发展。受县政府委托向县人大常委会做审计工作报告，共提出4大类30项问题，推动财政体制改革的不断深化，提升财政预算管理水平。

行政事业审计 审计7个行政事业单位的财政、财务收支情况。发现未按规定征收缴纳收入、违规改变项目计划和资金用途、虚列支出等问题，查出主要问题金额8163万元。

固定资产投资审计 完成53个基本建设项目审计，核减工程款4196万元。在项目安排上，加大对当年投资建设项目资金使用情况的审计，确保后续资金使用的合理和高效，避免建设资金的损失和浪费。

经济责任审计 完成7名主要领导干部的经济责任审计，其中党政领导5名、政府工作部门领导2名。审计查出违规金额307万元，管理不规范金额3753万元。

专项资金审计（调查） 开展专项资金审计（调查）项目6个，审计专项资金总额46786万元，查出主要问题金额10790万元。

内部审计 全县各部门、各企事业单位设内部审计机构56个，其中专职机构10个；配备内部审计人员78人，其中专职审计人员10人。全区（县）各级内部审计机构完成审计项目173个，其中财务收支审计133个，经济责任审计40个。审计总金额1万元。

（撰稿人：朱星光）

【云阳县审计局】 2013年，云阳县审计局人员编制29人，在编26人。局长杨兵，副局长刘小文（—10月）、姜翠平、陈明勇，纪检组长孙毅。设有办公室、财政金融审计科、行政事业审计科、农业外资审计科、经济责任审计科、固定资产投资与经贸审计科、审计中心。

审计成果 云阳县审计局完成审计项目55个，查出主要问题金额114927万元，其中违规金额7915万元、管理不规范金额107011万元；审计处理处罚金额3134万元，其中应上缴财政2108万元、应减少财政拨款或补贴57万元、应归还原渠道资金54万元、应缴纳其他资金505万元、应调账处理金额410万元；审计发现非金额计量问题157个；审计促进整改落实有关问题资金2597万元，其中增收节支1658万元、已缴纳其他资金509万元、已调账处理金额410万元；审计后挽回（避免）损失213万元；移送处理事项6件；出具审计报告和专项审计调查报告55篇；提出审计建议274条；提交审计信息136篇，被批示、采用6篇。

财政审计 坚持以预算执行审计为工作导向，以民生、项目审计为重点，以财政收支审计为主线，以促进规范管理和提高资金绩效为审计目标，不断深化财政审计。全年完成51个单位财政财务收支（决算）审计，查出主要问题金额92445万元。

固定资产投资审计 坚持政府投资项目必审原则，主要完成土地复垦结算审查项目10个，送审金额3529万元，核减投资15万元。

企业审计 注重对公司章程及内控制度的执行情况审计、廉政风险点审计、投融资项目建设程序及承发包项目管理实施情况审计。完成4个国有公司审计，查出主要问题金额7494万元。

经济责任审计 实行“统一领导、统一方案、统一步骤”的组织方式，完成15个项目审计，涉及4个部门、6个乡镇、2个学校的25名党政领导干部。审计查出违规金额1053万元，管理不规范金额36043万元。

专项资金审计（调查） 注重项目资金监督与项目绩效监督并重，探索专项资金使用绩效审计。完成慈善资金等4个审计（调查）项目，审计专项资金总额64199万元，查出主要问题金额12019万元。

内部审计 全县有13个部门和乡镇内审机构，全年完成审计项目850个，其中，财政财务收支审计46个，效益审计5个，经济责任审计470个，内部控制评审29个，基本建设审计72个，其他审计228个。 （撰稿人：罗　琴）

【忠县审计局】 2013年，忠县审计局人员编制29人，在编28人。局长成耕耘，副局长肖晓明、沈仁平，纪检组长王洪春。设有办公室、综合法规科、财政金融审计科、行政事业审计科、固定资产投资审计科、经济责任审计科，下设政府投资审计中心、经济责任审计中心。

审计成果 忠县审计局完成审计项目89个，查出主要问题金额408950万元，其中违规金额142608万元、损失浪费金额203万元，管理不规范金额266138万元；审计处理处罚金额100994万元，其中应上缴财政757万元、应归还原渠道资金98956万元、应调账处理金额1280万元；审计发现非金额计量问题34个；审计促进整改落实有关问题资金100668万元，其中增收节支99388万元、已调账处理金额1280万元；审计后挽回（避免）损失7102万元；移送处理事项4件；出具审计报告和专项审计调查报告88篇；提出审计建议224条；提交审计信息95篇，被批示、采用63篇。被市审计局评为审计工作一等奖、信息工作成效显著单位；医药卫生行业2008年至2012年财政收支审计项目获评年度审计质量优秀项目；获得县委、县政府年度综合目标考评一等奖。

财政审计 重点关注财政资金分配过程、财政资金使用绩效、上级财政补助资金特别是切块资金分配情况和中央八项规定落实情况。审计发现问题12个，查出主要问题金额212471万元，提出审计建议35条。

固定资产投资审计 全年实施竣工结（决）算投资审计项目85个，审减投资额1.19亿元；对移民新城大道、沿江综合整治、三国实景演出等10个重点项目实施跟踪审计，审计资金总额18.77亿元，减少损失1.29亿元。

企业审计 对全县4个国有企业资产负债情况和损益情况进行全面审计。对管理、核算和内部控制等方面存在的问题提出整改建议。

经济责任审计 完成经济责任审计项目21个，指导开展5个事业单位法人经济责任审计项目。审计查出违规金额9260万元，损失浪费金额60万元，管理不规范金额6.22亿元，增收节支金额117万元。

专项资金审计 实施专项资金审计（调查）项目7个，审计资金总额102536万元，查出问题金额7218万元。

内部审计 全县各部门、各企事业单位设内部审计机构98个，其中专职机构19个；配备内部审计人员253人，其中专职审计人员42人。全县各级内部审计机构完成审计项目526个，其中财政收支审计261个、经济效益审计25个、经济责任审计63个、基本建设审计80个。审计总金额171472万元，促进增收节支1132万元。

（撰稿人：张　瑶）

【石柱土家族自治县审计局】 2013年，石柱土家族自治县审计局人员编制25人，在编22人。局长张平，副局长胥志雄（—3月）、田晟、向前。设有办公室、政策法规科、财政金融审计科、行政事业审计科、经贸基建外资审计科、经济责任审计科、审计中心、监察室。

审计成果 石柱土家族自治县审计局完成审计项目83个，查出主要问题金额170182万元，其中违规金额32505万元、损失浪费金额267万元、管理不规范金额137409万元；审计处理处罚金额144229万元，其中应上缴财政16666万元、应减少财政拨款或补贴11839万元、应归还原渠道资金633万元、应缴纳其他资金2354万元、应调账处理金额1430万元；审计促进整改落实有关问题资金144427万元，其中增收节支27191万元、已调账处理金额1434万元、审计促进拨付资金到位25820万元、审计后挽回（避免）损失11230万元；移送司法机关、纪检监察机关和有关部门处理事项11件；出具审计报告和专项审计调查报告80篇，被批示、采用19篇；提出审计建议131条；提交审计信息133篇，被批示、采用61篇；向社会公告审计结果2篇。

财政审计 审计7个政府部门和1个镇卫生院及2个国有企业，查出主要问题金额131616万元，其中未按规定纳入预算管理15071万元，未按规定征收缴纳收入9148万元，资金滞留闲置23469万元，违规采购1020万元。

行政事业审计 审计行政事业单位11个，审计查出主要问题金额11504万元，其中未按规定征收缴纳收入2791万元，违规改变项目计划和资金用途1157万元，未按进度支付工程款1251万元，违规采购1212万元。

固定资产投资审计 全年对54个项目工程进行审计，投资额67701万元，核减工程造价9079万元。

企业审计 对2个国有企业2011年至2012年资产负债损益进行审计，查出主要问题金额3826万元。

经济责任审计 完成5个县级部门、5个乡镇和1所学校共19名党政领导干部的任期经济责任审计，审计查出违规金额6019万元，其中负直接责任金额3138万元，负主管责任金额1412万元，负领导责任金额1467万元。

专项资金审计（调查） 对全县4个专项资金项目进行审计调查或跟踪审计，延伸审计91个单位。审计专项资金总额33756万元，查出主要问题金额9391万元。

内部审计 全县各部门、各企事业单位设有专职内部审计机构20个，配备专职内部审计人员48人。全县各级内部审计机构完成审计项目16个，其中财务收支审计7个、经济责任审计2个、基本建设审计7个。审计资金总额32238万元，促进增收节支734万元。（撰稿人：龙文德）

【彭水苗族土家族自治县审计局】 2013年，彭水苗族土家族自治县审计局人员编制25人，在编21人。局长张合奎，副局长丁慧、廖建华，纪检组长陈敬容。设有办公室、财政金融审计科、行政事业审计科、固定资产投资审计科、经济责任审计科、政策法规科。

审计成果 彭水苗族土家族自治县审计局完成审计项目82个，查出主要问题金额312768万元，其中违规金额160845万元、损失浪费金额180万元、管理不规范金额151742万元；审计处理处罚金额208517万元，其中应上缴财政12726万元、应减少财政拨款或补贴16343万元、应归还原渠道资金172779万元、应缴纳其他资金4060万元、应调账处理金额2608万元；审计发现非金额计量问题1个；审计促进整改落实有关问题资金9578万元，其中增收节支9530万元、已调账处理金额47万元；审计后挽回损失10296万元；节约财政资金15518万元；移送司法机关、纪检监察机关和有关部门处理事项25件，其中司法机关1件，纪检监察机关1件，有关部门处理事项

23件；出具审计报告和专项审计调查报告77篇，被批示、采用73篇；提出审计建议214条，其中被采纳审计建议112条；提交审计信息和审计要情76篇，被批示、采用53篇。

财政审计 完成县级财政预算执行及其他财政收支情况，县发改委组织财政性资金预算执行情况，县地税局税收征管情况，县环保局、县交委、县国土局等3个一级预算单位的部门预算执行情况的审计和审计调查。

固定资产投资审计 完成投资审计项目31项，送审计总额146912万元，核减金额11564万元，审计工作量及审计成果均创历史新高。

企业审计 开展春森公司、县工业园区实业、自来水公司等3个重点国有企业2012年度资产、负债、损益情况审计，查出问题金额1313万元。

经济责任审计 完成项目15个。查出主要问题金额17232万元。针对审计查出的问题，实行审计整改情况反馈制、审计决定落实跟踪检查制，为促进领导干部依法行政发挥积极作用。

内部审计 全县各部门、各企事业单位设内部审计机构4个，其中专职机构2个；配备内部审计人员16人，其中专职审计人员4人。全县各级内部审计机构完成审计项目61个，增加效益884万元，提出的建议和意见被采纳128条。

（撰稿人：夏 红）

【酉阳土家族苗族自治县审计局】 2013年，酉阳土家族苗族自治县审计局人员编制32人，在编29人。局长张鹰，副局长杨再萍，纪检组长梁胜举。设有办公室、经济责任审计科、财政金融审计科、行政事业审计科、法规科、投资审计科、审计中心。

审计成果 酉阳土家族苗族自治县审计局完成审计项目74个，查出主要问题金额271116万元，其中违规金额563万元、管理不规范金额270553万元；审计处理处罚金额43906万元，其中应上缴财政368万元、应减少财政拨款或补贴2964万元、应归还原渠道资金15707万元、应调账处理金额24865万元；审计发现非金额计量问题40个；审计促进整改落实有关问题资金43906万元，其中增收节支5357万元、已调账处理金额38549万元；审计后挽回（避免）损失44195万元；移送处理事项2件；出具审计报告和专项审计调查报告74篇；提出审计建议700条；提交审计信息72篇，被批示、采用72篇。

财政审计 对县本级2012年财政预算执行和其他财政收支情况进行全面审计，反映出隐形赤字20305.53万元、专项直补资金13550.42万元未及时兑付、偿债压力大、政府采购预算约束力不强、部分部门滞留专项资金11286.3万元、挤占挪用专项资金195.16万元以及非税收入未实行“收支两条线”管理等问题。共发现问题25个，查出管理不规范金额14535.42万元。提出审计建议和意见23条，促进单位和部门制定整改措施9条。

固定资产投资审计 实施常规投资审计项目62个，出具报告51篇，送审总投资16.59亿元，审减投资2.46亿元，综合审减率为14.82%，实施跟踪审计项目6个。

经济责任审计 建立酉阳县经济责任联席会议制度。对12名党政领导干部实施经济责任审计，出具审计报告11篇，审计发现问题21个，查处违规金额293万元，管理不规范金额1762万元。

专项资金审计（调查） 组织开展保障性安居工程、农村公路建设、校舍安全、医疗机构债务、政府性债务、“文化节”资金等专项资金的审计（调查）。反映出部分保障性安居工程建设管理不到位、分配和使用管理不规范，农村公路建设存在地方配套资金不足，挪用建设资金15912万元等21个问题。

内部审计 全县各部门、各企事业单位设有内部专职审计机构6个，配备专职内部审计人员16人。全县各级内部审计机构完成审计项目74个，其中财务收支审计7个，经济责任审计11个、基本建设审计52个，其他审计4个。审计总金额16万元。 （撰稿人：许 娟）

【秀山土家族苗族自治县审计局】 2013年，秀山土家族苗族自治县审计局人员编制25人，在编23人。局长雷天军，副局长余秀祥、刘军、张玉芬，纪检组长杨诚。设有办公室、法规科、行政事业审计科、财政金融审计科、经贸外资审计科、经济责任审计科、固定资产投资审计科、审计中心、固定资产投资审计中心。

审计成果 秀山土家族苗族自治县审计局完成审计（调查）项目58个，查出主要问题金额70544万元，其中违规金额33951万元、损失浪费金额1445万元、管理不规范金额35146万元；审计处理处罚金额33520万元，其中应上缴财政16201万元、应减少财政拨款或补贴11455万元、应归还原渠道资金5207万元、应调账处理金额106万元；审计发现非金额计量问题13个；审计促进整改落实有关问题资金33520万元，其中增收节支32864万元、已缴纳其他资金549万元、已调账处理金额106万元；向纪检监察机关移送处理事项3件；提出建议126条；提交审计专题报告、综合性报告和信息88篇，被批示、采用38篇。

预算执行审计 审计单位4个，查出主要问题金额40616万元；针对存在的问题提出审计意见和建议15条。向县人大常委会做审计报告，推动财政体制改革不断深化，提升财政预算管理水平。

行政事业审计 审计7个行政事业单位的财政、财务收支情况。审计发现挪用专项资金、业务招待费突破规定限额、财务核算不规范等问题。查出主要问题金额9720万元。

固定资产投资审计 完成基本建设项目审计42个，审计政府投资资金92398万元，核减工程价款11455万元，审减率为12.4%。对促进政府投资项目规范管理、保证建设资金的安全、合理、有效使用发挥积极作用。

经济责任审计 完成5名主要领导干部任期经济责任审计，查出主要问题金额4017万元，违规金额3484万元。对27个乡镇（街道）组织委员、纪委书记、经发办主任和财政所长开展村居干部经济责任审计业务培训。

专项资金审计 开展专项资金审计项目4个，查出挤占挪用、损失浪费等问题，确保各项惠民政策的落实，切实维护人民群众的利益。

审计调查 开展审计调查项目2个，及时反映情况，针对存在的问题分析原因，提出有针对性的审计建议7条，引起县委、县政府领导高度重视，为县委、县政府决策提供翔实可靠的依据。

内部审计 全县各部门、各单位设有内部审计机构40个，其中专职机构8个；配备内部审计人员112人，其中专职审计人员7人；内部审计机构共审计单位62个，审计总金额31350万元，促进增收节支3915万元，提出加强管理的建议和意见123条。

（撰稿人：侯少宏）

2013年重庆市本级及所辖区、县审计工作统计表

金额单位：万元

审计机关	完成审计项目（个）	审计查出主要问题金额	审计处理情况					出具审计报告和审计调查报告（篇）	提出审计建议（条）	提交审计信息（篇）
			审计处理处罚				移送处理事项（件）			
			应上缴财政	应减少财政拨款或补贴	应归还原渠道资金	应调账处理金额				
重庆市										
重庆市本级	118	22432838	107926	3144	85446	20645	21	101	282	25
渝中区审计局	77	23703	784	1310	20	17363	3	76	94	48
大渡口区审计局	38	87977	9	24569	2094	1500	2	38	187	19
江北区审计局	88	651576	43758	12828	132	54664	9	88	157	111
沙坪坝区审计局	43	801858	5169		989	720949	12	43	253	70
九龙坡区审计局	87	91978	11744	5378	101	48489	9	87	207	199

续表

审计机关	完成审计项目(个)	审计查出主要问题金额	审计处理情况					出具审计报告和审计调查报告(篇)	提出审计建议(条)	提交审计信息(篇)
			审计处理处罚				移送处理事项(件)			
			应上缴财政	应减少财政拨款或补贴	应归还原渠道资金	应调账处理金额				
南岸区审计局	42	33043	1745	1867	354	8926		42	123	35
北碚区审计局	69	3087351	1834		3980	6178	22	69	243	21
綦江区审计局	116	66139	2374	14195	719	7250	17	116	179	86
大足区审计局	95	325325	837		31512	21212	2	95	222	9
渝北区审计局	212	31578	12938	10886		5769	3	204	296	38
巴南区审计局	68	1046446	1029		144091	63628	12	68	400	89
万州区审计局	65	535410	63010	5709	1157	3264	16	63	146	114
涪陵区审计局	61	73917	19240	10524	2270	23665	8	61	288	220
黔江区审计局	89	360540	831	30	37261	25982	3	87	285	56
长寿区审计局	119	141036	18136	4785	1539	1142	8	119	106	195
江津区审计局	111	80988	10061	15029	42	283		111	571	42
合川区审计局	81	240106	22494		72	3788	30	92	226	237
永川区审计局	118	551602	13149		111817	98261	12	118	397	57
南川区审计局	132	40937	183	8766	7278	271	5	133	274	70
万盛经开区审计局	16	235566						15	24	2
潼南县审计局	113	893207	107552	18903	93559	196123	14	111	136	97
铜梁县审计局	102	79078	58348	2	2202	10944	7	102	164	82
荣昌县审计局	97	508995	24970	1	833	18823	10	97	131	10
璧山县审计局	191	106098	18877		142	59		191	259	191
垫江县审计局	47	41095	2138	1012	3036	3829		47	186	29
武隆县审计局	88	209120	1204	7236	35426		4	88	116	57
丰都县审计局	96	257268	16856		8258	10348	13	96	96	129
城口县审计局	47	164975	1		1558	34136	9	47	113	53
梁平县审计局	117	227622	26583	271	4967	130857	13	116	161	74
开县审计局	51	404935	1749	318	597	3623	7	51	460	59
巫溪县审计局	46	85342	11011		5811	23118	18	46	165	58
巫山县审计局	64	47073	5314	1488	867	1401	11	64	160	130
奉节县审计局	81	229903	12968		3822	49666	7	80	168	36
云阳县审计局	55	114927	2108	57	54	410	6	55	274	136
忠县审计局	89	408950	757		98956	1280	4	88	224	95
石柱土家族自治县审计局	83	170182	16666	11839	633	1430	11	80	131	133

续表

审计机关	完成审计项目（个）	审计查出主要问题金额	审计处理情况					出具审计报告和审计调查报告（篇）	提出审计建议（条）	提交审计信息（篇）
			审计处理处罚				移送处理事项（件）			
			应上缴财政	应减少财政拨款或补贴	应归还原渠道资金	应调账处理金额				
彭水苗族土家族自治县审计局	82	312768	12726	16343	172779	2608	25	77	214	76
酉阳土家族苗族自治县审计局	74	271116	368	2964	15707	24865	2	73	700	72
秀山土家族苗族自治县审计局	58	70544	16201	11455	5207	106	3	57	126	88

四川省

【四川省审计厅】 2013年，四川省审计厅人员编制245人，在编210人。设有办公室、法规处、内部审计监督指导处、财政审计一处、财政审计二处、行政事业审计处、农业与资源环保审计处、固定资产投资审计处、金融审计处、企业审计处、社会保障审计处、外资运用审计处、人事处、离退休人员工作处、机关党办、驻厅纪检监察室，下设经济责任审计分局、四川省审计科研所、机关服务中心、计算机技术中心、四川省审计厅政府投资审计中心。

领导成员

厅　　长：高仁全（—2月）

　　　　　黄　河（2月—）

副 厅 长：杨书军　蔡文强

　　　　　唐　萍　陶志伟　廖代永

总审计师：王克怀

纪检组长：曹晓雪

审计成果 全省审计机关完成审计项目11501个，查出主要问题金额23644971万元，其中违规金额1338946万元、损失浪费金额33965万元、管理不规范金额22272058万元；损益（收支）不实金额1464494万元；审计处理处罚金额4824075万元，其中应上缴财政677736万元、应减少财政拨款或补贴345204万元、应归还原渠道资金621090万元、应调账处理金额2919204万元；审计发现非金额计量问题4183个；审计促进整改落实有关问题金额3051849万元，其中增收节支1264468万元、已调账处理金额1197841万元；审计促进拨付资金到位344020万元；审计后挽回（避免）损失902386万元；移送司法机关、纪检监察机关和有关部门处理事项268件；出具审计报告和专项审计调查报告11919篇，被批示、采用444篇；提出审计建议25723条；提交审计信息7885篇，被批示、采用3949篇；向社会公告审计结果866篇。

抗震救灾款物跟踪审计 芦山地震发生后，四川省审计厅迅速启动突发重特大自然灾害救灾款物审计监督工作应急预案，与审计署成都特派员办事处和灾区审计机关建立跟踪审计协调机制，整合人员，统一调配，派出515名审计人员，审计各级民政、卫生、慈善、红十字会等单位1142个，延伸调查乡镇406个、行政村680个，涉及各级财政和社会捐赠资金49.88亿元，促进建立健全救灾资金物资管理制度100余项；根据灾后恢复重建总体规划和阶段安排，及时组织对重建资金筹集、分配、管理、使用和项目建设进行全过程跟踪审计，保障抗震救灾和灾后恢复重建顺利进行。

财政审计 对省级预算管理、23个省级部门单位及其所属47个机构的预算执行情况进行审计，突出资金绩效，着重对会议费、“三公”经费等情况加强审计监督，促进厉行节约等政策部署的落实，推动深化财政体制改革，提高财政资金使用绩效，年度审计工作报告得到省人大常委会充分肯定。结合预算执行情况审计，对“金保”“金税”等5个省级电子政务项目建设管理与运行情况进行审计，抽查信息化子系统32个、独立的电子政务项目36个，审计结果引起省领导的高度重视，省政府办公厅召开3次专题会议安排落实整改工作，促进电子政务工程建设的规范化和信息系统的安全管理，审计方式方法也得到审计署充分认可。首次开展产业园区绩效审计探索研究，组织对全省10个开发区投资绩效和财政运行管理情况进行审计。

政府性债务审计　按照统一部署，与审计署成都特派员办事处密切配合，共组织3884名审计人员，按照“见人、见账、见物、逐笔、逐项”的原则，对省本级、21个市（州）、182个县（市、区）、4367个乡镇的政府性债务进行全面审计。共审计6914个政府部门和机构、574个融资平台公司、6437个经费补助事业单位、113个公用事业单位和1190个其他单位，涉及77008个项目、361484笔债务。通过审计摸清家底，揭示政府性债务举借、管理、使用、偿还中存在的主要问题，结合对债务规模、结构及成因的深入分析，提出审计建议，促进加强债务管理、规范举债融资机制。全省共有11个集体、4个个人获得审计署表彰。审计成果《我省乡镇政府性债务逐年递增的问题需高度重视》等引起省政府高度重视，省政府主要领导和分管领导分别做出批示，并以政府工作通报形式发市、县政府。

金融审计　对6家省级融资平台公司的投融资风险情况进行审计调查，揭示债务沉重、偿还能力差等潜在风险，促进提高平台公司运行质量；对15个农村信用社进行审计，通过审计共发现问题金额173115.3万元，其中：经营管理方面违规问题金额76979.39万元，财务收支方面违规问题金额96135.91万元，对推动地方金融机构稳健发展起到积极作用。

行政事业审计　完成农村义务教育营养改善计划实施情况审计督查，揭示有关监督部门未建立情况通报和信息共享机制等问题，上报的报告得到省政府主要领导的批示；开展2个州藏传佛教寺庙试点审计，报告得到省有关领导批示；积极探索政府采购绩效审计，在省属高校经济责任审计中创新采用经济责任划分界定基础表，对准确界定领导干部经济责任起到积极作用。

农业与资源环保审计　组织对3个州、21个县的退牧还草、生态移民、沙化治理等资金实施专项审计调查，查出和纠正挤占挪用等30余类违纪违规问题，涉及金额8亿多元，已有7名责任人受到党纪政纪处分或被追究刑事责任，审计工作促进生态文明建设专项资金切实管好、用好。

固定资产投资审计　紧紧围绕省委、省政府重大政府性投资项目，开展攀西高速公路、九黄机场等5个重大交通审计项目和泸州港、漫水湾枢纽工程等4个水电工程审计项目，对四川大剧院、社会科学馆等政府重大投资项目实施跟踪审计，送审总投资额122.21亿元。

社会保障审计　对20个市州各类城镇保障性安居工程开展跟踪审计，延伸审计和调查1192个单位、1.4万个家庭，对各级政府筹集的保障性安居工程资金进行全面审计，查出少安排资金14.90亿元，揭示项目建设、住房分配和后续管理等方面存在的问题，责成追回违规享受的租赁补贴和保障性住房，促进各级政府和主管部门制定或完善相关制度60个，为推动住房保障政策落实发挥积极作用。

企业审计　加强企业审计资源整合，创新工作方式方法，完成融资平台公司可持续发展和投融资风险相关企业审计、新津县支持民营经济发展政策落实与服务审计调查等项目。累计查出违规金额1524万元，管理不规范金额289723万元，审计处理处罚65582万元，其中：上缴财政1515万元，归还原渠道资金655万元，调账处理金额63411万元。

外资运用审计　强化公证审计管理，规范外资审计操作，突出重点项目、资金、问题，加强资源整合，完成审计署授权的6个国外贷援款公证审计、9个国外优惠紧急贷（赠）款项目审计。项目投资额总计4694650.65万元，发现问题金额103402.97万元；完成11个港澳援助项目竣工决算审计，复核港澳援助项目竣工决算审计报告220份。审计建议对促进整改和确保外资项目的顺利实施起到积极作用。

经济责任审计　加强对权力运行的监督和制约，全省各级审计机关审计党政领导干部和企事业单位领导人员1427人，查出领导干部负有直接责任、主管责任金额共计28亿元，13名领导干部、15名其他人员受到党纪、政纪或其他处分。

审计机关建设 一是加强作风建设。省审计厅机关认真开展党的群众路线教育实践活动，全厅党员干部的宗旨意识、群众观念明显增强，针对存在的“四风”问题，坚持边查边改、立行立改，通过建章立制构建作风建设长效机制。在全省政府性债务审计中，各派出审计组成立临时党支部，以开展活动推动审计工作，以工作成果检验活动效果，切实做到两手抓、两不误。

二是抓好规范化建设。全面修订、完善厅机关内部管理制度，推动形成办事讲规则、工作讲程序、行为讲规范的政务运行环境；认真执行审计法、国家审计准则，全面加强审计计划、审计实施、审计审理等工作，切实做到依法审计。

三是抓好专业化建设。完善干部选用机制，坚持正确的选人用人导向，深化干部人事管理，不断提高业务培训的针对性和实效性，通过各种方式不断优化干部队伍结构，截至目前，全省近33%的审计干部取得中高级职称资格。

四是抓好信息化建设。严格按照金审工程二期项目建设方案，完成全省审计管理系统（OA）的全面部署；依托审计专网平台，建立四川省地方审计政策法规库系统；建成由腾讯通、FTP文件传输、视频会议和短信平台等组成的信息传输系统，基本完成全省审计视频会商系统建设。

五是大力推进基层审计机关标准化建设。研究制订中长期规划和阶段性工作要点，整合中央、省财政专项资金近4000万元，以加强基础建设、提高审计装备标准化配置为载体，推动基层审计机关规范化、专业化、信息化加快进程。

（撰稿人：董　华）

【成都市审计局】 2013年，成都市审计局人员编制137人，在编133人。局长戴志勇，副局长范光远（—4月）、罗济沙（—4月）、何敏、陈虹（—6月）、曾京、葛云伦（7月—），总审计师邓勉，纪检组长夏邦林（11月—）。设有办公室、法规处、财政审计处、行政事业审计处、农业与资源环保审计处、固定资产投资审计处、金融审计处、企业审计处、社会保障审计处、外资运用审计处、信息处、人事处、纪检监察处等处室。下辖成都市经济责任审计局，内设区（市）县党政领导干部审计处、市级部门及国有企业领导干部审计处、经济责任审计综合处。

审计成果 成都市审计局完成审计项目110个，查出主要问题金额2223709万元，其中违规金额1803万元、管理不规范金额2221906万元；损益（收支）不实金额3848万元；审计处理处罚金额5095万元，其中应上缴财政683万元、应归还原渠道资金288万元、应调账处理金额4107万元；审计发现非金额计量问题149个；审计促进整改落实有关问题金额3326万元，其中增收节支504万元、已调账处理金额2805万元；审计后挽回（避免）损失76万元；移送司法机关、纪检监察机关和有关部门处理事项3件；出具审计报告和专项审计调查报告110篇，被批示、采用8篇；提出审计建议165条；提交审计信息9篇，被批示、采用4篇；向社会公告审计结果10篇。

重大决策落实情况审计 通过提前介入，过程跟踪，加强监督，配合服务成都地铁和天府新区“三纵一横”项目建设。对二环路光华村路口下穿隧道工程、郎家经济适用房和廉租房项目等总投资额为61.49亿元的重点投资项目开展竣工决算审计，核减投资额（工程款）6.1亿元。

围绕实施“产业倍增”战略开展审计调查，其中：2011—2012年度工业政策性项目资金执行情况审计调查，涉及重大产业化项目、技改补助项目、新增流动资金贷款贴息等共计18.73亿元；2011—2012年度四川省战略性新兴产业发展促进资金管理使用和绩效情况审计调查，涉及全市15个区（市）县的78个企业（项目）金额共计9.9亿元；2011年至2012年市级旅游发展专项资金管理使用情况审计调查，涉及1110个项目4.55亿元；2010年至2012年的市级金融业发展专项资金管理使用情况专项审计调查，涉及投向8个类别289个项目共计3.14亿元。通过以上审计调查，进一步促进项目资金的规范管理，加强资金安全和提高使用效率。

专项资金审计 完成农村义务教育学生营养改善计划实施情况审计调查和成都住房公积金管理中心2012年度住房公积金管理使用情况、2010年至2012年山丘区抗旱能力提升工程、水毁水利工程修复建设等涉农、惠农项目的专项审计调查。

针对存在的问题，积极协调、配合各项目主管部门修改、完善一系列管理办法与管理制度，切实维护人民群众的利益。开展成都市“4·20”地震抗震救灾款物跟踪审计，进一步规范救灾物资接收、发放工作流程，完善监督公示机制，促进抗震救灾资金物资的规范管理和有效使用。完成法国开发署优惠贷款大邑县市政基础设施灾后重建项目审计。

财政审计 完成财政预算执行情况审计、地税收入征管情况审计，对市经信委、市旅游局等16个部门的预算执行及其他财政收支情况进行审计。开展全市2012年土地增值税征管情况和城市基础设施配套费征收管理使用情况的专项审计调查。按照审计署统一安排部署，组织开展15个区（市）县政府性债务审计工作。结合预算执行、经济责任、专项资金审计，对2013年度所有审计项目单位的会议费、公务接待费、差旅费、出国（出境）费和车辆购置费管理及使用情况分四个不同阶段实施审计，完成对市旅游局、市水务局等18个部门的厉行节约情况审计。

经济责任审计 实施27名市属党政部门以及法检两院领导干部的任期经济责任审计，审计查出管理不规范等问题金额3.55亿元。

（撰稿人：黄衍定）

【广元市审计局】 2013年，广元市审计局人员编制70人，在编64人。局长马军（—3月）、苟英明（3月—），副局长梁义兮、张焕良、昝鹏程，总审计师韩和林，纪检组长张华潼。设有办公室、法规科、内部审计监督指导科、经济责任审计科（市经济责任审计工作联席会议办公室）、财政审计科、行政事业审计科、农业与资源环保审计科、固定资产投资审计科、金融外资运用审计科、企业审计科、社会保障审计科、人事科、监察室、机关党委、审计局直属审计分局、市审计信息中心、市固定资产投资审计中心。

审计成果 广元市审计局完成审计项目135个，查出主要问题金额29194万元，其中违规金额31万元、管理不规范金额29163万元；损益（收支）不实金额936万元；审计处理处罚金额18660万元，其中应上缴财政1611万元、应减少财政拨款或补贴14593万元、应归还原渠道资金73万元、应调账处理金额2381万元；审计发现非金额计量问题36个；审计促进整改落实有关问题金额16939万元，其中增收节支16168万元、已调账处理金额771万元；审计促进拨付资金到位4万元；审计后挽回（避免）损失14589万元（投资结决算项目审减额）；移送司法机关、纪检监察部门处理事项1件；出具审计报告和专项审计调查报告55篇；被批示、采用10篇；提出审计建议93条；提交审计信息89篇，被批示、采用52篇；向社会公告审计结果8篇。

财政审计 重点审计财政预算管理、专项支出申报使用及绩效、政府采购、“三公”经费和“收支两条线”执行情况，发现非税收入未及时缴库、专项资金结余未及时安排、财政专户管理不规范等问题。完成市地税局2012年度市本级税收征管审计，发现税收征管存在少征城镇土地使用税、稽查结论出具不及时、正常纳税人未办理纳税申报手续等问题。组织力量对遂宁市经济技术开发区投资绩效与财政运行管理情况进行审计。

外资运用审计 市、县联动完成世界银行城镇、亚洲开发银行农村公路等6个类别国外贷（赠）款项目的年度跟踪审计；完成32个港澳援助项目竣工决算审计，核减工程决算1.7亿元，审减率达7.8%。

行政事业审计 对市公安局等8个部门2012年度预算执行情况进行审计，对“三公”经费进行专项检查，审计发现多收国有产权转让交易佣金、未按标准征收住房公积金、挤占专项资金、专项资金使用效益不高等问题。

农业与资源环保审计 市县两级联动实施全市污水治理资金和项目专项审计调查，有针对性地提出审计建议，在促进污水治理项目在降低污染、保护生态、改善人居环境等方面发挥积极作用。

固定资产投资审计 审结工程结（决）算项目107个，审减额14589万元；对城区连接绵广高速出口的西滨道、广南高速连接线、棚户区改造等项目实施跟踪审计，规范工程管理12项，纠正不合理签证8项，提出建议6条。

社会保障审计 完成2012年度城镇保障性安居工程审计，审计发现未按规定办理工程质量监督手续、违规供应土地等问题。

经济责任审计 对15名领导干部进行经济责任审计，其中对公安系统的县区局长、分局长采取市县整体联动，同步审计，移交案件线索1起。继续深化村（社）“两委”负责人经济责任审计，苍溪县、昭化区、利州区相继建立乡镇审计站，由纪委书记兼任站长，工作人员由财政、民政、农经人员组成。

专项资金审计（调查） 根据审计署、审计厅统一部署，对所辖7个县区、230个乡镇的政府性债务进行审计，共审计单位950个，涉及项目8153个、债务25640笔。针对审计发现问题提出建议，促使市发改、财政、监察三部门联合发文出台《广元市BT融资建设项目管理暂行办法》。（撰稿人：王银贤）

【绵阳市审计局】 2013年，绵阳市审计局编制92人，在编78人。局长董泓（—8月），副局长郭兴林、唐巨龙、潘晓东，总审计师张勇，纪检组长杜桢荣。设办公室、法规科、内部审计监督指导科、财政审计科、行政事业审计科、农业与资源环保审计科、固定资产投资与外资运用审计科、金融与社会保障审计科、企业审计科、人事科，市园区经济审计局、市经济责任审计局，下设市审计信息中心。

审计成果 全市审计机关完成审计项目1328个，查出主要问题金额1189874万元，其中违规金额16162万元、管理不规范金额1173711万元；损益（收支）不实金额360968万元；审计处理处罚金额34763万元，其中应上缴财政11386万元、应减少财政拨款或补贴49万元、应归还原渠道资金750万元、应调账处理金额22539万元；审计发现非金额计量问题240个；审计促进整改落实有关问题金额31155万元，其中增收节支12065万元、已调账处理金额19051万元；审计后挽回（避免）损失174580万元；移送司法机关、纪检监察机关和有关部门处理事项6件；出具审计报告和专项审计调查报告1328篇；提出审计建议2078条；提交审计信息388篇，被批示、采用218篇；向社会公告审计结果44篇。

重大政策落实情况审计 对全市20家战略新兴产业资金进行审计。对全市154个部门、镇、财政拨款单位“三公”经费进行审查。对全市政府性债务进行审计。对全市2012年各类城镇保障性安居工程进行审计。

财政审计 完成审计项目20个，延伸审计部门单位81个。查出违规金额2536万元，管理不规范金额35.44亿元；上缴财政2086万元，归还原渠道资金215万元，责令冲转、调整和其他纠正处理金额1.1亿元。

固定资产投资审计 全力推进恢复重建工程竣工决（结）算审计扫尾工作和政府性投资项目审计。对65个港澳援助和世界银行贷（赠）款项目进行结算和跟踪审计。共完成政府投资项目审计1042个，涉及金额130亿元，审减金额17.16亿元。派出3人支援雅安市雨城区恢复重建项目跟踪审计。

专项资金暨农业环保审计 对游仙区农村户用沼气池建设项目进行专项审计调查。对社会保障性资金审计发现问题整改情况进行追踪督促。积极参与改制企业专项审计调查。完成土地整理项目工程决算审计55个，农业综合开发项目审计21项，地质灾害治理项目工程（决）结算审计54个。

经济责任审计 设立绵阳市经济责任审计局，健全经济责任审计联席会议制度。全市组织部门委托审计领导干部79人，审结70人，查出违规金额1.58亿元，管理不规范金额22.07亿元，发现各类问题283个，提出审计建议181条。（撰稿人：黄江洪）

【德阳市审计局】 2013年，德阳市审计局人员编制70人，在编69人。局长向庆田，副局长张泽琴、李晖、杨龙虎，总审计师唐邵银（12月—），纪检组长段存林。设有办公室、政工人事科、监察室、政策法规科、财政审计科、行政事业和社保审计科、农业和外资审计科、金融和企业审计科、投资审计科、经济责任审计分局、政府投资审计中心、审计信息管理中心。

审计成果 德阳审计机关完成审计项目539个，查出违规金额66004万元，应上缴财政8508万元；经审计处理后，已增收节支14120万元，已上缴财政6756万元，减少财政拨款或补贴4622万元，已归还原渠道资金2740万元，已缴纳其他资金3117万元，已调账处理金额18830万元，核减投资额9132万元；审计建议被采纳489条；综合性报告及信息被批示采用301篇；向社会公告审计结果13篇。

政府性债务审计 德阳市审计局抽调150名审计人员，组成6个审计组，对所辖6个县级人民政府及所属120个乡镇政府性债务情况进行审计，本次审计涉及有政府性债务的部门和单位284个，乡镇112个。

财政审计 全市审计机关按照"一体化"预算审计的要求，完成对同级财政、地税等27个部门的预算执行审计，共查出未按规定纳入预算管理资金39525万元，未按规定征收缴纳收入9253万元，违规改变项目计划和资金用途4506万元，虚列支出471万元。此外，还对市投资促进局进行部门决算审签试点工作，结合预算执行审计和经济责任审计对3个部门进行A级风险岗位随机抽查审计。

固定资产投资审计 全市审计灾后重建及政府投资重点建设项目总额138292.84万元，审定金额125934.48万元，审减金额12358.36万元。同时市审计局严控结算审计质量关，对聘请的中介机构初审结果进行严格复核，在中介机构已审核的基础上又核减金额1274.59万元，占审减总额12358.36万元的10.31%。德阳市共跟踪审计港澳援助项目2个，总投资额227990万元，查出多计工程款96万元。市审计局对1个港澳援助项目进行跟踪审计，提出审计建议2条。

经济责任审计 全年完成经济责任审计项目51个，查出违规金额1082万元，管理不规范金额18133万元。德阳市经济责任审计工作联席会议办公室制定《市本级经济责任审计对象分类管理办法》，将市本级经济责任审计对象分为A、B、C三大类，分别采取"任中审一次，离任必审""任中抽审，离任必审"和"任中或离任抽审"的审计方式进行审计。

专项资金审计（调查） 完成对德阳银行长江支行2012年度资产负债损益审计和2012年市级战略性新兴产业发展资金、原市企业经济协会承兑汇票保证金等的专项审计调查项目。此外，还对全市社保审计整改情况和保障房审计整改情况进行收集汇总。

（撰稿人：谢海英）

【南充市审计局】 2013年，南充市审计局人员编制68人，在编63人。局长廖大春，副局长周生安、张彦、王天配，纪检组长吴小华。设有办公室、人事科、监察室、法规科、财政审计科、农业与资源环保审计科、行政事业审计科、社会保障审计科、金融外资审计科、企业审计科、固定资产投资审计科、内部审计监督指导科、经济责任审计分局（经济责任审计办公室）、政府投资审计中心、审计信息技术服务中心。

审计成果 南充市审计局完成审计或专项审计调查项目197个，查出主要问题金额728216万元，其中违规金额13869万元，管理不规范金额714339万元；审计处理处罚金额79353万元，其中应上缴财政10706万元，应减少财政拨款或补贴22533万元，应归还原渠道资金44734万元，应调账处理金额1369万元；审计促进整改落实有关问题金额79260万元，其中增收节支77892万元，已调账处理金额1368万元；审计挽回（避免）损失24875万元，核减投资额25133万元。向纪检监察或有关部门移送案件线索4件。出具审计报告和专项审计调查报告206篇，被批示、采用15篇。提出审计建议207条。提交审计信息63篇，被批示、采用12篇。

财政审计 完成市本级财政预算执行、地税收入征管审计和11个部门预算执行审计，审计调查南充市省级战略性新兴产业发展资金，对顺庆区、高坪区财政决算进行审计。

金融审计 完成南充市农业融资担保公司、南部县农村信用联社资产负债损益情况审计。

行政事业审计 审计6个行政事业单位财政财务收支情况。

农业与资源环保审计 完成2个土地整理工程竣工财务决算审计。

固定资产投资审计 跟踪审计项目51个，投资结（决）算审计项目68个，项目投资额131832万元，核减投资额25088万元，审减率为19.06%。完成8个港澳援建项目竣工财务决算审计，审减工程造价5203.1万元。

社会保障审计 对保障性住房建设及资金管理使用情况、住房公积金支持保障性住房建设项目贷款进行跟踪审计。

企业审计 对1家市属企业进行审计。

经济责任审计 对9名领导干部进行经济责任审计，审计查出主要问题金额9357万元。

专项资金审计（调查） 对县、乡两级政府性债务进行审计，审计涉及单位2404个。对4个国家级扶贫开发工作重点县财政扶贫资金进行审计。完成政府性收费还贷二级公路债务余额审计核实。完成省审计厅交办的绵阳经济技术开发区投资绩效及财政运行管理交叉审计、四川发展（控股）有限责任公司投融资风险情况专项审计调查。 （撰稿人：刘 杨）

【广安市审计局】 2013年，广安市审计局人员编制41人，在编39人。局长周成忠，副局长唐素珍、黎毅翔、吕玲，总审计师黎柯，纪检组长唐思平。设有办公室、人事科、法规科、财政金融审计科、行政事业审计科、农业与资源环保审计科、固定资产投资与外资运用审计科、经贸审计科、社会保障审计科、经济责任审计分局、政府投资审计中心。

审计成果 广安市审计机关完成审计项目587个，查出主要问题金额577121万元，其中违规金额46582万元、损失浪费金额16万元、管理不规范金额530522万元；损益（收支）不实金额92661万元；审计处理处罚金额161131万元，其中应上缴财政38983万元、应减少财政拨款或补贴12310万元、应归还原渠道资金7946万元、应调账处理金额80740万元；审计发现非金额计量问题297个；审计促进整改落实有关问题金额156408万元，其中增收节支55395万元、已调账处理金额77748万元；审计后挽回（避免）损失16275万元；移送司法机关、纪检监察机关和有关部门处理事项13件；出具审计报告和专项审计调查报告590篇，被批示、采用78篇；提出审计建议1128条，提交审计信息377篇，被批示、采用867篇（条）；向社会公告审计结果36篇。

财政审计 拓展审计深度，整合资源，统筹协调，市县两级审计机关先后开展同级财政预算执行情况审计、税收征管及税收政策执行情况审计；市本级对市住建局等6个单位开展预算执行审计，延伸审计21个下属事业单位。突出“行业审计”理念，市县两级审计机关同步开展林业局、疾控中心预算执行审计。

行政事业审计 重点关注行政事业单位“三公”经费、会议费预算管理和执行情况，全市审计行政事业单位83个，查出主要问题金额27191万元，乱收费乱摊派乱罚款1838万元，扩大开支范围提高开支标准列支2878万元。

农业与资源环保审计 市县两级审计机关对扶贫资金等惠民项目和资金进行审计，纠正侵害群众利益问题金额2513万元。市本级先后对2012年度市级、武胜县财政扶贫资金进行专项审计，审计查出主要问题金额412.2万元，促进惠民资金使用效益的提高和民生保障政策的落实。

固定资产投资审计 共完成投资审计项目417个，审计金额158012万元，依法审减工程造价17008万元，审减率达10.76％。其中，市本级完成投资审计项目27个，审计金额24958万元，依法审减工程造价3649万元，审减率达14.62％。实行审计约谈制度，制定《政府投资建设项目审计接件管理办法》，建立工程造价审计中介机构备选库。

企业审计 完成广安投资控股（集团）有限责任公司、广安市城市建设投资有限公司资产负债损益情况审计。

经济责任审计 市县两级审计机关采取与部门预算执行审计、其他专项审计相结合的方式，对69名党政领导干部进行任期经济责任审计，查出主要问题金额24015万元，领导干部负有直接责任金额2946万元。

专项资金审计（调查） 按照审计署和省审计厅安排部署，完成全市政府性债务审计；围绕保障改善民生，完成广安市“4·20”芦山地震抗震救灾款物跟踪审计、保障性住房建设及资金管理使用情况跟踪审计；根据省审计厅统一安排，抽调精干力量组成审计组，完成对广元国家级经开区投资绩效与财政运行管理情况的审计。

（撰稿人：邵 彬）

【遂宁市审计局】 2013年，遂宁市审计局人员编制44人，在编44人。局长青小平，副局长蔡立春、邓兵，总审计师杨晓春，纪检组长冉启秀。设有办公室、监察室、人事教育科、法规科、财政审计科、行政事业审计科、内审监督与外资审计科、农业与资源环保审计科、投资审计科、企业金融审计科、社会保障审计科、综合信息化建设科、经济责任审计科（经济责任审计分局）及政府投资审计中心。

审计成果 遂宁市审计机关完成审计（调查）项目162个，完成市委、市政府交办事项21项，审计查出违规金额3.40亿元，管理不规范金额48.98亿元，增收节支2.90亿元（其中已上缴财政2.02亿元）；移送案件线索6件；审计提出的建议被采纳357条，被新闻媒体采用信息76篇，被市委办、市府办专报采用和市领导批示报告93篇，向社会公告审计结果11个。在全省综合业务考核中被省厅评为优秀单位，局领导班子被市委办评为2013年度市直机关四好活动先进班子。

财政审计 完成市本级和市税务局等7个部门2012年度预算执行情况的审计。在部门预算及经济责任等审计中把"三公"经费、会议费作为重点审计内容，推进"三公"经费节约规范支出。

企业金融审计 完成遂宁竟成教育投资有限责任公司2012年财务收支情况的审计、遂州农村信用合作联社与川中公司2012年度资产负债和损益的审计、市第二中学及市第二中学实验校债权债务和近三年财务运转情况以及交通运输实业公司2007年至2013年6月资产负债损益的审计（调查）。

行政事业审计 配合省审计厅完成全市2013年春季农村中小学营养改善计划实施专项督察，圆满实施2013年秋季农村中小学营养改善计划实施跟踪审计。

农业与资源环保审计 对安居区国土资源局2012年实施的磨溪镇、横山镇土地整理开发项目和资金进行全面审计。送审金额为3041.10万元，经现场勘察审计，审定金额为2613.83万元，审减427.27万元，审减率达14.05%。

投资审计 对过军渡水利枢纽等51个项目进行竣工决（结）算审计，审减并节约资金1.51亿元，审减率为10.83%。对省第十二届运动会主要场馆等7个投资的建设项目实施跟踪审计，减少工程进度款支付305万元。推进市政府出台《遂宁市政府投资非经营性工程集中代建实施办法（试行）》等文件，进一步规范投资审计行为。

社会保障审计 完成市本级、工业园区、河东新区、开发区保障性住房跟踪审计工作，对市住建局实施的市城区（含三园区）2012年各类城镇保障性安居工程的投资、建设、分配、运营等情况进行审计。

经济责任审计 对41名党政领导干部和2名国有企业领导人员以及环保系统进行经济责任审计。全年县（区）共对28名乡镇党政领导干部进行经济责任审计。安居区、蓬溪县的乡镇审计站对240个经济组织进行专项检查，收回集体欠款134.6万元、挽回损失金额168.5万元，查出挪用公款和贪污案件10件，移送纪检机关处理12人、党纪政纪处分5人。开展射洪县县委书记和县长经济责任同步审计及"三责联审"。

专项资金审计（调查） 对全市5个县（区）、765个行政事业单位、51家融资平台公司、105个乡镇债务进行审计，圆满完成市本级和县（区）地方政府性债务审计；开展蔬菜基地建设补助资金管理使用绩效审计调查；开展铁货街片区市场搬迁治理使用城区价调基金绩效审计调查；开展12家民企的12个项目申请四川省战略性新兴产业发展专项财政补助资金专项审计；连续四年开展市本级住宅维修专项资金审计调查；加强对养老保险、最低生活保障、保障房、土地整理、撤迁安置等民生资金审计。促进人社、民政、卫生、残联、工商、公安等部门研究建立保障信息比对机制。 （撰稿人：张兴隆）

【内江市审计局】 2013年，内江市审计局人员编制45人，在编45人。局长刘洪伟，副局长蔡涤、葛明、王应全，总审计师马燕，纪检组长黄京力。设有办公室、法规科、监察室、财政审计科、行政事业审计科、农业与资源环保审计科、固定资产投资审计科、金融审计科、企业审计科、社会保障与外资运用审计科、人事（政工）科、经济责任审计分局、固定资产投资审计分局。

审计成果 内江市审计机关完成审计项目214个，查出主要问题金额663327万元，其中违规金额34161万元、管理不规范金额629167万元；损益（收支）不实金额23269万元；审计处理处罚金额70783万元，其中应上缴财政23409万元、应减少财政拨款或补贴12万元、应归还原渠道资金845万元、应调账处理金额33916万元；审计发现非金额计量问题57个；审计促进整改落实有关问题金额70783万元，其中增收节支24019万元、已调账处理金额33916万元，审计促进拨付资金到位19207万元；审计后挽回（避免）损失19211万元；移送司法机关、纪检监察机关和有关部门处理事项10件；出具审计报告和专项审计调查报告214篇；提出审计建议975条；提交审计信息376篇，被批示、采用246篇。

预算执行审计 全市审计机关开展预算执行审计项目39个，查处问题金额566140万元，延伸审计调查市投控集团、市国资公司等9个单位和8户房地产企业，查出问题金额300052万元。

固定资产投资审计 共完成工程预决算审计项目618个（包括计划外项目），审计工程决（预）算63.17亿元（其中预算审计14.91亿元），审减5.59亿元（其中预算审减1.01亿元）。市审计局全年完成兰桂大道及景观工程、10号路道路桥梁及附属工程、高速公路口至文英街临街门面改造、国道321线大修改造、甜都大道及延长线工程、凤鸣乡土地整理等工程竣工决算审计项目58个，在督促业主单位核减工程造价0.50亿元后，工程竣工决算送审金额19.71亿元，审计再次审减1.91亿元，审减率为9.69%。

经济责任审计 共开展经济责任审计项目47个，查处问题金额27885万元，其中市审计局完成市经信委、市交通运输局、市残联、市中医院、市委党校、内江投控集团以及5个县（区）法院等11个单位12名领导干部的经济责任审计，查处问题金额21678万元。

专项审计（调查） 市、县（区）审计机关密切配合，完成5个县（区）政府性债务、芦山地震救灾款物、战略性新兴产业发展资金等专项审计（调查）项目7个。按照审计厅的统一安排，抽调人员，派出审计组，完成对南充经济开发区投资绩效和财政运行情况的审计；配合遂宁审计组做好对内江市经济开发区投资绩效和财政运行情况的审计。（撰稿人：赖常禄）

【乐山市审计局】 2013年，乐山市审计局人员行政编制51人，在编49人。局长王频（—5月）、吴小怡（5月—），副局长宋红玢、陈学焦、邱浥洋，总审计师何棱，纪检组长雷邦军。设有办公室、法规科、财政审计科、行政事业审计科、外资基建审计科、农业与资源环保审计科、金融审计科、企业审计科、监察室和乐山市经济责任审计分局，经济责任分局下设经济责任审计一科和二科。

审计成果 乐山市审计局完成审计项目42个，审计查出主要问题金额369072万元，其中违规金额54316万元，管理不规范金额314755万元；审计发现非金额计量问题55个；审计处理促进增收节支4582万元，减少财政拨款或补贴2942万元，归还原渠道资金1639万元，缴纳其他资金1338万元，调账处理20057万元；审计后挽回（避免）损失3088万元，核减投资额2940万元。共提出审计建议134条，被采纳审计建议63条；提交审计信息、简报34篇，被批示、采用2篇。

财政审计 完成对财政、地税的同级预算执行审计和市人社局、市水务局等6个部门及其下属单位，共计25个一级预算单位的审计，发现财政年初预算编制存在不够细化、预算执行不规范，税收征管中存在对一些企业纳税申报、征缴监管不到位，在预算编制、预算执行中暴露出一些不规范等问题。根据审计署安排，按“上审下”原则对11个区市县政府性债务情况进行审计，发现个别区县政府性债务管理制度尚不健全、违规举借政府性债务、未按照核定用途使用债务资金、融资平台公司注资不规范等问题，提出具有针对性的建议。

金融审计 完成五通桥区农村信用合作联社2012年度资产负债损益审计，揭示农村信用社违规向手续不全的项目发放建设贷款、贷后检查不力导致贷款资金被挪用、信贷档案资料前后不完整等问题。

固定资产投资审计 完成保障性安居工程跟踪审计年度计划任务和大佛旅游基础设施建设项目一期工程等5个结算审计项目；基本完成大田廉租房一期工程等6个项目竣工决算审计。

企业审计 对市国有资产经营公司2007—2012年度资产、负债、损益情况进行审计。促进国资公司配合市委政研室草拟《关于做大做实做优市国资公司投融资平台操作实施方案（送审稿）》，拟以市委、市政府名义发布施行。

经济责任审计 配合组织部门制定、完善领导干部工作交接制度；协助、配合联席会议成员单位，加大对内部管理干部的经济责任审计；代市委办、市政府办草拟《关于进一步加强党政主要领导干部和国有企业领导人员经济责任审计工作的实施意见（征求意见稿）》。

专项资金审计（调查） 根据审计署和省审计厅安排部署，对市民政局（含市慈善总会）、市红十字会、市交通运输委员会管理使用“4·20”芦山地震抗震救灾款物的有关情况进行跟踪审计，审计结果向社会公告。（撰稿人：凌 云）

【自贡市审计局】 2013年，自贡市审计局人员编制52人，在编39人。局长舒维俊（—9月），副局长江鸿、张碧辉、周大元（—9月）赵嗣利（9月—），纪检组长孙红。设有办公室、组织人事科、党总支、监察室、法制科、财政审计科、农业与资源环保（外资）审计科、经济责任审计科、企业审计科、基本建设投资审计科、行政事业审计科。

审计成果 自贡市审计局完成各类审计项目51个。审计查出主要问题金额41390万元，管理不规范金额31347万元；审计发现非金额计量问题33个；损益（收支）不实金额2167万元；审计期间整改金额6128万元；审计处理处罚19911万元。通过审计，促进整改落实有关问题金额16745万元，其中，增收节支10912万元，已缴纳其他资金699万元，已调账处理金额4000万元；促进拨付资金到位6089万元；核减政府投资额8247万元。提出审计建议123条，被采纳51条；提交专题报告及信息99篇；向社会公告审计结果10篇。

财政审计 完成地方政府性债务审计项目6个，完成自贡市、县（区）财政、地税组织预算执行和自贡市房地产管理局、城管局等部门预算执行审计项目59个；完成荣县长山镇人民政府等财政决算审计项目23个，查出主要问题金额242412万元。

金融审计 完成荣县农村信用联社资产负债损益审计项目1个，查出主要问题金额7645万元。

行政事业审计 完成自贡市中医院财务收支等审计项目38个，查出主要问题金额10846万元。

固定资产投资审计 完成自贡市城市生活污水处理二期（含设备）竣工决算、自贡捷通公路开发有限公司建设的S305线与内宜高速互通工程立交桥竣工结算等审计项目333个，核减投资额概（预）算2204万元、结（决）算11027万元。

社会保障审计 完成新型农村合作医疗等审计项目2个，审计查出主要问题金额806万元。

企业审计 完成自贡市公交集团公司资产负债损益及市民卡收费、自贡市燃气公司资产负债损益及燃气管道安装收费等审计项目7个，查出主要问题金额471万元。

经济责任审计 共审计领导干部49人。

专项资金审计 完成自贡市环城现代农业和新农村示范园区建设与效益等审计（调查）项目64个，审计专项资金总额472255万元。

（撰稿人：熊 俊）

【泸州市审计局】 2013年，泸州市审计局人员编制60人，在编54人。局长喻志强，副局长殷廷彪、叶青、宋革会（9月—）、温水源，总审计师毛能均，纪检组长李发扬。设有办公室、法规科、内部审计监督指导科、财政审计科、行政事业审计科、农业外资审计科、固定资产投资审计科、金融审计科、企业审计科、社会保障审计科、人事科、监察室、经济责任审计分局、计算机技术中心。

审计成果 泸州市审计机关完成审计项目198个，查出主要问题金额345779万元，其中违规金额81953万元、损失浪费金额48万元、管理不规范金额263777万元；损益（收支）不实金额16119万元；审计处理处罚金额220420万元，其中应上缴财政76956万元、应减少财政拨款或补贴64万元、应归还原渠道资金6233万元、应调账处理金额130926万元；审计发现非金额计量问题198个；审计促进整改落实有关问题金额198855万元，其中增收节支72965万元、已调账处理金额119561万元，审计促进拨付资金到位36万元；审计后挽回（避免）损失1358万元；移送司法机关、纪检监察机关和有关部门处理事项6件；出具审计报告和专项审计调查报告211篇，被批示、采用29篇；提出审计建议593条；提交审计信息426篇，被批示、采用312篇；向社会公告审计结果83篇。

财政审计　完成审计和调查项目76个，其中财政预算执行审计49个，财政决算审计27个，查出主要问题金额308799万元。古蔺县审计局在同级预算执行延伸审计中，查出某职业中学套取、截留助学金225.86万元和超付教学楼工程款137.51万元等严重违纪违法问题，6人受到纪律处分，1人被判刑。

金融审计　完成审计项目1个，查出主要问题金额6950万元。结合审计揭露问题向市政府报送的专报被转报省政府，获省政府领导批示。

行政事业审计　完成审计和调查项目61个，查出主要问题金额18335万元。

固定资产投资审计　完成计划内投资审计项目30个，核减投资额（工程款）1967万元，查出主要问题金额6557万元。在泸州黄桷坝水利工程跟踪审计中，查出叙永县某社社长等5人涉嫌公款私存和贪污库区移民安置资金近200万元，涉案潜逃人员已缉拿归案，正在进一步审理中。

社会保障审计　完成审计和调查项目2个，查出主要问题金额928万元。

企业审计　完成审计和调查项目1个，查出主要问题金额276万元。

经济责任审计　共对58名党政领导干部和国有企事业单位领导人员开展经济责任审计，查出主要问题金额20929万元，审计处理其他人员8人。泸州市审计局在某医院院长任期经济责任审计中，查出病理检验科长期私分检验费且数额巨大，涉嫌违法犯罪，案件线索移送市检察院查处。

专项资金审计（调查）　完成审计和调查项目27个，核减投资额（工程款）701万元，查出主要问题金额3932万元。　（撰稿人：刘明春）

【宜宾市审计局】　2013年，宜宾市审计局人员编制69人，在编61人。局长李勤，副局长尹昌文、肖军、许波，总审计师邓维莲，纪检组长何钦元。设有办公室、人事科、政策法规科、财政审计科、行政事业社保审计科、农业与资源环保外资审计科、固定资产投资审计科、金融审计科、企业审计科、经济责任审计分局和宜宾市投资审计中心。

审计成果　宜宾市审计机关共完成审计和审计调查项目531个，审计查出主要问题金额1383299万元，其中违规金额118168万元，损失浪费金额32870万元，管理不规范金额1232261万元；审计处理处罚金额333747万元，其中应上缴财政53329万元，应减少财政拨款或补贴12721万元，应归还原渠道资金6391万元，应缴纳其他资金203万元，应调账处理金额261103万元；审计发现非金额计量问题286个；审计促进整改落实有关问题金额111906万元，其中增收节支44927万元、已调账处理金额66639万元；审计促进拨付资金到位4234万元；审计后挽回（避免）损失7740万元；移送司法、纪检监察和其他部门处理事项52件；出具审计报告和专项审计调查报告579篇，被批示、采用33篇；提出审计建议1108条，被采纳738条；提交审计信息634篇，被批示、采用354篇；向社会公开审计工作报告和单项审计结果公告337篇。

财政审计　审计单位90个，延伸审计单位808个，查出主要问题金额928763万元。

金融审计　完成审计2个，查出主要问题金额5319万元。

行政事业审计　完成审计和专项审计调查项目83个，延伸审计单位44个，查出主要问题金额109846万元。

固定资产投资审计　完成审计和专项审计调查项目269个，延伸审计单位26个，核减投资额（工程款）18757万元，查出主要问题金额63169万元。

社会保障审计　审计单位1个，查出主要问题金额182万元。

企业审计　完成审计和专项审计调查项目5个，查出主要问题金额267688万元。

经济责任审计　审计领导干部91人，查出主要问题金额131754万元，向社会公告审计结果9篇。

专项资金审计　完成审计和专项审计调查项目81个，延伸审计单位26个，查出主要问题金额8328万元。

内部审计　全市有内审机构59个，完成审计项目16698个，提出建议意见被采纳1282条，建

议给予行政处分1人。（撰稿人：钟 红）

【攀枝花市审计局】 2013年，攀枝花市审计局人员编制57人，在编53人。局长谢安德（—4月）、张雷（4月—），副局长程兴国、曾妍妍、汪沛川，纪检组长万启树。设有12个职能处（室）、分局。

审计成果 攀枝花市审计机关共完成审计项目183个，查出违规金额5117万元，查出管理不规范金额79840万元；审计处理已上缴财政2218万元，已减少财政拨款和补贴638万元，已归还原渠道资金12837万元，已缴纳其他资金70万元，已调账处理金额20055万元，核减工程投资22765万元。出具审计报告和专项审计调查报告183篇，被批示34篇；向市委、市政府及省审计厅报送审计信息、审计专报及审计工作动态135篇；向社会公告审计结果3篇。

财政审计 攀枝花市审计机关开展43个预算执行情况审计，查出违规和管理不规范金额50184.47万元。受市政府委托向市人大常委会做审计工作报告及审计查出问题整改情况的报告，并通过大会的审议。

固定资产投资审计 攀枝花市审计机关进一步加大对政府投资建设项目的审计监督力度。在审计项目的安排上，对投资规模大、党委政府关注和群众关心的民生项目优先审计，以大项目、热点项目、民生项目审计带动其他政府投资项目审计，采取跟踪审计、参与项目前期筹备等，适时跟进，规范过程，切实做到节约财政资金，提高投资效益，为政府财政资金支出把好“最后一道关口”。

经济责任审计 创新干部监督方法，试行“双责联审”工作；推行《四川省党政领导干部离任经济责任事项交接办法（试行）》，成效明显。全市审计机关完成经济责任审计项目49个，通过审计查出违规金额229万元，管理不规范金额17471万元。

专项资金审计（调查） 攀枝花市审计机关继续加大对党委、政府重视、社会关注、群众关心的热点、难点资金的审计监督力度。如：组织区（县）审计局对民族地区教育发展十年行动计划2012年度专项资金进行审计；组织区（县）审计局对辖区内2013年春季学期农村义务教育学生、2013年秋季学期所有义务教育学生营养改善计划实施情况进行专项审计调查，针对审计（调查）中发现的问题及存在的困难，提出有针对性、可操作性的审计建议。通过对政府收费还贷二级公路新增债务及里程牵头进行审计核实工作，锁定攀枝花市政府收费还贷二级公路截至8月20日的累计债务金额。为偿还有关债务，有效防范和化解潜在风险提供切实依据。（撰稿人：蔡 华）

【巴中市审计局】 2013年，巴中市审计局人员编制42人，在编39人。局长康远奎，副局长苟中珏、李水清、李三荣（4月—），总审计师易旭东，纪检组长刘朝文。设有办公室、法制科、人事教育科、财政审计科、金融审计科、行政事业审计科、社会保障审计科、外资运用审计科、经贸审计科、农业审计科、经济责任审计分局、固定资产投资审计分局和审计信息中心。

审计成果 巴中市审计机关共完成审计项目31个，查出违规金额31684万元，归还原渠道资金5492万元，调账处理金额4984万元，提出审计建议被采纳173条，提交各类审计信息114篇。

财政审计 完成财政税收和市级部门预算执行审计项目8个，查出违纪违规金额12.45亿元，审计期间促进入库土地出让收入2.16亿元、各项税费2325万元。

行政事业审计 组织完成全市农村义务教育学生营养改善计划专项资金审计调查、巴城城市污水处理费和垃圾处理费筹集管理和使用情况专项调查、残疾人保障金审计、保障性住房建设资金和“4·20”芦山地震捐赠款物跟踪等审计事项。

农业资金审计 完成市级12个土地整理项目审计工作，节约建设资金0.78亿元。通过城乡建设用地增减挂钩项目审计，促进新增本级城市建设用地指标8500亩。

固定资产投资审计 参与政府重大工程项目投资建设前期工作，先后对巴城南环线、巴河堤防二期、巴中机场等重点项目的合同、框架协议签订提供参考意见。及时向市委、市政府就进一步完善政府投资项目监管提出建议，促成市政府出台《关于加强政府投资项目监督管理工作的通知》。完成53个政府投资项目竣工决（结）算审计，送审投资总额4.54亿元，通过审计为财政节约建设资金5416万元。完成港澳援助项目竣工决算审计27个，送审投资总额7.17亿元，通过审计审减投资8437万元。

经济责任审计 受市委组织部的委托，对8名领导干部进行经济责任进行审计，查出被审计领导干部所在单位管理不规范金额2900万元，向被审计单位提出严肃财经法纪、规范财务管理、健全内控制度等方面的合理化建议32条。

（撰稿人：李怡玲）

【达州市审计局】 2013年，达州市审计局人员编制42人，在编37人。局长李逢友（—2月）、徐云川（4月—），副局长冯钢（—8月）、王隆琼、张国煌、屈戈林，总审计师蒋普辉。设有办公室、人事科、法制科、内部审计监督指导科、财政审计科、金融审计科、行政事业审计科、农业与资源环保审计科、社会保障审计科、外资运用审计科、固定资产投资审计科、企业审计科、监察室，下属达州市经济责任审计分局、达州市计算机信息审计中心。

审计成果 达州市审计局完成审计项目59个，查出主要问题金额788631万元，其中违规金额23916万元、损失浪费金额5万元、管理不规范金额764710万元；损益（收支）不实金额7559万元；审计处理处罚金额27435万元，其中应上缴财政15985万元、应减少财政拨款或补贴6580万元、应归还原渠道资金17万元、应调账处理金额4810万元；审计发现非金额计量问题42个；审计促进整改落实有关问题金额22618万元，其中增收节支18876万元、已调账处理金额3742万元；审计促进拨付资金到位6万元；审计后挽回（避免）损失7536万元；移送司法机关、纪检监察机关和有关部门处理事项1件；出具审计报告和专项审计调查报告73篇，被批示、采用17篇；提出审计建议167条；提交审计信息46篇，被批示、采用17篇；向社会公告审计结果10篇。

财政审计 完成市本级预算执行及其他财政收支审计项目10个，提出审计建议被采纳32条。

金融审计 完成宣汉县农村信用合作联社2012年度资产、负债和损益审计项目1个，提出审计建议被采纳5条。

行政事业审计 完成达州市第一中学2012年财务收支审计项目5个，查出问题金额1964万元，提出审计建议被采纳18条。

固定资产投资审计 完成城市基础设施建设、国省干道部分路段路基改造和土地整理项目竣工决算审计项目16个，审减政府投资6533万元，提出审计建议被采纳21条。完成对香港、澳门特区政府援助达州市灾后恢复重建项目跟踪审计、公证审计2个，提出审计建议被采纳5条。

社会保障审计 完成市残疾人联合会残疾人保障基金管理情况审计项目4个。决定处理处罚并指明要求纠正资金598万元，提出审计建议意见6条。

企业审计 完成市国有资产经营公司、市级14家国有企业改制启动资金调查等审计项目3个，提出审计建议被采纳7条。

经济责任审计 完成原达县县委书记、县长等经济责任审计项目11个，查出资金管理不规范、损失浪费等问题。提出审计建议被采纳43条。

专项资金审计（调查） 完成市、县、乡三级政府性债务审计等专项审计7个，提出审计整改建议被采纳30条，督促制定和完善规章制度11项。

（撰稿人：张　旭）

【资阳市审计局】 2013年，资阳市审计局人员编制56人，在编53人。局长文富洲，副局长廖念俊、王志友、段有阔、刘小军（8月—），总审计师田碧清，纪检组长王忠。设有办公室、人事科、政策法规科、财政审计科、行政事业审计科、经济责任审计科、农业与资源环保审计科、企业和金融审计科、社会保障审计科、内部审计监督指导科，代管资阳市投资审计中心。资阳市领导干部经济责任审计工作联席会议办公室设在资阳市审计局。

审计成果 资阳市审计机关共完成审计和审计调查项目689个（含工程结算项目，不含委托中介机构审计项目），查出主要问题金额385968万元，审计核减工程投资额66824万元；移送市纪委严重违纪违规案件线索1件；审计提出建议570条，被采纳498条；提交审计专题、综合性报告和信息简报295篇，被批示采用134篇。

财政审计 全市审计132个部门单位，查出预算编报不真实不完整、未按规定纳入预算管理、少计少缴税费、资金滞留闲置、虚列支出等主要问题金额348293万元。其中，市级共审计31个部门单位，查出主要问题金额146539万元，移送严重违纪违规案件线索1件。

固定资产投资审计 全市审计机关完成投资审计项目413个（含工程概结算项目，不含委托中介机构审计项目），送审金额56.06亿元，审计审定项目金额49.38亿元，审减金额6.68亿元，审减率为11.92%。其中，市本级完成审计项目41个（含工程概结算项目，不含委托中介机构审计项目），送审金额15.5亿元，审计审定项目金额14.05亿元，审减金额1.45亿元。

经济责任审计 审计80名领导干部，查出主要问题金额17781万元，主要为负主管责任和领导责任金额，其中违规金额13755万元，管理不规范金额4026万元。

专项资金审计（调查） 全市完成48个专项资金审计项目，审计专项资金额127250万元，查出资金滞留闲置、不落实、不到位等主要问题金额1732万元。其中，市本级审计专项资金额29131万元，查出不落实、不到位金额507万元。

内部审计 与市委、市政府督查室联合开展督查工作，并以市委、市政府督查室名义印发《关于全市内部审计工作情况的督查通报》。全年共举办两期培训班，最多的一次培训达200多人。通过内部审计工作的新实践，进一步发挥内部审计的“一线免疫”作用，有力配合国家审计工作。

（撰稿人：周卫国）

【眉山市审计局】 2013年，眉山市审计局人员编制48人，在编48人。局长彭惠琴，副局长张征、魏聂、兰可、刘志勇，总审计师张亚平，纪检组长万义。设固定资产投资分局，经济责任审计一科、经济责任审计二科、财政金融审计科、行政事业审计科、经贸审计科、农业与社会保障科、法制科、办公室、人事科，下属眉山市审计局直属分局。

审计成果 眉山市审计局完成审计项目49个，查出主要问题金额257968万元，其中违规金额676万元、管理不规范金额257292万元；损益（收支）不实金额172万元；审计处理处罚金额7417万元，其中应上缴财政414万元、应减少财政拨款或补贴3271万元、应归还原渠道资金1414万元、应调账处理金额1337万元；审计发现非金额计量问题56个；审计促进整改落实有关问题金额4484万元，其中增收节支3485万元、已调账处理金额19万元；审计后挽回（避免）损失3271万元；出具审计报告和专项审计调查报告60篇；提出审计建议98条；提交审计信息113篇，被批示、采用92篇；向社会公告审计结果10篇。

财政审计 完成预算执行审计项目14个，财政决算审计项目1个，延伸审计单位429个，出具审计报告15篇，审计查出管理不规范、违规和损失浪费资金等金额共241544万元。

金融审计 完成金融审计项目1个，审计查出违规经营及其他问题金额1621万元。

行政事业审计 完成行政事业审计项目19个，延伸审计单位5个，出具审计报告30篇，审计查出管理不规范、违规和损失浪费等问题金额6736万元。

固定资产投资审计 完成固定资产投资决（结）算审计项目68个，送审投资金额56241.52万元，审计核减金额4723.67万元，审计核减率达8.4%。开展“4·20”芦山地震灾后重建和保障性安居工程审计。

经济责任审计 完成经济责任审计项目11个，查出管理不规范、违规等问题金额共5217万元。《村（社区）干部经济责任审计探索与创新研究》课题调研成果在全省做经验交流。市委常委会首次专题听取经济责任审计工作情况汇报，研究部署经济责任审计工作，并将其作为一项长期坚持的重要制度。

专项资金审计（调查） 完成专项资金审计项目9个，延伸审计单位161个，审计专项资金总额45117万元，出具审计报告9篇，审计查出管理不规范、违规和损失浪费等问题金额4766万元。

（撰稿人：王　超）

【雅安市审计局】 2013年，雅安市审计局人员编制40人，在编33人。局长刘平，副局长郑文翔（4月—）、陈浮（1月—）、江洪，总审计师张晓东（3月—），纪检组长岑进。设有办公室、投资审计分局、经济责任审计分局、人事法规科（监察室）、企业金融科、财政审计科、行政事业审计科、社会保障审计科、农业外资环保审计科。

审计成果 雅安市审计机关全年完成审计（调查）项目1163个，查出违纪违规金额1.7亿元，管理不规范金额15.31亿元，为财政增收1.52亿元，应归还原渠道资金1.25亿元。投资审计核减工程造价3.26亿元。向司法、纪检监察机关移送经济案件线索5件。

财政审计 完成市财政局、市地税局预算执行审计以及市教育局、市经信委、市环保局等部门及其下属单位共10个单位的部门预算执行情况审计。依法代市政府向市人大常委会做《关于雅安市2012年度市级预算执行和其他财政收支的审计工作报告》，并向社会公开，主动接受人大和社会监督。

政府性债务审计 派出8个审计组，抽调142名审计人员，按照"见人、见账、见物，逐笔、逐项"的原则，对8县（区）政府负有偿还责任的债务、政府负有担保责任的债务和政府可能承担一定救助责任的其他相关债务情况进行审计。

固定资产投资审计 完成"5·12"汶川地震灾后重建项目、港澳援建项目，政府投资项目、瀑电库区公路迁复建等工程造价和财务决算审计项目897个，送审总金额36亿元，审减金额3.26亿元。

经济责任审计 开展党政领导干部经济责任审计项目47个，移送案件线索3件，审计查出有问题金额29559.20万元。

抗震救灾审计 雅安市审计机关累计派出审计人员3069人次组成审计组，检查机关单位1312个，物资接受点426个，受灾群众安置点135个、乡镇644个、村社565个。雅安市审计局共组织审计人员159人，累计组成54个审计组，现场审计4770人·天，跟踪检察机关单位166个，乡镇115个、村社273个、农房重建新村聚居点176个，制定出台审计制度办法方案32个。

专项资金审计（调查） 完成农村义务教育学生营养改善计划实施情况、使用正版软件等项目资金的专项审计（调查），组织石棉、芦山、宝兴县审计局完成城市基础设施建设、基层医疗卫生机构、沼气项目、农村公路建设等国外贷（赠）款项目审计。 （撰稿人：曾乐伟）

【阿坝藏族羌族自治州审计局】 2013年，阿坝藏族羌族自治州（以下简称阿坝州）审计局人员编制42人。局长张建（—3月），副局长杨国彬、张泽宇、张忠（—7月，援藏干部），纪检组长罗秀英。设有办公室、复核法制科、经济责任审计科、财政金融审计科、行政事业审计科、经贸审计科、固定资产投资审计科、审计信息科、监察室、固定资产投资审计中心。

审计成果 阿坝州审计机关共审计218个单位，共查出违纪违规金额2337万元，管理不规范金额40268万元，其中已上缴财政2200万元，已减少财政拨款或补贴4014万元，已归还原渠道资金147万元，已调账处理金额1689万元；通过审计挽回（避免）损失28804万元。派出1107个审计组、审计人员3036人次，开展固定资产投资审计，完成政府性投资项目竣工决算审计886个，送审投资金额59.84亿元，审减投资金额5.06亿元，审减率为8.45％。

预算执行审计 加大财政审计力度，全年完成预算执行项目审计44个，查出主要问题金额9066万元。

行政事业审计 重点检查"三公"经费、政府采购事项、部门结余、部门信息化建设支出等情况。

固定资产投资审计 完成政府性投资项目竣工决算审计23个，送审投资额26.05亿元，审减投资额2.04亿元，审减率7.83％。

政府性债务审计 对州本级及全州13个县政府负有偿还责任的债务情况进行审计。

经济责任审计 完成州统计局等州级部门5名领导干部的经济责任审计。

专项资金审计 重点跟踪审计医疗保险基金、最低生活保障资金等方面情况。督促2012年全州社会保障资金审计发现问题整改落实。

授权项目审计 跟踪审计州级和13县民政等53个部门芦山地震捐赠款物；审计调查草原生态、牧民定居行动计划、省级战略性新兴产业发展项目、州属10户森工企业、3个藏传佛教寺庙等有关情况。 （撰稿人：王　宏）

【甘孜藏族自治州审计局】 2013年，甘孜藏族自治州（以下简称甘孜州）审计局人员编制

41人，在编38人。局长辛勤，副局长陈军、唐文瀚（挂职）、吴建刚，总审计师何琼英，纪检组长梁红。设有办公室、监察室、法制科、固定资产投资审计科、财政金融科、企业审计科、农业与资源环保审计科、社会保障审计科、行政事业审计科、经济责任审计分局。

审计成果 甘孜州审计机关完成审计项目688个，查出主要问题金额208726万元，其中违规金额17767万元、管理不规范金额190959万元；损益（收支）不实金额794万元；审计处理处罚金额58156万元，其中应上缴财政4549万元、应减少财政拨款或补贴14906万元、应归还原渠道资金24251万元、应缴纳其他资金3489万元、应调账处理金额10961万元；审计发现非金额计量问题250个；审计促进整改落实有关问题金额23684万元，其中增收节支19962万元、已调账处理金额816万元；审计后挽回（避免）损失23219万元；移送司法机关、纪检监察机关和有关部门处理事项4件；出具审计报告和专项审计调查报告688篇，被批示、采用1篇；提出审计建议1630条；提交审计信息41篇，被批示、采用7篇；向社会公告审计结果2篇。

财政审计 完成对州本级和全州18个县2012年财政预算执行情况及财政决算审计项目121个，审计查出预算编制批复不规范金额19214万元，未按规定征收、缴纳预算收入4867万元，未按规定征收缴纳收入9130万元，预算编报不真实、不完整1364万元，违规改变资金用途21530万元，违规变更调查预算1967万元，其他查处问题金额29837万元。

行政事业审计 完成行政事业单位审计45个（包括经济责任审计项目），查出违规改变资金用途4万元，虚列支出71万元，未落实“收支两条线”和专户管理规定66万元，超标准超计划支出103万元，未按规定纳入预算管理1568万元，虚列支出71万元，其他查处问题金额189万元。

固定资产投资审计 完成固定资产投资审计项目388个，项目总投资419828万元，核减工程结算款22745万元。查出的问题主要有工程价款不实多计17034万元，工程不实少计5631万元，查处其他问题金额1445万元。审计后挽回（避免）损失22745万元。

社会保障审计 完成社会保障审计项目1个，查出问题主要是少征收、缴存社保金额545万元。

企业审计 完成企业审计项目8个（包括经济责任审计项目3个），查处问题金额475万元。

经济责任审计 完成经济责任审计项目51个，审计县级主要领导干部5人、区科级干部46人（其中企业法人3人）。审计查出主要违规金额163万元，其中领导负主管责任金额149万元、负领导责任金额14万元；管理不规范金额4748万元，其中领导负主管责任金额2676万元，负领导责任金额1988万元，负直接责任金额84万元。

专项资金审计（调查） 完成专项资金审计及审计调查项目122个。审计专项审计资金总额1536274万元，审计查出违规改变项目计划和资金用途150万元，虚报冒领3万元，资金滞留闲置185万元，配套资金不落实4334万元，扩大开支范围或提高开支标准675万元，其他查处问题金额2886万元。（撰稿人：甘孜州审计局办公室）

【凉山彝族自治州审计局】 2013年，凉山彝族自治州（以下简称凉山州）审计局人员编制70人，在编70人。局长刘斌，副局长邢琦、李伟玲、伍皎辉、李红（6月—，挂职），纪检组长龙建平。设有办公室、人事科、法规科、财政审计科、外资与金融审计科、固定资产投资审计科、行政事业审计科、农业与资源环保审计科、企业审计科、内部审计指导科、社会保障事业审计科、经济责任直属分局、监察室、信息中心。

审计成果 凉山州审计机关共完成审计项目559个，占年初计划283个的197.53%。审计查出主要问题金额175684万元，其中违规金额30143万元，管理不规范金额145541万元；审计查出收支不实金额12931万元；决定处理处罚、指明要求纠正89801万元；审计促进节支增收14075万元，其中已上缴财政3523万元，已减少财政拨款或补贴4894万元，已归还原渠道资金5658万元。审计还督促缴纳其他资金1012万元和调账处理67693万元；审计后挽回损失16396万元；审计核减为政府节约投资16437万元。移送处理3件3人，其中移送纪检监察机关2件3人，移送有关部门1件。提出审计建议1923条，被采纳1760条；提交审计专题、综合性报告和审计信息595篇，被批示采用281篇。向社会公告审计结果32篇。全年完成的审计项目无行政复议、行政诉讼案件发生。

预算执行审计 对州财政局、州地税局2012年度的预算执行情况进行审计，对省下拨的战略性新兴产业发展专项资金管理使用和州地税局税收综合征管信息化建设的安全、高效、准确性进行审计调查。对州公安局等6个部门预算执行情况进行审计。县（市）审计局也按照财政审计工作方案开展同级财政审计。共查出主要问题金额85583万元，并依法做出相应的处理处罚。

政府性债务审计 根据审计署和省审计厅的统一部署，州审计局派出18个审计组共计投人235人，对州本级和17个县（市）政府性债务情况进行审计。针对政府性债务管理使用中存在的问题，提出建设性的整改建议，引起凉山州委、州人民政府主要领导高度关注，及时出台《凉山州政府性债务管理办法（试行）》，对规范全州政府性债务管理使用，提高举债资金使用效益，防范政府性债务风险等方面发展发挥积极作用。

专项资金审计 开展对保障性安居工程的跟踪审计，实施对农业综合开发资金的管理使用、彝家新寨建设情况、退牧还草、草原生态资金建设等民生专项资金的审计。审计单位128个，涉及资金总额为151650万元，查出主要问题金额2042万元，已做出相应的处理处罚。

固定资产投资审计 注重开展标前审价、注重对重点工程加强跟踪审计、注重工程结算审核，共计审计政府投资项目资金224032万元，涉及单位240个，核减政府投资16437万元，促进政府投资效益的提高。

经济责任审计 共对103名领导干部开展经济责任审计，查出主要问题金额13883万元，其中违规金额2528万元，管理不规范金额11355万元；审计促进财政增收节支550万元，已上缴财政482万元，已归还原渠道资金68万元。

（撰稿人：张保权）

2013年四川省所辖区、县(市)级审计工作统计表

金额单位：万元

审计机关	完成审计项目（个）	审计查出主要问题金额	审计处理情况					出具审计报告和审计调查报告(篇)	提出审计建议(条)	提交审计信息(篇)
			审计处理处罚				移送处理事项(件)			
			应上缴财政	应减少财政拨款或补贴	应归还原渠道资金	应调账处理金额				
成都市										
成都市本级	110	2223709	683		288	4107	3	110	165	9
武侯区审计局	162	20877	725		160	119		162	65	34
青羊区审计局	97	39950	151					97	85	18
锦江区审计局	45	461116					7	45	75	
金牛区审计局	194	25506	527		14	14719	1	194	29	82
成华区审计局	39	27152	1749		9814	11085		39	104	10
龙泉驿区审计局	18	33374	26			2	1	18	55	74
青白江区审计局	18	80168	14390		19			18	45	5
新都区审计局	38	45041	44			197	5	38	207	20
温江区审计局	346	393449	15481	25617	4132	10943	51	346	81	106
都江堰市审计局	76	58038	71		26		6	76	90	40

续表

审计机关	完成审计项目（个）	审计查出主要问题金额	审计处理情况							
			审计处理处罚				移送处理事项（件）	出具审计报告和审计调查报告（篇）	提出审计建议（条）	提交审计信息（篇）
			应上缴财政	应减少财政拨款或补贴	应归还原渠道资金	应调账处理金额				
彭州市审计局	383	96419	38				2	383	108	50
邛崃市审计局	208	14432	5101		32	49	3	208	218	
崇州市审计局	30	17946	8			230	1	30	14	1
金堂县审计局	138	24308	2081		22		10	138	65	207
双流县审计局	137	297453	7203		73			137	60	39
郫县审计局	96	206715	98791		12			96	36	77
大邑县审计局	60	33617	1910		687			60	79	
蒲江县审计局	135	6434						135	68	36
新津县审计局	11	25841						11	17	30
高新区审计局	391	4374	15					391	69	4
广元市										
广元市本级	135	29194	1611	14593	73	1238	1	55	93	89
利州区审计局	218	17680	173	9236	485	2936		224	269	121
昭化区审计局	85	9941	154	1243	609	429		44	209	24
朝天区审计局	189	10005		9531	46	57		20	201	114
旺苍县审计局	37	7665		3039	474	557		37	165	54
青川县审计局	338	13065	249	11521	115	1134	11693	338	1644	61
剑阁县审计局	179	18561	466	11124	1299	589	14	63	482	24
苍溪县审计局	59	1862	168	675	639	178		59	145	12
绵阳市										
绵阳市本级	175	602971	127			1482	3	175	334	24
涪城区审计局	118	71050	813			10279		118	47	80
游仙区审计局	41	39450			4			41	271	21
江油市审计局	56	205961	1136				1	56	91	56
三台县审计局	137	113222	4352	49	252	464		137	235	5
盐亭县审计局	124	77657	143		85	21		124	130	14
安县审计局	381	30125	856		15		2	381	42	96
梓潼县审计局	34	12145	5		2			34	80	11
北川羌族自治县审计局	73	25606	3730		389	10291		73	362	16
平武县审计局	189	11682	220					189	486	65
德阳市										
德阳市本级	76	401554	1037		430	5643	4	76	193	151

续表

审计机关	完成审计项目（个）	审计查出主要问题金额	审计处理情况					出具审计报告和审计调查报告（篇）	提出审计建议（条）	提交审计信息（篇）
			审计处理处罚				移送处理事项（件）			
			应上缴财政	应减少财政拨款或补贴	应归还原渠道资金	应调账处理金额				
旌阳区审计局	23	36759	127		124	8133		23	72	70
什邡市审计局	38	60840	6814	2893	2159	1783		38	123	158
广汉市审计局	29	20168	147	850	27	3222		32	49	47
绵竹市审计局	21	110720	260		22	5030		21	75	36
罗江县审计局	45	131820	18	628		434		48	72	86
中江县审计局	25	349518		250	340	41	1	30	65	9
德阳经开区审计局	3	6041	7			3146		3	23	
南充市										
南充市本级	197	728216	10706	22533	44734	1369	4	206	207	63
顺庆区审计局	126	109833	47	8474	15	1367		130	153	
高坪区审计局	151	124415	19518	3824		2034	1	168	255	
嘉陵区审计局	36	11900	6	5922		269		39	106	
阆中市审计局	43	15443	28	4606	1626	3492	1	48	166	39
南部县审计局	136	89571	485	12220	314			141	105	57
营山县审计局	188	12601	19	3796			1	198	1054	24
蓬安县审计局	126	4422	9	2160	20	38		132	145	
仪陇县审计局	146	68553	426	3341	693	1396		151	202	13
西充县审计局	67	55457	132	7781	40		2	81	110	12
广安市										
广安市本级	65	334422	6048	2747	1862	3179	4	65	88	72
广安区审计局	73	125883	12518	2131	1083	67402	2	73	130	41
前锋区审计局	7	341	30	6	226	5		7	6	6
华蓥市审计局	81	17434	1426		2455	2516	2	81	419	46
岳池县审计局	113	29536	82		2267	4463	4	113	203	69
武胜县审计局	102	39000	35	1990	38	3175	1	102	89	33
邻水县审计局	146	30505	18844	5436	15			146	193	110
遂宁市										
遂宁市本级	30	260261	42686	4151	439	25243	3	30	84	182
船山区审计局	20	126746		435	1415	2173		20	52	12
安居区审计局	19	3349	61	1549	155	1199		19	61	84
蓬溪县审计局	17	62914	472		28	347		17	79	50
射洪县审计局	71	86354	109	1554	110	5151		71	161	66

续表

审计机关	完成审计项目（个）	审计查出主要问题金额	审计处理情况					出具审计报告和审计调查报告（篇）	提出审计建议（条）	提交审计信息（篇）
			审计处理处罚				移送处理事项（件）			
			应上缴财政	应减少财政拨款或补贴	应归还原渠道资金	应调账处理金额				
大英县审计局	11	73248	72	26	195	76		11	60	15
内江市										
内江市本级	43	323441	93	1	184	12833	4	43	141	89
市中区审计局	18	37644	22442		289	12439		18	102	12
东兴区审计局	33	55824	4		18	1405		33	190	33
威远县审计局	44	53539	183		78	2281	2	44	108	135
资中县审计局	48	32377	174	11	252	2694	3	48	262	38
隆昌县审计局	28	160502	513		24	2264	1	28	172	69
乐山市										
乐山市本级	42	369072	30	2942	9059	23047		47	134	34
市中区审计局	18	7272	1	183	17			22	40	33
沙湾区审计局	51	6101	281	1930	2004	271		59	149	51
五通桥区审计局	31	23259	14213	2336	418	1451		31	16	
金口河区审计局	39	774	535	219	16			39		
峨眉山市审计局	20	25568	2	312		123		23	52	22
犍为县审计局	43	5064		1762		447		59	128	
井研县审计局	33	67037		391				33	77	
夹江县审计局	25	11486	51		2264	1343		31	78	
沐川县审计局	88	1667		1647				86	273	
峨边彝族自治县审计局	28	9925	2199	1052		1035		30	128	12
马边彝族自治县审计局	54	4125		160	122	1349		55	31	15
自贡市										
自贡市本级	51	41381	7966	3802	1793	5581		53	123	99
自流井区审计局	84	73487	2083	1142	35858	32191		87	119	20
大安区审计局	23	14005	13079	49		773		31	82	18
贡井区审计局	94	6690	6	2754		3299		99	60	23
沿滩区审计局	12	17362	3961	61	13290	49		12	42	14
荣县审计局	161	15898	633	1837	2450	4493	2	176	111	45
富顺县审计局	102	112917	21475	3476	166	83579		118	213	46
泸州市										
泸州市本级	44	67183	26386		3104	2163	3	53	122	89

续表

审计机关	完成审计项目（个）	审计查出主要问题金额	审计处理情况					出具审计报告和审计调查报告（篇）	提出审计建议（条）	提交审计信息（篇）
			审计处理处罚				移送处理事项（件）			
			应上缴财政	应减少财政拨款或补贴	应归还原渠道资金	应调账处理金额				
江阳区审计局	19	156970	88		94	675	1	20	70	81
纳溪区审计局	25	7949	158		2465	3614	1	25	29	8
龙马潭区审计局	16	7849	624	60	429	3099	2	16	54	134
泸县审计局	25	41834	114	3	14	505	1	25	89	48
合江县审计局	25	13985	21	1	1	5936	1	25	88	14
叙永县审计局	23	26731	729		8	18	3	30	82	37
古蔺县审计局	21	164578	48836		118	114916	1	21	59	15
宜宾市										
宜宾市本级	63	1180106	26178		2651	192713	17	68	179	128
翠屏区审计局	85	27525	10410	5312	89	9960	2	85	59	5
南溪区审计局	54	13322	3641	3692	76	546	7	62	109	73
宜宾县审计局	43	15495	8307	597		1101	4	49	72	28
江安县审计局	49	8285	1189	2504	73	326	5	52	91	31
长宁县审计局	35	9336	22	79	51	9111	5	35	84	6
高县审计局	42	14828	536	243	68	26	6	42	73	57
筠连县审计局	36	3853	402		50	521	1	46	36	81
珙县审计局	56	12950	2599		2377	836	3	71	151	135
兴文县审计局	40	45309	19	291	946	43983	2	40	141	86
屏山县审计局	28	52286	21		5	1973		29	113	4
攀枝花市										
攀枝花市本级	56	32675	8		13038	16534		56	175	86
东区审计局	21	2954	30		28	1975		21	78	4
西区审计局	16	2342	64	638		1640		16	36	2
仁和区审计局	35	531	129	180	9	59		35	90	9
米易县审计局	25	34949	79	93		32		25	67	12
盐边县审计局	30	11515	3501		172	5557		30	177	5
巴中市										
巴中市本级	31	31684	30698		5492	4984	2	31	173	114
巴州区审计局	26	4467	4302		14612	2147	1	26	124	82
通江县审计局	21	84158	19					21	115	15
南江县审计局	235	2066	227		2628	16924		235	761	262
平昌县审计局	21	2575	276		105402	53500		21	137	57

续表

审计机关	完成审计项目(个)	审计查出主要问题金额	审计处理情况					出具审计报告和审计调查报告(篇)	提出审计建议(条)	提交审计信息(篇)
			审计处理处罚				移送处理事项(件)			
			应上缴财政	应减少财政拨款或补贴	应归还原渠道资金	应调账处理金额				
达州市										
达州市本级	59	788631	15985	6580	17	4810		67	167	46
通川区审计局	32	30876	1166	2594	1273	25551		32	133	5
达川区审计局	23	147751	11	5648	9914	109457	2	27	59	1
万源市审计局	25	168385	283	2	46486	3648	1	35	109	30
宣汉县审计局	46	126160	99	2236	8	140		63	351	
开江县审计局	29	2237	14		655	1021		29	85	24
大竹县审计局	48	100002	3800	5764	1	2135	5	59	259	79
渠县审计局	14	33159	89		2830	3	1	14	41	1
资阳市										
资阳市本级	42	147869	732		1493	1162	1	57	149	88
雁江区审计局	34	91661	105	19884	22	28		49	113	66
简阳市审计局	105	142083	305	12584		62112		105	229	48
乐至县审计局	51	1499	25	1241	123	13		51	13	43
安岳县审计局	44	5232	790	38		3514		44	66	50
眉山市										
眉山市本级	49	257968	414	3271	1414	1337		60	98	113
东坡区审计局	48	5502	11	1402	275	2567	1	54	46	38
仁寿县审计局	23	146530	11998	2697	127010	996	2	35	42	15
彭山县审计局	23	67668	29103	774	6687	16843	2	34	95	43
洪雅县审计局	15	44080	1502	89	15443	26164	1	23	40	17
丹棱县审计局	20	80431	14246	567		2250		29	49	15
青神县审计局	42	22401		595				52	116	7
雅安市										
雅安市本级	36	24042	4		4576	14772	3	36	171	352
雨城区审计局	15	30315	297		698	298		15	64	144
名山区审计局	18	4885	143		1495	134		18	55	62
荥经县审计局	25	24843	2479	1118	311	7911		25	138	
汉源县审计局	22	7893	2			7890	1	22	214	9
石棉县审计局	23	2758	408			161		23	136	39
天全县审计局	16	43183	31	38	25	264		16	49	13
芦山县审计局	14	10452			5722	460	1	13	45	14

续表

审计机关	完成审计项目（个）	审计查出主要问题金额	审计处理情况					出具审计报告和审计调查报告（篇）	提出审计建议（条）	提交审计信息（篇）
			审计处理处罚				移送处理事项（件）			
			应上缴财政	应减少财政拨款或补贴	应归还原渠道资金	应调账处理金额				
宝兴县审计局	19	18511	622	234		7		19	75	
阿坝藏族羌族自治州										
阿坝藏族自治州本级	47	14890	3	10487	75	132		52	105	59
马尔康县审计局	13	705	1	527		1		13	35	
汶川县审计局	16	6520	55	6121	31	265		20	62	13
理县审计局	10	3441	57					12	22	
茂县审计局	8	9522		9522				8	126	2
松潘县审计局	22	8225	210	6793	13	1151		31	34	146
九寨沟县审计局	30	1585	1129	293	1	160		32	61	6
金川县审计局	18	1128	615	467	45			18	45	17
小金县审计局	13	54			54			13	27	
黑水县审计局	11	6	6					11	17	
壤塘县审计局	9	1006		35		25		11	27	4
阿坝县审计局	12	1116			1	13		12	15	
若尔盖县审计局	20	245		221		23		27	38	
红原县审计局	10	341	183					10	24	
甘孜藏族自治州										
甘孜藏族自治州本级	63	120828	2636	13543	23730	801	4	63	189	13
康定县审计局	24	2277	8	201				24	115	10
泸定县审计局	30	6889			40	2		30	137	
丹巴县审计局	21	1409		108		1123		21	17	
九龙县审计局	48	1058	3	245				48	42	
雅江县审计局	28	9904	890	67		8946		28	20	
道孚县审计局	108	19311	3		15	74		108	188	
炉霍县审计局	16	351			11			16	39	12
甘孜县审计局	37	525	67		10			37	108	
新龙县审计局	12	7786	660		13	11		12	32	
德格县审计局	13	108						13	35	
白玉县审计局	27	2963						27	239	5
石渠县审计局	22	330						22	41	

续表

审计机关	完成审计项目（个）	审计查出主要问题金额	审计处理情况					出具审计报告和审计调查报告（篇）	提出审计建议（条）	提交审计信息（篇）
			审计处理处罚				移送处理事项（件）			
			应上缴财政	应减少财政拨款或补贴	应归还原渠道资金	应调账处理金额				
色达县审计局	80	1000	1					80	76	
理塘县审计局	7	1						7	2	
巴塘县审计局	35	7367	10	15				35	66	
乡城县审计局	26	7267	6	724	130			26	56	
稻城县审计局	35	3592	238		300			35	141	1
得荣县审计局	56	15743	22			1		56	87	
凉山彝族自治州										
凉山彝族自治州本级	56	27237	1260		153	2897	1	56	176	120
西昌市审计局	83	21881	324		3	8707		83	151	141
盐源县审计局	31	27296	287	23	2190	24642		31	65	10
德昌县审计局	44	4881	55	3012	2	1607		44	279	62
会理县审计局	15	2771	44	92	3	1550	1	15	116	59
会东县审计局	45	5715	160	1884		11		45	78	36
宁南县审计局	30	11562	639	478		205		30	150	30
普格县审计局	25	14294		23	358	12560		25	84	
布拖县审计局	15	1054	3	31				15	41	
金阳县审计局	17	2015	270	128	401	49		17	36	14
昭觉县审计局	21	2956	300		3	211		21	61	6
喜德县审计局	23	2375	625		15	1034		23	125	20
冕宁县审计局	13	7996	61		203	313		13	30	19
越西县审计局	81	8775	13	1018	2211	4078		81	174	
甘洛县审计局	32	1213	46	414	2	12		32	51	22
美姑县审计局	16	12729	26	58	5	10571		16	65	
雷波县审计局	20	246	22	20	89	111		20	86	2
木里藏族自治县审计局	33	22961	978	156	141	2799		33	139	27

贵州省

【贵州省审计厅】 2013 年，贵州省审计厅人员编制 217 人，在编 160 人。设有办公室、法规处、财政审计处、行政事业审计处、农业与资源环保审计处、金融审计处、企业审计处、社会保障审计处、外资运用审计处、人事处、机关党委、离退休干部处；下辖贵州省经济责任审计局和固定资产投资审计局，其中经济责任审计局设 3 个处，固定资产投资审计局设 2 个处；另设有发展统计审计处、国资及经济和信息审计处、教育审计处、科技审计处、政法民（族）宗（教）审计处、国土环保审计处、人力资源民政审计处、建设审计处、交通审计处、农林水审计处、文体卫新闻审计处、经济执法及外事旅游审计处；下设政府投资审计中心、审计培训中心、审计信息中心、服务中心。

领导成员

厅　　长：张如飞

副 厅 长：黄启明（—5月）　游明进

　　　　　卢　伟　孙福强

总审计师：李　凌（5月—）

专职纪检监察员：张　杰

审计成果　全省审计机关全年审计或审计调查3596个单位，查出问题金额934.56亿元，其中违规金额79.43亿元、管理不规范金额855.04亿元；损失浪费金额938万元，促进增收节支43.07亿元，核减工程投资41.97亿元，移送案件线索和事项101件、涉及人员175人。

政府性债务审计　根据国务院和省政府安排，在审计署统一领导下，组织全省审计机关共派出148个审计组投入上千人，对除贵阳市外8个市（州）、78个县（区、市）的政府性债务情况进行审计，贵阳市审计局配合审计署昆明特派员办事处对贵阳市及其辖区（市、县）债务情况进行审计。通过审计，摸清全省债务的规模、结构及增减变化情况，揭示部分地方政府在债务举借、管理、使用和债务工程项目建设等方面存在的问题，提出加强债务管理、化解债务风险等审计建议，为省委、省政府领导制定改革发展政策和进行宏观调控提供决策依据。

财政审计　全省完成预算执行审计468个，财政决算审计173个，查出问题金额442.10亿元。根据中央八项规定和省委十项规定，审计中对“三公”经费和会议费预算和执行情况给予重点关注，省审计厅对15个省直单位进行“三公”经费审计，审计结果表明被审计单位“三公”经费比上年整体下降。遵义市对桐梓县开展决算审计，查出挪用抚恤补助金309万元用于“三公”支出等，该问题已移交市纪委立案调查。黔南布依族苗族自治州对三都水族自治县开展财政决算与县长经济责任同步审计，查出涉嫌侵吞公款线索，移送州纪委调查，已批捕2人，收缴赃款136万元。全省各级审计机关着力检查财政资金分配、拨付、管理及使用情况，充分关注财政资金的预算编制和管理，较好地发挥了审计工作的建设性作用。厅长张如飞受省政府委托，向省十一届人大常委会做审计工作报告及审计整改情况报告，得到省人大常委会的充分肯定，审计工作得到社会各界的广泛关注。

固定资产投资审计　全省完成投资审计1979个，核减投资额41.97亿元。省审计厅对镇胜高速公路等9个政府重点投资项目进行审计，共核减投资额2.96亿元，其中镇胜高速公路竣工决算审计核减2.13亿元、省检察院综合办公大楼外环境工程审计核减率达54%。贵阳市对南明河环境综合整治等5个投资额大的重点工程开展跟踪审计，核减投资3.2亿元。加强投资审计制度体系建设，省审计厅制定《政府投资项目审计操作规程》；六盘水市、铜仁市、黔西南州等地积极推动地方政府出台市（州）层面的投资审计管理办法，进一步规范政府投资的相关工作。

城镇保障性安居工程　根据审计署统一部署，派出99个审计组，对省本级、9个市（州）本级和88个县（区、市）2012年561个保障性安居工程项目的开工情况、405个项目的竣工情况、685个项目的工程建设和质量管理情况进行审计。摸清全省城镇保障性安居工程的住房保障情况、目标任务完成情况、工程资金筹集使用情况，房源筹集使用情况。审计表明，贵州省住房保障体系基本建立，住房保障水平不断提高，城镇新增人口的住房困难得到缓解，保障性安居工程投资规模不断加大，住房供需结构得到改善。但是有的地方还存在管理不到位不规范等问题。审计提出科学编制建设规划和年度实施计划；积极筹措资金，规范资金管理；强化法规意识，规范项目管理；进一步完善信息及信用体系；建立健全统一的居民个人信用系统和保障性住房信息系统；进一步完善科学的准入退出机制；进一步完善保障性住房后续运行管理机制等建议。

灾后重建跟踪审计　省审计厅组织对威宁县和赫章县的灾后重建工作进行跟踪审计，抽查审计或审计调查27家相关单位、37个受灾乡镇、74个村，走访224户受灾群众，涉及抗震救灾资金24037.83万元。审计结果表明，救灾资金和物资基本做到筹集合法有序，救灾资金拨付、使用和物资发放情况较好，未发现重大违法违规问题，但存在下拨或发放应急救灾款物不及时、部分灾后重建项目建设缓慢、救灾捐赠资金多头管理安排使用绩效不高、财务管理不规范等需要进一步改进和完善的地方。

外资运用审计　根据审计署安排，组织9个外资运用项目审计，查出违规金额1.57亿元。审计重点揭示国外贷援款项目资金整体概况和效益情况，如实披露项目执行中存在的违反国家法规和国外贷援款项目协定，以及内部控制存在重大缺陷等问题，促进外资项目经济社会效益不断提高，保障国外贷援款提款报账工作的顺利进行。特别是松桃县日元贷款楠竹项目中的管理混乱、资金挪用严重问题，引起省领导的高度重视，分别做出重要批示，责成有关部门认真整改。

煤炭价格调节基金审计　对贵州省煤炭价格调节基金管理委员会办公室管理的省级煤炭价格调节基金（以下简称省级煤调基金）2011年10月至2012年12月的收支情况进行审计调查。对由贵州省物价局管理的原煤炭价格调节基金委员会财务收支情况进行延伸审计，并委托会计师事务所对全省除铜仁市外的其余8个市（州）30个重点产煤县（市、区、特区）的省级煤调基金征缴情况进行延伸审计。查出应收未收煤调资金20.34亿元问题，将已收未缴省财政的5.52亿元收缴省级财政。审计发现部分市（州）存在自行制定征收标准及方式、擅自停征减征煤调基金，违规设置过渡账户，截留、延压、挪用应上缴的省级煤调基金等问题，提出相关建议。

第九届泛珠大会与第三届酒博会财务收支审计　省审计厅对第九届泛珠三角区域合作与发展论坛暨经贸洽谈会筹委会（以下简称泛珠大会）、第三届中国（贵州）国际酒博会执委会（以下简称酒博会）财务收支进行审计，审计结果表明，泛珠大会、酒博会在举办过程中基本做到节俭办会。但审计也发现，泛珠大会存在未按规定执行政府采购程序，大会所用计算机等资产管理分散，且未明确产权归属等问题；酒博会存在部分支出报销手续不够完善，部分物资未完全用于酒博会，招商招展政策不够完善等问题。审计提出进一步推进市场化运作、加强资产及物资管理，加强部门间的沟通、协作等建议。

“户户通”工程跟踪审计　组织全省审计机关对全省直播卫星“户户通”工程建设情况开展跟踪审计工作，并派出7个检查组，分别对遵义市、安顺市、黔南州、黔东南州、铜仁市、毕节市、黔西南州等7个市（州），14个县（市、区）直播卫星“户户通”工程建设情况开展中期检查和督导工作。实地调查走访152户受益农户，通过采取座谈、查看资料、入户调查等方式，对直播卫星“户户通”工程安装情况、资金缴纳情况、售后服务、农户出资等事项进行深入检查。审计显示，截至5月16日，以上7市（州）及所属县（区、市、特区）基本按照工程建设计划实施建设，已完成“户户通”设备安装总任务的55.19%；配套资金到位11668.108万元，占市（州）县（市）财政应配套资金和农户应承担资金总和的46.59%、占市（州）级和县（市）级财政配套资金62.04%、占受益农户应承担资金到位38.87%。针对检查中发现的问题，及时向省广电局进行反馈，提出对“户户通”“村村通”和行政村有线电视联网延伸覆盖工程有机衔接，制定和完善相关政策和措施，确保“户户通”工程实现“长期通”，城乡广播电视公共服务全覆盖应采取政府补助、市场运作模式等审计建议。

经济责任审计　全省审计党政领导干部和企事业单位领导人员420人，查出主要问题金额125.68亿元，管理不规范金额67.86亿元，向纪检监察机关移送涉嫌个人经济问题人员18人。省审计厅实施完成8名党政领导干部经济责任审计。其中，在贵州赤天化集团有限责任公司董事长经济责任审计中，查出投资决策存在失误或不当造成亏损或损失、项目建设中未按规定进行公开招投标导致国有资产损失、涉嫌编造虚假业务资料及伪造发票套取国家资金和私设“小金库”等问题。对涉嫌违纪或违法的问题，依法移送司法机关、纪检监察机关、税务机关及主管部门依法处理。审计查出的问题引起省领导高度重视，责成相关部门进行整改。各地也在深化经济责任审计、完善管理制度建设方面做出大量工作和积极探索。遵义市、毕节市、铜仁市对5个县开展党政领导干部同步审计，贵阳市制定《经济责任审计工作规则》，明确经济责任审计联席会议的运行机制和六部门的工作职责，进一步推进经济责任审计工作的有序开展。

领导干部自然资源资产责任审计 认真贯彻落实省委十一届四次全会关于探索领导干部自然资源资产责任审计的部署，12月9日成立自然资源资产责任审计工作领导小组，厅长张如飞任组长，其他厅领导为领导小组成员，相关业务处室负责人为办公室成员。围绕促进生态文明建设，在全国先行先试，组织开展对荔波县、赤水市自然资源资产责任审计试点工作，并联合高等院校、科研机构和有关部门参与，共同探索研究实施自然资源资产责任审计的方式方法，进一步健全和完善领导干部经济责任审计工作。

队伍建设 一是认真执行《党政领导干部选拔任用工作条例》和《干部选拔任用四项监督制度》，坚持公开、公平、公正的原则，通过竞争上岗完成5名处级非领导干部、2名处级领导干部的选拔任用工作；通过公开招考完成1人的干部任用工作；通过公开招聘完成3人的录用工作。二是积极推进审计队伍专业化建设，与省人力资源社会保障厅联合制定《贵州省审计专业领军人才选拔管理办法》（以下简称《办法》）。《办法》从选拔标准、培养路径、选拔的方法和程序、管理和待遇等方面对审计专业领军人才选拔管理做出具体的规定，促进审计专业领军人才培养、选拔、管理的规范化、科学化。将审计专业领军人才在全国率先作为享受正高级专家待遇的高层次审计专业人才进行管理，进一步推进全省审计队伍的专业化建设。全年评选出省审计厅审计领军人才7人、审计骨干人才9人，至此，全省共有审计领军人才10人、审计骨干人才17人。三是积极组织审计专业技术职称考试和全省高级审计师评审工作。经过考试和评审，有93人取得初、中级合格证书，9人取得高级合格证书，10人取得高级审计师合格证书。

质量建设 组织省审计厅审计领军人才、骨干人才和市（州）审计局法制机构负责人及业务骨干等30余人对全省9个市（州）审计质量进行检查，总结取得的经验和成效，查找出存在的问题并进行认真整改，加大对审计成果的运用，发挥审计建设性作用，促进依法审计能力进一步加强。组织对全省各级审计人员130人进行审计执法培训，加强审计法律法规的学习和依法行政能力的提高。组织开展全省优秀审计项目评选活动，共评选出优秀审计项目和表彰项目16个，其中省审计厅6个，各市州审计机关10个。组织部分案例进行交流演示，充分发挥优秀审计案例的示范作用。

制度建设 结合党的群众路线教育实践活动，对近年来建立的管理制度进行全面清理，共清理制度128个，其中反对“四风”方面73个，审计工作方面55个。目前正修订制度26个，废止制度12个，新建制度8个，健全完善后将长期贯彻执行的制度共124个，切实将教育实践活动取得的成效转化为长效机制。

信息化建设 积极完成贵州省金审工程三期建设的前期工作，编制贵州省金审三期工程项目建设方案，经与省财政厅、省发改委协商，分别得到该工程的资金承诺和立项承诺，为该工程的顺利实施打下基础。建设覆盖省审计厅及9个市（州）审计局的审计业务视频培训系统，实时转发审计署、省审计厅视频会议、培训的内容，提高培训资源的利用率和覆盖面；同时实现异地审计组或审计机关之间的沟通、协调和资源共享，做到异地协同工作。积极组织完成全省审计OA系统等保三级测评备案工作。派出专业技术人员分赴黔东南州、铜仁市、遵义市进行AO认证考前培训工作，推广计算机审计技术在审计工作中广泛运用，进一步提高审计工作效率。

省领导到省审计厅调研 5月3日，贵州省委常委、常务副省长谌贻琴一行到省审计厅调研指导工作，与厅机关处级以上干部进行交流座谈。谌贻琴充分肯定审计工作取得的成绩，她指出省委、省政府对审计工作是充分肯定的。近年来无论是班子的团结协作，还是干部的实干奉献，无论是审计信息化的水平提高，还是对“八不准”审计纪律的严格遵守，都得到广泛认同，在省直目标绩效考核中连续7年获得优秀等次。同时，积极加强与审计署及有关特派办的沟通联系，努力争取支持，协调处理问题，为促进地方经济社会发展做出积极贡献。

审计机关成立30周年纪念活动 10月24日是贵州省审计机关成立30周年的日子，省审计厅全面贯彻落实中央八项规定和省委十项规定，坚持廉洁、节约的原则，召开简短而有意义的总结会，厅领导和机关干部职工及离退休老干部180余人参加座谈会。30年来，全省审计机关全面忠实地履行审计监督职责，共审计8.8万个（次）单位，查处违规金额482亿元，通过审计为财政增收节支250亿元，移送违法违纪事项和犯罪案件线索686件，涉案人数923人。审计在维护财经秩序、加强廉政建设、推进依法行政、促进深化改革、推动完善贵州区域治理和促进经济社会发展等方面发挥积极作用。

开展纪念审计机关成立30周年征文活动，全省各级审计机关内部审计机构及审计人员共报送79篇论文，评审出一等奖3篇，二等奖5篇，三等奖10篇。获奖论文与其他优秀论文收入《纪念审计机关成立30周年征文汇编》，以进一步推广审计理论研究成果。

政风行风热线直播 1月8—9日，副厅长孙福强率相关处室负参与“阳光946”政风行风热线直播节目，对审计相关话题与听众互动交流，就大家提出的征地拆迁补偿、危房改造、各种惠农补贴、保障性住房等与老百姓切身利益密切相关的资金如何进行监督问题一一解答。连续两天的节目共收到听众打入热线电话38个，现场解答问题12个，对宣传审计工作和扩大审计成果影响起到极大的作用。（撰稿人：陈迎春）

【贵阳市审计局】 2013年，贵阳市审计局人员编制109人，在编95人。局长刘晓萍，副局长周毅（—5月）、罗继荣、王雄伟，总审计师朱云进，纪检组长向静。设有固定资产投资审计处、财政审计处、经济责任审计处、人事处、法制处、行政事业审计处、农业与资源环保审计处、社会保障审计处、外资运用审计处、金融处、计算机审计处、经贸审计处、办公室、监察室。

审计成果 贵阳市审计机关完成审计项目185个，查出主要问题金额903051万元，其中违规金额24058万元、损失浪费金额21万元、管理不规范金额878970万元；损益（收支）不实金额136025万元；审计处理处罚金额328952万元，其中应上缴财政9190万元、应减少财政拨款或补贴10万元、应归还原渠道资金205754万元、应调账处理金额94727万元；审计发现非金额计量问题191个；审计促进整改落实有关问题金额82万元，增收节支3499万元、已调账处理金额10652万元；审计促进拨付资金到位92万元。移送司法机关、纪检监察机关和有关部门处理事项2件；出具审计报告和专项审计调查报告198篇，被批示、采用2篇；提出审计建议480条，提交审计信息827篇，被批示、采用174篇。

财政审计 贵阳市审计机关完成财政审计180个，查出各类问题金额859334万元。贵阳市政府主要领导对“同级审”工作高度重视，专门做出重要批示，要求各分管副市长和相关部门高度重视审计工作中发现的问题和提出的建议，并认真实施整改。贵阳市各部门、各单位对审计报告和审计决定中提出的问题、意见和建议以及处理处罚决定十分重视，从积极抓整改落实，成效明显。市审计局还根据中央厉行节约的要求和上级审计机关的工作部署，结合“同级审”工作对13家部门（单位）的“三公”经费进行检查，并对贵阳市2013年“两会”和贵阳市协办的第十五届中国科协年会等会议及重大活动的经费使用情况进行专项审计调查。

行政事业审计 贵阳市审计机关共完成行政事业类审计项目44项，共查出各类问题金额141699万元，通过审计，促进行政事业单位不断完善内部财务管理。

农业与资源环保审计 贵阳市审计机关完成农业与资源环保类审计项目8个，审计查出问题金额13077万元，其中违规金额2万元、管理不规范金额13075万元，非金额计量问题12个，应归还原渠道资金2万元，应调账处理资金17万元，移送主管部门处理1件，涉嫌违法违规金额2万元。

社会保障审计 贵阳市审计机关完成社会保险类审计项目1个，共查出各类问题金额749万元，通过审计促进被审计单位不断完善内部财务管理。

固定资产投资审计 贵阳市审计机关完成政府交办投资项目审计1164个，审计总金额345259万元，核减投资、减少财政资金支出42219万元。下属市审计评审中心共接收审计评审项目715个，完成项目评审627个，核减率为9.95%。审计重点检查和揭露项目建设中存在违法违规问题，保障建设资金安全，促进提高资金使用效益，为贵阳市政府和有关职能部门投资项目决策提供及时、科学、专业的依据，充分发挥审计为保障经济健康运行的“免疫系统”功能。

企业审计 按照贵阳市政府要求，完成对贵阳市5家发行债券的投融资平台公司2010—2012年发行债券筹集资金使用情况进行审计调查，基本摸清企业债券发行种类和规模、抵押担保情况、筹资费用、实际到位资金、资金投向和使用、还款来源等情况，促进企业加强和规范债券资金发行、使用和管理工作，提高债券资金的使用效益。

经济责任审计 贵阳市审计机关共完成经济责任审计项目38个，查出违规金额408万元，管理不规范金额183261万元。市审计局根据市委组织部的委托，开展对白云区政府、市发展和改革委员会、市国有资产监督管理委员会、市公积金管理中心、市民政局、市三江劳教所、市第六人民医院、市第三人民医院、贵州华能焦化股份有限公司等9个单位现任或原任主要领导干部的经济责任进行审计，为进一步促进领导干部依法履职，廉洁从政发挥积极作用。

专项资金审计（调查） 市审计局开展对全市城镇保障性住房、节能减排重大示范项目、扶贫资金、贵阳市2013年元旦、春节送温暖资金、全市中小学校舍安全工程资金、金竹镇水淹区农民粮食价差及费用情况、贵阳市第一次全国水利普查工作经费、受灾困难群众冬春生活救助资金、福利彩票公益金等项目和资金的专项审计及审计调查。（撰稿人：潘维颖）

【六盘水市审计局】 2013年，六盘水市审计局人员编制53人，在编52人。局长李文旭（—10月）、代云盘（10月—），副局长李成培、董巍娜，总审计师卢德正，纪检组长邵建梅。设有办公室、政策法规科、财政审计科、行政事业审计一科、行政事业审计二科、农业与资源环保审计科、固定资产投资审计一科、固定资产投资审计二科、金融与外资审计科、经济责任审计一科、经济责任审计二科、企业审计科、社会保障审计科、六盘水市政府投资审计中心。

审计成果 六盘水市审计机关完成审计项目167个，查出主要问题金额2329401万元，其中违规金额25802万元、损失浪费金额47万元、管理不规范金额2303554万元；损益（收支）不实金额51961万元；审计处理处罚金额74770万元，其中应上缴财政4787万元、应减少财政拨款或补贴15613万元、应归还原渠道资金36199万元、应调账处理金额17661万元；审计发现非金额计量问题115个；审计促进整改落实有关问题金额34692万元，其中增收节支21756万元、已调账处理金额12460万元；审计后挽回（避免）损失34473万元；移送司法机关、纪检监察机关和有关部门处理事项2件；出具审计报告和专项审计调查报告167篇，被批示、采用29篇；提出审计建议332条；提交审计信息274篇，被批示、采用174篇。

财政审计 全年完成27个部门和单位预算执行审计，4个单位的财政决算审计，揭示预算编报不真实、不完整8270万元，未按规定征收缴纳收入2109万元，未落实“收支两条线”和专户管理规定1532万元，资金滞留闲置68468万元，违规出借财政资金5304万元、会计核算不实10959万元等问题。市审计局受市人民政府委托，在市七届人大常委会第十一次会议上做2012年市级预算执行和其他财政收支审计情况工作报告，获高票通过。

行政事业审计 全市审计机关完成行政事业单位审计27个，查出主要问题金额342007万元，揭示未按规定征收缴纳收入14969万元，违规变更调整预算60496万元等问题。

专项资金审计（调查） 完成专项资金审计项目18个，审计专项资金总额238827万元，查出违规金额76986万元。对六枝特区、盘县、水城县保障性安居工程进行审计，审计总金额10.84亿元，揭示向不符合条件的家庭发放廉租住房租赁补贴和实物配售审批、个别项目未进行公开招标投标、四证不齐、以他人名义从事建设工程服务活动、将平场工程包给无资质条件的个人施工、未缴纳履约保证金、项目因选址不当造成损失浪费金额、部分保障性安居工程项目施工及监理管理不到位等问题。完成全市地方政府性债务资金审计，摸清全市政府性债务的规模、结构、使用方向和风险状况，揭示违规担保、以回购方式举借债务、乡镇违规举借、违规集资、未按规定用途使用资金等问题。

社会保障审计 完成全市工伤保险基金、城镇居民基本医疗保险基金9个项目的审计，查处主要问题金额1021万元，揭示内控制度不完善、信息系统不健全、部分企业少报缴费基数少缴纳工伤保险费、未足额征收工伤保险费、审核把关不严违规支付工伤保险费、挤占工伤认定调查费、部分定点医院多计医疗费用等问题。

固定资产投资审计 完成审计项目82个，核减投资44364万元，其中，市审计局完成投资审计项目18个，审计核减金额23092万元。其中，钟山大街园林绿化改造提升项目试验段竣工结算审计，报审金额331.44万元，审减金额196.48万元，审减率为59.28%。该审计项目得到六盘水市政府领导高度重视，副市长批示“结果与城管局报送差距这么大，请业主高度重视，认真审核，报送与结果要尽量符合”。

经济责任审计 六盘水市审计机关完成经济责任审计项目21个，查出主要问题金额333892万元，违规金额2132万元，管理不规范金额331759万元，其中负主管责任金额10244万元、负领导责任金额321503万元，促进财政增收节支2577万元。揭示违规收费、设置“小金库”、未及时上缴财政收入、挤占专项资金、未进行政府采购等问题。 （撰稿人：易 文）

【遵义市审计局】 2013年，遵义市审计局人员编制35人，在编35人。局长翁永厚，副局长雷以怀、李镇薇，总审计师张辉。设有办公室、固定资产投资审计科、财政金融审计科、经济贸易审计科、经济责任审计科、农业与环保资源审计科、行政事业审计科、法制科。

审计成果 遵义市审计机关完成审计项目845个，查出主要问题金额2619423万元，其中：违规金额279512万元，损失浪费金额10万元，管理不规范金额2339901万元；审计处理处罚金额153336万元，其中应上缴财政14166万元，应减少财政拨款或补贴38252万元，应归还原渠道资金42110万元，应调账处理金额58808万元；审计发现非金额计量问题330个；审计促进整改落实有关问题金额195067万元，其中增收节支93550万元、已调账处理金额58752万元，审计促进拨付资金到位24566万元，审计后挽回损失22466万元；移送司法机关、纪检监察机关和有关部门处理事项15件；出具专题审计调查报告10篇；提出审计建议1756条，提交审计信息472篇，被批示、采用262篇；向社会公告审计结果2篇。

财政审计 完成审计及专项审计调查项目839个，其中预算执行78个、财政决算51个、行政事业47个、专项资金88个。审计查出主要问题金额2551515万元，其中：预算编报不真实不完整62861万元、预算编制批复不规范2575万元、违规变更调整预算59万元、未按规定纳入预算管理11699万元、未按规定征收缴纳收入62765万元、隐瞒转移截留资金262万元、未落实“收支两条线”和专户管理3645万元、违规改变项目计划和资金用途196435万元、乱收费乱摊派乱罚款354万元、资金滞留闲置118008万元、虚报冒领71万元、违规使用发票792万元、虚列支出35792万元、扩大开支范围或提高开支标准列支2005万元、擅自处置国有资产28万元、违规出借财政资金324万元、违规采购2354万元、违规担保50000万元、违规办理结算或批复决算42万元、资金来源不合规1216427万元、资金不到位不落实52630万元（其中配套资金不落实11059万元）。

固定资产投资审计 固定资产投资项目575个，核减投资额30515万元。审计查出工程结算款不实22647万元、未按进度支付工程款100万元、投资概预算编报不规范265万元、超规模超标准748万元、挤占建设成本117万元、违规收取费用123万元、账外资产346万元、会计核算不实5615万元、其他问题金额702412万元。

企业审计 完成企业类审计项目6个。审计查出主要问题金额49660万元，其中违规经营58万元、违规使用财政资金41140万元、财务收支核算不实金额11万元、其他问题金额8450万元。

经济责任审计 全市审计机关对53名领导干部开展经济责任审计。审计查出主要问题金额45231万元，其中违规金额17367万元（其中负主管责任金额1611万元、负领导责任金额15755万元），管理不规范金额27864万元（其中负直接责任金额62万元、负主管责任金额15490万元、负领导责任金额12312万元)。涉嫌个人经济问题人数7人，涉及金额22万元；增收节支1153万元，其中已上缴财政908万元、已归还原渠道资金245万元。（撰稿人：李 励）

【安顺市审计局】 2013年，安顺市审计局人员编制34人，在编31人。局长陈天一，副局长甘宗祥、徐晓艳、汪泽荣，总审计师陈敏，纪检组长徐家猛。设有办公室、综合科、财政金融审计科、农业与资源环保审计科、固定资产投资审计科、经贸审计科、社保外资审计科、经济责任审计一科、经济责任审计二科、经济责任审计三科。

审计成果 安顺市审计机关完成审计项目183个，查出问题金额424234万元，其中违规金额45587万元、管理不规范金额378647万元；损益（收支）不实金额9080万元；审计处理处罚金额59971万元，其中罚设62万元、应上缴财政33703万元、应减少财政拨款或补贴22万元、应归还原渠道资金14380万元、应调账处理金额7355万元；审计发现非金额计量问题155个；审计促进整改落实有关问题金额50174万元，其中增收节支37266万元、已调账处理金额6663万元，审计促进拨付资金到位117万元；审计后挽回（避免）损失3664万元；移送司法机关、纪检监察机关和有关部门处理事项1件；出具审计报告和专项审计调查报告183篇，被批示、采用30篇；提出审计建议490条；提交审计信息248篇，被批示、采用129篇。

财政审计 安顺市审计机关开展财政预算执行情况和财政决算审计共81个。审计查出问题金额344902万元、预算编报不真实不完整25390万元、违规变更调整预算1457万元、未按规定纳入预算管理21498万元、隐瞒转移截留资金146万元、未落实“收支两条线”和专户管理规定35万元、违规改变项目计划和资金用途47120万元、资金滞留闲置501万元、虚报冒领16万元、虚列支出1427万元、违规借出财政资金30837万元。

行政事业审计 安顺市审计机关共开展行政事业审计26个。查出问题金额23066万元、未按规定纳入预算管理304万元、未按规定征收缴纳收入810万元、隐瞒转移截留资金146万元、未落实“收支两条线”和专户管理规定567万元、违规改变项目计划和资金用途52万元、资金滞留闲置3084万元、虚列支出31万元、违规借出财政资金163万元、违规采购1966万元。

固定资产投资审计 市审计机关共对44个政府性投资项目进行审计，核减工程款3664万元、工程结算款不实3756万元、投资概算编报不规范4371万元、超规模超标准项目1188万元、违规招投标签订合同4份、擅自调整项目建设内容62项、套取项目资金300万元、交付资产不实118万元、账外资产1191万元、会计核算不实7599万元、违规征地425亩。

社会保障审计 安顺市审计局派出审计组对安顺市住房公积金管理中心2012年度公积金管理及财务收支情况进审计，查出问题金额4814万元、未执行相关利率损失1万元、违规发放住房公积金贷款3664万元。

经济责任审计 全市审计机关共对26名领导干部进行经济责任审计，其中县（处）级领导干部5人、乡（科）级领导干部21人。审计查出问题金额49931万元、管理不规范金额45871万元、违规金额4059万元、增收节支6万元。提出审计建议73条，被采纳68条。

专项资金审计（调查） 全市审计机关共对37个单位专项资金开展审计或审计调查。审计资金总额91249万元，查出问题金额25514万元、未按规定征收缴纳收入1255万元、未落实“收支两条线”和专户管理规定3277万元、违规改变项目计划和资金用途1366万元、资金滞留闲置4425万元、虚报冒领592万元、虚列支出10万元、资金不到位、不落实13199万元。其中镇宁布依族苗族自治县农村义务教育学生营养改善计划专项补助资金审计调查报告得到安顺市委、市人民政府主要领导的批示和充分肯定，市人民政府出台《安顺市农村义务教育学生营养改善计划专项资金管理办法》，进一步加强和规范安顺市农村义务教育学生营养改善计划专项补助资金的管理。

政府性债务审计 8月至9月，安顺市审计机关根据审计署和省审计厅的统一安排，开展全市政府性债务情况审计。抽调40名审计人员组成5个审计组，按照“见人、见账、见物，逐笔、逐项审核”的要求，对安顺市平坝县、普定县、镇宁布依族苗族自治县、关岭布依族苗族自治县、紫云苗族布依族自治县的政府性债务情况进行就地审计；安顺市本级及西秀区、开发区、黄果树由省审计厅组织审计，全面摸清安顺市政府性债务底数，客观反映债务情况和债务管理中存在的问题。（撰稿人：陈朝洪）

【毕节市审计局】 2013年，毕节市审计局人员编制77人，在编40人。局长朱平，副局长李明祥、陈志勇，总审计师项学新，纪检组长李华。设有财政农业审计科、经济责任审计科、企业审计科、行政事业审计科、法制科、固定资产投资审计科、信息科、办公室，下属毕节市政府投资审计中心设综合科、审理科、审计一科、审计二科、审计三科。

审计成果 毕节市审计机关共完成148个项目，审计查出违规金额156809万元，管理不规范金额967759万元，移送纪检监察、检察机关事项7项，涉案人员4人，移送处理金额607.29万元。出具审计报告和专项审计调查报告213篇，被批示、采用191篇；提出审计建议576条，被采纳339条；提交审计信息361篇，被批示、采用224篇次。

财政审计 毕节市审计机关共完成同级预算执行审计30个，查出主要问题金额779385万元。毕节市审计局受市政府委托，向毕节市人大所做的同级预算执行和其他财务收支的审计报告得到充分肯定，毕节市人大代表给予高度评价。

社会保障审计 市审计局对城镇保障性安居工程、城乡居民基本医疗保险基金、扶贫生态移民资金、威宁赫章两县地震灾后重建资金等进行跟踪审计或审计。城镇保障性安居工程跟踪审计结果显示，到2012年底，毕节市城镇保障性安居工程累计保障家庭总人数94974人，占城镇总人口的5.63%，廉租住房制度累计保障家庭22720户，占累计登记家庭户数的96.68%；公共租赁住户、经济适用住房制度分别累计保障性家庭16户、1078户，占累计登记申请家庭户数的比例分别达到100%和64.4%；通过棚户区改造累计解决住房困难家庭4735户，占棚户区住房困难家庭户数的43.29%。城乡居民基本医疗保险基金审计结果显示，2011年基金结余94410.02万元，2012年基金收入181886.96万元，基金支出156175万元，2012年末基金累计结余120121.98万元。基金累计结余占当年筹资总额比例的66.04%。开展扶贫生态移民资金跟踪审计，截至10月底，毕节市所属各县（区、管委会）扶贫生态移民资金到位35641.98万元。开展威宁、赫章两县地震灾后重建跟踪审计，截至10月底，各级财政共投入抗震救灾资金20497.85万元，其中中央16837.45万元、省级3440.40万元、市级220万元，威宁、赫章两县共计接收社会捐赠资金3539.98万元，抗震救灾捐赠资金累计结余998.35万元。

固定资产投资审计 完成政府投资项目799个（结、决算项目588个，跟踪审计97个，预算评审112个，其他2个），审计金额507644.5万元，为国家节约资金39628.73万元。

经济责任审计 毕节市两级组织部门委托的经济责任审计计划任务51个，对82名领导干部进行审计，截至11月底，已审计县级干部7人，乡科级干部75人。查出违规金额55819万元，管理不规范金额92181万元，移送纪检监察、检察机关事项7件，涉案人员4人，涉案金额607.29万元。

行政事业审计 8月，市审计局会同省审计厅对市本级、县（区）、乡三级政府地方政府性债务进行审计。厘清政府性债务规模、结构、资金投向和增减情况，分清偿债责任，分析偿债能力，揭示风险隐患，全面掌握政府性债务在支持地方社会发展方面的积极作用，发现政府性债务中主要存在的问题

审计结果公告 在毕节市人民政府网和本局门户网站相继发布《毕节市七星关区2010—2012年度农机具购置补贴资金分配、使用管理及使用效益情况审计结果》和《毕节市审计局关于抗震救灾资金物资跟踪审计结果》两个审计结果公告。

（撰稿人：项学新）

【铜仁市审计局】 2013年，铜仁市审计局人员编制66人，在编58人。局长田应银，副局长刘榕生、文玉宏、姚茂海，总审计师唐平，纪检组长田峰。设有办公室、监察室、审计信息中

心、审计质量监督科、财政金融审计科、农业外资审计科、固定资产投资审计科、经贸审计科、行政事业审计科、经济责任审计一科、经济责任审计二科，下设铜仁市投资审计评审中心。

审计成果 铜仁市审计机关完成审计项目916个，查出主要问题金额3823052万元，其中违规金额129193万元、管理不规范金额3693827万元；审计处理处罚金额198117万元，其中应上缴财政44910万元、应归还原渠道资金88210万元、应调账处理金额64586万元；审计促进整改落实有关问题金额106917万元，其中增收节支37217万元、已调账处理金额52142万元，审计促进拨付资金到位1553万元；移送司法机关、纪检监察机关和有关部门处理事项24件；提交审计信息415篇，被批示、采用398篇。铜仁市审计局荣获贵州省2012年城镇保障性安居工程跟踪审计先进集体，铜仁市审计局实施的江口县污水处理工程竣工决算审计荣获贵州省审计系统2013年度优秀审计项目。

财政审计 完成审计项目72个，查出未按规定纳入预算管理23541万元、违规改变项目计划和资金用途92724万元、虚列支出52856万元、违规出借财政资金17122万元。查出玉屏县非税收入管理局非税收入10344.37万元未及时上缴国库、铜仁市碧江区应缴未缴行政事业性收费和罚没等收入364.26万元，审计依法做出上缴财政的处理。查出思南县发改局“暂付款”长期挂账140.87万元，其中涉及个人借款72.69万元，依法移送县监察局处理。

专项资金审计 完成审计项目105个，查出隐瞒转移截留资金3531万元、违规改变项目计划和资金用途9569万元、资金滞留闲置2748万元、配套资金不落实12964万元。对2012年度保障性安居工程的跟踪审计，查出印江县财政局挤占挪用保障性住房专户资金615.99万元、德江县房产局挤占挪用保障性安居工程资金956.59万元，其中用于办公经费39.87万元，审计依法做出归还原渠道资金的处理。查出石阡县房产局2011年1月至2012年10月以虚列支出、虚报廉租房建设资金等手法，私设“小金库”102.62万元，其中用于发放奖金24.15万元，依法移送县纪委、监察局处理。

固定资产投资审计 铜仁市10县（区）和市审计局均建立固定资产投资审计评审中心，扩大工程概预算审计的覆盖面，完成审计项目678个，审计项目投资总额969532万元，核减投资额145071万元，总核减率为14.97%；其中核减概预算投资额122189万元，核减结（决）算工程款22881万元。对铜仁市主干道塔冲至大兴道路绿化工程预算的审计，核减投资额2007.71万元，核减率为19.71%；对大兴工业园区标准化厂房工程竣工决算的审计，核减工程款929.22万元，核减率为24.82%；对铜仁市碧江区第三期廉租住房工程竣工结算的审计，核减工程款366.12万元，核减率为20.31%。

经济责任审计 完成审计项目52个，审计经济责任人75人，其中县处级5人、乡科级69人、国有企业1人。查出违规金额负主管责任8217万元、负领导责任25841万元，管理不规范金额负直接责任1049万元、负主管责任20008万元、负领导责任22788万元。对思南县原县长离任经济责任的审计，查出该县国土和财政部门2009年至2012年8月未按规定征收缴纳土地出让金14981万元，应收未收违约金6675.49万元；对思南县茶桑局局长任期经济责任的审计，查出该局2010年至2013年4月挤占挪用茶产业发展资金423.99万元，其中列支工作经费55.30万元、弥补超支工作经费336.17万元，审计依法做出限期追收土地出让收入、清收违约金和归还原渠道资金的处理。

（撰稿人：朱亚明）

【黔东南苗族侗族自治州审计局】 2013年，黔东南苗族侗族自治州审计局人员编制57人，在编44人。局长黄瑜，副局长欧勤远、刘才泉、周小燕，总审计师李志军，纪检组长李胜儒。设有办公室、法制科、财政金融审计科、行政事业审计科、固定资产投资审计局、企业与外资运用审计科、农业与资源环保审计科、社会保障审计科、监察室、信息科，下设经济责任审计办公室（下设经济责任审计一科、审计二科、审计三科）、黔东南州政府投资前置审计中心（下设投资审计一科、审计二科）和5个派出审计机构。

审计成果 全州审计机关完成各类审计项目449个，查出主要问题金额2200974万元，其中违规金额 13659 万元、损失浪费金额 126 万元、管理不规范金额 2187188 万元；审计处理处罚金额 126212 万元，其中应上缴财政 3038 万元、应减少财政拨款或补贴 373 万元、应归还原渠道资金 12422 万元、应缴纳其他资金 10874 万元、应调账处理金额 82297 万元；审计发现非金额计量问题 243 个；审计促进整改落实有关问题金额 125432 万元，其中已上缴财政 2771 万元、已减少财政拨款或补贴 373 万元、已归还原渠道资金 11690 万元、已缴纳其他资金 7914 万元、已调账处理金额 77017 万元；审计促进拨付资金到位 64 万元；审计后挽回（避免）损失 322 万元；移送司法机关、纪检监察机关和有关部门处理事项 9 件；出具审计报告和专项审计调查报告 449 篇，被批示、采用 4 篇；提出审计建议 1200 条；提交审计信息 698 篇，被批示、采用 371 篇。

财政审计 分别对州、县两级 2012 年度本级财政预算执行情况以及其他财政收支情况进行审计，重点审计预算分配、预算支出，加强对部门预算、财政专项资金的审计监督，并对预算、国库、地方税务等资金实行全面审计。州审计局还延伸审计州农委、州民政局、州旅游局、州人社局、州计生委、州质监局等 6 个单位部门预算执行情况。全州完成预算执行情况审计项目 17 个，延伸相关预算执行部门审计 91 个，查出主要问题金额 175729 万元，其中违规金额 1844 万元、管理不规范金额 173885 万元；应归还原渠道资金 8409 万元，已归还原渠道资金 8145 万元；应调账处理金额 63614 万元，已调账处理金额 60114 万元；应缴纳其他资金 4854 万元，已缴纳其他资金 2531 万元；应上缴财政 629 万元，已上缴财政 566 万元。

全州完成财政决算审计项目 38 个，其中州审计局完成对锦屏、雷山、丹寨、三穗 4 个县 2012 年度财政决算及其他财政收支情况审计。各县（市）审计局完成对乡（镇）财政决算审计 34 个。查出主要问题金额 121067 万元，其中违规金额 2130 万元、管理不规范金额 118937 万元；应归还原渠道资金 440 万元，已归还原渠道资金 440 万元；应调账处理金额 10004 万元，已调账处理金额 10001 万元；应缴纳其他资金 252 万元，已缴纳其他资金 252 万元；应上缴财政 271 万元，已上缴财政 245 万元。针对查出的问题，审计机关依据有关的法律法规分别做出处理处罚决定，移送纪检监察机关 2 件，提出审计整改意见和建议，责成相关单位进一步规范完善财务工作。

行政事业审计 全州各级审计机关完成行政事业单位财务收支审计 40 个，审计查出主要问题金额 5455 万元，其中违规金额 1812 万元、管理不规范金额 3625 万元、损失浪费金额 18 万元。审计机关对查出的违纪违规问题依法按规定进行审计处理和处罚，提出审计整改意见和建议，责成相关单位进一步规范财务工作。被审计单位已归还原渠道资金 208 万元、已缴纳其他资金 1063 万元、已上缴财政 586 万元。

企业审计 全州各级审计机关完成国有及国有控股企业资产、负债、损益审计项目 7 人，查出主要问题金额 2187 万元，其中违规金额 227 万元、管理不规范金额 1960 万元，应上缴财政 65 万元，已上缴财政 63 万元。针对查出存在的问题进行分析和评价，提出加强国有企业内部控制度建设的改进及整改意见和建议，责成企业单位进一步规范完善企业财务工作，得到企业单位的采纳。

经济责任审计 全州审计机关完成领导干部经济责任审计项目 64 个，审计经济责任人 81 人，其中：黔东南州审计局受州委组织部委托，开展对州卫生局、雷公山自然保护区管理局、州中心血站、三穗县党政领导干部共 5 名县级领导干部的经济责任审计；指导各县（市）审计机关完成 60 个单位 76 名乡科级领导干部任期经济责任审计。查出主要问题金额 50835 万元，查出违法行为移送纪检监察机关 2 件。

政府性债务审计 黔东南州审计局派出 15 个审计组，自 8 月 1 日至 9 月 5 日，按照“见人、见账、见物，逐笔、逐项”的原则，对 15 个县（凯里市由省审计厅审计）及所属 195 个乡镇政府负有偿还责任的债务、政府负有担保责任的债务和政府可能承担一定救助责任的其他相关债务情况进行审计，有关情况追溯到以前年度。重点审计涉及政府性债务的政府部门和机构、经费补助事业单位、公用事业单位、融资平台公司等单位。

专项资金审计（调查） 全州审计机关完成专项资金审计（调查）项目 78 个，查出主要问题金额61989万元，其中违规金额733万元、管理不规范金额61256万元。应归还原渠道资金2688万元，已归还原渠道资金2688万元；应调账处理金额2522万元，已调账处理金额1284万元；应上缴财政84万元，已上缴财政84万元。审计促进拨付专项资金到位64万元。审计查出移送纪检监察机关处理事项5件。通过审计，揭示专项资金在归集、管理和使用中存在的问题，提出的意见和建议得到政府和有关部门的采纳。

固定资产投资审计 全州审计机关将审计关口前移，全面开展政府投资重点基础设施建设项目的全程审计工作。各级审计机关提前介入，开展政府投资建设项目概（预）算审查，完成政府投资项目概（预）算审查1538个，审查金额122亿元，核减金额20.32亿元，加强工程预算、计划和决策的准确性、合理性和可行性，节约资金成本，提高效益，减少损失浪费金额，促进项目和资金的规范管理及效益的提高。为有效控制工程建设中的高估冒算行为，严格工程竣工验收关，对项目建设成本、工程结算的真实性、合法性进行全面审查，完成政府投资项目竣工决算审计1375个，审计金额32亿元，核减金额2.13亿元。全年累计为政府投资节约资金22.45亿元。

跟踪审计 州审计局安排对黎平枫树屯水库项目、从江独洞水库项目、台江台雄水库项目进行跟踪审计。其中：黎平枫树屯水库项目资金到位13877.56万元，完成投资10713.45万元；从江独洞水库项目资金到位23310.76万元，完成投资22191.85万元；台江台雄水库项目资金到位14745万元，完成投资13564.8万元。查出黎平枫树屯水库项目灌区渠系工程尚未开工；从江独洞水库项目业务招待费超支，占管理费36%；台江台雄水库项目部分标段未能按计划完成施工。针对跟踪审计查出的问题，审计机关提出审计整改意见和建议，要求项目实施单位进行整改落实。

（撰稿人：张金涛）

【黔南布依族苗族自治州审计局】 2013年，黔南布依族苗族自治州审计局人员编制49人，在编41人。局长管跃敏，副局长宋淑琴、罗宪平（10月—）、杨宁，纪检组长司文丽。设有办公室、政策法规科、财政金融审计科、社保与行政事业审计科、农业与资源环保审计科、固定资产投资审计科、经济责任审计科、经贸外资审计科、固定资产投资审计中心。

审计成果 全州审计机关完成审计（调查）项目612个，查出主要问题金额369648万元，其中违规金额16746万元、损失浪费金额24万元、管理不规范金额352878万元；损益（收支）不实金额64383万元；审计处理处罚金额150211万元，其中应上缴财政12918万元、应减少财政拨款或补贴25438万元、应归还原渠道资金17820万元、应缴纳其他金额26146万元、应调账处理金额67887万元；审计发现非金额计量问题159个；审计促进整改落实有关问题金额62094万元，其中增收节支37586万元、已调账处理金额14461万元；审计后挽回（避免）损失20674万元；移送司法机关、纪检监察部门处理事项25件、移送处理人员29人；出具审计报告和专项审计调查报告612篇，被批示、采用28篇；提出审计建议1168条；提交审计信息960篇，被批示、采用580篇。州审计局获贵州省审计厅目标考核一等奖，审计信息工作第一名。

财政审计 全州审计机关完成财政审计项目77个，查出主要问题金额2.83亿元。在向州人大常委会报告的《2012年州本级财政预算执行和其他财政收支情况的审计工作报告》得到州委、州政府领导的肯定和批示。6月26日州十三届人大常委会第九次会议经过审议，全票通过审计工作报告。

行政事业审计 全州审计机关完成行政事业审计项目44个，查出主要问题金额1.88亿元。

固定资产投资审计 全州审计机关完成固定资产投资预（决）算审计项目419个，核减投资额2.18亿元。

企业审计 全州审计机关完成企业审计项目6个，查出主要问题金额3650万元。

经济责任审计 全州审计机关完成领导干部经济责任审计项目44个，审计5名县级领导和29名乡科级干部，向司法、纪检监察机关移送被审计领导干部4人，其他人员20人。

专项资金审计（调查） 全州审计机关完成专项资金审计（调查）项目64个，查出主要问题金额2.63亿元。

政府性债务审计 顺利完成全州政府性债务审计工作，被省审计厅表彰优秀个人5人。

（撰稿人：黄 杰）

【黔西南布依族苗族自治州审计局】 2013年，黔西南布依族苗族自治州（以下简称黔西南州）审计局人员编制57人，在编39人。局长雷宪春，副局长沈浩廷、龙敏，总审计师张亚非，纪检组长吕剑平。设有办公室、人事教育科、法规科、财政金融审计科、行政事业外资审计科、农林水资源环保社保审计科、企业审计科、固定资产投资审计科、经济责任审计一科、经济责任审计二科、监察室，下设黔西南州政府性投资建设项目前置审计中心、政府性投资决算审核中心、审计信息技术服务中心。

审计成果 全州审计机关完成审计项目143个，查出各类违规金额631348万元；管理不规范资金613829万元，审计决定做出处理处罚资金91522万元（其中应上缴财政5744万元，应归还原渠道资金38610万元，应调账处理资金47138万元）；出具审计报告143篇，向被审单位提出审计建议440条。

财政审计 全年审计本级财税部门和预算执行单位27个，审计调查单位4个，共查出问题45个，涉及违规金额12990.77万元，管理不规范金额99923.80万元，提出审计意见和建议50条。12月17日州审计局向州第七届人大常委会第十三次会议做关于2012年度州本级预算执行和其他财政收支的审计工作报告，引起代表关注，受到一致好评。

固定资产投资审计 全年完成前置审计项目847个，报审金额69.67亿元，审定金额63.58亿元，节约投资6.09亿元。全州共完成竣工结算审计项目874个，送审金额27.82亿元，审定金额26.48亿元，节约支出1.34亿元。前置审计和竣工结算审计为财政节约支出7.43亿元。

经济责任审计 全州完成经济责任审计项目19个（州级5个），其中任期审计13个，离任审计6个，共查出各种违规金额2337万元、管理不规范金额96519万元，移交案件1件。

专项资金审计（调查） 完成对全州医疗保险基金利息的清算审计，查出银行少计社保资金利息，督促4家银行补缴利息，直接为财政增收1191万元。成立民政专项资金审计调查组，对州、县两级财政安排的自然灾害、社会福利、医疗救助、城市低保、农村低保及其他社会救助资金和福利彩票等资金的管理使用情况进行调查，针对性地提出规范资金管理使用、分配的建议，确保民生资金安全有效运行。完成州、县（市）公立医院的财务收支审计，督促医院严格执行国家有关法律法规，维护百姓的切身利益。完成州供销合作社联合社2011年至2012年6月的财务收支审计，规范财务管理。完成由审计署统一部署的政府性债务审计工作。配合省审计厅抽调人员协助特派办完成省财政存量资金审计、贵阳药业行业淘汰计划项目绩效审计等专项审计工作任务。开展村级财务收支审计试点工作，发现村级财务管理中存在的问题和管理漏洞，帮助农村组织建立健全财务管理制度，促进村级财务管理规范化建设及党风廉政建设。

其他工作 正式成立黔西南州审计学会、黔西南州内部审计协会；《黔西南州审计》正式创刊。搭建滇桂黔三省（区）毗邻州市审计业务合作促进机制。与宁波市审计局沟通对接搭建长期合作机制，做好对口帮扶项目资金的联审合作。

（撰稿人：刘崇方）

2013年贵州省所辖区、县(市)级审计工作统计表

金额单位:万元

审计机关	完成审计项目(个)	审计查出主要问题金额	审计处理情况					出具审计报告和审计调查报告(篇)	提出审计建议(条)	提交审计信息(篇)
			审计处理处罚				移送处理事项			
			应上缴财政	应减少财政拨款或补贴	应归还原渠道资金	应调账处理金额				
贵阳市										
贵阳市本级	46	574558	8707		205657	70214	2	53	137	183
乌当区审计局	11	5650		2300	21	3135		11	20	80
南明区审计局	9	1248			11	550		9	20	79
云岩区审计局	18	14948						18	17	135
花溪区审计局	12	7216	51			51		12	48	87
白云区审计局	18	151470	25		75	127		18	45	127
清镇市审计局	16	79329	17					22	62	45
开阳县审计局	16	43761	312					16	39	6
修文县审计局	11	12368				9502		11	30	5
息烽县审计局	28	12503	78		10	11148		28	62	80
六盘水市										
六盘水市本级	41	1988904	1245		24774	1660		41	100	151
钟山区审计局	21	69544	2126	9680	69	13593		21	56	18
六枝特区审计局	35	16401	560	5932	2113	2125		35	67	16
盘县审计局	53	178133	707			275	2	53	47	36
水城县审计局	17	76419	146		9241	6		17	62	53
遵义市										
遵义市本级	42	1875902	2203		756	2106	3	45	152	127
汇川区审计局	12	2202	3	10	6	610	3	12	34	2
红花岗区审计局	154	11578	16	10695	111	715		154	38	2
赤水市审计局	112	16561	8390	7288	202	568	3	112	429	24
仁怀市审计局	23	258467	500		1	108	1	23	79	1
遵义县审计局	121	130517	24	4526	5704	271		121	41	26
桐梓县审计局	58	29400			3448	1797		58	134	63
绥阳县审计局	14	4999	5	1331	19	21		14	39	51
正安县审计局	28	98759	1963	1616	12550	39252	2	30	78	1
凤冈县审计局	42	4721	414	1454	60			42	15	30
湄潭县审计局	8	13391	21		12810	108		8	13	23
余庆县审计局	33	19896	360	1620	3	112		36	126	19

续表

审计机关	完成审计项目（个）	审计查出主要问题金额	审计处理情况					出具审计报告和审计调查报告（篇）	提出审计建议（条）	提交审计信息（篇）
			审计处理处罚				移送处理事项			
			应上缴财政	应减少财政拨款或补贴	应归还原渠道资金	应调账处理金额				
习水县审计局	148	129264	16	9236	6198	9838		151	402	43
道真仡佬族苗族自治县审计局	31	13867	147	470	197	3278	1	31	40	25
务川仡佬族苗族自治县审计局	19	9893	96		38	19	2	19	136	35
安顺市										
安顺市本级	46	224664	2793		12632	6046		46	145	54
西秀区审计局	58	35839	1509	22	220	7		58	70	37
开发区审计局	5	3764				6		5	13	10
黄果树审计局	6	6180						6	15	46
平坝县审计局	8	6153						8	15	5
普定县审计局	26	64218	6				1	26	142	26
关岭布依族苗族自治县审局	7	390	34		126			7	12	12
镇宁布依族苗族自治县审局	19	12807	214		1399	1295		19	53	12
紫云苗族布依族自治县审局	8	70219						8	25	46
毕节市										
毕节市本级	44	186507	128183	20	22408	4804	1	109	223	64
七星关区审计局	9	23910	150	1250	720	10545	6	8	42	85
大方县审计局	11	34985	100		2848	862		11	26	40
黔西县审计局	19	371252	292	9	70522	2180		19	93	60
金沙县审计局	15	141128	201		17	69896		15	70	34
织金县审计局	16	25165	163		364	72		17	42	14
纳雍县审计局	10	278005	1448		245064	30323		10	7	15
赫章县审计局	11	49314	50	129	26	27039		11	24	33
威宁彝族回族苗族自治县审计局	13	14441	167		76	8717	0	13	49	15
铜仁市										
铜仁市本级	102	435863	23593		19999	324	5	102	392	49
碧江区审计局	61	118227	6202		15162	23497		61	62	35
万山区审计局	72	11681	6		2	275		72	210	24
江口县审计局	39	84330	39		208	141	6	39	164	21
石阡县审计局	88	355301	37		6934	95		88	238	8

续表

审计机关	完成审计项目(个)	审计查出主要问题金额	审计处理情况					出具审计报告和审计调查报告(篇)	提出审计建议(条)	提交审计信息(篇)
			审计处理处罚				移送处理事项			
			应上缴财政	应减少财政拨款或补贴	应归还原渠道资金	应调账处理金额				
思南县审计局	76	720492	1050		39112	693	7	76	243	58
德江县审计局	190	359347	1993		786	42		190	426	39
玉屏侗族自治县审计局	46	251902	10451		142	11381	1	46	130	20
印江土家族苗族自治县审计局	94	734637	128	7	209	40	4	94	194	41
沿河土家族自治县审计局	52	499565	114	21	3141	28044	1	52	190	33
松桃苗族自治县审计局	96	251701	1290		2508	50		96	220	87
黔东南苗族侗族自治州										
黔东南苗族侗族自治州本级	47	1996775	617		2584	1451	7	47	170	97
凯里市审计局	44	11132	651		8138	1929		44	31	24
黄平县审计局	37	3184	142	324	23	1296		37	78	39
施秉县审计局	14	778	7			617		14	14	20
三穗县审计局	21	8636	429	45	22	420		21	74	38
镇远县审计局	17	9495	23			1545		17	36	21
岑巩县审计局	20	11035	270		301	630		20	65	48
天柱县审计局	15	7429	35		93	7087		15	30	30
锦屏县审计局	15	23272	12		520	14345		15	41	30
剑河县审计局	16	150	74			25		16	38	22
台江县审计局	90	5132	52			3197		90	304	73
黎平县审计局	28	26991	188	2	436	8744		28	60	24
榕江县审计局	14	3543	236		6	5	2	14	34	61
从江县审计局	15	5585	138			2384		15	29	24
雷山县审计局	19	30126	79					19	16	17
麻江县审计局	23	27989	35		6	9534		23	100	91
丹寨县审计局	14	29713	43		287	29079		14	80	39
黔南布依族苗族自治州										
黔南布依族苗族自治州本级	35	204368	4727	8	11028	4928	12	35	151	421
都匀市审计局	16	6350	428		243	1812	6	16	63	75
福泉市审计局	6	1414	679	91	292	168	2	6	9	38

续表

审计机关	完成审计项目（个）	审计查出主要问题金额	审计处理情况					出具审计报告和审计调查报告（篇）	提出审计建议（条）	提交审计信息（篇）
			审计处理处罚				移送处理事项			
			应上缴财政	应减少财政拨款或补贴	应归还原渠道资金	应调账处理金额				
荔波县审计局	64	5769	41	1039	823	3361	1	64	50	74
贵定县审计局	21	12231	3153		66	97	1	21	42	43
瓮安县审计局	7	58512	242		119	50020		7	21	26
独山县审计局	49	20776	47	1172	54	42		49	113	87
平塘县审计局	87	6062	72	146	4928	489		87	32	47
罗甸县审计局	113	9639	577	1255	11	23		113	332	69
长顺县审计局	39	6196	831		20	5115		39	114	46
龙里县审计局	145	21552	1448	11085	194	1473	3	145	131	108
惠水县审计局	6	13451	358	9192	1	269		6	94	64
三都水族自治县审计局	24	3322	311	1446	35	84		24	37	25
黔西南布依族苗族自治州										
黔西南布依族苗族自治州本级	38	5583	3251		37643	5604		38	116	143
兴义市审计局	12	2613	2130		507	40063		12	42	25
兴仁县审计局	35	3389	79		491	157		35	92	3
普安县审计局	14	5005	170		30	91	4	14	21	14
晴隆县审计局	19	1143	114		1	1026		19	136	7
贞丰县审计局	3	181	4		7	175		3	13	20
望谟县审计局	13	1	1					13		8
册亨县审计局	5							5	11	4
安龙县审计局	8				206	19		8	24	11

云南省

【云南省审计厅】 2013 年，云南省审计厅行政编制 199 人，在编 192 人；事业编制 69 人，在编 68 人。设有云南省经济责任审计局（辖经济责任审计一处、经济责任审计二处、经济责任审计三处）、云南省政府投资审计局（辖政府投资审计一处、政府投资审计二处）、办公室、人事处、法规处、财政审计处、金融审计处、行政事业审计处、社会保障审计处、企业审计处、农业与资源环保审计处、涉外审计处、派出审计一处、派出审计二处、派出审计三处、派出审计四处、派出审计五处、派出审计六处、派出审计七处、派出审计八处、派出审计九处、派出审计十处、派出审计十一处和机关党委、离退休人员办公室；下设厅机关服务中心、审计科研培训中心、计算机技术中心、内部审计指导中心；省纪委、省监察厅派驻厅纪检组、监察室。

领导成员

厅　长：刘　明

副厅长：吴绍吉　苏　黎　任晓珍

谢　健　苏　莉（8月—）

总审计师：史　峰

纪检组长：罗廷才

审计成果　全省共审计1.06万个单位，查出违规金额134.08亿元，促进增收节支75.7亿元，提交报告和信息4610篇，发布审计结果公告5045个，推动建立健全制度158项，省委、省政府领导对审计报告、专题分析报告和审计信息做出重要批示64次，充分体现审计监督作用。

财政审计　按照国务院和审计署的统一部署，全省审计机关和审计署驻昆明特派员办事处共抽调2300多名审计人员，对省本级、16个州（市）、129个县（市、区）、1243个乡（镇）的政府性债务情况进行全面审计，摸清债务底数，客观反映债务情况，揭示存在的问题，提出审计建议，为进一步强化债务管理、防范化解风险、盘活存量资金提供重要决策参考；围绕中央关于转变作风等重大决策部署，审计厅把贯彻落实中央八项规定和省委十项规定纳入审计范围，将“三公”经费、会议费等一般性行政支出作为审计重点，并从审计角度分析“四风”的16种表现，向省委、省政府报送专题分析报告，为各级各部门查摆问题提供依据；整合全省审计资源，同步开展全省151个园区经济建设发展、耕地开垦费预算管理、住宅专项维修资金管理等3个专题审计，全面反映财政管理、预算执行和政策制度建设等方面存在的问题，进一步促进规范管理。

固定资产投资审计　全省审计机关进一步拓展投资审计范围，完成6448个重大投资项目的审计或跟踪审计，核减政府投资70.55亿元。省审计厅开展昆明轨道交通建设、云南师范大学呈贡校区建设等7个重点建设项目的跟踪审计（调查），揭示项目建设模式、债务、管理等方面存在的风险，提出完善和加强管理的建议；开展蒙自至新街高速公路、昆明焦化制气厂城市煤气改扩建等12个建设项目的竣工决算审计，揭示投资控制、招标投标、征地拆迁、物资采购、工程质量、造价真实合理性等方面存在的问题，分析评价工程效益和作用，有力促进资金使用安全、投资效益提高；积极创新审计实践、规范投资审计行为，编写《云南省政府投资建设项目跟踪审计操作指南（试行）》、积极探索全省水利建设项目“同步一体化”审计新模式、重新修订完善政府投资项目审计实施办法；继续关注彝良地震灾后恢复重建工作，向省政府和审计署及时上报相关情况；对云南省参与大湄公河次区域经济合作机制及推进桥头堡建设实施情况开展审计调查，审计结果引起省政府领导高度重视并做出重要批示。

经济责任审计　全省审计机关把“为民、务实、清廉”作为监督重点，围绕“四权一廉”，共对1036名领导干部进行经济责任审计。将法治、责任、阳光和效能政府建设情况及土地、环保、节能减排等政策执行情况纳入审计内容，做到以权定责、以责定审、以审定评，查出领导干部负有直接责任的问题金额上亿元。同时，经济责任审计的理论研究和制度创新有了新成效，出台地方、部门和高校主要领导人员经济责任审计评价办法3个，填补按照审计对象划分类型评价的空白，实现定量与定性结合的责任评价和用数字说话的量化评价，标志着本省经济责任审计评价工作迈入了规范化、科学化的轨道。

专项资金审计　按照省政府的要求，全省审计机关开展财政扶贫资金审计，审计总金额107.43亿元，移送重大违纪和涉嫌犯罪案件线索75件，架起了扶贫资金的“高压线”。省长对此给予充分肯定；省审计厅开对4个州市车辆超限治理工作、10个县（市、区）国家基本药物制度实施及补助资金管理使用情况专项审计调查，完成水库移民资金等审计任务，揭示体制不顺、以罚代管、挤占挪用等影响社会公平、侵害群众利益的问题，有效促进惠民政策的落实。

企业审计　省审计厅对云南广电网络集团进行资产负债损益审计，查出违规及管理不规范金额1.4亿元，揭示政策执行、管理体制、改革重组、财务收支等方面的突出问题引起省政府领导的高度重视，省长批示要求有关单位和部门采取有力措施，促进企业加强管理实现健康发展。

反腐倡廉　全省审计机关与纪检监察、公安、司法等部门建立协调配合机制，积极参与工程建设领域突出问题治理、小金库治理等专项工作，在审计中注重揭示和查处重大侵害人民群众切身利益、滥用职权、贪污受贿、失职渎职等重大案件，严厉打击经济领域违法犯罪活动。全省审计机关发现和移送违法违纪案件线索176件，为揪出“蛀虫”和“硕鼠”提供有力证据，积极参与和协助纪检监察及司法机关查处一批重特大腐败案件，为从严治党、从严执政各项措施落实发挥积极作用。

党的群众路线教育实践活动 在党的群众路线教育实践活动中，省审计厅党组带头学文件、查“四风”、转作风，通过自己查、群众提、领导点，共征求意见和建议36条，召开高质量的专题民主生活会，深入开展批评与自我批评，制定整改措施30条，建立《厅领导班子主要负责人述廉办法》等制度20多项，教育实践活动“规定动作”扎实到位，“自选动作”特点鲜明，把党支部建在“网络”上、党小组建在“项目”上，真正做到审计工作与教育实践活动两手抓、两不误、两促进，省审计厅开展党的群众路线教育实践活动的经验、做法和成效得到中央督导组和省委督导组领导的充分肯定。

自身建设 按照省政府部署，全面启动“云审工程”二期建设，提出“完善基础、提升能力、传承文化、打造铁军”的工作目标，制定出台《云南审计发展工程2013—2017年建设规划》，力争用5年时间推动审计能力建设，实现全省审计工作大提高、大发展、大跨越。省审计厅坚持以教育培训为抓手，全年共组织举办各类培训班4个，共121天，培训218人次，努力打造专业型、专家型、复合型审计人才队伍。

全省审计机关紧紧围绕服务中心、建设队伍两大核心任务，健全完善制度措施，有计划、分阶段落实机关党建工作目标和责任。省审计厅建成“云南省审计厅机关党建网”。全省审计机关注重加强廉政教育，落实“一岗双责”，健全廉政制度，量化风险防控，加强监督检查，确保权力在阳光下运行，全年未发生审计人员违反廉政纪律的行为。省审计厅继续保持全国文明单位的荣誉；全省审计系统顺利通过省文明办复核，再次获得云南省文明行业称号，147个审计机关建成各级别文明单位，精神文明建设得到进一步巩固和发展。

（撰稿人：杨　俊　褚文勋　张倩倩　李玥帆）

【昆明市审计局】 2013年，昆明市审计局人员编制118人，在编113人。局长李冰晶，副局长舒永恒、林英、黄晶（—9月）、王雷、易迎霞（12月—），总审计师陈林。设有办公室、法规处、财政审计处、金融审计处、行政事业审计处、企业审计处、农业与资源环保审计处、社会保障审计处、固定资产投资审计处、涉外审计处、信息处、审计执行检查处、昆明市内部审计管理办公室、经济责任审计一处、经济责任审计二处、经济责任审计三处、人事教育处（离退休人员办公室）及机关党委。

审计成果 昆明市审计机关完成审计项目783个，查出主要问题金额1236157万元，其中违规金额252636万元、管理不规范金额983520万元；损益（收支）不实金额13440万元；审计处理处罚金额688980万元，其中应上缴财政36094万元、应减少财政拨款或补贴21183万元、应归还原渠道资金167589万元、应调账处理金额359079万元；审计发现非金额计量问题114个；审计促进整改落实有关问题资金309838万元，其中增收节支181165万元、已调账处理金额75146万元；审计促进拨付资金到位95万元；审计后挽回（避免）损失45547万元；移送司法机关、纪检监察机关和有关部门处理事项7件；出具审计报告和专项审计调查报告868篇，被批示、采用1篇；提出审计建议2011条；提交审计信息844篇，被批示、采用295篇；向社会公告审计结果456篇。

财政审计 组织开展市级财政预算执行和7个部门预算执行审计，同时还开展园区发展专项资金、耕地开垦费和土地复垦费收支管理、住宅专项维修资金管理使用情况审计，进一步拓展预算执行审计的深度。

农业与资源环保审计 组织昆明市14个县（市、区）审计局对“爱心水窖”工程资金进行审计，开展昆明市倘甸和轿子山两区财政扶贫资金、滇池湖滨及入湖河口耐水湿生乔木第一、二期项目审计，以及昆明市抗旱救灾应急工程建设资金审计调查，全面反映存在问题，促进加强有关资金的管理和监督。

固定资产投资审计 共完成各类审计项目88个，及时发现存在的问题，向建设单位提出进一步规范工程管理的建议，节约大量建设资金，提高资金使用效益。

社会保障审计 开展就业资金、职工基本医疗保险基金、抗旱救灾应急工程建设资金审计调查，进一步促进民生资金管理使用合规合法，提高资金使用效益，使党委、政府的惠民政策切实落到实处。

企业审计 开展昆明广播电视网络有限责任公司资产负债及损益审计，积极推广计算机审计成果，编写的2篇计算机审计方法被省审计厅评为优秀奖。

经济责任审计 重点审计有关领导干部贯彻落实中央、省、市重大经济决策、加强财政财务管理、依法行政以及遵守廉洁从政规定等方面的情况，经济责任审计结果已成为组织部门考核任用干部的重要依据。东川区审计局在区政府的统一领导下，对区管领导干部实施离任绿色责任审计，积累经济责任审计新的经验。

外资运用审计 完成世界银行贷款云南城市环境建设一期项目中的丘北县供水工程、污水处理厂及配套管网工程、丘北县普者黑水环境综合治理工程3个子项目2012年财务收支和项目执行情况的审计。

专项资金审计 组织市、县两级审计人员共149人次，分别对昆明市11个县（市）区政府性债务和14个县区及园区财政扶贫专项资金进行审计。

内部审计 昆明市审计局内部审计管理办公室发挥牵头和组织协调作用，全市各级各部门内设审计机构认真履职，创造性地开展审计监督全覆盖工作。全年累计完成各类审计项目1028个，363人参与审计，审计总金额3372520万元，增收节支18472万元，提出建议被采纳837条，建议给处分1人，向司法机关移送1人。

（撰稿人：牟显福）

【曲靖市审计局】 2013年，曲靖市审计局人员编制57人，在编57人。局长郭建春，副局长李生荣、张乔明、陈健、徐安民。设有办公室、法制科、科技信息科、财政审计科、经济责任审计一科、经济责任审计二科、固定资产投资审计科、政府性投资前置审计科、经贸审计科、社会保障审计科、行政事业审计科、农业与资源环保审计科、金融与外资运用审计科。

审计成果 曲靖市审计机关共完成审计项目955个，查出违规金额28872万元、管理不规范金额433711万元，其中市审计局收缴省市县三级财政11866万元、查补入库各项税收10640万元。审计决定处理应上缴财政21360万元、应归还原渠道资金5540万元、应调账处理15805万元；审计期间整改金额34243万元；促进增收节支22623万元。移送纪检监察机关处理1件，涉案金额168万元；移送有关部门处理2件，涉及金额9万元。提出建议1623条，被采纳1600条；促进被审计单位制定整改措施16项，建立健全规章制度6项。提交审计专题、综合性报告和信息简报466篇，被有关部门批示、采用88篇。向社会公开审计结果816篇。

财政审计 完成预算执行审计87个，延伸审计617个单位（项目），查出主要问题金额207083万元。完成县、乡财政决算审计101个，延伸审计54个单位（项目），查出主要问题金额32473万元。

固定资产投资审计 完成政府投资建设项目前置审计1231个，审计拦标价金额107.27亿元，前置审计价为94.82亿元，审计核减投资额12.45亿元，审计平均核减率为10.92%。完成再次前置审计28个，审计拦标价金额1.08亿元，前置审计价为0.99亿元，审计核减投资额975万元，审计平均核减率为8.99%。完成固定资产投资项目竣工决算审计508个，审计项目投资额45.03亿元，审计核减工程投资额18851万元。

行政事业审计 完成行政事业单位审计89个，延伸审计19个单位（项目），查出主要问题金额58312万元。配合市财政局完成市直86个部门2012年专项资金结余情况的专项清理。组织对市直部门（单位）财政拨付的专项资金、会议费和"三公"经费的使用情况，以及奖金、补贴发放情况进行审计。审计单位27个，组织全面开展自查单位45个，向市政府做专题报告。

专项资金审计 完成专项资金审计159个，延伸审计单位41个，审计专项资金总额268292万元，查出主要问题金额4458万元。对9个县（市）区2011年至2013年6月期间扶贫专项资金进行审计，审计总金额4.1亿元，查出违规金额6200万元，移送司法机关和纪检监察机关处理案件7件，涉案金额1550万元。

经济责任审计 完成经济责任审计122个，其中县处级23人，乡科级94人，地方企业、金融机构负责人4人，其他1人。查出违规金额2728万元，其中负主管责任金额152万元、负领导责任金额2575万元；查出管理不规范金额7785万元，其中负主管责任金额760万元、负领导责任金额7024万元。通过审计，促进增收节支836万元，提出审计建议219条。

企业金融审计 完成企业审计7个、地方金融机构审计3个，查出主要问题金额7604万元，发现资产不实多计757万元，负债不实多计1337万元，所有者权益不实少计3943万元，损益（收支）不实少计560万元。 （撰稿人：陈守忠）

【玉溪市审计局】 2013年，玉溪市审计局行政编制50人，在编55人；事业编制16人，在编16人。局长申列京（—4月）、陈元剑（5月—），副局长禹联信、杨海明、黄太武、李国录（9月—）。设有办公室、法规科、财政金融审计科、经济责任审计一科、经济责任审计二科、固定资产投资前置审计科、固定资产投资决算审计科、农业与资源环保审计科、经贸与社会保障审计科、行政与科教文卫审计科、信息科。

审计成果 玉溪市审计机关共完成审计（调查）项目998项，完成年初项目计划的196.8%。审计查出主要问题金额1139918万元，其中违规金额58166万元、损失浪费金额1120万元、管理不规范金额1080632万元；审计决定应上缴财政23971万元，已上缴财政23325万元。完成固定资产投资审计项目787个，核减工程投资49887万元，核减率为7.5%。审计促进增收节支75781万元。移送司法机关处理事项4件11人，涉及金额188万元；移送纪检监察机关处理事项26件14人，涉及金额2157万元。

政府性债务审计 对全市9个县区政府性债务情况进行审计，揭示县、乡政府和有关部门在资金管理、使用以及业务管理方面存在的问题，提出强化债务管理、防范化解风险、盘活存量资金的意见和建议。

财政审计 坚持以财政收支真实性为基础，以资金、资产、资源、项目为主线，不断深化财政预算执行审计内涵，从审计预算编制、批复、执行的程序和结果入手，加大对二级和基层预算单位的审计力度，加强对部门承担的重大投资项目、重点专项资金管理、分配、使用及效益情况的审计监督。

专项资金审计 完成9个县区财政扶贫资金审计，重点抽查33个乡镇及街道、425个村民小组，抽查扶贫项目459个；对全市127个保障性住房项目开展跟踪审计；组织实施9个县区2009年至2012年农村危房改造项目资金管理使用情况审计，共查出问题金额2859万元；组织对全市18个土地整治项目进行审计，核减投资1244万元，收缴项目结余资金1642万元。全年全市完成民生专项资金审计69个，审计专项资金总额321618万元，查出主要问题金额74600万元。

固定资产投资审计 完成前置审计项目361个，审计投资总额为305027万元，核减22839万元，核增2423万元，核减率为7.48%；共完成竣工决算审计415个，审计投资总额361742万元，核减26961万元，核增146万元，核减率为7.45%。

经济责任审计 在“1＋N”同级审计模式的基础上，探索开展市县两级审计机关上下“1＋N”联合审计。同时尝试把中央八项规定和效能政府四项制度的贯彻落实纳入审计内容，提升经济责任审计结果运用水平。全年共对68名领导干部进行经济责任审计。 （撰稿人：李迎辉）

【保山市审计局】 2013年，保山市审计局人员编制40人，在编36人。局长李东伟，副局长于剑武（—6月）、李红霞、胡艳顺，总审计师杨浩波。设有办公室、人事科、法规科、计算机信息科、财政金融审计科、行政事业审计科、农业与资源环保审计科、社会保障审计科、经济责任审计科、经贸审计科、固定资产投资审计一科、固定资产投资审计二科。

审计成果 保山市审计机关完成审计（调查）项目649个，查出主要问题金额525237.21万元，其中违规金额65439.16万元、损失浪费金额226.87万元、管理不规范金额459571.18万元；

损益（收支）不实金额46643.44万元；审计处理处罚金额335045.12万元，其中应上缴财政3018.70万元、应减少财政拨款或补贴26264.78万元、应归还原渠道资金45149.64万元、应缴纳其他资金23309.76万元、应调账处理金额237302.21万元；审计发现非金额计量问题168个；审计促进整改落实有问题金额285 373.60万元，其中增收节支50540.06万元、已调账处理232024.53万元；审计后挽回（避免）损失19175.95万元；核减投资额30003万元；移送司法机关、纪检监察机关和有关部门处理案件9件1人，涉及金额460.16万元；出具审计报告和专项审计调查报告684篇；提出审计建议1645条；提交审计信息263篇，被批示、采用136篇；向社会公告审计结果175篇。

财政审计 全年完成预算执行审计58个，查出问题金额275961.32万元。

固定资产投资审计 全年完成固定资产投资审计372个，审计项目投资额472684.32万元，审计核减投资（工程款）29772.50万元，其中核减概预算26642.45万元、核减决算3130.05万元。将审计关口前移，积极开展政府投资项目前期审计，收到良好效果。

社会保障审计 全年完成社会保险基金审计4个，其中新型农村社会养老保险1个、新型农村合作医疗2个和农村最低生活保障资金审计。审计查出主要问题金额4502.38万元。

经济责任审计 全年完成领导干部经济责任审计47个，其中离任审计29项。查出主要问题金额101576.03万元，其中违规金额2770.47万元，管理不规范金额98805.56万元。审计后促进增收节支23117.05万元。

专项资金审计 全年完成专项资金审计（调查）147个，延伸审计单位268个，审计专项资金总额1142494.14万元，查出问题资金93828.08万元。

行政绩效管理 全年233个行政单位部门、涉及428项重点事项纳入各级行政绩效管理。经考评，所有项目行政绩效管理总评为优。

内部审计 全市89个内部审计机构（其中专职机构25个），内部审计人员365人（其中专职人员191人）全年完成1727个审计项目，审计资金1492543.30万元，增收节支361.98万元，提出建议意见被采纳438条。（撰稿人：王绍婷）

【昭通市审计局】 2013年，昭通市审计局共有人员编制52人，在编46人。局长李绍军，副局长王兴宝、郑成才（12月—）、丁昌勇、李文胜（12月—）、徐韬（—11月）。设有办公室、法制科、财政审计科、固定资产投资审计科、外资金融审计科、行政事业审计科、社会保障审计科、农业与资源环保审计科、领导干部经济责任审计一科、领导干部经济责任审计二科和计算机技术中心、投资审计中心。

审计成果 昭通市审计机关共完成审计项目606个，查出主要问题金额943226.42万元，其中违规金额31642万元、损失浪费金额106.4万元、管理不规范金额911478.08万元；损益（收支）不实金额4430.8万元；审计处理处罚金额30861.49万元，其中应上缴财政8159.47万元、应减少财政拨款或补贴1078.42万元、应归还原渠道资金7367.23万元、应调账处理金额6700.67万元；审计发现非金额计量问题340个；审计期间整改金额16374.93万元；审计促进被审计单位在审计后整改落实有关问题资金5249.2万元，其中增收节支1257.44万元、已调账处理金额517.29万元；审计促进拨付资金到位5000万元，审计后挽回（避免）损失867.72万元；移送司法机关、纪检监察机关和有关部门处理事项17件；出具审计报告和专项审计调查报告616篇，被批示、采用89篇；提出审计建议1129条；提交审计信息80篇，被批示、采用15篇；向社会公告审计结果133篇。

财政审计 完成预算执行和财政决算审计项目129个，查出主要问题金额801172.48万元，其中违规金额15101万元、管理不规范金额786067万元，审计促进被审计单位在审计期间整改金额13323万元。

行政事业审计 完成行政事业审计项目63个，查出主要问题金额7204.59万元，其中违规金额1413.02万元、管理不规范金额5791万元。

固定资产投资审计 完成固定资产投资审计项目156个，核减投资额8421.79万元。

经济责任审计 对93名领导干部进行经济责

任审计，查出主要问题金额 11883.03 万元，其中涉及领导负主管责任问题金额 5468.66 万元、负领导责任金额 6414.34 万元。

专项资金审计（调查） 对住宅专项维修资金、财政扶贫资金等专项资金开展审计。全市完成 174 个专项资金审计项目，审计专项资金总额 1224353.03 万元，查出主要问题金额 118461.34 万元，其中违规金额 11826 万元、管理不规范金额 106528 万元。（撰稿人：胡官蓉）

【丽江市审计局】 2013 年，丽江市审计局人员编制 34 人，在编 30 人。局长和波涛，副局长陈秀英、冷德华。设有办公室、法规科、财金审计科、农业与资源环保审计科、经贸投资审计科、行政事业审计科、内部审计指导科、经济责任审计办公室及固定资产投资审计中心。

审计成果 丽江市审计机关完成审计（调查）项目 273 个，查出违规金额 21917 万元，管理不规范金额 137627 万元，核减投资金额 15321 万元；向社会公告审计结果 81 篇；提出审计建议 766 条，被采纳审计建议 405 条。

财政审计 完成项目 27 个，查出主要问题金额 92020 万元，提出加强财政预算管理、提高财政资金使用效益等建设性意见建议。

企业金融审计 对 2 家企业进行审计，查出主要问题金额 2553 万元。

行政事业审计 加大对行政事业单位的审计力度，对 47 个单位进行审计，对 1 个单位进行审计调查，延伸审计单位 38 个，查出主要问题金额 27641 万元。

固定资产投资审计 以大项目、重要民生项目、前置拦标价审计为突破口，积极开展政府投资项目的竣工决算审计和在建项目的跟踪审计，实现固定资产投资审计的新突破。全市完成投资审计项目 143 个，完成投资额 201506 万元，核减投资额 15321 万元。

经济责任审计 完成 26 位领导干部的经济责任审计，查出主要问题金额 22864 万元，其中违规金额 9361 万元，管理不规范金额 13503 万元。提出加强和健全财务管理、严格内控制度、坚持增收节支等审计建议。

专项资金审计（调查） 全市完成专项资金审计项目 53 个，查出主要问题金额 13542 万元，提出加强管理和提高专项资金使用效益等审计意见和建议，促进各项惠民政策的落实。

“云审工程”建设 5 月 13 日，丽江市云南审计发展工程（简称“云审工程”）建设通过云南省审计厅的检查验收。通过 4 年的努力，全市审计机关办公条件、执法环境得到较大改善，审计队伍素质得到明显提升，审计能力进一步增强，全市“云审工程”建设达到目标任务要求。

（撰稿人：陈友莲）

【普洱市审计局】 2013 年，普洱市审计局人员编制 33 人，在编 43 人。局长段萍，副局长罗恒林、李海鹰，总审计师刘永一。设有办公室、法规科、财政金融审计科、行政事业审计科、农业与资源环保审计科、社会保障与外资审计科、固定资产投资审计科、经济责任审计一科、经济责任审计二科、计算机审计科、内部审计指导科，下属政府投资审计中心。

审计成果 普洱市审计机关完成审计项目 449 个，查出主要问题金额 101299 万元，其中违规金额 29113 万元、管理不规范金额 72182 万元；损益（收支）不实金额 930 万元；审计处理处罚金额 52298 万元，其中应上缴财政 4432 万元、应减少财政拨款或补贴 12437 万元、应归还原渠道资金 9274 万元、应调账处理金额 16921 万元；审计发现非金额计量问题 124 个；审计促进整改落实有关问题资金 43918 万元，其中增收节支 24546 万元、已调账处理金额 8105 万元；审计促进拨付资金到位 294 万元；审计后挽回（避免）损失 2933 万元；移送司法机关、纪检监察机关和有关部门处理事项 10 件；出具审计报告和专项审计调查报告 24 篇；提出审计建议 1597 条，提交审计信息 138 篇，被批示、采用 54 篇；向社会公告审计结果 399 篇。全市 11 个审计机关全部建成各级文明单位，其中，省级文明单位 2 个、市级文明单位 7 个、县（区）级文明单位 2 个。顺利通过省级“文明行业”复查验收，全市审计系统形成团结干事、风清气正的良好氛围。

财政审计 审计预算执行单位 56 个，财政决算审计单位 5 个，审计查出主要问题金额 49244 万元，预算执行审计工作为政府加强预算管理、人大加强预算监督发挥积极作用。

固定资产投资审计 审计建设项目157个，审计项目投资总额171657万元，审计核减工程价款16751万元，占投资总额的9.75%。通过审计，揭示项目招投标、项目管理、土地征用等方面存在的问题，促进建设项目的规范管理，为政府节约大量财政资金，提高资金使用效益。

经济责任审计 完成经济责任审计单位63个，审计单位责任人63人，查出违规金额792万元，管理不规范金额5880万元。审计对规范权力运行、预防和惩治腐败、推动执政能力建设发挥积极的作用。

专项资金审计（调查） 完成专项资金审计项目157个，包括全市财政惠农“四项补贴”资金、城镇保障性住房资金、重点工程项目专项审计（调查）等。全年审计专项资金总额1042127万元，审计查出主要问题金额27817万元，主要问题是违规改变项目计划和资金用途2805万元、资金滞留闲置1390万元、资金不到位不落实2060万元、工程结算款不实际80万元、账外资产37万元。通过审计，促进各项强农惠农政策的有效落实，维护群众切身利益。

廉政建设 市审计局坚持每年年初与科室负责人签订《党风廉政建设责任书》，做到层层落实责任，并将考核结果与年度公务员考核、党员民主评议相结合。坚持“一岗双责”，严格执行“八不准”审计纪律，加强对纪律执行情况的监督检查。

内部审计 全市内部审计机构完成审计项目104个，其中：财务收支审计26项、效益审计3个、经济责任审计31个、基本建设审计18个、内控评审8个、其他审计18个，审计金额达18021.66万元；提出建议、意见被采纳180条。

（撰稿人：陶　军）

【临沧市审计局】 2013年，临沧市审计局人员编制45人，在编41人。局长杨世吉，副局长邓绍华、字绍和、郑国琼。设有办公室、法制科、财政审计科、行政事业审计科、农业审计科、经贸审计科、基础设施投资审计科、工业与民用建筑投资审计科、固定资产投资前置审计科、领导干部任期经济责任审计办公室、内部审计指导科、信息化科、社会保障审计科。

审计成果 临沧市审计机关完成审计项目303个，查出主要问题金额210250万元，其中违规金额34147万元、管理不规范金额176103万元；审计处理处罚金额93717万元，其中应上缴财政2905万元、应减少财政拨款或补贴38803万元、应归还原资金渠道6633万元、应缴纳其他资金1328万元、应调账处理金额44046万元；审计促进整改落实有关问题资金31539万元，其中：增收节支7628万元、已缴纳其他资金83万元，已调账处理金额23768万元；审计促进拨付资金到位1162万元；审计后挽回（避免）损失16508万元；移送司法机关、纪检监察机关和有关部门处理事项5件；出具审计报告和专项审计调查报告309篇；提出审计建议1195条，被采纳1171条；提交审计信息201篇，被批示、采用111篇；向社会公告审计结果174篇。

预算执行审计 临沧市审计局共完成预算执行审计项目21个，查出主要问题金额34059万元。通过审计，提出改进、完善政策的建设性意见，为本级政府规范预算管理、提高财政资金使用效益、健全完善管理制度等起到积极的推进作用。

固定资产投资审计 围绕市政府2013年度重点督查20个方面工作，开展政府重大投资项目审计，重点突出大项目、民生项目，认真开展工程建设领域突出问题专项治理工作。政府投资审计共审结5个单位，涉及工程项目投资45395万元，核减工程投资595万元。市级部门单项限额100万元以上、县（区）管辖1000万元以上项目的竣工决算做到应审尽审，并对交付使用半年以上的应审项目做到逐一督促送审。

经济责任审计 召开全市乡镇主要领导干部经济责任审计工作会，通过集中研讨，统一制订方案，计划用3年时间举全市审计机关之力完成临沧市77个乡镇主要领导任期经济责任审计。市审计局完成4名领导干部经济责任离任审计，审计查出主要问题金额418万元，其中查出违规金额214万元，管理不规范金额204万元。

专项资金审计 先后对城镇保障性住房、安居工程、耕地开垦费、住宅专项资金、佤山幸福工程、新家园专项资金、政府性债务资金、财政

扶贫专项资金等26个项目进行审计，审计专项资金总额385238万元，查出主要问题金额19835万元。（撰稿人：陈丽娴）

【德宏傣族景颇族自治州审计局】 2013年，德宏傣族景颇族自治州审计局人员编制27人，在编27人。局长雪琳，副局长杨常纪。设有办公室、综合法制科、财政金融审计科、行政事业审计科、经贸与社保审计科、农业与环保审计科、经济责任审计一科、经济责任审计二科、固定资产投资审计科。

审计成果 全州审计机关完成审计项目282个，查出主要问题金额1005153万元，其中违规金额17137万元、管理不规范金额988015万元；损益（收支）不实金额88万元；审计处理处罚金额31338万元，其中应上缴财政259万元、应减少财政拨款或补贴136万元、应归还原渠道资金1544万元、应缴纳其他金额6228万元，应调账处理金额23170万元；审计发现非金额计量问题152个；审计促进整改落实有关问题资金29927万元，其中增收节支1709万元、已调账处理金额21546万元，审计促进拨付资金到位4085万元；审计后挽回（避免）损失1180万元；移送司法机关、纪检监察机关和有关部门处理事项9件；出具审计报告和专项审计调查报告301篇；提出审计建议716条；提交审计信息267篇，被批示、采用5篇；向社会公告审计结果139篇。

财政审计 在对36个州本级财政、地税及相关预算执行部门单位进行审计的同时，统一组织开展对德宏州园区经济发展专项资金、住宅维修基金、耕地开垦费等专项资金的审计和调查。查出应缴未缴财政资金17409万元，未按规定征收缴纳收入28764万元，违规改变项目资金用途22977万元，资金滞留闲置57109万元等问题，提出进一步深化州财政管理体制改革，加强财政预算管理体系建设，优化财政支出结构，提高财政资金使用效益等意见和建议，有效地为人大监督、党委政府决策服务，审计成效显著。

专项资金审计 开展对扶贫资金、基本公共卫生服务项目资金和“少生快富”专项资金审计、贫困地区劳动力转移培训、农业综合开发等专项资金和项目的审计和调查，促进惠民政策的落实。

固定资产投资审计 全州审计机关实行州县上下联动，开展对州医院内科大楼、州中医院大楼等44个建设工程项目的竣工决算审计，审计项目投资41412万元，审减工程投资3488万元。审计着力分析政府投资建设项目在概算执行、建设管理、资金使用、投资控制等方面存在问题的原因，提出进一步加强政府投资建设项目投资控制、资金管理和项目管理的措施和意见，有效遏制工程建设领域高估冒算行为。

经济责任审计 围绕“四权一廉”，全州审计机关对18名领导干部实施经济责任审计，查出违规金额553万元、管理不规范金额849万元，领导干部负有直接责任金额142万元。

（撰稿人：唐革生）

【怒江傈僳族自治州审计局】 2013年，怒江傈僳族自治州审计局人员编制35人，在编32人。局长罗晓亮，副局长陈坤良、杨世周。设有办公室、法制综合科、经济责任审计科、企业与外资审计科、农业与资源环保审计科、行政事业审计科、财政金融审计科、社会保障审计科、计算机审计应用科、州固定资产投资审计中心。

审计成果 全州审计机关完成审计项目96个，查出主要问题金额92399万元，其中违规金额12314万元、管理不规范金额80085万元；损益（收支）不实金额4298万元；审计处理处罚金额27160万元，其中应上缴财政1176万元、应减少财政拨款或补贴121万元，应归还原渠道资金3706万元、应缴纳其他金额1867万元、应调账处理金额20290万元；审计发现非金额计量问题14个；审计促进整改落实有关问题资金1438万元，其中增收节支315万元、已调账处理金额1123万元；审计后挽回（避免）损失151万元；移送司法机关、纪检监察机关和有关部门处理事项2件；出具审计报告96篇；提出审计建议210条，被采纳177条，提交审计信息41篇；向社会公告审计结果46篇。

财政审计 完成审计项目29个，查出主要问题金额75743万元。对州所辖4个县29个乡镇的政府性债务进行审计，分类型、分级次、分年度全面摸清政府性债务的规模和结构，为政府强化债务管理、防范化解风险、盘活存量资金提供重要决策参考。

专项资金审计 完成审计项目26个，审计专项资金总额45830万元，查出主要问题金额2261万元。整合审计力量，加强协调配合，开展福贡、贡山、兰坪三县2012年城镇保障性安居工程跟踪审计，进一步加强和规范城镇保障性安居工程的建设管理，促进实现“住有所居”目标。

固定资产投资审计 完成审计项目19个，项目投资额10029万元，查出主要问题金额1153万元，核减投资额216万元。认真落实重点建设项目必审制和重大建设项目跟踪审计制，健全完善投资审计中介引入机制，加大政府投资项目审计力度，有效发挥投资审计在提高政府投资效益、节约建设资金方面的重要作用。

经济责任审计 完成审计项目22个，查出主要问题金额13242万元。探索开展财政预算执行审计与经济责任审计一次进点、协同审计、分别报告，在部门预算执行审计中运用经济责任审计结果，满足多类审计项目的目标需要。

（撰稿人：刘　婕）

【迪庆藏族自治州审计局】 2013年，迪庆藏族自治州（以下简称迪庆州）审计局人员编制23人，在编21人。局长浦永兴，副局长张柱能、和集义（10月—），总审计师赵玉红（10月—）。设有办公室、行政事业审计科、财政金融审计科、综合法规科、固定资产投资审计科和经济责任审计科。

审计成果 迪庆州审计机关完成审计和审计调查项目136个，查出违规金额6689万元，管理不规范金额86323万元，应上缴财政252万元、已上缴财政229万元，审计促进整改落实有关问题资金4990万元，应调账处理金额4861万元、已调账处理4289万元，应归还原渠道资金220万元、已归还原渠道资金72万元，减少财政补贴51万元，应缴纳其他资金620万元，审计专项资金总额244856万元，固定资产投资审计核减工程投资4349万元，审计期间整改资金814万元；移交处理事项8件；出具审计报告和报送审计调查报告136篇；提出审计建议314条，被采纳审计建议254条；向社会公告审计结果8篇。

专项资金审计（调查） 完成专项资金审计（调查）项目28个。开展迪庆州财政扶贫资金管理和使用情况审计，在全面摸清迪庆州财政扶贫资金收支规模和项目安排等基本情况的基础上，重点揭示财政扶贫资金分配、管理和使用中存在的突出问题，从体制、机制和制度层面深入分析原因，提出加强扶贫资金管理、完善扶贫制度措施的意见和建议。迪庆州“8·28”“8·31”地震发生后，及时启动《迪庆州突发重特大自然灾害救灾款物审计应急预案》，成立地震抗震救灾资金物资跟踪审计领导小组，按照抗震救灾的统一部署，组织州县审计机关干部职工全力参与抗震救灾工作，对抗震救灾资金物资进行实时跟踪审计监督，确保救灾资金物资用于受灾群众。对德钦县2010年度游牧民定居工程项目资金管理、使用情况进行审计。

财政审计 紧扣“三个发展”主题和省审计厅“三个战役”的战略部署，进一步深化财政审计，增强财政审计的整体性、宏观性和建设性，全州审计机关完成财政预算执行审计项目16个。

固定资产投资审计 把小中甸水利枢纽工程等一批州级重点建设项目作为投资审计的重点实施审计监督，成效显著。全州审计机关完成投资审计项目69个，审计核减金额4349万元。

经济责任审计 完成21个经济责任审计项目。创新工作思路和审计方式方法，着重加强对领导干部执行财经法规和政策、重大经济决策、环保政策等的审计监督；学习和严格执行相关法律法规，规范操作，做好审前准备、审前公示、审计实施等各环节工作；有效结合其他类型审计和审计调查成果，避免重复审计，提高工作效率。

（撰稿人：郑永平）

【大理白族自治州审计局】 2013年，大理白族自治州（以下简称大理州）审计局人员编制60人，在编59人。局长李劲松（9月—），副局长施黄、梁育鸿、沈万炳，总审计师柴建荣。设有办公室、法规科、财政金融审计科、行政事业审计科、农业与资源环保审计科、固定资产投资审计科、前置审计科、经贸审计科、内部审计指导科、大理白族自治州经济责任审计局（设经济责任审计一科、经济责任审计二科）。

审计成果 大理州审计机关完成审计项目

2397个，查出主要问题金额170598万元，其中违规金额69320万元、损失浪费金额120万元、管理不规范金额101158万元；损益（收支）不实金额6208万元；审计处理处罚金额60426万元，其中应上缴财政27464万元、应减少财政拨款或补贴3005万元、应归还原渠道资金6910万元、应调账处理金额23047万元；审计发现非金额计量问题29个；审计促进整改落实有关问题资金24208万元，其中增收节支12578万元、已调账处理金额1804万元；审计促进拨付资金到位637万元；审计后挽回（避免）损失605万元；移送司法机关、纪检监察机关和有关部门处理事项16件；出具审计报告和专项审计调查报告2385篇，被批示、采用15篇；提出审计建议3379条；提交审计信息215篇，被批示、采用35篇；向社会公布审计结果271篇。

财政审计 对80个部门的预算执行和其他财政财务收支情况进行审计，揭示预算收支管理、固定资产投资、社会保障资金等方面存在的问题，提交的审计结果报告和工作报告得到州政府和州人大的高度重视。

固定资产投资审计 全州不断加强政府性投资项目的审计监督力度，审计范围得到进一步拓展，共完成政府投资审计2061个，审计投资总额111.25亿元。

经济责任审计 完成领导干部经济责任审计项目70个，涉及领导干部76人。把经济责任审计项目与财政预算执行审计、财务收支审计、专项资金审计相结合；把党政领导同步审计相结合，有效整合审计资源，使各个审计项目之间成果共享，提高审计效能。

专项资金审计 开展洱源“3·3”抗震救灾物资及灾后恢复重建跟踪审计，及时发现和纠正抗灾、救灾和恢复重建工作中存在的问题，督促有关方面改进管理，健全制度，落实责任，推进工作。开展全州政府性债务审计，审计结果引起州委、州人民政府的高度重视并对审计查出的问题及时进行研究，责成相关县市限期整改。开展财政扶贫资金审计，揭露、纠正扶贫等保民生资金中存在的虚报冒领、挤占挪用、滞留沉淀和监管弱化等违纪违规问题，确保惠民政策得以落实。

（撰稿人：董丽梅）

【楚雄彝族自治州审计局】 2013年，楚雄彝族自治州（以下简称楚雄州）审计局人员编制38人，在编52人。局长刘平，副局长王之忠、徐永金、胡晓雯、李秋洪、陶光明、顾姝倩。设有办公室、人事培训科、局党总支办公室、信息科、法规科、财政审计科、行政事业审计科、农业与资源环保审计科、社会保障审计科、经贸审计科、固定资产投资审计一科、固定资产投资审计二科、金融与外资运用审计科、经济责任审计一科、经济责任审计二科、派出审计一科、派出审计二科、派出审计三科、派出审计四科、派出审计五科、派出审计六科。

审计成果 楚雄州审计机关共组织开展审计项目579个，查出违规金额82345万元，管理不规范金额742136万元，应收缴财政20320万元，核减固定资产投资额9057万元，移送有关部门事项3件2人。出具审计报告和审计调查报告686篇，提出审计建议1413条，促进被审计单位制定整改措施及建立健全规章制度43项，公布审计公告421篇。

财政审计 组织开展财政预算执行审计、楚雄园区经济发展和专项资金管理使用情况、耕地开垦费收支管理情况专题审计，组织全州审计机关实施2012年度税收征收管理和税收政策执行情况审计，开展对禄丰县及州级相关单位2012年度财政决算、税收执行情况的审计，为进一步规范财税管理工作，维护政令统一和财政决算的真实性、合法性发挥积极作用。

政府性债务审计 完成楚雄州县市政府性债务审计工作任务，全面摸清楚雄州政府性债务规模数额，为党委、政府决策提供可靠依据，有效促进政府性债务管理工作水平的提高。

固定资产投资审计 完成审计投资额397992万元，审计核减投资额9057万元，有效节约资金，规范工程管理。12月，州人民政府常务会议审议通过并颁布《楚雄彝族自治州政府投资建设项目审计办法》，为加强政府投资建设项目审计监督工作、规范政府投资建设项目审计行为提供制度保障。

经济责任审计 完成经济责任审计项目107个，查出违规金额21557万元，其中负直接责任金额200万元、负主管责任金额1385万元、负领导责任金额19972万元；查出管理不规范金额24118万元，其中负直接责任金额85万元、负主管责任金额19196万元、负领导责任金额4836万元；审计上缴财政5641万元。

专项资金审计 以投资、建设、分配、运营管理为重点，对保障性安居工程实施全过程跟踪审计，抽调93名审计人员对10县市的财政扶贫资金进行审计；组织全州审计机关对2006—2012年度10县（市）住宅维修资金缴存、管理、使用、结余情况进行审计，并延伸审计部分房地产开发企业代收代缴住宅维修资金的情况；组织全州审计机关对2012年农村安居工程"特色村庄"示范村建设项目规划和任务落实、项目实施及管理、项目资金拨付和使用管理等情况进行审计，有力促进中央和省州党委、政府支农惠农政策的贯彻落实。

绩效审计 重点对武定县和大姚县2011—2012年度财政扶贫资金、州文化中心建设项目、州妇幼保健院业务用房修缮工程、双柏县新华水库扩建工程审计等项目开展绩效审计；组织州级部门和10县市对重点事项目标任务完成情况、工作方案（计划）、采取的措施、项目实施管理情况、内控制度建设和执行情况、资金筹集管理及使用情况、材料上报和资料收集管理情况开展督促检查，提高资金使用效益，督促推进工作。

（撰稿人：杨崇显）

【红河哈尼族彝族自治州审计局】 2013年，红河哈尼族彝族自治州审计局人员编制53人，在编52人。局长吴自云，副局长解友发、谭亚东（—8月）、龚宁华。设有办公室、人事科、法规科、经济责任审计一科、经济责任审计二科、事业企业审计科、固定资产投资审计科、行政政法审计科、财政金融审计科、农业与环保审计科、社会保障审计科，下属事业机构设计算机技术中心、投资审计中心。

审计成果 全州审计机关完成审计项目758个。审计查处违规涉及金额51192万元，损失浪费金额74万元，管理不规范金额82584万元，应上缴财政19827万元，应减少财政拨款或补贴6565万元，应归还原渠道资金29249万元，应调账处理金额23364万元。核减投资额10097万元。移送处理事项9件10人，涉及金额594万元。已上缴财政15976万元，已减少财政拨款或补贴4615万元，已归还原渠道资金26432万元，已调账处理金额15133万元。出具审计报告950篇，提交审计信息247篇，被采用审计信息132篇。向被审计单位或有关单位提出审计建议1657条，被采纳1474条。向社会公告审计结果324篇。

财政审计 开展预算执行审计74个，查出未按规定纳入预算管理3147万元，未按规定征收缴纳收入8686万元，违规改变项目计划和资金用途117万元，其他问题金额34709万元。决算审计6个，查出未纳入预算管理847万元，其他问题金额1228万元。

行政事业审计 审计项目191个，查出未按规定纳入预算管理426万元；未按规定征收缴纳收入261万元，其中少计少缴税费124万元；未落实"收支两条线"和专户管理规定790万元；违规改变项目计划和资金用途948万元；乱收费乱摊派乱罚款223万元；虚列支出340万元；扩大开支范围或提高开支标准列支827万元；违规采购636万元；账外资产433万元；会计核算不实7733万元；其他问题金额27764万元。

固定资产投资审计 审计项目283个，项目投资额177198万元，完成投资额167100万元，核减投资额（工程款）10097万元，查出多计工程款10114万元，超规模超标准122万元，其他问题金额150万元。

企业金融审计 审计企业金融5个，查出财务收支核算不实50万元。

经济责任审计 审计182个单位187名领导干部。查出领导干部对违规负有直接责任金额508万元、负主管责任金额2475万元、负领导责任金额884万元；查出领导干部对管理不规范负有主管责任金额18427万元、负领导责任金额19074万元。增收节支1415万元。

专项资金审计（调查） 审计项目194个，审计专项资金总额634311万元，查出违规改变项目计划和资金用途2264万元，资金不到位、不落实11952万元，会计核算不实1124万元，违规收取费用877万元，资金滞留闲置1247万元，其他问题金额13804万元。（撰稿人：杨建明）

【文山壮族苗族自治州审计局】 2013年，文山壮族苗族自治州审计局人员编制48人，在编43人。局长何淑清，副局长陆明会、李云山、李洪光、朱丽琼，总审计师甘志林。设有办公室、综合法规科、人事教育科、领导干部任期经济责任审计局、财政审计科、行政事业审计科、农业审计科、社会保障审计科、企业金融审计科、固定资产投资审计科，下设政府投资审计中心、计算机中心。

审计成果 全州审计机关共完成审计及审计调查项目913个，查出主要问题金额38.35亿元，其中违规金额11.72亿元，管理不规范金额26.63亿元；损益（收支）不实金额1.73亿元；审计处理处罚金额9.98亿元，其中应上缴财政7811万元，应减少财政拨款或补贴396万元，应归还原渠道资金5769万元，应调账处理金额2.04亿元；审计促进整改落实问题金额4.19亿元，其中增收节支8634万元，已调账金额1.88亿元，拨付资金到位3929万元；审计后挽回（避免）损失5071万元；核减工程投资额11.58亿元；提交审计专题综合性报告及审计信息简报365篇，被批示、采用86篇；提出审计建议1625条，被采纳1476条；公告审计结果625篇。

财政审计 围绕保障积极财政政策的贯彻实施，深化财政审计。查出主要问题金额16亿元。主要是：收入未纳入预算管理2.1亿元，未按规定征收缴纳收入3.19亿元，其他问题金额10.7亿元。

行政事业审计 完成审计项目57个，查出主要问题金额7.19亿元，主要是：未按规定征收缴纳收入4.26亿元，收入未按规定缴入财政404.92万元，隐瞒转移收入382.15万元，未落实“收支两条线”和专户管理规定865.72万元，虚列支出335.85万元。

固定资产投资审计 完审计项目674个，查出主要问题金额12.14亿元，其中核减投资额11.58亿元，主要是：预算编报不真实不完整10.85亿元，工程结算不实金额0.89亿元，超规模超标准项目金额0.36亿元，其他问题金额417.57万元。

经济责任审计 完成项目45个，查出主要问题金额4.43亿元，其中，领导干部负主管责任金额4.26亿元，负直接责任金额109.61万元，向组织部门提交审计结果报告。

专项资金审计 完成审计及调查项目136个，其中调查项目2个。查出主要问题金额2.91亿元，主要是未落实“收支两条线”和专户管理规定1946.64万元，资金滞留闲置1.21亿元。

（撰稿人：梁大刚）

【西双版纳傣族自治州审计局】 2013年，西双版纳傣族自治州审计局人员编制26人，在编25人。局长吴江玲，副局长安永祥、蒋凌云。设有办公室、法规科、财政审计科、经贸审计科、经济责任审计科、固定资产投资审计科，下设西双版纳傣族自治州内部审计指导中心。

审计成果 全州审计机关完成审计项目361个，查出主要问题金额87647万元；审计处理处罚金额69227万元，其中应上缴财政16192万元、应减少财政拨款或补贴44905万元、应归还原渠道资金165万元、应调账处理金额7965万元；审计发现非金额计量问题20个；审计促进整改落实有关问题资金27744万元，其中增收节支15794万元、已调账处理金额7672万元；审计后挽回（避免）损失27606万元。固定资产投资审计核减投资额38964万元。移送司法机关、纪检监察机关和有关部门处理事项5件；出具审计报告和专项审计调查报告371篇；提出审计建议926条，提交审计信息72篇。制定《西双版纳州审计局审计项目分类审理办法（试行）》《西双版纳州审计局审计项目审理委员会组织及运行规则（试行）》，成立西双版纳州审计局审理委员会，全面推进审计项目审理工作。深入开展精神文明创建活动，保持省级文明单位、省级文明行业、州级文明单位的荣誉。

财政审计 完成财政审计项目13个，查出预算编报不真实、不完整金额1039万元，未按规定纳入预算管理金额3639万元，少计少缴税费8455万元。

固定资产投资审计 对336个政府投资建设项目进行审计，审计投资额465148万元，审计核减投资额38964万元。

专项资金审计 对33个专项资金进行审计，审计资金总额为57103万元。

经济责任审计 对9名领导干部开展经济责任审计工作，查出违规金额3989万元，管理不规范金额8340万元。

廉政建设 签订廉政责任书，建立廉政谈话制度；深入开展廉政风险点查找与防控工作，查找出8个内部机构廉政风险点，确定8个为高风险，制定22条防控措施；查找出25个个人岗位风险点，确定21个为高风险，4个为中风险，制定防控措施65条。完善工作制度3个，绘制权力运行流程图1个。

信息化建设 全面应用OA（审计管理系统）对审计文书、项目计划及项目组织等进行全过程管理，撰写的1个案例被省审计厅评为优秀AO（现场审计实施系统）应用实例，5个实例、10个方法受到鼓励。实现“云审工程”建设目标，5月通过云南省审计厅验收。 （撰稿人：刘　怡）

2013年云南省所辖区、县(市)级审计工作统计表

金额单位：万元

审计机关	完成审计项目(个)	审计查出主要问题金额	审计处理情况					出具审计报告和审计调查报告(篇)	提出审计建议(条)	提交审计信息(篇)
			审计处理处罚				移送处理事项			
			应上缴财政	应减少财政拨款或补贴	应归还原渠道资金	应调账处理金额				
昆明市										
昆明市本级	95	694105	10862	2	94532	308424	84	95	283	313
呈贡区审计局	42	7573	607		633	6332		42	112	
盘龙区审计局	61	27807	5187		1617	20610		63	154	
五华区审计局	26	107043	8806		69396	21733		38	92	95
官渡区审计局	16	21799		3106				18	42	15
西山区审计局	71	7523	5	7415	17	54		86	160	134
东川区审计局	32	11536	5465	80	1151	1062		41	72	
安宁市审计局	15	320574				187		15	38	
晋宁县审计局	33	684	548		3	132		33	306	10
富民县审计局	71	10511	33	60		319	4	78	60	99
宜良县审计局	49	54	53					58	136	49
嵩明县审计局	70	11465	470	6437	55	226		77	196	
石林彝族自治县审计局	77	849		849				77	133	91
禄劝彝族苗族自治县审计局	54	3694	253	3234	18			57	56	3
寻甸回族彝族自治县审计局	71	10940	3805		167		1	90	171	35
曲靖市										
曲靖市本级	144	265952	11075		4455	14212	1	170	300	74
麒麟区审计局	97	20539	61		43		1	110	256	64
宣威市审计局	107	45106	4094		49			132	153	24

续表

审计机关	完成审计项目（个）	审计查出主要问题金额	审计处理情况					出具审计报告和审计调查报告（篇）	提出审计建议（条）	提交审计信息（篇）
			审计处理处罚				移送处理事项			
			应上缴财政	应减少财政拨款或补贴	应归还原渠道资金	应调账处理金额				
马龙县审计局	109	11473	242		831		1	115	65	67
沾益县审计局	40	12644	245			32		45	103	48
富源县审计局	114	34084	2098	11	160	405		123	270	14
罗平县审计局	56	6920	1746					57	146	46
师宗县审计局	102	19293	1239			1154		107	135	16
陆良县审计局	76	9176	64					85	183	48
会泽县审计局	110	37392	491					126	12	65
玉溪市										
玉溪市本级	222	916953	5991		881	19997	50	233	384	78
红塔区审计局	70	5458	1967		24	353		77	196	7
江川县审计局	117	3963	442		264	49	3	123	118	12
澄江县审计局	85	20002	576		12	164		85	319	39
通海县审计局	86	41721	523			50	1	90	134	38
华宁县审计局	75	31781	1047			12	2	77	57	24
易门县审计局	77	45445	2667		10		1	80	100	17
峨山彝族自治县审计局	96	27290	1006			363	1	101	80	18
新平彝族傣族自治县审计局	90	16206	9681		79		3	95	126	32
元江哈尼族彝族傣族自治县审计局	80	30095	468			519	3	88	198	87
保山市										
保山市本级	78	136034	844	22364	44839	5641	4	84	186	65
隆阳区审计局	77	106969	738		65	9585		77	194	13
施甸县审计局	194	7754	236	2176	96	3139	1	200	441	41
腾冲县审计局	76	216957	158		28	216771	3	76	218	65
龙陵县审计局	85	2261	150	112	95	1904		95	182	28
昌宁县审计局	139	55262	893	1612	27	262	1	152	424	51
昭通市										
昭通市本级	139	887995	5899	1016	3976	508	17	149	377	8
昭阳区审计局	146	2179			4			146	80	17
鲁甸县审计局	56	1015						56	84	
巧家县审计局	23	3230	83		10	15		23	19	

续表

审计机关	完成审计项目(个)	审计查出主要问题金额	审计处理情况					出具审计报告和审计调查报告(篇)	提出审计建议(条)	提交审计信息(篇)
			审计处理处罚				移送处理事项			
			应上缴财政	应减少财政拨款或补贴	应归还原渠道资金	应调账处理金额				
盐津县审计局	21	18054	136			1433		21	58	
大关县审计局	24	1413				520		24	51	48
永善县审计局	49	5388	70		14	1686		49	106	7
绥江县审计局	22	617	2		28	328		22	17	
镇雄县审计局	51	8923	347		1017	2079		51	48	
彝良县审计局	34	6331	804		390			34	174	
威信县审计局	18	904	14	62	673	133		18	42	
水富县审计局	23	7177	804		1256			23	73	
丽江市										
丽江市本级	53	101164	4548	1507	37895	29748		53	142	11
古城区审计局	70	19450		3506	15344	600		68	210	12
永胜县审计局	50	4734	13		676	3227		50	254	7
华坪县审计局	47	11844	152		1685	9004		47	108	11
玉龙纳西族自治县审计局	71	8304	358		59	2819		71	130	12
宁蒗彝族自治县审计局	25	3150	9		422	207		25	58	24
普洱市										
普洱市本级	84	19009	1715	8067	5517	8171	3	93	448	50
思茅区审计局	34	1834	1660		164	223		46	88	31
宁洱哈尼族彝族自治县审计局	34	8		1418	101			37	68	18
墨江哈尼族自治县审计局	57	3371	245	530	2727	3864		73	247	14
景东彝族自治县审计局	71	1106	149	599	166	1668		78	147	27
景谷傣族彝族自治县审计局	20	511	233		351	29		23	70	9
镇沅彝族哈尼族拉祜族自治县审计局	22	335	109	223	3		1	23	55	8
江城哈尼族彝族自治县审计局	41	167	167	229	50	430		43	188	25
孟连傣族拉祜族佤族自治县审计局	27		3	737				28	97	7
澜沧拉祜族自治县审计局	44	2732	142	577	194	2535	1	53	155	16

续表

审计机关	完成审计项目(个)	审计查出主要问题金额	审计处理情况					出具审计报告和审计调查报告(篇)	提出审计建议(条)	提交审计信息(篇)
			审计处理处罚				移送处理事项			
			应上缴财政	应减少财政拨款或补贴	应归还原渠道资金	应调账处理金额				
西盟佤族自治县审计局	15	35	7	112				17	40	5
临沧市										
临沧市本级	56	55035	1585		1613	95	2	56	157	91
临翔区审计局	42	1507	78			69		42	76	7
凤庆县审计局	26	30266	167		820	996		26	185	14
云县审计局	54	4450	370		900	1039		54	472	14
永德县审计局	23	9294	110	1058		650		24	53	4
镇康县审计局	25	22775	75		789	21910		25	83	2
双江拉祜族佤族布朗族傣族自治县审计局	23	15387	72			16229		23	13	20
耿马傣族佤族自治县审计局	32	41327	245	37744	781	1911	1	32	89	10
沧源佤族自治县审计局	22	30205	198		1728	1142		27	67	53
德宏傣族景颇族自治州										
德宏傣族景颇族自治州本级	47	891089	12			6741	1	48	108	53
芒市审计局	30	24313	3		874	9060	8	33	166	82
瑞丽市审计局	27	993	30	8	1	1		27	61	32
梁河县审计局	44	701	18		13	39		50	107	53
盈江县审计局	52	73475	32	124	571			57	119	18
陇川县审计局	54	10553	161		83	7326		56	134	16
畹町经济开发区审计局	28	4029	3	4	2	3		30	21	13
怒江傈僳族自治州										
怒江傈僳族自治州本级	28	72717	200		2520	17328		28	49	13
泸水县审计局	15	1022			2	300		15	10	8
福贡县审计局	17	1875		120	602	1149		17	50	9
贡山独龙族怒族自治县审计局	14	456	6		7	299		14	40	2
兰坪白族普米族自治县审计局	22	16329	970	1	575	1214	2	22	61	9

续表

审计机关	完成审计项目（个）	审计查出主要问题金额	审计处理情况					出具审计报告和审计调查报告（篇）	提出审计建议（条）	提交审计信息（篇）
			审计处理处罚				移送处理事项			
			应上缴财政	应减少财政拨款或补贴	应归还原渠道资金	应调账处理金额				
迪庆藏族自治州										
迪庆藏族自治州本级	35	25431	201		150	3308	3	35	107	21
香格里拉县审计局	24	36432			2	753		24	74	35
德钦县审计局	24	31017	31			74		24	54	
维西傈僳族自治县审计局	53	903	19	9	70	725	5	53	97	
大理白族自治州										
大理白族自治州本级	407	80345	7148	1488	2534	8838	4	396	315	9
大理市审计局	245	34484	8377		371	2599		245	90	3
祥云县审计局	129	19263	11307		443	5432		116	163	66
宾川县审计局	371	7153	93		44	262		376	1208	36
弥渡县审计局	119	8455	26	372	78	549		119	141	13
永平县审计局	139	2353	75	1098		332	4	139	302	22
云龙县审计局	84	331						84	95	26
洱源县审计局	136	1229	74		563	473	7	136	292	4
剑川县审计局	54	2901				33		54	127	6
鹤庆县审计局	295	504	55			448		295	371	13
漾濞彝族自治县审计局	116	1326				1326		123		
南涧彝族自治县审计局	176	3153	254		374	2523		176	220	5
巍山彝族回族自治县审计局	126	9101	55	47	2503	232	1	126	55	12
楚雄彝族自治州										
楚雄彝族自治州本级	87	719059	10336	2427	406	825	3	112	252	100
楚雄市审计局	71	29195	2231	2158	30	78		82	221	54
双柏县审计局	46	12521	2943	309	17	763		54	171	
牟定县审计局	30	5042	697	343		383		36	56	53
南华县审计局	39	7292	1492	414				49	100	61
姚安县审计局	43	5913	155			478		53	55	
大姚县审计局	40	12502	36	629	1153			50	127	32
永仁县审计局	64	13722	1567	484	4395	572		72	155	

续表

审计机关	完成审计项目（个）	审计查出主要问题金额	审计处理情况：审计处理处罚：应上缴财政	审计处理情况：审计处理处罚：应减少财政拨款或补贴	审计处理情况：审计处理处罚：应归还原渠道资金	审计处理情况：审计处理处罚：应调账处理金额	审计处理情况：移送处理事项	出具审计报告和审计调查报告（篇）	提出审计建议（条）	提交审计信息（篇）
元谋县审计局	53	4853	52	514	16	30		59	48	106
武定县审计局	34	3179	627	119	200	22		39	55	42
禄丰县审计局	72	11838	184	870	3865	6830		80	173	206
红河哈尼族彝族自治州										
红河哈尼族彝族自治州本级	91	98232	13420	122	28048	18139	6	114	306	36
蒙自市审计局	35	1271	730	304	86	14		42	75	
个旧市审计局	42	2123	57	364	153	16		58	74	32
开远市审计局	41	1496		775	66	653		53	123	37
绿春县审计局	35	2799	206	62	226	882		42	78	
建水县审计局	59	1196	700	180		119		69	167	50
石屏县审计局	74	1722	35	267				87	108	24
弥勒县审计局	114	5146	1527	2291		261		131	91	41
泸西县审计局	37	1968	1825	127	1	14		46	103	
元阳县审计局	49	1360	252	230	96	91		58	142	2
红河县审计局	66	3145	219	1401	92	1408		95	140	
金平苗族瑶族傣族自治县审计局	45	11152	507	176	347	1250	1	66	70	3
河口瑶族自治县审计局	36	1660	198		83	475	1	49	93	15
屏边苗族自治县审计局	34	573	144	259	26	35	1	40	87	7
文山壮族苗族自治州										
文山壮族苗族自治州本级	210	241263	4190		3900	1381		228	336	55
文山市审计局	86	88612			1	5		86	121	29
砚山县审计局	82	2551				1		82	89	21
西畴县审计局	97	5434	521			3649		97	145	59
麻栗坡县审计局	74	15469	1493		315	1935		75	190	32
马关县审计局	102	1399	55		1	110		102	214	43
丘北县审计局	78	13622	131	396	154	12690		79	189	32
广南县审计局	85	8717	178		1232	401		85	153	22
富宁县审计局	99	6462	1242		164	246		99	188	47

续表

审计机关	完成审计项目（个）	审计查出主要问题金额	审计处理情况					出具审计报告和审计调查报告（篇）	提出审计建议（条）	提交审计信息（篇）
			审计处理处罚				移送处理事项			
			应上缴财政	应减少财政拨款或补贴	应归还原渠道资金	应调账处理金额				
西双版纳傣族自治州										
西双版纳傣族自治州本级	82	32282	10228	15328	43	303	5	90	253	12
景洪市审计局	173	40640	4147	27445				173	396	23
勐海县审计局	66	4727	962	851				66	147	25
勐腊县审计局	40	9998	855	1281	122	7662		42	130	12

西藏自治区

【西藏自治区审计厅】 2013年，西藏自治区审计厅人员编制120人，在编100人（含援藏干部3人）。设有办公室、政工人事处、纪检监察室、法规处、财政金融审计处、固定资产投资审计处、经济责任审计处、行政事业审计处、社会保障审计处、经贸外资审计处、农业与资源环保审计处；下设政府投资审计中心、计算机信息中心、后勤服务中心。

领导成员

厅　　长：拉　巴

副 厅 长：张　岩　孙玉英　次　多

总审计师：周忠祥

纪检组长：张福山

审计成果 全区审计机关共对298个单位或项目进行审计，查出一批数额较大的违法违规问题，处理应上缴财政数亿元，移交案件线索4件，发布审计结果公告11篇，提出审计意见与建议近400条，推动建立健全制度130多项。这些工作富有成效，为推动全区跨越式发展和长治久安发挥积极作用。

预算执行审计 对自治区本级财政管理、区高法等预算执行部门、发展和改革委政府性投资计划执行、拉萨至机场公路等重点投资项目进行审计或审计调查，向自治区人民政府和自治区人大常委会分别提交审计结果报告和审计工作报告，从体制、机制、制度层面揭示和反映问题，提出意见和建议，引起自治区有关领导和有关部门的高度重视，有效服务于经济管理和经济决策。审计中既关注财政资金使用效益、效率和效果，又关注社会效益和生态效益，揭示和反映违法违规、损失浪费等问题，为促进中央和自治区宏观调控政策措施的落实到位发挥建设性作用。

专项资金审计 着力监督检查民生资金和民生项目的建设管理情况，维护人民群众的根本利益。对城镇保障性安居工程建设情况进行跟踪审计，重点关注任务分解完成、资金筹集管理使用、工程建设管理、保障性住房的分配运行情况和各项配套政策执行情况；对自治区本级住房公积金筹集、管理情况进行审计，提出促进住房公积金管理制度不断完善的意见与建议；同时，对教育、科技、卫生等专项资金进行审计，促进规范财政资金更好地用于改善民生和社会事业发展，发挥惠民政策保基本、兜底线的重要作用，维护人民群众利益和社会和谐稳定。

农业与资源环境审计 着力监督检查资源环保政策的贯彻执行情况，服务经济社会可持续发展战略。对地质矿产、环境保护监管部门，中央森林生态效益补偿基金、个别地区土地出让金和土地开发整理资金进行重点审计，揭露和查处多领、截留、滞留森林生态补偿基金，坐收坐支、违规减免土地出让金等违法违规问题，促进加强对财政专项资金（基金）的管理，使其更好地发挥应有的经济社会效能；专题反映近 5 年来生态环境保护项目和资金审计情况，得到自治区领导重要批示，有关部门积极整改，推进环境保护政策和制度不断改进完善。重点关注道路、桥梁、水电等工程建设项目对生态环境的影响，全力维护环境安全，努力推进生态建设，切实保护碧水蓝天。

企业审计 围绕“质量、责任、绩效”的目标，对 11 个商贸企业和 154 个中小企业发展资金、产业与企业改革发展资金及有关政策落实情况进行审计调查，揭露损益不实、资金使用效益不高、项目和资金审批程序不规范等问题，通过揭露查处问题、提出意见建议，对维护会计秩序、加强企业管理、防控重大风险、创新机制制度、确保资产安全，发挥积极作用。解决中小企业落实资金难问题，加大对企业的支持力度。

经济责任审计 受组织部门委托，对全区 67 名各级各类领导干部进行经济责任审计，审计中重点关注贯彻执行国家宏观经济政策、落实上级重大经济部署、政府性资金收支管理、重大经济事项决策与执行、经济管理制度建立健全等方面的情况；着眼于经济责任审计规范化建设，积极探索与创新经济责任审计工作的方式和方法，针对领导干部在履行经济责任中存在的突出问题，提出审计意见建议，为组织人事部门加强干部监督管理提供重要依据，促进领导干部守法守纪、守规尽责。

相关工作 以班子队伍建设为关键，以和谐稳定为基础，以质量、技术为保障，以制度、廉政为制约，不断推动审计事业科学发展。加强审计机关领导班子和干部队伍建设，提高领导干部把握大局和审计队伍依法从审、依法行政的能力；把维护社会和谐稳定作为审计机关的重要政治责任，圆满实现“三不出”工作目标；认真开展审计项目审理、质量检查和审计结果整改落实检查等工作，召开审计理论研究暨审计信息化建设座谈会，扎实推进审计理论研究，提升审计信息化建设水平，保障能力明显增强；严格执行审计纪律“八不准”和有关廉政规定，完善审计业务和机关行政管理制度，形成按制度办事、用制度管人的良好风气。

（撰稿人：翟继巍）

陕西省

【陕西省审计厅】 2013 年，陕西省审计厅人员编制 285 人，在编 263 人。设有办公室、法规处、财政审计处、派出市县财政审计处、金融审计处、派出经济执法审计处、行政事业审计处、派出教育科技审计处、企业审计处、派出经济贸易审计处、农业与资源环保审计处、派出农林水利审计处、社会保障审计处、派出民政社保审计处、固定资产投资审计处、派出交通建设审计处、外资运用审计处、派出外事外贸审计处、派出发展统计处、审理稽核处、经济责任审计处、人事处、机关党委、监察室、老干部管理处、派出国资监管审计处；还设有研究所、报送审计中心、后勤服务中心、计算机技术信息中心。

领导成员

厅　　长：屈方方（—1月）
　　　　　李　健（1月—）
副 厅 长：徐宗一　张海成
　　　　　马玉红　赵宝田
总审计师：王志高
纪检组长：尤　磊

审计成果 全年审计（调查）单位和项目 8729 个，查出违规金额 260 亿元，损失浪费金额 3 亿元，促进增收节支金额 39 亿元，挽回损失金额 15 亿元，核减投资金额 65 亿元。移送处理事项 45 件，涉及金额 3.54 亿元。提交审计专题报告、综合报告和信息 2561 篇，被批转、批示和采用 1784 篇次。提出审计建议 1.48 万条，被采纳 1.1 万条，推动建立健全制度 113 项。发布审计结果公告 793 篇。

财政审计 坚持把预算执行、财政决算与行业专项审计相结合，加大对专项资金和二、三级预算单位的延伸审计，强化对预算单位的内部审计自查审计抽查，审计的覆盖面进一步扩大，内容逐步深化。西安市审计局对市级 2012 年度、2013 年度财政预算编制情况，渭南市审计局对市级政府性基金收入情况进行审计调查。

政府性债务审计 完成全省四级政府性债务专项审计，基本摸清全省四级政府性债务的底子，反映近两年地方政府加强债务管理的主要做法和成效，对地方政府性债务进行风险分析，揭示地方政府性债务管理、举借和资金使用等方面存在的问题。配合审计署西安特派员办事处完成对省本级及西安市本级的财政存量资金审计任务。这两项工作均得到省委、省政府和审计署表扬，为党和国家及省委、省政府重大决策提供科学依据。

城镇保障性安居工程跟踪审计 完成全省2012年城镇保障性安居工程跟踪审计，揭示保障房投资、建设、分配、运营等方面存在的问题，促进惠民政策的落实和完善。

“三公”经费及会议费管理使用情况审计 完成全省“三公”经费及会议费管理使用情况专项审计，对审计查出问题的整改情况进行督促落实，审计结果被省委列入党的群众路线教育实践活动“五项治理”之一。西安市审计局积极配合市委党的群众路线教育实践活动“九项治理”，对公租房等7类专项资金进行审计。

专项资金审计 统一组织开展农村义务教育学生营养改善、陕南移民搬迁、省级重点示范镇建设、渭河及汉丹江流域综合治理专项资金审计。各地还结合实际，开展民生、生态建设等专项资金和交警、林业、规划、环保等系统的审计。共审计资金管理单位和项目706个，通过审计，对加强民生、生态建设等专项资金和行业管理，落实惠民政策，促进生态文明建设等发挥建设性作用。

企业、金融审计 完成省地方电力集团等118个国有及国有控股企业审计，促进国有资产保值增值、产业结构调整、节能减排、收入分配等政策规定的落实。完成长安银行等4家地方金融机构审计，促进地方金融机构建章立制，防范风险。

固定资产投资和外运用资审计 完成引汉济渭等3012个重点建设项目跟踪审计和竣工决算审计，对524个地震灾后恢复重建项目进行竣工决算审计，核减投资金额65亿元。对10个世、亚行及外国政府贷援款项目进行公证审计。咸阳市、杨凌示范区审计局开展概算调整、最高限价审计，榆林市审计局核减投资预算金额22亿元，进一步发挥投资审计的建设性作用。

经济责任审计 认真贯彻中办、国办规定和本省实施办法，加大与各专业审计“结合审”力度，推进“任中审”、任期内“轮审”和县（区）、乡（镇）党政主要领导干部“同步审”。对1827名领导干部进行审计，查出直接责任问题金额9亿元。安康等市审计局首次开展县委书记、县长和开发区党政主要领导干部同步审计。咸阳市审计局任中审计人数占60%，同步审计人数占30%，首次开展对全市公检法机关“三长”的任期经济责任审计。在省委、省政府领导的重视和支持下，省经济责任审计局正式成立，为全面推进全省经济责任审计工作奠定良好组织基础。

审计整改 贯彻落实审计整改工作暂行办法，加大对问题比较突出、整改不及时、不到位单位的审计回访、抽查和跟踪检查力度，提请政府召开审计整改专题会议，通过发布审计整改报告、通报、公告等方式，加大审计整改督促落实力度。全年实施的审计项目在审计期间的整改金额达18亿元，同比增长150%。受省政府委托，省审计厅首次向省人大常委会做省级预算执行审计整改工作情况报告。咸阳、铜川等市审计局报请市政府出台审计整改工作暂行办法。延安市审计局联合市监察局对上年审计查出问题整改情况进行检查，对未落实问题进行全市通报，对情节严重的7个单位实施“三问”。

信息化建设 初步建成并启用地方税务、农信社审计分析系统、审计对象数据库系统，制定金审工程应用系统运行维护管理办法。西安市审计局改造数字化审计平台社保子模块，开发综合信息管理系统，加强网络信息安全管理。宝鸡市审计局成立计算机审计信息中心，建成被审计单位信息资料及整改查询系统，修订计算机审计评比办法，计算机审计方法首次在审计署获奖。渭南、汉中市审计局组建数据分析团队，开展信息系统审计。安康市审计局成立数据分析室，搭建移动办公系统，推行计算机程序审理复核。

审计业务管理 修订《审计业务会议实施办法》《优秀审计项目和审计专项综合报告评选办法》《聘用审计工作试行办法》等制度，开展计划立项评估、项目招标，跟踪审理、集中审理，对项目稽核评估发现的普遍性、倾向性问题进行通报等审计管理创新，促进提高审计质量水平。严格执行新的审计统计规定，统计分析工作水平不断提升。汉中、延安等市审计局报请市政府出台或修订政府投资建设项目审计办法。安康等市审计局完善经济责任审计实施办法、党政领导干部离任交接办法。韩城市审计局开展“审计质量年”活动。商洛市审计局推行月督查季小结半年汇报制度，克服年终突击审计项目进度问题。

廉政建设 落实党风廉政建设责任制，履行“一岗双责”，坚持开展廉政教育，实现廉政风险防控机制全覆盖。严格执行外勤经费自理、报送审计、审计权力分设、审计纪律规定，加大监督检查和审计回访力度，将廉政纪律检查贯穿于审计业务全过程，保证廉洁审计。强化廉政制度建设，省审计厅和渭南等市审计局制定审计项目廉政检查办法、审前廉政承诺和审后廉政小结规定、审计组廉政建设联防联控工作程序、外地审计食宿地点统一联系和费用统一结算办法。省审计厅和宝鸡、铜川市审计局分别被省、市政府命名为政风行风建设优秀单位。

内部审计 在加强国家审计的同时，进一步加大对内部审计工作的指导，促进内部审计工作健康发展。全省内部审计机构共审计项目 3.8 万个，促进增收节支 10 亿元，保障各行业、单位的健康发展。 （撰稿人：黄　松）

【西安市审计局】 2013 年，西安市审计局人员编制 94 人，在编 100 人。局长李永奇，副局长马少民、王建军、阎金平，总审计师贺成志，纪检组长李中澍。设有办公室、组织人事处、政策法规处、财政金融审计处、行政事业审计处、农业与资源环保审计处、固定资产投资审计一处、固定资产投资审计二处、企业审计处、社会保障与外资运用审计处、经济责任审计一处、经济责任审计二处、审理稽核处、机关党委、监察室，另设有西安市计算机审计信息中心。

审计成果 西安市审计机关完成审计和审计调查项目 496 个，查出主要问题金额 159.2 亿元，促进财政增收节支 83.2 亿元。移送违法违纪案件线索 15 件，提交审计报告和信息 1023 篇，提出审计建议 912 条，促进被审计单位制定整改措施 151 项、建立健全规章制度 14 项，11 个审计项目和综合报告被陕西省审计厅评为优秀审计项目和优秀审计报告。

财政金融审计 完成 172 个部门单位的预算执行情况审计，并延伸审计 153 个单位，查出违规变更调整预算 21.6 亿元、滞留闲置资金 29.3 亿元、虚列支出 9.7 亿元以及虚报冒领、违规设立“小金库”等问题，移送违规违纪线索 2 件。对 14 个市级、129 个县区级一级预算执行单位“三公”经费及会议经费管理使用情况进行专项审计调查，促进相关部门单位认真执行中央八项规定和省市委相关措施办法，进一步压缩“三公”支出，提高行政绩效。对全市预算执行单位公务用车配备管理使用情况及经费支出情况开展专项审计调查，从制度机制层面提出建设性意见，促进相关部门加强公务用车管理。西安市审计局首次对财政预算编制工作进行监督，开展市级 2012 年度和 2013 年度财政预算编制情况专项审计调查，着力规范财政预算管理，促进提高财政预算执行效果。

政府性债务审计 完成对新城区、碑林区、未央区、雁塔区、阎良区、临潼区、长安区、蓝田县、周至县、户县 10 个区县及其所辖乡镇的政府性债务情况审计，摸清政府性债务的规模、结构及风险变化情况，揭示政府性债务举借、管理和资金使用方面存在的问题，提出防范和化解政府性债务风险的意见建议。

社会保障审计 开展教育、养老、医疗保险、保障性住房、城中村改造等民生资金和项目审计（调查）100 多项，揭示和反映国家政策落实不到位、资金管理不规范以及相关资金结余过大等问题，促进相关部门加强民生项目和资金管理。西安市审计局开展长安区、临潼区、阎良区重点示范镇建设资金专项审计调查，调查主管部门 38 个、街办（镇）5 个、项目 192 个，抽审 4 个村组、120 户农户，调查资金 13.99 亿元，查出违纪违规金额 1.12 亿元，督促资金到位 1000 万元，归还原资金渠道 411 万元，促进重点示范镇建设政策措施的落实，有力推进西安市重点示范镇建设。在 2012 年市级城镇职工基本医疗保险及其他医保资金管理使用情况审计中，移送案件线索 1 件。

固定资产投资审计 不断拓展投资审计覆盖面，积极开展重大建设项目跟踪审计、工程竣工决（结）算审计，全市核减工程投资额 3.96 亿元，促进加强项目管理、控制建设成本，提高政府建设项目管理水平。西安市审计局对渭河西安城市段南岸绿化景观工程、李家河水库工程、市信访接待中心改扩建工程、市漕运明渠北客站改线段排洪工程、市第四污水处理厂工程等8个项目进行工程结算审计，审减金额1.54亿元；对高新区廉租房项目进行工程结算审计，审减工程造价2128万元，财务决算审减费用1300万元；对全市13个区县2011年至2012年公办学前教育建设项目开展专项审计调查，查出相关单位套取、挪用、滞留项目资金，配套资金不到位，工程质量存在缺陷等问题，涉及违规金额2.55亿元。

经济责任审计 对95名领导干部和国企负责人进行经济责任审计，其中任中审计40人，占比42%。查出负直接责任违规金额1268万元、负主管责任违规金额8782万元；提交审计建议131条，被采纳124条。西安市审计局开展经济责任审计项目13个，首次开展区县党政领导干部经济责任同步审计和离任经济责任审计，实现审计范围的新突破，移送违法违纪案件线索8件。

资源环境审计 开展西安市区机动车尾气排放治理绩效审计调查，揭示机动车尾气排放治理措施落实和各部门职责履行等方面存在的不足，提出建立和完善机动车污染防治协调机制、加快成品油品质升级、加强对黑烟车辆超标车辆的治理、加大清洁燃料车辆的补贴力度等6条审计建议。对西安市级2011—2012年度污水处理费征缴使用情况进行审计调查，查出相关部门单位滞留应上缴污水处理费22451万元，自建污水处理设施企业减半征收污水处理费政策未落实到位，污水产生量、处理能力与实际处理量不配比，未及时拨付下属单位污水处理费5108万元等问题，促进提高西安市污水处理工作绩效。

专项资金治理 根据中共西安市委党的群众路线教育实践活动工作安排，对2012年度省下达西安市的公租房专项资金、农机具购置补贴资金、农村危房改造资金、再就业资金、农村饮水专项资金、科技创新资金、进城务工农民工子女接受义务教育补助资金等7项专项资金进行检查，涉及资金20多亿元，检查项目主管部门7个，实地走访调查受益户472户，实地查看项目55个，查出涉嫌国有资产流失、骗取住房补贴等问题，积极督促整改，取得较好成果。（撰稿人：吴　恒）

【延安市审计局】 2013年，延安市审计局人员编制84人，在编83人。局长呼延鹏，副局长屈宏、郑春阳、朱晓冬、刘欢明，总审计师刘宏伟，纪检组长齐统贤。设有政秘科、法制科、行政事业审计科、财政金融审计科、农业与资源环保审计科、派出新区审计室、监察室、市直企业审计处；内部审计管理中心、审计信息中心；经济责任审计局党政事业审计科、企业审计科；审计处行政事业审计科，固定资产投资审计处一科、二科、三科、概算审计科。

审计成果 延安市审计机关完成审计项目（调查）1409个，查出问题金额142亿元，其中违规金额39亿元，损失浪费金额186万元，管理不规范金额103亿元；应上缴财政5亿元，应归还原渠道资金1.9亿元，应调账处理4.9亿元；核减工程投资额7.66亿元；移送司法机关、纪检监察机关处理事项1件；提出审计建议1829条，被采纳1419条。

预算执行审计 完成319个部门单位预算执行和财政收支审计，查出问题金额47.93亿元。针对无预算和超预算支出、业务招待费超支、扩大支出范围等普遍存在的问题，向延安市政府提交《关于部门预算执行审计相关问题的专题报告》，分析问题成因，提出规范预算管理，调整预算定额标准等审计建议。

专项资金和行业审计 完成县乡两级政府性债务、全市城镇保障性安居工程、省级重点镇建设情况、全市“三公”经费及会议经费管理使用情况、新型农村合作医疗基金财务收支等审计或调查，审计专项资金总额达11.58亿元。市审计局在对吴起县新型农村合作医疗经办处的审计中，发现有人冒名顶替领取医疗补助资金及新农合医疗基金账户账款不符的案件线索，并向吴起县检察院进行移交。延安市对194个预算执行单位2012年度“三公”及会议经费管理使用情况进行专项审计调查，并对2011年度部分情况进行追溯。通过审计，摸清延安市“三公”经费及会议经费管理使用的基本情况，揭示存在的问题，向陕西省审计厅和延安市政府提交专题报告。

固定资产投资审计 完成705个政府投资项

目审计，审计项目投资额33.84亿元，核减工程投资额7.66亿元。其中，延安市审计局对36个政府投资项目进行审计，审计项目投资额13.4亿元，核减工程价款2.7亿元。

经济责任审计 延安市共对477名领导干部进行经济责任审计。其中任中审计152人，离任审计325人，任中审计比例有较大幅度提高。审计查出问题金额38亿元。在违规金额中负主管责任金额8402万元，负领导责任金额16亿元；在管理不规范金额中负领导责任金额12.69亿元，负主管责任金额8亿元。推行县区党政领导干部同步经济责任审计，并与县区财政决算审计一并进行的办法，提高审计效率，节约审计资源。

（撰稿人：刘建国）

【铜川市审计局】 2013年，铜川市审计局人员编制62人，在编50人。局长路秦洲，副局长季铜章、付俊楼，纪检组长段小玲。设有办公室、法规科、审理稽核科、行政事业审计科、财政金融审计科、经贸审计科、农业与资源环保审计科、社会保障审计科和经济责任审计局。下辖固定资产投资审计局、内部审计管理中心、计算机信息中心。

审计成果 铜川市审计机关共完成审计（调查）单位和项目361个，查出违规金额64982.11万元，管理不规范金额263012.26万元，收缴财政1113.39万元，审计核减工程造价10766.60万元。

财政审计 完成铜川新区管委会、印台区和耀州区政府2012年财政收支审计；完成市环保局等15个单位预算执行审计；组织实施市级部门（单位）预算执行情况自查；完成市红十字会、市民政局2013年雅安地震募捐款和向延安灾区捐款情况审计。

“三公”经费审计 完成全市预算执行单位会议经费及“三公”经费专项审计调查，对发现的问题进行原因分析，提出制定和完善会议及“三公”经费细化配套制度和标准、全面推行公务卡消费制度、推进“三公”经费公开等建议。

政府性债务审计 组织全市审计机关对4个区县政府性债务情况进行审计，基本摸清区县政府性债务基本情况和存在的问题，提出进一步加强对区县政府性债务监管的建议，切实防范和化解潜在债务风险。

企业审计 按照省审计厅授权，完成陕西省黄陵监狱2012年度财务收支审计（含农场）、陕西新华发行集团铜川市新华书店有限责任公司和耀州区新华书店有限责任公司2012年资产、负债、损益审计。完成市中小企业投资担保有限公司2012年资产、负债、损益审计。

固定资产投资审计 完成安居工程和锦绣园廉租房建设项目跟踪审计及“千绿万红百增艳”城市绿化工程、新闻业务楼等10个工程竣工决算审计。开展黄堡重点示范镇建设情况专项审计调查和照金名镇建设情况审计调查。

经济责任审计 以客观评价被审计领导干部任职期间经济责任履行，促进被审计领导干部守法守纪守规尽责为目标，推动健全责任追究和问责机制，强化经济责任审计结果的运用，推进权力运行公开化、透明化。受市委组织部委托，共完成经济责任审计项目10个。

专项资金审计 完成对宜君县、耀州区和新区管委会2011—2012年度支农专项资金投入、管理、使用及效益情况审计，完成全市住房公积金筹集、管理和使用情况审计，完成全市社会优抚资金审计，完成印台区三里洞红矸山地质环境综合治理和王益区川口水泥灰岩采矿生态修复两个地质灾害综合治理项目审计，完成渭河流域综合治理项目审计。通过审计，进一步促进资金和项目管理，确保党的惠民政策落到实处。

内部审计 组织开展优秀内部审计项目评选活动。开展内部审计人员后续教育工作，先后有40人次参加中国内部审计协会和省内部审计协会组织的各种后续教育培训学习。组织开展优秀论文评选活动。

（撰稿人：王书胜）

【渭南市审计局】 2013年，渭南市审计局人员编制73人，在编73人。局长王俊杰，副局长马德民、王忠义、朱福秦、胡振江，总审计师李美娟，纪检组长袁崇义。设有办公室、监察室、法制科、财政金融审计科、行政事业审计科、经济责任审计处、农业与资源审计科、经贸与社保审计科、固定资产投资审计科、驻渭单位审计科、计算机信息中心、内部审计管理中心、后勤管理中心。

审计成果 渭南市审计机关完成审计项目952个，审计查出违规金额306400万元，管理不规范金额247622万元，损失浪费金额134万元。通过审计共为国家增收节支3153万元，核减投资金额7415万元，帮助被审计单位挽回或避免损失5389万元。向党委、政府和上级部门提交报告、信息452篇，被批转、批示和采用315篇。向社会公告审计结果14篇。

财政审计 完成审计单位248个，查出违规金额219058万元。市审计局完成对市财政局、地税局等12个预算执行单位的审计，并组织市级40个预算单位进行内部审计自查和重点抽查。完成华县、白水县、经开区2011年度财政决算审计和市本级政府性基金收入审计调查。

政府性债务审计 完成全市11个县（市、区）及所属130个乡镇政府性债务情况审计，厘清债务底数，揭示存在问题，提出审计建议，对于防范债务风险、发挥债务效益起到积极作用。

行业和专项资金审计 全市统一开展渭河流域综合治理、全市生育保险基金、林业系统2011—2012年度专项资金审计和全市预算执行审计单位“三公”经费及会议费、省级重点示范镇建设情况审计调查，查出违规金额29900万元。

经济责任审计 审计184名领导干部，查出违规金额34249万元。对5名县级领导干部进行审计后谈话。市政府出台《渭南市党政领导干部离任交接工作办法（试行）》。

固定资产投资审计 审计重点建设项目109个，查出违规金额15851万元，核减投资金额7415万元。市审计局完成乐天大街东段道路改造、渭河全线整治渭南市城区左岸堤防加宽、渭南实验初级中学等工程竣工决算审计，审计资金48880万元，核减投资金1945万元。

企业审计 以保障国有资产安全、增值，促进国有企业完善内控制度、提高企业经济效益为目标，共审计国有企业5户，查出违规金额7342万元。

内部审计 全市现有内部审计机构97个，内部审计人员164人（专职人员100人）。全年完成审计项目553个，促进增收节支1555万元，提出建议被采纳210条。 （撰稿人：马笃祥）

【咸阳市审计局】 2013年，咸阳市审计局行政编制69人，在编69人；事业编制5人，在编5人。局长刘爱侠，副局长郭建军（10月—）、何初国、张建伟，总审计师樊延平，纪检组长刘毓（12月—）。设有秘书科、法规科、财税审计科、金融外资审计科、农业与环保资源审计科、固定资产投资审计科、行政事业审计科、经贸企业审计科、社会保障审计科、经济责任党政审计科、经济责任企事业审计科，陕西省咸阳审计处一科、二科，纪检监察室，咸阳市内部审计管理中心。

审计成果 咸阳市审计机关完成审计项目1209个，查出违规金额422905万元，其中应上缴财政5722万元，应减少财政拨款或补贴11213万元，应归还原渠道资金72563万元，应调账处理金额66323万元；已上缴财政2187万元，已减少财政拨款或补贴10787万元，已归还原渠道资金7286万元，已调账处理金额13292万元。出具审计工作报告或专项审计调查报告1282篇，被批示、采用71篇；提出审计建议1899条，被采纳1140条；提交审计信息505篇，被批示、采用审计信息361篇。

财政审计 市县两级审计机关完成2012年度本级预算执行情况和其他财政收支审计单位111个，财政决算85个，查处主要问题金额158亿元。对13个县区、126个镇办6000余笔政府性债务情况开展全面审计，摸清市地方政府性债务的底数和形成过程，揭示地方政府性债务在管理使用等方面存在的问题。

社会保障审计 完成13个县市区社会保险基金、社会救助资金和社会福利资金审计，揭示社保资金筹集、管理、使用等方面的问题，查出违纪违规金额5000余万元。咸阳市审计局被审计署表彰为全国社会保障资金审计先进公务员集体。

行政事业审计 组织市县两级审计机关对全市270个一级预算执行单位开展审计调查，基本摸清“三公”经费及会议费的总体状况、实际支出结构、增减变化情况，对规范财政预算、贯彻中央八项规定、落实厉行节约起到建设性作用。揭示事业单位财务收支和财务管理中存在的薄弱环节和突出问题，针对问题提出加强财务管理和整改的意见及建议。

固定资产投资审计 对345个重点建设项目进行跟踪审计、概算调整、最高限价和竣工决算审计，审计投资额23.3亿元，查出主要问题金额3.3亿元，核减投资额2.3亿元，核减率达到10%。

企业审计 完成对市自来水公司等24个国有及国有控股企业进行审计，查出主要问题金额2.2亿元，促进国有资产保值增值、产业结构调整、收入分配等政策规定的落实。

经济责任审计 完成208名领导干部的任期经济责任审计，其中任中审计100人，离任审计108人，首次开展公检法机关"三长"任期经济责任审计。查出负直接责任金额2595万元，逐步建立健全以任中审计为主的党政主要领导干部任期内轮审的制度。

专项资金审计 全市统一组织开展对永寿县、长武县、淳化县农村义务教育学生营养改善计划，西吴镇、烟霞镇、新民镇、亭口镇4个省级重点示范镇建设，渭河流域综合治理，城乡居民社会养老保险基金等专项资金审计。各县市区还结合实际，开展对交警、林业、规划、环保等系统的审计，共审计资金管理单位和项目79个，涉及专项资金总额79.4亿元，审计查出主要问题金额19.2亿元。

信息化建设 成立咸阳市审计局计算机审计中心。市县两级大力加强"金审工程"建设，升级OA（审计管理系统）系统，建立数字化审计平台，加强信息安全保护工作，筹措资金解决设备老化等问题。10个县区达到省、市、县（区）"三级联通"，实现OA公文处理全覆盖，审计会商系统和系统交互功能全面应用的目标。上报省审计厅参加AO（现场审计实施系统）应用实例评选项目80篇，获奖71篇。（撰稿人：王 峰）

【宝鸡市审计局】 2013年，宝鸡市审计局人员编制67人，在编67人。局长景东成，副局长陈金仓、王兴英、汪彩玲、刘红霞，总审计师谭鸿彬，纪检组长陈科林。设有办公室、法规审理科、内部审计管理科、财政金融审计科、行政事业审计科、农业与资源环保审计科、固定资产投资审计一科、固定资产投资审计二科、企业审计科、社会保障审计科、宝鸡市领导干部经济责任审计处、陕西省审计厅宝鸡审计处和监察室、机关党委、计算机审计信息中心。

审计成果 宝鸡市审计机关完成审计项目556个，查出主要问题金额709515万元，其中违规金额69500万元、管理不规范金额640015万元；损益（收支）不实金额58691万元；审计处理处罚金额308926万元，其中应上缴财政29671万元、应减少财政拨款或补贴1069万元、应归还原渠道资金25922万元、应调账处理金额234719万元，审计发现非金额计量问题214个，审计促进整改落实有关问题金额265424万元，其中增收节支32901万元、已调账处理金额214472万元；审计促进拨付资金到位1348万元；审计后挽回（避免）损失9732万元；移送司法机关、纪检监察机关和有关部门处理事项5件；出具审计报告和专项审计调查报告552篇，被批示、采用43篇；提出审计建议1096条；提交审计信息585篇，被批示、采用402篇；向社会公告审计结果155篇。被宝鸡市人民政府授予集体二等功。

财政审计 对市规划局等11个市级部门开展预算执行审计，安排20个部门单位开展自查。市、县区审计局组成联合审计组对12个县区政府性债务开展审计，摸清市政府性债务的"家底"，为市委、市政府正确决策提供翔实依据。对陈仓、金台、陇县3个县区政府财政决算实施审计，开展对市建筑设计院等6个进行撤并改制单位的财务收支审计。

专项资金审计 实施城镇保障性安居工程跟踪审计、农村义务教育营养改善计划工程专项审计、重点城镇建设情况专项审计调查、渭河流域综合治理专项审计、灾后重建项目跟踪审计等5个项目，有3篇审计综合报告被分管市长分别批示。

固定资产投资审计 完成经二路改造、石鼓公园建设、代家湾道路排水工程、高新污水处理厂建设等32个政府投资重点建设项目审计，共审计投资额14.47亿元，为政府节约资金1.88亿元，平均审减率为13%。

经济责任审计 完成经济责任审计项目14个，涉及领导干部16人，审计查出违纪违规金额5600万元，管理不规范金额4500万元，提出审计建议意见15条，被有关部门采纳15条。至年底，领导干部任中审计的比例已达到60%以上，12个县区党政主要领导同步审计完成三轮。

信息化建设 成立计算机审计信息中心，对OA平台进行版本升级。对市县区金审工程网络传输线路进行改造，建立集中联审统计制度，宝鸡市审计局1篇AO应用实例在审计署获得应用奖。（撰稿人：李志军）

【汉中市审计局】 2013年，汉中市审计局编制49人，在编50人。局长庄长宁，副局长吴加录、黄中利（—5月）、赵明华，总审计师陈文红，纪检组长曹华。设有经济责任审计处、办公室、监察室、综合法制科、经贸审计科、中央省属企事业审计科、财政审计科、行政事业审计科、农业与资源环保审计科、固定资产投资审计科、社会保障资金审计科、外资运用审计科、机关事务所。

审计成果 汉中市审计局完成审计项目100个，查出主要问题金额259732万元，其中违规金额54810万元，管理不规范金额204922万元，已上缴财政685万元，核减投资额11316万元，提出审计建议156条。

财政审计 完成市级预算执行情况审计；对南郑、城固、西乡3县财政决算进行审计；对上年预算执行和其他财政财务收支审计查出问题的整改情况进行督促检查；对11个县区政府性债务进行审计。

行政事业审计 完成市法制办等16个单位财务收支审计，对洋县等6县农村义务教育营养改善计划工程进行专项审计。

农业与资源环保审计 完成陕南移民办公室和留坝县政府陕南移民搬迁专项资金审计调查；对市湑惠渠灌溉工程等5个农林水项目进行审计；对南郑县大河坎镇和城固县崔家山镇示范镇建设情况进行审计调查；对城固等4县河道砂石资源费征缴和南郑县国土局土地出让金征缴情况进行审计调查。

固定资产投资审计 完成汉中经济开发区西二环南段道路等18个项目竣工决算审计；对市中心医院公寓楼等7个项目进行跟踪审计；对城固等5县污水处理项目和洋县等7县城区生活垃圾处理项目竣工决算进行审计。

社会保障审计 完成市中心医院信息系统审计；对市社保中心等7个单位财务收支进行审计；对市财政局、市住建局、市农业局本级保障性安居工程进行跟踪审计。

企业审计 完成汉中锌业有限责任公司、陕西宁强锰矿、市国有资产经营公司、市多信道路工程试验检测公司资产负债损益审计；对市公路管理局等3个部门财务收支进行审计；对汉中市新华书店有限责任公司进行经济效益审计。

地震灾后重建项目审计 完成宁强县影剧院灾后恢复重建工程竣工决算审计；对汉中市中医医院住院部综合楼等3个灾后恢复重建项目进行跟踪审计。

经济责任审计 受组织人事部门委托，完成市直行政事业单位领导、县区党政领导、市直国有及国有控股企业领导人员经济责任审计24个。（撰稿人：袁怀兰）

【榆林市审计局】 2013年，榆林市审计局编制67人，在编67人。局长张宇，副局长高林（—11月）、吕登榜（—5月）、强少炜、冯占廷、张随平（5月—）、刘丽荣（5月—），总审计师张随平（—6月）、曹炯（6月—），纪检组长贺占彪（—5月）、任耀东（5月—）。设有政秘科、法规科、财政金融审计科、行政事业审计科、社会保障审计科、农业与资源环保审计科、教科文审计科、企业审计科、开发区审计科、总支、工会；陕西省审计厅榆林审计处内设固定资产投资审计一科、固定资产投资审计二科、省属企事业审计科；经济责任审计办公室内设党政审计科、企事业审计科、综合科、信息科。

审计成果 榆林市审计局完成审计项目215个，查出主要问题金额1033535万元，其中违规金额69599万元、损失浪费金额423万元、管理不规范金额963512万元；损益（收支）不实金额136836万元；审计处理处罚金额21607万元，其中应上缴财政5619万元、应归还原渠道资金11143万元、应调账处理金额4300万元；审计发现非金额计量问题502个；审计促进整改落实有关问题金额12561万元，其中增收节支6810万元、已调账处理金额2838万元；审计后挽回（避免）损失4335万元；移送司法机关、纪检监察机关和有关部门处理事项11件；出具审计报告和专项审计调查报告237篇，被批示、采用4篇；提出审计建议664条；提交审计信息37篇，被批示、采用26篇；向社会公告审计结果11篇。

财政审计 加大对公共财政预算、政府性基金预算、国有资本经营预算和社会保障预算等政府全口径预决算的审计监督，着重关注各县区政府执行统一财税政策情况、中央转移支付资金预算管理情况、财政体制运行情况和政府性债务情况，促进提高预算分配和执行的公开透明。全年共对74个预算执行单位进行审计，查出主要问题金额404507万元；对9个财政决算单位实施审计，查出主要问题金额524361万元。

固定资产投资审计 在政府投资项目审计时，重点监督建设项目的管理和资金的使用情况，揭露项目前期论证不足、概预算不细致、招投标程序和内容不规范、配套资金不到位、虚报重列项目套取建设资金、工程项目进展缓慢和严重损失浪费问题，同时关注工程质量、环境保护、征地拆迁和资金使用等方面的问题。共核减投资额221931万元，其中决算核减投资额5454万元，预算核减投资额216477万元。

企业审计 注重与经济责任审计和绩效审计相结合，揭示效益方面存在的问题，达到摸清家底，促进发展的目的。共对6户企业实施审计，查出主要问题金额12635万元。

经济责任审计 领导干部经济责任审计，强化对权力集中部门和资金、资源密集领域领导干部的审计监督，推进县区党政主要领导干部同步审计，推动健全责任追究和问责机制。共对38人实施经济责任审计，查出主要问题金额66809万元。

专项资金审计（调查） 重点对关系广大群众切身利益的专项资金、关系农村生产生活、关系农业生产和关系国家粮食安全的资金和项目进行审计，揭露和查处一批严重影响和损害群众利益、财政资金流失和严重损失浪费等问题；开展对市本级30个重点部门“三公”经费及会议费专项审计调查。共查出主要问题金额46708万元。

（撰稿人：钞治邦）

【安康市审计局】 2013年，安康市审计局人员编制53人，在编53人。局长杜保华（—9月）、李均（9月—），副局长陈国进、陈建国、刘昕玫、张本财，总审计师刘际和，纪检组长兰天安。设有政办科、法制科、行政事业审计科、农业与资源环保审计科、财政金融审计科、基建投资审计科、经贸社保审计科、计算机审计技术中心、监察室，省属企事业审计处下设省属企业审计科、省属事业审计科，经济责任审计处下设党政领导干部经济责任审计科、企事业单位领导人员经济责任审计科。

审计成果 安康市审计机关共完成审计项目（单位）453个，其中市审计局完成76个，全面超额完成年度审计项目计划。查出主要问题金额274986万元，其中违规金额17253万元，管理不规范金额257495万元；审计处理决定为财政增收节支37357万元，其中上缴财政2454万元，减少财政拨款或补贴29909万元，归还原渠道资金4994万元；缴纳其他资金13930万元，调账处理金额23207万元；核减投资额10174万元。移送处理事项5件，涉案金额598万元。提出审计建议977条，被采纳845条，促进被审计单位制定整改措施110项。提交工作报告、信息113篇，被采纳123篇次。

财政审计 审计单位118个。按时向本级人大常委会做审计工作报告。市审计局对平利、岚皋、高新3县区2012年度财政决算进行审计，各县区审计局完成52个乡镇的财政决算审计。

“三公”及会议经费专项审计调查 市县审计机关共派出11个审计组对全市126个一级预算执行单位2012年度“三公”及会议经费管理和使用情况进行专项审计调查，并对2011年度部分情况进行追溯，调查覆盖面市级达30%、县级达16.6%。通过审计调查发现的问题，全市126个部门单位均进行整改，市政府向省审计厅上报整改结果报告。

固定资产投资审计 市审计局完成18个工程竣工决算审计，对保障房、城市绿化、廉租房的30个项目最高限价进行审计，审计资金总额7.5亿元，全年核减4035万元。全市完成政府投资建设项目审计142个，核减工程造价8931万元。全面完成2012年度城镇保障性安居工程跟踪审计，审计查出管理不规范金额1127万元，其中滞留专项资金 583 万元，会计核算不实 518.08 万元，漏缴税款 27 万元，审计发现非金额计量问题 4 个。

经济责任审计 全市完成 87 个党政主要领导干部经济责任审计。查出有问题金额 37958 万元，其中违规金额 6084 万元、管理不规范金额 31873 万元。被审计领导应负直接责任金额 2760 万元、应负主管责任金额 10882 万元、应负领导责任金额 24314 万元。根据审计对象应承担责任，对其做出客观公正、实事求是的评价，针对被审计单位财政财务收支及资产管理方面存在的问题提出建议 118 条，促进财政增收节支 3892 万元。

行业和专项资金审计 市县审计机关实施农村义务教育学生营养改善计划项目专项资金审计、移民搬迁专项资金审计和汉江流域综合治理专项审计。通过对移民搬迁专项资金及汉江流域综合治理项目的审计，向政府提交《安康市审计局关于加强汉丹江流域综合治理专项资金管理的意见》。 （撰稿人：刘志辉）

【商洛市审计局】 2013 年，商洛市审计局人员编制 33 人，在编 33 人。局长卫星，副局长赵晓伟、徐丹红，总审计师郭正，纪检组长于天翔。设有办公室、监察室、法规科、财政金融审计科、行政事业审计科、农业与资源环保审计科、固定资产投资审计科、经贸审计科、社会保障审计科、经济责任审计办公室。

审计成果 商洛市审计机关完成审计项目 361 个，查出主要问题金额 770776 万元，其中违规金额 153825 万元、损失浪费金额 485 万元、管理不规范金额 616465 万元；损益（收支）不实金额 39900 万元；审计处理处罚金额 272253 万元，其中应上缴财政 18044 万元、应减少财政拨款或补贴 912 万元、应归还原渠道资金 124839 万元、应调账处理金额 119248 万元；审计发现非金额计量问题 322 个；审计促进整改落实有关问题金额 46763 万元，其中增收节支 1551 万元、已调账处理金额 39752 万元；审计促进拨付资金到位 29633 万元；审计后挽回（避免）损失 1628 万元；移送司法机关、纪检监察机关和有关部门处理事项 5 件；出具审计报告和专项审计调查报告 411 篇，被批示、采用 7 篇；提出审计建议 774 条；提交审计信息 21 篇，被批示、采用 8 篇；向社会公告审计结果 100 篇。

财政审计 完成全市政府负有偿还责任、担保责任的债务和政府可能承担一定救助责任的其他相关债务情况审计；对全市 2012 年度“三公”及会议经费管理和使用情况进行专项审计调查。

农业与资源环保审计 完成丹江流域综合治理项目审计，全市陕南移民搬迁项目资金的投入、使用、管理和效益审计。

固定资产投资审计 完成保障性安居工程审计和沙河子省级重点示范镇建设情况专项审计调查，完成商鞅大道工程跟踪审计。

社会保障审计 完成全市住房公积金审计，摸清全市住房公积金的底子，发现住房公积金在管理体制、运行机制、财务收支和住房公积金归集、个贷及管理等方面存在的问题。

经济责任审计 完成 62 名县处级和乡科级领导干部经济责任审计，查处违规金额 1892 万元，管理不规范金额 8818 万元，损失浪费金额 100 万元。

专项资金审计 完成洛南、商南、柞水、丹凤 4 个县农村义务教育学生营养改善计划专项资金审计。 （撰稿人：王代军）

2013 年陕西省所辖区、县(市)级审计工作统计表

金额单位：万元

审计机关	完成审计项目(个)	审计查出主要问题金额	审计处理情况					出具审计报告和审计调查报告(篇)	提出审计建议(条)	提交审计信息(篇)
			审计处理处罚				移送处理事项(件)			
			应上缴财政	应减少财政拨款或补贴	应归还原渠道资金	应调账处理金额				
西安市										
西安市本级	61	1083797	702616	1987	15532	146150	13	62	199	303
未央区审计局	32	16195	277		225	68	1	37	74	80
莲湖区审计局	22	11174	12		2329	1690		22	75	24
新城区审计局	31	6788	4928		40	1507		31	49	32
碑林区审计局	39	5944	13		3149			39	19	10
灞桥区审计局	18	45140	2		19522	98		18	21	33
雁塔区审计局	38	13429	115		489	1834	1		95	49
阎良区审计局	62	128406	344		488	32165		75	60	5
临潼区审计局	39	107571	3072		4910	5251		47	59	
长安区审计局	32	31130	61					35	51	
蓝田县审计局	53	2062	202		96	107		53	61	15
周至县审计局	29	1096	10	6	2091	55		29	25	
户县审计局	44	49109	15		33991	1136	1	58	126	37
高陵县审计局	56	4446	102					56	24	12
延安市										
延安市本级	122	1166766	31906		11559	40185	1	122	210	4
宝塔区审计局	55	48691	31	1643		3152		55	291	
延长县审计局	28	3310	1565	539	101	925		28	2	52
延川县审计局	104	3923						104	69	
子长县审计局	89	30485	9003		921	34		89	289	
安塞县审计局	332	21024	102					332	22	
志丹县审计局	66	8330	10			16		66	76	
吴起县审计局	167	3951	20					167		
甘泉县审计局	123	14079	8		686			123	222	
富县审计局	49	7457	1473		170	265		49	86	
洛川县审计局	16	2160	16					16		
宜川县审计局	103	28064	5401	4870	106	1856		103	193	24
黄龙县审计局	39	8687	63	157	1410	3		39	80	34
黄陵县审计局	116	75452	46		3679	2687		116	289	

续表

审计机关	完成审计项目(个)	审计查出主要问题金额	审计处理情况					出具审计报告和审计调查报告(篇)	提出审计建议(条)	提交审计信息(篇)
			审计处理处罚				移送处理事项(件)			
			应上缴财政	应减少财政拨款或补贴	应归还原渠道资金	应调账处理金额				
铜川市										
铜川市本级	70	61839	1100		4633	6860		70	91	68
耀州区审计局	141	2240						141	104	30
王益区审计局	23	332						23	15	23
印台区审计局	73		3					73	47	6
宜君县审计局	54	571	10					54	36	12
渭南市										
渭南市本级	43	264926	9475		46198	29055		43	116	136
临渭区审计局	78	1458	135		238	383		78	396	45
华阴市审计局	55	1512	50					55	112	36
韩城市审计局	104	2779	2109		1990	68		104	235	70
华县审计局	126	3474	1955					126	252	34
潼关县审计局	51	3007	111		32	186		51	123	33
大荔县审计局	62	4809	133					62	147	38
蒲城县审计局	61	4723	56		47			61	276	43
澄城县审计局	38	2233	52					38	114	39
白水县审计局	87	5244	126		1339	6705		87	172	56
合阳县审计局	144	5475	5215		93	3515		144	289	50
富平县审计局	103	6760	1662		2482	880		103	224	58
咸阳市										
咸阳市本级	74	353985	4859	2753	58045	56837		74	163	166
秦都区审计局	42	4388	65	2				41	20	
渭城区审计局	89	7338	63	9	4606	314		89		
兴平市审计局	112	12616	90		9	4707		112	256	236
三原县审计局	43	885	48					42		
泾阳县审计局	74	2119	41		10	373		85	206	1
乾县审计局	99	6902	62					119	146	28
礼泉县审计局	89	9310	134	835	391	397		89	80	
永寿县审计局	66	2238	42		107			80	137	36
彬县审计局	179	12259	166	7117	5513	3040		169	221	1
长武县审计局	124	4009	51					141	292	28
旬邑县审计局	68	1583	74					81	80	

续表

审计机关	完成审计项目（个）	审计查出主要问题金额	审计处理情况					出具审计报告和审计调查报告（篇）	提出审计建议（条）	提交审计信息（篇）
			审计处理处罚				移送处理事项（件）			
			应上缴财政	应减少财政拨款或补贴	应归还原渠道资金	应调账处理金额				
淳化县审计局	99	936	13	156	2684	363		96	132	6
武功县审计局	51	4329	8	337	1193	287		58	166	3
宝鸡市										
宝鸡市本级	88	486073	11223		21071	211482	5	82	229	261
金台区审计局	22	5883	5		84	1758		23	67	27
渭滨区审计局	15	1239	8			1		14	30	12
陈仓区审计局	50	4920	11		28	507		50	103	33
凤翔县审计局	52	39948	2876	437	126	6714		52	58	29
岐山县审计局	46	1349	7	114	362	15		46	92	26
扶风县审计局	43	42344	12012		35	1329		43	77	22
眉县审计局	54	23220	47	371				54	70	46
陇县审计局	46	5116	857		14	4245		46	57	26
千阳县审计局	26	31241			234	7093		26	60	15
麟游县审计局	34	21951	1073	32	16	194		34	96	12
凤县审计局	56	41468	1528			860		56	129	29
太白县审计局	24	4757	19	113	3948	518		26	28	47
汉中市										
汉中市本级	100	259732	749		82118	3122		107	156	9
汉台区审计局	66	6202	169			111	2	91	133	77
南郑县审计局	142	53565	159	29	23623	26400	3	142	266	27
城固县审计局	176	17120	152	434	33	686	3	176	397	6
洋县审计局	217	1983	168	502	210			217	213	48
西乡县审计局	90	15769	954	288	2065	1403	1	90	61	8
勉县审计局	67	3409	10		110	39	2	67	148	40
宁强县审计局	100	54940	81	3548	23964	943		100	272	
略阳县审计局	303	8660	52	973	592	2	1	157	202	7
镇巴县审计局	77	2993	95		9	671	1	82	29	56
留坝县审计局	42	1861	48		1508	82	1	43	88	37
佛坪县审计局	77	14992	6			1188		77	201	56
榆林市										
榆林市本级	215	1033535	5619		11143	4300	11	237	664	31
榆阳区审计局	165	16902	362		2191	2		165	474	

续表

审计机关	完成审计项目(个)	审计查出主要问题金额	审计处理情况					出具审计报告和审计调查报告(篇)	提出审计建议(条)	提交审计信息(篇)
			审计处理处罚				移送处理事项(件)			
			应上缴财政	应减少财政拨款或补贴	应归还原渠道资金	应调账处理金额				
神木县审计局	150	15041	2585	340	3	3		150	124	1
府谷县审计局	268	39865	274					268	360	
横山县审计局	145	260334	10899	595	2048	7063		145	338	2
靖边县审计局	191	44368	28				1	191	417	20
定边县审计局	160	84055	2311	36600		8		160	46	
绥德县审计局	30	10416	6	1283	530	6743		30	4	
米脂县审计局	97	3910	118		24			97	69	1
佳县审计局	124	8716	706	2160	25	282		124	301	1
吴堡县审计局	69	9744	30					69	78	
清涧县审计局	170	4608	76	82	66	50		170	116	7
子洲县审计局	245	78925	24	1147	277			245	454	6
安康市										
安康市本级	76	111201	16703	10948	12446	10981	3	84	181	41
汉滨区审计局	66	12020	745		1648	150		66	61	47
汉阴县审计局	43	1901	30	424	206	653	1	52	68	104
石泉县审计局	31	30159	18	271	80	1775		31	69	
宁陕县审计局	25	13876	11		45	13118		25	58	4
紫阳县审计局	45	39758	57	18924	13	3748	1	45	96	30
岚皋县审计局	69	19384	3557		529	8146		69	58	12
平利县审计局	93	37160	711		528	7009		93	84	
镇坪县审计局	25	19372	44		508	8802		25	177	1
旬阳县审计局	38	2141	67	86	219	119	2	38	65	27
白河县审计局	38	1925	142		419	1363	1	38	82	
商洛市										
商洛市本级	42	361082	16928	212	82518	39225	4	43	93	4
商州区审计局	21	1541	14			3		22	29	
洛南县审计局	88	56281	116					138	325	3
丹凤县审计局	35	31275	32		250	1353		50	52	1
商南县审计局	23	206962	77	729	287	35208		31	74	7
山阳县审计局	55	129601	788		39789	37643		64	62	4
镇安县审计局	59	20800	66		1892	355		59	64	2
柞水县审计局	41	15147	18		101	5459		41	73	1

甘肃省

【甘肃省审计厅】 2013年，甘肃省审计厅人员编制224人，在编220人。设有办公室、法规处、内部审计监督处、社会审计核查处、经济责任审计办公室、经济责任审计一处、经济责任审计二处、经济责任审计三处、财政审计处、行政事业审计处、农业与资源环保审计处、固定资产投资审计一处、固定资产投资审计二处、金融审计处、企业审计处、社会保障审计处、外资与运用审计处、人事处、老干处、机关党委、监察室和服务中心、科培中心、信息中心。

领导成员

厅　　长：武　毅（4月—）
　　　　　何振中（—4月）
副 厅 长：边　恺　成荣生
　　　　　张　冰　郝发忠（—4月）
纪检组长：王建设
总审计师：李洁丽

审计成果 全省审计和审计调查项目7302个（其中省审计厅完成105个），查出违规金额235.4亿元（其中省审计厅144.3亿元），管理不规范金额1482亿元（其中省审计厅1239.9亿元），损失浪费金额3799万元（其中省审计厅746万元）；通过审计处理，已上缴财政136.3亿元，促进增收节支133.27亿元；向司法和纪检监察等部门移送案件线索25件，移送人员16人，向有关部门移送事项81件；向各级党委、政府和上级审计机关提交审计报告、专项审计调查报告和审计信息13798篇，被采用和批示3030篇次；向被审计单位提出审计建议11051条，被采纳8894条；向社会公告审计结果64篇，推动建立健全制度113项。

财政审计 全省对1288个部门和单位的预算执行情况进行审计。省审计厅主要对省财政厅、省地税局、省水利厅、省农牧厅、省人口委、省食品药品监督局、省交警总队等13个省级预算单位进行审计；结合领导干部任期经济责任审计，对庆阳市、甘南州财政收支情况进行审计，对华亭、武山、正宁、高台、金塔、文县6个省直管县财政收支情况进行审计，并对转移支付资金进行审计调查。在预算执行审计中，围绕中央和省委关于改进作风等部署，按照中央八项规定、省委双十条规定要求对“三公”经费、会议费管理情况进行审计，促进厉行勤俭节约。各级审计机关均向同级政府提交本级预算执行审计结果报告，向同级人大常委会做预算执行及整改落实情况的报告，并以不同形式公告审计及整改结果，引起社会各界的广泛关注。

专项资金审计 各级审计机关普遍开展对土地、社保、教育、医疗、住房等民生项目以及交通、能源、资源、环境等基础设施建设项目的审计和审计调查，推动各项惠民富民强民政策到实处。按照审计署统一部署，加强城镇保障性安居工程持续监督，对全省2012年城镇保障性安居工程（包括廉租房、公共租赁住房、经济适用住房、限价商品住房、各类棚户区改造）的投资、建设、分配、运营等情况进行审计。省审计厅对5个市州及20个县市区的土地出让金、财政扶持中小企业项目资金、被征地农民养老保险补助资金、农村环境连片整治示范项目资金管理使用情况进行专项审计调查，对全省土地整理专项资金管理使用情况、省公安厅交通警察总队省级非税收入收缴情况、省住房资金管理中心2012年度住房公积金归集管理使用情况进行审计，对各市州审计、财政、扶贫等部门2011—2012年度财政扶贫资金管理使用情况进行联合审计检查。针对审计发现的问题，提出建议并跟踪督促整改落实。

经济责任审计 全省对2173个党政部门、事业单位和国有企业的2173名领导干部进行经济责任审计，查出违规金额14.01亿元，损失浪费金额35万元。省审计厅对甘南州、省水利、省人口委、省食品药品监督管理局、省交警总队、省政府驻北京办事处等16个单位的19名领导干部进行任中审计；对西北师范大学、兰州理工大学、省水利厅等4个单位的领导干部进行离任审计。与省纪委、省委组织部、省编办、省监察厅联合下发通知，计划用3年完成全省86个县区党政主要领导干部经济责任和机构编制审计。从2013年开始，省审计厅整合省、市、县三级审计力量，与省编办共同组成审计组，对全省23个县区的党委、政府主要领导履行经济责任和管理机构编制情况进行审计。通过审计，促进区域经济社会发展、提高公共资金使用效率、推进行政改革、加强干部管理。

固定资产投资审计 全省对2259个项目进行审计，项目投资额258.6亿元，核减投资额13.9亿元，查出问题金额31.1亿元。全面完成舟曲特大山洪泥石流灾害灾后恢复重建项目审计；建立应对自然灾害审计监督机制，及时对东乡县特大泥石流滑坡地质灾害、岷县漳县“7·22”地震和天水、陇南暴洪灾害等灾后重建进行跟踪审计。关注投资结构和效益，省审计厅对张掖军民合用机场、金川公司精密铜镍合金节能降耗技改项目、兰州新区转移安置区建设项目等重点项目进行审计，规范项目管理，促进投资效益的提升。

企业审计 关注经济健康运行和国有资产安全，立足防范风险，促进深化改革和推动可持续发展，加大金融、外资和企业审计力度。省审计厅重点对甘肃省农村信用社2010年至2012年资产负债损益进行审计，对金融机构内部审计进行调研；对甘肃省公路航空旅游投资公司、三毛集团、长城电工集团等省属重点企业的资产负债损益和经营管理情况进行审计，加强国有资产审计监督，促进保值增值。

外资运用审计 根据审计署授权，对14个国外贷援款项目、3个世界银行贷款项目、7个亚洲开发银行贷款项目、3个援助项目、1个农业发展基金贷款项目进行审计；对2012年审计的所有国外贷援款项目审计结果及整改情况在《甘肃日报》进行公告。

社会审计 履行统领社会审计的职能，依法对7家社会审计机构出具的15份审计报告进行核查，对委托社会中介机构实施的漳县山洪泥石流灾后恢复重建项目建安工程结算审计报告质量进行核查，向省政府报送《2012年社会审计报告质量核查综合报告》。

交办事项 按照审计署安排部署，省、市、县联动，组成426个审计小组，抽调1300人，集中时间和人力，采取“上审下”和“交叉审”相结合的方式，完成13个市州本级及市州所在13个区（市）和所辖185个乡镇政府性债务审计；完成草原生态环境保护资金审计、金融机构业务开展及风险管控情况专项审计调查。省审计厅及时调整工作部署，完成省委、省政府交办和有关部门委托的省国家安全厅530工程竣工决算、甘肃省委办公楼翻扩建项目调整概算、甘肃报业大厦基本建设等36个项目的审计，审计结果得到省委、省政府和有关部门的充分肯定

相关工作 坚持横向融合，统筹兼顾安排审计项目计划。坚持上下联动，整合力量完成重大审计任务。坚持质量立审，多措并举深化审计质量建设。认真落实省政府《关于进一步加强审计整改工作的意见》，按照谁审计、谁负责跟踪督促和整改落实的原则，健全完善审计整改报告、督查、联动、公告、问责等制度，力求使审计查出的问题整改到位，整改率达到98%以上。坚持绩效审计，着力提升审计成果水平。坚持科技强审，加大力度推进审计信息化建设。以金审工程为依托，大力推广使用OA和AO等金审工程建设的应用成效，推进审计与财政、税务、社会保障、地方金融机构等相关领域信息系统搭建数据分析平台，充分利用AO软件和ACCESS、SQL SERVER数据库技术进行审计数据筛选和分析，特别是在政府性债务审计中编制数据汇总、数据核对表校验、汇总报表拆分工具和审计报告生成等多个债务审计专用软件，在全国审计系统得到认可和好评。

基础建设 进一步完善基础设施建设。认真落实省政府《关于进一步加强审计工作的意见》，积极协调各级党委、政府落实文件精神，厅机关和各市州、县区审计机关编制、经费、人员待遇、办公条件不断改善。加强与审计署的汇报衔接，积极落实《审计署关于进一步支持甘肃审计事业发展的意见》，较好地解决基层审计机关经费紧张的困难。不断推进信息系统建设，完成省审计厅与14个市州审计局的视频会议电话备份系统建设任务；完成政务专网资源及相关安全策略的配置，保证厅机关核心业务信息系统的平滑过渡。按照审计署要求和全省审计信息化建设规划，安排部署金昌等7个市州及其所辖各县区审计局的审计管理系统建设任务，建立省市两级审计机关电子公文传输系统和全省审计系统即时通讯（RTX）系统，解决审计机关之间信息沟通和审计业务电子数据传输问题。

着力强化审计干部队伍建设。结合党的群众

路线教育实践活动，严格执行厅党组《关于进一步改进工作作风的规定》。以提高干部队伍的综合素质为目标，持续加强培训教育，先后在南京审计学院、深圳市审计学会干部教育培训基地、兰州市举办资源环境审计、绩效审计、投资审计、新任县区审计局长和新录用人员培训班以及处局长高级研讨班，开展经济责任审计、金融审计等专题培训和国家审计准则辅导等相关知识讲座。加强与高等院校的合作，经过深入协调沟通，省审计厅与南京审计学院签署战略合作框架协议，共同开展审计文化建设、审计技术与方法探索、审计人才培养、审计理论研究、审计案例开发等方面的合作。加强年轻干部培养锻炼，从全省审计系统选拔24名基层优秀年轻干部赴审计署和省审计厅参加审计项目实践锻炼。加大干部人事制度改革力度，有14人通过公开竞争上岗走上处级领导岗位，并对10人进行轮岗交流。

深化审计文化建设。深入总结甘肃审计30年发展经验，组织中国特色社会主义审计理论、审计制度、审计精神、内部审计信息化、重点科研课题等专题研究。注重通讯员队伍建设，加强业务培训，宣传工作实现新的突破。全省提交审计信息6036篇，被采用、批示2461篇，审计厅全年在各级各类媒体发表文章、信息和宣传稿件2100余篇，进一步扩大审计影响，为审计工作营造良好的舆论环境。

推进党风廉政建设。完善审计机关反腐倡廉教育体系、廉政制度规范体系、廉政责任分解体系、廉政监督考核体系建设；层层签订廉政工作目标责任书和廉政承诺书，全面落实廉政责任；严格贯彻执行中央八项规定、省委双十条和审计纪律“八不准”等规定，认真开展在职人员投资办企业、公务用车用房和会员卡清理工作，加强厅机关“三公”经费管理，厉行勤俭节约，改进工作作风；加强廉政准则、国家法律法规和廉洁从政各项规定教育，注重把内部监督与外部监督有机结合起来，加大对审计组执行“八不准”纪律情况的监督检查，坚持审前廉政谈话，审中廉政监察，审后廉政回访。

党的群众路线教育实践活动 厅党组先后召开党组会议、党组扩大会议、中心组学习会议、全体党员和干部职工大会等，组织21次集体学习、2次专题辅导、2次交流讨论，通过自学、集中学习、办培训班、在审计现场组织学习等多种形式，认真学习习近平总书记系列重要讲话、研读“三本书”。采取问卷调查、召开座谈会、实地走访调研、接收来信来电、网络征询等方式，分3轮5个层次，广泛征求存在的问题以及对审计工作的意见建议，共征求到240条意见建议。在广泛征求意见建议的基础上，梳理查摆在贯彻落实中央八项规定和省委“双十条”规定、反对“四风”和践行党的群众路线方面的突出问题。根据征求到的意见建议和查摆的问题，及时研究制订《中共甘肃省审计厅党组党的群众路线教育实践活动整改落实方案》和《中共甘肃省审计厅党组“四风”突出问题专项整治方案》，明确目标任务、整改重点、具体措施、责任领导、责任部门、具体责任人和整改时限，确保教育实践活动取得实效。公务接待严格执行“三定”“四不准”制度，2013年公务接待费比2012年下降47.16%，严格控制因公出国（境）活动，取消2批次12人公费出国活动。出台规范会议接待、文件简报、公文运行等方面的制度，对已有的52项制度，重新进行修订完善。

双联行动 围绕“联心富民”，积极开展联村联户为民富民行动。省审计厅党组多渠道争取和筹措建设资金，在6个联系村共投资1422.21万元，完成3条13.6公里村社道路硬化；建成塘坝和人饮工程3个；新修优质梯田2300亩；重建、扩建、维护村小学3座，配备相关教学设施；争取资金扶持群众对危旧房进行改造，对村容村貌进行整治。

无偿为联系村农户提供地膜和优良玉米籽种；大力推动牛羊和巴马香猪养殖；安排专人赴新疆引进薄皮核桃、优质大枣树苗试种。积极牵线搭桥引进山东济宁百草中药材有限公司实施中药材试验种植。通过大力发展增收致富产业，联系农户家庭人均纯收入较上年增长25.5%。

出资为联系户配发健康保健工具包，积极联系省肿瘤医院专家两次到联系村开展大型义诊活动，为当地1600多名群众免费检查；联系省康复中心眼科专家为8名患者免费实施白内障免费复明手术；组织全厅干部职工为程义村白血病患者捐赠治疗费用2.6万元，并通过省红十字会、省慈善协会争取治疗费4万元，及时为困难群众送去温暖和支持。

加强日常监督检查，建立考评台账，狠抓各项措施落实。严格落实干部分批进村入户次数和天数要求，累计驻村天数686天。结合实际扩大联系范围，联系户增加到282户。进一步加强组织领导，确定1名副处级干部作为静宁县双联领导小组副组长和扶贫攻坚领导小组副组长，选派3名年轻干部作为驻村联络员，11月又选派4名优秀年轻干部到村党支部任职。认真履行组长单位职责，有针对性地制订帮扶规划和年度计划，积极推进静宁县双联行动向纵深发展，提高联系帮扶的实效。（撰稿人：梁馨予）

【兰州市审计局】 2013年，兰州市审计局人员编制117人，在编120人。局长刘军（4月—），副局长柴建民（6月—）、赵晋巍（11月—）。设有办公室、人事处、法规处、内部审计监督处、社会审计核查处、审计执法监督处、财政金融审计处、行政事业审计处、农业与资源环保审计处、社会保障审计处、企业审计处、计算机审计处、园区审计处，兰州市经济责任审计分局及所属经济责任审计一处、二处、三处，兰州市政府投资建设项目审计办公室、兰州新区审计分局和机关党委、监察室。

审计成果 兰州市审计局完成审计项目234个，查出违规金额50255.78万元，其中应上缴财政23017万元、应归还原渠道资金17739万元；移送司法机关、纪检监察机关和有关部门处理事项7件；出具审计报告和专项审计调查报告91篇；提出审计建议276条。

财政审计 对兰州市财政局2012年度市级预算执行情况、兰州市地税局2012年度税收基金征管情况进行审计；对七里河区、榆中县人民政府2012年度财政决算情况实施审计。

行政事业审计 完成对兰州市政府办公厅、市检察院、市规划局、共青团市委等10个一、二级预算单位预算执行和其他财务收支情况的审计。对兰州新区管委会、兰州高新技术开发区管委会、兰州经济技术开发区管委会2012年度财政财务收支进行审计。

农业与资源环保审计 开展2011—2012年度兰州市新农村建设专项资金管理使用情况、兰州市扶贫专项资金管理使用情况审计。

固定资产投资审计 对南山路项目、西热东输管网建设改造项目、污水雨水全收集管网建设项目、廉租房项目等11个项目进行跟踪审计；对兰州市轨道交通一号线一期工程、兰州市重离子项目、兰州深安大桥、兰州中心滩黄河大桥（金雁大桥）、兰州市城市规划展示馆项目等9个项目进行跟踪审计，完成26个子项的结算审计。

企业审计 对兰州人民饭店、兰州东方友谊商贸中心有限公司进行资产负债损益审计。

经济责任审计 对红古区人民政府、市城乡建设局、市体育局、市教育局等8个单位的主要领导实施任中经济责任审计；对市直机关工委、市政协等5个单位的主要领导实施离任经济责任审计；对红古区审计局原局长进行经济责任履行情况审计。

专项资金审计（调查） 完成对2012年度住房公积金归集使用和管理情况、兰州市新农村建设专项资金管理使用情况、兰州市扶贫专项资金管理使用情况、2012年度市级土地出让金收缴管理情况的审计，完成2012年度市属医院药品及医疗服务收费情况以及2010—2012年度教育费附加管理使用情况专项审计调查。（撰稿人：张　文）

【嘉峪关市审计局】 2013年，嘉峪关市审计局人员编制30人，在编26人。局长赵大鹏，副局长芦勇、王继红，总审计师赵明，纪检组长鱼辉。设有办公室、经济责任审计科、行政事业审计科、法制科、固定资产投资审计科、社保金融审计科、社会审计核查科、经贸审计科、基建审核中心。

审计成果 嘉峪关市审计局完成审计及审计调查项目32项，审计和延伸审计单位56个，查出违规违纪资金和管理不规范金额8117.22万元，应上缴财政61.82万元，应归还原渠道资金28.94万元，调账处理金额592.21万元，核减工程造价7643.64万元。向市纪委移送经济案件线索3起。出具审计报告30份，提交审计要情23份，提出合理化意见和审计建议54条，被采纳54条。撰写审计信息181篇。被共青团甘肃省委、甘肃省政府国资委、甘肃省人力资源和社会保障厅授予青年文明号荣誉称号。

财政审计 以加强预算管理为目标，对市财政局组织的市级预算执行、市地税局地方税收征管情况等进行审计。对市农林局等7个单位2012年度预算执行及决算情况进行审计。共查出违规违纪和管理不规范金额177.76万元，应上缴财政46.6万元，从加强预算管理，提高财政资金使用效益等方面提出审计建议17条，向市纪委移送经济案件线索3件。

固定资产投资审计 开展嘉峪关市第一中学和市酒钢三中教学楼2个建设项目的跟踪审计，对嘉峪关市图书馆、全市7所幼儿园和工业园区2011年基础设施等建设项目工程进行竣工决算审计。审计资金30138.30万元，核减工程造价为政府节约投资7643.64万元。

经济责任审计 根据《甘肃省党政主要领导干部和国有企业领导人员经济责任审计实施办法》，结合嘉峪关市实际，起草《嘉峪关市属主要领导干部任期内经济责任轮审制度》，经市委、市政府办公室印发出台。完成市文物局原局长和长城区原区长等8个任期经济责任审计，共查出违规违纪及管理不规范金额62.03万元，提出审计建议8条。

专项资金审计 完成2011—2012年度财政扶贫资金管理使用情况审计、2012年嘉峪关市城镇保障性安居工程跟踪审计和科技专项资金管理使用情况审计3个专项资金审计。此外，与市地税局、市公安局经侦支队联合开展发票专项检查；与市财政局、市监察局联合开展非税收入检查；配合市检察院完成对全市2008年至2012年廉租住房和经济适用房资金管理使用情况和文保工程专项预防的督查检查工作。 （撰稿人：王南林）

【金昌市审计局】 2013年，金昌市审计局人员编制31人，在编27人。局长张正平，副局长侯永林、梁福山，总审计师魏登喜，纪检组长彭淑瑞。设有办公室、法制科、经济责任审计办公室、财政审计科、行政事业审计科、企业和社会保障审计科、农业和资源环境审计科、固定资产投资审核中心。

审计成果 金昌市审计局完成审计和审计调查43个，查出各类问题金额23786万元。其中违规金额282万元，管理不规范金额23454万元，损失浪费金额48.7万元。核减投资额1260.45万元。发表各类审计信息115篇，理论文章21篇。

财政审计 对2012年度市级财政预算执行开展审计，以促进规范预算管理，提高财政资金使用效益为目标，以政府性资金为主线，重点对公共财政预算、政府性基金预算、国有资本经营预算情况进行审计。查出各类管理不规范金额5655.34万元，提出深化财政体制改革，完善政府预算体系和会计制度、推进财政支出绩效管理，提高财政资金使用效益等建议。完成2012年度金川区人民政府财政决算审计，查出各类管理不规范金额2350.89万元。

固定资产投资审计 整合审计资源，充分利用社会审计成果，突出对重点工程、重点领域、重点资金的监督管理，积极开展政府投资项目竣工决算审计，完善重点投资项目的跟踪审计，提高建设资金的使用效益。完成市特殊教育学校综合楼改（扩）建和宿舍楼工程竣工决算、市游泳馆工程竣工决算、市传媒大厦（原址）工程结算等6个项目的审计，送审值5206.15万元，核减投资额1260.45万元，平均核减率24.21%。

经济责任审计 贯彻落实《党政主要领导干部和国有企业领导人员经济责任审计规定》，扎实推进经济责任审计工作。根据市经济责任审计联席会议安排，完成经济责任审计17个，查出违规金额193.29万元，损失浪费金额24.7万元，管理不规范金额6630.26万元。

专项资金审计（调查） 完成基建（国债）资金、农业资金、教育资金、住房公积金、排污费、农村危旧房改造补助资金、城镇保障性安居工程及市级非税收入征收管理情况等专项资金审计，共查出管理不规范金额8817万元，损失浪费金额24万元，完成临时安排的扶贫资金审计。结合专项资金审计对市委农办、市林业局、市农牧局、市水务局等单位2012年度财政收支情况进行审计，共计查出违规金额88.71万元。

交办事项 在重点抓好年度计划审计任务的同时，坚持统筹兼顾，认真开展省审计厅和市委、市政府交办的其他审计事项。根据市政府安排，对市本级2012年政府性债务情况进行专项审计调查，重点调查市本级政府所属部门及机构、经费补助事业单位和融资平台公司等73个部门和单位。根据审计署统一组织，配合省审计厅完成市本级和金川区政府性债务审计，并成立审计组完成对永昌县政府性债务审计。根据省审计厅统一安排，完成对陇南市成县党政主要领导干部经济责任审计。

质量核查 完成对金昌鼎盛会计师事务所等3家会计师事务所截至2013年11月出具的226个审计报告中，属于国家审计机关审计监督对象的20个审计报告的核查工作，核查报告内容涉及财务报表、专项资金审计等方面。

（撰稿人：辛光伟）

【白银市审计局】 2013年，白银市审计局人员编制42人，在编43人。局长张文玲，副局长王世勇、马志武、李文辉，总审计师杨玉杰，纪检组长颜子杰。设有办公室、法规科、财政金融审计科、农业与资源环保审计科、社会保障审计科、固定资产投资审计科、行政事业审计科、计算机信息审计科、经济责任审计一科、经济责任审计二科、经济责任审计三科、白银市基本建设审计中心。

审计成果 白银市审计局完成审计项目69个，查出主要问题金额24314万元，其中违规金额2083.6万元、管理不规范金额22307.7万元；审计处理处罚金额10274.28万元，其中应上缴财政1873.73万元、应减少财政拨款或补贴1658.94万元、应归还原渠道资金757.86万元、应缴纳其他资金816.3万元、应调账处理金额5167.45万元；审计发现非金额计量问题36个；审计促进整改落实有关问题资金7023.27万元，其中已收缴财政1836.7万元、减少财政拨款或补贴1658.94万元、归还原渠道资金145.85万元、已调账处理金额3381.78万元；审计促进拨付资金到位500.22万元；出具审计报告和专项审计调查报告104篇，被批示、采用6篇；提出审计建议186条；提交审计信息177篇，被批示、采用129篇；向社会公告审计结果2篇。

财政审计 审计财税部门和一、二级预算单位15个，查出违规金额1833.59万元，管理不规范金额9329.4万元，其中应上缴财政1617.74万元，应归还原渠道资金443.12万元，应调账处理金额198.93万元；已上缴财政1617.92万元，已归还原渠道资金43.13万元，已调账处理金额198.93万元；审计发现非金额计量问题17个。

行政事业审计 审计单位3个，查出违规金额7.44万元，管理不规范金额681.16万元，其中应上缴财政7.44万元，应调账处理金额163.25万元；已上缴财政7.44万元，已调账处理金额163.25万元；审计发现非金额计量问题2个。

农业与资源环保审计 审计单位2个，查出管理不规范金额655.47万元，其中应归还原渠道金额212.01万元。

固定资产投资审计 审计竣工决算项目7个，查出管理不规范金额3925.16万元。核减工程投资1658.94万元，已减少财政拨款或补贴1658.94万元；审计发现非金额计量问题6个。

社会保障审计 审计单位5个，查出管理不规范金额254.7万元；审计发现非金额计量问题13个。应调账处理金额254.7万元，已调账处理金额254.7万元。

经济责任审计 审计单位35个，查出违规金额242.57万元，管理不规范金额6979.85万元，其中应上缴财政248.55万元，应归还原渠道资金102.73万元，应缴纳其他资金816.3万元，应调账处理金额4550.57万元；已上缴财政211.34万元，已归还原渠道资金102.72万元，已调账处理金额2764.9万元；审计促进拨付500.22万元。审计发现非金额计量问题9个。

专项资金审计（调查） 审计单位2个，查出管理不规范金额482万元；非金额计量问题2个。

（撰稿人：王　婷）

【天水市审计局】 2013年，天水市审计局人员编制79人，在编79人。局长唐宏伟，副局长胡敬东、石怀智、焦继军，总审计师付新顺，纪检组长葛南翔。设有办公室、综合科、财政审计科、金融外资审计科、行政事业审计科、经贸审计科、农业与资源环保审计科、社会保障资金审计科、固定资产投资审计一、固定资产投资审计二科、审计监督与核查科、财政专项资金审计科、下属天水市经济责任审计办公室和天水审计培训中心。

审计成果 天水市审计局完成审计项目77

个，查出主要问题金额37523万元，其中违规金额5666万元、管理不规范金额31857万元；损益（收支）不实金额781万元；审计处理处罚金额23430万元，其中应上缴财政5187万元，应减少财政拨款或补贴3297万元，应归还原渠道资金1455万元，应调账处理金额13491万元；审计发现非金额计量问题43个；审计促进整改落实有关问题资金23337万元，其中增收节支9846万元、已调账处理金额13491万元；审计后挽回（避免）损失4828万元；移送司法机关、纪检监察机关和有关部门处理事项10件；出具审计报告和专项审计调查报告77篇，被批示、采用26篇；提出审计建议234条；提交审计信息240篇，被批示、采用82篇；向社会公告审计结果1篇。

财政审计 完成财政审计项目17个，查出主要问题金额5560万元，其中违规金额1379万元、管理不规范金额4181万元；损益（收支）不实金额72万元；审计处理处罚金额1165万元，其中应上缴财政36万元，应归还原渠道资金191万元，应调账处理金额938万元；审计发现非金额计量问题2个；审计促进整改落实有关问题资金1165万元，其中增收节支227万元、已调账处理金额938万元；移送司法机关、纪检监察机关和有关部门处理事项6件；出具审计报告和专项审计调查报告17篇，被批示、采用7篇；提出审计建议52条。

固定资产投资审计 完成固定资产投资审计项目7个，查出主要问题金额9472万元，其中违规金额3840万元、管理不规范金额5632万元；审计处理处罚金额4116万元，其中应上缴财政15万元，应减少财政拨款或补贴3297万元，应调账处理金额804万元；审计促进整改落实有关问题资金4116万元，其中增收节支3312万元、已调账处理金额804万元；审计后挽回（避免）损失4828万元。

社会保障资金审计 完成社会保障资金审计项目11个，查出主要问题金额4108万元，其中违规金额8万元、管理不规范金额4100万元；损益（收支）不实金额599万元；审计处理处罚金额660万元，其中应上缴财政8万元，应归还原渠道资金5万元，应调账处理金额647万元；审计发现非金额计量问题10个；审计促进整改落实有关问题资金659万元，其中增收节支12万元、已调账处理金额647万元。

经济责任审计 完成经济责任审计23个，查出主要问题金额2731万元，其中违规金额433万元、管理不规范金额2298万元；损益（收支）不实金额110万元；审计处理处罚金额2504万元，其中应上缴财政424万元，应调账处理金额2080万元；审计发现非金额计量问题7个；审计促进整改落实有关问题资金2504万元，其中增收节支424万元、已调账处理金额2080万元。

专项资金审计（调查） 完成专项资金审计与调查19个，查出主要问题金额15652万元，其中违规金额6万元、管理不规范金额15646万元；审计处理处罚金额14985万元，其中应上缴财政4704万元，应归还原渠道资金1259万元，应调账处理金额9022万元；审计发现非金额计量问题24个；审计促进整改落实有关问题资金14893万元，其中增收节支5871万元、已调账处理金额9022万元。（撰稿人：薛麦青）

【武威市审计局】 2013年，武威市审计局人员编制35人，在编34人。局长赵新辉，副局长马忠民、祁贵（6月—），总审计师李天忠（6月—），纪检组长李镜。设有办公室、法规科、社会审计核查科、经济责任审计一科、经济责任审计二科、财政金融审计科、社会保障审计科、农业和资源环保审计科、固定资产投资审计科、行政事业审计科、投资审计中心。

审计成果 武威市审计机关共完成审计和审计调查项目547个，查出主要问题金额114365万元，其中应上缴财政3210万元，应减少财政拨款或补贴755万元，应归还原渠道资金15208万元，应调账处理金额17142万元；已上缴财政3112万元，已减少财政拨款或补贴634万元，已归还原渠道资金2875万元，已调账处理金额5222万元。移送司法机关、纪检监察部门处理事项7件，移送有关部门处理事项8件。提交审计信息238篇，被采用108篇；向社会公告审计结果1篇。

财政审计 对51个部门和单位的预算执行和财政决算情况进行审计，揭示和反映预算编制不规范、财政资金未纳入预算管理等问题。在《武威日报》公告市本级审计结果。

固定资产投资审计 对192个政府投资项目进行审计，审计项目完成投资额22.09亿元，核减工程造价4080万元。突出抓了石羊河流域重点治理、保障性住房、城乡融合发展、基础设施建设等方面项目的审计和跟踪审计。

经济责任审计 坚持离任审计和任中审计相结合，重点对领导干部决策权、经费审批权、资金使用权、财经政策执行权和落实中央八项规定等方面进行监督制约。共对143个部门和单位的153名领导进行审计，其中任中审计49个。

专项资金审计（调查） 对127项资金进行审计，重点是为民办实事及教育、医疗、就业、社保、住房等专项资金管理使用情况。武威市审计局按照市委常委会议安排对古浪县15个乡镇2010年至2012年财政扶贫资金进行审计；根据武威市政府安排，实施全市重点建设项目、重要资金、重大政策落实情况审计检查。市委、市政府主要领导分别就审计结果和审计整改做出重要批示，市委常委会和市政府常务会听取审计结果及整改情况。 （撰稿人：蔡　峰）

【酒泉市审计局】 2013年，酒泉市审计局人员编制49人，在编44人。局长张贵虎，副局长刘红艺、张东平、李际平，总审计师李建华，纪检组长马生忠。设有办公室、综合法制科、经济责任审计一科、经济责任审计二科、财政金融审计科、行政事业审计科、经贸审计科、农业与资源环境审计科、社会保障审计科、固定资产投资与外资运用审计科、计算机审计管理科、社会审计核查与内部审计监督科。

审计成果 酒泉市审计局完成审计项目54个，审计和延伸审计单位220个；查出违纪违规和管理不规范金额36342063万元，查出应缴税金1588.43万元，应缴各项非税收入29505.39万元，核减工程造价4330.27万元，可促进财政增收节支35424.09万元。向纪检、税务等部门移送案件16起，涉案金额27396.04万元。提交审计报告、审计综合报告和审计要情81份，提出合理化审计意见和建议242条，在公开媒体上发表审计论文、信息112篇。

财政审计 对市本级2012年预算执行和金塔、瓜州2个县的财政决算进行审计，并对相关预算执行单位进行延伸审计。审计中积极开展绩效评估，对“三公”经费管理使用情况进行审查。11月，受市政府委托，在市3届人大第16次常委会上做《市本级2012年财政预算执行和其他财政收支审计的工作报告》，得到市人大常委会委员的一致肯定和好评。根据审计署的统一安排，抽调精兵，对六县（市、区）的政府性债务进行专项审计，核实债务底数，规范债务管理，防范和降低债务风险。

专项资金审计（调查） 突出各项惠农资金分配、拨付和管理使用情况审计，严肃查处并及时纠正存在问题，确保群众利益不受侵害，促进各项惠民政策落到实处。根据审计署和省审计厅统一部署，开展全市保障性住房建设情况跟踪审计。围绕市委“切实保障和改善民生，着力建设幸福酒泉”要求，对涉及民生及社会发展专项资金的全市住房公积金、扶贫资金的管理使用情况等项目进行审计和跟踪审计。全市扶贫资金审计涉及部门单位64个，延伸入户调查334户，抽查建设项目244个，发现各县（市、区）安排使用资金不及时、滞留金额4981万元，502万元扶贫资金未实行专户管理封闭运行，543万元未实行报账制以拨代支，个别单位违规使用扶贫资金以及管理不规范等问题。全市住房公积金审计发现存在住房公积金归集管理不严格、缴存基数比例不符合规定、个别县市违规提取和发放住房公积金贷款、财务管理和会计核算不规范等问题。为促进“联村联户、为民富民”行动，市审计局还组织7个县（市、区）审计局对全市“双联”行动物资款物管理使用情况进行专项审计，保证捐款捐物安全及时有效使用，防止各种违规问题的发生。

经济责任审计 一至三季度受市委组织部委托，对瓜州县县长、市环保局局长等7名领导进行任中经济责任审计，对1名部门领导干部进行离任前经济责任审计，对金塔县县委书记和县长开展同步审计。9月初，市委召开第3届34次常委会议，研究通过《酒泉市党政领导干部经济责任审计实施办法》，根据市委主要领导要求，经与市委组织部协商，提出第四季度至2014年开展18个领导干部经济责任审计计划。至年底完成市食品药品监督局局长、市政协办公室主任8个任中经济责任审计。

固定资产投资审计 紧紧围绕市委、市政府华夏文明传承创新区建设和做美城市、汉唐文化建设和城市建设等重点工作，加大市政工程、土地征用、拆迁补偿等投资政策、土地政策贯彻落实情况的审计监督，对汉唐文化新区建设项目、新城区二期征地拆迁补偿项目、北大河生态环境综合治理项目、2012年市政工程建设项目、市本级2010年保障性住房建设项目、酒泉市老城区改造等16个政府投资项目开展竣工决算和跟踪审计，总审计投资金额3.15亿元，核减工程造价4330万元，审计核减率为13.77%。通过审计查处一些工程严重超概算、招投标不规范、建设手续不完整等工程建设领域的突出问题，促进加强项目管理，规范投资行为，确保工程质量和投资效益。

信息系统和联网审计 积极探索，对住房公积金管理信息系统和养老保险基金管理信息系统开展审计，通过检查系统硬件及物理环境、网络环境及系统安全管理情况，对被审计单位信息系统安全技术和安全管理情况进行测评；通过搭建平台，模拟应用软件业务流程，对系统关键环节控制进行测试、业务流程进行审计分析、对系统数据进一步分析查证，查出被审计单位信息系统安全技术控制不严密、安全管理不到位，系统业务参数设置不合规等问题。与市纪委、市监察局联合实施酒泉市民生资金监察审计电子平台建设，实现对民生资金的实时、动态监控。

交办事项 完成党委、政府和有关部门交办或安排的西汉胜迹运行管理费、新能源博览会经费、兰洽会经费、市政府驻成都办事处工程、市志办文化图书发行费等20个审计任务，为政府决策和有关部门加强管理提供可靠的信息和依据。

质量核查 认真开展调查研究，摸清全市社会审计机构注册登记情况，掌握开展政府审计事项情况，确定核查工作重点，制订核查项目计划。全年对3家社会审计机构6个审计报告进行核查，并出具核查报告。通过核查揭示社会审计机构出具的审计报告中存在违纪违规问题定性不准确、工程造价审核不实等问题，核减工程造价397.1万元，节省国家投资。根据核查发现的问题，提出有针对性的核查建议13条，规范社会审计执业行为，提高社会审计执业质量。

（撰稿人：魏　韡）

【张掖市审计局】 2013年，张掖市审计局人员编制41人，在编41人。局长陈华，副局长赵光源、王天荣、龙建国，总审计师姬忠，纪检组长李鸿寿。设有办公室、综合法制科、财政金融审计科、行政事业审计科、经济责任审计综合科、经济责任审计一科、经济责任审计二科、固定资产投资审计科、外资经贸审计科、农业与资源环保审计科、社会保障审计科、信息化管理科、审计核查整改办公室。

审计成果 张掖市审计机关共完成审计项目322个，审计查出问题金额297236万元，管理不规范金额198121万元。市审计局在全省14个市州审计工作目标责任管理考核中获得第一名，被市委、市政府考核为目标责任完成一等奖，被省委、省政府表彰为全省精神文明建设工作先进单位，2个审计项目被评为全省优秀审计项目，受到审计署和省、市各类表彰37个。

财政审计 对市本级财政预算执行情况进行审计。在财政收支真实完整和合规合法性审计的基础上，把财政资金使用绩效作为审计重点，与各类专业审计相结合，对财政资金投放效益、拨付时效和部门预算执行绩效等情况进行审计。代表市政府向市人大常委会做的《关于2012年度市级财政预算执行及其他财政财务收支情况的审计工作报告》受到与会代表的高度评价，全票通过市人大常委会审议。完成山丹、民乐两县2011—2012年度县级财政决算及其他财政财务收支审计，针对发现的违纪违规问题提出改进管理、完善制度机制的意见和建议。

固定资产投资审计 全市开展投资审计45个(绩效审计31个)，项目涵盖生态、旅游、道路桥梁、医院、学校、农田水利、易地扶贫搬迁、养殖等行业，其中市审计局开展投资绩效审计7个，跟踪审计1个。主要对市级重点建设项目张掖湿地博物馆项目建设情况、黑河流域中游湿地恢复与治理工程、市人力资源市场、市老干部活动中心、李桥水库、黑河草滩庄水利枢纽、柽柳青海云杉乡土树种收集区建设等7个项目进行绩效审计，对市医院医疗综合大楼进行第二次跟踪审计，审计资金25037万元，核减投资55.52万元，揭示和纠正统筹资金不到位、擅自变更建设内容、未经政府采购购置物品、多计工程价款、投资超概算等问题。

经济责任审计 全市完成领导干部经济责任审计项目81个（任中审计31个），其中，市审计局完成27个（任中审计15个）。市委下发《张掖市县处级领导干部离任经济责任事项交接办法》，完成市直11个部门领导干部的离任交接工作，改变“先离后审”的弊端和“新官不理旧账”的状况，实现“阳光交接”。参与省审计厅开展的区（县）党政正职经济责任和机构编制“双审”工作，从市、县审计局抽调6名业务骨干，由经济责任审计工作联席会议办公室专职副主任带队赴省审计厅进行统一培训，参加西峰区书记、区长经济责任审计，审计成效得到省审计厅的充分肯定。

专项资金审计（调查） 组织实施市本级和各县区2009年至2012年深化医药卫生体制改革项目资金的筹集、管理、使用情况审计和审计调查。共查出违纪违规金额、管理不规范金额和使用效率不高的结余资金4473.81万元，提出改进资金和项目管理方面的意见建议30条，向市委、政府领导上报反映审计发现的重要问题和审计建议。

开展政府性债务审计。从市、县（区）审计局抽调业务骨干55人，组成5个审计组，分赴5个县进行为期2个月的审计。审计涉及805个单位，延伸审计有债务单位247个。同时配合省审计厅完成市本级和甘州区政府的政府性债务审计任务。

开展扶贫资金审计。抽调人员组成6个审计组，对6个县（区）2011—2012年度财政扶贫资金管理使用情况进行绩效审计，客观真实地反映扶贫资金使用的效益，深入分析产生问题的主要原因，提出审计意见和建议，按时向省审计厅和市政府上报审计结果报告。

开展城镇保障性安居工程跟踪审计。按照审计署统一部署，抽调全市审计系统45人组成7个审计组，采取“上审下”与交叉审计相结合的方式，对全市2013年城镇保障性安居工程进行跟踪审计。

相关工作 加强领导班子和队伍专业化建设。采取“请进来教”“走出去学”“网授＋面授”等方式提升学习效果，先后举办审计常用法律法规、公文写作等培训班9场次。选派市、县区局领导和业务骨干346人次参加审计署、省审计厅和市审计局组织的各类培训和实践锻炼。完善县区审计局工作目标管理责任制和《机关工作人员考核办法》，强化工作实绩考核，督促干部职工忠于职守、勤奋工作，形成“比学赶帮超”的良好局面。

在全市审计机关开展以“学法制、抓落实、提质量、促整改”为主要内容的主题活动，编印下发《审计常用法律法规与制度汇编》，局领导带头为审计人员解读宪法、审计法等法律法规；充分利用视频会商系统，组织全系统109人参加常用法律法规考试，合格率达100%；举办全系统纪念审计机关成立30周年知识竞赛。

切实加强审计查出问题整改工作，及时向市委、市政府报告审计结果及整改落实情况，将整改落实情况列入市政府督查事项，市政府办公室和督查室下发34份整改通知。全市审计查出问题整改落实率达到98%以上，提升执法效能。

强力推进计算机审计，全系统通过AO认证资格的审计人员达100%，取得计算机审计中级资格的达到50%。全市审计系统所有审计项目均在AO系统下完成，实现OA和AO交互。

认真执行机关干部轮岗交流制度，对任职满5年的科室负责人进行轮岗交流，交流面达到50%，实现人才资源的合理配置。提拔任用4名科级干部，得到大家的公认。出台《张掖市审计局审计实务导师制暂行办法》，聘任4名业务骨干为审计实务导师，对4名新进审计机关年轻干部进行指导培养。

加强信息宣传和科研工作，向省审计厅上报论文21篇，其中6篇获奖；局长陈华在全省审计理论研讨会上做交流发言；组织召开市审计学会第一届第二次会议暨2013年年会，表彰优秀论文22篇，对参会的66个单位、114名会员代表进行财经法规和财务管理培训；树立“全员办信息”理念，全年在市级以上新闻媒体上发表各类信息稿件和理论文章466篇次。

深入联系村开展“双联”行动，领导班子成员带领干部职工深入联系村8次，为村“两委”班子厘清发展思路，帮助争取项目资金，切实帮助群众脱贫致富。

制订《张掖市审计局廉政风险防控管理工作实施方案》，率先在全市开展廉政风险防控管理工作，在经济责任审计项目中开展“双线两化”试点工作，探索建立闭环式监控管理模式，取得良好成效。两次在全市廉政风险防控工作推进会上做经验交流发言，受到省预防腐败局和市纪委的高度评价。（撰稿人：高飞贤　郭　亮）

【庆阳市审计局】 2013年，庆阳市审计局人员编制38人，在编37人。局长刘俊峰，副局长李崇峰、汪彦锋（4月—）、云天祥（—11月）、陈建学（—12月），纪检组长李文虎（—11月）。设有人事秘书科、纪检监察室、综合法制科、社会审计核查科、财政金融审计科、行政事业审计科、基建外资审计科、经贸社保审计科、农业环保审计科，下设经济责任审计办公室、经济责任审计联席会议办公室和政府投资项目审计中心。

审计成果 庆阳市审计机关完成审计项目473个，查出主要问题金额147793万元，其中违规金额11666万元、管理不规范金额136127万元；损益（收支）不实金额4815万元；审计处理处罚金额45199万元，其中应上缴财政257万元、应减少财政拨款或补贴1109万元、应归还原渠道资金4125万元、应调账处理金额28533万元；审计发现非金额计量问题129个；审计促进整改落实有关问题资金1377万元，其中增收节支4953万元、已调账处理金额9598万元；审计促进拨付资金到位53万元；审计后挽回（避免）损失59万元；移送司法机关、纪检监察机关和有关部门处理事项13件；出具审计报告和专项审计调查报告473篇，被批示、采用182篇；提出审计建议713条，提交审计信息604篇，被批示、采用562篇。

预算执行审计 全市完成预算执行审计项目110个。市、县（区）审计机关向同级人大常委会做预算执行情况的审计工作报告，引起被审计单位的高度重视和社会各界的广泛关注。

政府性债务审计 成立庆阳市政府性债务审计工作领导小组，制订印发《庆阳市地方政府性债务审计工作实施方案》，组织召开市、县审计进点暨业务培训会议，按照“上审下”“交叉审”和“五统一”的要求，对7个县（区）政府性债务进行审计。

固定资产投资审计 庆阳市审计局完成竣工决算审计项目4个，审计资金总额42252万元，查出违纪违规金额3132万元，超概算资金9058万元，管理不规范金额414万元，核减工程造价613万元。

经济责任审计 贯彻落实《甘肃省党政主要领导干部和国有企业领导人员经济责任审计实施办法》，召开庆阳市经济责任审计工作联席会议第一次会议，经济责任审计联席会议制度日趋完善。庆阳市审计机关完成经济责任审计项目195个。

专项资金审计（调查） 对各县财政扶贫资金进行审计。围绕重大民生实事，开展农机具补贴、城乡客运燃油补贴、高中学生收费、中小学校舍安全工程、住房公积金等专项审计和调查，查处挤占挪用、滞留截留、损失浪费等问题，在推动政策措施落实完善，促进资金规范管理、高效使用，维护社会和谐稳定方面发挥积极作用。

（撰稿人：常　东）

【平凉市审计局】 2013年，平凉市审计局人员编制46人，在编45人。局长车兴安，副局长刘继荣、朱江、席瑞林，总审计师杨尚辉，纪检组长韩建华。设有办公室、法制科、财金审计科、经济责任审计科、行政事业审计科、经贸审计科、投资科、农业审计科、社会审计核查科、计算机审计中心。

审计成果 平凉市审计机关完成审计项目486个，查出主要问题金额38.84亿元，其中违规金额8.07亿元、管理不规范金额30.76亿元；损益（收支）不实金额1.19亿元；审计处理处罚金额12.92亿元，其中应上缴财政1.27亿元、应归还原渠道资金10.13亿元、应调账处理金额1.34亿元；审计发现非金额计量问题28个；审计促进整改落实有关问题资金12.92亿元，其中增收节支11.65亿元、已调账处理金额1.1亿元，审计促进拨付资金到位250万元；出具审计报告和专项审计调查报告617篇；提出审计建议643条；被批示、采用审计信息15篇；

财政审计 围绕优化财政支出结构、规范转移支付资金管理和提高财政资金的使用效益，开展对本级财政预算执行和下一级财政决算审计。审计项目182个，查出违规金额31.58亿元，促进完善财政预算管理体系，提升财政资金使用效益，有效发挥审计监督的促进作用。

固定资产投资审计 以规范政府重大投资项目管理、促进国家宏观政策落实为目标，对63个政府投资项目的资金使用、建设管理、土地环保和投资效益情况进行审计，查出违规金额1.05亿元，核减工程投资496万元。

行政事业审计 以行政事业单位财务收支真实性、合法性为重点，审计项目171个，查出违规金额4.01亿元，帮促各行政事业单位加强财务管理，规范经济活动。

专项资金审计 加大对“三农”、教育、住房等重点民生项目和资金的审计力度，完成审计项目50个，审计资金总额9.3亿元，查出违规金额7064万元，分析、揭示和反映体制、机制、制度方面存在的问题，从加强资金管理、落实项目配套资金、健全完善制度等方面提出整改建议。

农业与资源环保审计 审计项目16个，审计资金总额15.01亿元，查出违规金额1.17亿元，在促进国家农业与资源环保政策的贯彻落实、维护国家财经法纪、提高资金使用效益和效果、督促地方政府积极履行职责加大环境保护力度等方面发挥积极作用。

社会保障审计 审计项目1个，审计资金总额3.5亿元，充分发挥审计为政府分忧，为百姓解难，保障人民群众基本生活的权益，维护社会的稳定，促进社会和谐的作用。

企业审计 审计项目3个，查出违规金额3194万元，本着“审帮促”相结合的原则，对企业的盈利能力、资产质量、债务风险、经营状况进行综合对比分析，提出加强管理，规范核算，提高效益的意见建议。

经济责任审计 本着对权力运行的监督制约，围绕领导干部执行政策、推动发展、科学决策、依法行政、廉洁自律等方面，对214名领导干部进行经济责任审计，客观评价领导干部的经济责任履行情况，反映存在的问题，为党委、政府加强领导班子和党风廉政建设发挥积极作用。

政府性债务审计 根据审计署和全省统一安排部署，在全市范围内整合力量，对市属6个县政府性债务进行审计。工作得到甘肃省审计厅和平凉市政府的充分肯定，荣获全国地方政府性债务审计公务员集体三等功，1人荣获个人嘉奖。

内部审计 平凉市各内部审计机构完成内部审计项目379项，审计资金总额8.81亿元，通过审计增收节支271万元，有效规范单位内部财务管理行为。平凉市审计局2012年和2013年连续两年被评为全省内部审计理论研讨优秀组织单位，所推荐的理论文章也有多篇获奖。

（撰稿人：邓焱方）

【定西市审计局】 2013年，定西市审计局人员编制39人，在编37人。局长岳余之，副局长张晓伟、潘欣、谢晓妍、李宏军，总审计师张华荣，纪检组长张新。设有办公室、法规监核科、财政金融审计科、行政事业企业审计科、农业与资源环保审计科、固定资产投资审计科、社会保障审计科、经济责任审计办公室（下设经济责任审计一科、经济责任审计二科）、定西市审计局计算机审计中心。

审计成果 定西市审计局完成审计和审计调查项目118个，查出各类问题金额223668万元，其中违规金额18218万元，损失浪费金额150万元，管理不规范金额205300万元；审计决定应上缴财政26682万元，应归还原渠道资金35112万元，应缴纳其他资金10228万元，应调账处理金额2339万元；审计发现非金额计量问题37个；审计促进整改落实有关问题资金41219万元，其中增收节支35859万元、已缴纳其他资金3566万元、已调账处理金额1793万元；审计促进拨付资金到位544万元。移送有关部门处理事项1件；出具审计报告和专项审计调查报告132篇，被批示、采用22篇；提出审计建议126条；被采纳105条；提交审计信息178篇，被采用160篇；向社会公告审计结果1篇。

财政审计 对财政局、地税局、中级人民法院、检察院、编办、水务局、药监局、水保局、定西师专、定西电大、定西卫校等11个单位进行预算执行审计，对安定区和通渭县2012年度的财政决算进行审计，查出未按规定缴纳财政收入、改变项目资金用途、资金滞留闲置等问题金额5.54亿元。审计结果得到市政府和市人大常委会的充分肯定，并在定西日报和中国·定西党政网进行公告，社会反响良好。

经济责任审计 对商务局、环保局、疾控中心等12个党政部门和事业单位领导干部进行经济责任审计，对安定区政府区长的任中经济责任进行审计，查出挤占专项资金、未按规定纳入财政管理等问题金额11.74亿元，为党委、政府加强干部监管、促进党风廉政建设发挥重要作用。

专项资金审计 以维护经济安全和保障民生为目标，组织开展对安定、陇西、渭源、临洮4个县区2011—2012年度的巩固退耕还林成果资金和惠农四项补贴资金的绩效审计调查，对安定区牟家坪安置点土地征用补偿资金收支情况的专项审计调查及市引洮工程管理局引洮工程项目资金管理使用情况的财务收支审计，发现在政策执行和资金管理方面存在的政策执行不到位，迟拨、迟发惠农补贴，部分项目产品质量不过关等问题，督促有关单位进行整改，在促进政策落实、加强资金监管、维护群众利益等方面发挥重要作用。

固定资产投资审计 依据《定西市国家建设项目审计监督办法》，完成77个项目的竣工决算审计，审计工程总投资10.18亿元，核减投资额（工程款）5848.47万元，为政府和建设单位节约大量资金。在2012年审计的基础上，继续对"5·10"灾后重建项目和引洮一期供水定西市支渠及配套工程进行跟踪审计，及时发现工程建设管理、资金管理使用等方面存在的问题，并督促有关部门和建设单位进行整改，有力地促进项目建设。在推动项目建设、促进项目管理、规范资金管理使用等方面发挥积极作用，体现了审计部门"围绕中心、服务大局"的责任意识。

（撰稿人：姚洁琼）

【陇南市审计局】 2013年，陇南市审计局人员编制46人，在编40人。局长曹代成，副局长张欣平、秦汝宁、王东红、李晖，总审计师张俭，纪检组长段秀福。设有经济责任审计办公室、办公室、法制科、监察室、社会和内部审计监督核查科、财政审计科、外资经贸审计科、政府投资审计科、行政事业审计科、农业与资源环保审计科、经济责任审计一科、经济责任审计二科、社会保障审计科。

审计成果 陇南市审计局完成审计和审计调查项目63个，查出各类问题资金75558万元，其中违规金额7220万元、损失浪费金额12万元、管理不规范金额68325万元；审计处理处罚金额32825万元，其中应上缴财政2683万元、应归还原渠道资金237万元、应调账处理金额29904万元；审计发现非金额计量问题282个；审计促进整改落实有关问题资金13178万元，其中增收节支251万元、已调账处理金额2431万元；审计促进拨付资金到位915万元；审计后挽回（避免）损失37万元；移送司法机关、纪检监察机关和有关部门处理事项5件；出具审计报告和专项审计调查报告63篇；提出审计建议112条，被采纳67条。

财政审计 陇南市审计局对市本级2012年度财政预算执行情况审计，延伸审计市委政法委、市委组织部、市扶贫办、市地税局和市经济林研究院等5个预算执行单位，审计查出违规金额2628.19万元，管理不规范金额35597万元，查出的问题基本得到整改。对礼县2012年度县级财政决算进行审计，查出违规金额7684万元，管理不规范金额36841.51万元。通过审计，进一步促进财政支出的公共服务均等化水平，提高财政资金的使用效益。

政府性债务审计 按照国家审计署和省审计厅的统一安排部署，组织市县审计机关对政府性债务进行全面审计。通过审计，摸清八县政府性债务家底，详细了解债务管理现状以及风险评价，揭示存在的问题，提出整改建议，为进一步规范债务管理提供依据，有效防范债务风险，得到各级领导的肯定。

保障性安居工程跟踪审计 根据审计署和省审计厅的统一安排，组织市县审计机关对全市2012年各类城镇保障性安居工程的投资、建设、分配、运营等情况进行审计。重点审计市本级和9个县区政府所属建设、发展改革、财政、国土资源、规划、民政、农业、林业等有关部门，对31个保障性安居工程项目的开工情况、15个项目的竣工情况、42个项目的工程建设和质量情况进行抽查，延伸审计54个保障性安居工程项目融资、建设、勘察、设计、施工、监理、质量监督等相关单位和企业、21个街道办（乡镇）、33个居（村）委会、1043户家庭。对审计中发现的问题，提出整改意见和建议，确保资金安全有效使用。

专项审计检查 市审计局与市财政局、市扶贫办组成联合审计检查组，对全市2010年至2012年财政扶贫资金使用管理进行专项审计检查。通过审计及检查，进一步加强和规范财政专项扶贫项目资金管理，提高资金的使用效益，收到良好社会效果。对审计检查发现的问题，市审计局依法出具审计决定和审计报告，要求各县区政府和市直有关部门高度重视审计发现问题的整改工作，按照审计决定和审计报告中查出的问题，迅速行动，逐项整改，并将整改结果报告上报市政府。

经济责任审计 按照市委组织部的委托，市审计局对24名领导干部任职期间经济责任履行情况进行审计，审计查出负领导责任金额639万元。审计结果受到市委组织部的重视，被审计单位和领导也积极采取措施进行整改，按照审计决定进行归还和调账处理。

固定资产投资审计 完成白龙江林业管理局九年制学校、市卫校、市中医院、市残联等项目和“8·12”成县暴洪灾害恢复重建教育系统等6个项目的竣工决算审计，核减工程造价610万元，促进基本建设项目规范运行。（撰稿人：王　宁）

【临夏回族自治州审计局】 2013年，临夏回族自治州（以下简称临夏州）审计局人员编制82人，在编85人。局长金存智，副局长崔永奎、马福雄（—10月）、罗宏志、马黎明，总审计师何临平（7月—），纪检组长马理荣。设有人事秘书科、财政金融审计科、行政事业审计科、农业与资源环保审计科、社会保障审计科、固定资产投资审计科、计算机审计科及审计执法监督检查室；内设经济责任审计办公室，下设经济责任审计一科、经济责任审计二科。

审计成果 临夏州审计局完成审计项目124个，查出主要问题63219万元，其中违规金额3578万元，管理不规范金额59640万元；审计处理处罚11631万元，其中应上缴财政365万元，应归还原渠道资金9320万元，应减少财政拨款或补贴2万元，应调账处理金额1944万元；审计发现非金额计量问题61个；审计期间整改金额10726万元；审计促进整改落实有关问题资金8468万元，其中已上缴财政181万元，已归还原渠道资金4300万元，已调账处理金额1944万元，已减少财政拨款或补贴2万元；审计期间促进拨付资金到位1048万元。提交审计工作报告、信息86篇，被采用65篇。

财政审计 对州级2012年度一般预算收支情况、州级政府性基金收支情况、预算外财政专户资金收支情况进行审计，并延伸审计州委办公室、州发改委等19个州直部门一级预算执行单位2012年度预算执行及其他财政财务收支情况。对东乡县、和政县人民政府2011—2012年度财政决算的真实性、合法性进行就地审计。

固定资产投资审计 完成临夏市大夏河第三大桥工程、康乐县城区生活垃圾处理工程、积石山北部人饮安全工程等22个重点投资项目审计；组织人员先后14次对东乡县城地质滑坡灾后恢复重建项目进行审计，并通过公开招标，确定8家中介机构参与东乡县城地质灾害灾后重建项目竣工决算审计。全年核减工程价款597万元，促进重点投资项目和灾后重建资金的安全和规范运行。

社会保障审计 抽调业务骨干组成4个审计组，对临夏市、永靖县、康乐县、积石山县2011年至2012年城乡道路客运成品油价格补助专项资金进行审计；整合全州审计资源，抽调53人组成7个审计组，对全州7个县城镇保障性安居工程进行审计，按时向省审计厅上报审计报告和相关数据。

经济责任审计 根据临夏州委组织部的委托，对30个单位领导干部开展经济责任审计，其中离任审计5个，任中审计25个。参加甘肃省审计厅组织开展的东乡县、和政县党政主要领导经济责任和机构编制情况审计，派出6名业务骨干参加省审计厅对敦煌市党政主要领导经济责任和机构编制情况审计。协调召开临夏州第六次经济责任审计工作联席会议，总结、研究和部署全州经济责任审计工作，促进经济责任审计工作的健康运行。

专项资金审计 对临夏州本级及6个县（市）扶贫资金进行审计；对8个县（市）营养改善计划资金管理使用情况进行审计；对临夏县、积石山县2012年度梯田建设资金的拨付、管理、使用情况进行审计；对全州2012年度住房公积金管理和使用情况进行审计，促进各项惠民政策资金的落实。

政府性债务审计 根据国务院办公厅《关于做好全国政府性债务审计工作的通知》要求和省审计厅统一安排部署，从全州审计系统抽调 60 余名业务骨干组成 7 个审计组，逐笔核实校对每一笔债务，反复查漏补缺，圆满完成审计任务，按时向省审计厅上报审计报告。（撰稿人：李 婧）

【甘南藏族自治州审计局】 2013 年，甘南藏族自治州审计局人员编制 50 人，在编 50 人。局长宫永祯，副局长安玉荣、牛勇、陈克明，总审计师贺荣华。设有经济责任审计局（经济责任审计一科、二科、三科）和办公室、法规和内部审计监督科、行政事业审计科、企业审计科、社会保障审计科、农业与资源环保审计科、固定资产投资审计科、财政金融审计科、计算机信息审计科、社会审计核查科。

审计成果 全州审计机关完成审计和审计调查项目 609 个，审计查出主要问题金额 88740 万元，管理不规范金额 27322 万元，应归还原渠道资金 1423 万元，应调账处理金额 2647 万元。核减工程款 44034 万元。出具审计（调查）报告 626 余篇，提出审计建议 750 条，被采纳 689 条。提交审计专题、综合性报告和信息简报 269 篇，被批示、采用 70 余篇次。

预算执行审计 全州对 46 个部门和单位的预算执行情况进行审计。州审计局重点对卓尼县政府和州发改委等 17 个单位的预算执行和财务收支情况进行审计，同时延伸审计 18 个二级单位的财务收支情况。审计的广度、深度和质量都有较大的拓展和提升。

经济责任审计 全州对 137 名领导干部进行经济责任审计，州审计局主要对州委党校、州科技局、州旅游局等 15 个部门和玛曲县委、县政府主要负责人开展经济责任审计。从审计情况来看，各县市党委、政府和州直有关部门主要领导对认真履行经济责任工作的认识明显提高，自觉接受审计的意识逐步增强，违规违纪问题逐年减少，依法理财的能力和水平明显提高。

固定资产投资审计 全州完成投资审计项目 349 个，送审项目投资总额 305533 万元，审定投资总额 261499 万元，审计核减投资 44034 万元。州审计局重点审计舟曲“8·8”泥石流灾后重建项目、合作市保障性住房、卓尼县教育投入、大夏河河道治理、民族特色化改造和亮化工程等政府重大投资项目，审计核减工程款 41796 万元。

专项资金审计 全州完成专项资金审计和审计调查项目 36 个，审计涉及专项资金总额 8544 万元，审计督促拨付到位资金 653 万元。州审计局重点对 2011 年度黄河重要水源保护项目和草原生态补助资金、全州 2010 年至 2011 年城镇污水处理项目资金管理使用及设施运行情况、全州 2011—2012 年度财政扶贫专项资金和 2012 年农牧村节水灌溉和人畜饮水安全工程等专项资金进行审计和审计调查，审计涉及 8 个县市、32 个单位、74 个乡镇和 150 个自然村，审计金额 77546 万元。

灾后重建审计 对 126 个（省审计厅授权项目 16 个，州县自建项目 110 个）“8·8”泥石流灾后恢复重建项目进行竣工决算审计，涉及金额 214000 亿元。发出审计情况通报 5 份，促使 40 个项目加快建设进度，35 个项目改进质量管理。提出审计建议 78 条，被采纳 67 条，根据审计建议出台、完善相关规定和制度 3 项，核减工程价款 2.94 亿元，审结率为 100%。

授权和配合项目审计 配合完成对甘南州委、州政府主要领导的经济责任，甘南州财政决算和玛曲县县委、县政府主要领导的经济责任等审计工作任务，为各项工作顺利推进提供必要的后勤保障和服务工作，得到州委、州政府主要领导的高度评价，并做出重要批示。按照审计署和省审计厅的统一部署，组织完成对 2013 年全州城镇保障性安居工程跟踪审计和全州政府性债务、财政扶贫资金等项目的审计和审计调查。

交办事项 在全面做好年初计划项目审计的同时，完成州委、州政府交办以及有关部门临时委托的其他项目的审计和检查验收等 50 多项工作。主要开展对全州中央八项规定、省委双十条规定和州委实施细则贯彻落实情况的督促检查；对甘南州 60 周年州庆献礼项目、风貌改造和亮化工程等 20 多项政府重大投资项目的竣工决算审计；对全州各项惠农强农政策落实情况的检查验收以及政府投资项目招投标和政府采购等工作的

监督。得到党委、政府以及其他部门的充分肯定，审计成果得到有效利用。（撰稿人：党育林）

【甘肃矿区审计局】 2013年，甘肃矿区审计局人员编制9人，在编9人。局长薛继峰。下设综合科、企业审计科。

审计成果 矿区审计局全年完成审计项目3个，审计资金量40024万元，审计发现非金额计量问题7个。提交审计工作报告3篇，提出审计建议8条，在矿区政府领导的高度重视下，被审计单位按照审计意见进行整改，取得较好审计效果。

固定资产投资审计 对甘肃矿区公路运输管理处门头改造装修工程进行审计。重点关注资金使用情况及项目管理情况，提出审计建议2条，被采纳2条。

社会保障审计 对矿区住房公积金管理中心2012年度住房公积金归集、管理及使用情况进行审计，出具审计报告。针对矿区住房公积金管理不规范的地方，提出审计建议。

专项资金审计 对财政资金专项进行审计，重点围绕城市维护项目资金财务收支进行审查，检查各项政策的执行落实情况、内部控制制度的建立完善及执行情况、各类专项资金的管理及使用情况，揭示专项资金管理和使用中存在的问题或不足，提出审计建议5条，被采纳5条。

（撰稿人：魏小萍）

2013年甘肃省所辖区、县(市)级审计工作统计表

金额单位:万元

审计机关	完成审计项目(个)	审计查出主要问题金额	审计处理情况 审计处理处罚 应上缴财政	应减少财政拨款或补贴	应归还原渠道资金	应调账处理金额	移送处理事项(件)	出具审计报告和审计调查报告(篇)	提出审计建议(条)	提交审计信息(篇)
兰州市										
兰州市本级	234	50256	23017		17739		7	91	276	255
城关区审计局	75	16220	42		1	5483		75	63	30
七里河区审计局	23	6191	2704		368	1518		23	43	19
西固区审计局	26	466	233		39	190		26	44	20
安宁区审计局	8	4427	574					8	8	
红古区审计局	55	78	37			4		55	16	10
永登县审计局	41	14832		1475	126			41	46	
皋兰县审计局	49	4247	23		1957	1136	4	49	75	7
榆中县审计局	36							36	19	
嘉峪关市										
嘉峪关市审计局	32	8117	62		29	592	3	30	54	181
金昌市										
金昌市本级	43	23786	1460		5432	607		43	103	115
金川区审计局	40	23667	6		105	719		40	107	6
永昌县审计局	38	14680	5896		901	8133		38	59	12

续表

审计机关	完成审计项目（个）	审计查出主要问题金额	审计处理情况					出具审计报告和审计调查报告（篇）	提出审计建议（条）	提交审计信息（篇）
			审计处理处罚				移送处理事项（件）			
			应上缴财政	应减少财政拨款或补贴	应归还原渠道资金	应调账处理金额				
白银市										
白银市本级	69	24314	1874	1659	758	5167		104	186	177
白银区审计局	70	9510	427	25	3490	5112	1	115	40	56
平川区审计局	37	13770	25			3785	1	47	82	61
靖远县审计局	50	32114	6426	3030	15985	1420		77	107	52
会宁县审计局	64	7047	1159	609	309	2086	4	91	209	46
景泰县审计局	59	36319	630		111	99		91	91	49
天水市										
天水市本级	77	37523	5187	3297	1455	13491	10	77	234	240
秦州区审计局	52	6765	6	865	12	2337	2	52	136	124
麦积区审计局	44	29827	5066	141	107	1463		44	98	
清水县审计局	56	2365	39	74	70	2085		56	103	1
秦安县审计局	66	4284	1468	209	305	2280		66	111	62
甘谷县审计局	58	1088	44	711		168		58	58	56
武山县审计局	44	1961	455		62	861		44	78	48
张家川回族自治县审计局	43	158	3		40	49		43	139	43
武威市										
武威市本级	85	42001	2228		12360	366	9	85	169	209
凉州区审计局	106	29000	104		337	12053	5	106	145	
民勤县审计局	87	24389	194	59	864	2443	1	87	43	2
古浪县审计局	57	12519	661	14		4		57	92	27
天祝藏族自治县审计局	212	6456	23	682	1647	2276		212	95	
酒泉市										
酒泉市本级	54	36342	5285		4756	1095	16	64	242	112
肃州区审计局	45	13121	710			2634		59	49	278
玉门市审计局	54	8138	591			50		59	56	320
敦煌市审计局	28	38537	15102		1150	21073		45	58	200
金塔县审计局	44	10580	47			5632		55	67	145
瓜州县审计局	40	22205	2315			1885	2	54	111	405
肃北蒙古族自治县审计局	31	19243	549		2080			33	45	51

续表

审计机关	完成审计项目（个）	审计查出主要问题金额	审计处理情况					出具审计报告和审计调查报告（篇）	提出审计建议（条）	提交审计信息（篇）
			审计处理处罚				移送处理事项（件）			
			应上缴财政	应减少财政拨款或补贴	应归还原渠道资金	应调账处理金额				
阿克塞哈萨克族自治县审计局	29	22250	82		243	324		38	84	153
张掖市										
张掖市本级	79	89794	169	36	3958	806	20	79	129	466
甘州区审计局	38	121192	103		1925	93		38	36	3
民乐县审计局	34	19713	42		22	14548		34	98	315
临泽县审计局	46	551	337		33	315	2	46	35	8
高台县审计局	50	5587	18		299	119		50	21	85
山丹县审计局	41	29256	227					45	108	158
肃南裕固族自治县审计局	34	31144	104		3381	221		34	31	113
庆阳市										
庆阳市本级	66	80490	40	353	1	19142	10	66	98	281
西峰区审计局	68	3434	15	609				68	83	18
庆城县审计局	60	2316	12		338			60	131	30
环县审计局	34	3931	94	146	83	1048		34	54	8
华池县审计局	67	7450	14		205	2		67	38	32
合水县审计局	46	21882	26		1654	738	2	46	115	40
正宁县审计局	52	19448	15		1759	649	1	52	43	38
宁县审计局	33	8272	14	1	85	6954		33	72	80
镇原县审计局	47	570	24					47	79	35
平凉市										
平凉市本级	131	130885	3986		21181	5656		160	270	10
崆峒区审计局	90	73453	51			296		122	138	
泾川县审计局	49	36059	32		33	140		56	21	5
灵台县审计局	69	69637	507		37063	2687		106	34	
崇信县审计局	30	6169	4548			26		30	57	
华亭县审计局	36	16097	15			20		36	58	
庄浪县审计局	45	47815	3592		43049			71	33	
静宁县审计局	36	8338	13			4560		36	32	
定西市										
定西市本级	118	223668	26682		35112	2339	1	132	126	178
安定区审计局	166	3946	1	10	75	1826		166	254	27

续表

审计机关	完成审计项目(个)	审计查出主要问题金额	审计处理情况					出具审计报告和审计调查报告(篇)	提出审计建议(条)	提交审计信息(篇)
			审计处理处罚				移送处理事项(件)			
			应上缴财政	应减少财政拨款或补贴	应归还原渠道资金	应调账处理金额				
通渭县审计局	125	65021	704	1132	28120	20073		125	119	
临洮县审计局	65	3825	3723					65	65	
漳县审计局	130	12377	369	1352	13	2907	1	130	180	
岷县审计局	174	19631	10	1387	9918	2		208	131	
渭源县审计局	143	14085	874		61	177		143	78	
陇西县审计局	313	12468	144	1324	89	10210	1	313	351	
陇南市										
陇南市本级	63	75558	2683		237	29904	5	63	112	110
武都区审计局	98	13577	678	11	4819	891		98	144	
成县审计局	49	5633	2					49	90	
宕昌县审计局	105	84		84				108	112	
康县审计局	54	2686	196		1478	909		54	8	
文县审计局	248	36539	1244		368			248	493	
西和县审计局	45	8801	111		611	6981		45	41	
礼县审计局	69	5483	19			15		69	90	
两当县审计局	26	21	21					26	7	
徽县审计局	244	359						244	536	
临夏回族自治州										
临夏回族自治州本级	124	63219	365	2	9320	1944		124	327	85
临夏市审计局	82	56280	23			9060		82	76	31
临夏县审计局	102	5084	81		48	6		102	212	34
康乐县审计局	104	4160	3260					104	52	19
永靖县审计局	96	12119	82			744		96	47	41
广河县审计局	91	2213	20		153	108		91	110	26
和政县审计局	131	1101	37		902	13		131	45	35
东乡族自治县审计局	122	3313	738		4	367		122	269	33
积石山保安族东乡族撒拉族自治县审计局	84	870	36		834			84	31	25
甘南藏族自治州										
甘南藏族自治州本级	75	74135	638		331	1449		75	178	66

续表

审计机关	完成审计项目（个）	审计查出主要问题金额	审计处理情况					出具审计报告和审计调查报告（篇）	提出审计建议（条）	提交审计信息（篇）
			审计处理处罚				移送处理事项（件）			
			应上缴财政	应减少财政拨款或补贴	应归还原渠道资金	应调账处理金额				
合作市审计局	53	2814	1293		863	552		53	71	
临潭县审计局	56	1542	10					56		
卓尼县审计局	66	595	21		6			66	15	
舟曲县审计局	103	5965	3					120	191	
迭部县审计局	102	1921	32		45			102	74	22
玛曲县审计局	40	1075	61			132		40	67	41
碌曲县审计局	39							39	59	
夏河县审计局	75	693			178	514		75	95	63

青海省

【青海省审计厅】 2013年，青海省审计厅人员编制139人，在编128人。设有办公室、政策法规处、财政审计处、行政事业与社会保障审计处、农业与资源环保审计处、固定资产投资审计处、经贸与外资运用审计处、计算机审计处、人事处、机关党委、经济责任审计局、审计信息中心、后勤服务中心、派出审计一局、派出审计二局、派出审计三局、派出审计四局。

领导成员

厅　　长：张国生（—3月）

　　　　　王继卿（3月—）

副 厅 长：周文成　卫　强　竺向东

总审计师：张得庆

纪检组长：朱惠民

审计成果　全省审计1409个项目，查出违规金额8.9亿元、管理不规范金额112.4亿元、损失浪费金额117万元，促进增收节支和挽回损失7.62亿元；通过审计处理，已上缴财政2.26亿元，促进资金拨付到位1305万元；向司法和纪检监察等部门移送案件线索10件，移送处理9人；提出审计建议2038条，被采纳1102条。其中，厅机关共审计和审计调查68个项目，查出违规金额3.61亿元、管理不规范金额46.89亿元、应上缴财政7678万元、应归还原渠道资金6803万元；向纪检部门移送案件线索4件；提出审计建议175条，被各级党政领导或部门采纳101条。省审计厅全年在《青海日报》、政府信息公开平台、审计厅门户网站上公告《青海省红十字会接收使用四川芦山地震捐赠资金物资情况》《玉树地震灾后恢复重建2012年跟踪审计结果》等18个审计结果。

财政审计　全省审计预算执行单位1374个，查出违规金额4.25亿元，管理不规范金额101.48亿元。

关注预算的完整性和执行的规范性，促进严格财政收支管理。重点检查财政预算安排是否公开、预算编制是否规范、预算执行是否真实，揭示和反映财务管理基础工作薄弱、预算编制方法不科学、预算编制标准脱离实际、预算审查制度不健全，以及预算执行未到位、税收征管不严格、专项资金管理不规范等问题，向省人大常委会报告审计情况，督促被审计单位及时整改、上缴违规金额，促进规范全口径预算管理，推进青海省的财税体制改革。

关注预算内基建资金支出，加强项目前期管理工作。组织对2010年至2012年省级预算内安排项目前期费、基建贷款贴息及省级融资平台还贷资金进行专项审计，揭示和反映项目前期费管理方面存在的自行分配、机制不完善、管理不规范、基建贴息和贷款项目资金使用效益不高等问题，有效防范公益性项目贷款风险，促进提高资金管理使用绩效和政府决策水平。

关注压缩经费开支情况，促进行政成本绩效管理。重点关注中央八项规定精神、国务院“约法三章”要求、省委省政府21条措施落实情况和“三公”经费、会议费的使用情况，揭示和反映被审计单位隐瞒收入、虚列支出、超预算或无预算支出、“收支两条线”执行不严等问题，督促被审单位强化内部控制和财务管理，及时堵塞经费支出中的漏洞，降低行政运行成本。根据省政府的安排，完成除西宁市本级及所属（区、县）以外的基层财政存量资金审计。

专项资金审计 对全省城镇保障性安居工程进行审计，重点关注全省城镇保障性安居工程任务分解、资金筹集、管理和使用、工程质量和保障性住房分配运行以及取得的成效，摸清城镇保障性安居工程项目基本情况，揭示资金筹集和管理不规范、工程建设管理不到位、保障性住房分配和使用管理不规范等问题。对省本级2012年度住房公积金归集、管理、使用情况审计，揭示住房公积金管理过程中存在的问题，提出优化信息管理系统、建立信息共享机制、完善住房公积金缴存基数保底政策等意见，进一步加强资金管理。对省红十字会接收和使用四川雅安地震捐赠资金、物资情况进行就地审计，真实反映捐赠款物的接收、拨付、管理情况，及时将审计结果在《青海日报》、政府信息公开网站进行公示，促进救灾物资、资金的公开透明运行。对尖扎县2012年至2013年实施的黄河谷底百万亩土地整理重大项目进行审计调查，重点关注项目进展和管理、项目实施效果、工程量变更程序、工程决算、新增土地指标利用、耕地开垦费拨付使用等情况，揭示建设进度缓慢、投资核算不实、资金管理不规范等问题，促进工程项目顺利实施。对2011年至2012年全省水利资金进行审计调查，摸清全省水利建设资金的总体规模、相关政策执行情况，揭示水利建设资金使用管理和工程项目建设、管理和效果等方面的突出问题，进一步提高资金使用的安全性、规范性和有效性。

固定资产投资审计 立足“一保一促”的审计目标，先后组织17轮共640人次，对玉树灾后重建资金以及中央和省属41个垂直管理部门的133个重建项目进行全面跟踪审计。特别是对结古镇小市政工程、集中供热工程、极重灾区和重灾区部分公建项目、重点工程和挡土墙、护坡工程、结古镇大市政工程、结古镇市政设施增量工程、292个农牧民安置点配套工程共8类项目的工程量、工程造价及投资额进行审计。核定投资缺口23.45亿元（审减援建单位报送工程预算40亿元），为调整投资计划提供参考依据，促进灾后恢复重建工作有力有序有效进行。以“稳定投资、优化结构、提高质量效益”为目标，加大对西宁火车站改造及兰新二线建设项目、西宁市海湖新区建设工程、海西州职业技术学校培训中心工程等基础设施建设项目的审计力度，重点关注项目的经济效益、社会效益和环境效益，促进发挥政府投资对结构调整的引导带动作用，提高投资管理水平和资金使用效益。年内共核减投资额3.05亿元（不含玉树援建单位工程预算核算核减数）。

外资运用审计 根据审计署授权和省政府安排，对亚洲银行贷款青海省东部地区农村水资源综合利用项目、世界银行贷款西宁防洪及流域管理项目、中德财政合作青海海东贫困地区农村可持续发展项目、世界银行贷款/英国赠款中国农村卫生发展项目进行审计，揭示个别项目实施进度滞后、项目办管理费支出比例过大、配套资金到位不足、发票管理不合规、项目批复不规范等问题，提出有效使用外资、加强项目资金监管、加快项目实施进度的建议。审计反映的问题引起世界银行专家检查团、日本国际协力银行中国事务所等外资机构的关注，防范外资运用风险，促进加强项目和资金管理。

经济责任审计 围绕权力行使和责任落实，不断深化经济责任审计内容，重点关注领导干部推动区域经济社会科学发展、制定和执行重大经济决策等情况，稳步推进经济责任审计工作。全省审计机关审计党政领导干部和企事业单位领导人员356人，查处领导干部负有直接责任金额2261万元。对查出的无预算支出、超预算支出、不按规定使用项目资金、虚列支出、虚报冒领、乱发津贴补助、私设“小金库”等问题，依法进行处理处罚，强化对权力运行的监督和制约，促进依法行政，推进反腐倡廉建设。

政府性债务审计 根据审计署的统一部署，青海省各级审计机关和审计署驻兰州特派员办事处共组织562名审计人员，对省本级、8个市（州）、43个县（市、区、行委）和366个乡（镇）的政府性债务情况进行全面审计。共审计459个政府部门和机构、41个融资平台公司、303个经费补助事业单位、15个公用事业单位和66个其他单位，涉及3216个项目、8174笔债务。此次审计，在摸清地方政府性债务总体规模、债务结构、资金投向、管理现状等情况的基础上，分析政府性债务成因和各类债务的偿债风险，分清债务的偿债责任，提出加强债务管理、防范和化解各类政府性债务风险等方面的审计建议，为政府加强债务管理提供参考依据。另外，对青海省公办普通高中债务进行审计认定，加强风险评估，及时督促堵塞漏洞、化解债务风险。

（撰稿人：张　霆）

【西宁市审计局】 2013年，西宁市审计局人员编制72人，在编57人。局长于勇，副局长汪志功、顾焕平、苟让德，总审计师刘建红。设有办公室、政策法规处、财政金融审计处、行政事业审计处、社会保障审计处、农业与资源环保审计处、固定资产投资审计处、经贸与外资运用审计处、计算机审计处、经济责任审计局办公室。

审计成果 西宁市审计机关共完成审计项目182个，查出违规金额5954万元；管理不规范金额15.76亿元，核减工程投资1955.43万元。提出审计建议242条，被有关部门采纳106条，采用率43.8%；提交审计专题、综合性报告、信息和简报281篇。

财政审计 开展对市本级2012年度财政预算执行和其他财政收支情况审计（延伸审计预算执行单位11个），查出管理不规范金额2.29亿元，按有关法规做出审计处理和纠正。对城中区人民政府2012年度财政决算进行审计。分别向市政府和市人大提交市本级财政预算执行和其他财政收支情况的审计结果报告和审计工作报告。

固定资产投资审计 重点对海湖新区青海大剧院、海湖广场等项目工程进行结算审计，对莫家街道路改扩建工程和城市道路路灯节电器改造工程竣工决算等项目开展跟踪审计，对多计工程价款11955.43万元已按规定进行核减。

专项资金审计 重点围绕全市城镇保障性安居工程、全市“博爱一日捐”募捐款物资金、青海天露乳业有限公司农业综合开发项目财政补贴资金以及住房公积金归集、管理及使用情况开展专项审计。

经济责任审计 完成县级领导干部经济责任审计项目7个。查出管理不规范、违规金额29670万元，其中违规金额1828.45万元，管理不规范金额27841.55万元。

专项审计调查 着重围绕全市2010年至2012年社区老年日间照料中心项目进行审计调查，并提出针对性的意见和建议。实施全市2011—2012年度农业综合开发土地治理存量项目（高标准农田示范项目）的审计调查，提出审计建议。

交办任务 完成省、市交办的援建杂多震后重建现场指挥部工作经费的审计、全市历史遗留铬渣治理项目专项资金审计调查及市属三县2013年度“党政军企共建示范村”活动专项资金管理及使用情况审计等项目，并配合审计署驻郑州特派员办事处抽调20名业务骨干，对市本级财政部门及相关预算单位截至10月31日财政存量资金开展全面审计工作。（撰稿人：陈道祥）

【海东市审计局】 2013年，海东市审计局人员编制16人，在编14人。局长赵晓静，副局长张建华、熊成芳。设有办公室、财政金融审计科、行政事业审计科、农业资金审计科、经济责任审计科和经济责任审计中心。

审计成果 海东市审计局完成审计（调查）项目14个，查出主要问题金额3.43亿元，其中违规金额1.21亿元、管理不规范金额2.22亿元；审计处理处罚金额2.64亿元，应上缴财政519万元、应减少财政拨款或补贴862万元、应归还原渠道资金1.42亿元、应调账处理金额1.08亿元；审计发现非金额计量问题4个；出具审计报告和专项审计调查报告14篇，被批示、采用2篇；提出审计建议48条；提交审计信息22篇，被批示、采用8篇；向社会公告审计结果2篇。

财政审计 对市本级2012年度财政预算执行和其他财政收支情况进行审计，延伸审计预算执行单位4个。揭露和纠正预算编报不真实、不完整371万元、未按规定纳入预算管理963万元、其他问题金额66万元等违规问题共计1400万元。提出加强和改进财政管理，严格执行预算法和有关财经法规等审计建议。市审计局分别对化隆、循化两县2012年度财政决算进行审计。审计发现化隆县虚列支出1.04亿元，截留收入339万元，挪用专项资金1457万元，重列支出16.2万元，预算单位开具与支出内容不符发票43.52万元。循化县预算管理不规范1826万元，预算调整不符合法定程序1.3亿元，财政国库集中支付政策执行不到位7593万元，授权支付额度结余处理不当1028万元。对存在的问题按照相关法律法规进行处理处罚，并提出加强管理和改进工作的建议。

社会保障审计 对海东市住房公积金管理中心管理的2012年度职工住房公积金的归集、使用、管理情况进行审计，审计发现财政配套资金与职工个人缴存资金不能同步到位、逾期贷款清收力度不大、非公有制企业住房公积金覆盖率过低、资金使用率下降致使银行沉淀资金过大等问题，针对存在的不足提出审计建议。

专项资金审计（调查） 组织县（区）级审计机关结合当地实际，对黄河谷地百万亩土地整理、农业发展资金、农作物病虫害防治项目资金、农业技术推广项目资金、农业综合开发项目资金、人畜饮水、道路硬化、渠道维修、新型农民科技培训补助费、社会化体系建设等84项农业综合开发项目资金进行审计，审计专项资金总额42.67亿元，查出配套资金不落实金额9730万元。按照海东市政府要求，全市审计机关对2011年至2012年实施的现代农业示范园区建设资金使用效果进行专项审计调查，向市政府上报审计调查综合报告，引起市政府领导高度重视，批示各县（区）按照审计提出的整改意见，研究制定整改措施，落实审计建议。

经济责任审计 完成循化县人民政府、市经商委、市扶贫开发局、市人民医院、市文体广电局、市安监局、海东投资公司、海东人防办等8个单位（部门）领导干部的任期经济责任审计。揭露和纠正管理不规范金额2.41亿元，对领导干部任期经济责任做出客观公正的评价。

企业审计 对海东驾考中心、鑫融典当公司、鑫融担保公司的财务收支情况进行审计。审计发现鑫融典当公司存在执行借款利率标准不一、通过往来账户调节当年收入等现象；鑫融担保公司存在少计收入、少提未到期责任准备金、少提担保赔偿准备金等问题，按规定进行处理。

政府性债务审计 市审计局从全市审计机关抽调86名审计人员，组成6个审计组开展政府性债务审计，摸清全市三类政府性债务分布及构成情况。配合省审计厅完成对海东市普通高中债务的审计认定，锁定海东市高中债务2.3亿元。

（撰稿人：李伶业）

【海北藏族自治州审计局】 2013年，海北藏族自治州审计局人员编制12人，在编12人。局长李刚，副局长黄金刚、宏选。设有办公室、财政审计科、经贸投资审计科、行政事业审计科、经济责任审计局。

审计成果 全州完成审计项目89个，查处管理不规范金额1.4亿元、违规金额1803万元。审计处理处罚金额2775万元，其中责令相关单位上缴财政2197万元、罚没10万元，应归还原渠道资金242万元。出具审计报告和专项审计调查报告108篇；提出审计建议103条，被采纳41条；向社会公告审计结果2篇。

财政审计 完成2012年度州本级财政预算执行审计和门源县财政决算审计。根据省审计厅的安排，完成全州政府性债务审计。受各部门的委托和提请先后对州政府采购中心、州公安局、州建设局、州交警队、州水利局等单位近几年的财务收支情况进行检查；受州纪委委托，对刚察县哈尔盖镇公贡麻村5年来的财务收支情况进行检查，对存在的违纪违规问题向州纪委上报专题报告。

行政事业审计 对州住房公积金项目开展审计。主要对住房公积金的管理和使用情况进行披露，售房收入及利息未按规定及时上缴财政、未经批准预提业务用房建设费，责令州住房公积金管理中心进行账务调整处理，向社会发布审计结果公告。

经济责任审计 完成海晏县检察院原检察长任期经济责任审计，查出违规配置干警手机、违规采购办公设备、财务处理不规范等问题；完成海晏县公安局原局长任期经济责任审计，查出违规收费、违规采购设备、违规处置涉案资产等问题；完成门源县纪委原书记任期经济责任审计，查出违规采购、固定资产清理不及时、会计核算不规范等问题。针对以上问题下达审计决定，提出整改意见，并督促整改落实。

社会保障审计 对住房保障资金项目进行跟踪审计。

专项资金审计 对中小学校舍安全工程建设资金项目进行审计，审计发现挤占中小学校舍安全工程款、存在省级专项资金未到位、未及时进行竣工工程及财务决算和登记固定资产账务等问题，下达审计决定进行整改，挤占金额现已归还原渠道。（撰稿：王海蓉）

【海南藏族自治州审计局】 2013年，海南藏族自治州审计局人员编制23人，在编22人。局长李建琪，副局长胡忠民、多杰才旦。设有办公室、法规科、财政税务审计科、行政事业审计科、经济责任审计科、外资运用审计科、农牧环保审计科、固定资产投资审计中心。

审计成果 全州完成审计项目114个，为年初审计项目计划的118%。其中财政决算审计1个、预算执行审计11个、经济责任审计24个、专项资金审计70个、行政事业审计6个、投资项目审计1个。查出违规金额1220万元，管理不规范金额4.71亿元；应上缴财政1202万元，已上缴764万元。查出的主要问题有未按规定纳入预算管理、隐瞒转移截留资金、工程结算款不实等问题。提出审计建议82条，被采纳78条。

政府性债务审计 根据审计署《关于做好政府性债务审计工作的通知》精神，在2011年政府性债务审计的基础上，组织全州审计力量，加强业务培训，明确审计任务和要求，迅速开展工作，提前完成任务。

财政审计 对州本级预算执行和其他财政收支情况进行全程跟踪审计，延伸审计州政府办公室、州草原站2个预算执行单位。州、县审计局根据政府和人大要求，及时提交审计结果报告和审计工作报告。对审计查出的应缴未缴预算收入37.4万元，做出全额收缴州级财政的审计决定，已全额收缴入库。完成贵南县人民政府2011—2012年度财政决算和其他财政收支审计，对审计查出的应缴未缴特设户利息收入437.91万元未纳入预算管理的问题，做出全额收缴县级财政的审计决定。

固定资产投资审计 在省审计厅和州委、州政府的支持下，2012年州审计局成立建设项目投资审计中心。对兴海县2011年天然退牧还草工程进行竣工决算审计，认定8家施工企业虚列投资和工程项目竣工资金结余129.3万元，审计决定收缴州级财政114.7万元，县级财政14.6万元，已全额收缴入库。对保障性安居工程建设总体情况进行审计，查出问题2个，已得到整改落实。

专项资金审计 州审计局对州第一民族高中、第二民族高中教育经费开展审计。审计发现的主要问题有学杂费1.26万元记入事业收入，未上缴财政；房屋租赁收入7.69万元未上缴财政；固定资产处置收入0.5万元未上缴财政；教职工安置楼与商住楼结余资金23.79万元未上缴财政。针对以上问题州审计局做出全额收缴州级财政的审计决定。

经济责任审计 完成审计项目24个，其中党政领导23人，事业单位领导1人。向党委、政府事实事求是地汇报领导干部经济责任审计结果和审计建议的整改落实情况。（撰稿人：康金峰）

【黄南藏族自治州审计局】 2013年，黄南藏族自治州审计局人员编制18人，在编17人。局长雷延鹏，副局长辛晓震、耿常春。设有综合科、行政事业与社会保障审计科、财政金融商贸审计科、农牧与资源环保审计科、经济责任审计科和投资审计中心。

审计成果 全州审计机关完成审计项目30个，查出违规金额1746万元，其中应上缴财政800万元，应归还原渠道资金110万元，应调账处理金额752万元；已上缴财政726万元，已归还原渠道资金100万元，已调账处理金额752万元。提交审计报告、信息64篇，被采用4篇。2013年被省文明委授予2010—2012年度省级文明单位荣誉称号。

政府性债务审计 根据《国务院关于开展全国政府性债务审计工作的通知》要求，按照省审计厅的统一安排部署，对所属四县政府性债务进行全面审计。

财政审计 围绕维护财政安全、促进财政体制改革、规范财政管理等方面，组织开展本级预算执行和其他财政收支审计的同时，按照资金流向重点加强部门预算执行单位涉农专项资金审计。审计查出主要问题金额1875.42万元，违规金额40.83万元，管理不规范金额1834.58万元。继续加强"上审下"财政审计，先后对河南县、尖扎县2011—2012年度财政预算执行和决算进行全面审计。共查出违规金额772.73万元，管理不规范金额9736.72万元，收缴财政716.82万元。审计期间，对河南县、尖扎县赛尔龙、民族中学等4所学校助学金使用情况进行重点审计。审计查出的严重违纪违规线索按规定移交黄南州人民检察院进一步核查。

固定资产投资审计 对坎布拉景区6项国家投资建设项目、州体育健身中心改造项目、州热贡广场建设项目、州热贡非物质文化遗产保护和扎毛水库重点建设项目资金实施审计。按照州人大常委会的要求，于8月19日对扎毛水库项目资金的跟踪情况及审计结果接受代表的询问。

经济责任审计 把经济责任审计与预算执行、专项资金等审计相结合，丰富审计内容，创新审计方法。完成10个部门领导干部离任经济责任审计，查出违规金额593万元，管理不规范金额2834万元。

专项资金审计 对全州2012年度保障性住房、三江源生态保护和建设项目、黄河源区水土保持生态保护工程项目资金进行审计。审计总金额45921.58万元，查出招待费超标，报支不合规票据、大额提取使用现金、漏入固定资产和挤占挪用专项资金等问题金额2898.82万元。

（撰稿人：刘丽青）

【果洛藏族自治州审计局】 2013年，果洛藏族自治州审计局人员编制10人，在编10人。局长党周吉，副局长管全军、陈启福。设有综合科、综合审计科、财政审计科、企业与投资审计科。

审计成果 全州审计机关完成审计项目或审计调查项目91个。审计查出违规金额424万元，管理不规范金额1.78亿元；应上缴财政40万元，已上缴财政32万元。提出审计建议109条，撰写审计信息104篇。

财政审计 对玛多、班玛、达日三县2012年度的财政决算和其他财政财务收支情况的真实性、合法性、效益性进行审计，摸清财政财务收支的管理状况，促进县级政府财政决算的执行，提高决算单位的财务管理水平。根据各地实际，对本级财政预算执行情况及重点单位、重点部门的财政财务收支情况进行审计，实施审计项目9个。对于发现的预算收入不及时上缴、违规使用票据、固定资产管理不善等问题，依法进行处理和处罚，提出相应的纠改意见和建议。达到促进规范管理，保障财政资金安全运行的目的。

专项资金审计 先后开展保障性安居工程跟踪审计、扶贫资金管理使用情况审计调查、2011—2012年度草原生态保护补助奖励资金专项审计等工作，通过审计，进一步摸清在资金管理等方面存在的问题，提出有针对性的改进建议，促进出台完善相关政策措施。按照《2013年果洛州"党政军企共建示范村"活动实施方案》的要求，对2013年州属各县"党政军企共建示范村"建设项目资金收支管理情况进行审计，以期全面掌握该资金收支规模、资金结余的分布以及资金运行情况。

经济责任审计 认真落实中央八项规定及省、州改进机关工作作风、密切联系群众的相关规定，加大对违规、违纪和管理不规范金额的查处力度，稳步推进党政主要领导干部离任审计。开展离任审计26个，提出整改意见56条，为党委、政府正确使用干部提供有效依据。

政府性债务审计 按照省审计厅部署，抽调人员组成审计组，深入六县及所属各乡镇，对全州地方政府性债务问题进行审计，全面摸清地方政府性债务的规模、结构和风险情况，起到化解债务、规范管理的作用。（撰稿人：吕 剑）

【玉树藏族自治州审计局】 2013年，玉树藏族自治州审计局人员编制15人，在编15人。局长赵玉良，副局长王秀红、尕松多杰。设有办公室、经济责任审计科、固定资产投资审计科、农牧与资源环保审计科、行政社保审计科、财税金融审计科。

审计成果 全州审计机关完成审计项目97

个，查出主要问题金额67439万元，其中违规金额2226万元、损失浪费金额94万元、管理不规范金额65118万元；损益（收支）不实金额61万元；审计处理处罚金额2248万元，其中应上缴财政167万元、应归还原渠道资金66万元、应调账处理金额1914万元；审计发现非金额计量问题6个；审计促进整改落实有关问题资金127万元，其中增收节支77万元、已调账处理金额49万元；审计后挽回（避免）损失37万元；出具审计报告和专项审计调查报告108篇；提出审计建议131条；提交审计信息13篇，被批示、采用3篇；向社会公告审计结果6篇。

财政审计 完成2012年度州本级预算执行、称多县政府2012年财政决算等政府、部门预决算审计项目。针对审计发现的财政部门存在挤占政府采购资金、预算执行不严格等问题，提出加强预算管理、推进政府预算体系建设等审计建议

固定资产投资审计 对玉树灾后重建宗教设施项目、文物修缮保护项目进行审计。审计发现宗教设施重建项目账务设置及账务管理工作比较滞后，部分采购项目价格虚高等问题，从供货单位追回被骗取的重建资金37万元。帮助被审计单位对文物修缮保护项目建设中存在的账务设置及处理不规范，重建资金账户多头开户等问题进行整改。

社会保障审计 完成2012年玉树州城镇保障性安居工程的跟踪审计，揭示全州保障性安居工程部分地区开工任务未完成、资金筹集不到位、拨付管理不规范、部分保障性住房长期闲置等问题和不足。审计发现的问题经各级政府督办，大部分已在10月底前完成整改。

经济责任审计 完成对州药监局、州国土局等27个单位主要领导任期履行经济责任情况审计，完成称多县县委书记、县长任中审计。针对预算执行不严格、往来款长期挂账、会计基础工作不规范、新增的固定资产未入账形成账外资产等问题，提出整改建议，为组织部门考察干部提供依据。

专项资金审计 对灾民各类生活补助资金、拆危清墟、房屋拆迁补偿及征地等专项资金进行审计。审计发现部分单位灾民各类生活补助和维修加固住房补助结余资金未及时上缴财政、个别建委会经费超范围开支、多支付拆危清墟费用、未执行规定的补偿标准导致多支付灾后重建项目征地补偿资金等问题。完成审计署统一组织的地方政府性债务审计，摸清州本级和州属六县政府性债务的增长和变化情况，为政府研究完善进一步加强地方政府性债务管理的相关制度和措施提供参考。

（撰稿人：韩立平）

【海西蒙古族藏族自治州审计局】 2013年，海西蒙古族藏族自治州审计局人员编制25人，在编24人。局长张建雄，副局长黄洪波、才让卓玛，纪检组长李忠建。设有办公室、财金行政事业审计科、固定资产投资企业审计科、农林牧水审计科、经济责任审计科和政府投资审计中心。

审计成果 全州审计机关完成审计项目61个，查处违规金额3.04亿元，管理不规范金额3.45亿元，查出主要问题金额1.57亿元，其中应上缴财政1397万元、应减少财政拨款或补贴56万元、应归还原渠道资金2298万元、应调账处理金额1.19亿元；审计发现非金额计量问题46个；审计促进整改落实有关问题资金1.32亿元，其中增收节支1295万元、已调账处理金额1.19亿元；出具审计报告和专项审计调查报告72篇，被批示、采用3篇；提出审计意见和建议121条；提交审计信息53篇、被批示采用17篇次；向社会公告审计结果公告3篇。

财政审计 完成2012年度州本级预算执行和其他财政收支审计、2012年度格尔木市财政决算审计，延伸审计海西州人大常委会办公室、州经协办、州能源局、州科技局等部门财务管理情况。监督被审计单位审计整改落实情况，督促其调整账务6328万元；审计工作报告得到海西州人大常委会的肯定。根据青海省审计厅工作部署，抽调25人用2个月时间，完成对全州各市、县、（行委）的政府性债务审计。

行政事业审计 完成州委办公室、省第五届民运会等9项财务收支审计。重点揭露和查处超预算支出、预算管理制度是否发挥约束作用、“三公”经费执行情况是否超标等问题。并就如何进一步规范预算编制、强化预算管理，加强专项资金监管、充分发挥财政资金使用效益等方面提出审计意见和建议。州红十字会财务收支审计结果

在《柴达木日报》公告，该审计报告被州委书记和州政府相关领导做出重要批示。

固定资产投资审计 完成州职业技术学校培训中心工程、州民族文化活动中心亮化工程、州人民医院精神卫生专科工程决算等17个审计项目，审计投资总额2.65亿元，核减投资3403万元，核减率为12.8%。

经济责任审计 完成12名县级领导干部经济责任审计（任中经济责任审计4个），共查处管理不规范金额1378万元，上缴州财政41.9万元，提出审计建议24条。任中经济责任审计比重较往年有较大提高，由“先离后审”逐步向“常态化监督”转变。

专项资金审计 完成州住房公积金管理中心2012年度公积金，茫崖、冷湖、大柴旦行委廉租住房租赁补贴以及社保、水利、扶贫等10项涉及群众切身利益的专项资金审计，上缴财政专项资金结余1242.5万元。对州红十字会接受“4·20”四川芦山地震捐款情况进行全过程跟踪审计监督，并在《柴达木日报》公告审计结果。

（撰稿人：鲁关亚）

2013年青海省所辖区、县(市)级审计工作统计表

金额单位：万元

审计机关	完成审计项目(个)	审计查出主要问题金额	审计处理情况					出具审计报告和审计调查报告(篇)	提出审计建议(条)	提交审计信息(篇)
			审计处理处罚				移送处理事项(件)			
			应上缴财政	应减少财政拨款或补贴	应归还原渠道资金	应调账处理金额				
西宁市										
西宁市本级	46	84296	5201		3987	3214		46	42	34
城中区审计局	9	5572	45	59		330		9	21	60
城东区审计局	5	68873	512					5	36	46
城西区审计局	10	2912						10	54	28
城北区审计局	13	12187	12			70		13	10	18
大通回族土族自治县审计局	36	5221	1451		13	3547		36	77	36
湟源县审计局	27	1894	672		224	937		27	41	46
湟中县审计局	54	1478	1231		37			54		20
海东市										
海东市本级	14	34274	519	862	14225	10837		14	48	22
乐都区审计局	68	592	1			591		68	38	48
平安县审计局	23	7384	12	199	1622	905		23	4	42
民和县审计局	88	583			303	280		88	24	24
互助县审计局	63	152			152			63	10	12
化隆县审计局	26							26	16	
循化县审计局	21	606	31		165	278		21	59	4

续表

审计机关	完成审计项目（个）	审计查出主要问题金额	审计处理情况					出具审计报告和审计调查报告（篇）	提出审计建议（条）	提交审计信息（篇）
			审计处理处罚				移送处理事项（件）			
			应上缴财政	应减少财政拨款或补贴	应归还原渠道资金	应调账处理金额				
海北藏族自治州										
海北藏族自治州本级	15	2927	2126		155	333		18	27	48
海晏县审计局	27	5747				1		30	29	59
祁连县审计局	14	88	56					19	4	
刚察县审计局	23	90	15		75			27	29	30
门源回族自治县审计局	10	6979			11			14	14	
海南藏族自治州										
海南藏族自治州本级	27	672	642					36	25	14
共和县审计局	25	9						27	7	11
同德县审计局	17	29965	178		3054			20	6	8
贵德县审计局	18	10350	385		30	119		22	33	16
兴海县审计局	17	6634						23	15	6
贵南县审计局	10	741				741		16	6	13
黄南藏族自治州										
黄南藏族自治州本级	30	1746	800		110	752		30	63	34
同仁县审计局	24	899	25		1967	1145		24	51	46
尖扎县审计局	33	2718	287		63	9		33	128	
泽库县审计局	27	1145	45			659		27	79	26
河南蒙古族自治县审计局	26	1055	158		107	3201		26	132	8
果洛藏族自治州										
果洛藏族自治州本级	15	10583	26					15	33	37
玛沁县审计局	23	4695	8		33	244		23	36	15
班玛县审计局	3							3	4	9
甘德县审计局	17	259	1			109		17	1	10
达日县审计局	8	46				10		8	10	11
久治县审计局	9							9	11	10
玛多县审计局	16	1783	5			28		16	14	12
玉树藏族自治州										
玉树藏族自治州本级	23	62331	68		66	1862		32	31	1

续表

审计机关	完成审计项目(个)	审计查出主要问题金额	审计处理情况					出具审计报告和审计调查报告(篇)	提出审计建议(条)	提交审计信息(篇)
			审计处理处罚				移送处理事项(件)			
			应上缴财政	应减少财政拨款或补贴	应归还原渠道资金	应调账处理金额				
玉树市审计局	8	42	21			3		9	13	
杂多县审计局	12	206	9			49	1	14		
称多县审计局	15							20		
治多县审计局	17							17		4
囊谦县审计局	12	1603	67					8	4	7
曲麻莱县审计局	10	3254	1					8	13	2
海西蒙古族藏族自治州										
海西蒙古族藏族自治州本级	61	15677	1397	56	2298	11926		72	121	53
德令哈市审计局	51	1348			1301	47		63	64	29
格尔木市审计局	107	6310	4182		1941	187		119	199	22
乌兰县审计局	52	188	66			122		60	84	
都兰县审计局	24	1817	346	52	31	1388		30	65	55
天峻县审计局	45	2000				2000		69	98	8
大柴旦行委审计局	8							8	18	
冷湖行委审计局	5							5		
茫崖行委审计局	5							6	5	

宁夏回族自治区

【宁夏回族自治区审计厅】 2013年，宁夏回族自治区审计厅行政编制97人，在编97人，事业单位定编50人，在编45人。设有财政金融处、行政事业处、外资处、社会保障处、经贸处、投资处、农业环保处、经济责任局和办公室、政策法规处、纪检监察室、机关党委，下设有科研培训中心、信息中心位。

领导成员

厅　　长：章建忠（—1月）

　　　　　尹全洲（1月—）

副 厅 长：陈霭琛　胡仲秋　马　健

总审计师：王金平

纪检组长：安　武

审计成果　宁夏各级审计机关共审计803个单位，促进增收节支和挽回损失2.86亿元，移送有关部门处理事项34件、移送2人，提交报告和信息1510篇，被采纳审计建议800条，推动建立健全制度22项。审计工作在推进法治、惩治腐败、维护民生、防范风险、推动改革、促进发展等方面发挥积极作用。

政府性债务审计　抽调全区审计机关240名审计人员，对政府性债务进行全面审计，摸清债务底数、结构投向，揭示债务管理、资金使用方面存在的问题和风险，提出加强管理、有效防范财政金融风险的对策建议，促进提高债务管理水平和资金使用效益。政府性债务审计得到审计署和自治区党委、政府充分肯定，涌现出2个集体三等功、1个个人三等功，5个集体嘉奖和4个个人嘉奖。

财政存量资金和扶贫资金审计 抽调全区41名审计人员，配合审计署驻西安特派员办事处完成宁夏财政存量资金审计工作；配合审计署科学工程审计局等3个派出局完成同心、海原、原州区扶贫资金审计。

保障性安居工程跟踪审计 完成自治区本级、19个市（县、区）政府、自治区宁东管委会和自治区林业局、自治区农垦局2012年度城镇保障性安居工程跟踪审计。审计结果表明，2012年全区筹集保障性安居工程资金48.14亿元，完成开工任务8.89万套，累计保障家庭总人数57.6万人，增加城镇住房有效供应，改善城镇住宅销售和租赁市场的供需结构；针对目标任务未按规定完成、资金筹集管理不规范等问题，提出完善分配制度、加大财政投入力度等审计建议，推动安居工程顺利实施。

专项审计调查 组织实施全区2011年至2012年草原生态建设资金专项审计调查，查出专项资金大量结余、少征草原植被恢复费、未及时兑付农民直补资金等违法违规问题，提出加强资金管理、严肃查处违法违规问题、推进草原经营产业化等意见建议，切实维护农牧户利益，促进草原畜牧业生产方式的转变。

外资运用审计 对世界银行贷款宁夏高速公路建设项目等10个国际金融组织和外国政府贷援款项目进行审计，发现外资项目损失浪费、招投标不规范等问题，责令4家违规企业停业整顿，取消1家企业在宁夏的从业资格，移送设备采购价格虚高问题，为政府挽回损失。

预算执行审计 全区审计各级政府本级财政预算执行情况及213个部门、单位预算执行情况，审计情况及整改落实结果分别向各级政府、人大常委会做了汇报。其中，审计厅完成2012年度自治区本级财政及自治区工商局等8个一级预算部门20个所属单位预算执行审计，揭示预算执行不到位、预算管理制度执行不严格等问题。银川、灵武、海原、同心等市县审计局在预算执行审计中，把揭露问题与规范管理、促进财政改革结合起来，提升监督效能，得到当地党委、政府的充分肯定和好评。

专项资金审计 全区开展民生和专项资金审计及专项审计调查76个，揭示和纠正挪用专项资金、侵占群众利益、损失浪费等突出问题，促进惠民政策的落实。其中，审计厅组织开展全区部分行政事业单位“三项”经费专项审计调查，抽查161个行政事业单位，厘清“三项”经费管理使用中存在的主要问题和突出矛盾，提出完善制度、加强预算管理、规范经费收支的审计建议；完成中南部地区生态移民工程审计调查，查出挪用、套取生态移民专项资金等问题，固原市所辖县（区）生态移民工程专项审计调查项目获得审计署全国表彰审计项目；实施全区社保资金联网审计，实时更新社保联网审计系统数据库，发现并纠正未及时制定滞纳金征收政策、社保信息系统存在安全隐患等问题；开展农村环境连片整治资金专项审计调查，梳理出农村环境保护规划滞后，项目缺乏统筹安排等突出问题，推动《宁夏回族自治区农村环境保护规划》的颁布实施。

经济责任审计 全区审计机关继续加大领导干部任中审计比重，深化同步审计、任前审计和多部门联合审计，共审计340名领导干部，其中厅级11人、县处级94人、科级233人、企业领导2人。揭示领导干部在履行经济决策、经济管理、经济政策执行等方面的不规范行为，提出规范权力运行、服务宏观管理等方面的审计建议。吴忠、固原、中卫、西夏等市县（区）审计局加强对领导干部离任交接和有关经济事项的审计监督，科学评价领导干部经济责任履行情况，为各级党委、政府管理使用干部提供参考，促进领导干部依法用权履职尽责。

固定资产投资审计 全区审计机关加大政府投资项目决算审计和跟踪审计力度，共审查142个工程建设项目，审核投资额21.79亿元，查出违规改变项目计划和资金用途等2334万元，核减工程价款3.27亿元，为政府节约大量建设资金。其中，审计厅审计宁夏扶贫扬黄灌溉农业及移民配套工程等政府重大投资建设项目，核减工程价款1817万元，核减率为27.82%；大武口、盐池、金凤、平罗等12个市县（区）审计局核减率均超10%，个别单项工程核减率超过25%。

企业、金融审计 全区对29户企业和地方金融机构进行审计，真实准确地反映国有企业经营成果，促进国有资产保值增值。其中，审计厅完成宁夏建工集团等国有企业审计，开展全区装备制造业和高新技术产业基地战略性新兴产业专项资金管理使用情况专项审计调查，调查 89 个项目，民营企业占 95%；对自治区地方金融机构发起设立的 15 家村镇银行进行审计调查，审计结果得到自治区党委、政府领导的重视，促进国有企业和金融机构加强监管，抵御风险。

相关工作　积极践行群众路线。根据中央和自治区的部署和要求，审计厅认真开展党的群众路线教育实践活动，精心组织学习，认真研读文件资料，多次开展专题讨论；向各级党委、政府、基层审计机关、民主党派等，广泛征求意见建议，梳理出涉及“四风”方面的突出问题 15 条；制定 50 条具体措施，认真整改落实，先后取消春节团拜会、纪念审计机关成立 30 周年等节会庆典活动，公务接待费、会议活动费较 2012 年分别减少 15%和 20%。自治区纪委书记全程参加专题民主生活会，充分肯定和高度评价审计厅教育实践活动。

不断提升审计能力。通过理论学习、业务培训、以审代培、轮岗交流等途径，着力培养审计干部学习研究、综合分析、核查问题等能力，全年培训、锻炼干部 1200 余人次，全面提升队伍素质。完成审计署和环保部“环境审计评价指标体系的建立”子课题，为环境资源审计提供了理论支撑，得到评审专家的一致好评。开展全区优秀审计科研论文评选活动，邀请专家对重点科研课题进行评审鉴定，指导审计实践。

强化审计业务管理。提请自治区政府出台《宁夏政府投资项目审计办法》，进一步明确政府投资项目的范围，细化对社会中介机构参与政府投资项目审计的管理。西吉、永宁、中宁、惠农区等 8 个市县出台政府投资项目审计办法、投资审计监督管理办法等，规范投资审计行为。泾源、贺兰、兴庆、隆德等 11 个市县（区）审计局与同级组织、纪委、监察部门联合下发经济责任审计对象分类管理、经济责任审计评价等制度办法。

把党风廉政和精神文明建设落到实处。全区各级审计机关认真落实党风廉政责任制，将反腐倡廉与审计业务同部署、同落实、同考核；严格执行“八不准”审计纪律，落实审计进点公告、审计回访、廉政跟踪等规定；加强廉政警示教育，全年未发生违纪违规问题。　（撰稿人：金　荣）

【银川市审计局】　2013 年，银川市审计局编制 55 人，在编 52 人。局长刘虹，副局长赵玲、蔡树仁、张国华，纪检组长李金鹏（6 月—）。设有财政金融审计处、固定资产投资审计处、经济责任审计处、综合处。

审计成果　银川市审计局完成审计项目 40 个，查出主要问题金额 619869 万元，应上缴财政 13756 万元。提出审计建议 150 条，提交专题或综合性报告、信息简报 187 篇。

预算执行审计　完成 10 个预算执行审计项目，其中包括市财政局具体组织 2012 年市本级预算执行情况审计和市发改委、农牧局等 9 个一级部门预算执行情况审计。查出违纪违规及管理不规范金额 465442 万元、未按规定征收缴纳收入 23012 万元、未落实“收支两条线”和专户管理规定资金 30 万元、滞留闲置资金 6797 万元。市审计局对审计揭示和反映的突出问题，注意从体制、机制上分析原因、提出建议，促进制度的规范和完善，把揭露问题与规范管理、促进财政改革结合起来，使财政预算执行审计更具广度和深度，得到人大和政府的充分肯定。

经济责任审计　对 21 名领导干部进行经济责任审计，审计查出单位违规金额 24 万元、管理不规范金额 74267 万元，领导干部任中审计比例进一步提高。通过对领导干部任职期间完成经济指标、重大决策、执行财经纪律和廉洁自律等方面的情况进行审计评价，为组织部门考察任用干部提供参考依据。

固定资产投资审计　加大对重点建设项目跟踪审计、竣工决算审计力度，实施银川市贺兰山体育场竣工决算审计，银川市第二、三水厂续扩建工程竣工决算及绩效审计等 6 个项目，审计查出主要问题金额 384 万元、未按规定征收缴纳收入 290 万元，发现项目建设管理方面存在的一些漏洞和突出问题，有针对性地提出加强资金管理、完善制度和机制建设方面的意见和建议，促进政府投资项目的规范管理。

专项资金审计　重点实施 2012 年度农业专项

资金、2011—2012年度工业专项资金、中小学教育经费投入使用情况，2011—2012年度城乡最低生活保障金等14个专项审计和审计调查，关注各项惠民政策和相关领域改革政策措施的落实和执行情况，关注资金使用效益，维护群众利益。审计专项资金总额398889万元、审计查出主要问题金额7955万元、未按规定征收缴纳收入30万元、滞留闲置资金174万元。针对存在问题，及时提出审计建议，市领导明确指示相关部门抓紧采取措施，尽快整改到位。

政府性债务审计 积极配合审计署驻西安特派员办事处和自治区审计厅，派出25名业务骨干参加全国政府性债务审计工作，达到“以审代培”的目的，提高干部的业务能力。

（撰稿人：耿江宁）

【石嘴山市审计局】 2013年，石嘴山市审计局人员编制49人，在编49人。局长梁涛，副局长王立山、徐大伟、杨珍。设有办公室、政策法规科、社保审计科、财政金融审计科、经济责任审计处、行政事业审计科、企业审计科、固定资产投资审计科。

审计成果 石嘴山市审计局全年完成审计项目66个。审计查出主要问题金额213748万元，其中违规金额5566万元，损失浪费金额222万元，管理不规范金额207959万元。移送纪检监察部门案件线索1件。全国地方政府性债务审计荣获审计署先进个人嘉奖。

经济责任审计 对重点部门、重点领域、关键岗位的19名领导干部进行经济责任审计。围绕“经济”与“责任”进行审计和评价，为市委监督管理干部提供依据。经济责任审计中查出违纪违规金额15864万元，其中负直接领导责任金额6787万元，负领导责任金额9077万元。审计参与3起经济案件的查处工作，同时协作配合纪检监察部门构筑反腐倡廉监督平台，规范行政事业单位财务管理，强化依法行政，推动党风廉政建设。

预算执行审计 全年对市财政、税务的6个部门和25个单位2012年度市本级预算执行和其他财政财务收支进行审计。注重财政预算管理、税收结构分析、生态移民安置、“三公”经费使用、循环经济和资源节约、城镇污水及垃圾处理、棚户区改造、政府债券等重点专项资金管理使用和绩效情况。代表政府向市人大报告审计工作情况，从加强宏观管理和完善财税体制改革方面提出处理意见建议，为政府及有关部门规范管理服务。人大委员高度评价，审计揭示的7类23个问题在市人大的监督下基本得到整改。

固定资产投资审计 全年完成政府投资重点建设项目审计27个，送审投资额74147万元，核减7076.68万元，有效节约项目成本。审计实施全程跟踪监督项目的设计、招标、监理、施工等各环节。揭示项目预算虚高、工程违规分包转包、多计工程量、虚增成本、代建企业、监理单位履职不到位等问题。

社会保障审计 全年对住房公积金、城镇保障性安居工程、职业技能培训资金、2011年至2012年生态移民政策落实和二期移民工程建设、小额担保贷款基金、农业产业化和统筹城乡等专项资金实施审计。揭示落实惠民政策、资金管理使用、民生项目绩效等方面存在的问题，审计提出的意见建议均被采纳。

专项资金审计 对全市环保资金政策落实情况、生态移民、加强和创新社会管理专项资金、市职业技能培训和“三项”经费管理使用情况审计调查。针对存在的问题，从体制、机制和制度层面提出整改建议。

交办任务 受市委、市政府委托，完成对市建设局两项基金审计调查；对日元贷款宁夏城市水环境综合治理项目（石嘴山地区）进行调查；配合专案组开展对国马公司资产负债损益审计和裕山河公司重组评估、改制等10项审计任务；配合市纪委对全市移民工程建设、重点项目实施等进行检查；配合财政局对联合学院资产负债进行清理，对9所中学移交县区进行审计。

审计整改 提请市政府印发《石嘴山市关于进一步加强审计整改工作的意见》和《石嘴山市审计整改工作联席会议制度》，市审计局印发《石嘴山市审计局加强审计整改检查工作实施细则》。审计整改纠正不符合财经法规金额13.65亿元，挽回损失浪费206万元，归还原渠道资金、调整账目1473万元。对7个单位进行审计处罚，处罚金额84.7万元；移交纪检委线索1件，在全市范围通报2项。

相关工作 11月1日，石嘴山市内部审计协会成立，单位会员53个，个人会员162名。实行“机关+公司”政府投资项目审计模式，核减工程价款7076.68万元，为财政节约资金。实行“阳光审计”，首次将2012年市本级财政预算执行审计结果向社会公开。庆祝审计机关成立30周年，编辑出版《石嘴山审计志（2005—2012）》。

（撰稿人：马维清）

【吴忠市审计局】 2013年，吴忠市审计局人员编制29人，在编30人。局长陈佳元，副局长马克林、朱卫东（—6月）、梁吉鸿、吴风芳（8月—）。设有办公室、经济责任审计室、财政审计科、行政农业审计科、经贸投资审计科、利通区审计特派办、红寺堡审计特派办。

审计成果 吴忠市审计局共完成审计项目76个，查出违规金额24171万元，管理不规范金额1191万元。经处理处罚，应上缴财政11006万元，应予纠正的不规范金额7016.91万元。审计工作立足于促进国家宏观经济政策的贯彻落实、维护经济安全、促进依法行政和规范管理，在维护财经纪律，促进廉政建设，推进经济发展等方面，发挥积极的作用。

预算执行审计 开展吴忠市、利通区2012年财政预算执行审计，对市、区两级11个部门、单位的预算执行情况进行审计。重点关注预算管理、国库集中支付、政府采购、国有资产管理等政策的落实情况。查出预算收入不完整，应缴未缴预算收入，政府代编预算偏大，政府采购预算执行不规范、不到位等问题，并在2012年度财政预算执行和其他财政收支情况的审计结果报告中予以反映。市委书记在市第四届人大常委会第五次会议讲话中指出：对审计查出的问题，市政府要认真分析研究，区分性质、查明原因，责成被审计单位制订方案，加大审计意见的整改落实力度，屡审屡犯或明显违纪违规的重点问题，对被审计单位主要责任人问责追究，严肃财经纪律，增强审计监督实效。审计局与市监察局、市财政局联合对审计整改情况进行检查，确保审计查出问题整改落实到位。

经济责任审计 受市委组织部委托，对32名领导干部履行经济责任情况进行审计。在对市妇幼保健院院长经济责任审计中发现违规支付庆典活动费用、未履行政府采购手续自行购置设备等问题，及时出具审计移送处理书，将相关问题移送市财政局进行依法处理。在对利通区板桥乡书记任期经济责任审计时发现存在乡镇干部借款长期挂账未及时清理的违规行为，向利通区政府制发审计建议函，建议对所辖乡镇干部长期借款情况进行检查、清理，建立健全财务交接制度、债权债务考核机制，加强借款的管理工作，利通区政府及时整改，将此项工作作为当年下半年重点工作予以安排。

固定资产投资审计 组织实施对吴忠市保障性安居住房项目、儿童福利院工程、利通区东塔寺等4个乡镇高效节水灌溉工程等17项工程项目的投资审计。工程送审额40669.2万元，审减工程造价6153.91万元，审减率为15.13%。在充分征求各部门意见的基础上，起草《吴忠市政府投资项目审计办法》，经市政府第十八次常务会议通过并以政府令公布施行，夯实投资审计制度基础。

专项资金审计（调查） 开展“三项”经费、住房公积金、劳动再就业专项资金、农业综合开发资金、生态移民工程等5项专项审计（调查）。为认真贯彻落实中央八项规定和自治区、吴忠市有关厉行节约规定，对吴忠市6个部门、利通区4个部门2011—2012年度会议费、公务接待费、因公出国（境）等“三项”经费管理使用情况进行专项审计调查。通过调查，掌握“三项”经费管理使用的总体情况，从体制、机制上揭示、反映和分析存在的主要问题，在制度建设、预算管理和规范经费使用等方面提出建设性的意见和建议，促进完善市“三项”经费管理使用制度。

行政事业审计 对4所中小学进行财务收支审计。针对中小学审计中发现的一些共性问题，向市教育局制发《关于吴忠中学等学校审计情况及加强10万元以下维修费支出管理的建议函》。副市长对此做出重要批示，市教育局高度重视，及时整改，对全市中小学教育经费使用情况进行专项检查，制定《吴忠市教育局关于市区各中小学、幼儿园小型维修工程管理办法》和《吴忠市教育局关于吴忠市区教育经费实行预算管理的通知》，提高中小学财务管理水平。

（撰稿人：蒲建芳）

【固原市审计局】 2013年，固原市审计局人员编制20人，在编18人。局长王成明，副局长李国安、田成业（—9月）、魏长军（8月—），总审计师蒙卫斌。设有办公室、经济责任局、法规科、行政事业科、企业基建科、财政科。

审计成果 固原市审计局全年完成审计项目119个，查出各类违规违纪金额29661.77万元，其中违规金额278.84万元，损失浪费金额12.9万元，管理不规范金额29370.03万元；应上缴财政578.13万元，归还原渠道4154.76万元，调账处理91.34万元，向主管部门移送处理事项1项，提交审计报告和审计调查报告58篇、信息65篇，被采用60篇。

预算执行审计 完成市财政局组织执行的本级预算情况审计，并延伸审计固原一中、二中等13个预算执行单位，查出各类违纪违规金额20348.12万元，其中违规金额278.84万元，管理不规范金额20056.38万元，损失浪费金额12.9万元。

经济责任审计 受市委组织部的委托，完成对市财政局、市交通局、市人社局、六盘山林业局等18个单位领导干部经济责任审计。查出各类违纪违规金额2903.31万元，经济责任审计成效明显。

固定资产投资审计 制定出台《固原市政府投资项目招标控制价审计暂行办法》，严格政府投资项目招标控制价审核。完成城市供热管网改造等27个政府投资项目决算的审计，送审金额37926.89万元，核减造价514.41万元。完成西兰银综合物流园区基础设施配套工程等53个政府投资项目的招标控制价审计，送审金额125908.77万元，核减金额7024.24万元，核减率为5.6%。

社会保障审计 对社会养老保险基金、医疗保险基金、住房公积金的管理使用和效益情况进行审计。查出未按规定缴存养老保险和失业保险费1416.9万元。针对审计揭示出的问题，从政策、体制、管理等方面提出整改意见和建议。

专项资金审计（调查） 对固原市2010—2012年度支持中小企业发展和管理支出资金进行专项审计调查，调查发现固原扶贫发展试验区将支持中小企业发展和管理支出专项资金2125.8万元用于中小企业科技创业园建设及执行政策不到位等问题。对四县2012年度生态移民工程进行审计调查，查出管理不规范金额2867.64万元。固原市所辖县（区）泾源县生态移民工程专项审计调查项目受到审计署表彰。（撰稿人：李秋艳）

【中卫市审计局】 2013年，中卫市审计局人员编制21人，在编19人。局长魏列忠，副局长鲍成文、拓兆成、张军（5月—），总审计师严静（—2月）、李书东（2月—）。设有办公室、法规科、经济责任审计科、农水环保审计科、固定资产投资科、财贸审计科、行政事业审计科。

审计成果 中卫市审计局完成各类审计项目36个，查出问题金额45590万元，其中管理不规范金额28625万元，违规金额16965万元。印发各类信息稿件和研讨文章129篇，其中93篇信息和综合材料被新闻媒体采用，向市委、市政府主要领导报送《审计专报》3期。

预算执行审计 全年审计财政预算执行及下级决算单位10个，延伸调查单位6个，查出问题金额35393.11万元，其中管理不规范金额21525.56万元，违规金额13867.55万元。对查出的问题，市政府要求有关部门（单位）及时进行整改，改变以往“重查轻改”的现象。

经济责任审计 制定出台《中卫市本级经济责任审计对象分类管理办法（试行）》《中卫市党政领导干部和国有企业领导人员经济责任审计评价办法》，对领导干部科学决策、政策执行、经济管理、廉洁从政、资金使用绩效等内容进行审计评价，揭示领导干部用权履责方面的一些不规范行为。共完成12名领导干部经济责任审计，查出问题金额5848万元，其中管理不规范金额4815万元，违规金额1033万元。

固定资产投资审计 制定《中卫市政府投资建设项目（工程）审计定案办法（试行）》。采取聘请中介机构与审计机关联合审计的办法，重点对郝家塘生态移民工程、2010年中小学校舍安全工程抗震加固维修项目等重点工程进行决算审计。全年共审结项目10个，送审资金13327万元，审减工程造价2064万元，审减率为15.46%。

专项资金审计（调查） 与区审计厅联合对市本级生态移民专项资金、沙坡头区经济适用房、廉（公）租房建设情况实施审计或审计调查，按时完成移民工程专项资金审计；配合自治区审计厅完成地方政府性债务审计；配合市纪检委对海原县农牧局等有关案件进行审查；同时按照政府的要求及时完成上报中卫市融通中小企业担保公司、沙坡头沙生博物馆、五馆一中心土地置换补偿等审计调查。（撰稿人：陈淑兰）

2013年宁夏回族自治区所辖区、县(市)级审计工作统计表

金额单位：万元

审计机关	完成审计项目(个)	审计查出主要问题金额	审计处理情况							
			审计处理处罚				移送处理事项(件)	出具审计报告和审计调查报告(篇)	提出审计建议(条)	提交审计信息(篇)
			应上缴财政	应减少财政拨款或补贴	应归还原渠道资金	应调账处理金额				
银川市										
银川市本级	40	619869	13756	1024	716	124475		40	150	187
兴庆区审计局	6	4243	10.7					6	24	6
金凤区审计局	10	17853			5466	3236		15	29	25
西夏区审计局	7	25844	43	191	254	23490		14	30	2
灵武市审计局	35	36869	34		55	499		46	80	164
永宁县审计局										
贺兰县审计局										
石嘴山市										
石嘴山市本级	66	213748	441	1321	55052	10221	1	66	127	38
大武口区审计局	8	4286	884		505	56		8	14	1
惠农区审计局	13	9306	882			133		13	21	116
平罗县审计局	95	72737	2205	8824	44	395		95	59	1
吴忠市										
吴忠市本级	76	24171	11006		863	6154		76	116	89
青铜峡市审计局	24	18475	8123		9	579		24	48	79
盐池县审计局	63	20141	366	5027	3540	4890		63	56	37
同心县审计局	34	8972	5024		630	801		43	63	15
固原市										
固原市本级	119	29662	578		4155	91	1	58	45	65
原州区审计局	40	30959	1942	644	7344	3894	5	40	68	16
西吉县审计局	32	5176	649		1726			35	57	33

续表

审计机关	完成审计项目（个）	审计查出主要问题金额	审计处理情况					出具审计报告和审计调查报告(篇)	提出审计建议(条)	提交审计信息(篇)
			审计处理处罚				移送处理事项(件)			
			应上缴财政	应减少财政拨款或补贴	应归还原渠道资金	应调账处理金额				
隆德县审计局	58	28099	73		1524	4		102	110	
泾源县审计局	11	1818	758		26	477		16	50	80
彭阳县审计局	13	10280	1269		417	110		21	43	
中卫市										
中卫市本级	36	45590	14477	2064	1839	1279	1	36	96	12
中宁县审计局	28	209538	12268		4093	19232	6	28	69	
海原县审计局	12	30509	2027		582			12	18	

新疆维吾尔自治区

【新疆维吾尔自治区审计厅】 2013年，新疆维吾尔自治区审计厅人员编制288人，在编257人。设有办公室、法制处、督察处、财政审计处、行政事业审计处、农业与资源环保审计处、金融审计处、企业审计处、社会保障审计处、外资运用审计处、经济责任审计一处、经济责任审计二处、经济责任审计三处、计划财务处、人事处、内部审计管理处、机关党委、监察室（与驻厅纪检组合署办公）、离退休干部工作处、派出审计一处、派出审计二处、派出审计三处、派出审计四处、派出审计五处、派出审计六处、固定资产投资审计局、计算机技术中心、机关服务中心、审计干部培训中心、审计科研所。

领导成员

厅　　长：张春林（—3月）

　　　　　李　成（3月—）

副 厅 长：沙拉买提·买买提明（3月—）

　　　　　王占武　维力功　宣国苗

　　　　　薛　江（7月—）　杨任杰

总审计师：张　明

审计成果 全区审计机关完成项目4570个，其中审计项目4334个、审计调查项目236个。总计查出违规金额97.8亿元，损失浪费金额0.41亿元，损益（收支）不实金额34.94亿元，审计期间整改金额26.73亿元，审计后已上缴财政24.12亿元，已归还原渠道资金8.46亿元。移送司法、纪检监察机关违法违纪案件线索48件，移送处理人员59人。提交专题综合报告和信息简报等6674篇，被批示和采用专题综合报告和信息简报等2640篇次，推动建立健全规章制度78项。

财政审计 围绕提高财政管理绩效，重点关注公共财政预算的完整性、预算执行的规范性和财政资金使用效益，促进预算管理的科学化、法治化和财政体制改革不断深化。认真贯彻中央八项规定和自治区十条规定，开展自治区本级部门单位会议费、培训费和招待费管理使用情况专项审计调查等，促进部门单位厉行节约、规范管理。同时，结合地县党政主要领导经济责任审计同步开展财政决算审计，促进地县完善制度，规范财政收支行为。

固定资产投资审计 全区审计机关对2288个政府投资项目进行审计，核减投资额18.86亿元。进一步加大援疆审计工作指导力度，各地采取“同级审”“上审下”和与援建方审计机关联合审计等多种方式，对符合审计条件的援疆项目进行全覆盖审计。促进提高政府投资绩效，实现政策目标。

农业资源环保审计 统一组织对自治区37个县（市）草原生态资金分配、管理及使用情况进行审计，对35个县（市、区）已建成垃圾处理厂和污水处理厂运营效益情况进行审计调查。审计结果引起有关方面的重视，促进完善相关制度办法，规范资金和项目管理。

经济责任审计 全区审计机关认真贯彻两办规定，把握审计重点，改进审计方式方法，强化经济责任审计结果运用，共审计党政领导干部和企事业单位领导人员 1093 人，查出相关领导干部负有直接责任的问题金额 2.31 亿元。通过审计，促进领导干部守法、守纪、守规、尽责。

金融审计 组织开展全区 14 家国有或国有控股融资担保有限责任公司资产负债损益情况审计，查出违规经营问题金额 1.21 亿元，促进自治区融资平台职能作用的发挥，规范公司治理和经营管理。

外资运用审计 厅本级组织完成 13 个外资运用项目审计，完成投资额 74.73 亿元，并按照审计署要求向社会公布审计结果，促进外资运用项目管理。

企业审计 开展 83 个国有企业审计，查出违规经营问题金额 9.11 亿元，资产不实金额 0.95 亿元，账外资产 1.61 亿元，推动国有企业改革与发展。

专项资金审计 围绕防范经济运行风险，积极开展地方政府性债务审计。根据国务院部署和审计署统一安排，全区各级审计机关统一协调，密切配合，投入近 2000 人，完成全区政府性债务审计任务。加大对重点民生资金和民生项目的审计力度，主要审计定居兴牧、安居富民工程、城镇保障性安居工程等相关惠民政策落实情况，并组织完成全区 263 个村集体经济组织涉农资金管理和涉农政策执行情况审计调查。发现并纠正一些侵害群众利益的问题，促进相关政策落实到位。

（撰稿人：张　磊）

【乌鲁木齐市审计局】 2013 年，乌鲁木齐市审计局人员编制 140 人，在编 125 人。局长黎忠，副局长成兴中、陆秀超（—11 月）、樊伟（11 月—），总审计师樊伟（—11 月）、李里（11 月—），纪检组长杨明。设有办公室、政治处、纪检监察室、政策法规处、财政审计处、固定资产投资审计处、行政事业审计处、经济责任审计室、农牧与资源环保审计处、外资运用与金融审计处、社会保障审计处、科教文卫审计处、企业审计处、政法审计处、督察处、综合计划处、审计信息中心、政府投资审计中心。

审计成果 乌鲁木齐市审计机关共完成审计项目 114 个，查出主要问题金额 2123114 万元，其中违规金额 89963 万元、损失浪费金额 1173 万元、管理不规范金额 2031977 万元；损益（收支）不实金额 20586 万元；审计处理处罚金额 150764 万元，其中应上缴财政 78092 万元、应减少财政拨款或补贴 6455 万元、应归还原渠道资金 7273 万元、应调账处理金额 37906 万元；审计发现非金额计量问题 233 个；审计促进整改落实有关问题金额 54632 万元，其中增收节支 20852 万元、已调账处理金额 19987 万元、审计促进拨付资金到位 1067 万元；审计后挽回（避免）损失 6915 万元；移送司法及纪检监察机关处理事项 5 件，涉及金额 345 万元；移送其他部门处理事项 6 件，涉及金额 231 万元。向被审计单位提出建议 376 条，已有 243 条被采纳；提交报告和信息 450 篇，被批示、采用 111 篇。

财政审计 全市审计机关在预算执行审计中开展对街道、社区的财政补助资金，双语幼儿园建设配套资金审计调查。6 月在乌鲁木齐市第十五届人大常委会第 11 次会议上报告 2012 年度市本级预算执行和其他财政收支的审计情况，并于 12 月底，就审计查出问题的整改情况，在乌鲁木齐市人大常委会第 14 次会议上做专题报告。

固定资产投资审计 继续开展保障性住房、大西沟水库、国际会展中心等 25 个政府投资项目的审计和调查，审计项目投资额 266459 万元，核减投资额 15750 万元。

经济责任审计 全市审计机关共审计领导干部 27 人，其中任中审计 9 人，审计查出违规金额 38672 万元，管理不规范金额 136795 万元。落实各区（县）经济责任审计工作专职机构的设置，健全和完善乌鲁木齐市经济责任审计组织机构。

专项资金审计 审计专项资金总额 756053 万元，将民生专项资金的使用效益作为审计重点，着力反映专项资金在拨付和管理使用及效益、政策措施执行效果等方面的情况。

行政事业审计 全市审计机关对全市 33 个行政事业单位财务收支情况开展审计监督，共查出主要问题金额69727万元。

企业审计 全市审计机关审计国有企业6家。查出主要问题金额413392万元。通过审计，为促进国有企业加强和改善经营管理，建立健全内部控制制度，实现国有资产保值增值发挥积极作用。

交办事项 市审计局认真完成市委、市政府交办的小额投资审计项目22个，查出主要问题金额2035万元；完成乌鲁木齐市4家公交企业成本规制及财政补贴测算等审计工作；并配合有关部门做好全市政府投资项目的监督检查工作。

政府性债务审计 全市审计机关派出审计组对乌鲁木齐市本级及所属7区1县22个乡镇的政府性债务情况进行审计，通过审计核实和掌握2011年以来乌鲁木齐市地方政府性债务的规模、结构、增减变化情况以及债务形成的主要原因，及时发现和揭示乌鲁木齐市经济发展中的风险隐患，防止苗头性问题转化为趋势性问题。

（撰稿人：肖　杨）

【克拉玛依市审计局】 2013年，克拉玛依市审计局人员编制33人，在编29人。局长蒋德平，副局长苏富庆、张毅、房文祖，总审计师房文祖（兼），纪检组长苏富庆（兼）。设有办公室、法制监察科、财政审计科、经贸与金融审计科、行政事业与社会保障审计科、经济责任审计科、固定资产投资审计科、农业资源与环保审计科和经济责任审计室。

审计成果 克拉玛依市审计局共完成审计（调查）项目25个，查出违规金额3209万元，损失浪费金额45万元，损益（收支）不实金额269万元，提出审计建议66条，促使被审计单位建立健全规章制度42项。

财政审计 市审计局加大财政资金绩效审计，对远程水电表监控系统、石化园区绿化维护费等5家单位7项专项资金以及石油装备展等3个展会资金管理使用情况开展绩效审计和审计调查。揭示资金滞留、设备闲置等问题，促进加强项目管理，避免财政资金损失浪费，提高财政专项资金使用效果。

固定资产投资审计 加大对重大投资项目的审计力度，组织实施市本级财政性资金投资建设项目竣工结算审计。共审计单项工程138个，审计资金12.43亿元，核减金额1575.33万元，综合核减率约1.27%。与市财政局、市发展和改革委员会等相关部门联合开展会展中心竣工结算审计工作，审减投资金额2830万元。加大跟踪审计力度，对工程教育基地、康城中学等重点项目实施阶段性跟踪审计。

经济责任审计 市审计局围绕加强干部管理和监督的要求，修订《克拉玛依市党政主要领导干部和国有企业领导人员经济责任审计规定（暂行）》，加强与经济责任审计联席会议成员单位的信息沟通和协作配合，强化审计结果运用。全年完成经济责任审计项目19个，其中任中审计8个，离任审计11个。受自治区审计厅委托，开展对和田市市委书记、市长经济责任审计，审计结果得到审计厅的肯定。

专项资金审计（调查） 开展城镇保障性安居工程跟踪审计、医疗卫生系统审计及涉农资金、慈善资金、残疾人专项资金和残疾人就业保障金审计，发现并纠正一些侵害群众利益的问题，促进相关政策落实到位。（撰稿人：徐　瑛）

【石河子市审计局】 2013年，石河子市审计局人员编制68人，在编61人。局长杨全义，副局长张新江、刘文。设有综合科（办公室）、法制科、财金审计科、行政事业审计科、企业审计科、固定资产投资审计科、经济责任审计科；下设4个派出审计中心，分别设一科、二科、综合科。

审计成果 石河子市审计机关完成审计项目40个，查出主要问题金额55412万元，其中违规金额3545万元、管理不规范金额51867万元；损益（收支）不实金额6837万元；审计处理处罚金额4775万元，其中应上缴财政23万元、应归还原渠道资金514万元、应调账处理金额885万元，应缴纳其他资金3353万元；审计发现非金额计量问题34个；审计促进整改落实有关问题金额7635万元，其中增收节支22万元、已上缴财政14万元、已归还原渠道资金7万元、已缴纳其他资金1835万元、已调账处理金额96万元；审计后挽回经济损失2万元；移送司法机关、纪检监察机关和有关部门处理事项6件；出具审计报告和专项审计调查报告40篇，提出审计建议71条，提交审计信息1篇。

财政审计 以促进规范部门预算管理为目标，重点加强对资金使用量大的部门和政府引导支持的项目资金审计；以应收尽收各项收入及时入库为目的，加大对石河子地方税务局的税收征管审计；以控制举债风险为重点，进行政府性债务审计。政府对提交的市本级预算执行审计结果报告给予充分肯定，市人大常委会对审计工作报告给予高度评价。

金融审计 对新疆石经开融资担保有限公司进行审计。审计结果反映，融资担保公司成立两年来累计亏损，政府小额贷款政策未得到充分发挥，国有资产未得到保值增值，审计部门提出审计整改建议。

行政事业审计 完成垃圾和污水处理厂运营绩效及城市维护和建设资金管理使用专项审计调查，对石河子市中心门诊进行财务收支审计，对2012年石河子市保障性安居工程进行跟踪审计。调查发现，工业污水和生活污水直接排放，生活垃圾简易填埋；建设项目预算执行率偏低、资金结存数额较大、项目实施管理不规范、存在转包工程等问题；下属门诊部存在超标准收费并开具虚假处方问题；石河子市已初步形成以廉租住房和公共租赁住房为主、经济适用住房和限价商品房为辅的多层次、多结构的基本保障住房保障体系，对低收入人群做到应保尽保，逐步将住房困难的中低收入家庭纳入保障范围。审计部门已分别向市上政府、市住建局、市卫生局提出整改建议。个别单位以保障住房立项建设而以经济适用房出售的问题，市政府已责成房产部门和建设单位予以整改。

固定资产投资审计 为从源头上治理招投标过程中招标控制价不真实的突出问题，减少国有投资项目中的损失浪费行为，石河子市审计局开展工程项目标前控制价审计。采取“事前介入、事中跟进、事后监督”的方法，对石河子机场迁建工程等政府重点投资项目实施全过程跟踪审计，提出切实可行的审计建议，确保财政资金使用科学规范，充分发挥财政资金使用效益。为降低审计风险，通过政府采购的形式，采取资格审查、专家评定等方式，优选建立中介机构资料库，为提高政府投资审计质量提供保证。实行专项治理与加强日常审计相结合，为经济发展提供良好的投资环境。

企业审计 受国资委的委托，对市17家国有及国有控股企业2012年度经营业绩进行考核审计。发现天富集团未执行监察局有关决定，未将房产公司奖金收回、部分企业未按规定执行市政府企业年薪管理办法等问题。

经济责任审计 以加强对权力的制约和监督为重点开展经济责任审计，注重经济责任审计与预算执行、财务收支、专项资金审计相结合。深化审计内容和审计整改，突出经济责任审计成果利用，强化对审计整改落实回访和审计发现问题汇总分析的及时性，促进领导干部依法执政，提高科学管理能力。（撰稿人：黄学邦）

【喀什地区审计局】 2013年，喀什地区审计局人员编制53人，在编47人。局长郭建升，副局长古康拜尔·吾不力、吐鲁洪·买买提（—11月）、尚军、钟振华（援疆干部），总审计师史建中，纪检组长吐鲁洪·买买提（兼，—11月）。设有行政办公室、法制科、财政审计科、金融外资审计科、行政事业审计科、农牧水牧审计科、固定资产投资审计科、经济责任审计一科、经济责任审计二科、人事教育科、审计督察科、社会保障与经贸审计科和计算机中心、固定资产投资审核中心。

审计成果 喀什地区审计机关共完成审计项目1187个，其中审计1163个，审计调查24个。审计查出主要问题金额371519万元，其中违规金额21714万元、损失浪费29万元、管理不规范金额349749万元；损益（收支）不实金额6035万元；审计处理处罚金额85938万元，其中应上缴财政11996万元、应减少财政拨款12244万元、应归还原渠道资金27883万元、应调账处理金额19578万元；审计发现非金额计量问题283个；审计促进整改落实问题金额15077万元，其中增收节支13213万元、已上缴财政619万元、已减少财政拨款9326万元、已归还原渠道3267万元；审计后挽回（避免）损失14441万元；移送司法机关、纪检监察机关和有关部门处理事项2件；出具审计报告和专项审计调查报告1239篇，被批示、采用1篇；提出审计建议1906条，提交审计信息597篇，被批示、采用31篇；向社会公告审计结果4篇。

财政审计 全地区审计预算执行82个单位、延伸审计单位35个，出具审计报告81篇，审计查出主要问题金额137301万元，其中预算编制不真实不完整382万元、预算编制不规范44473万元、违规变更调整预算434万元、未按规定纳入预算管理19144万元、未按规定征收缴纳收入4401万元。开展财政决算审计项目18个，审计查出主要问题金额20756万元。同时，按照审计署要求，共抽调102名业务骨干，组成13个审计组进行“同级审”，重点审计各级政府负有偿还责任、担保责任、救助责任三类债务同口径增长变化情况、通过新的举债主体和举债方式形成的地方政府性债务和乡镇债务情况，全面摸清全地区政府性债务的规模、结构及增减变化情况。

农业与资源环保审计 对疏勒县和麦盖提县已建成垃圾处理厂和污水处理厂运营绩效情况进行审计调查，喀什市采取“同级审”的方式完成审计调查；由地区审计局农牧审计科牵头对叶城草原生态资金进行审计调查，塔什库尔干县“同级审”查出滞留资金63.03万元，结余资金43.77万元；对所辖12县（市）自治区乡村涉农资金管理和政策执行情况进行审计调查，摸清各级财政支付到村级的各项涉农资金规模，分析涉农资金管理和政策执行方面存在的问题，为加强农村基层组织建设、党风廉政建设和保持农民收入持续较快增长提供决策依据。

固定资产投资审计 全地区审计机关采取审计主审和工程造价委托中介机构审计相结合的方式，切实加强对重大水利、交通等重点建设项目的竣工决算审计监督，全年全地区组织实施审计项目875个，完成投资额622591万元，核减工程价款43804万元，提交审计报告875篇，审计查出主要问题金额62827万元，其中违规改变项目计划和资金用途1218万元，虚列支出460万元，工程结算不实44025万元，超规模超标准项目涉及金额3115万元。核减投资额44770万元。

金融审计 对喀什鑫泽融资担保有限公司进行审计，重点摸清担保公司“家底”，审核内控制度的健全有效性，审查开展业务的合规性，关注财务收支的合法性等。通过审计，查出主要问题金额4333万元，其中财务收支核算不实28万元，其他问题涉及金额4304万元。

经济责任审计 喀什地区审计局加强对资金量大、经济活动复杂、掌握重要经济监管权的重点部门、单位和关键岗位领导干部的任期经济责任审计和对政府部门单位的审计，全地区审计机关共接受经济责任审计任务91项159人，其中地区本级对地区交通局、地区客运总站、地区农机局、地区农业局等8个地直单位党政主要领导任期经济责任进行审计，并受地委组织部委托对驻京办和驻乌办主要负责人任期履行经济责任情况进行审计，同时采取“上审下”和“同级审”相结合的方式对28个乡镇党政正职任期履行经济责任情况进行审计。通过审计查出主要问题金额140876万元，其中管理不规范137856万元，违规金额1162万元。

专项资金审计（调查） 喀什地区加强审计资源整合，按照上级审计机关的各个时间节点的要求，重点审计城镇保障性安居工程、定居兴牧、2011年至2012年安居富民、2013年安居富民以及对口援建项目等审计和审计调查。全地区开展专项审计和审计调查项目122个，延伸审计单位20个，审计专项资金总额793324万元，核减投资额（工程款）963万元，出具审计报告100篇，专项审计调查报告22篇。（撰稿人：刘　军）

【阿克苏地区审计局】 2013年，阿克苏地区审计局人员编制64人，在编55人。局长刘艳，副局长罗合曼·托乎提，总审计师黄疆萍。设有财政金融审计科、行政事业审计科、农林水牧外资审计科、经贸审计科、法制科、人事教育科、办公室、督查科，下设地区经济责任审计中心和地区政府投资审计中心。

审计成果 完成审计和审计调查项目50个，查处各类违规金额108271万元，管理不规范金额9.96亿元，核减投资金额5788万元，已上缴财政3944万元，已归还原渠道资金63万元。提出审计建议110条，被采纳27条。

财政审计 组织开展2012年地区本级预算执行和其他财政收支、税收征收管理、地方政府性债务和鑫源融资担保公司资产负债损益情况审计，有效发挥财政审计职能作用。

行政事业审计 按照地委、行署领导的指示，完成对地区医疗修配所、地区保健协会、地区启明学校、地区行署接待处、地区行署驻乌鲁木齐办事处和驻北京办事处、地区食品药品监督局财务收支审计及阿克苏市第四中学内初班助学金管理使用情况专项审计调查。

固定资产投资审计 完成 9 个工程项目结算审计。项目送审价 3.79 亿元，审定价 3.21 亿元，核减投资额 5802.97 万元，综合核减率为 15.30%。

经济责任审计 全年实施经济责任审计项目 14 个，共查处违规金额 415 万元，管理不规范金额 1.53 亿元，有针对性地对被审计单位提出 41 条审计建议，促使被审计单位根据审计建议完善规章制度 8 项，强化领导干部的责任意识和廉政意识。

专项资金审计（调查） 开展城镇保障性安居工程跟踪审计、中小学校舍安全工程跟踪审计、安居富民工程专项审计、拜城县定居兴牧项目专项资金审计、草原生态建设资金审计、住房公积金归集管理使用和效益情况审计、已运营垃圾厂和污水处理厂绩效情况审计调查、乡村涉农资金管理审计调查。

援疆项目审计 地区各级审计机关对 140 个政府投资项目进行审计，核减投资额 1.01 亿元。进一步加大援疆项目审计力度，地县（市）采取“同级审”和“上审下”等方式，对全地区援疆项目中资金补助类 114 个项目进行审计，提高政府投资绩效，实现政策目标。 （撰稿人：张松龄）

【和田地区审计局】 2013 年，和田地区审计局人员编制 35 人，在编 32 人。局长艾热提·热介甫，副局长刘新英、毛建新、艾力·艾沙、吴成华（援疆干部，9 月—），纪检组长毛建新（兼）。设有办公室、财政基建审计科、经济责任审计科、行政事业审计科、农牧审计科、社保审计科、固定资产投资审计中心。

审计成果 和田地区各级审计机关完成审计项目 191 个，查出主要问题金额 294029 万元，其中违规金额 15023 万元、损失浪费金额 1 万元、管理不规范金额 279005 万元；损益（收支）不实金额 1650 万元；审计处理处罚金额 16624 万元，其中应上缴财政 6588 万元、应归还原渠道资金 6767 万元、应缴纳其他资金 843 万元、应调账处理金额 2426 万元；审计发现非金额计量问题 257 个；审计促进整改落实有关问题金额 10476 万元，其中增收节支 8247 万元、已缴纳其他资金 1 万元；审计促进拨付资金到位 15 万元；审计后挽回（避免）损失 391 万元；移送司法机关、纪检监察机关和有关部门处理事项 1 件；出具审计报告和专项审计调查报告 230 篇；提出审计建议 540 条；提交审计信息 184 篇，被批示、采用 61 篇。

财政审计 主要对地区本级预算执行情况进行审计，并对地区地税局、地区卫生局、地区发改委、地区水利局、地区环保局进行延伸审计调查。对和田玖信融资担保有限公司 2012 年资产负债损益情况进行审计。

政府性债务审计 按照“摸清底数，反映问题，揭示风险，提出建议”的总体思路和“见人、见账、见物、逐笔、逐项”的原则，对政府性债务进行认真审核。同时，针对政府性债务举借、管理和使用中出现的新情况、新问题，提出审计建议。

固定资产投资审计 主要采取“上审下”和“同级审”的方式，组织地县审计机关分别对城镇保障性安居工程、定居兴牧、安居富民和援疆项目资金进行就地审计。和田地区审计局对地区本级、和田市、和田县城镇保障性安居工程进行审计，对民丰县、皮山县定居兴牧和安居富民工程实施审计。

专项资金审计（调查） 开展乡村涉农资金管理和政策执行情况审计调查，摸清各县市财政支付到村级的各项涉农资金规模，分析涉农资金管理和政策执行方面存在的问题。对和田市和墨玉县已建成（在建）垃圾处理厂和污水处理厂运营情况开展绩效审计调查，通过审计调查，揭示出已处理污水未达到国家规定排放标准等问题。对和田县、皮山县草原生态建设资金进行审计，审计结果表明，随着草原生态建设工程的实施，牧民增收明显，游牧民定居，草畜平衡区放牧压力减轻，超载放牧、重度放牧现象得到初步缓解，草原植被状况有所改善。根据行署安排，组织各县市审计局对扶贫开发、民政低保和救灾专项资金开展“同级审”。

经济责任审计 和田地区审计局主要对巴州若羌县，地区扶贫办、地区民政局、地区畜牧局党政领导进行经济责任审计。同时，积极开展乡镇党政正职经济责任审计工作，主要对和田市古江巴格乡、和田县拉依喀乡主要领导干部进行经济责任审计。

（撰稿人：刘志东）

【吐鲁番地区审计局】 2013年，吐鲁番地区审计局人员编制28人，在编23人。局长郭红兵，副局长戴万成、田桂林，纪检组长艾尔肯·艾木都拉。设有办公室、法规科、经济责任审计科、固定资产投资审计科、财政金融审计科、农业社会保障审计科、行政事业审计科、经贸审计科。

审计成果 吐鲁番地区审计机关完成审计项目169个，查出违规金额17196万元，管理不规范金额93264万元，损失浪费金额242万元，核减政府投资金额14833万元；审计机关提出审计建议340条，被采纳160条，提交审计信息178篇。

财政审计 开展2012年地方税收征管情况审计，关注税费征管情况，推动落实结构性减税等政策，促进严格依法征税，做到应收尽收。开展地区本级预算执行情况审计，重点审计项目支出、预算追加等问题和财政绩效，推动政府所有收支纳入预算管理，制止挥霍公款、铺张浪费等问题，促进降低行政运行成本，推动完善规范化的财政转移支付制度。关注预算执行效果，把财政资金投入与项目进展、事业发展以及政策目标实现统筹考虑，探索对预算执行情况和决算草案发表总体意见，促进提高预算分配和执行的公开透明度。8月19日，受行署委托，向地区人大工委第二次会议做审计工作报告。

固定资产投资审计 完成吐鲁番地区2013年援疆资金和项目跟踪审计工作。将援疆规划编制、执行情况和已完工项目工程造价审核、竣工决算审计工作作为今年的重点审计内容。针对审计发现的问题，审计组对委托中介机构执业质量核查进行专题研讨，提出合理化建议。针对工程项目管理相关制度、规定执行不到位的现象，从制度层面上向各级党委、政府提出实行招标控制、价编审分离、推行清单报价制度等审计建议。

经济责任审计 完成60名领导干部的经济责任审计。在经济责任审计中，组织部门将审计机关提交的领导干部任期经济责任审计结果报告，作为领导干部调任、免职、辞职的参考依据。建立领导干部任期经济责任审计结果与组织调整相结合的制度，参照任期经济责任审计结果报告，对部分干部进行必要的调整。先后有1名县处级干部受到撤销党内职务处理，1名县处级干部被诫勉谈话。

其他审计 8月，对吐鲁番地区政府性债务情况进行审计。完成乡村涉农资金管理和政策执行情况审计调查、已建成垃圾处理厂和污水处理厂运营情况绩效审计调查、国有或国有控股担保公司资产负债损益审计、托克逊县2012年度财政决算审计和巴里坤县党政正职经济责任审计等。

（撰稿人：储凯丽）

【哈密地区审计局】 2013年，哈密地区审计局人员编制41人，在编36人。局长骆东鹏，副局长艾合买提·买买提、李生华、徐钢（—4月），总审计师谢云飞。设有办公室、督察科、法制科、财政金融审计科、固定资产投资审计科、经济责任审计科、行政事业审计科、农牧与资源环保审计科、企业审计科，下设哈密地区经济责任审计办公室、哈密地区固定资产投资审计中心、哈密地区审计信息技术室。

审计成果 哈密地区审计机关完成审计项目208个，查出违规金额843万元，应上缴财政814万元，应减少财政拨款或补贴21789万元，应归还原渠道资金368万元，应调账处理金额11568万元；已上缴财政201万元，已减少财政拨款或补贴21689万元，已归还原渠道资金46万元，已调账处理金额167万元。提交审计工作报告226篇、审计信息185篇，被采用86篇，提出审计建议420条。哈密地区审计局荣获审计署政府性债务审计工作集体三等功嘉奖；被自治区精神文明建设指导委员会命名为自治区文明单位；哈密地区审计局领导班子被评为地区优秀县（处）级领导班子；哈密地区审计局被评为地区绩效管理工作先进单位、党风廉政责任制目标管理优秀单位、经济目标管理责任制考核优秀部门、社会管理综合治理及平安建设工作目标管理优秀单位、平安建设工作先进集体。

财政审计 按照构建“财政审计大格局”的工作机制，认真开展预算执行审计，促进预算管理规范化，提高财政资金效益。完成审计项目14个。

行政事业审计 坚持以真实性审计为基础，促使行政事业单位规范财政财务收支和经济活动。完成审计项目31个。

农业与资源环保审计 紧紧围绕地区“民生建设年”活动，促进惠民政策的落实，维护群众的切身利益。完成审计项目2个。

固定资产投资审计 结合工程建设领域突出问题专项治理工作，坚持把查处问题与完善制度、强化管理结合起来，继续深化对在建和续建政府投资项目的跟踪审计。完成审计项目137个，审计项目完成投资额203110万元，核减投资额19169万元。

社会保障审计 精心组织，全力以赴，完成审计署统一部署的社会保障资金审计任务。完成审计项目2个。

企业审计 增强企业依法经营管理的意识，推进法人治理结构的完善。完成审计项目5个。

经济责任审计 继续深化经济责任审计，把握权力运行和责任落实两个重点，完成审计项目38个，审计领导干部43人，其中县（处）级领导10人，科级领导33人。

专项资金审计（调查） 进一步加大对“三农”、教育、卫生等民生资金审计，切实保障资金安全，促进发挥资金效用，保证党和政府的各项安民、惠民、利民政策落到实处。完成审计项目10个，延伸审计单位16个，审计专项资金总额91154万元。

援疆项目和资金审计 强化组织协调，统筹审计力量，配合河南省审计厅做好援疆项目审计及审计整改工作，有力促进援疆项目科学管理，提高资金使用效益。完成跟踪审计项目39个。

（撰稿人：翟　刚）

【克孜勒苏柯尔克孜自治州审计局】 2013年，克孜勒苏柯尔克孜自治州（以下简称克州）审计局人员编制41人，在编35人。局长唐志荣，副局长吐尔洪·依热力、黄林勇、张永先、牙生江·艾力，纪检组长黄林勇（兼）。设有办公室、纪检监察室、法制科、财政金融审计科、固定资产投资审计科、行政事业审计科、农业与资源环保审计科、经济责任审计科、经贸审计科、社会保障审计科、计算机中心。

审计成果 克州审计机关共完成审计（调查）项目278个，审计查出主要问题金额106755万元，其中违规金额23270万元，损失浪费金额240万元，管理不规范金额83244万元；审计发现非金额计量问题117个；审计促进整改金额4万元；移送处理事项1件，移送处理人员4人。针对审计中存在的问题，提出审计建议224条。提交审计工作报告278篇、信息428篇，被采用147篇。

财政审计 完成财政审计项目274个，审计共查出主要问题金额106755万元。

行政事业审计 完成审计项目15个，审计共查出主要问题金额11111万元。

固定资产投资审计 完成审计项目173个，审计核减投资额2452万元，共查出主要问题金额9761万元。

经济责任审计 对41个单位71名领导干部的经济责任履行情况进行审计，查出主要问题金额22366万元，其中违规金额997万元，管理不规范金额21369万元。

专项资金审计（调查） 完成审计项目24个，审计资金总额69960万元，审计共查出主要问题金额32685万元。（撰稿人：李均均）

【昌吉回族自治州审计局】 2013年，昌吉回族自治州审计局人员编制53人，在编48人。局长周恒，副局长马志中（5月—）、肖莉、程军（—5月），总审计师张民杰（5月—），纪检组长张永信。设有办公室、法制科、财政审计科、行政事业审计科、经济责任审计科、农业资源环保与社会保障审计科、经贸与金融审计科、督察科，政府投资审计中心。

审计成果 全州审计机关完成审计和审计调查项目821个，其中投资审计项目411个。查出违规金额24782万元，管理不规范金额289567万元；审计处理处罚97887万元；审计促进整改落实有关问题金额82266万元；核减投资额35761万元，核减率为13.8%；完成经济责任审计项目

70个，审计领导干部92人，查出负直接责任问题金额2569万元；提出审计建议941条，被采纳765条，提交审计信息829篇，被批示、采用458篇次。

财政审计 通过对州本级财政预算执行及其他财政收支情况进行审计，发现个别县市、部门在社保基金管理使用方面存在不符合规定、棚户区改造项目资金未充分使用等问题，及时督促县市和主管部门进行整改。加强对地税局税收政策执行情况审计，组织对七县市部分重点纳税企业的税收缴纳情况进行抽查。审计发现税务部门延缓征收税款1272.48万元；抽查45家企业中有25家存在欠缴及偷税的问题，金额共计5502.8万元。

固定资产投资审计 牢固树立“无缝隙审计，全方位监督”理念，通过自审、委托审、联合审，有效缓解投资审计人员少、项目多的矛盾，审计质量和工作效率有明显提高，促进节约大量建设资金。进一步加大援疆项目审计指导力度，采取“同级审”“上审下”和与援建方审计机关联合审计等多种方式，对符合审计条件的援疆项目进行全覆盖审计，促进政府投资效益提高。

农业与资源环保审计 开展定居兴牧、安居富民、城镇保障性安居工程等审计项目，完成全州涉农资金管理和涉农政策执行情况审计调查。发现并及时纠正一些侵害群众利益的问题，促进相关政策落实到位。积极推进生态文明建设，通过座谈走访、入户抽查、电子数据核对等形式，发现草原生态资金在制度建设、基础工作、奖补资金发放、退牧还草工程实施、草原补偿费的征收等方面均存在一定问题，并提出整改意见。对阜康市、昌吉市已建成垃圾处理厂和污水处理厂运营效益情况进行审计调查，审计结果引起有关方面的高度重视。

经济责任审计 认真贯彻两办《规定》，把握审计重点，在法院系统、乡镇领导干部异地交叉审计过程中，通过实施四个统一模式（统一安排，统一进点，统一方案，统一处理），审计质量和效率明显提升。通过审计，发现乡镇主要领导干部存在专项资金管理不严，被挤占挪用、滞留拖欠等现象和遵守财经法纪观念不强、财政财务管理措施执行不到位等问题；七县市法院在财政财务管理、执行案款管理和基本建设中不同程度存在问题。在依法依规处理的同时，及时向州人民政府进行专题汇报，引起州领导的高度重视。

政府性债务审计 对昌吉州本级政府负有偿还责任的债务、政府负有担保责任的债务和政府可能承担一定救助责任的其他相关债务情况进行审计。重点审计涉及政府性债务的政府部门和机构、经费补助事业单位、公用事业单位、融资平台公司等单位。审计结果及时向州党委、政府主要领导进行专题报告。（撰稿人：李　良）

【博尔塔拉蒙古自治州审计局】 2013年，博尔塔拉蒙古自治州（以下简称博州）审计局人员编制40人，在编33人。局长刘玉玲，副局长马克斯加甫、郭丽艳，总审计师周娟，纪检组长郭丽艳（兼）。设有州政府投资审计中心、办公室、法制科、经济责任审计科、财政审计科、行政事业审计科、经贸审计科、计算机审计科。

审计成果 博州各级审计机关完成审计项目118个，交办配合审计事项201个，查出主要问题金额94247万元，其中违规金额3310万元、管理不规范金额90936万元；损益（收支）不实金额1508万元；审计处理处罚金额16758万元，其中应上缴财政8108万元、应减少财政拨款或补贴1271万元、应归还原渠道资金1500万元、应缴纳其他资金4402万元、应调账处理金额1476万元；审计发现非金额计量问题430个；审计促进整改落实有关问题金额1211万元，其中增收节支457万元、已调账处理金额571万元；审计后挽回（避免）损失7403万元；移送司法机关、纪检监察机关和有关部门处理事项2件；出具审计报告和专项审计调查报告134篇，被批示、采用3篇；提出审计建议228条；提交审计信息191篇，被批示、采用67篇。

财政审计 州审计局在完成财政、税务、国库审计的基础上，延伸审计州直9个、阿拉山口18个预算执行单位。向州人民政府提交审计结果报告，并受州人民政府委托在自治州第十三届人大常委会第八次会议上做审计工作报告。在预算执行审计过程中着力做到“四个促进”，即促进政府预算的统一和完整、促进规范预算管理、促进深化财政改革、促进提高财政资金使用效果。州县（市）两级审计机关重点对贯彻落实《自治州贯彻落实自治区改进工作作风、密切联系群众十条规定实施办法》情况进行审计监督。精河县审计局配合县纪委、县组织部、县财政局对全县24个部门开展预防性财务收支审计工作，进一步加大财政监督检查力度，提高财政资金使用效益。

固定资产投资审计 全州审计机关完成竣工结算审计项目262个（单项工程审计319个），审计项目投资额15.02亿元，审减工程投资额1.19亿元。州审计局完成州广电传媒中心项目工程、州实验中学、锦绣和滨河统建房17个标段的竣工结算审计，重点对博州人民医院综合门诊楼、博州中等职业技术学校新校区、博州文化艺术中心和全民健身活动中心、城市基础设施一至四期、金三角工业园区等6个重大投资项目进行跟踪审计，出具跟踪审计意见书12份，提出审计建议50条。博乐市审计局派出3人对博乐市重大投资项目实施驻场跟踪审计。州审计局采取"上审下""州县（市）联合审"的方式对2013年湖北省援博28个项目的进展和资金使用情况实施跟踪审计，审计涉及项目资金9.83亿元，其中湖北省援博资金1.72亿元。首次面向全区完成委托社会中介机构备选库的招投标工作。积极参与重点建设项目专项监督检查工作，对近年来政府投资审计中发现的问题进行梳理，起草《近年来审计政府投资项目发现的主要问题和表现形式》，转发全州各级、各部门。

经济责任审计 全州审计机关完成经济责任审计项目26个，被审计领导干部35人（县处级领导干部9人，乡科级领导干部26人），其中任中审计21人、离任审计14人。审计移送处理事项2件。州审计局完成委托项目12个21人（县处级领导干部9人，乡科级领导干部12人），其中任中审计15人、离任审计6人；州直单位6个9人，乡镇党委政府6个12人。审计移送处理事项1件。审计结果表明，个别乡镇存在财务管理不善、超范围使用现金、大额提现、挤占挪用专项资金、虚列支出、应缴未缴财政专户、私存私放财政资金，白条支出、账实不符、虚报冒领、用不符合要求的原始凭证作为支出依据、会计核算不规范导致收支不实等问题；个别单位、部门存在固定资产账实不符、擅自处置国有资产、购置固定资产未进行政府采购、资产未如实入账等问题。

专项资金审计 根据自治区审计厅的安排和统一组织，全州审计机关主要完成2012年度城镇保障性安居工程跟踪审计，2011—2012年度草原生态资金专项审计，州、县（市）、乡（镇）三级506个部门政府性债务审计，博州乡村级涉农资金管理和政策执行情况审计调查。州审计局完成博乐市已建成垃圾处理厂和污水处理厂运营绩效情况专项审计调查、博州汇业融资担保有限责任公司2012年度资产负债损益审计、审计厅授权乌鲁木齐市及乌鲁木齐县2011—2012年度草原生态资金的交叉审计。（撰稿人：马斌妍）

【巴音郭楞蒙古自治州审计局】 2013年，巴音郭楞蒙古自治州（以下简称巴州）审计局人员编制55人，在编49人。局长那永刚，副局长韩贵兵，总审计师陈志军，纪检组长何遒。设有自治州经济责任审计处、自治州固定资产投资审计处、财政审计科、金融与外资审计科、经贸审计科、农业资源与环保审计科、行政事业与社保审计科、法制科、纪检监察室、办公室、计算机审计中心。

审计成果 巴州审计机关完成审计项目316个，查出主要问题金额693332万元，其中违规金额54110万元、损失浪费金额195万元、管理不规范金额639027万元；损益（收支）不实金额11708万元；审计处理处罚金额245625万元，其中应上缴财政198705万元、应减少财政拨款或补贴9526万元、应归还原渠道资金24719万元、应调账处理金额10571万元、应缴纳其他资金2104万元；审计发现非金额计量问题465个；审计促进整改落实有关问题金额218175万元，其中增收节支211520万元、已调账处理金额3105万元、已缴纳其他资金3550万元；移送司法机关、纪检监察机关和有关部门处理事项18件；出具审计报告和专项审计调查报告155篇，被批示、采用45篇；提出审计建议688条；提交审计信息1685篇，被批示、采用461篇；向社会公告审计结果1篇。

财政审计 加强预算监督，每年结合财政改革，选取一个"点"作为财政审计突破口，规范预算管理。加强税务监督，堵塞征管漏洞。通过数据分析，科学选取重点税种和行业的疑点纳税企业进行延伸调查，发现2013年5户房地产企业未按期申报、缴税，少缴营业税等700.6万元。地税部门在审计期间已全部补征税款，并采取措施及时堵塞征管漏洞。州政府高度重视支持，审计机关组织协调到位，圆满地完成政府性债务审计。

金融审计 对库尔勒市商业银行股份有限公司和新疆鑫财融资担保有限责任公司资产负债损益的真实性、合法性和效益性进行审计，揭露财务、经营管理方面的问题，提出健全内部控制制度，防范和化解金融风险的建议。

行政事业审计 突出"三公"经费审计，关注支出的真实性、合规性，并积极探索将职责履行情况等绩效方面的内容纳入预算执行审计中。通过审计查出非税收入征收不到位、应缴未缴非税收入、"三公"经费核算不清等问题。对突出问题形成专题上报，经州领导批示，责成被审计单位认真整改。

农业与资源环保审计 受自治区审计厅委托，完成阿勒泰地区富蕴县和巴州和静县草原生态奖补资金审计。针对该项目内容不断拓展的需求，应用计算机辅助审计，查深查透，揭露存在的问题，并深层分析提出合理化建议；州审计局对已建成垃圾和污水处理厂进行绩效审计，本着立足于效益分析和评价，立足于从体制、机制层面进行审计，对存在的突出问题深入分析，为生态环境建设项目有效实施提出建议。

固定资产投资审计 全州完成投资审计项目150个，涉及金额93773.99万元，核减投资额9531万元，综合核减率为10.16%。对关系到教育、卫生、水利、基础设施建设的项目进行跟踪审计，检查各项优惠政策措施贯彻落实情况，将审计关口向事前、事中转移，及时发现并纠正工程建设领域中存在的诸多问题，使有限的资金发挥最大的效益，深入剖析发生问题的实质原因，在促进建设项目决策管理等方面提出建议。

社会保障审计 采取"上审下"和"交叉审"的方式组织实施，按期高标准完成城镇保障性安居工程审计，全面反映在改善民生，推进城镇化进程等方面取得的成效，揭示存在的突出问题并督促整改，确保国家惠民政策落到实处。

企业审计 将企业审计与经济责任审计和效益审计相结合，企业审计从经营决策审查、资金管理、使用效果等几方面进行，以揭露问题为基础，探索性的进行效益评估。

经济责任审计 全州对51个单位81名领导干部进行经济责任审计。对自治州11个乡镇22名党政正职领导经济责任审计继续采取"上审下"和"交叉审"审计方式。通过审计，进一步增强领导干部的经济责任意识、科学决策意识和依法行政意识。

专项资金审计 加大专项资金审计力度，关注惠民政策措施的落实情况。开展定居兴牧、安居富民、援疆建设项目等专项资金审计，通过审计确保专项资金发挥实效。 （撰稿人：蔺飞虹）

【伊犁哈萨克自治州审计局】 2013年，伊犁哈萨克自治州审计局人员编制63人，在编55人。局长胡尔曼哈力，副局长陈洁、马兴慧，总审计师王全胜，纪检组长王军强。设有办公室、法制处、财政金融审计处、文教行政事业审计处、经济责任审计处、农业与资源环保审计处、社会保障审计处、固定资产投资审计处、经贸审计处、老干处，下设固定资产投资审计中心、计算机技术中心。

审计成果 伊犁哈萨克自治州审计机关完成审计及审计调查项目519个，查出主要问题金额1376058万元，其中违规金额295056万元、损失浪费金额748万元、管理不规范金额1080254万元；损益（收支）不实金额65712万元；审计处理处罚金额98450万元，其中应上缴财政5114万元、应减少财政拨款或补贴3135万元、应归还原渠道资金12724万元、应调账处理金额75220万元；审计发现非金额计量问题475个；审计促进整改落实有关问题金额8427万元，其中增收节支4912万元、已调账处理金额1526万元，审计促进拨付资金到位3万元；审计后挽回（避免）损失4514万元。移送司法机关、纪检监察机关和有关部门处理事项4件；出具审计报告和专项审计调查报告587篇，被批示、采用31篇；提出审计建议1325条；提交审计信息737篇，被批示、采用239篇；向社会公告审计结果13篇。

财政审计 审计（调查）财政、税务、国库及预算执行单位113个，查出主要问题金额1052462万元，其中预算编制批复不规范204067万元、未按规定纳入预算管理48692万元、资金滞留闲置137290万元、虚列支出59368万元、违规出借财政资金90300万元。州直审计机关共审计财政决算单位19个，查出主要问题金额49122万元，其中应缴未缴预算收入10425万元、未落实“收支两条线”和专户管理规定7615万元。

金融审计 审计企业单位1个，查出主要问题金额16078万元，其中违规担保3200万元、违规出借资金8895万元、资产不实金额902万元。

行政事业审计 审计（调查）行政事业单位126个，查出主要问题金额115491万元，其中未按规定纳入预算管理237万元、未按规定征收缴纳收入57391万元、未落实“收支两条线”和专户管理规定6247万元。

固定资产投资审计 完成固定资产投资审计项目164个，涉及项目投资总额69.74亿元，共核减投资额2.57亿元，查出主要问题金额105378万元。

社会保障审计 完成社会保障审计项目1个，查出主要问题金额33万元。

企业审计 审计企业单位24个，查出主要问题金额26720万元，其中资产不实金额1706万元、少计少缴税费718万元、少计成本费用1084万元、账外资产1052万元。

经济责任审计 对101个单位143位党政领导干部及企业负责人进行经济责任审计，查出主要问题金额151078万元。

专项资金审计（调查） 组织开展专项资金审计62个，审计调查9个，涉及资金15577万元，查出主要问题金额7311万元。

（撰稿人：李震海）

【塔城地区审计局】 2013年，塔城地区审计局人员编制33人，在编30人。局长丁正全，副局长叶尔肯·赛达合买提、程和新，总审计师廖军，纪检组长陈学芳。设有办公室、财政金融审计科、经贸审计科、文教行政事业审计科、固定资产投资审计科、经济责任审计科、法制科、督查审理科、社保审计科、固定资产投资审计中心。

审计成果 塔城地区审计机关共完成审计和审计调查单位311个，查出违规金额9.24亿元；管理不规范金额17.99亿元；损益（收支）不实金额4.11亿元；应上缴财政2471万元，已上缴财政629万元；审计期间已整改5000万元；核减工程款6280万元；审计挽回（避免）损失1554万元。提出审计建议或整改措施614条，被采纳320条。

预算执行审计 完成审计121个单位，查出违规金额7.64亿元，管理不规范金额14.18亿元。在预算执行审计中突出绩效审计，加大民生资金的审计力度。对审计中发现的问题，认真分析原因，提出推进完善财政管理体制等意见和建议，为规范预算管理，推进各项财政改革和完善管理制度发挥重要作用。

经济责任审计 全地区完成62个单位69名领导干部经济责任审计，查出问题金额1.98亿元，其中负主管责任金额9099万元；负直接责任金额1531万元。通过审计，客观公正的反映领导干部任期取得的工作实绩和经济责任，有力地促进领导干部依法行政，规范领导干部的经济行为。

固定资产投资审计 全地区完成145个投资审计项目，查出问题金额2.53亿元；核减工程款6280万元。通过审计促进加强投资决策和投资管理，提高建设资金使用效益。

援疆审计 辽塔两地审计机关组成联合审计组，对77个援疆项目和资金进行跟踪审计（调查）或竣工决算审计，其中对268个援建项目进行跟踪审计调查，对以前年度具备竣工决算审计条件的9个援建项目进行竣工决算审计，送审金额4.3亿元，审减额4489.50万元，平均审减率为10.4%。

专项资金审计（调查） 全地区完成36个专项资金审计项目，查出问题金额2.54亿元。地区局重点组织安排对财政扶贫资金等10项民生资金的审计，进一步维护广大人民群众的切身利益，规范专项资金的管理使用。

交办事项 协助相关部门完成“小金库”清理、工程建设领域突出问题专项治理、耕地保护检查等工作。关注改革和社会热点问题，为推进改革，加强管理发挥促进作用。

（撰稿人：廖祖贵）

【阿勒泰地区审计局】 2013年，阿勒泰地区审计局人员编制39人，在编39人。局长许玲，副局长刘洛阳、塔斯肯·哈孜泰、张跃平，总审计师姜淑英，纪检组长塔斯肯·哈孜泰（兼）。设有办公室、监察综合室、法制科、督察和内部审计管理科、财政金融审计科、行政事业和社会保障审计科、农业与资源环保审计科、固定资产投资、外资和企业审计科、经济责任审计中心。

审计成果 阿勒泰地区审计机关完成审计项目130个，查出主要问题金额273219万元，其中违规金额40256万元、损失浪费金额8万元、管理不规范金额232954万元；损益（收支）不实金额6894万元；审计处理处罚金额47822万元，其中应上缴财政22737万元、应归还原渠道资金7730万元、应缴纳其他资金10517万元、应调账处理金额6837万元；审计发现非金额计量问题414个；审计促进落实有关问题金额30128万元，其中增收节支15148万元、已调账处理金额5887万元；审计后挽回（避免）损失1986万元；出具审计报告和专项审计调查报告164篇，被批示、采用1篇；提出审计建议366条，被采纳审计建议189条；提交审计信息762篇，被批示、采用审计信息523篇；向社会公告审计结果29篇。

财政审计 审计单位33个，查出主要问题金额153811万元，其中预算编制批复不规范10220万元，违规变更调整预算3187万元，未按规定纳入预算管理13664万元，未按规定征收缴纳财政收入16771万元，其他问题金额109969万元等。

固定资产投资审计 审计（调查）单位40个，查出主要问题金额5601万元，其中配套资金不落实692万元，工程价款不实2694万元，超规模超标准项目1127万元，其他问题金额1088万元等；核减投资额（工程款）2800万元。

政府性债务审计 根据审计署和自治区审计厅的统一安排部署，地县审计机关摸清政府性债务情况。

经济责任审计 全地区开展31个单位48位领导干部的经济责任审计，其中党委政府19人、党政部门25人、事业单位3人、国有企业1人，查出违规金额15184万元，其中负主管责任金额7326万元，负直接责任金额2万元，负领导责任金额7854万元；管理不规范金额111319万元，其中负主管责任金额5697万元，负领导责任金额105621万元。

专项资金审计（调查） 审计（调查）单位24个，审计专项资金总额111961万元，查出主要问题金额3840万元，其中未按规定征收缴纳收入24万元，未落实“收支两条线”和专户管理规定10万元，违规改变项目计划和资金用途130万元，资金滞留闲置747万元，其他问题金额2929万元等。

（撰稿人：张　丽）

2013年新疆维吾尔自治区所辖区、县(市)级审计工作统计表

金额单位：万元

审计机关	完成审计项目(个)	审计查出主要问题金额	审计处理情况					出具审计报告和审计调查报告(篇)	提出审计建议(条)	提交审计信息(篇)
			审计处理处罚				移送处理事项(件)			
			应上缴财政	应减少财政拨款或补贴	应归还原渠道资金	应调账处理金额				
乌鲁木齐市										
乌鲁木齐市本级	32	2015200	15638	6455	471	33032	4	33	133	197
天山区审计局	10	56864	56273		98	410		12	48	

续表

审计机关	完成审计项目(个)	审计查出主要问题金额	审计处理情况						出具审计报告和审计调查报告(篇)	提出审计建议(条)	提交审计信息(篇)
			审计处理处罚					移送处理事项(件)			
			应上缴财政	应减少财政拨款或补贴	应归还原渠道资金	应调账处理金额					
沙依巴克区审计局	6	609							6	16	
新市(高新技术开发)区审计局	8	1298	6		4728	876		1	8	4	36
水磨沟区审计局	8	4941				105			11	16	18
头屯河(经济技术开发)区审计局	10	3120	56		350	629			10	76	3
达坂城区审计局	7	843							7		
米东区审计局	16	5179	76		1626	67			16	26	45
乌鲁木齐县审计局	17	35060	6043			2787			17	57	31
克拉玛依市											
克拉玛依市本级	25	609	273		100	683		1	36	66	10
克拉玛依区审计局	6	25	20						8	16	
独山子区审计局	8	229	228					1	8	24	
白碱滩区审计局	5								3		
乌尔禾区审计局	9	3								7	
石河子市											
石河子市本级	40	55412	23		514	885		6	75	71	6
喀什地区											
喀什地区本级	83	102256	64		20864	3583			97	284	49
喀什市审计局	15	8506	1						15	32	10
疏附县审计局	50	34213	38	137	91	25			50	40	2
疏勒县审计局	143	31488	3						143	264	
英吉沙县审计局	85	16900	10397	1153	2357	2710			88	105	26
泽普县审计局	176	7362	7	4729	417	373			176	17	16
莎车县审计局	176	31606	10	4292	103	186		2	187	384	13
叶城县审计局	232	61096	1336		28	11465			237	709	16
麦盖提县审计局	19	6370							22		32
岳普湖县审计局	95	10159	4279		3998	280					
伽师县审计局	44	55910	3						52	48	47
巴楚县审计局	50	5219		1660		950			52	28	1

续表

审计机关	完成审计项目（个）	审计查出主要问题金额	审计处理情况					出具审计报告和审计调查报告（篇）	提出审计建议（条）	提交审计信息（篇）
			审计处理处罚				移送处理事项（件）			
			应上缴财政	应减少财政拨款或补贴	应归还原渠道资金	应调账处理金额				
塔什库尔干塔吉克自治审计局	19	428	133	270	22	2		19	4	2
阿克苏地区										
阿克苏地区本级	50	108271	150	5333	102	192		62	114	110
阿克苏市审计局	38	177791	528		16	1203	1	40	133	120
温宿县审计局	61	11641	64	5	175	4016	2	86	194	25
库车县审计局	93	125911	376	2553	148	14504	5	98	272	159
沙雅县审计局	36	87227	57		21794	56229	4	55	127	69
新和县审计局	16	62132	3					16	54	108
拜城县审计局	27	25011	81	52	569	2149		26	157	32
乌什县审计局	16	1586			43			20	96	56
阿瓦提县审计局	50	40424	9		81	5703	17	49	121	61
柯坪县审计局	7	1951	2		406	506		11	31	45
和田地区										
和田地区本级	16	26686	5133		6332	2		17	57	20
和田市审计局	23	12357	385		54	291		31	44	
和田县审计局	17	4005	16		5			20	45	50
墨玉县审计局	21	15041	2		312			21	53	
皮山县审计局	56	179501	831		56	278		75	158	10
洛浦县审计局	10	12507	174			1821		10	21	69
策勒县审计局	16	10640				34	1	17	31	21
于田县审计局	17	4037	47		6			21	84	14
民丰县审计局	15	29255						18	47	
吐鲁番地区										
吐鲁番地区本级	169	110703	1616	15160	6278	6625	8	240	340	178
吐鲁番市审计局	3	11803	21		1000	10		4	10	2
鄯善县审计局	72	33081	1	8166				99	90	46
托克逊县审计局	41	16362	923	2164	6269	6248		61	68	26
哈密地区										
哈密地区本级	32	94022	308	4535	28	8		34	87	84
哈密市审计局	62	95253	501	12917	230	167		70	156	95
伊吾县审计局	48	22261	2	1537	32	3823		48	115	6
巴里坤哈萨克自治县审计局	66	10525	3	2800	77	7570		74	62	

续表

审计机关	完成审计项目(个)	审计查出主要问题金额	审计处理情况					出具审计报告和审计调查报告(篇)	提出审计建议(条)	提交审计信息(篇)
			审计处理处罚				移送处理事项(件)			
			应上缴财政	应减少财政拨款或补贴	应归还原渠道资金	应调账处理金额				
克孜勒苏柯尔克孜自治州										
克孜勒苏柯尔克孜自治州本级	37	54952	156		50	131	1	37	32	180
阿图什市审计局	39	32158	3	624	736	2766		39	106	16
阿克陶县审计局	159	8754	1	6				159	29	124
阿合奇县审计局	28	7551	2					28	29	12
乌恰县审计局	15	3340						15	28	96
博尔塔拉蒙古自治州										
博尔塔拉蒙古自治州本级	35	76562	7703	1258	976	1192	1	43	80	58
博乐市审计局	9	6389	332	12	466	248		10	31	15
精河县审计局	34	9167	11					41	70	110
温泉县审计局	40	2128	61		56	35	1	40	47	8
昌吉回族自治州										
昌吉回族自治州本级	47	81913	98	268		358	2	69	144	57
昌吉市审计局	34	34248	596	2338	701	2147		40	77	45
阜康市审计局	45	23284	37	6229	4008	223	3	51	60	102
呼图壁县审计局	34	48545	44	939	146	14852		39	181	37
玛纳斯县审计局	46	30483	533	3109	107	3	6	52	44	285
奇台县审计局	58	32051	18	2368	75	80	1	65	176	135
吉木萨尔县审计局	96	25592	29	7559	312	88		101	128	36
木垒哈萨克自治县审计局	50	38256	911	4218	1517	31093	1	64	131	132
巴音郭楞蒙古自治州										
巴音郭楞蒙古自治州本级	48	80681	20718	3530	9515	2824	9	56	142	228
库尔勒市审计局	24	198969	161728	100	69	520		29	59	140
轮台县审计局	61	193680	2904	2042	21	3852		65	60	182
尉犁县审计局	28	13991	819	1116	6	551		34	57	72
若羌县审计局	25	13790	381	455	1	483	3	22	47	74
且末县审计局	40	36161		1604				44	106	59

续表

审计机关	完成审计项目（个）	审计查出主要问题金额	审计处理情况						出具审计报告和审计调查报告（篇）	提出审计建议（条）	提交审计信息（篇）
			审计处理处罚				移送处理事项（件）				
			应上缴财政	应减少财政拨款或补贴	应归还原渠道资金	应调账处理金额					
和静县审计局	13	45326	8582	31	15055	1653	2		16	9	131
和硕县审计局	14	46474	3518	4	52	448			18	26	177
博湖县审计局	23	24085	36	64		60	4		27	73	222
焉耆回族自治县审计局	40	40175	19	580		180			44	110	400
伊犁哈萨克自治州											
伊犁哈萨克自治州本级	85	179110	258		7323	27896			90	266	134
伊宁市审计局	87	451570	70		57				86	262	81
奎屯市审计局	57	231858	933	3135		1120	1		73	144	93
伊宁县审计局	55	83186	3450		26	1779			70	85	51
霍城县审计局	53	70634	43		1138	44084	1		68	97	55
巩留县审计局	77	119450	29						87	204	260
新源县审计局	30	37744	28		76	100			30	99	
昭苏县审计局	16	18839	7		3997				15	28	7
特克斯县审计局	22	81229	6		2				31	46	36
尼勒克县审计局	21	86231	290		105	241	2		21	66	20
察布察尔锡伯自治县审计局	16	16207							16	28	
塔城地区											
塔城地区本级	51	6165			84	358			51	138	35
塔城市审计局	43	2978	760		40	884			43	45	7
乌苏市审计局	47	47368	9		4797				47	105	35
额敏县审计局	22	41430			258	37702			22	35	40
沙湾县审计局	45	110040	32		124	2532			45	144	24
托里县审计局	40	13245	1633		4010	669			40	65	14
裕民县审计局	50	20555	37	37	6	820			50	26	19
和布克赛尔蒙古自治县审计局	13	30500			127	32			13	56	35
阿勒泰地区											
阿勒泰地区本级	30	98405			520	1859			35	94	97
阿勒泰市审计局	19	31130	249		110	43			20	64	76
布尔津县审计局	15	43850	9503		5986	206			17	35	70

续表

审计机关	完成审计项目（个）	审计查出主要问题金额	审计处理情况					出具审计报告和审计调查报告（篇）	提出审计建议（条）	提交审计信息（篇）
			审计处理处罚				移送处理事项（件）			
			应上缴财政	应减少财政拨款或补贴	应归还原渠道资金	应调账处理金额				
富蕴县审计局	13	34792	7859		620	223		18	40	78
福海县审计局	13	10056	1302			1127		21	15	165
哈巴河县审计局	11	35390	1835					16	42	140
青河县审计局	14	1304	6		279	111		14	33	49
吉木乃县审计局	15	18292	1983		215	3268		23	43	87

新疆生产建设兵团

【新疆生产建设兵团审计局】 2013年，新疆生产建设兵团审计局人员编制28人，在编26人。设有办公室、法制处、财金审计处、社会保障暨专项资金审计处、企业审计处、固定资产投资审计处、经济责任审计处。

领导成员

局　　长：梅新顺

副 局 长：向春华　张新勇（援疆干部）

　　　　　丁　峰

审计成果　新疆生产建设兵团（以下简称兵团）和14个师审计机关共完成审计（调查）单位815个，查出损失浪费金额58259万元，审计期间整改金额30856万元，审计促进增收节支和挽回损失18893万元；移送有关部门处理事项39件；审计建议被采纳709条；向社会公告审计结果2篇。

财政审计　对兵师两级财务局组织的上年度预算执行情况进行审计，延伸审计267个单位，查出预算编报不实金额18516万元，违规改变资金用途9094万元等问题。兵团审计局重点对兵团本级国有资本经营预算执行情况、兵团新增建设用地有偿使用费预算执行情况及兵团机关事务管理局集中核算的兵团本级部门单位“三公”经费预算执行情况开展审计，揭示部分兵直企业未纳入国有资本经营预算实施范围，兵团本级国有资本经营预算费用性支出不规范，一些部门在项目支出中列支招待费和公务用车运行维护费等问题，兵团政委对审计结果报告做出重要批示。组织兵师两级审计机关对13个师2012年度国有土地使用权出让收入支出情况进行专项审计调查。审计调查项目用地单位72个，抽查项目105个。重点审计调查土地出让收入征缴、纳入基金预算管理核算情况和资金安排支出、新增费征缴、土地储备等情况，查出主要问题金额200800万元。审计揭示部分师以“招商引资”名义先征后返土地出让收入、拖欠土地出让收入，个别师违规安排使用土地出让收入，多数师未严格执行中央和兵团有关政策规定、少提或未提农田水利建设资金等五项资金，个别师土地财政资金未及时足额上缴兵师财政部门，高价回购土地和违规批复建设项目用地等问题。对审计整改做出重要批示。重点对兵师两级“三公”经费的管理使用情况进行审计，揭示兵团本级部分部门列支“三公”经费1115万元等问题，兵团政委对审计报告做出重要批示。

专项审计（调查）　配合审计署审计组对10个师2011年至2012年节能环保类3个款级科目资金管理与使用情况进行审计，揭示部分师部分项目未实施或未完成，上级下达拨付资金到位时间晚，影响当年资金使用效益等问题。组织15个审计机关对兵团本级和14个师2012年城镇保障性安居工程（包括廉租住房、公共租赁住房、经济适用住房、限价商品住房、各类棚户区改造）投资、建设、分配、运营等情况进行跟踪审计，揭示3个师少安排保障性安居工程资金2404万元、6个师及兵团本级未完成开工任务1.98万套（户）、9个师及兵团本级未完成竣工任务3.84万套（户），低保人群享受保障房比例偏低，部分师存在不符合条件家庭获得保障住房等问题。对2个师，7个团场2009年至2011年中央财政种植业保险保费补贴的分配、管理、使用和效益情况进行专项审计调查，并延伸调查中华联合财产保险股份有限公司下属分公司。对兵、师、团三级和兵团管辖的6个市政府性债务进行审计（涉及部门单位1252个），及时向兵团反映财政、投资、金融等方面苗头性和倾向性问题，为兵团决策提供重要参考和依据。对13个师2010年至2012年扶贫和以工代赈项目资金管理使用情况进行审计。

固定资产投资审计 组织11个受援师审计机关对交支票项目和共建项目进行审计，发现的主要问题包括：部分项目建设前期手续不规范，在工程设计、监理、施工、工程大宗材料采购等环节未进行招标投标或招标不规范；项目结算管理不规范，多计工程款；项目重大变更事项未报主管部门审批；部分项目已交付使用但项目决算长期无法完成，致使项目审计无法进行等，各受援师组织相关部门进行整改。对中哈霍尔果斯河友谊联合引水工程项目进行跟踪审计，揭示建设资金损失浪费、多支付工程款、违反规定收取管理费、计划外项目侵占建设项目资金，建设项目部分内容未进行招标等问题。

企业审计 兵师两级总计对239个国有及国有控股企业进行审计（调查），查出违规经营金额15771万元，虚报或隐瞒转移收入32609万元，损失浪费金额18878万元。兵团审计局重点对11个师的22个经济开发区、工业园区运行绩效情况进行审计调查，审计调查结果报告在兵团范围进行通报。

经济责任审计 兵师两级审计机关共对137名团（处）级以上领导干部（师级领导干部35人）进行经济责任审计，审计查出领导干部负有直接责任的违规金额6962万元。受兵团党委组织部的委托，兵团审计局对第四师、五师、七师、八师、十师6名主要领导干部及兵团农业局原局长等21个部门的22名主要领导干部任职期间经济责任进行审计。兵团审计局与组织人事、纪检监察、国资等部门召开2次兵团经济责任审计工作联席会议。

基础建设 加大业务培训工作力度。通过审计署师资和“送教上门”培训等方式，组织兵师两级210名审计人员参加经济责任审计培训，与南京审计学院联办一期审计财务知识培训班，兵师两级104人参加。选派56人次参加审计署组织的财务会计、工程投资管理与审计、建设项目审计、计算机审计等11类培训；792人次参加审计前业务培训；21人次参加兵团党委组织部门组织的兵团“三化”建设协同推进专题研讨等培训班；204人次参加审计署网络视频培训，全年参加培训的兵、师审计人员共计1415人次。继续开展优秀审计（调查）项目评选活动。5月，兵团审计局重新修订《兵团审计机关优秀审计项目评选办法》及评分标准。组织开展2013年度兵团审计机关优秀审计（调查）项目评选工作。第六师、七师、十师、十三师审计机关实施的5个审计项目被评为“兵团审计机关优秀审计项目”；第一师、五师、十二师及兵团经济责任审计处实施的6个审计项目被评为“兵团审计机关表彰审计项目”。兵团审计局对评选情况及结果进行总结和分析，并印发《优秀审计（调查）项目评选结果分析情况通报》。狠抓作风建设。结合审计机关实际，深入开展党的群众路线教育实践活动，努力做到活动与审计两不误、两促进。兵团审计局在“查找不足、整改提高”专项活动的基础上，制定加强作风建设的规定和整改措施，建立健全教育实践活动长效机制。不断深化对审计规律的认识，树立科学审计理念。通过持续深入的学习讨论，全系统对于审计监督是完善国家治理的重要途径和方式，要从完善提高兵团经济管理水平的高度谋划、考虑和研究、部署兵团审计工作等重要问题已初步形成共识，审计工作主动服务于兵团经济社会发展大局的意识明显增强。

（撰稿人：焦　平）

【第一师阿拉尔市审计局】 2013年，第一师阿拉尔市审计局编制36人，在编27人（含两个农牧团场审计中心）。局长孔兵，副局长万丛书、邹桂霞。设有财经暨固定资产投资审计科、综合科。

审计成果 全年完成审计项目90个，查出违规金额35134万元；提交审计报告91篇、信息9篇，被采用9篇。

对口援建项目审计 完成对口援建项目审计调查26个，其中2011年项目7个，2012年项目9个。

财政审计 重点对阿拉尔市本级财政、市地税局实施审计，查出问题金额8397万元。

专项资金审计（调查） 完成专项资金审计（调查）项目21个（涉及4类资金），审计查出主要问题金额45万元，提出审计建议34条。

固定资产投资审计 完成固定资产投资审计及调查项目23个，审计核减投资额4058万元，查出问题金额9051万元，其中工程造价不实76万元，违规招投标签订合同241万元，会计核算不实3994万元，其他问题金额4980万元。

企业审计 重点对16个农牧团场和8个企业进行审计，查出主要问题金额22561万元，其中资产不实金额1379万元，违规使用财政资金21万元，财务收支核算不实金额15752万元，其他问题金额5407万元。

经济责任审计 完成经济责任审计项目3个，审计查出问题金额88万元，其中被审计领导人应负领导责任金额87万元。

队伍建设 全年组织2期业务培训班，累计培训45人次，派出27人次参加审计署、自治区审计厅和兵团审计局组织的学习培训活动。

内部审计 共有内部审计机构5个，内部审计人员10名。（撰稿人：杜金凤）

【第二师审计局】 2013年，第二师审计局人员编制28人，在编18人（含1个农牧团场审计中心）。局长芦河水（—5月）、黄燕（5月—），副局长金银花。设有财经审计科、企业审计科。

审计成果 全年完成审计（调查）项目32个，查出主要问题金额25972万元，违规金额11611万元，管理不规范金额14360万元。审计发现非金额计量问题17个，上缴财政金额353.5万元，调账处理金额1087万元，提出审计建议112条。

预算执行审计 重点对师直属的11个事业单位2012年度预算执行及财务收支情况开展审计调查。

专项资金审计 重点对本师39个城镇保障性安居工程建设项目管理、资金拨付情况进行审计，揭示民生工程建设过程中存在的未按计划任务建设、建筑面积超标、工程项目不能如期交工、挪用专项资金、资金滞留、补贴资金未补贴到户及非廉租住房分配对象购买廉租房等问题，提出有针对性的整改建议。

援疆项目审计 重点对河北省援建的利华绿原公司天然气入户等3个项目进行跟踪审计，揭示该项目在建设程序、财务管理及工程管理中存在的问题，会同河北援疆“前线指挥部”，师援疆办及相关部门召开协调会，提出整改意见。

企业审计 重点对师直属金川矿业、鑫金三角公司和万源农业机械有限公司上年度效益实施审计，提示企业在增效途径方面存在的问题，并提出整改措施及审计建议。

经济责任审计 按照师党委组织部的统一安排，完成经济责任审计项目16个，审计查出主要问题金额2515万元，其中违规金额130万元，管理不规范金额2384万元。

内部审计 现有专职内部审计机构7个，内部审计人员11名。共完成审计项目116个，其中，财政收支审计1个，效益审计78个，经济责任审计8个，基本建设审计2个，其他27个。提出建议、意见并被采纳63条。（撰稿人：段国华）

【第三师图木舒克市审计局】 2013年，第三师图木舒克市审计局编制30人，在编28人（含2个派出审计中心）。局长何小强，副局长周淑梅、王进（3月—）。

审计成果 师市审计机关共完成审计项目52个，查出违规金额108765万元，挽回损失1063万元，提出审计建议55条，出具审计报告52篇。

对口援建项目审计 对广东东莞市对口援建本师资金管理使用情况和项目建设情况进行跟踪审计，对援建的1个项目进行审计。

财政审计 完成财政审计项目2个，查处会计核算不实金额2970万元。

固定资产投资审计 完成项目16个，核减投资额1063万元。

企业审计 完成项目27个，查处少计或虚列成本35244万元，虚报或隐瞒转移收入26357万元，其他问题金额26607万元。

经济责任审计 根据师市党委组织部的委托，对5名党政领导干部进行任期经济责任审计。

（撰稿人：王　峰）

【第四师审计局】 2013年，第四师审计局编制31人，在编25人（含3个派出审计中心）。局长史新斌（—1月）、孟新伟（1月—），副局长来永红（—11月）、张荣华（12月—）。

审计成果 完成审计项目150个，查出违规违纪金额1021万元，纠正管理不规范金额60162万元，核减固定资产投资额8624万元。移送违纪案件线索1件，涉案金额37.4万元，提出各类管理建议34条，提交《审计要情》报告2篇，综合性报告1篇。

援疆项目审计 审计项目21个，出具审计报告21篇。

财政审计 审计项目8个，出具审计报告8篇。

固定资产投资审计 审计项目58个，出具审计报告58篇。

专项资金审计 审计项目1个，出具审计报告1篇。

企业审计 审计项目35个，出具审计报告35篇，提交《审计要情》报告1篇。

经济责任审计 审计项目27个，出具审计报告27篇。（撰稿人：孟新伟）

【第五师审计局】 2013年，第五师审计局编制25人，在编20人（含2个农牧团场审计中心）。局长李发州，副局长李菊萍、罗红梅。

审计成果 全年完成审计项目56个，查出违规金额362万元，损失浪费金额110万元，管理不规范金额130002万元。移送纪检监察部门处理事项1件。出具审计报告和专项审计调查报告62篇，信息1篇，被批示审计报告1篇；提出审计建议73条，被采纳72条。

援建项目审计 重点对2011年至2012年对口援疆项目资金进行审计，截至2013年底完成投资42202万元。

财政审计 重点对师本级预算执行情况进行审计，查出管理不规范金额76400万元，揭示财政预算结转下年支出金额大、部分师直企业未及时足额上缴国有资本收益等问题。

专项资金审计 重点对6个农牧团场农业综合开发资金、2010年至2012年扶贫和以工代赈项目资金的筹集、管理、使用的状况进行审计，审计总金额6585万元。

固定资产投资审计 全年完成政府投资项目审计37个，审计总金额97200万元，核减投资额245.5万元。

企业审计 重点对师直属企业、农牧团场财务决算及资产负债损益进行审计，审计查出违纪违规金额362万元，管理不规范金额9752万元。

经济责任审计 对8名党政领导干部开展任期和任中经济责任审计，查出管理不规范金额37300万元。（撰稿人：富　静）

【第六师五家渠市审计局】 2013年，第六师五家渠市审计局编制36人，在编32人（含3个农牧团场审计中心）。局长李宏图，副局长兼纪检组长秦万德。设有办公室、法制科、财金审计科、固定资产投资审计科、企业（经济责任）审计科、行政事业审计科。

审计成果 全年完成87个审计项目，查处违规金额16400万元。移送事项18件，其中移送纪检监察机关5件，移送有关部门13件，移送处理问题金额6418万元。查出非金额计量问题64个。提出审计建议165条，被采纳98条。

援建项目审计 对山西省18个对口援建项目进行审计，揭示援建项目在招投标、建设程序、竣工决算等方面存在的问题。

财政审计 对六师和五家渠市2012年度本级预算执行情况进行审计。揭示预算编制不完整和无预算支出、纳税企业违规使用假发票入账、部分单位非税收入无依据进行缓征、减征、免征等违纪违规问题，审计结果报告得到五家渠市人大常委会好评。

企业审计 对7个国有监管企业2012年经营情况进行审计，查处个别企业部分工程项目未纳入固定资产管理2601万元，无计划投资5302万元，超计划投资30000万元，不合规票据入账6633万元，超标准发放奖金62万元等问题。

专项资金审计 对兴边富民建设扶贫以工代赈项目进行专项审计。

固定资产投资审计 对团场机采棉加工及轧花厂技改等34个项目进行审计，核减投资额8556万元。

经济责任审计 对4个团场政委、团长开展离任经济责任审计，对3个事业单位领导人任中经济责任实施审计。（撰稿人：李卫忠）

【第七师审计局】 2013年，第七师审计局编制28人，在编25人（含3个农牧团场审计中心）。局长张明炜，副局长奚玉龙。

审计成果 完成审计项目108个，查处违规金额159万元，损失浪费金额35万元，管理不规范金额44118万元。移交纪检监察部门处理事项1件，移交有关部门处理事项1件。提交工作汇报、调研报告13篇，被采用4篇。

援建项目审计 与江苏省淮安市审计局协作，对援疆项目进行审计，促进援疆项目的顺利实施。

财政审计 对2012年度师本级预算执行及其他财政收支情况进行审计。对师工会、妇联、团委等部门2012年度预算执行情况进行专项审计调查，并通报审计结果。对师机关36个部门2012年度"三公"经费支出情况进行专项审计调查。

固定资产投资审计 重点对9个团场2013年新建廉租住房项目、师医院综合门诊楼项目进行跟踪审计，审减工程造价15000万元，对审计结果及问题整改情况在全师进行通报。

专项资金审计与（调查） 对师2010年至2012年以工代赈、扶贫专项资金和农业综合开发资金进行审计。对师教育系统2012年度财务收支情况开展专项审计调查。

企业审计 对师属6家重点国有企业资产负债损益情况进行审计。对10个团场民政专项资金管理及使用情况、2012年公用经费支出情况、2012年末招商引资企业参股投资和借款情况开展专项审计调查。

经济责任审计 全年开展经济责任审计项目19个（其中任中审计项目3个）。通过审计查处私设"小金库"、违规设置账外账、伪造内部明电套取会议费等各类问题36个，师党委对审计结果进行内部通报。（撰稿人：杨建芳）

【第八师石河子市审计局】 2013年，第八师石河子市审计局编制68人，在编61人（含4个农牧团场审计中心）。局长杨全义，副局长张新江、刘文。设有综合科（办公室）、法制科、财金审计科、行政事业审计科、企业审计科、固定资产投资审计科、经济责任审计科。

审计成果 完成审计项目96个，查处违规金额12542万元，损失浪费金额18459万元，审计后挽回（避免）损失730万元，审计发现非金额计量问题118个。移送纪委处理事项11件，涉及人员33人，金额198万元。全年出具审计（调查）报告131篇，专题和综合审计报告4篇，审计要情6篇，向被审计单位提出建议139条，被采纳96条。

财政审计 以促进规范部门预算管理为目标，重点加强对资金使用量大的部门和政府引导支持的项目资金审计；以应收尽收各项收入及时入库为目的，加大对石河子市地方税务局的税收征管审计；以控制举债风险为重点，开展政府性债务审计。市人大常委会对市本级预算执行审计结果报告给予充分肯定。

金融审计 对新疆石经开融资担保有限公司进行审计，揭示该公司国有资产亏损、未落实政府小额贷款政策等问题。

行政事业审计 对师市保障性安居工程、师属团场2010年至2012年扶贫和以工代赈项目资金及垃圾和污水处理厂运营绩效及城市维护和建设资金管理使用情况开展专项审计（调查），相关单位和部门对审计发现的问题进行整改。

固定资产投资审计 进一步加强对政府投资项目的审计监督。开展工程项目标前控制价审计，从源头上治理招投标过程中招标控制价不真实的突出问题。前移审计关口，采取"事前介入、事中跟进、事后监督"的方法，对石河子机场迁建工程等政府重点投资项目实施全过程跟踪审计。开展工程建设领域突出问题专项治理工作。

企业审计 对14个团场2012年度财务收支进行审计，揭示个别团场投资产权不规范、部分团场基层单位私设"小金库"、隐瞒银行贷款等问题，以《审计要情》上报师市主要领导。对市17个国有及国有控股企业2012年度经营业绩进行考核审计，并将有关问题报告市政府。

经济责任审计 调整师市经济责任审计联席会议领导小组成员。

其他工作 参与财政局组织的市区企业联动联查教育行业联动联查活动；参与信访局工作组解决群众上访问题；与经贸委等部门组成考核组对中小企业项目资金进行考评验收；与纪委、组织、财政等部门联合督查“三重一大”执行情况。

（撰稿人：黄学邦）

【第九师审计局】 2013年，第九师审计局编制25人，在编23人（含两个农牧团场审计中心）。局长吴新国，副局长张艳丽、涂海滨。

审计成果 完成审计项目57个，查处违规金额514万元，损失浪费金额63万元，纠正管理不规范金额38100万元，调账处理金额14582万元。移送司法机关涉嫌违法案件1件、涉案金额137.9万元，移送被审计团场或主管部门处理违纪案件4件、涉案金额145.81万元。

援建项目审计 与辽宁省审计厅组成联合审计组，对7个援建项目实施竣工决算审计，查处涉嫌违法案件线索1件，涉案金额137.90万元，核减施工单位工程造价861.86万元，揭示部分项目串标、工程施工质量存在缺陷及建设单位虚列工程投资、违规支付工程款项等问题。

财政审计 对师预算执行单位预算管理及执行情况进行审计，查出无依据发放绩效奖金及值班费、超标准发放各种补贴、个人违规借用公款、隐瞒截留收入、公款私存私放、违反规定挤占挪用财政专项资金、套取财政资金、收入支出不实等问题。

固定资产投资审计 重点对额敏灌区续建配套与节水改造建设等12个项目竣工决算情况进行审计，查出多列工程造价、违规分包工程项目、未按规定支付工程价款、建设项目的设计、监理等未按规定进行招投标等问题。

专项资金审计（调查） 对师及所属10个团场政府性债务情况进行审计，摸清全师政府性债务基本情况，分析师团两级地方政府性债务风险。对全师2010年至2012年兵师两级安排投入的扶贫和以工代赈项目资金实施审计，揭示在资金分配、管理和工程建设实施等方面存在变更建设内容、计划任务未及时完成、项目管理不规范等问题。

企业审计 对师直5个国有企业和全师11个农牧团场的资产、负债和损益情况进行审计，查出截留收入、套取资金、现金管理不规范、账外管理资产、收入成本费用不实等问题。

经济责任审计 对团场、师直国有企业和事业单位7个单位的领导干部任期经济责任进行审计（离任审计3个，任中审计4个），审计查出问题金额422.83万元。

（撰稿人：王　红）

【第十师北屯市审计局】 2013年，第十师北屯市审计局人员编制25人，在编19人（含两个派出审计中心）。局长韩光俊，副局长盛振福（—3月）。

审计成果 完成审计项目35个，查处违规金额533万元，管理不规范金额29100万元。查出非金额计量问题100个。移交司法机关、纪检监察部门处理事项3件。提交审计工作报告、信息6篇，被采用3篇。

援建项目审计 核减工程造价73万元，并针对存在虚增项目投资和超付工程款等事项，下发审计整改通知书，提出整改意见和建议。

财政审计 对6个单位财政资金进行审计，揭示和反映有关政策法规执行中存在的问题。

专项资金审计（调查） 按照兵团审计局项目计划安排，对师市本级及师8个团场政府性债务情况进行审计调查。对8个团场的连队基本运转经费管理使用情况进行专项审计调查；对团场扶贫和以工代赈项目资金进行专项调查；对基层单位工会经费进行专项审计调查。

固定资产审计 重点对北屯城区和谐二期住宅小区等7个项目开展竣工决算审计，审计核减工程造价576万元，查处资金管理不规范金额625万元等问题。

企业审计 对8个团场2012年度资产负债损益情况进行审计，查处违规金额533万元，

经济责任审计 完成任期经济责任审计项目3个。

（撰稿人：刘　云）

【第十二师审计局】 2013年，第十二师审计局人员编制6人，在编5人。局长赵德志（—3月），副局长林海英、徐建军（5月—）。

审计成果 完成审计任务 25 个，查出违规问题金额 29662 万元，提交审计（调查）报告、信息 23 篇，提出审计建议 31 条。

专项资金审计（调查） 重点对各团场 2012 年保障性安居工程、国有土地使用权出让收入支出等 18 个项目开展专项审计（调查）。

经济责任审计 对 221 团原团长等 4 名团处级领导干部任期经济责任实施审计。

（撰稿人：林海英）

【第十三师审计局】 2013 年，第十三师审计局编制 23 人，在编 21 人（含 2 个派出审计中心）。局长黄玉华，副局长海东青。

审计成果 完成审计项目 69 个，查处违规金额 7016.06 万元，管理不规范金额 14200 万元，查出非金额计量问题 75 个，提出审计建议和意见 148 条。

财政审计 对 11 个单位预算执行情况进行审计，揭示预算编制不完整、“三公”经费超预算、挤占、滞留专项资金等问题，查出违规金额 116.39 万元，管理不规范金额 1647.3 万元，提出审计建议 21 条。

固定资产投资审计 完成投资审计项目 9 个，核减投资额 977.76 万元，提出审计建议 40 条。

企业审计 对 8 个农牧团场财务收支进行审计，查出违规金额 5859 万元，揭示违规核算资产负债、超范围使用现金、违规出借账户、违规使用财政专项资金、利润不真实等问题。对 15 个国有及国有控股企业资产负债损益进行审计。查出违规金额 1040.68 万元，揭示未正确核算当期损益、资产购置未履行招投标手续等问题。

经济责任审计 受师党委组织部的委托，对 10 名团处级领导干部任期经济责任进行审计。

专项资金审计（调查） 对农业综合开发资金、土地出让金、扶贫和以工代赈资金、政府性债务等 13 个项目资金开展审计（调查）。

（撰稿人：宋小方）

【第十四师审计局】 2013 年，第十四师审计局人员编制 4 人，在编 4 人。局长孙静。

审计成果 完成审计及调查项目 68 个，提交审计报告 45 篇、调查报告 7 篇。审计查出被审计单位管理不规范金额 8644 万元，提出审计意见及建议 45 条。

援建项目审计 对北京市援建十四师的 19 个“交支票项目”开展审计和跟踪审计。

固定资产投资审计 对社会中介组织已完成造价审核的 31 个 项目报告进行会审，对存在问题的项目向中介组织发出整改通报 15 份、整改通知 7 份。

专项资金审计（调查） 按照兵团审计局统一部署，完成国土出让金审计工作。按照《兵团政府性债务审计工作方案》要求，对师本级和 4 个团场政府性债务开展审计。对十四师 2012 年保障性安居工程进行跟踪审计。对本师 2010 年至 2012 年扶贫和以工代赈项目资金进行审计。

企业审计 对 4 个团场 2012 年利润进行审计，披露利润反映不真实、部分核算不规范的问题。对国有控股 6 个企业 2012 年利润进行审计，指出在财务管理、会计核算方面存在的问题，提出改进意见。

经济责任审计 受师党委组织部委托，对二二四团原党委书记和四十七团原党委书记进行离任经济责任审计。（撰稿人：胡赣江）

【建工师审计局】 2013 年，建工师审计局人员编制 7 人，在编 5 人。局长曹建辉，副局长陈建文。

审计成果 完成审计项目 8 个，审计查出违规金额 20009 万元，提出审计建议 24 条。

财政审计 完成审计项目 3 个，审计揭示助学金发放、管理不符合政策规定等问题。

企业审计 完成企业审计项目 3 个，审计揭示资产、负债不实，违规发放福利费、奖金，白条抵库，大额支付现金，账户管理混乱等问题。

固定资产项目审计 完成审计项目 2 个，审计揭示部分单位未及时完成当年竣工任务、资金筹集和管理不规范等问题。

内部审计 现有内部审计机构 10 个，人员 30 人。（撰稿人：王光灿）

科研、培训、出版、学术团体

【审计署审计科研所】 2013年，审计署审计科研所（以下简称审计科研所）人员编制30人，在编28人。设有审计基础理论研究处、审计技术方法研究处、审计管理研究处、审计法制研究处和审计科研管理处。

领导成员

所　　长：崔振龙

副 所 长：姚汝杰　刘力云

工作综述 2013年，审计科研所组织召开全国审计科研协作会议，举办全国审计科研所所长培训班。组织完成审计署优秀博士学位论文的评选活动，组织博士后工作站2名博士后的研究答辩及出站工作，招收3名博士后进站工作。完成所立项的12个重点研究课题的研究工作，与其他单位合作完成5个课题的研究。与审计学会共同组织完成以审计长刘家义为主编的《中国特色社会主义审计理论研究》一书的修改、定稿、印制出版工作，进行《中国共产党审计工作史》第二稿的编写。撰写21期《审计研究报告》、撰写21期《审计研究简报》、编译32期《国外审计动态》、编发7期《国外审计观察》及1期《政府债务审计参考资料》。参与世界审计组织大会的论文撰写、会议研讨、文件起草和大会服务工作。参加全国政府性债务审计、财政资金存量审计和联合国审计项目。

撰写《审计研究报告》 撰写完成21期《审计研究报告》。

“审计技术创新典型案例选编”选择投资审计、金融审计、社保审计、企业审计、财政审计和经济责任审计6个领域的14篇典型技术创新案例进行汇编，很好地总结和推广优秀的技术创新成果，推进审计新技术新方法的合理运用。

“财政专项资金审计业务研究”从当前财政专项资金存在的问题入手，阐明财政专项资金审计的思路与目标，论述财政专项资金审计的9项内容，探讨财政专项资金审计方法与审计组织模式。

“关于国家审计深入发展若干问题的思考”从国家审计有效服务国家治理的高度，辨析国家审计应当深入发展的7个战略着眼点，并进一步探讨相关制度安排应注意的4个问题。

“财政支出改革中的审计作用研究”以财政支出改革为背景，以客观翔实的数据资料为依据，从国家审计的视角，提出深化财政支出改革的审计推进策略。

“电子政务审计研究”基于我国电子政务当前存在的突出问题，构建电子政务审计的内容框架，结合案例提出电子政务审计的组织实施方式。

“促进影子银行体系有序发展的审计对策研究”介绍影子银行的国际监管趋势，界定我国影子银行的范围，评价我国影子银行体系的监管政策，提出发挥审计在我国影子银行有序发展中的作用的策略。

“生态文明建设中的审计作用研究”以生态文明建设重要性为基点，阐述国家审计与政府环境责任、国家审计与环保权力的关系，明晰推进生态文明建设的审计思路。

“国家审计领域大数据技术应用及其影响展望”对国家审计大数据构成进行分析，探讨国家审计大数据分析的特征，展望未来大数据技术对国家审计的积极作用，并提出发展方向上的政策建议。

“推动国家审计监督全覆盖的思路与建议”在国家审计实现全覆盖监督的发展要求下，阐述国家审计全覆盖的原则，明确国家审计应采取的举措，结合实际提出推动国家审计监督全覆盖的建议。

“授权审计相关问题研究”以授权审计为切入点，围绕政府间关系变动格局，梳理授权审计的事项划分，分析健全授权审计管理的路径，明确推动完善授权审计的思路。

"国家审计防范经济社会运行风险研究"指出我国经济社会运行面临的突出风险，以及在此环境下审计机关防范风险的必要性，阐明审计机关防范风险的作用机制，提出完善审计机关防范经济社会运行风险的建议。

"大型专项审计项目虚拟团队组织模式与信息管理研究"引入虚拟项目团队理念，针对大型专项审计项目的组织与实施特点，提出大型专项审计项目新的组织模式，分析虚拟团队的信息流动管理机制，为当前专项审计项目的组织管理提供参考。

"澳大利亚预算与政府会计体系的分析与借鉴"详尽介绍澳大利亚预算与政府会计改革的背景、特点和预算报告与财务报告的内容，总结改革对公共治理的影响，并分析改革对我国的启示。

撰写《审计研究简报》 《审计研究简报》重点研究"透过机构改革和政府职能转变思考进一步完善授权审计""生态文明建设审计的格局及内容""国家审计推进医药卫生体制改革的实现途径""大数据在公共管理中的运用与审计启示""国家审计维护国家安全的机制与途径""加强地方政府性债务风险管理的建议""明确审计定位强化审计监督""国家审计推进企业科技创新的优势与对策""审计监督推动深化行政体制改革""政府债务管理需求与政府会计改革""毛泽东审计监督思想及其所领导的审计实践""推进电子政务协同建设的管理体制与方法"等问题。

编译《国外审计动态》 《国外审计动态》重点关注最高审计机关国际组织、欧洲审计院和美国、英国、加拿大、匈牙利等国家审计机关的审计动态，主要编译"世审组织环境审计工作组20年工作回顾""最高审计机关审计师不可或缺的沟通技巧""欧洲审计院持续关注食品安全监管情况""美国审计署审计报告要览""美国联邦政府2012财年综合财务报告审计结果简介""英国地方政府公共服务审计质量控制的方法""加拿大审计署环境与可持续发展专员秋季环境审计报告要览""匈牙利审计署开展地方政府债务审计"等资料，为审计工作提供参考和借鉴。

编发《国外审计观察》 《国外审计观察》重点关注美国、英国、俄罗斯等国家的审计，主要编发《美国审计署维护国家安全的特点与途径》《美国审计署2013年新增高风险项目的启示》《英国内部审计有效性调查变单一部门评价为整体综合评价》《俄罗斯联邦审计院在国家反腐败体系中的作用及其主要举措》等文章，在国外审计实践的基础上进行分析和提炼，总结归纳出对我国审计富有价值的启示。

编发《政府债务审计参考资料》 结合全国政府性债务审计，以国外政府债务管理有关资料为基础，通过分析与综合，编发《政府债务审计参考资料》，介绍国外政府债务的监管模式，以及国外政府债务的危机与管理等内容，为开展全国政府性债务审计提供参考。

审计署重点研究课题 在已有编纂工作的基础上，根据所征求的修改意见和署领导的要求，审计科研所与审计学会共同组织完成审计长刘家义主编的《中国特色社会主义审计理论研究》一书的修改、定稿、印制出版工作。组织完成《中国国家审计学》的修改和定稿工作，呈审计长刘家义审定。《中国共产党审计工作史》进行史料征求和第二稿的编写。牵头组织完成审计署《国外审计监督制度简介》宣传册的编写、定稿、印制出版和宣传工作。参与《审计基本知识问答》的编写工作。

审计科研所重点课题研究 完成"财政体制改革的审计作用研究""审计促进提高经济发展质量和效益研究""促进宏观调控政策贯彻落实的审计方式研究""审计视角的国家主体功能区建设战略分析""生态文明建设中的审计作用研究""审计机关防范经济社会运行风险的框架构建""绩效审计发展战略研究""审计技术创新研究""金融机构领导人员经济责任审计评价体系框架研究""数据挖掘技术在商业银行审计的应用研究""授权审计相关问题研究""大型审计项目过程管理、质量控制与绩效研究"12个重点研究课题的研究工作，形成审计研究报告。与特派办、省审计厅及科研所、高等院校合作，开展并完成"国家审计项目后评估的指标体系设计及结果利用研究""政府公共管理类项目绩效审计评估标准构建初探""我国地方金融企业国有资产监管模式及经验分析"5个课题的研究，形成研究报告。

参与世界审计组织大会工作　按照审计署的总体部署，牵头撰写世界审计组织大会第一主议题“国家审计与国家治理”的主论文、国家论文和研讨论文。大会召开期间，负责主持、参与第一主议题“国家审计与国家治理”的研讨和“北京共识”等相关文件的起草工作，完成第一主议题的各项会议日程和任务，为《北京宣言》的顺利通过奠定基础，并安排人员参与大会的服务工作。

优秀博士学位论文评选　为推动国家审计理论研究，引导和鼓励高等院校和科研院所博士生研究国家审计理论，根据《审计署优秀博士学位论文评选办法》的要求，组织完成2013年度审计署优秀博士学位论文的评选活动，对收到的7篇参评论文组织评选，评选出4篇优秀论文印制出版。

全国审计科研协作会议与审计科研所所长培训班　7月，组织召开全国审计科研所所长参加的审计科研协作会议，明确近期理论研究的目标方向和形势任务，介绍审计科研所2013年度课题研究情况和协作研究的意向。11月，举办全国审计科研所所长培训班。副审计长董大胜和石爱中分别做《贯彻落实三中全会精神，推动审计全面发展》《当前审计理论研究的形势与任务》的专题讲话。会议和培训对加强审计科研工作的指导，明确理论研究方向，促进科研水平的提高，起到积极作用。

参加审计实践　按照审计署的统一部署和要求，先后抽调17人参加全国政府性债务审计，12人参加财政资金存量审计，2人参加联合国儿童基金会肯尼亚国家办事处项目审计，11人参加派出局组织的预算执行审计。

博士后工作站　组织博士后工作站2名博士后的研究答辩及出站工作。10月，招收3名博士后进站工作。7名在站博士后承担了1项国家自然科学基金、1项国家社科基金、1项教育部人文社科基金、4项博士后基金的课题研究。已完成“澳大利亚预算与政府会计体系的分析与借鉴”等3个课题。

此外，审计科研所和审计学会共同完成2012年至2013年审计署重点科研课题的中期检查和结项评审工作；开展2013年至2014年审计署重点科研课题的招标立项工作。与审计署计算机中心共同组织2012年度计算机审计方法征集评审工作。

（撰稿人：陆晓晖）

【审计博物馆】　2013年，审计博物馆人员编制10人，在编3人。内设机构正筹备中。

领导成员

馆　　长：姚汝杰

副 馆 长：纪　进（—3月）

　　　　　华海峰（4月—）

工作综述　在署党组正确领导下，在署机关各单位和各级审计机关大力支持下，倾力做好建署30周年专题展，配合做好《中国共产党审计工作史》编纂工作，紧密围绕审计工作中心征集、搜集审计文物和史料，进一步改进和完善藏品登记、保管等业务工作，完成接待参观任务，强化人员培训、财务管理、安全保卫等各项工作，较好发挥审计文化“软实力”的作用，为审计博物馆的现代化、正规化建设进一步奠定基础。

党的群众路线教育实践活动　博物馆在南通召开专题学习会，组织全体职工学习署党组中心组会议精神和李克强总理到审计署调研时的重要讲话。博物馆领导班子听取北京、南通两地职工提出的意见和建议，对照中央和署党组要求，对存在的问题进行初步查找；广开言路，扎实完成“查摆问题、开展批评”，根据查摆到的问题、意见和建议，形成对照检查材料；完成“整改落实、建章立制”，制订整改落实方案，确定23条整改事项。

完善规章制度　根据《审计署机关国内公务接待管理暂行办法》，结合博物馆实际，制定《审计博物馆公务接待暂行办法》，对博物馆公务接待的范围、就餐、住宿、用车、审批等做出进一步规范。博物馆逐步建立起学习培训制度。在不影响博物馆日常工作的前提下，每两周集中培训一次，学习重要审计会议精神、职业道德、博物馆学、历史学、会计学、经济学等方面的知识。严格各项管理制度的落实和执行。严格落实馆务会制度，重大事项召开馆务会研究决定，并认真听取各方面意见。严格落实廉政制度，严格执行相关的预算执行、工程招投标、物资购置、“三公”经费管理制度。严格执行财务管理制度，按照署有关要求执行政府采购制度。严格落实安全应急制度，从人防、物防、技防全方位做好各项安全工作。

建署30周年布展工作 2013年是审计署成立30周年，展现新中国审计事业30年辉煌历程是博物馆工作的重中之重。博物馆早入手、早部署，认真抓好展陈大纲撰写、修改定稿、征集审计文物和史料、展陈设计和现场施工五个重大环节，圆满完成布展工作，为建署30周年献上贺礼。历时两个多月完成展陈大纲初稿70000多字，广泛征求署老领导、全国省级审计机关和审计署各单位意见，又经署党组会集体讨论，并在副审计长石爱中亲自参与下，逐字逐句推敲修改，数十易其稿方最终定稿。7月正式向全国审计机关征集文物、史料，不到一个月就征集到各类实物、资料1000多件。博物馆遵循“主题突出、设计大气、表现多样”的原则，对设计方案进行3轮审读修改，基本确定布展风格和表现形式。8月开始进行布展工作，从大纲到图片匹配，从设计图到展板样稿，从展板内容到实物摆放，每个环节至少经过3次的核对校验，确保文字不出错、图片不配错、实物不放错。布展期间，博物馆在做好日常参观接待工作的同时，按照早班和晚班重新调整员工上班时间，确保有1名员工与施工人员同进共退。8月3日正式闭馆后，增加巡查，确保施工现场安全有序，保证优质高效地完成布展工作。

博物馆建设 在建署30周年布展工作任务繁重的情况下，对古代和近代部分展陈做出调整。一楼增加上计考绩画像石、苏章官印、空印案连环画的漆画等实物；大厅增改领导人对审计工作的寄语、西周青铜器、上计中审计方法的运用、隋唐比部设置及职掌、隋唐律令格式中与审计有关的规定、元代钱粮照刷文卷等展板；二楼增加中国共产党审计事业奠基人阮啸仙在全国“双百”评选获得的“为新中国成立做出突出贡献的英雄模范人物”的勋章、证书，谢觉哉1921年的日记和在延安时期曾穿的大衣，东北抗日、解放战争时期军队财务审计干部审核账目的图片，中国革命根据地审计史料汇编等实物；同时系统地把现有展板上文字方面的错误、疏漏等更改补充完整。

开展《中国共产党审计工作史》初稿编纂的组织、协调工作。3月25日，《中国共产党审计工作史》编写办公室在京召开编写提纲专家论证会，馆长姚汝杰主持会议。审计长刘家义在会上做重要讲话，提出编写过程中要把握好的五项原则。

博物馆通过主动搜集以及个人捐赠等方式，不断丰富馆藏物品。截至年底，博物馆共有馆藏3121件，包括藏品310件、资料1150件、参考品1661件，其中2013年新增藏品224件、资料262件、参考品1022件，比往年有大幅增加。

规范管理馆藏物品是博物馆得以持续发展的基础，面对征集到的大量资料，博物馆按照“规范管理、便捷高效”的原则，重新审视原有登记程序，将藏品信息电子化作为登记程序的第一步，简化登记流程，工作效率大幅提高。着眼于未来建设数字化博物馆的需求，改进现有藏品管理软件功能，增加馆藏物品信息与实物图像链接功能，为今后的管理使用打下良好基础。

博物馆尝试在审计专网先期运行博物馆网页，共设置藏品欣赏、慧眼鉴宝、文史集萃、天下文博、馆藏视频等8个栏目，将于2014年1月正式开通。

每年年初均把社会管理综合治理工作纳入年度重要工作，成立以馆长为组长的综治工作领导小组，落实专人负责。按照署统一要求，开展安全生产大检查。加强对库房、财务室和重要物品的管理。高度重视保密工作，努力提高保密管理水平。广泛开展宣传和整治，进一步增强平安意识。

队伍建设 在建署30周年专题展布展过程中，博物馆打破岗位限制，全员投入，每位员工均负责一个展区，经过近半年的布展、实物登记等博物馆专业工作的“实战”培训，实现“全员参与、各司其职、提升能力”的预期目标。按照工作安排，博物馆派人参加署综合治理工作培训班、2013年度财务工作培训班、署资产决算编报培训班、南通市特种设备管理的相关培训，并组织员工前往中国财税博物馆参观学习，促进员工进一步掌握各类知识，更好的从事审计博物馆工作。组织全体员工向雅安地震灾区捐款、献爱心，帮助灾区人民抗震救灾，早日渡过难关；向实行

计划生育的贫困母亲捐款。　　（撰稿人：于　昆）

【审计干部培训中心】　2013年，审计署审计干部培训中心（以下简称培训中心）人员编制38人，在编37人。设有办公室、培训一处、培训二处、国际合作处、职业发展处、考试处（考试中心）、电教处、国际会计审计师培训部（以下简称中审）以及审计署怀柔干部培训基地（以下简称怀柔基地）。

领导成员

副主任：杜光宇（主持工作）

曹志勇　刘　瑛（5月—）

工作综述　培训中心在审计署党组正确领导下，在各个部门和各级审计机关的大力支持下，按照“深化、规范、提高”的总体要求，全面落实《审计干部教育培训改革规划（2011—2020年）》和年度培训项目计划，扎实开展党的群众路线教育实践活动，不断提高培训工作科学化水平，较好完成2013年各项工作任务。

培训业务开展　全年组织实施各类培训50期、培训2800余人次（不含网络视频培训班次及人次），其中：初任培训1期，培训107人次；领导能力培训1期，培训50人次；审计业务培训14期，培训1201人次；管理培训7期，培训460人次；知识技能补充和更新培训18期，培训849人次；境外培训9期，培训182人次。

培训体系建设　培训中心总结研究审计干部教育培训规律，完善职业教育培训体系。为适应审计干部队伍专业化建设要求，按照“补充、更新、提高、研讨”四个层次，设计审计干部专业培训班次和课程；全面调查了解审计干部培训需求，开发审计干部培训核心课程，运用网络、案例教学和模拟实验等多种方式满足多样化培训需求；提高培训项目设计和管理专业化水平，切实提升培训效率和效果。

审计模拟实验室建设　按照“分类开发、全面覆盖”原则，全面推进审计模拟实验室建设。采取定向委托、合作开发、招投标等方式，启动各类模拟系统的规划和开发建设工作。中心与财政审计司等部门合作，启动部门预算执行审计模拟系统开发建设工作；与企业审计司合作开展工程技术知识补充和审计案例植入等建设项目审计模拟系统后续建设，完成企业集团审计业务实训案例等企业审计模拟系统后续建设；与江苏省审计厅、浙江省审计厅、青岛市审计局、深圳市审计局、南京审计学院等单位展开合作，开展建设项目审计全过程综合实训子系统、经济责任审计模拟实验室等项目建设。按照“一次建设、多方使用”的原则，规范建设审计干部教育学院（以下简称教育学院）实验室。根据教育学院部署环境和教学需求，将知识学习、技能训练和案例演练相结合，科学规划、系统设计教育学院实验室。同时将既有实验室向有条件的审计机关推荐使用，向基层审计机关提供教学产品，提高建设成果运用效益，目前已向武汉特派员办事处、北京市审计局、广东省审计厅等进行推荐。按照“边建边用、以用促建”原则，加大审计模拟实验室应用力度。举办多期建设项目审计、企业审计和会计知识结构调整等实验室培训班次，充分发挥应有的效益，并及时总结教学中出现的问题和学员反馈意见，促进相关实验室不断丰富、完善和发展。

网络培训体系建设　充分调动内外部资源，丰富网络培训课件。结合审计干部教育学院培训需求，统筹考虑网络培训、教材建设、审计模拟实验室建设需要，对课件体系进行系统规划设计，加快课件制作和补充更新步伐，制作更新各类课件超过500课时。制定全国范围内的课件征集和考核机制，鼓励全国审计机关参与课件的制作、充实和完善工作；加强与部委、学校等机构战略合作，通过互换资源或者支付较少费用，实现课件资源的长期交流共享。继续总结网络培训组织管理模式，探索完善网络培训体系。探索开展多层级、多专业网络培训班，建立激励约束机制，进一步加强对网络培训的组织与管理。针对互联网日益发展的形势，尝试依托互联网建设审计干部网络培训平台，开展全国范围网络培训，此项工作已与计算机中心完成初步沟通，并完成初步论证。

教材体系建设　做好与教材编写责任单位的沟通协调，加快教材建设进度。根据教材建设规划，统筹考虑审计干部培训与教育学院教学需要，充分发挥教材编审委员会业务指导作用，制定完善教材管理办法，明确相关教程编写质量和时间要求。2013年完成《财政审计》教材的统稿工作和其他相关教材的撰写工作，启动《审计操作技巧》和《行业审计读本》两套丛书编写工作。为切实提升审计干部的业务实战能力，推进审计干部队伍专业化建设，按照署领导指示精神，组织编写《审计操作技巧》和《行业审计读本》两套丛书，目前已完成前期论证工作，明确撰写分工和时间进度。

案例教学和案例库建设 开创“需求定制、案例为主”的新型培训模式，通过“送教上门”等形式为昆明、广州、长春等特派员办事处和地方审计机关实施案例教学。审计人员通过对审计案例的剖析探讨，加深对审计程序、审计方法、审计证据的理解，在思考讨论过程中实现知识向审计实战能力的转化，进而实现将个体经验上升为组织共识，提高团队整体的战斗力。“送教上门”的方式比较契合特派员办事处的工作特点，培训覆盖面大、培训经费少，培训效益比较好。通过研究带动案例的体系化建设，将案例编写与审计研究结合起来，形成与研究主题和成果相配套的案例体系。

继续加大案例教学师资培训力度。2013 年通过传统案例师资培训班培训新师资 112 人，其中地方审计机关师资 83 人，审计署师资 29 人，选拔往届优秀师资开设案例教学师资高级班以专题研究带动案例编写。

以审计证据、行政程序证据及司法证据衔接通道的研究带动审计证据案例，初步建成关于证据的教学案例体系，满足各方培训需求，形成自主知识产权。截至年底，已建成约 300 个案例组成的培训案例库，初步形成覆盖各行业审计、各业务流程、各职级层次的教学案例体系。

考试评价体系建设 以考试大纲调整为突破，进一步深化考试改革工作。适应新形势下对不同层次审计人员专业胜任能力要求，制订初、中级考试大纲分设工作方案；按照指导性和稳定性原则，根据党的十八大会议精神及时修订高级审计师考试大纲、修编考试参考用书；积极探索试题改革、后续教育制度、正高级审计师评价制度等改革措施。不断创新命题方式，进一步提升考试科学性。在继承以往命题经验的基础上，2013 年度全面运行审计考试题库系统。重新设计命题流程和控制环节，制定征题工作手册、命题工作指南等规范文件，增加人库试题初步审核程序，采取题库抽题组卷、专家在线审核的模式进行命审题，有效提高命题和审题工作的效率，进一步提升考试工作的规范性和科学性。

2013 年全国共有 42671 人报名参加考试，其中：高级审计师报名人数为 3907 人，中级报名人数为 30271 人，初级报名人数为 8493 人。按照年度工作计划，顺利完成考试报名组织、数据采集处理、试卷印制运送、阅卷、成绩公布等各项工作。

多媒体宣传与电教服务 拍摄制作专题片。以审计署建署 30 周年、世界审计组织成立 60 周年为契机，以宣传和弘扬审计精神为重点，努力发挥视频节目优势，策划拍摄《播撒精神的种子——审计署党建创新纪实篇》《外国审计长访谈录》等系列专题片，回顾审计历程，再现审计情景，传承审计文化。充分利用各类资源，围绕培训需求及教学设计，拍摄喜闻乐见、声形并茂的审计案例教学专题片，进一步传播审计经验，交流技术方法，丰富培训形式和手段。

做好审计音像档案资料制作。全年围绕审计署工作重点，完成世界审计组织第二十一届大会等多个重要会议、全国政府性债务审计培训等视频培训班的现场转播工作。做好署领导讲话、重大会议活动、重要审计现场、党建外事、培训讲座、网络课件、视频会议等各类审计音像档案资料的拍摄录制、现场转播、后期制作、编目存档和管理调用等工作。拍摄编辑各类领导讲话、会议活动、审计现场、培训讲座等音像资料共计约 200 小时，新闻类资料约 50 小时。

中审与怀柔基地的经营与管理 中审继续加强合作院校服务，努力维持 ACCA 主业市场；不断创新工作思路，深挖大客户资源，现已与中国移动等大型公司签订合作协议，进一步增强市场生存能力，取得良好经济效益和社会效益。

怀柔基地不断提升服务质量，以依法合规经营为抓手，加强经营管理；不断提升员工素质，服务好审计署各类会议和培训；积极开展工程改造、节能减排等基建工作，以进一步提供良好服务；始终注重抓好食品安全、交通安全、基地保卫等工作。（撰稿人：徐炳彦）

【计算机技术中心、信息化建设办公室】2013年，计算机技术中心实有工作人员26人。设有系统运行处、网络管理处、辅助审计处、应用技术推广处（兼办公室）。信息化建设办公室设有网络与安全建设组、应用系统建设组。

领导成员

副主任兼总工程师：杨蕴毅

信息化建设办公室主任：王智玉（办公厅巡视员兼，—8月）

办公厅副巡视员：于广军　薛　亮

信息化工作的协调和指导　与国家相关信息化建设部门的联系与沟通。与国家发展改革委、工业和信息化部等相关信息化建设部门保持密切联系和沟通。接受公安部信息安全等级保护联合检查组对审计署重要信息系统和政府网站安全保护工作情况的检查。接待国务院办公厅电子政务办公室、国家电子文件管理部际联席会议办公室等单位的来访交流。

指导、支持地方审计机关信息化建设。作为审计信息化主管部门，继续履行组织协调、指导管理、监督审计系统信息化建设的责任。依据《金审工程系统运行维护服务管理办法》，指导促进和检查地方服务队伍建设。在信息化方面给予西部地区审计机关技术支持指导。

推广应用一期开发的AO和OA两个系统。继续举办AO实例征集活动，推动AO的深度应用。评选2012年AO应用实例，通报评选结果并对获奖的项目和获奖组织单位进行奖励。支持地方审计机关部署OA地方版和1拖N版。截至年底，共有32个省级审计厅局、5个计划单列市审计局、318个地市审计局、2591个区县审计局（含直辖市所属区县审计局和开发区审计局）、21个开发区、14个农垦师审计局完成OA部署。

制发计算机审计实务公告，提供技术指导。全年制发《新型农村合作医疗审计数据规划》等5个计算机审计实务公告，计算机审计实务公告总数已达49个。

协调署机关各单位、各特派办的信息化建设工作。2月，制定印发《审计署开展审计数据综合利用实施意见》，6月，制定印发《特派办审计数据综合利用指南》，地方审计机关参照执行。协助人教司完成对特派员办事处的信息化考核，协助行政事业司完成对派出局的信息化考核。

金审工程三期项目的论证和申报　1月至6月，将金审工程三期项目（以下简称金审三期）工程需求分析报告送署领导、署信息化建设领导小组成员和审计系统部分单位征求意见，根据反馈意见和国家发展改革委专家评审意见，对需求分析报告进行进一步修改完善。

3月，根据国家发展改革委的要求和专家意见，同步开展需求仿真分析工作。采取公开邀请社会力量参加的方式，共有近38个单位参与完成系统建模仿真的准备工作。7月底基本完成需求分析的建模仿真。7月至9月，再次集中有关人员研究确定金审三期的建设目标和主要任务，结合前一阶段需求仿真分析的成果，初步完成需求分析报告的编写工作，依据需求分析报告和电子政务工程管理有关规定起草项目建议书初稿。期间，邀请国家发展改革委电子政务专家组成员等有关专家、学者和专业技术人员召开座谈会，结合金审三期立项申报准备工作，对金审三期技术路线、工作重点等提出参考意见。9月18日，需求分析报告通过国家发展改革委组织的专家评审。

10月10日，组织召开地方审计机关金审三期工程建设任务及投资协调会。介绍金审三期工程总体建设方案及为地方审计机关提供的三种不同建设规模的备选建设方案，听取地方审计机关对金审三期工程建设的意见和建议。要求地方审计机关尽快确定建设方案，商本级发展改革部门做出投资承诺。10月24日，国家发展改革委安排电子政务专家对三期工程项目建议书进行专家论证。12月18日，电子政务专家委员会7名专家对《金审工程（三期）项目项目建议书》再次进行内部论证。完成《金审工程（三期）项目项目建议书》的最终修改，准备正式报送国家发展改革委。

审计业务的支持和参与　积极支持和参与审计署各业务司组织的审计项目，发挥技术特长，推动计算机技术在业务司和派出局的应用。

为全国政府性债务审计项目提供全方位、全过程的技术支持：建立子项目、设立项目联络人，建立5个RTX群；对地方、兵团、中央、企业四套审计实施方案附表进行技术加工；根据工作方案、业务需要，制作采集模板，开发附加校验工具；对2011年债务审计数据进行切分并分省下发；统一规范数据文件的命名和存储目录；专项开发《审计项目报表软件（政府性债务版）》，下发各省审计厅和特派办；设计《债务审计电子数据核对表》及SQL语句，实现数据一致性检查功能；以《联网审计分析系统》基础，采取预设与动态开发相结合的方式，制作全国报告、分省报告、全国公告稿、分省公告稿、省本级报告5套支撑报告的相关分析模型。

为政府存量资金审计提供技术支持：按照要求进行报表封装；制作采集模板和数据检查校验语句、数据分析语句，并测试附加校验工具；在各个省、特派办进入报表汇总阶段时，编写数据审核、验收、分析SQL语句，并在联网审计软件中创建相应的查询模型；帮助审计署财政存量资金审计工作领导小组办公室进行全国数据收集，搭建数据分析环境，在试汇总和正式汇总的数据分析现场，对新提出的需求进行处理，编写分析语句。

继续扩大在中央一级（或者重要的二级）预算单位部署前置机的数量，新部署5个单位，已完成财政审计司交来的海关数据的入库、整理，建立分析模型。

保证中央部门联网审计系统正常运行，及时处理发生的事件、排除故障。分别在1月至2月建新年度账期间和6月至7月派出局集中上传数据期间进行两次大规模普遍巡检。

此外，还全力支持社会保障审计司的保障房跟踪审计；支持行政事业审计司牵头20个派出审计局开展的扶贫资金审计；支持行政事业审计司向国务院领导汇报的准备工作；支持经济责任审计司的经济责任审计对象资料库建设；支持外资审计司的外商直接投资情况专项审计调查项目；支持卫生药品审计局利用国家审计数据中心的数据和设施开展数据分析等。

审计署信息化系统的运行和维护 保障“三网”的持续运行，为机关提供信息化管理和办公环境。保证审计署因特网、审计专网和审计内网的正常运转，保障审计署与中办、国办和财政部等署外单位的网络通信畅通，全年无重大断网事故。按照巡检制度定期进行检查，及时发现问题；采取及时升级反垃圾邮件、升级反病毒墙、使用流量控制管理工具、扫描漏洞和防护加固等措施，保障审计署官方网站、亚洲审计组织环境网站、金审工程服务网站、联合国审计网站、全国审计信息化标准化技术委员会网站和邮件系统的安全运行；配合国际合作司完成世界审计组织大会网站上线后的日常运维；管理审计内网和审计专网一、二级瑞星反病毒中心，及时升级瑞星防病毒软件、更新病毒特征库和补丁。严格执行审计管理系统《OA运行维护管理制度》，保障系统安全、稳定运行。利用总体监控系统等保证机房环境处于正常状态，及时处理发生的事件，排除故障。

积极推进中央地方四级审计机关网络互联互通工作。发出《关于依托国家电子政务外网开展审计机关四级互联试点的通知》，确定江西、湖北、湖南三省作为试点地区，将所属地市、区县审计机关接入政务外网，开展相关工作。通过中心与国家电子政务外网办公室、三省信息中心、三省审计厅的通力合作，四级互联试点工作进展顺利。目前已经实现审计署与湖南省厅及其14个市州、区县、江西省厅及其11个市州、区县审计机关通过电子政务外网上下贯通；与湖北省127个区县级审计机关中的84个审计机关已经通过电子政务外网上下贯通，43个区县审计机关通过专线与市局上下贯通。湖南、湖北、江西三省四级应用互联试点初见成效，RTX、FTP和视频会议均已实现全省四级互联，专网网站和公文消息传输已经完成试点。

提供经济适用的计算机设备，保障审计和办公的需要。保障署机关在用计算机设备的正常运行。为审计组和流动人员提供服务器、计算机等周转设备。按照预算，添置或者更新信息化资产设备。以有限的资金，向署机关提供经济适用的计算机设备，保障审计和办公的需要。

做好软件正版化工作，进行检查。按要求做好软件正版化工作，配合办公厅进行软件正版化检查，确保署本级工作用计算机全部安装使用正版化系统和办公。为有需求的用户购置、安装微软OFFICE标准版。10月底，派代表参加微软关于即将停止对Windows XP服务的政府机关通报会，并提交有针对性的工作方案。12月初，统计调查审计署各事业单位软件正版化情况，并向国家新闻出版总署办公厅提交审计署软件正版化工作总结。

继续开展计算机培训，进一步改善审计队伍的知识结构。开创审计数据分析师高级培训。6月初，审计数据分析师高级培训班在京开班，53名学员分别为署机关、特派办和地方审计机关的计算机专业学科背景人员和通过中级考试的审计人员。在55天的时间里，学员们系统学习“数据库技术高级应用”“数据获取”“审计数据分析”“数据安全管理”“云计算与大数据”5项核心内容，以及审计典型案例分析及IT前沿技术应用讲座等环节。培训期间，副审计长石爱中看望了学员，并举行座谈和交流。培训结束时，举办审计数据分析师考试，共有44人获得合格证书。

开展AO培训认证考试工作。2013年署机关、27个省、13个特派办共7164名审计人员参加考试，通过6189人。全国共有54149人获得AO培训认证考试合格证书。

开展中级培训工作。本年度共组织中级培训班3期，培训学员309人；组织计算机审计中级水平考试8次，1972人参加考试，满足了地方审计人员参加审计署考试的需求。截至年底，全国通过中级考试的审计人员为5705人。

开展中级后续培训工作。3月举办主流数据库语法及函数比对培训班；7月举办信息系统审计培训班和ORACLE数据库管理系统入门培训班。12月举办信息系统审计教学师资培训班。

举办领导干部计算机能力培训班。总结历年培训的经验，结合报名学员的实际情况，调整部分培训内容，以“因特网资源应用”“OA和AO应用”和“与审计相关的信息化知识”为主线，进行为期11天的培训。

建设完善审计署计算机审计培训工作网站。该网站已上线运行，开始发布计算机审计培训相关的新闻、通知和培训大纲等基础信息。所有中级培训和考试包括中级后续培训的基础数据都已入库，2013年3期中级培训的预报名、报名和8次中级考试的报名、成绩发布都是通过这个网站进行的，大大提升计算机审计培训工作的管理水平。

在电子政务界获得广泛认可。1月，中央部门预算执行联网审计及其工程化推广应用项目被中国信息协会评为2012年中国信息化成果评选一等奖。11月，计算机技术中心荣获工业和信息化部行业标准《软件研发成本度量规范》研制杰出贡献一等奖。12月，计算机技术中心在国家电子政务外网数字证书应用推广工作中被国家电子政务外网管理中心授予部委应用优秀奖。计算机技术中心参与实施的南水北调工程审计项目被评为2013年审计署表彰审计项目。

审计信息化科研和对外交流　会计标准。1月，正式向国际标准化组织ISO提交“审计数据服务TC”申报提案。同时对新西兰和日本等有关国家的一些询问进行答复。

3月，向国家标准委报送《建设项目管理软件》国家标准制定计划；6月，召开《建设项目管理软件》国家标准构架研讨会；8月，组织三峡总公司和南京审计学院成立工作组，启动《建设项目管理软件》国家标准制定工作，目前该标准的制定工作正在按计划推进；12月，拟定由广东审计厅作为主要起草单位，启动《养老保险基金审计数据接口》国家标准制定工作。

为贯彻落实国家发展改革委、中编办、工业和信息化部、财政部、审计署、质检总局、国家电子政务内网建设和管理协调小组办公室等部委联合发出的《关于进一步加强政务部门信息共享建设管理的指导意见》的要求，5月，全国审计信息化标准化技术委员会召开贯彻研讨会，以“如何推动实施会计核算软件数据接口国家标准”为主题进行深入讨论。

信息化科研。与科研院所和企业合作，研究先进信息技术在审计工作中应用的途径和方法，为金审三期工程和审计模拟仿真实验室的筹建做一系列准备。研发个性化审计舆情系统，为开展大规模的大数据收集做技术储备；研发审计成果智能分析软件，采用数据挖掘技术提高审计成果再利用的水平，该软件正在外资中心试用；设计我国对外贸易安全审计分析系统的原型，对外贸形势对我国经济发展的影响进行初步探索；探索前沿可视化技术的审计应用，例如网络可视化、GIS技术遥感图像的应用，为审计指挥中心的展示功能进行技术储备；探索针对公共政策的审计仿真的基本理念、技术方法，并给出针对社保政策的初步审计仿真模型。此外，还成功申报国家自然科学基金A类依托单位，为更好地开展计算机审计科研工作创造条件。

组织审计署科研所、中经网、南京审计学院等课题参与单位完成国家科技支撑项目“动态监测审计方式和监测模型研究”课题研究和结题验收。组织完成国家科技支撑计划“审计行业信息智能处理分析与预警系统及其应用”的子项目“中央税收收入征管政策执行效果联网审计预警分析研究及审计应用”和“面向国家审计‘免疫系统’的审计模拟与仿真平台研发及应用示范”的课题相关研究任务，根据“审计行业信息智能处理分析与预警系统及其应用”项目实施计划和两个课题任务书中规定的各项内容对各课题参与单位工作情况实施有效管理。通过电话、邮件、及时通信软件等多种手段了解各单位工作进展，协调工作进度。召开年度工作检查交流会，逐一听取各单位工作汇报，检查研究成果。完成项目和两个课题的2013年度执行情况报告，包括两个课题的科技报告，已上报科技部。

外事交流。派员参加INTOSAI（世界审计组织——最高审计机关国际组织）IT审计工作组的第7次绩效研讨会和第22届年会。在年会上汇报“IT项目审计中应用的关键绩效指标方法（Key Performance Indicator Methodology for Auditing IT Programs）”项目的进展情况，该项目顺利结题。还成功申请有7个成员国（印度、印度尼西亚、基里巴斯、马来西亚、波兰、南非和美国）参加的“会计核算软件数据接口标准”项目，项目执行周期为2014年至2016年。

应澳门审计署请求，完成AO澳门版项目（二期）的开发任务并通过用户验收，澳门审计署出具用户报告。

接待印度尼西亚审计委员会代表团对国家审计数据中心的来访，并就审计信息化进行专题交流。（撰稿人：阎　靖）

【中国时代经济出版社】 2013年，中国时代经济出版社员工人数为61人。设有办公室、总编室、财务部、《中国审计》编辑部、审计图书编辑部、经管图书编辑部、教育图书编辑部、外版图书编辑部、发行部。

领导成员

社长兼总编辑：王鸿津

副 社 长：乔晚根

纪检组长：陈遥征

工作综述 在审计署党组的正确领导下，在审计署机关有关部门的指导和帮助下，出版社进一步发展与完善以经营管理目标责任制为核心的管理机制，积极开拓和创新以审计为重点的书刊出版业务，较好地完成了审计宣传任务，取得了良好的社会效益和经济效益。与此同时，积极推进党建工作，深入开展党的群众路线教育实践活动，改进工作作风，提高员工队伍的素质与能力。

审计宣传与期刊出版 努力提升《中国审计》的策划和采编质量，扩大杂志的覆盖范围和影响力。有针对性地调整编辑部领导班子，出台编校质量奖惩办法，实行出版前专家审核把关、出版后专家审阅评价制度，提高刊物的编校质量。深入挖掘潜力，努力拓展发行渠道，社领导带领发行人员积极深入到省、市、县，宣传出版社努力为审计机关和审计人员服务的意识和能力，介绍《中国审计》在审计宣传方面的理念和做法，扩大《中国审计》的影响力，实现将杂志发行量稳定在10万份以上的目标。

审计文化建设与图书出版 出台《审计图书出版规划》，并以规划为指导积极整合审计图书出版资源、推动审计图书出版工作，使2013年度的审计图书出版工作无论是在规模上还是在质量上都有明显提升。出版《中国特色社会主义审计理论研究》《违反财经法规行为审计定性和处理处罚向导（修订版）》等重点审计图书，受到审计机关和审计人员的广泛好评。

继续推进审计文化书屋建设，积极与尚未建成书屋的省级审计机关进行有效沟通，宣传书屋对审计文化建设和审计人员能力建设的重要作用，积极解决影响书屋建设的现实问题，有效拓展相关工作，使审计文化书屋建设基本覆盖所有省、自治区、直辖市，并已在各级审计机关的审计文化建设和审计人员能力建设中发挥积极作用。

书刊出版 积极推动以数字化为基础的书刊出版业务转型升级工作，为可持续发展创造有利条件。2013年，出版社通过申请并得到国家专项资金支持、引进审计署的信息化技术与管理专家、与专业高科技公司合作等方式，初步解决在转型升级中面临的资金、人才和技术不足的问题，在此基础上规划、设计并启动中国审计数字出版平台项目，已实施项目一期工程招投标等工作。数字出版平台建成后将进一步丰富出版社为审计机关、审计人员与广大读者服务的方式和能力。

内部管理 在全面总结上一个经营管理目标责任期成功经验和存在不足的基础上，制定并实行以《2013—2014年机构设置及相关经营管理目标责任》为核心的经营管理机制。新机制在目标责任、核算方式、考核与奖罚等方面的规定更加公平、合理，激励与约束作用更强，更有利于调动部门和员工的积极性。一年来，经营管理机制总体运行情况良好，为规范秩序、防范风险、提高效益发挥了基础性作用。

进一步加强员工队伍建设，增强教育培训工作力度。制订并落实2013年度员工培训计划，使教育培训工作在组织上、时间上、经费上都得到保障。通过组织编校人员参加内部自学考试、选派中层以上管理人员和业务人员参加脱产专业培训、组织专题讲座、安排专业人员参加继续教育等多种形式，为员工提供多类型、多层次的教育培训机会，并取得较好效果。

党建与思想政治工作 社党委根据上级党委的工作部署以及本社党员和员工队伍的工作实际，积极开展党建与思想政治工作。根据新的经营管理机制以及机构和人员变化，调整各支部党员构成，改选支部委员，理顺基层党组织的工作关系。根据年度党组织工作计划以及党员和群众的要求，开展丰富的思想教育活动，其中包括党委书记王鸿津两次给党员和中层管理人员讲党课、7月1日开展新党员入党宣誓仪式和重温入党誓词活动、组织全体员工前往北京园博园开展主题教育活动等。根据党员发展计划，积极培养和发展新党员，4名入党积极分子经过一年的重点培养，于2013年加入党组织，使出版社党组织多年后又增添了新鲜血液。

党的群众路线教育实践活动 积极贯彻落实审计署教育实践活动领导小组及督导组的文件精神和工作部署，深入开展党的群众路线教育实践活动。一方面组织员工结合实际深入开展相关活动，切实将教育实践活动各环节的工作落到实处，在提升员工队伍思想觉悟、改进工作作风等方面取得预期效果；另一方面抓好领导班子的教育实践活动，通过与员工谈心、召开专题社委会扩大会和基层党组织会议、设置意见箱等方式收集群众对社领导的意见，深入查找自身存在的“四风”问题，认真分析存在问题的原因与危害，对照“四风”表现形式、中央精神以及上级的要求积极采取整改措施，力求通过教育实践活动切实改进工作作风。

（撰稿人：蔡　萌）

【中国审计报社】 2013年，中国审计报社（以下简称审计报）在编人员21人，外聘人员26人。设有办公室、总编室、新闻部、专刊部、财务部、发行部、广告部、信息技术部。

领导成员

社长兼总编辑：洪承旭

副总编辑：陈胜利（—12月）

副 社 长：孔凡青

纪检组长：黄　峥

新闻宣传工作 抓好重大事件的报道工作，不断提高审计新闻的舆论引导力。加强系列报道，不断提高新闻宣传的深度。今年先后开设“学习领会贯彻党的十八大精神”“学习贯彻十八届三中全会精神”“贯彻落实全国审计工作会议精神”“地方审计机关特约审计员工作巡礼”“深入贯彻李克强总理讲话精神”“中国审计和世界组织”“世审大会直通车”“履行职责，践行群众路线”“审计署司局长谈践行群众路线”“开拓创新　服务改革　推动发展”等特色栏目，对重大事件进行系列报道，重点突出，层次分明，很好地配合了中心工作。

充分发挥评论的作用，为宣传报道注入灵魂。在党的群众路线教育实践活动中，审计报以本报特约评论员名义发表《解决“四风”问题关键是领导带头》《“一把手”要把教育实践活动紧紧抓在手上》《拿起批评这个解决问题的武器》三篇社论，有力地配合署党组的中心工作。同时，设置议题，增强互动性，让读者参与到讨论中来，先后以《审计机关如何践行群众路线》《如何让批评与自我批评成为解决问题的利器》《聚焦“四风”问题，加强作风建设》为题，审计署司局长纷纷撰文发表自己的观点和看法。同时开设《“四风”问题大家谈》栏目，刊登评论近20篇，结合审计工作和日常生活中司空见惯的“四风”现象，通过摆问题、讲道理，查原因、提建议，廓清模糊认识，扬善贬恶，推动党的群众路线教育活动不断走向深入。

积极宣传审计工作成果，不断扩大审计影响力。审计报深入宣传科学审计理念，宣传审计在推进法治、维护民生、打击腐败、防范风险、推动改革、促进发展等方面发挥的积极作用和重大成效，彰显中国特色社会主义审计制度的优越性。

进一步加强典型宣传、主题宣传，大力弘扬审计精神。为进一步在系统内形成重视学习、崇尚先进、干事创业、求实创新的良好氛围，审计报推出“地方优秀审计项目巡礼”栏目。在对四川芦山地震抗灾救灾跟踪审计中，审计报除了及时报道审计署党组对芦山地震审计工作做出的重大工作部署、四川省审计机关迅速投入抗震抢险和应急审计工作等动态消息外，更用通讯形式及时报道在这场抗灾救灾审计中涌现出的先进事迹，向社会各界展示审计机关和审计人员在危难面前奋力拼搏、勤勉尽责的良好形象，对审计精神做出最好的诠释。

抓好基层一线的报道工作，不断提高新闻宣传吸引力和感染力。审计报深入开展“走基层、转作风、改文风”活动，将审计一线作为报道的主体和服务对象，使新闻报道进一步贴近实际、贴近审计、贴近广大审计人员。每季度下发报道要点，积极向通讯员组稿并注重挖掘基层来稿，加大反映基层情况的报道力度，从源头提高来稿质量。组织年轻记者编辑深入基层捕捉新闻线索，发现新闻素材，尤其是审计机关在贯彻落实科学审计理念、服务地方经济社会发展中的好思路、好经验、好典型。开辟便于基层审计人员参与互动的版面栏目，寻找审计工作中的感人事件、平凡中蕴含的伟大精神。

队伍建设　强化民主决策，着力提升班子领导审计报科学发展的能力。加强学习，提高用马克思主义新闻观和科学审计理念指导办报的能力和水平。坚持民主集中制原则，完善工作规则和决策程序。

以能力为核心，着力加强中层干部队伍建设。针对审计报近年来多名中层干部调离或退休，中层干部人数较少，新聘任中层干部的工作经验相对不足的现状，审计报在狠抓理论学习，提高其政治鉴别能力、形势判断能力和战略思维能力的同时，强化目标管理，明确要求，强化责任，锻炼其组织管理能力、统筹协调能力和业务创新能力。在具体工作中交任务、压担子，增强其综合分析能力、领导决策能力和行政执行能力。经过实践的历练，一批年轻干部迅速成长起来，在工作中发挥骨干带头作用，得到群众的认同和拥护。

多措并举，着力打造“政治强、业务精、纪律严、作风正”的审计新闻队伍。结合队伍现状和工作需求，加强业务培训。根据中宣部和审计署工作的部署，积极开展马克思主义新闻观培训活动，按照方案制订、思想动员，集中授课、分散自学，座谈讨论、交流心得，测试答题、成果展示四个阶段，组织活动扎实推进。通过培训，大家进一步深化对马克思主义新闻观的理性认识，对国情有更加准确的了解，对当前审计宣传工作的形势背景和现实要求有更加深刻的把握，坚守舆论阵地的意识更加坚定。积极组织年轻人深入基层、深入群众、深入生活。今年组织 4 名青年记者到延安、汶川地震灾区等基层考察采访，多名优秀记者到基层一线采访报道。认真扎实推进职称聘任工作，为 10 人办理与新闻采编等业务相关的职称聘任工作。以人为本，规范外聘人员档案管理，将外聘人员档案统一委托人才流动中心进行保管，为人员管理的进一步规范化打下良好的基础。

加强对记者站和通讯员的培训与指导，努力建设一支高素质的通联宣传队伍。组织以提高新闻采写和摄影水平为目的举办两期通讯员培训班，收到很好的效果。在审计报全媒体系统建设中，还专门设计通讯员管理、培训子系统，利用信息化手段，力求建设层级明晰、覆盖全国、具有较高水平的通联宣传队伍。

内部管理　充分利用财政部文化发展资金实施全媒体平台项目，推动信息化建设。为了保证项目顺利进行，出台《全媒体平台项目建设管理办法》和《全媒体平台项目专项资金管理办法》两项制度，对项目建设的组织机构、采购程序、建设程序、资金使用、档案管理等都进行规范，为全媒体平台项目的实施打下坚实的基础。设立项目领导小组，负责项目的规划设计、实施、监督及考评，是项目建设的决策机构。项目领导小组下设领导小组办公室，负责协调、落实、督办项目领导小组的各项决定。设立项目专家小组，负责对项目规划设计、实施、验收进行评审与建议，小组成员为根据需要从外部聘请的相关专家。严格资金使用程序，确保合法合规。全媒体平台项目为审计报从传统媒体向信息化迈进奠定基础。目前，项目一期已基本建成，二期资金已申请到位。

健全完善制度，不断提高规范化水平。全年共修订和完善23项制度，内容涉及采编业务、财务管理、队伍建设、党风廉政建设等。至此，报社已基本建立起制度的总体框架，建立规范、科学的内部办事程序，用制度管人、管物、管事的内部机制，确保严谨细致，实现规范管理。

厉行节约，避免铺张浪费。一是压缩、精简会议。取消省际发行工作座谈会和特派办记者站长会议，压缩通联宣传工作会议时间，在会议期间不组织任何参观游览等活动。今年1月至11月与上年同期相比，会议培训费有大幅度下降。二是减少业务接待，降低接待标准。相比上年同期，对外业务招待费减少三成多。三是为了控制成本，开展新闻纸与印刷市场的调研，及时了解新闻纸与印刷的市场价格波动，并采取签订短期合同的方式，在保证新闻纸和印刷质量的同时，尽量降低成本。

发行工作　截至2013年12月31日，报纸的发行量取得重大突破，冲过10万份大关，增长数量和增长幅度达到历史新高。

加大赠阅力度，积极扩大赠阅范围。继续推广向本地区党委、政府、人大、政协有关领导和计划、财政等部门负责人赠阅的经验，向社会各界宣传审计，扩大审计影响，优化工作环境创造良好的舆论氛围。中央一级加大向有关单位赠阅审计报的力度，扩大赠阅范围，首次向主要国有金融机构有关领导、财务部门负责人、审计部门负责人赠阅。赠阅数量比2012年增加500份。

开拓新市场，积极探索发行新方法。为更好地发挥好交流工作经验，探索内部审计监督规律的桥梁作用，审计报创办《内审周刊》，每两周出一期4个版，积极传播内部审计信息，反映工作动态，指导交流内部审计业务，受到广大内部审计工作者的欢迎。在今年的发行季，积极与央企联系接洽，宣传推广审计报。适应传统媒体向新媒体发展的趋势，积极探索发行工作新模式。

（撰稿人：王志红）

【国外贷援款项目审计服务中心】　2013年，国外贷援款项目审计服务中心（以下简称外资审计中心）人员编制35人，在编16人，聘用人员11人。设有综合管理部（处）、审计一部（处）、审计二部（处）、审计三部（处）。

领导成员

主　　任：李凤雏

副 主 任：李　丹

工作综述　在署党组正确领导下，外资审计中心认真贯彻全国审计工作会议精神，围绕“审深审透、防范风险、提升成果”和“明确定位、依法办事、保证质量、造就人才”的工作要求，以党的群众路线教育实践活动为契机，围绕为民务实清廉总要求，深入推进依法办事、科学管理，严格质量控制，努力提升“高质量的审计报告、有价值的审计信息”两个成果水平，着力深化国外贷援款项目审计，促进国外贷援款项目资金安全、合法运用，提高资金使用效益，积极发挥审计“免疫系统”功能和在保障经济社会健康运行、推动完善国家治理等方面的作用。

国外贷援款项目公证审计　外资审计中心全年出具国外贷援款项目审计报告78份，其中：自审项目审计报告61份，外资运用审计司和特派员办事处完成后交外资审计中心复核的审计报告17份；出具保留意见审计报告1份，无保留意见审计报告77份。审计发现虚报冒领、资金滞留闲置等问题24个，涉及金额1.12亿元；项目进度缓慢、设备闲置、合同管理和会计核算不规范等非金额计量问题38个；转送（移送）相关单位处理违规违纪问题8件；提出审计建议62条；向审计署报送重要审计情况和审计简报12篇。有效促进提高国外贷援款项目财务报告和会计记录的真实性、可靠性，为项目管理部门和机构提供可靠、有用的财务信息和决策依据，维护利用国外贷援款的国际信誉和财经法规严肃性。

联合国开发计划署项目审计　针对联合国开发计划署援助项目数量多、时间紧和管理模式具有共同性的特点，实行“捆绑式”统一立项、统一审计实施方案、统一发出审计通知书、统一审计标准、统一组织审计力量“五统一”的组织方式，注重抓重点项目及重要方面，加大实质性检查和共性问题的审计力度。审计项目28个，审计总金额3729万美元。通过审计，揭示联合国开发计划署援助项目核算不规范、报表反映内容不真实等问题。

国外赠款履约项目审计 外资审计中心承担的国外赠款履约项目审计包括7个世界银行赠款财务收支审计项目和1个蒙特利尔基金赠款绩效审计项目（包括31个子项目）。组织参与项目审计的12个（自治区、直辖市）审计厅（局）的主要审计人员参加中国药用非吸入气雾剂氟氯烷烃(CFCs)淘汰行业计划项目审计培训班。审计发现项目单位少计少缴个人所得税、财务核算不规范及项目资产管理不健全等问题，涉及金额181万元，提出审计建议10条，全部被项目单位采纳。

信息化建设 以加强审计质量控制为目标，完善审计项目管理系统，提升审计业务管理水平。外资审计中心对审计项目管理系统进行第五次升级，真正做到“能用、会用、好用”，为保证审计质量提供有力支撑。该系统将信息计划统计、业务文书在线审批、审计报告复核、项目进度控制融为一体，开发外资审计中英文词典、审计报告复核要点及案例、外资审计涉及的常用法规等经验库功能，对现有信息化工作流程进行改进，加入智能化提示，为审计人员开展工作提供指引。与审计署计算机中心联合开发的数字化审计指挥中心于3月投入试运行，为实现适时掌握中心人员的工作进展情况、分布状况和时间任务安排，提高审计工作管理水平进行有益探索。该系统目前已逐步成为外资审计中心发布工作安排，记录工作轨迹，反映工作成果的基本平台。

配合工作 外资审计中心全年安排多人次参加审计署外资运用审计司、办公厅、境外审计司、国际合作司、政法审计局等单位组织的各类审计项目。

安排22人参加政府性债务审计工作。外资审计中心按照审计署统一部署，安排22人参加上海、深圳和重庆3个特派员办事处负责的上海和重庆及杭州市本级、厦门市湖里区的政府性债务审计工作。派出人员顾全大局、克服困难，全身心投入工作，共对47家单位的政府性债务资金进行审计，在全面了解情况、摸清底数的同时，发现违规举借政府性债务资金、债务资金管理和使用不规范、资金利用率低等问题29个。

安排13人参加财政存量资金的审计工作。外资审计中心按照审计署统一部署，安排13人配合武汉特派员办事处对湖北省本级和武汉市本级的财政存量资金情况进行审计。派出人员尽职尽责，摸清被审计单位的财政存量资金状况，为盘活财政存量资金提供依据。

积极支持审计署司局工作。先后安排4人参加审计署办公厅组织的对4家直属单位预算执行和财务收支检查工作；7人参加外资运用审计司组织的外商直接投资专项审计调查、地方审计机关外资审计报告复核、外资项目信息和审计成果资源共享平台建设及中央部门2013年度预算执行审计项目；4人参与世界审计组织理事会第63次会议和第21届世界审计组织大会筹备、政法审计局预算执行审计、联合国儿基会纽约总部审计、联合国儿基会埃塞俄比亚国家办审计。上述人员的工作表现得到有关部门的充分肯定。

项目管理 贯彻《审计现场管理办法》和《世界银行亚洲开发银行贷款项目审计指南》，严格审计质量控制。外资审计中心认真组织学习《审计署审计现场管理办法（试行）》，讲解新修订的《世界银行亚洲开发银行贷款项目审计指南》，对照审计现场管理办法和审计指南，明确审计员、主审、审计组长、部门负责人、中心领导责任，检查审计现场管理中存在的差距和不足，指出不符合审计现场管理办法规定和审计指南规范要求的习惯做法和方式，并要求结合项目审计切实纠正，真正做到规范审计操作行为，防范审计过程风险，依法审计、规范审计。

加强现场指导、复核和业务会议制度，质量控制关口前移。外资审计中心实施的重要审计项目均由中心领导担任审计组组长，加强现场审计检查、督促和指导。审计过程中，中心主任先后到福建、四川、陕西、内蒙古和中央部门审计现场进行检查和指导，及时解决问题，把握审计重点。加强外资审计中心和地方审计机关共同实施审计项目的组织协调，及时编发审计工作方案和审计指导方案，明确审计操作程序、范围、内容和重点，统一审计报告模板。审计过程中，加强现场复核的力度，通过层层把关，及时预防和化解审计程序不充分的风险。现场审计结束后，及时就审计发现的问题召开审计业务会议，研究确定重大问题的定性和处理意见。

以评促优，以评促改，推动审计工作深入开展。外资审计中心组织开展2013年度优秀审计项目和审计报告复核两项评比工作。经过认真评选，在自审的国外贷援款审计项目中评选出6个优秀项目。审计报告复核评比围绕“审计报告质量(差错率)、报告提交及时性、报告提交均衡性”三方面展开。

继续推行绩效考核办法，完善审计质量保障机制。外资审计中心根据绩效考核试行情况，深入研究360°绩效评价体系和平衡计分卡科学管理原理，修订完善《审计署国外贷援款项目审计服务中心绩效考核办法》。该办法围绕工作质量和工作完成情况两条主线，采用量化考核与主观评价相结合方式，突出质量和业绩激励导向，为落实审计责任、保障审计质量、防范审计风险提供制度和机制基础。（撰稿人：刘　娜）

【中国审计学会】　2013年，中国审计学会(以下简称学会)共有单位会员169个、个人会员1677人，学会（第六届）理事会理事192人、常务理事62人，学会设有计算机审计分会、审计教育分会、学术委员会、编辑委员会、培训委员会、环境审计专业委员会等分支机构。学会办事机构为秘书处，设有《审计研究》编辑部。

领导成员

会　　长：翟熙贵

副 会 长：石爱中　李清和　张立民
　　　　　秦荣生　王家新　刘达朱
　　　　　王秀明　崔振龙

秘 书 长：刘达朱（兼）

副秘书长：周德铭　刘力云　尹　平
　　　　　章　轲　王本强

工作综述　学会在审计署党组领导下，认真贯彻党的十八大和全国审计工作会议精神，以中国特色社会主义理论体系为指导，围绕构建中国特色社会主义审计理论体系，发展和完善中国特色社会主义审计制度、国家审计在国家治理中发挥作用等重大理论问题，以提高质量与实效为重点，认真组织开展课题研究和学术交流，顺利完成年度各项工作任务。

课题研究　组织对审计署重点科研课题的公开招标、立项评审和结项评审。审计署2013—2014年度重点科研课题3个公开招标课题是：国家审计推动完善国家治理的路径、国家审计如何促进生态文明建设、审计机关绩效评价。4月，学会和审计署科研所组织专家对这3个课题的75份立项申请进行评审。根据评审意见，经审计署批准，8个中标课题组和3个定向委托课题组为审计署2013—2014年度重点科研课题立项课题组。9月，学会和审计署科研所组织专家对审计署2012—2013年度重点科研课题——“国家审计与国家治理”等9个课题进行结项评审。根据专家评审意见，报经审计署领导同意，其中6个课题通过结项评审，3个课题未通过结项评审。在2013年审计署重点科研课题立项和结项评审中，试行评分制，提高课题立项和结项评审的科学性。

围绕财政体制改革和提高财政资金绩效，与部分学会组织和高校合作开展课题研究。学会分别与黑龙江、浙江等10省审计学会合作，开展“省直管县财政体制条件下审计组织方式”课题研究；分别与内蒙古、上海、江苏等7省（区、市）审计学会和太原、沈阳等10个特派员办事处理论研究会合作，开展“财政专项资金绩效审计”课题研究。通过合作开展课题研究，有效整合研究资源，促进相关地方审计学会和审计署特派员办事处理论研究会提高研究能力。

完成审计署重点科研课题研究成果——《中国特色社会主义审计理论研究》一书的出版工作。“中国特色社会主义审计理论研究”是审计长刘家义主持的一项重大科研课题，2009年立项，由学会和审计署审计科研所具体组织。该课题研究以中国特色社会主义理论为指导，在充分借鉴利用审计理论研究已有成果和深刻总结我国审计实践创新经验的基础上，对国家审计本质、审计功能、审计目标、审计基本特征、审计方式、审计管理、审计规范化、审计信息化、审计文化9个重大问题进行深入系统的研究和阐述。这一研究成果出版后，专家学者给予高度评价，认为它是探索中国特色社会主义审计理论体系的一个重要成果，对于促进审计事业科学发展具有重要指导意义。

专题研讨 4月，在南京审计学院召开构建中国特色社会主义审计理论体系专题研讨会。到会专家对构建这一体系的指导思想、原则和方法，以及应包含的要素及其相互关系等问题进行深入研讨，并对审计教育分会提交的审计署重点科研课题——《中国特色社会主义审计理论框架研究》阶段性成果进行讨论，提出修改意见和建议。

6月，在湖南长沙召开国家审计推动完善国家治理路径专题研讨会。对当前我国国家治理的重点，国家审计推动完善国家治理的路径，如何改进国家审计工作更好推动完善国家治理等问题进行深入探讨。11月，学会又召集学术委员会部分委员对这一题目进行专门研讨。大家认为，合理的制度安排、规范的权力运行和有效的责任落实是国家良治的三个基础性要素，促进完善制度是国家审计服务国家治理的主旨，监督公共权力是国家审计服务国家治理的重点，推动政府落实自身责任是国家审计服务国家治理的根本；当前国家审计要通过深化财政审计等各专业审计，进一步开展国家宏观政策执行情况跟踪审计，加大发现和查处严重违法违规问题的力度等，更好地服务国家治理；国家审计要实现促进完善国家治理的目的，需要加强审计信息的综合分析和利用，进一步推进审计结果公告，不断增强审计能力建设。这些观点对于认识国家审计与国家治理的关系，促进国家审计在推动完善国家治理中发挥更大作用具有指导意义。审计署领导对研究成果做出批示，肯定取得的初步成果，要求继续深入研究。

骨干培训和学术交流 6月和7月，以“国家审计与国家治理”为主题举办两期审计理论研究骨干培训班。采取专家讲授和分组交流讨论相结合的方式，培训各地审计机关审计理论研究骨干400多人，取得较好成效。

5月，以会长翟熙贵为团长的中国审计学会代表团赴台湾与台湾政治大学联合举办“2013海峡两岸暨港澳地区审计理论与实务研讨会”。研讨会上，来自海峡两岸暨港澳地区的代表围绕民生审计和审计机关绩效管理两个主议题进行交流。学会代表团在台期间，除参加研讨会外，还与台湾地区审计同仁进行多次交流，积极宣传祖国大陆的国家审计理念、发展成就和经验，对增进两岸及港澳审计界的相互了解和同胞情谊发挥积极作用。

提高期刊质量 全年共编辑出版《审计研究》杂志6期，刊登论文96篇，总计160万字。其中政府审计方面论文比重为61.5%，由审计实务工作者撰写的论文比重为39.6%。在国家社科基金资助学术期刊2013年度考核中，《审计研究》被评定为“良好”等级，并因此得到下一年度的继续资助；被中国学术期刊（光盘版）电子杂志社、清华大学图书馆和中国科学文献计量评价研究中心联合评为“2013中国国际影响力优秀学术期刊”。

学会采取多项措施，提升办刊质量和水平。在加强编辑部工作制度建设的同时，多次组织编辑人员参加研究方法和编辑业务培训，促进提升编辑能力。编辑部利用学会举办审计理论研究骨干培训班的时机，宣讲杂志刊用论文标准和写作规范；召开以“提高办刊质量和水平”为主题的专家学者作者座谈会，广泛听取意见和建议。

对地方学会和特派办理论研究会的指导 3月，举办省级审计学会秘书长研讨班。主要围绕贯彻落实党的十八大和全国审计工作会议精神，针对当前审计学会工作面临的形势、任务和存在的主要问题，加强和改进了审计学会工作应采取的措施；在总结审计实践经验、探索审计规律、促进审计科学发展方面，学会应发挥哪些作用，怎样发挥作用；如何更有效地组织开展审计理论研究、提高研究质量等进行深入研讨。副审计长石爱中做重要讲话，浙江和辽宁两省审计学会会长介绍工作经验，会长翟熙贵做总结讲话。通过举办这次研讨班，使大家进一步明确学会工作面临的形势和任务，增强做好学会工作的责任感和使命感，促进各地学会工作和理论研究工作进一步深入开展。

加强对地方学会和特派办理论研究会的调查研究和分类指导。为贯彻落实《审计署关于加强审计理论研究工作的意见》提出的中国审计学会“要加强对单位会员的业务指导”的要求，学会领导到湖北、湖南、贵州、上海等省市调研，深入了解各地学会工作经验和存在的困难，有针对性地提出改进工作的意见，促进各地学会和理论研究会提升工作能力和水平。地方审计学会和审计署特派办理论研究会在审计工作任务十分繁重的情况下，积极组织开展课题研究和群众性理论研讨活动，并取得新成效。江苏、浙江、湖北、河南、重庆5个省（市）审计学会，组织力量承担审计署重点科研课题研究任务；安徽、甘肃、宁夏等24个省（区、市）审计学会和深圳、武汉、哈尔滨、昆明等特派员办事处，积极组织开展本省本单位重点科研课题研究工作；辽宁、云南、大连等省（市）审计学会努力扩大审计课题立项渠道，将课题纳入当地社科重点课题研究计划；湖南、上海、新疆等省（区、市）审计学会组织开展的课题研究成果在本省市社科成果评选中获奖；湖北、辽宁、甘肃等省审计学会被本省社科联等组织评为优秀社团或4A级社团。审计学会和审计理论研究的社会影响进一步扩大。

分支机构活动 审计教育分会的工作。11月，以“审计师与组织价值创造”为主题举办第三届审计教授论坛，从事审计理论研究的教育工作者与审计实务工作者近200人参加；组织“审计教育名人”推选活动；筹备创办《中国审计评论》杂志。

计算机审计分会的工作。编写出版《国家审计信息化创新模式成果报告》《国家审计信息化绩效报告》和《国家审计信息化持续发展研究报告》；完成重点科研课题“我国社会保险的突出矛盾与潜在风险的计算机仿真分析与评价研究”；推进信息系统审计研究及其建立机构的工作，包括开展信息系统审计师培训大纲和教材研究和组建信息系统审计工作部。

环境审计专业委员会的工作。组织开展《资源环境审计理论研究》课题研究；召开环境审计工作座谈会，就如何进一步加强资源环境审计工作进行讨论；组织进行资源环境审计指南、案例的编制工作。已完成《土地审计指南》《资源环境审计培训教材》《资源环境审计案例》初稿编写，启动《节能减排审计指南》和《林业审计指南》编制项目。

学会学术委员会、培训委员会和《审计研究》编委会12月底分别召开会议，就如何发挥专门委员会作用、加强和改进审计理论研究、加强审计理论研究骨干的培训和提高《审计研究》办刊质量等专题进行讨论，并提出意见和建议。

在开展上述工作的同时，学会秘书处按照审计署的统一部署，安排4人参加全国政府性债务审计；积极参加审计署党的群众路线教育实践活动，查找问题，积极整改，在改进作风和健全学会工作制度方面取得进展。在总结学会工作经验的基础上，依据学会章程，全面梳理、修订、制定学会工作各项规章制度，形成10类29项工作制度初稿，为提高学会工作制度化、规范化、科学化水平和学会长远发展创造有利条件。

（撰稿人：王大强）

【中国内部审计协会】 2013年，中国内部审计协会（以下简称协会）秘书处共有在职员工28人，下设综合业务部、准则与学术部、职业教育部、公共宣传部、书刊服务部和国际事务部。

领导成员

名誉会长：李金华

会　　长：余效明

副 会 长：鲍国明　佟吉禄　刘志远

　　　　　郝志远　高　林　沈　莹

　　　　　贾文勤　赵　宏

秘 书 长：鲍国明（兼）

副秘书长：鹿云飞

准则委员会主任：贾文勤

　　副主任：秦荣生　刘力云　冯均科

学术委员会主任：郝志远

　　副主任：王光远　刘　实　翟亚林

质量评估委员会主任：刘志远

　　副主任：薛蓓儿　王小龙　席　晟

培训委员会主任：沈　莹

　　副主任：赵　宏　胡利民　陈　华

加大分类指导力度，推进内部审计转型升级

推动民营企业内部审计工作。1月，协会召开中国民营企业内部审计经验交流会。全国政协原副主席、协会名誉会长李金华等领导出席会议，来自各行业的79家民营企业以及各级协会的150余名代表参加会议。李金华充分肯定内部审计在民营企业健康发展等方面发挥的作用，要求各级协会要更好地发挥桥梁纽带作用，加强不同形式的内部审计交流，促进民营企业之间建立联系，形成信息和经验共享、互相促进、共同提高的局面。会议对2012年民营企业内部审计调研工作进行总结，展示我国民营企业内部审计的发展状况，中国民生银行等6家民营企业做典型经验的介绍，9家民营企业代表向全国民营企业发出加强内部审计的倡议，表达民营企业进一步提升内部审计质量和水平的心声。

推进金融行业内部审计工作。一是搭建金融行业会员单位交流平台。5月，协会举办金融行业会员单位交流平台启动仪式，来自39家金融机构的71名代表参加仪式。中国工商银行、中国人寿保险（集团）公司和中国银河证券股份有限公司3家单位当选为轮值主席单位，启动仪式上宣读《中国内部审计协会金融行业会员单位交流平台运行规则》，发出加强金融行业内部审计倡议书。交流平台的建立为金融行业内部审计机构之间的交流与沟通建立长效机制。二是开展金融行业内部审计调研工作。为全面了解金融行业内部审计发展现状，7月，协会发出组织开展对金融行业内部审计发展现状进行调研工作的通知，通过问卷调查、召开座谈会等方式，了解我国金融机构内部审计的发展现状及其在复杂多变的国际国内金融环境中发挥的作用、面临的挑战和应对的举措。年底，协会共收到400多份金融机构内部审计调查问卷，并着手撰写《金融机构内部审计发展报告》。

提升行政事业单位内部控制水平。12月，协会在京举办行政事业单位内部控制规范研讨班，来自行政事业单位内部审计机构的190余人参加研讨班。研讨班上，审计署有关部门负责人结合审计中发现的问题讲解行政事业单位加强内部控制的重要性，财政部相关人员就《行政事业单位内部控制规范（试行）》进行讲解，海关总署、中国医学科学院做重点交流发言。研讨班的举办，增强了行政事业单位对内部控制规范化的重视程度，为提升行政事业单位内部控制水平打下基础。

发布国有企业和民营企业内部审计发展报告。2013年，协会在深入总结2012年国有企业内部审计成就展活动和民营企业内部审计调研工作后，于3月发布《国有企业内部审计发展报告》和《民营企业内部审计发展报告》，两个报告对我国国有企业、民营企业内部审计发展的内外部环境、成果和经验、特点和趋势进行全景展示，并对存在问题进行深入分析，提出发展的思路和建议。

推进内部审计准则和质量评估工作，促进内部审计规范化建设 完成中国内部审计准则的修订工作。协会于2012年启动内部审计准则的修订工作，组织准则委员会成员并聘请专家对2003年以来发布的内部审计准则进行全面系统修订。2013年8月，修订后的准则经协会六届四次常务理事会会议审议通过后，以公告的形式正式发布。新准则的发布，标志着我国内部审计准则体系进一步完善和成熟，并逐步与国际惯例接轨，新准则对提高内部审计职业行为的规范化水平具有积极意义。

全力推进内部审计质量评估工作。近年来，为提升内部审计质量和水平，协会一直致力于内部审计质量评估的探索与实践。2013年，协会继续加大内部审计质量评估工作推进力度，制定《内部审计质量评估机构管理暂行办法》，规范内部审计评估机构的管理和工作的开展。3月，核准安永（中国）企业咨询有限公司、甫瀚咨询（上海）有限公司和北京兆泰投资顾问有限公司等3家单位具备开展内部审计质量外部评估业务资格并予以公告。5月，在武汉组织召开内部审计质量评估工作现场交流会，邀请接受首次质量评估的中铁大桥局集团有限公司详细介绍开展质量评估的做法和体会，使内部审计人员进一步了解质量评估工作。8—10月，协会先后对北京汽车集团有限公司、中国太平洋保险（集团）股份有限公司和中国工商银行审计局上海分局开展内部审计质量外部评估。11月，在上海举办内部审计质量评估案例研讨班，介绍上述3个评估项目实例，分享内部审计质量评估的相关经验，为全面实施内部审计质量外部评估工作打下基础。

开展内部审计信息化建设活动，提升内部审计工作的信息化水平 协会在全国范围内组织以“内部审计信息化”为主题的理论研讨活动，共收到337篇论文。经协会学术委员会审定，评选出一等奖论文8篇，二等奖论文35篇，三等奖论文101篇。同时，根据各会员单位组织申报情况及论文获奖情况，评定19家单位获得优秀论文组织奖。

协会完成2013—2014年度审计署内部审计科

研课题招标、立项工作。确定内部审计质量控制体系研究、内部审计人员职业资格认证制度研究、大数据时代的信息化审计研究、信息化环境下计算机审计模式和方法、上市公司内部审计运行机制及效果研究共5个课题立项，确定中国海洋石油总公司等5个课题组为立项课题组。课题中关于信息化审计的研究，将系统地归纳和梳理信息化环境下的审计思路，对完善内部审计工作模式和方法体系，探索电子数据审计、联网审计、信息系统审计等不同审计模式，推动开展信息化环境下的内部审计工作发挥积极作用。

开展与信息化建设有关的宣传和培训工作。《中国内部审计》杂志和协会网站开辟“内部审计信息化”专栏，刊登审计信息化的前沿信息，展示审计信息化优秀成果。同时，协会还举办信息系统及计算机辅助审计培训班，提升内部审计人员的信息化审计技能，助力协会的信息化建设活动。

做好会员服务，加强协会建设　注重理念引领，全面提升内部审计人员素质。协会借召开理事会、经验交流会、研讨班和启动交流平台之机，邀请国内知名专家学者、政府监管部门领导等就内部审计最新理念和发展趋势、宏观经济形势等内容，举行报告会、专题讲座8次；10月，协会借IIA（国际内部审计师协会）秘书长理查德·钱伯斯先生访华之机，在北京举办“2014年的内部审计：新兴趋势与前瞻”专题报告会，为广大内部审计人员带来国际内部审计最新资讯，拓宽内部审计人员思路，开阔内部审计人员视野，得到广大内部审计人员的认可。

做好教育培训和考试工作。协会共举办各种类型的面授培训班84期，主要包括内部审计准则、企业集团风险管理与内部控制、内部审计质量评估、内部审计理论与实务、内部经济责任审计、信息系统及计算机辅助审计等25种类型。同时，开设网络培训课程17门，全年共计培训内部审计人员近9000人次。协会对国际注册内部审计师（英文简称CIA）考试管理系统进行改进和升级，优化考场分配模块，增加报考数据迁移流程，提高系统和信息的安全性。11月，全国22个考点、4个分考点共有21971人报名参加考试，同比增加836人。全年共有2466人通过CIA考试，171人通过内部控制自我评估专业资格考试（英文简称CCSA）。全国共有3.45万人取得CIA资格。协会继续推广风险管理确认资格（英文简称CRMA），截至11月，国内获得CRMA资格的人员达到2900余人。

加强国际（地区）合作与交流。为了解掌握国际内部审计发展的新兴趋势和前沿理念，增进与IIA及其他国家和地区分会的交流和沟通，协会组织人员参加2月在秘鲁举办的IIA全球论坛、7月在美国举办的IIA 2013年会、11月在中国台湾举办的第十三届海峡两岸内部审计研讨会暨2013年亚洲内部审计大会和12月在美国举办的IIA年会等会议。协会还分别于7月和10月接待IIA官员的来访，与相关人员就CIA纸笔考试组织流程、2014年中国考区考试科目调整、机考试点、后续教育改革等事项进行深入磋商。

加强自身建设和地方协会建设。组织召开六届三次理事会暨地方协会工作经验交流会，六届四次、五次常务理事会；召开全国内部审计协会秘书长会议、专门委员会会议等，对内部审计工作和协会工作进行部署和总结。3月，协会在2012年地方协会工作经验总结与推广活动的基础上，召开地方协会工作经验交流会。在会上，将工作有特色、成绩较为突出的13个省级协会、21个基层协会列为“推荐学习的典型”，江苏省内部审计协会、北京市房山区内部审计协会等9家单位分别从不同角度介绍工作的经验和特色。11月，协会发布《地方内部审计协会发展状况调查报告》，对地方协会近年的工作和发展状况进行全面总结。报告分析地方协会工作的特点和发展中存在的问题，提出加强地方协会工作的意见和建议。12月，为推动新成立的西藏自治区内部审计协会工作的开展，协会向其捐赠25种2000余册业务用书，用实际行动支持西藏自治区内部审计协会的工作。11月，协会在地方协会会长和秘书长会议上进一步强调统计工作的重要性，分析总结近年来统计工作取得的成果和存在的问题，布置2013年内部审计情况统计工作。协会还创新统计思路，扩大统计范围，开展中央企事业单位的统计工作，使统计的覆盖面和力度有了显著的增强。积极拓展工作思路，多渠道宣传中国内部审计协会工作，吸引不同领域的单位加入协会，

2013年共吸纳20家单位加入协会，目前协会单位会员已达384家。

党建工作 协会党支部按照审计署党的群众路线教育实践活动的要求和部署，在督导组的指导下，深入学习党章和习近平总书记系列重要讲话精神，广泛动员，认真开展谈心、征求意见、剖析检查、批评与自我批评等环节工作，协会领导带头聚焦“四风”查摆问题、撰写对照检查材料，针对宗旨意识、工作作风、廉洁自律方面的问题制定整改措施，并落实到下年度的工作中。协会进一步加强自身党组织建设，发展2名党员并确定2名入党积极分子；开辟学习交流园地，组织向地震灾区和贫困母亲捐款捐物，开展群众性文化娱乐活动，组织摄影比赛，活跃职工文化生活，激发职工参与协会活动的热情。

（撰稿人：王蕙娜）

【南京审计学院】 2013年，南京审计学院（以下简称南审）有全日制普通本科在校生近15000名，研究生（含10名留学研究生）127名。专任教师878名，正高职称103名，博士（含在读）417名。江苏省特聘教授3名，高层次创新创业人才引进计划人才1名。学院有浦口和莫愁两个校区，占地2200余亩，设有国际审计学院、会计学院、管理学院、经济学院、金融学院、法学院、信息科学学院、数学与统计学院、外国语学院、国际文化交流学院、政治与行政学院；金审学院；继续教育学院；思想政治理论教学部、体育部、艺术教育部；审计硕士教育中心。设有28个本科专业，其中，审计学、金融学、财政学为教育部特色专业建设点，财政学类、金融学类、管理科学与工程类、工商管理类、审计学为江苏省“十二五”重点专业（类），审计学、金融学为江苏省品牌专业，财政学、会计学、工商管理、国际经济与贸易、信息管理与信息系统为江苏省特色专业；被批准为硕士学位（学术学位）授予单位；审计学教学团队、金融学核心课程教学团队为江苏省高校优秀教学团队；金融学专业复合型应用性金融人才培养模式创新实验基地为江苏省高等教育人才培养模式创新实验基地。

学院独立设置江苏省审计信息工程重点建设实验室、中国内部审计协会内部审计发展研究中心、公共工程审计实验室、现代审计发展研究中心、国民经济研究所、公共管理绩效评估研究院、货币研究所、高教研究所、审计文化与教育研究院、信息系统审计实验中心、金融工程研究中心、公共政策研究与分析中心、中匈学术文化研究中心、中国审计情报中心14个科研机构；设置招生就业中心、实验室建设与管理中心、教育技术与网管中心、图书馆、学报编辑部、档案馆6个教辅机构；后勤服务机构为总务委员会，下设7个中心；还设置教育发展基金会办公室、校友联谊会办公室、人才交流中心、金融高级人才培训中心、国际学术交流中心5个附属机构；此外，还设置学术委员会、学术评定委员会、教学委员会、教学督导委员会、发展委员会、财务委员会、图书情报工作委员会、学生工作委员会、审计干部教育学院建设管理委员会9个委员会办事机构。

领导成员

党委书记：王家新
校　　长：晏维龙
副 校 长：尹　平　郭宏之　王会金
　　　　　张金城　张建红　时　现
　　　　　裴　育
纪委书记：吴朝国

教学科研成果显著 获得江苏省高等学校教育教学成果5项，其中，一等奖2项，二等奖3项。获国家基金资助项目10项，其中国家社科基金课题4项（其中2项为重点课题），国家自科基金课题6项。获省部级课题22项，厅级课题37项。2013年横向课题项目20项，横向课题经费619万元，比2012年增加了290%。全校共发表论文440篇。其中CSSCI期刊论文98篇，北大核心期刊论文69篇，SCI期刊收录论文18篇，CSCD论文16篇，EI收录12篇。教授郑石桥的“中国特色社会主义审计理论研究”列入国家社科基金重大招标项目选题指南。教授吴汉全论著《中国马克思主义学术史概论（1919—1949）》荣获第六届高等学校科学研究优秀成果奖（人文社会科学）二等奖。成功申报江苏省“审计信息工程与技术协同创新中心”，成为我省首批省级协同创新中心培育点。大学生创新创业训练计划项目共获批67项，其中省级重点项目22个，省级一般项目20个，省级指导项目25个；22个省级重点项目同时获批为国家级大学生创新创业计划项目。

正式获批为硕士学位（学术学位）授予单位 7月19日，经国务院学位委员会第三十次会议审议批准，南审被批准为硕士学位（学术学位）授予单位，工商管理、应用经济学、理论经济学3个一级学科被批准为授权学科。根据获批的授权一级学科，南审将开展审计学（自主设置）、会计学（含财务管理）、企业管理（含市场营销、人力资源管理）、技术经济及管理、国民经济学、区域经济学、财政学、金融学（含保险学）、产业经济学、国际贸易学、劳动经济学、统计学、数量经济学、政治经济学、西方经济学、世界经济、人口、资源与环境经济学等二级学科的硕士研究生招生与培养工作。

深入推进国际化办学 聘请诺贝尔经济学奖得主麦伦舒尔斯、国际知名中美关系专家美国丹佛大学终身教授赵穗生等一批世界名校的学者教授为南审荣誉教授并为师生讲座；利比里亚副审计长南卡一行来校访问；承办审计署坦桑尼亚审计官员研修班、主办老挝交通部学习班；接待友好访问44人次；洽谈合作35人次，新增合作协议8份。招收来自利比里亚、印度尼西亚、吉尔吉斯斯坦、马来西亚、越南、泰国、南非、澳大利亚、摩洛哥、意大利、毛里求斯、俄罗斯、爱尔兰、巴西等国家的来华留学生96人。

承办审计署高层次审计干部教育培训班 3月20日，审计干部教育学院2013年度财务会计培训班开班典礼在南审举行，副审计长石爱中出席并做动员。本次培训班为期3个月，107名学员将进行包括基础会计、会计实务、财务软件等五门课程的培训。10月8日，审计干部教育学院工程投资管理与审计培训班开班，副审计长石爱中出席开班典礼并做动员。此次培训班为期三个月，参训学员将围绕“工程投资与审计”的主题，重点学习工程技术基础、工程造价管理与审计等课程，此次培训班也是首个工程审计类的培训班。9月10日，坦桑尼亚审计官员研修班在南审开班，副审计长董大胜出席开班典礼并致辞，随后做题为《中国审计的最新发展》的研讨班第一讲。此次培训为期三周，来自坦桑尼亚审计署的20位审计官员参训。7月1日，审计署2013年度信息系统审计培训班在南审开班。此次培训为期8天。培训内容包括信息系统安全审计、绩效审计、控制审计等专题。

与地方审计厅（局）签署合作协议 3月29日，与江苏省审计厅签署战略合作协议。根据协议，双方将共享审计资源并开展全面合作，主要内容涉及共同建设审计文化，共同开展审计基础理论研究，共同开发审计案例及相关课程，学校在审计厅建立实践基地用于师资培训与人才培养，双方还规定将联合建设中国审计情报中心。10月17日，与南京市审计局签署战略合作协议。双方在科研合作、人才培养、信息化建设等方面达成21条协议，内容涉及积极探索审计应用理论研究、合作申报科研课题、共同举办学术研讨会、建立挂职锻炼及实习基地等多个方面。11月1日，与甘肃省审计厅签署战略合作框架协议。双方共同致力于审计文化建设、人才培养、师资建设、审计课程与案例开发等，并将设立专门工作小组，每年制订合作项目计划，协调、推动合作事项并组织实施。

问鼎ACCA全球统考单科大陆第一 10月25日，举行2013ACCA秋季新会员欢迎仪式暨秋季全国单科第一颁奖典礼。在17名获得本次全球统考单科成绩中国大陆第一的优秀学员中，南审有3名同学获此殊荣。

首届审计长奖学金 5月17日，南审举行首届审计长奖学金颁奖仪式。董学成、薛艳君、卢霈、顾芸琦、郭莹莹、陈忠洋、施沈杰、蒋啸翀、徐婷婷、高晓萍10名同学成为首批审计长奖学金获得者，审计长刘家义赴南审参加颁奖仪式亲自为获奖者颁发证书，并与南审学子进行互动交流。为建立培养国际型审计人才的长效机制，奖励品学兼优、立志献身中国审计事业的在校学生，审计署在南审设立审计长奖学金。审计长奖学金本金1000万元人民币，由审计署一次性拨付南审。

参加联合国审计 2013年，选派葛晟、李宗彦、王素梅、李庭燎、唐国华、张文秀、谢德琼、戴枫8名教师参加审计署联合国项目审计工作。在审计署的统一安排下，他们参加了联合国维和全球服务中心审计、维和总部期终审计、联合国水资源、健康与资源研究所审计、联合国儿童基金会、联合国总部采购司绩效审计等12个项目，以科学负责的工作态度，严谨细致的工作作风，扎实过硬的专业功底，卓越质量的工作成效赢得被审计单位的赞赏，将南审人的风采展现在联合国审计的舞台上。审计署特来信对以上8名教师取得的成绩予以肯定，对其出色的工作表现予以表扬。

入选“2012江苏十大大学生年度人物” 6月13日，会计学院学生沙姿含因其在公益事业上的突出表现，入选“2012江苏十大大学生年度人物”，江苏省教育厅厅长沈健为其颁发证书和奖杯。此次评选以专家评审、实地考察和13万余名大学生实名制网络推选。

学生大赛获奖丰硕 1月5日，红帆船话剧社吴秋桐同学创作的独幕剧《玉殇》荣获第八届江苏省大学生文化艺术节“梦想人生”话剧大赛独幕剧二等奖，《聚散两依依》获独幕剧优秀演出奖。6月，7名学生在“第八届道琼斯全国高校财经英语竞赛”决赛中获奖，获奖人数居全国高校之首。7—8月，近400名同学服务于青奥体育公园亚青会橄榄球项目，获得亚青组委会、南京团市委等相关部门的表扬。圆满完成志愿服务工作的任务，最终有80名志愿者获得“优秀志愿者”称号，240名志愿者获得各类岗位“优秀达人”称号。10月17日，由国际文化交流学院创作的反映经济困难生在学校关心下成长的微电影《春暖花开》，参加中国大学生电视节特别单元江苏省“资助成效”微电影大赛荣获三等奖。10月25日，金融学院在中国金融教育发展基金会和中国进出口银行合作举办的2013年“进出口银行杯”全国大学生暑期社会实践征文活动获得特等奖1项、一等奖3项，二等奖5项、三等奖6项，金融学院因组织工作成绩突出被评为优秀组织奖。11月3日，在北京对外经贸大学举办的第一届全国高校商业精英挑战赛暨海峡两岸营销模拟决策大赛大陆总决赛中，“南审红二连”代表队荣获全国三等奖。12月2日，学校大学生辩论队在参加由共青团江苏省学校部，南京广播电视集团共同举办的“青春亮见”南京大学生电视辩论邀请赛中勇夺冠军。

开展“三关”主题教育活动 3月11日，党委中心组举行专题学习会，讨论研究全面开展“关心南审、关注课堂、关爱学生”主题教育活动，进一步帮助师生认知南审，激发师生热爱南审，全面推进特色大学建设。“关心南审”主要是了解南审发展史，明确南审发展目标，通过理解南审办学理念树立道路自信，通过把握南审精神实质确立教师价值追求。“关注课堂”主要是确立课堂在大学中的神圣殿堂地位，推进课堂革新和课程优化，在全校树立全天候为教学服务的理念。“关爱学生”主要是围绕“立德、立志、立人”主题，在全校形成“引导学生成人”“关心学生成长”“促进学生成才”的良好育人机制和氛围。

召开第四届教职工代表大会 3月15—16日，召开第四届教职工代表大会暨第五届工会会员代表大会。王家新做学校工作报告，报告中明确提出“建成有重要影响的审计大学”这一奋斗目标。与会代表选举产生第四届教代会执委会、第五届工会委员会和相关委员会委员，通过《学校工作报告》《第四届工会工作报告》《2012年学校财务预算执行情况报告》《第四届工会经费审查报告》《第三届教代会提案工作报告》和《教职工绩效考核办法》。新一届教代会执委会委员和工会委员召开全委会，选举张建红为教代会执委会主任，王会金为副主任，选举石云亮担任工会主席，苗永兴为副主席。

深入开展党的群众路线教育实践活动 8月26日，成立南京审计学院党的群众路线教育实践活动领导小组，切实加强对全校党的群众路线教育实践活动的组织领导工作。教育实践活动开展6个月期间，学校党委将教育实践活动与学校年初提出的“关心南审、关注课堂、关爱学生”主题教育活动相结合，与30周年校庆相结合，与学校中心工作相结合，将活动要求落到实处，求得实效。通过精心组织学习教育，广泛深入征求意见，查实找准“四风”问题，严肃认真开展批评，分类整改各种问题，建立各种规章制度，及时总结活动经验和成果等环节。

30周年校庆 2013年是南京审计学院建校30周年校庆年，学校把校庆作为积淀传统、增进共识、凝聚师生重新出发的重要契机，把主要精力放在营造校园学术氛围、提升学校文化品位、巩固学校发展内涵上，在坚持“朴素节俭而不失热烈”的原则下，举办一系列学术活动与校园文化活动。11月2日，举行建校30周年庆祝活动，百余名来自五湖四海的校友与两万余名师生一起，共同庆祝南审建校30年。此次校庆活动不邀请领导、不邀请外宾及兄弟院校、不邀请演出团体和个人，综艺演出等各类费用均出自校友捐赠，校园及庆典现场的花草均由总务委员培育。3月23日至10月20日，云南、陕西、淮安、徐州、南通和北京等地校友会先后成立，为母校校庆献礼。3月19日至10月13日，举办校庆30周年系列讲座，广邀诺贝尔奖获得者、中科院院士等国内外近60位学术名家来校作讲座，传播学术观点。

（撰稿人：曹兴华）

审计理论与科研

审计科研综述

一、审计技术创新典型案例选编

该研究选择投资审计、金融审计、社保审计、企业审计、财政审计和经济责任审计六个领域的14篇典型技术创新案例进行汇编，总结和推广优秀的技术创新成果，推进审计新技术、新方法的合理运用。

（一）投资审计领域典型案例。

投资审计领域选择四个案例。一是运用离群点分析技术对移民资金工程项目样本信息，进行深入的分析和筛查。二是实施远程联网跟踪，进一步强化跟踪审计手段，提高投资审计效率和规范化水平，并在数据远程安全传输、保护方面进行探索。三是在基本农田建设审计项目中，利用地理信息系统分析软件对测绘图、规划设计图和竣工图等各环节的图像进行叠加，结合数据资料分析和现场测量取证的方法开展审计。四是在交通项目审计中，对Google Earth和GPS图片分析技术进行组合创新。

（二）金融审计领域典型案例。

金融审计领域选择三个案例。一是从分析研究金融机构数据特征入手发现地下钱庄、非法集资、内幕交易等经济犯罪线索。二是在商业银行信息系统审计中，从数据的可靠性方面反向评价系统环境、制度控制、人员素质对系统造成的影响。三是在房地产信贷业务审计中，对贷款企业重要的会计数据和业务信息等要素逐项提取，并进行排列、对比、计算和分析，从而得出主要违法违规问题的线索和事实。

（三）社保审计领域典型案例。

社保审计领域选择三个案例。一是利用跨行业数据流钩稽关系排查社保基金舞弊风险。二是运用统计和数据挖掘方法进行数据分析，有效查出社保工作中的问题。三是采用“统一分析、分散核查”模式开展审计，查出问题线索，提高审计效率。

（四）财政审计领域典型案例。

财政审计选择一个案例。运用“集中分析、重点核查”的数字化审计模式，统筹审计资源，实现部门预算执行审计广度、深度和工作效率的提升。

（五）企业审计领域典型案例。

企业审计选择两个案例。一是审计分析和预警系统应用于分析中央企业及下属公司的财务报表，揭示企业存在的主要风险点，为审计延伸提供了有益的指引。二是从信息系统入手的全面审计法，从总体上分析和把握审计项目，再从细节上发现问题。

（六）经济责任审计领域典型案例。

经济责任审计选择一个案例。运用外部数据分析，揭示多方企业循环开具增值税发票的虚假贸易方式。

二、财政专项资金审计业务研究

财政专项资金审计是提高财政专项资金的经济效益和社会效益的必要和有效的途径，是国家审计推动和完善国家治理的重要着力点，在审计机关的业务活动中占据重要位置。该研究从当前财政资金存在问题入手，阐明财政专项资金审计的思路与目标，论述财政专项资金审计的九项内容，探讨财政专项资金审计方法与审计组织模式。

（一）加强财政专项资金审计监督的重要意义。

财政专项资金对社会投资的基础性、带动性、引导性、调节性作用至关重要，需要从体制和机制上来加强对财政专项资金的审计监督，其重要意义在于：一是推进政府职能转变的客观要求；二是推动简化转移支付体系的现实需要；三是规范财政专项资金管理的必然选择。

（二）财政专项资金审计的思路与目标。

财政专项资金审计的工作思路应当立足于促进财政专项资金相关政策的贯彻落实与完善，紧扣重大项目实施情况和重点专项资金绩效情况，紧扣各级政府及相关主管部门的履责情况，以相关政策法规为依据，以中央和各级地方政府财政安排的重点专项资金为主线，以重点项目实施单位和企业为抓手，客观评价财政专项资金的政策执行情况，反映在项目管理和资金筹集、分配、管理和使用过程中存在的问题，从体制、机制方面分析产生问题的原因，提出完善对策。通过审计，达到促进规范项目管理、促进规范资金管理、促进政策的贯彻落实和促进财政专项资金建设工程项目顺利实施的目标。

（三）财政专项资金审计的内容。

为了实现审计目标，应当重点围绕九个方面的内容开展财政专项资金审计业务：一是财政专项资金相关公共政策制定的科学性；二是财政专项的项目组织管理情况；三是财政专项资金的来源情况；四是财政专项资金的分配使用情况；五是财政专项资金的管理情况；六是财政专项资金的使用效果；七是财政专项资金相关政策的贯彻落实情况；八是财政专项资金相关责任人的职责履行情况；九是建设工程项目管理情况。

（四）财政专项资金审计的方法。

财政专项资金涉及的种类多、范围广，审计工作政策性强，审计人员要及时调整审计思路，集中精力对重点领域、重点部门、重点资金进行审计，不断提高审计效率。在审计中，要重视构建财政专项审计评价指标体系；关注资金流转和支付方向，层层跟踪审计；恰当开展延伸审计，做到点面结合，突出重点；深入项目现场，重视调查研究；抓住关键环节，掌握审计策略和技巧；综合运用各种具体审计方法。

（五）财政专项资金审计的组织模式。

财政专项资金的效益审计与传统的财务收支审计最大的区别在于审计工作的前移，从立项前的项目论证开始，直到项目竣工和运行维护及效果是事前、事中、事后的动态审计监督与评价，因此，需要从实际出发，提高财政专项资金审计的质量和水平。在组织模式上，一要科学选择审计项目，加强财政专项资金审计项目计划的战略规划研究，增强项目计划的系统性和前瞻性，实现总体战略规划与年度审计项目计划安排的有机结合；二要合理配置审计资源，严格按照审计实施方案确定的审计目标和审计重点内容，明确责任和分工；三要与其他部门建立工作协调机制，避免重复劳动，在坚持独立审计的同时，根据实际情况和工作需要，加强与有关部门的协作配合；四要推动财政专项资金跟踪审计规范化，实行常态监督与重点抽查相结合，将事后抽查转为事前、事中、事后全过程的监督。

三、关于国家审计深入发展若干问题的思考

国家审计生存和发展所依赖的外部环境正发生着深刻的变化，国家审计应当抓住机遇，迎接挑战，担负起历史和法律赋予的责任。该研究从国家审计有效服务国家治理的高度，辨析了国家审计应当深入发展的七个战略着眼点，并进一步探讨了相关制度安排应注意的四个问题。

（一）国家审计有效服务国家治理的政治经济学本源分析。

从理论上廓清国家审计的本质内涵，可以从根本上明确国家审计应有的作为和发展。对国家审计本质内涵的探讨，一是要立足于审计的基本本源；二是要立足于中国的国情，立足于中国的现实制度和历史文化传统；三是要在本源的基础上与时俱进，不断创新，不断完善；四是对国外的审计理论要辩证认识理论和制度层面，要树立中国国家审计理论的自觉和自信。审计本源与资源的生产、分配、利用和收益密切相关，与政治密不可分，是资源动态变化的必然反映。国家审计是依据宪法和法律的规定，对行使公权力的国家机构管理、利用公共资源的过程和结果进行监督。要在中国社会制度的基础上诠释和认识国家审计，依赖中国的社会制度健全和完善国家审计，创新和发展国家审计。

（二）国家审计深入发展若干方面的战略着眼点辨析。

新的形势下，国家审计需要在深入把握国家经济社会总体发展目标和要求，辨清国家审计本质和自身优势的基础上，着眼战略谋划，合理布

局，深化和扩大审计业务的范围，适应变革的实践需求，不断调整审计重点。一是做深做透财政收支政策和结构分析，促进政府职能转变，优化资源配置；二是应高度重视对战略规划的审计，从源头上把脉和监督国家治理的有效性；三是注重将生态文明建设融入各业务审计领域；四是深化国有企业审计，维护国有企业对于社会主义公有制经济发展的战略地位；五是领导干部经济责任审计应注重多角度多视野考量，融经济、政治、社会、生态责任于一体；六是金融审计应当注重促进金融服务实体经济的发展，注重国内市场与国际市场的联动效应，注重财政政策与金融政策的协调；七是农业审计中应着眼于融农业和农村、农民的生存和发展于一体，注重涉农政策的合力效应。

（三）国家审计深入发展需要加强数据管理和深化决策分析。

国家审计对资源配置有效性的判别确定和前瞻指引都取决于如何获取数据，获取怎样的数据，怎样利用数据，如何分析数据。因此，要加强数据管理，充分反映国家经济社会发展的基本情况，保证在审计范围内所反映的国家经济社会运行情况数据的真实性，完整性；要深化决策分析，分析和利用所取得的数据，保证决策的适当性和有效性。

（四）国家审计深入发展进程中相关制度安排应注意的几个问题的探讨。

国家审计的相关制度安排核心是围绕着国家经济发展的中心和战略目标，应当配置好现有的各种资源，以各种资源的有效组合，实现国家审计组织价值的最大化和最优化。第一，国家审计应当加强顶层设计的有效性，注重顶层设计与具体执行层面的协调一致性。顶层设计应当充分关注和考虑现有审计资源的地域性、层次性、发展的不平衡性和差异性，保证全国审计机关上下联动，步调一致，形成合力。第二，注重提升国家审计的“软实力”，以“软实力”的正能量再塑国家审计的影响力。国家审计在软实力建设上，要树立科学的审计价值理念，要强调广大审计人员的自身品德素养和审计职业道德间的融合，要重视和加强各级领导干部领导力素养的具备培养。第三，审计人员职位激励应当以德为先，注重教育培训的针对性。要注重选拔作风稳健，踏实肯干，表里如一，有责任心并勇于担当的干部，要着眼于技术与行政两条线并行，要注重知识的普及与能力的提高相区别，加大对基层审计人员的培训。第四，国家审计应当切实将理论研究与审计实践相融合，以理论研究提升审计成果的层次性和价值性。实施国家审计是一种应用对策研究，应当正确处理好基础理论和应用对策研究之间的关系。既要重视国家审计本身的理论研究和创新，指导审计人员更有效地实施审计，更要重视对相关领域的理论研究，提升国家审计成果的作用层次和价值转化。要将理论研究真正融入工作中，成为一种自觉行动。

四、财政支出改革中的审计作用研究

推进财政支出改革，需要依托各项基础条件和改革思路，同时也需要有健全而有效的监督。国家审计推动完善财政支出改革，既有必要性，更具有可行性。该研究以财政支出改革为背景，以客观翔实的数据资料为依据，从国家审计的视角，提出了深化财政支出改革的审计推进策略。

（一）研究背景和意义。

财政支出改革正处在关键阶段。政府职能加快转变，为新形势下推进财政支出改革创造了条件。随着财政收入转入低速增长轨道，如何推进财政支出改革，确保有足够的资金保障民生领域的刚性支出需求，成为当前面临的新课题。近年来，我国专项转移支付管理制度和分配方式不断改进，但资金运转不透明、划拨分配方式不完善、项目设置混乱、监督乏力等问题，一直影响专项资金的配置效率，制约政策目标的全面实现。国家审计有责任回应财政体制运行中亟须解决的现实问题，有义务也有能力推进财政支出改革和财政体制的健全完善。通过课题的研究，能够促进财政支出改革领域的理论探索；对推动政府职能向创造良好发展环境、提供优质公共服务、维护社会公平正义转变具有现实指导意义；深化中国特色社会主义审计制度研究。

（二）财政支出改革面临的主要挑战。

当前，我国财政支出改革面临的主要挑战表现在：第一，财政收入增速放缓与财政刚性支出增加的矛盾凸显；第二，经济发展与社会建设的关系还不协调；第三，政府间财政支出责任不明确；第四，专项转移支付制度有待完善；第五，财政支出管理制度有待健全；第六，财政支出绩效评价体系不科学。

（三）财政支出改革的国别比较。

开展财政支出改革相关研究，与其他国家进行比较，有利于学习经验、获得借鉴。世界主要国家财政支出情况有：美国的赤字型财政向平衡型财政转变，日本的中央与地方事权划分坚持三原则，瑞典的高福利、高支出、高税收、高赤字以及印度的过度市场化资源配置的低效率。从国外财政支出整体演变趋势以及改革历程，可以得出以下几点启示：首先，应当正视政府管理体制改革中政府间关系不顺畅、政府职能转变不到位等突出问题，提高政府在维护经济稳定发展，促进社会公平等方面的有效性；其次，把握财政支出结构演变的国际趋势，加快调整财政支出的布局；最后，重视法律规章在财政支出改革进程中的重要作用。

（四）深化财政支出改革的审计推进策略。

国家审计作为公共资金的"守护者"，要在财政支出改革的各环节和全过程中发挥独特作用，确保公共资金节约、合理和有效使用，推进宏观调控政策落实和制度完善。应从以下几方面推进深化财政支出改革。

第一，深入揭示体制机制性障碍，进一步明晰财政支出的改革路径。一要在揭露问题方面进一步向体制、机制方面深化，促进改革的深入；二要在注重审计建议针对性的基础上，进一步强化财政改革的宏观服务性。

第二，优化审计资源配置，促进财政审计综合信息平台的建立。整合财政支出审计项目计划，统筹安排审计项目；整合审计内容，从宏观和全局角度来组织实施审计项目。

第三，适应财政支出结构优化的需要，适时调整财政审计重点。不论是国家重大经济项目的投资，还是公共基础项目的投资，在财政支出改革的新形势下都需要审计的充分关注和积极介入。

第四，创新政策执行情况审计，丰富跟踪审计和专项审计调查的内容。应当对照财政支出相关政策的重点、方向和力度，加强对政策实施情况和效果的审计调查，检查财政支出的结构变化和变动趋势，关注政策执行中出现的新情况和新问题，及时提出对策建议，促进提高政策的针对性和灵活性。

第五，开展专项审计调查与研究，提前布局转移支付改革后的转移支付审计。审计机关应紧扣主题主线，认真归纳、提炼近年来财政转移支付资金体制机制层面的审计意见或建议，及时发现转移支付新体制、机制改革中的新问题。

第六，加大财政审计中的绩效审计比重，推动财政支出改革健康发展。应当结合预算执行审计，检查财政资金分配的科学性、合理性，分析资金使用的经济性、效率性和效果性，检查政府投资项目资金来源、立项决策和落实国家宏观政策情况，评价财政支出绩效情况及其评价体系的完备性，全方位推动财政支出绩效管理水平的提升。

五、电子政务审计研究

与常规审计相比，电子政务审计的审计目标、对象、内容、实施方式都具有特殊性。而目前业界对电子政务审计的概念、内容和技术方法等尚比较模糊，电子政务审计理论准备不足，严重制约了相关实务的发展。该研究基于我国电子政务当前存在的突出问题，构建电子政务审计的内容框架，结合案例提出电子政务审计的组织实施方式。

（一）电子政务审计的内涵与作用。

电子政务审计是指审计机关遵循一定标准规范，对使用财政资金开展信息化建设、形成的信息化资产及相关管理活动进行独立监督，收集和评估证据并判断被审单位的信息化规划、建设和运行维护的安全性、有效性（可靠性）和经济性，以促进电子政务在行政管理体制改革和政府管理创新中发挥重要支撑作用的活动。

电子政务审计主要从三个方面发挥推动完善国家治理的作用。第一，促进塑造公开、透明、服务型政府的价值形象，保障提高人民利益；第二，促进国家公共政策的科学制定与严格执行，推动依法治国，落实国家治理的责任；第三，保障和维护国家信息安全，推动实现国家的可持续发展。

（二）电子政务审计的内容框架。

电子政务审计是建立在我国电子政务基本现状基础上的。2002 年，我国开始电子政务的快速发展，自上而下的电子政务管理体制初步形成，但是仍存在着国家层面缺少更权威更强有力的管理机构、地方电子政务主管部门设置多种多样、职责不清等问题。虽然电子政务公共服务体系正逐步建设完善，但服务偏重于经济监管领域，跨部门的信息共享与业务协同不足，信息公开力度、在线办事程度、政民互动能力等方面亟待加强。总的来说，我国电子政务正处于从“部门主导、自成体系”走向“总体规划、集约发展”的过程，统筹建设不足，应用水平低，信息共享与业务协同难以推进，信息安全保障薄弱。

构建我国电子政务审计的内容框架，应当遵循以下四个原则：第一，要与国际接轨。国外有关组织发布的相关指南，为我国开展电子政务审计提供了借鉴。一般控制和应用控制审计，可以作为我国电子政务审计内容框架的基本分类。第二，要适合本国国情。根据我国电子政务的发展方针，应用绩效审计应列为我国电子政务审计的主要内容之一；同时，在构建一般控制与应用控制大类下的具体审计事项时，应充分考虑我国审计对象与审计环境特点。第三，要体现国家审计特征。应用控制审计应具有首要地位。第四，要具有可操作性。

一般控制审计主要包括四个方面：第一，组织规划审计。主要检查信息化机构岗位、信息化规划、管理制度和内部监督等组织层面制度与措施的有效性，分析被审单位的信息化管理体制机制存在的风险点和薄弱环节。内容包括组织岗位、战略规划、管理制度和内部监督。第二，项目建设审计。检查被审计系统的投资决策、工程建设、资金管理和验收管理等内容，揭示系统建设管理存在的问题与风险。第三，运维服务审计。检查变更管理、问题管理、日志管理、硬件设施可靠性，检查系统设计文档、系统性能状况分析报告、变更管理、问题管理、日志管理制度文件和工作记录等文件。第四，安全审计。应测试防火墙、网关、路由器、操作系统和数据库配置，检查信息安全管理制度文件、安全检测报告、网络拓扑图、安全等级测评文件和安全日志档案等资料。

电子政务应用控制审计是体现国家审计特色的重要内容之一，主要包括以下四个方面：第一，业务流程总体控制审计。主要检查业务流程设计是否遵循国家法律法规政策规定，业务流程执行的关键节点是否考虑潜在舞弊和误操作等风险，系统操作人员是否根据岗位职责授权访问相应功能模块和数据。第二，输入、处理和输出控制审计。输入控制审计检查系统事务能够是否被正确完整地接受、编辑和记录；处理控制审计检查应用程序处理的合法性、准确性和完整性；输出控制审计检查系统数据的输出内容、形式和授权是否符合用户要求。第三，主数据及参数审计。审计人员需要查阅主数据及参数设置及维护的管理制度、检查主数据及参数的设置值，检查主数据及参数调整审批记录。第四，接口控制审计。需要检查数据传输日志，查阅接口功能设计文档、源程序、测试文档和数据接口管理制度等。

电子政务应用绩效审计包括四个方面。第一，系统应用水平审计。需要检查业务数据入库时间和数量、系统性能监测报告；查阅信息化应用推广的管理制度，系统设计文档、系统验收等资料。第二，信息公开与公共服务。应重点审查被审单位是否建立健全政府信息公开制度，行政审批服务中心是否充分利用现有电子政务资源，关注政府呼叫中心，公共信息亭等的建设情况。第三，信息资源开发利用。重点审查被审单位是否制定政务信息资源分级分类管理办法，审查信息资源系统数据利用程度。第四，信息共享与业务协同。主要检查被审计单位信息系统内外部信息共享与资源整合状况，揭示是否有效整合内外信息资源。

（三）电子政务审计的组织实施。

审计机关可采取三种不同形式组织开展审计项目。第一种形式：项目或系统层面的电子政务审计。就某个项目而言，通常对资金投入使用情况、项目建设管理情况、项目产出和应用情况进行检查和评估，判断是否促进信息化建设项目的绩效提升。就某个系统而言，通常对系统的规划设计、资金投入使用、系统建设、应用绩效等进行审计。第二种形式：区域层面的电子政务审计。可以是针对行业、部门或行政区域的政府信息化投资、建设及应用情况。针对行业开展电子政务审计，应关注这些行业信息系统的规划、建设与应用状况。针对部门开展电子政务审计，还需要重点关注该部门信息化建设的统筹规划。针对某行政区域开展电子政务审计，应关注电子政务建设发挥的作用。第三种形式：国家政策层面的电子政务审计。应收集电子政务政策执行情况的数据，为电子政务政策制定提供审计建议。

电子政务的建设过程，同时是资金流转的过程，也是实物流和业务流实现的过程。这三个方面的审计实施思路分别如下：第一，以资金使用为主线的思路，是指沿着电子政务项目预算申报、预算执行和项目验收的资金使用过程开展审计。该思路适用于结合部门预算执行审计项目开展某部门的电子政务审计。第二，以系统建设为主线的思路，是指沿着电子政务工程申报审批、项目建设、资金管理、验收评价和运行管理的系统生命周期线开展审计。该思路适用于结合经济责任审计项目开展某部门的电子政务审计，也适用于揭示整体电子政务建设存在的问题。第三，以业务流程为主线的思路，是指依据系统设计文档，重在反映系统数据的真实性和合规性。该思路适用于针对被审单位的关键业务系统开展独立式审计，也适应于依托社保基金、公积金等各种项目开展结合式电子政务审计。

六、促进影子银行体系有序发展的审计对策研究

我国的影子银行体系起步较晚，发展速度却很快。影子银行在当前环境下的重要意义，在于修正金融抑制，提高金融体系效率。然而，影子银行体系也具有脆弱性，各国也致力于在新的监管框架下弥补金融危机暴露出的监管缺陷。该研究从理论上对中国的影子银行及银行在其中扮演的角色进行分析，较为系统地介绍各类影子银行的沿革、结构和风险特征，深入探讨国外金融监管改革成果可以为我所用的部分，评价我国影子银行体系的监管政策，提出发挥审计在我国影子银行有序发展中的作用的应对策略。

（一）研究背景。

我国影子银行体系的运营规模尚小，但国内金融市场发展的不完善，以及大量企业的融资需求和银行的贷款需求，直接诱发了以金融创新为特点的影子银行体系的急剧增长。在积极发挥影子银行体系重要补充与创新作用的同时，应当加强对其风险的识别和监控，切实防范区域性和系统性金融风险。面对层出不穷的理财产品和其他金融创新产品，审计机关需要系统研究影响银行体系，努力推动完善金融监管对策，实现金融和经济的可持续发展。

（二）影子银行体系的特征及国际监管趋势。

我国的影子银行体系主要有以下基本特征：一是具有信用中介（信用转换、期限或流动性转换、信用创造）功能，放大银行的货币供给能力；二是资金来源受市场流动性影响较大；三是不受审慎监管标准和过程的约束，无法直接获得中央银行的流动性支持或政府担保，未纳入存款保险的范围；四是产品结构复杂，信息披露不完全；五是非银行信用中介从事银行的业务活动，容易引发系统性风险。影子银行体系不同于传统银行的特点主要体现在：影子银行体系从事信用中介活动但不吸收存款，而是从证券市场上获得资金供应；影子银行体系及其活动不受监管或所受监管较小。

近年来，为了解决影子银行系统性风险和监管套利对金融稳定的威胁，以美英欧为代表的主要经济体和以金融稳定理事会为代表的国际金融组织，纷纷出台金融监管改革方案。从国际组织和欧美各国颁布的监管法案和指引来看，对影子银行体系的监管还处于初步尝试阶段。第一，监管措施偏于温和；第二，过度依赖市场力量；第三，对影子银行体系的风险识别和经济功能划分方法，仅为初步的尝试性方案；第四，很难对影子银行机构提出一个统一的监管政策。影子银行体系对金融安全的潜在与现实威胁将是长期的，对金融监管的挑战也将是长期的。

（三）我国影子银行体系的界定及构成。

如何界定我国影子银行的范围是目前国内争议较大的问题，可以从以下方面对我国的影子银行体系进行界定。第一，银行理财产品。银行理财产品是贯通银行存款市场、债券市场、同业市场、贷款市场、一级市场等多个资本市场的桥梁。其中，保本型产品已经纳入表内监管，因此这类产品不应当纳入影子银行范畴。第二，银证合作业务。主要表现为：银行通过与证券公司资产管理部门的合作，将票据资产等信用类资产转移出表外的业务合作。第三，委托贷款，即由委托人提供合法来源的资金，委托业务银行根据委托人确定的贷款对象、用途、金额、期限、利率等，代为发放、监督使用并协助收回的贷款业务。第四，未贴现银行承兑汇票与民间票据市场。银行承兑汇票并非全都属于影子银行体系，只有未贴现银行承兑汇票可以计入。第五，私募基金，主要是指那些通过非公开方式向少数特定对象募集资金而形成的集合性投资理财产品。第六，互联网金融，它是借助互联网本身的便捷和广度实现传统金融机构在互联网上的服务延伸，主要包括金融的互联网居间服务和互联网金融服务。第七，民间借贷。民间借贷游离于正规金融之外，存在着交易隐蔽、风险不易监控等问题，需要对其潜在风险进行必要提示。第八，海外贷款贸易融资。内地银行资产负债表不显示这种发放贷款行为，因而不受信贷监管。从机构来看，信托投资公司被认为是中国最具备影子银行特征的机构。此外，一些经监管机构核准的从事特定金融业务的非银行业金融机构，政府相关部门核准或报备的专业性公司，从事我国非正规金融业务的金融组织，资金富裕的大型企业，基于特定的业务类型，有时也可以将其纳入我国的影子银行体系。

（四）当前我国影子银行体系存在的主要风险及监管政策评价。

我国影子银行体系的发展本身是金融创新的一部分，其主要风险表现在：第一，影响宏观调控政策的实施效果；第二，金融风险的传染性显著增加；第三，对现有监管体系提出挑战；第四，银行理财规模的不断扩大，引起对有关产品风险的广泛关注；第五，民间借贷活动的风险正在积累。

我国对影子银行的监管政策，主要反映在以下方面：第一，控制发行银信合作产品。针对一些银行在理财业务开展中存在的规避贷款管理、未及时隔离投资风险等问题，监管部门及时出台了多项制度措施，对规范银行理财业务未来发展方向影响较大。第二，加强银行承兑汇票业务监管。银监会要求银行科学核定客户票据业务授信规模。票据“空转”、挪用保证金等，也成为打击的重点。第三，杜绝信贷资金流入民间借贷市场。银监会要求进一步完善以日均存贷款为基础的统计、监测和考核机制，加强对抵押物的及时估值和持续管理，加强对商业用房抵押贷款、个人消费贷款等非住房类贷款的管理。第四，加强担保管理，纯粹的政府财政担保类型信用项目已经无法报批，地方融资平台必须要提供实体抵押物，加强了风险控制。

（五）防范化解我国影子银行体系风险的监管对策。

在监督对策上要树立以下五个方面的总体思路。第一，处理好加强监管与鼓励创新、金融安全与市场效率的关系。第二，完善法律体系和统一监管规则是防范风险的重点。第三，加强影子银行体系的体制机制建设。第四，加快推进利率等货币政策工具的市场化改革。第五，增强投资者风险意识，加强投资者权益保护。

在总体思路下，应当进行五项监管改革：第一，针对不同的风险特征实施差别化监管。客观判断金融创新的合理性和功能，针对不同金融创新工具的特点对其进行分类，有针对性地实施差别化监管。第二，构建涵盖影子银行的宏观审慎监管框架。其政策核心是，监控所有当事人表内外资产和负债并表后的资产负债表，尤其关注并表后的杠杆率。第三，细化对影子银行的微观审慎监管安排。一是加强影子银行的公司治理和风险内控，二是加强影子银行的信息披露，三是划分影子银行与商业银行的风险区隔。第四，加强监管协调，避免监管漏洞和监管套利。中央银行、金融监管机构、政府职能部门以及民间组织应当相互协作，形成强有力的监管合力，并考虑建设影子银行的救助机制。第五，加快与影子银行相关的法律法规建设。明确各类影子银行准入条件、监管主体和监管方式，对负债资金的来源和杠杆率的应用做出严格限制，加强民间融资活动监管的法律法规建设。

（六）发挥审计在我国影子银行体系有序发展中的作用。

审计机关应当不断拓展审计领域，客观反映影子银行体系运行的基本情况，提高发现问题的综合性、宏观性和时效性，推动影子银行体系在满足融资需求、繁荣金融经济中健康发展。第一，分析影子银行体系重大违法违规问题的特点和规律。对案件的多发领域、新型手段和客观条件进行逐一梳理，推动金融领域的反腐倡廉建设向纵深发展。第二，揭示影子银行体系发展中的突出矛盾和风险。进一步加大问题的反映力度，推进经济发展与金融创新的协调发展，防止出现系统性风险。第三，强化重大政策措施落实情况审计力度。及时揭示和反映影子银行监管政策措施不完善政策目标未实现等问题，推动各项政策措施更加科学、合理和有效。第四，揭示影子银行体系运行的体制机制性障碍。分析问题的规律性、倾向性和趋势性，以审计“倒逼”金融体制改革各项制度和机制的完善。第五，适时调整影子银行体系运行中专项审计调查发挥作用的节奏、重点和力度。把科学审计理念贯穿到推进金融业务创新、维护金融市场稳定的全过程。第六，加强审计业务研究和交流。一要围绕影子银行发展中的重大问题、普遍问题，开展系统的研究。二要不断创新协作机制、拓展协作领域，差别化地探索和推广有关国家的成功经验。第七，建立信息和资源共享机制。努力把审计系统各领域、各要素、各环节整合在一起，形成力促金融市场平稳运行的良好格局。第八，改进和完善审计组织方式。建立影子银行体系审计动态项目库，反映金融监管部门和相关领导人员履职及经营管理中存在的突出问题和风险隐患，做好各专业审计资源力量的结合。

七、生态文明建设中的审计作用研究

生态文明建设对审计工作提出的核心要求，就是要明确生态文明在我国总体布局中的地位，不断创新审计理念，推动实现环境公平，规范环保权力规范运行，在推进生态文明建设中发挥重要的保障作用，同时丰富国家审计推动完善国家治理的途径和方式。该研究以生态文明建设重要性为基点，阐述国家审计与政府环境责任、国家审计与环保权力的关系，明晰推进生态文明建设的审计思路。

（一）生态文明建设与科学审计理念。

推进生态文明建设，是缓解资源环境压力，保持我国经济社会持续健康发展的现实需要，必须把生态文明建设放到更加突出的位置。鉴于环境审计的重要性，国外组织发布了相关的指引、规范，环境审计工作已在各个国家普遍开展。我国的环境审计工作，在机构设置、审计队伍建设水平、环境审计工作程序方面还不能有效满足生态文明建设的需求和要求，评价标准等制度建设有待加强。审计机关要在以往环境审计的基础上，从审计目标、审计内容等多方面进行拓展。审计机关发挥在生态文明建设中的作用，其目标主要是：促进走出一条低投入、低消耗、少排放、高产出、能循环、可持续的新型工业化道路，推动形成节约资源和保护环境的空间格局、产业结构、生产方式和生活方式，推进建设以资源环境承载力为基础、以自然规律为准则、以可持续发展为目标的资源节约型、环境友好型社会。在内容上，则需要重点关注：推进主体功能区战略实施，优化国土空间开发格局；加快转变经济发展方式，促进生产方式转型；合理引导消费行为，形成文明生活方式；着力加强生态保护与修复，营造良好生态环境；大力推进科技进步，支撑生态文明建设；不断创新体制机制，完善生态文明制度。

审计机关要把生态文明建设的理念深刻融入和贯穿到审计实践中，推动创造良好的生产生活环境，促进国家审计推动完善国家治理的途径的拓宽和方式的改进。要围绕促进资源节约型和环境友好型社会建设，开展土地管理、资源利用、环境保护领域资金和项目绩效状况，强化对节能减排等约束性目标完成情况的监督，审查重点环境工程建设、生态综合治理效果，揭露和查处危害和破坏资源、环境安全的重大问题，促进经济建设、政治建设、文化建设、社会建设和生态文明建设的统一协调。

（二）国家审计与环境公平的实现。

环境公平是指在对环境资源的利用过程中，人们对其权利和义务责任、所得与投入的一种道德评价。我国的环境公平问题在城乡环境公平、区域环境公平等方面都有体现。城市向农村的污染转移，东部地区与西部地区之间在环境保护中的权利与义务不对等，发达国家对我国的污染密集产业转移等，都对我国的生态文明建设乃至整个经济社会发展提出了严峻挑战。我国审计机关应当积极利用联合国审计这一平台，以及我国审计机关在世界审计组织中的影响，积极促进各国尤其是发展中国家在保护环境公平上取得突破，并推动各国在国际环境公平的整体原则层次上达成的共识，切实维护广大发展中国家的环境安全。

（三）国家审计与政府环境责任的落实。

明确政府环境责任，是加强政府环境管理职能的前提。环境责任关系到社会公众的环境利益，环境治理是治国理政的重要方面。政府环境责任的内涵至少应涉及两个方面：一是政府环境的职责和职权，二是政府违反有关环境法律依法应承担的责任。概括来说，政府环境责任是以公众环境利益为指向，主要指法律规定的政府在环境保护方面的义务和权力，以及因违反上述义务和权力相关的法律规定而应承担的否定性后果。政府环境责任可以分为第一性环境责任和第二性环境责任两类，前者与政府的环境职责和环境职权相关，后者与否定性后果有关。政府环境责任还可以分为角色责任、法定职责和法律责任三类。政府环境责任是责任政府建设的重要内容，为公众提供优质的公共环境和环境产品，是责任政府的一个重要职能。在环境治理中，责任政府要把以人为本的价值取向，融入政府环境善治的建设进程中。

政府承担环境责任是树立政府公信力的必然要求。认识政府环境责任的内涵和价值，强化政府环境责任观念，有利于推动政府环境责任的落实，进而最终体现为政府公信力的提升。当前存在着政府环境责任不完善诱发的政府行为错位、越位和缺位问题，使政府环境公共政策的制定偏离法治化轨道，环境行政权力偏离公共利益，进而妨碍社会整体环境利益的供给，影响环境法治进程的整体推进，主要表现在：一是重视经济责任，忽视环境责任；二是政府行政首长的环境责任制不完善；三是政府环境权力与环境义务不对等；四是强调第一性环境责任，忽视第二性环境责任。在推进政府落实环境责任方面，审计机关的审计目标，可以定位于实现环境公平，维护人民群众的环境公共利益，在建设资源节约型及环境友好型社会等方面发挥建设性作用。具体来说，审计机关应当以经济决策和经济活动为载体，依据一定的标准，对各级党委政府和环境管理有关部门政府环境行为的真实合法性和绩效情况进行审计，对履行环境责任情况进行评价和鉴定，并提出进一步改进政府环境行为的建议。

（四）国家审计与环保权力的规范运行。

现行环保权力运行机制实行统一监督管理与分级、分部门监督管理相结合的方式。环保权力涉及以下领域：建立健全环境保护基本制度；重大环境问题的统筹协调和监督管理；落实国家减排目标的责任；提出环境保护领域固定资产投资规模和方向、国家财政性资金安排的意见；从源头上预防、控制环境污染和环境破坏；环境污染防治的监督管理；指导、协调、监督生态保护工作；核安全和辐射安全的监督管理；环境监测和信息发布等。我国环保权力运行机制存在以下突出问题：第一，各部门之间存在权力交叉重叠问题；第二，环保权力的合理边界不确定；第三，环保权力运行不规范；第四，公民及其团体的环境权利没有得到拓展；第五，对行政主体环境保护责任的界定模糊。环保权力的规范运行，需要满足以下条件：一是规范环保权力的行使流程，明确相关内容；二是问责体系健全；三是社会公众积极参与；四是包括审计监督在内的环保权力运行制约和监督体系健全有效。

当环保权力得不到有效的配置和制约时，在环保领域就失去了共同遵循的价值标准、道德体系和法律依据。面对资源约束趋紧、环境污染严重、生态系统退化的严峻形势，非常迫切地向审计机关提出了监督制约环保权力运行、推动完善环境体制机制的要求。国家审计通过经济责任审计、财政财务收支审计、专项审计调查等审计实践形式，有利于将环保部门的权力约束在人民对其授权的范围之内，将环保部门履行受托责任的程度和水平公开披露，在推进环保权力运行公开化、规范化方面，发挥权力的监督制约作用。

（五）推进生态文明建设的审计思路。

第一，顺应生态文明建设的价值取向，推动实现环境公平。审计机关应当从全局和战略的高度，抓住重点领域、重点项目和重点资金中涉及环境的问题，从公共政策的制定、实施和评估三个方面开展审计，注重从体制、机制、制度及政策层面分析问题，提出建议，促进进一步完善政策体系。

第二，准确定位政府环境责任的内容，力促政府环境责任的落实。一要关注环境公共政策和相关规划的制定程序和实施效果，二要关注环境管理体系的科学性，三要关注环境保护责任人的职责履行情况，四要关注重大环境活动的开展情况，五要促进跨区域环境事件中相关地方政府环境责任的进一步明晰。

第三，念好权力监督的“紧箍咒”，规范环保权力运行。一要审查环保权力现行制度安排的合理性，二要审查环保执法行为的规范性，三要审查环保权力运行问责的有效性，四要审查重点环境保护工程的整体效益性，五要评估环境保护的社会参与性。

第四，在经济责任审计中更加强调领导干部的生态文明建设责任。生态文明建设责任和经济责任密不可分，培育节能环保、新能源等战略性新兴产业，推行清洁生产和发展循环经济等，都是经济责任和生态文明建设责任两者的共同指向。在经济责任审计中要完善对领导干部的生态建设考核制度，把经济发展与节约能源资源、保护环境和生态文明建设结合起来，对履行经济责任情况做出全面客观的评价。

第五，开展专项审计调查，适时调整生态文明建设中审计发挥作用的节奏、重点和力度。生态文明建设是一个长期性、战略性的宏大工程，需要审计机关发挥专项审计调查的优势，持续不断地进行监督，把科学审计理念贯穿到推进生态文明建设、维护国家生态安全的全过程。

第六，揭示生态文明建设中的突出矛盾和风险隐患，维护国家生态安全。审计机关需要进一步增强预见性和及时性，密切关注生态文明建设进程的突出矛盾，敏锐感知各类风险。

第七，促进生态文明建设重大政策措施的贯彻落实，确保国家战略目标的实现。在审计工作中，应当将生态文明建设重大政策措施的落实情况和政策目标的实现情况，切实体现到审计工作发展规划、审计项目计划和审计工作方案中，推动各项政策措施的贯彻与完善。

第八，增强审计建议的针对性和宏观性，促进完善生态文明建设体制机制。审计机关要抓住环境产权制度不明晰、环境经济政策体系不完善、环境与经济发展综合决策机制和全社会参与机制尚不健全等核心和实质性问题，实事求是地准确揭示和反映，推动完善环境与发展综合决策机制、参与机制、监督机制、考评机制、技术创新机制和行政管理体制。

第九，建立信息和资源共享机制，优化审计资源配置。进一步完善审计信息化应用系统、网络系统和安全系统，推动部门之间、区域之间大跨度、多层次、全方位的审计信息融合，同时进一步健全完善上下合作和交叉审计，促进跨行政区域生态环境问题的解决。

第十，加强审计业务研究交流工作，提升审计理论和实践对生态文明建设的促进作用。审计科研部门应当深入进行前瞻性思考，积极建言献策，充分发挥审计理论研究部门的智囊、智库作用。要加强对审计干部的教育培训，使生态文明理念成为所有审计干部的自觉意志和共同理念，还要在整体和全局的层面，大力宣传生态文明理念，培育生态文明道德，积极推进形成全社会共同建设生态文明的强大合力。

八、国家审计领域大数据技术应用及其影响展望

大数据是信息技术中具有颠覆性的技术变革，大数据技术将对未来国家审计信息化进程产生重要影响，给国家审计领域带来一场深刻变革。该研究对国家审计大数据构成进行分析，探讨国家审计大数据分析的特征，展望未来大数据技术对国家审计的积极作用，并提出发展方向上的政策建议。

（一）大数据的多元异构、跨领域关联基本特征。

“大数据”的特征可以归纳为 4 个 V：容量（Volume）、多样性（Variety）、生成速度（Velocity）、价值（Value）。大数据是基于多元异构、跨领域关联的海量数据分析所产生的决策流程、商业模式、科学范式、生活方式和观念形态上的颠覆性变化的总和。在大数据发展的高级阶段，学术团体、企业和政府将通过大量异质数据和数据产品产生科学、社会、经济等方面的新价值，这将带来质变效果。

（二）国家审计领域大数据技术应用展望。

首先，在国家审计大数据构成分析方面：从数据来源看，国家审计大数据应该是以审计对象为主题跨领域的全数据模式，不应仅局限于被审计单位信息系统提供的数据资源，还应运用自动化传感器、自动记录设施，环境监测、交通监测、生产监测、安防监测等前端设备，对需要关注的被审计对象的相关信息进行主动采集，全程记录需关注的有价值信息。从数据结构来看，国家审计大数据应该是多元异构、保持数据原始特征、具有较强混杂性的数据。大数据包含了非结构化、半结构化和结构化等数据形式，这些看似杂乱无章的原始数据信息中常常隐含着最宝贵、最有价值的原始信息。

其次，在国家审计领域云存储和云计算等大数据技术应用方面：用户只要根据需要付费，就可以从云存储服务提供商那里获得近乎无限大的存储空间和企业级的服务质量，将避免一线审计人员自己携带服务器搭建数据存储环境的情况，同时也应该增强审计云存储环境的服务能力，使得数据类型转换等审计现场遇到的问题，都能由审计云存储系统来完成。云计算技术实现了通过网络给用户提供所需的计算能力、存储能力、软件和信息服务等，可以使审计人员能够有效利用审计数据私有云拥有的大规模数据和超级计算机集群建立的庞大运算系统，并且能够通过互联网取得需要的各种审计软件和服务，可以通过“聚集供应”模式对所有审计软件、相关数据进行整合、集成，从而打破审计数据分析的空间约束，有效克服系统、数据类型和软件间的不兼容，真正实现审计技术的信息化和网络化。

最后，在国家审计领域大数据分析技术的应用方面：大数据技术应用更大的价值是能通过分析，挖掘出大数据中隐藏的具有重大价值的信息。国家审计大数据分析有以下三个特征：一是审计大数据分析将会更多地运用相关关系分析来发现审计线索。由于大数据技术提供了前所未有的跨领域、可供量化的维度，使得审计问题大量的相关信息能够得以记录和计算分析。二是数据混杂性对审计大数据分析而言，既是严峻挑战更是宝贵机遇。大数据类型中包括了结构化、半结构化和非结构化的数据，具有高度的数据混杂性，保持了数据的原始特征，从而保留了最宝贵、最有价值的信息，也使得大数据分析能够具有更深、更广的洞察力。三是大数据的实时处理特征将提高审计数据分析效率。大数据分析是采用流处理方式，利用大数据分析的软件和计算模型，实现对数据的实时分析，使国家审计能够更及时地发现问题。

（三）大数据技术给国家审计带来的积极影响与展望。

大数据重要的特征是能够实现对审计对象的各个侧面进行更多的数据描述，实现从整体视角对审计对象进行较为全面立体式多角度、多维度数据分析，更有利于提高发现问题的概率、提高审计效率、降低审计风险。

第一，大数据将提升国家审计对经济社会风险预警能力。国家审计需要提高对经济社会风险提供有效预警的能力。大数据技术通过对跨领域的大规模经济、社会行为数据进行分析，对经济社会相关异常动态能够进行早期关注，利用其对异常数据的敏感性，实现早期预警。

第二，大数据将是国家审计的重要战略资源。国家审计已经对数据资源给予重视。从大数据视角来看，未来国家审计需要在政府层面构建多元异构、跨领域关联的审计行业大数据，提升审计的业务创新力。

第三，大数据将带来基于全数据模式的审计思维变革。大数据“样本＝总体”的全数据模式是要分析与审计对象相关的所有数据，使得国家审计工作可以建立整体到局部的审计思维模式，使国家审计工作获得两方面的优势：一方面是可以规避审计抽样风险，另一方面，能发现从局部不能发现的问题。

第四，审计大数据分析将是国家审计重要战略技能。国家审计要实现与时代同步，大数据分析是必不可少的战略技能。国家审计应该在储备战略数据的同时，充分重视大数据分析能力的战略储备，这些分析技能包括了文本分析、机器学习等内容。

（四）政策建议。

第一，建立国家审计领域大数据技术应用长期发展战略。大数据技术在国家审计领域中的推广应用是技术进步的必然要求，国家审计必须在长期发展战略框架指导下，从数据、人才和技术等方面逐步积累基础资源，真正实现大数据技术在国家审计领域的有效运用。

第二，加强国家审计领域大数据技术应用相关法规建设。无论是审计私有云中大数据采集、存储的制度化、规范化，还是审计大数据分析结果及相关电子证据的法律地位，都是大数据技术在国家审计领域应用中必须要解决的问题。审计大数据技术应用的法规配套工作，应该放在整个社会大数据化进程中的立法需求大背景下进行，从全国人大和中央政府层面，以系统的观点研究大数据技术相关的立法需求。

第三，建立国家层面审计私有云和审计大数据分析平台。一要发挥国家审计优势，构建跨行业、跨领域的国家审计私有云。二要以 SaaS 服务模式为依托，建立审计大数据分析平台。具体有两种路径可供选择，一种是审计署直接构建国家层面的审计私有云，另一种是先建立省级、特派办层面的国家审计私有云，在此基础上整合成国家层面的审计私有云，这两种路径都各存利弊。

第四，加强审计大数据分析模型和软件的研究开发。审计大数据分析平台能够真正在国家审计领域发挥作用，关键是要有一批能够切实解决实际审计问题的发掘数据分析模型或系统化的软件，以及相关专家的参与。其合作方式应该是审计实务专家提供需要解决的审计问题，由科研学术界和数据分析专家致力于数据分析数学模型的构建和相关软件的开发。

九、推动国家审计监督全覆盖的思路与建议

审计监督范围和职责的扩张，实现对所有公共机构资金、资源、资产、主要负责人的全覆盖监督，是推动向现代责任政府转变的重要支撑，是构建现代国家的重要内容。当前，审计监督全覆盖是构建更高水平审计监督框架的新要求。该研究在国家审计实现全覆盖监督的发展要求下，阐述国家审计全覆盖的原则，明确国家审计应采取的举措，结合实际提出推动国家审计监督全覆盖的建议。

（一）国家审计监督全覆盖的原则。

为应对国家审计监督全覆盖新要求，在推动全面深化改革中发挥更及时、更显著的作用，审计监督全覆盖应遵循以下原则：一是滚动性原则。为更好地实现审计监督的全覆盖，各级审计机关应在项目安排上有效统筹，从不同侧面深化对审计对象监督，尽量避免周期内的重复审计，应确保周期内审计项目安排。二是系统性原则。审计监督全覆盖要求划分重点领域，以审计项目为依托，以某一领域全覆盖为支撑，涵盖审计对象涉及的所有公共主体和关联主体，揭示系统性问题和风险，形成全局性评价报告，逐渐实现国家审计监督职责范围内的全覆盖。三是重要性原则。当前审计监督全覆盖要以大型复杂审计项目为依托，下设多个子项目，首先做到重点改革任务的全覆盖，进而实现当前改革所有领域的全覆盖。四是协同性原则。要增强各层级审计机关内部各审计项目之间、各级审计机关审计项目之间的协同性，形成更合理的审计计划安排，整合各级审计机关及内部审计部门的项目资源。

（二）国家审计监督全覆盖应采取的举措。

国家审计要立足解决当前存在的突出问题和矛盾，更大程度地发挥审计监督自身具有的组织优势，不断创新审计监督方式方法，形成与国家审计职责相适应的全覆盖监督框架。当前应采取以下举措。

第一，明确各级审计机关全覆盖的审计对象。审计监督全覆盖的内容包括两部分：一是对所有公共资金、国有资产、国有资源管理使用的真实合法效益情况进行全面审计；二是对党政领导干部和国有企业领导人员经济责任的履行情况依法进行全面审计。围绕这两部分内容，各级审计机关应进一步明确自身管辖范围内全覆盖的所有对象，确保周期内审计项目设计中没有遗漏，确保审计实践过程中审计内容和重点可以做到全覆盖。

第二，有效发挥国家审计独特组织优势。各级审计机关可选择性创设各层级的大型审计项目，加强辖区内审计项目管理的统筹、协调，形成全覆盖的监督网络。审计署及省级审计机关在审计监督全覆盖实践中应发挥统筹、协调、指导等作用，同时有效整合业务司、派出局、特派办、省级审计机关等多单位协同作战的组织框架，将授权审计项目与全国性统一组织项目相结合，借助异地审计、交叉审计，整合资源，满足监督多层次性、全覆盖性、系统性等现实需要。

第三，构建多个项目同时进行审计监督的新方式。有计划试行对同一单位实施多个审计项目，形成多个审计报告，一次性查深查透，有效避免周期内的重复审计。在实施并行审计、党政领导干部同步审计中，需要处理好上、下级审计机关的管辖范围，推动上、下级审计机关之间建立合作、协调等互动的伙伴工作关系，跨界实施审计监督。

（三）推动国家审计监督全覆盖的建议。

审计监督具有自身的发展逻辑，应从更广阔的历史角度考察决策、执行、监督制度框架设计中的审计监督定位，从国家监督制度和实践的全覆盖框架着手，把握不同发展阶段下国家发展重点、国家基础性制度运行等对审计全覆盖范围的影响。

第一，定期评估审计监督对象变化情况，更新全覆盖审计对象。要评估不同时期国家发展任务，进而明确对审计监督职责要求，适时修改宪法审计法对审计监督职责的表述，避免审计监督重点错位、缺位。审计机关还应定期分析辖区内审计对象变化情况，了解公共主体内部组织架构及各层次下属单位变动情况，跟踪国家财产牵涉到的关联主体，及时将其纳入全覆盖范围，避免实践操作中出现新盲区。

第二，构建涵盖全部公共资金、国有资源、国有资产的国家整体财务报告框架。只有建立国家整体财务报告、各级政府财务报告，才能更好地确保审计监督实践中不留空白点。国家审计机关应推动建立与企业会计制度和准则相衔接、与国际政府会计大体类似的公共会计制度和准则，涵盖政府、事业单位等公共主体，进而构建涵盖全部公共资金、国有资源、国有资产的国家整体财务报告框架，由各级政府编制，经各级审计机关审计，审计署组织全国审计机关对国家整体财务报告进行审计监督，出具整体报告。

第三，构建对监管者再监督的框架和有效机制。构建对监管者再监督的框架和有效机制，是扩大审计覆盖面、提高审计监督有效性的重要基础。国家审计机关对履行监管职责的公共机构、对公共机构内设监督机构等监督者的履职行为进行评价，通过履行对内部审计机构的业务指导权推动规范公共主体内部审计机构等内部治理机制建设，健全政府内外部双层监管机制。

十、授权审计相关问题研究

审计署承担着主管全国审计工作的宏观管理职能，也是各级审计机关履行监督职责的中枢。授权审计有助于发挥审计署驻地方特派办垂直管理与省级审计机关双重领导的独特组织优势，加强对重大改革领域或环节的监督。该研究以授权审计为切入点，围绕政府间关系变动格局，梳理授权审计的事项划分，分析健全授权审计管理的路径，明确推动完善授权审计的思路。

（一）授权审计研究背景。

鉴于国家政治机构设置的复杂多样性，受审计时间、空间、人力等限制，基于整合审计资源、提高审计监督有效性等考量，审计署需要将某些特定事项授权给省级审计机关开展监督检查工作，以更好地履行国家审计监督职责。授权审计是推动审计署与省级审计机关之间监督职权划分规范化的重要制度安排。围绕推动全面深化改革，审计署应持续推动提升全国审计工作质量和水平，建立国家审计监督全覆盖框架，提高审计监督有效性。为更好地回应国家发展变迁的新需要，审计机关需要持续加强全国审计机关业务管理，进一步理顺各级审计机关的关系，更恰当依据宪法、审计法等法律法规调整实践运行中的审计署与省级审计机关之间的关系。

（二）授权审计内涵、制度环境及地位。

从授权审计实践来看，授权审计主要指审计署将其管辖范围内事项依法授权省级审计机关开展监督检查工作的制度。授权审计与购买审计服务方式的委托审计显著不同，授权也不同于分权。授权审计可以在资源整合、优势互补、信息共享等方面具有独特优势。首先，授权审计可以形成资源聚集的规模效应。其次，授权审计可以形成各方优势互补的协同效应。再次，授权审计可以形成经验共享的标杆效应。最后，授权审计可以形成责任共担的弹性效应。

我国审计署运行体制中形成了驻地方特派办垂直管理与省级审计机关双重领导相结合的独特组织框架。从当前审计体制运行现状来看，这种独特的组织框架并没有发挥应有的组织功能。国家审计机关需要创新审计监督方式方法，改进审计组织管理，满足监督多层次性、全覆盖性的现实要求，履行综合性监督部门的应有职责。

授权审计的作用主要表现在以下方面。第一，是进一步明确审计署与省级审计机关之间监督职权的重要工具。依托审计项目授权，审计署应逐步消除与省级审计机关监督领域上的灰色地带、空白点或盲区，推动中央与地方审计监督关系的规范化建设。第二，是具有中国特色的审计监督方式，是新形势下更好地发挥审计署宏观监督职责的重要切入点。依托授权审计，审计署可以集中力量关注国家发展的重要议题，更好地发挥宏观性、战略性、系统性的监督职责。第三，是形成国家审计监督全覆盖框架的重要手段。审计署将中央部门在地方的单位有区别地授权给省级审计机关，构建覆盖全部管辖范围的监督检查机制。第四，是推动审计署更好地发挥主管全国审计工作的宏观管理职能的重要探索。审计署应建立业务司局、驻各地特派办与省级审计机关之间沟通协作的良性互动机制，提高全国审计机关监督整体水平。

（三）授权审计事项划分依据及具体内容。

授权审计事项应严格限定在审计署职责范围内。第一，在法律规定范围内，授权审计事项应符合实际需要。审计署应确保地方审计机关及人员检查授权事项的独立性。第二，在考虑成本效益基础上，整合全国审计资源。审计署应有效整合、调配全国审计资源，形成全国审计机关监督的规模效应。第三，在服务国家发展总目标基础上，考虑区域经济社会发展现实。应理顺审计署与省级审计机关之间的关系，确保地方审计机关从服务国家发展总目标角度开展授权审计工作。

授权审计事项的具体内容包括：部分中央部门（不包括中央银行）二三级预算单位及下属机构或分支机构；中央企业分公司、子公司、参股企业，国有上市公司，混合所有制企业的国有股部分；与地方经济社会发展密切相关的中央与地方共同管辖事项、中央区域性战略决策、中央投资或中央补助资金、中央委托或引导地方管理事项。

（四）健全授权审计管理方式方法的路径。

一要根据授权审计事项重要性，划分不同类型的授权审计方式。授权审计可以划分为集中授权、条件授权、单项授权等三种组织方式。集中授权适用于行业或领域被审计单位组织结构复杂、新情况诸多、审计事项重大等情形，审计署享有该授权事项的审计决定权和处理权、整改督导权。条件授权适用于中央拨付的区域性财政资金、国家实施的区域性政策或投资项目、国家在某区域试点的重大政策等情形，审计署按照发现问题的重要性程度决定审计决定权和处理权是否可以交由省级审计机关执行。单项授权适用于被审计单位仅驻扎在某一区域、投资项目仅投向某一区域、中央该类财政资金仅资助某一区域等情形，要求审计署进一步简化该事项的授权管理流程，审计决定权和处理权可以一并交由省级审计机关。

二要明确授权审计项目组织管理职责。审计署成立授权审计工作协调机构，明确在授权审计项目运行中各参与者的职责。审计署有组织地对重大授权审计项目开展交叉审计、异地审计，对跨区域性审计项目、授予省级审计机关辖区外的审计项目，与派出局、特派办进行有效资源整合。

三要充分利用信息化平台，构建授权审计项目大数据库。省级审计机关应注重采集审计对象的最小数据集，建立该辖区内审计对象的数据库；审计署应加强基础性数据资料的收集、整理，形成对某一领域的全国总体数据库。审计署和省级审计机关应注重审计结果的利用，形成分析报告。

四要推动授权审计项目信息公开化。审计署可将单项授权事项作为先期试点，借用一般公众、志愿者、专家学者等公众力量参与具体审计项目检查工作，加深社会对审计监督的了解和认知，加强公众对授权审计项目的监督。

（五）推动完善授权审计的相关建议。

推动完善授权审计，关键在于更加优化授权审计赖以存在的制度基础，为授权审计项目管理创新提供新的软环境。

第一，进一步完善审计署宏观管理职责。审计署应推动全面履行主管全国审计工作的管理职责，推动全国审计机关业务规范化、信息化水平。进一步明确审计业务领导权的具体内容，对省级审计机关的业务项目计划、过程、实施及后续整改情况进行管理，形成更具有操作性的办法。

第二，进一步明确审计署与省级审计机关各自的监督职权。审计署应注重对中央部门、国有企业、省级政府等中央级公共主体财政财务状况、履责情况进行整体分析，对中央政府主导的重大政策、重大投资等进行宏观性、系统性监督，对跨区域特征的投资或拨款进行整体性调查，出具相关报告。明确新形势下各级审计机关的审计管辖范围，优化调整各级审计机关的监督权责。

第三，明确当前和今后一段时期授权审计侧重点。在现有财政预算制度不完善、政府会计体系不健全、政府运行活动和标准未量化等环境下，授权审计项目主要完成微观检查工作，审计署应有序授权、分次授权、跟踪监督、定期评估授权结果。随着改革发展，国家审计监督职责更加注重审计对象的绩效评估、责任评价、宏观管理等方面，授权审计应考虑委托审计、内部审计、社会审计等审计力量。

第四，健全公共主体内部治理机制。国家审计机关应积极推动公共主体建立健全以内部审计机构为主体的内部治理机制，并加强指导和监督。同时，应建立健全现代政府职责体系，为构建国家审计问责体系提供基础性制度条件，推动形成全面审计综合监督的框架。

十一、国家审计防范经济社会运行风险研究

政府需要培育和提升应对风险的能力，风险管理是一个动态、持续的过程，需要各个部门协调和配合。国家审计作为国家治理的重要组成部分，其重要职责是促进政府治理水平的提高，维护国家安全。该研究指出我国经济社会运行面临的突出风险，以及在此环境下审计机关防范风险的必要性，阐明审计机关防范风险的作用机制，提出完善审计机关防范经济社会运行风险的建议。

（一）引言。

经济社会运行风险，指经济社会各个领域中存在着一些事件，这些事件可能导致经济社会运行动荡、冲突、损失甚至是危机或中断的可能性。根据风险分布的领域不同，可将风险分为经济、政治、文化、社会、生态等风险。根据风险与政府组织之间的关系，可将其分为政府内部风险和政府外部风险。从审计角度研究防范经济社会运行风险的研究还比较少。当前需要探讨审计机关在宪法和其他法律授予的法定职责范围内，通过审计监督，确认和揭示经济社会运行中现存或潜在的风险，以及消除或减缓这些风险的途径和方式。

（二）我国经济社会运行面临的突出风险。

经济全球化环境下，我国经济社会运行安全不仅受国内宏观经济整体运行状况的影响，而且还受世界经济环境的影响。一是不容乐观的全球经济环境。世界经济在经历了 2010 年强劲复苏之后，面临再次衰退的挑战，未来两年的经济前景存在较大的不确定性和经济下行风险。二是下行压力较大的国内经济环境，主要表现在经济增速呈现下滑趋势、工业增加值增速趋缓、固定资产投资增速减缓、通货膨胀仍有可能发生、国际收支格局转变为“一顺一逆”状态等方面。

在震荡的国际经济环境和经济下行压力下的国内环境中，我国经济社会运行的不平衡、不协调、不可持续问题依然突出，主要面临以下挑战：一是经济运行风险。产能过剩矛盾有所加剧；企业生产经营成本攀升与盈利能力下降并存，创新能力不足；存在着较为严重的房地产价格泡沫；存在着财政风险和金融风险。二是政治运行风险。腐败行为大量存在，政府运行效率不高。三是文化运行风险。异质文化渗透和侵蚀着我国民族文化、意识形态和价值观念；传统文化正在遗失。四是社会运行风险。收入分配差距较大，就业压力持续增大；人口老龄化带来压力。五是生态风险。生态环境仍将处于“局部有改善、整体在恶化”的状态。

（三）审计机关防范经济社会运行风险的必要性。

首先，是国家审计适应国家治理需求变化的客观需要。国家治理的内容已经不仅是围绕着社会生产的财富，而且还应着重解决如何能够更好地避免、减弱、疏导经济社会运行风险。国家审计内在地适应国家治理需求的变化，着力防范经济社会运行风险。各国审计机关乃至世界审计组织，纷纷强调了风险管理的重要性。其次，是国家审计提升服务国家治理效用层次的战略选择。防范经济社会运行风险是国家审计的重要使命。审计机关根据经济社会发展环境的变化，重新认识和把握国家审计的功能定位，提升服务国家治理的效用。最后，国家审计的业务辐射范围广泛。国家审计能够超越部门、行业或区域的利益羁绊，及时发现和客观反映国民经济运行中出现的各种倾向性、苗头性问题。

目前，世界各国审计机关普遍开展了防范经济社会运行风险的实践。如美国审计署建立了高风险领域评估制度，战略目标以防范经济社会运行风险为导向。近年来我国审计署也组织和实施了一系列揭示经济社会运行中的突出矛盾和风险、维护经济社会运行安全的审计项目，重点关注和及时反映财政、金融、国有资产、信息、粮食、环境、工程、社会等方面一些苗头性和倾向性问题，在应对经济社会发展面临挑战方面发挥了巨大的作用。

（四）审计机关防范经济社会运行风险的作用机制。

审计通过预防、揭示和抵御影响经济社会科

学发展的障碍、矛盾和风险，发挥“免疫系统”功能，保障经济社会健康发展。其作用机制在于：

第一，监测经济社会活动。政府有效地防范经济社会运行风险，必须掌握经济社会运行的基本信息。审计通过对经济社会运行活动的监督，揭示可能会严重损害公众健康和安全、国家安全、经济增长的风险，或严重损害公共服务质量、项目效果和效率的风险，为防范经济社会运行风险提供有用信息。第二，规范权力运行。政府掌握和支配着大量社会资源，可能成为风险的始作俑者。审计机关应加大经济责任审计力度，规范权力运行，对违法经济社会活动产生事前的震慑作用。第三，提出完善体制机制的建议。国家审计将制度政策的执行情况评估的结果反馈给决策系统，推动决策系统及时完善制度。第四，公告审计结果。防范和化解风险需要改变个体心理，国家审计通过全面、详尽、客观地公开审计结果，引导社会公众进行理性分析、判断，形成合理预期。

（五）完善审计机关防范经济社会运行风险的建议。

第一，建立高风险领域评估制度。为审计机关开展高风险领域评估提供总的依据，推进审计机关高风险领域评估工作的制度化、规范化和程序化。第二，建立负责防范风险管理体系的专门机构。借鉴国外经验，审计署应成立负责防范风险管理体系的专门机构，具体负责协助其他部门识别、评估、监测、控制风险，制定并组织实施高风险领域评估制度等。第三，制定以风险防范为导向的审计发展战略规划。审计机关要转变审计观念，将风险防范作为审计工作的常规状态，构建以风险防范为导向的审计战略。第四，制定高风险领域认定标准和评估程序。认定标准包括定性标准和定量标准，认定标准要区分潜在风险和现实风险。评估程序分为两个步骤，首先框定可能存在较大隐患和风险的领域，然后再对照标准进行认定。第五，对审计报告进行归纳、总结、提炼，定期公开发布高风险领域评估报告。第六，建立高风险领域评估的联动机制。审计机关与其他权力主体建立科学、规范的协调机制，有利于审计机关了解其他部门的风险认定和风险态度，准确认定高风险领域，有利于使防范和化解风险的措施得到落实。

十二、大型专项审计项目虚拟团队组织模式与信息管理研究

统一组织大型审计项目，对政府关心重视、群众普遍关注、经济社会发展迫切需要的一些重大事项开展审计，可以有效发挥审计监督的最大合力，提高审计工作的整体性、宏观性和建设性，在更高层次上发挥审计的作用。该研究引入虚拟项目团队理念，针对大型专项审计项目的组织与实施特点，提出大型专项审计项目新的组织模式，分析虚拟团队的信息流动管理机制，为当前专项审计项目的组织管理提供参考。

（一）虚拟团队与组织结构变革的理论基础。

虚拟团队在项目组织中的应用越来越广泛，从根本上改变了传统团队运作方式及团队成员沟通、协作的方式和效果。其优势在于：分散的组织为完成一项任务可最大化所需的各类“专家”的价值；允许组织统一不同的文化和商业习惯；节约成本、减小周期、提高决策和解决问题的技能。然而，虚拟团队跨空间、时间、组织边界以及基于网络信息技术进行沟通、协作的本质特性，也使其比传统团队面临更大的挑战。关于虚拟团队的构建和运作主要是以协作系统理论、组织结构理论、学习型组织理论、人本管理等为代表的管理学维度，及以公平理论、社会表现及社会认同理论等心理学维度。

（二）大型专项审计项目虚拟团队组织模式。

大型专项审计项目具有政治性、敏感性，审计影响宽广而深远。然而在实践中还存在着一些问题。一是审计资源整合不够，资源使用交叉重叠。二是组织协调工作不到位，信息不能够充分共享。三是审计质量控制难度大，往往是突击式工作，一些重要点不得不放弃。四是采用的技术方法不够先进，致使审计效率较低。五是审计人员没有时间深入思考，抓住先机和重点，智慧和能力未得到充分发挥。

而大型专项审计项目虚拟团队则突破了传统审计项目组织的概念和限制，提高了审计业务的效率。大型专项审计项目虚拟团队是基于专项审计任务，具有共同目标、资源共享、优势信息互补，利用先进的电子信息技术，跨越时间、空间和组织边界的审计工作群体。其主要特征表现在：

第一，具有虚拟化、扁平化、动态性的组织特性，是一种高度柔性化、易于动态调整的组织模式；第二，具有地点分散、机构边界模糊、部门文化差异的人员特性，从而满足全面化任务的需要；第三，具有依赖电子信息与多媒体技术、跨越时间和空间的沟通特性，能够实现随时、随地比较便捷的联系和交流；第四，业务能力领先，成员优势互补，更高效地凝聚更合适的人员；第五，具有以任务为纽带的联系特性，根据不同的任务挑选不同的成员和建立不同的机制。

大型专项审计项目虚拟团队的工作周期在时间上可以长期拓展，尽量使项目常态化，确定当前的重大问题作为项目的主题。一般可以分为三个阶段。第一阶段：启动阶段。大型专项审计项目主题确定（立项）后，成立专项审计领导小组，制定审计目标、团队规模、工作制度。本阶段应加强沟通协调，理顺工作机制。第二阶段：构建阶段。专项审计领导小组和核心组共同确定虚拟团队的总体架构和团队成员。本阶段基于较高的交叉性审计任务，应强化团队成员角色。第三阶段：完善与常态阶段。主要是项目系统的稳定维护，建立公共信息库和组织的信息地图并及时更新。此阶段应更加注重沟通和交流，形成积极向上的团队文化。

虚拟团队在优化审计资源的同时，也增加了一些风险，如保密风险、文化差异带来的效率提升的障碍、信息通信风险、激励不当风险、时间冲突风险。针对这些风险因素，首先要制定严格的大型专项审计项目虚拟团队的运转制度，其次要构建完善的信息交流平台，满足不同层次的沟通需求，并对团队成员进行技术培训。此外，还要制订科学合理的工作计划，保持高效的协同性。

在绩效考核方面，应以任务为导向，要保证任务内容的具体化和细致化，并使阶段性任务目标明确、可控。个人绩效与团队绩效挂钩，绩效评估的标准应包括跨职能边界、信息共享类型的工作，并以最终成果而非努力程度为考核标准。有效分权是虚拟团队运转中成员激励的重要手段，强调的是责权匹配。

（三）大型专项审计项目虚拟团队中的审计信息流动和共享。

审计业务信息可以分为显性信息和隐性信息，隐性信息会向显性信息转化，转化周期依赖于工作效率和人员本身的业务素质高低。虚拟团队的业务信息流动分为宏观层面和微观层面两个层次。在虚拟团队外部，通过节点以及和外部组织节点相联系的路径，实现从外部获取所需信息。

虚拟团队的信息流动过程如下：第一步，信息个体输送。审计人员个体从审计公共信息库中搜索其所需信息。第二步，信息渗入。业务信息经过审计人员自身的整合、消化、处理后，成为人员个体的隐性信息。第三步，信息升华。审计人员对隐性信息的其中一部分编码、表达和完善，使这部分信息成为显性信息，并跃升到表层空间。第四步，信息表层径流。审计人员将自身信息表层空间的内容传递给其他成员，使业务信息在成员间的信息表层空间流动。第五步，信息深度径流。通过语言交流和深度沟通，将信息里层空间的内容传递给其他成员，带来信息的高端创造。第六步，信息平台聚合。业务信息在多个成员间流动，产生新思想、新建议。第七步，信息组织汇聚。产生的高层次信息上传至专项审计领导小组，实现个体信息向组织信息跨越。第八步，信息内化与外化。公共信息库中的信息不断被应用、整合、补充、螺旋上升，信息逐渐丰富和深入。

信息流动主要通过以下几种途径和方式。第一，基于任务和共同目标的信息流动方式。团队各成员进行信息、观点的交流，协同完成任务，这是促成虚拟团队信息流动的最直接的源动力和方式。第二，基于信息技术的信息流动方式。通过搜索引擎、信息可视化等各种技术手段，实现成员高效、灵活、便捷的交流和信息的流动。这种流动方式是最普遍和常用的。第三，基于情感和关系的信息流动方式。强关系网络能够增加双方的信任和信息流动的动力，是虚拟团队隐性信息的普遍流动方式。第四，基于管理和制度的信息流动方式。制定信息的接传制度，实现信息的聚合。是一种从上到下进行推广的方式。第五，基于经济和激励的信息流动方式。制定经济惩罚和物质奖励等激励制度，促进信息流动。在明确必须获取的信息对象时，通常采取此方式。第六，基于人员流动的信息流动方式。具有多年审计经验和较高业务能力的成员的加入，可以提高项目团队的信息水平。不同审计组织的作用，也可以有效获取外部信息。这六种信息流动方式在实践应用中，往往交叉结合使用，在项目执行的不同时期也会有不同流动方式的使用侧重点。

（四）以虚拟团队模式组织大型专项审计项目的案例设计。

企业科技创新领域的审计关系国民经济发展的方向和支撑基础，以此特定的组织和管理模式为案例，设计相关审计工作。第一，依托现有审计业务，整合人力资源，设立常态创新审计小组，构建虚拟项目团队。第二，基于当前的信息系统和网络技术环境，搭建信息收集与传输网络平台，高效开展创新审计工作。第三，建立灵活高效的系统性工作机制，并行协同工作。通过信息网络平台，确定分析思路，建立行业数据分析模型，形成建设性意见。第四，大型重要科技创新项目采取跟踪审计模式。将国家审计介入到科技研发资金项目申报、管理、验收的全过程，与审计事项的发展同步进行。

十三、澳大利亚预算与政府会计体系的分析与借鉴

党的十八届三中全会审议通过的《中共中央关于全面深化改革若干重大问题的决定》，提出了“建立权责发生制的政府综合财务报告制度”，明确了我国政府会计改革的目标、任务和具体要求。澳大利亚是最先采用权责发生制政府会计的国家之一，也是在预算与政府会计中均采用权责发生制的国家之一，被许多国家奉为典范。该研究详尽介绍澳大利亚预算与政府会计改革的背景、特点和预算报告与财务报告的内容，总结改革对公共治理的影响，并分析改革对我国的启示。

（一）澳大利亚预算与政府会计改革背景。

20世纪80年代，由于政府提供服务的范围和规模不断扩大，政府支出和运行成本持续上升，澳大利亚经济增长进入低谷。为了扭转财政状况不断恶化的被动局面，提高财政预算的效率、效果和透明度，澳大利亚政府公共管理变革应运而生。公共管理改革要求支出管理者不仅应对现金支出负责，更应对与其所生产的产出相关联的全部成本负责。这进而对作为政府公共管理重要组成部分的预算和政府会计提出更高的要求：要求实行以产出与结果为导向的预算管理，提高预算编制与执行的透明度；要求政府会计揭示财政绩效和公共资源使用情况的成本信息和成果信息，为政府高效管理与决策服务。

（二）澳大利亚预算与政府会计体系的主要特点分析。

与其他国家相比较，澳大利亚预算与政府会计的改革具有彻底性、全面性、系统性和层次性等鲜明的特点。其改革过程和成效可以归纳为以下几点：

第一，集中而均衡的财政法案为预算与政府会计改革搭建了立法框架。自1997年，澳大利亚相继通过若干法案来加强财政管理，这些法案共同作用于政府决策、财政政策执行、报告和监督等环节，促进预算、会计和审计的有机协调，从根本上为有效财务管理和全面反映财政绩效的受托责任提供有力支持。以这些法律为基础，澳大利亚建立了较为完善的财政预算信息公开制度。

第二，实现了预算过程中预算、会计和审计的有机结合与协调。政府通过预算文件和报告的形式对预算过程中的决策和授权支出情况、公共资金的使用过程和结果、财政绩效的受托责任等情况进行跟踪反映。在财政年度末，则通过合并财务报告、最终预算结果和机构年度报表对预算执行结果和政府的综合财务状况、运行业绩等进行反映。审计署开展财务合规性审计、合法性审计和绩效审计，以实现对政府部门财务管理的监督。

第三，权责发生制在预算与政府会计中的平行运用提升了信息可比性。在预算和政府会计中均采用完全的权责发生制，保证了预算信息和会计信息的一致性，有利于对预算执行情况的比较和控制，也有利于评价财政政策和有效落实财政问责。

第四，权责发生制产出预算为高效决策和管理提供保障。政府的各个部门和机构被要求全面而且具体地分析和识别它们的产出、结果以及活动的绩效，并在预算计划、支出、年底的年度报告中进行详细的反映，促使预算编制和财务报告的重点从投入转向产出和结果。

第五，协调澳大利亚会计准则和政府财务统计。为了满足信息使用者评价政府绩效以及政府活动的经济影响等不同的需求，澳大利亚政府运用会计准则或政府财务统计，以及协调两者关系的澳大利亚会计准则第 1049 号“政府整体和一般政府部门财务报告”。

（三）澳大利亚预算报告与财务报告的内容。

澳大利亚强调对政府财政绩效的问责，在预算管理过程的不同阶段有重点地提供预算报告和财务报告，为良好财务管理和落实财政绩效问责提供了制度保证。

一是年度预测——预算文件和组合预算报告。包括一般政府部门层面的预算文件和机构层面的预算报表组合。不同层面的年度预测提供了一般政府部门的累积估计数和各个实体更为详细的估算。二是预算执行中的财务报表与补充信息。月度财务报表反映实际的运行结果、财务状况和现金流量情况。“补充预算草案”是告知议会和公众预算资源结果变化情况的补充性信息。国库部公开发布半年度经济和财政展望报告，提供更新的关于政府财政绩效评估的信息。三是最终预算结果和合并财务报表。最终预算结果报告对一般政府部门的预算执行结果及其与预算估计数的差异进行年度报告。合并财务报表则反映政府整体层面的政府控制的所有实体的合并结果，以及反映不同政府层面的分散的、部门性的情况，以综合反映运营业绩、财务状况和现金流量。四是实体财务报告。该报告是由机构执行长、主管部门和公司主席提交给相关部长的年度报告，其主要目的是满足问责的需求。

（四）澳大利亚预算与政府会计改革对公共治理的影响。

第一，为决策制定者提供更加全面、有效的信息，促进财政政策的科学性、合理性。权责发生制预算能够解决现金收付制基础预算赤字对于非现金信息的“藏而不漏”和成本信息的不透明等问题，为准确、全面地评价财政政策和公共资源的效果提供新的信息。

第二，提供了清晰反映政府成本的机制，更好地满足绩效评价和绩效管理的需求。权责发生制会计能够与产出成本相联系，从而能够计量政府提供服务或者产品的完全成本信息，支持政府在项目存续期内对其成本、绩效的跟踪问责。同时，权责发生制产出预算系统改变了原来对于单独政府部门进行结余/赤字计量的意义，提供了能够进行部门绩效评价的有效信息。

第三，改善了预算和政府会计信息含量、质量和透明度，有助于财政问责的有效落实。权责发生制预算和政府会计改革，要求以全部成本为依据，为议会和公众更好地辨析政府活动的业绩及其对资产、负债财务状况的影响提供更全面和更高质量的信息支持。另外，信息的公开化有助于议会和公众对政府活动、公共资源运用情况和效果进行监督、评价和控制。

（五）澳大利亚预算与政府会计改革对我国的启示。

澳大利亚预算与政府会计改革在注重立法框架、不同机制的协调完善、预算报告与财务报告体系的可比性等方面的合理做法，为我国政府会计改革提供了启示。

第一，完善财政法律体系，为预算和政府会计信息的完善提供法治平台。我国财政活动存在随意性、财政资金的挤占挪用和效益不高等问题，说明了我国财政活动还存在一定的“人治”色彩。应当通过制定均衡的财政法律来进一步强化财政体系的法制属性，为反映预算权力行使过程和结果的预算与政府会计信息制度提供法律依据。

第二，在公共治理框架下实现预算、会计与审计的协同发展。预算、会计与审计是不同预算阶段和功能领域所运用的主要公共治理工具。我国当前预算、会计与审计还存在着很多不协调的地方，严重制约了良性公共治理的实现过程和实现程度。未来应当建立预算、会计与审计三维框架下的多环节协同治理模式。

第三，实现预算与政府会计两种机制的“各司其职、相互协调”。我国当前没有完整反映政府运营结果、财务状况的政府会计体系，无法清晰反映资源、绩效和责任之间的内在联系。应当循序渐进推动预算与政府会计两种机制在“各司其职”的基础上实现“相互协调”。

第四，提供完整、高质量的预算报告和财务报告，满足财政问责的信息需求。我国可以借鉴澳大利亚清晰的问责报告层次，并结合我国政府活动的特点，明确报告的主体、内容以及报告的方式，全面、完整、清晰地反映公共资源、政府活动和财务结果。

论文摘登

【毛泽东审计监督思想及其所领导的审计实践】 审计作为一种经济监督制度和活动，作为国家和组织治理的重要组成部分，对于维护国家和组织的经济秩序、提高资金使用效益、促进节约和廉政建设、保障国家和组织的正常运行和健康发展，具有重要的作用。不同时期的审计由于其所处环境的差异，审计表现为各种不同的形式。

毛泽东作为党和国家的重要领袖，在中国革命时期和新中国成立后，在审计方面具有极其重要的思想，并且通过高层决策和部署，领导当时的审计实践，对革命和建设发挥了积极的作用。所有这些，对于指导我国当前的廉政建设和国民经济转型发展具有重要的现实意义。

一、毛泽东的审计监督思想

毛泽东基于对革命和建设重大事项的探索和决策，产生了具有时代、实践特色的审计监督思想，具体包括在以下几个方面：

（一）强调审计的政治属性。

审计通过监督财政财务收支而发挥作用，因而较多地表现为经济方面的色彩，人们容易忽略其政治方面的内涵。毛泽东却慧眼独具，在对大革命时期农民运动的考察中，将农民运动中的清算和罚款活动归入政治范畴。

毛泽东《湖南农民运动考察报告》① 列示的农民协会十四件大事，清算和罚款被列入第二件大事“政治上打击地主”。“清算。土豪劣绅经手地方公款，多半从中侵蚀，账目不清。这回农民拿了清算的题目，打翻了很多的土豪劣绅。好多地方组织了清算委员会，专门向土豪劣绅算账，土豪劣绅看了这样的机关就打战。这样的清算运动，在农民运动起来的各县做得很普遍，意义不重在追回款子，重在宣布土豪劣绅的罪状，把土豪劣绅的政治地位和社会地位打下去。”“罚款。清算结果，发现舞弊，或从前有鱼肉农民的劣迹，或现在破坏农会的行为，或违禁牌赌，或不缴烟枪。在这些罪名之下，农民议决，某土豪罚款若干，某劣绅罚款若干，自数十元至数千元不等。被农民罚过的人，自然体面扫地。”这里的清算和罚款，实际上就是审计查证核实和处理，通过清算委员会的审计，打击土豪劣绅，维护贫苦农民利益，达到政治上的目的。

（二）将审计定位于高层次的监督。

毛泽东担任中华苏维埃共和国主席期间，根据当时的客观需要，推动了中央审计委员会的设立，中央审计委员会隶属于中央执行委员会，与中央人民委员会、中央革命军事委员会、最高法院并列，由此产生了具有高度权威与独立地位的审计机构，负责审核国家岁入与岁出，监督国家预算的执行。

（三）重视“算账”的基础性作用。

农村集体化运动中，出现一些贪污浪费、损害群众利益的现象，毛泽东对此十分重视，强调了算账及其诸多好处。

1959年3月30日，毛泽东在陶鲁笳关于山西省各县五级干部会议情况的报告上批注：“旧账一般不算这句话，是写到了郑州讲话里面去的，不对，应改为旧账一般要算。算账才能实行那个客观存在的价值法则。这个法则是一个伟大的学校，只有利用它，才有可能教会我们的几千万干部和几万万人民，才有可能建设我们的社会主义和共产主义。否则一切都不可能。对群众不能解怨气。对干部，他们将被我们毁坏掉。有百害而无一利。”②

1959年4月3日，在王任重报送的“王延春、姜一、吴德简一九五九年三月三十日关于麻城县万人大会情况给王任重并湖北省委的第二次报告”上批示：“此件极好，每一个县、社都应这样做。算账才能团结；算账才能帮助干部从贪污浪费的海洋中拔出身来，一身清净；算账才能教会干部学会经营管理方法；算账才能教会五亿农民自己管理自己的公社，监督公社的各级干部只许办好事，不许办坏事，实现群众的监督，实现真正的民主集中制。”③ 同日，在谭震林关于各省的六级

---

① 《毛泽东选集》第一卷，第24页，人民出版社，1991年6月第2版。

② 《建国以来毛泽东文稿》第八册，第172页，中央文献出版社，1993年1月第1版。

③ 《建国以来毛泽东文稿》第八册，第187页，中央文献出版社，1993年1月第1版。

干部会议和县的五级干部会议情况的信上批示，也提出了账一般要算的要求。

毛泽东批语中的“算账”除了一般意义上的记账、算账，还包括了财务检查与监督，即审计的内容。毛泽东主张账一般要算，算账具有诸多好处，并且将算账提高到了实现民主集中制、建设社会主义和共产主义的高度。

（四）以运动式审计为主要审计形式。

在新中国成立后到改革开放前的时期，各种各样的运动多，在审计领域，由于在国家层面没有设立专职的审计机构，运动式审计成了审计的一种主要形式。毛泽东领导了“三反”“四清”等具有时代特色的群众运动的审计方式。这种方式从上到下、横跨各个领域，根据上级的行政命令，开展审计的核查和处理。它是当时政治环境的产物，虽然不是经常性的审计，但涉及范围广，处理严厉，对于遏制贪污和浪费发挥了一定的作用。

二、革命时期毛泽东领导的审计实践

基于革命和战争的客观需要，在毛泽东领导下，革命根据地审计得到了较大发展。

中华苏维埃共和国是土地革命战争时期中国共产党建立政权的一次重要尝试，毛泽东领导下的中华苏维埃共和国政府在审计方面进行了诸多探索。

1931年11月，第一次全国苏维埃代表大会在江西瑞金召开，大会选举产生了中华苏维埃共和国中央执行委员会。中央执行委员会举行第一次会议，选举毛泽东为中华苏维埃共和国中央执行委员会主席，同时选举毛泽东为中央人民委员会主席。

中央执行委员会为中华苏维埃共和国最高权力机关，下设人民委员会。人民委员会内设外交、军事、劳动、土地、财政、司法、内务、教育、工农检察等人民委员部和国家政治保卫局，此后不久又成立了中央革命军事委员会和最高法院，直属中央执行委员会领导。

随着苏区范围的扩大和红军队伍的壮大，国民党政府感受到了来自苏区的革命威胁，加紧了对苏区的军事围剿和经济封锁，苏区的财政经济状况日趋严峻。在财政经济异常困难的同时，各级苏维埃政府对于财政管理工作又缺乏经验，财政既不统一，也无预算决算，自收自支，各自为政，财政也不公开，贪污腐化现象比较严重。1932年8月17日，中央人民委员会第22次常务会通过《财政部暂行组织纲要》共14条，规定在省以上财政部设立审计机构，开展审计工作。在中央财政人民委员部设审计处，省财政部设审计科。审计处的职责是审核国家总预、决算；检查会计账目；审核国家预备费支出；检查国库现金、存款。

由于财政未完全统一，各级政府习惯于承袭过去自由开支的做法，预算决算制度只在部分地区建立起来，财政管理中仍存在一些问题。财政制度不健全，缺乏必要的内部控制制度，财政管理混乱，收钱机关、管钱机关、用钱机关混在一起，出现了贪污浪费舞弊的问题。1933年9月15日，中央人民委员会召开第49次会议讨论新的财政计划。会议通过了财政人民委员部拟定的新财政计划，同时决定成立审计委员会。审计委员会隶属于中央人民委员会，独立于财政部门，专司审计职能。红军内部也成立了审计委员会，编设了稽核员。审计委员会的成立，使审计职能从财政管理机关中独立出来，标志着审计监督制度发生了新变化。

1934年1月22日至2月1日召开的第二次全国苏维埃代表大会全面回顾总结了临时中央政府成立两年来的工作经验与成效，毛泽东在会上指出：“财政的支出，应该根据节省的方针。应该使一切政府工作人员明白，贪污和浪费是极大的犯罪。反对贪污和浪费的斗争，过去有了些成绩，以后还应用力。节省每一个铜板为着战争和革命事业，为着我们的经济建设。”① 1934年2月17日，经第二届中央执行委员会第一次会议通过，毛泽东主席签发了《中华苏维埃共和国中央苏维埃组织法》（中字第一号令）。该组织法把预、决算的审查与批准权划归了中央执行委员会，规定中央执行委员会下设中央审计委员会。审计委员会由5至9人组成，其成员由中央执行委员会主席团委任。中央审计委员会设主任、副主任各1人，其他人员按需设置。中央审计委员会地位的变化，标志着苏区审计体制的重大变革，审计工

① 《毛泽东选集》第一卷，第13页，人民出版社，1991年6月第2版。

作迈入了新的发展阶段。

中央审计委员会划归中央执行委员会的同时，为保障苏维埃财政政策的充分执行，裁判检举对贪污浪费的行为，使财政收支适合于目前革命战争的需要，1934年2月20日，临时中央政府主席毛泽东签署命令，颁布了中国共产党领导下红色政权的第一部审计法规——《中华苏维埃共和国中央政府执行委员会审计条例》，共19条。该条例规定了建立审计监督制度的目的、审计职权、审计体制、审计范围和任务、审计工作报告制度、审计程序等。审计条例赋予中央审计委员会的职责是：审计岁入岁出的预决算；全国行政费的预决算；海陆空军的预决算；关于经济建设的收支预决算；由中央政府发补助费的群众团体的预决算。赋予中央审计委员会分会的职责是：审计省苏维埃及省一级机关，中央直属市县及市区苏维埃的预决算；各县市苏维埃的预决算；地方武装的预决算；受中央审计委员会命令审查之件。具体审计内容包括各级苏维埃政府、海陆空军和地方武装、经济建设各部门与中央政府发补助费的群众团体的预决算是否按财政部规定的会计季度、表式编制和填裁，决算是否附送相关单据，是否按规定的程序报送审查和批准等。各级苏维埃预算和决算由中央财政人民委员部汇编后，经中央审计委员会审查，人民委员会通过，中央主席团方予批准。条例还对中央审计委员拒绝审查决算的权力、预算决算审计时效、审计处理和复议的办法，以及委托审计等做出了明确规定。

抗日战争时期，国共两党第二次合作，1937年9月，陕甘宁边区政府正式成立，内设审计处。1939年1月，边区参议会经过立法程序，通过《陕甘宁边区政府组织条例》，规定在边区政府下设审计处，赋予了8项职权，确立了审计的法律地位。1939年12月，中共中央决定中央财政经济部建立会计处和审计处，对陕甘宁边区党政军的经费开支进行集中管理和审计，边区政府审计处随即撤销。1940年10月，中央财政经济部撤销，在党中央机关、军队系统、边区党政机关按系统分别设立了三个财经处，在财经处内设审计科。这时名义上恢复了边区政府审计处，但实际工作由财经处审计科办理。1941年9月后，边区财经处撤销，审计处发挥作用，各分区、县市开始设审计员，还制定了《各分区县市审计工作暂行规程》、《审计制度示范》等一系列审计法规。随着各敌后抗日根据地的建立和逐步扩大，晋察冀、晋冀鲁豫、山东、苏中、华北、晋绥等抗日根据地民主政府也纷纷建立。为了加强财政管理，严格财经纪律，监督部队、机关合理地使用有限的财政资金和经费、粮秣，防止贪污浪费，各抗日根据地逐步建立审计机构，开展了卓有成效的审计工作。

解放战争时期，随着解放区的扩大，中国共产党领导下的西北、华北、华东、东北等解放区，根据各自所在区域的具体情况，分别建立了适合本地实际，较为独立的审计制度。1946年陕甘宁边区颁布了《陕甘宁边区审计暂行规程》，1948年10月陕甘宁边区政府、陕甘宁晋绥联防军司令部和中国共产党西北中央局联合颁布《陕甘宁晋绥边区暂行审计条例》。山东省政府颁布了《山东省暂时审计规程》，晋冀鲁豫边区政府颁布了《边区级党政民学审计制度》，华北人民政府发布实施了《华北区审计规程》。随着解放战争的深入，各解放区重点审计支出预、决算。

革命时期，在毛泽东的领导下，审计工作在开源节流、稳定革命根据地和解放区的财政经济，支持革命战争，防止贪污浪费，保持廉洁奉公的革命本色等方面发挥了积极作用。

三、新中国成立后毛泽东领导的审计实践

新中国成立初期，为了争取国家财政经济状况的根本好转，确保国民经济全面恢复，统一财政收支管理，中央政府要求严格执行预算决算制度、审计会计制度，加强对财政财务收支的监督。中央财政部设立了审计处，六大行政区、大多数省级政府和一些地市及县的财政部门设置了审计机构或配备了审计人员。为了统一全国的审计制度，1950年中央财政部草拟了《中华人民共和国暂行审计条例（草案）》，并印发全国征求意见，但由于学习苏联经验，后来该条例没有正式发布，原有的审计机构也被撤销。此后虽然没有设立独立、专职的审计机构，但审计工作或活动依然存在，如：毛泽东直接领导的以“三反”等群众运动方式进行的财政财务监督活动，财政等部门结合自身业务进行的财政财务监督活动。

以群众运动方式进行的财政财务监督活动，

审计特色最为明显的是毛泽东直接领导的“三反”运动。

1951 年 10 月召开的中共中央政治局会议讨论了朝鲜战局的发展趋势与应对目前财政严重困难的对策问题，鉴于 1952 年将会面临更严重的财政困难，会议决定必须“要求各地从 11 月起开展全面增产节约运动”，尤其要“提倡节约，严禁浪费。”① 毛泽东随后在 10 月 23 日召开的政协一届三次全体会议上发出了“增加生产，厉行节约，以支持中国人民志愿军”的公开号召。② 中共中央并因此成立了中央人民政府节约检查委员会，各中央局及其下属省市党委亦相继成立了各级增产节约委员会、分会和支分会，由此发动了一场全国性的增产节约运动。

就在毛泽东在政协讲话发表几天之后，东北局党员干部会议将增产节约问题与反贪污斗争联系起来，提出了“反贪污、反浪费、反官僚主义”的“三反”概念。读到东北局的报告后，毛泽东敏锐地注意到，和增产节约的现实需要相比，解决政府部门各级干部贪污腐化的问题，同样是一个相当严重和迫切的任务。而且，增产节约的问题可以和反贪污、反浪费的斗争一并进行，相得益彰。他就东北局的报告做出批示，要求各级党委都要“重视这个报告中所述的各项经验，在此次全国规模的增产节约运动中进行坚决的反贪污、反浪费、反官僚主义的斗争。”③ 依据毛泽东的意见，《人民日报》11 月 23 日发表了《向贪污行为作坚决斗争》的社论，公开宣布说：“东北地区反贪污蜕化、反官僚主义斗争的经验证明，增产节约运动的最大敌人，是贪污浪费和官僚主义。如果贪污浪费现象不能肃清，不但会断送一些干部的前途，而且会妨碍资金的积累，妨碍新民主主义制度的巩固。因此，全国各地都应该迅速行动起来，展开一个坚决反对贪污的斗争，来彻底消灭一切贪污现象。”

1951 年 12 月 1 日，毛泽东在审阅中共中央《关于实行精兵简政、增产节约、反对贪污、反对浪费和反对官僚主义的决定》草案时，特别加了一段话：“自从我们占领城市两年至三年以来，严重的贪污案件不断发生，证明一九四九年春季党的二中全会严重地指出资产阶级对党的侵蚀的必然性和为防止及克服此种巨大危险的必要性，是完全正确的。现在是全党动员切实执行这项决议的紧要时机了。再不切实执行这项决议，我们就会犯大错误。现在必须向全党提出警告：一切从事国家工作、党务工作和人民团体工作的党员，利用职权实行贪污和实行浪费，都是严重的犯罪行为。中央人民政府不久将颁布惩治贪污的条例和惩治浪费的条例，各级领导机关必须仿照实行惩治反革命条例那样，大张旗鼓地发动一切工作人员和有关的群众进行学习，号召坦白和检举，并由主要负责同志亲自督促和检查。一切贪污行为必须揭发，按其情节轻重，给以程度不等的处理，从警告、调职、撤职、开除党籍、判处各种徒刑直至枪决。典型的贪污犯，必须动员群众进行公审，依法治罪。”④

1951 年 12 月 4 日，北京市委向中央提交了北京市工作人员的贪污现象及今后开展反贪污斗争意见的报告。毛泽东批转有关单位：“中央责成你们在接到本指示三星期内，至迟在一个月内，有计划地初步地检查自己单位和所属下一级各单位工作人员的贪污现象，仿照北京市委所订各项办法，发动党内外最广大群众（包括各民主党派及社会民主人士），大张旗鼓地、雷厉风行地检查和惩治贪污人员。中央责成你们大体上仿照北京市委的报告样式，在收到本指示后一个月内，向中央作第一次关于检查和惩治贪污人员的报告。所有中央和军委各部门，均分别向中央和军委做报告。所有中央人民政府各党组、各中央局、各分局、各省委、各市委、各区党委、各地委、各县委，均按级向中央及其上级做报告。县委以上的报告，除发其上级外，均同时直接发中央。”⑤

1951 年 12 月 5 日，毛泽东在中央转发贸易部党组关于大张旗鼓地反贪污的报告上批示，明确

① 薄一波《若干重大决策与事件的回顾》（上），第 139—140 页，中共中央党校出版社，1993 年第 1 版。

② 《建国以来毛泽东文稿》第二册，第 481—483 页，中央文献出版社，1993 年 1 月第 1 版。

③ 《建国以来毛泽东文稿》第二册，第 513 页，中央文献出版社，1988 年 11 月第 1 版。

④ 《建国以来毛泽东文稿》第二册，第 534—536 页，中央文献出版社，1988 年 11 月第 1 版。

⑤ 《建国以来毛泽东文稿》第二册，第 542—543 页，中央文献出版社，1988 年 11 月第 1 版。

要求各部门、各单位:“遵照中央十二月四日二十时的指示,参照北京市委和中央贸易部党组的分析和办法,迅速订出自己的反贪污计划,并开始着手发动这一斗争。各地党委应统一布置这一斗争,使政府系统(重点在财经部门及总务人员)、军事系统(重点在后勤部门)、党派团体系统都同时动作起来。”① “三反”运动就在这样一种背景下发动起来了。

1951年12月8日,毛泽东答复福建省委办公厅询问时,表示:“应把反贪污、反浪费、反官僚主义的斗争看作如同镇压反革命斗争一样的重要,一样的发动广大群众包括民主党派及社会各界人士去进行,一样的大张旗鼓去进行,一样的首长负责,亲自动手,号召坦白和检举,轻者批评教育,重者撤职,惩办,判处徒刑(劳动改造),直至枪毙一大批最严重的贪污犯,全国可能需要枪毙一万至几万贪污犯才能解决问题”②。随着“三反”运动的开展,毛泽东随时对“三反”运动做出进一步的指示,提出目标要求。

由于查处“老虎”的数字来自上级的估算,甚至是相互攀比层层加码的结果,因此也就不可避免地会脱离实际,如把不是“老虎”打成“老虎”,把“小老虎”打成“大老虎”,甚至出现了“逼”“供”“信”的现象。针对这些情况,1952年2月29日,毛泽东批转了东北贸易部“要事先在积极分子中规定纪律,说明打人与变相打人都是错误的,应严格禁止”的经验③。3月4日,毛泽东又进一步批转肖华关于军委直属部队开展打虎运动的报告,要求各部可以仿行④。肖华的报告包括了规定的两条打虎纪律:“禁止打、骂、捆等人格侮辱和变相肉刑”“不得采用‘疲劳战术’和‘车轮战术’。”

全国性的“三反”运动至1952年3—4月间先后结束,定案和追赃工作持续时间较长,至6—7月间多数地方和单位也渐告一段落。“三反”运动之后,各级党政国家机关工作人员当中的贪污腐败问题明显地较前减少了。

“三反”运动,从审计角度来看,查处贪污和浪费分别属于违纪违规审计和绩效审计的内容。无论是革命时期,还是新中国成立后,查处贪污和浪费都被作为审计的重点内容加以关注。

财政等部门结合自身工作开展的审计活动以财政部门财政检查机构的活动最具有代表性。

1950年10月,政务院批准公布了《中央人民政府财政部设置财政检查机构办法》。该办法规定:中央财政部设财政检查司,各大行政区财政部设财政检查处,各省市财政厅局设财政检查处或科,各专署及省属市财政局(科)设财政检查科(股),各县财政局(科)设财政检查员。财政检查机构的职权为:检查财政政策、法令、制度的执行情况;检查政府机关、公营企业、公私合营企业、国家拨助基金设立的合作组织和接受政府补助的人民团体的预算、决算及预算执行、资金运用、经费收支;检查公营企业和公私合营企业完成财政任务及纳税义务情况;办理财政违法行为的检举事项;检查会计工作;检查人民银行、金库、其他国营金融机构、公私合营金融机构、国家保险公司、海关、税务局、粮食局、盐务局和专卖机关执行财政任务情况。

1952年前后,全国财政监察机构陆续建立,各大行政区、省及其以下的各级审计机构相继撤并。1954年12月,财政部召开了全国财政监察工作会议,对财政监察工作提出了具体要求。之后,为进一步规范财政监察工作,国家及有关部门先后下发了《关于要求尽快建立健全财政监察机构的通知》、《关于加强财政监察工作的若干意见》等文件。20世纪50年代末,财政监察机构被逐步撤销。1962年,根据中共中央和国务院《关于严格控制财政管理的决定》,一些地区的财政监督机构开始恢复,财政监察工作在一定范围内开始正常运转。1966年7月,财政监察机构自上而下被撤销。

新中国成立后,在毛泽东的领导下,在基本上没有独立、专职审计机构的情况下,采取运动形式的审计方式以及财政等管理部门结合业务开展的财政财务监督,在一定程度上预防和查处了

---

① 《建国以来毛泽东文稿》第二册,第544页,中央文献出版社,1988年11月第1版。

② 《建国以来毛泽东文稿》第二册,第548—549页,中央文献出版社,1988年11月第1版。

③ 《建国以来毛泽东文稿》第三册,第277页,中央文献出版社,1989年11月第1版。

④ 《建国以来毛泽东文稿》第三册,第300—301页,中央文献出版社,1989年11月第1版。

贪污和浪费，也为改革开放后建立独立审计制度提供了经验和教训。

党的十八大以来，我国进入了一个新的发展时期，新的领导班子十分重视反腐倡廉，在经济方面全力推进国民经济的转型升级，对此，毛泽东审计方面的思想及推动审计发展的一些做法仍具有重要的现实指导意义。从反腐倡廉的方面看，遵循毛泽东关于审计政治属性及“算账”的思想，审计通过查处违纪违规，促进党和国家各项方针政策的落实，促进端正党风政风，促进改善党和政府在人民群众心目中的形象；从推进国民经济转型升级的方面看，审计通过查核损失浪费及分析相关因素，提出改进完善的建议，促进国民经济更好更快发展。而要达到上述目标，在审计的制度设计和审计工作的安排上，采取相应的措施，如将审计机构放在更能发挥作用的层面，将审计工作与党的政治活动更加紧密地结合起来，毛泽东在中华苏维埃共和国时期中央审计委员会的设置及新中国成立后“三反”运动的推动和领导方面，给了我们有益的启示。（撰稿人：胡胜校）

【生态文明建设审计的格局及内容】 党的十八大报告提出，大力推进生态文明建设要重点抓好四个方面的工作：一是要优化国土空间开发格局；二是要全面促进资源节约；三是要加大自然生态系统和环境保护力度；四是要加强生态文明制度建设。党的十八大报告为未来一个时期的生态文明审计指明了方向。随着人们对生态文明内涵和外延的认识深化，生态文明审计体系的整体范畴正处于探索、形成阶段。审计机关应以国土空间开发、节能资源利用、环境保护和生态文明制度建设等维度为依托，构筑推动完善生态文明建设的科学审计体系，在审计实践中不断推动生态文明建设，在生态文明建设中拓展国家审计的边界范围。

一、国土资源开发与生态文明审计

国土资源是生态文明建设的物质基础、空间载体和构成要素，支撑各行各业，影响千秋万代，在生态文明建设中具有全局性、战略性、根本性的地位。我国是一个人多地少、耕地资源稀缺的发展中大国，面临着建设用地供需矛盾突出、耕地保护难度增大、用地粗放浪费等问题。比如，2005年“四城市高教园区开发建设情况审计调查结果”显示，有的地方政府通过调整土地利用总体规划和拆分审批的办法规避法定审批权限；开发建设单位在未办理征地审批手续的情况下采取租用等办法违规圈占农民集体土地，租用土地的一部分又被用于违规建设高尔夫球场等。

除了资源供需矛盾不断加剧、土地资源利用较为粗放等问题，当前的地质环境和灾害问题日益凸显，地质灾害呈易发多发之势。以上问题的成因十分复杂，与我国特殊的资源国情有关，与当前工业化、城镇化快速发展的特殊阶段有关，也与现行的相关体制机制不完善有关。实施生态文明审计过程中，要始终从统筹经济、社会和生态文明建设协调发展的大局出发，不断优化国土资源布局，在保障发展和保护资源的同时，推动生态文明建设取得新成效。

第一，审查国土空间开发格局顶层设计的科学性。关注人口资源环境相均衡、经济社会生态效益相统一原则的执行情况，重点关注城乡建设用地增减挂钩、低丘缓坡荒滩开发、工矿废弃地复垦等机制的运行效果，促进生产空间集约高效、生活空间宜居适度、生态空间山清水秀。

第二，审查主体功能区战略的实施进度。推动各地区严格按照主体功能定位发展，推进构建科学合理的城市化格局、农业发展格局、生态安全格局。

第三，审查陆海统筹情况，客观评价海洋资源开发能力。关注煤层气、页岩气等非常规油气资源勘查开发进度，推动减少环境污染和温室气体排放；分析海底矿产资源开发的有序性，推动发展海洋经济，优化海洋资源开发格局。

第四，评估制度供给的有效性。分析资源有偿使用制度、农村土地管理制度、国土资源管理体制以及行政审批制度的改革进度和力度。

二、资源节约与生态文明审计

节约资源是资源节约型、环境友好型社会建设的题中应有之意，是全面推进生态文明建设的必然选择。只有对传统产业进行生态化改造，大力发展节能环保等战略性新兴产业，使绿色经济、循环经济和低碳技术在整个经济结构中占较大比重，才能推动经济绿色转型。审计机关要全面落实节约优先战略，推动以总量控制倒逼节约集约、以严格标准促进节约集约、以政策法规保障节约集约、以试点示范带动节约集约，提高资源综合利用效率。

第一，审查节约环保与调整产业结构、污染防治与企业节约增效、发展节能环保产业与扩大内需、生态保护与优化生产力空间布局的结合情况。

第二，审查资源的综合利用情况，是否根据自然环境承载力规划经济社会发展，把节约环保的要求全面体现到经济发展的生产、流通、分配、消费等各个领域，推进矿产资源综合开发利用和煤层气、煤矸石、大宗工业废弃物、秸秆等农业废弃物综合利用，促进生产、流通、消费过程的减量化、再利用、资源化。

第三，审查清洁生产的推行情况。分析解决减少废弃物和防止污染环境的方案，促使企业改进设计、使用清洁的能源和原料、采用先进的工艺技术和设备，实现清洁生产。

第四，审查传统产业的生态化改造情况。评估节约环保技术和生产体系的运行运转，是否大幅降低了能源、水、土地消耗强度，推动实现自然生态系统和经济社会系统的良性循环。

第五，审查"两高一资"（高能耗、高污染和资源性）、低水平重复建设和产能过剩项目，关注节能、节水、节电等应用工程项目的专项投入、专项收费，揭示和制止挤占、挪用专项资金的问题，规范专项收费征缴、管理和使用。

三、生态环境保护与生态文明审计

以1972年联合国首次人类环境会议、1992年联合国环境与发展大会、2002年可持续发展世界首脑会议以及2012年6月的联合国可持续发展大会为标志，人类对生态环境的认识，不断深化和拓展。改革开放进程中，"唯增长速度"和"唯政绩"发展观念导致的结果，必然是高投入、高排放和高退化，同步体现为环境保护无力、社会发展面临环境方面的严峻挑战。从审计视角看，生态环境保护的形势，也不容乐观。"三河三湖"水污染防治绩效审计调查结果表明，"三河三湖"347个国控断面2007年7月1日至2008年6月30日的水质监测情况显示，淮河、辽河为中度污染；海河49.2%的断面水质为劣Ⅴ类；巢湖平均水质为Ⅴ类；太湖平均水质为劣Ⅴ类；滇池平均水质为劣Ⅴ类。形成这种状况，除环境变化、社会发展、经济增长等客观因素外，还有相关政策措施不够完善、部分水污染防治工作尚不完全落实到位、部分水污染防治资金管理和使用不够规范等原因。对甘肃等7个省区以及水利部黄河水利委员会2008年至2010年黄河流域水污染防治与水资源保护专项资金及相关工作情况进行审计调查时发现，部分地方及有关部门和企业在资金征收管理使用、水污染防治、水资源保护管理和部分堤防工程建设管理中还存在一些问题；9个省市2010年度城镇污水垃圾处理专项资金审计结果表明，部分地区和单位在污水垃圾处理资金的征收、管理、使用及项目建设运营等方面存在一些问题，有的影响到污水垃圾处理项目的建设和运营效果。因此，应深刻反思传统工业文明发展模式的不足，充分吸纳中华传统文化智慧，并从文明进步的新高度，认识和解决生态环境问题。

第一，审查自然生态系统和环境保护的力度。评估环境保护宏观战略体系、全面高效的污染防治体系、健全的环境质量评价体系、完善的环境保护法规政策和科技标准体系、完备的环境管理和执法监督体系、全民参与的社会行动体系等的建立健全情况，是否与我国的国情相适应，是否坚持在发展中保护、在保护中发展。

第二，审查重大生态修复工程的实施情况，评价生态产品生产能力，推进荒漠化、石漠化、水土流失的综合治理。

第三，审查饮水、重金属、化学品、危险废物、细颗粒物和持久性有机污染物等重大环境问题的解决情况。关注整治违法排污企业保障群众健康环保专项行动的效果，高估关注各类环境违法行为的查处情况。

四、生态文明制度建设与生态文明审计

生态文明建设是一项重大历史性任务和系统工程，凡与生态文明建设相关的问题，不但与生态文明建设资金的筹集、分配和使用有关，也与公共政策制定的合理性和执行的到位程度有关，更与生态文明制度建设有关。在生态文明建设中，审计机关应当继续发挥自身的优势，从体制、机制、制度层面发现和分析研究问题，为制定和完善生态文明建设政策法规提供参考依据，为推动生态文明制度完善做出应有的贡献。

第一，审查生态文明建设体制机制的完善情况。评价生态环保综合管理体制，关注职能是否有机统一、运转是否协调高效；关注法律法规体系的健全情况，是否加强规划和政策引导，综合运用财税、价格等经济杠杆，建立健全了生态补偿机制；关注基本国情、基本国策和有关法律法规的宣传教育普及情况，增强全民节约意识、环保意识、生态意识，促进全社会牢固树立生态文明观念。

第二，审查环保权力运行机制的科学性。评价环保权力现行制度安排的合理性，关注环境保护部际联席会议等综合决策机制的作用发挥情况，预防不同环保权力间的互相侵犯，防止环保权力私有化；关注环保执法行为的规范性，重点围绕行政审批权、行政评审权、行政执法权等权力，从制度设计入手，规范自由裁量权的运用；评估环保权力运行相关问责机制的有效性，合理确定环保权力的边界，在此基础上关注环境保护部门的责任落实情况，以及各级政府实施环境治理战略的进展情况。

第三，审查政府环境责任的落实情况。关注生态文明目标指标体系和考核办法的制定实施，是否建立了体现生态文明要求的目标体系、考核办法、奖惩机制，是否把资源消耗、环境损害、生态效益纳入经济社会发展评价体系，是否纳入了地方党委政府的绩效考核；分析中央政府与地方政府环境责任的角色定位是否明确，关注信息公开、环境公民诉讼等制度建设情况，确保政府各项环境责任的操作性和实效性。

强化审计机关在推进生态文明建设中的作用，是应对资源约束趋紧、环境污染严重、生态系统退化等问题的必然选择，同时也是拓展国家审计范围的重点方向。审计机关要从尊重自然、顺应自然、保护自然的生态文明理念出发，在国土资源开发、资源节约、生态环境保护和生态文明制度建设等领域，全方位推动加快生态文明建设，为实现美丽中国做出积极贡献。

（撰稿人：宫　军　刘西友）

【审计监督推动深化行政体制改革】　行政体制是公共行政的基础。我国目前行政体制存在诸多弊端。党的十八大提出要深化行政体制改革，并对深化改革做出了重要部署。国家审计作为国家治理的监督控制系统，应将推动深化行政体制改革作为重要审计工作目标。

一、推动深化行政体制改革是审计机关的重要职责

唯物主义历史观认为，经济基础决定上层建筑，同时上层建筑对经济基础具有反作用。行政体制改革是全面深化改革的关键环节，是上层建筑适应经济社会发展的必然要求。审计机关推动深化行政体制改革既有充分的理论依据，也有适应经济社会发展的客观要求。

（一）符合审计机关的职责定位。

审计机关推动深化行政体制改革，符合法律精神的内在要求。国家审计的立法宗旨，就是维护国家财政经济秩序，提高财政资金使用效益，促进廉政建设。国家审计根据法律授权，监督政府及其组成部门的预算执行情况，规范其决策行为、执行行为和裁决行为等，确保掌握并支配着大量公共资源的行政机关，在履行职责过程中遵守国家财经纪律、提高资源使用效益和建设廉洁政府。审计机关规范行政机关行为的过程，实际上就是推动深化行政体制改革的过程。因此，审计机关推动深化行政体制改革旨在规范行政行为，实现审计法赋予审计机关的基本职责。

（二）符合国际惯例。

随着全球民主化浪潮的兴起，世界各国审计机关开始监督行政机关权力运行，推动深化行政机关改革。世界审计组织 1953 年召开大会主议题为“审计机关代表民众监督行政机关”，1998 年的“最高审计机关在预防和侦查舞弊和腐败方面的作用和经验”，2001 年的“最高审计机关对推动行政和政府改革的贡献”。世界审计组织与联合国 1994 年联合召开“公共部门结构改革”，1996 年的“最高审计机关在预防腐败和防止管理不善过程中的作用”等研讨会。世界审计组织召开这些会议，有力地推进了成员国最高审计机关监督和制约本国行政权力运行，关注行政体制存在的问题。美国审计署近年来高度关注联邦政府行政体制存在问题，发布了一系列关于联邦政府及其机构“职能重叠、内容重复和项目碎片化”的报告，揭示了加强机构合作存在的障碍，提出了实现跨部门合作的路径。

从世界审计组织和美国审计署的审计实践活动可以看出，他们虽然在不同的历史发展时期，关注行政体制改革的内容有所不同，但均是围绕推进行政体制的改革和完善，来开展审计工作。

（三）符合经济社会发展的客观需要。

国家审计的职责之一就是改进政府绩效，促进经济社会健康发展。不适当的行政体制有碍政府绩效的改进和经济社会的健康发展。现阶段，我国行政体制存在着与经济社会发展不相适应的方面，如部门职责交叉、政府机构设置不尽合理、行政运行和管理制度不健全等。为此，审计机关需要推动深化行政体制改革，重新界定政府、市场和社会的边界，转变计划经济环境下全能行政、权力行政的执政观念，建立职能科学、结构优化、廉洁高效的服务型政府，为社会的良性发展提供动力支持和制度保障。

二、审计机关推动深化行政体制改革的着力点

加强审计监督是行政体制改革的重要内容，审计机关应从以下几个方面推动深化行政体制改革。

（一）推动深化行政审批制度改革。

行政审批权是行政机关自由裁量权的一种存在形态，是政府部门最具“含金量”的权力。行政审批制度改革涉及巨大的利益调整，实施的阻力较大。为此，监督和问责是推动深化改革的重要环节。审计机关应重点审查或关注下列事项，推动深化行政审批制度改革。

一是已经取消和下放审批事项的落实情况。2013年，国务院常务会议两次审议，共批准取消和下放133项行政审批事项。审计机关需要审查取消或下放的行政审批事项得到落实情况：是否存在变相审批，即审批制改为备案制或核准制后，在实质上还等同于变相的审批；是否存在避重就轻下放审批权，即将不太重要、不太关键的审批权下放，但仍掌控项目审批、投资审批、资质审批等关键审批权等；是否存在将审批权转移给代行政府职能的官办协会、事业单位手中。此外，为了走出“一放就乱、一乱就收、一收就死”的怪圈，在取消和下放行政审批事项后，审计机关还应审查相关部门的事中事后监管职责履行情况。

二是应该审批事项的职责履行情况。行政审批制度改革要求，一方面不该审批的事项坚决不再审批，另一方面对应该审批的事项实行严格把关审核。为此，审计机关需要审查相关部门审批职责的胜任和履行情况、审批时点的适当性和合理性、审批的效果等。

三是下一步将要取消和下放的行政审批事项。根据资料显示，至2018年，国务院部门实施的行政审批事项要减少1/3以上。审计机关可以对现有行政审批事项开展专项审计调查，提出影响经济社会发展活力的行政审批事项。

（二）推动优化行政组织结构。

行政体制改革的根本目标是建立服务型政府。行政机构及其组织结构是行政体制的载体，影响行政效率和目标的实现。现阶段，我国行政组织结构存在着行政组织规模庞大、行政组织层级过多、行政组织部门职能“碎片化”等突出问题。审计机关在优化行政组织结构中，应重点审查或关注下列事项。

一是行政组织规模的合理性。行政体制改革的方向是建立有限政府、有效政府。审计机关应重点审查机构设置和人员配置是否因职能需要而设置；在大量减少行政审批事项后，有关部门和人员是否相应地裁减或赋予新的职责等。

二是行政层级的科学性。在其他条件相同时，控制跨度越宽，组织效率越高。随着工业化向信息化时代的转变，行政组织结构需要能够快速回应社会需求，“扁平化”的纵向结构应运而生。审计机关应重点审查基层行政机关贯彻落实中央政策情况，揭示行政层级过多导致的政令不畅、令行不止等问题，发布省直接管理县（市）改革与乡镇行政体制改革等最佳实践，引导优化行政层级。

三是大部制改革与跨部门合作协调机制的效果性。由于社会的快速变化，政府组织面临的问题越来越复杂，并且常常跨越各个部门的边界。这要求横向组织结构不仅要向大部制转变，而且要建立跨部门合作协调机制。我国审计署可以仿效美国审计署的做法，揭示部门职责交叉、权责脱节、跨部门合作协调等问题；从体制机制上揭示影响政府职责履行和运行效率、效果的行政组织结构问题。

（三）促进降低政府运行成本和提高政府效能。

政府实际占用和支配着大量社会资源，一旦失去外部力量的监督和制约，极可能造成经济学中的“公共地悲剧”。为此，西方国家在政府中引入新公共管理理念，旨在以“花更少的钱、办更好的事”为目标，重塑政府。政府运行成本和政府效能是审计监督职责的重要内容，审计机关应重点审查下列事项。

一是违法违规行为造成的政府运行成本增加。通过财政财务收支审计，查处设立“小金库”“三公”经费不透明和铺张浪费、政府采购暗箱操作等违法违规行为，审查预算支出的真实性、合法性、合理性，继续加强预算外资金管理，规范财经纪律，抑制不断膨胀的政府运行成本。

二是政府职能扭曲造成的运行成本增多。政府规制过多、过乱，必然造成行政权力扩张、政府规模过大，导致政府运行成本增加。审查分析预算安排和财政支出的合理性，揭示政府职能错位、缺位、越位造成的运行成本增多问题。

三是政府绩效情况。通过绩效审计，评价、鼓励、支持政府改进管理和流程再造，优化资源配置，提高政府效能。

（四）推动完善政府项目管理机制。

政府的重要职责是提供公共物品，维护和增进社会公共利益。政府和市场边界的划分、政府的项目管理职责、政府管理方式等影响着公共物品的有效供给。近年来，在积极财政政策的引导下，我国政府项目在经济社会发展中扮演着重要角色，但是政府项目管理问题也日益凸显。审计机关应重点审查下列事项，推动完善项目管理机制。

一是项目立项决策的科学性。审查决策权限在上下级政府间或政府部门间配置是否合法合理；决策主体是否拥有相应的决策权限；拥有决策权的决策主体是否建立规范、有效的决策程序和标准，如决策调查、决策分析、专家咨询、公众听证、表决程序、决策公示、决策评估、决策责任等；是否严格执行既定的决策程序和标准；是否建立和实施决策实施反馈评价和纠偏机制；是否在遵循国家保密规定的前提下，遵循信息公开和决策透明的要求。

二是项目组织实施和管理的规范性。政府及其部门应依法履行项目组织实施和管理职责，防止政府职能的缺位、错位和越位。为此，需要审查项目的决策权、执行权和监督权是否相分离并相互协调；是否制订科学合理的实施方案和实施计划；属于政府职责范围内的项目执行是否遵循市场化原则，即政府是否有效履行项目的安排职责，制定项目的标准以及生产者资质标准等，是否存在政府既是项目的安排者，又是项目的生产者或者是政府指定生产者的情况，等等。

三是项目绩效情况。审查负有主管责任的部门是否对项目质量进行监督；是否制定项目评价方法和评价指标；是否进行项目绩效评价等。

三、审计机关推动深化行政体制改革的路径

行政体制改革是一项系统、复杂的工程，具有长期性和艰巨性。深化改革的困境既有客观方面的原因，又有主观方面的原因。审计机关可以通过下列途径，在推动深化行政体制改革中，发挥“助推器”的作用。

（一）通过“两个报告”的平台，向决策层提出改革建议。

行政体制改革难，一方面是问题本身跨越多个机构或区域，需要统筹协调解决；另一方面是受到某些部门和个人的阻挠。它们共同决定了深化行政体制改革需要加强顶层设计 。同时，公共行政管理学者沃尔克提出的政府改革动力纵向影响模型认为，上级明确要求并建立相应机制来推进某项改革或创新，最为重要。

审计署通过“两个报告”的平台，向国务院、人民代表大会提出行政体制中存在的问题，以及加强行政体制改革的意见和建议。例如，审计署在《关于 2012 年度中央预算执行和其他财政收支的审计工作报告》中指出，项目多头安排投资，用财政资金补贴竞争性企业，而民生等领域投入不足等。审计机关提出的职能交叉分割、政府职能范围不够清晰等行政体制问题，为决策层下定改革决心和采取改革措施，提供了有用信息。

（二）通过相关审计业务工作，巩固改革成果。

国家审计在国家治理中的地位和职能决定了审计机关在行政体制改革中必然要发挥重要作用。审计机关通过预算执行审计、经济责任审计、绩效审计等审计业务工作，发现并揭示违反财经纪律导致政府运行成本增加，机构职能交叉，政令执行不畅，政企不分、政资不分、政事不分、政社不分等问题，要求被审计单位及人员落实行政体制改革的各项举措，巩固改革成果。

（三）通过审计信息公开，形成对改革的舆论压力。

社会公众的改革需求构成了改革的原初动力。然而，政府信息公开透明是社会公众有意愿和能力参与行政体制改革的基石。审计机关在推动政府信息公开方面具有天然优势。一是在遵守保密及相关规定的情况下，向社会公告行政机关做了什么、怎么做的、做的结果如何，让问题暴露于社会公众面前，凝聚改革共识，形成舆论压力。二是在遵守保密及相关规定的前提下，就审计事项向社会公开其做了什么、怎么做的、做的结果如何，成为信息公开透明的典范机构，引导和带动其他行政机关信息公开透明。

（四）通过加强审计整改，催化行政体制改革。

审计发现和查处的问题更多的是由于体制性缺陷所引发的。审计发现和查处的问题与行政决策体制、执行体制、裁决体制等密切相关。审计机关持续跟踪和监督审计问题整改情况的过程，是被审计单位修复、改革和完善行政体制的过程，也是解决行政体制问题的重要环节。

（撰稿人：邹小平）

【大数据在公共管理中的运用与审计启示】

2012年3月，美国政府宣布开展“大数据研究和发展计划”①，并计划在美国国家科学基金会、国家卫生研究院、能源部、国防部等六部门支出2亿美元，大力推动大数据技术的研发活动，该计划的实施表明大数据正从商业领域走向美国的国家战略层面。

一、大数据的概念和特点

大数据（Big Data）并非严格意义上的理论名词，它带有强烈的商业色彩。大数据的提法最早来源于一些IT公司和业内人士，并受到广泛认可。随着大数据讨论的深入，大数据已经逐步超出纯商业的范畴，影响力不断扩大。从个人的理解来看，大数据是来源分散的需要专门技术才能利用的有价值的数据集合，具有巨量性、分散性和复杂性的特点。

1. 巨量性。随着数据量的爆炸式增长，大数据呈现出巨量性的发展特点。根据联合国的研究报告②，全球的大数据存量从2005年的150EB③增长为2010年的1200EB，并预计将以40%的年增长率继续增长，2020年将达到2007年的44倍，平均每20个月翻一番。大数据在很多行业都达到巨量的程度。根据麦肯锡的研究报告④，截至2009年，在美国排名最高的离散制造业数据总量约为966PB，紧随其次的政府行业的数据总量约为848PB。很多行业的大企业（雇员数量超过1000人的企业）平均数据存储量都超过了200TB，有的甚至超过了1PB。造成数据总量快速增长的因素：一是企业搜集顾客的信息越来越多。顾客交易的信息，包括顾客个人信息和消费习惯的信息都在搜集范围内，搜集的频率也越来越快，导致商业交易信息总量的增长。二是多媒体技术的应用。医疗卫生行业多媒体技术的大量应用导致了数据总量的增长，特别是视频信息的数据量与静态图像和文字数字数据量相比大幅增长。三是社交媒体和物联网的应用。脸书（Facebook）等社交媒体在美国各个年龄段的人群中使用率都在增加，用户每月分享的图片、日志等用户内容达300亿条以上。物联网应用的领域包括公用设施的智能测量仪器、医疗设备的远程监控设施以及零售商品上的射频识别标签等。物联网通过植入物理世界的传感器和智能设备搜集的运行和环境数据大量增加。

2. 分散性。大数据的分散性既体现在数据来源方面，又体现在数据结构方面。大数据来源是多方面的，既可以来源于企业的信息系统，也可

① OBAMA administration unveils “big data” initiative, Office of Science and Technology Policy Executive Office of the President.

② Big Data for Development: Challenges & Opportunities, UN Global Pulse.

③ EB是计算机数据衡量单位，1EB＝1024PB，1PB＝1024TB，1TB＝1024GB，1GB＝1024MB，1MB＝1024KB，1KB＝1024Byte（字节），1EB＝10^{18}Byte.

④ Big data: the next frontier for innovation, competition, and productivity, McKinsey Global Institute.

以是个人在社交媒体中提交的数据，还可以是物联网传感器和智能设备自动搜集的数据。大数据来源的广泛性既体现了其与一般数据不同的特点，也揭示了其数据价值的来源。不同来源的数据可相互印证和关联，为在大数据技术下进行深入数据挖掘、智能分析打下了基础。从数据结构来看，大数据既可以是结构化数据，也可以是半结构化和非结构化数据。结构化数据是在固定字段集合中存放的数据，如关系型数据和电子表格数据，属于当前主流的数据存储技术。非结构化数据是不在固定字段集合中存放的数据，包括文本数据(书籍、文章、电子邮件正文)、未标记的视频、音频和图像数据等。半格式化数据则介于两者之间，是用标签和其他标志来划分数据元素的数据。XML、HTML文本都属于半结构化数据。半结构化和结构化数据虽不属于数据存储主流格式，但在现实生活中运用也十分广泛。数据结构的多样化是由数据来源所决定的，不同的数据来源其格式通常也有所不同。

3. 复杂性。大数据的复杂性与其巨量性、分散性相关，正是由于大数据数量巨大，加上数据来源分散、数据格式众多，才使得大数据的分析变得非常复杂。为了能够对巨量的大数据进行分析，必须采用大数据采集、处理、分析和形象化技术和方法才能完成。这些方法不仅涉及计算机科学，而且涉及统计学、应用数学等领域，而新的大数据技术方法还在不断产生。大数据概念是一个宽泛的结合体，不仅包括大数据本身，还包括对大数据进行分析的一系列的大数据技术。常见的大数据技术有A/B测试、关联规则学习、分组、簇类分析、众包、数据整合、数据挖掘、集成学习、遗传算法、机器学习、自然语言处理、神经网络、网络分析、优化、模式识别、预测模型、回归分析、情感分析、信号处理、空间分析、形象化等。这些技术都有自己的应用领域，并相互交叉。

二、大数据在公共管理中的运用

大数据原来在商业领域应用比较多，美国政府开展的“大数据研究和发展计划”进一步明确了大数据在公共管理中运用的重要性。

(一)大数据能够为公共管理创造价值。

世界各国政府都面临着提高公共部门效率的压力，只要政策得当、措施到位，大数据可带来三个方面的受益，一是公共管理效率提高带来的费用节省；二是减少由于错误和欺诈行为带来的福利金等政府转移支付增加；三是提高税收增收率①带来的税收收入增加。根据麦肯锡的研究报告②，大数据技术可为欧盟23个最大的政府的公共部门管理活动的成本提供15%～20%的下降空间，在未来10年每年创造1500亿欧元到3000亿欧元的价值，并将公共部门的预计效率提高0.5个百分点。此外，大数据可使公共部门项目资金配置更加优化、公共服务质量更高、公共部门责任增强，并有助于建立一个信息更加公开透明的公民社会，提高公众对政府的信任。

(二)大数据在公共管理中运用的途径。

政府可以在以下五个方面运用大数据技术。

1. 提高公众和政府部门信息处理的效率。政府部门在公共管理过程中经常需要从公众和企业采集大量的数据，然而公众和企业常常不得不重复填写一些表格和信息。如果政府能够从数据库中调取并为公众和企业预填表格固定内容的话，将会为公众和企业节省大量填表时间，同时还能够减少出错的概率。大数据技术通过实现部门间数据共享，可以实现对公众和企业各方面信息的充分利用。例如瑞典税务部门为公众预填收入和过去缴纳税收的部分表格内容，并允许公众通过手机和互联网短信进行修改和确认，为纳税人进行纳税申报减少了大量时间。当然，通过大数据技术消除部门间的数据鸿沟，政府部门内部的信息处理效率也将大大提高。如果政府部门之间能够在线获取数据，减少通过人工搜索和邮寄CD等方式获取数据的话，可以大大提高内部信息处理的效率。

2. 帮助进行部门内的绩效管理。大数据技术应用的一个重要方面是揭示部门内分支机构的绩效。通过绩效仪表板提供财务和运营等数据，使部门能够衡量其不同分支机构的绩效，并采取相应的方法来提高效率。在缺乏外部竞争的公共部

---

① 税收增收率指一定时期实际征收税款额占应征税款额的百分比，反映税收征收工作的征收程度。

② Big data: the next frontier for innovation, competition, and productivity, McKinsey Global Institute.

门，绩效仪表板等大数据技术为部门内部竞争提供了方法和手段。税务部门的最佳实践中常用的月度积分卡就是运用大数据技术进行绩效管理的有效工具。税务部门通过计算税收收入、纳税人满意度、雇员满意度和公众反馈四个方面的积分，制作月度积分卡来衡量分支机构绩效，并通过促进最低四分之一等级的分支机构上升等级来提升绩效。同样的道理，通过此类比较方式，还可以帮助公共部门对供货商绩效进行衡量和排序，从而节约大量的政府采购成本。

3. 划分不同人群以提供个性化服务。在私人部门中划分不同客户人群提供个性化服务是很常见的做法，然而公共部门倾向于为所有人提供相同的服务，这使得公共服务提供的效率不高。除了国防、外交等纯公共服务外，在相当多的准公共服务方面，公众往往具有个性化需求。公共管理的实践显示，对不同种类的人群提供个性化的公共服务，能够提高公共管理的效率、效果和公众满意度。例如，德国联邦劳工局对大量的失业人员的失业情况、干预手段和重新就业等历史数据进行分析，使得其能够区别不同类别的失业人群采取有针对性的手段来进行失业干预，大大提高了公共服务提供的效率。该做法使得该局能够在每年减少100亿欧元相关支出的情况下，减少失业人员平均再就业所需时间，大大提高了失业人员的满意度。同样的，税务部门如果能够通过大数据技术，按照纳税人所在地区、历史纳税资料、收入水平和人口统计资料等划分不同类型来开展征税和稽查活动，必将提高税收征收率和纳税人满意度。

4. 通过自动算法来辅助合规性检查。自动算法是大数据技术的高级应用。规则导向的自动算法能够检查各种来源的数据，确定数据之间存在的可疑关联，为进一步检查差异、错误和欺诈行为提供线索。通过神经网络等更先进的自动算法技术还可以进一步减少误报和漏报的概率。对于那些需要进行合规性检查的机构和项目，如税务部门的税收返还项目和公共部门的福利支出项目等，自动算法技术常常非常有效。例如，通过自动算法技术对社会福利有关的大数据进行计算，常常可以发现失业人员在领取失业救济金的同时还在申请工伤补助的例子。通过自动算法进行合规性检查能够有效减少公共部门和项目的差异、错误和欺诈行为。

5. 为商业领域的创新活动提供数据支持。大数据技术促进了政府信息公开，为营利和非营利的第三方创新商业模型、产品和服务提供了可能。建立在政府提供的公开信息基础上的第三方工具，为公众和企业充分利用公共信息资源进行决策提供了支持。例如英国的非营利组织开放知识基金会（Open Knowledge Foundation），采用政府信息公开项目提供的数据来开发网站（www. Wheredoesmymoneygo. org），并通过大数据分析和形象化技术使公众更容易理解英国的公共支出情况。美国公司 Brightscope 对美国劳工部提供的雇员缴纳 401（k）计划管理费用数据进行分析，并结合美国证券交易委员会和美国统计局提供的公共数据，为定量地评估 401（k）计划提供了在线工具。建立在大数据技术基础上的创新活动提高了公众和企业决策的科学性和满意度。

三、大数据对审计发展的启示

（一）大数据技术应成为下一步计算机审计发展的方向。

审计技术方法是审计实现其职能的重要手段。近年来，随着被审计单位信息化的发展，以计算机审计为代表的审计技术方法也在不断演进。随着被审计单位财务、业务的电子化，获取被审计单位的电子数据开展数据审计，已经成为审计的重要方式。联网审计等技术也使得审计机关获取被审计单位数据的深度、广度和频率大大增加。计算机审计取得重大突破，但也存在一些问题，主要表现在下面几个方面。一是对数据的分析和利用局限于查找单个问题，系统全面地分析较少。二是对单个部门和单位的数据分析较多，跨部门的综合分析较少。三是数据分析过分依赖于数据分析专业人员，简单易用的自动化数据分析工具较少。计算机审计存在的问题使得数据利用率较低，制约了审计效率的提高和综合审计目标的实现。

未来，大数据技术应在以下方面推动计算机审计的发展。一是充分利用审计机关获取的各方面数据，建立集中统一的被审计单位数据库，其中应包括被审计单位的时间序列的历史财务、业务数据和所处的行业数据。审计部门数据采集的来源应该是多方面的，包括被审计单位的数据、行业部门发布的权威数据和审计机关自身积累的历史数据。二是在数据库基础上建立集中统一的数据库分析平台。审计机关应加大对大数据技术的研究和开发力度，整合大量简单易用的大数据分析工具，形成一个大数据分析平台供普通审计人员使用。通过大数据技术促进审计信息的共享和大数据技术方法的推广应用，从当前粗放型的发展迈向集约型的发展模式，将是未来一段时间审计技术方法发展的主流。三是在大数据技术基础上建立集中统一的审计管理和决策平台。充分利用大数据平台的数据，创新应用机器学习等各项商务智能技术，提高审计管理和决策水平。

（二）审计部门应通过大数据为被审计单位提供个性化服务。

审计机关与被审计单位之间是监督与被监督的关系，这点是毫无疑问的。然而监督和服务本是一体两面，监督的目的是为了维护财经纪律，提高资金使用效率，服务于国家经济和被审计单位的健康发展。从某种程度来说，为被审计单位服务应成为审计部门的重要目标。从国外情况来看，大数据技术通过划分公共部门服务对象的类型提供个性化服务，能够有效地提高公共管理的效率和客户满意度。审计机关也应该创新审计管理方法，为被审计单位提供个性化的审计服务。为此，审计机关应利用大数据技术做好以下工作。一是完善所管辖范围内被审计单位的管理信息数据库。该数据库不仅应该包括被审计单位的名称、地址、业务类型、财政预算、收入规模等基础信息，还应该包括过去审计的历史、结果、风险水平、整改等管理信息。二是创新审计管理方法，建立适应被审计单位个性化服务的管理模式。重点在于利用大数据技术，从审计管理信息数据库中筛选出不同风险等级的被审计单位，有针对性地进行监督和服务。三是根据被审计单位的管理信息，建立风险导向型的审计模式。审计的目标是减少国民经济运行的风险，具体来说就是要通过审计降低被审计单位的风险。风险导向型的审计模式就是要不断地发现并通过审计降低最高风险等级的被审计单位的风险，并通过维护和动态更新所有被审计单位的风险数据库，来降低整体经济面临的风险。

（三）运用大数据进行审计还需要解决几个具体问题。

大数据技术的发展日新月异，在公共部门的应用也逐渐增多，但审计部门运用大数据进行审计还需要解决几个具体问题。一是国家审计数据中心建设尚有较大差距。近年来，审计署按照金审工程的统一规划建设了国家审计数据中心，目前已经具备了300TB的数据存储能力，然而这离开展大数据审计的要求还有点远。根据麦肯锡研究报告①的统计，美国政府部门2009年存储数据总量为848PB。我国政府部门数据存储总量尚未有准确统计数字，但审计署从政府部门中获取的数据总量应至少达到PB级的水平，才能有效地支撑大数据技术的需求。二是提供给普通审计人员使用的大数据平台还未能完成。大数据技术重在应用，为了满足审计人员数据分析和审计管理的要求，审计署应在审计数据中心的基础上，开发简单易用的各类大数据技术工具。目前国家审计数据中心的硬件、网络建设和数据中心基本规划已经完成，但是运行在其上的数据分析和管理平台还需要完善。未来应在国家审计数据中心基础上，充分利用云计算、数据挖掘、地理信息系统等技术构建综合数据分析和管理平台，提高大数据技术的应用水平。三是审计人员的知识结构还不能满足大数据技术的要求。大数据技术的应用需要既懂计算机、网络、数据库又懂审计的复合型人才。为培养计算机审计的复合型人才，审计署开展了计算机审计培训和考试。截至2012年6月，通过审计署计算机审计中级考试的审计人员有4400多人，占全国审计干部比例仍然偏低。当前还应继续加大审计人员知识结构转变力度，完善计算机审计培训的课程结构，以适应大数据技术对审计的要求。（撰稿人：李　俊）

① Big data：the next frontier for innovation，competition，and productivity，McKinsey Global Institute.

内部审计

【潞安矿业集团有限公司】 潞安矿业集团有限公司（以下简称潞安集团）于1959年1月成立，系山西省属五大煤炭企业集团之一。现有子分公司79个（其中51个子公司，28个分公司），员工8万多人。2013年煤炭产量8878万吨，营业收入1985亿元，实现利润6.02亿元，首次进入世界500强企业，名列第430位。

领导成员

董 事 长（党委书记）：李晋平

副董事长：王光彪

总 经 理：翟 红

副总经理：徐贵孝 郭贞红 孙玉福

刘克功 肖亚宁 王观昌

刘 斌 黄 巍

审计职责 潞安集团有限公司设立独立的内部审计机构——审计处。其中17个子分公司设有独立的审计机构，配备内部审计人员100人，其中专职89人。

审计处的职责：按照有关法律、法规和集团公司的要求，起草内部审计法规和制度等；制订年度审计工作计划；负责组织实施内部审计监督，对全公司的资产、负债、损益、工程建设及有关的经济活动进行检查评价；负责组织对所属企业领导人员进行任期经济责任审计；围绕公司中心，关注热点难点问题，突出重点，积极开展审计监督服务；参与企业经营决策、合同谈判、招投标等重要经济活动；完成领导交办的其他事项。

审计成果 2013年，完成审计项目310个，其中财务收支审计45个、效益审计92个、经济责任审计81个、内部控制评审45个、基本建设审计43个；审计总金额317985万元，促进增收节支18298万元，提出审计建议691条，整改率96%；参加招标343次，中标金额1341114.13万元；参与商务谈判180次。

工作特点 公司审计部门坚持“寓服务于监督之中”的指导思想，贯彻“一审、二帮、三促进、四反馈”的审计方针，围绕公司中心，突出重点，积极开展审计监督服务。

建立较为完善的内部审计制度和规定，陆续制定及修订《审计业务管辖范围划分规定》《领导干部经济责任审计规定》等20项工作制度，保证政令畅通，促进依法办事、依法审计。

内部审计从传统的账项审计向内部控制审计和风险导向审计转变，剖析公司内部控制的关键、薄弱环节和风险点，提出加强和完善公司控制的建议。

整合审计资源。潞安集团针对审计资源短缺现状以及审计处工作需要，与子（分）公司进行协调，抽调子（分）公司部分审计人员、财务人员以及专业技术人员临时充实到审计项目组，弥补现有审计人员的不足，通过有效的内部审计工作，促进企业精细化管理，促进企业增收节支，提高企业效益以及内部审计职业能力，实现内部审计价值。近年来，公司委托中介机构提前介入，与内部审计结合进行项目的跟踪审计，实现审计成果共享、审计资源互补。集团公司在大型基本建设项目和整合矿井的技改项目竣工验收时，中介机构必须出具审计报告。

加强审计队伍建设。集团公司采取“走出去”和“请进来”相结合的办法，进一步拓宽审计人员的经营管理知识，改善审计队伍的结构，提高整体素质，努力构筑审计“人才高地”。每年针对审计实践中发现的薄弱环节和重点部分选择培训内容，制订培训计划；鼓励审计人员参加专业资格考试。

大力推进审计电算化建设，提高审计效率和质量。集团公司根据自身实际情况，有计划、有步骤地推进审计电算化建设进程。经多方考察论证，与软件开发公司共同修改、完善、补充，形成一套潞安集团内部审计信息系统软件，在集团公司和所属各单位审计部门中推广使用，集团公司及所属各单位的审计部门全部实现审计电算化。

（撰稿人：刘雅平）

【辽宁省监狱管理局】 辽宁省监狱管理局（以下简称监狱局）现有在职员工173人。设有内部审计机构——审计处，下辖26个分支机构。

领导成员

局　　长：单成繁

政　　委：黄　涛

副 局 长：单启新　董雪飞　周春山

　　　　　张代书　李正良　杨　莉

总会计师：于兆洋

审计职责 审计处负责年终决算审计、领导干部任期内经济责任审计、专项审计等工作。

审计成果 2013年，各级审计部门完成审计项目505个，其中财务收支审计133个、经济效益审计187个、经济责任审计66个、内部控制评审5个、基本建设审计20个、其他审计94个。审计总金额542000万元，促进增收节支420.5万元，提出建议、意见被采纳697条。

工作特点 近年来，省监狱局持续重视内部审计工作，审计工作始终坚持把促稳定、强管理、保发展、强化内部控制、防范风险作为出发点和落脚点，取得了突出成绩。自2005年起至2013年，辽宁省监狱局连续3次被评为全省内部审计工作先进单位，审计处3人次被评为先进工作，2人3次荣记个人三等功，其中2013年2人2次荣记个人三等功。内部审计工作已经成为全省监狱系统严肃财经纪律、维护监狱监管和经济秩序、促进党风廉政建设的一个重要手段，为服务全省监狱系统持续稳定、健康和谐发展做出重要贡献。

领导高度重视，组织保障有力。省监狱局审计处从2005年成立之初，就形成由“一把手”亲自抓，另有一名党委成员具体抓，两名党委成员分管审计的有力态势，审计处成立之初就呈现高起点开局、高效运转、作用突出的特点。在具体工作中，省监狱局党委对重要审计事项都要听取汇报，督促落实。2012年新的党委书记、局长到任后，更加重视审计工作，党委召开专题会议研究审计工作10余次，全系统召开审计问题整改会议3次。领导的重视、支持和推动，为做好内部审计工作提供了重要保证，有力地促进全系统内部审计工作的全面发展。

充实审计人员、配强审计队伍。为了适应监狱事业发展需要，确保监狱财政财务收支活动和监狱企业经济行为规范有序，2005年初，省监狱局党委在机关机构编制和人员都紧张的情况下，将内部审计职能从原来合署办公的形式中独立划分出来，单独成立审计处，配备4名审计人员。各单位也按省监狱局要求，相继成立23个独立审计科（处）及6个合署办公机构，有专兼职审计人员70余名，使审计工作全面覆盖、不留死角。近年来，为了加强审计工作职能作用，省监狱局审计处从基层单位选调处长1名，在局机关配备交流副处长1名，从基层调入有丰富审计工作经验的同志2名，加强组织领导，提高审计业务水平。各基层单位也挑选财务工作经验丰富的中层干部和财务人员充实到审计队伍中来，不断加强审计队伍建设。

建立规章制度，规范审计工作。辽宁省监狱局直属县处级单位38个，直属企业35个，经济活动复杂多样，下属单位多，级格偏低，分布地域广且大多地处偏僻，为了能够实施多领域多范畴内部监督和适应任务多样性，省监狱局从制度建设入手，先后制定、完善《辽宁省省直监狱系统内部审计工作暂行规定》《辽宁省省直监狱系统财务决算审计实施办法》等12项工作制度，绘制“财务决算审计流程图”和“领导干部经济责任审计流程图”；从工作机制上，调动基层内部审计机构和内部审计人员的积极性、注重发挥中介机构的作用，建立与省监狱局财务、生活卫生、纪检监察等部门联合办公的有效机制，与自办业务有机结合，相辅相成。

实施有效监督，注重结果运用。审计处充分发挥内部审计补充、补缺、保健、防疫等功能作用，通过审计，及时发现运行机制和制度上的漏洞，查缺补漏，要求被审单位及时完善规章制度。发挥专业特长，会同财务、生活卫生、纪检等部门，检查落实资金使用情况，补充监督环节的缺位和缺失。发现苗头性问题早提醒、早警告、早纠正，发挥内部审计的保障、防疫作用，防止问题扩大。注重审计结果运用，开展法人代表离任审计，发现有重大问题的，不能交流任用；主要领导任用时要先审后用，有严重问题的可行使否决权；在评先选优时，单位有重大违纪违规问题的，审计一票否决；在重大决策执行前，必须先进行审计评估。（撰稿人：梁淑英）

【中国银行股份有限公司吉林省分行】 中国银行股份有限公司吉林省分行（以下简称吉林省中行）现有在职员工6309人，设有办公室、人力资源部、公司业务部、个人金融部、银行卡部、国际结算部、金融机构部、国内结算与现金管理部、电子银行部、中小企业中心、风险管理部、授信执行部、财务管理部、收付清算部、运营控制部、信息科技部、法律与合规部、稽核部、监察部、党务工作部、工会、保卫处、营业部23个部门，下辖225个分支机构。

领导成员

行　　长：张　平

副 行 长：吴友林　高志伟

纪委书记：王淑凤

总 稽 核：白玉淑

行长助理：王　波　窦玉萍

稽核部负责人：李海纳

副总经理：李　煜

审计职责　吉林省中行稽核部承担分行内部审计职责，在总行稽核部的领导下独立客观的开展内部确认与咨询活动，以改善运营、增加价值为宗旨，以协助管理层履行控制职责为目标，通过系统化、规范化的方法评价并协助改进银行内部控制、风险管理及公司治理，促进组织目标实现。

审计成果　2013年，完成稽核项目11个，稽核内容涉及公司业务、零售业务、交易和销售、支付与结算、代理服务、运营流程、支持流程、战略流程8个条线；现场稽核覆盖省行本部、18家二级机构和44家三级机构，非现场实现机构全覆盖。共发现问题及关注事项81个，发出11份稽核报告、1份风险提示及2份管理建议书。

工作特点　吉林省中行稽核部围绕“服务转型，破解难题，显著提升稽核能力与贡献”年度目标，服务全行战略和中心工作，密切关注风险变化，创新工作思路，积极探索和实践服务导向型稽核模式，全面履行内部审计职责，在促进全行依法合规经营、防范金融风险、提高经营效益等方面发挥重要作用，取得突出成绩。

围绕利润、风险两大主题确立并开展全年稽核工作。在分析研究经济金融形势、吉林省中行经营发展实际和所面临的主要问题基础上，紧密围绕服务全行战略、服务业务发展确定稽核项目，扩大特色项目占比，积极开展调研与非现场为主导项目，内容涉及网点效能、柜台业务异常交易、电子渠道建设、县域机构业务发展、优化人力资源结构、批量代发业务、创新联动等多个领域。

提高服务深度，努力实现向管理型稽核转变。充分发挥稽核跨条线及技术优势，广泛获取信息，秉持“宏观着眼，细节切入”，捕捉深层问题，查找普遍规律，从管理衔接、趋势变化、外部影响等多角度发现并解决问题，注重提高稽核建议在对提高各项管理工作统筹性与前瞻性方面的贡献。

稽核产品增加组织价值效果显著。历经数年持续积累提升，2013年稽核产品总体质量获得普遍性显著提升。尤其是以促进业务发展、增加组织价值为目的的多篇稽核报告得到广泛关注与好评。其中《关于进一步发掘“流通链”“商会圈”客户业务潜力的调研报告》入选总行年度优秀稽核产品，《关于促进县域机构业务发展的调研报告》《网点效能专项稽核调研报告》《关于加快缓解个贷放款压力深化结构调整的调研报告》等多个稽核产品均获得管理层的高度重视与肯定，业务部门和基层机构反响强烈，17项稽核建议获得积极采纳。

以夯实“确认”为基础，稳步提升“咨询”贡献与效果。深入研究在稽核转型进程中，如何更好地发挥“确认”与“咨询”两大职能作用。在做实做透“确认”基础上，不断提升稽核咨询的范围和质量，在优化流程、提升效率、控制成本、创造效益等方面提供更具价值的咨询服务，积极探索深化稽核转型的有效方法、路径。

提升非现场为主导稽核的层次，拓展服务空间。扩大数据采集范围和分析深度，利用业务部门、金融同业以及互联网上的已有成果和信息，做好数据分析结果的再分析、再比对。强化履行反舞弊职能，将异常交易专项稽核与日常监控、案件风险排查等外条线工作有机结合，三位一体，努力实现时间空间立体防范，进一步提升风险管控水平。

强化内部管理，持续做好队伍建设和人员培养。采取多项措施，通过多种形式交流和培训，加快对稽核人员专业胜任、风险识别和学习创新能力的培养。积极推荐骨干参与总行稽核项目，学习先进工作理念与方法；结合开展项目加强培训，邀请条线专家开展业务专题讲座，促进稽核人员对业务加深理解，提高项目准备针对性；开展优秀稽核产品学习和稽核产品比对分析培训，汲取优秀稽核产品精华，对典型产品的初稿与终稿进行直观对比，分析研究写作与修改思路，提升全体员工写作能力。带动、鼓励员工积极参加资格考试，近半数人员考取国际注册内部审计师资格。40%的员工入选总行稽核骨干库，4 人通过总行多元化人才库考试，2 名稽核人员考取了总行外派资格，稽核人员能力进步效果得到了多方位的体现。　（撰稿人：马　达）

【中国太平洋保险（集团）股份有限公司】

中国太平洋保险（集团）股份有限公司（以下简称太保集团）创立于 1991 年，是一家在上海和香港两地整体上市的全国性保险公司，总部设在上海，旗下拥有寿险、财险、资产管理、养老保险和在线服务等专业子公司，通过覆盖全国的营销网络和多元化服务平台，为 8000 万客户提供全方位风险保障解决方案、投资理财和资产管理服务。

领导成员

董　事　长：高国富
审计委员会：李若山（主任，—7 月）
　　　　　　周忠惠（主任，7 月—）
　　　　　　张祖同（—7 月）
　　　　　　林志权（7 月—）　吴俊豪
总　　　裁：霍联宏
审 计 总 监：陈　巍
审计副总监：阎　栗　戴国文

审计职责　拟订内部审计基本政策、制度和标准以及各专业的实施细则、实施计划和审计操作指南；编制年度审计计划和预算；对集团公司和各级机构各项经营管理活动和财务活动的真实性、合规性以及经营效益进行审计、评价；对集团公司和各级机构内部控制体系以及风险管理体系的健全性、合理性和有效性进行审计、评价；对集团公司和各级机构有关负责人开展经济责任审计；对信息系统进行审计；对审计整改情况进行后续跟踪审计；对审计质量进行监控。

审计成果　2013 年共完成审计项目 334 个，其中经济责任审计 170 个，内部控制评审 96 个，信息系统、反洗钱、关联交易等专项审计 68 个；提出审计意见和建议被采纳 2619 条。

工作特点　建立"相对独立、高度集中、专业化分工"的内部审计一体化集中管理体制。在治理架构上，将各子公司的内部审计人员、职能与管理上收到集团审计中心进行集中管理。内部审计工作由集团董事长分管；董事会审计委员会负责审定审计目标、经费预算、人员编制及内部审计基本政策，实行预算独立；审计总监向董事会和经管层双向汇报；审计条线由集团公司董事长、监事长、审计委员会及总裁实施独立考核，形成高度集中、相对独立的工作机制，保证内部审计独立性。在运行机制上，为保证内部审计的专业化发展，创建以"流程驱动，前、中、后台分离"为特征的内部审计专业化分工模式，形成将总部 4 个部门及全国 7 个区域审计部划分为前台、中台、后台，形成前台部门负责在"属地化监督"原则下实施审计项目，中台部门负责识别、分析系统性风险，提供技术支持，后台部门负责规划发展、设计制度、监控质量、构建信息管理平台等统筹管理这一组织架构，使审计集中管理实现从"物理集中"转型为"逻辑集中"。

创建全流程质量管理体系，引进外部质量评估。建立覆盖审计作业全流程技术规范和操作标准的内部审计标准化体系，实现内部审计作业在计划编制、资源调配、方案设计、底稿编制、缺陷评级、报告签发、整改跟踪、档案管理等方面的"八统一"。全流程质量管理体系于 11 月获得 ISO 管理体系认证，为建立内部审计质量体系奠定技术基础，实现内部审计质量管理在"理念、标准、机制、系统、队伍"方面的 5 大创新：树立"质量管理人人有责"的理念；搭建涵盖制度、流程、指标、标准的审计质量管理框架体系；创建持续提升质量的"自我评估""分析报告""成效反馈""现场辅导"等工作机制；搭建自动化、系统化运行的配套质量管理系统；形成负责质量管理的专职团队。10月，太保集团通过中国内部审计协会的内部审计质量外部评估，获得最高等级“总体遵循准则”的评估结论，成为上海市第一家通过中国内部审计协会审计质量外部评估单位。

推进整合式信息系统建设，提高内部审计综合效能。立足内部审计未来发展，打造集“审计作业、审计管理、远程审计”三位一体的综合性审计信息系统平台：实现审计作业的在线操作，促进审计过程管理的规范化、透明化；实现审计管理的信息化、系统化，提高审计管理的有效性；实现远程监测与预警，利用大数据分析技术，建立“框架完整、一体协作、系统支持”的远程审计体系，监控风险指标，预判风险趋势、确定审计重点，强化审前分析，跟踪异常数据，强化内部审计威慑作用。

创新内部审计增值服务模式，提升内部审计价值贡献度。借鉴国际内部审计先进理念，以“审计监督与增值服务并重”为目标，积极探索审计增值服务模式、渠道和管理体制创新。提升内部审计价值转化能力，聚焦战略转型，针对转型举措开展各类专项审计调研，为集团转型发展保驾护航；聚焦管理瓶颈，提交管理建议书揭示管理缺口、推动整改落实、强化企业内控、完善经营管理；研究机制变革，提交推动内部审计改革、完善内部审计工作机制的专题改革方案；围绕行业热点和监管重点开展前瞻性资讯研究，编发《监管视野》《监管快讯》《审计苑》等提供国内外最新信息的内部刊物。

（撰稿人：方慎言　吴彦文）

【江苏省农业科学院】　江苏省农业科学院（以下简称江苏省农科院）是江苏省政府直属的唯一的综合性农业科研事业单位，院部现有在职职工1182人，按职能下设院办、机关党委、纪检监察、人事处、科研处、财务处、审计室等18个管理服务部门；按专业分设粮作所、植保所、畜牧所、加工所等13个专业研究所；按产业成立明天种业、苏科农化、南京天邦等9个投资控股企业。另外，江苏省农科院还管辖里下河所、沿海所、沿江所、徐州所、淮阴所等11个地区农科所。

领导成员

院　　长：严少华

党委副书记：陆晓曦

副 院 长：常有宏　郑建初

余文贵　周建农

审计职责　江苏省农科院设置审计室独立开展审计工作，审计室现有专职审计人员6人，其中取得注册会计师资格的2人，注册税务师资格的2人，国际注册内部审计师2人，高级会计师1人，高级审计师1人；研究生学历3人，本科学历2人。2013年建立起院经济责任审计工作联席会议制度，成立经济责任审计工作领导小组，院长严少华任组长，副书记陆晓曦和副院长余文贵任副组长，纪委监察室、人事处、审计室、财务处、实业总公司等部门负责人为领导小组成员。审计室主要负责组织对江苏省农科院各单位的财务经济状况、科研经费使用、工程项目建设、领导干部经济责任等进行审计监督，以及完成院领导交办的其他工作。

审计成果　2013年，江苏省农科院审计室共完成审计项目141个，审计调查项目2个，审计总金额达到14.36亿元。其中经济责任审计4个，审计涉及金额12.86亿元，提出相关审计意见建议18条；工程竣工结算审计项目88个，送审金额6167.84万元，核定金额5591.15万元，核减金额576.69万元，核减率为9.35%；科研经费审计49个，合计审定项目经费总额7018.63万元；审计调查项目2个，涉及审计金额1811.29万元，发现问题29个，提出审计意见建议18条。

工作特点　突出规范化和流程化，抓好审计制度的建立健全。根据国家、省有关法律规定，借鉴同类单位的先进经验，结合实际情况，于2013年研究制定并颁布实施《江苏省农业科学院内管干部经济责任审计实施办法》，为推进经济责任审计工作制度化、规范化和实效化提供制度保障。目前正在研究制定《工程建设项目竣工结算审核实施办法》《科研项目结题财务审计实施办法》等规章制度，同时对各项工作的审计流程也进行细致的梳理，力求做到建立科学的审计工作管理机制，规范审计行为，提升审计质量，防范审计风险。

突出全程跟踪审计，抓好基建工程的造价控

制。在基本建设工程方面，审计室不局限于竣工结算审核工作，以控制工程造价和规范工程管理为重点，尝试拉长审计监督防线，从项目立项、招标清单编制、招投标、合同签订、跟踪审计、工程验收、尾款支付等多个角度实行全程监督管理，打造工程建设管理的新模式。对重点工程尝试进行跟踪审计，狠抓工程管理的各重点环节，为合理控制工程总造价和支付进度款把好关，为工程变更方案选择、专业分包、工程招投标等做好咨询服务，促进建设全程管理程序化、规范化。

突出发现问题的整改落实，抓好内管干部经济责任审计。审计室提出从机制上和制度上强化审计成果运用和审计整改意见落实工作，明确经济责任审计工作联席会议作为协调、检查、督促的组织机构。《江苏省农业科学院内管干部经济责任审计实施办法》明确规定有关单位（或部门）应当根据干部管理监督的相关要求，按照各自的职责运用经济责任审计结果，将其作为内管干部考核、奖惩、任免的重要依据。对经济责任审计中发现的普遍性、苗头性、倾向性问题，及时研究分析，提出加强管理的意见和措施。自实施办法出台，经济责任审计工作联席会议领导小组办公室已对相关部门和领导个人就审计中发现问题和相关建议发出了整改通知和整改函3份。

突出关口前移和过程控制，抓好科研项目财务结算审计。江苏省农科院作为科研单位，科研专项经费的管理是重中之重，针对科研经费管理的困惑，审计室将审计工作前置，从经费预算审核调整、过程控制和实施过程咨询等方面着手，服务院科研成果产出。2013年启动对2009年至2010年省自主创新资金项目的审计调查工作，从发现资金项目管理过程中的薄弱环节入手，为今后项目资金的管理提供有效的意见和建议，为进一步规范项目资金管理献计献策。

突出后续培训教育，抓好审计人才队伍建设。审计室注重对职工的业务培训和能力培养，加强内部人员对审计准则、相关法规的学习和业务培训，提高政治素质和业务水平，帮助每位职工提高业务水平；对科室分工定期进行轮岗，保证每位职工都能胜任审计工作的要求。在强化审计人员服务意识的同时，切实提高审计质量和审计效率，也提升审计工作软实力，为今后工作的继续开拓创新打下坚实的基础。　（撰稿人：陈文君）

【绍兴市内部审计师协会】　绍兴市内部审计师协会的基本职能是服务、管理、宣传、交流，实行自律性专业管理，为内部审计机构和内部审计人员提供业务指导和开展各种专业服务活动。通过宣传、交流，扩大内部审计影响，维护内部审计机构的独立性、权威性和内部审计人员的合法权益，促进内部审计队伍素质的提高。绍兴市内部审计师协会现有国企分会、民企分会、行政分会、乡镇分会等10个分会；现有团体会员单位266个，个人会员1947人。

领导成员

名誉会长：王建新（绍兴市审计局党组书记、局长）

会　　长：魏文焕（绍兴市审计局副调研员）

副 会 长：王　莺（绍兴文理学院纪委副书记兼审计处处长）

魏仁林（绍兴市国有资产监督管理委员会副主任）

冯亚丽（海亮集团总裁、董事长）

陈传良（绍兴市审计局机关党总支专职副书记）

秘 书 长：王兴灿［绍兴市审计局监察室（内部审计指导处）主任］

审计成果　2013年，绍兴市内部审计机构640个（其中专职机构174个），内部审计人员1947人（其中专职人员438人），全市完成内部审计项目4090个（其中财务收支1046个，效益审计443个，经济责任审计299个，基本建设审计701个，专项审计258个，内控评审730个，风险评估189个，财务审签165个，其他259个），审计总金额7644302万元，查出损失浪费9537万元，增收节支69262万元，提出的建议、意见被采纳6691条，建议给予行政处分30人，实际给予行政处分27人，向司法机关移送案件5个，向司法机关移送人员3人。

工作特点　绍兴市审计局将加强内部审计指导列为全局三项重点工作之一，形成“局长亲自抓、分管局长认真抓、内部审计指导处与内部审计协会具体抓”的齐抓共管内部审计指导新格局。7月18日，绍兴市编委批准绍兴市审计局增设

"绍兴市审计局内部审计指导处"，与监察室合署办公。确立内部审计业务的指导监督机构，配备内部审计专业指导人员。完善内部审计指导工作联系点制度，每个局领导联系2个单位，共对18个内部审计联系点开展信息沟通、政策咨询和业务指导等工作，及时了解联系点的内部审计工作动态，指导帮助解决内部审计工作中存在的问题。

绍兴市内部审计师协会召开四届二次理事扩大会议，绍兴市审计局局长王建新充分肯定全市的内部审计工作，对如何做好下一步工作提出具体要求。组织开展市直机关（部门）内部审计工作情况调查、金融机构内部审计情况调查、农村集体经济组织审计情况调查、民营企业内部审计情况调查等一系列调研工作。6月开始，组织开展为期两个月的市直部门（单位）内部审计工作情况全面调查，基本摸清市直部门（单位）内部审计工作的家底，针对内部审计观念认识不到位、组织结构不健全、工作发展不平衡等问题提出一系列建议。9月，走访人民银行和具有代表性的城市商业银行、农村银行、期货公司、典当行等单位，基本掌握绍兴市金融系统内部审计的概况。11月，组织开展对农村集体经济组织审计的调研，针对其存在的审计人员不足、业务不强、关系不顺等问题提出相应解决办法。

注重内部审计人员的岗位资格考试。2013年，绍兴全市455人取得内部审计岗位资格证书，为壮大内部审计队伍增添新生力量。根据需求开展内部审计人员后续教育培训，总培训人数达到1492人。绍兴市探索出一条"分行业、分系统"的培训新模式，将培训班分为行政事业单位、企业、金融、乡镇等系统分别进行培训，针对不同的培训对象研究制订不同的培训方案，邀请相关领域专家、学者和实务高手进行分门别类的授课。采取以会代训、以审代训、以试代训、边审边训等多种灵活形式帮助各单位内部审计人员及时更新知识，掌握最新的审计方法和审计技术，提高内部审计从业人员素质和履职能力。鼓励从业人员参加执业资格考试和继续教育，培养内部审计领军人才。2013年绍兴市CIA报名人数创历史新高，进一步推动绍兴市内部审计人员的专业素质提高，为绍兴市内部审计工作更好地开展增添力量。

组织开展2013年内部审计理论研究和案例征集工作。根据研究主题"内部审计信息化""内部审计与国家审计关系研究"和"内部审计质量自我评估探讨"的要求，立足内部审计实践，认真总结近年来内部审计信息化采取的各项措施或开展的各项工作，重点探讨内部审计与国家审计的定位和职责划定、内部审计与国家审计的资源整合。广泛征集内部审计案例，凸显先进的审计理念、科学的审计方法、巧妙的取证过程、惊人的损失浪费、重大的违法线索等，对发现重大缺陷，整改后取得显著成效的项目做深度分析和阐述。

根据机关部门、企业、乡镇等单位不同的内部审计工作特点，开展分类指导，通过理论研讨、项目评优、信息交流、后续教育、资格培训、考察学习、杂志赠阅等各种活动，为会员单位提供平台和保障，运用开放式、集约式、咨询式、结对式和聘请专家辅导等方式，为内部审计单位和内部审计人员提供全面业务指导和咨询服务。积极"走出去，请进来"，加大内部审计单位和人员间的交流沟通。4月，组织全市审计局长赴丽水考察学习内部审计工作先进经验。9月9日，省审计厅厅长陈荣高一行到绍兴调研工作，专门走访绍兴黄酒集团和绍兴水务集团，听取有关内部审计工作的汇报。（撰稿人：唐加娜）

【浙江省能源集团有限公司】 浙江省能源集团有限公司（以下简称浙能集团）有在职员工16342人，设有13个处（室、部），下辖62个分支机构。

领导成员

董 事 长：吴国潮

副董事长：童亚辉 毛剑宏

总 经 理：童亚辉

党委副书记：耿 平

副总经理：范小宁 柯吉欣

孙玮恒 楼 晶

纪委书记：张荣博

总工程师：朱松强

工会主席：徐小丰

党委委员、组织部部长：黄伟建

审计职责 2012年1月，浙能集团在原监察审计部基础上，单独设立审计部统筹集团内部审计工作；并从系统内抽调人员强化总部审计力量，现有专职审计人员 11 人。审计部主要负责内部审计网络体系建设；实施集团所属企业财务收支审计，所属企业领导人员任中、离任经济责任审计，专项审计；派出监事的管理与工作指导等。

审计成果 2013 年，各级审计部门完成审计项目 153 个，审计调查项目 2 个，其中财务收支审计 29 个，经济责任审计 12 个，工程审计 12 个，合同审计 10 个，采购审计 4 个，概算执行情况审计 1 个，其他专项审计 85 个。查出违纪违规金额 509 万元，促进增收节支 1452 万元。

工作特点 浙能集团内部审计工作积极倡导以控制为主线、以治理为目标、以增值为导向的新模式，拓展工作思路、加大审计力度、提升审计质量，不断赋予审计工作新的内涵。

浙能集团吴国潮董事长吸收国际先进审计理念，总结内部审计工作经验，提出“五个必审”的理念和“阳光普照”的目标，要求“离任必审、三年必审、集团重大决策决定的执行必审、发现问题苗头的必审、上级有要求的必审”。审计部在学习借鉴外部先进管理理念、成功经验的基础上，总结分析集团内部审计工作现状，着眼未来发展趋势，撰写《关于进一步加强内部审计工作意见的报告》《2013 年度内部审计工作要点》，对审计计划的编制、审计目标的确定、审计路径的选择、审计重点的把握等方面做出有益的探索和研究，初步形成务实有效的内部审计工作体系，即集团审计部主要开展集团公司直接管理的板块分公司、发电企业和其他二级企业主要领导的经济责任审计并延伸到下属各级企业，根据需要开展专项审计调查和基建项目审计；板块分公司根据集团指引，结合运营特点统筹业务部门力量开展务实有效的专项审计调查；运营企业针对主要业务、关键点和管理薄弱环节等实施业务检查。此外，董事长吴国潮、总经理童亚辉做出指示、批示，确保内部审计工作的顺利开展，逐步在系统内形成“重视审计、自觉接受审计、主动支持审计”的良好氛围。

按照“五个必审”的总体要求，不断拓宽审计覆盖面。2013 年，浙能集团审计部审计单位覆盖 3 个板块 17 家营运企业，并延伸审计到 45 家三级及以下企业；重点对所属企业执行浙能集团制度、对下属企业管控、业务管理等情况进行全面审计，努力涉及主要业务、关键点和管理薄弱环节等。

努力提升审计质量。一是借鉴新的审计理念、方法，新增、修订 7 项审计制度；二是抓好审计项目实施，进一步优化审前调查、审计实施、审计报告、审计整改等工作流程，邀请相关业务部门对审计过程中发现的有关情况进行分析研究，提高审计报告的严谨、严密性；三是突出“精品审计”主题，集中力量找好点、选准题、严要求、细审查、抓整改，查深查透审计项目，并督促相关单位认真整改，实现闭环管理。9 月，浙能集团审计部实施的集团系统参股企业经营情况专项调查获得浙江省内部审计协会表彰项目。

强化审计整改落实效果。在审计过程中，审计部通过现场教育、审计查实把审计意见或建议反馈给被审计单位，并对审计问题梳理提供给相关职能部门召开专题会议进行宣讲，努力发挥审计“以点带面”“审计一个，促进一片”的效果。此外，通过召开座谈会、编写案例等方式及时通报审计情况、公开审计成果，加强审计成果的转化。

浙能集团审计部准确把握“离任”“三年”两个时点，通过全面开展离任经济责任审计，合理安排任中经济责任审计，实现对所属企业的主要领导干部经济责任的全方位审计监督。在审计过程中，按照《内部审计操作规程》规定的内容进行审计检查，并努力尝试将各项审计内容纳入经济责任审计的范畴，探索向管理审计转型。

为更加准确地了解企业经营管理中的“重点”“难点”问题，提出有针对性的审计建议，浙能集团积极开展各项审计调查。如对 60 家参股企业进行经营状况的专项调查，督促集团相关部门研究出台了相应制度，进一步规范外派高管的履职行为，促进参股企业信息的畅通，更好地维护集团利益。

为加强过程性监督，浙能集团借助中介机构的力量，组织对 12 个重点基建项目实施跟踪审计。审计部通过对跟踪审计报告的质量管理，督促项目公司加强对中介机构的日常管理；会同建设管理部对审计问题细化分析，对审计的质量及效果实施“再跟踪”，进一步完善跟踪审计工作联动机制；对部分跟踪审计项目进行走访和实地调研，形成专题报告，为进一步加强和改进跟踪审计工作及促进基建项目管理提出意见和建议。

（撰稿人：王莉娜　周海平　姚银伟）

【徽商银行股份有限公司】　徽商银行股份有限公司（以下简称徽商银行）在职员工 6036 人，总行内设 24 个部室，下辖 17 家分行及 191 家支行。

领导成员

董 事 长：李宏鸣

副董事长：许德美

监 事 长：张　震

行　　长：吴学民

副 行 长：王贵生　慈亚平　高广成　张友麒

纪委书记：张仁付

审计职责　徽商银行建立了独立垂直的内部审计管理体系。董事会设立审计委员会，指导、监督和评价本行内部审计工作，并指定副董事长分管全行审计工作，直接对董事会负责。总行设立审计部，审计部内设 6 个二级部门，实行总经理负责制。内部审计主要职责是建立和维护全行审计监督体系，拟定内部审计工作政策和中长期审计规划，组织制订年度审计计划、审计工作制度和流程；通过系统化和规范化的审计方法，审查评价并改善本行的经营活动、风险状况、内部控制和公司治理效果，促进国家有关经济金融法律法规、方针政策和监管部门规章在本行得到贯彻执行。

审计成果　2013 年，审计部门采取全面审计、专项审计、审计调查、经济责任审计等多种形式，在多个业务和管理领域开展审计活动，强化对关键业务、关键环节、关键风险、关键岗位的监督，适时追踪审计问题整改效果，为促进本行健康发展而建言献策，从维护组织价值迈向为组织增加价值。审计部门共完成审计项目 26 个，揭示问题和缺陷 300 多项，提出审计意见和建议 150 余条。内部审计工作得到本行各级领导的高度重视，审计发现的问题绝大部分得到整改，审计成果得到积极转化。内部审计工作的开展，为促进徽商银行稳健发展起到积极作用。

工作特点　着力抓好经济责任审计。组织实施分行级负责人经济责任审计项目 16 个，为机构负责人任职提供依据，促进被审人员履职责任感和被审机构的规范管理。

重点开展专项审计及审计调查。积极拓展审计领域，突出审计重点，在票据交易、财务费用管理、合规管理、信息科技风险控制、机构运营等 8 个方面开展专项审计或审计调查，客观反映业务管理和风险控制状况，提出完善内控管理的若干建议，充分发挥内部审计第三道防线的独立监督、客观评价和咨询服务作用。

开展内部控制评价工作。客观评价内部控制有效性，促进本行加强内部控制体系建设，进一步完善内部控制。

持续开展机构业务审计。重点关注机构经营状况、内部控制以及风险管控能力，促进分行机构健康发展。

开展后续追踪审计。适时评价整改落实效果，促进整改落实工作取得明显成效。

以编制审计发展规划为重点，明确后期工作方向。编制《徽商银行 2014—2016 年审计工作规划》，确定后三年审计工作目标、思路和措施。适时修订《徽商银行内部审计章程》和《徽商银行分支机构负责人任期经济责任审计实施办法》，制定《徽商银行内部审计手册》和一系列内部管理制度。

以加快信息化建设为抓手，促进审计技术不断提升。建设审计非现场数据查询分析系统，提高非现场数据分析及风险监测的能力，为内部审计转型升级提供支持。

以能力建设为核心，提升审计人员整体素质。不断优化审计人员结构，加强职业道德和专业能力培训，加速知识更新，持续提高审计人员专业能力。

以审计质量控制为目的，促进提升审计价值。建立项目质量监控机制，强化审计项目负责制，明确审计责任，持续提高审计工作质量，降低审计风险。2013 年未发生审计事后申诉和重大质量事故，实现审计项目零复审率。

（撰稿人：江　萍）

【福建省公安厅】　福建省公安厅在职民警

1182人，内设32个处室、4个直属事业单位。

领导成员

省长助理、党委书记、厅长：王惠敏

党委委员、纪委书记：夏　钢（分管审计工作）

审计职责　审计室为省公安厅机关内设机构，下设综合审计科和业务审计科，现有审计人员8人。负责拟定全省公安内部审计规章制度，组织、指导全省公安审计工作，依法行使内部审计监督权，对厅机关及所属事业单位、社团组织等被审计对象实行审计监督，提出审计意见建议，组织开展基建工程、公安特费、公安业务经费、执法环节涉案财物和重大项目的审计调查工作，承担厅机关政府采购、项目建设等的审计监督工作，负责公安现役部队有关审计工作。

审计成果　2013年，各级公安机关审计部门完成审计项目452个、审计调查项目189个，其中财务收支审计61个、经济效益审计25个、经济责任审计228个、专项资金审计138个、审计调查189个，查出违规金额3448万元，促进增收节支1469万元。

工作特点　为促进公安机关、公安现役部队各项建设事业的发展和军事素质的提高，公安审计既要对公安机关经济活动进行监督，又要对公安现役部队的经济活动进行监督。

公安审计不仅对本部门、本单位的行政经费、公安业务费、科研经费、教育事业费、专项经费、基建经费、执法活动财物、行政事业性收费和预算外资金的管理和使用情况进行审计，而且对负有经济责任的有关领导实施经济责任审计。

根据《审计署关于内部审计工作的规定》《公安机关内部审计规定》及《福建省内部审计工作规定》等有关法律法规，公安审计部门应独立设置，配备专职的审计人员，在各级公安机关主要负责人的领导下开展审计工作，独立行使审计监督权，以保证审计工作的独立性。

公安审计工作不仅以立法机关、行政机关以及业务主管部门颁布各种法规为审计依据，而且公安经济法规、规章也是审计的依据，体现了审计依据的双重性。在管理上，公安审计既要对本部门、本单位领导负责，又要对上级审计机关负责，有着责任的双重性。

公安审计人员比外部审计人员更熟悉内部情况，更了解本部门、本单位的经济活动和经营管理情况。利用这一优势，公安审计部门可以在较短时间内发现问题，可以将具有苗头性、倾向性的问题，及时反馈给领导及有关部门，有针对性地加以纠正，把问题解决在萌芽状态，避免发生更大、更严重的违法违纪问题。

（撰稿人：林书文）

【福建省冶金（控股）有限责任公司】　福建省冶金（控股）有限责任公司（以下简称福建冶金）的前身为福建省冶金工业厅，1983年转为福建省冶金工业总公司，直属省政府。2000年省级机构改革，整体改制为福建省冶金（控股）有限责任公司。2003年按照省政府的部署与福建省三钢（集团）有限责任公司合并，重新组建了福建省冶金（控股）有限责任公司。2013年末福建冶金本部在职员工47人，内设9个部室。下辖全资、控股、参股子公司19家：福建省三钢（集团）有限责任公司、福建省南平铝业有限公司、福建省稀有稀土（集团）有限公司、厦门钨业股份有限公司、厦门三虹钨钼股份有限公司、福建省华侨实业集团有限责任公司、福建省南铝板带加工有限公司、福建省南铝铝材工程有限公司、福建省华银铝业有限公司、福建省南铝物业有限公司、福建省潘洛铁矿有限责任公司、福建省阳山铁矿有限责任公司、福建省连城锰矿有限责任公司、福建省双旗山矿业有限责任公司、中国国际钢铁制品有限公司、国营福建省厦门天马华侨农场、福建省地勘冶金发展有限公司、福建省冶金工业设计院、福建省冶金工业研究所。

领导成员

董 事 长：陈军伟

总 经 理：林作鉴（分管公司审计工作）

审计职责　审计部是福建冶金实施内部审计监督的职能部门，对权属企业经济活动履行监督职能，同时负责对权属企业的内部审计业务工作的指导。审计部对权属企业的下列事项进行审计监督：财务预算、决算、财务收支及其有关经济活动的真实性、合法性和效益性审计；经营管理和经济效益情况；内部控制制度的健全性和有效性以及风险管理；物资采购、产品销售、工程招标、对外投资等经济活动；有关企业领导人员的任期经济责任；重大经济合同、协议及其他有法律效力的经济文件的订立、执行情况；基建工程和重大技术改造、大修等项目的立项、概（预）算、决算和竣工交付使用情况；遵守国家财经法规和公司规章制度情况；法律、法规规定和公司领导要求办理的其他审计事项；审计中发现的问题的整改和落实情况。

审计成果 2013年完成审计项目10个，其中：规章制度专项审计6个，内部控制管理审计1个、任期经济责任审计1个、财务收支规范化审计1个、后续审计1个。审计查出问题并提出整改意见229条，审计建议29条。

工作特点 围绕福建冶金年度中心工作，积极开展各项审计工作，本着实事求是，客观公正，服务企业，改善经营，加强管理，防范风险的原则，认真履行审计监督职能。

对审计中发现的问题在抓紧整改落实的同时，帮助企业健全完善各项规章制度，规范经营运作，提升管理水平，降低经营风险。

加强对权属企业内部审计工作的指导，组织内部审计工作经验交流和继续教育培训学习，不断提升内部审计人员整体业务素质和工作水平，增强冶金内部审计整体合力，促进福建冶金内部审计工作迈上新台阶。（撰稿人：谢径荣）

【江铃汽车集团公司】 江铃汽车集团公司（以下简称江铃集团）本部现有在职员工215人，设有人事企管部、资产财务部、监察审计部、规划发展部、安技保卫部、信息部、公司办公室等六部一室。

领导成员

董 事 长：邱天高

总 经 理：邱天高

副总经理：万建荣 朱 毅

审计职责 负责制定公司内部审计工作规章制度及工作计划并组织实施；负责对公司所属全资、控股子公司的财务收支、任期经济责任、内部控制制度情况进行审计；接受委托审计及公司交办的专项审计。负责对公司及所属全资、控股子公司建设项目预（概）算、决算进行审计；负责对工程造价咨询事务所的外聘与联络。

审计成果 2013年，审计部门完成审计项目28个，其中财务收支审计1个、经济效益审计16个，经济责任审计3个、专项审计8个。全年审计查出问题97个，提出审计建议108条。

工作特点 保质保量完成绩效审计工作。监察审计部依据江铃集团《子公司绩效管理办法》规定，为全面审计各子公司年度内经营管理责任履行情况，核实绩效指标完成情况，评价经营业绩，揭示经营和管理风险，提出管理改进建议，促进和帮助各子公司管理层提升经营管理水平和提高运营效率及效益。监察审计部在一季度完成16家子公司的2012年度绩效审计工作，为子公司领导人的业绩评定提供依据。

接受委托，完成离任审计工作。为正确评价子公司法定代表人的经营业绩，监察审计部在《内部审计管理办法》的基础上细化相关的内容，统一标准，制定《江铃汽车集团企业法定代表人任期经济责任审计管理办法》。监察审计部接受组织部的委托完成江铃压铸公司总经理、江铃车厢内饰件厂总经理、江铃南齿公司董事长的离任审计工作，明确离任者的经济责任，客观地评价其经营业绩的活动。

突出重点，完成各项专项审计工作。为改变传统的审计工作方法，探寻新的审计思路，监察审计部组织审计人员对江铃集团所属子公司近10年的审计情况进行梳理总结，查找各子公司经营管理的薄弱环节，根据各子公司经营特性，编制2013年度审计工作计划，提出相应的审计思路，旨在通过针对性较强的专项审计，帮助各子公司完善管理弱项，降低经营风险，从而提升企业经营管理水平。2013年共完成资金、资产、存货、项目等6个专项审计。

工程审计工作。2013年共完成工程结算审计32项，完成送审金额2726.63万元，审减金额达204.89万元，综合核减率达7.51%。为规范指导今后的工程结算审计工作，监察审计部重新修订《江铃汽车集团公司建设项目结算审计规定》。

（撰稿人：陈 钧）

【山东新华书店集团有限公司】 山东新华书店集团有限公司（以下简称山东新华书店集团）现有在职职工300人，设有6个部（室），5个直属公司，下辖121个分公司。

领导成员

董 事 长：李 峰

党委书记：黄黎明

总 经 理：刘文田

副总经理：明汝君 王安民 徐 静

财务总监：崔建红

审计职责 对集团重大决策和规章制度的执行情况进行监督检查；负责分公司主要负责人的经济责任审计；对集团公司及权属单位的国有资产安全、保值增值状况及经营责任和重点建设项目进行监督、考核和审计。

审计成果 2013年，各级审计部门完成审计项目186个，审计调查项目2个，其中财务收支审计10个、经济效益审计118个、经济责任审计26个、内部控制评审32个、审计调查2个。审计总金额562521.32万元，被采纳意见及建议242条。

工作特点 山东新华书店集团的领导层高度重视内部审计工作，充分发挥内部审计监督所具有的独立性、广泛性和有效性的特点，把内部审计部门作为内部控制体系中的重要一环，要求内部审计部门加强对所属单位经营管理和效益情况的监督、评价，并针对审计工作中发现的问题和管理缺陷，及时提出意见和建议，提升管理水平，防范经营风险。

对各级分公司中内部审计部门的机构设置、人员配备等方面提出具体要求，规定内部审计人员必须具备相关的专业知识和业务技能，必须持有内部审计人员岗位资格证书，努力打造一支作风扎实，专业高效的审计队伍，保证各项内部审计工作的有效开展。

为使全省新华书店系统的内部审计工作有章可循，山东新华书店集团重新修订下发《山东新华书店集团内部审计工作管理规定》，该规定从机构设置、工作程序等方面对集团的内部审计工作做出明确的规定和要求，对提高企业管理水平、加强监管、规范经营起到促进作用。

对集团所属118家分公司的2012年度经营目标完成情况实施送达审计。审计中，审计人员以集团对各单位下达的考核指标为依据，按照会计准则的要求，对照财务制度，一方面对被审计单位的财务收支、利润、经济效益情况、资产状况等进行核实，检查各项考核指标完成情况；另一方面，对被审计单位的会计基础工作规范、遵守及执行财经法规情况进行监督、检查，从而对企业经营管理的有效性、合法性等做出客观、公正的评价。

对21家分公司的负责人进行离任经济责任审计，对2家分公司的负责人进行任中经济责任审计。审计过程中，对被审计单位的财务收支、内控制度、资产状况、债权债务等进行核实检查，并结合历年经营目标完成情况的审计，对其会计核算、财务管理、经济效益等做出客观公正的评价。经济责任审计工作的开展，提高集团审计工作的权威性，在明确离任者经济责任的同时，为改进经营管理提供了依据，增强现任领导的责任感和遵纪守法的意识，防止出现短期行为，确保国有资产保值增值。

全面启动内控体系的建设工作，并指定内部审计部门具体负责。内部审计部门积极协调各职能部门，按照《企业内部控制基本规范》的要求，认真梳理业务流程，查找内控缺陷，编制出《山东新华书店集团企业内部控制手册》，选取8家市级分公司和24家县级分公司，对其内控体系运行的有效性进行测试评价，对测评中发现的问题在全省各级分公司中进行通报整改。通过内部控制体系的测评整改，有效地弥补内部控制运行过程中的缺陷，完善内部控制体系，降低产生舞弊的风险。

建立跟踪审计和专项审计制度。跟踪审计重点检查被审计单位对审计整改意见的落实情况；专项审计主要针对重大投资项目，检查其立项、投资、建设情况是否合法，有无违规现象。这些制度的建立，有效地促进被审计单位落实整改措施，规避经营风险，保证企业依法经营，健康发展。

按照审计署提出的审计工作以创新为动力，以提升审计成果为核心，以加强审计业务管理为基础，全面提高审计工作水平的工作要求，山东新华书店集团内部审计部门在定期培训学习中，激发、调动审计人员的创新能力，在实际工作中，锻炼提升审计人员发现问题、解决问题的能力。把“四个注重”作为审计重点，即：注重企业资产、负债、损益的真实性；注重企业国有资产的安全、完整和保值增值；注重各级分公司负责人任期内依法经营，完成各项经营指标的情况；注重各分公司内部控制体系的运行情况。通过不断提升业务技能、强化职业道德、提高审计质量，为山东新华书店集团这一国有文化企业的健康稳定发展提供有力保障。（撰稿人：张大利）

【胜利油田】 胜利油田是中国石化集团公司下属的第一大油气田，包含中国石油化工集团公司胜利石油管理局、中国石油化工股份有限公司胜利油田分公司、中国石化胜利石油工程公司。油田在职职工总数17.6万人，工作区域主要分布在山东省东营、滨州、德州、济南、潍坊、淄博、聊城、烟台8个市的28个县（区）内，主体位于黄河下游的东营市。截至2013年底，胜利油田累计生产原油10.72亿吨，累计生产天然气552.08亿立方米，已探明油田80个，探明石油地质储量53.04亿吨，投入开发油田74个，年生产能力2700万吨。油田在海外市场主要以石油工程技术服务为主，形成中东、中亚、北非、美洲、东南亚五大目标市场，土库曼修井技术、沙特物探采集、中东定向井技术服务、东南亚和非洲地面建设等已成为胜利海外的品牌，海外市场已成为推动油田持续协调发展的重要力量。

领导成员

管理局局长（分公司总经理）：孙焕泉

管理局党委书记：席秀海

管理局党委副书记、副局长、石油工程公司党委书记、纪委书记、工会主席、监事：许卫华

管理局党委副书记、纪委书记、工会主席：张梅河

分公司副总经理，石油工程公司执行董事、总经理：张　煜

管理局副局长：宋振国　乔恩言

分公司副总经理：张善文　张洪山

毕义泉　郭洪金

审计职责 油田本着“精简、高效、独立、务实”的原则设立内部审计机构。油田的审计机构分为一级审计和二级审计两个层次。

一级层面：管理局审计处、分公司审计处及审计中心为一套机构三块牌子，实行合署办公，现有审计人员120人，主要负责油田各二级单位、经济实体和控股公司的审计监督和服务工作。审计处机关设综合科、财务审计科、经济责任审计科、投资审计科、审计管理科和内控评审科，审计中心下设滨海、滨南、胜东、胜西、胜南、胜北和胜中审计分处。

二级层面：油田二级审计现有审计人员160人，主要负责所属三、四级单位及经济实体的审计监督和服务工作。油田在经营规模大、经济总量大、管理跨度大的34个二级单位设置独立的审计部门，其他二级单位配备专（兼）职审计人员，并与纪检等相关部门合署办公。

审计成果 2013年，油田审计处完成审计项目48个，审计调查项目3个，其中财务收支审计3个、经济效益审计5个，经济责任审计19个、基本建设审计19个，内部控制评审2个、审计调查3个，促进增收节支9389.07万元。

工作特点 油田审计部门是重要的监督部门，审计工作是油田整个生产经营工作的重要组成部分。2013年，油田在中国内部审计协会举办的“国企扬帆、内部审计护航”活动中获“内部审计示范企业”称号。

领导高度重视内部审计，保障审计职能充分发挥。油田每年都要召开审计工作会议和若干审计专题会议，强化各级领导重视审计、支持审计、发展审计的思想认识。油田领导坚持把审计工作作为“一把手”工程，坚持“高标准”配备充实审计力量，坚持发挥审计的“不可替代”作用。对审计处提交的审计报告，油田领导都能100%研究和阅示，责成相关部门或单位认真落实审计意见和建议，促进相关单位管理的规范和风险的防控。审计部门被油田领导评价为“政治上靠得住、业务上过得硬、监督上离不开”。

审计监督贴近生产经营，实现审计工作创新开展。油田强化审计监督与服务，优化审计质量控制与管理，发挥“经营管理的晴雨表，投入产出的安全网，反腐倡廉的监督岗，检验干部的试金石”等独特作用：一是经济责任审计、财务收支审计、内部控制评审、固定资产投资审计四类常规审计项目的开展，使审计监督实现了“横向到边、纵向到底”的全覆盖。二是管理效益、风险管理、专项审计调查等审计项目的创新开展，

加强对重点人员、重点单位、重点领域、风险环节的监督。如针对以往的管理效益审计项目对油田生产领域涉足相对较少的实际情况，审计部门不断增强创新意识，积极探索对油田重要生产环节的绩效审计，对油田采油污水管理情况开展专项审计调查。再如开展的固定资产管理风险审计，贯彻“内控”和“风险”的审计思路，体现出管理的特点和风险的揭示。

信息化应用力度不断加大，有效提升科学审计水平。油田不断优化、规范审计工作程序，推动审计方法由传统的经验型向“以风险为导向、以内控为主线、以治理为目标、抓重点”的科学抽样审计方法转变，审计技术手段由手工或半手工型向审计信息化转变。在线审计、计算机审计、非现场审计的力度不断加大，在保证审计质量和审计效果的前提下，审计人员的现场查证时间得到大幅度压缩，切实减轻了基层的负担。审计部门启动了投资审计案例库的建设工作，对 2008 年至 2012 年间的全部投资审计项目进行梳理，筛选发布数百个审计案例，借鉴审计经验、共享审计成果。油田审计处对部分单位开展青苗赔偿费审计，审计结论引起了油田领导的高度重视，油田专门针对青苗赔偿费论证、设计了一套管理系统，并充分考虑、采纳审计处提出的建议，将线下人工控制变为系统自动控制，将审计监督嵌入该系统，赋予审计人员查询权限，实现业务处理与审计监督分线并行，实现审计部门的事前在线监督、事中动态分析，对规范和提升油田相关领域的管理起到极大的推动作用。

审计制度得到持续完善，审计运行质量稳步提高。油田非常重视审计制度的建设，通过长期不懈的努力，实现项目实施和管理监督分立，项目审理和质量考核分立，审计业务监督和廉政监督分立。2013 年，审计处继续健全完善油田内部审计工作制度规范体系，为审计工作提供强有力的制度保障：制定《审计处理处罚规定》和《内部审计人员绩效档案管理办法》，使油田内部审计制度规范体系更加完备。制定《审计文书模板及规范要求》，对审前调查方案、审计方案、审计通知书、审计工作底稿、审计报告、审计决定书等文书模板及其填写规范进行细化，对审计文书模板的“边角”地带和细枝末节加以明确，使审计制度的“标尺”和“准绳”作用得到充分发挥。制定下发《进一步加强油田二级审计工作管理的指导意见》，为油田两级审计工作“一盘棋”运行提供制度依据。

审计业务培训特色突出，审计人员素质不断提升。油田高度重视提升审计人员的综合素质，督促审计人员遵守审计职业道德规范和廉洁自律规定，并以学习竞赛、优秀审计项目展评、内部检查督导等为载体，打造敢打必胜的审计团队。油田选派 34 人次参加中国内部审计协会和中石化组织的业务培训，审计干部送审计知识“进课堂、到基层”，不但在油田有关部门组织的处、科级干部培训班上宣讲审计案例，还专门到部分二级单位的基层前线讲授审计知识，进一步强化油田各级领导干部的遵规守纪意识。油田把审计理论研讨作为了解和掌握国内外审计前沿理论的重要途径，审计人员撰写内部审计信息化等四个大类的 295 篇参评论文，在中石化获奖 6 篇，在山东省获奖 8 篇，所完成的《企业内部审计信息化建设研究》课题获得中国内部审计协会二等奖。

（撰稿人：孙　康）

【河南省安阳钢铁集团有限责任公司】 河南省安阳钢铁集团有限责任公司（以下简称安钢集团）有在职员工 2.64 万人，设有办公室、劳动人事管理部、财务部、审计部等 16 个管理部室，3 个分公司，14 个全资、控股子公司，4 个驻外钢材经营机构。

领导成员

董 事 长：李　涛

副董事长：张太升

副总经理：张清学　李存牢　李利剑
刘润生　王新江　刘　楠
李福永　张怀宾

审计职责 安钢集团审计部（以下简称安钢审计部）成立于 1984 年 2 月，现有经营审计科、工程审计科、合同审计科 3 个职能科室。经营审计科负责集团公司范围内的管理审计、经营审计、资金管理审计、经济责任审计；工程审计科、合同审计科负责集团公司各业务主管部门对外签订的物资采购合同、加工承揽合同、运输合同、建设工程合同、工程项目竣工结算审计。截至目前共有在职管理人员14人，其中高级技术职务5人，中级技术职务6人。

审计成果 2013年，安钢审计部完成审计项目25个，提出强化管理、完善制度、提高效益的审计意见及建议140余条；审计合同1.5万份，金额203.36亿元，退回或处理问题合同99份，下达审计意见书3份，审减采购资金19.09万元；审计工程结算741份，结算金额8.39亿元，核减工程造价332万元。

工作特点 安钢审计部紧紧围绕“加强成本管控、提升营销水平”的工作思路，充分发挥专业管理优势，深化以内部控制和风险管理为导向的管理审计。

强化专业管理，深挖降本增效点。围绕安钢集团和各子公司的经营方针，安钢审计部积极处理好充分放权和有效监管的关系。对放权后审计工作的定位、审计范围、审计重点进行研究，对子公司经营管理的关键环节加强监控，监督其在规定范围内行使权力，评价其管理创新的合理性、效益性，帮助其寻求效益增长点。

经营审计强化效益审计，着力强化经营创效、经营管控，实现低成本运营，增强被审计单位抵御市场风险的能力。2013年在常规审计的基础上，开展钢材销售量、利润分析。通过分析，建议调整对驻外钢材经营机构的管理政策，提高其销售积极性，加大销售量，根据市场情况把握销售节奏及拓展销售半径，增收创效。

合同审计强化价格审计，把节约采购成本作为审计目标。运用“非标备件委托加工定价模型”，客观分析非标备件的合理价格，为科学采购提供理论依据。加强采购计划执行的源头控制，严格按照采购计划进行审计，对无计划、超计划合同不予审批。注重对比采购物资的历史价格走势，发现采购价格与其走势不符，督促业务部门限期整改。

工程审计强化事前控制，坚持源头参与，强化过程监督服务，增强投资的效益性。将工作重心前移，提前介入工程管理，作好开工前现场原貌的记录，施工过程中参与设计变更，现场签证、材料代用的审查；加大对合同条款的审计，特别是工程承包范围及工程结算方式，与合同签订单位积极协商，杜绝工程竣工结算中对合同理解不一致产生的扯皮争议现象。

加强审计分析，提升管理水平。安钢审计部积极向纵深推进经营管理效益审计，着力加强审计分析能力。充分利用数字、图表等计算机技术对具体业务开展审计分析，直观地揭示经营运作过程及对效益影响的原因，为安钢集团有针对性的完善管理制度起到参谋作用。

注重成果运用，突出增值服务。安钢审计部注重审计成果运用，做到发现问题有报告，督促整改有效果，确保审计发现的问题及时有效解决，巩固扩大审计成果。建立审计发现问题台账和审计意见落实情况跟踪台账。对台账汇总的问题进行梳理，及时提炼出具有普遍性和典型性的问题，由点及面，由浅入深地分析问题的成因，有针对性地提出合理化建议，出具综合审计报告向公司领导汇报，促使被审计单位建章立制、规范管理，提升审计成果的运用价值。 （撰稿人：王志胜）

【武汉市总工会经费审查委员会】 武汉市总工会经费审查委员会（以下简称经审会）是经工会会员大会或会员代表大会选举产生，是工会组织的审计机构，独立行使工会审计职权，承担对本级工会及所属企事业单位和对下一级工会的审计工作，并负责指导全市工会系统的内部审计工作。本届市总工会经审会由21名经审委员组成，经审主任和副主任（兼市总经审办主任）各1名，具有审计、财会等相关专业知识的委员占三分之二以上，市总工会经审会下设经审会办公室（以下简称经审办），经审办是市总经审会的工作机构，承担市总经审会的审计职责和其他业务工作，经审办由3名专业人员组成（其中注册会计师1人）。工会审计工作实行统一领导、分级管理、分级负责、上审两年、下审一级的工作体制。

领导成员

主　　任：李　兵

副 主 任（兼市总经审办主任）：张　琦

审计职责 依照法定的职责、权限和程序，代表广大工会会员对工会经费收支、资产管理等全部经济活动的真实、合法与效益实施审计监督，工会经审会每年向同级工会委员会报告审计结果和整改落实情况；协助同级工会收好、管好、用好工会经费；管好工会财产，促进工会经费使用效益的提高，更好地为职工群众服务，为基层工会服务，为发展工运事业服务。主要职责是对下列事项进行审计：对本级工会预算执行情况（决算）及其所属企事业单位财务收支、资产管理和经营活动进行审计；对本级工会及所属单位的基本建设工程（含新建、改建、扩建）和维修改造工程项目进行审计；对下一级工会的财务收支、资产管理和经营活动进行审计；按照有关规定对下一级工会的主要领导干部或者本级工会所属单位的主要负责人进行经济责任审计；对工会经费的计提、申报、拨缴、上解情况进行审计；对工会专项资金的筹措、拨付、管理、使用情况进行审计；对工会组织及其所属单位合并、分立、撤销、解散时的财务及资产清算进行审计。

审计成果 2013年，共完成审计项目36个，其中对市总工会本级2012年度工会经费预算执行情况（决算）审计1个；对市总工会直属企事业单位实施审计5个；对困难职工救助资金等专项资金实施审计2个；对市总工会直管下一级工会经费收支和资产管理情况实施审计24个，其中离任审计4个，届中审计20个；对市总机关基本建设和维修改造工程项目进行委托审计4个，送审金额403.23万元，审减金额43.16万元，审减率为10.70%。通过审计提出加强会计核算、健全内控制度、强化资产管理、规范经费支出等方面的审计意见和建议126条，通过审计回访制度，将审计整改工作落到实处，并探索建立以审计整改确认函的形式进一步明确整改情况及成效，通过扎实有效的举措，全市工会审计整改率达到98%以上；市总经审办在实务审计中还注重对工会经费计提、拨缴情况进行监管，2013年共查出基层单位行政漏报欠解工会经费76.85万元，已全部补缴入库。

工作特点 2013年，市总工会经审会以贯彻实施《武汉市工会审计条例》为重点，依法履行审查审计监督职责，切实加强组织建设、制度建设和规范化建设，在保障工会经费和资产的安全、完整、效益等方面，发挥经济卫士和免疫防范功能重要作用，全市工会经费审计监督总体水平和质量进一步提高。2013年，武汉市总工会经审会再次被全总经审会授予全国工会经审工作先进集体，并荣获湖北省总工会授予的全省经审工作规范化建设考核特等奖，武汉市总工会经审会报送的审计项目被全国总工会评为全国市级工会优秀审计项目，其工作成效得到全国总工会、省总经审会和市内部审计协会领导的高度肯定。

夯实基础，健全经审组织体系。积极协助做好换届工作，按照有关规定选举产生第十三届经审会，其中有财务、审计专业资质的经审委员占到全体委员的2/3以上，经审会的人员结构进一步优化。在市总直管下一级工会经审干部调整时，严把资质关，要求选配有专业背景的干部充实到经审队伍中来。积极推动城区工会配备与经费资产规模相适应的专职经审干部，增强工会审查监督力量。市、区、基层工会三级网络化经审组织体系进一步完善，并带动全市工会经审组织组建率进一步提高。目前13个城区工会全部做到经审会主任持有审计或会计专业资质证书，按同级副职配备进党组，同时内设经审办作为经审会办事机构，配备专兼职工会经审干部71人，具有中级以上职称24人。

借势借力，推动《武汉市工会审计条例》贯彻实施。武汉市人大常委会和武汉市总工会于2013年9月开始，联手对这部创制性立法的《武汉市工会审计条例》（以下简称《条例》）实施情况和立法质量开展为期2个月执法检查工作，组成市人大、区人大、市总工会三方执法检查组，检查工会经审机构建设情况、审计权限和程序实施情况、法律责任落实情况和立法质量评估情况。11月26日市人大召开十三届人大常委会第十六次会议，听取和审议市人大常委会副主任胡绪鹍作为此次执法检查组长《关于市人大执法检查〈条例〉实施情况的报告》，通报了此次执法检查的情况及《条例》实施一年多来的成效、实施中存在的主要困难和问题、进一步强化《条例》实施力度的建议。

提能增效，加强经审业务建设。一是开展经审业务培训。市总工会经审会以“武汉工会经审工作讲坛”为平台，采取重点内容必学和特色内容菜单式选学相结合的培训形式，进行专题授课，旨在帮助各级工会审计干部了解和掌握审计监督政策，提高实务审计能力和理论研究水平，全市258名工会审计人员通过培训，考试取得由湖北省审计厅内部审计协会颁发的《内部审计人员岗位资格证书》，实现全市工会审计人员全部持证上岗，其做法在全总的经审刊物上做经验交流。二是树立经审业务标杆。市总经审会组织开展“优秀工会审计项目”的评选工作。由省总经审办、市审计局、市内部审计协会等单位联合组成专家评审团，依据《武汉市工会优秀审计项目评选办法》《武汉市工会优秀审计项目评分标准》，对全市工会申报的审计项目进行严格考评，遴选出12个审计程序规范、审计质量高、审计档案齐备、有示范效应的优秀审计项目，在全市给予通报表彰，并将其中的江岸区总工会经审会优秀审计项目选送到全国总工会，被全总经审会授予全国工会优秀审计项目。

目标激励，深化经审工作规范化建设。市总经审会坚持把经审工作规范化建设纳入全市工会创先争优和目标责任考核范围，在全面推行经审工作台账管理制度的基础上，以经审工作规范化建设标准落实情况为主要考核内容，以经审干部年度履职报告为重要抓手，推动各级工会经审组织和经审干部紧紧围绕全局工作，规范履行工会经费审查审计监督职责。2013年，在检查考评的基础上，市总经审会对35个成绩突出的集体给予表彰和奖励，促进全市工会经审工作向规范化、制度化方向深入发展。（撰稿人：徐　邓）

【湖南建筑工程集团总公司】　湖南建筑工程集团总公司（以下简称湖南建工集团）是一家具有建筑安装、路桥施工、勘察设计、房地产开发、城市综合运营、对外工程承包、人才培训、劳务合作、进出口贸易等综合实力的大型企业集团，共有员工42031人。设有总经理办公室、企业发展部、财务资产部、人力资源部、审计监管部、法制部、党群部等九部一室。以湖南建工集团本部为核心，下辖省建一公司、二公司、三公司、四公司、五公司、六公司和工业设备安装公司、湖南省建筑学校等13家二级法人机构。集团生产经营资本100亿元，年生产（施工）能力600亿元以上，连续10年入选“中国企业500强”。

领导成员

董 事 长：刘运武

总 经 理：叶新平

领导班子成员：侯昌懿　刘少兵　刘跃龙　林　萍　陈　浩　李小良　李湘波　石俊云　周友文　刘　洋　方　拯

审计职责　集团审计监管部为湖南建工集团常设内部审计机构，主要职责是制定集团内部审计制度，编制本年度审计工作计划，依据有关法律法规和公司内部管理规定，对公司及所属单位的财务收支、经济效益、经济责任、资产质量以及重大投资项目等有关经济活动的真实性、合法性和效益性进行审计评价。对内部控制的合法性、合理性与执行情况进行独立客观的监督和评价。

审计成果　2013年，完成审计项目68个。其中财务收支审计24个、经济效益审计24个、经济责任审计2个、投资项目审计13个，专项审计5个，披露审计事项214条，提出审计建议275条，抽审项目工程总量达52亿元，促进增收节支8179万元。

工作特点　以科学规范为要求，加快构建内部审计长效机制。搭建集团内部审计三级机构，成立“集团审计人才库”，丰富审计人才结构的多元化储备，充实审计力量。进一步健全内部审计规章制度，出台审计工作各项细则，完善工作要点与计划，优化审计方案，规范审计流程与报告结构。

以改革创新为动力，扎实推进内部审计新模式。以年度效益审计、经济责任审计、项目审计三大审计为平台，运用“交叉审计”组织模式。大力推进具有建工特色的“收支审计”新模式，有力地促进了集团各项中心工作的有效实施。不断健全投资板块管理制度，优化内控流程，提升管控效果。

以延伸深度广度为主线，全面提升内部审计质量。不断增加审计深度与广度，推进审计延伸，全面披露项目的财务状况、债权债务及风险隐患等。推进项目审计的实际成本与预算成本的“两算”对比，把好项目的成本控制关。充分发挥审计评价职能，提出科学合理的审计建议与处理意见，不断提升审计报告的独立性与权威性。

以素质提升为基础，切实加强审计队伍建设。不断加强集团内部审计队伍能力素质培养。积极参加省内部审计协会各类教育培训活动，学习现代审计手段、审计程序和审计方法。加强审计人员的职业道德教育，增强审计责任感。

（撰稿人：刘华伦）

【中南出版传媒集团股份有限公司】 中南出版传媒集团股份有限公司（以下简称中南传媒集团）经营业务涵盖图书、报纸、期刊、音像、电子、网络、动漫、电视、手机媒体、框架媒体等多种媒介，集编辑、印刷、发行各环节于一体，是典型的多介质、全流程、综合性出版传媒集团，共有在职员工 15175 人，下辖中南传媒湖南教育出版社分公司、湖南人民出版社有限责任公司、湖南天闻新华印务有限公司、湖南省新华书店有限责任公司、湖南潇湘晨报传媒经营有限公司、湖南教育电视传媒有限公司等 23 家二级子（分）公司。

领导成员

董 事 长：龚曙光

总 经 理：丁双平

监事会主席：汪 华

管理团队：彭兆平 高 军 秦玉莲 潘晓山 刘清华 王丽波 龙 博

审计职责 审计部为中南传媒集团常设内部审计机构，主要职责是依据有关法律法规和内部管理规定，围绕企业战略，构建中南传媒集团内部审计管理体系及内部控制评价体系，具体负责内部流程控制情况、财务收支、负责人任期经济责任、募集资金存放与实际使用情况以及其他项目审计。

审计成果 2013 年，完成审计项目 29 个，其中流程控制审计项目 5 个，流程控制跟踪审计 7 个，专项审计项目 3 个，内控自我评价测试 2 次，内控建设项目 1 个，募集资金专项审计 4 次，离任审计项目 2 个，基建审计项目 5 个。

工作特点 强化内部审计职能，健全内部审计工作体系。明确内部审计部门的定位，提升审计工作的独立性和权威性，保障内部审计工作权限；不断完善内部审计制度体系，规范审计程序，使得审计操作更规范、更高效，同时提高审计质量、降低审计风险。

强化流程控制审计，为内控体系建设奠定坚实基础。以“审计一家，审透一家”“逐步推进，逐步整改”的原则，开展流程控制审计工作；坚持对所审计的每一家单位进行跟踪审计，提高审计成果转化力度；充分借鉴和使用流程控制审计成果，保障内控体系建设工作高质高效完成。

建立基建、大额采购管控模式。建立完善基建、大额采购监督制度，构建涵盖预算、审核、过程控制、采购监督、结算审计等一体化管控模式，在降本增效方面做出贡献。

拓宽审计工作范围，创新审计思路和方法，实现审计增值。参与内控建设工作，牵头内控评价工作，建立内控自我评价工作机制；在流程控制审计等常规审计之外，从实际需求出发，进行多项专项审计，为管理层决策提供支撑信息。

（撰稿人：肖 晴）

【广东财经大学】 广东财经大学有在职教职工 1488 人，设有工商管理学院等 21 个教学机构、图书馆等 3 个教辅机构、党委办公室等 21 党政管理机关、工会等 3 个群团机构、电子商务市场应用技术重点实验室等 3 个省级和流通经济研究所等 28 个校级科研机构。

领导成员

党委书记：程 飙

校 长：王 华

党委副书记（纪委书记）：马明华

党委副书记：吴 琦

副 校 长：雍和明 袁新满 杜承铭 于海峰 王廷惠

工会主席：陈承真

审计职责 审计处是学校下辖内部审计机构，下设财务审计科和基建审计科。审计处在学校主管领导的领导下，依据国家法律、法规和政策，以及上级部门和学校的规章制度，对学校和所属单位的财务收支及其有关经济活动进行内部审计监督，独立行使内部审计监督权，对学校领导负责并报告工作，同时接受国家审计机关和上级主管部门内部审计机构的指导和监督。审计处负责对学校及所属单位的下列事项进行审计监督：财务收支及有关经济活动；财务预算执行和决算；预算内、预算外资金的管理和使用；专项教育资金的筹措、拨付、管理和使用；国有资产的管理和使用；建设、修缮工程项目；大宗物资采购项目；对外投资项目；重大经济合同、协议的签订和履行情况；内部控制制度的健全、有效及风险管理；经济管理和效益情况；有关负责人的任期经济责任；学校领导和上级主管部门交办的其他审计事项；做好本部门档案的立卷、归档工作；完成领导和上级审计部门交办的其他工作。

审计成果 2013年，审计处完成审计项目5个，其中财务预算执行和决算审计1个、经济责任审计4个；审计调查项目1个、审计调查自查项目1个。完成各项审签事项244个，涉及金额48147万元，其中工程结算审签14个，涉及送审金额16128万元，核减金额1403万元。

工作特点 开展财务预算执行和决算审计，提高资源配置和利用效益。学校将2012年度财务预算执行与决算审计列为审计工作重点，通过计算机辅助手段，采用审核、计算、分析性复核和询问等方法，对预算管理，收入和支出预算执行，决算报表及其资产、负债、净资产、收入和支出进行审查和评价。预（决）算审计涉及资金共约5.2亿元，针对查出的5个问题，提出3条审计建议。

开展中层干部任期经济责任审计，促进被审计单位规范管理、保值增值和廉政建设。结合干部任免工作，坚持“积极稳妥、量力而行、提高质量、防范风险”的原则，学校先后对纪委监察处处长、审计处处长、外事处处长、公共管理学院院长4位中层领导干部开展任期经济责任审计。

开展科研经费管理专项审计调查，促进科研经费内部管理控制的适当性、合法性和有效性。审计工作主动适应学校的管理需求，以风险为导向，开展科研课题经费管理情况专项审计调查。审计通过取证，针对存在的5个问题，提出7条审计建议。审计意见得到各相关职能部门的重视，各相关职能部门按照审计建议进行整改。

积极开展大额物资与服务采购过程审计。对达到校内招标金额以上的大额采购以预算、招标文件、合同、验收、付款为切入点，实施过程审签和监督，从而促进采购流程的不断规范，有效的降低风险。完成日常财务审签共136个，涉及金额11457万元。其中完成设备采购预算审签43个，涉及金额6519万元；审签资产设备采购经济合同48份，涉及合同金额2116万元；审签设备采购付款45份，涉及金额2822万元。参与验收工作10余次。通过过程审签，保证采购项目符合预算控制和付款的合规性，有效防范合同风险；通过参与验收，审计起到见证、监督和促进的作用。

积极开展基建修缮工程过程审计。对达到校内招标金额以上的基建修缮工程以预算、招标文件、合同、变更、验收、付款、结算为切入点，实施过程审签和监督，规范学校建设项目管理。完成建设项目审签事项108个，涉及金额36690万元。其中工程预算审签20个，涉及金额992万元；合同审签18个，涉及金额953万元；进度款支付审签56个，涉及金额18617万元；工程结算审签14个，涉及送审金额16128万元，核减金额1403万元，审减率约为8.7%。

“监督”和“服务”并重。审计在发挥咨询功能方面下大功夫。审计处负责人通过列席校长办公会、参加校园建设委员会等，对重大经济事项发表意见；审计人员共计参加通过参加物资采购和基建修缮工程等各类招标小组会30余次等，利用专业优势，对相关经济业务和管理活动在操作的初始阶段直接进入规范的运行轨道提供意见；在各类经济活动或管理过程中对学校各级管理人员遇到的疑难问题，审计从专业角度给予建设性的参考意见。通过发挥咨询功能，审计在参与管理、决策形成的过程中，为改善组织运行质量提供服务，及时纠正错弊，降低和减少损失浪费，防患于未然。（撰稿人：曾晓璇）

【广东恒健投资控股有限公司】 广东恒健投资控股有限公司（以下简称恒健公司）有在职员工110人（本部），设有办公室、党群工作部（人力资源部）、财务管理部、投资管理部、资产管理部、资本市场部、企业管理部、风险管理部、监察审计部，下辖广东恒健资本管理有限公司、广东恒健创业投资有限公司、广东省机电设备招标中心、广东恒钜投资有限公司、佛山顺德恒健医疗产业建设开发有限公司、深圳市广恒顺投资有限公司、广州恒健投资顾问有限公司、广东恒健保险经纪有限公司、广东恒健核子医疗产业有限公司、佛山顺德恒健强子医疗科技有限公司、广东恒旺投资发展有限公司、肇庆隆兆房地产开发有限公司、肇庆恒兆房地产开发有限公司、肇庆恒旺物业服务管理有限公司、广东恒旺能源科技有限公司、广东恒信基金管理有限公司、广东恒正投资有限公司、广东恒尚投资管理有限公司、广东恒坤发展投资基金有限公司、广东恒健云侨科技发展有限公司、广东恒怡旅游文化产业基金有限公司、广东恒荣农业发展有限公司、广东恒健资产管理有限公司、广东恒和基金管理有限公司24家企业。

领导成员

董 事 长：肖 学

董　　事：肖 学　林 军　黎凯生

总 经 理：林 军

副总经理：邓庆远　王 健　唐 军

纪委书记：黎凯生

审计职责　董事会设置审计与监督委员会，负责对公司重大财务收支及经济活动进行审计监督；提议聘请或更换外部审计机构；监督、审查公司的内部审计制度及其实施；负责内部审计与外部审计之间的沟通。监察审计部是纪检、监察、审计、监事会工作责任部门。负责纪检监察及纪委日常工作，监督员工合规经营、廉洁从业；定期对公司有关部门、下属企业、重点项目进行内部审计；配合上级有关部门开展纪律检查、案件查办及企业审计；负责外派监事工作的指导检查；负责内部审计与外部审计之间的沟通；审核公司的财务信息及其披露；审计重大关联交易；协助省国资委监事会开展工作。

审计成果　2013年，各级审计部门完成审计项目2个，其中经济效益审计1个，经济责任审计1个，审计总金额4亿元。完成公司2013年30多项投资业务调研分析及投资评估的监督评价工作，向公司决策层、管理层提出内控建议意见40多条。

工作特点　恒健公司内部审计工作通过独立开展监督检查和审计评价活动，提出建议意见和提供咨询服务，在推动完善企业内部控制体系、规范经营管理程序、查漏补缺和整改纠违、有效防范风险等方面，取得较大的成效。11月省国资委副主任带队赴恒健公司开展内部审计工作相关情况的专题调研时指出恒健公司的内部审计工作"有特色、有亮点、有成效"，对内部审计工作的开展情况充分肯定。

内部审计机构设置。随着公司投资主业的发展壮大，公司董事会进一步强化内部审计监督职能，整合监督力量，加大内控监管力度。加强力量配置，在人员配备上向内部审计部门倾斜，为企业合法依规开展经营业务提供更强有力的保障。

审计整改落实情况。董事会高度重视审计整改落实情况，要求各相关企业、部门切实抓好整改落实工作，要求内部审计部门抓好整改工作的监督检查，组织"审计回头看"，对历年审计报告进行梳理对照，贯彻落实历年审计报告的意见和建议。

配合广东省审计厅调查。根据广东省审计厅关于对省属国有企业中混合所有制企业国有资产管理情况进行专项审计调查的通知要求，组织相关部门对推进产权多元化的主要做法及成效、公司核心业务及资本运作情况、推进产权多元化改革中存在的主要问题及对策等情况做了总结，向省审计厅报送材料，配合省审计厅做好相关调查工作。

为经营管理提供咨询服务。公司内部审计部门在工作开展过程中寓监督于服务之中，通过对公司投资项目的投资建议书、投资协议、合同章程等重要文件材料进行会审，完成公司2013年30多项投资业务调研分析及投资评估的监督评价工作；向公司决策层、管理层提出内控建议意见40多条，为公司董事会、经营班子的决策和公司运营提供服务和保障；对公司及下属企业财务收支、财务预算、财务决算、资产质量、经营效益进行监督和评价，确保投资项目或有关经济活动的真实性、合法性和效益性；根据公司领导的部署，对公司重大投资项目的立项、尽调进行过程介入，确保风险揭示和程序合规。

公司内部审计工作直接向董事会负责。5月，公司内部审计部门接受董事会委托，组建审计组对恒旺公司原法定代表人任职期间的经济责任实施审计，目前，被审计企业正按照审计要求和建议进行整改落实。

实施贯彻落实八项规定专项审计调查。9月，公司党委、纪委要求公司内部审计部门启动对各企业贯彻落实中央八项规定的专项审计调查活动。内部审计部门提出思路、制订方案，着重对公司本部及下属企业的费用开支情况，特别是企业负责人职务消费情况进行了专项审计调查。本次调查范围主要包括公司本部和下属8家企业，从职务消费开支的规范性、费用增长与业务拓展的配比度、费用开支与预算计划的比照、预算编制的合理性、会计核算的规范性五大方面进行重点分析和研判。

对中介机构的监督。公司内部审计部门按照内部审计的职能定位，加大对中介机构的监督和协调工作。对公司重大项目聘请中介机构全程参与，对决算审计的中介机构做好协调管理工作，重大事项及时向公司董事会反映，切实做好“防线”工作。

内部审计制度建设。近年来，公司逐步加大制度建设力度，先后制定《广东恒健投资控股有限公司内部审计工作规定（试行）》《广东恒健投资控股有限公司内部审计工作手册》等内部审计工作制度。内部审计部门对恒健公司成立以来的内部审计工作制度进行梳理，对照要求认真排查制度规范的“空白点”，及时查漏补缺。对现行的内部审计工作规定进行修订和增补，印发《广东恒健投资控股有限公司内部审计管理办法》。

内部审计工作创新。公司内部审计部门的工作创新主要从内部审计理念创新和内部审计管理创新入手，树立监督与服务并举的内部审计理念、树立“管理＋效益”的内部审计理念，敏锐研判企业决策层和管理层最关注的关键环节，主动服务、主动介入，抓住重点，延伸触觉，努力体现审计结果的建设性、审计建议的有效性、审计成果的优化性，提升内部审计价值。

（撰稿人：陈晓三）

【广西壮族自治区总工会】 广西壮族自治区总工会（以下简称自治区总工会）是广西职工自愿结合的工人阶级群众组织，受自治区党委和中华全国总工会领导。现有在职人员109人，设有办公室、研究室、组织部、宣传教育部、劳动保护部、保障工作部、财务部、民主管理部、法律工作部、女职工工作部、对外联络部、资产监督管理部、信访办公室、经费审查委员会办公室、机关党委、纪检监察室、离退休人员工作处、机关服务中心、自治区教育工会、自治区财贸工会、自治区农林水利工会、自治区机关工会（自治区直属企事业工会）、自治区职工技术协作办公室共23个部室、驻会产业工会，下辖广西工人报社、广西壮族自治区总工会干部学校、南宁工人疗养院、桂林工人疗养院、陆川温泉疗养院、北海国际海员俱乐部、防城国际海员俱乐部共7个直属事业单位。

领导成员

主　　席：王跃飞（7月—）

党组书记：吴玉斌

副 主 席：吴玉斌　梁建强　陈湘文

　　　　　叶乐阳　廖志刚

纪检组长：黄宇群

经费审查委员会主任：何大英

巡 视 员：陈新华

副巡视员、组织部部长：谢学高

审计职责 自治区总工会经费审查委员会是由自治区工会代表大会选举产生的经费审查监督机构，受自治区总工会领导，现有委员23人。其主要职责是：

（一）审查同级工会及其直属企业、事业单位的经费收支和资产管理情况，监督财经法纪的贯彻执行和工会经费的使用；

（二）向同级工会会员大会或会员代表大会负责并报告工作，在大会闭会期间向同级工会委员会负责并报告工作；

（三）接受上级工会经费审查委员会的指导；

（四）审查下一级工会及其直属企业、事业单位的经费收支和资产管理情况。

自治区总工会经费审查委员会办公室是自治区总工会经费审查委员会的办事机构，现有在编在职人员3人。其主要职责是具体承担自治区总工会经费审查委员会对本级和下一级工会的经费收支、资产管理等全部经济活动真实、合法、效益的审计监督工作。

审计成果 2013年，自治区总工会经费审查委员会完成审计项目38个，其中：财务收支审计23个，经济责任审计2个，基本建设审计10个，其他审计3个。审计总金额7.88亿元，促进增收节支1000多万元。

自治区总工会经费审查委员会在工会经费审查方面继续拓展内容、创新方式，审计监督工作不断取得新的进展，通过审计发现一些单位存在未按规定有效控制经费支出、未严格审核报账票据、发放专项资金存在漏洞、未及时清理往来账、未定期清查盘点固定资产、未及时办理基建项目竣工决算审计等问题。被审计单位根据审计意见研究制订了整改方案。

对A市总工会2012年度经费收支和专项资金管理使用情况进行审计，发现该市总工会会议费支出增长幅度较大，未按合同规定及时收取房租，过多提取增收留成基金和财务专用基金；某企业工会经办人以冒名代签的形式克扣截留劳模资金共计9000元等问题。该市总工会进行整改：按房租合同清收租金；调整账务冲回多提基金；健全专项资金实名签领制度，杜绝冒名代签、克扣截留资金的现象；及时足额追回被克扣截留的劳模资金9000元并补发给相关劳模。有关部门对责任人给予开除党籍的处分。自治区总工会在广西工会系统通报这一事件，要求广西各级工会引以为戒。

对B市总工会2012年度经费收支和专项资金管理使用情况进行审计，发现该市总工会“三公”经费、会议费支出增长幅度较大，无合法依据给干部职工发放某公司给予的20万元搬迁奖金，违规以旅行社发票报销学习培训费，在公务接待中赠送用公款购买的土特产等问题。该市总工会进行整改：按有关规定严格控制“三公”经费、会议费支出；清退20万元搬迁奖金；认真审核报账发票；严禁在公务接待中公款送礼。

对广西某管理集团有限公司工会2012年度经费收支和专项资金管理使用情况进行审计，发现该公司工会未按时拨缴工会经费，超限额使用现金等问题。该公司工会进行整改：补缴工会经费；从2013年度起按月足额拨缴工会经费；超过1000元的对公业务通过银行转账结算。

工作特点 自治区总工会经费审查委员会紧紧围绕自治区总工会的中心工作，深入开展经费审查工作，发挥内部审计监督、评价和服务的职能作用。自治区总工会经费审查委员会实施的来宾市总工会2012年度经费收支和专项资金管理使用情况审计项目、自治区总工会经费审查委员会办公室、2名干部分别被中华全国总工会评为2013年度全国工会优秀审计项目、全国工会经审工作先进集体、全国工会经审工作优秀干部。在全国省级工会经费审查工作规范化建设考核评比中，自治区总工会获特等奖。自治区总工会经费审查委员会的工作特点主要是：一是在预算执行审计中重点审计“三公”经费、会议费的支出情况，确保中央和自治区的有关规定得到贯彻落实；二是加大帮扶资金等专项资金的审计力度，维护职工群众的利益；三是强化工会经费审计，促进工会经费的规范运行；四是推进经济责任审计，监督和制约工会领导干部的权力运行；五是加强审计跟踪工作，督促被审计单位落实整改。

（撰稿人：蔡绮春）

【广西水利电业集团有限公司】 广西水利电业集团有限公司（以下简称广西水利电业集团）是广西壮族自治区直属国有企业（2013年末以前由自治区水利厅监管，自2014年起改由自治区国有资产监督管理委员会监管）。集团总部设有工作部、党群工作部、人力资源管理部、财务会计部、企业发展改革部、纪检监察审计部、工程建设部、营销部、综合管理部、安全生产监察部10个职能部门，下辖供电总公司、广西桂水电力股份有限公司、新疆克州水利发电有限公司、供水总公司、广西宏湖房地产有限责任公司5个直属公司。集团业务包括供电、发电、供水及综合产业，主要分布在广西43个县（市、区）。广西水利电业集团现拥有103家子公司（分公司），在职人员共计1.69万人。

领导成员

董事局主席、总裁、党委副书记：侯代平

董事局副主席、党委书记：朱玉红

副 总 裁：廖谊昌　甘进生

　　　　　吴　强　莫菲城

党委副书记、工会主席：李松育

党委副书记、纪委书记：邓　斌

总会计师：胡天进

总工程师：黄有斌

审计职责 广西水利电业集团总部设有内部审计机构——纪检监察审计部，其下设的审计室共有专职审计人员4人，所属企业共配置兼职审计人员36人。审计职责主要是：对本集团公司及所属各企业的财务收支及其有关经济活动进行审计；对本集团公司所属各企业主要负责人的任期经济责任进行审计；对本集团公司负责实施的工程项目竣工结算（决算）进行审计；对本集团公司及所属各企业内部控制制度的健全性、有效性和风险管理情况进行审计评价；开展本集团公司和上级主管部门交办的其他工作。

审计成果 2013年，广西水利电业集团审计室完成审计项目28个，其中：财务收支审计7个，经济责任审计16个，基本建设审计5个。审计总金额11.91亿元，查出主要问题金额1181万元，提出的审计意见和建议101条得到采纳。

对本集团公司下属某企业的增效扩容改造工程进行跟踪审计，发现该企业未规范工程资料的档案管理，在工程项目已完工并已交付使用后仍将工程资料存放在工程建设部门，造成该企业支付工程款缺少相关的支撑资料等问题。被审计单位对审计发现的问题进行了整改，按照工程立项、批复文件、招标结果、施工合同、开工报告、签证资料、主要设备材料开箱记录和验收资料、工程预算书、工程结算书、工程竣工图纸、财务决算报告等分别对工程资料进行编号并整理归档，使工程资料档案管理水平得到进一步提高。

对本集团公司下属某企业的财务收支情况进行审计，发现该企业物资采购管理不规范，存在较大的资金安全漏洞等问题，如该企业与某供应商签订合同订购80.58万元设备，尚有29.04万元设备还未收到就安排施工人员办理设备的验收、入库、出库手续，财务人员也已作结转成本的账务处理，但该部分设备仍然存放在供应商，造成该企业未能有效监控这部分物资，存在较大的资金安全漏洞。被审计单位根据审计意见进行整改，建立健全物资采购管理制度，对岗位职责进行适当分工，确保不相容的职务必须分离；重新清理库存物资的入库、出库业务，及时查找库存物资的差异情况，确保库存物资的管理达到账实相符的要求。被审计单位对存在问题的整改执行率达到了100%。

工作特点 领导高度重视，内部审计队伍逐步发展壮大。2013年该集团公司从所属供电企业择优选拔36名财务、工程专业技术人员作为集团兼职审计人员，进一步充实了内部审计力量。

不断深化企业领导人员经济责任审计。该集团公司内部审计机构不断拓展审计工作领域，积极推行企业领导人员任中经济责任审计，对任期满5年的所属企业主要领导人员逐步开展经济责任审计，以增强审计效能。

突出抓好专项工程审计调查工作，促进工程项目规范管理。该集团公司内部审计机构根据建设工程项目的相关管理规定，通过开展审计调查认真检查工程项目资金的到位和使用、工程概预算的执行、工程建设的管理、工程造价的控制等情况，及时了解工程项目在建设管理和资金管理过程中存在的问题、薄弱环节和风险，分析其产生的原因，为集团公司加强监督管理提供依据。

内部审计工作业务逐步转型，增强审计服务功能。该集团公司内部审计机构根据内部审计工作的发展变化，将内部审计工作业务从以监督为主逐步转变到以评价风险管理为主的方向，2013年对集团公司7家所属企业的内部管理情况进行审计调查，检查所属企业的经营管理、资金管理、票据和印章管理等情况，促进所属企业加强和规范内部控制、提高防范风险能力。

（撰稿人：莫良菊）

【海南省发展控股有限公司】 海南省发展控股有限公司成立于2005年2月，是按《中华人民共和国公司法》设立的国有独资公司，由海南省国资委履行出资人职责，是海南省重大项目的投资主体和融资平台。目前，初步形成基础设施、盐场综合开发、地产及房地产开发、金融、水利水务、酒店旅游、清洁能源、矿产资源八大业务板块并举的战略格局。公司设董事会、经营层，总部设综合部、财务部、审计与风险管理部、资产管理部、资本市场部、项目发展部、铁路项目部7个部门和1个房地产事业部。下辖全资子公司5家，控股公司5家，参股公司20家，投资2只基金。截至2013年底，公司资产总额307.68亿元，净资产166.2亿元。

领导成员：

董事长、党组书记：刘明贵

总　经　理：谢　京

副 总 经 理：顾　刚　李晓刚　焦　方

纪 委 书 记：吴卫彬

总经理助理：王世忠

审计成果 2013年，审计与风险管理部紧紧围绕公司发展战略与中心工作，积极开展各项内部审计工作，共完成各类审计项目 6 项（其中离任经济责任审计 1 项，子公司内部控制情况审计 3 项、财务收支审计 1 项，参股公司审计 1 项），累计审计资产总额 60 亿元，发现问题 35 条，提出整改建议 63 条。公司审计与风险管理部被海南省内部审计协会授予"2011—2013 年度海南省内部审计先进集体"荣誉称号，被公司授予"海南省发展控股有限公司 2011—2012 年创先争优先进基层党组织"荣誉称号。

子公司内部控制情况审计。公司加强子公司内部控制情况审计，促进子公司管理水平和经营效益的提高。开展了海南省地产（集团）有限公司、海南鹿回头旅业投资有限公司、海南天能电力有限公司 3 个子公司的内部控制情况审计，发现问题 21 个。从子公司组织架构、企业文化、人力资源管理、资金管理、资产管理、预算管理、项目管理、合同管理等方面，评价其内部控制体系结构的健全性、制度安排的合理性和执行的有效性，提出管理建议 27 条，促使子公司切实加强内部控制体系建设，从而进一步提升管理水平和经济效益。

经济责任审计。开展下属子公司负责人离任经济责任审计 1 项。重点关注三个方面：一是"三重一大"集体决策制度的贯彻落实情况，有效监督权力行使过程、决策重大失误及失职渎职行为；二是内控制度缺陷和控制薄弱点，提出改进建议，规范内部管理，完善内控治理体系；三是任期内资产、负债、损益真实性、合法性、有效性进行验证。通过审计，共发现问题 7 条，提出管理建议 9 条。

财务收支审计。根据公司领导的要求，开展子公司财务收支审计 1 项，通过对子公司资产状况、财务收支情况进行全面审计，为公司领导对子公司经营决策提供依据。

参股公司审计。为掌握参股公司情况，加强对其管理，更好地履行公司作为出资人的权利，积极与控股股东联系，通过采取分工协作、各取所需、成果互用的合作模式，联合开展对参股公司审计 1 项，对参股公司审计集中于财务状况、项目进度和内部管理、股东权益维护等情况。

工作特点　完善和健全内部审计制度。审计与风险管理部认真贯彻执行内部审计的法律法规，不断完善和健全内部审计制度。2011 年至 2013 年期间，制定《海南省发展控股有限公司内部审计工作手册》《海南省发展控股有限公司全面风险管理指引》《内部审计整改工作管理规定》《内部审计质量控制制度》《审计业务委托社会中介机构审计管理办法》《经济责任审计实施办法》等，为具体实施内部审计提供可操作性的指导，为公司开展全面风险管理工作提供依据。

强化审计人员后续教育培训。组织公司审计人员参加海南省内部审计协会举办的后续教育培训班，保证审计人员年度后续教育培训。积极参加中国内部审计协会组织的各项教育培训活动，如参加企业集团风险管理与内部控制研修班、建设项目财务审计讲座、工程量清单计价管理与审计培训等。（撰稿人：姜　霞）

【海南高速公路股份有限公司】　海南高速公路股份有限公司（以下简称海南高速）于 1993 年完成股份制改制并于 1998 年上市。截至 2013 年底，资产总额 32.15 亿元，在职员工 819 人；公司设有党务工作部、综合管理部、人力资源部、企业发展部、资本市场部、财务会计部、审计督察部、总工工作部 8 个部门，下辖全资、控股和参股公司 24 家。

领导成员

董事长兼党委书记：温国明

董事兼总经理：郭　强

公司高管：赖大明　朱伟晶　林生策

陈求仲　姜守东　何东海

徐奇标　贾志敏

审计职责　海南高速审计督察部于 1999 年设立，全面担负起内部审计、纪检监察、合同法务、工程管理等工作，在企业规范管理和经营，提高经济效益上发挥重要作用。其主要工作职能包括：对海南高速及所属子（分）公司的经济活动情况进行审计监督，对子（分）公司负责人离职进行经济责任审计；组织实施海南高速及上级审计机构安排的专项审计调查；配合海南高速纪委对公司重大项目实施效能监察工作；协助财务部门对公司及所属子（分）公司年度财务预算进行审核；对监督检查过程中发现的重大问题，及时向董事会审计委员会和公司管理层报告；跟踪检查审计意见的整改落实情况，提出处理意见并及时全面的整理保管审计档案；对公司及所属子（分）公司签订的经济合同进行审核；为公司子（分）公司提供法律、财务等有关规范经济活动的咨询服务，协助处理公司及所属子（分）公司各项法律事务；参与对公司安全生产、产品质量及环境保护等重大责任事故进行跟踪调查，并提出处理意见；配合公司纪委建立反舞弊机制，落实公司纪委交办的舞弊等经济案件的查处工作；组织对公司工程项目预（结）算审核工作，做好工程项目不定期监督检查；负责对公司及所属子（分）公司工程项目、合同管理等与部门职能相关的内控制度设计与运行情况进行监督检查和评价，分别撰写内控情况报告和评估报告，并负责审核汇总各职能部门报来的内控评估报告，撰写公司年度内部控制自我评价报告。

审计成果　2013 年，审计部门开展审计督察事项 157 个，其中财务收支审计 2 个、经济效益审计 2 个、专项资金审计 7 个、审计调查 146 个，促进增收节支 934 万元。

工作特点　以健全公司内控规范体系为契机，不断完善内部审计制度。根据《企业内部控制基本规范》及《企业内部控制配套指引》规定，建立起内控评价体系，并在公司全面推动实施，目前已完成 1 项基本制度、22 项内控制度、145 项配套制度及 1 项审批权限指引等制度文本的制定，其中有 7 项内部审计制度，内部审计工作的开展做到有章可循，有据可依。

围绕公司发展目标，有效开展内部审计工作。围绕公司发展的重点领域和关键环节，定期组织实施对下属子（分）公司经营管理目标的考核工作，通过考核检查，挖掘经营管理中的亮点；针对下属子（分）公司经营中存在的问题深入开展专项审计检查，重在查找问题症结，有针对性地提出建章立制和强化管理的建议。跟踪问题的整改落实情况，充分发挥内部审计的监督职能。

积极探索转型，逐步拓展审计监察领域。一是审计督察内容逐步从财务收支审计和查错纠弊向项目合作调研、完善内部管理、投资项目可研分析、改革成效评价等方面发展。2013 年，完成下属子公司两个重大投资项目的可研分析以及对拟转让股权的子公司实施清盘前的摸底审计，为公司管理层提供行之有效的决策参考。二是积极探索实现公司经营利润目标的审计方式，以重点项目为切入点开展效益审计，对公司重要项目做到事前把关，提高整体风险防范能力。三是探索质量评估工作，规范审计质量控制。在组织实施公司 2013 年度内部控制自我评价工作的同时，首次开展对公司内部审计工作质量的监督评价，通过自我评定，查找差距，从而提高内部审计工作质量和效果，避免重大质量事故的发生。

更新观念，创新审计方式方法。随着审计督察工作的规范化与程序化，重大投资损失、“小金库”、资金账外循环以及违法乱纪问题得到遏制的情况下，单纯的监督型审计已不能完全满足公司新时期发展的需要。审计督察部围绕“监察、服务、规范、提高”的工作目标，对审计督察工作进行重新定位，进一步强化和突出审计督察的“服务”职能，在实际工作中，充分认清审计对象、审计内容和审计目标，抓准重点，把创新工作方法作为实现审计工作科学发展的重要保证。

关注审计工作新业态，提升内部审计人员执业水平。组织公司内部审计人员参加中国内部审计协会、海南省内部审计协会举办的相关继续教育培训，提高内部审计人员的专业悟性与执业水平；利用每周的部门例会，让员工了解和掌握内部审计情况和动态，通过引导、辅导和督导等管理方式，鼓励员工相互交流学习心得，分享工作经验，整体开阔审计视野、提升内部审计人员的执业水平。（撰稿人：田　野）

【四川省质量技术监督局】　四川省质量技术监督局（以下简称四川省质监局）机关现有在职员工 106 人，设有 16 个处室，13 个直属事业单位。下辖 20 个市（州）质监局，153 个县（市、区）质监局。

领导成员

党组书记、局长：郭春英

副　局　长：秦长海　宋昌勇　周传军

驻省局纪检组组长、监察专员：陈进军

机关党委书记：尹江川

总工程师：苟小兰

审计职责　四川省质监局审计处于 2006 年 12

月成立，编制3人，现有人员3人。在下辖的20个市州质监局中，有1个局设立了独立的内部审计机构，2个局与纪检监察部门合署办公；其余17个市州局由计划财务科履行内部审计职能。全省质监系统现有内部审计人员103人，其中兼职99人。

主要职能：拟定内部审计工作规章制度；参与制定有关财务管理规章制度；制订年度审计工作计划并组织实施；对各单位财政财务收支的真实、合规和效益进行审计监督；对各单位的内部审计工作进行指导、监督和检查；对内部财务审计人员进行培训；对各单位财务管理存在的问题进行审计调查；负责领导委托办理的其他审计事项。

审计成果 2013年，四川省质监局共完成审计项目41个，其中对全省质监系统开展预算执行和财务收支审计31个、经济责任审计5个、专项资金审计3个、审计调查2个。提出审计建议165条，其中98条被采纳。

工作特点 优化审计组织，突出审计重点。拓宽审计思路，树立"免疫""跟进"审计理念。从传统的、单一的财政财务审计，转向偏重资金管理使用绩效的审计及评价，注重从体制、机制和制度层面提出审计建议，服务领导决策，充分发挥审计的"免疫"功能。

提升审计成效，扩大审计影响力。注重严肃查处重大违纪违规行为，深入分析、揭示和指出体制制度方面存在的问题，严肃财经纪律，促进廉政建设和财政深化改革；不断深化跟踪审计，将事前预防、事中控制和事后监督相结合，取得了明显成效；用绩效审计思维去分析判断问题，确保资金专款专用；注重对领导干部在廉洁自律等方面的审计监督，并做出客观评价，为局党组正确使用干部提供参考依据。

创新审计方法，积极推进现代审计方式。深入开展计算机辅助审计，注重审计工作信息化工作硬件升级和软件配套，在审计项目中积极推广应用现场审计实施系统。推行多种审计业务类型和形式相结合，特别是实行经济责任审计与预算执行审计相结合。

强化审计管理，提高审计队伍素质。切实加大内部审计人员培训力度，多次组织内部审计业务培训，并选派人员参加审计厅和省内部审计协会的培训，提高内部审计人员的专业知识和审计技能，培养骨干；推行内部审计人员岗位资格制度；组织部分内部审计人员与兄弟单位交流学习，分片区开展内部审计人员交流座谈，研讨内部审计工作形势和任务；加强内部审计工作宣传，营造良好的内部审计氛围。（撰稿人：甘　磊）

【四川省铁路产业投资集团】 四川省铁路产业投资集团（以下简称铁投集团）成立于2008年，是四川省人民政府授权出资设立的国有投资集团，属特大型国有独资公司，注册资本90亿元。现有在职职工1.6万人。组织架构除集团总部外，还包括四川省铁路集团有限责任公司和四川路桥建设股份有限公司核心子公司以及四川路航建设工程有限公司、中国航油集团四川铁投石油有限责任公司、四川川瑞发展投资有限公司等22个直属公司。

领导成员

党委书记、董事长：孙　云

副董事长、总经理：何兴江

党委副书记、董事、副总经理：杨　川

党委副书记、纪委书记：卫　是

董　　事：杜　虹　方　跃

职工董事、工会主席：张辉群

副总经理：陈大智　何　帆

审计职责 铁投集团公司总部及所属公司按照公司组织机构设置需要设置了独立的内部审计机构，并配备内部审计专（兼）职人员。截至2013年底，共设有内部审计专（兼）职机构27个（其中专职机构21个），配备专（兼）职审计人员共73人（其中专职人员43人）。主要职责为：拟定集团公司内部审计工作制度，编制年度内部审计工作计划；对集团公司所属公司贯彻执行国家现行财经法律、法规和集团公司制定的相关财经制度、规定和办法的情况进行审计监督，提出改进和完善的相关建议；对集团公司所属公司的财务收支、资产、负债、损益、所有者权益、经营绩效以及其他有关的经济活动进行审计监督；组织和实施对集团公司所属公司负责人的任期或离任经济责任审计；组织和实施对集团公司所属公司内部控制制度的建立、健全、有效和执行情况的监督检查和评价，提出进一步健全内部控制制度的建议和措施；组织和实施对集团公司及所属公司的重大投资项目资金的拨付、使用和管理；重大投资项目的建设管理、财务收支、工程造价、竣工决算等的审计；组织参与集团公司及所属公司对相关审计的社会中介机构或者专业人员的选聘工作，并对所选聘的社会中介机构或者专业人员的工作质量进行审查和评价；开展各类审计调研和调查活动；检查和指导所属公司的内部审计工作；完成集团公司领导交办的其他审计事项。

审计成果 2013年，铁投集团各级审计部门共完成审计项目107个，审计金额共计388亿元，其中：财务收支审计项目42个、效益审计项目35个、经济责任审计项目11个、内控评审项目11个、基本建设审计项目2个，其他审计项目6个。审计对贯彻执行中央八项规定和省委、省政府“十项规定”“三重一大”决策制度执行、投资建设资金拨付、使用和管理、费用成本控制、项目招投标程序执行、财务会计核算和管理等方面存在的问题，提出纠正和完善的审计建议共338条。

工作特点 制定《内部审计管理暂行办法》《经济责任审计暂行办法》和《投资建设项目跟踪审计暂行办法》，为严格审计程序、规范审计行为、行使和发挥审计监督的职能职责建立良好的制度保障。

建立完善监督体系，创新内部审计思路，确立“统一管理、分级负责”的内部审计管理体制。

紧紧围绕国家政治经济工作中心以及集团公司发展战略和目标任务，突出重点，积极探索审计方式方法，有效开展内部审计监督。

多渠道、多形式开展员工教育培训，积极组织或派员开展和参加各类专业培训和交流会，努力提升内部审计队伍素质。 （撰稿人：刘压西）

【贵阳市供销合作社联合社】 贵阳市供销合作社联合社（以下简称贵阳市供销社）现有在职干部职工40人，设有办公室、人事处（党委办公室）、审计处、财务处、经济发展处、纪检监察室、资产管理处（企业管理处）、离退休干部处、安全保卫处。下辖8个直属企业，对8个区（县、市）供销社进行业务指导。

领导成员

党委书记、主任：王晨光

副 主 任：李 明 黄克俭 谢 畅

纪委书记：吴雪萍

审计职责 贵阳市供销社设有内部审计机构9个，内部审计人员12人。负责对所属企业的财务收支、经济效益及其有关的经济活动进行审计监督；对所属企业主要领导人员的任期进行经济责任审计；对系统管理中重大的带倾向性的财务收支和经济效益等问题进行审计调查；对系统内部审计工作进行业务指导。

审计成果 2013年，完成内部审计项目24个，审计总金额15571.58万元。其中：经济效益审计11个，经济责任审计2个，财务收支审计6个，目标考核专项审计1个，项目资金专项审计2个，物业收入专项审计2个。提出审计建议41条。所提建议基本被采纳。

工作特点 实现“两个到位”。一是组织机构到位。贵阳市供销社及各直属企业专门设立审计部门，并配备专兼职内部审计人员12人，独立行使审计监督职能。二是领导把关到位。市供销社及各直属企业领导每年审定年度工作计划并提出工作重点和要求，审查审计报告，责令相关企业和部门按审计意见整改，借助行政手段推动审计实施。

强化监督职能、服务职能和管理职能。紧紧围绕供销社改革和发展的需要，结合所属企业资产所有权代表（出资人）的实际，履行好出资人对社有资产的管理、监督职责，以加强企业管理、提高经济效益、确保社有资产保值增值为目的，拓展审计思路，把审计工作重点放在对直属企业的管理审计和风险审计，加强效益目标审计、经济责任审计、资产及物业收入审计、项目建设资金审计。实现内部审计由以监督为主逐步向监督与评价为主转变，由事后的财务收支、查错防弊审计逐步向事前、事中的效益审计、管理审计转变，由单一的审计方法向采取多样性审计手段转变。

建章立制，规范审计流程。根据国家审计法规的有关规定，结合实际，经多次修改出台《贵阳市供销社内部审计工作规定》。各直属企业也结合自身实际情况，相继出台各单位内部审计工作制度，使开展审计工作有法可依，有章可循。根据企业改革和发展的新形势，细列审计工作计划，制订审计实施方案，下达审计通知书，严格按操作程序审计，审计报告经被审计单位或个人反馈审计意见，报社党委研究下达审计决定后，视情况还要开展后续审计，使内部审计流程规范化和制度化。（撰稿人：沈 华）

【贵州中烟工业有限责任公司】 贵州中烟工业有限责任公司（以下简称贵州中烟）在册员工9499人，其中在岗员工8173人，设有18个部（室、中心）、5个卷烟厂、1个烟叶储运站。

领导成员

董 事 长：汪世贵

总 经 理：白云峰

副总经理：徐东泰 方 静 杨 东

纪检组长：冯力勤

审计职责 贵州中烟设有内部审计机构8个，其中公司本级设有审计部，在贵阳、遵义、毕节、贵定、铜仁卷烟厂，市场营销中心，兴义烟叶储运站设有内部审计派出机构，内部审计人员42人。负责按照公司要求，对公司主要单位主要负责人和控股企业的负责人进行经济责任审计；负责对公司财务收支、财务预算、资产质量、经营绩效以及其他有关的经济活动进行审计监督；负责对公司内部控制系统的健全性、合理性和有效性进行检查、评价；负责对公司基建工程和重大技术改造、大修等的立项、概（预）算、决算和竣工进行审计监督；负责依据国家财税制度及烟草专卖法律法规，对烟草专卖品的生产、经营、管理进行审计监督。

审计成果 2013年，内部审计机构开展的专项审计项目3个，其中已完成内控审计1个、2013年尚未结束的经济责任审计2个。当年共完成预审合同、正式送审合同、审计签证、招标文件、拦标价、工程结算、付款、其他审计共3990份，金额852292.37万元。

工作特点 强化审计制度的执行力，全面规范内部审计行为。2013年，内部审计机构按照精细化管理的要求，当年进一步优化审计工作流程，完善工作制度，审计制度纳入质量管理体系文件，将审计制度上升为企业标准，加强对审计制度执行检查，确保审计工作质量、有效克服审计工作的随意性。

推动行业采购管理程序的落实，促进生产经营规范。内部审计围绕行业和公司提出的规范目标，进一步落实审计岗位职责，细化审计内容，加强对实施方式选用、招标（谈判、询价）文件、招标（谈判、询价）、合同签订的审计监督，推动贯彻落实国家烟草局采购管理程序规定。

开展全过程审计，保证经济业务的规范进行。利用内部审计人员了解生产经营管理情况、熟悉本单位业务流程、知道本单位关键部位和薄弱环节的优势，从经济业务一开始就提前介入，对经济业务的事前、事中和事后进行全过程审计，充分发挥内部审计早发现、早预防、早完善的作用，减少审计与被审计之间的矛盾，提高工作效率和工作质量，较好地体现内部审计内向性服务的特点。（撰稿人：许 谊）

【中国贵州茅台酒厂（集团）有限责任公司】

中国贵州茅台酒厂（集团）有限责任公司（以下简称茅台集团公司）的前身是成立于1951年的贵州茅台酒厂；1997年，改制为中国贵州茅台酒厂有限责任公司；2011年12月，更名为中国贵州茅台酒厂（集团）有限责任公司，注册资金50亿元，为国有独资企业。截至2013年底，集团公司总资产716亿元，现有员工26062人，设有党委办公室、党委组织部、纪委（监察室）、党委宣传部、武装部、公司工会、公司团委、集团公司董事会办公室、茅台酒报社、财务处、离退休处、总工程师办公室、公司办公室、企业文化处、战略管理处、信息中心、技术中心、人力资源社保处、法律事务处、知识产权保护处、审计处、环境保护处、规划建设处、生活服务处、综治安全保卫处、机电维修公司。

领导成员

党委书记：陈 敏

董事长、党委副书记：袁仁国

总经理、党委副书记：刘自力

纪委书记、党委副书记：赵书跃

副总经理、党委副书记：房国兴

审计职责 茅台集团公司下设审计处，是相对独立的监督机构，在公司管理层的领导下开展工作。审计部下设经济合同科、经济责任审计科、工程预决算审计科，现有内部审计人员20人。审计处职责：围绕公司发展战略，开展独立审计监督，发现公司经营管理中存在的问题，防范重大经营风险，促进公司精细化管理水平，努力降低成本，提高经济效益；针对审计中发现的问题向管理层提出建议，督促相关部门抓好整改落实工作。并抓好落实落实整改的督促工作，充分发挥内部审计监督管理体系建设；根据公司董事会方针目标，拟订年度审计项目计划，根据董事会、公司领导批准后实施审计计划，年终将审计工作总结和审计报告提交董事会及公司领导；按照《茅台酒股份有限公司内部控制评介手册》要求，针对贵州茅台控制手册和控制矩阵流程控制点，组织进行评价测试，确保公司运营管理规范运作和国家相关法律、法规的有效遵循；负责公司内部审计工作的业务指导和人员培训，不断提升内部审计人员的工作能力。统一管理和组织调配内部审计人力资源，并对工作业绩予以考评。

审计成果 2013年，完成内部审计项目2573个，审计总金额929972万元。其中固定资产投资项目审计750个，生产、经营类经济事项审计1807个，经济责任审计5个，财务收支审计10个，专项审计1个。提出审计建议69条，所提建议基本被采纳。

工作特点 重视审计工作的规范化、制度化建设。根据公司的实际情况，制定出台《非招投标管理办法》《中国贵州茅台酒厂（集团）有限责任公司领导人员经济责任审计实施办法（试行）》《贵州茅台酒股份有限公司内部审计管理制度》，使内部审计工作有章可循，有据可依。

加强内部工作计划性。每年年初根据公司生产经营活动的实际情况制订内部审计工作计划，使审计工作有了明确的目标，强化内部审计监督和服务，确保内部审计工作与经济活动环环相扣，找准工作切入点，促使工作有的放矢、有条不紊地进行。

加强审计队伍素质建设。经常组织内部审计人员参加各类的审计业务培训，内容涵盖工程审计、财务审计、内控审计、信息技术审计等专业，通过学习使审计人员转变理念、更新知识、改善知识结构，更加适应工作的需要。

（撰稿人：沈丹梅）

【云南省地方税务局】 2013年，云南省地方税务局设立督察内审处（以下简称督审处），负责日常重大督察审计工作的组织和统筹协调工作，现有在编干部4人，下辖17个督察审计机构。

领导成员

分管局领导：赵镇康

处　长：罗松全

副处长：郑　蕊

审计职责 组织实施税收法律法规、部门规章及规范性文件执行情况的监督检查；组织实施财务管理、基本建设项目、大宗物品采购审计和领导干部经济责任审计工作；组织落实税收执法责任制制度、税收执法过错责任追究制度，承担税收执法质量考核工作；督查落实税收执法检查结论和各类审计结论。

审计成果 2013年，全省地税系统共完成近70个经济责任审计项目。其中，督审处完成17名副处级以上和1名科级领导干部经济责任审计，出具审计报告18份，针对财务收支管理和税费管理提出整改意见200余条，整改建议70余条。在开展经济责任审理的同时，督审处对“三公”经费和会议费、培训费等专项经费的使用、管理情况开展审计调查。通过审计，完善会计监督机制，健全内部控制制度，提高财务管理水平。

工作特点 在组织建设上，省地方税务局积极整合监督资源，将州市地方税务局原来分散在多个部门的督察审计职能统一到监审部门，并指定1名局领导分管督察审计工作，初步构建“党组统一领导、纪检监察牵头负责，专项工作统筹开展”的运作模式。在制度建设上，督审处先后制定下发《云南省地税系统领导干部经济责任审计暂行办法（修订）》《云南省地税系统内部财务审计办法》《云南省地税系统内部审计文书格式》《云南省地方税务局督察内审人才库管理办法》《云南省地方税务局关于明确州市地方税务局督察内审工作职责及相关要求的通知》《云南省地方税务局督察内审结果运用暂行办法》等文件，草拟《云南省地方税务局督察内审认定问题分级管理规定》，建立《云南省地方税务局督察内审对象分级分类标准》，促进督察审计工作的有效开展。在队伍建设上，精心挑选全省地税系统涉及税政、征管、稽查、财务、信息技术等领域的业务骨干45

人充实到督察审计队伍中。组织 4 期全省地税系统内审业务培训，组织 60 余名审计骨干前往南京审计学院开展专项培训，进一步提升督察审计人员业务素质。

督审处牢牢把握财务管理的关键环节和重要事项，注重常规审计与专项审计相结合，有效开展财务审计和经济责任审计工作，各州（市）局按照省局督察内审处下达的经济责任审计计划和制定的统一审计文书，有计划开展对所辖县（区）局的财务审计和经济责任审计工作，取得良好的效果。

针对审计工作量大、覆盖面广等特点，督审处在经济责任审计工作中，采取外聘会计师事务所与地税工作人员混合编成审计组的方式，工作各有侧重，关键重要环节由地税人员完成，外部人员提供技术、程序、方法支持。在财务审计中，以外审为主、内审为辅，主辅审计相结合，全面提高审计质量。督审处研发《云南地税数据比对分析系统》，搭建日常监控的平台，提升审计的广度、深度和效率，有效地改进监督手段、提高监督效率。将执法督察与内部审计等两项业务整合，借助税收执法督察的做法和经验，服务经济责任审计。针对税收管理审计逐步成为经济责任审计的内容，采取财务管理审计以社会中介机构为主，税收管理审计以税务人员为主的审计模式，借助税收执法督察在人员、机制、经验、数据分析等方面的优势，探索税收管理审计的新模式，提高审计效益。

督审处建立和完善对外协调工作机制，注重加强与省人大、省政府法制办、审计署特派员办事处、财政专员办、省审计厅等外部监督部门的沟通配合，协同内部相关职能部门排查工作薄弱环节和管理漏洞，督促有关部门对税收执法和财务管理方面存在的问题及时进行整改落实，进一步拓展监督的辐射面、增强监督的权威性和约束力。　（撰稿人：王志文）

【甘肃省监狱管理局】　2013 年，甘肃省监狱管理局（以下简称省局）设 11 个内设机构和政治部，下辖 15 所监狱。

领导成员

第一政委：王禄维

党委书记、局长：万治贵

政　　委：梁仪坚

副 局 长：魏兴刚

纪委书记：杨万成

审计职责　省局设审计处，负责对全省监狱和监狱企业指导并具体实施内部审计工作；监狱设审计科（室）或在监狱纪委设置审计岗位，配备专职审计人员开展日常内部审计工作。

审计成果　2013 年，全省监狱系统共完成审计项目 353 个，审计金额 86700 万元，出具审计报告 164 份，提出审计建议 225 条，促进增收节支 209 万元。

工作特点　加强制度建设，促进规范操作，完善内部审计工作制度。省局制定实施《甘肃省监狱系统内部审计工作办法》，各监狱相应修订完善制度，分别制定《兰州监狱关于进一步加强审计工作的实施意见》《天水监狱内部审计工作制度》等 20 多个制度文件。

加强预算经费审计，强化资金使用效果。以审计预算资金收支的真实性、合法性为基础，侧重于审计资金支出和使用效果，揭示存在的问题，提出改进措施和建议，促使各监狱建立健全相关制度，合理安排支出，提高资金使用效益。同时加大对专项资金的审计力度，确保专款专用。

规范财务管理，强化财务监管。把监狱审计工作的重点放在基层一线财务管理和财务收支上，加强生产过程管理，保证生产项目财务收支活动的规范有序。每年对监狱工会经费收支情况进行审计。近三年共开展财务收支审计 149 项，保障财务收支活动健康、有效运行。

深化经济效益审计，强化增收节支。既对相关经济活动的真实性、合法性及经营业绩进行评价监督，又注重对管理中存在的问题提出意见建议，从审计角度找出影响业绩的主要因素，分析原因，促进企业加强经营管理，提高经济效益，实现增收节支，近三年共开展经济效益审计 321 项。

实施经济责任审计，强化干部履职监督。重视离任审计，做到“有离必审”，对责任人任期内的财务收支是否合法合规，资产、负债、盈亏是否真实，经济效益指标是否实现，是否遵守财经纪律等有关内容进行审计评价，对任期内的债权、债务情况进行审计界定，客观、公正评价成绩，分析任期中存在的问题，提出相应的审计意见建议，促进财务管理和廉政建设，加强对干部的审计监督。3年来共开展经济责任审计58项。

推进基本建设审计，强化项目合法合规。根据《甘肃省监狱管理局监狱建设项目管理办法》，项目竣工按决算编报额分别由省局审计处和监狱审计科（室）实施审计，对于项目建设金额大、工程复杂、单位无法审计的基建项目，委托中介机构实施竣工结算审计。通过审计保证工程造价的真实性，降低工程成本，提高工程管理水平，控制风险。3年来完成工程项目审计30多个，审计金额11000多万元，审减额达540多万元。

完善内部控制评审，强化决策咨询服务。省局选取4所监狱企业进行内部控制合法性、充分性、有效性的调查评价，从内部控制制度的建立、执行及内控运行效果等方面进行审计调查，提出建议9条，促使监狱企业不断完善内部控制制度，改善经营管理，提高经济效益。

延伸审计职能，扩大审计监督范围。以程序规范、降低成本为目的，监控招投标过程。以规范管理为目的，开展罪犯计分考核的审计核查。以节能降耗、合法合规为目的，进行多方面审计监督。

加强队伍建设，提升内部审计人员业务水平。组织内部审计人员参加后续教育培训，积极参加中国内部审计协会、甘肃省内部审计师协会举办的培训班，鼓励审计人员参加审计专业技术资格考试，提倡审计人员提高审计、财会、金融、企业管理、工程建设和计算机等各方面的知识，努力打造复合型审计人才。

改进技能方法，提升内部审计工作质量和效率。坚持审计事项复核制度，由审计人员、审计组长和内审机构负责人对审计事项进行复核，共同把好审计质量关；坚持审计组集体研究决定审计报告，确保审计提出问题定性准确，审计意见建议切合实际、易于操作；坚持应用审计软件开展计算机辅助审计；坚持规范审计工作底稿，同时加大对内部审计工作的宣传，2013年被甘肃省内部审计师协会授予“内部审计宣传年”活动先进单位。

（撰稿人：樊作仁）

【青藏铁路公司】 青藏铁路公司共有在册职工22989人，设有行政职能部室24个，党群机构3个，下设运输业单位22个，非运输业单位8个。

领导成员

总 经 理：王忠玉

党委书记：徐双永

副总经理：陈立民　贾　军　江泽海

李　刚　孙永宁　汤建国

王新春　杨秀峰

总会计师：刘义明（主管审计工作）

审计职责 青藏铁路公司审计部内设运营审计室、经济责任审计室和附属机构审计室，定员14人，现有人员12人。审计部是公司经济管理工作的监督部门，在青海省内部审计师协会、铁路总公司审计和考核局的指导下，依照国家法律法规和铁路总公司规章制度独立行使审计监督权，对公司及下属单位的资产、负债、损益及其有关经济活动的真实、合法、合规性进行审计监督，向公司领导负责并报告工作。

审计成果 2013年，青藏铁路公司审计部共完成审计项目39个，其中经营业绩审计25个、经济责任审计5个、建设项目审计1个、管理审计1个、专项审计7个。查出问题金额2亿元，其中违规违纪金额1.15亿元、其他金额8515万元，纠正违规、违纪金额8622万元，促进公司增收节支451万元，向公司领导提交审计报告39份，下达审计决定33份，提出改善经营、加强管理的审计建议10条。

工作特点 认真贯彻落实《铁路审计工作规定》，履行审计职责，紧密围绕青藏铁路公司中心工作，结合公司对站段生产布局调整的实际，以维护资金安全和查处经营、建设管理中的违规违纪问题为重点，以促进单位提高管理水平和经济效益为目的，加强单位内部控制，整顿和规范企业经济行为，促进企业廉政建设，充分发挥内部审计工作的监督和服务职能，为进一步规范企业经济行为发挥积极作用。

整章建制，修订完善审计各项制度。根据不同的审计工作岗位，制定审计组长、主审、人员岗位标准，按照岗位标准从严要求审计人员；补充和完善各项审计管理制度，加强审计质量控制，把安全风险管理的有关内容细化到管理制度中，进一步落实安全风险责任，完善审计作业制度，加强审计过程控制。按照统一的标准执行审计项目，保证审计项目的质量。

强化审计复核制，达到审计工作规范化。审计组长、主审逐级负责制，对审计取证资料的可靠性、审计问题的定性、引用法规及提出的处理意见的合法、合规性进行认真复核，以确保审计结果准确无误。

建立审计问题库及审计问题整改联席会议制度。建立审计问题库，对审计决定执行情况进一步落实，对每个审计项目中提出的每个问题逐笔造册登记，对已整改的问题逐一销号，避免存在因被审计单位主观原因造成整改不到位的问题。建立审计问题整改联席会议制度。重点研究落实、协调解决审计检查披露的重要性、倾向性问题，切实落实审计发现问题的整改工作，以解决“屡查屡犯、屡禁不止”的问题。通过联席会议落实各部门、被审计单位的责任，形成解决方案，为解决公司基层单位经营管理中存在的惯性问题，起到积极的促进作用，使审计决定得到有效的落实。

服务大局，积极稳妥地推进经营业绩审计。审计过程中把规范经营管理作为重点，认真核实经营结果，披露经营管理中存在的问题，维护各单位经营结果的真实性，促进综合经济效益的提高。审计部在经济指标的完成和资产、资金安全和管理方面，对各责任单位经营业绩指标完成情况进行考核扣分，为公司对基层单位经营业绩的考核提供依据。

开展任期和任中审计，抓好任期经济责任审计工作。受公司人事（组织）部门委托，按照企业第一管理者“逢委托必审”的原则开展经济责任审计。通过任期经济责任审计，正确界定领导人员任期经济责任，强化监督制约，促进领导人员提人员高依法合规履行经济责任和严格执行法规政策制度的自觉性。

强化建设项目审计，规范建设资金管理。按照总公司审计中心“全覆盖、无遗漏”及“分级负责、分阶段重点实施和落实责任制”的要求，通过审计揭示建设管理中存在的问题，促进铁路建设项目管理水平的提高。

从提高全体审计人员整体素质入手，注重日常的学习，坚持重点学习与全面学习相结合。定期组织全体审计人员学习业务，并选派人员参加铁路会计人员继续教育培训班、会计知识培训班、审计人员后续教育培训班，通过学习补充知识、拓宽思路，提升审计干部把握政策的水平和专业判断能力。（撰稿人：胡志杰　王惠敏）

【中国电信股份有限公司宁夏分公司】 中国电信股份有限公司宁夏分公司（简称中国电信宁夏公司）中国电信宁夏公司在职员工 3357 人，设有 13 个部门，下辖 5 个市分公司、16 个县级分公司和 7 个专业分公司，服务网点遍布全区城乡。

领导成员

总 经 理：武胜利

副总经理：薛敬进　刘仲第

苏小明　拜英奇

审计职责 中国电信宁夏公司对全区 5 个市分公司实行派出制管理，主要职能包括：根据上级要求，建立健全公司各项审计规章制度；按照公司工作重点，编制年度审计工作计划；对企业的财务收支、资产、负债、损益的真实性进行审计监督；对企业工程项目、大修项目的结算、决算审计；监督公司内控制度的严格执行；接受人事部门的委托，对企业负责人实施经济责任审计；对公司主要经营活动进行专项审计调查；指导全区电信企业内部审计和风险管控工作；对公司多种经营企业进行审计监督。

审计成果 2013 年，中国电信宁夏公司各级审计部门完成审计项目 3050 个，其中：工程项目 3033 个，送审总金额 7.07 亿元，审减金额 2020 万元；综合审计项目 16 项。共查出违规金额 900 万元，纠正管理不规范金额 2.04 亿元，促进企业增收节支 575 万元，共提出管理建议 114 条，问题或缺陷整改率 95%以上。中国电信宁夏公司审计部连续多年被自治区内部审计协会、中国电信集团公司评为省级先进集体或先进单位。组织开展的派驻机构工程结算质量跟踪审计调查被区内部审计协会评为全区内部审计优秀审计项目。资产管理专项审计调查被中国电信集团评为全国内部审计优秀审计项目。多名审计人员被评为公司杰出、优秀员工。各项工作得到上级主管部门、公司管理层的肯定和职能管理部门的认可。

工作特点 中国电信宁夏公司审计部认真贯彻执行国家有关内部审计法律法规，紧密结合公司"激情、严谨、创新、和谐"企业文化精神的要求，积极参加公司"服务基层年"和"基础管理提升年"活动，进一步改进工作作风，以企业全业务发展初期的关键风险为导向，持续推进审计工作转型。通过查找问题、分析原因、提出建议、督促整改、追究责任的闭环管理，充分发挥审计部门的"监督、服务"的作用，确保外部审计机构——毕马威会计师事务所提交的上市公司审计报告连续多年均为无保留意见，没有发现一起实质性漏洞和显著性缺陷。公司整体审计工作力度进一步增强，效率、监督服务水平进一步提高，有力地支撑企业转型和公司全业务发展。

（撰稿人：郭　云）

【中国移动通信集团宁夏有限公司】 中国移动通信集团宁夏有限公司（以下简称中国移动宁夏公司）现有在职员工2900人，设有22个部室，下辖5个分支机构。

领导成员

董 事 长：彭晓川

总 经 理：彭晓川

副总经理：余　游　金宝铭

王　琦　余云峰

审计职责 中国移动宁夏公司内部审计部配备内部审计人员6名，主要职责包括：贯彻执行集团公司《内部审计章程》，制定宁夏公司内部审计管理制度并落实；根据公司经营战略制定公司内部审计业务策略；根据公司经营目标及业务发展情况，制定内部审计中长期目标和年度内部审计项目计划并组织实施；负责组织完成总部下达的各项内部审计工作任务和年度内部审计项目计划，根据总部年度内部审计项目人力资源调用计划，安排人员参加总部组织的审计工作；组织开展公司运营管理、财务、风险评估、经济责任、工程项目、内部控制及审计调查等方面的工作，对公司各类经营管理活动进行独立审计监督；针对公司内部控制机制存在的缺陷和不足，提出改善建议，并督促各分公司、职能部门、生产中心落实；向公司管理层报告内部审计工作开展情况及审计发现问题；组织审计问题整改情况跟进检查和审计成果综合利用。

审计成果 2013年，中国移动宁夏公司内部审计部完成专项审计项目2212个，审计调查项目1个。其中财务审计2个、经济效益审计1个，经济责任审计3个、内部控制审计4个，审计增值服务项目1个，风险评估项目1个，工程建设审计项目2200个；审计调查项目1个，查出内部违规金额2.10亿元，促进增收节支5425万元。

工作特点 中国移动宁夏公司内部审计工作以风险为导向，围绕公司发展战略，广泛采用风险评估、计算机大数据分析技术等手段，准确把握审计重点，认真开展审计评估工作。强化财务内控审计，促进公司基础管理提升；做好任期经济责任审计，客观评价领导干部经营业绩；注重强化质量控制，提升工程审计价值。加强审计成果应用和转化，切实提升整改实效，主动发挥内部审计的服务职能，促进制度完善。在全面开展合法合规、效率效益、反腐倡廉等方面审计工作的基础上，突出审计重点，充分发挥内部审计职能，在促进公司风险防范、加强内部控制及精细化管理水平等方面发挥积极作用。

（撰稿人：王　丽）

【神华新疆能源有限责任公司】 神华新疆能源有限责任公司（以下简称神新能源公司）是神华集团的控股子公司，现有在职员工6407人，设有13个部室，下辖7家分支机构。

领导成员

董 事 长：张国辉

总 经 理：刘晋冀

副总经理：郭秉超　卢　俭　朱斌德

安　霖　李海潮　李新华

田　华　陈建强

审计职责 根据国家有关规定，结合神华集团的要求和神新能源公司内部管理工作的需要，神新能源公司修订印发《内部审计管理暂行规定》（神新发〔2013〕188号），其中第三章明确规定了内部审计工作职责：

根据神新能源公司整体发展战略，按国家有关政策、法律、法规，制定神新能源公司内部审计工作制度；结合内部审计职责，编制神新能源公司年度内部审计工作计划。

对神新能源公司所属单位的财务收支、财务预算、资产质量、经营绩效以及经济指标完成情况等有关经济活动的真实性、合法性和效益性进行审计监督和评价。

根据神新能源公司党政联席会的决定和组织部门（人力资源部）的委托，牵头组织完成对所属分公司、子公司主要负责人离任或任中经济责任审计。

对神新能源公司计划安排的基建项目、重大技术改造项目和自筹维简、安技措、大修工程项目等进行审计监督和评价。

对神新能源公司及所属单位物资（劳务）采购、产品销售、工程招标、对外投资、大额资产处置等经济活动以及重要的经济合同和重大财务异常情况进行专项审计和专项审计调查。

按照神华集团的要求，完成神新能源公司内控与风险管理的自我监督和评价工作；对神新能源公司所属单位内部控制系统的健全性、合理性和有效性进行检查、评价和意见反馈。

配合、协助国家审计机关、上级其他部门，神华集团内控审计部及其他相关部门的审计、检查、调研工作；配合、协助集团下派监事会开展完成相关的检查、调研工作。

做好社会中介机构的聘用、更换和报酬支付的监督。

完成神新能源公司领导交办的其他审计事项和其他工作。

审计成果 2013年，神新能源公司内控审计部完成审计项目5个，审计调查项目4个，其中：经济责任审计1个，专项资金审计4个，审计调查4个。向神新能源公司提交5项审计报告；协助配合集团完成任期经济责任审计、安全改造国补资金及安全费用审计、七项费用审计、监事会《工作调研》的调研，并提交《专题反馈意见》报告；完成神新能源公司经济本安体系的建设；完成神华集团统一布置的《2012年度内控与风险自我评价报告》《2013年度全面风险管理报告》《2009—2013年度经济安全专项检查》及自查报告等7项工作；重新制定、下发《神新能源公司内部审计暂行规定》《神新能源公司财务收支审计实施办法》等制度。通过日常审计和专项调查，共指出22个存在的问题，提出管理意见和建议47条，风险提示7条。

工作特点 调整工作思路。紧紧以神新能源公司年度工作目标为中心，以加强企业管理为目的，进一步转变思想观念，在加强审计监督、及时发现存在问题、加大纠错力度的同时，注重提出建议和意见及整改的措施，帮助企业进一步规范核算、完善内控制度、防范化解经营风险、促进企业管理水平的提高。

突出工作重点。内部审计工作与企业自身的改革发展相结合，与企业管理中的“热点、难点、重点”问题相联系；特别关注重点单位、重点部门、重点岗位、主要事项及“事故多发地段”的监督检查；处理好“监督和服务的关系”“问题的查处与防范警示的关系”“总体工作与突出重点的关系”。

实现“一审、二帮、三促进、四提高”的工作目标。（撰稿人：葛金建　金　环　王益新）

【新疆维吾尔自治区农村信用社联合社】 新疆维吾尔自治区农村信用社联合社（以下简称自治区联社）现有在职员工227人，设有办公室、人力资源（组织）部、党群工作部、计划财务部、会计部、审计部、信贷与风险管理部、资产保全与法律事务部、农户贷款部、兵团业务部、业务拓展部、纪检监察部、保卫部、信用卡中心、电子银行部、党委巡视办公室、科技中心。

领导成员

党委书记：王会民
理 事 长：米力古丽·阿吉努尔
主　　任：阿不都
纪委书记：田海舟
总审计师：姜志国
副 主 任：谭建新　李文祖　杨志勇
　　　　　陈伟林　潘　隽

审计职责 自治区联社下设审计部，配备专职审计人员24人，职责是：根据审计法、内部审计准则及有关法律、法规，拟定各类审计制度、规定、办法、审计操作流程等规章制度；拟订审计工作计划，组织实施各类审计活动；负责对各行社本部的日常监督、现场与非现场审计；指导下级行社审计部门开展审计工作，对各行社内部审计工作的检查、指导；定期开展各行社联社高级管理人员经济责任审计和离任审计；开展对各行社的内部控制评价；开展后续审计，督促和监督各行社审计发现问题的整改落实；对自治区联社各业务部门的自律监管再监督；负责对辖内审计干部培训教育；定期或不定期向自治区联社主管领导报告审计工作开展情况，对审计中发现的重大问题或存在重大风险等事项及时专题报告；组织完成自治区联社安排的其他工作。

审计成果 2013 年，自治区联社完成审计项目 5 个，审计调查 1 个，建立完善审计制度 5 项，对全区 84 家行社 398 名高级管理人员任期经济责任进行审计，对 154 名高级管理人员及 58 名拟提拔中层干部开展离岗审计，提交离任、离岗审计报告 212 篇。提交管理建议书 6 篇，发现问题 3902 条，处理违规责任人 1342 人次，经济处罚 50.16 万元。自治区联社开展的新疆维吾尔自治区农村信用社高级管理人员任期经济责任审计项目被新疆内部审计协会评为 2013 年度优秀审计项目一等奖。

工作特点 开展经济责任审计，推动换届工作顺利开展。2013 年自治区联社对 84 家行社 398 名高管开展任期经济责任审计，提交审计报告 398 篇，将审计发现的主要问题、责任认定及总体评价提交经济责任审计联席会议成员部门征求意见，通过客观评价高管人员任期内的履职情况，加强对高管权力运行的监督和制约，促进依法合规经营，为组织人事部门干部使用提供参考依据。

开展重点专项审计，突出审计监督作用。自治区联社审计部围绕全区农村信用社经营管理的中心和重点，开展自治区联社培训中心 2012 年度财务真实性审计、企业信贷业务专项审计、2013 年度审计工作及自律监管工作专项审计、贷款五级分类真实性审计等专项审计，适时开展贷款利率定价专项审计调查，充分发挥内部审计在强化内控、促进依法合规经营方面的监督职能和“免疫系统”功能。

推进计算机辅助审计，提高审计工作质量。自治区联社在审计过程中大胆创新，积极尝试运用数据信息的逻辑关系检验、数据筛选、报表间数据复核等计算机信息技术审计方法来验证县市联社上报数据的真实性，发现审计线索，寻找业务风险点。为加快信息技术审计方法的推广普及，提高审计效率和质量，提供了新的思路，做出有益的探索。

健全审计制度，规范审计流程，加强审计基础建设。根据新疆农村信用社 2013 年工作会议精神，制定下发《新疆农村信用社审计约谈制度》《新疆维吾尔自治区农村信用社县市联社高级管理人员任期经济责任审计规定》等 5 项制度，组织编写 30 万字的《审计业务操作手册》下发各行社，解决审计程序不完善、操作不规范的问题，保证审计工作质量，规范审计流程，夯实审计基础工作。

整肃职业道德，严肃工作纪律，大力开展内部审计人员职业品德建设。制定《新疆维吾尔自治区农村信用合作社内部审计人员职业道德公约》；与审计人员签订《审计人员廉洁从审承诺书》，规范自身执业行为，提高自律自警意识，自觉维护审计队伍形象；践行廉洁从审承诺，张贴《廉洁执纪公告》，自觉接受监督。

（撰稿人：鲜瑞红）

重要财经审计法规文件

审计署关于印发《审计机关国外贷援款项目公证审计结果公告实施细则（修订）》的通知

审外资发〔2013〕7号

各省、自治区、直辖市和计划单列市审计厅（局），各特派员办事处：

为进一步规范国外贷援款项目公证审计结果公告的相关工作，根据审计署公告审计结果的有关规定及国外贷援款方的最新要求，我署对《审计机关国外贷援款项目公证审计结果公告实施细则》（审外资发〔2007〕58号）进行了修订。现将《审计机关国外贷援款项目公证审计结果公告实施细则（修订）》印发给你们，请遵照执行。

审计署

2013年2月8日

审计机关国外贷援款项目公证审计结果公告实施细则（修订）

第一条 为了规范国外贷援款项目公证审计结果公告，充分发挥审计监督作用，根据审计法、审计法实施条例、国家审计准则和《审计署公告审计结果办法》的规定，结合国外贷援款方的相关要求，制定本细则。

第二条 本细则所称国外贷援款项目是指国际组织和外国政府对华提供贷款和无偿援助所形成的项目。

各省、自治区、直辖市、计划单列市审计厅（局），审计署驻地方特派员办事处和审计署国外贷援款项目审计服务中心（以下统称审计机关），按照审计法等相关法律法规及中国政府与国际组织和外国政府所签协议的要求，每年对国外贷援款项目年度财务收支及项目执行情况进行公证审计后，均应按照全面、如实、及时的原则，对所有国外贷援款项目公证审计结果进行公告。

第三条 国外贷援款项目公证审计结果公告的主体是出具审计报告的审计机关。审计机关派出机构和所属事业单位负责出具国外贷援款项目公证审计报告的，审计结果由该审计机关负责公告。

第四条 国外贷援款项目公证审计结果公告内容为审计报告全部内容，以及截至公告日被审计单位对审计发现问题的整改情况。审计报告内容包括审计师意见、经审计的财务报表、审计发现问题及建议3部分。

第五条 审计机关公告国外贷援款项目审计结果，应在审计报告和审计决定书生效60日后的30日内进行。被审计单位依法对审计结果提起行政诉讼的，应在行政诉讼结束后的30日内进行。

第六条 审计机关公告国外贷援款项目公证审计结果，采取单项公告的方式，即对每个国外贷援款项目公证审计结果以审计报告为载体逐一进行公告。具体操作中相关审计机关可根据实际情况，将同一时间出具的多个项目的审计报告成批进行公告。

第七条 审计机关公告审计结果，应按照审计法的有关规定，在审计报告出具前，送被审计单位和有关部门征求意见时，注明审计机关将以适当方式公告审计结果。公告时一般不再征求意见。但被审计单位对审计报告有重大分歧意见的，必须再次征求意见，在事实和定性等主要问题上取得一致。

第八条 需公告涉嫌违法违纪或者犯罪案件移送事项情况的，应当与受理移送部门协商一致。

第九条 公布审计结果，应当依法保守国家秘密和被审计单位的商业秘密，遵守国家的有关规定。

第十条 本细则适用于国外贷援款项目公证审计结果公告工作。对国外贷援款项目开展的专项审计调查等其他形式审计结果的公告，不适用本细则。

第十一条 本细则由审计署负责解释。

第十二条 本细则自发布之日起施行。《审计机关国外贷援款项目公证审计结果公告实施细则》（审外资发〔2007〕58号）同时废止。

审计署办公厅关于印发《审计署机关国内公务接待管理暂行办法》的通知

审办办发〔2013〕59号

署机关各单位、各派出审计局：

《审计署机关国内公务接待管理暂行办法》已经审计长会议通过，现予印发，请遵照执行。

审计署办公厅

2013年4月7日

审计署机关国内公务接待管理暂行办法

第一条 为进一步规范审计署机关国内公务接待工作，促进厉行勤俭节约，根据《中共中央办公厅、国务院办公厅关于印发〈党政机关国内公务接待管理规定〉的通知》（中办发〔2006〕33号）和《中共审计署党组关于贯彻中央政治局改进工作作风密切联系群众八项规定的实施意见》（审党发〔2013〕2号）等规定，结合审计工作实际，制定本办法。

第二条 署机关各司局、各派出审计局（以下统称各单位）国内公务接待活动适用本办法。

第三条 基本原则

（一）厉行节约。减少公务接待数量，严格控制接待费用支出。

（二）事前审批。确有必要的公务接待事项，必须事先按规定程序报批。

（三）对等接待。根据接待对象情况，确定参加接待的相关人员。

第四条 接待范围

接待对象为有关部门和单位在与我署的公务活动中，需由我署安排就餐、住宿、交通等事项的人员。公务交往活动主要包括：

（一）有关部门、地方和单位来我署检查指导、协调工作、交换意见、考察调研等；

（二）外请专家来我署讲课、参加研讨和项目论证等；

（三）省、自治区、直辖市审计厅新任厅长来署报到。

第五条 职责分工

办公厅负责公务接待工作的统一管理，制定接待办法，加强接待费的预算管理和控制，审核报销接待费支出，并牵头负责重要公务接待活动的组织协调。

机关服务局协助提供就餐、住宿、交通等服务。

第六条 接待标准

（一）就餐：一般公务活动原则上安排在署机关食堂或华审宾馆就餐。署领导出面接待的，人均每餐不得超过150元；司（局）长出面接待的，人均每餐不得超过120元。陪餐人数不得多于客人数。

（二）住宿：接待对象需要安排住宿的，一般安排在华审宾馆或财政部确定的定点饭店。不能在定点饭店安排的，住宿标准一般不得超过三星级。接待对象应按照本地财政部门规定的住宿标准缴纳住宿费。

（三）用车：接送接待对象或安排出行原则上集中乘车，严格控制用车数量。严禁用公车办理与公务活动无关的任何事项，更不允许用于私人活动。

第七条 审批和报销

各单位在申请接待时，应认真填写《审计署机关公务接待审批单》，经署领导批准后，再组织安排接待。署领导出面接待的，报审计长审批；司（局）长及以下干部负责接待的，经承办单位主要负责人审核、办公厅会签后，报分管署领导和分管财务的署领导审批。

接待工作完成后，原则上应在7个工作日内完成费用报销相关工作，或由机关服务局定期统一结算。承办单位应及时核对并结算费用，凭《审计署机关公务接待审批单》，以及由经办人员和出面接待人员（署领导或司局长）双人审签的原始票据，按照《审计署机关经费开支审批管理暂行规定》（审办办发〔2011〕249号）的要求，到署办公厅财务部门办理报销手续。

第八条 各单位在公务接待中要厉行勤俭节约，从严从简安排接待，严禁署机关各单位之间以各种名义相互宴请；严禁用公款安排旅游及到营业性的娱乐、健身场所活动；严禁以任何名义向接待对象赠送礼金、有价证券和贵重礼品；严禁向下级单位或其他单位转嫁接待任务和接待费用。

第九条 署办公厅财务部门要加强接待经费管理，接待支出应全部纳入"公务接待费"科目核算，并在单位决算中真实完整反映；不得在会议费、培训费等其他支出中列支接待费支出；公务接待经费使用情况定期在署内通报，署机关司（局）以上领导的公务接待情况，由办公厅会同机关服务局每半年通报一次；每年向社会公开公务接待经费的开支情况，主动接受群众和社会监督。

第十条 各单位应当严格遵守本办法。对违反本办法的，按照有关规定处理。各特派办照此原则制定实施办法。

第十一条 本办法系暂行规定，如相关主管部门出台新的接待规定，按其规定执行。

本办法由审计署办公厅负责解释，自下发之日起执行。署在京直属单位参照执行。

附件：审计署机关公务接待审批单（略）

审计署关于印发
《审计署工作规则》的通知

审办发〔2013〕27号

署机关各单位、各特派员办事处、各派出审计局：

现将2013年4月12日署党组会议通过的《审计署工作规则》印发给你们，请认真组织学习，并严格遵照执行。

审计署

2013年4月15日

审计署工作规则

第一章 总 则

一、为切实履行法律赋予的审计监督职责，确保完成党中央、国务院交给的各项任务，加快推进审计工作法治化、规范化、科学化和信息化，全面提升审计工作的质量和水平，根据《中华人民共和国宪法》《中华人民共和国国务院组织法》《中华人民共和国审计法》和审计署工作实际，制定本规则。

二、审计署工作的指导思想是，高举中国特色社会主义伟大旗帜，以邓小平理论、"三个代表"重要思想、科学发展观为指导，牢固树立科学的审计理念，认真履行审计监督职责，坚持"依法审计、服务大局、围绕中心、突出重点、求真务实"的工作方针，把"推进法治、维护民生、推动改革、促进发展"作为审计工作的出发点和落脚点，全面监督财政财务收支的真实、合法和效益，严肃查处重大违法违规问题和经济犯罪案件线索，加大对中央重大政策措施贯彻落实情况的跟踪审计力度，完善审计公开制度，充分发挥审计保障国家经济社会健康运行的“免疫系统”功能，推动完善国家治理，努力在推进社会主义经济、政治、文化、社会和生态文明建设中发挥更大作用。

三、审计署工作的准则是，实行科学民主决策，坚持依法审计，推进政务公开，健全监督制度，加强廉政建设。

第二章 领导职责

四、审计署领导要依法依规履行职责，确保权力正确行使；开拓创新，求真务实，严守纪律，勤勉廉洁；充分发挥审计署机关各单位、各派出机构和地方审计机关的职能作用，保证政令畅通，不断提高审计机关的公信力、执行力和效率。

五、审计署领导由审计长、副审计长、总审计师、中央经济责任审计工作联席会议办公室主任、中央纪委驻署纪检组长和其他党组成员组成。

六、审计署实行审计长负责制，审计长领导审计署的工作。副审计长、总审计师、中央经济责任审计工作联席会议办公室主任和其他党组成员协助审计长工作。

七、副审计长、总审计师、中央经济责任审计工作联席会议办公室主任、中央纪委驻署纪检组长和其他党组成员按照分工负责处理分管工作或受审计长委托负责某些方面的工作或专项任务，并可代表审计署进行相关审计外事活动。

八、各分管署领导要按照中共审计署党组（以下简称署党组）决定，各负其责，全力协助审计长抓好审计业务工作和内部管理，抓好队伍建设、法治化建设、信息化建设、理论建设和文化建设；对分管的工作要切实加强领导，精心组织，创造性地开展工作。对分管工作中的重大事项和重要审计工作的进展情况必须及时向审计长报告。

九、审计署领导在工作中要密切沟通，团结协作。审计署领导参加党中央、国务院会议后要及时将会议精神向其他署领导通报。会议文件应送相关署领导传阅后交办公厅存查。

十、审计署机关各单位、各派出机构主要负责同志负责本单位的工作。

审计署机关各单位和各派出机构要各司其职，各尽其责，相互协调，密切配合，提高工作质量和水平，切实贯彻落实署党组和审计署的决定，及时反馈执行情况，努力完成各项工作任务。

十一、审计署机关各单位和各派出机构要认真贯彻落实中央关于改进工作作风、密切联系群众八项规定的有关精神，严格执行廉洁从政各项规定，切实加强廉政建设和作风建设。

第三章 依法行政

十二、审计署及署机关各单位、各派出机构要严格按照法定权限、有关规定和程序履行职责，行使行政权力。

十三、审计署根据经济社会发展和审计工作实际，不断完善审计法律体系。适时提出制定、修改或者废止有关审计法律和行政法规的建议。适时制定、修改或者废止有关审计规章以及其他相关规范性文件，并就审计规章以及其他相关规范性文件的应用性问题适时做出解释。

十四、审计署制定的规章和其他规范性文件，必须符合宪法、法律和国务院的行政法规、决定、命令，必要时征求相关部门的意见；涉及审计署与其他部门职权范围的事项，应报请国务院制定行政法规、发布决定和命令，或与有关部门联合制定规章及其他规范性文件。与有关部门联合制定的规章及规范性文件发布前须经国务院批准。审计规章应及时向国务院报送备案。

十五、提请审计长会议讨论的审计法律、行政法规草案送审稿和决定的审计规章以及其他相关规范性文件草案由法规司组织起草或审查。审计规章的解释工作由法规司组织办理。

十六、严格审计执法责任制和审计质量责任追究制，做到有法必依、执法必严、违法必究，依法审计、文明审计。

第四章 会议制度

十七、审计署实行党组会议、审计长会议、审计业务会议制度。

审计署工作中的重大事项，必须经党组会议、审计长会议或审计业务会议讨论决定。

十八、党组会议由党组成员组成，由党组书记或其委托党组副书记召集和主持，必要时可请有关领导和相关单位负责同志列席。主要任务是：

（一）学习党中央、国务院的有关文件、决定，传达党中央、国务院领导同志的重要指示和重要会议精神；

（二）研究制定审计工作的方针政策，发展战略、规划和重大措施；

（三）研究国务院委托审计署拟定的审计法律、行政法规草案；

（四）研究向党中央、国务院请示、报告的重大事项；

（五）研究部署审计署重要工作；

（六）研究决定审计署内部机构设置和干部管理中的重要问题；

（七）研究处理重大审计事项、重要涉外问题和年度外事工作计划；

（八）研究加强党的思想建设、组织建设、作风建设、制度建设、反腐倡廉建设、思想政治工作和精神文明建设；

（九）研究议定其他需要党组会议决定的事项。

党组会议不定期召开。必要时可召开党组扩大会议。

十九、审计长会议由审计长、副审计长、总审计师、中央经济责任审计工作联席会议办公室主任、中央纪委驻署纪检组长和其他党组成员组成，由审计长或其委托其他署领导召集，根据需要可安排有关单位负责同志列席。主要任务是：

（一）研究贯彻落实党中央、国务院的决定、指示；

（二）分析审计工作形势，研究决定年度审计工作计划、年度工作要点和其他重大事项；

（三）讨论通过向国务院总理报送的中央预算执行和其他财政收支的审计结果报告；

（四）讨论通过其他向国务院的报告、请示；

（五）讨论通过由审计署制定和发布的审计规章；

（六）讨论通过对地方审计工作的指导意见；

（七）研究国务院有关部门与审计署协调的重要事项；

（八）讨论决定地方审计机关请示审计署的重要事项；

（九）研究特派办建设和署机关职工生活中的重大问题；

（十）研究议定其他需要审计长会议决定的事项。

审计长会议一般每周召开一次，根据需要可临时召开。

二十、审计业务会议由审计长、副审计长、总审计师、中央经济责任审计工作联席会议办公室主任、中央纪委驻署纪检组长、其他党组成员、总经济师、办公厅主任、法规司司长、科研所所长和有关审计专业人员组成。由审计长或其委托其他署领导召集，根据需要可安排有关单位负责同志列席。主要任务是：审议各审计业务司提交的需经审计业务会议讨论的审计（调查）工作方案、审计（调查）实施方案、审计（调查）报告、审计决定和审计公告稿。

二十一、审计署党组会议、审计长会议、审计业务会议的议题，由分管署领导审核或召开专题会议研究后提出，报党组书记、审计长或主持会议的署领导确定后提交会议研究，除特殊情况外，不得临时动议。

提交审计业务会议讨论的审计（调查）工作方案，应事先由分管署领导审核；提交审计业务会议讨论的审计（调查）报告，应按相关程序复核、审理，并经总审计师和分管署领导审核。审计业务会议讨论通过的审计（调查）工作方案和审计（调查）报告，由责任单位根据会议意见修改后，按程序办理发文。

二十二、审计署党组会议、审计长会议、审计业务会议的组织工作，由办公厅负责；一般要在会前 3 天把讨论文件发给参加会议的同志。

党组会议、审计长会议、审计业务会议要编写会议纪要。党组会议纪要由党组秘书负责编写；审计长会议纪要由办公厅负责编写，办公厅主任审核；审计业务会议纪要由法规司负责编写，总审计师审核。会议纪要由会议主持人签发。

党组会议、审计长会议、审计业务会议的开会时间要相对集中和固定，以保证审计署领导同志既能集中时间参加会议，又能有足够的时间深入基层调查研究、指导工作。

署领导不能出席党组会议、审计长会议或审

计业务会议，向审计长请假。相关列席人员请假，本人需说明请假的具体事由，由办公厅向审计长报告。

二十三、署机关各单位需要组织由署领导出席的会议和活动，应事前与办公厅协商初步确定时间后，再正式按程序报批。署机关各单位需组织专题会议、培训和研讨等活动，由其他单位负责同志参加的，除紧急情况外，应提前一周报经分管署领导同意，并告知办公厅。如相关安排有冲突，由办公厅负责协调。

二十四、根据党中央、国务院指示和审计工作需要，召开全国性审计工作会议。全国性审计工作会议一般每年召开一次，由审计长或其委托其他署领导主持。召开属于二类会议的全国性审计工作会议，要按照规定报国务院审批。召开属于三类会议的全国性专业会议按每年年初审计长会议批准的会议计划执行。

二十五、召开全国性的审计工作会议和专业会议要按规定选择会议地点，严格控制会议规模和会期，要充分准备，提高效率和质量，尽可能采用视频会议形式召开。不得向地方和企事业单位摊派会议经费，不得组织会议代表游览及与会议无关的参观，不得发放纪念品及与会议无关的物品。

第五章　公文审批制度

二十六、审计署机关公文应当符合中共中央办公厅、国务院办公厅印发的《党政机关公文处理工作条例》，按照署相关规定和要求办理。

二十七、审计署收到的党中央、国务院文电，由办公厅报送党组书记、审计长或主持工作的署领导阅批。

审计署收到的国务院各部门、直属机构、办事机构、直属事业单位和各省、自治区、直辖市人民政府的文件，由办公厅按各司局的职责分工分送有关司局提出意见后，报送分管署领导阅批，重大事项由办公厅主任或副主任负责呈报有关署领导阅批后转有关司局办理。

审计署机关各单位的请示、报告，按程序报相关署领导审定；审计署各派出机构和各省、自治区、直辖市审计厅（局）的请示、报告，由办公厅按职责分工确定承办单位，承办单位要认真研究审核，提出办理意见，报分管署领导审定，重大事项报审计长审批。除署领导交办事项和必须直接报送的绝密事项外，一般不直接向署领导个人报送公文。

二十八、在公文办理过程中，遇有承办或牵头单位不明确的事项，由办公厅负责协调或报请署领导确定，有关司局不得推诿扯皮。涉及署内多个司局业务的公文，有关司局要进行协商，并在公文签发前由主办司局送有关司局会签。

二十九、以署党组和审计署名义发的文电，在送党组书记或署领导签发前，有关经办单位要认真做好审核工作，最后由办公厅负责审核把关。

三十、以署党组名义发的文电，由党组书记或其委托党组副书记签发。

三十一、以审计署名义发的文电，其签发权限一般分为：

（一）由审计长签发的文电：向党中央、国务院报送的报告、请示、意见、信息；向国务院报送的审计报告和审计调查报告；审计署令；审计结果公告；发往各地区、各部门的重要政策性文电；审计规章和涉及审计工作重大问题的处理；重要的涉外事项和重要的政策性宣传稿件；推广全国性典型经验和指名批评某一地区或某一部门违纪问题的通报；向审计系统或审计人员颁发各种荣誉证书或奖状；审计署司局级机构变动和司局级干部的任免、处分等。审计长外出时，由主持工作的署领导签发。

（二）由分管署领导签发的文电：回复国务院办公厅、有关部委及地方人民政府征求意见的文件；单项审计工作制度；有关审计规章的实施细则及解释；列入年度审计项目计划的审计业务文书；列入年度计划的各种专业会议文电；年度审计计划中的个别项目调整等。

三十二、以审计署办公厅名义发出的文电，由主办司局领导审核，报分管署领导或审计长签发；办公厅主办的事项，一般由办公厅主任签发，必要时报分管署领导或审计长签发。办公厅主任外出时，由主持工作的副主任签发。

三十三、审计署会同党中央和国务院有关部门的联合发文或会签发文，一般由审计长签发。党中央和国务院有关部门会同我署的联合发文或会签发文，一般应按照对等原则由分管署领导审签。

三十四、审计署署印由办公厅秘书处保管，经审计长、分管署领导、办公厅主任或其委托的人员签字后使用。

三十五、署机关各单位、各派出机构要指定专人，严格按照有关规定和要求，认真做好审计署公文的审核工作，提高公文质量。除重要工作事项和具有普遍指导作用的文件简报外，其他尽可能不发。加大审计管理系统和电子公文运用，提高公文处理效率。

第六章 公务活动及宣传报道制度

三十六、审计署领导到基层考察调研，要轻车简从，减少随行和地方陪同人员，简化接待礼仪。特派办和地方审计机关负责同志不到机场、车站、码头和辖区分界处迎送。

审计署机关各单位、各派出机构负责同志也要按此原则办理。

三十七、除党中央、国务院统一组织安排的活动以外，未经署党组批准，署领导及司局级领导不得出席各部门、各地方、各单位召开的会议或接见、照相、颁奖、剪彩、奠基、庆典、论坛、联欢及首发、首映式等事务性活动。署领导不为署机关各单位、各派出机构和地方审计机关签发贺信、贺电、题词、题名、作序。

三十八、审计署领导因公出访，严格执行党中央和国务院有关规定。出访安排列入审计署年度外事工作计划。出访前，按规定报国务院批准，抄送外交部。回国后，向署党组报送出访报告，重要事项和需要请示的内容，向国务院报告。副审计长、总审计师、中央经济责任审计工作联席会议办公室主任、中央纪委驻署纪检组长每年出国（境）一般不超过1次。

三十九、审计署邀请的外国重要官方人士拟请国家领导人会见的，由审计署向国务院提出请示，抄送外交部，呈有关领导同志批准。

与台湾的交流活动，由审计署向国务院台办报批。

会见港澳人员、华侨知名人士，由署港澳台办公室（国际合作司）报审计长或分管外事的署领导批准。

四十、审计署代表参加国际会议，如在会前有国际性审计组织提议拟在中国举办或由中国承办大型、多边国际会议等事宜，应多方了解情况，请示署领导，做好应对预案；如在会上临时受邀，应将相关信息带回国内，向分管外事的署领导汇报，经审计长同意并报请有关部门批准后，由国际合作司正式发函协商予以确认。

四十一、审计署领导活动的宣传报道要从严掌握。全国性的审计工作会议和其他有较大影响的会议、活动，要按经审计署领导审定的方案进行新闻报道。审计署领导接受新闻单位采访，应由办公厅统一安排。审计署领导到基层考察调研等活动，一般不作报道，重要活动必须报道的，要严格按程序报批，中国审计报不能以头版消息刊载。对审计署重要会议，署内媒体综合报道一般不超过1200字；审计署领导的讲话需要全文发表的，由办公厅指定署内一家媒体发表。

审计署领导参加外事活动，需要公开报道的，由国际合作司向办公厅提出方案，办公厅通知署管媒体进行报道。

第七章 外出请示报告制度

四十二、审计署领导及署机关各单位、各派出机构主要负责同志要严格执行请销假制度。

审计长离京出差、出访和休假，要确定一位署领导主持工作，审计署办公厅应按规定事前向国务院办公厅报告。副审计长、总审计师、中央经济责任审计工作联席会议办公室主任、中央纪委驻署纪检组长和其他党组成员离京出差的地点、事由、时间及出访和休假，原则上应提前5天向审计长报告，经批准后，由秘书把离京外出的有关事项通知办公厅。署领导出差、出访结束后，应及时向党组或审计长报告情况；专题调研、国际会议等重要事项，应及时向署党组或审计长写出书面报告。副审计长、总审计师、中央经济责任审计工作联席会议办公室主任和其他党组成员离京出差、出访和休假期间，应由审计长确定代理分管工作的署领导。遇有特殊紧急情况，由办公厅主任酌情商请在京署领导处理。

四十三、审计署机关各单位、各派出审计局

主要负责同志离京出差、出访和休假，应确定临时负责本单位工作的司局级领导同志，经分管署领导审定，审计长批准，并报办公厅。办公厅要随时掌握各单位主要负责同志离京外出的情况，及时向有关署领导报告。

四十四、审计署驻地方特派员办事处主要负责同志离开驻地，原则上应提前2天报经分管署领导批准，并报告办公厅。办公厅应及时向有关署领导报告。

四十五、署机关各单位、各派出机构外出组织集体活动，以及负责同志到署内外单位授课，应按规定事前报经署领导批准，并报告办公厅。办公厅应及时向有关署领导报告。

第八章　推进政务公开

四十六、要大力推进政务公开，健全审计信息发布制度、审计结果和审计发现问题整改情况的公开制度，定期向署特约审计员通报审计工作情况，完善各类公开办事制度，提高审计工作和内部管理各项工作的透明度。

四十七、审计长会议、审计业务会议决定的事项，审计署制定的规章和规范性文件，除需保密的外，应及时公布。

四十八、凡涉及群众切身利益、需要群众广泛知晓的事项以及其他依照法律、法规和国家有关规定应当主动公开的事项，均应通过审计署门户网站、审计结果公告、新闻发布会以及报刊、广播、电视等方式，依法、及时、准确地向社会公开，主动回应相关方面的关切。

第九章　作风建设

四十九、审计署要坚决贯彻执行党和国家的路线方针政策及工作部署。审计署及署机关各单位、各派出机构领导必须坚决执行审计署的决定，如有不同意见，可在审计署内部提出，在没有重新做出决定之前，不得有任何与审计署决定相违背的言论和行为。署领导发表涉及国家重要政策的讲话和文章，若无统一口径，事先要报国务院同意。署机关各单位、各派出机构领导发表涉及重要政策的讲话和文章，须报分管署领导批准。

五十、审计署要建设学习型机关。署领导要做学习的表率，密切关注国际国内经济、社会、科技等方面发展变化的新趋势，不断充实新知识，丰富新经验，大力推进审计信息化建设。

五十一、审计署领导要深入基层调研，明确调研主题，掌握真实情况，解决实际问题。坚持署领导对地方审计工作调研重点联系地区制度。

五十二、要从严治政，对职权范围内的事项要规范工作程序，按程序和时限认真负责办理。

五十三、审计署全体人员要严格遵守保密纪律和外事纪律，严禁泄露国家秘密、工作秘密或因履行职责掌握的商业秘密等，坚决维护国家的安全、荣誉和利益。

第十章　廉政建设

五十四、结合审计署实际，认真贯彻落实国务院廉政工作的部署和要求。

认真落实党风廉政建设责任制，坚持集体领导与个人分工负责相结合，抓好职责范围内的反腐倡廉各项工作。

五十五、要严格执行财经纪律，艰苦奋斗、勤俭节约，严格执行住房、办公用房、车辆配备等方面的规定，坚决制止奢侈浪费，严格控制差旅、会议等一般性经费支出，严禁公车私用，切实降低行政成本，建设节约型机关。

严格控制因公出国（境）团组数量和规模。改革和规范公务接待，不得违反规定用公款送礼和宴请，不得违反规定接受送礼和宴请。未经署党组同意，署各单位不得举办各类纪念会、庆典、研讨会、表彰会、剪彩、奠基和论坛等活动，不得自行印制、分发纪念品和宣传品。各类会议活动经费要全部纳入预算管理。

五十六、审计署各级领导干部要廉洁从政，严格执行领导干部重大事项报告制度和审计纪律，不得利用职权和职务的影响为本人或关系人谋取不正当利益；不得违反规定干预或插手市场经济活动；加强对亲属和身边工作人员的教育和约束，决不允许搞特权。

第十一章　健全监督制度

五十七、要认真对待全国人大代表议案、建

议和全国政协委员提案，及时反馈办理结果。要认真听取署特约审计员的工作建议，及时反馈意见。要按照有关法律的规定接受司法监督，自觉接受纪检、监察和相关部门的监督，对发现的问题要认真查处和整改，重大问题应向国务院报告。

五十八、加强审计系统内部监督，严格执行审计法和行政复议法律法规，实行规章备案制度，及时撤销或修改违反法律、行政法规的审计规章和其他规范性文件，纠正违法或不当的行政行为。

五十九、审计署及机关各单位、各派出机构要自觉接受新闻舆论和群众的监督。对新闻媒体报道和各方面反映的涉及审计机关的重大问题，署机关各单位、各派出机构要在第一时间向审计署报告，并按审计署要求积极主动地查处和整改。

六十、要重视人民群众来信来访工作，进一步完善信访制度，确保信访渠道的畅通。

六十一、要进一步完善署党组派驻纪检组长制度、审计现场管理制度和审计项目质量责任追究制度，建立健全巡视工作制度。明确问责范围，规范问责程序，严格责任追究。

六十二、审计署办公厅要认真履行署内督办职责，对党中央和国务院领导同志的批办件，国务院交办件，人大代表议案、建议和政协委员提案，有关部委的办理件，署党组会议、审计长会议、审计业务会议议定事项，署领导批示和交办重要事项等要及时督办，并适时通报各单位办理情况。

第十二章 附 则

六十三、本规则自署党组通过之日起执行。2009年7月15日印发的《审计署工作规则》（审办发〔2009〕131号）同时废止。

六十四、本规则适用于署机关各单位、各直属单位和各派出机构，由办公厅负责解释。

审计署办公厅关于印发《审计署审计现场管理办法（试行）》的通知

审办法发〔2013〕64号

署机关各单位、各特派员办事处、各派出审计局：

《审计署审计现场管理办法（试行）》已经审计署审计长会议审议通过，现印发给你们，请认真贯彻执行。

审计署办公厅

2013年4月17日

审计署审计现场管理办法（试行）

第一条 为了规范审计组和审计人员的审计现场行为，进一步提高效率，保证质量，防范风险，落实责任，根据《中华人民共和国审计法》《中华人民共和国审计法实施条例》《中华人民共和国国家审计准则》和其他有关法律法规，制定本办法。

第二条 本办法适用于审计署及其派出机构组织实施的审计和专项审计调查项目（以下统称审计项目）。

第三条 本办法所称的审计现场管理，是指自审计组进入被审计单位开始工作至向派出审计组的审计机关提交审计结果文书期间，对执行审计业务及相关事项进行计划、组织、协调和控制等一系列活动。

第四条 审计组实行审计组组长负责制。审计组组长是审计现场业务、廉政、保密、安全等工作的第一责任人。

审计署领导或者司（局、特派办）领导担任

审计组组长的，根据工作需要，可以指定审计现场负责人。审计现场负责人根据审计组组长的委托，履行审计现场管理职责，对审计组组长负责，并承担相应责任。

审计组设审计小组的，审计小组的审计现场管理应当遵守本办法的相关规定，具体要求由审计组组长视实际情况确定。

审计组成员应当根据审计分工，认真履行职责并承担相应责任。

第五条 审计组组成后，应当围绕审计工作任务，组织必要的审计业务学习和培训，同时开展有针对性的廉政、保密、安全等教育。

第六条 审计组进驻被审计单位时，一般应组织被审计单位相关人员召开审计进点会议，宣读审计通知书，告知审计工作纪律相关规定，提出配合审计工作的要求等。

审计期间，应当在被审计单位公示审计项目名称、审计纪律八项规定及举报电话、审计组联系人及联系方式等内容。

第七条 审计组组长对审计实施方案的质量负责。审计组组长应当及时组织编制审计实施方案，并采取以下措施提高方案的科学性和可操作性：

（一）充分调查了解被审计单位及其相关情况，确保调查了解的深度和效果；

（二）根据审计项目总体目标、被审计对象实际情况和审计人力及时间资源等，合理确定审计内容和重点；

（三）将审计内容和重点细化到具体审计事项，提出审计步骤方法和时限要求，必要时可确定审计信息要点并作出相应安排；

（四）合理配置审计资源，将审计事项分解落实到人，明确审计组成员各自承担的工作任务和相关要求。

审计组应当根据审计进展及相关情况变化，按规定权限和程序及时调整审计实施方案。

第八条 审计人员应当认真执行审计实施方案，按照方案确定的审计事项、分工和进度要求，依照法定职责、权限和程序实施审计，不得擅自减少审计事项和扩大审计范围。

审计组组长可以根据审计实施方案确定的审计事项，组织编制审计任务清单，对审计事项的执行、调整和完成情况进行管理，确保审计实施方案落实。审计人员应当对相关审计事项的完成情况进行确认，对未按要求完成的审计事项做出书面说明。

第九条 审计人员应当按照审计实施方案确定的单位或者事项开展外部调查。对审计实施方案中没有明确但属于审计项目范围的单位或者事项开展外部调查，应当经审计组组长同意，必要时，应当调整审计实施方案。

外部调查不得偏离审计目标；不得借外部调查的名义，调查了解与审计项目无关的事项。特殊情况下，遇有超出审计项目范围的问题需调查的，应当报经审计机关负责人依照有关规定审批。

第十条 审计人员应当依照法定权限和程序获取审计证据，不得片面收集证据，不得涂改、伪造、隐匿和销毁审计证据。

审计人员获取的审计证据，应当符合适当性和充分性的要求。审计组可以通过以下方式，提高审计取证的质量：

（一）参与具体审计事项取证的人员共同研究；

（二）由经验丰富的审计人员对经验较少的审计人员进行指导；

（三）审计组会议集体讨论；

（四）与被审计单位及相关人员充分沟通；

（五）向有关部门、专业机构或者专家咨询；

（六）提请审计机关审理机构开展现场审理。

第十一条 遇有被审计单位违反法律规定，拒绝、拖延提供与审计事项有关的资料，或者提供的资料不真实、不完整，或者拒绝、阻碍检查等不配合审计工作的情形，审计组应当积极协调沟通，要求被审计单位相关人员改正，并注意收集其不配合审计工作的相关证据。经协调沟通仍无法解决的，审计组应当及时将有关情况上报审计机关。

第十二条 审计人员执行审计业务，遇有以下情形，应当至少有两名审计人员参加或者在场：

（一）向被审计单位及有关人员了解重要审计事项或者交接重要资料；

（二）外部调查取证；

（三）查勘现场；

（四）监督盘点资产；

（五）采取审计证据保全措施；

（六）审计组组长认为需要两人参加的其他情形。

第十三条 审计人员对审计工作底稿的质量负责。对审计实施方案确定的每一审计事项，审计人员均应当及时编制审计工作底稿，真实、完整记录实施审计的主要步骤和方法、获取的相关证据，以及得出的审计结论等。

审计组组长、主审应当及时审核审计工作底稿，确认具体审计目标的完成情况和审计措施的有效执行情况。对经审核需补充审计证据或者修改审计结论的底稿，审计人员应当及时补充修改。经审核后修改审计结论的，原工作底稿应当附于审定的底稿之后一并留存归档。

第十四条 审计组上报专题报告和审计信息，审计组组长、主审应当严格审核相关证据材料。反映的事实和结论，原则上应当征求被审计单位及相关单位的意见。已有整改、处理情况的，应当一并反映。

涉及重大经济案件调查等特殊事项的专题报告、审计信息，原则上应当经审计机关审理机构审核，并严格限制知晓范围，经办人员应当妥善保管相关资料，不得泄露办理过程与结果信息。

第十五条 审计组组长对审计报告的质量负责。审计组起草和提交审计报告前，应当确认审计实施方案中的审计事项是否完成，审计工作底稿是否经过审核，审计发现的重要问题是否如实反映，问题定性、处理处罚意见和审计评价是否恰当等。

审计发现但未在审计报告中反映的问题，审计组应当编制清单并做出说明，与相关的审计工作底稿和证据一并提交审计机关审理部门。

第十六条 审计组组长应当加强审计现场管理督导，跟踪检查审计实施方案的执行情况，督促落实审计事项，了解掌握审计人员的工作内容和查证过程，提出工作要求并给予必要的指导，解决审计现场出现的问题。对不能胜任的审计人员，应当及时调整分工。

审计组组长应当按照审计机关的有关规定严格控制审计现场时间，把握工作进度，提高工作效率。如需延期，应当按照有关规定报批。

第十七条 审计组应当适时召开会议，研究审计实施过程中的情况和问题，以及廉政、保密等事项。会议召开形式和参加人员由审计组组长视具体情况确定。

审计组召开会议应当安排人员做好记录，经记录人和审计组组长签字确认后，归入审计档案。重大事项及存在分歧审计事项的讨论过程和结果必须如实记录，并由参会人员签字确认。

第十八条 以下事项，审计组应当及时召开会议集体研究：

（一）编制和调整审计实施方案；

（二）研究重大审计事项；

（三）讨论审计工作底稿及证据材料，研究起草审计报告；

（四）研究被审计单位或者被审计人员的反馈意见；

（五）审计组组长认为需要集体研究的其他事项。

第十九条 审计组内的请示汇报事项，应当遵循逐级请示汇报原则。对请示事项，被请示人应当明确答复。审计人员应当主动、如实汇报审计工作进展情况、发现的问题和被审计单位意见，不得拖延、瞒报。遇有重大事项或不同意见，审计人员可直接向审计组组长汇报，也可直接向审计机关负责人直至审计长报告。

审计组必须依法、如实、客观地向派出审计组的审计机关报告审计工作情况和结果。如隐瞒不报，一经发现，将依法追究责任。

审计期间，审计人员遇有可能损害审计独立性的情形，应当主动提出回避。

第二十条 以下情形，审计组组长应当及时向派出审计组的审计机关请示汇报：

（一）发现重大违法违规问题线索；

（二）收到重要信访举报材料；

（三）出现重大廉政、保密、安全等问题；

（四）出现可能损害审计独立性的重要情形；

（五）需提请有关机关协助或者配合审计工作；

（六）出现严重影响审计工作开展的情形；

（七）其他需要请示汇报的情形。

第二十一条 审计期间，除涉及重大经济案件调查等特殊事项外，审计组对每个审计事项、发现的每个问题，必须就事实、性质等，与被审计单位不同层级充分沟通，尽可能达成一致意见。如有不同意见，应如实向审计机关报告。

审计现场工作结束前，审计组一般应当召开会议与被审计单位交换意见。审计组可商被审计单位确定其参加人员，必要时可提请审计机关审理机构等派人参加。对存在分歧的事项，审计组应当进一步研究核实有关情况。

第二十二条 撤离现场工作地点前，审计组应当对以下事项进行检查和确认：

（一）需补充证据的审计事项，是否进行了补充完善；

（二）审计现场形成的重要管理事项记录是否完善；

（三）是否与被审计单位结清了相关费用；

（四）调阅的资料和借用的设备是否如数归还，涉密资料和数据的处理是否符合规定；

（五）是否按规定完成审计数据的归集、积累工作；

（六）外聘人员使用的审计资料是否收回，电子数据是否按规定处理。

第二十三条 审计组应当认真落实廉政责任制，完善廉政风险防控措施。审计组组长应当认真履行廉政工作职责，带头执行各项廉政纪律，自觉接受监督。

兼职廉政监督员应当充分履行廉政监督职责，对审计组发生的违反审计纪律和廉政规定问题，应当及时向审计组组长报告，必要时可向派出审计组的审计机关报告。

第二十四条 审计期间，审计人员应当严格遵守审计纪律八项规定和其他各项廉政规定，同时不得有下列行为：

（一）工作日中午饮酒；

（二）工作时间炒股、玩游戏等；

（三）自驾被审计单位交通工具；

（四）私自会见被审计单位相关人员；

（五）参与带有赌博性质的娱乐活动。

第二十五条 审计组组长应当持续关注廉政风险，出现以下情形，应当予以重视，必要时采取提醒、报告、调整分工、增加复核程序、重新查证等措施：

（一）审计人员存在可能损害审计独立性的情形而未主动提出回避；

（二）审计人员私自与被审计单位相关人员接触；

（三）正在查证的重要事项被无故拖延或者隐瞒不报；

（四）审计组的工作秘密被被审计单位人员知悉；

（五）被审计单位通过各种渠道说情公关；

（六）审计现场其他重大反常情形。

审计发现重大违法违规问题线索时，审计组组长应当在审计组内及时提示廉政风险，消除廉政隐患。

第二十六条 审计组应当严格遵守国家保密法律法规和审计署保密规定，严格保守国家秘密、工作秘密和商业秘密。

审计组应当加强对涉密信息资料和涉密电子设备的安全保密管理，严格按规定控制知晓和使用范围。在审计现场应当采取有效措施，防止被审计单位有关人员未经允许接触审计工作资料。

审计人员不得打听不宜知悉的审计工作秘密，不得向被审计单位人员泄露审计工作秘密，不得在网络、报刊等公共媒体上泄露审计工作秘密，不得擅自向新闻媒体披露审计情况，不得违反审计组提出的其他保密工作要求。

第二十七条 审计组应当加强对审计现场资料（含电子数据存储介质）的管理，严格履行资料交接手续，妥善保管和使用，防止资料的丢失和损毁。

审计组应当严格按照有关规定使用介绍信、协助查询单位账户通知书、协助查询个人存款通知书等文书，并做好领用和缴销记录。

第二十八条 审计组应当加强审计现场人员管理，严格执行考勤制度和请销假制度。需要住宿的，应当统一集中安排。

对无正当理由，拒不服从工作安排，严重影响审计工作的审计人员，审计组组长报经审计机关批准，可以停止其现场审计工作。

第二十九条 审计人员应当坚持文明审计。与被审计单位及相关人员沟通时，应当平等待人，以理服人。审计期间应当注重文明礼仪，着装得体，保持审计现场整洁有序，遵守被审计单位工作秩序，自觉遵守社会公德。

第三十条 审计组应当加强审计外勤经费管

理，及时报账。与被审计单位、宾馆结算就餐、住宿等费用，应当由两人共同办理。审计组外勤经费支出明细、考勤记录和经费报销情况应当在本司局或本特派办范围内公布。

第三十一条 审计组应当加强审计现场安全管理，有效预防和妥善处理突发事件。发生审计人员遭到恐吓、威胁，与被审计单位人员冲突以及群体性上访等可能严重影响审计工作开展和审计人员人身财产安全的突发事件时，审计组应当根据现场情况，采取必要的应急处理措施，保护人员财产安全，并及时向审计机关报告。

第三十二条 审计组应当充分运用审计管理系统（OA）、现场审计实施系统（AO）和项目执行管理软件等信息化手段，对审计现场的信息进行收集、分析、处理和共享，与审计机关实现信息的实时传递，加强对审计现场的动态管理，提高审计现场信息化管理水平。

第三十三条 审计组应当加强人文关怀，尽可能帮助审计人员排忧解难，并适时组织开展健康有益的文体活动，保障审计人员的身心健康。异地审计的，应当按照规定安排休整。

第三十四条 审计现场结束后，审计组组长应当及时组织对审计现场工作情况进行总结，对审计人员审计任务完成情况、廉政保密纪律执行情况等进行评价，总结评价结果应当在审计机关公示并纳入审计档案。

第三十五条 违反本办法，有下列行为之一，情节轻微的，由审计组对相关责任人员批评教育并责令改正。情节较重的，由审计机关采取批评教育、通报批评、责令书面检查等形式追究责任，必要时，可以调整撤换相关人员：

（一）不严格执行审计实施方案，擅自减少审计内容或者超出项目审计范围进行外部调查及取证；

（二）须提交审计组会议讨论事项没有提交，或者擅自改变集体决定；

（三）须请示汇报事项隐瞒不报或者擅自处置；

（四）须两人以上共同参与的事项擅自单独实施；

（五）违反现场纪律，不服从管理；

（六）重要资料或者设备管理不善，造成损毁或者丢失；

（七）经费开支、考勤记录、报销情况不公布，或者经费管理混乱；

（八）与被审计单位沟通协调时言谈举止失当，影响审计形象；

（九）向被审计单位通风报信、出谋划策，帮助其阻挠、拖延审计工作；

（十）违反本办法的其他行为。

上述行为，情节严重或者造成严重后果的，按照《中华人民共和国公务员法》《行政机关公务员处分条例》等法律法规追究责任；涉嫌犯罪的，依法移送司法机关追究其刑事责任。

第三十六条 违反本办法规定的处理处罚结果应当作为对相关人员、单位年度考核的依据。

第三十七条 审计组的外聘人员应当遵守本办法，同时遵守审计署对外聘人员管理的相关规定。

第三十八条 本办法由审计署负责解释。

第三十九条 本办法自 2013 年 5 月 1 日起施行。

审计署关于废止部分规范性文件的通知

审办发〔2013〕81 号

各省、自治区、直辖市审计厅（局），解放军审计署，各计划单列市、新疆生产建设兵团审计局，署机关各单位、各特派员办事处、各派出审计局：

为进一步加强审计机关管理，审计署对近年来规范性文件进行了集中清理，决定废止其中 40 件规范性文件（目录见附件），请遵照执行。

附件：废止的规范性文件目录

审计署

2013 年 7 月 5 日

附件：

废止的规范性文件目录

序号	发文字号	标题	发文日期
1	〔87〕审办字第148号	（审计署　国家档案局）关于印发《全国审计机关档案工作座谈会纪要》等文件的通知（其中：审计档案保管期限表）	1987-7-2
2	审老干字〔1992〕1号	关于印发《审计署老干部服务和管理工作暂行办法》的通知	1992-4-13
3	审办办发〔1994〕91号	（审计署办公厅）关于印发《审计署接待地方和部门领导以及署领导参加各类活动的若干规定》的通知	1994-7-28
4	审办老干发〔1997〕112号	审计署办公厅关于印发《审计署离退休干部管理与服务工作细则（试行）》的通知	1997-7-24
5	审办办发〔1999〕11号	审计署办公厅关于印发《审计署对所属事业单位收取国有资产占用费的规定》的通知	1999-1-13
6	审办办发〔1999〕59号	审计署办公厅关于印发《审计署机关经费开支管理暂行办法》的通知	1999-4-5
7	审办办发〔1999〕60号	审计署办公厅关于印发《审计署机关采购管理暂行办法》的通知	1999-4-6
8	审直党发〔1999〕27号	关于印发《评选优秀共产党员办法》的通知	1999-12-15
9	审直党发〔2000〕6号	关于印发《审计署机关、派出审计局及在京直属事业单位党费收缴、管理和使用的规定》的通知	2000-2-14
10	审办办发〔2000〕75号	审计署办公厅关于转发《中央行政事业单位固定资产管理办法》的通知	2000-4-21
11	审办办发〔2000〕173号	审计署办公厅关于做好公文用纸改型工作的通知	2000-11-27
12	审办办发〔2000〕179号	审计署办公厅关于印发《审计机关公文种类》和《审计业务文书文头格式》的通知	2000-12-7
13	审办办发〔2000〕189号	审计署办公厅关于审计业务文书文号编制问题的通知	2000-12-22
14	审办办发〔2001〕13号	审计署办公厅转发《国务院办公厅关于实施〈国家行政机关公文处理办法〉涉及的几个具体问题的处理意见》的通知	2001-1-19
15	审办金发〔2001〕15号	审计署办公厅关于做好金融电子数据保密工作的通知	2001-1-19
16	审办党发〔2001〕65号	审计署办公厅关于印发《审计署机关图书馆因特网阅览室管理暂行规定》的通知	2001-4-9
17	审办办发〔2001〕184号	审计署办公厅关于印发驻地方特派员办事处党组公文头纸格式的通知	2001-11-14
18	审办办发〔2001〕195号	审计署办公厅关于印发《审计署公文主题词表》的通知	2001-12-18
19	审老发〔2002〕7号	审计署关于离退休干部服务管理的补充办法	2002-1-14

续表

序号	发文字号	标题	发文日期
20	审办行发〔2004〕2号	审计署办公厅关于印发《审计署境外审计实施办法》的通知	2004-1-5
21	审办办发〔2004〕44号	审计署办公厅关于印发《审计报告》文书格式标准的通知	2004-3-22
22	审办办发〔2004〕136号	审计署办公厅关于印发驻地方特派员办事处党组纪检组公文头纸格式的通知	2004-9-29
23	审便函〔2004〕17号	审计署办公厅关于派出审计局工作情况报送方式的通知	2004-10-15
24	审便函〔2005〕2号	审计署办公厅关于变更公文报送份数的通知	2005-1-17
25	审便函〔2005〕8号	审计署办公厅关于使用新发文审批单的通知	2005-4-19
26	信笺	审计署办公厅关于送达回证操作程序的通知	2005-4-25
27	审办服发〔2005〕110号	审计署办公厅转发《关于办公家具定点采购有关事宜的通知》的通知	2005-8-18
28	审直党发〔2005〕11号	关于印发《中共审计署直属机关委员会工作规则》的通知	2005-9-28
29	审办办发〔2005〕140号	审计署办公厅关于进一步严格审计宣传工作纪律的通知	2005-10-24
30	审直工字〔2005〕11号	关于印发《审计署直属机关工会财务管理（暂行）办法》的通知	2005-11-1
31	2007审计署信笺011	审计署办公厅关于印发《协助查询单位账户通知书》和《协助查询个人存款通知书》文书格式标准的通知	2006-12-7
32	审办办发〔2006〕198号	审计署办公厅关于拟报送国务院的审计报告实行分类办理的通知	2006-12-12
33	审直党发〔2007〕1号	关于印发署机关各单位及各派出审计局党支部工作考核办法的通知	2007-1-10
34	审直党发〔2007〕2号	关于印发审计署机关先进党支部评选办法和审计署机关优秀兼职党务干部评选办法的通知（其中：审计署机关优秀兼职党务干部评选办法）	2007-1-10
35	2007审计署信笺012	审计署办公厅关于《协助查询单位账户通知书》和《协助查询个人存款通知书》制发与送达有关问题的通知	2007-1-18
36	审直工字〔2007〕6号	审计署直属机关工会转发中央国家机关工会联合会关于开展职工医疗帮扶工作通知的通知	2007-9-13
37	审办办发〔2007〕202号	审计署办公厅关于反映审计结果的行政公文审核问题的通知	2007-10-31
38	2008审计署用笺028	审计署办公厅关于转发国家行政机关公文格式及处理办法的通知	2008-3-13
39	审办服发〔2009〕15号	审计署办公厅关于印发审计署驻地方特派员办事处国有资产管理暂行实施办法的通知	2009-1-9
40	审办培发〔2010〕222号	审计署办公厅印发关于进一步理顺和加强怀柔干部培训基地管理若干规定（试行）的通知	2010-10-15

审计署办公厅关于进一步规范审计署工作人员因公临时出国的意见

审办国际发〔2013〕138号

署机关各单位、各特派员办事处、各派出审计局：

为深入贯彻落实《十八届中央政治局关于改进工作作风密切联系群众的八项规定》精神，严格执行中共中央办公厅、国务院办公厅转发的《外交部、中央外办、中央组织部、财政部关于进一步规范省部级以下国家工作人员因公临时出国的意见》有关要求，现就规范审计署工作人员因公临时出国提出如下意见。

一、严格根据工作需要安排因公临时出国

（一）科学制订年度外事计划。国际合作司根据审计署中心任务和审计领域对外交往需要，按照中央有关控制并降低总量的要求，科学制订年度因公临时出国计划。坚持因事定人，统筹确定审计署对外交流与合作任务事项，根据工作需要和部门分工提出因公临时出国计划与人选建议。

执行境外审计和联合国等国际机构审计任务的年度项目计划由境外审计司会同办公厅、人教司、国际合作司共同确定，并报署领导审批。

（二）严格执行限量管理规定。我署部级人员因公临时出国的限量管理按照中央文件有关规定执行。各单位司（局）级以下人员因公临时出国根据工作需要安排。

（三）原则上不安排考察性出访。没有特别需要，原则上不组织司（局）长审计考察团，不再按照业务类别安排一般性年度审计考察团。出国参加国际会议、执行审计援外培训任务、开展多双边协议框架下的业务研讨活动，要根据实际需要，从严掌握。

（四）从严控制境外培训。合理压缩出国培训规模，不安排无实际需要的国外培训，不安排内容重复或类似的国外培训，避免在同一国别安排多次出国培训。署审计干部培训中心实施的培训团组要压缩规模，人员安排向审计一线倾斜。中国审计学会、中国内部审计协会不再组织出国（境）培训团组。

（五）履行报批、审核与执行职责。年度因公临时出国计划须经署党组审定后予以安排执行，人选建议须商相关业务司、人教司、国际合作司后报分管外事工作的署领导审核并报审计长批准。国际合作司要严格执行中央对外工作方针政策和外事管理规定，严格审核因公临时出国团组任务的必要性、人员构成与行程安排的合理性，对不符合外事管理规定的团组要明确提出否定或调整意见，计划报送单位须遵照执行。署机关各司局、各派出机构、各直属单位全体工作人员未经分管外事工作的署领导和审计长批准，不得接受外单位邀请出国（境）。

二、规范安排因公临时出国团组

（一）严格执行应邀出访规定。出访须有国外最高审计机关相应级别人员邀请，邀请单位和邀请人员应与出访人员职级身份相称，不得降格以求。根据外事工作重点，审计署每年对某一个国家的最高审计机关只能安排一次访问，如有特殊情况必须报审计长审批。审计署是唯一与国外最高审计机关联系接待访问的单位，未经审计署国际司核准，并报分管外事工作署领导和审计长审批，地方审计机关均不得自行或委托中介公司与国外最高审计机关联系并要求接待，不得以业务交流、侨务工作、对台工作等名义应邀出访港澳台地区。

（二）严格量化出访团组管理。出访团组人员总数不得超过6人。严禁通过组织“团外团”或拆分团组、分别报批等方式扩大团组规模。每次出访不得超过3个国家和地区（含经停国家和地区，不出机场除外，下同），在外停留时间不超过10天（含离、抵我国国境当日，下同）。出访2国不超过8天，出访1国不超过5天，赴拉美、非洲航班衔接不便国家的团组，出访2国不超过9天，出访1国不超过6天。上述出访团组人数、国家数、在外停留天数均为最高限量，不表示必须用满。各出访团组应尽量压缩在外停留时间，首选直达航班，不得以任何理由绕道旅行，或以过境名义变相增加出访国家和时间。

（三）严格控制双跨团组。审计署原则上不组织双跨团组，确因工作需要邀请地方人员参团的，仅限省级审计机关人员，并需事前征得省级外办书面同意，不得指定具体人选。严格审核审计署工作人员参加双跨团组，不得受理无出访、来访外事审批权单位出具的征求意见函和组团通知，不得受理指定具体人选的征求意见函。

执行境外审计和联合国等国际机构审计任务的人员，如涉及跨地区跨部门，由境外审计司商国际合作司，并需事前征得省级外办或参团人员所在的具有出访来访外事审批权单位的书面意见，确定出国人员计划后报署领导审批。

三、务实节俭安排因公临时出国活动

（一）讲求实效。因公临时出国团组应有明确的公务目的和实质内容。出国前要认真准备，利用以往有关出访成果，通过网站、出版物等渠道获取最新信息，供团组成员学习了解，以增强出访的即时性和有效性。出访任务须严格限定在审计业务范围之内，实质性公务活动时间应占在外日程的三分之二以上，严禁变相公款旅游，严禁安排与公务活动无关的娱乐活动。对商定的公务活动要精心准备、周密安排，不得应付敷衍甚至随意取消，对达成的协议和做出的承诺要言而有信、抓好落实。

（二）厉行节约。出访团组要严格按照规定安排交通和食宿，不得铺张浪费。省部级人员住宿可安排普通套房或标准间，司局级及以下人员安排标准间。与外宾互换或赠送礼品，必须按国家规定标准办理。出访团组与我国驻外使领馆等外交机构和其他中资机构、企业之间一律不得以任何名义、任何方式互赠礼品或纪念品，不得用公款相互宴请。代表团应在费用开支标准范围内安排用餐。

（三）严守纪律。出访团组实行团长负责制，出访期间须主动接受我国驻外使领馆的领导和监督，遇到问题及时请示报告。要严格执行中央对外工作方针政策和国别政策，严守外事纪律，遵守当地法律法规，尊重当地风俗习惯，杜绝不文明行为，严禁出入赌博、色情场所。未经署党组批准，各出访团组不得擅自对外做出承诺或签署双边协议，不得应允在华举办、承办国际会议或培训项目。

四、实行因公临时出国信息公开与成果共享

（一）建立完善因公临时出国信息公开与成果共享机制。除依照法律法规和有关规定需要保密的内容和事项外，各出国团组要事前通过审计署专网等方式如实公示有关团组和人员信息，公示期限原则上不少于5个工作日，内容包括团组全体人员的姓名、单位和职务，出访国家、任务、日程安排、往返航线，邀请函、邀请单位情况介绍，经费来源和预算等。出访团组回国后，应在1个月内在审计署专网公布上述公示内容的实际执行情况和出访报告等，自觉接受监督，实现资源共享。对群众反映有问题的出访团组或人员，要认真核实；对确有问题的，要采取切实措施，严肃查处，追究责任。

（二）严格执行出访报告制度。省部级出访团组回国后应在两周内将出访报告交由团长签报署党组，在1个月内报送国务院或中央外办。司局级及以下出访团组回国后应在两周内将出访报告交由团长签报分管署领导，同时抄送国际合作司。

五、严格审核与检查

（一）要把好组团关和派出关。要坚持谁派出、谁负责和谁审批、谁负责，自觉执行外事管理规定和年度外事计划，根据出访任务的要求进行组团派团，严禁弄虚作假。国际合作司和相关外事执行单位要严格履行逐团逐项报批手续，要采取集中形式对团组全体人员进行行前教育。

（二）财务部门要加强经费预算管理。财务部门要遵守因公临时出国经费先行审核制度，对无出国经费预算安排的团组，一律不得出具经费审核意见。加强对因公临时出国团组的经费核销管理，严格按照批准的出国团组人员、天数、路线、经费预算及有关开支标准核销，不得核销与出访任务无关的开支。

（三）完善联合检查机制。要建立相应工作机制，由国际合作司牵头，会同办公厅、人教司对审计署因公临时出国情况进行检查，每半年将检查情况报告署党组，并按程序报外交部和中央外办。对检查中发现的重大违法违纪案件进行严肃查处，并依法依纪追究有关人员的责任。

审计署办公厅

2013年8月29日

中华人民共和国监察部 中华人民共和国人力资源和社会保障部 中华人民共和国财政部 中华人民共和国审计署令

第 31 号

《违规发放津贴补贴行为处分规定》已经2013年5月3日监察部第2次部长办公会议审议通过，人力资源社会保障部、财政部、审计署审议通过。现予公布，自2013年8月1日起施行。

监察部部长 **黄树贤**

人力资源社会保障部部长 **尹蔚民**

财政部部长 **楼继伟**

审计署审计长 **刘家义**

2013年6月13日

违规发放津贴补贴行为处分规定

第一条 为维护收入分配秩序，严肃财经纪律，规范津贴补贴政策执行，根据《中华人民共和国行政监察法》《中华人民共和国公务员法》《行政机关公务员处分条例》及其他有关法律、行政法规，制定本规定。

第二条 本规定所称津贴补贴包括国家统一规定的津贴补贴和工作性津贴、生活性补贴、离退休人员补贴、改革性补贴以及奖金、实物、有价证券等。

第三条 有违规发放津贴补贴行为的单位，其负有责任的领导人员和直接责任人员，以及有违规发放津贴补贴行为的个人，应当承担纪律责任。属于下列人员的，由任免机关或者监察机关按照管理权限依法给予处分：

（一）行政机关公务员；

（二）法律、法规授权的具有公共事务管理职能的事业单位中经批准参照《中华人民共和国公务员法》管理的工作人员。

法律、行政法规对违规发放津贴补贴行为的处分另有规定的，从其规定。

第四条 有下列行为之一的，给予警告处分；情节较重的，给予记过或者记大过处分；情节严重的，给予降级或者撤职处分：

（一）违反规定自行新设项目或者继续发放已经明令取消的津贴补贴的；

（二）超过规定标准、范围发放津贴补贴的；

（三）违反中共中央组织部、人力资源社会保障部有关公务员奖励的规定，以各种名义向职工普遍发放各类奖金的；

（四）在实施职务消费和福利待遇货币化改革并发放补贴后，继续开支相关职务消费和福利费用的；

（五）违反规定发放加班费、值班费和未休年休假补贴的；

（六）违反《中共中央纪委、中共中央组织部、监察部、财政部、人事部、审计署关于规范公务员津贴补贴问题的通知》（中纪发〔2006〕17号）等规定，擅自提高标准发放改革性补贴的；

（七）超标准缴存住房公积金的；

（八）以有价证券、支付凭证、商业预付卡、实物等形式发放津贴补贴的；

（九）违反规定使用工会会费、福利费及其他专项经费发放津贴补贴的；

（十）借重大活动筹备或者节日庆祝之机，变相向职工普遍发放现金、有价证券或者与活动无关的实物的；

（十一）违反规定向关联单位（企业）转移好处，再由关联单位（企业）以各种名目给机关职工发放津贴补贴的；

（十二）其他违反规定发放津贴补贴的。

第五条 将执收执罚工作与津贴补贴挂钩，使用行政事业性收费、罚没收入发放津贴补贴的，给予记大过处分；情节严重的，给予降级或者撤职处分。

第六条 以发放津贴补贴的形式，变相将国有资产集体私分给个人的，给予记大过处分；情节较重的，给予降级或者撤职处分；情节严重的，给予开除处分。

第七条 违反财政部关于行政事业单位工资津贴补贴有关会计核算的规定核算津贴补贴的，给予警告处分；情节较重的，给予记过或者记大过处分；情节严重的，给予降级或者撤职处分。

第八条 使用"小金库"款项发放津贴补贴的，给予警告处分；情节较重的，给予记过或者记大过处分；情节严重的，给予降级或者撤职处分。

第九条 利用职务上的便利或者职务影响，违反规定在其他单位领取津贴补贴的，给予记过或者记大过处分；情节较重的，给予降级或者撤职处分；情节严重的，给予开除处分。

第十条 以虚报、冒领等手段骗取财政资金发放津贴补贴的，给予记大过处分；情节较重的，给予降级或者撤职处分；情节严重的，给予开除处分。

以虚报、冒领等手段骗取财政资金，并以发放津贴补贴的形式合伙私分的，依照前款规定从重处分。

第十一条 在执行津贴补贴政策中不负责任，导致本地区、本部门、本系统和本单位发生严重违规发放津贴补贴行为的，给予记过或者记大过处分；情节较重的，给予降级或者撤职处分；情节严重的，给予开除处分。

第十二条 不制止、不查处本地区、本部门、本系统和本单位发生的严重违规发放津贴补贴行为的，给予记过或者记大过处分；情节较重的，给予降级或者撤职处分；情节严重的，给予开除处分。

第十三条 对违规发放的津贴补贴，应当按有关规定责令整改，并清退收回。

第十四条 经费来源由财政补助的事业单位工作人员有本规定所列行为的，参照本规定第四条至第十二条规定的违纪情节，依照《事业单位工作人员处分暂行规定》处理。

第十五条 处分的程序和不服处分的申诉，依照《中华人民共和国行政监察法》《中华人民共和国公务员法》《行政机关公务员处分条例》等有关法律法规的规定办理。

第十六条 有违规发放津贴补贴行为，应当给予党纪处分的，移送党的纪律检察机关处理；涉嫌犯罪的，移送司法机关处理。

第十七条 本规定由监察部、人力资源社会保障部、财政部、审计署负责解释。

第十八条 本规定自 2013 年 8 月 1 日起施行。

农业部 财政部 民政部 审计署关于进一步加强和规范村级财务管理工作的意见

农经发〔2013〕6 号

各省、自治区、直辖市农业（农牧、农村经济）厅（局、委、办），财政厅（局），民政厅（局），审计厅（局）：

村级财务管理是管好用好农村集体资金资产资源，发展壮大集体经济，依法保障农民集体收益分配权的重要基础和保障。近年来，各地认真贯彻落实中央关于加强村级财务管理工作的一系列方针政策，健全制度，强化措施，村级财务管理不断得到完善和加强，确保了农村集体资金与资产的安全，切实维护了农村集体经济组织与广大农民群众的利益，促进了农村经济发展与社会和谐稳定。但是，一些地方村级财务管理工作仍然比较薄弱，财务混乱依然是农民群众反映强烈的热点问题，有的地方会计账目不清、财务公开流于形式，有的地方审计监督缺失等。为切实解决这些问题，进一步加强和规范村级财务管理工作，现提出如下意见。

一、切实做好村级会计工作

（一）强化村级会计基础工作。村级组织要按照《会计基础工作规范》的要求，开设银行账户、统一凭证账簿、规范财务流程，并按照《村集体经济组织会计制度》有关规定，全面核算反映经济活动和社区管理的财务收支、结算、分配等会计事项。村级组织只可开设一个基本存款账户，用于办理日常转账结算和现金收付，除土地补偿费专门账户外，一般不准开设其他专用或临时账户。对村集体经济组织与村民委员会分开单独记账核算的，可根据情况分别开设基本账户。要在县级（或以上）范围内统一制定会计凭证、票据和账簿，统一建立财务操作流程。有条件的地方，要抓紧构建农村财务管理信息化服务平台。

（二）规范村级会计委托代理。实行村级会计委托代理必须尊重农民群众意愿和民主权利，必须保持集体资产所有权、使用权、审批权和收益权不变，确保财务审批权以及经济活动监督权由村级组织行使。代理机构要切实提高服务能力和水平，明确岗位职责，严格操作流程，强化内部监控，落实责任追究。要以村级组织为独立会计核算主体，分设银行账户；要加强档案管理，以村级组织为单位，单独整理、归类造册、妥善保存。要探索创新工作方式，采取有效措施，逐步提高村级组织会计核算和财务管理的独立自主能力。

二、完善村级财务民主监督机制

（一）落实村级民主理财。村务监督委员会或其他形式的村务监督机构要切实加强对村级财务的民主监督，充分发挥民主理财的作用，保证农民群众对集体财务的知情权、参与权、表达权和监督权。村级组织发生各项财务活动、制订各项财务计划以及重大财务事项决策都必须履行民主程序，实行民主理财。民主理财人员要按照规定程序产生，具备财会、管理知识，并保持相对稳定，不得随意变更和撤换。民主理财人员应根据业务量按月或按季定期召开民主理财会议，开展民主理财活动，对重要财务事项要随时发生随时理财。

（二）完善村级财务公开。村级组织的财务计划、各项收支、各项资产资源以及债权债务和收益分配等内容要全面公开；土地征用补偿费、直接补贴给农民的“四补贴”资金等要逐项逐笔公开；“一事一议”财政奖补、农村小型基础设施建设补助等拨付到村使用的财政资金要全程公开。村级组织要定期在固定设置的公开栏进行财务公开，也可通过电视、网络、电子触摸屏等形式进行公开。要探索建立财务公开定期抽查制度，及时纠正和堵塞工作中存在的问题及漏洞。针对一些地方存在的公开难、监督难等问题，不断研究探索切实可行的公开方式。

（三）规范村级民主评议。与村级财务管理相关的工作人员，包括财务主管、村会计（含报账员，以下统称村级财会人员）、民主理财负责人等，都应当接受集体成员会议或成员代表会议对其履职情况的民主评议。民主评议由乡镇党委、政府统一组织，村务监督机构主持，每年至少一次。民主评议要按照规定程序开展，民主评议的结果要严肃运用。

三、加强对农村集体财务的审计监督

（一）加强农村集体财务审计工作。县、乡两级农村集体资产和财务管理指导部门负责对农村集体财务、村干部经济责任等进行审计监督；国家审计机关根据有关法律法规和地方党委、政府的要求，对取得财政资金的有关乡村和项目接受、运用财政资金的真实、合法和效益情况，以及对有关村干部履行经济责任情况，依法进行审计监督。县级农村集体资产和财务管理指导部门要内设专门的审计科室，组织对村级财务会计工作开展审计。各省级农业部门要尽快制定统一标准的农村审计文书，切实规范农村审计程序。县乡两级农村集体资产和财务管理指导部门要根据本级人民政府和上级业务主管部门的要求，结合本地实际，确定审计工作的重点，在做好日常财务收支、预决算、收益分配等定期审计的基础上，开展对村干部任期和离任经济责任、集体资产和资源、农民负担、村级债权债务等专项审计，对集体土地征用补偿费和涉农财政资金进行重点审计。

（二）加大对审计查出问题的处理力度。县、乡两级农村集体资产和财务管理指导部门依法依规进行审计监督，其做出的审计结论和处理决定，被审计单位和有关人员必须执行。在审计中查出被侵占的集体资产和资金，要责成责任人如数退赔；涉及国家工作人员及村干部违规违纪的，移交纪检监察部门处理；对于情节严重、构成犯罪的，移交司法机关依法追究当事人的刑事责任。农业部门要联合监察、审计、财政等部门研究建立审计查处事项的问题移交、定期通报和责任追究制度，审计结论一经核实要立即移交，确保审计处理结果的落实。

（三）加强审计队伍建设。县、乡两级农村集体资产和财务管理指导部门要切实加强农村集体财务审计工作，指定具体人员并明确工作职责。农村集体财务审计工作业务上受国家审计机关和上级农业行政主管部门指导。要为农村集体财务审计工作顺利开展提供必要的条件。农村集体财务审计工作人员应具备相应的专业知识和业务能力，经考核合格持证上岗。农村集体财务审计工作人员的培训、资质认定、招录和解聘工作，由各省级农业行政主管部门统一做出规定并组织实施，审计证由各省级农业行政主管部门统一核发。

四、稳定和加强农村财会队伍建设

（一）全面加强村级财会人员队伍建设。稳定的专业财会队伍是做好村级财务管理工作的基础和保障。要确保村级财会人员具备业务知识和工作能力，经考核合格后聘任上岗，如无违反财经法纪行为应尽量保持稳定，不宜随村干部换届选举而变动。实行村级会计委托代理的地方，村级财会人员必须在代理中心登记备案以接受监督和考核。村级财会人员应享有稳定的补贴和待遇保障，各地可参照享受财政补贴的村干部标准确定。

（二）切实加强乡镇从事村级财会工作人员队伍建设。已实行村级会计委托代理的乡镇，要尊重历史和现实，保持现有工作格局不变。具体工作人员必须掌握财会专业知识，熟悉财经法纪，具备从事财会工作的素质和能力，并按照《会计从业资格管理办法》的要求，取得会计从业资格证书后持证上岗。未实行村级会计委托代理的村，要加大对其财会工作的指导和监督力度，确保村级财务管理工作健康有序开展。

（三）继续加大对农村财会人员的培训和管理力度。要建立完善财会人员定期培训和继续教育机制，组织做好对村级财会人员、乡镇会计委托代理服务中心工作人员和民主理财人员等（统称农村财会人员）的培训和继续教育工作，不断提高他们的业务素质和政策理论水平。要切实加强对农村财会人员的管理，建立健全登记备案、培训考核和持证上岗制度。

五、强化村级财务管理工作的保障措施

（一）加强组织领导。农业部门要切实履行规范村级财务管理工作职责，按照农村党风廉政建设总体布局和村务公开民主管理的要求，积极争取纪检、监察、财政、审计、民政等部门的支持和配合，共同推动和强化村级财务管理工作。加强和规范村级财务管理工作，县乡两级是关键，要明确县乡主管部门的职责分工，落实领导责任制，加强工作指导和监督检查，将村级财务管理情况作为基层干部政绩考核和党风廉政建设考核的重要内容。

（二）加大宣传检查力度。各地要积极总结村级财务管理方面的典型经验和做法，及时通过多种形式宣传报道，并适当给予表彰和奖励。各级农业、财政、审计、民政等部门要定期组织开展专项检查，及时发现和纠正问题，明确提出整改意见；建立健全工作责任追究制度，对因指导不力、管理不严、处置不当引发的较大规模群体性事件，追究相关领导和有关人员的责任。

农业部　财政部　民政部　审计署

2013年6月27日

财政部关于加强中央文化企业国有产权转让管理的通知

财文资〔2013〕5号

党中央有关部门，国务院各部委、各直属机构，全国人大常委会办公厅，全国政协办公厅，高法院，高检院，有关人民团体，各民主党派中央，有关中央管理企业，上海文化产权交易所，深圳文化产权交易所：

为进一步规范财政部代表国务院履行出资人职责的中央文化企业国有产权转让行为，促进国有资产合理流动、文化产业布局和结构的战略性调整，防止企业国有资产流失，根据《企业国有产权转让管理暂行办法》（国资委财政部令第3号）等有关规定，结合中央文化企业国有资产管理实际情况，现就有关事项通知如下：

一、中央文化企业国有产权转让应当遵守国家法律、行政法规和政策的有关规定，符合国家文化改革发展规划，优化国有资本配置，遵循等价有偿和公开、公平、公正的原则，保障国家和其他各方的合法权益。

二、财政部负责中央文化企业国有产权转让的监督管理工作，依法制定中央文化企业国有产权转让和交易管理办法。中央文化企业负责制定所属企业的国有产权转让管理办法，报财政部备案。

三、财政部依法决定或批准中央文化企业的国有产权转让。中央文化企业决定其子企业的国有产权转让。其中，由中央文化企业直接管理和控制，资产总额和利润总额占本企业比例超过30%的重要子企业的国有产权转让事项，应当报财政部批准。涉及政府社会公共管理审批事项的，需预先报经政府有关部门审批。

四、资产财务关系在财政部单列的中央文化企业直接报财政部批准，其他中央文化企业经主管部门审核同意后报财政部批准。

五、中央文化企业国有产权转让应当依法履行内部决策程序和审批程序，按规定做好清产核资、审计和资产评估等有关工作，并以经核准或备案的资产评估值作为转让价格的参考依据。

六、中央文化企业国有产权转让原则应当进场交易，严格控制场外协议转让。对于受让方有特殊要求拟进行协议方式转让的，应当符合国家有关规定，并报财政部批准。

七、中央文化企业在本企业内部实施资产重组，拟直接采取协议方式转让国有产权的，转让方和受让方应为中央文化企业或其全资境内子企业，协议转让事项由中央文化企业负责依法决定或批准，同时抄报财政部。转让价格应以资产评估或审计报告确认的净资产值为基准确定，且不得低于经评估或审计的净资产值。涉及股份有限公司股份转让的，按国家有关规定办理。

八、中央文化企业国有产权进场交易的，应当按照中共中央宣传部、商务部、文化部、原国家广播电影电视总局和原新闻出版总署《关于贯彻落实国务院决定加强文化产权交易和艺术品交易管理的意见》（中宣发〔2011〕49号）规定，在上海和深圳两个文化产权交易所交易，并严格按照有关规定进行交易操作。

九、中央文化企业产权转让收益应当按照财政部、国资委《关于印发〈中央企业国有资本收益收取管理暂行办法〉的通知》（财企〔2007〕309号）规定直接上缴中央财政，纳入中央本级国有资本经营预算收入管理。

十、中央文化企业要加强对各级子企业国有产权转让的管理，明确管理的机构、人员、职责和管理程序，建立健全产权转让档案。中央文化企业应当在每年度1月31日前，将本企业上一年度的企业国有产权转让事项书面报告财政部，有主管部门的，通过主管部门汇总后书面报告财政部。

十一、财政部对中央文化企业国有产权转让工作进行检查。对于严重违反企业国有产权转让相关法规的企业及主要负责人、相关责任人员将予以通报批评，对造成国有资产损失的，将依法追究相关人员的责任。

附件：中央文化企业国有产权转让事项汇总表（略）

财政部

2013年5月7日

财政部关于推进省以下预决算公开工作的通知

财预〔2013〕309号

各省、自治区、直辖市财政厅（局）：

为推动政府职能转变，规范权力运行，建设廉洁政府，李克强总理明确提出要“建立公开、透明、规范、完整的预算制度”以及“深化细化预算决算公开和‘三公’经费公开，从今年开始，逐步实现县级以上政府公务接待经费公开”。为贯彻落实国务院领导重要指示精神，做好预决算公开工作，促进预算制度管理改革。在全面公开省级预决算及“三公”经费的基础上，2013年我部将进一步指导地方推动省以下预决算公开工作，现就有关要求通知如下：

一、工作目标

各省（自治区、直辖市，以下简称省）要按照总体部署、分步推进的原则，在现有工作基础上，妥善选择公开地区，积极推进公开工作。各省应于2015年之前在省内所有县级以上政府开展包括财政预决算、部门预决算及“三公”经费预决算、市（县）级（以下简称本级）汇总“三公”经费预决算等方面在内的公开工作（以下简称开展相关工作）。其中，2013 年各省应至少选择20%的地市级和县级地区开展“三公”经费预决算公开工作，2014 年所选地区应至少达到省内同级政府数量的 50%。原则上县级地区应从所选地市级地区中优先选取，有条件的省可扩大选取地区范围，各省 2013 年选取地区名单应于 8 月 30 日前报我部备案。

二、公开主体

公开的主体为负责编制预决算信息的单位或部门。各级财政部门是本级财政预决算、汇总“三公”经费预决算公开的主体；各部门是本部门预决算、“三公”经费预决算公开的主体。

三、公开内容

（一）本级财政预决算。

1. 本级财政预算。经同级人大批准的财政预算报告、报表，并附相关说明。表格样式参考附表 1—1 和 2—1。

2. 本级财政决算。经同级人大常委会批准的财政决算报告、报表，并附相关说明。表格样式参考附表 1—2 和 2—2。

（二）本级部门预决算。

1. 本级部门预算。报送同级人大审查部门预算的政府部门和单位，要主动公开经同级人大审查批准的政府部门收支预算总表，并附相关说明。除少数按有关保密规定不宜公开部门预算的单位外，其他尚未公开预算的部门要结合自身情况，积极推进部门预算公开。表格样式参考附表 3。

2. 本级部门决算。部门决算要经同级财政部门批复后公开，部门决算公开原则上参照部门预算公开的内容范围和表格样式。

（三）“三公”经费预决算。

“三公”经费预决算公开单位范围包括向同级财政部门编报部门预算的部门及其所属行政单位、事业单位（含参照公务员法管理事业单位）、社会团体、企业等。除涉及国家安全等特殊部门外，各公开地区和部门原则上都应向社会公开本地区汇总“三公”经费预决算，以及部门“三公”经费预决算情况，各部门“三公”经费预决算应分别随同部门预决算一并公开。

2013 年，开展相关工作的地区和部门应公开当年“三公”经费财政拨款预算数，有条件的可一并公开 2012 年“三公”经费财政拨款决算数。2014 年及以后年度，开展相关工作的地区和部门应分别公开当年“三公”经费财政拨款预算数和上一年度“三公”经费财政拨款决算数。

表格样式参考附表 4—1 和 4—2。

四、公开时限

各省内开展相关工作的时间应保持一致，每年集中时间将财政预决算、部门预决算及“三公”经费预决算、汇总“三公”经费预决算等内容向社会公开，上述公开工作原则上应于每年 10 月 31 日前完成。

五、工作要求

（一）统一思想，加强组织。各地要充分认识做好预决算公开工作的重要意义，把预决算公开作为政务信息公开的重要工作，加强组织领导，制订工作方案，落实责任分工，明确工作目标，抓好工作落实。加大财政宣传力度，营造良好工作氛围，积极向党委、人大、政府汇报工作情况，争取工作支持。

（二）落实主体，明确责任。中央财政负责指导各省公开工作，省级财政部门要制定本省相关工作要求，督促公开地区认真开展相关工作；省以下各级财政部门负责本地区公开工作，包括本级财政预决算公开、“三公”经费汇总预决算公开以及对开展相关工作部门的工作指导，工作进度协调；公开地区各部门负责本部门预决算及“三公”经费预决算公开工作。对于预决算变动大、不同年度之间波动大等情况和项目，以及公开后公众提出的其他相关问题，由各公开主体妥善做好数据解释说明等工作。

（三）积极主动，创新形式。各地区及部门要按照李克强总理“政府公务接待经费公开的形式要通俗，要让老百姓看得懂，可以有效监督政府”指示精神，结合上级相关工作要求，立足自身实际，不断细化公开内容、创新公开形式，积极主动推进预决算公开工作。

此外，各省财政部门应于每年 11 月 30 日前，将本省《预决算公开工作总结》上报我部，主要包括本省工作概述、经验和问题、意见和建议、下一步工作计划等。

对于各地预决算公开工作开展情况，我部将

按照相关规定，纳入地方预决算管理工作考核。

附件：省以下预决算公开工作参考表样（略）

财政部

2013 年 8 月 1 日

财政部关于印发《企业产品成本核算制度（试行）》的通知

财会〔2013〕17 号

国务院有关部委、有关直属机构，各省、自治区、直辖市、计划单列市财政厅（局），新疆生产建设兵团财务局，有关中央管理企业：

为加强企业产品成本核算，保证产品成本信息真实、完整，促进企业和经济社会的可持续发展，根据《中华人民共和国会计法》、企业会计准则等国家有关规定，我部制定了《企业产品成本核算制度（试行）》，现予印发，自 2014 年 1 月 1 日起在除金融保险业以外的大中型企业范围内施行，鼓励其他企业执行。执行本制度的企业不再执行《国营工业企业成本核算办法》。

执行中有何问题，请及时反馈我部。

附件：企业产品成本核算制度（试行）

财政部

2013 年 8 月 16 日

企业产品成本核算制度（试行）

第一章　总　则

第一条　为了加强企业产品成本核算工作，保证产品成本信息真实、完整，促进企业和经济社会的可持续发展，根据《中华人民共和国会计法》、企业会计准则等国家有关规定制定本制度。

第二条　本制度适用于大中型企业，包括制造业、农业、批发零售业、建筑业、房地产业、采矿业、交通运输业、信息传输业、软件及信息技术服务业、文化业以及其他行业的企业。其他未明确规定的行业比照以上类似行业的规定执行。

本制度不适用于金融保险业的企业。

第三条　本制度所称的产品，是指企业日常生产经营活动中持有以备出售的产成品、商品、提供的劳务或服务。本制度所称的产品成本，是指企业在生产产品过程中所发生的材料费用、职工薪酬等，以及不能直接计入而按一定标准分配计入的各种间接费用。

第四条　企业应当充分利用现代信息技术，编制、执行企业产品成本预算，对执行情况进行分析、考核，落实成本管理责任制，加强对产品生产事前、事中、事后的全过程控制，加强产品成本核算与管理各项基础工作。

第五条　企业应当根据所发生的有关费用能否归属于使产品达到目前场所和状态的原则，正确区分产品成本和期间费用。

第六条　企业应当根据产品生产过程的特点、生产经营组织的类型、产品种类的繁简和成本管理的要求，确定产品成本核算的对象、项目、范围，及时对有关费用进行归集、分配和结转。

企业产品成本核算采用的会计政策和估计一经确定，不得随意变更。

第七条　企业一般应当按月编制产品成本报表，全面反映企业生产成本、成本计划执行情况、产品成本及其变动情况等。

第二章　产品成本核算对象

第八条　企业应当根据生产经营特点和管理要求，确定成本核算对象，归集成本费用，计算产品的生产成本。

第九条　制造企业一般按照产品品种、批次订单或生产步骤等确定产品成本核算对象。

（一）大量大批单步骤生产产品或管理上不要求提供有关生产步骤成本信息的，一般按照产品品种确定成本核算对象。

（二）小批单件生产产品的，一般按照每批或每件产品确定成本核算对象。

（三）多步骤连续加工产品且管理上要求提供有关生产步骤成本信息的，一般按照每种（批）产品及各生产步骤确定成本核算对象。

产品规格繁多的，可以将产品结构、耗用原材料和工艺过程基本相同的产品，适当合并作为成本核算对象。

第十条 农业企业一般按照生物资产的品种、成长期、批别（群别、批次）、与农业生产相关的劳务作业等确定成本核算对象。

第十一条 批发零售企业一般按照商品的品种、批次、订单、类别等确定成本核算对象。

第十二条 建筑企业一般按照订立的单项合同确定成本核算对象。单项合同包括建造多项资产的，企业应当按照企业会计准则规定的合同分立原则，确定建造合同的成本核算对象。为建造一项或数项资产而签订一组合同的，按合同合并的原则，确定建造合同的成本核算对象。

第十三条 房地产企业一般按照开发项目、综合开发期数并兼顾产品类型等确定成本核算对象。

第十四条 采矿企业一般按照所采掘的产品确定成本核算对象。

第十五条 交通运输企业以运输工具从事货物、旅客运输的，一般按照航线、航次、单船（机）、基层站段等确定成本核算对象；从事货物等装卸业务的，可以按照货物、成本责任部门、作业场所等确定成本核算对象；从事仓储、堆存、港务管理业务的，一般按照码头、仓库、堆场、油罐、筒仓、货棚或主要货物的种类、成本责任部门等确定成本核算对象。

第十六条 信息传输企业一般按照基础电信业务、电信增值业务和其他信息传输业务等确定成本核算对象。

第十七条 软件及信息技术服务企业的科研设计与软件开发等人工成本比重较高的，一般按照科研课题、承接的单项合同项目、开发项目、技术服务客户等确定成本核算对象。合同项目规模较大、开发期较长的，可以分段确定成本核算对象。

第十八条 文化企业一般按照制作产品的种类、批次、印次、刊次等确定成本核算对象。

第十九条 除本制度已明确规定的以外，其他行业企业应当比照以上类似行业的企业确定产品成本核算对象。

第二十条 企业应当按照第八条至第十九条规定确定产品成本核算对象，进行产品成本核算。企业内部管理有相关要求的，还可以按照现代企业多维度、多层次的管理需要，确定多元化的产品成本核算对象。

多维度，是指以产品的最小生产步骤或作业为基础，按照企业有关部门的生产流程及其相应的成本管理要求，利用现代信息技术，组合出产品维度、工序维度、车间班组维度、生产设备维度、客户订单维度、变动成本维度和固定成本维度等不同的成本核算对象。

多层次，是指根据企业成本管理需要，划分为企业管理部门、工厂、车间和班组等成本管控层次。

第三章 产品成本核算项目和范围

第二十一条 企业应当根据生产经营特点和管理要求，按照成本的经济用途和生产要素内容相结合的原则或者成本性态等设置成本项目。

第二十二条 制造企业一般设置直接材料、燃料和动力、直接人工和制造费用等成本项目。

直接材料，是指构成产品实体的原材料以及有助于产品形成的主要材料和辅助材料。

燃料和动力，是指直接用于产品生产的燃料和动力。

直接人工，是指直接从事产品生产的工人的职工薪酬。

制造费用，是指企业为生产产品和提供劳务而发生的各项间接费用，包括企业生产部门（如生产车间）发生的水电费、固定资产折旧、无形资产摊销、管理人员的职工薪酬、劳动保护费、国家规定的有关环保费用、季节性和修理期间的停工损失等。

第二十三条 农业企业一般设置直接材料、直接人工、机械作业费、其他直接费用、间接费用等成本项目。

直接材料，是指种植业生产中耗用的自产或外购的种子、种苗、饲料、肥料、农药、燃料和动力、修理用材料和零件、原材料以及其他材料等；养殖业生产中直接用于养殖生产的苗种、饲料、肥料、燃料、动力、畜禽医药费等。

直接人工，是指直接从事农业生产人员的职工薪酬。

机械作业费，是指种植业生产过程中农用机械进行耕耙、播种、施肥、除草、喷药、收割、脱粒等机械作业所发生的费用。

其他直接费用，是指除直接材料、直接人工和机械作业费以外的畜力作业费等直接费用。

间接费用，是指应摊销、分配计入成本核算对象的运输费、灌溉费、固定资产折旧、租赁费、保养费等费用。

第二十四条 批发零售企业一般设置进货成本、相关税费、采购费等成本项目。

进货成本，是指商品的采购价款。

相关税费，是指购买商品发生的进口关税、资源税和不能抵扣的增值税等。

采购费，是指运杂费、装卸费、保险费、仓储费、整理费、合理损耗以及其他可归属于商品采购成本的费用。采购费金额较小的，可以在发生时直接计入当期销售费用。

第二十五条 建筑企业一般设置直接人工、直接材料、机械使用费、其他直接费用和间接费用等成本项目。建筑企业将部分工程分包的，还可以设置分包成本项目。

直接人工，是指按照国家规定支付给施工过程中直接从事建筑安装工程施工的工人以及在施工现场直接为工程制作构件和运料、配料等工人的职工薪酬。

直接材料，是指在施工过程中所耗用的、构成工程实体的材料、结构件、机械配件和有助于工程形成的其他材料以及周转材料的租赁费和摊销等。

机械使用费，是指施工过程中使用自有施工机械所发生的机械使用费，使用外单位施工机械的租赁费，以及按照规定支付的施工机械进出场费等。

其他直接费用，是指施工过程中发生的材料搬运费、材料装卸保管费、燃料动力费、临时设施摊销、生产工具用具使用费、检验试验费、工程定位复测费、工程点交费、场地清理费，以及能够单独区分和可靠计量的为订立建造承包合同而发生的差旅费、投标费等费用。

间接费用，是指企业各施工单位为组织和管理工程施工所发生的费用。

分包成本，是指按照国家规定开展分包，支付给分包单位的工程价款。

第二十六条 房地产企业一般设置土地征用及拆迁补偿费、前期工程费、建筑安装工程费、基础设施建设费、公共配套设施费、开发间接费、借款费用等成本项目。

土地征用及拆迁补偿费，是指为取得土地开发使用权（或开发权）而发生的各项费用，包括土地买价或出让金、大市政配套费、契税、耕地占用税、土地使用费、土地闲置费、农作物补偿费、危房补偿费、土地变更用途和超面积补交的地价及相关税费、拆迁补偿费用、安置及动迁费用、回迁房建造费用等。

前期工程费，是指项目开发前期发生的政府许可规费、招标代理费、临时设施费以及水文地质勘查、测绘、规划、设计、可行性研究、咨询论证费、筹建、场地通平等前期费用。

建筑安装工程费，是指开发项目开发过程中发生的各项主体建筑的建筑工程费、安装工程费及精装修费等。

基础设施建设费，是指开发项目在开发过程中发生的道路、供水、供电、供气、供暖、排污、排洪、消防、通讯、照明、有线电视、宽带网络、智能化等社区管网工程费和环境卫生、园林绿化等园林、景观环境工程费用等。

公共配套设施费，是指开发项目内发生的、独立的、非营利性的且产权属于全体业主的，或无偿赠予地方政府、政府公共事业单位的公共配套设施费用等。

开发间接费，指企业为直接组织和管理开发项目所发生的，且不能将其直接归属于成本核算对象的工程监理费、造价审核费、结算审核费、工程保险费等。为业主代扣代缴的公共维修基金等不得计入产品成本。

借款费用，是指符合资本化条件的借款费用。

房地产企业自行进行基础设施、建筑安装等工程建设的，可以比照建筑企业设置有关成本项目。

第二十七条 采矿企业一般设置直接材料、燃料和动力、直接人工、间接费用等成本项目。

直接材料，是指采掘生产过程中直接耗用的添加剂、催化剂、引发剂、助剂、触媒以及净化材料、包装物等。

燃料和动力，是指采掘生产过程中直接耗用的各种固体、液体、气体燃料，以及水、电、汽、风、氮气、氧气等动力。

直接人工，是指直接从事采矿生产人员的职工薪酬。

间接费用，是指为组织和管理厂（矿）采掘生产所发生的职工薪酬、劳动保护费、固定资产折旧、无形资产摊销、保险费、办公费、环保费用、化（检）验计量费、设计制图费、停工损失、洗车费、转输费、科研试验费、信息系统维护费等。

第二十八条 交通运输企业一般设置营运费用、运输工具固定费用与非营运期间的费用等成本项目。

营运费用，是指企业在货物或旅客运输、装卸、堆存过程中发生的营运费用，包括货物费、港口费、起降及停机费、中转费、过桥过路费、燃料和动力、航次租船费、安全救生费、护航费、装卸整理费、堆存费等。铁路运输企业的营运费用还包括线路等相关设施的维护费等。

运输工具固定费用，是指运输工具的固定费用和共同费用等，包括检验检疫费、车船使用税、劳动保护费、固定资产折旧、租赁费、备件配件、保险费、驾驶及相关操作人员薪酬及其伙食费等。

非营运期间费用，是指受不可抗力制约或行业惯例等原因暂停营运期间发生的有关费用等。

第二十九条 信息传输企业一般设置直接人工、固定资产折旧、无形资产摊销、低值易耗品摊销、业务费、电路及网元租赁费等成本项目。

直接人工，是指直接从事信息传输服务的人员的职工薪酬。

业务费，是指支付通信生产的各种业务费用，包括频率占用费、卫星测控费、安全保卫费、码号资源费、设备耗用的外购电力费、自有电源设备耗用的燃料和润料费等。

电路及网元租赁费，是指支付给其他信息传输企业的电路及网元等传输系统及设备的租赁费等。

第三十条 软件及信息技术服务企业一般设置直接人工、外购软件与服务费、场地租赁费、固定资产折旧、无形资产摊销、差旅费、培训费、转包成本、水电费、办公费等成本项目。

直接人工，是指直接从事软件及信息技术服务的人员的职工薪酬。

外购软件与服务费，是指企业为开发特定项目而必须从外部购进的辅助软件或服务所发生的费用。

场地租赁费，是指企业为开发软件或提供信息技术服务租赁场地支付的费用等。

转包成本，是指企业将有关项目部分分包给其他单位支付的费用。

第三十一条 文化企业一般设置开发成本和制作成本等成本项目。

开发成本，是指从选题策划开始到正式生产制作所经历的一系列过程，包括信息收集、策划、市场调研、选题论证、立项等阶段所发生的信息搜集费、调研交通费、通信费、组稿费、专题会议费、参与开发的职工薪酬等。

制作成本，是指产品内容制作成本和物质形态的制作成本，包括稿费、审稿费、校对费、录入费、编辑加工费、直接材料费、印刷费、固定资产折旧、参与制作的职工薪酬等。电影企业的制作成本，是指企业在影片制片、译制、洗印等生产过程所发生的各项费用，包括剧本费、演职员的薪酬、胶片及磁片磁带费、化妆费、道具费、布景费、场租费、剪接费、洗印费等。

第三十二条 除本制度已明确规定的以外，其他行业企业应当比照以上类似行业的企业确定成本项目。

第三十三条 企业应当按照第二十一条至第三十二条规定确定产品成本核算项目，进行产品成本核算。企业内部管理有相关要求的，还可以按照现代企业多维度、多层次的成本管理要求，利用现代信息技术对有关成本项目进行组合，输出有关成本信息。

第四章　产品成本归集、分配和结转

第三十四条 企业所发生的费用，能确定由某一成本核算对象负担的，应当按照所对应的产品成本项目类别，直接计入产品成本核算对象的生产成本；由几个成本核算对象共同负担的，应当选择合理的分配标准分配计入。

企业应当根据生产经营特点，以正常生产能力水平为基础，按照资源耗费方式确定合理的分配标准。

企业应当按照权责发生制的原则，根据产品的生产特点和管理要求结转成本。

第三十五条 制造企业发生的直接材料和直接人工，能够直接计入成本核算对象的，应当直接计入成本核算对象的生产成本，否则应当按照合理的分配标准分配计入。

制造企业外购燃料和动力的，应当根据实际耗用数量或者合理的分配标准对燃料和动力费用进行归集分配。生产部门直接用于生产的燃料和动力，直接计入生产成本；生产部门间接用于生产（如照明、取暖）的燃料和动力，计入制造费用。制造企业内部自行提供燃料和动力的，参照本条第三款进行处理。

制造企业辅助生产部门为生产部门提供劳务和产品而发生的费用，应当参照生产成本项目归集，并按照合理的分配标准分配计入各成本核算对象的生产成本。辅助生产部门之间互相提供的劳务、作业成本，应当采用合理的方法，进行交互分配。互相提供劳务、作业不多的，可以不进行交互分配，直接分配给辅助生产部门以外的受益单位。

第三十六条 制造企业发生的制造费用，应当按照合理的分配标准按月分配计入各成本核算对象的生产成本。企业可以采取的分配标准包括机器工时、人工工时、计划分配率等。

季节性生产企业在停工期间发生的制造费用，应当在开工期间进行合理分摊，连同开工期间发生的制造费用，一并计入产品的生产成本。

制造企业可以根据自身经营管理特点和条件，利用现代信息技术，采用作业成本法对不能直接归属于成本核算对象的成本进行归集和分配。

第三十七条 制造企业应当根据生产经营特点和联产品、副产品的工艺要求，选择系数分配法、实物量分配法、相对销售价格分配法等合理的方法分配联合生产成本。

第三十八条 制造企业发出的材料成本，可以根据实物流转方式、管理要求、实物性质等实际情况，采用先进先出法、加权平均法、个别计价法等方法计算。

第三十九条 制造企业应当根据产品的生产特点和管理要求，按成本计算期结转成本。制造企业可以选择原材料消耗量、约当产量法、定额比例法、原材料扣除法、完工百分比法等方法，恰当地确定完工产品和在产品的实际成本，并将完工入库产品的产品成本结转至库存产品科目；在产品数量、金额不重要或在产品期初期末数量变动不大的，可以不计算在产品成本。

制造企业产成品和在产品的成本核算，除季节性生产企业等以外，应当以月为成本计算期。

第四十条 农业企业应当比照制造企业对产品成本进行归集、分配和结转。

第四十一条 批发零售企业发生的进货成本、相关税金直接计入成本核算对象成本；发生的采购费，可以结合经营管理特点，按照合理的方法分配计入成本核算对象成本。采购费金额较小的，可以在发生时直接计入当期销售费用。

批发零售企业可以根据实物流转方式、管理要求、实物性质等实际情况，采用先进先出法、加权平均法、个别计价法、毛利率法等方法结转产品成本。

第四十二条 建筑企业发生的有关费用，由某一成本核算对象负担的，应当直接计入成本核算对象成本；由几个成本核算对象共同负担的，应当选择直接费用比例、定额比例和职工薪酬比例等合理的分配标准，分配计入成本核算对象成本。

建筑企业应当按照《企业会计准则第 15 号——建造合同》的规定结转产品成本。合同结果能够可靠估计的，应当采用完工百分比法确定和结转当期提供服务的成本；合同结果不能可靠估计的，应当直接结转已经发生的成本。

第四十三条 房地产企业发生的有关费用，由某一成本核算对象负担的，应当直接计入成本核算对象成本；由几个成本核算对象共同负担的，应当选择占地面积比例、预算造价比例、建筑面积比例等合理的分配标准，分配计入成本核算对象成本。

第四十四条 采矿企业应当比照制造企业对产品成本进行归集、分配和结转。

第四十五条 交通运输企业发生的营运费用，应当按照成本核算对象归集。

交通运输企业发生的运输工具固定费用，能确定由某一成本核算对象负担的，应当直接计入成本核算对象的成本；由多个成本核算对象共同负担的，应当选择营运时间等符合经营特点的、科学合理的分配标准分配计入各成本核算对象的成本。

交通运输企业发生的非营运期间费用，比照制造业季节性生产企业处理。

第四十六条 信息传输、软件及信息技术服务等企业，可以根据经营特点和条件，利用现代信息技术，采用作业成本法等对产品成本进行归集和分配。

第四十七条 文化企业发生的有关成本项目费用，由某一成本核算对象负担的，应当直接计入成本核算对象成本；由几个成本核算对象共同负担的，应当选择人员比例、工时比例、材料耗用比例等合理的分配标准分配计入成本核算对象成本。

第四十八条 企业不得以计划成本、标准成本、定额成本等代替实际成本。企业采用计划成本、标准成本、定额成本等类似成本进行直接材料日常核算的，期末应当将耗用直接材料的计划成本或定额成本等类似成本调整为实际成本。

第四十九条 除本制度已明确规定的以外，其他行业企业应当比照以上类似行业的企业对产品成本进行归集、分配和结转。

第五十条 企业应当按照第三十四条至第四十九条规定对产品成本进行归集、分配和结转。企业内部管理有相关要求的，还可以利用现代信息技术，在确定多维度、多层次成本核算对象的基础上，对有关费用进行归集、分配和结转。

第五章 附 则

第五十一条 小企业参照执行本制度。

第五十二条 本制度自 2014 年 1 月 1 日起施行。

第五十三条 执行本制度的企业不再执行《国营工业企业成本核算办法》。

财政部 国家机关事务管理局 中共中央直属机关事务管理局 关于印发《中央和国家机关会议费管理办法》的通知

财行〔2013〕286 号

党中央各部门，国务院各部委、各直属机构，全国人大常委会办公厅，全国政协办公厅，高法院，高检院，各人民团体，各民主党派办公厅，新疆生产建设兵团财务局：

为贯彻落实中央关于改进工作作风，密切联系群众八项规定及实施细则，推进厉行节约反对浪费制度建设，改进会风，精简会议，进一步加强和规范会议费管理，我们制定了《中央和国家机关会议费管理办法》。现印发给你们，从 2014 年 1 月 1 日起施行。执行中有何问题，请及时向我们反映。

附件：中央和国家机关会议费管理办法

财政部 国家机关事务管理局
中共中央直属机关事务管理局
2013 年 9 月 13 日

附件：

中央和国家机关会议费管理办法

第一章 总 则

第一条 为进一步加强和规范中央和国家机关会议费管理，精简会议，改进会风，提高会议效率和质量，节约会议经费开支，制定本办法。

第二条 中央和国家机关会议的分类、审批和会议费管理等，适用本办法。

本办法所称中央和国家机关，是指党中央各部门，国务院各部委、各直属机构，全国人大常委会办公厅，全国政协办公厅，最高人民法院，最高人民检察院，各人民团体、各民主党派中央和全国工商联（以下简称各单位）。

第三条 各单位召开会议应当坚持厉行节约、反对浪费、规范简朴、务实高效的原则，严格控制会议数量，规范会议费管理。

第四条 各单位召开的会议实行分类管理、分级审批。

第五条 各单位应当严格会议费预算管理，控制会议费预算规模。会议费预算要细化到具体会议项目，执行中不得突破。会议费应纳入部门预算，并单独列示。

第二章 会议分类和审批

第六条 中央和国家机关会议分类如下：

一类会议。是以党中央和国务院名义召开的，要求省、自治区、直辖市、计划单列市或中央部门负责同志参加的会议。

二类会议。是党中央和国务院各部委、各直属机构召开的，要求本系统、各直属机构或省、自治区、直辖市、计划单列市有关厅（局）负责同志参加的会议。

三类会议。是党中央和国务院各部委、各直属机构，最高人民法院，最高人民检察院，各人民团体及其所属内设机构召开的，要求省、自治区、直辖市、计划单列市有关厅（局）或本系统机构有关人员参加的会议。

四类会议。是指除上述一、二、三类会议以外的其他业务性会议，包括小型研讨会、座谈会、评审会等。

第七条 中央和国家机关会议按以下程序和要求进行审批：

一类会议。应当报经党中央和国务院批准。会议总务、经费预算及费用结算等工作分别由中共中央直属机关事务管理局（以下简称中直管理局）和国家机关事务管理局（以下简称国管局）负责。

二类会议。各单位应当于每年11月底前，将下一年度会议计划（包括会议名称、召开的理由、主要内容、时间地点、代表人数、工作人员数、所需经费及列支渠道等）送财政部审核会签，按程序经中央办公厅、国务院办公厅审核后报批。各单位召开二类会议原则上每年不超过1次。

三类会议。各单位应当建立会议计划编报和审批制度，年度会议计划（包括会议数量、会议名称、召开的理由、主要内容、时间地点、代表人数、工作人员数、所需经费及列支渠道等）经单位领导办公会或党组（党委）会审批后执行。

四类会议。由单位分管领导审核并报主要领导批准后执行，并列入单位年度会议计划。

第八条 一类会议会期按照批准文件，根据工作需要从严控制；二、三、四类会议会期均不得超过2天；传达、布置类会议会期不得超过1天。

会议报到和离开时间，一、二、三类会议合计不得超过2天，四类会议合计不得超过1天。

第九条 各单位应当严格控制会议规模。

一类会议参会人员按照批准文件，根据会议性质和主要内容确定，严格限定会议代表和工作人员数量。

二类会议参会人员不得超过300人，其中，工作人员控制在会议代表人数的15%以内；不请省、自治区、直辖市和中央部门主要负责同志、分管负责同志出席。

三类会议参会人员不得超过150人，其中，工作人员控制在会议代表人数的10%以内。

四类会议参会人员视内容而定，一般不得超过50人。

第十条 全国人大常委会办公厅、全国政协办公厅、各民主党派中央和全国工商联的会议分类、审批事项、会期及参会人员等，由上述部门依据法律法规、章程规定，参照第六条至第九条做出规定，并报财政部备案。

第十一条 各单位召开会议应当改进会议形式，充分运用电视电话、网络视频等现代信息技术手段，降低会议成本，提高会议效率。

传达、布置类会议优先采取电视电话、网络视频会议方式召开。电视电话、网络视频会议的主会场和分会场应当控制规模，节约费用支出。

第十二条 不能够采用电视电话、网络视频召开的会议实行定点管理。各单位会议应当到定点饭店召开，按照协议价格结算费用。未纳入定点范围，价格低于会议综合定额标准的单位内部会议室、礼堂、宾馆、招待所、培训中心，可优先作为本单位或本系统会议场所。

二、三、四类会议应当在四星级以下（含四星）定点饭店召开。

参会人员在 50 人以内且无外地代表的会议，原则上在单位内部会议室召开，不安排住宿。

第十三条 参会人员以在京单位为主的会议不得到京外召开。各单位不得到党中央、国务院明令禁止的风景名胜区召开会议。

第三章 会议费开支范围、标准和报销支付

第十四条 会议费开支范围包括会议住宿费、伙食费、会议室租金、交通费、文件印刷费、医药费等。

前款所称交通费是指用于会议代表接送站，以及会议统一组织的代表考察、调研等发生的交通支出。

会议代表参加会议发生的城市间交通费，按照差旅费管理办法的规定回单位报销。

第十五条 会议费开支实行综合定额控制，各项费用之间可以调剂使用。

会议费综合定额标准如下：

单位：元/人天

会议类别	住宿费	伙食费	其他费用	合 计
一类会议	400	150	110	660
二类会议	300	150	100	550
三、四类会议	240	130	80	450

综合定额标准是会议费开支的上限，各单位应在综合定额标准以内结算报销。

第十六条 一类会议费在部门预算专项经费中列支，二、三、四类会议费原则上在部门预算公用经费中列支。

会议费由会议召开单位承担，不得向参会人员收取，不得以任何方式向下属机构、企事业单位、地方转嫁或摊派。

第十七条 各单位在会议结束后应当及时办理报销手续。会议费报销时应当提供会议审批文件、会议通知及实际参会人员签到表、定点饭店等会议服务单位提供的费用原始明细单据、电子结算单等凭证。财务部门要严格按规定审核会议费开支，对未列入年度会议计划，以及超范围、超标准开支的经费不予报销。

第十八条 各单位会议费支付，应当严格按照国库集中支付制度和公务卡管理制度的有关规定执行，以银行转账或公务卡方式结算，禁止以现金方式结算。

具备条件的，会议费应由单位财务部门直接结算。

第四章 会议费公示和年度报告制度

第十九条 各单位应当将非涉密会议的名称、主要内容、参会人数、经费开支等情况在单位内部公示，具备条件的应向社会公开。

第二十条 一级预算单位应当于每年 3 月底前，将本级和下属预算单位上年度会议计划和执行情况（包括会议名称、主要内容、时间地点、代表人数、工作人员数、经费开支及列支渠道等）汇总后报财政部。党中央各部门同时抄送中直管理局，国务院各部门同时抄送国管局。

第二十一条 财政部对各单位报送的会议年度报告进行汇总分析，针对执行中存在的问题，及时完善相关制度。

第五章 管理职责

第二十二条 财政部的主要职责是：

（一）会同国管局、中直管理局等部门制定或修订中央本级会议费管理办法，并对执行情况进行监督检查；

（二）按规定对各单位报送的二类会议计划进行审核会签；

（三）对会议费支付结算实施动态监控；

（四）对各单位报送的会议年度报告进行汇总分析，提出加强管理的措施。

第二十三条 国管局的主要职责是：

（一）配合财政部制定或修订中央和国家机关会议费管理办法；

（二）负责国务院召开的一类会议的总务工作；

（三）配合财政部对国务院各部委、各直属机

构会议费执行情况进行监督检查。

第二十四条 中直管理局的主要职责是：

（一）配合财政部制定或修订中央和国家机关会议费管理办法；

（二）负责党中央召开的一类会议的总务工作；

（三）配合财政部对中央各部门会议费执行情况进行监督检查。

第二十五条 各单位的主要职责是：

（一）负责制定本单位会议费管理的实施细则；

（二）负责单位年度会议计划编制和三类、四类会议的审批管理；

（三）负责安排会议预算并按规定管理、使用会议费，做好相应的财务管理和会计核算工作，对内部会议费报销进行审核把关，确保票据来源合法，内容真实、完整、合规；

（四）按规定报送会议年度报告，加强对本单位会议费使用的内控管理。

第六章 监督检查和责任追究

第二十六条 财政部、国管局、中直管理局会同有关部门对各单位会议费管理和使用情况进行监督检查。主要内容包括：

（一）会议计划的编报、审批是否符合规定；

（二）会议费开支范围和开支标准是否符合规定；

（三）会议费报销和支付是否符合规定；

（四）会议会期、规模是否符合规定，会议是否在规定的地点和场所召开；

（五）是否向下属机构、企事业单位或地方转嫁、摊派会议费；

（六）会议费管理和使用的其他情况。

第二十七条 严禁各单位借会议名义组织会餐或安排宴请；严禁套取会议费设立“小金库”；严禁在会议费中列支公务接待费。

各单位应严格执行会议用房标准，不得安排高档套房；会议用餐严格控制菜品种类、数量和分量，安排自助餐，严禁提供高档菜肴，不安排宴请，不上烟酒；会议会场一律不摆花草，不制作背景板，不提供水果。

不得使用会议费购置电脑、复印机、打印机、传真机等固定资产以及开支与本次会议无关的其他费用；不得组织会议代表旅游和与会议无关的参观；严禁组织高消费娱乐、健身活动；严禁以任何名义发放纪念品；不得额外配发洗漱用品。

第二十八条 违反本办法规定，有下列行为之一的，依法依规追究会议举办单位和相关人员的责任：

（一）计划外召开会议的；

（二）以虚报、冒领手段骗取会议费的；

（三）虚报会议人数、天数等进行报销的；

（四）违规扩大会议费开支范围，擅自提高会议费开支标准的；

（五）违规报销与会议无关费用的；

（六）其他违反本办法行为的。

有前款所列行为之一的，由财政部会同有关部门责令改正，追回资金，并经报批后予以通报。对直接负责的主管人员和相关负责人，报请其所在单位按规定给予行政处分。如行为涉嫌违法的，移交司法机关处理。

定点饭店或单位内部宾馆、招待所、培训中心有关工作人员违反规定的，按照财政部定点饭店管理的有关规定处理。

第七章 附 则

第二十九条 各单位应当按照本办法规定，结合本单位业务特点和工作需要，制定会议费管理具体规定。

第三十条 中央事业单位会议费管理参照本办法执行。

第三十一条 本办法由财政部负责解释，自2014年1月1日起施行。《中央国家机关会议费管理办法》（国管财〔2006〕426号）、《中央国家机关会议费管理补充规定》（国管财〔2007〕217号）、《国务院机关事务管理局 财政部关于调整中央国家机关会议费开支标准的通知》（国管财〔2008〕331号）同时废止。

国家税务总局令

第 28 号

《税收票证管理办法》已经 2013 年 1 月 25 日国家税务总局第 1 次局务会议审议通过，现予公布，自 2014 年 1 月 1 日起施行。

国家税务总局局长 **肖 捷**

2013 年 2 月 25 日

税收票证管理办法

第一章 总 则

第一条 为了规范税收票证管理工作，保证国家税收收入的安全完整，维护纳税人合法权益，适应税收信息化发展需要，根据《中华人民共和国税收征收管理法》及其实施细则等法律法规，制定本办法。

第二条 税务机关、税务人员、纳税人、扣缴义务人、代征代售人和税收票证印制企业在中华人民共和国境内印制、使用、管理税收票证，适用本办法。

第三条 本办法所称税收票证，是指税务机关、扣缴义务人依照法律法规，代征代售人按照委托协议，征收税款、基金、费、滞纳金、罚没款等各项收入（以下统称税款）的过程中，开具的收款、退款和缴库凭证。税收票证是纳税人实际缴纳税款或者收取退还税款的法定证明。

税收票证包括纸质形式和数据电文形式。数据电文税收票证是指通过横向联网电子缴税系统办理税款的征收缴库、退库时，向银行、国库发送的电子缴款、退款信息。

第四条 国家积极推广以横向联网电子缴税系统为依托的数据电文税收票证的使用工作。

第五条 税务机关、代征代售人征收税款时应当开具税收票证。通过横向联网电子缴税系统完成税款的缴纳或者退还后，纳税人需要纸质税收票证的，税务机关应当开具。

扣缴义务人代扣代收税款时，纳税人要求扣缴义务人开具税收票证的，扣缴义务人应当开具。

第六条 税收票证的基本要素包括：税收票证号码、征收单位名称、开具日期、纳税人名称、纳税人识别号、税种（费、基金、罚没款）、金额、所属时期等。

第七条 纸质税收票证的基本联次包括收据联、存根联、报查联。收据联交纳税人作完税凭证；存根联由税务机关、扣缴义务人、代征代售人留存；报查联由税务机关做会计凭证或备查。

省、自治区、直辖市和计划单列市（以下简称省）税务机关可以根据税收票证管理情况，确定除收据联以外的税收票证启用联次。

第八条 国家税务总局统一负责全国的税收票证管理工作。其职责包括：

（一）设计和确定税收票证的种类、适用范围、联次、内容、式样及规格；

（二）设计和确定税收票证专用章戳的种类、适用范围、式样及规格；

（三）印制、保管、发运需要全国统一印制的税收票证，刻制需要全国统一制发的税收票证专用章戳；

（四）确定税收票证管理的机构、岗位和职责；

（五）组织、指导和推广税收票证信息化工作；

（六）组织全国税收票证检查工作；

（七）其他全国性的税收票证管理工作。

第九条 省以下税务机关应当依照本办法做好本行政区域内的税收票证管理工作。其职责包括：

（一）负责本级权限范围内的税收票证印制、领发、保管、开具、作废、结报缴销、停用、交回、损失核销、移交、核算、归档、审核、检查、销毁等工作；

（二）指导和监督下级税务机关、扣缴义务人、代征代售人、自行填开税收票证的纳税人税收票证管理工作；

（三）组织、指导、具体实施税收票证信息化工作；

（四）组织税收票证检查工作；

（五）其他税收票证管理工作。

第十条 扣缴义务人和代征代售人在代扣代缴、代收代缴、代征税款以及代售印花税票过程中应当做好税收票证的管理工作。其职责包括：

（一）妥善保管从税务机关领取的税收票证，并按照税务机关要求建立、报送和保管税收票证账簿及有关资料；

（二）为纳税人开具并交付税收票证；

（三）按时解缴税款、结报缴销税收票证；

（四）其他税收票证管理工作。

第十一条 各级税务机关的收入规划核算部门主管税收票证管理工作。国家税务总局收入规划核算司设立主管税收票证管理工作的机构；省、市（不含县级市，下同）、县税务机关收入规划核算部门应当设置税收票证管理岗位并配备专职税收票证管理人员；直接向税务机关税收票证开具人员、扣缴义务人、代征代售人、自行填开税收票证的纳税人发放税收票证并办理结报缴销等工作的征收分局、税务所、办税服务厅等机构（以下简称基层税务机关）应当设置税收票证管理岗位，由税收会计负责税收票证管理工作。税收票证管理岗位和税收票证开具（含印花税票销售）岗位应当分设，不得一人多岗。

扣缴义务人、代征代售人、自行填开税收票证的纳税人应当由专人负责税收票证管理工作。

第二章 种类和适用范围

第十二条 税收票证包括税收缴款书、税收收入退还书、税收完税证明、出口货物劳务专用税收票证、印花税专用税收票证以及国家税务总局规定的其他税收票证。

第十三条 税收缴款书是纳税人据以缴纳税款，税务机关、扣缴义务人以及代征代售人据以征收、汇总税款的税收票证。具体包括：

（一）《税收缴款书（银行经收专用）》。由纳税人、税务机关、扣缴义务人、代征代售人向银行传递，通过银行划缴税款（出口货物劳务增值税、消费税除外）到国库时使用的纸质税收票证。其适用范围是：

1. 纳税人自行填开或税务机关开具，纳税人据以在银行柜面办理缴税（转账或现金），由银行将税款缴入国库；

2. 税务机关收取现金税款、扣缴义务人扣缴税款、代征代售人代征税款后开具，据以在银行柜面办理税款汇总缴入国库；

3. 税务机关开具，据以办理“待缴库税款”账户款项缴入国库。

（二）《税收缴款书（税务收现专用）》。纳税人以现金、刷卡（未通过横向联网电子缴税系统）方式向税务机关缴纳税款时，由税务机关开具并交付纳税人的纸质税收票证。代征人代征税款时，也应开具本缴款书并交付纳税人。为方便流动性零散税收的征收管理，本缴款书可以在票面印有固定金额，具体面额种类由各省税务机关确定，但是，单种面额不得超过100元。

（三）《税收缴款书（代扣代收专用）》。扣缴义务人依法履行税款代扣代缴、代收代缴义务时开具并交付纳税人的纸质税收票证。扣缴义务人代扣代收税款后，已经向纳税人开具了税法规定或国家税务总局认可的记载完税情况的其他凭证的，可不再开具本缴款书。

（四）《税收电子缴款书》。税务机关将纳税人、扣缴义务人、代征代售人的电子缴款信息通过横向联网电子缴税系统发送给银行，银行据以划缴税款到国库时，由税收征管系统生成的数据电文形式的税收票证。

第十四条 税收收入退还书是税务机关依法为纳税人从国库办理退税时使用的税收票证。具体包括：

（一）《税收收入退还书》。税务机关向国库传递，依法为纳税人从国库办理退税时使用的纸质税收票证。

（二）《税收收入电子退还书》。税务机关通过横向联网电子缴税系统依法为纳税人从国库办理退税时，由税收征管系统生成的数据电文形式的税收票证。

税收收入退还书应当由县以上税务机关税收会计开具并向国库传递或发送。

第十五条 出口货物劳务专用税收票证是由

税务机关开具，专门用于纳税人缴纳出口货物劳务增值税、消费税或者证明该纳税人再销售给其他出口企业的货物已缴纳增值税、消费税的纸质税收票证。具体包括：

（一）《税收缴款书（出口货物劳务专用）》。由税务机关开具，专门用于纳税人缴纳出口货物劳务增值税、消费税时使用的纸质税收票证。纳税人以银行经收方式、税务收现方式，或者通过横向联网电子缴税系统缴纳出口货物劳务增值税、消费税时，均使用本缴款书。纳税人缴纳随出口货物劳务增值税、消费税附征的其他税款时，税务机关应当根据缴款方式，使用其他种类的缴款书，不得使用本缴款书。

（二）《出口货物完税分割单》。已经缴纳出口货物增值税、消费税的纳税人将购进货物再销售给其他出口企业时，为证明所售货物完税情况，便于其他出口企业办理出口退税，到税务机关换开的纸质税收票证。

第十六条 印花税专用税收票证是税务机关或印花税票代售人在征收印花税时向纳税人交付、开具的纸质税收票证。具体包括：

（一）印花税票。印有固定金额，专门用于征收印花税的有价证券。纳税人缴纳印花税，可以购买印花税票贴花缴纳，也可以开具税收缴款书缴纳。采用开具税收缴款书缴纳的，应当将纸质税收缴款书或税收完税证明粘贴在应税凭证上，或者由税务机关在应税凭证上加盖印花税收讫专用章。

（二）《印花税票销售凭证》。税务机关和印花税票代售人销售印花税票时一并开具的专供购买方报销的纸质凭证。

第十七条 税收完税证明是税务机关为证明纳税人已经缴纳税款或者已经退还纳税人税款而开具的纸质税收票证。其适用范围是：

（一）纳税人、扣缴义务人、代征代售人通过横向联网电子缴税系统划缴税款到国库（经收处）后或收到从国库退还的税款后，当场或事后需要取得税收票证的；

（二）扣缴义务人代扣代收税款后，已经向纳税人开具税法规定或国家税务总局认可的记载完税情况的其他凭证，纳税人需要换开正式完税凭证的；

（三）纳税人遗失已完税的各种税收票证（《出口货物完税分割单》、印花税票和《印花税票销售凭证》除外），需要重新开具的；

（四）对纳税人特定期间完税情况出具证明的；

（五）国家税务总局规定的其他需要为纳税人开具完税凭证情形。税务机关在确保纳税人缴、退税信息全面、准确、完整的条件下，可以开展前款第四项规定的税收完税证明开具工作，具体开具办法由各省税务机关确定。

第十八条 税收票证专用章戳是指税务机关印制税收票证和征、退税款时使用的各种专用章戳，具体包括：

（一）税收票证监制章。套印在税收票证上，用以表明税收票证制定单位和税收票证印制合法性的一种章戳。

（二）征税专用章。税务机关办理税款征收业务，开具税收缴款书、税收完税证明、《印花税销售凭证》等征收凭证时使用的征收业务专用公章。

（三）退库专用章。税务机关办理税款退库业务，开具《税收收入退还书》等退库凭证时使用的，在国库预留印鉴的退库业务专用公章。

（四）印花税收讫专用章。以开具税收缴款书代替贴花缴纳印花税时，加盖在应税凭证上，用以证明应税凭证已完税的专用章戳。

（五）国家税务总局规定的其他税收票证专用章戳。

第十九条 《税收缴款书（税务收现专用）》《税收缴款书（代扣代收专用）》《税收缴款书（出口货物劳务专用）》《出口货物完税分割单》、印花税票和税收完税证明应当视同现金进行严格管理。

第二十条 税收票证应当按规定的适用范围填开，不得混用。

第二十一条 国家税务总局增设或简并税收票证及税收票证专用章戳种类，应当及时向社会公告。

第三章　设计和印制

第二十二条 税收票证及税收票证专用章戳按照税收征收管理和国家预算管理的基本要求设计，具体式样另行制发。

第二十三条 税收票证实行分级印制管理。

《税收缴款书（出口货物劳务专用）》《出口货物完税分割单》、印花税票以及其他需要全国统一印制的税收票证由国家税务总局确定的企业印制；其他税收票证，按照国家税务总局规定的式样和要求，由各省税务机关确定的企业集中统一印制。

禁止私自印制、倒卖、变造、伪造税收票证。

第二十四条 印制税收票证的企业应当具备下列条件：

（一）取得印刷经营许可证和营业执照；

（二）设备、技术水平能够满足印制税收票证的需要；

（三）有健全的财务制度和严格的质量监督、安全管理、保密制度；

（四）有安全、良好的保管场地和设施。印制税收票证的企业应当按照税务机关提供的式样、数量等要求印制税收票证，建立税收票证印制管理制度。税收票证印制合同终止后，税收票证的印制企业应当将有关资料交还委托印制的税务机关，不得保留或提供给其他单位及个人。

第二十五条 税收票证应当套印税收票证监制章。

税收票证监制章由国家税务总局统一制发各省税务机关。

第二十六条 除税收票证监制章外，其他税收票证专用章戳的具体刻制权限由各省税务机关确定。刻制的税收票证专用章戳应当在市以上税务机关留底归档。

第二十七条 税收票证应当使用中文印制。民族自治地方的税收票证，可以加印当地一种通用的民族文字。

第二十八条 负责税收票证印制的税务机关应当对印制完成的税收票证质量、数量进行查验。查验无误的，办理税收票证的印制入库手续；查验不合格的，对不合格税收票证监督销毁。

第四章 使 用

第二十九条 上、下级税务机关之间，税务机关税收票证开具人员、扣缴义务人、代征代售人、自行填开税收票证的纳税人与税收票证管理人员之间，应当建立税收票证及税收票证专用章戳的领发登记制度，办理领发手续，共同清点、确认领发种类、数量和号码。

税收票证的运输应当确保安全、保密。

数据电文税收票证由税收征管系统自动生成税收票证号码，分配给税收票证开具人员，视同发放。数据电文税收票证不得重复发放、重复开具。

第三十条 税收票证管理人员向税务机关税收票证开具人员、扣缴义务人和代征代售人发放视同现金管理的税收票证时，应当拆包发放，并且一般不得超过一个月的用量。

视同现金管理的税收票证未按照本办法第三十九条规定办理结报的，不得继续发放同一种类的税收票证。

其他种类的税收票证，应当根据领用人的具体使用情况，适度发放。

第三十一条 税务机关、扣缴义务人、代征代售人、自行填开税收票证的纳税人应当妥善保管纸质税收票证及税收票证专用章戳。县以上税务机关应当设置具备安全条件的税收票证专用库房；基层税务机关、扣缴义务人、代征代售人和自行填开税收票证的纳税人应当配备税收票证保险专用箱柜。确有必要外出征收税款的，税收票证及税收票证专用章戳应当随身携带，严防丢失。

第三十二条 税务机关对结存的税收票证应当定期进行盘点，发现结存税收票证实物与账簿记录数量不符的，应当及时查明原因并报告上级或所属税务机关。

第三十三条 税收收入退还书开具人员不得同时从事退库专用章保管或《税收收入电子退还书》复核授权工作。印花税票销售人员不得同时从事印花税收讫专用章保管工作。外出征收税款的，税收票证开具人员不得同时从事现金收款工作。

第三十四条 税收票证应当分纳税人开具；同一份税收票证上，税种（费、基金、罚没款）、税目、预算科目、预算级次、所属时期不同的，应当分行填列。

第三十五条 税收票证栏目内容应当填写齐全、清晰、真实、规范，不得漏填、简写、省略、涂改、挖补、编造；多联式税收票证应当一次全份开具。

第三十六条 因开具错误作废的纸质税收票

证，应当在各联注明“作废”字样、作废原因和重新开具的税收票证字轨及号码。《税收缴款书（税务收现专用）》《税收缴款书（代扣代收专用）》、税收完税证明应当全份保存；其他税收票证的纳税人所持联次或银行流转联次无法收回的，应当注明原因，并将纳税人出具的情况说明或银行文书代替相关联次一并保存。开具作废的税收票证应当按期与已填用的税收票证一起办理结报缴销手续，不得自行销毁。

税务机关开具税收票证后，纳税人向银行办理缴税前丢失的，税务机关参照前款规定处理。

数据电文税收票证作废的，应当在税收征管系统中予以标识；已经作废的数据电文税收票证号码不得再次使用。

第三十七条 纸质税收票证各联次各种章戳应当加盖齐全。

章戳不得套印，国家税务总局另有规定的除外。

第三十八条 税务机关税收票证开具人员、扣缴义务人、代征代售人、自行填开税收票证的纳税人与税收票证管理人员之间，基层税务机关与上级或所属税务机关之间，应当办理税收票款结报缴销手续。

税务机关税收票证开具人员、扣缴义务人、代征代售人向税收票证管理人员结报缴销视同现金管理的税收票证时，应当将已开具税收票证的存根联、报查联等联次，连同作废税收票证、需交回的税收票证及未开具的税收票证（含未销售印花税票）一并办理结报缴销手续；已开具税收票证只设一联的，税收票证管理人员应当查验其开具情况的电子记录。

其他各种税收票证结报缴销手续的具体要求，由各省税务机关确定。

第三十九条 税收票款应当按照规定的时限办理结报缴销。税务机关税收票证开具人员、代征代售人开具税收票证（含销售印花税票）收取现金税款时，办理结报缴销手续的时限要求是：

（一）当地设有国库经收处的，应于收取税款的当日或次日办理税收票款的结报缴销；

（二）当地未设国库经收处和代征代售人收取现金税款的，由各省税务机关确定办理税收票款结报缴销的期限和额度，并以期限或额度条件先满足之日为准。

扣缴义务人代扣代收税款的，应按税法规定的税款解缴期限一并办理结报缴销。

其他各种税收票证的结报缴销时限、基层税务机关向上级或所属税务机关缴销税收票证的时限，由各省税务机关确定。

第四十条 领发、开具税收票证时，发现多出、短少、污损、残破、错号、印刷字迹不清及联数不全等印制质量不合格情况的，应当查明字轨、号码、数量，清点登记，妥善保管。

全包、全本印制质量不合格的，按照本办法第五十一条规定销毁；全份印制质量不合格的，按开具作废处理。

第四十一条 由于税收政策变动或式样改变等原因，国家税务总局规定停用的税收票证及税收票证专用章戳，应由县以上税务机关集中清理，核对字轨、号码和数量，造册登记，按照本办法第五十一条规定销毁。

第四十二条 未开具税收票证（含未销售印花税票）发生毁损或丢失、被盗、被抢等损失的，受损单位应当及时组织清点核查，并由各级税务机关按照权限进行损失核销审批。《税收缴款书（出口货物劳务专用）》《出口货物完税分割单》、印花税票发生损失的，由省税务机关审批核销；《税收缴款书（税务收现专用）》《税收缴款书（代扣代收专用）》、税收完税证明发生损失的，由市税务机关审批核销；其他各种税收票证发生损失的，由县税务机关审批核销。

毁损残票和追回的税收票证按照本办法第五十一条规定销毁。

第四十三条 视同现金管理的未开具税收票证（含未销售印花税票）丢失、被盗、被抢的，受损税务机关应当查明损失税收票证的字轨、号码和数量，立即向当地公安机关报案并报告上级或所属税务机关；经查不能追回的税收票证，除印花税票外，应当及时在办税场所和广播、电视、报纸、期刊、网络等新闻媒体上公告作废。

受损单位为扣缴义务人、代征代售人或税收票证印制企业的，扣缴义务人、代征代售人或税收票证印制企业应当立即报告基层税务机关或委托印制的税务机关，由税务机关按前款规定办理。

对丢失印花税票和印有固定金额的《税收缴款书（税务收现专用）》负有责任的相关人员，税务机关应当要求其按照面额赔偿；对丢失其他视同现金管理的税收票证负有责任的相关人员，税务机关应当要求其适当赔偿。

第四十四条 税收票证专用章戳丢失、被盗、被抢的，受损税务机关应当立即向当地公安机关报案并逐级报告刻制税收票证专用章戳的税务机关；退库专用章丢失、被盗、被抢的，应当同时通知国库部门。重新刻制的税收票证专用章戳应当及时办理留底归档或预留印鉴手续。

毁损和损失追回的税收票证专用章戳按照本办法第五十一条规定销毁。

第四十五条 由于印制质量不合格、停用、毁损、损失追回、领发错误，或者扣缴义务人和代征代售人终止税款征收业务、纳税人停止自行填开税收票证等原因，税收票证及税收票证专用章戳需要交回的，税收票证管理人员应当清点、核对字轨、号码和数量，及时上交至发放或有权销毁税收票证及税收票证专用章戳的税务机关。

第四十六条 纳税人遗失已完税税收票证需要税务机关另行提供的，应当登报声明原持有联次遗失并向税务机关提交申请；税款经核实确已缴纳入库或从国库退还的，税务机关应当开具税收完税证明或提供原完税税收票证复印件。

第五章 监督管理

第四十七条 税务机关税收票证开具人员、税收票证管理人员工作变动离岗前，应当办理税收票证、税收票证专用章戳、账簿以及其他税收票证资料的移交。移交时应当有专人监交，监交人、移交人、接管人三方共同签章，票清离岗。

第四十八条 税务机关应当按税收票证种类、领用单位设置税收票证账簿，对各种税收票证的印制、领发、用存、作废、结报缴销、停用、损失、销毁的数量、号码进行及时登记和核算，定期结账。

第四十九条 基层税务机关的税收票证管理人员应当按日对已结报缴销税收票证的完整性、准确性和税收票证管理的规范性进行审核；基层税务机关的上级或所属税务机关税收票证管理人员对基层税务机关缴销的税收票证，应当定期进行复审。

第五十条 税务机关应当及时对已经开具、作废的税收票证、账簿以及其他税收票证资料进行归档保存。

纸质税收票证、账簿以及其他税收票证资料，应当整理装订成册，保存期限5年；作为会计凭证的纸质税收票证保存期限15年。

数据电文税收票证、账簿以及其他税收票证资料，应当通过光盘等介质进行存储，确保数据电文税收票证信息的安全、完整，保存时间和具体办法另行制定。

第五十一条 未填用的《税收缴款书（出口货物劳务专用)》《出口货物完税分割单》、印花税票需要销毁的，应当由两人以上共同清点，编制销毁清册，逐级上缴省税务机关销毁；未填用的《税收缴款书（税务收现专用)》《税收缴款书（代扣代收专用)》、税收完税证明需要销毁的，应当由两人以上共同清点，编制销毁清册，报经市税务机关批准，指派专人到县税务机关复核并监督销毁；其他各种税收票证、账簿和税收票证资料需要销毁的，由税收票证主管人员清点并编制销毁清册，报经县或市税务机关批准，由两人以上监督销毁；税收票证专用章戳需要销毁的，由刻制税收票证专用章戳的税务机关销毁。

第五十二条 税务机关应当定期对本级及下级税务机关、税收票证印制企业、扣缴义务人、代征代售人、自行填开税收票证的纳税人税收票证及税收票证专用章戳管理工作进行检查。

第五十三条 税务机关工作人员违反本办法的，应当根据情节轻重，给予批评教育、责令做出检查、诫勉谈话或调整工作岗位处理；构成违纪的，依照《中华人民共和国公务员法》《行政机关公务员处分条例》等法律法规给予处分；涉嫌犯罪的，移送司法机关。

第五十四条 扣缴义务人未按照本办法及有关规定保管、报送代扣代缴、代收代缴税收票证及有关资料的，按照《中华人民共和国税收征收管理法》及相关规定进行处理。

扣缴义务人未按照本办法开具税收票证的，可以根据情节轻重，处以1000元以下的罚款。

第五十五条 税务机关与代征代售人、税收票证印制企业签订代征代售合同、税收票证印制合同时，应当就违反本办法及相关规定的责任进行约定，并按约定及其他有关规定追究责任；涉嫌犯罪的，移送司法机关。

第五十六条 自行填开税收票证的纳税人违反本办法及相关规定的，税务机关应当停止其税收票证的领用和自行填开，并限期缴销全部税收票证；情节严重的，可以处以1000元以下的罚款。

第五十七条 非法印制、转借、倒卖、变造或者伪造税收票证的，依照《中华人民共和国税收征收管理法实施细则》的规定进行处理；伪造、变造、买卖、盗窃、抢夺、毁灭税收票证专用章戳的，移送司法机关。

第六章 附 则

第五十八条 各级政府部门委托税务机关征收的各种基金、费可以使用税收票证。

第五十九条 本办法第六条、第七条、第二十五条、第三十六条、第三十七条、第四十六条所称税收票证，不包括印花税票。

第六十条 本办法所称银行，是指经收预算收入的银行、信用社。

第六十一条 各省税务机关应当根据本办法制定具体规定，并报国家税务总局备案。

第六十二条 本办法自2014年1月1日起施行。1998年3月10日国家税务总局发布的《税收票证管理办法》(国税发〔1998〕32号) 同时废止。

国家税务总局令

第30号

《网络发票管理办法》已经2013年1月25日国家税务总局第1次局务会议审议通过，现予公布，自2013年4月1日起施行。

国家税务总局局长 **肖 捷**

2013年2月25日

网络发票管理办法

第一条 为加强普通发票管理，保障国家税收收入，规范网络发票的开具和使用，根据《中华人民共和国发票管理办法》规定，制定本办法。

第二条 在中华人民共和国境内使用网络发票管理系统开具发票的单位和个人办理网络发票管理系统的开户登记、网上领取发票手续、在线开具、传输、查验和缴销等事项，适用本办法。

第三条 本办法所称网络发票是指符合国家税务总局统一标准并通过国家税务总局及省、自治区、直辖市国家税务局、地方税务局公布的网络发票管理系统开具的发票。

国家积极推广使用网络发票管理系统开具发票。

第四条 税务机关应加强网络发票的管理，确保网络发票的安全、唯一、便利，并提供便捷的网络发票信息查询渠道；应通过应用网络发票数据分析，提高信息管税水平。

第五条 税务机关应根据开具发票的单位和个人的经营情况，核定其在线开具网络发票的种类、行业类别、开票限额等内容。

开具发票的单位和个人需要变更网络发票核定内容的，可向税务机关提出书面申请，经税务机关确认，予以变更。

第六条 开具发票的单位和个人开具网络发票应登录网络发票管理系统，如实完整填写发票的相关内容及数据，确认保存后打印发票。

开具发票的单位和个人在线开具的网络发票，经系统自动保存数据后即完成开票信息的确认、查验。

第七条 单位和个人取得网络发票时，应及时查询验证网络发票信息的真实性、完整性，对不符合规定的发票，不得作为财务报销凭证，任何单位和个人有权拒收。

第八条 开具发票的单位和个人需要开具红字发票的，必须收回原网络发票全部联次或取得受票方出具的有效证明，通过网络发票管理系统开具金额为负数的红字网络发票。

第九条 开具发票的单位和个人作废开具的网络发票，应收回原网络发票全部联次，注明“作废”，并在网络发票管理系统中进行发票作废处理。

第十条 开具发票的单位和个人应当在办理变更或者注销税务登记的同时，办理网络发票管理系统的用户变更、注销手续并缴销空白发票。

第十一条 税务机关根据发票管理的需要，可以按照国家税务总局的规定委托其他单位通过网络发票管理系统代开网络发票。

税务机关应当与受托代开发票的单位签订协议，明确代开网络发票的种类、对象、内容和相关责任等内容。

第十二条 开具发票的单位和个人必须如实在线开具网络发票，不得利用网络发票进行转借、转让、虚开发票及其他违法活动。

第十三条 开具发票的单位和个人在网络出现故障，无法在线开具发票时，可离线开具发票。

开具发票后，不得改动开票信息，并于48小时内上传开票信息。

第十四条 开具发票的单位和个人违反本办法规定的，按照《中华人民共和国发票管理办法》有关规定处理。

第十五条 省以上税务机关在确保网络发票电子信息正确生成、可靠存储、查询验证、安全唯一等条件的情况下，可以试行电子发票。

第十六条 本办法自2013年4月1日起施行。

财政部　国家税务总局关于在全国开展交通运输业和部分现代服务业营业税改征增值税试点税收政策的通知

财税〔2013〕37号

各省、自治区、直辖市、计划单列市财政厅（局）、国家税务局、地方税务局，新疆生产建设兵团财务局：

根据国务院进一步扩大交通运输业和部分现代服务业营业税改征增值税（以下称营改增）试点的要求，现将有关事项通知如下：

一、经国务院批准，自2013年8月1日起，在全国范围内开展交通运输业和部分现代服务业营改增试点。现将有关规定印发你们，请遵照执行。

二、在全国开展交通运输业和部分现代服务业营改增试点，范围广、时间紧、任务重，各地要高度重视，切实加强试点工作的组织领导，精心组织、周密安排、明确责任，采取各种有效措施，做好试点前的各项准备以及试点过程中的监测分析和宣传解释等工作，确保改革的平稳、有序、顺利进行。遇到问题请及时向财政部和国家税务总局反映。

三、《财政部　国家税务总局关于在上海市开展交通运输业和部分现代服务业营业税改征增值税试点的通知》（财税〔2011〕111号）、《财政部　国家税务总局关于应税服务适用增值税零税率和免税政策的通知》（财税〔2011〕131号）、《财政部　国家税务总局关于交通运输业和部分现代服务业营业税改征增值税试点若干税收政策的通知》（财税〔2011〕133号）、《财政部　国家税务总局关于交通运输业和部分现代服务业营业税改征增值税试点若干税收政策的补充通知》（财税〔2012〕53号）、《财政部　国家税务总局关于在北京等8省市开展交通运输业和部分现代服务业营业税改征增值税试点的通知》（财税〔2012〕71号）、《财政部　国家税务总局关于交通运输业和部分现代服务业营业税改征增值税试点应税服务范围等若干税收政策的补充通知》（财税〔2012〕86号）、《财政部　国家税务总局关于营业税若干政策问题的通知》（财税〔2003〕16号）第三条第（十六）和第（十八）项，自2013年8月1日起废止。

附件：1. 交通运输业和部分现代服务业营业税改征增值税试点实施办法

2. 交通运输业和部分现代服务业营业税改征增值税试点有关事项的规定（略）

3. 交通运输业和部分现代服务业营业税改征增值税试点过渡政策的规定（略）

4. 应税服务适用增值税零税率和免税政策的规定（略）

财政部　国家税务总局

2013年5月24日

附件 1：

交通运输业和部分现代服务业
营业税改征增值税试点实施办法

第一章 纳税人和扣缴义务人

第一条 在中华人民共和国境内（以下称境内）提供交通运输业和部分现代服务业服务（以下称应税服务）的单位和个人，为增值税纳税人。纳税人提供应税服务，应当按照本办法缴纳增值税，不再缴纳营业税。

单位，是指企业、行政单位、事业单位、军事单位、社会团体及其他单位。

个人，是指个体工商户和其他个人。

第二条 单位以承包、承租、挂靠方式经营的，承包人、承租人、挂靠人（以下称承包人）以发包人、出租人、被挂靠人（以下称发包人）名义对外经营并由发包人承担相关法律责任的，以该发包人为纳税人。否则，以承包人为纳税人。

第三条 纳税人分为一般纳税人和小规模纳税人。

应税服务的年应征增值税销售额（以下称应税服务年销售额）超过财政部和国家税务总局规定标准的纳税人为一般纳税人，未超过规定标准的纳税人为小规模纳税人。应税服务年销售额超过规定标准的其他个人不属于一般纳税人；不经常提供应税服务的非企业性单位、企业和个体工商户可选择按照小规模纳税人纳税。

第四条 小规模纳税人会计核算健全，能够提供准确税务资料的，可以向主管税务机关申请一般纳税人资格认定，成为一般纳税人。

会计核算健全，是指能够按照国家统一的会计制度规定设置账簿，根据合法、有效凭证核算。

第五条 符合一般纳税人条件的纳税人应当向主管税务机关申请一般纳税人资格认定。具体认定办法由国家税务总局制定。

除国家税务总局另有规定外，一经认定为一般纳税人后，不得转为小规模纳税人。

第六条 中华人民共和国境外（以下称境外）的单位或者个人在境内提供应税服务，在境内未设有经营机构的，以其代理人为增值税扣缴义务人；在境内没有代理人的，以接受方为增值税扣缴义务人。

第七条 两个或者两个以上的纳税人，经财政部和国家税务总局批准可以视为一个纳税人合并纳税。具体办法由财政部和国家税务总局另行制定。

第二章 应税服务

第八条 应税服务，是指陆路运输服务、水路运输服务、航空运输服务、管道运输服务、研发和技术服务、信息技术服务、文化创意服务、物流辅助服务、有形动产租赁服务、鉴证咨询服务、广播影视服务。

应税服务的具体范围按照本办法所附的《应税服务范围注释》执行。

第九条 提供应税服务，是指有偿提供应税服务，但不包括非营业活动中提供的应税服务。

有偿，是指取得货币、货物或者其他经济利益。

非营业活动，是指：

（一）非企业性单位按照法律和行政法规的规定，为履行国家行政管理和公共服务职能收取政府性基金或者行政事业性收费的活动。

（二）单位或者个体工商户聘用的员工为本单位或者雇主提供应税服务。

（三）单位或者个体工商户为员工提供应税服务。

（四）财政部和国家税务总局规定的其他情形。

第十条 在境内提供应税服务，是指应税服务提供方或者接受方在境内。下列情形不属于在境内提供应税服务：

（一）境外单位或者个人向境内单位或者个人提供完全在境外消费的应税服务。

（二）境外单位或者个人向境内单位或者个人出租完全在境外使用的有形动产。

（三）财政部和国家税务总局规定的其他情形。

第十一条 单位和个体工商户的下列情形，视同提供应税服务：

（一）向其他单位或者个人无偿提供交通运输业和部分现代服务业服务，但以公益活动为目的或者以社会公众为对象的除外。

（二）财政部和国家税务总局规定的其他情形。

第三章　税率和征收率

第十二条　增值税税率：

（一）提供有形动产租赁服务，税率为17%。

（二）提供交通运输业服务，税率为11%。

（三）提供现代服务业服务（有形动产租赁服务除外），税率为6%。

（四）财政部和国家税务总局规定的应税服务，税率为零。

第十三条　增值税征收率为3%。

第四章　应纳税额的计算

第一节　一般性规定

第十四条　增值税的计税方法，包括一般计税方法和简易计税方法。

第十五条　一般纳税人提供应税服务适用一般计税方法计税。

一般纳税人提供财政部和国家税务总局规定的特定应税服务，可以选择适用简易计税方法计税，但一经选择，36个月内不得变更。

第十六条　小规模纳税人提供应税服务适用简易计税方法计税。

第十七条　境外单位或者个人在境内提供应税服务，在境内未设有经营机构的，扣缴义务人按照下列公式计算应扣缴税额：

应扣缴税额＝接受方支付的价款÷（1＋税率）×税率

第二节　一般计税方法

第十八条　一般计税方法的应纳税额，是指当期销项税额抵扣当期进项税额后的余额。应纳税额计算公式：

应纳税额＝当期销项税额－当期进项税额

当期销项税额小于当期进项税额不足抵扣时，其不足部分可以结转下期继续抵扣。

第十九条　销项税额，是指纳税人提供应税服务按照销售额和增值税税率计算的增值税额。销项税额计算公式：

销项税额＝销售额×税率

第二十条　一般计税方法的销售额不包括销项税额，纳税人采用销售额和销项税额合并定价方法的，按照下列公式计算销售额：

销售额＝含税销售额÷（1＋税率）

第二十一条　进项税额，是指纳税人购进货物或者接受加工修理修配劳务和应税服务，支付或者负担的增值税税额。

第二十二条　下列进项税额准予从销项税额中抵扣：

（一）从销售方或者提供方取得的增值税专用发票（含货物运输业增值税专用发票、税控机动车销售统一发票，下同）上注明的增值税额。

（二）从海关取得的海关进口增值税专用缴款书上注明的增值税额。

（三）购进农产品，除取得增值税专用发票或者海关进口增值税专用缴款书外，按照农产品收购发票或者销售发票上注明的农产品买价和13%的扣除率计算的进项税额。计算公式为：

进项税额＝买价×扣除率

买价，是指纳税人购进农产品在农产品收购发票或者销售发票上注明的价款和按照规定缴纳的烟叶税。

（四）接受铁路运输服务，按照铁路运输费用结算单据上注明的运输费用金额和7%的扣除率计算的进项税额。进项税额计算公式：

进项税额＝运输费用金额×扣除率

运输费用金额，是指铁路运输费用结算单据上注明的运输费用（包括铁路临管线及铁路专线运输费用）、建设基金，不包括装卸费、保险费等其他杂费。

（五）接受境外单位或者个人提供的应税服务，从税务机关或者境内代理人取得的解缴税款的中华人民共和国税收缴款凭证（以下称税收缴款凭证）上注明的增值税额。

第二十三条　纳税人取得的增值税扣税凭证不符合法律、行政法规或者国家税务总局有关规定的，其进项税额不得从销项税额中抵扣。

增值税扣税凭证，是指增值税专用发票、海关进口增值税专用缴款书、农产品收购发票、农产品销售发票、铁路运输费用结算单据和税收缴款凭证。

纳税人凭税收缴款凭证抵扣进项税额的，应当具备书面合同、付款证明和境外单位的对账单或者发票。资料不全的，其进项税额不得从销项税额中抵扣。

第二十四条 下列项目的进项税额不得从销项税额中抵扣：

（一）用于适用简易计税方法计税项目、非增值税应税项目、免征增值税项目、集体福利或者个人消费的购进货物、接受加工修理修配劳务或者应税服务。其中涉及的固定资产、专利技术、非专利技术、商誉、商标、著作权、有形动产租赁，仅指专用于上述项目的固定资产、专利技术、非专利技术、商誉、商标、著作权、有形动产租赁。

（二）非正常损失的购进货物及相关的加工修理修配劳务和交通运输业服务。

（三）非正常损失的在产品、产成品所耗用的购进货物（不包括固定资产）、加工修理修配劳务或者交通运输业服务。

（四）接受的旅客运输服务。

第二十五条 非增值税应税项目，是指非增值税应税劳务、转让无形资产（专利技术、非专利技术、商誉、商标、著作权除外）、销售不动产以及不动产在建工程。非增值税应税劳务，是指《应税服务范围注释》所列项目以外的营业税应税劳务。

不动产，是指不能移动或者移动后会引起性质、形状改变的财产，包括建筑物、构筑物和其他土地附着物。

纳税人新建、改建、扩建、修缮、装饰不动产，均属于不动产在建工程。

个人消费，包括纳税人的交际应酬消费。

固定资产，是指使用期限超过 12 个月的机器、机械、运输工具以及其他与生产经营有关的设备、工具、器具等。

非正常损失，是指因管理不善造成被盗、丢失、霉烂变质的损失，以及被执法部门依法没收或者强令自行销毁的货物。

第二十六条 适用一般计税方法的纳税人，兼营简易计税方法计税项目、非增值税应税劳务、免征增值税项目而无法划分不得抵扣的进项税额，按照下列公式计算不得抵扣的进项税额：

不得抵扣的进项税额＝当期无法划分的全部进项税额×（当期简易计税方法计税项目销售额＋非增值税应税劳务营业额＋免征增值税项目销售额）÷（当期全部销售额＋当期全部营业额）

主管税务机关可以按照上述公式依据年度数据对不得抵扣的进项税额进行清算。

第二十七条 已抵扣进项税额的购进货物、接受加工修理修配劳务或者应税服务，发生本办法第二十四条规定情形（简易计税方法计税项目、非增值税应税劳务、免征增值税项目除外）的，应当将该进项税额从当期进项税额中扣减；无法确定该进项税额的，按照当期实际成本计算应扣减的进项税额。

第二十八条 纳税人提供的适用一般计税方法计税的应税服务，因服务中止或者折让而退还给购买方的增值税额，应当从当期的销项税额中扣减；发生服务中止、购进货物退出、折让而收回的增值税额，应当从当期的进项税额中扣减。

第二十九条 有下列情形之一者，应当按照销售额和增值税税率计算应纳税额，不得抵扣进项税额，也不得使用增值税专用发票：

（一）一般纳税人会计核算不健全，或者不能够提供准确税务资料的。

（二）应当申请办理一般纳税人资格认定而未申请的。

第三节 简易计税方法

第三十条 简易计税方法的应纳税额，是指按照销售额和增值税征收率计算的增值税额，不得抵扣进项税额。应纳税额计算公式：

应纳税额＝销售额×征收率

第三十一条 简易计税方法的销售额不包括其应纳税额，纳税人采用销售额和应纳税额合并定价方法的，按照下列公式计算销售额：

销售额＝含税销售额÷(1＋征收率)

第三十二条 纳税人提供的适用简易计税方法计税的应税服务，因服务中止或者折让而退还给接受方的销售额，应当从当期销售额中扣减。

扣减当期销售额后仍有余额造成多缴的税款，可以从以后的应纳税额中扣减。

第四节　销售额的确定

第三十三条　销售额，是指纳税人提供应税服务取得的全部价款和价外费用。

价外费用，是指价外收取的各种性质的价外收费，但不包括代为收取的政府性基金或者行政事业性收费。

第三十四条　销售额以人民币计算。

纳税人按照人民币以外的货币结算销售额的，应当折合成人民币计算，折合率可以选择销售额发生的当天或者当月1日的人民币汇率中间价。纳税人应当在事先确定采用何种折合率，确定后12个月内不得变更。

第三十五条　纳税人提供适用不同税率或者征收率的应税服务，应当分别核算适用不同税率或者征收率的销售额；未分别核算的，从高适用税率。

第三十六条　纳税人兼营营业税应税项目的，应当分别核算应税服务的销售额和营业税应税项目的营业额；未分别核算的，由主管税务机关核定应税服务的销售额。

第三十七条　纳税人兼营免税、减税项目的，应当分别核算免税、减税项目的销售额；未分别核算的，不得免税、减税。

第三十八条　纳税人提供应税服务，开具增值税专用发票后，发生提供应税服务中止、折让、开票有误等情形的，应当按照国家税务总局的规定开具红字增值税专用发票；未按照规定开具红字增值税专用发票的，不得按照本办法第二十八条和第三十二条的规定扣减销项税额或者销售额。

第三十九条　纳税人提供应税服务，将价款和折扣额在同一张发票上分别注明的，以折扣后的价款为销售额；未在同一张发票上分别注明的，以价款为销售额，不得扣减折扣额。

第四十条　纳税人提供应税服务的价格明显偏低或者偏高且不具有合理商业目的的，或者发生本办法第十一条所列视同提供应税服务而无销售额的，主管税务机关有权按照下列顺序确定销售额：

（一）按照纳税人最近时期提供同类应税服务的平均价格确定。

（二）按照其他纳税人最近时期提供同类应税服务的平均价格确定。

（三）按照组成计税价格确定。组成计税价格的公式为：

组成计税价格＝成本×(1＋成本利润率)

成本利润率由国家税务总局确定。

第五章　纳税义务、扣缴义务发生时间和纳税地点

第四十一条　增值税纳税义务发生时间为：

（一）纳税人提供应税服务并收讫销售款项或者取得索取销售款项凭据的当天；先开具发票的，为开具发票的当天。

收讫销售款项，是指纳税人提供应税服务过程中或者完成后收到款项。

取得索取销售款项凭据的当天，是指书面合同确定的付款日期；未签订书面合同或者书面合同未确定付款日期的，为应税服务完成的当天。

（二）纳税人提供有形动产租赁服务采取预收款方式的，其纳税义务发生时间为收到预收款的当天。

（三）纳税人发生本办法第十一条视同提供应税服务的，其纳税义务发生时间为应税服务完成的当天。

（四）增值税扣缴义务发生时间为纳税人增值税纳税义务发生的当天。

第四十二条　增值税纳税地点为：

（一）固定业户应当向其机构所在地或者居住地主管税务机关申报纳税。总机构和分支机构不在同一县（市）的，应当分别向各自所在地的主管税务机关申报纳税；经财政部和国家税务总局或者其授权的财政和税务机关批准，可以由总机构合并向总机构所在地的主管税务机关申报纳税。

（二）非固定业户应当向应税服务发生地主管税务机关申报纳税；未申报纳税的，由其机构所在地或者居住地主管税务机关补征税款。

（三）扣缴义务人应当向其机构所在地或者居住地主管税务机关申报缴纳其扣缴的税款。

第四十三条　增值税的纳税期限分别为1日、3日、5日、10日、15日、1个月或者1个季度。

纳税人的具体纳税期限，由主管税务机关根据纳税人应纳税额的大小分别核定。以1个季度为纳税期限的规定适用于小规模纳税人以及财政部和国家税务总局规定的其他纳税人。不能按照固定期限纳税的，可以按次纳税。

纳税人以1个月或者1个季度为1个纳税期的，自期满之日起15日内申报纳税；以1日、3日、5日、10日或者15日为1个纳税期的，自期满之日起5日内预缴税款，于次月1日起15日内申报纳税并结清上月应纳税款。

扣缴义务人解缴税款的期限，按照前两款规定执行。

第六章　税收减免

第四十四条　纳税人提供应税服务适用免税、减税规定的，可以放弃免税、减税，依照本办法的规定缴纳增值税。放弃免税、减税后，36个月内不得再申请免税、减税。

纳税人提供应税服务同时适用免税和零税率规定的，优先适用零税率。

第四十五条　个人提供应税服务的销售额未达到增值税起征点的，免征增值税；达到起征点的，全额计算缴纳增值税。增值税起征点不适用于认定为一般纳税人的个体工商户。

第四十六条　增值税起征点幅度如下：

（一）按期纳税的，为月应税销售额5000～20000元（含本数）。

（二）按次纳税的，为每次（日）销售额300～500元（含本数）。

起征点的调整由财政部和国家税务总局规定。省、自治区、直辖市财政厅（局）和国家税务局应当在规定的幅度内，根据实际情况确定本地区适用的起征点，并报财政部和国家税务总局备案。

第七章　征收管理

第四十七条　营业税改征的增值税，由国家税务局负责征收。

第四十八条　纳税人提供适用零税率的应税服务，应当按期向主管税务机关申报办理退（免）税，具体办法由财政部和国家税务总局制定。

第四十九条　纳税人提供应税服务，应当向索取增值税专用发票的接受方开具增值税专用发票，并在增值税专用发票上分别注明销售额和销项税额。

属于下列情形之一的，不得开具增值税专用发票：

（一）向消费者个人提供应税服务。

（二）适用免征增值税规定的应税服务。

第五十条　小规模纳税人提供应税服务，接受方索取增值税专用发票的，可以向主管税务机关申请代开。

第五十一条　纳税人增值税的征收管理，按照本办法和《中华人民共和国税收征收管理法》及现行增值税征收管理有关规定执行。

第八章　附　则

第五十二条　纳税人应当按照国家统一的会计制度进行增值税会计核算。

第五十三条　本办法自2013年8月1日起执行。

附：

应税服务范围注释

一、交通运输业

交通运输业，是指使用运输工具将货物或者旅客送达目的地，使其空间位置得到转移的业务活动。包括陆路运输服务、水路运输服务、航空运输服务和管道运输服务。

（一）陆路运输服务。

陆路运输服务，是指通过陆路（地上或者地下）运送货物或者旅客的运输业务活动，包括公路运输、缆车运输、索道运输及其他陆路运输，暂不包括铁路运输。

出租车公司向使用本公司自有出租车的出租车司机收取的管理费用，按陆路运输服务征收增值税。

（二）水路运输服务。

水路运输服务，是指通过江、河、湖、川等天然、人工水道或者海洋航道运送货物或者旅客的运输业务活动。

远洋运输的程租、期租业务，属于水路运输服务。

程租业务，是指远洋运输企业为租船人完成某一特定航次的运输任务并收取租赁费的业务。

期租业务，是指远洋运输企业将配备有操作人员的船舶承租给他人使用一定期限，承租期内听候承租方调遣，不论是否经营，均按天向承租方收取租赁费，发生的固定费用均由船东负担的业务。

（三）航空运输服务。

航空运输服务，是指通过空中航线运送货物或者旅客的运输业务活动。航空运输的湿租业务，属于航空运输服务。

湿租业务，是指航空运输企业将配备有机组人员的飞机承租给他人使用一定期限，承租期内听候承租方调遣，不论是否经营，均按一定标准向承租方收取租赁费，发生的固定费用均由承租方承担的业务。

（四）管道运输服务。

管道运输服务，是指通过管道设施输送气体、液体、固体物质的运输业务活动。

二、部分现代服务业

部分现代服务业，是指围绕制造业、文化产业、现代物流产业等提供技术性、知识性服务的业务活动。包括研发和技术服务、信息技术服务、文化创意服务、物流辅助服务、有形动产租赁服务、鉴证咨询服务、广播影视服务。

（一）研发和技术服务。

研发和技术服务，包括研发服务、技术转让服务、技术咨询服务、合同能源管理服务、工程勘察勘探服务。

1. 研发服务，是指就新技术、新产品、新工艺或者新材料及其系统进行研究与试验开发的业务活动。

2. 技术转让服务，是指转让专利或者非专利技术的所有权或者使用权的业务活动。

3. 技术咨询服务，是指对特定技术项目提供可行性论证、技术预测、专题技术调查、分析评价报告和专业知识咨询等业务活动。

4. 合同能源管理服务，是指节能服务公司与用能单位以契约形式约定节能目标，节能服务公司提供必要的服务，用能单位以节能效果支付节能服务公司投入及其合理报酬的业务活动。

5. 工程勘察勘探服务，是指在采矿、工程施工以前，对地形、地质构造、地下资源蕴藏情况进行实地调查的业务活动。

（二）信息技术服务。

信息技术服务，是指利用计算机、通信网络等技术对信息进行生产、收集、处理、加工、存储、运输、检索和利用，并提供信息服务的业务活动。包括软件服务、电路设计及测试服务、信息系统服务和业务流程管理服务。

1. 软件服务，是指提供软件开发服务、软件咨询服务、软件维护服务、软件测试服务的业务行为。

2. 电路设计及测试服务，是指提供集成电路和电子电路产品设计、测试及相关技术支持服务的业务行为。

3. 信息系统服务，是指提供信息系统集成、网络管理、桌面管理与维护、信息系统应用、基础信息技术管理平台整合、信息技术基础设施管理、数据中心、托管中心、安全服务的业务行为。包括网站对非自有的网络游戏提供的网络运营服务。

4. 业务流程管理服务，是指依托计算机信息技术提供的人力资源管理、财务经济管理、金融支付服务、内部数据分析、呼叫中心和电子商务平台等服务的业务活动。

（三）文化创意服务。

文化创意服务，包括设计服务、商标和著作权转让服务、知识产权服务、广告服务和会议展览服务。

1. 设计服务，是指把计划、规划、设想通过视觉、文字等形式传递出来的业务活动。包括工业设计、造型设计、服装设计、环境设计、平面设计、包装设计、动漫设计、展示设计、网站设计、机械设计、工程设计、广告设计、创意策划、文印晒图等。

2. 商标和著作权转让服务，是指转让商标、商誉和著作权的业务活动。

3. 知识产权服务，是指处理知识产权事务的业务活动。包括对专利、商标、著作权、软件、集成电路布图设计的代理、登记、鉴定、评估、认证、咨询、检索服务。

4. 广告服务，是指利用图书、报纸、杂志、广播、电视、电影、幻灯、路牌、招贴、橱窗、霓虹灯、灯箱、互联网等各种形式为客户的商品、经营服务项目、文体节目或者通告、声明等委托事项进行宣传和提供相关服务的业务活动。包括广告代理和广告的发布、播映、宣传、展示等。

5. 会议展览服务，是指为商品流通、促销、展示、经贸洽谈、民间交流、企业沟通、国际往来等举办或者组织安排的各类展览和会议的业务活动。

（四）物流辅助服务。

物流辅助服务，包括航空服务、港口码头服务、货运客运场站服务、打捞救助服务、货物运输代理服务、代理报关服务、仓储服务和装卸搬运服务。

1. 航空服务，包括航空地面服务和通用航空服务。航空地面服务，是指航空公司、飞机场、民航管理局、航站等向在我国境内航行或者在我国境内机场停留的境内外飞机或者其他飞行器提供的导航等劳务性地面服务的业务活动。包括旅客安全检查服务、停机坪管理服务、机场候机厅管理服务、飞机清洗消毒服务、空中飞行管理服务、飞机起降服务、飞行通信服务、地面信号服务、飞机安全服务、飞机跑道管理服务、空中交通管理服务等。

通用航空服务，是指为专业工作提供飞行服务的业务活动，包括航空摄影，航空测量，航空勘探，航空护林，航空吊挂播撒、航空降雨等。

2. 港口码头服务，是指港务船舶调度服务、船舶通信服务、航道管理服务、航道疏浚服务、灯塔管理服务、航标管理服务、船舶引航服务、理货服务、系解缆服务、停泊和移泊服务、海上船舶溢油清除服务、水上交通管理服务、船只专业清洗消毒检测服务和防止船只漏油服务等为船只提供服务的业务活动。

港口设施经营人收取的港口设施保安费按照"港口码头服务"征收增值税。

3. 货运客运场站服务，是指货运客运场站（不包括铁路运输）提供的货物配载服务、运输组织服务、中转换乘服务、车辆调度服务、票务服务和车辆停放服务等业务活动。

4. 打捞救助服务，是指提供船舶人员救助、船舶财产救助、水上救助和沉船沉物打捞服务的业务活动。

5. 货物运输代理服务，是指接受货物收货人、发货人、船舶所有人、船舶承租人或船舶经营人的委托，以委托人的名义或者以自己的名义，在不直接提供货物运输服务的情况下，为委托人办理货物运输、船舶进出港口、联系安排引航、靠泊、装卸等货物和船舶代理相关业务手续的业务活动。

6. 代理报关服务，是指接受进出口货物的收、发货人委托，代为办理报关手续的业务活动。

7. 仓储服务，是指利用仓库、货场或者其他场所代客贮放、保管货物的业务活动。

8. 装卸搬运服务，是指使用装卸搬运工具或人力、畜力将货物在运输工具之间、装卸现场之间或者运输工具与装卸现场之间进行装卸和搬运的业务活动。

（五）有形动产租赁服务。

有形动产租赁，包括有形动产融资租赁和有形动产经营性租赁。

1. 有形动产融资租赁，是指具有融资性质和所有权转移特点的有形动产租赁业务活动。即出租人根据承租人所要求的规格、型号、性能等条件购入有形动产租赁给承租人，合同期内设备所有权属于出租人，承租人只拥有使用权，合同期满付清租金后，承租人有权按照残值购入有形动产，以拥有其所有权。不论出租人是否将有形动产残值销售给承租人，均属于融资租赁。

2. 有形动产经营性租赁，是指在约定时间内将物品、设备等有形动产转让他人使用且租赁物所有权不变更的业务活动。

远洋运输的光租业务、航空运输的干租业务，属于有形动产经营性租赁。

光租业务，是指远洋运输企业将船舶在约定的时间内出租给他人使用，不配备操作人员，不承担运输过程中发生的各项费用，只收取固定租赁费的业务活动。

干租业务，是指航空运输企业将飞机在约定的时间内出租给他人使用，不配备机组人员，不承担运输过程中发生的各项费用，只收取固定租赁费的业务活动。

（六）鉴证咨询服务。

鉴证咨询服务，包括认证服务、鉴证服务和咨询服务。

1. 认证服务，是指具有专业资质的单位利用检测、检验、计量等技术，证明产品、服务、管理体系符合相关技术规范、相关技术规范的强制性要求或者标准的业务活动。

2. 鉴证服务，是指具有专业资质的单位，为委托方的经济活动及有关资料进行鉴证，发表具有证明力的意见的业务活动。包括会计鉴证、税务鉴证、法律鉴证、工程造价鉴证、资产评估、环境评估、房地产土地评估、建筑图纸审核、医疗事故鉴定等。

3. 咨询服务，是指提供和策划财务、税收、法律、内部管理、业务运作和流程管理等信息或者建议的业务活动。代理记账按照“咨询服务”征收增值税。

（七）广播影视服务。

广播影视服务，包括广播影视节目（作品）的制作服务、发行服务和播映（含放映，下同）服务。

1. 广播影视节目（作品）制作服务，是指进行专题（特别节目）、专栏、综艺、体育、动画片、广播剧、电视剧、电影等广播影视节目和作品制作的服务。具体包括与广播影视节目和作品相关的策划、采编、拍摄、录音、音视频文字图片素材制作、场景布置、后期的剪辑、翻译（编译）、字幕制作、片头、片尾、片花制作、特效制作、影片修复、编目和确权等业务活动。

2. 广播影视节目（作品）发行服务，是指以分账、买断、委托、代理等方式，向影院、电台、电视台、网站等单位和个人发行广播影视节目（作品）以及转让体育赛事等活动的报道及播映权的业务活动。

3. 广播影视节目（作品）播映服务，是指在影院、剧院、录像厅及其他场所播映广播影视节目（作品），以及通过电台、电视台、卫星通信、互联网、有线电视等无线或有线装置播映广播影视节目（作品）的业务活动。

国家税务总局关于在全国开展营业税改征增值税试点有关征收管理问题的公告

国家税务总局公告2013年第39号

为了贯彻落实《财政部　国家税务总局关于在全国开展交通运输业和部分现代服务业营业税改征增值税试点税收政策的通知》（财税〔2013〕37号）精神，保障营业税改征增值税（以下简称营改增）改革试点的顺利实施，现将征收管理有关问题公告如下：

一、关于纳税人发票使用问题

（一）自本地区营改增试点实施之日起，增值税纳税人不得开具公路、内河货物运输业统一发票。

增值税一般纳税人（以下简称一般纳税人）提供货物运输服务的，使用货物运输业增值税专用发票（以下简称货运专票）和普通发票；提供货物运输服务之外其他增值税应税项目的，统一使用增值税专用发票（以下简称专用发票）和增值税普通发票。

小规模纳税人提供货物运输服务，服务接受方索取货运专票的，可向主管税务机关申请代开，填写《代开货物运输业增值税专用发票缴纳税款申报单》（附件1）。代开货运专票按照代开专用发票的有关规定执行。

（二）提供港口码头服务、货运客运场站服务、装卸搬运服务、旅客运输服务的一般纳税人，可以选择使用定额普通发票。

（三）从事国际货物运输代理业务的一般纳税人，应使用六联专用发票或五联增值税普通发票，其中第四联用作购付汇联；从事国际货物运输代理业务的小规模纳税人，应使用普通发票，其中第四联用作购付汇联。

（四）纳税人于本地区试点实施之日前提供改征增值税的营业税应税服务并开具营业税发票后，如发生服务中止、折让、开票有误等情形，且不符合发票作废条件的，应于2014年3月31日前向原主管税务机关申请开具营业税红字发票，不得开具红字专用发票和红字货运专票。须重新开具发票的，应于2014年3月31日前向原主管税务机关申请开具营业税发票，不得开具专用发票或货运专票。

二、关于税控系统使用问题

（一）自本地区营改增试点实施之日起，一般纳税人提供货物运输服务、开具货运专票的，使用货物运输业增值税专用发票税控系统（以下简称货运专票税控系统）；提供货物运输服务之外的其他增值税应税服务、开具专用发票和增值税普通发票的，使用增值税防伪税控系统（以下简称防伪税控系统）。

（二）自2013年8月1日起，一般纳税人从事机动车（旧机动车除外）零售业务开具机动车销售统一发票，应使用机动车销售统一发票税控系统（以下简称机动车发票税控系统）。

（三）试点纳税人使用的防伪税控系统专用设备为金税盘和报税盘，纳税人应当使用金税盘开具发票，使用报税盘领购发票、抄报税；货运专票税控系统和机动车发票税控系统专用设备为税控盘和报税盘，纳税人应当使用税控盘开具发票，使用报税盘领购发票、抄报税。

货运专票税控系统及专用设备管理，按照现行防伪税控系统有关规定执行。各省国税机关可对现有相关文书作适当调整。

（四）北京市小规模纳税人自2012年9月1日起使用金税盘或税控盘开具普通发票，使用报税盘领购发票、抄报税的办法继续执行。

三、关于增值税专用发票（增值税税控系统）最高开票限额审批问题

增值税专用发票（增值税税控系统）实行最高开票限额管理。最高开票限额，是指单份专用发票或货运专票开具的销售额合计数不得达到的上限额度。

最高开票限额由一般纳税人申请，区县税务机关依法审批。一般纳税人申请最高开票限额时，须填报《增值税专用发票最高开票限额申请单》（附件2）。主管税务机关受理纳税人申请以后，根据需要进行实地查验。实地查验的范围和方法由各省国税机关确定。

税务机关应根据纳税人实际生产经营和销售情况进行审批，保证纳税人生产经营的正常需要。

四、关于货运专票开具问题

（一）一般纳税人提供应税货物运输服务，使用货运专票；提供其他增值税应税项目、免税项目或非增值税应税项目的，不得使用货运专票。

（二）货运专票中“承运人及纳税人识别号”栏填写提供货物运输服务、开具货运专票的一般纳税人信息；“实际受票方及纳税人识别号”栏填写实际负担运输费用、抵扣进项税额的一般纳税人信息；“费用项目及金额”栏填写应税货物运输服务明细项目及不含增值税的销售额；“合计金额”栏填写应税货物运输服务项目不含增值税的销售额合计；“税率”栏填写增值税税率；“税额”栏填写按照应税货物运输服务项目不含增值税的销售额和适用税率计算得出的增值税额；“价税合计（大写）（小写）”栏填写不含增值税的销售额和增值税额的合计；“机器编号”栏填写货运专票税控系统税控盘编号。

（三）税务机关在代开货运专票时，货运专票税控系统在货运专票左上角自动打印“代开”字样；“税率”栏填写小规模纳税人增值税征收率；“税额”栏填写按照应税货物运输服务项目不含增值税的销售额和小规模纳税人增值税征收率计算得出的增值税额；“备注”栏填写税收完税凭证号码；其他栏次内容与本条第（二）项相同。

（四）提供货物运输服务，开具货运专票后，如发生应税服务中止、折让、开票有误以及发票抵扣联、发票联均无法认证等情形，且不符合发票作废条件，需要开具红字货运专票的，实际受票方或承运人可向主管税务机关填报《开具红字货物运输业增值税专用发票申请单》（附件3），经主管税务机关核对并出具《开具红字货物运输业增值税专用发票通知单》（附件4，以下简称《通知单》）。实际受票方应暂依《通知单》所列增值税税额从当期进项税额中转出，未抵扣增值税进项税额的可列入当期进项税额，待取得承运人开具的红字货运专票后，与留存的《通知单》一并作为记账凭证。认证结果为“无法认证”“纳税人识别号认证不符”“发票代码、号码认证不符”以及所购服务不属于增值税扣税项目范围的，不列入进项税额，不作进项税额转出。承运人可凭《通知单》在货运专票税控系统中以销项负数开具红字货运专票。《通知单》暂不通过系统开具，但其他事项按照现行红字专用发票有关规定执行。

五、关于货运专票管理问题

（一）货运专票暂不纳入失控发票快速反应机制管理。

（二）货运专票的认证结果类型包括“认证相符”“无法认证”“认证不符”“密文有误”和“重复认证”等类型（暂无失控发票类型），稽核结果类型包括“相符”“不符”“缺联”“重号”“属于作废”和“滞留”等类型。认证、稽核异常货运专票的处理按照专用发票的有关规定执行。

（三）稽核异常的货运专票的核查工作，按照《增值税专用发票审核检查操作规程（试行）》的有关规定执行。

（四）丢失货运专票的处理，按照专用发票的有关规定执行，承运方主管税务机关出具《丢失货物运输业增值税专用发票已报税证明单》（附件5）。

六、本公告自2013年8月1日起实施，《国家税务总局关于修订〈增值税专用发票使用规定〉的通知》（国税发〔2006〕156号）第五条、《国家税务总局关于营业税改征增值税试点有关税收征收管理问题的公告》（国家税务总局公告2011年第77号）、《国家税务总局关于北京等8省市营业税改征增值税试点有关税收征收管理问题的公告》（国家税务总局公告2012年第42号）同时废止。

特此公告。

附件：1. 代开货物运输业增值税专用发票缴纳税款申报单（略）

2. 增值税专用发票最高开票限额申请表（略）

3. 开具红字货物运输业增值税专用发票申请单（略）

4. 开具红字货物运输业增值税专用发票通知单（略）

5. 丢失货物运输业增值税专用发票已报税证明单（略）

国家税务总局

2013年7月10日

审计结果公告

中华人民共和国审计署审计结果公告（2013年第1号）

关于2011年度中央预算执行和其他财政收支审计查出问题的整改结果

（2013年1月16日公告）

十一届全国人大常委会第二十七次会议审议了审计署审计长刘家义受国务院委托所做的《关于2011年度中央预算执行和其他财政收支的审计工作报告》，要求国务院责成有关部门对审计查出的问题，认真研究处理，切实进行整改，并向全国人大常委会报告落实结果。国务院十分重视这项工作，温家宝总理于2012年7月4日主持召开国务院常务会议，专门部署了审计查出问题的整改工作，要求各地区、各部门、各单位虚心接受并认真采纳审计意见和建议，把整改工作与加强制度建设结合起来，进一步深化财政体制改革。国务院各有关部门、单位和各地区按照全国人大常委会和国务院的要求及审计署依法下达的审计决定，认真进行了整改。据统计，截至2012年10月底，各被审计单位通过上缴国库、归还原资金渠道、补征税款、收回贷（借）款、调整账目等方式整改问题金额1055.98亿元，通过补办手续、清退土地等方式整改违规征地用地30.75万亩，挽回和避免损失137.14亿元；根据审计建议，制定完善规章制度1600多项。审计发现的112起案件线索及其他问题移送有关部门查处后，已有660多人被依法处理。现将审计查出问题的整改情况公告如下：

一、中央财政管理审计查出问题的整改情况

（一）关于中央财政预算管理完整性方面的问题。

1. 有些收支未纳入预算管理问题。财政部正会同有关部门认真研究和梳理，将属于政府的收支纳入预算管理，其中：对委托进出口银行管理的外国政府贷款利息收支，拟在中央财政预算和决算草案中单独列表反映；督促贸促会于2012年底前将中国专利代理（香港）有限公司应上缴的1.7亿港元投资股利分红上缴中央国库。

2. 少报19.22亿元超收收入安排情况问题。财政部在汇总决算时，已按决算数将超收收入安排情况向全国人大常委会和国务院做了报告。

3. 批复的2011年部门预算中统筹使用结转结余资金与实际差异较大问题。财政部《关于编制2013年中央部门预算的通知》已对中央部门提出要求：一是对2012年可能形成的结转资金要充分预计，并在2013年“二上”预算中全面、完整反映。二是加大结转和结余资金统筹使用力度。经财政部批复确认截至2011年底的项目支出累计结余资金，除已在2012年部门预算中统筹安排使用的部分之外，其余部分原则上全部统筹用于2013年预算支出；中央部门在编制2013年预算时，增报政府性基金财政拨款结余资金情况表，将政府性基金结余纳入部门预算，并优先动用和消化政府性基金财政拨款结余资金。三是对当年结转和结余资金比上年增加较多或多年累计结转和结余资金规模较大的中央部门，将适当压缩2013年财政拨款预算总额。

4. 部门预决算报表未完整反映政府采购情况问题。财政部从2012年起，在部门预算报表里增列了政府采购预算报表；2012年5月印发通知，要求中央预算单位将所有政府采购管理范围的工程、货物、服务全部纳入政府采购预算管理；

2012年8月明确了政府采购预算调整程序；组织研究政府采购决算编报等问题。

（二）关于中央公共财政预算的细化和执行方面的问题。

1. 年初预算未全部细化落实到部门和地区问题。财政部采取了以下措施：一是进一步细化预算编制，严格控制中央本级代编预算规模。要求中央部门切实把项目支出预算细化到基层单位，减少代编；有预算分配权的中央部门要按规定时间向财政部报送横向指标分配方案，认真执行年初预算到位率的要求，将细化的项目支出在年初列入部门预算，严格控制代编预算规模。二是切实加强代编预算执行管理，加快代编预算下达和执行进度，重申对超过9月30日仍未落实到部门和单位且无正当理由的代编预算，除据实结算项目外，原则上收回总预算，调剂用于其他支出或平衡预算。三是继续督促发展改革委等相关中央部门提早做好基本建设支出项目准备工作，简化审批程序，加快基本建设支出下达进度。四是进一步研究完善提前下达地方转移支付办法，提高转移支付提前下达比例。为细化中央基本建设支出预算，发展改革委不断改进中央预算内投资计划编制工作，提前启动，科学安排。经过努力，2012年中央本级预算内投资支出年初到位率达到了69.5%，比2011年的47%有了较大提高。今后，发展改革委将在做好本年度投资计划下达工作的同时，提前启动下一年度投资计划编制工作，并督促有关方面尽快适应这一转变，努力加强项目储备，不断提高中央预算内投资计划编制水平。

2. 个别投资计划安排不够合理问题。发展改革委调整完善了产业振兴和技术改造项目投资安排工作方案，将严格按照经国务院批准的重点产业振兴规划确定的支持方向安排投资，进一步突出产业振兴和技术改造重点领域，积极支持战略性新兴产业发展。

3. 向一些项目安排的财政补助投资未达到规定比例，且分配散、金额小问题。对基层就业和社会保障服务设施建设试点项目，发展改革委要求各试点地区研究完善工作方案，更加有效地发挥中央投资的带动作用；对中小企业技术改造专项，发展改革委统一了中央补助标准；对电子信息产业振兴和技术改造项目，发展改革委在组织编制2012年投资计划时已提出了项目数量和资金额度匹配等要求，切实提高政策实施效果。

4. 在执行中调整预算项目用途问题。财政部已修订了预算科目名称，相应调整了科目涵盖的内容；对执行中调整中央财政代编预算的项目用途等情况，在年底预算执行结束后将有关情况上报国务院。

5. 投资计划下达程序不规范问题。发展改革委正在协同有关方面抓紧编制相关专项建设规划，用专项规划来指导项目审核和投资安排等工作，并采取措施加大对资金申请报告、可行性研究报告、初步设计的审查力度，严格审核把关，科学安排投资。

6. 投资计划和预算下达时间滞后问题。2012年以来，发展改革委加强了中央预算内投资计划下达工作的统筹协调，加快了计划下达进度，中央预算内投资计划下达进度比上年提前了约3个月。财政部积极采取措施，严格控制追加部门预算的时限，强化中央支出预算执行管理。一是代编预算原则上在9月30日前下达到部门；二是对于预备费、当年预计要安排的超收收入，将提前做好支出安排预案按程序报经批准后，及时落实到具体单位和项目；三是对部门提出的超时限追加预算申请，除党中央、国务院确定的重点支出或关系到国计民生的重大支出外，原则上不予办理。此外，对批复部门决算不及时问题，财政部于2012年4月印发了《中央部门决算管理工作规程（试行）》，明确了中央部门决算批复的流程、内部职责分工和时间要求，建立了督查通报制度。

7. 部分预算执行率低问题。财政部已于2012年1月下达了关于做好农业保险保费补贴工作的通知，将中央财政农业保险保费补贴区域扩大至全国，提高农业保险保费补贴预算执行率；选择了4省区开展农业保险保费补贴绩效评价试点工作，督促相关部门严格落实工作计划，减少结转结余资金形成。对中央预算投资安排的6个项目进展缓慢的问题，发展改革委要求有关部门和地方督促项目单位立即整改，并加强了技术和业务指导，推动加快项目的建设和实施，同时组织对2012年中央投资计划执行情况进行了专项督察。

（三）关于财政转移支付管理方面的问题。

1. 一般性转移支付力度仍应加大问题。财政部将继续完善中央财政对地方均衡性转移支付规模稳定增长机制，推动基本公共服务均等化：一是根据客观形势的变化，改进转移支付规模确定办法，进一步加大均衡性转移支付规模和力度；二是研究完善现行转移支付办法，科学度量地方财政标准收支缺口，合理分配转移支付资金；三是进一步规范一般性转移支付和专项转移支付的划分。

2. 专项转移支付管理制度不健全问题。对未制定管理办法的 33 项转移支付项目，其中 10 项财政部已出台了管理办法；16 项管理办法正在抓紧研究制定；2 项已被取消或合并；5 项因客观因素限制尚难以制定管理办法，将结合工作实际，待条件成熟后尽快制定。对专项转移支付绩效评价制度不够健全的问题，财政部将继续完善专项转移支付资金管理办法，增加绩效评价相关内容，逐步健全绩效评价体系；对已开展的绩效评价项目，逐步建立评价结果和预算安排有机结合机制，实现绩效评价结果的有效应用。

3. 部分专项转移支付未实现预期目标问题。对虚假申报套取淘汰落后产能奖励资金的问题，有关地方政府已收回 6 户违规企业获得的奖励资金。对 13 户企业未按规定淘汰落后产能的问题，已经整改到位，拆除了全部落后设备设施。对金太阳示范工程财政补助未实现预期政策目标的问题，财政部已会同国家能源局组织专业机构进行了实地核实，对超期完工的项目将降低补贴标准并予以清算，对进度严重滞后的项目将予以取消；国家电网公司已制定相关管理办法，明确了金太阳示范工程项目并网标准、技术规范、程序等，相关项目正在加快履行并网程序。

（四）关于中央政府性基金预算管理方面的问题。

1. 基金预算代编规模偏大、执行率低问题。财政部采取了以下措施：一是着手健全政府性基金预算支出项目库，制定相关管理办法，实行项目滚动管理，对执行情况进行绩效评价。二是建立政府性基金结余调节机制。对预算执行率不高的项目，当年结余不再编入该基金下年度收入预算安排；连续两个年度预算执行率达不到规定比例的项目，对结余资金进行统筹调剂。三是增强基金预算的约束性。基金预算一经确定，除无法预见的临时性或国务院明确的特殊支出事项外，不得调整支出项目。对基金超收收入，直接转入基金结余，原则上当年不安排支出；对确需安排的支出项目，按预算调整的法定程序办理。

2. 执行中改变部分预算级次问题。财政部将进一步严格政府性基金预算执行管理，尽量避免调整预算级次等情况。

3. 基金征缴不到位问题。对铁路建设基金尚未将以合资形式建设和运营的铁路线纳入基金征收范围的问题，财政部正在会同铁道部研究根据铁路投资建设和管理体制的改革情况，完善铁路建设基金征收政策。对南水北调工程基金欠缴问题，财政部正在会同有关部门继续加大工作力度，督促相关地方政府切实履行基金征缴责任。

（五）关于中央国有资本经营预算管理方面的问题。

1. 国有资本经营预算范围不完整问题。财政部正在会同有关部门，继续研究提出扩大中央国有资本经营预算实施范围的意见，争取逐步将所有中央国有企业纳入预算覆盖范围。

2. 现行国有资本经营收益收缴比例仍偏低问题。经国务院批准，从 2012 年起中国烟草总公司税后利润收取比例已提高至 20%。财政部正在结合国有企业改革发展实际，研究调整和提高国有资本收益收取比例的合适途径和方式。

3. 国有资本经营预算与公共财政预算功能定位不够清晰问题。财政部正在研究进一步理顺公共财政预算和国有资本经营预算的关系，适应国有资本经营预算收入规模逐步增加的状况，逐步减少公共财政预算用于国有企业的支出，加大国有资本经营预算资金调入公共财政预算用于社会保障等民生方面的支出。

4. 国有资本经营预算编制不细化、下达时间晚问题。财政部将督促中央预算单位按规定及时报送国有资本经营预算，加强项目可行性分析，细化项目预算编制；督促中央企业及时上缴国有资本经营收益，并完善国有资本经营收益库款与公共财政收入等库款的调剂机制，加快国有资本经营预算支出执行进度。

（六）关于国库管理方面的问题。

1. 9 个国外无偿援助资金专用账户未按规定归口国库部门统一管理问题。财政部已将其中 7

个账户移交国库归口管理，其余2个账户已随项目执行期结束销户。

2. 国库集中支付相关操作不够完善问题。财政部已印发《关于中央预算单位2013年预算执行管理有关问题的通知》，细化完善了财政直接支付和授权支付范围的划分标准，并已研究修订中央财政国库集中支付代理银行手续费计付管理办法，拟于2012年年底前印发。

（七）关于财税审批和管理方面的问题。

为加强政府采购审批监管，财政部采取了以下措施：一是会同监察部、审计署和国家预防腐败局联合对社会代理机构政府采购执业情况开展了专项检查；二是印发《财政部对中央集中采购机构监督考核暂行办法的补充通知》，明确将重要考核情况上报国务院，并正在调查处理涉嫌违规的单位和个人；三是以财政部办公厅发函的方式，规范审批（核）政府采购方式变更和采购进口产品事项。

（八）关于中央决算草案编制方面的问题。

1. 财政借款未及时清理、也未在决算草案中编报问题。财政部正在敦促相关单位归还财政借款，并研究制定财政部借款管理办法，规范借款行为，明确借款人的责任和义务等。

2. 编报程序和科目不完全符合制度要求问题。财政部正在按照《财政总预算会计制度》要求，研究制定决算草案编制内部工作规范；对决算科目不符合有关规定的问题，财政部已在《2013年政府收支分类科目》中作了相应修正。

二、中央部门预算执行和决算草案审计查出问题的整改情况

中央部门高度重视预算执行审计发现问题的整改工作，及时采取措施，落实整改责任。有45个部门的主要负责人和分管领导对整改工作提出专门要求，有44个部门专门召开党组会、部长办公会等会议研究部署整改工作。截至2012年10月底，本次审计查出的50个中央部门及其所属单位违反财经制度问题金额102.81亿元，已整改76.21亿元，其中上缴中央财政6.86亿元，归还原资金渠道5.35亿元，通过加强管理、调整账目和决算报表等整改64亿元；其余问题因涉及资产清理、账目清查、资金筹措、竣工决算、上报审批等，相关部门正在加快工作进度，争取尽快整改到位。在纠正问题的同时，有36个部门及部分所属单位制定和修订273项内部规章制度，涉及财务预算、政府采购、资金资产和内部监督等方面。具体整改情况如下：

（一）关于预算执行未完全到位的问题。对通过虚列支出、以拨作支等方式使35.63亿元预算资金在下级单位或项目承担单位沉淀的问题，已通过调整账目和决算报表、归还原资金渠道等方式整改完毕。

（二）关于预算和财务管理不够严格的问题。对多申领财政资金2191.91万元的问题，已通过收回资金、调整账目和决算报表等方式整改完毕。对违规转移套取资金1.57亿元的问题，已通过调整账目和决算报表、归还原资金渠道等方式整改1.5亿元。对自行设立项目违规收费2.07亿元的问题，已通过上报审批、取消收费项目、停止违规收费等方式整改1.79亿元。对7.7亿元非税收入未按“收支两条线”规定及时上缴的问题，已通过归还原资金渠道、严格收费管理等方式整改7.29亿元。对政府采购、资产管理和账务处理等不规范涉及金额43.94亿元的问题，已通过严格规范政府采购和资产管理程序、调整账目等方式整改19.55亿元。其余问题正在整改中。

（三）关于一些预算管理制度和规定不够明确完善的问题。对直接在项目支出中列支基本支出3.93亿元的问题，已通过调整账目和决算报表、归还原资金渠道等方式整改3.78亿元。对在预算科目、支出项目间调剂使用预算资金7.75亿元的问题，已通过调整账目和决算报表、归还原资金渠道、加强预算支出管理等方式整改6.45亿元。其余问题正在整改中。

此外，对部门决算草案编报不够准确等14.19亿元的问题，相关部门已调整账目和报表13.51亿元，其余问题正在整改中。

三、县级财政性资金审计查出问题的整改情况

（一）关于县级财政性收入中非税收入占比较高，稳定性和可持续性较差的问题。审计的18个省区市采取了以下措施：一是研究通过调整经济增长结构、推动产业转型升级等途径，进一步支持县域经济发展，壮大县级支柱财源；二是开展综合治税，加强非税收入项目清理和收入收缴工作，提高县级财政收入的稳定性；三是加强对本省财政收入质量的监督管理，促进地方财政经济健康发展。

（二）关于一些县在招商引资中变相减免财政性收入，有的存在虚增财政收入现象的问题。对出台与国家政策相悖的优惠政策文件的问题，相关的53个县已清理取消了有关优惠政策，制定和修订8项规范县级政府招商引资行为的专门办法，还补征财政性收入507.11万元；对虚增财政收入的问题，相关地方已收回出借给企业的财政性资金7763.63万元，调减年度财政性收入1300万元，今后将严格执行国家预算管理方面的制度规定，杜绝此类问题再次发生。

（三）关于县级财政支出压力较大，一些地方民生资金计提不足的问题。审计的18个省（区、市）将结合省以下财政管理体制改革，采取以下措施：一是积极研究缓解县级财政困难的对策，加强省级财政调控能力和对县级财政支持力度，增加对市县转移支付规模；二是推进体制机制改革，研究建立县级基本财力保障的长效机制。对少提取用于保障性住房、教育、农田水利建设等方面支出的问题，相关县（市）已补提5251.28万元，今后将严格按规定及时足额计提。

（四）关于对超收收入缺乏制度约束，财政管理还不够规范的问题。有关省（区、市）采取了以下措施：一是研究制定超收收入管理、分配和使用的制度规定，纳入同级人大的监督管理范围，重点用于民生方面的重点支出；二是督促相关县（市）尽快开展部门预算改革和国库集中支付管理。对财政报表中少反映的预算收入，相关县（市）已征收入库75.43亿元；正在采取调整预算科目、加快支出进度等方式，消化少反映的支出和虚列的支出。

四、重点民生项目及其他专项审计查出问题的整改情况

（一）关于保障性安居工程审计查出的问题。对建设资金筹集不到位的问题，相关地方已补提或补缴保障性安居工程资金26.67亿元，落实配套资金0.85亿元，将26.99亿元被截留挪用的专项资金归还原资金渠道，并制订了分期补提或配套计划，确保整改到位。对资格审核和退出机制不健全的问题，对审计指出的不合规保障对象逐一进行资格审核，取消了6928户不符合条件家庭的保障资格，清退了918户不符合条件的入住家庭或享受补贴家庭，追回补贴资金242.41万元；向1607户家庭下发了退房或取消资格通知书，冻结或限购保障房交易1410户，并调整了259户的租金和补贴水平。相关地方还制定完善24项政策规定，规范建设资金筹集、审核和退出机制等工作。

（二）关于农村医疗卫生服务体系建设审计查出的问题。对基层卫生队伍建设相对滞后的问题，6个省市制定了乡村医生队伍建设方面的实施意见等办法，39个县采取了定向培养农村卫生人才、招聘专业人员、加强业务培训、组织参加乡村医生资格考试等措施。对17个县的23家医院存在超过规定比例加价售药的问题，采取了药品排查、价格检查部门查处收缴、实施价格公示等措施，已纠正违规问题金额6677万元；9个县还对相关责任人给予诫勉谈话、通报批评、行政处分等处理。对套取、挪用或滞留医疗建设项目资金的问题，卫生部印发文件，对建设项目资金管理、建设质量和进度等进一步提出明确要求，17个县采取了拨付或归还资金、完善相关申报手续等措施，已纠正违规问题金额1.42亿元，处理了9名相关责任人，并制定完善了专项资金使用管理细则等办法。

（三）关于现代农业生产发展资金审计查出的问题。财政部于2012年5月印发了《关于通报现代农业生产发展资金审计情况和进一步加强改进管理的通知》，对审计查出问题的整改和进一步加强资金管理提出了明确要求，并着手修订完善资金管理和绩效评价办法。相关地方已将套取挪用的3628.2万元资金归还原资金渠道，有5个县被取消现代农业生产发展项目县资格，5个县的相关单位和责任人被给予通报批评、罚款或免职等处理。

（四）关于国家科技重大专项审计查出的问题。8个国家科技重大专项的领导小组组长和部门主要负责人对整改工作提出专门要求，有关部门还召开会议专题研究部署整改工作。其中：对课题验收中存在的问题，有关单位制订了验收计划，加快组织开展第三方测试、知识产权形式审查、财务验收审计等工作进度，目前已完成大部分课题的任务验收，正在分期分批组织财务验收，科技部、发展改革委、财政部组织了第一批课题验收抽查；对2个滚动支持课题中存在的问题，相关部门已组织专家进行了任务验收，并对2013年度拟立项课题严格立项，确保优中选优；对成果充抵的问题，有关部门和单位加强了课题研究成果的审核把关，已从验收材料中剔除问题成果492项，正在对其余90项充抵的成果进行审核和整改。科技部、发展改革委、财政部正在修订完善《国家科技重大专项管理暂行规定》和《民口科技重大专项资金管理暂行办法》，进一步提升科技重大专项的管理水平。

五、重大投资项目审计查出问题的整改情况

（一）关于招投标管理不规范的问题。相关地方和单位进一步健全了招投标管理制度，加强招标采购和分包的检查监督，并建立了供应商不良行为档案及履约评价体系。其中，对中央支持新疆发展项目招投标不规范的问题，新疆维吾尔自治区政府已对责任单位予以通报批评和罚款，经国务院批准，发展改革委印发了《对口援疆项目管理暂行办法》，进一步规范援疆项目的建设程序；对违规将资格预审申请文件获取时间缩短的问题，铁道部制定了《铁路建设工程施工招标投标实施细则》和《铁路工程施工招标标段抽签规则》，确保今后铁路建设招投标管理严格依法合规。

（二）关于一些项目投资和进度控制不够严格的问题。对重复计列费用、价款结算不严等造成投资增加的问题，相关单位调整和细化了施工合同，已将概算外工程清理出概算或暂缓结算因概算不合理增加的投资，并完善了勘察和设计变更等相关管理办法。对滞留和挪用建设资金的问题，相关地方已将违规情况予以通报批评，责成有关单位将挪用资金归还原渠道和加快资金下拨审批工作，对相关责任人给予行政记过处分和经济处罚。对拖欠工程款和劳务费的问题，京沪高速铁路股份有限公司已加快概算清理，积极筹措资金，协调解决施工单位资金周转困难的问题，并督促施工单位加快支付拖欠款。对中小学校舍安全工程任务未完成的问题，全国中小学校舍安全工程领导小组办公室和相关地方迅速制订了整改方案，加快了工程的排查和治理工作。截至2012年10月底，54个县已经完成83%的校舍加固和93%的校舍新建任务，未完工部分主要集中在偏远山区，因不安全校舍存量较大、资金筹措困难等影响到工程进展，有关地方正在加大推进力度。

（三）关于一些项目质量管理存在薄弱环节的问题。相关单位加强了工程质量管理，其中对西气东输二线工程存在的问题，中石油公司已按有关部门的审核意见，及时整改了站场、阀室的消防、防雷工程存在的问题，更换了不合格的无损检测、监理等人员，根据合同条款对相关监理和施工等单位予以通报批评和罚款，对重要岗位人员全部进行了审核报批，同时要求在以后的招标文件中明确对擅自更换不可替换人员的经济处罚等条款。

六、汶川、玉树、舟曲灾后恢复重建跟踪审计查出问题的整改情况

（一）关于汶川灾后恢复重建跟踪审计查出的问题。在审计过程中，各相关方面及时整改了审计发现的问题。对管理不合规、勘察设计不到位等问题，灾区政府和主管部门修改完善了资金核算、内部招投标管理等办法，并对相关设计、施工和监理单位进行了处理处罚；相关项目建设单位加强了项目工程监理，对存在的工程质量缺陷采取了修复、拆除返工等补救措施。对审计核减的工程价款，相关方面已进行了核减。

（二）关于玉树灾后恢复重建跟踪审计查出的问题。在审计过程中，各相关方面及时整改了发现的问题，并完善了10多项规章制度。对重建城镇居民住房建设进度难达预定目标的问题，青海省责成相关部门做出了全面部署，截至2012年10月底，城镇居民住房开工率达100%、完工率达91.8%。对项目施工质量、监理和投资管理中的问题，青海省责成相关部门进行了调查、核实和确认，下发了整改通知书；相关施工单位已采取填补路基、清理堆积杂物、完善后期施工等措施，纠正了质量方面的问题；相关监理单位更换了4个项目的监理人员，并加强了其他7个项目的监理力量；公路管理部门已扣回多计工程款项，处理了相关责任人。

（三）关于舟曲灾后恢复重建跟踪审计查出的问题。甘肃省重建办召开专题会议研究整改，并积极筹措资金，已拨付到位资金1568.10万元。

舟曲县相关部门收回了汇入个人账户的工程款，重新按规定将资金汇入各施工单位银行账户，并规范了招标投标工作，确保在后续的项目中严格执行国家基本建设程序，杜绝不规范问题再次发生。

七、土地和资源环境保护审计查出问题的整改情况

（一）关于违规批地用地问题仍时有发生，土地出让收入等资金管理还不够严格的问题。相关地方制定了具体整改措施，已纠正违规征收占用土地 20.01 万亩，追缴收回土地出让收入 135.05 亿元，将未纳入预算管理的 46.49 亿元土地出让收入上缴国库，并进一步规范了招拍挂出让经营性用地、保障“三类住房”用地、土地出让收入预算管理等制度。

（二）关于部分地区和行业发展方式落后，资源环境保护措施不到位的问题。对石墨资源存在无序开采、低水平利用的问题，有关部门正按照国务院要求，组织专项调研，进一步完善相关制度办法；对 14 条长江支流的综合治理工程尚未纳入投资计划的问题，发展改革委已将 8 条支流的综合治理列入国家相关“十二五”规划，其余 6 条支流的综合治理列入三峡后续工作项目，加快推进环境整治工作。

（三）关于一些地方环境保护项目建设统筹规划不够，污水垃圾处理等工作滞后的问题。对利用国外贷款工程闲置的设备，有 26 个工程采取了加大生产工艺和技术研发力度、借助优惠政策盘活闲置设备、将闲置的设备用于本单位的其他项目等措施，并建立健全了相关管理制度。对缺水城市污水再生利用率偏低的问题，相关地方拟将再生水利用纳入城市市政建设的综合规划，把发展用户、培育市场作为再生水销售工作的重点。对新增垃圾日处理能力偏低的问题，相关地方采取了新建再生能源利用工程、加大财政投入、调整垃圾焚烧处理场建设规模等措施。对医疗废物处置不当的问题，相关地方采取了推进集中处置、进行污水处理系统改造、卫生部门与环保部门开展工作联动等措施，并建立了污水无害化处理等制度。

八、金融审计查出问题的整改情况

（一）关于资金借贷方面的问题。对贷款发放和管理的违规问题金额 300 亿元，相关金融机构通过完善补齐贷款手续、补足项目资本金、规范利率收取、停办有关业务和收回贷款等方式，全部予以纠正，并处理责任人员 395 人次，制定修订了近 190 项规章制度。对中小企业参与民间借贷活动中存在的问题，人民银行已按照国务院要求进行了多次调研，向国务院提交了专题报告，正在研究完善非吸收存款类专业放贷人相关法律法规。

（二）关于金融创新管理方面的问题。对信贷规模统计和管理方面的问题，国务院专门召开由相关部门和 8 家商业银行参加的会议做出部署，人民银行和银监会等部门已出台有关政策予以规范。对一些金融机构内部治理机制不完善的问题，相关金融机构改进了内部管理，不断简化股权关系，压缩管理层级，制定修订了离岸公司管理等方面制度和办法。

（三）关于信用评级行业发展方面存在的问题。人民银行等部门按照国务院的要求，正在研究制订信用评级机构监管部际联席会议工作方案，规范和推动信用评级行业发展。对 16 家债券发行企业在信用评级及申请发债中提供虚假资料的问题，发展改革委已责成 16 家企业和有关部门通过及时办理注册资本变更、补办农用地转用手续、健全发债资金专户管理、撤回有关募集资金，以及如实披露募集资金投向信息等方式进行了整改。同时发展改革委正在会同有关部门研究具体的制度规范，进一步加强发债审核等工作；人民银行正在研究完善债券市场发展顶层设计，加强对银行间债券市场的管理，严肃查处违规事件，切实维护市场公开透明，保护投资者合法权益。

九、企业审计查出问题的整改情况

（一）关于一些企业落实节能减排要求不到位，执行“三重一大”决策制度不够严格的问题。对违规新建和未按规定淘汰产能的问题，武钢、宝钢和鞍钢集团公司已按规定补办相关核准手续，制订落后产能关停计划，逐步关停应淘汰的生产线。对违规决策和用地等问题，相关企业进一步完善了内控制度，并补办了有关用地手续。

（二）关于财务核算和经营活动中一些不够规范的问题。相关企业已按规定调整了会计账目，并通过追回账外资金、收回支付的不当款项等方式挽回损失5.11亿元，补缴税款1.98亿元，停止办理违规购买的商业保险。

在整改过程中，相关企业已建立健全制度233项，并对87名相关责任人做出降职、撤职、党内警告和罚款等处理处分。

十、重大违法违规问题和经济犯罪案件查处情况

审计署共向有关部门移送112起重大违法违规案件线索，有关部门已立案查处94起，其他事项正在进一步调查处理中。审计署将及时向社会公告查处结果。

十一、加强财政管理意见的落实情况

（一）关于深化财政体制改革，健全统一完整的政府预算体系。财政部着眼于深化改革的角度，制定了多项措施：一是进一步理顺中央政府和地方政府间收入划分，结合营业税改征增值税等税收制度改革，研究调整和优化中央与地方收入分配关系的方案，争取先在义务教育、公共卫生、公共安全、社会保障等基本公共服务领域，尽快界定各级政府的支出责任。二是进一步优化转移支付结构，逐步提高一般性转移支付比例，清理整合专项转移支付，完善省以下财政体制，提高地方基层政府基本公共服务保障能力。三是逐步健全统一完整的政府预算体系，切实将政府所有收支全部纳入预算，推进政府性基金预算支出项目库建设，研究制定中央国有资本经营预算管理办法、项目库管理办法、资金管理办法和绩效评价管理办法，认真总结社会保险基金预算试编经验，规范编制流程，完善编制方法，为2013年向全国人大报送全国社会保险基金预算做好准备。四是结合完善政府会计制度，研究建立政府财务报告制度；进一步规范超收收入使用管理，完善预算稳定调节基金制度，及时向全国人大常委会报告相关事项。

（二）关于加强财政制度建设，提高预算执行效果和预算公开质量。财政部将根据经济社会发展的需要，进一步完善财政管理制度，提高预算执行效果。一是加强财税法制建设。继续配合做好预算法（修订）、预算法实施条例（修订）、环境保护税法、政府采购法实施条例、国有资本经营预算条例等法律法规立法工作。积极推进财政规章制定修订工作。二是健全预算绩效管理制度，逐步建立涵盖绩效目标、绩效监控、绩效评价、评价结果应用等各环节的管理制度。三是继续完善基本支出定员定额体系，逐步健全人员定额和实物定额相结合的基本支出标准体系。四是推进项目支出定额标准体系建设，加大通用定额标准和专用定额标准制定工作力度，要求中央部门继续大力开展部门内部标准建设，逐步形成部门项目定额标准体系。五是继续加大预算公开力度，将中央本级公共财政支出预决算公开的内容基本细化到款级科目，教育、医疗、社保等重点支出细化到项级科目。

（三）关于优化财政支出结构，进一步加大对民生领域的投入。财政部将采取措施，集中资金优先用于与人民生活直接相关或民生供需矛盾较突出的领域。一是进一步优化财政支出结构，加大与人民群众生活直接相关的教育、医疗卫生等方面的支出，以及农业水利、公共交通运输等与民生密切相关的支出。二是加强重点支出绩效评价，逐步将上级对下级转移支付项目纳入重点评价范围，管好用好重点民生资金，提高资金使用效益。三是积极参与全国范围基本公共服务项目和最低保障水平的研究确定工作，逐步提高地方政府基本服务保障能力。四是按照城乡统筹发展和基本公共服务均等化的要求，进一步规范和完善社会保障制度管理和筹资机制。

（四）关于清理规范税收优惠和变相减免财政性收入等政策，维护税法统一公平。财政部将会同有关部门继续清理规范税收优惠和变相减免财政性收入等政策，积极做好国家统一税收政策的贯彻落实工作。一是坚持依法治税，加强预算管理。要求各地财税部门在继续落实好结构性减税政策、减轻企业负担的同时，严格执行国家统一规定的各项税收优惠政策，依法征税，不得采取越权为招商引资项目减免税，或先征后返等变相减免税做法，擅自更改、调整、变通国家税收政策。二是强化税收法规政策执行情况监督，对各种违反国家统一规定的财税政策的行为，要求及时反映并提出处理意见上报。三是加大对涉税违法、违纪行为的处罚力度。对拒不纠正或继续出台新的越权减免税、缓缴税、豁免欠税以及采取税收先征后返等变相减免税的，依法追究相关人员的责任。

（五）关于加强财政政策与其他政策的协调配合，发挥宏观调控整体合力。发展改革委、财政部、人民银行建立了会商制度，定期交流对宏观经济形势看法，加强协商通报。同时，发展改革委与财政部等8个部门联合共建了“金宏工程”，以实现跨部门、跨领域的信息资源共享，增强宏观调控的及时性和有效性。

中华人民共和国审计署审计结果公告（2013年第2号）

1185个县农村中小学布局调整情况专项审计调查结果

（2013年5月3日公告）

2012年5月至8月，审计署组织对27个省（自治区、直辖市，以下统称省）所辖的1185个县（市、旗，以下统称县）2006年以来义务教育阶段农村中小学布局调整情况进行了审计调查，重点调查了25127所学校（其中，初中、小学分别为6910所和18217所，寄宿制、非寄宿制学校各有12533所和12594所）、涉及在校学生1705.28万人，分别占这些县学校总数、在校学生总数的13%和25%，实地走访走读、寄宿、辍学等学生81.99万人。审计调查结果征求了地方政府及教育部的意见，并采纳了其合理意见。现将审计调查结果公告如下：

一、基本情况

为推进基础教育健康发展，国务院2001年颁布的《关于基础教育改革与发展的决定》提出，要因地制宜调整农村义务教育学校布局，明确由县级人民政府对本地农村义务教育负主要责任，抓好中小学的规划、布局调整、建设和管理；针对布局调整工作中出现的问题，教育部2006年下发通知，要求将中小学布局调整纳入地方教育发展规划统筹安排、稳妥实施。从审计调查情况看，地方各级政府及教育等主管部门认真执行国家部署和要求，加强中小学布局规划和组织管理，积极推进布局调整工作，取得积极成效。

（一）通过中小学布局调整，提高了办学规模和效益。2006年至2011年，此次审计调查的1185个县初中、小学学龄人口总量分别减少19%和11%，撤并布局分散、生源不足、师资力量薄弱的学校9.6万所（其中：1.13万所变更为教学点），新建和改扩建设施相对齐全的学校1.22万所，进一步整合了教育资源，校均学生人数增加17%，提高了办学规模和效益（具体情况见下表）。

审计调查的1185个县学校数量及在校生数变化情况表

类别	2006年学校数（万所）	撤并学校数（万所）	其中：变为教学点	新建改扩建学校数（万所）	2011年学校数（万所）	学校增减比例	2006年在校生人数（万人）	2011年在校生人数（万人）	学生增减比例
县镇学校	3.75	0.34	0.03	0.37	3.81	1.60%	3588.52	3722.78	3.74%
其中：初中	1.57	0.14	0.01	0.09	1.53	−2.55%	1828.11	1676.38	−8.30%
小学	2.18	0.2	0.02	0.28	2.28	4.59%	1760.41	2046.40	16.25%
农村学校	22.71	9.26	1.1	0.85	15.4	−32.19%	4387.88	3079.32	−29.82%
其中：初中	1.66	0.43	0.01	0	1.24	−25.30%	1039.95	654.14	−37.10%
小学	21.05	8.83	1.09	0.85	14.16	−32.73%	3347.93	2425.18	−27.56%
合计	26.46	9.60	1.13	1.22	19.21	−27.39%	7976.40	6802.10	−14.72%

注：“县镇学校”指县城和镇政府所在地初中、小学，“农村学校”指乡及以下地区其他初中、小学。

（二）通过中小学布局调整，促进了师资队伍结构和素质的优化。2006年以来，此次审计调查的1185个县结合中小学布局调整，统筹安排和调剂师资97.2万人次，并组织20.44万人次城镇教师到农村支教、476.46万人次农村教师到县城以上学校培训和进修。至2011年底，这些县的学校专任教师平均比2006年增加35%，本科以上学历教师增加1倍以上，中学一级和小学高级以上职称教师增加19%以上，初中、小学的生师比分别下降18%和10%，更好地满足了“一科一师”的教学要求。

（三）通过中小学布局调整，提升了办学标准化水平和教学质量。各地以布局调整为契机推进中小学规范化、标准化建设，并以此带动教学质量和学习效果的提升。2006年至2011年，此次审计调查的1185个县中，有419个县的中小学校音乐、体育和美术等专用教学仪器设备达标率提高10%以上；350个县多年级一个班的“复式班”减少了一半以上；各县小学毕业生语文、数学科目学业水平测试优秀率和初中毕业生语文、数学、外语科目考试优秀率平均提高约3个百分点。

二、审计调查发现的主要问题

从审计调查情况看，各地基本能够按照小学就近入学、初中相对集中的原则，规划和调整学校布局，工作进展总体比较规范，但部分地区也出现了片面地将办学规模和学校数量作为调整的主要依据，搞简单“撤并”或“一刀切”，一定程度上影响了相关政策的实施效果。

（一）部分地区就学距离明显增加，有的学生上学耗时偏长。

审计调查的1185个县中，2006年至2011年，有833个（占70%）县的学校平均服务半径有所增大，其中：初中、小学的服务半径增幅分别为26%、43%，平均达到8.34公里、4.23公里；特别是西部地区270个县的初中、小学服务半径增幅分别为47%、59%，平均达到14.35公里和6.09公里。重点抽查25127个学校的1257.63万名走读生中，有49.31万名（占4%）上学单程要徒步3公里以上，其中10.03万名要徒步5公里以上，且主要集中在山区或丘陵地区，上学路途消耗体力大，导致学习和在校活动时间相应减少。

（二）部分学校校车配备和监管不到位，交通安全风险增加。

审计重点调查1185个县的25 127所学校中，至2011年底，有288个县（占调查总数的24%）的1702所学校（占调查总数7%）配置了校车，一定程度缓解了上学路程远的困难。但是，这些学校配置的全部9639辆校车中，有747辆（占8%）年检不合格，449辆（占5%）驾证不相符，3377辆（占35%）未配备专职管理人员，2149辆（占22%）未配备逃生锤等安全设备。同时，上述学校中还有41.26万名学生（占12%）自行包租社会车辆上学，由于监管难度大，这些车辆往往车况差且超载严重，交通事故时有发生，随机抽查的2944辆包租车辆中有997辆（占34%）存在超载问题。

（三）部分学校寄宿设施建设滞后、条件简陋，管理和服务能力不足。

2011年，此次审计重点调查的学校共有553.91万名学生提出了寄宿需求，但这些学校的宿舍仅能容纳462.64万人（占84%）寄宿。部分学校宿舍还存在空间拥挤、条件简陋以及管理服务能力不足等问题，抽查的12 533所寄宿制学校中，有919个县的4515所学校（占36%）生均宿舍面积未达到国家规定的3平方米标准，涉及寄宿生185.56万人；538个县的1601所学校（占13%）存在“大通铺”或两人一床等现象；878个县的4990所学校（占40%）的学生宿舍楼内未配备厕所等设施；还有8113所学校（占64%）无学生宿舍管理人员或由授课教师兼任，780所学校（占6%）在周边3公里以内无医疗机构的情况下也未配备专职医护人员。此外，有919个县的5655所小学（占45%）还有49.41万名一至三年级低龄学生寄宿，不仅不利于其身心健康发展，也容易引发安全事故。

（四）部分学生家庭教育支出负担加重，辍学人数有所增加。

布局调整带来部分农村地区学生上学路途变远，交通、寄宿等教育支出相应增加。审计走访的7.2万名乘车就学的走读生年人均上学交通费支出839元，比布局调整前增加390元，其中交通费支出占其家庭年均收入10%以上的有1.25万人；走访的19.99万名校内寄宿生年人均食宿费支出1658元，其中食宿费支出占其家庭年均收入的 30%以上的有 3.36 万人；走访的 3.28 万名校外租房家长陪读学生年人均费用支出 8046 元，占其家庭年均收入的 36%。受就学距离远和负担重影响，一些地区学生实际辍学人数上升幅度较大（主要集中在初中学校），重点核实的 52 个县 1155 所学校，辍学人数由 2006 年的 3963 人上升到 2011 年的 8352 人，增加了 1.1 倍。

（五）一些地方生源向县镇学校集中，出现新的教育资源紧张。

由于一些地区在布局调整过程中片面追求县镇集中办学规模，使现有生源大量向县镇学校集中，造成这些学校教室等教育资源难以满足需要。从抽查的情况看，有 1774 所县城和乡镇所在地学校（占 12%）存在挤占音乐、美术、实验等专用教室用于其他教学问题，有 2140 所县城学校（占 65%）的 7.51 万个班学生规模超过国家规定的 50 人，其中 654 所学校的 2.36 万个班为 65 人以上的特大班，352 个班甚至超过了 100 人。

此外，审计调查还发现，部分停办学校校舍资产处置难度大，处置收入使用不够规范。至 2011 年底，在 1183 个县 2006 年以来停办的 8.42 万所学校中，尚有 4.06 万所（占 48%）由于产权归属情况复杂、位置偏僻等未完成校园校舍资产处置；已处置校园校舍取得的 22.03 亿元收入中，有 8.04 亿元（占 37%）实际用于弥补乡镇经费不足或修建办公楼等支出。

2012 年 9 月，为规范推进农村中小学布局调整工作，《国务院办公厅关于规范农村义务教育学校布局调整的意见》明确提出，保障适龄儿童少年就近入学是政府的法定责任，要求严格规范学校撤并程序和行为。27 个省和有关县高度重视审计调查发现的问题，认真落实国务院规范农村义务教育学校布局调整的要求，积极整改。黑龙江、云南等省要求各地制订整改计划，对存在的问题逐一提出整改意见、限期整改；贵州、湖北等省加强了对农村中小学布局调整科学性的研究，制定了科学推进布局调整的指导意见；吉林、广西等省区采取安排交通补助、加大治理非法运营车辆力度、加快校车牌照发放等措施，努力解决农村学生交通困难；山西、四川等省结合实际，将部分已撤并的农村教学点恢复办学；各地积极处置停办学校校产，整合各类建设资金，加快推进义务教育学校标准化和寄宿制学校建设。

附件：审计调查的 1185 个县分布情况

附件：

审计调查的 1185 个县分布情况

东部地区（8 个省 357 个县）：河北省 48 个县、辽宁省 38 个县、江苏省 48 个县、浙江省 50 个县、福建省 58 个县、山东省 50 个县、广东省 50 个县、海南省 15 个县。

中部地区（8 个省 382 个县）：山西省 47 个县、吉林省 40 个县、黑龙江省 50 个县、安徽省 46 个县、江西省 50 个县、河南省 54 个县、湖北省 45 个县、湖南省 50 个县。

西部地区（11 个省 446 个县）：内蒙古自治区 47 个县、广西壮族自治区 49 个县、重庆市 19 个县、四川省 49 个县、贵州省 49 个县、云南省 50 个县、陕西省 50 个县、甘肃省 46 个县、青海省 30 个县、宁夏回族自治区 13 个县、新疆维吾尔自治区 44 个县。

中华人民共和国审计署
审计结果公告
（2013 年第 3 号）

中国华能集团公司
2011 年度财务收支审计结果

（2013 年 5 月 10 日公告）

根据《中华人民共和国审计法》的规定，审计署 2012 年对中国华能集团公司（以下简称华能集团）2011 年度财务收支进行了审计，并对审计范围内涉及的重大事项追溯相关年度。

一、基本情况

华能集团成立于 1989 年 3 月，注册资本 200 亿元，拥有全资和控股二级子公司 39 家，主要从事电力生产、热力生产和供应，与电力相关的煤炭第一次能源开发，相关交通运输、专业技术服务。据华能集团合并财务报表反映，截至2011年底，华能集团资产总额7531.88亿元，负债总额6388.39亿元，所有者权益总额1143.49亿元，当年营业收入2621.49亿元，利润总额61.41亿元。

二、审计评价意见

本次重点审计了华能集团总部及所属5家企业，涉及资产量占华能集团资产总额的50%以上。审计结果表明，华能集团近年来不断发展壮大电力主业，有效推动节能减排，法人治理结构逐渐完善，内部管理水平有所提高，财务状况和经营成果基本真实，但在财务管理和内部控制等方面仍存在不够严格、不够规范的问题。

三、审计发现的主要问题

（一）会计核算和财务管理存在的问题。

1.2011年，华能集团所属7家单位存在未按规定核算收入和成本等问题，造成多计资产1.93亿元、多计负债1.58亿元、多计利润0.35亿元。

2.2011年，华能集团未按规定将2010年国有资本经营预算资金29.68亿元转增国有资本。

3.截至2011年底，所属华亭煤业集团有限责任公司、甘肃华亭煤电股份有限公司累计欠缴企业所得税3.92亿元。

（二）执行国家政策存在的问题。

2008年至2009年，华能集团建设和收购了2个国家产业政策限制的煤制甲醇项目，截至2011年底已完成投资37.75亿元。

（三）重大经济决策事项存在的问题。

1.截至2011年底，华能集团决策的黄登水电站等16项重大工程建设项目存在未经核准先行建设问题，涉及金额324.63亿元。

2.截至2011年底，华能集团骑马山风电等75个项目已开工建设，但有81266.37亩项目用地尚未取得建设用地批准手续。

（四）内部管理存在的问题。

1.2010年至2011年，华能集团及部分所属企业在未上报国资委备案或同意的情况下，向地方政府庆祝活动、移民工程奶牛养殖项目等累计捐赠6025.38万元。

2.2011年，所属华能甘肃能源开发有限公司违规将流动资金贷款16.98亿元用于股权投资和项目建设；未经评估将2009年收购的邵寨煤矿探矿权，按照当初收购时的原价5.37亿元转让给其与北京大地满力能源投资有限公司合资成立的灵台邵寨煤业有限责任公司。

3.2008年至2011年，所属扎赉诺尔煤业有限责任公司将计提的煤炭生产安全费用、煤矿维简费1085.43万元，违规用于职工住宅楼、厂区道路建设等。

4.2007年至2008年，所属华能能源交通产业控股有限公司未经集体决策，租赁香港等地船舶进行运营，截至2011年底亏损8238.26万元；2008年至2009年，在江苏长三角能源发展有限公司未按约定提供担保的情况下，即向对方预付购买煤炭款项4.6亿元，至2011年底有3.95亿元因对方未按时供应煤炭存在损失风险。

5.2009年至2012年6月，所属内蒙古通大煤业有限责任公司生产和经营期间，其煤矿的采矿权证未办理转让手续，仍登记在另一股东内蒙古大雁矿业集团有限责任公司名下。

6.2011年，所属扎赉诺尔煤业有限责任公司、华能伊敏煤电有限责任公司的3个矿井超出核定生产能力来生产煤炭，合计超产334万吨。

7.2010年4月至2012年7月底，华能集团信息系统中心机房自交付使用以来，共发生空调系统漏水等故障和重大故障14次，但华能集团未对空调系统进行改造，也未按照国家规定配备备用空调系统。

8.截至2012年7月底，华能集团未对资产财务管理一体化系统长期未使用的1250个账户进行清理，账号的管理及控制不严格。

9.2008年7月至2011年12月，华能集团及所属5家公司21个工程建设中，未严格按规定进行招投标，涉及金额19.93亿元。

10.截至2012年6月，华能集团有5个已建成投产的项目未通过环境保护部门的验收；有6个已开工建设项目的环境影响评价文件未获得环境保护部门的批准。

四、审计处理及整改情况

对审计发现的问题，审计署已依法出具了审计报告、下达了审计决定书，要求华能集团予以整改。上述问题的整改情况，由华能集团在相关媒体上公告。此外，本次审计发现的华能集团所属单位涉嫌经济违法案件线索，已依法移送有关部门调查处理。

中华人民共和国审计署审计结果公告（2013年第4号）

中国国电集团公司2011年度财务收支审计结果

（2013年5月10日公告）

根据《中华人民共和国审计法》的规定，审计署2012年对中国国电集团公司（以下简称国电集团）2011年度财务收支进行了审计，并对审计范围内涉及的重大事项追溯相关年度。

一、基本情况

国电集团成立于2002年12月，注册资本120亿元，拥有全资和控股二级子公司42家，是以发电为主的综合性电力集团，主要从事电源的开发、投资、建设、经营及管理，组织电力（热力）生产、销售；煤炭、发电设施、新能源、交通、高新技术、环保产业、技术服务、信息咨询等电力业务相关的投资、建设、经营和管理。据国电集团合并财务报表反映，截至2011年底，国电集团资产总额6634.07亿元，负债总额5568.59亿元，所有者权益总额1065.48亿元，当年营业收入2088.6亿元，利润总额60.89亿元。

二、审计评价意见

本次重点审计了国电集团总部及所属16家企业，涉及资产量占国电集团资产总额的50%以上。审计结果表明，国电集团认真贯彻国家宏观经济政策，坚持发展壮大电力主业，重大经济决策总体较为规范，会计信息基本真实地反映了企业财务状况和经营成果，但在会计核算和项目投资管理等方面仍存在不够规范等问题。

三、审计发现的主要问题

（一）会计核算和财务管理存在的问题。

1.2008年至2011年，国电集团及17家所属单位存在未按照规定确认收入、合并财务报表关联交易事项抵销不充分等问题，4年间合计多计资产0.67亿元、多计负债2.53亿元、少计利润1.63亿元，其中2011年多计利润6.22亿元。

2.2011年，所属内蒙古平庄煤业（集团）有限责任公司（以下简称平庄煤业）以支付煤炭代销手续费的方式向所属上市公司内蒙古平庄能源股份有限公司（以下简称平庄能源）转移利润0.65亿元；为降低应收账款余额，平庄能源通过内部往来方式将1.7亿元的应收账款拨至平庄煤业挂账；平庄煤业在安全管理费用中列支与安全生产无直接关系的大型设备购置工程款1亿元。

3.2008年至2011年，所属13家公司发放的4617.79万元奖金未纳入工资总额；所属龙源电力集团股份有限公司（以下简称龙源电力）的4家下属企业超范围发放技术奖1362.20万元。

4. 截至2012年5月，所属国电长源（河南）煤业有限公司（以下简称河南煤业）在已向其他股东兑现分红的情况下，一直未向控股股东国电长源电力股份有限公司（以下简称长源电力）兑现其应得的2010年度分红1532.32万元。

5. 至2011年，所属北京国电龙源环保工程有限公司仍未按规定将2010年中央国有资本经营预算资金3035万元转增国有资本。

（二）执行国家政策存在的问题。

1. 截至2011年底，国电集团尚有17台、总容量为57.4万千瓦的小机组未按计划期限关停。

2. 2010年12月，所属国电都匀发电有限公司开工建设120万千瓦级新建机组，但其中替代的40万千瓦应关停机组尚未按要求关停。

（三）重大经济决策事项存在的问题。

1. 截至2011年底，国电集团在未获核准的情况下，开工建设21个项目，已完成投资299.62亿元。

2. 截至2011年底，所属18家公司在尚未取得用地批复的情况下，开工建设36个项目占用土地14.48万亩，另外，所属伊春龙源雄亚风力发电有限公司超面积占用林地894.9亩，所属国电宁夏太阳能有限公司（以下简称宁夏太阳能）多晶硅项目的201.26亩建设用地闲置3年以上。

3. 截至2011年底，因前期论证不充分，所属国电科技环保集团股份有限公司（以下简称国电科环）2009年投资6.25亿元成立的2家生物发电厂累计亏损0.81亿元。

4.2009年，所属长源电力河南煤业在收购两个煤矿时，对被收购企业提供的虚假资料审核把关不严，导致多支付收购价款约0.12亿元，且收购后两个煤矿一直处于停产状态，4.86亿元投资面临损失风险。

（四）内部管理存在的问题。

1.国电集团管理层次较多，有5家所属企业存在管理人员交叉任职、在同一地区业务范围重叠等问题，影响管理效率。

2.2011年，所属11家煤矿超过核定产量或在“五证一照”不全的情况下开采煤炭3399.6万吨。

3.2009年至2011年，所属5家企业13个收购项目存在收购价远高于评估价、在国电集团批复前先签订转让协议等问题，涉及金额21.74亿元。

4.2011年，所属国电燃料未经国电集团审批，将2.58亿元借给地方政府的国有资产管理公司。

5.2008年至2011年，所属宁夏太阳能有45个项目未严格执行招投标规定，涉及金额3.04亿元。

6. 2010年至2012年，所属龙源电力伊春兴安岭风力发电有限公司以风电项目名义投资1.08亿元建设培训中心，并将投资分摊列入2个风电项目概算；2011年，所属国电科环使用中短期流动资金贷款9.51亿元购置了办公楼。

7. 截至2011年底，国电集团未按规定下拨2011年中央国有资本经营预算节能减排资金9900万元。

8. 截至2011年底，所属国电四川发电有限公司下属1家职工持股企业仍在参股经营水电开发业务，且14名中层管理人员持有38.59万元的股权；2011年，所属国电青山热电有限公司挤占热电联产工程项目资金538.53万元为职工持股企业建设办公楼和装修酒店。

9. 国电集团信息系统建设中，存在规划起步较晚、风电生产实时监控系统实施效果不佳、相同类型系统重复建设等问题。

此外，审计还发现国电集团所属平庄煤业2009年收购的爱民温都煤矿已暂停矿井建设，该项目2.96亿元的资本金及借款存在回收风险。

四、审计处理及整改情况

审计发现的问题，审计署已依法出具了审计报告、下达了审计决定书，要求国电集团予以整改。上述问题的整改情况，由国电集团在相关媒体上公告。

中华人民共和国审计署
审计结果公告
（2013年第5号）

中国五矿集团公司
2011年度财务收支审计结果

（2013年5月10日公告）

根据《中华人民共和国审计法》的规定，审计署2012年对中国五矿集团公司（以下简称五矿集团）2011年度财务收支进行了审计，并对审计范围内涉及的重大事项追溯相关年度。

一、基本情况

五矿集团成立于1950年4月，注册资本78.50亿元，拥有全资和控股二级子公司21家，主要从事金属及矿产品开发利用、贸易与物流，以及房地产开发、期货、金融业务等。据五矿集团合并财务报表反映，截至2011年底，五矿集团资产总额2305.91亿元，负债总额1728.66亿元，所有者权益总额577.25亿元，当年实现营业收入3524.03亿元，利润总额110.68亿元。

二、审计评价意见

本次重点审计了五矿集团总部及所属7家单位，涉及资产量占集团公司资产总额的50%以上。审计结果表明，五矿集团较好地贯彻了国家宏观经济政策，不断发展壮大金属矿产主业，战略转型基本成功，经济效益不断提高，法人治理结构逐渐完善，内部管理水平有一定提高，会计信息基本真实地反映了企业财务状况和经营成果，但在财务管理和内部控制等方面仍存在不够严格、不够规范的问题。

三、审计发现的主要问题

（一）会计核算和财务管理存在的问题。

1.2005 年到 2011 年，五矿集团及 7 家所属单位存在未确认政府补助收入、未按规定核算投资收益和成本费用、财务报表合并范围不完整、关联交易事项抵消不充分等问题，7 年间合计多计资产 4.39 亿元、多计负债 4.29 亿元、少计利润 3.03 亿元，其中 2011 年少计利润 1.91 亿元。

2. 截至 2012 年 7 月，所属安徽开发矿业有限公司未按规定将 2011 年国有资本经营预算资金 2 亿元转增国有资本。

（二）执行国家政策存在的问题。

1.2005 年至 2011 年，五矿集团及 7 家所属单位未经核准新增稀土冶炼分离产能 1.31 万吨；部分稀土项目未取得环评批复或实际产能大于取得的环评批复，涉及产能 6100 吨；超政府指令性计划生产稀土 3391.37 吨，超产 76.21%。

2.2009 年至 2011 年，所属九江有色金属冶炼有限公司超过环保部门核定标准排放二氧化硫等污染物 78.97 吨；截至 2011 年末，所属江西钨业集团有限公司未按照工业和信息化部相关要求及时淘汰高耗能落后机电设备 117 台。

3.2010 年以来，五矿集团实施的所有涉及能源消耗的建设项目，均未按照国家有关要求与节能服务公司签订实质性的能源管理合同；2006 年至 2011 年，五矿集团 5000 万元以上重大固定资产投资项目中，共有 39 个未按规定编制节能评估文件并进行评估和审查。

（三）重大经济决策事项存在的问题。

1.2006 年至 2011 年，所属五矿邯邢矿业有限公司未经集团批准、未履行资产评估程序对外投资，涉及金额 4.24 亿元。

2.2008 年 2 月，所属五矿有色金属股份有限公司（以下简称有色股份）投资五矿内蒙古镁业项目，因前期调研不充分导致决策失误，造成损失 1652 万元。

（四）建设项目管理存在的问题。

1.2005 年至 2011 年，所属五矿置业有限公司等两家单位实施的部分工程项目未按规定公开招投标，涉及金额 14.04 亿元。

2. 截至 2011 年底，所属鲁中矿业冶金有限公司二期工程投资超概算 2.60 亿元，超投资概算 56.90%，至今未向发展改革委申请调整概算。

（五）内部管理存在的问题。

1.2005 年至 2008 年，所属五矿钢铁有限责任公司等两家单位在经营过程中违反内部规定，未严格执行对供货商进行资信评估等制度，以致部分预付款逾期未收回，截至 2011 年末，共造成损失 1.06 亿元。

2.2007 年至 2008 年，所属有色股份在客户无正常还款能力的情况下继续赊销货物，造成损失 1.05 亿元。

3.2006 年至 2008 年，所属五矿铝业有限公司在未按内部规定对相关质押物进行评估并签订质押合同的情况下，即对外预付货款。截至 2012 年 7 月，已造成损失 900 万元，还有 3261.70 万元面临损失风险。

4.2011 年 7 月，所属寻乌南方稀土有限责任公司违反合同约定，在未收到货款的情况下提前销售货物，造成 7109.50 万元应收账款面临损失。

5. 五矿集团在企业信息系统建设和运行方面还存在数据集中度低、财务和业务系统缺乏集成、信息系统应用功能存在缺失等缺陷。

6.2003 年至 2011 年，所属二十三冶建设集团有限责任公司监管不严，导致其下属单位负责人违规集资 1295.39 万元，其中 727 万元集资本息面临诉讼赔偿风险。

7.2010 年至 2011 年，所属五矿国际信托有限公司违规委托非金融机构销售部分集合资金信托产品，并以咨询费名义支付推介代销费 3862.27 万元；集合资金信托计划部分资金在使用中被挪用，但截至 2012 年 5 月，该公司未按规定向受益人披露此方面信息。

8. 截至 2012 年 7 月，五矿集团未按国资委要求处置长期闲置的 1.73 亿元固定资产。

9.2011 年，所属火炬锌业有限公司等两单位违规从事期货投机交易和境外套期保值业务，其中期货投机交易造成亏损 2716.53 万元。

10. 截至 2012 年 6 月，所属中国外贸金融租赁有限公司办理的 3.20 亿元租赁项目，在原有担保物到期或状况发生变化失效的情况下，未要求相关公司提供有效担保。

四、审计处理及整改情况

对审计发现的问题，审计署已依法出具了审计报告、下达了审计决定书，要求五矿集团予以整改。上述问题的整改情况，由五矿集团在相关媒体上公告。此外，本次审计发现所属单位涉嫌经济违法案件线索，已依法移送有关部门调查处理。

中华人民共和国审计署审计结果公告（2013年第6号）

中国移动通信集团公司 2011年度财务收支审计结果

（2013年5月10日公告）

根据《中华人民共和国审计法》的规定，审计署2012年对中国移动通信集团公司（以下简称中移动集团）2011年度财务收支进行了审计，并对审计范围内涉及的重大事项追溯相关年度。

一、基本情况

中移动集团成立于2000年5月，注册资本3000亿元，拥有全资和控股二级子公司33家，主要从事移动话音、数据、IP电话和多媒体业务。中移动集团全资拥有中国移动（香港）集团有限公司，由其控股的中国移动有限公司在香港和纽约上市。据中移动集团合并财务报表反映，截至2011年底，中移动集团资产总额11632.64亿元、负债总额3277.23亿元、所有者权益总额8355.41亿元，当年实现营业收入5659.72亿元、利润总额1499.45亿元。

二、审计评价意见

本次重点审计了中移动集团总部及所属10家企业（单位），涉及资产量占中移动集团资产总额的50%以上。审计结果表明，中移动集团主营业务稳步发展，主要经济指标不断增长，会计信息基本真实地反映了企业财务状况和经营成果，但也存在对下属公司监督管理不到位，廉政建设和廉洁从业方面制度不完善、执行不到位等问题。

三、审计发现的主要问题

（一）会计核算和财务管理存在的问题。

1. 2005年至2011年，中移动集团所属10家单位存在通过虚假销售或采购等方式虚增收入和成本、将支付给代理商的酬金直接冲减收入、不按期分摊成本费用、关联交易事项抵销不充分等问题，7年间合计造成多计收入1.3亿元，多计成本费用1.44亿元，导致少计利润0.14亿元。其中2011年少计利润0.89亿元。

2. 2005年至2011年，中国移动通信集团广东有限公司（以下简称广东移动）、河北有限公司（以下简称河北移动）等24家单位通过应付福利费科目为职工购买商业保险3.96亿元；中移动集团设计院等2家单位在中移动集团已统一购买补充养老保险的情况下，另行购买补充养老保险0.57亿元。

3. 2009年至2011年，中国移动通信集团河南有限公司将应付工资9805.60万元以劳动竞赛奖励的形式转至工会后发放给职工，部分所属分公司未代扣代缴个人所得税；中国移动通信集团内蒙古有限公司（以下简称内蒙古移动）、山东有限公司（以下简称山东移动）虚列支出套取资金1461.03万元存放账外，用于招待费及职工福利等支出。

4. 2011年，中移动集团所属中国铁通集团公司账面反映与中移动集团的内部关联交易收入和成本分别多计7.54亿元、1.5亿元。

5. 2009年至2011年，内蒙古移动购买促销品取得的26张发票为虚假发票，涉及金额240.71万元；中国移动通信集团福建有限公司（以下简称福建移动）福州分公司开具给客户的2386张发票未填写收款方名称，涉及金额370.91万元。

（二）执行国家政策存在的问题。

截至2011年底，广东移动、中国移动通信集团北京有限公司未严格执行有关自2010年9月起全面落实客户入网实名登记制度的要求，移动用户实名比例分别仅18.5%和41.4%。

（三）重大经济决策事项存在的问题。

1. 截至2011年底，中移动集团总部及下属4

个二级单位未按规定出台“三重一大”事项实施细则。

2. 2005年以来，中移动集团对外重大投资（收购）项目共6个，其中由集团公司承担3个亏损项目（近3年累计投资亏损31.86亿元），由上市公司承担3个盈利项目（近3年累计取得投资收益62.17亿元），利益分配向上市公司倾斜。

3. 2005年至2011年，中移动集团投资建设的“村村通”工程由上市公司运营管理，集团承担折旧成本115.14亿元。

（四）内部管理存在的问题。

1. 合作商引入方面。2007年至2011年，福建移动7项合作类增值业务未签订合同即上线运营，涉及金额4303.75万元；中国移动通信集团湖南有限公司违反工业和信息化部关于“停止新增发展‘移动总机’业务用户”的规定，新增“移动总机”集团单位4713家；广东移动违反该公司规定引入12家注册资金未达到规定要求的服务供应商；内蒙古移动、中国移动通信集团辽宁有限公司（以下简称辽宁移动）及其所属6家分公司与无资质供应商签订服务或采购合同，涉及金额7720.87万元。

2. 市场营销与办公费用控制方面。截至2011年末，河北移动、福建移动所属9个分公司超标准支付代理商酬金等款项2264万元；2009年至2011年，中移动集团所属内蒙古移动包头分公司等5家单位存在挪用、丢失或冒领促销品等问题，涉及金额4967万元；2005年至2011年，中移动集团总部共支付办公电脑租赁费5303.53万元，其每2年租金为租赁电脑原价的105%，且租期满后将电脑返还出租方。

3. 保护客户个人信息方面。2005年至2012年6月，广东移动合作单位将部分银行卡电话充值业务转交给第三方运作，广东移动未采取相应防范措施；2009年至2011年，广东移动江门分公司在未经客户同意的情况下，给145个号码开通了数据业务功能。

4. 薪酬管理方面。2007年，国资委要求将企业自行开展的补充养老保险进行规范并纳入年金管理。但截至2011年底，中移动集团仍未将其自2002年起开始试行的补充养老保险纳入年金管理；2009年至2011年，中移动集团总部、中国移动研究院在福利费中为职工购买不记名多用途健身卡2405.74万元，实际可用于健身、餐饮、购物等活动。

5. 重大工程项目投资和物资采购。截至2011年底，中移动集团总部对一级集中采购以外的零星采购事项、非工程建设类产品采购等无统一规定。2005年至2011年，中移动集团总部及所属10家省公司的工程建设和物资采购项目分别投资6149亿元、6752.2亿元，审计抽查发现，该集团总部及山东移动、上海移动等所属8家省公司651个工程建设项目存在先谈判后招投标、未经可研批复即开工建设、违规采取邀请招标方式确定施工单位、擅自更改评标结果指定中标人等问题，涉及金额342.66亿元，占同期工程项目总金额的5.57%；该集团总部及所属10家省公司1097项物资采购项目存在未公开招投标、各省公司自行采购应纳入集团一级集中采购的项目，或审核把关不严导致不符合招标条件公司中标等问题，涉及金额228.39亿元，占同期物资采购总金额的3.38%。

6. 合同管理方面。截至2011年底，福建移动未制定采购回避制度，个别领导兼任控股子公司董事长，直接审批或签订对其的采购合同；辽宁移动2005年至2011年部分设备采购项目招投标文件缺失；山东移动2009年至2011年向4家增值业务合作商其支付分成款1.10亿元，但引入时的档案资料全部缺失。

7. 信息系统建设和运行方面。截至2011年底，中移动集团558个信息系统（占系统总数的97%）由各省公司自行建设；中移动集团计划管理系统的“省公司项目建设管理”功能已验收至审计时尚未启用，而11家省公司又投资4046万元重复建设类似系统；2008年至2012年，广东移动充值代理商在欠缴保证金的情况下仍可继续充值，业务系统控制失效；2011年，福建移动业务支撑系统的总管理员及各分公司管理员同时拥有业务管理、客户管理、生产运营等多个业务平台权限，授权过大。

四、审计处理及整改情况

对审计发现的问题，审计署已依法出具了审计报告、下达了审计决定书，要求中移动集团予以整改。上述问题的整改情况，由中移动集团在相关媒体上公告。此外，本次审计发现的涉嫌经济违法案件线索，已依法移送有关部门调查处理。

中华人民共和国审计署审计结果公告（2013年第7号）

中国航空集团公司 2011年度财务收支审计结果

（2013年5月10日公告）

根据《中华人民共和国审计法》的规定，审计署2012年对中国航空集团公司（以下简称中航集团）2011年度财务收支进行了审计，并对审计范围内涉及的重大事项追溯相关年度。

一、基本情况

中航集团成立于2002年10月，注册资本100.28亿元，拥有全资和控股二级子公司8家，主要从事航空旅客、货物、行李邮件运输，飞机租赁，航空器材及设备的维修等。据中航集团合并财务报表反映，截至2011年底，中航集团资产总额1833.20亿元，负债总额1274.15亿元，所有者权益总额559.05亿元，当年实现营业收入991.62亿元，利润总额104亿元。

二、审计评价意见

本次重点审计了中航集团总部及所属6家企业，涉及资产量占中航集团资产总额的50%以上。审计结果表明，中航集团较好地贯彻了国家宏观经济政策，不断发展壮大航空运输主业，坚持安全发展战略，推进产业结构调整，经济效益明显提高，内部控制制度逐渐完善，会计信息基本真实地反映了企业财务状况和经营成果，但在财务管理和内部控制等方面仍存在不够严格、不够规范的问题。

三、审计发现的主要问题

（一）会计核算和财务管理存在的问题。

1. 2011年，中航集团及部分所属单位存在多计成本费用、未按规定核算营业外收入、未将工资结余转增资本公积和部分资产未入账核算等问题，造成少计资产1231.83万元、多计负债2558.09万元、少计所有者权益3789.92万元、少计利润3009.42万元。

2. 中航集团未按规定将其实质控制的北京凤凰航空实业公司纳入合并报表范围。

3. 中航集团总部4.86亿元往来款长期挂账未清理。

（二）重大经济决策事项存在的问题。

1. 中航集团未严格执行“三重一大”决策实施办法，部分重大决策事项未通过会议形式进行。

2. 2008年至2011年，中航集团及中国国际航空股份有限公司（以下简称国航股份）未制定旧飞机处置的具体操作管理办法；部分旧飞机处置未按规定进行资产评估和进场交易，且存在逆程序操作等问题，涉及金额10.63亿元。

3. 2011年3月，中航集团未报经发展改革委立项审批，开工建设总部大厦，概算总投资13.45亿元。

（三）内部管理存在的问题。

1. 2009年至2011年，所属国航股份将个别航线承包给民营企业，由于合同对市场条件发生较大变化时承包指标的调整未作约定，以致2011年油价大幅上升国航股份未能及时调整包机价格，形成亏损1551万元。

2. 2011年4月，所属民航快递有限责任公司未经中航集团批准，擅自决定其受托管理的上海国际航空服务有限公司与民营企业合资经营。

3. 所属中国国际货运航空有限公司（以下简称国货航）生产系统与国航股份结算系统核对机制不完善，导致3629笔运单数据不一致，审计抽查其中的34笔中有9笔少向货运代理人收取70.65万元。

4. 所属国航股份客舱供应管理系统接口不完善导致部分功能缺失；数据库系统管理存在缺陷导致财务数据计算错误。

此外，审计还发现中航集团存在以下的问题：

1. 2008年和2009年，中航集团未经总经理办公会决策，同意所属国航股份收购所属国货航49%股权；国航股份在收购中信泰富持有的国货航25%股权时，未按规定进行评估。2010年2

月，国航股份未按国资委规定的办法进行评估即出让了国货航 49%的股份。

2. 2010 年 7 月，中航集团批复的上海旅客过夜用房内部装修可行性研究报告中，未计算财务费用。实施单位中国航空集团旅业有限公司在初设及概算未批的情况下进行工程招标，并因违规进场施工被责令停工，面临损失 1392.24 万元。

四、审计处理及整改情况

对审计发现的问题，审计署已依法出具了审计报告、下达了审计决定书，要求中航集团予以整改。上述问题的整改情况，由中航集团在相关媒体上公告。

中华人民共和国审计署
审计结果公告
（2013 年第 8 号）

中国储备粮管理总公司
2011 年度财务收支审计结果

（2013 年 5 月 10 日公告）

根据《中华人民共和国审计法》的规定，审计署 2012 年对中国储备粮管理总公司（以下简称中储粮总公司）2011 年度财务收支进行了审计，并对审计范围内涉及的重大事项追溯相关年度。

一、基本情况

中储粮总公司成立于 2000 年 5 月，注册资本 166.8 亿元，拥有全资和控股二级分（子）公司 29 家，主要从事中央储备粮（含食油）的业务管理，对中央储备粮的总量、质量和储存安全负总责。据中储粮总公司合并财务报表反映，截至 2011 年底，中储粮总公司资产总额 3167.51 亿元，负债总额 2795.78 亿元，所有者权益总额 371.73 亿元，当年营业收入 1794.58 亿元，利润总额 38.26 亿元。

二、审计评价意见

本次重点审计了中储粮总公司本部及所属 14 家分（子）公司，涉及资产量占中储粮总公司资产总额的 50%以上。审计结果表明，中储粮总公司较好地贯彻了国家宏观经济政策，完成了国家各种政策性粮油收储和销售，维护了农民利益和粮食安全，主要经济指标持续稳定增长，重大经济决策较为规范，财务状况和经营成果基本真实。但审计也发现，中储粮总公司及部分下属单位在中央储备粮油管理、工程项目管理、投资决策和会计核算等方面存在一些问题。

三、审计发现的主要问题

（一）会计核算和财务管理存在的问题。

1. 2007 年至 2011 年，中储粮总公司 20 家所属单位存在未及时确认轮换费用补贴收入、未全额确认轮换损耗、未足额计提固定资产折旧等问题，5 年间合计造成少计收入 11072.32 万元，少计成本费用 17404.57 万元、多计成本费用 1963.82 万元，导致多计利润 4368.43 万元，其中 2011 年多计利润 8209.84 万元。

2. 截至 2011 年底，中储粮总公司 4 家所属单位存在账外建库和投资企业等问题，造成少计资产 11338.99 万元；中央储备粮东丽直属库承建项目竣工验收后，未按规定将中央投资款转增为国有资本，造成少计所有者权益 804 万元。

3. 2008 年至 2012 年，中储粮总公司本部及部分所属单位违规使用流动资金贷款 1 亿元、将政策性粮油贷款用于购买商品粮 14339 万元、滞留政策性粮油补贴资金 29813.69 万元、少代扣代缴个人所得税 132.99 万元、未将投资控股的 3 家企业纳入合并财务报表。

（二）执行国家政策存在的问题。

2008 年至 2011 年，所属湖南分公司等 5 家分公司部分直属库违反国家关于最低收购价粮和临时储备粮竞价销售交易的有关规定，通过出售给关联企业再回购的方式，将存储在本库的 522148.61 吨临时储备粮和最低收购价粮，转为中央储备粮或用于对外销售，从中获利 1702.58 万元。

（三）重大经济决策事项存在的问题。

1. 2008 年 4 月，中储粮总公司未经发展改革委批准将“河北三河糙米物流项目”变更为精米加工项目，导致计划配套的糙米加工项目不能如期正常投产，因无法获得粮源，投产率仅为

29%。截至2012年6月底，中储粮（三河）米业有限责任公司已累计亏损4033万元。

2. 2008年至2011年，所属江苏分公司、油脂公司等单位承建的灌河粮食现代物流和仓储等14个项目，在未取得土地使用权证的情况下开工建设，涉及土地1234.55亩，截至2012年7月底仍有778.4亩未取得土地使用权证。

3. 2008年至2011年，所属黑龙江分公司、油脂公司承建的中央储备粮东莞油脂库油罐建设等6个项目，在未取得相关环境影响评价批复和施工许可证的情况下组织实施工程。

（四）内部管理存在的问题。

1. 2008年至2011年，中储粮总公司5家直属库未经总公司、分公司批准，违规进行投资、资产处置及其他经济行为，涉及资金合计20134.52万元；所属新疆分公司将已完工的项目申报新的投资计划，获取中储粮总公司项目建设资金450万元。

2. 2011年，中储粮总公司财务部未经内部审批，在北京农村商业银行等13家商业银行开立定期存单，累计资金84.4亿元。

3. 截至2012年6月底，中央储备粮延安直属库972.6万元应收账款逾期1年尚未收回，存在一定风险。

4. 中储粮总公司在信息系统建设和运行方面，存在业务信息系统建设长期未竣工验收、涉密信息系统未及时定级等问题。

5. 2008年至2011年，所属湖南分公司、湖北分公司、油脂公司建设的岳阳小港直属库新建油罐等3个项目存在附属工程及主要设备采购等未经招标的问题，涉及金额1511.15万元。

6. 2008年至2011年，中储粮总公司部分直属库在中央储备粮存储方面存在混仓存储问题，还有个别直属库存储设施不符合仓储标准、在无承储资格单位存储中央储备粮。

四、审计处理及整改情况

对审计发现的问题，审计署已依法出具了审计报告、下达了审计决定书，要求中储粮总公司予以整改。上述问题的整改情况，由中储粮总公司在相关媒体上公告。

中华人民共和国审计署审计结果公告（2013年第9号）

中国商用飞机有限责任公司2011年度财务收支审计结果

（2013年5月10日公告）

根据《中华人民共和国审计法》的规定，审计署2012年对中国商用飞机有限责任公司（以下简称中国商飞公司）2011年度财务收支进行了审计，并对审计范围内涉及的重大事项追溯相关年度。

一、基本情况

中国商飞公司成立于2008年3月，注册资本190亿元，拥有全资和控股二级子公司7家，主要从事民用飞机及相关产品设计、研制、销售、维修和咨询服务等。据中国商飞公司合并财务报表反映，截至2011年底，中国商飞公司资产总额341.58亿元，负债总额138.01亿元，所有者权益总额203.57亿元，当年实现营业收入41.88亿元，利润总额4.27亿元。

二、审计评价意见

本次重点审计了中国商飞公司总部及所属6家单位，涉及资产量占中国商飞公司资产总额的50%以上。审计结果表明，中国商飞公司法人治理结构、运行体系和监督体系逐渐完善，确立了民机产业发展的总体思路、发展战略和发展规划，C919大型客机和ARJ21新支线飞机项目研制取得重大进展，带动了我国民机产业链和民用航空工业体系建设；内部管理水平不断提高，财务和经营状况基本真实，但在财务管理和内部控制等方面仍存在不够严格、不够规范的问题。

三、审计发现的主要问题

（一）会计核算和财务管理存在的问题。

1. 2009年到2011年，中国商飞公司及部分所属单位存在以下问题：一是中航商用飞机有限公司采购与供应商管理部整建制并入中国商飞公司所属上海飞机制造有限公司（以下简称上飞公司）时，库存的批系统成品无移交清单，上飞公司也未在其财务账中予以反映，而是以领代耗，形成账外物资。据上飞公司统计，截至2012年5月底，上述账外存放的研制批系统成品涉及10854件零件，按2012年计划价格测算成本合计2831.75万元；二是截至2011年底，中国商飞公司有2笔银信合作理财合同（固定收益理财）未计提投资收益3644.17万元。上述问题共造成少计资产2831.75万元、少计利润3644.17万元，其中2011年少计利润3644.17万元。

2. 上海航空工业（集团）有限公司（以下简称上航公司）并入中国商飞公司后，委托上海新华资产评估有限公司对库存航材进行评估，评估价仅为人民币104.87万元，但2009年至2011年，航材销售收入即达人民币2221万元。据不完全统计，目前还剩余库存航材数量约54000余件，库存航材价值被低估。

3. 2007年，中国商飞公司成立之前，所属上飞公司依照与上海百汇房地产开发有限公司（以下简称百汇房产）签订的共同开发上飞公司土地的合同金额，未收到款物就提前开具了10亿元发票，当时也未做相关账务处理。截至2011年底，上飞公司实际收到百汇房产交付的82026.12万元款物后，才计列收入。

（二）重大经济决策事项存在的问题。

1. 所属上航公司在某改建工程中，有合同金额7093.46万元（占合同总金额的60.35%）项目未进行公开招标。

2. 2010年1月和6月，中国商飞公司募集的生产流动资金部分被用于购买理财产品。2011年，该公司1亿元以上的新增理财业务均未按《中国商飞公司“三重一大”决策管理规定》报经董事会或股东会讨论决定。

（三）内部管理存在的问题。

1. 截至2011年底，所属上飞公司应收原下属改制单位上海上飞企业发展有限公司等6家单位合计2055.31万元，应付94.06万元，净债权1961.25万元。截至2012年6月底，仍有净债权1942.30万元未收回。

2. 中国商飞公司信息化战略规划不够健全完善，部分管理信息系统未按规划进度建设，信息安全等级保护定级覆盖面偏窄，异地灾备体系建设滞后。

3. 所属上海飞机设计研究院与北京凯普创网络技术有限公司签订的4份项目合同中，未约定转、分包的限制性条款；所属上海飞机客户服务有限公司的外协单位上海天络科技有限公司未严格执行技术开发合同中关于转、分包的限制性条款，将部分项目转、分包。

4. 2008年至2011年，所属上飞公司等两单位支付外协费取得的票据不合规，涉及金额8.10亿元。

四、审计处理及整改情况

对审计发现的问题，审计署已依法出具了审计报告、下达了审计决定书，要求中国商飞公司予以整改。上述问题的整改情况，由中国商飞公司在相关媒体上公告。

中华人民共和国审计署
审计结果公告
（2013年第10号）

中国出版集团公司
2011年度财务收支审计结果

（2013年5月10日公告）

根据《中华人民共和国审计法》的规定，审计署2012年对中国出版集团公司（以下简称中版集团）2011年度财务收支进行了审计，并对审计范围内涉及的重大事项追溯相关年度。

一、基本情况

中版集团成立于2002年4月，注册资本8.47亿元，拥有全资和控股二级子公司9家，主要从事各种介质出版物的出版和销售、连锁经营、进出口贸易、艺术品经营等。据中版集团合并财务报表反映，截至2011年底，中版集团资产总额

91.90亿元，负债总额56.98亿元，所有者权益总额34.92亿元，当年营业收入56.37亿元，利润总额4.29亿元。

二、审计评价意见

本次重点审计了中版集团总部及所属27家企业，涉及资产量占中版集团资产总额的50%以上。审计结果表明，中版集团近年来主要经济指标持续稳定增长，较好地贯彻落实了中央关于加快文化改革发展的重要部署，不断发展壮大出版发行主业，内部管理不断完善，会计信息基本真实地反映了企业财务状况和经营成果，但在会计核算、经营决策和内部管理等方面仍存在不够规范、执行不够到位的问题。

三、审计发现的主要问题

（一）会计核算和财务管理存在的问题。

1. 2008年至2011年，中版集团及7家所属单位存在未确认品牌使用费收入、少计提折旧和存货跌价准备、新建商业楼未及时入账、关联交易事项抵销不充分等问题，4年间合计少计资产8341.30万元、多计负债1813.14万元、多计利润1023.71万元，其中2011年多计利润673.62万元。

2. 2008年至2011年，中版集团及10家所属单位存在虚列会议费18.04万元、在成本费用中列支购物卡支出40.02万元、在工资总额之外列支职工交通补贴等659.20万元、应缴未缴城镇土地使用税等税款495.10万元、虚列咨询费80.40万元调节经营业绩等问题。

（二）执行国家政策存在的问题。

1. 2008年至2011年，所属中版集团数字传媒有限公司实施了财政资金扶持的中国数字出版网等国家重大数字出版项目，但该项目的实际收入与预计可研收入差距过大，效益不佳。此外，中版集团未能有效整合内部数字出版资源，内部数字版权获取比例低，制约了数字出版业务的发展。

2. 2006年至2007年，中版集团收到财政部、中央宣传部下拨的转制经费4.36亿元，并于2008年通过了《中国出版集团公司职工权益保障方案》。但至2012年10月，上述保障方案中确定的“转制经费用于原事业编制在职职工企业年金补偿性缴费”工作仍未落实。

3. 2011年，中版集团所属4家单位在改制过程中，在未缴纳土地出让金和办理土地使用权变更手续的情况下，将划拨土地评估作价36438.05万元计入改制企业资产。

4. 2011年，中版集团所属3家单位在改制过程中，采取虚挂往来款的方式，直接调增改制净资产4000万元。

（三）重大经济决策事项存在的问题。

2008年，所属中华书局古籍印刷厂改变土地用途，在划拨住宅用地上建成了18691.32平方米配套商业楼及地下车库，占地面积3703.96平方米，投资额10940.91万元。

（四）内部管理存在的问题。

1. 2006年6月至2012年6月，所属人民音乐出版社有限公司、中图信息技术有限公司等单位在与民营企业、外资企业合作过程中，存在变相买卖书号、未经批准垫款、未收取货款等问题，2088.45万元垫款和货款资金面临损失风险。

2. 2009年至2011年，所属新华书店总店、中华书局有限责任公司等单位存在部分古籍特藏书和善本下落不明、自行采购物资、先施工再进行招标、将固定资产使用证办至其他企业名下等问题。

3. 中版集团企业信息系统存在防护措施较弱、种类众多难以整合、模块不完整、版本功能落后、系统使用效益不佳以及部分财务数据与业务数据不符等问题。

4. 中版集团在制定和执行经营发展战略方面，存在印务整合未开展、发行整合未见实效等问题。

四、审计处理及整改情况

对审计发现的问题，审计署已依法出具了审计报告、下达了审计决定书，要求中版集团予以整改。上述问题的整改情况，由中版集团在相关媒体上公告。此外，本次审计发现的涉嫌经济违法案件线索，已依法移送有关部门调查处理。

中华人民共和国审计署 审计结果公告 （2013 年第 11 号）

国家开发投资公司 2011 年度财务收支审计结果

（2013 年 5 月 10 日公告）

根据《中华人民共和国审计法》的规定，审计署 2012 年对国家开发投资公司（以下简称国投公司）2011 年度财务收支进行了审计，并对审计范围内涉及的重大事项追溯相关年度。

一、基本情况

国投公司成立于 1995 年 5 月，注册资本 194.71 亿元，拥有全资和控股二级子公司 25 家，主要从事电力、煤炭、港航、化肥等基础性、资源性产业及高科技产业和信托、担保、期货、基金等金融业务。据国投公司合并财务报表反映，截至 2011 年底，国投公司资产总额 2766.40 亿元，负债总额 1910.27 亿元，所有者权益总额 856.13 亿元，当年营业收入 764.77 亿元，利润总额 94.77 亿元。

二、审计评价意见

本次重点审计了国投公司总部及所属 7 家单位，涉及资产量占国投公司资产总额的 50%以上。审计结果表明，国投公司较好地贯彻了国家宏观经济政策，主要经济指标持续稳定增长，经济效益明显提高，法人治理结构逐渐完善，内部管理水平不断提高，财务状况和经营成果基本真实，但在财务管理和内部控制等方面仍存在不够严格、不够规范的问题。

三、审计发现的主要问题

（一）会计核算和财务管理存在的问题。

1. 2007 年至 2011 年，国投公司及 4 家所属单位存在未确认粉煤灰销售收入、虚列管理费用、未按企业会计准则编制合并财务报表等问题，5 年间合计多计收入 2.83 亿元，多计成本费用 2.20 亿元，导致多计利润 0.63 亿元，其中 2011 年多计利润 0.66 亿元。

2. 截至 2011 年底，国投公司及所属单位未按规定将国有资本经营预算资金 4.63 亿元转增注册资本。

3. 由于有关项目未实施，所属中国投资担保有限公司（以下简称中投保公司）于 1994 年收到的 3000 万元财政专项资金，至 2011 年底仍闲置挂账。

4. 2011 年，所属国投新集能源股份有限公司（以下简称国投新集）销售收入 2649.35 万元未缴纳企业所得税；所属中投保公司少缴纳营业税 70.01 万元。

（二）执行国家政策存在的问题。

2005 年至 2006 年，国投公司及所属国投洋浦港有限公司违反国家有关规定，投资别墅等项目。截至 2012 年 5 月底，累计完成投资 4.44 亿元。

（三）重大经济决策事项存在的问题。

1. 2011 年 2 月，所属郑州裕中能源有限责任公司在未经国投公司批准的情况下，对下属子公司单方增资 1.80 亿元，形成的权益由全体股东共享，造成国有权益流失 0.44 亿元。

2. 2004 年至 2009 年，所属国投新集未批先建煤矿项目，对建设项目工程交由无资质民营企业施工监管不力。

（四）内部管理存在的问题。

1. 2006 年至 2012 年，所属北京三吉利能源股份有限公司等 2 家单位的 3 笔股权交易，在尚未完成评估备案的情况下签订了收购或转让协议，涉及金额 10.52 亿元。

2. 2007 年至 2008 年，所属中投保公司在开展担保业务过程中，对反担保抵押物监管不到位，导致 2487.04 万元代偿款存在无法收回的风险。

3. 2003 年至 2011 年，所属国投新集等 2 家单位未履行招标程序，签订工程项目建设和设备采购合同共 70 份，涉及金额 1.60 亿元。

4. 2011 年，所属国投创新投资管理（北京）有限公司 6 名管理层成员违规持有国投公司所属二级子公司国投创新（北京）投资基金有限公司 1.17%的股权。

四、审计处理及整改情况

对审计发现的问题，审计署已依法出具了审

计报告、下达了审计决定书，要求国投公司予以整改。上述问题的整改情况，由国投公司在相关媒体上公告。此外，本次审计发现的下属单位涉嫌经济违法案件线索已依法移送有关部门调查处理。

中华人民共和国审计署审计结果公告（2013年第12号）

国家核电技术有限公司 2011年度财务收支审计结果

（2013年5月10日公告）

根据《中华人民共和国审计法》的规定，审计署2012年对国家核电技术有限公司（以下简称国家核电技术公司）2011年度财务收支进行了审计，并对审计范围内涉及的重大事项追溯相关年度。

一、基本情况

国家核电技术公司成立于2007年5月，注册资本40亿元，拥有全资和控股二级子公司14家，主要从事第三代先进核电技术的引进、研发、应用和推广，以及相关工程的勘察、设计、监理和承包等。据国家核电技术公司合并财务报表反映，截至2011年底，国家核电技术公司资产总额189.18亿元、负债总额93.68亿元、所有者权益总额95.49亿元，当年营业收入81.35亿元、利润总额6.86亿元。

二、审计评价意见

本次重点审计了国家核电技术公司总部及所属11家企业，涉及资产量占国家核电技术公司资产总额的50%以上。审计结果表明，国家核电技术公司成立以来主要经济指标持续稳定增长，研发设计主业不断发展壮大，内部管理较为规范，会计信息基本真实地反映了企业财务状况和经营成果。但也存在部分会计核算和经营决策不规范、建设项目管理不到位等问题。

三、审计发现的主要问题

（一）会计核算和财务管理存在的问题。

1.2009年至2011年，国家核电技术公司及2家所属单位存在未及时确认收入、合并财务报表关联交易事项抵消不充分等问题，3年间合计多计资产5.47亿元、多计负债3.5亿元、少计利润4516.67万元，其中2011年少计利润4059.08万元。

2.2009年至2012年5月，所属国核电力规划设计研究院勘测分院通过虚列野外津贴和虚开发票报销等方式，将371.41万元转到账外存放，用于向职工发放奖金、过节费等。

3. 截至2012年7月，国家核电技术公司应缴未缴2009年国有资本经营收益349.62万元。

4.2009年至2011年，所属国核电站运行服务技术公司等5家单位以会务费、物业费等名义在成本费用中列支3399.59万元，实际用于购买发放给职工的购物卡。

5.2011年，所属国核电力规划设计研究院在重大专项国家拨款资金中超范围列支职工工资性支出659.91万元

（二）重大经济决策事项存在的问题。

1. 截至2012年7月，国家核电技术公司尚未制定“三重一大”决策制度实施办法。

2. 2009年，所属山东核电设备制造有限公司违规以邀请招标方式，将合同金额5868.55万元的项目分包给沈阳工业安装工程股份有限公司，沈阳工业安装工程股份有限公司又将其中部分工程分包。

3. 截至2011年，所属山东鄄荷高速公路有限公司向鄄荷高速公路建设累计投资3.99亿元，但国家核电技术公司仍未将该非主业投资项目报国资委审核。

（三）内部管理存在的问题。

1. 所属国核（北京）科学技术研究院有限公司未来科技城科研创新基地项目于2011年9月开工建设，但截至2012年7月仍未办理土地有偿使用手续和土地使用证。

2. 2008年至2011年，所属国核电力规划设计研究院等5家单位在工程建设项目管理中，有47份合同未按规定公开招投标，涉及金额3.69

亿元；有5个工程项目的设计和装修工程发包给不具备资质的单位实施，涉及金额1774.19万元；将承包的22个地基工程以包工包料方式再次整体转包给其他公司，涉及金额2583.34万元。

3. 2011年7月，所属山东鄄荷高速公路有限公司在鄄荷高速公路修建中，未解除原合同就重新确定了公路1至4标段的施工单位，为此向原施工单位赔偿575.72万元。

4. 所属国核（北京）科学技术研究院有限公司等4家单位对6个固定资产投资项目和1个股权收购项目，未按照内部规定上报国家核电家技术公司履行完备的报批手续，涉及金额19.12亿元。

5. 截至2011年底，所属上海核工程研究设计院承担的国家科技重大专项资金结余5.63亿元（占项目资金总额的61.2%），其中两项课题未能按时结题验收。

（四）其他方面的情况。

所属国核电力规划设计研究院工会出资860万元持有山东鲁电电力工程咨询有限公司86%的股权，但至2011年底，该项投资未在工会账簿中反映。

四、审计处理及整改情况

对审计发现的问题，审计署已依法出具了审计报告、下达了审计决定书，要求国家核电技术公司予以整改。上述问题的整改情况，由国家核电家技术公司在相关媒体上公告。

中华人民共和国审计署审计结果公告（2013年第13号）

中国进出口银行 2011年度资产负债损益审计结果

（2013年5月10日公告）

根据《中华人民共和国审计法》的规定，审计署2012年对中国进出口银行（以下简称进出口银行）2011年度资产负债损益情况进行了审计，重点审计了总行及所属北京、上海、深圳、江苏省、大连、青岛、浙江省、黑龙江省、广东省等9家分行，涉及资产总额10 310亿元，占全行资产总额的86%。对审计范围内的重大事项，延伸审计至相关年度。

一、基本情况及审计评价意见

进出口银行成立于1994年，是直属国务院领导、政府全资拥有的政策性银行，在全国重点地区设有21家分行。据该行合并财务报表反映，其2011年底资产总额为11990.57亿元，负债总额为11829.24亿元，所有者权益为161.33亿元；当年实现营业收入106.54亿元，净利润31.35亿元。

审计结果表明，进出口银行认真贯彻执行国家经济金融政策，落实“走出去”战略，促进进出口贸易发展和对外经济合作；积极配合国家外交工作，加强对外援助与合作；不断完善内部控制制度，推进全面风险管理体系建设；大力推动战略转型，努力提升经营效益，可持续发展能力得到增强。但在业务经营和管理等方面仍存在一些问题。

二、审计发现的主要问题

（一）业务经营管理存在的问题。

1. 总行及上海、江苏省、大连、青岛、黑龙江省、广东省等6家分行违规发放贷款共79.44亿元，其中2011年发生44.34亿元。主要是违规放宽贷款条件、对贷款企业提供资料的真实有效性审核未尽职等。

2. 2008年以来，青岛分行通过第三方企业承接债务方式违规处置不良贷款1.64亿元，其中2011年发生0.55亿元。

3. 总行及9家分行信贷“三查”工作不严，存在信贷资金被借款人挪用等现象，其中2011年发生54.9亿元。

4. 2010年至2011年，深圳分行、广东省分行在未提供实质性服务的情况下，向贷款企业及代理行收取咨询顾问费共0.87亿元，其中2011年收取0.67亿元。

（二）财务管理中存在的问题。

1. 2007年至2011年，总行及北京、江苏省、大连、成都、青岛、浙江省、湖南省、陕西省、黑龙江省、福建省等10家分行违规列支物业费及人员工资共874.63万元，其中2011年发生321.24万元。

2.2011年，总行未按规定进行会计调整，导致虚增资产及负债各0.55亿元。

3.2011年至2012年，深圳分行受偿股票变现收入0.36亿元未及时进行账务处理，其中2011年发生0.23亿元。

4.2011年，总行向其境外子公司无依据转移收入28.31万美元。

5.2011年，上海分行、江苏省分行向职工发放的住房补贴共407.5万元未按规定计入当期工资，也未扣缴个人所得税。

此外，进出口银行还存在未按规定对挪用贷款资金的企业加收罚息、未按内部规范办理租金保理业务、未按实际进度和资金需求发放贷款等问题。

三、审计处理及整改情况

对审计发现的问题，审计署已依法出具了审计报告，要求进出口银行进行整改。具体整改情况，由进出口银行在相关媒体上公告。其中涉及违规经营、业务管理不规范及相关风险问题，已移送监管部门处理。

中华人民共和国审计署
审计结果公告
（2013年第14号）

中国农业银行股份有限公司
2011年度资产负债损益审计结果

（2013年5月10日公告）

根据《中华人民共和国审计法》的规定，审计署2012年对中国农业银行股份有限公司（以下简称农业银行）2011年度资产负债损益情况进行了审计，重点审计了总行及所属北京、辽宁、上海、江苏、浙江、山东、河南、湖北、湖南、广东、四川等11家分行，涉及资产总额72 070.63亿元，占全行总资产的61.72%。对审计范围内的重大事项，延伸审计至相关年度。

一、基本情况及审计评价意见

农业银行于1979年2月恢复成立，2009年1月整体改制为股份有限公司，2010年7月在上海、香港两家证券交易所上市。据该行合并财务报表反映，其2011年底资产总额为116776亿元，负债总额为110278亿元，所有者权益为6498亿元；当年实现营业收入3777亿元，净利润1220亿元。

审计结果表明，农业银行近年来认真贯彻执行国家宏观调控政策，为促进经济发展提供金融支持；积极开拓“三农”和县域市场，探索商业化服务“三农”路径；深化管理体制改革，加强风险管理体系建设；积极推进经营转型和业务创新，综合竞争力和盈利能力大幅提高。但在业务经营管理等方面仍存在一些问题。

二、审计发现的主要问题

（一）总行及北京、河北、辽宁、江苏、浙江、河南、广东、广西、陕西等9家分行违规发放法人贷款共98.13亿元，其中2011年发生17.55亿元。一是向不具备资质或手续不全的项目发放贷款61.29亿元；二是向担保不合规的项目发放贷款30.40亿元；三是向不具备偿还能力或提供虚假资料的企业发放贷款及签发承兑汇票6.44亿元，其中大部分已形成不良。

（二）辽宁、江苏、浙江、山东、河南、湖南等6家分行违规发放个人贷款共5.27亿元，其中2011年发生1.55亿元，主要是违反国家差别化信贷政策及违规发放农户小额贷款等。

（三）浙江省分行、山东省分行违规办理存款业务共5.83亿元，其中2011年发生3.20亿元，主要是变相提高存款利率问题。

（四）上海、江苏、广东、云南等4家分行资产、损益不实共1亿元，其中2011年发生9928.9万元。一是多计支出3331.86万元；二是少计支出6597.04万元；三是多计固定资产94.25万元。

（五）总行及北京、辽宁、上海、江苏、山东、湖北、湖南、广东、四川等9家分行财务管理存在薄弱环节，涉及金额共3.49亿元，其中2011年发生1.98亿元，主要是违规发放各类补贴、发票不规范、将部分利息收入转化为中间业务收入，以及固定资产长期闲置等。

此外，农业银行还存在部分贷款“三查”不到位、资产质量认定不够准确、代客金融衍生品交易不够规范、未严格执行集中采购管理规定，以及营销礼品管理薄弱等问题。

三、审计处理及整改情况

对审计发现的问题，审计署已依法出具了审计报告，要求农业银行进行整改。具体整改情况，由农业银行在相关媒体上公告。其中涉及违规经营、业务管理不规范及相关风险问题，已移送监管部门处理。

中华人民共和国审计署
审计结果公告
（2013年第15号）

中国建设银行股份有限公司 2011年度资产负债损益审计结果

（2013年5月10日公告）

根据《中华人民共和国审计法》的规定，审计署2012年对中国建设银行股份有限公司（以下简称建设银行）2011年度资产负债损益情况进行了审计，重点审计了总行及所属北京、辽宁、上海、江苏、浙江、山东、河南、湖北、湖南、广东、四川等11家分行，涉及资产总额72400.55亿元，占全行资产总额的58.95%。对审计范围内的重大事项，延伸审计至相关年度。

一、基本情况及审计评价意见

建设银行成立于1954年，2005年8月整体改制为股份有限公司，2005年10月和2007年9月分别在香港证券交易所、上海证券交易所上市。据该行合并财务报表反映，其2011年底资产总额为122818.34亿元，负债总额为114651.73亿元，所有者权益为8166.61亿元；当年实现营业收入3970.9亿元，净利润1694.39亿元。

审计结果表明，建设银行认真贯彻执行国家经济金融政策和决策部署，注重优化信贷投向及资产结构，为促进经济发展提供金融支持；积极调整经营机制和业务创新，不断强化内部控制和风险管理，经营业绩和整体实力持续提高。但在业务经营管理等方面仍存在一些问题。

二、审计发现的主要问题

（一）北京、辽宁、上海、江苏、浙江、山东、湖北、湖南、四川等9家分行违规发放法人贷款共68.16亿元，其中2011年发生39.38亿元。一是违规向不符合贷款条件的项目和企业发放贷款36.6亿元；二是违反规定程序发放贷款28.32亿元；三是贷款资金拨付方式及实际用途不合规3.24亿元。

（二）江苏、浙江、湖北、湖南、广东等5家分行违规办理票据业务共10.92亿元，其中2011年发生9.19亿元，主要是违规办理无真实贸易背景的银行承兑汇票及开立信用证等。

（三）辽宁、江苏、浙江、山东、湖北、湖南等6家分行违规发放个人贷款共4.67亿元，其中2011年发生1.8亿元，主要是违反国家差别化信贷政策，办理个人住房贷款未执行规定利率和首付款比例规定，以及违规办理商用房贷款等。

（四）辽宁、浙江、湖北、湖南等4家分行违规办理存款业务共11.63亿元，其中2011年发生10.89亿元，主要是为完成存款考核指标而违规虚增存款。

（五）辽宁、浙江、山东、河南、湖北、湖南等6家分行损益不实共5271.77万元，其中2011年发生5246万元。一是少计收入1241万元；二是多计收入49.77万元；三是多计支出3981万元。

（六）总行及北京、辽宁、上海、江苏、山东、湖北、广东等7家分行资产管理和财务核算工作不够规范，涉及金额共3.5亿元。

此外，建设银行还存在部分贷款“三查”不到位、贷款五级分类不够准确、代客金融衍生品交易不够规范、部分信贷资金被挪用等问题。

三、审计处理及整改情况

对审计发现的问题，审计署已依法出具了审计报告，要求建设银行进行整改。具体整改情况，由建设银行在相关媒体上公告。其中涉及违规经营、业务管理不规范及有关风险问题，已移送监管部门处理。

中华人民共和国审计署审计结果公告（2013年第16号）

10个省1139个节能减排项目审计结果

（2013年5月17日公告）

根据《中华人民共和国审计法》的有关规定，2012年5月至9月，审计署对山西、内蒙古、辽宁、吉林、江苏、浙江、河南、广东、广西、宁夏10个省（自治区，以下简称10个省）2010年至2011年中央和省级财政投入的节能减排专项资金及1139个节能减排项目进行了审计。现将审计结果公告如下：

一、节能减排工作取得积极成效

从审计情况看，相关地方政府高度重视节能减排工作，加大资金投入力度，规范项目实施，取得较好成效。

（一）地方各级政府认真履行节能减排责任，强化目标考核。在完成“十一五”节能减排目标任务的基础上，10个省继续把节能减排作为加快转变经济发展方式的抓手，强化目标责任考核，注重法规制度建设，印发了“十二五”节能减排工作规划和综合性工作方案，将节能减排指标分解落实到各地市和区县政府；出台了40多项规章制度，有效地保障了节能减排工作规范有序开展。

（二）中央财政资金引导带动省级资金投入增加，示范效果明显。中央和10个省级财政两年共投入节能减排资金848.04亿元（中央财政696.71亿元，省级财政151.33亿元），其中2011年比2010年投入增长9.74%。审计重点抽查的846家单位（企业）实施的1139个节能减排项目，中央和省级财政投入233.25亿元，带动了企业自有和银行贷款等资金投入409.5亿元（占总投入的63.7%）。

（三）财政资金支持的节能减排项目顺利实施，节能减排效果逐步显现。两年间，中央和10个省级财政共支持能源节约利用、可再生能源、资源综合利用、农村环境保护、主要污染物减排等方面项目20301个，涉及17111家单位（企业）。据10个省有关部门提供数据显示，上述项目形成节能能力5099.61万吨标准煤、减排化学需氧量124.34万吨、减排二氧化硫25.43万吨、减排氮氧化物2.12万吨、形成节水能力5.75亿吨、综合利用废弃物2.97亿吨。

二、审计发现的主要问题及整改情况

审计结果表明，10个省节能减排专项资金总体管理比较规范，使用效益较好，节能减排工程项目进展顺利。但审计也发现在1139个节能减排项目中，有42家单位（企业）实施的44个项目未达到预期节能减排效果，涉及专项资金15.87亿元，分别占抽审项目数的3.86%和审计资金量的6.8%；35家主管部门和项目实施单位违规管理使用专项资金2.7亿元，占审计资金量的1.16%。具体情况是：

（一）部分已完工节能减排项目因设计目标不符合实际、项目实施过程中监督管理不到位等原因达不到预期的节能减排效果，涉及专项资金15.87亿元。

审计指出上述问题后，辽宁、宁夏等省区地方政府责成有关部门积极整改，促使金太阳示范工程等项目投入运行并达到预期效果。截至2013年3月底，21家单位（企业）采取措施，促成22个已完工项目发挥效益，涉及资金6.88亿元。

（二）少数企业和项目实施单位通过提供虚假信息、编造虚假资料等方式违规申请并获得1.41亿元专项资金，违规将1.29亿元专项资金用于日常办公、企业经营等非节能减排方面支出。

审计指出上述问题后，山西、河南等省有关财政部门按照审计要求，已收回13家单位（企业）违规获得的资金6975.1万元；广东、吉林等省地方政府积极督促有关单位（企业）整改，截至2013年3月底，15家单位（企业）将未按规定用途使用的资金1.29亿元归还原资金渠道。

上述详细情况见附表。

此外，审计还发现，部分节能减排专项资金未按预算要求拨付到位，部分项目建设进度缓慢、未按计划完工。审计指出问题后，有关部门加快了资金拨付和项目实施进度。对于审计发现的8

起违法犯罪案件线索，移送有关部门处理后，已有 3 起案件的 3 名责任人员得到查处，其他问题正在进一步查处中。

附件：1. 已完工未达到预期效果的节能减排项目及整改情况表

2. 违规申请获得和违规使用节能减排专项资金问题及整改情况表

附件 1：

已完工未达到预期效果的节能减排项目及整改情况表

序号	项目名称	审计发现的主要问题	截至 2013 年 3 月底整改情况
1	浙江长兴正泰太阳能光伏发电有限公司实施的屋顶太阳能光伏发电项目	由于并网协议和购售电协议未签署等原因，该项目未并网发电，涉及中央财政资金 1911 万元	审计指出后，项目单位已与湖州电力公司签署了并网和购售电协议，项目已通过验收并网发电
2	江苏省华新金猫水泥（苏州）有限公司 7 号、8 号水泥窑纯低温余热发电及锅炉改造项目	项目单位因苏州市城市规划调整，所在地被纳入城乡一体化建设范围而关停，两座水泥窑也先后于 2010 年 8 月、2011 年 3 月关停，项目并网发电时间未超过 2 年，涉及中央财政资金 716 万元	审计指出后，江苏省经济和信息化委在组织申报 2012 年和 2013 年国家节能改造项目时，明确对不符合地方规划、存在搬迁可能的项目不予受理
3	江苏省连云港市灌云万运酒业有限公司酒精废水综合治理技改项目	2011 年 1 月，江苏省发布通榆河水污染防治规划，项目单位被列为关闭企业；2012 年 6 月，该项目尚未验收即被关闭，涉及中央预算内投资补助资金 330 万元	审计指出后，江苏省发展和改革委员会将在今后组织的项目申报时，从城市规划和土地利用总体规划方面把关，对不符合相关规划的项目不予受理
4	昆山中节能环保投资有限公司实施的中国节能（昆山）循环经济产业基地 1035 千瓦光伏发电项目	由于并网接入设备未建、未通过并网接入评审等原因，该项目未并网发电，涉及中央财政资金 869 万元。	审计指出后，该项目已并网发电
5	国电光伏（江苏）有限公司用户侧光伏发电项目	由于并网接入设备未建、未通过并网接入评审等原因，该项目未并网发电，涉及中央财政资金 4323 万元	审计指出后，江苏省将进一步强化部门协调配合，严格落实国家有关政策，积极指导并推动项目建成后的并网工作，力争尽快发挥项目效益
6	江苏旭坤新能源科技有限公司实施的溧阳经济技术开发区屋顶光伏电站项目	由于并网接入设备未建、未通过并网接入评审等原因，该项目未并网发电，涉及中央财政资金 13230 万元	
7	中原新能源（昆山）有限公司实施的中国国际采购中心（江苏昆山）屋面太阳能光伏发电站建设项目	由于并网接入设备未建、未通过并网接入评审等原因，该项目未并网发电，涉及中央财政资金 770 万元	
8	南京南站光伏发电有限责任公司实施的南京南站屋顶光伏发电项目	由于并网接入设备未建、未通过并网接入评审等原因，该项目未并网发电，涉及中央财政资金 3220 万元	

续表

序号	项目名称	审计发现的主要问题	截至2013年3月底整改情况
9	宁夏回族自治区中卫市镇罗镇农村环境连片整治示范项目	该项目购置的13辆垃圾清运车闲置半年以上，涉及中央财政资金125.3万元	审计指出后，闲置车辆已调剂至其他乡镇用于垃圾清运
10	辽宁省锦州市北方采暖区既有居住建筑供热计量及节能改造项目	因锦州市尚未出台相关供热计量收费政策，该项目安装的供热计量表未发挥作用，该项目涉及财政资金1432.2万元	审计指出后，锦州市公用事业与房产局正在对安装的热计量表运行情况进行检测和数据采集，待采集数据论证后，将连同物价部门联合制定出台热计量收费标准，将已完成计量改造的小区纳入试点热计量收费范围
11	辽宁省锦州阳光能源有限公司实施的金太阳示范工程项目	因未获得发电许可证，10兆瓦地面光伏发电金太阳示范工程项目建成未并网发电，涉及中央财政资金11000万元	审计指出后，该项目已并网发电
		因未获得发电许可证，3兆瓦地面光伏发电金太阳示范工程项目中的1.74兆瓦工程建成未并网发电，该项目涉及中央财政资金3720万元	审计指出后，该项目已并网发电
		因未获得发电许可证，0.5兆瓦屋顶光伏发电金太阳示范工程项目建成未并网发电，涉及中央财政资金620万元	审计指出后，项目单位已获得发电许可证，计划于2013年6月并网发电
12	辽宁省营口造纸厂热电站脱硫粉煤灰除尘改造工程项目	因项目单位破产，该项目建成后闲置，涉及财政资金1200万元	审计指出后，营口市人民政府按照辽宁省人民政府的要求，正积极落实上述2家项目单位的重组事宜，积极与多家客商洽谈合作事宜，确保企业尽快恢复生产，让闲置的设备尽快发挥效益
13	辽宁省营口洁海资源有限责任公司蒸发系统节能改造项目	因项目单位破产，该项目建成后闲置，涉及中央财政资金362万元	
14	广西壮族自治区中粮生物质能源有限公司燃料乙醇生产项目	由于广西壮族自治区人民政府未在全区实行市场封闭销售乙醇汽油，乙醇汽油在广西的销售区域由14个地市减少到5个地市，销量大幅萎缩，库存积压到达安全存储临界点，该项目自2008年投产以来两度停产，涉及中央财政资金49255万元	审计指出后，广西壮族自治区人民政府一方面督促中石油、中石化广西销售公司履行社会责任，主动承担车用乙醇汽油销售任务，发挥社会导向作用；同时加强成品油市场监管力度，打击销售非法和不合格油品的行为，提升两家石油公司销售乙醇汽油的信心
15	广西壮族自治区北海市铁山港区污水处理厂项目	因未建成厂区外管网，无法收集污水，该项目尚未正式运营，涉及财政资金1000万元	审计指出后，该项目配套管网共计59公里，目前已建成23.6公里，配套污水泵站也在施工过程中，力争于2013年9月前完成建设任务

续表

序号	项目名称	审计发现的主要问题	截至 2013 年 3 月底整改情况
16	河南省驻马店市新家园房地产开发有限公司建设的驻马店市东高国际花园（小区）光伏发电项目	因未获得发电许可证，该项目已完成的 250 千瓦装机容量无法并网发电，相关设备闲置，涉及中央财政资金 1020 万元	审计指出后，项目单位加快了主体工程和接入系统的施工建设，驻马店市供电公司出具了接入系统审查意见，积极配合完成并网发电工作
17	山西省风陵渡经济开发区污水处理厂项目	由于该开发区电网配套不健全，无法保证项目单位正常用电，入厂污水管道被高速公路阻断不能进入厂区等原因，该项目建成后长期闲置，涉及中央财政资金 1000 万元	审计指出后，项目配套电网建设已完成，能够保证项目用电。该项目计划于 2013 年 3 月开工，8 月建成，确保污水处理设施正常运行
18	山西省运城市夏县裴介镇樊韩王污水处理厂项目	项目所在地经济欠发达，当地群众日常生活用水量较少，项目单位基本无污水可处理，该项目污水处理设施闲置，涉及财政资金 10 万元	审计指出后，夏县裴介镇加强了污水处理站污水收集能力，完成了污水收集管网的铺设，使污水处理设施正常运行
19	山西省运城市夏县裴介镇小吕村污水处理厂项目	项目所在地经济欠发达，当地群众日常生活用水量较少，项目单位基本无污水可处理，该项目污水处理设施闲置，涉及财政资金 10 万元	
20	山西省临汾市安泽县南孔滩村污水处理厂项目	项目所在地经济欠发达，当地群众日常生活用水量较少，项目单位基本无污水可处理，该项目污水处理设施闲置，涉及财政资金 10 万元	审计指出后，当地主管部门正进一步推进项目相关管网建设工作，减少当地污水乱排的现象
21	山西省运城市临猗县临晋村污水处理厂项目	项目所在地经济欠发达，当地群众日常生活用水量较少，项目单位基本无污水可处理，该项目污水处理设施闲置，涉及财政资金 10 万元	审计指出后，项目单位已组织专业技术人员对污水处理设备进行了调试，对菌种进行了驯化，移交给相关各村庄负责项目运行和管理
22	山西省运城市临猗县百里店污水处理厂项目	项目所在地经济欠发达，当地群众日常生活用水量较少，项目单位基本无污水可处理，该项目污水处理设施闲置，涉及财政资金 10 万元	
23	山西省运城市盐湖区赵村污水处理厂项目	项目所在地经济欠发达，当地群众日常生活用水量较少，项目单位基本无污水可处理，该项目污水处理设施闲置，涉及财政资金 10 万元	
24	山西省运城市盐湖区南庙村污水处理厂项目	项目所在地经济欠发达，当地群众日常生活用水量较少，项目单位基本无污水可处理，该项目污水处理设施闲置，涉及财政资金 10 万元	
25	山西省运城市盐湖区羊村污水处理厂项目	项目所在地经济欠发达，当地群众日常生活用水量较少，项目单位基本无污水可处理，该项目污水处理设施闲置，涉及财政资金 10 万元	

续表

序号	项目名称	审计发现的主要问题	截至2013年3月底整改情况
26	山西省临汾市洪洞县赵城镇污水处理厂项目	项目所在地经济欠发达，当地群众日常生活用水量较少，项目单位基本无污水可处理，该项目污水处理设施闲置，涉及财政资金10万元	审计指出后，项目单位已结合当地实际情况，经山西省环保厅和财政厅批复，将原项目变更为配套管网及污水泵站建设项目，目前新项目已完工
27	山西省临汾市尧都区乔李村污水处理厂项目	项目所在地经济欠发达，当地群众日常生活用水量较少，项目单位基本无污水可处理，该项目污水处理设施闲置，涉及财政资金10万元	审计指出后，当地主管部门正进一步推进项目相关配套管网建设工作，减少当地污水乱排的现象
28	山西省临汾市尧都区王村污水处理厂项目	项目所在地经济欠发达，当地群众日常生活用水量较少，项目单位基本无污水可处理，该项目污水处理设施闲置，涉及财政资金10万元	审计指出后，当地主管部门正进一步推进项目相关配套管网建设工作，减少当地污水乱排的现象
29	内蒙古自治区赤峰市北方采暖区既有居住建筑供热计量及节能改造项目	由于该市未实行按用热量计价收费，该项目建成的供热计量装置闲置，涉及财政资金4550.06万元	审计指出后，赤峰市已出台了热计量收费政策，待取暖期结束后一并结算
30	内蒙古自治区鄂尔多斯市北方采暖区既有居住建筑供热计量及节能改造项目	由于该市未实行按用热量计价收费，该项目建成的供热计量装置闲置，涉及财政资金764.3万元	审计指出后，内蒙古自治区人民政府已责成该市尽快进行供热费用测算，制定收费标准，出台收费政策，切实发挥供热计量设备效益
31	内蒙古自治区鄂尔多斯市二狗湾村养殖场牲畜粪便无害化处理工程项目	该项目完工后，因缺乏后续处理运行费用，自2011年12月起停止运行，涉及中央财政资金100万元	审计指出后，内蒙古自治区人民政府已责成自治区环保厅、财政厅今后加强项目评审工作，将项目是否具备后续维护运行能力作为评审的重要指标
32	吉林省长春市既有居住建筑供热计量改造项目	由于该市未实行按用热量计价收费，仍实行按供热面积计价收费，该项目建成后未能发挥作用，涉及财政资金23500万元	审计指出后，吉林省人民政府采取多项措施大力推进供热计量收费改革，实施了严格的考核制度和惩处机制，目前全省51个市（县、区）出台了供热计量收费标准和办法，49个市（县、区）在本采暖期内实现了供热计量收费，收费面积达7831万平方米，占已安装热计量装置面积的75.5%，超过了全省机制供热面积的五分之一
33	吉林省吉林市既有居住建筑供热计量改造项目	由于该市未实行按用热量计价收费，仍实行按供热面积计价收费，该项目建成后未能发挥作用，涉及财政资金5266.22万元	
34	吉林省通化市既有居住建筑供热计量改造项目	由于该市未实行按用热量计价收费，仍实行按供热面积计价收费，该项目建成后未能发挥作用，涉及财政资金7250万元	
35	吉林省白山市既有居住建筑供热计量改造项目	由于该市未实行按用热量计价收费，仍实行按供热面积计价收费，该项目建成后未能发挥作用，涉及财政资金6318万元	
36	吉林省延吉市既有居住建筑供热计量改造项目	由于该市未实行按用热量计价收费，仍实行按供热面积计价收费，该项目建成后未能发挥作用，涉及财政资金3593.38万元	

续表

序号	项目名称	审计发现的主要问题	截至2013年3月底整改情况
37	吉林省辽源市既有居住建筑供热计量改造项目	由于该市未实行按用热量计价收费，仍实行按供热面积计价收费，该项目建成后未能发挥作用，涉及财政资金2060.72万元	审计指出后，吉林省人民政府采取多项措施大力推进供热计量收费改革，实施了严格的考核制度和惩处机制，目前全省51个市（县、区）出台了供热计量收费标准和办法，49个市（县、区）在本采暖期内实现了供热计量收费，收费面积达7831万平方米，占已安装热计量装置面积的75.5%，超过了全省机制供热面积的五分之一
38	吉林省靖宇县既有居住建筑供热计量改造项目	由于该县未实行按用热量计价收费，仍实行按供热面积计价收费，该项目建成后未能发挥作用，涉及财政资金1851.91万元	
39	吉林经济技术开发区污水处理项目	由于该开发区日产污水量不足，项目达不到经济运行效率，截至2012年6月底，该项目一直未投入运营，涉及中央财政资金5610万元	审计指出后，吉林市人民政府全力推进项目后期工作，预计2013年6月该项目开始试运行
40	浙江省杭州宇中高虹照明电器有限公司高效节能灯生产项目	该项目于2010年10月投产，实现节能量未达到预期目标，涉及中央预算内投资补助资金580万元	该公司2012年生产高效节能灯6000万只，达到了节能171.07万吨标准煤的目标
41	浙江省临安市新三联照明电器有限公司高效节能灯生产项目	该项目建成后，2011年度实现节能量未达到预期目标，涉及中央预算内投资补助资金630万元	该公司2012年生产高效节能灯5180万只，达到了节能111.16万吨标准煤的目标
42	浙江春晖智能控制股份有限公司普通空调节能器双向热力膨胀阀生产项目	该项目计划生产能力为年产600万套普通空调节能器双向热力膨胀阀，项目建成后，2011年度实际产量仅为60.8万套，销售55万套，未达到预期目标；该项目涉及中央预算内投资补助资金460万元	截至2012年底，该公司生产普通空调节能器双向热力膨胀阀120万套，销售113万套，预计到2013年底可达到年产600万套的产能

附件2：

违规申请获得和违规使用节能减排专项资金问题及整改情况表

序号	项目（资金）名称	审计发现的主要问题	截至2013年3月底整改情况
1	江苏省东风悦达起亚汽车有限公司节能汽车推广项目	江苏省东风悦达起亚汽车有限公司部分经销商通过上报不符合补助条件汽车数量等方式，违规申请并获得节能汽车推广财政补助资金174.3万元	审计指出后，江苏省东风悦达起亚汽车有限公司已收回相关经销商违规获得的174.3万元资金。盐城市财政局已按照江苏省财政厅要求，将上述资金直接上缴中央国库
2	江苏省丰县污水处理厂二期管网工程项目	项目单位多头申报丰县污水处理厂二期管网工程项目，违规获得财政资金170万元	审计指出后，丰县加快了相关项目的建设进度，办理增补项目的审批手续，加快资金拨付进度，确保项目尽快发挥效益

续表

序号	项目（资金）名称	审计发现的主要问题	截至2013年3月底整改情况
3	江苏省苏州市吴中区陆巷村沙滩山污水处理站项目	项目单位于2010年6月申报获得中央三河三湖补助资金80万元，当年8月又以同一项目申报获得中央农村环境连片整治补助资金120万元	审计指出后，项目单位办理了增补项目审批手续，目前项目已实施完成
4	江苏省泰兴市鼎立科技有限公司秸秆能源化利用项目	项目单位通过多报秸秆能源产品销售量的方式，违规获得中央财政秸秆能源化利用补助资金23.93万元	审计指出后，泰兴市财政局已按照江苏省财政厅要求，将上述资金直接上缴中央国库
5	江苏爱能洁新能源有限公司秸秆能源化利用项目	项目单位通过多报秸秆能源产品销售量的方式，违规获得中央财政秸秆能源化利用补助资金29.1万元	审计指出后，泰州市财政局已按照江苏省财政厅要求，将上述资金直接上缴中央国库
6	浙江省合同能源管理项目	由于申报时间较紧以及增加了省外实施项目等原因，项目主管部门在申报合同能源管理资金时上报的仅是没有具体项目名单的预估数据，导致申报数据不准、申报项目内容不实，多得合同能源管理奖励资金4120万元	审计指出后，经浙江省财政厅等主管部门联合向财政部、国家发展改革委报告，财政部对上述资金进行了清算，除核定补助资金12万元外，其余资金结转使用，继续用于该省合同能源管理项目
7	内蒙古自治区北方联合电力有限责任公司包头第一热电厂落后机组淘汰项目	由于供热原因，经内蒙古自治区人民政府批准，项目单位原列入2010年关停计划的10万千瓦机组可延期关停。审计发现，截至2012年底该机组并未关停。2010年9月，项目单位违规获得淘汰落后产能中央财政奖励资金2250万元	审计指出后，内蒙古自治区财政厅已从项目单位收回上述资金
8	内蒙古自治区赤峰市中心城区污水处理厂配套管网工程项目	2010年，项目单位将不符合资金申报条件的污水管网项目，与其他符合条件的项目一同以德润排水有限责任公司承建的中心城区污水处理厂配套管网工程名义，申请并获得中央财政以奖代补资金1664万元	审计指出后，内蒙古自治区财政厅已从项目单位收回上述资金
9	内蒙古自治区包头钢铁（集团）有限责任公司给水厂总排扩容改造工程项目	项目单位先后以2007年底已完工的酚氰废水综合治理项目和2010年12月已完工的给水厂总排扩容改造工程项目，分别申请并获得内蒙古自治区“2008年重点环保治理工程”“2011年重点环保治理工程”和中央预算内投资补助资金共1560万元	审计指出后，内蒙古自治区人民政府已责成自治区发展改革委、财政厅、环保厅等部门加强项目审核和监督力度，杜绝此类问题再次发生
10	内蒙古自治区包头中益能供热技术有限公司合同能源管理项目	项目单位将9个2009年以前已实施的项目作为2011年实施的合同能源管理项目申报，并被内蒙古自治区纳入财政奖励资金扶持范围，获得合同能源管理奖励资金88.1万元	审计指出后，内蒙古自治区人民政府已责成自治区经济和信息化委员会、财政厅加强项目审核和监督力度，杜绝此类问题再次发生

续表

<table>
<tr><th>序号</th><th>项目（资金）名称</th><th>审计发现的主要问题</th><th>截至 2013 年 3 月底整改情况</th></tr>
<tr><td>11</td><td>宁夏回族自治区石嘴山市惠农区群众文化活动中心太阳能光电建筑应用示范项目</td><td>项目单位通过虚报该项目装机容量的方式，多得中央财政补助资金 442.49 万元</td><td>审计指出后，惠农区人民政府已制订整改方案，按照申报标准，自筹资金尽快完成剩余太阳能光伏组件安装，计划于 2013 年 7 月完工</td></tr>
<tr><td>12</td><td>宁夏回族自治区中卫市沙坡头区村庄环境综合整治太阳能路灯建设项目</td><td>中卫市项目主管部门多报沙坡头区村庄环境综合整治太阳能路灯建设项目总投资，多得自治区财政补助资金 112 万元</td><td>审计指出后，中卫市项目主管部门将多得资金继续用于沙坡头区其他村庄环境综合整治太阳能路灯工程，宁夏回族自治区财政部门相应核减应拨付财政资金，目前项目已竣工</td></tr>
<tr><td>13</td><td>宁夏金海创科化工科技有限公司低汞触媒生产及回收废汞触媒清洁生产示范项目</td><td>项目单位多头申报并获得项目批复，涉及中央预算内投资补助资金 629 万元，至审计时该笔资金尚未下达</td><td>审计指出后，宁夏回族自治区项目主管部门已停止下达项目单位相关项目补助资金</td></tr>
<tr><td>14</td><td>辽宁科硕营养科技有限公司合同能源管理项目</td><td>项目单位在原申报的合同能源管理项目未实施的情况下，于 2011 年 3 月以合同能源管理项目名义违规申请并获得辽宁省节能专项资金 50 万元</td><td>审计指出后，项目单位已开始实施合同能源管理项目</td></tr>
<tr><td>15</td><td>河南博民纸业加工有限公司淘汰落后造纸设备项目</td><td>项目单位通过提供虚假资料等手段，骗取淘汰落后产能中央财政奖励资金 67.77 万元</td><td>审计指出后，河南省财政部门已从项目单位收回上述资金</td></tr>
<tr><td>16</td><td>山西太岳焦化有限责任公司焦化地面除尘站电机变频改造项目</td><td>在项目清算不合格的情况下，项目实施单位山西东昌节能环境工程公司仍获得合同能源管理项目奖励资金 22 万元</td><td rowspan="2">审计指出后，山西省财政部门已从项目实施单位收回上述合同能源管理项目奖励资金</td></tr>
<tr><td>17</td><td>山西永鑫煤焦化有限责任公司焦化地面除尘站电机变频改造项目</td><td>在项目清算不合格的情况下，项目实施单位山西东昌节能环境工程公司仍获得合同能源管理项目奖励资金 13 万元</td></tr>
<tr><td>18</td><td>山西省焦炭集团益隆焦化股份有限公司焦化地面除尘站电机变频改造项目</td><td>在项目清算不合格的情况下，项目实施单位山西东昌节能环境工程公司仍获得合同能源管理项目奖励资金 19 万元</td><td rowspan="3">审计指出后，山西省财政部门已从项目实施单位收回上述合同能源管理项目奖励资金</td></tr>
<tr><td>19</td><td>山西省忻州华茂精密铸造有限公司炼钢厂高炉矿槽除尘站电机变频改造项目</td><td>在项目清算不合格的情况下，项目实施单位山西东昌节能环境工程公司仍获得合同能源管理项目奖励资金 14 万元</td></tr>
<tr><td>20</td><td>首钢长治钢铁有限公司焦化地面除尘站电机变频改造项目</td><td>在项目清算不合格的情况下，项目实施单位山西东昌节能环境工程公司仍获得合同能源管理项目奖励资金 20 万元</td></tr>
</table>

续表

序号	项目（资金）名称	审计发现的主要问题	截至2013年3月底整改情况
21	山西省交口县天马能源实业有限公司焦化地面除尘站电机变频改造项目	在项目清算不合格的情况下，项目实施单位山西东昌节能环境工程公司仍获得合同能源管理项目奖励资金22万元	
22	山西安泰集团股份有限公司转炉二次风机智能化节电改造项目	在项目清算不合格的情况下，项目实施单位山西乐普四方节能环保科技有限公司仍获得合同能源管理项目奖励资金230万元	
23	山西中条山新型建材有限公司高、低压设备安装节电器节能技改项目	在项目清算不合格的情况下，项目实施单位山西国源合理用能咨询有限公司仍获得合同能源管理项目奖励资金61万元	
24	山西省晋源实业有限公司风机，水泵高、低压变频改造项目	在项目清算不合格的情况下，项目实施单位山西国源合理用能咨询有限公司仍获得合同能源管理项目奖励资金60万元	审计指出后，山西省财政部门已从项目实施单位收回上述合同能源管理项目奖励资金
25	山西省孝义市泰兴实业有限责任公司煤炉改气项目	在项目清算不合格的情况下，项目实施单位山西亿能节能科技服务有限公司仍然获得合同能源管理项目奖励资金232万元	
26	山西省大同煤矿集团煤炭运销忻州阳坊口集运站有限公司煤炭储运场扬尘覆盖节能技术项目	在项目清算不合格的情况下，项目实施单位山西亿能节能科技服务有限公司仍获得合同能源管理项目奖励资金208万元	
27	山西省大同煤矿集团煤炭运销五寨有限公司煤炭储运场扬尘覆盖节能技术项目	在项目清算不合格的情况下，项目实施单位山西亿能节能科技服务有限公司仍获得合同能源管理项目奖励资金217万元	
28	山西康伟煤焦有限公司沁源县环能建材公司煤炭储运场扬尘覆盖节能技术项目	在项目清算不合格的情况下，项目实施单位山西亿能节能科技服务有限公司仍获得合同能源管理项目奖励资金214万元	
29	山西省大同煤矿集团煤炭运销忻州宁武有限公司煤炭储运场扬尘覆盖节能技术项目	在项目清算不合格的情况下，项目实施单位山西亿能节能科技服务有限公司仍获得合同能源管理项目奖励资金203万元	审计指出后，山西省财政部门已从项目实施单位收回上述合同能源管理项目奖励资金
30	山西省孝义市泰兴实业有限责任公司锅炉煤改气项目	在项目清算不合格的情况下，项目实施单位山西亿能节能科技服务有限公司仍获得合同能源管理项目奖励资金237万元	

续表

序号	项目（资金）名称	审计发现的主要问题	截至 2013 年 3 月底整改情况
31	山西艾佛斯节能服务有限责任公司合同能源管理项目	项目单位以虚假合同申报项目，违规获得财政奖励资金 432 万元后，项目全部没有实施	审计指出后，项目单位已将上述资金全部归还给山西省财政部门
32	柳州有色冶炼股份有限公司和柳州市大湖金属加工有限公司淘汰落后产能项目	项目主管部门在明知柳州有色冶炼股份有限公司已全部关停、柳州市大湖金属加工有限公司已拆除相关生产线的情况下，仍以上述企业淘汰落后产能的名义，申报并获得 2011 年重金属污染防治专项资金 450 万元	审计指出后，广西壮族自治区财政厅、环保厅已从项目单位收回上述资金
33	江苏省新沂市区域水环境综合整治项目	项目单位将用于区域水环境综合整治的中央财政三河三湖补助资金 900 万元作为保证金，取得银行承兑汇票用于新沂市其他市政建设项目	审计指出后，项目单位已将上述资金归还原资金渠道
34	辽宁省本溪金源铜箔有限公司综合节能改造项目	项目单位将收到的辽宁省 2011 年度综合节能改造资金 30 万元，用于水费、电费、保险费、增值税等方面支出	审计指出后，项目单位已将上述资金归还原资金渠道，并设立了专门账户进行管理
35	广西壮族自治区藤县污水处理厂建设项目	藤县财政部门将用于建设藤县污水处理厂的 2010 年中央预算内投资补助资金 223.53 万元，拨付给藤县建业城市基础设施投资有限公司，用于解决该县历史遗留问题	审计指出后，藤县财政部门已调整账目，按原渠道归还了被挪用的资金
36	广西壮族自治区南丹县重金属污染防治项目	南丹县项目主管部门挪用 2010 年中央财政重金属污染防治专项资金 144 万元，用于预缴南丹县大厂镇刁江源绿荫塘至丰和洞污染治理工程等 7 个尚未开工的重金属污染治理项目的营业税及附加等税费	审计指出后，南丹县环保局已按原渠道归还被挪用的资金
37	宁夏回族自治区中卫市国控重点污染源监督监测运行费	中卫市环保部门挪用国控重点污染源监督监测运行费 76.48 万元，用于人员工资等支出	审计指出后，中卫市环保部门已将挪用的资金归还原资金渠道
38	广西壮族自治区梧州市“城市矿产”示范基地建设项目	梧州市项目主管部门将中央财政“城市矿产”示范基地补助资金 1118.67 万元，借给梧州进口再生资源加工园区投资管理有限公司，用于归还该公司银行贷款本金及支付征地款等	审计指出后，梧州市项目主管部门已将挪用的资金归还原资金渠道
39	广西壮族自治区防城港市城镇污水处理设施配套管网建设项目	项目单位挪用中央财政城镇污水处理设施配套管网建设专项资金 523.83 万元，用于投资中国农业银行理财产品	审计指出后，项目单位已按原渠道归还被挪用的资金

续表

序号	项目（资金）名称	审计发现的主要问题	截至2013年3月底整改情况
40	河南英博纸业有限公司淘汰落后造纸设备项目	项目单位未按规定用途使用中央财政淘汰落后产能奖励资金954.5万元	审计指出后，焦作市政府责成项目单位已将违规使用资金全部归还原资金渠道
41	河南省三门峡市节能技术改造项目	三门峡市财政部门将2011年中央财政节能技术改造奖励资金952万元拨付三门峡市财经投资公司用于公司经营。	审计指出后，三门峡市财政部门已将上述资金全部归还原资金渠道
42	河南省三门峡市北方既有居住建筑供热计量及节能改造项目	三门峡市财政部门将中央财政北方采暖区既有居住建筑供热计量及节能改造奖励资金462.47万元拨付三门峡市财经投资公司用于公司经营	审计指出后，三门峡市财政部门已将上述资金全部归还原资金渠道
43	浙江省杭州市国控重点污染源监督性监测运行专项经费	2011年末，杭州市财政部门收回杭州市环境检测中心站2010年中央财政国控重点污染源监督性监测运行专项经费结余资金41.63万元；2012年，杭州市财政部门将上述结余资金作为2011年度该项经费的地方配套资金部分，再次下拨给杭州市环境检测中心站	审计指出后，杭州市财政部门已调整相关账目，用自有资金归还原资金渠道
44	吉林省通化县农村环境连片整治项目	通化县财政部门将农村环境连片整治专项资金3475.57万元，用于该县人员工资等方面支出。	审计指出后，通化县财政部门已将上述资金全部归还原资金渠道
45	吉林建工学院节能监管体系建设示范项目	项目单位将节能监管体系建设示范项目资金350万元全部用于日常开支	审计指出后，项目单位已将上述资金全部归还原资金渠道
46	广东省中兴能源（天津）有限公司金太阳工程示范项目	项目单位将中央财政金太阳示范工程财政补助资金3657万元，用于境外公司收购、投资、归还其他借款、缴纳贷款保证金等	审计指出后，东莞市财政部门已收回上述资金
47	广东省高州市大坡镇水库综合整治与生态修复项目	高州市大坡镇财政部门将水库综合整治与生态修复资金23.49万元，用于路灯建设	审计指出后，大坡镇财政部门已将上述资金全部归还原资金渠道

中华人民共和国审计署
审计结果公告
（2013 年第 17 号）

包头至茂名高速公路安康至毛坝段竣工财务决算草案审计结果

（2013 年 5 月 27 日公告）

根据《中华人民共和国审计法》的规定，审计署于 2012 年 7 月至 11 月对包头至茂名高速公路安康至毛坝段（以下简称安毛高速）竣工财务决算草案进行了审计，重点检查了项目概算执行、投资控制和工程建设管理等情况。现将审计结果公告如下：

一、基本情况

安毛高速全长 85.59 公里，批复概算总投资 77.03 亿元，竣工财务决算草案金额 108.54 亿元，项目建设单位为陕西省交通运输厅利用外资项目办公室（以下简称外资办）。该项目于 2007 年 12 月开工建设，2011 年 5 月建成通车，由陕西省交通建设集团公司负责运营管理。交工验收报告表明，该项目工程质量总体合格。

二、审计评价

审计结果表明，安毛高速建设单位能够按照可行性研究报告和初步设计方案确定的内容进行建设，积极筹措资金，保证了工程顺利实施，并且提前半年建成通车。安毛高速的建成使国家高速公路网中的包茂线在陕西省境内实现全线贯通，不仅改善了陕南区域交通条件和投资环境，促进了沿线地区旅游、农业、矿产资源的开发，密切了关天经济区与成渝经济区的沟通联系，对于促进陕南经济发展、实施西部大开发战略具有重要意义。

但审计也发现，安毛高速建设中存在超概算投资、多计工程款、违规分包等问题。

三、审计发现的主要问题及整改情况

（一）安毛高速批复概算投资 77.03 亿元，竣工财务决算草案金额 108.54 亿元，超出批复概算 31.51 亿元（占概算投资的 40.91%）。造成投资增加的主要原因是初步设计深度不够，桥梁隧道设计变更较多，以及超规模建设高速公路服务区房建工程等。

审计指出上述问题后，外资办启动了概算调整工作，目前已基本完成相关资料整理，将报国家有关部门审批。

（二）外资办在与 17 家施工单位（见附件 1）结算时，多结算工程价款 4178.49 万元。

审计指出上述问题后，外资办从工程价款中扣减了多结算的 4178.49 万元，并相应调整了决算及交付使用资产价值。

（三）外资办在编制安毛高速竣工财务决算草案中，多计费用 2846.87 万元。其中：多分摊毛坝至陕川界高速公路勘察设计费用 871.13 万元、多计预留费用 832 万元、多计车辆购置费用 1143.74 万元。

审计指出上述问题后，外资办全部核减了上述 3 项费用的决算金额，相应调整了决算及交付使用资产价值。

（四）外资办在工程实施中，未按规定将安毛高速汉滨段供电线路工程设计施工合同项目和少量改性沥青采购合同项目进行公开招标，涉及金额 1792.28 万元。

审计指出上述问题后，陕西省交通运输厅制定了《关于加强高速公路施工招标投标工作的意见》，采取了严格资格预审、遏制围标串标、引导合理报价、加强招标监管等措施，加强了对高速公路项目招标投标活动的管理。

（五）在工程建设中，有 6 家施工和设计单位（见附件 2）存在违规分包问题，涉及金额 2.62 亿元。

审计指出上述问题后，外资办将严格按照规定处理上述 6 家单位，并采取措施完善了相关制度，在新的建设项目中加强对施工和勘察设计单位的监督管理。

（六）外资办所属安川建设管理处违规以各种名义向施工单位收取费用 348 万元，并截留四川达陕高速公路有限责任公司支付的临时供电费 30 万元，上述 378 万元均未纳入法定账户核算，主要用于安毛高速米溪梁隧道会战指挥部公务支出。

审计指出上述问题后，安川建设管理处已将违规收取的348万元资金归还施工单位，将截留的30万元纳入法定账户核算。

（七）外资办所属的陕西兴达交通工程公司通过虚列成本套取资金176.5万元，用于向职工发放补助。

审计指出上述问题后，陕西兴达交通工程公司已收回发放的补助143.34万元，其余33.16万元主要是相关人员已离职或调动，正在设法收回中。

附件：1. 多结算工程价款的17家单位名单

2. 违规分包的6家单位名单

附件1：

多结算工程价款的17家单位名单

序号	单位名称
1	山东省公路建设（集团）有限公司
2	西安萌兴高等级公路工程股份有限公司
3	中铁五局（集团）有限公司
4	中铁七局集团有限公司
5	中铁十七局集团第三工程有限公司
6	中铁五局集团第三工程有限责任公司
7	中铁十六局集团第一工程有限公司
8	中铁十一局集团第四工程有限公司
9	中交一公局第五工程有限公司
10	中交第二公路工程局有限公司
11	中交二公局第三工程有限公司
12	中交二公局第六工程有限公司
13	中国铁路工程总公司
14	中铁隧道股份有限公司
15	东盟营造工程有限公司
16	中交二公局第一工程有限公司
17	中交二公局第四工程有限公司

附件2：

违规分包的6家单位名单

序号	单位名称
1	山东省公路建设（集团）有限公司
2	中铁十一局集团第四工程有限公司
3	中交第二公路工程局有限公司
4	东盟营造工程有限公司
5	陕西省肖柯园林工程有限公司
6	中交第二公路勘察设计研究院有限公司

中华人民共和国审计署
审计结果公告
（2013年第18号）

重庆至长沙高速公路彭水至黔江段竣工财务决算草案审计结果

（2013年5月27日公告）

根据《中华人民共和国审计法》的规定，审计署于2012年7月至11月，对重庆至长沙高速公路彭水至黔江段（以下简称黔彭高速）竣工财务决算草案进行审计，重点检查了项目概算执行、投资控制和建设管理等情况。现将审计结果公告如下：

一、基本情况

黔彭高速全长70.63公里，批复概算总投资56.59亿元，竣工财务决算草案金额67.98亿元，项目建设单位为重庆高速公路集团有限公司（以下简称重庆高速集团）。该项目于2006年4月开工，2010年9月建成通车，由重庆高速集团运营管理。交工验收报告表明，该项目工程质量总体合格。

二、审计评价

审计结果表明，重庆高速集团及相关参建单位能够建立健全规章制度，不断完善现场管理；树立环保意识，切实加强生态保护。作为连接渝东南地区的重要通道，黔彭高速的建成通车，使重庆市与我国东南部省市的交通更加快捷，有力促进了渝东南地区商贸、旅游业的快速发展。

但审计也发现，黔彭高速建设中存在超概算投资、多计工程款、招投标不规范等问题。

三、审计发现的主要问题及整改情况

（一）黔彭高速批复概算投资 56.59 亿元，竣工财务决算草案金额 67.98 亿元，超出批复概算 11.39 亿元（占概算投资的 20.13%）。造成投资增加的主要原因是征地补偿标准提高、材料价格上涨和超规模建设高速公路服务区等。

审计指出上述问题后，重庆高速集团已向上级部门申请调增概算，今后将从提高概算编制的科学性、严格设计变更管理等方面切实加强投资控制。

（二）重庆高速集团在与 44 家施工单位（见附件 1）结算时，多结算工程价款 1.02 亿元。

审计指出上述问题后，重庆高速集团已扣减多结算的 1.02 亿元，相应调整了决算及交付使用资产价值。

（三）黔彭高速 12 家施工单位（见附件 2）对票据审核不严，作为财务凭证报账的发票中，有 7821.17 万元假发票。

审计指出上述问题后，重庆高速集团正督促上述 12 家施工单位进行整改。

（四）重庆高速集团在工程实施中，未按规定将 184 个勘察、设计、施工、监理及采购合同项目进行公开招标，涉及金额 1.44 亿元；在土建工程招投标中，把招标文件出售时间设定为 2 天，将最后一份招标补遗书发出至投标文件递交的截止时间间隔设定为 8 天，均短于有关规定所要求的 5 天和 15 天期限。

审计指出上述问题后，重庆市人民政府督促重庆高速集团认真清理整改，并要求在今后工程建设招标投标工作中严格做到依法合规。

（五）重庆交通建设（集团）有限责任公司和中国核工业中原建设公司等施工单位未经建设单位许可，将承接的工程违规分包，涉及金额 4587.44 万元。

审计指出上述问题后，重庆市人民政府已责成重庆高速集团进一步核实并依法处理，重庆高速集团正在按合同约定追究上述 2 家单位责任，并在以后的项目建设中督促施工单位严格执行有关规定。

（六）黔彭高速于 2006 年 4 月开工建设，但重庆高速集团 2007 年 1 月才着手办理施工许可，至 4 月才上报交通运输部并获得批复，晚于开工时间近 1 年。

审计指出上述问题后，重庆市人民政府已责成重庆高速集团切实加强项目管理、完善制度，杜绝此类问题再次发生。

附件： 1. 多结算工程价款的 44 家单位名单

2. 使用假发票入账的 12 家单位名单

附件 1：

多结算工程价款的 44 家单位名单

序号	单位名称
1	贵州省桥梁工程总公司
2	北京海威工程建设有限责任公司
3	中铁九局集团有限公司
4	路桥集团三公局工程有限公司
5	中交第四航务工程局有限公司
6	中铁隧道集团有限公司
7	中铁五局集团第一工程有限责任公司
8	中铁二十二局集团有限公司
9	中铁十六局集团有限公司
10	重庆渝宏公路工程有限责任公司
11	重庆福森园林工程有限公司
12	贵州省公路工程总公司
13	中铁十九局集团第一工程有限公司
14	重庆市交通建设（集团）有限责任公司
15	中铁十一局集团第五工程有限公司
16	中铁大桥局股份有限公司
17	中国核工业中原建设公司
18	中铁四局集团有限公司

续表

序号	单位名称
19	四川公路桥梁建设集团有限公司
20	中铁二十局集团第四工程有限公司
21	安通建设有限公司
22	天津城建集团有限公司
23	北京市海龙公路工程公司
24	中铁二十四局南昌铁路有限公司
25	中国路桥集团西安实业发展有限公司
26	成都华川公路建设（集团）有限公司
27	成都市新通路桥机械有限公司
28	杭州公路交通设施工程有限公司
29	陕西高速交通工贸有限公司
30	中铁电气化局集团有限公司
31	重庆庆铃水利电力工程有限公司
32	重庆第二建设有限公司
33	广东志诚冠军集团有限公司
34	重庆极光电器设备有限公司
35	衡阳恒飞电缆有限责任公司
36	宁波 GQY 视讯股份有限公司
37	重庆市阜泰建设（集团）有限公司
38	重庆第十一建筑工程有限责任公司
39	重庆博大建设集团股份有限公司
40	攀枝花公路桥梁工程总公司
41	重庆五通科技发展有限公司
42	重庆市龙威送变电工程有限公司
43	重庆市广信电力建设有限责任公司
44	重庆市黔江区渝能电气有限责任公司

附件 2：

使用假发票入账的 12 家单位名单

序号	单位名称
1	重庆市交通建设（集团）有限责任公司
2	天津城建集团有限公司
3	重庆渝宏公路工程有限责任公司
4	中铁九局集团有限公司
5	四川公路桥梁建设集团有限公司

续表

序号	单位名称
6	中铁十六局集团有限公司
7	中铁十一局集团第五工程有限公司
8	中铁大桥局股份有限公司
9	北京市海龙公路工程公司
10	中铁隧道集团有限公司
11	安通建设有限公司
12	贵州省桥梁工程总公司

中华人民共和国审计署审计结果公告（2013 年第 19 号）

同江至三亚高速公路广州绕城公路南段竣工财务决算草案审计结果

（2013 年 5 月 27 日公告）

根据《中华人民共和国审计法》的规定，审计署于 2012 年 7 月至 11 月，对同江至三亚高速公路广州绕城公路南段（以下简称广州南二环高速）竣工财务决算草案进行了审计，重点检查了项目概算执行、投资控制和工程建设管理等情况。现将审计结果公告如下：

一、基本情况

广州南二环高速全长 49.33 公里，批复概算总投资 71.14 亿元，竣工财务决算草案金额为 75.57 亿元，项目建设单位为广东省公路建设有限公司（以下简称公路建设公司）。该项目于 2008 年 6 月开工建设，2010 年 12 月建成通车，由公路建设公司南环段分公司运营管理。交工验收报告表明，该项目工程质量总体合格。

二、审计评价

审计结果表明，广东省人民政府及相关部门高度重视广州南二环高速的建设管理，采取多种措施保障项目如期建成。建设单位能够较好执行国家政策法规，不断完善内控制度，优化工程设计，加强施工管理，项目和资金管理总体比较规范。该公路的建成进一步改善了珠江三角洲地区路网结构，促进了国家高速公路主干网整体效益的发挥，对推动珠江三角洲地区，特别是广州和佛山两市经济发展具有重要作用。

但审计也发现，广州南二环高速建设中存在多计工程款、招投标不规范、违规分包等问题。

三、审计发现的主要问题及整改情况

（一）公路建设公司在与 31 家施工、勘察设计、监理和行业主管单位（见附件）结算时，多结算工程价款 6635.35 万元。

审计指出上述问题后，截至 2013 年 3 月底，公路建设公司已从工程价款中扣减多结算的 5319.02 万元、从施工单位收回 62.19 万元，相应调整了决算及交付使用资产价值，其余 1254.14 万元正在收缴中；公路建设公司上级主管单位广东省交通集团有限公司（以下简称广交集团）还出台了《高速公路建设项目投资规模控制和造价管理指导意见》等 6 项规定。

（二）公路建设公司下属南二环分公司自行变更鱼窝头互通匝道设计，造成损失 160 万元。

审计指出上述问题后，广交集团责成公路建设公司严格按基建程序进行建设管理，分析原因、吸取教训，在后续项目建设中严格执行《公路工程设计变更管理办法》等规定和内控制度。

（三）公路建设公司在工程实施中，未将 62 个电力、通信线路拆迁和部分技术咨询合同项目进行公开招标，涉及金额 2.53 亿元。

（四）公路建设公司对投标单位的资格预审把关不严格，使不符合条件的湘潭钢铁集团有限公司参与投标并中标，涉及金额 1.17 亿元。

（五）上海市第一市政工程有限公司、四川路航建设工程有限公司、贵州桥梁建设集团有限责任公司违规分包工程，涉及金额 1.68 亿元。

审计指出上述（三）、（四）、（五）项问题后，广交集团要求公路建设公司健全和细化招投标管理制度；公路建设公司正在按要求对招投标方面的问题进行清理整改，并制定了《关于进一步规范高速公路咨询、服务类项目招标工作的规定》等管理办法。

附件：多结算工程价款的 31 家单位名单

附件：

多结算工程价款的 31 家单位名单

序号	单位名称
1	云南路桥股份有限公司
2	中铁大桥局股份有限公司
3	中交二公局第一工程有限公司
4	路桥华南工程有限公司
5	中国云南路建集团股份公司
6	中铁十二局集团第三工程有限公司
7	中铁二十局集团有限公司
8	贵州桥梁建设集团有限责任公司
9	中国第四冶金建设有限责任公司
10	中交二公局第三工程有限公司
11	黑龙江嘉昌路桥建筑有限责任公司
12	上海市第一市政工程有限公司
13	吉林省建设集团有限公司
14	天津城建集团有限公司
15	中铁十四局集团有限公司
16	广东省长大公路工程有限公司
17	四川路航建设工程有限责任公司
18	中铁三局集团第二工程有限公司
19	中交第四航务工程局有限公司
20	河北路桥集团有限公司
21	广东冠粤路桥有限公司
22	广东晶通公路工程建设集团有限公司
23	广东飞达交通工程有限公司
24	武汉华天园林艺术有限公司
25	江苏万宝桥梁构件有限公司
26	深圳市电信工程有限公司
27	广东南粤物流股份有限公司
28	广州市国土资源和房屋管理局番禺分局
29	佛山市南海区国土城建和水务局
30	广东省公路勘察规划设计院
31	广东翔飞公路工程监理有限公司

中华人民共和国审计署审计结果公告（2013 年第 20 号）

泉州至南宁高速公路石城至吉安段竣工财务决算草案审计结果

（2013 年 5 月 27 日公告）

根据《中华人民共和国审计法》的规定，审计署于 2012 年 7 月至 11 月，对泉州至南宁高速公路石城至吉安段（以下简称石吉高速）竣工财务决算草案进行了审计，重点检查了项目概算执行、投资控制和工程建设管理等情况。现将审计结果公告如下：

一、基本情况

石吉高速全长 190.31 公里，批复概算总投资 100.83 亿元，竣工财务决算草案金额 90.42 亿元，项目建设单位为江西省交通运输厅石城至吉安高速公路项目建设办公室（以下简称石吉项目办）。该项目于 2008 年 8 月开工建设，2010 年 9 月建成通车，由江西省高速公路投资集团有限责任公司运营管理。交工验收报告表明，该项目工程质量总体合格。

二、审计评价

审计结果表明，江西省人民政府高度重视石吉高速建设，项目建设单位和各参建单位能够较好执行国家政策法规，会计核算及会计基础工作比较规范；决算草案编制基本合规，比较完整地反映了资金来源和使用情况；建立并严格执行合同管理和工程变更管理流程，有效控制了投资规模。石吉高速的通车完善和增强了周边地区的路网功能，取得了良好的社会效益。

但审计也发现，石吉高速建设中存在多计工程款、招投标不规范和违规转包、分包工程等问题。

三、审计发现的主要问题及整改情况

（一）石吉项目办在预留费用中重复计列建设单位管理费 372 万元、多计监理费和设计费 244.18 万元，共计 616.18 万元。

审计指出上述问题后，石吉项目办已经按照审计意见核减投资 616.18 万元，相应调整了决算及交付使用资产价值。

（二）石吉项目办在与 68 家施工单位（见附件 1）结算时，多结算工程价款 4817.86 万元。

审计指出上述问题后，石吉项目办已从工程价款中扣减了多结算款项，相应调整了决算及交付使用资产价值。

（三）石吉项目办在工程实施中，未按规定将 44 个施工、检测、仓储、物流运输和改性沥青加工合同项目进行公开招标，涉及金额 1.58 亿元。

审计指出上述问题后，江西省人民政府督促省交通运输厅对上述招投标方面存在的问题进行整改，要求在招投标工作中严格做到依法合规。

（四）在工程建设中，有 12 家施工单位（见附件 2）存在出借资质或违规转包、分包工程问题，涉及金额 4.82 亿元。

审计指出上述问题后，江西省交通运输厅按有关规定对相关单位进行了处理处罚，并通报了处理处罚情况。

（五）石吉高速的 8 家施工单位（见附件 3）对票据审核不严，作为财务凭证报账的发票中，有 1001.37 万元假发票。

审计指出上述问题后，上述 8 家施工单位已通过补办正规发票等方式进行了全面整改。

附件：1. 多结算工程价款的 68 家单位名单
2. 出借资质和违规转包、分包的 12 家单位名单
3. 使用假发票入账的 8 家单位名单

附件 1：

多结算工程价款的 68 家单位名单

序号	单位名称
1	鞍山公路工程有限公司
2	北京城建道桥工程有限公司
3	北京公科飞达交通工程发展有限公司
4	北京瑞华赢科技发展有限公司

续表

序号	单位名称
5	北京市高速公路交通工程有限公司
6	福建三建工程有限公司
7	福建省闽西交通工程有限公司
8	抚州远大路桥工程有限公司
9	赣州汇丰建设工程有限公司
10	广东省阳江市建安集团有限公司
11	杭州红萌交通设施有限公司
12	杭州华兴交通设施工程有限公司
13	合肥绿叶园林工程有限责任公司
14	洪宇建设集团公司
15	湖南环达公路桥梁建设总公司
16	湖南省第六工程有限公司
17	江苏华夏交通工程集团有限公司
18	江苏耀鑫交通设施有限公司
19	江西方兴科技有限公司
20	江西赣粤高速公路工程有限责任公司
21	江西宏盛建业集团有限公司
22	江西交建工程集团有限公司
23	江西井冈路桥（集团）有限公司
24	江西省第一建筑有限责任公司
25	江西省抚州建设集团有限公司
26	江西省公路机械工程局
27	江西省公路桥梁工程局
28	江西省交通工程集团公司
29	江西省现代路桥工程总公司
30	江西雄基钢构建材有限公司
31	江西有色工程有限公司
32	江西中煤建设工程有限公司
33	金华市大路交通安全设施有限公司
34	路桥集团国际建设股份有限公司
35	南昌对外工程总公司
36	南昌市第一建筑工程公司
37	南昌市园林开发公司
38	山东大地园林有限公司
39	山东聊城顺达建设有限公司
40	山西长达交通设施有限公司
41	陕西红叶园林绿化设计工程集团有限公司
42	上海生态园林工程有限公司

续表

序号	单位名称
43	绍兴市第一园林工程有限公司
44	天津泰达园林建设有限公司
45	厦门市北区绿化工程有限公司
46	厦门市科发交通工程有限公司
47	鑫业集团有限公司
48	浙江省交通工程建设集团有限公司
49	中城建第六工程局集团有限公司
50	中国第四冶金建设有限责任公司
51	中集建设集团有限公司
52	中交第二公路工程局有限公司
53	中交隧道工程局有限公司
54	中铁电气化局集团有限公司
55	中铁二十三局集团第一工程有限公司
56	中铁三局集团有限公司
57	中铁十六局集团第四工程有限公司
58	中铁十六局集团第五工程有限公司
59	中铁十七局集团有限公司
60	中铁十三局集团第一工程有限公司
61	中铁十三局集团有限公司
62	中铁十五局集团有限公司
63	中铁四局集团第五工程有限公司
64	中铁隧道集团有限公司
65	中铁五局（集团）有限公司
66	中铁五局集团第三工程有限责任公司
67	中铁五局集团第一工程有限责任公司
68	中咨华科交通建设技术有限公司

附件 2：

出借资质和违规转包、分包的 12 家单位名单

序号	单位名称
1	南昌市园林开发公司
2	厦门市北区绿化工程有限公司
3	江西赣粤高速公路工程有限责任公司
4	江西省公路桥梁工程局
5	福建省闽西交通工程有限公司

续表

序号	单位名称
6	中交第二公路工程局有限公司
7	江西省现代路桥工程总公司
8	中铁十五局集团有限公司
9	江西交建工程集团有限公司
10	江西省公路机械工程局
11	抚州远大路桥工程有限公司
12	湖南环达公路桥梁建设总公司

附件3：

使用假发票入账的8家单位名单

序号	单位名称
1	中铁十七局集团有限公司
2	中铁十五局集团有限公司
3	江西中煤建设工程有限公司
4	中铁三局集团有限公司
5	江西省公路机械工程局
6	抚州远大路桥工程有限公司
7	南昌市园林开发公司
8	湖南环达公路桥梁建设总公司

中华人民共和国审计署 审计结果公告 （2013年第21号）

同江至三亚高速公路长春至珲春支线江密峰至珲春段竣工财务决算草案审计结果

（2013年5月27日公告）

根据《中华人民共和国审计法》的规定，审计署于2012年7月至11月对同江至三亚高速公路长春至珲春支线江密峰至珲春段（以下简称江珲高速）竣工财务决算草案进行了审计，重点检查了项目概算执行、投资控制和工程建设管理等情况。现将审计结果公告如下：

一、基本情况

江珲高速全长348公里，批复概算总投资134.35亿元，竣工财务决算草案金额为126.72亿元，项目建设单位为吉林省交通运输厅所属高等级公路建设局（以下简称高建局）。该项目于2003年10月开工，2008年10月江密峰至延吉段建成通车，由吉林省高速公路管理局运营管理。交工验收报告表明，该项目工程质量总体合格。

二、审计评价

审计结果表明，江珲高速建设单位能够按照批复的可行性研究报告和初步设计要求完成各项建设内容，工程建设和资金管理总体较为规范，较好地控制了工程投资，竣工决算草案编制基本真实合规，项目运行和维护管理总体较好。作为内陆通往图们江边境地区的主要通道，江珲高速的开通对振兴东北老工业基地，开发长白山旅游资源具有重要意义。

但审计也发现，江珲高速建设中存在决算编制周期长、多计工程款、招投标管理不规范等问题。

三、审计发现的主要问题及整改情况

（一）江珲高速于2010年10月全线通车，截至2012年7月进行竣工决算审计时，因部分变更审批时间较长、工程结算慢等原因，高建局未按有关规定在3个月内完成竣工财务决算草案编制和资产移交手续，也未计提固定资产折旧。

审计指出上述问题后，高建局已按审计要求完成竣工财务决算草案编制，并将在今后的建设项目中严格按照规定时限完成竣工财务决算编制工作，按期完成资产交付手续和计提固定资产折旧等相关工作。

（二）高建局由于设计变更等原因扩大7个服务区建设规模，超概算投资7200万元。

审计指出上述问题后，高建局已着手概算调整资料整理及申报工作，报有关部门审批。

（三）高建局在与34家施工单位（见附件1）结算时，多结算工程价款5752.34万元。

审计指出上述问题后，高建局已扣减多结算的工程价款 5671.17 万元，相应调整了决算及交付使用资产价值。其余 81.17 万元正在收缴中。

（四）高建局在工程实施中，未按规定将 166 个施工、设计、监理、采购合同项目进行公开招标，涉及金额 20.51 亿元。

审计指出上述问题后，吉林省交通运输厅已督促高建局对此问题进行清理整改，并在今后的工程建设招标投标工作中严格做到依法合规。

（五）在江珲高速建设中，有 10 家施工和设计单位（见附件 2）存在违规转包、分包工程问题，涉及金额 8.5 亿元。

审计指出上述问题后，吉林省交通厅已要求高建局对上述 10 个施工和设计单位的违规转包、分包问题逐一进行清理，并在以后的项目建设中督促参建单位加强建设管理，严格执行有关规定。

（六）珲春市高等级公路建设办公室挪用江珲高速征地拆迁资金 300 万元，用于支付珲春市公路客运站土地出让金及测绘费。

审计指出上述问题后，吉林省人民政府已责成珲春市高等级公路建设办公室收回挪用资金，并在以后的高速公路征地拆迁工作中，切实加强征地拆迁资金管理。

附件： 1. 多结算工程价款的 34 家单位名单

2. 违规转包和分包的 10 家单位名单

附件 1：

多结算工程价款的 34 家单位名单

序号	单位名称
1	中铁十三局集团第三工程有限公司
2	中铁十八局集团第三工程有限公司
3	吉林省交通建设集团有限公司
4	吉林高速公路发展股份有限公司
5	中铁五局（集团）有限公司
6	大庆油田路桥工程有限责任公司
7	山西路桥第一工程有限责任公司
8	中交二公局第四工程有限公司
9	中铁隧道集团二处有限公司
10	黑龙江龙建路桥股份有限公司
11	吉林省嘉鹏公路建设有限责任公司
12	中铁十二局集团有限公司
13	吉林省亨通公路建设集团有限责任公司
14	白城市公路工程有限责任公司
15	吉林省建设集团有限公司
16	中交一公局厦门工程有限公司
17	四川公路桥梁建设集团有限公司
18	天津五市政公路工程有限公司
19	中交第二公路工程局有限公司
20	中铁十五局集团有限公司
21	甘肃路桥建设集团有限公司
22	吉林省长城路桥建工有限责任公司
23	吉林省中盛路桥工程有限公司
24	吉林省吉长交通发展建设有限责任公司
25	吉林省华通园林绿化工程有限公司
26	江苏安防科技有限公司
27	中咨泰克交通工程有限公司
28	沈阳双兴建设集团有限公司
29	长春东亚建筑工程有限公司
30	四川星星建设集团有限公司
31	吉林永大集团股份有限公司
32	江苏华夏交通工程集团有限公司
33	哈尔滨交研交通工程有限责任公司
34	淄博玉泰公路设施有限公司

附件 2：

违规转包和分包的 10 家单位名单

序号	单位名称
1	吉林省交通建设集团有限公司
2	吉林省高速公路发展股份有限公司
3	甘肃路桥建设集团有限公司
4	中交二公局第四工程有限公司
5	吉林省中盛路桥工程有限公司
6	吉林省长城路桥建工有限责任公司

续表

序号	单位名称
7	天津五市政公路工程有限公司
8	白城市公路工程有限责任公司
9	大庆油田路桥工程有限责任公司
10	吉林省公路工程勘测设计院

中华人民共和国审计署审计结果公告（2013年第22号）

关于94个利用国外贷援款项目2011年度财务收支及项目执行情况的审计结果

（2013年6月5日公告）

2012年，根据《中华人民共和国审计法》和相关国外贷援款协定的规定，审计署对94个由中央单位执行或组织执行的利用国外贷援款项目2011年度财务收支及项目执行情况进行了审计。现将有关情况公告如下：

一、基本情况

此次审计的94个利用国外贷援款项目涉及农业、能源、交通、教育、卫生、城市建设和环境保护等领域，计划投资总额4071.33亿元，其中协议利用外资额275.71亿元（折合人民币①，下同）。2011年，项目完成投资额505.64亿元，其中利用外资额17.49亿元。按资金来源性质划分，17个为贷款项目，77个为赠款或援助项目。按贷援款机构划分，世界银行项目有37个、亚洲开发银行项目有7个、联合国开发计划署项目有47个、英国国际发展部项目有1个，国际农发基金项目有2个。

这次审计是依照中国国家审计准则和国际审计准则组织实施的，分别向国外贷援款机构出具了93份审计报告（有2个项目按照国外贷援款机构的要求出具了1份审计报告）。其中，无保留意见的有92份，保留意见的有1份。从审计情况看，94个项目总体执行情况较好，进展比较顺利。项目相关主管部门较好地履行管理职责，有效开展工作指导和监督。大部分项目单位能够执行国家财经法规和贷援款协定，建立健全内部控制制度，认真组织项目实施，财务管理和外资利用水平逐步提高。

二、审计发现的主要问题及整改情况

审计发现，部分项目执行中还存在违反法规及贷援款协定或内部控制不完善等问题（详见附件），涉及金额共计50.22亿元（含外资4665万元）。其中：一是套取或挪用项目资金，涉及4个项目、金额共计2927万元；二是配套资金未及时足额到位，涉及5个项目、金额共计5.95亿元；三是工程建设管理不到位，主要是未按规定进行招投标、违规转分包、未按设计的工程内容和要求施工或工程资产闲置等，涉及16个项目、金额共计22.92亿元；四是财务管理不规范，主要是会计核算、票据使用不合规、未及时清理资产和往来款项等，涉及26个项目、金额共计21.06亿元。此外，审计还发现有7个项目进展缓慢或建设目标未完全实现。

对上述问题，有关部门和相关项目单位已积极采取措施进行整改，并建立健全了内部控制制度。其中：对套取、挪用项目资金和财务管理不规范的问题，已收回被挪用、套取的资金，并调整相关会计账目，补办合规票据；对配套资金未及时足额到位的问题，正在积极筹措配套资金；对工程建设管理不到位的问题，通过加强招投标管理，纠正违规转分包行为，完善审批验收手续等措施予以纠正。

附件：审计发现的主要问题及整改情况

① 本公告中美元折算人民币按2011年12月31日基准汇率1美元兑6.3009元人民币计算。

附件：

审计发现的主要问题及整改情况

序号	项目名称	国外贷援款机构	项目执行单位	审计发现的主要问题	整改情况
1	联合国开发计划署援助西藏发展与扶贫项目	联合国开发计划署	中国国际经济技术交流中心	项目合同管理不规范，涉及金额23.63万元	已整改。项目单位将进一步加强项目合同的管理，避免此类问题的发生
2	联合国开发计划署援助淮河源生物多样性保护和可持续利用项目	联合国开发计划署	河南省信阳市人民政府	联合国开发计划署驻华代表处根据项目办第四季度财务报告编制的综合支付报告不能准确反映咨询服务活动的情况，涉及金额31.75万元	该项错报不影响2011年度综合支付报告的整体公允性。项目单位将在以后年度加强财务管理，避免此类问题的发生
3	联合国开发计划署援助建立普惠制金融体系项目	联合国开发计划署	中国国际经济技术交流中心	中国国际经济技术交流中心编制的项目支出明细账中个别支出分类不准确，涉及金额100万元	项目单位将进一步加强项目管理，避免此类问题的发生
4	联合国开发计划署援助中国含滴滴涕三氯杀螨醇生产控制和综合虫害管理技术应用全额示范项目	联合国开发计划署	环境保护部环境保护对外合作中心	沾化县子项目财务管理不规范，项目支出157.22万元全部使用现金支付	项目单位已经修订完善内部管理制度，进一步加强财务管理，确保资金安全
5	联合国开发计划署援助宁夏沙漠化防治及民生改善项目	联合国开发计划署	中国国际经济技术交流中心	项目单位未及时与宁夏回族自治区科技协会核对该项目政府分摊资金余额，涉及金额69.56万元	已整改。2012年4月，两单位已对相关资金余额进行了核对
6	联合国开发计划署援助加强中国国际扶贫中心能力建设项目	联合国开发计划署	中国国际经济技术交流中心	2011年度，该项目国际、国内专家费用实际支出超出年度预算76.99万元	已整改
7	联合国开发计划署援助将风险管理纳入中国可持续发展主流的伞形方案项目	联合国开发计划署	中国国际经济技术交流中心	个别子项目未单独核算，涉及金额1382.16万元	已整改。项目单位将按照有关规定单独设立备查台账核算项目资金
8	国际农发基金赠款农发基金与中国减贫知识分享南南合作项目	国际农发基金	中国国际扶贫中心	项目未单独核算；未制订详细的实物配套方案	已整改。项目单位已单独建账核算项目资金并制订实物配套方案

续表

序号	项目名称	国外贷援款机构	项目执行单位	审计发现的主要问题	整改情况
9	国际农发基金赠款生物质液体影响研究项目	国际农发基金	中国科学院农业政策研究中心	项目单位提款报账不规范，以预算资金作为提款申请书中的支出向财政部投资评审中心申请提款；项目单位报销支出时部分报销单填写不规范	已整改。项目单位根据项目执行期的经费支出，重新进行了提款申报，并提供相关资料和数据对报销单加以说明
10	世界银行贷款农民工培训与就业项目	世界银行	人力资源和社会保障部规划财务司	项目提款报账所列部分费用支出类别有误；项目单位未履行代扣代缴个人所得税义务，少缴纳税款 6.27 万元；项目实施进度缓慢；沈阳市就业和人才服务局骗取世界银行贷款资金 9.45 万元，用于该单位调研考察等与项目无关的支出	已整改。项目单位对错误的支出分类已做更正，补缴了税款，加快了项目实施进度；沈阳市就业和人才服务局已将不合规资金退回世界银行
11	蒙特利尔多边基金赠款中国四氯化碳生产和助剂（Ⅱ期）应用行业整体淘汰项目	世界银行	环境保护部环境保护对外合作中心	东台市化工三厂未执行除氯丹/灭蚁灵生产线拆除协议；东莞市金成化工有限公司支付项目技术改造支出 9.74 万元未取得正式发票	已整改。东台市化工三厂已拆除了相关生产线；东莞市金成化工有限公司已取得技术改造支出正式发票
12	全球环境基金赠款海河流域水资源与水环境综合管理项目	世界银行	环境保护部 GEF 海河项目办、水利部 GEF 海河项目办	项目单位少计“应付款项”和“项目支出”171 万元	已整改。项目单位已对财务报表进行了调整
13	世界银行赠款多氯联苯管理和处置示范项目	世界银行	环境保护部环境保护对外合作中心	项目实施进度缓慢	已整改。项目单位已加快项目实施进度
14	蒙特利尔多边基金赠款中国四氯化碳生产和助剂（Ⅰ期）应用行业整体淘汰项目	世界银行	环境保护部环境保护对外合作中心	个别企业漏报 CTC29.64 吨，并造成超配额交易 CTC28.26 吨；个别企业 2011 年度库存 CTC131.79 ODP 吨未按规定进行处置	已整改。对第一个问题，相关企业已完善了网上审批制度，建立了销售部门与仓库部门之间的核对机制，杜绝漏报数据和超配额问题的再次发生。对第二个问题，相关企业正在新建四氯乙烯转化装置，在转化装置建成后尽快完成处置
15	世界银行贷款/英国政府赠款中国农村卫生发展项目	世界银行、英国政府	卫生部项目资金监管服务中心	个别发票内容与实际支出不符；部分会议费支出超标准	已整改

续表

序号	项目名称	国外贷援款机构	项目执行单位	审计发现的主要问题	整改情况
16	世界银行贷款微小企业转贷款项目	世界银行	国家开发银行	项目转贷款规模和部分项目指标未实现	已整改。相关单位已采取措施提高转贷款规模，促进项目目标的实现
17	世界银行贷款农业科技项目	世界银行	国家农业综合开发办公室	安徽省418.41万元项目自筹资金与配套资金未足额到位，和县“孵化基金”支出与原定使用范围不一致、个别子项目未能实现设计目标、个别采购设备处于闲置状态，砀山县子项目拖欠有偿使用贷款167.13万元；陕西省未及时将中止项目的财政配套资金收回；黑龙江省2011年度配套资金不到位	除砀山县子项目尚未归还有偿资金167.13万元外，其他问题已整改
18	全球环境基金赠款适应气候变化农业开发项目	世界银行	国家农业综合开发办公室	宁夏、河北部分项目区的户用沼气池使用率较低；河北沧州市农业综合开发办公室部分招投标程序不规范；宁夏、河北项目办取得的部分财务票据不合规	除宁夏项目办未更换税务发票外，其他问题已接受审计建议并整改
19	世界银行贷款加强灌溉农业三期项目	世界银行	国家农业综合开发办公室	安徽省个别项目建设内容未按计划完成；江苏省个别项目结束后部分资金未及时清理，涉及金额182.56万元；云南省个别项目多计支出人民币17.73万元	已整改
20	世界银行贷款中国节能融资项目——华夏银行	世界银行	华夏银行	河北辛集化工集团挪用节能融资项目资金2370万元，用于日常经营支出；鲁南中联水泥有限公司子项目资本金到位比例不足，涉及金额927.69万元；邓州中联水泥子项目未进行环境保护验收便投产试运行	已整改。华夏银行核减了河北辛集化工集团的项目贷款；鲁南中联水泥有限公司子项目资本金已到位；邓州中联水泥子项目已完成环境保护设施竣工验收
21	世界银行贷款中国节能融资项目——中国进出口银行	世界银行	中国进出口银行	个别项目的项目管理和财务管理不规范，存在未能发挥预期效益、节能减排效果不明显、未按期完工、未获施工许可即开工建设、调整投资计划未重新备案、未及时进行竣工验收和编制竣工决算报告、所获财政补贴资金未独立核算、项目管理费多计资本化支出76.88万元、多列资本化利息费用119.31万元、将中央预算内投资529万元列入“递延收益”等问题	已整改。相关项目单位已接受审计建议，并积极整改

续表

序号	项目名称	国外贷援款机构	项目执行单位	审计发现的主要问题	整改情况
22	世界银行赠款中国白蚁防治氯丹灭蚁灵替代示范项目	世界银行	环境保护部环境保护对外合作中心	项目单位改变赠款资金用途，未购买项目指定化学药品用于白蚁防治，涉及金额 4.48 万元；大量饵剂超出保质期；部分饵剂系统缺失，个别地方缺失较多；部分单位项目管理和财务管理不规范，存在核算内容不全、报表反映数据不准确等问题，涉及金额 77.78 万元；相关单位对发放增量成本工作监督不到位	项目单位已归还了赠款资金，并调整了相关的会计账目；相关单位已委托有关部门对于项目留存的超出保质期的饵剂进行技术鉴定；饵剂系统维护和后续监督工作已纳入主管部门的日常管理；相关单位更正了报表中错误数据；相关单位已将增量成本补贴发放到位
23	世界银行贷款国家铁路Ⅲ期项目	世界银行	原铁道部	项目单位超验工程款 2111.61 万元；六沾二线铁路给排水管道迁改工程完成工程量不实，多计工程投资 52.6 万元；部分工程及物资采购未按规定进行招标投标，涉及金额 1925.42 万元；项目单位将部分工程分包给不具备相应施工资质的单位，涉及金额 639.76 万元；3 项Ⅰ类变更设计工程未经批准已经实施	已整改。项目单位收回了超验工程款，组织对实施结果重新进行核实验收，进一步加强了工程管理，避免此类问题的发生
24	世界银行贷款国家铁路Ⅳ期项目	世界银行	原铁道部	石武客专河南段项目 36800 万元资本金不到位；1648 万元投资完成额无合规的票据；评标委员会将不符合招标文件要求的投标商推荐中标；工程设计考虑不周，沟通不力导致资产闲置 203.4 万元；原铁道部外资中心采购的德国保富尔铁路公司接触网零部件存在质量问题；762.4 亩建设用地未取得正式用地手续；虚报验工计价表，虚列土地附着物补偿费 166.66 万元	除石武客专河南段项目资本金 6400 万元未到位和 459.04 亩建设用地手续正在办理外，其他问题已整改

续表

序号	项目名称	国外贷援款机构	项目执行单位	审计发现的主要问题	整改情况
25	世界银行贷款国家铁路Ⅴ期项目	世界银行	原铁道部	项目单位超验工程款 4103.63 万元，拖欠施工单位工程款 36100 万元；部分工程未按图施工；部分标段存在合同外验工、验工计价无依据等不规范问题，涉及金额 48286.63 万元；部分工程违规分包，涉及金额 5818.26 万元；部分物资和服务采购项目未按规定进行招标投标，涉及金额 7618.41 万元；施工单位设备租赁不规范涉及金额 336.4 万元，使用假发票和白条结算工程款 899.51 万元；贵州省铁路建设办公室多报征地拆迁投资金额 11300 万元	已整改。相关单位进一步加强财务管理和工程管理，避免此类问题的发生
26	世界银行贷款国家铁路Ⅵ期	世界银行	原铁道部	建设单位财务审核不严，假发票入账 74.2 万元；未经招标投标采购物资 1791.25 万元	已整改。相关单位补办了合规发票，进一步加强了项目管理
27	全球环境基金赠款中国城市交通发展战略伙伴关系示范性项目	世界银行	国家发展和改革委员会基础产业司	项目费用支出记账科目分类与提款申请书中项目活动分类不一致，导致项目提款申请书与财务记录无法一一对应	已整改
28	世界银行赠款推动中国儿童道路交通安全立法项目	世界银行	国家发展和改革委员会综合运输研究所	项目单位未对该项目进行会计核算，涉及金额 1.97 万元	已整改
29	全球环境基金赠款中国节能融资项目	世界银行	中国进出口银行	项目实施进度缓慢；中国进出口银行与个人咨询顾问签订的 2 份总价咨询合同付款方式不规范；部分会议费超标准	已整改
30	亚洲开发银行贷款郑州至西安铁路项目	亚洲开发银行	原铁道部	项目单位未及时编制竣工财务决算和办理完工清账；郑西铁路项目荥阳南站、警务区及值勤岗亭等 29 个尾工工程项目施工进展缓慢；上一年度审计报告中披露的郑西铁路项目河南段实际用地超过国土资源部审批数 2899.98 亩，相关手续正在办理中	整改中。项目单位正在进行新增用地报批工作，待以上工作完成后尽快编制竣工决算；29 个尾工工程已经完成 25 项，剩余 4 项尾工工程项目正在实施

续表

序号	项目名称	国外贷援款机构	项目执行单位	审计发现的主要问题	整改情况
31	亚洲开发银行贷款新建兰州至重庆铁路项目	亚洲开发银行	原铁道部	项目部分物资采购不符合规定，涉及金额43907.72万元；甘肃境内占用435.7公顷耕地欠缴耕地开垦费、耕地占用税等相关税费；支出41493.57万元无发票；部分施工单位欠缴个人所得税570.25万元；由于地质条件复杂，Ⅰ类变更设计量大，有94项Ⅰ类变更设计尚未批复	甘肃段征地欠缴耕地开垦费、耕地占用税等相关税费问题和支出41493.57万元无发票问题正在整改中，94项Ⅰ类变更设计已批复58项，有5项经审核不构成Ⅰ类变更设计，其余31项正在审批中。除此之外，其他问题已整改
32	亚洲开发银行贷款宜昌至万州铁路项目	亚洲开发银行	原铁道部	地方政府欠拨投资款人民币3360万元	未整改
33	亚洲开发银行贷款新建重庆至利川铁路项目	亚洲开发银行	原铁道部	项目单位欠缴印花税353.25万元，代扣营业税及附加573.23万元未向税务机关申报缴纳；涪陵区征地办多收施工企业临时用地管理费32.16万元	已整改。项目单位已补缴相关税款，涪陵区征地办已退回多收的临时用地管理费
34	亚洲开发银行贷款太原至中卫铁路项目	亚洲开发银行	原铁道部	项目单位少计运营收入315.99万元；为已调整取消的89座涵洞和1座中桥进行了验工计价，涉及金额3722.17万元；超验工程价款1054.17万元；未经招标直接签订工程服务和物资采购合同，涉及金额4199.29万元；未及时办理注册资本变更，收到的股东出资超出注册资本的159300万元；股东出资不到位，涉及金额18000万元；部分施工单位存在虚假发票入账问题，涉及金额2205.61万元；部分施工单位违规劳务分包，涉及金额45684.19万元；未经建设单位同意，部分施工单位将绿化工程层层分包，涉及金额1044.17万元；部分施工单位未经招标采购物资，涉及金额9091.25万元；项目单位委托兰州铁路局修建迎水桥车辆检修库设施工程未按期修建；未经建设单位同意，兰州铁路局将543万元专项经费用于其他项目支出	除股东出资不到位18000万元尚未整改，虚假发票入账问题正在整改外，其他问题已整改

中华人民共和国审计署
审计结果公告
（2013 年第 23 号）

长江三峡工程竣工财务决算草案审计结果

（2013 年 6 月 7 日公告）

根据全国人大财经委员会关于三峡工程竣工验收的相关要求和国务院的部署，审计署于 2011 年 6 月至 2012 年 2 月对长江三峡工程竣工财务决算草案进行了审计。具体包括：中国长江三峡集团公司（以下简称三峡集团公司）、国家电网公司编制的枢纽工程①和输变电工程竣工财务决算草案；国务院三峡工程建设委员会办公室（以下简称三峡办）编制的移民资金财务决算草案。审计过程中，就有关问题反复听取了三峡办、发展改革委、财政部、环境保护部、水利部、国家电网公司、三峡集团公司等单位以及重庆、湖北、湖南、上海等省市政府的意见。截至 2012 年 11 月底，审计发现的问题已全部整改。现将审计情况公告如下：

一、三峡工程的基本情况

（一）建设目标和内容。

1992 年 1 月，国务院常务会议通过了国务院三峡工程审查委员会对《长江三峡工程可行性研究报告》的审查意见。4 月，七届全国人大第五次会议审议了《国务院关于提请审议兴建长江三峡工程的议案》，通过了《关于兴建长江三峡工程的决议》。1993 年 7 月、1994 年 12 月和 1997 年 2 月，国务院三峡工程建设委员会（以下简称三峡建委）先后批准枢纽工程初步设计报告、水库移民补偿投资概算总额及切块包干方案、输变电系统设计概算。根据以上审议批准结果，三峡工程建设目标是：将长江荆江河段防洪标准由十年一遇提高到百年一遇；配合其他措施，防止荆江河段发生毁灭性灾害；减轻洪水对武汉地区及下游的威胁；充分发挥发电、航运、灌溉、供水和发展库区经济等综合经济效益和社会效益。主要建设内容如下：

1. 枢纽工程。包括拦河大坝、水电站和通航建筑物等。拦河大坝全长 1983 米，坝顶高程 185 米；水电站装机 26 台，总容量 1820 万千瓦；通航建筑物为双线五级船闸和单线垂直升船机，年单向通过能力分别为 5000 万吨和 350 万吨。水库正常蓄水位为 175 米，总库容为 393 亿立方米，其中防洪库容为 221.5 亿立方米。

2. 输变电工程。直流换流容量为 1800 万千瓦，交流变电容量为 2275 万千伏安，供电范围包括江苏、广东、上海等 10 省市，输电线路总长 9194 公里，并配套建设调度自动化系统、继电保护等项目。

3. 水库移民。库区规划移民搬迁建房人口 124.55 万，迁建房屋 4365.5 万平方米，搬迁工矿企业 1632 家、城市（县城）12 座、集镇 114 座，实施文物保护项目 1087 处。

（二）概算及资金来源。

三峡建委根据确定的建设内容，以 1993 年 5 月末价格水平为基准，批复三峡工程静态投资概算合计 1352.66 亿元。其中：枢纽工程 500.9 亿元、输变电工程 322.74 亿元、移民资金 529.02 亿元；按照物价和利率等影响因素测算，动态总投资合计 2485.37 亿元，其中：枢纽工程 1263.85 亿元，输变电工程 364.99 亿元，移民资金 856.53 亿元。

根据国务院批准的筹资方案，建设资金主要来源为三峡工程建设基金、国家开发银行贷款、电网收益再投入以及发行企业债券、利用外资等。截至 2011 年 12 月底，三峡工程建设资金投入 2078.73 亿元。其中：三峡工程建设基金 1615.87 亿元，向长江电力股份有限公司出售发电机组收入 350.31 亿元，电网收益再投入 110.69 亿元，基建基金等专项拨款 1.86 亿元。在建设过程中，

① 根据财政部批复的《长江三峡水利枢纽工程竣工财务决算办法》，三峡枢纽工程竣工财务决算编制范围不包括增建的三峡右岸地下电站，地下电站竣工财务决算单独编制。由于本次审计时地下电站尚未完工，竣工财务决算尚未编制，本报告中有关表述、数据均不涵盖地下电站。待地下电站竣工财务决算编制完成后，审计署将专门进行审计。

通过国家开发银行贷款和发行企业债券等筹措的资金，目前已全部偿还。此外，在移民搬迁安置中，国家还通过相关政策给予了资金支持。

（三）竣工财务决算草案情况。

按照三峡集团公司等编制的竣工财务决算草案，三峡工程财务决算总金额为2078.73亿元。具体情况：

1. 枢纽工程。截至决算基准日2008年12月31日，决算草案金额873.61亿元，其中：已完工项目投资801.51亿元，升船机、坝区整理完善等尾工项目预计投资72.1亿元。截至2011年底，这两个尾工项目分别完成其总投资的38%和43%。

2. 输变电工程。截至决算基准日2008年12月31日，输变电工程全部完工，决算草案金额348.59亿元。其中：一次系统项目322.95亿元（直流工程192.24亿元、交流工程130.71亿元），二次系统项目12.32亿元，专项费用8.59亿元，总预备费2.23亿元，电网调度大楼2.5亿元。

3. 移民资金。截至决算基准日2011年6月30日，实行任务和资金“双包干”、纳入三峡工程竣工财务决算草案的移民资金共856.53亿元，按21:4:75的比例分别计入防洪、航运和发电资产。此外，用于移民的资金还包括国家相关支持政策派生资金（移民资金存款利息、耕地占用税返还、超面积使用土地的出让金等）、三次提前蓄水一次性补助、工矿企业关闭破产补助等63.76亿元①。截至2011年6月30日，移民搬迁安置已支出共计757.7亿元，在建项目或未完成结算项目162.59亿元。

按照竣工财务决算草案，三峡工程形成资产2078.73亿元。其中：交付三峡集团公司1729.25亿元，包括防洪资产179.87亿元、发电资产1300.24亿元、航运资产247.55亿元（含升船机等尾工项目）、坝区接待中心等其他独立资产1.59亿元；交付国家电网公司输变电资产348.59亿元；三峡办办公楼等资产8800万元待财政部批准后转出；核销80.8万元。

二、三峡工程建设取得的主要成效

1992年以来，在党中央、国务院正确领导和全国人民大力支持下，在三峡建委的直接领导下，项目法人和有关地方政府精心组织，顺利完成了三峡工程建设任务。从三峡办及有关部门、单位和地方政府提供的资料看，三峡工程建设取得了显著成效，在规划论证、建设管理、投资控制、科技创新、管理创新等方面形成了许多有益的经验和做法，为我国重大工程建设和管理提供了可借鉴的经验。

（一）各项建设任务如期或提前完成。

在三峡工程建设中，有关方面注重协调配合，按计划有序推进各项工作，保证了建设进度和建设任务的完成。

一是枢纽工程方面。除批准缓建的升船机（按计划2015年建成）和增建的坝区整理完善项目外，初步设计的建设任务于2009年全面完成。其中截流、蓄水、发电和通航等主要控制性阶段目标均按期或提前实现：1997年大江截流；2003年实现水库135米蓄水、双线五级船闸如期试通航、电站首批机组并网发电；2006年水库蓄水至156米，提前1年进入初期运行；2008年左、右岸电站26台单机容量70万千瓦机组整体提前1年投产发电；2010年10月实现水库蓄水至175米设计水位。

二是输变电工程方面。2007年全面建成投产，提前1年完成初步设计任务。通过优化线路设计，建成±500千伏直流输电线路3条、总长度2856公里，换流站6座、总容量1800万千瓦；建成500千伏交流线路工程55项、线路总长度6338公里，变电工程33项、总容量2275万千伏安；同步建成配套的调度、通信等二次系统工程，保证了三峡电力“送得出、落得下、用得上”。

三是移民搬迁安置方面。截至2011年底，实际移民搬迁建房人口129.64万，迁建房屋5054.76万平方米，分别比计划增加5.09万人和689.26万平方米；工矿企业、城市（县城）、集镇及文物保护单位搬迁等均按计划全面完成，初步实现了“搬得出”“稳得住”的目标，保障了水库分期蓄水顺利推进。

（二）工程质量总体优良。

① 派生资金、三次提前蓄水一次性补助、工矿企业关闭破产补助等用于移民搬迁安置，视同移民资金管理。本次审计中，对其管理使用情况进行了审计。但该3项资金属于政策性投入，未列入移民补偿投资概算，不计入三峡工程建设成本，因此未列入三峡工程竣工财务决算。

在三峡工程建设中，有关方面高度重视质量管理，建立健全了质量监督管理体系，出现的质量缺陷都能及时加以处理。枢纽一期工程质量良好，二期工程质量总体优良，三期工程质量优良，枢纽工程投入运行以来，建筑物工作性态正常，机组运行可靠。输变电单项工程优良率达到100%，获国家优质工程奖和设计奖15项，系统运行安全稳定，未发生电网安全事故，其中，交流输电线路2009年和2010年每百公里故障停运率均为0.094次，明显优于国内同类工程（平均分别为0.106次和0.199次）；直流输电线路2009年和2010年每百公里故障停运率分别为2.3次和1.7次，约为国际平均水平的六分之一左右。移民工程已完工验收的迁建用房和学校、医院、公路、桥梁等1.83万个项目，投入使用情况总体良好。

（三）综合效益逐步显现。

一是防洪效益明显，实现了荆江河段防洪标准由十年一遇提高到百年一遇的设计目标。自2006年实现水库156米蓄水以来，三峡工程在长江中下游防洪体系中开始发挥骨干作用，9次拦蓄洪峰流量超过5万立方米每秒的洪水，其中两次入库洪峰流量超过7万立方米每秒（1998年最大入库洪峰流量为6.48万立方米每秒），调蓄后下泄流量削减至4万立方米每秒左右，保证沙市不超警戒水位，有效减轻了长江荆江河段及中下游的防洪压力。

二是发电效益显著，促进形成了全国电网互联格局。截至2011年底，三峡电站累计发电5310亿千瓦时，输送电量5284亿千瓦时，有效缓解了华中、华东和华南用电紧张的局面。同时，实现华中与川渝、华东及南方电网联网，提高了电网运行的安全可靠性。

三是航运效益突出，提高了长江干流及库区支流航运条件和库区港口通航能力。水库蓄水后，坝址上游660公里主航道单位运输成本下降约37%。自2003年6月船闸通航至2011年底，过闸及翻坝货运量累计5.5亿吨，其中2011年过闸1亿吨，比2003年增长6.3倍；船闸年均通航率保持在94.6%至98.9%之间，明显高于84.13%的设计要求。

四是补水效益逐步发挥，为改善下游水域条件和缓解旱情发挥了积极作用。2003年至2011年，三峡水库枯水期向下游补水力度逐步增大，累计补水564天、共788亿立方米，枯水期流量最低月份平均流量从入库时每秒3670立方米提高到出库时每秒5430立方米。

五是节能减排效益开始显现，提升了对水电清洁能源的利用水平。按全国6000千瓦及以上火电机组2003年至2011年标准煤耗测算，截至2011年底，三峡电站利用水能发电量可替代火电标准煤耗1.85亿吨，减少排放二氧化碳4.22亿吨、二氧化硫88万吨、氮氧化物142万吨、烟尘63.26万吨。

（四）移民生产生活水平不断提高。

三峡工程移民工作全面贯彻落实中央各项方针政策，各有关地方积极开展对口支援工作，促进库区经济社会稳步快速发展，移民居住环境和库区基础设施明显改善，生产生活水平不断提高，居民收入稳定增长，库区安置和外迁的移民状况总体稳定。以1997年为基准，2011年三峡库区地区生产总值为4444.66亿元，增长了6.71倍，年均增长12.5%；地方财政收入共计474.39亿元，增长了19.6倍，年均增长24.1%；公路通车里程达到8.22万公里，增加了6万公里，年均增长9.3%；城镇居民年人均可支配收入18 694元，增长了3.19倍，年均增长10.78%；农村居民年人均纯收入6427元，增长了2.9倍，年均增长10.33%；农村移民饮用水水质和城市饮用水源地水质基本达到要求；城镇生活污水和垃圾集中处理率分别为72%和77%；包括幼儿教育、中小学教育、高等教育、职业教育和成人教育在内的具有地方特色的国民教育体系已建立并逐步完善，小学学龄儿童入学率达到99.9%；城乡医疗网络和公共文化服务网络初步建立，医疗卫生条件和保障水平逐步提高，新增病床26447张；广播电视线路架设478.75万米、通信线路591.66万米，电视人口覆盖率超过97%。

（五）生态环境建设与保护工作得到加强。

三峡工程高度重视落实生态环境建设与保护政策措施，通过优化设计和环保施工，强化施工期噪声和“三废”污染控制，加强水土保持，及时恢复施工区植被，减少了对环境的不利影响。库区长江干流水质总体稳定，以优于三类为主。

治理水土流失面积超过1.8万平方公里，入库泥沙量明显下降，年平均入库2亿吨，明显低于5.3亿吨的设计值，库区泥沙淤积好于预期。对受工程影响的珍稀特有动植物采取了有效保护措施。库区地质灾害防治工作取得初步成效，完成地质滑坡防治工程397处、高切坡防护项目2874处、库岸防治204公里，避险搬迁7万余人，并建立了库区地质灾害监测与预警体系，设置专业监测点251个、群测群防监测点3113个。

（六）对我国水电工程建设和重大装备技术进步起到了积极带动作用。

三峡工程建设坚持科技创新，通过引进、消化、吸收再创新，实现大型水轮发电机组、大型铸锻件和直流输电工程国产化目标。有关国内厂商通过与国外厂商联合设计、合作生产，以及核心技术引进和消化吸收，已能够独立制造70万千瓦水力发电机组。枢纽工程获国家级科技成果奖21项、专利700余项，通过自主研发，大型水电机组的转轮水力设计、机组全空冷技术等关键核心技术达到国际领先水平。交流输电工程设备基本实现立足国内制造，直流输电工程设备国产化率达到70%左右。输变电工程获国家科技进步一等奖1项、专利135项，实现重大自主创新170项，建成了杆塔试验室、电力系统电磁兼容实验室等具有国际先进水平的重点试验室，解决了超大规模交直流互联电网的调度运行以及安全稳定控制技术难题，全面提升了我国输变电工程设计、制造、施工及运行管理水平。

三、审计评价

本次竣工财务决算草案审计，依据的标准主要是：七届全国人大第五次会议审议通过的三峡工程议案和兴建三峡工程的决议，三峡工程可行性研究报告，长江三峡工程建设移民条例，枢纽工程初步设计报告、输变电系统设计概算和水库移民补偿投资概算总额及切块包干方案等，财政部批复的长江三峡水利枢纽工程竣工财务决算办法。审计结果表明，三峡工程投资控制有效，静态投资控制在批复概算内，实际投资完成额控制在测算的动态投资范围内，工程建设和资金管理总体规范，竣工财务决算草案基本真实合规。

（一）投资控制有效。

三峡工程实行“静态控制、动态管理”的投资管理方式。在国内良好的宏观经济环境和国家相关政策支持下，通过优化设计、科技创新、引入竞争机制、强化施工管理、优化融资方案，以及实行移民资金与任务“双包干”责任制等一系列措施，有效控制了工程投资。静态投资完成额1352.66亿元，其中：枢纽工程500.9亿元、输变电工程322.74亿元、移民资金529.02亿元，与批准概算一致；竣工财务决算草案金额2078.73亿元，比测算的动态投资减少了406.64亿元，其中枢纽工程减少390.24亿元、输变电工程减少16.4亿元。

（二）建设管理比较规范。

三峡工程建立了政府主导、企业管理、市场化运作相结合的工程建设管理体制和“统一领导，分省（直辖市）负责，以县为基础”的移民工作管理体制，以及跟踪审计、年度稽查等监督检查机制。项目法人责任制、招标投标制、合同管理制、监理制执行总体较好，2000年招标投标法实施后，枢纽和输变电工程实际招标金额占应招标金额的92%。项目法人和相关地方政府认真执行国家政策法规，严格强化工程建设管理，管理水平不断提高。

（三）建设资金管理总体规范。

三峡集团公司、国家电网公司、三峡办和有关地方政府认真遵守国家财经法纪，建设过程中及时整改审计和稽查发现的问题，建立并逐步完善了一系列适合大型水利工程建设特点的资金使用管理制度和财务管理办法，内控制度也比较健全；三峡工程建设基金到位及时，做到了专款专用。

（四）竣工财务决算草案基本真实。

三峡集团公司、国家电网公司、三峡办和有关地方政府依据财政部批复的竣工财务决算编制办法及相关规定，及时编制了竣工财务决算草案，基本真实和完整地反映了资金来源、使用、工程建设和资产交付等情况。

四、审计结果和整改情况

（一）以前年度审计及整改情况。

本次竣工财务决算草案审计之前，审计署根据国务院要求先后组织对枢纽工程和输变电工程进行了6次审计，对移民资金进行了13次审计。对审计发现的34.45亿元违规金额问题，三峡集团公司、国家电网公司、三峡办和相关地方政府高度重视，全面进行了整改，追回被挤占挪用等资金 24.53 亿元，收回多计的工程价款 1.06 亿元，纠正违规改变资金使用计划等问题金额 8.86 亿元，并制定和完善了 143 项管理制度和措施，强化了工程建设和资金管理。审计移送有关部门处理的 76 起违法违纪和经济犯罪案件均已办结，涉案的 113 人分别被追究刑事责任或受到党纪政纪处分。

（二）本次竣工财务决算草案审计及整改情况。

本次审计中发现，三峡工程竣工财务决算草案共多计投资 7.55 亿元（占决算总金额的 0.36%）。其中：多结算工程造价 3.57 亿元（枢纽工程 1.91 亿元，输变电工程 1.66 亿元），多分摊工程建设成本 3.98 亿元（枢纽工程 1.33 亿元，输变电工程 2.65 亿元）；少计应摊未摊的工程建设成本 1.58 亿元。对此，三峡集团公司和国家电网公司相应调整了决算及交付使用资产价值，增减相抵后调减 5.97 亿元。调整后决算总金额为 2072.76 亿元。其中：枢纽工程 871.95 亿元，输变电工程 344.28 亿元，移民资金 856.53 亿元。调整后的三峡工程竣工财务决算如下表（单位：亿元）：

项　目	决算草案金额	调减	调增	调整后金额
合　计	2078.73	7.55	1.58	2072.76
其中：枢纽工程	873.61	3.24	1.58	871.95
输变电工程	348.59	4.31	0	344.28
移民资金	856.53	0	0	856.53

注：按照任务和资金“双包干”原则，本调整不涉及移民资金。

除以上涉及竣工财务决算草案调整的事项以外，本次审计还发现，三峡工程由于施工难度大、建设周期长、移民搬迁安置任务重，以及建设初期相关法规制度不健全等，工程建设和资金管理中存在以下问题：

1. 建设管理不到位，导致增加投资 8.08 亿元。

（1）枢纽工程建设中，未严格执行合同约定补偿材料价差及人工费，超标准支付招标代理费、监理费和维护费等，以及部分配件及施工设备长期闲置等，增加投资 6.95 亿元。对此，三峡集团公司查明了责任主体，建立健全了 43 项加强投资控制和合同管理的制度，完善了合同执行各个环节的管理和监督，并对长期闲置资产进行了处置。

（2）输变电工程建设中，因设计标准偏低，资产长期闲置，增加投资 1.13 亿元。对此，国家电网公司通过对闲置资产的清理改造，已作为应急备用设备予以利用。

2. 移民资金被挤占挪用等涉及金额 2.79 亿元，主要用于非移民迁建项目、弥补行政管理费等支出。对此，重庆市和湖北省等地移民管理机构已全部收回相关资金，继续用于移民安置后续支出。

3. 一些中小项目的设计、施工、监理合同管理不够规范，涉及金额 41.3 亿元。

（1）枢纽工程建设中，有 251 项中小项目未按规定进行招标，涉及金额 13.39 亿元。对此，三峡集团公司逐项进行了自查，加强了中小项目招投标管理，通过修订《招标采购管理制度（试行）》，制定《招标监督管理办法》，明确集团公司各级监察部门的招标监督职责，完善了中小项目招标评标监督管理。

（2）输变电工程建设中，有 114 项应公开招标的合同采取邀请招标等形式，涉及金额 14.37 亿元；14 个标段被 11 家施工单位违规转分包，涉及金额 2.27 亿元。对此，国家电网公司在全面梳理和深入分析的基础上，严肃处理了违规邀请招标相关责任单位，对责任人进行了通报批评；清查处理了违规转分包行为，并修订完善了《招标采购活动管理办法》。

（3）移民资金管理中，有 217 个工程项目和科研项目未按规定进行招标，涉及金额 9.82 亿元；161 个工程项目被违规转分包，涉及金额 1.45 亿元。对此，三峡办和重庆市、湖北省移民管理机构对其中 12 家责任单位进行了行政处罚，制定或修订了 16 项招投标管理制度，并加强监督管理，严防此类问题再次发生。

4. 部分移民管理机构和迁建单位移民资金决算编制和账务处理不合规，涉及金额 17.21 亿元。其中，32 个移民管理机构和迁建单位将 5.77 亿元移民资金通过以拨代支、虚列支出等方式直接编列决算；20 个移民管理机构和迁建单位存在收入与支出核算科目不正确和支出大类之间调剂使用等问题，涉及金额 11.44 亿元。对此，三峡办和重庆市、湖北省有关移民管理机构已调整决算报表、相关账务处理及投资计划。

5. 部分移民派生资金征收不到位、管理使用不规范，涉及金额 8.55 亿元。其中，8 个移民管理机构应收未收土地出让金等派生资金 4.76 亿元；13 个移民管理机构和迁建单位未按规定将派生资金纳入移民投资计划管理，直接用于移民安置等支出 3.79 亿元。对此，重庆市和湖北省人民政府已全额补收了应收未收的派生资金，将直接用于移民安置的派生资金纳入移民投资计划管理。

本次审计还发现涉嫌违法违纪和经济犯罪案件线索 35 件，涉及金额 1.13 亿元，已依法移送有关部门调查处理。截至 2012 年 11 月底，已有 11 人被追究责任，其余案件线索正在查处中。

此外，在本次审计过程中，还发现因补偿分配问题移民集体上访、地质灾害防治、库区生态环境治理等问题，审计署向国务院上报或向有关部门、地方政府转送共 27 期审计信息，有关部门和地方政府积极进行了整改，并完善了有关政策和制度。

五、审计建议

为切实做好三峡工程整体验收工作，更好地发挥工程的综合效益，提出如下建议：

（一）高标准做好三峡工程收尾工作。三峡集团公司应加强升船机项目建设管理，精心组织施工，高质量完成设备制造和安装调试，确保 2015 年按期建成并安全运行；统筹做好坝区整理完善项目管理，尽早发挥安全防卫、生态修复等作用。三峡办和湖北省、重庆市等有关地方政府应对未完工移民项目加强监督指导。同时，继续加强资金管理，努力节约投资，确保资金使用安全有效。

（二）继续做好三峡移民安稳致富工作。三峡办、有关部门和地方政府应围绕三峡库区基础设施和公共服务设施不完善、移民就业能力差等问题，按照三峡后续工作规划要求，着力优化库区经济发展结构，提高库区公共服务水平和移民社会保障水平，加强移民就业技能培训和就业引导工作，提高移民生产生活水平，确保库区移民逐步实现安稳致富。同时，对外迁移民情况进行深入调查研究，指导基层政府切实采取有效措施解决其实际困难，促进外迁移民更好地融入当地生产生活。

（三）进一步做好环境保护和地质灾害防治工作。三峡办、有关部门和地方政府应继续加强水污染防治和消落区治理等环境保护工作，处理好经济发展与水资源保护、生态环境建设之间的关系，提高国家水安全方面的战略保障能力；加大地质灾害防治力度，不断完善地质灾害防治长效机制，保障人民群众生命财产安全，促进三峡工程综合效益全面、协调和可持续发挥。

（四）进一步提高三峡工程综合调度能力。相关部门和单位要加快研究提出三峡工程正常运行后的管理体制方案，明确三峡工程管理范围、管理对象、管理体制、管理事项等；及时调整优化三峡水库调度运行方案，将保障下游防洪安全、下游河流和湖泊的基本生态流量、生产生活基本用水量作为调度运用的优先原则，研究不同运行方式下下游地区生态环境响应机制；抓紧开展适应船闸尺寸的船舶标准化、大型化建设工作，提高通航效率。

（五）认真总结三峡工程建设管理经验。发展改革委、三峡办应会同有关部门和湖北省、重庆市等地方政府，系统总结三峡工程建设和移民工作经验，不断深化建设管理体制改革，逐步完善国家重大投资项目的决策和管理机制。

中华人民共和国审计署
审计结果公告
（2013 年第 24 号）

36 个地方政府本级政府性债务审计结果

（2013 年 6 月 10 日公告）

为摸清地方政府性债务增长变化情况，揭示债务管理中出现的新情况、新问题和风险隐患，2012 年 11 月至 2013 年 2 月，审计署对 15 个省、3 个直辖市本级（以下统称省本级）及其所属的 15 个省会城市本级、3 个市辖区（以下统称省会城市本级），共计 36 个地方政府本级 2011 年以来政府性债务情况进行了审计。审计中依据《国务院办公厅关于做好地方政府性债务审计工作的通知》（国办发明电〔2011〕6号）规定，将地方政府性债务划分为政府负有偿还责任的债务、政府负有担保责任的或有债务和政府可能承担一定救助责任的其他相关债务三种类型，按照“见账、见人、见物，逐笔、逐项审核”的原则，对涉及的903个政府部门和机构、223个融资平台公司、1249个经费补助事业单位、83个公用事业单位、273个其他单位、22240个项目，共75559笔债务进行了审计。现将审计结果公告如下：

一、近两年地方政府加强债务管理的主要做法和成效

2011年以来，各地按照国务院部署和有关部门要求，积极处理存量债务，加强新增债务管理，清理规范融资平台公司，取得了一定成效。

（一）地方政府性债务管理制度有所完善。2011年以来，36个地方政府本级中，有14个新出台了地方政府性债务管理制度，有10个新建立了偿债准备金制度。截至2012年底，已有28个地方政府本级出台了地方政府性债务管理制度，有31个建立了偿债准备金制度或在预算中安排偿债准备资金，准备金余额为907.60亿元。

（二）采取措施对部分存量债务进行了处理。各地按照分类管理、区别对待、逐步化解的原则，出台措施对2010年底的部分存量债务进行了处理。2011年以来，各地累计偿还和化解存量债务13317.21亿元，占2010年底债务余额的39.09%。如按照中央统一部署，各地出台奖补措施对地方高校债务进行了清理和化解，36个地方政府本级所属高校债务余额由2010年的1747.96亿元下降到2012年的910.81亿元，下降了47.89%。

（三）加强了对新增债务及债务资金使用的监督管理。各地加强了举借债务的管理，有23个地方政府本级要求政府负有偿还责任债务的举借需经财政部门或政府批准，使债务规模得到了一定控制，有12个地方政府本级2012年底的债务余额比2010年减少了1417.42亿元。一些省（市）成立专门机构或明确职能加强对债务资金的监管。

（四）进一步清理规范了融资平台公司及其债务。2011年以来，各地按照国务院要求对融资平台公司及其债务进行了进一步清理规范，通过剥离债务、资产重组、充实注册资本金、注入收益良好的优质资产等方式，使一些融资平台公司的资产质量、收入水平和盈利能力有所提高。2012年底，36个地方政府本级的223家融资平台公司的注册资本总额比2010年增长10.95%，资产负债率比2010年下降4.16个百分点，收入总额和利润总额分别比2010年增长53.04%和13.74%。

二、地方政府性债务规模、结构及债务负担变化情况

（一）债务规模及变化情况。

截至2012年底，36个地方政府本级政府性债务余额38475.81亿元（政府负有偿还责任的债务18437.10亿元、政府负有担保责任的债务9079.02亿元、其他相关债务10959.69亿元），比2010年增加4409.81亿元（其中12个地方政府本级减少1417.42亿元，24个地方政府本级增加5827.23亿元），增长12.94%。从债务形成年度看，2010年及以前年度举借20748.79亿元，占53.93%；2011年举借6307.40亿元，占16.39%；2012年举借11419.62亿元，占29.68%。

（二）债务余额结构及变化情况。

从债务举借主体看，2012年底债务余额中，融资平台公司、地方政府部门和机构举借的分别占45.67%、25.37%，仍是主要的举借主体。融资平台公司和其他单位债务余额增长较大，分别比2010年增加3227.34亿元和1295.72亿元，增长比率分别为22.50%和32.42%。

从债务资金来源看，2012年底债务余额中，银行贷款和发行债券分别占78.07%和12.06%，仍是债务资金的主要来源。2012年底银行贷款余额比2010年增加1533.96亿元，但所占比重下降5.60个百分点；发行债券、其他单位和个人借款增长较大，分别比2010年增加1782.13亿元、1308.31亿元，增长比率分别为62.32%、125.26%，其中发行债券中的短期融资券和中期票据增长比率达113.40%。

从债务资金投向看，用于交通运输、市政建设、土地收储、教科文卫、农林水利建设、生态建设和环境保护、保障性住房等支出占已支出债务额36434.47亿元的92.14%。用于交通运输、保障性住房、土地收储和市政建设的债务支出增长较大，分别比2010年增加3295.45亿元、720.68亿元、

652.83亿元和407.74亿元，增长比率分别为30.29%、141.47%、21.15%和4.15%。

（三）债务负担变化情况。

从债务率（债务余额与地方政府综合财力的比率，为衡量债务规模大小的指标）看，36个地方政府本级中，有24个地区2012年政府负有偿还责任的债务率比2010年下降；如加上政府负有担保责任的债务，有31个地区债务率比2010年下降。但仍有10个地区2012年政府负有偿还责任的债务率超过100%；如加上政府负有担保责任的债务，有16个地区债务率超过100%。

从偿债率（当年还本付息额与地方政府综合财力的比率，为衡量当期偿债压力的指标）看，36个地方政府本级中，有13个地区2012年政府负有偿还责任债务的偿债率比2010年下降；如加上政府负有担保责任的债务，有18个地区偿债率比2010年下降。但仍有14个地区2012年政府负有偿还责任债务的偿债率超过20%；如加上政府负有担保责任的债务，有20个地区偿债率超过20%。

从逾期债务率（逾期债务额占债务余额的比重）看，36个地方政府本级2012年政府负有担保责任的债务和其他相关债务的逾期债务率分别为0.59%和0.75%，分别比2010年上升了0.16和0.48个百分点。

三、审计发现的主要问题

（一）部分地区和行业债务负担较重。

一是部分地区债务规模增长较快，一些省会城市本级的债务风险凸显。36个地方政府本级中，有11个省本级和13个省会城市本级2012年债务规模比2010年有所增长，其中4个省本级和8个省会城市本级债务增长率超过20%。一些省会城市本级债务率和偿债率指标偏高，2012年，有9个省会城市本级政府负有偿还责任的债务率超过100%，最高的达188.95%，如加上政府负有担保责任的债务，债务率最高的达219.57%。有13个省会城市本级政府负有偿还责任债务的偿债率超过20%，最高的达60.15%；如加上政府负有担保责任的债务，偿债率最高的达67.69%。由于偿债能力不足，一些省会城市本级只能通过举借新债偿还旧债，5个省会城市本级2012年政府负有偿还责任债务的借新还旧率超过20%，最高的达38.01%。14个省会城市本级政府负有偿还责任的债务已逾期181.70亿元，其中2个省会城市本级逾期债务率超过10%，最高的为16.36%。

二是部分地方以土地出让收入为偿债来源的债务余额增长，但土地出让收入增幅下降，偿债压力加大。2012年底，4个省本级、17个省会城市本级承诺以土地出让收入为偿债来源的债务余额7746.97亿元，占这些地区政府负有偿还责任债务余额的54.64%，比2010年增长1183.97亿元，占比提高3.61个百分点；而上述地区2012年土地出让收入比2010年减少135.08亿元，降低2.83%，扣除成本性支出和按国家规定提取的各项收入后的可支配土地出让收入减少179.56亿元，降低8.82%。这些地区2012年以土地出让收入为偿债来源的债务需偿还本息2315.73亿元，为当年可支配土地出让收入的1.25倍。

三是部分地区高速公路债务规模增长较快，偿债压力较大。有10个省本级2012年底高速公路债务余额比2010年有所增长，增长额2156.59亿元，增长率为36.88%。在债务规模快速增长的同时，受经济增速放缓、货车流量下降、重大节日免收小型客车高速公路通行费等因素的影响，高速公路车辆通行费收入出现减收，一些地区高速公路债务偿还压力较大。2012年，有8个省本级通过举借新债偿还高速公路债务453.85亿元，其中4个省本级高速公路债务的借新还旧率超过50%，3个省本级已出现逾期债务17.15亿元。

四是部分取消收费地区的政府还贷二级公路债务偿还面临较大压力。近年来，部分省份取消收费后，政府还贷二级公路的债务偿还、公路养护和建设资金完全来源于财政，虽然中央财政对截至2008年底已锁定的债务余额给予一定比例的补助，但由于锁定年度之后新产生的债务尚未给予补助、中央财政不承担债务利息，加上部分地方财政资金不到位等原因，有些地方政府偿债压力较大，甚至出现逾期债务。截至2012年底，在2011年底前已取消收费的15个省份中，12个省本级和9个省会城市本级负责偿还的政府还贷二级公路债务余额1311.61亿元，比2010年增加423.93亿元，增长47.76%。2012年，有6个省本级和1个市本级通过举借新债偿还政府还贷二级公路债务170.69亿元，借新还旧率为66.92%；3个市本级和1个省本级已出现逾期债务31.09亿元。

（二）一些地方通过信托、融资租赁、BT和违规集资等方式变相融资现象突出。

随着国家对地方政府性债务管理的加强和银行对地方政府及其融资平台公司信贷投放的从紧，一些地方通过信托贷款、融资租赁、售后回租、发行理财产品、BT（建设—移交）、垫资施工和违规集资等方式变相举债融资的现象较为突出。审计抽查发现，2011年至2012年，有6个省本级和7个省会城市本级通过信托贷款、融资租赁、售后回租和发行理财产品等方式融资1090.10亿元；12个省会城市本级和1个省本级通过BT和垫资施工方式实施196个建设项目，形成政府性债务1060.18亿元；3个省本级和3个省会城市本级的部分单位违规集资30.59亿元，合计2180.87亿元，占这些地区两年新举借债务总额的15.82%。这些融资方式隐蔽性强，不易监管，且筹资成本普遍高于同期银行贷款利率，如BT融资年利率最高达20%、集资年利率最高达17.5%，蕴含新的风险隐患。

（三）融资平台公司退出管理不到位，部分融资平台公司资产质量较差、偿债能力不强。

一是融资平台公司退出管理不到位。2011年以来，经地方政府相关部门、融资平台公司和债权银行三方签字，共有61家融资平台公司按银监会规定转为"退出类平台"，但审计发现，上述公司中有55家未完全剥离原有政府性债务或继续承担公益性项目的建设融资任务，2012年底政府性债务余额为7414.83亿元，其中有4个省本级和1个省会城市本级的18家融资平台公司以转为"退出类平台"为由，少统计政府性债务2479.29亿元，脱离了债务监管。

二是部分融资平台公司资产质量较差，偿债能力不强。2012年底，36个地方政府本级的223家融资平台公司中，有94家年末资产中存在不能或不宜变现的资产8975.92亿元，占其总资产的37.60%；有5家注册资本未到位56.19亿元；6家虚增资产371.07亿元；3个省会城市本级政府违规向融资平台公司注入公园、道路等公益性资产45.53亿元。从偿债能力看，有68家资产负债率超过70%；有151家当年收入不足以偿还当年到期债务本息；有37家2012年度出现亏损。在2012年融资平台公司偿还的债务本息3618.85亿元中，以财政资金偿还1205.75亿元、占33.32%，举借新债偿还738.93亿元、占20.42%，两项共占53.74%，虽然比2010年下降15.81个百分点，但融资平台公司自身偿债能力仍显不足。

（四）债务制度不够完善，债务资金管理使用不够规范。

一是地方政府性债务管理制度不够完善。目前国家尚未出台统一的地方政府性债务管理制度，虽然部分地方政府出台了一些债务管理制度，但地方政府性债务的规模控制、预算管理和风险预警等管理仍显薄弱。截至2012年底，36个地方政府本级中，仍有8个尚未出台政府性债务管理规定，13个尚未建立政府负有偿还责任债务的举借审批制度，19个尚未编制债务预算或债务收支计划，24个尚未建立债务风险预警制度。

二是部分单位违规取得和使用债务资金，部分债务资金未及时安排使用。其中：5个省本级和3个省会城市本级政府有关部门违规为817.67亿元的债务举借提供担保，部分单位以虚假或不合法的抵（质）押物、高估抵押物价值等方式取得债务资金192.38亿元，部分单位违规发行企业债券和中期票据70亿元；一些债务单位违反合同约定将378.16亿元债务资金用于其他项目建设、归还到期债务或作为项目资本金，其中企业债券资金未按核准用途使用68.84亿元；有271.71亿元债务资金于2010年及以前年度举借，至2012年底仍未支出，闲置时间达2年之久，未发挥效益。

审计指出上述问题后，有关部门和地方正在制定整改措施，研究完善进一步加强地方政府性债务管理的相关制度。

附件：

审计的地方政府名单

天津市本级、天津市南开区，河北省本级、石家庄市本级，辽宁省本级、沈阳市本级，吉林省本级、长春市本级，黑龙江省本级、哈尔滨市本级，上海市本级、上海市虹口区，江苏省本级、南京市本级，安徽省本级、合肥市本级，福建省本级、福州市本级，山东省本级、济南市本级，湖北省本级、武汉市本级，湖南省本级、长沙市本级，广东省本级、广州市本级，重庆市本级、重庆市合川区，四川省本级、成都市本级，云南省本级、昆明市本级，陕西省本级、西安市本级，甘肃省本级、兰州市本级。

中华人民共和国审计署审计结果公告（2013年第25号）

5044个能源节约利用、可再生能源和资源综合利用项目审计结果

（2013年6月21日公告）

根据《中华人民共和国审计法》的有关规定，2012年11月至2013年3月，审计署对2011年、2012年中央财政本级和转移支付给天津、河北、辽宁、吉林、黑龙江、上海、江苏、安徽、福建、山东、湖北、湖南、广东、重庆、四川、云南、陕西、甘肃18个省、直辖市（以下统称18个省）能源节约利用（21110款）、可再生能源（21112款）和资源综合利用（21113款）节能环保类三个款级科目资金（以下简称“三款科目”资金）进行了审计，延伸审计项目5044个，涉及资金621.09亿元，分别占项目总数和资金总额的60.57％、75.85％。现将审计结果公告如下：

一、基本情况

2011年和2012年，中央财政预算共安排本级和转移支付给18个省“三款科目”资金818.83亿元，涉及8328个项目。“三款科目”资金的主要政策目标是推动工业、建筑等领域节能降耗，实施节能产品惠民工程，支持可再生能源发展，提高废旧废弃资源综合利用水平。各专项资金投入、主要政策内容及目标情况见下表：

	专项资金支持的政策内容	2011年		2012年		合计	
		金额（亿元）	目标量	金额（亿元）	目标量	金额（亿元）	目标量
210110款	空调、平板电视、电脑、洗衣机、热水器等家电产品推广（万台）	25.79	1491.84	37.03	108229.43	62.82	109721.27
	节能汽车推广（万辆）	84.72	263.34	52.85	156.75	137.57	420.09
	高效照明产品推广（万只）	6.99	8569.28	11.77	11298.08	18.76	19867.36
	新能源汽车示范推广（辆）	87.38	5825.00	21.41	22208.00	28.79	28033.00
	节能技术改造实现节能（万吨标准煤）	28.45	1309.84	17.28	2149.52	45.73	3459.36
	淘汰落后产能	31.40		26.10		57.50	
	北方采暖区既有居住建筑供热计量及节能改造面积（万平方米）	30.74	14707.64	52.71	19410.45	83.45	34118.09
	工业企业能源管理中心建设示范实现节能（万吨标准煤）	2.56	135.71	3.48	97.98	6.04	233.69
	合同能源管理实现节能（万吨标准煤）	1.71	42.82	1.05	0.88	2.76	43.70
	节能重点工程投资补助实现节能（万吨标准煤）	18.35	934.38	13.38	366.42	31.73	1300.80
	其他	20.81		53.58		74.39	

续表

专项资金支持的政策内容		2011年		2012年		合计	
		金额（亿元）	目标量	金额（亿元）	目标量	金额（亿元）	目标量
21112款	金太阳示范工程补助装机容量（兆瓦）	25.87	54.30	55.62	185.07	81.49	239.37
	太阳能光电建筑应用示范补助面积（兆瓦）	5.66	6.11	14.40	29.28	20.06	35.39
	可再生能量建筑应用补助面积（万平方米）	17.20	9781.45	17.53	5936.54	34.73	15717.99
	农村水电增效扩容改造装机容量（万千瓦）	4.72	52.69	4.83	50.53	9.55	103.22
	其他	22.69		16.71		39.40	
21113款	餐厨废弃物资源化利用和无害化处理量（万吨）	1.87	188.23	0.86	47.82	2.73	236.05
	城市矿产示范基地建设实现资源回收量（万吨）	5.42	1226.00	4.50	1148.33	9.92	2374.33
	其他	29.75		41.66		71.41	
合计		372.08		446.75		818.83	

审计结果表明，两年来，中央财政不断加大投入力度，通过以奖代补、补贴终端消费者等方式支持地方和企业实施资源能源节约利用项目，鼓励居民购买节能产品，在引导、促进节能环保政策措施落实方面发挥了积极作用。

二、审计发现的主要问题

本次审计发现，有348个项目单位挤占挪用、虚报冒领“三款科目”资金16.17亿元，占延伸审计资金额的2.6%。其中：102个项目单位编造虚假申报材料，套取、骗取“三款科目”资金5.56亿元；29个项目单位挤占、挪用“三款科目”资金2.26亿元用于生产经营、业务经费等支出；由于主管部门审核不严、第三方评审机构未尽责等，造成217个项目单位以“报大建小”、重复申报等方式违规获得“三款科目”资金8.35亿元。此外，还发现有些项目没有达到预期的政策目标。上述问题涉及的项目详细情况见附件。

审计指出后，有关地方部门和项目单位已将被挤占挪用的资金归还原资金渠道2.05亿元，收回被套取骗取的资金2.14亿元。审计向司法机关移送案件线索29起，涉案人员41人，目前正在依法查处之中。

附件：

348个能源节约利用、可再生能源和资源综合利用项目审计发现的违规使用资金问题及整改情况表

序号	项目名称	审计发现的主要问题	整改情况
1	云南省昆明金利马热力设备有限公司高效节能热泵热水机组产业化项目	项目单位通过不实申报材料，违规获得中央财政节能重点工程投资补助资金1000万元	审计指出后，云南省人民政府已责成省发展改革委追究有关企业责任，并加强项目建设监管，发挥项目资金效益

续表

序号	项目名称	审计发现的主要问题	整改情况
2	云南省大理市第二（海东）垃圾焚烧发电项目	项目单位通过重复申报项目，违规获得中央财政循环经济和资源节约重大示范项目投资补助资金1800万元	正在整改中
3	云南省曲靖市石林锦达瓷业有限公司焦炉尾气回收利用项目	项目单位以不符合申报条件的新建项目，套取中央财政节能重点工程投资补助资金780万元	正在整改中
4	云南省昆明市福保文化城有限公司农业循环经济示范项目（一期工程）	项目单位通过提供虚假财务资料，骗取中央财政节能重点工程投资补助资金1000万元	正在整改中
5	云南省盈江威峰新型建筑材料有限公司盈江地震灾后恢复重建项目	项目单位通过编造虚假建设内容，提供假合同等方式，骗取中央财政节能重点工程投资补助资金690万元	正在整改中
6	湖南省国鑫有色金属有限公司年产3万吨合金铝锭节能减排技术改造项目	项目单位通过编造虚假的财务报表、设备采购协议等资料，骗取中央财政节能重点工程投资补助资金540万元	正在整改中
7	湖南省俊虹置业股份有限公司光伏发电示范项目	项目单位将申请获得的中央财政金太阳示范工程补助资金300万元挪用于缴纳土地出让金及相关税费	审计指出后，项目单位已将上述资金全部归还原资金渠道
8	湖南省鼎好农牧业发展有限公司规模化养鸡场粪便综合利用项目	项目单位通过编造虚假申报材料，骗取中央财政循环经济和资源节约重大示范项目投资补助资金320万元	正在整改中
9	湖南省宁乡县灰汤镇可再生能源建筑应用集中连片示范镇项目	项目单位将申请获得的中央财政可再生能源建筑应用专项资金594.3万元挪用于政府经费和企业补助等支出	正在整改中
10	湖南省韶山管理局韶山爱国主义教育基地节能环保科技示范项目	项目单位将申请获得的中央财政节能重点工程投资补助资金1530万元挪用于韶山宾馆六号楼工程建设	审计指出后，项目单位已将522万元归还原资金渠道
11	湖南省中杰科技发展股份有限公司10万吨低品位镍钼共伴生矿综合利用项目	项目单位通过重复申报项目，违规获得中央财政循环经济和资源节约重大示范项目投资补助资金1000万元	审计指出后，湖南省慈利县财政局已收回上述资金
12	湖南省中冶美隆纸业有限公司淘汰落后产能（3.4万吨造纸生产线）项目	项目单位不完全符合淘汰落后产能项目申报条件，违规获得中央财政淘汰落后产能奖励资金353万元	正在整改中
13	重庆福希建材有限公司年产40万立方米煤矸石节能保温砖综合利用示范项目	项目单位通过伪造银行存款证明等资料，骗取中央财政节能重点工程投资补助资金1000万元	正在整改中

续表

序号	项目名称	审计发现的主要问题	整改情况
14	重庆万霖锰业有限公司电解锰废渣再利用项目	项目单位通过伪造大额银行对账单、编造虚假企业经营业绩等资料，骗取中央财政循环经济和资源节约重大示范项目投资补助资金 910 万元	正在整改中
15	重庆市奉节县富发建材制造有限公司 3 亿块煤矸石烧结建设项目	项目单位通过虚报利润和销售收入等方式，骗取中央财政循环经济和资源节约重大示范项目投资补助资金 1000 万元	正在整改中
16	重庆市巴南区 2011 年度农村水电增效扩容改造工程项目	项目主管部门巴南区电力经营管理站将中央财政农村水电增效扩容改造补助资金 350 万元挪用于龙岗水库前期工作经费和偿还借款	审计指出后，项目单位已将上述资金全部归还原资金渠道
17	重庆聚信矿业有限责任公司铅锌尾矿提取硫精沙综合利用示范项目	项目单位通过伪造银行存款余额证明、虚报销售收入和利润总额的方式，套取中央财政循环经济和资源节约重大示范项目投资补助资金 1000 万元	正在整改中
18	重庆市铜梁县渝西包装材料厂淘汰落后产能项目	项目单位通过编造虚假设计产能材料，骗取中央财政淘汰落后产能奖励资金 94.5 万元	正在整改中
19	重庆钢铁（集团）有限责任公司淘汰落后产能项目	项目单位采取虚假淘汰的方式，骗取中央财政淘汰落后产能奖励资金 765 万元	正在整改中
20	重庆市江津区教育委员会江津区中小学校园照明改良工程项目	项目单位通过多报计划投资额，违规获得中央财政节能重点工程投资补助资金 321.02万元	正在整改中
21	重庆市汇通肉类加工有限公司年产 300 万头生猪屠宰加工节水改造项目	项目单位通过多报计划投资额，违规获得中央财政节能重点工程投资补助资金 123.49万元	正在整改中
22	重庆市港务集团有限公司散装作业线系统综合技术改造项目	项目单位在未通过环评审批和备案的情况下，违规获得中央财政交通运输节能减排专项资金 75 万元	审计指出后，项目单位已补办项目备案手续，正在补办环评手续，其他问题正在整改中
23	重庆冶金轧材加工厂淘汰落后产能项目	项目单位不完全符合淘汰落后产能项目申报条件，违规获得中央财政淘汰落后产能奖励资金 7.6 万元	审计指出后，重庆市人民政府已责成有关部门将不符合中央财政奖励范围但符合地方财政奖励范围的淘汰落后产能项目全部调整为由市级财政资金安排，原中央财政资金已安排用于其他淘汰落后产能项目

续表

序号	项目名称	审计发现的主要问题	整改情况
24	重庆冶金轧材制品厂淘汰落后产能项目	项目单位不完全符合淘汰落后产能项目申报条件，违规获得中央财政淘汰落后产能奖励资金30.4万元	审计指出后，重庆市人民政府已责成有关部门将不符合中央财政奖励范围但符合地方财政奖励范围的淘汰落后产能项目全部调整为由市级财政资金安排，原中央财政资金已安排用于其他淘汰落后产能项目
25	重庆市大足县宏元金属材料有限公司淘汰落后产能项目	项目单位通过编造虚假生产记录、产品明细账等资料，骗取中央财政淘汰落后产能奖励资金471万元	正在整改中
26	重庆市璧山华丰铜材厂淘汰落后产能项目	项目单位通过编造虚假产量等资料，骗取中央财政淘汰落后产能奖励资金23.18万元	正在整改中
27	重庆市鞍子水泥有限责任公司淘汰落后产能项目	项目单位通过编造虚假产量等资料，骗取中央财政淘汰落后产能奖励资金51.83万元	正在整改中
28	重庆恒杰化工有限公司3万吨/年二甲基亚砜废渣综合利用项目	项目单位通过伪造银行对账单等资料，骗取中央财政循环经济和资源节约重大示范项目投资补助资金640万元	正在整改中
29	重庆市潼南县第一造纸厂淘汰落后产能项目	项目单位不完全符合淘汰落后产能项目申报条件，违规获得中央财政淘汰落后产能奖励资金468.45万元	正在整改中
30	重庆市鸿瑞纸业有限责任公司淘汰落后产能项目	项目单位不完全符合淘汰落后产能项目申报条件，违规获得中央财政淘汰落后产能奖励资金394.2万元	正在整改中
31	重庆市南川区甘乐废纸制品厂淘汰落后产能项目	项目单位不完全符合淘汰落后产能项目申报条件，违规获得中央财政淘汰落后产能奖励资金164.7万元	正在整改中
32	重庆市南川区先福纸塑厂淘汰落后产能项目	项目单位不完全符合淘汰落后产能项目申报条件，违规获得中央财政淘汰落后产能奖励资金287.55万元	正在整改中
33	重庆美亚纸业有限公司淘汰落后产能项目	项目单位不完全符合淘汰落后产能项目申报条件，违规获得中央财政淘汰落后产能奖励资金411.75万元	正在整改中

续表

序号	项目名称	审计发现的主要问题	整改情况
34	重庆宏大纸业（集团）有限公司淘汰落后产能项目	项目单位不完全符合淘汰落后产能项目申报条件，违规获得中央财政淘汰落后产能奖励资金 206.55 万元	正在整改中
35	重庆市峰高冶炼厂淘汰落后产能项目	项目单位不完全符合淘汰落后产能项目申报条件，违规获得中央财政淘汰落后产能奖励资金 36 万元	正在整改中
36	重庆钢铁股份公司焦化厂淘汰落后产能项目	项目单位不完全符合淘汰落后产能项目申报条件，违规获得中央财政淘汰落后产能奖励资金 414 万元	正在整改中
37	重庆市永立煤焦化有限公司淘汰落后产能项目	项目单位不完全符合淘汰落后产能项目申报条件，违规获得中央财政淘汰落后产能奖励资金 147.33 万元	正在整改中
38	重庆中梁水泥有限公司淘汰落后产能项目	项目单位不完全符合淘汰落后产能项目申报条件，违规获得中央财政淘汰落后产能奖励资金 97.5 万元	正在整改中
39	重庆华林水泥集团公司淘汰落后产能项目	项目单位不完全符合淘汰落后产能项目申报条件，违规获得中央财政淘汰落后产能奖励资金 87.08 万元	正在整改中
40	重庆市涪陵韦太水泥有限公司淘汰落后产能项目	项目单位不完全符合淘汰落后产能项目申报条件，违规获得中央财政淘汰落后产能奖励资金 29.85 万元	正在整改中
41	重庆市涪陵经协水泥厂淘汰落后产能项目	项目单位不完全符合淘汰落后产能项目申报条件，违规获得中央财政淘汰落后产能奖励资金 27.6 万元	正在整改中
42	重庆市涪陵江南水泥有限公司淘汰落后产能项目	项目单位不完全符合淘汰落后产能项目申报条件，违规获得中央财政淘汰落后产能奖励资金 46.2 万元	正在整改中
43	重庆金桥水泥有限责任公司淘汰落后产能项目	项目单位不完全符合淘汰落后产能项目申报条件，违规获得中央财政淘汰落后产能奖励资金 74.03 万元	正在整改中
44	重庆市缙云水泥厂淘汰落后产能项目	项目单位不完全符合淘汰落后产能项目申报条件，违规获得中央财政淘汰落后产能奖励资金 24.08 万元	正在整改中
45	重庆市开泰建材有限公司淘汰落后产能项目	项目单位不完全符合淘汰落后产能项目申报条件，违规获得中央财政淘汰落后产能奖励资金 68.85 万元	正在整改中

续表

序号	项目名称	审计发现的主要问题	整改情况
46	重庆市地王水泥厂淘汰落后产能项目	项目单位不完全符合淘汰落后产能项目申报条件，违规获得中央财政淘汰落后产能奖励资金 36.53 万元	正在整改中
47	重庆泰琦水泥厂淘汰落后产能项目	项目单位不完全符合淘汰落后产能项目申报条件，违规获得中央财政淘汰落后产能奖励资金 114.83 万元	正在整改中
48	重庆市璧山县水泥有限公司淘汰落后产能项目	项目单位不完全符合淘汰落后产能项目申报条件，违规获得中央财政淘汰落后产能奖励资金 150 万元	审计指出后，重庆市人民政府已责成有关部门将不符合中央财政奖励范围但符合地方财政奖励范围的淘汰落后产能项目全部调整为由市级财政资金安排，原中央财政资金已安排用于其他淘汰落后产能项目
49	重庆市涪陵区兴耀水泥厂淘汰落后产能项目	项目单位不完全符合淘汰落后产能项目申报条件，违规获得中央财政淘汰落后产能奖励资金 35 万元	审计指出后，重庆市人民政府已责成有关部门将不符合中央财政奖励范围但符合地方财政奖励范围的淘汰落后产能项目全部调整为由市级财政资金安排，原中央财政资金已安排用于其他淘汰落后产能项目
50	重庆市涪陵区凉塘水泥二厂淘汰落后产能项目	项目单位不完全符合淘汰落后产能项目申报条件，违规获得中央财政淘汰落后产能奖励资金 242.8 万元	审计指出后，重庆市人民政府已责成有关部门将不符合中央财政奖励范围但符合地方财政奖励范围的淘汰落后产能项目，全部调整为由市级财政资金安排，原中央财政资金已安排用于其他淘汰落后产能项目
51	重庆市涪陵建涪水泥厂淘汰落后产能项目	项目单位不完全符合淘汰落后产能项目申报条件，违规获得中央财政淘汰落后产能奖励资金 108.8 万元	审计指出后，重庆市人民政府已责成有关部门将不符合中央财政奖励范围但符合地方财政奖励范围的淘汰落后产能项目全部调整为由市级财政资金安排，原中央财政资金已安排用于其他淘汰落后产能项目
52	重庆市涪陵酒店水泥二厂淘汰落后产能项目	项目单位不完全符合淘汰落后产能项目申报条件，违规获得中央财政淘汰落后产能奖励资金 187.1 万元	审计指出后，重庆市人民政府已责成有关部门将不符合中央财政奖励范围但符合地方财政奖励范围的淘汰落后产能项目全部调整为由市级财政资金安排，原中央财政资金已安排用于其他淘汰落后产能项目

续表

序号	项目名称	审计发现的主要问题	整改情况
53	重庆市涪陵马武电力公司金银水泥厂淘汰落后产能项目	项目单位不完全符合淘汰落后产能项目申报条件，违规获得中央财政淘汰落后产能奖励资金 42.4 万元	审计指出后，重庆市人民政府已责成有关部门将不符合中央财政奖励范围但符合地方财政奖励范围的淘汰落后产能项目全部调整为由市级财政资金安排，原中央财政资金已安排用于其他淘汰落后产能项目
54	重庆市涪陵台丰水泥工业有限责任公司淘汰落后产能项目	项目单位不完全符合淘汰落后产能项目申报条件，违规获得中央财政淘汰落后产能奖励资金 55.7 万元	审计指出后，重庆市人民政府已责成有关部门将不符合中央财政奖励范围但符合地方财政奖励范围的淘汰落后产能项目全部调整为由市级财政资金安排，原中央财政资金已安排用于其他淘汰落后产能项目
55	重庆市飞龙纸业有限公司淘汰落后产能项目	项目单位不完全符合淘汰落后产能项目申报条件，违规获得中央财政淘汰落后产能奖励资金 135 万元	审计指出后，重庆市人民政府已责成有关部门将不符合中央财政奖励范围但符合地方财政奖励范围的淘汰落后产能项目全部调整为由市级财政资金安排，原中央财政资金已安排用于其他淘汰落后产能项目
56	重庆市铜梁县南郭水泥纸袋厂淘汰落后产能项目	项目单位不完全符合淘汰落后产能项目申报条件，违规获得中央财政淘汰落后产能奖励资金 9.5 万元	审计指出后，重庆市人民政府已责成有关部门将不符合中央财政奖励范围但符合地方财政奖励范围的淘汰落后产能项目，全部调整为由市级财政资金安排，原中央财政资金已安排用于其他淘汰落后产能项目
57	重庆市铜梁县源河造纸厂淘汰落后产能项目	项目单位不完全符合淘汰落后产能项目申报条件，违规获得中央财政淘汰落后产能奖励资金 40.5 万元	审计指出后，重庆市人民政府已责成有关部门将不符合中央财政奖励范围但符合地方财政奖励范围的淘汰落后产能项目全部调整为由市级财政资金安排，原中央财政资金已安排用于其他淘汰落后产能项目
58	重庆钢铁（集团）有限责任公司工业企业能源管理中心建设示范项目	项目单位在其节能减排环保搬迁项目未获国家发展改革委核准的情况下，违规获得中央财政工业企业能源管理中心建设示范项目补助资金 870 万元	正在整改中
59	重庆环卫集团有限公司黑石子餐厨垃圾处理扩建工程项目	项目单位通过重复申报项目，违规获得中央财政节能减排财政政策综合示范奖励资金 5640 万元	正在整改中

续表

序号	项目名称	审计发现的主要问题	整改情况
60	重庆邦桥科技有限公司基于色温可调集成大功率发光二极管照明芯片技术的低碳节能照明产品产业化项目	项目单位通过多报计划投资额等方式，违规获得中央财政节能重点工程投资补助资金 93.36 万元	正在整改中
61	重庆三峡技术纺织有限公司淘汰落后产能项目	项目单位不完全符合淘汰落后产能项目申报条件，违规获得中央财政淘汰落后产能奖励资金 1100 万元	审计指出后，重庆市人民政府已责成有关部门将不符合中央财政奖励范围但符合地方财政奖励范围的淘汰落后产能项目全部调整为由市级财政资金安排，原中央财政资金已安排用于其他淘汰落后产能项目
62	重庆钢铁（集团）有限责任公司重庆市第二垃圾焚烧发电厂场外配套及三期工程项目	项目单位将申请获得的中央财政循环经济和资源节约重大示范项目投资补助资金 9960 万元挪用于企业经营等方面支出	审计指出后，项目单位已将上述资金全部归还原资金渠道
63	甘肃省兰州宏建建材集团有限公司年产 60 万吨超细矿渣微粉生产线二期扩建项目	项目单位将申请获得的中央财政循环经济和资源节约重大示范项目投资补助资金 1000 万元挪用于归还银行贷款利息、其他项目工程款和原材料款、日常经费等与项目无关的支出	审计指出后，项目单位已将上述资金全部归还原资金渠道
64	甘肃省白银万山稀贵金属科技有限责任公司工业固体废料中稀贵金属资源化回收工程项目	项目单位将申请获得的中央财政循环经济和资源节约重大示范项目投资补助资金 451.42 万元挪用于归还借款、支付材料款等与项目无关的支出	审计指出后，项目单位已将上述资金全部归还原资金渠道
65	甘肃省会宁县创佳粮油工贸有限公司利用亚麻粕年产 3 万吨颗粒饲料综合利用生产项目	项目单位将申请获得的中央财政循环经济和资源节约重大示范项目投资补助资金 40.42 万元挪用于发放工资等与项目无关的支出	审计指出后，项目单位已将上述资金全部归还原资金渠道
66	甘肃省会宁县翔渊畜牧养殖业有限责任公司草畜循环生态养殖示范基地项目	项目单位将申请获得的中央财政循环经济和资源节约重大示范项目投资补助资金 73 万元挪用于归还借款等与项目无关的支出	审计指出后，项目单位已将上述资金全部归还原资金渠道
67	甘肃省武威松树新型建材有限公司利用工业废渣生产新型墙体材料生产线项目	项目单位通过编造虚假土地使用证，骗取中央财政循环经济与资源节约重大示范项目投资补助资金 600 万元	审计指出后，项目单位已取得合法土地使用证
68	甘肃省金昌光昱造纸有限责任公司淘汰落后产能项目	项目单位通过编造虚假申报资料，骗取中央财政淘汰落后产能奖励资金 352 万元	正在整改中

续表

序号	项目名称	审计发现的主要问题	整改情况
69	甘肃省鹏万农业发展集团有限公司淘汰落后产能项目	项目单位通过编造虚假申报资料，骗取中央财政淘汰落后产能奖励资金 150 万元	正在整改中
70	甘肃省武威市新野麦芽有限公司啤酒麦芽节能改造项目	项目单位通过拼凑项目方式，骗取中央财政节能技术改造奖励资金 410 万元	正在整改中
71	甘肃省武威天马资源开发有限公司武威工业园区污水处理及再生水利用工程项目	项目单位通过伪造虚假申报资料，骗取中央财政循环经济和资源节约重大示范项目投资补助资金 930 万元	正在整改中
72	甘肃省永昌金门高新技术开发有限公司利用有机废弃物生产环保型建筑板材项目	项目单位通过编造虚假申报资料，骗取中央财政循环经济与资源节约重大示范项目投资补助资金 600 万元	正在整改中
73	甘肃省永登博宇金属制品有限公司富强分厂淘汰落后产能项目	项目单位利用其他公司安全生产许可证申请书、环评报告等资料申报项目，骗取中央财政淘汰落后产能奖励资金 78 万元	正在整改中
74	甘肃省榆中金山造纸厂淘汰落后产能项目	项目单位通过伪造虚假申报资料，骗取中央财政淘汰落后产能奖励资金 176 万元	正在整改中
75	四川新康水泥厂淘汰落后产能 8 万吨设备生产线项目	负责管理项目单位的石棉县国有资产经营有限责任公司将项目单位申请获得的中央财政淘汰落后产能奖励资金 62.49 万元挪用于接收该厂资产补偿款支出	正在整改中
76	四川中再生资源开发有限公司四川西南再生资源产业园区项目	项目单位将申请获得的中央财政城市矿产示范基地补助资金 345 万元挪用于与项目建设无关的企业生产经营支出	审计指出后，项目单位已将上述资金全部归还原资金渠道
77	西南科技大学公共建筑节能监管体系建设项目	项目单位将申请获得的中央财政公共建筑节能监管体系建设补助资金 33 万元挪用于与项目无关的投标保证金、学校管理费用等支出	审计指出后，项目单位已将上述资金全部归还原资金渠道
78	四川长虹空调有限公司高效节能空调推广项目	项目单位通过虚报节能空调销售安装数量，套取中央财政高效节能空调推广补贴资金 981.78 万元	正在整改中

续表

序号	项目名称	审计发现的主要问题	整改情况
79	四川达盛源化纤有限公司年产2万吨再生差别化聚酯短纤维项目	项目单位通过编造虚假申报材料，套取中央财政循环经济和资源节约重大示范项目投资补助资金650万元	正在整改中
80	四川龙兴农业科技有限公司生猪养殖清洁化生产示范基地建设项目	项目单位通过伪造银行存款证明等申报材料，套取中央财政循环经济和资源节约重大示范项目投资补助资金760万元	正在整改中
81	四川茂森生物科技有限公司牲畜屠宰废弃物深加工综合利用产业化项目	项目单位通过编造虚假申报材料，套取中央财政循环经济和资源节约重大示范项目投资补助资金400万元	正在整改中
82	四川省成都禅德太阳能电力有限公司2兆瓦光电建筑一体化应用示范项目	项目单位通过编造虚假申报材料，套取中央财政太阳能光电建筑应用示范补助资金782万元	正在整改中
83	四川省广元市鸿飞建材有限公司年产20万立方米蒸压加气混凝土砌块项目	项目单位通过编造虚假申报材料，套取中央财政循环经济和资源节约重大示范项目投资补助资金500万元	正在整改中
84	四川省南充大百合高科技农业发展有限公司5000亩现代农业循环经济科技园区建设项目	项目单位通过伪造销售收入、银行存款证明等申报材料，套取中央财政循环经济和资源节约重大示范项目投资补助资金410万元	正在整改中
85	四川星星节能服务有限公司南充市城区城市道路照明发光二极管（LED）路灯改造项目	项目单位通过编造虚假申报材料，套取中央财政节能重点工程投资补助资金930万元	正在整改中
86	四川德胜集团钢铁有限公司50兆瓦煤气回收发电节能技改项目	第三方机构审核把关不严，该项目多计节能量，项目单位违规获得中央财政节能技术改造奖励资金541.35万元	正在整改中
87	四川广旺能源发展（集团）有限责任公司淘汰落后产能项目	项目单位不完全符合淘汰落后产能项目申报条件，违规获得中央财政淘汰落后产能奖励资金31.9万元	正在整改中
88	四川省北川羌族自治县茂发电化有限公司淘汰5万吨/年电石产能生产线项目	项目单位不完全符合淘汰落后产能项目申报条件，违规获得中央财政淘汰落后产能奖励资金250.2万元	正在整改中

续表

序号	项目名称	审计发现的主要问题	整改情况
89	四川省成都市公共交通集团有限公司新能源汽车示范推广项目	项目单位以接受捐赠的 4 辆汽车申请新能源汽车示范推广补贴资金，不符合补贴申报条件，违规获得中央财政新能源汽车示范推广补贴资金 200 万元	正在整改中
90	四川省德阳深捷科技有限公司修复 3 万支（套）连铸连轧结晶器再制造产业化示范项目	项目单位以不符合申报条件的项目进行申报并获得批复，违规获得中央财政循环经济和资源节约重大示范项目投资补助资金 1000 万元	正在整改中
91	四川省德阳市金兔纸业有限公司淘汰落后产能项目	项目单位不完全符合淘汰落后产能项目申报条件，违规获得中央财政淘汰落后产能奖励资金 155.75 万元	正在整改中
92	四川省泸州金蝉水泥厂淘汰落后产能项目	项目单位不完全符合淘汰落后产能项目申报条件，违规获得中央财政淘汰落后产能奖励资金 104.23 万元	正在整改中
93	四川省泸州老窖股份有限公司酿酒固液副产物资源化利用项目	项目单位通过以前年度获得中央财政补助资金的项目重复申报，违规获得中央财政循环经济和资源节约重大示范项目投资补助资金 670 万元	正在整改中
94	四川省泸州新盛纸业有限公司淘汰落后产能项目	项目单位不完全符合淘汰落后产能项目申报条件，违规获得中央财政淘汰落后产能奖励资金 150.12 万元	正在整改中
95	四川省眉山泰林纸业淘汰落后产能项目	项目单位不完全符合淘汰落后产能项目申报条件，违规获得中央财政淘汰落后产能奖励资金 232.28 万元	正在整改中
96	四川省攀枝花九鼎建材有限责任公司水泥厂淘汰落后产能项目	项目单位不完全符合淘汰落后产能项目申报条件，违规获得中央财政淘汰落后产能奖励资金 62.18 万元	正在整改中
97	四川省荣县自力水泥有限公司淘汰落后产能项目	项目单位不完全符合淘汰落后产能项目申报条件，违规获得中央财政淘汰落后产能奖励资金 120 万元	正在整改中
98	四川天力机械集团有限责任公司泗坪水泥厂淘汰落后产能项目	项目单位不完全符合淘汰落后产能项目申报条件，违规获得中央财政淘汰落后产能奖励资金 87.45 万元	正在整改中

续表

序号	项目名称	审计发现的主要问题	整改情况
99	河北省保定广龙生物肥料科技开发有限公司农业废弃物无害化处理转化食用菌基料高科技复合微生物肥料综合利用项目	项目单位通过编造虚假的项目合同及财务资料，骗取中央财政循环经济和资源节约重大示范项目投资补助资金578万元	审计指出后，河北省财政厅已从项目单位收回上述资金。当事人已被刑事拘留，并提请检察机关批准逮捕，移交司法机关，相关市县财政、发改等行政主管部门的相关责任人已被给予撤职、严重警告等行政处分
100	河北省石家庄玉晶玻璃有限公司玻璃熔窑富氧助燃技术改造项目	项目单位不符合申报条件，违规获得中央财政节能技术改造奖励资金306万元	审计指出后，石家庄市发展改革委已取消该项目获得节能技术改造中央财政奖励资金的资格，河北省财政厅停拨该奖励资金
101	河北省涿州市2011年北方采暖区既有居住建筑节能与热计量改造项目	项目单位实际改造面积由申报的4.5万平方米变更为1.5万平方米，违规获得中央财政北方采暖区既有居住建筑供热计量及节能改造奖励资金54.61万元	正在整改中
102	河北省唐山瑞丰钢铁（集团）金友钢铁有限公司淘汰落后产能（1座210立方米高炉）项目	项目单位通过用违规新建设备的产量资料代替已停产设备的产量编入淘汰落后奖励资金申请报告等方式，套取中央财政淘汰落后产能奖励资金620万元	审计指出后，河北省财政厅已从项目单位收回上述资金
103	河北省玉洲煤化工业股份有限公司淘汰落后产能项目	项目单位通过编造虚假申报材料，套取中央财政淘汰落后产能奖励资金83.13万元	审计指出后，河北省财政厅已从项目单位收回上述资金
104	河北省武安市华冶水泥有限公司淘汰落后产能（拆除30万吨湿法热端大型回转炉）项目	项目单位将2008年已拆除的30万吨水泥湿法生产线虚假申报为2011年拆除，骗取中央财政淘汰落后产能奖励资金314万元	审计指出后，武安市财政部门已收回上述资金
105	河北省紫金山水泥厂淘汰落后产能项目	项目单位不完全符合淘汰落后产能项目申报条件，违规获得中央财政淘汰落后产能奖励资金82.93万元	审计指出后，河北省财政厅已从项目单位收回上述资金
106	河北省石家庄北方氧化锌有限公司淘汰落后产能项目	项目单位不完全符合淘汰落后产能项目申报条件，违规获得中央财政淘汰落后产能奖励资金41.37万元	审计指出后，河北省财政厅已从项目单位收回上述资金
107	河北省唐山市利丰水泥厂淘汰落后产能项目	项目单位不完全符合淘汰落后产能项目申报条件，违规获得中央财政淘汰落后产能奖励资金60.59万元	审计指出后，河北省财政厅已从项目单位收回上述资金
108	河北省徐水县釜山水泥有限公司淘汰落后产能项目	项目单位不完全符合淘汰落后产能项目申报条件，违规获得中央财政淘汰落后产能奖励资金89.34万元	审计指出后，河北省财政厅已从项目单位收回上述资金

续表

序号	项目名称	审计发现的主要问题	整改情况
109	河北省秦皇岛市富阳热力公司秦皇岛海港区北方采暖区既有居住建筑节能与热计量改造项目	秦皇岛市城管局多拨付项目单位实施并完工的5个北方采暖地区既有居住建筑供热计量改造项目34.63万元，造成项目单位违规获得中央财政北方采暖区既有居住建筑供热计量及节能改造奖励资金34.63万元	审计指出后，河北省财政厅已从项目单位收回上述资金
110	河北省秦皇岛市热力总公司秦皇岛海港区北方采暖区既有居住建筑节能与热计量改造项目	秦皇岛市城管局多拨付项目单位实施并完工的15个北方采暖地区既有居住建筑供热计量改造项目35.34万元，造成项目单位违规获得中央财政北方采暖区既有居住建筑供热计量及节能改造奖励资金35.34万元	审计指出后，河北省财政厅已从项目单位收回上述资金
111	辽宁公路水泥厂淘汰落后产能项目	项目单位通过虚假申报材料，骗取中央财政淘汰落后产能奖励资金450万元	正在整改中
112	辽宁省丹东北方造纸集团有限公司淘汰落后产能项目	项目单位通过虚假申报材料，骗取中央财政淘汰落后产能奖励资金588万元	丹东市已出台了《丹东市淘汰落后产能中央财政奖励资金项目申报及资金使用实施细则》，为做好淘汰落后产能工作明确了程序和办法
113	辽宁省丹东海德鸭绿江纸业有限公司淘汰落后产能项目	项目单位不完全符合淘汰落后产能项目申报条件，违规获得中央财政淘汰落后产能奖励资金841万元	丹东市已出台了《丹东市淘汰落后产能中央财政奖励资金项目申报及资金使用实施细则》，为做好淘汰落后产能工作明确了程序和办法
114	辽宁省丹东市2011年北方采暖区既有居住建筑供热计量及节能改造工程项目	丹东市房产局多报节能改造完成面积，违规获得中央财政北方采暖区既有居住建筑供热计量及节能改造奖励资金1587.5万元	正在整改中
115	辽宁省丹东天源造纸厂淘汰落后产能项目	项目单位不完全符合淘汰落后产能项目申报条件，违规获得中央财政淘汰落后产能奖励资金84万元	丹东市已出台了《丹东市淘汰落后产能中央财政奖励资金项目申报及资金使用实施细则》，为做好淘汰落后产能工作明确了程序和办法
116	辽宁省丹东鸭绿江水泥厂淘汰落后产能项目	项目单位不完全符合淘汰落后产能项目申报条件，违规获得中央财政淘汰落后产能奖励资金236.1万元	丹东市已出台了《丹东市淘汰落后产能中央财政奖励资金项目申报及资金使用实施细则》，为做好淘汰落后产能工作明确了程序和办法
117	辽宁省丹东鸭绿江造纸有限责任公司淘汰落后产能项目	项目单位不完全符合淘汰落后产能项目申报条件，违规获得中央财政淘汰落后产能奖励资金309万元	丹东市已出台了《丹东市淘汰落后产能中央财政奖励资金项目申报及资金使用实施细则》，为做好淘汰落后产能工作明确了程序和办法

续表

序号	项目名称	审计发现的主要问题	整改情况
118	辽宁省盘锦金山水泥有限公司淘汰落后产能项目	项目单位不完全符合淘汰落后产能项目申报条件，违规获得中央财政淘汰落后产能奖励资金 132.21 万元	正在整改中
119	辽宁未来生物科技公司本溪健康产业园太阳能光电建筑一体化应用示范项目	项目单位多报工程安装面积和装机容量，违规获得中央财政太阳能光电建筑应用示范补助资金 392 万元	正在整改中
120	福建省连城县庙前富永纸品厂淘汰落后产能项目	项目单位不完全符合淘汰落后产能项目申报条件，违规获得中央财政淘汰落后产能奖励资金 43.67 万元	正在整改中
121	福建省龙江建材厂淘汰落后产能项目	项目单位不完全符合淘汰落后产能项目申报条件，违规获得中央财政淘汰落后产能奖励资金 94.51 万元	正在整改中
122	福建省龙岩市龙富水泥有限公司淘汰落后产能项目	项目单位不完全符合淘汰落后产能项目申报条件，违规获得中央财政淘汰落后产能奖励资金 149.03 万元	正在整改中
123	福建省龙岩市马坑第一水泥厂淘汰落后产能项目	项目单位不完全符合淘汰落后产能项目申报条件，违规获得中央财政淘汰落后产能奖励资金 81.18 万元	正在整改中
124	福建省龙岩市新罗区天宇二厂淘汰落后产能项目	项目单位不完全符合淘汰落后产能项目申报条件，违规获得中央财政淘汰落后产能奖励资金 114.64 万元	正在整改中
125	福建省龙岩市新罗区天宇红林水泥厂淘汰落后产能项目	项目单位不完全符合淘汰落后产能项目申报条件，违规获得中央财政淘汰落后产能奖励资金 168.45 万元。	正在整改中
126	福建省龙岩市雁石水泥厂淘汰落后产能项目	项目单位不完全符合淘汰落后产能项目申报条件，违规获得中央财政淘汰落后产能奖励资金 45.5 万元	正在整改中
127	福建省三明市环境卫生管理处餐厨废弃物资源化利用和无害化处理项目	项目单位将申请获得的中央财政餐厨废弃物无害化处理补助资金 110.71 万元，挪用于支付福建省三明市利洁环卫有限公司垃圾收运财政补助、单位人员工资和差旅费等支出	审计指出后，项目单位已将上述资金全部归还原资金渠道
128	福建省上杭县金竹水泥有限公司淘汰落后产能项目	项目单位不完全符合淘汰落后产能项目申报条件，违规获得中央财政淘汰落后产能奖励资金 187.16 万元	正在整改中

续表

序号	项目名称	审计发现的主要问题	整改情况
129	福建省童坊水泥厂淘汰落后产能项目	项目单位不完全符合淘汰落后产能项目申报条件，违规获得中央财政淘汰落后产能奖励资金 42.17 万元	正在整改中
130	福建省永定县东兴水泥厂淘汰落后产能项目	项目单位不完全符合淘汰落后产能项目申报条件，违规获得中央财政淘汰落后产能奖励资金 242.14 万元	正在整改中
131	江苏省扬州市可再生能源建筑应用示范城市项目	扬州市财政局、城乡建设局未严格审核企业上报的示范项目建设情况，5 个部分已完工项目和 1 个重复申报项目违规获得中央财政可再生能源建筑应用专项资金 30.9 万元	审计指出后，扬州市财政局、城乡建设局已收回上述资金
132	江苏省连云港沙河蓝园蔬菜发展有限公司农业循环经济示范工程项目	江苏省赣榆县沙河镇政府借助项目单位，编造虚假资料，骗取中央财政循环经济和资源节约重大示范项目投资补助资金 410 万元。截至 2012 年底，赣榆县财政局已拨付 370 万元至项目单位，项目单位将 350 万元转入赣榆县沙河镇政府财政所作为机动财力	审计指出后，赣榆县财政局已收回资金 370 万元；撤销相关责任人党内职务并给予其党内警告处分；制定了《赣榆县政府投资项目管理办法》
133	湖北省孝感凤凰水泥有限公司淘汰落后产能项目	项目单位将申请获得的中央财政淘汰落后产能奖励资金 100 万元挪用于前期费用	审计指出后，项目单位已将上述资金全部归还原资金渠道
134	湖北省宜昌物资集团有限公司城市矿产资源循环利用项目	项目单位将申请获得的中央财政循环经济和资源节约重大示范项目投资补助资金 1000 万元挪用于其全资子公司车溪旅游开发有限责任公司增资	审计指出后，项目单位已将上述资金全部归还原资金渠道
135	湖北省大地陶瓷有限公司窑炉改造与电机节能改造项目	项目单位通过虚假销售收入、利润等资料，骗取中央财政节能重点工程投资补助资金 520 万元	审计指出后，当阳市财政局已收回上述资金
136	湖北省汉川市华龙水泥有限责任公司淘汰落后产能（粉磨站）项目	项目单位通过重复申报项目，套取中央财政淘汰落后产能奖励资金 50 万元	正在整改中
137	湖北省汉川市华清水泥有限责任公司淘汰落后产能（粉磨站）项目	项目单位通过编造虚假生产材料，骗取中央财政淘汰落后产能奖励资金 81 万元	正在整改中
138	湖北省三和管装有限公司能量系统优化改造项目	项目单位通过使用不需要改造的项目申报，套取中央财政节能技术改造奖励资金 282 万元	正在整改中

续表

序号	项目名称	审计发现的主要问题	整改情况
139	湖北省团风永康油脂有限公司燃煤锅炉及综合节能改造项目	项目单位通过使用不需要改造的项目申报，套取中央财政节能技术改造奖励资金387万元	审计指出后，财政部门已收回上述资金
140	湖北省宜都市首佳陶瓷有限公司陶瓷窑炉节能技术改造项目	项目单位通过虚假申报节能量，骗取中央财政节能技术改造奖励资金789万元	审计指出后，宜都市财政局已将拨付项目单位的财政资金354万元收缴入国库
141	湖北省荆门市宝强窑业有限公司新建年产4.5万吨新型耐火材料生产线项目	项目单位通过伪造贷款、资信证明等资料，骗取中央财政循环经济和资源节约重大示范项目投资补助资金570万元	正在整改中
142	湖北省大冶市绿知堂竹业有限公司毛竹边角料回收利用项目	项目单位通过编造虚假的财务资料、银行资金存款证明等资料，骗取中央财政循环经济和资源节约重大示范项目投资补助资金510万元	正在整改中
143	湖北省荆门炭宝能源有限公司农作物秸秆炭化及深加工资源综合利用项目	项目单位通过编造虚假的资金存款证明等材料，骗取中央财政循环经济和资源节约重大示范项目投资补助资金680万元	审计指出后，荆门市财政局已收回上述资金
144	湖北省荆州市振华环保建材有限公司粉煤灰资源化利用项目	项目单位通过虚假设备采购合同等资料，骗取中央财政节能重点工程投资补助资金620万元	正在整改中
145	湖北省鄂州市宏悦金属材料有限公司淘汰落后产能（120立方米高炉）项目	项目单位通过编造虚假的工商注册登记和电费缴纳发票等资料，骗取中央财政淘汰落后产能奖励资金70万元	正在整改中
146	湖北省鄂州市建树机械有限公司退火炉、电弧炉及机电节能改造项目	项目单位通过编造虚假资料，骗取中央财政节能技术改造奖励资金510万元	正在整改中
147	湖北省鄂州市顺超水泥厂淘汰落后产能（机立窑）项目	项目单位通过编造虚假的工商营业执照和电费缴纳发票等资料，骗取中央财政淘汰落后产能奖励资金20万元	审计指出后，检察机关立案侦查，收缴项目单位资金20万元
148	湖北省鄂州市鑫坤金属材料有限公司淘汰落后产能项目	项目单位通过编造虚假的工商营业执照和电费缴纳发票等资料，骗取中央财政淘汰落后产能奖励资金50万元	正在整改中
149	湖北省鄂州市咏鑫特种铸造有限公司能量系统优化节能改造项目	项目单位通过编造虚假资料，骗取中央财政节能技术改造奖励资金345万元	正在整改中

续表

序号	项目名称	审计发现的主要问题	整改情况
150	湖北省鄂州中冠陶瓷有限公司窑炉与喷塔节能改造项目	项目单位通过编造虚假资料，骗取中央财政节能技术改造奖励资金 285 万元	正在整改中
151	湖北省恒新陶瓷有限公司陶瓷窑炉节能技术改造项目	项目单位通过使用不需要改造的项目申报，套取中央财政节能技术改造奖励资金 870 万元	审计指出后，财政部门已收回上述资金
152	湖北省宏源药业有限公司燃煤锅炉节能改造项目	项目单位通过使用不需要改造的项目申报，套取中央财政节能技术改造奖励资金 465 万元	审计指出后，罗田县财政部门已暂停拨付项目单位资金 465 万元，待年底与省财政厅结算时上缴
153	湖北省虎牌链条制造有限责任公司窑炉节能技术改造项目	项目单位通过编造虚假资料，骗取中央财政节能技术改造奖励资金 309 万元	审计指出后，蕲春县财政局已暂停拨付项目单位资金 85 万元，已拨付资金正在追缴中
154	湖北省黄冈市康基新型建材有限公司燃煤工业窑炉与余热利用节能改造项目	项目单位通过编造虚假的缴纳电费发票等资料，骗取中央财政淘汰落后产能奖励资金 207 万元	审计指出后，黄冈市检察院已介入调查，已收缴全部项目资金
155	湖北省荆工水泥股份有限公司窑炉节能改造项目	项目单位将 2008 年前完工的项目作为新项目申报，骗取中央财政合同能源管理奖励资金 213 万元	审计指出后，项目单位已将上述资金退回财政部门
156	湖北省荆门市雄丰肥业有限公司余热余压利用节能技术改造项目	项目单位通过伪造企业用电量等数据和银行对账单等资料，骗取中央财政节能技术改造奖励资金 225 万元	审计指出后，财政部门已收缴拨付的资金 149 万元，停拨剩余资金
157	湖北省麻城市锦天纺织有限公司淘汰落后印染生产线项目	项目单位通过编造虚假资料，骗取中央财政淘汰落后产能奖励资金 624 万元	正在整改中
158	湖北省世龙化工有限公司硫铁矿制酸余热利用节能改造项目	项目单位通过使用不需要改造的项目申报，套取中央财政节能技术改造奖励资金 780 万元	审计指出后，财政部门已收缴拨付的资金 468 万元，停拨剩余资金
159	湖北省新万兴瓷业有限公司窑炉系统节能改造项目	项目单位通过使用不需要改造的项目申报，套取中央财政节能技术改造奖励资金 605 万元	审计指出后，蕲春县财政局收回上述资金
160	湖北省兴荣陶瓷有限公司窑炉节能技术改造项目	项目单位通过伪造电力公司普通电费发票，骗取中央财政节能技术改造奖励资金 456 万元	审计指出后，财政部门已收缴拨付的资金 273 万元，停拨剩余资金

续表

序号	项目名称	审计发现的主要问题	整改情况
161	湖北省宜昌长江陶瓷有限责任公司窑炉改造及余热回收利用项目	项目单位虚报能耗，骗取中央财政节能技术改造奖励资金310万元	审计指出后，宜都市财政局已收回上述资金
162	湖北省钟祥市宏达实业发展有限公司断桥隔热节能门窗建设项目	项目单位在资金申请报告中提供虚假的资金存款证明等资料，骗取中央财政节能重点工程投资补助资金930万元	审计指出后，财政部门已收缴拨付的资金874万元，停拨剩余资金
163	湖北省宜都市鑫圣陶瓷有限公司燃煤锅炉（窑炉）改造项目	项目单位虚报节能量，骗取中央财政节能技术改造奖励资金699万元	审计指出后，宜都市财政局已收回上述资金
164	湖北九洲数控机床有限责任公司机床再制造产业化示范项目	项目单位将同一项目多头申报，违规获得中央财政循环经济和资源节约重大示范项目投资补助资金1000万元	正在整改中
165	湖北省宝加利陶瓷有限公司工业窑炉节能改造项目	项目单位多报节能量，违规获得中央财政节能技术改造奖励资金550万元	正在整改中
166	湖北省楚星化工股份有限公司硫黄制酸低温热能回收节能改造项目	项目单位多报节能量，违规获得中央财政节能技术改造奖励资金251.16万元	正在整改中
167	湖北省鄂州市圣铎物资有限公司淘汰落后产能（1座120立方米高炉）项目	项目单位不完全符合淘汰落后产能项目申报条件，违规获得中央财政淘汰落后产能奖励资金180万元	正在整改中
168	湖北省鄂州市燕利废旧物资加工厂淘汰落后产能（1座80立方米高炉）项目	项目单位不完全符合淘汰落后产能项目申报条件，违规获得中央财政淘汰落后产能奖励资金120万元	审计指出后，检察机关立案侦查，财政部门收缴10万元
169	湖北省宜昌新洋丰肥业有限公司硫黄制酸低温位热能回收节能项目	项目单位多报节能量，违规获得中央财政节能技术改造奖励资金283.5万元	正在整改中
170	湖北襄阳安华纺织有限责任公司余热利用及电机系统节能改造项目	项目单位通过提供不实申报材料，违规获得中央财政节能技术改造奖励资金257万元	正在整改中
171	湖北祥云（集团）化工股份有限公司磷铵能量系统优化节能项目	项目单位多报节能量，违规获得中央财政节能技术改造奖励资金39.83万元	该项目资金待项目清算后由省财政厅核减
172	湖北中天星火化工有限公司淘汰落后产能项目	项目单位用不符合申报条件的项目，违规获得中央财政淘汰落后产能奖励资金100万元	正在整改中

续表

序号	项目名称	审计发现的主要问题	整改情况
173	湖北华尔靓科技有限公司淘汰落后产能（关停矿热炉）项目	项目单位通过重复申报项目，违规获得中央财政淘汰落后产能奖励资金 227 万元	正在整改中
174	湖北省鄂州吴城钢铁有限公司电炉余热回收项目	项目单位多报节能量，违规获得中央财政节能技术改造奖励资金 353.75 万元	正在整改中
175	湖北省房县钻石水泥有限责任公司新型干法水泥生产电机系统节能技术改造项目	项目单位多报节能量，违规获得中央财政节能技术改造奖励资金 48.6 万元	正在整改中
176	湖北省荆州市乾盛纺织有限公司能量系统优化综合节能项目	项目单位多报节能量，违规获得中央财政节能技术改造奖励资金 43.85 万元	该公司已将违规获得的 43.85 万元资金退回到财政专户
177	湖北省能源集团鄂州发电有限公司能量系统优化项目	项目单位多报节能量，违规获得中央财政节能技术改造奖励资金 188.4 万元	正在整改中
178	湖北省陶星陶瓷科技有限公司窑炉改造与余热利用项目	项目单位多报节能量，违规获得中央财政节能技术改造奖励资金 123.83 万元	正在整改中
179	湖北奥美纺织有限公司燃煤锅炉（窑炉）改造项目	项目单位多报节能量，违规获得中央财政节能技术改造奖励资金 23.61 万元	正在整改中
180	湖北利美纺织有限公司燃煤工业锅炉及生产系统节能综合改造项目	项目单位通过不实申报材料，违规获得中央财政节能技术改造奖励资金 224.7 万元	正在整改中
181	湖北蕲农化工有限公司燃煤锅炉节能改造项目	项目单位通过不实申报材料，违规获得中央财政节能技术改造奖励资金 204 万元	正在整改中
182	湖北三环发展股份有限公司电机系统改造项目	项目单位多报节能量，违规获得中央财政合同能源管理奖励资金 56.45 万元	正在整改中
183	广东澳得科技股份有限公司节能燃具产业化基地建设项目	项目单位通过伪造银行对账单等材料，套取中央财政节能重点工程投资补助资金 1000 万元	正在整改中
184	广东雪莱特光电科技股份有限公司高效照明产品推广项目	项目单位通过将销售给大宗用户的照明产品以居民用户形式申报，套取中央财政高效照明产品推广补贴资金 345.5 万元	正在整改中
185	广东省东莞百分百科技有限公司高效照明产品推广项目	项目单位通过多报推广数量，套取中央财政高效照明产品推广补贴资金 23.2 万元	正在整改中

续表

序号	项目名称	审计发现的主要问题	整改情况
186	广东省湛江市中冠实业有限公司陶瓷生产关键设备节能技术改造项目	项目单位通过伪造虚假合同等材料，套取中央财政节能技术改造奖励资金139万元	审计指出后，财政部门暂停拨付项目资金
187	广东省潮安县时尚卫浴实业有限公司卫生陶瓷窑炉及余热利用节能改造项目	项目单位通过编造银行存款资金证明和可研报告专家论证意见等虚假材料，套取中央财政节能重点工程投资补助资金840万元	正在整改中
188	广东省珠海格力电器股份有限公司高效节能空调推广项目	项目单位通过多报节能空调销售量，违规获得中央财政高效节能空调推广补贴资金2157.76万元	正在整改中
189	广东省中山格兰仕日用电器有限公司高效节能空调推广项目	项目单位通过多报节能空调销售量，违规获得中央财政高效节能空调推广补贴资金1779.4万元	正在整改中
190	广东省中材亨达水泥有限公司综合节能技术改造项目	项目单位多报节能量，违规获得中央财政节能技术改造奖励资金73.4万元	正在整改中
191	广东省云浮市亨达利水泥制品有限公司4500千瓦纯低温余热发电项目	项目单位多报节能量，违规获得中央财政节能技术改造奖励资金14.4万元	正在整改中
192	广东省江门华洋特种玻璃有限责任公司余热利用发电项目	项目单位多报节能量，违规获得中央财政节能技术改造奖励资金16万元	正在整改中
193	广东省江门冠华针织厂有限公司余热发电节能技术改造项目	项目单位多报节能量，违规获得中央财政节能技术改造奖励资金156.34万元	正在整改中
194	广东汉能光伏有限公司10兆瓦光伏发电项目	项目单位多报建设规模和装机容量，违规获得中央财政金太阳示范工程补助资金2637.25万元	审计指出后，项目单位已将上述资金全部归还原资金渠道
195	广东省TCL空调器（中山）有限公司高效节能空调推广项目	项目单位通过多报节能空调销售量，违规获得中央财政高效节能空调推广补贴资金1830.88万元	正在整改中
196	广东美的制冷设备有限公司高效节能空调推广项目	项目单位通过多报节能空调销售量，违规获得中央财政高效节能空调推广补贴资金118.3万元	正在整改中

续表

序号	项目名称	审计发现的主要问题	整改情况
197	广东省广州数码乐华科技有限公司高效节能平板电视推广项目	项目单位通过将中标公布之前销售的彩电纳入申报范围，违规获得中央财政五大类节能家电推广补贴资金 63 万元	正在整改中
198	广东热金宝特种耐火材料实业有限公司特种耐火材料窑炉节能改造项目	项目单位多报节能量，违规获得中央财政节能技术改造奖励资金 133 万元	正在整改中
199	广东省中材天山（云浮）水泥有限公司两化融合促进节能减排重点推进项目	项目单位以不属于支持范围的建设内容申报，违规获得中央财政节能重点工程投资补助资金 230 万元	正在整改中
200	吉林省德大有限公司锅炉节能改造项目	项目单位通过编造虚假的财务资料，骗取中央财政节能技术改造奖励资金 228 万元	正在整改中
201	吉林省敦化市建工集团鸿铭新型建材有限责任公司年产 1.2 亿块（折标砖）煤矸石烧结空心砖项目	项目单位通过虚假申报材料，套取中央财政循环经济和资源节约重大示范项目投资补助资金 920 万元	正在整改中
202	吉林省康奈尔化学工业有限公司氢气净化装置尾气回收利用项目	项目单位将不符合条件的新建项目申报，套取中央财政节能技术改造奖励资金 394 万元	正在整改中
203	吉林省辽源市热力集团有限公司节能技术改造项目	项目单位用已完工项目抵顶新建项目，套取中央财政节能技术改造奖励资金 397 万元	正在整改中
204	吉林省临江禄林木业有限责任公司节能改造项目	项目单位将申请获得的中央财政节能重点工程投资补助资金 152.74 万元，挪用于与项目建设内容无关的房屋维修、偿还贷款等支出	审计指出后，项目单位已将上述资金全部归还原资金渠道
205	吉林省舒兰市亚泰水泥有限责任公司淘汰落后产能项目	项目单位以不符合申报条件的生产线申请，套取中央财政淘汰落后产能奖励资金 123 万元	正在整改中
206	吉林省四平市吉特药业有限公司 800 千瓦光电建筑示范应用项目	项目单位以审计时并不存在的建筑物申报光电建筑示范应用项目，违规获得中央财政太阳能光电建筑应用示范补助资金 122.87 万元	审计指出后，项目单位在现有的建筑物上进行太阳能光电建筑应用示范项目建设，达到了设计装机容量
207	吉林省四平市天成玉米开发有限公司能量系统优化节能改造项目	项目单位以部分已完工项目抵顶新建项目，套取中央财政节能技术改造奖励资金 139.92 万元	正在整改中

续表

序号	项目名称	审计发现的主要问题	整改情况
208	吉林省榆树市洪城纸业有限公司淘汰落后产能项目	项目单位通过编造虚假资料，套取中央财政淘汰落后产能奖励资金 273 万元	审计指出后，公安部门正在查处中
209	东北农业大学大型公共建筑节能监管体系建设项目	项目单位将申请获得的中央财政公共建筑节能监管体系建设补助资金 400 万元挪用于供热入网配套费等支出	审计指出后，项目单位已将上述资金全部归还原资金渠道
210	黑龙江省成金新型节能建筑材料有限责任公司年产 1.8 亿块煤矸石页岩烧结制品生产线项目	项目单位将申请获得的中央财政循环经济和资源节约重大示范项目投资补助资金 250 万元挪用于企业经营	审计指出后，项目单位已将上述资金全部归还原资金渠道
211	黑龙江省集贤县春辉纸业有限公司淘汰落后产能项目	项目单位以虚假销售收入证明、伪造虚假完税凭证等申报材料，骗取中央财政淘汰落后产能奖励资金 242.76 万元	审计指出后，司法机关已立案，正在进行处理
212	黑龙江省集贤县鸿源纸业有限责任公司淘汰落后产能项目	项目单位以虚假销售收入证明、伪造虚假完税凭证等申报材料，骗取中央财政淘汰落后产能奖励资金 156 万元	审计指出后，司法机关已立案，正在进行处理
213	黑龙江省明水县亿龙纸业淘汰落后产能项目	项目单位以虚假个体工商户营业执照复印件、组织机构代码证复印件等申报材料，骗取中央财政淘汰落后产能奖励资金 82 万元	审计指出后，监察机关已立案，并给予相关责任人留党察看一年处分
214	黑龙江省友谊县捷峰造纸有限责任公司淘汰落后产能项目	项目单位以虚假销售收入证明、伪造虚假完税凭证等申报材料，骗取中央财政淘汰落后产能奖励资金 54.32 万元	审计指出后，司法机关已立案，正在进行处理
215	黑龙江省大庆鑫隆玻璃制品有限公司天然气系统节能改造项目	项目单位以虚假申报材料使项目通过节能量审核，骗取中央财政节能技术改造奖励资金 435 万元	审计指出后，大庆市财政局已收回上述资金
216	黑龙江省大庆宏桥纸业有限责任公司淘汰落后产能项目	项目单位不完全符合淘汰落后产能项目申报条件，违规获得中央财政淘汰落后产能奖励资金 108.9 万元	黑龙江省已出台相关文件，要求对淘汰落后产能奖励资金申报材料进行进一步复核确认
217	黑龙江省大庆市晨升纸业有限责任公司淘汰落后产能项目	项目单位不完全符合淘汰落后产能项目申报条件，违规获得中央财政淘汰落后产能奖励资金 285.11 万元	黑龙江省已出台相关文件，要求对淘汰落后产能奖励资金申报材料进行进一步复核确认
218	黑龙江省大庆市大同区葡东纸业有限责任公司淘汰落后产能项目	项目单位不完全符合淘汰落后产能项目申报条件，违规获得中央财政淘汰落后产能奖励资金 123.32 万元	黑龙江省已出台相关文件，要求对淘汰落后产能奖励资金申报材料进行进一步复核确认

续表

序号	项目名称	审计发现的主要问题	整改情况
219	黑龙江省哈尔滨国环医疗固体废物无害化集中处置中心有限公司医疗垃圾焚烧余热回收利用项目	项目单位不符合申报条件，违规获得中央财政节能技术改造奖励资金 91 万元	正在整改中
220	黑龙江省哈尔滨和鑫造纸有限公司淘汰落后产能项目	项目单位不完全符合淘汰落后产能项目申报条件，违规获得中央财政淘汰落后产能奖励资金 54.57 万元	黑龙江省已出台相关文件，要求对淘汰落后产能奖励资金申报材料进行进一步复核确认
221	黑龙江省哈尔滨吉华水泥有限公司淘汰落后产能项目	项目单位不完全符合淘汰落后产能项目申报条件，违规获得中央财政淘汰落后产能奖励资金 82.3 万元	黑龙江省已出台相关文件，要求对淘汰落后产能奖励资金申报材料进行进一步复核确认
222	黑龙江省哈尔滨市呼兰水泥制造有限公司淘汰落后产能项目	项目单位不完全符合淘汰落后产能项目申报条件，违规获得中央财政淘汰落后产能奖励资金 86 万元	黑龙江省已出台相关文件，要求对淘汰落后产能奖励资金申报材料进行进一步复核确认
223	黑龙江省哈尔滨市华夏水泥厂淘汰落后产能项目	项目单位不完全符合淘汰落后产能项目申报条件，违规获得中央财政淘汰落后产能奖励资金 169.87 万元	黑龙江省已出台相关文件，要求对淘汰落后产能奖励资金申报材料进行进一步复核确认
224	黑龙江省鹤岗市经纬糖醇有限公司余热余压利用项目	项目单位使用在建生产线申请项目，违规获得中央财政节能技术改造奖励资金 343 万元	正在整改中
225	黑龙江省鹤岗市昕富社会福利纸品厂淘汰落后产能项目	项目单位不完全符合淘汰落后产能项目申报条件，违规获得中央财政淘汰落后产能奖励资金 58.25 万元	黑龙江省已出台相关文件，要求对淘汰落后产能奖励资金申报材料进行进一步复核确认
226	黑龙江省鹤岗市鑫隆水泥有限公司淘汰落后产能项目	项目单位不完全符合淘汰落后产能项目申报条件，违规获得中央财政淘汰落后产能奖励资金 54 万元	黑龙江省已出台相关文件，要求对淘汰落后产能奖励资金申报材料进行进一步复核确认
227	黑龙江省桦川县桦康纸业有限公司淘汰落后产能项目	项目单位不完全符合淘汰落后产能项目申报条件，违规获得中央财政淘汰落后产能奖励资金 61.44 万元	黑龙江省已出台相关文件，要求对淘汰落后产能奖励资金申报材料进行进一步复核确认
228	黑龙江省鸡西市阳光热力有限公司梨树区燃煤锅炉节能技术改造项目	项目单位通过将已获得其他财政补助的项目再次申报，违规获得中央财政节能技术改造奖励资金 40 万元	正在整改中
229	黑龙江省佳木斯市中威造纸厂淘汰落后产能项目	项目单位不完全符合淘汰落后产能项目申报条件，违规获得中央财政淘汰落后产能奖励资金 65.73 万元	黑龙江省已出台相关文件，要求对淘汰落后产能奖励资金申报材料进行进一步复核确认

续表

序号	项目名称	审计发现的主要问题	整改情况
230	黑龙江省七台河市东鹏造纸厂淘汰落后产能项目	项目单位不完全符合淘汰落后产能项目申报条件，违规获得中央财政淘汰落后产能奖励资金116.5万元	黑龙江省已出台相关文件，要求对淘汰落后产能奖励资金申报材料进行进一步复核确认
231	黑龙江省齐齐哈尔华威实业集团有限公司华威水泥厂淘汰落后产能项目	项目单位不完全符合淘汰落后产能项目申报条件，违规获得中央财政淘汰落后产能奖励资金51.62万元	黑龙江省已出台相关文件，要求对淘汰落后产能奖励资金申报材料进行进一步复核确认
232	黑龙江省亚泰集团哈尔滨水泥有限公司淘汰落后产能项目	项目单位不完全符合淘汰落后产能项目申报条件，违规获得中央财政淘汰落后产能奖励资金1080万元	黑龙江省已出台相关文件，要求对淘汰落后产能奖励资金申报材料进行进一步复核确认
233	黑龙江粤景纸浆有限公司淘汰落后产能项目	项目单位不完全符合淘汰落后产能项目申报条件，违规获得中央财政淘汰落后产能奖励资金662万元	黑龙江省已出台相关文件，要求对淘汰落后产能奖励资金申报材料进行进一步复核确认
234	黑龙江龙煤矿业集团有限责任公司鹤岗分公司小旧锅炉节能改造项目	项目单位多报节能量，违规获得中央财政节能技术改造奖励资金209万元	正在整改中
235	黑龙江省哈尔滨锅炉供暖经营有限责任公司能量系统优化项目	项目单位多报节能量，违规获得中央财政节能技术改造奖励资金229万元	正在整改中
236	黑龙江省哈尔滨物业供热集团有限责任公司电机系统节能改造项目	项目单位多报节能量，违规获得中央财政节能技术改造奖励资金62万元	正在整改中
237	黑龙江省哈药集团制药总厂能量系统优化项目	项目单位多报节能量，违规获得中央财政节能技术改造奖励资金316万元	正在整改中
238	黑龙江省双城市晟瑞热力供应有限公司锅炉改造项目	项目单位多报节能量，违规获得中央财政节能技术改造奖励资金137.84万元	正在整改中
239	黑龙江省双鸭山市四方台惠民水暖有限责任公司供热锅炉改造项目	项目单位多报节能量，违规获得中央财政节能技术改造奖励资金205.44万元	正在整改中
240	黑龙江省西林钢铁集团阿城钢铁有限公司系统节能改造项目	项目单位多报节能量，违规获得中央财政节能技术改造奖励资金87万元	正在整改中
241	陕西省安塞县弘安辰华新能源有限公司可再生能源建筑应用示范县项目	项目单位通过虚报申报资料，骗取中央财政可再生能源建筑应用示范项目补助资金1800万元	审计指出后，监察部门正在查处中

续表

序号	项目名称	审计发现的主要问题	整改情况
242	陕西省陕北基泰能源化工有限公司电石尾气回收利用项目	项目单位通过虚报项目资料，骗取中央财政节能重点工程投资补助资金 139 万元	正在整改中
243	陕西省宝鸡长岭冰箱有限公司节能产品惠民工程家用电冰箱推广项目	项目单位通过虚报电冰箱推广申报资料，骗取中央财政五大类节能家电推广补贴资金 2093 万元	正在整改中
244	陕西省东岭冶炼公司余气回收发电项目	第三方机构审核把关不严，项目单位编造虚假申报资料骗取中央财政节能技术改造奖励资金 97 万元	正在整改中
245	陕西省府谷县金万通镁业有限责任公司兰炭尾气制金属镁项目	项目单位通过伪造虚假申报资料，骗取中央财政节能技术改造奖励资金 1540 万元	审计指出后，项目单位已将上述资金全部归还至府谷县财政局
246	陕西省格润农业发展有限公司秸秆成型燃料生产项目	项目单位通过虚报秸秆及秸秆煤炭购销量，骗取中央财政秸秆能源化利用补助资金 163.03 万元	正在整改中
247	陕西省合阳县金桥煤炭开发有限责任公司煤矿电机系统节能改造项目	项目单位通过编造虚假资料，骗取中央财政节能技术改造奖励资金 144.14 万元	正在整改中
248	陕西省榆林市榆神能源开发建设有限责任公司榆神工业区煤炭博物馆光伏发电示范工程项目	项目单位通过编造虚假资料，骗取中央财政金太阳示范工程补助资金 2187 万元	正在整改中
249	陕西省子长县热电有限责任公司、榆林供电局发电有限责任公司、陕西华宝电铝有限公司、延安市黄陵县店头电厂淘汰落后产能项目	陕西省发展改革委、财政厅、工信厅在对 4 家项目单位申报材料审核时，将其在 2009 年 11 月之前已经关停、未建设或未申报的共计 6 万千瓦小火电机组纳入淘汰落后产能奖励范围，使 4 家项目单位得以套取中央财政淘汰落后产能奖励资金 1350 万元	正在整改中
250	陕西省延安深圳轻工业产业园有限公司延安经济技术开发区厂房屋顶光伏发电集中连片示范项目	项目单位以不符合申报条件的项目进行申报，违规获得中央财政金太阳示范工程补助资金 3851 万元	正在整改中
251	山东德利再生资源置业有限公司年产 4 万吨再生聚酯（PET）纤维项目	项目单位通过不实申报材料，违规获得中央财政循环经济和资源节约重大示范项目投资补助资金 1000 万元	正在整改中

续表

序号	项目名称	审计发现的主要问题	整改情况
252	山东泓达生物科技有限公司二氧化碳回收清洁生产项目	项目单位通过不实申报材料，违规获得中央财政循环经济和资源节约重大示范项目投资补助资金 565 万元	正在整改中
253	山东菁华石油装备有限公司抽油杆再制造项目	项目单位通过不实申报材料，违规获得中央财政循环经济和资源节约重大示范项目投资补助资金 1000 万元	正在整改中
254	山东凯雷圣奥化工有限公司锅炉节能技术改造项目	项目单位多报节能量，违规获得中央财政节能技术改造奖励资金 65.58 万元	正在整改中
255	山东昆达生物科技有限公司沼气余热利用发电项目	项目单位通过不实申报材料，违规获得中央财政循环经济和资源节约重大示范项目投资补助资金 600 万元	正在整改中
256	山东莲山水泥股份有限公司淘汰落后产能项目	项目单位不符合淘汰落后产能项目申报条件，违规获得中央财政淘汰落后产能奖励资金 94.9 万元	正在整改中
257	山东青果食品有限公司蔬菜加工生产线及冷库节能改造项目	项目单位通过虚假申报材料，违规获得中央财政节能重点工程投资补助资金 650 万元	正在整改中
258	山东三融集团有限公司海洋能独立电力系统示范项目	项目单位将申请获得的中央财政海洋可再生能源专项资金 1500 万元挪用于公司经营	审计指出后，项目单位已将上述资金归还原资金渠道
259	山东省曹普工艺有限公司锅炉及干燥室风机节能改造项目	第三方机构审核把关不严，使财务管理不规范的项目单位得以违规获得中央财政节能技术改造奖励资金 206 万元	审计指出后，菏泽市发展改革委已向项目单位下达整改通知书，督促其加强财务管理，补充完善相关资料
260	山东省济南市长清区第二水泥厂淘汰落后产能项目	项目单位通过用同一项目重复申报，套取中央财政淘汰落后产能奖励资金 150 万元	审计指出后，济南市长清区财政局已给该企业下达资金追回通知
261	山东省德州又一村酿酒有限公司节能技术改造项目	项目单位多报节能量，违规获得中央财政节能技术改造奖励资金 389 万元	正在整改中
262	山东省东明玉皇金宇化工有限公司二甲醚装置系统优化项目	项目单位多报节能量，违规获得中央财政节能技术改造奖励资金 64.36 万元	正在整改中
263	山东省东明中油燃料石化有限公司 60 万吨/年催化装置余热利用项目	项目单位多报节能量，违规获得中央财政节能技术改造奖励资金 256.52 万元	正在整改中

续表

序号	项目名称	审计发现的主要问题	整改情况
264	山东省东营光伏太阳能有限公司东营光伏并网电站工程建设项目	项目单位通过编造虚假合同等资料，骗取中央财政金太阳示范工程补助资金 2421.8 万元	正在整改中
265	山东省东营市海科气分有限责任公司重质油催化裂化装置烟气余热回收利用项目	项目单位多报节能量，违规获得中央财政节能技术改造奖励资金 50.7 万元	正在整改中
266	山东省高密盛源热力有限公司循环水供热工程项目	项目单位多报节能量，违规获得中央财政节能技术改造奖励资金 67.39 万元	正在整改中
267	山东省济宁曲阜机场有限公司济宁机场污水处理系统节能改造项目	项目单位以已完工项目申请，违规获得中央财政机场节能减排专项资金 163 万元	正在整改中
268	山东省临沂三业成彩运食品有限公司生产系统优化及冷库节能改造项目	项目单位通过不实申报材料，违规获得中央财政节能重点工程投资补助资金 390 万元	正在整改中
269	山东省临沂烨华焦化有限公司干熄焦余热发电工程项目	项目单位将申请获得的中央财政循环经济和资源节约重大示范项目投资补助资金 1000 万元转借给华盛江泉集团有限公司使用	审计指出后，项目单位已将上述资金归还原资金渠道
270	山东省鲁特电工股份有限公司高效节能电力变压器产业示范工程项目	项目单位将申请获得的中央财政节能重点工程投资补助资金 200 万元挪用于该单位建设研发中心预付款支出	审计指出后，项目单位已将上述资金归还原资金渠道
271	山东省日照昊宇新型建材有限公司淘汰落后产能项目	项目单位不完全符合淘汰落后产能项目申报条件，违规获得中央财政淘汰落后产能奖励资金 72.04 万元	审计指出后，项目单位已全部拆除落后产能设施，达到申报条件
272	山东省日照巨皓橡胶有限公司节能技术改造项目	项目单位多报节能量，违规获得中央财政节能技术改造奖励资金 216 万元	审计指出后，日照市人民政府已督促该企业尽快制定整改措施，继续对未完成的改造内容进行改造，力求早日实现节能目标
273	山东省日照市第三水泥厂淘汰落后产能项目	项目单位不完全符合淘汰落后产能项目申报条件，违规获得中央财政淘汰落后产能奖励资金 22.08 万元	正在整改中
274	山东省三利轮胎制造有限公司锅炉改造及轮胎生产线余热回收利用项目	项目单位多报节能量，违规获得中央财政节能技术改造奖励资金 70 万元	正在整改中

续表

序号	项目名称	审计发现的主要问题	整改情况
275	山东省上海通用东岳汽车有限公司节能汽车推广项目	项目单位虚报节能汽车推广量，套取中央财政节能汽车推广补助资金 158.1 万元	正在整改中
276	山东省潍坊恒联浆纸有限公司废气、废水余热回收利用技术改造项目	项目单位多报节能量，违规获得中央财政节能技术改造奖励资金 420 万元	正在整改中
277	山东省文登市双力板簧有限公司煤气炉替代煤窑炉节能技术改造项目	项目单位多报节能量，违规获得中央财政节能技术改造奖励资金 126.8 万元	正在整改中
278	山东省文登市西郊热电有限公司锅炉节能改造项目	项目单位多报节能量，违规获得中央财政节能技术改造奖励资金 163.61 万元	正在整改中
279	山东省兴源轮胎集团有限公司轮胎生产线余热利用节能技术改造项目	项目单位多报节能量，违规获得中央财政节能技术改造奖励资金 316 万元	正在整改中
280	山东省烟台白洋河酿酒有限责任公司淘汰落后产能项目	项目单位通过使用不符合条件的生产线申报项目，违规获得中央财政淘汰落后产能奖励资金 60 万元	正在整改中
281	山东省烟台宝桥锦宏水泥有限公司淘汰落后产能项目	项目单位通过使用不符合条件的生产线申报项目，违规获得中央财政淘汰落后产能奖励资金 440 万元	正在整改中
282	山东省郓城县大众搪瓷制品有限公司搪瓷烧煤炉节能技术改造项目	第三方机构审核把关不严，使财务管理不规范的项目单位得以违规获得中央财政节能技术改造奖励资金 426 万元	审计指出后，菏泽市发展改革委已向项目单位下达整改通知书，督促其加强财务管理、补充完善相关资料
283	山东圣威新能源有限公司循环流化床有机热载体锅炉产业化项目	项目单位编制虚假申报材料，套取中央财政节能重点工程投资补助资金 270 万元	正在整改中
284	山东新船重工有限公司供电用电系统节能改造项目	项目单位多报节能量，违规获得中央财政节能技术改造奖励资金 204.26 万元	正在整改中
285	山东玉皇化工有限公司 10 万吨/年碳五深加工装置系统优化项目	项目单位多报节能量，违规获得中央财政节能技术改造奖励资金 92.14 万元	正在整改中
286	安徽省丰原集团有限公司利用玉米芯加工生产木糖醇项目	项目单位通过虚假协议申报项目，骗取中央财政循环经济和资源节约重大示范项目投资补助资金 1000 万元	审计指出后，蚌埠市财政局已从项目单位收回上述资金

续表

序号	项目名称	审计发现的主要问题	整改情况
287	安徽省金峰新能源股份有限公司金峰2兆瓦太阳能光电建筑一体化示范项目	项目单位将申请获得的中央财政太阳能光电建筑应用示范补助资金1540万元出借给个人	审计指出后，项目单位已将上述资金全部归还原资金渠道
288	安徽省强坤机械有限公司农林废弃物生产活性炭粉项目	项目单位将申请获得的中央财政循环经济和资源节约重大示范项目投资补助资金450万元挪用于其他项目生产经营支出	正在整改中
289	安徽省蚌埠市科技创业投资公司大学科技创业园光电建筑应用一体化示范工程项目	项目单位将申请获得的中央财政太阳能光电建筑应用示范补助资金300万元出借给蚌埠经济开发区财政局，用于支付股权转让价款	审计指出后，项目单位已将上述资金全部归还原资金渠道
290	安徽省滁州市洪武报废汽车回收拆解利用有限公司报废汽车回收拆解循环利用项目	项目单位将申请获得的中央财政循环经济和资源节约重大示范项目投资补助资金673.84万元挪用于支付其集团公司借款	审计指出后，项目单位已将上述资金全部归还原资金渠道
291	安徽省蚌埠玻璃工业设计研究院宁国港口生态工业园光伏发电示范项目	项目单位与宁国港口生态工业园区管委会签订的金太阳工程屋顶租赁使用协议不实，违规获得中央财政金太阳示范工程补助资金3359.89万元	正在整改中
292	安徽省冬阳生物能源有限公司年产6万吨生物质油及2万吨生物质炭粉项目	项目单位不完全符合项目申报条件，违规获得中央财政循环经济和资源节约重大示范项目投资补助资金430万元	正在整改中
293	安徽省阜阳鹿鹿食品有限责任公司电机系统节能改造项目	项目单位通过不实申报材料，违规获得中央财政节能重点工程投资补助资金340万元	正在整改中
294	安徽省淮南市兴杨食品有限公司农业循环经济项目	项目单位通过不实申报材料，违规获得中央财政循环经济和资源节约重大示范项目投资补助资金400万元	正在整改中
295	安徽省黄山木之语工艺品有限公司林业废弃物再利用和资源化项目	项目单位通过不实申报材料，违规获得中央财政循环经济和资源节约重大示范项目投资补助资金510万元	正在整改中
296	安徽省黄山市多维生物科技有限公司山区茶园高效循环利用示范工程项目	项目单位通过不实申报材料，违规获得中央财政循环经济和资源节约重大示范项目投资补助资金530万元	正在整改中
297	安徽省六安江淮电机有限公司节能电机生产线能量系统优化项目	项目单位通过不实申报材料，违规获得中央财政节能重点工程投资补助资金850万元	正在整改中

续表

序号	项目名称	审计发现的主要问题	整改情况
298	安徽省马鞍山南部承接产业转移新区经济技术发展有限公司马鞍山承接产业转移示范园区光伏发电示范项目（一期）	项目单位通过重复申报项目，违规获得中央财政金太阳示范工程补助资金 350 万元	正在整改中
299	安徽省宁国大通工贸有限公司循环经济再制造产业化工程废旧轮胎翻新项目	项目单位通过不实申报材料，违规获得中央财政循环经济和资源节约重大示范项目投资补助资金 500 万元	正在整改中
300	安徽省天宇太阳能电力电源有限公司太阳能光电建筑应用示范项目	项目单位未按规定时间完成申报的 500 千瓦太阳能屋顶电站项目，不符合获得中央财政资金支持条件，违规获得中央财政太阳能光电建筑应用示范补助资金 385 万元	正在整改中
301	安徽省新宇建筑节能材料有限公司年产 200 万平方米新型节能材料项目	项目单位通过不实申报材料，违规获得中央财政节能重点工程投资补助资金 790 万元	正在整改中
302	安徽省中电能源投资管理有限公司龙子湖工业园区用户侧并网非晶硅光伏发电项目	项目单位通过不实申报材料，违规获得中央财政金太阳示范工程补助资金 5926 万元	正在整改中
303	安徽省舒绿茶业有限公司利用茶类废弃物提取茶多酚、茶色素项目	项目单位通过使用以前年度已完工子项目捆绑申报，违规获得中央财政循环经济和资源节约重大示范项目投资补助资金 430.53 万元	正在整改中
304	安徽省黄山市华越环保建材有限公司年产 30 万立方米砂加气混凝土制品项目	项目单位通过不实申报材料，违规获得中央财政循环经济和资源节约重大示范项目投资补助资金 530 万元	正在整改中
305	安徽省庆元堂徽菊有限公司生态农业循环经济项目	项目单位通过虚假申报材料，骗取中央财政循环经济和资源节约重大示范项目投资补助资金 530 万元	审计指出后，休宁县财政局已从项目单位收回上述资金
306	安徽省中节能投资有限公司大功率发光二极管（LED）绿色照明项目	项目单位通过虚假申报资料，骗取中央财政节能重点工程投资补助资金 990 万元	正在整改中
307	安徽省锦翔塑编包装实业有限公司塑编生产线电机系统节能改造项目	项目单位通过虚假申报资料，骗取中央财政节能重点工程投资补助资金 460 万元	审计指出后，肥东县财政局已从项目单位收回上述资金

续表

序号	项目名称	审计发现的主要问题	整改情况
308	安徽省晔城生物科技开发有限公司秸秆能源化利用项目	项目单位通过虚假销售材料，骗取中央财政秸秆能源化利用补助资金 754.68 万元	正在整改中
309	安徽省福门玻璃制品有限公司玻璃制品生产综合节能改造项目	项目单位通过多报投资额申报项目，违规获得中央财政节能重点工程投资补助资金 600 万元	审计指出后，肥东县财政局已从项目单位收回上述资金
310	安徽省合肥联信电源有限公司电能回收再利用节能装置产业化项目	项目单位通过使用以前年度已完工子项目捆绑申报，违规获得中央财政节能重点工程投资补助资金 420 万元	审计指出后，合肥市财政局收回项目单位资金 300 万元
311	安徽省淮北皖城水泥有限公司淘汰落后产能项目	项目单位不完全符合淘汰落后产能项目申报条件，违规获得中央财政淘汰落后产能奖励资金 414 万元	正在整改中
312	安徽省淮南矿业（集团）有限责任公司煤层气（瓦斯）开发利用项目	项目单位通过不实申报材料，违规获得中央财政煤层气（瓦斯）开发利用补助资金 21.18 万元	正在整改中
313	安徽省泾县石山水泥有限公司淘汰落后产能项目	项目单位不完全符合淘汰落后产能项目申报条件，违规获得中央财政淘汰落后产能奖励资金 56.36 万元	正在整改中
314	安徽省濉溪县伟光造纸厂淘汰落后产能项目	项目单位不完全符合淘汰落后产能项目申报条件，违规获得中央财政淘汰落后产能奖励资金 1112.92 万元	正在整改中
315	安徽省中盛罐业有限公司电机系统节能改造项目	项目单位通过虚报投资完成额，违规获得中央财政节能重点工程投资补助资金 162.77 万元	正在整改中
316	安徽省鼎泰金属化工有限责任公司冶炼废渣综合利用项目	和县发展改革委对项目单位冶炼废渣综合利用项目审核把关不严，使项目单位得以违规获得中央财政循环经济和资源节约重大示范项目投资补助资金 77.26 万元	正在整改中
317	安徽省东方水泥有限公司淘汰落后产能项目	项目单位不完全符合淘汰落后产能项目申报条件，违规获得中央财政淘汰落后产能奖励资金 385 万元	正在整改中
318	安徽省黄山双雄竹木制品有限公司竹胶板生产线系统优化节能项目	项目单位通过不实申报材料，违规获得中央财政节能重点工程投资补助资金 390 万元	正在整改中

续表

序号	项目名称	审计发现的主要问题	整改情况
319	安徽省江淮汽车有限公司节能汽车推广项目	项目单位把关不严，将55辆非节能汽车纳入申报范围，违规获得中央财政节能汽车推广补助资金16.5万元	正在整改中
320	安徽省九鼎农业科技发展股份有限公司农业循环经济项目	项目单位通过不实申报材料，违规获得中央财政循环经济和资源节约重大示范项目投资补助资金610万元	正在整改中
321	安徽省科鑫养猪育种有限公司扩建年出栏3万头优质瘦肉型猪场与废弃物处理循环利用建设项目	项目单位通过重复申报项目，违规获得中央财政循环经济和资源节约重大示范项目投资补助资金37.23万元	正在整改中
322	安徽省潜山轴承制造有限公司电机系统节能技术改造项目	项目单位通过虚报投资完成额，违规获得中央财政节能重点工程投资补助资金343.46万元	审计指出后，项目单位追加项目投资额700.6万元
323	安徽省巢湖东关兴巢水泥有限责任公司淘汰落后产能项目	项目单位不完全符合淘汰落后产能项目申报条件，违规获得中央财政淘汰落后产能奖励资金223万元	正在整改中
324	安徽省凤阳县达康水泥厂淘汰落后产能项目	项目单位不完全符合淘汰落后产能项目申报条件，违规获得中央财政淘汰落后产能奖励资金69万元	正在整改中
325	安徽省恒力硅业有限责任公司淘汰落后产能项目	项目单位通过使用已停产设备申报项目，违规获得中央财政淘汰落后产能奖励资金8万元	正在整改中
326	安徽省淮南巨石水泥有限公司淘汰落后产能项目	第三方中介机构审核把关不严，使项目单位得以多报水泥产量4.83万吨，违规获得中央财政淘汰落后产能奖励资金53.2万元	正在整改中
327	安徽省淮南矿业（集团）有限责任公司矿井供电系统动态无功补偿节能项目	项目单位通过不实申报材料，违规获得中央财政节能技术改造奖励资金397.23万元	正在整改中
328	安徽省淮南市公路运输管理处淮南市出租车安全智能管理系统项目	项目单位通过不实申报材料，违规获得中央财政交通运输节能减排专项资金28.08万元	正在整改中
329	安徽省黄山市徽山食用油业有限公司油茶籽加工废弃物综合利用项目	项目单位通过不实申报材料，违规获得中央财政循环经济和资源节约重大示范项目投资补助资金550万元	正在整改中

续表

序号	项目名称	审计发现的主要问题	整改情况
330	安徽省金寨县大别山林艺植物科技公司蓝莓类废弃物循环经济综合利用项目	项目单位不完全符合项目申报条件，违规获得中央财政循环经济和资源节约重大示范项目投资补助资金 550 万元	正在整改中
331	安徽省泾县可再生能源建筑应用示范县项目	项目单位通过将已完工项目作为拟推广可再生能源示范项目，违规获得中央财政可再生能源建筑应用专项资金 68.14 万元	正在整改中
332	安徽省临泉县大众养殖发展有限公司农业循环经济项目	项目单位通过提供不实申报材料，违规获得中央财政循环经济和资源节约重大示范项目投资补助资金 500 万元	正在整改中
333	安徽省寿县寿西湖水泥有限公司淘汰落后产能项目	项目单位不完全符合淘汰落后产能项目申报条件，违规获得中央财政淘汰落后产能奖励资金 132 万元	正在整改中
334	安徽省太湖嘉源纺织工业有限公司纺织节水改造项目	项目单位通过多报投资完成额，违规获得中央财政节能重点工程投资补助资金 194.03 万元	正在整改中
335	安徽省太湖县光华铝业有限公司再生铝综合利用项目	项目单位通过多报投资完成额，违规获得中央财政循环经济和资源节约重大示范项目投资补助资金 243.17 万元	正在整改中
336	安徽省铜陵联发畜牧有限责任公司联发猪沼肥循环经济项目	项目单位不完全符合项目申报条件，违规获得中央财政循环经济和资源节约重大示范项目投资补助资金 250 万元	正在整改中
337	安徽省铜陵市科兴新型建材有限责任公司铜冶炼废渣综合利用项目	项目单位不完全符合项目申报条件，违规获得中央财政循环经济和资源节约重大示范项目投资补助资金 570 万元	正在整改中
338	安徽省芜湖市峨城水泥有限公司淘汰落后产能项目	项目单位不完全符合淘汰落后产能项目申报条件，违规获得中央财政淘汰落后产能奖励 110 万元	正在整改中
339	安徽省中国扬子集团滁州扬子空调器有限公司高效节能空调推广项目	项目单位通过不实申报材料，违规获得中央财政高效节能空调推广补贴资金 37.72 万元	正在整改中
340	安徽省舒美特化纤股份有限公司节水系统优化项目	项目单位通过将已建成投产的设备作为建设内容申报，违规获得中央财政节能重点工程投资补助资金 530 万元	正在整改中

续表

序号	项目名称	审计发现的主要问题	整改情况
341	安徽省四洋养殖有限责任公司农业循环经济项目	项目单位通过不实申报材料，违规获得中央财政循环经济和资源节约重大示范项目投资补助资金 370 万元	正在整改中
342	安徽省鑫泉米业有限公司稻谷加工剩余物农业循环经济项目	项目单位通过不实申报材料，违规获得中央财政循环经济和资源节约重大示范项目投资补助资金 780 万元	正在整改中
343	上海电气集团股份有限公司国家 700℃超超临界燃煤发电关键技术和设备研发及应用示范——锅炉关键技术的研究课题项目	项目单位将申请获得的课题经费 7.76 万元挪用于无关人员差旅费支出	正在整改中
344	中国电力工程顾问公司国家 700℃超超临界燃煤发电关键技术和设备研发及应用示范——发电机组总体方案设计研究课题项目	项目单位将申请获得的课题经费 32.96 万元挪用于与项目无关的出国费支出	审计指出后，项目单位已将上述资金全部归还原资金渠道
345	中国电力科学研究院波浪能与潮流能独立电力系统测试和评价方法研究及工程样机研制项目	项目单位将中央财政海洋可再生能源专项资金 1.88 万元挪用于与项目无关的出国费支出	正在整改中
346	天津海津海洋工程有限公司液压浮子式波浪发电装置的研发项目	项目单位将申请获得的中央财政海洋可再生能源专项资金 166.65 万元挪用于偿还公司法定代表人个人借款以及利息等支出	审计指出后，项目单位已将上述资金全部归还原资金渠道
347	上海通用汽车有限公司节能汽车推广项目	项目单位通过申报 182 辆不符合节能汽车申报条件的车辆，违规获得中央财政节能汽车推广补助资金 54.6 万元	项目单位在审计前以自查报告形式向国家发展改革委报告了其中 120 辆汽车的真实情况。审计指出后，上海市财政局已收回上述资金
348	上海大众汽车有限公司节能汽车推广项目	项目单位通过申报 5570 辆不符合节能汽车申报条件的车辆，违规获得中央财政节能汽车推广补助资金 1671 万元	项目单位在审计前以自查报告形式向国家发展改革委报告了其中 5352 辆汽车的真实情况。审计指出后，上海市财政局已收回上述资金

中华人民共和国审计署审计结果公告（2013年第26号）

审计署移送至2013年6月已办结38起违法违纪案件和事项处理情况

（2013年6月24日公告）

审计署对移送有关部门和单位处理的案件和事项，定期跟踪了解其办理情况。现将2013年上半年收集到的已办结38起案件和事项相关情况整理公告如下：

一、北京市大兴区人大常委会原副主任李学元受贿案

审计署2011年在审计中发现，2004年至2011年，李学元在担任大兴区建委主任期间，涉嫌利用职权为企业承揽拆迁业务等提供便利。2011年9月，审计署将此案件线索移送中央纪委监察部查处。2012年12月，北京市第二中级人民法院以受贿罪判处李学元无期徒刑，剥夺政治权利终身，并处没收个人全部财产。

二、四川省内江市原副市长李仕彬等人滥用职权案

审计署2009年在审计中发现，2006年至2008年，李仕彬指使内江市市中区财政、粮食等部门虚构地方储备粮收储计划，协助民营企业内江山山酒业有限公司从中国农业发展银行内江市分行骗取储备粮收购贷款2.99亿元；时任该分行行长李希荣在明知企业不具备粮食储备条件和前期贷款资金被挪用的情况下批准放贷，造成较大损失风险。2009年6月，审计署将此案件线索移送中央纪委监察部查处。2012年11—12月，四川省高级人民法院以滥用职权罪、受贿罪和贪污罪判处李仕彬有期徒刑15年，追缴违法所得12万元；以违法发放贷款罪判处李希荣有期徒刑9年，并处罚金12万元。同案的市中区原区长廖永聪、原财政局长魏富强，以及内江山山酒业有限公司实际控制人代云国也分别被判处10年6个月至16年有期徒刑，并处没收财产4万元至800万元。

三、原中信国安黄金有限责任公司董事长兼总经理孙永发、副总经理刘文革贪污受贿案

审计署2010年在审计中发现，2001年11月至2004年12月，孙永发、刘文革等人在企业改制过程中，将属于国有企业的股权收益等资金汇入改制后企业账户，涉嫌合伙侵吞。2011年4月，审计署将此案件线索移送中央纪委监察部查处。2012年9月，甘肃省张掖市中级人民法院以贪污罪判处孙永发无期徒刑，剥夺政治权利终身，并追缴全部违法所得；张掖市甘州区人民法院以受贿罪判处刘文革有期徒刑5年。

四、中信长春兴业公司原总经理许友林贪污案

审计署2011年在审计中发现，2006年至2008年，许友林在公司改制过程中通过隐匿资产、虚构债务，编造中信长春兴业公司资不抵债的假象，从而将该公司国有股权以零对价转让给自己实际控制的企业。2011年12月，审计署将此案件线索移送公安部查处。2012年12月，辽源市中级人民法院以贪污罪、挪用公款罪判处许友林无期徒刑，剥夺政治权利终身，并处没收个人全部财产，追缴全部违法所得。

五、呼和浩特铁路局社保处财务科原科长王玉文骗取社保资金案

审计署2012年在审计中发现，2004年至2012年，王玉文在经办本单位养老保险过程中，冒用部分已死亡人员身份骗取社保资金2323.66万元。2012年3月，审计署将此案件线索移送公安部和铁道部查处。2012年12月，呼和浩特铁路运输中级人民法院以贪污罪判处王玉文死刑，缓期两年执行。

六、四川省大邑县原县委书记符礼建受贿案

审计署2010年在汶川地震灾后重建跟踪审计中发现，2009年11月，符礼建违反决策程序，擅自决定在正常投资回报之外向民营企业另行支付土地拍卖分成收益，造成国有土地收益流失。2010年9月，审计署将此案件线索移送四川省委查处。2012年11月，达州市中级人民法院以受贿罪判处符礼建有期徒刑15年。

七、民航华北地区管理局原局长黄登科受贿案

审计署2009年在审计中发现，2005年至2008年，中国民用航空华北地区管理局利用审批航线、调整航班时刻等职权，通过签订或议定虚假包机协议、宣传促销协议、培训协议，为有关公司在增加航班，调整航班时刻等方面提供帮助并索取、收受好处费1700多万元。2009年9月，审计署将此案件线索移送中央纪委监察部查处。2010年12月，河北省故城县人民法院以单位受贿罪、受贿罪判处黄登科有期徒刑13年，剥夺政治权利3年，对同案其他2名责任人也分别做出刑事处罚。

八、南方工业资产管理有限责任公司原总经理王廷伟受贿案

审计署2010年在审计中发现，2006年至2008年，经王廷伟批准，南方工业资产管理有限责任公司虚列费用，向2名自然人支付1.23亿元股权投资“咨询费”和“投资收益分红”，造成巨额国有资产流失。2010年6月，审计署将此案件线索移送中央纪委监察部查处。2012年4月，北京市第一中级人民法院以国有公司人员失职罪、贪污罪、私分国有资产罪判处王廷伟无期徒刑，剥夺政治权利终身，并处没收个人全部财产。

九、建银国际（中国）有限公司原董事长张传斌内幕交易案

审计署2011年在审计中发现，2010年7月至2011年3月，张传斌在策划厦门翔鹭石化公司借壳上市方案过程中，涉嫌利用知悉的内幕信息，通过出让股权收益权向内部人员输送巨额利益。2011年9月，审计署将此案件线索移送中央纪委监察部查处。2012年10月，北京市第二中级人民法院以内幕交易罪判处张传斌有期徒刑3年（缓刑4年）。

十、财政部经济建设司环境资源处原处长姚劲松受贿案

审计署2011年在审计中发现，2003年至2011年，北京中锰工贸有限公司等协助部分矿山企业套取国家矿产资源节约与综合利用专项财政资金，从中获取非法利益，有关部门工作人员涉嫌利用职务便利收受钱款。2011年12月，审计署将此案件线索移送中央纪委监察部查处。2012年12月，北京市西城区人民法院以受贿罪判处姚劲松有期徒刑10年6个月。

十一、上海国有资产经营有限公司原董事长祝世寅滥用职权案

审计署2011年在审计中发现，2006年至2007年，祝世寅违规批准下属公司高价收购上海市一污水处理企业股权，造成国有资产损失。2011年8月，审计署将此案件线索移送中央纪委监察部查处。2012年10月，上海市第一中级人民法院以国有公司人员滥用职权罪判处祝世寅有期徒刑3年（缓刑3年）。目前，国有资产损失已全部追回。

十二、中国农业发展银行黑龙江双城市支行原行长谢家斌等人失职渎职案

审计署2009年在审计中发现，2007年至2008年，谢家斌及该支行原副行长姜晓秋、原高级主管富实等人，在办理粮食收购贷款过程中审核把关不严，造成近2亿元贷款资金被骗。2009年9月，审计署将此案件线索移送公安部查处。2013年2月，葫芦岛市中级人民法院以国有企业人员失职罪分别判处谢家斌有期徒刑3年（缓刑4年），姜晓秋有期徒刑3年6个月，富实有期徒刑3年（缓刑4年）。

十三、中国农业发展银行辽宁东港市支行原行长李虓等人违法放贷案

审计署2010年在审计中发现，2007年，李虓及该支行原副行长岳富春等人违反信贷审批程序发放贷款2亿多元，部分信贷资产面临损失风险。2011年5月，审计署将此案件线索移送公安部查处。2012年12月，辽宁省义县人民法院以违法发放贷款罪分别判处李虓有期徒刑2年（缓刑3年），岳富春有期徒刑1年6个月（缓刑2年），并各处罚金10万元。

十四、贵州省石阡县国土资源局原局长史勋宏滥用职权案

审计署2011年在审计中发现，2009年7月至2010年6月，史勋宏违规批准低价出让土地并擅自允许企业无偿变更土地用途，致使国有土地收益流失。2012年3月，审计署将此案件线索移送铜仁市人民检察院查处。2012年11月，石阡县人民法院以滥用职权罪和受贿罪判处史勋宏有期徒刑11年，并处没收个人财产10万元。

十五、辽宁省宽甸满族自治县国土资源局原局长李荪受贿案

审计署2011年在审计中发现，2009年至2011年，李荪在沈阳市沈北新区与丹东市宽甸满族自治县异地占补耕地过程中，涉嫌侵占土地开发资金。2011年10月，审计署将此案件线索移送丹东市纪委查处。2012年12月，丹东市中级人民法院以受贿罪和行贿罪判处李荪有期徒刑11年，并处没收个人财产10万元；对同案其他3名责任人也分别做出刑事处罚。

十六、贵州省石阡县地方税务局原副局长刘强受贿案

审计署2011年在审计中发现，2009年7月至2010年6月，刘强等人通过非法转让、倒卖土地使用权不当获利。2012年3月，审计署将此案件线索移送铜仁市纪委查处。2012年12月，石阡县人民法院以受贿罪判处刘强有期徒刑5年，并处没收个人财产16万元，同案其他责任人分别受到党纪政纪处分。

十七、江西省吉安县劳动就业服务管理局原局长严周根、副局长曾麟德受贿案

审计署2008年在审计中发现，2007年，严周根利用审核发放培训补贴的职务便利，为相关机构和企业虚报培训量套取财政补贴提供帮助，并涉嫌收受他人钱物。2009年1月，审计署将此案件线索移送吉安市监察局查处。2009年8月，吉安县人民法院以受贿罪判处严周根有期徒刑9年，并处没收个人财产5万元，以贪污罪、玩忽职守罪、受贿罪判处曾麟德有期徒刑4年6个月，并处没收个人财产1万元。

十八、人民文学出版社有限公司计财部原副主任付文晔挪用公款案

审计署2012年在审计中发现，2005年6月至2011年9月，付文晔在兼任人民文学出版社有限公司下属两家企业会计及财务主任期间，以提取现金不记账等手段挪用公款410万元。2012年7月，审计署将此案件线索移送北京市人民检察院第二分院查处。2012年12月，北京市东城区人民法院以挪用公款罪判处付文晔有期徒刑3年（缓刑5年）。

十九、哈尔滨工业大学软件学院行政秘书韩冬梅贪污案

审计署2012年在审计中发现，2007年1月，韩冬梅从哈尔滨工业大学财务处重复领取2006年秋季学期3名外教人员讲课费并全部用于个人消费。2012年7月，审计署将此案件线索移送黑龙江省人民检察院查处。2012年12月，黑龙江省苇河林区基层法院以贪污罪判处韩冬梅有期徒刑两年（缓刑两年），并处罚金2万元。

二十、北京市大兴区旧宫镇西广德村原党支部书记袁文福合同诈骗案

审计署2011年在审计中发现，2009年7月至9月，袁文福在北京市蒲黄榆快速路工程拆迁过程中，通过伪造租赁协议、虚增企业生产经营面积等手段骗取停产停业综合补助款400多万元。2011年9月，审计署将此案件线索移送北京市政府查处。2012年12月，北京市第一中级人民法院以合同诈骗罪判处袁文福有期徒刑13年，剥夺政治权利3年，并处罚金20万元。

二十一、四川省邛崃市新城开发有限公司原董事长罗军受贿案

审计署2010年在审计中发现，2009年2月至3月，罗军在邛崃市新城开发有限公司承建该市城市生活垃圾卫生填埋场工程中，擅自批准违规招标并为有关单位多计工程相关费用。2010年10月，审计署将此案件线索移送成都市纪委查处。2011年5月，邛崃市人民法院以受贿罪判处罗军有期徒刑3年（缓刑3年），并分别判处同案其他3名责任人1年至7年有期徒刑。

二十二、杭州市拱墅区社会保障管理办公室原工作人员张欢乐贪污案

审计署2012年在审计中发现，2010年至2011年，张欢乐利用负责办理和审核生育保险的职务便利，通过虚构孕妇信息骗取生育保险费和生育津贴。2012年6月，审计署将此案件线索移送浙江省公安厅查处。2012年12月，杭州市拱墅区人民法院以贪污罪判处张欢乐有期徒刑10年6个月，并处没收个人财产5万元。

二十三、甘肃省榆中县龙泉乡卫生院原院长周建发受贿案

审计署2012年在审计中发现，2009年至2011年，周建发在药品采购中收受和索要多名药商的回扣。2012年5月，审计署将此案件线索移送甘肃省人民检察院查处。2012年9月，榆中县人民法院以受贿罪判处周建发有期徒刑6年，并追缴全部违法所得。

二十四、福建工业学校原主办会计黄峥挪用公款案

审计署2010年在审计中发现，2007年至2009年，黄峥先后30次挪用存储于其个人账户上的学校公款归个人使用，超过3个月未还。2010年5月，审计署将此案件线索移送福州市仓山区人民检察院查处。2011年4月，仓山区人民法院判处黄峥犯挪用公款罪，免予刑事处罚。

二十五、山东省章丘市刁镇民政所原工作人员孟庆仑骗取社保资金案

审计署2012年在审计中发现，2011年1月至2012年2月，孟庆仑利用发放五保供养金的工作便利，伪造部分已死亡五保人员签名骗取五保供养金。2012年3月，审计署将此案件线索移送山东省人民检察院查处。2012年7月，章丘市人民法院判处孟庆仑犯贪污罪，免予刑事处罚。

二十六、四川省金堂县沱江物资供应公司原出纳杨代超挪用资金案

审计署2011年在审计中发现，2011年7月至2011年12月，杨代超利用职务便利，将80万元企业资金提取现金后挪作他用。2012年1月，审计署将此案件线索移送金堂县公安局查处。2012年4月，金堂县人民法院以挪用资金罪判处杨代超有期徒刑3年（缓刑4年）。

二十七、河南银达投资担保有限公司非法吸收公众存款案

审计署2011年在审计中发现，2010年初至2011年7月，河南银达投资担保有限公司以投资理财等名义，通过公开渠道非法吸收社会公众存款4.69亿元，主要用于发放高利贷等。2011年12月，审计署将此案件线索移送公安部查处。2013年2月，郑州市二七区人民法院以非法吸收公众存款罪判处河南银达投资担保有限公司法定代表人王明亮有期徒刑3年（缓刑5年），并处罚金45万元；对同案其他3名责任人也分别做出刑事处罚。

二十八、辽宁省鞍山市万兴隆岩田木业有限公司法定代表人蓝辉等人骗取贷款案

审计署2010年在审计中发现，2006年3月至2008年8月，蓝辉等人借购买生产设备等名义，以伪造的土地使用权证和资产评估报告办理抵押，从中国农业发展银行和中国农业银行当地分支机构共骗取贷款1.96亿元，用于归还他行到期贷款或挪作他用。2010年5月，审计署将此案件线索移送公安部查处。2011年12月，盘锦市双台子区人民法院以骗取贷款罪、单位行贿罪、非法占用农用地罪判处蓝辉有期徒刑1年3个月，并处罚金75万元；对同案其他3名责任人也分别做出刑事处罚；对鞍山市万兴隆岩田木业有限公司处以罚金7330万元；对辽宁蓝山矿粉有限责任公司处以罚金50万元。

二十九、黑龙江省汇升粮油有限公司实际控制人高峻等人骗取贷款案

审计署2009年在审计中发现，2006年至2008年，高峻伙同该公司总经理刘晓峰等人，通过编造虚假财务资料及收粮凭证骗取中国农业发展银行黑龙江省分行粮食收购贷款2亿元。2009年10月，审计署将此案件线索移送公安部查处。2013年2月，葫芦岛市中级人民法院以骗取贷款罪、抽逃出资罪判处高峻有期徒刑3年4个月，并处罚金3840万元；判处刘晓峰有期徒刑3年3个月，并处罚金228万元；对同案其他3名责任人也分别做出刑事处罚。

三十、大连良玖粮油有限公司法定代表人毕晓伟等人骗取贷款案

审计署2010年在审计中发现，2007年至2008年，毕晓伟伙同辽宁东港龙王庙粮库主任杨永胜等人，伪造粮食购销合同，从中国农业发展银行丹东分行骗取粮食收购贷款2.9亿元并全部挪作他用。2011年3月，审计署将此案件线索移送公安部查处。2012年12月，辽宁省义县人民法院以骗取贷款罪、单位行贿罪判处毕晓伟有期徒刑3年6个月（缓刑4年），并处罚金50万元；以骗取贷款罪、挪用资金罪判处杨永胜有期徒刑10年6个月，并处罚金20万元；对同案其他5名责任人也分别做出刑事处罚。

三十一、沈阳燃气有限公司等企业骗取贷款案

审计署2012年在审计中发现，2011年4月至12月底，沈阳燃气有限公司和沈阳新北燃气有限公司、沈阳沈南燃气有限公司3家关联企业，通过签订虚假燃气购销合同等手段从中国银行皇姑支行、盛京银行骗取贷款8.9亿元，用于房地产投资。2012 年 10 月，审计署将此案件线索移送公安部查处。2012 年 12 月，营口市站前区人民法院以骗取贷款罪分别判处沈阳燃气有限公司罚金 978 万元，沈阳新北燃气有限公司罚金 3605 万元，沈阳沈南燃气有限公司罚金 855 万元，并处 3 家企业负责人罚金各 10 万元。

三十二、北京国电中兴广告有限公司偷税案

审计署 2008 年在审计中发现，2005 年 1 月至 2008 年 2 月，民营企业北京国电中兴广告有限公司为偷逃税款，将 2 亿多元广告费收入转移至公司法定账册外存放。2008 年 7 月，审计署将此案件线索移送中央纪委监察部查处。2009 年 11 月，北京市怀柔区人民法院以偷税罪判处该企业实际控制人胡小军有期徒刑 5 年，并处罚金 9109 万元；北京市税务机关追缴该企业所得税 9000 多万元。

三十三、北京地区胡成、赵鑫等人非法经营案

审计署 2011 年在审计中发现，2008 年 9 月至 2011 年 1 月，胡成、赵鑫等 15 人利用在多家商业银行申请办理的销售点终端机具（POS 机）为信用卡持卡人套取现金 4.48 亿元并从中牟利。2010 年 10 月，审计署将此案件线索移送公安部查处。2012 年 12 月，北京市海淀区人民法院以非法经营罪分别判处胡成、赵鑫等 15 人有期徒刑 2 年 6 个月至 14 年，并处罚金 3 万元至 350 万元。

三十四、广州地区唐勇、姚艺清等人开设网上赌场案

审计署 2010 年在审计中发现，2009 年 5 月至 2010 年 10 月，唐勇、姚艺清等 15 人利用在多家商业银行假借他人名义开设的 54 个银行卡账户，通过互联网向公众提供网络赌球等非法服务并从中牟利。2011 年 1 月，审计署将此案件线索移送公安部查处。2012 年 10 月，广东省中山市第一人民法院以开设赌场罪分别判处唐勇有期徒刑 3 年（缓刑 5 年），并处罚金 300 万元，姚艺清有期徒刑 3 年（缓刑 4 年），并处罚金 100 万元；对同案其他 13 名责任人也分别做出刑事处罚。

三十五、山西省清徐县王海忠等人骗取丧葬费、抚恤金案

审计署 2012 年在审计中发现，2006 年 9 月至 2011 年 12 月，王海忠等人利用伪造的火化证、发票等骗取丧葬费、抚恤金及遗属补助。2012 年 4 月，审计署将此案件线索移送山西省人民政府查处。2012 年 11 月，清徐县人民法院以诈骗罪分别判处王海忠等 13 人拘役 5 个月（缓刑 10 个月）至有期徒刑 1 年 2 个月（缓刑 1 年 6 个月），并分别处以罚金。

三十六、重庆市万州区其富电力金具有限公司骗取工伤保险案

审计署 2012 年在审计中发现，2009 年 3 月至 2012 年，万州区其富电力金具有限公司通过篡改已死亡员工的死亡时间并为其“补办”工伤保险的方式，骗取工伤保险金 17.2 万元。2012 年 5 月，审计署将此案件线索移送重庆市公安局查处。2012 年 10 月，万州区人民法院以保险诈骗罪判处该公司法定代表人牟其富有期徒刑 1 年 6 个月（缓刑 2 年），判处万州区其富电力金具有限公司罚金 2 万元。

三十七、中石油所属北京石油机械厂违规购买商业预付卡问题

审计署 2011 年在审计中发现，2010 年 12 月至 2011 年 1 月，北京石油机械厂虚构设备采购事项，使用虚假发票在生产费用中列支 2079 万元，用于向职工发放购物卡等，其中向 7 名厂领导共发放 289.4 万元。2011 年 12 月，审计署将此问题移送国资委查处。2012 年 6 月，国资委纪检部门对该厂 7 名主要责任人分别给予党内严重警告、行政记大过、行政降级等党纪政纪处分，并责令收回违规发放的福利。

三十八、河南银基房地产开发有限公司违法占用耕地问题

审计署 2010 年在审计中发现，2010 年，新密市政府及相关部门违反土地管理法律法规，在河南银基房地产开发有限公司尚未获得合法土地使用权的情况下，协助其非法侵占耕地。2011 年 1 月，审计署将此问题移送国土资源部查处。2012 年 1 月，郑州市纪委、新密市监察局分别给予新密市委书记王铁良、市委副书记谢霜云、市人大副主任徐培林以及当地政府部门其他 5 名责任人党内警告、行政警告等党纪政纪处分。

中华人民共和国审计署审计结果公告

（2013年第27号）

中央部门单位2012年度预算执行情况和其他财政收支情况审计结果

（2013年6月24日公告）

外交部2012年度预算执行情况和其他财政收支情况审计结果

根据《中华人民共和国审计法》的规定，2012年10月至2013年3月，审计署对外交部2012年度预算执行情况和其他财政收支情况进行了审计，重点审计了外交部本级和所属机关及驻外机构服务中心（以下简称服务中心）、外交学院、中国国际问题研究所（以下简称国研所）等3个单位，并对有关事项进行了延伸审计。

一、基本情况

外交部为中央财政一级预算单位，部门预算由部本级和266个二级预算单位的预算组成。审计结果表明，外交部重视预算管理和财务管理，完善相关制度，采取措施强化预算约束，预算执行基本符合预算法及其他财经制度的规定，会计核算比较规范，认真整改了以前年度审计发现的问题。

二、审计发现的主要问题

（一）预算执行中存在的主要问题。

1.2012年，部本级自行改变项目支出内容，涉及预算金额487.08万元；两个项目超预算支出，涉及金额768.68万元。

2.2012年，部本级政府采购管理不规范。其中：未按规定执行政府集中采购程序，自行购买电梯设备、办公家具等，涉及金额3768.29万元；未经公开招标，直接委托出版社印制有关画册和书籍，支付费用287.28万元；在非定点饭店召开会议18个。

3.2012年，部本级项目工程采购支出3090.34万元，未按规定实行财政直接支付。

4.截至2013年2月底，部本级仍未将2010年项目结余资金13.58万元纳入预算。

5.2012年，部本级有8个会议超标准列支62.51万元；有7个因公出国（境）团组超标准列支70.1万元。

6.2012年，部本级超范围列支出国费用1396.29万元。

7.2012年，所属外交学院申报获得教室加装空调改造项目预算350万元，实际支出198万元，执行率只有57%；申报获得学生宿舍、综合楼楼梯间封闭工程项目预算25万元，当年未执行。

8.2012年，所属外交学院和国研所未经批准在科目间调剂使用资金，其中：外交学院1201.17万元，国研所98.8万元。

9.2012年，所属国研所未按预算项目进度购置设备，造成63万元设备闲置。

此外，部本级还存在处置国有资产未履行审批手续、未建立部门项目支出预算绩效评价制度等问题。

（二）其他财政收支中存在的主要问题。

1.2012年，部本级委托无相关资质的所属服务中心承包部分部属工程，涉及金额1263.19万元。

2.2012年，所属服务中心86台计算机使用非正版软件。

3.2012年，所属国研所的课题费报销凭证中，有57万元发票不合规。

此外，2012年，部本级有56个因公出国（境）团组未纳入年初计划。

三、审计处理情况和建议

对上述问题，审计署已依法出具了审计报告、下达了审计决定书。对自行改变项目支出内容、超预算支出的问题，要求加强预算管理，严格按照预算执行；对未按规定执行政府集中采购程序的问题，要求今后严格执行政府采购规定；对未按规定实行财政直接支付的问题，要求严格执行国库集中支付规定；对项目结余资金未纳入预算的问题，要求收回上述资金并纳入预算管理；对所属外交学院部分教室改造等项目执行率较低的问题，要求今后应根据实际需求情况编报预算；对所属外交学院和国研所调剂使用资金的问题，要求今后应严格按照预算支出范围使用预算资金；对国研所设备闲置的问题，要求按照实际需求购置资产；对未履行审批手续处置国有资产的问题，要求加强管理，严格履行审批手续；对未建立部门项目支出预算绩效评价制度问题，要求建立上述制度；对服务中心承包的工程，要求加强质量验收并做出相应处理；对 86 台计算机使用非正版软件问题，要求严格执行软件正版化有关规定；对国研所课题费发票不合规问题，要求严格发票审核，据实核算支出；对超标准列支会议费、出国费的问题，要求严格贯彻中央关于厉行勤俭节约、反对铺张浪费的要求，切实加强会议费、出国费等支出管理，杜绝此类问题再次发生。

针对审计发现的问题，审计署建议：外交部应进一步加强预算管理，加大对所属单位的管理和监督力度。

四、审计发现问题的整改情况

外交部在审计前进行了自查，并纠正了部分自查出的问题。对于审计指出的问题，外交部正在积极整改。对以前年度项目结余资金的问题，已调整资金计划；已对闲置设备采取整改措施；对使用非正版软件的问题，已制订整改计划，计划于 2013 年全部实现正版化。其他问题正在整改中。

国家发展和改革委员会 2012 年度预算执行情况和其他财政收支情况审计结果

根据《中华人民共和国审计法》的规定，2012 年 11 月至 2013 年 3 月，审计署对国家发展和改革委员会（以下简称发展改革委）2012 年度预算执行情况和其他财政收支情况进行了审计，重点审计了发展改革委本级和所属宏观经济研究院、国家节能中心等 5 个单位，并对有关事项进行了延伸审计。

一、基本情况

发展改革委为中央财政一级预算单位，部门预算由委本级和 18 个二级预算单位的预算组成。财政部批复发展改革委 2012 年度部门财政拨款预算支出为 111348.8 万元，发展改革委决算（草案）反映的当年财政拨款支出 100165.43 万元，其部门预算与执行结果的差异总额为 11183.37 万元，差异的具体情况及产生原因见附件 1。

本次审计发展改革委本级及所属单位 2012 年度财政拨款支出共计 90434.66 万元，占部门财政拨款支出总额的 81.22%。审计查出 2012 年预算执行中不符合财经制度规定的问题金额 455.52 万元；其他财政收支方面不符合财经制度规定的问题金额 4.6 万元。上述问题对发展改革委 2012 年度预算执行结果的影响见附件 2。

审计结果表明，发展改革委重视预算和财务管理工作，积极采取措施，强化预算约束，加强结余资金管理，规范政府采购预算编制工作，部门预算执行情况总体较好。此次审计的发展改革委本级及所属单位预算收支基本符合预算法和其他财经法规的规定，财务处理基本符合会计法和财务制度的规定，对以前年度审计查出的问题认真进行了整改。

二、审计发现的主要问题

（一）预算执行中存在的主要问题。

1.2012 年，所属能源研究所公务接待费实际支出 179.57 万元，超出预算 130.57 万元。

2.2012 年，所属国家节能中心在专项资金中提取管理费 129.15 万元，放在往来账核算，其中 35.1 万元用于发放工作性津贴。

3.2012 年，委本级有 3 个会议在非定点饭店召开，涉及会议费支出 48 万元。所属宏观经济研究院有 8 个会议在非定点单位召开，涉及会议费支出 60.15 万元；有金额 9.38 万元的印刷业务在非定点印刷机构印刷。

4.2012 年，委本级有 9 个会议超标准列支 15.96 万元；28 个因公出国（境）团组超标准列支 62.31 万元。

（二）其他财政收支中存在的主要问题。

1. 截至 2012 年底，所属能源研究所、经济体制与管理研究所分别有 39 台和 18 台计算机安装了未经授权的 office 办公软件。

2.2012 年，委本级接受所属单位资助因公出国（境）费用 4.6 万元。

此外，2012 年，委本级有 42 个因公出国（境）团组未纳入年初计划，9 个团组存在超过规定天数问题。

三、审计处理情况和建议

对上述问题，审计署已依法出具了审计报告、下达了审计决定书。对能源研究所公务接待费超预算的问题，要求今后严格控制招待费支出，严格按预算执行；对国家节能中心财政专项资金收入在往来账核算等问题，要求调整有关会计账目，严格控制资金使用范围；对宏观经济研究院部分会议和印刷业务未执行政府集中采购有关规定等问题，要求今后严格执行政府采购有关规定；对部分所属单位安装使用未经授权的办公软件的问题，要求按照国家有关规定采购并安装使用正版软件；对超标准列支会议费、出国费等问题，要求严格贯彻中央关于厉行勤俭节约、反对铺张浪费等要求，切实加强会议费、出国费等支出管理，杜绝此类问题再次发生。

针对审计发现的问题，审计署建议：发展改革委应加强对所属单位预算执行的管理和财务监督检查，促进健全和完善财务管理制度，严格预算执行和管理。

四、审计发现问题的整改情况

发展改革委在审计前开展了自查，并纠正了部分自查出的问题。对审计发现的问题，已督促所属有关单位研究制订整改方案。能源研究所就科研成本列支工资性支出问题，已按审计意见调整了相关账目和决算报表。

附件： 1. 发展改革委2012年度财政拨款预算执行总体情况（略）

2. 发展改革委2012年度重点审计单位财政拨款预算执行情况（略）

教育部2012年度预算执行情况和其他财政收支情况审计结果

根据《中华人民共和国审计法》的规定，2012年11月至2013年3月，审计署对教育部2012年度预算执行情况和其他财政收支情况进行了审计，重点审计了部本级和所属北京大学、北京交通大学和华北电力大学等3个单位，并对有关事项进行了延伸审计。

一、基本情况

教育部为中央财政一级预算单位，部门预算由部本级和106个二级预算单位的预算组成。财政部批复教育部2012年度财政拨款支出预算1024.29亿元，教育部决算（草案）反映当年财政拨款支出939.83亿元，其部门预算与执行结果的差异总额为84.46亿元，差异的具体情况及产生原因见附件1。

本次审计教育部本级及所属单位2012年度财政拨款支出共计120.2亿元，占部门财政拨款支出总额的11.74%。审计查出2012年预算执行中不符合财经制度规定的问题金额58385.06万元；其他财政收支方面不符合财经制度规定的问题金额5076.5万元。上述问题对教育部2012年度预算执行结果的影响见附件2。

审计结果表明，教育部重视预算和财务管理工作，不断细化预算编制，推动各单位进一步采取有效措施强化预算执行。此次重点审计单位预算收支基本遵守了预算法及相关法律法规，财务管理和会计核算基本符合会计法及有关财会制度规定，对以前年度审计查出的问题认真进行了整改。

二、审计发现的主要问题

（一）预算执行中存在的主要问题。

1.2012年，部本级利息收入等7825.03万元未编入部门预算。

2.2012年，部本级在项目经费中列支的会议费695.49万元，没有纳入会议费预算管理。

3.2012年，部本级有3个因公出国（境）团组超标准列支2.41万元；有2个会议超标准列支54.38万元。

4.2012年，部本级未经批准将公用经费775.53万元用于弥补人员经费。

5.2012年，部本级计列所属高等教育出版社（以下简称高教社）2个项目决算支出26600万元，但高教社实际支出仅为1706.21万元，导致多计决算支出24893.79万元。

6.2012年，部本级及2家所属单位政府采购不规范。其中：部本级724.20万元政府采购支出，未编报政府采购预算；部本级、北京大学和北京交通大学未实施公开招标采购1102.84万元；北京大学和北京交通大学未经财政部核准采购进口设备17133.06万元、未实施政府集中采购4900.39万元。

7.2012年，所属高教社将“宣传文化发展专项”经费 277.94 万元，用于与该项目无关的支出。

（二）其他财政收支中存在的主要问题。

1. 2012 年，部本级将 4 个会议的 14.41 万元支出转嫁给下属单位，将 3 个会议的 18.61 万元支出转嫁给其他单位。

2. 2011 年至 2012 年，所属北京大学等 66 所高校国有资产处置收入扣除相关税费后合计 5043.48 万元未上缴国库，其中 2012 年收入 2230.42 万元。

此外，2012 年，部本级计划外召开 1 个三类会议，有 25 个团组存在超过规定人数或超天数问题。

三、审计处理情况和建议

对上述问题，审计署已依法出具了审计报告、下达了审计决定书。对部分收入没有编入部门预算的问题，要求今后将全部收入纳入部门预算管理；对部分会议费支出没有纳入会议费预算管理的问题，要求今后按规定编制会议费预算；对未经批准将公用经费用于弥补人员经费的问题，要求今后严格执行预算；对多报决算支出的问题，要求调整决算（草案）；对政府采购不规范的问题，要求今后严格执行政府采购相关规定；对高教社将专项经费用于与项目无关支出的问题，要求归还原资金渠道；对部分高校国有资产处置收入未上缴国库的问题，要求及时缴入国库并相应调整决算（草案）；对计划外召开会议，以及会议超过规定人数和天数等问题，要求严格贯彻中央关于厉行勤俭节约、反对铺张浪费等要求，切实加强会议费等支出管理，杜绝此类问题再次发生。

针对审计发现的问题，审计署建议：教育部应进一步规范部门预算管理，严格按预算批准的用途使用财政资金，切实加强政府采购和非税收入管理。

四、审计发现问题的整改情况

教育部在审计前开展了自查，并纠正了部分自查出的问题。对审计发现的问题，高教社已将资金按原渠道归还，教育部已通知相关高校按规定将国有资产处置收益缴入国库，其他问题正在整改中。

附件：1. 教育部 2012 年度财政拨款预算执行总体情况（略）

2. 教育部 2012 年度重点审计单位财政拨款预算执行情况（略）

科技部 2012 年度预算执行情况和其他财政收支情况审计结果

根据《中华人民共和国审计法》的规定，2012 年 11 月至 2013 年 3 月，审计署对科技部 2012 年度预算执行情况和其他财政收支情况进行了审计，重点审计了科技部本级和所属国家遥感中心（以下简称遥感中心）、中国科学技术信息研究所（以下简称中信所）、中国科学技术发展战略研究院（以下简称战略院）、火炬高技术产业开发中心（以下简称火炬中心）、国家科技风险开发事业中心（以下简称风险中心）等 5 个单位，并对有关事项进行了延伸审计。

一、基本情况

科技部为中央财政一级预算单位，部门预算由科技部本级和 19 个二级预算单位的预算组成。财政部批复科技部 2012 年度部门财政拨款预算支出为 2990769.37 万元，科技部决算（草案）反映的当年财政拨款支出 2936255.55 万元，其部门预算与执行结果的差异总额为 54513.82 万元，差异的具体情况及产生原因见附件 1。

本次审计科技部本级及所属单位 2012 年度财政拨款支出共计 2375678.49 万元，占部门财政拨款支出总额的 79.43%。审计查出预算执行中不符合财经制度规定的问题金额 102084.04 万元，其中 2012 年 38255.03 万元；其他财政收支方面不符合财经制度规定的问题金额 9731.38 万元。上述问题对科技部 2012 年度预算执行结果的影响见附件 2。

审计结果表明，本次审计的科技部本级和所属单位的预算编报、预算执行基本符合预算法及其他法律法规的规定，财务管理制度比较健全，会计核算基本符合会计法和相关财会制度的规定，对以前年度审计查出的问题认真进行了整改。

二、审计发现的主要问题

预算执行中存在的主要问题。

1. 截至 2012 年底，部本级有项目资金结余 30693.58 万元自 2005 年以来在往来科目挂账，未纳入财政拨款结余资金管理。

2. 未经批准自行调整项目预算 3088.36 万元。

(1) 2007 年至 2012 年，部本级未经批准，自行从专项资金中安排所属遥感中心工作经费 1896.20 万元，其中 2012 年 206.78 万元。

(2) 2012 年，所属火炬中心未经批准在创新基金管理费项目中列支人员经费和公用经费 1192.16 万元。

3. 2012 年，部本级未经财政部批准，将承担的专项预算共计 20708 万元下达给相关所属单位。

4. 2012 年 11 月、12 月，部本级采取以拨作支方式将“科技改革与发展专项经费”等 2635.35 万元拨付至所属单位等，至 2012 年底，实际仅支出 25.21 万元，造成决算多计支出 2610.14 万元。

5. 2012 年，部本级向财政部申报并获批复的 21 个项目没有项目申报文本，也未包含在科技部项目库中，涉及预算金额 4204 万元。

6. 2012 年 12 月，部本级在年初未编制相关预算的情况下，用以前年度结余资金安排支出 2321 万元。

7. 2012 年，部本级及 6 家所属单位部分政府采购事项管理不规范，其中：部本级 9 个会议未在政府集中采购定点单位召开，会议费支出共计 146.87 万元；所属中国生物技术发展中心、战略院、中国 21 世纪管理中心、中国科学技术交流中心直接指定物业服务单位，支付费用 763.25 万元；所属火炬中心未经公开招标，将“国家高新技术产业开发区建设 20 年成就展”直接委托机关服务中心及其控股企业承办，支付费用 2120 万元；所属遥感中心自 2005 年至 2012 年自行确定 13 个项目的总承包单位，合同总金额 3.51 亿元，其中 2012 年的 3 个项目合同总金额 3686.22 万元。

8. 2012 年，部本级将 7 个司局承担的项目调研经费等 260 万元，拨付到所属 8 家事业单位核算。

9. 2012 年，部本级有 6 个会议超标准列支 18.38 万元；有 5 个因公出国（境）团组超标准列支 6.83 万元。

10. 2009 年至 2012 年 10 月，所属知识产权中心在课题经费中列支职工食堂餐卡充值费 13.48 万元、报销与课题无关的职工个人交通费用 30.15 万元，其中 2012 年 10.8 万元。

其他财政收支中存在的主要问题。

1. 未经批准对外投资，涉及金额 1205 万元。

(1) 2011 年 12 月，所属机关服务中心及其专家公寓未经批准，共同出资 790 万元成立公司。

(2) 1997 年至 2001 年，所属专家公寓未经批准，向 3 家企业投资共计 415 万元。截至 2012 年底，已确认损失 330 万元。

2. 未经批准对外出租房产。

(1) 2012 年，所属专家公寓未经批准，将其使用的部本级房产对外出租，租金收入 308.30 万元未上缴中央财政。

(2) 2012 年，所属中信所未经审核或审批，将房屋对外出租，取得租金收入 794.55 万元。

3. 截至 2012 年底，部本级 2004 年以前形成的应收账款 5918.04 万元未及时清理。

4. 审计抽查科技部 7 家所属单位的 214 台计算机中，有 72 台使用非正版操作系统；131 台使用非正版办公软件。

5. 2011 年 2 月，所属风险中心违规购买风险理财产品 200 万元，并于 2012 年到期收回资金。

6. 2012 年，所属火炬中心在举办“国家高新技术产业开发区建设 20 周年工作会及成就展”期间，购买并赠送礼品及纪念品合计 55.65 万元。

7. 2012 年，所属交流中心组织的台湾考察团自行游览了报批行程以外的 2 个景区。截至 2013 年 3 月 1 日，该考察团尚未形成考察报告。

8. 2012 年 9 月，部本级将在乌鲁木齐召开的两个会议日程由 4 天合并压缩为 1 天，安排与会人员参观有关风景区，并在会议费中承担食宿费用 18.24 万元。

9. 2012 年，部本级向所属单位转嫁因公出国（境）支出 24.62 万元。

10. 2012 年 12 月，所属火炬中心通过银行转账方式，自行将本中心零余额账户中的创新基金管理费 1206.98 万元转至本中心基本存款账户，用于归垫资金。

此外，2011 年以来，科技部将 2009 年已撤销并清算的青岛培训中心拆迁补偿款 6411.32 万元，在其所属单位往来款科目挂账；2012 年，部本级有 24 个因公出国（境）团组未纳入年初计划，5个团组存在超过规定人数问题。

三、审计处理情况和建议

对上述问题，审计署已依法出具了审计报告、下达了审计决定书。对专项资金结余长期挂账的问题，要求将上述资金纳入财政拨款结余资金管理，调整有关会计账目和决算（草案）；对未经批准自行调整和细化预算的问题，要求严格执行有关规定；对虚列当年项目支出的问题，要求调整有关会计账目和决算（草案）；对未按规定申报预算和无预算支出的问题，要求按规定进行项目申报；对政府采购管理不规范的问题，要求严格执行政府采购有关规定；对知识产权中心扩大开支范围的问题，要求将有关资金归还原渠道，调整相关会计账目和决算（草案）；对在所属事业单位核算本级司局调研经费的问题，要求将调研经费收回本级核算和管理；对机关服务中心和专家公寓未经批准对外投资的问题，要求补办审批手续，并加强对所属单位对外投资事项的监管；对专家公寓未经批准对外投资的问题，要求按照有关规定，将上述投资情况报科技部审核认定；对专家公寓未经批准对外出租本级房产的问题，要求将租金收入按规定上缴中央财政；对中信所未经审核或审批对外出租房产的问题，要求补办审核或审批程序；对应收账款长期挂账未及时清理的问题，要求尽快清理催收；对部分所属单位使用非正版操作系统和办公软件的问题，要求按规定使用正版软件；对向参加会议人员发放纪念品的问题，要求加强监督管理，从严控制庆典活动的规模和经费支出；对自行调整行程的问题，要求加强出国费、会议费管理，严格按规定执行；对超标准列支会议费、出国费等问题，要求严格贯彻中央关于厉行勤俭节约、反对铺张浪费等要求，切实加强会议费、出国费等支出管理，杜绝此类问题再次发生。

针对审计发现的问题，审计署建议：科技部应加强预算编制工作，严格预算执行，视并完善项目库建设，加强政府采购管理和软件正版化工作，加大对所属单位的监督管理力度。

四、审计发现问题的整改情况

科技部在审计前开展了自查，并纠正了部分自查出的问题。对审计发现的问题，科技部高度重视，已督促本级和所属有关单位研究制定整改措施，各项问题正在整改中。

附件：1. 科技部2012年度财政拨款预算执行总体情况（略）

2. 科技部2012年度重点审计单位财政拨款预算执行情况（略）

工业和信息化部2012年度预算执行情况和其他财政收支情况审计结果

根据《中华人民共和国审计法》的规定，2012年11月至2013年3月，审计署对工业和信息化部2012年度预算执行情况和其他财政收支情况进行了审计，重点审计了部本级和所属电子科学技术情报研究所、中国中小企业发展促进中心等12个单位，并对有关事项进行了延伸审计。

一、基本情况

工业和信息化部为中央财政一级预算单位，部门预算由工业和信息化部本级和67个二级预算单位的预算组成。审计结果表明，工业和信息化部本级和本次审计的所属单位2012年度预算收支基本遵守了预算法及相关法律法规，财务管理和会计核算基本符合会计法及有关财会制度规定，对以前年度审计查出的问题进行了整改。

二、审计发现的主要问题

（一）预算执行中存在的主要问题。

1.2012年，部本级未按进度提前支付项目预算资金380万元，至2013年2月底，资金仍闲置未用。

2.2012年，部本级和3家所属单位政府采购管理不规范，其中：部本级和所属电子科学技术情报研究所、北京理工大学软件和设备采购等实际支出885.85万元，未按规定编制政府采购预算；部本级“信息化和工业化融合成果展览会”项目1670.31万元服务未公开招投标；部本级有9个会议在非定点饭店召开；所属电信研究院有22个会议服务未按规定委托集中采购机构代理采购，涉及73.64万元。此外，部本级2个基建项目15196.77万元工程采购支出未按规定采取财政直接支付方式，而是采取了财政授权支付方式。

3.2012年，部本级有7个会议超标准列支59.52万元；有4个因公出国（境）团组超标准列支11.55万元。

4.2010年至2012年，所属电信研究院在国家科技重大专项6个课题中，违规编制燃料动力费预算308.86万元，其中2012年6.3万元；自行调整4个课题设备费预算583.15万元，其中2012年111.18万元。

5.2011年至2012年，所属电信研究院以测试化验加工费的名义，将国家科技重大专项6个课题资金314.77万元转移至其统一管理的2家单位账户，其中2012年92.1万元。

6.2011年至2012年，所属电子科学技术情报研究所以支付虚假专利检索费等名义，将11个项目资金130万元拨付下属公司，其中2012年90万元。

7.所属单位超范围、超预算列支项目资金1375.82万元。

（1）2010年至2011年，所属电信研究院使用国家重大专项财政资金给长期借调员工发放劳务费68.7万元。

（2）2011年至2012年，所属电子科学技术情报研究所在项目中违规分摊人员工资578.58万元、超预算分摊管理费534.38万元，其中2012年531.66万元；部分人员通过编造虚假劳务费人员名单，套取专项财政资金131万元，其中2012年发生68.32万元。

（3）2012年，所属电子科学技术情报研究所下属北京信源电子信息技术公司在其承担的电子发展基金项目中将63.16万元用于其他支出。

8.2011年至2012年，所属中小企业发展促进中心以不完整和不真实的基础材料申报并获得财政专项补助1150万元，其中2012年650万元；还将项目资金25万元以委托业务费形式转入中国中小企业国际合作协会。

（二）其他财政收支中存在的主要问题。

1.2010年，部本级未经审批将部分办公用房长期使用权转让给所属事业单位，涉及金额18808.92万元。

2.2011年，部本级自行审批所属中小企业发展促进中心购置办公楼，截至2012年底已支付2454万元。

3.2012年，部本级将4个会议的70.24万元支出转嫁给其他单位；向其他单位转嫁因公出国（境）支出5.02万元。

4.1994年至1995年，原电子工业部计算机与信息化推进司将482.73万元账外存放，截至2012年底已支出368.04万元。

5.2012年，所属电子科学技术情报研究所未经批准，将一处房产对外出租；未及时收取另一处房产承租单位2011年和2012年房屋租金1000万元。

6.2011年至2012年，所属通信计量中心违规将检测资质出借给下属全资子公司五龙电信技术公司开展检测业务，后者共取得检测业务收入16451.33万元。

7.2010年至2012年，所属电信研究院将部分检测收入1383.9万元存入其全资子公司瑞特电信技术公司（以下简称瑞特公司）账户，其中2012年1098.81万元；通过签订虚假技术服务协议，从瑞特公司账内向电信设备检测代理人支付中介费88.8万元，其中2012年22万元；通过瑞特公司与旅行社签订的虚假技术服务合同，在瑞特公司账内报销职工出行费用27.45万元。

此外，2012年，部本级计划外召开13个三类会议；有19个因公出国（境）团组未纳入年初计划，1个团组擅自增加出访城市。

三、审计处理情况和建议

对上述问题，审计署已依法出具了审计报告、下达了审计决定书。对未按项目进度支付项目预算资金的问题，要求收回资金；对执行政府采购制度不规范的问题，要求严格执行政府采购相关规定，规范政府采购预算编报；对2个基建项目未采取财政直接支付方式支付资金的问题，要求严格执行国库集中支付制度；对所属电信研究院违规编制燃料动力费预算、自行调整设备费预算等问题，要求规范预算编报，严格执行预算；对所属电信研究院以测试化验加工费名义转移财政资金、使用国家重大专项资金给长期借调员工发放劳务费等问题，要求将资金收回并调整有关会计账目和决算（草案）；对所属电子科学技术情报研究所违规分摊人员工资和管理费、以支付虚假专利检索费等方式向下属公司拨付资金以及下属公司在项目中扩大范围列支等问题，要求将资金收回并调整相关会计账目和决算（草案）；对所属中小企业发展促进中心项目申报材料不真实获得财政专项补助资金、将项目经费以委托业务费名义转入协会等问题，要求严格申报，将资金收回并调整会计账目和决算（草案）；对未经审批将部分办公用房长期使用权转让给所属事业单位以及自行审批购置办公楼等问题，要求按规定补办相关手续；对原电子工业部计算机与信息化推进司账外存款的问题，要求收回结余资金；对所属电子科学技术情报研究所未经批准出租房产、未及时收取房租等问题，要求补办房产出租相关手续，收回房租；对所属通信计量中心违规出借资质的问题，要求今后不得出借资质；对所属电信研究院转移检测收入、以虚假合同列支费用等问题，要求加强管理；对超标准列支会议费、计划外召开会议及出国等问题，要求严格贯彻中央关于厉行勤俭节约、反对铺张浪费等要求，切实加强会议费、出国费等支出管理，杜绝此类问题再次发生。对审计发现的有关问题，已移送相关部门处理。

针对审计发现的问题，审计署建议：工业和信息化部应进一步加强预算和财务管理，严格按照预算支出范围使用资金；加强项目管理，健全项目资金使用监管机制；加大对所属单位的监督检查力度，不断健全内部控制制度，促进有关单位严格遵守财经法规。

四、审计发现问题的整改情况

工业和信息化部在审计前开展了自查，并纠正了部分自查出的问题，对此次审计发现的问题及时纠正和整改。对本级未按项目进度支付预算资金、原电子工业部账外存款问题，已收回资金；对本级和所属单位预算编报不规范、自行调整预算等问题，表示今后将规范预算编报、严格预算执行；对政府采购制度和国库集中支付制度执行不规范问题，表示今后将严格按相关制度规定执行；对所属单位项目申报不实问题，表示今后将严格申报；对所属单位转移财政资金、在项目中违规分摊人员工资和管理费、扩大项目支出范围等问题，相关单位已收回资金，调整相关会计账目；对所属单位未将部分收入纳入账内核算，以虚假协议支付相关费用等问题，表示今后将加强管理；对所属单位部分房屋出租未履行报批手续问题，所属单位已向工业和信息化部报送相关请示，工业和信息化部审核后将报财政部备案；对所属单位违规出借资质问题，表示今后不再发生。其他问题正在整改中。

国家民族事务委员会 2012 年度预算执行情况和其他财政收支情况审计结果

根据《中华人民共和国审计法》的规定，2012 年 11 月至 2013 年 3 月，审计署对国家民族事务委员会（以下简称国家民委）2012 年度预算执行情况和其他财政收支情况进行了审计，重点审计了国家民委本级和所属中央民族大学（以下简称中央民大）、中央民族歌舞团（以下简称民族歌舞团）、民族文化宫等 11 个单位，并对有关事项进行了延伸审计。

一、基本情况

国家民委为中央财政一级预算单位，部门预算由国家民委本级和 20 个二级预算单位的预算组成。财政部批复国家民委 2012 年度部门财政拨款预算支出为 581333.29 万元，国家民委决算（草案）反映的财政拨款支出 492841.27 万元，其部门预算与执行结果的差异总额为 88492.02 万元，差异的具体情况及产生原因见附件 1。

本次审计国家民委本级及所属单位 2012 年度财政拨款支出共计 199957.47 万元，占部门财政拨款支出总额的 34.4%。审计查出预算执行中不符合财经制度规定的问题金额 6959.53 万元，其中 2012 年 6211.77 万元；其他财政收支方面不符合财经制度规定的问题金额 19806.85 万元。上述问题对国家民委 2012 年度预算执行结果的影响见附件 2。

审计结果表明，国家民委 2012 年度预算收支基本遵守了预算法及相关法律法规，财务管理和会计核算基本符合会计法及有关财会制度规定。

二、审计发现的主要问题

（一）预算执行中存在的主要问题。

1. 2011 年和 2012 年，委本级及所属 5 家单位自行改变专项支出的内容，涉及预算资金 967.77 万元，其中 2012 年 567.77 万元。

2. 2012 年，委本级采取以拨作支方式将项目预算 641.4 万元拨付相关单位，实际仅支出 217.59 万元，造成决算多计支出 423.81 万元。

3. 2012 年，委本级及 3 家所属单位在 6 个项目中列支与项目无关的公用经费、工程改造费等支出共计613.39万元。

4.2012年，委本级超预算支出公务接待费、公务用车运行费和会议费390.68万元，无预算或超预算支出出国费90.9万元，超标准列支会议费92.37万元、出国费9.21万元，虚列会议费支出7.92万元转至账外存放。

5.2012年，委本级及4家所属单位政府采购和招投标管理不够规范，其中：委本级无预算实施会议服务采购602.97万元，所属中央民大无预算实施采购297.09万元、中央民族干部学院无预算实施采购1500万元；所属信息中心超预算采购79.54万元；委本级及所属中国民族语文翻译中心未在定点饭店召开会议，涉及金额169.74万元。此外，2010年，中央民大未公开招标，直接与2家公司签订3年期的物业管理委托合同，金额共计514.15万元，其中2012年166.39万元。

6. 两家所属单位预算编报不够完整和真实。

(1) 所属中央民大和民族文化宫在编制2012年预算时，未将所属经费自理单位纳入预算编制范围。

(2) 2012年，所属民族文化宫编报项目预算中，虚报库房租金282.88万元，并将获取的租金支付所属事业发展中心。

(3) 2012年，所属中央民大在两个项目预算中重复申报学生公寓的插座改造、房屋粉刷等内容70.12万元。

7.2012年，委本级及所属单位未严格执行因公出国（境）活动中关于机票、护照等相关管理规定，涉及金额569.71万元。

8.2012年，所属中国民族语文翻译中心、中央民族干部学院、中国民族博物馆未经批准在不同科目（项目）间调剂使用预算资金277.28万元。

（二）其他财政收支中存在的主要问题。

1. 截至2012年，所属民族歌舞团业务楼改扩建工程擅自增加建设面积9848平方米，超概算约1.26亿元。

2.2012年，所属机关服务局违规动用应上缴国库的委本级拆迁款897.51万元用于自筹资金的基建项目。

3.2011年和2012年，所属中央民大非学历教育研究生学费收入488.67万元未上缴财政专户，其中2012年发生285.07万元。

4.2012年，委本级主管的中国少数民族对外交流协会违规向国家民委出国团组收取签证代办费13.5万元。

5. 委本级向所属单位转嫁因公出国（境）支出9.48万元。

6.2011年和2012年，委本级及所属民族文化宫相关出租和处置收入132.29万元未按规定上缴中央国库，其中2012年125.1万元；所属民族文化宫未经批准处置国有资产1549.76万元，其中2012年1223.67万元。

7.2012年，委本级支出43万元开发、升级了软件系统，未将软件开发成果计入资产。

8.2012年，委本级将2个会议的0.64万元支出转嫁给下属单位，将9个会议的88.81万元支出转嫁给其他单位。

9. 截至2012年底，所属机关服务局有2459.74万元在往来款中挂账3年以上，未及时清理。

10.2012年，所属3家单位将部分收入在往来科目核算，造成少计收入940.62万元、少计支出582.83万元。

11. 抽查委本级及所属单位49台工作用计算机，有45台安装的是非正版办公软件。

此外，2012年，委本级计划外召开1个三类会议；有3个因公出国（境）团组未纳入年初计划。

三、审计处理情况和建议

对上述问题，审计署已依法出具了审计报告、下达了审计决定书。对预算编制不完整、重复申报财政资金、虚报预算的问题，要求严格预算申报，及时办理政府采购预算调整手续；对扩大项目开支范围的问题，要求严格执行预算，归还原资金渠道；对自行改变项目支出内容和项目支出决算列报不实的问题，要求严格执行预算，未经批准不得自行改变项目支出内容；对超预算、超标准列支“三公”经费和会议费的问题，要求严格加强支出管理；对政府采购和招投标管理不够规范的问题，要求严格执行政府采购相关规定，规范政府采购预算编报；对违规动用应缴财政资金用于自筹基建的问题，要求将资金上缴财政；对未按规定程序处置国有资产的问题，要求加强国有资产管理，严格按有关程序办理资产处置事项；对国有资产出租收益等未按规定上缴的问题，要求尽快按照“收支两条线”管理规定上缴国库；对未及时清理往来款、少计收支的问题，要求尽快清理往来款项，调整有关会计账目；对未计软件资产的问题，要求将软件资产登记入账；对未及时安装或使用正版软件的问题，要求尽快全面安装和使用正版软件；对向下属单位及其他单位转嫁会议费，以及计划外召开会议和组织出国等问题，要求严格贯彻中央关于厉行勤俭节约、反对铺张浪费等要求，切实加强会议费、出国费等支出管理，杜绝此类问题再次发生。

针对审计发现的问题，审计署建议：国家民委应改进预算编报和预算管理工作，加强基本建设项目和资产管理，严格“三公”经费和会议费的管理，将支出控制在年初预算批复的规模内，切实降低行政运行成本。

四、审计发现问题的整改情况

国家民委在审计前开展了自查，并纠正了部分自查出的问题。对审计发现的问题，国家民委在全委范围召开专门会议，部署问题整改，完善相关制度。将2家经费自理单位纳入2014年部门预算编报范围，并严格编报政府采购预算和项目预算；对部分扩大开支范围的问题进行调账处理，今后严格履行预算变更报批程序；加强部门预算精细化管理，避免决算列报不实；进一步完善公务接待、公务用车管理的规章制度，严格规范出国审批程序及流程；中央民大从2013年起将非学历教育研究生学费上缴财政专户，对物业管理进行公开招标，将房屋出租收入纳入预算管理；委本级和所属单位将按照相关规定尽快安装使用正版办公软件；民族歌舞团少计收入50万元等问题在审计期间已纠正。

附件：1. 国家民委2012年度财政拨款预算执行总体情况（略）

2. 国家民委2012年度重点审计单位财政拨款预算执行情况（略）

公安部2012年度预算执行情况和其他财政收支情况审计结果

根据《中华人民共和国审计法》的规定，2012年10月至2013年3月，审计署对公安部2012年度预算执行情况和其他财政收支情况进行了审计，重点审计了公安部本级和所属物证鉴定中心等5个单位，并对有关事项进行了延伸审计。

一、基本情况

公安部为中央财政一级预算单位，部门预算由部本级和40个二级预算单位的预算组成。审计结果表明，公安部本级和本次审计的所属单位2012年度预算收支基本遵守了预算法及相关法律法规，会计处理基本符合会计法及有关会计制度规定的要求，财务管理水平进一步提高。

二、审计发现的主要问题

（一）预算执行中存在的主要问题。

1. 2012年，部本级1个项目在年初未编制政府采购预算的情况下，实际发生物资采购金额3057.84万元；14个会议在定点饭店召开。

2. 2012年，所属1家单位未经批准，自行将公用经费和项目经费396.14万元用于弥补人员经费缺口。

（二）其他财政收支中存在的主要问题。

1. 2012年，所属1家单位未对基建项目单独建立账目进行独立核算，基建项目支出423.19万元放在往来科目核算。

2. 2011年3月，所属物证鉴定中心在未取得施工许可证的情况下，委托承建单位开工建设基建项目，并分别于当年9月和11月补办了邀请招标和签订施工合同程序。

3. 截至2013年1月，所属物证鉴定中心在结算基建项目价格时，超出批复概算974.86万元。

此外，2012年，部本级计划外召开三类及以上会议23个，97个因公出国（境）团组未纳入年初计划。

三、审计处理情况和建议

对上述问题，审计署已依法出具了审计报告、下达了审计决定书。对未编制政府采购预算采购物资的问题，要求今后严格执行政府采购规定；对所属单位未经批准动用公用经费等弥补人员经费缺口的问题，要求合理申报预算，今后严格按照预算安排支出；对所属物证鉴定中心基本建设项目先施工后办理项目招标、项目超概算的问题，要求严格按照政府采购程序进行工程项目招标工作，并补办相关审批手续，严格执行国家基本建设管理规定；对所属单位基本建设项目未单独建立基建账簿核算问题，要求责成其单独建账、单独核算；对计划外召开会议和组织出国等问题，要求严格贯彻中央关于厉行勤俭节约、反对铺张浪费等要求，切实加强会议费、出国费等支出管理，杜绝此类问题再次发生。

针对审计发现的问题，审计署建议：公安部应进一步加强政府采购预算管理，严格执行政府采购制度，按照规定组织政府采购活动；应督促所属单位进一步严格执行有关财经法规，切实提高预算管理水平。

四、审计发现问题的整改情况

公安部在审计前开展了自查，并纠正了部分自查出的问题。对审计发现的问题，公安部高度重视，积极进行了整改，对所属单位动用公用经费等弥补人员经费缺口的问题，已做调账处理；对所属单位基本建设项目未单独建立基建账簿核算问题，正在单独建账和调整核算；其他问题正在整改中。

监察部2012年度预算执行情况和其他财政收支情况审计结果

根据《中华人民共和国审计法》的规定，2012年10月至2013年3月，审计署对监察部2012年度预算执行情况和其他财政收支情况进行了审计，重点审计了监察部本级和所属机关综合服务中心、廉政理论研究中心等2个单位，并对有关事项进行了延伸审计。

一、基本情况

监察部为中央财政一级预算单位，部门预算由监察部本级和2个二级预算单位的预算组成。财政部批复监察部2012年度部门财政拨款预算支出为19374.16万元，监察部决算（草案）反映的财政拨款支出12758.19万元，其部门预算与执行结果的差异总额为6615.97万元，差异的具体情况及产生原因见附件1。

本次审计监察部本级及所属单位2012年度财政拨款支出共计19374.16万元，占部门财政拨款支出总额的100%。审计查出预算执行中不符合财经制度规定的问题金额800.45万元，其中2012年800.45万元。上述问题对监察部2012年度预算执行结果的影响见附件2。

审计结果表明，监察部和本次审计的所属单位2012年度预算收支基本遵守了预算法及相关法律法规，财务管理和会计核算基本符合会计法及有关财会制度规定，建立健全了内部规章制度，强化了内部管理与控制；对以前年度审计查出的问题认真进行了整改。

二、审计发现的主要问题

（一）预算执行中存在的主要问题。

1.2012年，部本级办公楼物业管理服务支出590.25万元，未编制政府采购预算。

2.2012年，部本级在预算经费中为自收自支企业化管理的非预算单位列支水、电、物业费等费用共计210.20万元。

（二）其他财政收支中存在的主要问题。

2012年，部本级未经有关部门批准，将产权属于国务院机关事务管理局的部分办公房屋无偿出借给两家所属自收自支企业化管理的非预算单位，使用面积2345平方米。

三、审计处理情况和建议

对上述问题，审计署已依法出具了审计报告、下达了审计决定书。对政府采购预算编报不完整的问题，要求按规定编报政府采购预算；对扩大预算开支范围的问题，要求归还原资金渠道，调整有关会计账目和决算（草案）；对未经批准无偿出借行政办公用房的问题，要求按规定尽快办理相关审批和备案手续。

针对审计发现的问题，审计署建议：监察部应进一步加强预算和资产管理，严格按照预算规定的范围和用途使用资金。

四、审计发现问题的整改情况

监察部在审计前开展了自查，并纠正了自查出的问题。对审计发现的问题，监察部高度重视，认真整改。对政府采购预算编报不完整的问题，已要求相关部门严格执行政府采购和预算管理制度，今后按照规定编报政府采购预算；对扩大预算开支范围的问题，已要求相关部门追回资金并调整有关会计账目和决算（草案）；对未经批准无偿出借行政办公用房的问题，正与有关主管部门协商办理审批和备案手续。

附件：1. 监察部2012年度财政拨款预算执行总体情况（略）

2. 监察部 2012 年度重点审计单位财政拨款预算执行情况（略）

民政部 2012 年度预算执行情况和其他财政收支情况审计结果

根据《中华人民共和国审计法》的规定，2012 年 11 月至 2013 年 3 月，审计署对民政部 2012 年度预算执行情况和其他财政收支情况进行了审计，重点审计了民政部本级和所属民政部国家减灾中心（以下简称减灾中心）等 4 个单位，并对有关事项进行了延伸审计。

一、基本情况

民政部为中央财政一级预算单位，部门预算由民政部本级和 13 个二级预算单位的预算组成。财政部批复民政部 2012 年度财政拨款预算支出 122348.37 万元，民政部决算（草案）反映的当年财政拨款支出 100821.87 万元，其部门预算与执行结果的差异总额为 21526.50 万元，差异的具体情况及产生原因见附件 1。

本次审计民政部本级及所属单位 2012 年度财政拨款支出共计 96223.47 万元，占部门财政拨款支出总额的 78.65%。审计查出预算执行中不符合财经制度规定的问题金额 665.11 万元，全部为当年问题；其他财政收支方面不符合财经制度规定的问题金额 4148.64 万元。上述问题对民政部 2012 年度预算执行结果的影响见附件 2。

审计结果表明，民政部重视预算和财务管理工作，不断完善相关内部控制制度。本次审计的部本级及所属单位积极组织 2012 年度预算执行工作，预算收支基本符合国家有关预算和财经法规的规定，会计处理基本符合会计法、相关会计准则和会计制度的规定，能够认真整改以前年度审计发现的问题。

二、审计发现的主要问题

（一）预算执行中存在的主要问题。

1. 2012 年，部本级及所属国家康复辅具研究中心附属康复医院（以下简称康复医院）在“城乡社区建设”“基本运行维护费”等 26 个项目中，超范围列支公用经费和人员经费 176.26 万元。

2. 2012 年，所属康复医院采取先将安全和保洁费支付物业公司再收回部分返还款的方式，套取财政资金 36.78 万元，并将其中的 18.39 万元用于发放职工劳务费。

3. 2012 年，所属国家康复辅具研究中心违规从零余额账户向实有资金账户划拨项目管理费 37 万元。

4. 2012 年，部本级在非定点饭店召开会议 11 个；所属信息中心超政府采购服务类预算实施政府采购 197.17 万元。

5. 2012 年，部本级 4 个会议超范围列支 49.26 万元；14 个会议由地方承担会议费 158.98 万元；1 个会议实际未召开，虚列支出 2.4 万元。

6. 2012 年，部本级 2 个因公出国（境）团组超标准列支 7.26 万元。

此外，审计还发现，2012 年，部本级政府采购预算金额为 25409.7 万元，政府采购计划金额为 19600.01 万元，政府采购计划与政府采购预算不衔接，差额为 5809.69 万元。

（二）其他财政收支中存在的主要问题。

1. 2012 年，所属减灾中心未及时将委托下属公司代收的房租收入 100 万元纳入单位统一管理。

2. 截至 2012 年底，部本级共有 32 项软件资产未纳入固定资产账管理核算，涉及金额 3598.46 万元。

3. 抽查部本级 56 台工作用计算机发现，有 6 台使用许可已过期的办公软件。

4. 截至 2012 年底，部本级未及时清理 1998 年以前形成的往来款 442.92 万元。

此外，2012 年，部本级计划外召开二类会议 3 个，5 个因公出国（境）团组存在超过规定人数天数问题。

三、审计处理情况和建议

对上述问题，审计署已依法出具了审计报告、下达了审计决定书。对超范围列支经费、所属信息中心超政府采购预算实施政府采购、地方协办单位为部本级承担会议费用、政府采购预算与计划不衔接等问题，要求今后严格按照规定执行；对所属康复医院虚列支出套取财政资金、所属国家康复辅具研究中心违规从零余额账户向实有资金账户划拨资金等问题，要求将资金归还原资金渠道；对会议费扩大开支范围等问题，要求将留存的会议费收回；对所属减灾中心当年未及时将房租收入纳入单位统一管理的问题，要求将房租收入收回；对软件资产未纳入固定资产账管理核算的问题，要求将固定资产登记入账；对未按规定使用软件的问题，要求对安装使用的非正版软件进行清理；对往来款长期挂账的问题，要求抓紧清理挂账款项；对由地方承担会议费、计划外召开会议，以及因公出国（境）团组存在超过规定人数天数等问题，要求严格贯彻中央关于厉行勤俭节约、反对铺张浪费等要求，切实加强会议费、出国费等支出管理，杜绝此类问题再次发生。

针对审计发现的问题，审计署建议：民政部应严格按照财政部批准的项目和用途使用预算资金，并加强对所属单位监督和指导，提高财政资金使用效益。

四、审计发现问题的整改情况

民政部在审计前开展了自查，并纠正了部分自查出的问题。对审计发现的问题，民政部逐项研究制定整改措施，并于审计期间迅速整改落实。所属国家康复辅具研究中心和所属康复医院分别将37万元、36.78万元财政资金归还原渠道；部本级将留存的会议费全部收回；所属减灾中心已收回房租收入100万元；部本级32项软件资产已全部补录入固定资产账簿；部本级为相关计算机安装了正版软件。

附件： 1. 民政部2012年度财政拨款预算执行总体情况（略）

2. 民政部2012年度重点审计单位财政拨款预算执行情况（略）

司法部2012年度预算执行情况和其他财政收支情况审计结果

根据《中华人民共和国审计法》的规定，2012年12月至2013年3月，审计署对司法部2012年度预算执行情况和其他财政收支情况进行了审计，重点审计了司法部本级和所属煤矿管理局（以下简称煤管局）、中央司法警官学院（以下简称中警院）等2个单位，并对有关事项进行了延伸审计。

一、基本情况

司法部为中央财政一级预算单位，部门预算由司法部本级和13个二级预算单位的预算组成。审计结果表明，司法部本级和本次审计的二级单位比较重视预算管理工作，预算收支基本符合国家有关预算和财经法规的规定，会计核算较为规范。

二、审计发现的主要问题

（一）预算执行中存在的主要问题。

1. 2012年，部本级未经批准，在“司法协助经费”项目中列支机关公用支出270万元。

2. 2012年，部本级未按照规定执行政府采购，在非定点印刷单位印刷资料，发生支出170.05万元；在非定点饭店召开会议8个。

3. 2012年，部本级2个因公出国（境）团组超标准列支6.89万元。

（二）其他财政收支中存在的主要问题。

1. 2010年至2012年，部本级有9个软件系统开发和升级支出286.22万元未作为资产核算，其中2012年支出116.27万元。

2. 所属煤管局2003年投入使用的办公楼，于2012年7月才批复竣工决算报告，但截至2013年3月尚未纳入固定资产核算，原已拆除的办公楼也未进行账务处理。

3. 2012年，部本级将1个会议的106万元支出转嫁给其他单位。

此外，2012年，部本级计划外召开三类会议48个，11个因公出国（境）团组未纳入年初计划，3个因公出国（境）团组存在擅自延长境外停留时间或增加出访城市问题。

三、审计处理情况和建议

对上述问题，审计署已依法出具了审计报告、下达了审计决定书。对未经批准在不同科目间调剂使用预算资金的问题，要求调整决算；对未按规定执行政府采购的问题，要求严格执行政府采购规定；对软件系统未作为资产核算和管理的问题，要求将软件升级开发费用增记资产价值，加强软件资产管理；对煤管局办公楼未及时入账的问题，要求尽快办理办公楼资产入账；对超标准列支出国费用、向其他单位转嫁会议费，以及计划外召开会议和组织出国等问题，要求严格贯彻中央关于厉行勤俭节约、反对铺张浪费等要求，切实加强会议费、出国费等支出管理，杜绝此类问题再次发生。

针对审计发现的问题，审计署建议：司法部应进一步加强预算和资产管理，并强化对所属单位的管理，逐步提高预算管理和财务管理水平。

四、审计发现问题的整改情况

司法部在审计前开展了自查，并纠正了部分自查出的问题。对审计发现的问题，司法部专门召开了有关单位主要负责同志参加的会议，要求各单位认真落实审计意见。对煤管局办公楼资产未及时入账的问题，正在对该工程重新进行全面清查、建立资产台账和卡片。

财政部2012年度预算执行情况和其他财政收支情况审计结果

根据《中华人民共和国审计法》的规定，2013年1月至3月，审计署对财政部2012年度预算执行情况和其他财政收支情况进行了审计，重点审计了财政部本级和所属信息网络中心等6个单位，并对有关事项进行了延伸审计。

一、基本情况

财政部为中央财政一级预算单位，部门预算由财政部本级和60个二级预算单位的预算组成。财政部批复本部门2012年度部门财政拨款预算支出为344715.46万元，财政部决算（草案）反映的当年财政拨款支出307086.62万元，其部门预算与执行结果的差异总额为37628.84万元，差异的具体情况及产生原因见附件1。

本次审计财政部本级及所属单位2012年度财政拨款支出共计234886.93万元，占部门财政拨款支出总额的68.14%。审计查出预算执行中不符合财经制度规定的问题金额2037.93万元，其中2012年968.77万元；其他财政收支方面不符合财经制度规定的问题金额1459.95万元。上述问题对财政部2012年度预算执行结果的影响见附件2。

审计结果表明，财政部本级和本次审计的所属单位2012年度预算执行基本能够遵守预算法及相关法律规定，基本能够按照会计法及有关规定的要求进行会计处理，重视预算和财务管理工作，不断强化内部管理和控制，认真整改了以前年度审计发现的问题。

二、审计发现的主要问题

（一）预算执行中存在的主要问题。

1.2012年，部本级在部门预算中申报职工住宅小区6部电梯更换项目预算180万元，实际执行中项目经费由国管局直接支付和部本级自行调剂解决，客观上造成项目重复申报，180万元项目资金结余。

2.2012年，部本级与其他部门共同举办的1个国际会议超标准、超范围列支201万元；主办的另一国际会议超标准列支126万元。

3.2012年，部本级15个出访团组扩大开支范围支出7.04万元，147个团组超标准列支192.95万元。

4.2012年，部本级2个会议在非定点饭店召开，支出17.4万元；1个会议在旅游城市召开，支出11万元；3个会议超标准支出7.28万元。

5.所属离退休干部局财政拨款的基本支出资金大量结转并逐年增加，2010年结转815.15万元、2011年1069.23万元、2012年1295.33万元，未充分发挥财政资金效益。

此外，部本级项目支出预算绩效评价试点项目及绩效评价指标选取存在不够适当的问题。

（二）其他财政收支中存在的主要问题。

1.截至2012年底，部本级及所属信息网络中心的已验收并投入使用18个软件均未作为资产登记入账，涉及金额860.08万元。

2.2012年，所属机关服务中心在未经批准的情况下，代为出租部本级7处房产，其租赁收入567.3万元也未按规定上缴国库。

3.截至2012年底，所属机关服务中心3名人员在下属企业任职后未按规定划转工资关系，仍在机关服务中心领取薪酬32.57万元。

4.抽查发现部本级有2台工作计算机未安装正版办公软件。

此外，2012年，部本级计划外召开三类会议17个，61个因公出国（境）团组未纳入年初计划。

三、审计处理情况和建议

对上述问题，审计署已依法出具了审计报告、下达了审计决定书。对职工住宅小区电梯更换项目多安排经费的问题，要求将重复安排的资金上缴中央财政；对在华国际会议超支、出国团组扩大开支范围、在非定点饭店及旅游城市开会、在下属企业任职仍在原单位领取薪酬、2台计算机未安装正版办公软件等问题，要求今后严格按照规定执行；对离退休干部局财政拨款大量结转闲置的问题，要求适当压缩离退休干部局财政拨款总额，积极消化结转资金；对软件未作为资产登记入账的问题，要求将软件资产登记入账，对现有软件进行全面清理、检查，建立软件资产账卡；对出租房产未经批准且未按规定上缴房屋出租收入的问题，要求将出租收入按规定扣除相关税费后上缴国库，并尽快办理房产出租审批手续；对超标准列支会议费、计划外召开会议和组织出国等问题，要求严格贯彻中央关于厉行勤俭节约、反对铺张浪费等要求，切实加强会议费、出国费等支出管理，杜绝此类问题再次发生。

针对审计发现的问题，审计署建议：财政部应进一步增强预算编制的准确性、科学性，建立健全厉行节约的长效机制，控制和降低行政运行成本。

四、审计发现问题的整改情况

财政部在审计前开展了自查，并纠正了部分自查出的问题。对审计发现的问题，财政部已制定了措施，正在整改中。

附件：1. 财政部2012年度财政拨款预算执行总体情况（略）

2. 财政部2012年度重点审计单位财政拨款预算执行情况（略）

人力资源和社会保障部2012年度预算执行情况和其他财政收支情况审计结果

根据《中华人民共和国审计法》的规定，2012年10月至2013年3月，审计署对人力资源和社会保障部（以下简称人力资源社会保障部）2012年度预算执行情况和其他财政收支情况进行了审计，重点审计了人力资源社会保障部本级和所属信息中心、国际交流服务中心、社会保障能力建设中心等3个单位，并对有关事项进行了延伸审计。

一、基本情况

人力资源社会保障部为中央财政一级预算单位，部门预算由人力资源社会保障部本级和28个二级预算单位的预算组成。财政部批复人力资源社会保障部2012年度部门财政拨款预算支出为293218.54万元，人力资源社会保障部决算（草案）反映的当年财政拨款支出248184.33万元，其部门预算与执行结果的差异总额为45034.21万元，差异的具体情况及产生原因见附件1。

本次审计人力资源社会保障部本级及所属单位2012年度财政拨款支出共计189999.29万元，占部门财政拨款支出总额的64.8%。审计查出预算执行中不符合财经制度规定的问题金额3323.52万元，其中2012年2718.61万元；其他财政收支方面不符合财经制度规定的问题金额5419.27万元。上述问题对人力资源社会保障部2012年度预算执行结果的影响见附件2。

审计结果表明，人力资源社会保障部重视预算和财务管理工作，建立了预算管理网络，规范了财务报销流程，强化了内部审计机制建设。本次审计的部本级和所属单位2012年度预算收支基本符合国家有关预算和财经法规的规定，会计处理基本符合会计法、相关会计准则和会计制度的规定，认真整改了以前年度审计发现的问题。

二、审计发现的主要问题

（一）预算执行中存在的主要问题。

1. 2012年，部本级自行调整10个项目的部分支出内容，涉及预算支出1314.99万元，

2. 2012年，部本级4个项目中部分预算申报内容重复，涉及资金232万元。

3. 2011年至2012年，部本级及所属信息中心分别立项，建设了内容、用途基本相同的法规政策查询数据库，共安排资金183.01万元（其中2012年79.6万元）。此外，所属国际交流服务中心也建设了部分内容重复的法规政策数据库。

4. 截至2012年底，部本级及所属单位共计使用财政资金913.5万元（其中2012年412万元）建设的5个信息系统项目，均不同程度存在部分功能无法使用、建设目标未完全实现、交付后尚未使用等问题，影响财政资金使用效益。

5. 2012年，部本级超基本支出政府采购预算实施政府采购472.16万元，10个会议在非定点饭店召开。

6. 2012年，部本级有19个会议存在超标准支付会议费或由地方负担会议费的问题，涉及金额165.22万元。

7. 2012年，部本级超范围列支出国费用11.53万元，另有10个因公出国团组超标准支付住宿费31.11万元。

此外，部本级在编报2012年专业技术人才知识更新工程项目预算时，未将580万元预算资金细化到各个子项目。

（二）其他财政收支中存在的主要问题。

1. 截至2012年，部本级及所属单位16个软件系统未按规定进行资产登记、核算与管理，涉及资金974.5万元。

2. 2011年至2012年，所属信息中心未经审批，以技术服务费的形式收取培训及考试费98.1万元，其中2012年71.95万元。

3. 截至2013年2月，所属社会保障能力建设中心尚未对2009年交付使用的康体综合楼等工程进行竣工财务决算，涉及投资4346.67万元。

4. 部本级1271台在用的工作计算机中，1134台使用了非正版办公软件，900台未安装正版杀毒软件。

此外，2012年，部本级计划外召开三类会议250个，20个因公出国（境）团组未纳入年初计划，47个因公出国（境）团组存在超过规定人数天数问题。

三、审计处理情况和建议

对上述问题，审计署已依法出具了审计报告、下达了审计决定书。对未经批准调剂使用项目预算资金、项目申报内容重复、重复建设法规政策数据库、出国费会议费支出不规范等问题，要求今后严格按国家相关规定执行；对部本级及所属单位信息系统建设未达到预期目标、部分项目建而未用等问题，要求今后强化预算支出的责任和效果，研究制定预算资金绩效考核办法，提高财政资金的使用效益；对超预算实施政府采购的问题，要求今后严格政府采购预算的执行；对自行开发的软件资产未按规定进行登记、核算与管理的问题，要求及时清理自行开发的软件系统，按规定进行管理核算；对信息中心未经批准擅自收取培训考试费的问题，要求报经价格主管部门按照规定的权限和程序，明确收费性质和定价形式；对社会保障能力建设中心基建项目未及时办理竣工财务决算的问题，要求尽快办理竣工财务决算；对使用非正版软件的问题，要求按规定尽快安装正版软件；对超标准列支出国费、会议费，以及计划外召开会议和组织出国等问题，要求严格贯彻中央关于厉行勤俭节约、反对铺张浪费等要求，切实加强会议费、出国费等支出管理，杜绝此类问题再次发生。

针对审计发现的问题，审计署建议：人力资源社会保障部应加强对项目申报的统筹管理，强化对预算执行的控制，提高财政资金的使用效益，加强对所属单位的财务指导和监督检查。

四、审计发现问题的整改情况

人力资源社会保障部在审计前开展了自查，并纠正了部分自查出的问题。对审计发现的问题，人力资源社会保障部采取有效措施进行整改。对未经批准调剂使用项目预算资金、项目申报内容重复、重复建设法规政策数据库等问题，表示今后要加强预算编制的统筹协调和预算执行管理，加强对项目预算申报内容的审核，避免重复申报，确需调整预算内容的，严格按规范程序操作；对会议费支出不规范的问题，表示今后要加强会议费支出管理，已制定《人力资源社会保障部会议管理办法》；对出国费支出不规范的问题，表示今后要加强出国费的预算审批和核销管理工作，进一步规范出国团组的管理；对部本级信息系统建设未达到预期目标，使用非正版软件等问题，表示要加快相关信息系统的建设步伐，研究制定预算绩效评价管理办法，尽快完成预期目标，6月底前完成部机关正版软件的安装；对超预算实施政府采购的问题，正在研究修订部《政府采购管理办法》；对自行开发的软件资产未按规定进行登记、核算与管理的问题，表示要及时清理近年来自行开发的软件系统，将软件产品纳入资产管理范围；对信息中心未经批准擅自收取培训考试费的问题，已责成信息中心向物价部门申请前台技术支持商的培训和技术考试收费标准。

附件：1. 人力资源社会保障部2012年度财政拨款预算执行总体情况（略）

2. 人力资源社会保障部2012年度重点审计单位财政拨款预算执行情况（略）

国土资源部2012年度预算执行情况和其他财政收支情况审计结果

根据《中华人民共和国审计法》的规定，2013年1月至3月，审计署对国土资源部2012年度预算执行情况和其他财政收支情况进行了审计，重点审计了国土资源部本级和所属中国土地勘测规划院（以下简称土地规划院）、中国地质调查局发展研究中心（以下简称发展研究中心）等14个单位，并对有关事项进行了延伸审计。

一、基本情况

国土资源部为中央财政一级预算单位，部门预算由国土资源部本级和66个二级预算单位的预算组成。财政部批复国土资源部2012年度部门财政拨款预算支出为987673.92万元，国土资源部决算（草案）反映的当年财政拨款支出782578.2万元，其中部门预算与执行结果的差异总额为205095.72万元，差异的具体情况及产生原因见附件1。

本次审计国土资源部本级及所属单位2012年度财政拨款支出共计467098万元，占部门财政拨款支出总额的47.29%。审计查出预算执行中不符合财经制度规定的问题金额17113.88万元，其中2012年6175.6万元；其他财政收支方面不符合财经制度规定的问题金额7667.38万元。上述问题对国土资源部2012年度预算执行结果的影响见附件2。

审计结果表明，国土资源部重视预算和财务管理工作，积极完善内部控制制度，加强预算绩效管理，强化财务信息系统在线监管，预算和财务管理水平不断提高。此次审计的国土资源部本级及所属单位预算收支基本符合预算法和其他财经法规的规定，财务处理基本符合会计法和财务制度的规定。

二、审计发现的主要问题

（一）预算执行中存在的主要问题。

1.2012年，所属油气资源战略研究中心（以下简称战略研究中心）、中国土地矿产法律事务中心（以下简称法律事务中心）在办公用房租赁合同已签订、租金已明确的情况下，仍在项目预算中分别多申领办公用房租金财政补贴94.55万元、39.31万元。

2.部本级及7家所属单位扩大专项资金开支范围等，涉及金额12689.43万元。

（1）2012年，部本级在国土资源执法检查等项目中列支物业管理费311.07万元，自行调剂其他项目资金62.65万元用于9个与项目无关的会议支出。

（2）2011年和2012年，所属国土资源航空物探遥感中心（以下简称航遥中心）、土地规划院、宣传教育中心挪用财政项目零余额账户资金2460.04万元用于市场项目支出，其中2012年1616.09万元。

（3）2012年，所属中国地质科学院动用财政项目资金19.76万元，超标准购买赠送高档外事礼品。

（4）2012年，所属发展研究中心在财政项目中分摊列支其下属培训中心房屋维修工程支出27.6万元；在全国地质资料馆专项业务费项目中无预算列支宣传片制作费30万元。

（5）2012年9月起，所属航遥中心在已按合同约定向承担其飞行任务的通用航空公司支付飞行费的情况下，又向机组人员发放绩效津贴13.44万元。

（6）2012年，所属信息中心在“地质矿产信息系统整合集成与应用”等项目中列支离休干部休养会议等支出16.68万元。

（7）2010年，所属土地规划院在全国土地利用变更调查监测与核查项目中超预算支出9748.19万元。

3.未按项目进度或未按规定方式支付财政资金3407.8万元。

（1）2012年，所属航遥中心在尚未签订正式合同情况下提前向项目单位拨款1125万元；所属中国地质科学院由零余额账户一次性全额拨付合同款，又将按一定比例收取的合同保证金1325万元存放于实有资金账户。

（2）2012年，所属中国地质科学院和中国地质环境监测院在未获批复的情况下，分别从零余额账户向实有资金账户划转资金620.1万元和268.42万元，用于归垫离退休人员经费。

（3）2011年和2012年，所属中国地质环境监测院未将收回的基建借款和供暖费退款69.28万元归还零余额账户，而是直接存入实有资金账户，其中2012年24.28万元。

4.扩大范围或超标准开支会议费等107.84万元。

（1）2012年，部本级4个会议超标准列支65.47万元。

（2）2011年和2012年，审计抽查所属中国地质科学院、发展研究中心在某酒店发生的会议费账面支出合计103.47万元，实际仅支出64.84万元，其余38.63万元主要用于报销日常餐饮等支出，其中2012年30.49万元。

（3）2012年，所属中国地质科学院某会议17.29万元费用中，有3.74万元用于购买高档酒水等。

5.2012年，部本级3个因公出国（境）团组超标准列支10.66万元。

6.2012年，所属中国地质调查局、中央地质勘查基金管理中心、中国地质博物馆、战略研究中心和咨询研究中心以项目用车名义，通过租赁形式变相配置公务用车共计24辆，并在财政经费中列支租金合计193.96万元。

7.政府采购管理不严格，涉及金额570.33万元。

（1）2012年，部本级在非定点饭店召开会议5个。

（2）2012年，所属航遥中心将应公开招标采购的图形工作站设备232.33万元，拆分为两批通过公开询价方式采购。

（3）2011年，所属中央地质勘查基金管理中心未经公开招标，直接委托有关单位承担其远程调度监管平台研发项目，合同金额200万元。

（4）2011年和2012年，所属中央地质勘查基金管理中心将应实行部门集中采购的项目，自行委托有关单位承担，合同金额合计138万元，其中2012年45万元。

（二）其他财政收支中存在的主要问题。

1.未经批准收费2186.5万元。

（1）2010年至2012年，所属中国地质环境监测院自定标准，在承担部本级相关评审工作中，向矿山企业或方案编制单位收取评审服务费共计459.65万元，其中2012年189.35万元。

（2）2011年至2012年，部本级有关司局委托中国地质大学（北京）和中国地质大学（武汉）举办多期培训班，未经批准，由承办单位自定标准收取培训费1726.85万元，其中2012年608.83万元。

2.国有资产管理不规范，涉及金额1457万元。

（1）2012年，所属发展研究中心未经批准，将持有的1382万元股权对外转让并取得收益1148.13万元，在冲减账面对外投资后余款1078.13万元计入其他收入。

（2）2012年，所属实物地质资料中心未经批准对外出租房产，合同金额225万元。

（3）2012年，审计监盘所属中国地质博物馆1183件宝石库典藏品，盘亏3件，盘盈1件。

3.基本建设项目管理不合规，涉及金额1190万元。其中：

（1）2011年起，所属中国地质调查局自行决定建设安全生产管理保障系统。因违反基本建设审批程序，该系统建设方案中无总体投资测算，软件研发和硬件配置分散由各地质调查项目单位承担。目前已安排软件研发费用690万元。

（2）截至2012年底，所属中国地质博物馆于2011年立项的馆藏品保管库改造工程尚未单独建账核算（该项目于2012年4月获得首批财政拨款500万元）。

4.2012年，所属中国地质科学院和中国地质环境监测院在资金往来结算中使用不合规票据，涉及金额2680.91万元。

5.2012年，部本级6个会议的132.79万元支出转嫁给下属单位，1个会议的10.43万元支出转嫁给其他单位；向所属单位转嫁因公出国（境）支出9.75万元。

此外，2012年，部本级计划外召开三类会议7个，16个因公出国（境）团组未纳入年初计划，8个因公出国（境）团组存在超过规定天数问题；所属法律事务中心对2011年审计发现的问题整改不到位，仍继续从土地证书销售收入中收取证书管理服务费。截至2012年底，共计应收3453.5万元，已实际收取207.96万元。

三、审计处理情况和建议

对上述问题，审计署已依法出具了审计报告、下达了审计决定书。对重复申报多获得财政资金的问题，要求上缴资金，并相应调整会计账目和决算（草案）；对扩大专项资金开支范围、未经批准调剂使用资金、超预算和无预算支出的问题，要求严格执行预算法，归还原资金渠道，并相应调整决算（草案），商财政部研究解决超支挂账的问题；对未按规定支付财政资金问题，要求加强预算支出管理，严格执行国库集中支付规定；对变相配置公务用车的问题，要求严格执行财政项目支出管理规定，并进行清理，对超编超标车辆责令清退；对违反政府采购管理规定的问题，将已收取的款项上缴并商财政部处理，要求严格执行政府采购规定；对未经批准违规收费等问题，要求停止收费，并对各司局和所属单位组织开展强制性评审、评估、培训等服务并收费的事项进行清理；对违反国有资产管理规定的问题，要求加强对外投资管理，补办有关手续，尽快清查资产，确保国有资产安全、完整；对违反基本建设项目管理规定的问题，要求严格执行基本建设程序，补办相关手续；对违规使用资金往来结算票据的问题，要求严格执行资金往来结算票据管理规定；对超标准列支会议费、出国费，以及计划外召开会议和组织出国等问题，要求严格贯彻中央关于厉行勤俭节约、反对铺张浪费等要求，切实加强会议费、出国费等支出管理，杜绝此类问题再次发生。

针对审计发现的问题，审计署建议：国土资源部应提高预算科学性和精细化水平，加强项目支出预算的统筹和审核；进一步加大对所属单位的管理和监督力度，督促有关单位健全和完善财务管理、资产管理、报销审批等制度。

四、审计发现问题的整改情况

国土资源部在审计前开展了自查，并纠正了部分自查出的问题。对审计发现的问题，国土资源部积极采取措施进行整改。截至现场审计结束，中国地质科学院已将挪用的财政项目资金 19.76 万元归还原资金渠道，并相应调整了决算（草案）；中国地质科学院、发展研究中心等单位有关人员已清退违规会议费支出 2.2 万元。

附件： 1. 国土资源部 2012 年度财政拨款预算执行总体情况（略）

2. 国土资源部 2012 年度重点审计单位财政拨款预算执行情况（略）

环境保护部 2012 年度预算执行情况和其他财政收支情况审计结果

根据《中华人民共和国审计法》的规定，2012 年 10 月至 2013 年 3 月，审计署对环境保护部 2012 年度预算执行情况和其他财政收支情况进行了审计，重点审计了环境保护部本级和所属中国环境科学研究院（以下简称环科院）、中国环境监测总站（以下简称监测总站）、核与辐射安全中心（以下简称核安全中心）等 9 个单位，并对有关事项进行了延伸审计。

一、基本情况

环境保护部为中央财政一级预算单位，部门预算由环境保护部本级和 37 个二级预算单位的预算组成。财政部批复环境保护部 2012 年度部门财政拨款预算支出为 391407.25 万元，环境保护部决算（草案）反映的当年财政拨款支出 290602.13 万元，其部门预算与执行结果的差异总额为 100805.12 万元，差异的具体情况及产生原因见附件 1。本次审计环境保护部本级及所属单位 2012 年度财政拨款支出共计 327531.66 万元，占部门财政拨款支出总额的 83.68%。预算执行中不符合财经制度规定的问题金额 98247.78 万元，其中 2012 年问题金额 36788.04 万元；其他财政收支方面不符合财经制度规定的问题金额 32646.24 万元。上述问题对环境保护部 2012 年度预算执行结果的影响见附件 2。审计结果表明，环境保护部本级和本次审计的所属单位 2012 年度预算收支基本符合预算法和其他财经法规的规定，财务处理基本符合会计法和财务制度的规定，对以前年度审计发现的问题进行了认真整改。

二、审计发现的主要问题

（一）预算执行中存在的主要问题。

1. 2012 年，部本级在"国控重点污染源自动监控运行"项目预算 6000 万元中，为 31 个省市级监控中心安排支出预算 4922.12 万元。

2. 2012 年，部本级及所属核安全中心在两个项目中超预算支出 120 万元；部本级超出财政部批准的额度，动用机动经费 15.65 万元解决本单位改革性补贴和新增人员经费缺口。

3. 部本级及三家所属单位未严格执行政府采购有关规定。其中：

（1）2012 年，部本级 23 个会议未在定点饭店召开。

（2）2008 年至 2012 年，所属监测总站在"主要污染物减排专项"中未编制政府采购预算，实际采购支出 33620.29 万元，其中 2012 年度 9016.54 万元；未编制 2012 年"服务类"政府采购预算，实际采购支出1176.74万元。

(3) 2012年，所属监测总站上报政府采购计划561.67万元，实际执行10855.93万元，超计划10294.26万元；所属核安全中心上报政府采购计划1235.69万元，实际执行7423.76万元，超计划6188.07万元。

(4) 2012年，所属核安全中心组织1600万元政府采购项目时，在与5家单位已经签订委托合同的情况下，再次进行公开招标，上述5家单位分别中标，且中标金额与委托合同金额相同。

(5) 2011年，所属核安全中心和环科院未按规定公开招标，将涉及金额935万元的政府采购项目直接委托给承担单位。

4.2011年至2012年，部本级及所属7个单位每年虚报“百名人才工程”专项资金300万元，共计600万元。截至2012年底，该项目实施办法未出台，相关工作未实施。

5.2011年，部本级及所属华北环境保护督查中心在两个项目累计结转资金分别为579.9万元、380.86万元的情况下，再次申领2012年度项目预算500万元、700万元。截至2012年底，两个项目累计结余686.9万元、479.86万元。

6.部分预算资金未充分发挥效益，涉及金额35129.59万元。

(1) 2011年，环境保护部决定停建所属环科院于2009年开始实施的风洞实验室改造项目，由此造成前期勘察设计投标等费用164.25万元损失、另有1532.51万元项目资金闲置。

(2) 截至2013年2月底，原国家环境保护总局从2007年开始实施的“全国污染源监督性监测能力建设”项目的仪器设备采购等因招标无效或投标单位质疑等一直未执行；该项目累计获得的36549万元资金（中央财政资金2.1亿元，集中地方配套资金15549万元）中，有31608.83万元闲置（占86.5%），部分资金闲置5年以上。

(3) 2012年，所属环科院申报购置1辆公务用车预算25万元，因车辆配置超编无法执行，资金闲置。

(4) 截至2012年底，所属环科院于2011年申报并获批准的用电系统改造项目，因供电方案设计存在问题未能如期实施，导致项目预算资金1300万元闲置1年以上。

(5) 截至2012年底，所属卫星环境应用中心于2010年申报并获得批准的项目因拟进口仪器设备单项预算申报不足等仍未执行，导致项目预算资金499万元闲置2年以上。

7.2012年，部本级有94个会议的936.16万元支出被转嫁给下属单位或其他单位。2008年至2011年，部本级有13个会议的相关费用均由被评审单位承担，抽查其中两个会议，会议费支出24.02万元。

8.2010年至2012年，所属华北环境保护督查中心和华北核与辐射安全监督站将应采取财政直接支付方式拨付的工资款项511.1万元改为授权支付方式支付，其中2012年194.56万元；2012年，所属卫星环境应用中心将应采取财政直接支付方式的政府采购款项400.5万元改为授权支付方式支付。

9.2012年，所属华北核与辐射安全监督站未将应该编入预算的事业收入、其他收入等共计35.9万元列入预算，造成预算少计收入35.9万元。

10.2011年至2012年，所属环境工程评估中心在“建设项目环境影响报告书技术评估”等项目中列支人员奖金、福利费等521.58万元，其中2012年345.74万元。

11.2012年，所属环科院采取编造会议、使用虚假结算单等方式，套取会议费10.29万元。

12.2012年，部本级2个因公出国（境）团组超标准列支6.51万元。

（二）其他财政收支中存在的主要问题。

1.截至2013年3月，所属监测总站有关办公楼和所属卫星环境应用中心有关监测预报系统均已投入使用，但尚未登记固定资产，涉及金额26015.63万元；监测总站、环境工程评估中心等单位已投入使用的21个软件未登记固定资产，涉及金额2654.62万元。

2.2007年至2012年，环境保护部以所属3家单位的名义购置且登记入账的65台（套）价值1496.62万元的固定资产，实际由另外7家所属单位使用。

3.2012年，部本级及所属核安全中心在相关软件未纳入国有资产年度配置计划的情况下，购置软件589.39万元。

4.2012年，所属核安全中心在审评工作中违规变相收费1510.5万元，其中当年新签订的合同已收款130万元。

5.2012年，所属核安全中心发放临时聘用人员劳务费350.83万元未代扣代缴个人所得税。

6.截至2012年10月底，所属核安全中心242台计算机未安装正版办公软件。

7.2012年，部本级向所属单位转嫁因公出国（境）支出28.65万元。

此外，2012年部本级计划外召开三级会议21个，59个因公出国（境）团组未纳入年初计划，2个团组存在超过规定人数出访的问题。

三、审计处理情况和建议

对上述问题，审计署已依法出具了审计报告、下达了审计决定书。对编列中央补助地方支出预算的问题，要求今后严格依法编制部门预算；对超预算支出的问题，要求今后严格执行预算并加强监督检查；对执行政府采购制度不规范的问题，要求严格执行政府采购相关规定；对虚报财政资金的问题，要求将财政资金上缴中央财政，调整有关会计账目和决算（草案）；对未统筹结转资金的问题，要求在申报预算时统筹使用项目结转资金；对财政资金未充分发挥效益的问题，要求收回无法执行的财政资金，加快推进有关项目实施；对摊派审评会议费的问题，要求杜绝与被审评单位之间的经济利益关系，严格按照有关要求召开会议；对未严格执行国库集中支付制度的问题，要求今后规范支付方式；对预算编制不完整的问题，要求今后按照规定完整编报；对自行改变项目支出内容的问题，要求调整会计账目，严格按照预算执行；对虚列会议费套取财政资金的问题，要求及时收回账外资金，依法追究相关人员责任；对固定资产未及时登记入账和账实不符的问题，要求及时调整会计账目，加强固定资产管理；对软件未纳入国有资产配置计划的问题，要求严格执行软件资产配置需求；对违规变相收费的问题，要求尽快纠正；对未代扣代缴个人所得税的问题，要求履行代扣代缴义务，缴纳所欠税款；对使用非正版软件的问题，要求尽快使用正版化软件，加强软件正版化监督检查；对超标准列支出国费、计划外召开会议和组织出国等问题，要求严格贯彻中央关于厉行勤俭节约、反对铺张浪费等要求，切实加强会议费、出国费等支出管理，杜绝此类问题再次发生。

针对审计发现的问题，审计署建议：环境保护部应按照部门预算管理的要求，提高预算编制的完整性和科学性，加强对所属单位预算编制的监督管理，对申报项目严格审核把关，避免财政资金闲置和损失浪费。

四、审计发现问题的整改情况

对审计发现的问题，环境保护部积极采取措施进行整改，所属环境工程评估中心、环科院、核安全中心等单位部分问题已完成整改。其他问题正在整改中。

附件： 1. 环境保护部2012年度财政拨款预算执行总体情况（略）

2. 环境保护部2012年度重点审计单位财政拨款预算执行情况（略）

住房和城乡建设部2012年度预算执行情况和其他财政收支情况审计结果

根据《中华人民共和国审计法》的规定，2012年10月至2013年3月，审计署对住房和城乡建设部（以下简称住房城乡建设部）2012年度预算执行情况和其他财政收支情况进行了审计，重点审计了部本级和所属执业资格注册中心（以下简称注册中心）、中国国际贸易促进委员会建设行业分会（以下简称贸促会建设分会）等2个单位，并对有关事项进行了延伸审计。

一、基本情况

住房城乡建设部为中央财政一级预算单位，部门预算由住房城乡建设部本级和18个二级预算单位的预算组成。财政部批复住房城乡建设部2012年度部门财政拨款预算支出为83432.07万元，住房城乡建设部决算（草案）反映的当年财政拨款支出65927.67万元，其部门预算与执行结果的差异总额为17504.4万元，差异的具体情况及产生原因见附件1。

本次审计住房城乡建设部本级及所属单位2012年度财政拨款支出共计63161.78万元，占部门财政拨款支出总额的75.7%。审计查出预算执行中不符合财经制度规定的问题金额5499.61万元，全部是当年问题；其他财政收支方面不符合财经制度规定的问题金额 3222.42 万元。上述问题对住房城乡建设部 2012 年度预算执行结果的影响见附件 2。

审计结果表明，住房城乡建设部重视预算管理工作，通过建立健全预算、财务以及固定资产等方面的管理制度，促进各单位加强内部控制与管理，提高预算执行及财务核算管理水平。本级和重点审计的二级预算单位 2012 年预算执行基本符合预算法及其他法律法规的规定，本级的财务管理较为规范。

二、审计发现的主要问题

（一）预算执行中存在的主要问题。

1.2012 年，部本级将拨付项目承担单位的专项资金 509 万元在暂付款科目核算，未及时结转支出，造成决算（草案）少计支出 509 万元。

2.2012 年，所属信息中心因前期准备不充分等，承担的“住房信息系统运行维护费”项目预算 1730 万元当年未执行。

3.2012 年，部本级在 21 个会议的会议费中，列支会期外的招待费等支出 26.13 万元。

4.2012 年，部本级有 18 人次参加了由所属单位及企业承担费用的 15 个因公出国团组，涉及金额 65.12 万元；所属信息中心在 1 个项目中无预算列支 11.99 万元出国考察及签证等费用。

5.2008 年至 2010 年，部本级未履行政府采购程序，直接委托 8 个科研单位对可再生能源建筑应用示范项目进行能效检测，至 2012 年才与科研单位补签委托合同并支付检测费 2056 万元。

6.2012 年，所属注册中心未经政府采购程序，直接委托 2 家单位承担 2 个课题项目，并支付费用 1023.22 万元。

7.2012 年，部本级有 6 个会议未在定点饭店召开，支出 78.15 万元。

此外，还存在代编预算问题，其中：部本级代所属注册中心和所管理的中国房地产估价师与房地产经纪人学会编制 2012 年项目支出预算 200 万元；所属注册中心代中国房地产估价师与房地产经纪人学会编制 2012 年项目支出预算 265 万元。

（二）其他财政收支中存在的主要问题。

1. 截至 2012 年底，原建设部于 2005 年形成的 83.59 万元项目结余款仍在部本级暂存款科目挂账，未及时清理。

2. 抽查由部本级投资建设的 31 个信息系统发现，这些信息系统缺乏统一规划，主要是各个司局自行开发和管理，个别司局管理使用的信息系统达到 11 个，信息资源缺乏有效整合。截至 2012 年底，上述信息系统建设和研发支出 1129.59 万元，尚未纳入固定资产管理。

3. 部本级固定资产账未及时清理，截至 2012 年底，尚未对已通过房改销售的职工宿舍情况进行清查，并调整账务。

4.2012 年，部本级在实施可再生能源建筑应用示范项目能效检测中，未严格执行回避规定，委托的检测单位同时是部分受测项目的技术支持单位。

5.2005 年至 2012 年，所属注册中心通过其参股企业投资的 2 家公司账外核算有关收支，包括图书销售收入 1775.79 万元（其中 2012 年 283.97 万元），印刷、邮寄和劳务等支出 1608.7 万元；还将图书稿酬等 146.38 万元（其中 2012 年 32.44 万元）放在 2 家公司往来科目核算，从中发放本中心人员报酬 64.89 万元。

6.2010 年至 2012 年，所属科技发展促进中心在承办华夏科学技术奖过程中，违规收取参评单位评审成本费合计 60.29 万元，其中 2012 年 26.34 万元。

7.2012 年，部本级将 3 个会议的 24.75 万元支出转嫁给其他单位，将 1 个因公出国（境）团组的 2.03 万出国费用转嫁给下属单位。

此外，2012 年，部本级有 11 个三类会议在计划外召开，12 个因公出国（境）团组未纳入年初计划。

三、审计处理情况和建议

对上述问题，审计署已依法出具了审计报告、下达了审计决定书。对少计支出的问题，要求清理部本级暂付款项，调整有关会计账目和决算（草案）；对项目预算未执行的问题，要求加快预算执行进度，提高财政资金使用效益；对出国费管理使用不合规的问题，要求进一步加强因公出国管理，并将无预算列支的资金归还原渠道，调整有关会计账目；对政府采购不规范的问题，要求今后严格执行政府采购的规定；对代编预算的问题，要求商财政部予以解决；对结余资金长期挂账的问题，要求清理暂存款，调整有关会计账目；对信息系统建设管理的问题，要求加强整体规划和统一管理，对现有信息系统进行清理，并及时登记固定资产，调整有关会计账目；对已出售固定资产未进行账务处理的问题，要求清理相关资产，并按规定调整有关会计账目；对可再生能源项目能效检测未实行回避的问题，要求加强能效检测管理；对收入及稿酬未入账的问题，要求将全部收支纳入合法账簿核算，追究有关人员的责任；对违规收取评审成本费的问题，要求严格执行有关规定，今后不得违规收取费用；对扩大会议费支出范围、向其他单位转嫁会议费和出国费，以及计划外召开会议和组织出国等问题，要求严格贯彻中央关于厉行勤俭节约、反对铺张浪费等要求，切实加强会议费、出国费等支出管理，杜绝此类问题再次发生。

针对审计发现的问题，审计署建议：住房城乡建设部应进一步强化预算编制工作，加强预算管理，做好自行开发的信息系统统筹规划和清理，并进一步加强对所属单位的监管，杜绝账外核算收支、违规收费问题的发生。

四、审计发现问题的整改情况

住房城乡建设部在审计前开展了自查，并纠正了部分自查出的问题。对审计发现的问题，住房城乡建设部表示将进一步加强预算管理，严格预算执行，同时积极采取措施对问题进行整改。信息中心已将无预算列支的 11.99 万元出国费归还原渠道，并调整了会计账目。

附件： 1. 住房城乡建设部 2012 年度财政拨款预算执行总体情况（略）

2. 住房城乡建设部 2012 年度重点审计单位财政拨款预算执行情况（略）

交通运输部 2012 年度预算执行情况和其他财政收支情况审计结果

根据《中华人民共和国审计法》的规定，2012 年 11 月至 2013 年 3 月，审计署对交通运输部 2012 年度预算执行情况和其他财政收支情况进行了审计，重点审计了部本级和所属救助打捞局、科学研究院（以下简称科研院）、管理干部学院（以下简称管干院）等 7 个单位，并对有关事项进行了延伸审计。

一、基本情况

交通运输部为中央财政一级预算单位，部门预算由部本级和 27 个二级预算单位的预算组成。财政部批复交通运输部 2012 年度部门财政拨款预算支出为 2705286.72 万元，交通运输部决算（草案）反映的当年财政拨款支出 2564449.96 万元，其部门预算与执行结果的差异总额为 140836.76 万元，差异的具体情况及产生原因见附件 1。

本次审计交通运输部本级及所属单位 2012 年度财政拨款支出共计 497001 万元，占部门财政拨款支出总额的 18.37%。审计查出预算执行中不符合财经制度规定的问题金额 28503.16 万元，其中 2012 年 4232.06 万元；其他财政收支方面不符合财经制度规定的问题金额 24010.95 万元。上述问题对交通运输部 2012 年度预算执行结果的影响见附件 2。

审计结果表明，交通运输部比较重视预算和财务管理，不断健全内部相关管理规定，部本级及审计的所属单位 2012 年度预算收支基本遵守了预算法及相关法律法规，财务管理和会计核算基本符合会计法及有关财会制度规定。

二、审计发现的主要问题

（一）预算执行中存在的主要问题。

1. 2010 年至 2012 年，部本级在没有细化人员经费范围和标准的情况下，从其管理的 543 项科研项目的 15.56 亿元预算总额中安排人员经费 1.86 亿元，主要用于人员工资及补贴支出。

2. 截至 2013 年 2 月，部本级于 2006 年和 2009 年两次批复的厦门基地救助码头项目，因前期论证不充分终止建设，造成已支出的 2574.74 万元形成损失、结余 1855.26 万元在项目承担单位闲置。

3. 2012 年，部本级未执行政府采购程序，直接将所属房产的物业管理委托机关服务中心，支付管理费 376.2 万元；所属公路科学研究所有 1090.6 万元的会议、印刷业务以及办公设备购置支出未执行政府采购；所属救助打捞局违规委托不具备政府采购业务代理资格的下属单位代理应急物资采购，支出 1958.93 万元。

4. 2012 年，部本级将 46 个会议的费用支出

358.46万元转由所属单位及其他单位承担。

5.4家所属单位自行扩大开支范围1298.86万元。

（1）2003年至2004年，所属大连海事大学未经批准，自行动用海事专家与留学生公寓建设资金中的574.96万元，建设教学楼；2009年至2011年，未经批准，自行动用进口船舶综合驾驶模拟系统采购结余款666.14万元购买本校生产的模拟系统及相关电脑设备。

（2）2012年，所属科研院未经批准，自行将交通运输节能减排专项资金中的40万元，用于其他支出。

（3）2012年，所属科研院、水运科学研究所和规划研究院在3个项目中列支与项目无关的支出17.76万元。

6.截至2012年底，所属大连海事大学的“节约型校园节能监管体系项目”因前期基础工作不充分，项目预算中有390.11万元（占总预算的97.6%）未执行。

此外，部本级2012年初向财政部申报并获批复的554个项目预算3.55亿元，没有细化到项目具体承担单位。

（二）其他财政收支中存在的主要问题。

1.2006年至2012年，所属中国船级社上海分社将地方有关部门拨付的资金放在往来科目核算，造成少计收入3041.81万元，其中2012年802.50万元。

2.2012年，所属管干院将以前年度项目资金结余186万元转入事业基金，未上缴财政。

3.2012年，所属公路科学研究所使用389张不合规行程单据核算报销差旅费54.77万元。

4.2012年，所属机关服务中心未将受部本级委托管理房产的租金收入1470.72万元上缴中央财政。

5.截至2013年3月，所属东海救助局尚未将其为救助指挥业务用房建设项目投入的自有资金471.27万元，编入项目竣工财务决算。

6.截至2012年12月底，所属管干院投资1.75亿元建设并投入使用的室内游泳池等工程，未及时办理财务竣工决算。

7.截至2012年12月底，所属中国船级社上海分社投资1266.82万元改造并于2012年5月投入使用的综合办公楼，未及时办理竣工财务决算。

8.截至2012年底，所属规划研究院办公电脑使用非正版办公软件34套；所属大连海事大学办公和教学电脑使用非正版操作系统和办公软件5567套。

9.2012年，部本级向所属单位转嫁因公出国（境）支出19.56万元。

此外，2012年，部本级有3个三级会议在计划外召开，有5个因公出国（境）团组未纳入年初计划。

三、审计处理情况和建议

对上述问题，审计署已依法出具了审计报告、下达了审计决定书。对违规安排项目科研人员经费的问题，要求今后应严格审核预算，严格按照相关规定控制人员费开支范围和标准；对厦门基地码头项目投资损失等问题，要求进行清理，商财政部收回结余资金，并调整会计账目及决算（草案）；对未按规定执行政府采购的问题，要求今后严格执行政府采购规定，规范采购行为；对所属部分单位自行扩大预算开支范围问题，要求严格按预算规定的用途使用资金，确需调整的，按规定程序报批；对所属大连海事大学公共建筑节能专项资金预算未执行的问题，要求加快预算执行进度，提高资金使用效益；对预算资金年初没有细化到项目具体承担单位的问题，要求今后进一步加强预算管理，将预算细化到具体承担单位；对所属中国船级社上海分社收支核算不实的问题，鉴于交通运输部内部审计已发现该问题并要求整改，此问题不再进行处理；对所属管干院财政项目结余未上缴财政的问题，要求收回结余资金并调整会计账目及决算（草案）；对所属公路科学研究所使用不合规航空运输电子客票行程单报销的问题，要求进行清理，并追究相关人员责任；对所属机关服务中心未将机关办公楼出租收入上缴中央财政的问题，要求按规定执行；对所属东海救助局、管干院和中国船级社上海分社竣工财务决算编制不准确、不及时的问题，要求按照规定要求编制竣工决算；对所属规划研究院和大连海事大学使用非正版软件办公及教学的问题，要求对非正版软件进行全面清理；对向其他单位转嫁会议费、计划外召开会议和组织出国等问题，要求严格贯彻中央关于厉行勤俭节约、反对铺张浪费等要求，切实加强会议费、出国费等支出管理，杜绝此类问题再次发生。

针对审计发现的问题，审计署建议：交通运输部应加强预算编制和执行管理，提高专项资金使用效益，并加大对所属单位财务工作的监管力度，督促各单位加强会计基础工作，按照财经法纪的规定编报预决算和使用各项资金。

四、审计发现问题的整改情况

交通运输部在审计前开展了自查，并纠正了部分自查出的问题。对审计发现的问题，交通运输部已责成相关部门认真纠正和整改。对所属大连海事大学、科研院、水运科学研究所、规划研究院等单位扩大开支范围的问题，交通运输部已责成上述单位整改；对所属中国船级社上海分社收支核算不实的问题，该单位已调整账目；对所属公路科学研究所使用不合规航空运输电子客票行程单报销54.77万元的问题，该单位已追回资金18.71万元，对其他有真实行程但误收假票据的责令当事人附乘机证据入账；对使用非正版软件办公的问题，所属规划研究院等单位已全面清理。其他问题正在整改中。

附件： 1. 交通运输部2012年度财政拨款预算执行总体情况（略）

2. 交通运输部2012年度重点审计单位财政拨款预算执行情况（略）

原铁道部2012年度预算执行情况和其他财政收支情况审计结果

根据《中华人民共和国审计法》的规定，2012年10月至2013年3月，审计署对原中华人民共和国铁道部（以下简称原铁道部）2012年度预算执行情况和其他财政收支情况进行了审计，重点审计了部本级和所属铁道部工程管理中心（以下简称工程管理中心）等8个单位，并对有关事项进行了延伸审计。

一、基本情况

原铁道部为中央财政一级预算单位，部门预算由部本级和64个二级预算单位的预算组成。财政部批复原铁道部2012年度部门财政拨款预算支出为13134919.09万元，原铁道部2012年度决算（草案）反映的当年财政拨款支出12945694.24万元，其部门预算与执行结果的差异总额为189224.85万元，差异的具体情况及产生原因见附件1。

本次审计原铁道部本级及所属单位2012年度财政拨款支出共计3982456.8万元，占部门财政拨款支出总额的30.32%。审计查出预算执行中不符合财经制度规定的问题金额156787.22万元，其中2012年154922.4万元；其他财政收支方面不符合财经制度规定的问题金额80580.04万元。上述问题对原铁道部2012年度预算执行结果的影响见附件2。

审计结果表明，原铁道部2012年度预算收支基本遵守了预算法及相关法律法规，财务管理和会计核算基本符合会计法及有关财会制度规定，逐步规范了预算、资金、资产和财务收支等方面管理，认真整改了以前年度审计查出的问题。

二、审计发现的主要问题

（一）预算执行中存在的主要问题。

1.2012年，原铁道部及所属信息技术中心等单位申报127个新增项目预算，未按规定编制可行性报告或未在项目申报书中列明具体用途，涉及金额152347.76万元。

2.2012年，原铁道部为实行经费自理的所属人才服务中心申领基本支出预算300万元。

3.2012年，部本级有21个会议超标准列支会议费236.16万元；有8个会议由所属单位承担会议费用126.2万元。

4.2012年，所属党校发生工程项目政府采购支出14.49万元，未编制政府采购预算。

5.2009年至2012年，所属中国铁道科学研究院标准计量研究所（以下简称标准所）在"铁路预算外改革安排支出"项目中列支正式职工工资等人员经费2486.88万元，其中2012年622.06万元。

6.2012年，所属工程管理中心和信息技术中心在项目支出中编报办公楼租赁费、物业费预算917.73万元、358万元并获批准，预算编制不够规范。

此外，原铁道部在编报2012年预算时，对预算资金11.3亿元未提出细化分配方案，直到2012年9月，才申请将其中1.3亿元细化到具体执行单位。

（二）其他财政收支中存在的主要问题。

1.2004年至2011年，原铁道部动用铁路建设基金和预算内财政拨款，向所属中国铁道科学研究院（已于2002年改制为企业，且只享受2年“基本建设项目由中央给予补助支持”政策）安排基本建设项目45个，涉及金额73833万元。

2. 截至2012年底，所属标准所下属中铁铁路产品认证中心自2010年5月开始，在未经报批的情况下收取铁路产品认证费5662.04万元，其中2012年收取1934.33万元。

3. 截至2012年底，原铁道部及所属工程管理中心有1028.67万元款项挂账9年以上，未及时清理。

4. 截至2012年底，所属档案史志中心多计应属部本级的行政房产，资产原值56.33万元。

此外，2012年，部本级有7个三类会议在计划外召开；有22个因公出国（境）团组未纳入年初计划；有21个团组存在擅自延长境外停留时间的问题。

三、审计处理情况和建议

对上述问题，审计署已依法出具了审计报告、下达了审计决定书。对项目预算编制不规范的问题，要求今后按照规定申报预算；对为经费自理单位安排财政资金的问题，要求今后进一步规范预算编制工作；对所属党校未编制政府采购预算的问题，要求今后认真编制并严格执行政府采购预算；对所属标准所扩大项目开支范围的问题，要求加强预算支出管理，并调整有关会计账目和决算（草案）；对所属工程管理中心和信息技术中心预算编制不规范的问题，要求今后规范编制预算；对未细化部分预算分配方案的问题，要求今后进一步加强预算管理，在编制预算时将预算细化到具体执行单位；对违规安排所属单位基本建设项目的问题，要求今后严格执行国家有关规定；对所属标准所下属认证机构擅自收取认证费的问题，要求按照规定程序对收费项目进行报批；对原铁道部及所属工程管理中心长期挂账未及时清理的问题，要求尽快清理上述款项；对所属档案史志中心多计行政房产的问题，要求调整有关会计账目和决算（草案）；对超标准列支会议费、向所属单位转嫁会议费，以及计划外召开会议和组织出国等问题，要求严格贯彻中央关于厉行勤俭节约、反对铺张浪费等要求，切实加强会议费、出国费等支出管理，杜绝此类问题再次发生。

针对审计发现的问题，审计署建议：中国铁路总公司应进一步改进预算编报，严格预算资金使用，加强资产管理，并强化对所属企业的管理。

四、审计发现问题的整改情况

原铁道部在审计前开展了自查，并纠正了部分自查出的问题。对审计发现的问题，中国铁路总公司已责成相关单位予以整改。

附件：1. 原铁道部2012年度财政拨款预算执行总体情况（略）

2. 原铁道部2012年度重点审计单位财政拨款预算执行情况（略）

水利部2012年度预算执行情况和其他财政收支情况审计结果

根据《中华人民共和国审计法》的规定，2013年1月至3月，审计署对水利部2012年度预算执行和其他财政收支情况进行了审计，重点审计了部本级和所属中国水利学会（以下简称水利学会）等10个二级预算单位，并对有关事项进行了延伸审计。

一、基本情况

水利部为中央财政一级预算单位，部门预算由部本级和29个二级预算单位的预算组成。财政部批复水利部2012年度部门财政拨款预算支出937090.32万元，水利部决算（草案）反映的当年财政拨款支出849774.63万元，其部门预算与执行结果的差异总额为87315.69万元，差异的具体情况及产生原因详见附件1。

本次审计水利部本级及所属单位2012年度财政拨款支出共计179591.3万元，占部门财政拨款支出总额的19.16%。审计查出预算执行中不符合财经制度规定的问题金额9744.34万元，其中2012年5207.93万元；其他财政收支方面不符合财经制度规定的问题金额8075.06万元。上述问题对水利部2012年度预算执行结果的影响见附件2。

审计结果表明，水利部和审计的所属单位2012年度预算收支基本遵守了预算法及相关法律法规，财务管理和会计核算基本符合会计法及有关财会制度规定，内部控制制度比较健全，国库集中支付执行情况较好，充分利用信息技术进行预算管理，积极创造条件确保联网跟踪审计的顺利开展，能够认真整改以前年度审计反映的问题。

二、审计发现的主要问题

（一）预算执行中存在的主要问题。

1.2012 年，所属南水北调规划设计管理局在 2 个财政专项中列支与项目内容无关的租车费、劳务费等 34.2 万元。

2.2012 年 11 月和 12 月，所属国家防汛抗旱指挥系统工程建设办公室在“国家防汛抗旱指挥系统二期工程”项目初步设计概算尚未批复、项目不具备开工条件的情况下，向项目实施单位预拨资金 700 万元。

3.2011 年，所属发展研究中心等 6 家单位为提高预算执行率，在未达到合同约定的拨款条件的情况下，提前向项目承担单位支付款项 1301.65 万元。

4. 部本级及 6 家所属单位政府采购管理不规范。其中：2012 年，部本级有 7 个会议未在定点饭店召开；所属黄河水利委员会未经报批，将 11 个项目自行采取单一来源方式采购服务，涉及金额 4136 万元；所属水库移民开发局未履行政府采购程序，将其承担的“水库移民资金监督检查及培训”中的审计业务和监测评估业务直接委托给相关机构，涉及支出 320 万元。此外，2008 年至 2011 年，所属 4 家单位未严格按要求执行政府采购，涉及资金 3234.76 万元。

5.2012 年，部本级有 2 个会议超定额标准支出会议费 2.48 万元。

6. 有 3 个因公出国（境）团组超标准列支 15.25 万元。

此外，部本级在编报 2012 年预算时，对 7500 万元预算未提出细化方案，至 2012 年 4 至 6 月份，才向财政部申请将上述预算资金细化到具体项目和承担单位；所属水利学会代其他单位编报项目预算 225 万元。

（二）其他财政收支中存在的主要问题。

1.2007 年至 2012 年，所属水情教育中心未履行报批程序，将其一处办公用房交由下属公司对外出租，取得收入 167 万元，未纳入该中心法定账册核算，其中 2012 年 30.5 万元；2010 年至 2012 年，未经批准将另一处办公用房对外出租，取得收入 208.27 万元，其中 2012 年 54.2 万元。2010 年至 2012 年，所属中国水利报社未履行报批程序，将一处房产对外出租并取得收入 556.49 万元，其中 2012 年 236.13 万元。

2. 截至 2012 年底，经水利部批准，所属水利学会购置的使用面积为 432 平方米的技术档案室中，仅有 148 平方米用于档案管理，其余 284 平方米均转作办公用房。

3. 截至 2013 年 3 月，所属中国灌溉排水发展中心和人才资源开发中心已于 2011 年底投入使用的 54 个基本建设项目仍未办理项目竣工财务决算，涉及投资额 6613.72 万元。

4. 所属发展研究中心部门决算报表反映，2011 年末该单位固定资产原值 9066.61 万元，与固定资产财务账记录的 7870.2 万元相差 1196.41 万元。

5.2011 年 5 月，所属中央防汛抗旱物资郑州仓库价值 63.12 万元的水泵已调出，但在其上报水利部的物资价值明细表中仍包含该项物资，报表与实际库存相差 63.12 万元。

6.2012 年，部本级有 3 个会议的 23.53 万元会议费支出转嫁给其他单位。

7.2012 年，部本级向下属单位转嫁因公出国（境）支出 11.28 万元。

此外，2012 年，部本级计划外召开三级会议 28 个，43 个因公出国（境）团组未纳入年初计划。

三、审计处理情况和建议

对上述问题，审计署已依法出具了审计报告、下达了审计决定书。对所属南水北调规划设计管理局自行改变项目支出内容的问题，要求今后严格预算管理；对部分所属单位未按项目进度拨款的问题，要求加强管理，严格按项目进度拨款，并对已拨出款项进行跟踪检查，采取措施保证资金安全；对部分所属单位未履行政府采购程序的问题，要求今后严格执行政府采购制度；对所属水情教育中心房租收入未纳入法定账册核算的问题，要求将房租余额收回，纳入该中心法定账册核算；对所属水情教育中心和中国水利报社出租房屋未履行报批程序的问题，要求纠正上述做法，按规定履行相关手续；对所属水利学会将购置的技术档案室部分转作办公用房的问题，要求今后严格执行批复的设计文件和下达的投资计划；对所属中国灌溉排水发展中心和人才资源开发中心已完工基建项目长期未办理竣工决算的问题，要求加强基本建设项目管理，及时组织竣工验收；对所属发展研究中心和中央防汛抗旱物资郑州仓库账表、账实不符的问题，要求加强财务管理，确保账表相符，账实相符；对超标准列支会议费和出国费、向其他单位转嫁会议费，以及计划外召开会议和组织出国等问题，要求严格贯彻中央关于厉行勤俭节约、反对铺张浪费等要求，切实加强会议费、出国费等支出管理，杜绝此类问题再次发生。

针对审计发现的问题，审计署建议：水利部应进一步加强预算管理，从严控制项目开支范围，按项目实施进度拨付资金，严格执行政府采购制度，确保预算资金按预算目标、范围使用与核算。

四、审计发现问题的整改情况

水利部在审计前开展了自查，并纠正了部分自查出的问题。对在财政项目中列支与项目无关费用的问题，南水北调规划设计管理局已停止相关做法并将严格预算执行；对未按项目进度拨款的问题，国家防汛抗旱指挥系统工程建设办公室加强了对项目进度和已拨款项用途的跟踪，进一步加强项目精细化管理；对未严格执行政府采购的问题，黄河水利委员会、水库移民开发局表示今后将严格执行政府采购制度；对出租房屋未履行报批程序的问题，水情教育中心和中国水利报社组织相关人员正按照相关规定，履行相关报批手续；对已完工基建项目长期未办理竣工决算的问题，已全部办结竣工决算手续；对账表、账实不符的问题，已全部按照实际发生的业务对相关账簿、报表进行了调整。

附件：1. 水利部 2012 年度财政拨款预算执行总体情况（略）

2. 水利部 2012 年度重点审计单位财政拨款预算执行情况（略）

农业部 2012 年度预算执行情况和其他财政收支情况审计结果

根据《中华人民共和国审计法》的规定，2012 年 11 月至 2013 年 3 月，审计署对农业部 2012 年度预算执行情况和其他财政收支情况进行了审计，重点审计了部本级和所属中国农业科学院（以下简称农科院）、农药检定所（以下简称药检所）、农业机械化技术开发推广总站（以下简称农机总站）等 12 个单位，并对有关事项进行了延伸审计。

一、基本情况

农业部为中央财政一级预算单位，部门预算由部本级和 50 个二级预算单位的预算组成。财政部批复农业部 2012 年度部门财政拨款预算支出为 2743128.6 万元，农业部决算（草案）反映的当年财政拨款支出 2433222.68 万元，其部门预算与执行结果的差异总额为 309905.92 万元，差异的具体情况及产生原因见附件 1。

本次审计农业部本级及所属单位 2012 年度财政拨款支出共计 482439.01 万元，占部门财政拨款支出总额的 17.59%。审计查出预算执行中不符合财经制度规定的问题金额 1617.21 万元，其中 2012 年 1391.26 万元；其他财政收支方面不符合财经制度规定的问题金额 15231.59 万元。上述问题对农业部 2012 年度预算执行结果的影响见附件 2。

审计结果表明，农业部重视预算和财务管理工作，不断完善内部控制制度，积极组织修订完善财政资金管理办法等规章制度，部门预算和财务管理水平进一步提高。部本级及审计的所属单位预算收支基本符合预算法及相关法律法规，财务管理和会计核算基本符合会计法及有关财会制度规定，对以前年度审计查出的问题认真进行了整改。

二、审计发现的主要问题

（一）预算执行中存在的主要问题。

1. 2009 年至 2012 年，所属药检所、农科院、渔业船舶检验局和农机总站 4 家单位扩大开支范围在 6 个财政项目中列支办公楼物业管理费、公务车运行维护费等支出 871.19 万元，其中 2012 年 745.24 万元。

2. 2011 年至 2012 年，所属农科院及下属农业经济与发展研究所未经批准，自行动用预算资金 247.13 万元发放职工福利或拨付非预算单位使用，其中 2012 年 147.13 万元。

3. 2012 年，部本级有 17 个会议未在指定饭店召开；所属农科院未执行政府集中采购程序，直接将院机关物业服务工作委托相关单位进行，支出 288.53 万元；所属中国农垦经济发展研究中心未执行政府采购程序，将 2 个专项中的部分工作任务以委托服务合同的形式交由其下属企业开展，合同金额 147 万元。

4.2012 年，部本级有 8 个会议超定额标准支出会议费 45 万元；自行调剂其他项目资金 11.76 万元用于 1 个与项目无关的会议支出。

5.2012 年，部本级 9 个因公出国（境）团组超标准列支 6.6 万元。

（二）其他财政收支中存在的主要问题。

1.2012 年，所属机关服务局和农科院未将房屋出租收入 600 万元和占地搬迁补偿收入 11432.48 万元纳入预算管理。

2. 截至 2012 年底，所属农科院未按规定对其 2008 年分得的 2.87 万平方米国有房产进行价值评估，也未按 20%比例计提国有土地资产收益上缴中央财政。

3.2012 年，所属农科院后勤服务中心将产权属于农科院的 23 处房屋对外出租并取得收入 1878.23 万元，未纳入农科院本级账内核算。

4.2008 年至 2011 年，所属农机总站在帮助有关企业推广农机产品时，以销售额比例提成或签订课题协议的形式收取费用 571.7 万元。

5.2007 年至 2010 年，所属农机总站与一公司签订农作物秸秆能源化利用示范基地建设项目等合作协议，在建设项目未建成的情况下，向该公司收取“技术服务费”590 万元。

6.2011 年，所属优质农产品开发服务中心在“全国名优果品交易博览会”预算中已安排经费 40 万元的情况下，仍向 49 个单位收取参展费 72.92 万元，形成结余 49.6 万元。

7.2012 年，所属农科院农业资源与农业区划研究所决算（草案）汇总时，将拨付所属德州盐碱土改良实验站和衡阳红壤实验站的资金重复列报，造成多计收支 86.26 万元。

三、审计处理情况和建议

对上述问题，审计署已依法出具了审计报告、下达了审计决定书。对部分所属单位扩大开支范围的问题，要求归还原资金渠道，并调整有关会计账目和决算（草案）；对所属农科院及下属农业经济与发展研究所自行动用财政预算资金的问题，要求归还资金原渠道，调整有关会计账目和决算（草案）；对所属农科院和中国农垦经济发展研究中心执行政府采购制度不规范的问题，要求今后应严格履行政府采购程序；对所属机关服务局和农科院收入未纳入预算管理的问题，要求将收入纳入预算，统一核算，统一管理；对所属农科院未按规定上交国有土地资产收益的问题，要求对所获取的房产进行评估，并按规定比例计提土地资产收益上缴中央财政；对所属农科院未将房屋出租收入纳入农科院本级账内核算的问题，要求将房屋出租收入纳入院本级法定账册核算；对所属农机总站和优质农产品开发服务中心违规收费的问题，要求对收取的费用进行清理，停止无依据收费行为，并追究相关人员责任；对所属农业资源与农业区划研究所决算（草案）多计收支的问题，要求调整决算（草案）；对超标准列支会议费和出国费等问题，要求严格贯彻中央关于厉行勤俭节约、反对铺张浪费等要求，切实加强会议费、出国费等支出管理，杜绝此类问题再次发生。

针对审计发现的问题，审计署建议：农业部应科学合理编制项目预算，从严控制项目开支范围，并加强对各项收费活动的监管，对以各种名义的收费进行清理。

四、审计发现问题的整改情况

农业部在审计前开展了自查，并纠正了部分自查出的问题。针对本次审计发现的问题，农业部制定整改措施，目前大部分问题已整改。药检所已将超项目范围列支的 157.31 万元归还原资金渠道；农科院已将拨付后勤服务中心的 450 万元、以测试费名义拨付其他单位的 200 万元和农业经济与发展研究所自行动用的专项资金 47.13 万元，共计 697.13 万元，全部追回农科院院本级账户，并调整了相关账目；农机总站已将超项目范围列支的 1.99 万元归还原资金渠道；机关服务局加紧收缴所属企业拖欠的房产租金 600 万元并纳入预算管理，下一步将理顺企业管理体制，强化房产租赁管理；农科院对土地收益结余资金 11432.48 万元，将纳入 2014 年度预算管理，并加紧办理相关房产权属关系证明，待房产评估完成后，按规定的比例计提国有土地资产收益并上缴中央财政；已责成农机总站和优质农产品开发服务中心对以各种名义收取的费用进行清理，停止对企业乱收费行为；所属农科院农业资源与农业区划研究所对多计的86.26万元收支进行了调账处理。

附件：1. 农业部2012年度财政拨款预算执行总体情况（略）

2. 农业部2012年度重点审计单位财政拨款预算执行情况（略）

商务部2012年度预算执行情况和其他财政收支情况审计结果

根据《中华人民共和国审计法》的规定，2012年11月至2013年3月，审计署对商务部2012年度预算执行情况和其他财政收支情况进行了审计，重点审计了部本级和所属经济合作局、机关服务局等2个单位，并对有关事项进行了延伸审计。

一、基本情况

商务部为中央财政一级预算单位，部门预算由部本级和150个二级预算单位的预算组成。财政部批复商务部2012年度部门财政拨款预算支出为2640531.82万元，商务部决算（草案）反映的当年财政拨款支出2214353.5万元，其部门预算与执行结果的差异总额为426178.32万元，差异的具体情况及产生原因见附件1。

本次审计商务部本级及所属单位2012年度财政拨款支出共计2639274.86万元，占部门财政拨款支出总额的99.95%。审计查出预算执行中不符合财经制度规定的问题金额32919.81万元，其中2012年金额29089.81万元；其他财政收支方面不符合财经制度规定的问题金额16073.68万元。上述问题对商务部2012年度预算执行结果的影响见附件2。

审计结果表明，商务部积极组织预算执行工作，继续完善以预算管理为核心的财务管理制度体系，加大了基本经费支出的控制力度，加强了所属事业单位的财务管理，部本级及此次审计的所属单位2012年度预算收支基本遵守了预算法及相关法律法规，财务管理和会计核算基本符合会计法和相关财会制度规定，认真整改了以前年度审计查出的问题。

二、审计发现的主要问题

（一）预算执行中存在的主要问题。

1. 2010年至2012年，部本级在前期工作未落实的情况下，申报17个驻外机构馆舍项目预算18430万元，其中2012年申报14600万元。

2. 2012年，部本级申报以前年度延续项目“生猪等畜禽产品信息监测统计”系统预算570万元，实际需求367.38万元，多申领财政资金202.62万元；在转移支付已安排各省重要商品信息采集补贴资金的情况下，又重复申领财政资金175万元。以上共计多申领项目资金377.62万元。

3. 2012年，商务部未按规定将8个非商业性境外投资和贸易办展项目交给事业单位组办，而是在部本级预算中申报上述项目预算1480万元。

4. 2012年，部本级未经批准，将已按审计决定收回的滚存结余款920万元拨付机关服务局，用于支付所属单位职工拆迁补偿款。

5. 2012年，部本级未经批准，将13个项目资金4200.96万元调剂用于应由基本支出承担的会议费、差旅费等。

6. 2012年，部本级和两家所属单位未严格执行政府采购规定，其中：部本级未按规定编制基本支出货物类政府采购预算，当年实际采购支出2794.47万元；部本级对总额4597.9万元的13个律师服务项目未实行公开招标，对达到集中采购标准的总额101.26万元的印刷项目未实行集中采购；部本级有9个会议在非定点饭店召开；所属投资促进事务局等2家单位政府采购实际支出超出预算10倍。

7. 2012年，部本级的1个会议超标准列支3.36万元。

8. 2012年，部本级的6个因公出国（境）团组超标准列支14.24万元。

（二）其他财政收支中存在的主要问题。

1. 2007年以来，部本级未将开发和维护23个信息系统形成的硬件资产1294.3万元登记入账，其中2012年6.72万元；有5项软件资产被受托开发单位登记了软件著作权，并按评估价630万元为受托开发单位增加注册资金。

2. 2012年，部本级未将购买和自行开发的信息系统形成的办公软件资产纳入固定资产账核算，其中购买软件资产45.08万元。

3. 2008年至2012年，部本级投入信息系统开发和运行维护费6.31亿元（其中2012年1.69亿元），共开发信息系统和平台等187个。这些信息系统由商务部29个司局分别组织开发和建设，未实行统一规划和管理，存在共享程度低、重复建设等问题。

4. 截至2012年底，部本级于2000年以来陆续交付使用的25个驻外机构馆舍建设项目未办理竣工决算，涉及总投资65427.36万元，其中2012年投入使用的3个项目涉及投资9553.99万元，未记入固定资产账；部本级对原值约7000万元的16个弃用驻外机构旧馆舍尚未形成具体处置意见，目前上述馆舍中有1处由援外专家使用、5处对外出租、10处闲置。

5.2012年，部本级将1个会议的67.5万元转嫁给其他单位。

6. 截至2012年底，所属机关服务局下属鑫广物业管理中心对1998年以来应收的对外投资分红款累计4482.81万元尚未收回，也未入账反映，其中2012年应收3178.32万元。

此外，2012年，部本级计划外召开三类会议40个；部本级的81个因公出国（境）团组未纳入年初计划，2个因公出国（境）团组存在超过规定天数的问题。

三、审计处理情况和建议

对上述问题，审计署已依法出具了审计报告、下达了审计决定书。对未经充分论证编报项目预算的问题，要求加强预算编制基础工作；对多申领项目资金的问题，要求追回多领资金；对超越职权范围申领预算资金的问题，要求按规定申请预算资金；对未经批准动用以前年度结余资金的问题，要求将各项收支全部纳入预算管理；对未经批准在不同科目间调剂使用预算资金的问题，要求今后应加强预算编制管理，严格预算执行；对未严格执行政府采购程序的问题，要求今后严格按规定执行；对软硬件资产未入账管理的问题，要求尽快清查，及时收回有关资产并登记入账；对部分信息系统重复建设，共享水平低的问题，要求对现有信息系统进行全面清理，统一规划，统一实施；对驻外机构馆舍长期未办理竣工决算、未登记固定资产账和闲置的问题，要求加强资产管理，尽快办理相关手续；对所属机关服务局鑫广物业管理中心未收回和核算对外投资分红款的问题，要求及时将上述款项登记入账核算；对超标准列支会议费、出国费，以及计划外召开会议和组织出国等问题，要求严格贯彻中央关于厉行勤俭节约、反对铺张浪费等要求，切实加强会议费、出国费等支出管理，杜绝此类问题再次发生。

针对审计发现的问题，审计署建议：商务部应科学合理安排项目，依法依规执行预算，充分发挥资金使用效益。

四、审计发现问题的整改情况

对此次审计发现的问题，商务部及时认真进行了整改，提出了加强基础建设、强化制度建设和加强业务培训等具体要求。已对未入账的软硬件资产进行清查，并将及时登记入账；所属机关服务局鑫广物业管理中心已将对外投资分红款4482.81万元作为“应收股利”入账。

附件：1. 商务部2012年度财政拨款预算执行总体情况（略）
2. 商务部2012年度重点审计单位财政拨款预算执行情况（略）

文化部2012年度预算执行情况和其他财政收支情况审计结果

根据《中华人民共和国审计法》的规定，2012年11月至2013年3月，审计署对文化部2012年度预算执行情况和其他财政收支情况进行了审计，重点审计了文化部本级和所属信息中心等6个单位，并对有关事项进行了延伸审计。

一、基本情况

文化部为中央财政一级预算单位，部门预算由部本级和30个二级预算单位的预算组成。财政部批复文化部2012年度部门财政拨款预算支出为483452.69万元，文化部决算（草案）反映的当年财政拨款支出386245.85万元，其部门预算与执行结果的差异总额为97206.84万元，差异的具体情况及产生原因见附件1。

本次审计文化部本级及所属单位2012年度财政拨款支出共计203457.11万元，占部门财政拨款支出总额的42.08%。审计查出预算执行中不符合财经制度规定的问题金额7919.89万元，全部为当年问题；其他财政收支方面不符合财经制度规定的问题金额71840.73万元。上述问题对文化部2012年度预算执行结果的影响见附件2。

审计结果表明，文化部及此次审计的所属单位2012年度预算收支基本遵守了预算法及相关法律法规，财务管理和会计核算基本符合会计法及有关财会制度规定，对以前年度审计查出的问题进行了整改。

二、审计发现的主要问题

（一）预算执行中存在的主要问题。

1.2012年，部本级在部门预算中，编列非所属单位国际儒学联合会项目预算80万元和中国京剧艺术基金会项目预算420万元。

2.2012年，部本级在"外事工作经费"和"政府主导文化交流"项目中向地方文化部门拨付补贴270万元。

3.2012年，部本级在2个专项中列支与项目预算内容不符的支出共计142.64万元；在2个项目经费中列支1352.05万元用于弥补基本支出；在会议费中列支机场贵宾室服务费等其他费用83.56万元。

4.2012年，部本级在"繁荣文艺创作——歌曲创作"项目中以"历届全国声乐比赛获奖歌手宣传推广演出活动"名义列支100万元，实际是以邀请国外交响乐团演出为主，只有少数获奖歌手参加演出。

5.2012年，部本级货物和服务类政府采购支出2172.49万元、所属信息中心项目采购支出472.39万元，均未编制政府采购预算。

6.2012年底，部本级采取以拨作支方式，将收到的"文化产业发展专项资金"中的2000万元直接拨付中国东方演艺集团有限公司，全部计列支出。截至2013年2月底，上述资金仍未支出。

7.2012年，部本级采取以拨作支方式，将会议费预算资金26.33万元拨付中国软件测评中心等3家单位，全部计列支出。截至2013年2月底，上述3家单位均未支出以上会议费。

8.2012年，部本级有43个会议在非定点饭店召开，31个会议超标准列支795.51万元。

9.2012年，部本级的2个因公出国（境）团组超标准列支4.92万元。

此外，部本级在年初预算中，未将"国家美术作品收藏和捐赠"专项资金1500万元和"中国民族音乐发展和扶持工程"专项资金600万元细化到项目执行单位。

（二）其他财政收支中存在的主要问题。

1.截至2013年2月底，部本级在海外购建设立的于2002年至2008年相继竣工的6个文化中心尚未进行竣工决算，涉及投资总额为70301万元。

2.2012年，部本级将10个会议的197.7万元转嫁给其他单位。

3.2012年，所属信息中心以邀请招标方式进行政府采购，共签订6份合同，金额为282.03万元，其招标文件发出日与投标文件截止日的间隔时间最短仅为1天，最长仅为10天；邀请招标的评标工作全部由该中心工作人员担任评委，未邀请外部专家评审。

4.2012年，所属信息中心将部本级拨付的40万元课题费和20万元"内容审查服务费"计入"其他应付款"科目核算，导致决算（草案）少计收入60万元。

5.2012年，所属艺术服务中心在举办"第四届当代中国画学术论坛系列活动"中，将收取的承办费1000万元放在"其他应付款"中核算，导致决算（草案）少计收入1000万元。

此外，2012年，部本级计划外召开三类会议16个；部本级的8个因公出国（境）团组未纳入年初计划。

三、审计处理情况和建议

对上述问题，审计署已依法出具了审计报告、下达了审计决定书。对编制非预算单位预算的问题，要求今后应加强预算编制管理；对向非预算单位拨款的问题，要求今后严格按照预算管理的规定执行；对扩大专项资金支出范围的问题，要求今后严格执行预算；对政府采购预算编制不完整问题，要求今后应按规定编制政府采购预算；对多计支出的问题，要求按照实际支出调整会计账目和本级决算（草案）；对未进行竣工决算的问题，要求按照规定及时办理竣工决算手续；对所属信息中心未严格执行政府采购有关规定的问题，要求今后严格执行政府采购的有关规定；对所属信息中心和艺术服务中心少计收入的问题，要求调整有关会计账目和决算（草案）；对超标准列支会议费、出国费等问题，要求严格贯彻中央关于厉行勤俭节约、反对铺张浪费等要求，切实加强会议费、出国费等支出管理，杜绝此类问题再次发生。

针对审计发现的问题，审计署建议：文化部应加强预算编制管理，进一步细化预算，从严控制项目开支范围，严格遵守政府采购的有关规定。

四、审计发现问题的整改情况

文化部在审计前开展了自查，并纠正了部分自查出的问题。对审计发现的问题高度重视，要求相关单位认真按照审计意见进行整改。

附件： 1. 文化部2012年度财政拨款预算执行总体情况（略）

2. 文化部2012年度重点审计单位财政拨款预算执行情况（略）

原卫生部2012年度预算执行情况和其他财政收支情况审计结果

根据《中华人民共和国审计法》的规定，2012年11月至2013年3月，审计署对原卫生部2012年度预算执行情况和其他财政收支情况进行了审计，重点审计了部本级和所属卫生监督中心（以下简称监督中心）、统计信息中心（以下简称统计中心）等7个单位，并对有关事项进行了延伸审计。

一、基本情况

原卫生部为中央财政一级预算单位，部门预算由原卫生部本级和56个二级预算单位的预算组成。财政部批复原卫生部2012年度部门财政拨款预算支出为1275255.46万元，原卫生部决算（草案）反映的当年财政拨款支出1212624.4万元，其部门预算与执行结果的差异总额为62631.06万元，差异的具体情况及产生原因见附件1。

本次审计原卫生部本级及所属单位2012年度财政拨款支出共计444636.54万元，占部门财政拨款支出总额的34.87%。审计查出预算执行中不符合财经制度规定的问题金额8847.99万元，其中2012年5316.24万元；其他财政收支方面不符合财经制度规定的问题金额26770.25万元。上述问题对原卫生部2012年度预算执行结果的影响见附件2。

审计结果表明，原卫生部本级和此次审计的所属单位比较重视预算管理工作，预算执行基本符合国家预算和财经法规的规定，财务处理基本符合相关法律和财务制度的规定，会计核算和财务管理基本规范。通过不断加强预算管理与内部财务监督检查，制定切实可行的措施，强化了有关人员的预算执行管理责任，提升了预算管理水平，对以前年度审计查出的问题进行了认真整改。

二、审计发现的主要问题

（一）预算执行中存在的主要问题。

1.2012年，部本级未经批准，自行改变“国家卫生数据中心改造”项目的建设内容，涉及预算资金2000万元。

2.2012年，部本级在项目支出中列支公务用车运行维护费、维修费等基本支出24.9万元。

3.2012年，部本级未按规定执行政府集中采购，组织召开的14个会议未在定点饭店召开，会议费支出103.46万元。

4.2012年，部本级1个会议超标准列支0.96万元。

5.2012年，部本级超范围列支出国费用0.68万元，6个因公出国（境）团组超标准列支15.68万元。

6.2010年至2012年，所属统计中心连续3年在其离退休经费预算中多报8名离退休人员，共计多获得财政资金108.05万元，其中2012年44.86万元。

7.2012年，所属统计中心在项目经费中列支与该项目内容无关的会议费和委托业务费支出共计19.99万元。

8.2012年，所属统计中心为提高预算执行率，违规将退休费13万元从零余额账户转至其基本存款账户。

9.截至2012年底，所属监督中心未按规定将部本级拨付的项目经费结余款34.93万元交回部本级。

10.2012年，所属中日友好医院在未编制年初新增资产配置预算的情况下，使用当年财政拨款2800万元购置医疗器械一台。

11.2011年和2012年，所属北大口腔医院实际使用1049.5万元购买医疗设备37台，与2010年底获批的“使用1052.4万元购买设备62台”的预算差异较大。在37台设备中，有20台购买价格超过预算，其中2012年257.78万元。

12.2009年至2012年，所属北大第一医院和中国医学科学院肿瘤医院新建工程部分材料和设备购置未按要求进行公开招标，涉及金额2676.84万元。

（二）其他财政收支中存在的主要问题。

1.2012年，所属人才交流服务中心下属北京卫人伟业国际医药研究中心将3次会议的结余资金9.23万元存放在宾馆，用于会议期间以外的住宿餐饮等支出。

2.截至2012年底，所属中华预防医学会在1994年至1995年间的对外投资130万元、统计中心于2005年的投资50万元成立中国卫生信息管理杂志社、医院管理研究所接受捐赠的60台平板电脑（时价3500元/台），均未纳入相关单位账簿核算。

3.截至2012年底，部本级于2011年收到的地方卫生部门欠款85.5万元尚未上缴财政，而是计入往来科目核算。

4.截至2012年底，部本级未根据软件正版化专项治理要求，对其在2008年购买的杀毒软件及相关产品进行清查，也未纳入部门资产管理，涉及金额32.85万元。

5.截至2012年底，所属统计中心、医院管理研究所、中华预防医学会等3家单位将收取的项目合作费及项目资助等收入余额6692.94万元在往来款中挂账，造成少计收入。

6.2008年至2012年，所属中华预防医学会未经批准，自行设立和评比“公共卫生与预防医学发展贡献奖”，共收取企业赞助款190万元，其中2012年50万元。

7.截至2012年底，所属中国健康教育中心未按照合同约定将有关宣传片制作费结余131.01万元及时收回。

8.2004年至2012年，所属中国疾病预防控制中心和北大第三医院的3个基建项目支出超概算共计16 860.33万元，未履行报批程序。

9.2009年至2011年，所属北大第一医院和中国医学科学院阜外心血管医院为加快预算执行率，超出工程实际进度支付工程款2567.39万元。

此外，2012年，部本级1个因公出国（境）团组存在超过规定天数的问题。

三、审计处理情况和建议

对上述问题，审计署已依法出具了审计报告、下达了审计决定书。对未经批准自行调整项目预算的问题，要求将项目预算调整报财政部审批；对在项目支出中列支基本支出的问题，要求今后严格按照财政部批复的预算科目使用资金；对未严格执行政府采购的问题，要求今后严格执行政府采购有关规定；对所属统计中心虚报离退休人员预算的问题，要求今后严格按照规定如实编报预算，保证预算的真实性；对所属统计中心自行改变项目支出内容的问题，要求今后严格执行有关规定，按照预算规定的支出用途使用资金；对所属统计中心将资金从零余额账户转至其基本存款账户的问题，要求今后严格执行有关规定；对所属监督中心项目结余资金未退回的问题，要求退回结余的委托业务费，调整有关会计账目和决算（草案）；对所属中日友好医院未编制年初新增资产配置预算的问题，要求今后严格按规定编制新增资产配置预算；对所属北大口腔医院超预算购买设备问题，要求严格按预算执行相关规定；对所属单位未按要求公开招标的问题，要求严格履行招投标程序；对所属单位私设“小金库”的问题，要求追究有关人员责任；对所属3家单位形成账外资产的问题，要求将对外投资、接受的捐赠资产清理入账，调整有关会计账目和决算（草案）；对非税收入未及时上缴的问题，要求尽快将收来的非税收入上缴财政；对软件资产未纳入单位资产管理的问题，要求将软件资产纳入单位资产管理体系，调整有关会计账目和决算（草案）；对所属3家单位少计收入的问题，要求调整有关会计账目和决算（草案）；对所属中华预防医学会未经批准设立评比奖项的问题，要求取消评比活动，今后严格遵守有关规定；对所属中国健康教育中心未收回未履行合同款项的问题，要求将未履行合同款项收回；对所属中国疾病预防控制中心和北大第三医院基建项目超预算的问题，要求今后严格履行报批程序；对所属北大第一医院和中国医学科学院阜外心血管医院超工程进度支付工程款等问题，要求严格遵守相关规定，按进度支付工程款；对超标准列支会议费和超范围、超标准列支出国费等问题，要求严格贯彻中央关于厉行勤俭节约、反对铺张浪费等要求，切实加强会议费、出国费等支出管理，杜绝此类问题再次发生。

针对审计发现的问题，审计署建议：国家卫生和计划生育委员会应进一步严格预算管理，保证预算编报的真实性、预算支出的合规性；加强对所属单位的财务指导和监督，督促下属单位加强财务管理，规范财务核算。

四、审计发现问题的整改情况

原卫生部在审计前开展了自查，并纠正了部分自查出的问题。对审计发现的问题，组织各单位积极整改。对软件正版化治理不到位的问题，已经将软件资产纳入固定资产管理；对应收回未履行合同款问题，中国健康教育中心已经将有关合同款收回；对委托业务经费结余未退回问题，监督中心已经将结余资金退回；对非税收入未及时上缴的问题，已经将非税收入上缴财政；对账外资产问题，已经将对外投资和接受的捐赠资产纳入单位资产管理。同时，提出进一步强化内部控制，加强队伍建设，建立健全管理制度，严格预算执行。

附件：1. 原卫生部2012年度财政拨款预算执行总体情况（略）

2. 原卫生部2012年度重点审计单位财政拨款预算执行情况（略）

原国家人口和计划生育委员会 2012年度预算执行情况和其他财政收支情况审计结果

根据《中华人民共和国审计法》的规定，2012年10月至2013年3月，审计署对原国家人口和计划生育委员会（以下简称原人口计生委）2012年度预算执行情况和其他财政收支情况进行了审计，重点审计了原人口计生委本级和所属中国人口与发展研究中心等6个单位，并对有关事项进行了延伸审计。

一、基本情况

原人口计生委为中央财政一级预算单位，部门预算由原人口计生委本级和12个二级预算单位的预算组成。财政部批复原人口计生委2012年度部门财政拨款预算支出50652.29万元，原人口计生委2012年度决算（草案）反映的财政拨款支出40714.52万元，其部门预算与执行结果的差异总额为9937.77万元，差异的具体情况及产生原因见附表1。

本次审计原人口计生委本级及所属单位2012年度财政拨款预算支出共计42004.23万元，占部门财政拨款预算支出总额的82.93%。审计查出预算执行中不符合财经制度规定的问题金额6737.29万元，其中2012年6279.27万元；其他财政收支方面不符合财经制度规定的问题金额6510.38万元。上述问题对原人口计生委2012年度预算执行结果的影响见附件2。

审计结果表明，原人口计生委重视预算管理和财务管理工作，不断加强预算管理与财务监督检查，深化内部审计工作。原人口计生委本级及此次审计的所属单位预算执行基本符合预算法和其他法律法规的规定，会计核算和财务管理基本规范。

二、审计发现的主要问题

（一）预算执行中存在的主要问题。

1. 2012年，委本级未在项目支出中编列服务类政府采购预算，实际发生会议类政府采购支出543.5万元；所属药具管理中心未编列计划生育避孕药具专项经费项目政府采购预算，实际采购电脑等设备支出81.08万元。

2. 2012年，委本级及所属中国人口与发展研究中心、药具管理中心、中国计划生育协会在“婚育新风进万家宣传活动”等11个项目中，列支与项目申报内容不符的支出982.69万元、列支办公经费和物业费等基本支出447.8万元。

3. 委本级对于2010年至2011年申请的因工程条件变化而无法执行的办公楼配电室改造和地下车库建设等2个项目，未及时申请调整预算，截至2012年底，结转资金3038.47万元。

4. 2011年至2012年，委本级将应实行财政直接支付方式支付的459.56万元电子政务传输骨干网线路租费改为授权支付方式支付，其中2012年245万元。

5. 2012年，委本级未执行政府集中采购，有38个会议在非定点饭店召开，会议费支出485.26万元；直接采购印刷业务和办公家具购置支出40.53万元。

6. 2012年，委本级自行调剂其他项目资金

20.35万元用于2个与项目无关的会议支出，56个会议超标准列支212.45万元。

7.2012年，委本级无预算列支因公出国（境）经费5.4万元，6个因公出国（境）团组超标准列支27.99万元。

8.2010年至2012年，所属机关服务中心未执行政府集中采购制度，直接委托物业公司承担委本级办公楼物业服务，合同金额392.21万元，其中2012年148.75万元。

此外，委本级在编制2012年预算时，在本级22个项目中编制了“其他及不可预见费用”预算2046万元，未细化到具体支出内容，占上述项目预算总额的14.71%。

（二）其他财政收支中存在的主要问题。

1.截至2012年底，委本级未将所属机关服务中心于2011年核销的30万元对外投资损失相关处置文件报财政部备案。

2.2012年，所属机关服务中心未经批准，将受托管理的委本级部分房产出租，房租收入105.21万元也未实行“收支两条线”管理。

3.2012年，抽查委本级11个司局的25台笔记本电脑中，有3台使用非正版办公软件。

4.2012年，委本级将10个会议的81.01万元转嫁给其他单位。

5.截至2012年底，所属机关服务中心于2003年至2010年实施的4项基建项目已全部投入使用，尚未编制竣工财务决算，涉及预算资金924万元。

6.2011年至2012年，所属中国人口福利基金会共接受捐赠实物价值427.4万元和资金100万元，均未向捐赠人出具法定捐赠专用票据；接受的实物直接发放给受捐地区，未及时纳入本单位账簿核算。

7.截至2012年底，所属药具管理中心于1998年以前发生的应收账款1560.37万元仍在往来账上挂账，未及时清理。

8.2011年至2012年，所属中国人口与发展研究中心使用国内单位出具的国内培训费发票报销出国费用145.24万元，其中2012年71.45万元。

9.2011年至2012年，所属中国人口福利基金会与5家地方计生部门签订协议，要求上述5家单位在接受企业捐赠时配套购买相关产品，涉及金额886万元，不符合“捐赠应当是自愿和无偿的，禁止强行摊派或者变相摊派”等规定。

10.2011年至2012年，所属中国人口福利基金会管理的生育关怀基金累计收到社会捐赠资金1657.15万元，未按规定向社会公布公益活动和资金的详细使用计划，其中2012年1257.75万元。

11.审计曾于2006年要求所属中国人口福利基金会清理并择机依法收回对外股权投资594万元，但至2012年底，上述投资仍未收回。

此外，2012年，委本级计划外召开三类会议11个；委本级的1个因公出国（境）团组未纳入年初计划，1个因公出国（境）团组擅自延长境外停留时间；所属中国人口福利基金会将420万元生育关怀基金拨付至地方3家计生单位，并全部计列支出，但3家单位当年实际支出84.86万元，造成多计支出335.14万元。

三、审计处理情况和建议

对上述问题，审计署已依法出具了审计报告、下达了审计决定书。对政府采购预算编制不完整的问题，要求今后严格执行相关规定；对未经批准将项目支出调剂用于基本支出、自行改变项目支出内容的问题，要求调整会计账目和决算（草案），今后严格按照批复使用资金；对未及时申请调整预算的问题，要求今后及时申请调整；对未严格执行国库集中支付制度的问题，要求今后严格执行相关规定；对未执行政府集中采购的问题，要求严格执行政府采购规定；对所属机关服务中心未执行政府集中采购制度问题，要求严格按照规定执行采购程序；对编制预算不细化的问题，要求今后细化项目支出预算编制，将预算细化到具体支出内容；对资产处置未报备的问题，要求尽快报财政部备案；对所属机关服务中心违规出租房屋，收入未实行“收支两条线”的问题，要求补办审批手续，收入实行“收支两条线”；对软件正版化未整改到位的问题，要求全面检查，完成正版化工作；对所属机关服务中心未及时编制基建竣工财务决算的问题，要求尽快编制；对所属中国人口福利基金会捐赠收入未纳入账簿核算、未向捐赠人出具法定票据的问题，要求及时出具票据并将收入纳入账簿核算；对所属药具管理中心往来款未及时清理的问题，要求及时清理；对所属中国人口与发展研究中心未取得有效票据报销出国费的问题，要求今后严格报销制度；对所属中国人口福利基金会接受有偿捐赠的问题，要求严格履行公益职责，停止上述行为；对所属中国人口福利基金会未按规定向社会公布公益活动和资金使用计划的问题，要求今后及时对外公布；对以前年度审计决定整改不到位问题，要求按决定全面整改；对所属中国人口福利基金会多计支出、未能充分发挥基金效益的问题，要求加强监管，充分发挥基金效益；对超标准列支会议费和出国费、计划外召开会议和组织出国等问题，要求严格贯彻中央关于厉行勤俭节约、反对铺张浪费等要求，切实加强会议费、出国费等支出管理，杜绝此类问题再次发生。

针对审计发现的问题，审计署建议：国家卫生和计划生育委员会应进一步加强预算管理，科学合理编制预算，对于确因实施条件变动当年无法执行的项目应及时申请调整预算；加强对所属单位尤其是公益性事业单位预算和财务管理的监督检查，促进有关单位严格履行法定职责，规范捐赠资金管理。

四、审计发现问题的整改情况

原人口计生委在审计前开展了自查，并纠正了部分自查出的问题。对审计发现的问题，原人口计生委多次召开专题办公会研究部署整改工作。对部分电脑未使用正版软件问题，已组织安装了正版软件；对房屋出租收入未实行“收支两条线”管理问题，已积极协调财政部设立了财政专户；对资产处置批复文件未及时报财政部备案问题，将于近期报财政部备案；对以前年度审计发现问题整改不到位问题，中国人口福利基金会已与有关公司签署了股权转让协议，将于近期收回股权投资。

附件：1. 原人口计生委 2012 年度财政拨款预算执行总体情况（略）

2. 原人口计生委 2012 年度重点审计单位财政拨款预算执行情况（略）

中国人民银行 2012 年度财务收支情况审计结果

根据《中华人民共和国审计法》的规定，2012 年 11 月至 2013 年 2 月，审计署对中国人民银行（以下简称人民银行）2012 年度财务收支情况进行了审计，重点审计了人民银行总行及所属北京营业管理部等 19 家分支机构和 2 家企事业单位，并对有关事项进行了延伸审计。

一、基本情况

人民银行为中央财政一级预算单位，部门预算由人民银行本级和 45 个二级预算单位的预算组成。审计结果表明，人民银行本级和本次审计的所属单位重视加强资产负债管理，改进预算执行工作，2012 年度财务收支基本能够遵守预算法及相关法律法规，财务管理和会计核算基本符合会计法及有关财会制度规定，以前年度审计发现的问题已基本整改到位。

二、审计发现的主要问题

（一）预算执行中存在的主要问题。

1. 2012 年，所属兰州中心支行等 19 家分支机构未经批准，在公用经费和项目支出中列支人员费用 20109.38 万元。

2. 2012 年，所属合肥中心支行等 11 家分支机构未经批准，在公用经费、项目支出之间及两类科目内部调剂使用资金 1110.6 万元。

3. 2012 年，所属西安分行等 3 家分支机构在公用经费或项目支出中列支应由职工个人或其他单位承担的职工家属楼维修等费用 77.01 万元。

4. 2012 年，所属天津分行等 5 家分支机构无依据发放奖金补贴等 973.97 万元。

（二）其他财务收支中存在的主要问题。

1. 2012 年，所属成都分行等 10 家分支机构将房屋出租、固定资产处置等收入 1049.41 万元在往来科目核算或直接冲减当期费用。

2. 2012 年，所属兰州中心支行等 14 家分支机构将地方政府补贴资金 5833.41 万元在往来科目核算，用于发放奖金补贴或支付办公经费等。

三、审计处理情况和建议

对上述问题，审计署已依法出具了审计报告、下达了审计决定书。对所属分支机构未经批准调剂使用预算资金、扩大支出范围、少计收入等问题，要求调整会计账目和会计决算报表，并严格执行有关规定，杜绝此类问题再次发生。

针对审计发现的问题，审计署建议：人民银行应进一步加强预算管理，规范会计核算，加强对分支机构预算执行和财务管理的监督检查工作，切实维护财经纪律的严肃性。

四、审计发现问题的整改情况

人民银行在审计前开展了自查，并纠正了部分自查出的问题。对此次审计发现的问题，人民银行高度重视，积极进行整改。对少计收入问题，部分分支机构已调整有关会计账目。其他问题正在整改中。

国有资产监督管理委员会 2012 年度预算执行情况和其他财政收支情况审计结果

根据《中华人民共和国审计法》的规定，2012 年 11 月至 2013 年 3 月，审计署对国有资产监督管理委员会（以下简称国资委）2012 年度预算执行情况和其他财政收支情况进行了审计，重点审计了国资委本级和所属石化机关服务中心、机关离退休干部局等 2 个单位，并对有关事项进行了延伸审计。

一、基本情况

国资委为中央财政一级预算单位，部门预算由国资委本级和 46 个二级预算单位的预算组成。财政部批复国资委 2012 年度部门财政拨款预算支出为 255389.24 万元，国资委决算（草案）反映的当年财政拨款支出 186706.76 万元，其部门预算与执行结果的差异总额为 68682.48 万元，差异的具体情况及产生原因见附表 1。

本次审计国资委本级及所属单位 2012 年度财政拨款支出共计 81161.96 万元，占部门财政拨款支出总额的 31.78%。审计查出预算执行中不符合财经制度规定的问题金额 3669.83 万元，其中 2012 年 3436.18 万元；其他财政收支方面不符合财经制度规定的问题金额 1648.99 万元。上述问题对国资委 2012 年度预算执行结果的影响见附表 2。

审计结果表明，国资委部门本级和此次审计的所属单位预算执行基本遵守了预算法及其他法律法规的规定，财务处理基本符合相关法律和财务制度的规定，能够认真整改以前年度审计发现的问题。

二、审计发现的主要问题

（一）预算执行中存在的主要问题。

1. 2012 年，委本级在未编报相关支出预算的情况下，向所属机械离退休干部局和机械机关服务中心拨付资金 807.3 万元，用于弥补医药费超支及基础设施维修改造等。

2. 2012 年，委机关日常公用经费支出超预算 430.44 万元。

3. 2012 年，委本级将人才素质提升工程专项经费 1800 万元拨付所属干部教育培训中心，并全部计列支出。至年底实际仅支出 320.25 万元，造成委本级虚列支出 1479.75 万元。

4. 2012 年，委本级有 5 个会议在非定点饭店召开，26 个会议超标准列支 169.32 万元。

5. 2012 年，委本级无预算列支因公出国（境）经费 312.4 万元。

6. 2011 年和 2012 年，所属中国建筑材料联合会、中国轻工业联合会、轻工业展览中心和中国纺织经济研究中心在“事业单位离退休经费”中列支非本单位退休人员聘用工资和公用经费等共计 470.62 万元，其中 2012 年 236.97 万元。

此外，委本级还为所属干部教育培训中心代编企业干部培训专项经费预算 349.4 万元。

（二）其他财政收支中存在的主要问题。

1. 委本级及所属单位未严格执行国有资产处置有关规定。

（1）2009 年，委本级未报财政部审批，自行批准所属化工大连疗养院原值为 1071.69 万元的房屋产权由化工大连疗养院变更为所属石化机关服务中心。

（2）2010 年，委本级未报财政部审批，自行批准所属石化机关服务中心使用化工大连疗养院地上建筑物（评估价值 3507.66 万元）对该中心下属企业中瑞化兴资产管理有限责任公司（以下简称中瑞化兴公司）进行投资。

（3）2011 年，委本级未报财政部审批，通过大连市政府土地管理部门办理了相关手续，将所属化工大连疗养院的土地由石化机关服务中心的划拨用地协议出让给中瑞化兴公司，综合地价为 8502.87 万元。

（4）2012 年，委本级未报财政部审批，自行批准所属商业机关服务中心将其部分房产对外出租，租期 8 年。

2. 按规定，委本级依据实有人员数量，配置笔记本电脑不应超过 459 台，截至 2012 年底，委本级实际使用工作用笔记本电脑639台，超实物量标准配置180台。

3. 截至2012年底，委本级投资1391.68万元建设的29个信息应用系统已完工投入使用，但未按规定登记固定资产账。

4. 2012年，委本级将1个会议的27.71万元转嫁给其他单位。

5. 2011年至2012年，所属石化中心房产出租收入未在法定账簿核算，涉及金额229.6万元，其中2012年206.69万元。

此外，2012年，委本级的7个因公出国（境）团组未纳入年初计划。

三、审计处理情况和建议

对上述问题，审计署已依法出具了审计报告、下达了审计决定书。对无预算支出的问题，要求加强预算管理；对于超预算支出的问题，要求严格控制开支；对虚列支出的问题，要求调整有关会计账目和决算（草案），严格按照实际业务进行核算；对于扩大经费支出范围列支的问题，要求调整有关会计账目和决算（草案）；对代编预算的问题，要求今后杜绝此类问题的发生；对国有资产出租、投资和处置未按规定报财政部审批等问题，要求补办相关审批手续；对超实物量标准配置笔记本电脑的问题，要求认真清查在用笔记本电脑等办公用品的可用状态，适当减少以后年度通用办公设备的采购数量；对软件资产未按规定登记固定资产的问题，要求纳入固定资产管理；对出租收入未在法定账簿核算的问题，要求将相关租金收入纳入该中心统一核算、管理，同时调整相关会计账目和决算（草案）；对超标准列支会议费、向其他单位转嫁会议费，以及计划外组织出国等问题，要求严格贯彻中央关于厉行勤俭节约、反对铺张浪费等要求，切实加强会议费、出国费等支出管理，杜绝此类问题再次发生。

针对审计发现的问题，审计署建议：国资委应加强对预算编报和预算支出的管理，保证预算支出的合法和合规，并加强对所属单位的国有资产出租及处置的管理，促进相关收入纳入法定账簿核算。

四、审计发现问题的整改情况

国资委在审计前开展了自查，并纠正了部分自查出的问题。对审计发现的问题，国资委正在组织进行认真整改。

附件： 1. 国资委2012年度财政拨款预算执行总体情况（略）

2. 国资委2012年度重点审计单位财政拨款预算执行情况（略）

国家税务总局2012年度预算执行情况和其他财政收支情况审计结果

根据《中华人民共和国审计法》的规定，2012年10月至2013年3月，审计署对国家税务总局（以下简称税务总局）2012年度预算执行情况和其他财政收支情况进行了审计，重点审计了税务总局本级和所属机关服务中心，并对有关事项进行了延伸审计。

一、基本情况

税务总局为中央财政一级预算单位，部门预算由税务总局本级和42个二级预算单位的预算组成。财政部批复税务总局2012年度部门财政拨款预算支出为6352274.54万元，税务总局决算（草案）反映的当年财政拨款支出5511336.78万元，其部门预算与执行结果的差异总额为840937.76万元，差异的具体情况及产生原因见附件1。

本次审计税务总局本级及所属单位2012年度财政拨款支出共计393498.55万元，占部门财政拨款支出总额的6.19%。审计查出预算执行中不符合财经制度规定的问题金额40432.4万元，其中2012年40422.66万元；其他财政收支方面不符合财经制度规定的问题金额2992.53万元。上述问题对税务总局2012年度预算执行结果的影响见附件2。

审计结果表明，税务总局和本次审计的所属单位2012年度预算执行基本能够遵守预算法及相关法律规定，基本能够按照会计法及有关规定的要求进行会计处理，重视财务管理和内部审计监督工作，不断完善国税系统经费管理体制和相关制度。

二、审计发现的主要问题

（一）预算执行中存在的主要问题。

1. 2012年，局本级未经批准，自行在税制改革经费项目中列支"营业税改征增值税小型机采购"等费用3522.36万元。

2.2012年，局本级未经批准，未公开招标直接委托有关单位开展统计调查支出574万元；20个会议在非定点饭店召开，支出113.9万元。

3.2012年，局本级将应由财政直接支付的款项，申请变更为财政授权方式支付，涉及金额27579.34万元。

4.2012年，局本级在日常公用经费中报销职工个人有关费用62.4万元。

5.2012年，税务总局在编制当年决算（草案）时，将本级执行的项目支出列报在项目代管单位决算中，造成局本级项目支出决算少计8249.35万元、项目代管单位项目支出决算多计8249.35万元。

6. 截至2012年底，局本级有63.23万元会议费虽已列支出，实际存放于有关宾馆形成账外资金。

7.2012年，局本级有52个会议存在超规模、超会期、超标准等问题，涉及金额139.30万元；2011年和2012年，局本级有8个会议由下属机构和地方单位承担会议费42.41万元，其中2012年32.67万元。

8.2012年，局本级向其他单位转嫁因公出国（境）支出72.78万元。

9.2012年，局本级的10个因公出国（境）团组超标准列支13.33万元。

此外，局本级金税三期工程、国税系统基本建设等项目支出预算执行率低，截至2012年末，累计结转24.33亿元。

（二）其他财政收支中存在的主要问题。

1. 截至2012年底，所属机关服务中心未及时清理往来款科目长期挂账资金2992.53万元。

2. 所属电子税务管理中心19台计算机更新计算机操作系统时未使用正版产品。

此外，2012年，局本级计划外召开三类会议101个；局本级的6个因公出国（境）团组未纳入年初计划，13因公出国（境）团组存在超过规定天数的问题；税务总局未及时出台本系统具体的笔记本电脑采购标准，所属国税系统有关单位超标准采购笔记本电脑，涉及金额678.32万元。

三、审计处理情况和建议

对上述问题，审计署已依法出具了审计报告、下达了审计决定书。对自行改变项目支出内容、未按规定实行公开招标、未按财政直接支付要求支付款项等问题，要求今后严格按规定执行；对违规支付职工个人费用的问题，要求严格按照国家规定的职工待遇范围和标准执行；对未按规定编制项目支出决算的问题，要求调整决算（草案）；对暂存款中列支出国费的问题，要求按规定及时清理暂存款项并调整相关账目和报表；对往来款长期挂账的问题，要求及时进行清理；对更新计算机操作系统时未使用正版产品的问题，要求按规定使用正版操作系统等软件；对以会议费名义报销资金留存在宾馆、超标准列支会议费和出国费，向其他单位转嫁会议费和出国费，以及计划外召开会议和组织出国等问题，要求严格按照规定使用会议费，并调整相关账目，严格贯彻中央关于厉行勤俭节约、反对铺张浪费等要求，切实加强会议费、出国费等支出管理，杜绝此类问题再次发生。

针对审计发现的问题，审计署建议：税务总局应进一步提高预算编报的科学性和准确性，加强会议费、出国费等经费管理，规范和严格执行各项经费的开支范围和标准，进一步加强对所属单位的财务管理和监督检查工作，严肃财经纪律。

四、审计发现问题的整改情况

对审计发现的问题，税务总局正在采取措施进行整改。

附件： 1. 税务总局2012年度财政拨款预算执行总体情况（略）

2. 税务总局2012年度重点审计单位财政拨款预算执行情况（略）

国家工商行政管理总局2012年度预算执行情况和其他财政收支情况审计结果

根据《中华人民共和国审计法》的规定，2013年1月至3月，审计署对国家工商行政管理总局（以下简称工商总局）2012年度预算执行情况和其他财政收支情况进行了审计，重点审计了工商总局本级和所属机关服务局、中国消费者协会（以下简称中消协）和中国个体劳动者协会（以下简称中个协）等3个单位，并对有关事项进行了延伸审计。

一、基本情况

工商总局为中央财政一级预算单位，部门预算由工商总局本级和11个二级预算单位的预算组成。财政部批复工商总局2012年度部门财政拨款预算支出为67657.53万元，工商总局决算（草案）反映的当年财政拨款支出62340.07万元，其部门预算与执行结果的差异总额为5317.46万元，差异的具体情况及产生原因见附件1。

本次审计工商总局本级及所属单位2012年度财政拨款支出共计55305.74万元，占部门财政拨款支出总额的81.74%。审计查出预算执行中不符合财经制度规定的问题金额12369.76万元，全部为当年问题；其他财政收支方面不符合财经制度规定的问题金额397.29万元。上述问题对工商总局2012年度预算执行结果的影响见附件2。

审计结果表明，工商总局本级和此次审计的所属单位预算收支基本符合预算法和其他财经法规的规定，会计处理基本符合会计法和相关会计制度的规定。

二、审计发现的主要问题

（一）预算执行中存在的主要问题。

1.2012年，局本级在未按规定编报软件、会议和印刷等政府采购预算的情况下，实际发生会议、印刷等费用共计6651.77万元；未编制软件资产配置计划，采购6个软件涉及金额208.24万元。

2.2012年，局本级无预算列支因公出国（境）经费13.06万元，将出国费用超预算支出部分75.09万元在往来款科目挂账；局本级13个因公出国（境）团组超标准列支4.74万元。

3.2012年，局本级住房公积金超预算支出703.85万元。

4.2012年，局本级以会议费名义和在“动漫项目”经费中违规列支培训费、问卷调查费等支出共计235.21万元。

5.2012年，局本级有53个会议在非定点饭店召开；所属商标局未按规定履行政府采购程序，直接将日常批量印刷业务委托所属机关服务局和工商出版社承担，共支付费用4373.7万元。

6.2012年，局本级26个会议超标准列支104.1万元。

（二）其他财政收支中存在的主要问题。

1.2012年，局本级将职工售房款在往来款核算，年末结转结余资金227.29万元未纳入售房收入专户管理。

2. 截至2012年底，所属机关服务局未将划归其管理的总局招待所和机关招待所（注册资本共计150万元）纳入“对外投资”科目核算，机关招待所于2001年对外投资的20万元也在“其他应收款”科目挂账。

此外，2012年，局本级计划外召开三类会议23个；局本级的2个因公出国（境）团组未纳入年初计划。

三、审计处理情况和建议

对上述问题，审计署已依法出具了审计报告、下达了审计决定书。对未编报政府采购预算的问题，要求今后严格按规定编制政府采购预算；对超预算支出的问题，要求今后严格按照财政部批复预算执行；对扩大经费开支范围的问题，要求加强对预算支出的管理；对所属商标局未按规定执行政府采购程序的问题，要求今后严格按规定执行；对售房款未纳入售房专户管理的问题，要求将售房款存入售房收入专户管理；对所属机关服务局对外投资未在财务账簿反映的问题，要求对所属经济实体进行清理，确认产权归属与股权价值，纳入单位财务统一核算管理，并上报主管部门。对超标准列支会议费，以及计划外召开会议和组织出国等问题，要求严格贯彻中央关于厉行勤俭节约、反对铺张浪费等要求，切实加强会议费、出国费等支出管理，杜绝此类问题再次发生。

针对审计发现的问题，审计署建议：工商总局应进一步加强预算资金的管理，严格执行各项费用的开支范围，并加强对所属单位的财务管理和监督，督促其规范会计核算工作。

四、审计发现问题的整改情况

工商总局在审计前开展了自查，并纠正了部分自查出的问题。对审计发现扩大经费开支范围的问题，部分资金已按要求调整有关会计账目；对出国费超预算的问题，表示今后要加强出国团组的计划和预算管理，严格按批复预算执行；对未编制软件资产配置计划等政府采购管理不规范问题，已责成相关部门加强软件资产管理，严格按规定执行政府采购程序。

附件：1. 工商总局 2012 年度财政拨款预算执行总体情况（略）
2. 工商总局 2012 年度重点审计单位财政拨款预算执行情况（略）

国家质量监督检验检疫总局 2012 年度预算执行情况和其他财政收支情况审计结果

根据《中华人民共和国审计法》的规定，2012 年 11 月至 2013 年 3 月，审计署对国家质量监督检验检疫总局（以下简称质检总局）2012 年度预算执行情况和其他财政收支情况进行了审计，重点审计了质检总局本级和所属机关服务中心、中国纤维检验局和全国组织机构代码管理中心等 5 个单位，并对有关事项进行了延伸审计。

一、基本情况

质检总局为中央财政一级预算单位，部门预算由质检总局本级和 48 个二级预算单位的预算组成。财政部批复质检总局 2012 年度财政拨款预算支出为 1315129.33 万元，质检总局决算（草案）反映的当年财政拨款支出 1185088.2 万元，其部门预算与执行结果的差异总额为 130041.13 万元，差异的具体情况及产生原因见附表 1。

本次审计质检总局本级及所属单位 2012 年度预算支出共计 124757.74 万元，占部门财政拨款支出总额的 9.49%。审计查出预算执行中不符合财经制度规定的问题金额 2080.04 万元，其中 2012 年 2019.17 万元；其他财政收支方面不符合财经制度规定的问题金额 9366.67 万元。上述问题对质检总局 2012 年度预算执行结果的影响见附表 2。

审计结果表明，质检总局本级及此次审计的所属单位 2012 年度预算收支基本遵守了预算法及其他法律法规的规定，会计处理基本符合会计法、相关会计准则和会计制度的规定，能够加强财务管理工作，逐步完善有关财务管理制度，对以前年度审计查出的问题进行了认真整改。

二、审计发现的主要问题

（一）预算执行中存在的主要问题。

1. 2012 年，局本级未经批准，自行调整“一般行政事务管理绩效考评平台”项目预算 33.5 万元，用于非该项目内容的支出。

2. 2012 年，局本级召开的 3 个会议共列支 25 万元，其中有 1.42 万元实际支付了非会期内的餐饮费，有 0.37 万元仍结存在饭店；委托所属 2 家单位召开的 4 个会议共列支 69.85 万元，其中有 11.9 万元仍结存在所属单位或饭店。上述问题造成虚列会议费支出 13.69 万元。

3. 局本级及所属单位未严格执行政府采购制度，涉及金额 1203.75 万元。

（1）2011 年，局本级未执行政府采购程序，直接指定所属单位制作工作宣传片，合同总金额 60.87 万元；局本级有 3 个会议在非定点饭店召开。

（2）2012 年，局本级委托机关服务中心采购办公设备和家具 324.04 万元，未编制资产配置计划和履行相关审批手续。

（3）2012 年，所属中国纤维检验局未执行政府采购程序，也未公开招标，直接采购物业管理服务金额 627 万元、购买软件开发服务金额 191.84 万元。

4. 截至 2012 年底，所属中国质检出版社 2011 年度申报的项目预算 500 万元，仍有 463.92 万元未执行，财政资金未充分发挥效益。

5. 2012 年，局本级“检验检疫电子监管系统运行维护和通讯”专项经费开发的软件涉及金额 35 万元，未计入固定资产账。

6. 2012 年，局本级 1 个会议超标准列支 47.47 万元。

7. 2012 年，局本级超预算列支因公出国（境）经费 272.74 万元；24 个因公出国（境）团组超标准列支 9.97 万元。

（二）其他财政收支中存在的主要问题。

1. 2010 年至 2012 年，所属机关服务中心收到产权属于局本级的房屋出租收入 1092.5 万元，未上缴中央财政专户，其中 2012 年 375 万元。

2. 截至 2012 年底，所属机关服务中心往来款挂账 4415.97 万元长期未清理。

3. 截至 2012 年底，所属机关服务中心和南戴河检测交流中心对同一笔往来款项，账面反映相差 243.91 万元。

4. 截至 2012 年底，所属全国组织机构代码管理中心账面反映固定资产 9184.63 万元，当年决算反映固定资产为 6242 万元，账表相差

2942.63万元。

5. 截至2012年底，所属中国质检报刊社1998年形成的455万元应收账款尚未追回。

6. 局本级将7个会议的212.26万元转嫁下属单位，1个会议的4.4万元转嫁其他单位。

此外，2012年，局本级的104个因公出国（境）团组未纳入年初计划，1个因公出国（境）团组擅自延长境外停留时间。

三、审计处理情况和建议

对上述问题，审计署已依法出具了审计报告、下达了审计决定书。对未经批准自行调整项目预算的问题，要求归还原资金渠道安排使用，并加强管理；对虚列会议支出的问题，要求归还原资金渠道；对未严格执行政府采购制度的问题，要求加强政府采购管理工作，严格执行政府采购的相关规定，并按规定编制资产配置计划；对所属中国质检出版社项目执行进度慢的问题，要求加快项目执行进度，提高资金使用效益；对少计固定资产的问题，要求及时补记固定资产；对所属机关服务中心房屋出租收入未上缴中央财政专户的问题，要求将上述房屋出租收入上缴中央财政专户；对所属机关服务中心往来款长期挂账的问题，要求对长期挂账的款项进行清理，并加强管理；对所属机关服务中心往来款账账不符的问题，要求对上述款项进行清理核对，确保账实相符；对所属全国组织机构代码管理中心固定资产账表不符的问题，要求核实相应固定资产，做到账实相符、账表相符；对所属中国质检报刊社应收账款长期未追回的问题，要求积极追讨；对超标准列支会议费和出国费，以及计划外组织出国等问题，要求严格贯彻中央关于厉行勤俭节约、反对铺张浪费等要求，切实加强会议费、出国费等支出管理，杜绝此类问题再次发生。

针对审计发现的问题，审计署建议：质检总局应进一步加强预算和资产管理，建立健全内部控制制度，督促所属单位规范财务管理，提高资金使用效益和管理水平。

四、审计发现问题的整改情况

质检总局在审计前开展了自查，并纠正了部分自查出的问题。对审计发现的问题和管理中存在的薄弱环节，质检总局组织有关部门进行了专题研究，责成各相关部门和单位积极整改。审计期间，对虚列会议费支出等部分问题已进行整改。

附件： 1. 质检总局2012年度财政拨款预算执行总体情况（略）

2. 质检总局2012年度重点审计单位财政拨款预算执行情况（略）

原新闻出版总署2012年度预算执行情况和其他财政收支情况审计结果

根据《中华人民共和国审计法》的规定，2012年10月至2013年3月，审计署对原国家新闻出版总署（国家版权局，以下简称原新闻出版总署）2012年度预算执行情况和其他财政收支情况进行了审计，重点审计了署本级和所属国家出版基金规划管理办公室（以下简称基金办）、中国新闻出版研究院（以下简称研究院）、中国版权保护中心（以下简称保护中心）等7个单位，并对有关事项进行了延伸审计。

一、基本情况

原新闻出版总署为中央财政一级预算单位，部门预算由原新闻出版总署本级和13个二级预算单位的预算组成。财政部批复原新闻出版总署2012年度部门财政拨款预算支出为95089.72万元，原新闻出版总署决算（草案）反映的当年财政拨款支出92136.56万元，其部门预算与执行结果的差异总额为2953.16万元，差异的具体情况及产生原因见附件1。

本次审计原新闻出版总署本级及所属单位2012年度财政拨款支出共计91111.95万元，占部门财政拨款支出总额的95.82%。审计查出预算执行中不符合财经制度规定的问题金额4974.61万元，其中2012年4955.65万元；其他财政收支方面不符合财经制度规定的问题金额148.56万元。上述问题对原新闻出版总署2012年度预算执行结果的影响见附件2。

审计结果表明，原新闻出版总署本级和此次审计的所属单位预算收支基本遵守了预算法及其他法律法规的规定，财务处理基本符合相关法律、法规和财务制度的规定，对以前年度审计查出的问题认真进行了整改。

二、审计发现的主要问题

（一）预算执行中存在的主要问题。

1.2012年，署本级多计列项目支出4430.87万元。

（1）署本级将文化产业发展专项资金3900万元拨付至所属3家单位，并全部计列支出，但至年底上述资金实际未支出。

（2）署本级将重大科技项目管理工作委托给所属2家单位并列报工作经费支出380万元，但上述资金至年底实际支出195.02万元，其余184.98万元结余。

（3）署本级拨付所属研究院相关工作经费463.43万元，并全部计列支出，但上述资金至年底实际支出117.54万元，其余345.89万元结余。

2.2012年，署本级自行调剂其他项目资金0.51万元用于2个与项目无关的会议支出；2个会议超标准列支15.39万元。

3.2012年，署本级的10个因公出国（境）团组超标准列支7.65万元。

4.2012年，署本级及所属2家单位未经批准自行改变部分预算支出内容，其中：署本级和所属保护中心将209.51万元日常公用经费调剂用于人员经费；所属教育培训中心在2个培训项目专项经费中列支人员工资和劳务费34.36万元。

5.2011年至2012年，所属基金办超标准支付管理费、展览费和专家评审费，涉及金额223.37万元，其中2012年204.41万元。

6.2012年，所属基金办未经政府采购程序，直接与相关公司签订出版基金成果展服务合同，合同金额49.98万元，实际支付52.95万元。

（二）其他财政收支中存在的主要问题。

1.2012年，所属保护中心未经批准，将本中心价值2980万元的房屋对外出租并获得收入111.15万元。

2.2012年，所属基金办和研究院使用74张虚假行程单报销差旅费11.36万元。

3.2009年和2010年，所属中国印刷技术协会使用不合规发票列支"印刷费"5.07万元，实际用于该协会应支付的项目管理费。

4.2012年，署本级将2个会议的11.89万元支出转嫁给下属单位，将4个会议的9.09万元支出转嫁其他单位。

此外，2012年，署本级计划外召开三类会议5个；署本级的21个因公出国（境）团组未纳入年初计划。

三、审计处理情况和建议

对上述问题，审计署已依法出具了审计报告、下达了审计决定书。对多计列项目支出的问题，要求调整相关会计科目和决算报表；对未经批准自行改变预算支出内容的问题，要求今后按照批复预算执行；对超标准支出经费的问题，要求加强预算管理，严格控制支出标准和范围；对未经政府采购程序签订合同的问题，要求年后严格按照政府采购规定执行；对保护中心未经批准对外出租房屋的问题，要求尽快履行审核和报批程序；对使用不合规单据和发票列支的问题，要求今后严格审核原始凭证，更换符合规定的发票并如实记账；对超标准列支会议费和出国费、向其他单位转嫁会议费，以及计划外召开会议和组织出国等问题，要求严格贯彻中央关于厉行勤俭节约、反对铺张浪费等要求，切实加强会议费、出国费等支出管理，杜绝此类问题再次发生。

针对审计发现的问题，审计署建议：新闻出版广电总局应严格执行预算管理和财务管理规定，切实做好预算执行和与所属单位及项目承担单位的对账工作，如实反映预算执行情况。

四、审计发现问题的整改情况

原新闻出版总署在审计前开展了自查，并纠正了部分自查出的问题。对审计发现的问题，新闻出版广电总局积极采取措施进行整改，并表示将不断强化预算意识，改进工作方法，提高管理水平。对多计列项目支出的问题，已经调整相关会计科目；对未经批准自行改变预算支出内容的问题，已经要求今后按照批复预算执行；对超标准支出经费的问题，已经要求今后严格控制，并向财政部提出修改《国家出版基金财务管理办法》；对未执行政府采购程序签订合同的问题，已经要求今后严格按照政府采购规定执行；对未经批准对外出租房屋的问题，正在履行报批程序；所属研究院已不再从原机票供应商处购买机票，以避免使用不符合规定的电子客票行程单报销。

附件：1. 原新闻出版总署2012年度财政拨款预算执行总体情况（略）

2. 原新闻出版总署2012年度重点审计单位财政拨款预算执行情况（略）

原国家广播电影电视总局
2012年度预算执行情况
和其他财政收支情况审计结果

根据《中华人民共和国审计法》的规定，2012年11月至2013年3月，审计署对原国家广播电影电视总局（以下简称原广电总局）2012年度预算执行情况和其他财政收支情况进行了审计，重点审计了原广电总局本级和所属无线电台管理局（以下简称无线局）、中国国际广播电台（以下简称国际台）、中国电影乐团（以下简称电影乐团）等4个单位，并对有关事项进行了延伸审计。

一、基本情况

原广电总局为中央财政一级预算单位，部门预算由原广电总局本级和23个二级预算单位的预算组成。财政部批复原广电总局2012年度部门财政拨款预算支出为767408.79万元，原广电总局决算（草案）反映的当年财政拨款支出640095.33万元，其部门预算与执行结果的差异总额为127313.46万元，差异的具体情况及产生原因见附件1。

本次审计原广电总局本级及所属单位2012年度财政拨款支出共计440100.67万元，占部门财政拨款支出总额的57.35%。审计查出预算执行中不符合财经制度规定的问题金额23176.1万元，其中2012年3644.15万元；其他财政收支方面不符合财经制度规定的问题金额25359.83万元。上述问题对原广电总局2012年度预算执行结果的影响见附件2。

审计结果表明，原广电总局本级和此次审计的所属单位2012年度预算收支基本遵守了预算法及相关法律法规，会计处理基本符合会计法和有关会计制度的规定，预算管理的水平进一步提高，对以前年度审计查出的问题认真进行了整改。

二、审计发现的主要问题

预算执行中存在的主要问题。

1.2006年至2012年，所属无线局、中国广播艺术团和电影乐团18111.9万元资金未纳入法定账簿核算，其中2012年239.51万元。

2.2011年至2012年，所属培训中心、电影乐团和无线局未经批准，自行在3个项目中列支与项目内容无关的支出106.66万元，其中2012年37.2万元。

3.2010年和2011年，局本级及所属培训中心未按规定实施政府采购，直接与有关单位和公司签订采购合同，涉及金额653.5万元；局本级有2个会议在非定点饭店召开。

4.2012年，所属无线局在设备采购等服务中，将应使用直接支付的款项改为使用授权方式支付，涉及金额2307.67万元。

5.2012年，所属国际台和无线局提前列支实际上尚未支付的项目合同款项728.71万元，虚增2012年度决算（草案）支出。

6.2012年，所属国际台软件采购预算192万元实际未执行；所属电影技术质量检测所和中国电影科学技术研究所采购软件82套闲置未用，合计支出3.6万元。

7. 截至2012年底，原所属节目传输中心于2011年申报的项目因前期论证不充分，仅支出63.4万元，其余936.60万元专项资金闲置。

8.2012年，局本级自行调剂其他项目资金2.14万元用于1个与项目无关的会议支出；8个会议超标准列支60.38万元；

9.2012年，局本级无预算列支因公出国（境）经费62.42万元；3个因公出国（境）团组超标准列支10.52万元。

（二）其他财政收支中存在的主要问题。

1.2011年至2012年，所属机关服务中心、广播电视规划院和质检所未经批准，违规收取代办签证费、检测费等2334.80万元，其中2012年1255.65万元。

2.2010年至2012年，所属培训中心、电影乐团、无线局的报销凭证中，有97.54万元发票不合规，其中2012年19.71万元。

3.2012年，所属国际台内部经济往来未抵销，造成决算（草案）多计资产和负债各300万元。

4. 截至2012年底，所属国际台于2008年完工并投入使用的专家公寓尚未办理竣工决算，涉及投资22549.57万元。

5.2012年，局本级将3个会议的14.92万元支出转嫁下属单位，1个会议的63万元支出转嫁其他单位。

此外，2012年，局本级计划外召开三类及以上会议21个；局本级的9个因公出国（境）团组未纳入年初计划。

三、审计处理情况和建议

对上述问题，审计署已依法出具了审计报告、下达了审计决定书。对所属无线局、中国广播艺术团和电影乐团资金未纳入法定账簿核算问题，要求责成有关单位将相关经济业务事项纳入单位法定账册核算，并收回结余款项；对所属培训中心、电影乐团和无线局扩大项目开支范围的问题，要求今后严格执行项目支出预算；对未按规定实施政府采购的问题，要求严格执行政府采购程序；对所属无线局使用授权方式支付违规的问题，要求严格执行国库集中支付改革规定；对所属国际台和无线局提前列支未付项目款的问题，要求调整有关会计账目和决算；对所属国际台软件资产购置管理的问题，要求严格执行预算；对所属节目传输中心资金闲置的问题，要求尽快论证制订项目的实施方案，推进项目实施；对所属机关服务中心、广播电视规划院和质检所违规收费的问题，要求停止违规收费，未报经批准前不得收费；对所属培训中心、电影乐团、无线局虚假发票入账的问题，要求加强发票报销管理；对所属国际台经济往来未抵销造成决算多计资产负债的问题，要求调整决算；对所属国际台专家公寓未办理竣工决算的问题，要求尽快完成竣工决算；对超标准列支会议费和出国费，以及计划外召开会议和组织出国等问题，要求严格贯彻中央关于厉行勤俭节约、反对铺张浪费等要求，切实加强会议费、出国费等支出管理，杜绝此类问题再次发生。

针对审计发现的问题，审计署建议：新闻出版广电总局应提高预算编制的科学性和预算执行的规范性，加大对所属单位的监管力度，完善对参与分配的专项转移支付资金的管理。

四、审计发现问题的整改情况

原广电总局在审计前开展了自查，并纠正了部分自查出的问题。对审计发现的问题，无线局表示今后严格票据审核程序，并已换开正式发票；有关所属单位已将所购软件安装使用。其他问题正在整改中。

附件：1. 原广电总局2012年度财政拨款预算执行总体情况（略）

2. 原广电总局2012年度重点审计单位财政拨款预算执行情况（略）

国家体育总局2012年度预算执行情况和其他财政收支情况审计结果

根据《中华人民共和国审计法》的规定，2012年11月至2013年3月，审计署对国家体育总局（以下简称体育总局）2012年度预算执行情况和其他财政收支情况进行了审计，重点审计了体育总局本级和所属北京体育大学（以下简称北体大）等7个单位，并对有关事项进行了延伸审计。

一、基本情况

体育总局为中央财政一级预算单位，部门预算由局本级和42个二级预算单位的预算组成。财政部批复体育总局2012年度的部门财政拨款预算支出为255079.92万元，体育总局决算（草案）反映的当年财政拨款支出229923.99万元；其部门预算与执行结果的差异总额为25155.93万元，差异的具体情况及产生原因见附件1。

本次审计体育总局本级及所属单位2012年度财政拨款支出共计104771.6万元，占部门财政拨款支出总额的41.07%。审计查出预算执行中不符合财经制度规定的问题金额10582.64万元，全部为当年问题；其他财政收支方面不符合财经制度规定的问题金额250.31万元。上述问题对体育总局2012年度预算执行结果的影响见附件2。

审计结果表明，体育总局本级及此次审计的所属单位2012年度基本能够遵守预算法及相关法律法规，财务处理基本符合相关法律和财务制度的规定，建立了较完善的内部控制制度并基本得到有效执行，对以前年度审计查出的问题进行了认真整改。

二、审计发现的主要问题

（一）预算执行中存在的主要问题。

1.2012年，局本级在申报人员经费预算时，上报人数超出实有人数，导致多报人员经费120万元，全部用于局本级公用经费支出。

2.2012年，局本级将3个补助地方体育事业发展的项目预算列入本级预算支出，金额共计5993万元。

3. 2012年，局本级的6个会议超标准列支35.92万元。

4. 2012年，局本级4个因公出国（境）团组超标准列支6.01万元。

5. 2012年，所属北体大附属竞技体育学校在“北体竞校后备力量”项目中列支学校餐厅维修、购置设备等支出394.67万元；所属体育信息中心在“机关电子政务、信息化建设运行维护开发费”项目中列支职工岗位补贴109万元。

6. 2012年，所属北体大将有关专项资金共计1206.33万元，从单位零余额账户提前支付给施工单位或货物、服务供应商，再通过向对方收取履约保证金的方式转入单位实有资金账户。

7. 2012年，局本级采取以拨作支方式，将449万元专项资金拨付承担项目的3家所属单位，并全部计列了支出，但上述3项资金当年实际支出167.85万元，造成多计支出281.15万元。

8. 2012年，局本级及2家所属单位部分政府采购事项未按规定公开招标，其中：局本级采购金额474.2万元，所属北体大采购金额459.02万元，所属体育科学研究所采购金额1503.34万元；局本级有3个会议在非定点饭店召开。

（二）其他财政收支中存在的主要问题。

1. 2012年，局本级自6月起陆续收到的房产出租收入共计188.72万元，未按规定时限及时上缴国库，而是存入本单位实有资金账户，直到当年11月和12月才分两次上缴。

2. 2012年，局本级将1个会议的7.48万元支出转嫁其他单位。

3. 2012年，局本级向下属单位转嫁因公出国（境）支出23.68万元。

4. 截至2012年底，所属4家单位有299台电脑未配备正版办公软件。

5. 2012年，所属体育科学研究所和北体大使用的报销凭证中，有173张票面不真实的电子客票行程单涉及金额30.43万元。

此外，2012年，局本级计划外召开三类及以上会议67个；局本级的42个因公出国（境）团组未纳入年初计划。

三、审计处理情况和建议

对上述问题，审计署已依法出具了审计报告、下达了审计决定书。对多报人员经费预算的问题，要求将多申领资金上缴中央财政，并调整有关会计账目和决算（草案）；对超范围编报拨付地方使用项目预算的问题，要求今后应规范部门预算编报范围；对所属北体大附属竞技体育学校和所属体育信息中心扩大专项资金开支范围的问题，要求追回资金，归还原渠道，调整有关会计账目和决算（草案）；对所属北体大从零余额账户向实有资金账户转移财政资金的问题，要求今后按规定使用零余额账户；对多计支出的问题，要求今后在年终决算时按照实际支出编制本级决算（草案）；对未严格执行政府采购程序的问题，要求今后严格执行政府采购的有关规定，规范政府采购行为；对未按规定及时上缴非税收入的问题，要求其今后按规定及时上缴；对所属4家单位电脑未配备正版软件的问题，要求及时完成软件正版化工作；对所属体育科学研究所和北体大使用不符合规定的电子客票行程单报销入账的问题，要求进一步查清事实，完善差旅费报销手续，杜绝此类问题再度发生；对超标准列支会议费和出国费，以及计划外召开会议和组织出国等问题，要求严格贯彻中央关于厉行勤俭节约、反对铺张浪费等要求，切实加强会议费、出国费等支出管理，杜绝此类问题再次发生。

针对审计发现的问题，审计署建议：体育总局应进一步提高预算管理水平，保证财政资金专款专用，并加强对政府采购的管理，严格执行零余额账户管理规定。

四、审计发现问题的整改情况

体育总局在审计前开展了自查，并纠正了部分自查出的问题。对审计发现的问题，体育总局及其所属单位正在制定具体措施积极整改中。

附件： 1. 体育总局2012年度财政拨款预算执行总体情况（略）

2. 体育总局2012年度重点审计单位财政拨款预算执行情况（略）

国家安全生产监督管理总局2012年度预算执行情况和其他财政收支情况审计结果

根据《中华人民共和国审计法》的规定，2012年10月至2013年3月，审计署对国家安全生产监督管理总局（以下简称安全监管总局）

2012年度预算执行情况和其他财政收支情况进行了审计，重点审计了安全监管总局本级和所属机关服务中心、宣教中心等2个单位，并对有关事项进行了延伸审计。

一、基本情况

安全监管总局为中央财政一级预算单位，部门预算由安全监管总局本级和50个二级预算单位的预算组成。财政部批复安全监管总局2012年度部门财政拨款预算支出为191387.7万元，安全监管总局决算（草案）反映的当年财政拨款支出181197.16万元，其部门预算与执行结果的差异总额为10190.54万元，差异的具体情况及产生原因见附件1。

本次审计安全监管总局本级及所属单位2012年度财政拨款支出共计21982.84万元，占部门财政拨款支出总额的11.49%。审计查出预算执行中不符合财经制度规定的问题金额13665.59万元，其中2012年10215.04万元；其他财政收支方面不符合财经制度规定的问题金额20625.37万元。上述问题对安全监管总局2012年度预算执行结果的影响见附件2。

审计结果表明，安全监管总局本级及本次审计的所属单位预算编制基本合规，预算收支基本符合预算法和其他财经法规的规定，财务处理基本符合会计法和财务制度的规定，对以前年度审计查出的问题认真进行了整改。

二、审计发现的主要问题

（一）预算执行中存在的主要问题

1.2012年，局本级将应在部门本级编报的基本支出和项目支出预算共计3120万元，放在所属机关服务中心编报，作为机关服务中心为局本级提供服务的物业结算收入。

2.2010年至2012年，局本级未按规定将每年部门机动费使用情况报财政部备案，3年共计动用机动费4630.02万元，其中2012年动用1595.67万元。

3.2012年，局本级在未编报相关预算的情况下，从结余资金中向2家所属单位拨付1795万元。

4.2010年至2012年，局本级将本级公务用车预算放在所属机关服务中心编报，3年来公务用车运行维护费预算共超出核定的预算额度710.3万元，其中2012年超出294.1万元。

5.2012年，局本级编报政府采购预算200万元，实际执行政府采购1132.9万元，超预算支出932.9万元。

6.2012年，局本级未经批准，自行在项目经费中向扶贫帮扶县人民政府等4家单位拨付资金210万元，其中动用部门机动费180万元，主要用于补助工作经费和扶贫帮扶等。

7.2012年，局本级采用以拨作支方式，以委托业务费等名义向3家所属单位拨付项目经费共计312.4万元，但至当年底，实际仅支出2.84万元，造成局本级多计支出309.56万元。

8.2012年，局本级在“煤矿特种作业人员操作证（IC卡）项目”等2个项目中列支与项目无关的会议费、书籍修订费等共计295.71万元。

9.2012年3月，局本级在未经相关部门批准立项的情况下，为“机关幼儿园教学楼抗震加固改造工程”项目重复申报项目预算1000万元，且所属机关服务中心在随后的工程实施中未按项目申报内容进行加固改造，而是在原址进行了拆除重建，重建面积超过批复规模428平方米。

10.2012年，局本级有21个会议在非定点饭店召开；局本级的85个会议超标准列支618.23万元。

11.2012年，局本级超预算列支因公出国（境）经费15.14万元；自行调剂其他项目支出，无预算列支因公出国（境）经费191.21万元；2个因公出国（境）团组超标准列支17.52万元。

12.2012年，所属宣教中心未经批准，自行调整“宣传教育中心安全文化研究与推广设备”项目部分实施内容。

此外，局本级在编报2012年度预算时，未对预算资金5525.14万元提出细化分配方案，自行安排到河北煤矿安监局等47个所属单位。

（二）其他财政收支中存在的主要问题。

1.2005年至2012年，局本级和所属单位6个基建项目的管理费均在局本级财务账上核算；至2012年底，在未办理资产交付手续的情况下，局本级将在建工程支出和基建拨款核销，涉及金额19756.54万元，其中2012年386.86万元。

2.2012年，所属机关服务中心违规给局本级和国家安全生产应急救援指挥中心等3个单位职工就餐卡充值共计206.51万元。

3.2012年，局本级在向中国煤炭工业协会、中国船级社等2家单位拨付相关委托工作经费时，未按规定出具税务发票结算，而使用资金往来结算票据作为报销凭证，涉及金额150万元。

4.2012年，所属5家事业单位未经报批，自行委托机关服务中心下属物业公司将部分办公用房对外出租。

5.2010年至2012年，所属中国安全生产协会共收取有关工作费用30万元（其中2012年10万元），未列入本单位法定账簿核算。截至2012年底，上述资金已支出22.03万元，主要用于房租、办公经费等。

6.2012年，局本级将11个会议的45.18万元支出转嫁下属单位，将30个会议的373.74万元支出转嫁其他单位。

7.2012年，局本级向下属单位转嫁因公出国（境）支出63.4万元。

此外，2012年，局本级计划外召开三类会议107个；局本级3个因公出国（境）团组存在超天数、人数等问题，2个因公出国（境）团组擅自增加出访城市。

三、审计处理情况和建议

对上述问题，审计署已依法出具了审计报告、下达了审计决定书。对将本级预算编报到所属单位的问题，要求今后编制预算时严格执行规定，做到数据真实、准确；对动用机动费未按规定报财政部备案的问题，要求今后动用机动费按程序报财政部备案；对无预算支出的问题，要求收回已拨付资金；对超预算额度申报公务用车运行维护费的问题，要求收回多领取的财政资金上缴中央财政，并调整有关会计账目和决算（草案）；对超预算采购的问题，要求今后科学编制政府采购预算，并严格执行；对超范围支出项目经费的问题，要求今后严格执行财政预算；对虚列支出的问题，要求调整有关会计科目和决算（草案）；对扩大开支范围支出的问题，要求今后严格执行财政预算；对重复申报项目预算的问题，要求核减机关服务中心2012年项目支出预算；对所属宣教中心违规改变项目建设内容的问题，要求履行报批手续，严格项目管理，不得随意改变项目建设内容；对预算编报未提出细化分配方案的问题，要求今后进一步加强预算管理，在编制预算时将预算细化到具体项目；对基本建设项目会计核算不正确的问题，要求对2012年末以前核销的在建工程和基建拨款进行清理；对所属机关服务中心违反规定发放津补贴的问题，要求取消向职工就餐卡充值的做法；对违规使用结算票据报销费用的问题，要求补开税务发票；对所属5家事业单位未经报批出租国有资产的问题，要求按照国家规定履行报批手续；对未在规定账簿核算的问题，要求收回结余资金；对超标准列支会议费和出国费、向其他单位和下属单位转嫁会议费，以及计划外召开会议等问题，要求严格贯彻中央关于厉行勤俭节约、反对铺张浪费等要求，切实加强会议费、出国费等支出管理，杜绝此类问题再次发生。

针对审计发现的问题，审计署建议：安全监管总局应进一步加强预算管理，据实编报预算，严格执行预算，健全完善内部财务管理制度，并加强内部审计和财务检查，规范会计基础工作。

四、审计发现问题的整改情况

安全监管总局在审计前开展了自查，并纠正了部分自查出的问题。对审计发现的问题，安全监管总局已调账处理无预算支出1500万元、虚列支出309.56万元和基建项目会计核算不正确等问题，已责成有关单位补开税务发票作为结算票据。

附件： 1. 安全监管总局2012年度财政拨款预算执行总体情况（略）

2. 安全监管总局2012年度重点审计单位财政拨款预算执行情况（略）

国家旅游局2012年度预算执行情况和其他财政收支情况审计结果

根据《中华人民共和国审计法》的规定，2012年11月13日至2013年3月19日，审计署对国家旅游局（以下简称旅游局）2012年度预算执行情况和其他财政收支情况进行了审计，重点审计了旅游局本级和所属机关服务中心、信息中心等2个单位，并对有关事项进行了延伸审计。

一、基本情况

旅游局为中央财政一级预算单位，部门预算由旅游局本级和4个二级预算单位的预算组成。

财政部批复旅游局 2012 年度部门财政拨款预算支出 57845.95 万元，旅游局决算（草案）反映的当年财政拨款支出 37389.82 万元，其部门预算与执行结果的差异总额为 20456.13 万元，差异的具体情况及产生原因见附件 1。

本次审计旅游局本级及所属单位 2012 年度财政拨款支出共计 57084.34 万元，占部门财政拨款支出总额的 98.68%。审计查出预算执行中不符合财经制度规定的问题金额 5202.57 万元，其中 2012 年 3382.27 万元；其他财政收支方面不符合财经制度规定的问题金额 265.36 万元。上述问题对旅游局 2012 年度预算执行结果的影响见附件 2。

审计结果表明，旅游局本级及本次审计的所属单位预算收支基本符合预算法和其他财经法规的规定，财务处理基本符合会计法和财务制度的规定，制定或修订 6 项财务管理相关制度，预算和财务管理水平有所提高，并对以前年度审计查出的问题认真进行了整改。

二、审计发现的主要问题

（一）预算执行中存在的主要问题。

1.2012 年，局本级未经批准在不同项目之间调剂使用预算资金，涉及金额 161.67 万元；局本级自行调剂其他项目资金 108.5 万元用于 1 个与项目无关会议支出。

2.2012 年，局本级及所属中国旅游研究院在“旅游新业态开发研究”等 4 个项目中，列支超出项目文本申报范围的支出共计 402.85 万元。

3. 局本级在 2012 年部门预算中，为所属经费自理的非预算事业单位申报专项预算 100 万元。

4.2012 年，局本级 11 个项目政府采购超预算支出 901.81 万元，另有 73 万元采购支出未编制相关政府采购预算。

5.2008 年和 2012 年两年中，局本级未执行政府集中采购或公开招标，直接采购印刷品、物业管理、运输服务及委托制作宣传片等，涉及金额共计 2494.15 万元，其中 2012 年 823.58 万元；另有 20 个会议在非定点饭店召开，涉及金额 611.93 万元。

6.2011 年，局本级主办的旅游交易会结余 149.73 万元，未按规定纳入预算管理。

7.2012 年，局本级 7 个会议超定额标准支出会议费 110.43 万元；2 个因公出国（境）团组超标准列支费用 4.66 万元。

8. 截至 2012 年底，所属信息中心于 2010 年申报的旅游基础数据库项目，因前期论证不充分，1300 万元项目资金仅支出 28.46 万元，预算执行率为 2.19%。

9.2012 年，所属中国旅游研究院在课题研究经费中违规提取院基金 83.84 万元，主要用于人员经费和办公经费等支出。

此外，局本级出国费等 4 个项目预算编制不细化；旅游发展基金中央本级预算未细化到具体支出项目；26 个纳入政府采购预算的项目申报文本中未列示政府采购明细。

（二）其他财政收支中存在的主要问题。

1.2012 年，局本级有 6 台工作用计算机未使用正版操作系统和办公软件。

2. 截至 2012 年底，局本级尚未建立软件资产验收、入账、使用、维护等内部管理制度，其中局本级于 2012 年对中国旅游诚信网等 3 个项目进行了升级，也未将形成的软件资产纳入固定资产管理。

3. 截至 2012 年底，局本级有 3749.3 平方米的房产未在固定资产账中反映。

4.2012 年，局本级 3 个会议的 65.68 万元支出转嫁其他单位。

5.2012 年，局本级 18 个因公出国（境）团组由所属单位负担费用 179.58 万元。

此外，2012 年，所属信息中心在未收到正式发票的情况下，对外支付项目款 20.1 万元；局本级计划外召开会议 9 个。

三、审计处理情况和建议

对上述问题，审计署已依法出具了审计报告、下达了审计决定书。对未经批准自行调整预算资金支出内容的问题，要求将资金归还原渠道，并调整相应会计账目和决算；对超出项目范围使用资金的问题，要求今后严格按照预算规定的支出用途使用资金；对为所属非预算单位申报专项资金的问题，要求严格依法编制预算；对未严格执行政府采购有关规定的问题，要求今后加强和改进政府采购预算的编制工作，确保完整性；对旅游交易会结余资金未按规定收回纳入预算管理的问题，要求将上述资金收回纳入部门预算管理；

对个别项目资金执行率低的问题，要求进一步做好相关前期工作并处理好项目的规划设计和建设问题；对违规提取管理基金的问题，要求加强财务管理，按规定管理和使用财政资金；对工作用计算机未使用正版操作系统和办公软件的问题，要求按有关要求全面检查和安装正版软件；对自行开发或升级的软件未纳入固定资产管理的问题，要求将自行开发和升级的软件资产进行清理，按规定纳入财务账核算；对固定资产账实不符的问题，要求按规定补记资产，并加强对固定资产的管理，确保账实相符；对超标准列支会议费和出国费、向其他单位转嫁会议费和出国费，以及计划外召开会议等问题，要求严格贯彻中央关于厉行勤俭节约、反对铺张浪费等要求，切实加强会议费、出国费等支出管理，杜绝此类问题再次发生。

针对审计发现的问题，审计署建议：旅游局应进一步增强项目预算编制和执行的规范性，规范政府采购行为，加强基本建设项目的管理。

四、审计发现问题的整改情况

旅游局在审计前开展了自查，并纠正了部分自查出的问题。对审计发现的问题，部分已经整改。其中，未经批准在不同项目间调剂使用预算资金及自行改变项目支出内容等问题，已调整了账目和决算（草案）；部分计算机未使用正版软件、自行开发或升级的软件未纳入固定资产管理等问题，已为相关计算机安装正版软件，并对自行开发或升级的软件进行清理。

附件： 1. 旅游局2012年度财政拨款预算执行总体情况（略）

2. 旅游局2012年度重点审计单位财政拨款预算执行情况（略）

新华通讯社2012年度预算执行情况和其他财政收支情况审计结果

根据《中华人民共和国审计法》的规定，2012年12月至2013年3月，审计署对新华通讯社（以下简称新华社）2012年度预算执行情况和其他财政收支情况进行了审计，重点审计了社本级和所属北京分社、新闻信息中心等2个单位，并对有关事项进行了延伸审计。

一、基本情况

新华社为中央财政一级预算单位，部门预算由社本级和39个二级预算单位的预算组成。审计结果表明，新华社本级和本次审计的所属单位2012年度预算收支基本遵守了预算法及相关法律法规，会计处理基本符合会计法及有关会计制度规定，财务管理比较规范，资产管理进一步加强，以前年度审计发现的问题得到认真整改。

二、审计发现的主要问题

（一）预算执行中存在的主要问题。

1.2012年，社本级2个会议在非定点饭店召开；2011年至2012年，所属北京分社办公楼物业管理未执行政府采购程序，直接签订采购合同并支付253.69万元，其中2012年154.75万元。

2.2011年，所属北京分社实施办公楼及附楼装修改造项目未执行公开招标，直接签订工程施工合同，涉及金额780.88万元。

（二）其他财政收支中存在的主要问题。

1.2012年，社本级将获得股利分红收入9697万元，在所属新闻信息中心往来科目挂账，未计入事业收入；所属中国国际文化影像传播有限公司出售图片稿件等收入1433.52万元，未纳入社本级事业收入核算。

2.2012年，所属新闻信息中心账面未反映对其下属公司投资10万元。

此外，2012年，社本级在未编制会议计划的情况下召开二类会议2个；社本级42个因公出国（境）团组未纳入年初计划，2个因公出国（境）团组境外停留超过规定天数。

三、审计处理情况和建议

对上述问题，审计署已依法出具了审计报告。对所属北京分社未执行政府采购的问题，要求今后应严格执行政府采购的相关规定，加强对政府采购的管理；对少计收入的问题，要求纳入本级核算并调整有关会计账目和决算（草案），依法计缴税款；对所属新闻信息中心未反映投资的问题，要求如实反映资产权属情况，调整有关账目和决算（草案）；对计划外召开会议和组织出国等问题，要求严格贯彻中央关于厉行勤俭节约、反对铺张浪费等要求，切实加强会议费、出国费等支出管理，杜绝此类问题再次发生。

针对审计发现的问题，审计署建议：新华社

应加强政府采购管理，规范会计核算基础工作，全面反映收支情况。

四、审计发现问题的整改情况

新华社在审计前开展了自查，并纠正了部分自查出的问题。对审计发现的问题，新华社及相关所属单位高度重视、积极整改。社本级少计事业收入问题，已收回款项、调整账目；新闻信息中心少计对外投资问题，已补记入账。

中国科学院2012年度预算执行情况和其他财政收支情况审计结果

根据《中华人民共和国审计法》的规定，2012年11月至2013年3月，审计署对中国科学院（以下简称中科院）2012年度预算执行情况和其他财政收支情况进行了审计，重点审计了中科院本级及所属软件研究所、遥感应用研究所、电工研究所、工程热物理研究所和地理科学与资源研究所（以下分别简称软件所、遥感所、电工所、工程热物理所和地理所）等5个单位，并对有关事项进行了延伸审计。

一、基本情况

中科院为中央财政一级预算单位，部门预算由中科院本级和130个二级预算单位的预算组成。财政部批复中科院2012年度拨款预算支出为3098088.80万元，中科院决算（草案）反映的当年财政拨款支出2298701.69万元，其部门预算与执行结果的差异总额为799387.11万元，差异的具体情况及产生原因见附件1。

本次审计了中科院本级及所属单位2012年度财政拨款支出共计154157.37万元，占部门财政拨款支出总额的4.98%。审计查出预算执行中不符合财经制度规定的问题金额18053.72万元，其中2012年7102.6万元；其他财政收支方面不符合财经制度规定的问题金额33066.5万元。上述问题对中科院2012年度预算执行结果的影响见附件2。

审计结果表明，中科院本级和此次审计的所属单位较为重视预算管理和财务管理，预算执行基本遵守了预算法及其他财经法规的规定，会计核算和财务管理比较规范，大部分单位建立了较为完善的内部控制制度并能遵照执行。

二、审计发现的主要问题

（一）预算执行中存在的主要问题。

1.2010年至2012年，所属工程热物理所从零余额账户向基本存款账户划拨资金6152.58万元（2012年1951.71万元）、从零余额账户列支非预算安排的科研项目支出4050.15万元（2012年1959.4万元），不符合国库集中支付相关规定。

2.2012年，所属遥感所从零余额账户列支非预算安排的科研项目支出804.36万元，在项目经费中列支在职职工工资416.91万元。

3.2008年至2012年，所属软件所在课题资金中以支付会费、物业费等名义虚列支出367万元；在项目经费中列支办公用房使用费714.88万元（2012年210.23万元）。

4.2010年至2012年，所属软件所和遥感所在国家重点实验室开放运行费中向外单位拨付应在本单位账簿核算的经费435.2万元（2012年136.2万元）。

5.2008年至2012年，所属遥感所未执行政府采购，购买数据及处理服务等4331.27万元（2012年921.91万元）；2012年，所属工程热物理所未执行政府采购，购买物业管理服务169.48万元。

6.2010年至2011年，所属软件所在3个会议相关费用中，超标准列支会议费19.15万元、虚列会议费用于办理宾馆消费卡3.3万元、无预算支出纪念品购置费7万元。

7.2008年，所属地理所在工程项目招投标中，受托代理招标业务的北京中科国金工程管理咨询有限公司同时参与投标并最终中标，中标金额50.04万元；2012年，所属电工所在合同金额349.35万元的项目施工中未按规定公开招标，而是采用邀请招标方式。

8.2012年，院本级2个会议超定额标准支出会议费96.19万元。

9.2012年，院本级因公出国（境）费超预算支出86.86万元。

（二）其他财政收支中存在的主要问题。

1.2011年，所属电工所和遥感所2个基建项目投资超概算共计1650.99万元。

2.截至2012年底，所属软件所和遥感所未及时将已竣工并交付使用的3个基建项目结转固定资产，涉及投资额 21303.19 万元。

3.2010 年和 2011 年，所属工程热物理所未经院本级批准，两次自行用科研成果分别评估作价 150 万元、250 万元对外投资入股。

4.2010 年 5 月，所属软件所未报经批准，将 6700 平方米办公用房对所属公司出租。截至 2012 年底，尚未收取房屋租金。

5.2010 年至 2012 年，所属工程热物理所购买的 170.98 万元软件未纳入固定资产管理，其中 2012 年 43.98 万元。

6. 截至 2012 年底，所属电工所于 2008 年租用的 208.40 亩项目建设用地尚未办理相关用地手续；所属地理所于 2010 年竣工交付使用的基建项目尚未办理竣工决算。

7. 截至 2012 年底，院本级公派留学生生活费及所属软件所、遥感所、地理所的科研课题经费长期挂账未及时清理，涉及金额共计 7316.69 万元。

8.2010 年至 2012 年，所属工程热物理所在设备采购和委托加工业务中，未按照有关合同执行进度核算成本费用，而是在支付部分合同款后，将余款 1018.8 万元一次性全部列支，其中 2012 年 524.55 万元。

9.2012 年，所属软件所、遥感所、地理所为通过科研课题结题验收，在课题间相互调整预算支出，涉及 1202.42 万元。

10. 截至 2012 年底，所属遗传发育研究所、自动化所对 2011 年度科技经费专项审计调查中发现的部分问题仍未进行整改。

11.2012 年，院本级将 2 个因公出国（境）团组费用 3.43 万元转嫁给所属单位。

此外，对于 8 个基建项目，院本级先在 2006 年以自筹基建项目自行批复，又于 2008 年上报发展改革委申请立项，获发展改革委批复投资额 42 511 万元；2012 年，院本级 25 个因公出国（境）团组未纳入年初计划。

三、审计处理情况和建议

对上述问题，审计署已依法出具了审计报告、下达了审计决定书。对工程热物理所和遥感所扩大零余额账户资金开支范围的问题，要求调整决算（草案）；对软件所和遥感所扩大科研经费开支范围的问题，要求将扩大开支范围使用的资金归还原渠道、调整相关会计账目和决算（草案）；对软件所虚列课题支出的问题，要求调整决算（草案）；对软件所和遥感所违规外拨重点实验室开放运行费的问题，要求将违规外拨的资金收回本单位核算和管理，今后应严格按规定执行；对软件所违规列支会议费的问题，要求追回违规列支的会议费，并调整有关会计账目和决算（草案）；对遥感所和工程热物理所未执行政府采购购买服务的问题，要求严格执行政府采购的相关规定；对地理所和电工所基建项目招投标程序不规范的问题，要求严格执行招投标管理的相关规定；对遥感所基建项目投资超概算的问题，要求上报调整投资概算；对软件所和遥感所未及时结转固定资产的问题，要求及时办理固定资产移交手续，调整有关会计账目和决算（草案）；对工程热物理所未经批准用科研成果作价入股的问题，要求按规定补办审批手续，今后严格执行对外投资审批规定；对软件所未经审批出租房屋的问题，要求加强房屋资产管理，完善报批手续并及时收取房屋出租收入；对工程热物理所未将购置软件纳入固定资产管理的问题，要求调整决算（草案）；对电工所建设用地未办理用地手续的问题，要求尽快办理土地变更登记，完善审批手续；对地理所完工基建项目未及时办理竣工决算的问题，要求尽快办理工程竣工决算；对工程热物理所会计核算不规范的问题，要求严格执行相关财务制度；对财政资金在往来科目挂账的问题，要求限期清理往来款项；对超标准支出会议费、超预算支出出国费、向所属单位转嫁出国费和计划外组织出国等问题，要求严格贯彻中央关于厉行勤俭节约、反对铺张浪费等要求，切实加强会议费、出国费等支出管理，杜绝此类问题再次发生。

针对审计发现的问题，审计署建议：中科院应加强预算执行和零余额账户管理，规范科研课题支出，严格基本建设项目和固定资产管理，提高科研资金使用效益。

四、审计发现问题的整改情况

中科院在审计前开展了自查，并纠正了部分自查出的问题。对审计发现的问题，部分已经进行整改。对工程热物理所零余额账户违规向基本户划拨资金的问题，该所已对支付的资金进行了清理，并办理了相关审批手续；对工程热物理所和遥感所扩大零余额账户资金开支范围的问题，两所已将资金归还原渠道并调整了相关会计账目；对遥感所扩大科研经费等开支范围列支的问题，该所已将在项目支出中列支在职职工工资的资金归还原渠道并调整了相关会计账目；对软件所虚列课题支出的问题，该所已将违规支出的资金上缴中科院，并调整了相关会计账目；对遥感所购买卫星数据未经政府采购的问题，该所已制定相关规章制度，加强政府采购管理；对软件所违规列支会议费的问题，该所已追回部分资金并上缴中科院；对电工所基建项目投资超概算比例过大的问题，该所已办理了调整投资预算审批手续；对工程热物理所未将购置软件纳入固定资产管理的问题，该所已办理固定资产移交手续，并调整有关会计账目；对地理所和电工所基建项目招投标程序不规范的问题，已制定了规范招投标程序相关制度，加强基建项目管理；对软件所、遥感所和地理所的课题结余资金在往来科目挂账的问题，已进行清理并调整了相关账目。

附件： 1. 中科院 2012 年度财政拨款预算执行总体情况（略）

2. 中科院 2012 年度重点审计单位财政拨款预算执行情况（略）

中国工程院 2012 年度预算执行情况和其他财政收支情况审计结果

根据《中华人民共和国审计法》的规定，2013 年 1 月至 3 月，审计署对中国工程院（以下简称工程院）2012 年度预算执行情况和其他财政收支情况进行了审计，重点审计了工程院本级和所属咨询服务中心，并对有关事项进行了延伸审计。

一、基本情况

工程院为参照公务员法管理的中央财政一级预算单位，部门预算由工程院本级和 1 个二级预算单位的预算组成。财政部批复工程院 2012 年度部门财政拨款预算支出为 29996.75 万元，工程院决算（草案）反映的当年财政拨款支出 24698.65 万元，部门预算与执行结果的差异为 5298.1 万元，差异的具体情况及产生原因见附件 1。

本次审计了工程院本级及所属单位 2012 年度财政拨款支出共计 29996.75 万元，占部门财政拨款支出总额的 100%。审计查出预算执行中不符合财经制度规定的问题金额 9258.99 万元，其中 2012 年 3513.56 万元；其他财政收支方面不符合财经制度规定的问题金额 7047.74 万元。上述问题对工程院 2012 年度预算执行结果的影响见附件 2。

审计结果表明，工程院本级 2012 年度预算执行基本符合预算法及其他法律法规的规定，财务管理制度比较健全，会计核算基本符合会计法和相关财会制度的规定。

二、审计发现的主要问题

（一）预算执行中存在的主要问题。

1. 2010 年至 2012 年，院本级未经批准，自行扩大 4 个项目开支范围，列支外地人员住宿费、考勤补贴、讲座制作费、职工电子设备购置等 502.88 万元，其中 2012 年 241.18 万元。

2. 2010 年至 2011 年，院本级提高办公设备配备标准购置 100 台平板电脑及相关配件，支出合计 73.34 万元。

3. 2010 年至 2012 年，院本级按照职工报酬总额 14%的比例，从日常公用经费财政拨款结转资金中提取职工福利费 163.84 万元，其中 2012 年 25.1 万元。截至 2012 年底，上述职工福利费挂账未发生支出。

4. 2012 年，院本级在未编制相关政府采购预算的情况下，在“计算机网络运行和维护”项目中列支计算机通用软件购置费 65.03 万元。

5. 2012 年，院本级未对院综合办公楼物业服务进行公开招投标，而是将其分为安保和保洁 2 个项目，委托中央国家机关政府采购中心以竞争性谈判方式进行采购，最终由同一物业公司中标，合同金额共计 202.96 万元；2012 年，院本级在非定点饭店召开会议 4 个。

6. 2012 年，院本级 2 个会议超定额标准支出会议费 0.7 万元。

7. 2012 年，院本级自行调剂项目支出列支因公出国（境）经费，超预算支出 109.30 万元；自行扩大因公出国（境）经费开支范围，涉及金额 17.93 万元。

8. 所属咨询服务中心自 2008 年成立至 2012 年底，累计收入 8123.01 万元，累计支出 5271.65

万元，结余2851.36万元，均未按规定编制单位预决算，未纳入预决算管理。

此外，工程院本级在编报年度预算时，一直未提出“院士科技咨询经费”项目细化分配方案，也未向财政部申请将预算资金细化到具体项目，其中2012年项目支出15714.70万元。

（二）其他财政收支中存在的主要问题。

1. 截至2012年底，院本级尚未建立院士科技咨询项目数据库，导致安排咨询项目时难以择优遴选确定项目。

2. 截至2012年底，工程院2010年前立项未能按期结题的院士科技咨询项目课题共42项，涉及金额7047.74万元。

此外，2012年，院本级在未编制会议计划的情况下召开三类会议15个；2个因公出国（境）团组未纳入年初计划。

三、审计处理情况和建议

对上述问题，审计署已依法出具了审计报告、下达了审计决定书。对扩大范围提高标准使用资金的问题，要求今后严格预算支出管理；对违规提取福利费问题，要求调整会计账目和决算（草案）；对未编制政府采购预算、未公开招投标的问题，要求严格执行政府采购的相关规定，加强政府采购预算编制管理；对收支未纳入预决算管理的问题，要求按规定编制预算、决算，将各项收支全部纳入预决算管理；对未建立院士科技咨询项目数据库的问题，要求加强项目管理，逐步建立项目数据库；对部分项目未能按期结题的问题，要求及时清理；对超标准列支会议费、扩大出国费开支范围，以及计划外召开会议和组织出国等问题，要求严格贯彻中央关于厉行勤俭节约、反对铺张浪费等要求，切实加强会议费、出国费等支出管理，杜绝此类问题再次发生。

针对审计发现的问题，审计署建议：工程院应加强预算支出管理，严格执行规定的开支标准和开支范围，规范政府采购行为。

四、审计发现问题的整改情况

工程院在审计前开展了自查，并纠正了部分自查出的问题。工程院对此次审计发现的问题正在积极整改。目前，对违规提取福利费的问题，工程院已经全部整改完毕；其他问题正在整改中。

附件：1. 工程院2012年度财政拨款预算执行总体情况（略）

2. 工程院2012年度重点审计单位财政拨款预算执行情况（略）

国务院发展研究中心2012年度预算执行情况和其他财政收支情况审计结果

根据《中华人民共和国审计法》的规定，2012年11月至2013年3月，审计署对国务院发展研究中心（以下简称发展研究中心）2012年度预算执行情况和其他财政收支情况进行了审计，重点审计了发展研究中心本级和所属资源与环境政策研究所（以下简称资环所）、市场经济研究所等4个单位，并对有关事项进行了延伸审计。

一、基本情况

发展研究中心为中央财政一级预算单位，部门预算由发展研究中心本级和3个二级预算单位的预算组成。财政部批复发展研究中心2012年度部门财政拨款预算支出为10278.53万元，发展研究中心决算（草案）反映的当年财政拨款支出8043.85万元，其部门预算与执行结果的差异总额为2234.68万元，差异的具体情况及产生原因见附件1。

本次审计发展研究中心本级及所属单位2012年度财政拨款支出共计10278.53万元，占部门财政拨款支出总额的100%。审计查出预算执行中不符合财经制度规定的问题金额2566.2万元，其中2012年1571.38万元。上述问题对发展研究中心2012年度预算执行结果的影响见附件2。

审计结果表明，发展研究中心比较重视预算和财务管理工作，通过完善内部控制制度和推行公务卡结算等措施，进一步提升预算和财务管理水平。中心本级和此次审计的所属单位2012年度预算收支基本符合预算法及相关法律法规，财务管理和会计核算基本符合会计法及有关财会制度规定。

二、审计发现的主要问题

（一）预算执行中存在的主要问题。

1. 2012年，中心本级未经批准，自行在所属单位之间和不同项目之间调整项目内容和资金支出用途，涉及金额90万元

2. 2012年，中心本级人员经费超预算支出

77.47 万元。

3.2011 年至 2012 年，中心本级将应采用财政直接支付的人员工资等款项 1815.97 万元，采用授权支付，其中 2012 年 841.82 万元。

4.截至 2013 年 3 月，中心本级于 2011 年购置的 886 套办公正版软件仍闲置未用，涉及财政资金 20.67 万元。

5.2012 年，中心本级在项目中超预算支出会议费 72.99 万元；中心本级及所属单位 11 个会议超标准列支会议费 183.74 万元；中心本级在与地方共同举办的 1 个会议中，扩大会议费开支范围 9.27 万元。

6.2012 年，中心本级未按规定实行定点采购 296.09 万元。其中：2 个会议在非定点饭店召开支出 84.72 万元、使用非定点票务代理机构出具的未加盖因公出国人员机票销售专用章的机票报销出国费 211.37 万元。

（二）其他财政收支中存在的主要问题。

2012 年，所属资环所 1 个出国团组违反规定，使用由国内单位提供的国外公务签证邀请函，赴国外考察。

三、审计处理情况和建议

对上述问题，审计署已依法出具了审计报告、下达了审计决定书。对自行调剂预算和超预算支出的问题，要求加强预算管理，严格按照财政部批复执行；对国库集中支付中存在的问题，要求严格按相关规定执行；对于软件闲置的问题，要求尽快开展部署工作；对于未按规定实行定点采购的问题，要求今后严格按规定执行；对于邀请函不规范的问题，要求今后严格审批，避免此类问题再次发生；对超预算、超标准列支会议费等问题，要求严格贯彻中央关于厉行勤俭节约、反对铺张浪费等要求，切实加强会议费等支出管理，杜绝此类问题再次发生。

针对审计发现的问题，审计署建议：发展研究中心应进一步加强预算管理，探索符合发展研究中心特点的社会课题财务管理模式，并切实加强对所属单位财务管理和监督指导，提高财务管理水平。

四、审计发现问题的整改情况

发展研究中心在审计前开展了自查，并纠正了部分自查出的问题。针对审计发现的问题，发展研究中心党组召开了专题会议，研究部署整改工作，对有关单位负责人进行了严肃处理，要求本级及所属各单位提出具体措施认真加以整改。中心财务部门对已报销票据开展排查复审，要求严格控制相关单位支出规模，并着手修订完善相关管理制度。

附件：1. 发展研究中心 2012 年度财政拨款预算执行总体情况（略）

2. 发展研究中心 2012 年度重点审计单位财政拨款预算执行情况（略）

国家行政学院 2012 年度预算执行情况和其他财政收支情况审计结果

根据《中华人民共和国审计法》的规定，2012 年 12 月至 2013 年 1 月，审计署对国家行政学院（以下简称行政学院）2012 年度预算执行情况和其他财政收支情况进行了审计，重点审计了院本级和所属机关服务中心、考试测评中心和培训中心，并对有关事项进行了延伸审计。

一、基本情况

行政学院为中央财政一级预算单位，部门预算由学院本级和 3 个二级预算单位的预算组成。财政部批复行政学院 2012 年度财政拨款预算支出为 32995.94 万元，行政学院决算（草案）反映的当年财政拨款支出 32478.38 万元，其部门预算与执行结果的差异总额为 517.56 万元，差异的具体情况及产生原因见附件 1。

本次审计行政学院本级及所属单位 2012 年度财政拨款支出共计 32995.94 万元，占部门财政拨款支出总额的 100%。审计查出 2012 年预算执行中不符合财经制度规定的问题金额 7136.78 万元；其他财政收支方面不符合财经制度规定的问题金额 1632.81 万元。上述问题对行政学院 2012 年度预算执行结果的影响见附件 2。

审计结果表明，行政学院重视预算和财务管理工作，制定了相关财务管理和内部控制制度，此次审计的行政学院本级和 3 个二级单位 2012 年预算收支基本符合预算法及相关法律法规，财务管理和会计核算基本符合会计法及有关财会制度规定。

二、审计发现的主要问题

（一）预算执行中存在的主要问题。

1.2012年，院本级为所属非预算单位申报预算868万元，并自行调剂使用。

2.2012年，院本级体育馆装修改造工程等6个项目实际支出1073.22万元，决算（草案）计列2684万元，造成多计支出1610.78万元。

3.2012年，院本级在专项经费中列支出国经费108.9万元，未编入出国费预算；在所属机关服务中心列支院本级车辆运行费29.10万元。

4.2012年，院本级物业运行专项3400万元未编制政府采购预算；未按政府集中采购规定采购服务1120万元；1个会议在非定点饭店召开。

（二）其他财政收支中存在的主要问题。

1.截至2012年底，院本级有779台计算机使用非正版办公软件。

2.2012年，院本级未经批准收取学费366.7万元。

3.2012年，院本级在所属机关服务中心列支院本级公用经费403.65万元，以抵扣该中心应上缴收入。

4.2012年，内设机构港澳公务员培训中心收支结余463.41万元未上交学院，而是留存在所属机关服务中心。

5.2012年，院本级报废处置资产372.96万元，未向财政部备案。

6.2012年，院本级向所属单位转嫁因公出国（境）支出26.09万元。

此外，2012年，院本级3个因公出国（境）团组存在超过规定人数和天数的问题。

三、审计处理情况和建议

对上述问题，审计署已依法出具了审计报告、下达了审计决定书。对未按规定申报预算的问题，要求今后严格预算管理，如实申报和执行预算；对项目支出不实的问题，要求调整决算（草案）；对在专项经费中列支出国经费的问题，要求今后严格预算管理，统一编报出国费预算；对在机关服务中心列支车辆运行费的问题，要求今后纠正上述做法；对物业运行专项未编制政府采购预算的问题，要求今后严格执行政府采购预算的相关规定；对未按规定委托集中采购机构代理采购的问题，要求今后严格执行政府采购有关规定；对部分计算机未按规定使用正版办公软件的问题，要求按规定尽快更换使用正版办公软件；对未经批准收费的问题，要求积极与主管部门沟通，按规定规范收费行为；对在所属单位列支院本级公用经费，以及内设机构结余未上交学院的问题，要求纠正上述做法，调整有关会计账目和决算（草案）；对处置资产未备案的问题，要求报财政部备案，今后应规范执行国有资产处置管理相关规定；对会议管理不够规范、向所属单位转嫁出国费等问题，要求严格贯彻中央关于厉行勤俭节约、反对铺张浪费等要求，切实加强会议费、出国费等支出管理，杜绝此类问题再次发生。

针对审计发现的问题，审计署建议：行政学院应加强项目经费的预算编报、执行和管理，严格执行各项财经制度，提高预算编报、执行和决算的准确性。

四、审计发现问题的整改情况

行政学院在审计前开展了自查，并纠正了部分自查出的问题。对审计发现所属港澳公务员培训中心收支结余留存机关服务中心的问题已纠正，其他问题在整改中。

附件： 1. 行政学院2012年度财政拨款预算执行总体情况（略）

2. 行政学院2012年度重点审计单位财政拨款预算执行情况（略）

中国地震局预算执行情况和其他财政收支情况审计结果

根据《中华人民共和国审计法》的规定，2012年3月至5月，审计署对中国地震局（以下简称地震局）预算执行情况和其他财政收支情况进行了审计，重点审计了局本级和所属地壳运动监测工程研究中心（以下简称地壳工程中心）、中国地震台网中心（以下简称台网中心）等7家单位以及陕西、甘肃、云南3省地震局，并对有关事项进行了延伸审计。

一、基本情况

地震局为中央财政一级预算单位，部门预算由局本级和46个二级预算单位的预算组成。审计结果表明，地震局本级和本次审计的所属单位预算收支基本符合预算法及相关法律法规，财务管理和会计核算基本符合会计法及有关财会制度规定，对以前年度审计发现的问题进行了整改。

二、审计发现的主要问题

1.2005年至2011年，局本级在实施"建设工程地震安全性评价结果审定及抗震设防要求确定"行政许可过程中，将评审专家劳务费等费用转由申请单位或申请单位委托的地震安全性评价单位承担。

2.2006年至2011年，所属地壳工程中心在公用经费中列支人员经费支出553.06万元；在项目支出中列支基本支出67.41万元。

3.2009年至2011年，所属台网中心在6个专项中列支局本级图书出版费用108.38万元；在4个专项中列支基本支出2523.78万元。

4.2009年至2011年，陕西省地震局在公用经费中列支人员经费支出915.6万元，在职工购房补贴款中列支人员工资、津补贴等费用457.48万元。

三、审计处理情况和建议

对上述问题，审计署已依法出具了审计报告。对由申请单位等承担行政许可费用的问题，要求严格执行行政许可法的有关规定，停止违规行为；对所属台网中心等扩大支出范围的问题，要求今后严格执行有关规定，避免类似问题再次发生。

针对审计发现的问题，审计署建议：地震局应进一步加强预算管理，加强对所属单位财务管理工作的监督和检查，促进有关单位规范财务行为，严格执行国家财经法规制度。

四、审计发现问题的整改情况

对审计发现的问题，地震局目前正在整改。对由申请单位等承担行政许可费用的问题，将逐步改变以往工作方式，继续向财政部门申请评审工作经费，并通过国家有关部门申请地震安全性评价行政收费许可，保证资金使用合理、合规；对扩大支出范围的问题，所属台网中心等单位表示今后将严格按照预算规定的支出用途使用资金。

中国气象局2012年度预算执行情况和其他财政收支情况审计结果

根据《中华人民共和国审计法》的规定，2012年11月至2013年3月，审计署对中国气象局2012年度预算执行情况和其他财政收支情况进行了审计，重点审计了中国气象局本级和所属机关服务中心、国家气象信息中心（以下简称信息中心）2个单位，并对有关事项进行了延伸审计。

一、基本情况

中国气象局为中央财政一级预算单位，部门预算由中国气象局本级和52个二级预算单位的预算组成。财政部批复中国气象局2012年度部门财政拨款预算支出为1221106.66万元，中国气象局决算（草案）反映的当年财政拨款支出974939.33万元，其部门预算与执行结果的差异总额为246167.33万元，差异的具体情况及产生原因见附件1。

本次审计中国气象局本级及所属单位2012年度财政拨款支出共计88077.12万元，占部门财政拨款支出总额的7.21%。审计查出预算执行中不符合财经制度规定的问题金额17065.74万元，其中2012年13260.8万元；其他财政收支方面不符合财经制度规定的问题金额2961.11万元。上述问题对中国气象局2012年度预算执行结果的影响见附件2。

审计结果表明，中国气象局本级和此次审计的所属单位预算收支基本符合预算法和其他财经法规的规定，会计处理基本符合会计法和相关会计制度的规定，能够认真整改以前年度审计发现的问题。

二、审计发现的主要问题

（一）预算执行中存在的主要问题。

1.2011年至2012年，局本级为非所属预算单位黑龙江农垦总局和新疆生产建设兵团气象局分别安排"气象业务建设"等基建项目预算1550万元、1750万元，其中2012年安排750万元、850万元。

2.2011年至2012年，局本级在"基层气象台站基础设施建设"项目中，安排14个省市气象局及所属单位相关补助2510万元，其中2012年1587万元。

3.2008年至2012年，局本级将以"培训中心3号楼地下车库建设"等名义申领的财政资金2196.7万元（2012年1447万元）用于按规定应使用自筹资金建设的"职工宿舍地下车库"项目。至2012年底，项目已竣工。

4.2011年至2012年，局本级在无相关预算的情况下，利用所属单位上缴款，自行拨付 4 家所属单位试点建设款、开办费等共计 390 万元，其中 2012 年拨付 240 万元。

5. 局本级及所属信息中心未严格执行政府采购规定，其中：

（1）2011 年至 2012 年，局本级未公开招标，直接与保安公司签订保安服务协议，合同金额 636.24 万元，其中 2012 年 354 万元。

（2）2012 年，所属信息中心未按规定公开招标，而是采取定点采购、协议供货等方式购买办公设备及相关服务 4604.98 万元；

（3）2012 年，所属信息中心对 1 个维护服务项目进行了委托招标，其参股公司参与了投标并最终中标，涉及金额 795.6 万元。

（4）2012 年，局本级有 10 个会议在非定点饭店召开。

6. 2012 年，局本级及所属信息中心以虚假单据报销会议费 32.51 万元，实际用于日常餐费、住宿费等支出。截至 2013 年 3 月已支出 16.54 万元。

7. 2012 年，所属信息中心未按规定对部分采购款项等采用财政直接支付，而是采取财政授权支付，涉及金额 2572.49 万元。

8. 2012 年，局本级 14 个会议超标准列支会议费 27.22 万元。

此外，局本级直到 2012 年 12 月初，才将项目预算 4429 万元细化到具体实施单位的分配方案上报财政部，导致该项目当年预算执行率仅 8.58%。

（二）其他财政收支中存在的主要问题。

1. 2012 年，局本级在当年“事业支出”科目中提前列支 2013 年办公经费 72.79 万元。

2. 2010 年至 2012 年，局本级及所属气象干部培训学院未经批准，自行将 3 处房产交由下属北京气象宾馆、中国气象局招待所等单位经营使用，累计收取经营收益 2220.87 万元，其中 2012 年收取 866 万元。

3. 2012 年，所属信息中心在项目尚未初验和合同服务期未满的情况下，提前支付合同款项 656.18 万元。

4. 2012 年，局本级向下属单位转嫁因公出国（境）支出 11.27 万元。

三、审计处理情况和建议

对上述问题，审计署已依法出具了审计报告，下达了审计决定书。对为非所属预算单位安排基本建设经费、扩大开支范围使用财政资金和无预算拨款等问题，要求今后严格按照有关规定编报预算和使用财政资金；对自筹基建项目申报并获得国家财政资金的问题，要求追回资金，调整相关会计账目和决算（草案）；对未按规定执行政府采购的问题，要求今后加强政府采购管理，严格执行政府采购相关规定；对虚列会议支出套取财政资金的问题，要求追回资金，调整相关会计账目和决算（草案），并追究相关人员的责任；对未按规定实行财政直接支付方式的问题，要求今后严格执行国库集中支付制度规定；对未经批准对外经营房产的问题，要求按规定履行相关手续；对未按进度付款和预付 2013 年办公经费的问题，要求调整相关会计账目和决算（草案）；对向所属单位转嫁出国费等问题，要求严格贯彻中央关于厉行勤俭节约、反对铺张浪费等要求，切实加出国费等支出管理，杜绝此类问题再次发生。

针对审计发现的问题，审计署建议：中国气象局应进一步加强预算管理，细化项目预算，严格执行政府采购有关规定，并加大对所属单位财务管理工作的监督和检查力度，规范财务报销行为，提高会计核算水平。

四、审计发现问题的整改情况

中国气象局在审计前开展了自查，并纠正了部分自查的问题。对审计发现的问题，中国气象局积极采取措施，认真研究和进行整改。对自筹基建项目申报并获得国家财政资金问题，已召开专题会议研究制订具体整改方案；对虚列会议支出套取财政资金问题，已将余款全部退回，并退缴了不符合规定的支出，同时对 2012 年会计账目和决算（草案）进行了调整；对未按进度付款和预付 2013 年办公经费问题，相关单位已调整了 2012 年会计账目和决算（草案）。其他问题正在整改中。

附件：1. 中国气象局 2012 年度财政拨款预算执行总体情况（略）

2. 中国气象局 2012 年度重点审计单位财政拨款预算执行情况（略）

中国银行业监督管理委员会 2012年度预算执行情况 和其他财政收支情况审计结果

根据《中华人民共和国审计法》的规定，2012年11月至2013年3月，审计署对中国银行业监督管理委员会（以下简称银监会）2012年度预算执行情况和其他财政收支情况进行了审计，重点审计了银监会本级和所属四川、云南银监局等6个单位，并对有关事项进行了延伸审计。

一、基本情况

银监会为中央财政一级预算单位，部门预算由银监会本级和36个二级预算单位的预算组成。财政部批复银监会2012年度部门财政拨款预算支出为499770.78万元，银监会决算（草案）反映的当年财政拨款支出494624.92万元，其部门预算与执行结果的差异总额为5145.86万元，差异的具体情况及产生原因见附件1。

本次审计银监会本级及所属单位2012年度财政拨款支出共计116648.45万元，占部门财政拨款支出总额的23.34%。审计查出预算执行中不符合财经制度规定的问题金额1252.73万元，其中2012年496.45万元；其他财政收支方面不符合财经制度规定的问题金额427.32万元。上述问题对银监会2012年度预算执行结果的影响见附件2。

审计结果表明，银监会本级及本次审计的所属单位2012年度预算收支基本遵守了预算法及相关法律法规，财务管理和会计核算基本符合会计法及有关财会制度规定，对以前年度审计发现的问题已进行了整改。

二、审计发现的主要问题

（一）预算执行中存在的主要问题。

1.2012年，所属云南等4家银监局未经批准，在人员支出与公用支出、基本支出与项目支出间调剂使用预算资金180.72万元。

2.2012年，所属山东等2家银监局自行提高职工住房公积金缴存标准或在培训项目中列支职工餐费等，涉及金额76.38万元。

3.2012年，所属四川等2家银监局车辆购置等支出175.28万元，未按规定实行政府集中采购。

4.2005年至2010年，所属云南银监局楚雄分局未经审批，自行在房屋租赁费、电子化建设等项目中列支资金756.28万元修建办公楼。

此外，银监会还存在政府采购预算编制不完整、预算执行不到位等问题，涉及金额64.07万元。

（二）其他财政收支中存在的主要问题。

1.2012年，所属云南等3家银监局存在少计收入、多计支出、未按规定实行“收支两条线”等问题，涉及金额353.31万元。

2.2012年，所属山东银监局未按规定取得原始会计凭证入账17.59万元、无偿出借固定资产56.42万元。

三、审计处理情况和建议

对上述问题，审计署已依法出具了审计报告、下达了审计决定书。对违规调剂使用预算科目、扩大开支范围、收入支出不实等问题，要求追回有关财政资金，调整会计账目和决算（草案）；对未严格执行政府采购规定等问题，要求今后严格执行政府采购有关规定；对于未取得原始凭证入账等问题，要求加强凭证审核及管理。

针对审计发现的问题，审计署建议：银监会应加强预算管理，严格规范政府采购行为，强化对所属单位各项收入的监督和管理。

四、审计发现问题的整改情况

对审计发现的问题，银监会高度重视，对自行调整预算科目、扩大开支范围等问题进行了整改，对其他问题正在组织进行整改。

附件： 1. 银监会2012年度财政拨款预算执行总体情况（略）

2. 银监会2012年度重点审计单位财政拨款预算执行情况（略）

中国证券监督管理委员会2012年度预算执行情况和其他财政收支情况审计结果

根据《中华人民共和国审计法》的规定，2012年12月至2013年3月，审计署对中国证券监督管理委员会（以下简称证监会）2012年度预算执行情况和其他财政收支情况进行了审计，重点审计了证监会本级和所属黑龙江证监局等6个单位，并对有关事项进行了延伸审计。

一、基本情况

证监会为中央财政一级预算单位，部门预算由证监会本级和36个二级预算单位的预算组成。财政部批复证监会2012年度部门财政拨款预算支出为137039.89万元，证监会决算（草案）反映的当年财政拨款支出92522.20万元，其部门预算与执行结果的差异总额为44517.69万元，差异的具体情况及产生原因见附件1。

本次审计证监会本级及所属单位2012年度财政拨款支出共计65283.04万元，占部门财政拨款支出总额的47.64%。审计查出预算执行中不符合财经制度规定的问题金额3811.23万元，其中2012年211.23万元；其他财政收支方面不符合财经制度规定的问题金额1521.07万元。上述问题对证监会2012年度预算执行结果的影响见附件2。

审计结果表明，证监会本级及此次审计的所属单位2012年度预算收支基本遵守了预算法及相关法律法规，会计处理基本符合会计法及有关会计制度规定，对以前年度审计发现的问题已进行了整改。

二、审计发现的主要问题

（一）预算执行中存在的主要问题。

1.2012年，会本级和所属吉林、黑龙江、陕西3家证监局未经批准，在项目中列支基本支出、提高职工住房公积金缴存标准等，涉及金额211.23万元。

2.截至2013年3月，所属黑龙江证监局尚未就其于2010年支付财政专项资金3600万元购买的房产办理过户手续，也未签订相关协议维护自身权益。

此外，会本级还存在政府采购预算未按规定办理调整或补报手续等不规范问题。

（二）其他财政收支中存在的主要问题。

1.2011年至2012年，会本级未对已报废总值1185万元电子设备进行账务处理，其中2012年686.47万元。

2.截至2012年底，所属吉林证监局2010年支付59.04万元购买的1套房屋尚未取得房屋产权证，也未纳入固定资产核算和管理。

3.2012年，所属湖北证监局未按规定填制或取得差旅费、稽查办案费等支出原始凭证11.76万元。

4.2008年至2012年，所属湖北、黑龙江2家证监局未将办公大楼出租收入265.27万元列入预算，其中2012年60.7万元。

三、审计处理情况和建议

对上述问题，审计署已依法出具了审计报告、下达了审计决定书。对违反规定扩大支出范围、提高开支标准和固定资产账实不符的问题，要求调整有关会计账目和决算（草案）；对新购办公用房权益未落实、固定资产出租收入核算不规范的问题，要求尽快完善相关手续、规范相关财务核算；对政府采购预算未按规定办理调整或补报手续的问题，要求进一步规范政府采购预算管理。对未按规定填制或取得原始凭证的问题，要求尽快填制或取得真实有效的原始凭证，杜绝类似情况再次发生。

针对审计发现的问题，审计署建议：证监会应切实加强预算管理，加强对所属单位楼堂馆所建设的监督检查工作，科学编制政府采购预算，严格规范固定资产处置程序。

四、审计发现问题的整改情况

证监会在审计前开展了自查，并纠正了部分自查出的问题。对审计发现的问题认真进行了整改，对违反规定扩大支出范围、提高开支标准和固定资产账实不符等问题，相关单位已调整有关会计账目，并完善相关手续。其他有关整改工作目前正在进行中。

附件： 1. 证监会2012年度财政拨款预算执行总体情况（略）

2. 证监会2012年度重点审计单位财政拨款预算执行情况（略）

中国保险监督管理委员会2012年度预算执行情况和其他财政收支情况审计结果

根据《中华人民共和国审计法》的规定，2012年11月至2013年3月，审计署对中国保险监督管理委员会（以下简称保监会）2012年度预算执行情况和其他财政收支情况进行了审计，重点审计了保监会本级和所属上海、广东保监局等6个单位，并对有关事项进行了延伸审计。

一、基本情况

保监会为中央财政一级预算单位，部门预算由保监会本级和37个二级预算单位的预算组成。财政部批复保监会2012年度部门财政拨款预算支出为107605.01万元，保监会决算（草案）反映的当年财政拨款支出90562.46万元，其部门预算与执行结果的差异总额为17042.55万元，差异的具体情况及产生原因见附件1。

本次审计保监会本级及所属单位2012年度财政拨款支出共计45177.02万元，占部门财政拨款支出总额的43.28%。本次审计发现预算执行中不符合财经制度规定的问题金额474.66万元，均为当年问题；其他财政收支方面不符合财经制度规定的问题金额29.26万元。上述问题对保监会2012年度预算执行结果的影响见附件2。

审计结果表明，保监会本级及本次审计的所属单位2012年度预算执行基本符合预算法及相关法律法规，财务管理和会计核算基本符合会计法及有关财会制度规定，对以前年度审计发现的问题进行了整改。

二、审计发现的主要问题

（一）预算执行中存在的主要问题。

1.2012年，会本级及所属河北、广东等6家保监局在项目经费中列支公用支出等，涉及金额304.43万元。

2.2012年，会本级在未编报车辆购置费预算的情况下，列支30.94万元购置公务用车，并在往来科目挂账。

3.2012年，所属上海、河北和甘肃3家保监局违反规定，提高福利费等开支标准139.29万元。

（二）其他财政收支中存在的主要问题。

截至2013年1月，接受保监部门委托承办保险资格考试工作的两家公司，将收取的29.26万元考试费存入财务人员个人账户，未按规定上缴财政专户，其中19.42万元已被用于公司日常经营开支。

三、审计处理情况和建议

对上述问题，审计署已依法出具了审计报告、下达了审计决定书。对无预算支出、违规扩大开支范围以及违规提高开支标准的问题，要求调整会计账目和决算（草案）；对行政事业性收费未上缴财政专户的问题，要求及时上缴财政专户。

针对审计发现的问题，审计署建议：保监会应严格执行国家预算管理方面的有关规定，按照规定的用途和标准使用预算资金，并加大对下属单位的监管力度，促进严格预算执行和规范财务管理。

四、审计发现问题的整改情况

保监会在审计前开展了自查，并纠正了部分自查出的问题。对审计发现的问题，保监会高度重视，制订了整改计划，对违规扩大开支范围以及违规提高开支标准的问题，已责成相关单位调整会计账目。

附件：1. 保监会2012年度财政拨款预算执行总体情况（略）

2. 保监会2012年度重点审计单位财政拨款预算执行情况（略）

全国社会保障基金理事会基金管理及2012年度预算执行情况和其他财政收支情况审计结果

根据《中华人民共和国审计法》的规定，2012年10月至2013年3月，审计署对全国社会保障基金理事会（以下简称社保基金会）基金管理及2012年度预算执行情况和其他财政收支情况进行了审计，并对有关事项进行了延伸审计。

一、基本情况

（一）全国社会保障基金管理方面。

截至2012年底，社保基金会管理的基金总资产11082.75亿元，其中含中央财政累计净拨入5445.94亿元；总负债338.93亿元；所有者权益10743.82亿元，其中归属于社保基金会的权益8923.22亿元、归属于10省区市但由社保基金会代管的权益1820.60亿元。

（二）预算执行和其他财政收支方面。

社保基金会为中央财政一级预算单位，部门预算由社保基金会本级预算组成。财政部批复社保基金会2012年度部门财政拨款预算支出为12956.41万元，社保基金会决算（草案）反映的当年财政拨款支出12383.39万元，其部门预算与执行结果的差异总额为573.02万元，差异的具体情况及产生原因见附件1。

本次审计社保基金会2012年度财政拨款支出共计12956.41万元，占部门财政拨款支出总额的100%。审计查出预算执行中不符合财经制度规定的问题金额204.13万元，全部为当年问题。上述问题对社保基金会2012年度预算执行结果的影响见附件2。

审计结果表明，社保基金会不断加强全国社会保障基金运营管理，取得了较好的投资效益，基金总体实现了保值增值；预算和财务管理较为规范，逐步完善了各项内部管理制度，2012年度预算收支基本符合预算法及其他财经法规，财务管理和会计核算基本符合会计法和有关财会制度规定，对以前年度审计查出的问题认真进行了整改。

二、审计发现的主要问题

（一）社保基金管理方面。

1. 社保基金会于2011年和2012年分别向贵州棚户区改造和云南老鹰地一期工程等2个项目发放信托贷款15.22亿元，截至2012年底，有2.75亿元被项目业主单位挪用于其他项目。

2. 2012年，社保基金会投资的铜川矿务局棚户区改造项目信托贷款中，有11亿元被投向“四证”不齐项目。

3. 2012年，社保基金会办理670亿元协议存款，有3份签报未按规定执行会签程序，涉及金额25亿元。

此外，社保基金会还存在对委托投资、股权投资基金等监控不到位、部分股权投资亏损等问题。

（二）社保基金会预算执行和其他财政收支方面。

1. 2012年，采购办公设备支出28.90万元，在非定点饭店召开8次会议支出98.99万元，均未按规定执行政府集中采购程序。

2. 2012年，主办的1个国际研讨会，部分会议费分摊给有关基金管理公司承担。

3. 2012年，公务车购置实际支出超预算12.64万元；公务车辆运行费实际支出超预算50.11万元，均在往来科目挂账。

4. 2012年，公务出国费用实际支出超预算13.49万元，分别在培训费和差旅费中列支。

三、审计处理情况和建议

对上述问题，审计署已依法出具了审计报告、下达了审计决定书。对信托贷款被挪用及投向手续不齐全的建设项目的问题，要求尽快建立完善投后管理制度，加强对直接投资项目实施情况的跟踪分析；对未按规定程序办理协议存款的问题，要求针对部门职责调整，及时修订相关办法，严格执行内控制度；对委托投资等监控不到位的问题，要求完善风险控制系统的监控功能，加强跟踪检查；对未按规定执行政府集中采购程序和对外分摊会议费的问题，要求今后严格执行相关规定，杜绝此类问题再次发生；对公车购置、运行费和出国费超预算支出的问题，要求调整有关会计账目和决算（草案），今后应严格按照预算批复额度使用资金。

针对审计发现的问题，审计署建议：社保基金会应健全对委托投资管理人的监督机制，完善投资决策和相关跟踪管理制度；严格执行政府采购程序，加强支出控制。

四、审计发现问题的整改情况

社保基金会在审计前开展了自查，并纠正了部分自查出的问题。信托贷款投资2.75亿元被挪用的问题，已有2.53亿元归还原资金渠道；对出国费超预算支出13.49万元的问题，社保基金会已调整了相关会计账目。其他问题正在整改中。

附件： 1. 社保基金会2012年度财政拨款预算执行总体情况（略）

2. 社保基金会2012年度重点审计单位财政拨款预算执行情况（略）

国家自然科学基金委员会2012年度预算执行情况和其他财政收支情况审计结果

根据《中华人民共和国审计法》的规定，2012年10月至2013年3月，审计署对国家自然科学基金委员会（以下简称自然科学基金会）2012年度预算执行情况和其他财政收支情况进行了审计，重点审计了自然科学基金会本级和所属机关服务中心、科学基金杂志社和中德科学基金研究交流中心（以下简称中德中心）等3个单位，并对有关事项进行了延伸审计。

一、基本情况

自然科学基金会为中央财政一级预算单位。财政部批复自然科学基金会2012年度部门财政拨款预算支出为1720014.80万元，自然科学基金会决算（草案）反映的当年财政拨款支出1693552.16万元，其部门预算与执行结果的差异总额为26462.64万元，差异的具体情况及产生原因见附件1。

本次审计自然科学基金会本级及所属单位2012年度财政拨款支出共计1650959万元，占部门财政拨款支出总额的95.98%。审计查出预算执行中不符合财经制度规定的问题金额204405.98万元，其中2012年200821.5万元；其他财政收支方面不符合财经制度规定的问题金额10927.81万元。上述问题对自然科学基金会2012年度预算执行结果的影响见附件2。

审计结果表明，自然科学基金会预算收支基本符合预算法及其他相关规定，会计核算基本符合会计法和相关财会制度的规定，对以前年度审计查出的问题认真进行了整改。

二、审计发现的主要问题

（一）预算执行中存在的主要问题。

1.2011年，自然科学基金会在编报2012年度人员经费预算时，通过多报实有人数的方式多申领财政资金201.8万元。

2.2012年，自然科学基金会将原计划于2014年列支的项目资金199437万元提前列入本年支出，涉及项目1.31万个。

3.截至2012年底，自然科学基金会将2004年以前财政补助结余3584.48万元在往来科目挂账，未及时安排使用。

4.截至2012年底，自然科学基金会“国家重点实验室评估”等项目实际支出478.97万元，超预算66.97万元。

5.2012年，自然科学基金会未经批准在“项目组织实施费”专项中列支会议费和人员津补贴129.18万元。

6.2012年，自然科学基金会以“资料购置费”名义为所属非预算单位安排工作经费136万元。

7.2012年，自然科学基金会有23次会议在非定点饭店召开，会议费支出176.72万元。

8.2012年，自然科学基金会大型修缮费实际支出276.07万元，其中222.02万元支出与预算项目内容不一致。

9.2012年，自然科学基金会自定会议费报销范围，38个会议超标准列支相关费用101.02万元。

10.2012年，所属机关服务中心未经公开招标，直接签订办公楼物业委托服务协议，合同价款342.15万元。

11.2012年，自然科学基金会23个因公出国（境）团组超标准列支8.64万元。

此外，自然科学基金会在编报2012年预算时，有148.31亿元项目支出预算未细化到具体单位和项目。

（二）其他财政收支中存在的主要问题。

1.2010年至2012年，自然科学基金会与有关地方、企业共同实施项目提取的“项目组织实施费”2275.87万元未纳入项目资金统一管理。

2.截至2012年底，自然科学基金会有8389.16万元其他应收款未及时清理，其中10年以上账龄的8280.07万元。

3.截至2012年底，自然科学基金会未按规定及时收回已被中止和撤销的21个项目资助款219.40万元。

4.2012年，自然科学基金会工作人员79人次在国家重点实验室评估工作中，违规领取评估评审费和劳务费13.52万元。

5.2012年，抽查自然科学基金会及所属中德中心56台工作用电脑中，有9台安装了非正版操作系统，有21台安装了非正版办公软件。

6.2012年，北京大学和中国科学院高能物理研究所等2家项目承担单位在承担自然科学基金会的4个项目资金中，超范围列支房屋使用费、水电费等29.86万元。

此外，2012年，自然基金会未按规定定期清查盘点固定资产；5个因公出国（境）团组未纳入年初计划。

三、审计处理情况和建议

对上述问题，审计署已依法出具了审计报告、下达了审计决定书。对人员经费预算编报不实的问题，要求严格执行预算编制规定，确保预算真实、严肃；对将以后年度支出列入本年支出的问题，要求按有关规定调整决算；对结余未纳入下一年度预算安排使用的问题，要求将结余纳入预算统筹安排；对扩大项目支出范围的问题，要求调整有关会计账目和决算（草案）；对执行政府采购制度不规范的问题，要求严格执行政府采购相关规定；对提取项目组织实施费未纳入项目资金统一管理的问题，要求规范联合基金项目管理；对往来款未及时清理的问题，要求按规定及时清理；对未按规定及时收回已被中止、撤销的项目资助款的问题，要求收回项目资助款；对违规领取评估评审费和劳务费的问题，要求严格执行制度，杜绝此类问题再次发生；对使用非正版软件的问题，要求尽快完成正版软件安装；对项目承担单位超范围列支的问题，要求归还原资金渠道，进一步加强项目经费管理；对超标准列支会议费和计划外组织出国等问题，要求严格贯彻中央关于厉行勤俭节约、反对铺张浪费等要求，切实加强会议费、出国费等支出管理，杜绝此类问题再次发生。

针对审计发现的问题，审计署建议：自然科学基金会应加强预算的编制、管理和日常监督检查工作，规范联合基金管理方式，提高财政资金的使用效益。

四、审计发现问题的整改情况

自然科学基金会在审计前开展了自查，并纠正了部分自查出的问题。在审计过程中，自然科学基金会积极开展整改工作，对审计发现的“未按规定定期清查盘点固定资产”问题进行了整改，2013年2月5日已经制定《国家自然科学基金委员会固定资产管理办法》（国科金发办〔2013〕7号），加强了固定资产管理。对项目依托单位挤占项目资金的问题，在审计期间已完成整改，归还了挤占的项目资金。其他问题正在整改过程中。

附件： 1. 自然科学基金会2012年度财政拨款预算执行总体情况（略）

2. 自然科学基金会2012年度重点审计单位财政拨款预算执行情况（略）

国家信访局2012年度预算执行情况和其他财政收支情况审计结果

根据《中华人民共和国审计法》的规定，2012年11月至2013年3月，审计署对国家信访局（以下简称信访局）2012年度预算执行情况和其他财政收支情况进行了审计，重点审计了信访局本级和所属机关服务中心、信息中心2个单位，并对有关事项进行了延伸审计。

一、基本情况

信访局为中央财政一级预算单位，部门预算由信访局本级和2个二级预算单位的预算组成。财政部批复信访局2012年度部门财政拨款预算支出为11076.63万元，信访局决算（草案）反映的当年财政拨款支出9806.25万元，其部门预算与执行结果的差异总额为1270.38万元，差异的具体情况及产生原因见附件1。

本次审计信访局本级及所属单位2012年度财政拨款支出共计10955.88万元，占部门财政拨款支出总额的98.91%。审计查出预算执行中不符合财经制度规定的问题金额1109.17万元，其中2012年848.39万元；其他财政收支方面不符合财经制度规定的问题金额286.65万元。上述问题对信访局2012年度预算执行结果的影响见附件2。

审计结果表明，信访局本级及此次审计的所属单位2012年度预算收支基本遵守了预算法及相关法律法规，财务管理和会计核算基本符合会计法及有关财会制度规定。

二、审计发现的主要问题

（一）预算执行中存在的主要问题。

1. 2010年至2012年，局本级连续3年编报1个专项经费135万元、连续2年编报1个专项经费60万元，但至2012年底均未执行，其中2012年75万元。

2. 2010年至2012年，局本级在项目经费和基本支出中扩大开支范围，列支办公经费、所属宾馆经营费用等共计595.33万元，其中2012年454.55万元。

3. 2012年，局本级在实际未召开相关会议的情况下，经所属宾馆开具会议费发票，列支21.79万元用于接待等支出；通过所属宾馆开具虚假会议结算单，在8个会议中虚列会议室租金等费用合计6.94万元，部分用于日常经费支出。

4. 2012年，局本级分别在基本支出和财政拨款项目经费中列支以前年度发生的费用43.02万元、145.16万元，合计188.18万元。

5.2012 年，局本级在非定点饭店召开 1 个会议支出 19.85 万元，采购笔记本电脑支出 2.51 万元，均未按规定执行政府采购程序。

6.2012 年，局本级 10 个会议超标准列支会议费 79.57 万元。

（二）其他财政收支中存在的主要问题。

1.2012 年，局本级未按规定将自行批准出租房产所得的租金 260 万元及时上缴中央财政。

2.2012 年，所属北京国信宾馆以购买食品等名义购买购物卡等 26.65 万元，主要用于发放职工福利等。

此外，2012 年，局本级计划外召开三类及以上会议 14 个；有 1 个因公出国（境）团组存在超过规定出访人数问题。信访局对以前年度审计发现并要求纠正的两个问题尚未整改：一是局本级未将取得的拆迁补偿款 1062.49 万元上缴；二是所属两家事业单位未按规定办理法人登记。

三、审计处理情况和建议

对上述问题，审计署已依法出具了审计报告、下达了审计决定书。对个别财政拨款项目未按实际需求编报支出预算的问题，要求予以改进；对违规扩大开支范围的问题，要求将资金归还原渠道，并调整有关会计账目和决算（草案）；对虚列会议支出的问题，要求加强本级会议费管理；对列支以前年度费用的问题，要求今后及时处理财务账目；对个别事项未按规定执行政府采购的问题，要求今后严格执行政府采购有关规定；对房产出租未按规定报批及租金收入未上缴中央财政的问题，要求尽快报批并按规定上缴租金；对所属单位使用虚假发票报销购买购物卡费用的问题，要求今后严格执行财务制度规定，依法进行账务处理，杜绝此类问题再次发生；对超标准列支会议费、计划外召开会议和因公出国超过规定人数等问题，要求严格贯彻中央关于厉行勤俭节约、反对铺张浪费等要求，切实加强会议费、出国费等支出管理，杜绝此类问题再次发生。

针对审计发现的问题，审计署建议：信访局应进一步加强预算管理，按实际需求编报资金预算，按规定用途使用资金，并加强对所属单位会计核算业务的管理。

四、审计发现问题的整改情况

信访局在审计前开展了自查，并纠正了部分自查出的问题。对审计发现的问题，信访局积极采取措施研究和落实整改。对个别项目未按实际需求编报预算问题，将改进项目预算编报工作，提高预算编制的科学性和准确性；对违规扩大开支范围问题，将着手调整相关账目和决算报表，今后严格按照批复的预算执行；对虚列会议费问题，将加强本级会议费管理；对列支以前年度费用问题，将加强会计核算管理，及时处理财务账目；对所属单位使用虚假发票报销购买购物卡费用问题，将责成所属单位今后严格执行财务制度规定，依法进行账务处理。其他有关整改工作目前正在进行中。

附件：1. 信访局 2012 年度财政拨款预算执行总体情况（略）

2. 信访局 2012 年度重点审计单位财政拨款预算执行情况（略）

国家能源局 2012 年度预算执行情况和其他财政收支情况审计结果

根据《中华人民共和国审计法》的规定，2012 年 11 月至 2013 年 3 月，审计署对国家能源局 2012 年度预算执行情况和其他财政收支情况进行了审计，重点审计了国家能源局本级和所属国家石油储备中心（以下简称石油储备中心），并对有关事项进行了延伸审计。

一、基本情况

国家能源局为中央财政一级预算单位，部门预算由国家能源局本级和所属石油储备中心组成。财政部批复国家能源局 2012 年度部门财政拨款预算支出为 27742.76 万元（含政府性基金预算，下同），国家能源局决算（草案）反映的当年财政拨款支出 27376.52 万元，其部门预算与执行结果的差异总额为 366.24 万元，差异的具体情况及产生原因见附件 1。

本次审计国家能源局本级及所属石油储备中心 2012 年度财政拨款支出共计 27742.76 万元，占部门财政拨款支出总额的 100%。审计查出 2012 年度预算执行中不符合财经制度规定的问题金额 347.15 万元，其他财政收支方面不符合财经制度规定的问题金额 69.13 万元。上述问题对国家能源局 2012 年度预算执行结果的影响见附件 2。

审计结果表明，国家能源局本级和石油储备中心能够认真做好本部门预算编报工作，加强了预算和财务管理，建立健全了有关制度。2012年度预算收支基本符合国家有关预算和财经法规的规定，会计处理基本符合会计法、相关会计准则和会计制度的规定。

二、审计发现的主要问题

（一）预算执行中存在的主要问题。

1.2012年，所属石油储备中心人员经费超预算支出63.81万元，其中用事业收入弥补21.1万元、从公用经费中调剂42.71万元。

2.2012年，局本级有2个会议在非定点饭店召开；6个会议超标准列支会议费283.09万元。

3.2012年，局本级20个因公出国（境）团组超标准列支21.35万元。

（二）其他财政收支中存在的主要问题。

1.2012年，局本级正常使用的256台计算机中，有73台安装的是未经合法授权的软件。

2.2012年，局本级1个会议的62.51万元支出转嫁给其他单位。

3.2012年，局本级接受其他单位资助因公出国（境）费用6.62万元。

（三）对能源应用技术研究及工程示范项目专项资金审计发现的主要问题。

1.2012年9月，中国电力工程顾问公司承担上述专项相关课题时，在课题任务合同书中没有出国费预算的情况下，列支出国费32.96万元。

2.2012年，中国核电工程有限公司承担上述专项的3个课题时，超出任务合同书核定的额度提取管理费187.91万元。

3.2012年11至12月，中国华能集团清洁技术研究院有限公司温室气体减排技术部在列支上述专项相关课题劳务费时，利用虚假发票套取实际未发生的劳务费33.07万元。

此外，2012年，局本级计划外召开三类会议2个；24个因公出国（境）团组未纳入年初计划；有11个因公出国（境）团组存在超过规定出访天数、擅自延长境外停留时间问题。

三、审计处理情况和建议

对上述问题，审计署已依法出具了审计报告。对石油储备中心调剂公用经费用于人员经费的问题，要求今后加强预算执行管理，严格按照预算使用资金；对使用未经合法授权office软件的问题，要求尽快取得合法授权，并加强软件资产的正版化管理；对中国电力工程顾问公司无预算列支出国费的问题，要求将违反合同约定列支的出国费归还课题经费账；对中国核电工程有限公司超额提取管理费的问题，要求将违反合同约定提取的管理费归还课题经费账；对中国华能集团清洁技术研究院有限公司采用虚假发票套取资金的问题，要求核实劳务费支出的真实性，并追究相关人员责任；对超标准列支出国费、向其他单位转嫁会议费以及计划外召开会议和组织出国等问题，要求严格贯彻中央关于厉行勤俭节约、反对铺张浪费等要求，切实加强会议费、出国费等支出管理，杜绝此类问题再次发生。

针对审计发现的问题，审计署建议：国家能源局应尽快研究制定能源应用技术研究及工程示范项目及资金管理办法，加强对项目资金预算执行的监管。

四、审计发现问题的整改情况

对审计发现的问题，国家能源局高度重视，正督促有关单位研究制订整改方案。对于使用未经合法授权的软件问题，已将采购正版软件纳入下一年度部门预算；对能源应用技术研究及工程示范项目审计发现的问题，已责成有关单位限期纠正。

附件：1. 国家能源局2012年度财政拨款预算执行总体情况（略）

2. 国家能源局2012年度重点审计单位财政拨款预算执行情况（略）

国家国防科技工业局2012年度预算执行情况和其他财政收支情况审计结果

根据《中华人民共和国审计法》的规定，2012年12月至2013年3月，审计署对国家国防科技工业局（以下简称国防科工局）2012年度预算执行情况和其他财政收支情况进行了审计，重点审计了国防科工局本级和所属探月与航天工程中心，并对有关事项进行了延伸审计。

一、基本情况

国防科工局为中央财政一级预算单位，部门预算由国防科工局本级和13个二级预算单位组成。审计结果表明，国防科工局和所属探月与航天工程中心 2012 年度预算收支基本遵守了预算法及相关法律法规，财务管理和会计核算基本符合会计法及有关财会制度规定，对以前年度审计查出的问题认真进行了整改。

二、审计发现的主要问题

（一）预算执行中存在的主要问题。

1. 2012 年，局本级自行将 2012 年度项目经费 3893.88 万元调整用于弥补该项目 2011 年超预算支出。

2. 2012 年，局本级 3 个项目超出预算支出 530.59 万元。

3. 2012 年，局本级未经批准，自行将 2008 年项目经费结余 222.25 万元拨付所属事业单位，用于办公场地租用等支出。

4. 2012 年，局本级未经批准召开会议，实际支出超出二类会议标准 20 万元。

5. 2012 年，局本级有 4 个会议在非定点饭店召开；8 个会议超标准列支会议费 23.3 万元。

此外，局本级 2012 年部分预算编制未细化到具体项目，涉及金额 13730 万元。

（二）其他财政收支中存在的主要问题。

1. 2012 年，局本级将拨入经费 146.5 万元作“暂存款”处理，造成少计收入 146.5 万元。

2. 2012 年，局本级作为报销凭证的票据中，有 46.7 万元存在票据申领单位与开票单位不一致等问题。

此外，2012 年，局本级 8 个因公出国（境）团组未纳入年初计划；有 2 个因公出国（境）团组存在超过规定出访天数问题。

三、审计处理情况和建议

对上述问题，审计署已依法出具了审计报告、下达了审计决定书。对自行改变项目支出内容、超预算支出、项目结余资金用于基本支出、预算编制不细化、会议组织不规范、使用不合规票据进行会计核算等问题，要求进一步加强预算和财务管理；对少计收入的问题，要求调整相关账目及报表；对超标准列支会议费和计划外组织出国等问题，要求严格贯彻中央关于厉行勤俭节约、反对铺张浪费等要求，切实加强会议费、出国费等支出管理，杜绝此类问题再次发生。

针对审计发现的问题，审计署建议：国防科工局应进一步加强和改进预算管理工作，科学编制预算，增强预算约束力，夯实财务工作基础，不断提高财务管理水平。

四、审计发现问题的整改情况

国防科工局在审计前开展了自查，并纠正了部分自查出的问题。对审计发现的问题，要求有关部门举一反三，认真整改，并表示今后将进一步规范财务管理，提高资金使用效益。对少计收入问题已调整了相关账目及报表，其他问题正在整改中。

国家海洋局 2012 年度预算执行情况和其他财政收支情况审计结果

根据《中华人民共和国审计法》的规定，2012 年 10 月至 2013 年 3 月，审计署对国家海洋局（以下简称海洋局）2012 年度预算执行情况和其他财政收支情况进行了审计，重点审计了海洋局本级及所属北海分局、第一海洋研究所（以下简称海洋一所）等 16 个单位，并对有关事项进行了延伸审计。

一、基本情况

海洋局为中央财政一级预算单位，部门预算由海洋局本级和 29 个二级预算单位的预算组成。财政部批复海洋局 2012 年度部门财政拨款预算支出为 1171814.55 万元，海洋局决算（草案）反映的当年财政拨款支出 891665.44 万元，其部门预算与执行结果的差异总额为 280149.11 万元，差异的具体情况及产生原因见附件 1。

本次审计海洋局本级及所属单位 2012 年度财政拨款支出共计 901757.06 万元，占部门财政拨款支出总额的 76.95%。审计查出预算执行中不符合财经制度规定的问题金额 99134.44 万元，其中 2012 年 62436.02 万元；其他财政收支方面不符合财经制度规定的问题金额 2174.56 万元。上述问题对海洋局 2012 年度预算执行结果的影响见附件 2。

审计结果表明，海洋局比较重视预算和财务管理工作，近年来逐步强化内部控制，组织开展内部审计和财务监督检查，对以前年度审计和内部审计发现的问题进行了整改。此次审计的海洋局本级及所属单位预算收支基本符合预算法和其他财经法规的规定，财务处理基本符合会计法和财务制度的规定。

二、审计发现的主要问题

（一）预算执行中存在的主要问题。

1.2011年至2012年，所属中国海监总队编制的10200万元项目预算不细化，在执行中进行了二次分配，其中2012年5015万元。

2.2011年至2012年，局本级离退休干部办公室及所属北海分局、南海分局等3家单位在无项目承担能力或不符合申报条件的情况下，申领3个项目预算11929万元，其中2012年1070万元。

3.2010年至2012年，所属南海分局等4家单位的4个项目因前期论证不充分进展缓慢，导致11630.66万元财政资金闲置。

4.2011年至2012年，局本级及所属10家单位未经批准，在不同科目（项目）间调剂使用预算资金10261.53万元，其中2012年4432.71万元；所属7家单位自行将2578.69万元专项资金用于与项目无关支出，其中2012年1301.59万元。

5.2011年至2012年，局本级向所属2家单位摊派会议费149.69万元，其中2012年37.22万元；所属极地考察办公室在3个会议中发放纪念品38.77万元，其中2012年4.9万元；局本级及所属2家单位2012年在26个会议中报销与会议无关的招待费等80.39万元。

6.2012年，局本级在26个项目中无预算、超预算列支出国（境）经费512.21万元；向所属单位转嫁因公出国（境）支出38.98万元。

7.2012年，所属北海分局为提高预算执行率，未按工程进度和合同约定提前付款7925万元。

8.2012年，所属中国海监总队未严格执行国库集中支付制度，将应采用直接支付方式的项目款42000万元，改作授权支付方式支付。

9.2009年至2011年，所属3家单位未按规定实施公开招标采购1184.5万元、所属第二海洋研究所化整为零规避公开招标采购587万元；2012年，局本级有15个会议在非定点饭店召开。

10.2012年，局本级34个会议超标准列支会议费14.33万元。

11.2012年，局本级2个因公出国（境）团组超标准列支3.69万元。

（二）其他财政收支中存在的主要问题。

1.截至2012年底，所属海洋减灾中心尚未对2010年9月竣工并投入使用的基本建设项目办理竣工财务决算。

2.2011年，局本级未经报批，委托所属的原北京教育培训中心举办3期业务培训班，自定标准收费165.36万元。

3.2011年至2012年，所属海洋咨询中心以中国海洋工程咨询协会（与其“一套人马，两块牌子”）的名义提供与其职能相关的咨询服务并收费460.09万元，其中2012年276.84万元。

4.2010年至2012年，所属海洋一所以下属企业青岛海洋工程勘察设计研究院的名义变相购置5辆公务车，涉及金额161.29万元，其中2012年40.16万元。

5.截至2012年底，所属5家单位未按规定及时登记软件等固定资产490.19万元、未登记对外投资155万元。

6.2009年至2012年，所属8家单位以不合规发票报销费用742.63万元，其中2012年152万元。

此外，2012年，局本级计划外召开三类会议231个；3个因公出国（境）团组未纳入年初计划；有9个因公出国（境）团组存在超过规定出访人数、擅自增加出访城市问题。

三、审计处理情况和建议

对上述问题，审计署已依法出具了审计报告、下达了审计决定书。对预算编制不细化的问题，要求提高预算编制的精细化水平；对虚报项目获得财政资金的问题，要求收回2012年获得的财政资金并上缴，追究直接负责人员责任；对财政资金闲置的问题，要求将被取消项目结余资金上报财政重新安排预算，并加强项目论证和审核工作；对自行调剂使用预算资金以及改变项目支出内容的问题，要求加强预算监管，严格执行预算，将部分项目资金归还原渠道，并相应调整决算（草案）；对变相购置公务车的问题，要求严肃查处，并追究有关人员责任；对未按规定支付财政资金的问题，要求加强预算支出管理，严格执行国库集中支付规定；对政府采购不合规的问题，要求今后严格履行相关程序；对项目竣工财务决算不及时的问题，要求尽快开展决算；对违规收费的问题，要求停止收费；对未及时登记固定资产和反映对外投资的问题，要求尽快登记入账；对以不合规发票报销费用的问题，要求重新取得合法发票，加强票据审核，规范财务管理；对超范围、超标准列支出国费和会议费，以及计划外召开会议和组织出国等问题，要求严格贯彻中央关于厉行勤俭节约、反对铺张浪费等要求，切实加强会议费、出国费等支出管理，杜绝此类问题再次发生。

针对审计发现的问题，审计署建议：海洋局应进一步加强预算编制和执行管理，强化预算约束力和财务监管；完善会议费和出国费管理，严控“三公”经费支出。

四、审计发现问题的整改情况

对审计发现的问题，海洋局积极采取措施进行整改。截至审计结束时，海洋局及所属单位已将项目结余资金 300 万元上报财政，停止违规收费，补充登记固定资产 490.19 万元和对外投资 155 万元，清理会议费并调账处理 16.92 万元，重新取得合法发票。

附件： 1. 海洋局 2012 年度财政拨款预算执行总体情况（略）

2. 海洋局 2012 年度重点审计单位财政拨款预算执行情况（略）

中国民用航空局 2012 年度预算执行情况和其他财政收支情况审计结果

根据《中华人民共和国审计法》的规定，2012 年 11 月至 2013 年 3 月，审计署对中国民用航空局（以下简称民航局）2012 年度预算执行情况和其他财政收支情况进行了审计，重点审计了民航局本级和所属民航管理干部学院（以下简称管干院）、中国民用航空飞行校验中心（以下简称校飞中心）等 10 个单位，并对有关事项进行了延伸审计。

一、基本情况

民航局为中央财政一级预算单位，部门预算由民航局本级和 27 个二级预算单位的预算组成。财政部批复民航局 2012 年度部门财政拨款预算支出为 2367298.72 万元（含政府性基金预算，下同），民航局 2012 年度决算（草案）反映的当年财政拨款支出 1332272.45 万元，其部门预算与执行结果的差异总额为 1035026.27 万元，差异的具体情况及产生原因见附件 1。

本次审计民航局本级及所属单位 2012 年度财政拨款支出共计 1667767.7 万元，占部门财政拨款支出总额的 70.45%。审计查出预算执行中不符合财经制度规定的问题金额 41493.77 万元，全部为当年问题；其他财政收支方面不符合财经制度规定的问题金额 34591.38 万元。上述问题对民航局 2012 年度预算执行结果的影响见附件 2。

审计结果表明，民航局比较重视预算和财务管理，不断健全内部管理制度，切实加强财务信息系统建设，加大资金运行实时监控力度，局本级和审计的所属单位 2012 年度预算收支基本遵守预算法及相关法律法规，财务管理和会计核算基本符合会计法及有关财会制度规定；对以前年度审计查出的问题认真进行了整改。

二、审计发现的主要问题

（一）预算执行中存在的主要问题。

1. 2012 年，局本级在基建项目未完成初步设计等前期工作的情况下，为 14 个项目申报预算 28970 万元，其中 12 个项目至 2012 年 12 月 31 日才下达投资计划，另 2 个项目因无法实施而取消。

2. 2012 年，局本级未经批准，将所属管干院二期工程自筹资金和银行贷款 7000 万元改由民航政府性基金安排。

3. 2012 年，局本级在所属空管局为其在 2009 年自行拆分设置的空管行业管理办公室列支经费 1210.4 万元。

4. 2012 年，所属华东地区空管局、所属中南地区空管局下属珠海进近管制中心接受地方政府补贴共计 2665.94 万元，未纳入当年预算。

5. 2012 年，所属校飞中心在飞机保险业务、物业承包业务中，未公开招标直接确定承担单位，并支付保费 644.03 万元、物业费 621.3 万元；所属清算中心未公开招标，将总价为 126.8 万元的采购项目拆分后直接实施采购。

6. 2012 年，局本级 7 个会议超标准列支会议费 181.42 万元。

7. 2012 年，局本级超预算列支因公出国

（境）经费73.88万元。

（二）其他财政收支中存在的主要问题。

1.2007年，局本级将所属管干院总投资9100万元的昆明基地改造工程拆分为2个项目并自行批复建设。截至2012年底，该项目已竣工验收并交付使用。

2.2007年至2011年，所属华东地区管理局下属上海监管办业务用房与上海民兵空中输送旅指挥中心分别由局本级自行审批和上海市发展改革委批准立项后拼盘建设，总投资9292万元，目前该楼正在建设中。

3.截至2012年底，局本级对2001年至2004年办公楼加固整修支出15220.32万元尚未计入固定资产价值。

4.截至2012年底，局本级尚未对1998年至2011年出售给机关职工的住房进行账务处理。

5.2011年至2012年，所属西北、华东、中南地区管理局收取的职业技能鉴定费822.91万元未实行“收支两条线”管理，而是由各单位直接使用，其中2012年375.39万元。

6.2012年，局本级将5个会议的151.42万元支出转嫁给下属单位。

7.2012年，局本级向其他单位转嫁因公出国（境）支出4.73万元。

此外，2012年，局本级计划外召开三类及以上会议21个；有91个因公出国（境）团组存在超过规定出访人数、擅自延长境外停留时间问题。

三、审计处理情况和建议

对上述问题，审计署已依法出具了审计报告、下达了审计决定书。对违规申请基建项目预算的问题，要求今后严格按照规定申报预算；对违规动用民航政府性基金安排基建项目的问题，要求将资金退回原渠道；对违规设立机构在所属空管局列支经费的问题，要求研究解决机构设置问题，今后严格执行预算，不得擅自扩大开支范围；对所属华东地区空管局、所属中南地区空管局下属珠海进近管制中心收入未纳入预算的问题，要求今后将全部收入纳入预算；对所属校飞中心和清算中心政府采购项目未公开招投标的问题，要求今后严格执行政府采购规定；对违规审批固定资产投资项目的问题，要求今后严格执行国家有关规定，不得越权审批投资项目；对少计固定资产的问题，要求今后严格规范会计核算，并据实调整相关账目和决算（草案）；对固定资产出售后未进行账务处理的问题，要求按照有关要求清理资产，据实进行账务处理；对所属西北、华东、中南地区管理局职业技能鉴定收入未实行“收支两条线”管理的问题，要求今后严格按照国家规定实行“收支两条线”管理；对超标准列支会议费、超预算列支出国费、计划外召开会议以及出国团组超过规定人数和时间等问题，要求严格贯彻中央关于厉行勤俭节约、反对铺张浪费等要求，切实加强会议费、出国费等支出管理，杜绝此类问题再次发生。

针对审计发现的问题，审计署建议：民航局应加强预算编制与执行管理，严格执行民航政府性基金等资金的使用管理规定，增强预算约束力，并加大对所属单位的监管力度。

四、审计发现问题的整改情况

民航局在审计前开展了自查，并纠正了部分自查出的问题。对审计发现的问题，民航局责成相关部门认真纠正和整改，做到边审边改。对违规动用民航基础设施建设基金安排基建项目的问题，管干院已将资金归还原渠道；对所属部分单位接受地方政府补贴2665.94万元未纳入预算的问题，已要求所属各单位将地方政府补贴补助收入纳入预算；对所属部分地区管理局收取职业技能鉴定费未实行“收支两条线”管理的问题，从2013年开始严格按照财政部和国家发展改革委的批复文件执行，实行“收支两条线”管理。其他问题正在整改中。

附件： 1. 民航局2012年度财政拨款预算执行总体情况（略）

2. 民航局2012年度重点审计单位财政拨款预算执行情况（略）

国家档案局2012年度预算执行情况和其他财政收支情况审计结果

根据《中华人民共和国审计法》的规定，2012年11月至2013年3月，审计署对国家档案局2012年度预算执行情况和其他财政收支情况进行了审计，重点审计了国家档案局本级和所属中国第一历史档案馆（以下简称一史馆）等6个单位，并对有关事项进行了延伸审计。

一、基本情况

国家档案局为中央财政一级预算单位，部门预算由国家档案局本级和7个二级预算单位的预算组成。财政部批复国家档案局2012年度部门财政拨款预算支出为37263.42万元，国家档案局2012年度决算（草案）反映的财政拨款支出25077.82万元，其部门预算与执行结果的差异总额为12185.60万元，差异的具体情况及产生原因见附件1。

本次审计国家档案局本级及所属单位2012年度财政拨款支出共计33229.43万元，占部门财政拨款支出总额的89.17%。审计查出预算执行中不符合财经制度规定的问题金额23516.36万元，其中2012年2116.36万元；其他财政收支方面不符合财经制度规定的问题金额4035.48万元。上述问题对国家档案局2012年度预算执行结果的影响见附件2。

审计结果表明，国家档案局本级及本次审计的所属单位预算收支基本符合预算法及相关法律法规，财务管理和会计核算基本符合会计法及有关财会制度规定。

二、审计发现的主要问题

（一）预算执行中存在的主要问题。

1.2012年，国家档案局编制并经财政部批复的政府采购预算为7796.67万元，实际完成政府采购9565.00万元，少编报预算1768.33万元。

2.2012年，局本级扩大项目支出范围，在“档案保护、抢修、缩微、复制等专项业务费”5个项目中列支其他费用238.91万元。

3.2012年，局本级未按合同约定和项目进度，提前支付设备款109.12万元。

4.截至2012年底，所属一史馆迁建工程财政资金2.14亿元使用效益未充分发挥，项目目标未实现。

（二）其他财政收支中存在的主要问题。

1.局本级和所属一史馆有18台工作电脑未及时安装或使用正版软件。

2.2010年和2011年，局本级未按规定履行报批和备案程序，自行处置固定资产，涉及资产净值55.14万元、原值311.44万元。

3.2012年，局本级和所属中国档案报社、档案杂志社国有资产出租、处置收益共计99.73万元未按规定上缴中央财政。

4.截至2012年底，局本级和所属一史馆未及时清理往来款，涉及金额1335.86万元。

5.截至2012年底，所属档案科学研究所未将计算机软件资产登记入账，涉及金额2223.29万元，也未申报著作权。

6.截至2012年底，所属一史馆有10.02万元行政事业性收费未按规定上缴国库。

三、审计处理情况和建议

对上述问题，审计署已依法出具了审计报告、下达了审计决定书。对少编报政府采购预算的问题，要求及时办理政府采购预算调整手续；对自行改变项目支出内容的问题，要求严格执行预算，未经批准不得自行改变项目支出内容；对未按合同条款规定提前付款的问题，要求严格按照项目进度和合同条款付款；对一史馆迁建工程财政资金未充分发挥使用效益的问题，要求抓紧推动迁建工程的建设；对未及时安装或使用正版软件的问题，要求尽快全面安装和使用正版软件；对未按规定程序处置国有资产的问题，要求加强国有资产管理，严格按有关程序办理资产处置事项；对国有资产出租收益、行政事业性收费未按规定及时上缴的问题，要求尽快按照“收支两条线”管理规定上缴国库；对未及时清理往来款的问题，要求尽快清理往来款项；对未将计算机软件资产登记入账并申报著作权的问题，要求及时登记入账，调整会计账目和决算（草案），尽快申报著作权。

针对审计发现的问题，审计署建议：国家档案局应改进预算编报和管理工作，强化项目绩效管理。

四、审计发现问题的整改情况

国家档案局在审计前开展了自查，并纠正了部分自查出的问题。对此次审计发现的问题，国家档案局制订了整改方案，正在制定修订资产处置等管理办法，进一步规范政府采购等工作。

附件：1. 国家档案局2012年度财政拨款预算执行总体情况（略）

2. 国家档案局2012年度重点审计单位财政拨款预算执行情况（略）

中华全国供销合作总社2012年度预算执行情况和其他财政收支情况审计结果

根据《中华人民共和国审计法》的规定，2012年10月至2013年3月，审计署对中华全国供销合作总社（以下简称供销总社）2012年度预算执行和其他财政收支情况进行了审计，重点审计了社本级和所属北京商业机械研究所（以下简称商机所）、北京商业管理干部学院（以下简称商干院）和天津再生资源研究所（以下简称天津所）3个单位，并对有关事项进行了延伸审计。

一、基本情况

供销总社为中央财政一级预算单位。部门预算由社本级和16个二级预算单位的预算组成。财政部批复供销总社2012年度部门财政拨款预算支出为83898.52万元，供销总社决算（草案）反映的当年财政拨款支出82850.27万元，其部门预算与执行结果的差异总额为1048.25万元，差异的具体情况及产生原因见附件1。

本次审计供销总社本级及所属单位2012年度财政拨款支出共计79669.52万元，占部门财政拨款支出总额的94.96%。审计查出预算执行中不符合财经制度规定的问题金额57834.08万元，其中2012年4561.18万元；其他财政收支方面不符合财经制度规定的问题金额18371.47万元。上述问题对供销总社2012年度预算执行结果的影响见附件2。

审计结果表明，供销总社认真组织预算编报和执行工作，进一步加强了预算和财务管理，建立健全了有关制度，积极配合联网审计工作，反馈联网审计疑点询问并及时纠正审计发现的问题。社本级和此次审计的所属单位2012年度预算收支基本遵守了预算法及相关法律法规，财务管理和会计核算基本符合会计法及有关财会制度规定。

二、审计发现的主要问题

（一）预算执行中存在的主要问题。

1.2011年至2012年，社本级动用所属企业上缴利润3271.41万元（其中2012年1921.26万元），用于招待费、车辆购置等支出，收支均未纳入预决算管理。

2.2012年，社本级会议费项目超预算支出33.76万元。

3.2011年和2012年，社本级及所属商干院总额1851.7万元的采购项目未严格执行政府集中采购，而是直接与有关公司签订委托合同或采购合同，其中2012年采购支出73.70万元；2012年，社本级有12个会议在非定点饭店召开。

4.2012年，所属天津所、商干院使用经营收入弥补基本支出345.59万元，未纳入预算管理。

5.截至2012年底，所属中国农业生产资料集团公司未将中央财政储备贷款利息补助51264.47万元拨付下属公司，全部作为集团收入核算，其中2012年2083.95万元；2011年，拨付联储企业的新增中央救灾储备农药利息补助有964.23万元超出了规定的时限。

6.2012年，社本级8个会议超标准列支会议费33.76万元。

7.2012年，社本级无预算列支因公出国（境）经费67.76万元；5个因公出国（境）团组超标准列支费用1.40万元。

此外，社本级未按规定建立项目库。

（二）其他财政收支中存在的主要问题。

1.2011年至2012年，社本级软件开发及软件升级费用支出共计103.13万元，未增记固定资产价值，其中2012年60万元。

2.2009年至2011年，所属科技推广中心违规以其下属公司名义开设账户买卖股票，累计投入资金810万元，获利45万元。

3.2004年10月，所属天津所未经批准将投资2472.61万元建设的办公用房整体出租，截至2012年底收到租金2048.63万元，其中2012年265万元。

4.2011年至2012年，所属商干院未经批准将其部分房屋出租并取得收入799.06万元，其中2012年617.95万元。

5.2011年7月，所属科技推广中心未经批准，对外出借500万元，已于当年底收回借款本息；2012年，以下属公司名义对外出借450万元，截至当年底已收回本金但未收取利息。

6.2012年，所属商干院将收到的地方财政拨付的可持续发展专项资金52.8万元及相关支出，均在“其他应付款”科目核算，未记入相应收支科目。

7.2007年至2012年9月，供销总社管理的不以营利为目的的棉花交易市场未经报批，累计向国家储备棉竞卖（买）成交的对方收取交易手续费13 603.27万元，其中2012年7654.93万元。

8.2012年，社本级接受其他单位资助因公出国（境）费用4.58万元。

此外，2012年，社本级计划外召开三类会议11个；4个因公出国（境）团组未纳入年初计划；有9个因公出国（境）团组存在擅自延长境外停留时间问题。

三、审计处理情况和建议

对上述问题，审计署已依法出具了审计报告、下达了审计决定书。对动用所属企业上缴利润未纳入预决算管理的问题，要求纳入预决算管理并调整决算（草案）；对项目支出超预算的问题，要求强化预算管理，严格按照批复的预算开展工作；对项目支出未执行政府集中采购的问题，要求今后严格执行政府采购的相关规定，杜绝此类问题的再次发生；对所属天津所和商干院使用经营收入弥补基本支出的问题，要求加强预算编制工作，提高预算编制准确性；对所属中国农业生产资料集团公司截留或未按时限拨付重要商品储备利息补贴资金的问题，要求今后严格按协议及时拨付资金；对少记固定资产的问题，要求补记固定资产；对所属天津所、商干院和科技推广中心违规对外投资、出租国有资产的问题，要求履行有关报批手续，纠正擅自出租国有资产的行为；对所属科技推广中心未经批准买卖股票和对外出借资金的问题，要求撤销股票账户，收回借款利息，今后严格执行相关规定；对所属商干院在往来科目核算收支的问题，要求结转相关收支科目，并调整相关账目和决算（草案）；对棉花交易市场未经批准擅自收取国家储备棉交易手续费的问题，要求停止收费行为，如确需收费应报经发展改革委批准；对超标准列支会议费、出国费，以及计划外召开会议和组织出国等问题，要求严格贯彻中央关于厉行勤俭节约、反对铺张浪费等要求，切实加强会议费、出国费等支出管理，杜绝此类问题再次发生。

针对审计发现的问题，审计署建议：供销总社应强化项目预算管理，严格项目审核，完善国有资产管理制度，督促所属单位按照规定使用、处置国有资产，严格履行政府采购程序。

四、审计发现问题的整改情况

对审计发现的问题，供销总社积极采取措施整改，本级少计固定资产问题已经整改完毕，其他问题正在整改中。

附件：1. 供销总社2012年度财政拨款预算执行总体情况（略）

2. 供销总社2012年度重点审计单位财政拨款预算执行情况（略）

中共中央统一战线工作部2012年度预算执行情况和其他财政收支情况审计结果

根据《中华人民共和国审计法》的规定，2012年11月至2013年3月，审计署对中共中央统一战线工作部（以下简称中央统战部）2012年度预算执行情况和其他财政收支情况进行了审计，重点审计了中央统战部本级和所属干部培训中心等7个单位，并对有关事项进行了延伸审计。

一、基本情况

中央统战部为中央财政一级预算单位，部门预算由中央统战部本级和5个二级预算单位的预算组成。审计结果表明，中央统战部重视预算管理，能够遵守预算法及其他财经法规，逐步完善内部控制制度，先后制定了多项管理制度，财政资金使用上未发现存在重大损失浪费问题。该部各预算单位能够按照批复的预算组织实施，会计处理基本符合会计法、相关会计准则和会计制度，资产管理比较规范。

二、审计发现的主要问题

（一）截至2012年底，所属干部培训中心以前年度培训费结余30.86万元仍在往来科目挂账，未及时清理。

（二）2012年，所属机关服务中心和中国统一战线杂志社有2台电脑安装使用了非正版软件。

三、审计处理情况和建议

对上述问题，审计署已依法出具了审计报告、下达了审计决定书。对培训费结余在往来科目核算的问题，要求调整相关会计账目；对个别计算机安装使用非正版软件的问题，要求安装使用正版软件。

针对审计发现的问题，审计署建议：中央统

战部应进一步加强预算管理，提高账务处理水平。

四、审计发现问题的整改情况

中央统战部在审计前认真开展自查，并纠正了部分自查出的问题。对审计发现的问题，中央统战部已认真进行了整改。

中共中央对外宣传办公室2012年度预算执行情况和其他财政收支情况审计结果

根据《中华人民共和国审计法》的规定，2012年10月至2013年3月，审计署对中共中央对外宣传办公室（以下简称中央外宣办）2012年度预算执行情况和其他财政收支情况进行了审计，重点审计了中央外宣办本级和所属互联网新闻研究中心（以下简称网研中心）、机关服务中心2个单位，并对有关事项进行了延伸审计。

一、基本情况

中央外宣办为中央财政一级预算单位，部门预算由办本级和3个二级预算单位的预算组成。审计结果表明，中央外宣办不断完善预算管理和财务管理，提高财务管理信息化水平，建立预算执行动态监控机制，有效地保证了各项外宣工作任务的完成。在组织2012年度预算执行过程中，中央外宣办本级和所属网研中心等预算单位能够遵守预算法及其他法律法规的规定，财务处理基本符合相关法律和财务制度的规定，能够积极采取措施落实以前年度审计决定。

二、审计发现的主要问题

1.2012年，办本级未经批准动用以前年度项目结余资金10万元。

2.2012年，所属服务中心列支办本级公务用车运行维护费17.62万元。

三、审计处理情况和建议

对上述问题，审计署已依法出具了审计报告、下达了审计决定书。对未经批准动用项目结余资金的问题，要求加强项目结余资金管理，按规定报批并合理统筹安排使用；对在所属单位列支费用的问题，要求加强费用报销管理。

针对审计发现的问题，审计署建议：中央外宣办应强化预算约束，严格预算支出范围，规范有效地使用各项财政资金。

四、审计发现问题的整改情况

中央外宣办在审计前开展了自查，并纠正了部分自查出的问题。对此次审计发现的费用列支不合规等问题，已经整改。

光明日报社2012年度预算执行情况和其他财政收支情况审计结果

根据《中华人民共和国审计法》的规定，2012年11月至2013年3月，审计署对光明日报社2012年度预算执行情况和其他财政收支情况进行了审计，重点审计了光明日报社本级和所属印刷厂等4个单位，并对有关事项进行了延伸审计。

一、基本情况

光明日报社为中央财政一级预算单位，部门预算即报社本级预算。财政部批复光明日报社2012年度部门财政拨款预算支出为17824万元，其决算（草案）反映当年预算执行数为17824万元，两者无差异（详见附件1）。

本次审计光明日报社2012年度预算支出共计17824万元，占部门财政拨款支出总额的100%。审计查出预算执行中不符合财经制度规定的问题金额2448.79万元，全部为当年问题；其他财政财务收支方面不符合财经制度规定的问题金额19806.44万元。上述问题对光明日报社2012年度预算执行结果的影响见附件2。

审计结果表明，光明日报社能够认真做好本部门预算编报，加强预算和财务管理，完善相关内部控制制度。2012年度预算执行基本符合国家预算法及其他法律法规的规定，会计处理基本符合会计法、相关会计准则和会计制度的规定。

二、审计发现的主要问题

（一）预算执行存在的主要问题。

2012年度，社本级未按规定编制政府采购预算购买货物，涉及金额2448.79万元。

（二）其他财政收支存在的主要问题。

1.2011年和2012年，社本级驻地记者站违规参与报纸发行业务，收入共计14826.95万元，其中2012年7950.97万元。

2.2011年和2012年，社本级部分采编部门及其工作人员违规参与经营业务，收入共计1677.82万元，其中2012年1390.74万元。

3. 社本级32个不具备独立法人资格的驻地记者站在未报经财政部门批准的情况下设立32个银行账户，截至2012年底，账户余额共计777.82万元。

4. 2012年度，社本级向广告公司超标准支付广告代理费256.57万元。

5. 社本级2011年选购的办公软件许可安装数量为450套，截至2012年6月共安装552套，超出所购软件许可数量102套。

6. 社本级应收款项1386.18万元长期挂账。包括：应收光明日报社印刷厂机器折旧费共计905.84万元；应收光明传媒股份有限公司380万元；应收南京邮政报刊发行局报款32.7万元；应收光明日报社北戴河记者站3.5万元；以及刊登多家单位23例广告费收入64.14万元。

7. 2011年和2012年，所属北京光明天下广告传媒有限公司、光明网传播有限公司根据广告协议，在《光明日报》部分刊面上为协议单位进行宣传报道，收取费用358.88万元。

8. 2012年，所属北京光明华脉传媒文化发展有限公司采取按比例计提方式提取文化扶贫工作经费416.15万元，当年列支154.65万元，年底尚有261.5万元未支出，造成虚列成本。

9. 截至2012年底，所属印刷厂405.37吨新闻纸未纳入财务账核算，形成账外资产，涉及金额208.76万元。

10. 2010年8月至2012年12月，所属印刷厂将收取的印刷费51.96万元以现金形式存入员工个人银行卡，其中，2012年度存入28.7万元。

三、审计处理情况和建议

对上述问题，审计署已依法出具了审计报告、下达了审计决定书。对未按规定编报政府采购预算的问题，要求今后应严格按规定编报政府采购预算；对驻地记者站违规参与报纸发行业务的问题，要求今后严格执行国家相关规定，制定有效措施，杜绝此类问题发生；对部分采编部门及其工作人员违规参与经营业务的问题，要求今后严格按照国家相关规定执行；对驻地记者站银行账户未报经财政部审批的问题，要求根据实际情况进行清理，对确实需要保留的账户补办相关报批手续；对超标准支付广告代理费的问题，要求今后严格按照国家相关规定支付代理费；对使用未经授权软件的问题，要求按照相关规定尽快取得使用正版办公软件许可授权；对应收款项长期挂账的问题，要求尽快清理，按规定程序处理；对违规进行有偿新闻宣传并收取费用的问题，要求今后严格按规定执行；对虚列成本的问题，要求调整相关会计账目，据实列支发行费用；对新闻纸未纳入财务账核算的问题，要求将新闻纸登记入账；对公款在个人银行卡存放的问题，要求纳入单位资金账户，今后将各种收入纳入本单位财务账统一核算，杜绝此类问题发生。

针对审计发现的问题，审计署建议：光明日报社应进一步加强对财政专项资金的管理，严格按照项目单独核算；加强对新闻采编部门的管理，杜绝采编部门参与经营活动；严格执行政府采购制度；加大对所属单位的管理和监督检查的力度，促进所属单位严格遵守财经法规。

四、审计发现问题的整改情况

光明日报社在审计前开展了自查，并纠正了部分自查查出的问题。针对审计查出的部分问题，光明日报社积极进行了整改。所属印刷厂已陆续将存放在个人银行卡上的公款51.96万元全部上缴至单位账户。其他问题正在整改中。

附件：1. 光明日报社2012年度财政拨款预算执行总体情况（略）

2. 光明日报社2012年度重点审计单位财政拨款预算执行情况（略）

中国共产主义青年团中央委员会
2012年度预算执行情况
和其他财政收支情况审计结果

根据《中华人民共和国审计法》的规定，2012年11月至2013年3月，审计署对中国共产主义青年团中央委员会（以下简称共青团中央）2012年度预算执行情况和其他财政收支情况进行了审计，重点审计了共青团中央本级及所属机关服务中心、共青团中央网络影视中心（以下简称网络影视中心）等9个单位，并对有关事项进行了延伸审计。

一、基本情况

共青团中央为中央财政一级预算单位。财政部批复共青团中央2012年度部门财政拨款预算支出为69226.27万元，共青团中央决算（草案）反映的当年财政拨款支出46478.90万元，其部门预算与执行结果的差异总额为22747.37万元，差异的具体情况及产生原因见附件1。

本次审计共青团中央本级2012年度财政拨款支出共计46478.90万元，占部门财政拨款支出总额的100%。审计查出预算执行中不符合财经制度规定的问题金额16184.97万元，其中2012年15119.42万元；其他财政收支方面不符合财经制度规定的问题金额38465.68万元。上述问题对共青团中央2012年度预算执行结果无影响。

审计结果表明，共青团中央重视预算和财务管理工作，积极规范和监督预算执行，制定和完善了一系列财务、资产管理制度和相关规程，进一步加强了内部控制。此次审计的共青团中央本级及所属单位预算收支基本符合预算法和其他财经法规的规定，财务处理基本符合会计法和财务制度的规定，决算（草案）基本能够真实、完整地反映当年预算执行的情况。

二、审计发现的主要问题

（一）预算执行存在的主要问题。

1.重复编报项目预算111万元。主要是为弥补项目资金缺口，共青团中央在已单独编报“中国和印度百名青年互访”和“中国和巴基斯坦百名青年互访”两个项目2012年预算的同时，又在其他项目中编报上述两个项目预算差额部分。

2.扩大专项资金开支范围或未经批准调剂使用资金1262.05万元。其中：

（1）2012年，共青团中央在“青少年教育事业专项会议、活动和业务经费”等4项专项资金中，列支与预算项目不符的支出414.99万元；

（2）2011年至2012年，所属网络影视中心挪用“未成年人专属网站建设”等3项专项资金，用于发放工资补贴及支付房租等764.6万元，其中2012年669.05万元；

（3）2012年，所属中国少年儿童新闻出版总社在财政部2011年批复的“数字出版平台”专项资金中，列支与项目内容不符的支出82.46万元。

3.2012年，共青团中央未按预算和用款计划，将“未成年人专属网站建设”项目资金1700万元提前拨付项目执行单位。

4.2011年至2012年，共青团中央未经财政部批准，动用结余资金1699万元，其中：2011年为“大学生村官”订阅《中国青年报》使用700万元，2012年拨付中西部地区和部分东部地区县团委工作经费999万元。

5.2012年，共青团中央违反零余额账户不得向实有资金账户划拨资金的相关规定，从零余额账户向所属机关服务中心、青年志愿者行动指导中心实有资金账户拨款1200万元，再由两家所属单位将1200万元转入共青团中央实有资金账户用于调整实有资金账户垫付的加强团基层组织建设等工作的资金。

6.共青团中央2012年度部门决算报表列示的“文化产业发展专项资金”和“未成年人专属网站建设”支出中，有3909.03万元拨付项目承办单位后实际未支出，造成决算多计支出。

7.政府采购管理不严格，涉及金额6303.89万元。具体是：

（1）少编报2012年度政府采购预算3053.74万元，包括：采购会议服务预算558.46万元，“未成年人专属网站建设”项目相关采购预算2495.28万元。

（2）2011年和2012年，共青团中央在制作青少年民族团结教育动画片、承办出国前集训、来访团组境内接待等过程中，未按规定执行公开招标等政府采购程序，支付费用2800.75万元，其中2012年支付2760.75万元。

（3）2011年和2012年，所属青年志愿者指导中心、网络影视中心在大学生志愿服务西部计划官方网站与信息系统的开发维护和管理、“红领巾集结号”项目软件系统和建设“未成年专属网”一期网站建设等工作中，未按规定执行政府采购程序，涉及金额449.4万元，其中2012年采购金额219.4万元。

（4）截至2012年底，共青团中央未按规定建立部门项目库。

（二）其他财政收支存在的主要问题。

1.2012年，所属网络影视中心未经国务院国有资产监督管理委员会核准，将参股公司股权转让，实现收入24408.06万元。

2.截至2012年底，共青团中央将“中国大学生新东方自强基金”等社会捐赠收入1064.4万元在“暂存款”科目核算，未列作部门收入。

3. 所属单位网络影视中心未按规定对 2004 年至 2008 年接受其他单位以赠送股权形式形成的对外投资 11739.95 万元进行清理，也未纳入法定账簿核算。

4. 2012 年，所属网络影视中心占用下属公司北京中青博亚文化传媒有限责任公司车辆 3 部（总价值 129.27 万元），供现任及退休的相关领导使用；城市青年工作部使用中国青年企业家协会会员无偿提供使用的汽车 1 辆。

5. 截至 2012 年底，共青团中央向所属 3 家单位借出的 1124 万元在暂付款挂账超过 3 年，仍未清理。

6. 自 2011 年 11 月未成年人网站开通运行以来，所属网络影视中心在未按规定取得《信息网络传播视听节目许可证》的情况下，一直从事播放、传输、下载视听节目服务等活动。

此外，共青团中央虽然已经出台《关于团属经营性单位重大事项报告制度的暂行规定》等办法，但网络影视中心作为团属经营性单位仍存在未按规定报经共青团中央批准，自行处置房产、车位和车辆以及对外投资的问题。

三、审计处理情况和建议

对上述问题，审计署已依法出具了审计报告、下达了审计决定书。对重复编报项目预算的问题，要求加强预算编制工作；对扩大财政专项资金开支范围和未经批准调剂使用资金的问题，要求将资金归还原渠道，调整相关会计账目，同时相应调整部门决算（草案）；对未按预算和用款计划拨付财政资金的问题，要求今后严格按照规定拨付财政资金；对未经批准使用结余资金的问题，要求补办报批程序，今后严格按规定履行报批程序；对违规使用零余额账户拨款的问题，要求今后严格按规定拨款；对多计支出的问题，要求调整部门决算（草案）；对政府采购管理不严格的问题，要求今后严格执行政府采购相关规定，进一步加强政府采购预算的编制工作；对违规处置国有资产的问题，要求补报相关手续；对未按规定会计科目核算社会捐赠收入的问题，要求调整有关会计科目；对未在法定账簿核算捐赠收入的问题，要求全面清理投资资产，据实入账，按规定调整有关会计账目；对违反规定占用下属单位和接受企业捐赠车辆的问题，要求退还车辆；对暂付款长期挂账的问题，要求按规定及时清理暂付款项；对无资质开展信息网络传播视听节目服务的问题，要求补办手续。

针对审计发现的问题，审计署建议：共青团中央应进一步强化预决算编报工作，完整准确地编制政府采购预算；加强预算执行管理，严格按照预算开支范围和标准使用资金，规范结余资金使用和零余额账户拨款行为；加强部门政府采购管理，规范捐赠收入管理，并加大对所属单位的管理和监督力度，促进其提高依法理财的意识和水平，加强内部控制制度建设。

四、审计发现问题的整改情况

共青团中央在审计前开展了自查，并纠正了部分自查查出的问题。对审计发现的问题，共青团中央及所属单位高度重视，积极进行整改。共青团中央已将多计支出 3909.03 万元调整了部门决算（草案）；将未按规定核算收支 1064.4 万元已按规定调整了有关会计账目；将出借中国青年创业就业基金会的 500 万元收回。网络影视中心已经将挪用的 764.6 万元资金归还原资金渠道。共青团中央及所属中国少年儿童新闻出版总社已将扩大财政专项资金开支范围的资金归还原渠道，并调整了相关会计账目。网络影视中心及城市青年工作部已退还占用的车辆。

附件：1. 共青团中央 2012 年度财政拨款预算执行总体情况（略）

2. 共青团中央 2012 年度重点审计单位财政拨款预算执行情况（略）

中国文学艺术界联合会 2012 年度预算执行情况和其他财政收支情况审计结果

根据《中华人民共和国审计法》的规定，2012 年 11 月至 2013 年 3 月，审计署对中国文学艺术界联合会（以下简称中国文联）2012 年度预算执行情况和其他财政收支情况进行了审计，重点审计了中国文联本级和所属中国美术家协会（以下简称中国美协）、中国民间文艺家协会（以下简称中国民协）、中国音乐家协会（以下简称中国音协）、中国剧作家协会（以下简称中国剧协）、中国曲艺家协会（以下简称中国曲协）、中国舞蹈家协会（以下简称中国舞协）、中国杂技家协会

（以下简称中国杂协）、中国电影家协会（以下简称中国影协）、中国电视艺术家协会（以下简称中国视协）等15个单位，并对有关事项进行了延伸审计。

一、基本情况

中国文联为中央财政一级预算单位，部门预算由中国文联本级和16个二级预算单位的预算组成。财政部批复中国文联2012年度部门财政拨款预算支出40325.05万元，中国文联决算（草案）反映的当年财政拨款支出37883.29万元，其部门预算与执行结果的差异总额为2441.76万元，差异的具体情况见附件1。

本次审计中国文联本级及所属单位2012年度财政拨款支出共计40325.05万元，占部门财政拨款支出总额的100%。审计查出预算执行中不符合财经制度规定的问题金额14582.53万元，其中2012年6202.29万元；其他财政财务收支方面不符合财经制度规定的问题金额1758.83万元。上述问题对中国文联2012年度预算执行结果的影响见附件2。

审计结果表明，中国文联高度重视财务和预算管理工作，逐步建立健全财务管理制度，2012年度预算收支基本遵守了预算法及相关法律法规，财务管理和会计核算基本符合会计法及有关财会制度规定。

二、审计发现的主要问题

（一）预算执行中存在的主要问题。

1.2012年，4家所属单位扩大范围支出专项资金556.48万元，主要用于物业费、会议费及发放津补贴等。其中：机关服务中心287.55万元、中国艺术报社181.85万元、文艺研修院20万元、中国民协67.08万元。

2.2012年，2家所属单位未经批准在不同科目（项目）间调剂使用预算资金25.57万元。其中：所属中国美协公用经费挤占人员经费9.29万元，中国音协人员经费挤占公用经费16.28万元。

3.2012年，所属中国民协在当年项目资金中，提前支付江西省民间文艺家协会等单位2013年度活动费85万元。

4.2012年，2家所属单位未将收入96.4万元纳入账内核算。其中：中国书法家协会未将收取的书法考级教材款、证书款56.4万元纳入账内核算；中国剧协将项目经费40万元存放下级单位使用，未按规定纳入本单位账内核算。

5.政府采购不合规，涉及金额3654.17万元。具体是：

（1）2012年，所属中国美协印刷服务类政府采购支出55.21万元，未编报相关政府采购预算。

（2）2012年，所属中国艺术报社“中华文艺资源数据库工程”项目政府采购支出2077.85万元，超过财政部批复政府采购预算1477.85万元。

（3）2011年至2012年，中国文联本级及所属中国曲协未按规定公开招标，直接委托4家企业提供创作编导服务，支出财政资金1030万元，其中2012年850万元。

（4）2011年至2012年，中国文联本级及所属中国舞协等3家单位未按规定执行政府采购程序，自行采购8家企业晚会舞美制作等服务，共支出财政资金756.57万元，其中2012年491.57万元。

（5）2011年至2012年，所属中国曲协等6家单位未按规定执行政府采购程序，自行委托12家单位印制文件资料，共支付财政资金334.54万元，其中2012年243.66万元。

6.2010年至2012年，中国文联本级及所属中国摄影家协会、中国杂协和中国音协等3家单位未经批准，将零余额账户用款额度划拨到实有资金账户10164.91万元，其中2012年2320.55万元。

（二）其他财政收支存在的主要问题。

1.2012年，所属文艺研修院将异地安置经营损失等补偿款1200万元计入往来款，当年支出318.38万元，年末结余881.62万元。

2.2012年，中国视协在向团体及个人会员收取会费外，下设专业委员会（非在编常设机构、无在编正式职工）又以会费的名义并自定收费标准，向相关电视台、党政机关和企事业单位等非会员单位收取费用204.24万元。

3.2011年至2012年，所属中国舞协等2家单位使用北京冲击视界服饰有限公司等企业开具的不合规发票入账，金额合计95.65万元，其中2012年27.31万元。

4.未及时上缴和未足额代扣个人所得税233.94万元。

(1) 截至2013年1月底，中国文联本级代扣演员等人员2012年及以前年度的个人所得税192.04万元，未及时上缴。

(2) 2011年至2012年，所属机关服务中心少扣少缴个人所得税41.9万元，其中2012年18.53万元。

5.2012年，所属中国视协以社会团体会费收据，收取有关单位“活动承办费”等非会费收入500万元，少缴营业税25万元。

6.2013年3月，抽查中国文联办公厅等部门39台计算机安装使用正版软件情况，其中17台使用非正版软件。

三、审计处理情况和建议

对上述问题，审计署已依法出具了审计报告，下达了审计决定书。对扩大范围支出专项资金的问题，要求将资金归还原渠道，调整有关会计账目和决算（草案），今后严格执行项目支出；对未按预算年度支出财政资金和未经批准在不同科目（项目）间调剂使用预算资金的问题，要求按照规定程序履行预算调整报批手续；对未将本单位收入纳入账内核算的问题，要求将有关收入纳入本单位账内核算；对超预算采购和未执行政府采购程序的问题，要求今后完整编制政府采购预算，严格按预算和程序实施采购；对未经财政部门批准，将零余额账户用款额度划拨到实有资金账户的问题，要求今后严格执行国库集中支付的相关规定；对在往来科目核算收入未及时清理的问题，要求调整有关会计账目和决算（草案）；对违规收费的问题，要求立即停止乱收费，并对收入进行清理；对使用不合规发票报销的问题，要求索取合法票据入账，今后加强管理，杜绝此类问题发生；对未及时上缴和未足额代扣个人所得税，以及少缴营业税等问题，要求及时上缴、补缴税款；对部分计算机使用非正版软件的问题，要求按照规定安装使用正版软件。

针对审计发现的问题，审计署建议：中国文联应加强项目支出和国库集中支付管理；加强政府采购管理，强化对主要业务的内部控制制度建设；加强对文艺家协会收费的管理。

四、审计发现问题的整改情况

中国文联在审计前开展了自查，并纠正了部分自查出的问题。对审计发现的问题，中国文联立即采取整改措施。所属中国艺术报社已将部分财政资金归还原资金渠道，并进行了调账处理。所属中国舞协等2家单位针对不合规发票问题，已与原服务商协调取得合法发票入账。

附件：1. 中国文联2012年度财政拨款预算执行总体情况（略）

2. 中国文联2012年度重点审计单位财政拨款预算执行情况（略）

中华人民共和国审计署
审计结果公告
（2013年第28号）

审计署2012年度预算执行和其他财政收支情况检查结果

（2013年6月24日公告）

为健全审计署预算执行和其他财政收支情况的外部监督机制，审计署商监察部同意，继续委托驻署监察局牵头，由中央统战部推荐、审计署聘任的特约审计员和相关专业人员参加的检查组，于2013年3月至4月对审计署2012年度部门预算执行和其他财政收支情况进行了检查，重点检查了审计署本级及所属京津冀特派办（以下简称京津冀办）、沈阳特派办（以下简称沈阳办）和国外援贷款项目审计服务中心（以下简称外资中心）等3个单位，并对有关事项进行了延伸检查。

一、基本情况

审计署为中央财政一级预算单位，部门预算由署本级和28个二级预算单位的预算组成。财政部批复审计署2012年度部门财政拨款122223.18万元，其中：

(1) 当年财政拨款收入112859.7万元。包括：①基本支出47797.5万元，含人员经费32919.28万元、公用经费14878.22万元；②项目支出43911.2万元，含审计外勤经费等审计业务类项目23450万元、审计干部业务培训等审计管理类项目 9025 万元、计算机及网络运行维护费和设备更新购置等一般行政管理事务类项目 8669.8 万元等；③基本建设类项目 21151 万元。

（2）上年财政拨款结转和结余 9363.48 万元。包括：①基本支出 1511.59 万元；②项目支出 7851.89 万元，其中，跨年度执行项目、按项目进度执行预算形成的审计项目业务经费结转 2149.65 万元、金审工程项目经费结转 1792.63 万元、基建项目经费结转 2848.75 万元等。

据审计署决算（草案）反映，当年财政拨款支出 110617.01 万元，部门预算与执行结果的差异总额为 11606.17 万元。差异的具体情况及产生原因见附件 1。

检查结果表明，审计署本级及所属京津冀办、沈阳办和外资中心等 3 个单位 2012 年度预算执行和其他财政收支基本符合预算法和相关财经法规的规定，财务管理和会计处理基本符合会计法和相关的财务会计制度规定。审计署重视预算及财务管理工作，认真落实检查组对 2011 年度预算执行情况检查提出的整改意见与建议，组织开展了对所属单位的财务检查和主要负责人的经济责任审计，部门预决算及财务管理的规范化水平明显提高。同时，积极推进预算与财务信息公开工作，连续两年公布了部门绩效报告。

二、检查发现的主要问题

本次检查审计署本级及所属京津冀办、沈阳办和外资中心等 3 个单位 2012 年财政拨款支出共计 40 774.57 万元，占部门当年财政拨款支出总额的 33.36%。检查出预算执行中不符合财经制度规定的问题金额 446.87 万元，全部为当年问题；其他财政收支方面不符合财经制度规定的问题金额 1957.43 万元。上述问题对审计署 2012 年度预算执行结果的影响见附件 2。

（一）部门预算执行存在的问题。

1. 2012 年，署本级“计算机及网络运行维护费”和“审计署派出审计局设备更新购置经费”项目支出 360.96 万元未编报年度政府采购预算。

2. 2012 年，署本级“办公楼安防系统改造”项目编制政府采购预算 21.6 万元，当年未能执行。

3. 2012 年，署本级在软件开发尚未完成、有关产品未正式交付使用的情况下，向软件开发公司全额支付了合同款 131.27 万元，其中提前支付 64.31 万元。至 2013 年 3 月，该软件才开发完成，现已投入使用。

（二）其他财政收支存在的主要问题。

检查发现，由于现行财政预算拨款未能对执行属地化政策的派驻地方机构的职工医疗保险费、离退休人员医疗费等人员经费给予保障，为弥补经费支出缺口，所属京津冀办和沈阳办用公用经费支付了上述人员经费支出，并将相关支出在往来款中挂账。

1. 2012 年，京津冀办和沈阳办分别挪用公用经费 258 万元、33.03 万元弥补职工医疗保险费、离退休人员医疗费等人员经费支出。

2. 京津冀办和沈阳办以前年度按规定支付的职工医疗保险费、生育保险费和离退休人员医疗费等 556.05 万元，一直占用其他资金并在往来款中挂账。因无正常资金来源，截至 2013 年 4 月上述挂账仍未清理。

3. 京津冀办和沈阳办未按规定及时将房屋出租等收入上缴中央财政，准备用于弥补职工医疗保险费、离退休人员医疗费、残疾人保障金等人员经费缺口，涉及金额 1110.35 万元，其中：京津冀办 77.07 万元，沈阳办 1033.28 万元。

此外，据审计署反映，截至 2012 年底，由于没有正常的经费来源渠道，审计署所属其他 16 个特派办按照相关政策规定缴纳的职工基本医疗、生育等社会保险费和实际发生的医疗费支出累计缺口 4683.04 万元，长期用其他资金垫支挂账。

三、对检查发现问题的处理意见和建议

对上述问题，检查组按照国家有关财经制度，对审计署及相关所属单位提出如下处理意见：对政府采购预算编报和执行不规范的问题，要求今后严格规范政府采购预算编制，严格按预算实施政府采购；对未严格按合同执行进度支付相关款项的问题，要求严格按规定程序和合同执行进度支付款项，避免类似问题再次发生；对所属 2 个特派办动用公用经费弥补人员经费不足、房屋出租收入未按规定及时上缴中央财政和有关资金长期挂账等问题，要求尽快商请有关部门解决所属单位相关人员经费支出缺口问题，并要求相关特派办按规定上缴房屋出租收入。

针对检查发现的问题，检查组建议：审计署

应进一步加强政府采购预算管理，切实提高政府采购预算编制的科学性、规范化水平；加大对所属单位预算执行和财务收支的监督检查力度，严格执行“收支两条线”管理等规定，不断提高财务管理水平和资金使用效益。

四、对检查发现问题的整改情况

审计署本级及京津冀办、沈阳办、外资中心等3个所属单位在检查前进行了自查，并纠正了部分自查查出的问题。对此次检查发现的问题，审计署及相关单位高度重视，积极采取措施进行整改。对署本级政府采购预算编制不规范等问题，审计署办公厅及相关部门已采取措施，着力提高政府采购预算编制的质量与水平；对所属单位存在的有关问题，已责成相关单位尽快整改到位，并着手建立健全财务工作考核机制，以进一步加强财务管理工作。

附件：1. 审计署2012年度财政拨款预算执行总体情况（略）

2. 审计署2012年度重点检查单位财政拨款预算执行情况（略）

中华人民共和国审计署审计结果公告（2013年第29号）

2012年城镇保障性安居工程跟踪审计结果

（2013年8月9日公告）

根据《中华人民共和国审计法》的有关规定，2012年11月至2013年3月，审计署组织全国近2万名审计人员，对31个省（区、市）、5个计划单列市和新疆生产建设兵团2012年城镇保障性安居工程（包括廉租住房、公共租赁住房、经济适用住房、限价商品住房和各类棚户区改造等）的投资、建设、分配、后续管理及相关政策执行情况进行了审计，延伸调查2.64万个相关单位和企业、1.92万个街道办事处和居民委员会以及24.85万户家庭。现将审计结果公告如下：

一、城镇保障性安居工程基本情况

2012年，全国城镇保障性安居工程开工768.83万套、基本建成590.20万套（含竣工453.59万套）、新增发放廉租住房租赁补贴52.99万户，分别为年度目标任务的105.88%、118.04%（竣工为110.12%）、106.96%。通过各类城镇保障性住房建设和棚户区改造，为953.74万户中低收入住房困难家庭提供了安居保障，惠及2667.77万人。

2012年，全国共筹集城镇保障性安居工程财政性资金4128.74亿元，其中中央财政下达补助资金1861.65亿元；城镇保障性安居工程财政性资金当年支出3543.75亿元。2012年全国通过银行贷款、住房公积金贷款、企业债券等社会渠道筹集资金4667.67亿元。

二、城镇保障性安居工程工作成效

审计结果表明，地方各级政府认真贯彻落实中央和国务院的各项政策要求，把住房保障作为公共服务的重要内容，加快推进城镇保障性住房建设和棚户区改造，取得明显成效。

（一）住房保障体系初步建立。至2012年底，全国所有市县均建立了廉租住房制度，72.97%的市县建立了公共租赁住房制度，60.06%的市县建立了经济适用住房制度，23.75%的市县建立了限价商品住房制度，80.47%的市县实施了棚户区改造，住房保障体系初步建立，保障性安居工程覆盖面不断扩大。

（二）困难群众居住水平不断提高。2012年，廉租住房租赁补贴平均水平达到每人每月75元，比2010年增长13.63%；全国完成各类棚户区拆迁2.28亿平方米，棚户区改造后人均居住面积比改造前增长30%；公共租赁住房保障新就业无房职工和在城镇稳定就业的外来务工人员306.34万人。2008年至2012年，享受保障性住房和棚户区改造的住房困难人数累计已达7084.16万人，占城镇总人口数的9.95%，中低收入家庭住房困难问题得到缓解，推动了城镇化进程，也为提高城市发展质量提供了支撑。

（三）住房供应结构不断优化。2012年，全国城镇保障性安居工程竣工面积达3.01亿平方米，占城镇住宅竣工面积的30.28%，比2010年增长11.26个百分点，增加了城镇中小户型房源的有效供应，住房供应结构不断优化，为调控房地产市场、抑制房价过快上涨提供了有效支持。

（四）促进经济平稳较快发展。2012年，全国城镇保障性安居工程财政性资金投入达4128.74亿元，比2010年增长77%；城镇保障性安居工程建设完成投资1.10万亿元，占全国城镇住宅投资总额的19.56%，较2010年增长8.03个百分点，带动了建材、装饰装潢等相关产业发展，为拉动内需、扩大就业、推动经济平稳较快发展发挥了积极作用。

三、审计发现的主要问题及整改情况

此次从审计情况看，地方各级政府认真贯彻落实中央的部署和要求，相关部门和项目建设管理单位能够较好地执行国家政策法规，城镇保障性安居工程的资金管理、项目建设管理和分配管理等逐步规范，总体情况较好，但审计也发现，一些保障性安居工程项目和单位还存在违反规定或管理不规范等问题。主要是：

一是10.84万户不符合保障条件的家庭，因提供不实资料、相关部门审核把关不严，违规享受保障性住房实物分配3.89万套、领取租赁补贴1.53亿元，另有1.13万户家庭重复享受保障性住房实物分配2975套，重复领取租赁补贴2137.55万元。

二是34个项目代建企业等单位违规出售保障性住房1.83万套，另有5333套住房被有关单位、个人违规用于拆迁周转、转借出租等。

三是360个项目或单位挪用保障性安居工程专项资金57.99亿元，用于归还贷款、对外投资、征地拆迁以及单位资金周转等非保障性安居工程项目支出。

四是45个项目未办理建设用地规划许可等手续用地1433.16亩，12个项目将建设用地601.53亩用于商业开发等其他用途。

审计指出上述问题后，地方各级政府高度重视并督促相关单位积极整改，截至2013年6月17日，有关单位已取消不符合条件保障对象资格5.27万户，追回违规领取补贴4431.15万元，收回或清理被违规分配使用的保障性住房1.98万套，追回被挪用的资金40.63亿元，已补办19个项目1235亩用地批准等手续，完善各类管理制度和规范529个。下一步，审计署将继续跟踪整改情况，适时公布整改结果。

由于上述问题涉及的项目、单位和人员等具体情况较为繁杂，现择要将问题及整改情况编表列示（详见附件）。

此外，审计向相关部门移送违纪违规和经济犯罪案件线索26起，涉案金额2487.17万元，涉案人员55人，相关部门正在依法查处。

附件：2012年城镇保障性安居工程跟踪审计结果

附件：

2012 年城镇保障性安居工程跟踪审计发现的主要问题及整改情况

序号	问题类型	单位/项目/保障对象	审计发现的主要问题	整改情况
1	违规享受住房保障待遇	石嘴山市部分保障对象	个人申报材料不实，相关部门审核把关不严，714 户保障对象违规领取廉租住房租赁补贴，370 户保障对象在领取廉租住房租赁补贴的同时享受实物配租，97 户保障对象收入已超过廉租住房准入条件仍未退出保障范围	已取消 921 户保障对象的保障资格，收回住房 43 套、通过追缴房屋差价等方式整改 78 户，追回 456 户违规领取的租赁补贴 81.4 万元
2		延边朝鲜族自治州龙井市部分保障对象	个人申报材料不实，相关部门审核把关不严，1151 户保障对象不符合条件违规享受廉租住房保障待遇，其中：1132 户违规享受廉租住房租赁补贴；19 户家庭违规获得廉租住房实物配租	已收回 19 套保障性住房
3		鄂尔多斯市东胜区部分保障对象	个人申报材料不实，相关部门审核把关不严，1452 户保障对象不符合条件违规获得住房保障，涉及保障性住房 1048 套，廉租住房租赁补贴 144 万元	已取消 276 户保障对象的保障资格
4		哈尔滨市部分保障对象	个人申报材料不实，相关部门审核把关不严，994 户保障对象不符合条件违规获得住房保障资格，其中：307 户领取廉租住房租赁补贴；3 户获得廉租住房实物配租；391 户购买经济适用住房或领取货币补贴，293 户违规获得住房保障资格但还未分到住房	已取消 314 户不符合条件家庭的保障资格，收回住房 8 套，追回租赁补贴 71.75 万元
5		甘南藏族自治州碌曲县部分保障对象	个人申报材料不实，相关部门审核把关不严，947 户保障对象不符合条件违规享受廉租住房保障待遇	正在整改中
6		深圳市部分保障对象	个人申报材料不实，相关部门审核把关不严，938 户保障对象不再符合条件仍享受住房保障待遇，其中：937 户领取人才住房货币补贴的保障对象购买了自有房产，但未及时终止发放补贴；1 户保障对象在租住公租房期间购买了自有房产，仍继续租用公租房。另外，7 户在领取住房货币补贴的同时，承租了公租住房	已停止发放 944 户保障对象人才住房货币补贴，违规承租人员已退回承租的公共租赁住房

续表

序号	问题类型	单位/项目/保障对象	审计发现的主要问题	整改情况
7	违规享受住房保障待遇	内江市隆昌县部分保障对象	个人申报材料不实，相关部门审核把关不严，621户保障对象不符合条件违规获得廉租住房实物配租；311户保障对象不符合条件违规领取廉租住房租赁补贴	已取消21户不符合条件家庭的保障资格，追回租赁补贴2.11万元
8		西安市部分保障对象	个人申报材料不实，相关部门审核把关不严，929户保障对象不符合条件违规获得经济适用住房保障资格，其中595户已购房	正在整改中
9		济南市部分保障对象	个人申报材料不实，相关部门审核把关不严，641户保障对象不符合条件违规领取廉租住房租赁补贴，277户保障对象不符合条件违规获得廉租住房实物配租	正在整改中
10		临汾市部分保障对象	个人申报材料不实，相关部门审核把关不严，911户保障对象不符合条件违规享受住房保障待遇，其中：794户领取廉租住房租赁补贴，52户获得廉租住房实物配租（售），65户购买了经济适用住房	已取消558户不符合条件家庭的保障资格，追回租赁补贴63.99万元
11		沈阳市铁西区部分保障对象	个人申报材料不实，相关部门审核把关不严，307户保障对象不符合条件违规领取住房租赁补贴，466户不符合条件家庭违规获得保障性住房实物分配	已取消72户不符合条件家庭的保障资格，追回租赁补贴0.49万元
12		银川市部分保障对象	个人申报材料不实，相关部门审核把关不严，714户不再符合条件的保障对象，未按规定及时退出	已取消66户不符合条件家庭的保障资格，收回保障性住房29套
13		临沧市临翔区部分保障对象	个人申报材料不实，相关部门审核把关不严，691户保障对象不符合条件违规享受住房保障待遇，其中：61户领取廉租住房租赁补贴；630户获得廉租住房实物配租	正在整改中
14		沈阳市和平区部分保障对象	个人申报材料不实，相关部门审核把关不严，587户保障对象不符合条件获得住房保障，28户重复享受住房保障待遇	已追回租赁补贴2.9万元
15		秦皇岛市海港区部分保障对象	个人申报材料不实，相关部门审核把关不严，573户保障对象不符合条件违规享受住房保障待遇	已取消573户不符合条件家庭的保障资格
16		七台河市勃利县部分保障对象	个人申报材料不实，相关部门审核把关不严，567户保障对象不符合条件违规享受住房保障待遇，其中：417户领取廉租住房租赁补贴，126户获得廉租住房实物配售，24户不再符合条件的保障对象，未按规定及时退出	正在整改中

续表

序号	问题类型	单位/项目/保障对象	审计发现的主要问题	整改情况
17	违规享受住房保障待遇	株洲市部分保障对象	个人申报材料不实，相关部门审核把关不严，523户保障对象不符合条件违规享受住房保障待遇和重复享受待遇。其中：374户领取廉租住房租赁补贴，127户获得廉租住房实物配租，22户保障对象重复享受住房保障待遇	已取消523户不符合条件家庭的保障资格
18		六盘水市六枝特区部分保障对象	个人申报材料不实，相关部门审核把关不严，470户保障对象不符合条件违规享受住房保障待遇	已取消全部不符合条件家庭的保障资格，收回保障性住房8套，通过追缴房屋差价等方式整改13户，追回93户违规领取的租赁补贴5.14万元
19		衡阳市部分保障对象	个人申报材料不实，相关部门审核把关不严，466户保障对象不符合条件违规领取廉租住房租赁补贴，96户保障对象不符合条件违规获得廉租住房实物配租（售）	已收回廉租住房29套，通过追缴房屋差价等其他方式整改67户
20		长沙市部分保障对象	个人申报材料不实，相关部门审核把关不严，450户保障对象不符合条件违规获得廉租住房租赁补贴、实物配租（售）、经济适用住房货币补贴；27户保障对象重复享受保障性住房实物配租（售）；8户保障对象已死亡其家属仍享受待遇	已取消410户不符合条件家庭的保障资格，追回6户家庭的租赁补贴0.97万元
21		南京市部分保障对象	个人申报材料不实，相关部门审核把关不严，369户保障对象不符合条件违规享受住房保障待遇。其中：315户领取租赁补贴，4户获得实物配租，50户购买经济适用住房；81户家庭重复享受两种实物保障	已取消315户不符合条件家庭的保障资格
22		茂名市部分保障对象	个人申报材料不实，相关部门审核把关不严，97户保障对象不符合条件违规享受住房保障待遇，其中：87户领取廉租住房租赁补贴，10户获得廉租住房实物配租（售）。2户保障对象重复享受廉租住房租赁补贴。325户不再符合条件的保障对象，未按规定及时退出	正在整改中
23		昭通市昭阳区部分保障对象	个人申报材料不实，相关部门审核把关不严，366户保障对象不符合条件违规享受住房保障待遇，其中：164户领取廉租住房租赁补贴，191户获得廉租住房实物配租，11户同时享受廉租住房实物配租和租赁补贴	已取消172户不符合条件家庭的保障资格，收回保障性住房8套，追回租赁补贴16.37万元

续表

序号	问题类型	单位/项目/保障对象	审计发现的主要问题	整改情况
24	违规享受住房保障待遇	黔南布依族苗族自治州瓮安县部分保障对象	个人申报材料不实，相关部门审核把关不严，332户保障对象不符合条件违规领取廉租住房租赁补贴	已取消216户不符合条件家庭的保障资格，追回租赁补贴15.6万元
25		平顶山汝州市部分保障对象	个人申报材料不实，相关部门审核把关不严，325户保障对象不符合条件违规享受住房保障待遇，其中：281户领取廉租住房租赁补贴，7户获得廉租住房实物配租(售)，37户保障对象重复享受住房保障待遇	已取消288户不符合条件家庭的保障资格，追回租赁补贴28.08万元，收回保障性住房7套，追回重复享受保障待遇37户家庭的租赁补贴0.89万元
26		蚌埠市部分保障对象	个人申报材料不实，相关部门审核把关不严，244户保障对象不符合条件违规享受廉租住房租赁补贴；另外，80户保障对象违规重复享受住房保障待遇	已取消324户不符合条件家庭的保障资格，追回租赁补贴20.25万元
27		白城市部分保障对象	个人申报材料不实，相关部门审核把关不严，307户保障对象违规享受住房保障待遇	正在整改中
28		重庆市九龙坡区部分保障对象	个人申报材料不实，相关部门审核把关不严，79户保障对象不符合条件违规获得保障性住房实物分配，33户保障对象违规领取住房租赁补贴，181户保障对象不再符合条件未按规定退出	已取消293户不符合条件家庭的保障资格
29		忻州市原平市部分保障对象	个人申报材料不实，相关部门审核把关不严，290户保障对象不符合条件违规领取廉租住房租赁补贴	已取消12户保障资格，追回补贴资金3.04万元，其余不符合条件家庭领取的租赁补贴正在追缴
30		吉林市部分保障对象	个人申报材料不实，相关部门审核把关不严，272户保障对象不符合条件违规领取廉租住房租赁补贴，3户隐瞒个人收入状况骗取低保，参与共有产权廉租住房分配	已取消272户不符合条件家庭的保障资格，追回租赁补贴29.05万元
31		固原市西吉县部分保障对象	个人申报材料不实，相关部门审核把关不严，243户保障对象不符合条件违规享受住房保障待遇，其中：176户领取廉租住房租赁补贴，46户获得廉租住房实物配租(售)，21户购买了经济适用住房	正在整改中
32		济宁市部分保障对象	个人申报材料不实，相关部门审核把关不严，242户保障对象不符合条件违规享受住房保障待遇，其中：206户领取廉租住房租赁补贴，36户获得廉租住房实物配租或购买了经济适用住房	已停发206户不符合条件享受保障家庭的租赁补贴，收回保障性住房36套

续表

序号	问题类型	单位/项目/保障对象	审计发现的主要问题	整改情况
33		怒江傈僳族自治州泸水县部分保障对象	个人申报材料不实，相关部门审核把关不严，240户保障对象不符合保障条件违规享受住房保障待遇	已取消2户不符合条件家庭的保障资格，追回租赁补贴0.74万元
34		牡丹江市部分保障对象	个人申报材料不实，相关部门审核把关不严，233户保障对象不符合条件违规享受廉租住房保障待遇，其中：213户违规领取租赁补贴；20户违规获得实物配租	已取消213户不符合条件家庭的保障资格
35		武威市天祝藏族自治县部分保障对象	个人申报材料不实，相关部门审核把关不严，226户保障对象不符合条件违规享受住房保障待遇，其中：131户领取廉租住房租赁补贴，90户获得廉租住房实物配租（售），5户购买了经济适用住房。另外，6户保障对象重复享受廉租补贴	已取消19户不符合条件家庭的保障资格，追回租赁补贴5.13万元
36		石家庄市部分保障对象	个人申报材料不实，相关部门审核把关不严，231户保障对象不符合条件违规领取廉租住房租赁补贴	已取消114户不符合条件家庭的保障资格
37	违规享受住房保障待遇	广州市部分保障对象	个人申报材料不实，相关部门审核把关不严，3户保障对象不符合条件获得廉租住房实物配租，25户保障对象不符合条件购买了经济适用住房；189户廉租住房承租人已不符合保障条件，过渡期已满，仍未腾退房屋	已收回保障性住房8套，其他应退出的保障对象通过提高租金等方式已全部整改
38		重庆市巴南区部分保障对象	个人申报材料不实，相关部门审核把关不严，209户保障对象不符合条件违规享受住房保障待遇，其中：不符合条件获得实物配租（售）124户，不再符合保障条件未及时退出85户	已取消86户不符合条件家庭的保障资格
39		娄底市双峰县部分保障对象	个人申报材料不实，相关部门审核把关不严，209户保障对象不符合条件违规享受住房保障待遇	已取消178户不符合条件家庭的保障资格，收回保障性住房19套，追缴房屋差价等其他方式整改3套，追回租赁补贴21.74万元
40		三明市部分保障对象	个人申报材料不实，相关部门审核把关不严，56户保障对象不符合条件违规领取廉租住房租赁补贴；6户保障对象不符合条件违规获得廉租住房实物配租；134户保障对象未如实申报购买经济适用住房；1户保障对象利用假结婚证骗购1套经济适用房；1户保障对象重复获得住房保障	已取消44户不符合条件家庭的保障资格，收回保障性住房3套，追回租赁补贴1.69万元

续表

序号	问题类型	单位/项目/保障对象	审计发现的主要问题	整改情况
41	违规享受住房保障待遇	滁州天长市部分保障对象	个人申报材料不实，相关部门审核把关不严，184户保障对象不符合条件违规享受廉租住房待遇。其中：68户领取租赁补贴，116户获得实物配租	已取消68户不符合条件家庭的保障资格；108户转为公共租赁住房保障或调换，8户退出住房保障
42		铜陵市铜官山区部分保障对象	个人申报材料不实，相关部门审核把关不严，184户保障对象不符合条件违规领取廉租住房租赁补贴	已取消184户不符合条件家庭保障资格
43		阿克苏地区新和县部分保障对象	个人申报材料不实，相关部门审核把关不严，75户保障对象不符合条件违规享受住房保障待遇，91户保障对象不再符合条件未及时退出，16户重复享受廉租住房实物配租	已收回保障性住房38套
44		吴忠市红寺堡区部分保障对象	个人申报材料不实，相关部门审核把关不严，176户保障对象不符合条件违规享受住房保障待遇，其中：123户领取廉租住房租赁补贴，51户获得廉租住房实物配租，2户购买了经济适用住房	正在整改中
45		鹰潭市部分保障对象	个人申报材料不实，相关部门审核把关不严，153户保障对象不符合条件违规享受住房保障待遇，其中：28户领取廉租住房租赁补贴，53户获得廉租住房实物配租，72户购买了经济适用住房。另外，14户不再符合条件的保障对象未及时退出	已取消153户不符合条件家庭保障资格，收回保障性住房92套，追回租赁补贴4.23万元
46		武汉市江夏区部分保障对象	个人申报材料不实，相关部门审核把关不严，30户保障对象不符合条件违规获得廉租住房实物配租，122户保障对象不符合条件违规领取廉租住房租赁补贴	已停止向122户不符合条件家庭发放租赁补贴，收回廉租住房30套
47		萍乡市安源区部分保障对象	个人申报材料不实，相关部门审核把关不严，148户保障对象不符合条件违规享受住房保障待遇，其中：144户领取廉租住房租赁补贴，4户获得廉租住房实物配租。另外，还有2户保障对象重复享受廉租住房租赁补贴	已取消144户不符合条件家庭的保障资格，追回租赁补贴1.81万元
48		阳江市部分保障对象	个人申报材料不实，相关部门审核把关不严，149户保障对象不符合条件违规享受廉租住房保障待遇	已取消25户不符合条件家庭的保障资格，收回保障性住房124套
49		眉山市东坡区部分保障对象	个人申报材料不实，相关部门审核把关不严，142户保障对象不符合条件违规享受住房保障待遇	已收回保障性住房25套、116户保障对象违规领取的租赁补贴17.67万元

续表

序号	问题类型	单位/项目/保障对象	审计发现的主要问题	整改情况
50		宜春市部分保障对象	个人申报材料不实，相关部门审核把关不严，139户保障对象不符合条件违规享受住房保障待遇，其中：49户领取廉租住房租赁补贴，15户获得廉租住房实物配租，75户不再符合条件的保障对象未按规定及时退出	已取消139户不符合条件家庭保障资格，收回保障性住房71套，追回租赁补贴7.96万元
51		银川灵武市部分保障对象	个人申报材料不实，相关部门审核把关不严，135户保障对象不符合条件违规享受住房保障待遇	已取消63户不符合条件家庭的保障资格
52		朔州市部分保障对象	个人申报材料不实，相关部门审核把关不严，133户保障对象不符合条件违规领取廉租住房租赁补贴	正在整改中
53		承德市隆化县部分保障对象	个人申报材料不实，相关部门审核把关不严，128户保障对象不符合条件违规享受住房保障待遇，其中：111户领取廉租住房租赁补贴，9户获得廉租住房实物配租，8户购买了经济适用住房	已取消111户不符合条件家庭的保障资格
54		文山壮族苗族自治州砚山县部分保障对象	个人申报材料不实，相关部门审核把关不严，126户保障对象不符合条件违规享受住房保障待遇	已取消126户不符合条件家庭的保障资格
55	违规享受住房保障待遇	兰州市部分保障对象	个人申报材料不实，相关部门审核把关不严，122户保障对象不符合条件违规享受住房保障待遇，其中：94户领取廉租住房租赁补贴，14户获得廉租住房实物配租（售），14户购买了经济适用住房	已取消122户不符合条件家庭的保障资格，并追回廉租住房租赁补贴资金6.16万元，收回保障性住房28套
56		绥化市庆安县部分保障对象	个人申报材料不实，相关部门审核把关不严，120户不再符合条件的保障对象未按规定及时退出	已取消120户不符合条件家庭的保障资格，追回13户违规领取的住房租赁补贴2.34万元，收回保障性住房107套
57		西安市雁塔区部分保障对象	个人申报材料不实，相关部门审核把关不严，107户保障对象不符合条件违规领取廉租住房租赁补贴	已取消107户不符合条件家庭的保障资格
58		无锡市部分保障对象	个人申报材料不实，相关部门审核把关不严，107户不再符合条件的保障对象未按规定及时退出，其中：77户已取消保障资格但尚未退出廉租住房、30户不再符合条件尚未取消保障资格。另外，2户保障对象违规重复享受住房保障待遇	已取消107户不符合条件家庭保障资格，收回保障性住房5套，追回租赁补贴2.8万元
59		和田地区墨玉县部分保障对象	个人申报材料不实，相关部门审核把关不严，105户保障对象不符合条件违规享受廉租住房待遇	正在整改中

续表

序号	问题类型	单位/项目/保障对象	审计发现的主要问题	整改情况
60	违规享受住房保障待遇	衡水市桃城区部分保障对象	个人申报材料不实，相关部门审核把关不严，46户保障对象不符合条件违规领取住房租赁补贴，58户不再符合条件的保障对象未按规定及时退出	已取消104户不符合条件家庭的保障资格
61		巴音郭楞蒙古自治州库尔勒市部分保障对象	个人申报材料不实，相关部门审核把关不严，103户保障对象不符合条件违规获得廉租住房实物配租	已收回103套保障性住房
62		贵阳市部分保障对象	个人申报材料不实，相关部门审核把关不严，95户保障对象重复享受住房保障待遇	正在整改中
63		塔城地区塔城市部分保障对象	个人申报材料不实，相关部门审核把关不严，91户保障对象不符合条件违规享受住房保障待遇，其中：26户领取廉租住房租赁补贴，11户获得廉租住房实物配租，54户不再符合条件的保障对象未及时退出	已取消91户不符合条件家庭的保障资格，并追回多发的租赁补贴，对实物配租的家庭正在限期整改并收回保障性住房
64		景德镇乐平市部分保障对象	个人申报材料不实，相关部门审核把关不严，86户不再符合条件的保障对象未按规定及时退出，其中：62户领取廉租住房租赁补贴，24户获得廉租住房实物配租	已取消86户不符合条件家庭的保障资格，收回保障性住房24套，追回租赁补贴13.34万元
65		珠海市部分保障对象	个人申报材料不实，相关部门审核把关不严，82户保障对象违规享受住房保障待遇	已取消23户不符合条件家庭的保障资格，收回保障性住房2套，通过追缴房屋差价等方式整改1户
66		黔西南布依族苗族自治州普安县部分保障对象	个人申报材料不实，相关部门审核把关不严，82户保障对象不符合条件违规获得住房保障	已取消31户不符合条件家庭的保障资格，追回违规领取的租赁补贴5.92万元
67		张掖市甘州区部分保障对象	个人申报材料不实，相关部门审核把关不严，76户保障对象不符合条件违规领取廉租住房租赁补贴	已取消76户不符合条件家庭的保障资格
68		襄阳市部分保障对象	个人申报材料不实，相关部门审核把关不严，16户保障对象不符合条件违规领取租赁补贴，33户保障对象不符合条件违规获得实物配租，27户保障对象重复享受廉租住房实物配租和租赁补贴	已取消49户不符合条件家庭的保障资格，追回租赁补贴8.98万元
69		西安市莲湖区部分保障对象	个人申报材料不实，相关部门审核把关不严，75户保障对象不符合条件违规领取廉租住房租赁补贴	已取消75户不符合条件家庭的保障资格

续表

序号	问题类型	单位/项目/保障对象	审计发现的主要问题	整改情况
70	违规享受住房保障待遇	莆田市城厢区部分保障对象	个人申报材料不实，相关部门审核把关不严，71户保障对象不符合条件违规领取住房补贴，4户保障对象不符合条件违规配租公共租赁住房	已取消53户不符合条件家庭的保障资格，收回保障性住房4套，追回租赁补贴资金7.2万元
71		漳州市东山县部分保障对象	个人申报材料不实，相关部门审核把关不严，72户保障对象不符合条件违规领取廉租住房租赁补贴。	已停止发放72户家庭的廉租住房租赁补贴，追回租赁补贴11.26万元
72		恩施市鹤峰县部分保障对象	个人申报材料不实，相关部门审核把关不严，70户保障对象不符合条件违规领取廉租住房租赁补贴	已取消70户不符合条件家庭的保障资格，停发租赁补贴
73		周口项城市部分保障对象	个人申报材料不实，相关部门审核把关不严，51户保障对象不符合条件违规享受住房保障待遇，其中：7户领取廉租住房租赁补贴，25户获得廉租住房实物配租，19户购买了经济适用住房。另外，17户重复享受廉租住房租赁补贴	已收回保障性住房44套，追回租赁补贴8.88万元
74		泉州市安溪县部分保障对象	个人申报材料不实，相关部门审核把关不严，63户保障对象不符合条件违规领取廉租住房租赁补贴	已取消63户不符合条件家庭的保障资格，追回租赁补贴27.95万元
75		天津市部分保障对象	个人申报材料不实，相关部门审核把关不严，63户保障对象不符合条件违规申领住房补贴；5户保障对象重复领取廉租住房租赁补贴	已取消61户不符合条件家庭的保障资格，通过追缴房屋差价等方式整改1户，追回租赁补贴7.41万元
76		信阳市潢川县部分保障对象	个人申报材料不实，相关部门审核把关不严，62户保障对象不符合条件违规领取廉租住房租赁补贴	已取消62户不符合条件家庭的保障资格，追回租赁补贴15.7万元
77		锦州市部分保障对象	个人申报材料不实，相关部门审核把关不严，47户保障对象违规领取廉租住房租赁补贴，7户保障对象违规获得实物配租	已取消46户不符合条件家庭的保障资格，收回保障性住房7套，追回租赁补贴5.51万元
78		徐州市部分保障对象	个人申报材料不实，相关部门审核把关不严，52户不再符合条件的保障对象未按规定及时退出，享受廉租住房实物配租	已收回保障性住房6套，其余46户转为公租房管理
79		绵阳市安县部分保障对象	个人申报材料不实，相关部门审核把关不严，52户保障对象不符合条件违规享受廉租住房保障待遇	已取消24户不符合条件家庭的保障资格，收回保障性住房8套，追回租赁补贴2万元
80		天水市秦州区部分保障对象	个人申报材料不实，相关部门审核把关不严，50户保障对象不符合条件违规领取廉租住房租赁补贴	已取消50户不符合条件家庭的保障资格，追回租赁补贴8.81万元
81		阳泉市盂县部分保障对象	个人申报材料不实，相关部门审核把关不严，47户不再符合条件的保障对象领取廉租住房租赁补贴	已取消47户不符合条件家庭的廉租住房保障资格

续表

序号	问题类型	单位/项目/保障对象	审计发现的主要问题	整改情况
82	违规享受住房保障待遇	运城市万荣县部分保障对象	个人申报材料不实，相关部门审核把关不严，43户保障对象违规领取廉租住房租赁补贴，2户保障对象违规购买了经济适用住房，2户保障对象重复享受住房保障待遇	已取消8户不符合条件家庭的保障资格，收回保障性住房2套，追回租赁补贴1.04万元
83		安庆市部分保障对象	个人申报材料不实，相关部门审核把关不严，46户不再符合条件的保障对象未按规定及时退出	已取消46户不符合条件家庭的保障资格，收回保障性住房33套
84		菏泽市曹县部分保障对象	个人申报材料不实，相关部门审核把关不严，46户不再符合条件的保障对象未按规定及时退出，其中：31户领取廉租住房租赁补贴，15户享受廉租住房实物配租	已取消15户不符合条件家庭的保障资格
85		南阳市镇平县部分保障对象	个人申报材料不实，相关部门审核把关不严，46户不再符合条件的保障对象未按规定及时退出	已取消46户不符合条件家庭保障资格，收回保障性住房24套，追回租赁补贴1.82万元
86		淄博市淄川区部分保障对象	个人申报材料不实，相关部门审核把关不严，44户保障对象不符合条件违规获得公共租赁住房实物配租	已全部通过追缴房屋差价等方式整改
87		营口市部分保障对象	个人申报材料不实，相关部门审核把关不严，25户保障对象不符合条件违规获得廉租住房实物配租，18户保障对象不符合条件违规获得公共租赁住房保障	已收回保障性住房27套
88		荆门市沙洋县部分保障对象	个人申报材料不实，相关部门审核把关不严，38户保障对象不符合条件违规享受住房保障待遇	已取消26户不符合条件家庭的保障资格
89		德阳市绵竹市部分保障对象	个人申报材料不实，相关部门审核把关不严，37户保障对象因家庭收入、住房条件改变，未及时腾退保障性住房	正在整改中
90		宁德市周宁县部分保障对象	个人申报材料不实，相关部门审核把关不严，34户保障对象不符合条件违规享受住房保障待遇，其中：3户领取廉租住房租赁补贴，8户获得廉租住房实物配租，23户不再符合条件的保障对象未按规定及时退出	已取消33户不符合条件家庭的保障资格，收回保障性住房23套，追回租赁补贴0.57万元
91		仙桃市部分保障对象	个人申报材料不实，相关部门审核把关不严，33户保障对象不符合条件违规享受住房保障待遇	已取消33户不符合条件家庭的保障资格
92		兴安盟扎赉特旗部分保障对象	个人申报材料不实，相关部门审核把关不严，32户保障对象不符合条件违规享受住房保障待遇	已收回保障性住房22套

续表

序号	问题类型	单位/项目/保障对象	审计发现的主要问题	整改情况
93	违规享受住房保障待遇	盐城市部分保障对象	个人申报材料不实，相关部门审核把关不严，31户保障对象不符合条件违规享受住房保障待遇，其中：6户领取廉租住房租赁补贴，7户获得廉租住房实物配租，18户购买了经济适用住房	已取消9户不符合条件家庭的保障资格，收回保障性住房5套，追回租赁补贴0.76万元
94		惠州市部分保障对象	个人申报材料不实，相关部门审核把关不严，30户保障对象违规申报购买或租用保障性住房	正在整改中
95		海南省昌江黎族自治县部分保障对象	个人申报材料不实，相关部门审核把关不严，30户保障对象不符合条件违规领取廉租住房租赁补贴	已取消3户不符合条件家庭的保障资格
96		吐鲁番地区吐鲁番市部分保障对象	个人申报材料不实，相关部门审核把关不严，28户保障对象不符合条件违规获得廉租住房实物配租	已收回保障性住房5套
97		镇江市部分保障对象	个人申报材料不实，相关部门审核把关不严，26户保障对象不符合条件违规享受住房保障待遇。其中：25户领取廉租住房租赁补贴，1户获得廉租住房实物配租	已取消16户不符合条件家庭的保障资格
98		宿州市萧县部分保障对象	个人申报材料不实，相关部门审核把关不严，25户不再符合条件的保障对象未按规定及时退出。其中：21户领取廉租住房租赁补贴，4户获得廉租住房实物配租	已取消25户不符合条件家庭的保障资格
99		通辽市库伦旗部分保障对象	个人申报材料不实，相关部门审核把关不严，25户保障对象不符合条件违规享受住房保障待遇	已收回保障性住房2套
100		朝阳市双塔区部分保障对象	个人申报材料不实，相关部门审核把关不严，25户保障对象违规享受住房保障待遇	已取消25户不符合条件家庭的保障资格，追回租赁补贴2.5万元
101		渭南市富平县部分保障对象	个人申报材料不实，相关部门审核把关不严，24户保障对象不符合条件违规享受住房保障待遇	已取消24户不符合条件家庭的保障资格，追回租赁补贴5.18万元
102		南平市松溪县部分保障对象	个人申报材料不实，相关部门审核把关不严，24户保障对象不符合条件违规享受住房保障待遇。其中：21户领取廉租住房租赁补贴，3户获得农垦棚户区改造住房	已取消21户不符合条件家庭的保障资格，通过追缴房屋差价等其他方式整改3户
103		河池市南丹县部分保障对象	个人申报材料不实，相关部门审核把关不严，23户廉租住房保障对象不符合条件违规享受廉租住房保障待遇	已取消23户不符合条件家庭的保障资格
104		赤峰市巴林左旗部分保障对象	个人申报材料不实，相关部门审核把关不严，23户不再符合条件的保障对象未按规定及时退出	已通过追缴房屋差价等方式整改4户

续表

序号	问题类型	单位/项目/保障对象	审计发现的主要问题	整改情况
105	违规享受住房保障待遇	包头市东河区部分保障对象	个人申报材料不实，相关部门审核把关不严，21户保障对象不再符合条件但未按规定及时退出	已取消21户不符合条件家庭的保障资格
106		昆明市石林彝族自治县部分保障对象	个人申报材料不实，相关部门审核把关不严，19户保障对象不符合条件违规享受廉租住房保障待遇，其中：实物配租15户，租赁补贴4户。另外，1户保障对象在购买了经济适用房后又申请并获得了廉租住房实物配租	已取消不符合条件家庭的保障资格，收回保障性住房10套
107	违规出售或改变保障性住房用途	济南市世纪中华城项目	1733套经济适用住房被用于京沪高铁正线、济南西站站前广场等项目拆迁安置	正在整改中
108		固原市隆德县高级中学和职教中心公共租赁房项目	将407套公共租赁住房作为学生宿舍使用	正在整改中
109		舟山市部分保障对象	保障性住房被保障对象用于出租，累计达244套（次）	正在整改中
110		洛阳市经济适用住房承购人	富阳佳苑一期、鹏翔小区、绿都阳光佳苑和中电阳光新城一、二期项目有71套经济适用住房被违规出租、出借	已清理、收回保障性住房48套
111		兰州国资投资（控股）建设有限公司	违规将已纳入经济适用住房项目管理的棚户区改造项目余量房6623套自行对外出售	兰州国投公司正严格对照《兰州市市属企业棚户区改造项目余量房调剂配售办法（暂行）》（兰政办发〔2013〕126号），对购房者进行资格审查。对不符合条件的，取消申购资格，退回购房预付款
112		石家庄市东安房地产经营开发公司等3家房地产开发公司	将开发的安苑小区、赵苑小区和珍集嘉苑3个经济适用房项目的3230套经济适用住房作为商品房进行销售。截至2012年底，累计售出3190套	正在整改中
113		西安市安达房地产开发有限责任公司	违规向不符合保障条件的购房人销售经济适用住房1316套	正在整改中
114		黑龙江省农垦总局所属汤原农场等3个农场	以危房改造名义取得土地并缴纳土地出让金后，变相开发商品住房，并面向垦区以外的其他社会人员销售1119套	黑龙江省农垦总局已经制订了整改方案，正逐步落实
115		济南城中城房地产开发有限公司	违规处置世纪中华城一期经济适用住房项目227套滞销房屋，其中：用于抵账72套，以商品房的名义对外销售155套	正在整改中

续表

序号	问题类型	单位/项目/保障对象	审计发现的主要问题	整改情况
116	违规出售或改变保障性住房用途	吉林省澳星海房地产有限公司	在合作开发的“创新花园”项目中，以经济适用房名义变相开发建设部分商品房并向社会销售233套	正在整改中
117	挪用保障性安居工程专项资金	重庆市两江新区开发投资集团有限公司	用公共租赁住房补助资金2.93亿元偿还借款	已整改。重庆市两江新区开发投资集团有限公司已将资金归还
118		湖南省保障性安居工程投资有限公司	用财政拨付的保障性安居工程专项资金购买理财产品2.69亿元，购买信托产品1000万元	正在整改中
119		四平市四通城市基础设施投资有限公司	将2.5亿元保障性安居工程贷款用于四平市政基础设施建设等支出	正在整改中
120		重庆市城投建设集团有限公司	用公共租赁住房补助资金2亿元支付非保障性住房征地拆迁款	已整改。重庆市城投建设集团有限公司已将资金归还
121		南京栖霞建设股份有限公司	将经济适用住房贷款1.5亿元用于支付商业开发土地价款和增加商业开发子公司注册资本金	已整改。南京栖霞建设股份有限公司已将贷款归还
122		遵义市子尹路南延线棚户区改造项目部	将棚户区改造贷款3500万元转给官井隧道复线项目	正在整改中
123		南昌市市政公用投资控股有限责任公司	将城市棚户区改造项目补助资金2650万元用于老年大学、朝阳大桥等工程项目支出	已整改。南昌市市政公用投资控股有限责任公司已将挪用的城市棚户区改造项目补助资金收回
124		新疆生产建设兵团农六师新湖农场	将保障性安居工程资金2025.66万元用于不属于保障性安居工程的交通红绿灯、广场改造支出	已整改。新疆生产建设兵团农六师新湖农场已将资金归还
125		合肥市包河区望湖街道办事处盛大社区居民委员会	将城市棚户区改造拆迁补偿款802.95万元用于商业投资	已整改。盛大社区居民委员会已收回投资款
126		陕西省太白林业局、长青林业局	挪用林业棚户区改造资金349.4万元发放单位职工工资	已整改。太白林业局、长青林业局已将资金归还
127		鄂尔多斯市城投房地产开发有限公司	使用保障性住房专项资金支付悦和城、万和城、E08公共租赁住房项目广告费及相关销售费用等共计284万元	已整改。鄂尔多斯市城投房地产开发有限公司已将资金归还
128		通化市二道江区棚户区改造管理办公室	将棚户区改造专项资金250万元借给五道江镇物业管理处用于冬季取暖煤款	已整改。通化市二道江区棚户区改造管理办公室已将250万元归还
129		白城市中兴城市基础设施建设有限公司	将廉租住房建设资金243.83万元，用于缴纳非法占用土地的罚款以及保障房建设项目配建商业用房的土地出让金	正在整改中

续表

序号	问题类型	单位/项目/保障对象	审计发现的主要问题	整改情况
130	挪用保障性安居工程专项资金	江苏农垦集团滨淮农场	将危旧房改造资金138.09万元挪用于支付单位管理费用以及与危旧房改造无关的其他房屋维修等	已整改。滨淮农场已将挪用资金归还
131		邢台保障住房投资有限公司	在保障性安居工程专项资金中列支办公经费99.92万元	已整改。邢台保障住房投资有限公司已将资金归还
132	用地手续不全或改变土地用途	重庆市万州区高峰园公租房项目	万州区经开区高峰园公共租赁住房项目规划用地21.45亩，未完成低丘缓坡等治理	正在整改中
133		成都市锦尚春天A区项目	成都市锦尚春天A区项目107亩建设用地为“毛地”（指地上存在需要拆除的建筑物、构筑物等设施的土地）供应，拆迁未完成，影响项目建设	已整改。锦尚春天A区项目已完成拆迁，并已取得国有土地使用权证
134		长沙市芙蓉区生态新城廉租住房项目	芙蓉区生态新城廉租住房项目153.18亩建设用地违规以“毛地”供应	正在整改中
135		铜仁市碧江区新行政中心廉租房项目	未将碧江区新行政中心廉租住房473.56亩土地用于廉租住房建设，而是用于碧江区新行政中心建设	已为保障性安居工程项目重新安排建设用地
136		黑龙江农垦总局八五六农场垦区危房改造等30个项目	农垦总局下属15个农场在垦区危房改造项目建设过程中，未经国土部门审批，占用国有土地1867.34亩，涉及项目30个。其中：违规占用耕地1183.79亩，涉及项目8个；违规占用存量用地683.55亩，涉及项目22个	黑龙江省国土资源厅驻农垦总局各分局的国土部门已对农场非法占地行为做出处罚
137		石家庄市新乐市孔雀城限价商品住房等3个项目	石家庄新乐市孔雀城限价商品房项目、昌源小区限价商品房项目、水岸花都三期限价商品房项目土地未批先用，违规占用耕地60亩	3个项目的建设用地规划许可证已办理
138		成都崇州市怡心花园一期、二期项目	崇州市怡心花园一期、二期项目累计用地39.09亩，其中：耕地24.23亩，尚未取得用地批文。已整改	已经取得用地批文
139		沈阳市沈北新区中央下放煤矿棚户区改造项目	沈北新区中央下放煤矿棚户区改造项目建设用地未批先用115.82亩，其中耕地7.87亩	正在整改中
140		上饶市余干县信丰垦殖场2011年安置建设项目	余干县信丰垦殖场2011年安置建设项目占地141亩（其中耕地46.2亩），项目已全部开工建设，部分建设项目已完工，但尚未办理耕地转建设用地手续，未完成建设用地审批和规划手续	正在整改中
141		南昌市南昌县白虎岭林场危旧房改造项目	南昌县白虎岭林场危旧房改造项目基本完工，但尚有9.02亩土地未办理农用地转用审批手续	已整改。已经取得土地转用审批手续

续表

序号	问题类型	单位/项目/保障对象	审计发现的主要问题	整改情况
142	用地手续不全或改变土地用途	晋中市左权县学苑小区综合保障性住房项目	学苑小区综合保障性住房项目（占地81.69亩）已开工建设，截至2012年底仍未办理土地审批手续	正在整改中
143		重庆市云阳县江口镇和平社区廉租住房项目	云阳县江口镇和平社区廉租住房项目，占用集体土地5.23亩，其中耕地2.02亩，无县级人民政府土地批复，也未办理农用地转用审批手续	正在整改中
144		重庆市武隆县2012年公共租赁住房项目	重庆市武隆县2012年公共租赁住房项目5.6亩的建设用地选址虽然落实，但未取得建设用地规划许可或土地划拨（预审）等相关用地批准文件	正在整改中
145		驻马店市开发区公租房项目	驻马店市开发区公租房项目公共租赁住房项目占地36亩，全部未办理征地手续	正在整改中

中华人民共和国审计署审计结果公告（2013年第30号）

审计署移送至2013年9月已办结15起违法违纪案件和事项处理情况

（2013年10月9日公告）

审计署对移送有关部门和单位处理的案件和事项，定期跟踪了解其办理情况。现将近期收集到的已办结15起案件和事项相关情况整理公告如下：

一、原铁道部部长刘志军受贿、滥用职权案

审计署2009年至2011年在审计中发现，一些工程承包商通过虚列支出等手段套取资金，以“中标服务费”等名义转给丁羽心（又名丁书苗）等人控制的多家民营企业；丁羽心涉嫌通过其控制的博宥投资管理集团有限公司及其关联企业获取不正当利益。2009年11月至2011年1月，审计署将上述案件线索移送中央纪委查处。中央纪委并案调查，最终查出刘志军等人严重违法违纪问题。2013年7月，北京市第二中级人民法院以受贿罪、滥用职权罪判处刘志军死刑，缓期两年执行，剥夺政治权利终身，并处没收个人全部财产。

二、中国航空港建设总公司原常务副总经理陈同洲受贿案

审计署2010年在审计中发现，1999年至2010年，中国航空港建设总公司违法出借施工资质为个人承揽工程，而且公司内部管理混乱，陈同洲个人涉嫌经济犯罪。2010年12月，审计署将此案件线索移送国资委纪委查处。2012年5月，北京市第一中级人民法院以受贿罪判处陈同洲有期徒刑11年。

三、河南兆业投资担保有限公司集资诈骗案

审计署2011年在审计中发现，2009年至2011年，河南兆业投资担保有限公司以项目融资等名义向社会公众募集资金近6亿元，主要用于个人投资及消费等。2011年7月，审计署将此案件线索移送国务院处置非法集资部际联席会议办公室查处。2013年4月，郑州市中级人民法院以集资诈骗罪、非法经营罪判处该公司实际控制人

姚金香无期徒刑，剥夺政治权利终身，并处没收个人全部财产。

四、河南智合投资担保有限公司非法吸收公众存款案

审计署2011年在审计中发现，2009年至2011年，河南智合投资担保有限公司以投资理财等名义向社会公众募集资金16亿多元，主要用于对外放贷等。2011年6月，审计署将此案件线索移送国务院处置非法集资部际联席会议办公室查处。2013年4月，郑州市中原区人民法院以非法吸收公众存款罪、虚报注册资本罪判处该公司法定代表人石聚山有期徒刑7年，并处罚金185万元。

五、广东揭阳市吉成药业有限公司等11家企业虚开增值税专用发票案

审计署2012年在审计中发现，2009年至2012年，揭阳市吉成药业有限公司等11家民营企业在无真实购销业务的情况下，向广西太华医药有限公司等3家药品经销企业开具增值税专用发票4亿多元。2012年4月，审计署将此案件线索移送国家税务总局查处。2012年12月至2013年2月，广东省揭阳市中级人民法院以虚开增值税专用发票罪、抽逃出资罪分别判处揭阳市吉成药业有限公司法定代表人刘洁波等7人有期徒刑10个月至15年，并处罚金2万至40万元。

六、中储粮总公司北京密云直属库原副主任冯百联受贿案

审计署2011年在审计中发现，2006年至2011年，冯百联利用职务便利收受客户好处费等问题。2011年6月，审计署将此案件线索移送北京市检察院查处。2013年6月，北京市第二中级人民法院以受贿罪判处冯百联有期徒刑10年6个月。

七、山西宝石煤业有限公司原总经理冯春福贪污案

审计署2011年在审计中发现，2004年至2011年，山西煤矿安全监察局下属企业山西宝石煤业有限公司私设“小金库”1亿多元，部分资金去向不明。2011年5月，审计署将此问题线索移送中央纪委查处。2012年3月，太原市中级人民法院以贪污罪判处冯春福有期徒刑7年；2012年11月，山西省纪委给予山西宝石煤业有限公司原董事长罗荣甦党内严重警告、行政记大过处分，并免除其职务。

八、山东大学校办企业山东地纬计算机软件有限公司原董事长王海洋挪用公款案

审计署2008年在审计中发现，2002年6月至2003年3月，王海洋挪用公款650万元帮助他人注册公司。2008年9月，审计署将此案件线索移送中央纪委查处。2010年5月，保定市中级人民法院以贪污罪和挪用公款罪判处王海洋有期徒刑6年，并处没收个人财产30万元。

九、黑龙江测绘局第三测绘工程院原财务负责人孙毅挪用公款案

审计署2010年在审计中发现，2003年至2009年，黑龙江测绘局所属第三测绘工程院等8家单位通过截留收入、虚列支出等方式套取资金2.38亿元账外存放。2010年3月，审计署将此问题线索移送中央纪委查处。2011年7月，黑龙江省方正县人民法院以挪用公款罪判处孙毅有期徒刑3年，缓刑5年；2011年8月，黑龙江测绘局给予第三测绘工程院等单位有关人员党内严重警告、行政记大过处分。

十、云南省云县教育局人事股原股长刘文流挪用公款案

审计署2012年在审计中发现，2009年至2011年，刘文流利用职务便利，将云县教育系统职工缴纳的10万元勤工俭学管理费存入其个人账户或交由家人保管，其中4万元已用于购买个人保险。2012年2月，审计署将此案件线索移送云县人民检察院查处。2012年4月，云县人民法院判处刘文流犯挪用公款罪，免予刑事处罚，挪用资金已追回。

十一、陕西西安市临潼区地方税务局城东税务所原所长齐新成协助亲属骗取社保资金的问题

审计署2012年在审计中发现，2002年至2012年，齐新成利用职务便利协助其妻子骗取城市最低生活保障等社保资金5万多元。2012年4月，审计署将此问题线索移送临潼区纪委查处。2012年5月，临潼区地方税务局给予齐新成党内严重警告处分，并追回其骗取的社保资金。

十二、国家工商总局离退休干部办公室原主任袁国栋虚列支出套取费用的问题

审计署2010年在审计中发现，2009年，袁国栋通过重复列支装修费套取资金6万多元，还参与私设“小金库”等违纪活动。2011年2月，审计署将此问题线索移送中央纪委驻工商总局纪检组查处。2011年9月，国家工商总局给予袁国栋党内严重警告，行政记大过处分。

十三、中科院地理科学与资源研究所副研究员刘爱民挪用公款的问题

审计署2010年在审计中发现，2009年，刘爱民利用职务便利，将100多万元课题经费转入其个人开办的公司。2010年5月，审计署将此问题线索移送中央纪委驻中科院纪检组查处。2011年3月，中科院地理科学与资源研究所给予刘爱民撤销党内职务和行政记过处分。

十四、中国地震灾害防御中心私设“小金库”的问题

审计署2012年在审计中发现，2009年至2011年，中国地震灾害防御中心原副主任陈国星等人以购买礼品、办公用品等名义，在该中心和下属企业报销费用套取497万元形成“小金库”。2012年6月，审计署将此问题线索移送中央纪委驻中国地震局纪检组查处。2012年12月，中国地震局给予陈国星行政撤职处分，并收回其个人从“小金库”中支出的13万元资金。

十五、北京航空航天大学教授刘沛清私存公款、套取科研经费的问题

审计署2012年在审计中发现，2010年至2011年，刘沛清将190万元科研项目经费转入个人账户存放、并通过签订不实合同套取其他科研项目经费33万元。2012年4月，审计署将此问题线索移送中央纪委驻工业和信息化部纪检组查处。2012年7月，北京航空航天大学给予刘沛清党内严重警告、行政记大过处分。

中华人民共和国审计署
审计结果公告
（2013年第31号）

审计署关于19个县2010年至2012年财政扶贫资金分配管理和使用情况的审计结果

（2013年12月28日公告）

审计署关于云南省昌宁县2010年至2012年财政扶贫资金分配管理和使用情况的审计结果

根据《中华人民共和国审计法》规定，2013年4月至5月，审计署对云南省昌宁县2010年至2012年财政扶贫资金分配、管理和使用情况进行了审计，重点抽查了4个乡镇及所辖5个贫困村，抽查财政扶贫资金5480.87万元，对重要事项进行了必要的延伸和追溯。

一、基本情况和审计评价意见

昌宁县隶属云南省保山市，现为国家扶贫开发工作重点县，下辖13个乡镇，118个行政村、6个社区，其中32个村纳入云南省“十二五”行政村村级扶贫规划。据其提供的资料反映，2012年末，全县户籍人口34.88万人，其中农村贫困人口20.34万人，贫困发生率为66.8%①，较上年分别下降1.8万人和3.2%。2010年至2012年共投入财政扶贫资金13704.25万元，其中中央财政资金9048.75万元，省财政资金4114.5万元，保山市财政资金491万元，县财政资金50万元，

① 农村贫困人口按照农民年人均纯收入2300元（2010年不变价）的标准统计确定；贫困发生率即农村贫困人口占农村人口的比重。个别县贫困发生率未降反升，主要由于农村总人口下降幅度高于农村贫困人口下降幅度。

分别占 66%、30%、3.6%和 0.4%，期末结转结余 2746.72 万元。扶贫成效方面，主要表现为：新增基本农田 460 亩，推广种植业新技术 34 万亩，新增民族手工企业 31 户；新修及改扩建农村公路 772.93 公里，新增农村自来水供应能力 327.07 万吨；全县人均生产总值从 10093 元增至 16681 元，人均一般预算收入从 975 元增至 1501 元，贫困村农民人均纯收入从 2758 元增至 3809 元。

从审计情况看，2010 年以来，昌宁县按照国家和云南省的要求，制订本地区扶贫开发规划和工作计划，强化组织保障、优化产业布局、统筹安排项目，农村贫困人口逐年减少，贫困地区农民收入增长较快，生产生活条件逐步改善。但审计也发现，该县在扶贫资金分配、拨付和管理使用中还存在虚报冒领、挤占挪用和损失浪费等不符合财经制度规定的问题。

二、审计发现的主要问题

（一）骗取扶贫贷款贴息资金 122.85 万元。

1.2010 年 11 月至 2013 年 2 月，该县温泉树根地茶厂、云馨茶业有限公司、民生种业公司 3 户企业通过编造虚假合同等方式骗取扶贫贷款贴息资金 79.5 万元，主要用于企业经营或偿还与扶贫工作无关的借款等。

2.2011 年 11 月，昌宁雪兰茶有限公司通过重复申报违规获得产业化扶贫项目贷款贴息资金 18 万元，主要用于企业经营。

3.2010 年至 2011 年，昌宁恒盛糖业有限责任公司以 167 个农户名义申请扶贫贴息到户贷款 500 万元，并骗取财政贴息资金 25.35 万元，主要用于公司生产经营活动等。

（二）挤占挪用扶贫资金 70.76 万元。

1.2011 年和 2013 年，田园镇挪用 2010 年度中央财政扶贫资金 15 万元，用于该镇新华村村委会新办公楼工程建设。

2.2012 年，漭水镇挪用应向农户发放的 2011 年度产业扶贫项目资金 32.75 万元，用于与产业扶贫项目无关的其他支出。

3.2010 年至 2012 年，该县财政局、发展改革局和民族宗教局 3 个单位共挤占财政扶贫项目管理费 23.01 万元，用于日常公用支出。

（三）套取扶贫资金 304.03 万元。

1.2010 年至 2012 年，昌宁县职业技术学校采取编造虚假培训实施方案等方式套取劳动力转移培训补助 74.88 万元，其中 51.48 万元发放给本校学生，其余 23.4 万元转作学校收入。

2.2009 年至 2013 年，该县柯街镇项目管理办公室通过编造领取到户补贴人员名单和使用虚假发票报账，套取扶贫资金 112.22 万元，主要用于其他项目建设支出。

3.2012 年，该县西产国社合作林场、民族宗教局采取编造竣工资料等方式，套取扶贫资金 115 万元，其中 15 万元用于其他项目建设，100 万元被转入县林业局所属林业中心苗圃，截至 2013 年 5 月底未支出。

4.2011 年，新华村通过编造虚假到户补贴人员名单，套取 3000 亩低产茶园改造项目到户补助资金 1.93 万元，用于村委会餐费和公务用车汽油费支出。

（四）部分以工代赈示范项目脱离当地实际形成损失。

2010 年，勐统镇投入以工代赈示范项目资金 24 万元，修建沼气池 120 口。由于村民多使用木柴、煤炭和瓶装液化气作为燃料，且近年来广泛推广农村电气化，造成沼气池修建完成后 60%被闲置或废弃。

（五）违规支出招待费 113.25 万元。

2010 年至 2013 年 4 月，该县扶贫办在扶贫专项经费、行政办公经费等资金中违规列支招待费 113.25 万元，其中中央八项规定出台之后支出 12.64 万元。

（六）建设仅具标识功能的永久性标志牌耗资 26.5 万元。

云南省扶贫办要求，2008 年起使用扶贫资金建设的整村推进项目必须设立永久性标志牌。2010 年至 2012 年，该县 218 个整村推进项目均安排了永久性标志牌建设费用，截至 2013 年 3 月底已耗资 26.5 万元。

此外，该县还存在擅自改变扶贫项目建设内容、扩大劳动力转移培训对象、超标准和范围发放贫困村互助资金以及会计核算不符合规定等问题。对个别公职人员涉嫌挪用公款问题，已移送有关部门处理。

三、对审计反映问题的整改情况

云南省高度重视审计发现的问题，督促昌宁

县迅速落实整改，已全额追缴财政扶贫贷款贴息资金122.85万元，5家企业受到经济处罚；挤占挪用的扶贫资金70.76万元已全额归还原资金渠道；被套取的扶贫项目资金已追缴131.6万元，西产国社合作林场虚列支出套取的100万元资金已要求其重新确定项目并组织实施；对形成损失的沼气池项目查找了失败原因，并要求发展改革局加强以工代赈项目管理；责成扶贫办从严控制招待费等公务经费支出，并加强扶贫项目和劳动力转移培训资金管理，杜绝未经批准改变项目建设内容和培训对象的问题再次发生；超标准和范围发放的贫困村互助资金已全部收回。上述问题涉及的4名责任人受到党纪政纪处分，5名相关人员被诫勉谈话，1人被纪检部门立案调查，县民族宗教局、财政局等3家单位被通报批评。纪检部门已给予涉嫌挪用公款的1名公职人员留党察看一年处分，并全额追回被挪用的资金及利息。

审计署关于云南省澜沧拉祜族自治县2010年至2012年财政扶贫资金分配管理和使用情况的审计结果

根据《中华人民共和国审计法》规定，2013年4月至5月，审计署对云南省澜沧拉祜族自治县（以下简称澜沧县）2010年至2012年财政扶贫资金分配、管理和使用情况进行了审计，重点抽查了4个乡镇及所辖29个贫困村，抽查财政扶贫资金11417.64万元，对重要事项进行了必要的延伸和追溯。

一、基本情况和审计评价意见

澜沧县隶属云南省普洱市，现为国家扶贫开发工作重点县，下辖20个乡镇，161个行政村，其中贫困村157个。据其提供的资料反映，2012年末，全县户籍人口49.69万人，其中农村贫困人口27.48万人，贫困发生率为62.94%，较上年分别下降7.82万人和14.71%。2010年至2012年，共投入财政扶贫资金31304.66万元，其中中央财政资金25745.3万元，省财政资金1927.2万元，市财政资金2052.35万元，县财政资金1579.81万元，分别占82.24%、6.16%、6.56%和5.04%，期末结转结余5107.27万元。扶贫成效方面，主要表现为：扶持种植经济林果6.51万亩，实施通乡油路87.5公里，新增农村自来水供应能力311万吨；在贫困村寨中实施整村推进项目220个，安居房建设惠及5203户近3万人；全县人均生产总值从5381元增至8010元，人均一般预算收入从446元增至731.72元，贫困村农民人均纯收入从1244元增至1823元。

从审计情况看，2010年以来，澜沧县按照国家和云南省的要求，制订本地区扶贫开发规划和工作计划，进一步加大扶贫投入力度，积极动员群众参与，逐步强化管理，因地制宜推进扶贫开发项目实施，贫困人口逐年减少，贫困地区农民收入增长较快，生产生活条件逐步改善。但审计也发现，该县在扶贫资金分配、拨付和管理使用等方面还存在虚报冒领、挤占挪用和损失浪费等不符合财经制度规定的问题。

二、审计发现的主要问题

（一）骗取扶贫资金192.75万元。

1.2010年至2011年，该县建梅茶厂和澜沧拉祜腊达普洱茶有限公司以流动资金和经营周转名义取得扶贫贴息项目贷款1200万元，并申报骗取财政贴息资金36万元，主要用于归还个人贷款和购买越野车等。

2.2011年，该县建梅茶厂法人代表以105户贫困农户名义，申请取得扶贫贴息到户贷款525万元，并申报骗取财政贴息资金26.25万元，主要用于个人投资建设酒店。

3.2010年至2011年，该县有7名自然人以合作经营或生产为名获得扶贫贴息到户贷款150万元，骗取财政贴息资金7.5万元，主要用于偿还个人逾期贷款等支出。

4.2011年，该县民族宗教事务局以县茶树良种生态示范场转换无公害茶厂试点项目重复申报并获得扶贫资金100万元。截至2013年5月底，77.42万元用于茶场建设，余款22.58万元存放该局账户。

5.2010年，竹塘乡人民政府虚报扶贫安居工程完工户9户，多领项目资金23万元。其中，9万元存放在农户“一折通”账户，由村干部保管；14万元支付给统建承包商。

（二）挤占挪用扶贫资金205.48万元。

1.2006年至2012年，该县扶贫开发办公室挪用扶贫资金138.49万元用于建设办公楼。

2.2012年，该县竹塘乡老炭山村委会从县财政拨付应发给农户的扶贫资金中，以运输费名义列支1.06万元，实际用于餐费等支出。

3.2010年至2012年，该县职业高级中学在承担劳动力转移培训过程中，从应发给学生的生活补助费中扣留资格鉴定费等共计65.93万元。

（三）套取扶贫资金51.28万元。

1.2010年至2011年，该县民族宗教事务局通过使用虚假发票、虚假培训费发放名单等方式套取科技和实用技术培训项目资金5.03万元，用于发放职工节日补助等支出。

2.2010年，该县竹塘乡老炭山村在组织实施该村寨70户扶贫安居工程中，以购买建房物资等名义虚列支出1.12万元，资金存入村干部个人银行账户。

3.2012年10月，该县文东乡人民政府使用虚假发票套取2010年度扶贫资金9.73万元，用于支付其他项目拖欠的款项。

4.2011年，竹塘乡人民政府分别在两个扶贫项目中为相同的4个村民小组申请并获得猪圈改造扶贫专项资金各31.8万元。2013年1月，该乡人民政府采取编造虚假资料的方式将重复申请的扶贫资金31.8万元列支，资金存放在乡财政扶贫资金专户。

5.2011年，文东乡人民政府通过多编造36头种猪发放记录虚列扶贫支出3.6万元，资金存放在种猪供应商处。

（四）部分项目管理不到位或脱离地方实际，造成损失浪费58.75万元。

1.2010年至2011年，文东乡共投入扶贫资金80.67万元实施扶持人口较少民族发展项目。截至2013年5月底，因管理不到位，项目购买的7.41万株橡胶树苗仅存活2.42万株（占32.66%），造成资金损失53.58万元。

2.2010年，勐朗镇人民政府和竹塘乡人民政府组织实施的易地扶贫搬迁安置点建设沼气池44口。由于山高人少、畜牧业不发达、沼气池缺乏原料等原因，截至2013年5月底，全部闲置浪费，涉及金额5.17万元。

（五）违规支出招待费等45.17万元。

2010年至2013年4月，该县扶贫办挤占扶贫行政办公经费44.91万元、挪用扶贫资金项目管理费0.26万元用于请客、送礼和接待等，其中中央八项规定出台以后违规支出7.08万元。

（六）扶贫资金117.6万元长期滞留、闲置。

截至2012年末，该县有9个项目117.6万元扶贫资金因项目实施条件不具备或未及时拨付，在财政扶贫资金专户中结转结余时间超过1年。

此外，该县还存在扩大劳动力转移培训补助对象，向非贫困户发放扶贫贴息贷款以及会计核算不符合规定等问题。对个别公职人员涉嫌贪污侵吞扶贫资金等问题，已移送有关部门处理。

三、对审计反映问题的整改情况

云南省对审计发现的问题高度重视，督促澜沧县迅速落实整改，已全额追缴被骗取的扶贫贷款贴息资金69.75万元和民族宗教局重复申报获取的项目余款22.58万元，并将虚报完工户数多领的资金重新安排用于扶贫户住房建设；挤占挪用资金中的139.55万元和套取的51.28万元已归还原资金渠道或重新发放给农户；针对因管理不到位和脱离实际造成投资损失的问题，已制定相关管理办法，采取措施加强项目管理；对违规支出招待费的问题，已修订内部管理制度；闲置滞留资金已全部清理，其中下拨项目单位115.6万元，收缴国库2万元。对扩大劳动力转移培训补助对象、向非贫困户发放贷款等问题，已责令相关单位予以纠正。有关部门对审计移送的个人涉嫌贪污扶贫资金问题，给予1人行政撤职处理、1人留党察看一年处分，1名直接责任人移交纪检部门立案调查，涉及刑事责任的人员移送司法机关查处。

审计署关于云南省富宁县2010年至2012年财政扶贫资金分配管理和使用情况的审计结果

根据《中华人民共和国审计法》规定，2013年4月至5月，审计署对云南省富宁县2010年至2012年财政扶贫资金分配、管理和使用情况进行了审计，重点抽查了4个乡镇及所辖32个贫困村，抽查财政扶贫资金10803.47万元，对重要事项进行了必要的延伸和追溯。

一、基本情况和审计评价意见

富宁县隶属云南省文山壮族苗族自治州，现

为国家扶贫开发工作重点县，下辖13个乡镇，145个行政村，全部为贫困村。据其提供的资料反映，2012年末，全县户籍人口41万人，其中农村贫困人口10.79万人，贫困发生率为29.16%，较上年分别减少1.96万人和4.84%。2010年至2012年，投入财政扶贫资金29447.4万元，其中中央财政资金25792.4万元，省财政资金3655万元，分别占88%和12%，期末结转结余9044.64万元。扶贫成效方面，主要表现为：新增基本农田2777亩，推广新技术种植业11.17万亩；新修及改扩建公路606公里，新增农村自来水供应能力298万吨；全县人均生产总值从8291元增至12088元，人均一般预算收入从445元增至697元，贫困村农民人均纯收入从1102元增至2174元。

从审计情况看，2010年以来，富宁县按照国家和云南省的要求，制订本地区扶贫开发规划和工作计划，进一步加大扶贫投入力度，根据统筹兼顾、突出重点、因地制宜、优化布局的原则推进扶贫开发项目实施，贫困人口逐年减少，贫困地区农民收入增长较快，生产生活条件逐步改善。但审计也发现，富宁县在扶贫资金分配、拨付和管理使用等方面还存在虚报冒领、挤占挪用和损失浪费等不符合财经制度规定的问题。

二、审计发现的主要问题

（一）骗取扶贫资金138.79万元。

1.2013年，云南富宁永鑫糖业有限公司编造400户扶贫到户贷款贴息名单，骗取2012年扶贫到户贴息资金100万元，主要用于偿还该公司贷款利息。

2.2011年，云南金泰得三七产业股份有限公司编造1000万元虚假贷款合同，骗取扶贫贷款贴息资金15万元，主要用于偿还该公司贷款利息。

3.2010年至2012年，该县14名自然人通过提供虚假资料的方式骗取扶贫到户贴息资金23.79万元，主要用于个人开展种植、经商或购房等支出。

（二）挤占挪用扶贫资金91.13万元。

1.2010年，该县新华镇政府挪用新建易地扶贫搬迁安居房项目资金20.72万元，用于弄楼村小组农户外墙统一粉刷。

2.2010年，该县农业广播电视学校等2个单位挪用扶贫资金3.74万元，用于单位基本支出。

3.2010年至2012年，该县财政局、扶贫办和发展改革局在扶贫项目管理费中列支日常公用支出66.67万元。

（三）套取扶贫资金76万元。

1.2010年至2011年，该县民族职业高级中学、群芳民族服装有限公司、归朝镇政府等3个单位虚报1261名培训人员名单，套取劳动力转移培训资金31.34万元用于教室改造、购买礼品和学员餐费等支出。

2.2010年，新华镇政府在2个扶贫项目报销发票金额仅47.33万元的情况下，列支项目款61.33万元，多支付项目承包人14万元。

3.2011年，新华镇政府在扶贫项目实际支出169.34万元的情况下，以项目承包人开具的200万元发票列支工程款，虚列支出30.66万元。

（四）重复申报并结存扶贫资金200万元。

2010年至2012年，该县扶贫办将已纳入住建局农村危房改造项目计划的238户农户编入扶贫安居工程项目计划，造成重复安排扶贫安居工程资金200万元。截至2013年5月，上述200万元资金结存在县财政局扶贫资金专户中未使用。

（五）个别项目建设质量不达标形成损失。

2010年，该县那能乡使用易地扶贫搬迁试点工程资金修建的六温村村内道路，经实地踏勘，两端共有250米明显沉降，估算投资损失1.75万元。

（六）违规支出招待费等191.01万元。

2010年至2013年4月，该县扶贫办在扶贫专项经费、扶贫资金项目管理费和行政经费中违规列支餐费、送礼、接待、向相关人员发放补贴等支出191.01万元，其中中央八项规定出台后支出5.13万元。

（七）扶贫资金5598.82万元长期滞留、闲置。

截至2012年末，该县由于项目规划编制不尽合理、施工单位报账不及时等原因，有5598.82万元财政扶贫资金结转结余时间超过1年。

（八）违规为流动资金贷款拨付贴息补助资金20万元。

2012年，该县扶贫办审核不严，向富州水泥厂发放扶贫贴息补助资金20万元，所对应的400

万元流动资金周转贷款实际已于2011年1月到期。

此外，该县还存在擅自改变扶贫项目建设内容、向非贫困农户发放补助资金等问题。

三、对审计反映问题的整改情况

云南省对审计发现的问题高度重视，督促富宁县迅速落实整改，已全额追缴被骗取的财政扶贫资金138.79万元，挪用资金中已有24.46万元归还原资金渠道；套取的76万元扶贫资金已全部收回并调整账务处理；重复申报的扶贫项目已调整了项目实施计划和发放对象；那能乡建设质量不达标的道路已修复完工；对违规支出招待费和日常公用支出等问题，责成各部门今后严格执行厉行节约规定；对闲置的财政扶贫资金，已报账支出697.43万元，拨付项目实施单位4656.65万元；富州水泥厂违规获取的扶贫贴息补助资金20万元已归还县扶贫办。此外，对擅自改变项目支出内容和向非贫困农户发放补助资金等问题，已责成相关单位予以纠正。

审计署关于贵州省荔波县2010年至2012年财政扶贫资金分配管理和使用情况的审计结果

根据《中华人民共和国审计法》规定，2013年4月至5月，审计署对贵州省荔波县2010年至2012年财政扶贫资金分配、管理和使用情况进行了审计，重点抽查了6个乡镇及所辖21个贫困村，抽查财政扶贫资金5325.4万元，对重要事项进行了必要的延伸和追溯。

一、基本情况和审计评价意见

荔波县隶属贵州省黔南布依族苗族自治州，现为国家扶贫开发工作重点县，下辖17个乡镇，94个行政村，全部为贫困村。据其提供的资料反映，2012年末，全县户籍人口17.91万人，其中农村贫困人口6.46万人，贫困发生率40.71%，较上年分别下降0.91万人和5.92%。2010年至2012年，共投入财政扶贫资金12419.67万元，其中中央财政资金10725.27万元，省财政资金1476.1万元，黔南州财政资金210.3万元，县财政资金8万元，分别占86.36%、11.89%、1.69%、0.06%，已全部支出。扶贫成效方面，主要表现为：推广种植业新技术17.76万亩，新修及改扩建公路396.41公里，新增农村自来水供应能力0.59万吨，解决0.33万人交通出行、7.46万人安全饮水问题；全县人均生产总值从11246元增至17547元，人均一般预算收入从871.55元增至1307元，贫困村农民人均纯收入从3528元增至5124元。

从审计情况看，2010年以来，荔波县按照国家和贵州省的要求，制订扶贫开发规划和工作计划，积极调整产业结构，发展生态畜牧业和特色林果业的糖蔗产业，采取挂钩帮扶、机关干部驻村任职、"富帮穷"和亮点带动等措施，扶贫投入力度进一步加大，贫困人口逐年减少，贫困地区农民收入增长较快，生产生活条件逐步改善。但审计也发现，荔波县在扶贫资金分配、拨付和管理使用等方面还存在虚报冒领、挤占挪用和损失浪费等不符合财经制度规定的问题。

二、审计发现的主要问题

（一）骗取扶贫资金168.51万元。

2012年，该县国丰农业专业合作社在油桐产业化扶贫项目建设过程中，通过虚列油桐种植面积和鸡舍建设面积的方式，骗取中央财政扶贫资金补助168.51万元。

（二）挪用扶贫资金9.26万元。

2012年1月至3月，县扶贫局挪用扶贫专项资金9.26万元用于招待、订购杂志等费用支出。

（三）种植项目脱离实际，造成扶贫资金损失20万元。

2011年4月，该县甲良镇安排财政扶贫资金和群众自筹资金24.7万元用于种植80亩金银花。由于项目论证不周，当地气候不适合金银花苗木生长，加之项目实施后管护不到位，导致80亩金银花苗木全部受灾枯死，财政扶贫资金损失20万元。

（四）违规申请扶贫贷款贴息15万元。

2012年，该县军华畜牧发展有限责任公司以流动资金贷款1950万元申请并获得扶贫贷款贴息资金15万元，不符合扶贫贷款贴息资金申请相关规定。

（五）违规使用扶贫资金948.15万元。

1.2012年，甲良镇未经批准将在指定安置点集中安置移民改为由镇政府统一代建和自建安置住房安置，并改变移民迁出对象，实际搬迁对象属于原批复方案中的仅有9户44人（分别占原计划的6.21%、6.27%），违规使用扶贫生态移民资金460.6万元。

2.2011年，贵州省扶贫办批复该县原驾欧乡7500亩金银花种植项目财政扶贫补助资金500万元，规定每亩补贴6666.67元、每亩种植80株，但原驾欧乡政府在执行中擅自将2858.43亩的种植密度提高到166至240株不等（其中773亩已枯死），实际每亩支出9729元，共计多支出87.55万元。

3.2012年，该县朝阳镇以镇政府名义向省扶贫办申报获批3个大鲵养殖产业项目中央财政专项扶贫资金400万元，并由该县国丰农业专业合作社具体承担。经核实，上述项目主要惠及国丰农业专业合作社的5位成员，其中4人为非贫困户，不符合项目受益对象中贫困农户应达70%的规定。

此外，审计还发现个别公职人员涉嫌贪污侵吞扶贫资金问题，已移送有关部门处理。

三、对审计反映问题的整改情况

贵州省高度重视审计发现的问题，督促荔波县迅速落实整改，已追回国丰农业专业合作社骗取的财政扶贫资金168.51万元并缴入县扶贫资金专户，1名责任人受到党纪政纪处分，2名相关人员被通报批评；挪用的9.26万元扶贫资金已归还原资金渠道；认真总结金银花种植项目经验教训，拟结合群众意见制订帮扶方案，加强项目管理；追回违规申请获批的15万元扶贫贷款贴息资金；对擅自变更项目实施方案违规使用扶贫资金问题，责成有关单位做出书面检查，对4名责任人进行诫勉谈话；重新调整大鲵养殖项目实施方案，采取“合作社+基地+农户”的方式确保贫困户受益。省纪委已对涉嫌贪污侵吞扶贫资金的个别公职人员立案调查，对其涉嫌受贿犯罪的问题移交司法机关处理。

审计署关于贵州省镇宁布依族苗族自治县2010年至2012年财政扶贫资金分配管理和使用情况的审计结果

根据《中华人民共和国审计法》规定，2013年4月至5月，审计署对贵州省镇宁布依族苗族自治县（以下简称镇宁县）2010年至2012年财政扶贫资金分配、管理和使用情况进行了审计，重点抽查了4个乡镇及所辖37个贫困村，抽查财政扶贫资金4279.2万元，对重要事项进行了必要的延伸和追溯。

一、基本情况和审计评价意见

镇宁县隶属贵州省安顺市，现为国家扶贫开发工作重点县，下辖15个乡镇，344个行政村，其中贫困村206个。据其提供的资料反映，2012年末，全县户籍人口38.12万人，其中农村贫困人口11.84万人，贫困发生率38.01%，较上年分别下降1.5万人和3.91%。2010年至2012年，共投入财政扶贫资金12971.02万元，其中中央财政资金9540.17万元，省财政资金3076.20万元，安顺市财政资金154.54万元，县财政资金200.11万元，分别占73.55%、23.72%、1.19%和1.54%，期末结转结余1108万元。扶贫成效方面，主要表现为：新增基本农田10268.68亩，推广种植业新技术15.7万亩，新增民族手工企业25户；新修及改扩建公路62.15公里，新增农村自来水供应能力226.9万吨，解决1.5万人交通出行、8.7万人安全饮水问题；全县人均生产总值从11263元增至14927元，人均一般预算收入从469.86元增至865元，贫困村农民人均纯收入从1573.3元增至2294.6元。

从审计情况看，2010年以来，镇宁县按照国家和贵州省的要求，制订扶贫开发规划和工作计划，着力加强交通、水利等基础设施建设，壮大特色优势产业，扶贫投入力度进一步加大，贫困人口逐年减少，贫困地区农民收入增长较快，生产生活条件逐步改善。但审计也发现，该县在扶贫资金分配、拨付和管理使用等方面还存在虚报冒领、挤占挪用和损失浪费等不符合财经制度规定的问题。

二、审计发现的主要问题

（一）骗取扶贫资金 134 万元。

1.2011 年至 2012 年，镇宁县兴旺油脂厂、贵州省牛来香实业有限公司采取多头重复申报、虚报项目等方式，骗取财政扶贫贷款贴息资金 132 万元，用于企业生产经营。

2.2012 年，该县募役乡政府编造虚假项目验收记录表，为养殖户骗取养殖补助 2 万元，用于新建鸡舍。

（二）挪用扶贫资金 76.87 万元。

1.2011 年至 2012 年，该县发展改革局、募役乡政府 2 个单位挪用财政扶贫资金 4.22 万元用于单位日常公用支出等。

2.2012 年，该县发展改革局挪用以前年度以工代赈项目结余资金 72.65 万元，用于镇宁黄果树茶业有限责任公司等 4 个企业生产经营，以及大山乡等 8 个乡镇其他项目建设。

（三）套取财政补贴 136.58 万元。

1.2011 年 10 月和 2012 年 7 月，该县沙子乡和江龙镇政府通过伪造农户签名的方式，从县发展改革局套取易地扶贫移民搬迁项目建房补助资金 73.58 万元、35.30 万元，分别存放在乡（镇）财政所行政经费和扶贫资金账户。

2.2012 年，该县本寨乡政府通过虚开发票套取 2011 年易地移民搬迁项目资金 27.70 万元，存入个人银行账户。

（四）部分养殖项目脱离实际，形成损失 337.23 万元。

2010 年，该县马厂乡政府等 4 个单位组织实施的刺梨种植、核桃种植、草地生态畜牧业、油桐嫁接示范林建设 4 个种养殖项目，由于前期论证未考虑当地气候、土质等条件，项目效果不佳形成损失 337.23 万元。

（五）以工代赈项目质量不达标，涉及金额 320.50 万元。

2011 年至 2012 年，本寨乡政府组织实施的 3 个以工代赈项目，以及镇宁县交通局实施的丁旗镇马寨村道路建设项目和六马乡片区综合开发引水渠工程项目，存在质量不达标问题，涉及金额 320.50 万元。

（六）违规支出招待费等 50.71 万元。

1.2010 年至 2012 年，该县扶贫办安排人员参加安顺市扶贫办组织的扶贫干部培训班，支出扶贫专项资金 8.29 万元。培训班实为旅行社承办并主要前往景区参观，存在变相公款旅游问题。

2.2010 年至 2013 年 4 月，该县扶贫办在扶贫专项经费、行政办公经费等资金中挤占挪用 33.42 万元用于招待、旅游接待等，其中中央八项规定出台以后违规支出 1.04 万元。

3.2012 年 11 月和 2013 年 4 月，该县扶贫办挪用扶贫项目资金及培训资料费等共 9 万元，用于订阅上级部门指定的《中国扶贫》杂志。

（七）扶贫资金 1311.64 万元长期滞留、闲置。

截至 2012 年底，由于以前年度项目未及时报账、部分项目无法实施等原因，镇宁县和 4 个抽查乡镇有 1311.64 万元扶贫资金闲置时间超过 1 年。

此外，审计还发现个别公职人员涉嫌贪污侵吞扶贫资金等问题，已移送有关部门处理。

三、对审计反映问题的整改情况

贵州省高度重视审计发现的问题，督促镇宁县迅速落实整改，已追回被骗取的 132 万元财政扶贫贷款贴息资金和 2 万元养殖补助，并对 4 名责任人给予党纪政纪处分；挪用的财政扶贫资金 76.87 万元已归还原资金渠道；被套取的 136.58 万元补贴资金中 108.88 万元已重新发放到户，27.7 万元全额上缴县财政，4 名责任人受到党纪政纪处分；清理脱离实际、质量不过关的项目，并健全项目申报、资金管理和工程验收机制；责令镇宁县扶贫办今后严格执行厉行节约规定、从严控制支出；清理滞留、闲置扶贫资金，并分类确定清理进度和计划。侵吞扶贫资金的个别公职人员已受到党政纪处分，并被移交司法机关处理。

审计署关于贵州省黎平县 2010 年至 2012 年财政扶贫资金分配管理和使用情况的审计结果

根据《中华人民共和国审计法》规定，2013 年 4 月至 5 月，审计署对贵州省黎平县 2010 年至 2012 年财政扶贫资金分配、管理和使用情况进行了审计，重点抽查了 4 个乡镇及所辖 16 个贫困村，抽查财政扶贫资金 7833.95 万元，对重要事项进行了必要的延伸和追溯。

一、基本情况和审计评价意见

黎平县隶属贵州省黔东南苗族侗族自治州，现为国家扶贫开发工作重点县，下辖25个乡镇，403个行政村，其中贫困村240个。据其提供的资料反映，2012年末，全县户籍人口53.19万人，其中农村贫困人口21.39万人，贫困发生率43.51%，较上年分别下降2.15万人和4.68%。2010年至2012年，共投入财政扶贫资金14906.62万元，其中中央财政资金11153.78万元，省财政资金3202.34万元，自治州财政资金110.1万元，县财政资金440.4万元，分别占74.82%、21.48%、0.75%、2.95%，期末结转结余4463.4万元。扶贫成效方面，主要表现为：推广种植业新技术583902亩，新修农村公路947.7公里，解决19.69万人交通出行、14.77万人安全饮水问题；全县人均生产总值从5497元增至9726元，人均一般预算收入从272元增至707元，贫困村农民人均纯收入从1969元增至2298元。

从审计情况看，2010年以来，黎平县按照国家和贵州省的要求，制订扶贫开发规划和工作计划，并采取加强扶贫项目库建设、整合产业扶贫资金等措施，提升产业化扶贫水平，扶贫投入力度进一步加大，贫困人口逐年减少，贫困地区农民收入增长较快，生产生活条件逐步改善。但审计也发现，黎平县在扶贫资金分配、拨付和管理使用等方面还存在虚报冒领、挤占挪用和损失浪费等不符合财经制度规定的问题。

二、审计发现的主要问题

（一）骗取扶贫资金245.87万元。

1.2010年至2012年，该县侗乡春茶业有限公司、侗乡佳绿茶业有限公司和侗乡米业有限公司编造虚假合同、银行对账单等资料，骗取扶贫贷款贴息资金108.67万元，主要用于企业经营支出。

2.2010年，该县德凤镇政府虚报以工代赈项目获取扶贫资金14万元，用于非扶贫道路建设。

3.2010年至2011年，该县中等职业技术学校、侗乡米业有限公司虚报494名贫困人口，获取“雨露计划”扶贫培训资金123.2万元，主要用于学生培训、职工培训等支出。

（二）挤占挪用扶贫资金251.77万元。

1.2010年和2012年，该县财政局分别挪用扶贫资金202.5万元、11.35万元，用于农村消防试点建设、支付大稼乡财政所对村民委员会等单位的补助支出。

2.2011年至2013年4月，该县扶贫办挤占扶贫资金37.92万元，用于单位日常公用等支出。

（三）套取易地扶贫搬迁资金91.65万元。

2010年至2013年4月，该县岩洞镇政府通过编造建房补贴领取人员名单以及使用虚假发票等方式，虚列支出共计91.65万元，转入镇政府报账员个人账户，主要用于安置点基础设施建设和小城镇建设新区征地款等支出。

（四）扶贫项目损失浪费651.24万元。

1.2011年，该县蔬菜产业化扶贫项目和中潮镇佳所村枫树湾小山塘整治项目因选址于工业园区发展规划用地范围内，导致项目无法实施、新建成项目被填埋，价值305.54万元的设备设施闲置，15万元项目投资全部损失。

2.2010年至2013年，该县扶贫办未按规定公开招标，采购金银花苗木166.90万株、油茶苗和茶苗943.28万株，采购价格高于市场价，多支付财政资金330.70万元。

（五）违规支出招待费等122.71万元。

2010年至2013年4月，该县扶贫办在行政办公经费中列支122.71万元用于餐费、送礼、旅游接待等，其中中央八项规定出台以后违规支出27.47万元。

（六）扶贫资金3666.4万元长期滞留、闲置。

截至2012年底，由于项目暂不具备实施条件或进度缓慢等原因，该县有3666.4万元扶贫资金结转结余时间超过1年，其中655.83万元结转结余超过2年。

此外，审计还发现将扶贫资金用于补助非贫困对象等问题。对个别公职人员涉嫌挪用扶贫资金等问题，已移送有关部门处理。

三、对审计反映问题的整改情况

贵州省高度重视审计发现的问题，督促黎平县迅速落实整改，已全额追缴3家企业骗取的扶贫贷款贴息资金108.67万元，收回了德凤镇政府骗取的14万元扶贫资金，对虚报贫困人口骗取扶贫培训资金的2名责任人给予行政警告处分；挤占挪用的扶贫资金251.77万元已归还原资金渠道，并调整相关会计账目；对套取易地扶贫搬迁资金的4名主要责任人给予党纪处分、3名相关人员通报批评，并将套取资金全部上缴县财政扶贫专户，同时调减了相关单位扶贫资金分配指标；对未按规定公开招投标的县扶贫办4名有关人员给予党纪政纪处分，责成县扶贫办进一步健全完善规章制度，加强行政经费支出管理；黎平县专门成立督察组对结转结余资金进行检查清理，结存资金已明确实施计划与用款进度。此外，对扶贫资金用于补助非贫困对象等问题，已责成县扶贫办今后严格执行扶贫资金安排原则，确保用于贫困农户。县纪委已对个别公职人员涉嫌挪用扶贫资金等问题立案调查。

审计署关于陕西省横山县2010年至2012年财政扶贫资金分配管理和使用情况的审计结果

根据《中华人民共和国审计法》规定，2013年4月至5月，审计署对陕西省横山县2010年至2012年财政扶贫资金分配、管理和使用情况进行了审计，重点抽查了4个乡镇及所辖38个行政村，抽查财政扶贫资金5189.88万元，对重要事项进行了必要的延伸和追溯。

一、基本情况和审计评价意见

横山县隶属陕西省榆林市，现为国家扶贫开发工作重点县，下辖18个乡镇（办事处）、1个农场，361个行政村。据其提供的资料反映，2012年末，全县户籍人口37.08万人，其中农村贫困人口5.57万人，贫困发生率17.38%，较上年分别下降1.77万人和5.77%。2010年至2012年共投入财政扶贫资金25400.78万元，其中中央财政资金8880.88万元，省财政资金6514.70万元，榆林市财政资金9373.2万元，县财政资金632万元，分别占34.96%、25.65%、36.90%、2.49%，期末结转结余14595.6万元。扶贫成效方面，主要表现为：新增基本农田3.14万亩，推广种植业新技术24万亩；新修及改扩建公路194.9公里，新增农村自来水供应能力69.36万吨，解决了8.28万人交通出行、5.43万人安全饮水问题；全县人均生产总值从28860元增至36076元，人均一般预算收入从582.4元增至1008元，贫困农民人均纯收入从1600元增至2160元。

从审计情况看，2010年以来，横山县按照国家和陕西省的要求，制订扶贫开发规划和工作计划，并加强项目管理和资金管理，强化扶贫资金专户报账要求，扶贫投入力度进一步加大，贫困人口逐年减少，贫困地区农民收入增长较快，生产生活条件逐步改善。但审计也发现，横山县在扶贫资金分配、拨付和管理使用等方面还存在虚报冒领、挤占挪用和损失浪费等不符合财经制度规定的问题。

二、审计发现的主要问题

（一）骗取扶贫资金320.32万元。

1.2007年，该县达丰精制淀粉有限责任公司伪造借款借据向该县扶贫办申请并于2010年获得财政贴息资金17.88万元，用于公司日常生产经营。

2.2010年至2012年，该县职业技术教育中心虚报“雨露计划”培训人数546人，骗取财政补助资金110.81万元，实际用于学校日常开支和发放在校学生生活补助等。

3.2011年，该县国营二石磕林场以已竣工验收的道路工程项目资料骗取国有贫困林场扶贫资金30万元，实际用于林场日常支出。

4.2008年和2009年，该县横山镇马家梁村以同一搬迁建设项目分别向县发展改革局、扶贫办申请搬迁补助资金，其中有197人重复领取搬迁补助161.63万元。

（二）挤占挪用扶贫资金1074.85万元。

1.2012年，该县财政决算反映数字不实，结转下年支出的扶贫资金1026.5万元实际已被其他财政支出挤占。

2.2007年，该县扶贫办出借扶贫资金5万元给没有扶贫项目的赵石畔镇驮巷村用于土地平整支出，截至2013年4月底尚未收回。

3.2009年至2012年，该县扶贫办、银州综合服务有限责任公司等4个单位挪用农民实用技术培训费40.75万元，主要用于本单位招待费、会议费、差旅费、公司经营等支出。

4.2012年，该县石湾镇石湾村在以工代赈项目中以虚假发票报账2.60万元，实际用于村广场建设工人工资等支出。

（三）违规支出招待费等 34.74 万元。

2009 年至 2012 年，该县扶贫办在项目管理费中列支招待费以及礼品费、物业费、通信费、临时工工资等共计 34.74 万元。

（四）扶贫资金 695.16 万元长期滞留、闲置。

截至 2012 年底，由于易地扶贫搬迁工作未及时实施或项目已中止等原因，该县 8 个扶贫项目有共计 695.16 万元资金结转结余时间超过 2 年。

（五）扶贫项目未发挥效益，涉及资金共计 71.31 万元。

2011 年，该县塔湾镇芦沟村新建的 30 个温室大棚因水源灌溉无法保障，建好的大棚处于闲置状态；2009 年及 2010 年，清洁能源项目因不符合当地农民实际需求，160 套生物质炊事炉闲置；2011 年塔湾镇芦沟村砌护道路边沟项目、南塔乡张存有地村淤地坝加固工程项目、石湾镇高川村寨子湾供水工程项目，因后续管护不善等原因导致原设计功能未实现、工程未发挥长期效益。

（六）移民小区建成不久即成危房，存在安全隐患。

2008 年 9 月，横山镇砖梁村在未进行地质勘查、无正规施工图纸、无工程监理情况下进行 36 户移民住房施工，并于次年 5 月在缺少相关单位签署质量合格文件的情况下，通过县扶贫办等部门的质量验收。2009 年 11 月，部分房屋开始出现质量问题，有 19 户住房被鉴定为危房。

此外，审计还发现横山县自行调整扶贫项目建设内容，扩大建筑面积将易地扶贫搬迁户住房建成形象工程，扩大劳动力转移培训范围等问题。

三、对审计反映问题的整改情况

陕西省高度重视审计发现问题，督促横山县迅速组织整改，追回了达丰精制淀粉有限责任公司等 3 个单位骗取的扶贫资金 158.69 万元，并取消了相关单位申报扶贫项目的资格；挤占挪用 1074.85 万元中的 1055.1 万元归还原资金渠道；责成扶贫办从严控制招待费等公务经费支出；长期闲置的 695.16 万元扶贫资金已落实到项目，部分已完工；5 个未发挥效益的扶贫项目已通过建设配套设施、加强管护等方式进行完善并重新投入使用；着手对形成危房的移民小区实行加固改造，县纪检监察部门已对相关责任人进行立案调查；已责成相关单位纠正自行调整扶贫项目建设内容等问题。

审计署关于陕西省洛南县 2010 年至 2012 年财政扶贫资金分配管理和使用情况的审计结果

根据《中华人民共和国审计法》规定，2013 年 4 月至 5 月，审计署对陕西省洛南县 2010 年至 2012 年财政扶贫资金分配、管理和使用情况进行了审计，重点抽查了 4 个乡镇及所辖 93 个行政村，抽查财政扶贫资金 7260.39 万元，对重要事项进行了必要的延伸和追溯。

一、基本情况和审计评价意见

洛南县隶属陕西省商洛市，现为国家扶贫开发工作重点县，下辖 19 个乡镇，381 个行政村。据其提供的资料反映，2012 年末，全县户籍人口 45.7 万人，其中农村贫困人口 13 万人，贫困发生率为 37.68%，较上年分别下降 1.53 万人和 2.79%。2010 年至 2012 年共投入财政扶贫资金 13206.96 万元，其中中央财政资金 12833.96 万元，省财政资金 173 万元，市财政资金 200 万元，分别占 97.18%、1.31% 和 1.51%，期末结转结余 926.06 万元。扶贫成效方面，主要表现为：新增基本农田 974 亩，推广种植业新技术 431 万亩；新建乡村旅游景点 3 个，新修及改扩建公路 60 公里，新增农村自来水供应能力 1237.9 万吨，全县人均生产总值从 10716 元增至 16026 元，人均一般预算收入从 426.7 元增至 801.6 元，贫困村农民人均纯收入从 1461 元增至 2249 元。

从审计情况看，2010 年以来，洛南县按照国家和陕西省的要求，制订扶贫开发规划和工作计划，采取贫困人口监测、项目整合、加强工作激励、强化资金管理等措施，相继实施了整村推进连片开发、移民搬迁、信贷扶贫、科技扶贫、社会扶贫等项目，扶贫投入力度进一步加大，贫困人口逐年减少，贫困地区农民收入增长较快，生产生活条件逐步改善。但审计发现，该县在扶贫资金分配、拨付和管理使用等方面还存在虚报冒领、挤占挪用和损失浪费等不符合财经制度规定的问题。

二、审计发现的主要问题

（一）骗取扶贫贷款贴息资金 66 万元。

2009 年 10 月和 2010 年 8 月，该县扶贫局与陕西财安食品有限公司将该公司两项流动资金贷款内容修改为“100万头/年生猪综合开发深加工”扶贫项目贷款，并以此骗取扶贫贷款贴息资金66万元。

（二）挪用扶贫资金2672.91万元。

1.2012年至2013年4月底，该县陕南移民搬迁安置工作办公室挪用陕南移民搬迁共管账户资金8397万元（其中扶贫资金671.76万元），用于建设市政工程、保障房等。

2.2009年至2012年，该县扶贫局挪用扶贫资金1451.49万元，用于粉刷公路沿线居民院墙和民居、建设文化墙及村委会办公楼等。

3.2010年至2012年，该县发展计划局向乡镇、村负责人及有关单位出借扶贫资金411.8万元，截至2013年5月底尚有221.8万元未收回。

4.2010年，该县发展计划局将以工代赈资金70.6万元借给交通局，用于城关镇江滨大道工程建设。

5.2012年5月，该县扶贫局挪用扶贫互助资金1万元用于文艺会演支出。

6.2012年至2013年4月底，该县西凤湾建设管理处挪用扶贫资金0.66万元用于日常办公支出。

7.2012年至2013年，该县古城镇政府挪用移民搬迁等专项资金和土地收益255.6万元，用于镇公园护栏雕塑建设和出借。

（三）违规支出招待费等375.85万元。

1.2010年至2012年，该县扶贫局挪用“实用技术培训项目”“项目管理费”等扶贫资金共计354.32万元，用于购买礼品、发放津补贴等。

2.2011年12月，该县扶贫局将2010年已报销的核桃嫁接费用发票重复报销，套取扶贫贷款贴息资金21.53万元，用于该局经费支出。

（四）扶贫资金437.1万元长期滞留、闲置。

截至2012年底，由于资金拨付不及时、补助对象情况变更需重新审核等原因，该县财政局专户有300万元易地搬迁资金和136万元扶贫贷款贴息资金结转结余时间超过1年；截至2013年3月，古城镇应向4名贫困大学生发放的2011年度救助资金1.1万元仍未发放。

（五）扶贫资金22.04万元被用于建设村委会广场。

2011年，该县在石坡镇石湾村整村推进项目中投入财政扶贫资金22.04万元，用于建设村委会楼前占地面积1100平方米的广场。

此外，该县还存在将移民预付的建房资金公款私存、未及时上缴土地出让收益及使用虚假合同骗取贷款等问题。

三、对审计反映问题的整改情况

陕西省高度重视审计发现的问题，督促洛南县迅速组织整改。洛南县政府对扶贫局骗取扶贫资金的行为进行全县通报批评，追回被骗取资金并按规定重新安排用途，要求扶贫局在安排扶贫贷款贴息项目过程中严格执行公示制度；被挪用的2672.91万元扶贫资金中，有2345.91万元已归还原渠道；长期滞留闲置的资金已拨付相关专户或发放到农户。对于公款私存等问题，已责成相关单位予以纠正，挪用扶贫资金接待送礼等问题涉及的4名责任人受到党纪政纪处分。

审计署关于陕西省陇县2010年至2012年财政扶贫资金分配管理和使用情况的审计结果

根据《中华人民共和国审计法》规定，2013年4月至5月，审计署对陕西省陇县2010年至2012年财政扶贫资金分配、管理和使用情况进行了审计，重点抽查了4个镇及所辖23个行政村，抽查财政扶贫资金2658.21万元，对重要事项进行了必要的延伸和追溯。

一、基本情况和审计评价意见

陇县隶属陕西省宝鸡市，现为国家扶贫开发工作重点县，下辖12个镇、1个风景区管委会，158个行政村。据其提供的资料反映，2012年末，全县户籍人口26.68万人，其中农村贫困人口9.18万人，贫困发生率为38.72%，较上年分别下降0.99万人和4.46%。2010年至2012年，共投入财政扶贫资金9936.98万元，其中中央财政资金9285.98万元，省财政资金651万元，分别占93.45%和6.55%，期末结转结余5149.3万元。扶贫成效方面，主要表现为：新增基本农田2.42万亩，推广种植业新技术188.14万亩；新修及改扩建公路80公里，新增农村自来水供应能力0.37万吨；全县人均生产总值从11510元增至

17322 元，人均一般预算收入从 418.66 元增至 718.15 元，贫困村农民人均纯收入从 1092 元增至 1763 元。

从审计情况看，2010 年以来，陇县按照国家和陕西省的要求，制订扶贫开发规划和工作计划，实行扶贫工作党政一把手负责制和年度目标考核责任制，按照“启动一村、建成一村、达标一村”的要求积极实施整村推进项目。随着扶贫投入力度的加大和扶贫开发项目的深入实施，贫困人口逐年减少，贫困地区农民收入增长较快，生产生活条件逐步改善。但审计发现，该县在扶贫资金分配、拨付和管理使用等方面还存在虚报冒领、挤占挪用和损失浪费等不符合财经制度规定的问题。

二、审计发现的主要问题

（一）骗取扶贫资金 15 万元。

2011 年，该县东风镇政府在 2010 年已实施东风镇供水工程的情况下，又向县民族宗教事务局重复申报该项目，获得少数民族发展资金 15 万元，截至 2013 年 5 月底资金未使用。

（二）挪用扶贫资金 117 万元。

1.2010 年至 2011 年，该县温水镇团结村挪用扶贫资金 49.54 万元，用于温泉度假村周边文化墙、鱼池挡墙和道路绿化建设。

2.2011 年，该县城关镇高垮村挪用扶贫资金 20 万元，用于维修村委会办公楼、新建喷水池等。

3.2010 年，该县新集川镇新集川村挪用扶贫资金 3 万元，用于建设村委会办公楼。

4.2010 年至 2012 年，该县扶贫办挪用“扶贫资金项目管理费”和“农民实用技术培训”项目资金 44.46 万元，用于日常公用经费支出。

（三）扶贫项目效果欠佳，涉及资金 12.64 万元。

2011 年，该县扶贫办在关山管委会老虎沟村“整村推进连片开发”项目中组织建设的 16 座羊圈，由于前期规划不合理、不符合农民实际需求等原因建成后闲置，涉及金额 12.64 万元。

此外，该县还存在超标准发放贷款贴息资金、扶贫资金脱离专户管理、自行调整扶贫资金用途、扩大培训对象范围等问题。

三、对审计反映问题的整改情况

陕西省高度重视审计发现的问题，督促陇县迅速组织整改。目前，已追回被骗取的 15 万元扶贫资金，被挪用的 117 万元资金已归还原资金渠道；闲置的 16 座羊圈已全部投入使用。对于超标准发放贷款贴息资金等问题，已责成有关单位进行纠正。

审计署关于陕西省旬阳县 2010 年至 2012 年财政扶贫资金分配管理和使用情况的审计结果

根据《中华人民共和国审计法》规定，2013 年 4 月至 5 月，审计署对陕西省旬阳县 2010 年至 2012 年财政扶贫资金分配、管理和使用情况进行了审计，重点抽查了 4 个乡镇及所辖 18 个贫困村，抽查财政扶贫资金 5888 万元，对重要事项进行了必要的延伸和追溯。

一、基本情况和审计评价意见

旬阳县隶属陕西省安康市，现为国家扶贫开发工作重点县，下辖 22 个乡镇，318 个行政村，其中贫困村 176 个。据其提供的资料反映，2012 年末，全县户籍人口 45.62 万人，其中农村贫困人口 14.1 万人，贫困发生率为 35.4%，较上年分别下降 1.82 万人和 4.77%。2010 年至 2012 年，共投入财政扶贫资金 10762.66 万元，其中中央财政资金 10171.16 万元，省财政资金 406.5 万元，市财政资金 105 万元，县财政资金 80 万元，分别占 94.5%、3.78%、0.98%和 0.74%，期末结转结余 1947.4 万元。扶贫成效方面，主要表现为：新增基本农田 6700 亩，推广种植业新技术 34547 亩，新增民族手工企业 5 户；新修及改扩建公路 146.7 公里，新增农村自来水供应能力 70 万吨；全县人均生产总值从 12983 元增至 18476 元，人均一般预算收入从 466.29 元增至 861.1 元，贫困村农民人均纯收入从 2060 元增至 2868 元。

从审计情况看，2010 年以来，旬阳县按照国家和陕西省的要求，制订扶贫开发规划和工作计划，按照“项目捆绑、整村推进、各尽其能、各记其功”的原则，积极整合资金和项目。随着扶贫投入力度的加大和扶贫开发项目的深入实施，贫困人口逐年减少，贫困地区农民收入增长较快，生产生活条件逐步改善。但审计发现，该县在扶贫资金分配、拨付和管理使用等方面还存在虚报冒领、挤占挪用和损失浪费等不符合财经制度规定的问题。

二、审计发现的主要问题

（一）骗取扶贫资金330.5万元。

1.2010年4月，该县陕西巨隆置业有限公司使用虚假农副产品市场项目建设方案申请获得扶贫贴息贷款1500万元，并以此骗取扶贫贷款贴息资金45万元，贷款实际用于建设住宅、商场、办公楼等，贴息资金用于公司日常生产经营。

2.2008年3月，该县健兴魔芋食品有限公司把2000万元流动资金贷款申报成生产车间改扩建项目贷款，骗取扶贫贴息资金60万元，用于企业生产经营。

3.2010年至2012年，该县恒源生物化工有限公司以内容相同的"黄姜生产拆扩建工程"项目资料连续9次申请财政扶持，3年共骗取财政资金505万元用于生产经营，其中扶贫贴息资金15万元。

4.2012年，该县扶贫局虚报2150名"雨露计划"补助对象，申请并获得补助资金150.5万元，全部存放在该局账户上。

5.2012年11月，该县扶贫局重复申报饮水工程项目获得财政扶贫资金30万元，用于弥补建设资金缺口。

6.2011年至2012年，该县发展改革局用已完工验收的项目申报并取得以工代赈资金30万元，用于其他续建工程支出。

（二）挪用扶贫资金1497.65万元。

1.2010年至2012年，该县扶贫局将扶贫资金136.8万元以借款形式转入该局会计等个人账户，其中70.48万元用于局招待费等支出。

2.2010年，该县扶贫局、发展改革局分别挪用扶贫资金10万元和5.68万元购买车辆。

3.2010年至2012年，该县扶贫局挪用农民实用技术培训费等扶贫资金47.42万元，用于日常公用经费、外出考察及装修办公楼等。

4.2011年，该县扶贫局挪用扶贫互助协会资金占用费3.99万元，用于有关工作人员考察支出；城关镇岩湾村扶贫互助协会挪用0.87万元互助协会资本金用于管理费支出。

5.2011年至2013年3月，该县扶贫局挪用整村推进连片开发项目资金541.21万元，用于农户房屋外墙粉刷。

6.2010年至2012年，该县财政局将多项财政资金转入"中小企业贷款周转金"专户用于对外借款，截至2012年底，仍有4000万元未归还，其中818万元为扶贫资金。

（三）套取扶贫资金80万元。

2011年，该县隆科生态种植合作社以虚假的领用花名册在该县扶贫局报销贫困户产业发展项目资金80万元，用于生产经营。

（四）违规支出招待费等67.65万元。

2010年至2013年4月，该县扶贫局在扶贫专项经费、行政办公经费等资金中列支67.65万元用于购买烟酒、旅游接待等。

此外，该县还存在违规发放"雨露计划"补助资金、超出规定比例发放扶贫互助资金等问题。对个别公职人员涉嫌贪污扶贫资金问题，已移送有关部门处理。

三、对审计反映问题的整改情况

陕西省高度重视审计发现的问题，督促旬阳县迅速组织整改。被骗取的330.5万元财政扶贫资金中，有270.5万元已归还县财政专户；被挪用的1497.65万元扶贫资金中，有956.44万元已归还原资金渠道；收回被套取的80万元贫困户产业发展资金并重新核发给农户；责成扶贫局从严控制招待费等公务经费支出。对于违规发放"雨露计划"补助资金等问题，已责成相关单位纠正。县纪检监察部门对个别公职人员涉嫌贪污问题已立案调查，并给予2人党内警告处分。

审计署关于甘肃省古浪县
2010年至2012年财政扶贫资金分配
管理和使用情况的审计结果

根据《中华人民共和国审计法》规定，2013年4月至5月，审计署对甘肃省古浪县2010年至2012年财政扶贫资金分配、管理和使用情况进行了审计，重点抽查了4个乡镇及所辖32个贫困村，抽查财政扶贫资金6569.29万元，对重要事项进行了必要的延伸和追溯。

一、基本情况和审计评价意见

古浪县隶属于甘肃省武威市，现为国家扶贫开发工作重点县，下辖19个乡镇，251个行政村，其中贫困村150个。据其提供的资料反映，2012年末，全县户籍人口38.95万人，其中农村贫困人口16.83万人、贫困发生率为47.30%。2010年至2012年，共投入财政扶贫资金16559.8万元，其中中央财政资金15559万元，省财政资金845.8万元，县财政资金155万元，分别占94%、5.1%和0.9%，期末结转结余4827.69万元。扶贫成效方面，主要表现为：推广种植业新技术78.87万亩，新建乡村旅游景点3个，新修及改扩建公路230公里，新增农村自来水供应能力165万吨；全县人均生产总值从6005元增至9035元，人均一般预算收入从141.03元增至326元，贫困村农民人均纯收入从1882元增至2843元。

从审计情况看，2010年以来，古浪县按照国家和甘肃省的要求，制订扶贫开发规划和工作计划，实施生态移民工程，推动贫困群众"下山进川"；实施全民创业工程，推动贫困群众"下山进镇（城）"；实施工业扶贫工程，推动贫困群众"下山进园"。贫困人口逐年减少，贫困地区农民收入增长较快，生产生活条件逐步改善。但审计发现，该县在扶贫资金分配、拨付和管理使用等方面还存在虚报冒领、挤占挪用和损失浪费等不符合财经制度规定的问题。

二、审计发现的主要问题

（一）套取扶贫资金264.05万元。

1.2011年，该县大靖镇政府在仅建成796座养殖暖棚的情况下，编造已建成1085座的补助花名册和竣工验收报账单等材料，套取扶贫资金补贴68.8万元，留存在镇财政扶贫资金专户。

2.2011年，该县民权乡政府在土沟村实际仅建成50亩日光温室的情况下，编造已建成120亩的补助花名册和竣工验收报账单等材料，套取扶贫资金补贴35万元，用于上述50亩日光温室建设。

3.2010年至2012年，该县扶贫办等5个部门和黑松驿镇等12个乡镇通过编造虚假补助发放表、虚开发票等方式，套取33个扶贫项目的140.25万元培训资金，用于购置车辆和公务接待等。

4.2011年至2012年，该县黄羊川镇政府通过编造补助花名册和工程验收资料等虚假报账资料，套取"石城村整村推进"项目种植高原夏菜补助资金20万元，用于其他项目建设。

（二）挪用扶贫资金139.48万元。

1.2011年至2012年，大靖镇政府挪用扶贫项目资金23万元，用于其他项目建设。

2.2012年，该县扶贫办挪用"科技培训"项目资金1.5万元，用于县文化体育局举办书画展支出。

3.2012年，黄羊川镇政府原扶贫资金专户会计开设个人账户存储公款，并挪用其中22.98万元用于个人消费或出借（当年已归还）。

4.2011年至2012年，大靖镇将92万元扶贫资金存放于出纳个人账户，用于日常办公及接待等。

（三）扶贫项目不符合实际形成损失224.2万元。

1.2010年，该县古丰乡政府投入扶贫资金4万元用于党参种植，由于气候恶劣、缺乏技术等，200亩党参到次年基本枯死。

2.2010年至2012年，大靖镇政府投入扶贫资金136.8万元修建74座日光温室及配套供水渠（管）道，由于管理不善、材料存在质量问题等，建成后全部闲置。

3.2010年至2012年，大靖镇、民权乡和黄羊川镇投入扶贫资金83.4万元修建的144座养殖暖棚，由于农户追加投入不足、配套设施不到位等，全部闲置。

此外，该县还存在擅自扩大扶贫资金投放对象、改变村民自筹搬迁资金用途、违规购置车辆等问题。对个别公职人员涉嫌贪污侵吞扶贫资金等问题，已移送有关部门处理。

三、对审计反映问题的整改情况

甘肃省高度重视审计发现的问题，督促古浪县迅速组织整改。目前，已追缴被套取的扶贫资金123.8万元，将被挪用的139.48万元扶贫资金归还原渠道；通过加强技术指导、修建配套设施，推动养殖暖棚尽快投产；违规购置的车辆已由县国资局拍卖并将所得款项上缴国库；被挪用的易地搬迁村民自筹经费已如数归还。古浪县对上述问题涉及的47名责任人进行了处理，其中给予22人党纪政纪处分（9人同时移交司法机关查处），8人受到通报批评，诫勉谈话17人。

审计署关于甘肃省西和县2010年至2012年财政扶贫资金分配管理和使用情况的审计结果

根据《中华人民共和国审计法》规定，2013年4月至5月，审计署对甘肃省西和县2010至2012年财政扶贫资金分配、管理和使用情况进行了审计，重点抽查了4个乡镇及所辖29个贫困村，抽查财政扶贫资金3868.35万元，对重要事项进行了必要的延伸和追溯。

一、基本情况和审计评价意见

西和县隶属甘肃省陇南市，现为国家扶贫开发工作重点县，下辖20个乡镇，384个行政村，其中贫困村353个。据其提供的资料反映，2012年末，全县户籍人口41.57万人，其中农村贫困人口20.75万人，贫困发生率为53.62%，较上年分别下降2.3万人和8.19%。2010年至2012年共投入财政扶贫资金15220.6万元，其中中央财政资金14766万元，省财政资金454.6万元，分别占97.01%和2.99%，期末结转结余2870.27万元。扶贫成效方面，主要表现为：新增基本农田9.51万亩，推广种植业新技术105.8万亩，新增民族手工企业5户；新修及改扩建公路484.65公里，新增农村自来水供应能力158万吨；全县人均生产总值从4005元增至5332元，人均一般预算收入从176.22元增至296.27元，贫困村农民人均纯收入从1579元增至2237元。

从审计情况看，2010年以来，西和县按照国家和甘肃省的要求，制订扶贫开发规划和工作计划，将专项扶贫、行业扶贫和社会扶贫相结合，采取突出特色产业发展、整流域综合开发、推进“订单劳务”输转、科技强农富农等措施，着力提高扶贫成效。贫困人口逐年减少，贫困地区农民收入增长较快，生产生活条件逐步改善。但审计发现，该县在扶贫资金分配、拨付和管理使用等方面还存在虚报冒领、挤占挪用和损失浪费等不符合财经制度规定的问题。

二、审计发现的主要问题

（一）套取扶贫资金33万元。

1.2011年，该县长道镇大寨村与西和县建筑安装工程有限公司在村排水渠项目建设中，通过编造虚假工程决算表套取扶贫资金3万元存入个人账户。

2.2010年至2012年，成县职业中等专业学校在承担西和县“两后生”（指初高中毕业后既未升学也未复读的青少年）培训项目中，编造122名学生的虚假资料套取培训补助30万元，用于该校日常支出。

（二）挪用扶贫资金148.63万元。

1.2010年至2012年，该县扶贫办挪用扶贫资金项目管理费52.93万元，用于本单位日常支出。

2.2009年至2012年，该县姜席镇政府挪用危房改造、道路沙化等扶贫项目资金95.7万元，用于农户围墙及外墙粉刷等。

（三）扶贫项目不符合实际等形成损失浪费299.05万元。

1.2010年10月，该县扶贫办安排10万元用于何坝镇杨尧村文体中心项目建设，由于规划不合理，文体中心建成后即被拆除。

2.2011年，该县扶贫办安排扶贫资金18万元建设苏合乡张河村排水渠项目，次年10月，因该县组织易地扶贫搬迁，其中造价7.27万元的排水渠和桥涵即被拆除。

3.2010年，该县扶贫办投入扶贫资金20万元修建长道镇陈沟村人畜饮水工程，由于维护不到位、设备损坏等，建成半年即停用。

4.2010年至2012年，长道镇等4个乡镇用扶贫资金建设的34条道路、河堤等工程的部分设施未达到合同标准，按实际施工量计算，多支付工程款261.78万元。

（四）公款私存1250.21万元。

2008年至2013年3月，该县长道镇、苏合乡、姜席镇、何坝镇4个乡镇将1250.21万元公款存入相关工作人员个人银行账户，其中扶贫资金69.47万元。

此外，该县还存在互助金借款逾期未收回、未按规定将项目款拨付至实施单位、违规购置车辆等问题。对个别公职人员涉嫌贪污侵吞扶贫资金等问题，已移送有关部门处理。

三、对审计反映问题的整改情况

甘肃省高度重视审计发现的问题，督促西和县迅速组织整改。已追缴被套取的扶贫资金33万元，将被挪用的 148.63 万元扶贫资金归还原渠道；对因前期规划不合理造成损失的情况，已责令有关部门总结教训，加强项目前期审查；对未达到工程质量标准的建设项目，要求施工单位限期返工或维修，其中 11 个已完成整改；对存放在个人账户的公款进行清理；收回了违规购置的车辆；对 5 名责任人进行处理处罚，其中 2 人被判刑、3 人受到党纪政纪处分。

审计署关于甘肃省广河县 2010 年至 2012 年财政扶贫资金分配管理和使用情况的审计结果

根据《中华人民共和国审计法规定》，2013 年 4 月至 5 月，审计署对甘肃省广河县 2010 年至 2012 年财政扶贫资金分配、管理和使用情况进行了审计，重点抽查了 4 个乡镇及所辖 30 个贫困村，抽查财政扶贫资金 5911.64 万元，对重要事项进行了必要的延伸和追溯。

一、基本情况和审计评价意见

广河县隶属甘肃省临夏回族自治州，现为国家扶贫开发工作重点县，下辖 9 个乡镇，102 个行政村，其中贫困村 48 个。据其提供的资料反映，2012 年末，全县户籍人口 24.92 万人，其中农村贫困人口 7.43 万人，贫困发生率为 35.36%，较上年分别下降 2.09 万人和 10.45%。2010 年至 2012 年共投入财政扶贫资金 10851.8 万元，其中中央财政资金 10444.85 万元，省财政资金 406.95 万元，分别占 96.25%和占 3.75%，期末结转结余 4316 万元。扶贫成效方面，主要表现：新增基本农田 6000 亩，推广种植业新技术 35 万亩；新修及改扩建公路 580 公里，新增农村自来水供应能力 530 万吨；全县人均生产总值从 3989 元增至 5543 元，人均一般预算收入从 160 元增至 252 元，贫困村农民人均纯收入从 1882 元增至 2501 元。

从审计情况看，2010 年以来，广河县按照国家和甘肃省的要求，制订扶贫开发规划和工作计划，实施了以整流域连片开发为主的专项扶贫，以旱作农业、草食畜牧业为主的产业扶贫，以“清源、通达、市场、民居、就业”五大民生工程为主的行业扶贫，以定点帮扶和民族团结进步创建活动为载体的社会扶贫。随着扶贫投入力度的加大和扶贫开发项目的深入实施，贫困人口逐年减少，贫困地区农民收入增长较快，生产生活条件逐步改善。但审计发现，该县在扶贫资金分配、拨付和管理使用等方面还存在虚报冒领、挤占挪用和损失浪费等不符合财经制度规定的问题。

二、审计发现的主要问题

（一）骗取扶贫资金 252.57 万元。

1.2008 年，该县发展改革局将大坪水电站引水枢纽项目按企业自筹资金建设项目申报并获批准。2011 年，该局又以上述项目申请获得以工代赈资金 214.57 万元，用于抵顶企业自筹资金。

2.2012 年 8 月，该县水务水电局在八家大沟电力提灌改建工程和陈家电力提灌改建工程已完工验收的情况下，仍以上述两个项目申报并获得扶贫资金 38 万元，截至 2013 年 5 月未使用。

（二）挪用扶贫资金 312.51 万元。

1.2010 年，该县扶贫办挪用扶贫资金 74.77 万元，用于三甲集镇白庄头村村委会等办公用房建设。

2.2010 年至 2012 年，该县扶贫办、县以工代赈易地搬迁工作领导小组办公室等 10 个单位挪用扶贫资金 79.97 万元，用于单位日常公用和人员经费支出。

3.2005 年和 2012 年，该县扶贫办分别向县民族宗教局和县小额贷款担保中心两次违规出借扶贫资金共计 54.57 万元，用于县民族宗教局办公用房建设和非扶贫项目，其中 22.57 万元至 2013 年 5 月尚未归还。

4.2012 年，该县扶贫办挪用扶贫资金 3.2 万元，用于“两后生”（指初高中毕业后既未升学也未复读的青少年）项目地方配套资金。

5.2010 年至 2011 年，该县交通运输局挪用整乡推进和整村推进道路工程建设扶贫资金 50 万元，用于应以自筹资金建设的项目。

6.2010 年至 2012 年，该县扶贫办等 4 个单位将财政扶贫资金 140.55 万元存放在个人账户，其中 50 万元被原扶贫办会计借给他人经商。

（三）套取扶贫资金 68.23 万元。

1.2005 年至 2012 年，该县扶贫办、县财政扶贫资金报账办公室、县节水灌溉办公室等 3 个单位使用虚假发票报账，套取扶贫资金 39.88 万元。

2.2010年至2012年，该县庄窠集镇政府、临夏州民族学校和临夏州驻北京牛肉面培训基地通过虚报445名培训人员，套取“雨露计划”等扶贫培训资金28.35万元，用于上述单位日常支出。

（四）多头申报获取扶贫资金10万元。

2010年，该县雪峰农产品有限公司以同一笔马铃薯加工项目贷款，多头申报同时获得扶贫贷款贴息和农业综合开发产业化贷款贴息资金，其中扶贫贷款贴息10万元，用于公司生产经营。

（五）项目不符合实际等造成损失55.87万元。

1.2010年至2011年，该县买家巷镇和水泉乡的4个青贮氨化池建设项目由于前期规划不合理、不符合农民实际需求及后期管护不到位等，建成后闲置或拆除，涉及扶贫资金投资16.91万元。

2.2010年至2011年，该县扶贫办以“两后生”培训名义安排272名贫困家庭子女到广东打工，为此支出培训费38.96万元，由于未安排好工作和生活事项，学生短期内即离开工厂，大部分回乡务农，未达到培训目的。

（六）违规支出招待费等20.68万元。

2010年至2012年，该县扶贫办、节水办等3家单位违规在扶贫专项经费、行政办公经费和社会扶贫资金中列支20.68万元用于请客送礼、旅游接待等。

（七）1575.78万元扶贫资金长期闲置。

截至2012年底，由于部分项目前期准备不充分，执行进度缓慢等原因，该县有1575.78万元扶贫资金结转结余时间超过1年，其中258.36万元结转结余超过2年。

此外，该县还存在擅自改变项目建设内容、超范围发放互助金贷款、个体户使用虚假发票报账、修建的道路工程质量不合格等问题。

三、对审计反映问题的整改情况

甘肃省高度重视审计发现的问题，督促广河县迅速组织整改。目前，已全额追缴了发展改革局等单位骗取、套取和多头申报的330.8万元扶贫资金；有关单位已将挪用的312.51万元资金归还原渠道；长期闲置的1575.78万元扶贫资金已拨付到项目主管单位；责令扶贫办等单位严格管理，从严控制招待费支出，并对不符合质量要求的道路重新组织施工。对上述问题负有责任的3人受到党纪政纪处分，3人调离原工作岗位；公安部门对使用虚假发票报账的个体户已立案调查。

审计署关于广西壮族自治区环江毛南族自治县2010年至2012年财政扶贫资金分配管理和使用情况的审计结果

根据《中华人民共和国审计法》规定，2013年4月至5月，审计署对广西壮族自治区环江毛南族自治县（以下简称环江县）2010年至2012年财政扶贫资金分配、管理和使用情况进行了审计，重点抽查了4个乡镇及所辖35个贫困村，抽查财政扶贫资金4291.25万元，对重要事项进行了必要的延伸和追溯。

一、基本情况和审计评价意见

环江县隶属广西壮族自治区河池市，现为国家扶贫开发工作重点县，下辖12个乡镇，148个行政村，其中贫困村104个。据其提供的资料反映，2012年末，全县户籍人口37.59万人，其中农村贫困人口15.78万人，贫困发生率为49.19%，较上年分别下降0.91万人和2.65%。2010年至2012年，共投入财政扶贫资金20911.97万元，其中中央财政资金19686万元，自治区财政资金824.17万元，广东帮扶资金401.8万元，分别占94.14%、3.94%和1.92%，期末结转结余7190.44万元。扶贫成效方面，主要表现为：新增基本农田6541.65亩，推广种植业新技术22万亩，新增民族手工企业120户；新修及改扩建公路580公里，新增农村自来水供应能力10万吨；全县人均生产总值从9413元增至11920元，人均一般预算收入从324元增至354元，贫困村农民人均纯收入从2298元增至3295元。

从审计情况看，2010年以来，环江县按照国家和自治区的要求，制订扶贫开发规划和工作计划，加大整村推进力度，提升产业化扶贫水平，扶贫投入力度进一步加大，贫困人口逐年减少，贫困地区农民收入增长较快，生产生活条件逐步改善。但审计发现，该县在扶贫资金分配、拨付和管理使用等方面还存在虚报冒领、挤占挪用等不符合财经制度规定的问题。

二、审计发现的主要问题

（一）骗取扶贫资金 24 万元。

2011 年，河池远旺生态农业有限公司以虚假的借款合同向该县扶贫办申请，骗取扶贫贷款贴息资金 24 万元，主要用于公司生产经营支出。

（二）重复申报多获得扶贫资金 30 万元。

2010 年至 2011 年，该县水利局组织建设并已完成水源镇人畜饮水工程，而县扶贫办、民族事务局又分别以该项目名义申报取得扶贫资金共 30 万元，用于其他扶贫项目。

（三）套取以工代赈资金 7.21 万元。

2010 年至 2012 年，该县建筑实业开发有限公司和县联达建筑工程有限公司编制虚假劳务报酬发放表领取以工代赈资金 7.21 万元，实际未发放给参与工程建设的农民。

（四）挪用扶贫资金 216 万元。

1.2010 年至 2012 年，该县扶贫办挪用扶贫资金 96 万元，其中用于该办和各乡镇在职干部培训考察 44.86 万元、用于县扶贫开发培训中心综合楼改造工程 51.14 万元。

2.1999 年，该县扶贫办违规向环江县九万山食品有限公司出借扶贫资金 120 万元用于非扶贫项目支出。

（五）扶贫资金 843.93 万元长期滞留、闲置。

截至 2012 年底，由于易地扶贫搬迁项目前期论证不充分、产业开发项目开展困难等原因，该县扶贫办共有 843.93 万元扶贫资金结转结余时间超过 1 年。

此外，该县还存在向非贫困户发放扶贫培训补助、擅自变更项目建设内容等问题。对个别公职人员涉嫌侵占公款问题，已移送有关部门处理。

三、对审计反映问题的整改情况

广西壮族自治区政府高度重视审计发现的问题，督促环江县迅速组织整改。目前，已将被骗取的扶贫贷款贴息资金 24 万元全额追缴并上缴县财政，要求进一步加强对扶贫项目申报审核和项目实施的监督管理；已责成两家建筑公司将 7.21 万元以工代赈资金全部发放给参与投劳的农民；县扶贫办挪用的 96 万元扶贫资金已归还原资金渠道，借给环江县九万山食品有限公司的 120 万元扶贫资金已收回；长期滞留的资金已申请重新调整项目计划；进一步完善了贫困户建档立卡和扶贫对象认定工作。河池市纪检监察部门正在对个人涉嫌侵占公款问题进行核查。

审计署关于广西壮族自治区龙胜各族自治县 2010 年至 2012 年财政扶贫资金分配管理和使用情况的审计结果

根据《中华人民共和国审计法》规定，2013 年 4 月至 5 月，审计署对广西壮族自治区龙胜各族自治县（以下简称龙胜县）2010 年至 2012 年财政扶贫资金分配、管理和使用情况进行了审计，重点抽查了 4 个乡镇及所辖 19 个贫困村，抽查财政扶贫资金 3581.17 万元，对重要事项进行了必要的延伸和追溯。

一、基本情况和审计评价意见

龙胜县隶属广西壮族自治区桂林市，现为国家扶贫开发工作重点县，下辖 10 个乡镇，119 个行政村，其中贫困村 32 个。据其提供的资料反映，2012 年末，全县户籍人口 17.80 万人，其中农村贫困人口 5.74 万人，贫困发生率为 37.22%，较上年分别下降 1 万人和 6.79%。2010 年至 2012 年，共投入财政扶贫资金 12698.66 万元，其中中央财政资金 12336.84 万元，自治区财政资金 264.32 万元，县财政资金 97.50 万元，分别占 97.15%、2.08% 和 0.77%，期末结转结余 4139.65 万元。扶贫成效方面，主要表现为：种植经济林和作物 4.18 万亩，发展家禽养殖 81 万羽，新增民族手工业 7 户；新修及改扩建公路 586 公里，新增农村自来水供应能力 8.40 万吨；全县人均生产总值从 18045 元增至 22833 元，人均一般预算收入从 722 元增至 1278.20 元，贫困村农民人均纯收入从 2953 元增至 3964 元。

从审计情况看，2010 年以来，龙胜县按照国家和自治区的要求，制订扶贫开发规划和工作计划，采取了新修农村公路、发展种植养殖业、培训并输出贫困劳动力等措施，扶贫投入力度进一步加大，贫困人口逐年减少，贫困地区农民收入增长较快，生产生活条件逐步改善。但审计发现，该县在扶贫资金分配、拨付和管理使用等方面还存在虚报冒领、挤占挪用等不符合财经制度规定的问题。

二、审计发现的主要问题

（一）骗取扶贫资金20.39万元。

1.2010年11月，万村农产品经营有限公司在向县扶贫办申请罗汉果烘烤房补助时，通过虚报工程造价骗取扶贫资金13.26万元，主要用于公司生产经营支出。

2.2010年至2012年，该县瓢里镇、马堤乡的3户村民以易地搬迁名义，分别向县发展改革局重复申请并获得建房补贴4.50万元归个人支配使用。

3.2012年，该县乐江乡6个贷款户以养猪、种植等名义向县扶贫办申报并获得能人大户扶贫贷款贴息资金2.63万元，实际用于经营门面、木材生意等。

（二）挪用扶贫资金21.48万元。

2011年至2012年，该县扶贫办挪用贫困地区农民实用技术培训资金用于扶贫干部培训考察等支出21.48万元。

（三）套取扶贫资金23.93万元。

2010年至2012年，该县教师进修学校通过虚报培训天数、用在校学生冒充培训学员以及虚领课酬补贴等方式，套取扶贫培训资金23.93万元，连同其他资金合计51.97万元私存于个人账户，形成“小金库”，部分被挪用于购买个人理财产品或私自出借。

（四）多收取扶贫对象费用45.74万元。

1.2009年至2011年，该县农产品流通办公室使用财政扶贫资金为伟江乡等4个贫困村西红柿种植户订购包装箱，按每箱1元标准向种植户收取运杂费，共计高出实际成本23.28万元。

2.2011年，宏胜禽业有限责任公司在执行龙胜凤鸡养殖示范基地扶贫项目中，违规将每只脱温鸡苗比县政府定价提高1元，共计多收养殖户22.46万元。

（五）扶贫资金1463.65万元长期滞留、闲置。

截至2012年末，由于项目未及时验收报账等原因，该县共有1463.65万元扶贫资金结转结余时间超过1年，其中608.36万元结转结余超过2年，最长的闲置达10年。

此外，该县还存在自行调整扶贫项目建设内容、向非贫困户发放到户贷款贴息资金以及会计核算不符合规定等问题。

三、对审计反映问题的整改情况

广西壮族自治区政府高度重视审计发现的问题，督促龙胜县迅速组织整改。目前，已将被骗取、套取的44.32万元扶贫资金全额追缴；挪用的21.48万元农民实用技术培训资金已归还原资金渠道；违规加价多收取的45.74万元已收回，其中23.28万元运杂费退还种植户、22.46万元鸡苗销售款纳入扶贫资金专户用于以后年度养殖户补贴；清理长期滞留的资金，对符合条件的项目抓紧验收和报账；对自行调整扶贫项目建设内容等问题，要求进一步加强管理。县纪委等部门对套取扶贫资金、公款私存等行为负有主要责任的3名工作人员给予了党纪政纪处分。

审计署关于广西壮族自治区靖西县2010年至2012年财政扶贫资金分配管理和使用情况的审计结果

根据《中华人民共和国审计法》的规定，2013年4月至5月，审计署对广西壮族自治区靖西县2010年至2012年财政扶贫资金分配、管理和使用情况进行了审计，重点抽查了5个乡镇及所辖36个贫困村，抽查财政扶贫资金3685.13万元，对重要事项进行了必要的追溯和延伸。

一、基本情况和审计评价意见

靖西县隶属广西壮族自治区百色市，现为国家扶贫开发工作重点县，下辖19个乡镇，291个行政村，其中贫困村84个。据其提供的资料反映，2012年末，全县户籍人口65.02万人，其中农村贫困人口27.91万人，贫困发生率为48.86%，较上年分别下降2.66万人和5.18%。2010年至2012年，共投入财政扶贫资金14454.41万元，其中中央财政资金9275.42万元，自治区财政资金5178.99万元，分别占64%和36%，期末结转结余16731.8万元。扶贫成效方面，主要表现为：推广种植业新技术67.5万亩，新修及改扩建农村公路311.05公里，新增农村自来水供应能力1.28万吨；全县人均生产总值从14098元增至20397元，人均一般预算收入从830.9元增至1578元，贫困村农民人均纯收入从

2546元增至3747元。

从审计情况看，2010年以来，靖西县按照国家和自治区的要求，制订扶贫开发规划和工作计划，积极开展基础设施建设、特色产业开发、劳动力转移培训、整村推进工程建设及石漠化和岩溶地区综合治理工作，扶贫投入力度进一步加大，贫困人口逐年减少，贫困地区农民收入增长较快，生产生活条件逐步改善。但审计发现，该县在扶贫资金分配、拨付和管理使用等方面还存在虚报冒领、挤占挪用和损失浪费等不符合财经制度规定的问题。

二、审计发现的主要问题

（一）骗取扶贫资金38.4万元。

1.2013年3月，德保县第一建筑公司承建靖西县人畜饮水项目时，在主体工程尚未建设的情况下，编造材料虚报工程量，按全部工程已完工向靖西县民族事务局申请并获拨项目款8.8万元，至2013年4月底存放在该公司账户内。

2.2011年至2012年，广西恒广建筑工程有限公司等4个单位及个人虚报承建的道路建设里程2.79公里，从县扶贫办骗取扶贫资金29.6万元。

（二）挪用、违规下拨扶贫资金102.03万元。

1.2009年至2010年，该县桑蚕生产办公室挪用扶贫项目资金4万元，用于改扩建该单位行政办公室。

2.2010年至2013年，该县职业技术学校在实施贫困村劳动力转移就业培训项目中，挪用培训资金53.8万元，用于在校生教学、已就业人员培训、购买设备及教职工人员经费等支出。

3.2011年，该县民族事务局经本级政府批准，在广西物本源科技发展有限公司申报的田七种植项目不符合财政扶贫资金补助范围的情况下，仍向其下拨补助资金44.23万元。

（三）扶贫项目管理不善形成损失505.74万元。

2009年以来，该县扶贫办、民族事务局组织实施的迷迭香、金银花、田七等种植项目，因缺乏技术指导、管护不到位等原因，导致植株成活率不高，形成损失约505.74万元。

（四）违规支出招待费88.19万元。

2010年至2013年4月，该县扶贫办、民族事务局、财政局等部门在扶贫项目管理费和企业帮扶资金中，列支餐费、送礼、旅游接待等支出88.19万元。

（五）违规收受款物17.02万元。

1.2011年1月至2013年1月，该县扶贫办组织项目验收时，向施工方收取验收费10.34万元，用于发放验收组成员和县扶贫办职工补贴、餐费及验收用车汽油费等。

2.2010年10月，该县扶贫办在以单一来源采购方式向百色广洋百草开发有限公司采购迷迭香营养杯苗期间，无偿接受该公司价值6.68万元的皮卡车1辆，并由该公司负担车辆保险和检验费用。

（六）已完工项目未及时进行结算。

截至2013年5月，靖西县有62个已完工扶贫项目未及时办理结算，549.44万元项目款在扶贫办扶贫资金专户挂账。

（七）扶贫资金3904.43万元长期滞留、闲置。

截至2012年末，由于项目前期准备不充分、已完工项目长期未竣工验收等原因，靖西县和抽查乡镇共有3904.43万元扶贫资金结转结余时间超过1年，其中2896.74万元结转结余超过2年。

此外，该县还存在向不属于补助范围的对象发放补助资金和种苗等问题。对个别公职人员涉嫌贪污侵吞扶贫资金问题，已移送有关部门处理。

三、对审计反映问题的整改情况

广西壮族自治区政府高度重视审计发现的问题，督促靖西县迅速组织整改。目前，已将被骗取的38.4万元扶贫资金全额追缴，挪用和违规下拨的102.03万元扶贫资金已上缴扶贫资金专户；改进迷迭香等种植项目管护技术方案，进一步加强技术指导；要求严格招待费支出管理，严禁将扶贫管理费用于请客接待；违规收取的17.02万元款物已退回相关单位；督促完工项目及时报账，在建项目及时组织竣工验收并拨付工程款，无法实施项目尽快上报调整；追回向不符合条件人员发放的补助资金。县纪委监察局对上述骗取、挪用扶贫资金等行为负有主要责任的7名责任人进行了立案查处，其中5人受到党纪政纪处分。

审计署关于宁夏回族自治区海原县2010年至2012年财政扶贫资金分配管理和使用情况的审计结果

根据《中华人民共和国审计法》规定，2013年4月至5月，审计署对宁夏回族自治区海原县2010年至2012年财政扶贫资金分配、管理和使用情况进行了审计，重点抽查了10个乡镇及所辖29个贫困村，抽查财政扶贫资金16255.8万元，对重要事项进行了必要的延伸和追溯。

一、基本情况和审计评价意见

海原县隶属宁夏回族自治区中卫市，现为国家扶贫开发工作重点县，下辖17个乡镇、3个管委会、1个自然保护区，168个行政村，其中贫困村111个。据其提供的资料反映，2012年末，全县户籍人口46.03万人，其中农村贫困人口17.11万人，贫困发生率为42.55%，较上年分别下降2.82万人和4.96%。2010年至2012年，共投入财政扶贫资金39767.50万元，其中中央财政资金25453.94万元，自治区财政资金11074.12万元，县财政资金3239.44万元，分别占64.01%、27.85%和8.14%，期末结转结余2360.1万元。扶贫成效方面，主要表现为：新增基本农田3.1万亩，推广种植业新技术12.3万亩，新养殖牲畜6.9万头，新增民族手工企业22户；新修及改扩建公路679公里，新增农村自来水供应能力279.09万吨；全县人均生产总值从4626元增至6300元，人均一般预算收入从128元增至186元，贫困村农民人均纯收入从1450元增至2110元。

从审计情况看，2010年以来，海原县按照国家和自治区的要求，制订扶贫开发规划和工作计划，集中开展了以整村推进、“双到扶贫攻坚工程”和产业扶贫示范等为重点的扶贫项目，扶贫投入力度进一步加大，贫困人口逐年减少，贫困地区农民收入增长较快，生产生活条件逐步改善。但审计发现，该县在扶贫资金分配、拨付和管理使用等方面还存在虚报冒领、挤占挪用和损失浪费等不符合财经制度规定的问题。

二、审计发现的主要问题

（一）重复申请骗取扶贫资金1.35万元。

2012年，由于该县扶贫开发办公室审核把关不严，有9人重复申请并获得2011年秋季和2012年春季“雨露计划”扶贫资金1.35万元。

（二）多头申报并结存扶贫资金24万元。

2010年，该县发展改革局申报并获取易地扶贫搬迁资金24万元，用于建设两个移民新村超市；2012年，县供销农资配送中心又以建设这两个移民新村超市的名义，申请并获得商务部项目经费24万元。至2013年5月，两个超市已使用商务部项目经费建成，另24万元易地扶贫搬迁资金结存在扶贫资金专户中。

（三）挪用扶贫资金1467.82万元。

1.2010年，该县林业局将国有贫困林场扶贫资金70万元挪用于建设海原新区办公大楼。

2.2010年至2012年，该县民族宗教局等3个单位将扶贫资金18.76万元挪用于单位公用支出和人员支出。

3.2011年至2012年，该县将预算安排用于农村基础设施建设项目的扶贫资金1264.92万元，挪用于海原新区征地拆迁补偿、拆迁户安置等支出。

4.2012年，该县扶贫办将“三西”农业专项补助资金50万元挪用于城乡特重大疾病医疗补助县级配套。

5.2011年，该县贾塘乡将明确规定不得用于征地开支的中央预算内专项易地扶贫搬迁资金64.14万元违规用于征地补偿。

（四）扶贫资金使用存在浪费问题，涉及金额50万元。

2012年，该县发展改革局依据批复使用易地扶贫搬迁资金50万元，在海城镇山门和七营镇南堡移民村项目中建设仅具标识功能标志碑2座，每座造价达25万元。

（五）项目实施效果不佳或存在安全隐患。

1.2007年至2010年，该县农牧局投入扶贫资金250万元，为高崖乡和李旺镇建成700亩日光温室、400亩拱棚。至2013年5月底，上述设施受气候干旱缺水等影响，基本闲置或被拆除。

2.2012年，该县鑫源建筑有限责任公司在承建七营镇移民安置区住房工程中，未履行变更手续，擅自降低保温材料阻燃等级，并使用部分不合格材料，存在一定安全隐患。

（六）扶贫资金300.5万元长期滞留、闲置。

截至2012年末，由于项目尚未实施完毕、已完工项目形成净结余等原因，该县财政局有300.5万元扶贫资金结转结余时间已超过2年。

此外，该县还存在向非贫困对象发放扶贫资金、部分扶贫项目进展缓慢或污染环境等问题。对个别公职人员涉嫌贪污侵吞扶贫资金等问题，已移送有关部门处理。

三、对审计反映问题的整改情况

宁夏回族自治区政府高度重视审计发现的问题，督促海原县迅速组织整改。目前，已将被骗取的1.35万元“雨露计划”扶贫资金全额追缴，多头申报并结存的24万元易地扶贫搬迁资金安排用于新的扶贫项目，挪用的1467.82万元扶贫资金归还原资金渠道；改进扶贫项目论证和评审工作，要求严禁建设形象工程；针对建设效果不佳及安全隐患等问题研究采取措施加强项目规划和管理；长期滞留的资金已继续安排用于生产；进一步完善贫困户建档立卡和扶贫对象认定工作。自治区纪委已对个别公职人员涉嫌贪污侵吞扶贫资金问题立案调查。

审计署关于宁夏回族自治区固原市原州区2010年至2012年财政扶贫资金分配管理和使用情况的审计结果

根据《中华人民共和国审计法》规定，2013年4月至5月，审计署对宁夏回族自治区原州区2010年至2012年财政扶贫资金分配、管理和使用情况进行了审计，重点抽查了4个乡镇及所辖33个贫困村，抽查财政扶贫资金10334.81万元，对重要事项进行了必要的延伸和追溯。

一、基本情况和审计评价意见

原州区隶属宁夏回族自治区固原市，现为国家扶贫开发工作重点县，下辖11个乡镇，153个行政村，其中贫困村70个。据其提供的资料反映，2012年末，全区户籍人口46.10万人，其中农村贫困人口10.48万人，贫困发生率33.11%，较上年分别下降1.8万人和3.91%。2010年至2012年共投入财政扶贫资金45206.10万元，其中中央财政资金33255.30万元，自治区财政资金11830.82万元，原州区财政资金119.98万元，分别占73.56%、26.17%、0.27%，期末结转结余159万元。扶贫成效方面，主要表现为：新增基本农田13.7万亩，推广种植业新技术15.22万亩，新养殖牲畜14.78万头；新修及改扩建公路36.6公里，新增农村自来水供应能力12万吨，解决了3.05万人交通出行、1.63万人安全饮水问题；全县人均生产总值从8470元增至16103元，人均一般预算收入从215元增至437元，贫困村农民人均纯收入从2692元增至4349元。

从审计情况看，2010年以来，原州区根据国家和自治区的要求，制订扶贫开发规划和工作计划，采取生态移民、整村推进、产业培训等主要措施，扶贫投入力度进一步加大，贫困人口逐年减少，贫困地区农民收入增长较快，生产生活条件逐步改善。但审计也发现，原州区在扶贫资金分配、拨付、管理和使用等方面还存在虚报冒领、挤占挪用和损失浪费等不符合财经制度规定的问题。

二、审计发现的主要问题

（一）骗取扶贫资金40万元。

1.2011年至2012年，该区宗教局以民族团结宣传LED显示屏项目名义虚假申报骗取扶贫资金20万元，并通过签订虚假合同的方式将资金转入个人账户。

2.2012年，固原源通环保技术有限公司用已完工的生产线技术改造项目申报并获批财政扶贫资金20万元，主要用于支付材料款、归还银行贷款。

（二）挤占挪用扶贫资金24.35万元。

1.2012年，该区扶贫办挤占扶贫资金20.93万元用于单位日常支出。

2.2010年5月，该区农牧局在南部山区设施农业建设项目扶贫专项款中列支应由彭堡镇政府支付农民的土地租赁费3.42万元。

（三）套取扶贫资金179.21万元。

1.2011年7月至12月，该区张易林业工作站通过签订虚假合同、编造雇工花名册等方式套取24.44万元扶贫资金去向不明。

2.2011年至2013年，该区交通和乡镇建设局在道路建设项目中，虚报建设里程23.69公里，多领以工代赈资金154.77万元，主要用于弥补自筹资金缺口。

（四）违规使用扶贫资金290.25万元提供

担保。

1.2010年2月，该区扶贫办违反规定使用130万元扶贫专项资金办理定期存款，并为固原六盘山薯业公司提供贷款担保。

2.1995年，该区扶贫办为原固原县扶贫开发建设工程有限公司90.40万元银行贷款提供担保，后因借款人破产，区扶贫办承担连带责任，2010年4月被法院扣划扶贫款160.25万元，用于偿还银行贷款本息、支付诉讼费等。

（五）出售扶贫物资收入12.73万元未按规定上缴财政。

2013年3月至5月，该区农技中心低价出售26.2吨扶贫物资覆膜，取得收入12.73万元存放于该中心账户，未按规定上缴财政。

（六）扶贫资金254.10万元长期滞留、闲置。

截至2012年末，由于项目建设内容变更、以前年度项目推迟或无法实施等原因，该区财政、扶贫等部门有254.10万元扶贫资金结转结余时间超过1年，其中161.10万元结转结余超过2年。

此外，审计还发现该县存在个别单位向下属单位输送利益、使用不符合规定发票入账、有关公职人员违规兼职等问题。对个别公职人员涉嫌贪污侵吞扶贫资金等问题，已移送有关部门处理。

三、对审计反映问题的整改情况

宁夏回族自治区政府高度重视审计发现的问题，督促原州区迅速组织整改。目前，已追缴被骗取、套取的64.44万元财政扶贫资金，责令交通和乡镇建设局对多领以工代赈资金问题进行检查；区扶贫办将挤占挪用的24.35万元归还原资金渠道，用租赁费等自有收入归还了160.25万元违规担保形成的损失，将相关责任人调离原工作岗位；农技中心将出售扶贫物资所得12.73万元按规定上缴财政；长期闲置的财政扶贫资金部分已下拨至项目实施单位，其余资金经批准调整用于屋檐节水、流域治理等民生项目；对个别单位向下属单位输送利益问题已通报批评并收回相应资金，对使用不合规发票入账，公职人员违规兼职等问题进行了全面清理和纠正。原州区对上述问题中负有主要责任的4人给予党纪政纪处分，对其他相关人员进行诫勉谈话。自治区纪委对个别公职人员涉嫌贪污侵吞扶贫资金问题，给予6名责任人党纪政纪处分，涉嫌违法问题已移送司法机关处理。

审计署关于宁夏回族自治区同心县2010年至2012年财政扶贫资金分配管理和使用情况的审计结果

根据《中华人民共和国审计法》规定，2013年4月至5月，审计署对宁夏回族自治区同心县2010年至2012年财政扶贫资金分配、管理和使用情况进行了审计，重点抽查了4个乡镇及所辖23个贫困村，抽查财政扶贫资金9397.40万元，对重要事项进行了必要的延伸和追溯。

一、基本情况和审计评价意见

同心县隶属宁夏回族自治区吴忠市，现为国家扶贫开发工作重点县，下辖13个乡镇，184个行政村，其中贫困村65个。据其提供的资料反映，2012年末，全县户籍人口39.15万人，其中农村贫困人口8.4万人，贫困发生率28.52%，较上年分别减少0.1万人、增长0.34%。2010年至2012年共投入财政扶贫资金42998.90万元，其中，中央财政资金32004.10万元，自治区财政资金10994.80万元，分别占74.43%、25.57%，期末结转结余8875.77万元。扶贫成效方面，主要表现为：改造中低产田2.7万亩，推广种植业新技术44.5万亩，新增民族手工企业7户；新修及改扩建公路0.06万公里，新增农村自来水供应能力1.6万吨，解决了10万人交通出行、29万人安全饮水问题；全县人均生产总值从7700元增加到11016元，人均一般预算收入从224元增至435元，贫困村农民人均纯收入从2121元增至2722元。

从审计情况看，2010年以来，同心县根据国家和自治区的要求，制订扶贫开发规划和工作计划，采取了连片开发、整村推进、生态移民、流域治理、产业扶贫等措施，扶贫投入力度进一步加大，贫困人口逐年减少，贫困地区农民收入增长较快，生产生活条件逐步改善。但审计也发现，同心县在扶贫资金分配、拨付和管理使用等方面还存在虚报冒领、挤占挪用和损失浪费等不符合财经制度规定的问题。

二、审计发现的主要问题

（一）骗取扶贫资金38.81万元。

1.2011年10月，宁夏福海职业技能培训学校采用编制虚假学员资料等方式，骗取扶贫资金4.95万元，主要用于单位支出。

2.2010年和2011年，该县德瑞农林牧科技综合开发有限公司借用他人名义将已获得扶贫资金支持的项目重复申报扶贫项目，骗取扶贫资金3.48万元；编制虚假基础母牛补贴名册，骗取扶贫资金14.20万元，主要用于公司经营支出；编制虚假培训补助表册，骗取扶贫资金16.18万元，存放在个人账户。

（二）挤占挪用扶贫资金188.58万元。

1.2011年，该县科学技术协会将县扶贫办以培训费名义拨付的科技综合扶贫试点项目资金3万元用于该协会办公经费支出。

2.2012年，该县下马关镇政府挪用易地扶贫搬迁工作经费3万元，用于发放镇政府农村工作奖金。

3.2012年，该县启秾瓜果蔬菜农民专业合作社和县蔬丰蔬菜养殖购销农民专业合作社，挪用财政扶贫资金61.26万元，用于合作社其他业务支出。

4.2012年，该县石狮开发区管理委员会挪用财政扶贫资金21.03万元，用于同心县戒毒所、看守所等单位建设日光温室。

5.2010年至2012年，该县扶贫办、扬黄灌溉工程建设管理办公室、移民办等单位挪用扶贫资金100.29万元，用于单位日常支出。

（三）扶贫项目脱离实际，形成损失985.81万元。

1.2010年和2011年，该县投入中南部山区设施农业项目财政扶贫资金3880万元建设日光温室和大中拱棚。由于部分农户缺乏科技种植技术以及维护运营成本高等原因，石狮开发区管理委员会等4个乡镇价值345.14万元的日光温室和大中拱棚闲置，价值578.82万元的大中拱棚被拆除。

2.2010年至2011年，该县农牧局实施的农业产业化项目和中南部山区设施养殖业项目建成氨化池830座。因农户不能熟练掌握饲料氨化技术及部分人员外出务工等原因，抽查的45座中有23座已填埋，废弃率达51.11%，资金损失1.45万元。

3.2010年至2012年，该县农牧局投入财政扶贫资金60.40万元建设的小拱棚740座，因拱棚种植缺水等原因全部闲置。

（四）扶贫资金使用存在浪费问题，涉及金额160.19万元。

1.2010年至2012年，该县发展改革局依据批复投资391万元（含易地扶贫搬迁资金114万元）建设移民新村标志牌17座，均为仅具标识功能的大型牌楼式建筑，单座造价达23万元。

2.2010年至2012年，该县扶贫办使用扶贫项目管理费与培训费定做扶贫项目宣传展示用的宣传牌，其中单价1.4万元以上的有24块，涉及金额46.19万元。

（五）以工代赈劳务报酬发放比例低于国家标准。

截至2012年底，“同心县边浅沟流域综合治理项目”等8个以工代赈项目实际投资649.64万元，农民工获得的劳务报酬支付比例仅2.12%，低于规定的10%的标准。

（六）建设单位违规投标承建扶贫工程。

2012年8月，该县水务局所属水利水保局建筑工程队违反与招标人存在利害关系的法人不得参加投标的规定，中标县水务局组织实施的工程项目，并将中标价为148.58万元的供电工程，以89.45万元对外分包，获利59.13万元。

（七）扶贫资金2109.03万元长期滞留、闲置。

截至2012年末，由于工程进度缓慢等原因，该县财政局有2109.03万元扶贫资金结转结余时间超过1年，其中673.77万元结转结余超过2年。

此外，审计还发现向非贫困对象安排扶贫资金、因自筹资金不足缩减农业设施建设规模以及村级发展互助资金管理不规范等问题。

三、对审计反映问题的整改情况

宁夏回族自治区政府高度重视审计发现的问题，督促同心县迅速组织整改。目前，已全额追缴被骗取的财政扶贫资金38.81万元并上缴县财政；将挤占挪用的188.58万元扶贫资金归还原资金渠道；对于扶贫项目脱离实际和建设形象工程问题，同心县下发整改通知，要求各项目主管单位强化项目立项的评估论证，因地制宜发展扶贫产业，合理安排扶贫资金投向；要求林业局等相关部门今后严格按照规定发放以工代赈劳务报酬；责令县水务局做出检查，加强扶贫工程建设及招投标环节的监管；要求财政部门按照工程进度尽快拨付资金，推进扶贫项目实施。此外，对于向非贫困对象安排扶贫资金等问题，已责令相关单位予以纠正。

中华人民共和国审计署审计结果公告（2013年第32号）

全国政府性债务审计结果

（2013年12月30日公告）

按照《中华人民共和国审计法》规定和《国务院办公厅关于做好全国政府性债务审计工作的通知》（国办发明电〔2013〕20号）要求，在国务院各部门、地方各级党委政府及有关单位的大力支持和积极配合下，审计署于2013年8月至9月组织全国审计机关5.44万名审计人员，按照“见人、见账、见物，逐笔、逐项审核”的原则，对中央、31个省（自治区、直辖市）和5个计划单列市、391个市（地、州、盟、区）、2778个县（市、区、旗）、33 091个乡（镇、苏木）（以下分别简称中央、省级、市级、县级、乡镇）的政府性债务情况进行了全面审计。审计内容包括政府负有偿还责任的债务，以及债务人出现债务偿还困难时，政府需履行担保责任的债务（以下简称政府负有担保责任的债务）和债务人出现债务偿还困难时，政府可能承担一定救助责任的债务（以下简称政府可能承担一定救助责任的债务）①。此次共审计62215个政府部门和机构、7170个融资平台公司、68621个经费补助事业单位、2235个公用事业单位和14219个其他单位，涉及730065个项目、2454635笔债务。对每笔债务，审计人员都依法进行了核实和取证，审计结果分别征求了有关部门、单位和地方各级政府的意见。

审计结果表明，政府性债务是经过多年形成的，在我国经济社会发展、加快基础设施建设和改善民生等方面发挥了重要作用。同时，从我国经济发展水平、政府性债务的现状和资产与负债的相互关系看，目前我国政府性债务风险总体可控，但有的地方也存在一定的风险隐患。

现将审计结果公告如下：

一、近年来加强政府性债务管理的主要措施

党中央、国务院高度重视政府性债务问题。2011年以来，国务院有关部门和地方政府积极采取有效措施完善相关制度，化解存量债务，清理规范地方政府融资平台公司等，取得一定成效。

（一）政府性债务管理制度逐步完善。2011年以来，国务院有关部门和地方政府出台多项制度，规范和加强政府性债务管理。财政部完善了国债和地方政府债券发行相关管理办法，组织清理规范了地方政府融资平台公司，建立了地方政府性债务统计报告制度，动态监控地方政府性债务情况；金融监管部门加强了对地方政府及融资平台公司的信贷管理，贷款规模得到有效控制；地方各级政府相继出台债务举借、偿还、使用和管理等方面制度2793项。截至2013年6月底，有23个省级、298个市级、1736个县级（分别占省级、市级、县级总个数的63.89%、76.21%和62.49%）出台了综合性的政府性债务管理制度。

（二）债务风险防范措施不断强化。截至2013年6月底，18个省级、156个市级、935个县级建立了债务风险预警制度；28个省级、254个市级、755个县级建立了偿债准备金制度，准备金余额为3265.50亿元。同时，中央和地方政府采取明确偿债责任、建立财政奖补机制等措施化解存量债务，其中通过对公益性乡村历史债务

① 政府负有偿还责任的债务是指需由财政资金偿还的债务，属政府债务；政府负有担保责任的债务是指由政府提供担保，当某个被担保人无力偿还时，政府需承担连带责任的债务；政府可能承担一定救助责任的债务是指政府不负有法律偿还责任，但当债务人出现偿债困难时，政府可能需给予一定救助的债务。后两类债务均应由债务人以自身收入偿还，正常情况下无须政府承担偿债责任，属政府或有债务。以上三类债务不能简单相加。

的清理，化解农村义务教育债务973.89亿元。

（三）地方政府融资平台公司偿债能力有所增强。2010年，国务院出台《关于加强地方政府融资平台公司管理有关问题的通知》（国发〔2010〕19号），要求地方政府对融资平台公司进行清理规范。各地按照国务院要求，通过增加注册资本、注入优质资产、改制重组和完善法人治理结构等方式，提高融资平台公司的资产质量和偿债能力。与2010年相比，2012年省市县融资平台公司平均每家资产增加13.13亿元、利润总额增加479.98万元，平均资产负债率下降4.90个百分点。

二、政府性债务规模及结构情况

截至2013年6月底，全国各级政府负有偿还责任的债务206988.65亿元，负有担保责任的债务29256.49亿元，可能承担一定救助责任的债务66504.56亿元（详见表1）。

表1 全国政府性债务规模情况表

单位：亿元

年度	政府层级	政府负有偿还责任的债务（政府债务，下同）	政府或有债务	
			政府负有担保责任的债务	政府可能承担一定救助责任的债务
2012年底	中央	94376.72	2835.71	21621.16
	地方	96281.87	24871.29	37705.16
	合计	190658.59	27707.00	59326.32
2013年6月底	中央	98129.48	2600.72	23110.84
	地方	108859.17	26655.77	43393.72
	合计	206988.65	29256.49	66504.56

（一）中央政府性债务情况。

截至2013年6月底，中央政府负有偿还责任的债务98129.48亿元，负有担保责任的债务2600.72亿元，可能承担一定救助责任的债务23110.84亿元。具体构成是：

——中央财政债务。

1. 政府负有偿还责任的债务97360.94亿元，主要是由中央财政资金偿还的国债债券、国际金融组织和外国政府贷款81511.05亿元，占83.72%。其中特别国债18202.28亿元，分别用作中国投资有限责任公司资本金15502.28亿元、用于补充国有商业银行资本金2700亿元。

2. 政府负有担保责任的债务2506.89亿元。包括转贷给中央单位由非财政资金偿还的国债债券、国际金融组织和外国政府贷款1416.89亿元；中央汇金投资有限责任公司发行用于商业银行配股和中国出口信用保险公司注资，由财政部提供担保的债券1090亿元。

——中央部门及所属单位债务。

1. 政府负有偿还责任的债务768.54亿元，主要是以国家重大水利工程建设基金偿还的南水北调工程建设贷款537亿元，占69.87%。

2. 政府负有担保责任的债务93.83亿元，主要是中央单位举借由非财政资金偿还的债务。

3. 政府可能承担一定救助责任的债务161.12亿元，主要是中央所属高校、医院、科研院所的债务，分别为85.80亿元、23.11亿元和5.58亿元，合计114.49亿元，占71.06%。

——中国铁路总公司（原铁道部）通过发行政府支持债券或以铁路建设基金提供担保等方式举借22949.72亿元，用于铁路项目建设。如果铁路总公司出现偿债困难，政府可能承担一定的救助责任。截至2013年6月底，该公司汇总财务报表反映资产总额46631.59亿元，负债总额29182.15亿元。

（二）地方政府性债务情况。

截至2013年6月底，地方政府负有偿还责任的债务108859.17亿元，负有担保责任的债务

26655.77亿元，可能承担一定救助责任的债务43393.72亿元。根据近年来地方政府性债务在举债主体和融资方式上出现的新情况，本次审计，在政府负有担保责任的债务中，包括了全额拨款事业单位为其他单位提供担保形成的债务383.52亿元；在政府可能承担一定救助责任的债务中，包括了地方政府通过国有独资或控股企业、自收自支事业单位等新的举债主体和通过BT（建设—移交）、融资租赁、垫资施工等新的举债方式为公益性项目举借，且由非财政资金偿还的债务19730.13亿元。地方政府性债务具体情况是：

——从政府层级看，省级、市级、县级、乡镇政府负有偿还责任的债务分别为17780.84亿元、48434.61亿元、39573.60亿元和3070.12亿元（详见表2）。

表2　2013年6月底地方各级政府性债务规模情况表

单位：亿元

政府层级	政府负有偿还责任的债务（政府债务，下同）	政府或有债务	
		政府负有担保责任的债务	政府可能承担一定救助责任的债务
省级	17780.84	15627.58	18531.33
市级	48434.61	7424.13	17043.70
县级	39573.60	3488.04	7357.54
乡镇	3070.12	116.02	461.15
合计	108859.17	26655.77	43393.72

——从举借主体看，融资平台公司、政府部门和机构、经费补助事业单位是政府负有偿还责任债务的主要举借主体，分别举借40755.54亿元、30913.38亿元、17761.87亿元（详见表3）。

表3　2013年6月底地方政府性债务余额举借主体情况表

单位：亿元

举债主体类别	政府负有偿还责任的债务	政府或有债务	
		政府负有担保责任的债务	政府可能承担一定救助责任的债务
融资平台公司	40755.54	8832.51	20116.37
政府部门和机构	30913.38	9684.20	0.00
经费补助事业单位	17761.87	1031.71	5157.10
国有独资或控股企业	11562.54	5754.14	14039.26
自收自支事业单位	3462.91	377.92	2184.63
其他单位	3162.64	831.42	0.00
公用事业单位	1240.29	143.87	1896.36
合计	108859.17	26655.77	43393.72

——从债务资金来源看，银行贷款、BT、发行债券是政府负有偿还责任债务的主要来源，分别为55252.45亿元、12146.30亿元和11658.67亿元（详见表4）。

表4　2013年6月底地方政府性债务资金来源情况表

单位：亿元

债权人类别	政府负有偿还责任的债务	政府或有债务	
		政府负有担保责任的债务	政府可能承担一定救助责任的债务
银行贷款	55252.45	19085.18	26849.76
BT	12146.30	465.05	2152.16
发行债券	11658.67	1673.58	5124.66
其中：地方政府债券	6146.28	489.74	0.00
企业债券	4590.09	808.62	3428.66
中期票据	575.44	344.82	1019.88
短期融资券	123.53	9.13	222.64
应付未付款项	7781.90	90.98	701.89
信托融资	7620.33	2527.33	4104.67
其他单位和个人借款	6679.41	552.79	1159.39
垫资施工、延期付款	3269.21	12.71	476.67
证券、保险业和其他金融机构融资	2000.29	309.93	1055.91
国债、外债等财政转贷	1326.21	1707.52	0.00
融资租赁	751.17	193.05	1374.72
集资	373.23	37.65	393.89
合计	108859.17	26655.77	43393.72

——从债务资金投向看，主要用于基础设施建设和公益性项目，不仅较好地保障了地方经济社会发展的资金需要，推动了民生改善和社会事业发展，而且形成了大量优质资产，大多有经营收入作为偿债来源。在已支出的政府负有偿还责任的债务101188.77亿元中，用于市政建设、土地收储、交通运输、保障性住房、教科文卫、农林水利、生态建设等基础性、公益性项目的支出87806.13亿元，占86.77%（详见表5）。其中，用于土地收储债务形成大量土地储备资产，审计抽查的34个重点城市①本级截至2013年6月底储备土地16.02万公顷；用于城市轨道交通、水热电气等市政建设和高速公路、铁路、机场等交通运输设施建设的债务，不仅形成了相应资产，而且大多有较好的经营性收入；用于公租房、廉租房、经济适用房等保障性住房的债务，也有相应的资产、租金和售房收入。

① 4个直辖市、5个计划单列市和25个省会城市，不含乌鲁木齐市和拉萨市。

表5　2013年6月底地方政府性债务余额支出投向情况表

单位：亿元

债务支出投向类别	政府负有偿还责任的债务	政府或有债务	
		政府负有担保责任的债务	政府可能承担一定救助责任的债务
市政建设	37935.06	5265.29	14830.29
土地收储	16892.67	1078.08	821.31
交通运输设施建设	13943.06	13188.99	13795.32
保障性住房	6851.71	1420.38	2675.74
教科文卫	4878.77	752.55	4094.25
农林水利建设	4085.97	580.17	768.25
生态建设和环境保护	3218.89	434.60	886.43
工业和能源	1227.07	805.04	260.45
其他	12155.57	2110.29	2552.27
合计	101188.77	25635.39	40684.31

——从未来偿债年度看，2013年7月至12月、2014年到期需偿还的政府负有偿还责任债务分别占22.92%①和21.89%，2015年、2016年和2017年到期需偿还的分别占17.06%、11.58%和7.79%，2018年及以后到期需偿还的占18.76%（详见表6）。

表6　2013年6月底地方政府性债务余额未来偿债情况表

单位：亿元

偿债年度	政府负有偿还责任的债务		政府或有债务	
	金额	比重	政府负有担保责任的债务	政府可能承担一定救助责任的债务
2013年7月至12月	24949.06	22.92%	472.69	5522.67
2014年	23826.39	21.89%	4373.05	7481.69
2015年	18577.91	17.06%	3198.42	5994.78
2016年	12608.53	11.58%	2606.26	4206.51
2017年	8477.55	7.79%	2298.60	3519.02
2018年及以后	20419.73	18.76%	11706.75	16669.05
合计	108859.17	100.00%	26655.77	43393.72

① 2013年6月底地方政府负有偿还责任的债务余额中，逾期债务11496.35亿元（含应付未付款项、其他单位和个人借款形成的逾期债务9414.38亿元）均作为2013年7月至12月到期需偿还的债务。

三、全国政府性债务负担情况

与一些国家的政府债务主要用于消费性支出不同，我国的政府性债务主要用于经济社会发展和人民生活条件改善相关的项目建设，大多有相应的资产和收入作为偿债保障。目前，国际上对政府性债务负担状况尚无统一评价标准，参考一些国家和国际组织的通常做法，本次审计以负债率①、政府外债与 GDP（国内生产总值）的比率②、债务率③和逾期债务率④等指标，对 2012 年底⑤我国政府性债务负担状况进行分析，结果表明，全国政府性债务各项风险指标均处于国际通常使用的控制标准参考值范围内，风险总体可控。

（一）负债率。截至 2012 年底，全国政府负有偿还责任的债务余额与当年 GDP（518942 亿元）的比率为 36.74%。政府负有担保责任的债务和可能承担一定救助责任的债务大多有相应的经营收入为偿债来源，只有在被担保人和债务人自身偿债出现困难时，政府才需承担一定的偿还或救助责任。审计结果显示，2007 年以来，各年度全国政府负有担保责任的债务和可能承担一定救助责任的债务当年偿还本金中，由财政资金实际偿还的比率最高分别为 19.13%和 14.64%。考虑以上因素后，2012 年底全国政府性债务的总负债率为 39.43%，低于国际通常使用的 60%的负债率控制标准参考值。

（二）政府外债与 GDP 的比率。截至 2012 年底，全国政府外债余额为 4733.58 亿元，占 GDP 的比率为 0.91%，低于国际通常使用的 20%的控制标准参考值。

（三）债务率。截至 2012 年底，全国政府负有偿还责任债务的债务率为 105.66%。若将政府负有担保责任的债务按照 19.13%、可能承担一定救助责任的债务按照 14.64%的比率折算，总债务率为 113.41%，处于国际货币基金组织确定的债务率控制标准参考值范围之内。

（四）逾期债务率。截至 2012 年底，全国政府负有偿还责任债务的逾期债务率为 5.38%，除去应付未付款项形成的逾期债务后，逾期债务率为 1.01%；政府负有担保责任的债务、可能承担一定救助责任的债务的逾期债务率分别为 1.61%和 1.97%，均处于较低水平。

四、政府性债务管理中存在的主要问题

（一）地方政府负有偿还责任的债务增长较快。截至 2013 年 6 月底，省市县三级政府负有偿还责任的债务余额 105789.05 亿元，比 2010 年底增加 38679.54 亿元，年均增长 19.97%。其中：省级、市级、县级年均分别增长 14.41%、17.36%和 26.59%。

（二）部分地方和行业债务负担较重。截至 2012 年底，有 3 个省级、99 个市级、195 个县级、3465 个乡镇政府负有偿还责任债务的债务率高于 100%；其中，有 2 个省级、31 个市级、29 个县级、148 个乡镇 2012 年政府负有偿还责任债务的借新还旧率（举借新债偿还的债务本金占偿还债务本金总额的比重）超过 20%。从行业债务状况看，截至 2013 年 6 月底，全国政府还贷高速公路和取消收费政府还贷二级公路债务余额分别为 19422.48 亿元和 4433.86 亿元，债务偿还压力较大。

（三）地方政府性债务对土地出让收入的依赖程度较高。截至 2012 年底，11 个省级、316 个市级、1396 个县级政府承诺以土地出让收入偿还的债务余额 34865.24 亿元，占省市县三级政府负有偿还责任债务余额 93642.66 亿元的 37.23%。

（四）部分地方和单位违规融资、违规使用政府性债务资金。审计发现，部分地方违规通过 BT、向非金融机构和个人借款等方式举借政府性债务 2457.95 亿元；地方政府及所属机关事业单

---

① 负债率：年末债务余额与当年 GDP 的比率，是衡量经济总规模对政府债务的承载能力或经济增长对政府举债依赖程度的指标。国际上通常以《马斯特里赫特条约》规定的负债率 60%作为政府债务风险控制标准参考值。

② 政府外债与 GDP 的比率：年末政府外债余额与当年 GDP 的比率，是衡量经济增长对政府外债依赖程度的指标。国际通常使用的控制标准参考值为 20%。

③ 债务率：年末债务余额与当年政府综合财力的比率，是衡量债务规模大小的指标。国际货币基金组织确定的债务率控制标准参考值为 90%～150%。

④ 逾期债务率：年末逾期债务余额占年末债务余额的比重，是反映到期不能偿还债务所占比重的指标。

⑤ 由于上述指标计算需要年度 GDP 和年度综合财力数据，因此，仅对截至 2012 年底的债务负担状况进行分析。

位违规提供担保 3359.15 亿元；融资平台公司等单位违规发行债券 423.54 亿元；国发〔2010〕19 号文件下发后，仍有 533 家只承担公益性项目融资任务且主要依靠财政性资金偿还债务的融资平台公司存在继续融资行为；财政部等 4 部委 2012 年底明确要求地方政府规范对融资平台公司的注资行为后，仍有部分地方将市政道路、公园等公益性资产和储备土地等以资本金形式违规注入 71 家融资平台公司，涉及金额 544.65 亿元；部分地方违规将债务资金投入资本市场 22.89 亿元、房地产市场 70.97 亿元和用于修建楼堂馆所 41.36 亿元。

本次审计发现并已依法移送有关部门处理的涉嫌违法违纪案件线索 51 件，涉案人员 69 人。有关处理结果将适时公告。

针对上述情况，审计机关已向有关部门和地方政府建议：一是建立规范的政府举债融资机制，健全政府性债务管理制度；二是建立健全地方政府性债务管理责任制，严肃责任追究；三是进一步转变政府职能，稳步推进投融资、财税等体制机制改革；四是建立健全债务风险预警和应急处置机制，妥善处理存量债务，防范债务风险。

有关部门和地方按照国务院部署，已经或正在研究制定相关制度和办法，并采取措施积极整改审计发现的问题。相关情况将由有关部门和地方适时向社会公告。

审计署领导重要活动大事记

1月

4日至9日　审计长刘家义，副审计长董大胜、余效明、石爱中，总审计师孙宝厚，副审计长侯凯，纪检组长陈蕾和中央经济责任审计工作联席会议办公室主任李勇库在署机关逐一听取各派出审计局“查找不足，整改提高”活动总结汇报，并进行点评。

4日上午　副审计长董大胜在京出席全国宣传部长会议。办公厅和外交外事局负责同志参加会议。

4日下午　副审计长余效明在署机关会见中国国际航空股份有限公司总裁蔡剑江，就审计有关事项交换意见。企业司主要负责同志及有关人员参加会见。

5日上午　副审计长余效明和石爱中在署机关出席“中央企业审计分析和预警系统”研发课题专家验收会。企业司、计算中心、信息办和哈尔滨特派办负责同志及有关人员参加会议。

6日上午　审计长刘家义在署机关听取关于世界审计组织大会主议题进展情况的汇报。副审计长董大胜、石爱中出席。境外司、国际司和科研所主要负责同志参加汇报。

7日至8日　副审计长余效明在京出席全国政法工作会议。

8日　副审计长石爱中在京出席审计署2012年至2013年重点科研课题中期检查会。审计学会秘书处和科研所主要负责同志参加会议。

9日上午　审计长刘家义列席国务院第229次常务会议。

11日上午　审计长刘家义和副审计长石爱中赴审计干部教育学院出席财政金融审计培训班教师、学员座谈会及毕业典礼。人教司和培训中心主要负责同志及有关人员参加会议。

12日至13日　审计长刘家义，副审计长董大胜、石爱中，总审计师孙宝厚和副审计长侯凯在怀柔审计干部培训基地出席审计署2012年度高级审计师评审会。

14日上午　审计长刘家义列席国务院第230次常务会议。

14日上午　副审计长余效明在京出席民营企业内部审计经验交流会。内审协会秘书处主要负责同志及有关人员参加会议。

14日上午　副审计长侯凯在京出席第十八届中央纪委常委会第五次会议。

15日上午　副审计长石爱中在京出席审计干部培训管理体系课题成果汇报会。培训中心、内审协会、审计学会和科研所主要负责同志及有关人员参加会议。

15日下午　中央经济责任审计工作联席会议办会室主任李勇库在京出席国务院召开的各部门负责人及办公厅（室）主任会议。办公厅负责同志参加会议。

16日上午　审计长刘家义列席国务院第231次常务会议。

16日下午　审计长刘家义，副审计长余效明、石爱中，纪检组长陈蕾和中央经济责任审计工作联席会议办会室主任李勇库参加由机关党委、投资司、企业司党支部和办公厅第五党支部联合组织的“贯彻落实十八大精神　学习罗阳烈士先进事迹”党支部活动，赴中国航空工业集团公司参观航空陈列展览，听取集团公司机关党委和罗阳事迹报告团成员关于罗阳烈士事迹的报告，观看罗阳同志工作纪实片。

17日上午　审计长刘家义在京出席审计署特

约审计员座谈会并讲话，副审计长董大胜通报5年来审计工作情况及2013年审计工作初步打算，中央经济责任审计工作联席会议办公室主任李勇库介绍特约审计员工作开展情况。办公厅、法规司、行事司、金融司、社保司、外资司和经责司负责同志及有关人员参加会议。

14日至18日 审计署举办党员干部职工学习贯彻党的十八大精神集中培训。审计长刘家义，副审计长董大胜、余效明、石爱中，总审计师孙宝厚，副审计长侯凯，纪检组长陈蕾和中央经济责任审计工作联席会议办会室主任李勇库在署机关参加培训。副审计长董大胜做培训动员讲话，副审计长余效明做培训总结讲话。署机关各单位和各派出审计局全体人员在署机关主会场、各特派员办事处通过视频在分会场参加培训。

18日上午 副审计长余效明在署机关会见审计署定点扶贫的河北省顺平县县长王永建一行。机关党委主要负责同志参加会见。

18日上午 副审计长侯凯在京出席全国扶贫开发工作电视电话会议。

18日上午 中央经济责任审计工作联席会议办会室主任李勇库在署机关出席办公厅主任办公会。

21日至25日 审计长刘家义，副审计长董大胜、余效明、石爱中，总审计师孙宝厚，副审计长侯凯，纪检组长陈蕾和中央经济责任审计工作联席会议办会室主任李勇库在署机关逐一听取署机关各司局“查找不足，整改提高”总结汇报，并进行点评。

21日至23日 副审计长侯凯和纪检组长陈蕾在京出席十八届中央纪委二次全会和中央纪委委员学习贯彻党的十八大精神研讨班。

22日上午 审计长刘家义列席十八届中央纪委二次全会。

22日上午 副审计长石爱中在京主持召开会议，就相关事业单位贯彻落实《中共审计署党组关于贯彻中央政治局改进工作作风密切联系群众八项规定的实施意见》提出具体要求。计算中心、科研所、培训中心、内审协会和审计学会主要负责同志参加会议。

22日上午 副审计长石爱中和中国审计学会会长翟熙贵在京出席中国审计学会第六届理事会第六次会长会议。

22日下午 审计长刘家义在署机关主持召开会议，传达十八届中央纪委二次全会精神。副审计长董大胜、余效明、石爱中，总审计师孙宝厚和中央经济责任审计工作联席会议办会室主任李勇库出席。署机关各单位主要负责同志参加会议。

23日上午 审计长刘家义出席国务院第八次全体会议。

23日下午 纪检组长陈蕾在署机关向驻署监察局全体同志传达十八届中央纪委二次全会精神。

24日上午 审计长刘家义在署机关主持召开会议，传达十八届中央纪委二次全会精神。副审计长余效明、石爱中、侯凯，纪检组长陈蕾和中央经济责任审计工作联席会议办公室主任李勇库出席。署机关各单位和各派出审计局司局级干部及处室主要负责同志参加会议。

25日上午 受审计长刘家义委托，副审计长余效明在京出席全军审计工作会议。

25日下午 党组书记刘家义在署机关主持召开党组会议，研究有关人事事项、《关于青年干部培养工作座谈会有关事项的请示》《审计署2013年工作要点》《审计人员核心价值观15问》和《关于报请审阅西安办、济南办、成都办原特派员经济责任审计报告的请示》等文稿。党组副书记董大胜，党组成员余效明、孙宝厚、侯凯、陈蕾出席。副审计长石爱中，办公厅、经责司、人教司、机关党委和驻署监察局负责同志列席相关内容的研究。

25日下午 审计长刘家义在署机关主持召开审计长会议，研究关于进一步加强对审计发现问题整改及公告等有关事项。副审计长董大胜、余效明、石爱中，总审计师孙宝厚，副审计长侯凯和纪检组长陈蕾出席。办公厅、法规司、行事司和科研所负责同志列席会议。

28日下午 审计长刘家义列席中央政治局集体学习。

28日下午 副审计长余效明和总审计师孙宝厚在署机关出席会议，就工业和信息化部出台的钢铁、建材企业能源审计指南有关事项进行研究。法规司和企业司主要负责同志及有关人员会议。

28日 受署党组委托，副审计长侯凯前往审计署定点扶贫的河北省顺平县走访慰问。人教司、机关党委和服务局负责同志参加走访慰问。

29日上午 审计长刘家义在京主持召开中央经济责任审计工作部际联席会议第三次全体会议。中央经济责任审计工作联席会议办公室主任李勇库和联席会议成员单位负责同志出席。经责司主要负责同志及有关人员参加会议。

29日上午 副审计长侯凯在署机关会见中国人民武装警察部队副司令员戴肃军。行事司主要负责同志参加会见。

29日下午 审计长刘家义和副审计长余效明在京出席中央国家机关第二十七次党的工作会议暨第二十五次纪检工作会议。机关党委负责同志参加会议。

29日下午 总审计师孙宝厚在署机关主持召开会议，研究关于注册会计师法修正案有关事宜。办公厅和法规司负责同志参加会议。

30日上午 审计长刘家义列席国务院第232次常务会议。

30日上午 副审计长余效明在京出席北京市服务中央国家机关工作座谈会。

30日上午 副审计长石爱中在京出席《ERP环境下的财务收支审计指南》课题验收会议。计算中心、信息办和南京特派办主要负责同志参加会议。

30日上午 副审计长侯凯出席十八届中央纪委常委会第八次会议。

30日下午 审计长刘家义和中央经济责任审计工作联席会议办公室主任李勇库在署机关出席办公厅2012年度工作总结大会并讲话。办公厅全体同志参加会议。

30日下午 副审计长余效明在署机关会见中国南方电网有限责任公司总经理钟俊，就企业内部审计有关事宜交换意见。

30日下午 副审计长余效明在署机关会见中国移动通信集团公司总裁李跃，就审计有关事宜进行会谈。企业司主要负责同志参加会见。

30日下午 副审计长石爱中出席《大型重点建设项目联网审计指南》开题会。法规司、投资司和计算中心主要负责同志参加会议。

31日下午 审计长刘家义在署机关主持召开党风廉政建设工作领导小组会议，研究审计署2013年党风廉政建设工作要点。副审计长董大胜、余效明，纪检组长陈蔷和中央经济责任审计工作联席会议办公室主任李勇库出席。署党风廉政建设领导小组各成员单位负责同志参加会议。

31日下午 党组书记刘家义在署机关主持召开党组会议，研究署党组“查找不足，整改提高”有关工作，听取关于审计署2012年大事记起草相关情况和审计系统11个单位负责人经济责任审计情况的汇报。党组副书记董大胜，党组成员余效明、孙宝厚、侯凯、陈蔷、李勇库出席。副审计长石爱中，办公厅、法规司、经责司、人教司、机关党委和驻署监察局负责同志列席相关内容的研究。

31日下午 审计长刘家义在署机关主持召开审计长会议，研究2013年度培训项目计划、2013—2014年度审计署重点科研课题选题和2013年三类会议及视频研讨会计划等。副审计长董大胜、余效明、石爱中，总审计师孙宝厚，副审计长侯凯，纪检组长陈蔷和中央经济责任审计工作联席会议办公室主任李勇库出席。办公厅、法规司、各业务司、人教司、机关党委、驻署监察局、计算中心、科研所、培训中心和审计学会负责同志列席相关内容的研究。

28日上午和31日上午 审计长刘家义，副审计长董大胜、余效明、石爱中，总审计师孙宝厚，副审计长侯凯，纪检组长陈蔷和中央经济责任审计工作联席会议办公室主任李勇库在署机关听取服务局、计算中心、科研所、培训中心、外资中心和博物馆“查找不足，整改提高”总结汇报，并进行点评。

2月

1日上午 审计长刘家义和副审计长董大胜在署机关出席新疆、西藏审计机关在京挂职干部座谈会。人教司和机关党委主要负责同志及有关人员参加会议。

1日下午 审计署在署机关举行2013年新春团拜会。审计长刘家义，副审计长董大胜、余效明、石爱中，总审计师孙宝厚，副审计长侯凯，纪检组长陈蔷，中央经济责任审计工作联席会议办公室主任李勇库和署老领导翟熙贵出席。署机关各单位和各派出审计局全体干部职工参加团拜会。

2日上午 署离退休干部情况通报会在署怀柔审计干部培训基地召开，审计长刘家义通报2012年审计署工作开展情况及2013年工作安排。副审计长余效明、侯凯和中央经济责任审计工作联席会议办公室主任李勇库出席。署离退休干部工作领导小组成员单位主要负责同志及100多位离退休干部参加通报会。

2日下午 署离退休干部2013年新春团拜会在署怀柔审计干部培训基地举办。审计长刘家义，副审计长余效明、侯凯和中央经济责任审计工作联席会议办公室主任李勇库出席。署离退休干部工作领导小组成员单位主要负责同志及100多位离退休干部参加团拜会。

4日上午 审计长刘家义先后到出版社和审计报社看望慰问干部职工。

4日上午 审计长刘家义，副审计长石爱中和总审计师孙宝厚到双榆树事业单位办公楼看望慰问科研所、培训中心、内审协会、审计学会和外资中心干部职工。

4日下午 审计长刘家义到北京市审计局进行走访慰问。

4日下午 总审计师孙宝厚出席《联合国开发计划署援助项目审计指南》汇报会。外资司、科研所、审计学会和外资中心负责同志参加会议。

6日上午 审计长刘家义列席国务院第233次常务会议。

6日上午 2013年审计署老领导春节团拜会在京举行。全国政协副主席李金华，审计长刘家义，副审计长董大胜、余效明、石爱中，总审计师孙宝厚，副审计长侯凯，纪检组长陈蕾，中央经济责任审计工作联席会议办公室主任李勇库和署老领导于明涛、吕培俭、郭振乾、任景德、罗进新、郑力、王道成和翟熙贵出席。署离退休干部工作领导小组成员单位主要负责同志参加团拜会。

6日上午 副审计长董大胜、石爱中和总审计师孙宝厚在署机关出席审计专业领军人才和骨干人才初评会。办公厅、法规司、人教司和科研所负责同志参加会议。

6日上午 副审计长石爱中在署机关会见新疆维吾尔自治区人民政府副秘书长徐畅，就援疆审计有关事项进行沟通。投资司主要负责同志参加会见。

7日上午 副审计长石爱中看望慰问计算中心全体同志。

7日上午 副审计长侯凯出席国务院召开的农村中小学布局调整情况汇报会。行事司主要负责同志参加会议。

8日上午 审计长刘家义在人民大会堂出席中共中央、国务院举行的2013年春节团拜会。

2013年春节前夕 受署党组委托，署领导分别到家中走访慰问全体署老领导和离休干部。署离退休干部工作领导小组成员单位和相关司局负责同志参加走访慰问。

16日至21日 审计长刘家义，副审计长董大胜、余效明、石爱中，总审计师孙宝厚，副审计长侯凯，纪检组长陈蕾和中央经济责任审计工作联席会议办公室主任李勇库在署机关逐一听取各特派员办事处“查找不足，整改提高”总结汇报，并进行点评。

19日下午 党组书记刘家义在署机关主持召开党组会议，研究有关人事事项和《审计署领导班子2012年述职报告》《审计署领导班子“查找不足、整改提高”材料》《中共审计署党组关于进一步加强青年干部培养工作的意见》等文稿。党组副书记董大胜，党组成员余效明、孙宝厚、陈蕾和李勇库出席。副审计长石爱中，办公厅、人教司、机关党委和驻署监察局负责同志列席相关内容的研究。

21日下午 总审计师孙宝厚在京出席推进使用正版软件工作部际联席会议第二次全体会议。行事司主要负责同志参加会议。

18日至21日 副审计长侯凯率中国审计代表团赴菲律宾出席亚洲审计组织第46次理事会。

22日上午 署党组2012年专题民主生活会在怀柔审计干部培训基地召开。会议以“学习贯彻党的十八大精神，进一步推动审计事业科学发展”为主题，党组书记刘家义代表署党组做“查找不足、整改提高”总结，各位署领导就本人查找不足和制定整改措施情况做了发言。党组书记刘家义，党组副书记董大胜，党组成员余效明、孙宝厚、侯凯、陈蕾和李勇库出席。副审计长石爱中，署机关各单位、各特派员办事处、各派出审计局主要负责同志和中央纪委、中央组织部、中央国家机关工委相关部门负责同志及出席青年干部培养工作座谈会的代表在主会场，署机关各单位、各特派员办事处和各派出审计局全体同志通过视频在分会场参加会议。

22 日至 23 日 审计署青年干部培养工作座谈会在怀柔审计干部培训基地召开。审计长刘家义，副审计长董大胜、余效明、石爱中，总审计师孙宝厚，副审计长侯凯，纪检组长陈蕾和中央经济责任审计工作联席会议办公室主任李勇库出席。署机关各单位、各特派员办事处、各派出审计局主要负责同志及青年干部典型代表在主会场，署机关各单位、各特派员办事处和各派出审计局全体同志通过视频在分会场参加会议。

25 日下午 中央经济责任审计工作联席会议办公室主任李勇库在署机关听取经责司关于 2013 年工作计划的汇报。经责司全体同志参加汇报。

26 日上午 副审计长董大胜在署机关会见中国人民银行副行长潘功胜一行，就审计有关事项进行沟通。金融司主要负责同志及有关人员参加会见。

27 日上午 总审计师孙宝厚在署机关出席 2013 年全国外资审计视频培训班并讲话。外资司和外资中心主要负责同志及有关人员参加会议。

27 日上午 副审计长侯凯赴发展改革委出席发展改革委 2012 年度组织分配中央财政投资情况审计进点会。财政司、行事司和发展统计局负责同志参加会议。

27 日 副审计长石爱中在京主持召开会议，就审计职业化课题进行研究。科研所和社保司负责同志及有关人员参加会议。

28 日 纪检组长陈蕾在署机关主持召开驻署监察局“查找不足、整改提高”汇报会，参加驻署监察局民主生活会。驻署监察局全体同志参加会议。

26 日下午至 28 日 审计长刘家义出席党的十八届二中全会。

3月

2 月 27 日至 3 月 1 日 副审计长董大胜、余效明和中央经济责任审计工作联席会议办公室主任李勇库在京参加新任全国政协委员学习活动。

1 日上午 审计长刘家义在署机关主持召开会议，传达党的十八届二中全会精神。副审计长石爱中，总审计师孙宝厚，副审计长侯凯和纪检组长陈蕾出席。署机关各单位和各派出审计局主要负责同志参加会议。

1 日上午 总审计师孙宝厚在署机关听取有关审计调查项目前期准备情况的汇报。外资司和外资中心主要负责同志参加汇报。

1 日下午 审计长刘家义和副审计长石爱中在署机关会见新疆维吾尔自治区党委书记张春贤、自治区政府主席努尔·白克力和自治区政协主席努尔兰·阿不都满金一行，就援疆审计有关事项交换意见。办公厅和投资司负责同志参加会见。

3 日至 12 日 副审计长董大胜、余效明、石爱中和中央经济责任审计工作联席会议办公室主任李勇库作为全国政协委员出席全国政协十二届一次会议。

6 日上午 副审计长侯凯在署机关会见中央国家机关工委副书记陈存根。建设审计局主要负责同志参加会见。

6 日下午 副审计长余效明和纪检组长陈蕾出席中华全国妇女联合会在人民大会堂举行的纪念“三八”国际妇女节 103 周年中外妇女招待会。

7 日下午 审计长刘家义出席十八届中央党建工作领导小组第三次会议。

7 日、8 日上午和 12 日上午 副审计长侯凯列席全国政协十二届一次会议民革 3、4 组界别联组和小组讨论会、全体会议和闭幕会。

4 日至 11 日 总审计师孙宝厚率中国审计代表团赴奥地利出席联合国与世界审计组织第 22 次研讨会，访问意大利审计法院。

5 日至 17 日 审计长刘家义列席第十二届全国人民代表大会第一次会议开幕会、第一至六次全体会议和闭幕会。

12 日至 13 日 审计署在怀柔审计干部培训基地举办 2013 年蒙特利尔多边基金环保项目绩效审计培训班。13 日上午，总审计师孙宝厚出席并讲话。外资司和外资中心主要负责同志及有关人员参加培训。

13 日下午 审计长刘家义和副审计长石爱中在京出席审计署博士后工作座谈会。人教司和科研所主要负责同志参加会议。

14日下午 党组书记刘家义在署机关主持召开党组会议，研究《2013年审计机关精神文明建设工作指导意见（送审稿）》。党组成员余效明、孙宝厚、侯凯、陈蕾和李勇库出席。副审计长石爱中，人教司、机关党委、驻署监察局、服务局、报社和出版社主要负责同志列席会议。

14日下午 审计长刘家义在署机关主持召开审计长会议，研究《审计署审计现场管理办法》《审计署机关职工住房管理办法》和《审计署特派办职工住房管理办法》等文稿。副审计长余效明、石爱中，总审计师孙宝厚，副审计长侯凯，纪检组长陈蕾和中央经济责任审计工作联席会议办公室主任李勇库出席。办公厅、法规司、人教司、机关党委、驻署监察局、服务局和科研所负责同志列席相关内容的研究。

14日下午 审计长刘家义在署机关主持召开审计业务会议，研究《关于财政部具体组织2012年中央预算执行和编制的2012年中央决算草案审计工作方案》。副审计长余效明、石爱中，总审计师孙宝厚，副审计长侯凯，纪检组长陈蕾和中央经济责任审计工作联席会议办公室主任李勇库出席。办公厅、法规司、财政司、行事司、农业司、投资司、金融司、社保司、经责司和科研所负责同志列席相关内容的研究。

14日下午 审计长刘家义和副审计长石爱中在署机关会见青海省人民政府副省长徐福顺一行。

15日上午 副审计长石爱中在署机关主持召开会议，就审计项目计划管理系统升级和完善工作有关事项进行研究。办公厅、计算中心和信息办负责同志参加会议。

15日下午 审计长刘家义和副审计长侯凯在署机关会见重庆市人民政府市长黄奇帆一行，就审计有关事项进行沟通。办公厅和财政司负责同志参加会见。

15日下午 副审计长余效明在京出席国务院召开的专题会议，会议研究部署《关于贯彻落实习近平总书记批示、推进厉行节约反对浪费制度建设的工作方案》实施工作。

16日至17日 副审计长石爱中在京主持召开会议，就审计职业化课题进行研究。科研所主要负责同志及有关人员参加会议。

17日下午 副审计长石爱中在京主持召开会议，就国外审计监督制度课题进行研究。境外司和国际司主要负责同志及有关人员参加会议。

18日上午 副审计长余效明在署机关会见中国联通网络通信集团有限公司副总经理姜正新一行，就业务合作有关事宜进行会谈。企业司和服务局负责同志参加会谈。

19日上午 副审计长石爱中在京出席地方审计学会秘书长研讨班。审计学会秘书处主要负责同志及有关人员参加会议。

19日上午 副审计长侯凯出席十八届中央纪委常委会第九次会议。

19日下午 副审计长余效明在署机关主持召开老干部工作领导小组会议，就离退休干部制度建设等有关事项进行研究。办公厅、人教司、机关党委、离退休办和服务局负责同志参加会议。

20日上午 审计长刘家义出席国务院第一次全体会议。

20日下午 副审计长石爱中赴审计干部教育学院出席2013年度财务会计培训班开班式。人教司和培训中心负责同志及有关人员参加开班式。

21日上午 审计长刘家义在署机关主持召开会议，传达全国“两会”和国务院第一次全体会议精神。副审计长余效明，总审计师孙宝厚，副审计长侯凯，纪检组长陈蕾和中央经济责任审计工作联席会议办公室主任李勇库出席。署机关各单位和各派出审计局主要负责同志参加会议。

21日上午 副审计长石爱中在南京主持召开会议，就审计干部教育学院智能化初步设计方案进行研究。计算中心、培训中心和信息办主要负责同志及有关人员参加会议。

21日下午 副审计长余效明和中央经济责任审计工作联席会议办公室主任李勇库在署机关召集会议，就特派办后勤改革等有关事宜进行研究。办公厅和服务局负责同志及有关人员参加会议。

21日下午 总审计师孙宝厚和副审计长侯凯在署机关召集会议，就推进厉行节约反对浪费制度建设工作方案有关事宜进行研究。办公厅、法规司、财政司、行事司、金融司、企业司和经责司负责同志参加会议。

21日下午 总审计师孙宝厚在京听取关于审计现场管理办法起草情况的汇报。法规司主要负责同志及起草组人员参加汇报。

22日上午 副审计长董大胜在署机关会见中国进出口银行董事长李若谷一行，就审计有关事项进行沟通。金融司主要负责同志及有关人员参加会见。

22日上午 副审计长石爱中在京出席《政府投资项目竣工决算审计指南》开题会。投资司负责同志及有关人员参加会议。

22日上午 副审计长侯凯在京出席财政部具体组织2012年中央预算执行和编制中央决算草案情况审计进点会。财政司负责同志参加会议。

22日下午 副审计长石爱中在京主持召开会议，就汶川地震灾后恢复重建志资料长编进行审议。投资司负责同志及有关人员参加会议。

22日下午 总审计师孙宝厚在京出席国外贷援款项目绩效审计实务专题研究论证会。外资司和外资中心负责同志及有关人员参加会议。

25日上午 审计长刘家义和副审计长石爱中在京出席《中国共产党审计工作史》编写提纲论证会。

26日上午 审计长刘家义出席国务院第一次廉政工作会议。

26日上午 副审计长石爱中在京主持召开会议，就国外审计监督制度课题进行研究。办公厅、境外司和国际司负责同志及有关人员参加会议。

26日下午 副审计长余效明和总审计师孙宝厚在署机关召集会议，就中央企业专项审计调查报告进行研究。办公厅、法规司、财政司和企业司负责同志及有关人员参加会议。

27日 副审计长余效明在京出席中国内部审计协会第六届理事会第三次会议。

27日下午 审计署召开全国审计机关党风廉政建设工作视频会议，传达国务院第一次廉政工作会议精神，总结2012年审计机关反腐倡廉工作，部署2013年工作任务。审计长刘家义主持会议并讲话，纪检组长陈蕾受署党组委托做工作报告。副审计长石爱中，总审计师孙宝厚，副审计长侯凯和中央经济责任审计工作联席会议办公室主任李勇库出席。署机关各单位、各派出审计局全体同志和中央纪委相关部门负责同志在署机关主会场，各省、自治区、直辖市和计划单列市、新疆生产建设兵团审计厅（局）和各特派员办事处全体同志通过视频在分会场参加会议。

28日至30日 署党组中心组第一季度学习会在怀柔审计干部培训基地召开。会议以学习贯彻党的十八大和“两会”精神，依法履行审计监督职责，推动完善国家治理为主题，就党的十八大、“两会”以及中央领导同志重要讲话精神进行学习和讨论。党组书记刘家义，党组成员余效明、孙宝厚、侯凯、陈蕾和李勇库出席。副审计长石爱中，办公厅、人教司、机关党委、驻署监察局和服务局负责同志参加学习会。

29日上午 副审计长董大胜在京出席十二届全国政协经济委员会第一次主任会议及第一次全体会议。

31日上午 总审计师孙宝厚和副审计长侯凯在京参加2013年共和国部长义务植树活动。

4月

1日上午 总审计师孙宝厚在署机关出席2013年中央部门预算执行审计项目集中审理工作启动会并讲话。法规司主要负责同志及有关人员参加会议。

1日下午 副审计长侯凯和中央经济责任审计工作联席会议办公室主任李勇库在署机关出席2013年审计署保密委员会全体会议。署保密委员会全体委员参加会议。

1日和3日下午 副审计长石爱中在京主持召开会议，就中国特色社会主义制度课题进行研究。课题组成员参加会议。

2日下午 党组书记刘家义在署机关主持召开党组会议，研究《审计署机关国内公务接待管理暂行办法》《中共审计署党组关于进一步加强青年干部培养工作的意见》和《审计署关于未来审计工作的总体设想及近期审计工作安排的报告》等文稿。党组成员余效明、孙宝厚、侯凯、陈蕾和李勇库出席。副审计长石爱中，办公厅、人教司、机关党委、驻署监察局和服务局负责同志列席相关内容的研究。

2日下午 审计长刘家义在署机关主持召开审计业务会议，研究《审计署2013年西电东送工程审计工作方案》、中央企业专项审计调查报告、《财政扶贫资金审计工作方案》等文稿。副审计长余效明、石爱中，总审计师孙宝厚，副审计长侯凯，纪检组长陈蔷和中央经济责任审计工作联席会议办公室主任李勇库出席。办公厅、法规司、财政司、行事司、投资司、企业司、经责司、计算中心和科研所负责同志列席相关内容的研究。

3 日上午　副审计长侯凯在署机关会见国家税务总局纪检组长冯惠敏，就审计有关事项进行沟通。财税海关局主要负责同志参加会见。

7 日上午　副审计长石爱中在京主持召开会议，就审计有关事项进行研究。投资司负责同志及有关人员参加会议。

8 日上午　副审计长侯凯在署机关出席财政扶贫资金审计工作方案培训会。行事司和相关派出局主要负责同志参加会议。

8 日下午　纪检组长陈蔷在署机关出席驻署监察局廉政风险防控专题会议。驻署监察局主要负责同志及有关人员参加会议。

8 日至 10 日　受署党组委托，副审计长余效明先后赴长春和广州特派办召开干部大会，宣布署党组关于两个特派办主要负责同志的职务任免决定。人教司主要负责同志参加会议。

8 日、10 日至 11 日　副审计长石爱中在京主持召开会议，就中国特色社会主义审计制度课题进行研究。课题组成员参加会议。

9 日上午　审计长刘家义和副审计长石爱中到计算中心就审计信息化工作进行调研。办公厅、计算中心和信息办负责同志参加调研。

9 日下午　副审计长石爱中在署机关会见国务院三峡工程建设委员会办公副主任室卢纯一行，就有关审计整改情况进行沟通。投资司主要负责同志参加会见。

9 日下午　总审计师孙宝厚在署机关会见商务部副部长王超一行，就我国外商直接投资审计情况进行座谈。外资司主要负责同志参加座谈。

11 日下午　总审计师孙宝厚在署机关听取外资司关于 2013 年外商直接投资审计调查工作方案制订情况及下一步工作安排的汇报。外资司主要负责同志参加汇报。

12 日上午　党组书记刘家义在署机关主持召开党组会议，研究有关人事事项、《审计署工作规则》和《拟报中央国家机关工委典型人物事迹材料》等文稿。党组副书记董大胜，党组成员余效明、孙宝厚、侯凯、陈蔷和李勇库出席。副审计长石爱中，办公厅、法规司、国际司、人教司、机关党委、驻署监察局和服务局负责同志列席相关内容的研究。

12 日上午　审计长刘家义在署机关主持召开审计业务会议，研究有关审计工作方案。副审计长董大胜、余效明、石爱中，总审计师孙宝厚，副审计长侯凯，纪检组长陈蔷和中央经济责任审计工作联席会议办公室主任李勇库出席。办公厅、法规司、农业司、金融司、社保司、经责司、资源环保局和科研所负责同志列席相关内容的研究。

12 日下午　审计长刘家义在署机关主持召开审计长会议，研究《审计署关于重要审计项目审计结果文书复核审理审定程序的规定（送审稿）》。副审计长余效明、石爱中，总审计师孙宝厚，副审计长侯凯，纪检组长陈蔷和中央经济责任审计工作联席会议办公室主任李勇库出席。办公厅、法规司、各业务司和科研所负责同志列席会议。

11 日至 12 日　审计署 2013 年矿产资源审计视频培训班在署机关举办。11 日下午，副审计长董大胜出席并讲话。农业司全体同志在署机关主会场，各省、自治区、直辖市和计划单列市、新疆生产建设兵团审计厅（局），各特派员办事处分管资源环境审计的负责同志及有关人员通过视频在分会场参加培训班。

12 日下午　副审计长侯凯在京出席全国人大预工委召开的全口径预决算审查监督座谈会。财政司负责同志参加会议。

14 日上午　审计长刘家义和副审计长石爱中在署机关召集会议，就审计信息化工作有关事项进行研究。办公厅、行事司、金融司、企业司、境外司、计算中心和信息办主要负责同志参加会议。

15 日上午　审计署 2013 年企业审计视频培训班在署机关举办。副审计长余效明出席并讲话。企业司全体同志及有关人员在署机关主会场，各省、自治区、直辖市和计划单列市、新疆生产建设兵团审计厅（局），各特派员办事处分管企业审计的负责同志及有关人员通过视频在分会场参加会议。

15 日上午　副审计长石爱中在署机关出席西电东送审计工作方案培训会，就投资审计目标、大案要案查处、投资审计技术方法和培训等内容做讲话。投资司主要负责同志及有关人员参加会议。

15 日上午 副审计长侯凯出席十八届中央纪委常委会第十次会议。

16 日上午 副审计长余效明在署机关主持召开会议，研究 2012 年度特派办考核有关事项。特派办考核领导小组成员单位参加会议。

16 日下午和 17 日上午 副审计长余效明在署机关主持召开会议，研究 2013 年度审计项目计划实施有关事宜。办公厅、财政司、农业司、投资司、金融司、企业司和经责司负责同志参加会议。

17 日上午 审计长刘家义列席国务院第 5 次常务会议。

17 日上午 副审计长石爱中在署机关听取天津市审计局关于审计信息化工作的汇报。计算中心主要负责同志参加汇报会。

18 日上午 审计长刘家义和副审计长余效明在署机关会见四川省常务副省长钟勉一行，就审计有关事项进行会谈。

18 日上午 副审计长石爱中在京主持召开会议，就中国特色社会主义审计制度课题进行研究。课题组成员参加会议。

18 日上午 副审计长侯凯在京出席全国人大预工委召开的国家财政科技资金分配与使用情况座谈会。行事司主要负责同志参加会议。

18 日下午 总审计师孙宝厚在京出席中国药用非吸入气雾剂 CFCs 淘汰行业计划项目绩效审计中期交流会。外资司和外资中心主要负责同志及有关人员参加会议。

19 日下午 审计长刘家义参加中央政治局第 5 次集体学习。

22 日上午 副审计长余效明在署机关会见中国移动通信集团公司总经理李跃一行，就审计有关事项进行会谈。企业司主要负责同志参加会见。

23 日上午 副审计长侯凯在署机关会见老挝国会经济、计划和财政委员会主席苏婉萍·布帕努冯一行。法规司和国际司主要负责同志参加会见。

24 日上午 审计长刘家义列席国务院第 6 次常务会议。

24 日上午 纪检组长陈蔷赴监察部会见副部长于春生，就审计署贯彻落实中央八项规定情况进行座谈。

25 日 2013—2014 年度审计署重点科研课题立项评审会在京召开。总审计师孙宝厚主持会议并讲话，副审计长侯凯出席，审计学会负责同志及有关人员参加会议。

26 日上午 审计长刘家义和中央经济责任审计工作联席会议办公室主任李勇库赴北京市人民政府与市长王安顺就世界审计组织大会组委会组成有关事项进行沟通。国际司和服务局主要负责同志及有关人员参加。

26 日下午 党组书记刘家义在署机关主持召开党组会议，研究有关人事事项、专项工作和 2012 年度审计专业人才评选有关事项。党组副书记董大胜，党组成员余效明、孙宝厚、侯凯、陈蔷和李勇库出席。副审计长石爱中，办公厅、法规司、各业务司、国际司、人教司、机关党委、驻署监察局、科研所和培训中心负责同志列席相关内容的研究。

26 日下午 审计长刘家义在署机关主持召开审计业务会议，研究有关审计工作方案。副审计长董大胜、余效明、石爱中，总审计师孙宝厚，副审计长侯凯，纪检组长陈蔷和中央经济责任审计工作联席会议办公室主任李勇库出席。办公厅、法规司、金融司、经责司、境外司和科研所负责同志列席相关内容的研究。

27 日上午 副审计长余效明在署机关会见中国移动通信集团公司董事长奚国华一行，就审计有关事项交换意见。企业司主要负责同志及有关人员参加会见。

24 日至 27 日 副审计长石爱中在怀柔审计干部培训基地组织对《国家审计学》进行审阅。课题组成员参加审阅。

28 日上午 副审计长石爱中在署机关出席审计署赴美国金融审计中长期培训班汇报会。金融司、国际司、人教司、机关党委和培训中心负责同志及培训班全体学员参加汇报会。

28 日上午 副审计长石爱中在署机关出席《政府投资项目跟踪审计指南》课题评审会。办公厅、法规司、投资司和科研所负责同志参加会议。

28 日上午 副审计长侯凯出席十八届中央纪

委常委会第十一次会议。

3月1日至4月30日 副审计长董大胜参加第53期中央党校省部级干部进修班，围绕“经济建设与经济体制改革”专题进行学习和研究。

5月

2日上午 副审计长余效明在署机关会见国家烟草专卖局局长姜成康一行，就经济责任审计有关事项进行会谈。企业司主要负责同志参加会见。

2日上午 总审计师孙宝厚在署机关主持召开会议，就如何落实审计长刘家义关于进一步深化外资审计工作的指示要求进行研究。外资司和外资中心负责同志参加会议。

2日 副审计长侯凯在京出席财政扶贫资金审计中期汇报交流会。行事司和相关派出局主要负责同志参加会议。

3日上午 审计长刘家义和副审计长董大胜在署机关会见大庆市委书记韩学键和市长夏立华一行，就审计有关事项进行沟通。农业司负责同志及有关人员参加会见。

3日 审计署2013年金融审计视频培训班在署机关举办。副审计长董大胜出席并讲话。金融司全体人员及部分特派办在京审计人员在署机关主会场，各省、自治区、直辖市和计划单列市审计厅（局），各特派员办事处分管金融审计业务的负责同志及有关人员通过视频在分会场参加培训。

3日上午 总审计师孙宝厚在署机关主持召开会议，就企业审计查办案件能力提升研讨班有关事宜进行研究。法规司、金融司、企业司和培训中心负责同志参加会议。

6日上午 纪检组长陈蕾在署机关主持召开驻署监察局办公会议，就下一步工作进行研究安排。驻署监察局主要负责同志及有关人员参加会议。

6日上午 审计长刘家义列席国务院第7次常务会议。

6日下午 党组书记刘家义在署机关主持召开党组会议，研究特派办2012年度综合考核报告和有关专项工作。党组副书记董大胜，党组成员余效明、孙宝厚、侯凯、陈蕾和李勇库出席。副审计长石爱中，办公厅、人教司、机关党委和驻署监察局负责同志列席相关内容的研究。

6日下午 审计长刘家义在署机关主持召开审计长会议，研究《审计署机关离退休干部服务管理细则（送审稿）》。副审计长董大胜、余效明、石爱中，总审计师孙宝厚，副审计长侯凯，纪检组长陈蕾和中央经济责任审计工作联席会议办公室主任李勇库出席。办公厅、人教司、机关党委、离退休办和服务局负责同志列席会议。

6日下午 审计长刘家义在署机关主持召开审计业务会议，研究有关审计调查工作方案。副审计长董大胜、余效明、石爱中，总审计师孙宝厚，副审计长侯凯，纪检组长陈蕾和中央经济责任审计工作联席会议办公室主任李勇库出席。办公厅、法规司、外资司、科研所和外资中心负责同志列席会议。

7日 审计署新任职司局级领导干部集体谈话会在署机关召开。审计长刘家义，副审计长董大胜、余效明、石爱中，总审计师孙宝厚，副审计长侯凯，纪检组长陈蕾和中央经济责任审计工作联席会议办公室主任李勇库出席。人教司、机关党委、驻署监察局主要负责同志和全体新任司局级领导干部及有关人员参加会议。

7日下午 审计长刘家义和副审计长董大胜在怀柔审计干部培训基地出席世界审计组织第二十一届大会《北京宣言》国际研讨会开幕式。审计长刘家义做重要讲话，副审计长董大胜主持开幕式。境外司、国际司和科研所主要负责同志及有关人员，世界审计组织秘书处，欧洲、拉美、非洲、亚洲等地区审计组织主席国或秘书长国，中国、美国、俄罗斯、南非等国最高审计机关的代表近30人参加研讨会。

8日上午 副审计长董大胜在京出席全国政协经济委员会召开的“新形势下如何完善金融体制”座谈会，做“当前金融体制存在的突出问题及建议”的发言。

8日上午 总审计师孙宝厚在京出席外商直接投资审计专题研讨会。外资司和外资中心主要负责同志及有关人员参加会议。

10日上午 审计长刘家义在署机关会见联合国儿童基金会副总干事马丁·莫戈万佳一行。境外司和国际司主要负责同志参加会见。

10 日 审计署新任职处级干部集体谈话会在署机关召开。审计长刘家义，副审计长董大胜、余效明、石爱中，总审计师孙宝厚，副审计长侯凯，纪检组长陈蔷和中央经济责任审计工作联席会议办公室主任李勇库出席。人教司、机关党委、驻署监察局主要负责同志和全体新任处级干部及有关人员参加会议。

9 日至 10 日 总审计师孙宝厚在署机关出席2013 年度企业审计查办案件能力提升研讨班。法规司、企业司和培训中心主要负责同志及有关人员参加研讨班。

10 日上午 副审计长侯凯出席十八届中央纪委常委会第十二次会议。

11 日至 20 日 副审计长余效明率中国审计代表团赴智利参加世界审计组织救灾援助问责及审计工作组第 7 次会议，访问法国审计法院。

13 日上午 国务院机构职能转变动员电视电话会议在京召开。审计长刘家义、副审计长侯凯在国务院主会场，副审计长董大胜、石爱中，总审计师孙宝厚，纪检组长陈蔷，中央经济责任审计工作联席会议办公室主任李勇库，署机关各单位、各派出审计局全体同志，直属事业单位和在京的特派员办事处副处级以上干部通过视频在审计署分会场参加会议。

13 日至 15 日 中央经济责任审计工作联席会议办公室主任李勇库赴南京特派办和审计干部教育学院就基本建设工作有关情况进行调研。服务局主要负责同志和基建办有关人员参加调研。

14 日下午 审计长刘家义在署机关主持召开审计长会议，研究《审计署关于 2012 年度中央预算执行和其他财政收支的审计结果报告》《审计署授权审计管理办法》和《审计机关审计统计工作的规定》等文稿。副审计长董大胜、石爱中，总审计师孙宝厚，副审计长侯凯，纪检组长陈蔷和中央经济责任审计工作联席会议办公室主任李勇库出席。办公厅、法规司、各业务司和科研所负责同志列席相关内容的研究。

14 日上午 副审计长董大胜赴国土资源部出席矿产资源审计调查进点会。农业司、京津冀特派办和资源环保局负责同志及有关人员参加会议。

14 日上午 总审计师孙宝厚和纪检组长陈蔷在署机关召集会议，就特派办年度考核办法修改有关事宜进行研究。法规司和驻署监察局负责同志参加会议。

14 日上午 副审计长侯凯赴财政部出席财税改革研究小组会议。财政司负责同志参加会议。

14 日下午 审计长刘家义和副审计长董大胜在署机关会见澳门特别行政区审计长何永安一行。署港澳台办公室和信息办主要负责同志参加会见。

15 日上午 审计长刘家义列席国务院第 9 次常务会议。

16 日上午 受审计长刘家义委托，副审计长董大胜在署机关出席审计署和新疆、西藏审计机关干部双向交流第一批挂职干部总结暨第二批挂职干部培训动员会。办公厅、人教司、机关党委、服务局和计算中心负责同志及有关人员参加会议。

16 日下午 中央经济责任审计工作联席会议办公室主任李勇库赴人力资源社会保障部会见副部长杨仕秋，通报经济责任审计工作有关情况并听取意见。经责司负责同志参加会见。

17 日下午 副审计长董大胜在署机关听取国际司关于世界审计组织第二十一届大会筹备情况的汇报。国际司主要负责同志及有关人员参加汇报。

15 日至 17 日 审计长刘家义和副审计长石爱中赴南京审计干部教育学院就培训工作开展情况进行调研。其间，审计长刘家义为南京审计学院首届“审计长奖学金”获得者颁发荣誉证书。人教司和培训中心主要负责同志参加调研。

20 日上午 中央经济责任审计工作联席会议办公室主任李勇库赴沈阳市分别会见辽宁省委书记王珉和省长陈政高，就经济责任审计工作交换意见。经责司和沈阳特派办负责同志及有关人员参加会见。

21 日上午 党组书记刘家义在署机关主持召开党组会议，研究《审计署“查找不足、整改提高”专项活动中查找的主要不足及整改措施》等事项。党组副书记董大胜，党组成员余效明、孙宝厚、侯凯和陈蔷出席。副审计长石爱中，办公厅、人教司、机关党委、驻署监察局和服务局负责同志列席相关内容的研究。

21 日下午 审计长刘家义在京出席中央党的群众路线教育实践活动领导小组第一次会议。

21 日下午 总审计师孙宝厚在署机关出席有

关审计调查视频培训班并讲话。外资司和外资中心主要负责同志及有关人员参加培训班。

22日上午 审计长刘家义在署机关会见中国社会科学院中国廉政研究中心理事长李秋芳率领的《反腐倡廉蓝皮书》调研组，之后总审计师孙宝厚和纪检组长陈蕾与李秋芳一行进行座谈。办公厅、金融司、企业司和驻署监察局负责同志及相关人员参加座谈。

22日上午 副审计长董大胜在京出席全国政协经济委员会召开的“深化财税体制改革”专题座谈会。

22日上午 副审计长侯凯出席十八届中央纪委常委会第十三次会议。

22日下午 总审计师孙宝厚在京出席世亚行贷款铁路项目审计中期碰头会。外资司和外资中心主要负责同志及有关人员参加会议。

21日至22日 中央经济责任审计工作联席会议办公室主任李勇库赴沈阳市出席沈阳市委书记曾维、市长陈海波任职期间经济责任审计进点会，之后与市委市政府领导班子成员就经济责任审计事项分别进行谈话。沈阳特派办主要负责同志及有关人员参加会议和谈话。

23日上午 总审计师孙宝厚在署机关出席深化外资审计工作座谈会。外资司主要负责同志及有关人员参加座谈会。

23日下午 中央经济责任审计工作联席会议办公室主任李勇库赴辽宁省审计厅出席辽宁省地方审计机关经济责任审计工作座谈会。经责司主要负责同志及有关人员参加会议。

24日上午 审计长刘家义列席中央政治局集体学习。

24日下午 审计长刘家义出席国务院召开的芦山地震灾后恢复重建工作会议。

27日上午 副审计长侯凯和纪检组长陈蕾出席国务院召开的全国纪检监察系统开展会员卡专项清退活动电视电话会议。

27日下午 副审计长石爱中赴青岛市审计局就审计信息化建设情况进行调研。培训中心主要负责同志参加调研。

27日下午 纪检组长陈蕾在署机关主持召开驻署监察局全体会议，传达全国纪检监察系统开展会员卡专项清退电视电话会议精神，部署审计署纪检监察干部会员卡专项清退活动。

28日上午 党组书记刘家义在署机关主持召开党组会议，研究有关人事事项和《审计署因私出国（境）管理办法（送审稿）》。党组副书记董大胜，党组成员余效明、孙宝厚、侯凯、陈蕾和李勇库出席。法规司、人教司、机关党委和驻署监察局负责同志列席相关内容的研究。

28日上午 审计长刘家义在署机关主持召开审计长会议，研究《违反审计监督规定行为处分办法（送审稿）》。副审计长董大胜、余效明，总审计师孙宝厚，副审计长侯凯，纪检组长陈蕾和中央经济责任审计工作联席会议办公室主任李勇库出席。法规司、各业务司、人教司、机关党委和驻署监察局负责同志列席会议。

28日下午 受副审计长石爱中委托，副审计长董大胜在京出席国务院召开的南水北调工程建设委员会第七次会议筹备工作情况汇报会。投资司主要负责同志参加会议。

29日下午 审计长刘家义出席中央国家机关工委召开的关于加强作风建设专题座谈会。

29日上午 副审计长侯凯赴全国人大预工委就2012年度中央预算执行情况和其他财政收支的审计工作报告有关情况做汇报。办公厅和财政司负责同志参加汇报。

29日下午 纪检组长陈蕾在署机关与中央纪委干部室调研组就如何完善派驻机构统一管理工作进行座谈。驻署监察局主要负责同志参加座谈。

29日下午 副审计长侯凯在京出席国务院法制办召开的中央政治局作风建设征求意见座谈会。

27日至29日 副审计长石爱中赴青岛市出席第20届中印审计研讨会。国际司、人教司和培训中心负责同志参加会议。

30日下午 审计长刘家义和副审计长董大胜在署机关会见印度主计审计长公署副审计长桑耶尔·库玛一行。国际司负责同志参加会见。

31日上午 审计长刘家义出席全国人大财经委全体会议，就2012年度中央预算执行情况和其他财政收支的审计工作报告有关情况做汇报。

31日上午 受审计长刘家义委托，副审计长董大胜在京主持召开全国审计专业学位研究生教育指导委员会全体会议。全国审计专业学位研究生教育指导委员会委员参加会议。

31日上午 受审计长刘家义委托，总审计师孙宝厚列席国务院第10次常务会议。

31日 副审计长侯凯赴全国人大财经委就2012年度中央预算执行情况和其他财政收支的审计工作报告有关情况做汇报。办公厅、财政司和行事司负责同志参加会议。

6月

3日下午 审计长刘家义出席中央组织部召开的《干部任用条例》修订座谈会。

3日下午 副审计长侯凯赴发展改革委出席行业协会脱钩工作会议。行事司负责同志参加会议。

3日至7日 副审计长董大胜赴河北省就地方政府负债和融资平台情况进行调研。金融司主要负责同志参加调研。

4日 总审计师孙宝厚在怀柔审计干部培训基地出席2013年度审理案例研讨班。法规司主要负责同志及有关人员参加研讨班。

5日上午 审计长刘家义列席国务院第11次常务会议。

5日上午 副审计长余效明出席署离退休干部季度大会，通报审计署2013年上半年的主要工作情况。离退休办主要负责同志及有关人员参加会议。

6日下午 副审计长余效明、石爱中在署机关召集会议，听取人教司关于审计署事业单位编制调整及事业单位分类情况的汇报。人教司、服务局、计算中心、科研所、培训中心、内审协会和审计博物馆主要负责同志及有关人员参加会议。

7日下午 总审计师孙宝厚在京出席审计署审计科研所博士后工作站2013年博士后出站报告答辩会。科研所主要负责同志及有关人员参加会议。

3日至7日 纪检组长陈蔷率调研组赴安徽省、上海市、江苏省，就反腐倡廉制度建设和廉政风险防控工作对上海特派办、南京特派办和3个省（市）及其部分市、县审计机关进行调研。

8日上午 审计长刘家义在京出席中央国家机关部门党组（党委）中心组学习经验交流会。

8日下午 副审计长董大胜在署机关出席第四届中印青年审计论坛启动会。国际司和科研所主要负责同志及有关人员参加会议。

8日下午 副审计长余效明在怀柔审计干部培训基地出席审计署2013年社会管理综合治理工作培训班。服务局主要负责同志及有关人员参加培训。

3日至10日 中央经济责任审计工作联席会议办公室主任李勇库率中国审计代表团赴爱沙尼亚出席世界审计组织环境审计工作组第15次大会，访问匈牙利审计署。

13日上午 党组书记刘家义在署机关主持召开党组会议，研究审计署党组中心组2013年第二季度学习会与厅局级正职领导干部研究班有关安排等事项。党组副书记董大胜，党组成员余效明、孙宝厚、侯凯、陈蔷和李勇库出席。副审计长石爱中，办公厅、法规司、人教司、机关党委、驻署监察局、科研所和培训中心负责同志列席相关内容的研究。

13日上午 审计长刘家义在署机关主持召开审计长会议，研究《关于检查审计署2012年度预算执行情况的结果情况报告（送审稿）》。副审计长董大胜、余效明、石爱中，总审计师孙宝厚，副审计长侯凯，纪检组长陈蔷和中央经济责任审计工作联席会议办公室主任李勇库出席。办公厅、法规司、行事司、国际司、驻署监察局、服务局和计算中心负责同志列席会议。

13日上午 审计长刘家义在署机关主持召开审计业务会议，研究《审计署关于19个县财政扶贫资金审计情况的报告（送审稿）》。副审计长董大胜、余效明、石爱中，总审计师孙宝厚，副审计长侯凯，纪检组长陈蔷和中央经济责任审计工作联席会议办公室主任李勇库出席。办公厅、法规司、财政司、行事司和科研所负责同志列席会议。

13日上午 审计署优秀博士学位论文评审小组召开专题会议，研究审定审计署2013年优秀博士学位论文人选名单。审计长刘家义，副审计长董大胜、石爱中和总审计师孙宝厚出席。科研所和出版社主要负责同志列席会议。

14日上午 审计长刘家义列席国务院第12次常务会议。

14日上午 副审计长董大胜在署机关出席矿

产资源开发利用保护及相关资金征管情况审计中期交流会议。农业司和各特派办负责同志及有关人员参加会议。

14日上午 副审计长石爱中和总审计师孙宝厚在京出席国家审计指南专家委员会会议，对《工程质量审计指南》进行审议。办公厅、法规司、投资司、科研所和太原、济南特派办负责同志及有关人员参加会议。

14日上午 副审计长侯凯出席十八届中央纪委常委会第十四次会议。

14日下午 副审计长董大胜和总审计师孙宝厚在京出席国家审计指南专家委员会会议，对《商业银行审计指南》和《人身保险公司审计指南》进行审议。办公厅、法规司、金融司、科研所和广州特派办负责同志及有关人员参加会议。

17日上午 审计长刘家义在人民大会堂出席中国共产主义青年团第十七次全国代表大会开幕式。

17日下午 中共中央政治局常委、国务院总理李克强和中央书记处书记、国务委员杨晶到审计署调研，视察财政扶贫资金审计汇总现场和商业银行联网审计数据分析现场，同审计署干部职工进行座谈，听取工作汇报。李克强就如何进一步做好审计工作做重要讲话，他强调，审计监督的法律地位是宪法确立的，要进一步强化审计工作，用“火眼金睛”看好国家钱财，确保公共资金节约、合理、有效使用，推进宏观调控政策落实和制度完善，为持续发展经济、不断改善民生、促进社会公正提供有力保障。审计长刘家义汇报审计工作，副审计长董大胜、余效明、石爱中，总审计师孙宝厚，副审计长侯凯，纪检组长陈蔷，中央经济责任审计工作联席会议办公室主任李勇库和党组成员、办公厅主任陈尘肇参加汇报。署机关各单位、各特派员办事处和各派出审计局主要负责同志参加座谈。

18日 审计署领导班子全体成员和署机关各单位、各特派员办事处、各派出审计局主要负责同志在署机关分组学习总理来署考察调研时的重要讲话精神。

18日下午 审计署在署机关召开全署干部职工大会，学习传达总理讲话精神，提出贯彻落实的要求和措施。审计长刘家义，副审计长余效明，总审计师孙宝厚，纪检组长陈蔷和党组成员、办公厅主任陈尘肇出席。署机关各单位、各派出审计局全体人员，各直属事业单位副处级以上干部，各特派员办事处主要负责同志和在京参加审计项目的副处级以上干部参加会议。

17日上午、18日、19日 副审计长石爱中在京出席十二届全国政协常委会第二次会议。

18日下午 副审计长侯凯在京出席中共中央办公厅召开的清理和规范庆典论坛研讨会活动工作会议。

18日至19日 审计长刘家义出席中央党的群众路线教育实践活动工作会议。

19日下午 审计长刘家义列席国务院第13次常务会议。

19日 副审计长董大胜赴广州市出席审计报社和出版社召开的部分省区通联宣传工作会议及“审计文化书屋”建设工作座谈会。审计报社和出版社主要负责同志，部分省、市审计厅（局）主管宣传工作的副厅（局）长及有关人员参加会议。其间，董大胜会见广东省人民政府省长朱小丹。

19日下午 副审计长石爱中在京列席十二届全国政协第五次主席会议。

20日下午 党组书记刘家义在署机关主持召开党组会议，研究《审计署深入开展党的群众路线教育实践活动实施方案（送审稿）》。党组副书记董大胜，党组成员余效明、孙宝厚、侯凯、陈蔷和李勇库出席。办公厅、法规司、人教司、机关党委、驻署监察局和服务局负责同志列席会议。

20日下午 审计长刘家义在署机关主持召开审计业务会议，研究《2012年城镇保障性安居工程跟踪审计报告和审计结果公告稿（送审稿）》。副审计长余效明，总审计师孙宝厚，副审计长侯凯，纪检组长陈蔷和中央经济责任审计工作联席会议办公室主任李勇库出席。办公厅、法规司、社保司和科研所负责同志列席会议。

21日下午 审计长刘家义主持召开审计署党的群众路线教育实践活动领导小组第一次会议，纪检组长陈蔷出席。领导小组办公室各组组长参加会议。

20日至21日 副审计长董大胜赴广东省就地方政府负债和融资平台情况进行调研。其间，董大胜听取中国银行广东分行、深圳分行及驻港机构审计组的工作汇报。金融司负责同志参加调研。

24日 2013年度高级审计师评审会在怀柔审计干部培训基地召开，审计长刘家义，副审计长董大胜，总审计师孙宝厚和副审计长侯凯出席。高级审计师评审委员会委员参加会议。

20日至24日 副审计长石爱中赴银川市出席中国民主促进会第十三届中央常务委员会第三次会议。

25日上午 纪检组长陈蔷主持召开会议，就党风廉政建设工作进行座谈。办公厅、法规司、企业司、驻署监察局、服务局、新闻报刊局和旅游侨务局负责同志参加座谈会。

25日上午 中央经济责任审计工作联席会议办公室主任李勇库赴中央组织部会见副部长王尔乘，通报经济责任审计工作有关情况并听取意见。经责司负责同志参加会见。

25日下午 审计长刘家义列席中央政治局第7次集体学习。

25日下午 审计长刘家义和纪检组长陈蔷与中央第三十二督导组同志进行座谈。领导小组办公室成员参加座谈。

26日上午 审计长刘家义列席国务院第14次常务会议。

26日上午 副审计长侯凯出席十八届中央纪委常委会第十五次会议。

27日上午 党组书记刘家义在署机关主持召开党组会议，研究审计署开展党的群众路线教育实践活动有关事项和有关人事事项。领导小组办公室各组组长，办公厅、法规司和驻署监察局负责同志列席相关内容的研究。

27日下午 受国务院委托，审计长刘家义在第十二届全国人民代表大会常务委员会第三次会议上做《关于2012年度中央预算执行和其他财政收支的审计工作报告》。副审计长侯凯参加会议。

26日至27日 副审计长石爱中赴审计干部教育学院出席2013年度财务会计培训班毕业典礼，并与培训班学员进行座谈。人教司、培训中心和南京审计学院负责同志及有关人员参加毕业典礼和座谈。

27日下午 总审计师孙宝厚赴北京市审计局就审计法制工作开展情况进行调研。法规司主要负责同志参加调研。

28日上午 审计长刘家义出席全国组织工作会议。

28日上午 副审计长侯凯出席第十二届全国人民代表大会常务委员会第三次会议审计工作报告分组审议会议。办公厅、财政司、行事司、投资司和金融司负责同志及有关人员参加会议。

28日至30日 副审计长石爱中在京主持召开会议，就审计博物馆纪念审计署成立30周年展陈列方案有关事项进行研究。科研所、审计学会和博物馆负责同志及有关人员参加会议。

7月

1日上午 审计署召开党的群众路线教育实践活动动员大会。审计署党组书记、审计长、署教育实践活动领导小组组长刘家义做动员讲话，对审计署教育实践活动做出部署和安排，中央第三十二督导组组长柳斌杰做指示。副审计长余效明、石爱中，总审计师孙宝厚，副审计长侯凯，纪检组长陈蔷，中央经济责任审计工作联席会议办公室主任李勇库和署党组成员、办公厅主任陈尘肇出席。署机关各单位、各特派员办事处和各派出审计局全体同志及有关人员在署机关主会场或通过视频在分会场参加会议。

1日下午 受审计长刘家义委托，副审计长余效明在署机关传达中央文件精神。副审计长侯凯，纪检组长陈蔷和中央经济责任审计工作联席会议办公室主任李勇库出席。

1日下午和23日下午 总审计师孙宝厚赴国家宗教事务局与该局领导班子成员就经济责任审计事项分别进行谈话。民族宗教局主要负责同志参加谈话。

3日上午 总理李克强主持召开国务院第15次常务会议，就2012年度中央预算执行和其他财政收支审计查出问题的整改工作进行部署。审计长刘家义列席会议并就相关情况进行汇报。副审计长侯凯和办公厅负责同志参加会议。

3日上午 副审计长余效明和纪检组长陈蔷在署机关出席审计署党的群众路线教育实践活动领导小组督导组培训会议。署教育实践活动领导小组督导组成员参加会议。

4日上午 党组书记刘家义在署机关主持召开党组会议，研究《关于听取对署党组及党组成员意见的函（送审稿）》和《关于听取对署党组及党组成员、署各单位意见的通知（送审稿）》。党组成员余效明、孙宝厚、侯凯、陈蔷和李勇库出席。副审计长石爱中，署教育实践活动领导小组办公室各组组长，办公厅和驻署监察局负责同志列席相关内容的研究。

5日上午 中央第三十二督导组同志在京先后与副审计长余效明、石爱中，总审计师孙宝厚，副审计长侯凯，纪检组长陈蔷，中央经济责任审计工作联席会议办公室主任李勇库和署党组成员、办公厅主任陈尘肇进行谈话。

5日下午 审计长刘家义出席中央党的群众路线教育实践活动领导小组第二次会议。

5日下午 副审计长余效明在署机关会见中国大唐集团公司董事长陈进行一行，就审计有关事项进行会谈。企业司主要负责同志及有关人员参加会见。

1日至7日 审计署2013年度新录用公务员初任培训班在怀柔审计干部培训基地举办。2日下午，总审计师孙宝厚为学员做专题讲座。6日上午，审计长刘家义与学员进行座谈。

8日下午 总审计师孙宝厚在署机关出席有关审计调查项目中期碰头会。外资司和外资中心主要负责同志及有关人员参加会议。

8日至10日 中共中央政治局常委、中央纪委书记王岐山赴黑龙江省调研指导党的群众路线教育实践活动，审计长刘家义作为中央党的群众路线教育实践活动领导小组成员陪同前往。

9日下午 副审计长石爱中在京出席审计数据分析师高级培训班座谈会。计算中心主要负责同志和培训班全体学员参加座谈会。

4月23日至7月12日 副审计长石爱中在京主持《中国国家审计学（上）》审稿工作。

9日至12日 审计署党组中心组第二季度学习扩大会在怀柔审计干部培训基地召开。会议以提高认识，统一思想，增强开展党的群众路线教育实践活动的自觉性为主题，就中国共产党党章、党的十八大报告和中央领导同志重要讲话精神进行学习和讨论。党组书记刘家义，党组副书记董大胜，党组成员余效明、孙宝厚、侯凯、陈蔷和李勇库出席。中央第三十二督导组负责同志列席。副审计长石爱中，署机关各单位、各特派员办事处和各派出审计局主要负责同志参加学习扩大会。

13日至16日 2013年度省级审计机关厅局级正职领导干部研究班在怀柔审计干部培训基地召开。审计长刘家义，副审计长董大胜、余效明、石爱中，总审计师孙宝厚，副审计长侯凯，纪检组长陈蔷和中央经济责任审计工作联席会议办公室主任李勇库出席。办公厅、人教司、机关党委、驻署监察局主要负责同志，各省、自治区、直辖市和计划单列市，新疆生产建设兵团审计厅（局）和南京审计学院主要负责同志参加研究班。

15日上午 党组书记刘家义在怀柔审计干部培训基地主持召开党组会议，研究《署机关各部门2012年度综合考核结果（送审稿）》《关于进一步精简提请署党组会议审计长会议和审计业务会议研究议题的建议（送审稿）》和有关人事事项。党组副书记董大胜，党组成员余效明、孙宝厚、侯凯、陈蔷和李勇库出席。副审计长石爱中，办公厅、法规司、人教司、机关党委和驻署监察局负责同志列席相关内容的研究。

15日上午 审计长刘家义在怀柔审计干部培训基地主持召开审计长会议，研究《关于调整2013年度署统一组织审计项目计划的报告（送审稿）》。副审计长董大胜、余效明、石爱中，总审计师孙宝厚，副审计长侯凯，纪检组长陈蔷和中央经济责任审计工作联席会议办公室主任李勇库出席。办公厅和法规司负责同志列席会议。

16日上午 审计长刘家义列席国务院召开的经济形势专家企业负责人座谈会。

16日上午 受审计长刘家义委托，副审计长石爱中在京出席国务院进一步规范外事管理工作全国电视电话会议。国际司主要负责同志参加会议。

17日上午 审计长刘家义列席国务院第17次常务会议。

17日上午 副审计长余效明在署机关会见中国冶金科工集团公司副董事长沈鹤庭一行，就审计有关事项进行会谈。

17日下午 审计长刘家义列席中央党的建设领导小组第4次会议。

17日下午 副审计长余效明在署机关会见中

国石油天然气集团公司董事长周吉平一行，就审计有关事项进行会谈。企业司主要负责同志及有关人员参加会见。

17 日下午　副审计长余效明和纪检组长陈蔷在署机关听取署教育实践活动领导小组办公室第二督导组工作汇报。署教育实践活动领导小组办公室督导组组长和第二督导组全体同志及有关人员参加汇报。

18 日至 19 日　纪检组长陈蔷分别与驻署监察局司局级领导干部进行谈话并听取意见。

19 日下午　纪检组长陈蔷主持召开审计署党的群众路线教育实践活动领导小组办公室会议。署教育实践活动领导小组办公室综合组、宣传组、督导组组长参加会议。

22 日上午　总审计师孙宝厚在署机关出席国外贷援款项目绩效审计实务研究课题论证会。外资司主要负责同志及有关人员参加会议。

24 日上午　受审计长刘家义委托，总审计师孙宝厚列席国务院第 18 次常务会议。

24 日上午　副审计长侯凯出席十八届中央纪委常委会第十六次会议。

24 日下午　副审计长石爱中在署机关会见国家统计局局长马建堂一行，就经济责任审计有关事项交换意见。发展统计局主要负责同志参加会见。

25 日上午　总审计师孙宝厚在京出席中国注册会计师协会第五届常务理事会第三次（扩大）会议。

25 日下午　总审计师孙宝厚在署机关会见中国铁路总公司副总经理卢春房一行，就近几年世行亚行贷款铁路项目审计有关情况进行座谈。外资司主要负责同志及有关人员参加会见。

22 日至 26 日　副审计长石爱中在京出席中央统战部举办的统一战线深入学习贯彻中共十八大精神专题研讨班。

26 日下午　副审计长侯凯在京出席国务院教育督导委员会全体会议。行事司主要负责同志参加会议。

18 日至 26 日　审计长刘家义赴美国参加联合国审计委员会第 67 次会议并应邀访问坦桑尼亚审计署。其间，联合国授予刘家义“联合国维持世界和平奖”，以表彰他及其带领的审计团队，通过实施联合国维持和平行动审计，对维持世界和平做出的贡献。

26 日下午　副审计长董大胜和纪检组长陈蔷在京出席中央第三十二督导组各联系单位领导小组办公室主任会议。署教育实践活动领导小组办公室有关负责同志参加会议。

27 日至 28 日上午　审计署在怀柔审计干部培训基地举办全国政府性债务审计培训班。审计长刘家义，副审计长董大胜、余效明、石爱中，总审计师孙宝厚，副审计长侯凯，纪检组长陈蔷和中央经济责任审计工作联席会议办公室主任李勇库出席。各省、自治区、直辖市和计划单列市、新疆生产建设兵团审计厅（局），署机关有关单位，部分派出审计局，各特派员办事处主要负责同志及有关人员在主会场，各省、自治区、直辖市和计划单列市审计厅（局）、新疆生产建设兵团审计局、市（地、州、盟、区）和县（市、区、旗）审计局，署机关各单位、各特派员办事处、各派出审计局报名参加政府性债务审计的人员通过视频在分会场参加培训。

29 日至 30 日　党组书记刘家义在署机关主持召开审计署党组反对“四风”专题讨论会，党组成员孙宝厚、侯凯、陈蔷和李勇库分别就反对形式主义、官僚主义、享乐主义和奢靡之风做专题发言。党组副书记董大胜，党组成员余效明出席。副审计长石爱中，署教育实践活动领导小组办公室各组组长，办公厅和驻署监察局负责同志列席会议。

30 日下午　审计长刘家义列席中央政治局第 8 次集体学习。

31 日上午　纪检组长陈蔷参加驻署监察局集体学习，观看警示教育片。驻署监察局全体同志参加学习。

31 日下午　纪检组长陈蔷在署机关主持召开驻署监察局青年干部座谈会，以“用心工作”为主题进行座谈，听取青年干部对其“四风”方面问题的意见建议。

31 日上午和 8 月 2 日上午　副审计长石爱中在京主持召开会议，就纪念审计署成立 30 周年展陈大纲进行修订。审计学会和审计博物馆主要负责同志及有关人员参加会议。

8月

1日上午 纪检组长陈蔷为驻署监察局党支部讲党课。

1日下午 党组书记刘家义在署机关主持召开党组会议，研究《纪念新中国审计机关成立30周年专题展陈大纲》等文稿。党组副书记董大胜，党组成员余效明、孙宝厚、侯凯、陈蔷和李勇库出席。副审计长石爱中，办公厅、法规司、人教司、机关党委、驻署监察局、科研所、审计学会和审计博物馆负责同志列席相关内容的研究。

1日下午 审计长刘家义在署机关主持召开审计长会议，研究《审计署2012年度绩效报告》等文稿。副审计长董大胜、余效明、石爱中，总审计师孙宝厚，副审计长侯凯，纪检组长陈蔷和中央经济责任审计工作联席会议办公室主任李勇库出席。办公厅、法规司、各业务司、人教司、机关党委、驻署监察局和科研所负责同志列席相关内容的研究。

2日上午 审计署召开神舟系列飞船科研人员事迹报告视频会。审计长刘家义，副审计长余效明、石爱中，总审计师孙宝厚，副审计长侯凯，纪检组长陈蔷和中央经济责任审计工作联席会议办公室主任李勇库出席。署机关各单位、各特派员办事处、各派出审计局全体同志在署机关主会场或通过视频在分会场参加报告会。

2日下午 党组书记刘家义主持召开署教育实践活动领导小组督导工作会议，对前期督导工作进行总结，对下一阶段督导工作提出要求。党组副书记董大胜，党组成员余效明、侯凯和陈蔷出席。署教育实践活动领导小组办公室综合组、督导组、宣传组组长和署派8个督导组组长及有关人员参加会议。中央第三十二督导组同志应邀参加会议。

6日下午 副审计长侯凯在署机关会见财政部副部长张少春，就党的群众路线教育实践活动征求意见情况进行座谈。财政司负责同志参加座谈。

9日上午 审计署召开先进典型事迹报告及司局级领导干部专题交流视频会。审计长刘家义，副审计长石爱中，总审计师孙宝厚，副审计长侯凯，纪检组长陈蔷和中央经济责任审计工作联席会议办公室主任李勇库出席。署机关各单位、各特派员办事处和各派出审计局全体同志在署机关主会场或通过视频在分会场参加会议。

10日上午 副审计长侯凯出席十八届中央纪委常委会第十七次会议。

5日至16日 根据署教育实践活动领导小组统一安排，署党组成员分别赴天津、陕西、辽宁、吉林、黑龙江、上海、江苏、山东、广东、深圳、河南、湖北、湖南、重庆、四川、云南、陕西、甘肃等18个省市，听取地方审计机关和署驻地方特派员办事处，特别是审计一线和基层审计干部对署党组及各成员在“四风”方面的意见，以及改进审计工作和推进问题整改的建议。同时解全国政府性债务审计工作进展情况。

13日上午 副审计长石爱中在京出席对口援疆项目竣工决算审计会议。投资司主要负责同志和相关省审计厅负责同志及有关人员参加会议。

13日上午 总审计师孙宝厚赴国务院法制办出席会议，就社会救助法草案有关事宜进行研究。法规司主要负责同志参加会议。

13日上午 纪检组长陈蔷在署机关会见中央纪委副秘书长兼监察综合室主任傅奎。驻署监察局负责同志参加会见。

13日下午 根据审计署党的群众路线教育实践活动领导小组统一安排，总审计师孙宝厚赴教育部与副部长杜玉波进行座谈，听取该部对审计署党组及各位党组成员在“四风”方面的意见建议。

14日下午 审计长刘家义出席中央党的群众路线教育实践活动领导小组第三次会议。

15日上午 党组书记刘家义主持召开署教育实践活动领导小组会议，传达中央党的群众路线教育实践活动领导小组第三次会议精神，对下一阶段工作做出部署。党组副书记董大胜，党组成员余效明和陈蔷出席。署教育实践活动领导小组办公室各组组长参加会议。

15日上午 副审计长余效明在署机关会见湖南省人民政府省长助理袁建尧一行，就审计有关事项交换意见。企业司主要负责同志及有关人员参加会见。

15日下午 根据审计署党的群众路线教育实践活动领导小组统一安排，纪检组长陈蔷赴中国工商银行与监事长赵林进行座谈，听取该行对审计署党组及各位党组成员在“四风”方面的意见建议。

16 日上午 审计长刘家义列席国务院第 20 次常务会议。

16 日上午 副审计长余效明在署机关会见工业和信息化部副部长马兴瑞、中国航天科技集团公司总经理雷凡培一行，就审计有关事项交换意见。企业司主要负责同志及有关人员参加会见。

16 日上午 副审计长侯凯出席十八届中央纪委常委会第十八次会议。

19 日上午 副审计长余效明在署机关会见中国港中旅集团公司总经理王帅廷，就审计有关事项交换意见。企业司负责同志及有关人员参加会见。

19 日上午 副审计长石爱中在署机关会见中国南方电网有限责任公司董事长赵建国一行，就审计有关事项交换意见。投资司主要负责同志参加会见。

19 日上午 受副审计长董大胜委托，总审计师孙宝厚在京出席第一次全国地理国情普查电视电话会议。农业司主要负责同志参加会议。

19 日至 20 日 全国宣传思想工作会议在京召开。审计长刘家义出席 19 日上午的全体会议，副审计长董大胜全程出席会议。

19 日下午、20 日和 21 日下午 党组书记刘家义在署机关先后主持召开司局级干部、离退休干部、党外干部和青年干部座谈会，听取他们对其本人和署党组在“四风”方面存在的问题和意见建议。党组副书记董大胜，党组成员余效明、孙宝厚、侯凯、陈蔷和李勇库出席。副审计长石爱中，署教育实践活动领导小组办公室各组组长，驻署监察局主要负责同志，20 位司局级干部代表，13 位离退休干部代表，6 位党外干部代表和 15 位青年干部代表分别参加座谈会。中央第三十二督导组同志应邀参加司局级干部座谈会。

20 日上午 副审计长侯凯出席十八届中央纪委常委会第十九次会议。

21 日上午 审计长刘家义列席国务院第 21 次常务会议。

21 日上午 副审计长余效明在署机关主持召开离退休干部工作领导小组会议，研究特派办离退休干部工作指导意见等事宜。办公厅、人教司、机关党委、离退休办和服务局负责同志参加会议。

21 日上午 副审计长董大胜和石爱中在署机关出席审计署推荐参加第 13 届中国青年科技奖候选人评审会。人教司、计算中心和培训中心主要负责同志及有关人员参加会议。

21 日上午 副审计长石爱中在署机关主持召开会议，就审计操作技巧和行业审计读本两类丛书编写工作有关事项进行研究。办公厅、法规司、人教司、计算中心、科研所和培训中心负责同志参加会议。

21 日上午 根据审计署党的群众路线教育实践活动领导小组统一安排，中央经济责任审计工作联席会议办公室主任李勇库赴中国航天科技集团公司与副总经理李金生进行座谈，征求该公司对审计署党组及各成员在“四风”方面的意见建议。

21 日下午 副审计长石爱中在署机关会见国家统计局局长马建堂，就经济责任审计有关事项交换意见。

22 日上午和 27 日上午 党组书记刘家义在署机关主持召开党组会议，研究署领导班子在“四风”方面存在的突出问题。党组副书记董大胜，党组成员余效明、孙宝厚、侯凯、陈蔷和李勇库出席。副审计长石爱中，署教育实践活动领导小组办公室各组组长和驻署监察局主要负责同志及有关人员参加会议。中央第三十二督导组雷加富应邀列席 8 月 22 日上午的座谈会。

22 日下午 党组书记刘家义在署机关主持召开党组会议，研究有关人事事项、《署机关各部门 2012 年度综合考核结果》《审计署党组中心组专题学习活动方案》和《关于进一步规范审计署工作人员因公临时出国的意见》等文稿。党组副书记董大胜，党组成员余效明、孙宝厚、侯凯、陈蔷和李勇库出席。副审计长石爱中，办公厅、法规司、境外司、国际司、人教司、机关党委、驻署监察局和培训中心负责同志列席相关内容的研究。

22 日下午 审计长刘家义在署机关主持召开审计长会议，听取关于审计署政府信息公开工作情况的汇报。副审计长董大胜、余效明、石爱中，总审计师孙宝厚，副审计长侯凯，纪检组长陈蔷和中央经济责任审计工作联席会议办公室主任李勇库出席。办公厅、法规司、人教司和驻署监察局负责同志列席会议。

23日上午 党组书记刘家义在署机关主持召开署老领导座谈会，听取他们对其本人和署党组在“四风”方面存在的问题和意见建议。党组副书记董大胜、党组成员余效明、孙宝厚、侯凯、陈蔷和李勇库，署老领导吕培俭、任景德、罗进新、郑力、王道成、翟熙贵和安国出席。副审计长石爱中，署教育实践活动领导小组办公室综合组、督导组和宣传组组长及有关人员参加会议。中央第三十二督导组同志应邀参加座谈会。

23日下午 根据审计署党的群众路线教育实践活动领导小组统一安排，副审计长董大胜赴中国人民银行与副行长胡晓炼进行座谈，听取该行对审计署党组及各党组成员在“四风”方面的意见建议。

23日下午 纪检组长陈蔷在署机关主持召开组局案件审理会议。驻署监察局负责同志及有关人员参加会议。

26日上午 副审计长余效明在署机关会见中国航天科技集团公司董事长许达哲一行，就经济责任审计有关事项交换意见。企业司主要负责同志及有关人员参加会见。

26日上午 副审计长石爱中在署机关会见安全部副部长马建一行，就审计有关事项交换意见。投资司主要负责同志参加会见。

26日下午 根据审计署党的群众路线教育实践活动领导小组统一安排，副审计长余效明赴国资委与副主任徐福顺进行座谈，听取该委对审计署党组及各位党组成员在“四风”方面的意见建议。

26日下午 纪检组长陈蔷检查驻署监察局关于审计署司局级干部廉政档案建设情况。

26日下午 中央经济责任审计工作联席会议办公室主任李勇库赴北京市保障性住房建设投资中心进行调研。服务局主要负责同志和基建办有关人员参加调研。

27日上午 党组书记刘家义在署机关主持召开会议，专题研究署领导班子在“四风”方面存在的突出问题。党组副书记董大胜，党组成员余效明、孙宝厚、侯凯、陈蔷和李勇库出席。副审计长石爱中，署教育实践活动领导小组办公室各组组长和驻署监察局主要负责同志参加会议。

27日下午 党组书记刘家义在署机关主持召开会议，听取署派8个督导组阶段性工作汇报。党组副书记董大胜，党组成员余效明、孙宝厚、侯凯和陈蔷出席。署教育实践活动领导小组办公室综合组、督导组和宣传组组长，署派8个督导组组长及有关人员参加会议。

28日上午 审计长刘家义列席国务院第22次常务会议。

30日上午 审计长刘家义在京出席部分中央和国家机关党组（党委）教育实践活动领导小组组长座谈会并做交流发言。副审计长董大胜一同出席会议。

30日上午 副审计长余效明看望署老领导吕培俭并为其85岁生日祝寿。

30日上午 纪检组长陈蔷在署机关出席部分廉政风险科技防控试点单位演示会。计算中心和驻署监察局主要负责同志及有关人员参加会议。

30日下午 审计署组织在京副处级以上干部集体收看《失德之害——领导干部从政道德警示录》专题电教片。审计长刘家义，副审计长董大胜、余效明、石爱中，总审计师孙宝厚，副审计长侯凯，纪检组长陈蔷和中央经济责任审计工作联席会议办公室主任李勇库出席。之后，受刘家义委托，机关党委主要负责同志传达中央文件精神。署机关各单位和各派出审计局副处级以上干部参加上述活动。

30日下午 党组书记刘家义在署机关主持召开党组会议，传达部分中央和国家机关党组（党委）教育实践活动领导小组组长座谈会精神和刘云山在座谈会上的讲话，并就如何贯彻落实会议精神、抓好审计署教育实践活动下一阶段工作做出部署。党组副书记董大胜，党组成员余效明、孙宝厚、侯凯、陈蔷和李勇库出席。副审计长石爱中，署教育实践活动领导小组办公室综合组、督导组、宣传组组长，办公厅负责同志及有关人员参加会议。

9月

2日上午 副审计长董大胜和纪检组长陈蔷

在署机关组织署派督导组各组组长集中学习中央文件。署派 8 个督导组组长和署教育实践活动领导小组办公室督导组全体人员参加会议。

2 日上午 副审计长石爱中和纪检组长陈蔷在京召集会议，就廉政风险科技防控软件开发有关事项进行研究。驻署监察局和计算中心主要负责同志参加会议。

2 日下午 副审计长石爱中在署机关会见农业部副部长张桃林一行，就经济责任审计有关事项交换意见。农林水利局主要负责同志参加会见。

2 日下午 副审计长侯凯在京出席全国人大常委会义务教育法执法检查组第一次全体会议，就贯彻实施义务教育法情况做汇报。行事司主要负责同志参加会议。

4 日上午 署教育实践活动领导小组办公室主任董大胜和副主任陈蔷向中央第三十二督导组汇报审计署开展党的群众路线教育实践活动的情况。

4 日下午 党组书记刘家义在署机关主持召开会议，讨论研究署党组党的群众路线教育实践活动对照检查材料。党组副书记董大胜，党组成员余效明、孙宝厚、侯凯、陈蔷和陈尘肇出席。副审计长石爱中，署教育实践活动领导小组办公室各组组长，办公厅和驻署监察局负责同志参加会议。

5 日上午 副审计长侯凯出席十八届中央纪委常委会第二十次会议。

6 日下午 副审计长石爱中和总审计师孙宝厚在双榆树事业单位办公楼参加科研所 2013 年博士后招录面试工作。

6 日上午 审计长刘家义列席国务院第 23 次常务会议。

10 日上午 副审计长董大胜赴南京审计学院出席坦桑尼亚审计官员研修班开班式。境外司和国际司主要负责同志参加开班式。

11 日下午 审计署组织集体收看《苏联亡党亡国 20 年祭——俄罗斯人在诉说》。审计长刘家义，副审计长董大胜、余效明、石爱中，总审计师孙宝厚，副审计长侯凯，纪检组长陈蔷和中央经济责任审计工作联席会议办公室主任李勇库出席。署机关各单位和各派出审计局副处级以上干部收看纪录片。

11 日下午 总审计师孙宝厚在署机关主持召开会议，就审计基本知识问答的编写工作进行研究。办公厅、法规司和科研所主要负责同志参加会议。

12 日下午 党组书记刘家义在署机关主持召开党组会议，研究署党组党的群众路线教育实践活动对照检查材料，听取关于审计群像先进集体和个人事迹材料审改情况的汇报。党组副书记董大胜，党组成员余效明、孙宝厚、侯凯和陈蔷出席。署教育实践活动领导小组办公室各组组长，办公厅和驻署监察局负责同志列席相关内容的研究。

13 日上午 总审计师孙宝厚听取外资司有关审计项目的情况汇报。外资司主要负责同志及有关人员参加汇报。

5 日至 14 日 中央经济责任审计工作联席会议办公室主任李勇库赴中国井冈山干部学院参加中央组织部组织的 2013 年省部级干部党性教育专题培训班。

12 日至 15 日 副审计长石爱中在京参加 2013 年第二期民进第十三届中央委员培训班。

16 日至 17 日 副审计长石爱中赴江苏省南通市检查指导审计博物馆纪念审计机关成立 30 年展陈工作。

17 日上午 审计长刘家义在京出席中国残联第六次全国代表大会开幕式。

18 日上午 审计长刘家义列席国务院第 24 次常务会议。

23 日至 24 日 副审计长余效明在京出席第四次全国对口支援新疆工作会议。

23 日上午 副审计长侯凯在京出席国务院召开的加强扶贫资金管理汇报会。行事司主要负责同志参加会议。

23 日上午 副审计长侯凯在京出席全国人大预工委组织召开的事业单位预决算管理情况座谈会。行事司主要负责同志参加会议。

23 日上午 中央经济责任审计工作联席会议办公室主任李勇库赴中央纪委会见副书记张军，通报经济责任审计工作有关情况并听取意见。经责司负责同志参加会见。

24 日下午 总审计师孙宝厚在署机关主持召开会议，就审计基本知识问答的编写工作做了分工。办公厅、法规司、各业务司、机关党委、驻署监察局、计算中心、科研所负责同志及有关人员参加会议。

22 日至 25 日 中共中央政治局常委、中央纪委书记王岐山赴黑龙江省参加该省党委领导班子专题民主生活会，审计长刘家义作为中央党的群众路线教育实践活动领导小组成员参加专题民主生活会。

25 日上午 副审计长董大胜在京会见参加第九届中、日、韩最高审计机关工作层会议的代表。国际司负责同志参加会见。

25 日上午 受审计长刘家义委托，副审计长余效明列席国务院第 25 次常务会。

25 日 副审计长石爱中和总审计师孙宝厚出席审计署 2012—2013 年度重点科研课题结项评审会议。

26 日下午 副审计长董大胜赴北京市人民政府出席世界审计组织第二十一届大会部署会。北京市常务副市长李士祥出席。办公厅、国际司、服务局负责同志，北京市相关部门和单位负责同志参加会议。

23 日至 26 日 中央经济责任审计工作联席会议办公室主任李勇库赴长沙特派办进行调研。服务局主要负责同志和基建办有关人员参加调研。

27 日上午 审计长刘家义和副审计长董大胜在署机关出席坦桑尼亚审计官员研修班结业式。国际司主要负责同志及有关人员参加结业式。

27 日上午 副审计长余效明赴人力资源社会保障部会见副部长王晓初，就内部审计工作有关事项进行会谈。人教司和内审协会负责同志及有关人员参加会见。

27 日下午 党组书记刘家义在署机关主持召开党组会议，研究有关人事事项、《中共审计署党组关于进一步加强和改进署党组作风建设的规定》和《审计署驻地方特派员办事处离退休干部工作规定》等文稿。党组副书记董大胜，党组成员余效明、孙宝厚、侯凯、陈蔷和李勇库出席。副审计长石爱中，署教育实践活动领导小组办公室各组组长，办公厅、法规司、人教司、机关党委、驻署监察局、服务局和离退休办负责同志列席相关内容的研究。

27 日下午 审计长刘家义在署机关主持召开审计业务会议，听取关于 2013 年 6 位省级党委政府主要领导干部经济责任审计情况的汇报。副审计长董大胜、余效明、石爱中，总审计师孙宝厚，副审计长侯凯，纪检组长陈蔷和中央经济责任审计工作联席会议办公室主任李勇库出席。办公厅、法规司、财政司、农业司、经责司、科研所，沈阳、南京、武汉、郑州和兰州特派办负责同志列席会议。

29 日上午 副审计长董大胜在署机关会见中国银行行长李礼辉一行，就审计有关事项交换意见。金融司主要负责同志参加会谈。

29 日上午 副审计长余效明和总审计师孙宝厚在署机关出席企业审计法规向导评审会。办公厅、法规司、行事司、投资司、金融司、企业司、外资司、境外司、经责司和科研所负责同志及有关人员参加会议。

29 日上午 副审计长侯凯出席十八届中央纪委常委会第二十一次会议。

29 日下午 审计长刘家义在署机关主持召开审计业务会议，研究有关审计报告初稿。副审计长董大胜、石爱中，总审计师孙宝厚，副审计长侯凯，纪检组长陈蔷和中央经济责任审计工作联席会议办公室主任李勇库出席。办公厅、法规司、行事司、经责司、科研所、发展统计局、民族宗教局、政法审计局、民政社保局、财税海关局、交通运输局、农林水利局、文化体育局、新闻报刊局和科学工程局负责同志列席会议。

30 日上午 审计长刘家义列席中央政治局第 9 次集体学习。

10月

8 日上午 审计长刘家义列席国务院第 26 次常务会议。

8 日下午 副审计长石爱中赴南京市出席审计干部教育学院 2013 年度工程投资管理与审计培训班开班式。投资司和审计干部教育学院负责同志及全体学员参加开班式。

10 日下午 副审计长石爱中出席计算中心组织的金审三期工程建设任务及投资协调会。计算中心主要负责同志及有关人员参加会议。

12 日上午 审计长刘家义在署机关主持召开座谈会，就如何进一步加强对地方审计机关的业务领导和工作指导进行研究。副审计长石爱中、侯凯，中央经济责任审计工作联席会议办公室主任李勇库和署党组成员、办公厅主任陈尘肇出席。浙江、山东、湖北、广东、陕西省审计厅主要负责同志，办公厅、法规司和人教司负责同志参加座谈会。

12 日上午 副审计长侯凯在署机关会见江苏省省长李学勇和常务副省长李云峰，就审计有关事项交换意见。财政司负责同志参加会议。

14 日下午 审计长刘家义和副审计长余效明在署机关会见云南省省长李纪恒一行，就审计有关事项交换意见。企业司主要负责同志及有关人员参加会见。

15 日上午 审计署第四届特约审计员聘任大会在署机关举行。审计长刘家义向来自民主党派、全国工商联、无党派的特约审计员颁发聘书并讲话，副审计长余效明主持会议，副审计长石爱中宣读审计署第四届特约审计员名单。中央统战部副部长斯塔应邀出席并讲话，台盟中央副主席黄志贤代表各民主党派中央做讲话，欧阳昌琼代表审计署第四届特约审计员发言。总审计师孙宝厚，纪检组长陈蕾，中央经济责任审计工作联席会议办公室主任李勇库和署党组成员、办公厅主任陈尘肇出席。民革中央副主席刘家强，民盟中央副主席张平，民建中央副主席张少琴，民进中央副主席刘新成，农工党中央副主席何维，九三学社中央常务副主席邵鸿和全国工商联副主席安七一应邀出席会议。法规司、各业务司、人教司、机关党委、驻署监察局、服务局、科研所、报社和出版社负责同志及有关人员参加会议。

15 日上午 总审计师孙宝厚在署机关出席审计署 2013 年优秀审计项目评选工作启动会，要求全体评审人员做到严格评审、总结研究、守规保密。法规司主要负责同志和全体评审人员参加会议。

15 日上午 副审计长侯凯出席十八届中央纪委常委会第二十二次会议。

15 日下午 党组书记刘家义在署机关主持召开党组会议，研究有关人事事项和《中共审计署党组群众路线教育实践活动对照检查材料》《审计署党的群众路线教育实践活动整改措施及责任分工》《中共审计署党组关于进一步加强和改进署党组作风建设的规定》等文稿。党组成员余效明、孙宝厚、侯凯、陈蕾、李勇库和陈尘肇出席。副审计长石爱中，署教育实践活动领导小组办公室各组组长，办公厅、法规司、国际司、人教司、机关党委和驻署监察局负责同志列席相关内容的研究。

16 日下午 总审计师孙宝厚在署机关会见甘肃省常务副省长刘永富，就审计有关事项交换意见。财政司和兰州特派办负责同志参加会见。

10 日至 16 日 副审计长董大胜在京参加中央组织部和中央纪委联合举办的省部级领导干部廉洁从政研修班。

17 日 党组书记刘家义在华审宾馆第一会议室主持召开审计署党组党的群众路线教育实践活动专题民主生活会。围绕为民务实清廉，以“反对‘四风’、服务群众”为重点，署党组及党组成员认真对照检查，积极开展批评和自我批评。党组副书记董大胜，党组成员余效明、孙宝厚、侯凯、陈蕾、李勇库、陈尘肇，中央第三十二督导组组长柳斌杰、副组长雷加富等全体成员出席。副审计长石爱中参加会议。中央纪委、中央组织部、中央国家机关工委派员到会指导。

18 日上午和 30 日上午 审计长刘家义在署机关主持召开会议，就进一步加强和改进审计工作进行研究。副审计长董大胜、余效明、石爱中，总审计师孙宝厚，副审计长侯凯，纪检组长陈蕾和中央经济责任审计工作联席会议办公室主任李勇库出席。办公厅、法规司和人教司负责同志参加会议。

18 日上午 受审计长刘家义委托，副审计长石爱中出席在人民大会堂举行的中国工会第十六次全国代表大会开幕式。

18 日下午 审计长刘家义列席国务院第 27 次常务会议。

20 日 副审计长石爱中在京出席中国民主促进会第十三届中央常务委员会第四次会议。

21 日下午 审计长刘家义在署机关主持召开署机关和派出机构主要负责同志会议，对审计署各单位深入开展党的群众路线教育实践活动提出要求。会上，副审计长余效明通报署党组专题民主生活会情况，传达中央第三十二督导组组长柳斌杰对审计署党组专题民主生活会的点评讲话要点，对下一步教育实践活动做出安排。副审计长石爱中，总审计师孙宝厚，副审计长侯凯，纪检组长陈蕾，中央经济责任审计工作联席会议办公室主任李勇库和署党组成员、办公厅主任陈尘肇出席。署机关各单位、各特派员办事处和各派出审计局主要负责同志及有关人员参加会议。

22 日下午　副审计长余效明在署机关会见国家邮政局局长马军胜一行，就审计有关事项交换意见。行事司和交通运输局主要负责同志及有关人员参加会见。

22 日下午　中央经济责任审计工作联席会议办公室主任李勇库在署机关听取青海省审计厅副厅长卫强关于经济责任审计工作情况的汇报。

18 日至 20 日　审计长刘家义在京先后会见时任世界审计组织主席、南非审计长特伦斯·农贝贝，世界审计组织秘书长、奥地利审计长约瑟夫·莫瑟，世界审计组织第二副主席、沙特阿拉伯审计长奥萨马·法齐，与美国审计长基恩·多达罗，俄罗斯审计长塔季扬娜·戈利科娃，古巴审计长格拉迪丝·贝赫拉诺进行双边会谈。在会见时，刘家义分别与俄罗斯审计长塔季扬娜·戈利科娃和南非审计长特伦斯·农贝贝签署双边合作协议。

23 日上午和 24 日上午　副审计长余效明在双榆树事业单位办公楼主持召开会议，先后向署老领导及离退休干部通报署党组专题民主生活会有关情况。

23 日　副审计长侯凯在京出席中央巡视工作动员部署会议。

23 日下午　纪检组长陈蕾在署机关主持召开会议，就审计署党的群众路线教育实践活动督导下一阶段工作提出要求。署派 8 个督导组组长，署教育实践活动领导小组办公室督导组全体成员参加会议。

24 日下午　副审计长余效明和纪检组长陈蕾在署机关出席署机关副处级以上党员干部会议，通报署党组专题民主生活会有关情况。

25 日下午　审计长刘家义列席国务院第 28 次常务会议。

22 日至 26 日　世界审计组织第二十一届大会在北京召开，来自 160 多个国家的世界审计组织成员、协作成员和观察员 600 余人参加大会。22 日上午，世界审计组织第二十一届大会开幕式在人民大会堂举行，国务院总理李克强出席并致辞，国务委员、国务院秘书长杨晶出席，审计长刘家义接任世界审计组织主席。23 日晚，世界审计组织成立 60 周年庆典活动在北京国家会议中心举行，世界审计组织主席刘家义致辞，并向大会展示为纪念世界审计组织第二十一届大会发行的两枚纪念邮票和首日封，世界审计组织奖项——艾尔莫·施塔茨奖和约尔格·坎杜什奖评委会在庆典上宣布 2013 年度的获奖者名单并颁奖。24 日晚，杨晶代表李克强总理在钓鱼台国宾馆宴请出席世界审计组织第二十一届大会的各代表团团长及主要陪同人员。26 日，世界审计组织第二十一届大会闭幕，本届大会就“国家审计与国家治理”和“最高审计机关在维护财政政策的长期可持续性领域的作用”两项主议题进行讨论，通过大会正式成果文件——《北京宣言》，选举产生新一届理事会及其他世界审计组织领导层。审计长刘家义、副审计长董大胜全程参加大会，副审计长余效明、石爱中，总审计师孙宝厚，副审计长侯凯，纪检组长陈蕾，中央经济责任审计工作联席会议办公室主任李勇库和署党组成员、办公厅主任陈尘肇出席大会开幕式、世界审计组织成立 60 周年庆典、24 日晚宴和 26 日闭幕晚宴。北京市市长王安顺应邀出席大会开幕式和 24 日晚宴，副市长张延昆出席 26 日闭幕晚宴。署机关各单位、各特派员办事处和各派出审计局主要负责同志参加大会开幕式和世界审计组织成立 60 周年庆典。

26 日上午　受审计长刘家义委托，副审计长余效明在京出席中央党的群众路线教育实践活动领导小组第五次会议。

28 日上午　审计长刘家义、副审计长余效明和纪检组长陈蕾在京出席中国妇女第十一次全国代表大会开幕式。

28 日上午　总审计师孙宝厚在署机关出席有关审计项目集中审理工作动员暨培训会。法规司、企业司和经责司负责同志及全体审理人员参加会议。

29 日　总审计师孙宝厚在怀柔审计干部培训基地出席涉嫌犯罪案例分析专题研讨班。法规司负责同志及有关人员参加研讨班。

29 日　纪检组长陈蕾在署机关主持召开驻署纪检组监察局办公会议，部署组局教育实践活动下一阶段工作。

29 日下午 审计长刘家义列席中央政治局第10次集体学习。

29 日下午 副审计长董大胜在署机关会见中国银行行长李礼辉一行，就经济责任审计有关事项交换意见。金融司主要负责同志及有关人员参加会见。

27 日至 29 日 应澳门特区审计署邀请，署党组成员、办公厅主任陈尘肇作为世界审计组织理事会主席、审计长刘家义的特别代表，赴澳门出席葡语国家联盟最高审计机关组织座谈会。28日，澳门特区行政长官崔世安会见陈尘肇。

30 日上午 审计长刘家义列席国务院第 29 次常务会议。

30 日上午 总审计师孙宝厚出席全国人大常委会立法工作会议。法规司主要负责同志参加会议。

30 日上午 副审计长侯凯赴中国长江三峡集团公司出席中央第九巡视组巡视三峡集团工作动员会。

30 日下午 审计长刘家义在京出席中央党的群众路线第一批教育实践活动工作座谈会。

31 日上午 审计长刘家义列席中央政治局常委会议。

31 日下午 审计长刘家义在国务院列席国务院经济形势专家企业负责人座谈会。

31 日上午 副审计长董大胜在署机关会见人力资源社会保障部副部长杨志明一行，就审计有关事项交换意见。民政社保局主要负责同志及有关人员参加会见。

31 日上午 副审计长余效明在京出席国务院最低生活保障政策落实情况督查工作动员部署会。社保司负责同志及有关人员参加会议。

31 日下午 副审计长董大胜在怀柔审计干部培训基地主持召开会议，就世界审计组织第二十一届大会有关情况进行总结。财政司、境外司、国际司和科研所主要负责同志及有关人员参加会议。

11 月

1 日上午 审计长刘家义在国务院小礼堂出席地方政府职能转变和机构改革工作电视电话会议。

1 日下午 党组书记刘家义在署机关主持召开党组会议，研究有关人事事项和《关于进一步加大审计力度努力实现审计监督全覆盖的意见（送审稿）》。党组副书记董大胜，党组成员余效明、孙宝厚、侯凯、陈蕾和李勇库出席。副审计长石爱中，办公厅、法规司、人教司、机关党委、驻署监察局和科研所负责同志列席相关内容的研究。

1 日下午 审计长刘家义在署机关主持召开审计长会议，研究《审计机关核查社会审计机构审计报告规定（送审稿）》《全国审计工作会议方案（送审稿）》和关于进一步规范审计档案管理工作等事项。副审计长董大胜、余效明、石爱中，总审计师孙宝厚，副审计长侯凯，纪检组长陈蕾和中央经济责任审计工作联席会议办公室主任李勇库出席。办公厅、法规司、各业务司、人教司、机关党委、驻署监察局、服务局、科研所和培训中心负责同志列席相关内容的研究。

1 日下午 审计长刘家义在署机关主持召开审计业务会议，研究《中央部门 2013 年度预算执行审计和决算（草案）审签工作方案（送审稿）》。副审计长董大胜、余效明、石爱中，总审计师孙宝厚，副审计长侯凯，纪检组长陈蕾和中央经济责任审计工作联席会议办公室主任李勇库出席。办公厅、法规司、财政司和行事司负责同志列席会议。

4 日下午 副审计长石爱中和总审计师孙宝厚在署机关出席会议，就联网审计制度建设有关事项进行研究。办公厅、法规司和计算中心负责同志参加会议。

5 日上午 纪检组长陈蕾在署机关主持召开驻署纪检组监察局办公会议，传达中央领导同志讲话精神，研究党的群众路线教育实践活动整改措施及近期工作。

6 日下午 副审计长余效明接受人民网关于审计署党的群众路线教育实践活动开展情况的在线访谈。

7 日上午 审计长刘家义列席中央政治局常委会议。

7 日上午 副审计长余效明在署机关出席全

署妇女大会，传达中国妇女第十一次全国代表大会精神。署机关各单位和各派出审计局负责同志及全体女同志参加会议。

7日下午 审计长刘家义在署机关主持召开会议，传达中央文件。副审计长石爱中、侯凯和纪检组长陈蔷出席。署机关各单位和各派出审计局全体人员参加会议。

7日下午 审计长刘家义和副审计长石爱中在京出席审计操作技巧和行业审计读本丛书编写启动会。办公厅、法规司、财政司、行事司、投资司、金融司、企业司、社保司、计算中心、科研所、培训中心、财税海关局，沈阳、上海、南京、武汉、长沙、广州、深圳和兰州特派办负责同志及有关人员参加会议。

6日至8日 受署党组委托，总审计师孙宝厚率考察组赴南京市和杭州市，先后对陈尘肇和袁野挂职期间工作情况进行考察。人教司负责同志及有关人员参加考察。

4日至8日 副审计长董大胜和中央经济责任审计工作联席会议办公室主任李勇库在京参加中央组织部组织的学习贯彻习近平总书记系列讲话精神集中轮训班。

9日至12日 审计长刘家义出席党的十八届三中全会。副审计长侯凯列席会议。

9日 副审计长石爱中在京出席中国审计学会审计教育分会2013年学术会，参加审计专业硕士教育组讨论。人教司负责同志及有关人员参加会议。

11日上午 副审计长董大胜在署机关会见北京市人民政府副市长林克庆，就审计有关情况进行沟通。金融司负责同志及有关人员参加会见。

11日上午 总审计师孙宝厚在署机关出席有关审计项目审理工作启动会。法规司、财政司和经责司负责同志及有关人员参加会议。

11日下午 副审计长石爱中和总审计师孙宝厚在京参加审计科研所2012级博士后中期检查。科研所主要负责同志及有关人员参加检查。

13日上午 审计长刘家义列席国务院第30次常务会议。

13日上午 副审计长石爱中在署机关会见韩国检察教育院代表团。国际司主要负责同志及有关人员参加会见。

13日至15日 审计署党组中心组第四季度学习会在怀柔审计干部培训基地召开。会议以学习贯彻党的十八届三中全会精神，以改革创新精神推动审计事业科学发展为主题，就党的十八届三中全会精神和习近平总书记一系列重要讲话进行学习和讨论。党组书记刘家义，党组副书记董大胜，党组成员孙宝厚、陈蔷、李勇库和陈尘肇出席。副审计长石爱中，署机关各单位、各特派员办事处和各派出审计局主要负责同志参加中心组学习会。

4日至15日 副审计长余效明先后赴内蒙古自治区和山西省就国务院最低生活保障政策落实情况进行督查。社保司负责同志及有关人员参加督查。

18日下午 受审计长刘家义委托，副审计长董大胜在京出席国务院南水北调工程建设委员会第七次全体会议。投资司主要负责同志参加会议。

19日上午 审计署举办有关财政审计培训班。副审计长董大胜做动员，署党组成员、办公厅主任陈尘肇主持会议。纪检组长陈蔷和中央经济责任审计工作联席会议办公室主任李勇库出席。署机关各单位、各派出审计局全体参加审计的同志在署机关主会场，各特派员办事处全体人员，各省、自治区、直辖市和计划单列市审计厅（局）全体参加审计的同志通过视频在分会场参加会议。

19日上午 审计署2013年离退休干部集体祝寿活动在京举行。副审计长董大胜和署党组成员、办公厅主任陈尘肇出席。办公厅、人教司、机关党委、离退休办和服务局负责同志参加活动。

18日至20日上午 副审计长石爱中在京出席全国政协第十二届全国委员会常务委员会第三次会议。

19日下午和20日下午 副审计长董大胜、石爱中先后在怀柔审计干部培训基地出席全国审计科研所长培训班。

20日上午 审计长刘家义列席国务院第31次常务会议。

20日上午 副审计长董大胜在署机关会见河南省委常委、统战部部长史济春一行，就审计有关情况进行沟通。农业司主要负责同志及有关人员参加会见。

20日下午 副审计长董大胜在京出席全国政

协经济委员会主任会议。

21日上午 副审计长董大胜赴财政部出席有关财政审计进点会。财政司主要负责同志及有关人员参加进点会。

21日下午 副审计长董大胜在京出席行业协会商会与行政机关脱钩方案汇报会。行事司主要负责同志参加会议。

21日下午 纪检组长陈蕾在署机关主持召开驻署纪检组监察局办公会议，研究加强审计署党风廉政建设的具体措施。驻署监察局主要负责同志及有关人员参加会议。

22日上午 审计长刘家义在署机关主持召开党组会议，讨论中央纪委文件，研究《中共审计署党组群众路线教育实践活动整改落实方案》《审计署党的群众路线教育实践活动制度建设计划》《审计署深入开展“四风”突出问题专项整治实施方案》《全国政府性债务审计先进公务员集体和先进公务员评选有关情况的请示》《中共审计署党组关于学习贯彻党的十八届三中全会精神和习近平总书记系列讲话有关安排的通知》等文稿，听取关于审计署2014年预算工作有关情况的汇报。党组副书记董大胜，党组成员余效明、孙宝厚、陈蕾、李勇库和陈尘肇出席。副审计长石爱中，署教育实践活动领导小组办公室各组组长，办公厅、法规司、财政司、行事司和驻署监察局负责同志列席相关内容的研究。

22日上午 审计长刘家义在署机关主持召开审计长会议，研究职工住房管理和津补贴规范有关工作。办公厅、行事司、人教司、机关党委、驻署监察局和服务局负责同志列席相关内容的研究。

24日下午 党组书记刘家义在署机关主持召开党组会议，就进一步加强审计署保密工作进行部署。党组副书记董大胜，党组成员余效明、陈蕾、李勇库和陈尘肇出席。副审计长石爱中，人教司、机关党委和驻署监察局主要负责同志列席会议。

25日上午 副审计长余效明在署机关主持召开特派办考核领导小组会议，就特派办综合考核办法修订有关事宜进行研究。考核领导小组全体成员及有关人员参加会议。

25日下午 副审计长董大胜在署机关会见卫生计生委副主任陈啸宏一行，就审计有关事项进行沟通。行事司和卫生药品局主要负责同志及有关人员参加会见。

25日下午 纪检组长陈蕾在署机关主持召开会议，研究落实党风廉政建设有关分工任务。办公厅、法规司、人教司、机关党委、驻署监察局、计算中心和培训中心负责同志参加会议。

26日上午 副审计长董大胜在署机关会见中国农业发展银行行长郑晖一行，就审计有关事项交换意见。金融司主要负责同志及有关人员参加会见。

26日下午 副审计长董大胜赴北京市财政局有关财政审计现场进行检查指导。

27日上午 副审计长董大胜赴人力资源和社会保障部与部长尹蔚民就审计有关事项交换意见。外交外事局和民政社保局负责同志参加交换意见。

27日上午 纪检组长陈蕾出席中央纪委监察部组织召开的部分中央和国家机关派驻纪检组长（纪委书记）座谈会并做交流发言。

27日下午 审计长刘家义和副审计长董大胜在署机关会见国务院扶贫开发领导小组办公室主任刘永富一行，就审计有关事项进行沟通。行事司主要负责同志及有关人员参加会见。

26日至28日 副审计长余效明和中央经济责任审计工作联席会议办公室主任李勇库在京参加十二届全国政协第一期新任委员学习研讨班。

29日下午 副审计长董大胜在京出席全国人大常委会义务教育法执法检查组第二次全体会议。行事司主要负责同志及有关人员参加会议。

12月

2日上午 副审计长石爱中在京出席中国审计学会学术委员会会议。科研所、内审协会和审计学会主要负责同志及有关人员参加会议。

2日上午 纪检组长陈蕾在署机关主持召开驻署纪检组监察局办公会议，研究审计署党风廉政建设工作检查情况综合报告。驻署监察局主要负责同志及有关人员参加会议。

2日上午 中央经济责任审计工作联席会议办公室主任李勇库在署机关会见中央编办副主任吴知论一行，就审计有关事项交换意见。行事司和经责司负责同志参加会见。

2日下午　审计长刘家义在署机关主持召开审计长会议，研究《审计署年度综合检查管理办法》《审计署2014年度统一组织审计项目计划》和《审计署关于2014年地方审计机关开展审计业务工作的指导意见》等文稿。副审计长董大胜、余效明、石爱中，总审计师孙宝厚，纪检组长陈蔷，中央经济责任审计工作联席会议办公室主任李勇库和署党组成员、办公厅主任陈尘肇出席。办公厅、法规司、各业务司、人教司、机关党委、离退休办、驻署监察局、服务局、计算中心和科研所负责同志列席相关内容的研究。

3日上午　审计长刘家义列席中央政治局会议。署党组成员、办公厅主任陈尘肇随同参加会议。

3日上午　副审计长董大胜在京出席行业协会商会与行政机关脱钩会议工作领导小组第二次会议。行事司主要负责同志参加会议。

3日下午　审计长刘家义列席中央政治局第11次集体学习。

4日上午　审计长刘家义列席国务院第32次常务会议。

4日上午　中央经济责任审计工作联席会议办公室主任李勇库在京出席经济责任审计工作研讨会，听取部分高校和科研机构专家学者对《党政主要领导干部和国有企业领导人员经济责任审计规定》实施细则的修改意见。经责司负责同志及有关人员参加会议。

4日下午　副审计长董大胜在京出席中央党内法规制定工作会议。办公厅负责同志参加会议。

4日下午　纪检组长陈蔷在京出席中央第三十二督导组召开的相关单位教育实践活动领导小组办公室主任会议。署教育实践活动领导小组办公室有关人员参加会议。

5日上午　中央经济责任审计工作联席会议办公室主任李勇库在署机关出席经济责任审计工作研讨会，听取署机关部分司局对《党政主要领导干部和国有企业领导人员经济责任审计规定》实施细则的修改意见。外资司、经责司和人教司负责同志及有关人员参加会议。

2日至6日　副审计长余效明在京参加省部级干部学习贯彻习近平总书记系列讲话精神集中轮训。

6日上午　副审计长石爱中在京出席“计算机审计基础知识资源库”项目方案论证会。计算中心、内审协会和审计学会计算机分会主要负责同志参加论证会。

7日　副审计长石爱中在京出席中国民主促进会实职干部座谈会。

8日下午　副审计长石爱中在京出席中国民主促进会第十三届中央常务委员会第五次会议。

9日上午　审计署举办2013年财政审计培训班，审计长刘家义做动员讲话，副审计长董大胜主持。副审计长余效明，纪检组长陈蔷，中央经济责任审计工作联席会议办公室主任李勇库和署党组成员、办公厅主任陈尘肇出席。署机关各单位、各派出审计局主要负责同志及参审人员在署机关主会场，各特派员办事处主要负责同志及参审人员通过视频在分会场参加培训。

9日下午　副审计长董大胜在署机关会见中国投资有限责任公司总经理高西庆和监事长李晓鹏一行，就审计有关事项交换意见。金融司主要负责同志及有关人员参加会见。

10日至13日　审计长刘家义在京出席中央经济工作会议。

10日上午　副审计长董大胜在署机关听取派出审计局预算执行审计工作开展情况汇报。行事司、外交外事局、发展统计局、教育审计局、科学技术局、工业审计局、政法审计局、民政社保局、财税海关局、资源环保局、建设审计局、交通运输局、农林水利局、贸易审计局、文化体育局、卫生药品局、国资监管局、经济执法局、新闻报刊局、科学工程局和宣传审计局主要负责同志及有关人员参加汇报。

10日下午　副审计长董大胜出席审计署对事业单位和特派办综合检查动员会，对综合检查工作提出要求，署党组成员、办公厅主任陈尘肇主持会议。综合检查组全体成员和署教育实践活动督导组成员参加会议。

10日下午　副审计长董大胜出席署保密委员会会议，就全署保密工作提出要求。署党组成员、办公厅主任陈尘肇主持会议，并对下一步保密工作做出具体安排。署保密委员会全体成员和保密办人员参加会议。

10 日下午 总审计师孙宝厚在署机关主持召开审计署优秀审计项目评选领导小组会议。办公厅、法规司、各业务司、人教司、机关党委、驻署监察局、计算中心和科研所负责同志参加会议。

11 日上午 中央经济责任审计工作联席会议办公室主任李勇库在署机关出席经济责任审计工作座谈会，听取部分司局及地方审计机关对党政主要领导同志同步审计工作意见。财政司和经责司主要负责同志及有关人员参加会议。

11 上午 副审计长余效明在署机关主持召开全国审计工作会议协调筹备会。署党组成员、办公厅主任陈尘肇出席。办公厅、法规司、人教司、服务局、计算中心和培训中心有关人员参加会议。

11 日下午 副审计长董大胜在署机关会见财政部部长、原中国投资有限责任公司董事长兼首席执行官楼继伟和中国投资有限责任公司首席风险官、风险部总监郭向军一行，就审计有关事项交换意见。金融司主要负责同志及有关人员参加会见。

13 日上午 中共中央政治局常委、中央纪委书记王岐山在京听取黑龙江省教育实践活动情况汇报，审计长刘家义参加听取汇报。

13 日上午 副审计长董大胜在京出席 2013 年农业与资源环境审计培训班开班式。农业司主要负责同志及有关人员参加开班式。

13 日上午 纪检组长陈蔷在署机关出席驻署监察局年终考核暨述职述廉会议。驻署监察局全体人员参加会议。

9 日至 13 日 副审计长石爱中在京参加省部级干部学习贯彻习近平总书记系列讲话精神集中轮训。

15 日上午 审计长刘家义出席中央党的群众路线教育实践活动领导小组第六次会议。

15 日上午 总审计师孙宝厚在怀柔审计干部培训基地为审计案例师资培训班学员授课。

16 日上午 审计长刘家义在署机关主持召开审计业务会议，研究有关审计报告（送审稿）。副审计长董大胜、余效明、石爱中，总审计师孙宝厚，纪检组长陈蔷，中央经济责任审计工作联席会议办公室主任李勇库和署党组成员、办公厅主任陈尘肇出席。办公厅、法规司、企业司、经责司、科研所，京津冀、哈尔滨、上海、广州、济南、西安、成都、长沙、长春和重庆特派办负责同志列席会议。

17 日下午 审计长刘家义在署机关主持召开党组会议，研究有关人事事项、《关于提请审定 2013 年优秀审计项目评选结果的请示》《关于推荐全国“六五”普法中期先进集体和先进个人的请示》《审计署 2014 年度外事工作计划》《关于进一步整合和加强我署督办工作的请示》《关于进一步加强我署保密工作机构建设的请示》《审计署干部离职兼职（任职）管理办法》《审计署关于对口支援赣南苏区会昌县振兴发展的实施意见》等文稿，听取关于审计署 2014 年预算工作有关情况的汇报。党组副书记董大胜，党组成员余效明、陈蔷、李勇库和陈尘肇出席。副审计长石爱中，署教育实践活动领导小组办公室各组组长，办公厅、法规司、财政司、行事司和驻署监察局负责同志列席相关内容的研究。

17 日上午 审计长刘家义在京出席第八届全国人民满意的公务员和集体代表表彰大会。

17 日上午 副审计长董大胜就中央预算执行审计工作有关情况向全国人大常委会预算工作委员会做汇报。财政司和行事司主要负责同志及有关人员参加汇报。

17 日晚 总审计师孙宝厚在怀柔审计干部培训基地出席审计署审计法规和审理工作专题研讨班并讲话。法规司负责同志和各特派办有关人员参加研讨。

18 日上午 审计长刘家义列席国务院第 33 次常务会议。署党组成员、办公厅主任陈尘肇及财政司主要负责同志参加会议。

18 日上午 副审计长董大胜赴中国建设银行会见行长张建国，就金融审计数据分析平台有关事项进行交流。金融司主要负责同志及有关人员参加会见。

18 日上午 副审计长石爱中在怀柔审计干部培训基地主持召开会议，就怀柔审计干部培训基地改造相关事项进行研究。办公厅、服务局和培训中心负责同志参加会议。

18 日下午 副审计长、内审协会会长余效明在京出席内审协会第六届常务理事会第五次会议。内审协会秘书处主要负责同志及有关人员参加会议。

19日上午　副审计长董大胜在怀柔审计干部培训基地出席2013年深化金融审计研讨班开班式并讲话。金融司主要负责同志和部分省（市）审计厅（局）、特派员办事处有关人员参加研讨。

19日下午　中央经济责任审计工作联席会议办公室主任李勇库在署机关主持召开会议，听取经责司近期工作情况汇报。经责司主要负责同志及有关人员参加会议。

19日晚　署党组成员、办公厅主任陈尘肇在京出席国务院新闻办举办的新年招待会。

20日上午　副审计长董大胜在署机关出席财政审计、农业与资源环保审计常用定性表述及适用法规向导专家评审会。署机关和事业单位的近20位评审专家参加会议。

20日下午　署党组成员、办公厅主任陈尘肇赴中央纪委，与中央巡视工作领导小组办公室主任黎晓宏就中央巡视工作与审计工作协调配合有关事项进行沟通。办公厅、法规司、财政司、行事司、金融司、企业司、投资司、经责司有关同志参加工作沟通。

23日　副审计长董大胜在京出席中央农村工作会议。

23日下午　副审计长石爱中在怀柔审计干部培训基地出席审计干部培训管理研讨班并讲话。审计干部培训管理研讨班全体人员参加。

24日上午　纪检组长陈蕾在署机关参加驻署监察局党支部民主生活会。

24日下午　总理李克强听取审计署2013年度审计工作情况汇报。审计长刘家义，副审计长董大胜、余效明、石爱中，总审计师孙宝厚，纪检组长陈蕾，中央经济责任审计工作联席会议办公室主任李勇库和署党组成员、办公厅主任陈尘肇及办公厅负责同志参加汇报。

24日下午　审计长刘家义出席国务院研究相关审计结果公告事宜的会议。署党组成员、办公厅主任陈尘肇及财政司主要负责同志参加会议。

24日晚　审计长刘家义在署机关主持召开党组会议，研究《刘家义审计长在全国审计工作会议上的讲话》《审计署2014年度统一组织审计项目计划》《审计署2014年地方审计机关开展审计业务工作的指导意见》等文稿，听取关于学习贯彻习近平总书记系列讲话精神集中轮训工作安排的汇报。党组副书记董大胜，党组成员余效明、孙宝厚、陈蕾、李勇库和陈尘肇出席。副审计长石爱中，办公厅、法规司、各业务司、人教司、机关党委、驻署监察局、服务局、科研所和培训中心负责同志列席相关内容的研究。

24日晚　审计长刘家义在署机关主持召开审计长会议，听取关于特派办津补贴有关事项的汇报。副审计长董大胜、余效明、石爱中，总审计师孙宝厚，纪检组长陈蕾，中央经济责任审计工作联席会议办公室主任李勇库和署党组成员、办公厅主任陈尘肇出席。办公厅、行事司、人教司、机关党委和驻署监察局负责同志列席会议。

25日上午　审计长刘家义列席国务院第34次常务会议。

25日上午　副审计长董大胜赴国家发展改革委出席2013年度投资审计工作进点会。国家发展改革委副主任穆虹出席。财政司和发展统计局主要负责同志及有关人员参加进点会。

26日上午　审计长刘家义在北京人民大会堂出席中共中央举行的纪念毛泽东同志诞辰120周年座谈会。

26日上午　副审计长余效明和署党组成员、办公厅主任陈尘肇赴中央宣传部就审计公告有关事宜进行沟通。办公厅和财政司负责同志及有关人员陪同前往。

26日上午　副审计长石爱中赴天津市审计局就审计信息化工作开展情况进行调研。计算中心主要负责同志参加调研。

26日晚　审计长刘家义在署机关主持召开党组会议，研究有关人事事项。党组副书记董大胜，党组成员余效明、孙宝厚、陈蕾、李勇库和陈尘肇出席。副审计长石爱中，人教司、机关党委和驻署监察局负责同志列席会议。

26日晚　审计长刘家义在署机关主持召开审计长会议，研究《关于2014年春节前几项工作的安排》。副审计长董大胜、余效明、石爱中，总审计师孙宝厚，纪检组长陈蕾，中央经济责任审计工作联席会议办公室主任李勇库和署党组成员、办公厅主任陈尘肇出席。人教司、机关党委和驻署监察局负责同志列席会议。

27日上午　副审计长余效明在京出席中央国家机关部门党组（党委）书记座谈会。机关党委负责同志参加座谈会。

27 日至 28 日　全国审计工作会议在怀柔审计干部培训基地召开。会议围绕深入贯彻党的十八大和十八届二中、三中全会精神，认真落实中央经济工作会议部署和总理李克强的重要指示，回顾过去工作，研究安排和部署下一步工作任务。审计长刘家义做大会讲话，副审计长董大胜传达国务院领导同志听取审计工作汇报后的重要指示，总审计师孙宝厚宣读审计署关于表彰 2013 年优秀审计项目的决定。副审计长余效明、石爱中，纪检组长陈蔷，中央经济责任审计工作联席会议办公室主任李勇库和署党组成员、办公厅主任陈尘肇出席会议。各省、自治区、直辖市，解放军审计署，各计划单列市、副省级省会城市和新疆生产建设兵团审计机关，南京审计学院，署机关各单位、各特派员办事处和各派出审计局主要负责同志，署部分特约审计员和中央有关受邀单位代表共 200 余人参加会议。

29 日上午　受审计长刘家义委托，副审计长石爱中赴济南市出席中国社会科学院财经战略研究院主办的财经战略年会。

29 日下午　副审计长石爱中赴济南特派办就审计信息化工作开展情况进行调研。

30 日上午　全国政府性债务审计专家研讨会在京召开，审计长刘家义，副审计长余效明和署党组成员、办公厅主任陈尘肇出席。办公厅、财政司和科研所负责同志及有关专家学者参加研讨。

30 日下午　审计长刘家义列席中央政治局第 12 次集体学习。

31 日上午　副审计长石爱中在京主持召开会议，就 2014 年度审计署培训计划进行研究。培训中心主要负责同志及有关人员参加会议。

31 日下午　审计长刘家义出席中央党的建设工作领导小组第 6 次会议。

31 日下午　副审计长石爱中在署机关会见中央文史馆馆员李炳华和北京市人民政府副秘书长张玉平，就审计有关事项进行沟通。投资司主要负责同志参加会见。

审计工作统计

2013 年审计工作综合情况报表——全国审计机关

指标名称	计量单位	合计	审计署本级汇总	审计署派出局汇总	审计署特派办汇总	地方审计机关汇总
一、审计单位	个	152367	72	112	523	151660
审计	个	146392	71	112	440	145769
专项审计调查	个	5975	1	0	83	5891
二、审计查出主要问题金额	万元	1758551344	482463692	10795437	489512890	775779325
违规金额	万元	92868104		165007	25880093	66823004
损失浪费金额	万元	2120149		6068	1166880	947201
管理不规范金额	万元	1663563091	482463692	10624363	462465917	708009119
三、审计发现非金额计量问题	个	836165	81	219	5457	830408
四、损益(收支)不实	万元	73863917	412	317399	31351435	42194671
五、审计发现侵害人民群众利益	万元	1940130		430	450782	1488919
六、审计期间整改金额	万元	20056574	25300	72135	6162705	13796434
七、审计报告和专项审计调查报告	篇	176540	78	112	529	175821
被批示、采用审计报告和专项审计调查报告	篇·次	8402		18	37	8347

续表

指标名称	计量单位	合计	审计署本级汇总	审计署派出局汇总	审计署特派办汇总	地方审计机关汇总
八、审计处理情况	—	—	—	—	—	—
审计处理处罚	万元	172446019	4553940	563161	48238527	119090391
其中:应上缴财政	万元	48364203	4193018	21331	15674989	28474865
其中:罚没	万元	200595		66	11566	188963
应减少财政拨款或补贴	万元	5471590		1984	1762	5467843
应归还原渠道资金	万元	35460178	1	85026	13799147	21576004
应缴纳其他资金	万元	18208404		2541	5101941	13103923
应调账处理金额	万元	63997560	360920	452280	13655072	49529289
移送处理事项	件	4905	6	44	230	4625
司法机关	件	579		8	105	466
纪检监察机关	件	1802	1	15	54	1732
有关部门	件	2524	5	21	71	2427
移送处理人员	人	7068	3	77	591	6397
司法机关	人	1097		31	336	730
其中:地厅级及以上	人	11		3	5	3
县处级	人	57		2	19	36
乡科级及以下	人	1029		26	312	691
纪检监察机关	人	2438	1	16	162	2259
其中:地厅级及以上	人	20		7	1	12
县处级	人	181		2	38	141
乡科级及以下	人	2237	1	7	123	2106
有关部门	人	3533	2	30	93	3408
其中:地厅级及以上	人	14		2	2	10
县处级	人	99		7	21	71

续表

指标名称	计量单位	合计	审计署本级汇总	审计署派出局汇总	审计署特派办汇总	地方审计机关汇总
乡科级及以下	人	3420	2	21	70	3327
移送处理金额	万元	9134470	259286	28233	1089156	7757795
司法机关	万元	840985		6861	213560	620563
纪检监察机关	万元	1666595	180000	1893	44113	1440588
有关部门	万元	6626890	79286	19479	831483	5696643
九、审计处理结果落实情况	—	—	—	—	—	—
审计促进整改落实有关问题资金	万元	137479503	14132813	311876	52894594	70140220
其中:增收节支	万元	38155445	2200	41264	8567076	29544905
已减少财政拨款或补贴	万元	4693246		548	3058	4689640
已归还原渠道资金	万元	10701068	2200	36916	3184300	7477652
已缴纳其他资金	万元	13301865	4193000	2338	2956098	6150428
已调账处理金额	万元	32496912	28213	188002	7707768	24572929
审计促进拨付资金到位	万元	7346416		16532	4545530	2784354
审计后挽回(避免)损失	万元	7670022		9107	751197	6909718
核减投资额	万元	12842665		1000	707884	12133781
移送处理落实事项	件	1782	1	18	96	1667
司法机关已处理	件	272		3	45	224
纪检监察机关已处理	件	638		8	28	602
有关部门已处理	件	872	1	7	23	841
移送处理落实人员	人	2867		21	370	2476
已追究刑事责任	人	357		5	16	336
已给予党纪政纪处分	人	1249		5	99	1145
有关部门已处理人员	人	1260		11	255	994
十、审计成果利用情况	—	—	—	—	—	—

续表

指标名称	计量单位	合计	审计署本级汇总	审计署派出局汇总	审计署特派办汇总	地方审计机关汇总
审计提出建议	条	301011	81	368	1640	298922
其中:建议制定修改部门规定	条	5900		22	112	5766
建议制定修改法律法规	条	409	1	0	19	389
被采纳审计建议	条	221244	81	327	1182	219654
被审计单位制定整改措施	项	21807	12	346	1470	19979
被审计单位建立健全规章制度	项	5695	2	72	1826	3795
促进修改法律法规	条	2		0	1	1
提交审计信息	篇	122447	26	277	1855	120289
审计专题、综合性报告	篇	13985		55	108	13822
信息简报	篇	98801	26	211	1735	96829
其中:重要审计信息	篇	10024	13	58	796	9157
被批示、采用审计信息	篇·次	68411	11	214	2282	65904
审计专题、综合性报告	篇·次	6810		47	14	6749
信息简报	篇·次	57364	11	167	2268	54918
其中:重要审计信息	篇·次	8156	2	66	1884	6204
审计信息移送案件事项	项	220	119	9		92
涉案人员	人	774	644	55		75
地厅级及以上	人	87	78	9		0
县处级	人	84	61	21		2
乡科级及以下	人	603	505	25		73
涉案金额	万元	24597358	23547955	9607		1039795
十一、向社会公告审计结果	篇	10958	32			10926
十二、被审计领导干部	人	40222	11	10	18	40201
其中:负直接责任问题金额	万元	3448123		83912	1272541	2091671

续表

指标名称	计量单位	合计	审计署本级汇总	审计署派出局汇总	审计署特派办汇总	地方审计机关汇总
涉嫌个人经济问题人数	人	18				18
金额	万元	5202				5202
十三、交办、配合事项	件	19813				19813
十四、审计机关	个	3226	1	25	18	3182
审计署及其派出机构	个	44	1	25	18	
省级审计机关	个	32				32
地级审计机关	个	437				437
县级审计机关	个	2713				2713
十五、审计人员	人	94194	517	281	2264	91132
审计署及其派出机构	人	3062	517	281	2264	
省级审计机关	人	7532				7532
地级审计机关	人	24438				24438
县级审计机关	人	59162				59162
十六、行政复议案件	件	68	51			17
行政应诉案件	件	5	1			4
政府裁决案件	件					
审计处罚听证	件	1				1

2013 年审计工作综合情况报表——审计署派出审计局

指标名称	单位	审计署派出局汇总	外交外事审计局	发展统计审计局	教育审计局	工业审计局	民族宗教审计局	政法审计局	监察人事审计局	民政社保审计局	财税海关审计局	科学技术审计局	建设审计局	交通运输审计局
一、审计单位	个	112	4	3	4	4	5	6	3	6	4	5	4	5
审计	个	112	4	3	4	4	5	6	3	6	4	5	4	5
专项审计调查	个													
二、审计查出主要问题金额	万元	10795437	83798	3348413	240818	303072	63986	152437	3898	36790	367931	1915084	73334	2140705
违规金额	万元	165007	3152	2456	32970	850	2447	24987	369	12833	16945	3844	1591	
损失浪费金额	万元	6068			52		56	20	160		35	35		2978
管理不规范金额	万元	10624363	80647	3345957	207796	302223	61483	127430	3368	23957	350951	1911205	71743	2137727
三、审计发现非金额计量问题	个	219	7	36	1	1	15		1	23	11	12	13	9
四、损益(收支)不实	万元	317399		33	87		6359		60	5974	4200	202390	5517	37006
五、审计发现侵害人民群众利益	万元	430												
六、审计期间整改金额	万元	72135	2277	1792	13619		668			7969	1328	54	3265	55
七、审计报告和专项审计调查报告	篇	112	4	3	3	4	5	5	3	6	4	5	4	5
被批示、采用审计报告和专项审计调查报告	篇·次	18	2							10				
八、审计处理情况	—	—	—	—	—	—	—	—	—	—	—	—	—	—
审计处理处罚	万元	563161	3970	2456	33247	3762	6508	2658	569	10840	19460	243449	20744	60577
其中:应上缴财政	万元	21331	892		5043		2210		77		502	761	261	1665
其中:罚没	万元	66	66											
应减少财政拨款或补贴	万元	1984									1295			

续表

指标名称	单位	审计署派出局汇总	外交外事审计局	发展统计审计局	教育审计局	工业审计局	民族宗教审计局	政法审计局	监察人事审计局	民政社保审计局	财税海关审计局	科学技术审计局	建设审计局	交通运输审计局
应归还原渠道资金	万元	85026	2997	1545	658	1934	817	663	492	1314	16665	974	1557	22934
应缴纳其他资金	万元	2541				113					68		301	
应调账处理金额	万元	452280	81	912	27546	1716	3481	1994		9526	930	232948	18625	35978
移送处理事项	件	44	2	1	1	1	2	1		2	3		1	2
司法机关	件	8								2	1			
纪检监察机关	件	15					1	1			1		1	
有关部门	件	21	2	1	1	1	1				1			2
移送处理人员	人	77	2	1	1			2		2	6			
司法机关	人	31								2	1			
其中:地厅级及以上	人	3								1	1			
县处级	人	2								1				
乡科级及以下	人	26												
纪检监察机关	人	16						2						
其中:地厅级及以上	人	7												
县处级	人	2						1						
乡科级及以下	人	7						1						
有关部门	人	30	2	1	1						5			
其中:地厅级及以上	人	2	1											
县处级	人	7		1										
乡科级及以下	人	21	1		1						5			
移送处理金额	万元	28233		33	60	131	450	42		933	5440		0	11634
司法机关	万元	6861								933	4710			
纪检监察机关	万元	1893					100	42			113		0	

续表

指标名称	单位	审计署派出局汇总	外交外事审计局	发展统计审计局	教育审计局	工业审计局	民族宗教审计局	政法审计局	监察人事审计局	民政社保审计局	财税海关审计局	科学技术审计局	建设审计局	交通运输审计局
有关部门	万元	19478		33	60	131	350				618			11634
九、审计处理结果落实情况	—	—	—	—	—	—	—	—	—	—	—	—	—	—
审计促进整改落实有关问题资金	万元	311876	83798	2456	24894	2172	439	2074	569	7074	2557	31736	19580	48069
其中:增收节支	万元	41264	3889	1545		850		80	569	1139	1697	934	1877	9050
已上缴财政	万元	3800	892						77			21	301	2050
已减少财政拨款或补贴	万元	548									432			
已归还原渠道资金	万元	36916	2997	1545		850		80	492	1139	1265	913	1575	7000
已缴纳其他资金	万元	2338											287	
已调账处理金额	万元	188002	81	912	24894	1323	56	1994		5935	860	30759	17417	39020
审计促进拨付资金到位	万元	16532	877				1576							14079
审计后挽回(避免)损失	万元	9107	66						284		147		551	1874
核减投资额	万元	1000												
移送处理落实事项	件	18	2				1			2				2
司法机关已处理	件	3												
纪检监察机关已处理	件	8					1			2				
有关部门已处理	件	7	2											2
移送处理落实人员	人	21	2											
已追究刑事责任	人	5												
已给予党纪政纪处分	人	5	1											
有关部门已处理人员	人	11	1											
十、审计成果利用情况	—	—	—	—	—	—	—	—	—	—	—	—	—	—

续表

指标名称	单位	审计署派出局汇总	外交外事审计局	发展统计审计局	教育审计局	工业审计局	民族宗教审计局	政法审计局	监察人事审计局	民政社保审计局	财税海关审计局	科学技术审计局	建设审计局	交通运输审计局
审计提出建议	条	368	20	23	5	6	23	17	9	27	13	10	10	13
其中：建议制定修改部门规定	条	22	1	3	4									
建议制定修改法律法规	条													
被采纳审计建议	条	327	19	23	4	6	20	17	9	27	10	10	10	13
被审计单位制定整改措施	项	346	32	45	2	6	21	6	10	27	19	37	6	
被审计单位建立健全规章制度	项	72	10	4			10			7			5	1
促进修改法律法规	条													
提交审计信息	篇	277	26	23	4		20	8	6	15	16	1	6	10
审计专题、综合性报告	篇	55	4	6			5	4	2	4	6			
信息简报	篇	211	22	17	4		15	4	4	11	10	1	6	10
其中：重要审计信息	篇	58	20		3		8	1	3	1	1	1		1
被批示、采用审计信息	篇·次	214	24	32	3		20	7	11	11	6	1	6	6
审计专题、综合性报告	篇·次	47	4	10			5	3	2		3			
信息简报	篇·次	167	20	22	3		15	4	9	11	3	1	6	6
其中：重要审计信息	篇·次	66	18	13	2		8	1	6	1		1		
审计信息移送案件事项	项	9												
涉案人员	人	55												
地厅级及以上	人	9												
县处级	人	21												
乡科级及以下	人	25												
涉案金额	万元	9607												
十一、交办、配合事项	件													

续表

指标名称	单位	农林水利审计局	贸易审计局	文化体育审计局	卫生药品审计局	国资监管审计局	经济执法审计局	广电通讯审计局	新闻报刊审计局	旅游侨务审计局	科学工程审计局	地震气象审计局	宣传审计局	资源环保审计局
一、审计单位	个	7	4	5	4	5	4	3	3	5	3	5	7	4
审计	个	7	4	5	4	5	4	3	3	5	3	5	7	4
专项审计调查	个													
二、审计查出主要问题金额	万元	70348	1193922	102426	34048	55106	65826	124389	28911	41729	70882	23597	34380	219605
违规金额	万元	1190	5588	4162	5167	6598	3229	215	7481	974	9153	4615	7481	6709
损失浪费金额	万元		52	774		224	224	299				13	1146	
管理不规范金额	万元	69158	1188282	97490	28881	48284	62373	123875	21430	40756	61729	18969	25753	212896
三、审计发现非金额计量问题	个	6	3	1	4	5	3	15	8	5	26		4	10
四、损益(收支)不实	万元		209	373	7120	22016	8006	11131	4693	76	367	244		1539
五、审计发现侵害人民群众利益	万元			92								338		
六、审计期间整改金额	万元	856	129	214	485	26473	479	11176	76	726	204		210	78
七、审计报告和专项审计调查报告	篇	7	4	5	4	6	4	7	3	2	3	5	7	4
被批示、采用审计报告和专项审计调查报告	篇·次						3		3					
八、审计处理情况	—	—	—	—	—	—	—	—	—	—	—	—	—	—
审计处理处罚	万元	1064	7983	3802	13200	11344	3541	29126	5154	2284	29925	4615	7481	35402
其中:应上缴财政	万元		378	120	4866	710				150		396		3299
其中:罚没	万元													
应减少财政拨款或补贴	万元			92		573			24					
应归还原渠道资金	万元	1064	1009	2530	301	434	2170	215	216	409	8084	4219	429	2631
应缴纳其他资金	万元					182	1093		7		367		410	
应调账处理金额	万元		6596	1060	8033	9445	279	28912	4906	1725	21474		6641	29472
移送处理事项	件	4	7		4	2	2	3		2			1	3

续表

指标名称	单位	农林水利审计局	贸易审计局	文化体育审计局	卫生药品审计局	国资监管审计局	经济执法审计局	广电通讯审计局	新闻报刊审计局	旅游侨务审计局	科学工程审计局	地震气象审计局	宣传审计局	资源环保审计局
司法机关	件		4											1
纪检监察机关	件	4			3	1		1		1				1
有关部门	件				1	1	2	2		1			1	1
移送处理人员	人	8	32		4	2	5	8		1			2	1
司法机关	人		27											1
其中:地厅级及以上	人		1											
县处级	人													1
乡科级及以下	人		26											
纪检监察机关	人	8			3	1		1		1				
其中:地厅级及以上	人	3			3	1								
县处级	人							1						
乡科级及以下	人	5								1				
有关部门	人		5		1	1	5	7					2	
其中:地厅级及以上	人												1	
县处级	人		5										1	
乡科级及以下	人				1	1	5	7						
移送处理金额	万元	1112	6321		32	22	21	435		460			235	872
司法机关	万元		925											294
纪检监察机关	万元	1112			26	22		387		33				58
有关部门	万元		5396		6		21	48		427			235	519
九、审计处理结果落实情况	—	—	—	—	—	—	—	—	—	—	—	—	—	—
审计促进整改落实有关问题资金	万元	383	13866	1956	6693	4157	3541	28912	5147	722	8187	2361	7428	3103
其中:增收节支	万元	383	2187	896		404	2170		240	152	7649	2346	376	2833

续表

指标名称	单位	农林水利审计局	贸易审计局	文化体育审计局	卫生药品审计局	国资监管审计局	经济执法审计局	广电通讯审计局	新闻报刊审计局	旅游侨务审计局	科学工程审计局	地震气象审计局	宣传审计局	资源环保审计局
已上缴财政	万元			120								117		222
已减少财政拨款或补贴	万元			92					24					
已归还原渠道资金	万元	383	2187	684		404	2170		216	152	7649	2229	376	2611
已缴纳其他资金	万元					182	1093				367		410	
已调账处理金额	万元		11679	1060	6693	3572	279	28912	4906	570	171		6641	270
审计促进拨付资金到位	万元													
审计后挽回(避免)损失	万元	992					5148					44		
核减投资额	万元					1000								
移送处理落实事项	件		1				4	4		1			1	
司法机关已处理	件		1				2							
纪检监察机关已处理	件							4		1				
有关部门已处理	件						2						1	
移送处理落实人员	人			3			15			1				
已追究刑事责任	人						5							
已给予党纪政纪处分	人						4							
有关部门已处理人员	人			3			6			1				
十、审计成果利用情况	—	—	—	—	—	—	—	—	—	—	—	—	—	—
审计提出建议	条	12	20	10	13	9	16	20	15	14	20	19	13	11
其中:建议制定修改部门规定	条	1				3	10							
建议制定修改法律法规	条													
被采纳审计建议	条	9	16	10	13	6	13	16	15	7	17	16	13	8

续表

指标名称	单位	农林水利审计局	贸易审计局	文化体育审计局	卫生药品审计局	国资监管审计局	经济执法审计局	广电通讯审计局	新闻报刊审计局	旅游侨务审计局	科学工程审计局	地震气象审计局	宣传审计局	资源环保审计局
被审计单位制定整改措施	项	5	4	12	7	6	18	8	28		20	18	2	7
被审计单位建立健全规章制度	项			8		12	8					2	5	
促进修改法律法规	条													
提交审计信息	篇	2	20	11	9	10	17	10	21	5	11	10	5	11
审计专题、综合性报告	篇			4			12		2			4	2	
信息简报	篇	2	20	7	9	10	5	10	8	5	11	6	3	11
其中:重要审计信息	篇	2	1		3	1	2		2		6			2
被批示、采用审计信息	篇·次	2	12	4	6	7	17	2	7	5	9	4	3	9
审计专题、综合性报告	篇·次			4			12		2				2	
信息简报	篇·次	2	12		6	7	5	2	5	5	9	4	1	9
其中:重要审计信息	篇·次	2	1		2		2			1	6			2
审计信息移送案件事项	项	1		3			2	3						
涉案人员	人	3		3			2	47						
地厅级及以上	人			1				8						
县处级	人						2	19						
乡科级及以下	人	3		2				20						
涉案金额	万元	632		238			7432	1305						
十一、交办、配合事项	件													

2013 年审计工作综合情况报表——审计署驻地方特派员办事处

指标名称	单位	审计署特派办汇总	京津冀特派办	太原特派办	沈阳特派办	哈尔滨特派办	上海特派办	南京特派办	郑州特派办	济南特派办	武汉特派办
一、审计单位	个	523	32	29	30	28	26	30	32	26	31
审计	个	440	26	24	24	23	22	24	27	23	25
专项审计调查	个	83	6	5	6	5	4	6	5	3	6
二、审计查出主要问题金额	万元	489512890	56847693	21743494	28006574	28782173	36402036	14451157	37803741	23145432	24905400
违规金额	万元	25880093	1994247	799945	1440024	790477	2652376	876486	4070825	636447	1399875
损失浪费金额	万元	1166880	139813	4953	106596	3563	30817	2745	10448	4026	30224
管理不规范金额	万元	462465917	54713632	20938596	26459954	27988133	33718843	13571926	33722468	22504959	23475302
三、审计发现非金额计量问题	个	5457	161	142	471	379	589	205	515	232	299
四、损益(收支)不实	万元	31351435	1913467	191811	1017834	2171288	359220	2448216	1622107	953045	334735
五、审计发现侵害人民群众利益	万元	450782	105016		41087	22328				231978	624
六、审计期间整改金额	万元	6162705	177715	188028	312488	62638	40145	1153	186299	158918	318402
七、审计报告和专项审计调查报告	篇	529	32	28	34	28	25	30	32	26	31
被批示、采用审计报告和专项审计调查报告	篇·次	37		1			4				
八、审计处理情况	—	—	—	—	—	—	—	—	—	—	—
审计处理处罚	万元	48238527	1059659	373372	3452390	1452318	2742266	1769879	12285292	1799976	2400821
其中:应上缴财政	万元	15674989	244898	40668	1864983	206088	2137454		2742367	583449	1262866
其中:罚没	万元	11566		2561			4725				
应减少财政拨款或补贴	万元	1762	40								

续表

指标名称	单位	审计署特派办汇总	京津冀特派办	太原特派办	沈阳特派办	哈尔滨特派办	上海特派办	南京特派办	郑州特派办	济南特派办	武汉特派办
应归还原渠道资金	万元	13799147	421699	285325	1500451	884811	455586	298400	3996953	1063569	827682
应缴纳其他资金	万元	5101941	192819	40914	30442	26311		3605	478958		3697
应调账处理金额	万元	13655072	200202	6465	56513	335108	149225	1467874	5067014	152959	306576
移送处理事项	件	230	13	12	20	30	7	10	2	13	31
司法机关	件	105	8	4	13	10	2	6		8	26
纪检监察机关	件	54	2		7	10		4	1	3	2
有关部门	件	71	3	8		10	5		1	2	3
移送处理人员	人	591	30	14	45	64	2	7	2	24	56
司法机关	人	336	26	2	31	16	2	7		12	54
其中:地厅级及以上	人	5	2		3						
县处级	人	19	4		1		1				5
乡科级及以下	人	312	20	2	27	16	1	7		12	49
纪检监察机关	人	162	3		14	25			2	3	2
其中:地厅级及以上	人	1	1								
县处级	人	38	2		6	5					
乡科级及以下	人	123			8	20			2	3	2
有关部门	人	93	1	12		23				9	
其中:地厅级及以上	人	2									
县处级	人	21	1	3		1				3	
乡科级及以下	人	70		9		22				6	
移送处理金额	万元	1089156	12963	72843	28259	75060	33070	7182	2489	34894	125300
司法机关	万元	213560	7907	7583	18470	10993	841	2854		12298	117736
纪检监察机关	万元	44113	1004		9789	7571		4328	1534	360	6643

续表

指标名称	单位	审计署特派办汇总	京津冀特派办	太原特派办	沈阳特派办	哈尔滨特派办	上海特派办	南京特派办	郑州特派办	济南特派办	武汉特派办
有关部门	万元	831483	4053	65260		56496	32228		955	22236	921
九、审计处理结果落实情况	—	—	—	—	—	—	—	—	—	—	—
审计促进整改落实有关问题资金	万元	52894594	209913	2960891	3397375	912287	571951	1526691	2545354	6495633	815278
其中:增收节支	万元	8567076	79938	327978	349097	791588	571172	97400	630337	145462	518844
已上缴财政	万元	5379719	79615	38527	291470	67363	400776		379062	125470	518296
已减少财政拨款或补贴	万元	3058	8								
已归还原渠道资金	万元	3184300	315	289451	57627	724225	170396	97400	251275	19992	548
已缴纳其他资金	万元	2956098	2736	806	30442	1020		3605	40917		3697
已调账处理金额	万元	7707768	118632		455509	114634	779	1425686	500596	137563	161415
审计促进拨付资金到位	万元	4545530	1021789	285930	1765107	80246			58280	38102	14900
审计后挽回(避免)损失	万元	751197	66835	3225	12421	1660	1729		59958	8800	11858
核减投资额	万元	707884						540400	67863		5126
移送处理落实事项	件	96	4	3	16	12	3		1		14
司法机关已处理	件	45	3	3	10	6	1				14
纪检监察机关已处理	件	28			6	5			1		
有关部门已处理	件	23	1			1	2				
移送处理落实人员	人	370	1	9	10	32			9		8
已追究刑事责任	人	16		2	3						8
已给予党纪政纪处分	人	99	1	7	7	32			9		
有关部门已处理人员	人	255									
十、审计成果利用情况	—	—	—	—	—	—	—	—	—	—	—
审计提出建议	条	1640	93	43	86	76	247	81	109	80	93

续表

指标名称	单位	审计署特派办汇总	京津冀特派办	太原特派办	沈阳特派办	哈尔滨特派办	上海特派办	南京特派办	郑州特派办	济南特派办	武汉特派办
其中:建议制定修改部门规定	条	112	12	8	8	5	25	2	8	5	
建议制定修改法律法规	条	19	4		3		8			1	
被采纳审计建议	条	1182	62	23	71	37	197	65	65	68	65
被审计单位制定整改措施	项	1470	86	35	76	64	422	54	37	78	19
被审计单位建立健全规章制度	项	1826	289	5	154	79	145	38	179	141	173
促进修改法律法规	条	1									
提交审计信息	篇	1855	127	81	130	102	187	110	84	66	75
审计专题、综合性报告	篇	108	12	7	12	7	14	1	5	4	4
信息简报	篇	1735	115	74	118	95	173	109	79	62	71
其中:重要审计信息	篇	796	81	42	83	23	111	31	45	37	50
被批示、采用审计信息	篇·次	2282	151	11	174	102	101	41	55	142	150
审计专题、综合性报告	篇·次	14		1	1	1	2	1	1		
信息简报	篇·次	2268	151	10	173	101	99	40	54	142	150
其中:重要审计信息	篇·次	1884	138	6	159	88	88	15	37	132	137
审计信息移送案件事项	项										
涉案人员	人										
地厅级及以上	人										
县处级	人										
乡科级及以下	人										
涉案金额	万元										
十一、交办、配合事项	件										

续表

指标名称	单位	长沙特派办	广州特派办	深圳特派办	成都特派办	昆明特派办	西安特派办	兰州特派办	长春特派办	重庆特派办
一、审计单位	个	27	31	34	26	28	30	28	25	
审计	个		24	28	30	23	25	25	22	20
专项审计调查	个		3	3	4	3	3	5	6	5
二、审计查出主要问题金额	万元		17423975	19333923	32235420	19471766	35041231	45654668	21798461	16789538
违规金额	万元		4199616	558227	323553	561292	594859	657445	1802280	2158181
损失浪费金额	万元		42864	153700	13100	1729	22380	48347	194636	32998
管理不规范金额	万元	13181496	18621996	31898766	18908745	34423993	44948876	19801545	14598359	
三、审计发现非金额计量问题	个	407	105	293	156	187	391	289	402	
四、损益(收支)不实	万元	993465	6174461	1119357	436231	1989974	562226	1433231	7514444	
五、审计发现侵害人民群众利益	万元		22800	5366		1793			19790	
六、审计期间整改金额	万元	11245	384801	246431	378349	2657043	112420	694993	115066	
七、审计报告和专项审计调查报告	篇	27	32	34	26	28	31	30	25	
被批示、采用审计报告和专项审计调查报告	篇·次		31	1						
八、审计处理情况	—	—	—	—	—	—	—	—	—	—
审计处理处罚	万元	3248900	351026	954002	1076510	1209588	8506812	1161162	3549458	
其中:应上缴财政	万元	13883	215560	260726	478009	576250	2293281	264919	1870105	
其中:罚没	万元	4280								
应减少财政拨款或补贴	万元				212			1350		
应归还原渠道资金	万元	478558	20800	575070	248946	62377	2211578	170147	252972	
应缴纳其他资金	万元	2645801	109050		93426		18686	66999	1320700	
应调账处理金额	万元	110658		118206	255917	570962	3983268	657747	105681	

续表

指标名称	单位	长沙特派办	广州特派办	深圳特派办	成都特派办	昆明特派办	西安特派办	兰州特派办	长春特派办	重庆特派办
移送处理事项	件	4	7	20		12	9	16	13	
司法机关	件		2	6		3	2	6	6	
纪检监察机关	件	1	2	4		5		8	5	
有关部门	件	3	15	40		16	8	179	72	
移送处理人员	人		2	8		3	2	165	5	
司法机关	人	336	26	2	31	16	2	7	12	54
其中:地厅级及以上	人									
县处级	人			3		1	1	2		
乡科级及以下	人		2	5		2	1	163	5	
纪检监察机关	人	3	11	15		8		14	62	
其中:地厅级及以上	人									
县处级	人	1	1						23	
乡科级及以下	人	2	10	15		8		14	39	
有关部门	人		2	17		5	6		5	
其中:地厅级及以上	人			2						
县处级	人			3			1			
乡科级及以下	人		2	12		5	5		5	
移送处理金额	万元	2823	34210	491631		10037	614	129420	27165	
司法机关	万元		104	802		3251	109	2784	26898	
纪检监察机关	万元	137	848	1349		4456		5936	159	
有关部门	万元	2687	33259	489480		2330	505	120700	107	
九、审计处理结果落实情况	—	—	—	—	—	—	—	—	—	—
审计促进整改落实有关问题资金	万元	3820522	384801	1829674	10214144	2293210	4058027	3306436	6089845	

续表

指标名称	单位	长沙特派办	广州特派办	深圳特派办	成都特派办	昆明特派办	西安特派办	兰州特派办	长春特派办	重庆特派办
其中:增收节支	万元	50963	239370	831553	424355	305498	756879	175515	1454413	
已上缴财政	万元	99	183260	259000	395655	292115	502884	162125	896475	
已减少财政拨款或补贴	万元								3050	
已归还原渠道资金	万元	50865	56110	572553	28700	13383	253995	13390	554888	
已缴纳其他资金	万元	1118840	5081		66858	279382	7402	4079	1320701	
已调账处理金额	万元	95160	132000	42252	71	41045	2845821	319224	1277410	
审计促进拨付资金到位	万元			5403	109484	247852		64965	803759	
审计后挽回(避免)损失	万元	7838		21377	17	4178		450199	29231	
核减投资额	万元	7124		14020		36100		5752	31500	
移送处理落实事项	件	3	1	4		8	3	10	9	
司法机关已处理	件			1				4	3	
纪检监察机关已处理	件	2	1			4		6	3	
有关部门已处理	件	1		3		4	3		3	
移送处理落实人员	人	2	10	14		27	1	169	65	
已追究刑事责任	人			1					2	
已给予党纪政纪处分	人		3	3		27	1	9		
有关部门已处理人员	人	2	7	10				160	63	
十、审计成果利用情况	—	—	—	—	—	—	—	—	—	—
审计提出建议	条	81	76	106	67	77	86	94	74	
其中:建议制定修改部门规定	条	3	7	7		5	4	13		
建议制定修改法律法规	条			2						
被采纳审计建议	条	60	48	82	56	56	48	60	56	

续表

指标名称	单位	长沙特派办	广州特派办	深圳特派办	成都特派办	昆明特派办	西安特派办	兰州特派办	长春特派办	重庆特派办
被审计单位制定整改措施	项	98	25	53	28	119	51	92	60	
被审计单位建立健全规章制度	项	118	4	21	13	138	40	71	143	
促进修改法律法规	条	1								
提交审计信息	篇	84	44	133	113	116	78	128	106	
审计专题、综合性报告	篇	4	1	9	5	4	8	2	1	
信息简报	篇	80	43	124	108	112	58	126	105	
其中:重要审计信息	篇	26	8	57		60	10	51	65	
被批示、采用审计信息	篇·次	136	18	264	211	178	73	172	230	
审计专题、综合性报告	篇·次	2		3		2				
信息简报	篇·次	134	18	261	211	176	73	172	230	
其中:重要审计信息	篇·次	78	8	208	173	168	51	143	201	
审计信息移送案件事项	项									
涉案人员	人									
地厅级及以上	人									
县处级	人									
乡科级及以下	人									
涉案金额	万元									
十一、交办、配合事项	件									

2013 年审计工作综合情况报表——地方审计机关

指标名称	单位	地方审计机关汇总	北京市	天津市	河北省	山西省	内蒙古自治区	辽宁省	吉林省	黑龙江省	上海市	江苏省
一、审计单位	个	151660	869	410	3007	6532	5166	4947	2610	3761	913	5474
审计	个	145769	787	389	2992	6264	4997	4736	2465	3605	818	5138
专项审计调查	个	5891	82	21	15	268	169	211	145	156	95	336
二、审计查出主要问题金额	万元	775779325	83520227	6750796	30527157	58496714	7681506	20140508	13856855	7189989	11886856	55811392
违规金额	万元	66823004	93580	164364	2034933	14718815	1818399	1713138	4944265	1458583	75548	1690222
损失浪费金额	万元	947201	2705	1299	29599	35460	11225	8305	57774	10268	45485	58679
管理不规范金额	万元	708009119	83423942	6585134	28462625	43742439	5851882	18419065	8854816	5721138	11765823	54062491
三、审计发现非金额计量问题	个	830408	2034	606	3400	508207	1914	35472	4144	3414	2142	9838
四、损益(收支)不实	万元	42194671	565356	36335	1816798	1649401	504949	1134200	1654192	483703	428954	3686871
五、审计发现侵害人民群众利益	万元	1488919	970		1402	19794	141	1069		2117		451149
六、审计期间整改金额	万元	13796434	67301	99727	416297	1024995	197753	245170	71765	67299	289780	1258581
七、审计报告和专项审计调查报告	篇	175821	1204	466	3286	6700	5225	5959	3157	4667	1243	6928
被批示、采用审计报告和专项审计调查报告	篇·次	8347	24	41	126	138	103	393	104	113	45	576
八、审计处理情况	—	—	—	—	—	—	—	—	—	—	—	—
审计处理处罚	万元	119090391	562393	480886	5153695	15906947	3348266	3217385	3761052	1370011	1099723	9488896
其中:应上缴财政	万元	28474865	65646	265170	694594	7794610	476078	441558	486606	488014	166685	1294472
其中:罚没	万元	188963	4	3418	13187	13033	21840	6459	11563	9303	6	3063
应减少财政拨款或补贴	万元	5467843	66522	106	53717	46480	338232	73856	65647	70549	284022	702290
应归还原渠道资金	万元	21576004	101216	92310	1464579	1355493	742553	400231	1068712	271938	60259	3040695
应缴纳其他资金	万元	13103923	920	17	195261	4148641	344358	198607	136240	72158	219425	130771

续表

指标名称	单位	地方审计机关汇总	北京市	天津市	河北省	山西省	内蒙古自治区	辽宁省	吉林省	黑龙江省	上海市	江苏省
应调账处理金额	万元	49529289	328089	123284	2745545	2561643	1447044	2074567	1997490	467351	369332	4319669
移送处理事项	件	4625	5	18	83	524	71	54	53	72	35	313
司法机关	件	466	1		2	18	3	8	4	9		63
纪检监察机关	件	1732	1		29	124	24	13	19	14	14	136
有关部门	件	2427	3	18	52	382	44	33	30	49	21	114
移送处理人员	人	6397	2		50	277	25	74	41	20	6	303
司法机关	人	730			1	13	3	3	9	6		139
其中:地厅级及以上	人	3										
县处级	人	36							1			
乡科级及以下	人	691			1	13	3	3	8	6		139
纪检监察机关	人	2259			18	95	14	70	13	12	1	116
其中:地厅级及以上	人	12			1							
县处级	人	141			3		2	13	3	2		3
乡科级及以下	人	2106			14	95	12	57	10	10	1	113
有关部门	人	3408	2		31	169	8	1	19	2	5	48
其中:地厅级及以上	人	10				4						
县处级	人	71			1	9						
乡科级及以下	人	3327	2		30	156	8	1	19	2	5	48
移送处理金额	万元	7757795	1077	154833	88608	405454	125477	22295	44567	35103	1768	628705
司法机关	万元	620563	148		405	790	149	1404	744	1960		303968
纪检监察机关	万元	1440588	326		6405	296278	19002	15195	11146	7492	747	150702
有关部门	万元	5696643	603	154833	81798	108386	106326	5697	32677	25651	1021	174035
九、审计处理结果落实情况	—	—	—	—	—	—	—	—	—	—	—	—

续表

指标名称	单位	地方审计机关汇总	北京市	天津市	河北省	山西省	内蒙古自治区	辽宁省	吉林省	黑龙江省	上海市	江苏省
审计促进整改落实有关问题资金	万元	70140220	1112543	403557	1838612	6886389	1655017	1348366	216559	569048	3841929	4711074
其中:增收节支	万元	29544905	102409	13603	630258	5032652	856383	413695	62309	265651	798951	2968840
已上缴财政	万元	17377612	70007	11834	356546	4696583	311507	282480	25983	150810	213950	770249
已减少财政拨款或补贴	万元	4689640	30868	106	32851	9542	260006	29238	7554	52333	287034	657736
已归还原渠道资金	万元	7477652	1534	1663	240861	326527	284870	101977	28771	62508	297967	1540856
已缴纳其他资金	万元	6150428		380	92295	1135266	154096	141617	6237	35110	17250	42812
已调账处理金额	万元	24572929	117620	104301	887308	682394	324371	746504	113399	268287	369166	1677098
审计促进拨付资金到位	万元	2784354	65594	41702	132899	127707	230087	53621	10599	23577	42269	234854
审计后挽回(避免)损失	万元	6909718	56634	2767	168654	4693	21970	23940	13212	55627	240921	706543
核减投资额	万元	12133781	370420	69	166850	601719	408999	156082	30940	106831	257405	1950456
移送处理落实事项	件	1667	2	17	7	92	12	14	15	14	4	117
司法机关已处理	件	224				5	1	2	4	5		29
纪检监察机关已处理	件	602			2	20	3	2	7	5		32
有关部门已处理	件	841	2	17	5	67	8	10	4	4	4	56
移送处理落实人员	人	2476	2		6	73	11	4	25	9	1	144
已追究刑事责任	人	336				1			3			55
已给予党纪政纪处分	人	1145	1		4	32	5	3	18	4		59
有关部门已处理人员	人	994	1		2	40	6		4	5	1	30
十、审计成果利用情况	—	—	—	—	—	—	—	—	—	—	—	—
审计提出建议	条	298922	2154	809	6146	12515	5150	7752	3659	5622	2213	12097
其中:建议制定修改部门规定	条	5766	28	8	90	306	96	116	147	57	61	38
建议制定修改法律法规	条	389	4		2		2	7	6	21	2	
被采纳审计建议	条	219654	1460	525	4152	6764	3462	6045	2016	4570	1743	8717

续表

指标名称	单位	地方审计机关汇总	北京市	天津市	河北省	山西省	内蒙古自治区	辽宁省	吉林省	黑龙江省	上海市	江苏省
被审计单位制定整改措施	项	19979	812	65	302	906	90	693	248	235	1125	1244
被审计单位建立健全规章制度	项	3795	132	21	45	113	13	73	12	26	257	251
促进修改法律法规	条	1										
提交审计信息	篇	120289	1898	814	3435	3205	5395	2427	1865	3552	1241	6036
审计专题、综合性报告	篇	13822	69	16	178	365	809	432	245	544	111	593
信息简报	篇	96829	1712	586	3253	2557	4552	1742	1347	1821	1057	5435
其中：重要审计信息	篇	9157	337	96	466	79	409	154	70	57	47	561
被批示、采用审计信息	篇・次	65904	1370	569	2180	1201	2635	948	1231	1932	842	4128
审计专题、综合性报告	篇・次	6749	18	29	239	101	224	196	214	140	36	253
信息简报	篇・次	54918	1285	458	1941	1074	2378	724	829	952	730	3868
其中：重要审计信息	篇・次	6204	302	80	115	62	510	48	76	22	17	441
审计信息移送案件事项	项	92	1			1		1				3
涉案人员	人	75				5						
地厅级及以上	人											
县处级	人	2										
乡科级及以下	人	73				5						
涉案金额	万元	1039795	6070					13				1379
十一、向社会公告审计结果	篇	10926	46		3	92	28	32		65	242	573
十二、被审计领导干部	人	40201	299	176	601	1373	1937	2075	1083	1741	356	1776
其中：负直接责任问题金额	万元	2091671	173579	128	6091	104213	35038	24926	48487	48051	10	63590
涉嫌个人经济问题人数	人	18						1				
金额	万元	5202						15				
十三、交办、配合事项	件	19813	47	21	26	8	170	120	18	110		7039

续表

指标名称	单位	地方审计机关汇总	北京市	天津市	河北省	山西省	内蒙古自治区	辽宁省	吉林省	黑龙江省	上海市	江苏省
十四、审计机关	个	3176	18	17	188	131	116	131	126	71	18	119
省级审计机关	个	32	1	1	1	1	1	1	1	1	1	1
地级审计机关	个	437	17	16	11	11	12	14	13	10	17	13
县级审计机关	个	2713			176	119	103	115	112	60		105
十五、审计人员	人	91132	1523	808	5454	3678	3241	3563	2185	2793	1047	4094
省级审计机关	人	7532	595	260	204	327	188	177	215	373	385	187
地级审计机关	人	24438	928	548	922	849	708	1334	536	791	662	1110
县级审计机关	人	59162			4328	2502	2345	2052	1434	1629		2797
十六、行政复议案件	件	17									16	
行政应诉案件	件	4									4	
政府裁决案件	件											
审计处罚听证	件	1										

指标名称	单位	浙江省	安徽省	福建省	江西省	山东省	河南省	湖北省	湖南省	广东省	广西壮族自治区	海南省
一、审计单位	个	3345	6387	2738	8716	11670	8110	5624	5913	5541	5714	942
审计	个	2776	6076	2566	8601	11301	7572	5526	5749	5161	5515	893
专项审计调查	个	569	311	172	115	369	538	98	164	380	199	49
二、审计查出主要问题金额	万元	17173629	19842623	9745917	18000660	97311778	22992624	32103325	49413909	38041520	15133460	5194614
违规金额	万元	252560	3225479	428984	920574	8887364	3474238	2678356	2555143	681957	1032534	384955
损失浪费金额	万元	154067	18378	14455	6591	148256	30595	40610	15611	64020	11655	14589
管理不规范金额	万元	16767003	16598767	9302478	17073495	88276158	19487791	29384359	46843154	37295544	14089271	4795070
三、审计发现非金额计量问题	个	11193	3451	6866	8259	12403	7252	4546	93579	72571	6532	1457
四、损益(收支)不实	万元	985054	1064569	642823	913061	6767695	1069150	3027990	3455500	2950332	834371	151028
五、审计发现侵害人民群众利益	万元	1523	5244	1797	4379	803178	50536	63469	34112	23236	19	16

指标名称	单位	浙江省	安徽省	福建省	江西省	山东省	河南省	湖北省	湖南省	广东省	广西壮族自治区	海南省
六、审计期间整改金额	万元	400209	505500	323351	300225	2004641	553210	1625614	246983	697625	970284	27601
七、审计报告和专项审计调查报告	篇	4324	8183	3605	9298	15703	8216	6076	7734	9987	6221	1058
被批示、采用审计报告和专项审计调查报告	篇·次	215	397	109	96	237	585	645	342	471	685	35
八、审计处理情况	—	—	—	—	—	—	—	—	—	—	—	—
审计处理处罚	万元	3486671	2492057	924538	1560439	14059364	2992425	6422770	6591029	4034269	3874002	638627
其中:应上缴财政	万元	173967	428386	306453	142521	5929905	638706	1471716	237589	823564	919853	345571
其中:罚没	万元	1737	5044	1636	9325	24158	10818	14034	12147	2092	1868	2613
应减少财政拨款或补贴	万元	139748	200500	43889	114051	955764	65723	86808	511501	301717	180417	143346
应归还原渠道资金	万元	868521	569551	184083	212935	1432676	456873	1101821	1171675	781948	746721	13214
应缴纳其他资金	万元	287028	197968	141305	60973	913675	341997	485589	1779260	662	342074	
应调账处理金额	万元	1734173	790183	248733	931673	4827344	1480884	3276376	2890868	2126374	1680945	136496
移送处理事项	件	191	94	85	169	246	673	398	129	90	53	13
司法机关	件	31	8	7	13	43	64	71	28	6	7	1
纪检监察机关	件	75	44	39	77	92	164	281	53	27	32	4
有关部门	件	85	42	39	79	111	445	46	48	57	14	8
移送处理人员	人	134	59	52	120	252	3445	572	100	41	39	14
司法机关	人	25	16	6	15	78	159	106	22	9	9	2
其中:地厅级及以上	人					1		2				
县处级	人	2		1		4	1	8	3			
乡科级及以下	人	23	16	5	15	73	158	96	19	9	9	2
纪检监察机关	人	81	35	34	86	90	691	405	33	12	24	11
其中:地厅级及以上	人		1	3		1		2				
县处级	人	3	3	7	3	11	15	25	1	1	4	1

续表

指标名称	单位	浙江省	安徽省	福建省	江西省	山东省	河南省	湖北省	湖南省	广东省	广西壮族自治区	海南省
乡科级及以下	人	78	31	24	83	78	676	378	32	11	20	10
有关部门	人	28	8	12	19	84	2595	61	45	20	6	1
其中:地厅级及以上	人					1		1				
县处级	人	2	5	1	1	1	4	3		1		1
乡科级及以下	人	26	3	11	18	82	2591	57	45	19	6	
移送处理金额	万元	61511	31131	51871	197141	2955860	633902	131642	115162	362522	6653	24379
司法机关	万元	7685	3808	296	2503	105409	30840	22489	89748	6128	277	31
纪检监察机关	万元	20122	25718	15393	7468	42824	71823	84147	8594	23913	5338	10021
有关部门	万元	33703	1605	36182	187169	2807627	531239	25006	16820	332482	1037	14327
九、审计处理结果落实情况	—	—	—	—	—	—	—	—	—	—	—	—
审计促进整改落实有关问题资金	万元	2310480	1508179	886439	947918	6976774	1698542	4992279	4075293	2798596	1881142	393948
其中:增收节支	万元	498229	853873	465350	284786	4163107	659259	2061384	1137871	1015826	390853	166236
已上缴财政	万元	116135	335104	387771	97590	2906680	397872	1239453	115771	662016	190908	24539
已减少财政拨款或补贴	万元	131164	214765	20155	76728	901580	32361	73157	491256	291535	97895	141022
已归还原渠道资金	万元	250930	304005	57424	110469	354846	229025	748774	530844	62275	102050	676
已缴纳其他资金	万元	88654	33086	9929	21934	533965	148982	224061	1424201	185	27804	4835
已调账处理金额	万元	1322252	466978	386460	569770	2042636	666498	2281256	1018664	1088187	1039801	84769
审计促进拨付资金到位	万元	64675	162788	12536	5081	371615	56478	178563	86334	184363	19764	6299
审计后挽回(避免)损失	万元	232190	218439	27578	398751	1087191	84545	334553	592507	299223	198084	160792
核减投资额	万元	247562	534266	68697	278785	1135035	257996	398315	678016	323602	492901	178309
移送处理落实事项	件	73	30	19	76	107	294	213	48	23	11	2
司法机关已处理	件	16	8	1	11	22	16	44	9	3	6	1
纪检监察机关已处理	件	28	18	3	54	47	81	135	20	4	3	1

续表

指标名称	单位	浙江省	安徽省	福建省	江西省	山东省	河南省	湖北省	湖南省	广东省	广西壮族自治区	海南省
有关部门已处理	件	29	4	15	11	38	197	34	19	16	2	
移送处理落实人员	人	78	29	10	88	223	890	376	75	12	15	4
已追究刑事责任	人	18	18	2	21	27	46	85	14	1	5	
已给予党纪政纪处分	人	27	11		53	170	291	227	29	9	6	2
有关部门已处理人员	人	33		8	14	26	553	64	32	2	4	2
十、审计成果利用情况	—	—	—	—	—	—	—	—	—	—	—	—
审计提出建议	条	8827	13258	6655	14054	22031	19761	13756	11489	13107	7910	2388
其中:建议制定修改部门规定	条	299	179	43	265	598	1147	623	6	145	83	29
建议制定修改法律法规	条	16	19	3	24	13	14	84	1		19	
被采纳审计建议	条	6577	11397	3071	8952	14690	14787	10720	8565	9313	5261	1524
被审计单位制定整改措施	项	1171	913	174	465	1909	899	1781	492	1228	159	191
被审计单位建立健全规章制度	项	371	167	49	32	355	50	296	179	153	33	14
促进修改法律法规	条											
提交审计信息	篇	7935	7326	4308	3639	10946	4611	8749	2815	2039	737	336
审计专题、综合性报告	篇	851	1322	557	280	872	515	986	490	601	182	146
信息简报	篇	6879	5624	3400	3012	9552	3437	7323	2115	1423	471	182
其中:重要审计信息	篇	330	381	134	288	1012	581	694	511	145	63	22
被批示、采用审计信息	篇·次	4743	4763	3696	1917	5371	3002	5134	1526	860	482	133
审计专题、综合性报告	篇·次	410	598	195	78	438	297	773	283	289	87	51
信息简报	篇·次	4155	4097	3096	1572	4778	2259	4201	1178	562	393	77
其中:重要审计信息	篇·次	189	438	85	97	605	451	392	371	118	31	3
审计信息移送案件事项	项	1	1	1	2	18	34	4	10	2	1	1
涉案人员	人	1	5		2	13	6	8	19	2		
地厅级及以上	人											

续表

指标名称	单位	浙江省	安徽省	福建省	江西省	山东省	河南省	湖北省	湖南省	广东省	广西壮族自治区	海南省
县处级	人								1			
乡科级及以下	人	1	5		2	13	6	8	18	2		
涉案金额	万元	130	6	5	340	951458	2933	73	2489	4	73894	
十一、向社会公告审计结果	篇	362	398	57	64	232	259	551	161	757	29	5
十二、被审计领导干部	人	1354	1187	1036	1614	4749	2395	1236	2317	2259	903	173
其中:负直接责任问题金额	万元	24890	104906	20766	16211	249198	206119	228863	105298	168483	84334	42223
涉嫌个人经济问题人数	人		1		2	2	1	5	1	1		
金额	万元		33		1	3733	30	1075		0	114	
十三、交办、配合事项	件	17	265	80	192	537	27	220	172	1004	525	2508
十四、审计机关	个	102	124	81	114	167	177	119	139	153	124	23
省级审计机关	个	1	1	1	1	1	1	1	1	1	1	1
地级审计机关	个	11	16	8	11	17	18	13	14	21	14	2
县级审计机关	个	90	107	72	102	149	158	105	124	131	109	20
十五、审计人员	人	3180	2591	2509	3060	5488	7424	4207	4413	3902	2463	433
省级审计机关	人	206	197	232	159	279	303	225	267	284	201	125
地级审计机关	人	666	795	698	610	1245	1362	1130	931	1221	697	255
县级审计机关	人	2308	1599	1579	2291	3964	5759	2852	3215	2397	1565	53
十六、行政复议案件	件											
行政应诉案件	件											
行政裁决案件	件											
审计处罚听证	件											

指标名称	单位	重庆市	四川省	贵州省	云南省	西藏自治区	陕西省	甘肃省	青海省	宁夏回族自治区	新疆维吾尔自治区	新疆建设兵团
一、审计单位	个	3151	11501	3853	10563		9259	7302	1411	816	4580	835
审计	个	2999	11263	3793	10406		8949	7189	1308	775	4344	816

续表

指标名称	单位	重庆市	四川省	贵州省	云南省	西藏自治区	陕西省	甘肃省	青海省	宁夏回族自治区	新疆维吾尔自治区	新疆建设兵团
专项审计调查	个	152	238	60	157		310	113	103	41	236	19
二、审计查出主要问题金额	万元	32607531	23644971	30274092	13351693		21286440	17177720	1063816	4338933	9081130	2136940
违规金额	万元	1600701	1338947	1399516	1340863		3245882	2353591	88226	154083	977957	1089248
损失浪费金额	万元	14277	33966	18473	3434		29564	3799	117	1559	4122	58263
管理不规范金额	万元	30992553	22272058	28856103	12007396		18010994	14820330	975472	4183291	8099051	989429
三、审计发现非金额计量问题	个	4252	4183	4485	3193		4381	2084	488	1140	5825	1097
四、损益(收支)不实	万元	2907569	1464495	496219	389701		1157277	277163	69565	1080254	350567	179528
五、审计发现侵害人民群众利益	万元	381	29	1989	361		19340	1544	56	1061	1	5
六、审计期间整改金额	万元	646857	373087	235141	347381		194120	249610	16054	42106	267319	30848
七、审计报告和专项审计调查报告	篇	3108	11919	3889	11480		9615	7762	1623	1108	5172	905
被批示、采用审计报告和专项审计调查报告	篇·次	668	444	133	202		546	569	33	11	223	38
八、审计处理情况	—	—	—	—	—		—	—	—	—	—	—
审计处理处罚	万元	3460807	4824075	2036510	5202628		3165511	5632387	131013	764828	1745371	661816
其中:应上缴财政	万元	590116	677737	412852	208845		1091755	1362915	44837	85964	407225	958
其中:罚没	万元	872	2300	715	2028		6798	2186	471	2869	3149	227
应减少财政拨款或补贴	万元	182793	345204	92458	163738		99404	19314	368	16155	103524	
应归还原渠道资金	万元	763955	621090	725306	1573278		631402	379970	26767	122193	250383	343657
应缴纳其他资金	万元	29188	260805	96440	1514717		391954	496732	11695	163893	130392	11178
应调账处理金额	万元	1782476	2919205	675912	1699275		938205	3373135	47346	376623	853026	306022
移送处理事项	件	334	268	114	176		60	106	10	34	115	39
司法机关	件	28	14	10	15		3	1	1		5	2
纪检监察机关	件	63	138	73	65		40	24	5		43	19
有关部门	件	243	116	31	96		17	81	4	34	67	18

续表

指标名称	单位	重庆市	四川省	贵州省	云南省	西藏自治区	陕西省	甘肃省	青海省	宁夏回族自治区	新疆维吾尔自治区	新疆建设兵团
移送处理人员	人	263	136	84	112		25	29	9	2	70	41
司法机关	人	44	19	13	23		3		1		4	2
其中:地厅级及以上	人											
县处级	人	8		5	2				1			
乡科级及以下	人	36	19	8	21		3				4	2
纪检监察机关	人	86	92	59	46		21	16	8		55	35
其中:地厅级及以上	人	1								3		
县处级	人	18	6	2	2		2	1	1		8	1
乡科级及以下	人	68	85	57	44		19	15	7		44	34
有关部门	人	133	25	12	43		1	13		2	11	4
其中:地厅级及以上	人		2	2								
县处级	人	17		8	5			8		2	2	
乡科级及以下	人	116	25	2	36		1	5			9	4
移送处理金额	万元	106946	299239	467710	129490		38766	64359	959	472104	90053	8508
司法机关	万元	30726	4815	3531	964		329	12	401		330	671
纪检监察机关	万元	12876	46867	441495	5299		5804	43470	272		56916	4935
有关部门	万元	63343	247557	22684	123227		32633	20877	286	472104	32806	2902
九、审计处理结果落实情况	—	—	—	—	—		—	—	—	—	—	—
审计促进整改落实有关问题资金	万元	4097024	3051849	1005406	3088625		1209827	4809745	88043	349859	1126456	260703
其中:增收节支	万元	1930675	1264468	446634	756966		406829	1332676	44675	91635	416827	11997
已上缴财政	万元	1424836	662967	167381	203953		183603	1060015	24923	44790	241176	181
已减少财政拨款或补贴	万元	168718	304224	82620	88948		94353	17194	52	3559	91089	
已归还原渠道资金	万元	337120	297277	196633	464065		128873	255467	19700	43286	84562	11816

续表

指标名称	单位	重庆市	四川省	贵州省	云南省	西藏自治区	陕西省	甘肃省	青海省	宁夏回族自治区	新疆维吾尔自治区	新疆建设兵团
已缴纳其他资金	万元	29678	113040	56519	1334807		33790	395192	7062	4662	32767	210
已调账处理金额	万元	1423788	1208597	276718	898399		394066	3009193	33347	172248	651790	247061
审计促进拨付资金到位	万元	36212	344020	70926	13423		139689	52237	1998	5076	9369	
审计后挽回(避免)损失	万元	468359	902386	90193	195700		154665	37157	257	14605	110303	7279
核减投资额	万元	373053	868295	420073	704622		663495	143350	33144	34572	203469	46454
移送处理落实事项	件	181	98	38	56		20	33	1	6	35	9
司法机关已处理	件	23	7	3	6		1				1	
纪检监察机关已处理	件	26	42	22	13		10	5	1		14	4
有关部门已处理	件	132	49	13	37		9	28		6	20	5
移送处理落实人员	人	101	101	23	40		42	25	32	2	21	14
已追究刑事责任	人	21	6		9		2				2	
已给予党纪政纪处分	人	16	71	8	17		10	13	32		16	11
有关部门已处理人员	人	64	24	15	14		30	12		2	3	3
十、审计成果利用情况	—	—	—	—	—		—	—	—	—	—	—
审计提出建议	条	8587	25723	9402	22146		15747	11051	2036	1735	9757	1385
其中:建议制定修改部门规定	条	76	311	84	127		401	48	50	133	167	5
建议制定修改法律法规	条	12	50	18	39		16		14	1	2	
被采纳审计建议	条	7865	21103	7163	20011		11689	8894	1088	1090	5702	738
被审计单位制定整改措施	项	1354	1192	186	169		1202	292	26	293	153	10
被审计单位建立健全规章制度	项	247	315	23	158		114	113	12	80	78	13
促进修改法律法规	条	1										
提交审计信息	篇	3137	7885	4239	4609		2694	6036	1077	603	6642	58
审计专题、综合性报告	篇	575	1061	154	352		498	507	97	51	309	54

续表

指标名称	单位	重庆市	四川省	贵州省	云南省	西藏自治区	陕西省	甘肃省	青海省	宁夏回族自治区	新疆维吾尔自治区	新疆建设兵团
信息简报	篇	2551	6381	3976	3898		2133	3423	897	552	5534	4
其中:重要审计信息	篇	467	748	166	149		243	408	110	43	384	2
被批示、采用审计信息	篇·次	1675	3949	2591	1606		1887	2461	214	275	2569	14
审计专题、综合性报告	篇·次	431	477	50	71		340	202	42	33	142	12
信息简报	篇·次	1235	3183	2510	1368		1546	2004	172	151	2140	2
其中:重要审计信息	篇·次	249	418	121	106		170	380	71	28	207	1
审计信息移送案件事项	项	7	1	1			1		1			
涉案人员	人	11	1	1			1					
地厅级及以上	人											
县处级	人	1										
乡科级及以下	人	10	1	1			1					
涉案金额	万元		773	77				46		107		
十一、向社会公告审计结果	篇	4	866	8	5056		824	64	28	49	69	2
十二、被审计领导干部	人	614	1427	447	1038		1918	2173	354	357	1093	140
其中:负直接责任问题金额	万元	29990	10338	88133	2555		108392	15516	2538	30237	23138	25432
涉嫌个人经济问题人数	人	2	2									
金额	万元	200	1									
十三、交办、配合事项	件	99	1938	1529	1332		878	171	2	6	714	38
十四、审计机关	个	39	206	99	145		119	102	54	26	113	15
省级审计机关	个	1	1	1	1	1	1	1	1	1	1	1
地级审计机关	个	38	21	9	16	7	11	15	8	4	15	14
县级审计机关	个	184	89	127		107	86	45	21	97		
十五、审计人员	人	1362	4900	2440	3565	256	3711	2694	702	683	2421	342

续表

指标名称	单位	重庆市	四川省	贵州省	云南省	西藏自治区	陕西省	甘肃省	青海省	宁夏回族自治区	新疆维吾尔自治区	新疆建设兵团
省级审计机关	人	269	211	262	259	106	262	220	130	147	252	25
地级审计机关	人	1093	1181	475	757	150	671	700	171	212	713	317
县级审计机关	人	3508	1703	2549		2778	1774	401	324	1456		
十六、行政复议案件	件											
行政应诉案件	件											
政府裁决案件	件											
审计处罚听证	件							1				

指标名称	单位	大连市	深圳市	宁波市	青岛市	厦门市						
一、审计单位	个	445	1182	445	1570	190						
审计	个	421	1164	408	1519	163						
专项审计调查	个	24	18	37	51	27						
二、审计查出主要问题金额	万元	4737256	2837412	1808661	10967130	1341075						
违规金额	万元	243446	15669	22863	845440	64558						
损失浪费金额	万元	843	246	4322	9037	10162						
管理不规范金额	万元	4492966	2821497	1781476	10112653	1266354						
三、审计发现非金额计量问题	个	325	2123	1488	736	536						
四、损益(收支)不实	万元	153065	94493	23239	529390	134308						
五、审计发现侵害人民群众利益	万元	1			1870							
六、审计期间整改金额	万元	120799	189891	48083	1019299	57015						
七、审计报告和专项审计调查报告	篇	641	4078	515	1923	287						
被批示、采用审计报告和专项审计调查报告	篇·次	46	7	17	13	4						
八、审计处理情况	—	—	—	—	—	—						
审计处理处罚	万元	405229	1988771	471377	2123161	193786						

续表

指标名称	单位	大连市	深圳市	宁波市	青岛市	厦门市						
其中:应上缴财政	万元	118190	270533	17639	761003	64426						
其中:罚没	万元	1024		2	3761	43						
应减少财政拨款或补贴	万元		274622	22620	243011	11855						
应归还原渠道资金	万元	554	601162	14956	304968	19174						
应缴纳其他资金	万元	359	78	214607	92244	3705						
应调账处理金额	万元	286127	842372	201555	721936	94627						
移送处理事项	件	6	19	11	19	22						
司法机关	件				2	2						
纪检监察机关	件	2		6	3	14						
有关部门	件	4	19	5	14	6						
移送处理人员	人	1	2	12	7	16						
司法机关	人				3	2						
其中:地厅级及以上	人											
县处级	人					1						
乡科级及以下	人				3	1						
纪检监察机关	人	1		1	4	14						
其中:地厅级及以上	人				1	2						
县处级	人				1	5						
乡科级及以下	人	1		1	2	7						
有关部门	人		2	11								
其中:地厅级及以上	人											
县处级	人		1	1								
乡科级及以下	人		1	10								

续表

指标名称	单位	大连市	深圳市	宁波市	青岛市	厦门市						
移送处理金额	万元	439	7103	2792	35267	11674						
司法机关	万元				94	43						
纪检监察机关	万元	164		472	9136	10839						
有关部门	万元	276	7103	2319	26037	793						
九、审计处理结果落实情况	—	—	—	—	—	—						
审计促进整改落实有关问题资金	万元	376818	966870	230556	893084	120461						
其中:增收节支	万元	116352	546595	28065	616357	50916						
已上缴财政	万元	116255	255705	8310	378862	37379						
已减少财政拨款或补贴	万元		273221	16314	224606	2239						
已归还原渠道资金	万元	97	17669	3441	12890	11298						
已缴纳其他资金	万元	298		72394	32794	302						
已调账处理金额	万元	260169	415232	76360	239452	69143						
审计促进拨付资金到位	万元	81	18569	259	14238	1354						
审计后挽回(避免)损失	万元	1397	252500	75082	216250	2211						
核减投资额	万元	30055	276960	83097	224353	28						
移送处理落实事项	件	3	7	8	1	4						
司法机关已处理	件			1								
纪检监察机关已处理	件	1		5	1							
有关部门已处理	件	2	7	2		4						
移送处理落实人员	人	1	4	19	1	1						
已追究刑事责任	人			3								
已给予党纪政纪处分	人	1	2	2	1							
有关部门已处理人员	人		2	14		1						

续表

指标名称	单位	大连市	深圳市	宁波市	青岛市	厦门市						
十、审计成果利用情况	—	—	—	—	—	—						
审计提出建议	条	998	3356	1121	1955	652						
其中:建议制定修改部门规定	条	18	30	43	34	18						
建议制定修改法律法规	条	1		6								
被采纳审计建议	条	928	2714	769	1296	462						
被审计单位制定整改措施	项	184	126	119	205	68						
被审计单位建立健全规章制度	项	26	37	78	11	7						
促进修改法律法规	条											
提交审计信息	篇	499	131	993	653	605						
审计专题、综合性报告	篇	117	13	137	99	172						
信息简报	篇	382	118	856	554	433						
其中:重要审计信息	篇	50	47	106		53						
被批示、采用审计信息	篇·次	178	85	748	265	372						
审计专题、综合性报告	篇·次	25	11	69	44	105						
信息简报	篇·次	153	74	679	221	267						
其中:重要审计信息	篇·次		41	23	1	41						
审计信息移送案件事项	项											
涉案人员	人											
地厅级及以上	人											
县处级	人											
乡科级及以下	人											
涉案金额	万元											
十一、向社会公告审计结果	篇		687	31								

续表

指标名称	单位	大连市	深圳市	宁波市	青岛市	厦门市						
十二、被审计领导干部	人	227	146	150	450	105						
其中：负直接责任问题金额	万元	11716	497	272	16861	7805						
涉嫌个人经济问题人数	人											
金额	万元											
十三、交办、配合事项	件	5	772		82	7						
十四、审计机关	个	11	11	12	12	7						
省级审计机关	个											
地级审计机关	个	1	1	1	1	1						
县级审计机关	个	10	10	11	11	6						
十五、审计人员	人	362	470	418	603	159						
省级审计机关	人											
地级审计机关	人	163	186	92	176	82						
县级审计机关	人	199	284	326	427	77						
十六、行政复议案件	件											
行政应诉案件	件											
政府裁决案件	件											
审计处罚听证	件											

附　　录

2013 年审计署优秀审计项目和表彰审计项目

一、审计署优秀审计项目（11 个）

1. 企业审计司、广州特派办、长沙特派办、哈尔滨特派办联合实施的中国移动通信集团公司原法定代表人任期经济责任审计

2. 重庆特派办、成都特派办联合实施的中国五矿集团公司法定代表人任期经济责任审计

3. 固定资产投资审计司、农业与资源环保审计司、17 个特派办（京津冀、太原、沈阳、哈尔滨、上海、南京、武汉、广州、郑州、济南、西安、昆明、成都、长沙、深圳、长春、重庆）联合实施的长江三峡工程竣工决算（草案）审计

4. 南京特派办实施的江苏省 2010 年至 2011 年节能减排专项资金审计

5. 济南特派办实施的内蒙古自治区主席任期经济责任审计

6. 京津冀特派办实施的宁夏回族自治区 2010 年至 2011 年节能减排专项资金审计

7. 沈阳特派办实施的贵州省县级政府性资金专项审计调查

8. 成都特派办实施的四川省县级政府性资金专项审计调查

9. 金融审计司、京津冀特派办联合实施的中国人民银行 2011 年度财务收支情况审计（总行机关、外汇局、部分企事业单位）

10. 广州特派办实施的中国人民银行 2011 年度财务收支情况审计（广州分行）

11. 重庆特派办实施的中国建设银行股份有限公司原法定代表人任期经济责任审计（浙江分行）

二、审计署表彰审计项目（21 个）

1. 重庆特派办实施的重庆市县级政府性资金专项审计调查

2. 深圳特派办实施的广西壮族自治区主席任期经济责任审计

3. 昆明特派办实施的中国农业银行股份有限公司原法定代表人任期经济责任审计（北京分行）

4. 固定资产投资审计司、18 个特派办（京津冀、太原、沈阳、哈尔滨、上海、南京、武汉、广州、郑州、济南、西安、兰州、昆明、成都、长沙、深圳、长春、重庆）、审计署机关（办公厅、行政事业审计司、农业与资源环保审计司、金融审计司、企业审计司、外资运用审计司、境外审计司、经济责任审计司、国际合作司、人事教育司）、派出审计局（教育审计局、科学技术审计局、工业审计局、民族宗教审计局、政法审计局、监察人事审计局、民政社保审计局、财税海关审计局、资源环保审计局、建设审计局、贸易审计局、国资监管审计局、广电通讯审计局、旅游侨务审计局、科学工程审计局）、事业单位（机关服务局、计算机技术中心、审计科研所、审计干部培训中心）联合实施的南水北调工程审计

5. 京津冀特派办实施的国家开发投资公司法定代表人任期经济责任审计

6. 金融审计司、京津冀特派办联合实施的中

国建设银行股份有限公司原法定代表人任期经济责任审计（总行）

7. 企业审计司、长春特派办联合实施的铁道部2011年度铁路建设基金预算执行情况审计（本级及在京有关单位）

8. 济南特派办实施的内蒙古自治区2010年至2011年节能减排专项资金审计

9. 哈尔滨特派办实施的江西省县级政府性资金专项审计调查

10. 昆明特派办实施的中国华能集团公司法定代表人任期经济责任审计

11. 财政审计司、财税海关审计局联合实施的财政部部长任期经济责任审计

12. 长春特派办实施的长春市原市长任期经济责任审计

13. 哈尔滨特派办实施的江西省2008年至2011年中央财政现代农业生产发展资金管理使用情况审计

14. 武汉特派办实施的湖北省县级政府性资金专项审计调查

15. 金融审计司、南京特派办联合实施的中国进出口银行法定代表人任期经济责任审计（总行、北京分行）

16. 武汉特派办实施的中国国电集团公司法定代表人任期经济责任审计

17. 郑州特派办实施的河南省省长任期经济责任审计

18. 固定资产投资审计司、西安特派办联合实施的包茂高速安康至毛坝段高速公路建设项目竣工决算审计

19. 金融审计司、沈阳特派办联合实施的中国农业银行股份有限公司原法定代表人任期经济责任审计（总行）

20. 民族宗教审计局实施的国家宗教局2011年度预算执行和其他财政收支情况以及决算（草案）审计

21. 资源环保审计局实施的环境保护部2011年度预算执行和其他财政收支情况以及决算（草案）审计

2013年地方优秀审计项目和表彰审计项目

一、地方优秀审计项目（15个）

1. 南京市审计局实施的南京市四大片区保障房项目征地拆迁费用专项审计调查

2. 浙江省云和县审计局实施的云和县发展和改革局局长任期经济责任审计

3. 安徽省望江县审计局实施的望江县高士镇原镇长任期经济责任审计

4. 河南省审计厅实施的永登高速公路禹州至登封段建设项目竣工财务决算审计

5. 辽宁省锦州市审计局实施的锦州市城区土地出让价格形成机制及国土资金专项审计调查

6. 济南市长清区审计局实施的长清区财政局具体组织2010年度预算执行和其他财政收支情况审计

7. 武汉市审计局实施的武汉市财政局具体组织2011年度市本级预算执行和其他财政收支情况审计

8. 厦门市审计局实施的厦门市政府采购管理办公室2011年政府采购制度执行情况的专项审计调查

9. 湖北省巴东县审计局实施的巴东县2009年至2011年扶贫资金审计

10. 甘肃省甘南藏族自治州审计局实施的舟曲县特大山洪泥石流灾害灾后恢复重建跟踪审计

11. 河北省石家庄市审计局实施的任丘市人民政府2009年至2010年财政决算及其他财政收支情况审计

12. 江苏省东台市审计局实施的东台市头灶

镇原党委书记任期经济责任审计

13. 贵州省务川仡佬族苗族自治县审计局实施的务川县都濡镇人民政府2011年度财政决算及其他财政收支情况审计

14. 重庆市荣昌县审计局实施的荣昌县水务局局长及党组书记任期经济责任审计

15. 重庆市审计局实施的彭水至武隆高速公路竣工决算审计

二、地方表彰审计项目（30个）

1. 湖南省郴州市审计局实施的郴州市爱莲湖水闸和东边江坝工程竣工结算审计

2. 浙江省审计厅实施的浙江省财政厅具体组织2011年度省本级预算执行情况和全部政府性资金审计

3. 江西省南昌市审计局实施的南昌市本级2009年至2011年科技专项资金审计

4. 内蒙古自治区审计厅实施的内蒙古自治区农村信用社联合社及11家旗县农村信用联社（农商行、农合行）2011年度资产负债损益情况的专项审计调查

5. 山东省审计厅实施的山东省中医药大学2011年预算执行及其他财政收支情况审计

6. 山西省运城市审计局实施的芮城县2010年至2011年财政决算审计

7. 上海市审计局实施的上海市轨道交通项目建设和运营管理情况的专项审计调查

8. 上海市闸北区审计局实施的闸北区长安西路地块旧区改造项目跟踪审计调查

9. 新疆维吾尔自治区审计厅实施的昌吉市原市委书记和市长任期经济责任审计

10. 北京市审计局实施的北京市农转居安置补偿资金管理使用情况专项审计调查

11. 新疆维吾尔自治区阿克苏地区审计局实施的岳普湖县原县委书记和县长任期经济责任审计

12. 福建省平和县审计局实施的平和县安全生产监督管理局原局长任期经济责任审计

13. 江西省审计厅实施的武宁至吉安高速公路竣工决算审计

14. 山西省太原市审计局实施的古交市人民政府2010年至2011年财政决算审计

15. 宁夏回族自治区审计厅实施的固原市所辖县（区）生态移民工程专项审计调查

16. 成都市审计局实施的成都市耕地保护基金运行情况专项审计调查

17. 湖北省审计厅实施的宜昌至巴东高速公路建设项目审计

18. 青岛市审计局实施的市级转移支付资金专项审计调查

19. 四川省泸州市审计局实施的泸州市劳动教养管理所2011年部门预算执行及其他财政收支情况审计

20. 深圳市审计局实施的深圳市2011年度国有土地使用权出让收支情况审计

21. 云南省曲靖市审计局实施的曲靖市住房公积金管理中心公积金归集管理使用及财务收支审计

22. 广西壮族自治区天峨县审计局实施的天峨县2007年至2008年易地扶贫搬迁试点工程资金收支情况审计

23. 宁波余姚市审计局实施的余姚市广播电视台2009年至2011年财务收支审计

24. 内蒙古自治区包头市审计局实施的包头市本级2011年预算执行及其他财政收支情况审计

25. 四川省审计厅实施的宣汉县人民政府2010年和2011年县本级财政决算及其他财政收支情况审计

26. 山东省曹县审计局实施的曹县财政局2011年度农业专项资金管理使用情况审计

27. 哈尔滨市审计局实施的哈尔滨市2011年本级财政预算执行及其他财政收支情况审计

28. 沈阳市辽中县审计局实施的辽中县燃气总公司总经理任期经济责任审计

29. 福建省审计厅实施的福建省医科大学书记和校长任期经济责任审计

30. 天津市宝坻区审计局实施的宝坻区九园示范工业园区开发运营和资金管理情况的专项审计调查

目 录

上篇 地质灾害灾情及应对

中篇 重大地质灾害事件

下篇 应急避险典型案例

上篇

地质灾害灾情及应对

第1章　甘肃省地质灾害基本情况

甘肃省地处青藏高原、黄土高原和内蒙古高原的交会地带，地貌类型多样，地质构造复杂，活动断裂发育，降水季节集中，生态环境脆弱，工程扰动强烈，极易引发崩塌、滑坡、泥石流等地质灾害，是我国地质灾害最为严重的省份之一。

1.1　地质灾害概况

甘肃省的地质灾害具有隐蔽性、突发性、群发性等特征，分布广、密度大、频率高、危害重。全省地质灾害易发区面积达13.81万km^2，占甘肃省总面积的32.43%。已查明的地质灾害隐患点有21 896处，位居全国第三，威胁人口229.57万人，位居全国第二，威胁财产1 130.56亿元，位居全国第一。约65个县（区）长期受到地质灾害的威胁，220多万人生活在灾害严重地区，尤其是中东南部的9个市（州）、30个县（市、区）、165个乡（镇）、1万多个村（社区）饱受地质灾害的威胁。自汶川“5·12”地震以来，甘肃省地质环境恶化严重。随着西北暖湿化趋势的不断发展，极端气候和降雨的发生频率有逐渐加大的趋势，且暴雨发生时段向4月份和10月份双向延展，孕灾环境发生了显著变化，引发了诸如舟曲“8·8”暴洪泥石流灾害、岷县漳县“7·22”地震次生灾害、天水“7·25”暴洪泥石流灾害、陇南“8·7”暴洪灾害、舟曲“7·12”江顶崖滑坡灾害、临夏“7·18”暴洪灾害、舟曲牙豁口滑坡灾害、陇东南“8·17”群发性地质灾害，以及立节北山滑坡、果耶磨里滑坡、灵台县南店子滑坡等重大地质灾害，造成了重大人员伤亡和财产损失。甘肃省的防灾形势十分严峻，给地方政府地质灾害防治工作带来了巨大挑战。

据统计，2013—2023年，甘肃省共发生各类地质灾害4 246起，其中滑坡2 753起、崩塌543起、泥石流723起、地面塌陷34起、地裂缝191起、地面沉降2起，共造成112人死亡或失踪、80人受伤，直接经济损失91.8亿元。其中，特大型地质灾害47起，造成9人死亡或失踪、4人受伤，直接经济损失12.7亿元；大型地质灾害171起，造成14人死亡或失踪、21人受伤，直接经济损失24.1亿元；中型地质灾害808起，造成14人死亡或失踪、5人受伤，直接经济损失21.5亿元；小型地质灾害3 220起，造成74人死亡或失踪、50人受伤，直接经济损失33.6亿元。危害城镇的地质灾害有244起，造成8人死亡或失踪、10人受伤，直接经济损失2.75亿元；危害农村的地质灾害有3 804起，造成83人死亡或失踪、44人受伤，直接经济损失85亿元；危害交通道路的地质灾害有

144起，造成12人死亡或失踪、26人受伤，直接经济损失2.02亿元；危害企业的地质灾害有40起，造成6人死亡或失踪、无人员受伤，直接经济损失1.33亿元；危害学校的地质灾害有14起，造成3人死亡或失踪、无人员受伤，直接经济损失0.7亿元。

按发生数量的多少排序，依次是陇南市、天水市和平凉市等（见图1-1）；按造成死亡或失踪人数的多少排序，依次为陇南市、天水市和定西市等；按造成直接经济损失的多少排序，依次是陇南市、天水市、甘南州等（见图1-2）。

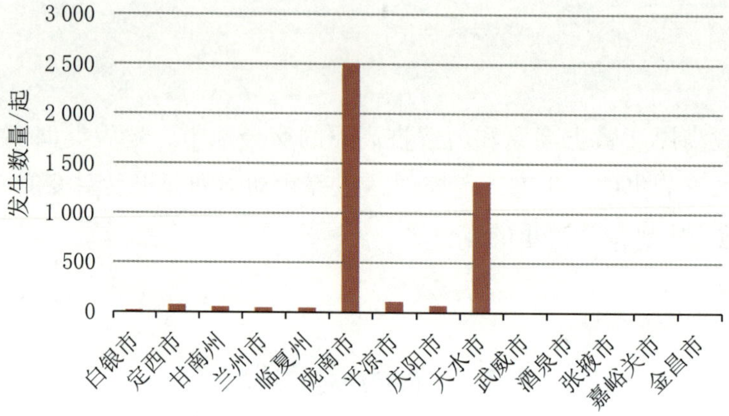

图1-1　2013—2023年各市(州)地质灾害发生数量柱状图

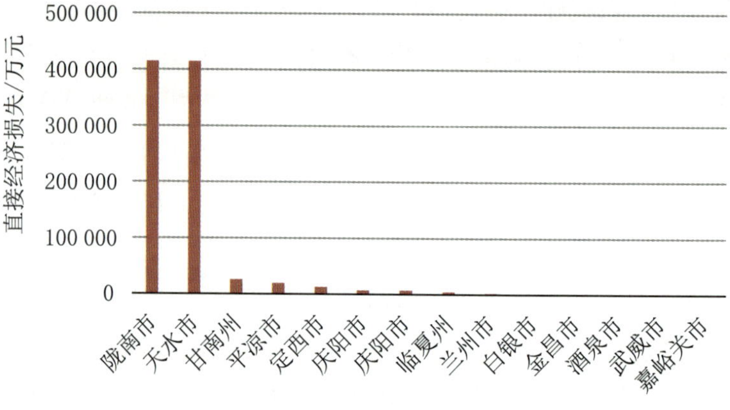

图1-2　2013—2023年各市(州)地质灾害造成直接经济损失柱状图

可见，地质灾害在全省14个市（州）均有发育，但集中在中东南部的9个市（州），河西5市发育不强烈。

1.2　地质灾害特点

甘肃省地质灾害总体特点为点多面广，局部地区灾害严重，全年都有灾害发生，但7—8月最为严重。近年来，汛期之后地质灾害时有发生，群发性地质灾害的发生频率加大，主要灾区分布在陇南市、天水市。

1.2.1　类型特点

从发生情况看，2013—2023年，地质灾害以崩塌、滑坡、泥石流等类型为主。其中，滑坡2 753起，占地质灾害总数的64.84%；崩塌543起，占地质灾害总数的12.79%；泥石流723起，占地质灾害总数的17.03%。这三类地质灾害占地质灾害总数的94.66%（见图1-3）。

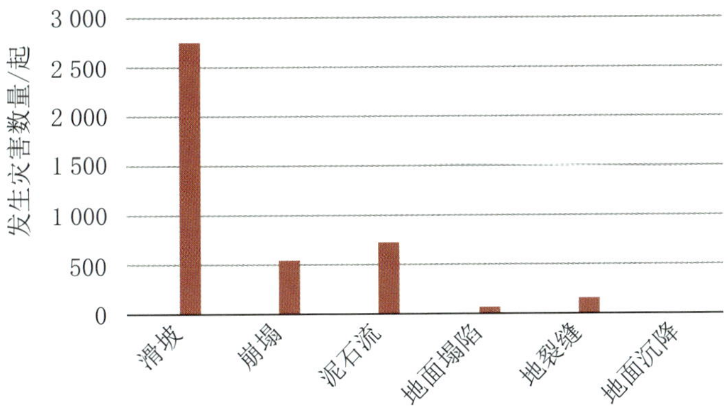

图1-3　2013—2023年甘肃省不同地质灾害发生数量柱状图

1.2.2　灾情特点

受地形地貌、地层岩性、地质构造、岩土体结构、水文地质条件、气象水文和植被等诸多因素的影响，甘肃省各市（州）地质灾害虽普遍分布但并不均匀，各地的地质灾害密集程度、灾害类型表现出很大差异，地质灾害集中在中东南部的9个市（州）。受地质构造影响，陇南市、天水市以及甘南州舟曲县等地区的地形地貌、地层岩性、岩土体结构与陇东平凉市、庆阳市和河西5市的明显不同，因而其地质灾害发生频率有显著差异。其中，陇南、天水两市灾情最为严重，因灾造成死亡或失踪人数为70人，占全省因灾死亡或失踪总人数的62.5%；因灾造成直接经济损失达82.84亿元，占全省因灾直接经济损失的90.24%。

1.2.3　主要引发因素

1.2.3.1　强降水

甘肃省的年平均降水量仅为320 mm，属于干旱少雨省份。但全省降水时间分布具有较大差异，汛期（5—9月份）降水量可占全年降水量的60%～70%，地质灾害发生数量为3 977起，占总数的93.66%，尤其是7—8月主汛期，地质灾害发生数量达3 748起，占总数的88.27%。近几年极端气候频发，2021年汛期延长至10月底，10月份地质灾害发生数量为143起，占2021年总数的85.63%（见图1-4）。

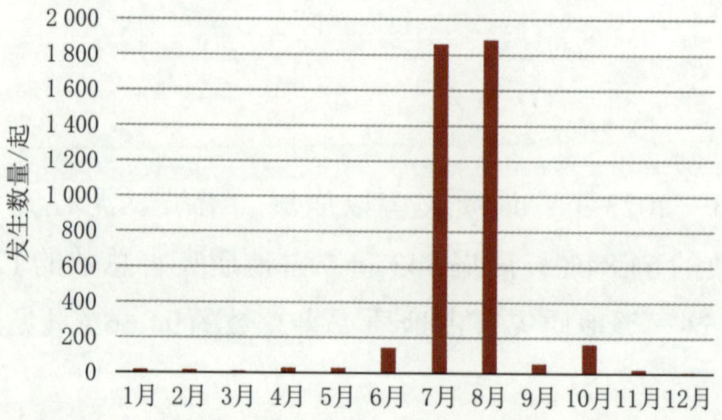

图1-4　2013—2023年甘肃省地质灾害逐月发生数量柱状图

强降雨引发的地质灾害频次和数量在我省均占首位。2013—2023年，强降雨在陇东南引发3次群发性地质灾害。2013年7月，强降雨引发1 358起地质灾害，占全年总数的84.14%；2018年8月，强降雨引发423起地质灾害，占全年总数的88.31%；2020年8月，强降雨引发1 714起地质灾害，占全年总数的97.26%。3次群发性地质灾害数量占2013—2023年地质灾害总数的81.21%。

1.2.3.2　地震

甘肃省地震引发的灾害数量也很多，地震排在引发因素的次位。例如，2013年岷县漳县6.6级地震引发289处次生崩塌、滑坡；2023年积石山地震在甘肃省引发147处次生崩塌、滑坡灾害。此外，地震的震裂效应还加剧了孕灾环境的恶化。在震后的很长一段时期内，地质灾害发生频率和数量显著提高。甘肃省陇东南地区近年来地质灾害频发、多发与汶川“5·12”地震山体震裂效应有直接关系。

1.2.4　发生周期

甘肃省地质灾害的发生具有多年周期性特征，主要表现在年度周期性和季节周期性。

甘肃省地质灾害多因降雨和地震引发。由于降雨和地震活动都存在一定的周期性，所以滑坡、泥石流的发生也表现出一定的周期性。地质灾害的发生时间与年降雨量成对应关系，丰水年崩塌、滑坡、泥石流灾害暴发次数多，枯水年此类灾害较少发生。可见，甘肃省地质灾害的发生时间与降水的丰枯周期相对应；暴发频率亦有2～4年的短周期，延续时长为1～3年的居多（见图1-5）。

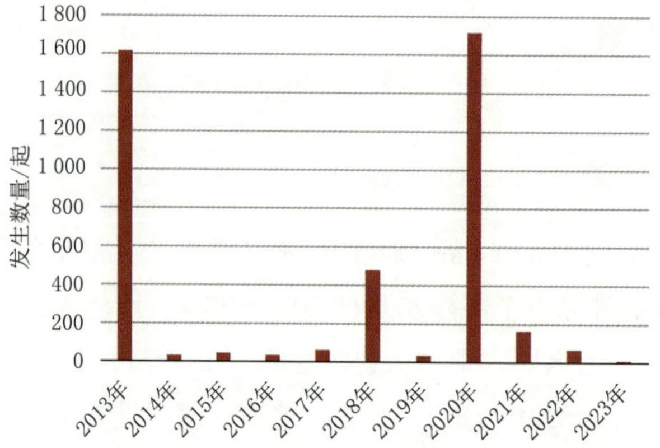

图1-5　2013—2023年甘肃省地质灾害逐年发生数量柱状图

1.3　防治成效

1.3.1　制度建设

2018年之前，甘肃省各级国土资源主管部门负责本行政区域内地质灾害防治的组织、协调、指导和监督工作。2018年机构改革后，甘肃省自然资源厅地质灾害防治工作职责调整为负责落实全省综合防灾减灾规划相关要求，组织编制地质灾害防治规划和防护标准并指导实施，组织指导、协调和监督地质灾害调查评价及隐患的普查、详查、排查，指导开展群测群防、专业监测和预报预警等工作，指导开展地质灾害工程治理工作，承担地质灾害应急救援的技术支撑工作。甘肃省主要从以下几个方面加强了地质灾害防治制度建设。

一是完善法规制度。2016年7月，省人大常委会修订通过《甘肃省地质环境保护条例》；2021年，省政府办公厅印发《甘肃省突发地质灾害应急预案》。该预案明确了各级政府部门在突发地质灾害应急处置中的职责与任务，建立了分级负责、部门协同的工作责任机制，为地质灾害防治工作提供了法治保障和政策依据。

二是编制规划方案。2016年，省政府办公厅印发了《甘肃省地质灾害防治“十三五”规划（2016—2020年）》，省国土资源厅按年度编制了《甘肃省地质灾害防治工作方案》和《甘肃省地质灾害综合防治体系建设方案》。各市（州）、县（市、区）依据省级规划，分别编制了市、县级地质灾害防治“十三五”规划、地质灾害防治年度方案和综合防治体系建设年度实施方案。依据自然资源部《地质灾害防治三年行动纲要（2020—2022年）》，省自然资源厅牵头编制了《甘肃省地质灾害防治三年行动方案（2020—2022年）》，该方案有效指导了甘肃省地质灾害防治工作。

三是健全管理制度。省自然资源厅印发《甘肃省地质灾害综合防治体系建设项目管理办法》《甘肃省地质灾害综合防治体系建设专项资金管理办法》《甘肃省地质灾害综合防治体系建设项目审查、咨询、验收专家和专家组管理规定》《甘肃省地质灾害治理工程验收管理办法》《甘肃省地质环境项目工程投资编制办法》和《甘肃省地质灾害防治项目管理办法》等制度，规范了项目建设的管理和实施。

四是出台技术标准。为推动调查评价、监测预警、综合治理等项目建设规范化实施，省自然资源厅先后制定出台了《甘肃省重要城镇地质灾害调查与风险区划技术导则》《甘肃省1∶5万地质灾害详细调查技术规范》《甘肃省1∶5万地质灾害风险调查技术规程》《甘肃省地质灾害治理工程验收细则》和《甘肃省地质灾害治理工程质量验收标准》《甘肃省地质灾害精细调查技术要求》等规范和标准，为地质灾害防治项目的规范化实施提供了技术遵循。

“十四五”以来，我省坚决贯彻落实习近平总书记关于防灾减灾救灾的重要指示批示精神和自然资源部、甘肃省委省政府安排部署，坚持人民至上、生命至上，始终把保障人民群众生命财产安全放在第一位，把做好地质灾害防治工作作为统筹发展和安全的底线性任务，建立健全地质灾害防治管理体制机制，累计投入资金18.5亿元（中央自然灾害补助资金15.43亿元，省级专项资金3.01亿元），实施项目456个（调查评价类投入3.589亿元，实施项目208个；监测预警类投入2.58亿元，实施项目65个；综合治理类投入11.64亿元，实施项目140个；能力建设类投入0.63亿元，实施项目43个），不断提升调查评价、监测预警精度，科学部署综合治理，大力推进生态及地质灾害避险搬迁，逐步强化能力建设，最大程度保障了人民群众的生命财产安全。

1.3.2 调查评价

2011年，国务院印发了《关于加强地质灾害防治工作的决定》，提出到2020年底初步完成地质灾害调查评价、监测预警、综合治理和应急能力等四大体系建设。为贯彻落实国务院关于加强地质灾害防治工作的要求，甘肃省继续推动1：5万县（市）地质灾害详细调查工作，并于2012年启动了1：5 000～1：1万重要城镇地质灾害调查与风险区划工作，逐步推动地质灾害调查进一步向精细化方向发展，通过精细调查加强隐患的动态化管理。2014年，甘肃省入围国家重点支持的地质灾害防治综合体系建设省份，在调查评价、监测预警、综合治理、能力建设等方面取得了积极进展。

截至2023年底，县域1：5万地质灾害详细调查、1：5万县（市、区）地质灾害风险调查实现甘肃省全覆盖，1：5 000～1：1万重要城镇地质灾害调查与风险区划工作共完成283个。2022年全面启动甘肃省重点乡镇（街道）1：1万地质灾害精细调查，调查范围缩小到乡镇，调查精度达到1：1万。该项工作重点聚焦查明地质灾害孕灾条件、地质灾害结构特点，全面支撑地质灾害风险防控，推动地质灾害防治由被动防治向主动防范的风险管理转变。

年度隐患排查整治贯穿于地质灾害防治的全过程、各环节，切实强化了“雨前排查、雨中巡查、雨后核查”的动态巡查和群专结合的排查机制。按照“坡到顶、沟到头”原则，突出高山峡谷区，聚焦地质灾害隐患点及风险区、旅游公路沿线、在建工程工地等，加强对泥石流沟谷物源摸底调查和巡查监测，做到不留盲区和死角。针对人员难以到达的区域——后山及左右两侧高陡斜坡，充分运用“空天地”一体化技术手段开展隐患遥感识别，努力发现高位、隐蔽性强的地质灾害隐患。加强重点流域、重点部位的链式灾害风险评估。对排查发现的地质灾害风险隐患，逐一落实防灾预案和防范措施，逐点明确防灾责任人、监测责任人。统筹推进地质灾害隐患风险详查及“隐患点+风险区”双控试点工作，强化地质灾害调查评价成果在国土空间规划中的应用，加快提升风险源头的防控能力。

“十四五”以来，我省利用“空天地”一体化调查、监测、勘查等技术手段，成功开展了诸如舟曲立节北山滑坡、果耶磨里滑坡、灵台中台镇南店子滑坡、积石山6.2级地震次生地质灾害等重大地质灾害应急调查与技术支撑工作数十起，取得了良好的防灾减灾效益。面对重大地质灾害，厅防治中心及地勘单位技术人员通过无人机航测快速获取地质灾害高分辨率正射影像并建立三维地表模型，精确测量灾害体的基本特征，精细调查灾害体的变形特征，并利用远程指挥会商系统，实时将灾害现场实况传回指挥大厅，为地质灾害防治专家研判及政府部门决策提供了依据。对于持续滑动的滑坡地质灾害，利用地基合成孔径雷达和三维激光扫描仪，远距离非接触式全天候监测滑坡形变，利用地质雷达及高密度电法快速准确勘查灾害体厚度，精准计算灾害体体积，正确研判灾害发展趋势，为政府决策提供了重要数据支撑。

1.3.3　监测预警

地质灾害监测预警是一项基础性、公益性的工作，通过群测群防、气象风险预警、监测设备预警和预警示范区建设，为地质灾害防治奠定良好的基础。近年来，我省持续深化“人技结合”的监测预警体系建设，健全地质灾害气象风险预警、普适型监测预警与群测群防体系有机结合的工作机制。加强预警预报信息发布及反馈渠道的梳理核实，确保信息第一时间准确传达。加强群测群防队伍的规范化建设，及时开展监测员遴选和培训，按照每个隐患点不少于1人的标准落实监测员。加强已建监测设备的管理维护，确保其正常发挥防灾功效。深入推进省、市、县三级地质灾害气象风险预警和短临预报体系建设，优化预警模型和阈值设定，提升监测预警实效。严格落实汛期领导带班、24小时值班值守、调度抽查和信息报送制度，全面落实直达基层一线的“叫醒叫应”机制，形成预警响应闭环管理。

（1）积极会商研判，及时发布气象风险预警

我省着力构建省、市、县三级地质灾害气象风险预警体系，形成了区域预警和短临预警结合，自然资源、气象和水利等部门预报会商、预警响应的联动机制。依据气象部门雨情、汛情，科学研判，甘肃省自然资源厅及时制作并会同省气象局联合发布地质灾害气象风险预警产品。通过甘肃省地质灾害气象风险预警系统，甘肃省自然资源厅以短信形式将预警信息第一时间发送至市、县自然资源部门分管负责人和驻守技术人员，再以传真方式发送至自然资源部、省政府总值班室、省应急管理厅及预警范围涉及市（州）自然资源局值班室，确保有人接收，落实叫应机制。接到预警信息后，各级政府部门均能够严格落实“叫应叫醒”工作机制，将责任落实到村组、社区和群测群防员等基层一线防灾责任人，确保预警信息不漏一户、不漏一人。在预警过程结束后加强复盘，查找问题，堵塞漏洞，规范预警流程，不断提高预警的时效性和精准度。“十四五”以来，全省共发布省级气象风险预警信息186次，其中红色预警16次，橙色预警40次，黄色预警129次，蓝色预警1次；成功预报地质灾害22起，避免2 701人伤亡，避免经济损失31 056.9万元，防灾减灾效益显著。

（2）持续推进监测预警台站建设，强化“人防+技防”能力

我省不断推进地质灾害自动化监测预警台站建设，共建成专群结合监测预警点4 901处、专业监测点26处，安装普适型监测设备1.4万余套、专业监测设备223套。目前，所有监测设备已全部并网运行，有效扩大了我省地质灾害专群结合监测预警覆盖面，提高了地质灾害防治现代化、信息化和智能化水平，推动了全省地质灾害监测预警工作科学化、规范化和标准化，初步形成了“人防+技防”的地质灾害监测预警新格局。

（3）不断完善群测群防体系，充分发挥基层群众防灾作用

“十四五”以来，我省不断夯实群测群防体系建设，健全了覆盖全省地质灾害隐患点的“县（区）、乡镇（街道）、村（社区）”三级群测群防网络，建立了一支1.37万人的群测群防队伍。为有效发挥群测群防作用，甘肃省自然资源厅高度重视群测群防员的培训与管理，在加大地质灾害防治知识培训力度的同时，还制定了《甘肃省地质灾害群测群防体系建设标准》，开发了群测群防APP，实现了群测群防工作的信息化管理，力争让每一名群测群防员都能成为地质灾害的“瞭望员”和“吹哨人”。群测群防员在日常工作中，如发现地质灾害隐患存在险情，或重要地段存在安全隐患，就利用群测群防APP快速上报。当地乡镇自然资源所或县（区）自然资源局收到APP推送信息后，将第一时间赶赴现场进行查看、处理。这些技术的使用与管理保障措施的实施切实提高了管理水平和工作效率，提升了基层的防灾减灾能力。

1.3.4 综合治理

地质灾害综合治理秉持因地制宜、科学规划的理念，根据不同地区的地质灾害特征与社会经济状况，按照统一规划、突出重点、分步实施、稳妥推进的原则，一方面大力推进特大型及大型地质灾害的工程治理与应急处置项目，另一方面针对虽险情等级不高但稳定性较弱、风险隐患较大的地质灾害点，积极开展排危除险工作，力求从整体上提升地质灾害防治水平，保障人民生命财产安全。白银市会宁县等地实施了开发性治理工程，撬动社会资金投入，取得了防灾减灾和社会发展的双赢效果。白银市、定西市、甘南州、兰州市、临夏州、陇南市、平凉市、天水市、金昌市、武威市和张掖市的36个县（市、区）实施了地质灾害隐患点的避险搬迁工程，从源头上消除了地质灾害的威胁。综合治理工程范围内再未发生群死群伤和重大财产损失的地质灾害，综合治理取得了显著的防灾减灾效益和良好的社会效益。

“十四五”以来，我省共投入资金10.53亿元，实施132个地质灾害治理工程项目，有力保护了10余万名人民群众的生命财产安全。治理工程保护区内再未发生因灾造成的人员伤亡和财产损失。

（1）科学规划，缜密实施

为系统化、科学化实施地质灾害治理工程，我省先后制定印发了《甘肃省地质灾害综合防治体系建设项目审查、咨询、验收专家和专家组管理规定》《甘肃省地质灾害治理工程验收管理办法》《甘肃省地质环境项目工程投资编制办法》等一系列制度，规范了项目建设的管理和实施。各市（州）、县（区）也配套制定了相关管理制度。在项目立项阶段，针对各市（州）上报的项目，甘肃省自然资源厅及时组织专家赴现场踏勘，对项目进行认真筛选，对项目的可行性、必要性和紧迫性认真研判，确保实施治理工程的隐患点均为险情重、危害大的隐患点。在项目审查时，严把可行性研究、初步设计和施工图设计的各个环节、关卡，确保方案切实可行。在项目实施阶段，加强对项目施工、监理等各个环节的监督检查，严抓工程质量，确保效能发挥。

（2）找准靶区，突出重点

我省作为多民族融合省份和财政困难省份。在项目安排上，甘肃省自然资源厅根据全省地质灾害发育、分布现状和灾情、险情的轻重缓急，坚持把地质灾害治理项目“主战场”安排在陇东南9市（州）地质灾害高发易发区，将资金和项目优先安排到兰州、天水、陇南、甘南舟曲等人口稠密、工矿区较多的重点城市，并重点选取威胁城市、乡镇、学校、医院、居民聚居区和重要基础设施安全的重大地质灾害隐患点。在项目的实施过程中，与精准扶贫、易地扶贫搬迁、土地开发整治、生态环境修复等工作有机结合，最大限度发挥各类政策的叠加效应。项目的实施，既防止了因灾致贫、因灾返贫，助推了我省精准扶贫工作，对少数民族地区尤其是藏区的民族发展和社会稳定发挥了积极的作用，产生了显著的社会效益；又有效遏制了治理区的水土流失，提高了治理区的植被覆盖率，改善了城市、农村的环境面貌，推动了我省生态脆弱区地质环境保护工作，产生了良好的生态效益。如针对舟曲立节北山滑坡治理工程，我省坚持“先急后缓、应搬尽搬、统筹推进、分期实施”的原则，科学确定了工程治理方案。

（3）创新理念，提升水平

随着科技水平的提升，在治理工程工艺上，我省充分吸收当下新技术新方法，从灾害成因机理、成灾模式入手，因地制宜制定治理措施，固源降险、节约资金等方面的能力均有显著提升。如在开展舟曲立节北山滑坡治理工程时，针对滑坡体厚度较大、滑面较深的特点，针对性地采用小口径组合桩群，既保障了滑坡的稳定性，又降低了治理成本。

1.3.5 能力建设

我省设立省级地质灾害防治技术指导中心、9个市（州）级地质灾害防治机构和36个重点防治县（市、区）的地质环境监测站，初步建立了专业全面、反应迅速的省、市、县三级地质灾害应急技术支撑队伍。依托国有地勘单位专业技术队伍，在14个市（州）和兰州新区、86个县（市、区）开展应急技术支撑工作。基于卫星遥感技术、低空无人机技术、地面探测技术、卫星通信技术的“空天地”一体化省级应急装备和技术体系初步形成。地质灾害防治新理念、新技术、新方法引进、消化、吸收和应用能力不断提升，科技支撑能力不断增强。

“十四五”以来，我省在地质灾害防治能力方面实现了质的飞跃。通过一系列宣传培训活动和避险演练，公众的防灾避险意识得到了显著增强。在此基础上，我们成功研发了全省地质灾害防治信息管理平台，并与科研院所紧密合作，深入探索地质灾害的形成机理、监测预警技术及应急支持策略，科学研究工作取得了不断深化。

（1）宣传培训演练“软”措施呈现“硬”效果

我省以“4·22”世界地球日、“5·12”全国防灾减灾日和“10·13”国际减灾日等重要纪念日为主线，采用小品、快板、微电影、动画片等形式，选择进基层、进社区、进校园、进企业等方式，针对地质灾害防治管理人员、技术骨干、群测群防员、重大地质灾害隐患点威胁范围内民众，多次多地开展以宣传培训为主的防灾减灾活动，强化社会公众科学识灾、防灾、减灾的意识，提升他们的避灾、自救互救技能。同时，利用学习强国、甘肃党建等党政APP，新甘肃、奔流等主流媒体，抖音、快手等社会媒介，向社会公众进行官方宣传推广，提高受众覆盖面，在实现“要我防”向“我要防”转变的同时，将地质灾害防灾减灾宣传逐渐上升为全民防灾减灾文化。通过开展省、市、县三级避险演练，真实模拟突发地质灾害从预警响应、避险撤离、群众安置、调查排查到现场处置等全过程，全面增强我省地质灾害群测群防能力，最大限度地减少地质灾害造成的损失，有效保障人民群众的生命及财产安全。“十四五”以来，开展省级层面的学术交流和防治知识培训17次，共培训了2 511人次；开展省、市、县三级地质灾害避险演练10场，共有5 215人次参演；开展各种形式的宣传活动46次，吸引了15 901人次参与，发放材料10余万册。

（2）地质灾害隐患综合遥感识别工作取得重要进展

我省依托现有专业队伍、技术装备和成果基础，提前建成了甘肃省地质灾害隐患综合遥感识别中心。该中心采用先进的模块化机房建设技术，构建了地质灾害隐患综合遥感识别的软硬件数字底座，同时建成了集群运算硬件系统和地质灾害隐患识别业务软件系统。为了加强地质灾害隐患的识别和管理能力，我省还组建了地质灾害隐患识别技术团队。该团队利用地质灾害隐患综合遥感识别“空天地”一体化技术，开展了全省范围内的地质灾害隐患综合遥感自主识别工作。通过这项技术，共识别出疑似地质灾害隐患点1 223处。在实践过程中，我省探索出了一种全闭环管理的“甘肃模式”，即“室内识别+野外核查+隐患点库更新+普适型监测”。这种模式的综合遥感识别正确率达到了47%，其切实提高了我省的地质灾害隐患的识别水平和主动防灾科技支撑能力。

（3）甘肃特色地质灾害风险双控模式初步形成

我省积极探索地质灾害防治从隐患点向“隐患点+风险区”管理转变的模式。选取兰州城关区、天水秦州区、甘南舟曲县作为试点，开展风险管控模式探索工作，将行政管理与技术支撑有机结合，形成由“行政管理+技术支撑”组成的8大管控模式。行政管理分为基于地质灾害危险区划分的源头管控模式、按照人口密度划分的城乡差异化管控模式、根据责任主体划分的联防联控管控模式和依托风险双控系统划分的信息化管理模式。技术管理模式分为基于地貌单元孕灾特征的分区管控模式，依托风险单元的精细化管控模式、分级分类管控模式，以及按照管控阶段形成的日常+临灾管理模式。

（4）地质灾害防治关键技术研究取得成效

我省逐步加大防灾减灾关键技术研究投入力度，聘任了中国地质环境监测院首席科学家殷跃平为我省地质灾害防治首席科学家。针对舟曲县地质灾害成灾机理复杂、灾情险情严重的特点，联合中国地质环境监测院、兰州大学、成都理工大学、中国地质大学等部直属单位、高校，开展甘肃舟曲重大地质灾害风险评价及综合防控技术研究。研究重点包括：分析舟曲易滑地质结构，揭示易滑地质结构控制下降雨诱发地质灾害的机理；获取大型堵溃型泥石流的动力学参数，提出高位泥石流的风险评价与综合整治措施；总结现有典型高位远程地质灾害防治模式与系列技术，形成高位远程地质灾害防控技术指南；总结兼具抗滑与排水功能的新型治理结构类型和施工方法，提出适宜的新型排水抗滑结构设计、施工及监测相关技术方法；构建适宜于白龙江流域干热河谷区特殊立地条件下的生态工程模式。同时，开展白龙江流域等重点区域地质灾害气象风险预警研究、甘肃省地质灾害专群结合监测预警实验项目历史数据分析与质量评价及白龙江流域灾难性泥石流早期判识、风险预测与防范对策研究。通过这些科研攻关，形成舟曲地质灾害隐患识别、风险评价、监测预警阈值以及综合防控技术方法体系，从而提升地质灾害防治科技水平。

1.3.6 社会参与

持续开展地质灾害科普知识活动，制作科普教材、地质灾害防治正反两方面典型案例、宣传教育片及动画片等，对辖区相关责任人、乡镇村组干部、群测群防员、志愿者、受威胁群众、工程建设单位及项目施工管理人员等进行宣传培训。采取集中与分散、综合与单项相结合等方式开展避险演练，确保每个重大地质灾害隐患点汛前至少开展1次避险演练，切实提升群众主动防范意识和自救互救能力。地质灾害防灾减灾综合协调机制、部门间信息资源共享和协调联动机制、民间组织等社会力量参与减灾的机制不断完善，社会动员能力和资源整合能力明显提高，全社会积极参与防灾减灾的良好氛围已经形成。

中篇

重大地质灾害事件

第2章 群发性地质灾害

群发性地质灾害是指在特定时间段内，受暴雨、地震等自然因素触发，在较大区域内集中发生的多种或单一类型的地质灾害现象。

2.1 “5·12”汶川地震次生地质灾害

2008年四川汶川发生的“5•12”地震，强度为里氏8.0级。这次地震是新中国成立以来破坏性最强、波及范围最广、救灾难度最大的一次地震灾害。这次地震灾害影响深远，涉及陇南市、甘南州、天水市、平凉市、庆阳市、定西市、白银市、临夏州、武威市、兰州市等10个市（州），共计70个县（市、区）、945个乡（镇），受灾户数达到129.32万户，受灾人口多达519.12万人。此次地震中，全省共计365人死亡，10 157人受伤，直接经济损失达593.32亿元。其中陇南市文县、武都区、康县、成县、徽县、西和县、两当县和甘南州舟曲县8个县（区）为重灾县（区），共计160个乡（镇）受灾，受灾总人口为159.7万人。

2.1.1 区域地质背景

汶川地震甘肃灾区地貌分属西秦岭山地和黄土高原，南部为西秦岭山地，北部为黄土高原。南部的西秦岭山地，包括南秦岭、北秦岭及其间分布的徽成盆地、西礼盆地。南秦岭以高山峡谷为主，地形陡峭，沟谷纵横，相对高差500～1 500 m，河谷狭窄，白龙江流域发育Ⅰ～Ⅷ级阶地，阶地不连续分布，阶面宽度一般小于1 000 m；北秦岭以中低山地貌为主，相对高差500～1 000 m，发育较为宽缓的河谷，发育Ⅰ～Ⅶ级阶地，Ⅰ、Ⅱ级阶地连续分布；徽成盆地、西礼盆地的地形相对平坦，两盆地发育河谷堆积地貌及由新生代软岩地层组成的宽缓低山丘陵地貌。北部的黄土高原，包括陇西黄土高原、六盘山地和陇东黄土高原三个次级地貌单元。陇西黄土高原以丘陵梁峁为主，切割强烈；六盘山地为中低山，地形陡峻，相对高差500～1 000 m；陇东黄土高原以黄土梁峁沟壑及残塬为主。

南部的西秦岭地层以碳酸盐岩和变质岩为主，其中泥盆系、石炭系、志留系等均为板岩、千枚岩等碎裂结构软弱岩层。西礼盆地为新生代红层，黄土分布较为广泛。北部出露地层以变质岩、碳酸盐岩和碎屑岩为主，黄土广泛分布。

区域构造主要为祁连褶皱带、西秦岭构造带。受青藏高原隆升影响，本区新构造运动极为强烈，发育有多组规模大、活动性强的活动断裂构造。其中，西秦岭北缘断裂带、六盘山东缘断裂带、礼县—盐官断裂带、文县—略阳断裂带以及龙门山断裂带均为活动断裂带。这些断裂带活动曾引发1654年天水南里氏8.5级、1879年武都南里氏8级、1881年武都里氏6.5级、1999年武都—文县里氏4.4级、2003年武都—文县里氏5.0级等一系列破坏性地震。“5·12”地震是由龙门山断裂带活动引发的。

2.1.2 地震地质灾害特征

（1）地质灾害发育数量特征

受汶川地震发震断裂带的控制，我省陇南市、甘南州、天水市、庆阳市、平凉市、定西市等6个市（州）的38个县（区）受汶川地震作用发生了地质灾害。我省及内蒙古、北京、福建等援助省份的专业技术队伍和省内地方国土资源局干部、技术人员共排查地震引发、加剧的地质灾害隐患点2 200处，其中滑坡974处，崩塌942处，地裂缝217处，泥石流66处，地面塌陷1处。上述隐患点中，汶川地震新引发的地质灾害隐患点有2 068处，加剧的地质灾害隐患点有132处。

（2）地质灾害分布特征

地质灾害的时空分布特征在同一岩性区具有西南部向东北部密度逐渐变小、规模也逐渐变小的空间分布特征，这和地震烈度分布具有密切关系。滑坡、泥石流主要分布在南部的武都、文县及康县一带，且在软弱岩区较为发育。灰岩和黄土分布区则主要发育崩塌灾害。调查发现，坚硬岩体地震烈度达到7度时会产生小型岩质崩塌，而黄土构成的斜坡在烈度6度时可能产生小型崩塌。

（3）地质灾害类型特征

汶川地震在甘肃灾区引发的灾害性地质灾害主要为崩塌，其次为滑坡。崩塌主要为岩质崩塌，其次为土质崩塌。崩塌单体规模在30 m^3以上。由于崩落体位置高蕴含巨大的热能，一旦发生崩落，势能巨大，往往会造成严重危害。崩塌主要发生在兴修道路、水利工程、市政及村庄居民房屋建设等人类工程活动产生的高陡边坡，其次是河谷两侧、自然风化形成的陡峭斜坡处。国道G212线文县到碧口段60 km的路段，发育影响交通的崩塌达324处。

灾区滑坡主要为土质滑坡。受地震牵引力作用，第四系松散层和风化堆积层沿岩土界面、老滑坡滑动面或其他软弱面发生滑动，形成以滑坡裂缝或滑移下错为主的滑坡变形。黄土分布较厚地区，在特殊地形条件下，黄土发生明显位移，造成了较大损失。

汶川地震加剧的灾害主要是泥石流。震后在强降雨作用下，发生了多起泥石流灾害。例如，2008年“5·17”文县关家沟泥石流，造成文县县城4辆卡车被冲入白水江。2008年“6·18”文县临江东风沟泥石流堵断白龙江达4分钟，紧急疏散下游沿江群众1 000余人。2008年“6·10”舟曲县S313省道立节乡占单村境内发生多处滑坡和泥石流，使拉运救灾物资的车辆受阻。2008年“6·13”暴雨造成文县石坊乡多条泥石流暴发，由文县通往九寨沟的道路多处受阻。

2.1.3 原因分析

①“5·12”地震是龙门山断裂带的一次以逆冲为主、兼少量右旋走滑的活动。该断层倾向西北，倾角为40°，走向为229°。释放的标量地震矩为4.4×10^{21} N·m，震级为Mw8.0，地震释放能量巨大。甘肃灾区地震烈度为6～9度，大部分地段相当于6～7级地震。强大的地震力作用不但造成重大人员伤亡，而且引发了大量次生地质灾害。

②甘肃重灾区地处陇南山地，地形起伏大，相对高差达500～1 000 m，坡体陡峭，大部分坡体坡度为30°～50°，河流下蚀作用强烈，河（沟）谷呈“V”形或峡谷地貌。据研究，局部地形对地震动反应谱峰值加速度值有显著放大作用。文县两次典型地震记录显示，当输入波峰值加速度为0.2 g，30～100 m黄土斜坡下地震动卓越周期为0.125 s时，斜坡上方前缘地震动卓越周期可达0.7～0.85 s。除加速度外，山坡顶部对峰值速度和位移的放大作用也相当明显。放大作用使海拔高的山地较沟谷受灾严重。

③特殊的地层结构。甘肃灾区基岩山区主要分布软硬相间的海相沉积变质岩系，差异风化使该区山体形成了宏观上宽谷与窄峡相隔，微观上硬岩突兀、软岩凹陷的锯齿相间地形。多次构造运动使裂隙网络发育，较为丰富的降水使软岩泥化或其强度变弱，为崩塌、滑坡的发育创造了条件。另外，该区大部分山地顶部披覆一层2～30 m不等的黄土，地震作用下易产生黄土大孔隙结构的崩溃性破坏震陷，从而形成大量崩塌、滑坡。

④该地区属于西秦岭山地，受地域所限，公路、城镇修建及居民点建设、水电开发、梯田修建等工程活动对自然斜坡改造强烈，形成了高陡边坡，创造了临空条件。在重力、降水等作用下沿裂隙易形成潜在滑（崩）裂面，而在突发地震力作用下，这些潜在滑（崩）裂面易形成大规模滑落灾害。调查显示，大部分崩塌发育在人工边坡或人为改造过的自然斜坡地带。

⑤“5·12”地震甘肃灾区虽未形成大面积山体滑坡，但崩塌和局部碎屑流点多面广，最终积累在沟道中，使泥石流沟道中松散物质储量急剧增加，从而增加了泥石流灾害的危害性和危险性。2010年舟曲特大山洪泥石流、2017年陇南的“8·7”群发性泥石流等都是“5·12”地震影响区范围内发生的严重灾害，这无疑显示了强震区地质灾害影响的持久性和防灾任务的艰巨性。

2.2 舟曲县特大山洪泥石流灾害

2010年8月7日23时，舟曲县城北部突降暴雨。23时40分许，县城北部三眼峪沟和罗家峪沟同时暴发特大山洪泥石流。灾害导致县城月圆村、椿场村两个村基本全部被毁，三眼峪村、罗家峪村部分被毁。泥石流冲出量为180万 m^3（其中三眼峪沟150万 m^3，罗家峪沟30万 m^3），泥石流堆积物堵塞嘉陵江上游支流白龙江形成堰塞湖。在省委、省政府的坚强领导和原国土资源部的直接协调组织下，全省国土资源系统紧急响应、迅速应对此次特大地质灾害应急处置工作。按照省抢险救援指挥部统一部署，各项工作紧张有序开展，应急排查及时到位，应对措施适时有力，重建规划超前介入，为抢险救灾和灾后重建提供了科学依据。

2.2.1　三眼峪沟泥石流

三眼峪沟位于舟曲县城关镇北部，城关镇三眼峪村、月圆村、北关村及城区部分市民房屋坐落于该泥石流堆积扇上。

（1）泥石流基本特征

三眼峪沟位于白龙江北岸中、高山区，流域内最高海拔3 789 m，最低处为白龙江河床，海拔1 350 m，相对高差2 439 m，山势由北向南倾斜，山峰林立，沟谷切割强烈。

三眼峪沟流域面积25.75 km²，主沟长5.1 km。沟道上游由大眼峪沟和小眼峪沟组成，两者平面形态呈“Y”形（见图2-1）。大眼峪沟沟道长4.6 km，沟道宽8～50 m，平均宽35 m，沟道上游植被覆盖较好，沟道冲刷强烈，冲刷、切蚀深度2～15 m，可见泥位2.5～6 m；中下游沟道纵比降变化较大，局部沟道呈陡崖，沟道内松散物质来源主要为滑坡、山前坡积物及沟道堆积物（见图2-2）。这些固体物质为本次泥石流灾害的主要松散物质来源，约占这次泥石流冲出量的90%。小眼峪沟沟道狭窄，沟口堵塞严重，推断本次泥石流小眼峪沟为三眼峪沟泥石流的发生提供了一定的水源补给，固体松散物质冲出量较少（见图2-3）。三眼峪沟泥石流堆积区长2.2 km，倾向白龙江河床，倾角18°（见图2-4、图2-5）。通过在堆积区布置6条调查断面，参考大比例尺遥感影像查明本次泥石流堆积厚度为1.5～4.5 m，堆积扇宽为80～260 m，泥石流冲出量为150万m³。三眼峪沟主沟泥石流容重为1.68 t/m³，而小眼峪沟泥石流容重为2.10 t/m³。三眼峪泥石流沟的形成区与流通区界线不明显，沟道沿路均有松散固体物质不断补给。出山口至白龙江河床段为三眼峪沟的泥石流堆积区。

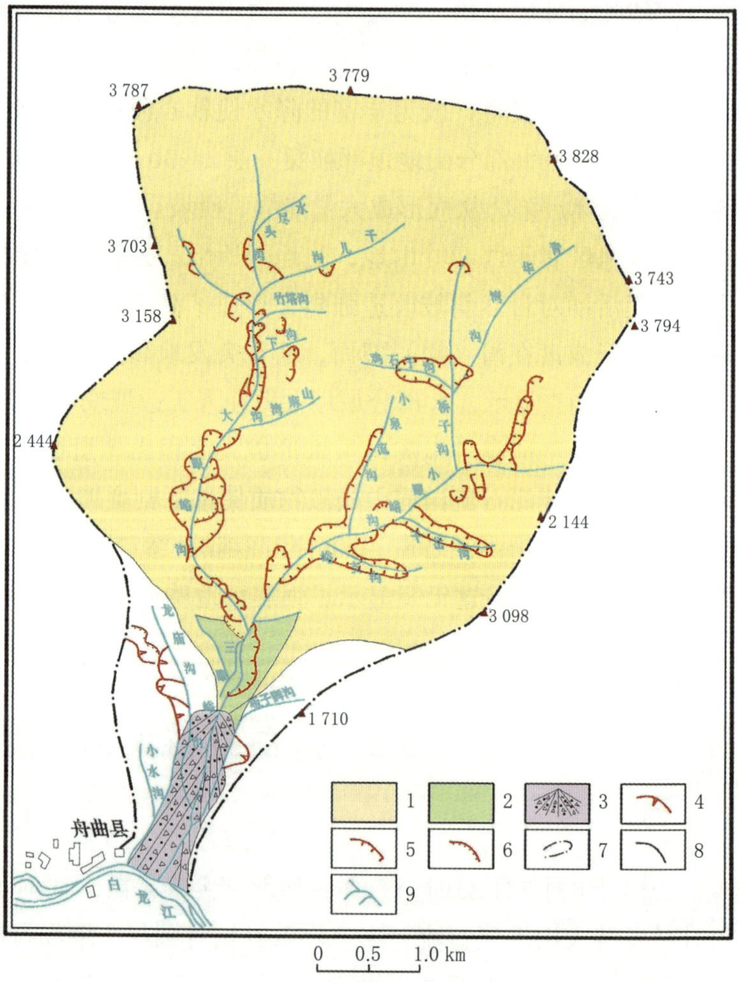

1.形成区；2.流通区；3.堆积区；4.滑坡；5.崩塌；6.滑塌；7.流域界线；8.分区界线；9.冲沟。

图2-1　三眼峪沟泥石流流域分区图

图2-2 大眼峪沟沟口弯道超高及侧蚀现象

图2-3　小眼峪沟道内堆积的巨石

图2-4　三眼峪沟主沟泥石流堆积

图2-5　三眼峪沟泥石流堆积前缘

（2）地质灾害灾情

据调查，1916—1993年，三眼峪沟泥石流共造成11人死亡。

2010年8月8日，三眼峪沟泥石流造成严重人员伤亡。据排查统计，月圆村伤亡69户近1 000人；三眼村14户房屋被毁（其中5户房屋全毁，9户房屋半毁），伤亡14人；北关村9户村民房屋被毁，伤亡48人。泥石流冲毁县城水源地铸铁供水管线5 km、钢筋混凝土减压池4座，压埋供水站1座、蓄水池2座，伤亡沟内筑坝施工人员10人，掩埋耕地800余亩。

（3）地质灾害险情

三眼峪沟泥石流威胁三眼峪村、北关村、月圆村及城区部分居民的安全。其中，威胁三眼峪村114户476人，威胁北关村107户354人，威胁月圆村14户30人。

（4）治理工程

据调查，灾害发生前，三眼峪沟内共布置有7座拦挡坝。其中，大眼峪沟内布置了3座，小眼峪沟内布置了1座，两沟交会处往下游布设有3座。在大眼峪沟内，1号坝右坝肩被冲毁，坝体其余部位尚完好，但已淤满；2号坝中部被冲出一缺口，坝体其余部位尚完好，但已淤满；3号坝几乎被完全冲毁，仅残留小部分右坝肩。在小眼峪沟内，4号坝分布于沟口处，仅左坝肩被冲毁，坝体其余部位尚完好，但已淤满，且上游堆积物高出坝顶近7 m，被巨石堵塞在沟道内。两沟交会处往下游的3座坝中，5号坝已完全被冲毁，几乎看不出原有坝体；6号坝基本被冲毁，仅剩坝体右侧少部分；7号坝已被完全冲毁。

灾害发生后，根据《甘肃省舟曲县三眼峪沟泥石流灾害治理工程施工图设计》，三眼峪沟泥石流采取了“拦挡+排导”的治理方案，并在流域内建设了泥石流灾害监测预警系统，共同构成了综合防治体系。治理工程防洪标准以“8·8”三眼峪沟实际发生的泥石流规模为依据。鉴于三眼峪沟特大泥石流实际冲出量及强大的冲击力，拦挡坝采用抗剪切、抗冲击力强的钢筋混凝土结构，构筑物形式上采用钢筋混凝土桩群和钢筋混凝土重力坝。流域内共布设了5座钢筋混凝土格栅坝桩群、10座钢筋混凝土重力坝，并采用复式断面形式的排导沟。排导沟总长2.16 km，沟内布设防冲槛，防冲槛间距30 m。监测预警覆盖三眼峪沟流域（含龙庙沟）。监测系统包括四部分：一是降雨量监测，二是泥石流监测（含泥位监测、次声监测、视频监控），三是滑坡监测（主要是拉张裂缝监测），四是重力坝监测（含坝体应变监测、土压力监测）。

（5）地质灾害应急防治

三眼峪沟泥石流灾情最为严重，因其沟道直穿整个县城，造成了大量人员伤亡。由于沟内固体松散物质较多，在强降雨条件下，仍有可能发生较大规模泥石流灾害，威胁沟口现存房屋和居民生命财产安全。抢险救灾期间，指挥部要求密切关注降雨情况，气象部门及时预报降雨量（每2小时1次）。如出现暴雨，所有工作区内的救灾人员和群众撤离新形成的堆积区，向两侧撤离100 m以上的距离至安全地带。同时，要做好沟内2处滑坡体的监测预警工作。

2.2.2 罗家峪沟泥石流

罗家峪沟紧靠县城东北侧，沟口正对舟曲县城东城区北侧。

（1）泥石流基本特征

罗家峪沟位于白龙江北岸中、高山区，流域相对高差2 143 m，山势由北向南倾斜，支沟谷深坡陡，呈“V”形谷，切割深度大于1 000 m。

罗家峪沟汇水面积15.2 km²，流域平面形态呈“柳叶形”，主沟长6.5 km，沟口至沟脑高程1 440～3 000 m，相对高差1 740 m，平均纵坡降270‰。沟脑至出山口地段呈峡谷地形，宽仅5～20 m，两岸岸坡达70°以上。罗家峪沟出山后变宽，宽200～400 m，两岸岸坡略缓，坡度30°～50°，形成条带状“蛇形”泥石流扇。主沟两岸共发育7条次级支沟，岩体节理裂隙发育，风化强烈。沟道内披覆大量松散物，使该沟具备了形成泥石流的条件（见图2-6至图2-9）。

图2-6　罗家峪沟内的巨型漂石

图2-7　罗家峪沟内的大量松散堆积物

图2-8　罗家峪沟口的泥石流堆积扇(一)

图2-9　罗家峪沟口的泥石流堆积扇(二)

罗家峪泥石流沟口扇形地长约1 880 m，平均宽350 m。该沟和三眼峪泥石流沟在舟曲县城北部汇合后，有挤压白龙江主流向南偏移之势。

（2）地质灾害灾情

罗家峪沟泥石流造成了严重的人员伤亡。据排查统计，受灾161户约950人，死亡73人，失踪8人（不含外来暂住人口），初步估算损毁道路4.65 km、排导渠2.88 km，破坏房屋21.1万 m^2，损毁桥梁3处，估算经济损失8 000万元以上（见表2-1）。

表2-1　罗家峪沟泥石流灾情统计表

<table>
<tr><th rowspan="2">受灾范围</th><th rowspan="2">受灾户数/户</th><th colspan="2">受灾人数/人</th><th rowspan="2">受灾机关单位厂矿企业/个</th><th colspan="4">破坏建(构)筑物</th></tr>
<tr><th>死亡</th><th>失踪</th><th>排导渠/m</th><th>道路/m</th><th>房屋/万 m²</th><th>桥梁/处</th></tr>
<tr><td>罗家峪</td><td>11</td><td>22</td><td>5</td><td>2</td><td>1 880</td><td>1 950</td><td>1.2</td><td>1</td></tr>
<tr><td>瓦厂村</td><td>136</td><td>40</td><td>3</td><td rowspan="2">15</td><td rowspan="2">1 000</td><td>1 200</td><td rowspan="2">19.9</td><td>1</td></tr>
<tr><td>椿场村</td><td>14</td><td>11</td><td>0</td><td>1 500</td><td>1</td></tr>
<tr><td>小计</td><td>161</td><td>73</td><td>8</td><td>17</td><td>2 880</td><td>4 650</td><td>21.1</td><td>3</td></tr>
</table>

（3）地质灾害险情

沟内的滑坡和崩塌不仅可能阻塞泥石流出山后的运移通道，还可能成为泥石流的固体物质补给来源。罗家峪沟是一条中易发、高危险度的泥石流沟谷，对舟曲县城区造成了严重的威胁。

（4）原有治理工程

灾后重建前，罗家峪沟泥石流灾害治理工程简单，洪积扇扇面上曾有宽3～5 m的排导堤，堤长约1 900 m，高2～4 m。

（5）地质灾害应急防治

由于沟内固体松散物质较多，在强降雨条件下，仍有可能发生较大规模的泥石流灾害，进而威胁沟口现存房屋及居民生命财产以及大量救灾人员的安全。在抢险救灾期间，指挥部要求密切关注降雨情况，气象部门及时预报降雨量（每2小时1次）。如出现暴雨，所有工作区内的救灾人员和群众撤离新形成的泥石流堆积区，向两侧撤离100 m以上的距离至安全地带。

2.2.3　灾害成因分析

舟曲“8·8”特大山洪泥石流灾害发生后，经部、省专家现场调查评估和会商分析，此起灾害的成因主要有：

（1）特殊的地质地貌

舟曲原本就属于地质灾害高发地区，是全国滑坡、泥石流、地震三大灾害多发区之一。舟曲一带是秦岭西部的褶皱带，山体风化严重，岩层破碎，大部分地区为炭灰夹杂的土质类型。该地区山高沟深，沟床比降大，特殊的地质地貌极易形成泥石流地质灾害。

（2）汶川地震

2008年的“5·12”地震中，舟曲属于受灾最严重的区域之一。地震导致山体松动、岩石破碎。

岩体恢复稳定至少需要3～5年时间。2010年距离汶川地震刚刚过去两年，岩体仍处于不稳定状态。

（3）长时间持续干旱

2008年上半年，舟曲发生较长时间的持续干旱。干旱使该地区的山体干缩，加大了岩石之间、山体之间的缝隙，使原本已经十分松散的岩体、山体变得更加松散。

（4）瞬时暴雨和持续强降雨

2010年8月7日晚，舟曲县城北部突降暴雨，1小时降雨量达77.3 mm，过程降雨量达96.77 mm。暴雨直接引发了这起山洪泥石流灾害。这次发生灾害的两条山沟，汇水面积大，达40 km^2。强降雨对原本松散易垮的山体、岩体形成浸泡和巨大冲击，是此次泥石流灾害发生的直接诱因。

2.2.4 应急处置工作情况

（1）紧急安排部署，应急响应迅速

2010年8月8日凌晨4时03分，原甘肃省国土资源厅接到甘南州国土资源局灾情电话报告后，立即向厅主要负责人、分管领导和部、省应急办电话报告。厅主要负责人指示立即启动突发地质灾害Ⅰ级应急响应，连夜召开紧急会议部署救灾，并成立了由厅长担任组长的抢险救灾工作领导小组。同时，迅速提出排查工作初步方案，立即组织安排技术力量展开地质灾害隐患排查。

8日中午，原国土资源部部长、副部长带领司长及中国地质环境监测院、国家测绘地理信息局领导和专家先后赶赴舟曲县，迅速成立部抢险救灾前方协调组。同时，成立省国土资源系统抢险救灾前方工作组，制定《甘肃省国土资源系统抢险救灾工作方案》，迅速开展应急排查、调查评估工作，为抢险救灾提供准确依据。

8月9日下午，“国土资源系统抢险救灾紧急会议”在舟曲县召开，对抢险救灾、隐患排查工作再次进行部署，提出具体要求。8月12日，国土资源部总工程师到达灾区，协调指导省国土资源系统开展抢险救灾工作。13日上午，召集省国土资源系统前方工作组紧急会议，传达了国土资源部领导对国土资源系统抢险救灾工作的指示和要求，进一步安排部署工作任务、明确人员分工。

（2）展开拉网排查，严防二次灾害

8月8日至10日，指挥部陆续从省地矿局、省有色地勘局、省测绘局、省科学院等单位抽调专家技术人员，并紧急调动陇南市、甘南州、舟曲县、迭部县、合作市等国土资源部门力量，组成23个排查小组，对舟曲县城及城区周边地质灾害隐患展开了拉网式排查。8月12日下午4时，完成了数据汇总、排查报告编制工作，达到了《甘肃省国土资源系统抢险救灾方案》确定的“一图、一表、一报告”（即灾区地质灾害隐患分布图、重要地质灾害隐患点处置情况汇总表、灾区地质灾害应急总结报告）要求。8月23日，提交了《舟曲县“8·8”特大山洪泥石流灾害调查评估报告》《舟曲县“8·8”特大山洪泥石流灾害白龙江两岸地质灾害隐患应急排查报告》。

（3）制定防灾预案，加强监测预警

为有效防止灾区发生二次灾害，确保广大群众及抢险救灾人员的生命安全，省国土资源系统抢险救灾前方工作组于8月10日晚，连夜编制了《舟曲县城及周边地区地质灾害紧急防灾预案（2010年8月11日—14日）》。舟曲县政府根据该预案印发了《关于认真做好县城及周边地区11至

14日地质灾害防治工作紧急通知》，明确各重点隐患区组织群众撤离避险的责任单位和责任人；对56处隐患点确定了监测预警员，给隐患区群众发放了避险明白卡；并采用广播宣传、张贴预警公告、分片传达精神等多种手段，向城区群众、抢险救灾人员宣传气候变化情况和避险方法及要求。11日19时，县城及周边地区再次遭遇暴雨，其中城区南峪沟一带1小时降雨量达21.8 mm。受强降雨影响，南峪沟于20时发生泥石流灾害，泥石流于20时20分左右到达沟口，整个灾害过程持续约两个半小时。泥石流掩埋7辆汽车，冲毁白龙江防护堤约500 m和部分农田，10多户居民院子和明德学校有洪水冲入，沟口桥涵被堵塞，两公里内沟床堆积厚达1.5～2 m。由于南峪沟是紧急防灾预案中提出的主要避险区，灾情发生前已通知群众撤离。泥石流发生之前，2名监测员及时发出预警信号，并组织未撤离人员按预定路线疏散，有效避免了人员伤亡，这是一起成功避险案例。

在整个抢险救灾过程中，甘肃省地质环境监测院与兰州中心气象台协作，密切关注舟曲及周边气象变化情况，及时发出地质灾害气象风险预警，为有效防范二次灾害发挥了重要作用。同时，为加强甘南、陇南、天水、临夏灾区地质灾害监测预警，原国土资源部紧急调拨滑坡预警伸缩仪50台、裂缝报警器100台；省国土资源厅紧急订购手摇报警器23台，首批6台于8月18日中午运送到舟曲灾区，第二批17台于8月26日运抵。

（4）倾系统之全力，彰系统之合力

舟曲“8·8”特大山洪泥石流灾害发生后，全省国土资源系统上下齐心、全力以赴展开抢险救灾，表现出强烈的“系统观念、行业意识”。各市（州）国土资源局纷纷请战，要求进入灾区参加抢险救灾。省地矿局及所属各院、省测绘局、省科学院自然地质灾害防治研究所等地勘单位，不讲条件，不计得失，有的单位紧急召回在外休假、施工的技术人员，急驰灾区参加应急排查工作。此次抢险救灾过程中，全省国土资源系统共有238人、50台车辆进入灾区开展工作。8月10日上午，在省国土资源厅统一部署下，省测绘局组织人员用无人机低空遥感系统，对舟曲重灾区进行了航空摄影，获得舟曲县近10 km^2 0.15 m高分辨率航空遥感影像360余张。这些影像图为灾情评估、地质灾害排查、灾后恢复重建规划提供了第一手可靠、翔实的资料。陇南市、临夏州及康县、宕昌县、武都区等国土资源部门全力支援和保障抢险救灾工作。陇南市国土资源局先后两次从武都紧急制作最新航空遥感影像图并第一时间送往灾区，同时购买矿泉水、干粮、蔬菜等生活物资支援灾区；临夏州国土资源局赠送行军床、棉袄等急需物资，为国土资源系统抢险救灾提供了有力保障。

（5）领导靠前指挥，处置成效显著

在舟曲“8·8”特大山洪泥石流灾害应急处置工作中，原国土资源部和原省国土资源厅领导亲临现场指挥，为应急处置工作提供了坚强有力的组织保证。8月11日晚至12日，甘肃省天水市、陇南市、临夏州部分地区遭受强暴雨引发多起地质灾害。8月13日，原省国土资源厅主要负责人赴迭部县召开地质灾害群测群防会议，对抢险救灾工作再次作出安排部署，会后对卓尼县、岷县、舟曲县地质灾害防治工作进行检查。原省国土资源厅领导班子其他成员分片包干，靠前指挥，赶赴陇南市、天水市指导督促当地做好地质灾害防治工作。在整个抢险救灾过程中，各级领导亲临一线、靠前指挥，使得国土资源系统应急处置工作紧张而有序、匆忙而不乱，取得了显著成效。

2.2.5　编制防灾规划，保障灾后重建

在全力做好调查排查、制定防灾预案、加强监测预警工作的同时，国土资源系统工作主动靠前，及早谋划和启动了灾后重建地质灾害防治规划编制工作。按照8月16日国务院舟曲特大山洪泥石流灾害抢险救援指导协调小组第六次会议部署，国土资源系统抢时间、抓进度。8月22日，甘肃省地质环境监测院牵头提前20天完成了《舟曲灾后恢复重建地质灾害防治规划》编制工作，并通过了原国土资源部专家组的评审。原国土资源部领导和专家，在兰州全程组织指导并参与了该规划的编制工作。8月23日下午，该规划编制组在舟曲县向甘肃省省长和省指挥部汇报了具体编制情况。省长对该规划给予了充分肯定，会议决定由省、部联合上报国务院。8月25日，原国土资源部、甘肃省人民政府联合向国务院上报了《舟曲灾后恢复重建地质灾害防治规划》。

2.2.6　启示

舟曲“8·8”特大山洪泥石流灾害，造成了惨重的人员伤亡和财产损失，也留给我们诸多启示。深刻分析此起灾害成因，纵观应急处置全过程，“8·8”特大山洪泥石流虽属一起典型的自然因素引发的自然灾害，但对我们如何有效防范和做好地质灾害防治工作，具有深刻的警示作用，总结如下：

（1）必须强化城市建设中地质灾害风险控制

多年来，随着城市（镇）建设规模的不断扩大，城市（镇）建设中的无序扩张问题应引起高度重视。舟曲县城北三眼峪沟、罗家峪沟沟口，大量民居建筑位于泥石流堆积扇和行洪区，甚至挤占行洪通道和泥石流通道，是这起特大山洪泥石流灾害造成惨重人员伤亡和财产损失的重要原因。目前，许多县级以上城市由于土地资源日益紧缺，建设用地不断向山坡、山前台地、沟口等危险地段拓展，从而埋下了地质灾害隐患，甚至加剧、引发了地质灾害。因此，必须强化山地城市（镇）建设中的地质灾害风险控制，特别是要加强对城市（镇）周边山脚、沟口等危险区域市政建设的管控。

（2）必须提高地质灾害监测预警科技水平

目前，甘肃省乃至全国在地质灾害监测预警方式、方法和手段上，与发达国家相比还比较落后。地质灾害监测预警涉及多学科和多领域，但相关的科学研究滞后，专业监测技术力量匮乏，监测预警装备设备科技水平较低，加之群测群防人员队伍的素质参差不齐，使得地质灾害监测预警的及时性、精准度难以满足目前地质灾害防灾减灾形势和任务的需要。因此，必须提高地质灾害监测预警的科技水平，从根本上解决监测难、预警难的问题。

（3）必须提升地质灾害综合防治能力

深刻反思舟曲“8·8”特大山洪泥石流灾害所暴露出的隐患和问题，我们认为：第一，要进一步强化各级领导的防灾意识、忧患意识，真正把地质灾害防治列入重要议事日程，作为一项民生工程抓紧抓好；第二，要进一步强化政府各有关部门的责任意识、协作意识，严格依照职责分工，

共同抓好地质灾害防治工作落实；第三，要进一步督促各地在重点区域和重点人群当中，有针对性地开展防范和避让地质灾害科普知识宣传，增强群众防灾避险意识；第四，建议加大地质灾害防治科学研究、监测预警、工程治理的资金投入，提升地质灾害监测预警科技水平，提高地质灾害防治工程设防标准。

2.3 岷县“5·10”特大冰雹山洪泥石流灾害

2.3.1 灾情概况

2012年5月10日17时32分至18时15分，甘肃省岷县发生大范围冰雹强降雨，最大降水量达69.2 mm，全县18个乡镇均遭受冰雹山洪泥石流袭击，发生特大冰雹山洪泥石流灾害。原甘肃省国土资源厅分管副厅长带队及时赶赴灾区，开展地质灾害应急处置工作。

原国土资源部接到甘肃省灾情报告后，当即指派原国土资源部西北片区地质灾害应急专家带领专业技术人员赶赴灾区，开展地质灾害应急调查工作，协助地方政府制定地质灾害防治对策。随后，又派出原国土资源部地质灾害应急中心专家赴岷县指导地质灾害隐患排查工作。

截至5月15日12时，岷县“5·10”特大冰雹山洪泥石流灾害已造成45人死亡，14人失踪，114人受伤。其中，泥石流灾害造成1人失踪，另有6 404人需要转移安置。这次灾害损坏农田46 500亩，且导致农业、电力、公路、桥梁等基础设施大量受损，因灾直接经济损失约68.4亿元。

经过紧急调查与排查，岷县“5·10”特大冰雹山洪泥石流造成人员伤亡和房屋损毁的主要原因是冰雹和山洪灾害，但泥石流、滑坡等地质灾害除造成人员伤亡、村舍毁坏外，也造成道路、农田损毁，以及河（沟）道堵塞、河（沟）床抬高等后果，危害十分严重。区域群发性滑坡、泥石流造成的直接经济损失超过1 000万元。

2.3.2 地质灾害情况

原国土资源部和甘肃省地质灾害应急调查专家组统一协调部署应急调查工作，形成1个调查指导组、6个应急调查组，对岷县18个乡镇的地质灾害隐患进行了重点调查和区域排查，共排查出地质灾害隐患点264处。其中，泥石流200条、滑坡55处、崩塌5处、不稳定斜坡4处，威胁人口80 860人，威胁财产18.33亿元。这些地质灾害隐患点中，有244个隐患点威胁学校、村镇等人口密集区，7个隐患点威胁国道、省道等交通干线，13个隐患点威胁耕地、林地、草地等。综合考虑当时的应急防灾减灾形势，全县共有29处地质灾害隐患点（其中滑坡3处、泥石流24条、不稳定斜坡2处）威胁群众安全，需立即组织人员转移安置；另有7处隐患点严重威胁学校、村镇等人口密集区，需实施应急治理；此外，69处重大地质灾害隐患点需在灾后恢复重建阶段开展综合治理。

2.3.3　地质灾害成因分析

（1）降水范围广、强度大

降水是引发此次灾害的主要因素。岷县“5·10”特大冰雹山洪泥石流灾害区域的降水具有强度大、范围广、成灾后仍连续降水等特点。最大降水量位于东南部麻子川，45分钟降水量达69.2 mm，为岷县有气象记录以来的最大降水强度。最小降水量位于蒲麻，45分钟降水量为18.7 mm。全县18个乡镇，除马坞乡外，其余乡镇均遭到冰雹强降水袭击。5月11日，全县大部分地段又降中到大雨，5月12日、13日连降小到中雨，进一步加重了灾情。由于降水范围广、强度大，引发了大范围山洪灾害。山洪侧蚀河岸沟坡，致使部分地段产生小型崩塌、滑坡，其与沟道堆积物一起形成了泥石流。

（2）地质环境复杂

岷县地处青藏高原和黄土高原过渡地带，南有长江、黄河的分水岭岷峨山、大拉梁，北有洮河、渭河的分水岭木寨岭、岭罗山。全县平均海拔为2 500 m，最低点马坞镇油坊庄海拔为2 040 m，西南沙玛多玛峰海拔达3 872 m，整个地形呈东南向西北倾斜。地形较为陡峻，相对高差一般在200～500 m之间。泥石流沟道纵坡降一般在100‰以上。灾区岩体主要包括板岩、泥质灰岩、砂岩、粉砂岩、灰质页岩和含砾粗砂岩夹泥岩等，风化破碎强烈。区域新构造运动以垂直升降运动为主，地震活动比较强烈，地震基本烈度为Ⅶ度，地震动峰值加速度为0.1 g。强降水汇流造成的坡面侵蚀产生大量泥沙进入沟道。山洪搬运泥沙下切、侧蚀沟道，引发了众多小型崩塌、滑坡。

（3）乡镇建筑布局混乱，沟道淤堵严重

区域乡镇建设用地紧张，居民居住地挤占行洪通道或堆积区；居民住房、学校、村委会等往往选址于泥石流堆积扇或泥石流沟道两侧及主支沟交会处，挤占了行洪通道、堆积区；加之采石、采矿产生的弃渣存放不规范，一旦遭遇区域局地强降水，必然形成地质灾害。河道、桥涵部分被淤堵，排水不畅，大多数沟道未进行工程设防，工程治理历史欠账多。沟道淤积后得不到及时清理，形成沟口堆积扇比民房高的现象，也是造成灾害的原因之一。

总之，在应对此次灾害事件过程中，地方各级政府预警机制比较健全，发挥了明显的防灾减灾效益，加之灾害发生在白天，灾区绝大多数民众得以及时疏散避险。但由于此次冰雹山洪泥石流灾害远远超出了乡村设防能力，仍然造成较大人员伤亡和重大经济损失，是一起特大型自然灾害。

2.4　岷县漳县6.6级地震灾区次生地质灾害

2.4.1　灾情概况

2013年7月22日7时45分，甘肃省定西市岷县、漳县交界处发生里氏6.6级地震，震中位于北纬34.5°，东经104.2°，震源深度20 km；90分钟内，该地区又发生5.6级强余震，震害叠加。地震极震区烈度为Ⅷ度，Ⅵ度区范围涉及定西市岷县、漳县、临洮县、渭源县、陇西县，甘南州临潭县、卓尼县、迭部县、舟曲县，陇南市宕昌县、礼县，临夏州康乐县和天水市武山县等13个县。本次地震因灾死亡95人，受伤1 366人，造成了严重的经济损失。

地震发生后，原甘肃省国土资源厅迅速启动应急预案，在第一时间组织省、市、县国土资源管理部门工作人员及专家赶赴地震灾区；调集甘肃省地矿局及所属监测院、一勘院、二勘院、三勘院、四勘院、水勘院、地质工程总公司，甘肃有色工程勘察设计研究院、武警黄金第五支队、中铁西北科学研究院有限公司，以及甘肃省科学院地质自然灾害防治研究所等单位共176人、42台车辆，组成20个排查组，开展地震灾区13个县的次生地质灾害隐患排查工作。同时对每个隐患点提出防范措施和建议，防止次生地质灾害发生，为抗震救灾提供保障。

灾后地质灾害排查工作自7月22日开始，至7月28日基本结束。排查目标以地震引发、加剧的滑坡、崩塌、不稳定斜坡、泥石流等灾害为重点，兼顾原有地质灾害隐患点。排查工作采用乡镇摸排初报、专业排查组现场排查、室内遥感影像解译、综合统计分析、专家会商核实等方法，于7月29日完成了《甘肃岷县漳县6.6级地震灾区次生地质灾害隐患排查报告》。

截至2013年7月28日23时，各排查组共排查出各类地质灾害隐患点634处，其中直接威胁村镇居民点的地质灾害隐患点为510处，威胁国道、省道等道路的地质灾害隐患点为123处，威胁其他对象（岷县古城电站）的地质灾害隐患点为1处。因之前对威胁公路、电站的地质灾害隐患点已向省、市抗震救灾指挥部提交专报，本报告主要总结分析威胁村镇居民点的510处地质灾害隐患点(报告排查数据截至2013年7月28日23时)。

次生地质灾害隐患点在地震灾区13个县均有分布，主要集中分布在重灾区岷县（各类次生地质灾害隐患共276处，占总数的54.12%）（见图2-10）。其余12个县中，武山县的地质灾害隐患点数量相对较多，达47处，占总数的9.22%。经分析，这一现象主要与7月21日（震前，降雨量20.2 mm）和7月24日（震后，降雨量31.1 mm）的强降水有关，持续降雨加剧了地质条件的不稳定性，导致灾害风险显著上升。

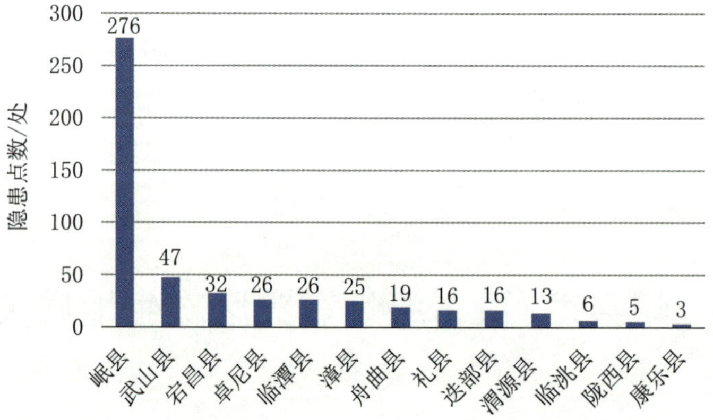

图2-10 地震灾区各县次生地质灾害隐患点数量图

本次排查威胁村镇居民点的510处地质灾害隐患点中，有243处属本次地震引发的新增地质灾害隐患点，其余267处为已有地质灾害隐患点，本次地震加剧了这些已有地质灾害隐患点的变形破坏。根据2000—2005年完成的县（市）地质灾害调查与区划成果，震前12个县的地质灾害隐患点总数为1 516处，震后各类地质灾害隐患点总数达1 759处，增长了16%。从图2-11可以看出，本次地震引发的新增地质灾害隐患点主要分布在重灾区岷县。

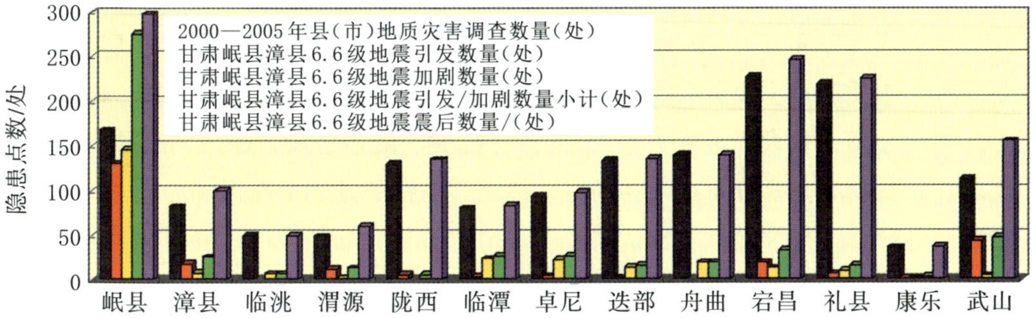

图2-11　地震灾区各县地震前后地质灾害隐患点数量变化图

2.4.2　次生地质灾害发育特征及成因分析

2.4.2.1　发育特征

（1）地质灾害类型

本次地震引发或加剧的次生地质灾害类型主要有滑坡、崩塌、不稳定斜坡及泥石流等。对城乡居民点造成直接威胁的地质灾害隐患点有510处，包括滑坡294处、崩塌119处、不稳定斜坡84处、泥石流13处（见图2-12）。

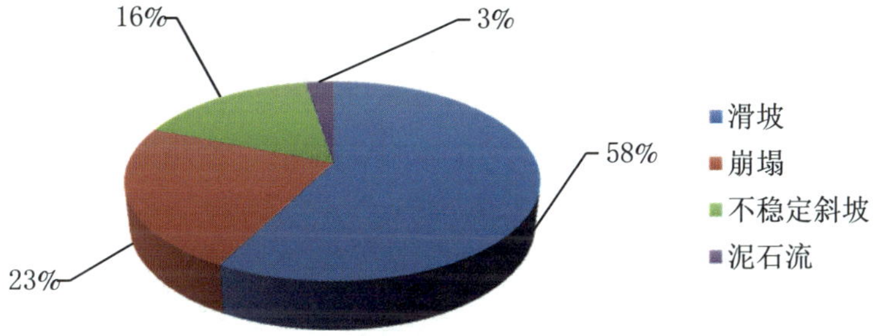

图2-12　地震灾区次生地质灾害类型及数量饼图

1）滑坡

本次调查确定滑坡灾害隐患点294处，主要分布于岷县中寨乡、维新乡、梅川镇及西江镇境内。

按照物质组成划分，滑坡分为黄土滑坡和堆积层滑坡两大类。

黄土滑坡主要分布于岷县梅川、茶埠、中寨、西江及漳县、武山县一带的黄土覆盖区，发育在沟谷两侧的陡坡地带。按照滑面的不同，黄土滑坡又可分为黄土层内滑坡和黄土接触面滑坡两个类型。黄土层内滑坡主要分布于黄土层较厚的黄土丘陵前缘较陡地带，其滑面多沿黄土中的垂直节理、裂隙发育，一般较陡倾，在40°以上；滑坡厚度一般较小，多为中、浅层滑坡。黄土接触面滑坡在排查区分布较少，其特点是黄土沿基岩接触面滑动，滑面受控于黄土与基岩的接触面形态；滑坡规模以小型为主，中型次之，大型较少，如岷县梅川镇永光村四社滑坡等。

堆积层滑坡多发育在由松散残坡积物披覆的斜坡地带，主要分布于灾区基岩山区坡麓一带，滑坡体物质主要由残坡积物——碎石土等构成，结构松散，遇水易软化滑动。此类滑坡有滑速较低、滑距短、复活性较强的特点，如岷县梅川镇牛儿寺滑坡等。

2）崩塌

本次排查崩塌灾害隐患点共119处，主要为土质崩塌（黄土崩塌居多，堆积层崩塌次之），岩质崩塌数量较少。土质崩塌主要分布于岷县（中寨、茶埠、西江等镇）、宕昌县、临洮县及临潭县一带。崩塌体多属小型，发育于坡度大于45°的黄土陡坡、陡崖地段。较为典型的崩塌为岷县梅川镇方家山崩塌。岩质崩塌主要分布在岷县马坞、锁龙等乡镇的基岩分布区。

3）不稳定斜坡

本次排查具有潜在崩塌、滑坡灾害隐患的不稳定斜坡共84处，多为土质不稳定斜坡（坡体多由黄土构成，部分为碎石土），多数由居民削坡建房形成，主要分布于岷县（中寨、维新、禾驼等镇）、漳县、卓尼县、临潭县及礼县一带的高斜坡地带。较为典型的不稳定斜坡为岷县施旗村不稳定斜坡。

4）泥石流

灾区泥石流灾害较为发育，尤其在岷县洮河及其支流流域以及宕昌县、舟曲县一带最为集中。本次地震造成部分泥石流流域内山体松动，并引发大量崩塌、滑坡，尤其在极震区（Ⅷ度区），固体松散物质大量增加为泥石流的产生提供了丰富的物质来源，必然会加剧泥石流灾害。本次排查在极震区（Ⅷ度区）内确定的13处泥石流为地震加剧的泥石流隐患点。较为典型的泥石流有岷县梅川镇红水沟泥石流等。

（2）次生地质灾害发育特征

受地质环境条件及本次地震的影响和制约，次生地质灾害发育具有以下特征。一是集中发育于发震断裂沿线，极震区内更为集中，且表现为震中西侧较东侧更为密集的特征。极震区滑坡、泥石流分布密集，显示了发震断裂对地质灾害分布的控制作用，如岷县挖木池滑坡、牛儿寺滑坡等。二是集中发育于易滑岩土体中，滑坡、崩塌大量发育在黄土、松散残坡积碎石土及软弱泥岩分布区，其他地层中滑坡的数量较少。三是集中发育于村庄、道路沿线等人为活动对边坡改造过的地段，尤其是通村公路沿线。

灾区因山体陡峻、沟壑纵横、相对高差大，为崩塌、滑坡等地质灾害的形成创造了有利的地形条件，也成为地质灾害集中分布区。从行政分区看，灾区主要集中在岷县一带，其余县数量相对较少（见图2-13）。

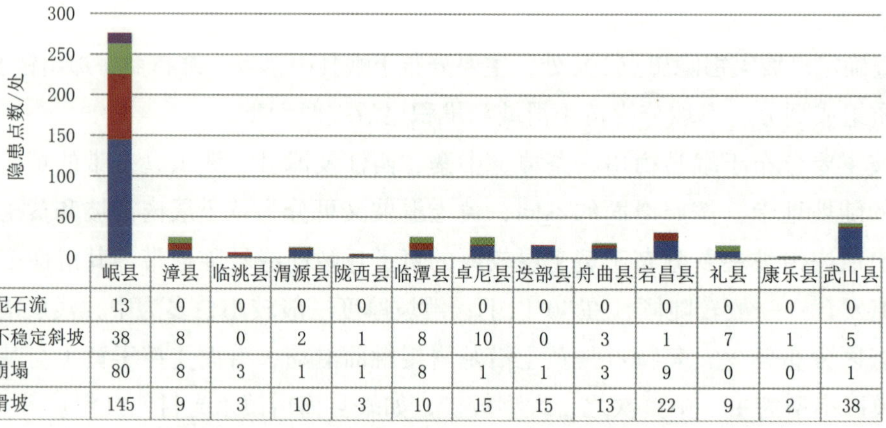

	岷县	漳县	临洮县	渭源县	陇西县	临潭县	卓尼县	迭部县	舟曲县	宕昌县	礼县	康乐县	武山县
泥石流	13	0	0	0	0	0	0	0	0	0	0	0	0
不稳定斜坡	38	8	0	2	1	8	10	0	3	1	7	1	5
崩塌	80	8	3	1	1	8	1	1	3	9	0	0	1
滑坡	145	9	3	10	3	10	15	15	13	22	9	2	38

图2-13　地震灾区各县次生地质灾害类型及数量图

2.4.2.2 险情评估

地震灾区510处威胁村镇居民点的地质灾害隐患点共威胁11 039户61 847人及价值276 170万元的财产安全。

根据险情分级，其中险情为特大型（受威胁人口大于1 000人）的4处，大型（受威胁人口500～1 000人）的15处，中型（受威胁人口100～500人）的147处，小型（受威胁人口小于100人）的344处（见图2-14）。可见，险情小型的地质灾害隐患点数占到总数的67%，这与灾区人口居住分散、单体地质灾害隐患点威胁人口数量较少的现象一致。如重灾区岷县276处地质灾害隐患中，险情大型的仅6处，而小型的达196处（见图2-15）。

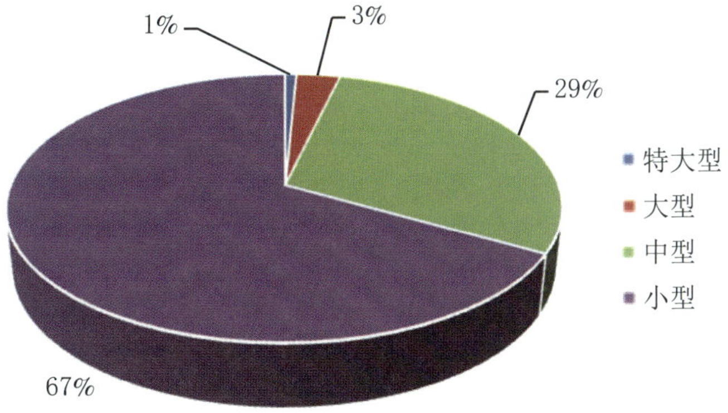

图2-14　地震灾区次生地质灾害隐患点险情分级图

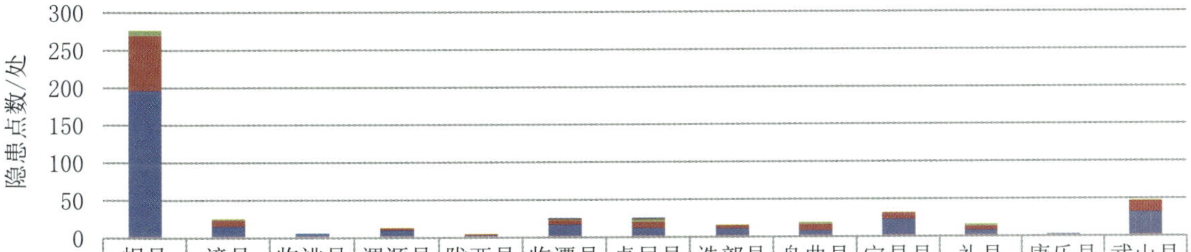

	岷县	漳县	临洮县	渭源县	陇西县	临潭县	卓尼县	迭部县	舟曲县	宕昌县	礼县	康乐县	武山县
特大型	0	0	0	0	0	2	2	0	0	0	0	0	0
大型	6	1	0	0	0	1	3	0	2	0	2	0	0
中型	74	9	0	3	2	6	9	5	9	9	6	0	15
小型	196	15	6	10	3	17	12	11	8	23	8	3	32

图2-15　地震灾区次生地质灾害隐患点险情分县统计图

就灾害种类而言，滑坡隐患点险情为中型的较多，达到滑坡隐患点总数的31.6%（见图2-16），其余灾种险情为小型的占绝对优势（泥石流仅代表岷县境内隐患点，样本不具有普遍性）。

据调查统计，地震灾区510处地质灾害隐患点共威胁11 039户61 847人的生命及财产安全，其中重灾区岷县有5 333户25 027人受到威胁（见图2-17）。按照地质灾害类型进行统计，从图2-18可以看出，滑坡灾害隐患威胁占主导地位，威胁人口33 689人；其次是不稳定斜坡，威胁人口19 086人；再次是崩塌、泥石流，威胁人口分别为6 887人、2 185人。

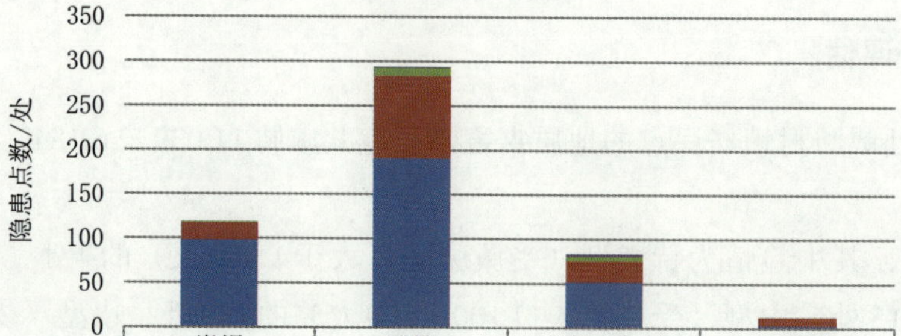

	崩塌	滑坡	不稳定斜坡	泥石流
特大型	0	1	3	0
大型	1	9	5	0
中型	20	93	24	10
小型	98	191	52	3

图2-16　地震灾区次生地质灾害隐患点分类型险情数量统计图

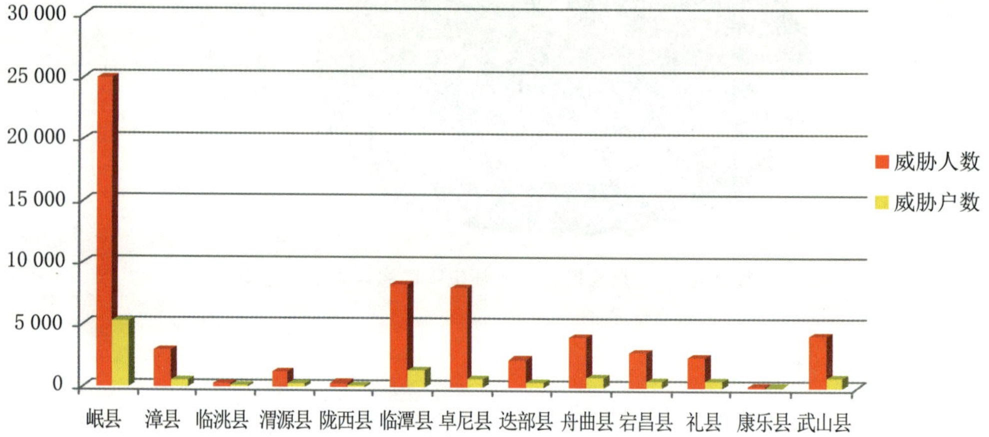

图2-17　地震灾区各县受地质灾害威胁人口统计图

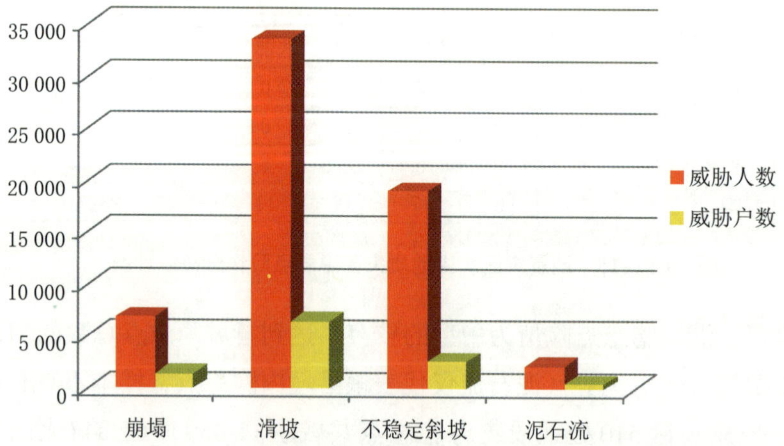

图2-18　地震灾区各县受地质灾害威胁人口统计图

2.4.2.3 成因分析

（1）地震因素

地震是引发和加剧此次地质灾害的主要因素。甘肃省地震局资料显示，甘肃岷县漳县6.6级地震发生在甘肃东南部地区的临潭—宕昌断裂的中东段。该断裂的西中段曾发生过1837年临潭东6.0级地震、1573年岷县6¾级地震、2003年岷县5.2级和2004年岷县—卓尼5.0级等地震，5级以下中小型地震则主要发生在中西段及其附近。同时，邻区发生的地震，如1654年天水8.5级地震、1879年武都7.9级地震等均对岷县造成严重影响。

本次岷县漳县6.6级地震属主震、余震型，地震极震区烈度为Ⅷ度，等震线长轴呈北西走向分布，Ⅵ度区及以上总面积为16 432 km^2。

本次地震发生在临潭—宕昌断裂附近。该断裂总体走向是北西西，以走滑性质为主，断裂活动性具有分段性，表现为西强东弱。本次地震造成区内大面积山体开裂和大量岩（土）坡松动，引发和加剧了崩塌、滑坡等地质现象和地质灾害，造成了一些居民地地质环境的重大破坏。调查威胁村镇居民点的510处地质灾害隐患点中，因本次地震新引发的有243处，因本次地震加剧的有267处（见图2-19）。

由图2-20可以看出，岷县、宕昌县、礼县因地震引发、加剧的次生地质灾害数量占比接近；漳县、渭源县、陇西县及武山县因地震引发的次生地质灾害数量占比相对较高，主要是由于该区岩土体破碎，且在遭受强降水时情况会进一步加剧；临洮县、临潭县、卓尼县、迭部县及舟曲县由地震加剧的次生地质灾害数量占比较高。从地质灾害类型看，地震引发的主要为崩塌，加剧的主要为泥石流，滑坡和不稳定斜坡比例相当（见图2-21）。

（2）降水因素

甘肃省气象局资料显示，自2013年7月1—28日，地震灾区降水频繁，过程降水量多超过100 mm，其中岷县达172.4 mm。区域内连续降水，且降水具有强度大、范围广等特点，使得本区山体岩土体含水量明显增加，岩土体抗剪强度指标显著降低。地震发生时的震裂作用，使得岩土体裂隙极为发育，为降水下渗提供了通道。地震发生后的7月24—28日，灾区又遇连续降水，过程降水量一般达40 mm以上，其中岷县为68.9 mm，武山县为41.1 mm，持续强降水进一步引发或加剧了滑坡、崩塌灾害。

（3）地质环境因素

地震灾区地形地貌复杂，区内地形南高北低，平均海拔2 500 m，海拔最高点为岷县西南的沙玛多玛峰，达3 872 m。区域岩体类型主要以板岩、泥质灰岩、砂岩、粉砂岩、灰质页岩和含砾粗砂岩夹泥岩等为主，土体类型以黄土、残坡积碎石土、冲洪积碎石土为主，多为易滑或易冲蚀岩土体，且黄土、残坡积土体与下伏泥岩、砂砾岩形成二元结构坡体，松散土体在长期降水作用下形成软弱面或软弱带，易失稳形成滑坡。区内主要活动断裂延伸长度大，且多为压扭性质，断层面两侧挤压破碎强烈，破碎带宽度为120～340 m，伴生的次级断裂及构造裂隙发育，层理和构造裂隙的相互交切形成了极为发育的构造结构面，造成区内岩体严重破碎，为滑坡、泥石流的形成提供了有利条件。

综上所述，此次地震灾区涉及的13个县地质环境条件较为脆弱，为地质灾害的形成提供了基础条件。地震是本次次生地质灾害的主要诱发因素，而震后持续降水进一步加剧了灾害风险，最终导致震区地质灾害集中发育且分布广泛。

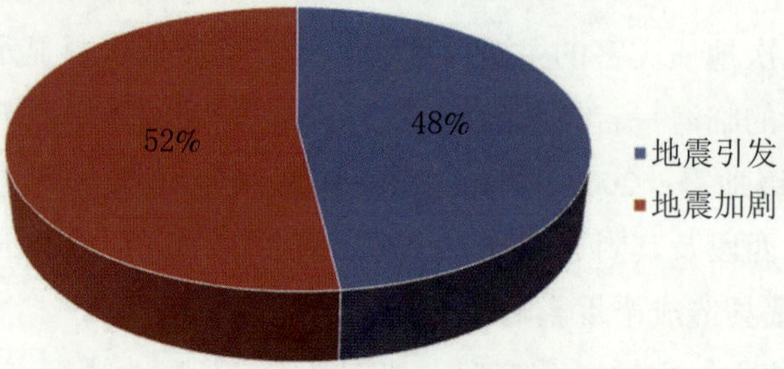

图2-19　地震灾区次生地质灾害隐患点分类图

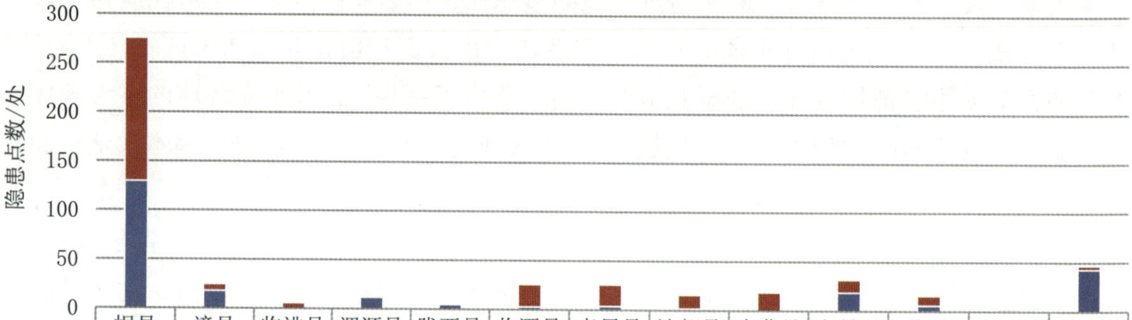

	岷县	漳县	临洮县	渭源县	陇西县	临潭县	卓尼县	迭部县	舟曲县	宕昌县	礼县	康乐县	武山县
地震加剧	146	7	6	1	0	23	22	14	19	13	10	2	4
地震引发	130	18	0	12	5	3	4	2	0	19	6	1	43

图2-20　地震灾区次生地质灾害隐患点分县地震影响统计图

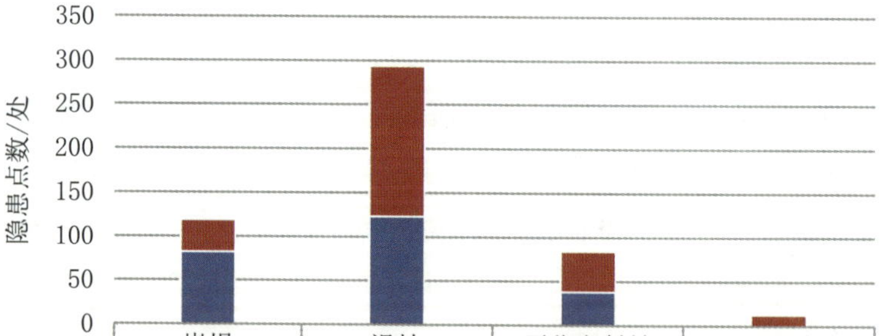

	崩塌	滑坡	不稳定斜坡	泥石流
地震加剧	37	171	46	13
地震引发	82	123	38	0

图2-21　地震灾区次生地质灾害隐患点分类型地震影响统计图

2.4.3　次生地质灾害防治建议

岷县漳县6.6级地震灾区地质灾害极为发育，是甘肃省地质灾害高易发区之一。根据以往的调查工作结果，区内震前原有地质灾害隐患点1 516处，此次震后新增地质灾害隐患点243处，共分布地质灾害隐患点1 759处。鉴于在主汛期，震后会产生震害—滑坡—泥石流等链式灾害或群发性地质灾害，加之震中岷县在2012年曾发生“5·10”特大雹洪泥石流灾害，2013年又发生6.6级地震灾害，自然灾害叠加，防灾形势极为严峻。

综合考虑此次地震灾区次生地质灾害特点、灾区经济社会发展水平、地质环境条件等因素，针对地质灾害防治和灾后恢复重建，应急调查处置期间提出以下防治建议：

（1）综合防治

1）加强地质灾害监测预警

鉴于灾区当时已经进入汛期，地质灾害监测预警是预防的重要措施，建议尽快整合气象、水利、国土等部门的监测预警系统，建立统一的岷县山洪地质灾害气象风险预警综合平台，加强监测预警设施建设，建立气象、水利、国土等部门信息共享、部门联动、联防联报机制，采用多种手段和方式畅通预警信息发布渠道，力求预警信息全面覆盖，保障灾民安全及抢险救灾、灾后重建工作顺利进行。

2）强化地质灾害防灾责任体系

此次地震直接引发的威胁村庄的次生地质灾害隐患点达510处。另外，道路、重要工程点也出现了大量隐患点。因此，要强化防灾责任体系建设，完善县、乡、村三级地质灾害隐患点防灾预案，明确新增地质灾害隐患点防灾责任人和群测群防员，进一步完善群测群防体系。

3）紧急实施地质灾害避险和应急治理

对地质灾害危险区内受威胁的居民、机关单位、学校及企业，根据排查结果和专家建议，立即组织实施紧急避险转移安置，最大限度避免灾害造成新的损失；对于难以实施避让的滑坡、崩塌等地质灾害隐患点，采取应急工程处置措施；对堵塞严重的泥石流沟道实施应急疏浚、简易防洪沙堤和排导堤工程建设，降低泥石流灾害的风险，防范主汛期再次发生地质灾害。

4）合理实施搬迁避让工程

针对震后排查确定的201处需搬迁避让的地质灾害隐患点，应采取就近安置与集中安置相结合的方式，科学制定转移安置方案。在实施过程中需重点把握以下要求：临时安置点选址应避开山洪和地质灾害危险区，确保安置安全；搬迁安置工作应与城镇化建设、新农村发展等规划相衔接，统筹安排；对集中安置点必须开展地质灾害危险性评估，严格审核场地适宜性。

5）加快实施地质灾害综合治理工程

鉴于灾后日益严峻的防灾形势，应尽快开展地质灾害综合治理工程，合理设置工程设防标准，威胁村镇的滑坡、崩塌、泥石流防治工程的设计标准应不低于50年一遇，并应先于基础设施建设开展。同时，尽快开展生态修复工程，从根本上遏制地质灾害日趋严重的趋势。

（2）应急处置

本次共排查威胁村镇居民安全的地质灾害隐患点510处，其中应采取紧急转移安置的有100处，涉及1 162户5 980人，应采取监测预警和群测群防的地质灾害点有410处。

本次排查威胁公路的地质灾害隐患点有121处，可采取控制车辆通行数量、设置警示牌、削坡减载等应急处置措施，最大限度避免产生新的灾害；对1处威胁水利工程的地质灾害隐患点，采取应急治理措施，以降低其威胁程度。

2.5 天水市“7·25”群发性地质灾害

2013年7月25日0时35分至当日16时，天水市出现大范围罕见暴雨天气，此次降雨过程雨量达93.4～369 mm。降雨中心在麦积区、秦州区南部地区。秦州区钱家坝24小时最大降水量为152.2 mm，1小时最大降水量为48.4 mm。受此次强降雨影响，天水市境内集中暴发多起地质灾害，共发生滑坡、崩塌、泥石流等灾害708处。这次灾害造成24人死亡，1人失踪，2 386间房屋倒塌，6 666间房屋受损，直接经济损失达82.75亿元，给当地人民生命财产造成了巨大损失。

2.5.1 地质灾害类型及特征

本次强降雨引发或加剧的地质灾害类型主要有滑坡、崩塌、不稳定斜坡、泥石流、地面塌陷及地裂缝等。

（1）滑坡

本次强降雨共引发滑坡415处。滑坡类型主要包括黄土滑坡、黄土—泥岩滑坡、堆积层滑坡和基岩滑坡4种，其中黄土滑坡326处，黄土—泥岩滑坡39处，堆积层滑坡37处，基岩滑坡13处。

黄土滑坡主要发育在厚度较大的黄土沟谷两侧陡坡地带。按照滑面的不同，又可分为黄土层内滑坡和黄土接触面滑坡两类。黄土层内滑坡主要分布于黄土层较厚的黄土丘陵前缘陡峭地带，一般主滑面发育在相对均匀的黄土层内，近似于圆形。滑坡后壁受垂直节理控制，较陡直、光滑，坡度可达60°～70°，多呈圈椅状。新滑坡后壁以上多见不连续的圈椅状卸荷裂缝。黄土层内滑坡以浅层为主，规模以小型为主，中型次之。黄土接触面滑坡主要分布于黄土—基岩（泥岩、砂砾岩、变质岩等）构成的二元结构斜坡地带，一般其前缘均有人工切割或河流切割形成的高陡临空面。其特征是滑坡常受控于黄土与基岩的不整合面，以及黄土垂直节理及构造裂隙；滑动面倾角较陡，一般在40°以上。一般滑移面不太规则，滑床具有洼地或沟壑，利于地下水富集。黄土接触面滑坡多为中、浅层，规模以中型为主，小型次之。该类滑坡的另一特点是滑坡的局部或整体复活，且多属间歇性滑动。

黄土—泥岩滑坡主要发育在沟谷两侧的陡坡地带，其滑体由黄土和新近系红层共同组成。按照滑面的不同，黄土—泥岩滑坡又可分为顺层滑坡和切层滑坡。顺层滑坡是主体沿泥岩层面滑动的滑坡，发育在上覆黄土、下伏泥岩倾向与坡向一致的斜坡地段，滑体主要由第四系黄土和新近系泥岩、砂岩组成，规模一般较大，多为大、中型滑坡。切层滑坡一般发育于河谷两岸及大型沟谷的中下游地形较陡、临空面较好且下伏泥岩层向坡内倾斜或近水平状的高陡斜坡地段。滑坡轮廓形态特征明显，各滑坡要素较清晰。滑坡多为中、深层，规模多为大、中型，数量较少。

堆积层滑坡主要分布于河流岸坡较陡、汇水条件较好的凹形陡坡地段。滑体主要由岩石风化的碎石土等残坡积物组成，结构松散，遇水易软化滑动。滑坡多为浅层，以小型为主。

基岩滑坡数量较少，多分布于由泥岩、砂砾岩、碎裂结构变质岩构成的斜坡地段，且多处于人工改造或河流切割强烈地段。该类滑坡的形成与岩层的软弱结构面相关，如软弱夹层、节理及卸荷裂隙等。这些结构面均利于降水入渗，形成动、静水压力，从而产生促滑效应。

（2）崩塌和不稳定斜坡

本次暴雨引发崩塌102处，不稳定斜坡86处。崩塌以土质崩塌（74处）为主，岩质崩塌（12处）次之。土质崩塌主要分布于阶地前缘及黄土丘陵的高陡斜坡以及人工斜坡地带，其规模较小，多属小型，一般破坏方式为倾倒式。岩质崩塌主要分布于南部秦岭山地，规模多为小型，破坏方式一般为拉裂式，多见于古近系及更为古老的基岩地层中，自然边坡和人工边坡上均有发育。基岩山区修路形成的高陡危险边坡地带，小型崩塌及危岩体时有所见，对公路、行人造成了一定的威胁。不稳定斜坡多发育于黄土及碎石土构成的斜坡地段，主要特点是坡体陡峻，中上部发育拉张裂缝，变形迹象明显。

（3）泥石流

本次共调查泥石流100处。按水源类型划分均为暴雨型，按物质成分可分为泥流、泥石流和水石流三种，其数量分别为26处、63处、11处。

泥流主要发育在耤河及西汉水流域中下游、渭河北岸等黄土分布区。其松散物质来源主要是黄土滑坡、泻溜以及坍塌等，陡坡开垦产生的面蚀也是重要的固体物质来源之一。泥流由于颗粒细小，极易长距离输送，一般有非常明显的堆积扇，且有明显的球状沉积物。区内泥流一般以沟谷型为主，偶有山坡型。按流体性质，本区泥流多为黏性泥流。

泥石流主要发育在耤河、南沟河上游、西汉水流域及渭河河谷两岸。其物质来源主要是沟谷中的滑坡、崩塌堆积物及坡积物。泥石流搬运能力较大，堆积物分选不明显，巨型漂砾多见，在沟口多形成规模巨大的堆积扇。

水石流主要发育在南部山区植被条件较好的地段，以沟谷型和稀性为主。水石流堆积物分选性较好，搬运能力较差。水石流固体物质来源主要为风化残积物、坡积物。

（4）地裂缝与地面塌陷

本次调查发现地裂缝共有3处，属黄土沉陷性地裂缝，延伸长度为200～300 m，属小型地裂缝。其形成与黄土的垂直节理发育和土体湿陷性有关。地面塌陷有2处，属黄土潜蚀形成的地面塌陷，规模均为小型。

2.5.2　地质灾害分布特征

“7·25”暴雨在天水市引发的地质灾害数量较多，地质灾害的空间分布特征主要有以下几点。

（1）地质灾害空间分布不均匀

天水市“7·25”群发性地质灾害具有显著的局地暴发性特征，空间分布不均匀。灾后排查出的708处地质灾害隐患点，主要集中分布于东南部的麦积、张家川、秦州和清水4个县（区）（见图2-22、图2-23），占全部地质灾害隐患点数的82.63%，而西北部的秦安、甘谷、武山三个县的地质灾害隐患点数仅占全部地质灾害隐患点数的17.37%。

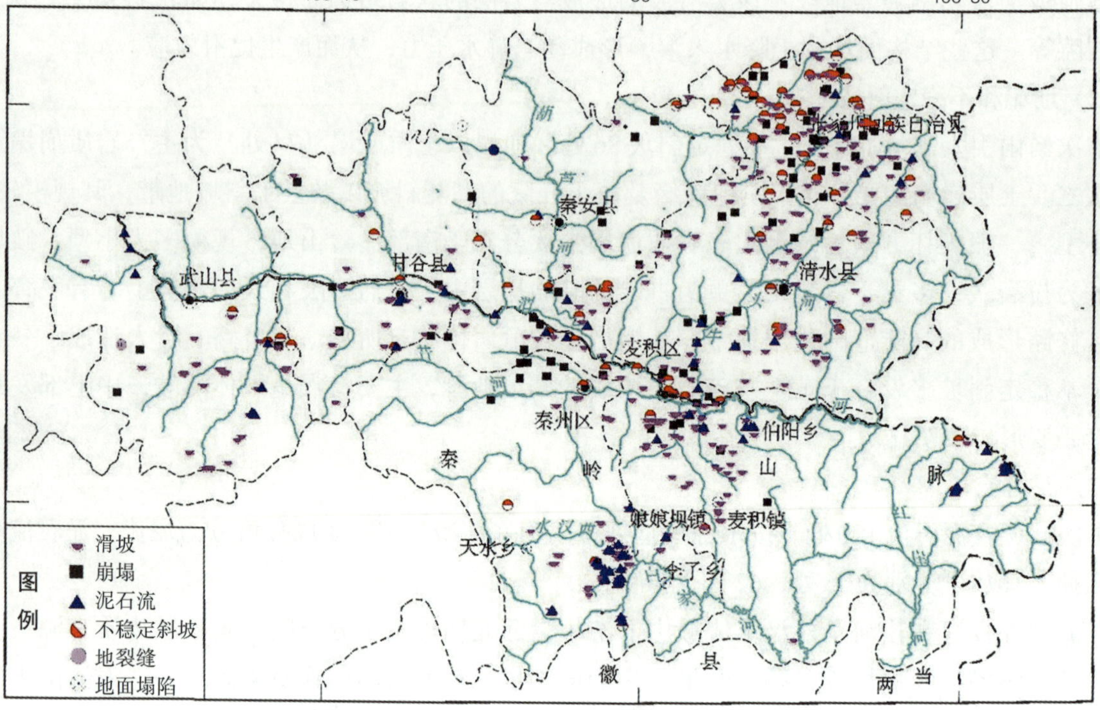

图2-22 “7·25”地质灾害分布图

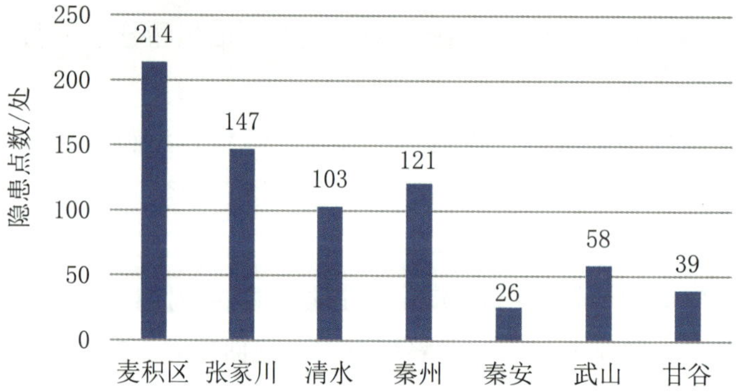

图2-23 天水市各县(区)地质灾害隐患点分布图

(2）流域集中、成带成群分布

地质灾害发育流域单元集中分布，群发性特征十分明显。滑坡、泥石流等主要集中在西汉水流域、渭河流域及以上流域较大支流河谷地区。在秦州区白家河流域、麦积区东柯河流域一带暴雨中心区，直观地反映出浅层黄土、堆积层饱水以后形成崩塌、滑坡，同时也密集形成泥石流。其中，崩塌和滑坡上下左右连成一片，很难分清单体地质灾害的发育范围。

(3）地质灾害分布与暴雨落区高度一致

根据现场调查分析，西部武山县一带属于岷县漳县6.6级地震破坏区（烈度Ⅵ度区）的分布区，由于降水量较小，地质灾害的分布密度相对较小。秦州区东南部、麦积区西部、清水县、张家川回族自治县呈北东向带状分布的地质灾害密度明显大于其他区域的地质灾害密度。这些地区地质灾害表现特征和“7·25”暴雨落区、路径特点高度一致。

2.5.3　地质灾害成灾特征

通过调查，可以对本次群发性地质灾害总结出两大特征。

（1）滑坡—泥石流链式特征

“7·25”群发性地质灾害与多数单体地质灾害特征有很大不同，其具有高密度浅层土质崩塌、滑坡、碎屑流和沟谷型泥石流叠加的灾害链特征。本次发生泥石流的沟谷多数为沟道短浅的沟谷，泥石流松散物质主要由降雨激发的滑坡、崩塌等转化而来。如麦积镇、娘娘坝镇一带的黄土—泥岩二元结构斜坡多形成顺向坡。顺向坡饱水的表层土体形成坡面型泥石流和群发性浅层土质崩塌、滑坡（见图 2-24），直接汇集于沟谷顺沟而下形成泥石流。马跑泉镇一带的大庄沟村泥石流具有典型性。该泥石流沟的流域面积约 0.45 km^2，沟道呈上陡下缓的折线形，剖面形态为“V”字形，纵坡降 177‰。沟道中、下游段较为开阔，沟谷宽度 20～70 m，沟口两侧为大沟村所在地。2013 年 7 月 24 日夜间，强降雨导致大沟村南部沟道内发生滑坡，并直接转化为泥石流顺沟流下。泥石流堆积物一直从沟口延伸至大沟村村庄中部，堆积体纵向长约 700 m，横宽 20～70 m，堆积物厚度在 2～10 m 之间，堆积物体积约 20 万 m^3。此次泥石流直接将村委会三层楼房向前推挤达 70 余米，并摧毁 10 户村民房屋及 100 m 村道。由于预警及时，人员迅速得到转移，未造成伤亡（见图 2-25）。

图 2-24　麦积镇溯流滑坡

图 2-25　大庄沟村泥石流

（2）滑坡—堰塞湖链式特征

本次强降雨导致毛峪河、五龙沟等多条沟谷形成堰塞湖，出现了滑坡—堰塞湖链式灾害。典型的如伯阳镇榆树村滑坡，该滑坡的发生和降水并不同步，略有滞后性。榆树村滑坡发生于 7 月 29 日上午 10 时 40 分，滑坡堆积体堵塞毛峪河河道，形成堰塞体。该滑坡属于老滑坡复活，类型为黄土—泥岩滑坡，主滑方向 76°，高约 450 m，平均坡度 60°。滑坡平面呈簸箕形，坡面呈不规则状。滑坡后缘宽约 100 m，前缘宽约 190 m，长约 200 m，厚约 50 m，体积约 135 万 m^3，属大型滑坡。由于滑体主轴前缘地层岩性以泥质砂岩为主，完整性相对较好，滑体下滑时泥质砂岩下滑至沟底基本呈整体块状，上覆土层下滑受阻，分向南北两侧。其中，北侧滑坡堆积体以黄土为主，压埋河道和东侧道路，堆积体高出路面约 7 m；南侧滑坡堆积体高出路面约 2.5 m，两堆积体形成两道天然“土坝”。“土坝”以上堰塞湖水体长约1 000 m，水面平均宽度约30 m（沟谷呈“V”字形），河道平均宽约16 m，水位最高处抬升约14 m，总水量约35万m^3。堰塞湖对下游的韩河村、下河村406户村民2 082人的生命财产安全构成严重威胁（见图2-26）。

图2-26 毛峪河榆树村滑坡堵沟形成堰塞湖

2.5.4 地质灾害成因

地质灾害的形成是一个复杂的过程，其发生是内因和外因综合作用的结果。外因如降雨、地震等因素具有促发作用。内因如区域构造活动为灾害形成提供了地形地貌条件，易滑岩土与斜坡结构组合则形成了地质灾害的物质基础。结合天水“7·25”群发性地质灾害特点，主要从降雨、地震、地层岩性及地形等方面分析灾害的成因。

（1）降雨

降雨在诱发地质灾害的过程中，主要表现为前期降雨强度、当期降雨强度和降雨量等因素，强降雨是山地灾害链成灾演化的关键控制因素。天水市“7·25”降雨特征主要表现为前期降雨丰富、当期降雨强度大。降雨是本次群发性地质灾害的主要引发因素，加速了灾害链的演化。

1）前期降雨日数多、持续时间长

根据气象资料数据统计，自2013年6月19日至7月26日，天水市各县（区）经历4次强降雨，降雨量为199.1～423.5 mm（见表2-2）。天水市自6月20日以来降雨天数为24～26天，降雨天数较往年同期偏多10～15天。7月以来，天水市秦州区降雨量是常年同期的3.4倍，其他县（区）则在2.2倍以上。连续降雨使得浅表层土体接近饱和、岩体裂隙充水，引起斜坡大部分土壤相对湿度超过70%，南部白家河流域土壤相对湿度在90%以上，导致岩土体抗剪强度显著降低，这对于浅层堆积层及裂隙发育的黄土斜坡稳定极为不利。同时，土壤含水率升高显著加快了泥石流的汇流过程。

表2-2　天水市典型站6—7月降雨量统计表

单位：mm

区域站站名	6月19—20日	7月7—8日	7月21—22日	7月24—25日	累计
李子	198.2	128.6	22.7	29.8	379.3
钱家坝	114.9	119.4	37.0	152.2	423.5
舒家坝	91.8	109.9	32.9	48.5	283.1
庙川	83.6	65.3	37.9	42.8	229.6
长官	28.1	95.2	26.0	102.9	252.2
张家山	51.8	109.2	30.4	102.2	293.6

2）暴雨落区集中、强度大、反复作用

2013年6月至7月的4次区域性暴雨落区和路径基本一致，均处于天水市东南部的秦州、麦积、张家川、清水4个县（区），从而引发了大量地质灾害。

6月20日最大小时降雨量出现在秦州区李子园，1小时降雨量达65 mm（出现在20日04时至05时），2小时降雨量达115 mm，强降雨引发了大范围的地质灾害。此次强降雨共引发95处地质灾害，其中泥石流17处，滑坡65处，崩塌9处，不稳定斜坡4处。秦州区白家河流域以及麦积区颍川河、东柯河、毛峪河流域是本次地质灾害最为严重的区域，出现了群发性、密集分布的泥石流、滑坡、崩塌等灾害。

7月8日的强降雨再次袭击了这一地区，在部分地方引发了滑坡、泥石流等地质灾害，总数达46处。其中，泥石流13处，滑坡24处，崩塌6处，不稳定斜坡3处。

7月21日的强降雨虽然未形成大的灾害，却加大了土壤含水量，使得土壤持续处于近饱和状态。

7月24日至26日夜间，天水市出现强降雨天气。秦州区钱家坝24小时最大降雨量为152.2 mm，1小时最大降雨量为48.4 mm，最终形成了比6月20日、7月8日范围更广、危害更大的群发性滑坡、崩塌、泥石流灾害及滑坡—堰塞湖等灾害链。娘娘坝镇一带的群发性滑坡、泥石流共造成22人死亡。

对比该地区以往地质灾害资料，1965年罗玉沟泥石流降雨量为90～100 mm，降雨历时8小时，1小时最大降雨强度为57.3 mm；1978年伯阳镇菜子沟泥石流2小时降雨量为105 mm，1小时最大降雨量为60 mm；1990年锻压机床厂滑坡日降雨量为113 mm。可以看出，钱家坝24小时降雨量（152.2 mm），已超过历次灾害的降雨强度。据李鸿琏研究，天水地区前期降雨量丰富，当日降雨量达到50～60 mm时，即可引发滑坡；当小时降雨量超过35 mm时，即可引发泥石流；当小时降雨量超过40 mm时，即可形成灾害性泥石流。可以说，“7·25”群发性地质灾害的发生既具备了前期降雨条件，也具备了降雨强度，必然引发大量滑坡、泥石流灾害。

（2）地震

天水市及其外围断裂、褶皱均很发育，尤其是晚第四纪以来断裂活动显著，地震活动频繁，是我国主要的地震区之一。天水市地处我国南北地震带与天水—兰州两大地震带交会部位，历史上是高烈度地震多发区。例如，1654年天水南8级地震，震中烈度达Ⅺ度，引发了大范围滑坡。

2008年“5·12”汶川地震中，天水市属烈度Ⅵ～Ⅶ度区，特别是南部属于Ⅶ度区。地震一定程度上导致山体松动，岩层破碎，短期内很难达到平衡，因此在降雨叠加条件下势必引发大量滑坡。强震过后，地震灾区滑坡、泥石流等地质灾害显著增加是一个普遍现象。

（3）地层岩性

地层岩性是地质灾害发育的物质基础，对灾害的影响主要表现在易滑岩土及其斜坡组合结构特征上。区内易滑地层组合主要有黄土—基岩、松散层—基岩两种结构。以上两种易滑地层组合结构的共同特点是斜坡往往是由岩土形成二元结构的顺向斜坡。斜坡上部黄土或堆积层松散，节理裂缝发育，斜坡下部有一个相对隔水的底板，上覆黄土或残坡积土在其上滑动。黄土中的垂直节理裂隙是黄土崩塌形成的主要结构因素；在南部基岩地区，由于树木根系的劈裂作用，残坡积层形成导水裂隙或孔洞；新近系（N）泥岩、古近系（E）砂砾岩、白垩系（K）砾岩则形成相对隔水层。坡度大于60°，厚度在8 m以上的晚更新世黄土（Q_3^{eol}）陡崖，在降雨条件下容易发生黄土崩塌。坡度大于25°，由黄土、残坡积层和基岩组成的顺向斜坡，在强降雨条件下，容易发生浅层黄土滑坡、堆积层滑坡和坡面型泥流。

（4）地形

坡度和坡高是滑坡、崩塌发生的重要因素。理论上讲，坡度越大，坡高越高，地质灾害发生的概率越大。通过对这次天水市发生滑坡的斜坡坡高和坡度进行统计，可知坡度10°～30°、坡高150～300 m的斜坡（图2-27），是发生黄土滑坡的优势斜坡。

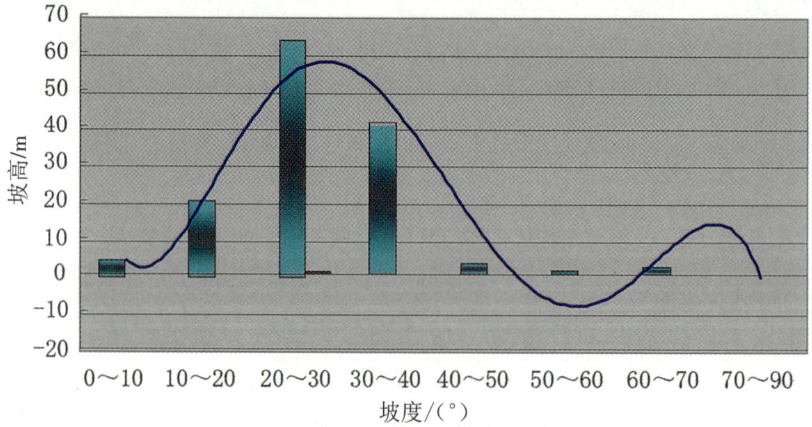

图2-27　滑坡与坡度关系图

坡度大于60°、坡高10～30 m的斜坡前缘陡崖，是崩塌发生的优势坡段；在人工开挖坡脚或加载条件下，崩塌发生的概率显著增加。娘娘坝一带地形属嘉陵江上游基岩山地，地形陡峻，切割强烈，由于沿河谷人为切坡修路、建房，形成人工陡坡，在暴雨激发下发生很多小型崩塌。

河流和沟谷地貌的演化阶段或发育程度对斜坡的变形特征、破坏模式以及地质灾害的规模和致灾程度具有明显的控制作用。从发育期来看，天水市境内沟谷以狭窄的冲沟或干沟为主，且以“V”形谷居多，沟床比降集中在50‰～150‰之间。通过对区内泥石流沟谷的沟坡坡度频数统计，并结合野外调查情况分析沟坡坡度对泥石流固体物质的补给方式与补给数量，认为最有利于提供泥石流固体物质的沟坡坡度为25°～45°。固体物质补给方式主要以沟蚀、面蚀为主，其次为崩塌、滑坡等提供的松散物质。在强降雨作用下，洪水挟带黄土崩塌、坡面泥流汇集于沟谷中，极易转化为泥石流。泥石流在流动过程中冲蚀沟谷岸坡或滑坡坡脚，导致沟岸产生新的滑坡或老滑坡复活，进而转化为物源使泥石流流量增大，形成更大的泥石流灾害。有时泥石流侵蚀沟岸可诱发大规模的滑坡，如榆树村滑坡。

天水南部地区属小陇山林区，植被茂密，沟谷多属“V”形谷，纵坡降40‰～200‰，历史上观测到的滑坡、泥石流现象较少。本次残坡积土在强降水作用下形成饱和土滑坡，连同坡体上的树木一起滑入沟道，堵塞沟道形成堰塞湖。堰塞体溃决形成了泥石流，有的沟道甚至形成了流木。这些现象说明地形条件是滑坡、泥石流形成的最基本条件。植被对滑坡的影响主要表现在根劈作用在地层中形成大孔隙或裂隙，孔隙或裂隙为地表水入渗提供了优势通道，从而影响斜坡的稳定性。

2.5.5　结论

“7·25”群发性地质灾害是天水市近年来发生的最严重的灾害事件，研究表明：

①“7·25”暴雨引发的地质灾害类型主要有滑坡、崩塌（不稳定斜坡）、泥石流、地裂缝及地面塌陷5种类型，其中滑坡、泥石流、崩塌数量较多，是主要的地质灾害类型。

②本次群发性地质灾害在空间分布上具有不均匀性、流域集中性、群发性等特征，且和降雨落区基本一致，明显受到降雨分布的控制。

③本次群发性地质灾害成灾具有显著的崩塌、滑坡—泥石流链式、滑坡—堰塞湖链式特征，这些特征加重了灾情。

④极端降雨是本次群发性地质灾害的主要促发因素，主要表现为前期降雨丰富、持续时间长、当期降雨强度大等特点。另外“5·12”地震对本次地质灾害的形成具有一定的影响。地形与岩土条件是这次群发性地质灾害形成的物质基础。

2.6　文县“8·7”群发性地质灾害

2.6.1　灾情概况

2013年6月以来，文县境内普降中到大雨，局地出现大暴雨，全县20个乡镇全部受灾。据统计，中庙镇累计降雨达1 123.4 mm、碧口镇累计降雨达1 018.8 mm、范坝镇累计降雨达732.8 mm、桥头镇累计降雨达398.4 mm、临江镇累计降雨达342.3 mm，文县平均降雨量是2012年同期的2倍多，其中碧口镇、中庙镇降雨量是2012年同期的3倍。6月以来，全县先后发生5次暴洪灾害，导致20个乡镇多次受到暴洪及泥石流侵袭。其中，6月19日至20日，中庙镇降雨量达119.9 mm；7月6日至14日，中庙镇降雨量达320.6 mm，碧口镇降雨量达279.5 mm，范坝镇降雨量达211.4 mm；8月6日至7日，碧口镇降雨量达266.7 mm，中庙镇降雨量达70.7 mm。7月22日，岷县、漳县发生

6.6级地震，文县震感强烈，各乡镇不同程度受灾。7月27日0时25分，文县又发生4.5级地震，地震震源深度浅，烈度相对大，文县20个乡镇再次受灾。

5次暴洪灾害和两次地震灾害叠加，使文县受灾十分严重，造成了巨大的经济损失。特别是"8·7"强降雨持续时间长、降雨量大、雨量集中，引发的暴洪泥石流灾害造成部分民房倒塌，以及碧口镇500多间商铺进水。国道212线尚德至中庙段出现多处滑坡、塌方，造成交通中断，县乡公路、水利、电力、通信等基础设施和学校、卫生院等公共服务设施严重受损，灾情甚至比"5·12"地震还要严重。据初步统计，此次暴洪灾害共紧急转移安置受灾群众31 500多人，造成直接经济损失18.68亿元。

2.6.2 暴洪地质灾害隐患点发育特征及成因分析

2.6.2.1 发育特征

本次强降雨引发或加剧的地质灾害类型主要有滑坡、崩塌、不稳定斜坡、泥石流等。共排查出地质灾害隐患点156处，其中滑坡99处，崩塌10处，不稳定斜坡6处，泥石流41处（见图2-28）。

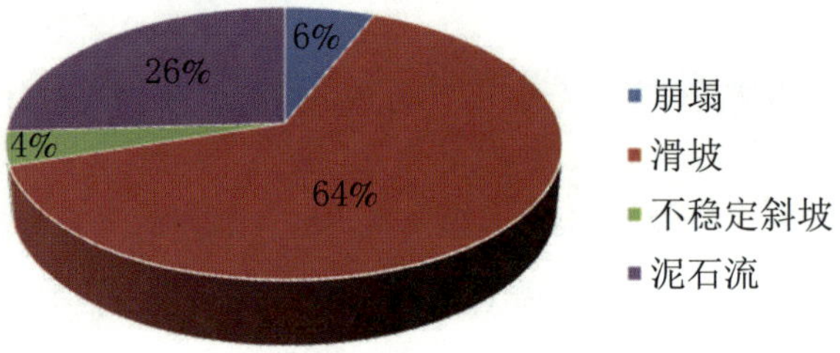

图2-28 文县"8·7"暴洪地质灾害隐患点类型及数量图

（1）滑坡

滑坡是排查区主要的地质灾害类型之一。本次排查共确定滑坡灾害隐患点99处。

按照物质组成划分，区内滑坡以黄土滑坡和堆积层滑坡为主，岩质滑坡次之，各类滑坡发育在山地及沟谷两侧的陡坡地带。由黄土、坡积物和残积物共同组成的滑坡，规模一般较小，多为小、中型滑坡，部分为大型或巨型滑坡。由于该类滑坡滑动位移短，大部分滑体还停留在主滑面上，坡体势能还没有完全释放，后期降雨、地表水的入渗、开挖坡脚等因素都可能引发滑坡整体或局部再次失稳。

（2）泥石流

排查区泥石流灾害隐患点共计41处。按水源类型划分，泥石流均为暴雨型；按物质组成划分，可分为泥石流和水石流两种。泥石流类型以沟谷型为主，多为黏性，稀性较少，规模以小型居多，中型次之，个别为大型及特大型。泥石流物质来源主要是沟谷中的滑坡、崩塌等重力堆积物和沟道泥石流堆积物。另外，大规模的采矿、修路弃土弃渣也是重要的物质来源之一。泥石流在沟口形成的堆积扇往往淹没沟口农田及房屋。泥石流搬运能力较大，堆积物分选性不明显，往往携带漂石、砾石，碎石含量50%～80%。

（3）崩塌

排查崩塌灾害隐患点共计10处，主要为土质崩塌，其次为岩质崩塌。土质崩塌主要分布于阶地前缘及黄土丘陵的高陡斜坡以及人类居住地，规模较小，多属小型，一般破坏方式为倾倒式。岩质崩塌主要分布于秦岭山地，多为小型，破坏方式一般为拉裂式。岩质崩塌多见于新近系、古近系及更为古老的基岩地层中，且自然边坡和人工边坡上均有发育。在基岩山区修路等形成的高陡危险边坡，小型岩质崩塌及危岩体时有所见，对公路、行人造成了一定的威胁。

（4）不稳定斜坡

灾后排查具有潜在崩塌、滑坡灾害隐患的不稳定斜坡共6处，多为土质不稳定斜坡（坡体多由黄土构成，部分为碎石土），分布于排查区内高陡斜坡地带。不稳定斜坡的主要特点是坡体中上部发育裂缝，有变形迹象。

灾后排查的156处地质灾害隐患点直接威胁3 193户15 844人及49 658万元的财产安全。根据险情等级划分，特大型的有3处，大型的有9处，中型的有30处，小型的有114处（见图2-29）。

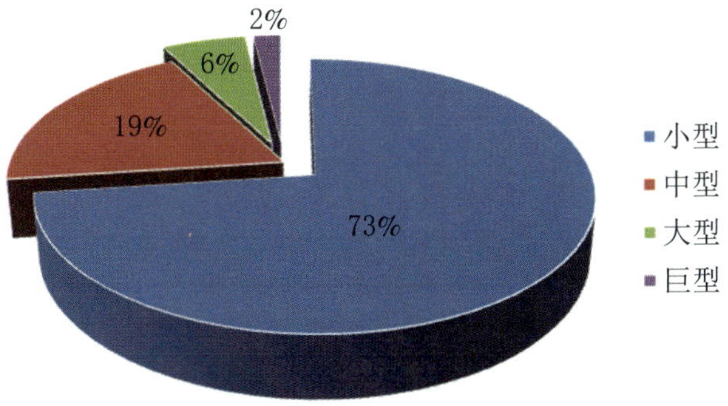

图2-29　本次排查区域地质灾害险情分级图

2.6.2.2　成因分析

（1）降雨

降雨是引发和加剧地质灾害的主要因素。自2013年6月起，文县地区连续降雨，8月6日晚至8月7日降雨量达到高峰，碧口镇最大降雨量达59.5 mm/h。文县平均降雨量是2012年同期的2倍多，其中碧口镇、中庙乡降雨量是2012年同期的3倍（见表2-3、图2-30）。

表2-3　文县各地区汛期降雨量（2013年6月—8月）

地点	降雨量/mm
碧口镇	1 018.8
中庙镇	1 123.4
范坝镇	732.8
天池镇	150.7
尚德镇	261.6
石坊镇	227.1

续表2-3

地点	降雨量/mm
临江镇	342.3
尖山乡	275.0
梨坪镇	339.8
桥头镇	398.4
城关镇	254.4

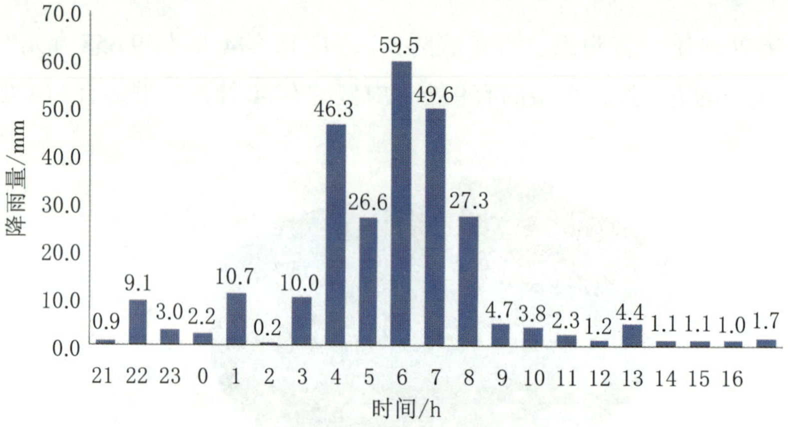

图2-30 "8·7"暴洪碧口镇降雨量

区域内的连续降雨，具有雨量大、范围广等特点，加之8月7日短时间高强度降雨，使得本区山体岩土体含水量饱和，抗剪强度显著降低，进一步引发或加剧了崩塌、滑坡、泥石流等地质灾害的发生。灾后排查的156处地质灾害隐患点，几乎均由此次强降雨直接引发或加剧形成。

（2）区域地质构造

文县自古生代以来，经历了加里东运动、华力西运动、印支运动、燕山运动和喜马拉雅运动等多期次构造运动，先后形成了各种不同方向、不同大小、不同规模和不同形成机制的构造系统。秦岭南北向构造带、北东向龙门山构造带、南北向岷山构造带构成了本区最基本的地质构造格架。

第四系以来，由于区内构造运动的不断作用，文县境内地震频发。自晋咸宁四年（278年）到1976年，文县境内发生的地震或波及文县造成灾害的地震有21次。其中，大于5级的地震有10次，为地质灾害的发育提供了条件。2008年汶川地震中，文县成为重灾区，文县各乡镇均受到严重影响（民房受损严重，群众生命财产遭受了巨大的损失）。同时，由于地震对当地地质环境产生了强烈影响，伴随地震的发生各乡镇普遍发生了群发性地质灾害。例如，2013年7月22日岷县漳县6.6级地震波及文县，文县各乡镇震感明显；7月27日，文县境内发生4.5级地震，造成文县20个乡镇受损。加之入汛以来降雨不断，强降雨时有发生，大量雨水渗透至岩土体，导致岩土体遭受扰动，引发、加重了滑坡、泥石流等地质灾害，灾害的叠加效应明显。根据《建筑抗震设计规范》（GB 50011—2021），文县的抗震设防烈度为Ⅷ度。

（3）地形地貌

文县地处秦岭—昆仑纬向褶皱山地南部，为侵蚀、剥蚀的构造山区。总体地势北西高南东低，最高点为北部雄黄山，海拔4 187 m，最低点为南部中庙镇的罐子沟，海拔550 m，相对高差3 637 m。区内高山重叠，峰谷交错，沟壑纵横，地势陡峻，有两种主要地貌单元，即中高山山地地貌和河谷地貌。地形地貌是影响区内地质灾害发育的重要因素之一。区内地形破碎，切割强烈。经统计，文县境内最大地形高差为1 034.86 m，高差小于200 m的地形仅占域内总面积的7.68%，高差200～500 m的地形面积占域内总面积的87.65%，沟壑平均切割密度达2.3 km/km^2，沟坡坡度多大于35°。从这一比例可以看出，文县沟谷非常发育，大部分地带斜坡体临空面巨大。这种高密度、大高差地形特征为滑坡、崩塌和泥石流的形成提供了非常有利的地形条件，是区内地质灾害多发的一项重要因素。

（4）地层岩性

文县属松潘—甘孜地层分区，出露地层由老至新依次有下古生界碧口群、中古生界泥盆系中泥盆统三河口组、石炭系、二叠系下统、三叠系、侏罗系、第四系等。同时，在东南部及西部，发育有侵入岩。灾后应急排查发现，区域内地层岩性以下古生界碧口群及第四系为主，部分地区为侵入岩。区内地层经历多期构造作用，节理裂隙发育，岩体破碎，多属易滑岩土，为地质灾害发育提供了物质基础。

2.6.3　启示与经验

（1）加强地质灾害气象预警预报

主汛期内加强监测预警是预防地质灾害的重要措施，应整合气象、水利、国土等部门的监测预警系统，建立统一的文县地质灾害气象预警综合平台，加强监测预警设施建设，建立气象、水利、国土等部门信息共享、部门联动的联防联报机制，采用多种手段和方式畅通预警信息发布渠道，力求预警信息全面覆盖，保障灾民安全及抢险救灾、灾后重建等工作顺利进行。

（2）强化地质灾害防灾责任体系

此次暴洪地质灾害威胁村庄、道路等设施的隐患点共有156处。因此，要强化防灾责任体系建设，完善县、乡、村三级地质灾害隐患点防灾预案，明确新增地质灾害隐患点防灾责任人和群测群防员，完善群测群防体系。

（3）紧急实施地质灾害避险和应急治理

对于仍处于地质灾害危险区范围内的居民、机关、学校、企事业单位，应根据排查提出的紧急转移安置建议，实施积极的避让方案，避免灾害造成新的损失。同时，应科学选择灾民临时安置点，避开地质灾害危险区。对于难以实施避让的滑坡、崩塌等地质灾害隐患点，应采取应急工程处置措施；对于堵塞严重的泥石流沟道实施应急疏浚、简易防洪堤和排导槽工程，降低泥石流灾害风险，防范主汛期再次发生山洪泥石流灾害。

（4）加快开展地质灾害治理工程

鉴于灾后日益严峻的防灾形势，尽快开展地质灾害治理工程，合理设置工程设防标准，村镇滑坡、崩塌、泥石流防治工程设计标准不低于50年一遇，并应先于基础设施建设开展。水利、国土、农林等部门参与，尽快开展生态修复工程，从根本上遏制地质灾害。

2.7 临夏州“7·18”群发性地质灾害

2018年汛期以来，临夏州境内出现了历史罕见的降水，极端天气及强降雨引发了大面积群发性崩塌、滑坡及泥石流灾害。特别是2018年7月以来，临夏州境内连续出现9次历史罕见强降雨过程，导致东乡族自治县、永靖县、广河县、积石山保安族东乡族撒拉族自治县（简称“积石山县”）、临夏市、临夏县等县（市）原有地质灾害隐患进一步恶化，并诱发了大量新增地质灾害隐患。“7·18”暴洪以来，全州发生地质灾害灾情483起，其中，滑坡238起，崩塌52起，泥石流56起，不稳定斜坡134起，地面塌陷和地裂缝3起，紧急避险2 256户10 662人，造成2人死亡，财产损失6 742.2万元。

2.7.1 区域地质背景

临夏州地处青藏高原和黄土高原的过渡地带，地势西南高、东北部低，呈倾斜盆地状。境内的积石山、太子山、莲花山海拔在3 000 m以上，形成了西南屏障，平均海拔为2 000 m，相对高差达3 000 m以上，山地面积占总面积的90%。境内沟谷纵横，冲刷切割剧烈，由于独特的黄土地貌和人类活动影响，临夏州成为我省地质灾害最严重的地区之一。受地质构造和地层岩性的控制等影响，形成了本区地貌的基本骨架。第四纪以来强烈的侵蚀切割作用，以及巨厚风积黄土的沉积，进一步修饰了古地貌形态，形成了多级河谷阶地和大片黄土丘陵，最终形成了现在的地貌景观。地貌类型主要分为侵蚀堆积河谷平原、构造剥蚀丘陵和侵蚀构造中低山三类。

境内出露地层有下元古界前震旦系马衔山群（A_nZ_{mx}），下震旦系兴隆山群（Z_{1xn}），古生界奥陶系（0_{2-3}）、二叠系（P），中生界三叠系（T_{3y}）、侏罗系（J）、白垩系（K_1），新生界新近系（N_{1+2}），第四系（Q）和侵入岩。根据工程地质特征，可将区内岩土体划分为七类工程地质岩组：①层块状坚硬片岩、安山岩、千枚岩岩组（Anz+O），分布于刘家峡、雾宿山及其以东地段，由前震旦系与奥陶系地层组成。为一套变质岩及变质火山岩，岩性为变质石英片岩、角闪片岩、变质安山岩等。②中厚层—薄层半坚硬至软弱砂砾岩夹黏土岩岩组（T+K），分布广泛，由上三叠系、侏罗系和白垩系组成。岩性为砂岩、含砾砂岩、砾岩夹黏土岩、泥灰岩、页岩等。③层状软弱黏土岩岩组（N），由上新近系组成。岩性主要为泥质砂岩、细砂岩、砂质泥岩夹砂砾岩互层。④块状坚硬花岗岩、闪长岩岩组（γ+δ），由加里东中期花岗岩和闪长岩组成，岩性为花岗岩、花岗闪长岩、闪长岩等。⑤粉土、砾卵石双层土体（Q_4），主要分布于大夏河及其支流两岸阶地，具有二元结构，上部为粉质黏土、粉土，下部为砂砾卵石层。⑥黄土及粉土、砂砾卵石多层土体（Q_3），广泛分布于境内，上部为黄土，下部为粉土、砂砾卵石双层土体。⑦黄土，主要为马兰黄土和离石黄土。

临夏州大地构造位置特殊，处于祁吕贺“山”字形构造体系西翼弧形褶皱带与河西构造体系东端的复合部位，并受陇西构造体系叠加影响。多构造体系交汇导致区内构造变形强烈，主要发育北西西向、北东向和北北西向展布的断裂构造系统，其中以断裂活动为主导特征。

第四纪以来，区域构造运动主要表现为先存断裂的重新活化及区域性差异升降运动。该区地处青藏高原东北缘地震构造区，属于天水—兰州—河西走廊地震带重要组成部分。区域外围地震活动强烈，历史地震记录显示邻区强震对本区具有显著波及效应。典型实例为2008年汶川地震时，本区震感明显。

2.7.2　地质灾害特征

根据排查，临夏州“7·18”暴洪共引发和加剧地质灾害隐患点968处，其中新增地质灾害隐患点830处，加剧原有地质灾害隐患点138处。按照类型划分，滑坡465处，崩塌60处，不稳定斜坡341处，泥石流91处，地面塌陷8处，地裂缝3处。按照险情等级分，特大型8处，大型16处，中型194处，小型750处。受威胁人口6.21万人，受威胁财产35.90亿元（见表2-4）。

表2-4　临夏州“7·18”引发和加剧地质灾害险情统计表

县(市)	隐患点数/处			险情等级/处				威胁人口/人	威胁财产/万元
	小计	原有加剧	新增	特大型	大型	中型	小型		
临夏市	24	11	13	0	0	11	13	2 195	14 322.0
临夏县	137	14	123	2	0	14	121	8 831	43 842.0
永靖县	62	16	46	3	2	14	43	10 832	27 599.1
积石山县	206	4	202	0	5	80	121	7 889	32 564.6
和政县	169	20	149	1	1	19	148	7 631	111 499.0
广河县	75	13	62	1	1	14	59	7 245	30 787.0
康乐县	79	40	39	1	3	16	59	7 266	56 220.0
东乡回族自治县	216	20	196	0	4	26	186	10 212	42 153.0
合计	968	138	830	8	16	194	750	62 101	358 986.7

（1）地质灾害空间分布不均匀

临夏州“7·18”群发性地质灾害具有显著的局地暴发性特征，空间分布不均匀。灾后排查出的968处地质灾害隐患点，主要集中分布于西南部临夏、积石山和中部东乡、和政四个县（见图2-31），占全部地质灾害隐患点的75.21%，而北部的永靖县、中部的临夏市、东南部的广河县及康乐县仅占全部地质灾害隐患点的24.79%。

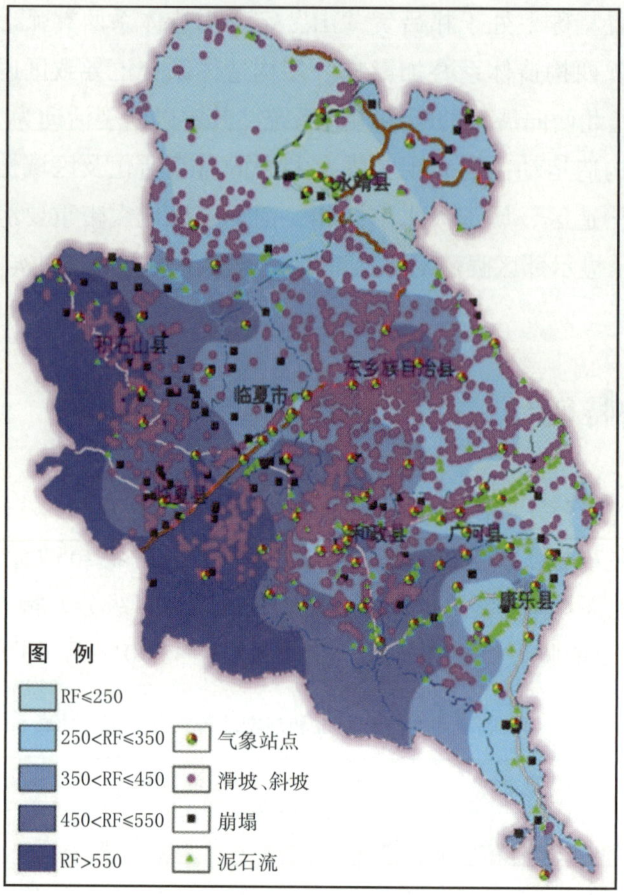

图2-31　临夏"7·18"地质灾害分布图

（2）地质灾害集中分布在黄土—泥岩二元结构分布区

地质灾害发育呈现岩土单元集中分布的特征，群发性十分明显。滑坡（潜在滑坡）、泥石流等主要集中分布于黄土—泥岩二元结构分布区。可直观地看出，浅层黄土滑坡大量分布且饱水以后呈流塑状运动堆积，久雨和连续降雨引发大规模的滑坡群复活或单个巨大规模滑坡，这明显和此前临夏州以中小型滑坡为主的特征不同。

（3）地质灾害分布与暴雨落区基本一致

根据现场调查分析，北部的永靖县、中部的临夏市、东南部的广河县及康乐县暴雨雨量较小，地质灾害的分布密度也相对较小；西南部临夏、积石山和中部东乡、和政四个县暴雨连续发生，落区重复，地质灾害呈带状分布，其密度明显大于其他区域，地质灾害分布特征和"7·18"暴雨落区和路径特点高度一致。

2.7.3　地质灾害成因

此次群发性地质灾害成因主要包括降雨、岩土和地形。

（1）降雨因素

临夏州"7·18"降雨主要表现为前期降雨丰富、当期降雨强度大等特点，降雨是本次群发性地质灾害的主要引发因素。

1）累积雨量大

根据临夏州气象局的研究和统计数据，临夏州年均发生暴雨的次数约为0.2次，即每5年出现1～2次，92%的暴雨发生在7—8月。临夏州夏季历年平均降雨量为157.0～304.5 mm，全年平均降雨量为273.7.0～592.7 mm。2018年7月以来，全州境内连续出现了9次暴雨—特大暴雨级别的强降雨（见表2-5），这一情况前所未有。这9次强降雨过程中，各县（市）日最大降雨量达到180.8 mm，小时最大降雨量达到100.8 mm，暴雨强度极大；加之暴雨连续发生，落区重复，直接导致各县（市）4—8月降雨量极值大都超过700 mm，临夏县和积石山县4—8月降雨量极值甚至超过1 000 mm，是临夏州夏季平均降雨量的3倍，甚至超过了往年的全年降雨量。最大降雨量和降雨总量等多项统计数据均超过历史极值。

连续强降雨对境内地质环境造成了巨大影响，大多数原有古老滑坡出现变形复活迹象，地质灾害发育程度愈发严重，危险性急剧增大，防治难度也随之增大。

表2-5　临夏州2018年7—8月各县(市)降雨情况统计表

时间	降雨量>50 mm的站点数/个	降雨量>100 mm的站点数/个	一次最大降雨量落区	一次最大降雨量/mm	小时雨强最大落区	小时最大雨强/mm
7月18—19日	33	5	和政县梁家寺水库	166.4	东乡回族自治县那勒寺	82.8
7月22—23日	14	7	永靖县坪沟乡罗山村	164.3	永靖县杨塔乡	49.7
8月2—4日	75	22	广河县买家巷镇马家咀村	207.2	康乐县八松乡那尼头村	81.7
8月7—8日	4	—	康乐县胭脂镇郭家麻村	57.9	康乐县胭脂镇郭家麻村	52.7
8月9—10日	8	1	康乐县附城镇石王村	136.8	康乐县附城镇石王村	100.8
8月15—16日	14	—	和政县半草岭水厂	78.7	康乐县八松乡那尼头村	34.9
8月20—21日	57	3	东乡族自治县关卜乡	114.7	广河县阿力麻土乡	55.0
8月29—30日	1	—	临夏县莲花镇	90.9	临夏县莲花镇	56.5
8月30—31日	2	—	和政县松鸣镇云海闲庭度假村	71.3	和政县松鸣镇云海闲庭度假村	44.9

2）暴雨强度大、落区集中，且经历多轮强降雨

2018年7月以来受强降雨天气引发的灾害情况如下：

7月18日，东乡族自治县、广河县、和政县3县遭受严重暴雨灾害，致东乡族自治县果园乡、达板镇突发特大暴雨山洪灾害，造成13人死亡、3人失踪、39人受伤住院。

7月22日，永靖县又突降暴雨，造成该县红泉镇、坪沟乡、西河乡发生大面积滑坡、泥石流等地质灾害，给群众生产生活造成了极大影响。

8月2日，全州8县（市）均遭强降雨侵袭，导致和政县、广河县、积石山县3县部分乡镇再次出现地质灾害险情。8月21日，临夏市发生地质灾害，造成2人死亡。

8月24日，临夏县韩集镇韩集村北山发生滑坡，险情属特大型。因预警及时，成功避险，未造成人员伤亡。

8月31日继续出现强降雨天气，广河县庄窠集镇、官坊乡、买家巷镇和和政县三十里铺镇、陈家集镇、买家集镇、马家堡镇、新庄乡受灾严重。其中新庄乡将台村娘娘池社滑坡导致45户房屋完全损毁，受威胁人数187人，财产损失2 250万元。

综上，临夏州大多数县（市）在40天左右的时间里至少经历了3～4次强降雨过程，其间还有连阴雨。在久雨条件下，斜坡灾害不但数量多，而且规模也比天水地区的还要大。

（2）岩土因素

地层岩性是地质灾害发育的物质基础，对灾害的影响主要表现在易滑岩土及其斜坡组合结构特征上。区内易滑动的地层组合主要有黄土—泥岩斜坡结构、黄土—砾岩斜坡结构、黄土—基岩斜坡结构3种类型。黄土中的垂直节理是黄土崩塌形成的主要结构因素，新近系泥岩则形成相对隔水层。这样的斜坡结构利于雨水下渗，在泥岩顶面汇聚成地下水，使得滑带土饱和，在降雨的反复作用下，极易发生滑坡、崩塌等灾害。

（3）地形因素

坡度和坡高是滑坡、崩塌发生的重要因素。理论上讲，坡度越大，坡高越高，地质灾害发生的概率越大。通过对临夏州发生滑坡的斜坡坡高和坡度统计分析发现，坡度10°～30°、坡高150～300 m的斜坡是发生黄土滑坡的优势斜坡。区内沟谷多呈“V”形，相对切割深度大，斜坡高陡，临空条件好。从形态上看，斜坡多呈凸形或直线形，坡脚处多无原生土体支撑。稳定的斜坡多分布在山前开阔的“U”形沟谷两侧和斜坡上，其天然坡度一般小于30°，斜坡形态多呈直线形或凹形。有时这种斜坡即使高差和坡度较大，但由于坡体内无地下水活动，底部基岩完整且产状近水平，也表现得较稳定。另外，由于区内崩塌多位于沟道两岸高阶地前缘陡坎处，因此，崩塌灾害集中发育在直线形斜坡中，而滑坡灾害集中发育在凸形斜坡中。

2.7.4 结论

“7·18”群发性地质灾害是临夏州近50年来最严重的灾害事件，研究表明：

①“7·18”暴雨引发的地质灾害主要有滑坡、崩塌、不稳定斜坡、泥石流等4种类型，其中滑坡、崩塌数量较多，泥石流数量较少。

②本次群发性地质灾害在空间分布上具有岩土单元集中性、群发性等特征，且和降雨落区基本一致，明显受到降雨分布的控制。

③本次群发性地质灾害规模大、危害重、链式效应显著。

④本次群发性地质灾害的主要诱发因素为暴雨叠加持续降雨，其特征表现为：前期累积雨量大、雨强大、持续时间长等。同时，区域地形特征与岩土力学条件构成了灾害发育的基础地质环境。

2.8 陇东南"8·17"暴洪地质灾害

2020年8月以来，甘肃省东南部连续出现3次暴雨过程，连续暴雨涉及范围之广、强度之大，实属罕见。据省气象局评估报告，8月1—20日，白龙江、白水江、嘉陵江3流域及周边地区各站点累计降雨量（除宕昌外）均为1961年以来同期第一位。3个流域的降雨量分别为历史极值的2.3倍、3.0倍和1.7倍；迭部县、武都区、文县单日降雨量达到极端日降水气候事件；武都区、岷县、文县、礼县、康县达到连续极端降水气候事件；各流域及周边站点8月以来降水重现期为武都区、康县、徽县、文县均达到或超过100年一遇，两当县70年一遇，宕昌县50年一遇。此次强降雨过程引发陇南市、甘南州、天水市、定西市等多地发生群发性地质灾害，造成城区街道被淹埋，村庄房屋倒塌，农田被淹没，部分地区的电力、通信、供水中断，导致人员伤亡和巨额财产损失（见图2-32）。

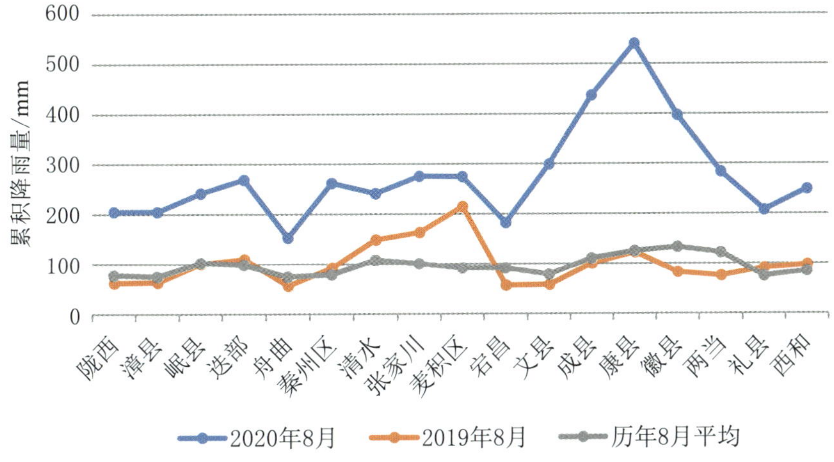

图2-32 灾区8月份累计降雨量与历年对比折线图

2.8.1 地质灾害类型

根据以往调查资料和灾后排查，本次受灾的44个县（区）（不含临夏州的6个县）排查出的地质灾害隐患点类型主要有滑坡、崩塌、不稳定斜坡、泥石流等。其中，原有地质灾害隐患点12 114处，新增地质灾害隐患点1 792处，加剧地质灾害隐患点934处。

（1）滑坡

16个中度以上受灾区与天水市麦积区、清水县新增和加剧的滑坡灾害隐患点共1 513处。按物质成分划分，以土质滑坡为主，堆积层滑坡次之，基岩滑坡较少。土质滑坡共983处，占新增和加剧滑坡总数的64.97%；堆积层滑坡共417处，占新增和加剧滑坡总数的27.56%；基岩滑坡113处，占新增和加剧滑坡总数的7.47%。按规模等级划分，以小型为主，中型次之，大型及以上较少。

土质滑坡主要分布在天水市、定西市以及陇南市武都区、西和县、礼县一带黄土覆盖区的中低山区沟谷两侧的陡坡地带。滑体主要物质组成有黄土、粉土，部分含有碎石、块石。滑体规模以小型、中型为主，多浅层，中层次之。滑体变形破坏方式多为推移式。影响滑坡稳定的主要因素为降雨和地震。

堆积层滑坡主要分布在陇南市康县、文县、礼县一带的白龙江、白水江及其两侧支沟河谷区的山地残坡积层、沟坡堆积层。滑体物质组成复杂多样，堆积物以碎石、块石和黏性土为主。滑体遇暴雨或连阴雨时含水率饱和，突然发生滑动，基本无前兆。滑体厚度多为浅层，规模以小型为主。

灾区还发育部分岩质滑坡，滑坡主滑带均为千枚岩、炭质板岩等遇水易软化、泥化的软弱夹层，规模一般较小。岩质滑坡主要分布在陇南市康县、文县一带的公路沿线。

（2）泥石流

16个中度以上受灾区与天水市麦积区、清水县新增和加剧的泥石流共计326条。按水源划分，泥石流基本均为暴雨型。按物质成分划分，分为泥流、泥石流和水石流3种。其中，泥流150条，占泥石流新增和加剧总数的46.01%；泥石流147条，占泥石流新增和加剧总数的45.09%；水石流29条，占泥石流新增和加剧总数的8.90%。泥石流规模多为小型和中型，大型或特大型占比较少，大部分为稀性泥石流。

泥流分布范围较广，主要分布于秦州区、陇西县、岷县、漳县、武都区、西和县等黄土地区，共发育150条。泥流的物质来源主要是滑坡、泻溜、坍塌等重力堆积物，另外陡坡开垦而产生的面蚀也是其重要的物质来源之一。泥流一般以小型沟谷型为主，属稀性中低易发型，以冲淤形式威胁沟口堆积区附近的村庄，危害程度较轻。

泥石流分布较为广泛，主要分布于康县、礼县、文县、宕昌县沿河谷两岸，共发育147条。泥石流的物质来源主要是沟谷中的滑坡、崩塌等重力堆积物及沟道侵蚀再搬运物，另外，采矿、修路弃土弃渣和坡面侵蚀也是其重要的物质来源。区内泥石流类型以沟谷型为主，多稀性，中、小型规模多见，属中高易发型，危害严重。

水石流分布相对较少，主要分布于河流上游植被覆盖率较高、水土流失较轻的区域，共发育29条。类型以沟谷和河谷型为主，属稀性中低易发水石流。水石流主要威胁依沟岸而居的村庄，危害程度轻。

（3）崩塌

16个中度以上受灾区与天水市麦积区、清水县新增和加剧的崩塌隐患点共计206处。崩塌类型主要为土质崩塌，岩质崩塌次之。土质崩塌155处，占新增和加剧崩塌总数的75.24%；岩质崩塌51处，占新增和加剧崩塌总数的24.76%。崩塌规模多为小型。

土质崩塌分布于秦州区、麦积区、清水县、张家川回族自治县、陇西县、岷县、漳县、西和县的阶地前缘及黄土丘陵的高陡斜坡上，规模多属小型，一般破坏方式为倾倒式和滑移式。

岩质崩塌主要分布于武都区、徽县、康县、文县的山坡地带，多见于新近系、古近系及更为古老的基岩地层中，自然边坡和人工边坡上均有发育，在基岩山区修路等形成的高陡危险边坡分布较多，对公路、行人造成了一定的威胁。其规模多属小型，一般破坏方式为拉裂式。

（4）不稳定斜坡（潜在滑坡、潜在崩塌）

16个中度以上受灾区与天水市麦积区、清水县排查出具有潜在崩塌、滑坡隐患的不稳定斜坡484处，多为土质斜坡，分布于高斜坡地带。这些不稳定斜坡主要特点是坡体中上部发育裂缝，有变形迹象。

2.8.2　灾害发育特征

受地质环境条件的制约及本次暴雨灾害的影响，滑坡、崩塌等地质灾害在软弱地层和软硬相间的地层集中分布，主要分布于第四系黄土、第四系坡残积层及下古生界碧口群砂岩、板岩区域。崩塌及小型滑坡沿村庄边坡地带、交通沿线集中分布。灾区大部分地带山体陡峻，沟壑纵横，相对高差大，给崩塌、滑坡等地质灾害的形成创造了有利的地形条件。地质灾害呈以下特征：

（1）普遍性特征

灾区泥石流、滑坡、崩塌等地质灾害普遍发育，区内的多数村庄均有地质灾害分布。

（2）群发性特征

地质灾害分布明显受强降雨的影响，滑坡、泥石流连片分布，群发性特征十分明显。

2.8.3　地质灾害易发影响因素

灾区地处秦巴山区、青藏高原、黄土高原三大地形交会区域，是中国地势第二级阶梯向第三级阶梯的过渡带。西秦岭和岷山两大山系分别从东西两方伸入全境，形成了高山峻岭与峡谷、盆地相间的复杂地形。区内大部分地带地形破碎，切割强烈，沟谷非常发育，高密度大高差地形特征为滑坡、崩塌和泥石流的形成提供了非常有利的地形条件，是区内地质灾害多发的一项重要因素。

区内出露的地层主要为前志留系碧口群、志留系、泥盆系、石炭系、三叠系、侏罗系、白垩系、新近系、岩浆岩和第四系。大部分地带上覆风积黄土，下伏透水性较差的基岩，形成相对隔水层，短时强降雨在层间滞留，增大岩土体重度的同时降低了其抗剪能力，为滑坡、崩塌的形成创造了条件。陇南市部分山地广泛分布浅变质岩系，岩体节理裂隙发育强烈，且硬质岩层间多夹有软弱结构面，构成坡体失稳的主控因素。

区内构造运动强烈。陇南、甘南存在迭部—白龙江活动断裂带、光盖山—迭山断裂带、哈南—青山湾—稻畦子断裂带、文—康断裂构造带、石坊—临江断裂带、临潭—宕昌断裂带。岷县漳县有岷县—凤凰梁—新城子断裂带、八盆沟—新城子断裂带。天水市地处祁连—北秦岭造山带的接合部位，区内有陇山—固川中元古构造带、葫芦河—望家坡加里东构造带、牛头河—花庙河古元古构造带、关子镇—李子园加里东构造带和秦岭李坝—舒家坝华力西期构造带。发达的构造形迹造就了区内大型断裂带滑坡多发的特征。根据甘肃省地震区带划分，武都区处于南北地震带的中段，历史上地震频繁，是著名的地震区之一。自公元前186年以来，天水—武都—文县一带共发生破坏性地震35次，其中1875年7月1日发生在武都—文县之间的天池8.0级地震破坏相当严重。加上2008年5月12日汶川8.0级地震、2013年7月22日岷县漳县6.6级地震、2017年8月8日九寨沟

7.0级地震等接二连三的强烈地震，对地质环境产生了强烈影响，致使区内很多斜坡处于欠稳定状态。

综上所述，本区域是一个地质环境非常复杂的地区。近年来，由于区内道路建设、削坡建房、挤占沟（河）道等人类工程活动，形成了多处高陡的不稳定边坡，直接引发或加剧了地质灾害。适逢2020年百年一遇的暴雨，促成了滑坡、崩塌、泥石流等地质灾害的发生。

2.8.4 地质灾害灾情

经排查，8月以来受灾较为严重的18个县（区）内共发生1 549处滑坡、崩塌，形成2处堰塞湖。地质灾害共造成5人死亡，1人受伤，毁坏多处房屋、农田以及道路，直接经济损失超过11.33亿元，灾情十分严重（见图2-33）。

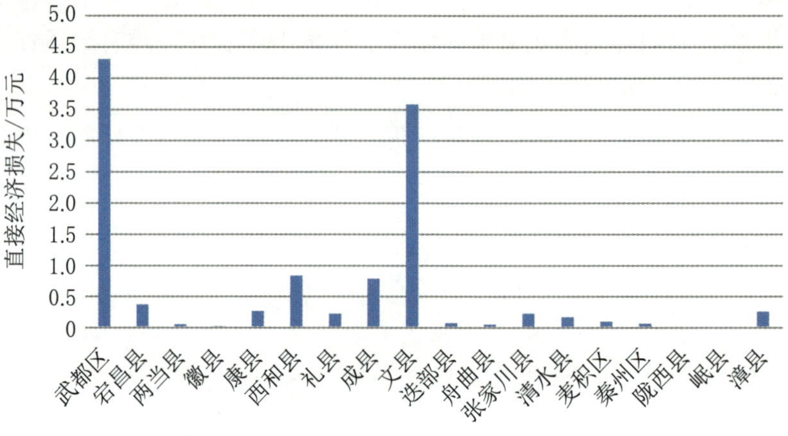

图2-33 灾区地质灾害造成直接经济损失

2.8.5 地质灾害险情

本次受灾的44个县（区）中，在册地质灾害隐患点共12 114处。本次排查出新增和加剧的地质灾害隐患点共2 726处（新增1 792处，加剧934处）。这些地质灾害隐患点直接威胁171.5万人的生命安全和666.58亿元的财产安全。

2.8.6 典型案例

（1）文县石鸡坝镇水磨沟泥石流

2020年8月17日，因遭受百年一遇的大暴雨袭击，陇南市文县石鸡坝镇水磨沟暴发泥石流灾害。泥石流造成8栋房屋被冲毁，23栋房屋严重受损。因预警及时，安全撤离转移3 000余人，避免了人员伤亡。

2020年8月14日14时，省、市、县自然资源部门先后发布了强降雨天气地质灾害气象风险预警信息。文县及石鸡坝镇迅速将预警信息传达至水磨沟等地地质灾害隐患点的专职监测员，并安排包村干部深入各村协助开展群测群防工作。8月17日14时50分，党员干部听到泥石流的声音，迅速采取敲锣、拉响手摇报警器等方式发布预警。包村干部、村组负责人和民兵迅速组织受威胁的群众按照防灾预案和前期应急演练确定的路线，将村民分两部分向石鸡坝镇小学及山腰寺庙进行疏散撤离。至15时10分，水磨沟1 186名受威胁群众全部撤离至安全地带。随后，泥石流暴发，冲出物堆积于水磨沟与白水江交汇处，形成堰塞湖。因监测预警及时，除51人被困险崖坝村外，3 000余人安全撤离转移。之后，应急直升机将险崖坝村被困的51人安全转移至成县机场，此次灾害未造成人员伤亡。

（2）经验与启发

甘肃文县“8·17”泥石流避险案例入选自然资源部地质勘查管理司公布的2020年全国地质灾害成功避险十大案例。总结该案例认为，在小时降雨量达100 mm的极端条件下，半小时内连续两次激发泥石流灾害，3 000余人能在此紧急情况下成功避险，充分体现了当地地质灾害防范体系的严密程度。该案例中，预警信息传递高效、政府应急响应迅速、监测数据精准及时、群众避险配合度高，加之防灾队伍建设规范、常态化培训演练到位、紧急避险机制执行有力，为其他地区防灾减灾工作提供了可借鉴的实践经验。

第3章　重大滑坡灾害

3.1 “7·12”舟曲县南峪乡江顶崖滑坡灾害

3.1.1　灾情概况

受汛期连续强降雨及白龙江冲刷坡脚的影响，2018年7月12日，舟曲县南峪乡江顶崖发生山体滑坡。滑坡体滑入白龙江，严重挤占河道，致使原本宽约36 m的江面最窄处仅有5 m。该滑坡灾害造成上游白龙江水位上升7～8 m，导致上游南峪乡南一村和南二村135间民居及南峪水电站被淹，G345国道被冲毁，造成直接经济损失3 135.76万元，属特大型地质灾害。由于预警、处置及时，未出现人员伤亡和失踪现象。

3.1.2　地质灾害基本特征

3.1.2.1　地质环境条件

滑坡区属北亚热带向北温带的过渡区，受大气环流和地形影响，具有垂直气候分带明显和干湿季分明两大特点。区内气候受季风控制，随着海拔的升高，高山与河谷气候垂直变化明显。高山寒暑交替明显，四季分明；河谷冬无严寒，夏无酷暑。舟曲县气象站统计资料显示，区内降水主要集中在5—9月份，平均降水量为400～800 mm，日最大降水量为96.7 mm，1小时最大降雨量为77.3 mm。滑坡区属长江流域嘉陵江水系，白龙江在江顶崖滑坡前缘流经。经县城水文站多年实测，白龙江多年平均径流量20.55亿 m^3；最大流量7 405 m^3/s，测于2005年10月2日；最小径流量15.25 m^3/s，测于2001年3月13日；最高水位1 302.2 m，最低水位1 299.08 m；实测最大含沙量156 kg/m^3。据水文部门测量，2018年7月发生的734 m^3/s洪水约为50年一遇流量。滑坡位于舟曲县东北部，所在斜坡地势总体向西南方向倾斜，山顶海拔2 052 m，坡脚海拔1 241 m，相对高差811 m，地形起伏大，为强烈上升的构造侵蚀地貌。白龙江从斜坡体前缘自西北向东南穿过，流域内谷道狭窄，坡陡流急。受构造侵蚀和流水冲蚀的共同作用，区内地貌形态可划分为构造侵蚀中高山和侵蚀堆积河谷阶地两类（见图3-1）。

图3-1　滑坡区地貌分区

滑坡区地处青藏高原东缘，为秦岭西翼与岷山山脉交会地带，属秦岭地层分区，地层发育较全，由老到新出露有志留系中上统白龙江群（$S_{2+3}bl_1$）、泥盆系中统西汉水群古道岭组（D_2^2g）和第四系（Q）地层。新构造运动在本区十分活跃，主要表现为山地强烈隆起和河流急剧侵蚀下切，形成了典型的高山峡谷地貌，白龙江沿岸分布的Ⅱ级阶地和Ⅲ级阶地分别高出现代河床约30 m和200 m。新构造运动的另一个表现是第四系地层中发育有新生小型断层、裂隙，许多较早形成的断裂也再次活动，并切割第四系。区域上，该区处于西秦岭断块强烈隆起区，上升速度1～4 mm/a，坪定—化马断层走滑速度2 mm/a，据热释光测定，其最新活动年限距今约2.2万±0.03万年。沿断裂带分布有锁儿头、泄流坡、南峪等大型断裂带滑坡。本区处于舟曲—武都地震亚带（据甘肃省地震危险区划图）。“5·12”地震是舟曲县有史以来遭遇的最严重的自然灾害，导致全县房屋建筑、基础设施严重受损，部分人员伤亡，直接经济损失高达28.56亿元，舟曲县因此被确定为全国重灾区之一。

根据《中国地震动参数区划图》（GB 18306—2015），舟曲县抗震设防烈度为7度与8度，地震动峰值加速度为0.10～0.20 g，特征周期为0.40～0.45 s。

3.1.2.2　灾害地质特征

（1）滑坡形态特征

江顶崖滑坡（H1）是南峪滑坡群江顶崖老滑坡体（H滑坡）中部的复活块体，为一大型推移式堆积层滑坡，平面形态整体呈“舌”状，剖面形态呈“折线状”（见图3-2、图3-3），沿滑动方向最大长度为462 m。滑体上部宽185 m，中部宽210 m，下部宽254 m，平均宽度210 m，面积9.7万m^2。滑体平均厚度26.5 m，总体积338.1万m^3。滑体主滑方向SW225°，前缘高程1 241 m，后缘高程1 355 m，相对高差114 m。滑体整体上缓下陡，后部、中部较为平缓，坡度13°～15°；下部、前缘较为陡峭，坡度20°～25°。

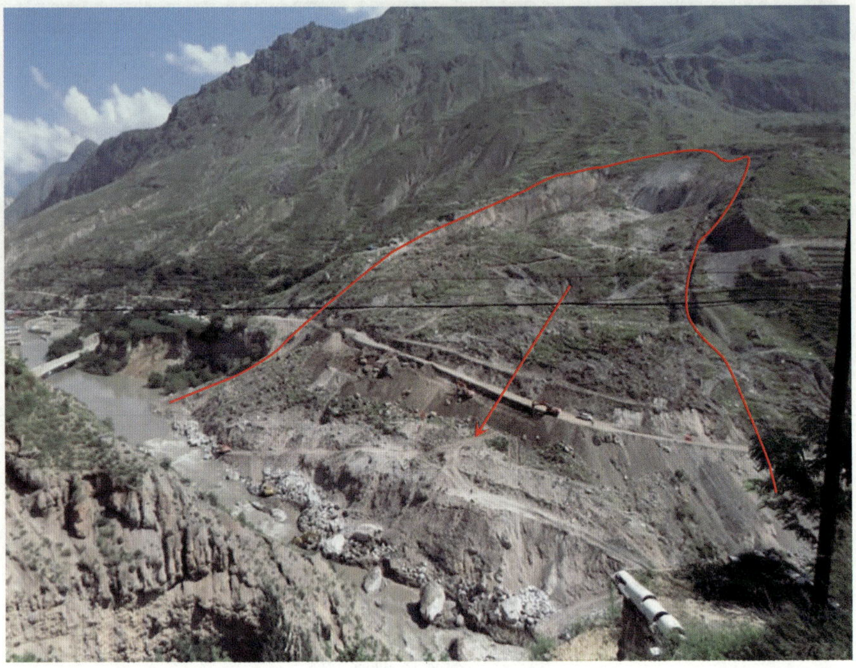

图3-2　H_1滑坡平面图

（2）滑坡结构特征

江顶崖滑坡（H1）周界明显，滑面坡度从后部至前缘依次为14°、12°、9°，滑面形态呈“折线形”，较为平整，前部受推移、挤压、刮铲等因素影响，在前缘反翘，反翘坡度3°。根据坡面地形地貌特征，滑坡主滑方向约225°。

1）滑体结构特征

江顶崖滑坡（H1）属堆积层滑坡，滑体中后部厚，前部较薄。纵向上，滑体后部厚25.3 m，中部厚22.3～32.1 m，前部厚19.9～26.2 m，前缘厚19.0 m，平均厚度23.2 m；横向上，滑体西侧及中部较厚，东侧较薄。据钻孔揭露，滑坡西侧厚21.2～35.1 m，中部厚20.2～32.1 m，东侧厚18.6～23.3 m，平均厚度29.8 m。滑坡平均厚度取二者平均值约为26.5 m。

该滑坡地层主要由两层土体组成。上部为碎石土，土体呈黄褐色，成分以碎石和块石为主，局部含粒径1～2 m的大块石；碎石土大小混杂，粒径变化明显，被泥土充填，局部夹杂有透镜体；岩芯多呈碎散—块状，干燥—稍湿，松散，压实度较低，原始成因多为坡积物，钻探过程中进尺慢，出现严重塌孔和漏浆。下部以灰黑色炭质板岩碎屑为主，受地质构造影响，地层整体破碎，产状凌乱，有丝绢光泽，含水量较高，岩芯呈短柱状，手搓呈粉末状或泥状，强度较低，局部夹杂粒径3～8 cm的角砾，钻进过程中缩径严重（见图3-4、图3-5）。

2）滑带土结构特征

该滑坡的滑带土具有明显的分带性，布设于滑体上部的钻孔均揭露了滑面。滑坡后部滑带土（ZK11）主要为灰黑色含砾黏土（见图3-6、3-7），由炭质板岩泥化形成，土体呈软塑状，含少量细颗粒角砾。角砾1～3 mm，多为炭质板岩碎屑，结构致密，断面可见明显擦痕及镜面，揉搓

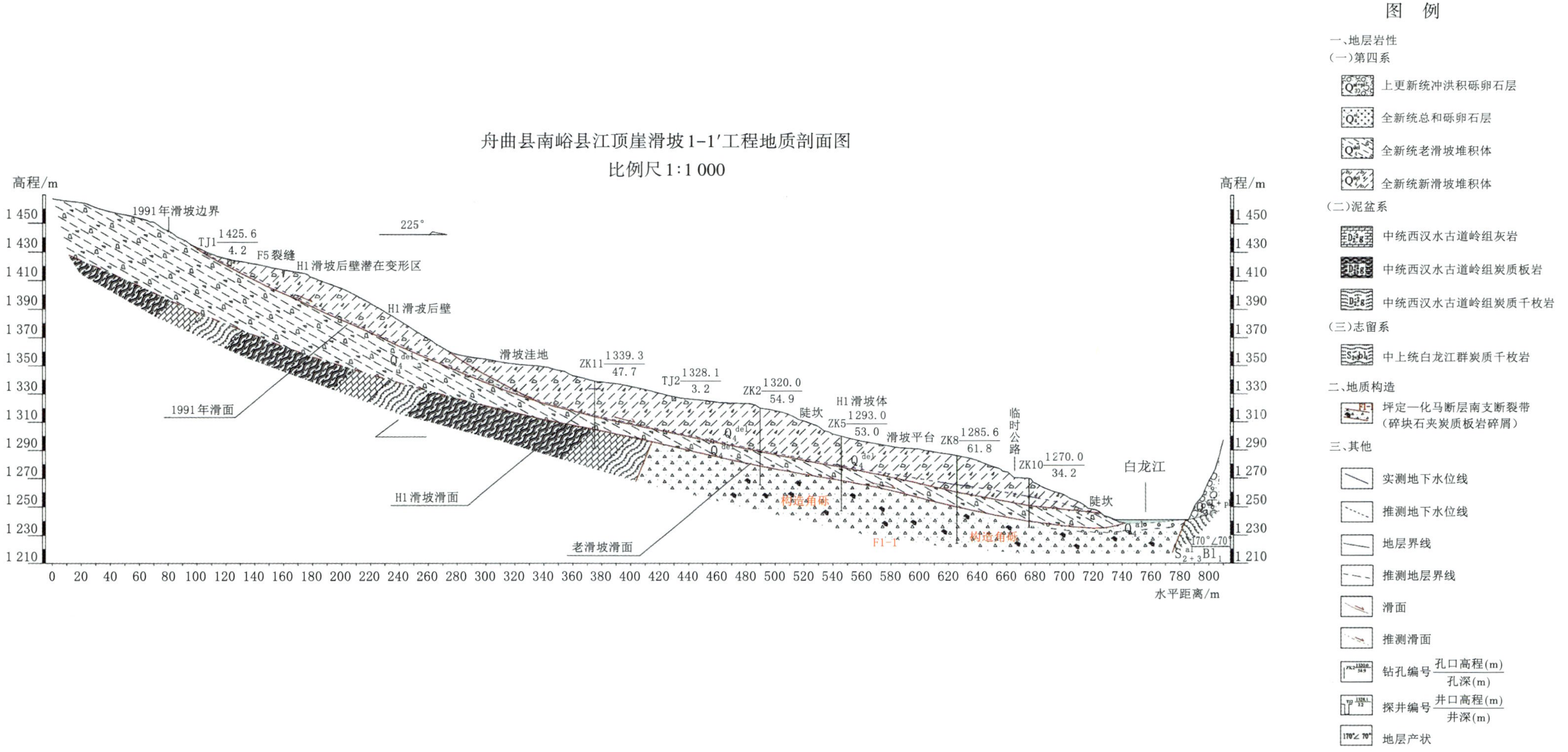

图3-3　江顶崖滑坡(H1)工程地质剖面图(1—1′)

较严重，含水量高，饱和状态时手捏呈泥状，厚度0.8 m。滑坡中下部滑带土（ZK2、ZK6、ZK8）主要为灰黑色含砾黏土，除含大量细颗粒角砾外，还含少量碎石。角砾、碎石多为炭质板岩碎屑、方解石碎块，结构致密。土体呈软塑状，含水量高，断面可见明显擦痕及镜面，揉搓较严重，厚度0.5～1.1 m。滑带纵向上中上部厚，下部至前缘较薄；横向上西中部较厚，东部较薄。

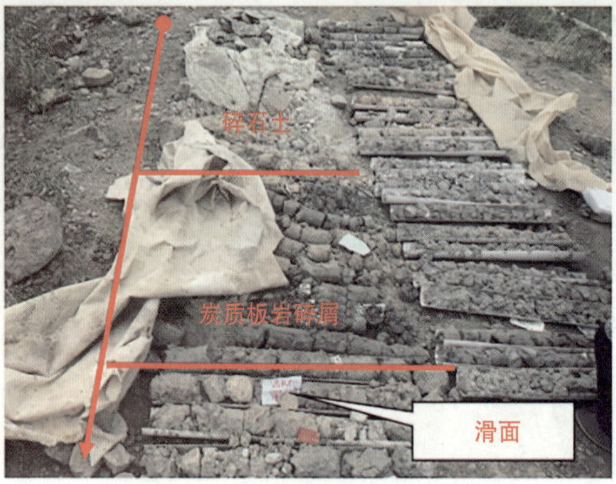

图3-4　ZK5钻孔揭露的滑坡地层

图3-5　ZK6钻孔揭露的滑坡地层

图3-6　滑体上部滑带土

图3-7　滑带土擦痕明显

3）剪出口特征

根据水利部门疏通河道、开挖形成的滑坡前缘断面揭露，滑坡剪出口高程在1 246～1 251 m之间，高出白龙江江面6～8 m。该段滑体物质以黄褐色碎石土为主，成分为灰岩碎石、块石及粉土，局部夹杂灰黑色炭质板岩碎屑（见图3-8—图3-10）。滑带在滑体下部连续分布，厚度在0.3～0.4 m之间，成分为灰黑色含砾黏土，含细颗粒角砾，可见明显擦痕和镜面，丝绢光泽，呈软塑状，含水量高。滑床成分为黄褐色碎石土，由灰岩碎石、块石及泥土混杂堆积而成，结构较密实，压实程度高。

图3-8　水利部门疏通河道、开挖的断面揭露滑坡剪出口

图3-9　技术人员现场测量滑带土厚度

图3-10　剪出口位置的滑带土

4）滑床结构特征

根据钻孔、探槽及断面揭示，滑床中上部及中下部岩性为老滑坡堆积体（碎石土），呈黄褐色，厚度20～50 cm，主要由灰岩碎石、块石和炭质板岩碎屑混杂堆积而成。其中，滑坡后壁及侧壁处土体较松散；滑床中部碎石土（见图3-11）结构较密实，压实程度高，岩芯呈块状或短柱状；滑床下部地层为砖红色含砾黏土（见图3-12），厚度约20 cm，干燥，较致密，遇水易软化。

图3-11　滑床中部碎石土

图3-12　滑床下部砖红色含砾黏土

(3) 滑坡变形特征

1）变形迹象

据勘查，江顶崖滑坡堆积体主要由碎石土和炭质板岩碎屑组成。滑坡体变形迹象明显，由于滑坡体蠕动下滑后，上部土体推挤中部土体，在滑坡中下部形成了多处反倾错动及百余条剪切裂缝，致使滑坡体中部局部地段形成鼓丘，主要的变形迹象为坡体中下部广泛分布的剪切裂缝。经粗略统计，裂缝达百余条，由滑体下滑后挤压形成。各裂缝走向均垂直于滑向，平均长度5～10 m；裂缝宽8～12 cm，最宽处近20 cm；裂缝平均深度约10 cm；裂缝之间间距多小于1 cm；裂缝形成了多处反倾错动及错台，高度多在10 cm以内，个别地段已形成鼓丘（见图3-13、图3-14）。上述裂缝均为滑坡体下滑后，上部土体挤压、推挤中下部土体形成，对滑坡整体的稳定性并无影响。

图3-13　滑体下部分布的剪切裂缝

图3-14　滑体中部分布的剪切裂缝

2）GNSS监测数据分析

从监测数据分析可知，滑坡体后部的滑动位移最大，中部的次之，前部的最小。这表明滑体正处于压密状态，其滑动位移多与滑体沉降、压密相关，加之监测位移较小，可知当时滑坡体处于基本稳定状态（见图3-15—图3-17）。

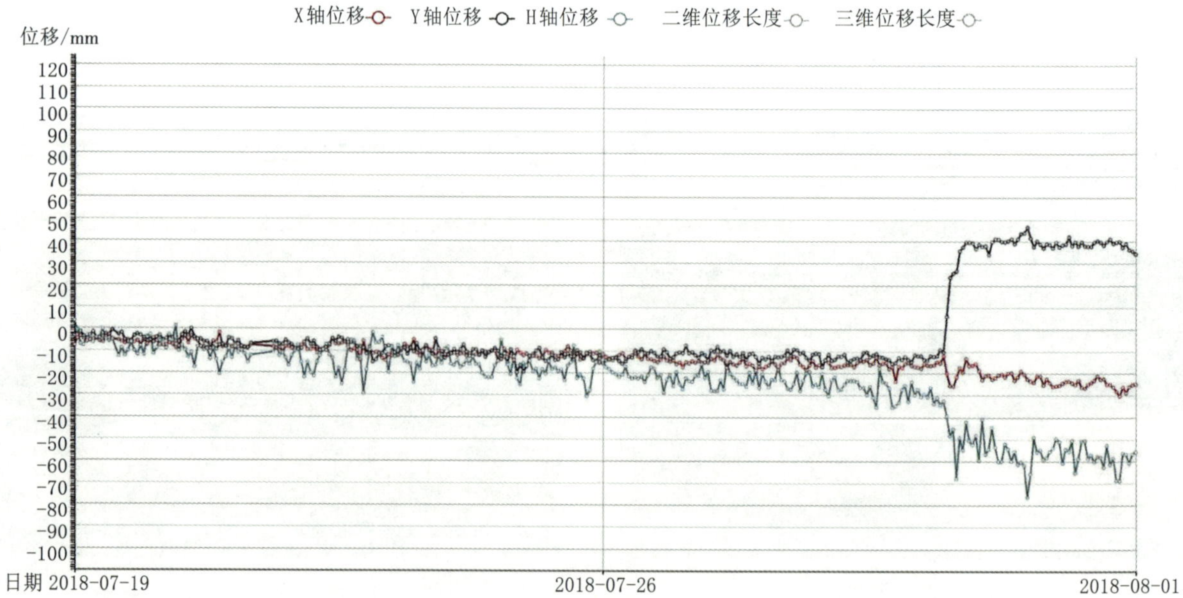

图3-15　1号监测点曲线变化图

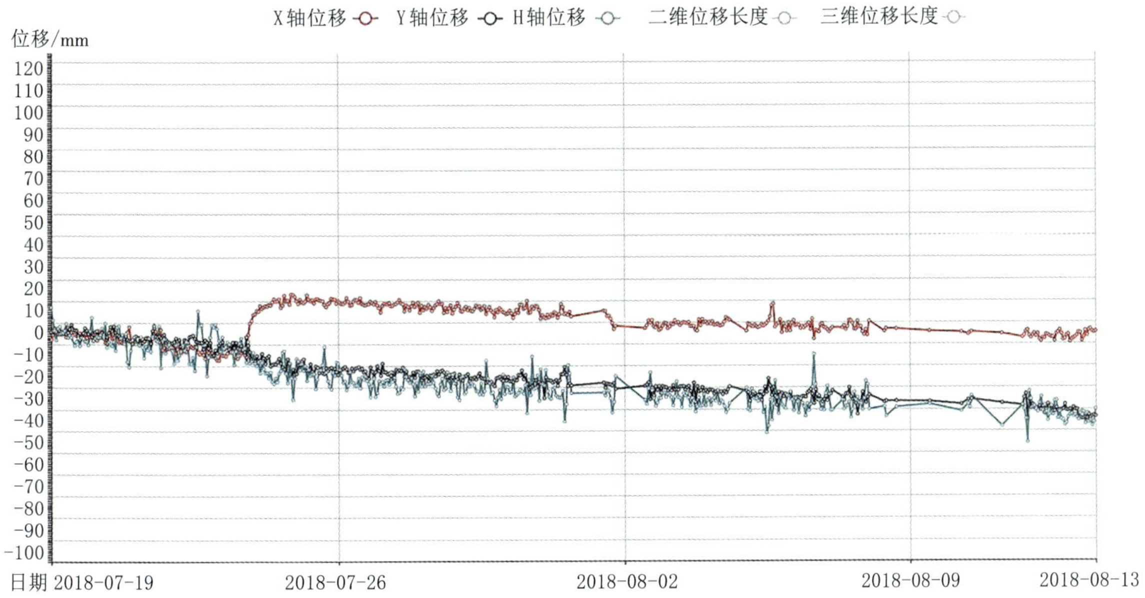

图3-16　4号监测点曲线变化图

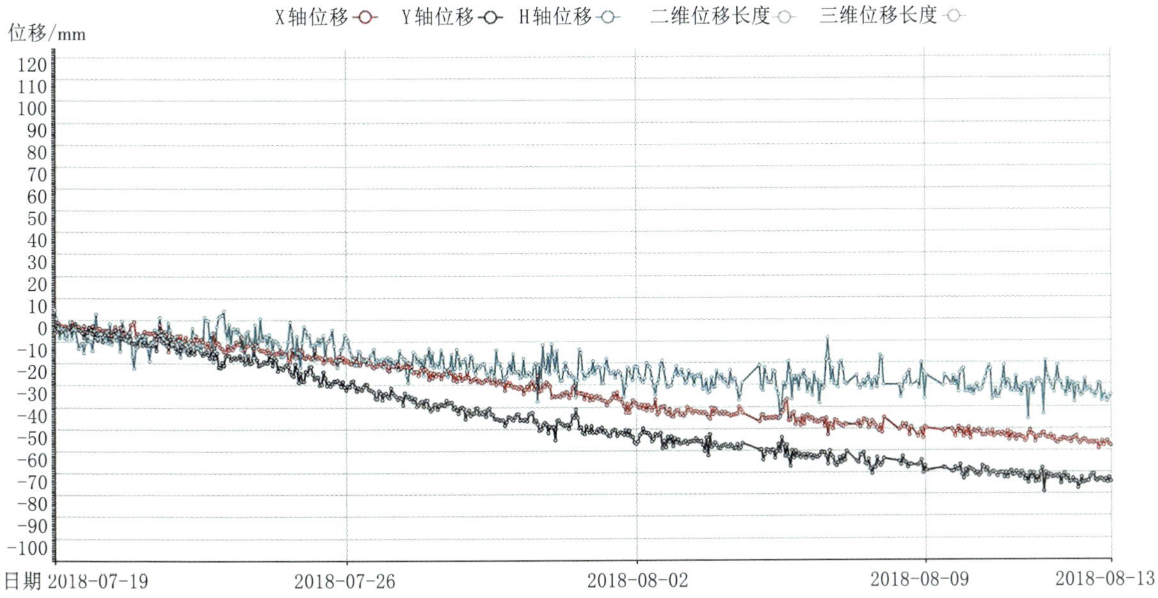

图3-17　6号监测点曲线变化图

3）变形分析

江顶崖滑坡变形分析具体如下：

①滑坡中下部剪切裂缝广泛分布，但并不影响滑坡的整体稳定性；滑坡当时处于沉降、压密过程，位移变化很小，基本处于稳定状态。但若不及时进行合理的处理，在降雨、地震等扰动下，有失稳再次下滑的可能性。

②滑坡前缘在开挖疏通河道时，形成了高28 m、坡度30°的高陡边坡。边坡坡体结构疏松，如不及时护坡，在白龙江江水的冲刷下极有可能失稳滑动。

3.1.2.3 灾害发生过程

江顶崖滑坡（H1）一直处于滑动状态，具有多次滑动的记录。据统计，1985—2018年共发生过4次较大规模的快速滑动，其中，1991年6月13日，该滑坡就曾发生过一次大规模的滑动，下滑土方量约530万m^3，在滑坡前缘白龙江河道形成一座宽约50 m、高约20 m的土坝。土坝堵塞白龙江，致使白龙江上游回水约2.8 km，积水754.9万m^3，将南峪乡一半淹没，迫使南峪乡选址重建，造成了严重的损失。2018年7月12日，江顶崖滑坡再次复活，沿1991年滑坡形成的凹槽滑动。滑坡滑入白龙江后，堵塞了白龙江，淹没了上游南峪乡南一村、南二村135间民居及南峪水电站，冲毁了G345国道，直接经济损失3 135.76万元。

3.1.3 成因分析及趋势判断

3.1.3.1 成因分析

江顶崖滑坡形成原因复杂，陡峭的地形、软弱的岩土体组合、强烈的构造运动以及雨水入渗、江水冲刷是该滑坡灾害发生的主要原因。

（1）地形条件

地形条件是影响滑坡发育的决定性因素之一，适宜的坡度和一定的高差是滑坡产生的基本地形条件。江顶崖滑坡前缘坡脚与后壁高差达177 m，坡度为13°～25°。这种后缘高陡、前缘开阔的地形为滑坡的形成提供了良好的临空条件。位于斜坡高处的岩土体由于势能大，在重力作用下，产生了向坡底移动的趋势力。在这个趋势力的作用下，斜坡上部的岩土体就具备了一定的下滑动力条件。

（2）岩土体特性

岩土体是滑坡发育的物质基础。江顶崖滑坡发育于江顶崖老滑坡堆积体，为老滑坡的次级滑坡。老滑坡原始地层为志留系变质岩、泥盆系变质岩和碳酸岩，其中变质岩为页岩、千枚岩、炭质千枚岩、板岩等。它们以软弱夹层的形式存在于斜坡中，降低了斜坡的稳定性，使该地区易形成滑坡。江顶崖滑坡上层主要为多成因的杂色、青灰色碎石土，下层为炭质板岩碎屑，滑床以炭质板岩为主。上层碎石土以块石和碎石为主，结构较松散，多具架空现象，地表植被稀疏，利于地表水的入渗和流通；下层炭质板岩碎屑受断裂构造和滑动扰动影响，极易破碎，且遇水易软化和泥化，工程性质极差，该层属于易滑地层；滑床主要为炭质板岩，受坪定—化马断裂带影响，本组地层整体节理发育、产状凌乱，岩体较为破碎。上述地层岩性决定了滑坡的发生和发展。

（3）地质构造与地震

滑坡区在大地构造上属秦岭微地块之西秦岭造山带，也是新构造运动最为强烈的地区之一。滑坡所在区域山势陡峻巍峨，河谷阶地发育，沟谷狭陡，显示出地壳处于长期的上升过程，且经历了多期构造运动，致使山高谷深，河流发育。区域性大断裂控制着该地区滑坡的产生，大断裂也使岩体结构破碎，应力集中。

滑坡区处于舟曲—武都地震亚带，该带为地质灾害多发带。近年来，频繁的地震作用（“5·

12”汶川地震、“8·7”九寨沟地震）松动了斜坡的岩土体结构，降低了其抗剪强度，为后期滑坡的形成提供了软弱面。地震是诱发和加剧滑坡的因素之一。

（4）水的作用

①降水。滑坡的发生与降雨有关，自2018年5月份以来，舟曲县频繁降雨，7月10日，舟曲县降雨量近40 mm，当天滑坡前缘发生了崩塌。滑坡体结构松散，坡面裂缝较多，这为降水入渗提供了输送通道。在强降雨或长时间降雨影响下，雨水在土体中迅速渗透进入坡体的孔隙、裂隙中，破坏了斜坡岩土体结构，降低了岩土体的抗剪强度，同时增加了岩土体重量，加重了斜坡荷载，致使斜坡变得不稳定。其中瞬间强降雨对滑坡的影响最大，雨水渗入不仅改变了土体结构面的抗剪强度，短时间内大量的降雨还会在滑坡贯通的结构面内流动，形成渗流场，增加坡体内的动水压力。同时雨水侵蚀和溶蚀斜坡体，会破坏土体结构，使滑坡容易沿着节理裂隙面和老滑坡滑动面发生滑动，引发滑坡地质灾害。

②江水冲刷。7月10日舟曲县降雨量达38.8 mm，白龙江水流量达734 m^3/s，为白龙江近十年来的最大峰值，达到50年一遇的水平，水位上涨了2～3 m。水位的上升增加了滑坡体前缘土体的浮重度和饱和重度，减小了坡体的抗滑稳定性。加之江水流量大、流速急，对滑坡体前缘进行了强烈的冲刷、掏蚀，致使滑坡前缘发生崩塌，上部坡体失去支撑而产生滑动变形，并牵引后部土体发生滑动。

（5）坡面灌溉

江顶崖老滑坡体坡度较为平缓，坡体后部及前缘坡面多被人为开垦成耕地，主要种植无花果。常年灌溉增大了斜坡体的含水量。大量水体沿碎石土进入滑坡内部，增加了土体的含水量，降低了土体抗剪强度，导致斜坡的稳定性逐步降低。

综上所述，由于该滑坡体为老滑坡的复活，多年来一直处于蠕滑变形状态，加之坡体结构破碎，岩土体松散，在连续强降雨、白龙江河水冲刷和侵蚀等外界引发因素共同作用下，最终导致滑坡发生。

3.1.3.2　变形破坏模式成灾机理

经滑坡前后缘遥感影像图对比发现，纵向上，滑坡体后部滑移距离为89.57 m，滑坡体中部滑移距离为87.31～97.25 m，滑坡体前部滑移距离为71.8～90.47 m，滑体前缘滑移距离为18.49～29.79 m。滑坡体中后部滑移距离、前部滑移距离和前缘滑移距离是依次递减的，这表明滑体中后部块体向下滑动时，受到了前部块体的阻挡，滑移速度减慢，这与滑体中前部鼓胀裂缝、局部鼓丘发育这一现象是吻合的，进一步说明滑体总体上属于推移式中—深层变形。

3.1.3.3　趋势研判

该滑坡一直处于滑动状态。1985—2018年发生过4次较大规模的快速滑动，其间大部分时间处于蠕滑状态。根据江顶崖滑坡从2007年到2017年11月的历史形变信息可知，江顶崖滑坡常年处于活动状态，年均变形超过10 cm，并且各部位滑速不同。

根据现场调查，江顶崖滑坡堆积体较为松散，稳定性较差，在强降雨和白龙江江水冲刷影响下，滑坡发生进一步滑动的可能性大，继续滑动可能造成白龙江堵塞，形成堰塞湖。滑坡体含有大量块石，易形成结构稳定的堰塞坝，而该坝体抗冲刷能力强，难以被自然水流冲开，溃坝风险极高，将严重威胁下游南峪乡及舟曲县城人民的生命财产安全，需采取紧急防控措施。

3.1.4 地质灾害应急防治

3.1.4.1 应急调查

灾害发生后，甘肃省地质灾害应急中心（现甘肃省自然资源厅地质灾害防治技术指导中心）第一时间启动应急响应，采用“空天地”一体化技术开展滑坡应急调查。通过无人机航测获取高精度影像，精准测定滑坡平面几何参数；结合机载倾斜摄影技术构建滑坡三维实景模型；运用地质雷达探测手段确定滑体厚度分布。通过多源数据融合分析，系统查明了滑坡形态特征与结构参数，科学研判了滑坡变形趋势，为应急处置决策提供了关键技术支撑。在此基础上，应急中心同步制定了精细化勘查方案，迅速组织实施应急勘查工作，为后续灾害治理工程的设计与施工奠定了坚实基础。

3.1.4.2 监测预警

江顶崖滑坡灾害发生后，州、县政府与国土资源局主要领导高度重视，第一时间作出安排部署，设立警示标志，圈定警示范围，提醒行人绕行，对受威胁的人员进行了撤离和疏散，向受威胁的群众发放了防灾减灾明白卡，在滑坡周围设置了4处监测点，安排专人进行24小时监测预警。兰州大学采用三维扫描仪对江顶崖滑坡进行了不间断的变形监测。甘肃省地质灾害应急中心对滑坡开展群专结合监测预警，安装了GPS、裂缝位移计、雨量站等应急监测设备。

3.1.4.3 应急治理

灾情发生后，舟曲县自然资源局委托甘肃省地质环境监测院开展南峪乡江顶崖滑坡应急治理工程的施工图设计工作。经现场勘查与方案论证，最终形成了切实可行的应急治理方案。2018年，经甘肃省国土资源厅批准立项，甘南州舟曲县南峪乡江顶崖滑坡灾害应急治理工程获专项资金6 000万元。该工程于2019年1月开工，同年6月完成施工，2020年11月通过甘南州自然资源局组织的竣工验收。

3.1.5 经验与启示

（1）高度重视、快速反应

滑坡灾害发生后，党中央高度重视，省委、省政府靠前指挥，省、州、县上下联动，科学、有序、高效开展地质灾害应急处置工作，保障了人民生命财产和公共设施安全。州、县国土资源局派出相关人员第一时间赶赴灾害发生地开展应急处置工作，指导抢险救灾，并派专人进行了现场勘查，及时上报灾情。甘肃省国土资源厅及时成立了江顶崖滑坡前线应急指挥部，并派出5名专家进行现场应急处置方案的咨询、论证。自然资源部、应急管理部领导及中国地质环境监测院专家到现场进行工作指导，并向舟曲县江顶崖滑坡灾害抢险救灾指挥部提出了应急处置建议，为高效有序完成应急调查、监测等工作提供了有效保障。

（2）充分利用“空天地”一体化技术

在江顶崖滑坡应急勘查工作中，技术人员首次在省内运用了“空天地”一体化技术开展应急调查、应急监测等工作。“空天地”一体化技术手段大幅缩短了工作周期，提高了工作效率和精度，使本次应急勘查工作获得了良好的成效，同时也对今后应急勘查工作起到了示范指导作用。

3.2 甘南州舟曲县立节镇北山滑坡灾害

3.2.1 灾情概况

2021年1月14日，舟曲县立节北山在册地质灾害隐患点出现复活变形，坡体发育多处拉张裂缝和错落台阶，导致滑坡体中部的北山村通村公路局部路基变形。经专业评估，本次灾情等级为小型。由于该滑坡一直处于不稳定状态，可能诱发滑坡-泥石流灾害链，直接威胁滑坡体上北山村及沟口堆积扇上立节镇、立节村共152户751人的生命安全，潜在威胁财产约1.17亿元，险情等级判定为特大型。

3.2.2 地质灾害基本特征

3.2.2.1 地质环境条件

立节北山滑坡地处舟曲县西部白龙江上游左岸的立节镇北侧山体。山体北高南低，呈向南侧开口的“V”形不规则弧状展布。滑坡体剖面具有“上下陡、中间缓、底部平”的特点，坡顶海拔3 750 m，坡脚白龙江河谷海拔1 510 m，高差2 240 m，坡度30°～50°。滑坡位于白龙江复背斜北翼，滑坡体周围主要出露中泥盆统西汉水古道岭组上段和中上志留统的白龙江群老地层。滑坡上部地层为第四系上更新统马兰黄土，中部地层为中泥盆统灰岩及千枚岩，下部地层为中上志留统板岩、千枚岩，表层地层为第四系全新统次生黄土、坡积碎石土和滑坡堆积碎石土（见图3-18）。

滑坡位于白龙江复背斜构造带内，受白龙江断裂带次级构造影响显著。该区域历经多期构造运动作用，岩土体结构破碎，裂隙极为发育。白龙江断裂为北西—南东走向，受其南支断层控制，垂直于断层走向的滑坡极为发育。本区新构造运动十分活跃，主要表现为山地隆起、河流下切以及断裂复活等，塑造了典型的高山峡谷地貌。

本区处于舟曲—武都地震亚带。早在汉惠帝七年（前188年）就发生过羌道（今舟曲）地震，对羌道地震曾有“山崩，死亡甚众”的描述。从明嘉靖三十四年（1555年）至清光绪十年（1884

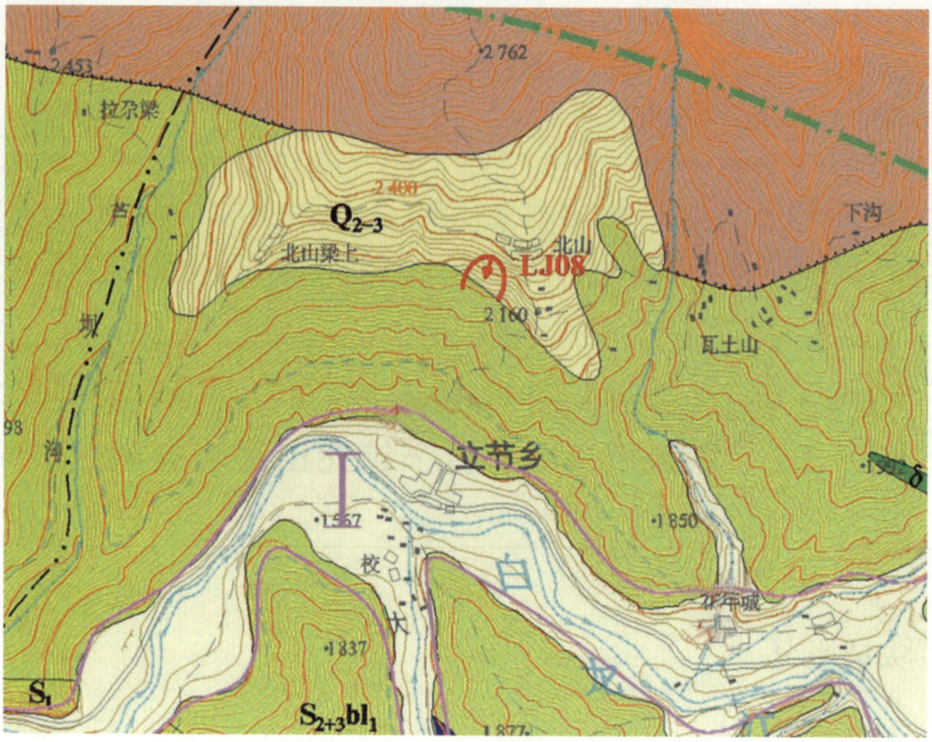

图3-18　立节北山滑坡区域地质图

年）仅地震引发的滑坡、崩塌就有数十次，这些地质灾害给当地人民造成了深重灾难。其中清光绪年间的一次地震引发的地质灾害最为严重，史料有如下描述："清光绪五年（1879年）五月初十日，阶州西固地大震，大雨，十一日江水暴涨，十二日寅辰复大震。西固城垣倒塌75丈，民房倒塌压死430人，牲畜死伤无数，余震数月，县城附近山石崩塌。"可见受灾之严重。2008年"5·12"汶川地震期间，舟曲县处于地震烈度8度区，强震导致区域岩土体结构发生强烈松动破坏。自2010年以来，滑坡活动强度激增，区内滑坡进入一个新的活跃期。根据《中国地震动参数区划图》（GB 18306—2015），舟曲县抗震设防烈度为7度与8度，地震动峰值加速度为0.15～0.20 g，特征周期为0.40～0.45 s。

根据舟曲县气象站统计资料，舟曲县年平均降水量为400～800 mm，日最大降水量为96.7 mm，1小时最大降水量为77.3 mm。滑坡区属长江流域嘉陵江水系，白龙江在立节北山滑坡前缘经过。经县城水文站多年实测，白龙江多年平均径流量为20.55亿 m^3；最大流量为7 405 m^3/s，测于2005年10月2日；最小径流量为15.25 m^3/s，测于2001年3月13日；最高水位为1 302.2 m，最低水位为1 299.08 m。

3.2.2.2　灾害地质特征

（1）滑坡基本特征

立节北山滑坡为一老滑坡体（H），滑坡长600～1 200 m（平均长750 m），宽260～520 m（平均宽430 m），厚4～25 m（平均厚13 m），体积约420万 m^3，规模等级属大型。本次滑动变形为老滑坡的部分复活。按照发育特征，复活体分为HⅠ滑坡、HⅡ滑坡（见图3-19）。

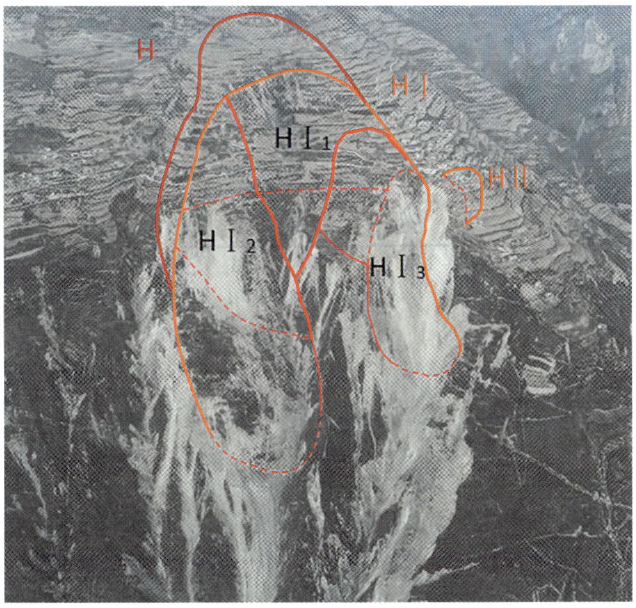

图3-19　舟曲县立节北山滑坡全貌

1）HⅠ滑坡特征

HⅠ滑坡为一处黄土、碎石土混合的土质滑坡，滑坡长500～700 m（平均长550 m），宽300～500 m（平均宽420 m），厚6～22 m（平均厚13 m），体积约267万m^3，规模等级为大型。根据滑坡的地貌特征和变形特征，可将滑坡分为三个次级滑坡（HⅠ$_1$、HⅠ$_2$、HⅠ$_3$）。其中，HⅠ$_1$滑坡位于HⅠ滑坡中后部，滑体较完整，呈不规则形状，坡度较为平缓；HⅠ$_2$滑坡、HⅠ$_3$滑坡均位于HⅠ滑坡中下部，两个滑坡之间受山梁阻隔，被切割成两个独立块体。上述三个次级滑坡均高悬于北山山坡上，属高位滑坡。滑体为黄土和碎石土混杂堆积体，滑床为板岩、千枚岩强风化破碎层（见表3-1、图3-20）。

表3-1　舟曲县立节北山老滑坡复活体分块列表

滑坡名称		次级滑坡	滑块名称	长/m	宽/m	面积/m^2	厚/m	体积/万m^3
复活体	HⅠ滑坡	HⅠ$_1$(HⅠ上段)	HⅠ$_{1-1}$块体	320	165	52 633	15	79
			HⅠ$_{1-2}$块体	100	80	81 84	5	4
		IIⅠ$_2$(HⅠ西侧)	HⅠ$_{2-1}$块体	210	100	21 131	20	42
			HⅠ$_{2-2}$块体	200	155	31 178	6	19
			HⅠ$_{2-3}$块体	340	150	51 826	10	52
		HⅠ$_3$(HⅠ东侧)	H_{3-1}块体	175	120	21 414	20	43
			H_{3-2}块体	100	115	11 454	10	11
			H_{3-3}块体	270	105	28 172	6	17
	HⅡ滑坡	HⅠ东侧侧壁		90	155	13 972	8	11
复活体				558	430	239 964	13	278

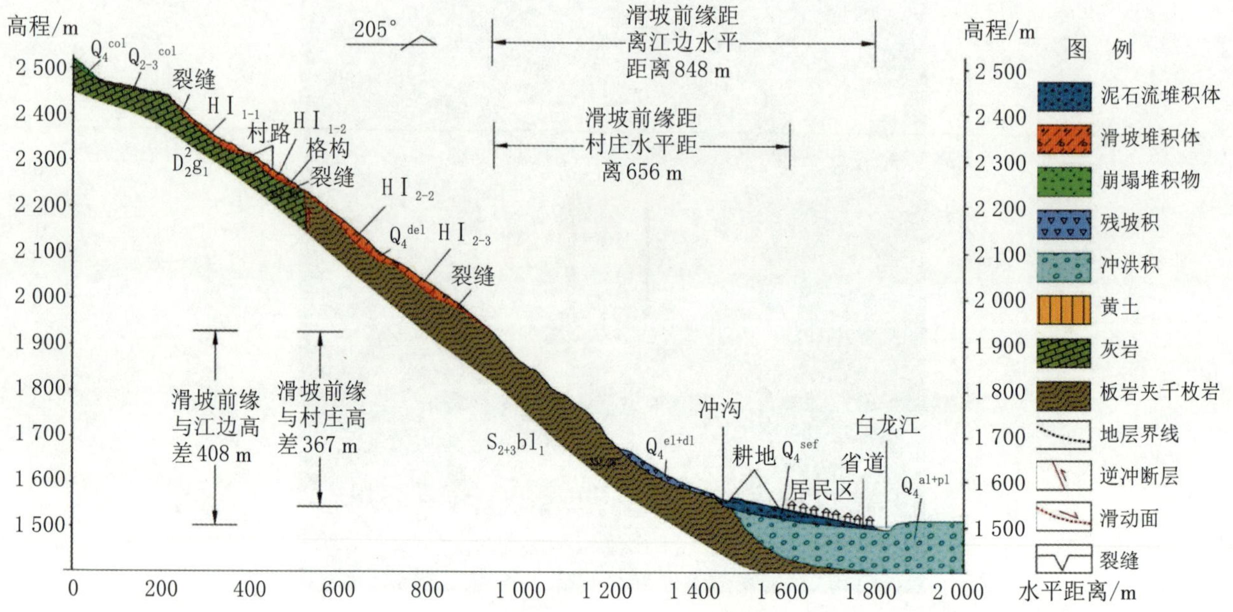

图3-20　立节北山滑坡(H)剖面图

2）HⅡ滑坡特征

HⅡ滑坡位于HⅠ滑坡东侧（见图3-21），滑坡平面形态为半圆弧状，剖面形态呈折线形，滑坡长90 m，宽155 m，平均厚8 m，体积11万m^3，规模等级为中型。滑坡前缘地形陡峭，坡脚临空，整体坡度25°，滑坡前后缘相对高差104 m（见图3-22）。

图3-21　HⅡ滑坡全貌

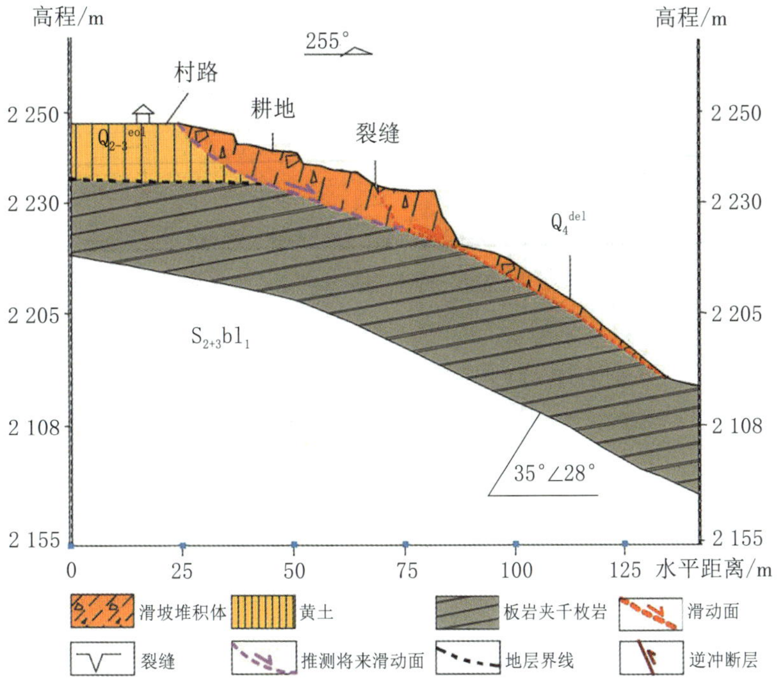

图3-22　HⅡ滑坡剖面图

（2）滑坡变形特征

受当年汛期降雨影响，滑坡局部复活，具体变形特征如下：

1）HⅠ滑坡变形特征

HⅠ滑坡变形明显。滑坡后缘崩塌发育，局部裂缝发育。裂缝长30～150 m，平均宽约5 cm，局部有断层陡坎，高差8～20 cm（见图3-23、图3-24）；滑坡前缘坡体醉汉林成片分布，裂缝发育，裂缝长约6 m，宽约30 cm，局部有断层陡坎，高差5～12 cm；滑坡下部次级滑坡发育，裂缝数十条，常有碎石土下溜；已有治理工程的框架下部平台已出现多处次级滑动，导致局部框架基础外露，基础两侧未滑动部分均已出现贯穿裂缝（见图3-25、图3-26）。

图3-23　H$Ⅰ_2$滑坡后缘裂缝

图3-24　H$Ⅰ_2$滑坡上部道路错断

图3-25　H Ⅰ$_3$滑坡中部格构框架变形

图3-26　H Ⅰ$_3$滑坡西侧前缘裂缝发育

2）H Ⅱ滑坡变形特征

受降雨影响，H Ⅰ滑坡东侧的H Ⅱ滑坡变形明显加剧。表现为滑坡前缘裂缝发育，且由于前缘不断滑塌变形，局部呈临空状临空，变形区不断向后扩展（见图3-27、图3-28）。

图3-27　H Ⅱ滑坡前缘裂缝发育

图3-28　H Ⅱ滑坡前缘崩滑体

（3）泥石流形成条件

1）地形条件

立节北山泥石流的形成与立节北山滑坡密切相关，该泥石流属于由滑坡转化形成的沟谷型泥石流。泥石流流域呈南北向展布，流域总体呈“桃叶状”，流域面积1.55 km^2，北部沟脑（坡顶）高程2 925 m，沟口（坡脚）高程1 560 m，相对高差1 365 m，主沟道长2 580 m，纵比降530‰。流域地形起伏强烈，地势较为陡峻，上游沟谷形态不明显，呈汇水洼地，沟坡坡度40°～60°；中游沟谷内滑坡堆积严重，沟道切割强烈，支沟内有滑坡体堵塞沟道的情况，沟坡坡度40°左右；下游沟道切割较深，比较弯曲、狭窄，呈“V”字形，有跌水发育，深5～8 m，底宽一般小于15 m。

2）物质来源

丰富的松散固体物质是立节北山泥石流形成最基本的条件，物质来源主要为滑坡、崩塌、坡面补给物和沟道堆积物。其中以北山滑坡堆积物占主导地位。北山滑坡为一老滑坡，历史上曾多次发生滑动和复活，导致沟道周围山体支离破碎。堆积物在坡面和沟道内堆积，尤其是滑坡前缘几个块体直接受沟道流水侵蚀，产生的固体松散物质逐级加载堆积在沟道内，形成的松散物质几乎可以全部补给泥石流。根据调查，2020年8月17日，立节北山滑坡前缘坍塌体积为4.5万m^3。$HⅠ_2$、$HⅠ_3$滑坡前部块体逐步滑入沟道后，可全部转化为泥石流物源，块体体积达69万m^3。再加上坡面面状侵蚀物源量1.5万m^3，按此计算的松散物质储量大于74.47万m^3/km^2，可见泥石流物源丰富。

3）水动力条件

泥石流的形成与连续降雨和短时强降雨密切相关。气象资料显示，滑坡区及周围多年平均降雨量为435.88 mm，日最大降雨量为63.3 mm，1小时最大降雨量为47.0 mm。2020年8月17日降雨量为54.1 mm，暴雨引发较大规模的泥石流，并将白龙江河道堵塞了一半。近5年来，立节镇年降雨量呈逐年增多趋势，区内降雨集中在6—9月份，且多以强降雨出现，具有降雨集中、雨强大的特点。泥石流沟道长度短、比降大，导致短时间内可形成泥石流，且其突发性强。短历时大强度的降雨为泥石流的形成提供了充足的水源条件，是泥石流频繁发生的重要原因。

（4）泥石流分区特征

立节北山泥石流为典型的滑坡转化为泥石流的链式灾害，属于高频发黏性中型坡面型泥石流。虽然属于坡面型泥石流，但其汇水区、形成区、流通区、堆积区较为明显（见图3-29）。

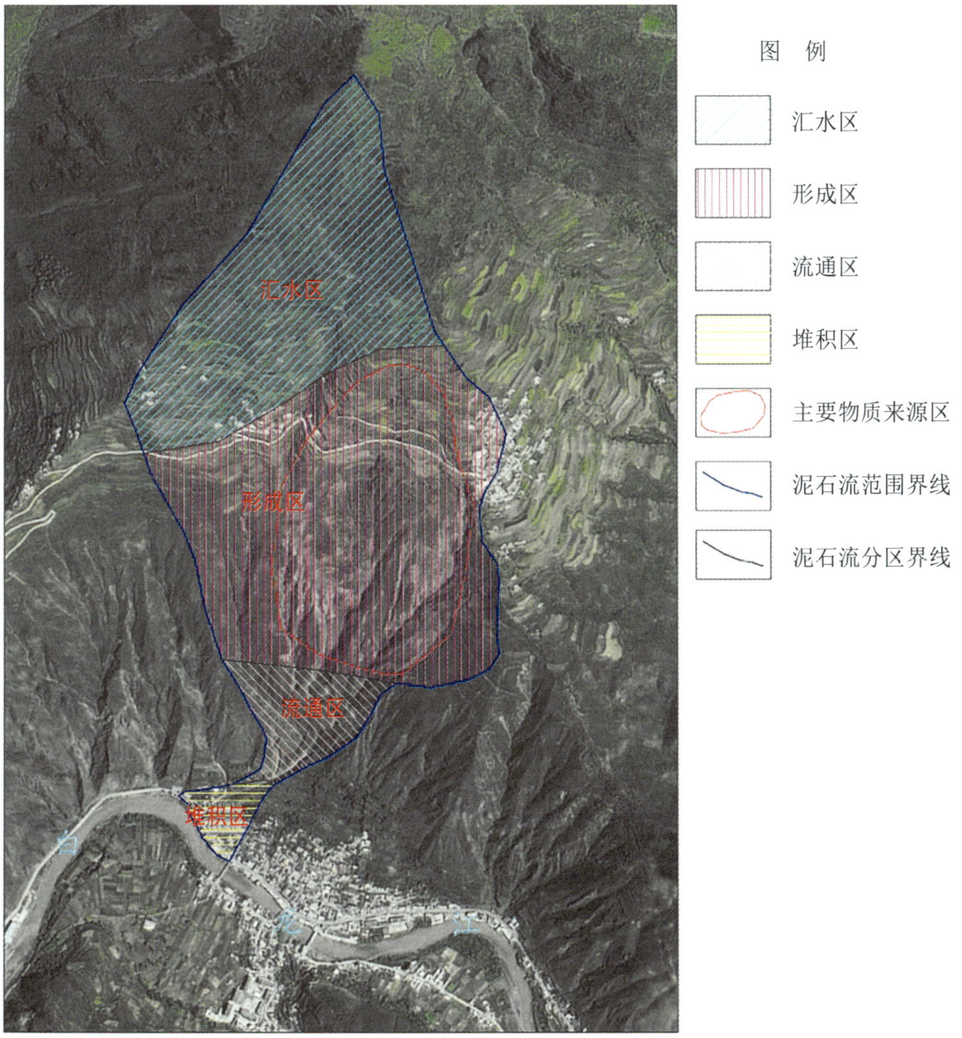

图3-29　立节北山泥石流分区图

1）汇水区

立节北山滑坡所在坡体顶部基岩山区为该泥石流的汇水区，其平面形态呈不规则三角形，面积0.35 km^2，占流域面积的22%。汇水区坡体无深切沟槽，坡度较陡，约40°，植被稀疏，基岩裸露，总体呈汇水勺状，有天然和人工积水槽，具备良好的汇水条件。同时，北山村东侧村庄截排水也汇入该区域，增加了来水量。

2）形成区

当水流经过坡体中部立节北山滑坡时，大量的松散物质为坡体4条冲沟提供了丰富的物质来源。这些松散物质在水流的作用下，容易形成泥石流。泥石流形成区面积为0.87 km^2，占流域面积的56%。形成区总体地形为上部缓、下部陡。上部以陡坡耕地和居民房屋为主，地势相对平缓，有多级台坎，坡度25°左右；下部以滑坡堆积物为主，冲沟和滑坡、崩塌极其发育，坡度35°左右。由于立节北山滑坡处于不稳定状态，松散物质丰富，固体松散物质补给量占流域总补给量的90%左右。良好的松散固体物质补给为北山泥石流的形成提供了必要条件。

3）流通区

在立节北山滑坡坡脚段，4条冲沟呈"梳"状在狭窄的沟槽中排列并最终汇集形成泥石流流通区，流通区面积0.11 km^2，占流域面积的7%。流通区两侧山体坡度30°～40°，冲沟弯曲，切深呈"V"字形，长度500～600 m，高差350 m，比降700‰。冲沟内滑坡松散堆积物滑落至流通区上游，堵塞沟道或披覆于沟道内，在强降雨冲刷下进入流通区，形成泥石流。流通区中下段弯曲处沟槽爬高痕迹最高达10 m。

4）堆积区

经流通区后立节北山泥石流在沟口段减速堆积，形成堆积扇，堆积扇面积0.22 km^2，占流域面积的14%。扇形地较为完整，长450 m，宽700 m，扩散角100°，坡度10°～15°，为耕地和镇政府所在地。历史堆积物逐年挤压河流，导致白龙江主沟道向南侧偏移并弯曲。目前，泥石流出山口后堆积区南侧有排导工程。泥石流发生后沟道堵塞情况较为严重，局部一次淤积厚度最高可达4 m。堆积物颗粒以2～15 cm的碎石及大量黏性土等物质为主。

（5）泥石流径流和堆积特征

1）径流和流体特征

立节北山泥石流具有汇流快、洪峰流量大的特点。据当地村民介绍，往年泥石流呈现出阵性流的特征。暴雨期间，先是黏度较大的以大颗粒为主的泥石流快速流出，其特征为流速快、颗粒大、黏度高、含水量小；随后相对较稀的以泥沙为主的泥石流冲出，其特征为流速慢、声音小、黏度小、颗粒细、含水量大。从泥石流暴发时的观测视频来看，泥石流在流通区的流速约6.5 m/s，在堆积区沟道内的流速逐渐变缓为3 m/s左右。

2）堆积特征

泥石流在流通区的沟道内堆积较少，大多沿陡峭的沟道排泄后堆积于沟口以下老堆积扇的右侧。堆积物主要为碎石和黏土。碎石母岩以灰岩、板岩、千枚岩为主，呈棱角状，级配良好，一般粒径2～12 cm，最大粒径25 cm。碎石的填充物主要为黏土，呈稍密状，胶结良好。

3）流量及重度

根据排导渠泥位计算，立节北山泥石流百年一遇流量可达70 m^3/s，百年一遇泥石流一次最大冲出固体物质为15万 m^3，为中型泥石流；根据泥石流浆体特征及打分法估算，其重度可达20 kN/m^3，属黏性泥石流。

4）泥石流堵江特征

立节北山泥石流排导渠与白龙江呈正相交。由于排导渠固化了泥石流的运动路径，因此，泥石流出沟口后直接冲向白龙江河道，在河道内形成小型的堆积扇，挤压白龙江主流使其向右岸偏移。堆积扇在后期白龙江水位上涨时可自行冲开。

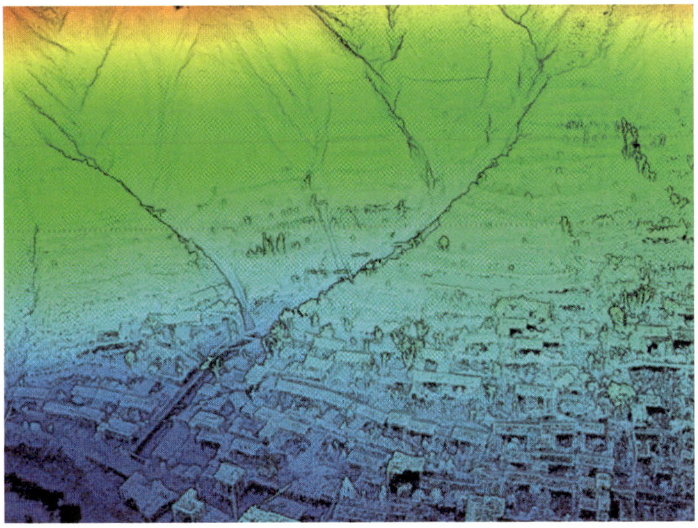

图3-30　泥石流沟口流通及排导段高程点云渲染图

5）泥石流发展趋势

立节北山泥石流属于高频发泥石流，发生频率为每年1～3次，发展阶段处于发展期（壮年期）；形成区坡度大于30°，该区不良地质现象发育；沟槽处于强侵蚀阶段，切蚀严重（见图3-30）。

（6）泥石流过流能力核算

2015年，舟曲县在立节北山泥石流出山口向上游150 m段修建了排导工程。但由于泥石流黏性较大，在沟槽内的淤积较为严重，每次发生泥石流后都需清淤。2020年8月发生泥石流，沟道下游基本处于堵塞状态，淤积厚度2～5 m。按照清淤后的沟道情况，选择3处典型断面进行过流能力计算（见图3-31）。通过计算，沟道清淤后，所选3处实测断面均可通过一次泥石流的峰值流量。但由于立节北山泥石流黏度大，入水口处坡度较缓，容易形成堆积滞留，影响下一次洪峰下泄。在排泄不畅的情况下，泥石流可能越过两侧排导堤威胁两侧居民（见图3-32）。

图3-31　泥石流沟口排导情况及断面测量处图

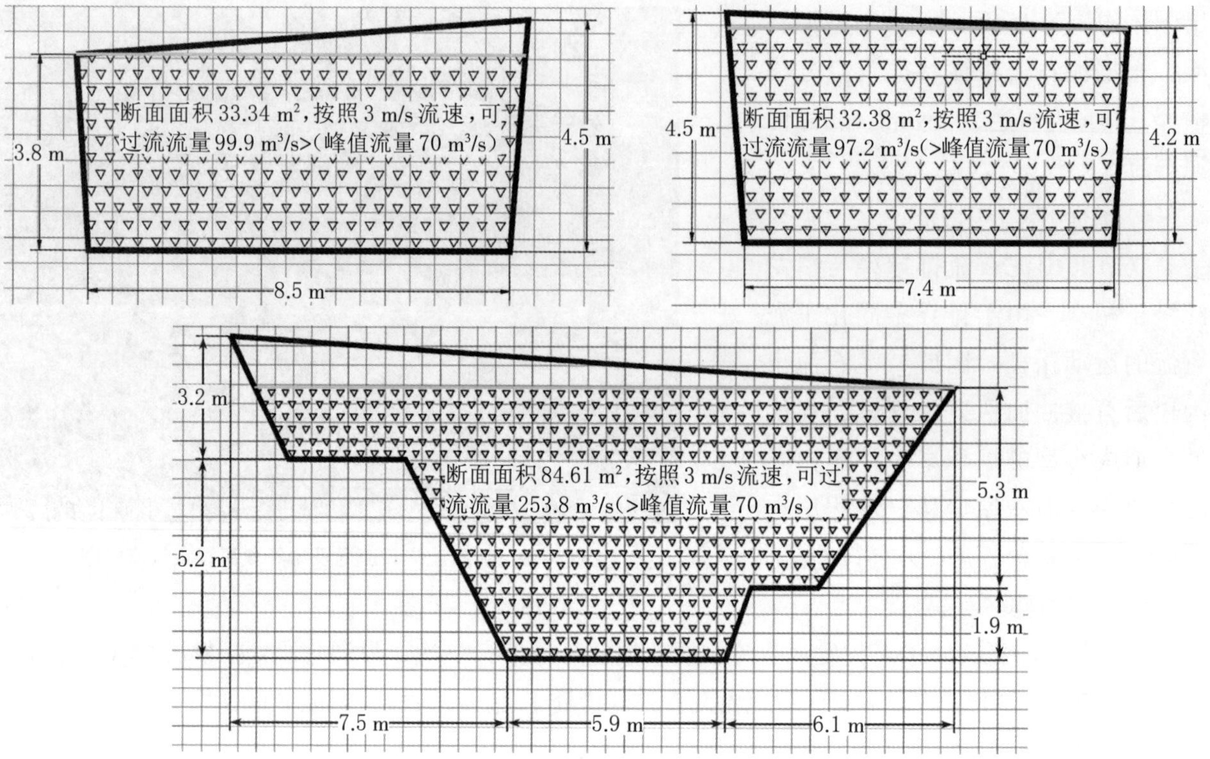

图3–32　排导堤3处典型断面过流能力估算图

3.2.2.3　灾害发生过程

立节北山滑坡处于长期蠕动状态，历史上多次发生滑坡及滑坡—泥石流链式灾害。据调查，40多年以来，滑坡分别于1978年、1992年、2010年、2018年多次发生滑动，并引发了严重的泥石流灾害。尤其以1978年发生的滑坡灾情最为严重，滑坡致使坡体上部100多户居民房屋损毁，居民被迫搬迁至立节镇。2020年8月，立节北山滑坡发生4.5万 m^3崩塌，在暴雨作用下崩塌转化为泥石流，造成白龙江二分之一被堵。2020年8月以来，立节北山老滑坡部分复活，造成北山村通村道路局部塌陷。2021年1月14日，立节北山滑坡变形加剧，坡体多处出现裂缝和错落，造成滑坡体中部北山村通村道路局部变形。该滑坡以滑坡—泥石流灾害链模式致灾，当时直接威胁滑体上部北山村及沟口堆积扇上立节镇机关单位、立节村共152户751人，威胁财产1.17亿元，险情等级为特大型。

3.2.3　成因分析及趋势研判

3.2.3.1　成因分析

（1）滑坡成因

立节北山滑坡形成原因复杂，依据调查分析认为，陡峭的地形、软弱的岩土体、强烈的构造运动和水的作用是立节北山滑坡灾害发生的主要原因。

1）地形地貌条件

滑坡所处地貌为侵蚀构造中高山地貌，滑坡后缘海拔2 431 m，前缘海拔1 921 m，相对高差

510 m，滑体中上部坡度约25°，中下部坡度约50°。这种后缘较缓、前缘陡峭的地形为牵引式滑坡的形成提供了有利条件。滑坡剪出口高出村庄337 m，具有很好的临空条件，形成了高位高势能滑坡的基础地形条件。

2）岩土体特性

特殊的地层岩性为滑坡的孕育提供了物质条件。立节北山滑坡的物质组成主要为黄土和泥盆系古道岭组灰岩及志留系千枚岩、板岩风化残积物。滑坡上部黄土结构松散，孔隙发育，落水洞分布，为地下水的入渗提供了优势通道。滑坡下部灰紫色千枚岩、板岩风化残积物在水的作用下软化、泥化，抗剪强度降低，呈现塑性变形和剪切破坏。滑坡后部滑床位于泥盆系地层风化带中，地层主要由风化后的碎石组成，结构松散。上述特殊的地层为滑坡的形成提供了条件。

3）地质构造与地震

白龙江断裂带呈近东西走向，穿越滑坡多发区域，其活动引发地层显著褶皱与断裂现象，严重损害了岩体结构的完整性。这一过程促进了岩石节理发育，导致地层破碎不堪，产状杂乱无章，进而大幅削弱了岩体的稳固性和承载能力。这些由断裂带活动造成的地质结构特点，为滑坡等地质灾害的形成提供了必要的构造背景和条件。同时，历史强震对区域岩土体结构造成了严重破坏，显著降低了岩土体强度和稳定性。地震瞬间产生的水平加速度成为滑坡的关键触发因素，导致滑坡体整体滑动。

4）水的作用

在强降雨或持续降雨的影响下，雨水迅速渗透进入坡体的孔隙和裂隙中。这种渗透作用破坏了斜坡岩土体的结构，降低了其抗剪强度。同时，雨水还增加了岩土体的重量，进一步加大了斜坡的荷载。这些因素共同影响了斜坡的稳定性，增加了发生滑坡等地质灾害的可能性。短时间内的大量降雨还会在滑坡贯通的结构面内流动，形成渗流场。这种渗流场增加了坡体内的动水压力，进一步影响了斜坡的稳定性。同时，雨水侵蚀和溶蚀坡体，破坏了岩土体结构，造成坡体容易沿着节理裂隙面发生滑动。

5）人类工程活动

在滑坡区，主要的人类工程活动包括削坡修路、建房和土地开垦。村庄的硬化道路使得坡体水流更加集中，表面冲蚀更为强烈。上述因素共同加剧了滑坡的变形和发展。

综上所述，立节北山滑坡具备了地形、岩土、构造等基础地质条件，在降雨和人类工程活动作用下，滑坡复活。其中降雨是滑坡复活的主要引发因素，且降雨转化为地下水后，会软化滑带，致使滑坡一直处于蠕滑状态，整体不稳定。

（2）成灾模式分析

立节北山滑坡所在坡体断层崩塌发育，坡体中部滑坡形成的大量松散物质在坡底汇流形成北山泥石流。该泥石流属于典型的滑坡转化为泥石流的坡面型泥石流。滑坡堆积物在泥石流的作用下被冲出沟道，最终汇入白龙江。随着时间的推移，这些堆积物逐渐扩大并挤压河流，导致白龙江河道发生弯曲变形。同时，沟道两侧相对平坦的堆积扇为立节镇居民提供了居住场所，扇形地目前被开发为房屋建筑和耕地用地。可见，立节北山滑坡最终以滑坡和坡面型泥石流的方式致灾，主要威胁坡脚的立节镇及坡顶北山村。

依据灾害发生后的调查、监测结果，结合稳定性分析，认为HⅠ滑坡整体处于不稳定状态，其上部的HⅠ$_1$处于欠稳定状态；HⅠ$_2$、HⅠ$_3$两个滑坡处于不稳定状态，但滑坡变形速率基本稳定，没有突变现象。HⅠ$_2$、HⅠ$_3$滑坡的变形模式表现为逐级牵引、逐级变形破坏，滑坡体不断分解。这种滑坡变形模式表明，尽管滑坡体在不断分解，但发生剧烈滑动的可能性较小。当滑坡堆积物进入冲沟时，它们为立节北山泥石流提供丰富物源。这种情况可能形成滑坡—泥石流灾害链，对坡脚立节镇人民生命财产安全构成威胁。

3.2.3.2 趋势研判

（1）滑坡稳定性

根据GNSS监测数据分析，自2021年1月20日到2月3日，HⅠ滑坡中上部（HⅠ$_1$）累计水平位移52.97 mm，累计沉降17.8 mm，14 d平均移动速率水平方向4.41 mm/d，垂直方向1.48 mm/d。HⅠ$_2$滑坡上部（HⅠ$_{2-1}$）累计水平位移21.92 mm，累计沉降26.7 mm，14 d平均移动速率水平方向1.57 mm/d，垂直方向1.91 mm/d。HⅠ$_2$滑坡中部（HⅠ$_{2-2}$）累计水平位移158.19 mm，累计沉降125.7 mm，14 d平均移动速率水平方向11.3 mm/d，垂直方向8.98 mm/d。HⅠ$_2$滑坡下部（HⅠ$_{2-3}$）累计水平位移213.91 mm，累计沉降96.5 mm，11 d平均移动速率水平方向19.45 mm/d，垂直方向8.77 mm/d。HⅠ$_3$滑坡下块体（HⅠ$_{3-2}$）前缘累计水平位移430.06 mm，累计沉降278.5 mm，14 d平均移动速率水平方向30.72 mm/d，垂直方向19.89 mm/d。HⅠ$_3$滑坡上部块体（HⅠ$_{3-1}$）前缘累计水平位移101.24 mm，累计沉降89.9 mm，14 d平均移动速率水平方向7.23 mm/d，垂直方向6.42 mm/d。

根据地基合成孔径雷达监测，HⅠ$_2$滑坡中块体最大形变量为139 mm，平均变形速率为23.17 mm/d；HⅠ$_2$滑坡下块体最大形变量为97 mm，平均变形速率为16.17 mm/d；HⅠ$_3$滑坡下块体最大形变量为144 mm，平均变形速率为24 mm/d。上述监测数据表明，滑坡各块体存在不同程度的形变。

综合以上因素判断，立节北山滑坡整体处于不稳定状态。2021年1月20日至2月3日监测数据表明，HⅠ$_1$滑坡缓慢蠕滑，平均变形速率为3 mm/d；HⅠ$_2$滑坡变形迹象明显，滑坡中下部最大变形速率达20～35.5 mm/d；HⅠ$_3$滑坡变形迹象明显，滑坡中下部最大变形速率达22～31 mm/d。

（2）泥石流易发性评价

根据2018年颁布的《泥石流灾害防治工程勘查规范（试行）》附录1“泥石流沟的数量化综合评判及易发程度等级标准”，选择15项因子对立节北山泥石流进行易发程度数量化评分与综合评价（见表3-2）。评价结果显示，立节北山泥石流沟为高易发泥石流沟（评分125分），这与调查访问的实际情况吻合（见表3-3）。

表3-2　泥石流沟易发程度数量化综合评判等级标准表

是与非的判别界限值		划分易发程度等级的界限值	
等级	标准得分 N的范围	等级	按标准得分 N的范围自判
是	44～130	高易发	116～130
		中易发	87～115
		轻度易发	44～86
非	15～43	不发生	15～43

表3-3　立节北山泥石流易发程度数量化评分与综合评判结果表

沟名	影响因素															总分	易发程度
	1	2	3	4	5	6	7	8	9	10	11	12	13	14	15		
立节北山泥石流沟	21	16	14	12	7	9	6	6	6	6	5	5	5	4	3	125	高易发

（3）滑坡泥石流灾害链发展趋势预测

依据滑坡稳定性分析，立节北山滑坡逐级分块，下部逐级牵引、逐级分块破坏，滑坡堆积物逐渐堆积于坡脚的立节北山泥石流沟内，为泥石流的形成提供物源，威胁沟口立节镇村民生命财产安全。兰州大学研究团队在无人机航测DEM数据采集和调查勘查的基础上，利用MassFlow模型进行了滑坡覆盖范围的模拟计算。

基于广义深度积分连续介质力学模型的数值模拟方法，结合适当的高精度数值计算方法，可以为崩滑流灾害的数值模拟提供一种有效的途径。MassFlow数值模型已经被成功应用于金沙江白格滑坡动力过程重建及灾害风险预测分析中。数值模拟需要的参数主要包括黏聚力、基底摩擦系数、内摩擦角和基底摩擦角。根据实地调查及高密度电法探测结果，基于MassFlow数值模型对立节北山滑坡进行数值模拟与预测，确定了物源区范围及厚度，模拟预测了滑坡的堆积过程以及堵江风险。模型共模拟了以下两种工况下的滑坡堆积状态。

1）暴雨工况

暴雨工况，即第一种工况，考虑50年一遇强度的暴雨作用。强度设定：黏聚力6 000 Pa，内摩擦角31.5°（接近试验的残余强度）。模拟结果显示滑坡主要在下部的沟道中堆积，未到达山前的居民区。滑体前缘距后壁斜距约1 349 m，垂直高差861 m。滑坡堆积体最大厚度位于沟道下部，约33 m（见图3-33）。

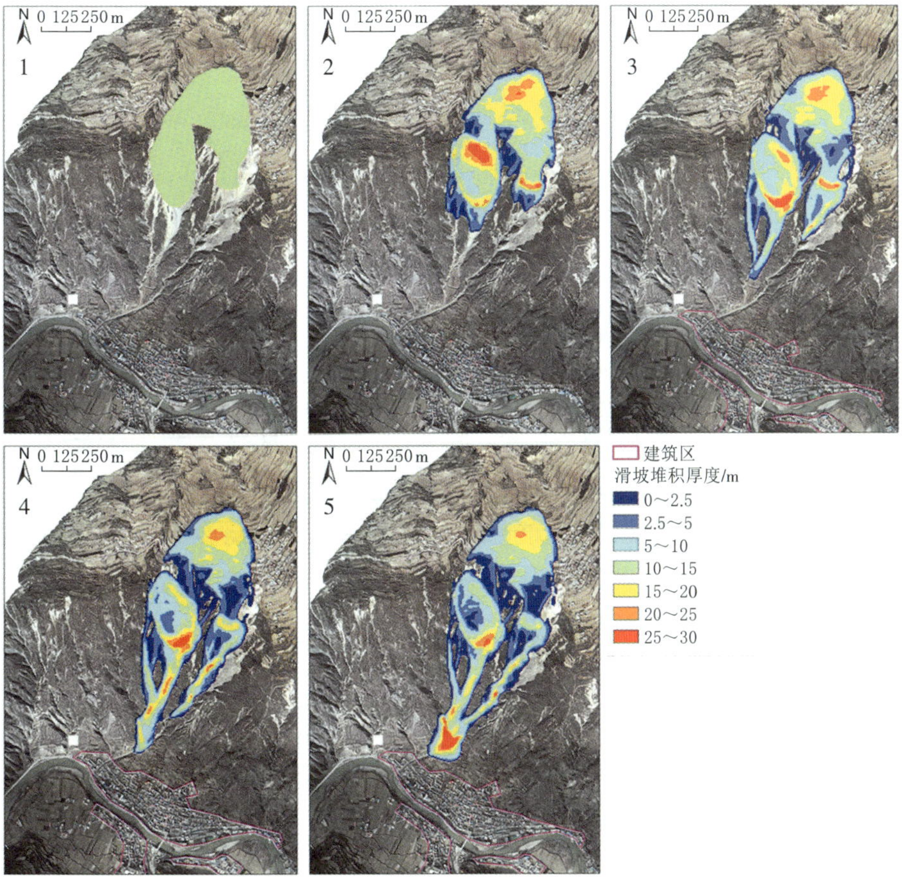

图3-33　暴雨工况下模拟不同时段的滑坡堆积厚度(1代表0时刻)

2）中强震工况

中强震工况，即第二种工况，考虑强震影响。强度设定：黏聚力6 000 Pa，内摩擦角28°。模拟结果显示滑坡主要在下部的沟道中以及平坦的居民区堆积。滑坡体前缘距后壁斜距约1 561 m，垂直高差约906 m。滑坡堆积体最大厚度位于沟道下部，约28 m。从模拟结果可以看出，滑坡威胁3 766 m^{2}的居民区，且最大厚度达20.3 m（见图3-34）。

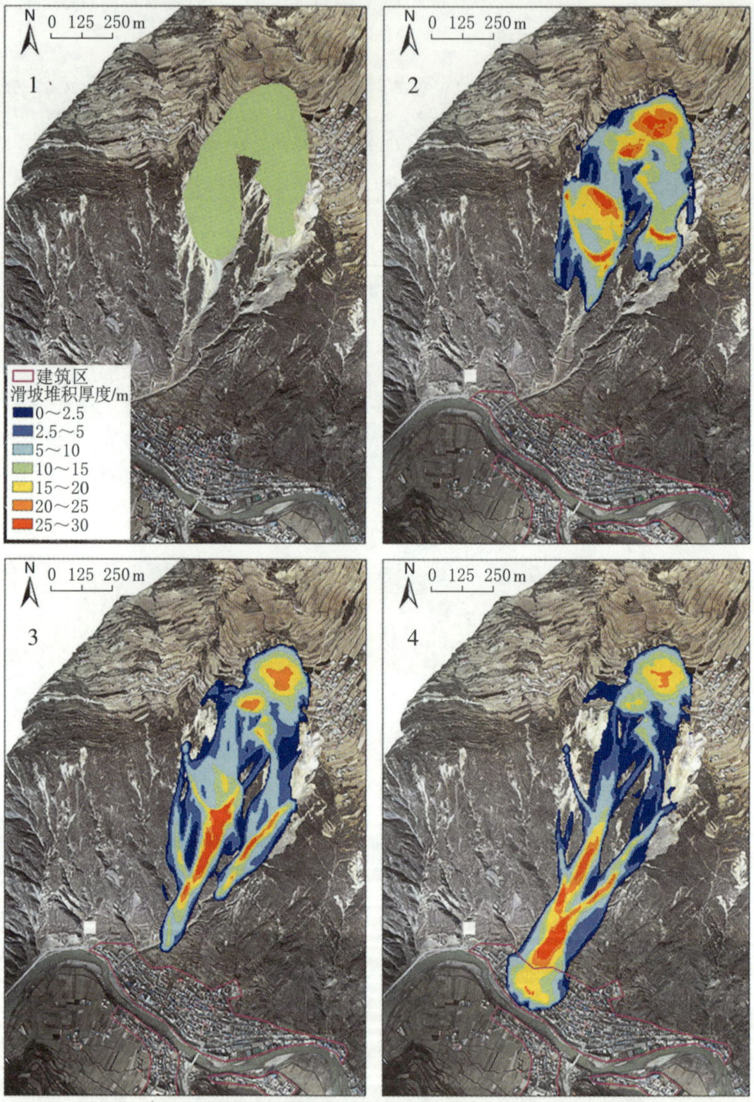

图3-34 中强震工况下模拟不同时段的滑坡堆积厚度(1代表0时刻)

对比不同强度下的数值模拟结果，发现第一种工况下大量的滑坡物质将堆积在地形低洼的沟道内，不会对山前居民区造成危害；而第二种工况下滑坡会对山前的居民区造成危害。因此，在降雨或其他可能降低滑体强度的情况出现时，需加强滑体的监测。

3）滑坡—泥石流灾害危险区的划分

结合模拟分析结果和调查成果，在考虑滑坡—泥石流链式灾害和已有防治工程的情况下，对成果进行了优化，编制了滑坡—泥石流危险性分区图（见图3-35）。将滑坡—泥石流灾害危险性分为大、中、小三级（见表3-4）。

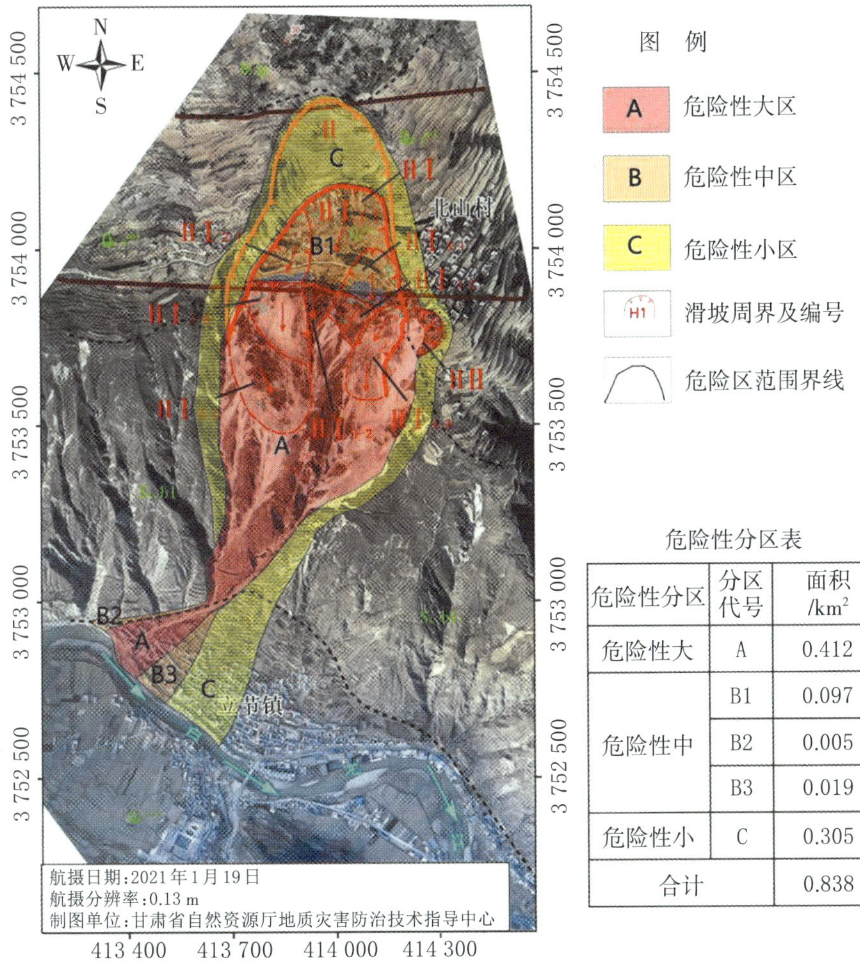

危险性分区表

危险性分区	分区代号	面积/km^2
危险性大	A	0.412
危险性中	B1	0.097
	B2	0.005
	B3	0.019
危险性小	C	0.305
合计		0.838

图3–35　立节北山滑坡—泥石流危险性分区图

表3–4　立节北山滑坡危险区人口及财产统计表

序号	村组	危险区		户数/户	人数/人	其他/万元					财产/万元
						民房	其他设施	农田	道路	电力	
1	立节村	A区		32	139	169	加油站、派出所、镇政府	174	2 480	600	2 120
2		B区	B2	4	21						175
3			B3	19	98						1 270
4		C区		82	444						4 325
5	北山村	B区		1	1						35
6		C区		14	48						490
合计				152	752	169	2500	174	2 480	600	11 669

立节北山滑坡最终以滑坡转化为泥石流形成灾害链威胁立节镇居民生命财产安全，并且在极端情况下，可能堵断白龙江形成堰塞湖，威胁白龙江沿岸立节镇及下游村庄安全。综合判定，其险情为特大型。

3.2.4 地质灾害应急防治

3.2.4.1 调查评价

灾害发生后，甘肃省地矿局第三地质矿产勘查院技术人员会同当地工作人员，第一时间对立节北山滑坡进行了应急调查，编制了应急调查报告，并将报告提交至州、县自然资源局。根据财政与事权划分，明确甘南州人民政府为舟曲县立节北山滑坡险情应急处置的责任主体。2021年1月30日，舟曲县政府组织立节镇立节村及北山村群众721人开展了避险演练，使他们熟悉了避险信号、撤离路线、避险场所。甘肃省自然资源厅地质灾害防治技术指导中心与兰州大学开展了北山滑坡泥石流灾害链调查，使用合成孔径雷达干涉技术，对比滑坡历史影像，分析滑坡变形特征；采用三维扫描仪对滑坡区域开展三维地形测量，完成扫描面积0.69 km^2，编制滑坡纵向工程地质剖面三条，总长度3.82 km；采用地下成像仪对HⅠ滑坡进行纵向剖面探测，长度276 m；编制完成《甘肃省舟曲县立节北山滑坡泥石流灾害链应急调查报告》，划定了滑坡—泥石流危险性分区图，为威胁对象核定、险情等级划分、应急避险搬迁、分区管控等提供了依据。

3.2.4.2 监测预警

立节镇北山村群测群防员发现北山滑坡变形迹象后，及时上报舟曲县自然资源局。舟曲县自然资源局在滑坡裂缝区域设置了6个监测点，在醒目位置设立了警示标志，划定了滑坡警示范围，并开展群测群防。同时，逐户发放地质灾害应急避险告知书和防灾避险明白卡，并成立县、乡、村联合值班工作组，24小时严防死守，时刻关注滑坡变化情况。另外，实施乡、村干部包户到人，“十户联防+网格化”管理，并在立节村、北山村张贴了160张群众撤离路线指示标志图，安装了12块撤离路线标志牌，以科学引导群众做好应急避险工作。甘肃省自然资源厅地质灾害防治技术指导中心在滑坡区域安装了9台便携式GNSS（含1台基站）、5台普适型GNSS（含1台基站）、5套裂缝计和1台高清视频，开展应急监测。同时，部署了地基合成孔径雷达、高精度三维激光扫描仪等先进设备，以加强滑坡现场变形监测。群测群防与专业监测的有机结合，扩大了监测范围，提高了监测精度，为分级响应提供了参考，为滑坡趋势研判提供了依据。

3.2.4.3 应急治理

灾害发生后，舟曲县自然资源局委托甘肃省地质环境监测院开展舟曲县立节北山滑坡灾害应急治理工程施工图设计工作。经现场勘查与方案论证，最终提出了切实可行的应急治理方案。2021年9月，经甘肃省自然资源厅批准立项，甘南州舟曲县立节北山滑坡灾害应急治理工程（一期）获专项资金7 000万元。该工程（一期）自2022年6月开工，2023年5月完工，并于2023年7月通过甘肃省自然资源厅组织的竣工验收。

3.2.5 经验与启示

（1）高度重视、快速反应

为保障立节北山滑坡—泥石流灾害调查工作有序开展，部、省两级共调派自然资源系统管理人员28人、专家7人，调集甘肃省自然资源厅地质灾害防治技术指导中心、兰州大学和甘肃省地矿局第三地质矿产勘查院等单位的技术人员及辅助人员30人、车辆8台赶赴现场。这些人员和车辆为高效有序完成应急调查、监测等工作提供了有效保障。

（2）充分利用“空天地”一体化技术

本次调查充分利用卫星遥感影像解译、时序变形分析、无人机实时正射影像对比、无人机实景模型建立、地基边坡雷达变形监测、激光三维扫描仪地形扫描、高精度位移监测、裂缝仪监测、微震仪探测、高密度电法勘探、数值模拟等“空天地”一体化协同技术手段，开展了滑坡—泥石流灾害链调查和监测工作。根据滑坡长期处于蠕动变形的特点和引发泥石流的灾害链特征，制定调查—监测—汇总—分析—会商—对策提出的工作机制，及时分析发展趋势，提出处置措施，为险情处置工作顺利进行提供了有力的技术支撑和保障。

3.3 甘南州舟曲县果耶镇磨里滑坡灾害

3.3.1 灾情概况

受春季冻融和降水的影响，2021年2月26—28日，舟曲县果耶镇磨里滑坡发生蠕动变形，共造成92户402人受灾，直接经济损失约1 446.3万元，灾情等级属于特大型。由于预警、处置及时，未发生人员伤亡和失踪现象。经核查，舟曲县果耶镇磨里滑坡不是在册已有隐患点。

3.3.2 地质灾害基本特征

3.3.2.1 地质环境条件

果耶镇磨里滑坡位于舟曲县东南部白龙江两河口段右侧山体顶部，山体地势整体北高南低，北侧坡顶海拔2 750 m，坡脚大水坝海拔1 640 m，高差1 110 m。整体平均坡度20°～45°，也有大于60°的悬崖陡壁。山顶多呈峰状、梁背状，形成峻岭奇峰的自然景观。滑坡区地貌类型主要有侵蚀构造中高山区和侵蚀堆积河谷两类（见图3-36）。

滑坡地处青藏高原东缘，为秦岭西翼与岷山山脉交会地带，属秦岭地层分区。滑坡周围主要出露中泥盆统西汉水古道岭组上段和中上志留统白龙江群老地层；坡体上部为中泥盆灰岩，下部

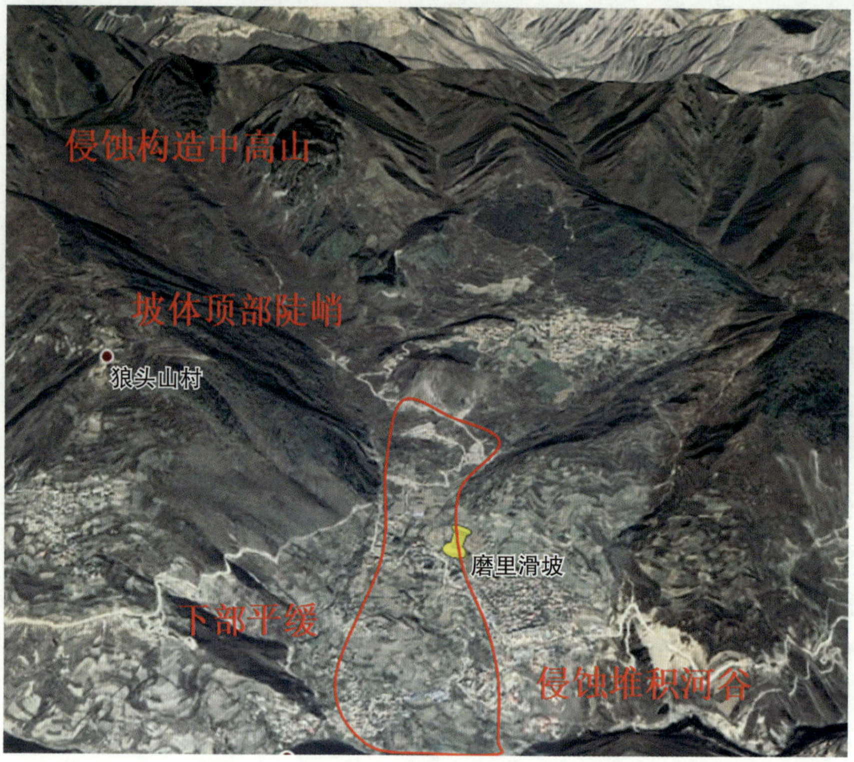

图3-36　滑坡地形地貌

为中上志留统板岩、千枚岩，表层为第四系坡积碎石和滑坡堆积碎石土，局部披覆第四系上更新统马兰黄土。滑坡位于白龙江复背斜构造带及白龙江断裂带影响范围内，受多期构造运动作用，岩土体裂隙发育程度高。白龙江断裂带走向为北西—南东，磨里滑坡受其南支断层（黑松坪—三角坪断裂带）的控制。黑松坪—三角坪断裂带全长约6 km，总体走向NW300°～310°，倾向NE，倾角50°～80°。其上盘出露地层为泥盆系，岩性主要为灰岩；下盘出露地层为志留系，岩性主要为千枚岩。该断裂带破碎，带宽约100 m，断层构造发育，局部可见泉水出露。断层性质以挤压逆冲为主，为走滑逆冲断裂，兼有挤压特征。现今该断裂带活动明显，对磨里滑坡有一定影响。

滑坡所在区域新构造运动十分活跃，运动形式为山地隆起、河流下切以及断裂复活等，致使域内形成了典型的高山峡谷地貌。根据《中国地震动参数区划图》（GB 18306—2015），舟曲县抗震设防烈度为7度、8度，地震动峰值加速度为0.10～0.20 g，特征周期为0.40～0.45 s。

磨里滑坡所在斜坡为一地势总体北高南低朝东南倾斜的陡峻斜坡，坡脚为大水坝河。自然地貌条件总体控制着地下水的赋存和径流。地下水主要赋存于滑坡堆积体中。由于滑坡沿断裂带发育，断裂带表层为松散破碎的碎石土，决定了地下水的补给以大气降水和后缘基岩陡壁的岩溶裂隙水为主，地下水类型为潜水，富水性较弱。地下水多沿滑坡体自高处向低处流动，当地下水在前缘遇到较硬或较稳定的岩层时，便出露形成泉水。由于泉水汇集后流速较快且携带有侵蚀性物质（如泥沙），会对沟谷进行冲蚀和切割。经过冲蚀和切割后的沟谷成为地下水的主要排泄通道。

3.3.2.2　灾害地质特征

（1）滑坡基本特征

舟曲县果耶镇磨里滑坡（H滑块）受地形及断层影响，属于断层破碎带滑坡（受黑松坪—三角坪断裂带控制)。滑坡所在斜坡地形高陡，斜坡顶部为陡峭的岩壁，下部为松散堆积层。根据斜坡上部灰岩陡崖地貌和堆积层岩性，斜坡中、下部的松散堆积层主要由上部岩体发生崩塌而形成的早期崩塌体组成。磨里滑坡平面形态呈“长舌状”(见图3-37)，剖面形态大致呈“折线形”，沿滑动方向的最大长度为1 500 m。滑体上窄下宽，宽度240～530 m（平均385 m），面积53万m^2，平均厚约40 m，总体积2 120万m^3，主滑方向170°。磨里滑坡为一深层特大型断层破碎带堆积层滑坡（见表3-5）。滑坡前缘高程1 663 m，后缘高程2 017 m，相对高差354 m。滑坡后部坡度较大，15°～25°，中下部坡度较缓，10°～15°，前部受修建房屋、道路影响，形成高2～6 m的台地陡坎，坡度32°～55°，局部地段近直立。

表3-5　磨里滑坡形态特征一览表

<table>
<tr><th>长/m</th><th>宽/m</th><th>厚度/m</th><th>面积/万m^3</th><th>体积/万m^3</th><th>规模</th><th>其他特征</th></tr>
<tr><td>1 500</td><td>385</td><td>40</td><td>53</td><td>2 120</td><td rowspan="4">特大型</td><td rowspan="4">滑坡体受人类活动影响，形成多个“平台”。目前平台已被开垦为耕地和居民房屋</td></tr>
<tr><td rowspan="2">前缘高程/m</td><td rowspan="2">后缘高程/m</td><td rowspan="2">相对高差/m</td><td colspan="2">坡度</td></tr>
<tr><td>后部</td><td>中前部</td></tr>
<tr><td>1 663</td><td>2 017</td><td>354</td><td>15°～25°</td><td>10°～15°</td></tr>
</table>

磨里滑坡的整体轮廓比较清晰，加之常年流水冲刷，滑坡表面西侧边界“V”字形冲沟发育。冲沟走向与滑坡主滑方向基本一致，冲沟长度约1.6 km，切割深度5～10 m，冲沟汇水面积0.05 km^2，冲沟以常流水的形式形成地表径流。受人类活动的影响，滑坡大部分已被改造成宽5～20 m的平台。平台多被开垦为耕地和居民房屋，形成阶梯状平台。根据滑坡冲沟的发育特征及变形迹象，可确定滑坡体的形态特征如下：滑坡东侧边界裂缝基本贯通，形成一条长约1.5 km的侧缘裂缝带，自养殖场向下延伸至镇政府门口，经果耶村延伸至磨里村，最终抵达大水坝左岸，且该侧变形强烈；滑坡西侧以冲沟为界，变形程度较东侧弱，中上部冲沟内的道路桥已被滑坡剪断；滑坡上部为采石场及养殖场分布区，该区域横向裂缝发育，并有泉水出露，形成明显的滑坡洼地；滑坡前缘受大水坝河水流冲刷侵蚀作用，形成高10～35 m的临空面，滑坡剪出口出露于中下部位置。

根据滑坡内各部分的滑动特征，将其分为2个块体。H号块体为主滑块体，又分为H1～H8共8个次级滑坡，并且滑坡是在这8个次级滑坡的牵引下发生滑动的。综上，当时发生的滑坡主要是H号块体以及其变形区（H1～H8次级滑坡）的失稳滑动。

（2）滑坡变形特征

受当年汛期降雨影响，该滑坡局部复活。具体变形特征如下：

1）GNSS监测数据分析

磨里滑坡共安装了10台监测仪器。其中，8台GNSS位移监测仪（含1台基站)，1台雨量计，1台声光报警器。1台GNSS位移监测站位于外围的老滑坡体上，7台GNSS位移监测仪位于滑坡范围内。监测时间始于2021年3月5日，止于5月18日，合计73天（见图3-38、图3-39)。

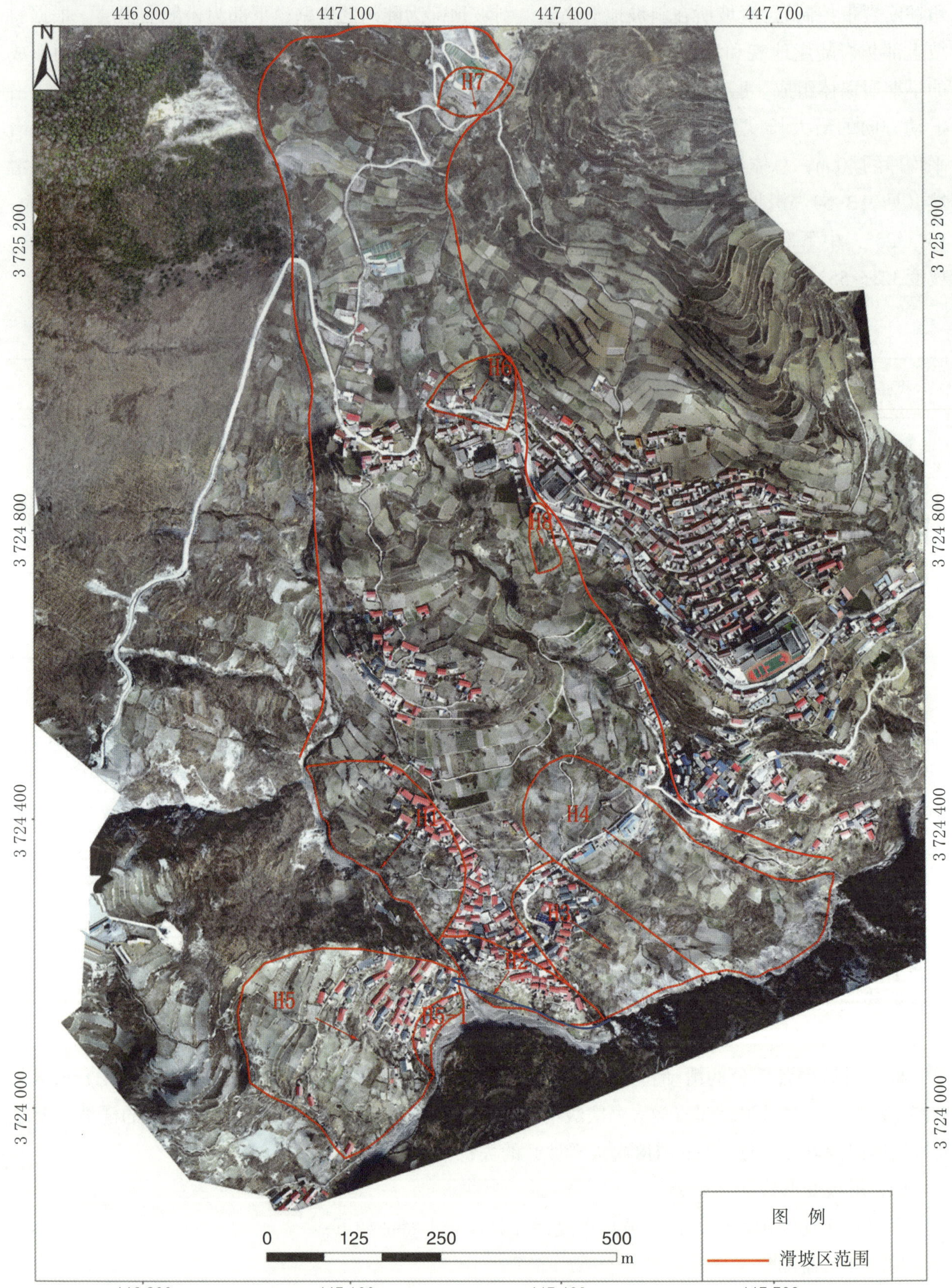

图3-37 磨里滑坡正射影像图

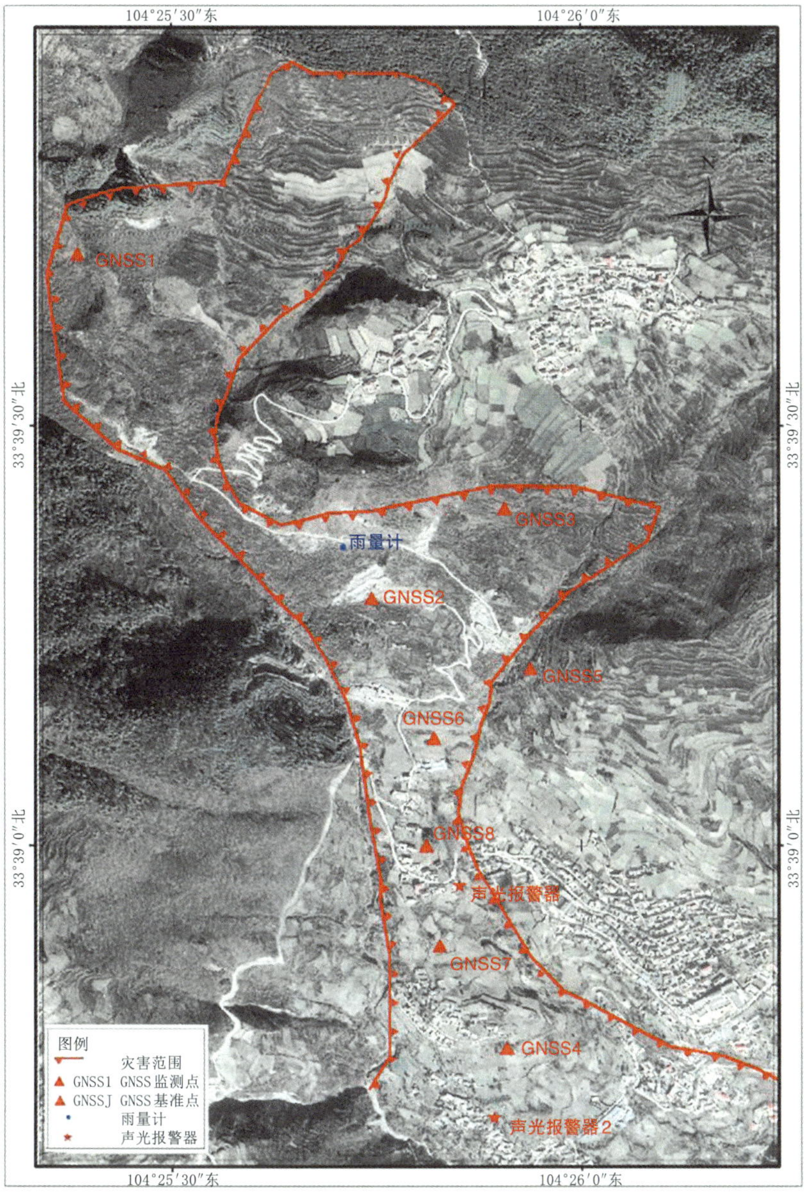

图3-38　GNSS监测平面布置图

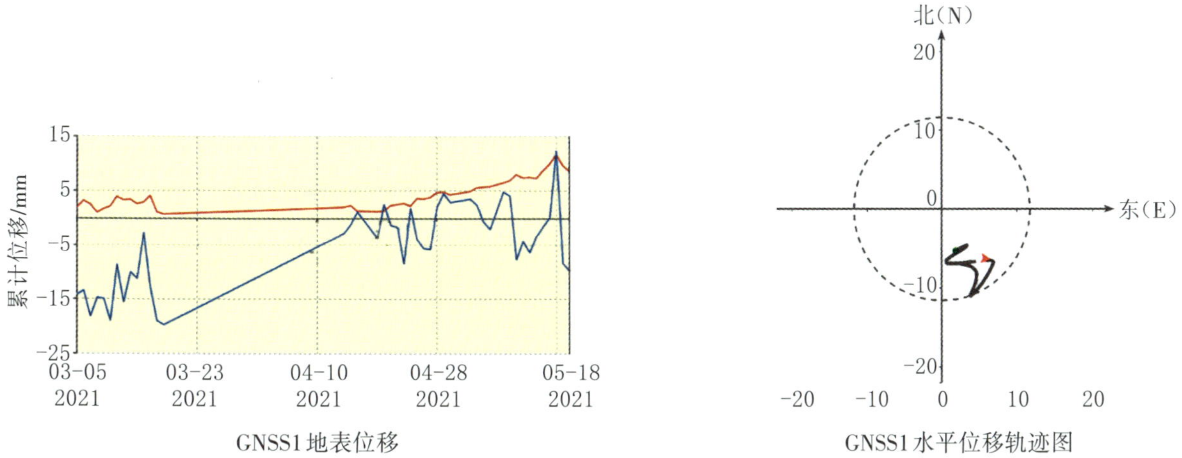

图3-39　GNSS位移监测图

7台GNSS位移监测仪显示，位移最大的是滑坡中下部的GNSS7，累计位移259 mm；其次是滑坡中上部的GNSS6，累计位移84.8 mm；位移最小的是滑坡中下部的GNSS1，该区域属于老滑坡范围，73天的位移量为4.8 mm。说明滑坡前缘的滑动速率大于后部的滑动速率，再次判定H滑坡以外处于基本稳定状态（见图3-39）。

2）变形迹象

据调查，拉张裂缝主要集中分布在滑坡的侧缘及后缘，主要是滑坡滑动后拉裂形成的。据调查统计，滑坡体共发育有10组拉张裂缝。H滑坡发生后，为更好地了解、掌握滑坡下一步发展趋势，在滑坡后缘及两侧侧缘陡壁布设了7台裂缝位移专业监测仪对滑坡裂缝进行监测。通过监测，发现各裂缝变化明显，呈逐渐增大趋势，特别是滑坡东侧侧壁拉张趋势明显。

3）变形分析

依据GNSS监测结果，滑坡处于牵引、挤压、蠕变等过程，说明滑坡处于不稳定状态，在强降雨等极端天气的影响下，有局部失稳下滑的可能性。

滑坡前缘发育多条拉张裂缝，由于坡度较陡，且土体极为松散，如遭遇强降雨等极端气候，在地表水的冲刷和入渗下，滑坡前缘有局部沿裂缝以拉裂、错落的形式发生浅层滑塌并不断牵引后部滑体的可能性。

3.3.2.3　灾害发生过程

果耶镇磨里滑坡为一老滑坡，处于长期蠕动状态，历史上多次发生局部复活滑动。据调查访问，1987年、2019年、2020年8月均有活动记录。2020年8月以来，受汛期连续强降雨及春季冻融作用影响，2021年2月26—28日，磨里滑坡局部发生滑动，共造成92户402人受灾，直接经济损失约1 446.3万元。

3.3.3　成因分析及趋势研判

3.3.3.1　成因分析

经调查分析，此次地质灾害的形成主要受以下因素的控制和影响：

磨里滑坡位于沟口洪积扇上，东西两侧冲沟发育，坡体整体坡度较小，前缘受河流侵蚀切割，地形较陡，局部临空。地形上具备汇水条件，利于地表水入渗，且前缘临空，为滑坡发育提供了有利的地形条件。

特殊的地层岩性为滑坡的孕育提供了物质条件。该滑坡的物质组成主要为碎石土和千枚岩、板岩。上部碎石土结构松散，含水量较高，局部呈饱和状态；下部千枚岩、板岩相对隔水，但在水的作用下，极易软化、泥化，使其抗剪强度降低，呈现塑性变形和剪切破坏。不利的岩土体组合为滑坡的发生提供了条件。

滑坡体汇水面积较大。2020年多雨，果耶镇磨里村年降雨量达860.2 mm，特别是“8·17”暴雨接近50年一遇的强度。持续降雨入渗导致土体局部饱和，引起土体容重增加和岩土体软化，进而使其抗剪强度降低，最终诱发滑坡局部变形失稳。

滑坡处于舟曲—武都地震亚带，该地震亚带历史上发生过多次地震。地震导致岩土体松动，地表产生裂缝，加剧了坡体变形。根据中国地震台网统计，滑坡周边200 km范围内近5年来发生3级以上地震共97次。其中，最大的一次地震是2017年8月8日在四川阿坝州九寨沟县发生的7.0级地震，震中位于北纬33.20°，东经103.82°，与滑坡区的直线距离为75 km。最近一次震感明显的地震为2020年12月28日20时46分陇南宕昌县发生的3.9级地震，震源深度13 km，震中位于北纬33.83°，东经104.45°，距离该滑坡直线距离约21 km（见图3-40）。此次地震造成滑坡及外围的局部房屋变形加剧，地表裂缝扩大。

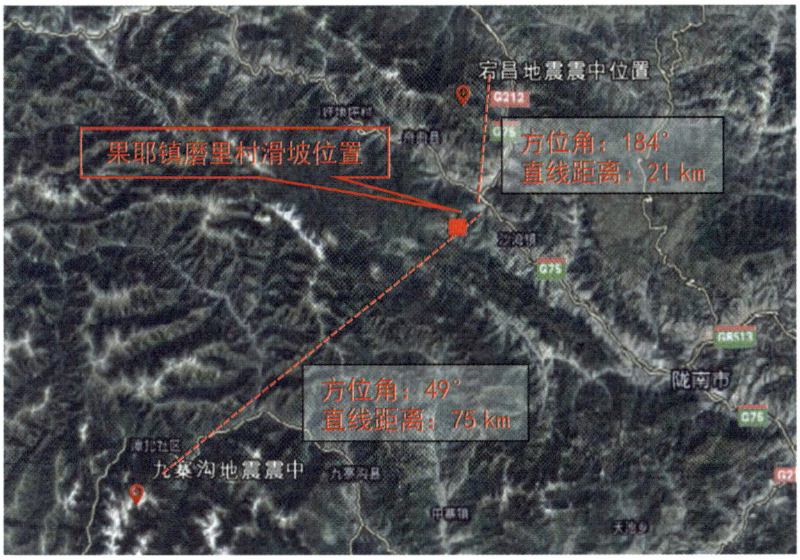

图3-40 宕昌和九寨沟地震震中与滑坡区位置示意图

滑坡体地下水较丰富，在地势低洼处有多处泉水出露。季节性冻融作用导致坡体地下水富集，大面积软化了坡体，降低了岩土体强度。丰富的地下水产生一定的静水压力和动水压力，加剧了坡体变形蠕滑。

人类工程活动对滑坡的影响主要表现为坡体建房加载和生活用水的无序排放。居民生活排水长期下渗，增加了土体自重，降低了土体抗剪能力，不利于坡体稳定。同时，临坡建房若地基处理不当则易出现房屋垮塌。另外，在H2滑坡东侧发现一处泉眼，出露的泉水主要供应给当地村民。由于泉眼未装阀门，泉水常年渗入坡体，不断加大坡体自重，降低其抗剪强度。

综上，磨里滑坡的发生是降雨、冻融、地震、泉水入渗、建筑加载及地形地貌、易滑岩土体综合作用的结果，其中降雨及地下水是主要的引发因素。

3.3.3.2 趋势研判

（1）滑坡稳定性

根据磨里滑坡发育特征及所处的地质环境条件，结合该区域变形破坏历史及滑坡体各部位变形特征，以定性分析为主，经综合分析得出滑坡稳定性判别结果。

根据监测数据，滑坡中部平均一天位移3.92 mm，滑体前部平均一天位移3.61 mm，滑坡处于缓慢变形中。滑坡东侧侧缘与滑坡前部变形明显，初步判断滑坡体处于欠稳定状态。现状条件下整体发生滑动的可能性较小，如遇连续强降雨及地震等特殊工况，存在发生失稳滑动的可能性。

经分析，滑坡H5前缘发生局部滑塌，中后部整体未见明显变形迹象，现状条件下处于基本稳定状态，如遇连续强降雨及地震等特殊工况，存在发生失稳滑动的可能性；H1、H6、H8滑坡整体未见明显滑动迹象，但局部位置发育裂缝，出现建筑物开裂变形等迹象，现状条件下整体处于欠稳定状态，如遇连续强降雨及地震等特殊工况，发生失稳滑动的可能性较大；滑坡H2、H3、H4、H7前缘局部块体自2020年8月份以来一直处于间歇性蠕滑变形状态，坡体裂缝发育，房屋变形开裂，现状条件下滑坡整体呈不稳定状态，如遇连续强降雨及地震等特殊工况，整体失稳滑动的可能性大（见表3-6）。

表3-6　果耶村、磨里村滑坡群稳定性判别结果表

滑坡编号	变形迹象			稳定性
	前缘	滑体	后缘	
H1	前缘临空条件良好，高差11 m，坡度52°。前缘沟谷为季节性流水沟谷，岩土体稍湿	平均坡度20°，其上局部建筑物发育有小的裂缝	后缘无明显下错、位移迹象，其上局部建筑物发育有小的裂缝	欠稳定
H2	前缘临空条件良好，高差19 m，坡度60°。前缘沟谷为长流水沟谷，岩土体稍湿	平均坡度27°，自2020年8月份以来呈持续蠕动变形状态，其上房屋多处坍塌、开裂	后缘有明显下错、位移，最大错落高度4.5 m	不稳定
H3	前缘临空条件良好，高差32 m，坡度43°。前缘沟谷为长流水沟谷，岩土体稍湿。在碎石土与基岩接触面能观察到明显剪出裂缝	平均坡度11°，其上多处建筑物发育有局部裂缝。侧缘能观察到断续剪切裂缝，裂缝宽度3～20 cm，部分裂缝可观察到擦痕	后缘无明显下错、位移迹象，其上建筑物局部发育有小的裂缝	不稳定
H4	前缘临空条件良好，高差24 m，坡度40°。前缘沟谷为长流水沟谷，岩土体稍湿。前缘滑动挤压沟谷痕迹明显	平均坡度13°，其上多处房屋发育有裂缝，水泥路面多处错断，中前部木质电杆被拉断。侧缘能观察到断续剪切裂缝	后缘发育多处次级滑坡，水泥路面多处被错断	不稳定
H5	前缘临空面一般，高差较小，坡度30°左右。前缘沟谷为长流水沟谷，岩土体稍湿	整体呈台坎状，平均坡度27°，其上房屋局部开裂，分析开裂由地基不均匀沉降引起。未见明显由滑坡复活滑动引起的明显变形迹象	滑坡后缘未见明显变形迹象	基本稳定
	H5-1为H5滑坡前缘局部复活块体，前缘临空条件良好，高差12 m，坡度37°。前缘沟谷为季节性流水沟谷，岩土体稍湿。部分房屋由于滑坡滑动已发生坍塌损毁	滑体呈台坎状，平均坡度35°，台坎部位坡度最大可达50°，其上房屋多处发育有局部裂缝	滑坡后缘有明显下错、位等变形迹象	不稳定

续表3-6

滑坡编号	变形迹象			稳定性
	前缘	滑体	后缘	
H6	前缘临空面一般，高差7 m，坡度28°左右，岩土体干燥。前缘水泥路面发育有挤压裂缝，多处房屋发育有小型裂缝	滑体呈台坎状，平均坡度18°，其上房屋多处发育有局部裂缝	后缘无明显下错、位移迹象，其上局部建筑物发育有小的裂缝	欠稳定
H7	前缘临空条件差，坡度19°，岩土体干燥	平均坡度25°，滑体整体易发生变形移动，养殖场地面及房屋出现坍塌、错落滑动等变形迹象	后缘及侧缘滑动变形导致裂缝发育明显，房屋及水泥路面多处开裂、错断	不稳定
H8	前缘临空条件一般，高差13 m，坡度33°左右，岩土体干燥，未见明显变形滑动迹象	平均坡度29°，滑体整体未见明显变形移动迹象，水泥路面及房屋存在多处变形开裂现象	后缘及侧缘裂缝发育明显，房屋及水泥路面多处开裂、错断	欠稳定
H	前缘临空条件良好，高差19～32 m，坡度43°。前缘沟谷为长流水沟谷，岩土体稍湿。在碎石土与基岩接触面能观察到明显剪出裂缝	平均坡度12°，其上建筑物多处发育有局部裂缝。侧缘能观察到断续剪切裂缝，裂缝宽3～20 cm，部分裂缝可观察到擦痕	后缘无明显下错、位移迹象，其上局部建筑物发育有小的裂缝	欠稳定

（2）发展趋势预测

依据当时现场调查及滑坡稳定性判别结果，预测各滑坡发展趋势如下：

老滑坡H处于蠕动变形阶段，滑坡厚度大，组成物质为千枚岩与碎石土，地下水丰富，东侧贯通裂缝已形成。如遇强降雨或连阴雨，滑坡变形速度可能会加快。

H2、H3、H4、H7滑坡前缘局部处于蠕动变形状态，随着冻融作用不断减弱和斜坡内部地下水不断排泄，滑坡整体趋于基本稳定，但若遭遇连续降水等极端天气，存在变形加剧的可能性。

H1、H6、H8及H5-1滑坡坡体局部发育断续裂缝，导致建筑物出现不同程度开裂，处于欠稳定状态，随着时间推移将趋于基本稳定，但若遭遇连续降水等极端天气，存在变形加剧的可能性。

H5滑坡处于基本稳定状态，随着时间推移将趋于基本稳定；但若遭遇连续降水等极端天气，存在局部复活滑动的可能性。

（3）危险性分区

依据滑坡稳定性判别结果及发展趋势，对磨里滑坡危险性进行分区，编制危险性分区图。危险性分区共分为危险性大、中、小三区（见图4-41）。

依据分区结果，滑坡H2、H3、H4、H7属于危险性大区，面积111 720 m^2，威胁56户187人，威胁财产2 300万元；滑坡H1、H6、H8及H5-1属于危险性中等区，面积45 733 m^2；威胁42户142人，威胁财产1 680万元；老滑坡及其他区域属于危险性小区，面积432 856 m^2，威胁184户790人，威胁财产6 020万元。

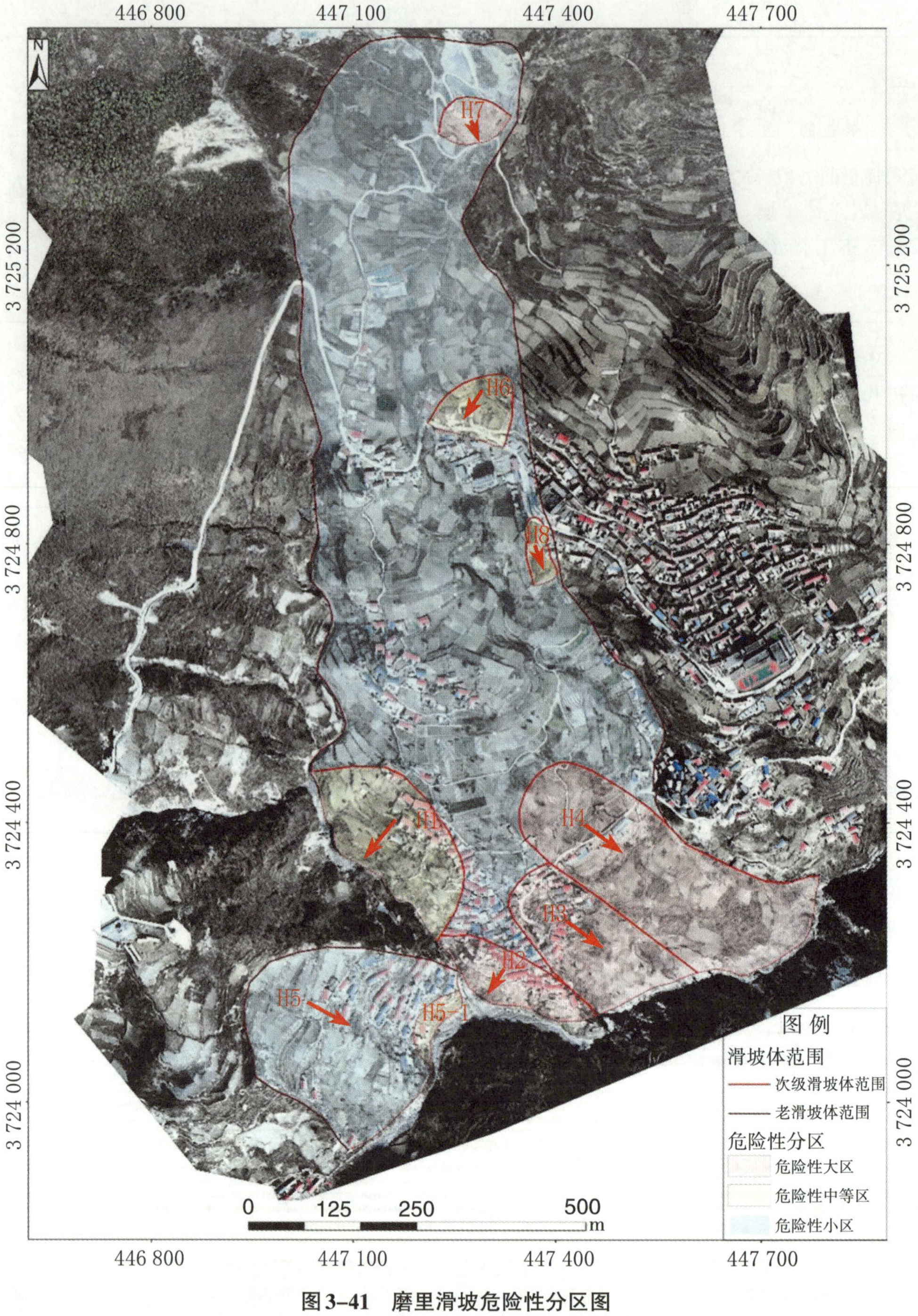

图3-41　磨里滑坡危险性分区图

3.3.4　地质灾害应急防治

3.3.4.1　调查评价

灾情发生后，舟曲县委、县政府及相关部门深入滑坡现场查看灾情，及时组织甘肃省地矿局第三地质矿产勘查院技术人员对地质灾害进行调查评估，编制完成了《舟曲县果耶镇磨里滑坡应急调查报告》。甘肃省自然资源厅地质灾害防治技术指导中心技术人员于3月2日上午8时赶赴现场，会同甘南州自然资源局、舟曲县自然资源局、果耶镇政府相关人员及技术支撑单位组成联合调查组，采用无人机、高密度电法仪、高精度三维扫描技术等先进手段开展应急调查并编写了调查报告。

3.3.4.2　监测预警

灾害发生后，州、县自然资源局、应急管理局、果耶镇工作人员会同公安机关在危险路段竖立安全隐患警示牌，在危险区设置警戒线，严禁群众进入倒塌房屋和险情较高区域，在滑坡灾害威胁区张贴撤离路线指示标志，并向受威胁群众发放防灾避险明白卡。县、镇工作人员加强值班值守，严格落实24小时监测预警和险情巡查制度，严密监控滑坡动态。甘肃省自然资源厅地质灾害防治技术指导中心技术人员利用合成孔径雷达技术，结合灾前灾后的卫星影像资料，系统分析了滑坡历史变化特征；同时调集3台无人机、1台高密度电法仪、1台三维激光扫描仪、8台GNSS位移监测仪（含1台基站）、1台雨量计、1台声光报警器，构建了“空天地”一体化监测网络。通过专业监测和人工巡查相结合的方式，对滑坡区域实施全方位24小时监测，实时掌握变形动态，科学研判发展趋势，精准划定危险区与警戒区范围，及时发布预警信息，为受灾群众转移安置和警戒区设置提供了科学依据。

3.3.5　经验与启示

（1）高度重视、快速反应为地质灾害应急处置提供了有效保障

灾情发生后，甘南州委、州政府高度重视。州委、州政府主要领导于3月2日下午深入滑坡现场查看灾情，安排部署应急处置工作。自然资源部领导及中国地质环境监测院、中国地质调查局西安地质调查中心专家组于3月4日赶赴现场，对滑坡灾害调查处置工作进行了指导。为高效有序做好技术支撑工作，在灾害现场召开了应急处置工作部署会，对下一步应急处置工作作出了详细安排部署，并提出了专家组会商意见。3月4日晚，甘南州、舟曲县政府相继启动Ⅲ级应急响应。根据相关要求，由甘南州主导做好应急处置工作，省级部门做好指导工作。3月6日上午，省自然资源厅主要领导、甘南州政府相关领导一行先后赴舟曲县果耶镇磨里滑坡、立节镇北山滑坡灾害现场查看灾情，对滑坡灾害调查处置工作进行了检查，并召开了舟曲县磨里、北山地质灾害应急处置现场工作会，对应急处置工作进行了具体部署，对灾区搬迁避险工作进行了商讨，并提出了应急处置建议。3月7日上午，应急管理部和自然资源部组成联合工作组，先后赴舟曲县果耶磨里滑坡、立节北山滑坡灾害现场进行调研指导，现场听取汇报并查看滑坡险情后，召开了舟曲县磨里、北山地质灾害应急处置现场工作会，对应急处置工作进行了具体部署。上述工作为高效有序完成果耶磨里滑坡应急调查、监测等工作提供了有效保障。

（2）“空天地”一体化技术为地质灾害应急处置提供了有效支撑

技术人员在应急调查中充分利用卫星遥感影像解译、InSAR时序变形分析、无人机实时正射影像对比、无人机实景模型建立、激光三维扫描仪地形扫描、高精度GNSS位移监测、裂缝仪监测、高密度电法勘探等“空天地”一体化协同技术手段，开展了应急调查和监测工作，并初步计算了滑坡规模，分析了滑坡成因特征和发展趋势，提出了处置措施。这些“空天地”一体化协同技术手段提高了工作效率和精度，为抢险救灾工作决策提供了强有力的支撑。

3.4 陇南市武都区安化镇槐树下村阳坡三组滑坡灾害

3.4.1 灾情概况

2023年4月21日13时42分，陇南市武都区安化镇槐树下村阳坡三组发生山体滑坡。滑坡损毁农田6.5亩、0.4千伏输电线路0.15 km及电杆2根，直接经济损失约20万元，灾情等级属小型。

3.4.2 地质灾害基本特征

3.4.2.1 地质环境条件

该滑坡位于北裕河右岸斜坡前缘，地貌类型属构造侵蚀低中山，地势总体东北高西南低，地形切割强烈，坡顶海拔1 959 m，坡脚海拔1 412 m，相对高差547 m，平均坡度约40°。受地表水长期冲刷影响，坡面较为凌乱，“V”字形冲沟发育。

滑坡区出露地层岩性主要为黄土和泥岩。斜坡上部披覆马兰黄土，土质疏松，结构松散；下伏离石黄土，结构相对致密；基底为新近系泥岩、砂质泥岩互层，以砖红色为主，岩层产状近于水平。地下水类型主要为黄土潜水及碎屑岩类孔隙裂隙水。人类工程活动以陡坡耕植、切坡取土和削坡建房为主。

3.4.2.2 灾害地质特征

该滑坡因老滑坡复活而滑动，为一推移式堆积层滑坡（见图3-42）。滑坡体平面形态呈圈椅状，长约120 m，宽约105 m，平均厚约25 m，前后缘高差约60 m，滑向170°，平均坡度35°，平面面积约12.6万 m^2，体积约31.5万 m^3，规模等级为中型。滑坡滑动后，上部黄土斜切下部黄土、泥岩混杂堆积体而整体滑动，在后缘拉裂形成高22～30 m、坡度近直立的高陡后壁，可见明显擦痕。滑坡后部物质以黄土为主，局部夹杂泥岩碎屑；中下部及前缘以黄土、砂质泥岩碎屑混杂体为主，土体潮湿。滑带土上部以黄土为主，下部为黄土、泥岩碎屑混杂体，土体软塑；滑床为老滑坡堆积体，成分为黄土及泥岩团块混杂体，结构较为致密。受后部滑体逐级传递应力和刮铲、挤压影响，滑体中后部发育两级反坡平台。平台上部鼓胀裂缝广泛分布，前缘舌部已分散呈“块状”，堆积于下部平台之上。根据滑动前后影像对比分析，滑坡前缘最远滑动距离约40 m（见图3-43）。

图3-42　阳坡三组滑坡平面图

图3-43　滑坡滑动前后遥感影像对比示意图(2022年11月)

3.4.2.3 灾害发生过程

2023年4月20日上午，陇南市武都区安化镇槐树下村阳坡三组北侧斜坡出现险情，斜坡上部原有裂缝出现向两侧延展、拉裂等现象。21日13时42分，该斜坡发生山体滑坡（非在库隐患点）。滑坡损毁坡体农田6.5亩、0.4千伏线路0.15 km及电杆2根，直接经济损失约20万元，灾情等级属小型。滑坡最终堆积在下部平台处。

3.4.3 成因分析及趋势判断

3.4.3.1 成因分析

经调查分析，滑坡主要受以下因素的控制和影响：

（1）地形条件

该滑坡位于北裕河右岸斜坡前缘，为一人工切坡形成的高陡边坡。2008—2017年，当地取土场长期对该斜坡进行开挖取土，致使斜坡形成高约60 m的凹形高陡临空面，导致坡体前缘失去支撑，为地质灾害的发生提供了有利的地形条件。

（2）地层岩性

滑坡的主要物质组成是黄土和砂质泥岩混杂体。黄土孔隙、垂直节理裂隙发育，结构松散，湿陷性强，遇水易崩解，致使土体强度显著降低。砂质泥岩为软岩，易风化破碎，具有一定的隔水性，遇水易泥化、软化。地表水通过上部松散土体沿裂隙入渗、扩散，在贯通性裂隙中汇集、滞留，有利于坡体沿软弱夹层发生滑动。

（3）水的作用

据滑坡附近雨量监测资料，2023年4月20—21日，单日最大降雨量为32.4 mm（4月20日），累计降雨量为55.3 mm（见图3-44）。连续强降雨沿后缘裂缝入渗，致使斜坡含水量剧增，自重加大，岩土体抗剪强度降低，最终导致斜坡失稳。

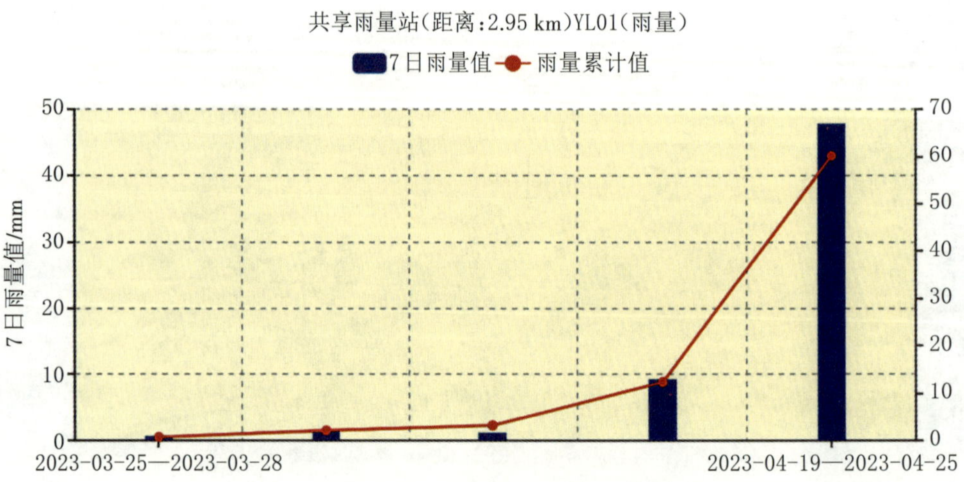

图3-44 安化镇雨量站降雨量曲线图

（4）切坡取土

长期的开挖取土致使斜坡应力发生改变。据调查，受削坡影响，该斜坡2018年曾发生变形，坡体后缘发育数条呈环状展布的贯通拉张裂缝。这反映出斜坡已进入累进形变状态。

综上，人工切坡形成的高陡边坡和易滑的岩土体组合为滑坡灾害的发生奠定了基础。在连续降雨影响下，地表水沿裂缝等优势通道入渗，致使斜坡自重增大，岩土体抗剪强度降低，最终导致斜坡失稳发生滑动。

3.4.3.2　发展趋势及险情

据调查，该滑坡滑动后堆积至下部平台之上，堆积体结构松散，说明滑坡势能多已释放，但滑坡后壁高陡，后缘拉张裂缝发育，局部已发生滑塌、掉块现象。依据监测数据分析（见图3-45），截至2023年4月25日10时（累计监测时间48 h），滑坡后壁（GNSS1、GNSS 2）累计位移6.3～7.2 mm（见图3-46）；滑坡堆积体后部（GNSS3）累计位移5.6 mm（见图3-47），中下部（GNSS4）累计位移3.7 mm（见图3-48）；滑坡体前缘平台（GNSS5、GNSS6）累计位移3.4～4.0 mm（见图3-49），上述监测数据均在正常误差范围内波动。此外，对比分析4月22日、23日两期正射影像图（见图3-50），发现滑坡现状无明显形变。综合分析判断，滑坡堆积体处于沉降、压密阶段，已基本稳定。滑坡滑动后拉裂形成的高陡后壁在降雨等不利工况下有局部失稳的可能，对后缘道路构成威胁。鉴于滑坡堆积体已基本停滞于下部较为宽缓的平台处，且未发现平台因滑坡堆积加载出现形变，而居民多居住于平台前缘陡坎下部。滑坡主要威胁前缘平台上部的3户16人、180 m道路及后缘100 m道路安全，威胁财产约100万元，险情等级为小型（见图3-51）。

图3-45　滑坡灾害应急监测设备部分图

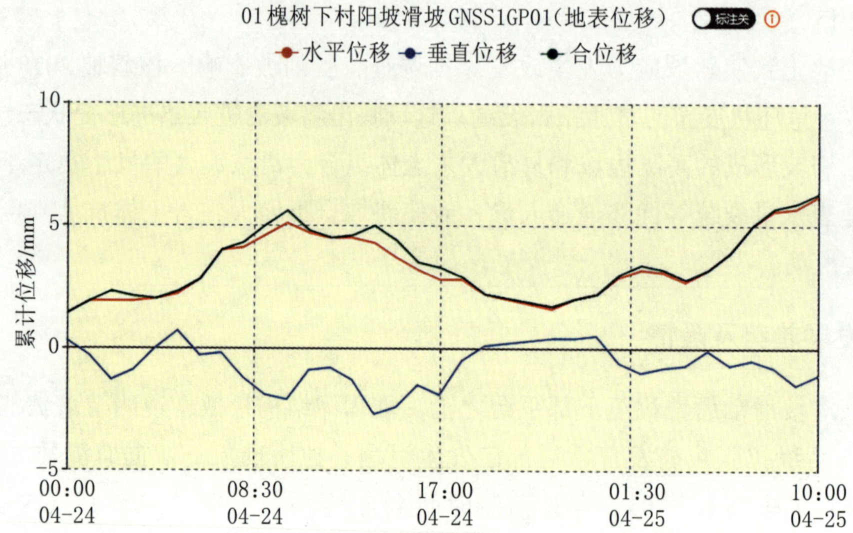

图3-46　滑坡后缘(GNSS1)监测曲线

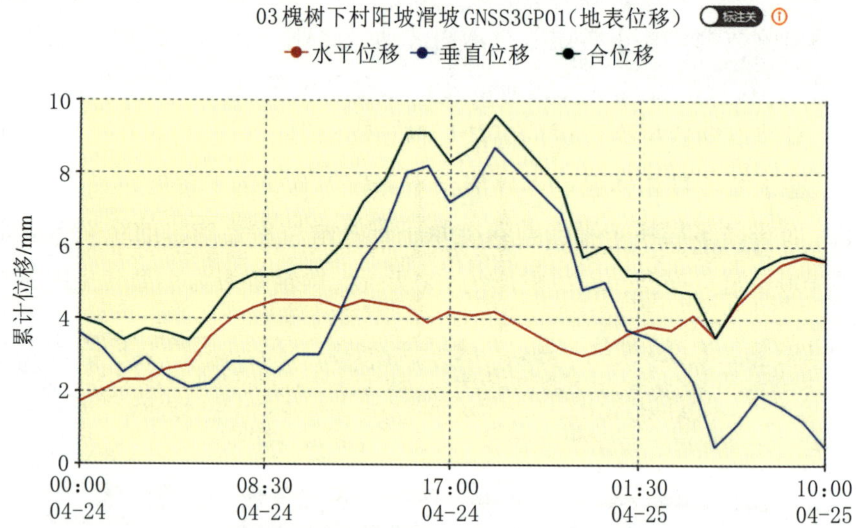

图3-47　滑坡后部(GNSS3)监测曲线

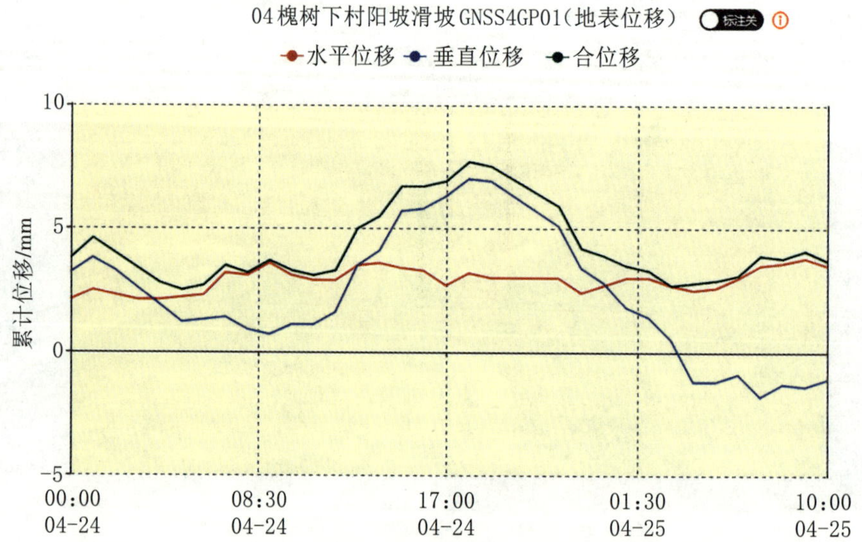

图3-48　滑坡中下部(GNSS4)监测曲线

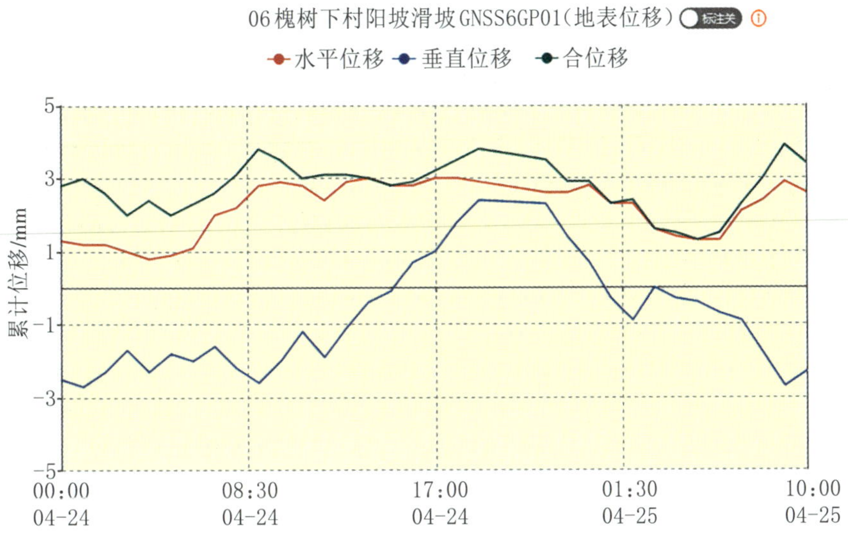

图3-49　滑坡体前缘平台(GNSS6)监测曲线

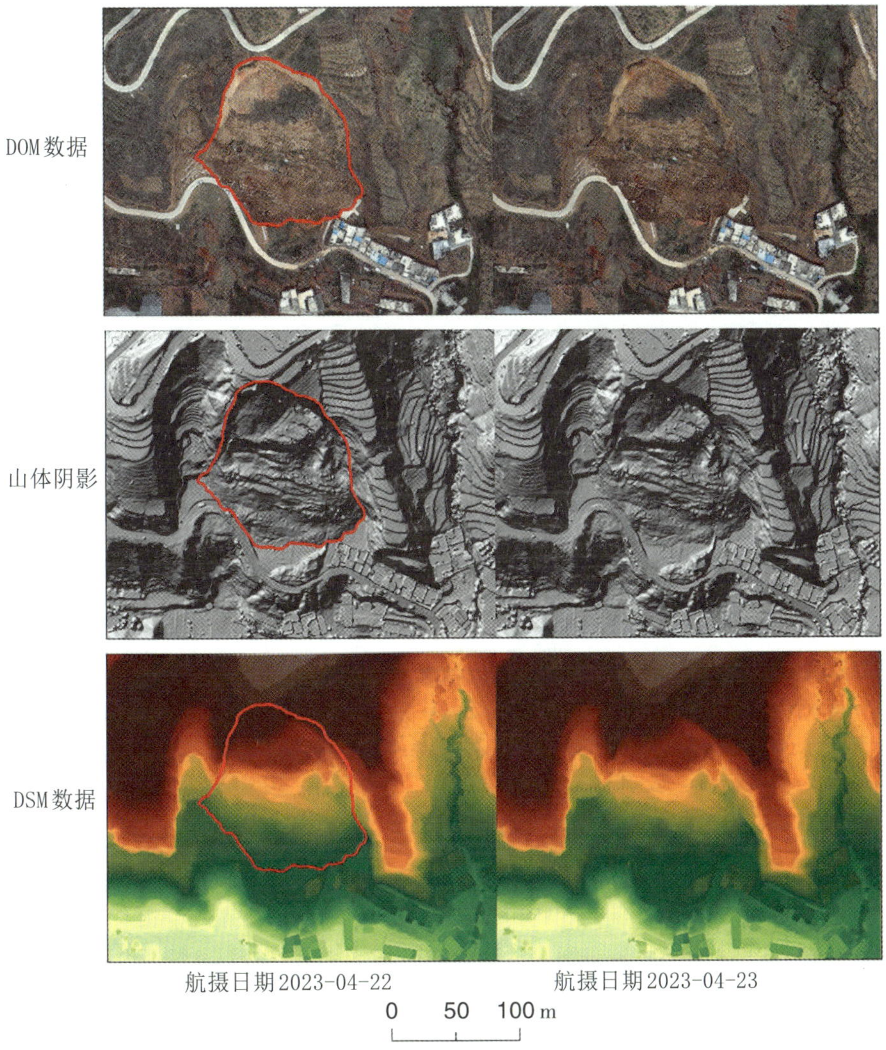

图3-50　滑坡4月22日、23日两期正射影像对比分析图

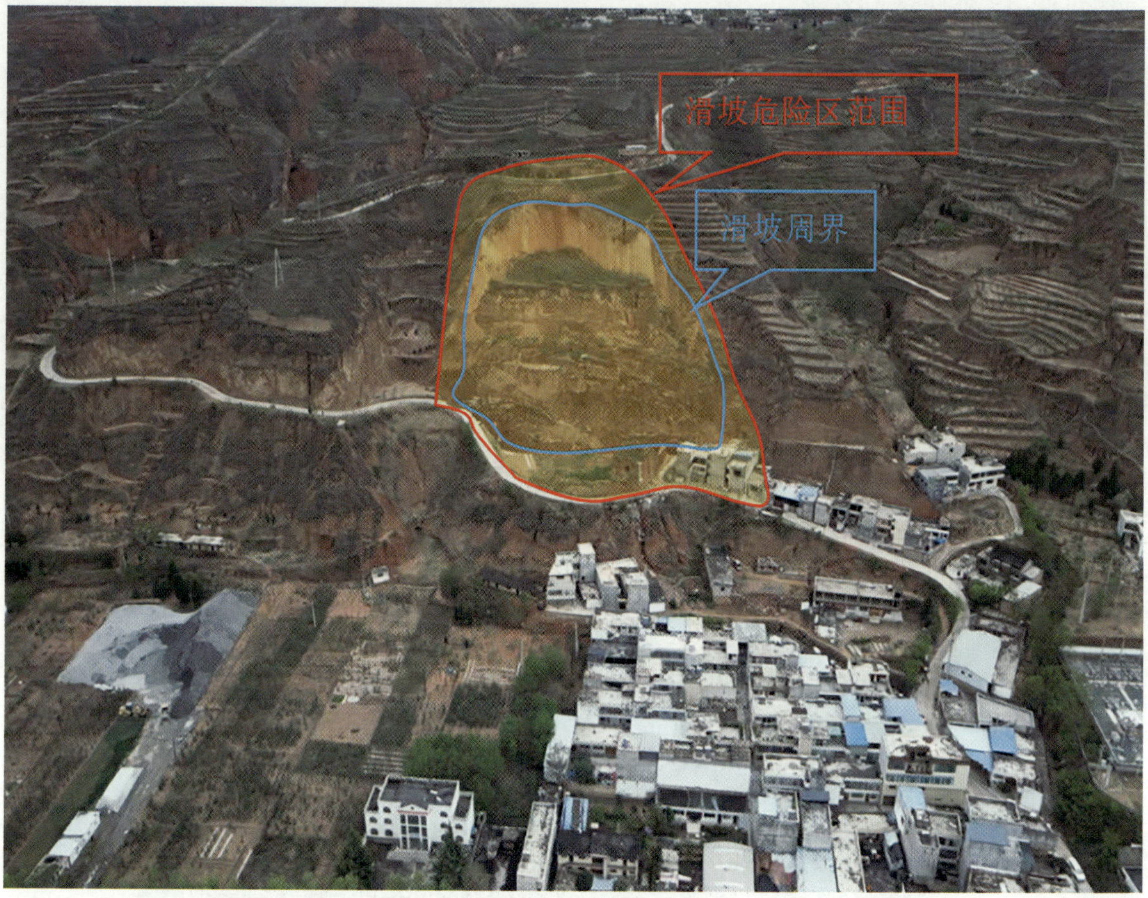

图3-51 滑坡危险区范围示意图

3.4.4 地质灾害应急防治

滑坡发生后，陇南市委、市政府高度重视。陇南市自然资源局武都分局第一时间会同甘肃省地质环境监测院赶赴现场调查，判断斜坡发生灾害的可能性大，随后立即上报灾情，初步划定危险区，拉设警戒线，布设警戒牌，对受滑坡威胁及影响的58户240余人紧急转移、安置。根据甘肃省自然资源厅安排，厅地质灾害防治技术指导中心立即组织技术人员及监测设备安装调试人员共计10人。他们携带无人机、GNSS位移计、裂缝计等设备于4月21日下午4时抵达滑坡现场，会同陇南市自然资源局、武都分局及技术支撑单位组成联合调查组，采用“空天地”一体化技术迅速开展应急调查、监测等工作，并编写了应急调查报告。

3.4.5 经验与启示

滑坡发生后，有关政府部门高度重视，迅速组织技术人员开展调查处置。在应急处置过程中，技术人员充分利用监测设备数据、无人机正射影像等数据资料，对滑坡险情及稳定性进行精准判断。这些应急处置措施为政府部门决策、村民转移安置提供了准确依据。

3.5　定西市渭源县大安乡潘家湾村东坪社滑坡灾害

3.5.1　灾情概况

2023年7月18日16时20分，定西市渭源县大安乡潘家湾村东坪社北侧斜坡发生滑坡。滑坡损毁乡村道路0.8 km、农田5.2亩、输电线路0.8 km、电线杆3根、自来水管道100 m，直接经济损失约80万元，灾情等级为小型。

3.5.2　地质灾害基本特征

3.5.2.1　地质环境条件

该滑坡位于大安沟右岸斜坡中上部，斜坡地貌类型属黄土丘陵。区域地势总体呈东北高、西南低趋势，地形切割强烈。斜坡顶部海拔2 320 m，坡脚海拔2 180 m，相对高差140 m，斜坡平均坡度约40°。受地表水长期冲刷影响，坡面较为凌乱，“V”字形冲沟发育。

滑坡出露地层主要由黄土和砂质泥岩组成。马兰黄土披覆于斜坡上部，土质疏松，结构松散；下覆新近系砂质泥岩，呈砖红色，产状近水平。地下水类型主要为黄土潜水及碎屑岩类孔隙裂隙水。人类工程活动以陡坡耕植、削坡修路、建房为主。

3.5.2.2　灾害地质特征

该滑坡属老滑坡复活滑动，为一推移式黄土红层切层滑坡（见图3-52），可划分为H1、H2、H3三个次级滑坡，总体积162万 m^3。

H1滑坡：平面形态呈“簸箕状”，长243 m，宽120 m，平均厚10 m，前后缘高差70 m，滑向170°，平均坡度16°，平面面积29 160 m^2，体积29.16万 m^3，规模等级为中型。滑坡滑动后，在后缘拉裂形成高10～12 m、坡度近直立的高陡后壁，可见明显擦痕。滑坡堆积体后部以黄土为主，局部夹杂泥岩碎屑；中下部及前缘以黄土、砂质泥岩碎屑混杂体为主，土体潮湿。滑带土上部以黄土为主，下部为黄土、泥岩碎屑混杂体，土体软塑；滑床为老滑坡堆积体，成分为黄土及泥岩团块混杂体，结构较为致密。后部滑体逐级传递应力，在刮铲、挤压的影响下，滑坡中后部发育两级反坡平台，平台上部广泛分布鼓胀裂缝；滑坡前缘舌部已分散呈块状，堆积于下部平台之上。对比分析滑动前、后影像图，滑坡前缘最远滑动距离约30 m。

H2滑坡：平面形态呈“簸箕状”，长306 m，宽105 m，平均厚18 m，前后缘高差78 m，滑向165°，平均坡度17°，平面面积32 130 m^2，体积57.83万 m^3，规模等级为中型。滑坡滑动后，上部黄土斜切下部黄土，致使泥岩混杂堆积体整体滑动，在后缘拉裂形成高18～21 m、坡度近直立的

图3-52　潘家湾村东坪社滑坡平面图

高陡后壁，可见明显擦痕。滑坡堆积体后部以黄土为主，局部夹杂泥岩碎屑；滑坡中下部及前缘以黄土、砂质泥岩碎屑混杂体为主，土体潮湿。滑带土上部以黄土为主，下部为黄土、泥岩碎屑混杂体，土体软塑；滑床为老滑坡堆积体，成分为黄土及泥岩团块混杂体，结构较为致密。滑坡中后部发育两级反坡平台，平台上部鼓胀裂缝发育，前缘舌部已分散呈块状。对比分析滑动前、后影像图，滑坡前缘最远滑动距离约35 m。

H3滑坡：平面形态呈“簸箕状”，长224 m，宽260 m，平均厚13 m，前后缘高差98 m，滑向183°，平均坡度20°，平面面积58240 m^2，体积75.71万 m^3，规模等级为中型。滑坡堆积体、滑床物质组成与H1、H2滑坡基本相同，以黄土、泥岩碎屑混杂体为主。滑坡后缘形成高10～13 m、坡度近直立的高陡后壁；滑体中后部发育反坡平台，滑坡前缘堆积于下部平台之上，最远滑动距离约10 m。

3.5.2.3　灾害发生过程

2023年7月17—18日，渭源县大安乡境内出现短时强降雨。7月18日15时，乡镇网格员在雨后巡查核查时发现，北侧宋家梁头山体发育裂缝长约1 km，立即上报险情。16时20分，斜坡失稳发生滑坡，滑坡损毁乡村道路、农田、输电线路及自来水管道，直接经济损失约80万元。

3.5.2.4　滑坡避险过程

2023年7月17—18日，大安乡境内出现短时强降雨，甘肃省自然资源厅联合甘肃省气象局发布地质灾害气象风险黄色预警。渭源县自然资源局接到信息后立即通知驻守技术单位加强巡查排查。7月18日15时，大安乡网格员在雨后巡查核查时，发现北侧宋家梁头山体发育裂缝长约1 km，立即敲锣预警并电话告知村级信息员。收到信息的大安乡政府在向渭源县自然资源局上报的同时，立即组织群众撤离。相关部门负责人和技术人员迅速赶赴现场，初步估算滑坡规模并划定危险区范围，指导和帮助受威胁的13户24人撤离，并安排专人对变形斜坡进行24小时监测预警。16时20分，斜坡整体滑动。

甘肃渭源“7·18”东坪社滑坡避险案例入选自然资源部地质勘查管理司公布的2023年度全国地质灾害成功避险十大典型案例。

3.5.3　成因分析及趋势判断

3.5.3.1　成因分析

经调查分析，滑坡成因主要有以下几方面：

（1）地形条件

滑坡位于大安沟右岸的高陡斜坡体中上部，该斜坡坡高约100 m，宽约1 000 m，坡度约40°，下部有高5～10 m、坡度约70°的临空面。这种前缘开阔、后缘高陡的地形为滑坡的发生提供了有利的地形条件。

（2）地层岩性

滑坡所在斜坡地层岩性主要为黄土和砂质泥岩，属易滑岩土体。黄土孔隙、垂直节理裂隙发育，结构松散，湿陷性强，遇水易崩解，强度显著降低。砂质泥岩为软岩，易风化破碎，具有一定的隔水性，但遇水易泥化、软化。地表水沿上部松散黄土入渗、扩散，在贯通性裂隙、裂缝中汇集、滞留，导致坡体沿软弱夹层发生滑动。

（3）水的作用

据雨量监测资料，7月10—18日，当地累计降雨量达56.8 mm，单日（7月11日）最大降雨量为26.0 mm。连续强降雨使大量雨水沿后缘裂缝入渗，导致坡体含水量增大，自重加大，土体抗剪强度降低，最终引发斜坡失稳变形。

（4）人类工程活动

滑坡前缘形成一定的临空面，改变了滑坡区域的地形条件，加剧了斜坡变形。后缘人工梯田形成的汇水条件良好，并发育落水洞，为降水进入坡体提供了优势通道，不利于斜坡稳定。

综上，该滑坡是在各种不利工况条件综合作用下，滑坡所在斜坡累积性破坏产生的结果。

3.5.3.2　趋势研判

据调查，滑坡堆积至下部平台之上。经调查与监测分析，滑坡基本处于稳定状态。但滑坡后壁高陡，后缘拉张裂缝发育，在降雨、地震等不利工况下，有局部失稳的可能，并可对已有堆积体产生加载、推移作用，有促使堆积体再次复活滑动的可能性。滑坡主要威胁坡脚16户54人、农田10亩、财产370万元，险情等级属小型。

3.5.4 地质灾害应急防治

滑坡灾害发生后，渭源县委、县政府及渭源县应急管理局、自然资源局、水务局、供电公司、大安乡政府、潘家湾村主要负责人第一时间赶赴现场开展应急处置工作，并立刻上报灾情。定西市政府主管领导、市自然资源局和应急管理局主要负责人及工作人员迅速赶赴现场，指导抢险救灾，划定了危险区，拉设了警戒线，布设了警戒牌，并对受滑坡威胁及影响的13户24人紧急转移安置。甘肃省地矿局第一地质矿产勘查院、甘肃省地矿局第二地质矿产勘查院、中国建材地勘中心甘肃总队作为渭源县驻守技术支撑单位，于7月18日19时到达现场，开展应急调查工作。省自然资源厅派专家携带无人机、GNSS位移计、裂缝计等设备及时赶赴现场进行技术指导。在多方协同下，抢险救灾和应急处置工作有条不紊，群众得到及时安置，应急处置工作及时到位。

3.5.5 经验与启示

这次滑坡灾害的成功避险得益于部门联动、上下互动、科学有效的防灾机制。在这个案例中，省、市、县三级自然资源部门针对短时强降雨等天气，发布精细化地质灾害气象风险预警信息；基层网格员收到预警信息后，严格落实汛期“三查”和信息速报制度；地方政府响应迅速，果断启动应急预案，快速组织危险区内群众紧急避险；驻守单位快速科学研判滑坡发展趋势，一环扣一环的有效举措有力保障了人民群众的生命财产安全。

3.6 平凉市灵台县中台镇南店子村东庄社滑坡灾害

3.6.1 灾情概况

2021年10月3日22时，灵台县中台镇南店子村东庄社发生山体滑坡。滑坡造成18户443间房屋不同程度损毁，受灾人数共计317人。其中，当地村民18户48人，租住户139户269人。滑坡损毁道路450 m、农田110.8亩，电力（损毁7基电杆、10千伏线路0.5 km、0.4千伏线路1.5 km、1台10千伏断路器、50块电能计量表）、通讯、供水、天然气等基础设施也不同程度受损，造成直接经济损失约7 970万元，灾情等级属特大型。

3.6.2 地质灾害基本特征

3.6.2.1 地质环境条件

南店子村东庄社滑坡位于灵台县城达溪河右岸斜坡下部。区域地貌类型属黄土丘陵，地势总体南高北低，地形切割强烈。斜坡顶部海拔1 130 m，坡脚海拔970 m，相对高差160 m，斜坡平均坡度约30°。

滑坡区出露地层主要为黄土和泥岩。马兰黄土披覆于斜坡上部，土质疏松，结构松散；下伏地层为新近系砂质泥岩，呈砖红色，产状近水平。地下水类型主要为黄土潜水及碎屑岩类孔隙裂隙水。人类工程活动以陡坡耕植、削坡修路、建房为主。

3.6.2.2 灾害地质特征

（1）形态规模

该滑坡属于推移式黄土滑坡，平面形态呈梯形，滑向8°，平均坡度10°。滑坡后缘宽440 m，前缘坡脚宽505 m，主滑方向坡长342 m，高差82.5 m，平均厚20 m，体积约300万 m^3，规模等级为大型（见图3-53）。

图3-53 滑坡全貌

（2）滑坡结构特征

综合分析判断勘查钻孔揭露的地层岩芯，该滑坡厚度10～30 m，滑带（面）平均埋深为后缘30 m、中部20 m、前缘10 m。因滑体前后缘体积所占比重不同，平均埋深约20 m，从后缘至前缘由厚变薄。滑面倾角后缘约35°，中部约17°，前缘比较平缓，约10°，且后缘至前缘呈舒缓折线形。滑带（面）地层主要由黄土与下伏泥岩接触面附近的黄土、灰褐色粉质黏土及部分强风化泥岩组成。该套地层含水量高，强度低，破碎，结构凌乱，呈片状，岩芯纵断面上可见近水平状的结构面，岩芯易沿该结构面断裂，并且容易钻进。

通过取样分析，滑带（面）土体平均压缩系数a_{1-2}为0.19～0.31 MPa^{-1}，压缩模量为5.3～8.5 MPa，天然含水量为18.4%～30.0%，孔隙比为0.512～0.964，内聚力为49.8～84.4 kPa，内摩擦角为5.1°～10.2°。滑带（面）土体含水量明显高于上部滑坡土体含水量，其物理力学性质明显变差。

该滑坡滑床埋深10～20 m，岩性为中风化泥岩，呈褐红色，成分主要为黏土矿物，结构为泥质，构造呈层状，产状近水平，岩芯多呈短柱状，原生构造裂隙不发育，风化节理裂隙发育。该层泥岩与上部滑带（面）土相比，力学强度较高，无扰动，钻孔岩芯完整性好，含水量低。

（3）滑坡变形特征

本次发生的滑坡属推移式黏土－泥岩接触面滑坡，为新滑坡的滑动，具有一次性滑动的特征。滑动后缘拉裂形成高20～36 m、宽约450 m、坡度70°～80°的陡直后壁，擦痕明显。两侧侧壁轮廓清晰，沿侧壁发育多条羽状裂缝。滑坡后缘顶部发育一条长约20 m、宽3～5 cm的拉张裂缝。滑坡后部裂缝发育，呈网状分布；中部滑坡形成多级平台，并在局部形成汇水洼地；受滑坡后部滑体挤压影响，滑坡前部臌胀裂缝发育，形成鼓丘，局部已剪出。剪出口路面变形严重，形成1～2 m高的错台。滑坡变形迹象明显，破坏严重。

3.6.2.3 灾害发生过程

10月3日21时48分，中台镇干部在汛情值班时发现国道G244南店子村段出现裂缝、路灯倾斜，迅速报告中台镇政府和县委、县政府。随后，村镇干部立即通过广播、敲锣、手持喇叭等方式，组织群众紧急撤离。22时左右，滑坡发生。滑坡推移式特征明显，下错约40 m的滑坡后缘不断推移下部滑体向前移动，滑动最大距离约35 m，致使前缘房屋、道路、农田被毁，直接经济损失较大。

3.6.3 成因分析及趋势研判

3.6.3.1 成因分析

经调查分析，该滑坡的发生主要有以下几个原因：

（1）水的作用

2021年9月份以来，滑坡所在中台镇累计降雨量达450.3 mm，主要强降雨过程在10月3日4—12时，累计降雨量达111.7 mm，是大暴雨级别。连续强降雨使大量雨水沿坡体及平台入渗，土体含水量增大，并趋于饱和。降雨在增大坡体自重的同时，显著降低了土体抗剪强度，致使滑坡发生。

（2）地形条件

在地貌类型上，滑坡发生区域属于黄土丘陵与达溪河河谷地貌交界地带，为一处自然斜坡。斜坡高差150 m左右，整体坡度约30°，具有多级耕地平台。平台宽5～20 m，利于地表水汇集、入渗，为滑坡发生提供了有利的地形条件。

(3) 地层岩性

滑坡所在斜坡地层岩性主要为第四系风积黄土，上部披覆薄层马兰黄土，下部为大厚度离石黄土。马兰黄土孔隙发育，结构松散，垂直节理裂隙发育，湿陷性强，遇水易崩解，强度显著降低。离石黄土结构相对致密，具有一定隔水性，但节理裂隙较为发育。地表水通过上部松散马兰黄土下渗至下部离石黄土，沿节理裂隙入渗、扩散，在贯通性裂隙中汇集、滞留，降低了土体抗剪强度，最终导致滑坡发生。

(4) 人类工程活动

滑坡区人类工程活动主要为坡体耕植、房屋修建、道路修建等。坡体耕植将原始斜坡改造为多级梯田平台，以利于地表水汇集、入渗；房屋、道路修建对斜坡前缘造成不同程度的开挖，形成良好的临空面，不利于坡体稳定。

综合分析，有利的地形条件和特殊的土体特征为滑坡的发生奠定了基础，人类工程活动加剧了斜坡失稳变形。滑坡发生的主要因素为9月份以来大量雨水沿斜坡入渗，致使斜坡体自重增加，土体抗剪强度明显降低，最终上部黄土发生下错，推动坡脚达溪河残留阶地向北滑动。

3.6.3.2 趋势研判

根据调查，滑坡发生后，因势能已释放，整体处于基本稳定状态。但滑坡滑动后形成高差20～36 m的高陡后壁，后壁坡度70°～80°，且其表层土体处于半饱和—饱和状态，稳定性较差。如遇连续强降雨天气，失稳下滑的可能性较大。后壁失稳后将对滑坡堆积体形成加载、推挤作用，影响滑坡堆积体的整体稳定性。同时，受滑坡推挤，滑坡前缘鼓胀隆起，羽状裂缝发育，稳定性较差，在连续强降雨影响下具有局部坍塌滑动的可能性。滑坡前缘一旦再次滑动，将直接威胁坡脚住户、房屋、道路，以及其他电力、通信等基础设施，威胁财产约6 296.9万元，险情等级属特大型。

3.6.4 地质灾害应急处置

灾害发生后，甘肃省自然资源厅第一时间安排平凉市、灵台县自然资源部门紧急衔接驻平凉市、灵台县地质灾害防治技术支撑单位——甘肃煤田地质局146队，开展地质灾害应急调查与监测。随后安排厅地质灾害防治技术指导中心立即组织技术人员携带无人机、GNSS位移计、裂缝计等设备于10月4日23时到达滑坡现场，会同平凉市自然资源局、灵台县自然资源局及甘肃煤田地质局146队、甘肃省科学院等单位工作人员组成联合调查组，迅速开展应急调查与监测等工作，并编写应急调查报告。7日上午，由甘肃省科学院、甘肃省地矿局、中铁西北科学研究院有限公司专家组成的专家组赶赴滑坡现场，开展技术指导，并于当日中午召开会议，分析研判滑坡发展趋势、威胁范围等。通过全方位调查，查明了滑坡的基本特征与形成原因，分析了滑坡在不同条件下的稳定性。此外，技术人员还将9台GNSS位移计（含1台基站）和1套裂缝计的监测数据纳入了省级监测预警平台，通过不断强化技防措施，指导灵台县自然资源局加强监测预警数据分析研判。之后，灵台县自然资源局委托甘肃省科学院地质自然灾害防治研究所编制灵台县中台镇南店子村东庄社滑坡应急治理工程的施工图设计工作。经现场勘查与方案论证，最终形成了切实可行的应急治理方案。2022年，经甘肃省自然资源厅批准立项，灵台县中台镇南店子村东庄社滑坡应急治理工程获专项资金1 000万元。该工程于2022年7月5日通过平凉市自然资源局组织的竣工验收。

3.6.5 经验与启示

（1）快速转移疏散群众

10月3日21时48分，中台镇干部在发现、识别滑坡变形迹象后，迅速报告中台镇政府和灵台县委、县政府。随后镇、村干部立即通过广播、敲锣、手持喇叭等方式，组织群众紧急撤离。22时10分，县委、县政府及相关单位主要负责人到达现场，迅速组织群众转移。22时15分，可能受影响的区内881名群众撤离至安全地带，之后2名行动不便的群众在消防队员的救援下安全撤离。22时20分左右，受灾房屋倒塌。由于撤离及时，此次滑坡未造成人员伤亡。

10月3日24时，883名群众全部妥善安置，包括18户房屋倒塌的317人（常住48人、租户269人）和滑坡前缘危险区的566名群众。其中，463名群众转移至皇甫谧大剧院临时安置点，420名群众通过投亲靠友等形式转移至安全地带。10月4日上午，灵台县政府征调未启用的灵台县皇甫谧中医院康复楼作为集中安置点，紧急接通水电等设施，调供折叠床200张、棉被200条、褥子200条，安置群众95户262人，其余621人通过自有住房、自行租住、投亲靠友等方式安置。截至10月7日，有79户196名受灾群众集中临时安置在灵台县皇甫谧中医院，其他人员分散安置。灵台县应急管理部门紧急调供方便面、矿泉水、饼干等物资，以确保安置人员的基本生活，并对转移安置人员及时开展心理疏导和人文关怀。卫健部门对集中安置点进行全面消毒，以防止灾后疫情发生。

灵台县“10·3”南店子村滑坡避险案例入选自然资源部地质勘查管理司公布的2021年全国地质灾害成功避险十大案例。该滑坡虽然不是在册隐患点，但从巡查发现险情到滑动破坏发生，仅有半个小时。如果研判迟疑、撤离不够果断、群众行动不够积极，后果不堪设想。近年来，气候变化导致极端天气频繁，而黄土对水敏感，在甘肃等黄土山区，建议对重大崩塌、滑坡要有防御准备。

（2）切实加强救援力量

灾情发生后，平凉市委、市政府高度重视，主要领导第一时间作出部署，及时深入受灾现场查看灾情，指导抢险救灾。滑坡发生当晚，平凉市派出由市政府2名带队副市长及应急管理、自然资源、公安等部门人员组成的工作专班，连夜赶赴滑坡现场，紧急衔接平凉市、庆阳市消防救援支队、森林消防支队及相关县区专业救援力量281人，会同市、县有关部门和村镇干部全力开展抢险救援工作。县委、县政府紧急调动公安、自然资源、应急、乡镇干部和村社群众，组建了100多人的应急队伍。应急队伍组织中台镇、社区管委会、公安、消防等部门，迅速将灾害现场及周边100 m范围内的人员撤离到安全地带，并进行妥善安置。这次灾害救援，成立了由县委和市应急管理局主要负责同志担任组长的灵台县“10·3”地质灾害抢险救援指挥部，下设综合协调组、抢险救灾组、医疗救治组、后勤保障组、舆情处置组、社会治安组6个工作小组，负责抢险救援各项工作。县卫健部门安排救护车4辆、医务人员16名，赶赴现场待命。

第4章　重大泥石流灾害

4.1　定西市岷县漳县“9·16”暴雨山洪泥石流灾害

4.1.1　灾情概况

2013年9月16日20时左右，甘肃省定西市岷县、漳县境内突降大雨，最大降雨量达到83.2 mm。岷县梅川镇、中寨镇和漳县大草滩乡、金钟镇、殪虎桥镇等乡镇发生暴雨山洪泥石流灾害，造成8人遇难，部分村社电力中断，国道G212线堵塞。

4.1.2　地质灾害发育特征及成因

4.1.2.1　地质灾害类型

暴雨在漳县引发地质灾害4起，均为泥石流，分别是大草滩乡酒店村香木湾社尖崖沟泥石流、唐房沟泥石流、盖牌沟泥石流和酒店村大沟社大沟泥石流。4条泥石流沟均位于漳河左岸，各泥石流沟的形成区、流通区、堆积区明显（见图4-1）。

4.1.2.2　发育特征

（1）尖崖沟泥石流

该泥石流沟发育在大草滩乡西南部1.8 km处，为漳河左岸一级支沟。按物质组成划分，尖崖沟泥石流属于水石流。尖崖沟主沟长1.5 km，流域面积0.8 km^2，流域形态为树叶形（见图4-2）。主沟沟口流向162°，沟谷呈“V”字形，宽10～20 m。沟脑海拔3 100 m，沟口海拔2 500 m，流域相对高差600 m，沟床平均纵坡降333‰。沟道两侧山坡坡度30°左右。流域内植被相对较好，覆盖率60%以上，沟道内人类活动轻微。沟口以渡槽的形式通过国道G212（见图4-3、图4-4）。

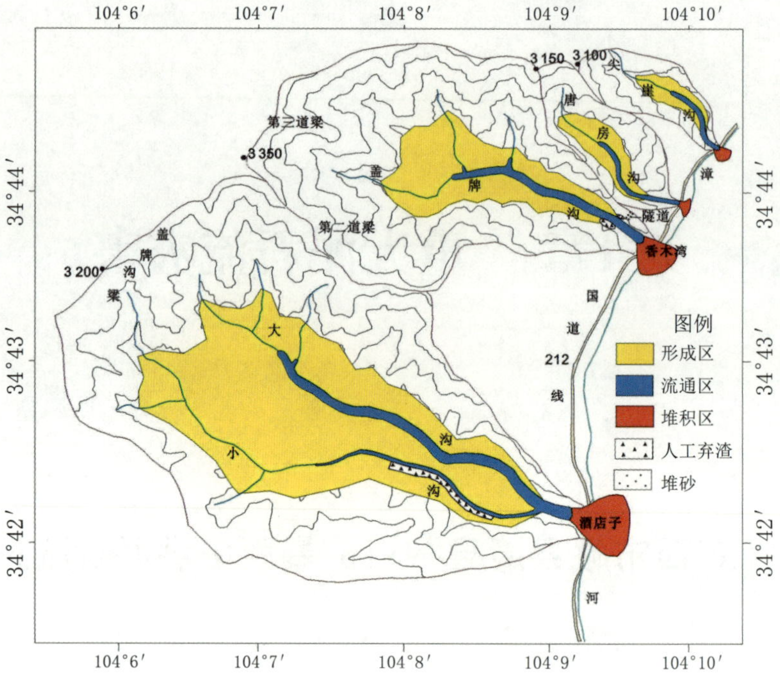

图4-1　漳县4条泥石流沟位置及分布特征图

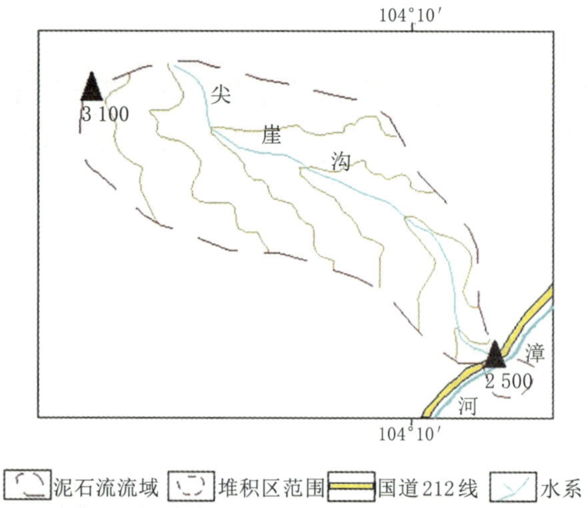

图4-2　尖崖沟泥石流平面图

图4-3　尖崖沟沟道左岸切割强烈

图4-4　尖崖沟沟道堆积现状

（2）唐房沟泥石流

该泥石流沟发育在大草滩乡西南2.5 km处，为漳河左岸一级支沟。按物质组成划分，唐房沟泥石流属于水石流。唐房沟主沟长2.2 km，流域面积1.2 km^2，流域形态为柳叶形（见图4-5）。沟谷呈“V”字形，宽5～15 m。沟脑海拔3 150 m，沟口海拔约2 500 m，流域相对高差650 m，沟床平均纵坡降273‰。沟道两侧山坡坡度35°左右。流域内植被相对较好，覆盖率60%左右，沟道内人类工程活动轻微（见图4-6和图4-7）。

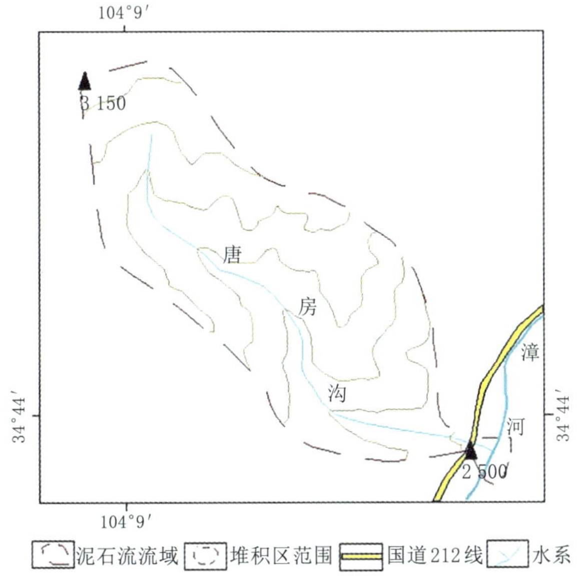

图4-5　唐房沟泥石流平面图

图4-6　唐房沟沟口堆积物

图4-7　唐房沟沟道堆积现状

（3）盖牌沟泥石流

该泥石流沟位于大草滩乡酒店村香木湾社西北部，为漳河左岸一级支沟。按物质组成划分，盖牌沟泥石流属于水石流。盖牌沟主沟长约3.9 km，流域面积6.91 km^2。沟脑海拔3 350 m，沟口海拔约2 500 m，相对高差850 m。流域内侵蚀切割强烈，沟床平均纵坡降218‰，流域形态为“马蹄形”（见图4-8）。主沟沟口流向131°，沟道两侧山坡坡度25°～30°。流域内发育多条支沟，泥石流形成区面积较大。流域内植被较好，覆盖率60%以上。沟道内人类工程活动强烈，兰渝铁路在开凿隧道时产生的弃渣堆积在沟道右岸。弃渣堆积体长180 m，宽10 m，高6 m，体积1.1万 m^3。沟道左岸有一小型砂场。沟口居住有酒店村香木湾社38户171人村民。泥石流暴发前，村民接到预警信号后，全部撤离。泥石流冲毁沟道两侧房屋，但未造成人员伤亡（见图4-9—图4-13）。

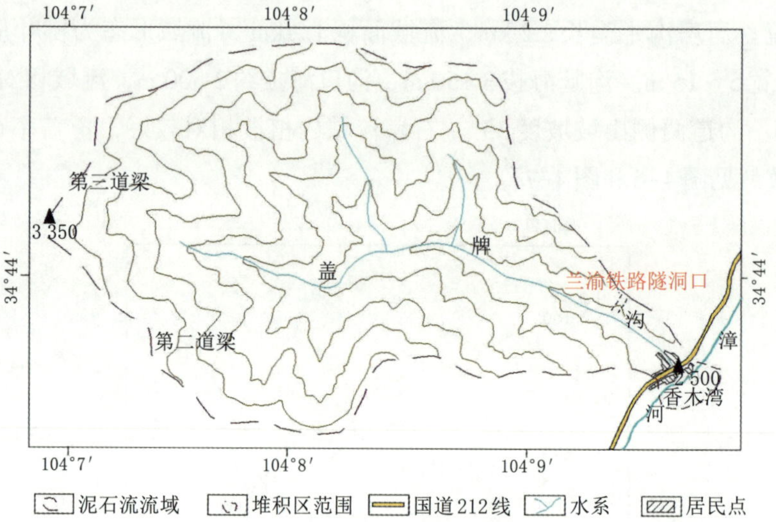

图4-8　盖牌沟泥石流平面图

图4-9　沟口酒店村香木湾社洪水漫流

图4-10　盖牌沟沟口冲毁的房屋

图4-11　盖牌沟沟口现状

图4-12　盖牌沟沟道内房屋

图4-13　盖牌沟流通区

（4）大沟泥石流

该泥石流沟发育在大草滩乡酒店村西北部，为漳河左岸一级支沟。按物质组成划分，大沟泥石流属于水石流。大沟沟长约5.6 km，流域面积13.85 km²，流域形态为锥形（见图4-14）。主沟沟口流向95°，沟道两岸坡度20°～25°。沟脑海拔3 200 m，沟口海拔2 600 m，流域相对高差600 m，主沟床平均纵坡降107‰。沟道呈“U”形，宽15～50 m。大沟主要由两条支沟组成，流域内植被较好，覆盖率60%左右。沟道内人类工程活动较强烈，在支沟内堆积了兰渝铁路开凿隧洞形成的弃渣。弃渣堆积体长约2.5 km，宽10～20 m，高3～7 m，体积约10万m³（见图4-15—图4-20）。

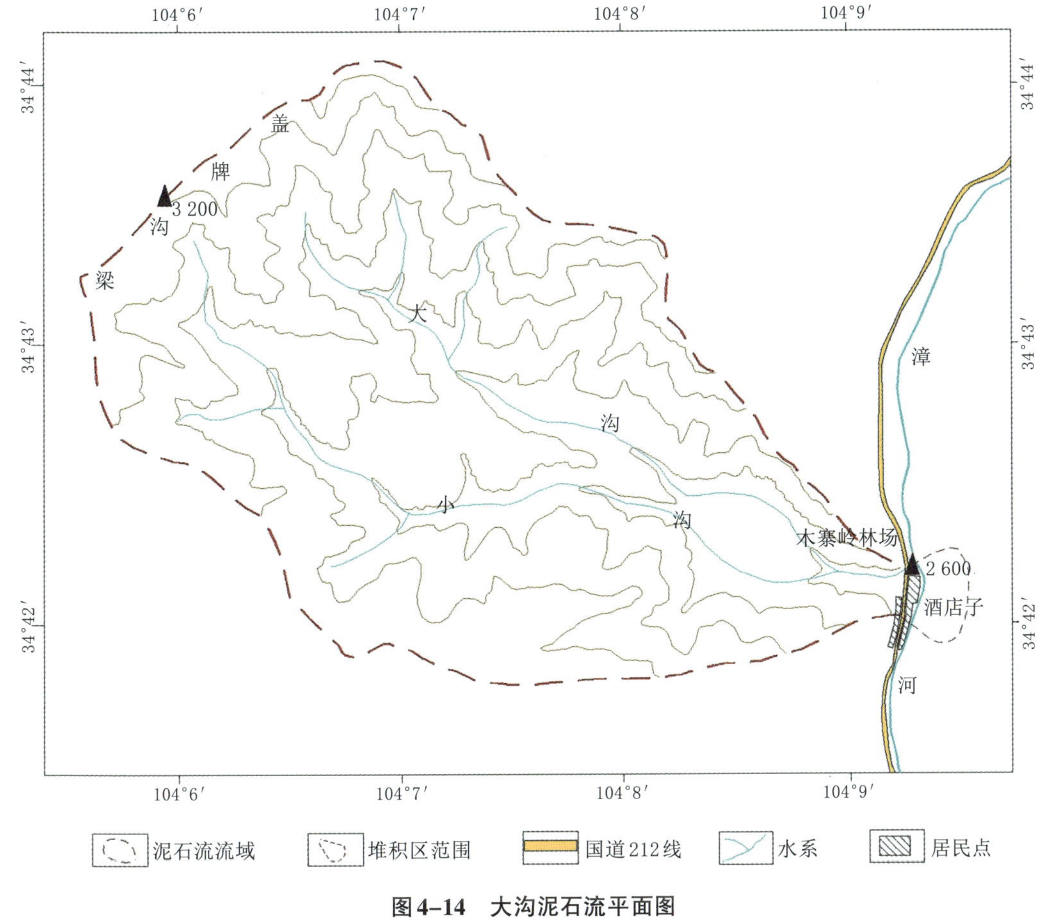

图4-14　大沟泥石流平面图

图4-15　大沟支沟内堆积弃渣(一)

图4-16　大沟支沟内堆积弃渣(二)

图4-17　大沟主沟道堆积现状(一)

图4-18　大沟主沟道堆积现状(二)

图4-19　大沟沟口左岸沟道冲刷

图4-20　大沟威胁沟口国道G212

4.1.2.3　灾情、险情评估

根据灾后排查，尖崖沟泥石流造成限高5 m的渡槽堵塞，威胁沟口G212国道80余米、漳河河道100余米及财产80万元，灾情、险情等级均为小型。唐房沟泥石流造成公路堵塞，车辆无法通行，G212国道多处堵塞，威胁沟口G212国道60余米、漳河河道80余米及财产30万元，灾情、险情等级均为小型。盖牌沟泥石流威胁酒店村香木湾社38户171人的生命财产安全，导致房屋冲毁、倒塌，灾情、险情等级均为大型。大沟泥石流威胁沟口酒店村酒店社42户175人及沟道内大沟社100户452人的生命财产安全，灾情等级为中型，险情等级为大型。

4.1.2.4　成因分析

(1) 地形条件

岷县、漳县特定的地质环境为地质灾害的形成奠定了基础。暴雨山洪是本次泥石流灾害的直接引发因素。

1）尖崖沟泥石流

尖崖沟泥石流形成区涵盖了流域的较大部分区域，面积0.32 km^2，占流域总面积的40%。该形成区岸坡陡峻，表层风化厚度1～3 m，固体松散物质丰富。流域植被发育，覆盖率在50%以上，沟坡重力侵蚀及面状侵蚀一般较弱。在"9·16"强降雨作用下，植被覆盖率较低地段的残坡积松散物质被冲蚀进入沟道，补给泥石流；中下游沟床平均纵坡降为30%，沟道松散物丰富，形成区固体松散物质主要来源于沟道的再次搬运和两岸坡脚的冲蚀，补给量占流域总补给量的80%以上。

尖崖沟泥石流流通区面积为0.24 km^2，占流域总面积的30%。流通区平均纵坡降为18%，较形成区沟床比降明显减缓（见图4-21）。沟谷地形呈窄"U"形，宽10~16 m，沟道顺直，沟口布设有一渡槽，长约15 m（见图4-22）。泥石流流通区以过流为主，兼有侵蚀、搬运与堆积。

图4-21　尖崖沟泥石流沟流通区渡槽

图4-22　尖崖沟泥渡槽前堆积

2）唐房沟泥石流

唐房沟泥石流形成区面积为0.46 km^2，占流域总面积的38.3%。形成区两岸山坡较陡，表层风化厚度为1～3 m。流域内植被覆盖率在60%以上，沟道左岸表层崩滑发育，重力侵蚀及面状侵蚀较尖崖沟强烈，补给量占流域总补给量的20%左右。在降雨作用下，植被覆盖率较低地段的残坡积松散物质被大量冲蚀进入主沟道，补给泥石流；中下游沟床平均纵坡降为23%，沟道松散物丰富，补给方式有沟道底部的再次搬运和两岸坡脚的冲蚀两种形式，补给量占流域总补给量的65%（见图4-23、图4-24）。

唐房沟泥石流流通区面积为0.35 km^2，占流域总面积的29.2%。沟道平均纵坡降为19%，较形成区沟床比降明显减缓。沟谷地形呈窄"U"形，宽8～20 m，沟道顺直。泥石流流通区以过流为主，兼有侵蚀、搬运与堆积。

图4-23　唐房沟泥石流沟道松散物质

图4-24　唐房沟泥石流沟道左岸崩塌、滑塌

3）盖牌沟泥石流

盖牌沟泥石流形成区面积为3.11 km^2，占流域总面积的45.1%。形成区岸坡陡峻，表层风化厚度为1～5 m。流域内植被发育，覆盖率为50%以上，沟坡重力侵蚀及面状侵蚀一般较弱。在"9·16"暴雨作用下，植被覆盖率较低地段的残坡积松散物质被大量冲蚀进入沟道，补给泥石流；中下游沟床平均纵坡降为21%，沟道松散物丰富，形成区固体松散物质主要来源于沟道的再次搬运和两岸坡脚的冲蚀，补给量占流域总补给量的80%以上（见图4-25）。

图4-25　盖牌沟泥石流沟道松散物质及坡脚冲蚀

盖牌沟泥石流流通区面积为2.14 km^2，占流域总面积的31.2%。沟道平均纵坡降为18%。沟谷地形呈"U"形，宽15～30 m，沟道顺直。流通区以过流为主，兼有侵蚀搬运与堆积（见图4-26）。

图4-26　盖牌沟泥石流沟流通区

4）大沟泥石流

大沟泥石流形成区面积为5.71 km^2，占流域总面积的42.2%。形成区岸坡陡峻，表层风化强烈，固体松散物质丰富。流域内植被发育，覆盖率为45%左右，沟坡重力侵蚀及面状侵蚀一般较弱。在"9·16"暴雨作用下，植被覆盖率较低地段的残坡积松散物质被大量冲蚀进入沟道，补给泥石流；中下游沟床平均纵坡降为12%，沟道内松散物储量丰富，形成区固体松散物质主要来源于沟道的再次搬运和两岸坡脚的冲蚀，补给量占流域总补给量的80%以上（见图4-27）。

图4-27　大沟泥石流沟道松散物质

大沟泥石流流通区面积为5.32 km^2，占流域总面积的38.4%。沟道平均纵坡降为10%，较形成区沟床比降明显减缓。沟谷地形呈拓宽“U”形，宽25～60 m，沟道顺直。泥石流流通区以过流为主（见图4-28）。大沟泥石流堆积区堆积迹象不明显，堆积物直接进入漳河河道或被清理。

图4-28　大沟泥石流沟流通区

（2）泥石流的堆积特征分析

尖崖沟、唐房沟、盖牌沟和大沟泥石流堆积物主要分布于主沟道。由于沟床纵坡降较大，泥石流沟床堆积物厚度多小于5 m，其物质多为块石，呈棱角状，粒径10～20 cm的占总量的70%左右，5～10 cm的占总量的20%，小于5 cm的占总量的5%～10%，可见最大块石粒径为1.5 m。

（3）泥石流的流动模式分析

漳县4条泥石流的流动方式受流通区沟道特征、松散固体物质量和降雨量的控制。据调查，呈以下两种流动模式：

①连续性流动：暴雨后，洪水携带大量块石从沟内冲出，块石随洪水滚动前进，流体对沟床、沟坡淘蚀、侧蚀强烈。泥石流中块石在流通区前部堆积。

②间歇性阵流：暴雨后，先是含沙量较高的洪水冲出沟口，继而洪水裹挟沙、块石从沟口冲出。

（4）泥石流规模

按照经验公式计算，尖崖沟泥石流、唐房沟泥石流、盖牌沟泥石流、大沟泥石流的规模等级分别为小型、小型、中型、中型（表4–1）。

$$W_H=1\ 000\times K\times H\times A\times F\times \Phi$$

式中，W_H——泥石流一次最大冲出量（m^3）；

K——折算系数，取0.15；

H——小时最大降雨量，取32.0 mm；

A——折算系数，取0.85；

F——流域面积（km^2）；

Φ——增流系数。

表4–1　泥石流特征表

序号	名称	流域面积/km^2	一次最大冲储量/万 m^3	规模等级
1	尖崖沟	0.80	0.98	小型
2	唐房沟	1.20	1.46	小型
3	盖牌沟	6.91	8.43	中型
4	大沟	13.85	16.90	中型

4.1.3　地质灾害发展趋势

灾后应急排查发现，上述漳县4条泥石流沟内仍存在较多的固体松散物质，沟岸两侧第四系残坡积堆积物发育；受泥石流冲刷，沟道两岸岸坡处于不稳定状态，如遇强降雨，再次暴发泥石流的可能性较大。

4.1.4　地质灾害防治建议

2013年7月22日岷县漳县6.6级地震严重破坏了当地的地质环境条件，加上汛期极端强降雨频发，地质灾害防灾形势严峻。综合考虑该地区地质灾害特点和灾区经济社会发展水平、地质环境条件等因素，针对上述4条泥石流沟的地质灾害防治，提出以下建议：

①尖崖沟泥石流和唐房沟泥石流沟道内、沟口没有村民居住，泥石流主要威胁国道G212线酒店村段，建议公路部门采取相应的工程措施防治泥石流灾害，确保国道畅通，避免因灾害造成公路行人伤亡。

②对盖牌沟泥石流、大沟泥石流内由兰渝铁路隧道工程产生的弃渣堆，建议铁路部门采取相应措施进行治理。

③对盖牌沟泥石流及大沟泥石流流域内损毁的排导堤，建议相关部门拨付资金，对其进行修复及工程治理。

④加强全县范围内地质灾害气象风险预警预报工作和群测群防工作。

4.2 陇南市武都区安化镇马家沟泥石流灾害

4.2.1 灾情概况

受强降雨影响，2017年8月7日，陇南市武都区安化镇马家沟发生泥石流灾害，造成马家沟村上河坝社25户122间房屋被冲毁，82户369间房屋严重受损并被鉴定为危房，13辆车被毁，近600人受灾，直接经济损失达840余万元，灾情等级为大型。

4.2.2 地质灾害基本特征

4.2.2.1 灾害地质特征

（1）泥石流特征

马家沟泥石流位于武都区安化镇北部，为典型的低频黏性大型沟谷泥石流。流域呈近北南向展布，羽毛状，面积11.18 km^2；主沟长4.85 km，相对高差1 010 m，平均纵坡降208‰。

马家沟泥石流属主沟冲蚀型泥石流，中上游沟坡陡峻，平面形态呈树叶形，汇流速度快。每逢暴雨，主沟上游及支沟内坡面汇水冲蚀坡体松散物质迅速汇入主沟，沿途不断冲蚀、侧蚀、淘蚀沟道内松散冲洪积物及两岸滑坡等松散物质。特别是中游沟段，滑坡、崩塌堆积体集中补给，使泥石流能量迅速增大，从而形成大规模泥石流。

根据计算，马家沟泥石流流体重度为16.52 kN/m^3，百年一遇的泥石流峰值流量为345.54 m^3/s，五十年一遇的泥石流峰值流量为209.56 m^3/s，二十年一遇的泥石流峰值流量为138.44 m^3/s。

（2）泥石流流域及分区特征

马家沟泥石流为典型的暴雨侵蚀型泥石流，泥石流沟道特征十分明显，可划分为形成区、流通区、堆积区（见图4-29）。

1）形成区

形成区位于马家沟流域中上游大部分区域，呈羽毛状，山体较为陡峻。泥石流沟脑出露二叠系、新近系、石炭系地层，岩体表面风化强烈，节理裂隙发育，崩塌、滑坡等地质灾害较发育，沟谷及坡面沟槽侵蚀冲刷强烈。同时，形成区松散土体面蚀、支沟冲蚀形成的松散固体物质为马家沟泥石流的形成提供了一定的固体物源（见图4-30—图4-32）。

马家沟泥石流形成区面积达10.26 km^2，占马家沟泥石流流域总面积的91.81%。洪水在本区汇流后，产生强烈冲刷、侧蚀，导致岸坡变形失稳坍塌，两侧山体发生滑移，产生大量松散固体物质。洪水沿途汇入这些松散固体物质，逐渐形成泥石流流体。泥石流再向下运移，流量不断增大，流速加快，重度变大，以更大势能和流速将两岸斜坡重力堆积物、沟床松散冲洪积物等一起输送

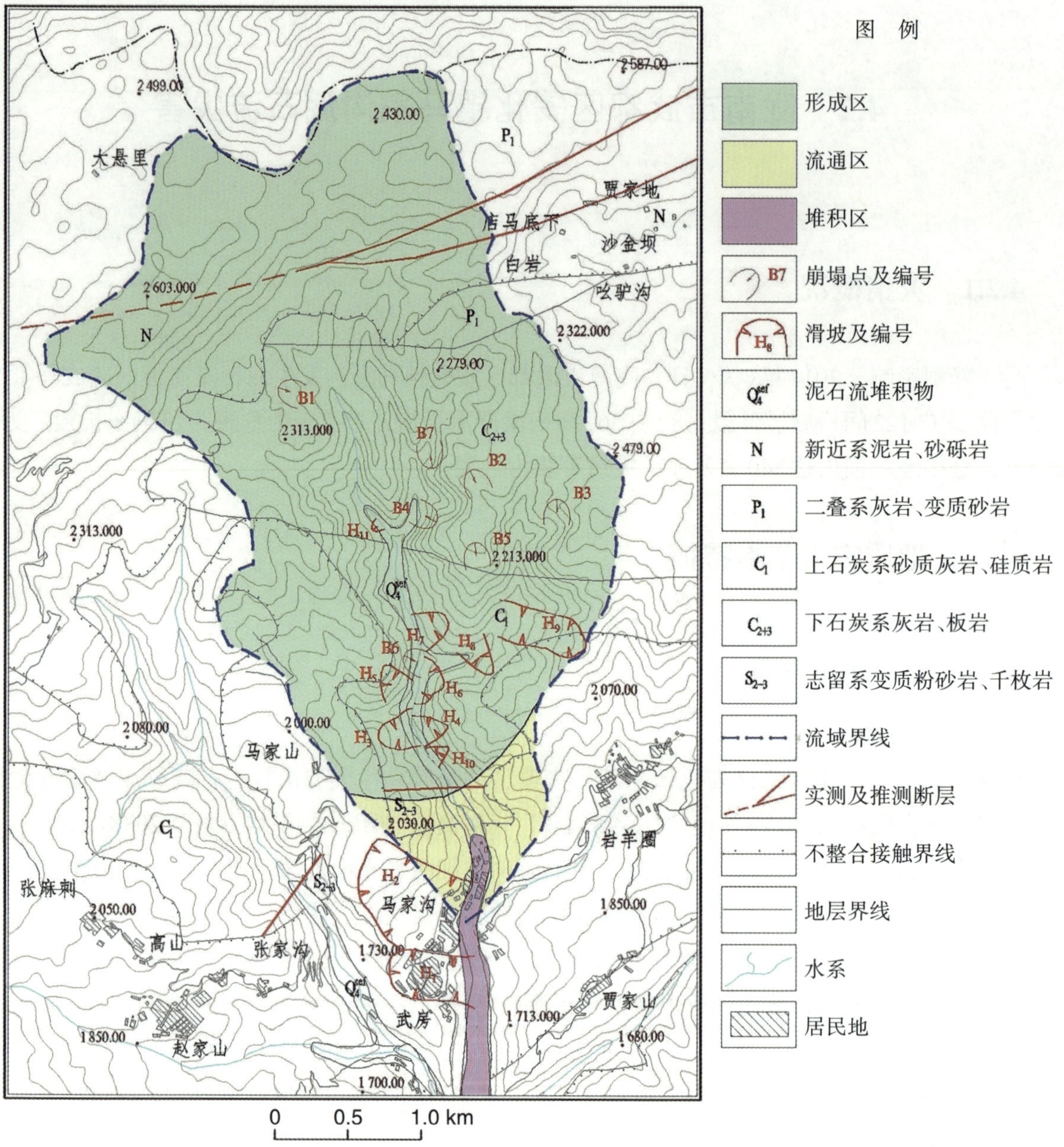

图4-29 马家沟泥石流发育背景条件图

图4-30 泥石流形成区(一)

图4-31 泥石流形成区(二)

图4-32　泥石流形成区(三)

到下游，进入流通区。

2）流通区

流通区位于马家沟泥石流沟道下游，面积0.68 km^2，占马家沟泥石流流域总面积的6.07%。流通区出露地层主要为石炭系、志留系地层。流通区沟长420 m，沟道纵坡降107.5‰，沟道较为顺直，两侧沟坡陡峭，沟槽呈“U”字形。泥石流以过流为主，兼有侵蚀、搬运作用。沟道两侧局部地段被切割形成直立陡坎，切割深度1～4 m，沟谷宽20～40 m（见图4-33、图4-34）。下游段沟谷比降较小，松散堆积物较厚，呈半冲半淤现象。

图4-33　泥石流流通区(一)

图4-34　泥石流流通区(二)

3）堆积区

马家沟泥石流堆积区面积为0.24 km^2，占马家沟泥石流流域总面积的2.11%。该区位于马家沟沟口段，泥石流搬运、流通、堆积交互出现，整体上为上游搬运至沟口堆积，泥石流出沟后绝大部分汇集于主沟油房沟内，并被主沟泥石流带向下游。据调查访问及坑探，马家沟沟口段堆积厚度大于5.0 m，垂向上堆积物粒径差异不大，可见最大粒径为2 m，一般粒径多为10～50 cm，以块石、碎石为主，级配较差（见图4-35）。

图4-35　泥石流堆积区

4.2.2.2 灾害发生过程

据调查访问，马家沟历史上曾多次发生泥石流灾害，经常冲毁沟内农田，损坏乡村道路等基础设施。例如，1984年8月发生泥石流灾害，造成两户居民房屋被毁，5人死亡；2017年8月6—7日，陇南市遭遇强降雨，据陇南市气象局资料，距离马家沟流域最近的安化雨量站2017年8月6日20时至8月7日8时累计降雨量达71.2 mm，最大小时雨强达34.5 mm（7月8日凌晨2时），最大10分钟雨强达24.2 mm（7月8日1时50分至7月8日2时），强降雨引发马家沟暴发泥石流灾害，直接经济损失达840余万元。

据当地居民介绍，马家沟“8·7”泥石流灾害呈现出阵性流的特征。暴雨期间，先是携带泥沙的洪水自沟内泄出，流速较快；其后沟谷内出现比较沉闷的声音，泥石流携带大量石块自沟内涌出，排导沟中流体“像一堵墙倒塌一样，发出轰隆隆的声响（石块相互撞击发出）”。在此之后出现断流，约半小时后再次出现龙头，之后流量逐渐变小。后期逐渐发展为洪水直至停息。

4.2.3 成因分析及趋势研判

4.2.3.1 成因分析

武都区安化镇马家沟泥石流灾害的发生主要受控于有利的地形条件、丰富的松散固体物质和充足的水源条件。

（1）地形条件

马家沟泥石流流域面积为11.18 km²，主沟长4.85 km，主沟平均纵坡降为208‰。马家沟流域地形起伏强烈，地势较为陡峻，上游沟谷形态呈“V”字形，沟坡坡度40°～60°。马家沟流域内支沟较为发育，支沟沿主沟呈树枝状分布，具有弯曲、狭窄、跌水发育等特点，沟床纵坡降为110‰左右，主要以沟道下切侵蚀及沟岸侧蚀为主，沟底宽度一般小于20 m。马家沟中下游沟道逐渐变宽，呈“U”字形拓宽，沟道宽40 m左右，中下游沟床纵坡降达80‰左右（见图4-36）。

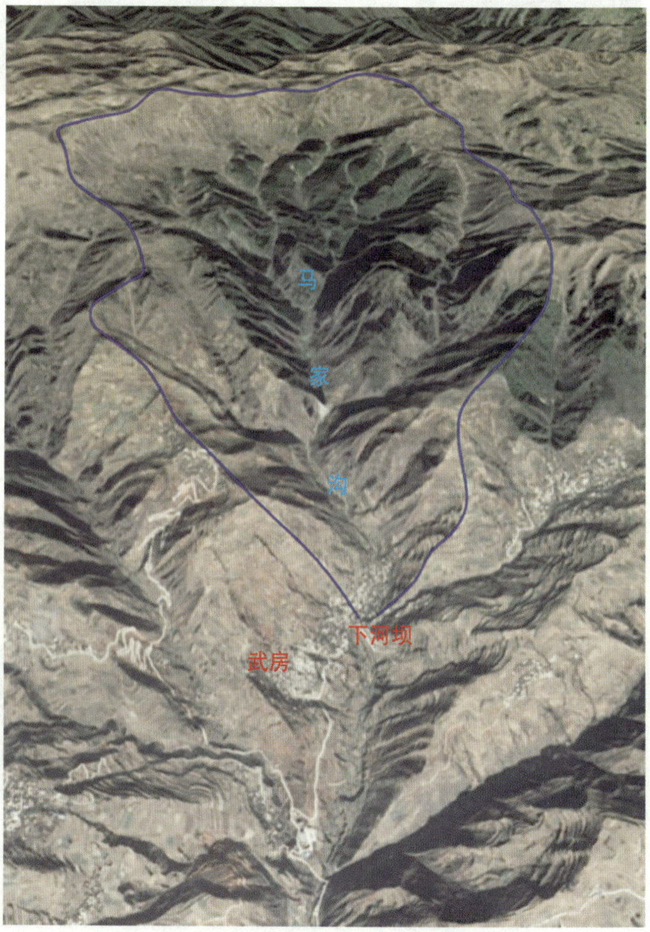

图4-36 马家沟流域遥感影像图

从马家沟流域的地形条件可以看出，流域相对高差大，沟谷切割强烈，沟坡陡峻，沟道纵坡降大。这些地形条件为泥石流的形成提供了较大能量，也为泥石流的形成和流动提供了足够的势能。流域形态非常有利于降雨在短期内汇集，冲蚀沟岸、坡面及主沟内松散固体物质。另外，马家沟沟道宽窄变化较大，为泥石流水、砂混合、流动、阻塞和溃决起到了控制作用。上述独特的地形条件有利于泥石流的形成。

（2）松散固体物质补给条件

松散的固体物质是形成泥石流最基本的条件之一，其种类和来源形式多种多样。马家沟泥石流流域内的侵蚀主要有滑坡、崩塌、坡面补给和沟道堆积再搬运等四类，其中滑坡、崩塌等不良地质现象占主导地位。

1）滑坡

马家沟流域共有滑坡11处，总体积3 789.38万m^3。滑坡发育点密度为每平方千米0.98处，体密度每平方千米338.94万m^3。滑坡主要类型为泥岩切层滑坡及堆积层滑坡两类，其中泥岩切层滑坡2处，堆积层滑坡9处。

2）崩塌

马家沟流域内崩塌主要为岩质崩塌，其在流域的陡坡基岩裸露段密集分布。规模较大的共7处，单体规模一般达数千方，最大单个崩塌体积近9 000 m^3，规模为小型。崩塌体岩性为下石炭系灰岩、板岩、硅质岩等硬岩，或是板岩在各种营力作用下破坏后，上部陡倾裂隙发育的硬岩由于失去底部支撑而发生崩塌产生的崩塌堆积体。崩塌堆积体粒径较大，一般粒径0.5～2 cm，可见最大粒径约8 m。崩塌体呈倒石锥或石滩状直接堆积于沟坡下部和狭窄的沟道内，粒径较小的堆积体易被水流直接冲蚀搬运。由于沟道狭窄，沟床纵坡降大，加之崩塌体松散，沟岸两侧崩塌体几乎全部可以补给给马家沟泥石流。

3）沟岸侧蚀、沟床淘蚀物及面蚀物

残坡积物堆积于沟道两侧，表层较松散，易被水流侧蚀带动参与泥石流活动；沟道堆积的冲洪积物会被水流下切淘蚀带动参与泥石流活动；斜坡坡面强风化基岩及耕植土结构松散，也容易被水流冲刷搬运至沟道参与泥石流活动。

根据调查，马家沟沟岸侧蚀段长3 600 m（沟岸崩塌、滑坡、不稳定斜坡段不重复计算），单侧每米侧蚀方量按20 m^3计算，共计可参与泥石流的沟岸侧蚀物源量有7.2万m^3；沟道淘蚀段长2 340 m，沟均宽30 m，根据淘蚀深度5 m计算，沟道再搬运的物源量有35.1万m^3；流域内面蚀按0.2 m厚度计算，坡面侵蚀补给区面积约2.05 km^2（沟道、崩塌区不重复计算），共计面蚀物源量有47.34万m^3。

根据马家沟泥石流流域松散固体物质的堆积位置、发育特征、松散或稳定程度，以及向泥石流的转化方式、谷坡侵蚀强度、谷坡植被覆盖率，同时考虑人类工程活动影响等因素，经实际测量计算，马家沟泥石流流域内松散固体物质总储量为3 883.84万m^3。

（3）水源条件

流域内泥石流的形成与暴雨密切相关，暴雨也是马家沟泥石流发生的唯一水动力来源。马家沟泥石流属暴雨型泥石流，短时间高强度降雨是泥石流形成的主要因素。根据气象资料，流域内多年平均降水量达481 mm，降水集中在6—9月份，占全年降水量的76.2%，且多以大雨、暴雨的形式出现，具有降水集中、雨强大的特点。马家沟流域内暴雨频繁，降雨强度大，强雨具有阵发性、突发性特征，短历时高强度的降雨为马家沟泥石流的形成提供了充足的水源条件。

根据前人研究成果，武都区形成泥石流灾害的最小雨强为8～15 mm/h。如武都火烧沟，当10分钟降雨量达8～10 mm或当30分钟降雨量达20 mm时，必然暴发泥石流。在降雨历时超过1 h的情况下，陇南市降雨强度超过25 mm/h，往往可能发生泥石流灾害。

2017年“8·7”强降雨引发马家沟泥石流并造成严重灾害。据陇南市气象局资料，距离马家沟泥石流最近的安化雨量站2017年8月6日20时至8月7日8时累计雨量达71.2 mm，最大小时雨强达34.5 mm（8月7日2时），最大10 min雨强达24.2 mm/10 min（8月7日1时50分至8月7日2时）。根据陇南市暴雨等值线图，推算此次10 min雨强为24.2 mm（8月7日1时50分至8月7日2时）、6 h雨强为66.2 mm（8月6日22时至8月7日3时）。10 min雨强与6 h雨强均突破1%频率极值（分别为20.5 mm/10 min、65 mm/6 h）。说明本次降雨强度已经超过了马家沟发生泥石流灾害的降水阈值（见图4-37—图4-39）。

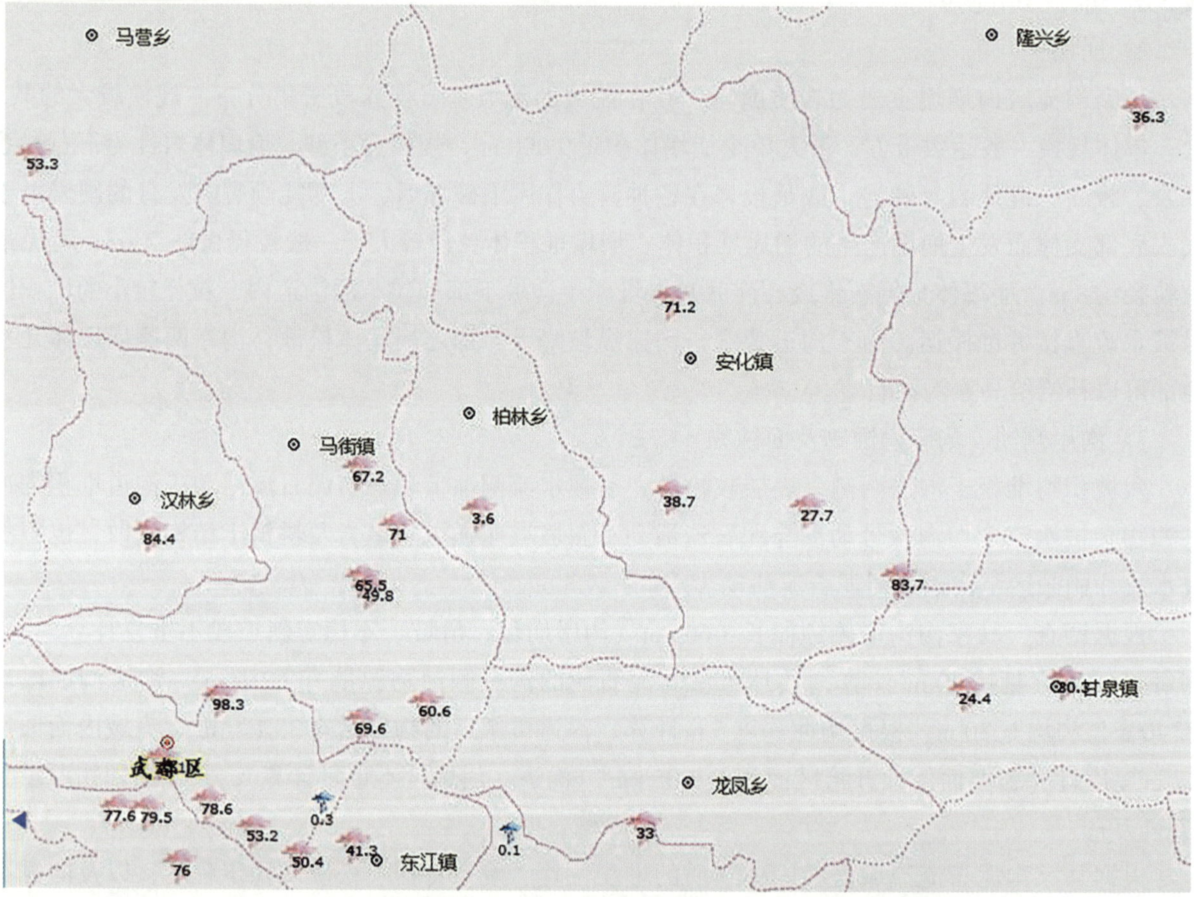

图4-37　马家沟周边区域2017年8月6日20时至8月7日8时雨量分布图

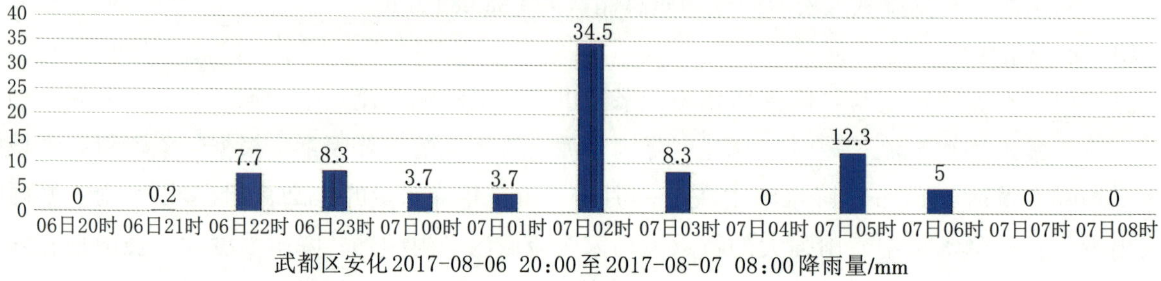

图4-38　安化雨量站“8·7”降水过程雨强柱状图(一)

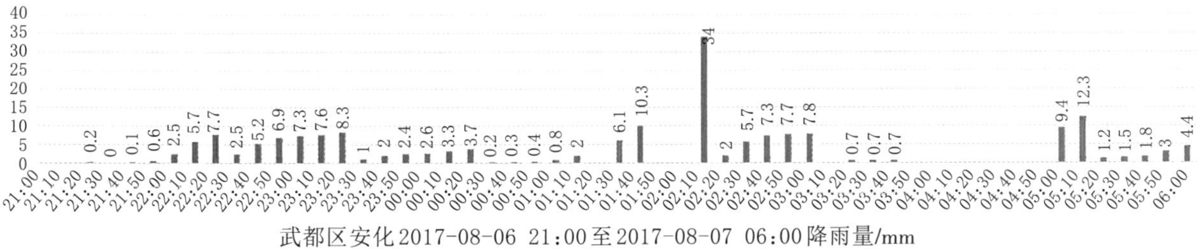

图4-39　安化雨量站“8·7”降水过程雨强柱状图（二）

4.2.3.2　趋势研判

马家沟泥石流处于发展期，暴发频繁，强度大，危害严重。特别是2017年“8·7”强降雨过后，流域地质环境进一步恶化，不良地质现象较严重，泥石流活动进一步加剧。当时流域及危险区内防灾设施严重不足，马家沟泥石流仍威胁231户840人生命安全和约2 000万元财产安全。同时，马家沟泥石流作为油房沟内最主要的泥石流补给物质来源，对下游的安化镇也构成间接威胁。泥石流灾害潜在威胁巨大，防灾形势严峻。

4.2.4　地质灾害应急防治

灾情发生后，陇南市、武都区主要领导当晚赶赴现场指导救援和灾情处置工作。各级领导高度关注汛期气候变化，严密做好防灾工作，各级干部赶赴一线全力开展抢险救灾工作，确保群众生命财产安全，最大程度减轻灾害损失。技术支撑单位甘肃省地质环境监测院第一时间派遣技术人员赶赴现场开展应急调查，快速查明了泥石流的发育特征、成因，研判了其发展趋势，并提出科学有效的防治建议。2017年8月，陇南市国土资源局委托甘肃省地质环境监测院对陇南市武都区安化镇马家沟泥石流沟进行泥石流灾害勘查及工程治理可行性研究工作。经甘肃省国土资源厅批准立项，武都区安化镇马家沟泥石流应急治理工程获专项资金1 000万元。该工程于2019年11月通过甘肃省自然资源厅组织的竣工验收。

4.3　陇南市文县石鸡坝镇“8·17”水磨沟泥石流灾害

4.3.1　灾情概况

2020年8月17日14时许，陇南市文县石鸡坝镇水磨沟暴发特大山洪泥石流，水磨沟村、石鸡坝村受灾，受灾人口276户1 186人。泥石流造成2人死亡、1人失踪，房屋、道路、电力、通信设施、河堤、农田等设施受损，直接经济损失达9 400万元（见图4-40）。水磨沟泥石流形成的堰塞湖次生灾害，造成202户居民房屋受损，道路、河堤被淹没，农田受损严重（见图4-41），经济损失达15 320万元。“8·17”水磨沟泥石流灾情之大在文县属罕见，给石鸡坝镇险崖坝村、石鸡坝村及白水江畔居民生命财产安全造成了巨大损失。

图4-40 水磨沟新村受损房屋

图4-41 堰塞湖淹没险崖坝村受灾房屋

4.3.2 地质灾害基本特征

4.3.2.1 灾害地质特征

（1）泥石流特征

水磨沟属白水江一级支沟，流域面积31.26 km^2，沟床纵坡降125.27‰。水磨沟泥石流为暴雨侵蚀中频沟谷型泥石流。该泥石流在水磨沟—温家沟段以冲蚀为主，对河床及两侧沟岸进行了冲蚀和下切；在温家沟以南400 m至沟口段集中堆积，堆积物中砾石、砂质含量较高，石块大小悬殊。沟口段堆积外侧呈垄岗地形，隆起高度多在0.5～1.5 m之间，大石块随处可见，并堵塞了白水江江道。综合分析，该泥石流为黏性泥石流，重度18～20 kN/m^3。根据灾后调查，水磨沟沟口段几乎全是泥石流堆积物。新中国成立前，水磨沟曾发生的泥石流淹埋了沟口村庄及农田，但规模均没有本次大。

调查选取较为严重的沟口断面进行泥石流流量计算。通过访问村民了解到，听到泥石流声音的时间与见到泥石流的时间相差40 s，泥石流速度约7.5 m/s，沟口段泥位深4 m，沟道宽18 m，过流断面面积约72 m^2。据此计算出本次泥石流流量约540 m^3/s。

（2）泥石流流域及分区特征

水磨沟所邻主河（白水江）河型受水磨沟沟口泥石流堆积扇发展控制，河道受堆积扇挤压而发生弯曲变形，主流明显偏移，进而冲刷对岸河堤、河滩。泥石流下游段切蚀强烈，沟坡陡峻，沟槽不稳，松散固体物质储量大于10万 m^3/km^2，初步判断水磨沟泥石流处于发展期（壮年期）。

根据泥石流的形成、运移、堆积特征，从流域整体来看，水磨沟泥石流流域可划分为形成区、流通区、堆积区三部分（见图4-42）。

1）形成区

形成区位于泥石流沟上、中游及两岸岸坡，平面形态呈树叶状，面积30.12 km^2，占流域总面积的96.14%。沟道两岸谷坡坡度20°～65°。上游区内林草茂盛，植被条件较好，坡体上固体松散物质较少，多以面蚀的形式补给沟道，但补给量较少。中、下游岩土体存在部分裸露区，植被条件较差，多见人为耕作等破坏现象。坡面上广泛分布的松散残坡积物易被坡面径流冲刷侵蚀，加之流域上游汇水面积较大，具备形成泥石流的有利地形条件和水动力条件，导致坡面侵蚀现象较为严重。灾后调查的滑坡、崩塌及小型泥石流等地质灾害主要分布在形成区，该区沟谷侧蚀现象

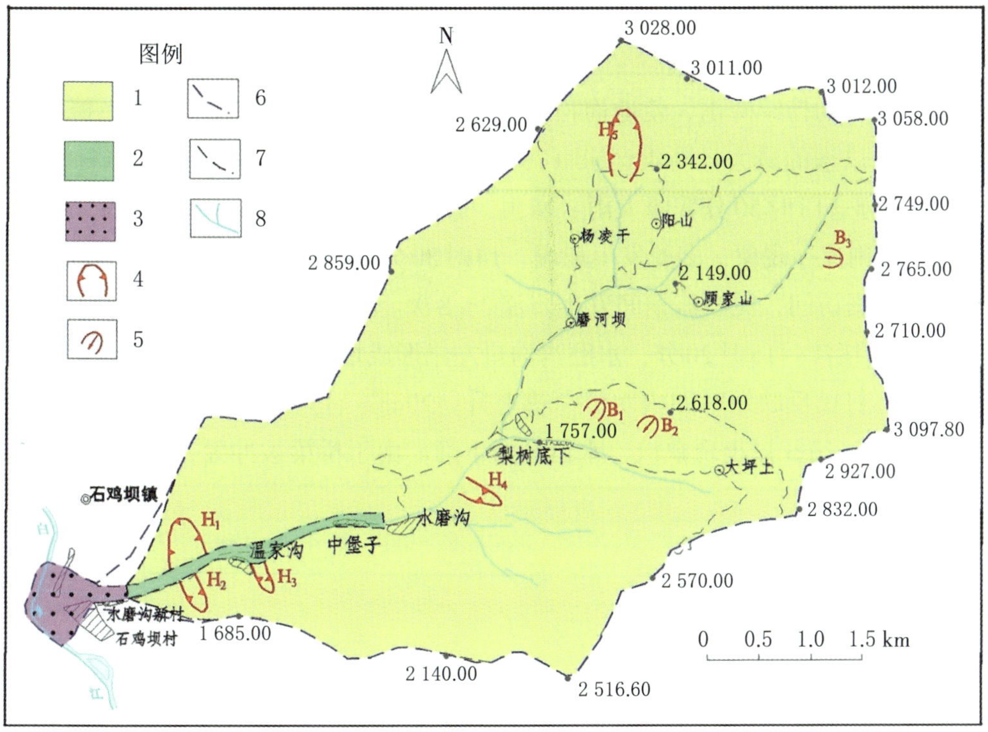

1. 形成区　2. 流通区　3. 堆积区　4. 滑坡　5. 崩塌　6. 流域界线　7. 分区界线　8. 水系

图4–42　水磨沟泥石流流域分区图

比较严重，松散固体物质储量丰富，具备良好的物源补给条件。

2）流通区

流通区位于泥石流下游沟道，主要为水磨沟村至沟口段，面积0.25 km^2，占流域总面积的0.80%。该区主沟道宽20～50 m，沟床纵坡降平均13.42%。流通区中部的温家沟段多见跌坎，水动力条件良好。该段各支沟沟口曾是多次暴发洪水、水石流最严重的危险区。

3）堆积区

堆积区位于泥石流出山口洪积扇，平面形态呈扫帚形，面积0.55 km^2，占流域总面积的1.76%。该段主沟道宽达50 m，沟道经多次抬升呈台阶状，沟道内发育的沟谷阶地高出沟床地表5～15 m，且松散固体物质堆积较厚。沟口段由白水江冲积物与水磨沟冲洪积物相互叠合而成，河床附近松散层剖面显示平均厚度为5 m。该区是历史上水磨沟泥石流的主要堆积区，目前为水磨新村现址。现代沟床中堆积有泥石流洪冲积碎石土，且常年有地表流水。泥石流上一次堆积的固体物质的大部分在下一次洪水过程中被冲到白水江河道中。该区是水磨沟泥石流最严重的危险区。

4.3.2.2　灾害发生过程

“8·17”暴洪泥石流是由持续暴雨导致的。据文县国家级气象观测站数据，文县8月17日24小时降雨量为93.3 mm，达百年一遇的标准。短短半个多月的时间，陇南市文县碧口镇累计降雨量达569.1 mm，康县迷坝乡累计降雨量达496.1 mm，武都区五马镇累计降雨量达476.3 mm。8月21日，甘肃省气象局向省政府提交了一份《关于白龙江、白水江、嘉陵江流域及其周边地区暴雨灾害评估的报告》（以下简称“报告”）。报告中这样定位此轮强降雨：“宕昌50年一遇，两当70年一遇，武都、康县、徽县、文县均达到或超过100年一遇。其中白龙江、白水江、嘉陵江流域降雨量分别为历史极值的2.3倍、3.0倍和1.7倍。”

8月15日和16日的持续降雨，使地面松散堆积物处于饱和状态。8月17日，降雨持续近1天，打破了有气象记录以来的最大日降雨记录（73 mm，1987年5月30日），并于当日11时30分—12时10分、12时50分—13时50分普降大雨、暴雨，降雨量分别为20 mm和23 mm，坡面40°以上的荒坡，广泛出现“削皮”现象，多处发生崩塌。14时30分左右，水磨沟发生泥石流灾害，17时30分左右灾害渐停。据访问，泥石流期间发生阵流7～8次。泥石流带动大崖沟崩塌堆积物冲入白水江，14时50分开始堵江。15时20分，水磨沟沟口左岸形成堰塞湖，导致上游水位上升10 m左右，淹没了险崖坝村。村民反映短时间内水位急速上升，20 min后只能看到险崖坝村下游村庄三层楼顶。16时20分左右，堵江口出现缺口，水位开始下降。由于桥梁被冲毁，无法转移人员，当地政府采取直升机救援。

4.3.3 成因分析及趋势研判

4.3.3.1 成因分析

文县石鸡坝镇水磨沟泥石流灾害是在有利的地形条件、松散固体物质补给条件和水动力条件特定组合下发生的。

（1）地形条件

水磨沟位于文县石鸡坝镇水磨沟村，白水江左岸，流域平面形态似树叶状（见图4–43），南北长6.3 km，东西宽3.4 km，总面积31.26 km²，主沟总长11.49 km，最大高差2 017 m，主沟平均纵坡降12.52%。整个流域呈近东西向延伸，主沟道剖面形态在梨树底下村以东呈“V”字形，以西呈“U”字形。流域内发育大小沟谷15条，其中长度大于1 km的支沟8条，沟谷总长18.5 km。平均沟壑密度为0.59 km/km²。支沟大多呈“V”字形，平均纵坡降28.2%～78.0%。

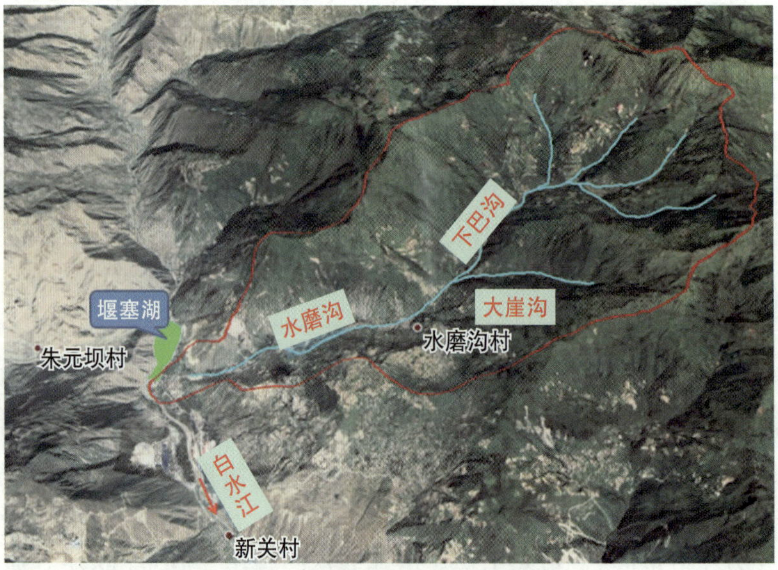

图4–43 水磨沟泥石流流域遥感影像图

水磨沟流域内沟坡陡峻，沟道纵坡降较大，流域形态有利于降雨在短期内汇集，为泥石流的形成和流动提供足够的水动力条件（见图4-44—图4-47）。

图4-44　水磨沟沟口

图4-45　水磨沟中游

图4-46　两支沟交会处

图4-47　支沟大崖沟沟口

（2）松散固体物质补给条件

由于内、外营力的共同作用，水磨沟泥石流流域内储存了大量的松散固体物质，为泥石流的形成提供了丰富的物源。根据调查，水磨沟泥石流固体物源的类型主要有滑坡和崩塌堆积物、坡面松散堆积物、沟道松散堆积物，体积约3 927万m^3。

1）滑坡和崩塌堆积物

根据应急调查，水磨沟沟内发育5处滑坡，体积为1 107.19万m^3。5处滑坡分别为水磨沟右岸滑坡（H1）、水磨沟左岸滑坡（H2）、温家沟滑坡（H3）、青崖堡北侧滑坡（H4）及杨凌干北侧滑坡（H5）。沟域内H3在2020年汛期强降雨的影响下已产生不同程度的滑动，出现凹形斜坡下错，下错高度1.35 m，最大裂缝宽65 cm。在地震、暴雨的作用下，H3滑坡极易再次发生滑动，致使坡体前缘失去支撑而引发后缘更大的滑体失稳（见图4-48—图4-53）。

水磨沟沟内发育3处崩塌，集中分布在大崖沟及下巴沟支沟沟口地段，崩塌堆积物体积约1 800 m^3。崩塌堆积物作为水磨沟泥石流的重要固体物质来源之一，以集中补给的方式参与水磨沟泥石流活动。崩塌堆积物集中分布在形成区，物质成分以风化剥落的石灰岩碎石、块石为主。受坡面长期自然风化的影响，崩塌堆积体结构松散，加之在沟道内水流的长期下切掏蚀影响下，崩塌堆积体临空面不断增大。受强降雨影响，崩塌堆积体存在再次被沟内水流搬运迁移的可能。

图4-48 水磨沟右岸滑坡H1

图4-49 水磨沟右岸滑坡H1坡脚

图4-50 水磨沟左岸滑坡H2

图4-51 水磨沟左岸滑坡H2坡脚

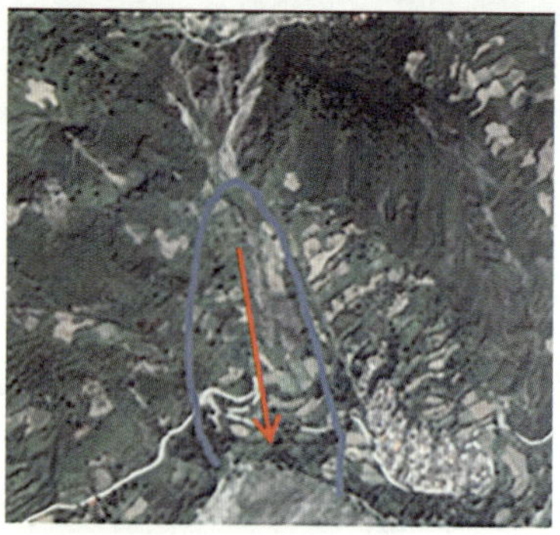

图4-52 温家沟滑坡H3

图4-53 温家沟滑坡H3发育裂缝

2）坡面松散堆积物

水磨沟东西两侧山体披覆有大量松散物质，山体顶部覆盖黄土，山体中、下部坡面多为残坡积层，覆盖碎石土。这种物源结构松散，厚20～80 cm，最大厚度130 cm。在暴雨作用下，坡面松散物质沿着坡面以面流、散流的形式进入水磨沟沟道，成为水磨沟泥石流物源的重要组成部分。据水磨沟泥石流分区估算，流域内坡面侵蚀物源总量为942.0万 m^3。

3）沟道松散堆积物

水磨沟泥石流堆积物及支沟冲洪积物堆积于沟道及两侧，表层松散，极易被水流冲蚀、侧蚀而带动参与泥石流活动；沟道堆积的冲洪积物主要分布在宽缓沟道区域，水磨沟主沟及大崖沟支沟内均有分布。沟道内冲洪积物厚度巨大，大崖支沟段最厚可达20 m。在泥石流易发的雨季，水源充沛，大量的流水冲蚀泥石流沟道及两侧，引起该层冲洪积物的搬运迁移。根据调查计算分析，水磨沟泥石流沟道内松散物储量为1 088.44万 m^3。

（3）水动力条件

水磨沟为季节性流水沟谷。应急调查期间，沟道内仍有少量流水，地表水主要来源于大气降水及地下水排泄补给。雨洪是泥石流的主要水源，泥石流的发生与降雨（特别是大雨、暴雨）密切相关。陇南市文县多年平均降水量为479 mm，降水量季节分配不均，夏秋两季降水量占全年的76.2%，其中7月降水量最为集中，占全年降水量的21%。暴雨强度最大值碧口镇达166.1 mm/d，城关镇达143.6 mm/d，1小时最大降雨量为93.3 mm（2020年8月17日），10分钟最大降雨量为30 mm。从1959—2000年文县共出现59个暴雨日，平均每年1.4个暴雨日，最多一年出现3个。降水集中、暴雨多是文县降水的主要特点。可见，水磨沟泥石流流域内水源丰富且集中，为泥石流的暴发提供了有利的水动力条件。

4.3.3.2　趋势研判

泥石流的发展具有一定的波动性，其所处阶段受诸多因素的影响。在泥石流形成的三个基本条件中，地形条件的变化比较缓慢，降水条件受区域气候变化规律控制，松散固体物质条件在内外因素的作用下，处于不断变化之中。可见，流域内降水条件和松散固体物质的状态及累积速率是控制泥石流发展趋势的重要因素。综合分析区域资料及水磨沟沟谷发育特征，水磨沟主沟泥石流发展处于平缓间歇期，下巴沟及大崖沟支沟泥石流处于高发展期。水磨沟上游段大崖沟支沟仍有大量崩塌堆积物，“8·17”暴洪泥石流仅冲走了1/4的堆积物。水磨沟中游有大面积残坡积物外露，其表层结构松散，易受强降雨影响补给泥石流。水磨沟沟口排导工程已全部被“8·17”暴洪泥石流冲毁，对沟口居民安全构成了严重威胁。

综上分析，水磨沟泥石流处于“间歇期”。2020年，“8·17”暴洪泥石流冲出量仅占该泥石流总补给量的1/3，沟道内仍有大量补给物源。同时，“8·17”暴洪泥石流冲刷沟道两岸坡脚，淘蚀残坡积物及冲洪积物，为下次泥石流发生提供了充足的物源。一旦遭遇极端强降雨，水磨沟具备再次发生大规模泥石流的条件。

4.3.4　地质灾害应急防治

“8·17”暴洪泥石流灾害引起了省、市、县各级政府和全省人民的高度关注。灾害发生后，省委、省政府主要领导先后赶赴灾区指导救灾工作，陇南市政府主要领导赶赴碧口镇和石鸡坝镇安排具体抢险救灾工作。水磨沟泥石流堵江形成堰塞湖后，陇南市启动防汛Ⅰ级应急响应，甘肃省防汛抗旱指挥部和甘肃省应急管理厅第一时间调度救援直升机成功营救被困48名群众。甘肃省自然资源厅立即组织成立地质灾害应急排查组，由省内专业技术单位和各县自然资源部门同志组成排查队伍。2020年8月27—30日，文县自然资源局组织职工和甘肃省地质环境监测院技术人员对水磨沟泥石流进行了应急调查，对水磨沟上游沟谷区松散物质的分布情况、出山口段沟谷形态、冲蚀下切深度、沟口段暴洪泥石流堆积物的堆积情况，以及沟口居民聚集区沟道的通畅性、自然沟道的淤积排泄情况进行了全面调查。同时对暴洪泥石流造成的灾情进行了访问和调查。最终认为，“8·17”水磨沟暴洪泥石流达到百年一遇标准，灾情、险情严重。

2020年9月，甘肃省自然资源厅组织专家对“8·17”暴洪泥石流进行现场踏勘，建议将石鸡坝镇水磨沟泥石流沟列入灾后重建项目之一进行工程治理。2021年底，甘肃省自然资源厅印发了《甘肃省自然资源厅关于提前下达2022年度中央财政自然灾害防治体系建设补助资金预算资金计划的通知》，批复文县石鸡坝镇水磨沟泥石流治理工程立项，安排中央财政补助资金1 200万元。

4.4 陇南市武都区汉王镇佛堂沟泥石流灾害

4.4.1 灾情概况

2022年7月11—15日，陇南市普降大到暴雨，局地出现大暴雨。短时强降雨引发的山洪、泥石流灾害，造成人员伤亡和农作物、房屋、基础设施等不同程度受损。发生在武都区汉王镇的佛堂沟暴洪泥石流危害尤为严重，造成该区域Y038线等多处道路、桥梁严重损毁，龙凤、汉王两个乡镇11个村1 500余人受灾。此次暴洪泥石流造成1人遇难，经济损失975万元，灾情等级为大型。

4.4.2 地质灾害基本特征

4.4.2.1 灾害地质特征

（1）泥石流特征

佛堂沟位于陇南市武都区东南13 km处，为白龙江左岸一级支沟，流域面积44.85 km^2，相对高差1 315 m，主沟长12.37 km，平均纵坡降136‰，为典型的暴雨中频沟谷型黏性泥石流沟。

按体积比法和固体物质储备量法计算，佛堂沟泥石流重度为16.49 kN/m^3；按配方法经验公式计算，佛堂沟泥石流20年一遇的泥石流流量为293.04 m^3/s，百年一遇一次最大冲出量为28.59万 m^3。故佛堂沟泥石流规模等级为特大型。

经现场调查，佛堂沟泥石流痕迹明显。选取出山口顺直无淤积的沟道断面调查，泥位深1.8 m，断面面积61.2 m^2。据此，计算出此次泥石流流量约为312.72 m^3/s，超20年一遇泥石流流量。

（2）泥石流流域及分区特征

佛堂沟泥石流沟谷，可划分为形成区、流通区、堆积区三个典型地貌单元。

1）形成区

形成区位于佛堂沟陈家坡原15#坝至分水岭区，呈羽毛状分布，两岸山体较为陡峻。泥石流沟脑地带出露地层岩性主要为志留系地层，岩体表面风化强烈，节理裂隙发育，崩塌、滑坡等地质灾害较发育，沟谷及坡面沟槽侵蚀冲刷强烈。形成区松散的土体面蚀、支沟冲蚀等为泥石流形成提供了丰富的固体物源（见图4-54、图4-55）。

图4-54　泥石流形成区(一)

图4-55　泥石流形成区(二)

佛堂沟泥石流形成区面积为37.02 km²，占佛堂沟流域总面积的85.54%。洪水在形成区汇流后，通过强烈下切和侧向侵蚀作用，导致两岸边坡失稳，促使崩塌体和滑坡体等松散固体物质混入。随着水动力增强，流体容重持续增大，最终完成从洪水到泥石流的转化。在高势能驱动下，泥石流裹挟斜坡堆积物和沟床沉积物向下游输移，进入流通区。

2）流通区

流通区位于佛堂沟陈家坡原15#坝至出山口，面积6.76 km²，占佛堂沟流域总面积的15.07%。该区出露的地层岩性主要为志留系地层。流通区沟长3.4 km，沟道纵坡降84.5‰，沟道较为顺直，两侧沟坡较为陡峭，沟槽呈“U”形，部分沟段为复式断面。泥石流以过流为主，兼有侵蚀、搬运作用。沟道两侧局部地段已被切割形成直立陡坎，切割深度4～8 m，沟谷宽20～60 m（见图4-56、图4-57）。

图4-56　泥石流流通区(一)

图4-57　泥石流流通区(二)

3）堆积区

堆积区分布于沟口，形成泥石流堆积扇，堆积扇对主河（白龙江）挤压情况十分明显。白龙江在此地段偏移近35°。根据调查，佛堂沟泥石流堆积扇面积为1.07 km²，坡降为46‰，长轴长1.12 km，短轴长0.87 km，沿扇轴方向分布一条宽20～40 m，下切深度4～7 m的冲沟。该堆积扇由多期次的泥石流堆积而成，沿长轴方向具有明显堆积台地。调查结果与现有资料表明，沟口段堆积厚度大于15 m，垂向上堆积物粒径差异不大，可见最大粒径达2.2 m，一般粒径多为10～50 cm。

堆积物以碎石、角砾为主，级配较差（见图4–58、图4–59）。

图4–58　泥石流堆积区(一)

图4–59　泥石流堆积区(二)

4.4.2.2　灾害发生过程

佛堂沟在历史上曾多次发生泥石流灾害。自20世纪以来，佛堂沟发生过6次大规模泥石流，其中1984年的最大，1976年的次之，小规模的泥石流每年均有发生。2022年7月11日以来，连续强降雨造成佛堂沟内出现多处山体滑坡，道路受损十分严重。降雨以7月15日夜间强度最大，上游龙凤乡李家湾村监测点40分钟降雨量达53.8 mm，达到暴雨强度。7月11—15日，佛堂沟流域累计降雨量为153.2 mm，达大暴雨强度。此次强降雨主要集中在佛堂沟中上游段，为泥石流形成区提供了丰富水源，最终引发严重山洪泥石流灾害。这次山洪泥石流灾害造成1人死亡，6.5 km道路和1座拦挡坝、89亩油橄榄、30亩花椒被毁，直接经济损失约975万元。

4.4.3　成因分析及趋势研判

4.4.3.1　成因分析

佛堂沟泥石流灾害是在有利的地形条件、松散固体物质补给条件和水动力条件的特定组合下发生的。

（1）地形条件

佛堂沟位于武都区汉王镇北部，属白龙江左岸一级支沟，流域呈近北南向展布。佛堂沟流域形态呈羽毛状，流域面积44.85 km^2，主沟长12.37 km。最高点位于沟脑顶部山顶，海拔2 345 m；最低点位于出山口，海拔1 070 m，相对高差1 275 m，主沟平均纵坡降136‰（见图4–60）。流域内支沟发育，共存在15条支沟，除几条小支沟外，各支沟面积相差不大，且主要分布于形成区，并有形成区支沟面积大于流通区支沟面积的特点。各支沟沟道纵坡降较大，大部分大于150‰，为泥石流的形成提供了有利的地形条件。

（2）松散固体物质补给条件

佛堂沟流域具有显著的地形陡峻特征，受新构造运动持续抬升影响，沟谷强烈下切。区域发育多组小规模断裂和褶皱构造，出露地层以板岩、千枚岩等软弱变质岩为主，岩体风化程度强烈。

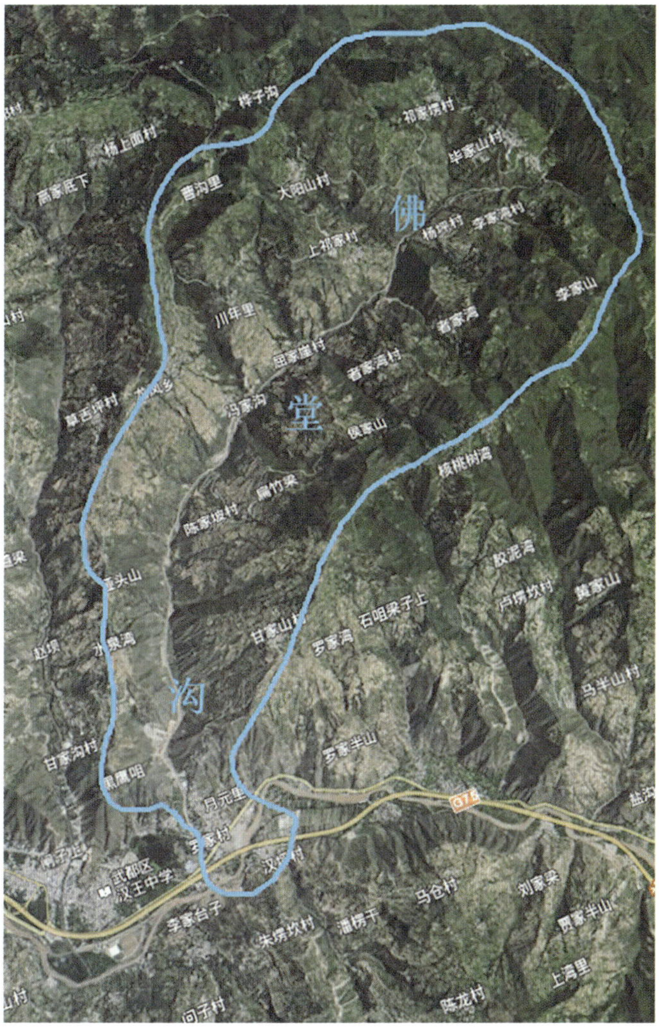

图4-60　佛堂沟流域遥感影像图

沟道内滑坡、崩塌等重力侵蚀现象密集发育，配合丰富的坡面碎屑物与沟道冲洪积物，共同构成了泥石流形成的充足物源条件。

1）滑坡、崩塌堆积物

据现场调查，佛堂沟流域内发育滑坡33处，总体积1 479.02万m^3，发育点密度为每平方千米0.74处，体密度为每平方千米32.98万m^3。滑坡类型主要为基岩切层滑坡及残坡积碎石土滑坡两类，其中基岩切层滑坡5处，残坡积碎石土滑坡28处。

佛堂沟流域内发育崩塌18处，总体积约71.6万m^3。崩塌类型有岩质崩塌和土质崩塌，其中岩质崩塌14处，土质崩塌4处。岩质崩塌在佛堂沟流域的陡坡基岩裸露段密集分布，土质崩塌主要分布在佛堂沟出山口地段。按照稳定性划分，稳定崩塌10处，不稳定崩塌8处。

2）沟岸侧蚀、沟床淘蚀物及面蚀物

残坡积物堆积或披覆于沟道两侧，表层松散，易被水流侵蚀带动参与泥石流活动；沟底堆积的冲洪积物会被水流下切淘蚀带动参与泥石流活动，斜坡坡面强风化基岩及耕植土结构松散，也易被水流冲刷搬运至沟道参与泥石流活动。

根据调查，佛堂沟沟岸侧蚀段长度共计10.4 km（沟岸崩塌、滑坡、不稳定斜坡段不重复计算），单侧每米侧蚀方量按80 m^3计算，可参与泥石流的沟岸侧蚀物源量有83.2万 m^3；沟底淘蚀段长12.4 km，沟道均宽85 m，根据切割深度10 m计算，沟底再搬运的物源量有2 108万 m^3；流域内面蚀厚度按0.8 m计算，流域内平均坡度为45°，坡面侵蚀补给区面积约14.5 km^2（沟道、崩塌区不重复计算），面蚀物源量共计1 160万 m^3。

3）人工弃渣

流域内人工弃渣主要来源于矿山开采及近年来沟道开展的天然气管道铺设、Y038道路修建等工程。工程开挖的多余土方未进行合理处理，堆放在沟道挤占了行洪通道，并为泥石流发生提供了物源。据现场调查，人工弃渣主要分布于N2支沟沟口、者家湾入村道路口、原7#拦挡坝附近，总计860 m，每延米物源量约70 m^3，累计物源量为6.02万 m^3。

4）已建拦挡坝控制物源

根据甘肃省地矿局水文地质工程地质勘察院2009年编制的《陇南市武都区汉王镇、龙凤乡佛堂沟泥石流灾害综合治理工程施工图设计说明书》中拦挡坝设计参数，工程共建设15座拦挡坝，设计总库容为189 493.30 m^3。现状调查显示，原7#拦挡坝已损毁（损失库容13 420.24 m^3），现存14座拦挡坝的有效总库容为176 073.06 m^3，其中13座已淤满，1座处于半淤积状态。拦挡坝反压坡脚稳定沟床长度2 850 m，减少的沟道侵蚀物源补给量达507.30万 m^3，累计控制潜在物源总量达524.90万 m^3。

基于佛堂沟泥石流流域松散固体物质的分布特征、赋存状态、稳定性及转化条件等综合评估，结合沟道侵蚀强度、植被覆盖率和人类活动影响等要素的实地调查与量化分析，经测算流域内可动用的泥石流物源储量为1 784.5万 m^3，占流域松散固体物质总量的40.71%。

（3）降水条件

佛堂沟泥石流属于典型的暴雨激发型泥石流，其形成过程与短历时强降雨事件具有显著相关性。根据气象观测数据，流域多年平均降水量为487.2 mm，降水年内分配极不均匀，5—9月降水量占全年总量的75%～85%，且降水形式以大雨、暴雨为主。流域降水过程具有明显的集中性和突发性特征，这种高强度的降雨过程为泥石流形成提供了必要的水动力条件，是导致泥石流频发的关键诱发因素。

4.4.3.2 趋势研判

通过灾后调查、勘查及综合分析，研判佛堂沟泥石流发展趋势，认为该泥石流有逐步增强的趋势。主要基于以下几个方面原因：

①新构造运动持续抬升导致白龙江两岸山体隆升，促使佛堂沟泥石流沟道纵比降持续增大，加剧了沟谷下切侵蚀与溯源侵蚀作用。这一地质过程引发沟岸坡度陡化与稳定性降低，造成岸坡渐进式坍塌扩展，为泥石流活动强度的提升提供了显著的地形动力条件。

②佛堂沟泥石流流域内沟壑密集且沟坡陡峻，加之中下游地段沟岸岩性为松散的黄土和风化强烈的板岩，它们经冲刷堆积于沟道，为泥石流的发生提供了丰富的松散固体物源。同时，佛堂沟两岸沟坡广泛分布的松散残坡积物及沟道冲洪积物易被侵蚀、淘蚀，也为佛堂沟泥石流的发生提供了大量松散固体物质。可见，佛堂沟流域内泥石流松散固体物质丰富，积累速率高，有利于泥石流的进一步发展。

③随着城镇化进程加快，佛堂沟流域人类工程活动强度显著增加，主要表现为土地开发、工程建设等行为对地质环境的扰动。具体包括：沟道内管线施工开挖破坏坡体稳定性，生活垃圾与工程弃渣违规堆填挤占行洪断面，这些人为干扰因素显著提升了泥石流灾害的发生概率与风险等级。

受上述因素影响，佛堂沟泥石流发生频率将会进一步提高，大规模泥石流发生的可能性极大。采取综合治理前，佛堂沟泥石流直接威胁沟口及两岸汉王镇罗寨村、屈家崖村共234户962人的安全，以及道路、农田等价值0.85亿元财产的安全。同时，对流域内龙凤乡、汉王镇1 324户4 782人的交通出行造成严重影响。

4.4.4　地质灾害应急防治

佛堂沟泥石流灾害发生后，陇南市、武都区两级政府立即启动防汛Ⅲ级响应，市、区主要领导当晚赶赴现场指导救援和灾情处置工作。各级政府部门高度重视汛期气象预警工作，严格落实防灾减灾责任制。领导干部深入一线指挥调度，统筹开展风险排查、群众转移安置和应急抢险工作，切实保障人民群众生命财产安全，最大限度降低灾害影响，维护正常生产生活秩序。

2022年8月3日，省委主要领导实地察看了武都区汉王镇陈家坡村“7·11”强降雨受灾救灾情况，并对灾后恢复重建作出了安排部署。8月11日，省自然资源厅主要领导、省交通运输厅分管领导、省水利厅分管领导等一行到佛堂沟泥石流现场调研受灾救灾情况，也对灾后重建作出了具体安排和要求。

按照省委主要领导的批示要求，鉴于佛堂沟沟道狭窄、泥石流频发的现状，2022年8月陇南市自然资源局委托甘肃省地质环境监测院对佛堂沟泥石流沟进行了实地勘查，并对流域地质环境背景条件、灾害发育特征、成灾特征、已有防治工程运行情况及灾情险情进行了详细调查。建议对物源丰富、威胁道路及居民的不稳定边坡进行工程治理。其中，主沟损毁拦挡坝由天然气公司负责，沟口排导堤由水务部门负责。2023年，经甘肃省自然资源厅批准立项，武都区汉王镇佛堂沟泥石流综合治理工程获专项资金1 270.5万元。

下篇

应急避险典型案例

第5章　典型滑坡灾害成功避险案例

5.1　陇南市武都区马街镇泉家湾村尤寨子社滑坡成功避险案例

5.1.1　灾情概况

2020年8月1日、6日、10—12日、14—17日，陇南市连续出现暴雨、大暴雨天气，短期内暴雨场次多、强度大、范围广、持续时间长、累计降雨量大，各项指标均突破陇南市气象历史极值。8月14日，武都区马街镇泉家湾村尤寨子社滑坡变形加剧，并于14日16时许发生滑坡，造成5户房屋倒塌，直接经济损失350万元。由于预警及时，灾害发生前及时组织转移群众44户205人，避免间接经济损失660万元，滑坡并未造成人员伤亡（见图5-1）。

图5-1　滑坡全貌

5.1.2 地质灾害特征

泉家湾村尤寨子社滑坡位于武都区马街镇泉家湾村尤寨子社，地处马槽沟左岸。滑坡长77 m，宽40 m，厚约5 m，体积约15 400 m^3，规模等级为小型，呈长条状不规则发育。滑坡所在坡体地层岩性为粉质黏土，受流水冲蚀，坡脚上部坡体失稳发生滑坡，主要威胁对象为坡体上的村民及房屋建筑。

5.1.3 成因分析

（1）强降雨

武都区属于暖热带半湿润气候，冬春两季干旱缺水，夏秋之间常有暴雨、洪水。年降雨量500～700 mm，降雨集中在每年7—10月。2020年8月份以来，武都区经历多轮强降雨过程。据气象部门公布的数据，8月14日14时—17日8时，武都区安化镇累积降雨量为70.6 mm。有关气象预警信息显示，8月17—18日武都区安化镇降雨量超过50年一遇标准。强降雨是引发泉家湾村尤寨子社滑坡的主要原因。

（2）地形地貌

地形地貌是控制滑坡形成的决定性因素。马槽沟沟谷发育，切割强烈，地形陡峻，相对高差大，为滑坡发生提供了有利的地形条件。

（3）地层岩性

区内地层以黄土和红层泥岩、泥质粉砂岩为主，属软弱地层。黄土垂直节理发育，结构疏松，具大孔隙，有利于雨水渗漏。下伏新近系红层泥岩透水性差，属易滑地层。地下水沿黄土与泥岩接触面运动并汇集，使黄土下部处于过湿软化甚至饱和状态，并成为滑坡滑动的有利软弱结构面。

（4）新构造运动及地震

武都区新构造运动强烈，地震活动频繁。根据甘肃省地震区带划分，武都区处于甘肃南北地震带的中段，即天水—武都—文县地震带。武都历史上地震频繁，是有名的地震区之一。2008年“5·12”汶川地震，武都区安化镇遭受重创，大量房屋出现裂缝甚至倒塌，交通、通讯、电力、水利等基础设施严重损毁，松动区内斜坡岩土体结构进一步影响坡体稳定性。

（5）人类工程活动

人类工程活动主要表现为修路、建房等施工行为，在建设过程中随意削坡破坏斜坡结构，同时大量房屋荷载对滑坡稳定性产生了不利影响。

5.1.4 地质灾害监测预警

5.1.4.1 排查与上报

受连续降雨影响，2020年8月14日，马街镇泉家湾村尤寨子社滑坡监测员观察到滑坡坡体有变形加剧现象，沟道边居民房屋墙体短时间内出现大面积裂缝。发现险情后，监测员立即逐级上报。马街镇政府收到信息后，立即组织相关人员到现场查看，并设立警戒线（见图5-2）进一步加强监测。

图5-2 滑坡现场设立警戒线

5.1.4.2 避险响应

8月14日下午，根据现场监测，部分居民房屋裂缝持续扩大，缝宽达到40 cm，监测人员判定滑坡发生的可能性极大。镇政府立即组织将坡顶受威胁的44户205人撤离至滑坡威胁范围外（见图5-3）。同时，预警员通过广播发出预警信息，提醒群众注意避险。撤离人员被安置在村篮球场，选址地点远离滑坡灾害的威胁范围，安置点周围也没有新的地质灾害隐患。

8月14日16时许，马街镇泉家湾村尤寨子社发生滑坡。滑坡造成5户房屋倒塌，直接经济损失350万元。由于预警员预警及时，政府组织有序，人员转移果断迅速，滑坡未造成人员伤亡。

图5-3 政府组织群众撤离

5.1.5 经验与启示

①在遭遇强降雨等不利天气条件下，要加大监测频次。

②对新产生的变形迹象及时准确上报。

③提前对安置点进行选址和地质灾害危险性评估。

5.2 陇南市武都区外纳镇曹家坝村曹家坝社老树湾滑坡成功避险案例

5.2.1 灾情概况

由于连日强降雨，2020年8月17日，陇南市武都区外纳镇曹家坝村曹家坝社老树湾滑坡前缘发生大规模滑动（见图5-4），造成直接经济损失约20万元。得益于准确的气象预报和技术支撑单位前期研判分析，在市、区自然资源部门的统筹领导和大力支撑下，镇、村两级地方政府及时转移安置受威胁群众，滑坡未造成人员伤亡。

图5-4　滑坡全貌图

5.2.2　地质灾害特征

老树湾滑坡位于武都区外纳镇政府东南侧2.8 km处。曹家坝社村庄和国道G212位于坡脚，村庄房屋距离开挖后坡脚最近1.0 m，G212距离坡脚最近15.6 m。滑坡体平面形态近似圈椅状，后缘海拔925 m，前缘位于白龙江Ⅰ级阶地，海拔884 m，滑坡相对高差41 m。滑坡体长78 m，宽68 m，倾角31°，主滑方向331°，平均厚1.0 m，体积5 304 m^3，规模等级为小型。

老树湾滑坡属于浅表层滑坡，滑带为土岩结合带，滑床主要为较完整的千枚岩和板岩。滑坡纵剖面呈前后段较薄、中部较厚的分布特征，横剖面为两侧较薄、中间较厚的分布特征，平均厚度1.0 m。滑坡体地层岩性主要为残坡积土，结构上部为第四系次生黄土，土体呈浅黄色，块状，稍湿，微具层理，松散-稍密，摇振反应迅速，无光泽反应，强度较低；下部为全风化千枚岩、板岩，岩体结构已被全部破坏，风化层手掰具黏土特性，手搓具砂质感。

5.2.3　成因分析

（1）地形地貌

滑体所在坡体剖面整体上缓下陡，上部为梯田，长50～55 m，坡度5°～15°；坡体前缘陡峭，坡度35°～42°，坡体长60～65 m。当地村民在修建房屋时，人为开挖坡脚，形成高5～8 m的高陡边坡，且无有效防护。前缘陡峻临空，整体坡度较陡，为地质灾害发育提供了有利的地形条件。

（2）地层岩性

滑坡的物质组成为第四系残坡积碎石土，土体松散，力学结构差，极易发生变形破坏。同时，该区域的下伏地层为千枚岩、板岩等软弱地层。基岩上覆盖的大量松散残坡积体，极易沿基岩-碎石土接触面发生顺层滑坡。

（3）人类工程活动

斜坡坡面被村民改造成台阶状用于耕植活动，坡脚开挖建房形成临空面。改变坡体原始状态，降低本就脆弱的坡体岩土力学性质，也是造成斜坡失稳的因素之一。

（4）降雨

区内降雨集中，暴雨多发，为地质灾害的形成创造了条件。2020年8月份以来，陇南市连续出现暴雨、大暴雨天气，短期内暴雨场次多、强度大、范围广、持续时间长、累计降雨量大。连续的强降雨使雨水不断地渗入坡体，增加岩土体的含水量，增大斜坡自重，降低坡体抗剪强度，最终导致坡体失稳滑塌，发生滑坡灾害。

5.2.4　地质灾害监测预警

5.2.4.1　风险识别

2020年8月份以来，陇南市武都区因连续强降雨导致地质灾害频发，防灾形势严峻。陇南市自然资源局武都分局按照上级统一安排，及时向各乡镇发布预警信息。同时，要求各村社党员干部组成地质灾害监测巡查队，对人口聚居区开展地质灾害排查，发现隐患及时上报。各自然资源所严格按照上级规定，落实24小时值班制度，联合乡镇政府对辖区内地质灾害隐患点开展排查。8月13日，陇南市自然资源局邀请甘肃省地质工程研究院、甘肃省地质环境监测院等6家技术支撑单位赶赴武都，协助开展地质灾害应急排查工作。各单位于8月14日晚全部到达，随时待命。

8月14日，外纳镇曹家坝社社长兼巡查员在巡查时，发现坡体后缘出现裂缝，立即将情况上报武都分局。当日，外纳镇自然资源所联合外纳镇政府主管人员对老树湾滑坡隐患点开展巡查，发现13日夜至14日10时，滑坡后缘出现张拉裂缝，坡体土体趋于饱和，遂及时上报陇南市自然资源局武都分局。

5.2.4.2 预警研判

8月15日清晨，陇南市自然资源局武都分局和技术支撑单位2名技术人员对滑坡进行应急排查。技术支撑单位依据相关规范对坡体进行全面勘查测绘（见图5-5），重点对斜坡后缘裂缝和前缘局部滑塌区域开展现场调查，向预警员了解变形发现及发展过程，并对斜坡体进行了无人机航拍。技术人员认为，多次降雨导致斜坡土体含水率趋于饱和，斜坡岩土体抗剪强度明显降低，斜坡稳定性变差。裂缝使地表水入渗作用加强，斜坡变形进一步发展，后缘裂缝加宽，并出现小的错断。滑体两侧相继出现剪切裂缝，坡脚附近岩土体被挤出。滑动面基本形成，但尚未全部贯通。随着降雨的持续，土体强度进一步降低，斜坡变形继续发展，后缘拉张裂缝继续加宽，错距不断增大，两侧羽状剪切裂缝贯通，斜坡前缘岩土体受推挤而鼓起，并出现大量鼓胀裂缝，滑坡剪出口附近渗水浑浊。滑坡各类变形迹象明显。

图5-5　应急排查组现场调查

技术人员结合滑坡坡度、高度、岩土体类型，利用经验算法得出了滑坡可能形成的滑塌区和掩埋区。据此，划定了威胁区范围，统计威胁人口20户81人，威胁土木结构房屋60间，威胁砖混结构房屋186间，威胁G212国道200 m，估算威胁财产1 111.5万元。

技术人员现场判断，滑坡体蠕动变形不断加剧，滑动面基本形成，发生大规模滑塌的风险极高。综合考虑滑坡已有变形迹象和未来72小时降雨预报，建议立即撤离受威胁群众，成立村级监测小组，24小时开展巡查。

应急排查组根据技术人员意见，立即启动地质灾害预警避险机制，召集受威胁群众召开情况说明会。陇南市自然资源局武都分局向村社干部下发地质灾害险情告知书，并要求镇、村两级干部必须高度重视，立刻组织人员撤离，严防撤离人员私自回迁。此外，区分局要求村社成立由村支书担任组长、社长担任副组长的监测预警小组。技术支撑单位建议挑选男性青壮年担任监测预警员，要求每隔2小时对斜坡变形情况进行观测记录，并培训其掌握简易的裂缝宽度测量方法，同时明确监测人员观测时需注意的事项。另外，要求镇、村干部做好群众思想工作。

5.2.4.3　避险响应

技术人员提出“立即撤离受威胁群众，成立村级监测小组，24小时开展巡查”的建议后，8月15日中午，应急排查组将排查结果、防治建议上报陇南市自然资源局武都分局和外纳镇政府。应急排查组兵分两路，一路协助村干部挨家挨户摸排，让附近有亲戚的群众尽可能投亲靠友，同时统计上报行动不便的老人和附近无法投靠亲友的群众，给他们准备帐篷、被褥；另一路协助外纳镇政府工作人员选择应急避险场所。综合考虑安全性、便捷性等要素，最终选定曹家坝村党员活动中心和村委会作为应急避难场所。

安置场所选定后，外纳镇自然资源所和外纳镇政府全力帮助群众转移。所有群众于8月15日22时前全部撤离。8月17日10时许，滑体发生剧烈滑动。由于研判准确，撤离及时，处置措施到位，滑坡没有造成人员伤亡，实现了成功避险。

5.2.5　经验与启示

老树湾滑坡成功预警得益于准确的气象预报和技术支撑单位前期精准判断。在市、区自然资源部门的统筹领导和镇、村两级地方政府的大力支撑下，受威胁群众得到及时转移安置，灾害未造成人员伤亡。

（1）群测群防是成功避险的基础

降雨发生后，群测群防员恪尽职守，按照上级自然资源部门要求，及时对坡体开展排查，发现隐患迅速上报，这为后续工作奠定了良好基础。

（2）多部门联动、高效有序配合是成功的关键

接到预警员上报后，外纳镇自然资源所、陇南市自然资源局武都分局等单位及时作出响应，组织技术支撑单位开展应急调查、排查；应急排查组收到技术人员意见和建议后，武都分局和镇、村相关地质灾害主管人员高效配合，做好群众思想工作，及时组织人员撤离，是本次成功避险的关键。

（3）技术支撑单位专业人员准确评价是成功避险的保证

技术支撑单位收到武都分局协助排查请求后，能够连夜赶赴武都，及时开展调查评价、分析研判，并提出专业准确、切实可行的建议，为老树湾滑坡成功避险提供了有力保障。

（4）坚持“人民至上、生命至上”的原则是成功避险的牢固根基

回顾老树湾滑坡从发现险情到成功避险的全过程，无论是基层预警人员，还是技术支撑单位和自然资源部门工作人员，人人心中装着人民，敢于担当，不辱使命，尽职尽责做好本职工作，且所有工作围绕人民展开，尽最大努力确保广大人民群众生命财产安全，是成功避险的牢固根基。

5.3 陇南市武都区江南街道办赵坝社区泄流坡滑坡险情成功避险案例

5.3.1 险情概况

2020年8月21日，陇南市武都区江南街道办赵坝社区泄流坡滑坡发生滑动，滑坡体上安装的滑坡监测仪触发红色预警。该滑体一旦失稳，可能引发高位滑坡，将直接威胁坡脚居民89户307人（见图5-6）。由于预报预警及时准确，应急反应行动迅速，撤离群众措施得力，居住在隐患点周围的89户307人成功避险，滑坡未造成人员伤亡。

图5-6 滑坡全貌

5.3.2 地质灾害特征

通过调查，泄流坡滑坡上发育4处次级滑坡和2处不稳定斜坡。为方便叙述，将泄流坡滑坡编号为H，4处次级滑坡由上至下依次编号为H1、H2、H3和H4，东、西两处不稳定斜坡分别编号为X1、X2（见图5-7）。各滑坡特征如下：

（1）泄流坡滑坡（H）

该滑坡发育在白龙江武都城区段右岸第一斜坡带中下部，为典型的高位滑坡-碎屑流灾害。平面形态呈沙漏形，滑坡堆积体总方量163.7万 m^3，属大型滑坡。根据滑坡几何形态及滑移堆覆特点，自上至下分为上段、中段、下段。

图5-7　泄流坡滑坡及次级滑坡分布图

滑坡上段为泄流坡滑坡（H）发育处，长310 m，平均宽163 m，平面面积50 530 m²，平均厚度17 m，体积85.9万m³，规模等级为小型。滑坡平面形态呈圈椅状，剖面形态呈台阶状，整体坡度28°，后壁处坡度44°，主滑方向46°。该段滑坡前缘高程1 183 m，后缘高程1 318 m，相对高差135 m；滑坡周界明显，左右两侧为山梁，两侧缘均有明显的凹形地形，下凹形成的坡度介于10°～20°之间；滑坡后壁近圆弧状地形展布，下错陡坎明显；滑坡后部下错高度10～35 m，坡度20°～50°。该段坡面中上部已改造为阶梯状台地，用于种植经济林，下部为直线形坡面，主要为荒地及灌木。该段滑坡前缘因H2滑坡蠕滑形成高15 m、坡度42°的高陡坎，岩土体干燥裸露，无植被覆盖。

滑坡中段属整个滑坡的锁口段，主要为泄流坡滑坡上段滑体运移流通通道，夹于左右两侧山梁之间，平面形态为长条形。中段长183 m，均宽33 m，高程1 093～1 183 m。斜坡剖面为直线形，坡向42°，整体坡度29°。该段滑坡两侧为基岩山梁，西侧山梁高度27 m，东侧山梁高度较低，约12 m。因锁口段堆积碎石土顺坡发生溜滑，在锁口段入口处形成高15 m、坡度45°的后缘陡坎。锁口段出口处受滑坡H4下滑影响，形成高7 m、坡度48°的陡坎。整个坡面为人工种植柏树林。

滑坡下段位于第一斜坡带下部至坡脚部位，为滑体经锁口段后碎屑流物质的堆覆范围。受原始斜坡地形控制，平面上形成标准的扇形堆积体。堆积扇上部宽45 m，下部宽300 m，坡面斜长240 m，面积40 963 m²，总方量77.8万m³，高程968～1 095 m，上下部高差127 m，扇形堆积体平均坡度30°，断面基本呈直线形。扇形堆积体中上部的H4滑坡失稳下滑，在扇形堆积体中上部坡向方向形成长条形凹槽，下凹深度4～5 m。扇形堆积体两侧边界为自然冲沟，两条冲沟均由两侧交汇至滑坡中段下部出口处。左侧冲沟沟道宽1～3 m，沟道比降约27°，沟岸坡度20°～32°；右侧冲沟沟道宽1～3 m，中上段沟道比降较缓，约26°，下段沟道比降约29°；两侧沟道沟口均无明显松散物质堆积。坡脚为2009年实施的H3滑坡挡土墙工程，由浆砌块石砌筑，长222 m，顶宽1.1 m，底宽1.58 m，墙高5 m，基础埋深1.5 m，墙面坡比1∶0.25。围绕山体边缘为沿两侧冲沟建设的浆砌块石排水渠，其断面为梯形，顶宽0.5 m，底宽0.3 m，高0.5 m，壁厚0.25 m。堆积扇体坡面上为当地政府部门2011年人工种植的绿化林木。

（2）H1滑坡

该滑坡周界清晰，陡坎边界明显（见图5-8），滑坡区域已形成明显的汇水洼地，前缘临空条件较好，坡面偶有间歇性水流冲刷痕迹。

图5-8　H1滑坡堆积体后部

（3）H2滑坡

该滑坡已发生整体滑移并形成独立运动块体（见图5-9）。两侧及后缘边界基岩裸露，擦痕与滑床痕迹显著，坡体结构破碎，裂缝密集发育，前缘呈现明显鼓胀与微地形起伏。由于地处狭口地段，上部坡面汇水易集中流入滑坡区，加之坡体发育的大量裂缝为水体入渗提供了通道，降雨时地表水极易渗入坡体内部并直达滑带。在降雨影响下，滑坡的稳定性将进一步降低，随着滑坡持续变形，最终可能引发失稳下滑。

图5-9　H2滑坡堆积体

（4）H3滑坡

由于在坡脚已实施支挡工程，该滑坡无明显变形迹象，整体稳定性较好，但局部微观变形较明显，主要集中在中上部坡体浅表层，其上已发育形成1处浅表层滑坡（H4）。

（5）H4滑坡

该滑坡已发生整体滑移，滑床基岩裸露，坡体结构松散，天然工况下处于蠕滑变形阶段。在降雨影响下，滑坡体呈流塑状向坡脚低速滑移，稳定性差。

（6）X1不稳定斜坡

X1不稳定斜坡变形主要表现为表层岩土体松散，坡面崩落、溜塌迹象明显，地表径流冲刷强烈，降雨对斜坡稳定性影响突出。

（7）X2不稳定斜坡

X2不稳定斜坡的基本特征与X1不稳定斜坡基本相同，坡面部分区域有溜塌现象，径流冲刷较严重，降雨对斜坡的稳定性影响较大。

5.3.3 成因分析

泄流坡滑坡形成的基础条件主要包括地形条件、地层岩性以及特殊的水文地质条件及复杂的地质构造，外部因素主要为强降雨。

5.3.3.1 地形条件

滑坡坡面倾向白龙江，坡体相对高差351 m。滑坡剖面整体呈直线形，从上至下坡度变化较大。大滑坡（H）和各次级滑坡的后缘均有陡坎，前缘均存在鼓胀。各滑坡坡面全部临空，为滑坡发生提供了有利的地形条件。

滑坡所处的武都南山第一斜坡带坡面横向剖面为凹凸起伏的波状地形，即梁沟相间、高低不平，而泄流坡上段处于漏斗状的低洼地形区域。受该地形影响，滑坡上段为整个坡面的一个优势汇水区域，坡面上松散物质汇集丰富。在雨水作用下，松散滑体物质在滑坡上段区域汇集，经狭长凹槽地形的中段流通后，散布在扇状堆积区上。因易于汇水的地形优势，在流通段和堆积区坡面形成细小的坡面径流，径流特征明显。汇流水体不仅在坡面形成径流通道，也逐渐形成新的地下运移通道，这有利于增大岩土体含水率，软化岩土体结构，降低岩土体物理力学强度。

5.3.3.2 地层岩性

滑坡所在斜坡出露地层以石炭系、志留系和第四系地层为主。志留系地层分布于坡体中下游，为滑坡主要组成物质，岩性为浅灰色千枚岩、板岩，岩层挠曲，裂隙、错断发育，表层大部分岩石为强风化层。千枚岩表层风化强烈，结构破碎，遇水极易软化且强度显著降低，属易滑易崩地层。特殊的岩体为滑坡的形成提供了有利条件。

5.3.3.3 水文地质条件

滑坡区地下水类型为堆积层松散孔隙潜水，含水层为第四系残坡积碎石土，厚度2～5 m，土体结构松散，透水性较好，下覆基岩相对隔水，透水性较差。该类地下水主要接受降雨补给，自上而下径流，在滑坡前缘以泉水形式向外排泄。其动态受季节影响较大，枯水期干涸，雨季受降雨渗入补给，大量地下水沿基岩顶面运动汇集，降低了岩土体强度，易诱发滑坡。

5.3.3.4 地质构造

滑坡发育在西秦岭纬向构造带和武都“山”字形构造带沿白龙江南岸NW—SE向分布的逆冲大断裂上。该断裂使泄流坡滑坡后缘石炭系灰岩逆冲至志留系千枚岩之上，二者之间地层破碎强烈，形成一宽约100 m的断层破碎带。断层破碎带处岩体多呈碎裂状，南侧的灰岩岩层直立，局部呈倒倾状；北侧的志留系千枚岩因受强烈挤压形成众多密集小褶皱，岩层产状变化大，裂隙发育，岩体破碎，对滑坡形成起到一定的促进作用。

5.3.3.5 持续强降雨

2020年8月12—17日，武都区遭受持续强降雨过程。强降雨主要出现在14—16日，过程最大累积降雨量为100～200 mm，小时最大降雨量为40～60 mm。17日8时—18日8时，最大雨量出现在武都区姚寨沟四合达站，达63.1 mm。8月1—20日，武都区降雨量达到百年一遇的标准。该段时间内降雨强度大，持续时间长，土壤含水率趋于饱和，极易发生滑坡等地质灾害。

5.3.4 地质灾害监测预警

5.3.4.1 预警研判

自2020年8月以来，武都区江南街道辖区连降大雨。在连续暴雨的引发下，江南街道赵坝社区泄流坡滑坡体上安装的滑坡监测仪触动红色预警。江南街道值班人员在接到红色预警后，紧急启动应急预案，时刻关注雨情、水情及滑坡变化，主动加强与气象、水利部门的联系，并使人员、车辆、防汛器材及救灾物资均处于“临战”状态。

8月17日，泄流坡滑坡点监测员观察到坡体有变形加剧迹象，坡面短时间内出现裂缝及滑动现象。发现险情后，监测员立即逐级上报，武都区政府立即组织相关人员赶赴现场查看险情，并设立警戒线，要求进一步加强监测。

5.3.4.2 避险响应

接到险情报告后，武都区江南街道办迅速启动应急响应机制，由街道主要负责人带队，组织驻社区干部、社区工作人员及预警监测员组成应急小组赶赴现场。经快速研判，当即作出紧急撤离决策：一方面由群测群防监测员通过鸣锣示警方式组织群众疏散，另一方面在隐患区域周边设置警戒线与警示标识，同步实施交通管制与危险区封闭管理。

为确保撤离工作全覆盖，街道、社区干部逐户发放撤离通知单并开展人员核查。按照“应撤尽撤、分类安置”原则，将滑坡体上方21户68名群众统一转移至江南菜市场集中安置点，坡脚区域68户259人则通过投亲靠友方式妥善安置。同时在彩虹桥、砚台社区、赵坝社区等关键节点搭建帐篷设立3处应急值班点，严格执行领导班子带班和24小时值守制度，强化动态巡查监测。

此次应急处置中，街道、社区两级干部协同作战，通过精准摸排与科学调度，高效完成受威胁群众的紧急转移工作，切实保障了人民群众生命财产安全。

5.3.5　经验与启示

①汛期地质灾害“三查”工作十分必要，应重点关注新增地质灾害隐患点及已发生变形的地质灾害隐患点。

②针对已发生明显变形的地质灾害隐患点，必须立即实施专业化监测工程并采取针对性处置措施。以泄流坡滑坡成功避险为例，其关键正在于监测预警系统及时发出险情信号，为应急响应争取了宝贵时间。

③对监测工程发现的变形现象，必须进行现场核实。核实确认后，应根据预警级别采取相应措施。

④对要求撤离的人员，必须采取强制措施，保证其安全撤离。

⑤受威胁人员撤离后，须对撤离区域进行封闭，防止人员回流。

5.4　陇南市武都区枫相乡麻地湾村李子坪社滑坡成功避险案例

5.4.1　灾情概况

2022年7月13日17时48分，陇南市武都区枫相乡麻地湾村李子坪社发生山体滑坡，致使3户房屋变形垮塌（见图5-10），并随滑坡体发生整体位移。由于预警及时、处置得当，成功避险3户13人，避免直接经济损失约60万元。该滑坡未造成人员伤亡。

图5-10　滑坡损毁坡体上房屋

5.4.2 地质灾害特征

李子坪社滑坡发育于大团鱼河左岸一级斜坡带，其后部为构造侵蚀中高山区，山区基岩陡立，坡体上覆盖大量残坡积物。该滑坡为一中型堆积体滑坡，呈西北—东南向展布，坡向129°，滑坡体高235～255 m，宽60～80 m，坡度42°～46°。滑坡平面形态为柳叶形，中间滑槽处凹陷，两侧缘突出，侧缘高出滑槽6～8 m，后壁陡立，高约22 m（见图5-11）。坡体中下部部分区域被改造为台坎状以供当地居民耕植，坡体中部部分地段削坡建房、筑路。滑坡发生滑塌处宽75 m，高245 m，体积约1.44万 m^3。坡体侧缘发育有剪切裂缝（见图5-12），裂缝长2～5 m，宽5～10 mm，深35～45 cm。灾害发生后，滑坡表层的松散碎石不时滚落。

图5-11 滑坡后壁陡立

图5-12 技术人员调查滑坡侧缘

滑坡物质组成以第四系残坡积层（Q_4^{dl+el}）碎石土为主，呈淡黄色至灰黄色。碎石土成分主要为板岩，粒径多集中在40～200 mm之间，板岩约占碎石土总量的50%；含少量粒径大于300 mm的块石，块石含量约占碎石土总量的20%，可见最大块石粒径达1.5 m；其余由粉质黏土充填胶结（见图5-13）。

根据灾害现场调查，滑坡物质中的碎石、块石磨圆度差，分选性不良，级配不均匀，结构松散紊乱，无层理特征，孔隙率大，透水性强，整体稳定性差。

图5-13　滑体物质成分

5.4.3　成因分析

经现场调查分析，滑坡成因包括内部条件和外部条件两类。内部条件包括地形地貌、地层岩性、坡体结构等；外部条件包括地下水、降雨、地震、人类工程活动等。李子坪社滑坡灾害的形成主要受以下因素的控制和影响：

（1）地形地貌

李子坪社滑坡位于武都区枫相乡麻地湾村陈家沟北岸一级斜坡带，属构造侵蚀中高山地貌。受构造抬升影响，山体拔然而起，原始地形平均坡度45°，部分基岩出露地段坡度近直立。滑坡后缘海拔1 291 m，前缘海拔1 047 m，相对高差244 m，坡度42°～46°。滑坡所在斜坡坡度大、沟谷发育、地势陡峻，为滑坡等地质灾害的发育提供了有利的地形条件。

（2）地层岩性

滑坡的组成物质为第四系残坡积层碎石土，其成分主要为粒径40～200 mm的板岩，夹杂部分粒径超过300 mm的块石，其余为粉质黏土。组成斜坡的土体松散，受持续降雨影响，土体含水率近饱和，各类组成物质之间黏结性弱，土体的力学强度差，极易发生变形破坏。同时，滑坡区下伏地层为碧口组变质板岩，产状为143°∠63°，坡向介于131°～163°之间。基岩上覆盖大量的松散残坡积体，极易沿基岩-碎石土接触面发生滑坡。

(3) 人类工程活动

随着人口增长和人类工程活动加剧，区域原始生态环境持续恶化。当地村民将斜坡改造为梯坎状进行农耕种植及房舍建设。坡体开挖、加载等人为干预，显著改变了地质条件。长期农业灌溉导致坡体含水量异常增高，岩土体抗剪强度持续衰减，进一步削弱了本就脆弱的斜坡稳定性，构成斜坡失稳的重要诱因。

(4) 降雨

区内降雨集中，暴雨频发，为地质灾害的形成创造了条件。2022年7月11—13日，陇南市连续出现暴雨、大暴雨天气，短期内暴雨场次多、强度大、范围广、持续时间长、累计降雨量大。持续降雨通过入渗作用增大岩土体孔隙水压力，显著提升坡体重量并形成动静水压力耦合作用。这种水-岩相互作用导致岩土体抗剪强度参数劣化，同时增大潜在滑带的下滑力矩，最终诱发坡体失稳滑移，形成滑坡灾害。

综上所述，李子坪社滑坡所在斜坡地形坡度陡峻、组成物质松散，这些因素是滑坡形成的必要条件。降雨冲刷坡面并渗入坡体内部破坏岩土体力学结构、降低抗剪强度，是滑坡发生的直接引发因素。同时，人类工程活动加速了滑坡的发生。

5.4.4 地质灾害监测预警

5.4.4.1 风险识别

麻地湾村李子坪社滑坡在2021年出现坡面细微裂隙及表层蠕滑现象，当地政府随即安排群测群防员进行监测预警。2022年5月，枫相乡按实战标准提前组织防汛抢险演练，有效提升了干部群众应对突发汛情险情的协同作战能力和应急处置能力。同时，村干部通过在隐患点及周边区域悬挂张贴横幅标语，发放防汛及地质灾害明白卡、避险撤离告知书，让群众更加熟知面对险情应采取的紧急措施和撤离转移路线，确保灾害发生后不慌乱、不盲目。

为压实地质灾害监测预警责任，枫相乡党委政府还建立了乡、村两级24小时值班巡查制度，明确了乡、村、社责任人，形成了由乡、村、社、群测群防员组成的四级联防网络，构筑了一张地质灾害防灾减灾“安全网”。

5.4.4.2 预警研判

2022年入汛以来，麻地湾村李子坪社滑坡监测员一直密切关注该村的安全。暴雨一来，监测员就挨家挨户提醒：“一旦发现异常，就赶紧和我联系。”监测员对重点地段每天实施监测，密切关注坡体变形动态，并划定了危险区域，制定了避险方案。

7月13日下午，群测群防员在值班巡查期间发现尹明乾、陈满廷两户的房屋后面有垮塌现象，陈玉宝家的房屋也发生开裂下沉的现象。

5.4.4.3 避险响应

7月13日，群测群防员发现险情后，第一时间向包村干部报告。同时，组织受威胁群众按避险方案撤离。随后，群测群防员进一步扩大巡查排查范围，发现从尹明乾家开始往陈家沟方向山体斜坡出现大量裂缝。于是，他和村干部组织群众第一时间在滑坡点两侧设立警戒线，并悬挂警示标语，将威胁区内的所有群众及部分财产全部转移至安全地带。应急处置结束大约1小时后滑坡发生。因干部、群众提前1小时全部撤离至安全地点，该滑坡灾害未造成人员伤亡。

5.4.5 经验与启示

①群测群防员坚守岗位，在雨季按时巡查，及时发现险情，并第一时间进行处置，是成功避险的重要因素。

②枫相乡党委政府建立了乡、村两级24小时值班巡查制度，明确乡、村、社责任人，形成乡、村、社、群测群防员四级联防网络，构筑了一张地质灾害防灾减灾“安全网”。同时，乡政府和村委会按实战要求提前进行防汛抢险演练，有效提升了干部群众应对突发灾情险情的协同作战能力和应急处置能力，这些是成功避险的基础条件。

③村干部早期在隐患点及周边区域悬挂张贴横幅标语，发放防汛及地质灾害明白卡、避险撤离告知书，确保灾害来临时群众能有条不紊地按预案进行避险，是成功避险的关键因素。

5.5 陇南市武都区安化镇槐树下村阳坡三组滑坡成功避险案例

5.5.1 灾情概况

2023年4月21日13点42分，陇南市武都区安化镇槐树下村阳坡三组发生山体滑坡（见图5-14、图5-15）。滑坡损毁农田6.5亩、0.4千伏线路0.15 km及电杆2根，造成直接经济损失约20万元。由于预警及时，安化镇政府第一时间对受威胁及影响的58户240余人进行了避险转移，避免直接经济损失约10万元。滑坡未造成人员伤亡。

图5-14 滑坡全貌

图5-15　滑坡堆积体

5.5.2　地质灾害特征

阳坡三组滑坡属老滑坡复活滑动，为推移式堆积层滑坡。滑坡平面形态呈圈椅状，长约120 m，宽约105 m，平均厚度约25 m，前后缘高差约60 m，滑向170°，平均坡度35°，平面面积约12.6万m^2，体积约31.5万m^3，规模等级属中型。

滑坡滑动后，上部黄土斜切下部黄土，泥岩混杂堆积体整体滑动，在后缘拉裂形成高22～30 m、坡度近直立的高陡后壁（见图5-16），后壁上可见明显擦痕。滑坡堆积体物质组成：后部以黄土为主，局部夹杂泥岩碎屑；中下部及前缘以黄土、砂质泥岩碎屑混杂体为主，调查时土体潮湿。

图5-16　陡峭的滑坡后壁

滑带土上部以黄土为主，下部为黄土、泥岩碎屑混杂体，土体软塑。滑床为老滑坡堆积体，成分以黄土及泥岩团块混杂体为主，结构较为致密。受后部滑体逐级传递应力，刮铲、挤压前部土体影响，滑体中后部发育两级反坡平台，平台上鼓胀裂缝广泛分布。滑坡前缘舌部已分散呈扇状，堆积于下部平台之上。根据滑动前后影像图对比分析，滑坡前缘最远滑动距离约40 m。

5.5.3　成因分析

（1）地形地貌

2008—2017年，当地取土场长期对该斜坡进行开挖取土，致使斜坡形成高约60 m、坡度近直立的高陡临空面。临空面的形成导致坡体前缘失去支撑，也为地质灾害的发生提供了有利的地形条件。

（2）地层岩性

滑坡主要物质为第四系马兰黄土，下伏新近系砂质泥岩。马兰黄土孔隙发育，结构松散，垂直节理裂隙发育，湿陷性强，遇水易崩解。下伏砂质泥岩属软岩，易风化破碎，具有一定的隔水性，遇水易泥化，属易滑地层。

（3）切坡取土

该斜坡为人工挖方边坡，长期开挖取土致使斜坡的应力发生改变。受削坡影响，该斜坡曾于2018年发生变形，坡体后缘发育数条呈环状展布的拉张裂缝，反映斜坡当时已处于累进形变状态。

（4）降雨

根据雨量资料，2023年4月20日，当地最大降雨量为32.4 mm，4月20—21日两日累计降雨量达55.3 mm。连续强降雨使大量地表水沿后缘裂缝及表层松散土体渗入，增大了坡体含水量，加大了斜坡自重，降低了岩土体抗剪强度，最终导致斜坡失稳破坏。

综上，阳坡三组滑坡是斜坡累进性破坏的必然结果。切坡形成的高陡边坡和易滑地层为滑坡灾害的发生奠定了基础。在连续强降雨的引发下，最终导致斜坡失稳发生滑动。

5.5.4　地质灾害监测预警

5.5.4.1　预警研判

2023年4月20—21日，陇南市武都区安化镇境内出现强降雨。4月20日9时，安化镇网格员李志锋在日常巡查排查过程中，发现阳坡三组滑坡所在斜坡上部原有裂缝出现向两侧延展、拉裂等变形现象，便立即上报。11时，陇南市自然资源局武都分局工作人员联合甘肃省地质环境监测院技术人员赶赴现场开展应急调查。经调查分析，技术人员判定坡体处于不稳定状态，发生灾害的可能性大，建议安化镇政府组织受威胁群众紧急避险转移，做好各项防灾准备工作，全力保障受威胁人员的生命安全。

5.5.4.2　避险响应

4月21日13时，陇南市武都区政府分管领导赶赴现场，组织镇、村、社干部25人将受滑坡直接威胁的8户居民临时转移至安全区域集中安置，并组织专人对斜坡体进行24小时监测预警，密切关注坡体动态。

13时33分，开展应急监测的安化镇网格员李志锋发现斜坡体变形量进一步增大，坡体上部裂缝已完全贯通，随时有发生滑坡的风险，随即上报了监测情况。陇南市自然资源局收到险情速报后，及时将险情报送甘肃省自然资源厅地质灾害防治技术指导中心。收到险情报送后，该中心立即派遣专家及技术人员赶赴现场，并会同市、区两级自然资源部门开展远程会商研判，认为斜坡已进入临滑状态，要求市、区自然资源部门会同安化镇政府进一步落实受威胁人员避险转移及危险区管控等工作。随后，两部门紧急组织人员让潜在影响区内的58户群众全部撤离至安化镇初级中学临时安置点，并在现场拉设警戒线，划定危险区，安排专人值守，严防人员回流。

13时42分，滑坡发生整体滑动。由于预警及时，撤离有序，未造成人员伤亡。14时，甘肃省自然资源厅地质灾害防治技术指导中心专家到达现场，会同陇南市、区两级自然资源部门有关人员共同开展应急处置工作。通过快速查明滑坡体规模、形态等特征参数，分析灾害成因机制，科学研判演化趋势，精准圈定危险范围，提出系统性防治方案，为应急处置提供了专业技术支撑，有效控制了灾情发展态势。

通过对比分析4月22日、23日两期正射影像图，发现滑坡现状无明显形变。综合分析判断，滑坡堆积体处于沉降、压密阶段，呈基本稳定状态。

5.5.5 经验与启示

5.5.5.1 经验

①陇南市、武都区两级自然资源部门协同镇、村、社负责人及网格员、群测群防员严格执行“雨前排查、雨中巡查、雨后复查”的三查制度。对排查出的隐患点，动态研判其发展变化趋势，及时进行针对性布防。发现有成灾迹象后，及时组织撤离人员。这些均是本次地质灾害成功避险的重要因素。

②自2022年4月起，武都区安化镇政府对受地质灾害威胁的群众开展了多轮防灾避险演练及防灾知识培训，有效提升了当地群众防灾减灾和避险自救意识。通过演练及培训，当地群众熟悉了撤离信号、撤离路线及临时安置场所，从而大大降低了临灾避险转移工作的组织难度，在临灾状态下合理有序地实施了避险转移，避免了人员伤亡事件的发生。

③近年来，全省建立健全了地质灾害隐患点的“县、乡、村、组”四级群测群防网络，全面落实技术支撑单位汛期驻守制度，畅通了省、市、县、乡各级自然资源部门上下联动渠道。乡镇级网格员在发现滑坡险情后第一时间上报镇政府和武都区自然资源部门；武都区自然资源部门第一时间会同专业驻守队伍进行调查评估，研判滑坡发展趋势，提出防治措施建议；省、市两级自然资源部门第一时间远程会商，对现场工作给予指导。险情判断准确，避险转移坚决果断，成为本次成功避险的关键。

5.5.5.2　启示

①陇南山地农村建房适宜场地稀少，多数村民居住于存在地质安全隐患的临沟临坎及坡脚地带。在日后宅基地建房选址时，当地政府应协调各部门统筹规划，加强农村建房选址的合理性。同时，应进一步加强对隐患点+风险区的管控，将地质灾害防治和国土空间规划、城镇开发建设有机结合，推进生态及地质灾害避险搬迁工作走深、走实，从根源上杜绝地质灾害对人民群众生命财产安全构成威胁。

②加强源头管控，严格落实工程建设危险性评估制度，强化切坡取土等单位的资质审核，督促建设单位切实履行“三同时”制度。另外，要建立定期抽查检查和通报制度，对开采、开挖程序的合法合规性等问题认真检查。对未按照要求严格落实防灾措施的单位，立即停工并限期整改。对存在弄虚作假或者故意隐瞒真实情况的，按照《地质灾害防治条例》的相关规定依法严肃处理。

5.6　天水市麦积区马跑泉镇新胜村周家湾滑坡成功避险案例

5.6.1　灾情概况

2022年8月15日中午，天水市麦积区马跑泉镇新胜村周家湾发生滑坡（见图5-17）。滑坡体后缘道路出现拉张裂缝，裂缝长约15 m，宽约20 cm。8月17日5时，周家湾滑坡再次发生变形，造成7户村民房屋及院墙倒塌、损毁（见图5-18），村道也被破坏（见图5-19），直接经济损失约200万元。本次滑坡直接威胁13户67人，间接威胁37户158人，潜在经济损失约1 000万元。

图5-17　滑坡位置及现场

图5-18　滑坡损坏房屋

图5-19　滑坡损毁村道

5.6.2　地质灾害特征

5.6.2.1　形态特征

新胜村周家湾滑坡发育于新胜村周家湾东侧黄土丘陵斜坡地带，该地带地势北高南低。滑坡平面形态呈圈椅状，主滑方向为108°，滑体长约140 m，宽约130 m，平均厚度约5 m，体积约9.10万 m^3，规模等级为小型。

滑坡坡脚高程1 420 m，坡顶高程1 460 m，相对高差40 m。滑坡坡体自然坡度15°～30°，滑坡后缘房屋东侧因滑动形成一处陡坎。陡坎高5～8 m，坡度近直立，临空面大。坡体坡顶为一平台，台面宽25～30 m，其上修建有房屋及通村道路。

5.6.2.2　土体特征

滑坡地层岩性为第四系马兰黄土，具有典型黄土特征：土体结构松散，具大孔隙，垂直节理裂隙发育，具自重湿陷性，遇水后土体力学性质显著降低。

5.6.2.3　变形特征

新胜村周家湾滑坡初始发生于2018年9月，致使坡脚北侧1户二层砖混结构房屋地基悬空，3户住宅院落整体滑塌。2020年8月15日监测显示，滑坡前缘变形速率加快，坡面持续坍塌，现场调查期间频发岩土掉块现象，房屋结构发出拉裂声响，坡体后缘道路出现延伸约15 m、张开宽20 cm的拉张裂缝。至8月17日5时，滑坡再次发生显著变形：前缘累计滑移约2 m，后缘形成高5～8 m的滑塌陡坎并伴生局部积水洼地；滑坡后缘硬化道路长约40 m发生整体错落坍塌，导致1户村民住宅及附属院墙完全倒塌。

5.6.3　成因分析

周家湾滑坡局部发生的小规模滑塌，是在特定的地形地貌、地质结构及水文地质条件下形成的斜坡变形迹象，其主控因素为自然地质作用。较陡的地形地貌、特殊的土体是滑坡产生的基础，而降雨是滑坡发生的主要引发因素。综合调查结果，滑坡形成的主要原因包括以下几方面：

（1）地形地貌

新胜村周家湾滑坡发育在黄土丘陵斜坡地带，斜坡坡度为15°～20°。滑坡所在斜坡坡体呈台阶状，前缘地形较为开阔，为滑坡的发生提供了良好的临空条件。斜坡后缘由于势能大，在重力作用下，产生了向坡底滑动的趋势。在这个趋势的作用下，斜坡上的土体就具备了滑动的动力条件。

（2）地层结构

从组成滑坡体的地层来看，滑坡主要组成物质为马兰黄土。该类土体垂直节理裂隙发育，且具有大孔隙，遇水后力学性质显著降低。在持续降雨和地震等不利因素的影响下，极易造成斜坡失稳，进而导致滑坡、崩塌等地质灾害的发生。

（3）降雨作用

降雨作用是该滑坡发生的直接诱发因素。2020年8月以来，滑坡区所在的天水市麦积区出现连续强降雨，大量的雨水汇集后通过黄土裂隙及坡顶排水渠不断渗入坡体，一部分雨水滞留于坡体浅表层，使斜坡土体含水量增加，坡体重量随之加大；另一部分雨水沿土体节理、裂隙入渗，降低了滑坡土体的抗剪强度，从而导致滑坡发生。

（4）人类工程活动

滑坡体上人类活动强烈。开挖坡脚修建房屋，破坏了坡体原有形态；修建坡脚房屋时对地基进行回填处理，导致土体结构松散；坡顶房屋密集，对坡体产生了加载效应；坡体后缘排水渠未进行硬化，地表水极易入渗，进而引发坡体变形。

（5）地震作用

地震是诱发滑坡的重要外部因素，其作用机制表现为：破坏斜坡岩土体结构，降低斜坡岩土体抗剪强度；同时地震波传播产生的惯性力可显著增大滑体重量，并形成附加下滑力。麦积区处在地震活跃带，历史地震活动频繁，区域滑坡体在地震作用下常出现变形加剧现象，这种动力扰动效应直接削弱了坡体的稳定性，加速了滑坡的进程。

5.6.4 地质灾害监测预警

5.6.4.1 风险识别

周家湾滑坡最早发生于2018年9月。2020年8月17日，滑坡灾害发生前，麦积区出现强降雨天气。2020年8月15日中午，坡面不断发生滑塌，坡体后缘道路出现拉张裂缝。8月17日5时，滑坡整体滑动，导致滑坡后缘硬化道路整体下错坍塌，形成陡坎（见图5–20）。

图5–20 滑坡后缘

5.6.4.2 避险响应

滑坡发生前，麦积区出现强降雨天气，天水市和麦积区两级政府领导及驻村干部联合村群测群防员全面加强地质灾害防范工作。滑坡灾害发生后，市、区主要领导带领相关部门和地勘单位技术人员第一时间实地查看灾情，指导防汛救灾、应急抢险和受灾群众避险安置工作。具体包括：在滑坡区域设置警戒线，并指定专人负责24小时监测值守；采用分散安置和集中安置（集中安置点选择颍川家园）相结合的方式对受威胁群众进行妥善安置。

同时，天水市自然资源局麦积分局委托甘肃省地质矿产勘查开发局第一地质矿产勘查院对灾害点开展调查工作。该技术团队迅速赶往现场，通过实地踏勘，核实了滑坡特征、规模、变形情况及影响范围，研判了灾害发展趋势，并提出了应急处置方案。

5.6.5 经验与启示

①麦积区各级党委、政府及自然资源等相关部门在深入贯彻省委、省政府关于地质灾害防治工作系列指示精神上执行有力、主动作为，将防灾措施下沉到一线和操作层面，确保在发布预警后的极短时间内，受威胁群众能够有序、高效安全撤离，创造了大灾之下零伤亡的成功典型。

②严密的地质灾害防范体系是成功避险的可靠保障，快速准确的监测预警是成功避险的前提条件，高度负责的监测人员是成功避险的关键力量，坚强有力的基层防灾队伍是成功避险的中坚力量，常态化地质灾害宣传及演练是成功避险的坚实基础。

5.7 天水市秦州区太京镇二十里铺村滑坡成功避险案例

5.7.1 灾情概况

2020年8月16日17时50分，天水市秦州区太京镇二十里铺村委会西南150 m处发生滑坡（见图5-21、图5-22）。滑坡造成4户16人受灾，掩埋房屋2户30间（见图5-23），严重损毁房屋2户20间（砖混房屋17间，土房3间），直接经济损失143万元，灾情等级为中型。由于监测预警到位，疏散转移群众及时，实现了成功避险。

图5-21　滑坡位置图

图5-22 滑坡全貌

图5-23 滑坡压埋房屋

5.7.2 地质灾害特征

根据调查，该滑坡为秦州区太京镇二十里铺村老滑坡隐患点变形破坏而发生的小型黄土滑坡。滑坡轴向长40～50 m，宽55～70 m，平均厚12 m，主滑方向98°，体积约3.51万 m^3。滑坡前后缘高差约50 m。滑塌堆积体长约80 m，宽约25 m，厚10～15 m。

滑坡相对高差25～30 m，坡面平均坡度15～20°。滑坡坡顶地形较为平缓，植被覆盖率约50%。滑坡坡顶边缘为水利部门2003年建设的体积约50 m^3的蓄水池，前缘为二十里铺村4户居民房屋及通村道路。南北两侧滑坡堆积物紧靠坡脚房屋堆积，堆积体坡度10°～15°。滑坡因滑动在后壁及侧壁形成高15～20 m的陡坎，陡坎坡度近90°。

滑坡主要地层岩性为第四系马兰黄土。该类土体受滑坡影响，结构破碎，裂缝发育，内夹杂有大量植物及根系。

5.7.3 成因分析

滑坡所在坡体主要组成物质为马兰黄土。该类土体结构松散，遇水易崩解，是产生滑坡的必要条件。降雨长期冲刷坡面，增加土体自重，降低土体抗剪强度，是滑坡发生的直接引发因素。坡脚开挖建房等人类工程活动加速了滑坡的发生。

5.7.4 地质灾害监测预警

8月16日12时左右，天水市自然资源局及时转发了甘肃省自然资源厅和甘肃省气象局联合发布的地质灾害气象风险红色预警信息。天水市自然资源局秦州分局接到预警信息后，第一时间将信息转发至全区各级群测群防员。太京镇二十铺村党支部书记兼该隐患点监测员张玉林接到预警信息后，立即对隐患进行排查。通过排查发现隐患点存在边坡失稳可能后，迅速上报镇政府及国土所，并采取人员包户的方式，严格按照省、市、区要求，对高陡崖下居民按照“应转尽转、应转早转，不落一户、不漏一人”的要求，会同镇政府和国土所人员，对危险区4户村民进行紧急撤离安置，1小时后滑坡发生。

8月16日18时30分左右，天水市自然资源局秦州分局接到太京国土所滑坡发生的报告后，第一时间邀请地勘单位技术人员赴现场开展应急调查工作，同时安置危险区群众，拉设警戒线，发放“两卡”，确定专人24小时监测，严禁村民及无关人员在滑坡危险区内活动，并对现场进行封闭管理。天水市自然资源局接到报告后，立即印发《关于做好突发地质灾害险（灾）情应急处置技术支撑的通知》，对应急处置技术支撑工作进行安排部署，并会同驻市专家赶赴现场进行指导。

5.7.5 经验与启示

（1）加大宣传力度

充分发挥“六个人人工程”的防灾作用，对地质灾害危险区群众加强地质灾害防治知识宣讲，普及地质灾害避险自救常识，进一步增强群众防灾意识和主动避让意识。

（2）发挥群测群防网格体系作用

地质灾害防治是一项庞大的系统工程，只有调动起广大基层组织和人民群众的力量，才能凝聚全民群防群治的强大合力。2020年8月，甘肃省陇东南地区遭遇强降雨期间，天水市充分发挥群测群防网络体系和协管协防责任体系的作用，不断压实各级政府和群测群防责任人的责任。特别是让村党支部书记、村主任和村民小组长担任群测群防员，充分利用他们熟悉当地情况、了解村民且富有责任心的优势，加强巡查排查，及时组织撤离避让。一旦发现险情，立即上报并迅速撤离，有效避免了人员伤亡。

（3）完善应急机制

平时的应急预案至关重要，一旦出现地质灾害险情，周密的计划才能确保将风险降至最低，相关人员也能够有条不紊地开展应急处置工作。

5.8 天水市秦安县陇城镇范吕村范家组滑坡成功避险案例

5.8.1 灾情概况

2020年8月17日15时02分，天水市秦安县陇城镇范吕村范家组发生滑坡。滑坡造成2户7人受灾，严重损毁3间砖混房屋，11间房屋出现不同程度裂缝（见图5-24、图5-25），直接经济损失约23万元。

图5-24 滑坡导致房屋出现裂缝

图5-25 滑坡后缘错台

5.8.2 地质灾害特征

范家组滑坡长70 m，宽30 m，平均厚约8 m，体积1.68万 m^3，属小型黄土滑坡。黄土层土质松散不均，疏松多孔，具有柱状节理，属湿陷性黄土。滑坡坡脚植被发育，坡体大面积土层裸露，坡率较大。由于持续降雨，黄土层渗水饱水，含水量增大后土体强度降低，重度加大，从而引发滑坡，并产生大量纵向裂缝（见图5-26、图5-27）。

5.8.3 成因分析

范家组滑坡主要组成物质为马兰黄土。该类土体节理裂隙发育，结构松散，遇水易崩解，属于易滑地层，是产生滑坡的必要条件。滑坡发生前，秦安县陇城镇遭遇连续强降雨，强降雨冲刷坡面，增加土体自重，降低土体抗剪强度，导致斜坡失稳破坏，是滑坡发生的直接引发因素。

图5-26　滑坡纵向裂缝(一)

图5-27　滑坡纵向裂缝(二)

5.8.4　地质灾害监测预警

5.8.4.1　风险识别

受2020年8月14—18日连续强降雨影响，秦安县部分地质灾害隐患点发生变形。秦安县自然资源局委托核工业天水工程勘察院对陇城镇范吕村范家组滑坡地质灾害隐患点进行排查。接到通知后，技术人员迅速组织力量开展地质灾害应急排查，并提出防灾建议和措施，防止地质灾害造成人员伤亡和财产损失。经过调查、分析、研判，范家组滑坡整体处于不稳定状态，发生滑坡灾害的可能性较大。

5.8.4.2　预警研判

根据应急排查，技术人员发现坡体局部裂缝发育，滑坡处于挤压阶段的不稳定状态，预测滑坡灾害发生的可能性大。滑坡主要威胁坡体7户约26人的生命财产安全及坡体耕地。技术人员研判，一旦灾害发生，可能造成小型险情。

5.8.4.3　避险响应

2020年8月17日，秦安县自然资源局接到甘肃省自然资源厅、天水市自然资源局发布的地质灾害气象风险预警信息后，第一时间通过政信通给全县各级群测群防员转发了预警信息。陇城镇范吕村范家组隐患点监测员杜百旺接到预警信息后，立即对该村进行了排查，发现该村2户庄院前缘出现裂缝，并存在边坡失稳的可能。将这一情况迅速上报镇政府后，他会同镇政府人员动员危险区的2户村民进行紧急撤离。8月17日15时02分，滑坡发生。由于撤离及时，未造成人员伤亡。

灾害发生后，秦安县自然资源局第一时间邀请地勘单位技术人员赴现场开展应急调查，并拉设警戒线，发放“两卡”，确定专人24小时监测预警，严禁村民及无关人员在滑坡危险区内活动。

5.8.5 经验与启示

（1）加大宣传力度

充分发挥天水市地质灾害防治“六个人人工程”的作用，对地质灾害危险区群众加强地质灾害防治知识宣讲，普及地质灾害避险自救常识，进一步增强群众防灾意识和主动避让意识。

（2）发挥群测群防网络体系作用

在滑坡发生前的强降雨期间，秦安县充分发挥已建群测群防网络体系和协管协防责任体系的作用，不断压实县、乡、村及群测群防责任人的责任。特别是由村党支部书记、村主任和村民小组长担任的群测群防员，他们不断加强对地质灾害隐患的巡查排查，一旦发现险情立即上报并及时动员群众撤离，有效避免了人员伤亡。

5.9 天水市甘谷县武家河镇吕家岘村一二组滑坡成功避险案例

5.9.1 灾情概况

2020年9月2日22时40分，甘谷县武家河镇吕家岘村一二组发生滑坡。滑坡导致5户27人受灾，其中5户的23间房屋严重损毁（见图5-28），约60 m道路和约30 m护坡受损，直接经济损失80万元。由于监测预警到位，疏散转移群众及时，实现了成功避险。

图5-28 滑坡损毁房屋

5.9.2　地质灾害特征

吕家岘村一二组滑坡为武家河镇吕家岘村一二组不稳定斜坡隐患点变形破坏而发生的小型滑坡。滑坡体长约100 m，宽约30 m，厚约20 m，体积约6万m^3，规模等级为小型。滑坡所在不稳定斜坡全长100 m，高15～20 m，坡度约78°，局部近直立，平面形态呈弧形，剖面形态呈直线型。坡体上部由第四系上更新统马兰黄土组成，垂直裂隙发育；斜坡下部为新近系泥岩，风化程度高，遇水极易软化。

不稳定斜坡前期已经采用浆砌块石挡土墙进行了治理（见图5-29）。但因已建挡土墙一坡到顶，且斜坡较陡，8月13—17日的强降雨导致斜坡发生大面积变形（见图5-30），坡顶居民房屋出现开裂，坡顶道路裂缝贯穿整个斜坡。

图5-29　滑坡发生前的斜坡

图5-30　浆砌石砌筑的斜坡变形发生滑坡

5.9.3 成因分析

（1）地层岩性

斜坡土体为第四系马兰黄土，厚5～10 m，土质疏松，具大孔隙性，垂直节理发育，利于地表水的入渗和流通。雨水入渗后会破坏土体结构，降低土体强度，为斜坡变形失稳提供了条件。

（2）地形条件

由于土地资源紧缺，村民在修建房屋院落过程中开挖坡脚，形成了高陡临空面。同时，坡顶建房增加了荷载，最终导致边坡体应力发生变化，为其失稳变形奠定了基础。

（3）降雨

降雨是吕家岘村一二组滑坡发生的主要因素。2020年8月以来，甘谷县多次遭遇强降雨，从8月14日开始，出现了连续强降雨天气，截至8月17日下午，甘谷县磐安镇降雨量达64.6 mm。长时间降雨使得坡体上部土层饱和，土体重度增大，抗剪强度降低，局部失稳并引发滑坡。

（4）地震作用

近年来地震频发，特别是2017年8月8日四川省北部阿坝州九寨沟县发生的7.0级地震，甘谷县震感明显。受地震作用影响，马兰黄土结构遭到一定破坏，稳定性下降，给土体变形提供了有利条件。同时，土体结构的破坏为雨水入渗和流通提供了通道。

（5）人类工程活动

村民在坡体上方和坡脚开挖平台、修建房屋等活动，改变了原始坡体的自然地貌形态和稳定状态，导致坡体上部荷载加大、坡脚临空面增加，加上生活用水的随意排放，进一步加剧了滑坡的发生。

5.9.4 地质灾害监测预警

2020年9月1日19时，甘谷县自然资源局及时向全县各地质灾害隐患点监测员发布了地质灾害气象风险黄色预警信息。武家河镇吕家岘村一二组监测员吕虎林接到预警信息后，立即对该处地质灾害隐患点进行排查。9月2日18时，监测员在巡查中发现斜坡裂缝变大，并将情况迅速上报武家河镇政府及磐安国土资源所，采取人员包户的方式，按照“应转早转、不落一户、不漏一人”的要求，会同镇政府和国土所人员，动员危险区5户村民进行紧急撤离。22时40分左右，滑坡发生。23时，甘谷县自然资源局接到武家河镇政府报告后，通知磐安国土所人员第一时间赶赴现场开展应急调查与处置，并转移安置危险区群众，拉设警戒线，确定专人24小时监测，严禁村民及无关人员在滑坡危险区内活动，对滑坡现场进行封闭管理，邀请地勘单位技术人员现场查看灾情。

5.9.5 经验与启示

①及时发布并高度重视地质灾害气象风险预警。市、县两级自然资源部门收到极端天气预报与地质灾害气象风险预警信息后，第一时间传达至基层群测群防员及乡、村、社负责人。各级负

责人收到相关信息后，要根据雨情、汛情、灾情，加强分析研判，提高防灾减灾思想准备。

②加强巡查排查。群测群防人员要严格落实“雨前排查、雨中巡查、雨后核查”的三查制度，如果发现异常，及时上报并随时准备避险撤离。

③加强宣传培训，增强受威胁群众防灾减灾意识和避险自救能力。确保一旦发生灾情险情，受威胁群众能够及时快速撤离至安全地带。

5.10　天水市清水县草川镇九龙村安家湾滑坡险情成功避险案例

5.10.1　险情概况

2020年8月6日，天水市清水县草川镇九龙村安家湾发生滑坡（见图5-31）。滑坡坡度较陡，前缘临空，威胁坡脚和坡顶共32户137人的生命安全，威胁财产约720万元。

图5-31　滑坡全貌卫星影像图

5.10.2　地质灾害特征

滑坡位于安家湾南面山坡，沿西北—东南向展布，平面形态呈圈椅状。滑坡主滑方向80°，坡度30°～60°，高约100 m，宽约80 m，平均厚约6 m，体积约4.8万m^3，属小型滑坡。滑坡后缘及中部裂缝发育（见图5-32、图5-33）。

图5-32　滑坡体后缘裂缝

图5-33　滑坡中部裂缝

在坡体结构上，滑坡上部土体为修建公路时回填的杂填土，夹杂有大量红色砂砾石，结构松散，地形较陡，没有完整的排水系统。公路排水渠底部破裂及雨季频繁降雨导致大量水体入渗，大部分转化为地下水以潜流方式运移至坡体中，对斜坡稳定性产生影响。从现场调查情况判断，斜坡变形已对周边村民及房屋形成较大安全隐患（见图5-34）。

图5-34　滑坡威胁坡脚村民

5.10.3　成因分析

安家湾滑坡上部土体为杂填土，吸水性强，力学性质差。陡峭的自然地形和水体入渗影响容易造成坡体失稳。此外，滑坡前缘临空条件导致坡体变形加剧。形成滑坡的主要原因有以下几点：

（1）地形地貌

该滑坡发育于黄土丘陵斜坡地带，坡高约100 m，坡度较大，临空条件好。适宜的坡度和边坡较大的高差是产生坡体失稳的基本地形条件，为滑坡发生创造了有利的地形条件。

（2）地层岩性

滑坡中下部主要由第四系马兰黄土构成，其表层结构松散、节理裂隙发育；上部为公路建设时期人工回填的高填方路段，具有强吸水特性。两者均属工程地质性质较差的地层，且为易滑岩（土）体。受滑坡体自重压力及自然固结沉降影响，滑坡后缘上部路基与下伏基岩接触带已产生明显拉裂缝。在暴雨极端天气作用下，雨水经裂缝快速下渗，致使填方土体迅速达到饱和状态。

（3）水的作用

雨水入渗是该滑坡发生蠕滑的主要诱发因素。滑坡所在斜坡土质结构疏松，坡面呈阶梯形，利于降雨入渗，易形成饱水带，使土体强度降低；坡体顶部因排水不畅，雨水汇集后沿滑体入渗。入渗水体加大了坡体自重并对滑带产生软化作用，使土体强度迅速下降，最终引发滑坡。

（4）人类工程活动

人类工程活动主要表现在坡脚建房开挖致使坡体前缘变陡，改变了坡体原始地貌形态和稳定状态，在没有任何支挡措施的情况下，局部极易发生拉裂变形、滑移垮塌。

5.10.4　地质灾害监测预警

5.10.4.1　风险研判

险情发生后，当地政府和省、市、县自然资源部门会同有关专家迅速组织应急调查组对滑坡灾害点进行排查。通过现场走访、实地勘察测绘等方法，对滑坡形态特征、岩土体成分结构、成灾条件及滑坡危险性、危害区域与风险程度等进行了调查。专家、技术人员根据技术规范，认为滑坡直接经济损失小于500万元，潜在经济损失小于5 000万元，威胁人数小于500人，故滑坡险情等级为特大型。

5.10.4.2　避险响应

灾情发生后，清水县政府在省、市自然资源部门指导下立即启动地质灾害预警响应机制，成立以镇长为组长，镇属相关部门负责人及各村主要负责人为成员的地质灾害防治工作领导小组，统筹协调全镇防灾工作。根据灾情发展态势，小组逐项落实防控措施，明确重点区域防御责任人，严格执行值班预警制度，并组织专业技术人员对滑坡体开展监测，建立镇、村、组三级地质灾害防御体系，实现隐患动态管控。

5.10.4.3 险情控制

滑坡发生后，村领导在1小时内向上级人民政府报告。镇政府应急办根据发生的地质灾害类型和预警级别启动了相关预案，并通知有关部门和天水中核建设工程有限公司（清水县技术支撑单位）的专业人员赶赴现场。在进一步了解、核实地质灾害情况，就避灾抢险、安全防范和人员安置等情况做详细部署后，公司技术人员在24小时内编制完成了《清水县草川镇九龙村安家湾自然村滑坡治理项目建议书》，并报县自然资源局。

安家湾负责人根据建议书采取了设置安全警戒线、挖排水渠、铺塑料膜和组织人员撤离等方法，成功控制了此次险情，保证了汛期村民的生命财产安全（见图5-35）。

图5-35 开挖排水渠并铺设塑料膜以防止雨水入渗

5.10.4.4 撤离避险

险情发生后，草川镇负责人及时发布预警信息，并迅速上报县人民政府及县自然资源局。在上级领导的安排部署下设置警戒区（见图5-36），组织危险区内所有群众撤离至安全地带（见图5-37）。同时，在避险场地搭建帐篷，并提供生活用品、医疗用品和交通工具等（见图5-38）。

图5-36 设置警戒线、划定安全区

图5-37 医护人员协助村民安全撤离

图5-38　安置点搭建帐篷保障生活

5.10.5　经验与启示

①走“专群结合、人技结合”的科技防灾之路是提升基层防灾能力的必然要求和可靠保障。

②安家湾根据防灾实际，通过入户宣传、召开村民会议等手段广泛开展防灾避险知识培训，通过组织开展多层级、宽领域的防灾知识宣传培训及避险演练，基层群众的警惕性越来越高，群众防灾避险意识得到显著提高。

③坚持落实汛期地质灾害防灾责任人及监测员上岗履职“一周一轮查”制度，既督促相关人员认真履职尽责，又能在第一时间了解掌握各地雨情，及时指导防灾工作有力开展。同时，坚持落实雨中巡查，确保第一时间发现险情。发现险情后第一时间发出预警，为主动避险赢得时间。

④专业单位常驻基层一线，第一时间开展隐患排查核实，指导当地防灾减灾，提升当地的防灾能力。要落实“宁可转移不发生，不可发生没转移”理念，及时组织预警区受威胁群众提前撤离避险。

⑤通过建立“一对一”帮扶措施，实现了避险撤离不漏一户、不落一人。基层政府及干部防灾工作扎实，发现险情立即组织避让撤离，认真落实避险人员管控措施，消除灾害威胁。

5.11　天水市张家川回族自治县大阳镇陈阳村五组滑坡成功避险案例

5.11.1　灾情概况

2020年8月17日17时20分，天水市张家川回族自治县大阳镇陈阳村五组发生滑坡，造成13户86人受灾，严重损毁房屋3户10间（见图5-39、图5-40），一般受损房屋49间，直接经济损失88万元，潜在经济损失约1 575万元。由于值班值守、监测预警到位，疏散转移群众及时，本次灾害未造成人员伤亡，实现了成功避险。

图 5-39　滑坡损毁房屋

图 5-40　滑坡损毁房屋院落

5.11.2　地质灾害特征

据现场调查，陈阳村五组滑坡平均宽约 255 m，长约 180 m，平均厚约 4 m，体积约 18.6 万 m^3，属浅层黄土－泥岩中型滑坡，主滑方向约 260°。滑坡平面形态呈圈椅状，坡面平均坡度约 30°，后缘较陡约 60°。滑坡所在坡体坡顶裂缝发育，但未贯通，裂缝长约 70 m，深 0.5～1.0 m，宽 0.1～0.2 m。

5.11.3　成因分析

（1）地形地貌

滑坡坡面坡度约 30°，后缘变陡，约 60°，中部主要为当地村民房屋和硬化乡村道路。地形呈台阶状，未见排水设施；滑坡前缘发育“凹”字形地形。台阶状地形及“凹”字形地形均有利于地表水汇集、入渗。特殊的地形为滑坡发生提供了有利的条件。

（2）地层岩性

滑坡上部为马兰黄土，土质疏松，结构松散，垂直节理裂隙发育；下部为泥岩，相对隔水。降雨从上部黄土入渗，在土岩分界面汇聚、径流，形成软弱结构面，导致坡体沿该软弱面发生滑动。

（3）水的作用

水体入渗加大了坡体自重，并对滑带产生软化作用，导致土体强度迅速下降，斜坡下滑力增大，抗滑力降低，斜坡极易失稳变形发生滑坡。

（4）人类工程活动

坡体上修建建筑物形成加载，坡脚建房开挖致使坡体前缘变陡，临空面增大，抗滑力降低。人类工程活动改变了坡体原始地貌形态和应力状态，使斜坡稳定性降低。

5.11.4　地质灾害监测预警

5.11.4.1　预警与排查

2020年8月17日8时20分，天水市自然资源局及时转发了甘肃省自然资源厅与甘肃省气象局联合发布的省级地质灾害气象风险预警信息。张家川县自然资源局接到预警信息后，第一时间向全县各级群测群防员转发。大阳镇陈阳村党支部书记兼该隐患点监测员马保平接到预警信息后，和监测人员立即对该村地质灾害隐患点进行了排查。

5.11.4.2　发现隐患及时撤离

在排查过程中，发现陈阳村五组存在地质灾害安全隐患。于是，采取人员包户的方式，会同镇政府和国土所人员，严格按照“应转尽转、应转早转，不落一户、不漏一人”的要求，动员危险区13户村民紧急撤离。村民撤离2小时后发生了滑坡。

下午6时10分左右，张家川县自然资源局接到大阳镇政府报告后，第一时间邀请地勘单位技术人员赴现场开展应急调查。现场指导转移安置危险区群众，拉设警戒线，发放“两卡”，确定专人24小时监测，严禁村民及无关人员在滑坡危险区域内活动，并对现场进行封闭管理。

5.11.5　经验与启示

（1）密切关注地质灾害气象风险预警

每年主汛期，市、县两级自然资源部门要高度关注天气预报和各级地质灾害气象风险预警信息，一旦收到预警信息，要及时转发，并分析研判、及时更新预警信息。一旦发现异常，快速上报，基层乡、镇、村各级政府要根据市、县地质灾害防治要求，开展相关工作，确保受威胁区人员安全。

（2）严格落实“三查”制度

严格落实汛期和雨季“三查”制度，及时发现隐患，才能有的放矢、精准施策，做好各项防控与避险措施。

（3）充分发挥基层干部群测群防作用

8月份强降雨期间，张家川回族自治县充分发挥群测群防网络体系和协管协防责任体系的作用，靠实各级政府和群测群防责任人的责任，不断加强巡查排查和监测预警，必要时及时组织撤离避让，发现险情立即上报、及时撤离，有效避免了人员伤亡。

5.12 定西市岷县中寨镇塔沟村滑坡成功避险案例

5.12.1 灾情概况

2020年8月4日22—23时，定西市岷县中寨镇塔沟村一农户住房后崖发生滑坡。滑坡造成1户3间房屋受损（见图5-41）。由于预警及时，紧急疏散转移受威胁群众，成功避免14人伤亡。

图5-41 滑坡损毁房屋

5.12.2 地质灾害特征

根据调查，中寨镇塔沟村滑坡为残坡积堆积层滑坡。滑坡平面形状较规则，剖面形态呈直线形，滑面坡度较大，约40°，滑坡长约48 m，宽约60 m，厚约2 m，体积约5 760 m^3，规模等级为小型，属于浅层牵引式小型堆积层滑坡。

5.12.3 成因分析

（1）地形条件

滑坡所在斜坡地形较陡峻，坡度约50°，前缘局部临空，坡面上发育小型冲沟。特殊的地形有利于地表水汇集，为滑坡的发生提供了有利的地形条件。

（2）地层岩性

滑坡主要组成物质为第四系残坡积物。残坡积物土质疏松，具大孔隙，透水性好，力学性质差，形成易滑地层。

(3) 持续降雨

降雨是引发和加剧地质灾害的主要因素。自2020年8月起，中寨镇遭遇连续强降雨，致使滑坡所在斜坡含水率增大，局部土体饱和，土体抗剪强度显著降低、抗滑力减小，最终导致斜坡失稳、滑坡发生。

(4) 人类工程活动

由于坡脚建房开挖，坡体前缘形成高2～5 m的临空面，进一步改变了坡体原始地貌形态和应力状态，降低了斜坡稳定性。

5.12.4　地质灾害监测预警

2020年8月4日晚，中寨镇塔沟村地质灾害隐患点监测员后建忠发现塔沟村后崖体有滑坡迹象，第一时间报告中寨镇政府。镇政府接到报告后，立即安排塔沟村对受威胁的3户村民进行疏散转移。由于预报及时、处置果断，滑坡未造成人员伤亡。

5.12.5　经验启示

①重视地质灾害气象风险预警预报。确保第一时间发现风险，发现后第一时间发出预警信息，为主动避险赢得时间。

②完善制度、规范管理是保障。市、县、乡、村自上而下联动互通，第一时间制定应急预案，发生灾情险情后迅速启动实施，确保短时间内疏散受威胁群众。严格执行地质灾害防治各项制度，在地质灾害易发区进行工程建设时，必须提前开展危险性评估，经审查认定可行后方能建设。在审批农村建房时，严格要求建房户避开易发区和危险区，选择安全地带，从源头上防止人为引发地质灾害。

③加大宣传力度。对群众加大地质灾害防治的宣讲宣传，增强群众防灾意识和主动避险意识。

④开展常态化群测群防工作。依靠基层地方政府和广大干部群众，特别是让一些村党支部书记、村主任、组长担任地质灾害群测群防员，充分发挥他们了解当地情况，熟悉村民，富有责任心，一旦遇有地质灾害灾情险情能够第一时间上报的优势。另外，要加强隐患排查，制定防灾措施，有序组织人员撤离避险。

5.13　定西市岷县西江镇粗路村林家台滑坡成功避险案例

5.13.1　灾情概况

受多日强降雨影响，2020年8月7日14时，定西市岷县西江镇粗路村林家台老滑坡发生局部复活。滑坡坡顶出现弧状裂缝，坡体中部道路出现变形（见图5-42）。复活滑坡体体积约21万m^3，规模等级为中型。滑坡造成45亩耕地受损，1处通信信号塔基础变形，直接经济损失约25万元，灾情等级为小型。

图5-42　滑坡全貌

5.13.2　地质灾害特征

5.13.2.1　滑坡基本特征

林家台滑坡属推移式粉质黏土-泥岩接触面滑坡，为老滑坡复活滑动（见图5-43），具有多级多次滑动特征。依据滑体形态特征和运动模式，滑体可分为左右两个块体（H1滑块和H2滑块）。

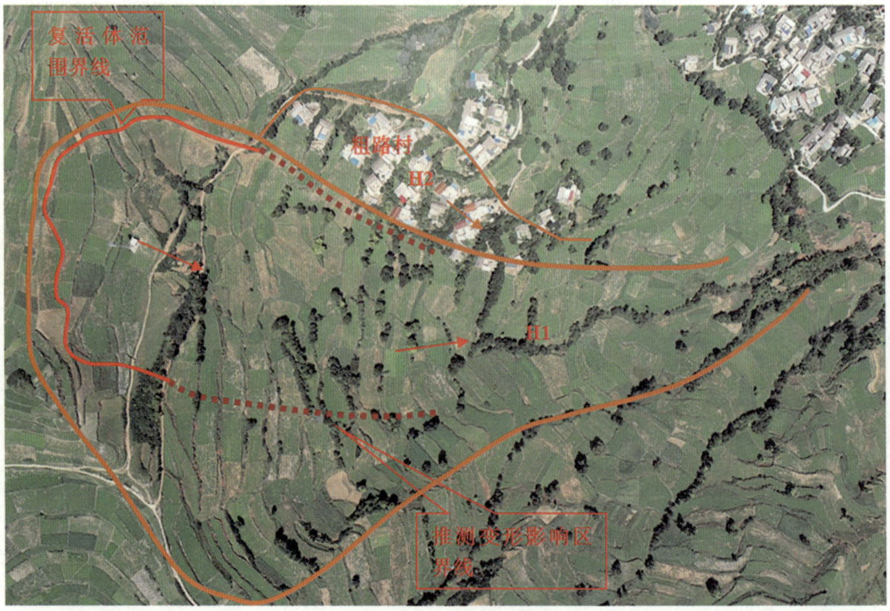

图5-43　滑坡平面示意图

①H1滑块：主要在坡体洼地内滑动，最终汇入坡脚沟谷，具有滑坡-泥流的链式特征。滑坡平面形态呈上宽下窄的不规则“喇叭状”，剖面形态呈“台阶状”。经多次滑动，H1滑块呈“叠瓦状”，坡度25°，坡向7°，平均长500 m，平均宽250，平均厚7 m，体积90万 m^3，规模等级属中型。滑块前缘受沟道地形控制，呈“S”形展布。滑体成分具双层结构，上部披覆薄层耕植土，下部为泥岩风化、泥化后形成的黏土。

②H2滑块：位于H1滑块北侧，为中型推移式黏土-泥岩接触面滑坡，平面形态呈“长条状”，剖面形态呈“阶梯状”，主滑方向80°，平均坡度约28°，平均长450 m，宽约70 m，厚约4 m，体积约13万 m^3，规模等级为中型。滑体成分与H1滑块相似，现为粗路村主要的居住用地。

此次复活块体位于H1滑块后部，属H1滑坡次级滑动。复活体为一中型推移式滑坡，平面形态呈“簸箕状”，长约160 m，宽约260 m，平均厚约5 m，体积约21万 m^3，规模等级为中型，主滑方向75°。复活体滑动后在后缘拉裂形成高1～2 m、宽约260 m、坡度约70°的圈椅状后壁；两侧侧壁轮廓清晰，沿侧壁发育多条羽状裂缝；滑坡后部发育多条垂直于滑向的拉张裂缝，宽0.5～30 cm，长3～10 m，落距20～150 cm。受后部滑体推挤，中前部鼓胀裂缝发育（见图5-44）；前缘形成鼓丘，局部已剪出，沿剪出口有地下水出露，变形迹象明显。

图5-44　变形体前缘鼓胀裂缝

滑坡体成分为黄土状粉土，受滑坡发生前降雨影响，土体松散、潮湿，多呈散乱粉状，坡面为阶梯状耕地和荒地，落水洞发育。

5.13.2.2　滑带及滑床特征

根据应急勘查综合分析判断，滑体厚度10～17 m，滑带（面）平均埋深：后缘17 m，中部15 m，前缘10 m，从后缘至前缘由厚变薄。因滑体前后缘体积所占比重不同，平均埋深估计为14 m。滑面高程由高到低，介于1 820～1 763 m之间，滑面倾向46°，其中后缘约35°，中部约17°，前缘比较平缓，约10°。

滑坡滑床为中风化泥岩，呈褐红色，成分主要为黏土矿物，泥质结构，层状构造，产状近水平，岩芯多呈短柱状，原生构造裂隙不发育，风化节理裂隙发育。该层泥岩与上部滑带土相比，力学强度较高，无扰动，钻孔岩芯完整性好，含水量低。

5.13.3 成因分析

①老滑坡是坡体变形的基础。复活体所在斜坡为一老滑坡体，为滑坡变形复活滑动提供了良好的条件。

②地层岩性。上部土层结构较为疏松，利于地表水入渗；下部泥岩相对隔水，且遇水易软化、泥化，强度降低，两者组合成不利于斜坡稳定的岩土体，为滑坡复活提供了良好的基础地质条件。

③水的作用。2020年入汛以来，岷县降雨较多，经历多轮降雨。据岷县气象部门数据，8月3—6日，粗路村累计降雨量达130 mm，较2019年同期偏多33%。同时，调查发现，复活体上部自来水管道有局部破裂现象。在长时间降雨及自来水渗漏等因素的影响下，地表水迅速渗透进入坡体孔隙裂隙中，使老滑坡岩土体含水量增加，土体呈饱和状态，不仅增大了坡体自重，而且降低了土体力学性质，最终导致滑体局部失稳复活。

④地形条件。复活体所在斜坡剖面呈阶梯状，坡度20°～25°，高差约90 m，前缘修建村路开挖形成临空面，为滑坡复活提供了有利的地形条件，促进了滑坡的滑动。

综合分析认为，林家台滑坡形成的主要原因是易滑土体在不利地层结构和地形条件控制下，受强降雨影响造成的老滑坡局部复活。

5.13.4 地质灾害监测预警

滑坡初期变形发生在2020年8月7日14时，主要变形迹象为坡顶林家台耕地内出现裂缝。至8月8日，裂缝活动相对剧烈，裂缝拉伸最宽处达1.5 m，总体位移约2.7 m，次级滑坡整体形成。8月9日滑动变缓。滑坡最终导致路面、耕地变形强烈，高压线塔倾斜。粗路村地质灾害群测群防员发现险情后，立即组织村民对附近居民进行了临时避险撤离。

5.13.5 经验与启示

①需进一步开展大比例尺区域风险调查，提高调查精度，做到隐患提早预防。同时，应加强隐患早期识别，摸清灾害底数，继续在提高孕灾机理认识程度和早期发现变形迹象上下功夫。

②群测群防员发现险情后及时撤离受威胁群众，并采用GNSS开展应急监测工作，为研判滑坡趋势提供了依据。待数据显示滑坡基本趋于稳定后再恢复生产，做到避险撤离经济有效，避免造成人员伤亡。

5.14　定西市渭源县上湾镇周家窑村池湾社池滩山体滑坡成功避险案例

5.14.1　灾情概况

2020年9月4—5日上午，定西市渭源县上湾镇周家窑村池湾社发生滑坡灾害（见图5-45）。滑坡严重损毁农户房屋及一座养殖场，并造成300 m硬化道路损毁（见图5-46），8根电力线路电杆和500 m线路受损，引洮工程400 mm主管道断裂，上湾镇周家窑村、常家坪村、朱堤村、侯家寺村及会川镇大面积停水，摧毁彩板房8间及养殖场地约500 m^2，直接经济损失约300万元，灾情等级为中型。由于预警及时，紧急疏散转移受威胁群众14户51人，成功避免伤亡7人。

图5-45　滑坡全貌

图5-46　滑坡前缘挤压错断村道

5.14.2 地质灾害特征

此次滑坡为老滑坡局部复活。老滑坡整体长约1 150 m，宽约1 000 m，坡度40°～50°，滑向280°。

滑坡复活区域位于老滑坡后缘，宽约150 m，长约360 m，堆积物厚度约10 m，坡度50°，滑向250°，体积约48万m^3，规模等级为中型。滑坡地势东高西低，实测后缘高程2 476 m，剪出口高程2 314 m，相对高差162 m。潜在滑动区域宽约300 m，长约260 m，坡度45°～50°，滑向270°。滑坡后缘坡体仍有裂隙发育，潜在滑坡体积50万～100万m^3。滑坡物质由第四系残坡积土构成，厚6～15 m，滑床由砖红色泥岩及砂质泥岩组成，属中型中层推移式滑坡。经调查，滑坡后缘裂缝增多，已滑塌区右侧区域潜在滑体也有不同程度裂缝与错台。滑坡体植被较好，据村民介绍，每次降雨过后坡面有多处小股泉水出露。坡面出露岩土体结构松散，在发生强降雨及连阴雨期间，极有可能发生滑动。

5.14.3 成因分析

经调查，滑坡物质成分主要为第四系残坡积土，土体结构疏松，有利于雨水入渗；滑坡滑床为泥岩及砂质泥岩，相对隔水，遇水后极易软化、泥化，抗剪强度顺势降低，利于滑坡的发生。2020年8月份以来，定西市渭源县各地降雨频率高、强度大，致使土体达到了湿-饱和状态，斜坡上土体自重增加，岩土体强度降低。相对隔水的泥岩及砂质泥岩地带形成软弱结构面，在重力作用下，引发了山体滑坡。

5.14.4 地质灾害监测预警

2020年9月3日，渭源县上湾镇周家窑村池湾社社长发现位于滑坡体上的房屋前有贯穿性裂缝，立即上报镇政府。接到速报后，渭源县自然资源局安排人员与上湾镇政府相关负责人立即赶赴现场查看，发现险情有继续扩大的迹象，随即组织该户居民及周边其他居民提前撤离，并将受滑坡威胁的养殖场200只羊、46头猪转移到朱堤村养殖场内暂养，安排群测群防员继续加强巡查。

9月4日16时，群测群防员听见滑体后缘发出巨大响声，有巨石滚落至滑坡两侧沟谷。9月4日18时，滑坡局部发生滑动，损毁房屋8间（见图5-47）及一养殖场（见图5-48）。由于提前转移了群众，滑坡并未造成人员伤亡。

图5-47　滑坡损毁唐仁房屋

图5-48　滑坡损毁坡脚养殖场

5.14.5　经验启示

（1）加强汛期隐患排查

降雨为渭源县境内滑坡地质灾害的主要引发因素，基层地质灾害监测员要加强雨中巡查、雨后核查，确保能够及时发现隐患，为后期防灾减灾提供依据。

（2）及时上报，快速撤离

群测群防员或村民群众一旦发现滑坡、崩塌等险情，要第一时间上报。上级部门及技术支撑单位技术人员分析研判后，要及时将受威胁群众撤离至安全地带；如果情况紧急，可由监测员组织群众及时撤离避险。

（3）做好科学选址

农村建房建厂随意性大，县级自然资源部门要督促落实好地质灾害危险性评估制度，引导村民选择安全地带建设或落实防治措施，避免在地质灾害威胁区内选址建设。

（4）加强地质灾害宣传培训

对地质灾害中高易发区群众开展常态化防灾避险知识宣传和培训，必要时开展避灾演练，提升群众识灾防灾减灾意识和避险自救能力，尤其要提升群众的主动防灾意识，变“要我防”为“我要防”。

5.15 定西市渭源县大安乡潘家湾村东坪社滑坡成功避险案例

5.15.1 灾情概况

2023年7月18日下午4点20分，定西市渭源县大安乡潘家湾村东坪社北侧斜坡发生滑坡。滑坡损毁乡村道路800 m、输电线路0.8 km及电线杆3根、自来水供水主管线100 m、耕地及农作物5.2亩、圈舍等12间，造成直接经济损失80万元，灾情等级属小型（见图5-49、图5-50）。滑坡主要威胁前缘平台南侧16户54人，威胁财产约370万元，险情等级属于小型。

图5-49 滑坡全貌

图5-50 滑坡压埋前缘电线杆及圈舍

5.15.2　地质灾害特征

东坪社滑坡为一推移式黄土-泥岩切层滑坡。按照滑坡形态和特征，可分为H1、H2、H3三个次级滑坡。滑坡平面形态总体呈“簸箕状”，长约120 m，宽约800 m，平均厚度约15 m，前后缘高差70～100 m，滑向170°，坡度16°～20°，平面面积约90 610 m^2，体积约162万m^3，规模等级为大型。滑坡在后缘拉裂形成高10～12 m、坡度近直立的高陡后壁（见图5-51）。

图5-51　滑坡后壁

滑坡堆积体物质组成：后部以黄土为主，局部夹杂泥岩碎屑；中下部及前缘以黄土、砂质泥岩碎屑混杂体为主，土体潮湿。滑带土上部以黄土为主，下部为黄土、泥岩碎屑混杂体，土体呈软塑状。滑床为老滑坡堆积体，成分以黄土及泥岩团块混杂体为主，结构较为致密。受后部滑体逐级传递应力、刮铲、挤压下部土体影响，滑体中后部发育两级反坡平台，平台上部鼓胀裂缝广泛分布。滑坡前缘已分散成块状，堆积于沟谷阶地上。

5.15.3　成因分析

（1）地形地貌

滑坡所在斜坡高约100 m，宽约1 000 m，坡度约40°。受工程建设影响，坡体下部形成高5～10 m、坡度约70°的临空面。这种前缘开阔、后缘高陡的地形为滑坡提供了有利的临空条件。

（2）地层岩性

滑坡地层岩性主要为第四系马兰黄土和新近系砂质泥岩。上部马兰黄土孔隙裂隙发育，结构松散，垂直节理发育，具有湿陷性，遇水易崩解；基底新近系砂质泥岩表层风化破碎，遇水易软化，属易滑地层。

（3）降雨

据雨量监测资料，2023年7月10—18日，大安乡单日最大降雨量为26.0 mm（7月11日），过程累计降雨量为56.8 mm。连续强降雨使大量雨水沿后缘裂缝入渗，坡体含水量增大，自重加大，土体抗剪强度降低，抗滑力减小，致使斜坡失稳破坏。

（4）人类工程活动

受前缘修建公路削坡影响，滑坡形成一定的临空面，改变了滑坡区地形条件，加剧了斜坡变形。后缘人工梯田造成局部汇水条件改变，落水洞发育，为降雨进入坡体提供了优势通道，不利于斜坡稳定。

综上，切坡修路形成的临空面和易滑地层为滑坡灾害的发生奠定了基础，坡体落水洞发育为地表水的入渗提供了优势通道，在强降雨影响下，最终导致斜坡失稳发生滑动。

5.15.4 地质灾害监测预警

5.15.4.1 预警研判

为应对汛期地质灾害防范工作，渭源县大安乡政府自2023年汛期以来，对辖区内网格员、地质灾害群测群防员开展了多轮培训，对全乡居民开展了地质灾害防灾减灾知识宣讲。实现了乡、村、社三级干部培训全覆盖，提升了全民防灾减灾意识和避险自救能力。

2023年7月18日12时，甘肃省自然资源厅、甘肃省气象局联合发布省级地质灾害气象风险黄色预警专报（第18期），预测未来24小时内，定西市陇西县、渭源县、临洮县、漳县、岷县，因气象因素致地质灾害发生的风险较高（黄色预警）。收到预警信息后，定西市自然资源局立即转发至定西市地质灾害预警信息发布微信群，要求黄色预警县做好各项地质灾害防范工作。渭源县自然资源局接到预警信息后，立即通知乡镇政府、群测群防员和驻守技术支撑单位加强巡查排查，要求一旦发生险情，立即组织受威胁人员避险撤离。

5.15.4.2 避险响应

7月17—18日，大安乡境内出现短时强降雨。7月18日15时，乡级网格员田学军在雨后巡查时，发现北侧宋家梁头山体发育裂缝长约1 km，立即敲锣预警并电话告知村级信息员李向阳。李向阳立即电话上报大安乡政府，乡政府迅速上报渭源县自然资源局，同时立即组织群众撤离（见图5-52）。

图5-52 大安乡政府紧急转移受威胁群众

渭源县县政府主要领导和县自然资源局、县应急管理局等部门主要负责人及时赶赴滑坡现场，会同技术支撑单位初步估算滑坡规模并划定危险区范围，设定警戒执勤点，指导和帮助群众撤离威胁区，共撤离受威胁群众13户24人，并安排专人对滑坡进行24小时监测预警，密切关注滑坡动态。16时20分，滑坡发生整体滑动。由于预警及时，人员撤离有序，滑坡未造成人员伤亡。

5.15.4.3　研判指导

经分析研判，7月18日23时，渭源县地质灾害应急指挥部启动全县突发地质灾害Ⅳ级应急响应，要求乡镇人民政府和县地质灾害应急指挥部各成员单位密切跟踪掌握相关险情和灾情信息及其发展态势，指导开展抢险救灾和群众转移避险工作，并及时向县突发地质灾害应急指挥部办公室报告工作情况。7月19日10时，甘肃省地质环境监测院总工程师等专家到达滑坡现场，会同定西市、渭源县两级自然资源部门相关人员共同开展应急处置技术支撑工作，第一时间查明滑坡基本特征，分析成因，研判滑坡发展趋势，划定危险区，提出防治措施建议，有效应对了本次滑坡灾情、险情。

5.15.5　经验与启示

5.15.5.1　经验

（1）地方政府主体责任深度落实，基层网格员日常工作认真负责

近年来，定西市渭源县政府始终把地质灾害防治作为人民大事要事常抓常管，建立健全“四级网格管理”机制，推行网格化管理，即乡镇干部包片、驻村干部包村、社组干部包社、党员包户。建立完备工作体系，设立网格长和网格员，压实乡、村、社负责人和网格员责任。这次发现险情的乡镇网格员田学军的日常工作职责为开展临沟、临坎、临崖地段巡查排查等工作，他发挥着地质灾害防治的“哨兵”作用。东坪社滑坡为非在库地质灾害隐患点，乡镇网格员田学军在雨后巡查核查中发现险情及时上报，充分发挥“吹哨人”作用，解决了灾害预警信息传递“最后一公里”的瓶颈问题，才有效避免了人员伤亡。

（2）地勘单位支撑靠前，有效发挥技术优势

险情出现后，甘肃省地矿局四勘院、一勘院作为定西市、渭源县两级自然资源部门技术支撑单位，第一时间会同定西市自然资源局和渭源县自然资源局相关人员开展远程会商、专家指导及应急调查工作。技术人员快速查明灾害特征，正确分析滑坡稳定性，研判滑坡发展趋势，并针对性地提出防治措施建议，指导乡、村开展人员撤离、监测预警等工作，避免了险情转化为灾情，为当地政府应急处置提供了有效支撑。

（3）省自然资源厅指导有力，地方政府响应迅速

接到险情速报后，省自然资源厅立即组织专家赶赴现场，进一步研判滑坡发展趋势，为当地应急处置提供技术支撑和决策依据。地方政府立即落实各项防灾措施，定西市委、市政府高度重视，及时安排市政府分管领导带领市自然资源等部门工作人员赴渭源县指导开展相关工作；渭源县政府第一时间对防范工作作出安排部署，成立前线指挥部，指挥协调和组织开展地质灾害应急处置。县地质灾害应急指挥部科学研判灾害发展趋势，果断启动突发地质灾害Ⅳ级应急响应。大安乡政府及时组织转移受威胁人员，对危险区实施专人管控、监测，有效保障了人民群众生命财产安全。

（4）宣传培训演练成效明显，群众防灾减灾意识显著增强

近年来，渭源县自然资源局在“5·12”防灾减灾日、重大活动等节日中加大地质灾害防治知识宣传力度，各乡镇在每年汛期对所有地质灾害隐患点周围受威胁群众进行避险演练和避险知识培训，让他们熟悉撤离信号、撤离路线及避险场所，不断增强他们的防灾能力和应急避险意识，大大降低了临灾避险转移工作的组织难度，确保在临灾状态下合理有序避险转移，避免了人员伤亡事件发生。

5.15.5.2 启示

东坪社滑坡成功避险，得益于省、市、县三级自然资源部门针对短时强降雨天气，及时组织专家会商，滚动开展监测预警，发布精细化气象风险预警信息。同时，基层网格员收到预警信息后严格执行预警响应工作要求，严格落实汛期“三查”和信息速报制度。地方政府响应迅速，果断启动应急预案，快速组织危险区内群众紧急避险。驻守单位靠前支撑，发挥技术优势，快速科学研判滑坡发展趋势。在部门联动、上下互动的科学有效防灾机制下，最终实现成功避险，有力保护了人民群众的生命财产安全。

5.16 甘南州舟曲县东山镇牙豁口滑坡成功避险案例

5.16.1 灾情概况

2019年7月16日下午4时40分，甘南州舟曲县东山镇牙豁口老滑坡后缘牙豁口段出现裂缝。复活滑坡体连续变形呈长条状以蠕滑方式向坡脚推移，从7月16日至8月11日，滑坡堆积物向坡脚蠕动，推移加载至老滑坡前缘，引发老滑坡体前缘失稳并向岷江滑动，致使前缘岷江宽度由原20 m变窄至3 m，上游岷江水位不断上升，呈半堵江状态。滑坡从后缘变形至前缘入江历时约45天，滑坡损毁X414县道3 km，摧毁农村合作社1处，直接经济损失约1.02亿元。

5.16.2 地质灾害特征

牙豁口老滑坡发育于坪定—化马断裂带上部，其主滑方向与断裂带走向近平行，属坪定—化马断裂带控制的断裂带滑坡。自有记载以来，老滑坡曾发生多次滑动，具有多级多次滑动的特征。据调查访问，该滑坡素有“10年一小滑、30年一大滑”之说，除2019年7月发生滑动外，1989年8月发生过较大规模的滑动。2019年，滑坡体自启动至停歇历时近1个月。滑坡呈流塑状沿地表断裂带“凹槽”内自上而下缓慢滑动，最终冲入岷江，形成半堵江状态，造成了严重危害。2019年滑动属牙豁口老滑坡中部的复活滑动，主要沿1989年滑动形成的凹槽滑动，运动形式、特征与1989年滑坡极为相似，但规模略小于1989年的滑坡。

调查认为，牙豁口滑坡是发育于牙豁口老滑坡的次级滑坡体，属牙豁口老滑坡中部的复活体（见图5-53），主要沿前期滑坡形成的凹槽滑动。受地形条件束缚，滑坡体在地貌形态上呈“凹槽状”，平面形态上呈狭长“蛇形”，剖面形态上呈“折线形”（见图5-54）。沿滑动方向滑坡最大长度为2 055 m，上部平均宽度为146 m，中部平均宽度为70 m，下部平均宽度为95 m，总平均宽度为104 m。滑坡面积为16.6万m^2，平均厚度为13.0 m，总体积为215.5万m^3，为一大型推移式断裂带堆积层滑坡。受地形控制，滑坡主滑方向呈不规则“S”形，滑向依次为61°（上部滑体）、74°（中部滑体）和97°（下部滑体）。滑坡体前缘海拔为1 298 m，后缘海拔为1 863 m，相对高差为565 m。滑坡整体坡度较为平缓，上部、中部、下部坡度依次为12°、16°、17°，平均坡度为15°。滑坡经过1个月的缓慢滑动，自上而下形成上、中、下三级相对独立的3个滑坡块体（见表5-1）。

图5-53　牙豁口滑坡全景图

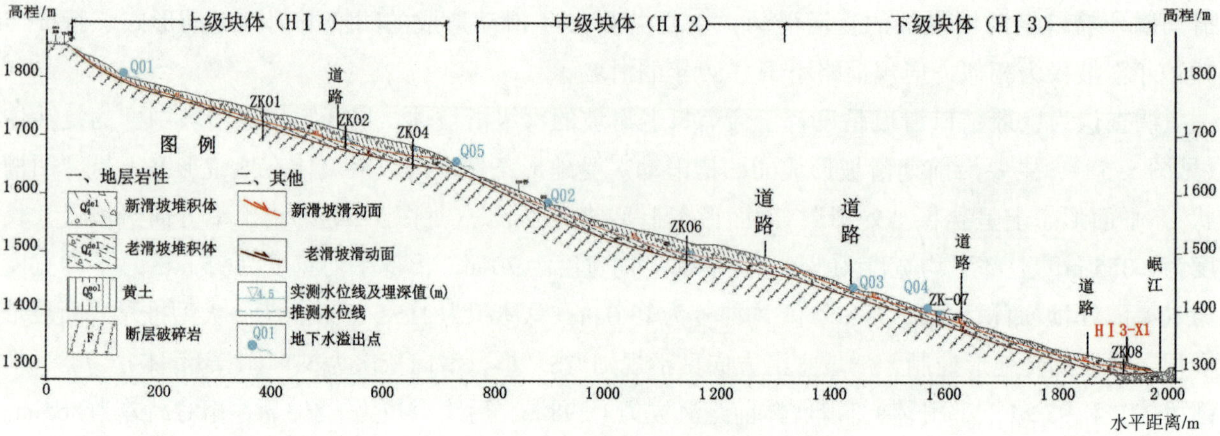

图5-54　牙豁口滑坡地质剖面图

应急处置结束后，滑坡体上道路已抢通，滑坡变形速率变缓。但在强降雨、江水冲刷等不利工况下，滑坡仍有失稳加剧形成堵江的可能，不仅直接威胁滑坡对岸化马村及下游段沿江两岸人员生命财产安全，而且将对下游陇南市区构成严重威胁。

表5-1　牙豁口滑坡基本特征一览表

编号		备注	类型	规模				规模等级	滑带特征	滑床特征
				长/m	宽/m	均厚/m	体积/万 m^3			
H		老滑坡	堆积层滑坡	2 055	455	25.6	1 308.2	特大型	炭质板岩碎屑	断层破碎岩
HⅠ	$HⅠ_1$	新滑坡上级块体	堆积层滑坡	712	158	15.2	118.5	大型	含砾黏土	碎石土
	$HⅠ_2$	新滑坡中级块体	堆积层滑坡	623	59	13.8	41.4	中型	含砾黏土	碎石土
	$HⅠ_3$	新滑坡下级块体	堆积层滑坡	673	101	10.1	55.6	中型	含砾黏土	碎石土

5.16.3　成因分析

牙豁口滑坡的形成原因复杂。根据勘查，分析认为陡峭的地形条件、软弱的岩土体组合、强烈的构造运动、降雨的入渗以及滑坡外围崩塌体的加载是滑坡灾害发生的主要原因。

（1）地形条件

地形条件是影响滑坡发育的决定因素之一。适宜的坡度和一定的高差是滑坡发生的基本地形条件。牙豁口滑坡所处斜坡陡峻，属高山峡谷地貌，滑坡后缘海拔1 863 m，前缘海拔1 300 m，相对高差563 m，表面坡度自上而下依次为13°、20°、15°，这种后缘高陡、前缘开阔的地形为滑坡的形成提供了良好的临空条件。位于斜坡高处的岩土体由于势能大，在重力作用下，产生了向坡底移动的趋势。在这个趋势力的作用下，斜坡上部的岩土体具备了一定的下滑动力条件。同时，牙豁口滑坡位于1989年滑动后的洼地内，地形上具备汇水条件，利于地表水汇流、入渗，同样不利于斜坡稳定。

（2）岩土体特性

岩土体是滑坡发育的物质基础。牙豁口老滑坡（H）发育于坪定—化马断裂带上部，滑向与断层走向平行。牙豁口滑坡（HⅠ）发育于老滑坡堆积体，为老滑坡的次级滑坡。滑体由次生黄土、风化破碎带岩体及二者混杂体组成。钻孔揭示，滑体在剖面上具双层结构，其中上部碎石土由粉质黏土混杂搓碎的灰岩、炭质板岩、千枚岩风化物等组成，属次生黄土与风化破碎带岩体混杂堆积体，裂隙发育，结构松散，且具架空结构，有利于地表水的入渗和流通；下层为炭质板岩碎屑，属风化破碎带岩体，受断裂构造和滑动扰动影响，极其破碎，遇水极易软化和泥化，强度迅速降低，工程性质极差，属于易滑地层。加之受坪定—化马断裂带影响，本组地层整体较为破碎，产状凌乱，节理发育。

由于断裂破碎带岩土体风化作用强烈，且凌乱破碎，当断裂破碎带岩土体受到滑坡体上部次级崩塌、滑坡等堆积物加载，或降雨入渗饱和后，会发生向坡体下方的塑性流动，从而导致上覆次生黄土层或软弱带出现拉裂、解体等变形。综上，上述地层岩性决定了滑坡的发生和发展。

（3）地质构造与地震

在大地构造上，滑坡区属秦岭微地块之西的秦岭造山带，该地区也是新构造运动最为强烈的地区之一。区内山势陡峻巍峨，河谷阶地发育、狭窄陡峭，显示了地壳处于长期的上升过程中，经历了多期构造运动，导致山高谷深，河流发育，且应力集中，控制着该地区滑坡的产生。

牙豁口滑坡主要受坪定—化马断裂控制，该断裂为一走滑逆冲断裂，兼有挤压性的特征，规模大，延伸长，破碎带宽度1～1.5 km。牙豁口滑坡发育在断裂带上部，滑向与断裂带走向近平行。受断裂活动的影响，斜坡岩土体结构破碎，小型褶皱、次级断裂发育。区内地质构造复杂，褶皱、断裂分布广，并且呈现出多期活动特征，次一级褶皱、断层非常发育，不同方向断裂及褶皱裂隙相互交切，使区内岩体严重破碎，为地质灾害发育提供了良好条件。地质灾害尤其是滑坡的分布及发育规模明显受该构造的控制，沿断层带滑坡成群发育，且规模大、数量多，如有锁儿头滑坡、泄流坡滑坡、中牌滑坡群等。

滑坡区处于舟曲—武都地震亚带，属于地震多发带。近年来，频繁的地震作用（“5·12”汶川地震、“8·7”九寨沟地震）松动了斜坡的岩土体结构，降低了岩土体抗剪强度指标，为后期滑坡的形成提供了软弱面，是诱发和加剧滑坡的因素之一。

（4）水的作用

1）降雨

2019年，受厄尔尼诺现象的影响，舟曲全县夏季暴雨及全年降雨量比往年平均值明显偏多。据舟曲县东山镇气象站资料，2019年5月初至7月中旬，舟曲县东山镇累计降雨量已达439.9 mm，较往年偏多两成，其中，最大降雨量在6月，当月累计降雨量达147.9 mm。由于牙豁口滑坡位于1989年滑动的洼地内，存在积水地形，地形上极具汇水条件，且滑坡体结构松散，岩土体破碎，坡面裂缝较多，为降雨入渗提供了输送通道。在强降雨或长时间降雨影响下，雨水渗透进入坡体的孔隙、裂隙中，使滑坡岩土体含水量增加。钻孔揭示，滑坡体上部的碎石土松散，具大孔隙，利于地表水入渗，而下部的炭质板岩碎屑相对致密，属相对隔水层，且遇水易软化、泥化。当地表水入渗至滑体下伏不透水层时，滑动带饱和，降低滑体和滑动带抗剪强度；当坡体饱和时，地下水位增高，地下水的动水压力和静水压力增大，坡体向下的渗透力增加，且岩土体重量增大，滑体下滑力增大，促使滑坡失稳下滑。

2）地下水软化滑面

依据调查及钻孔、物探结果，牙豁口滑坡赋存丰富的地下水，含水层位于滑坡体上部较为松散的碎石土中，致使其下部的炭质板岩碎屑饱水后软化、泥化，强度显著降低，在重力作用下滑坡失稳下滑。

（5）外围崩塌的加载

通过多期遥感影像图对比和InSRA监测分析，发现滑坡体自2017年8月以来就处于缓慢蠕动下滑状态。2017年8月，牙豁口滑坡上部左侧基岩岩壁发生崩塌地质灾害，约10万m^3的崩塌堆积体堆积于滑坡体上，对滑坡形成加载。加载后，滑坡体由缓慢蠕动状态逐步进入了蠕动变形阶段和加速变形阶段。通过InSRA监测，2018年3月22日至10月12日期间，牙豁口滑坡最大下滑位移量为42 mm。这说明崩塌体的加载是引发滑坡失稳的主要因素之一。

综上所述，牙豁口滑坡为老滑坡的复活，多年来一直处于蠕滑变形状态，加之坡体结构破碎，岩土体松散，地形上极具汇水条件。滑坡后部崩塌体的加载增大了滑坡自重，在汛期连续强降雨的入渗下导致了滑坡的发生。

5.16.4 地质灾害监测预警

5.16.4.1 风险识别

2019年7月16日16时40分，舟曲县东山镇的牙豁口老滑坡局部出现复活迹象，顶部坡体出现裂缝。舟曲县自然资源局接到群测群防员汇报后，立即联系技术支撑单位开展初步调查和监测预警工作。7月19日，滑坡后缘右侧首先发生推移式滑动，并切割左侧滑体形成牵引滑坡，随后两侧滑坡汇合后整体下滑。7月20日上午，相关部门与专家赶赴现场开展应急处置技术支撑工作，并成立舟曲县东山镇下庄村牙豁口滑坡防灾避险处置工作领导小组和前方工作组，调查和监测工作有序展开。8月11日，滑坡复活体前缘已到达岷江，部分堆积物已缓慢入江。

5.16.4.2 预警研判

滑坡地质灾害发生后，根据现场应急调查结果，工作组及时部署了卫星遥感影像解译、InSAR时序分析、无人机实时正射影像对比（图5-55）、延时摄影滑坡观测、远程激光高清视频监控、地基雷达变形监测（见图5-56）、激光三维扫描仪地形扫描（见图5-57）、GNSS位移监测（见表5-2）、裂缝仪监测、电法物理勘探等“空天地”一体化融合技术手段，对滑坡开展进一步的调查和监测预警工作。领导小组根据现场调查和监测，及时分析数据，指派专家会商讨论研判，确定滑坡发展趋势，划定滑坡危险区范围，提高工作效率和质量。根据滑坡缓慢蠕滑的特点，领导小组制定了“调查—监测—汇总—分析—专家会商—决策”的工作机制，为抢险救灾工作顺利进行提供了有力技术支撑和保障。

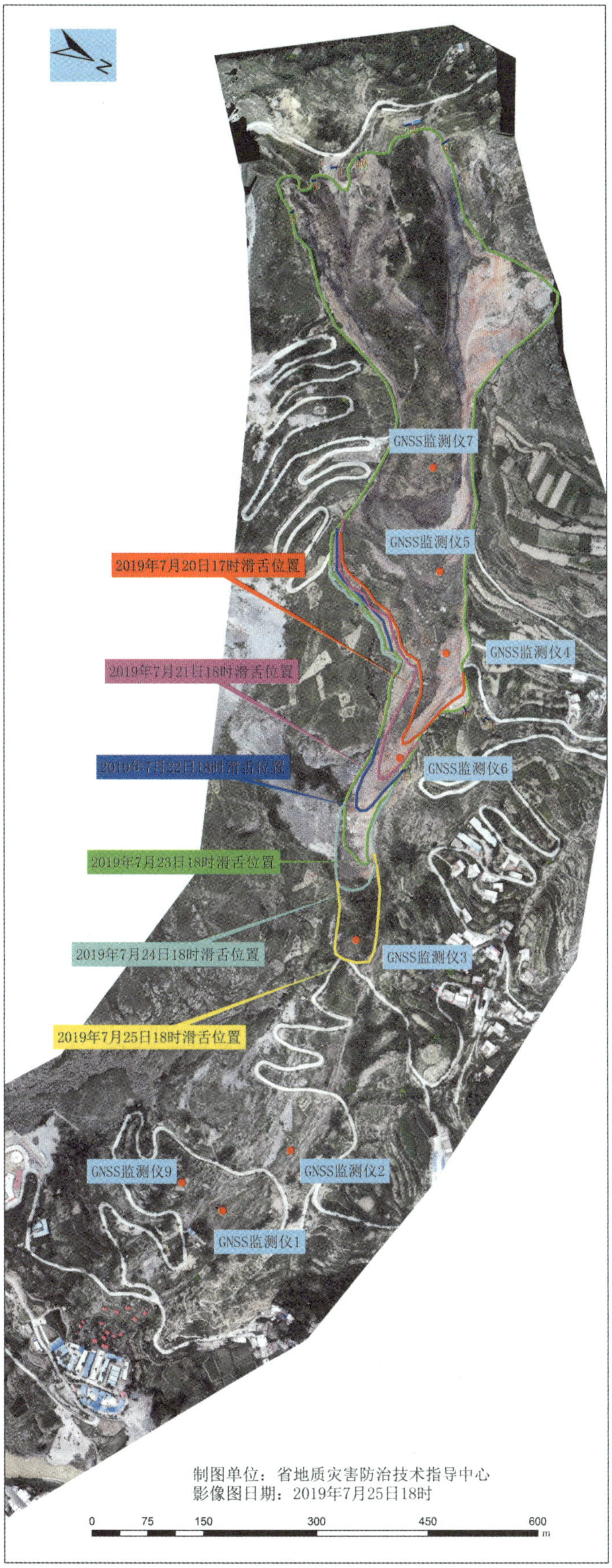

图5-55　无人机采集滑坡正射影像变形监测成果

图5-56　地基雷达监测成果

图5-57　三维激光扫描仪监测成果

表5-2　GNSS滑坡位移监测分析成果(截至2019年7月27日15时)

日期	新滑坡(GNSS监测仪5)				老滑坡(GNSS监测仪2)			
	距岷江距离/m	滑动距离/m	滑动速度/(m·h⁻¹)	推测变形区到岷江的剩余时间/h	距岷江距离/m	滑动距离/m	滑动速度/(m·h⁻¹)	推测变形区到岷江的剩余时间/h
7月23日	952	—	—	—	—	—	—	—
7月24日	901	45.6	1.900	—	880	0	0	—
7月25日	887	12.6	0.460	—	660	0.07	0.002	—
7月26日	871	13.4	0.600	—	550	0.90	0.040	—
7月27日	857	10.2	0.430	1 990	390	13.2	0.550	700

注：新滑坡为7月16日老滑坡复活部分。

5.16.4.3　避险响应

2019年7月16日，牙豁口滑坡复活后，甘肃省自然资源厅成立专门调查工作组，调派省、市、县三级自然资源部门管理人员12人，省内专家5人，省自然资源厅地质灾害防治技术指导中心、省地矿局第三地质矿产勘查院和兰州大学等单位技术人员39人，车辆15台，及时开展应急调查与处置。根据现场调查和监测结果，确定了滑坡从坡顶至坡脚缓慢变形的运动模式。7月20日，当地政府对滑坡体上的X414县道进行封闭，7月21日，将张家村、谢家村等受威胁区村民安置至滑坡北侧的稳定区域谢家村小学。根据调查、监测数据，专家组认为滑坡入江可能性较大，推测入江时间在20～30天后。据此，制定了滑坡对岸化马村的避险路线，并进行了应急演练。滑坡入江后，应急部门及时对前缘入江堆积体进行开挖，疏通江道，最终未造成堵江。8月中下旬雨季结束后，滑坡体基本稳定。

2020年，甘肃省自然资源厅批复2 000万元，用于滑坡治理。2022年1月，滑坡治理工程通过甘肃省自然资源厅的终验。

5.16.5　经验与启示

5.16.5.1　监测预警方面

牙豁口滑坡滑动过程历时长，专业技术单位利用三维激光扫描仪、地基雷达、GNSS位移监测、无人机正射影像多期比对、延时摄影观测、远程红外高清摄像头监控等设备和手段，实现了不间断从单点监测到面域监测的转变，提高了监测预警时效性和连续性，及时掌握了滑坡动态，全面实现了滑坡稳定性判定和预警目标。通过监测发现，地质灾害监测预警要依据地质灾害类型及形变特征选择适宜的监测仪器，如三维扫描仪和地基雷达由于观测频率不高，1次最快需要5分钟，主要适用于变形速度较慢的滑坡、地面塌陷、地面沉降等地质灾害，不适用于崩塌和泥石流的监测。

同时，通过“空天地”一体化技术综合应用，可准确计算滑坡规模，精确监测滑坡形变，确切了解滑坡动态，保障应急调查、应急监测、应急勘查数据的快速、精准获取，为应急治理与处置工作赢得时间。

5.16.5.2　应急处置方面

自2010年以来，甘肃省成功开展了突发地质灾害应急调查与处置工作500余次，如舟曲“8·8”暴洪泥石流、岷县“5·10”特大冰雹山洪泥石流、天水“7·25”群发性山洪泥石流、舟曲“7·12”江顶崖滑坡、舟曲“7·19”牙豁口滑坡等大型、特大型的地质灾害应急调查与处置工作，起到了良好的防灾减灾效益。针对近年来重大滑坡灾害应急处置，甘肃省吸取经验教训，总结了地质灾害应急处置工作的野外和室内工作流程（见图5-58）。

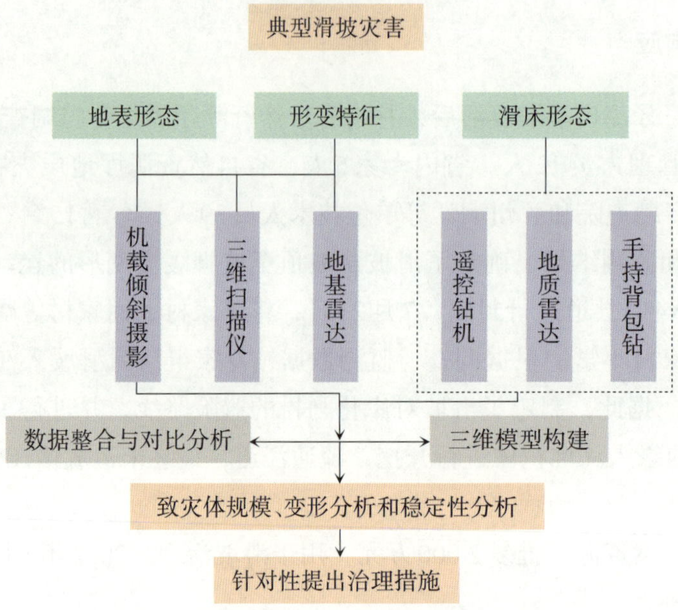

图5-58　重大滑坡灾害应急处置技术流程图

前期野外工作通过无人机、三维扫描仪等技术开展地面调查，查明致灾体整体形态特征、变形迹象等微地貌特征、成灾模式及承灾体特征；通过三维扫描仪、地基雷达、高精度GNSS等监测手段，获取边坡形变结果；通过地质雷达、高密度电法、背包钻机等勘查手段，查明滑坡体厚度、结构等基本特征。后期室内工作将整合上述数据，开展对比分析，构建三维地质模型，系统研究致灾体的规模、变形特征及稳定性状态，进而预测其发展趋势，科学划定危险区域。在此基础上，结合致灾体形变规律和演化趋势，制定针对性的防治方案。

5.17　甘南州迭部县洛大镇嘉布村三组滑坡成功避险案例

5.17.1　灾情概况

2021年10月以来，迭部县出现连续降雨天气。受多日降雨影响，10月22日6时左右，洛大镇嘉布村三组西侧滑坡发生滑动变形。滑坡破坏房屋、损毁道路，直接经济损失约200万元。滑坡发生变形迹象后，嘉布村三组群测群防员迅速发出预警信号，并立即让受滑坡威胁的村民紧急避险，在危险区外围拉设警戒线，在滑坡道路入口设立警示牌。由于预警避险及时，滑坡未造成人员伤亡。

5.17.2　地质灾害特征

嘉布村三组滑坡平面形态呈“簸箕状”，剖面形态呈不规则“折线形”，沿滑动方向最大长度为285 m。受地形的束缚，滑坡体上部在两侧山梁之间的“U”形凹槽内滑动，因中、下部地形较为平坦开阔，滑坡向两侧扩散，致使滑体平面形态在宽度上呈现中后部较窄、前部较宽的特征。根据调查，滑坡最窄处宽度70 m，最宽处宽度140 m，平均宽度87 m，面积2.5万m^2，平均厚度14 m，总体积35万m^3，为中型推移式残坡积层滑坡。

根据现场调查，嘉布村三组滑坡上部首先发生滑动，滑动后堆积至滑坡中部形成加载效应，推移中、下部滑体发生滑动。滑坡中、上部拉张裂缝发育，裂缝宽20～60 cm（见图5-59），后壁下错约50 cm，侧壁形成高2～3 m陡坎；中、下部滑体受挤压，鼓胀裂缝分布密集，裂缝宽度30～70 cm，前缘形成鼓丘。同时，滑坡北侧发育有3条拉张裂缝，裂缝宽10～30 cm，贯通长度30～80 m。

嘉布村三组滑坡造成前缘3户居民房屋及1处养殖场房舍、1处通信塔倾倒破坏（见图5-60、图5-61），坡体上通往嘉布村一组、二组的道路向下错位（见图5-62），后缘的养殖场房舍被拉裂（已废弃），坡面树木歪斜。滑坡物质组成主要为第四系残坡积碎石土，下伏志留系板岩、千枚岩等。

图5-59　滑坡后缘拉张裂缝

图5-60　滑坡前缘房屋倾倒

图5-61　滑坡前缘通信塔倾斜

图5-62 滑坡错断道路、破坏养殖场房舍

嘉布村三组滑坡厚5～15 m，剖面形态整体具有前缘、后缘较厚，中部较薄的特点。滑面高程由低到高，介于2 112～2 030 m之间，平均埋深约8.5 m。滑面倾向70°，后缘倾角35°～40°，中部倾角约20°，前缘比较平缓，倾角5°～10°。滑坡滑床为中-强风化志留系板岩、千枚岩，呈灰白色，岩层产状为250°∠25°，发育风化节理裂隙。该层基岩与上部滑带土相比，力学强度相对较高，无扰动，含水量低，为相对隔水层。滑坡体中部局部出露的滑床表面具有明显的镜面擦痕（见图5-63）。

图5-63 滑坡中部出露的滑床擦痕

5.17.3 成因分析

（1）地形地貌

嘉布村三组滑坡地处侵蚀构造高山地貌前缘，相对高差约85 m，平面形态呈“簸箕状”。滑坡上部地形为易于汇水的掌形地，且汇水面积大，为滑坡的形成提供了良好的地形条件。在重力作用下，坡体能够形成较大的下滑力，加上较好的变形空间条件，坡体容易失稳发生滑坡。

（2）地层岩性

滑坡表层覆盖第四系残坡积物，土质结构疏松，孔隙较大，易于地表水的入渗。土体物理力学性质受含水量的影响比较大，在干燥时具有较高的强度，稳定性较好，而遇水后土体的力学性质急剧下降。残坡积层下部泥盆系板岩、千枚岩为隔水层，顶部强风化，裂隙发育，容易聚集雨水形成软弱结构面，致使其物理力学性能降低，利于上部残坡积土顺坡向滑动。

（3）降雨

滑坡区降雨多以大雨及暴雨形式出现。滑坡体上覆残坡积碎石土结构较松散，具大孔隙，且坡体表面植被覆盖率低。滑坡区汇水面积大，坡面地形为容易汇水的掌形地，排水不畅导致大量雨水渗入坡体，部分雨水滞留于坡体浅表层，使坡体含水量增大，坡体重量随之增加；部分雨水沿裂隙入渗到坡体软弱带内，导致土体饱和，抗剪强度急剧降低，从而形成破裂面，进一步产生滑移变形。可见，降雨是嘉布村三组滑坡发生的主要引发因素之一。

（4）人类活动

滑坡坡面修筑有盘山的通村道路，在坡面形成四级路堑边坡及陡坎，部分陡坎坡度近乎直立，对斜坡原始地形改变较大。坡体前缘修建有村民房屋，局部进行了切坡。修路建房破坏了坡体原始形态，加大了斜坡临空面，改变了坡体应力平衡，降低了原有斜坡的稳定性，导致坡体失稳下滑。

（5）地震

滑坡区处于地震烈度较大的强地震区。滑坡区距离迭部—舟曲断裂带较近，地震活动频繁，周边发生汶川“5·12”、岷县漳县“7·22”、夏河县“5·7”等地震。地震时地壳的强烈震动，引起地动山摇，瞬间地震应力高度集中之后的重新分配过程，使斜坡土体力学性质变差，破坏了斜坡土体完整性，降低了坡体稳定性。

5.17.4 地质灾害监测预警

5.17.4.1 风险识别

嘉布村三组滑坡（原名称为赵藏村滑坡，赵藏村于2017年并入嘉布村，改为嘉布村三组）是迭部县地质灾害在库隐患点。滑坡初次滑动变形发生于2020年10月23日，并错断通往嘉布村一组、二组唯一的通村道路，威胁坡脚嘉布村三组村民。后期在甘肃省实施地质灾害防治专群结合监测预警实验点建设时，将该滑坡列为专群结合监测预警点之一，坡面安装了3台GNSS和1台声光报警器，并对坡面道路进行了简易恢复。

5.17.4.2 预警研判

2021年10月份，迭部县降雨偏多。迭部县自然资源局工作人员和支撑单位驻守技术人员通过地质灾害监测预警管理系统实时查看监测数据，发现该滑坡从10月8日开始变形趋势增大。经与当地群测群防员取得联系后得知，滑坡已出现明显变形迹象。迭部县自然资源局要求继续加大现场巡查力度。10月20日、10月21日监测数据进一步加大（见图5-64、图5-65），迭部县自然资源局要求做好受威胁群众随时撤离的准备。

滑坡发生后，滑坡堆积体较为松散、潮湿，后缘拉张裂缝连续贯通，后壁及侧壁擦痕明显，滑坡前缘临空高陡。安装的2台GNSS监测仪器滑移倾倒后，技术人员于10月24日制作临时支架，对仪器重新安装后继续进行监测，并增设2台裂缝监测仪。根据当时现场调查，由于滑坡滑动面已连续贯通，坡面裂缝分布密集，在后期持续降雨影响下，滑坡体仍处于欠稳定状态，失稳变形的可能性较大。

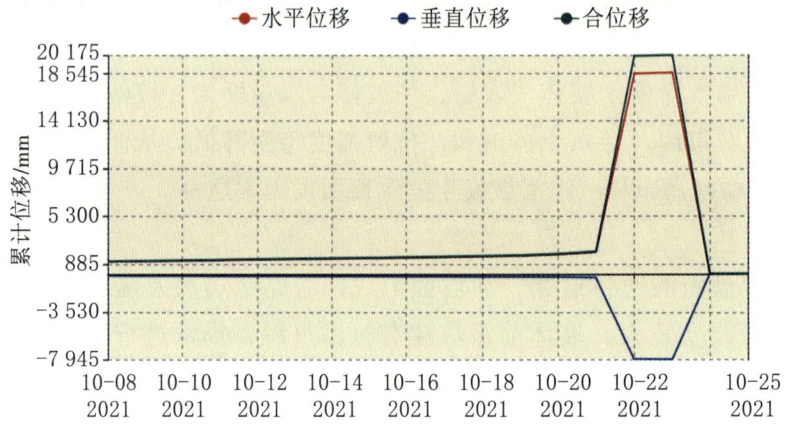

图5-64 GNSS监测变形曲线（G1GP01监测点）

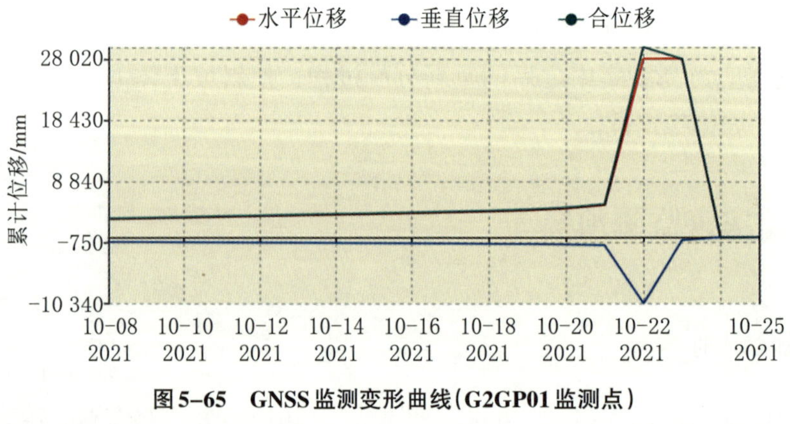

图5-65 GNSS监测变形曲线（G2GP01监测点）

5.17.4.3 避险响应

2021年10月以来，迭部县出现连续降雨天气。甘肃省自然资源厅、甘南州自然资源局、迭部县自然资源局高度重视地质灾害防治工作，要求有关部门加强监测预警。迭部县各乡镇组织地质灾害群测群防员加强值班值守及巡查排查，发现临灾征兆后立即组织群众撤离，做好地质灾害防范工作。

10月22日凌晨5时左右，迭部县洛大镇嘉布村三组村主任、地质灾害群测群防员代定红在巡查时发现嘉布村三组滑坡坡面裂缝扩大，有滑动迹象，迅速发出预警信号，并立即组织受威胁村民紧急避险撤离。由于地质灾害群测群防和监测预警工作落实到位，地质灾害应急避险演练组织成功，群测群防员对滑坡变形监测预警及时，各级政府及相关单位应急处置妥当，嘉布村三组滑坡未造成人员伤亡，实现成功避险。

5.17.5　经验与启示

①加强排查巡查，及时掌握地质灾害隐患动态。要严格落实“雨前排查、雨中巡查、雨后复查”三查制度，通过排查巡查及时掌握地质灾害隐患动态变化，适时作出科学应对处置。

②重视预警预报。要高度重视地质灾害气象风险预警工作，根据降雨情况第一时间发出预警预报，为主动避险赢得时间。

③加大防灾避险演练力度。加大乡、村、社区地质灾害防灾避险演练力度，做到乡镇和隐患点全覆盖，使群众充分掌握临灾避险信号和撤离路线，全面提升群众防灾避险意识，提高临灾避险自救能力。

④全力做好群测群防工作。充分依靠广大基层干部力量，特别是要充分发挥驻村干部、村支书、村主任、社长等人员了解当地情况、熟悉村民、富有责任心，以及日常巡查监测发生险情时能在最短时间内组织群众撤离避险的优势。

⑤及时开展灾后应急处置工作。依靠技术支撑单位专业技术力量，对地质灾害开展无人机航拍、地面调查、地形测量、监测预警等工作，及时掌握地质灾害的动态变化，查明地质灾害变化机理，分析其后期发展趋势，为地质灾害应急处置提供科学合理的意见和建议。

5.18　临夏州临夏县韩集镇滑坡群成功避险案例

5.18.1　灾情概况

受连日强降雨影响，2018年8月23日下午5时许，临夏州临夏县韩集镇北侧山体出现裂缝，并有下滑迹象。发现险情后，当地政府立即组织人员撤离群众5户42人。8月24日7时20分，山体出现大面积滑动（见图5-66），形成滑坡群。滑坡群前缘局部滑移距离10～20 m，损坏滑坡前部5户65间居民房屋（见图5-67）、4户33间商铺、韩集镇自来水管道和水塔等基础设施，掩埋坡脚S310省道北侧长约700 m的路侧排水渠与部分路面。

图5-66　滑坡现场

图5-67　滑坡损毁房屋

5.18.2　地质灾害特征

韩集镇北山滑坡群位于临夏县韩集镇西北S310省道北侧、大夏河高阶地后缘。滑坡群为一大型堆积层滑坡，由多个大小不同的滑坡组成，属典型的老滑坡复活型滑坡。根据调查，滑坡群共由大小不一的11个滑坡组成，其中1—10号组成一个滑坡群，属后缘复活加载的推移式滑坡（见图5-68），4、5、6号滑坡已发生整体滑动，厚度6～20 m，并破坏前缘房屋，压埋坡脚部分省道；11号滑坡为分散型的老滑坡前缘复活体，厚度小于10 m，为浅层小型滑坡。滑坡群涉及范围宽度约1 500 m，最大长度约380 m，平均长度约230 m，滑坡群体积估算如表5-3所示。

图5-68　滑坡群空间分布图

表5-3　韩集镇北山滑坡群体积统计表

滑坡编号	面积/m²	推测厚度/m	估算体积/m³
H1	113 15	6	67 890
H2	11 016	12	132 192

续表5-3

滑坡编号	面积/m²	推测厚度/m	估算体积/m³
H3	13 857	12	166 284
H4	64 337	15	965 055
H5	29 583	16	473 328
H6	31 578	15	473 670
H7	45 770	14	640 780
H8	51 754	12	621 048
H9	33 904	5	169 520
H10	19 696	6	118 176
H11	89 454	8	715 632
合计	402 264	—	4 543 575

滑坡群体积约454万m³，规模等级为大型。滑坡群上部坡度40°～50°，中下部坡度20°～30°。滑坡群滑体主要由第四系残坡积碎石土夹粉土组成，滑床为新近系临夏组泥岩。滑坡群发生后，主滑方向后缘形成一处滑坡洼地，洼地宽约50 m，深2～6 m，长约100 m；滑坡群后缘多处出现圈椅状错台，错台集中分布区分8～10级，高差0.5～6 m；滑体中上部发育多处拉张裂缝，裂缝长20～100 m，宽0.5～2 m，深2～15 m，上部多处低洼地带有泉水溢出，导致大部分土体处于饱和状态。灾害发生后，4、5、6号滑坡处于缓慢滑动状态（局部滑动位移达20 m，滑坡前缘已掩埋建筑设施至省道S310中部），其余滑坡处于蠕动变形状态，尚未整体失稳。

2018年，甘肃省自然资源厅批复700万元，用于滑坡群的应急治理。2021年9月，应急治理工程通过省自然资源厅组织的终验。

5.18.3　成因分析

（1）地形地貌

滑坡所在山体呈北西—南东走向，海拔2 132～2 212 m。滑坡最高点位于老滑坡北部三级平台后部的自然山体处，高程2 212 m；最低点位于西南部省道S310南侧，高程2 120 m，相对高差80～100 m。滑坡所在斜坡为锯齿形山脊和山峰，坡度较缓，15°～35°。本次滑动大部分属于老滑坡的复活，地形地貌保留了老滑坡堆积体的地形特征。滑坡滑动后形成高数米至数十米不等的后壁，后壁坡度50°～60°。后壁下部为宽数十米至三十余米的缓坡平台或反坡洼地，中部发育较多的鼓包或垄岗地，下部地形多为缓坡。这种上陡中平下缓的地形不利于水体排泄，强降雨造成大量地表水汇聚、入渗。调查时发现数目众多的积水洼地或地下水溢出带，说明滑坡群地形不利于地表水和地下水的排泄。斜坡中下部为缓坡地形，形成一定的临空面，没有有效的阻滑体。

（2）地层岩性

滑坡群的发生与以下地层岩性有关：

①新近系（N）：岩性为泥岩，呈褐红色—灰绿色，泥质结构，层状构造，泥质胶结；浸水易软化，干燥时易发生崩解；表面风化强烈，结构破碎，向下风化逐渐变弱。主要构成滑坡群的基底，层面坡度变化较大，厚度大，形成隔水层，为地下水汇聚提供了条件。

②第四系全新统（Q_4）：主要为广泛分布的第四系松散堆积物。堆积物成因类型较多，厚度变化较大，有坡脚大夏河的阶地冲洪积物、坡体上的坡残积物及重力侵蚀堆积物等。与地质灾害发育密切相关的主要是滑坡、崩塌等重力侵蚀堆积物，地层岩性以碎石土为主，土体松散，为雨水入渗提供了条件。其中滑坡堆积物（Q_4^{del}）为整个老滑坡堆积物，主要包含老滑坡堆积物和本次滑坡群堆积物。老滑坡堆积物由多次基岩滑坡堆积形成，基本保留了滑动前的岩层结构特征，覆盖于大夏河河流阶地冲洪积物上，厚10～30 m。老滑坡堆积物下部为强风化、中风化泥岩和砂质泥岩。本次滑坡群堆积物主要为老滑坡上的堆积层，厚8～30 m，物质松散，稳定性差，是本次滑坡形成的主要物质基础。

（3）地质构造及地震

滑坡群位于临夏县中部，区内褶皱、断裂构造不发育。第四纪以来，滑坡群所在区域的构造运动主要表现为老构造运动的复活和大面积不均匀升降。老构造运动复活主要表现为石门滩至新发断裂带，隆起的继续抬升使下部老地层出露，河床变窄，河床堆积物变薄，两岸形成不对称的基座阶地。临夏县位于青藏高原东北部地震区的天水—兰州—河西走廊地震带，历史上曾发生过多次地震。据《甘肃省地震志》记载，自汉和帝五年以来，境内发生的地震或波及临夏县造成灾害的地震有10余次。根据《中国地震动参数区划图》和《建筑抗震设计规范》，临夏县韩集镇地震动峰值加速度为0.10 g，地震动反应谱特征周期为0.45 s。

（4）水文地质条件

滑坡群地下水主要为滑坡群堆积体上的松散岩类孔隙潜水。该类地下水赋存于滑坡群堆积体中，水位埋深较浅，补给以大气降雨和侧向补给为主。滑坡群地下水接收补给后，沿滑坡体中碎石土层自高处向低处径流，在低洼处以泉水形式排出地表，然后在松散碎石土分布地带又渗入滑坡转化为地下水继续向低处径流。地下水入渗使局部滑带土长期处于饱和状态，可降低滑带土力学强度，减小其抗滑力，有利于滑坡形成。

（5）人类工程活动

人类工程活动是该滑坡群的主要引发因素之一，主要表现为在滑坡群前缘削坡建房、开挖修路。开挖使滑坡群前缘形成高陡临空面，改变了原始坡体自然地貌形态，破坏了坡体稳定状态。同时，坡体上村民大面积开垦耕地，致使土体更加松散，易于水体入渗；加上排水设施不完善，雨水入渗抬升地下水位，产生水压力，并增加土体重度，降低土体抗剪强度，为滑坡群的发生提供了条件。

5.18.4　地质灾害监测预警

5.18.4.1　监测预警与信息上报

8月23日下午5时，韩集镇北侧山体附近群众、监测员发现韩集镇北侧山体出现裂缝，立即告知村干部。村干部及时上报韩集镇政府，镇政府接到报告后上报原临夏县国土资源局，原临夏县国土资源局及时向临夏县人民政府进行了汇报。

县政府接到报告后，立即决定由隐患点监测人员发布紧急撤离信号，并由镇政府、原县国土资源局、村委会工作人员组织疏散受威胁人员，转移重要财产，同时将有关重要信息快速报告上级主管部门，并启动相应的地质灾害应急预案。

5.18.4.2　紧急撤离与启动应急响应

原临夏县国土资源局值班人员和韩集镇政府值班人员接到临夏县政府避险通知后，立即组织党员干部通过吹喇叭、敲锣等预警方式引导当地185户962名村民疏散转移。

8月24日7时20分，韩集镇北侧山体滑坡群变形加剧，5户群众房屋开始陆续倒塌，4户群众33间铺面也随之倒塌。

灾情发生后，临夏县委、县政府高度重视，及时启动县级突发地质灾害Ⅰ级响应，开展群众避险转移和抢险救灾工作，第一时间调集公安、交警、消防救援人员与全县各级各部门深入重点区域核查灾情、疏导群众，全力开展防灾救灾工作。紧急成立“8·24”临夏县韩集镇地质灾害抢险救灾领导小组，下设临时安置组、医疗救助组、排查抢险组、交通抢修组等6个小组，连夜转移安置受灾群众。领导小组要求同步开展道路险情排查及道路抢修、受灾情况统计核查、电力抢修、地质灾害排查等各项救援工作，并就下一步防灾预案完善和灾民避险安置等工作作出了具体部署。

5.18.5　经验与启示

成功避让该起群发性地质灾害，主要得益于以下几个方面：

①临夏县政府高度重视地质灾害防治工作，责任落实到位。进入2018年汛期以后，原临夏县国土资源局组织力量，及时开展地质灾害险情巡查排查工作，做到了地质灾害隐患早发现、早防范、早处置。

②预警机制健全，相关部门密切协作。临夏县建成县、乡、村、社四级群测群防网络，确保地质灾害气象风险预警信息能够及时传达到乡、村、社干部和一线防灾相关责任人。

③强化地质灾害宣传培训和应急避险演练。临夏县积极开展地质灾害宣传培训和应急避险演练，使广大干部群众更加了解自己所处环境，全面掌握地质灾害巡查监测和预警预报方法，增强识灾、防灾、避灾意识，积极配合、主动参与到地质灾害防灾避险各项工作中。这些都为这起滑坡群的成功避险奠定了坚实的基础。

5.19 平凉市华亭市神峪乡九一沟村牛槽社滑坡成功避险案例

5.19.1 灾情概况

2020年8月18日下午4时30分，平凉市华亭市神峪乡九一沟村牛槽社发生山体滑坡。滑坡损毁村民房屋（见图5-69）、错断道路（见图5-70、图5-71）。因当地政府及相关部门及时发布地质灾害气象风险预警信息，采取入户发放地质灾害防灾明白卡、组织群众疏散撤离、设立警戒线等措施，成功避免了4户16人伤亡，避免经济损失39万元，实现了成功避险。

图5-69　滑坡损毁房屋

图5-70　滑坡错断道路

图5-71　滑坡错断水泥道路

5.19.2 地质灾害特征

根据调查，牛槽社滑坡平面形状较规则，呈矩形，剖面形态呈直线形。滑面坡度较大，约

50°。滑坡长约260 m，宽230 m，厚约5 m，体积约29.9万m^3，规模等级为中型，属于浅层牵引式中型黄土滑坡（见图5-72）。

图5-72　滑坡滑面

5.19.3　成因分析

（1）地形条件

牛槽社滑坡地处黄土丘陵地貌。根据滑坡滑面坡度（50°），并参考周围未滑斜坡段，调查认为滑坡所在斜坡坡度超过50°，坡脚更陡，最陡处坡度可达70°，坡高12～20 m。坡脚为村民房屋，斜坡临空面大。这种高陡临空地形为斜坡失稳发生滑坡提供了有利的地形条件。

（2）地层岩性

滑坡区的地层岩性为第四系上更新统马兰黄土。黄土土质疏松，具大孔隙性，垂直节理发育，湿陷性强，力学性质较差，遇水易崩解，产生裂缝，有利于地表水的入渗和流通。地下水沿着裂缝进入土体，软化黄土形成滑面。

（3）持续降雨

降雨是引发和加剧地质灾害的主要因素。自2020年6月起，华亭市连续降雨。进入8月份以来，气象部门多次发布暴雨蓝色预警，华亭市降雨量达到高峰，平均降雨量为2019年同期的数倍。8月1—17日，华亭市降水量达174.7mm。这轮降雨具有雨量大、范围广、时间长等特点，使得土体趋于饱和（见图5-73）。饱和后的斜坡土体抗剪强度指标显著降低，抗滑力减小，斜坡容易失稳，导致滑坡发生。

图5-73　持续降雨导致土体饱和

（4）人类工程活动

根据调查，当地群众在滑坡所在斜坡坡脚开挖修建房屋，进一步增大了斜坡坡度和临空面，加之坡顶有村民居住，形成加载效应，进一步加剧了斜坡失稳。

5.19.4　地质灾害监测预警

8月16日11时，平凉市自然资源局联合市应急管理局、市气象局发布市级地质灾害气象风险预警信息（第34期），预报全市未来24小时因气象因素引发地质灾害的风险高（橙色预警）。

随后，华亭市自然资源局组织技术人员开展地质灾害隐患排查。在神峪乡排查时发现，神峪乡九一沟村牛槽社一路面出现滑裂迹象，立即向周边受威胁群众发放了地质灾害防灾明白卡，组织4户16名群众紧急撤离，并在受威胁区域竖立警示牌，拉设警戒线。8月18日16时30分，该处发生山体滑坡，损毁房屋13间，地表多处出现塌陷及裂缝。接到灾情报告后，华亭市自然资源局排查组人员立即赶到现场，配合神峪乡政府开展应急处置。由于预报及时、处置果断，这次滑坡未造成人员伤亡。

紧急处置的同时，华亭市自然资源局立即联系技术支撑单位专家对该滑坡进行了应急调查（见图5-74）。

图5-74 技术人员开展应急调查

5.19.5 经验启示

①提前分析研判，扎实开展隐患排查。要高度重视地质灾害气象风险预警信息，第一时间发出预警预报，针对地质灾害预警等级超前谋划，预判风险，及时安排部署，组织专业技术人员开展实地排查巡查。对地质灾害风险较大区域进行重点排查，对排查出的隐患立即采取处置措施，为主动避险赢得时间。

②加大宣传培训力度。加强对基层群测群防员的地质灾害防治业务知识培训，对当地群众进行地质灾害防治知识宣传和普及，全面提升群众防灾避险和应急自救能力。

③完善群测群防监测预警体系。充分依靠广大群测群防员力量，对地质灾害风险隐患点进行经常性巡查检查，监测变形情况，一旦发现灾情和险情，第一时间上报相关部门进行紧急处置。

④规范农村依山建房活动，加强危旧房屋维护，增强群众防灾减灾意识。农村建房过程中，需充分宣传地质灾害防灾减灾知识，引导群众树立地质灾害防灾避险意识，避免在地质灾害易发区选址建房。同时，要加强危旧房屋维护，及时回填、处理房屋裂缝，确保人员安全，实现人与自然和谐发展。

5.20 平凉市庄浪县盘安镇王上庄村三社滑坡成功避险案例

5.20.1 灾情概况

由于持续降雨，2020年8月29日21时20分，平凉市庄浪县盘安镇王上庄村三社发生滑坡地质灾害。滑坡造成王上庄村三社8户34名群众房屋、粮食等财产不同程度受损（见图5-75），直接经济损失达103.62万元。因2020年汛期前对该滑坡隐患点安装了滑坡裂缝报警仪，市、县两级自然资源部门及时发布地质灾害气象风险预警信息，乡村群测群防员及时预警，盘安镇政府提前疏散、撤离受威胁群众，避免了人员伤亡，实现了成功避险。

图5-75　滑坡损毁房屋

5.20.2　地质灾害特征

王上庄村三社滑坡位于庄浪县盘安镇王上庄村三社南侧。滑坡长约16 m，宽50 m，厚3～5 m，滑坡体积约3 000 m^3，规模等级为小型。滑坡主滑方向214°，西侧有泉水出露。该滑坡为我省黄土地区一处典型的农村房前屋后斜坡失稳形成的滑坡地质灾害。

滑坡所在斜坡地处庄浪县构造侵蚀堆积黄土低山丘陵地貌，坡体平面形态呈“条带状”（见图5-76），呈北西—南东向展布，剖面形态呈“阶梯状”，斜坡坡度约55°，坡宽约110 m，坡高8～10 m，坡向214°。根据调查，2017年汛期连续降雨，该段斜坡局部出现小规模滑塌，未造成人员伤亡。

图5-76　王上庄村三社滑坡及所在斜坡位置图

5.20.3　成因分析

滑坡所在斜坡坡度较陡，前缘由于切坡建房局部临空，为滑坡创造了有利的地形条件。滑坡所在斜坡地层岩性主要为第四系上更新统马兰黄土，土体结构疏松，发育大孔隙和垂直节理，有利于降雨入渗。该类土体遇水后极易软化、崩解，导致抗剪强度显著降低，进而加剧斜坡变形破坏。2020年8月份以来，平凉市境内各地降雨频率高、强度大，致使土体达到了湿-饱和状态，土质斜坡重量增加，强度降低。在重力作用下，斜坡失稳发生滑坡灾害。

5.20.4　地质灾害监测预警

5.20.4.1　风险预警

2020年8月29日12时17分，平凉市地质灾害应急中心联合市应急管理局、市气象局发布地质灾害气象风险预警信息（第36期），预报全市未来24小时因气象因素引发地质灾害的风险较高（黄色预警），要求各县（市、区）注意防范应对持续降雨引发的崩塌、滑坡等地质灾害。随后，庄浪县自然资源局结合当地气象及地质灾害隐患实际情况，及时向各乡镇发布了庄浪县地质灾害气象风险预警信息（黄色预警）。

5.20.4.2　监测预警与避险撤离

8月29日晚，庄浪县盘安镇王上庄村三社地质灾害监测员在巡查隐患点时发现，本村安装的滑坡裂缝报警仪发出响声。由于庄浪县自然资源局在汛前开展了滑坡裂缝报警仪预警方式培训，两位监测员将自己发现的裂缝报警仪发出的警报情况第一时间上报盘安镇政府。盘安镇政府与庄浪县自然资源局会商后，紧急对受不稳定斜坡威胁的8户34名群众进行了疏散撤离。8月29日21时20分，斜坡失稳发生滑坡。由于预报及时、处置果断，滑坡未造成人员伤亡。

5.20.5　经验启示

由于当地政府部门不断完善地质灾害快速应急反应机制，安装在滑坡隐患点上的伸缩仪及时发出报警，镇、村、社干部第一时间发布预警避灾信息，并组织受威胁群众按照撤离路线有序撤离至避灾场所。灾害发生时，滑坡危险区域内人员已全部安全撤离，滑坡未造成人员伤亡。主要启示有以下几点：

（1）重视预警预报，完善各项制度

要第一时间发现险情，第一时间预警预报，为主动避险赢得时间。县、乡、村加强上下联动，确保预警信息和政令畅通。同时，要第一时间启动应急处置预案，及时避险撤离。

（2）加强排查巡查，掌握隐患变化

严格落实“雨前排查、雨中巡查、雨后复查”的三查制度，通过排查巡查及时发现问题，及时掌握隐患点变化情况，做到科学预测、精准施策。

(3) 加大宣传培训力度

加强基层群测群防员地质灾害防治业务知识培训，积极开展面向基层群众的地质灾害防灾避险知识宣传，完善专群结合监测预警响应机制，全面提升群众防灾避险意识和临灾避险自救能力。

(4) 全力做好群测群防工作

要充分依靠广大基层干部的力量，特别是由村支书、村主任、社长担任的群测群防员。他们熟悉当地情况，了解灾害威胁对象，富有责任心，组织能力强，日常开展巡查监测工作，在发生险情时能在最短时间内组织群众撤离避险。

5.21 平凉市灵台县中台镇南店子村东庄社大型滑坡成功避险案例

5.21.1 灾情概况

2021年10月2日20时至10月3日19时，平凉市灵台县普降暴雨，局地出现大暴雨，中台镇降雨量达到140.2 mm。10月3日22时许，中台镇南店子村东庄社（G244沿线）发生一处大型山体滑坡地质灾害（见图5-77），造成18户443间房屋不同程度损毁，常住户162户365人受灾。其中，当地农户18户48人，租住户144户317人。滑坡损毁道路450 m、农田110.8亩，损毁电力（7基电杆、10千伏线路0.5 km、0.4千伏线路1.5 km、1台10千伏断路器、50块电能计量表）、通讯、供水、天然气等基础设施若干（见图5-78），直接经济损失约7 970万元，灾情等级属特大型。

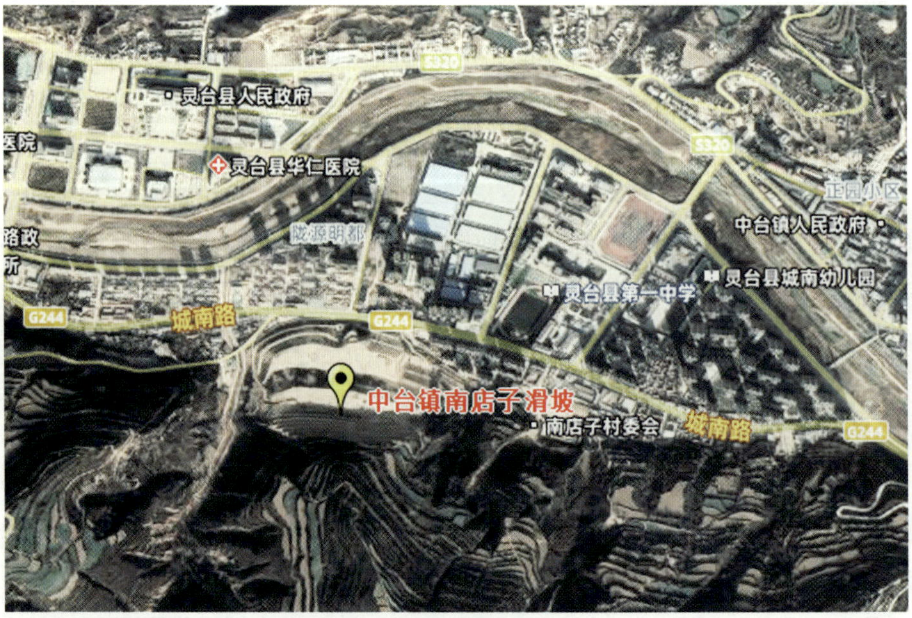

图5-77 滑坡位置示意图

图5-78　滑坡损毁房屋、电力设施

根据当时现场调查分析，调查组认为在持续强降雨或地震等不利条件下，滑坡体仍然具有失稳下滑的可能性，对滑坡前缘及后缘造成威胁。根据统计，滑坡威胁区内有人数351人、道路550 m、房屋28处523间、农田30.7亩，威胁财产约6 296.9万元；滑坡影响区内有房屋1 800多间、人数3 519人、道路610 m及其他电力、通信等基础设施，险情等级属大型。

5.21.2　地质灾害特征

按照物质组成划分，该滑坡属黄土滑坡；按照形成机理划分，该滑坡属于推移式滑坡。根据滑坡发生后初步调查，滑坡后缘宽约440 m，前缘坡脚宽约505 m，主滑方向坡长约342 m，高差82.5 m，滑向8°，平均坡度10°，推断滑坡平均厚约20 m，体积约300万 m^3，规模等级为大型（见图5-79）。

图5-79　滑坡全貌

中台镇东庄社滑坡推移式变形特征明显，整体下错后，后缘形成高陡后壁，高差20～36 m（见图5-80），坡度70°～80°。顶部坡体发育拉张裂缝，长15 m，宽3～5 cm，局部错动陡坎高差5～20 cm。滑坡堆积体形成多级平台，并在局部形成滑坡洼地。滑坡坡体裂缝发育，前缘受推挤影响形成鼓胀隆起，发育放射状挤压裂缝，并错断坡脚国道G244道路，造成房屋不同程度坍塌、开裂。根据滑动前后影像图对比分析，滑坡前缘最远滑动距离为27 m，滑坡体上典型参照建筑物运移最远距离为39 m。滑坡整体向前滑动后，前缘及侧缘侵占原有道路、居民区，侵占面积为13 173 m²。

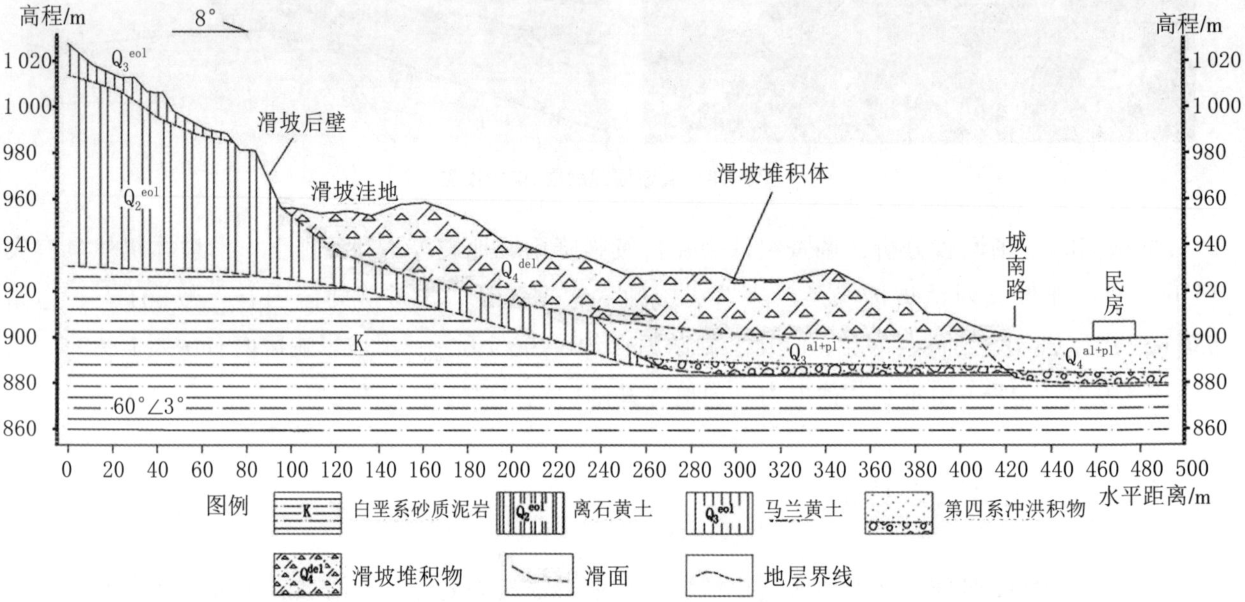

图5-80　滑坡主滑方向剖面图

5.21.3　成因分析

（1）地形条件

在地貌类型上，滑坡发生区域属于黄土梁峁区与达溪河河谷地貌交界地带，为一处自然斜坡。斜坡高差150 m左右，整体坡度约30°，具有多级平台，平台宽5～20 m。滑坡发生前坡体上主要为农田，农田利于地表水汇集、入渗，为滑坡发生提供了有利的地形条件。

（2）地层岩性

滑坡所在斜坡地层岩性主要为第四系风积黄土。斜坡上部披覆薄层马兰黄土，下部为大厚度离石黄土。马兰黄土垂直节理裂隙发育，结构松散，湿陷性强，遇水易崩解，强度显著降低。离石黄土结构较为致密，具有一定隔水性，但垂直裂隙较为发育。地表水通过上部松散马兰黄土下渗至下部离石黄土，沿裂隙入渗、扩散，在贯通性裂隙中汇集、滞留，形成软弱结构面，利于灾害发生。

（3）降雨

据气象部门资料，2021年9月份以来，灵台县中台镇累计降雨量达450.3 mm，主要强降雨过程在10月3日4—12时，9小时累计降雨量达111.7 mm，达大暴雨级别；最大小时降雨量发生在10月3日9—10时，达27.5 mm（见图5-81）。连续强降雨使大量雨水沿坡体及平台入渗，土体含水量剧增，致使斜坡上部趋于饱和状态。降雨在增大坡体自重的同时，降低了土体抗剪强度，致使滑坡发生。

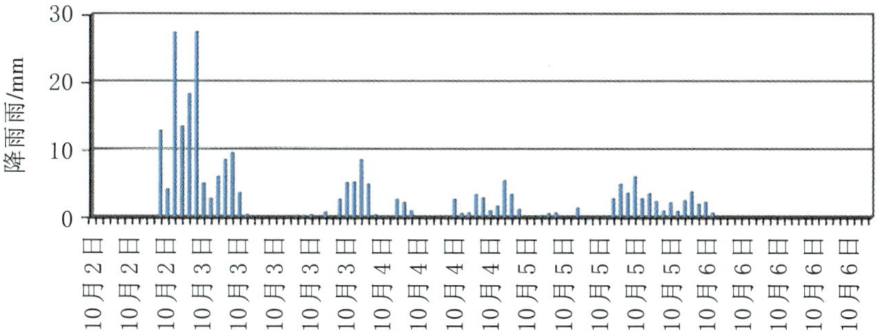

图5-81　10月2日20时—7日8时灵台县中台镇小时降雨量柱状图

（4）人类工程活动

根据调查，滑坡区域人类工程活动主要为坡体耕植、房屋与道路修建等。坡体耕植将原始斜坡改造为多级梯田平台，利于地表水汇集、入渗；房屋、道路修建对斜坡前缘造成不同程度的切坡现象，形成高陡临空面，不利于坡体稳定。

综上所述，有利的地形条件和特殊的土体特征为滑坡灾害的发生奠定了基础，人类工程活动加剧了斜坡失稳变形。滑坡发生的主要因素为9月份以来大量降雨沿斜坡入渗，致使斜坡体自重增加，土体抗剪强度降低，最终上部黄土发生下错式滑动，推动坡脚达溪河残留阶地向北移动。

5.21.4　地质灾害监测预警

5.21.4.1　风险识别

根据地质灾害气象风险预警，2021年9月30日，灵台县自然资源局印发了《关于加强国庆节期间地质灾害防治工作的通知》。2021年10月2日以来，灵台县自然资源局共下发地质灾害预警专报7期，通过手机短信向各乡镇及有关部门、地质灾害隐患点监测员和受威胁群众发布地质灾害预警信息和气象信息18条。其中，10月3日11时50分，灵台县自然资源局发布了《地质灾害气象风险预警专报》，预报灵台县未来24小时因气象因素引发地质灾害发生的风险高（橙色预警）。10月3日14时03分，灵台县提前启动了防汛橙色预警（Ⅱ级）和山洪灾害二级预警响应。

5.21.4.2　预警研判

预警信息发布后，灵台县委、县政府要求全体县级领导、各乡镇及相关部门干部职工取消国庆休假，及时介入开展防汛工作，加强监测预警和值班值守，及时发布预警信息，并按照属地管理和职责分工做好防范应对工作。同时，灵台县委、县政府会同有关部门立即组织各乡镇开展雨中巡查，要求发现临灾征兆立即报告并组织群众撤离，做好防灾避险准备。

5.21.4.3　避险响应

10月3日21时30分许，灵台县中台镇南店子村驻村干部在晚上排查时发现东庄社地面出现裂缝，房屋发生异响。由于5月份汛期以来，灵台县自然资源局按照省、市要求，先后对各乡镇开展了地质灾害应急避险演练，特别是在中台镇南店子村成功组织了“5·12”全省百点地质灾害避险演练。通过避险演练，乡镇干部和群众充分掌握了地质灾害紧急避险信号和撤离路线。当发现临灾征兆后，当地镇政府和自然资源部门提前介入，立即按照事先演练的流程，和村镇干部一起挨家挨户敲锣发出预警信号，组织受威胁群众撤离至安全区域。22时，滑坡发生。由于县委、县政府及有关部门重视程度高，地质灾害气象风险预警发布及时，地质灾害避险演练组织成功，乡镇干部巡查监测细致，中台镇东庄社滑坡灾情避险成功，未造成人员伤亡。

滑坡灾害发生后，平凉市、灵台县政府及相关部门立刻赶赴现场查看灾情，及时启动突发地质灾害应急预案，紧急转移、安置受灾群众及潜在危险区、影响区群众共计883人。市委、市政府高度重视，派出由市政府2名副市长带队，应急管理、自然资源、公安等部门组成的工作专班，连夜赶赴滑坡现场，紧急衔接调集平凉市、庆阳市消防救援支队、森林消防支队及相关县区专业救援力量281人，会同市县有关部门和村镇干部全力开展抢险救援工作。成立了由县委和市应急管理局主要负责同志任组长的灵台县“10·3”地质灾害抢险救援指挥部，下设综合协调组、抢险救灾组、医疗救治组、后勤保障组、舆情处置组、社会治安组6个工作小组，负责抢险救援各项工作。初步划定了危险区范围（见图5-82），布设警示牌、警戒线，并安排交警部门专人驻守各个交通要道，防止当地人员回流，严禁无关人员及车辆进入滑坡危险区。及时开展灾情调查，衔接甘肃省自然资源厅地质灾害防治技术指导中心等专业机构，组成专家团队，开展南店子村地质灾害调查，对灾害类型、规模、成因、应急建议及灾害预测进行了综合分析，形成了比较成熟的应急调查报告。同时，由甘肃省自然资源厅地质灾害防治技术指导中心开展应急监测，技术人员采用“GNSS+裂缝位移计”的方式，在滑坡警戒区域共设立监测预警点18处，建立了全方位立体监测网络，实时掌握滑坡变化情况。通过应急调查、测绘、监测研判，初步确定了滑坡危险区范围及滑坡基本特征等。

图5-82　滑坡危险区范围示意图

受前期连续强降雨影响，调查人员认为滑坡还不稳定。由于周围影响区还有群众居住，10月11日，灵台县自然资源局、应急管理局、中台镇人民政府在中台镇南店子村东山社联合组织开展了突发地质灾害应急避险演练。这次演练旨在进一步增强群众对地质灾害的防范能力，防止次生灾害发生，确保人民群众生命财产安全。

5.21.5 经验与启示

（1）加强监测预警，重视预警预报是前提

要高度重视地质灾害气象风险预警工作，根据降雨情况第一时间发出预警预报，为主动避险赢得时间。

（2）加强排查巡查，发现新增隐患是关键

要严格落实“雨前排查、雨中巡查、雨后复查”的三查制度，通过排查巡查及时发现新增地质灾害隐患，作出科学应对处置。

（3）加强避险演练，增强避险意识是保障

加大乡、村、社基层地质灾害防灾避险演练的力度，做到乡、村、隐患点全覆盖，使群众充分掌握临灾避险信号和撤离路线，全面提升群众的防灾避险意识和临灾避险自救能力。

（4）加强体系建设，做好群测群防是基础

要充分依靠并发动广大基层干部，特别要依靠驻村干部、村支书、村主任、社长等干部，他们了解当地情况、熟悉村民、责任心强，在日常开展巡查监测工作时，一旦发现险情，能在最短时间内快速组织群众撤离避险。

5.22 平凉市灵台县中台镇水泉村尹家沟岭社滑坡成功避险案例

5.22.1 灾情概况

2022年8月28日21时36分，平凉市灵台县中台镇水泉村尹家沟岭社发生山体滑坡（图5-83）。滑坡损坏县城—蒲窝镇X081乡道及影视城、食品厂、大锅大酒厂等5家企业3栋15间共计1 200 m^{2}厂房（见图5-84），灾情等级属中型。由于当地政府组织人员撤离迅速，滑坡未造成人员伤亡，实现成功避险。

图5-83　滑坡全貌

图5-84　滑坡损毁坡脚房屋

5.22.2　地质灾害特征

5.22.2.1　基本特征

尹家沟岭社滑坡位于达溪河右岸，属于推移式黄土—泥岩滑坡。滑坡平面形态呈“簸箕状”（见图5-85），滑坡后缘宽约220 m，前缘坡脚宽约250 m。滑坡后缘高程1 006.741 m，前缘高程947.696 m，前后缘高差59.045 m。滑坡长约160 m，滑向6°，平均坡度21°，推测平均厚度约15 m，体积约23万 m^3，规模等级为中型。

图5-85　滑坡平面图

5.22.2.2　变形特征

尹家沟岭社滑坡推移式变形特征明显，后缘整体向下错动后形成高陡后壁（见图5-86），后壁高差15 m，坡度75°，表面擦痕密布。滑坡坡体及顶部发育大量拉张裂缝（见图5-87、图5-88），裂缝长3～8 m，宽3～5 cm，局部错动陡坎高差5～15 cm。滑坡堆积体形成多级平台，并在局部形成滑坡洼地。滑坡堆积体在向前推移挤压的过程中，破坏滑坡前缘坡脚房屋，使其开裂、倒塌，并压埋部分厂房。

图5-86　滑坡高陡后壁

图5-87　滑坡后缘裂缝

图5-88　坡体裂缝

5.22.3　成因分析

（1）地形地貌

滑坡处于剥蚀构造中低山地貌。滑坡高约59 m，坡度大于45°，前缘临空且临空面大。坡体上经人工改造形成的台阶状地形易于汇水，具备滑坡的基本地形条件。

（2）地层岩性

尹家沟岭社滑坡表层覆盖第四系全新统残坡积物及上更新统马兰黄土。黄土具有大孔隙，土质疏松，垂直节理发育，降雨及地表汇水容易入渗，为滑坡的发生提供了良好的地质条件。

（3）降雨

2022年8月以来，灵台县降雨量增多并经历了多轮强降雨。据平凉市监测预警数据，8月28日降雨量达到57 mm。距离滑坡体1.19 km的普适型雨量站监测到，8月1—31日累计降雨量达到109.6 mm（见图5-89）。在持续强降雨的作用下，地表水渗入坡体的孔隙、裂隙中，表层部分地段土体达到饱和。连续强降雨增加土体自重，降低土体抗剪强度，导致滑坡发生。

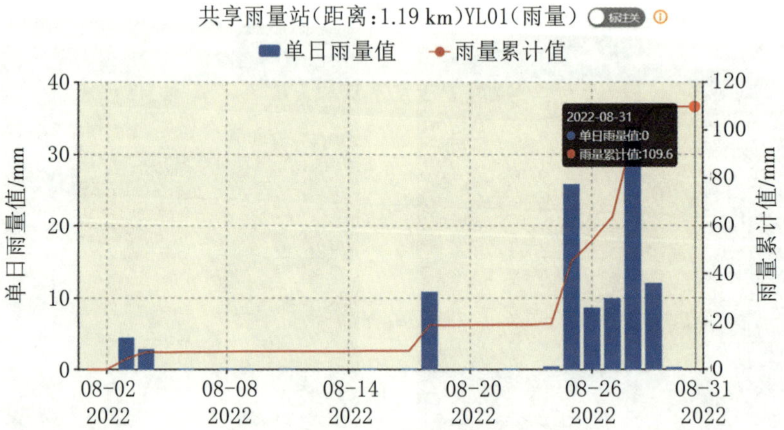

图5-89　8月份累计降雨量

(4) 人类工程活动

滑坡表面及前缘受人类工程活动改造强烈。坡体中上部为附近村民修建的阶梯式耕地，耕地宽5～15 m，地形平坦，不利于坡面流水顺利排出，导致大部分降雨渗入地下；坡体中部为修建的环形穿越坡体的X081乡道，切坡修路降低了斜坡稳定性；坡体前缘由于人工开挖坡脚，临空面增大，支撑作用降低，增加了滑坡发生的可能性。

5.22.4　地质灾害监测预警

5.22.4.1　风险识别

尹家沟岭社滑坡为灵台县自然资源局在库隐患点。根据平凉市自然资源局的安排部署，实施甘肃省地质灾害防治专群结合监测预警项目时，在滑坡体上安装了2台智触位移桩，以监测滑坡拉张裂缝、倾角、加速度等。每年汛期，灵台县自然资源局、驻守单位技术人员紧盯监测曲线，及时识别风险，发现隐患。一旦出现预警，技术人员迅速分析研判、精准防控，为提前预警、及时撤离提供了支撑。

5.22.4.2　预警研判

2022年8月28日20时49分，平凉市灵台县中台镇尹家沟岭社滑坡体上安装的位移桩LF-01LF02（裂缝）监测到前1小时裂缝变形量达到15.3 mm，触发蓝色预警；20时59分，位移桩LF-01LF02（裂缝）监测到前1小时裂缝变形量达到26.2 mm，再次触发黄色预警。平凉市自然资源局驻守单位技术人员对滑坡变形曲线进行分析研判，认为滑坡可能发生滑动。平凉市自然资源局立即通知灵台县自然资源局、中台镇政府、技术支撑单位，组织人员第一时间赶赴现场核查监测预警设备报警信息。21时09分，LF-01LF02（裂缝）监测到前1小时裂缝变形量达到69.3 mm，触发红色预警（见图5-90）。经灵台县自然资源局、中台镇政府、技术支撑单位相关人员现场核查，该滑坡局部已出现变形，随时可能滑动。

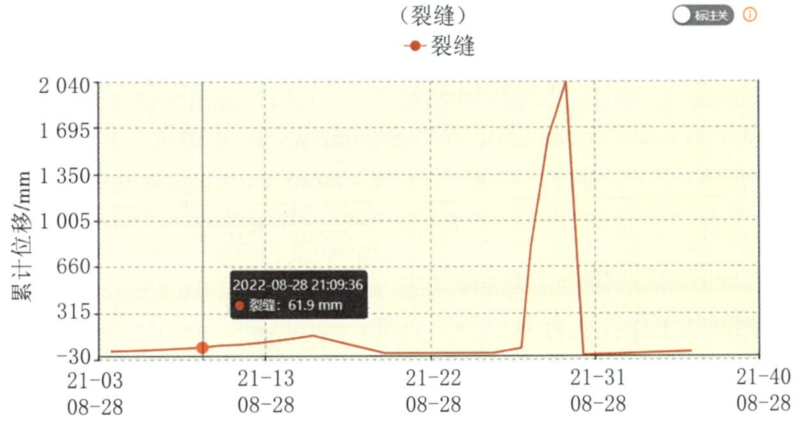

图5-90　LF-01LF02(裂缝)监测曲线

5.22.4.3 避险响应

收到红色预警后，灵台县自然资源局和中台镇政府立即向灵台县委、县政府报告，并采取了以下措施：一是对滑坡体周边受威胁人员进行疏散撤离，并设置警戒线，严禁人员靠近；二是对G224国道过境段及县城至蒲窝道路进行交通管制；三是安排县公安局、应急局、自然资源局、交通局、中台镇、蒲窝镇做好值班值守及监测工作。

21时29分，智触位移桩LF-01QJ01（倾角）监测到前1小时三轴倾角变化最大值达到54.57°，触发红色预警；21时36分，智触位移桩LF-01JS03（加速度）监测到瞬时加速度三轴最大值达到1 041 mg，触发红色预警，滑坡体开始大规模滑动变形。

由于地质灾害专群结合监测设备预警信息发布及时，群测群防员严格落实汛期“三查”制度，灵台县自然资源局和中台镇政府紧急疏散撤离人员58人，尹家沟岭社滑坡未造成人员伤亡，实现成功避险。

灾情发生后，灵台县委、县政府高度重视，分管领导第一时间作出部署，及时深入受灾现场查看灾情、指导抢险救灾。当晚，分管县长带领应急管理、自然资源、公安、消防、交通、电力等部门组成的工作专班，连夜赶赴滑坡现场，会同县有关部门和村镇干部全力开展抢险救援工作。工作专班派出应急队伍50多人，组织群众转移安置，并组织中台镇、社区管委会、公安、消防等部门迅速将灾害现场及周边100 m范围内人员撤离到安全地带，并妥善安置。

5.22.5 经验与启示

（1）地质灾害专群结合监测预警点建设项目成效显著

第一时间发出预警预报，第一时间发现灾情、险情，第一时间启动应急处置预案，为主动避险撤离赢得时间。这次灾情能够成功避险，得益于监测预警设备报警信息及时、准确（从第一次监测预警设备发出预警信息到此次灾情发生共47分钟）。这为各级政府分析研判灾情、险情，第一时间发出预警、启动处置预案、组织受威胁群众安全避险撤离，提供了科学高效的技术支撑。

（2）地质灾害气象风险预警科学有效

相关部门收到地质灾害气象风险预警信息后要严格落实“雨前排查、雨中巡查、雨后核查”的三查制度。通过排查巡查及时发现问题，及时掌握隐患点变化情况，做到科学预测、精准施策。此次灾情发生前，甘肃省自然资源厅、平凉市自然资源局、灵台县自然资源局相继发布地质灾害气象风险预警专报，为县、乡政府和自然资源部门“三查”制度落实，明确重点区域、重点时段、重点隐患点，以及启动叫应机制提供了数据支撑。

（3）地质灾害群测群防工作扎实有力

要充分发挥乡镇、社区和村组等“最小行政单元”“最后一公里”在地质灾害防范应对中的作用，完善工作措施，健全联动机制。此次灾情充分依靠了当地村主任、社长等广大基层干部的力量，处置得当，未造成人员伤亡。他们了解当地情况，富有责任心，日常开展巡查监测工作，发生险情时能在最短时间内组织群众撤离避险。

（4）地质灾害防灾避险宣传培训演练成果显著

要加强基层群测群防员地质灾害防治综合业务知识的培训，积极开展面向基层群众的地质灾害防灾避险知识宣传、演练，全面提升群众的防灾避险意识和临灾避险自救能力。近年来，甘肃省大力支持乡、镇、村、社等最小行政单位的地质灾害防灾避险宣传培训演练等工作，争取做到隐患点全覆盖。上述措施的实施，进一步增强了受地质灾害威胁群众的防灾避险意识，提升了他们的临灾避险自救能力，避免了人员伤亡和财产损失。

5.23　庆阳市庆城县卅铺镇卅铺村滴水沟门滑坡成功避险案例

5.23.1　灾情概况

2022 年 7 月 15 日 4 时 43 分，庆阳市庆城县卅铺镇卅铺村滴水沟门发生山体滑坡。滑坡造成 3 间砖木结构房屋受损（见图 5-91）。由于预警及时，提前处置，1 户 4 人成功避险，滑坡未造成人员伤亡。

图 5-91　滑坡呈泥状冲入坡脚农户家

5.23.2　地质灾害特征

滴水沟门滑坡位于庆城县卅铺镇卅铺村。滑坡区地处侵蚀低山地貌，海拔 1 040 m，相对高差

90 m，微地貌属Ⅲ级基座阶地。滑坡坡长22 m，宽18 m，平均厚度1 m，体积约1 800 m³，规模等级为小型。滑坡主滑方向275°，平面形态呈矩形，前后缘高差10.5 m。滑坡前缘因坡脚建筑物阻挡堆积，高出地面约1 m。滑坡坡脚为削坡建房，房屋距坡脚约0.5 m。技术人员现场调查发现，滑坡体变形迹象明显（见图5-92），分析研判如遇强降雨或连阴雨等不利工况，滑坡再次失稳滑动的可能性较大。

图5-92 受损房屋

5.23.3 成因分析

经现场调查分析，滴水沟门滑坡形成原因包括内部因素和外部因素，内部因素主要为地形地貌、地层岩性，外部因素主要为降雨和人类工程活动。

（1）地形地貌

滑坡区地貌为构造侵蚀低高山地貌，滑坡所在斜坡后缘海拔1 130 m，前缘海拔1 040 m，相对高差90 m，山体坡度30°～50°。滑坡所在坡体坡度大，地势陡峻，为滑坡发生提供了有利的地形条件。

（2）地层岩性

滑坡物质组成为第四系上更新统马兰黄土（Q_3^{eol}）。马兰黄土土质疏松，湿陷性强，垂直节理发育，降雨及地表汇水容易入渗，形成软弱结构面，为滑坡的发生提供了良好的地质条件。

（3）人类工程活动

当地村民在斜坡坡脚削坡建造房屋，造成坡体下部形成临空面，增加了坡体的不稳定性。另外，由于人工建设导致部分区域植被覆盖度降低，表土层出露，降雨入渗、水流侵蚀等作用更加强烈，进一步降低了坡体的稳定性，增加了滑坡灾害的发生概率。

(4) 降雨

滑坡发生地位于庆城县北部，该地区降雨较集中。根据调查与统计，2022年7月14—15日，卅铺镇累计降雨量达186.5 mm，突破历史降雨极值。大量降雨不断渗入坡体，增大土体含水量，产生静水压力，并增加土体自重，软化滑带，加大坡体下滑力，致使坡体失稳，形成滑坡灾害。

综上所述，滴水沟门滑坡灾害是斜坡累进性破坏的必然结果。滑坡所在坡体地势陡峻，组成物质松散，为滑坡灾害的发生提供了基础条件。强降雨对土体的入渗破坏及坡面冲刷，是滑坡发生的直接诱发因素。同时，人类工程活动也是造成滑坡的重要因素。

5.23.4　地质灾害监测预警

2022年7月14日11时24分，甘肃省、庆阳市、庆城县自然资源部门先后发布了地质灾害风险红色预警信息，庆城县自然资源局和卅铺镇政府及时将预警信息传达到各村社群测群防员，并安排包村干部深入各村协助开展群测群防工作。

7月14日21时40分，卅铺村包村干部在组织村社干部对该村临崖临水住户房前屋后安全隐患进行排查时，发现滴水沟门村民住户房屋后山体有土块滑下，存在发生滑坡的可能，立即动员该户4人撤离至院边安全地带，并安排专人进行监测预警。15日4时43分左右，该处山体发生滑坡，滑坡体体积约1 800 m^3。滑坡土体松散，饱和土体伴随雨水形成大量泥流，造成该户3间砖木结构房屋受损。由于巡查排查及时，转移撤离迅速，成功避免了1户3人因灾伤亡。灾害未造成人员伤亡。

5.23.5　经验与启示

(1) 完善的群测群防体系为成功避险奠定了基础

庆城县自然资源局和卅铺镇政府建立了县、乡、村三级24小时值班巡查制度，明确县、乡、村、社责任人，形成四级联防网络，构筑防灾安全网。村干部早期在隐患点及周边区域悬挂张贴横幅标语，发放地质灾害防灾明白卡、避险撤离告知书，确保灾害来临时群众能有条不紊地按照指定路线进行撤离，是成功避险的基础条件。

(2) 严格执行“三查制度”

开展雨前、雨中、雨后巡查排查工作，可以为及早发现滑坡变形、及时撤离避险提供早期的预警信息。群测群防员关注由自然资源部门与气象部门联合发布的地质灾害气象风险预警信息，及时开展巡查监测并发现险情是本次成功避险的主要信息来源。

(3) 严格执行应转尽转的战时机制，为避险成功提供了有力保障

险情出现后，村干部组织群众第一时间赶往现场，并将威胁区内的所有群众及部分财产转移至安全地带，避免了人员伤亡，减轻了灾害损失。

5.24 庆阳市庆城县卅铺镇韩湾村西沟门组滑坡成功避险案例

5.24.1 灾情概况

2022年7月15日5时28分，庆阳市庆城县卅铺镇韩湾村西沟门组发生山体滑坡，造成8间砖木结构房屋受损（见图5-93），滑坡体体积约7 500 m³，在降雨作用下形成泥流（见图5-94）。由于预警及时，此次灾害未造成人员伤亡，2户8人成功避险。

图5-93 滑坡损毁坡脚房屋

图5-94 滑坡局部及房屋受损图

5.24.2　地质灾害特征

西沟门组滑坡位于庆城县卅铺镇卅铺村，地层岩性为马兰黄土，下伏白垩系环河组基岩。根据应急调查，该滑坡长42 m，宽68 m，平均厚度1.5 m，体积约7 500 m^3，规模等级为小型。滑坡平面形态为簸箕形，滑向105°，后缘高差42 m，坡度45°～55°。

坡体中下部人类活动主要为削坡建房（见图5-95），已建房屋距坡体约1.5 m。坡体在降雨、地震等自然因素影响下再次发生滑坡的可能性较大。

图5-95　滑坡坡脚的切坡建房

5.24.3　成因分析

经现场调查分析，西沟门组滑坡灾害形成条件包括内部条件和外部条件两类。内部条件主要为地形地貌、地层岩性、坡体结构，外部条件主要为降雨和人类工程活动等。

（1）地形地貌

滑坡区地处构造侵蚀低高山地貌区。受构造抬升影响，山体拔然而起，原始地形山坡坡度多在45°以上，部分人类切坡地段坡度近直立。滑坡所在坡体后缘海拔1 135 m，前缘海拔1 030 m，相对高差105 m，山体坡度45°～55°。滑坡所在坡体坡度大，地势陡峻，为滑坡发生提供了有利的地形条件。

（2）地层岩性

滑坡物质组成为第四系马兰黄土（Q_3^{eol}），马兰黄土垂直节理发育强。在重力作用下，土体易发生崩塌，形成峭壁，容易发生大规模滑坡。

（3）人类工程活动

村民将斜坡坡面进行削坡建造房屋，造成坡体下部形成临空面，增加了坡体的不稳定性。同时，人类建设工程导致部分区域植被覆盖度降低，表土层出露，降雨入渗、水流侵蚀等作用更易发生，降低了坡体稳定性，增加了灾害发生概率。

(4) 降雨

滑坡位于庆城县北部，2022年7月该地区降雨较集中。根据调查与统计，2022年7月14—15日，卅铺镇累计降雨量达186.5 mm。大量降雨不断渗入坡体，岩土体含水量升高，岩土体自身重量增加，静水压力升高，滑带软化，坡体下滑力增大，最终使坡体失稳发生滑坡灾害。

综上所述，西沟门组滑坡灾害的发生是斜坡累进性破坏的必然结果。滑坡所在坡体地势陡峻，组成物质松散，为滑坡灾害的发生提供了基础条件。降雨入渗增大坡体下滑力，降低土体抗剪强度，是滑坡发生的直接诱发因素。同时，人类工程活动也是造成滑坡的重要因素。

5.24.4 地质灾害监测预警

2022年7月14日11分24时，省、市、县自然资源部门先后发布了地质灾害红色气象风险预警信息，庆城县自然资源局和卅铺镇政府及时将预警信息传达到各村社群测群防员，并安排包村干部深入各村协助开展地质灾害群测群防工作。

7月14日20分40时，卅铺镇韩湾村包村干部在组织村社干部对该村临崖临水住户房前屋后安全隐患排查时，发现村民房屋后侧山体有土块下滑，存在发生滑坡的可能性，立即动员2户8人撤离至院边安全地带，并安排专人进行监测观察变化。15日5时43分左右，该处山体发生滑坡，伴随雨水形成大量泥流。滑坡体积约7 500 m^3，造成该户房屋受损，未造成人员伤亡，成功避免了2户8人因灾伤亡。

5.24.5 经验与启示

(1) 完善的群测群防体系为成功避险奠定了基础

庆城县自然资源局和卅铺镇政府建立了县、乡、村三级24小时值班巡查制度，明确县、乡、村、社责任人，形成四级联防网络，构筑“安全网”。村干部早期在隐患点及周边区域悬挂张贴警示标语，发放地质灾害明白卡、避险撤离告知书，确保灾害来临时群众能有条不紊地按预案进行避险，是成功避险的基础条件。

(2) 严格执行“三查制度”

开展雨前、雨中、雨后巡查，为发现滑坡变形、及时避险提供早期预警信息。群测群防员关注由自然资源部门与气象部门联合发布的地质灾害气象风险预警信息，开展巡查监测，发现险情是成功避险的主要信息来源。

(3) 严格执行应转尽转的战时机制为避险成功提供了有力保障

险情出现后，村干部组织群众第一时间赶往现场，并将威胁区内的所有群众及部分财产转移至安全地带，避免了人员伤亡，减轻了灾害损失。

第6章　典型崩塌灾害成功避险案例

6.1　天水市麦积区石佛镇严家山村崖湾口崩塌成功避险案例

6.1.1　灾情概况

2020年7月29日9时，天水市麦积区石佛镇严家山村崖湾口不稳定斜坡发生崩塌地质灾害（见图6–1）。崩塌造成坡脚2户村民3间房屋受损，坡顶部分水泥硬化道路损毁，直接经济损失约30万元，灾情等级为小型。由于监测预警到位，撤离避让及时，受威胁住户成功避让，此次崩塌未造成人员伤亡。

图6–1　崩塌堆积物

6.1.2 地质灾害特征

崩塌灾害所在不稳定斜坡编号为X1（见图6-2）。X1位于石佛镇严家山村崖湾口斜坡陡坎处，斜坡局部失稳发生B1崩塌。X1与B1空间位置关系如图6-3所示，该崩塌属于甘肃省黄土地区典型的农村房前屋后不稳定斜坡失稳发生的小型土质崩塌。

图6-2 崩塌所在X1不稳定斜坡

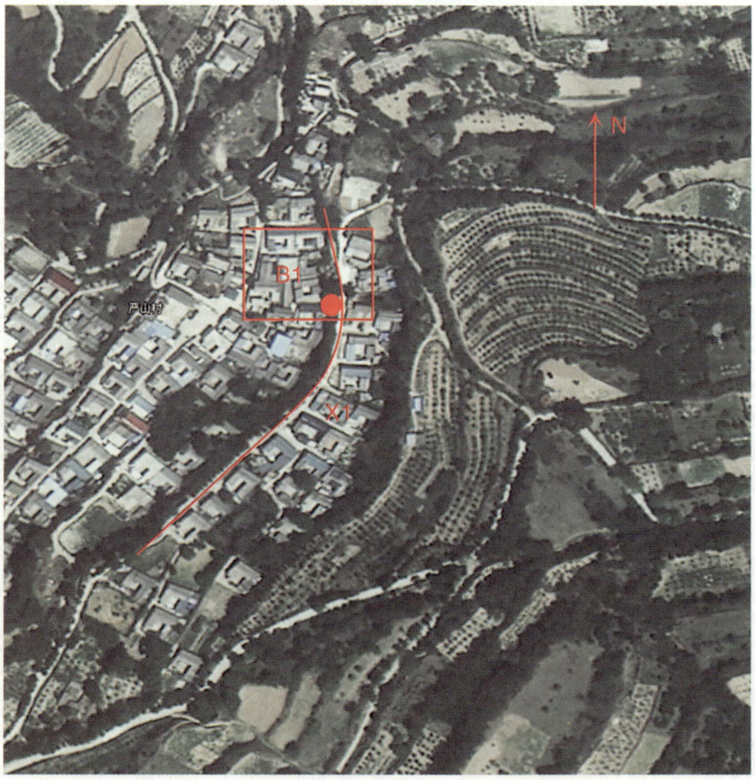

图6-3 崩塌B1与斜坡X1空间关系图

X1不稳定斜坡平面呈近似圆弧形展布，部分区段为人工修建房屋开挖形成的陡坎，整体自北向西南延伸。斜坡坡宽约210 m，坡高8.0～12.0 m，坡向295°，斜坡较陡，坡度45°～75°，部分地段呈直立状。斜坡坡脚临空，坡顶为乡村便道，存在积水地形。

2020年7月29日9时，X1斜坡北部局地失稳发生B1崩塌。该崩塌属黄土土质崩塌，崩塌体堆积于斜坡坡脚，长15 m，宽8.0～10.0 m，平均厚5.0～7.0 m，体积约810 m^3，规模等级为小型。B1崩塌失稳后砸毁坡脚房屋3间，损毁坡顶道路长约10 m。B1崩塌发生后，X1不稳定斜坡仍威胁坡脚3户、坡顶2户，共计5户15人的生命财产安全。

6.1.3　成因分析

（1）地形地貌

崩塌区所属地貌类型为剥蚀构造丘陵。该区域相对高差100～300 m，山体呈长条形展布，山脉走向为西—东向。山顶多呈尖顶状，山脊线呈不均匀的波浪形，为受两侧沟谷不断袭夺分水岭形成。山坡坡度为12°～20°。山体主要由第四系、新近系地层组成，其上大部分地段覆盖有薄层残坡积土，在排查区内有大面积泥岩出露。崩塌南侧和北侧各发育一条冲沟，冲沟断面形状为“V”字形，沟谷走向基本与渭河河谷走向垂直，切割深度3～8 m。

（2）地层岩性

崩塌区出露地层岩性均为松散—中密的第四系地层，属易滑易崩地层。

①第四系全新统残坡积物（Q_4^{el+dl}）：呈黄褐色，稍湿—湿，坚硬—硬塑，成分以碎块石和粉质黏土为主。块石呈棱角状，粒径一般为20～100 mm，分选性差。黏土土质不均匀，分布于崩塌所在斜坡坡脚。该层厚度0.3～1.2 m。

②第四系上更新统冲洪积物（Q_3^{al+pl}）：分布于整个崩塌区，组成渭河Ⅱ级阶地，为粉土、卵石二元结构土体。上部为含碎石粉土，厚度3～13 m不等，浅黄色，松散—中密，稍湿，干强度低，韧性低。

③第四系上更新统马兰黄土（Q_3^{eol}）：分布于崩塌区北侧，浅黄色，成分以粉土为主，结构疏松，具大孔隙，干燥—稍湿，质地均一，垂直节理发育，厚度5～8 m。

（3）地质构造、新构造运动及地震

崩塌区地处六盘山南北地震带中段的银川—天水—武都带和秦岭北缘东西地震带与中部天水—兰州地震带的交汇复合部位。区内新构造运动十分活跃，总体上以大面积不均匀间歇性升降为主，表现为河谷多形成深切峡谷以及渭河高阶地。全新世以来，处于相对稳定和下降阶段，河谷内沉积了一定厚度的第四系沉积物。地震背景复杂，区内和邻区常常发生强烈地震。据史料记载，公元前193年至清末，共有69次较强地震；民国时期至1990年，发生了12次不同震级的地震。2008年“5·12”汶川地震时震感明显。2013年7月22日，甘肃岷县、漳县交界地震时震感明显。2017年“8·8”九寨沟地震时震感明显。根据《中国地震动参数区划图》（GB 18306—2015），区内地震动峰值加速度为0.30 g，反应谱特征周期为0.40 s。

（4）水文地质条件

崩塌区内地下水类型属于松散岩类孔隙水。

该类地下水主要赋存于第四系黄土中，补给来源为大气降雨。地下水水位埋藏浅，季节性变化明显，在地形适宜处以下降泉的形式排泄。

6.1.4 地质灾害监测预警

6.1.4.1 风险识别

天水市自然资源局麦积区分局于7月29日接到崩塌灾情报告后，立即通知镇、村两级负责人组织撤离受威胁群众，并第一时间会同中国建筑材料工业地质勘查中心甘肃总队技术调查组赶往现场开展应急调查。技术调查组在现场对相关问题及注意事项进行了交办。天水市自然资源局麦积区分局组织相关单位拉设了警戒线，对灾害现场进行了封闭管理，并确定专人24小时严密监测坡体变化并随时续报。随后，天水市自然资源局麦积区分局根据专家调查情况，会商研判后，通过传真下发了地质灾害灾情应急处置通知。同时，将受威胁人员转移到临时安置点，加强坡体监测及巡查，在未确保坡体稳定之前，受威胁群众不可私自回房查看、转移财物。7月30日上午，石佛中心国土所在崩塌现场设置了警示牌。

6.1.4.2 预警研判

崩塌灾情发生后，天水市自然资源局麦积区分局第一时间邀请地勘单位技术人员赴现场开展应急调查工作。根据灾情及不稳定斜坡坡体现状特征进行预警研判，同时对坡体威胁区进行现场划定，紧急转移安置危险区群众，拉设警戒线，发放“两卡”，确定专人24小时监测预警，并对现场进行封闭管理。同时，及时通报麦积区应急管理部门，全力配合开展应急处置工作。

6.1.4.3 避险响应

灾害发生后，天水市自然资源局麦积区分局立即协调石佛镇政府及时拉设警戒线、设立警示标志牌，将受威胁群众撤离到安全区域；第一时间联系技术支撑单位中国建筑材料工业地质勘查中心甘肃总队技术人员赶赴现场开展排查；结合现场实际情况提出应急防治建议，将坡体受威胁的5户15人（坡顶2户，坡脚3户）转移到临时安置点，加强坡体观测与巡查，要求坡体未稳定之前村民不可私自回房查看、转移财物。

6.1.5 经验与启示

（1）重视地质灾害气象风险预警预报

市、区两级各相关部门高度重视地质灾害气象风险预警，在风险形成前第一时间发出预警，为后期主动防灾避险赢得时间。

（2）完善制度、规范管理是保障

完善相关制度，确保县、乡、村自上而下联动互通，第一时间科学制定抢险方案，严格执行地质灾害防治各项制度。

（3）加大宣传力度

多形式加强群众地质灾害防灾减灾宣传培训，必要时开展紧急防灾避灾演练，增强群众防灾意识和避险自救能力。

（4）开展常态化群测群防工作

充分调动广大基层组织和人民群众的力量，特别是由村党支部书记、村主任、组长等基层干部担任群测群防员，利用他们了解当地情况、熟悉村民、富有责任心的优势，及时发现灾情险情，快速组织力量避险转移，避免人员伤亡。

6.2　天水市张家川回族自治县张川镇杨店村五组崩塌成功避险案例

6.2.1　灾情概况

2020年8月17日14时20分，张家川回族自治县张川镇杨店村五组发生崩塌，造成1户5人受灾，严重损毁房屋3间（见图6-4、图6-5），直接经济损失5万元。崩塌威胁杨店村五组5户村民25人生命财产安全，潜在经济损失约125万元。由于值班值守、监测预警到位，疏散转移群众及时，无人员伤亡，实现了成功避险。

图6-4　崩塌现场(一)

图6-5　崩塌现场(二)

6.2.2　地质灾害特征

根据调查，杨店村五组崩塌长约10 m，高约5 m，宽约2 m，体积约100 m^3，属于倾倒式小型黄土崩塌。崩塌体呈散体状，土体潮湿，部分崩塌体在降雨冲刷下呈泥浆状。崩塌体顶部高程1 761 m，坡底高程1 756 m，高差5 m。微地貌为人工削坡形成的台阶状陡坎，地层岩性为第四系上更新统马兰黄土。

崩塌所在斜坡坡度较大，整体处于直立状态，部分地段因人工开挖及不定期垮塌，形成反倾。

6.2.3 成因分析

发生崩塌的主要原因为大量雨水沿陡直的易崩易滑土体裂缝（裂隙）入渗，增加土体重度，降低土体抗剪强度，最终在重力作用下发生倾倒式崩塌。

6.2.4 地质灾害监测预警

6.2.4.1 预警与排查

2020年8月17日11时20分，天水市自然资源局及时转发甘肃省自然资源厅与甘肃省气象局联合发布的省级地质灾害气象风险红色预警信息。张家川回族自治县自然资源局接到预警信息后，第一时间向全县各级群测群防员进行了转发。张川镇杨店村党支部书记兼该隐患点监测员马平平接到预警信息后，立即对该村隐患进行了排查。

6.2.4.2 发现隐患及时撤离

在排查过程中，监测员发现杨店村五组不稳定边坡存在安全隐患，迅速上报镇政府及国土所，并采取人员包户的方式，严格按照省、市、县相关要求，会同镇政府和国土所人员，对危险区5户村民进行紧急撤离安置。村民撤离后1小时左右崩塌发生。

8月17日17时左右，张家川县自然资源局接到张川镇政府报告后，第一时间邀请地勘单位技术人员赶赴现场开展应急调查工作，现场进行指导并安置危险区群众，拉设警戒线，发放“两卡”，确定专人24小时监测预警，严禁村民及无关人员在崩塌危险区域内活动，并对现场进行封闭管理。

6.2.5 经验与启示

（1）关注地质灾害气象风险预警

进入汛期，或在长期降雨中及降雨后，市、县两级自然资源部门要高度关注天气预报和各级地质灾害气象风险预警信息。一旦收到预警信息，及时分析研判，若发现异常，快速上报，并根据市、县地质灾害防治要求，开展相关工作，确保威胁区人员安全。

（2）加强巡查排查

乡、村、社三级相关人员要根据职责，认真做好雨中、雨后巡查排查工作，及时发现隐患。及时发现隐患，才能有的放矢，精准施策，做好各项防控与避险措施。

（3）发挥基层干部群测群防作用

灾前强降雨期间，张家川回族自治县充分发挥群测群防网络体系和协管协防责任体系的作用，靠实各级政府和群测群防员的责任，发挥他们了解当地情况、熟悉村民、富有责任心的优势，不断加强巡查排查，发现险情立即上报，及时组织群众撤离，有效避免了人员伤亡。

6.3 平凉市华亭市工业园区三星村洛家庄社崩塌成功避险案例

6.3.1 灾情概况

2020年7月25日4时25分，平凉市华亭市工业园区三星村洛家庄社王陈仓家房后山体发生崩塌，造成王陈仓家1间鸡棚和2间简易棚损毁（见图6-6、图6-7）。崩塌体直接威胁坡脚1户居民房屋及4人的生命财产安全（见图6-8）。

图6-6 崩塌现场(一)

图6-7 崩塌现场(二)

6.3.2 地质灾害特征

三星村洛家庄社崩塌体长7 m，宽2 m，高4 m，体积约56 m^3，规模等级为小型。崩塌所在斜坡前缘临空，坡度约70°。坡体地层岩性为第四系上更新统马兰黄土，土体结构松散，垂直节理裂隙发育。

图6-8 崩塌威胁群众

6.3.3 成因分析

崩塌主要组成物质为第四系马兰黄土。由于黄土力学性质差，加之人为削坡、开挖窑洞，增大了斜坡的临空面，致使坡体前缘失去支撑，稳定性降低。坡顶地形有利于汇水，在长期降雨入渗下，坡体含水量增大，局部饱和，增加了土体重量，降低了土体抗剪强度，最终导致崩塌灾害的发生。

6.3.4 地质灾害监测预警

6.3.4.1 风险预警

2020年7月24日9时30分，平凉市地质灾害应急中心联合市应急管理局、市气象局发布地质灾害气象风险橙色预警信息。预报华亭市未来24小时因气象因素引发地质灾害的风险高，注意防范应对持续降雨引发的崩塌、滑坡等地质灾害。

7月24日10时10分，华亭市自然资源局根据平凉市地质灾害气象风险预警信息，结合当地气象及地灾隐患实际情况，联合华亭市气象局、应急管理局，发布华亭市地质灾害气象风险预警信息，由值班人员发送至各乡镇政府及工业园区值班人员和村级预警信息员。预警信息发布后，各乡、村级预警信息员通知监测员及受威胁群众做好主动避让工作。

6.3.4.2 排查发现隐患

7月24日下午，华亭市工业园区三星村洛家庄社崩塌隐患点监测员发现王陈仓家房屋后的山体出现裂缝。华亭市在7月15日对各隐患点监测员开展了培训，对地质灾害隐患识别、险情变化及应急处置相关知识进行了培训。该监测员在细致观察与识别的基础上，第一时间将险情报告给了华亭市自然资源局监测站。

6.3.4.3 会商研判，及时撤离

接到报告后，7月24日21时，华亭市自然资源局分管领导带领监测站应急监测人员第一时间联合工业园区管委会相关人员赶赴现场，经数据监测发现崩塌体与山体开裂并有变化情况。华亭市自然资源局现场组织镇、村两级负责人进行会商，及时对受威胁的1户4人进行了疏散转移。由于预报及时、处置果断，该崩塌未造成人员伤亡。

6.3.5 经验与启示

（1）重视地质灾害气象风险预警预报

根据地质灾害气象风险预警，及时制定防范措施，为主动避险赢得时间。

（2）加大地质灾害防治宣传培训力度

采取多种形式加强对群众地质灾害防治宣传培训，增强群众识灾能力和防灾意识。

（3）开展常态化群测群防工作

地质灾害防治工作是一个庞大的工程，只有调动起广大基层组织和人民群众的力量，才有可能实现地质灾害“零伤亡”。因此，要充分依靠基层地方政府和广大干部，他们一旦遇有灾情险情能在最短时间内报告乡镇政府。乡镇政府接到报告后，要及时制定防灾措施，实现快速有效防灾避灾。

6.4　平凉市静宁县灵芝乡高义村魏岔阳坡社崩塌成功避险案例

6.4.1　灾情概况

2020年8月14日16时45分，平凉市静宁县灵芝乡高义村魏岔阳坡社魏卜学家后山山体发生崩塌（见图6-9），造成一间牛棚和一间鸡窝损毁（见图6-10），直接经济损失约5 500元。由于预警及时，紧急疏散转移受威胁群众4人，成功避免4人伤亡，避免经济损失18万元。

图6-9　崩塌现场

图6-10　崩塌损毁坡脚牛棚和鸡窝

6.4.2　地质灾害特征

魏岔阳坡社崩塌体前缘长约22 m，后缘长约8 m，高约10 m，厚度约3 m，体积约250 m^3，规模等级为小型。崩塌所在斜坡前缘临空，坡度约40°。坡体地层岩性为第四系上更新统马兰黄土。

6.4.3　成因分析

（1）地形地貌

崩塌区地貌类型为构造侵蚀堆积黄土低山丘陵，山体坡度约55°，总体呈上缓下陡的斜坡地形，斜坡剖面形态为阶梯状，坡脚前缘为黄土台地，临空条件良好。坡体平面形态呈“一”字形（见图6-11），西南—东北向展布，剖面形态呈“阶梯状”。崩塌所在斜坡坡宽105 m，坡高10～12 m，坡顶存在1条横向贯穿的裂缝，裂缝长约105 m，宽约2 cm。该起崩塌属于甘肃省典型的农村房前屋后高陡边坡失稳形成的地质灾害（见图6-12）。

图6-11　崩塌及所在不稳定斜坡平面示意图

图6-12　崩塌所在房前屋后不稳定斜坡

（2）地层岩性

崩塌所在斜坡体地层岩性为第四系上更新统马兰黄土（见图6-13），黄土土质结构疏松，具大孔隙性，垂直节理发育，有利于地表水的入渗和流通。土体受地表水入渗影响，土体原有稳定结构破坏，边坡失稳的可能性增大。

图6-13　崩塌两侧的马兰黄土

（3）降雨

2020年8月份以来，当地持续降雨，累计降雨量大。雨水沿土体节理裂隙下渗，土体含水量增大，上部土体重度增加，土体抗剪强度降低，导致斜坡失稳，发生崩塌灾害。

（4）人类工程活动

近年来，当地村民在黄土斜坡坡脚削坡建房，增大了斜坡坡度，破坏了原有坡体平衡，在降雨、地震等不利工况下导致崩塌发生。

6.4.4　地质灾害监测预警

6.4.4.1　风险预警

2020年8月14日13时45分，平凉市地质灾害应急中心联合市应急管理局、市气象局发布地质灾害气象风险预警信息（第31期），预报全市未来24小时因气象因素引发地质灾害的风险很高（红色预警），请各县（市、区）注意防范应对持续降雨引发的崩塌、滑坡等地质灾害。静宁县自然资源局结合当地气象及地质灾害隐患实际情况，及时向各乡镇发布了静宁县地质灾害气象风险预警信息（红色预警）。

6.4.4.2 巡查上报

8月14日14时，静宁县灵芝乡高义村魏岔阳坡社地质灾害隐患点监测员魏高周（社长）在对房前屋后的高陡边坡进行巡查时，发现魏卜学家屋后山体出现裂缝。由于静宁县自然资源局在汛期开展了地质灾害防治知识培训，魏高周结合自己学到的地质灾害避险知识，于14时30分将险情及时上报灵芝乡政府。

6.4.4.3 避险转移

8月14日15时，灵芝乡政府联合静宁县自然资源局和地质灾害技术支撑单位，对山体开裂及变化情况进行会商，并于15时40分组织受威胁的4名群众及时疏散转移。16时45分，山体发生崩塌。由于预报及时、处置果断，成功避免4名群众伤亡，避免经济损失18万元。

6.4.5 经验与启示

（1）重视地质灾害气象风险预警，完善各项制度

第一时间发现险情，第一时间发出预警预报，为主动避险赢得时间。市、县、乡、村加强上下联动，确保预警信息畅通，并第一时间启动应急处置预案，及时避险撤离。

（2）加大宣传培训

加强对基层群测群防员地质灾害防治知识的培训，积极开展面向基层群众的地质灾害防灾避险知识宣传，全面提升群众防灾避险意识和临灾避险自救能力。

（3）做好群测群防工作

充分依靠广大基层干部力量，由其担任群测群防员，因其责任心强，熟悉环境，了解情况，便于组织，发生灾情险情后能够第一时间组织群众撤离避险。

（4）规范农村切坡建房

农村建房过程中，引导群众树立地质灾害防灾避险意识，避免在地质灾害易发区选址，禁止削坡建房。

6.5 平凉市崆峒区上杨乡旱庄村庙沟门社崩塌成功避险案例

6.5.1 灾情概况

2020年8月17日0时25分，平凉市崆峒区上杨乡旱庄村庙沟门社清真寺崖体发生崩塌（见图6-14、图6-15）。崩塌直接威胁虎文平家3人的生命财产安全。因市、区两级预警到位，疏散转移群众及时，成功避免了虎文平等3人伤亡，避免经济损失20万元，实现了成功避险。

图6-14　崩塌现场(一)

图6-15　崩塌现场(二)

6.5.2　地质灾害特征

该崩塌为倾倒式黄土崩塌。崩塌体平面形态呈“簸箕”形，后缘可见清晰的沿垂直节理裂隙形成的环形高陡后壁，高约8 m，坡度近直立。崩塌堆积体长8 m，宽7m，厚3m，体积约200 m^3，规模等级为小型，平面形态近似于三角锥体。崩塌堆积体土体松散、潮湿，由黄土碎块、黄土粉状物构成，最大黄土块体粒径约2 m。

6.5.3　成因分析

经调查分析，该崩塌地质灾害的形成主要受以下因素的控制和影响：

（1）地形地貌

崩塌位于崆峒区上杨乡早庄村庙沟门社，崩塌区地貌类型为黄土丘陵沟壑。崩塌发育地段为当地村民建房人工削坡形成的边坡，坡度近直立，相对高差约10 m，具有坡体较高、坡度大的特点。坡顶为农村住宅和道路，地势低洼，容易汇水、积水。崩塌体坡脚有2处窑洞。高陡的斜坡临空面及坡脚窑洞开挖不利于斜坡稳定，为崩塌的发生提供了有利的地形条件。

（2）地层岩性

崩塌体所在斜坡的岩性主要为第四系上更新统马兰黄土。该土体主要由粉土构成，属风积成因，具大孔隙，结构疏松，垂直节理发育，湿陷性强，遇水易崩解，崩解后其强度显著降低，这样的特性为崩塌灾害的发生提供了良好的地层岩性条件。

（3）降雨

2020年入汛以来，平凉市崆峒区降雨较多，历经多轮降雨。由于前期降雨及短时强降雨的入渗，致使土体呈饱和状态，不仅增大了坡体自重，而且降低了土体的力学性质，最终导致坡体失稳发生崩塌灾害。

（4）人类工程活动

崩塌所在地段人类工程活动强烈，主要表现为当地村民在坡脚削坡建房形成房前屋后高陡边坡以及坡脚开挖窑洞。所建房屋均离坡脚很近，一般为1～3 m，有些房屋甚至紧靠坡脚。不合理的人类工程活动改变了原始斜坡的微地貌及应力状态，降低了斜坡的稳定性，且增加了承灾体，易诱发崩塌地质灾害。

6.5.4 地质灾害监测预警

2020年8月9日下午，崆峒区上杨乡政府在排查过程中，发现早庄村庙沟门清真寺崖体周围出现裂缝，立即在受威胁区域竖立警示牌，拉设警戒线，向清真寺和周边受威胁群众下发避险通知书。

2020年8月16日11时，平凉市自然资源局联合市应急管理局、市气象局发布地质灾害气象风险预警信息（第34期），预报全市未来24小时因气象因素引发地质灾害的风险高（橙色预警）。崆峒分局结合崆峒区气象及地质灾害隐患实际情况，及时向各乡镇发布了崆峒区地质灾害气象风险预警信息（橙色预警）。8月16日下午3时，上杨乡政府在雨后排查过程中，发现清真寺南侧虎文平家院内边坡有滑坡迹象。在和市自然资源局崆峒分局会商后，上杨乡政府对受威胁的虎文平一家3口紧急疏散转移。8月17日0时25分，山体发生崩塌，造成一间窑洞损毁，大门被堵。由于预报及时，处置果断，避免了因崩塌造成的人员伤亡。

6.5.5 经验启示

①高度重视地质灾害气象风险预警工作，及时发布地质灾害气象风险预警，并落实“叫醒叫应”机制。根据预警等级，做好各项防范应对措施，为主动避险赢得时间。市、县、乡、村加强上下联动，确保预警信息进村入户到人。

②加强排查巡查，掌握隐患变化情况。严格落实“雨前排查、雨中巡查、雨后复查”的三查制度，通过巡查排查及时发现隐患，随时掌握隐患点变化情况，做到科学预测、精准施策。

③加大宣传培训力度。加强对基层群测群防员及受威胁群众的地质灾害防治知识培训，全面提升群众防灾避险意识和临灾自救能力。

④全力做好群测群防工作。充分依靠广大基层干部力量，日常开展巡查监测，发生险情时第一时间组织群众撤离避险。

⑤规范农村切坡建房。农村建房过程中，引导群众树立地质灾害防灾避险意识，避免在地质

灾害易发区选址建房，严禁削坡建房；加强对危旧窑洞的管理和维护，对已出现裂缝险情的要及时采取回填、加固等处置措施，确保人员安全。

6.6　庆阳市庆城县皇城城墙运输处段崩塌成功避险案例

6.6.1　灾情概况

2022年7月15日12时22分，庆阳市庆城县皇城城墙运输处段发生崩塌，造成1孔窑洞、1间花店、1处卫生间受损（见图6-16）。由于预警及时，提前处置，成功避险3户8人。崩塌未造成人员伤亡。

图6-16　崩塌局部及房屋受损图

6.6.2　地质灾害特征

皇城城墙运输处段崩塌位于庆城县庆城镇。崩塌主崩方向108°，长8 m，宽5 m，平均厚度1 m，体积约42 m^3，规模等级为小型。崩塌平面形态为簸箕形，崩塌后缘高差10.5 m。崩塌堆积物因建筑物阻挡而堆积于坡脚，高出地面约1.5 m。根据当时应急调查，由于崩塌堆积体高差较大，土体松散，在强降雨影响下再次失稳发生垮塌的可能性较大。

6.6.3 成因分析

经现场调查分析，该崩塌灾害形成条件主要分为内部条件和外部条件两类。内部条件主要为地形地貌、地层岩性；外部条件主要为降雨和人类工程活动。

（1）地形地貌

皇城城墙运输处段崩塌地处构造侵蚀低山地貌，原始地形山坡坡度多在45°以上，部分人类切坡地段坡度近直立。该崩塌所在斜坡相对高差36 m，山体坡度75°，且前缘临空，为崩塌发生提供了有利的地形条件。

（2）地层岩性

崩塌物质组成为第四系上更新统马兰黄土（Q_3^{eol}），这是一种典型的风积成因土体。因该土体垂直节理发育，雨水会沿着垂直节理迅速下渗，使节理两侧的土体受到不均匀的水压力作用而发生崩塌。

（3）人类工程活动

当地村民开挖斜坡坡脚建造房屋，造成坡体下部形成临空面，增加了坡体的不稳定性，在降雨、地震等不利工况下极易发生崩塌等地质灾害。

（4）降雨

崩塌发生地位于庆城县县城，降雨较集中。根据调查与统计，2020年7月14—15日，庆城镇累计降雨量达54.6 mm。大量降雨不断渗入土质坡体，导致土体含水量升高，土体自身重量增加，滑带软化，坡体下滑力增大，最终使坡体失稳发生崩塌。

综上所述，皇城城墙运输处段崩塌灾害的发生是高陡土质斜坡累进性破坏的必然结果。崩塌所在坡体坡度陡峻，组成物质松散，为崩塌灾害的发生提供了基础条件。降雨对土体的入渗破坏是崩塌发生的直接诱发因素。同时，人类工程活动也加速了崩塌的发生。

6.6.4 地质灾害监测预警

2022年7月14日11时24分，省、市、县自然资源部门先后发布了地质灾害气象风险红色预警信息，庆城县自然资源局和庆城镇政府及时将预警信息传达给各村社群测群防员，并安排包村干部深入各村协助开展群测群防工作。

7月14日16时40分，庆城镇包村干部在组织村社干部对该辖区临崖临水住户房前屋后安全隐患进行排查时，发现皇城城墙因降雨侵蚀，存在发生崩塌的可能性，立即动员3户8人撤离至院边安全地带，并安排专人进行监测预警。15日12时22分左右，该处山体发生崩塌，伴随雨水形成大量泥流，造成3间房屋受损。由于预警及时，该起崩塌地质灾害未造成人员伤亡，成功避免了3户8人因灾伤亡。

6.6.5 经验与启示

（1）完善的群测群防体系为避险成功奠定了基础

庆城县自然资源局和庆城镇政府建立了县、乡、村三级24小时值班巡查制度，明确县、乡、村、社责任人，形成四级联防网络，构筑“安全网”。村干部早期在隐患点及周边区域悬挂张贴警示标语，发放地质灾害明白卡、避险撤离告知书，确保灾害来临时群众能有条不紊地按预案进行避险，这是成功避险的基础条件。

（2）严格执行“三查制度”

开展雨前、雨中、雨后巡查，为发现崩塌变形、及时避险提供早期信息。群测群防员密切关注自然资源部门和气象部门联合发布的地质灾害气象风险预警信息，并及时开展巡查监测。发现险情及时上报是成功避险的主要信息来源。

（3）严格执行应转尽转的战时机制，为避险成功提供了有力保障

险情出现后，村干部组织群众第一时间赶往现场，并将威胁区内的所有群众及部分财产转移至安全地带，避免了人员伤亡，减轻了灾害损失。

第7章　典型泥石流灾害成功避险案例

7.1　陇南市文县石鸡坝镇水磨沟泥石流成功避险案例

7.1.1　灾情概况

2020年8月14—18日，文县境内连续发生多次强降雨，造成全县20个乡镇受灾，多地暴发山洪、泥石流灾害，部分区域交通、电力、通信、供水中断，基础设施严重受损，学校、卫生院等公共服务设施不同程度受损。

经过连续多次强降雨，8月17日14时许，石鸡坝镇水磨沟暴发了特大泥石流。泥石流夹带大块石从沟道咆哮而下，沿程冲毁居民房屋和农田，损毁道路、电力、通信、河堤等设施，并冲入白水江江道，堵塞白水江而形成堰塞湖（见图7-1）。堰塞湖致使白水江水位上涨10余米，造成上游险崖坝村、石鸡坝村等202户房屋被淹，48人被困于淹没区楼房顶数小时。

图7-1　泥石流堵塞白水江形成堰塞湖

据灾后统计，“8·17”水磨沟泥石流灾害造成2人死亡、1人失踪，直接经济损失9 400万元，水磨沟村、石鸡坝村受灾，受灾人口达276户1 186人，道路、电力、通信、河堤、农田等设施严重受损。因水磨沟泥石流形成的堰塞湖次生灾害造成经济损失15 320万元，202户居民房屋受损（见图7-2、图7-3），淹没区道路、河堤、农田均受损严重。此次泥石流灾情之大、损失之重在文县罕见。泥石流诱发次生灾害，给石鸡坝镇险崖坝村、石鸡坝村及白水江畔居民生命财产安全造成巨大损失。

图7-2　泥石流冲毁房屋

图7-3　泥石流堆积物

7.1.2　地质灾害特征

石鸡坝镇水磨沟位于文县石鸡坝镇水磨沟村，白水江左岸，流域平面形态似树叶状，南北长

6.3 km，东西宽最大达3.4 km，总面积31.26 km^2，主沟总长11.49 km，最大相对高差2 017 m，平均纵比降12.52%。整个流域呈近东西向延伸，主沟道剖面形态在梨树底下村以北大多呈“V”形，以南呈“U”形。

水磨沟两岸坡度陡峻，沟道纵比降较大，流域形态有利于降雨在短期内汇集，可为泥石流的形成和流动提供足够的水动力条件（见图7-4、图7-5）。

图7-4　水磨沟下游沟道

图7-5　水磨沟沿岸冲刷

7.1.2.1　泥石流分区特征

受水磨沟口堆积扇发展控制，水磨沟所邻白水江主流明显被挤压偏移，并冲刷对岸河堤、河滩。水磨沟下游段沟槽不稳，切蚀现象明显；两岸的沟岸地形陡峻（尤其下游区），松散物储量大于10万 m^3/km^2，初步判断水磨沟泥石流处于发展期（壮年期）。

由于沟内坡面型泥石流流域面积小，各支沟基本以清水汇集为主。根据水磨沟泥石流的形成、运移、堆积特征，从流域整体来看，可将其划分为形成区、流通区、堆积区。

（1）形成区

形成区位于流域中、上部，平面形态呈树叶状，面积为30.12 km^2，占总面积的96.35%。谷坡坡度一般为20°～65°。滑坡、崩塌等地质灾害主要分布在该区内，区内沟谷侧蚀现象比较严重，固体松散物质储量丰富，具备良好的固体松散物质补给条件。

（2）流通区

流通区位于流域中、下游，主要包括梨树下组至水磨沟村段、温家沟村至沟口段，面积为0.25 km^2，占总面积的0.80%。主沟道宽达20～50 m，沟床纵坡降平均为13.42%。温家沟段多见跌坎，水动力条件良好。

（3）堆积区

堆积区位于流域水磨沟村至温家沟村段、沟口洪积扇区，面积为0.89 km^2，占总面积的2.85%。该段主沟道宽达50 m，沟道经多次抬升呈台阶状，发育沟谷阶地，高出沟床5～15 m，沟道内固体松散物质堆积较厚。该段是泥石流最严重的危险区。

7.1.2.2　泥石流基本特征

根据计算，水磨沟泥石流的主要参数特征分别为：

(1) 泥石流重度

经调查与分析计算，水磨沟泥石流梨树下组断面处泥石流重度为16.21 kN/m³，温家沟断面处泥石流重度为17.03 kN/m³，沟口断面处泥石流重度为17.96 kN/m³。据此判断，水磨沟泥石流属黏性泥石流。

(2) 泥石流流量

经勘查计算，水磨沟泥石流的百年一遇清水流量为201.84 m³/s，五十年一遇清水流量为161.47 m³/s；百年一遇泥石流流量为516.1 m³/s，五十年一遇泥石流流量为412.9 m³/s。

(3) 泥石流一次最大冲出量

经计算，水磨沟泥石流百年一遇、五十年一遇的一次最大冲出量如表7-1所示。

表7-1　一次泥石流冲出的固体物质总量计算成果表

沟名	设计频率/%	1	2
水磨沟	泥石流总量/万 m³	49.1	39.2
	固体物质总量/万 m³	26.0	20.8

(4) 泥石流流速

根据水磨沟流域特征，按照甘肃武都地区黏性泥石流流速计算公式计算，水磨沟泥石流平均流速为7.56 m/s。

(5) 泥石流危害特征

水磨沟泥石流危害方式以淤埋、冲刷为主。

①淤埋：区内泥石流最大的危害特点。根据调查，水磨沟泥石流往往来不及排泄，越过排洪道后，大量的泥沙停留下来淤埋农田、人畜。

②冲刷：受暴雨作用，流域内大量坡面土体被带走，山坡土层被冲刷减薄，造成大量水土流失。沟岸冲刷贯穿整个沟道，泥石流沿程接受岸坡及沟床松散体补给，重度不断增高，尤其在流通区、堆积区一带冲刷增强，进而破坏了排导堤、路基及房屋。

7.1.3　成因分析

7.1.3.1　地形地貌

石鸡坝镇水磨沟属陇南（西秦岭）山地侵蚀构造高山山地地貌，流水侵蚀作用明显，流域平面形态呈树叶状。流域地势总体东高西低，最高点为东部分马场，海拔约3 097 m，最低点为该沟入河口，海拔约1 080 m，流域最大相对高差约2 017 m。根据地貌形态和成因类型，水磨沟流域的地貌类型分为侵蚀构造高山山地地貌和侵蚀堆积河（沟）谷地貌。

(1) 侵蚀构造高山山地地貌

该地貌分布于水磨沟流域以东大部分地区，主要特征为侵蚀强烈、坡陡谷深，山峰海拔多在1 700～3 000 m之间，山体相对高差110～1 400 m。区内山梁多呈条形、鼻梁形，山坡坡度一般为

25°～50°，部分山坡为大于70°的陡坡、陡崖，或呈直立状。受区域构造控制，主沟两侧分水岭高低不一，两侧支沟多为坡面型，沿主沟呈树枝状分布。水磨沟较大的支沟有陈家沟、黑渠沟、大沟里等5条；中、下游沟岸两侧及简易公路旁侵蚀作用明显，滑坡、崩塌及坡面型泥石流发育，形成倒石锥状堆积裙。堆积裙堆积高度、宽度不一，形成特殊的重力侵蚀地貌。

（2）侵蚀堆积河（沟）谷地貌

水磨沟侵蚀堆积河（沟）谷即水磨沟沟道。水磨沟中、下游两岸沟谷阶地断续、零星分布，局部坡积扇较大，阶面及坡积扇面上为农田、居民住地、果园等。水磨沟中游青岩堡、温家沟一带沟道宽度达350～400 m。沟道内的洪冲积堆积物分布较广泛，多被改造成台阶状农田、居民住地，微向沟谷中央倾斜，纵坡降一般在35%左右；上游及其他支沟带狭窄，下切、侧蚀强烈，跌水发育，石块堵塞严重，部分地段沟底有基岩出露。

7.1.3.2 地层岩性

（1）前第四系

根据调查，在区域地层区划上，水磨沟属于秦岭地层分区，前第四系地层岩性以上古生界二叠系下统（P_1）及中生界三叠系地层（T）为主。

①古生界二叠系下统（P_1）：分布在流域中、西部，自西向东分为两个组。这两个组都经历了不同程度的变质作用，由于形成地质时期不同，两个组的岩性也有较大差别。二叠系（P_1^{2-3}）上部为灰、灰绿色含钙砂质板岩，下部夹多层铁锰质透镜体，中层产状55°∠70°；二叠系（P_1^{2-4}）上部以泥质板岩、钙质板岩为主，夹砂岩及中层灰岩，下部以中、厚层灰岩、砾状灰岩为主，夹含钙泥质板岩、砂岩及杏仁状基性凝灰岩透镜体，底部为杂色石英砂岩、千枚岩。

②中生界三叠系地层（T）：分布在流域东部的上游区，该套地层岩性主要为三叠系砂岩、砂质板岩、钙质板岩夹灰岩，产状28°∠62°。

（2）第四系（Q）

水磨沟流域内第四系松散堆积物分布广泛，类型较多。

①冲洪积物（Q_4^{al+pl}）：主要分布于沟口冲洪积扇一带，地层由白水江冲洪积物与水磨沟冲洪积物叠合而成；流域内该类地层厚度差异较大，二元结构明显，上部所含砂砾粉质黏土疏松多孔，多植物根系，下部为砂、砾、卵石。

②洪积物（Q_3^{pl}、Q_4^{pl}）：主要分布于沟道内，分布不连续，沟谷Ⅰ、Ⅱ、Ⅲ级阶地上岩性下部为砂砾、碎石，上部为含砂砾粉质亚黏土。

③残积坡积物（Q_4^{dl+el}）：广泛分布于斜坡地带，尤其是水磨沟南岸，堆积处坡度多小于40°，厚度不等，一般小于3 m。岩性自上而下为含砂砾粉质黏土、砂砾及碎石，堆积体结构松散，透水性好。流域中、下游地区该类物质易被冲蚀，是构成泥石流的重要物源；上游地区大部分植被茂盛，该类物质不易冲刷。

④坡积物（Q_4^{dl}）：广泛分布于水磨沟两岸，呈扇状、扇裙状分布，堆积处坡度多小于30°，厚度不等，一般2～6 m，物质类型单一或混杂，主要由含砂砾粉质黏土、砂砾及碎石等组成。该类堆积体相对稳定，透水性好，也是构成泥石流的重要物源。

⑤重力侵蚀堆积物（Q_4^{del}、Q_4^{col}）：区内滑坡、崩塌等不良地质体主要分布于沟谷区两侧及较大

支沟内，堆积坡度较陡，物质以碎石为主，其次为砂土，两者混杂堆积，堆积体结构松散，稳定性差，为泥石流的重要补给物源，且受人类工程活动作用比较明显。

7.1.3.3 地质构造及地震

水磨沟地处秦岭纬向构造带南缘，松潘—甘孜褶皱系的东侧，位于武都山字型构造体系南部，东南部与龙门山北东向构造带相邻。不同构造带交接及构造运动的反复作用，使水磨沟褶皱形态复杂，断裂发育，岩体破碎。

石鸡坝—观音坝断裂总体展布方向为北西西，发育NEE及NWW的次级断裂，断裂带内岩石强烈挠曲变形，主断裂长度大于40 km，产状35°∠55°～70°，岩性以破碎的千枚岩和灰岩为主，属于石鸡坝—观音坝断层的西延部分，为一条性质不明的推测断层，对水磨沟泥石流洪积扇的形成有一定作用。

石鸡坝处在石坊—桥头复背斜和范家坝—石坊断裂带上，并受邻近松潘—平武地震带的强烈影响，属地震多发区，地震烈度为8度，设计基本地震加速度为0.30 g。据史料记载，自晋咸宁四年（278年）到1976年，文县境内发生的地震或波及文县造成灾害的地震有19次，大于5级的地震有8次，其中1879年7月的8级地震、1880年6月的5.5级地震、1965年6月的4.75级地震和2006年6月21日的5.0级地震震中就在石鸡坝一带，地震使石鸡坝一带山崩水涌，城垣倒塌，累计造成1万余人死亡。

7.1.3.4 水文地质条件

按含水介质和埋藏条件，流域内地下水分为基岩裂隙水和松散岩类孔隙水。

（1）基岩裂隙水

基岩裂隙水主要分布于流域中含钙砂质板岩、钙质砂岩、泥质板岩、钙质板岩、含钙泥质板岩、石英砂岩、千枚岩、砂岩等碎屑岩组成的斜坡区，赋存于构造裂隙和风化裂隙中，大部分为潜水。地下水接受大气降水补给，沿裂隙网络系统运移，在含水层被切割或受阻后以泉的形式溢出，转化为地表水或间接补给其他类型地下水，地下水径流模数为6～9 L/km^2。

（2）松散岩类孔隙水

松散岩类孔隙水主要赋存于水磨沟沟道碎石土层中，呈层状或带状分布，属于潜水。地下水位埋深较浅，沟口段水位为0.2～1.5 m，水磨沟社—温家沟段水位为0.3～1.8 m。水磨沟沟道内地下水与地表水循环交替频繁，地下水主要接受大气降水、灌溉水、地表水入渗补给及基岩裂隙水侧向补给，排泄方式主要为沿含水层向下游径流。

此外，流域内残积、坡积碎石土层及滑坡体内赋存少量孔隙水，在接受大气降水及基岩裂隙水侧向补给下，形成滑坡体内地下水，并沿堆积斜坡向下运移。由于坡体透水性好，地下径流条件良好，在沟谷和沟坡以地下径流形式排泄，流量随雨季变化。坡体内地下水降低了土体抗剪强度，增加了斜坡的不稳定性因素。根据取样分析，该类地下水溶解性总固体含量为250～400 mg/L，侵蚀性二氧化碳含量为3.20～5.06 mg/L，水化学类型为$HCO_3^-\cdot SO_4^{2-}$–$Ca^{2+}\cdot Na^+\cdot K^+$型。

7.1.4 地质灾害监测预警

7.1.4.1 风险识别

2015年，中国地质调查局水文地质环境地质调查中心开展的《陇南白水江流域地质灾害调查成果报告——石鸡坝幅》调查已将石鸡坝镇水磨沟列入重点调查对象。文县自然资源局对水磨沟进行过工程治理，在沟口修建了双侧排导工程，用来保护沟道两岸居民安全，防止泥石流堵江形成次生灾害。

甘肃省地质环境监测院前期对文县水磨沟进行地质灾害调查，确定了泥石流规模、堆积区范围并划分了危险区：严重危害区主要分布于水磨沟主沟中游、下游、沟口洪积扇一带，主要为村社居民点、农田、果园地，部分地段居民集中，人口密度相对较大；水磨沟洪积扇具有遭受流域性沟谷型泥石流灾害的可能性，潜在危险性很高；其他区域划分为一般危害区。此外，对水磨沟泥石流设定了应急避难场所（石鸡坝镇小学及山腰寺庙），规划好了撤离路线，便于在灾害发生第一时间进行有序撤离。

7.1.4.2 监测预警

2020年8月14日14时，省、市自然资源部门先后发布地质灾害气象风险预警信息。文县及石鸡坝镇迅速将预警信息转发至水磨沟等地质灾害隐患点专职监测员，并安排包村干部深入各村协助开展群测群防工作。

8月17日10时，降雨仍在持续，石鸡坝镇党委政府果断要求包村干部和村组干部立即挨家挨户通知群众做好撤离避让准备，并电话要求隐患点专职监测员加强监测预警。

7.1.4.3 避险响应

8月17日14时50分，石鸡坝镇国土所所长和水磨沟包村干部听到泥石流的声音后，迅速采取敲锣、拉响手摇报警器等方式发出撤离信号。国土所所长第一时间在网络信号断开之前，通过微信监测预警群向文县自然资源局进行了汇报。包村干部、村组负责人和民兵迅速组织受威胁群众按照防灾预案和前期应急演练确定的路线，将村民分成两部分分别向石鸡坝镇小学及山腰寺庙进行疏散撤离。

15日10时，水磨沟1 186名受威胁群众全部撤离至安全地带。随后，第二次大规模泥石流发生，冲出泥石流物质超过60万 m^3。泥石流冲毁、损坏房屋多栋。

泥石流冲出物大量堆积（见图7-6、图7-7），但由于强降雨期间当地防灾机制高效运转，灾害没有在水磨沟与白水江交汇处形成堰塞湖造成次生灾害。虽然监测预警及时，第一时间将大量人员从险崖坝村撤离，但仍有51人被困在险崖坝村。甘肃省政府第一时间了解灾情，派出应急直升机，将险崖坝村被困的51人安全转移至陇南市成县机场。此次转移撤离，共避免3 000多人因灾伤亡。

图7-6　泥石流沟道内大量堆积物(一)

图7-7　泥石流沟道内大量堆积物(二)

7.1.5　经验与启示

根据当地村民反映，约100年前水磨沟曾暴发过泥石流，造成100多人死亡或失踪。2020年8月17日发生的水磨沟特大泥石流仍沿原泥石流沟道形成。灾害发生后，应急方案立即付诸实施，较短时间内成功组织上千名群众安全撤离，面对大规模泥石流的威胁，做到了零伤亡，实现了地质灾害成功避险。

文县各级党委、政府及相关部门在深入贯彻甘肃省委、省政府关于地质灾害防治工作一系列指示精神上执行有力、主动作为，创新开展以“县级干部包乡、乡镇干部包村驻点”的方式，将防灾措施下沉一线，确保在发布预警后的极短时间内，受威胁群众能够有序、高效安全撤离，创造了大灾之下零伤亡的成功典范。2020年8月17日水磨沟特大泥石流成功避险的主要经验与启示包括以下几点：严密的地质灾害防范体系是成功避险的可靠保障，快速准确的监测预警是成功避险的前提条件，高度负责的监测人员是成功避险的关键力量，坚强有力的基层防灾队伍是成功避险的中坚力量，常态化的培训演练是成功避险的坚实基础，“三避让”原则的落实是成功避险的核心因素。

7.2 陇南市武都区郭河乡绿化村马脊鞍沟泥石流成功避险案例

7.2.1 灾情概况

2020年8月17日，受强降雨影响，陇南市武都区郭河乡绿化村马脊鞍沟发生泥石流地质灾害，泥石流掩埋、冲毁沟口房屋2户5座（见图7–8）。

图7–8　泥石流掩埋沟口房屋

7.2.2 地质灾害特征

马脊鞍泥石流沟平面形态呈“阔叶状”，最大高程位于流域南侧，海拔2 295 m，最小高程位于沟口处，海拔1 863 m，高差432 m。

泥石流形成区位于流域上游海拔较高区域，流域面积0.6 km^2，山坡坡度30°～60°，部分地段山坡坡度超过60°。沟谷形态呈“V”字形。流域植被覆盖率超过90%，植被组成以乔木、灌木为主。该沟高差较大，坡面土体较松散，持续的强降雨容易引发泥石流灾害。

7.2.3　成因分析

7.2.3.1　地形地貌

马脊鞍沟流域地貌类型主要为侵蚀构造中高山地貌和侵蚀堆积沟谷地貌。

①侵蚀构造中高山地貌：主要特征为侵蚀强烈、沟壑密集、坡陡谷深，山峰海拔多在1 600～2 500 m之间，山体相对高差500～1 500 m。山梁多呈鱼脊形、鼻梁形，山坡坡度一般为28～50°，部分山坡为大于70°的陡坡、陡崖。

②侵蚀堆积沟谷地貌：马脊鞍沟沟道狭窄，属“V”字形沟谷。沟道平均纵比降大，呈现出上游陡、下游缓的趋势。主沟左右两岸均有支沟发育，沟壑密度较大。两侧沟坡坡度较大，受流水冲蚀作用，两岸崩塌、滑坡等地质灾害发育，为泥石流提供了松散固体物。

7.2.3.2　地层岩性

流域内主要发育志留系基岩及第四系马兰黄土。

①志留系基岩：马脊鞍沟西北侧中高山地带广泛出露，岩性主要有千枚岩、板岩。千枚岩呈灰绿色，鳞片状结构，千枚状构造，具丝绢光泽，受构造影响岩体破碎，弱风化—强风化，遇水易软化。该基岩层属区内的易滑地层，同时为泥石流松散固体物来源的主要补给地层。

②第四系马兰黄土：呈披覆状分布于基岩之上，也是滑坡体的主要组成物质。在上游中高山地貌区厚度较薄，缓坡和河谷洼地分布较厚，普遍在2～15 m之间，主要披覆于梁峁、斜坡及夷平面上。地层岩性为浅黄色粉土。粉土土体疏松，具有大孔隙，垂直节理发育，富含虫孔及植物根系，底部与下伏地层接触面多呈倾斜状，并与山坡倾斜面大体一致。马兰黄土风积特征明显，在强降雨作用下，可为泥石流提供松散固体物源。

7.2.3.3　区域地质构造

总体上，武都区地处中国大陆二级阶梯向三级阶梯的过渡地带，位于秦巴山区（西秦岭）、青藏高原、黄土高原三大地貌单元的交会区域。

武都区郭河乡地处陇南山区，区内地形复杂，特别是由于新构造运动的强烈隆起和河水急剧下切，构成了山势陡峻、河谷坳深、峰峦起伏、群山环绕、峰尖坡陡的地形地貌景观，特殊的区域地质构造为地质灾害的发育创造了良好条件。由于地处西秦岭强烈隆起区，新构造运动以差异升降运动为主要特征。第四纪以来受喜马拉雅山运动影响，武都西部地区卷入青藏高原总体隆升，山地的海拔达1 000 m以上，且发育三级夷平面。升降运动形成了武都区高山、深谷的特殊地貌。

7.2.4 地质灾害监测预警

7.2.4.1 监测预警

2020年8月份以来长期强降雨导致郭河乡绿化村马脊鞍沟泥石流沟水位上涨，相关人员对泥石流隐患点加强了监测。监测员观察到沟谷两岸部分坡体有变形加剧、沟道水位急剧增长的现象，沟道两旁山坡坡体出现多条新增裂缝。发现险情后，监测员立即逐级上报。郭河乡政府立即组织相关人员赶赴现场，进行人员转移并设立警戒线，要求进一步加强监测。

7.2.4.2 避险响应

2020年8月12日以来，郭河乡境内普降大雨，河水暴涨。绿化村道路、电网中断，一度与外界失去联系，部分房屋出现漏水、垮塌，四周山体不断出现滑坡。滑坡导致农田被毁，加之受洪涝灾害的影响，村庄内一片狼藉，群众情绪十分不稳定。绿化村党员、地质灾害监测员杨德平为了全身心投入地质灾害监测工作，提前将年迈患病在家吃药治疗的老母亲和妻子等全部转移到临时安置点。作为党员，他主动担责，时刻坚守在监测预警第一线，会同村“两委”及帮扶工作队入户排查险情，疏导安抚群众，有序组织群众转移。

8月16日，由于持续降雨，绿化村马脊鞍沟洪水渐涨，沟内不断传来轰鸣声。危急时刻，杨德平及村“两委”成员和帮扶队员协助4户群众全部转移到临时安置点。8月17日凌晨2时，马脊鞍沟暴发泥石流（见图7-9），沟口5座房屋被泥石流淹没。因转移避让及时，泥石流未造成人员伤亡。

图7-9 马脊鞍泥石流沟口堆积物

7.2.5　经验与启示

马脊鞍沟泥石流的成功预警，证明当地长期以来坚持的群测群防体系是正确的，是值得信任的。但是从武都区地质灾害多发、频发的严峻形势和经济社会发展要求来看，武都区地质灾害监测预警工作仍然存在一些突出问题：

（1）群测群防点多面广，监测人员工作强度高、压力大

武都区地质灾害隐患点较多，大多数隐患点仍需人力定期监测，且暴雨期间需连续监测。这导致监测人员工作强度高、压力大。

（2）管理制度与工作机制需进一步健全

武都区各级政府和管理部门虽已建立了地质环境监测管理机构，但地质灾害调查和监测预警制度、地质灾害动态管理机制尚不够完善。另外，工作的信息化、自动化、标准化程度不够，多部门合作协调与数据共享等机制有待进一步完善。

（3）专群结合监测预警工作水平还需进一步提高

武都区地质灾害群测群防体系普遍存在着专业管理、技术人员不足，措施落后，效果较差，群测群防队伍不够健全，防灾知识比较缺乏等问题。

（4）科技支撑能力还需进一步提升

地质灾害的区域评价技术方法研究不够深入，地质灾害成因、机理等研究水平偏低，全区地质灾害早期识别与监测预警关键技术无法突破，专门适用于秦岭土石山区崩塌、泥石流灾害的预警模型没有建立。地质灾害专业监测预警、气象风险预警科技支撑能力弱，阻碍了地质灾害防治科技支撑能力的提高。风险管控仍处于探索阶段，风险管控的手段和技术需要加强。

7.3　张掖市高台县罗城镇天城村北沟泥石流成功避险案例

7.3.1　灾情概况

2022年8月13日凌晨4时至6时，张掖市高台县罗城镇遭遇强降雨。8时45分，高台县罗城镇天城村北侧的天城北沟及周边呈扇形分布的沟道突发泥石流灾害（见图7-10），造成高台县罗城镇天城村170户房屋受损，其中126户房屋受损严重无法居住（见图7-11、图7-12）。

7.3.2　地质灾害特征

北沟泥石流为甘肃省河西走廊北山沟谷型泥石流（见图7-13）。泥石流沟流域面积18.45 km^2，沟长7.0 km，相对高差300 m，主沟纵坡比降43‰，平面形状呈“树枝”状，沟道平均宽度15 m，

图7-10　泥石流灾害现场(一)

图7-11　泥石流灾害现场(二)

图7-12　泥石流灾害现场(三)

断面呈宽“U”形，沟岸坡度20°～40°。沟道内固体物源丰富，平均厚度1.5 m。经初步估算，该泥石流一次性最大冲出量约9.45万m^3，属中型中易发稀性泥石流。

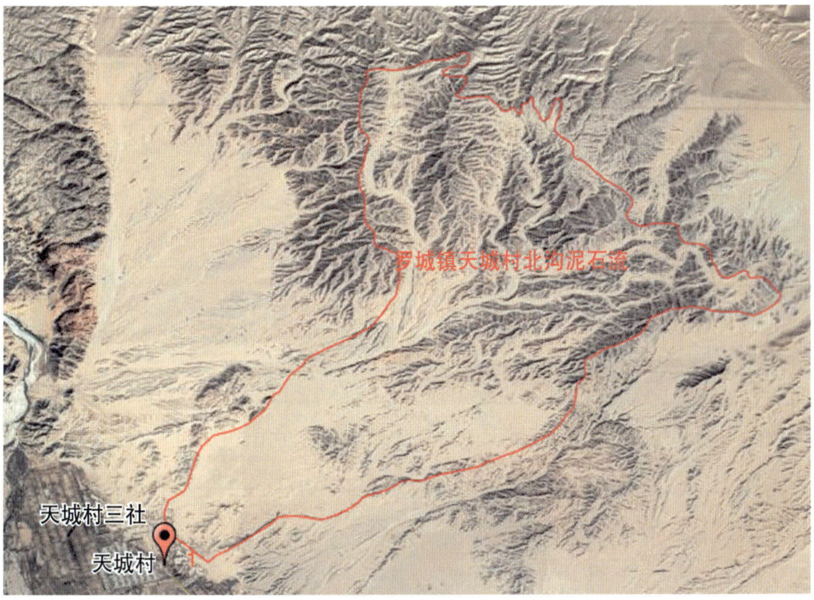

图7–13　天城北沟泥石流范围

7.3.3　成因分析

有利的地形条件、丰富的固体物源及短时强降雨是引发该泥石流的主要原因。

7.3.3.1　地形条件

北沟泥石流沟位于高台县罗城镇天城村，地处低山丘陵区，高程1 280～1 580 m，相对高差300 m，主沟纵坡比降43‰，山坡坡度20°～40°，沟道内沟岸切割强烈，高差较大，为泥石流的发生提供了动力条件。

7.3.3.2　松散固体物源

根据现场调查，北沟泥石流沟流域内第四系全新统坡积—洪积物（Q_4^{dl-pl}）广泛分布于山前地带及外围地区，呈土黄色，由砾石、砂土混杂而成，分选性差，略显水平层理。碎石含量约50%，粉土含量约20%，含有团块状、纤维状芒硝等易溶物，充填约20%的中粗砂，层厚3.0～5.0 m，表层分布薄层细砂，局部有轻微盐渍化土分布。沟道内切割深度一般在2.0～5.0 m之间，小型崩塌、滑坡较发育，为泥石流提供了部分松散固体物源。坡面表层松散土体受雨水冲刷易滑塌，多堆积于坡脚，提供了泥石流形成的另一部分固体物源。综上，沟底砂石再搬运、坡面侵蚀及崩滑堆积物为泥石流的形成提供了丰富的松散固体物源。

7.3.3.3　强降雨

根据《甘肃省河西地区降雨等级》（DB62/T 1732—2008），12小时降雨量35～70 mm为大暴雨。2022年8月13日4时开始，泥石流所处地区突降暴雨，持续时间达2小时，累计雨量达56.8 mm，达到大暴雨级别。高台县北山多条沟谷水流携带泥沙在短时间内迅速汇集，沿已有土坝多处缺口流入天城村，进而造成村民房屋倒塌、农田淹没、道路损毁。

7.3.4　地质灾害监测预警

7.3.4.1　风险识别

2022年入汛前，高台县人民政府办公室印发了《高台县2022年地质灾害防治方案》《高台县突发地质灾害应急预案》，由县自然资源局指导各村镇对辖区开展拉网式的汛前大排查，重点对新坝镇、罗城镇山区地质灾害隐患点进行细致排查。此次排查共查出地质灾害隐患点25处，其中崩塌2处，泥石流23处。排查结束后，对地质灾害隐患点制定了专项应急预案，并向受威胁的单位、村社、群众发放了“地质灾害防灾工作明白卡”25份、“地质灾害防灾避险明白卡”230份。

2022年8月11—12日，张掖市地质灾害防治领导小组办公室（市自然资源局）根据省、市气象部门提供的气象预警信息，将甘肃省自然资源厅与甘肃省气象局联合发布的气象风险预警信息及时转发至各县区地质灾害防治领导小组办公室（县区自然资源局），要求各县区高度重视，加密监测和巡查。同时，转发市政府《值班预警信息》4期，下发《进一步加强当前地质灾害防治工作的紧急通知》，转发《市委办公室、市政府办公室关于做好强降雨天气防范应对工作的紧急通知》，并从靠实防范应对工作责任、加强监测预警和信息发布、全面开展隐患排查、强化24小时应急值守和灾情处置工作4个方面提出了要求，全力防范因强降雨引发的城乡积涝、山洪、滑坡、泥石流等灾害。

7.3.4.2　预警研判

2022年8月12日14时30分，高台县人民政府召开防汛减灾分析研判会，对本轮强降雨可能造成的灾害提出针对性措施，要求各镇、各部门做好防灾救灾准备工作。16时，县自然资源局召开防汛减灾专题会议，会议围绕自然资源领域地质灾害防治、非煤矿山安全、在建项目安全等方面作出防灾救灾安排部署。各基层自然资源所、矿产资源管理股、监测保护股分别将气象风险预警信息通知到地质灾害隐患点威胁村社、矿山企业及建设项目实施单位，全力以赴做好地质灾害隐患点巡查及防范工作。17时40分至21时51分，高台县自然资源局第一时间转发省自然资源厅、市自然资源局、高台县气象局预警信息7条，各镇、村地质灾害隐患点防灾责任人和群测群防员高度重视，严格落实24小时值班制度，加强隐患点监测，及时组织受威胁群众提前避让转移。

8月13日4时42分，张掖市气象部门发布暴雨橙色预警，高台县罗城镇红山出现超过17 mm的短时强降雨。预计未来3小时张掖市高台北部降雨量将达30 mm以上，局地小时雨量将大于25 mm。高台县防汛办在MAS预警平台上向全县各级防汛责任人及时发布了预警信息。

7.3.4.3　避险响应

8月12日，接到省、市、县三级暴雨橙色预警信号后，地质灾害群测群防员、乡镇政府和自然资源负责人、当地技术支撑单位人员、县自然资源局人员“五重协调联动”，紧急开展雨中巡查，划定危险区域，并发出紧急撤离避险指令。在发出紧急撤离避险命令后，5时15分开始组织群众撤离，截至7时05分，泥石流威胁范围内的588户1 552人全部成功撤离，转移至事先确定的安置场地。同时，县自然资源局立即通知各自然资源所加强对自然资源领域内厂矿企业和作业单位的预警发布，各自然资源所通过短信、电话、微信等方式，第一时间将预警信息发送到罗城镇、黑泉镇、合黎镇部分区域内厂矿企业26户，做到叫醒叫应，让他们做好紧急避险准备。预警区厂矿企业和相关作业单位成功撤离170人。

7.3.5　经验与启示

（1）时刻关注气象预警，专群结合密切监测险情

群测群防员接到省、市、县暴雨橙色预警后，对隐患点进行了巡查，巡查过程中发现有大面积汇水时，迅速发出预警信号，并且上报乡镇，得到允许后和村镇领导立即组织受威胁村民进行紧急避险撤离，避免了人员伤亡。汛期要时刻关注气象预警并结合专群结合预警模式，使地质灾害防御化“被动”为“主动”。同时，要及时掌握地质灾害变形情况，紧密结合一线群测群防信息，密切关注暴雨及泥石流动态，为精准预警和避险提供保障。

（2）加强在册隐患点巡查排查，并及时上报主管部门

罗城镇天城村北沟为泥石流灾害隐患点。2022年汛期排查时，技术支撑单位技术人员再次复核了该泥石流隐患点，并且通知群测群防员注意定期巡查该隐患点，特别是连续降雨或短时强降雨时，要及时巡查并随时上报县、市自然资源局地质灾害防治负责人。防治地质灾害重在未雨绸缪，对地质灾害在册隐患点的常态化巡查排查时刻不能放松。

（3）强化宣传培训和避险演练

张掖市县、乡相关部门以“4·22”地球日、“5·12”防灾减灾日、“安全生产宣传月”等宣传活动为契机，认真开展地质灾害防治知识宣传教育，组织培训班，进一步增强了群众防汛减灾意识。罗城镇天城村北沟泥石流避险成功，不仅得益于宣传培训到位、相关防灾责任人和监测员的防灾知识得到普及，还得益于地质灾害群测群防员在日常巡查监测中仔细观测、发现险情及时预警和迅速组织受威胁群众按照设定的避险路线进行转移。险情出现后，及时设置警戒线和警示标识，加强专人值守，确保撤离人员的初步安置管控，防止撤离群众擅自返回危险区域，从而避免了人员伤亡。

（4）已有治理工程作用得到发挥

灾害发生时，距离天城村北沟泥石流约1.3 km的侯庄村北侧沟道同时发生泥石流。因侯庄村于2021年实施了泥石流工程治理项目，拦挡坝和排导堤起到了较好的拦挡和排导作用，泥石流仅对涉及排导堤末端约30 m处的两亩农田造成淤埋。可见，地质灾害治理工程在发生泥石流时拦挡了大量固体物质，减小了灾害规模，大大减轻了灾害损失，发挥了重大防灾减灾效益。

参考文献

1.甘肃省地质灾害应急中心、甘肃地质工程勘察院：《临夏州临夏县韩集镇北山滑坡群地质灾害应急调查报告》（2018年8月）

2.甘肃地质工程勘察院有限责任公司：《临夏州临夏县韩集镇北山二社滑坡治理工程可行性研究报告》（2022年）

3.甘肃省地质环境监测院：《舟曲县南峪乡江顶崖滑坡灾害应急治理工程勘查报告（施工图设计）》（2018年8月）

4.甘肃省地质环境监测院：《甘肃省舟曲县立节北山滑坡灾害应急调查报告》（2021年4月）

5.甘肃省地质环境监测院：《甘肃省舟曲县果耶镇磨里村滑坡灾害应急调查报告》（2021年4月）

6.甘肃地质灾害防治工程勘查设计院：《舟曲县果耶镇磨里滑坡应急勘查报告》（2021年6月）

7.甘肃省地质环境监测院：《陇南市武都区安化镇槐树下村阳坡三组滑坡应急调查报告》（2023年4月）

8.甘肃省地质环境监测院：《定西市渭源县大安乡潘家湾村东坪社滑坡应急调查报告》（2023年7月）

9.甘肃省地质环境监测院：《灵台县中台镇南店子村东庄社滑坡应急勘查报告》（2021年10月）

10.甘肃省地质环境监测院：《陇南市文县石鸡坝镇水磨沟泥石流治理工程勘查报告》（2022年1月）

11.甘肃省地质环境监测院：《陇南市武都区汉王镇佛堂沟泥石流综合治理工程勘查报告》（2023年1月）

12.甘肃省地质环境监测院：《陇南市武都区安化镇马家沟泥石流治理工程勘查报告》（2017年8月）

13.甘肃省地质环境监测院：《灵台县中台镇水泉村尹家沟岭社滑坡应急调查报告》（2022年8月）

14.甘肃省地质环境监测院：《舟曲县东山镇牙豁口滑坡灾害治理工程勘查报告》（2019年12月）

后 记

2010年8月8日凌晨，一场空前灾难降临舟曲县。县城北部的三眼峪和罗家峪同时暴发山洪泥石流，泥石流堵塞白龙江形成堰塞湖，舟曲县城三分之一被淹，月圆村、瓦场村荡然无存。此次舟曲“8·8”特大山洪泥石流灾害共造成1 765人死亡或失踪和33亿元的经济损失。灾难之大震惊了世界，更深深震撼了每一位国人的心。灾难过后，无数人在反思这场灾难的原因。作为抢险救灾的亲历者，本书作者从未停止过思考。

也许有人会问：舟曲特大山洪泥石流灾害对地质灾害防治体系建设意味着什么？巨大的生命财产损失促成了什么？

回顾我国突发地质灾害防治历程，可以将其清晰地分为三个演进阶段：第一阶段是1949—2003年，这一阶段的特点是地质灾害作为自然灾害的一部分，总体处于被动防范阶段；第二个阶段是2003—2010年，这一阶段以《地质灾害防治条例》的颁布为标志，地质灾害防治逐步从被动防治向主动防治转变，明确了政府职责、部门职责、单位职责和公民职责，调查评价全面铺开、工程治理重点展开、监测预警积极探索、应急体系逐步探索；第三阶段是2011年至今，这一阶段的标志是2011年国务院出台了《国务院关于加强地质灾害防治工作的决定》，提出到2020年，全面建成地质灾害调查评价体系、监测预警体系、防治体系和应急体系，基本消除特大型地质灾害隐患点的威胁，使灾害造成的人员伤亡和财产损失明显减少。

前事不忘，后事之师。舟曲特大山洪泥石流发生以后，城镇地区的群死群伤事件成为政府关注、社会关切的焦点，我国的地质灾害防治将何去何从？《国务院关于加强地质灾害防治工作的决定》的出台，顺应了社会各界对地质灾害防治工作的诉求，也从顶层设计上对我国地质灾害防治指明了方向，为地质灾害应急体系建设的进展奠定了基础。

甘肃省地域广阔，地形狭长，地处我国内陆青藏高原、黄土高原、内蒙古高原的交会地带，地貌类型多样，构造条件复杂，软弱岩土广布，生态环境脆弱，地震多发，降雨集中，具有极易发生地质灾害的自然环境条件。

截至2023年底，全省有地质灾害隐患点17 586处，地质灾害易发区面积达21.29万 km^2，占全省总面积的50.5%。其中高、中易发区面积14.08万 km^2，发育灾害隐患数量占全省灾害总数的98.09%。地质灾害易发地主要为兰州、白银、定西、天水、陇南、甘南、临夏、平凉、庆阳等9个市（州）。

地质灾害分布密度和发生频率由东南向西北呈递减趋势，基本可分为三大区域：陇南山地、黄土高原、河西山地。从发生时段来看，6—8月是全省地质灾害集中暴发时段，主要诱发因素是强降雨。

2010年以来，全省先后发生了舟曲“8·8”特大山洪泥石流灾害、东乡县城“3·2”特大滑坡灾害、岷县“5·10”特大山洪泥石流灾害、岷县漳县“7·22”地震次生地质灾害、天水“7·25”群发性地质灾害、陇南“8·7”群发性地质灾害，造成了严重的人员伤亡和经济损失。2010年以来，全省地质灾害造成1 887人死亡或失踪，占全国同期因地质灾害死亡或失踪人数的50%；地质灾害致灾致贫效应显著，严重制约了社会经济发展和脱贫步伐，成为党中央、国务院关注的重点地区，也是社会各界关切的热点地区。

甘肃省地质灾害频发多发是我们面临的基本形势。2010年以来，每年因地质灾害造成的死亡人数均控制在30人以内，2014年为零死亡，2021—2023年连续三年零死亡。除了治理工程、搬迁避让、监测预警的效应外，全社会防灾意识的提高是极为重要的减灾基础。舟曲灾害发生后，甘肃省着力在防灾减灾宣传上下功夫，打造地质灾害防灾文化体系，十余年艰苦努力，全省对地质灾害的认知水平得到了提升。保持这一较高水平的防治效果，还需要不断地加强防灾文化体系在内的综合防治体系建设。

舟曲特大山洪泥石流灾害发生后，甘肃省就如何做好地质灾害防治进行了深刻反思。面对灾害点多面广、经济基础薄弱的防灾形势，自然资源主管部门深入研究和思考，十年上下求索，寻找适合甘肃省情的地质灾害防治路径和减灾模式。2014年，甘肃省积极申请，入围国家重点支持的4个地质灾害综合防治体系建设省份，在国家支持和全省努力下，地质灾害应急体系建设取得了长足进步。

2018年7月12日，舟曲江顶崖滑坡发生堵江，形成严重灾害。灾情就是命令，甘肃省国土资源厅主要领导、省地质灾害应急专家组、省地质灾害应急中心及其他国有地勘单位接到省政府指令后，风雨兼程，8小时之内汇聚6家单位65名专家到达江顶崖滑坡现场，迅速开展滑坡应急处置及外围重大地质灾害隐患排查工作。

这样多支行动迅速、反应灵敏的地质灾害应急处置队伍，是甘肃省多年来积极打造的地勘队伍支撑省、市（州）、县（区）自然资源部门地质灾害防治业务的成果。

目前，全省已经建立了较为完整的地质灾害紧急处置队伍体系，这一体系以省地质灾害防治技术指导中心、9个重点市（州）地质灾害应急中心、36个县（区）地质环境监测站为主要力量，以国有地勘单位专业技术队伍为骨干力量，以乡镇、村组自救队伍为辅助力量。

除了专业队伍和自救队伍，省地质灾害防治技术指导中心在全省遴选副高级以上职称的专家110人进入省级地质灾害应急专家库，兰州市等重点市（州）建有市级专家库，形成了专职队伍保障、专业队伍支撑、专家队伍指导的应急工作格局。

专业化的不仅仅是队伍，装备的升级换代也是日新月异，并在历次地质灾害救援中发挥了关键作用。

舟曲“8·8”特大山洪泥石流应急处置时，地勘队伍手中的工具只有普通的GPS、数码相机、传统的罗盘等简单装备，后勤保障也难以跟上。

从2013年天水“7·25”群发性地质灾害排查来看，由于当时灾区大面积交通、通信中断，缺乏先进的通信设施，应急队伍只能徒步前行，等调查结束返回后才能反馈调查结果，严重影响了应急工作的部署和推进。

2018年江顶崖滑坡应急调查工作中，共调派应急通信指挥车2辆、单兵设备2套、中小型无人机6台、地基激光三维扫描仪一套、机载激光倾斜摄影设备1套、地质雷达1套、电测深仪1套、GPS 8套、自动裂缝监测仪6套。在地质灾害应急调查、应急监测、应急勘查中充分利用新技术，既保证了工作的高效性，又确保了数据的高精度。兰州大学先期采用地基激光三维扫描仪、电测深仪开展监测、勘查，为抢险救灾工作顺利进行提供了有力保障。省地质灾害应急中心利用中小型无人机、机载激光倾斜摄影、地质雷达等设备对滑坡开展精准勘查，为调查报告的形成和综合治理奠定了坚实基础；利用GNSS、自动裂缝监测仪开展精准监测，为滑坡稳定性评价提供了可靠依据。省国土厅规划院应急通信小组到达滑坡现场后，利用卫星通信车和单兵设备、无人机等，充分发挥技术优势，将应急工作的实时场景传到远在千里之外的兰州市应急指挥大厅，为前方现场和省抢险救灾指挥部等部门应急通信提供了坚实保障。

2014年以来，甘肃省着重加大省市两级应急处置能力建设的力度，应急装备、设备水平显著提高。投资6 300万元开展省市两级应急能力建设，研发应急平台，购置应急车辆、地质雷达、无人机（固定翼、旋翼）、机载扫描仪、激光倾斜摄影雷达、3D打印机等一大批装备，满足应急处置工作的需求。多次重大地质灾害应急处置的成功应用体现了能力建设的效果。

市（州）应急中心、县（区）地质环境监测站也根据需求不断提升应急装备水平。例如天水、庆阳、临夏等市（州）配备了应急通信车、无人机等设备，县级地质环境监测站也配备了基本的地质灾害调查设备。

国有地勘单位也根据工作需要大力提高装备水平，无人机、地质雷达、三维扫描仪、机载雷达、倾斜摄影等装备在应急调查、应急监测中得到广泛使用，极大地提高了工作效率。

舟曲“8·8”特大山洪泥石流灾害发生后，不要说吃饭，连喝水都成问题。前三天，应急队伍只能睡在越野车上，这反映出当时救灾工作之困难和后勤保障工作的缺位。

这使大家意识到灾区后勤保障能力是保障救援的关键力量。为了解决这一问题，省地质灾害应急中心根据省级地质灾害应急能力建设配备更先进的辅助装备，增加手提工具箱、应急包、睡袋、医疗箱、帐篷、炊具和生活保障车等野外长时间作战保障物资储备。在构建现代化后勤保障体系的进程中，灾区后勤保障能力日趋成熟。及时得力的后勤保障、充足完善的物资储备，为参加应急处置的队伍提供了切实保障，使他们能全身心地投入应急工作中去，不再有后顾之忧。

舟曲江顶崖滑坡发生后，省自然资源厅前方领导小组下设的五个工作小组中就有一个后勤保障组，由县自然资源局负责应急调查队伍的住宿、伙食、物资、用工和车辆保障工作，这是从舟曲“8·8”特大山洪泥石流灾害应急处置中吸取的经验教训。从2011年岷县“5·10”特大冰雹山洪泥石流灾害应急处置工作开始，应急保障机制得到不断完善和加强，从而解除了应急队伍的后顾之忧。同时，各个单位也根据队伍情况，强化了自我保障能力，整个保障工作有序平稳。

加强预案管理，“纵向到底，横向到边”，这是我国逐步形成的突发地质灾害应急预案体系，在省、市、县、乡、重要地质灾害隐患点均编制了自然灾害救助应急预案，乡镇、街道、行政村、社区等基层预案建设也得到了重视和推动。

预防值守各项工作的流程和制度越来越规范。参照自然资源部地质灾害应急管理办公室编制的《预防值守工作手册》，我省重点对信息收集、级别判定、信息处置、信息编写、信息报送等工作流程进行了严格规范，并大力组织培训。

省地质灾害防治技术指导中心根据全省应急工作特点，编制完成《甘肃省重大地质灾害应急技术指导手册》，对不同级别的灾害响应程序、工作流程都作了详细的规定。

《县市地质灾害防治管理手册》正在着手编制中，将进一步完善应急工作制度，明确灾情险情快速处置、灾害速报和月报、突发地灾应急响应工作方案、应急专家管理和重大突发地灾应急工作程序等工作制度。

根据十多年来的运行实践，省地质灾害防治技术指导中心逐步制定了应急值守规章制度和流程，编制地质灾害防治体系“1+8”制度体系，不断完善《突发地质灾害防御响应工作方案》《突发地质灾害事件“事前、事中、事后”工作方案》；建立了灾情信息接收、核实和上报的业务工作方式；建立了应急联动协调、现场跟踪报告和室内总结评估工作方法。

为了指导全省地质灾害演练和预案编制，省地质灾害防治技术指导中心组织编制了《甘肃省突发地质灾害应急演练指南》《甘肃省突发地质灾害应急预案编制指南》等，为规范演练工作和预案编制提供了技术指导依据。

省内专家积极参与地质灾害防治行业协会组织的《突发地质灾害应急技术导则》等标准的编制，为应急技术支撑工作提供规范支持。

地质灾害防治不仅是政府的责任、主管部门的责任，也是全社会的责任。只有政府、部门、企事业单位和群众都参与到地质灾害防治的各个环节，才能织好地质灾害防治的大网。各个阶层地质灾害防治意识的提高是极为关键的，尤其是群众自我辨灾、自我预防、自我救助能力的提高，对于减轻灾害损失具有举足轻重的作用。归根结底，要着重加强防灾文化建设。

自2010年以来，甘肃省在地质灾害宣传培训演练等方面积极作为，地质灾害宣传教育培训覆盖面不断扩大。结合“4·22”地球日、“5·12”防灾减灾日等举办大型宣传活动1 000余次，累计发放宣传材料20万余份；举办各类培训班1 000多次，地质灾害应急管理干部每年均得到轮训，培训群测群防员10万余人次；开展突发地质灾害应急演练5 000次，有效提高了应急避险和应急处置能力。

依托甘肃省地质博物馆打造省级地质灾害防治教育示范基地，并分别在兰州市、陇南市开展市级地质灾害防治教育示范基地建设，推动地质灾害防灾减灾文化建设。

为了解决地质灾害应急处置技术的薄弱环节，提高应急处置中科技支撑能力。省级财政先后投资1 000万元开展了7个应急关键技术研究项目，主要针对全省不同地区的地质灾害形成机理、预警阈值、应急监测、快速处置等方面开展关键技术研究。

加强产学研用结合，积极打造科研平台。省地质灾害防治技术指导中心参与由兰州大学牵头的“甘肃省环境地质与地质灾害防治工程中心”建设，建成国土资源部兰州黄土高原地质灾害野外观测基地、永靖黑台野外观测基地、兰州城市地质灾害野外科学观测研究站等科研平台。利用这些科研平台，联合自然资源部地质灾害技术指导中心、兰州大学、中国地质大学（北京）、长安大学、成都理工大学、中国科学院成都山地灾害与环境研究所等单位开展科研项目，为甘肃地质灾害防治提供科技支撑。

积极开展科研交流，举办“中国兰州：城市地质灾害防治研讨会”等大型学术交流活动。王思敬、郑颖人、汤中立、殷跃平等院士，刘传正等国内知名专家为甘肃地质灾害防治出谋划策。地质灾害应急中心积极承办“2017年地质灾害应急防治技术研讨会（北方地区）”。这些高水平的学术交流对全省地质灾害防治技术水平的提高具有重大促进作用。

甘肃省突发地质灾害应急技术支撑工作仍在不断探索完善中，既有经验和模式也在不断总结中。机构改革后，重大地质灾害应急救援技术支撑工作还是省自然资源厅的重要职责。相信全省自然资源系统在省委、省政府的领导下，在省自然资源厅党组的指挥下，将进一步探索新时代突发地质灾害应急处置工作的新模式，做好与省应急管理厅的协同工作，在持续不断的努力下，将取得更大的进步！